Ad de Vries · Arthur de Vries 공저 | 장미경 · 권미라 · 김소명 · 정현숙 공역

Elsevier's Dictionary of Symbols and Imagery

Second, Enlarged Edition

학지사

Elsevier's Dictionary of Symbols and Imagery
Second, Enlarged Edition
by Ad de Vries and Arthur de Vries

First edition 1974. Second enlarged edition 2004. Reprinted 2005 & 2006

역자 서문

평생에 걸쳐 그리고 아버지와 아들 두 세대에 걸쳐 이 방대한 사전을 저술하고, 철저하게 서양의 문화, 역사, 예술의 측면에서 해석하려고 노력한 결과, 오늘날 손쉽게 방대한 양의 정보에 접근하게 해 준 De Vries 부자에게 감동과 함께 깊은 감사를 전한다.

사전을 번역하면서 우리는 어떤 끌림에 의해 이 사전을 선택하고 번역하기로 결정한 것인가를 다시 생각하기 시작했다. 그런 생각을 하게 된 이유 중 하나는 이것이 주로 서구 그 중에서도 특히 서부 유럽의 문화와 전통을 근간으로 하고 있기 때문이었다. 그런 이유로, 상징을 경험하고 이해하고 해석하려고 노력해 온 우리들에게 모순적이게도 상징의 의미는 가장 이해하기 어려운 것이라는 편견과 열등의식에 사로잡혀 있을 때 이 상징과 이미지 사전은 무엇인가 한 줄기 빛을 줄 것 같은 희망이면서 동시에 넘기 어려운 벽과 같았다. 상징을 다룬 다른 사전들도 있었지만 서양 문화를 중심으로 상징 해석을 시도하고 있는 이 사전을 선택한 이유는 일단 서양의 것부터 공부하고 그런 다음 아시아의 것들과 그 밖의 것들을 보자는 마음에서였다. 아시아 및 그 밖의 문화에 포함하는 상징을 다룬 사전들도 있지만 특히 아시아와 관련하여 어떤 중요한 내용들은 누락되거나 오류가 있는 경우도 있었고 중국이나 일본(예 두루미는 주로 일본과 관련된다는 내용) 중심적인 것들이 편중되어 있었기 때문에 우리는 서양의 것을 먼저 알고자 하는 시도로서 De Vries 부자의 상징과 이미지 사전을 선택하게 되었다.

물론 동양과 서양을 불문하고 공통적인 의미를 지니고 있는 상징과 이미지가 많기 때문에 서양 문화를 중심으로 기술된 것이라고 하더라도 완전히 낯선 것이라고 할 수는 없을 것이다. 따라서 독자들이 아시아 그리고 우리 문화의 상징과 이미지가 빠진 것에 대해 다른 문헌들과 비교하는 수고를 마다하지 않으시기를 고대한다.

상징 이미지로 그 자체를 표현하는 인간 심혼을 이해하기 위해 원저자가 이 사전을 만든 것은 아니지만 상징의 의미들을 보면 그것이 표현되었든 되지 않았든 인간 본성의 표현이라는 것을 알 수 있다. 이 사전은 인간의 심리와 관련해서 만들어진 것은 아니지만 Ad De Vries 박사가 그의 심혼의 강력한 힘에 이끌리어 평생을 바친 수고의 결과물이다(아들이 그가 이루지 못한 부분을 보완하기는 했지만). 아마도 그의 심혼에 있는 무엇인가가 그의 개성화를 위한 내면의 '부르심'에 의해 상징에 이끌리게 되었고, 결국 이 사전은 그의 내면의 '부르심'에 대한 응답이며 내면의 언어를 이해하고자 했던 그의 심혼의 작업이라고 할 수 있을 것이다. 그가 스스로 만족할 만큼 완성하지 못하고 세상을 뜬 이후 아들 Auther De Vries가 사전을 보완하는 작업을 했지만 그 역시 내면의 '부르심'을 받은 이후에야 그렇게 할 수 있었고 그것은 20년의 시간이 흐른 후였다. 두 부자의 수고 덕분에 우리는 오늘날 한 권의 책에서 서양의 상징과 이미지가 어떤 의미를 갖고 있는지를 이해하는 데 큰 도움을 받고 있다. 우리 역자들 역시 어떤 이끌림 또는 부르심이 있어 번역 작업을 하게 된 것이 분명하다. 미지의 것, 무의식적인 것, 또는 의미가 깊어 보이나 모호하고 불명확한 것들을 명확하게 하고자 하는, 끊임없이 올라오는 끌림이었을 것이다.

이 사전을 보면 알 수 있다시피 하나의 상징은 하나의 뜻으로만 이해되는 것이 아니라 다양한 의미로 해석될 수 있다는 점을 고려하는 것이 필요할 것이다. 원저자도 언급하고 있듯이, 상징의 의미의 옳고 그름은 이 책의 관심사가 아니며 특정 문화, 특정 문헌에서 사용된 의미가 중요하다. 그 얘기는 상징의 의미는 시대와 장소 또는 그것을 사용하는 개인에 따라 의미가 달라질 수 있음을 의미한다.

앞으로 누군가가 유서 깊고 풍부한 아시아의 상징성들을 포함하는 통합된 상징 사전 제작의 수고를 해 주시기 바라면서 흥분되고 두려운 마음으로 이 상징과 이미지 사전의 번역서를 출간한다. 방대하고 복잡한 이 책의 편집을 맡아 수고해 주신 학지사 편집부 유은정 선생님과 출판에 동의해 주신 학지사 김진환 대표님께 깊은 감사의 말씀을 전하고 싶다.

2024년 10월
역자 일동

■ 이 책의 사용을 위한 참고사항 ■

1) 원서는 영어 알파벳 순서로 단어를 제시하였으나, 번역서의 경우 가나다 순으로 단어를 제시하였다. 사전 사용의 편의를 위하여 영어 단어는 알파벳 순서로, 한글 단어는 가나다 순으로 각각 단어별 페이지 번호를 기입하였다.

2) 인명과 저서명은 각 상징 단어마다 첫 번째 것만 한글과 원명을 병기하였고 이후 반복될 때에는 한글만 표기하였다(예 오비디우스Ovid., 변신이야기Metam. → 오비디우스, 변신이야기).

3) 원저자가 본문에서 문헌명을 약자로 제시한 경우가 많아 'Ⓐ 주요 문학작품: 가장 많이 인용된 저자 및 작품명 목록(약어 포함)' 및 'Ⓑ 부차적 문헌의 목록'에 문헌의 전체 이름을 제시하였기 때문에 본문에서 문헌의 전체 이름을 알고자 하는 경우에는 이 부분을 참고하기 바란다.

4) 원어가 우리말처럼 굳어진 경우에는 원어를 그대로 사용하거나 한글명과 병기하였다(예 카펫, 양탄자).

5) 본문의 모든 참고문헌 제목과 저자명은 그 단어의 영어 발음이나 잘 알려진 발음보다는 원어 발음대로 표기하고자 하였다(예 교황 그레고리 1세 → 교황 그레고리우스 1세).

6) 문맥상 이해하기 어려운 경우 약간의 역주를 첨가하였다. 또한 가능한 원문의 의도를 살리기 위해 직역에 충실하고자 하였으나 우리말의 의미상 뜻이 통하지 않거나 지나치게 어색한 곳은 약간의 의역을 시도하였다.

7) 원저자가 킹 제임스 버전(King James Version: A. V.)의 기독교 성서명과 인물명 또는 성서의 내용을 인용하였기 때문에 이 책에서도 개신교 성서 표현을 사용하였으며 현재 개신교가 사용하는 개역개정 성서번역을 사용하였다. 개역개정 성서번역은 킹 제임스 버전의 가독성을 높이고 오류를 수정했다고 알려져 있는 뉴 킹 제임스 버전(NKJV)의 우리말 번역서이다.

8) 하나의 단어가 두 개 이상의 우리말로 번역될 수 있는 경우에는 분야별로 사용되는 우리말로 번역하였다(예 'prophet'의 경우 기독교 관련 상징에서는 '선지자'로 번역하였으며 기타의 맥락에서는 '예언자'로 번역하였다).

9) 우리말에서 자주 사용되지 않거나 한글로만 표기할 경우 우리말 뜻이 잘 전달되지 않는 경우 한글에 원어나 한자를 병기하였고 필요에 따라 한글, 원어, 한자 순으로 모두 병기하였다[예 heraldry → 문장heraldry(紋章)].

10) 이 책에 제시되어 있는 다른 상징 및 이미지 단어를 참조하라는 기술이 있는 경우 찾아보기 쉽도록 하기 위해 한글에 원어를 병기하였다(예 할로윈Halloween 참조, 바다sea 참조).

2판 서문

아버지는 1981년 12월 23일 56세의 나이로 세상을 떠나시면서 다양하고 학식 있는 사람에 대한 좋은 추억을 많이 남기셨다. 그는 약 37권의 새로운 메모 노트도 남겼는데 이를 자신의 사전 초판에 포함시키고 싶어 하셨다. 아버지에게 이 일을 할 시간이 주어지지 않는다는 것을 깨달았을 때 아버지는 나에게 그 일을 끝내 달라고 부탁하셨다. 물론 나는 동의했지만 이 작업을 본격적으로 수행하기까지 약 20년의 세월이 걸렸고 개인용 컴퓨터의 기능이 계속해서 좋아졌다.

거의 하나에만 집중하는 아버지의 위대한 열정은 고대 이집트 가수의 노래와 20세기 딜런 토머스Dylan Thomas의 시를 연결하고 그 결과를 보는 것이었다. 이 연결들을 모아서 책으로 쓰는 것이 그가 평생 헌신한 것이었다. 1974년 자신의 사전이 출판된 것을 자랑스러워했지만 그는 이것을 성취가 아닌 출발점으로 여겼다. 개정판을 위해 아버지는 매일 독서 시간을 크게 늘렸고 언제 어디서나 메모를 했다. 37권의 자료에는 이미지, 아이디어 및 개념, 시의 세세한 부분의 아름다움에 대한 그의 사랑이 가득 차 있다. 그의 죽음은 이 창조 과정을 잔인하게 중단시켜 버렸다.

3년 전쯤에 나는 엘시비어Elsevier사로부터 연락을 받았고 약 15년 전에 절망에 빠져 포기했던, 명예롭지만 힘든 일을 다시 맡아 달라는 요청을 받았다. 3년 동안 타이핑하고, 자르고, 붙여 넣으면서 'C' 단계의 절반을 넘지 못했는데, 그것은 젊은 성인의 삶에 무거운 압력이었다. 그러나 엘시비어사가 초본의 디지털 스캔 버전과 도중에 전문가의 도움을 받게 해 주었을 때 나는 기꺼이 다시 여정을 시작했다. 때가 되었고 아내 Mirjam이 이 프로젝트에 전적으로 동의해 주었다.

아버지의 메모는 대부분 매우 정확했기 때문에 수정 작업은 즐겁고 깨달음을 주는 작업이었다. 그의 매우 영국적인 유머감각은 종종 다른 사적인 감정과 마찬가지로 빛을 발했다. 매우 보상적이게도 이 개정판은 20년이 넘는 간격 끝에 나를 아버지와 재회하게 했다. 따라서 작업은 혼자 하는 작업이 아니라 (아버지와의) 팀 작업이 되었다.

가끔 아버지의 메모는 모호했다. 나는 특정 항목을 추측해야 했고 인쇄상의 오류로 의아해하기도 했다. 더욱이 초판은 고전, 중세, 현대 문학에 뿌리를 두고 있지만 그의 메모 노트는 초판보다 식물, 보석, 물고기, 새의 상징성을 훨씬 더 광범위하게 논의하면서 생물학, 건축 및 밀교에 대한 작업으로부터 만들어졌다. 그러나 그것은 그의 확장된 지식과 과거의 모든 저술을 거의 백과사전식으로 묶으려는 열망의 증거였다.

동시에 그는 자신의 한계를 깨달았다. 그는 이 책의 제목을 '서구세계의 상징 및 이미지 사전'으로 수정하려 했을지도 모른다. 그의 웅대한 바람은 다른 문명(아프리카, 이슬람 세계, 아시아, 호주 원주민, 인도와 아메리카의 상징과 이미지)의 학자들도 동의할 수 있는 '공식(formula)'을 만드는 것이었다. 이 소원은 그가 초판 서문에 썼던 중국의 호랑이 상징성에 관한 그의 언급과 모순된다. 우리 지구촌에서 우리 서양인은 이웃의 영향을 피할 수 없다. 그리고 그의 죽음 이후 세계는 훨씬 작아졌다.

그러나 이 사전은 서유럽 문명과 그 기원의 경계를 벗어나지 않는다. 그리스와 라틴 문학, 중세와 르네상스 예술의 풍부한 유산, 20세기의 시와 극의 풍부한 유산을 공부하는 학생에게 이 책은 서구 문명의 여러 측면에 대한 통찰력을 제공할 것이다. 아버지와 나에게 영감을 주었던 Nijmegen 대학의 T. A. Birrell 교수는 우리의 문학과 예술을 이해하려면 성경과 오비디우스의 '변신이야기'만 읽으면 된다고 주장했다. 그러나 현대세계의 지식은 습득하는 것이 아니라 그것이 있는 곳을 찾아내는 것이다. 내 아버지의 사전은 현대의 학생들에게 귀중한 '지식제공자'가 될 것이라고 확신한다.

21세기 형식으로 개정된 2판 사전은 남편이 사전 제작에 모든 열정을 쏟는 것으로 인해 고통을 겪었던 어머니 Johanna Lemmers뿐만 아니라 Ad de Vries에 대한 찬사이다. 더 나아가, 매주 긴 시간 동안 서재의 오래된 책들 사이에 들어앉아 있을 수 있게 해 준 아내 Mirjam과 딸 Maxime과 Joelle에게 감사를 표할 수 있도록 독자들께서 허락해 주시기를 부탁드린다. 또한 나의 좋은 친구인 Eddy와 Rein 그리고 나의 여동생 Renate의 끊임없는 열정과 지원에 감사한다.

이제 Ad de Vries가 긴 세월 동안의 그의 연구가 헛되지 않았다는 것을 알고 '아래(저세상)의 모든 이와 함께 평화롭게' 영면할 수 있기를 바란다.

네덜란드 Oirschot, N. Br.에서
저자 G. W. E. de Vries 박사

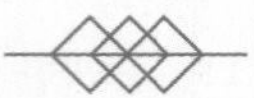

초판 서문

이 사전을 통해 '어려운' 상징이나 이미지에 직면한 모든 사람에게 도움을 주고자 한다. 그것은 과거에 서양 문명에서 특정 단어, 기호 등에 의해 유발되었고 미래에 다시 수면 위로 떠오를 수 있는 연상을 제공한다. 현대 시대에 이미지를 사용하는 것이 '대담하게 새로운' 것으로 보이지만 그것은 일반적으로 과거에 언급되고 행해진 것에 뿌리를 두고 있는 것으로 보이는 것들이다.

상징(제한된 의미에서), 풍자, 은유, 기호, 이미지('상승ascending' 및 '하강descending' 상징은 말할 것도 없이) 등에 대해 미세한 구분을 하지 않았으며, 그 이유는 과학적 관점이 얼마나 세밀하든 간에 특정 '상징'을 깊이 이해(그리고 감상)하는 것에 어려움을 겪는 사람에게 그것은 쓸모가 없기 때문이다.

이 책은 어려운 이미지에 대한 면밀한 연구를 대체할 수 없으며 또한 할 수 있는 게 아무것도 없다. (수많은 상징의 모호성을 보여 줌으로써) '유산의 짐'처럼 보이는 이미지에 너무 제한적으로 접근하지 않도록 하기 위해, 그래서 면밀한 조사하에 이미지 또는 상징의 특정 사용에 집중할 수 있는 더 큰 여지를 남겨 두기 위해 이 책은 독자의 직접적인 전문 분야와는 다른 분야에 속하는 배경정보를 제공하기를 희망한다. 진기하고 호기심이 가지만 잊혀진 구전지식에 정통하지 않은 사람은 족제비나 표범을 그리스도와 연결하고 지혜나 시간을 개코 원숭이와 연결하는 데 어려움을 겪을 것이다.

여기에 포함된 자료들은 편의상 서구 문명으로 제한했다. 그러나 상징성에 관심이 있는 사람들에게 중국인들의 '호랑이' 상징 사용은 매우 흥미로울 수 있지만 그것이 우리의 이미지에 주목할 만한 영향을 미치지 않았으며 가까운 장래에 그렇게 될 것 같지도 않다. 이 책이 상징에 경건하게 접근하지 않는다는 반론이 제기될 수 있다. 상징에 주어진 이런 신성한 기운은 상징 의미의 이해를 시작도 하지 않은 사람들(그리고 상징을 연구하는 데 어려움을 겪고 싶어하지 않는 사람들)과 일생의 대부분을 상징에 바친 사람들에 의해 만들어졌다. 우리는 종종 완전히 어리둥절한 상태로 이러한 사람들 사이를 맴돈다.

이 사전은 하나의 상징에 대해 하나의 의미뿐 아니라 여러 가지 의미가 동시에 적용될 수 있다는 점, 그리고 많은 중재적 '의미'('보통' 사전을 사용할 때처럼 스스로 찾아야 하는 의미들)가 적용된다는 점에서 지금까지의 '보통' 사전과 다르다는 경고를 하고자 한다. 의미 있는 불확실성은 상징의 표시이기 때문이다. 특정 저자가 특정 상징을 하나의 의미로 사용했다고 언급되어 있는 경우에도 그것은 많은 저택 중 하나로 들어가는 '입구' 표시로만 간주되어야 한다. 동물 중에는 종을 결정하는 것이 불가능한 경우가 많다. 예를 들어, 올빼미owl의 경우 부엉이 올빼미Screech owl인지, 아니면 황갈색 올빼미Tawny owl인지 구별하기 어려운 경우가 많다. 그러한 경우 상징 해설자료는 일반적(상징적) 용어의 측면에서 수집되었으며 따라서 뱀snake에 대해서는 '뱀serpent', 당나귀donkey에서 대해서는 '나귀ass'라는 용어로 해석하였다. 독사의 일종인 '작은 독사asp'와 '살무사adder'는 구분해 언급했지만 일반적인 해석을 위해서는 일반용어로 찾아야 한다.

원형archetype, 나귀, 이진법, 황소, 달력, 독수리, 요소, 대모 여신, [신성한] 왕, 태양 등과 같은 일반적인 항목을 먼저 읽는 것이 유용할 수 있다.

다소 일반적으로 잘 사용되지 않는 철자인 'Carnaval'은 축제가 열리는 국가에서 사용되는 풍요 축제의 가장 일반적인 이름이기 때문에 그리고 여행사(역주: 미국의 오래된 크루즈 여행 기업 이름이 Carnival임) 단어와의 혼동을 피하기 위해 채택되었다. 말할 필요도 없이, 이 책에서는 진실이 중요한 것이 아니라 과거에 사실이었거나 현재까지 사실로 존재해 왔거나 사실이라고 믿어지는 것이 중요하다.

우리는 서구 문명의 예술과 삶을 진지하게 공부하는 분들의 상징 해석의 오류나 누락에 대한 언급을 감사하게 받아들일 것이다. 오류와 누락은 전문지식이 없는 분야에 발을 들이는 경우에만 예상할 수 있는 것이다. 그러나 그 초보자를 올바른 길로 인도하는 큰 임무를 수행할 자비로운 전문가가 있기를 바란다. 20년 후에 이 책이 급진적인 변화를 겪어야 한다면, 이 책이 그 목적을 달성했다고 할 수 있을 것이다.

교정 작업에 도움을 준 Mol(벨기에)의 A. M. H. Lemmers 박사에게 감사를 전한다. 지난 몇 년 동안 나의 작업에 변함없는 확신을 주어 이 책의 출판으로 보답하고 싶은 Johanna, Arthur 그리고 Renate의 사랑에 대해 깊은 감사를 드린다.

네덜란드 Dongen, N. Br. 에서
Ad de Vries 박사

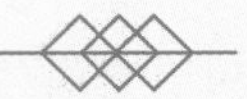

출처자료

제1판 참고문헌에 관한 참고사항

성서와 셰익스피어Shakespheare 작품의 인용문은 '성서' 또는 '셰익스피어'라고 따로 쓰지 않고 인용했다. 일반적으로 적용되는 약어를 사용했고, 혼동의 여지가 있는 경우에는 구분되는 글자를 추가했다. 예를 들어, 'K. John'은 셰익스피어의 희곡 '존 왕'을, 'John'은 사도 요한을 지칭하는 식으로 표기했다. 'Rom.'은 '로미오와 줄리엣'을 지칭하지만 'Romans'는 사도 바울의 편지(로마서)를 지칭한다.

대부분의 고전 저자들의 경우 롭고전장서(Loeb's Classical Library: LCL)를 언급해 놓았다. 그러므로 이 책에 인용된 저자들의 책은 현대 언어로 번역된 번역서가 있다. 이 책의 참고문헌은 약자로 표기했다. 예를 들어, 아폴로도로스Apollodorus의 경우 참고문헌은 Library, 즉 롭고전장서에서 그의 저서를 인용한 것이며('설명'이 추가되지 않은 경우), '플리니우스Pliny'는 '연장자 the Elder'를 지칭한다(자연사Natural History).

펭귄출판사Penguin는 호메로스Homer, 아폴로니오스 로디우스Apollonius Rhodius, 이솝Aesop, 헤로도토스Herodotus, 오비디우스Ovid, 베르길리우스Virgil, 유베날리스Juvenal, 단테Dante, 에라스무스Erasmus, 말라르메Mallarmé 등의 작품을 독자들을 위한 작가별 장서로서 탁월하게 번역해 놓았다. 또한 중세 북유럽 전설Norse Sagas, 니벨룽겐Nibelungen, 몬머스의 제프리G. of Monmouth, 토머스 맬러리 경Sir Th. Marlory 등의 작품도 펭귄출판사에 의해 번역되거나 간행되었고, 이러한 저자들의 작품의 인용문에는 펭귄출판사의 장서 번호가 표기되어 있다.

Ⓐ 주요 문학작품: 가장 많이 인용된 저자 및 작품명 목록(약어 포함)

❑ 추가 참고사항

저자가 언급되었으나 작품명 표기가 없는 경우, 사전 본문 내 항목에 작품명 전체가 표기되어 있다. 때로 작품명 없이 저자만 인용되는 경우 이 저자는 한 작품으로만 주로 알려져 있거나 오직 한 작품으로 알려진 사람이다. 이 경우의 작품명은 다음의 목록에 열거된 작품명이다.

특정 출판물이 언급된 경우 다음에 열거된 약어를 사용했다. 독자들은 이러한 출판물이 1981년 후반부까지 마드 드 브리스Ad de Vries가 참고한 출판물임을 인식해 주기 바란다. 몇몇 표준 출판물은 당시 절판되었거나 이후 다른 출판사에 의해 재간행되었다. 제1판의 '참고문헌에 관한 참고사항'에서 읽을 수 있듯이, 독자들이 쉽게 이용하고 구입할 수 있는 출판물을 사용하고 참조하는 것이 Ad De Vries의 목표였다. 그러나 몇몇 희귀한 서적이나 절판된 서적은 네덜란드

왕립 도서관 또는 대학 도서관 등 여러 도서관에서 빌려 왔다. 유감스럽게도 참고문헌의 출판 서지사항이 거의 또는 전혀 없는 참고문헌도 있다.

페이지를 표기한 경우 표기된 것은 특정 출판물의 페이지 번호를 지칭한다. 당시 Ad De Vries가 출판물의 부분, 장, 줄에 대한 (페이지 외에) 다른 표준 표기방법을 사용할 수 있었던 경우에는 그 표기 형태를 사용했다는 것을 밝히는 바이다.

❑ 가장 빈번하게 사용된 약어

EETS＝영어고전학회Early English Text Society
EL＝에브리맨스 라이브러리Everyman's Library
LCL＝룝고전장서Loeb's Classical Library
(일부 저자는 시화집에서 인용하였으며, 이에 대해서는 룝고전장서 카탈로그를 참조 바람)
OUP＝옥스퍼드대학교출판부Oxford University Press(다른 대학 출판사들은 도시의 이름 전체를 표기했음)
Peng.＝펭귄출판사Penguin

몇몇 기독교도 저자의 작품은 스페인어로 된 기독교 저자 모음집 BAC＝'Biblioteca de Autores Cristianos'을 인용했다. 셰익스피어 희곡은 전반적으로 '아든판(The Arden Shakespeare)'을 인용했다.

다음 목록은 참고문헌이나 그 저자에 대한 모든 정보를 제공하려는 것이 아니라 독자에게 원래 출처를 안내하려는 것이다. 백과사전, 안내서, 도서관 색인, 출판사 카탈로그도 원작을 통독 또는 입수하는 데 도움이 될 것이다.

A

Accius Lucius **아키우스 로키우스**	로마 저자, 기원전 170~85년경(룝고전장서LCL)
Ach(illes) Tat(ius) **아킬레스 타티우스**	그리스계 이집트 작가, 2세기(룝고전장서LCL)
Acts **사도행전**	신약성서의 사도행전, 60~70년경에 쓰임
Ado **헛소동**	"헛소동Much Ado About Nothing"(셰익스피어)
Aelian(us), Claudius **클라우디우스 아엘리아누스**	그리스에 관해 저술한 로마인, 170~230년경: NA＝"동물의 본성에 관하여On the Characteristics of Animals"(룝고전장서LCL)
"Aen(eid)" **아이네아스**	베르길리우스Virgil의 서사시(룝고전장서LCL)

Aeschylus 아이스킬로스	그리스의 비극작가, 기원전 525~456년경(롭고전장서LCL)
Aesop(us) 이솝(아이소포스)	그리스의 우화 작가, 기원전 6세기; 숫자는 펭귄출판사Peng.의 선집작품 번호를 지칭함
Agrippa(von Nettesheim) 아그립파	독일 의사, 1486~1535년경: OP="오컬트 철학Occulta Philosophia"(독일어판)
Alb(ertus) Magn(us) 알베르투스 마그누스	도미니크회 학자, 파리에서 가르침, 1193~1280년경: "비밀의 책The Book of Secrets"(옥스퍼드대학교출판부OUP)
Alcaeus 알카이오스	그리스의 서정 시인, 기원전 7~6세기(롭고전장서LCL)
Alcman 알크만	그리스의 서정 시인, 기원전 7세기 후반(롭고전장서LCL)
All's W., 또는 A's W. 끝이 좋으면 다 좋아	"끝이 좋으면 다 좋아All's Well that Ends Well"(셰익스피어)
St. Ambrose, 성 암브로시우스	4세기 밀라노 주교: EL="루가의 복음서 해설집Exposito Evangelii secundum Lucam"(기독교저자모음집BAC)
Amm(inanus) Marc(elinus) 암미아누스 마르켈리누스	그리스의 군인이자 신사, 라틴어로 "역사Hisory" 저술(롭고전장서LCL)
Amos 아모스	구약성서의 예언자(선지사), 기원전 760년경
Anacreon 아나크레온	그리스의 서정 시인, 기원전 6세기(롭고전장서LCL)
Anacreontea 아나크레온테아	아나크레온의 시풍으로 쓴 시 모음집; "그리스 비가와 운율시Greek Elegy and Iambus"(롭고전장서LCL)의 일부분
Anglo-Saxon Chronicle 앵글로색슨 연대기	알프레드대왕 시대부터 11세기 후반까지의 기록(에브리맨스라이브러리EL)
Anton(inus) Lib(eralis) 안토니누스 리베랄리스	그리스의 언어학자이자 저자, 기원전 2세기: "변신Metamorphoses"(프랑스어판)
Ant. 안토니우스와 클레오파트라	"안토니우스와 클레오파트라Anthony and Cleopatra"(셰익스피어)
Apocr(yphal) O(ld) T(estament) 구약성서 외경	사실이라고 보편적으로 받아들여지지 않는 구약성서 이야기들
Apoc(yphal) N(ew) T(estament) 신약성서 외경	사실이라고 보편적으로 받아들여지지 않는 신약성서 이야기들
Apollodorus 아폴로도로스	그리스 저자, 기원전 140년경; "설명"이 추가되지 않은 경우, 숫자는 '롭고전장서'에서 부분을 지칭함(롭고전장서LCL)
Apoll(onius) Rhod(ius) 로디우스의 아폴로니오스	그리스의 시인, 기원전 295~215년경: "아르고호 항해기Arg(onautica)"(롭고전장서LCL 및 펭귄출판사Peng.)

F

Fielding, William J. 윌리엄 필딩	"구애와 결혼에 대한 이상한 관습Strange Customs of Courtship and Marriage"(포스퀘어출판사, 뉴욕, 1942)
"Folklore" "민속"	"영국의 민속, 신화 및 전설Folklore, Myths and Legends of Britain"[리더스다이제스트, 대전집(다양한 버전)이 있음, 런던, 1973]
Fraser, Antonia 안토니아 프레이저	"영국 왕과 여왕의 삶The Lives of the Kings and Queens of England"(와이든펠트와 니콜슨, 런던, 1975)
Freud, Sigmund 지그문트 프로이트	"꿈의 해석The Interpretation of Dreams(IDr)"(앨런 & 언윈 출판사, 1954); "정신분석학입문강의Introductory Lectures on Psychoanalysis (ILP)"(펠리칸출판사의 프로이트전집, 이하 동일); "정신분석에 대한 새로운 입문 강의New Introductory Lectures on Psychoanalysis (NILP); "일상생활의 정신병리학The Psychopathology of Everyday Life (PEL)"

G

Garai, Jana 자나 가레이	"상징의 책The Book of Symbols"(로리머출판사, 런던, 1973)
Gascoigne, Bamber 밤버 가스코인	"기독교인The Christians"(조나단 케이프 출판사, 런던, 1977)
Gaster, Theodor H. 시어도어 개스터	"테스피스Thespis(Th): 고대 근동의 신화, 드라마Myth and Drama in the Ancient Near East"(노턴 전집, 뉴욕, 1977; 초판 출간 1950)
Gennep, Arnold van 아널드 반 게넵	"통과의례Rites of Passage"(루틀리지 & 케이건 폴 출판사, 런던, 1977; 초판 출간 1901)
Gibbon, Edward 에드워드 기번	"로마 제국의 쇠퇴와 몰락The Decline and Fall of the. Roman Empire"(D. M. 로D. M. Low 편집, 샤토 & 윈더스 출판사, 런던, 1960; 초판 출간 1776)
Goldsmith, Elizabeth E. 엘리자벳 골드스미스	"섹스 심볼과 관련된 라이프 심볼Life Symbols as Related to Sex Symbols"(뉴욕과 런던, 1924)
Graves, Robert 로버트 그레이브스	"그리스 신화The Greek Myths(GM)"(제2권, 펭귄출판사Peng.); "하얀 여신The White Goddess(WG)"(파버출판사, 런던, 1961)
Gray, Eden 이든 그레이	"계시된 타로The Tarot Revealed"(시그넷출판사, 뉴욕, 1960)
Gray, John 존 그레이	"근동 신화Near Eastern Mythology"(햄린출판사, 런던, 1969)

Grigson, Geoffrey 제프리 그릭슨	"사랑의 여신: 아프로디테의 탄생, 승리, 죽음과 귀환The Goddess of Love: The Birth, Triumph, Death and Return of Aphrodite"(콘스터블출판사, 런던, 1976)
Grimm, Brüdern (Brothers) 그림형제	"독일의 전설Deutsche Sagen(DS)"(과학도서학회, 다름슈타트, 1979, 원판 1816~1818)
Guthrie, William K. C 윌리엄 거트리	"그리스인과 그들의 신The Greeks and Their Gods"(메테온도서관, 1977; 재판 출간 1950)

Hadfield, James A. 제임스 헤드필드	"꿈과 악몽Dreams and Nightmares"(펭귄출판사Peng.)
Harding, Mary Esther 메리 에스더 하딩	"여성의 신비Woman's Mysteries(WM)"(판테온북스, 1955)
Harrison, Jane 제인 해리슨	"테미스Themis"(멀린프레스, 런던, 1977)
Hill, Douglass 더글러스 힐	"마술과 미신Magic and Superstition"(햄린출판사, 1968)
Hirst, Desiree 데지레 허스트	"숨겨진 재물: 르네상스부터 블레이크까지의 전통적 상징주의" Hidden Riches: Traditional Symbolism from the Renaissance to Blake(뉴욕 출판사, 1964)
Hoffman, Daniel 다니엘 호프먼	"야만적 지식: 예이츠, 그레이브스 그리고 뮤어의 시 속의 신화 Barbarous Knowledge: Myth in the Poetry of Yeats, Graves and Muir"(옥스퍼드대학교출판부OUP, 1967)
Hooke, Samuel H. 새뮤얼 후크	"중동 신화Middle Eastern Mythology(MEM)"(펭귄출판사Peng., 1963); "신화, 제의 및 왕권Myth, Ritual and Kingship(MRK)"(클라렌던프레스, 옥스퍼드, 1958)
Hughes, Pennethorne 페네손 휴즈	"마법Witchcraft"(펠리컨출판사)
Huizinga, Jan 잰 호이징가	"중세의 쇠퇴The Waning of the Middle Ages"(페레그린, 1979; 초판 출간 1924)

Janssen, Han 한 얀센	"카드놀이Playing Cards"(부숨출판사, 1965)

Appian(us) 아피아누스	알렉산드리아 출신의 그리스 역사가, 2세기 초반: "로마사Roman History"; CW="내전The Civil Wars"(롭고전장서LCL)
Apuleius, Lucius 루키우스 아풀레이우스	로마의 문인, 155년에 왕성히 활동함: 로버트 그레이브스Robert Graves가 번역한 "황금 당나귀The Golden Ass"(펭귄출판사Peng.); 롭고전장서LCL; "변명Ap(ologia)"; "플로리다Flor(ida)"에서도 인용함
Aratus 아라토스	그리스의 시인, 기원전 4세기: Phaen.은 그의 "하늘의 현상Phainomena"을 지칭함('칼리마코스 찬가Callimachus Hymns,' 롭고전장서LCL)
Archilochus 아르킬로코스	그리스의 시인, 파로스섬에서 태어남; 기원전 7~6세기(롭고전장서LCL)
"Arden of Feversham (The Tragedy of-)" 아든 오브 피버샴(의 비극)	작자 미상의 비극, 1592년 출판("엘리자베스 1세 여왕 시대 비극 5편 Five Eliz. Tragedies", 옥스퍼드대학교출판부OUP)
Ariosto, Ludovico 루도비코 아리오스토	이탈리아의 시인, 1474~1533년경; OF="광란의 오를란도Orlando Furioso"(옥스퍼드대학교출판부OUP)
Aristides 아리스티데스	2세기의 기독교호교론자: "변증서Apol(ogia)"(스페인어판 기독교저자모음집BAC)
Aristophanes 아리스토파네스	그리스의 희극 작가, 기원전 448~380년경: "개구리The Frogs" 및 기타 희극(롭고전장서LCL 및 펭귄출판사Peng.)
Aristotle 아리스토텔레스	그리스의 철학자, 기원전 384~322년경: HA="동물사History of Animals"; 기타 작품(롭고전장서LCL)
Arnobius 아르노비우스	초기 기독교 저자, 300년경: "이교도들에 대항하여Adversus Nationes"(네덜란드어판: 암스테르담대학교)
Arnold, Matthew 매튜 아널드	영국의 시인이자 비평가, 1822~1888년경
Arrian(us), Flavius 플라비우스 아리아누스	그리스의 역사가, 95~175년경: "알렉산더대왕 원정기Anabasis Alexandri"(롭고전장서LCL)
Artemidorus of Daldis 달디스의 아르테미도로스	그리스의 저자, 2세기: 프랑스어판 "La Clef des Songes"('꿈의 열쇠': 그리스어판 "Oneirocritica")
Asius 아시오스	그리스 사모스 출신의 시인, 기원전 7세기(롭고전장서LCL)
Athenaeus 아테나이오스	그리스의 문인, 200년에 왕성하게 활동: "연회론Deipn(osophis-tai)"(롭고전장서LCL)
Athenagoras 아테나고라스	그리스의 기독교호교론자, 2세기: "기독교 변호론Leg(atio pro Christianis)"(스페인어판 기독교저자모음집BAC)
St. Augustine 성 아우구스티누스	기독교 저자, 히포Hippo의 주교, 354~430년경: "신국론De Civ (itate) D(ei)"; "참회록Conf(essiones)"(펭귄출판사Peng.)

Austen, Jane 제인 오스틴	영국의 소설가, 1775~1817년경("엠마Emma")
AYL 뜻대로 하세요	"뜻대로 하세요As You Like It"(셰익스피어)

B

Bacchylides 바킬리데스	그리스 서정 시인, 기원전 505~450년경(롭고전장서LCL)
Ballads 민요	(1) 가장 '고전적인' 민요는 "옥스퍼드 민요집The Oxford Book of Ballads"(옥스퍼드대학출판부OUP)에 담겨 있는 것이고, 숫자는 프랜시스 J. 차일드F. J. Child가 이 책에서 선택한 민요의 번호를 지칭함. 목록 b에 있는 차일드도 참조; (2) 거리의 민요는 "커먼 뮤즈The Common Muse"(펭귄출판사Peng.)에 있는 것임
Bar(laam) and Josa(phat) 발람과 요사팟	다마스커스의 성 요한St. John Damascene 참조
Barnabas 바나바	속사도Apostolic Father(롭고전장서LCL)
Baruch 바룩	구약성서 외경의 선지자, 예레미야의 제자; 두에이판Douay 성서
St., the Great Basil 대성자 바실리우스	카이사레아Caesarea의 대주교, 330~379년경: "헥사메론에 대한 강론Homelies sur l'Hexaemeron"(프랑스어판)
Baudelaire, Charles P. 샤를 보들레르	프랑스의 시인, 1821~1867년경(펭귄출판사Peng. 번역)
Beamont & Fletcher 보먼트와 플레처	17세기 초반의 공동 극작가: "사랑의 거짓말Phil(aster, or Love Lies a-Bleeding)"; "불타는 절구공이의 기사"K(night of the) B(urning) P(estle)" 등등
Bede(Baeda), the Venerable 성비드	영국의 역사가이자 학자, 673~735년경(펭귄출판사Peng. 번역)
Ben Sir(ach) 벤 시라크	구약성서 외경 중 집회서Ecclus. 참조
"Beowulf" "베오울프"	옛 영어로 된 두운을 맞춘 시
Beroul 베룰	프랑스의 저자, 12세기 중반: "트리스탄의 사랑The Romance of Tristan"(펭귄출판사Peng. 번역)
Bestiary: The Book of Beasts 동물우화집	12세기 라틴어 동물우화집, 터렌스 H. 화이트T. H. White가 번역함
Bion 비온	그리스의 시인, 기원전 100년경(롭고전장서LCL)

Blake, William 윌리엄 블레이크	영국의 선각시인, 1757~1827년경; "순수의 전조Aug(uries) of Inn(ocence)"; "지옥의 잠언Prov(erbs of Hell)" 등등
Boccaccio 보카치오	이탈리아의 시인, 1313~1375년경: "데카메론The Decameron"
Boet(h)ius, A. M. S. 아니키우스 만리우스 세베리누스 보에티우스	로마의 정치가이자 철학자, 480~524년경: Tr="삼위일체론De Trinitate"; FC="충실한 카톨리카De Fide Catholica"; C="철학의 위안De Consolatione Philosophiae"(롭고전장서LCL)
"The Book of the Dead" "사자의 서"	고대 파피루스에 적은 기도와 찬송가집, 어네스트 A. 월리스 버지E. A. Wallis Budge가 번역함
Borges, Jorge Luis 호르헤 루이스 보르헤스	아르헨티나의 시인, 에세이 작가, 단편작가, 1899~1986년경
Brant, S. 세바스쳔 브란트	독일 풍자시인, 1458~1521년경: "바보배Sh(ip) o(f) F(ools)"(도버출판사Dover 번역)
Browne, Sir Th. 토머스 브라운 경	영국의 문인, 1605~1682년경; "의사의 종교Rel(igio) Med(ici)"; "사이러스의 정원(The) Gard(en) of Cyrus)"
Browning, Robert 로버트 브라우닝	영국의 시인, 1812~1889년경
Bunyan, John 존 번연	영국의 청교도 저자, 1628~1688년경; "천로역정(The) Pilgr(im's) Progr (ess from This World to That which is to come)"
Burns, Robert 로버트 번스	스코틀랜드의 시인, 1759~1796년경: "둔 강둑The Banks o' D(oon)" "섄터의 탬T(am) o' S(hanter)" 및 옥스퍼드대학교출판부에서 출판한 기타 시편(제임스 킹슬리James Kingsley가 편집함)
Burton, Robert 로버트 버튼	영국의 저자, 1577~1640년경; "우울의 해부Anat(omy) of Mel (ancholy)" (에브리맨스 라이브러리EL)
Butler, Samuel 새뮤얼 버틀러	영국의 풍자소설 작가, 1612~1680년경: H="휴디브라스Hudibras"(옥스퍼드대학교출판부OUP)
Byron, George G. Lord 조오지 바이런 경	영국의 시인, 1788~1824년경; "차일드 해럴드의 순례Childe H(arold)'s Pilgr(image)"(또는 Ch. Har. Pilgr.)

C

Cabell, James Branch 제임스 브랜치 카벨	20세기 소설가: "저건Jurgen"(도버출판사Dover)
Caes. 율리우스 카이사르	율리우스 카이사르Julius Caesar(셰익스피어)
Caesar, Gaius Julius 가이우스 율리우스 카이사르	로마의 황제이자 역사가, 기원전 102~44년경: "갈리아 전기De B(ello) Gall(ico)"(롭고전장서LCL)

Callimachus 칼리마코스	그리스 키레네 출신의 시인, 기원전 310년경: "찬가H(ymns)"; "풍자시Epigrams" 등등(롭고전장서LCL)
Callinus 칼리노스	그리스 에페수스 출신의 비가 시인, 기원전 7세기경(롭고전장서LCL)
Callisthenes 칼리스테네스	그리스 역사가, 아리스토텔레스의 조카, 기원전 327년에 처형됨. 그의 "알렉산더의 생애Life of Alexander"('약자표기: VA'; 독일어판)는 다른 사람이 쓴 것으로 추정됨
Callistratus 칼리스트라토스	서기 4세기 그리스의 철학자: "묘사Ekphraseis"('필로스트라투스Philostratus', 롭고전장서LCL)
Calpumius Sic(ulus) 칼푸미우스 시크(울루스)	1세기, 라틴 목가(牧歌) 작가: "목가Eclogues"(롭고전장서LCL)
Campion, Th. 토머스 캠피언	영국의 시인, 극작가, 문필가, 1619년 출판('작품집The Works'): 파버출판사Faber
Castiglione, Baldassare 발다사레 카스틸리오네	이탈리아 외교관이자 작가, 1478~1529년경: "궁정론Il Cortigiano"(에브리맨스 라이브러리EL)
Cato, M. Porcius, the Elder 마르쿠스 포르키우스 카토, 집정관	로마 정치가, 군인이자 문인, 기원전 234~149년경: "농업론(De)gric(ultura)"(롭고전장서LCL)
Caxton, William 윌리엄 캑스턴	1422~1491, 영국의 인쇄업자이자 번역자: "여우이야기Reynard the Fox"; "세계의 거울Mirror of the World" 참조
Celsus, A. Cornelius 아울루스 코르넬리우스 켈수스	로마 저술가, 1세기 초: "고대의학De Medicina"(롭고전장서LCL)
Cercides of Megalopolis 메갈로폴리스의 세르키데스	그리스 시인, 기원전 3세기 후반(롭고전장서LCL)
"Chanson de Roland" "롤랑의 노래"	11세기, 프랑스 서사시(펭귄출판사Peng. 번역)
Chapman, George 조지 채프먼	1559(?)~1634(?), 영국 시인이자 극작가: BA="뷔시 당부아Bussy d'Amboise"; WT="과부의 눈물The Widow's Tears"
Chaucer, Geoffrey 제프리 초서	1340~1400(?), 영국 시인: CT="캔터베리 이야기The Canterbury Tales"; "프롤로그Prol(ogue)"; PoF="파울스의 의회The Parliament of Fowles"
Chrétien de Troyes 크레티앵 드 트루아	12세기, 프랑스 시인: "아서왕의 전설Arthurian Legends"(에브리맨스 라이브러리EL)
I-2Chron. 역대상하서	기원전 300년에 쓰인 구약성서
Cicero, Marcus Tullius 마르쿠스 툴리우스 키케로	기원전 106~43년, 로마의 웅변가이자 정치가: "신론(De)Nat (ura) Deor(um)(神論)"과 다른 책이 있음(롭고전장서LCL 및 펭귄출판사Peng.)

Clare, John 존 클레어	영국 시인, 1793~1864년경: "양치기의 달력The Shepherd's Calendar" (약자표기 'SC'; 옥스퍼드대학교출판부OUP)
Claudian(us) 클라우디아누스	4세기 말, 위대한 일을 수행한 라틴계 시인(롭고전장서LCL)
Clem(ent) of Al(exandria) 알렉산드리아의 클레멘스	150~220년경, 교회의 아버지: Pr="그리스도인을 설득함Protrepticus"; RMS="부자의 구원The Rich Man's Salvation"(롭고전장서LCL)
Clement of Rome 로마의 클레멘트	1세기 후반, 속사도(롭고전장서LCL)
Cleobulina 클레오불리나	기원전 6세기, 그리스 시인(롭고전장서LCL)
"The Cloud of Unknowing" "무지의 구름"	14세기 후반, 영국의 서사시(펭귄출판사Peng.)
Col. 골로새서	신약성서: 프리기아에서 골로새 주민들에게 보내는 사도 바울Paul의 서신
Coleridge, Samuel 새뮤얼 테일러 콜리지	1772~1834년경, 영국의 시인, 극작가, 비평가; "노수부의 노래(The Rime of the) Ancient Mariner"; 다른 작품들(맥밀란Macmillan)
Colluthus 콜루투스	6세기 초, 이집트의 그리스어 시인(롭고전장서LCL)
Columella, Lucius Iunius Moderatus 루키우스 주니우스 모데라토스 콜루멜라	1세기, 스페인 카디스 출신의 라틴계 작가: "드 레 루스티카De Re Rustica"(롭고전장서LCL)
Compl 연인의 불평	"연인의 불평A Lover's Complaint"(셰익스피어)
Cor. 코리올라누스	"코리올라누스Coriolanus"(셰익스피어)
l-2Cor. 고린도전서, 고린도후서	신약성서: 고린도인들에게 보낸 사도 바울의 서신
Corinna 코린나	기원전 6세기, 그리스 시인(롭고전장서LCL)
Cowley, Abraham 에이브러함 카울리	1618~1667년경, 영국 학자, 시인, 수필가: "시와 산문으로 된 에세이Essay's in Verse and Prose"
"Cupido Amans" "큐피드 아만스"	3세기, 익명의 라틴어 시(롭고전장서LCL)
Curtius Rufus, Quintus 퀸투스 쿠루티우스 루푸스	1세기, 로마의 수사학자이자 역사가: "알렉산더의 역사History of Alexander"(롭고전장서LCL)
Cym. 심벨린	"심벨린Cymbeline"(셰익스피어)

D

Dan. 다니엘	기원전 600~540년, 구약성서의 예언자 다니엘; 13과 14장은 외경(外經)복음서임(두에이Douay판)
Dante Alighieri 단테 알리기에리	1265~1321년경, 피렌체 시인; "신곡Devina Commedia": 지옥편Inf(erno), 연옥편Purg(atorio), 낙원편Par(adiso); C=칸토Canto(다양한 판본 사용)
"Daphnis and Chloe" "다프니스와 클로에"	롱구스Longus 참조
De Gub(ernatis, Angelo) 안젤로 드 구베르나티스	19세기 이탈리아 언어학자이자 민족지학자: MP="식물의 신화 La Mythologie des Plants"; ZM="동물학 신화Zoological Mythology" [다양한 모사(模寫)판]
Deloney, Thomas 토머스 들로니	영국의 민요작가이자 소설가, 1543~1600년경: "뉴버리의 잭Jack of Newbury"; "리딩의 토머스Thomas of Reading"(에브리맨스 라이브러리EL)
Deut. 신명기	구약성서의 신명기, '모세 5경' 중 마지막 책
Diagoras 디아고라스	그리스 무신론자 서정시인(롭고전장서LCL)
"Dicta Catonis" "딕타 카토니스"	로마 교과서에 사용된 라틴어 격언 모음(롭고전장서LCL)
"Didache" "디다케"	초기 기독교 계율 책(롭고전장서LCL)
Dio Cassius 디오 카시우스	3세기 초반, 그리스 역사가: "로마사Roman History"(롭고전장서LCL)
Dio (Cocceianus) Chrys(ostomus) 디오 (코케이아누스) 크리소스토무스	소아시아 출신의 그리스 작가, 40~120년경: "담론Discourses"(롭고전장서LCL)
Diod(orus) Sic(ulus) 디오도로스 시쿨로스	기원전 80~10(?), 시칠리아의 그리스 역사가: "역사의 도서관Library of History"(롭고전장서LCL)
Diog(enes) Laert(ius) 디오게네스 라에르티오스	3세기 초반, 그리스 역사가: "저명한 철학자들의 삶Lives of Eminent Philosophers"(롭고전장서LCL)
"Diognetus, Letter to –" "디오그네투스에게 보낸 서간"	초기 기독교의 '열린' 편지(롭고전장서LCL)
Dion(ysus of) Hal(icarnassus) 할리카르나소스의 디오니소스	기원전 1세기, 그리스 작가: "로마유물Roman Antiquities"(롭고전장서LCL)

Dioscorides 디오스코리데스	네로 치하의 그리스 의사, 기원전 1세기: 약초 "약물학Materia Medica" (해프너Hafner)
Donne, John 존 던	영국의 시인, 1571~1631년경(에브리맨스 라이브러리EL 및 옥스퍼드대학교출판부OUP)
Drayton, Michael 마이클 드레이턴	영국의 시인, 1563~1631년경
"Dream of the Rood, The – " "십자가의 꿈"	고대 영어 시, 8세기
Dryden, John 존 드라이든	영국의 시인, 극작가, 비평가, 1631~1700년경(옥스퍼드대학교출판부OUP)
Dunbar, William 윌리엄 던바	스코틀랜드 시인, 1460~1530년경

E

Eccl. 전도서	구약성서의 전도서, 기원전 200년경, 설교자(솔로몬)의 가르침을 내용으로 함
Ecclus 집회서	구약성서 외경, 기원전 200년경, 예수스 벤 시라Sirach(시라Shirah)가 쓴 지혜서; 두에이판Douay
Edda 에더	시와 산문으로 나누어진 고대 노르드 시집 모음
"Egil's Saga" "에길의 사가"	중세 아이슬란드의 영웅담(에브리맨스 라이브러리EL)
"Eirik's Saga" "아이릭의 사가"	위 참조; "빈랜드Vinland 사가"의 일부(펭귄출판사Peng.)
"Elegies on Maecenas" "마에케나스의 애가(哀歌)"	저자가 확실하지 않은 라틴어 시
Eliot, Thomas S. 토머스 스턴즈 엘리엇	영미 시인, 극작가 및 비평가, 1888~1965년경; "알프레드 프루프록의 사랑의 노래"(The Love Song of J. Alfred) Prufrock; "랩소디(바람이 부는 밤에)Rhapsody (on a Windy Night)"; "버뱅크Burbank" (베데커 여행안내서 포함); "불멸의 속삭임Wh(ispers) of Imm(ortality)"; WL="황무지The Waste Land"
Elyot, Sir Thomas 토머스 엘리엇 경	영국 문인, 1490~1546(?): "총독The Governor"
Ennius, Quintus 퀸투스 엔니우스	기원전 239~169, 로마 작가: "연대기An(nals)"; "비극Tr(agedies)" 등
Eph. 에베소서	신약성서: 사도 바울Paul이 에베소 성도들에게 보낸 서간

Epic Cycle 서사시권	매우 초기의 그리스 전설
Erasmus, Desiderius 데시데리우스 에라스무스	네덜란드 인문주의자, 1466~1536년경: "(Moriae Egkomion, id est) 우신예찬In Praise of Folly"(네덜란드어판 및 독일어판 사용)
Err. 실수연발	"실수연발The Comedy of Errors"(셰익스피어)
Esth. 에스더	구약성서(기원전 475년경)에 나오는 에스더에 대한 기록, 기원전 150~100년에 쓰임
Eumelus 에우멜루스	그리스 서정시인, 기원전 8세기(롭고전장서LCL)
Eunapius 에나피우스	그리스의 철학자이자 역사가, 347년경, 사르디스Sardis 유적
Euripides 에우리피데스	그리스의 비극작가, 기원전 480~406년경: "아울리스의 이피게네이아Iph(igeneia at) Aul(is)" 등(롭고전장서LCL)
Eusebius of Caesarea 가이사랴의 유세비우스	기독교 주교이자 역사가, 260~340년경: 에브리맨스 라이브러리EL="교회 역사Ecclesiastical History"(롭고전장서LCL)
Ex. 출애굽기	구약성서, 모세오경의 두 번째 책(기원전 약 1350년 또는 1250년경)
Eze. 에스겔	기원전 600~570년경, 구약성서 에스겔서의 선지자(예언자)
Ezra 에스라	구약성서의 선지자, 기원전 500~400년경

F

Fitzgerald, Edward 에드워드 피츠제럴드	영어 학자이자 번역가, 1809~1883년경: 페르시아어 "오마르 하이얌의 루바이야트Rubaiyat of Ommar Khayyám"를 번역함
Flav(ius) Jos(ephus) 플라비우스 요세푸스	유대 정치가이자 역사가, 37~100년경: AP="아피온 반대Againt Apion"; B="유대인 전쟁The Jewish War"; Ant.="유물Antiguities"
Fletcher, John 존 플레처	영국의 극작가, 1579~1625년경; "처녀의 비극Trag(edy) of Valent(inian)": 또한 보먼트Beaumont 참조
Florus 플로루스	라틴어 작가, 200년경
Ford, John 존 포드	1640년경에 활발하게 활동한 영국의 극작가: "가엽도다, 그녀는 창녀Tis Pity (She's a Whore)"

G

Gal. 갈라디아서	신약성서: 사도 바울의 갈라디아서
Galen 갈레노스	페르가몬 지역의 그리스 의사, 갈레노스, 기원전 129~199년경: NF =“자연적 기능에 관하여On the Natural Faculties”(롭고전장서LCL)
“Gawain (and the Green Knight, Sir)” “가윈 경과 녹색의 기사”	14세기, 영시(약자표기: GawGrKn; 펭귄출판사Peng.와 톨키언Tolkien, 고든Gordon, 데이비스Davis 번역, 옥스퍼드대학교출판부OUP)
Gay, John 존 게이	1685~1732, 영국 시인이자 극작가: “거지의 오페라The Beggar's Opera”
Gellius, Aulus 아우룰스 겔리우스	로마의 저술가, 123~170년경
Gen. 창세기	구약성서 창세기, ‘모세오경의 첫 번째 책’
Gent. 신사	“베로나의 두 신사The Two Gentlemen of Verona”(셰익스피어)
Gilgamesh, the Epic of – 길가메시의 서사시 –	기원전 2000년 자료를 포함하는 수메르 서사시(펭귄출판사Peng.)
“Gisli's Saga” “기슬리의 사가”	중세 아이슬란드 사가(에브리맨스 라이브러리EL)
Goethe, Johann Wolfgang von 요한 볼프강 폰 괴테	독일 시인, 1749~1832년경: F=“파우스트Faust” I, II부(독일어판, 펭귄출판사Peng.)
Golding, William 윌리엄 골딩	영국 소설가, 1911~1993년경: “파리대왕Lord of the Flies” 외
“Gorboduc(or Ferrex and Porrex)” “고보덕(또는 페르렉스와 포르렉스)”	새크빌Sackville과 노턴Norton이 쓴 것으로 추정되는 영국 16세기의 비극
Gottfried von Strassbourg 고트프리트 폰 슈트라스부르크	독일 시인, 1180~1250년경: “트리스탄Tristan”(펭귄출판사Peng. 번역)
“Graenlandinga Saga” “그랜란딩가 사가”	중세 아이슬란드 사가; “빈랜드 사가The Vinland Saga”의 일부
Grattius 그라티우스	라틴어 시인, 기원전 1세기 말
Graves, Robert 로버트 그레이브스	영국 시인, 1995~1985년경: “시집Collected Poems, 1914~1947”(펭귄출판사Peng.); 목록 B 참조
Gray, Thomas 토머스 그레이	영국 시인, 1716~1771년경: “(시골교회 마당에서 쓴) 비가Elegy (written in a Country Churchyard)”

Greene, Robert 로버트 그린	소책자, 로맨스 및 희곡을 쓴 영국 작가, 1560~1592년경: "환상의 카드The Carde of Fancie(card of Fancy)"(에브리맨스 라이브러리EL 단편소설)

H

1-2H4	"헨리 4세 1부와 2부The First and Second Parts of King Henry IV"(셰익스피어)
H5	"헨리 5세의 생애The Life of King Henry V"(셰익스피어)
1-2-3 H6	"헨리 6세 1, 2, 3부The First, Seond, and Third Parts of King Henry VI"(셰익스피어)
H8	"헨리 8세의 생애에 관한 유명한 역사The Famous History of the Life of King Henry VIII"(셰익스피어)
Hab. 하박국	구약성서의 선지자 하박국, 기원전 7세기 말
Hag. 학개	구약성서의 선지자 학개, 기원전 5세기
Hakluyt, Richard 리처드 하클루이트	"항해와 발견Voyages and Discoveries", 1552년~1616년경(펭귄출판사Peng.)
Ham. 햄릿	"덴마크의 왕자 햄릿Hamlet, Prince of Denmark"(셰익스피어)
Hebr. 히브리서	신약성서: 사도 바울이 히브리인들에게 보낸 편지
Heraclitus of Ephesus 에베소의 헤라클레이토스	그리스 철학자, 기원전 500년경(롭고전장서LCL)
Herbert, George 조지 허버트	영시(옥스퍼드대학교출판부OUP)
"Hermas" "헤르마스"	2세기, 계시의 책(롭고전장서LCL)
Hermes Tr(ismegistus) 헤르메스 트리스메기스토스	이집트 철학자이자 작가로 모세Moses 이전에 살았던 것으로 알려졌지만 아마도 서기 100년경일 것임: P="신성한 피만데르The Divine Pymander"(Weiser출판사, 뉴욕)
Hermias Phil(osophos) 헤르미아스 철학자들	기독교 변증가(롭고전장서LCL), 2세기
Herodas 헤로다스	헤로다스 또는 헤론다스: 기원전 3세기 그리스 시인

Herod(otus) 헤로도토스	그리스 역사가, 기원전 480~425년경: "역사Histories"(펭귄출판사Peng.)
Herrick, Robert 로버트 헤릭	영국 시인, 1591~1674년경(옥스퍼드대학교출판부OUP)
Hesiod(us) 헤시오도스	그리스 시인, 기원전 8세기경: "신통기Theogony"(롭고전장서LCL)
Heywood, John 존 헤이우드	영국 가수, 음악가, 극작가, 1497~1580년경: "티에스테스왕Thyestes"(옥스퍼드대학교출판부OUP)
Hildegard von Bingen 힐데가르트 폰 빙엔	독일인 수녀, 음악가, 시인, 생물학자, 1100년경(독일어판)
Hippocrates 히포크라테스	그리스 의학자이자 철학자, 기원전 5세기(롭고전장서LCL)
Hipponax of Ephesus 에베소의 히포낙스	그리스 시인, 기원전 6세기(롭고전장서LCL)
Homer 호메로스	그리스 서사 시인, 기원전 9세기로 추정: "일리아드Il(iad)" 및 "오디세이아Od(yssey)"
Homeric H(ymns) 호메로스 찬가	저자가 알려지지 않은 그리스 서가, 신에 대한 기원을 모은 모음집(롭고전장서LCL)
Hopkins, Gerad M 제라드 홉킨스	영국 시인, 1844~1889
Horapollo 호라폴로	이집트 저자, 4세기경에 활동했던 것으로 추정, 상형문자를 설명함
Horace(Horatius), Quintus Flaccus 퀸투스 플라쿠스 호라티우스	라틴어 시인, 기원전 1세기 후반: "카르미나Carm(ina)"; "백년제가(祭歌) 카르멘Car(men) Saec(ulare)"; "서정시집Epod(es)"; "풍자시집Sat(ires)"; "서간집Epist(ulae); "시론Ars Poet(ica)"(롭고전장서LCL); "송가Odes" (펭귄출판사Peng.)
Hos. 호세아	구약성서 예언자 호세아, 기원전 8세기 말 또는 5세기 말
"Hrafnkel's Saga" and other stories "흐라픈켈의 사가"와 기타 이야기들	아이슬란드 이야기, 13세기(펭귄출판사Peng.)

Ibycus 이비쿠스	그리스 서정시인(롭고전장서LCL), 기원전 6세기
Ignatius (of Antioch) (안디옥의) 이그나티우스	속사도(롭고전장서LCL)

"Il(iad)" 일리아드	호메로스Homer 참조
Ingoldsby Legends 잉골즈비 전설	리처드 H. 바함R. H. Barham(1788~1845년경)의 가짜 중세 이야기
Irenaeus, St. 성 이레나이우스	그리스 교부, 리옹 지방의 주교, 2세기(스페인어판, A. 오베A. Orbe 번역, 목록 B의 기독교저자모음집BAC 참조)
Isa. 이사야	선지자 예언자(이사야), 기원전 735년에서 698년까지 활동함
Isocrates 이소크라테스	아테네 연설가, 기원전 436~338년경(롭고전장서LCL)

J

James 야고보	디아스포라에 있는 기독교 유대인들에게 보낸 야고보의 편지
Jer. 예레미야	기원전 650년경에 태어난 선지자 예레미야
Jes(us) Ben Sir(ach) 예수스 벤 시라	집회서Ecclus. 참조
Job 욥기	구약성서, 기원전 4세기(500년경)에 기록된 욥Job에 관한 책
Joel 요엘	구약성서의 선지자, 기원전 4세기 초
(K.) John 존왕의 삶과 죽음	"존왕의 삶과 죽음The Life and Death of King John"(셰익스피어)
(St.) John 사도 요한	신약성서의 요한복음
l-2-3John 요한1, 2, 3서	신약성서, 사도 요한의 서신인 요한1, 2, 3서
John Chrys(ostom), St. 성 존 크리소스톰	기독교 수사학자, 4세기 말(기독교저자모음집BAC)
John Damascene, St. 성 요한 다마센	기독교 저자, 676~749년경, "발람과 요사팟Barlaam and Josaphat"의 저자로 추정됨
Jon. 요나서	구약성서, 이 책은 기원전 612년 니느웨Nineveh 함락 이후, 즉 기원전 200년 이전에 기록됨
Jonson, Ben 벤 존슨	영국의 시인이자 극작가, 1572~1637년경
Josephus, Flavius 요세푸스, 플라비우스	플라비우스Flavius 참조

Josh. 여호수아	기원전 1300년경의 사건을 묘사한 여호수아Joshua에 관한 구약성서
Joyce, James 제임스 조이스	아일랜드 소설가, 1882~1941년경; "젊은 예술가의 초상Portrait (of the Artist as a Young Man)"; "율리시스Ulysses" "피네간의 경야Finnegan's Wake"
Juan de la Cruz (Juan X) 후안 데 라 크루즈(후안 10세)	스페인 신비주의자이자 저자, 1542~1591년경(스페인어판 번역 앤서니 클라크Anthony Clarke)
Jude 유다서	신약성서: 예루살렘에 있는 기독교인들에게 보내는 사도 유다Jude의 편지
Judg. 사사기	기원전 1300~1400년경의 사건을 기술한 구약성서의 사사들의 책
Judith 유디스	아슈르바니팔Ashurbanipal, 다리우스Darius 또는 아르타크세르크세스Artaxerxes의 사건을 기술한 아포크라테스 구약성서; 두에이Duay판
Julian(us), Flavius Claudius 플라비우스 클라우디우스 율리아누스	'배교자the Apostate': 로마 황제이자 그리스어로 글을 쓴 작가, 331~363(롭고전장서LCL)
Juliana of Norwich 노리치의 줄리아나	영국의 선각문학작가, 1342~1416년경: "신성한 사랑의 계시Revealations of Divine Love"(펭귄출판사Peng.)
Justin, St. 성 저스틴	2세기의 기독교 변증가이자 순교자(기독교저자모음집BAC)
Juvenal(is), Decimus Junius 데키무스 유니우스 유베날리스	60~70년생 로마 시인: "풍자시집Sat(ires)"(롭고전장서LCL와 펭귄출판사Peng.)

K

Keats, John 존 키츠	1795년부터 1795년까지의 영국 시인 O=송시Odes; 또한 "아름다운 부인La Belle Dame(무감각한)"
King Harald's Saga 하랄드 왕의 사가	헤임크링글라의 사가Heimkringla's Saga의 일부(펭귄출판사Peng.)
"Kingis Quair, The –" "왕의 책"	스코틀랜드 왕 제임스James 1세에 의해 1424년경 쓰인 것으로 추정되는 시
1-2Kings 열왕기 상, 하서	구약성서, 기원전 10세기의(?) 사건을 기술한 왕들의 책
Kyd, Thomas 토머스 키드	영국 극작가, 1557~1595년경: "스페인 비극Spanish Tragedy"(옥스퍼드대학교출판부OUP)

"Kyng Alis(aunder)" **"알리손더 왕"**	13세기 로맨틱 서사시

L

Lactantius, Lucius Caelius **루키우스 카엘리우스 락탄티우스**	250년경에 태어난 초기 기독교 작가: "신의 분노De Ira Dei"(독일어판)
Laforgue, Jules **줄스 라포르그**	프랑스 시인, 1860~1887년경: "피에로의 표현Locutions de Pierrot"
Lam(ent) **예레미야 애가**	구약성서 예레미야의 애가
Langland, William **윌리엄 랭글랜드**	영국 시인, 1330~1400년경: "농부 피어스의 꿈(The Vision concerning) P(ierce) Ploughm(an)"(또는 플로우먼Plowman, 펭귄출판사Peng.)
"Laus Pisonis" **"라우스 피소니스"**	작자 미상의 찬사의 글, 15세기로 추정됨(롭고전장서LCL)
Lawrence, David H. **데이비드 로렌스**	영국 시인, 수필가, 소설가, 1885~1930년경
"Laxd(aela) Saga" **"락스델라 사가"**	13세기 아이슬란드의 사가(펭귄출판사Peng.)
Layamon **라야아몬**	앵글로색슨 시인, 1200년경: "브루트Brut"(에브리맨스 라이브러리EL)
Lev. **레위기**	레위Leviticus에 관한 구약성서, '모세오경Moses'의 세 번째 책
Livy, Titus (Livius) **티투스 리비우스**	라틴 역사학자, 기원전 59~서기 17: "로마 건국 원년Ab Urbe Condita"(롭고전장서LCL)
LLL **사랑의 헛수고**	"사랑의 헛수고Love's Labour's Lost"(셰익스피어)
Longus **롱구스**	그리스 저자, 기원전 3세기 출생한 것으로 추정됨: "다프니스와 클로에Daphnis and Cloe"(롭고전장서LCL)
Lorca, Federico G. **페데리코 로르카**	스페인의 시인이자 극작가, 1898~1936년경: "이그나시오 산체스 메지아스에 대한 애도Lament for I(gnacio) S(finchez) M(ejias)"; "예르마Yerma"와 기타 저술(펭귄출판사Peng. 및 스페인어판)
L(ea)r **리어왕**	"리어왕King Lear"(셰익스피어)
Lucan(us) **루카누스**	로마의 서사시인, 39~65년경: "내란기The Civil War"(혹은 "파르살리아Pharsalia"(롭고전장서LCL)
Lucian(us) from Samosate **루키아누스, 사모사테 출신**	다작의 그리스 풍자작가, 115~200년경(롭고전장서LCL와 펭귄출판사Peng.)

Lucilius 루킬리우스	로마의 풍자시 작가, 기원전 180~102년경(롭고전장서LCL)
Lucr. 루크리스의 능욕	"루크리스의 능욕The Rape of Lucrece"(셰익스피어)
Lucretius Carus, Titus 티투스 루크레티우스 카루스	로마의 에피쿠로스학파 철학자, 기원전 99~55년경: "사물의 본성에 대하여De Rerum Natura"(롭고전장서LCL)
Luke 누가복음	신약성서, 사도 누가Luke가 쓴 복음서
Lycophron 리코프론	칼키스Chalcis의 그리스 시인, 기원전 325년경 출생한 것으로 추정됨: "알렉산드라Alexandra"(롭고전장서LCL)

M

"Mabinogion" "마비노기온"	웨일스의 이야기 모음집, 14~15세기
Mac. 맥베스	"맥베스Macbeth"(셰익스피어)
1-2Mac(c)(h). or Maccab 마카베오 상, 하	메카베오Macchabees에 관한 외경 구약성서: 두에이판Doduay
Macrobius 마크로비우스	로마의 철학자이자 작가, 서기 400년: S="사투르날리아The Saturnalia"; "스키피오의 꿈The Dream of Scipio"(컬럼비아대학교출판부)
Mal. 말라기	구약성서의 선지자(예언자) 말라기Malachi, 기원전 6~5세기
Mallarmé, Stéphane 스테판 말라르메	프랑스 시인, 1842~1898년경(펭귄출판사Peng.)
"Mall(eus) Malef(icarum)" "마법의 망치"	"마법의 망치The Hammer of Witchcraft", 1484년경
Malory, Sir Th. 토머스 맬러리 경	영국 저자, 1470: "아서왕의 죽음Le Morte d'Arthur"
Mandeville, Bern 베른 맨더빌	영국에서 활동한 네덜란드 의사, 1670~1733년경: "벌들의 우화The Fable of the Bees"(펭귄출판사Peng.)
Mandeville, Sir John 존 맨더빌 경	14세기 중반, 자신의 여행 경험을 기술한 '여행기Travels' 작가로 추정됨
Manetho 마네토	이집트의 사제 작가, 기원전 3세기(롭고전장서LCL)
Mark 마가복음	사도 마가Mark에 따른 신약성서 복음서

Marlowe, Christopher 크리스토퍼 말로	영국의 시인이자 극작가, 1564~1593년경: "파우스투스Faustus"; "에드워드 2세Edw(ard) 2"(에브리맨스 라이브러리EL)
Martial(is), Marcus Valerius 마르쿠스 발레리우스 마르티알리스	스페인계 로마 시인, 40~104년경: 풍자시Epigrams(롭고전장서LCL)
Marvell, Andrew 앤드류 마벨	영국 시인, 1621~1678년경: "그의 수줍은 숙녀에게To His Coy Mistress" 및 기타
Matth. 마태복음	사도 마태Matthew에 따른 신약성서 복음서
Meas. 눈에는 눈, 이에는 이	"눈에는 눈, 이에는 이Measure for Measure"(셰익스피어)
Med(ieval) Lap(idaries) 중세보석세공집	보석 관련 서적 7권 모음집(옥스퍼드대학교출판부OUP)
Menander 메난데르	그리스 희극작가, 기원전 342~291년경(롭고전장서LCL)
Mer. V. 베니스의 상인	"베니스의 상인The Merchant of Venice"(셰익스피어)
"Merlin" "멀린"	15세기 산문 로맨스(영어고전학회EETS)
Micah 미가	구약성서의 선지자(예언자), 기원전 8세기 후반
Middleton, Thomas 토머스 미들턴	영국 극작가, 1570~1627년경: CH="체인글링The Changeling", CMC="치프사이드의 정숙한 부인A Chaste Maid in Cheapside"
Milton, John 존 밀턴	영국 시인, 1608~1674년경: "실낙원Par(adise) L(ost)"; "복낙원Par(adise) Reg(ained)"; "코무스Comus"; "사색가Il Penseroso"
Mimnermus 밈네르무스	그리스 이오니아의 시인, 기원전 7세기 후반부(롭고전장서LCL)
MND "한여름 밤의 꿈"	"한여름 밤의 꿈A Midsummer-Night's Dream"(셰익스피어)
Monmouth, Geoffrey of 몬머스의 제프리	영국 역사학자, 12세기; "브리타니아 역사Hist(oria) Reg(um) Brit(anniae)"(펭귄출판사Peng.)
Montaigne, M. E. de 미셸 드 몽테뉴	프랑스 수필가, 1533~1592년경(펭귄출판사Peng., 프랑스어판)
"Mort le Roi Artu, La – " "죽음의 왕 아르투"	13세기 프랑스 로맨스
"Morte Arthur" "죽음의 아서왕"	14세기 영국의 두운alliterative 스타일의 서사산문(영어고전학회EETS)
Moschus 모스쿠스	그리스 시인, 기원전 150년경(롭고전장서LCL)

MoV 베니스의 상인	"베니스의 상인The Merchant of Venice"(셰익스피어)
Musaeus 뮤지어스	그리스 시인, 4세기 또는 5세기, "헤로와 레안더Hero and Leander"(롭고전장서LCL)
MWW 윈저의 즐거운 아낙네들	"윈저의 즐거운 아낙네들The Merry Wives of Windsor"(셰익스피어; 또한 Wiv.이라고도 표기함)
Murdoch, Iris 아이리스 머독	영국 소설가, 1919~1999년경

Naevius, Cnaius 크나이우스 내비우스	로마 저자, 기원전 270~200년경: PW="포에니 전쟁Punie Wars" 및 기타(롭고전장서LCL)
Nahum 나훔	구약성서의 선지자(예언자), 기원전 7세기
Nashe, Thomas 토머스 내쉬	영국 소책자 저자이자 소설가, 1567~1601년경: "(불행한) 여행자(The Unfortunate) Traveller"(에브리맨스 라이브러리EL)
Neh. 느헤미야	구약성서의 예언자(선지자) 느헤미야, 기원전 5세기
Nemesianus 네메시아누스	라틴 시인, 3세기 후반(롭고전장서LCL)
Neruda, Pablo 파블로 네루다	칠레 시인이자 정치가, 1904~1973년경
"Nib(elungenlied)" 니벨룽겐의 노래	1200년경 쓰인 오스트리아의 영웅 서사시(펭귄출판사Peng.)
Nicander 니칸데르	그리스 시인, 기원전 3세기 또는 2세기; 독이 있는 동물과 독극물에 대해 잘 알고 있음(컬럼비아대학교출판부)
Nietzsche, Friedrich W. 프리드리히 니체	독일 철학자이자 저자, 1844~1900년경: "차라투스트라는 이렇게 말했다Thus Spoke Zarathustra"(펭귄출판사Peng.)
"Njal's Saga" 냘의 사가	아일랜드 전설, 13세기 후반(펭귄출판사Peng.)
Nonnus 논누스	그리스 서사시를 저술한 이집트 작가, 서기 400년경(롭고전장서LCL)
Norton-Sackville 노턴-새크빌	16세기 영국 공동 드라마 작가: "고르보두크의 비극Gorboduc"
Num. 민수기	구약성서의 민수기, '모세오경의 네 번째 책'

nursery rhymes **전래동요**	아이오나 오피I. Opie와 피터 오피P. Opie가 엮은 옥스퍼드 동요사전(옥스퍼드대학교출판부OUP)

O

Obad. **오바댜**	구약성서의 예언자(선지자) 오바댜Obasiah, 기원전 6세기
"Od(yssey)" **오디세이아**	호메로스Homer 참조
Oppian **오피안**	그리스 작가, 200년: C="아기백조Cygnetic" 또는 "사냥The Chase"; H="할리에우티카Halieutica" 또는 "낚시Fishing"
Origen(es) **오리게네스**	기독교 작가, 185~254년경: "콘트라 셀숨Contra Celsum"(기독교저자모음집BAC과 케임브리지대학교출판부)
O. T. Apocr. **구약성서 외경**	외경 참조
O. T. Pseud. **구약성서 위경**	구약성서의 위경
Oth. **오셀로**	"베니스의 무어인 오셀로Othello, the Moor of Venice"(셰익스피어)
Ovid(ius), P. Naso **P. 나소 오비디우스**	로마 시인, 기원전 43~서기 18: "변신이야기Metam(orphoses)"; "사랑의 기술De Art(e) Am(atoria)"; "여성의 얼굴 화장법De Med (icamine) Fac(iei)"; "행사력Fasti"; "헤로이데스Her(oides)"; "사랑의 치료법Rem (edia) Am(oris)"(롭고전장서LCL)
Ovide M(oralisé) **오비디우스 도덕론**	14세기 초. 오비디우스의 변신에 대한 기독교적 해석을 제공하는 프랑스 시
"Owl and the Nightingale, The –" **"올빼미와 나이팅게일"**	우화적인 중세 시, 13세기 중반

P

Pacuvius, Marcus **마르쿠스 파쿠비오스**	로마 작가, 기원전 270~200년경(롭고전장서LCL)
P. Anth. **팔라티노 선집**	팔라티노 선집, 그리스어(롭고전장서LCL)
Pap(yri) Gr(aecas) Mag(icae) **그리스 마법 파피루스**	"그리스 마법 파피루스The Greek Magic Papers"(독일어판)

Paracelsus, Theophrastus **테오프라스투스 파라켈수스**	한때 의사이자 화학의 아버지, 1493~1541년경(독일어판)
Parthenius of Nicea **니케아의 파르테니우스**	그리스 시인, 기원전 1세기 전반(롭고전장서LCL)
Pascal, Blaise **블레즈 파스칼**	프랑스 철학자, 1623~1662년경
Pass. Pilgr. **열정적 순례자**	"열정적 순례자The Passionate Pilgrim"(셰익스피어)
Pausan(ias) **파우사니아스**	그리스 저자, 2세기: "그리스에 대한 기술Description of Greece"(펭귄출판사Peng.)
Pentadius **펜타디우스**	라틴 시인(롭고전장서LCL), 3세기
Per. **페리클레스**	"타이어의 왕자 페리클레스Pericles, Prince of Tyre"(셰익스피어)
Perrault, Charles **찰스 페로**	프랑스 작가, 1628~1703년경: "동화Fairy Tales"(펭귄출판사Peng.)
Persius **페르시우스**	로마 풍자 시인, 34~62년경(롭고전장서LCL)
"Pervig(ilium) Ven(eris)" **"페르비길리움 베네리스"**	작자미상. 라틴어 시, 2~4세기(롭고전장서LCL)
1-2Pet(er) **베드로전후서**	신약성서: 소아시아의 다섯 지방에 보내는 사도 베드로의 서신
Petronius Arbiter **페트로니우스 아르비터**	서기 65년 라틴어 풍자가: "사티리콘Satyricon"
Phil. **빌립보서**	신약성서: 마케도니아 빌립보 주민들에게 보낸 사도 바울의 서신
Philemon **빌레몬서**	신약성서: 사도 바울이 빌레몬에게 보낸 편지
Philo ('Judaeus') **필로('유다이오스')**	유태인 철학자이자 다작 작가, 기원전 20년경 출생(롭고전장서LCL)
"Philogelos" **"필로겔로스"**	"웃음의 친구The Friend of Laughter", 고대 후기Late Antiquity의 농담 모음집(독일어판)
Philostratus **필로스트라투스**	부자(父子) 작가, 2세기와 3세기(롭고전장서LCL)
Philoxenus, son of Eryxis **에릭시스의 아들 필록세누스**	그리스의 주신(酒神)찬가 시인(롭고전장서LCL)
Philoxenus of Cythera **키테라의 필록세누스**	그리스의 주신(酒神)찬가 시인, 기원전 436~380년경(롭고전장서LCL)
Phocylides **포실리드**	그리스 밀레토스의 시인, 기원전 6세기(롭고전장서LCL)

Phoen. **불사조**	"불사조와 거북The Phoenix and the Turtle"(셰익스피어)
"Phoenix" **"불사조"**	4세기(?)의 기원을 알 수 없는 라틴어 시(롭고전장서LCL), 나중에 앵글로색슨어 판으로 번역됨
Physiologus **피시오로고스(자연의 사람)**	피지오로고스는 원래 그리스어로 기술되었고 나중에 라틴어로 된 신화속 동물우화집으로 만들어졌으며 중세에 유명했음(독일어판)
Pilgr., or Pass. Pilgr. **순례자 또는 열정적인 순례자**	"열정적 순례자The Passionate Pilgrim"(셰익스피어)
Pindar(us) **핀다로스**	그리스 서정시인, 기원전 520~440년경: 송시Odes: "피티아 송시Pyth(ian)"; "올림피아 송시Olymp(ian)"; "이스트미아 송시Isthm (ian)"; "네메아 송시Nem(ean)"
Plato **플라톤**	다작의 그리스 철학자이자 저술가, 기원전 427~348년경 추정(롭고전장서LCL)
Plautus, Titus Maccius **티투스 마키우스 플라우투스**	라틴 희극 작가, 기원전 254~184년경(롭고전장서LCL)
Pliny(Plinius) Secundus, the Elder, Gaius **연장자 가이우스 플리니우스 세쿤두스**	로마의 문인, 23~79년경: "자연사Natural History"(롭고전장서LCL)
Pliny, the Younger **젊은 플리니우스**	장로의 조카, 유명한 서간집 저자, 61~113년경(펭귄출판사Peng. 번역)
Plotinus **플로티누스**	205년에 태어난 주요 신플라톤주의자: "엔네아데스The Enneads"(파버출판사)
Plutarch **플루타르코스**	그리스의 전기작가이자 도덕철학자, 46~120년경: "동물의 영리함Clev(erness) of An(imals)"; "결혼에 대한 조언Adv(ice) on Marr (iage)"; "신탁의 쇠락에 관하여Decl(ine) of (the) Or(acles)"; "이시스와 오시리스Is(is) and Os(iris)"; "윤리론집M(oralia)" 등(롭고전장서LCL)
Poe, Edgar Allan **에드거 앨런 포**	미국 시인, 1809~1849년경
Polo, Marco **마르코 폴로**	베네치아 여행자, 1254~1324년경: "여행Travels"(펭귄출판사Peng.)
Polybius **폴리비우스**	기원전 208년에 태어난 그리스 군인이자 역사가: "역사The Histories"(롭고전장서LCL)
Polycarp **폴리카프**	기독교 서신(롭고전장서LCL)
Pope, Alexander **알렉산더 포프**	영국 풍자시인이자 문인, 1688~1744년경; "우인열전(The) Dunc (iad)"; "인간론Ess(ay) on Man"; Ep="서간Epistle"
Porphyry (Porphyrius) **포르피리(포르피리우스)**	페니키아 신플라톤주의자, 3세기: Abst.="육식의 절제에 관하여On Abstinence from Animal Food"

Pratinas 프라티나스	그리스 시인이자 극작가, 기원전 500년경(롭고전장서LCL)
“Precation Terrae” “프리케이션 테레”	1세기 어머니 대지에 보내는 라틴어 기도문(롭고전장서LCL)
PrEdda 산문에다	스노리 스투를루손Snorri Sturluson이 쓴 산문인 시집 신(新)에다Prose Edda, 1179~1241년경
Procopius of Caesarea 카이사레아의 프로코피우스	역사가, 기원전 6세기: HW=“전쟁의 역사Hisory of the Wars”; An=“일화 또는 비밀 역사Anecdote, or Secret History”; B=“건물Buildings” (롭고전장서LCL)
Prop(ertius), Sextus 섹스투스 프로페르티우스	로마 시인, 기원전 50~16년경: “비가Elegies”(롭고전장서LCL)
Prov. 잠언	구약성서 솔로몬의 잠언(기원전 3세기까지)
Prudentius, Aurelius Clemens 아울렐리우스 클레멘스 프루덴티우스	로마의 스페인인이자 기독교인, 시인이자 관료, 348년경 출생(롭고전장서LCL)
Ps. 시편	구약성서 시편, 기원전 2세기 초 편찬됨
Ptol(emaeus), Claudius 클라우디오스 프톨레마이오스	이집트의 천문학자이자 지리학자, 100~178년경(롭고전장서LCL)
Publilius Syr(us) 푸블릴리우스 사이러스	로마의 시리아 작가이자 격언가, 기원전 1세기(롭고전장서LCL)

Q

Quest of the H. Grail 성배의 탐구	작자미상의 프랑스어 산문, 1225년경(펭귄출판사Peng.)
Quint(us) Smyrn(aeus) 코인토스 스미르나이오스	그리스 시인, 4세기(롭고전장서LCL)

R

R2 리처드 2세의 비극	“리처드 2세의 비극The Tragedy of King Richard II”(셰익스피어)
R3 리처드 3세의 비극	“리처드 3세의 비극The Tragedy of King Richard III”(셰익스피어)
Rev. 요한계시록	신약성서 요한계시록

"Reynard the Fox" "여우이야기"	중세 설화집(1250년경 플랑드르판)
Rilke, Rainer Maria 라이너 마리아 릴케	독일 시인, 1875~1926년경
"(The) Rime (of the Ancient Mariner)" "늙은 선원의 노래"	새뮤얼 T. 콜리지Samuel T. Coleridge 참조
Rohan: Grandes Heures "로한의 위대한 시간"	15세기 프랑스 시간의 책
Rolle of Hampole, Richard 햄폴의 리처드 롤	영국의 신비주의자, 14세기
Rom. "로미오와 줄리엣"	"로미오와 줄리엣Romeo and Juliet"(셰익스피어)
Roman de la Rose "장미이야기"	프랑스의 기욤 드 로리스Guillaume de Lorris와 장 드 묑Jean de Meung 이 쓴 우화적 산문, 13세기 초 제프리 초서Geoffrey Chaucer 번역
Roman Inscr(iptions) 로마 비문	다양한 묘비문 및 헌정문(롭고전장서LCL)
Romans 로마서	신약성서: 사도 바울이 로마인들에게 보낸 서간
Ruth 룻기	구약성서, 기원전 6세기경

1–2 Sam. 사무엘기 상, 하서	사건들을 기록하고 있는 구약성서 사무엘서, 기원전 1000년경
Sappho 사포	그리스의 여류시인, 기원전 7세기(롭고전장서LCL)
Semonides 세모니데스	그리스의 운율시인, 기원전 7~6세기
Seneca 세네카	부유한 로마의 철학자, 궁정관료이자 작가, 기원전 4~서기 65년경(롭고전장서LCL)
Sext(us) Emp(ericus) 섹스투스 엠피리쿠스	그리스의 회의론자이자 의사, 160~210년경(롭고전장서LCL)
Shakespeare, William 윌리엄 셰익스피어	엘리자베스 1세 시대의 극작가이자 시인, 1564~1616년경(아든판)
Shelley, Percy 퍼시 셸리	영국의 시인, 1792~1822년경: "사슬에서 풀린 프로메테우스Prom(etheus) Unb(ound)" 외

Sheridan, Richard 리처드 셰리던	영국의 극작가, 1751~1816년경: "추문 패거리Sch(ool) for Scand (al)"
Sirach 시라 집회서	집회서Ecclus 참조
Shr. "말괄량이 길들이기"	"말괄량이 길들이기The Taming of the Shrew"(셰익스피어)
Sidney, Sir Philip 필립 시드니 경	영국의 귀족이자 시인, 1554~1586년경: OA="고대의 아르카디아 Old Arcadia"; AS="아스트로펠과 스텔라Astrophel and Stella"; CS= "소네트Certain Sonnets"(옥스퍼드대학교출판부OUP)
Sidonius Apollinaris 성 시도니오스 아폴리나리스	갈로 로마의 관리이자 주교, 430년경(롭고전장서LCL)
Simonides 시모니데스	그리스 코스섬의 서정 시인, 기원전 556~486년경(롭고전장서LCL)
Skelton, John 존 스켈턴	영국 시인, 1460~1529년경
Sitwell, Dame E. 데임 시트웰	영국 시인이자 비평가, 1887~1964년경
Socrates 소크라테스	그리스 철학자, 기원전 469~399년경(롭고전장서LCL)
Solon 솔론	그리스 정치가, 법률가이자 시인, 기원전 640~558년경(롭고전장서LCL)
Sonn. "소네트"	"소네트Sonnets"(셰익스피어)
Sonn. Music "소네트 뮤직 노트"	"소네트 뮤직 노트Sonnets to Sundry Notes of Music"(셰익스피어)
Sophocles 소포클레스	그리스의 비극시인, 기원전 496~406년경: "오이디푸스 왕Oed (ipus) Tyr(annos)"; "콜로노스의 오이디푸스Oed(ipus at) Col(lonus)"; "안티고네Ant(igone)" 등(롭고전장서LCL)
SoS 아가서	기원전 300년 이후에 쓰인 구약성서 아가서Song of Songs
Southwell, Robert 로버트 사우스웰	영국의 시인이자 가톨릭 순교자, 1561~1595년경
Spenser, Edmund 에드먼드 스펜서	영국의 시인, 1552~1599년경: "목양자의 달력Shepherd's Cal(endar)"; "페어리 퀸(The) Faerie Q(ueene)"(옥스퍼드대학교출판부OUP)
Statius, Publius Papinius 퍼블리우스 파피니우스 스타티우스	로마의 교사이자 시인, 40~96년경(롭고전장서LCL)
Strabo 스트라보	그리스 아시아 지역의 지리학자, 기원전 64~서기 25년경(롭고전장서LCL)

Suetonius Tranquillus, Gaius 가이우스 수에토니우스 트란퀼리우스	로마의 역사가, 70~160년경(펭귄출판사Peng.)
Surrey, Henry Howard, Earl of – 서리 백작 헨리 하워드	영국의 시인, 1517~1547년경(옥스퍼드대학교출판부OUP)
Sylvester, Joshua 조슈아 실베스터	"기욤 드 살루스테, 시에르 드 바르타의 신성한 시기와 작품The Divine Weeks and Works of Guillaume de Saluste, Sieur de Bartas", 16세기 후반의 작품, 실베스터Sylvester가 영어로 번역, 1562~1618년경(옥스퍼드대학교출판부OUP)

Tacitus, Publius Cornelius 푸블리우스 코르넬리우스 타키투스	로마의 역사가, 55~117년경(펭귄출판사Peng.)
Tatian(us) 타티아누스 혹은 타시아노	변증론자, 2세기(기독교저자모음집BAC)
Telesilla 텔레실라	그리스의 여성 시인, 기원전 5세기경(롭고전장서LCL)
Tennyson, Alfred Lord 앨프레드 로드 테니슨	영국 시인, 1809~1892
Terence (Publius Terentius Afer) 테렌스 (푸블리우스 테렌티우스 아페르)	로마의 희극작가, 기원전 185~159년경(펭귄출판사Peng.)
Teresa, Sta. 데레사 성녀	아빌라의 데레사 성녀, 스페인의 신비가, 1515~1582년경: "자서전V(ida)"; CP="완벽의 길Camino de perfeccion"(기독교저자모음집: 시드 & 워드출판사, 런던)
Tertullian(us) 테르툴리아누스	기독교 작가, 150~222년경(니케아 전시대 기독교서적모음집)
Theocr(itus) 테오크리토스	그리스 시인, 기원전 270년경에 활동(롭고전장서LCL)
Theognis 테오그니스	그리스 남부 메가라의 시인, 기원전 6세기 후반(롭고전장서LCL)
Theophilus (of) Ant(iochia) 안디옥의 테오필루스	2세기 그리스의 기독교 변증론자(기독교저자모음집)
Theophrastus 테오프라스토스	레스보스섬의 에레소스 출신으로 본명은 티르타무스Tyrtamus, 기원전 370~287년경: "암석에 대하여De Lapidibus"(옥스퍼드대학교출판부OUP); "성격론Characters"(롭고전장서LCL)
1–2 Thess. 데살로니가전후서	신약성서: 사도 바울이 데살로니가 신자들에게 보낸 서간
Thomas, Dylan 딜런 토머스	영국 웨일스의 시인, 1914~1953년경

Thomas 'of Britain' 브리튼의 토머스	신원미상 시인: "트리스탄Tristan"의 시 일부(펭귄출판사Peng., 고트프리트 폰 슈트라스부르크Gottfred von Strassburg 참조)
Tib(ullus) 티불루스	로마의 서정시인, 기원전 60~19년경(롭고전장서LCL)
Tim. (of Ath.) "아테네의 티몬"	"아테네의 티몬Timon of Athens"(셰익스피어)
1–2 Tim. 디모데전후서	신약성서 에베소의 감독자인 디모데Timothy에게 보낸 사도 바울의 서간
Timotheus 티모데우스	그리스 밀레투스의 시인이자 음악가, 기원전 447~357년경(롭고전장서LCL)
Tit(us) 디도서	신약성서 그레데섬의 감독인 디도Titus에게 보낸 사도 바울의 서간
Tit(us) Andr. "타이투스 안드로니카스"	"타이투스 안드로니카스Titus Andronicus"(셰익스피어)
Tob(ias) 토비아	구약성서 외경 토비아Tobias서, 기원전 8세기경: 두에이판Douay
Tottel, Richard 리처드 토틀	"토틀 시선집Tottel's Miscellany"이라는 시와 소네트 시선집을 낸 인쇄업자, 1557년경
Tourneur, Cyril 시릴 터너	영국의 극작가, 1575~1626년경; "복수자의 비극(The) Rev(enger's) Trag(edy)"
Tp "템페스트"	"템페스트The Tempest"(셰익스피어)
TRH de Berry "베리 공작의 매우 호화로운 기도서"	"베리 공작의 매우 호화로운 기도서Les Tres Riches Heures de Jean, Duc de Berry", 세밀하게 묘사된 15세기 기도서
Troil. "트로일로스와 크레시다"	"트로일로스와 크레시다Troilus and Cressida"(셰익스피어)
Tryphiodorus 트리피오도로스	서기 5세기 중반의 이집트 출생의 그리스 시인
Tw(elfth) N. "십이야"	"십이야Twelfth Night, or, What You Will"(셰익스피어)
"The Twelve Tables" "12표 법"	기원전 450년경 제정된 것으로 추정되는 초기 로마의 법
Tyrtaeus 튀르타이오스	그리스 스파르타 출신의 시인, 기원전 7세기 중반(롭고전장서LCL)

Valer(ius) Flac(cus), Gaius 가이우스 발레리우스 플라쿠스	라틴 시인, 1세기 후반: "아르고 원정대 이야기Argonautica"(롭고전장서LCL)

Valéry, Pall 폴 발레리	프랑스의 시인이자 평론가, 1871~1945년경
Varro, M. Terentius 마르쿠스 바로	라틴 시인, 풍자가, 골동품 수집가, 법학자, 지리학자이자 과학자, 기원전 116~27년경: "농업론(De) Re Rus(tica)"; LL="라틴어 원론 De Lingua Latina"(롭고전장서LCL)
Ven. "비너스와 아도니스"	"비너스와 아도니스Venus and Adonis"(셰익스피어)
Virgil 베르길리우스	푸블리우스 베르길리우스 마로Publius Vergilius Maro, 로마의 시인, 기원전 70~19년경: "아이네아스Aen(eid)"; "농경시Georg(ics)"; "전원시Ecl(ogues)"(롭고전장서LCL)
Victorinus of Petau 페타비오의 빅토리누스	성인, 순교자, 파도바의 주교, 서기 300년경으로 추정: Creat="세상의 창조에 대하여On the Creation of the World"; Apoc="요한 묵시록에 대하여On the Apocalypse of John"(니케아 전시대 기독교서적모음집)
Visconti "비스콘티의 시간"	"비스콘티의 시간The Visconti Hours", 15세기 초 시간의 책
Vitruvius, Marcus-Pollio 마르쿠스-폴리오 비트루비우스	로마의 건축가이자 엔지니어, 1세기 초(롭고전장서LCL)
Volsunga Saga "볼숭가의 사가(니벨룽겐의 노래)"	13세기경 아이슬란드에서 쓰인 산문 형식의 사가

Wace 웨이스	저지섬 태생의 프랑스 시인, 12세기: "로만 드 브뤼Roman de Brut"; 웨이스Wace와 (레이아몬Layamon)의 "아서왕 연대기Arthurian Chronicles"(에브리맨스 라이브러리EL)
Webster, John 존 웹스터	영국의 극작가, 1580~1625년경: "하얀 악마(The) Wh(ite) Dev(il)"; "몰피 공작부인(The) D(uchess) of Malfi"
Wint. "겨울이야기"	"겨울이야기The Winter's Tale"(셰익스피어)
Wisd(om) Sol. 솔로몬의 지혜서	구약외경 솔로몬의 지혜서; 두에이판Douay 성서
Wiv. "윈저의 즐거운 아낙네들"	"윈저의 즐거운 아낙네들The Merry Wives of Windsor"(셰익스피어)
Woolf, Virginia 버지니아 울프	영국의 소설가, 1882~1941년경
Wordsworth, W 윌리엄 워즈워스	영국의 시인, 1770~1850년경: "어린 시절을 회상하며 얻은 불멸에 대한 깨달음Int(imations) of Imm(ortality from Recollections of Early Childhood)"

X

Xenophanes 크세노파네스	이오니아의 콜로폰 출신의 그리스 시인, 기원전 6세기(롭고전장서LCL)
Xenophon 크세노폰	그리스의 수필가, 기원전 430년경 출생: "아나바시스Anab(asis)"(펭귄출판사Peng.; 다른 작품들은 롭고전장서LCL에서)

Y

Yeats, William B 윌리엄 예이츠	아일랜드 시인, 극작가 등, 1865~1939년경

Z

Zech. 스가랴서	구약성서 스가랴서, 기원전 6~5세기경
Zeph. 스바냐서	구약성서 스바냐서, 예언자(선지자) 스바냐는 기원전 7세기 후반 생존

Ⓑ 부차적 문헌의 목록

❏ 일반 정보

이 문헌들은 Ad De Vries가 참고한 책들이다. 이 책들 중 일부는 주요 문헌Primary Literature이라고 할 수 있을 만큼 탁월한 문화적 중요성을 지닌 철학이나 예술 작품으로서 오늘날에도 그 문학적인 가치를 인정받고 있다. 그러나 이 문헌들은 원래 학술 논문으로 쓰였기 때문에 부차적 문헌목록에 포함시켰다. 이 책에서는 하나의 작품으로 유명한 저자는 작품제목이 아닌 이름으로만 언급했다.

다시 말하지만, 네덜란드 왕립도서관이나 대학도서관에 있는 많은 책을 인용했고, 불행히도 서지정보가 불완전하거나 완전히 소실된 경우도 있다. 이 목록에서 일부 제목 뒤에는 사전에 사용된 것과 같이 괄호 안에 약어로 표기하였다. 구할 수 있는 출판정보는 제목 아래에 괄호로 표시하였다. 개별 저자 목록 다음에는 참고한 선집과 사전을 간략하게 기재하였다. 이러한 것은 목록에 없거나 저자표기를 하지 않았다. 연도는 참고한 문헌의 출판연도를 가리키며 반드시 출판된 첫해는 아닐 수 있다.

A

Allendy, Dr. Rene 르네 알렌디 박사	"숫자의 상징성Le symbolisme des Nombres(SN)"(샤코낙 도서관, 파리, 1922년경)
Ashe, Geoffrey 제프리 애쉬	"아서의 영국에 대한 탐구The Quest for Arthur's Britain"(개정판)(페레린출판사); "아서왕의 아발론섬King Arthur's Avalon(AA)"(펭귄출판사Peng.)

B

Barber, Richard & Anne Riches 리처드 바버 & 앤 리치스	"신비한 동물사전A Dictionary of Fabulous Beasts"(맥밀란출판사, 런던, 1971)
Basler, Roy P. 로이 바슬러	"문학 속에서의 성, 상징성, 심리학Sex, Symbolism and Psychology in Literature"(옥타곤출판사, 뉴욕, 1948)
Bayley, Harold 해럴드 베일리	"잃어버린 상징주의 언어The Lost Language of Symbolism"(어니스트 벤 리미티드 출판사, 런던, 1968; 초판 출간 1912)
Benwell, Gwen & Arthur Waugh 그웬 벤웰 & 아서 워프	"바다의 여자마법사Sea Enchantress"(허친슨출판사, 런던, 1961)
Bianchi, Udo 우도 비안치	"그리스 비의The Greek Mysteries"(브릴출판사, 레이든, 1976)
Blavatsky, Helena P. 헬레나 블라바츠키	"비경The Secret Doctrine"(암스테르담, 1907년에 네덜란드어로 번역된 책)
Bloomfield, Morton W. 모턴 블룸필드	"일곱 개의 대죄The Seven Deadly Sins"(미시간주립대학교출판부, 1952: 부록 1만 복사하여 사용)
Bodkin, Maud 모드 보드킨	"시의 원형적 패턴Archetypal Patterns in Poetry"(옥스퍼드대학교출판부OUP, 1934)
Borges, Jorge Luis 호르헤 루이스 보르헤스	"환수사전The Book of Imaginary Beings"(펭귄출판사Peng., 1974)
Bowra, Cecil Maurice 세실 모리스 보우라	"상징주의의 유산The Heritage of Symbolism"(맥밀란출판사, 뉴욕, 1943~1967)
Brody, Alan 앨런 브로디	"영국 미이라와 그들의 연극The English Mummers and Their Plays"(루틀리지 & 케이건 폴 출판사, 런던, 1969)

Brown, C(arleton) **칼튼 브라운**	"13세기 영국노래English Lyrics of the Thirteenth Century"(옥옥스퍼드대학교출판부OUP, 1971); "14세기 종교음악Religious Lyrics of the Fourteenth Century"(옥스퍼드대학교출판부OUP, 1970); "15세기 종교음악Religious Lyrics of the Fifteenth Century"(옥스퍼드대학교출판부OUP, 1967)
Budge, Sir Ernest A. Wallis **어네스트 알프레드 월리스 버지 경**	"사자의 서The Book of the Dead(루틀리지 & 케이건 폴 출판사, 런던, 1974; 초판 출간 1899); "이집트 언어Egyptian Language"(에이레스출판사, 시카고, 1966; 초판 출간 1919년경); "이집트 신비Egyptian Magic"(루틀리지 & 케이건 폴 출판사, 런던, 1975; 초판 출간 1899); "오시리스와 이집트인의 부활Osiris and the Egyptian Resurrection"(도버출판사 재판, 뉴욕, 1973; 초판 출간 1911)
Bunge, Hans **한스 분게**	"숨겨진 것의 주인Meesters van het Verborgene"(에소테리카 출판사, 암스테르담, 1967)
Butler, C. **크리스토퍼 버틀러**	"수 상징성Number Symbolism"(루틀리지 & 케이건 폴 출판사, 런던, 1970)

C

Chetwynd, Tom **톰 체트윈드**	"꿈꾸는 자들을 위한 사전Dictionary for Dreamers"(팔라딘출판사, 1974)
Child, Francis J. **프랜시스 차일드**	"영국과 스코틀랜드의 대중 민요The English and Scottish Popular Ballads"(5권, 도버출판사 재판, 뉴욕, 1965)
Cirlot, Juan Eduardo **후안 에두아르도 시를롯**	"상징사전A Dictionary of Symbols"(잭 세이지Jack Sage 번역, 루틀리지 & 케이건 폴 출판사, 런던, 1967)
Cornford, Fr. M. **프란시스 맥도널드 콘퍼드**	"다락방 코미디의 기원The Origin of Attic Comedy"(시어도어 H. 개스터Th. H. Gaster, 피터 스미스Peter Smith 편집, 글로시스터출판사, 매사추세츠, 1968; 초판 출간 1934)
Cumont, Franz **프란츠 퀴몽**	"그리스 · 로마인들의 점성술과 종교Astrology and Religion among the Greeks and Romans"(도버출판사 재판, 뉴욕, 1970; 초판 출간 1903); "미트라 밀교The Mysteries of Mithra"(도버출판사 재판, 뉴욕, 1956; 초판 번역서 출간 1903); "로마 이교사상에 나타난 동방 종교Oriental Religions in Roman Paganism"(도버출판사 재판, 뉴욕, 1956; 초판 번역서 출간 1811)

D

Davenport, John 존 데이븐포트	"최음제와 사랑 각성제Aphrodisiacs and Love Stimulants"(룩서출판사, 1965)
Detienne, Marcel 마르셀 데티엔	"아도니스의 정원: 그리스 신화의 향신료The Garden of Adonis: Spices in Greek Mythology"(하비스터출판사, 1977)
Dietrich, Bernard C. 베르나르트 디트리히	"죽음, 운명 그리고 신: 그리스신화와 호메로스에 나타난 종교사상의 발달Death, Fate and the Gods: The Development of a Religious Idea in Greek Belief and in Homer"(런던대학교, 애슬론출판사, 1967)
Donington, Robert 로버트 도닝턴	"바그너의 반지와 그 상징들Wagner's "Ring" and Its Symbols"(파버출판사, 1963)
Douglas, Alfred 앨프레드 더글러스	"타로The Tarot"(펭귄출판사Peng., 1973)
Douglas, Mary 메리 더글라스	"자연의 상징들Natural Symbols"(펭귄출판사Peng., 연도미상)
Droulers, Euǵene.### 외젠 드룰레르	"속성, 비유, 상징 및 기호 사전Dictionary of Attributes, Allegories, Emblems and Symbols"(브레폴출판사, 앤트워프, 연도미상)

E

Eerenbeemt, Noud van den 누드 반 덴 에르벤트	"타로의 열쇠Key to the Taro"(네덜란드출판사, 1972)
Eliade, Mircea 미르체아 엘리아데	"신화, 꿈 그리고 신비주의Myths, Dreams and Mysteries(MDM)"(폰타나, 런던, 1960); "종합종교의 패턴Patterns in Comprehensive Religion (PCR)"(스태그북스, 셰드 & 와드 출판사, 1976); "종교사상사A History of Religious Ideas(HRI)"(제1권, 콜린스출판사, 1979)
Ellis Davidson, Hilda R. 힐다 엘리스 데이비슨	"북유럽의 신과 신화Gods and Myths of Northern Europe"(펠리컨출판사); "스칸디나비아 신화Scandinavian Mythology"(햄린출판사, 런던, 1969)
Every, George 조지 에브리	"기독교 신화Christian Mythology"(햄린출판사, 런던, 1970)

Jobes, Gertrude 거트루드 잡스	“신화, 민속 및 상징 사전Dictionary of Mythology, Folklore and Symbols”(스캐어크로우프레스, 뉴욕, 1961)
Jung, Carl Gustav 카를 구스타프 융	“융 전집Collected Works”(20권, R. F. C. 헐R. F. C. Hull 번역, 루틀리지 & 케이건 폴 출판사, 런던, 1959ff.)

K

Kerényi, Carl 칼 케레니	“그리스의 신들The Gods of the Greeks(GG)”(템즈 & 허드슨 출판사, 재판, 1978); “그리스의 영웅The Heroes of the Greeks(HR)”(같은 출판사); “제우스와 헤라: 아버지, 남편 및 아내의 원형 이미지Zeus and Hera: Archetypal Image of Father, Husband and Wife(ZH)” (루틀리지 & 케이건 폴 출판사/프린스턴대학교출판부, 1975)
Kirk, Geoffrey S. 제프리 커크	“그리스 신화의 본질The Nature of Greek Myths”(펭귄출판사Peng., 1935)
Kits Nieuwenkamp, H.W.M.J. H.W.M.J. 키츠 뉴벤캄프	“엘시비어 문장 백과사전Elsevier's Encyclopaedia of Heraldry”(암스테르담 출판사, 1961)
Kleijntjes en Knippenberg 크니펜베르그 클라이젠체	“신과 영웅에 관하여Of Gods and heroes”(그로닝겐 출판사)
Kristensen, Dr. Brede 브로드 크리스텐슨 박사	“상징과 현실Symbol and Reality”(팔라듐출판사, 1961)
Kroon, Dr. Tammo T. 타모 크룬 박사.	“신화사전 파트 2: 그리스와 로마 신화Dictionary of Mythology Part 2: Greek and Roman Mythology”(티에메출판사, 헤이그, 1875)

L

Langosch, Karl 칼 랑고쉬	“중세 라틴 서사시Medieval Latin Epic Poetry”(과학도서학회, 다름슈타트, 1967)
Leaky, Richard E., & Lewin, Roger 리쳐드 리키 & 로저 르윈	“기원Origins”(북클럽연합, 1977)
Lehner, Earnst 언스트 레너	“상징, 기호 및 인장Symbols, Signs and Signets”(뉴욕출판사, 1950)
Leland, Charles Godfrey 찰스 고드프리 릴랜드	“집시마법과 운세Gypsy Sorcery and Fortune Telling”(도버출판사, 뉴욕, 재판, 1891)
Lennep, Jacob van 제이콥 반 레넵	“예술과 연금술Art et Alchimie”(브뤼셀출판사, 연도미상)
Lévi-Strauss, Claude 클로드 레비 스트로스	“구조주의 인류학Structural Anthropology”(펭귄출판사Peng.)

Lewis, Clive S. 클라이브 루이스	“사랑의 알레고리The Allegory of Love”(옥스퍼드대학교출판부OUP, 1973: 초판 출간 1936)
Linforth,. Ivan M. 이반 린포스	“오르페우스의 예술The Arts of Orpheus”(아르노프레스, 뉴욕, 1973; 재판 출간 1941)
Loomis, Roger S.(editor) 로저 루미스(편집자)	“중세의 아서 문학Arthurian Literature in the Middle Ages”(옥스퍼드대학교출판부OUP, 1974, 초판 출간 1959)

M

MacCana, Proinsias 프로인시아스 맥캐너	“켈트신화Celtic Mythology”(햄린출판사, 런던, 1970)
MacNeice, Louis 루이스 맥니스	“점성술Astrology”(스프링북스출판사, 런던, 1964)
Mead, Margaret 마거릿 미드	“사모아의 성년기Coming of Age in Samoa(CAS)”(모던라이브러리출판사, 뉴욕)
“Mythology” “신화”	“라루스 신화 백과사전Larousse Encyclopedia of Mythology”(로버트 그레이브스R. Graves가 서문을 기술함, 햄린출판사, 런던, 1964)

N

Nilsson, Martin P. 마틴 닐슨	“그리스 종교에서 미노아-미케네 종교의 생존The Minoan- Mycenaean Religion and its Survival in Greek Religion(MMR)”(글러럽출판사, 룬드, 1968); “그리스 신화의 미케네 기원The Mycenaean Origin of Greek Mythology (MOGM)”(캘리포니아대학교출판부, 1972; 재판 출간 1932)

O

Ogilvie, Robert M. 로버트 오길비	“로마인과 그들의 신The Romans and their Gods”(샤토 & 윈더스 출판사, 런던, 1974)
Onians, Richard B. 리처드 오니언스	“유럽 사상의 기원The Origins of European Thought”(케임브리지대학교출판부, 1951)
Opie, I. & P. 이오나 오피 & 피터 오피	“옥스퍼드 동요사전The Oxford Dictionary of Nursery Rhymes”(옥스퍼드대학교출판부OUP, 1951); “학교아동의 지식과 언어The Lore and Language of School Children”(같은 출판사, 1967); 고전동화The Classic Fairy Tales(같은 출판사)

Orbe, S. I., Antonio 안토니오 S. I. 오르베	"성 이레네우스의 인류학Anthropology of St. Ireneus"(기독교저자모음집, 마드리드, 1969); "성 이레네우스의 복음주의 비유Evangelical Parables in St. Irenaeus"(제2권, 스페인어판, 마드리드, 1972)

P

Pallottino, Massimo 마시모 팔로티노	"에트루리아인The Etruscans"(펭귄출판사Peng.)
Perowne, Stewart 스튜어트 페론	"로마 신화Roman Mythology"(햄린출판사, 런던, 1969)
Pictorius, Georg, aus Billingen 빌링겐의 게오르크 픽토리우스	"아그립파의 "마법의 작품"에 있는 의식주술의 종류(4권)The Kinds of Cercmonial Magic in Agrippa's Magische Werke (vol. 4)"
Pollard, John 존 폴러드	"그리스인의 삶과 신화 속의 새Birds in Greek Life and Myth"(그리스인과 로마인의 삶의 측면Aspects of Greek and Roman Life, 템즈 & 허드슨 출판사, 1977)

R

Radford, Edwin M. 에드윈 래드퍼드	"미신 백과사전Encyclopaedia of Superstitions"(크리스티나 홀Chr. Hall 편집, 런던, 1961 개정)
Rahner, Hugo 후고 라흐너	"그리스 신화와 기독교 신비주의Greek Myths and Christian Mystery (GMCM)"(비블리오 & 테넌출판사, 뉴욕, 1971); "교회의 상징Symbole der Kirche", "교부들의 교회론Die Ekklesiologie der Väter (SK)" (O. 뮐러 베를라그 출판사, 잘츠부르크, 1964)
Raine, Kathleen 캐슬린 레인	"예이츠, 타로와 황금빛 새벽Yeats, the Tarot and the Golden Dawn"(뉴예이츠페이퍼스 II, 돌먼프레스, 더블린, 1976)
Reed, James 제임스 리드	"보더 발라드The Border Ballads"(런던대학교출판부, 애슬론프레스, 1973)
Robbins, Rossell Hope 로셀 호프 로빈스	"마법과 악마의 백과사전The Encyclopedia of Witchcraft and Demonology"(피터 네빌 출판사, 1959)
Rose, H. J. H. J. 로즈 ###	"신화핸드북A Handbook of Mythology(HM)"(메투엔출판사, 런던, 1974; 초판 출간 1928); "그리스와 로마의 종교Religion in Greece and Rome(RGR)"(하퍼 & 로우 출판사, 뉴욕, 1959)

S

Saxl , Fritz 프리츠 삭슬	“이미지의 유산: 강연 선집A Heritage of Images: A Selection of Lectures”(페레그린북스출판사)
Schaya, Leo 레오 샤야	“카발라의 보편적 의미The Universal Meaning of the Kabbalah”(낸시 피어슨Nancy Peason 번역, 앨런 & 언윈 출판사, 런던, 1971; 초판 출간, 파리, 1958)
Schuurman, Dr. Cornelis J. 코르넬리스 J. 슈어만 박사	“옛날 옛적에… 거기에 여전히 있다There Once Was… There Still Is”(앙크-에르메스출판사, 데벤터, 1946)
Seltman, Charles 찰스 셀트먼	“고대의 여인들Women in Antiquity”(팬북스출판사, 1956)
Seward, Barbara 바버라 수워드	“상징적인 장미The Symbolic Rose”(컬럼비아대학교출판부, 1960)
Seznec, Jean 장 세즈넥	“이교도 신들의 생존The Survival of the Pagan Gods(SPG)”(프린스턴대학교출판부, 1972; 프랑스어 초판 출간 1953)
Shepard, Odell 오델 셰퍼드	“유니콘의 전설The Lore of the Unicorn”(앨런 & 언윈 출판사, 런던, 1967; 초판 출간 1930)
Silberer, Herbert 허버트 실버러	“연금술과 오컬트아트의 숨겨진 상징들Hidden Symbols of Alchemy and the Occult Arts”(원제: “신비주의와 그 상징성의 문제Problems of Mysticism and its Symbolism”, 도버출판사, 뉴욕; 재판 출간, 1917)
Smits, Dr. Wim C. M. 빔 스미츠 박사	“색채 상징성Colour Symbolism”(암스테르담 출판사, 1967)
Soetendorp, Jacob 야콥 소텐도르프	“유대 종교의 상징성The Symbolism of Jewish Religion”(자이스트출판사, 1958)
Summers, Montague 몬태규 서머스	“마법과 흑마술Witchcraft and Black Magic(WMB)”(애로우북스출판사, 1946)

T

Thiselton Dyer, Rev, Thomas F. 토마스 시셀턴 다이어 목사	“셰익스피어의 민속이야기Folk-Lore of Shakespeare”(도버출판사, 뉴욕, 1966; 재판 출간 1883)
Thurlow, Gilbert 길버트 서로	“성서의 신화와 신비Biblical Myths and Mysteries”(옥토퍼스북스출판사, 런던, 1974)
Timmers, Prof. Dr. Jan 얀 티머스 교수	“기독교 예술의 상징주의와 도상학Symbolism and Iconography of Christian Art”(뢰르몬드 & 마세이크 출판사, 1947)

Tindall, William Y. 윌리엄 틴덜	"문학적 상징The Literary Symbol"(컬럼비아대학교출판부, 뉴욕, 1955)
Tuve, Rosemond 로즈먼드 튜브	"엘리자베스 1세 여왕 시대와 형이상학적 이미지Elizabethan and Metaphysical Imagery"(연도미상)

V

Vries Mzn, Rabbi S. Ph. de 시몬 필립 브리스(Mzn), 랍비	"유대 의례와 상징Jewish Rites and Symbols"(아르바이더스퍼출판사, 암스테르담, 1973; 초판 출간 1927)

W

Weston, Jessie L. 제시 웨스턴	"의식에서 낭만으로From Ritual to Romance"(더블데이앵커북, 캠브리지대학교출판부, 원판, 1920)
White, Terence H. 터렌스 화이트	목록 A의 동물우화집Bestiary 참조
Whitehead, Alfred N. 알프레드 화이트헤드	"상징성, 그 의미와 효과Symbolism, Its Meaning and Effect"(버지니아대학교출판부, 1927)
Whitney, Geoffrey 제프리 휘트니	"상징의 선택A Choice of Emblems"(1886년판의 복제본, 게오르그올렘스출판사, 뉴욕, 1971)
Whittick, Arnold 아놀드 휘틱	"상징, 기호 및 그 의미Symbols, Signs and Their Meaning"(L. 힐 출판사, 런던, 1971)
Wimberly, Lowry Charles 로리 찰스 윔벌리	"영국과 스코틀랜드 민요의 민속이야기Folklore in the English and Scottish Ballads"(도버출판사, 뉴욕, 재판, 1928)
Witt, Reginald E. 레지널드 위트	"그리스-로마 세계의 이시스Isis in the Graeco-Roman World"(템스 & 허드슨 출판사, 런던, 1971)

선집 Anthologies

켈트 선집A Celtic Miscellany(펭귄출판사Peng.)
커먼 뮤즈The Common Muse(펭귄출판사Peng.)
초기 기독교 작가들Early Christian Writers(펭귄출판사Peng.)
사해문서The Dead Sea Scrolls(펭귄출판사Peng.)
영시English Verse(옥스퍼드대학교출판부OUP, W. Peacock 엮음)
런던 영시서The London Book of English Verse(에어 앤 스포티스우드Eyre and Sp. 출판사)

중세 영시Medieval English Verse(펭귄출판사Peng.)
옥스퍼드 발라드 북스The Oxford Book of Ballads(옥스퍼드대학교출판부OUP)
팔그레이브의 황금금고Palgrave's Golden Treasury
미국 시 펭귄북The Penguin Book of American Verse
프랑스 시 펭귄북The Penguin Book of French Verse
시The Poem itself(펭귄출판사Peng., 스탠리 번쇼St. Burnshaw 엮음)
고대 메소포타미아의 천국과 지옥의 시Poems of Heaven and Hell from Ancient Mesopotamia(펭귄출판사Peng.)

사전 Dictionaries

블레이크 사전The Blake Dictionary
브루어의 관용구와 우화 사전Brewer's Dictionary of Phrase and Fable(Cassell)
인용과 속담사전The Dictionary of Quotations and Proverbs(EL)
브리타니카백과사전Encyclopaedia Britannica
그리스어-영어 사전Greek-English Lexicon(옥스퍼드대학교출판부OUP)
라틴어사전A Latin Dictionary(옥스퍼드대학교출판부OUP)
축소판 옥스퍼드 사전The Shorter Oxford Dictionary(옥스퍼드대학교출판부OUP)
그외 주로 옥스퍼드대학교출판부OUP에서 출판된 기타 많은 사전

인간 본성과 삶의 이해를 위한 상징과 이미지 사전

2판(확장판)

Elsevier's Dictionary of Symbols and Imagery
(Second, Enlarged Edition)

ㄱ

가게 shop **1.** 인간은 "수치심의 상점A Shop of shame과 같다."(필립 시드니 경Sir. Ph. Sidney, 올드아르카디아OA 30, 26); **2.** 꿈에서 가게는 양심을 나타내는데 이는 가게 주인이 정의의 저울을 가지고 있기 때문이다.

가구 furniture 침대bed 참조.

가그트로메우스, 유석 gagtromeus (보석) "중세보석세공집Med. Lap.": a. 이것은 어린아이의 얼룩덜룩한 피부와 비슷하다; b. 전투에서 적을 몰아낸다: 헤라클레스는 이 돌(중세보석세공집, F 85, 가간트루엘스 gagantruels)을 사용하여 적들과 위험으로부터 탈출했다.

가나안, 카나안 Canaan **1.** '던지다'라는 이름을 가진 함Ham의 아들(창세기Gen. 10, 6)은 동작 또는 행위의 악을 지칭하며 그의 아버지('불')는 잠재적 악을 나타낸다; 아들은 저주를 받았다(필로 유다이오스Philo Judaeus, 술취하지 않음Sobr. 44ff., '아버지'와 '아들'은 동일한 것의 두 가지 측면으로 간주되며 따라서 양쪽 다 저주를 받는다; 또 다른 예: 창세기에 관한 질문과 답변QG 2, 77 참조); 이 이름은 '상인'을 의미하는 것으로도 설명되며 동의어로 사용된다(예 이사야서Isa. 23, 2; 스가랴서Zech. 14, 21, etc.); **2.** 팔레스타인의 고대 이름. 아마도 '보라색의 땅Land of the Purple'이라는 의미를 가지고 있었던 것 같다; 이것은 청소년 연령의 비행을 나타내며 아브라함은 그가 이집트(애굽)를 떠나기 전에 살았던 어린 시절의 열정의 땅으로 돌아왔다(필로 유다이오스, 성적 삶에 대한 준비교육 Congr. 85).

가늘롱 Ganelon 전형적인 중세의 반역자: a. 그는 론체발레스에 있는 샤를마뉴 군대의 후방부대를 패배하게 만들었다(트로이의 기독교인Chrétien de Troyes, "클리게스Cligés" 1076); b. 따라서 가장 깊은 지옥(단테Dante, 신곡 지옥편Inf. 32, 122)에 보내졌다.

가니메데스 Ganymede **1.** 신화: a. 트로이 왕의 아름다운 왕자인 그는 독수리(제우스Zeus/주피터Jupiter의 모습)에 의해 올림푸스산으로 옮겨졌고, 신의 포도주를 따르는 사람이 되었다; b. 물병자리Aquarius; **2.** 오비디우스 도덕론Ovide M.: a. 주피터는 크레타의 왕이었고 프리기아를 정복하여 거기서 가니메데스를 집사로 데려왔다(역사적 설명); b. 주피터는 물병자리에 의해 조절되는 기질을 가진 독수리처럼 "뜨겁고 정열로 가득 찬 하늘"이고, "차가운 습기로 가득한 하늘의 표식"이다; c. 주피터는 인간이 되기 위해 세상에 내려왔으며 천상의 몸으로 독수리처럼 하늘로 날아갔고, 영적인 기쁨으로 그의 택한 자들을 먹이는 신이다(도덕론 10, 3362ff).

가라지, 독보리 tare (식물) **1.** 기독교 성서에 언급된 밀 가라지(새조개cockle 참조); **2.** 악: 가라지가 밀 사이에 뿌려졌다는 비유(예 마태복음Matth. 13, 25ft.), 아마도 마취제인 '이올리움 테르물렌툼lolium termulentum'을 의미할 수도 있다: 마지막 수확 때 불속에 던져질 세상의 악의 자식들; 독보리darnel 참조.

가래, 담, 점액 phlegm 의학: a. 정맥의 흐름을 막는 가래는 '신성한 질병' 또는 간질을 일으킬 수 있다; b. 가래로 인한 뇌장애는 기억력 저하와 함께 조용한 종류의 광기를 유발하며 원인 없는 우울과 고통 등을 초래하기도 한다. 반면, 담즙으로 인해 발생하면 환자는 밤중에 소리를 지르고 울면서 시끄러운 '불안한 악당'이 된다(히포크라테스Hippocrates, 이환율 징후Morb. S.의 여러 곳에서 언급됨. 10 및 18).

가래, 삽 spade (도구) 1. 다산; 2. 인간: 아담의 상징(그리고 몇몇 기독교 성인); 3. 죽음; 겨울, 증오; 4. 문장heraldry(紋章): 메르쿠리우스의 상징(헤르메스Hermes 참조); 5. 민속: 가래를 어깨에 메고 집을 통과하면 곧 무덤을 파게 된다는 것을 의미한다.

가려움(따끔따끔함) itching (tingling) 1. (성적인) 욕망(무엇인가를 하고 싶은); 2. "가려운 손바닥": 용병을 의미한다(율리우스 카이사르Caes. 4, 3); 3. 기쁨으로 가려운 팔꿈치(헨리 4세 1부1H4 5, 1); 4. 민속: 갑자기 가려움, 따끔거림, 얼굴, 손 또는 발 등이 타는 듯한 열감에 대한 가장 일반적인 설명: 앞으로 경험하거나 올 방문자, 놀라움, 사랑, 돈 등.

가뢰 cantharid(e)s 1. 만지면 피부에 물집이 생기는 곤충인 물집딱정벌레로 만든 약. 가뢰는 '최음제'(청가뢰Lytta 또는 스페인 청가뢰라고도 불린다); 2. 너무 많은 양을 복용하거나 너무 자주 최음제로 복용하면 치명적이다.

가루 meal (곡식 가루) 1. 길가메시 서사시: 좋지 않은 꿈을 불러일으키기 위해 길가메시는 삼나무 산Cedar Forest, 즉 삶의 땅Country of the Living에 고운 곡식 가루를 쏟아붓는다; 2. 그리스: 곡식 가루, 물 및 민트 혼합물은 소통의 행위로서 데메테르의 슬픔과 관련된 엘리시온 비의에서 중요한 부분이었다(호메로스 찬가Homeric Hymns); 3. 꿈: 밀 꿈이나 보리 꿈은 빵 꿈과 같은 꿈이지만 의미는 강력하지 않다; 곡식grain도 참조, 채소vegebable 등(달디스의 아르아르테미도로스Artemidorus of Daldis 1, 69).

가리비 scallop 1. 비너스(그리고 성모 마리아)와 관련된다: a. 동정녀 탄생, 바다에서의 탄생; b. 여성의 배와 닮았다; 종종 세례용 물그릇의 형태처럼 생겼다('영적 재탄생spiritual rebirth'); 2. 사도 야고보(산티아고 데 콤포스텔라 대성당Santiago de Compostela)의 상징: 야고보James 참조; 3. 문장heraldry(紋章): a. 스페인의 산티아고 성지 순례(가장 오래된 기독교 성지순례 중 하나): "침묵의 가리비 껍데기를 주시오"(월터 롤리 경Sir. Walter Raleigh, "열정적 순례자The Passionate Man's Pilgrimage"). 또한 성 미카엘의 상징; b. 성공적인 장거리 여행; 4. 인어mermaid, 조개shell, 비너스Venus 참조.

가리키기 pointing 민속: a. 불길한 징조를 나타낸다: 사람이나 물건을 가리킴으로서 주의를 이끄는 것은 피하는 것이 좋다; 게다가 이것은 사악한 눈을 끌어들일 수 있다; '포인트 컨트롤'; b. 천체나 무지개를 가리키는 것은 불길하게 생각했는데 이것은 신에 대한 모욕이었기 때문이다.

가마 kiln 할로윈에 가마 위에서 점(占)을 칠 때 파란색 실 한 가닥이 사용되었다; 가마마다 정령이 있다(로버트 번스Robert Burns).

가마솥 cauldron 1. 담아 주는 어머니 상징; 다산; 자궁: 예 딜런 토머스Dylan Thomas의 시("나는 전쟁이 사라지고 연인과 함께 있을 때 이 시를 쓴다"); 2. 부활: a. 아일랜드 왕 마솔로이흐는 죽은 병사를 되살리기 위한 가마솥을 가지고 있었다; b. 브란의 가마솥과 그리스 신화의 메데아Medea와 펠리아스Pelias 참조(끓이기boiling도 참조); c. 헤라클레스가 가마솥을 타고 (밤에) 바다를 건넌 일에 대해서는 호메로스의 서사시Homeric Epic Cycle("티탄 신족의 전쟁The War of the Titans" 일부분)참조; 3. 지혜: a. 여신 케리드웬의 가마솥에서 귀온-탈리에신의 손가락에 지혜 세 방울이 떨어졌는데, 모든 시대의 지식과 시적 영감을 얻게 되었다; b. 신탁: 켈트족의 신화 속 천국의 가마솥은 축복받은 자들의 섬Blessed Island에 있었고, 거기서 아홉 명의 신탁의 처녀들이 아궁이 불에 부채질을 했다(뮤즈Muses 참조); 4. 마법: "괴로움과 고통을 두 배로, 두 배로 하라; 불은 타오르고 가마솥은 끓어라"(맥베스Mac. 4, 1); 5. 순교, 죽임: '왕자들'은 예루살렘이 파괴될 것이라고 말했다: "이 도시는 가마솥이고, 우리는 고기다"(에스겔서Eze. 11, 3); 6. 정직의 가마솥; 7. 자연의 기본적인 에너지의 발아 및 변화; 두개골Skull=보다 높은 수준의 영적 힘의 반대; 8. 보다 수준 높은 가마솥의 형태는 성배chalice와 잔cup.

가마우지 cormorant (새) 1. 황량한 곳에 사는 새:

a. 어쩌면 펠리컨일 수 있다(이사야서Isa. 34, 11; 레위기Lev. 11, 18 등등); b. 알락해오라기와 함께 황폐한 니느웨에 살 것이다(스바냐Zeph. 2, 14); **2.** 만족할 줄 모르는: a. "가마우지의 탐식The hote cormeraunt of glotonye"(제프리 초서Geoffrey Chaucer, 새들의 의회PoF 362); b. "가마우지의 배the cormorant Belly"(코리올라누스Cor. 1, 1); **3.** 허영심: "부푼 허영심, 만족을 모르는 가마우지, 가진 것을 다 쓰고 나면 곧 자신을 먹이로 삼을 것이다"(리처드 2세의 비극R2 2, 1); **4.** 윌리엄 B. 예이츠William B. Yeats: 겨울("골왕의 광기The Madness of King Goll"); **5.** 날씨 예측: "가마우지가 건조한 곳을 향해 울면" 폭풍우가 다가온다(조지 채프먼Geoge Chapman, "유게니아Eugenia"); **6.** 시간time 참조.

가면, 탈 mask **1.** 보호: a. (후드나 베일처럼) 자신의 신분을 숨기는 것: i. 마녀들이 사용했다(다른 것은 거의 쓰지 않음); ii. 악마들을 불러 놓고 악마들이 자신들을 알아보는 것을 피하기 위해 마법사들이 사용했다; 장례 행렬에서 마스크를 쓰는 것(프로티우스Propertius 2, 8, 19)은 죽은 자들의 시기심을 피하기 위해서였다; iii. 중요한 날의 위험한 전야에 마녀나 요정들이 알아보는 것을 피하기 위해 일반인들이 사용했다(예 오월제 전야, 할로윈); 엘리자베스 1세 여왕 시대에 숙녀들이 극장처럼 숙녀에게 어울리지 않는 장소에 갈 때 종종 마스크를 썼다; b. 또한 엘리자베스 1세 여왕 시대에 여성들은 피부를 보호하기 위해 마스크를 썼다; c. 특정 질병을 예방하고 치료하기 위해 가면을 썼다; **2.** 가면은 신(특히 '베일에 싸인' 다산의 여신)인 토템 동물과의 동일시, 즉 신성과 동일시를 나타낸다; 목소리의 변형은 가면의 효과를 더한다; **3.** 극장: 신 또는 영웅의 인격화; 가면은 로마 메달에 새겨져 있는 극장의 상징이었다; **4.** 악령이나 불경스러운 눈을 무섭게 하여 쫓아버리는 것(예 메두사); **5.** 속임수, 위선: a. 중세: 악마는 종종 가면을 썼다고 한다; 아마도 토템 마스크의 잔재일 것이다; b. 넵투누스는 치명적인 폭풍으로 변할 수 있는 바다의 기만적인 잔잔함 때문에 '위장'하고 있다(가면을 쓰고 있다)는 말을 듣는다(예 타이어의 왕자 페리클레스Per. 3, 3); **6.** 비어 있음: 이솝 우화에서 여우가 훌륭한 가면을 본 것에 대해 다음과 같이 말한다: "머리가 참 멋지구나! 그런데 그 안에 뇌가 없어 안타깝다"; **7.** 윌리엄 B. 예이츠William B. Yeats: a. 사회적 자아, 개인의 인격에 대한 그 개인의 생각과 타인의 생각의 차이; 방어용 갑옷+공격용 무기; b. 우리가 살아내려고 하는 영웅적 이상; c. 에즈라 파운드Ezra Pound의 '페르소나persona': 시인이 말하는 역할(예 윌리엄 B. 예이츠의 '사악한 노인Wicked Old Man')을 했던 (비)역사적 인물의 화려한 옷; 8. 출현epiphany 참조; (화장한) 얼굴face.

가발 wig 판사의 가발에 대해 말horse(말의 털) 참조.

가브리엘 Gabriel **1.** 죽음과 심판의 천사(참조: 아누비스Anubis): A. 구약성서: a. 거룩한 땅을 위한 존재(전통에 따라); b. 모세를 묻은 천사들 중 한 명(전통에 따라); c. 정의와 진리의 검을 들고 있다(전통에 따라); B. 신약성서: 심판 날에 나팔을 분다(성서에서 '천사장'에 따르면); **2.** 신령한 사자(또한 저승사자인 헤르메스Hermes에 상응한다: 1번 참조): a. 스가랴Zacharias에게 세례요한의 탄생을 알렸다(누가복음Luke 1, 19): b. 그리스도의 탄생을 알렸다(누가복음 1, 26); **3.** 자비와 구원의 천사; **4.** 하늘 보고(寶庫)의 수호자; **5.** 하나님의 보좌를 둘러싸고 있는 휘장 안에 있다; **6.** 이스라엘의 수호자; **7.** 불과 천둥의 왕자로서 그는 또한 하나님의 징벌자이기도 하다; **8.** 존 밀턴John Milton: 천국을 수호하는 천사들의 우두머리(성서에 따르면 그룹cherub); **9.** 딜런 토머스Dylan Thomas: "두 발 달린 가브리엘": a. 카우보이 놀이를 하는 어린 토머스; b. 성수태고지와 최후 나팔의 천사; **10.** 가브리엘 사냥개들: a. 영혼을 찾아다니는 유령(바람) 사냥개 또는 세례 받지 않은 아이들의 영혼 또는 고해성사하지 않은 영혼을 상징한다; 그들은 심판의 날까지 하늘을 떠돌아다닌다; 저승사자로서의 역할을 하는 가브리엘(로버트 그레이브스Robert Graves, 하얀 여신WG 89); b. 이들은 때로 따개비 거위, 백조 또는 물떼새와 동일시된다; c. 붉은 귀를 가진 흰 개로서 이들은 위대한 여신과 관련된다; d. 이들은 종종 죽음의 징조다.

가스 참 flatulence **1.** 일반적으로 유쾌함을 유발하는 행위이지만 크게 트림하는 것처럼 경멸을 나타낼 수도 있다; 그러나 이집트인들은 "사소한 육체적 경험"에도 종교적 두려움으로 떨었다(오리게네스Origen, 콘트라 셀숨CC 5, 35; 마르쿠스 미누키우스 펠릭스 Marcus Minucius Felix 28, 9 참조); **2.** '생명의 바람'에 대해서는 콩bean 참조; 또한 방귀farting 참조.

가스코뉴 Gascony **1.** 프랑스 남서부 지역; **2.** 속담에서 허풍쟁이가 사는 곳으로 표현된다('허풍gasconade' =과장된 자랑: 옥스퍼드영어사전OED). 말horse로도 유명하다(크레티앵 드 트루아Chretien de Troyes ± 2550).

가슴 bosom **1.** 감정과 기도의 자리: "그리고 나의 기도가 내 품으로 되돌아왔다"(시편Ps. 35, 13); **2.** 죄의 자리: (이상한 여성과의 성교): "사람이 불을 품에 품고서 어찌 그의 옷이 타지 아니 하겠는가?"(잠언 Prov. 6, 27); **3.** 죄책감: "너는 아픈 가슴에 도움이 될 수 없으니… 달콤한 미지의 해독제로 가슴에 가득 찬 마음을 짓누르는 위험한 것을 없애라"(맥베스Mac. 5, 3); **4.** 안전한 장소: 목자는 "어린 양을 그 팔로 모아 품에 안으시며"(이사야서Isa. 40, 11); **5.** 키스의 장소(상징적으로도): "여름은 대지의 맨 가슴에 입술을 대고 그곳의 양귀비에 빨간 자국을 남긴다"(프랜시스 톰슨Francis Thompson, "양귀비The Poppy"); **6.** 이집트: 어머니의 가슴은 입의 상징이다(눈eye 참조); **7.** 카를 융 Carl Jung: 눈=아이의 눈동자가 담긴 가슴; **8.** 젖가슴 breast, 젖꼭지paps, 젖꼭지teats 참조.

가시 thorn **1. 박탈**, 엄격함: 여호와의 저주의 엉겅퀴thistle for Yahweh's curse 참조; **2. 구원**의 길: a. 하나님의 어린 양은 종종 포도나무와 가시덤불 사이에 있는 것으로 묘사된다; 아브라함이 이삭을 대신해 어린 양을 제물로 바친 것과 관련 있다; b. 십자가와 세계축(남근)의 형태; **3. 명성**에 이르는 길: "또 어떤 이들은 아직 가시밭길을 걸으며 살아 있습니다. 그 길은 수고와 증오를 거쳐 명성의 고요한 거처로 인도합니다"(퍼시 셸리Percy Shelley, "아도나이스Adonais"); **4. 진실**: "진실과 장미에는 가시가 있다"(속담); **5. 순결**: "하나의 축복 속에서 뽑히지 않고 가시덤불 위에서 자라고, 살고, 시들어 죽는 것보다 뽑혀서 향수로 정제되는 것이 장미는 더 행복하다"(한여름 밤의 꿈MND 1, 1); **6. 양심의 가책**: "그녀를 하늘에 맡기고 그녀의 가슴에 박혀 있는 가시가 그녀를 찌르고 쏘게 하라"(덴마크의 왕자 햄릿Ham. 1, 5); **7. 수면**, 겨울: 땅은 마법의 가시에 찔려 일시적인 잠에 빠질 운명이다(=일시적인 불모); 브린힐데(불의 처녀들 즉 발키리의 우두머리)가 오딘에게 불순종했을 때 그는 가시로 그녀를 찔렀고 그녀는 잠들었다(들장미briar rose 참조); 잠자는 숲속의 공주Sleeping Beauty 참조; **8. 물질주의**: 씨 뿌리는 자와 씨의 비유(마태복음Matth. 13, 7, 22)에서 영적인 열망을 없애는 것; **9.** 예리한 **지성**: 술 취한 자의 손안에 있는 가시와 같이 미련한 자의 입안에 있는 잠언에 대한 비유(잠언Prov. 26, 9); **10.** 육체의 **유혹**: 사도 바울은 자신에게 "육체의 가시"가 있다고 했는데 이것은 그가 높아지거나 '교만해지는' 것을 막는다(고린도후서2Cor. 12, 7); 다음과 같이 설명한다: a. 성적 유혹; b. 고통스럽고 오래 지속되는 질병(말라리아열로 의심되는); **11. 땔감**: 우매한 자들의 웃음소리는 솥 밑에서 가시나무가 타는 소리와 같다(전도서Eccl. 7, 6); **12. 윌리엄 블레이크**William Blake: 장미rose와 엉겅퀴thistle 참조; **13. 딜런 토머스**Dylan Thomas: "낫날 가시scythe-sided thorn": 삶과 죽음을 초래하는 남근; **14. 다른 것과의 조합**: A. 가시 면류관crown of thorn: a. 불길하게 수가 늘어난 가시+원; b. 조롱; c. 순교: 시에나의 캐서린, 로욜라의 이그나티우스 등의 상징; B. 가시덤불: a. 이집트: 가시덤불이나 아카시아에 사는 여신 네이트(라Ra의 어머니이며 리비아의 라미아 출신, 나중에 이시스로 확인됨)의 상징; b. 초라함: 베어질 교만한 전나무에 반대(이솝Aesop, 우화Fables 140); 덤불thicket 참조; C. **장미**와의 조합: 대극의 합일: 쾌락과 고통 등; **15.** "그들은 가시덤불 속에서 춤을 추는 것을 좋아한다"(속담); **16.** 산사나무hawthorn; 산사나무 whitethorn 등 참조.

가시금작화 furze (식물) **1.** 일반적으로 다음을 의미한다: a. 다른 이름: '가시금작화gorse' '가시금작화 whin'; b. 황야에서 발견되는 '가시양골담초Ulex' 속(屬)의 화려하고, 꽃이 만발하며, 가시가 있는 관목으로, 꿀벌의 마음을 사로잡는 노란색, 달콤한 향기의 꽃이다; 가시금작화는 꿀벌이 방문한 첫 번째 꽃이다(담쟁이가 마지막 꽃이므로); c. 항상 꽃이 피어 있다;

d. 예 말과 소의 사료로 만들기 위해 잘게 썰고 뭉그러뜨리고 가시를 제거해야 한다; 양들이 걸을 때에는 양이 새싹을 먹을 수 있도록 오래된 가시를 제거(춘분에 가시금작화에 불을 피워)하는 것으로 충분하다. 이것은 또한 눈보라 속에서 양들을 위한 피난처가 된다; e. 연료로 사용되며 재는 특히 토탄(土炭) 토지의 비료로 사용된다; **2.** 춘분(황금꽃과 가시나무: 1번의 b 참조); 켈트어 알파벳에서는 O 및 재의 달Ash-month과 관련이 있다; **3.** 분노(가시); **4.** 사시사철 사랑: "가시금작화furse[또는 가시금작화gorse]꽃이 피지 않을 때 키스하는 것은 유행에서 벗어난다"(=결코 아니다); **5.** "가시금작화 아래에는 굶주림과 추위가 있다. 금작화broom 아래에는 은과 황금이 있다"(속담); **6.** '낙원의 작은 새'인 꿀벌(1번의 b 참조)과 접촉하기 때문에 마녀에 대항하는 강력한 매력이 있다.

가시금작화 gorse **1.** 황무지에 사는 식물로 척박함을 나타낸다(베르길리우스Virgil, 농경시Ecl. 7, 42): '끔찍한 러시아horridior rusco'; **2.** 바늘금작화furze.

가신상, 드라빔 (옛 헤브라이의) teraphim **1.** 초기 유대인들의 우상; **2.** 가신상은 가정의 신으로 여겨졌으며 사람들은 가신상이 희생 제물로 죽임당한 장자들의 미라 머리라고 믿었다: 타 원시 부족도 장자의 두개골과 뼈로 만들어진 미라를 점괘로 활용하여 점을 쳤다[예루살렘 타르굼Jerus Targum (역주: 히브리어 성서의 아람어 번역본) 5, 19]; 엘리아스 레비타와 같은 다른 사람들은 아담의 머리라고 믿었다(몬태규 서머스Montagu Summers, 마법과 흑마술WMB 120).

가오리 ray (물고기) **1.** 굶주린 거대한 황소 가오리ox-ray는 인간을 공격하고 그 위로 헤엄쳐 인간을 수면으로 올라가지 못하게 함으로써 익사하게 한다(오피안Oppian, 할리에우티카H 2, 141ff.); **2.** 가오리stingray와 어뢰torpedo 참조.

가운 gown **1.** 긴 가운과 사각형 모자는 의사의 특징이다(파스칼Pascal "팡세Pensées" 82번=펭귄출판사 Peng. 44번); **2.** 장신구garment; 로브robe 참조.

가위 scissors **1.** 창조와 탄생(특히 딜런 토머스Dylan Thomas, "내 동물은 어떻게 될까How shall my animal" 에서): a. 탯줄을 자르는(이때 인간의 삶이 시작된다) 조산사의 가위; b. 창의적 비평가로 여겨지는 재단사의 가위; c. 시인으로서의 이발사의 가위; **2.** 파괴와 죽음(딜런 토머스); a. 인간의 삶이라는 실을 자르는 세 번째 여신의 가위; b. 델릴라와 연관된다(역주: 삼손을 배반하고 그의 머리를 자른 여자); **3.** 대극의 합일(십자가처럼); **4.** 문장heraldry(紋章): 일반적으로 직업을 표시한다(재단사 혹은 양치기); **5.** 민속: 보호(철로 만들어졌기 때문)와 위험(날카롭기 때문); 그러므로 친구 사이에 가위를 선물하면 미움을 사지만 문 근처에 두면 마녀를 쫓아낼 수 있다; **6.** 물레질spinning, 재단사tailor, 직조weaving 참조.

가윈 Gawain **1.** 원탁의 기사; **2.** 태양 영웅으로, 그의 힘은 정오가 되면 두 배로 커졌다(또한 태양과 함께 커졌다가 작아지는 그의 힘에 대해서는 성장growth 참조); **3.** 그는 "여왕의 기사들Queen's knights"의 수장이었고 그의 깃발에는 은사자가 있었다("멀린Merlin" 18장, 다음 988; 18, 101A 및 26, 1718).

가을 autumn **1.** 이름: 유래가 의심스러운 이름(아마도 에트루리아의Etrurican 이름인 듯); **2.** 가을 시기: a. 농업: 가을의 곡물 수확, 잘 익은 과일, 성숙, 영속(새로운 수확을 위한 준비); b. 잎의 갈변 또는 흑화; 초기 부패; 냉기; c. 가을의 사냥꾼과 수확하는 사람들의 축제가 열리는 추분; d. 인간에게는 중년(또는 노년)의 나이에 해당; e. 하루 중 오후; f. 기독교: i. 순례의 시간; ii. 그리스도의 승천, 최후의 심판; **3.** 서신: a. 별자리: 천칭자리, 전갈자리, 궁수자리; b. 요소: 금속; c. 방향: 서쪽, (몸체 등의) 왼쪽; d. 신비주의: i. 몸: 폐; ii. 행위: 냉각; e. 색상: 흰색; 맛: 신맛; **4.** 아름다운 숙성: a. 존 키츠John Keats의 시 "가을의 송시Ode to Autumn" 참조; b. "아니. 봄이나 여름의 아름다움은 내가 가을의 얼굴에서 본 우아함을 갖고 있지 못하다"(존 던John Donne, 비가Elegies 9에서 "가을The Autumnal"); **5.** 서풍과 관련된다: "오 거친 서풍이여, 그대는 가을의 숨결"(퍼시 셸리Percy Shelley, "서풍에 대한 찬가Ode to the West Wind"): 시인의 내면의 폭풍을 상징한다; **6.** 우울한 과거 회상: "눈물이… 마음에서 솟아오른다 … 행복한 가을들판을 바라보며 그리고 더 이상 존재하지 않는 날들을 생각하며"(알프레드 테니슨 경Lord Alfred Tennyson, "공주The Princess의 네 번째 시" IV, Song); **7.** 민속: 8월August 참조.

가인, 카인 Cain **1.** 아벨의 위선과 독실한 척하는 모습으로 인해 촉발된 살육의 근성(조지 바이런 경Sir George Byron의 관점); **2.** 중세: a. 아벨-그리스도를 죽이는 유대인들, 즉 유대교 회당; b. 농업: 그는 스스로 쟁기를 만들어 아담의 가래spade 그리고 양치기 유목민 아벨을 앞서갔다; **3.** 가인의 색: (유다의) 전통에 따라 가인의 머리색은 붉은색이다(유다와 마찬가지로): "가인 색깔의 수염"(윈저의 즐거운 아낙네들MWW 1, 4; 간혹 다른 철자로 쓰인다); **4.** 아벨Abel; 대장장이black-smith; 인장seal 참조.

가자미 flounder (물고기) **1.** 힐데가르트 폰 빙엔Hildegard von Bingen: a. 성질이 사납고, 밤을 좋아하고, 물 바닥 쪽에 살며 더러운 먹이를 먹는다; b. 분비물은 미끌미끌하고 고기는 누구에게도 이롭지 않다(자연학Ph. 5, p. 97, '넙치'); **2.** 테오프라스투스Theophrastus: 별이 아니라 별에서 떨어지는 별똥별에 의해 만들어진다(파라그라눔P. p. 239).

가자미 turbot (물고기) **1.** 최고의 가자미는 아티카에서 잡힌다(알렉산드리아의 클레멘스Clement of Alexandria, 훈교자Paed. 2, 1); **2.** 아폴로에게 바쳐졌다(아테나이오스Athenaeus 7, 287a).

가재 crayfish **1.** 냉담, 태연; **2.** 게으름; **3.** 믿음의 상실; **4.** 유대교의 상징인 유대교 회당.

가정 home **1.** 소녀의 감옥과 여자의 일터: 조지 B. 쇼George B. Shaw ("혁명가들을 위한 격언Maxims for Revolutionists"); **2.** 무덤long home: 구약성서: 무덤grave(전도서Eccl. 12, 5).

가정, 추측 assumption **1.** 가정, 추측의 개념은 별자리의 영향을 받은 것으로 보이며 별자리는 모두 어떤 이것의 일반적 특성 때문에 하늘로 해석되는 사람과 동물로 간주되었다; **2.** 신화: a. 하늘에 대한 가정은 헤라클레스(벼락thunderbolt 참조)와 같은 영웅과 일치하며 그의 어머니 알크메네는 나중에 "테베로 돌아왔다. 즉, 그녀가 사라지고 나서 얼마 있지 않아 테베인들에게 신성한 영광의 존재로 받들어지게 되었다"(디오도로스 시쿨로스Diodorus Siculus. 4, 58, 82: 아리스타이오스도 동일한 대우를 받았다); b. i. 세멜레: 디오니소스는 어머니 세멜레를 하데스에서 데려와 그녀에게 티오네라는 이름을 주고 그녀와 함께 하늘로 올라갔다. 이것은 여러 곳에서 자주 이루어진 의례였다. 이 '여성 영웅', 즉 '강력한 자'는 가부장적으로 다루어졌지만 모계사회에서 스스로 일어서야 했던 다산(풍요)의 일꾼으로서, 실제로 그 과정은 반대였다(역주: 아들에게 의존하는 이야기는 가부장적이다). 그녀의 아들은 대지의 결실, 즉 '부요함'(나중에 노인이 될)의 상징인 어린아이 플로우토스였기 때문에 그녀를 데려와줄 아들이 필요하지 않았다. 그녀는 세멜레이자가이아였으며 둘 다 대지였다(참조: 오르페우스와 에우리디케; 아폴로도로스Apollodorus 3, 5, 3, 3; 제인 해리슨Jane Harrison, 테르미스: 그리스 종교의 사회적 기원에 관한 연구Th 420). 한때 천상에서 그녀는 세계 또는 우주의 여왕으로서 아레스와 아프로디테 사이에 앉았다(그리스어 '판바실레이아Panbasileia'; 헬레나 블라바츠키Blavatsky, 비밀의 교리SD 1, 430, 논누스Nonnus에서 인용함); ii. (지하세계) 미로의 또 다른 여인인 아리아드네도 디오니소스에 의해 별이 빛나는 미로의 천상으로 갔다); c. 아이네아스는 3년 동안 왕으로 재위한 후 "사람들로부터 사라지고 불멸성을 받았다"(디오도로스 시켈로스 7, 5); 즉, 그의 시신을 찾을 수가 없자 사람들은 신들이 그를 옮겼다고 생각했다(할리카르나소스의 디오니소스Dionysus of Halicarnassus 1, 64); d. 일리아드(=로물루스와 레무스의 어머니 레아 실비아)를 황폐하게 만든 마르스는 구름에 싸여 땅에서 제거되었으며 공중에서 태어났다; 로물루스 자신은 폭정 때문에 귀족들에게 암살당했거나 폭풍우로 변했을 것이다(할리카르나소스의 디오니소스 1, 77 및 2, 56; 참조: 티투스 리비우스Titus Livius, 로마사 I권 1, 16); e. 그의 죽음에 관한 한 버전에 따르면, 엠페도클레스는 천상의 몸과 영혼이 되어 신이 되었지만 사악한 이야기에 의하면, 그렇게 되기 위해 그가 에트나산의 분화구에 뛰어들었다고 한다(디오게네스 라에르티오스Diogenes Laertius 8, 68); **3.** 성서: 에녹은 단순히 사라졌다. "하나님이 그를 데려가시므로 세상에 있지 아니하였더라"(창세기Gen. 5, 24). 엘리야는 불 병거를 타고 옮겨졌다(땅에서 하늘에 이르는 불 사슬; 열왕기하서2Kings 2, 11); **4.** 중세: 승천일은 마상 파티가 열리는 날 중 하나였다(토머스 맬러리 경Sir Thomas Mallory 7, 27).

▌가젤 gazelle **1.** 일반적으로 다음을 의미한다: a. 영양속(屬) '가젤리아Gazelia'의 일반적인 이름; 수금(竪琴) 모양 또는 구부러진 모양의 뿔은 원통형 또는 나선형이다; b. 이름: 이 이름의 단어에서 '강력하게 타오르는 신powerful blazing god'을 의미하는 어원이 생겨난 것으로 보인다; c. 일반적 상징성 측면에서 종종 영양antelope, 사슴deer 등의 상징성과 구별할 수 없다; **2.** 적절한 속도, 온순함, 순수함(암사슴hind과 동일); **3.** 사랑하는 사람(이 단어는 보통 이국적 느낌을 준다); **4.** 영혼; 맹수(사자, 표범 등)의 먹잇감으로 추격을 받는다: 맹수는 순진한 영혼을 추격하는 공격적이고 열정적이며 자기파괴적인 의식성; **5.** 태양, 달 또는 둘 다(연꽃과 관련된다); **6.** 이집트: a. 염소, 영양antelope과 함께: 태풍의 동물(=세트와 관련된다): i. 오시리스는 '가젤의 땅'에서 숨진 채 발견되었다; ii. 호루스는 가젤에게 짓밟혀 죽었다; 그러나 호루스는 세트에 대한 그의 승리를 나타내는 가젤로 묘사되기도 한다; b. 가젤의 사막 이동은 나일강의 범람을 예고한다; 또한 떠오르는 천랑성(天狼星)을 따라간다(플리니우스Pliny 2, 40); c. 토트에게 바쳐졌다; **7.** 페니키아: 아스타르테에게 바쳐졌다; **8.** 가젤은 헤르메스에게 바쳐졌다. 가젤의 우아함과 속도를 갖고 있으며 태양, 달과 함께하는 헤르메스는 목동이며, 토트와 동일시되었다('헤르메스 트리스메기토스Hermes Trismegistus'로서).

▌가죽 hide (피부) **1.** 건축물에 사용했다: a. 소가죽은 탑의 기초로 사용되었다; b. 서기 1세기부터 이미 포르투갈에서 노르웨이에 걸쳐 오래된 건축 자재인 나무 용골을 대체하여 가죽 용골이 로마 선박에 도입되었다(필라티노 선집P. Anth. 9, 306); **2.** 측정에 사용되었다: a. 페니키아의 디도는 소가죽만 한 땅 조각을 소유했고 그것을 조각조각 나누어 카르타고의 성채가 될 '뷔르사'라는 곳의 위치를 표시했는데, 그것이 '하이드hide(역주: 토지 단위, 보통 60~120에이커)'를 의미하게 되었으며 그로부터 나중에 '지갑'과 '증권' 또는 주식거래소가 생겨났다(아피아누스 8, 1, 1); b. 비슷한 이야기들이 있다: 아리마대 요셉의 은둔지는 '열두 마지기Twelve Hides'의 땅이었다(제프리 애쉬Geoffrey Ashe, 아서왕의 아발론AA p. 33; 참조: 반 게넵Van Gennep p.16; 그림형제Grimm, 독일의 전설DS 419); **3.** 살인범의 처벌에 사용되었다: 존속 살해범은 황소 가죽에 싸서 익사시킴으로써 땅도 물도 태양도 그의 죽음으로 더럽혀지지 않도록 했다(디오카시우스Dio Cassius 2, 사도ap. 조나레스Zonares 7, 11); **4.** 피부skin 참조.

▌가죽 leather **1.** 저항: '무두질한 가죽을 씌우다'; **2.** 동정심 결핍: 맨발이 주는 감촉의 대극; **3.** 매질: 채찍lash 참조; **4.** 어리석음: 두꺼운 피부(둔감함); **5.** 불신: "신뢰할 수 없는 신발 가죽을 뚫고 나온 그들의 발이 흙에 닿았다"(에드워드 영Edward Young, "포프 씨에게 보내는 서신Ep. to Mr. Pope" 1); **6.** 악마를 쫓아낸다; **7.** 가죽 메달: 어릿광대의 가죽 메달로 카르나발 등에서 사용되거나 열등감이나 어리석음에 대한 보상으로 사용된다.

▌가중나무 ailanthus (나무) **1.** 유래: (의심스러운) 이름을 가진 열대나무로, '신들의 나무'라는 의미의 암보이나Amboyna(역주: 콩과식물인 자단의 일종)에서 유래했다; 그늘과 잎을 위해 키운다; 누에가 가장 좋아하는 식물로 작은 녹색 꽃이 피며 1751년에 영국에 들어왔다; **2.** 죄로부터 생겨나지만 결코 죄로 더럽혀지지 않는 선함: 쓰레기 더미 위에서 자라는 우아한 나무; 연꽃lotus 참조; **3.** 장농 가구제작자가 제일 비싸게 여기는 나무; **4.** 토머스 S. 엘리엇Thomas S. Eliot: "가중나무 종rank ailanthus": 봄의 전령.

▌가축몰이 막대기 goad **1.** 그리스어로 자극하거나 조장하는 두 가지 의미로 모두 사용된다: a. 소를 찌르거나 채찍질하는 데 사용되는 뾰족한 막대를 의미

하는 '켄트론kentron'; b. 은유적으로 '오이스트로스oistros/오이스트론oistron'은 잔소리꾼을 의미하지만 '광란'을 의미하기도 한다; **2.** '켄트론kentron'은 a. 고문 도구였다(헤로도토스Herodotos 3, 130); b. 주권을 상징했다(소포클레스Sophocles, 프랑스어판 683); c. "미칠 정도로 달콤한 자극"으로서 사랑(논누스Nonnus 5, 313, 또한 4, 217; 에우리피데스Euripides, 히포크라테스Hipp. 39; 플라톤Plato, 국가론Rep. 573A 및 파에드라와 히폴리토Phaedr. 253); **3.** 속성: a. '전쟁의 오이스트론'을 휘두르는 조각상으로 표현된 로크리안 부족의 아약스왕Locrian Ajax(팔라티노 선집P. Anth. 2, 214)의 속성; b. 또한 "막대를 휘두르는 자"인 아프로디테의 상징(팔라티노 선집 5, 234: '몰이막대oistrophoros'); 여성은 거들의 '끈'으로 남성을 유혹하지만 '뾰족한 끝'을 휘두르기도 한다(콜루투스Colluthus, 96); **3.** 기독교인: a. 그리스도는 '구원의 막대'다(알렉산드리아의 클레멘스Clem. Alex., 그리스도인을 설득함Pr. 11 90); b. 강한 열정은 골칫거리다(그리고 잔소리꾼들이다: 알렉산드리아의 클레멘스, 부자의 구원RMS 25 등).

가축의 전염병 murrain 이 가축 전염병은 애굽(이집트)에서 모세의 다섯 번째 '징조'였다.

가터 garter **1.** (그녀의 부채 깃털 같은) 여인의 사랑에 대한 욕망의 기억: 엘리자베스 1세 여왕 시대; **2.** (특히 붉은색 가터) 검은 옷과 두 개로 갈라진 뿔 달린 모자 그리고 삼지창을 든 악마의 표식; **3.** 보호되지 않음: 사랑에 빠지다(베로나의 두 신사Gent.; 덴마크의 왕자 햄릿Ham. 등); **4.** 엘리자베스 1세 여왕 시대: 가터라는 선술집이 있었다(한여름 밤의 꿈MND에서); **5.** 가터 훈장: a. 수호 성자: 성 조지St. George; b. 색상: 파란색; c. 좌우명: "나쁜 생각을 하는 자에게 화가 있으리라"; d. 모자 깃털: 타조와 왜가리; **6.** 민속: A. 사랑의 운세: a. 소녀가 가터밴드를 벽에 고정하고 신발을 T자 모양으로 배열한 후에 주문을 외우고 조용히 잠자리에 들면 자신의 미래의 남편에 대한 꿈을 꿀 수 있다; b. 또한 성서Bible(또한 열쇠key) 참조; B. 마법: a. 신부가 착용하면 행운을 가져다준다: 모자에 착용하도록 신랑 들러리 또는 경주 우승자에게 준다; 쉽게 벗을 수 있도록 긴 리본이 달려있다; b. 항상 성적 맥락(다리-섹스)에서 사용된다: 예 비 오는 날에: 원하는 남자의 모자 끈을 가터로 착용하면 그를 소녀에게 연결할 수 있다; c. 가터를 잃어버리면 연인도 잃게 된다; d. 마녀들이 마법에서 이것을 광범위하게 사용했다. 마녀들의 단체에서 원치 않는 마녀 구성원들을 가터(또는 레이스)밴드로 목 졸라 살해했다; C. 전래동요: (여기에서도) 가터가 중요한 역할을 한다; 예 "질리Gilly 실리Silly 자터Jarter, 그녀는 가터를 잃어 버렸어, 방앗간 주인이 발견해 실리Silly에게 돌려 주었어".

각다귀 crane-fly (곤충) 전래동요: 악마나 마녀의 화신: 각다귀가 그의 기도를 말하지 못하도록 반드시 왼쪽 다리를 잡고 계단 아래로 던져야 한다; 각다귀의 또 다른 이름은 "장님거미Daddy-Long-Legs"이다.

각다귀 gnat (곤충) **1.** 독수리와 반대되는 하찮은 것: "각다귀는 어디를 날든 주목받지 못하지만 독수리는 모든 눈이 주목한다"(루크리스의 능욕Lucr. 1014f; 또한 디도서Tit. 4, 4); **2.** 비방과 관련된다: "여름 노래를 부르는 각다귀는 중상모략의 혀에서 독을 얻는다"(윌리엄 블레이크William Blake, 순수의 전조Aug. of Inn.); **3.** 햇빛과 관련된다: "햇빛이 비치면 어리석은 각다귀가 장난을 치게 내버려 둔다. 그러나 태양이 빛나지 않을 때는 작은 틈새에 숨어 있다"(실수연발Err. 2, 2); **4.** 가을과 관련된다(존 키츠John Keats); **5.** 각다귀는 사자를 이길 수 있지만 거미는 이길 수 없다(이솝Aesop, 우화Fables 133); **6.** "하루살이(역주: 영어원문에는 각다귀gnat로 되어 있다)는 걸러내고 낙타는 삼키는구나": 바리새인들은 작은 일에는 주의를 기울이고 잘 해내지만 만약 이것이 그들을 크게 만족시킨다면 큰 불의를 당연하게 여긴다(마태복음Matth. 23, 24).

간 liver **1.** 인간 존재; "영국 밖에 간이 있다고 생각해 보세요"(심벨린Cym. 3, 4); **2.** 영혼의 자리: 동물이나 적들의 간(동물과 연결된 신들을 나타낸다)을 먹었다. 그들의 타고난 힘(활력 있는 영혼의 자리이기도 한다)을 얻기 위해; 이 행위는 영혼이 없을 것이라 여겨지는 여성들에게는 금지되었다; **3.** 정열 또는

정욕의 자리: a. 분노: "그대의 고귀한 간을 불태워 그대를 분노케 하리라"(헨리 4세 2부2H4 5, 5); b. 정욕: "그의 간에서 타고 있는 불을 끄기 위해"(루크리스의 능욕Locr. 47); **4.** (또한) 음주는 간을 뜨겁게 한다(예 안토니오스와 클레오파트라Ant. 1, 2; 템페스트Temp. 4, 1; 베니스의 상인Mer. V. 1, 1 등); **5.** 힘과 권력의 자리(그리고 느낌) "내 간이 땅에 쏟아진다"(예레미아 애가Lament. 2. 11); 간통하는 자는 "화살이 그 간을 뚫는다"(잠언Prov. 7, 23) 참조; **6.** 신성한 장기: a. 점술에 사용된다; 간의 형태, 색깔 및 특징으로 바람직한 신탁을 읽었으며, 점술가들은 이를 비교할 나무 모형을 가지고 있었다: 간에는 (마술적으로 강력한) 피가 가득하다; b. 간 위에 있는 대망막(大網膜)은 불에 탄 제물로서 신의 소유였다; c. 토비아스가 물고기의 간을 태워서 아스모데우스를 쫓아내었다; **7.** 희고 창백한 간은 혈액이 '차고 굳어 있다'는 것을 보여 준다=비겁하다: "소심하다"(맥베스Mac. 5, 3), "겁많다"(리어왕Lr. 4, 2; 베니스의 상인 3, 2); **8.** 독수리가 간을 쪼는 것은 신의 징계이다; 예 a. 라토나에게 폭력을 가한 죄에 대해 탄타로스의 간을 티티오스가 쪼았다(베르길리우스Virgil, 아이네아스Aeneid 6, 597); b. 프로메테우스.

간지럼 tickling **1.** 기대: "기대여, 겁 많은 영혼들이 서로를 간질이는…기대여…"(트로일로스와 크레시다Troil. 프롤로그); **2.** 수치스러운 죽음: "간지럼으로 죽는 것만큼 나쁜, 조롱을 받으며 죽는 것보다 더 나은 죽음이었어요."(헛소동Ado 3, 1); **3.** 민속: a. 아기를 간지럽히면 (특히 발이나 턱 아래를) 나중에 말더듬이가 될 수 있다; b. 무릎이 간지러울 때 웃으면 당신은 신사 숙녀가 아니다; c. 송어는 간지럽혀서 잡아야 한다(십이야Tw. N. 2, 5); d. 가려움증itching 참조.

갈고리 hook **1.** 사랑: 라틴어로 '아모르amor(사랑)'는 '아무스amus', 즉 '갈고리'와 관련이 있다고 생각되었다. 제프리 초서Geoffrey Chaucer의 수녀원장Prioress이 착용한 펜던트에는 "사랑은 모든 것을 이긴다Amor vincit omnia"라는 말이 새겨져 있으며 이는 또 다른 이중적 의미를 갖고 있다:라틴어로 'vincere'(=정복하다)와 'vincire'(=묶다)를 혼합한 것이다; 인용문의 출처는 베르길리우스Vírgíl(전원시Ecl. 10, 69)이다: "모든 것은 사랑을 이긴다omnia vincit Amor"; **2.** 눈과 관련된 잘못된 판단: "왜 내 눈을 속이고 갈고리를 만들었는가, 내 마음의 판단력은 어디에 묶여 있는가"(소네트Sonne. 137); **3.** 미끼를 끼운 갈고리: 사랑의 갈고리, "나는 사랑의 갈고리에 더 이상 걸리지 않을 것이다"(토마스 와이어트Thomas Wyatt, "사랑의 포기A Renouncing of Love"); **4.** 갈고리와 기억의 눈: 새뮤엘 콜리지Samuel Coleridge; **5.** 남성male을 상징한다(지그문트 프로이트Sigmmund Freud).

갈까마귀 daw (새) 갈까마귀jackdaw 참조.

갈까마귀 jackdaw (새) **1.** 무지: "신이시여, 나는 이렇게 세밀한 법적 논쟁에서 까마귀보다 지혜롭지 못합니다"(헨리 6세 1부1H6 2, 4); **2.** 허영심, 공허한 자만심: a. 이솝 우화에서 까마귀는 빌린 깃털로 치장하고 새의 왕이 되고 싶어 했지만 깃털이 떨어져 탄로가 났다; b. 덩치 큰 까마귀 한 마리가 까마귀들 사이에서 살고 싶어 했지만 받아들여지지 않자 갈까마귀들과 함께 무법자가 되었다(이솝Aesop); **3.** 어리석음: 익지 않은 무화과나무에 앉아 익기를 기다리다가 굶어 죽었다(이솝); **4.** 도둑: 아르네는 황금에 대한 욕심 때문에 까마귀로 변하는 벌을 받았고, 그래서 지금도 여전히 반짝이는 것을 갈망한다(나소 P. 오비디우스Naso P. Ovid, 변신이야기Metam. 7, 467); **5.** 갈까마귀는 까마귀와 솔개의 부정적 의미와 같은 부정적 의미를 갖고 있지만 길들일 수 있다: "자네는 어디에 사는가?" … "나는 솔개와 까마귀가 사는 도시에 삽니다" … "그럼 너는 갈까마귀들과도 함께 사는 것인가?" … "아니요, 나는 당신의 주인을 섬기지 않습니다"(코리올라누스Cor. 4, 5); **6.** 민속: a. 갈까마귀는 까치의 사악한 특성을 갖고 있다; b. 갈까마귀가 혼자 있는 것을 보는 것은 불길하다. 특히 갈까마귀가 왼쪽에 있으면 더욱 불길하다; c. 때로 농부들이 갈까마귀를 파수꾼 새로 키우는데, 이는 낯선 이가 오면 갈까마귀가 울기 때문이다; 갈까마귀는 비를 가져오는 새이다(나소 P. 오비디우스, 사랑의 기술De Art. Am. 2, 6, 34).

갈까마귀 raven (새) **1.** 일반적으로 다음을 의미한

다: a. '큰까마귀'와 다른 썩은 고기를 먹는 검은 새들을 구별하지 않고 보통 까마귀crow라고 통칭한다: 예 브란, 크로노스, 아스클레피오스, 아폴로등과 관련이 있는 갈까마귀를 예로 들 수 있다; b. 노아의 방주 이야기에서 물의 수위가 낮아졌는지를 알아보기 위해 까마귀raven를 보냈다; 여기에는 다양한 이야기가 있다: i. 까마귀는 돌아오지 않고 위아래로 날아갔다; ii. 날려 보내자마자 바로 돌아왔다; iii. 까마귀는 떠다니는 시체를 발견하고 먹기 시작해서 깃털이 검은색으로 변했고 그 색은 다시 원래대로 돌아오지 않았다; 또한 다른 대홍수 이야기에서도 까마귀를 날려 보낸 것을 볼 수 있다: "길가메시Gilgamesh"이야기에서는 비둘기, 제비, 까마귀가 각각 나오며 "시뷜라의 신탁Oracula Sibyllina" 이야기에서는 두 마리의 비둘기와 한 마리의 까마귀가 나온다; c. 일부 고대인들은 까마귀가 부리를 통해 짝짓기를 하고 알을 낳는다고 믿었다; 아리스토텔레스는 이를 부정했는데, 비둘기처럼 '입맞춤'만 하는 것이라 주장했다; d. 까마귀는 여타 다른 새들과는 달리 가을에 알을 낳는다(페트로니우스Petronius, "사티리콘Satyricon"); e. 까마귀는 부리가 일출을 향하도록 바라보며 둥지에서 쉰다; f. 까마귀는 늙어서 더 이상 날카로운 깃털이 없을 때 하늘의 이슬을 먹고 산다는 믿음이 있다. "나의 어머니가 오염된 늪에서 까마귀의 깃털로 쓸어 모은 사악한 이슬이 당신들 두 사람 위에 떨어지리라"(템페스트Tp. 1, 2); g. 썩은 고기를 좋아하며 죽은 동물의 뇌를 얻기 위해 눈을 쪼아 먹는 습관으로 유명하고 썩은 고기를 찾을 때의 표정은 독특하다; h. 구약성서: '더럽고 부정한' 새로 간주되었다; **2.** 새벽: "검은 까마귀가 하늘의 기쁨을 즐겁게 선포할 때까지 손님들은 잠들어 있었다"(베오울프Beowulf 1, e 참조); **3.** 전지전능의 상징이자 신들의 메신저로 간주되었다: a. 게르만: 까마귀 후긴('생각')과 무닌('기억')은 오딘의 스파이로 세상에서 일어난 모든 일을 그에게 말했다. 아폴로의 까마귀Apollo's crow와 노아의 까마귀Noah's raven 참조; b. 까마귀는 아스클레피오스, 아폴로, 사투르누스, 엘리야, 노아, 브란, 오딘 등과 같은 모든 빛의 영웅들에게 바쳐졌다: c. "여우이야기Reynard the Fox"에서 까마귀는 노벨 왕의 메신저였다; **4.** 신탁, 예언: a. 아폴로와 미트라에게 바쳐졌다; b. 웨일스 신화에서 브란신에게 바쳐졌고 까마귀의 머리는 예루살렘에 있는 아담의 머리처럼, 침입으로부터 도시를 보호하기 위해 런던의 화이트힐(타워 힐)에 묻혔다; 까마귀가 타워 힐에 남아 있는 한 영국은 침략으로부터 안전하다고 믿었다(마비노기온Mabinogion; 로버트 그레이브스Robert Graves, 하얀 여신ND 8ff.); c. 셰익스피어 작품에 나오는 까마귀는 특히 다가올 공포와 관련이 있다(예 맥베스Mac. 1, 5); **5.** 죽음, 부패, 파괴의 일반적인 예: a. 까마귀는 죽음의 징조일 뿐만 아니라 전염병을 가져온다: "오염된 집 위를 맴돌며 사람들에게 신호를 보내는 까마귀처럼, 까마귀는 죽음의 징조일 뿐만 아니라 질병의 확산을 불러일으키는 흉조다"(베니스의 무어인 오셀로Oth. 4, 1); b. 청소동물: 자기 아비를 조롱하는 자의 까마귀에게 눈을 쪼이고(그리고 독수리 새끼에게 먹히리라: 잠언Prov. 30, 17; 참조: 스코틀랜드 민요 "까마귀 두 마리The Twa Corbies" 또는 영어버전 "까마귀 세 마리The Three Ravens", 프랜시스 차일드Francis Child 26); c. 발키리는 까마귀와 함께 한다; d. 이집트에서는 파괴의 상징이다; e. 에드거 앨런 포Edgar Allen Poe: "까마귀는 '네버모어Nevermore'를 외친다"(역주: 책에서 까마귀는 '네버모어'라고만 반복해서 답할 뿐이다); f. 가혹함, 잔인함의 상징; g. 우유부단의 상징; **6.** 배고픈 자들을 먹이고 (자신은) 굶주림; a. 까마귀들은 엘리야를 먹였다(열왕기상1Kings 17, 4); 나중에는 과부가 엘리야를 먹였다; b. "어떤 이들은 까마귀가 버려진 아이들을 돌본다고 하지만 막상 까마귀 자신의 새끼는 둥지에서 굶주린다"(타이투스 안드로니카스Tit. Andr. 2, 3); c. 여호와는 특별히 "우는 까마귀 새끼"에게 먹을 것을 주었다(시편Ps. 147, 9; 욥기Job. 38, 41 참조); d. 기독교: 까마귀는 은둔자들의 전설에서 종종 수호자의 역할을 하거나 그들에게 음식을 날라다 주었다; e. 자비의 상징; **7.** 장수longevity: 어떤 이들은 까마귀가 인간보다 세 배 더 오래 산다고 했다(루크리스의 능욕Lucr. "고대 시대의 까마귀의 날개Ancient raven's wings" 참조; 또한 까마귀crow 참조). 그러나 헤시오도스는 까마귀가 인간보다 118배 더 오래 산다고 하였다; **8.** 악마: 까마귀는 죄인을 유혹하여 회심을 늦추는 마귀처럼 "내일cras, 내일cras"하고 운다; **9.** 복수: "복수를 위해 울부짖는 까마귀"(덴마크의 왕자 햄릿Ham. 3, 2); "냘의 사가Njal's Saga"에서 호

그니와 냘의 아들은 두 마리의 까마귀와 함께 호그니의 아버지의 죽음에 대한 복수를 시작했다(79); **10.** 섭리에 대한 믿음: "까마귀를 생각하라 심지도 아니하고 거두지도 아니하며 골방도 없고 창고도 없으되 하나님이 기르시나니 너희는 새보다 얼마나 더 귀하냐?"(누가복음Luke 12, 24. 마태는 까마귀를 가리켜 일반 성서에 나오는 '천국의 새birds of heaven'라고 했다); **11.** 탐욕: 종종 부리에 걸린 고리로 표현된다; **12.** 폭풍우를 좋아한다(제임스 톰슨John Thomson, "계절The Seasons" 중 "폭풍The Storm" 참조); **13.** 데인사람들의 상징(특히 유명한 라그나로드브로크Ragnar Lodbrokr)의 상징): 까마귀는 만약 덴마크인이 전투에서 패배한다면 날개를 접을 것이고, 승리한다면 날개를 펼 것이다; **14.** 문장heraldry(紋章): a. 스스로 행운을 만든 사람의 상징; b. 승리와 용기(전장과 관련하여); **15.** 연금술: 니그레도(흑화)의 단계(연금술alchemy 참조); **16.** 특별한 문학적 의미: A. "마비노기온The Mabinogion"에서 까마귀는 리안논에 배정되어 아서왕과 오웨인 왕의 체스 게임에 참석했는데 이 까마귀들이 아서왕의 부하들과 전투를 벌인다; B. 셰익스피어: 까마귀는 못생긴 여자와 관련 있다: a. "누가 까마귀를 비둘기로 바꾸지 않겠습니까?"(한여름 밤의 꿈MND 2, 2); b. 템페스트에 나오는 마녀 시코락스(템페스트Tp. 1, 2)라는 이름은 라틴어로 '소스sus'(돼지swine)+'코락스koraks'(까마귀raven)의 합성어일 수 있다. 또는 키르케('키르코스kirkos' 매hawk)와 관련 있을 수 있다; C. 딜런 토머스Dylan Thomas: "까마귀의 죄The raven's sins": 맥베스의 "까마귀 떼가 가득한 숲rooky woods" 혹은 죽음("유별난 시월의 바람Especially when the October winds").

갈대, 리드 reed (식물, 악기) **1.** 음악: a. 시링크스(그리스어 '갈대reed')는 판에게 쫓겨 도망치다가 이를 피하기 위해 자신의 모습을 갈대로 바꾸었다(나소 P. 오비디우스Naso P. Ovid, 변신이야기Metam. 1, 705f.); 그 후 판은 갈대 여러 개를 마음대로 잘라 팬 파이프를 만들었고, 나중에 헤르메스가 판의 발명품인 팬파이프를 아폴로에게 팔았다; b. "티튀루스여, 너도 밤나무 아래에 누워 가느다란 갈대 위에서 숲속의 음악을 연주하는 구나"(베르길리우스Vergil, 전원시Ecl. 1, 1); 또한 음악의 상징emblem of Music 참조; **2. 인간의 목소리**(또는 글)와 비밀의 폭로; a. 그리스: 미다스의 이야기(예 나소 P. 오비디우스, 변신이야기 11, 190); b. 켈트족: 태양왕의 죽음에 대한 예언: 열 두번째 달(마지막 한 달을 제외하면: 10월 28일~11월 24일)에 왕의 죽음이 임박했음을 알렸다; c. 그리스도의 수사학적 질문: "너희가 무엇을 보려고 광야에 나갔더냐? 바람에 흔들리는 갈대냐?"(세례요한에 대한 언급: 마태복음Matth. 11, 7); d. 글쓰기의 상징; 너도밤나무 책과의 연관성은 1번의 b 참조; **3. 왕령**, 확고한 권력을 상징한다: a. 이집트 왕의 홀sceptre은 세트를 기리기 위해 만들었고, 두 마리의 나귀의 귀로 관을 씌운 갈대였다; b. 따라서 로마 군인들은 그리스도에게 가짜 왕의 상징으로 갈대를 주었다(마태복음 27, 29); c. 갈대로 지붕을 만든 집은 잘 세워진 집이며 게다가 갈대는 재산을 측정하기 위한 고대의 측정 도구였다; **4. 약점**: a. 생각하는 갈대로서 텅빈 사람을 나타낸다; b. 아시리아(앗수르)를 대표하는 사람들은 히스기야 왕에게 이집트를 믿지 말라고 다음과 같이 경고했다: 이집트는 "부러지고 상한 갈대입니다… 사람이 의지하면 손을 파고들어 찌를 것입니다"; c. 절망에 빠진 사람들: 여호와의 종은 상한 갈대를 꺾지 아니하시며(이사야서Isa. 42, 3); **5. 복원력**, 유연함(폭풍에도): a. 이솝 우화에 나오는 융통성 없는 감람나무와 반대; b. "갈대는 폭풍우를 견디지만 참나무는 쓰러진다"(속담); **6. 신의 보호**: 마법을 써서 탈출하는 도망자들은 종종 갈대를 등 뒤로 던진다. 그러면 갈대는 추적자들을 꼼짝 못하도록 얽히게 만드는 나무가 된다; **7. 음문**, 여성, 다산: a. 이집트 상형문자: i. 여성; 여성의 이름(여왕의 이름 제외)에 아름다움과 다산을 상징하는 방법으로 꽃 이름으로 끝나거나 꽃 이름을 붙였다; ii. 녹색의 것; iii. 사랑하는 여자; b. 히브리: 생식력, 흩뿌리는 것; c. 그리스: 갈대 왕관을 쓴 강의 신과, 님프의 상징; d. 두 개의 갈대 고리: 이슈타르의 상징; **8. 기독교**: 겸손, 정의; **9. 번개**, 생명: 어떤 때는, 프로메테우스가 갈대 줄기로 하늘에서 불을 훔쳤다(어떤 곳에서는 회향 줄기라고도 한다); **10. 죽음**: a. 화살촉의 재료; b. 갈대밭: (이집트) 이곳은 오시리스가 다스리는 영원한 봄의 세계로서 서쪽 지평선 아래에 위치해 있다. 죽은 자는 배를 타고 그곳에 도착한다. 밭을 경작하는 것은 죽은 자가 주로 하는 일이다; c. 2번의 b 참조; 11. 골풀rush 참조.

갈라진 틈 cleft **1.** 여성의 음문: a. 고대 그리스 시인 히포낙스Hipponax는 털이 많은 아시아 부족인 신디Sindi족에서 따와서 음문을 그리스어로 'Sindikon diaphragma'(신디족의 갈라진 틈Sindian cleft)라고 불렀다(프랑스어fr. 34; 포이닉스Phoenix, 프랑스어 1, 15도 참조); b. 오이디푸스는 갈라진 길Cleft Way 또는 Split Way이라고 부르는 "어떤 좁은 길"에서 아버지를 죽인다(아폴로도로스Apollodorus 3, 5, 7; 파우사니아스Pausanias 10, 5); **2.** 신탁과 연관된다: a. 신탁에서 말하는 틈 또는 입문식에서의 틈은 종종 동굴에서 발견된다; b. 그리스어 '스토미온stomion'=입이지만, 또한 '동굴의 구멍'이고, 델피에서는 바위의 틈을 통해 신이 저승(지하세계)에서 말한다고 생각했다; **3.** 로마: 광장에 갑자기 생겨난 틈이 로마를 위협했다; 쿠르티우스는 신탁의 요구에 따라 이 틈 안으로 뛰어들면서 '로마에서 최고의 것', 즉 선하고 용감한 시민을 바쳤다. 그 후 틈은 닫혔고 호수가 생겼다(티투스 리비우스Titus Livius 7, 6; 할리카르나소스의 디오니소스Dionysus of Halicarnassus 14, 11; 그 이전에 있었던 이러한 용기의 예는 플루타르코스Plutarch, 윤리론집M 206E; 호수의 유래에 대한 다른 설명은 마르쿠스 테렌티우스 바로Marcus Terentius Varro, 라틴어원론LL. 5, 148ff 참조); **4.** 페데리코 G. 로르카Federico G. Lorca: 종종 곧 부서지거나 무너질 것을 나타내는 반복적으로 너터너는 상징(구스타보 코레아Gustavo Correa. p. 211).

갈라짐, 나뉨 forking 딜런 토머스Dylan Thomas: a. 악마의 혀, 그리고 시인의 혀와 관련된다: 시는 "환상의 허구"이다; b. (특히 초기의 시에서) 세포 분열에 의한 성장: 결합되지 않으면 불구가 되는 두 개의 반쪽(또한 남자와 여자를 가리킨다); c. ("만일 내가 간지럽힘을 당했다면If I were tickled"이라는 시에서) '갈라짐'은 고정되거나 찌르거나 꿰뚫는 행위뿐만 아니라 단순히 나눈다는 의미도 될 것이다: 눈의 '초점이 갈라질' 때 이중으로 보이는데 이는 통합해서 볼 수 없다는 것이다.

갈라테아 Galathea 신화: **1.** 바다의 신 네레우스의 딸: 반짝이는 고요한 바다; 비너스다음으로 가장 아름다운 여신; 최상의 육체적 아름다움의 구현; 홍합 껍질을 타고 다니는 것으로 표현된다(괴테Goethe, 프리드리히 주석Friedrich's Commentary); **2.** 소녀라는 이유로 살해당하는 것을 막기 위해 소년으로 자란 크레타 소녀는 레토에 의해 결국 소년으로 변했다.

갈라하드 Galahad **1.** 이름: 길르앗과 관련된 것으로 성서(킹 제임스 성서AV)에 있는 그리스도의 신비주의적 호칭 가운데 하나이다; **2.** 그의 아버지 란슬롯Lancelot은 다윗왕과 아리마대의 요셉의 자손이며 그의 어머니는 그레일 왕의 딸이었다; 그의 어머니는 본래 갈라하드(토머스 맬러리 경Sir Thomas Malory 41)하고 란슬롯과의 혼인관계에서 아들을 낳아 신비주의적 요소를 세속적 요소와 연결시켰다; **3.** 성배: 그는 떠다니는 돌에서 검을 뽑았고(참조: 아서가 모루나 돌에서 엑스칼리버를 뽑아냄: 선택되었음의 증거) 오랫동안 그를 위해 비워져 있던 성배 원탁의 위험한 자리에 앉았다; **4.** 그는 위대한 성자여서 유혹조차 없다(모두: 로저 루미스Roger Loomis, 중세의 아서문학ALMA pp. 296 및 305).

갈락타이트, 유석 galactites (보석) "중세보석세공집Med. Lap.": **1.** 이름: 그리스어의 'gala', 즉 '우유로부터 유래되었다는 'caladista'의 뜻. 그러므로 a. 재색이지만 뜨거울 때까지 문지르면 우유 맛이 난다; b. 우유나 기름에 타서 마시거나 수유부가 집중해서 먹으면 젖이 많아진다; 꿀 냄새가 난다; c. 알렉토리우스alectorius라고도 한다; **2.** 사람에 미치는 영향: a. 이것은 사람의 지혜를 강화하지만 마음을 파괴할 수 있다; b. 이것은 사람의 뜻이 이루어지도록 한다; c. 갈락타이트는 전투에서 사람이 죽는 것을 막는다; **3.** 약용: a. 이것은 양의 피부병을 치료한다; b. 치통을 줄여 준다(중세보석세공집 B 30, F 86, G 27).

갈란투스, 스노드롭, 아네모네 snowdrop **1.** 일반적으로 다음을 의미한다: a. 종종 눈이 녹기 전에 이미 피어나는 가장 이른 봄의 전령 중 하나; b. 이들은

2월 2일(성촉절candlemas)에 꽃을 피운다. 그래서 이들을 '2월의 처녀 요정February fairy maids'라고도 부른다; c. 전설: 아담과 이브가 낙원에서 쫓겨났을 때는 겨울이었다; 한 천사가 봄을 기약하며 그들을 위로하였다; 이에 대한 증표로 그는 떨어지는 눈송이에 숨을 불어넣었고 이들의 손길이 닿는 땅에는 스노드롭이 피어났다; **2.** 희망, 위로; **3.** 역경 속의 우정; **4.** 순수성: a. 순백의 처녀; b. 이 꽃은 성촉절, 즉 성모 마리아의 정화의 축일과 연관된다; **5.** 토머스 S. 엘리엇Thomas S. Eliot: "발밑에서 몸부림치는": 우리에게 되살아난 존재를 강요하는 "봄의 방해꾼disturbances of spring"; **6.** 민속: 많은 흰 꽃들(끔찍한 위대한 여신에게 바쳐진)처럼 특히 꽃만 집 안으로 들여오는 것은 위험하다; 그들은 "장막을 두르고" 죽음의 주문을 외운다.

갈리시아 Galicia 주로 스페인 북서부의 해안지역: 황금의 땅(마르티알리스Martial 4, 39; 10, 16 및 14, 95)

갈린게일, 생강과 식물 galingale (식물) **1.** '알피니아Alpinia' 또는 '캄페리아Kaempheria'의 향기로운 뿌리; 때로 '이우니우스Iunius' 및/또는 '창포sweet flag'와 혼동되기도 하며, '방동사니galanga'(옥스퍼드영어사전OED)라고도 한다; **2.** 조미료로 사용(제프리 초서Geoffrey Chaucer, 캔터베리 이야기CT, 프롤로그 381); **3.** 쾌활함(에드먼드 스펜서Edmund Spenser. 변덕스러움에 대한 두 개의 칸토Mu. 194) 및 '인생을 사랑함'이라고 불렸다(니칸데르Nicander, 알렉시파마카Al. 591: 니칸데르는 이것이 두꺼비독을 치료한다고 주장했다); **4.** 힐데가르트 폰 빙엔Hildegard von Bingen: a. 매우 뜨겁고 열을 내리는 데 도움이 된다; 와인에 넣어 마시면 등이나 옆구리의 나쁜 액으로 인한 통증을 치료한다; b. 약한 심장을 치료한다; c. 이것을 넣은 혼합물로 호흡기 질환을 치료한다. 또한 비장과 마비도 치료한다(자연학Ph. 1. p. 19).

갈매기 gull (새) **1.** 아프로디테와 레우코테아에게 바쳐졌다(=달의 '하얀 여신'): 갈매기로 변신한 레우코테아는 오디세우스에게 가슴 밑에 동여맬 베일을 건네줌으로써 그를 구했다(호메로스Homer, 오디세이아 5, 333f.; 항해의 여신 아테나의 또 다른 이름 중 하나(리코프론Lycophron 359; 파우사니아스Pausanias 1, 5, 3)); **2.** 바다, 여행, 모험의 상징; **3.** 애처로운 울음소리; **4.** 관능미; **5.** 잘 속음; **6.** 윌리엄 B. 예이츠William B. Yeats: "어느 한 정치범에 대하여On a Political Prisoner"라는 시에서 회색 갈매기는 죄수의 과거를 상징한다: 야생에서 누리는 자유; **7.** 제임스 조이스J. Joyce: 험프트 침프트 이어위커HCE는 술에 취해 꿈을 꾼다("피네간의 경야Finnegan's Wake"). 꿈에서 그는 트리스탄에게 아내를 빼앗긴 마크왕이 된 그는 아내 이졸데가 트리스탄과 바람을 피우고 함께 항해하는 것과 서기관(당나귀ass 참조)인 네 마리의 갈매기가 배를 에워싸는 것을 본다. 여기에서 갈매기는 바람, 아일랜드의 연대기 편찬자, 복음서 저자 등이다; **8.** 딜런 토머스D. ThomasDylan Thomas: 시적인 음악("시골잠에서In country sleep"); **9.** 민속: A. 갈매기는 익사한 어부와 선원들의 영혼이다; B. 불운을 가져온다: a. (종종) 갈매기를 죽이는 경우; b. 갈매기가 집 창문에 부딪히는 경우; C. "갈매기는 비를 거슬러 온다"(속담); **10.** 알바트로스, 신천옹albatross 참조.

갈매기 seagull (새) 갈매기gull 참조.

갈매나무 buckthorn (식물) 구기자lycium 참조.

갈바눔 galbanum **1.** 구약성서: a. 성막의 "달콤한 향신료" 중 하나(향신료spices 참조): 쓴맛과 사향 냄새가 난다; 시리아의 수지 껌에서 얻었다(예 출애굽기Ex. 30, 34); b. 신의 지혜(전도서Eccl. 24, 21); **2.** 히포크라테스가 사용하였고 플리니우스Pliny(24, 13)가 약용 가치를 칭송했다; 갈바눔은 또한 뱀snakes을 쫓아낸다.

갈색 brown **1.** 대지, 겸손; **2.** 가을, 우울; **3.** 조용한 배경색, 단순성, 빅토리아 시대의 감정과 영혼 결여; **4.** 금욕, 수도원 생활(수도자의 습성), 빈곤, 참회; **5.** 슬픔, 무력함; **6.** 속담에 의하면, '갈색 피부색의 남자'는 강하고 믿을 만하다; **7.** 갈색의 Excercise는 그 소리를 듣고 기뻐하였으며 Sport는 기쁨으로 뛰면서 너도밤나무 창을 집어 들었다"(역주: 강한 운동이 의인화된 시적 표현. 자일스 콜린스Giles Collins, "열정The Passions"); **8.** 갈색을 추구하는 사람들의 특징: a. 차분함, 수동적; b. 보수적, 믿을 수 있음; c. 실용적 지식; d. 대지; **9.** 문학적 연상: A. '갈색 처녀'는 민요에서 자주 등장한다: 그녀는 보통 초록 숲으로 추방된 연인을 따라 도망자가 될 준비가 되어 있다; 이러한 삶의 고난에도 불구하고 그녀는 변하지 않는다(혈통에 따라 그녀는 남작의 딸이라는 것이 입증될 수 있다); 숲의 애인이 또다시 존재한다: 그는 진짜로는 추방된 것으로 보이지 않으며 오직 그녀를 시험하려 한 것이었고 이제 그녀와 결혼할 것이다; 그녀는 종종 민요 어여쁜 아네트Fair Annets 등과 긍정적 의미에서 비교된다; 스위트 윌리엄Sweet William이 최종적으로 갈색 소녀와 결혼하며, 침대발치에서 마거릿의 유령을 발견하게 되는 민요 "어여쁜 마가렛과 멋진 윌리엄Fair Margaret" 이야기에서 이 주제를 다시 볼 수 있다; B. 단테Dante: 갈색 공기: a. 저녁의 공기(예 신곡 지옥편Inf. 2, 1); b. 지옥의 공기; C. 제임스 조이스James Joyce: 갈색과 노란색: (더블린의) 마비와 부패의 색깔들; **10.** 웨딩드레스wedding-dress 참조.

갈증 thirst **1.** 죽은 자는 "목마른 자"이다(이사야서Isa. 5, 13); 바빌로니아의 지하세계는 "목마름의 들판"으로 불렸다; 이집트의 장례 문헌에는 죽은 자의 영혼이 물을 달라고 기도하는 내용이 있다; 그리스 신주(神酒) 관습의 기원은 죽은 자들의 갈증, 특히 피에 대한 갈증을 해소하는 피의 의례였을 것이다(호메로스Homer, 오디세이아Od. 11; 오르페우스의 서판Orphic tablets, 제인 해리슨Jane Harrison 프롤로그 660f., 시어도어 개스터Theodor Gaster, 테스피스Th. 204f.에서 인용함); **2.** "사탄의 뜨거운 갈증과 굶주림이 맹렬하니"(존 밀턴John Milton, 실낙원Par. L. 10, 556; **3.** 기독교: a. 물을 찾는 수사슴(시편Ps. 42. 1); b. 십자가에서 그리스도의 목마름.

갈탄 lignite (광물) **1.** 목재 구조가 여전히 보이는 다양한 갈탄; **2.** 니칸데르Nicander: 이것을 태우면 뱀을 쫓을 수 있다(테리아카Th. 37; 이 '목탄'의 다른 특성에 대해서는 디오스코리데스Dioscorides 5, 128 및 플리니우스Pliny 36, 141 참조).

감각 sense **1.** 자연과 연결된 오래된 일곱 가지 감각의 구분: a. 생기: 불; b. 감정: 대지; c. 청각: 꽃이 주는 것; d. 시각: 안개; e. 후각: 바람; f. 속도: 물; g. 미각: 공기; **2.** 칸트Kant: a. 내적 감각inner sense=시간(제임스 조이스James Joyce: "피네간의 경야Finnegan's Wake"에서 등장인물 솀Shem); b. 외적 감각outer sense=공간(등장 인물 숀Shaun); **3.** "허영심은 제6감각이다"(속담).

감각식물 sensitive plant 미모사mimosa 참조.

감람석 peridot (보석) **1.** 관입암 밀집 지역에서 발견되는 수정 같은 초염기성 화성암; **2.** 벼락의 상징; **3.** 행복의 상징; **4.** 이것의 일반적인 특성: a. 여성에게 배신당하는 것을 막아 주고 인간관계를 증진시킨다; b. 자제력을 부여한다; c. 슬픔과 실망 속에서 위안을 준다; **5.** 시기: a. 월: 8월; b. 별자리: 물고기자리, 사자자리.

감송 spikenard **1.** 인도에서 자생하는 풀의 일종으로 연고의 향을 내는 데 사용되는 수액이다. '순전함pistikos'(마가복음Mark 14, 3: 문자 그대로 '믿는') 그리고 진품(플리니우스Pliny는 모조품이 많다고 언급함); 혹은 야곱이 이집트에 선물로 보낸 녹색 아몬드(피스타치오) 종류일 수 있으며(창세기Gen. 43, 11) 이것은 신선하게 먹거나 건조시켜 향신료로 사용한다; **2.** 향수, 유혹: 왕이 상에 앉았을 때에(=앉아 있는 동안) 나의 나도 기름이 향기를 뿜어냈구나"(아가서SoS 1, 12 및 4, 13); **3.** 정화, 거룩함: a. 여자(특정 마리아)가 그리스도에게 성유를 바르는 데 사용했다(설화 석고alabaster 참조); b. 이 식물은 성모 마리아에게 주어졌다; c. 향기롭게 만들기 위해 시신 화장용 장작더미 위에 던졌다(예 프로페르티우스Propertius 4, 7, 32).

감시자, 순찰자 watcher **1.** 지상의 여자들(예 다니엘서Dan. 4, 13)과의 교제를 통해 '내려온' 천사들의 무리(이사야서Isa. 21, 6 및 8); **2.** 선지자는 감시자이다; **3.** 매장burial 참조.

감옥 prison 1. 범죄, 감금, 지옥(예 덴마크의 왕자 햄릿Ham. 1, 5); 2. 태양신과 영웅들은 보통 밤이나 겨울의 신에 의해, 또는 지하 세계의 신들에 의해 얼마 동안 감옥에 갇힌다; 3. 세상: "세상은 감금실도 독방도 지하 감옥도 다 있는 훌륭한 감옥이지."(덴마크의 왕자 햄릿 2, 2); 4. 우리cage 참조.

감자 potato (식물) 1. 빈곤; 2. 혜택; 3. 강정제: 테르시테스는 '사치'(=정욕)을 '뚱뚱한 엉덩이'와 '감자 손가락'으로 비유했다. 왜냐하면 스페인 감자나 고구마는 강정제이기 때문이다(트로일 로스와 크레시다Troil. 5, 2); 4. 제임스 조이스James Joice: ("율리시스Ulysses"에서) 블룸은 주머니에 감자 하나를 넣고 다녔다: a. 뿌리와 씨앗이 동시에 번식한다; b. 아일랜드의 상징; 5. 민속: 감자 부적: 새로운 감자가 검게 변하고 나무처럼 단단해질 때까지 주머니에 넣고 다녔다(석탄coal 참조).

감자개발나물 skirret (식물) 1. '시움 시사룸Sium sisarum': 즙이 많으며 덩이줄기가 있는 방풍나물의 일종; 2. 코르넬리우스 켈수스Cornelius Celsus(II부, 서문): a. 억제제와 냉각제로 쓰이는 약초(2, 33, 2); b. 이것은 "음료로는 좋지 않지만"(2, 21) 위장에 매우 좋다(2, 24, 2); c. 이뇨제(2, 31).

감초 licorice 감초liquorice 참조.

감초 liquorice, licorice (식물) 1. 일반적으로 다음을 의미한다: '감초유'의 땅속 줄기는 달콤한 즙을 갖고 있으며, 즙이 증발하면 검고 끈적거리는 물질로 변한다; 2. 힐데가르트 폰 빙엔Hildegard von Bingen(라틴어 '리퀴리시오liquiricio', 독일어 '주스활츠Sussholz', 또는 스윗우드Sweet-wood): 따뜻한 감초액은 사람의 목소리를 맑게 하고, 정신을 상쾌하게 하고, 눈을 맑게 하고, 위장의 소화를 좋게 하는 기능을 갖고 있다(자연학Ph. 1, p. 21).

갑옷 armour 1. 일반적으로 다음을 의미한다: a. 전쟁의 모든 '영광스러운' 측면: 기사도, 보호; b. 전쟁의 모든 불길한 측면: 광신, 무차별적 폭력 등; c. 보호 아래 있는 힘; 2. 성서: a. 빛의 갑옷(로마서Romans 13, 12); b. 정의의 갑옷(고린도후서2Cor. 6, 7); 3. 그리스어: a. 아테나 여신의 것; b. 청동갑옷: 그리스인(호메로스Homer, 일리아드IL. "여러 부분에서 열정적인 순례자"); 4. 중세: a. 대천사장 미카엘 및 성 조지와 관련된다; b. 신의 상징; 5. 딜런 토머스Dylan Thomas: (=금속:) (인간의) 육신의 살.

갓 Gad 1. 야곱과 레아의 여종 실바의 아들(창세기Gen. 30, 11); 이름은 레아가 말한 대로 '군대troop' 또는 '무리company'를 의미한다; 2. 그의 후손인 유목 지파; 3. 영토: 그의 영토는 요단 동쪽 '길르앗'; 4. 다음을 상징한다: 장막: "그는 사자같이 거하시며 면류관으로 팔을 찢으시며"(신명기Deut. 33, 20); 5. 별자리: 양자리Aries; 6. 돌: 자수정; 7. 색상: 흰색; 8. 같은 이름도 존재도 있었다: a. 지파와 섞인 행운의 신의 이름(이사야서Isa. 65, 11, 킹 제임스 버전성서AV에는 그의 이름이 '군대troop'로 나와 있지만, 나중에 '행운Fortune'으로 해석되었다); b, 다윗 궁정의 선견자의 이름(역대상서1Chron. 21 참조).

갓돌 copestone 1. 특히 고딕건축물에서 건물 꼭대기에 있는 가장 중요한 돌; 건물=몸=물질; 2. 관조: 높이 상징(사람의 경우도 마찬가지).

강 river 1. 다음과 같이 의인화되었다: a. 그리스: 바다의 신 오케아노스와 테디스의 자식들; 그들은 일반적으로 풍성한 턱수염, 긴 머리, 갈대 왕관을 쓴 존경스러운 노인으로 표현된다; b. 여성: 물의 님프 나이아데스; 또한 셰익스피어 극에서는 강이 여성을 나타내기도 한다. "무슨 죄를 지었지?-어떤 강에서 송어를 잡고 있었습니다."(눈에는 눈, 이에는 이Meas. 1, 2); 2. 비옥함: 강(그리고 바다)은 성서에서 종종 하나님의 힘을 나타내므로 "바빌로니아의 강들이 주에 의해 마르게 될 것이다"라는 의미는 바빌로니아가 멸망한다는 의미이다; 3. 신화에서 강은 종종 일출(탄생)과 일몰(태양왕의 죽음: 예 호메로스Homer, 일리아드Il. 2, 861, 875 등) 등의 장소(여성으로 의인화된다)이며 많은 영웅이 '강에서' 죽는다; 4. 뱀 및 물에 관련된다; 5. 괴물로서 강은: a. 홍수를 일으킨다; b. 흐름을 멈춰 가뭄을 유발한다. 아마도 히드라는 이런 괴물이었을 것이다; **6. 신탁**: 미래(비옥함)가 숨겨져 있는 지하 세계에서 오는 것; **7. 자연적인 장벽**, 또는 지하 세계로의 입구(종종 자궁 동굴에서 솟아남); **8. 평화**, 율법에 대한 순종: a. "보라, 내가 그녀에게 화평을 강같이, 이방인들의 영광을 흐르는 시내같이 넘치게 주리니 그때에 너희가 젖을 빨며 또 그녀의 옆구리에 안기고 그녀의 무릎에서 춤을 추리라"(이사야서Isa. 66, 12; 또한 48, 1, 8 참조); b. 반란으로 간주되는 홍수: 예 대주교는 그의 요구를 이행하면서 다음과 같이 약속한다: "우리는 다시 우리의 경외스러운 둑 안에 들어왔고 우리의 힘을 평화의 팔에 묶었다"(헨리 4세 2부2H4 4, 1); 토머스 모어 경Sir Thomas More 참조: "반란군은 그들의 복종의 언덕(한계)에 있다"; **9. 시간**: 공간에서의 움직임=시간에서의 움직임: 예 토머스 S. 엘리엇Thomas S. Eliot("드라이 샐베이지스"); 인간의 삶에서 자연과 계절, 시간에 대한 속박(참조: "황무지The Waste Land"에서 템스); 또한 매튜 아널드 Matthew Arnold, "시간의 강"("미래e") 참조; **10. 삶**: 예 그리스도=생명의 강; **11. 낙원의 강**; A. 일반적으로 다음을 의미한다: a. 신의 은총; b. 공간의 네 방향; 나침판compass도 참조; c. 전체성; B. 개인: (창세기Gen. 2, 11 참조): a. 비손강Pishon: 금이 있는 온 하윌라를 감싸 흐른다; 프루던스(종종 할리스 강 또는 파시스 강의 신인 파시스가 언급된다); b. 기혼강: 에티오피아 전체를 둘러 흐른다; 템퍼런스(때로 아락시스); c. 히데겔강: 아시리아 동쪽으로 흐른다; 힘(때로 티그리스 강); d. 유브라데강: 정의(때로 히데겔); C. 그리스에서 이에 상응하는 네 개의 강에 대해서는 헬리오스의 아들 아이에테스 왕의 정원 즉 콜키스에서 흐르는 네 개의 강 참조(로디우스의 아폴로니오스Apollonius Rhodius., 아르고호 항해기Arg. 3, 220ff.); **12. 천국의 강**: a. 은하수Milky Way 참조; b. 단테Dante: (신곡 연옥편Purg., 28) 에덴동산에는 두 개의 강이 있다: 레테신Lethe(과거의 악을 지우는 강)과 에우노에신Eunoë("좋은 기억right-mindedness", 모든 선행의 기억을 되돌려 주는 강); **13. 하데스의 강**: a. 아케론 강: 정체되어 있고 슬픈; b. 스틱스강: 증오; c. 레테강: 망각; d. 퓌리플레게톤 강: 불과 분노; **14. 페데리코 G. 로르카** Federico G. Lorca: 파란색과 관련된다(바다가 '녹색'인 것처럼). 남성적인 색. 따라서 동성애도 여성에 대한 발기부전 때문에 (불완전하고 미성숙하지만) 받아들여진다; **15. 민속**: 강은 종종 강이 주는 비옥함의 대가로 정기적인 인신공양을 요구하는 경우가 많다. 강의 정령은 인신공양 대신에 물에 소금을 던지거나 희생, 주술 등을 요구하는 인어인 경우가 많다. 이런 인식이 물에 빠진 사람을 돕는 것을 거부하게 만든다.

강간 rape **1. 신화**: a. 신이 여성을 강간하는 많은 예가 있으며(예 마르스는 나중에 로물루스와 레무스의 어머니가 되는 레아 실비아를 강간함), 종종 신이 동물로 변신하여 강간함으로써 역사적으로 중요한 아들, 딸, 심지어 쌍둥이까지 생기게 했다(예 제우스는 황소로 변신하여 에우로페를 강간하였고 백조가 되어 레다를 강간했다); b. 일부 신화에서는 신이 불멸의 여신들을 강간하는 예도 있다: 페르세포네 참조; **2. 꿈에서**: 강간 꿈을 꾸는 사람은 그 사람과 성관계를 할 준비가 되어 있지 않은 것이다(톰 체트윈드Tom Chetwynd, 성Sex 표제어 아래).

강꼬치고기 pike (물고기) **1. 이름**: a. 부리나 뾰족한 형태로 인해 이 이름 붙여졌다; b. 그리스어 '리키오스lykios'와 라틴어 '루키우스lucius': 둘 다 '빛나는'이라는 의미이다: 강꼬치고기는 서식하고 있는 물의 색상을 띤다(안젤로 드 구베르나티스Angelo De Gubernatis, 동물의 신화ZM 2, 338n); 옛 영어 이름은 '루스luce'(토머스 시셀튼 다이어 목사Rev. Thomas F. Thiselton Dyer, 셰익스피어의 민속이야기Folk. of Shak. p. 472)였다; c. '루푸스 마리누스lupus marinus' 또는 '배도라치': 아래 4번 참조; d. 스코틀랜드어로는 '제드ged'(로버트 번스Robert Burns, 아래 5번의 b 참조)라고 한다; **2. 이집트 신화**: a. 이집트의 옥시린쿠스 마을은 이 물고기에서 이름을 따왔다. (플루타르코스Plutarch, 윤리론집M 535C); 강꼬치고기는 도미, 레피도투스 물고기와 함께 오시리스의 남근을 먹은 것으로 여겨졌기 때문에 금기시되는 물고기이다(같은 책 358A); **3. 켈트 신화**: 난쟁이 아드바리Advari는 강꼬치고기 모양으로 폭포 속에서 살다가 로키에게 붙잡혀 자신이 지키던 황금을 포기하고 자신을 변신시킬 수 있는 힘을 가진 마지막 반지까지 내주었다; 이는 볼숭의 사가와 니벨룽겐의 노래에서 예언의 황금이 되었다. 난쟁이는 나중에 이 황금을 가진 사람에게 저주를 걸었다[운문 에다 Poetic Edda, 레긴의 시Lay of Regin]; **4. 생물학적 특성**: a. 강꼬치고기는 배설물을 찾아 강둑을 헤매는 청소부이다; 최상의 강꼬치고기는 티베르 강에서 잡힌다(마크로비우스Macrobius, 사투르날리아S 3, 16, 12); b. 쓸개를 제거하고 꿰매어 다시 물속에 던져 넣으면 "새로운 삶이 필요해 질 때까지 그체로" 살 수 있다(필립 시드니 경Sir. Philip Sidney, 소네트CS 22, 21ff.); **5. 특성**: a. 사나움(존 던John Donne, 무한희생Infin, Sacr. 314f.); b. 탐욕스럽고 굶주린(사모사테 출신 루키아노스Lucianus from Aamosate, 용병Merc. 예술가C 24; 로버트 번스Robert Burns, "늙은 아내는 남자를 얻지 못했나?" 34; "어떤 책들은 처음부터 끝까지 거짓이다" 133); 중세에는 식탐의 상징이었다(파리네이터 Farinator: 모턴 블룸필드Morton Bloomfield, 일곱 개의 대죄SDS 248); c. 연어가 민물의 왕이라면 강꼬치고기는 민물의 폭군이다(티셀틴 다이어, 앞의 책, 아이작 월튼Isaac Walton을 인용한다); d. 긍정적인 면; 치명적일 수 있는 적인 '무그라mugra'라는 고기가 어부의 낚싯바늘에 걸린 것을 강꼬치고기가 보면 적인 무그라를 줄을 끊고 도망치게 해 준다(로버트 그린 Robert Greene, "환상의 카드The Carde of Fancie", 에브리맨스라이브러리 단편소설Ev.Sh.Nov. p. 218); **6. 약용**: a. 힐데가르트 폰 빙엔Hildegard von Bingen: i. 차가운 공기보다는 뜨거운 공기로 되어 있으며 중간 수심의 물에서 산다(물고기fish 참조); 밤보다는 낮을 선호하며 야생 숲의 동물처럼 날쌔고 공격적이어서 다른 모든 물고기를 서식지에서 쫓아낼 수 있다; ii. 강꼬치고기는 따뜻한 기운이 없기 때문에 병자나 건강한 사람에게 좋지 않다; iii. 강꼬치고기 간을 자주 섭취하면 소화에 좋다'(자연학Ph. 5, p. 96, '강꼬치고기Hecht'); b. 머리 부분의 껍질은 개에게 물린 모든 종류의 상처에 효과적이다(테오프라스투스Theophrastus, 파라그라눔P 192); **7. 날씨 예보**: 강바닥에 조용히 있으면 비 또는 바람을 예고한다.

강철 steel **1.** 갑옷, 무기; **2.** 모든 것을 정복하는 정신; **3.** 순결: "이것은 정숙함이다. 나의 형제여, 정숙함, 순결을 지닌 여인은 강철로 완전히 무장하고 있는 것이다"(존 밀턴John Milton, "코무스Comus" 420); **4.** "강철처럼 진실된" 신뢰성(14세기 속담); **5.** 민속: 칼이나 강철 못steel nail은 종종 쇠iron가 충분히 강하지 않을 때 초자연적인 힘에 맞서는 안전장치이다.

개 dog **I. 일반적으로 다음을 의미한다: 1.** 가장 오래된 길들여진 동물이지만, 집에서 애완용으로 개를 기르는 사람들과 어느 정도 길들여 양치기 개나 사냥용 개로만 기르는 사람들(예 유대인) 사이에는 뚜렷한 차이가 있다; 유럽에서 영국만큼 개가 잘 관리되는 곳도 없다; 그러나 셰익스피어 작품들에서 개는 혐오하는 솔개kite보다 더 나을 것 없는 존재였다; **2.** 유대인은 언제나 개를 타락한 동물로 여기지만, 개는 일반적으로 더 낮은 형태의 삶의 고양으로 간주된다: 개와 늑대(이솝 우화에서 개는 늑대를 속인다: 이솝Aesop, 우화Fables 117); **3.** 모든 주요 상징에서 볼 수 있는 모호함은 개에서도 발견된다; 오래 전부터 결정적으로 여성적 상징(그리고 신성한: 그래서 '불결한')이지만, 개는 인간의 가장 좋은 친구로 여겨지게 되었다: "사람, 말, 개는 서로 함께 있어도 결코 싫증내지 않는다"(속담); **II. 긍정적 특징: 1. 충실한** 동반자, 헌신: a. 위험한 상황에서도 충실한 개의 예를 발견할 수 있다: i. 호메로스Homer: 아거스Argus는 주인 오디세우스가 이타카로 돌아오자 그를 알아보았다(오디세이아Od. 17, 300); 아래의 호메로스 참조; ii. 토비아의 개는 작품과 생애 라파엘과 토비아의 여정에 동행했고, 그들이 집에 가까이 오자 먼저 달려가 그들의 안전한 도착을 알렸다(토비아Tob. 5, 16); 이것은 많은 개의 이름이 토비(예 전통 인형극인 펀치와 주디Punch and Judy의 개)인 이유를 설명해 준다; 그러나 아래 참조; b. 개가 주인의 무덤을 지키는 이야기가 많다; 가장 잘 알려진 고전적 예는 이카리오스의 무덤에서 울부짖어 그의 딸 에리고네에게 그가 묻힌 곳을 알려 준 개 마이라이다(논노스Nonnus 47, 225ff; 로버트 그레이브스 Robert Graves, 그리스 신화GM 1, 262); c. 정절 있는 헤카베는 그녀의 마지막으로 살아남았던 아들(그녀가 인근 섬의 왕에게 맡아 달라고 보냈던 아들)의 시체를 발견하자 개가 되어 그 인근 섬의 평원에서 울부짖었다(나소 P. 오비디우스Naso P. Ovid, 변신이야기Metam. 13; 그러나 특히 1, 568); 이것은 잘 알려진 광견병과 유사하지만(여러 면에서), 광견병이라고 보기에는 앞의 이야기와 너무 유사하다; 리코프론Lycophron (117417f)은 개로 변한 그녀를 헤카테 여신의 수호신이라고 여겼다; d. 개는 또한 다양한 신의 충실한 동반자이다: i. 그리스: 헤카테에게 바쳐졌던 개는 태양과 달을 지구 끝까지 쫓아갔다; 아스클레피오스Asclepius의 경우에 대해서는 아래 참조; ii. 게르만족: 오딘 그리고 운명의 여신들인 노른Norns 과 동행했다; e. 개는 종종 여자들의 무덤의 시체가 누운 발치에서 발견되는데, 이는 충실함과 애정을 의미한다. 남자의 경우에 사자가 나타나는 것과 동일하다(용기와 관대함을 의미); 이것은 부활과 연결될 수 있다: 아래 참조; f. 십자군은 자신들이 주님의 군대를 충실히 따랐다는 것을 상징하기 위해 종종 개 위에 발을 얹은 모습으로 표현했다; g. 중세: 충실함과 경계함의 상징; 성 로커스(로케)는 그의 개와 함께 표현되었다. 그의 개는 그가 전염병에 걸려 자발적으로 망명했을 때 충실히 그를 따랐고 그의 상처를 핥는 모습으로 표현되었다; 전반적인 맥락을 보면 개를 긍정적으로 생각한다는 것을 알 수 있으며 또한 나사로의 상처를 핥는 개들도 치유와 연결된 긍정적인 부분으로 생각할 수 있다(누가복음Luke 16, 21); 참조: 로마의 주노 여신의 신전에서 발견된 여신의 상처를 핥고 있는 실물 같은 청동개 조각상(플리니우스Pliny 34, 17); **2. 용기**, 보호, 수호자: a. 헤라가 아이였던 제우스를 지키도록 세워 둔 황금색 경비견은 (누군가 훔쳐간 후) 탄탈로스가 키운 것이다; b. 마르스와 관련 있다; 특별한 품종은 전쟁에서 싸우도록 길렀다; c. 로마: 가정의 수호신인 라레스 파밀리아레스에게 바쳐졌다; d. 기독교: 신도들 무리의 수호자이자 안내자인 사제의 상징이었다; e. 지하세계(저승)의 수호자(이 수호의 개념을 집어삼키는 어머니Devouring-Mother 원형, 부활 등과 연결시킨다): 개는 지하세계(저승) 자체를 상징하는 것으로 받아들일 수 있다: 그리스 신화에서 케르베로스, 이집트에서는 아누비스, 게르만 신화에서는 가무르가 지하세계의 상징이다; 어머니-여신Mother-goddess과 저승사자psychopomp 참조; **3. 새벽**: 천국의 사냥개는 그리스도로 간주된다(사냥개Hound 참조); **4. 바람**: 사람들이 바람이라고 생각하는 개들은 종종 겨울이나 가뭄시기에 멧돼지를 추격한다; **5. 치유**: 개는 언제나 치유의 신인 아스클레피오스Asclepius와 동행한다; **6. 대모**Great Mother 및 **달-여신**Moon-Goddess의 상징: A. a. 개는 헤카테의 님프사제들과 마찬가지로(그리고 독수리vultures와 마찬가지로) 시체를 먹는다; b. 개들은 달을 보고 울부짖는다; c. 게르만족: 달-개인 '마나가름'은 종종 달을 삼키는 자인 하티 늑대와 동일시된다; d. 이집트에서는 개가 집아 삼키는 어머니devouring mother의 상징으로 자칼과 관련된다; e. 출산의 위대한 여신인 에일레이투이아 또한 개를 제물로 받았다; 헤카테와 마찬가지로, 에일레이투이아도 결혼의 여신이다; 로마: 제니타 마나; f. 헤카테 '카니큘라': 지하세계(저승)의 여신으로서 전염병이 가까이 오지 못하도록 하기 위해 개를 제물로 받았다; 그녀는 또한 풍요를 가져오는 여신이었고, 처음으로 데메테르에게 데메테르의 딸이 당한 (끔찍한) 겁탈을 알렸다(아누비스Anubis 참조); 밤의 사냥꾼 헤카테-디아나Hecate-Diana를 통해 개는 저녁의 상징이 되었다; 성에서 울부짖는 개들은 헤카테가 교차로에 있음을 알려 준다(테오크리토스Theocritos 2, 35ff; 리코프론Lycophron 77; 나소 P. 오비디우스, 행사력Fasti. 1, 389 참조); B. 부활: 페트로니우스Petronius의 작품("사티리콘Satyricon")에서 한 남자는 "죽음 후의 삶을 얻을 수 있도록" 자신의 동상 발치에 개를 그려 달라고 요청한다; **7. 풍요**: a. 시체를 '심는' 것과 관련된다(토머스 S. 엘리엇Thomas S. Eliot, "황무지The Waste Land" 참조): 개는 발톱으로 땅을 긁어 시체의 부활을 촉진한다. 개의 머리를 한 아누비스Anubis가 오시리스Osiris를 미라로 만들어 풍요가 돌아오게 한 것과 유사하다; 이것은 현대인들이 혐오하는 것이다; 한쪽 눈을 반쯤 뜨고 아래의 III번 4, a의 성서 구절(부활 없는 죽음)을 보면서 현대인은 유령이 꽃 뿌리 아래에 죽은 사람의 두개골이 담긴 화분을 가지고 있는 장면에서 등장하는 웹스터Webster의 비가Dirge를 더 직접적으로 언급한다; b. 헤카테(흰색 암캐로서)는 종종 일반적인 풍요의 상징으로서(옥수수대와 마찬가지로; 파우사니아스Pausanias 10, 38, 1) 처음 난 포도나무 가지들을 이리저리 흩뿌린다: 디오니소스는 일반적인 풍요의 신이고, 그의 축제는 일반적인 풍요 축제였다; **8. 저승사자**: a. 개는 하데스로 가는 야간 횡단에서 죽은 죽은 자들과 동행했다(독수리vulture와 마찬가지로); b. 이집트에서는 아누비스가 동일한 기능을 했다; c. 켈트족: 빨간색 귀를 가진 흰색 사냥개들이 영혼들을 사후세계(내세)로 몰고간다: 가브리엘의 사냥개들Gabriel hounds 참조; **9. 기술**, 영리함: 훈련을 시키면 매우 다양한 일을 할 수 있는 동물: a. "비밀의 수호자": 댕기물떼새lapwing와 수노루roebuck 참조; b. 신의 동반자로서 개는 종종 신의 섭리를 상징한다: 아누비스가 토트의 '개'인 것처럼; c. 구약성서에 등장하는 인물들이 성스러운 글이 적힌 두루마리를 들고 상징적인 동물과 함께 등장하는 성화에서 개는 과학의 은사를 상징하는 솔로몬과 함께 등장한다; d. 또 다른 성화에서는 변증술이 왼손에 개의 머리를 들고 있는 것으로 묘사되어 있다; e. 셰익스피어 작품의 이미지에서조차 뭔가를 잘하는 것을 "나는 …에 있어서 개다, …를 개처럼 잘한다"라고 표현한다(십이야Tw. N. 2, 3); f. 메리쿠리우스에게 바쳐진 개는 메리쿠리우스가 신들 중 가장 방심 없이 경계를 잘하고 교활함을 나타낸다; g. 이솝Aesop우화에서 개는 도둑이 음식을 던져줘도 속지 않는다(우화 124; 개는 자신의 탐욕 때문에 속기도 한다: 아래 참조); **10. 종교**: 성화에서 종교의 개들이 이단의 늑대를 쫓는 것을 볼 수 있다(그러나 다음의 III번 9 참조); **III. 부정적 특징**: **1. 타락한 동물**: a. 성경에서 사람들은 공손하게 말할 때 자신을 개라고도 불렀다(더 심하게는 "이 종이 무엇이관대 죽은 개 같은 나를 돌아보시나이까"에서처럼 죽은 개라고도 불렀다: 사무엘하서2Sam. 9, 8), 또는 그런 식으로 적들을 저주했다; b. 남창(신명기Deut. 23, 18)을 '개들'이라고 부렀다; **2.** 개들은 자신의 **토사물**을 도로 먹는다(미련한 자는 그 미련한 것을 거듭 행하느니라: 잠언Prov. 26, 11); 이 '도로 먹음'은 원래 새끼들이 젖을 떼게 하는 방법이다: 어미는 새끼들을 위해 음식을 토해낸다; 나중에 개가 속에서 받지 않는 모든 것을 토해내는 것에서 "개처럼 심하게 아프다"라는 표현이 생겨났다; **3.** (소수의 예외가 있긴 하지만) 개는 성서의 마지막까지 계속 **미움받는** 동물이다: 새 예루살렘의 성 밖에는 "개들과 술객들과 행음자들이 있으리라"(요한계시록Rev. 22, 15); 토비아Tobias(5, 17 및 11, 4) 및 (하나님의 치유하시는) 라파엘과 동행한 개는 낯선 요소일 수 있기 때문에 히브리어 및 아람어 버전에서는 등장하지 않는다; **4. 죽은 동물을 먹는 동물**: a. "내 영혼을 칼에서 건지시며 내 유일한 것을 개의 세력에서 구하소서"(시편Ps. 22, 20); '달링'='내 유일한 것'=내게서 남을 모든 것=몸: 부활 없는 죽음; b. 돌 맞은 사람의 피를 핥는다(열왕기상서1Kings 21, 19 및 22, 38); 나봇의 죽음은 개들이 아합, 이세벨 그리고 요람의 피를 핥게 했다(열왕기하서2Kings 9, 36); c. 성서에는 나쁜 종말을 맞은 사람들에 대해 "성에서 죽은 사람들은 개들이 먹고 들판에서 죽은 사람들은 새들이 먹는다"는 언급이 많이 있다(여로보암의 자녀들 및 아합의 자녀들에 대한 저주에서); d. 호메로스Homer: 중동 전역에서 개들은 불명예스럽게 죽은 사람들을 먹는다(예 11, 15, 351); 특히 불명예는 남성의 귀, 코, 생식기를 잘라 개들에게 던져 주는 것이다(오디세이아); **5. 배회하는** 적들: a. 밤에 성을 돌아다니는 적들(시편 59의 여러 곳); b. "개들(=유대교)을 조심하고 행악하는 자들을 조심하고 할례를 조심하라"(빌립보서Phil. 3, 2; 사도 바울은 몹시 화가 나 개들이라는 심한 말을 사용했을 것이다); **6. 시기심**: 성화에서 시기심은 개를 타고 다닌다: 시기심은 손에 새매를 든 수도승 또는 입에 돌을 물고 있는 개를 탄 여성으로 표현된다; **7. 아첨**: a. 에라스무스Erasmus(우신예찬Stult. Laus)는 아첨과 충실함이 어떻게 결합될 수 있는지를 보여 주는 예로서 개를 들었다; b. 개의 아첨에 대한 셰익스피어의 혐오에 대해서는 스패니얼(역주: 개의 한 종류)참조; **8. 분노**: 성화에서의 상징; 에우리피데스는 신의 복수로 개들에게 찢겨 죽었다; **9. 악마**, 이단, 이단교리(III번의 5, b 참조): 기독교: a. 자신의 꼬리를 물 때; b. 신이라는 단어의 철자를 거꾸로 바꾼 말; **10. 전쟁**: "약탈과 혼돈의 명령을 내려라. 그리고 전쟁의 개들을 풀어놓아라"(율리우스 카이사르Caes. 3, 1); **11.** 신화에서 **삼키는** 괴물들의 일부: a. 헤라클레스가 싸운 히드라Hydra; b. 스킬라는 복부 아래에 짖어대는 개를 갖고 있었다. 키르케는 글라우코스가 자신의 호의보다 스킬라의 호의를 더 좋아하자 스킬라를 질투하여 마법으로 그렇게 만들어 버렸다: 나중에 스킬라는 바위가 되었다(나소 P. 오비디우스, 변신이야기 14, 64ff); **12. 탐욕**, 폭식: a. "이 개들은 탐욕이 심하여 족한 줄 알지 못하는 자요"(이사야서Isa. 56, 11); b. 대식가들은 "개와 같이 울부짖고" 케르베로스에 의해 찢어발겨진다(단테Dante, 신곡 지옥편

Inf.); c. 입에 고기를 물고 있는 물에 비친 자신의 모습을 본 개는 물에 비친 고기도 먹으려고 욕심을 내다가 물고 있던 고기마저 빠뜨렸다(이솝, 우화 118; 115와 116도 참조); **13. 성미 고약함**: '키니코스(견유학파) cynic'라는 단어는 개를 뜻하는 그리스어에서 유래했다; **14. 자랑하기**, 으스대기: a. 개는 으스대고 사건을 다른 식으로 이야기함으로써 자신이 받은 벌을 숨기려 했다(이솝, 우화 119); b. "자랑도 좋지만 강인한 침묵이 더 낫다"(속담); **15. 이기주의자**: a. 말의 여물통에서 먹고 있는 개가 정작 말은 먹지 못하게 한다; b. 다른 사람들의 이익을 먹고 산다; c. 당나귀ass(E번의 1, 2, c) 참조; **16. 인정사정 없음**: a. "그는 서민들에게 매우 냉혹하다"(코리올라누스Cor. 1, 1); b. "그는 개만큼이나 자비가 없다"(베로나의 두 신사Gent. 2, 3); **17. 어리석음**: 셰익스피어에게 어리석음의 극치는 강아지에 관해 말하는 열세 살의 하녀였다(존왕의 삶과 죽음K. John 2, 1); **18.** 개를 **죽이는** 일반적인 방법(고양이의 경우 '익사'시키는 것처럼)은 목 매달기(속담) 또는 굶기기(예 윌리엄 블레이크William Blake 참조); **19. 개 희생제물**: (앞에서 언급된 것 외에) a. 플리니우스Pliny: 어린 개의 고기는 매우 순수하여 신에게 알맞은 식사; b. 건물을 위한 희생제물(건물의 토대 또는 문지방 아래에 악령이 오지 못하도록 하기 위해)로는 개, 고양이, 수탉을 사용했다; c. 파우사니아스 Pausanias (3, 14): 스파르타의 청소년들은 싸우기 전 강아지를 희생제물로 사용했다; **20. 그리스인**(예 소크라테스)들은 사람들에게 신에게 맹세하지 말고 거위, 개, 숫양에게 맹세하라고 말했다; **IV. 특별한 문학적 의미**: **1.** 셰익스피어는 때로 개와 솔개를 연결시켰지만 그가 가장 흔히 연결시킨 것은 캔디candy-달콤함-아첨-짖기(개라는 단어의 두 번째 의미)-참나무(소나무)-심장; **2.** 윌리엄 블레이크: "주인의 대문 앞에서 굶주리는 개는 국가의 몰락을 예견한다"(순수의 전조 Aug. of Inn.); **3.** 제임스 조이스James Joyce: a. 도미니칸 수도회Dominicans에 대한 중세시대 말장난(주님의 개들)을 언급했다: "토머스 아퀴나스의 불독bulldog of Aquine"; b. 개로서 스티븐 디덜러스Stephen Dedalus는 개로서(참조: 딜런 토머스Dylan Thomas는 자신을 개 외에도 여우라고 부름) 개가 신의 위치가 되기를 열망했다; c. 이집트: 토트Thoth(또는 헤르메스 트리스메기스투스Hermes Trismegistus): 개의 머리를 한 비유Analogies의 신; **4.** 딜런 토머스: a. "개의 날의 밤dog-dayed night": 젊은 개들인 예술가를 기다리는 밤(=죽음), 모든 "여름의 소년들boys of summer"(=젊음: "서시Prologue"); b. 악마; c. "요정들 사이의 개": i. 토머스-크라이스트와 그의 동시대인들("젊은 개로서의 예술가의 초상"); ii. 케르베로스(인간의 모든 나이를 나타내는 세 개의 머리)는 씨앗의 냄새를 맡고 그것을 물어뜯었다(요정=이교도 신화); **V. 관련성**: **1.** 연금술: 상징이라기보다 기호: 늑대가 개를 잡아먹는다: 안티몬에(역주: 화학물질의 하나, 기호 Sb, 번호 51) 의한 황금의 정화; **2.** 별: 큰개자리와 작은개자리; 개별적으로 천랑성Dog-Star도 참조; **3.** 문장heraldry(紋章): a. 경계; b. 충직함; c. 애정: 그러므로 개가 주인을 따라 어디로든 가고 복종함을 보여 주기 위해 일반적으로 개 목걸이를 하고 있다; **4.** 남성의 나이: a. 10세 소년은 강아지; 70세나 80세 남성은 완전히 자란 개; **VI. 다른 것과의 조합**: **1.** 꼬리 잘린 개: 개가 짖어도 소용없다: 아내가 늘 가까이에 있는 남자(아내의 감독, 통제를 받는 남자)를 일컫는 표현(실수연발Err. 3, 2); **2.** 주사위 게임에서 주사위를 던져 좋은 결과가 나온 경우는 "비너스Venus"라고 하고, 나쁜 결과가 나온 경우는 "개들dogs"이라고 한다(나소 P. 오비디우스, 사랑의 기술De Art. Am. 2, 206; 섹스투스 프로페르티우스Sextus Propertius 4, 8, 95 참조); **3.** 개의 머리를 한 신들(앞에서 언급된 경우 외에): a. 아누비스는 또한 어린 태양 호루스를 데리고 나일강을 건넜다; b. 성 크리스토퍼는 개의 머리를 한 거인들의 가족에 속한다고 한다: 이것은 아마도 'de genere cananeo'(=가나안의of Cana)를 'canineo'(=개의of dogs)로 잘못 읽었기 때문인 듯하다; **4.** 개의 털: 개에게 물린 곳에 바르면 상처가 치유된다(나중에 비유적 의미로 숙취와 관련해 개의 털=해장술이라는 뜻을 갖게 됨); **5.** 개의 눈: "개의 눈(그리고 사슴의 심장)을 가진…"은 아킬레스가 아가멤논에게 한 욕설(호메로스, 일리아드Il. 1, 225); **6.** 불독Bull-dog: 관대함과 용기: 황소를 마주하면 황소의 코를 문다; **7.** 우울증이라는 검은 개(윈스턴 처칠Winston Churchill); **8.** 미친 개들: 영국 England 참조; **VII. 민속**: **A.** 충실함: 주인이 죽은 직후에 따라 죽은 개 이야기가 많다; **B.** 비정상적 지각: 개들은 유령, 혼령, 요정 등과 죽음의 천사를 볼 수 있다; 개들은 일반적으로 겁에 질린 반응을 보이지만 때로는 스스로 죽음을 경고하기도 한다; **C.** 불길함: a. 특히 밤에 울부짖을 때; b. 검은 개; c. 간혹 낯선 개가 사람을 따라오는 것은 죽음의 징조이다; 그러나 사람을 따라 개가 집으로 들어오면 행운이다; d. 선원들에게는 '개'라는 단어를 말하지 않는 금기가 있다(심지어 개를 선박에 태우는 것도 금기; 참조: 고양이와 반대); **D.** 마녀의 동료: 개는 유령이거나 마녀의 동료일 수도 있기 때문에 항상 존중하면서 대해야 한다; 유령 같은 개가 인적 드문 곳, 교회 무덤, 강바닥이 얕은 여울 등을 돌아다니는 이야기는 흔하다. 대개 이것은 죽음의 징조이다; 종종 이러한 개는 덩치가 크고 부릅뜬 눈을 하고 있으며 발자국을 남기지 않는다; **E.** 치유: a. (미친) 개에게 물린 경우: 그 개의 털 몇 개를 먹으면 치료할 수 있다; b. 병을 옮긴다: 환자의 털 몇 개를 뽑아 개에게 먹이면 개에게 병을 옮기게 할 수 있다; 또는 젖을 떼지 않은 강아지에게 아픈 부위를 빨게 하기도 한다; c. 검은 개의 담즙, 피 또는 생식기는 마법으로부터 사람을 보호해 준다; **F.** 맨드레이크를 없애는 데 개가 이용됐다; **Ⅷ. 특별한 종류**: 가브리엘의 사냥개; 하운드; 그레이하운드; 스패니얼(역주: 개 종류의 일종).

개구리 frog **Ⅰ. 일반적으로 다음을 의미한다**: **1.** 양서로서 그 의미도 종종 양가적이다; **2.** 천적은 뱀serpent이다(예 단테Dante, 신곡 지옥편Inf. 9, 76f.); **Ⅱ. 이것의 긍정적인 면**: **1.** 위대한 여신에게 바쳐졌다: 다산: A. 이집트: a. 헤켓은 어머니 여신이자 개구리 여신이다; 그녀는 나중에 하토르와 동일시되었다; b. 창조적 물질의 기초가 되는 혼돈의 물 같은 점액, 그 비옥한 혼돈의 점액(나일강)과 관련된 여러 원시 신은 개구리 머리를 가지고 있었다; 그들의 여성 상대는 뱀snakes의 머리를 가지고 있었고 함께 양성성을 형성했다: 예 i. 스스로 창조하는 혼돈의 신 나우는 때때로 개구리 머리로 표현되었고, 번식력을 나타내기 위해 부풀어 올랐다; 신은 때때로 남성으로, 때로는 여성-처녀로 표현되었다; 양성적인 신들의 가장 분명한 예; ii. 하몽은 남성으로 표현되었으며, 때로는 개구리 머리를 하고 있다; iii. 케 즉 또 다른 원시 신; c. 이시스의 상징; d. 작은 개구리가 나일강의 범람을 알린다; B. 그리스-로마: a. 농부들(다산-의인화)은 임신한 혼돈의 어머니 레토/라토나가 갈증을 해소하기 위해 연못으로 갔을 때, 연못물을 흙탕물로 만들어 물을 마시지 못하도록 방해했으며 이로 인해 이들은 개구리로 변해 버렸다; b. '팔라디온Palladium'에 대한 추측 중 하나에서 아테네는 손에 개구리를 쥐고 있다; C. 일반적으로 다음을 의미한다: a. 극단적인 번식력; b. 음탕함: 비록 수정은 밖에서 이루어지지만 교미는 공개적으로 문란하게 이루어지며 꽤 시간이 걸린다: 이는 여신에게 높이 평가되는 특징이다; c. 암컷은 수컷보다 크다; d. 개구리는 남근 물고기와 반대되는 여성적 대극이다; 참조: 생명의 대를 이음, 죽음의 검; e. 음력: 많은 전설에서 달에는 개구리가 있다; **2.** 창조와 관련된다: a. (혼돈의) 물에서 흙 원소로 전환된다; b. 출현과 소멸=창조와 부활; **3.** 진화: a. 뚜렷하게 구별되는 발달 단계; b. 모든 냉혈 동물 중에서 인간 단계로의 진화에 가장 가까운 동물이며 이 점에서 진화의 최고 단계를 나타낸다. 이것은 때로는 왕자가 왕관을 쓰며 개구리로 변하는 것을 설명한다; 히에로니무스 보쉬Jheronimus Bosch의 그림 "성 프란치스코의 유혹The Temptation of St. Francis"에서 아주 늙은 사람의 머리를 가진 개구리가 흑인 여성에 의해 접시 위에 올려져 있다; c. 지옥 두꺼비와는 정반대이다; 참조: 꿀벌-말벌의 관계; d. 히브리: 더 높은 지위를 갈망하는 낮은 계급(=지혜와 지식을 추구함); 초보자; 그들은 개구리가 '호기심', 탐구심, 깊은 (물)과 공기 모두에서 지혜를 찾는 것을 나타내는 이집트 상형문자의 영향을 받았을 수 있다; **4.** 지혜: a. 3번의 d 참조; b. 태양의 혼인 잔치가 있을 때 개구리 중 한 마리는 연못이 더위에 말라 버릴 것이라는 것을 깨달았을 정도로 현명했다(이솝Aesop, 우화Fables 43); **5.** 시적 영감(앞에 나온 내용과 관련됨): 물과 땅(=물질)의 동물. 그것은 더 높은(하늘) 진실(파리 잡기)을 이해한다; **Ⅲ. 부정적 측면**: 히브리인들은 이집트 신들로부터 자신들을 분리함으로써 개구리를 '부정하다'고 선언했다: **1.** 히브리-기독교: a. 이집트에서 모세의 두 번째 '표징'은 개구리를 활력, 생명 그리고 재생의 상징에서 혐오의 대상으로 바꾸었다; b. 개구리가 용과 그의 두 짐승의 입에서 나온다(요한계시록Rev. 16, 14): "악마의 영, 기적을 행하는 것": 사람들을 신과 싸우게 하는 것: i. 불결하고 음탕한 영spirit; ii. 개골거리는 허영심과 거짓말, 그리고 전쟁 선전; c. 이단; d. 덧없는 쾌락(파리)을 탐하는 자들; e. 단테Dante: 개구리는 "신곡 지옥편"의 다양한 비교에서 언급됨(예 신곡 지옥편Inf. C. 22의 "탐관오리"는 지옥에 잠겨 있음); 새까만 연못에는 개구리도 있음(데키무스 유니우스 유베날리스 Decimus Junius Juvenalis 풍자시집Sat. 2, 150); f. 게으름의 상징(햇빛 쬐기); g. 추위; 성적인 냉대와 남근 다산을 동시에 상징하는 물고기 참조; "그들은 비록 개구리일지라도 차갑다"(로버트 헤릭Robert Herrick, "아이를 위한 은혜Grace for the child"); **2.** 일반적으로 다음을 의미한다: a. 강한 목소리를 가졌지만 힘은 없다(이솝, 우화 44); b. 자만심: i. 개구리가 제우스에게 왕을 보내달라고 요청했을 때 그는 통나무 하나를 보냈다; 곧 그들은 큰 통나무를 무시하고 더 강력한 왕을 요구했다; 그래서 제우스는 그들 모두를 죽일 물뱀을 보냈다(이솝, 우화 42); ii. 그들은 부풀어 오른다(이솝, 앞의 책 46); iii. "공인(公人)": "누군가가 되는 것이 얼마나 끔찍한가, 개구리처럼 감탄하는 늪에게 평생 당신의 이름을 말하는 것은 얼마나 공개적인가"(에밀리 디킨슨Emiliy Dickinson, 시집Poems 1부, "인생Life" 27); **IV. 특별한 의미**: **1.** 개구리는 종종 간판과 정문의 석판에서 발견됨; 아마도 이것은 다산과 진화를 상징한다; **2.** 딜런 토머스Dylan Thomas: 배아: 자궁에서 헤엄치고 몸을 회전하는 것("슬픔 전A grief ago"); **V. 민속**: **A.** 치료: 특히 마녀가 원인이 될 수 있는 질병에 대한 치료제; **B.** 마법: 1. 개구리는 인간에게 해를 끼치는 일을 하는 조각상 용도로 사용될 수 있다; 2. 천천히 죽은 개구리의 뼈(또는 그 일부)는 (두꺼비처럼) 큰 마법의 힘을 가지고 있다; 3. 개구리의 발가락은 질병과 악에 대항하는 부적이다; 4. 개구리 가죽은 미끄럽기 때문에 보호용 부적이다; 속도에 대해서는 '토끼 발' 참조; **C.** 개구리가 집에 들어오는 것은 나쁜 징조이다; **D.** 두꺼비 돌(참조: 토드스톤toad-stones 역주: 두꺼비 몸에서 생겨난다고 믿었던 돌): 호수 근처에서 개구리 모양의 노란색 돌은 발견하면 행운이 온다; **E.** 속담: a. "개구리는 늪에서 나올 수 없다"; b. "개구리가 약탈하는 사람들에게 말했다: 저주받은 많은 군주들이여"; **F.** 전래동요: a. "어린 소년들은 개구리와 달팽이 그리고 강아지 꼬리로 만들어지는 존재들이다"; b. 개구리는 굉장한 구애자이다(II번의 C, b 참조): 개구리가 쥐를 유혹하는 것에 관한 노래가 여러 개 있다; 어쩌면 쥐는 '회전한다'고 일컬어질 때가 많기에 이것들은 회전노래라고도 할 수 있다; **G.** 날씨 예측: 폭풍을 예고하는 "개구리가 개굴개굴 우는 소리"(조지 채프먼George Chapman, "에우게니아Eugenia").

개구리 돌 frog-stone **1.** 약용: 사람이 수종에 걸리면 의사의 하인이 이 돌을 찾아와 환자의 몸에 3시간 동안 붙여놓는다; 그러면 환자는 그 모든 물을 흡수하고 건강해진다; 이 돌은 예수 그리스도가 마귀의 물이 심장에 차 있는 자들을 고치는 것을 상징한다(생리학Physiologus, 부록Append. 1, 11); **2.** 토드스톤toad-stone 참조.

개구리매 harrier (새) **1.** 황조롱이kestrel를 포함하여 매과에 속하는 특정 새들에게 사용되는 이름(독일어 '투름팔케Turmfalke' 또는 '탑 매'; 네덜란드어 'kiekendief'=새끼 새 도둑); **2.** 냉정하며 도벽이 있다; 높이 날지 않으며 더럽고 독이 있는 음식도 먹기 때문에 약용으로 쓸모가 없다(힐데가르트 폰 빙엔 Hildegard von Bingen, 자연학Ph. 6. p. 111).

개똥지빠귀 thrush (새) **1.** 봄철의 전형적인 새: "장밋빛 작은 깃털이 낙엽송을 엮고, 짝짓기를 준비하는 개똥지빠귀가 간간히 노래를 한다 "(앨프레드 테니슨 Alfred Tennyson, "인 메모리엄In Memoriam" 91); **2.** 사랑: a. 개똥지빠귀의 노래는 사랑에 대한 갈망을 불러일으킨다(제프리 초서Geoffrey Chaucer, "토파즈 경Sir Topaz"); b. 민요: "여기 덤불 속 새들에게 건강을, 마찬가지로 홍방울새와 개똥지빠귀에게도 건강을"; **3.** 수줍음: "고독한 개똥지빠귀, 정착을 피하며 스스로 고립되고 떠나서 혼자 노래를 부른다."(월트 휘트먼 Walt Whitman, "라일락이 지는 때에When lilacs last..."); **4.** 지혜: "개똥지빠귀는 현명한 새야. 무심한 듯 부른 첫 노래의 아찔한 황홀감을 다시 일으킬 수 없다고 생각하지 않도록 노래를 두 번씩 불러줘"(로버트 브라우닝Robert Browning, "해외에서의 고향생각Home-thoughts from Abroad"); 또한 훌륭한 언어 모방자이기도 하다; **5.** 천상의 열망: "저녁의 고요함 속에서 천상의 마음을 가진 개똥지빠귀를 말한다"(코번트리 패트모어Coventry Patmore, "성 발렌타인 데이St. Valentine's Day"); **6.** 나이: "늙은 지빠귀The throstel"[=지빠귀 song-thrush]olde(제프리 초서Geoffrey Chaucer, 파울스의 의회PoF 364); **7.** 산사나무와 연결되어 있어 5월과 관련된다; **8.** 로마에서 애완동물로 기르기도 하고 진미로 먹기도 했다(나소 P. 오비디우스Naso P. Ovid, 사랑의 기술De Art. Am. 2, 269); **9.** 토머스 S. 엘리엇Thomas S. Eliot: "개똥지빠귀의 속임수": 현실과 환상을 혼동스럽게 하지만 그렇게 함으로써 이 세상에서 은혜의 전령이 된다; **10.** 동요: 수컷 울새의 장례식에서 개똥지빠귀가 노래를 불렀다.

개미 ant **A. 근면**: a. "게으른 자는 개미에게로 가라"(잠언Prov. 6, 6); b. 풍년의 때에 개미의 고된 일에 놀라 겨울에 굶주리는 딱정벌레(이솝Aesop); **B. 지혜.** 신중함, 선견지명, 지성, 질서: a. 개미는 강하지는 않지만 겨울을 위한 음식을 제공한다(A번의 b에서 볼 수 있듯이). 제임스 조이스James Joyce는 개미를 메뚜기와 상반되는 축적의 동물이라고 불렀다(또한 리어왕Lr. 2, 4 참조); b. 중세: 1. 조언자 및 모세와 관련된다: 2. 개미 더미: 신중함의 상징; c. 점을 치는 데 사용되었다. 민속folklore 참조; d. 인간 외에 죽은 자를 매장하는 유일한 피조물; **C. 의사소통**: 무의식적 의사소통(많은 동물 및 인간도 마찬가지로 무의식적으로 소통하지만 개미의 의사소통은 탁월하다); 따라서 벌과 개미에게서 가장 잘 볼 수 있는 본능과 인간의 불행인 지성의 상징(헨리 버그슨Henry Bergson); **D.** 1. **겸손**: 솔로몬에게 가르친 두 가지 특성; 2. **근심**과 부러움: 개미는 처음에는 이웃의 것을 훔치고 남을 부러워하는 농부였다; 제우스는 다른 사람들이 뿌린 것으로 살아가는 속성을 유지하면서 현재의 개미 모습으로 만들어 버리는 벌을 주었다(이솝); 3. 약하지만 동시에 강하다: 자신보다 몇 배나 무거운 물건을 들어 올릴 수 있다; 4. **예의**: 짐이 없는 개미는 항상 짐을 든 개미에게 짐을 넘겨받고 길을 터준다(플루타르코스Flutarch, 동물의 영리함Clev. An. 11); **E. 다중성**: a. 일반적으로 다음을 의미한다: 불리함(다중성multiplicity 참조); b. 이솝은 종종 무리 짓는 인간성을 개미에 비유한다; c. 개미인간들: 역병으로 아이기나Aegina 사람들이 죽은 후 왕은 개미들이 길게 늘어선 것을 보고 섬에 다시 최대한 많은 사람을 보내 달라고 제우스에게 요청했다. 제우스는 다음 날 아침 그렇게 했고 사람들이 왔다; 이들은 스스로를 미르미돈(상상적인 것에서 나온 어원)이라고 불렀다; 아킬레스는 위대한 미르미돈이었다; **F. 마녀**와 연관된다: a. 개미의 기이하고 이해할 수 없는 의사소통의 힘 때문에 마녀와 연관된다; 이들의 근면성은 달의 영향을 받는다; b. 벤 존슨Ben Jonson("여왕의 가면The Masque of Queens") 참조; **G. 전사**, 작은 살인자, 파괴자: 특히 흰색 개미; **H. 로마**: 개미의 알은 눈썹펜슬(플리니우스Pliny 등)로 사용되었다; **I.** 개미는 열을 좋아한다; **J. 문장**heraldry(紋章): 영리함; 교묘함; **K. 민속**: a. 개미는 지상 존재로서는 마지막 단계에 있는 요정이다; 어떤 사람들에게는 세례를 받지 않고 죽은 아이들을 의미한다; 어쨌든 개미집을 부수는 것은 불행한 일이지만 개미집에 양철 조각을 넣으면 은으로 변한다; b. 마법 화합물에 사용되는 개미의 알은 사랑을 파괴한다; c. 개미가 둥지를 청소하고 흙을 쌓으면 맑은 날씨의 징조이며 구멍에서 알을 꺼내면 폭풍이 일어날 징조이다(아라토스Aratus의 시, 하늘의 현상Phaen. 956f). d. 개미 수의 급격한 증가는 전쟁의 징조이다.

개미 pismire **1.** 개미를 뜻하는 고어; **2.** 최음제: (로마에서) 준비해 놓은 개미를 최음제로 사용했다; **3.** 분노: "개미처럼 화가 난"(제프리 초서Geoffrey Chaucer, 캔터베리 이야기CT "소환사의 이야기Summoner's Tale").

개미잡이 wryneck (새) **1.** 풍요, 부활, 죽음의 위대한 여신에게 바쳐졌다: a. 봄철 철새; b. 아테나의 비단뱀처럼 새의 목에는 v자 흔적이 있다(5five 참조); c. 뱀처럼 쉬익쉬익 소리를 낸다. 그리스어로는 '뱀-새'이다; d. 버드나무에 둥지를 틀고 알을 낳는다; e. 달에게 바쳐진다; 이오가 제우스를 유인하기 위해 이 새를 전령으로 보냈다; f. 피에리데스(뮤즈와 경쟁하다 새로 변한 아홉 처녀)는 개미잡이로 변했다(또는 이야기에 따라서는 까치로 변하기도 했다); **2.** (여성의) 욕망: a. 요염하게 목을 비튼다; b. "뻐꾸기의 친구"이다. 아프로디테에게 바쳐졌으며 사랑의 부적으로 사용되었다. (주문과 함께) 네 개의 수레바퀴 살과 관련 있다; '광기maddening'라고도 불렸다(핀다로스Pindarus, 피티아 송시Pyth. O. 4. 2Aff.); c. "개미잡이야. 그 남자를 내 방으로 데려오렴"은 테오크리토스Theocritus의 시의 후렴구이다; **3.** 점술: 이 새는 목을 틀어 살인자를 가리킨다.

개미취, 별꽃 starwort (식물) **1.** 일반적으로 다음을 의미한다: 별 모양 꽃과 함께 '병아리 풀'이라고도 불리는 스텔라리아Stellaria속 식물; **2.** 힐데가르트 폰 빙엔Hildegard von Bingen: 차갑다; 가루로 만들어 벌레와 구더기에 뿌린다(자연학Ph. 1, p. 47, 독일어 'Stermire').

개불알꽃 germander (식물) **1.** 이름: '투그륨Teucrium: 고대 그리스 왕 테우크로스Teucer가 발견했다; 꽃도 씨도 없다(플리니우스Pliny 25, 20); **2.** 약용: a. (=플리니우스: 비장 질환을 치료하고 이뇨제로 사용된다(같은 책 26, 58); b. 코르넬리우스 켈수스Cornelius Celsus: 늑막염 및 기침 치료제(4, 13, 4: 라틴어로 트리사고trixago라고 불린다. 그러나 아래의 4번과 같이 트리사고는 게르만데르Germanders라고도 한다; 8 9 1E); c. 힐데가르트 폰 빙엔Hildegard von Bingen: 맵고 기름지며 사람과 소 먹이로는 쓸 수 없다; 개불알꽃은 혈액의 질을 악화시키고 혈액의 양을 감소시킨다: 설사약으로 복용하면 큰 효과가 있다; 겉 피부와 살 사이의 미세한 옴을 치료하기 위해 연고로 만들 수 있다(자연학Ph. 1 p. 42: '개불알풀Gamander'); **3.** 파라켈수스Paracelsus: 이것은 그 자체로 '페스트의 해부학적 구조' 또는 전염병의 형태이다. 전염병에서 나타나는 종기와 유사한 작고 둥근 사과 모양의 꽃이라는 것이 이를 뒷받침한다; 그러나 개불알꽃은 그 꽃이 자생하는 나라에서만 전염병 예방에 도움이 된다(파라그라눔P, p. 211); **4.** '테크륨 폴륨Teucrium polium' 또는 폴리게르만더polygermander에 대해서는: 훌워트hulwort 참조.

개사철쑥, 서던우드 southernwood (식물) **1.** 약쑥wormwood과 관련된 관목; **2.** 조롱의 상징; **3.** 유쾌한 상징: 레몬과 유사한 이 식물의 향은 신경을 진정시키고 흥을 돋운다.

개쑥갓 groundsel (식물) **1.** '개쑥갓Scenicio vulgaris'; **2.** 플리니우스Pliny: a. 치통을 마법처럼 치료한다; b. 기와지붕과 벽에서 자란다; c. 많은 내부 장기, 눈, 음낭, 염증 등을 치료한다('에리게론erigeron': 25, 106); **3.** 독일('크로이츠크라우트Kreutzkraut')에서는 버터를 상하게 하는 악마와 젖소의 우유 생산을 방해하는 요정을 막기 위해 널리 사용되었다(안젤로 드 구베마티스De Gub., 식물의 신화MP 1, 26).

개암나무 hazel (나무) **1.** 위대한 여신과 관련된다: 숫자 9(9년 후에 열매를 맺는다); 아홉 번째 켈트어 자음과 같다(때로는 열 번째 자음): 8월 6일부터 9월 2일까지 기간; 사과나무와 함께 가장 신성하게 여겨지는 나무 중 하나였으며, 따라서 켈트족은 이 나무를 마음대로 자르는 경우 사형에 처했다; **2.** 지식, 지혜, 시적 예술: a. 거의 모든 열매가 지혜를 상징한다; b. 콘라의 우물l: 바다 아래, 약속과 젊음의 땅에서 시적 예술을 지닌 아홉 그루의 개암나무(꽃과 과일이 함께 열려 있으며, 개암나무는 아름다움과 지혜를 상징한다)가 우물에 그늘을 드리웠다; 우물에 사는 신성한 연어만이 물에 떨어진 열매를 먹는 특권을 누렸다; 열매를 먹은 사람이라면 누구나 또는 물을 마신 사람은 누구나 그리고 연어도 시적 영감을 선물로 받았지만 신들은 우물에 접근하는 것이 금지되었다(보안은 이를 어겼으며 그녀가 우물에 가까이 다가가자 물이 솟구쳐서 홍수가 되어 그녀를 쫓아냈고 이 홍수가 보인 강을 이루게 되었다); 피온 맥쿨은 연어를 튀기다가 화상을 입은 엄지를 핥아 우연히 연어를 맛보게 되었으며 이로 인해 지혜를 얻었다; c. 베르길리우스Virgil는 종종 개암나무와 시적 영감을 연관시킨다(예 전원시Ecl. 5, 21); d. 또한 부정적인 의미를 가질 수도 있다: 고대의 독이 있는 우유가 떨어지는 개암나무는 잎이 없었으며 예지력을 가진 독수리와 까마귀들이 서식했다; 피온은 풍자시를 얻기 위해 이것으로 방패를 만들었다; 또한 개암나무 지팡이hazel-wand 참조; **3.** 사랑과 다산: a. 구약성서에서 야곱은 아롱진 소를 얻는 기이한 마법을 행하기 위해 '개암열매'를 사용했다(창세기Gen. 30, 37); 여기에서 개암은 야생 아몬드를 의미하는 것일 수 있다; b. 베르길리우스의 시에서는 개암나무 수풀 사이에서 염소 쌍둥이가 태어난다

(전원시 1, 14f.); c. 바쿠스에 대한 봉헌물로서, 염소를 개암나무 꼬치에 끼워 구웠다(베르길리우스, 농경시Georg. 2, 396); d. 베르길리우스의 전원시에서 시골 소녀 필리스는 개암나무를 사랑한다(전원시 7, 63); 추파를 던지며 쫓아오는 요베로부터 달아난 루투르나는 개암나무에 숨었다(나소 P. 오비디우스Naso P. Ovid, 행사력Fasti. 2, 585ff.); c. 켈트족 사랑의 신 아엔구스(붉은 반점 즉 입맞자국이 있는 흰새와 함께 하는)는 개암나무 지팡이를 들었다; **4. 불**: 토르의 나무; **5. 비를 내림**: 개암나무 막대기로 샘을 젓는다; **6. 치유**: 두 개의 개암나무 열매는 치통을 예방한다; **7. 화해**: 켈트족 전령들은 개암나무 지팡이를 가지고 다녔다; **8. 죽음**: a. "가윈 경과 녹색의 기사"(다산왕이 죽는 이야기의 나머지 부분): 녹색 기사의 성의 골짜기 입구에는 개암나무와 산사나무가 뒤얽힌 채 서 있다; b. "곧 다음 날, 이들은 자작나무와 개암나무로 매우 화려한 상여를 만들어 주었다"(민요: "체비 체이스Chevy Chase" st. 53): c. 존 키츠John Keats: 가을과 관련된다: **9. 개암나무 지팡이**: A. 예지적인: a. 숨겨진 물을 찾음; b. 묻혀 있는 보물을 찾음; c. 살인자와 도둑을 찾음; B. 사람을 안 보이게 만든다. 관련된 고사리 포자처럼); C. 아일랜드의 전령들은 개암나무 지팡이를 가지고 다녔다; **10. 민속**: A. 마녀와 요정에 대항하는 부적: a. 종종 악령으로부터 보호하기 위해 말의 마구에 가지를 넣었다: b. 소를 손으로 치지 않아야 한다: 개암나무 가지를 사용하는 것이 더 좋으며, 이것은 또한 마녀와 요정을 쫓아낸다; B. 다산: a. 열매는 여전히 사랑, 출산과 연관되며 할로윈에서는 점치기에 사용된다: 열매nuts 참조; b. 동요에서 울새 밥(신성한 왕과 관련하여 붉은 가슴 울새Robin Redbreast 참조)은 개암나무 가지에 산다; C. 아이들을 위한 호각을 만들기에 좋다; **11.** 사과apple 참조.

개울 brook **1.** 기만: "내 형제들은 개울과 같이 변덕스럽고 그들은 개울의 물살같이 지나가누나"(욥기Job 6, 15, 여름 날 가장 필요할 때 물이 없는 시내를 언급하며); **2.** 영적 인도: 시냇물을 찾기에 갈급함같이(시편Ps. 42, 1); **3.** 개울의 매끄러운 돌 여섯 개(킹 제임스 성서의 다른 부분에서는 계곡valleys의 돌로 언급하고 있다)가 골리앗을 죽였다; **4.** 아침: "아침의 개울"(헨리 롱펠로Henry Longfellow, "어린이들Children"); **5.** 음문; **6.** 참매가 날아가는 장소(헨리 6세 2부2H6 2, 1); **7.** 깊은 개울의 물이 매끄럽게 흘러간다: 속담(예 헨리 6세 2부 3, 2).

개자리 medick (식물) **1.** '개자리속(메디카고Medicago)' 과로 알려진 식물. '개자리 나무'('개자리속 관목M. arborea' '달개미꽃moon trefoil'도 참조); b. '자주개자리 purple medick' 또는 자주개자리Lucerne; c. 검은개자리 또는 홉개자리medick(이것의 또 다른 이름은 잔개자리nonesuch); **2.** 니칸데르Nicander: 만병통치약(944년경)에 속하며 이것의 혼합물로 뱀에 물린 상처를 치료한다(같은 책 618).

개장미 dogrose (식물) **1.** '들장미의 일종Rosa canica' 으로, 연한 빨간색 꽃이 피고 흔히 울타리에서 자란다; 그 뿌리는 광견병에 걸린 개에게 물린 상처를 치료한다(플리니우스Pliny 9, 63 및 25, 6); **2.** 즐거움과 고통.

개코원숭이, 비비원숭이 baboon **1.** 일반적으로 다음을 의미한다: a. 이들의 얼굴은 개를 닮았다. 높은 수준의 사회적 결속력을 가지고 있으며 지능이 높은 편이다; b. 포경된 채로 태어난다; c. 해 뜰 때 가장 수다스럽다; d. 이들은 낮에 열두 번, 밤에 열두 번 소변을 본다; e. 월식 때에는 보지도 먹지도 않는다; **2.** 깨달음: 빛을 환호하는 지혜(1번의 c 참조); **3.** 죽음: (이집트) 사후 심판 때에 개코원숭이/비비원숭이는 깃털보다 가벼운 사람의 영혼의 무게를 볼 줄 안다; **4.** 시간: 이집트 물시계에 이 동물이 장식되어 있다(1, d 참조); **5.** 정욕: "내가 암컷 뿔닭(창녀)에 대한 사랑 때문에 물에 빠져 죽느니 차라리 내 인간성을 개코원숭이와 바꾸겠다"(베니스의 무어인 오셀로Oth. 1, 3에서 이아고Iago); **6.** 정중한 예의: "그들의 칭찬은 두 마리의 개-유인원의 만남과 같다": (뜻대로 하세요AYL 2, 5; 또한 아테네의 티몬Tim. of Ath. 1, 1 참조); **7.** 별자리: 염소자리; **8.** 어리석음: 나중에 본래 의미가 반전되었다(나귀ass, 올빼미owl 등 참조).

갠지스강 Ganges 중세: 갠지스강은 극동을 의미

했다: 사람이 살고 있는 지구의 가장 동쪽 경계.

갯능쟁이 orach (식물) **1.** 오라취orache라고도 한다: 그리스어로는 '안드라팍수스andraphaxus' 또는 '아트라팍수스atraphaxus'라고 하며 라틴어로는 '아트리플렉스 로시아Atriplex rosea'라고 한다; **2.** 히포크라테스Hippocrates: 대변으로 바로 배출되지 않고 변을 무르게 하여 배변을 원활하게 한다(식이요법Vict. 2, 54); **3.** 플리니우스Pliny: 질병을 유발한다: 정원에서는 근처의 모든 식물을 시들게 하지만 종기나 농양을 정화한다: 하제(설사약)이며 통풍을 치료한다(20, 82); **4.** 힐데가르드 폰 빙엔Hildegard: 따뜻하기보다 차가운 성질이며 소화에 좋다; 땀샘에 문제가 생기면 갯능쟁이과 우슬초hyssop 등을 으깨어 치료한다(자연학Ph. 1, p. 38, 이 단어의 독일어에 해당하는 '멜데Melde'에 기술되어 있음).

갯대추나무속 Christ's thorn (식물) 갈매나무buckthorn 참조.

거리 distance 도달할 수 없는 것: 마법의 왕국이 멀리서 사라졌다(페데리코 G. 로르카Federico G. Lorca, 구스타보 코레아Gustavo Correa p. 27; "지나간 후에Despuès de pasar": 포에마 델 칸데 혼도Poema del Cante Jondo도 참조).

거머리 leech **1.** 탐욕; **2.** 무절제: 말거머리horseleech 참조; **3.** 에라스무스Erasmus(우신예찬Stult. Laus): 거머리는 두 개의 혀를 가지고 있다: 이것은 문맹자들에게 많은 말로 강한 인상을 주는 사람들을 상징한다.

거미 spider **1. 신화**: a. 그리스: 베짜기 대회에서 아테네는 시골 소녀 아라크네를 이길 수 없었다; 그녀는 분노에 차 소녀를 때렸고 그 불쌍한 소녀는 목을 매 자살했다; 깊이 뉘우친 아테네는 그녀를 거미로 만들었다(나소 P. 오비디우스Naso P. Ovid, 변신이야기Metam. 6. 1–145; 따라서 거미와 같은 생물들을 뜻하는 거미류archnid); b. 기독교: 거룩한 가족이 이집트로 도피하던 중 동굴에 피신했을 때 입구에 두꺼운 거미줄을 짠 거미의 보호를 받았고 이곳에 비둘기가 알을 낳았다. 추적하던 병사들은 거미줄이 그대로 있는 것을 보고 이 동굴을 조사하지 않았다; c. 성 패트릭이 뱀뿐만 아니라 두꺼비와 거미에게도 적대감을 갖고 있었기 때문에 거미는 아일랜드 숲에서 거미줄을 만들지 않는다; **2. 악의**, 교활: ㉨ 정치에서: 적에게 덫을 놓는 일: "실을 잣는 거미보다 더 바쁜 내 두뇌는 적들을 함정에 빠트리기 위해 따분한 덫을 잦고 있구나"(헨리 6세 2부2H6 3, 1); **3. 절망과 희망**: a. 어둠 속에서 일한다: 태양을 두려워한다; b. 탐욕: 작은 곤충(빈곤층)의 피를 빨아먹는다; c. 인간의 나약함과 이단으로 가득 찬 악마; d. 1번의 b 참조; **4. 직공**: a. 창조주 (남성형) 하나님Supreme deity; b. 풍요의 여신들이 가진 상징: 직조weaving 참조; **5.** 우주의 안정을 보장하는 지속적인 **희생**(실 짜기와 살생); **6. 지혜**: 거미는 "손에 잡힐 만하여도 왕궁에 있는 도마뱀이니라"(잠언Prov. 30, 24–8; 어떤 거미에 대한 언급 없이 일종의 도마뱀붙이만 언급하고 있으며 이것은 또한 예지력(날씨 예측 등)의 상징이기도 하다); **7.** (비정상적이거나 거부당한) **사랑**: "거미의 사랑은 모든 것을 변질시키며 만나를 쓰디쓰게 만들 수 있다"(존 던John Donne, "트위커넘 정원Twickenham Garden"); **8. 달의 동물**: 위대한 여신과 연관되었으며 (이후에) 마녀와 연결된다; **9. 심리**: (꿈에서) 오르가슴의 여파: 쭉 뻗은 다리와 부드러운 아랫배를 가진 거미는 혐오를 상징하는데 그 이유는 본능적인 변화를 수반하는 투사로 인한 도덕적 억압 때문이다; **10. 문장**heraldry(紋章): a. 지혜, 신중함; b. 노동; **11. 특별히 참고할 문학서**: A. 윌리엄 B. 예이츠William B. Yeats: 사랑은 적절한 고통을 찾아내는 거미의 눈을 가지고 있다: 선택과 가능성의 잔혹함; B. 토머스 S. 엘리엇Thomas S. Eliot: 유익한 건망증: 우리가 누워 있는 묘비들 위에 거미줄을 친다; C. 딜런 토머스Dylan Thomas: a. 이 땅을 벌하는 어둠의 시인으로 여겨지는 작가: 게crab와 반대; b. 아버지는 아들에게 거미와 굴뚝새 (삶과 죽음의 구성요소)를 죽이라고 충고하고 아들은 이를 거절한다("뼈에서 고기 찾기Find meat on bones"); **12. 다른 것과의 조합**: A. 거미줄: 승천과 관련된 하늘과 땅의 연결; B. 거미줄: a. 신비의 중심과 창조의 전개; b. 환상: 현상의 세계; c. 미로의 상징; d. 태양광선; e. 인간의 나약함: i. 거짓된 신념이나 희망(욥기Job 8, 14); ii. 작은 파리는 잡히지만 더 큰 곤충들은 통과하도록 만들어진 법칙(눈에는 눈, 이에는 이Meas. 3, 2); f. 폭력적인 악: 악을 행하는 자들은 "거미줄을 짜나니"(이사야서 Isa. 59, 5 f.); g. 거미줄cobweb 참조; **13. 민속**: a. "살면서 번창하고 싶다면 거미가 살아서 뛰게 두어라": 집 안의 거미는 번영과 행복을 예견한다; b. 작은 거미(특히 빨간 거미)는 '돈 거미'이므로 재물 운을 가져온다; c. 비와 연관된다: 거미를 죽이거나 밟으면 비가 온다; 날씨와 바람을 책임지는 마녀들; d. "벌이 꿀을 빠는 곳에서 거미는 독을 빤다"(속담).

거미줄 cobweb **1.** 직조, 얽힘, 위험; **2.** 신비로운 중심, 창조와 발달의 영spirit과 관련있다; **3.** 소멸시키는 회오리바람; 모자이크 중심의 메두사 참조; **4.** 퇴락, 황량함; 아무것도 없음: "내 지갑은 거미줄로 가득하다"(카툴루스Catullus 13); **5.** 미세한 작업, 허약함; 덧없음: "저속한 자의(=신을 믿지 않는 사람의) 희망은 무너지리니… 그가 의지하는 것이 거미줄 같은즉"(욥기Job 8, 13-14); **6.** 번영과 결혼을 예언한다: 구름으로 실을 짜는 게르만의 사랑의 여신 프리가와 연결된다; **7.** 민속(일부는 실제로 관찰한 것, 또 일부는 치유의 거미와 관련된다): a. 베인 상처에서 피가 나는 것을 멈추게 한다(이런 이유로 거미줄 몇 가닥은 반드시 남겨 둬야 한다): "내 손가락을 베면 나는 당신을 반창고로 사용해 피를 멈추겠다"(한여름 밤의 꿈MND 3, 1); b. 아침에 풀 위에 만들어진 거미줄은 완벽하게 좋은 날씨를 예측하게 한다; c. "친구들은 거미줄로 자신들의 지갑을 묶는다"; **8.** 거미spider; 연결망web 참조.

거미줄 gossamer 연인과 허영심의 가볍고 경쾌한 특성에 관한 것: "아, 이렇게 가벼운 발은 영원한 부싯돌을 닳게 하지 않을 것이다. 연인은 더운 여름 바람에 둔탁하게 떠다니는 거미줄gossamer 위에 앉아 있지만 그럼에도 불구하고 떨어지지 않는구나. 이렇게 가볍기는 허영심도 마찬가지이다"(베니스의 상인Mer. V. 2, 7).

거북 tortoise **1.** 생식력: a. 양성성: 둥근 여성의 몸과 남근 모양의 머리를 가진다; b. 이집트: i. 상형문자: '터치touch'; 생산력; ii. 주의와 선견지명: (게와 악어처럼) 땅을 비옥하게 하는 나일강의 범람을 예측한다; c. 그리스: i. 헤르메스(은총을 가져오는 자-다산), 아폴로와 아프로디테(때로는 거북이 위에 서 있는 것으로 묘사되기도 함)에게 바쳐졌다; ii. 남근과 관련 있다; 판에게 바쳐졌다(파우사니아스Pausanias 8, 54); iii. 코를 통해 알을 깨고 부화한다; d. 별자리: 게자리와 동일시되며 삶의 재생에 대한 희망과 함께 (퇴보의) 혼돈을 상징한다; **2.** 순결: 라틴어 '푸디시티아(정숙한 여신)'는 거북이 위에 발을 올려놓고 있다. 거북이는 순결한 여성처럼 '집'을 떠나지 않으며 말을 하지 않기 때문이다(플루타르코스Plutarch, 결혼에 관한 조언Adv. on Marr.); **3.** 침묵, 나태함; 근면의 상징이기도 하다(어려움을 극복하려는 끝없는 노력으로 인해서); **4.** 하늘(위)과 땅(아래)의 상징; **5.** 장수: 이들은 다른 동물이 살 수 없는 곳에서도 이슬을 마시며 생존한다; **6.** 심리: 가끔 꿈에서 자기Self는 신이 짐승의 모습을 한 것으로 나타난다(카를 융Carl Jung 9b, 226); **7.** 문장heraldry(紋章): a. 견고함; 느리게 움직이지만 꾸준하고 굳건함; b. 가족의 영광스러운 발전; c. 무적의 상징: 거북이의 껍질은 왕의 방패가 될 것이다; **8.** 민속: (플리니우스Pliny) 주술에 대한 부적; 살아 있는 거북이는 우박으로부터 포도원을 보호하기 위한 부적으로 사용된다(헤르메스의 호메로스 찬가 Homeric H. to Hermes 참조); 의학에서 보편적으로 비버만큼 유용하며 그 외에 많은 마법(예언의 능력, 폭풍우를 잠재우는 것 등)을 쓴다.

거석, 선돌 menhir **1.** 어원: 브르타뉴어: '길다란 돌'; **2.** 신의 이미지; 헤르메스 동상과 헤카테 주상 참조; **3.** 남근과 남성성의 상징; **4.** 불침번, 보호의 역할; **5.** 제단 또는 싸움의 상징; **6.** 세계 축world-axis; **7.** 묘비.

거세 castration **1.** 다산의 영웅은 자신의 통치기간이 끝나면 최고의 마지막 희생으로서 자신을 거세했다(아티스 및 유사한 신들 참조); 그의 남근은 교감 마법에 제공되었다; **2.** 달(여신)의 영역으로 들어가는 태양(영웅)도 거세를 의미한다: 부분 일식 등; **3.** 대지 여신의 거세당한 여사제(예 키벨레)는 모신의 하렘 harem(하람haram=신성불가침)을 지키게 되었다; **4.** 사투르누스는 우라누스를 거세했고, 거세당한 우라누스의 피에서 에리니에스, 기간테스, 멜리아가 태어났다; 우라누스의 피와 바다의 거품이 섞여 아프로디테가 태어났다; **5.** 테네시 윌리엄스Tennesee Williams ("청춘의 달콤한 새Sweet Bird of Youth")에서 이와 동일한 주제가 발견된다: 결국에는 거세될 운명을 기다리는 웨인과 함께 괄호 안의 이름들['헤븐리Heavenly' '웨인Wayne'=마차=큰곰자리(북두칠성), '코스모폴리스 델 라고Kosmonopolis del Lago']은 이미 하늘의 왕국과 세속의 왕국을 암시한다; **6.** 유명한 카스트라토Castrato: a. 아벨라르Abelard, 자신의 제자인 엘로이즈Eloise에 대한 사랑의 대가로 자신을 거세한다; b. 철학자이자 도덕가인 오리겐Origen은 "하늘의 왕국을 위한 환관이 되기 위해 스스로 거세한 환관들" 중 하나가 되기 위해 자신을 거세한다(마태복음Matth. 19, 12); c. 로마의 시스티나 성당에는 카스트라토 합창단이 있었고 이것은 17세기 스페인의 팔세토로 대체되었다. 팔세토의 목소리 발성은 현재로서는 거세 외에는 설명할 길이 없다; **7.** (신화적 의례에 대해서는) 거세emasculation 및 (거세 불안에 대해서는) 자웅동체hermaphrodites 참조.

거세 emasculation **1.** 위대한 여신Great Goddess에게 생명 제물을 대신 하는 가짜 암살로, 원래는 그 이전부터 행해졌다; **2.** 교감마법: a. 곡식 베기를 통해 정화하기 위해 행해졌다: b. 봄에 (생명의) 재탄생을 강제하기 위해 행해졌다; c. 비옥화를 위해 베어진 곡식은 땅에 던졌다; **3.** '사타구니'를 외과적으로 탈구하면 발꿈치가 땅에 닿지 않으므로 신성한 발꿈치와 관련된다; **4.** 탈구가 장화를 신은 것으로 표현되면서 나중에 거세는 할례로 대체되었다; **5.** 거세된 신들: a. 우라누스; b. 세트: 세트와 호루스의 끝없는 싸움에서 호루스는 한쪽 눈을 잃었다(호루스=태양); **6.** 거세castration 참조.

거세한 수탉 (식용의) capon **1.** 우둔한 바보(실수연발Err. 1, 2 및 3, 1); **2.** 판사에게 주는 통상적인 뇌물: "꽤 살찐 수탉capon을 받아먹고 불룩하게 튀어나온 배"(뜻대로 하세요AYL 2, 7); **3.** 연애편지(프랑스어 '병아리poulet': 사랑의 헛수고LLL 4, 1); **4.** 우둔함: "당신은 수탉이고 또한 우둔하다. 당신은 (수탉) 볏을 하고 수탉 소리를 내고 뻐기며 걷는다"(심벨린Cym. 2, 1; 실수연발Err. 3, 1); **5.** 고자(거세당한 사람): 다른 사람을 먹이기 위해 (자신이) 먹는다.

거울 mirror (거울을 보는 것) **1.** **성찰**: (자기Self)의식, 자아, 자기실현, 우주의 주변 또는 우주 안에서 단절된 자기에 대한 고찰; 자기성찰: 사람이 가르침을 받고도 그에 따라 행동하지 않을 때 그는 "거울에서 자신의 본연의 얼굴(자기성찰)을 바라보고는" 거울에서 시선을 돌리자마자 자신이 어떻게 생겼는지 잊어버리는 사람과 같다(야고보서James 1, 23f.); **2.** **경이로운** 세계에서 물체의 출현과 소멸: a. 창조: 신은 "거울을 보듯" 자신의 창조물 안에서 자신을 바라본다(아퀴나스); b. 상상력; **3.** **진실**, 지혜: a. 진실과 분별력의 상징(자기인식으로서); b. 많은 신이 거울에 비친 자신을 고찰하는 것으로 나타난다; c. 지혜는 "하나님의 위엄을 보여 주는 티끌 하나 없는 거울"(지혜서Wisdom 7, 26)이다; d. 거울은 광택이 나는 금속으로 만들어졌으며, 이는 어떤 것도 너무 명확하게 거울에 반사되지 않도록 하기 위해서였다: 예 "우리가 지금은 거울로 보는 것같이 희미하나 그때에는 얼굴과 얼굴을 대하여 볼 것이요": '거울'은 신을 비추는 본질 또는 진리일 수 있다(고린도전서1Cor. 13, 12); e. 악마(또는 악)는 감히 거울을 볼 수 없다. 바실리스크가 거울에 비친 자신을 보면 죽는다; **4.** **사색**: 단테Dante(신곡 연옥편Purg. 27)에서 라헬(=명상적인 삶)의 속성은 거울이다; **5.** **하나님**: 단테: 신은 우리의 생각이 마음속에서 형성되기도 전에 비춰지는 곳이다(신곡 낙원편Par. 15, 62); **6.** **풍요**, 사랑: a. 그리스에서 풍요의 주문; b. "육욕의 거울"(리처드 3세의 비극R3 1, 1); c. 성욕의 상징(라틴어 '룩수리아Luxuria'); d. 누군가에게 거울을 갖다 대는 것은 연인 또는 노예의 일이다(나소 P. 오비디우스Naso P. Ovid, 사랑의 기술De Art. Am. 1, 305ff.); e. 아래의 로르카 참조; **7.** **내면의 자기**, 감정, 기억의 반영: a. 무의식적 기억: 거울은 종종 오래 전에 그들이 비춘 사물이나 사람을 반영한다; b. 내면의 슬픔: "그대의 눈에 비친 그대의 슬픈 마음이 보인다"(리처드 2세의 비극R2 1, 3); **8.** **영혼**: a. 거울은 들여다보는 사람들의 영혼을 흡수한다; b. 영혼의 다양성, 변동성 및 재능을 상징한다; c. 영혼이 통과 함으로써 스스로 자유로워지는 문(루이스 캐롤Louis Carroll); **9. 처녀성**: a. 안경은 전통적으로 처녀성과 관련되었다: 예 "그녀의 처녀성(역주: 성격, 억압, 새로운 것 등)의 거울을 깨고 나머지를 유연하게 하라"(타이어의 왕자 페리클레스Per. 4, 5); b. 순결의 장치; c. 성모 마리아의 속성; **10. 예술**: "본성이 거울에 비춰지게 하라(역주: 본성에서 우러나는 연기를 하라)"(연극에 관하여: 덴마크의 왕자 햄릿Ham. 3, 2); **11. 모범**: "예절의 거울"(덴마크의 왕자 햄릿 3, 1): 모든 사람이 모방하려고 애쓰는 사람(헨리 5세의 생애H5 2, 코러스Chor. 참조); **12.** 메아리, 쌍둥이, 명제와 반명제 같은 **이원성**; **13.** 달, 여성의 자존심: a. 또한 그 모양 때문에; b. 거울은 빛을 반사한다; c. 자부심의 상징; d. 마녀와 인어의 속성; e. 우유부단: 악토르가 자신의 창 투르누스를 자랑스러워한 것만큼이나 오토는 자신의 거울을 자랑스러워했다(베르길리우스Virgil, 아이네아스Aeneid 12, 94; 데키무스 유니우스 유베날리스 Decimus Junius Juvenalis, 풍자시집Sat. 2, 99); **14. 유혹**: 파시파에는 황소를 유혹하기 위해 거울을 들고 산으로 들어갔다(나소 P. 오비디우스, 사랑의 기술 1, 305); **15. 어린 자녀**: "그대는 당신 어머니의 거울이고 그대 안에서 어머니는 자신의 사랑스럽고 꽃다운 4월을 불러온다"(소네트Sonn. 3; 또한 루크리스의 능욕 Lucr. 1758 및 리처드 3세의 비극R3 2, 2); **16. 인생**: 여전히 숨을 쉬고 있는지 보기 위해 죽어 가는 사람 입 앞에 종종 유리를 댄다(예 윌리엄 B. 예이츠William B. Yeats: "캐틀린 백작 부인Countess Cathleen"); **17. 윌리엄 블레이크**William Blake: 신의 거울=인간; **18. 페데리코 G. 로르카**Federico G. Lorca: 사랑의 거울, 위대한 거울: 푸른 하늘은 생명을 상징하는 반면, 그 반대의 부정적 측면은 바다이며 푸른 샛별(루시퍼) 및 달과도 관련된다; **19. 민속**: a. 영혼soul: 거울을 들여다보면 자신이 아니라 영혼이 보인다. 그러므로 죽음 후에 거울에 베일을 씌우거나 돌려놔야 한다; b. 거울은 종종 과거, 현재 또는 미래를 보여 주기 전에 '연기'를 피운다; c. 거울을 보고 인상을 쓰면 당신 안에 있는 악마(사악함)를 내쫓는다; 이렇게 3일 밤을 연속하면 사마귀가 없어진다; d. 거울을 깨는 것은 7년간의 불운을 의미한다; e. 배우들 사이에서는 누군가의 어깨 너머로 거울을 들여다보는 것은 둘 다 비추기 때문에 불운을 뜻한다.

거위 goose (새) **1. 출산**, 창조, 다산, 태양: a. 이집트의 창조 이야기 중 하나: 혼돈의 암컷 혼돈의 거위 chaos-goose가 수컷 거위에게 꽥꽥거렸고, 그 결과 황금알(태양)이 탄생했다; 황금알을 낳는 거위 이야기와 거위 안에 있는 모든 알을 갖기 위해 그 거위를 죽이는 탐욕스러운 농부의 이야기(이솝Aesop, 우화Fables 178)는 이 창조 신화의 축소판이다; b. 거위는 창조적인 '숨결의 새'로서 헤라-주노에게 바쳐졌다; c. 황금색 곡물과 관련이 있다: 마지막 낟알까지 곡물을 다 베는 것은 "수컷 거위의 목을 베는 것"이다; 또한 추수 잔치에서 거위를 자주 먹었다; d. 좋은 주부를 상징한다: '축복받은 조류': 사랑과 조심성; 비둘기 및 공작과 관련 있다; e. 암컷 거위의 알을 치워 버리면 죽을 때까지 계속 알을 낳는다(때로는 한 무리에서 40개까지); **2.** (여성) **성**: a. 사랑의 상징으로 키프로스의 비너스에게 바쳐졌다; 에로스는 거위에 올라탔다; b. '프리아포스'의 애완동물, 모든 기혼 여성이 좋아하는 거위"(페트로니우스Petronius, "사티리콘Satyricon"); c. 격렬한 사랑(및 다산)의 신인 디오니소스-에로스 및 마르스에게 바쳐졌다; d. 매춘부(예 로미오와 줄리엣 Rom. 2, 4; 사랑의 헛수고LLL 3, 1: 셰익스피어는 거의 항상 성적인 의미로 이 단어를 언급했다); **3. 바람, 눈**: a. 거위가 거센 바람을 타고 날아가는 것과 관련이 있을 때는 거위는 '호흡' '유령'(아래 참조) 및 '영spirit'을 나타낼 수 있다; b. 눈snow은 종종 노파(예 어머니 캐리Mother Carey)가 거위 털을 뽑는 것으로 설명된다; **4. 호흡**: 1번의 b 및 3번의 a 참조; **5. 연설**, 웅변: a. 웅변의 신 헤르메스/메르쿠리우스와 아폴로에게 바쳐졌다; b. '웅변의 여신'인 페이토에게 바쳐졌다; **6. 영혼**: a. 영혼 자체: 여느 새들과 같긴 하지만 아래의 흑기러기Barnacle Goose도 참조; b. 때로 죽은 자의 영혼 뒤에는 개 대신 꽥꽥거리는 거위가 따라 가야 했다(저승사자의 역할 수행); **7. 경계**: a. 로마는 카피톨리누스 거위Capitoline Geese의 꽥꽥 소리 덕분에 갈리아의 예기치 않은 침공으로부터 구출되었다; b. 이것은 아이네아스의 방패에 묘사되어 있다(베르길리우스Virgil, 아이네아스Aen. 8, 655); 고대부터 거위는 로마와 관련이 있었고 로물루스와 레무스의 아버지인 마르스를 통해서도 이를 알 수 있다; **8.** 겨울: **이주**; **9.** 일반적으로 **신성한 것**: a. 제우스가 헤르메스와 함께 필멸의 이방인(인간)으로 변장하고 필레몬과 바우키스 부부의 집을 방문하자 이 부부는 기꺼이 이 불쌍한 사람들을 환대했다; b. 소크라테스Socrates는 '거위에게 맹세했다'; c. 영국에서는 금기 음식이다(율리우스 카이사르 Caes., 갈리아 전기De Bello Gall. 5, 12); **10. 자만**, 어리석음('어리석은'의 원래 의미=순진함); 나중에 의미가 반전된다: 플리니우스Pliny(10 26)는 지혜에 대한 그들의 사랑과 이해를 칭찬한다; **11.** 비겁함: "비록 남자의 모습을 하고 있지만 너 거위 영혼을 가진 자(비겁한 자)여"; 비록 거위 펜(역주: 보통의 펜)으로 쓰고 있지만 뻔뻔스러움의 잉크를 충분히 적셔서 시작하라"(십이야Tw. N. 3, 2); **12. 중세시대**: 마녀의 말 중 하나; **13. 문장**heraldry(紋章): a. 많은 자원 중 하나; b. 경계; c. 자기희생; d. 일반적으로 걷기를 나타낸다; **14.** 특별한 **종교**적 의미: A. 이집트: 이시스Isis와 오시리스-토트Osiris-Thoth에게 바쳐졌다; 1번의 a도 참조; B. 기독교: a. 입에서 불을 내뿜는 성령, 생명의 길, 세대generation; b. 성탄절과 성 마틴St. Martin 축일(태양과 관련된다)에 산 제물로 바치는 음식(16번의 c 참조); **15. 특별히 참고할 문학서**: A. 셰익스피어: a. 역병이 일어남-괴로움-유행기-억제; b. 펜으로 무언가를 쓰는 것과 관련이 있다; c. '윈체스터 거위Winchester goose'(매독 종기), 실명, 전염병, 감염과 관련된다; d. 불쾌함, 쓴맛, 담력과 관련된다(11번 참조); e. 건방짐; f. 감금, 약탈, 교수형; goose는 pen에 대한 말장난일 것이다. 일부 영어방언에서 'pen'은 'goose'로 발음되기 때문이다: B. 버지니아 울프Virginia Woolf: 기러기: 황홀경; **16. 다음에 상응한다**: a. 별자리: (페트로니우스Petronius에 의하면) 비를 가져오는 물병자리와 관련이 있다; b. 사람의 연령: 60세의 여자; c. 후원자: 성 마틴 축일(11월 11일)은 기러기가 이동하는 날; **17. 흑기러기**: a. 흑기러기의 울음소리는 유령 사냥Wild Hunt에서 사악한 죽은 자의 영혼의 소리와 관련이 있다; 그들은 분쟁과 폭풍의 징조다; b. 불멸: 물고기인지 고기인지에 관해 그리고 금식일에 먹을 수 있는지 여부에 관한 중세의 논쟁과 관련이 있다; 흑기러기Barnacle Goose는 별개로 참조; **18. 민속**: a. 비행: 바다로 날아가는 야생 거위는 맑은 날씨를 예고한다; 이들이 8월에 남쪽으로 비행하면 혹독한 겨울이 뒤따를 것이라는 것을 예고한다; 사람들은 또한 거위들이 사건을 예측한다고 믿는다; b. 고기: 붉은 고기는 최음제이다; c. 녹색 거위: "녹색 거위가 번식하면 봄이 가까이 왔음을 알 수 있다"(사랑의 헛수고 1, 1); 지난 가을의 어린 거위는 성령 강림절 주간Whitsuntide 즈음에 팔기에 적합했다: 성령 강림절 대축일Whitsunday 후의 첫째 월요일Whitmonday에 개최된 '녹색 거위 박람회Green Goose Fair'는 즐거운 행사였다; d. 브라우니단의 단원들brownies(난쟁이dwarfs 참조)은 거위발을 하고 있다; e. 속담: 거위goose가 펜pen의 뜻으로 사용되는 경우에 대해서는 송아지calf 참조; f. 동요에 나오는 왕족의 말steed: "회색 암컷 거위와 수컷 거위야, 날개를 펴고 선한 왕의 딸을 그 위에 태워 강을 건너게 해다오."

거인 giant **1. 양적 확장**: A. 긍정적 확장: a. 거인은 전 인류 또는 사회 공동체의 인격화이다; b. 비극적인 영웅은 초인간적인 능력을 지닌 경향이 있다; c. (지하의) 보물을 만드는 천상의 대장장이와 관련된 지하신들의 힘; d. 타락 전의 인간; e. 대군주에 대항하는 서민의 수호자; f. 거대한 지혜; B. 부정적 확장: a. 영원한 반역의 폭정: "오, 거인의 힘을 갖는 것은 훌륭하지만 거인처럼 힘을 사용하는 것은 폭정이다"(눈에는 눈, 이에는 이Meas. 2, 2); b. 영웅의 적; 민담에서 잭Jack (거인 살해자) 참조; c. 거인은 열등한 부분과 비극적인 결점을 가지고 있는 경향이 있다: 골리앗, 오그, 삼손, 사탄, 타이탄, 키클롭스, 헤라클레스, 가르강튀아 등; d. 자연의 부정적인 힘의 인격화: 가뭄, 서리, 폭풍, 지진 등(괴물monsters 참조); e. 특히 노아의 홍수 이전 인류의 자손들(창세기Gen. 6, 4 참조); **2.** 거인 **살해**: a. 우주진화론과 관련된다: 살해된(희생된) 거대한 원시 존재로부터 세상이 발생했다는 믿음; b. 거인 살해는 퇴화의 한 형태로서의 인간 희생제물과 관련이 있다; 동종 요법의 마술에 의해 그 장대한 우주적 힘이 방출될 수 있게 해 주는 인간의 죽음; **3. 심리**: a. 아이의 키 높이에서 본 끔찍한 아버지; b. 본능에 대립되는 정신; c. 보물의 수호자(=어머니), 무의식; 용과 관련된다; d. 또는 어둡고 위협적인 측면으로서의 인간의 무의식; **4. 다음에 상응한다**:

a. 기분: 잔인함; b. 요소: 공기(원소elements 참조); **5. 딜런 토머스**Dylan Thomas: ("흰 거인의 허벅지In the White Giant's Thigh") 백색의 석회석층의 아래까지 관통해 있는, 언덕 주변에 있는 원시적 무늬가 있는 땅. 이것은 (수풀 속에 숨어서 의무를 다하는 소년들에 의해) 다산을 가져오는 것으로 보인다(참조: 버크셔 우핑턴의 백마Berkshire White Horse: 풀grass 참조); 이것의 실체는 밝혀지지 않았으며 딜런 토머스Dylan Thomas도 악귀를 보지 못했다; **6. 다른 것과의 조합**: a. 거인의 뼈: 일반적으로 부족의 조상과 동일시되며 도시를 보호하는 마법의 수단으로 간주되었다(참조: 아테네의 테세우스 뼈Theseus' bones; 아발론섬의 아서왕의 뼈Arthur's bones, 거인족 아낙인Anakim); 거인은 신석기시대에 약 7피트 정도의 남성이었을 것으로 추정된다; 그러나 테게아Tegea의 한 대장장이가 우연히 발견한 오레스테스의 뼈는 길이가 10피트 정도였다(헤로도토스Herodotus 1, 68); b. 불태워진 거인(또는 노예 행렬에 '끌려'다닌): '정복된' 초목의 정령들(또는 신들); c. 용꼬리를 한 거인: 정욕과 열정; d. 뱀 꼬리를 한 거인들: 초록의 기간테들들은 그들의 형제인 티탄이 타르타로스 지옥에 갇혀 있었기 때문에 올림푸스의 신들에게 반란을 일으키고 싸웠다; 기간테는 대지의 아들이고 우라노스(하늘)의 거세된 부분에 의해 수태되었으며 필멸의 인간의 도움으로만 죽일 수 있었다(아폴로도로스Apollodorus 1, 6, 2); **7.** 목동herdsman; 괴물monster 참조.

▌거인을 죽인 잭 Jack the Giant-killer **1.** 잭과 콩나무 이야기와 유사하다: 그는 거인의 나팔(바람)을 불고 그의 세 가지 보물을 훔친다; **2.** (그래서) 그는 마법의 모자(지혜), 코트(투명), 신발(신속함) 및 검(광선)을 갖고 있다; **3.** 잭Jack(=오딘)은 다음과 같이 설명된다: a. 어둠(또는 황폐함)의 거인의 살해자; b. 브루투스의 동반자이며 선량한 거인인 트로이 사람 코리네우스는 다른 거인들을 다 죽이고 콘월의 왕이 된다.

▌거지 beggar **1.** 빈곤: 셰익스피어: 거지-시간-먹다 남은 찌꺼기-자선으로 이어지는 이미지의 군집과 관련된다; **2.** 독립성: (특히 많은 근대 소설들에서) 매우 빈번하게 거지와 땜장이, 칼을 가는 사람 등은 자연적 삶, 통찰, 철학이 남아 있는 유일한 사람들이며 따라서 아이의 상상세계에 동참하여 좋은 영향을 끼칠 수 있다; **3.** 만족할 줄 모르는 "거지의 지갑은 바닥이 없다"(속담); **4.** '왕'의 반대말: a. "그리고 왕에게 사랑이 그러한 것처럼 거지에게도 사랑은 그러하다"(에드워드 다이어Edward Dyer, "가장 키가 작은 나무The Lowest Tree"); b. "그렇다면 거지들이야말로 실체이고 우리의 군주들과 허세 부리는 영웅들은 거지의 그림자인 셈이군"(덴마크의 왕자 햄릿Ham. 2, 2); c. "어린 아담인 큐피드는 매우 깔끔하게 화살을 쏘았고 코페투아왕은 거지 소녀와 사랑에 빠졌다"(로미오와 줄리엣Rom. 2, 1; 또한 알프레드 테니슨 경Lord Alfred Tennyson의 시 참조); **5.** 그의 걸음걸이는 신사의 말타기와 본질적으로 다르다: "말에 올라탄 거지들은 말이 죽을 때까지 달렸다"(헨리 6세 3부3H6 1, 4; 16세기 속담: "거지를 말 등에 태우면 말은 악마(또는 교수대gallows 참조)에게 달려갈 것이다".

▌거품 bubble **1.** 공허하고 실체가 없는 것으로 보이는 인간의 삶과 열망: a. "너의 주인이 그가 비열한 녀석(=아무 짝에도 쓸모없는)이 아니라는 것을 알게 된다면 더 이상 나를 존경하지 말아라-신이시여, 나의 인생은 거품에 불과합니다"(끝이 좋으면 다 좋아All's W. 3, 6); b. "인간은 거품이다"(속담); c. "심지어 대포 앞에서도 거품 같은 명성을 추구한다"(뜻대로 하세요AYL 2, 7); **2.** (마녀들의) 비현실적 환상: "대지는 물이 그러하듯 거품을 갖고 있으며 이것이 바로 그들에 관한 것이다"(맥베스Mac. 1, 3); **3.** 딜런 토머스Dylan Thomas: a. "지저분한 자루에 담긴 많은 거품": 고환의 정액, 성교는 그 자체로 시적 창작의 상징이 된다는 것을 기억한다면 정액은 단어라고 할 수 있다; b. 볼ball 참조; 슬픔, 시간의 도둑은 거품, 즉 숨결을 훔치고 따라서 죽음을 초래한다.

▌거품 foam **1.** 아프로디테는 바다의 거품에서 태어났다(우라누스 신의 거세된 부분에 의해 수정됨); 제임스 조이스James Joyce의 '해포석 담배 파이프meerschaum'(파이프)와 관련된다; **2.** 세트의 거품: 소금; **3.** 체내 수분 중에서 특히 a. 우유; b. 정액; c. 땀; d. 타액; e. 눈물.

건강 health 라틴어의 '살루스salus'은 본래 육체적 건강을 의미했으나 도덕적 덕목을 뜻하게 되었고 '구원'을 의미하는 것으로 확장되었다.

건물, 집 building **1.** 사랑(소네트Sonn. 124; 안토니우스와 클레오파트라Ant. 3, 2; 베로나의 두 신사Gent. 5, 4): 발렌타인은 실비아가 그의 마음속 저택으로 돌아오길 바란다. "점차 폐허가 되어 건물이 무너지지 않도록"(트로일로스와 크레시다Troil. 4, 2; 그리고 실수연발Err. 3, 2: "커져 가는in building 사랑이 폐허가 될까요?"); **2.** 상상: "나는 나의 소원이 이루어지고 나의 상상 속의 집을 물려받기 위해 살았다"(코리올라누스Cor. 2, 1); **3.** 믿는 자들(고린도전서1Cor. 3, 9): "우리는 하나님의 동역자들이요 너희는 하나님의 밭이요 하나님의 집이니라"; **4.** 민속: a. "높은 건물, 낮은 토대"(속담); b. "섬에 정착하면서 스페인 사람이 세운 첫 번째 건물은 교회가 될 것이다; 프랑스인은 요새, 네덜란드인은 창고, 영국인은 맥줏집을 짓는다"(속담).

건어 stockfish **1.** 마른 사람(예 헨리 4세 1부1H4 2, 4); **2.** 두들겨 패기와 관련된다: 건어는 요리하기 전에 두들겨야 한다; 그래서 사람을 '건어물로 만들다'라는 표현이 있다(예 템페스트Tp. 3, 2); **3.** 성적 욕망이 없는 사람: "어떤 사람들은 그가 두 마리의 건어 사이에서 태어났다고 한다"(눈에는 눈, 이에는 이Meas. 3, 2).

건조, 건조한 상태 dryness **1.** 풍요, 식물, 동물의 유기적 삶과 반대; **2.** 여성의 '축축함wetness'은 시간이 지배를 받는 물질적 존재로서의 물과 반대되는 상태; 이러한 경우 건조한 상태는 불멸(반면, 물=환생에 대한 욕구), 영성spirituality의 건조함, 사막화의 움직임을 상징한다; 그러므로 건조한 사람은 열정적인 사람이 될 수 있다; **3.** 불의 원소가 지배한다: 정력, 열정.

건초 hay **1.** 민속: 지나가는 건초 수레와 마주치는 것은 행운이다: 소원이 이루어진다; 그러나 수레의 뒤를 보게 되면 불운의 징조이다; **2.** 원추형 건초 더미: 딜런 토머스Dylan Thomas("그녀의 쉬고 있는 마음속으로Into her lying down head"): 남근 형태의 낫으로 만들며, "호화로운 의자": 하얀 거인의 허벅지 여인들White Giant's Thigh의 것;초 더미: 딜런 토머스Dylan Thomas("긴 다리 미끼에 관한 민요The Ballad of the Long-legged Bait"): 미끼(다리leg 참조)가 "죽는"('건조한 곳') 곳; 또한 일반적으로 옴파로스.

건축물 architecture **1.** 도리아 양식은 가장 고태적이고 남성적이었으며 이오니아 양식은 여성적이었다(디아나Diana 신전이 이오니아 양식으로 건축됨). 코린트 양식은 "소녀의 밝은 특성을 표현했다"(마르쿠스폴리오 비트루비우스Vitruvius 4, 1ft); **2.** 신전 양식과 신들: a. 하늘과 해와 달을 위한 번개의 신 주피터의 개방성과 지붕 없는 건축양식; b. 엄격한 아테네, 아레스, 헤라클레스를 위한 도리아 양식; c. 아프로디테, 플로라, 페르세포네 및 분수를 위한 약간의 비율이 더 있고 장식이 있는 코린트 양식; d. 헤라, 플로라, 디오니소스를 위한 이오니아 양식(앞의 책, 1, 2, 5ft); **3.** 네 가지 기본 양식: a. 방 또는 홀: 하늘의 장막(이사야서Isa. 11, 22) 또는 동굴에서 유래; b. 기둥은 나무와 나무 몸통에서 유래; c. 문 윗부분의 아치, 돔 또는 금고: 최초의 아치 중 하나는 기둥으로 떠받친 하늘아치로 야누스에게 헌정되었고 나중에 승리의 아치와 (문에 치는) 발로 발전했다; 지구라트, 피라미드, 탑: 산이 없는 곳에서 신을 숭배하기 위해 인간이 만든 인공산에서 유래(휘틱Whittick p. 167ft); **4.** 건축가: 자신의 전문분야 외에도 건축가는 "문필가, 숙련된 제도가, 수학자, 역사에 정통한 사람, 부지런히 철학을 공부하는 학생, 음악에 정통하고 의학에 무지하지 않으며 천문학에 익숙한 법률 자문과 천문학 계산을 공부하는 자"이다(마르쿠스폴리오 비트루비우스Vitruvius 1, 1, 3ft).

건포도 raisin **1.** 히브리: 세파르딤족(역주: 스페인과 포르투갈의 유대인)들에게 건포도는 결혼식에서 아몬드만큼 중요한 역할을 했다; **2.** 주름진 얼굴(클라우디아누스Claudian., 유트로피움Eut. 1, 111; 루키아노스Lucian, 카타플루스Cat. 5)을 나타내고; 사랑의 언어에서 여성을 포도에 그리고 노파를 건포도에 비유했다; **3.** 약용: a. 히포크라테스Hippocrates: 완화제로서 효과가 있지만 화상을 입을 수 있다(식이요법Vict. 2, 55); b. 플리니우스Pliny: 위와 장에 해롭다는 것은 씨앗에 치유효과가 없다는 것이(23, 12); 참조: "말라가 건포도Malligo(Malaga) raisins"는 폐기능을 촉진한다(존 웹스터John Webster, 악마의 법칙 사건Devil's L. C. 4, 1, 6); **4.** 꿈에서: 건포도 꿈을 꾸는 것은 계절에 상관없이 좋은 징조이며 여성과의 상거래나 여성으로부터 도움을 받는 것을 나타낸다; 건포도가 흰색이면 눈에 보이는 도움을 받고, 건포도가 검은색이면 숨은 도움을 받는다(아르테미 도로스Artemidorus 1, 73).

걷기 walking　a. 인물의 지위(신성 등) 또는 기분은 걸음걸이로 표현된다: 예 발foot 참조; b. 섬세한 척 고상을 떨고 뽐내며 걷는 것(로버트 그레이브스R. Graves, 하얀 여신WG 325): i. 제왕: 풍요의 왕(신성한 왕[Sacred] King 참조); 종종 다리가 탈구되어 절뚝거리고 황소발을 닮은 발(예 문자 그대로 그리스어 '오이디-포우스Oidi-pous'의 뜻)을 갖고 있다; ii. 디오니소스의 코투르누스(반장화)를 신고(반장화buskin 참조) 그리스 무대에 서 있는 배우들; iii. 엉덩이를 흔들며 걷기: 음란한 (매춘부의) 걷기(예 그리스); 참조: 그들은 "교만하여 늘인 목, 정을 통하는 눈으로 다니며 아기작거려 걸으며 발로는 쟁쟁한 소리를 낸다" 하시도다(이사야서Isa. 3, 16); iv. 일반적으로 넘을 수 없는 대상 (산, 물, 등) 위를 빠르게 걷는 것은 떠도는 해, 달, 또는 바람의 특징이다.

걸림돌, 방해물 stumbling-block　죄악의 걸림돌(예 에스겔서Eze. 14, 4, 7): 여호와를 섬기는 것을 방해하는 우상.

검, 칼 sword　**1.** 이것은 그물, 창 등과 함께 **최고신의 무기**이다; 예 여호와의 번개: a. 그의 칼이 날카로움은 죽임을 위함이요 빛남은 번개같이 되기 위함이니(에스겔서Eze. 21, 10 및 28); b. "네 영광의 칼"(신명기Deut. 33, 29); c. "여호와의 칼이 땅 이 끝에서 저 끝까지 삼키리로다"(에레미야서Jer. 12, 12); 처벌에 대해서는 7번의 b 참조; d. 그 칼은 번개처럼 하늘과 땅을 연결하는 세계 축world-axis을 나타낸다; **2.** 곤봉과 함께 **태양 영웅의 전형적인 무기**: a. 태양 광선을 나타내는 천국의 무기(별)이며 그물의 반대이다; b. 원시 괴물에게 대항해 사용하는 무기이다: 예 그렌델과 싸우는 베오울프; c. 악령, 특히 사악한 망자를 물리치는 데 사용된다; d. 자연 신화에서 그는 신이 칼을 꽂은 곳 즉 어둠을 상징하는 돌이나 나무에서(3번 참조) 또는 물에서 검을 얻으며 그가 검을 잃으면 그는 검과 함께 죽거나 다음 영웅에게 검이 전수된다 (두 이야기에 모두 아서왕의 검이 있다); e. 때로 영웅은 하나 이상의 검[예 베오울프(=시간이 흐르면서 더 많은 광선, 섬광 또는 태양의 힘의 사용하게 되는 영웅)을 가지고 있다; **3.** **왕족**: a. 바위에서 칼을 뽑는 것은 고대 대관식의 일부였다: 예 펠레우스, 테세우스, 오딘, 아서, 갈라하드; 오딘은 그람(태양광 또는 번개)을 참나무에 던졌는데 그곳에 있던 사람들 중 지그문트만이 그것을 뽑을 수 있었다; b. 무딘 칼(자비로 단련된 정의)은 여전히 영국의 대관식 휘장 중 하나; c. 높은 지위에 대한 일반적 상징이다; **4.** **남성성**, 강인함, 죽음: a. 마르스와 관련있다; b. 실패(역주: 실을 감는 도구)=여성성 즉 생명(남근 물고기phallic fish와 개구리frog 참조)의 연속성과는 대극; c. 여성적인 나무-목재tree-wood의 반대; d. 여성 앞에서는 칼자루가 결코 햇빛에 빛나서는 안 되며, 절대 뽑아서는 안 되는 것: "락스달라 사가Laxdaela Saga"(57); **5.** **다산**: a. (칼날과 방패의) 합일의 상징으로서 십자가와 관련되며 따라서 부적으로 사용되었다; 아래의 칼춤sword-dances도 참조; b. 남근 모양; c. "황금 검의 여인"(데메테르; 호메로스 찬가Homeric Hymns), 아폴로(로디우스의 아폴로니우스Apollonius Rhodius)와 "황금 검"(핀다로스)의 오르페우스도 있다; d. 민요에서 카울린(프랜시스 차일드Francis Child 61)은 사랑하는 사람을 얻기 위해 엘드리치왕과 싸워 엘드리치 검을 얻어야 했다(엘드리치eldritch는 기이한, 초자연적이라는 의미를 갖고 있다. 아마도 엘프와 관련된 표현으로 보인다); **6.** **처벌**, 처형, 순교: a. 정의의 상징; 불타는 검이 뜨거운 사랑의 낙원에서 차갑게 고통 받는 땅으로 인간을 쫓아냈다; b. 그리스도와 다양한 성인들의 상징(사도 바울Paul, 성 조지George, 사도 야고보James 등); c. 마리아의 일곱 가지 슬픔; 참조: "참으로 칼이 네 영혼도 꿰뚫으리라"(누가복음Luke 2, 35); **7.** **정화**: a. 종종 불과 연결 된다. 특히 황금 검; b. 전형적인 처벌 도구인 채찍과 곤봉의 반대; 그러나 1번도 참조; c. 종종 순결과 관련 있다; 대지의 괴물로부터 처녀(봄, 새벽 등)를 보호하는 것; 또한 14번의 D, e 참조; **8. 맹세와 관련된다**: a. 사람의 목숨이 종종 그의 칼에 달려 있었기 때문에 게르만인은 칼에 맹세했다; 그러므로 증인으로서 맹세를 깨는 것은 다음번 위험한 만남에서 죽는다는 것을 의미할 수 있다; b. 특히 나중에는 종종 칼자루에 맹세 했는데 그 이유는 칼자루가 십자가 형태이었거나(덴마크의 왕자 햄릿Ham. 1, v5) 때로는 예수의 이름이 새겨져 있었기 때문이었다; a번의 이유가 아니더라도 칼자루가 금속이었기 때문이거나 다른 민족과 마찬가지로 자루 자체가 고유한 마법의 힘을 가지고 있기 때문에 그렇게 했을 수 있다; **9. 자유**, 영spirit: a. 강철로 만든 단단함; b. "구원의 투구와 성령의 검, 곧 하나님의 말씀을 가지라"(에베소서Eph. 6, 17); **10. 말**word: a. 9번과 연결되어 종종 땅에 꼿꼿이 서 있는 것으로 표현된다; b. 칼과 말word은 기사의 전형적인 무기이다; **11. 투쟁**: a. "나는 화평이 아니라 검을 주러 왔다; 내가 온 것은 사람이 그 아버지와 불화하게 하려고 온 것이다" 등(마태복음Matth. 10, 34f.); 또한 십자군전쟁을 의미하는 기독교 상징이기도 하다; b. 종종 칼을 잡는 방법에 따라 의미가 결정된다; 칼로 낯선 사람을 가리키면 원한(적대감)의 의미가 되고 그 반대는 우정과 평화의 의미가 된다; c. 분노의 상징; **12. 문장**heraldry(紋章): a. 방어; b. 정의, 처형; c. 자유인(특히 넓은 검); **13. 특별히 참고할 문학서**; A. 윌리엄 블레이크William Blake: 불타는 검은 남성(억제)을 상징하며 회오리 바람의 반대이다; 그룹cherub 참조; B. 윌리엄 B. 예이츠William B. Yeats: 예이츠가 일본인 친구로부터 받은 정교하고 오래된 사토 검은 그에게 삶의 실체적 상징이 되었다; 열반의 탈출로 인도하는 나선형 계단의 반대(예 "자기와 영혼의 대화!"), 칼은 여성적인 비단 칼집에 들어있다: 쇠약해진 몸이라도 몸은 여전히 삶과 전쟁, 사랑, 섹스 등의 상징을 담고 지킬 수 있다; **14. 다른 것과의 조합**: A. 모양: a. (서양의) 직선, 태양, 남성 검; b. (동양의) 곡선, 달, 여성 검; B. 십자 모양의 검: a. 싸움; b. 군사력 또는 전략; C. 불타는 검: a. 불이나 태양광선과 더 가까운 관계; b. 신의 권능(6번의 a 참조); c. 보통은 천상과 관련된 것에 대한 뜨거운 열의; 예 성 미카엘은 루시퍼에게 검을 휘둘렀다; D. 양날 검: a. "하나님의 말씀은 살아 있고 활력이 있어 좌우에 날 선 어떤 검보다도 예리하여 혼과 영과 및 관절과 골수를 찔러 쪼개기까지 하며"(히브리서Hebr. 4, 12); b. 투사인 인자Son of Man의 입에서 좌우에 날선 검이 나오더라(요한계시록Rev. 1, 16; 참조: 이사야서Isa. 11, 4: 그의 입의 막대기): 최후의 운명의 결정적 충동(힘)이 되는 자비; 입에서 튀어나온 양날 검은 난해하면서도 대중적인 지식을 의미할 수 있다; c. 기사도, 정의; d. 분노의 상징이며 더 나아가 일반적인 칼의 상징이다; e. 잠이 든 남자와 여자 사이의 '순결'; E. 검+백합: 그리스도의 입에서 나오는 검에 대해서는 D번의 b 참조; F. 검과 솥: 히브리 시므온-레위 지파의 집에는 폭력의 도구 즉 검이 있다; **15. 민속**: A. 전설에서: a. 살인자를 나타내기 위해 칼에서 피가 흐르거나 색깔이 변한다; b. 많은 행악자가 자신의 칼에 죽는다; B. 칼춤: a. 전쟁에서 행운을 위해; b. 풍요를 위해: 자연이 그 순환주기를 따르도록 하고 동시에 지켜보는 여성들에게 사랑에 대한 갈망을 고취시키기 위해 추었다; 막대춤stick-dance 참조; c. 검을 사용하는 전사의 능력에 대한 시험; d. 모리스 댄스Morris Dance와 관련 있으며 이 의례에서 '흔들기'(=새로운 삶의 행로를 만들기 위해 검을 휘두르는 것)와 모의 참수(역주: 가짜로 목을 베는)가 중요한 역할을 한다.

검은 새 blackbird **1.** 단테Dante: 1월 말에 이렇게 외친다: "이제 겨울이 내 뒤에 있으니 신이여, 나는 더 이상 당신이 두렵지 않습니다."(신곡 연옥편Purg. 13, 122에서 언급됨): 가장 소중한 소원을 이루면 신을 두려워할 필요가 없다(신을 사랑하게 된다); **2.** 악마, 지하세계의 신; **3.** 불운, 악, 유혹; **4.** 교활; **5.** 경계함(위험이 다가오면 경고하는 울음소리를 낸다); **6.** 문장heraldry(紋章): 크고 확실한 소리는 선명하게 울려 퍼지는 가문의 이름을 상징한다; **7.** 체념: "검은 새는 혹독한 겨울 날씨에 더 살찐다(굶어죽은 자들을 먹기 때문)"(존 웹스터John Webster, 말피 공작부인Duch. of Malfi. 1, 1); **8.** 파이로 구운 검은 새에 대해서는 6펜스 은화sixpence 노래 참조.

검은딸기나무 bramble (식물) **1.** 일반적으로 다음을 의미한다: a. 검은 열매가 달린 가시덤불; 예수의 '가시관'을 만드는데 사용되었다고 전해지는 식물 중 하나; 이 식물의 열매는 이미 '요정들의 열매'였기 때문에 '독이 있는' 것이었으며 이것을 먹는 것에 대한 금기가 있었다; 또 다른 이유는 악마와의 관련성 때문이었을 것이다(블랙베리blackberry 참조); b. 다섯 개의 잎이 있어서 (삶과 죽음의)위대한 여신에게 신성한 식물이다; c. 가지가 땅에 닿으면 뿌리를 내리고 새로운 식물로 자랄 수 있다; **2.** 죽음: 티레시아스는 헤라클레스를 공격한 뱀들을 가시나무, 들장미, 가시나무 불에 태우라고 명령했다(테오크리투스Theocritus 24, 88ft.); **3.** 죄; **4.** 따끔한 후회; **5.** 신성한 장미(=헌신하는 영혼의 아름다움)의 반대, **6.** 비천; **7.** 히브리(사실 이 부분은 모호하다): a. 신성한 사랑, 불타는 덤불에서 말하는 하나님의 음성(세멜레 신화와 관련된다. 1, b 참조); b. 보호하지 않음: "그림자 없는 나무"(사사기Judg. 9장 8절 이하의 나무 이야기); c. 위험한 교만: 쉽게 불이 붙고, 거대한 백향목도 불길에 휩싸이게 할 수 있으며, 더구나 악의의 가시를 가지고 있다; **8.** 얽힘: 단테Dante: 삶의 '어두운 숲'에서 우리를 얽히게 하는 것: 오류, 비현실성, 형태가 없는 검은 나무(토머스 S. 엘리엇Thomas S. Eliot, "이스트 코커East Coker" 2); **9.** 자체 불꽃으로 정화되는 원래의 순수성: 그리스도와 마리아의 속성; **10.** 달력 연도(9월 2~29일)에서 이것은 (의례 등에서 사용되는) 포도넝쿨의 대체물이다(포도주도 포도넝쿨로 만들어졌기 때문에); **11.** 딜런 토머스Dylan Thomas: "검은딸기나무 숲의 빈 공간": 존재하지 않는 천국, 가시덤불 가득한 곳, 죽은 사람들이 하나님의 기쁨을 위해 자라는 곳; **12.** 민속: a. 치료: 소(또는 환자)는 양쪽에 검은딸기나무가 있는 자연 구멍이나 아치를 통과해야한다; b. "검은딸기나무 침대": "큰 지참금은 검은딸기나무의 가시덤불 가득한 침대"(속담, 역주: 겉보기에는 훌륭해도 보이지 않는 문제들이 존재한다); c. 동요: "데살리아에 한 남자가 있었는데 그는 매우 현명한 사람이었다. 어느 날 그는 검은딸기나무 덤불에 뛰어 들어 두 눈을 긁었다. 자신의 눈이 빠진 것을 본 그는 온 힘을 다해 다른 덤불로 뛰어 들어 다시 눈을 긁었다."

검은방울새 goldfinch (새) **1.** 용기: 예 제프리 초서Geoffrey Chaucer의 "요리사의 이야기Cook's Tale"; **2.** 결실이 많음의 상징(토끼hare와 암탉hen과 함께); **3.** 그리스도의 수난.

검투사 gladiator **1.** 죽은 검투사의 잘린 목에서 막 흘러내린 뜨거운 피를 원형 경기장에서 간질 환자가 마셨다: "비참한 질병에 대한 더 비참한 치료법"(코르넬리우스 켈수스Cornelius Celsus 3 23, 7; 플리니우스Pliny 28, 2 및 28, 4, 10); **2.** 꿈, 달디스의 아르테미도로스Artemidorus of Daldis: a. 검투사가 나오는 꿈은 재물, 자유, 순조로운 항해 또는 또 다른 결혼을 의미한다(1 5); b. 검투사의 전투는 합법적인 투쟁을 포함한 모든 투쟁을 의미한다(2, 32); c. 또한 결혼을 의미하는데, 결혼은 자신의 손이나 상대방의 손에 들고 있는 무기와 같은 특성을 가진다: 만일 어떤 사람이 중무장한 트라키아인과 싸워야 한다면 부유한 여성과 결혼하는 것이 좋다. 하지만 트라키아인은 기만적인 성격(트라키아인의 단검은 휘어져 있다)과 공격에서 우위를 점하려는 성향(공격하는 사람이다)으로 유명하기 때문에 조심해야 한다; '투망과 삼지창으로 무장한 로마 검투사'(투망 검투사)와 싸워야 한다면 사랑에 휘둘리고 종종 사는 곳을 옮기기도 하며 자신에게 오는 남자에게 쉽게 몸을 내맡기는 가난한 여자와 결혼해야 한다.

겉껍질, 겨 husk 돌아온 탕자(누가복음Luke 15, 1)와 관련된다: 돼지에게 겉껍질을 주었고 탕자도 이를 먹고 싶어 했다; '쥐엄나무'의 열매도 사람들이 가장 천한 음식으로 먹었다.

게 crab **1.** 성질이 고약한 공격성; **2.** 퇴행, 혼돈 속으로의 퇴행; **3.** 상스러움; **4.** 죽음: a. 게자리Cancer 때에 하지와 관련되며 태양-영웅Sun-hero의 죽음과 관련된다; b. "죽음이 살아 있는 병기가 될 수 있는가?"(앤드류 영Andrew Young); **5.** 재생: (이집트 풍뎅이처럼) 그것은 덧없는 것(연금술: 휘발성의 것)을 집어삼켜 도덕적 및 신체적 재생에 기여한다; 게는 오래 살며 태양이 게자리에 든 후의 건기 동안 전갈로 변신한다; **6.** 그리스: 게는 헤라클레스가 싸우던 (가뭄) 괴물인 히드라를 도우러 온다(아폴로도로스Apollodorus 2, 5, 2; 신성한 발뒤꿈치를 무는 것에 관해서는 뒤꿈치heel 참조; **7.** 별자리: 게자리, 여름의 문을 연다; **8.** 심리: a. 꿈에서 가끔 동물 형상의 자기Self 상징; b. (바닷가재와 관련됨:) 꿈에서 게의 집게발이 자신을 움켜쥐고 있는 것은 다음을 의미한다: 자신에게 집착하는 모든 것, 특히 성적 관계에서 벗어나고 싶지만 그럴 수 없고 '퇴행하게'(게가 뒷걸음치는 것) 만드는 것; c. 꿈에서: 수반하는 본능적 변화의 투사로 인한 혐오스러운(도덕적으로 억압되어 혐오스럽게 느껴진다) 성관계; 오르가즘, 복부의 당기는 느낌; 관련 상징: 거미, 뱀파이어 등; **9.** 바다의 상징; **10.** 참고할 문학서: A. 토머스 S. 엘리엇Thomas S. Eliot: "J. 알프레드 프루프록의 사랑의 노래Prufrock"에서 집게발을 움직이며 종종걸음으로 바다를 건너고 싶은 욕구: 딱딱한 껍질로 인해 사람접촉으로부터, 또는 사람접촉의 필요성으로부터 안전하게 보호한다; 퇴행 충동; B. 딜런 토머스Dylan Thomas: 작가는 게이다: 태양과 여성, 천진한 아이들의 시인: 거미와 정반대(예 "10월의 바람이 불 때When the October winds"); **11.** 소라게(껍질 속에 들어가 공격받지 않는): 주의(조심스러움), 선견지명, 앞으로 다가올 일들에 대한 지식: 예견: 나일강의 범람 그리고 거북과 악어처럼 소라게도 알을 더 높은 안전한 곳으로 옮긴다; **12.** 민속: a. 게는 달에 의지하고 달과 함께 성장한다(게자리=달의 집House of the Moon); b. 걸음걸이 때문에 불운한 동물이다: 그러므로 옛날부터 종양(암)을 캔서라고 부른다; 그러나 플리니우스Pliny는 게의 치유적인 많은 예를 설명하고 있다. 특히 (전갈이) 문 상처를 치료한다(32, 18–46); c. 날씨 예측: "느린 게는 자갈을 입 속에 넣어가지고 와서 강풍에 날아가지 않도록 자갈로 바닥을 단단히 다진다": 폭풍우가 오고 있다(조지 채프먼George Chapman, "유게니아Eugenia"); 또한 게가 육지로 올라올 때도 폭풍우 예보(아라토스Aratus, 하늘의 현상Phaen. 113ff).

게리온 Geryon 의인화된 사기꾼; 종말론적 야수이며 두 명의 순례자를 여덟 번째 지옥으로 데려간다(단테Dante, 신곡 지옥편Inf. 17). 악마demon.

게임 games **1.** 계절의 순서와 관련된다: 봄이 되면 젊은이들은 활력을 보여 주며 대지도 똑같이 생명력을 보여 주게 한다; **2.** (전쟁의 신은 다산의 신이기 때문에) 이러한 것은 무술 기량, 선조들의 영웅적인 행위를 보여주는 게임과 함께 행해졌다: 언어의 마법에 의한 정복, 즉 부활을 통한 죽음의 정복(그리고 식물 생명의 재생); **3.** 올해의 태양왕(또는 플라톤 년Great Year) 선정과 관련된다: 신성한 왕과 위대한 여신sacred king and great goddess 참조; **4.** 모든 종류의 게임(주사위, 체스 등)에서 여자가 남자를 이겨야 했다(나소 P. 오비디우스Naso P. Ovid, 사랑의 기술De Art. Am. 3, 52ff.).

게자리 Cancer (별자리) **A. 일반적으로 다음을 의미한다**: 1. 숫자: 네 번째 별자리; 가장 취약한 활동궁자리; 2. 다음을 나타냄: a. 수평으로 누워 있는 69; b. 결합되거나 그렇지 않은 두 개의 수평선; 남근의 상징; 3. 조상의 기원: 물에서 시작되는 생물과 관련됨; 4. 영혼이 육체화 할 때 거쳐 들어가는 문턱; 5. 달의 영향을 받기 때문에 달의 경계 기능(공식 세상과 비공식 세상 사이의)을 공유한다; 6. 태양은 가장 높은 곳에 도달할 때 이 궁에 들어간다(약 6월 21일); 이후 남쪽을 향해 게처럼 옆으로 이동한다; 7. 또한 주노가 보낸 게와 관련되며 헤라클레스가 히드라를 공격할 때 그의 발을 물었다(아폴로도로스Apollodorus 2; 5번의 2 참조); 8. 4대 점성술 시대의 게이트 중 하나(4four 참조); 9. 서쪽 바다에 대한 지배; **B. 다음의 기간**: 1. 부활(허물을 벗음); 2. 태양영웅의 죽음을 초래하며 하지가 여기에 속함; 3. 태양이 게자리에 있을 때 낮이 짧아진다; 4. 양자리가 다시 오기 9개월 전이다: 번식과 수태; 모성; 5. '수상궁' 중 첫 번째다: 원초적 물; 반대는 양자리다: 원초적 불; 6. 거대한 폭풍이 몰아치고 기근과 메뚜기를 불러오는 시기; 7. 세상이 끝날 때 모든 식물은 게자리에 있을 것이다; **C. 다음에 상응한다**: 1. 신체: 가슴, 위, 유방, 폐에 영향을 끼친다; 2. 원소: 원초적 물: B번의 5 참조; 3. 행성: 달; 4. 풍경: 강, 공원, 나무; 5. 타로카드: 황제카드; **D. 심리적 특징**: 1. 이 별자리의 배열의 심리적 특징: a. 현실적인 염소자리와는 반대; b. (바다처럼) 직관과 내향성; c. 인간의 정신생활: 기억; d. 영혼의 진전: "게자리로 내려왔다가 염소자리로 올라간다"(토머스 브라운 경

Sir Thomas Browne); 2. 게자리에 태어난 사람들: a. 달과 유사하다: 달의 지배를 받는 유일한 별자리; b. 지나치게 여성적이고 과도하게 감정적이며 민감한 성향을 갖는다; c. 집념, 기억의 지속; 강한 모성고착; d. 많은 색깔을 좋아하며 빈번하게 기분이 변한다; e. 유능한 교사와 배우; f. 욕심이 많다(섹스투스 프로페르티우스Sextus Propertius, 1, 1, 150); **E.** 게자리에 태어난 **유명인들**: 조지 바이런, 살바도르 달리, 렘브란트, 루소, 슈베르트; **F. 북회귀선**(남회귀선인 염소자리와 반대): 태양왕들은 종종 두 회귀선 사이로 전체 지역을 뻗어나가는 것으로 표현된다: 오시리스, 아티스, 탐무즈, 아도니스: 태양왕의 출생과 경험의 정점; 딜런 토머스Dylan Thomas("올빼미 빛의 재단Altarwise")의 저술에서는 그리스도에 대해서도 동일하게 언급된다: "염소자리, 게자리와 함께 내 침상을 함께 쓰라"; D번의 1, d 참조; **G.** 게자리crab, 황도대Zodiac도 참조.

겨 bran (식물) 물과 밀기울(=가장 거친 빵): 그의 음행에 대한 코스타드의 처벌(사랑의 헛수고LLL 1, 1: "겨와 물만으로 일주일 동안 금식"; 또한 눈에는 눈, 이에는 이Meas. 4, 3).

겨우살이 mistletoe (식물) **1. 일반적으로 다음을 의미한다**: a. 꼬리겨우살이과에 속하는 반 기생성 상록 식물; 전통적인 문헌에서 겨우살이풀은 '비스큠 알봄Viscum album'이다. 영국에서는 일반적으로 사과나무에서 발견되며 드물게 참나무에서 겨우살이가 발견된다; 그러나 참나무에서 자란 겨우살이만 귀하게 여겨진다: 또한 포플러, 버드나무, 라임나무, 당마가목과 단풍나무도 숙주가 된다: 너무 많이 자라면 숙주를 죽일 수 있다; b. 특히 겨울에 황녹색의 잎과 (겨울 후반에 나타나는) 노란 꽃은 벌거벗은 나무와 극명한 대조를 이룬다; 이것은 끈끈이 덫으로 사용되며 점성이 있고 투명한 펄프로 꽉 찬 흰 열매를 가지고 있다('새를 잡기 위해 끈끈이를 묻힌 가지bird-lime twig' 참조); c. 겨우살이는 벼락에 의해 참나무에 자리를 잡는다; **2.** 이 식물은 **참나무의 생식기**이다: 열매의 즙은 재생력을 가진 참나무의 정액이다; 겨우살이를 자르는 것은 일종의 거세라고 할 수 있다(로버트 그레이브스Robert Graves, 하얀 여신WG 65), 열매의 정액과 같은 끈적함은 생명을 품고 있다; **3.** 이것은 **참나무-풍요-왕**의 사망과 관련 있다: a. 지하 세계로 내려간 아이네아스Aeneid(=태양 영웅의 '죽음'. 실제로는 그의 대리자 죽는다)는 안전한 귀환을 위해 겨우살이를 들고 있었다; 겨울의 어둠을 뚫고 태양(왕)을 보존하고 봄에 태양의 귀환을 보장하는 겨울 꽃; 그러나 어떤 사람들은 "겨우살이처럼"이라고 기술되어 있기 때문에 겨우살이가 (여러 가지 식물 중에서) 지상의 황금가지라는 생각을 거부한다; b. 게르만족: 모든 자연 생물 중에서 겨우살이만이 발드르를 죽이거나 해치겠다고 약속하지 않은 것 때문에 그의 적에게 이용당했다; 맹세하기에는 너무 하찮은 존재라고 무시당한 것에 대한 복수로 발드르를 죽였다; 또는 하늘과 땅 사이에 있었기 때문에 맹세하지 않았다; c. 드루이드: 대체 제물: 그 달의 여섯 번째 날(이것이 가장 강할 때)에 30년 자란 참나무에서 황금(태양) 낫(달)으로 겨우살이를 잘랐다; 번개가 그 겨우살이를 선택한 것이기 때문에 겨우살이는 그 나무가 신성하다는 것을 의미했다; 겨우살이를 자른 뒤에 전에는 한 번도 뿔이 묶여 본 적이 없는 두 마리의 하얀 황소를 제물로 바치고 (온전한 풍요) 번영을 위한 기도가 이어졌다(플리니우스Pliny 16, 95); d. 어떤 사람들은 딸이 오월의 여왕인 '오월의 나무'였을 것이라고도 한다; 오르지 의례의 남자 지도자(헤라클레스 타입)는 12명의 궁수 동반자를 거느리고 매년 5월의 여왕과 초목 결혼식을 올렸다; 이때 겨우살이는 그의 풍요의 상징 중 하나였다; **4. 겨우살이의 힘**: a. 재생: 그것은 불임증을 치료하고, 남근 능력을 가지고 있어서 가족생활을 회복시킨다; b. (교감마법에 의해) 이것은 숨겨진 황금보물을 발견하는데 사용될 수 있다; c. 모든 종류의 독극물을 예방한다; **5. 겨우살이는 다음을 상징한다**: a. 불멸: 상록식물이며 참나무와 함께 일 년 만에 태양을 완전히 가린다; b. 기생식물인 겨우살이는 먼저 숙주를 강하게 만든 후에 죽인다; c. 2진법(이원): 천상의 쌍둥이: 잎과 열매는 쌍으로 자란다; d. 속죄, 호의, (반대되는 것들과의) 화해; e. 불: (로마에서는) 번개에 의해 자리를 잡고 자라기 때문에 불의 씨앗을 포함하고 있는 것이었다; f. 덫: 제비는 겨우살이가 가진 끈끈이의 위험을 알았지만 다른 새들은 그 경고에 주의를 기울이지 않았다(이솝Aesop); g. 마법: 마법에 적합한 음침한 숲은

"이끼와 해로운 겨우살이"로 묘사된다(타이투스 안드로니카스Titus Andronicus 2, 3); **6. 민속**: a. 만병통치약: "약제로 사용되는 것"(존 웹스터John Webster); b. 풍요를 가져오는 것: (크리스마스 장식으로) 태양이 약해진 시기에 (태양의) 풍요를 전한다; c. 키스하는 나뭇가지Kissing Bough(전형적인 영국 관습): 이 밑에 서 있는 소녀는 키스를 거부할 수 없다; 때로 키스한 후에 소년은 (상징적인) 열매를 딸 수 있다. 이것은 때로 결혼을 보장한다; d. 부적으로 여성의 수태를 촉진한다; e. 평화(스칸디나비아): 문 밖에 걸어 놓은 겨우살이 한 다발은 안전한 환영을 의미한다; f. 번개, 마녀, 악령으로부터의 보호; **7.** 발드르Balder; 나뭇가지bough 참조.

겨울 winter **1.** 노년, 퇴행적 죽음(다산의 죽음과 부활), 그리고 수면: a. 동지는 신성한 아이의 탄생일이자 신성한 왕 또는 왕의 쌍둥이나 대리자가 의례에 따라 죽은 날이다; b. "따라서 나의 나이는 추운 겨울이며, 서리가 내리지만 다정하다"(뜻대로 하세요AYL 2, 3); **2.** 어두움과 비참함: "우리의 비참한 겨울"(필립 시드니 경Sir Philip Sidney, "아스트로펠과 스텔라Astrophel and Stella" 69); **3.** "우리의 불만스러운 겨울"(리처드 3세의 비극R3 1, 1); **4.** 사랑과 자비의 적: 예 "그의 너그러움으로 볼 때 겨울은 없다"(안토니우스와 클레오파트라Ant. 5, 2); **5.** 신화에서: a. 하늘의 물과 땅의 물의 신인 포세이돈과 관련된다: 구름은 물을 머금으며 무거워지고, 맹렬한 폭풍은 하늘의 신을 떨어뜨린다(아나크레온Anacreon 6); b. 아폴로는 세 달의 겨울 동안 자리를 비운다; 그리고 찬가가 그에 대한 숭배가를 대신했다(플루타르코스Plutarch); **6.** 다음에 상응한다: a. 하강하는 움직임; b. 신체: 허리와 신장(물); c. 방향: 북쪽; d. 별자리: 염소자리, 물병자리, 물고기자리; **7.** 계절seasons 참조.

겨자 mustard **1.** 풍요, 풍부함: 아주 작은 것이 매우 커진다(어떤 종류는 3~4야드까지 자란다: 마태복음Matth. 13, 31의 비유); 이 주제는 탈무드에도 나온다; 한번 심으면 뿌리 뽑기 어렵다; 이것은 매우 강하다; **2.** 인내: "겨자씨앗 주인님, 좋은 주인님, 당신의 인내심을 잘 압니다"(한여름 밤의 꿈MND 3, 1); **3.** 믿음; **4.** 무관심; **5.** 특히 오색방울새가 많이 찾아드는 관목; **6.** 점성술: 화성의 지배를 받는다.

겨자과의 식물 cress (식물) **1.** 겨자과의 많은 식물을 부르는 일반적인 이름으로 그중 가장 잘 알려진 것은 물냉이이다; 샐러드, 양념 등에 사용되는 강렬한 풍미의 기부엽도 있다; 어원: 고대 영어에서는 'cresse'였으며 이것은 성장하다라는 의미를 갖고 있다; 그 얼얼함은 콧구멍을 자극하지만('네스트리움'), 큰 치유력이 있고 뱀이 가까이 오지 못하게 한다; **2.** 안전, 힘; **3.** 작고 볼품없다.

격자 lattice 빨간색 격자창은 술집의 전형적인 모습이었다(끝이 좋으면 다 좋아All's W. 2, 3; 헨리 4세 2부2H4 2, 2).

견과 nut **1.** 수수께끼, 숨겨진 지혜: 모든 견과류 지칭하는 표현이며 특히 개암나무 열매를 지칭한다; **2.** 다산, 숨겨진 재물, 특히 결혼과 출산; a. 로마: 신랑은 견과를 뿌려야 한다(베르길리우스Virgil, 전원시Ecl. 8, 30). 견과는 또한 (남자 성인과) 소년 연인의 사랑과 관련 있으며 남자 성인이 결혼할 때 소년은 "충분히 오랫동안 견과를 가지고 놀았다"는 의미로 결혼식 하객들에게 견과를 준다(카툴루스Catullus); b. 고환; '호두까기', 특히 작은 남자와 고압적인 여성 사이의 성교; c. 아래 민속 참조; **3.** 달콤한 알맹이의 쓴맛: a. 중세시대: 그리스도의 수난과 그 달콤한 열매; b. '더할 나위 없이 홀가분한Sweet as a nut': 관용구; **4.** 깊이: "호두 동산으로 내려갔을 때에"(아가서SoS 6, 11 등): 카발라: 머카바Merkabah(에스겔서Eze. 1장에 묘사된 천사들의 합창단이 있는 하나님의 보좌)의 명상은 '호두정원'(히브리어 'Ginet Egoz')에서 이루어졌다; **5.** 영혼, 그리스; 환생: 영혼은 견과가 되어 다시 태어난 다음에 미래의 어머니에게 먹힐 수 있다: 콩bean과 물고기fish 참조; **6.** 켈트족: a. 아홉 번째 달과 관련 있다: 8~9월; b. 알파벳 C; **7.** 화장품: 티불로스Tibullus 이래로 여성들(그리고 남성)이 견과류의 녹색 껍질로 만든 염색약으로 흰 머리를 염색했다; **8.** 정신 이상: 머리head='너트nut': "제정신이 아니다"; '머리가 이상함a screw loose'은 'nut'의 다른 의미에서 파생된 표현이다; 또는 반전의 의미로=지혜wisdom를 의미한다(올빼미owl 참조); **9.** 너트후크nuthook: 순경. "너트후크의 유머The nuthook's humour"(윈저가의 즐거운 아낙네들MWW. 1, 1); **10.** 민속: a. 다산, 사랑: 견과류가 풍부하게 난다는 것은 그 교구에서 아이가 많이 태어났다는 것을 의미하며 보통 남자아이를 말한다; b. 악마: 때로 악마는 견과류를 모으는 것과 관련 있다. 악마는 직접 견과류를 모으고 그 목적으로 자루를 들고 다닌다; c. 전래동요: "나에게는 은색 육두구와 금색 배만 열리는 작은 개암나무가 있다네; 스페인 왕의 딸이 나의 작은 개암나무 때문에 나를 찾아왔네"(미친 조안Joan 또는 후아나 라 로카Juana la Loca가 헨리 7세의 궁정에 방문한 것에 대한 내용으로 추정된다).

견진 성사 confirmation 민속: (세례와 마찬가지로) 삶의 새로운 단계로 들어가는 것. 따라서 질병을 뒤로 떨쳐 버릴 수 있다; 종종 새로운 이름을 부여하는 과정이 이루어진다.

결합, 합일 conjunction **1.** 대립하는 세력들의 절대적 단일성을 통한 평화와 휴식: 두 부분으로 나누어진 기능을 구현하기 위해 결합하려고 노력하는 이중성: 둘은 대극이기는 하지만 하나는 다른 하나 없이 기능할 수 없다; **2.** 플라톤: 영원한 화합 속에서의 두 성별의 조화(자웅동체hermaphrodite도 참조); **3.** 카를 융Carl Jung: 개인의 정신 내의 대극적 힘의 통합; **4.** (라틴어) '합일coniunctio'의 상징은 종종 결혼으로 상징화된다: 예 a. 그리스어 신성결혼hieros gamos: 하늘과 땅의 결혼; b. 왕자가 구출한 공주와의 결혼.

결혼 marriage **1.** 결혼은 종종 남근 칼로 인한 죽음을 의미한다; 또는 자식에게 생명을 주는 것은 스스로 생명을 잃는 것으로 간주되었다; **2.** 신과 인간의 결혼은 보통 오래가지 않는다: a. 신들은 인간의 삶을 갈망하고 인간은 유한한 인간적 삶에 대한 향수를 갖기 때문이다; 원래의 상태로 돌아오면 자신들이 여러 해(수백 년 동안) 동안 떠나 있었다는 것을 알게 된다; 초월적 시간; b. 신을 갈망하는 인간의 유한성; 지상에서 살기 위해 오는 신들은 신이라도 실망스런 삶이 있다는 것을 알게 된다(예 백조 아가씨Swan-maiden); **3.** 하늘과 땅의 결혼은 '신성결혼hierso gamos'이다=신성한 결혼은 풍요를 가져온다; **4.** "성탄 계절Yule에 결혼하는 그는 바보다. 왜냐하면 옥수수 가지를 잘라 내는 시기이고 곰이 새끼를 낳는 때이기 때문이다(속담); **5.** 미녀와 야수Beauty and the Beast 참조; 야수 결혼beast-marriage; 푸른 수염; 성교coition; 정액semen; 섹스sex; 스목웨딩smock-wedding; 결혼식wedding 등.

결혼 wedding **I.** 한 상태에서 다른 상태로의 **전환**(가부장제 사회에서 특히 신부에게 해당함)이며 통과의례 그리고 문턱(경계)과 관련된 보통의 불안 등을 수반한다; b. 이름 변경; **II. 민속: A. 드레스:** 1. "오래된 것, 새로운 것, 빌린 것, 파란 것"; 요즘에는 드레스가 종종 '빌린' 것이며 '새' 베일이 아니다; 예전에는 신발이 새 것이 아니었다; 2. 실제 결혼식 전에 드레스를 입는 것은 일반적으로 신, 질투의 영, 행운에 대한 불운한 도전이었다; 3. 색상: a. 많은 운율 중 하나: "파란색은 진실이고, 노란색은 질투하고, 녹색은 버림받고, 빨간색은 뻔뻔하고, 흰색은 사랑이고, 검은색은 죽음이다"; b. 행운의 색상: 흰색, 파란색, 은색, 황금색, 분홍색, 회색, 옅은 황갈색; c. 파란색: 불변성; 최소한 '파란색'은 반드시 필요하다(어떤 사람들은 파란색 드레스는 불운한 것이라고 생각한다: '반드시 후회한다')는 의미; 예전에는 신부가 파란색 드레스도 입었다: 손님들이 잡아당기고 젊은 남자들이 그것을 넣어 모자를 쓰도록 드레스에 리본 매듭이 느슨하게 꿰매어져 있었다(탈퇴 의례의 잔재); **B. 행렬:** 1. 신부는 오른발로 문지방을 넘어 맨 먼저 앞문에서 출발해야 한다; 2. '걷는 행렬'에서 반드시 위장을 해서 질투심 많은 신이나 영혼을 속여야 한다. 부부는 교회 앞에서 만나서는 안 된다; 3. 마차는 회색 말이 끌게 해야 운이 좋다; 4. 행운의 징조: 검은 고양이, 굴뚝 청소 또는 코끼리를 만나는 것; 햇빛; 5. 불길한 징조: a. 길을 가로질러 달리는 돼지는 불운의 징조였으며 이는 일반적으로 결혼을 싫어하는 위대한 여신의 육화; b. 장례식을 보는 것(심지어 거리에서도); 6. 길막이: 교회를 떠나자마자 신부, 때로는 신랑 또는 하객들이 뛰어넘어야 하는 장애물을 만나는 것: 밧줄, 사슬, 작은 개울, 교회 벽 또는 돌('페팅 스톤Petting Stone'); 통행료

(예 음료)도 지불해야 할 수 있다(역주: 일종의 이니시에이션); **C. 반지:** 유대의 상징(보증인 또는 여자의 사슬의 잔재)으로 결혼식 중에 반지와 관련하여 발생하는 일은 결혼 후의 행복에 관한 전조가 될 수 있다; **D. 베일:** (숨겨진) 다산의 상징(가려진 여신veiled goddesses 참조); E. 케이크: 다산과 행운을 상징한다. 반드시 신부가 처음으로 케이크를 잘라야 한다(자식이 없는 것을 피하기 위해). 남편만이 (케이크 자르는 것을) 도울 수 있다; **Ⅲ.** 신부bride; 신랑bridegroom; 결혼marriage; 스목웨딩smock(smock-wedding) 참조.

결혼예고 banns **1.** 주님 말씀의 마법적 힘; **2.** 나쁜 징조: a. 결혼을 약속한 사람들이 결혼 예고 내용이 읽히는 것을 듣는 것은 나쁜 징조; b. 결혼 예고와 결혼이 서로 다른 곳에서 이루어지는 것은 나쁜 징조; c. 결혼 예고일과 같은 날 장례식 종이 울리는 것은 나쁜 징조; **3.** 결혼식 전에 결혼예고를 세 번 한 후에 종을 울려야 악령을 몰아낼 수 있다.

경계, 국경 border **1.** 상형문자 'bordure'와 같은 뜻으로 친척들의 동일한 문장heraldry들 간의 차이를 말한다; **2.** 딜런 토마스Dylan Thomas: '시간과 날씨의 경계': 국경의 이쪽은 새와 사물이 젖어 있지만 거룩하다("10월의 시Poem in October"); **3.** 문턱threshold 등 참조.

경관, 보안관 sergeant "이 정도로 타락한 경관": 죽음(덴마크의 왕자 햄릿Ham. 5, 2); 빚진 자를 체포하는 경관.

경기장 (경주가 벌어지는) course 경마장의 경우 말 타기riding 및 달리기running 참조.

경멸의 미소 Sardonic smile 사르디니아Sardinia 참조.

경야, 조문기간 wake 파티를 하면서 조문기간을 보내면 a. 죽은 사람이 방황하는 것을 막는다; b. 이승이나 저승에서의 재탄생을 촉진한다; c. 시신의 가슴 위에 소금이 담긴 접시를 놓고 시신을 탁자 아래 두면 악령들이 육체를 해치거나 훔치는 것을 막는다(마법을 예방하거나 상쇄하는 소금salt for counter-magic 참조); d. 고인이 여전히 '우리 중에 한 사람(살아있는 사람)'인 것으로 느끼게 만들어 죽은 사람의 시기심으로 인한 피해를 입지 않게 한다.

경주 race; racing **1.** 일반적으로 다음을 상징한다: 사냥hunt, 추적pursuit, 타기riding, 달리기running 참조; **2.** 꿈에서 경주는 특히 아버지와 아들 사이의 성적 경쟁을 나타낸다.

경찰관 policeman 심리: 검열된 도덕적 초자아, 전의식의 억제력.

경첩 hinge 세상은 경첩에 "균형 있게" 걸려 있다(에드먼드 스펜서Edmund Spenser, 페어리 퀸FQ 1, 11, 21; 존 밀턴John Milton, 그리스도의 나라Christ's Nat. 122).

곁눈질, 사팔눈 squinting **1.** 비너스가 (약간) 눈을 가늘게 뜬다; **2.** 질투의 상징; **3.** 눈eye 참조.

계단 stairs **1.** 상승(천국으로): a. 영혼의 어둠 속 은밀한 명상의 사다리의 열 개의 계단(십자가의 사도 요한Juan de la Cruz; 토머스 S. 엘리엇Thomas S. Eliot, "번트 노튼Burnt Norton" 참조); b. 자기Self가 상승하는 복잡한 과정(예 예이츠Yeats); c. 야곱의 꿈, 미트라, 오시리스('계단의 신The God of the Stair')와 관련된다; **2.** 특별히 참고할 문학서: A. 폴 발레리Paul Valéry: 시의 계단; B. 윌리엄 B. 예이츠William B. Yeats; "나선형 계단Winding Stairs": a. 무너져 내리면서도 재생되는 탑을 형성하는 여성적인 나선형; b. 복귀도, 환생도, 열반도 없는 내세의 어둠 속으로 향하는 나선; C. 토머스 S. 엘리엇Thomas S. Eliot(이미 "J. 알프레드 프루프록의 사랑의 노래Prufrock" "광시곡Rhapsody" 등에서 많은 형상이 계단을 오르는 것으로 표현되었다): a. 연옥의 별: 대극의 결합; b. 불가피한 '진보'(예 "재의 수요일Ash Wednesday"): 엘리엇은 자신의 이전 존재가 (타락의) 역겨움과 욕망을 지니고, 희망과 절망의 악마(III부에 나오는) 와 낮은 계단에서 고군분투하는 것을 목격했기 때문에 자신의 이전 존재로 돌아가는 것은 불가능하다; 그리고 단테의 작품에서처럼 (장중한) 분위기를 가진 사랑의 세계에 대한 새로운 비전에서 영적 재탄생(무화과=외음부)의 열매로 돌아간다; 딜런 토머스Dylan Thomas: 우연한 만남의 장소; **3.** 민속: 계단에서 만나는 두 사람: 불운; **4.** 사다리ladder; 나선spirals, 계단steps 등 참조.

계단, 층계 steps **1.** 상승과 초월; **2.** 세계 축: 종종 십자가, 천사, 별 또는 백합 문양이 받치고 있다; 계단은 지옥, 땅, 천국을 연결한다; **3.** 신전 계단 오르기: 신비한 중심(제단)으로의 황홀한 여정; **4.** 신전의 계단은 항상 홀수여서 처음 뗀 오른발이 먼저 정상에 도달할 수 있어야 한다(마르쿠스-폴리오 비트루비우스Marcus-Pollio Vitruvius 3, 4, 4); **5.** 계단식 좌석의 경우: 좌석seat 참조; 나선형 계단winding steps: 나선spiral 참조; 사다리ladder, 계단stairs도 참조.

계란풀, 벽꽃 wallflower (식물) **1.** 일반적으로 다음을 의미한다: 향기로운 (노란색) 꽃이 있는 '치란투스Cheiranthus' 속의 고산 식물; '길리gilly 꽃'; **2.** 니칸데르Nicander: "태양신의 떠오르는 빛줄기와 대결한다"(단편 74, 38); **3.** 카를 융Carl Jung: a. 낙태와 회복; b. 연금술: 수은, 은의 흰색 비약과 식용 황금의 정수(러틀랜드 어휘사전Rutland's Lexicon); 네 개의 꽃잎이 달린 꽃을 피우며 수명을 연장시키는 네 가지 특성을 가지고 있다: (테오프라스투스Theophrastus, 의학의 책Med.의 일부); c. 위장 내 가스를 배출시키고 몸을 따뜻하게 한다(갈레노스Galen, 단순의약품에 관한 연구Simpl. Med. Fac. 7; 카를 융Carl Jung 13, 135n.).

계모 stepmother **1.** 민속 문학과 민요에서 계모는 중요한 역할을 한다: 예 "백설공주" "신데렐라" "켐프 오윈Kemp Owyne"에서 이사벨의 계모("레일리 웜Laly Worm"에서); 같은 기능이 때로 시어머니에게 주어지기도 한다: 예 "로버트 왕자Prince Robrt"; **2.** 질투: 자연 또는 계절의 한 측면, 다른 자연이나 계절을 질투하거나 초목을 질투하는 서리, 봄을 질투하는 겨울, 봄을 질투하는 추수, 안개를 질투하는 햇빛, 여명을 질투하는 어스름 등; **3.** 가면을 쓴 끔찍한 어머니.

계수나무 cassia (식물) **1.** 약 400종류의 관목, 나무, 식물로 구성된 종; 많은 종류가 하제(설사약) 특성을 지니고 있고, 쓴맛이 나는 꼬투리가 있으며 헤나 염료의 원료가 된다. 또한 꽃봉오리는 계피의 좋은 대체품이다; **2.** 교회에서 기름부음에 사용한 '주요 향신료' 성분 중 하나; 앞서 언급한 향신료 외에 월계수도 사용되었다; 향신료spices 참조; **3.** 박쥐 등의 날개 달린 동물이 우글거리는 늪 같은 호수와 연관된다(헤로도토스Herodotus 3); **4.** 세 가지 (불길한) 색깔의 식물: 첫 번째는 흰색, 그다음은 빨간색, 다음은 검은색(플리니우스Pliny 12, 42f); 계피cinnamon; 색상colours 참조.

계절 season **I. 일반적으로 다음을 의미한다: 1.** 토성의 황금기는 대부분 일 년 중 봄이었다. 목성은 네 계절을 완전히 순환했다; **2.** 사람들은 때로 두 계절(성장과 쇠퇴), 때로는 세 계절(겨울을 죽음으로 보고 생략함), 때로는 네 계절로 계산했지만 네 번째 경우에 대해서조차 의견일치가 이루어지지 않고 있다; 어떤 사람들은 새해를 하나의 계절로 간주하고 가을이나 봄을 제외하기도 한다; **3.** 복수의 여신이 되기 이전의 네메시스는 계절의 여신이었다(라틴어 '포르투나Fortuna'는 '회전하는 것'과 관련 있다): 태양이 제 때에 움직이게 하는 여신(또한 수레바퀴Wheel, 신성한 왕Sacred King 참조); **II. 계절의 일반적인 의인화 및 상징: 1.** 봄: A. 그리스의 신: 제우스와 헤르메스; B. 기독교: a. 애굽(이집트)의 속박에서 풀려나 거룩한 땅(가나안)으로 돌아가기 위한 방랑; b. 시대: 모세 시대에서 그리스도 시대까지; c. 1년 기준: 강림절; d. 꽃: 장미; C. 일반적으로 다음에 상응한다: a. 연령: 유아기; b. 의례: 기뻐 맞이하는 의례; c. 네 개의 형상Tetramorph: 뒤쪽의 독수리 얼굴; d. 보석: 에메랄드; **2.** 여름: A. 그리스의 신: 아폴로, 헬리오스; B. 기독교: a. 승천을 포함한 그리스도의 삶; b. 부활절부터 오순절의 3일째까지; c. 곡식의 이삭; C. 일반적으로 다음을 의미한다: a. 연령: 아동기; b. 의례: 신성한 왕의 희생의례; c. 네 개의 형상: 오른쪽의 사자 얼굴; d. 보석: 루비; **3.** 가을: A. 그리스의 신: 디오니소스; B. 기독교: a. 순례; b. 그리스도의 승천부터 최후의 심판까지; c. 오순절 3일째부터 강림절까지; d. 포도 넝쿨; C. 일반적으로 다음을 의미한다: a. 연령: 성숙, 쇠퇴; b. 의례: 통곡과 애도의 의례; c. 네 개의 형상: 왼쪽의 황소 얼굴; d. 보석: 사파이어; **4.** 겨울: A. 그리스의 신: 헤라클레스 또는 하데스(또는 페르세포네); B. 기독교: a. 인류는 하나님에게 등을 돌려 영적 죽음을 맞게 되었다; b. 시대: 아담 시대에서 모세 시대까지; c. 1년 기준: 칠순절부터 부활절까지; d. 올리브 가지; C. 일반적으로 다음을 의미한다: a. 연령: 죽음과 부활; b. 의례: 부활을 알리는 성탄 계절Yul-tide의례; c. 네 개의 형상: 앞쪽의 사람 얼굴; d. 보석: 다이아몬드; **III. 태양왕의 계절적 변화**: **1.** 두 계절일 때: a. 사자, 멧돼지; b. 사자, 뱀(스핑크스); c. 뱀, 염소: 아도니스는 죽은 후 반년은 페르세포네(지구–뱀)와 보내고 나머지 반은 아프로디테(풍요–염소)와 보낸다; **2.** 세 계절일 때: a. 디오니소스: i. 그는 겨울에(다른 모든 태양신처럼) 뱀 형상으로 태어나고 봄에 사자가 되며 한여름에 황소, 사슴 또는 염소로 바쳐졌다(로버트 그레이브스Robert Graves, 그리스 신화GM 1, 108f.); ii. 그는 돌고래(뱀과 유사한 기능: 뱀serpent 참조)가 되어 항해 중이던 '티레니아(에트루니아) 사람'의 배를 인도했고 사자로 변한 다음에 다시 곰으로 변했다(예 호메로스 찬가Homeric Hymns); b. 키매라Chimaera: 사자 머리에 뱀의 몸을 가진 불을 토하는 염소; c. 헤카테: 사자, 말(암말) 그리고 개; d. 사자, 스라소니(가을, 디오니소스와 관련된다), 염소; e. 아도니스: 뱀(페르세포네와 있을 때), 염소(아프로디테와 있을 때), 그리고 출산, 탄생의 여신 스미르라의 아들(사자); f. 사자–뱀–벌: 필로스(아폴로도로스Apollodorus 1, 9, 9); **3.** 네 계절일 때: a. 에스겔서Eze.: 황소, 암탉, 독수리, 스랍(역주: 불뱀); b. 파네스의 머리: 황소, 숫양, 사자, 뱀; c. 별자리: 황소, 사자, 전갈, 뱀; d. 헤라클레스의 열두 가지 과업 중 첫 번째, 네 번째, 일곱 번째 그리고 열한 번째 과업에 해당한다: c번과 같지만 전갈 대신 멧돼지; e. 토끼(가을), 물고기(겨울), 벌 또는 새(봄), 쥐 또는 밀알(여름); **4.** 새해 아이 New-Year child는 종종 변형된다: a. 새해 의식: (은빛) 물고기: 그는 종종 돌고래를 타거나 방주 바구니 basket-ark를 타고 물(바다와 달의 여신인 그의 어머니)을 건너서 온다; b. 봄–여름: 사자나 흰 사슴; c. 가을: 올빼미 혹은 붉은 귀의 흰 사냥개 무리와 같이 다니는 늑대 사냥꾼(사냥꾼 가브리엘(Gabriel) hounds 참조); d. 겨울: 독수리; **IV. 기독교 신비주의자들**의 계절 구분: a. 하나님 아버지: 강림절: 수태의 계절; b. 그리스도: 성탄절부터 예수승천까지: 성장의 계절; c. 성령: 성령강림절: 쇠락의 계절, 태양의 쇠퇴; **V. 딜런 토머스**Dylan Thomas: a. 시간 변화의 의미로서의 일반적 계절(딜런 토마스는 종종 '날씨weathers'라고 불렀다); b. 계절의 혼란은 보통 무한성timelessness을 나타낸다; **VI.** 연령ages, 달력calendar, 나침반compass, 4four, 위대한 여신Great Goddess, 네 개의 형상tetramorph도 참조.

계피 cinnamon (나무; 향료) **1.** 구약성서: a. 교회의 기름 부음에 사용하기 위한 '주요 향료'를 만드는 재료 중 하나; 창포속, 몰약, 올리브와 함께 사용; 향신료 spices도 참조; b. 일반적으로 사용되는 주요 향료 중 하나: 예 '낯선 여자'의 침대에 사용(잠언Prov. 7, 17); c. 사랑하는 사람의 향기(아가서SoS 4, 14); **2.** 기독교: 성모마리아의 상징; **3.** 헤로도토스Herodotus(3, 111)는 이것이 디오니소스가 자란 땅의 불사조 둥지에서 왔다고 믿었지만, 플리니우스Pliny(12, 42)는 에티오피아에서 온다는 사실을 알았다. 에티오피아의 사제들은 신들의 동의를 간청한 후 계피나무를 베었다; **4.** 계수나무cassia도 참조.

고담 Gotham **1.** '고담 사람처럼 지혜로운': 어리석다고 알려져 있다; **2.** 고담(노팅엄서)의 남자들은 그들의 마을이 왕(존John)의 호화로운 대저택이 되는 것을 막으려고 왕실 전령들에게 미친 척했다: 예 이들은 연못의 장어를 익사시키려고 했다; 이들은 여름이 영원히 지속되도록 하기 위해 뻐꾸기 주위에 울타리를 만들었다; 그들은 왕이 들판을 통과하면 그 땅이 공공도로가 될까 봐 두려워서 왕이 지나가는 것을 거부했다 등등; **3.** 동요: "고담의 세 현자, 그들은 그릇을 타고 바다에 갔다. 그릇이 더 튼튼했다면 내 노래가 더 길었을 텐데"; **4.** 뉴욕을 그린 만화책 이름.

고대 그리스의 도리스 Dorian 도리안 음악: 지극히 냉철하고 진지하여 "모든 대담한 사람들에게 잘 어울린다": 리디안 음악Lydian music과 반대(아테나이오스 Athenaeus 14, 624ff).

고데티아, 은선초 satin flower (식물) **1.** '정직honesty', 즉 'Lunaria biennis'이라고도 불린다; 네덜란드어로는 "유다의 동전Judas' penny"이다; **2.** '잘못된 지불bad payment'의 의미를 나타낸다(안젤로 드 구베르나티스Angelo De Gubernatis, 식물의 신화MP 1, 151).

고드름 icicle 순결: "디아나의 신전에 걸려 있는, 가장 순수한 눈서리로 만들어진 고드름처럼 순결하다."(코리올라누스Cor. 5, 3).

고등어 mackerel (물고기) **1.** 나쁜 문학(역주: 많은 사람들이 신문을 가지고 그러는 것처럼)은 고등어 포장에나 적합하다(카툴루스Catullus 95, 7); **2.** 딜런 토머스Dylan Thomas: '바다 곰'(바다표범)이 서식하는 '깊은 물'=창세기의 물, 윌리엄 B. 예이츠William B. Yeats의 작품에서도 발견된다; **3.** 민속: 속담: a. "불운은 한여름 고등어와 같다"; b. "[솜털 구름으로 뒤덮힌] 적란운(積亂雲)의 하늘과 [긴 새털 무늬가 있는] 권운(卷雲)은 큰 배에도 낮은 돛을 달게 한다[=폭풍우에 맞서기 위해]"(속담).

고디바 부인 Lady Godiva **1.** 관련 신화는 고대 북유럽 문헌에서 발견되는 오래된 봄 축제를 보여 주는 것 같다(고다Goda, 염소 부분under goat 참조): 에오스트레Eostre(토끼hare 참조)라고 불리는 여성(위대한 세 명의 여신 중 아프로디테의 측면)은 토끼와 함께 그물(그리고/또는 그녀의 머리카락)을 걸친 채로 염소를 탔다; 토끼는 좋은 사냥을 나타내고 그물은 좋은 낚시를 나타낸다; 또한 긴 머리는 겨울에 묶인 땅의 경계가 풀리고 옥수수 수확이 풍성해지는 것을 의미한다(로버트 그레이브스Robert Graves, 하얀 여신WG 403ff.); **2.** 그녀는 때로 사과(죽음과 불멸)나 양파(달의 마법)를 들고 (예언하는) 큰 까마귀를 데리고 다녔다; "그녀는 '옷을 입지 않지만 벌거벗은 것은 아니고, 발로 걷지 않지만 말을 탄 것도 아니며, 물 위에 있지 않지만 육지에도 있지 않다. 그녀는 재주가 있기도 하고 없기도 하다'"(로버트 그레이브스, 그리스 신화GM 1 302); **3.** 엿보기 좋아하는 재단사 톰Tom은 (머리카락이 풍성했음에도 불구하고) 그녀의 '매우 하얀 다리'를 볼 수 있었고 거짓말의 대가로 눈이 멀었다(티레시아스의 실명 또는 악타이온의 죽음과 같음); **4.** 유사한 인물이 왕자와 결혼하는 소녀에 대한 '사랑 테스트'로 묘사된다; **5.** 동일한 상징이 음탕함의 상징이 되었다.

고래 whale **1.** 상반되는 의미를 가진 상징 중 하나: A. 그리스도: a. 요나 이야기를 통해 고래는 그리스도 및 그의 부활과 연결된다; b. 그는 달콤하고 향기로운 숨결로 희생제물을 유혹한다(표범leopard; 흑표범panther 참조); B. 악마: a. (다른 많은 사악함 외에도) 교활함과 기만: 조난당한 선원들은 고래의 등을 섬으로 생각하지만 고래가 바다로 잠수할 때 그들은 익사한다; b. 지성이 결여된 완력, 본성의 무자비한 힘; **2.** 바다와 세계: a. 고래는 "바다를 어깨에 짊어지고 있다"(에드먼드 스펜서Edmund Spencer, 페어리 퀸FQ); 돌고래처럼 바다를 표시하기 위해 지도에서 종종 사용되었다; b. 삶의 배Ship, 신비로운 후광(하늘과 땅이 교차하는 원circle); **3.** 지옥: 중세에 고래의 입은 종종 지옥의 문 그리고 고래의 배는 지옥을 상징했다(집어삼키기devouring 참조); **4.** 담아줌containing의 상징: a. 영혼을 담고 있는 육체; b. 육체를 담고 있는 무덤; **5.** 성욕: "나는 어린 백작이 위험하고 음탕한 소년이라는 것을 알고 있다. 그는 처녀성을 능욕하고 발견한 치어를 모두 집어삼키는 고래이다."(끝이 좋으면 다 좋아All's W. 4, 3; 아래의 9번 참조); **6.** 탐욕: "나는 우리 부유한 수전노들을 비유할 대상으로 고래만큼 적합한 것이 없다고 봐. 그저 놀기만 하면서 불쌍한 서민들을 몰아세워 결국 한 입에 삼켜 버리지"(타이어의 왕자 페리클레스Per. 2, 1); **7.** 구약성서: 이름이 언급된 최초의 동물(킹 제임스 버전AV의 창세기Gen. 1, 21; 다른 이들은 '바다-괴물'로 번역한다); **8.** 윌리엄 블레이크William Blake: 물과 물질 영역의 왕: "남쪽 바다에서 나의 영혼을 마셔 버린다"; **9.** 딜런 토머스Dylan Thomas: 성적이고 열정적인 바다의 왕: a. 거대한 남근 형상; b. 사랑의 라이벌; **10.** 민속: 거대한 물고기가 물 밖으로 뛰어오르는 것은 폭풍을 예고하는 것이다: "바다 거인 고래들이 산처럼 물에서 하늘로 솟구쳐 올랐다"(조지 채프먼George Chapman, "에우게니아Eugenia"); **11.** 레비아단leviathan 참조.

고래자리 Cetus (별자리) 1. =바다의 괴물 또는 고래: 물고기자리와 양자리 아래에 위치한 별자리; 2. 포세이돈/넵튠이 안드로메다를 집어삼키라고 보냈으나 페르세우스에게 죽임을 당했고 이 바다괴물의 이름을 따서 별자리 이름으로 만들었다; 하늘에서도 안드로메다는 고래자리의 추격을 받는다; 3. 뱃사람들은 고래자리를 적으로 생각했다(설명은 베르길리우스Virgil, 아이네아스Aen. 5, 405ff 참조; 필로 유다이오스Philo Judaeus, 농업에 관하여Agr. 114).

고르곤 Gorgon 1. 호메로스에서 영웅 주피터의 방패에 고르곤이 있었고(일리아드Il.) 지하세계의 괴물이라고 불리었다(오디세이아Od.); 2. 헤시오도스Hesiodus는 (첫 번째 신) 고르곤을 세 개로 나누었고, 그중 메두사만 죽어야 할 운명이었다; 이들의 집은 서쪽 끝에 있다; 따라서 메두사는 태양(영웅)에 의해 날아가 버린 밤의 어둠이다; 3. 형태: 대극의 합일: a. 머리에는 뱀이 달려 있고 (천사처럼) 날개가 있는 여자; b. 둥근 얼굴과 평평한 코; c. (밤의) 아름다움과 공포; 후기 고전 예술은 메두사를 아름다운 여성으로 표현했다: 냉담하거나 고민하는 모습; d. 그녀 자신이 움직이면 다른 사람들은 움직이지 못하게 했다(스와스티카swastika참조); e. 흔들리는 혀가 튀어나와 있는 뻐드렁니 옆에 늘어져 있다; 4. 나중에 고르곤이라는 단어는 가면의 의미로 언급된다: 그녀의 힘은 그녀의 머리에 있으며 또한 그녀는 머리로 두 아들을 낳았다; 5. 사악한 눈, 도둑, 거짓말쟁이 등에 대항하는 매우 강력한 마법이다; 6. 창조는 그녀 자신을 드러내는 무한한 (그리고 명백히 반대되는) 형상의 상징; 7. 심리: a. 응시하고 추적하는 악몽 같은 얼굴: b. 의식적인 정신의 한계를 넘어서는 상태. 그것을 응시하는 사람을 죽게 만든다.

고리대금 usury 1. 로마: a. 타키투스 시대에 고리대금에 대한 문제는 격렬한 토론 주제였다. "열두 개의 탁자Twelves Tables" (8, 18)에서 고리대금은 연간 1/12이 넘는 부분을 차지했다; b. '형제'로부터 고리대금을 받는 것을 금지하는 법에는 형제란 "같은 인종과 정서를 가진 사람 중 하나이며, 같은 언어를 사용하는 사람"으로 기술되어 있다(알렉산드리아의 클레멘스 Clement of Alexandria, 스트로마타Strom. 2, 18).

고리버들 osier (식물) 1. 옛날 사람들(예 "철학자들의 저녁식탁Doctors at Dinner"의 저자인 아테나이오스 Athenaeus)은 사람들이 왜 보통 끈이나 세공품에 사용되는 고리버들로 왕관을 만들어 쓰는지 궁금해했다; 2. 기원은 추수용 키(키질winnowing 참조)를 만들 때 사용한 것일 수 있다; 또한 새해 아이New Year Child는 간혹 고리버들 바구니를 타고 바다에서 도착했다(신성한 왕[Sacred] King 참조); 3. 자유: 기교나 거짓이 없는 성실함: 마디가 없다; 4. 버드나무willow 참조.

고리버들 wicker 윌리엄 블레이크William Blake: a. 그는 인간 형상의 거대한 바구니에 사람들을 가두어 놓고 불에 태워 제물로 바치는 것을 의미하는 고리버들로 인간제물을 만들었고(율리우스 카이사르Caes., 내전기Comm. 6, 16) 이것을 전쟁에 응용했다; b. 타인의 희생에 기반을 둔 야만적이고 거짓된 종교의 극도의 타락의 상징(윌리엄 블레이크의 관념 및 상징 사전 Dict; 또한 존 밀턴John Milton 실낙원Par. L. 37, 11 참조).

고린도, 코린트 Corinth 1. 특히 아프로디테 판데모스(아프로디테의 관능적 측면 강조)에게 바쳐진 고린도는 로마인들과 초기 기독교인들에게 예술과 사랑의 중심 도시였다; 고린도전서는 주로 독신생활과 결혼(피할 수 없는 경우) 등을 찬미하는 내용들을 다룬다; 2. 즐거운 방탕: "나는 폴스태프처럼 잘난 척하는 어리석은 사람이 아니라 패기 있고 선한 청년, 고린도인이다"(헨리 4세 1부1H4 2, 4); 3. 사치와 음탕함; 때로 도시에서 고린도인들이 사는 지역을 가리킬 때 또는 불명예스러운 집안을 가리킬 때 사용하는 이름이다: "고린도에서 당신을 만날 수 있을까"(아테네의 티몬Tim. 2, 2); 4. 그리스 도시였지만 트로이전쟁에서 양쪽 모두와 동맹을 맺었다; 5. 글라우코스의 도시; 6. 음악: 핀다로스Pindarus: "고린도인들 중에 달콤한 숨결의 뮤즈가 있다"; 7. 역시 핀다로스에 따르면(올림피아 송가O 13): a. 법, 정의 및 평화의 도시; b. 전쟁의 신r이 사는 곳.

고립시키기 marooning 고전적인 고립의 사례는 다

음과 같다: 아폴로(또는 아테나)가 보낸 뱀에 물린 필록테테스의 상처는 낫지 않았고 그리스인들이 그를 무인도에 고립시킬 정도로 악취를 풍겼다; 그가 트로이의 함락에 결정적인 역할을 한 10년 후에야 그 섬에서 나올 수 있었다(그가 고립되어 있던 섬은 황금의 여신이 다스리는 렘노스 또는 죽음의 섬이었다).

고무진, 껌 gum 1. 눈물과 관련된다: "눈물 흘린 적 없던 눈을 가진 사람이… 아라비아 고무나무에서 진이 흘러내리듯 눈물을 흘렸다"(베니스의 무어인 오셀로Oth. 5, 2); 지친 말들을 가리키며 "그들의 창백한 눈에서 흘러내리는 고무진"의 '눈물'(헨리 5세H5 4, 2) 참조, 그리고 "누런 송진과 아교 같은 눈곱"이 흘러나오는 늙은이들의 눈(덴마크의 왕자 햄릿Ham. 2, 2); **2.** 정액; **3.** "우리의 시(詩)는 영양이 풍부한 곳에서 흘러나오는 고무진과 같다"(아테네의 티몬Tim. 1, 1); **4.** 연금술: 한번 영화spiritualised되면 영적 결합을 일으키는 힘을 갖게 되는 변환의 물질.

고문 torture 1. 그리스-로마: 노예의 자백은 고문 중에 이루어진 경우에만 유효했다(아킬레스 타티우스 Achilles Tatius, 7, 11; 이소크라테스Isocrates, 트라페지투스Trap. 13 및 54; 안티폰Antiphon, 안무Choreutes 25); **2.** 18세기에 마녀들의 자백을 받을 때 고문이 반복되었던 것과 마찬가지로 오랜 전통이었다; 고문의 고통이 없는 자백은 고문을 회피하기 위한 거짓된 자백일 수 있다(아킬레스 타티우스, 같은 책).

고문대 rack (고문 도구) "귀족들은 고문대 위에서 특권을 누린다(역주: 귀족들은 고문을 당하는 것에서 면제된 것을 나타낸다)."(존 웹스터John Webster, 하얀 악마WD 3, 3, 36).

고백, 고해 confession 1. 특정 형태의 신앙 고백은 밀교에 입교하는 입문식의 일부였다(플루타르코스 Plutarch, 윤리론집M 예 217C, 229D, 236D); **2.** 정화 의례: 최소한 바빌로니아 시대부터 시작되었다(프란츠 퀴몽Frantz Cumont, 로마 사상에 나타난 동방 종교 OR 222); **3.** 형벌: 사람은 고백을 통해 자신을 벌한다(플루타르코스, 윤리론집 556F; 새뮤얼 T. 콜리지 Samuel T. Coleridge; 노수부의 노래R of A. M. 참조); **4.** 기독교: 나중에는 성례sacrament가 되었지만 초기 기독교들은 배의 난파나 영혼의 죄지음 후에 하는 회개를 두 번째 '강령plank'으로 간주하였다(세례가 첫 번째 강령); 주Lord 앞에 고백하는 것이긴 하지만 공개적으로 고백할 때가 가장 '효과적'이라고 여겼다(테르툴리아누스Tertullianus, 회개시Paen. 9 및 10); **5.** 무의미하고 강요된 고백은 큰 상징적 의미를 갖고 있다(마녀 재판, 러시아 민중 재판, 매카시즘, 인민 재판 등).

고블린, 도깨비 goblin 1. 경관: 작은 동굴 및 숲과 관련된다; **2.** 어린아이를 잡아먹으며 일반적으로 사악한 성품을 가지고 있다; **3.** 할로윈을 상징한다; **4.** 딜런 토머스Dylan Thomas: "도깨비-빨판goblin-sucker": 흡혈귀, 기생충, 애벌레; **5.** 난쟁이dwarf; 땅속 요정gnome 참조.

고블릿, 포도주잔 goblet 1. 행복한 오르지에 빠져드는 축제, 우정: "헤베가 드레스를 벗게 만든 잔은 어떤 것입니까?"(존 키츠John Keats, "공상에 대한 송가 Ode to Fancy" 참조); **2.** 담아줌containment의 여성적 상징, 외음부: "네 배꼽은 둥근 잔과 같다"(아가서SoS): '배꼽'은 여성의 '은밀한' 부위를 완곡하게 표현한 것이다; '술'='혼합 포도주'=정액에 대한 완곡한 표현; **3.** 컵(일반적인 상징성을 공유한다)보다 더 고귀한 목적(예 성찬)으로 사용: 신비한 중심을 감싸고 있는 것을 상징한다; **4.** 인간의 심장: 예 로마네스크 예술(뚜껑과 함께); **5.** (술을 담고 있다면:) 비공식적인 가능성의 세계; **6.** 아레스의 잔: 방패; **7.** 서쪽에서 동쪽으로 대양을 건너는 헤라클레스(야간 횡단night-crossing: 아폴로도로스Apollodorus 2, 5, 10 참조).

고삐 rein (말) 1. 결혼의 고삐(에우리피데스Euripides, 안드로메다Androm. 178: 이 작품에서 한 남자가 두 여자에 대한 결혼의 고삐를 쥐고 있다); **2.** 웅변의 고삐(필로스트라투스Philostratus, 소피스트들의 생애BS 570, 그리스어로는 'henia'); **3.** 이성 혹은 미덕은 영혼의 열정적인 요소들을 통제하고 인도하는 고삐 역할을 한다(플루타르코스Plutarch, 윤리론집M 445B; 플라톤 Plato 대화편 중 파에드로스Phaedrus 253Cff.); **4.** 조언 또는 신중함의 고삐(구약성서 외경Test. Napht. 2, 8); **5.** 지능과 의지력: 전차chariot; 말horse 등 참조; **6.** 예술의 고삐(재갈curb): "예술의 열풍lo fren dell' arte"(단테Dante, 신곡 연옥편 33, 141); **7.** 굴레bridle 참조.

고사리삼 moonwort (식물) **1.** 달 모양의 날개잎 때문에 '두메고사리삼'이라고도 불리는 작은 양치식물; **2.** 건망증; **3.** 불운; **4.** 이것은 모든 마음을 연다(민속folklore 참조); **5.** 민속: a. 수은을 은으로 바꾼다; b. 출산을 용이하게 한다(다음 참조); c. 자물쇠를 열고 못을 뽑는다. 딱따구리는 그 이것의 일반적 특성을 안다: 못이 둥지를 가로막으면 딱따구리는 그 위에 고사리삼을 놓아 못을 쉽게 뽑는다.

고속도로 highway 구약성서 "우리는 왕의 대로를 따를 것이다": 좌로나 우로나 치우치지 않고(에돔왕Edom의 길 참조: 민수기Num. 20, 17 및 21, 22); 왕의 대로는 왕의 특별한 보호를 받으므로 안전하다.

고수 coriander (식물) **1.** '고수Coriandrum sativum'의 열매: 꽃은 분홍색 또는 흰색 산형화이다; **2.** 의학: a. 불쾌한 맛의 약에 넣어서 향을 좋게 한다; b. 구풍제(위장 내 가스 배출); 혈액, 상처 등을 정화시킨다; 몸을 차갑게 하는 식물; 여성의 월경을 억제한다 **3.** 숨은 장점; 숨은 가치.

고슴도치 hedgehog **1.** 자기방어; 가장 큰 적은 자신을 물에 굴려서 취약한 살을 노출시키게 만드는 여우이다; **2.** 도둑(포도나무의), 악동; 교활함(클라우디우스 아에리아누스Claudius Aelianus, 동물의 본성에 관하여NA 6, 54 이후); 제노비우스Zenobius 참조: 여우는 많은 계략을 알고 있지만 실패한다; 고슴도치는 단 하나의 계략만 가지고 있지만 여우의 모든 계략을 능가한다; 고슴도치는 포도나무 덩굴을 흔들고 자신의 가시에 달라붙도록 포도 위에서 구른다; **3.** 태양의 상징: 광선이 있는 구체; 멧돼지의 짧은 털 참조; **4.** 마녀와 관련된다: a. 티타니아가 잠든 곳에서는 "가시가 있는 고슴도치가 보이지 않는다"(한여름 밤의 꿈MND 2, 2); 도롱뇽, 거미, 바퀴벌레, 기생충 및 기타 마녀 동물들의 목록에서 언급된다; b. 아래의 민속 참조; **5.** 악마의 소유물과 관련있다(템페스트Temp. 2, 2; 또한 리어왕Lr.에서); **6.** 감정이 없는 사람(리처드 3세의 비극R3 1, 2); **7.** 기독교: a. 분노의 속성; b. 접촉의 속성; 이들은 선 채로 서로를 껴안고 교미한다(플리니우스Pliny 10, 83); c. 모략의 속성; **8.** 문장heraldry(紋章): a. 저항: 이것은 잡히기보다 자멸하는 것을 선택한다(플리니우스 8, 56); b. 미래를 대비하는 부양자; c. (왕관을 얹은): 프랑스의 루이 12세; **9.** 민속: A. 마녀와 관련된다: 들에 누워 있는 소의 젖을 빨아서 간혹 소의 젖에서 피가 나기도 한다; B. 날씨 예측: a. 바람이 드는 곳에 둥지를 짓는다(참조: 플루타르크Plutarch, 동물의 영리함Clevern. of Anim. 16); b. (아메리카 마멋에 대하여는 '마멋groundhog' 'woodchuck' 도 참조): 성촉절Candlemas에 동면에서 깨어난다; 자신의 그림자를 보면(즉, 태양이 빛날 때) 굴 속로 들어가고 겨울은 6주 더 지속된다.

고슴도치 porcupine **1.** 16세기와 17세기에는 고슴도치를 '포르펜타인porpentine'라고 불렀다; **2.** 맹목적인 분노: "초조한 포르펜타인the fretful porpentine"(덴마크의 왕자 햄릿Ham. 1, 5); **3.** 매춘 집의 이름; 그 당시 런던에 같은 이름의 사창가가 있었다(실수연발Err. 1, 2 및 3, 1 참조); **4.** 멧돼지boar 참조.

고아 orphan 중세 소설에서 기사의 미망인의 아들이 전쟁이나 군대와 상관없는 먼 곳, 보통 숲이나 사막 지역에서 자라는 것은 흔한 이야기이다. 보통 소년은 어머니의 소망을 저버리고 기사를 만나자마자 엄청난 호기심을 보인다(로저 루미스Roger Loomis, 중세의 아서문학ALMA p. 120과 185f., 크레티앵 드 트루아Chrétien de Troyes, "페르세발Percival"; 브르타니어Breton '라이lai' "티오레트Tyolet"; 마비노기온Mabinogion, "페레두르Peredur"를 인용함).

고양이 cat **I. 일반적으로 다음을 의미한다:** 1. 일찍이 936년에도 고양이를 보호하는 법이 있긴 했지만 16세기부터 집에서 고양이를 기르는 일이 흔해진 것으로 보인다; 마녀의 고양이(및 추가적인 기본적 상징성)는 나중에 도입되었을 것이다; 또 뒤의 IV번 B, 1에 언급된 '긴털족제비fitchew' 참조; 2. 모든 기본적인 상징과 마찬가지로 고양이도 이중적 측면, 즉 태양과 달의 특성을 가지고 있다; 고양이의 경우 대부분 달의 특성이다(예 대부분 태양의 특성인 사자와 비교했을 때); 3. 속담에 따르면 고양이는 개와 물을 싫어하고 생선을 좋아한다; 4. '고양이cat'이라는 단어는 아마도 '막대기stick'를 의미했을 것이고 이로 인해 대중적인 어원설에서 마녀의 빗자루와 혼동된다; 5. 심지어 고양이는 색깔조차 모호하다: 검은 고양이는 민속(아래의 VIII번) 참조; **II. 태양의 측면**: (모든 고양잇과 동물과 마찬가지로) 고양이는 자연에 반영된 태양의 힘을 나타냄: 이집트에서는 아멘트, 바스트, 마우, 세케트, 테프누트, (때로) 무트여신; 이들의 '반영'은 고양이를 또한 대지-동물(사자lion 참조)로 만들고, 그래서 여신들은 종종 태양과 '결혼하는' 대지-어머니-여신이다; **III. 달의 측면**: 1. 북서 유럽의 경우, 위대한 (달) 풍요의 여신이 때로 곡식의 정령인 고양이 속에 들어가 있었다; 고양이를 달과 연결시키는 고양이의 몇 가지 특징: a. 고양이의 눈은 어둠 속에서 빛나고 달이 작아지면 수축한다; b. 쥐(=역병)를 먹는다; c. 공공연하게 교미한다: 여신은 때로 결혼을 지켜 주는 존재이기도 하고 때로는 싫어하는 존재이기도 하다; d. 다산하는 동물이지만 때로 제 새끼를 먹는다(여신의 또 다른 육화인 암퇘지의 경우도 마찬가지); e. 올빼미가 밤에 소리 없이 날듯이 고양이는 소리 없이 걷는다; f. 고양이 색은 여신의 색인 흰색, 불그스름한 색, 검은색이다; g. "여우 이야기Rynard the Fox"에 나오는 죽음을 조망하는 특이한 달고양이는 거세하는 여신의 화신이다; 2. 티폰이 두려워 남신들이 올림푸스에서 이집트(!)로 도망쳤을 때 처녀 달-여신 아르테미스/디아나는 고양이의 모습으로 변신했다(나소 P. 오비디우스Naso P. Ovid, 변신이야기Metam. 5, 330; 안토니누스 리베랄리스Antoninus Liberalis, 28); 헤카테(처녀 아르테미스의 노파 모습과 이집트의 네이트)도 고양이로 변신했다: 달과 마법의 여신; 3. 튜턴족(역주: 고대의 북유럽 미족들)의 풍요의 여신 프레야(태양과 결혼!)는 고양이 두 마리가 끄는 전차를 가지고 있었다; 그녀 역시 마법의 여신이다; 4. 뱀, 곰, 악어와 마찬가지로 고양이도 동물로서 처녀와 어머니 두 가지 모두에 대한 표현이다(카를 융Carl Jung); 앞 2번의 다른 형태; **IV. 일반적 특징**: **A.** 긍정적 특징: 1. 청결함; 향수와 같이 자연적이지 않은 냄새를 견디지 못한다(플루타르코스Plutarch, 결혼에 대한 조언Adv. on Marr. 44); 2. 자유: a. "헤라클레스가 원하는 것을 하게 하라. 고양이도 야옹 하고 개도 마음대로 할 것이다"(덴마크의 왕자 햄릿Ham. 5, 1); b. 상징: 자유로움의 속성이며 그 이유는 고양이는 절대 자신의 자유로움을 뺏기지 않기 때문이다; 3. 장난스러움: "나의 고양이와 놀 때 고양이가 나를 즐겁게 해 주는 것보다 내가 고양이를 더 즐겁게 해 주는지 누가 알겠는가?"(미셸 드 몽테뉴Michel de Montaigne, 수상록Ess. 2, 12); 4. 다산; 5. 우아함, 거의 모든 포즈의 고양이 장식물이 존재한다; 6. 장수: 속담에 따르면 목숨이 아홉 개다; 7. 신탁: a. 선호되는 마법의 측면: '고양이가 점프하는 방식'을 보면 미래를 알 수 있다; b. 말하는 것과 관련된다: 속담에 따르면 술을 마시게 하면 말을 한다고 한다: "여기 너에게 말을 하게 해 주는 것이 있다 고양이야"(템페스트Temp. 2, 2; "꿀 먹은 벙어리가 되었나?" 문구 참조); 8. "해를 끼치지 않는 필요한 고양이"(베니스의 상인Mer. V. 4, 1); 9. 육체적 안락함을 주는 것을 좋아함: 햇빛 쬐는 것, 벽난로 가까이에 머무는 것 등; **B.** 부정적 특징: 1. 성적 열기, 성욕, 야만적인 애정 행각: a. 여성의 교태: 자신의 목적을 위해 미모를 이용; b. 엘리자베스 1세 여왕 시대의 경우 긴털족제비라고 부른 유럽족제비는 성욕의 상징이었다; c. 고양이는 수컷이 서고 암컷이 아래에 누워 교미한다(플리니우스Pliny 10, 83); 2. 쇠약하게 하는 우울감: a. "나는 거세된 수컷 고양이처럼 우울하다"(헨리 4세 1부1H4 1, 2; 사자Lion 참조); b. "고양이처럼 우울하다"(속담); 3. 교활함과 배반: a. 설화에서 종종 고양이는 여우보다 더한 가장 교활한 동물이다; b. 이솝Aesop: 고양이는 어떤 변장을 해도 닭과 쥐에게 신뢰받지 못한다(94, 95); 4. 잔인함: 잔인한 장난: 죽어 가는 쥐를 가지고 장난치기; 5. 마녀와 관련된다; 6. 일반적인 경멸의 용어(예 코리올라누스Cor. 4, 2: 로마의 군중을 지칭함; 템페스트 2, 2; 끝이 좋으면 다 좋아All's W. 4, 3; 한여름 밤의 꿈MND 1, 2도 참조); 7. 게으름: 앞의 A번의 9의 다른 표현: "고양이걸음"=약간 앞으로 나아갔다가 다시 뒷걸음친다; **V. 다음에 상응한다**: 1. 문장heraldry(紋章): a. 용기; b. 자유, 개인주의; c. 경계; d. 지칠 줄 모름; e. 교활함, 전략; 2. 남자의

나이: 70세 또는 80세의 남자는 여자 꽁무니를 쫓아다니는 수고양이다; **VI. 특별한 의미**: 1. 이집트: a. 고양이는 너무나 신성하여 고양이를 죽인 사람을 사형에 처했다(디오도로스 시쿨로스Diodorus Siculus, 1, 83); b. 집고양이가 죽으면 그 소유자는 죽음을 애도하며 눈썹을 면도했고 장례식을 치렀다; c. 이시스 여신에게도 바쳐졌다; 2. 기독교: a. 게으름; b. 성욕에 가득 찬; c. 늙은 암고양이: 회색 고양이(마리아): 마녀에게 '친숙한 존재'; 회색 고양이는 아홉 번 마녀의 모습으로 변할 수 있었다(속담의 '아홉 개의 목숨'; 맥베스Mac. 1, 1에서 언급됨; 리어왕Lr. 3, 4에서도 또 다른 회색 고양이가 동일한 방식으로 이용된다); 3. 참고할 문학서: 안개와 관련된다: a. 칼 샌드버그Carl Sandburg: "안개가 작은 고양이 발 위로 내려온다"; b. 토머스 S. 엘리엇Thomas S. Eliot: "창문에 등을 비비는 노란 안개" 등: 무력감으로 끝난 욕망("그리고 잠이 들었다": "J. 알프레드 프루프록의 사랑의 노래Prufrock"); **VII. 참고할 문학서**: 1. 고양이 가죽: a. 태양: 신데렐라의 망토는 태양의 밝은 빛이라고 생각했다; b. 달: 화로의 고양이(베스타 여신)로서의 신데렐라; 2. '고양이 찢기': 엘리자베스 1세 여왕 시대에 활기차고 떠들썩한 영웅의 역할을 연기하는 것(헤롯왕Herod, 터마간트Termagant, 헤라클레스Hercules 참조: 한여름 밤의 꿈MND 1, 2 참조); **VIII. 민속**: **A.** 유럽에서는 아이가 자고 있을 때 고양이가 아이의 숨을 빨아 마심으로써 아이의 목숨을 앗아간다는 것이 일반적인 믿음이었다; **B.** 색상: 1. 검은 고양이: a. 영국: 검은 고양이는 행운, 흰 고양이는 불운(흰색=귀신의 색깔); 미국 및 유럽에서는 대개 그 반대; b. 검은 고양이가 집으로 들어오거나 배에 타는 경우 매우 좋은 징조였다; c. 선원의 아내는 남편의 무사 귀환을 보장하기 위해 반드시 검은 고양이를 곁에 두고 있어야 했다; d. 중세 시대 마녀에게 '친숙한 존재': 사탄과 마녀는 검은 고양이 모습이다; 2. 거북 등딱지 색상: 행운; **C.** 전조(징후): 많음, 예 1. 고양이가 아픈 사람의 집에서 나가 돌아오지 않으면 그 사람은 죽을 것이다; 2. 고양이가 저녁에 몸을 씻으면 곧 친구가 찾아올 것이다; 3. 날씨 예언: 예 고양이들이 마구 돌아다니거나 카펫과 쿠션을 긁으면 바람이 불 것이다; 고양이가 등을 불 쪽으로 대고 앉으면 서리(또는 폭풍우)가 내린다; 4. 결혼식: 고양이가 결혼식 아침에 신부 가까이에서 재채기를 하면 신부는 행복한 결혼생활을 할 것이다; 고양이가 세 번 재채기하면 그 집의 모든 가족이 감기에 걸릴 것이다; **D.** 약용: 특히 눈, 치아, 상처, 무사마귀 등; **E.** 출생시기: 성 미카엘 축일 직후, 블랙베리 시즌이 끝날 때 태어난 고양이('블랙베리 고양이')는 어릴 때 장난이 매우 심하다; 5월에 태어난 고양이는 때로 불운하다; **F.** 1. 광업: 갱 아래에서 고양이라는 단어는 금기어; 2. 항해: 배에 고양이를 태우는 것은 행운이지만 배 위에서 고양이라는 단어는 금기어; 3. 배우: 고양이를 발로 차는 것은 나쁜 징조이지만 극장에 고양이가 있는 것은 행운이다; **G.** '고양이 이사'=고양이를 다른 집으로 쫓아내는 것: 그것은 위험한 것이다; **H.** 동시와 동요: 고양이에 관한 노래는 무수히 많다: 1. 앞의 A번 참조: 알파벳을 가르치는 노래; 2. 이중 다수의 노래는 고양이와 바이올린을 연결시킨다(백파이브 위에서라도!); 여관 이름이 그렇듯이 왜 고양이와 바이올린을 연결시키는지는 설명할 수 없다: '고양이와 바이올린'=불충실한 고양이.

고양잇과 야생동물 cat-a-mountains 표범, 퓨마, 오실롯, 큰 살쾡이 또는 기타 고양잇과의 야생동물; "여왕들의 가면극Masque of the Queens"라는 연극의 마녀의 주술(벤 존슨Ben Jonson 1609)에서 이 고양잇과 야생 동물은 어슬렁거린다(역주: 위험할 수 있다)고 한다.

고위공직자 alderman **1.** 도시의 고위공직자들은 확고한 사업가였으며 청교도적 관점을 갖고 있었고 극장에 대해서는 반대했다(벤 존슨Ben Jonson, 연금술Alch. 3, 2, 88ft); **2.** 근시안적이고 뚱하고 어리석고 거만하다(새뮤얼 버틀러Samuel Butler, 휴디브라스H 1, 1, 75: "송아지도 [알더맨이 될 수] 있다(역주: 고위공직자는 어리석고 하는 일이 별로 없다는 뜻)"; B. 맨더빌의 언급 중 c번 참조); 이들은 은혜에 대한 '벌금'을 낼 수 있다=자신들의 직무를 수행하지 않기 위해 뇌물을 준다(새뮤얼 버틀러, 앞의 책 3, 2, 601).

고인돌 dolmen **1.** 신석기시대에 다듬지 않은 돌을 이용하여 무덤과 같은 구조물로 만든 고대 유물. 아마도 태양 및 풍요 숭배에도 사용되었을 것이다; 크롬렉cromlech 참조; **2.** 드루이드교: a. 대지의 자궁; b. 태아의 자세로 웅크린 죽은 사람이 부활을 기다리는 묘실.

고통 pain 설명할 수 없는 갑작스러운 고통은 불길한 일이 일어날 전조이다. "엄지손가락이 쑤시는 걸 보니 어떤 불길한 것이 오는가 보다"(맥베스Mac. 4, 1).

고치 (곤충의) cocoon **1.** 누에코치 속의 누에는 초기 이탈리아 미술에서 영혼과 그 주위의 영광스러운 빛을 상징하는 흔한 상징이었다; 또한 단테Dante 참조: "나의 행복은… 비단으로 감싼 고치처럼 귀한 보호막으로 덮혀 있다."(신곡 낙원편Par. 8, 52ff); **2.** 윌리엄 블레이크William Blake: 영혼('정신psyche')이 그 안에서 나비로 (재)탄생하는 몸; 애벌레caterpillars 및 나비butterflies; 번데기chrysalis도 참조.

고환 testicle **1.** 이집트: 라마세움 희곡에서 호루스는 세트의 고환을 빼앗아 자신에게 이식함으로써 자신의 힘을 증가시켰다(테어도어 개스터Theodor Gatser, 테스피스Th. 391); **2.** 꿈에 나오는 고환은 아이들을 나타낸다(달디스의 아르테미도로스Artemidorus of Daldis 1. 44); **3.** 실명blindness, 거세castration 참조.

곡간, 헛간 barn 꿈에서 곡물이 저장된 모든 공간은 여성 그리고 꿈꾸는 이의 자원과 존재 수단을 의미한다(달디스의 아르테미도로스Artemidorus of Daldis 2, 24).

곡과 마곡 (곡과 곡의 땅) Gog and Magog **1.** 구약성서: A. 이름: a. 리디아의 왕의 이름과 관련있다; b. '어둠'에 관한 수메르 단어와 관련있다; c. 또는 북쪽(=흑해 북쪽, 아마도 스키타이지역의 거주자인 '야만인'을 의미하는 것 같다; B. (에스겔서Eze. 38-39장) 이 이름은 알렉산더 및 마케도니아와 동일시되었으며: 마곡이라는 이름도 나중에 또 다른 적으로 간주되었다(2번 참조); 곡은 하나님의 도구였다: 곡은 모든 그의 강력한 힘으로 이스라엘과 싸웠고, 이스라엘은 무방비였지만 구원받았으며 이는 주의 권능을 증명하는 것이었다(지진, 우박 등에 의해); **2.** 신약성서: (요한계시록Rev. 20, 8) 사탄이 풀려나고 공위기간(역주: 과도기)이 되면(천년 후) 온 세상에 있는 사람들은 세상의 마지막 때에 교회를 공격할 것이다; **3.** 영국: 런던 길드홀에 있는 약 14피트 높이의 두 개의 나무 조각상에 붙인 이름; 디오클레티아누스의 33명의 사악한 딸들의 자손인 거인 종족의 생존자들이었다; 브루트는 그들을 정복하여 런던('트로이노반트Troynovant'; 트로이Troy 참조)으로 데려왔고 (많은 '정복된' 거인, 괴물 등을) 왕궁의 문지기로 삼았다; 최소한 에드워드 5세 이후까지 존재했던 이 조각상은 대화재Great Fire로 소실되어 교체되었으며, 1940년 공습으로 다시 소실된 후 새로운 조각상이 다시 설치되었다(초기 역사에 대해서는 제프리 몬머스Geoffrey Monmouth 1, 16 참조).

곡괭이 pickaxe 제우스는 곡괭이를 휘둘렀다(프랜시스 맥도널드 콘퍼드Francis M. Cornford, 다락방 코미디의 기원AC 181, 247, 아리스토파네스Aristophanes, 새Birds 1240을 인용한다; 소포클레스Sophocles, 단편집 659).

곡물 grain (옥수수) **1.** 이집트: 오시리스는 곡물과 동일시된다: 옥수수(밀)의 발아는 오시리스의 비의Mysteries of Osiris에서 중요한 요소이며 신의 부활을 상징한다(미트라가 죽인 황소가 죽으면서 몸의 많은 부분에서 싹을 틔웠던 기적; 아도니스의 정원; 시어도어 개스터Theodor Gaster, 테스피스Th. 383n; 어네스트 알프레드 월리스 버지 경Sir Ernest A. Wallis Budge, 오시리스와 이집트인의 부활Os. 2, 21ff, 특히 32; 제임스 G. 프레이저James G. Fraser, 황금가지GB 5; 히폴리투스 텍스트The texts Hipploytus, Refect. 5, 8, 162 및 9, 170; 가이사랴의 유세비우스Eusebius of Caesarea, 저속한 오류PE 3, 11f; 성 아우구스티누스Augustine CD 7, 25 참조); **2.** 로마: a. 라틴어 '스피카에spicae'(곡물)는 '스페스spes'(=희망을 의미한다)에서 파생되었다(테렌티우스 바로Terentius Varro, 라틴어 원론LL 5, 37에 따르면); b. 곡식을 먹고 사는 동물들이 가장 영리하다(플리니우스Pliny 22, 57); **3.** 꿈: a. 밀은 영양가가 있어서 유익한 곡물이지만 수확이 어렵기 때문에 밀은 극도로 힘든 일을 의미한다; b. 일반적으로 이것을 먹지 않는 가난한 사람들에게는 밀은 질병을 의미한다; c. 참깨, 아마씨, 겨자는 의사에게만 좋다: 다른 사람들에게는 너무 쓴맛으로 위협이 되고 숨겨진 것을 드러낸다(모두 달디스의 아르테미도로스Artemidorus of Daldis 1, 68); **4.** 보리barley; 빵bread; 옥수수corn; 렌틸콩lentil 등 참조.

곡선 딜런 토머스Dylan Thomas: "곡선적 행위": a. 세계의 곡선; b. 달의 곡선; c. 사랑의 곡선.

곡식, 옥수수 corn **1.** 생명의 지팡이; **2.** 다산, 풍요: 라틴어 'luxuria'(=음란함)는 풍부한 농작물과 음란한 사람들 모두를 가리키는 데 사용되었다(예 나소 P. 오비디우스Naso P. Ovid, 사랑의 기술De Art. Am. 1, 359ff); **3.** a. 농업, 세레스/데메테르, 루스, 아티스, 아도니스, 오시리스의 속성; b. 가을의 상징; **4.** 곡식의 정령: a. 마지막으로 수확한 곡식의 단에 곡식의 정령이 들어 있다고 여겼다; 인형으로 옷을 입혀 서까래에 걸어 둔다 등등; b. 동물로서 곡식의 정령은 황소, 수탉, 암소, 망아지, 염소, 암말, 돼지, 암퇘지, 거세한 수소 또는 늑대일 수 있다; c. 종종 인간 제물이 필요했다: 그럴 때는 곡식의 정령(풍요)이나 곡물 아기가 왕으로 바쳐졌다; **5.** 곡식과 낫: 거세 칼('낫')로 절단하면 바로 죽는 곡식-정령-신; **6.** 민속: "옥수수를 수확할 때 물고기가 풍부하다"(속담); **7.** (옥수수)대ear 참조, 그리고 보리barley, 밀wheat 등등 개별 곡식 종류를 나타내는 단어 참조.

곡식, 옥수수 maize (식물) **1.** 곡식의 정령의 의인화; **2.** 민속: a. 곡식의 껍질이 두꺼우면 혹독한 겨울이 예상된다; b. (미국) 겨울에 옥수수를 매달아 행운을 빈다.

곡예사 acrobat **1.** (다른 방향으로의) 반전inversion과 (본래 상태로의) 반전reversion: 특히 위기 시에 기존의 확립된 질서를 흔들 필요성(반전inversion 참조); **2.** 매달린 남자 카드(타로카드)의 신비, 여기에서는 높이 상징성과 비행을 의미한다(19세기 전에 그는 줄 타는 사람이었을 뿐 공중그네 위에서는 일하지 않았다); **3.** 목적 없는 그네타기로 보이는 삶(라이너 마리아 릴케Rainer Maria Rilke, 5번째 비가5th Hegy.).

곡예사, 마술쟁이 juggler **1.** 로마: 무용, 연극, 곡예 등을 포함한 극장 공연에 적합하다; **2.** 길피는 아이시르의 집에 도착하여 출입구에서 칼을 들고 저글링을 하는 남자를 보았다. "그때 그중 일곱 개의 칼은 공중에 있었다"(이 인물은 더 이상 설명되지 않는다: 산문 에다Pr. Edda 1, p. 30); **3.** "아첨하는 마술사"(토머스 브라운Thomas Browne, 기독교 신비주의CM 1, 23); **4.** 사기꾼trickster; 마법사conjuro; 마술사magician 참조.

곤봉 club **1.** 폭력; **2.** (채찍처럼) 대표적인 형벌 도구: 정화를 위한 검과 반대; **3.** 공격 무기: 힘, 용맹; **4.** 그리스 태양-영웅들의 무기: 헤라클레스, 메르쿠리우스, 테세우스; **5.** 런던의 도제들의 무기: "방망이와 곤봉을 가지고 가라"(코리올라누스Cor. 1, 1); **6.** 문장heraldry(紋章): 거친 남자들의 무기로 대개 지원하는 역할을 한다; **7.** 기독교: 배반, 순교; **8.** 식물처럼 자란다: 헤라클레스의 곤봉은 트로이젠의 땅에서 자라났다(아론의 지팡이Aaron's Rod 참조); 타로카드의 지팡이는 언제나 싹트는 잎으로 표현된다; **9.** 광채의 속성; **10.** 엘리자베스 1세 여왕 시대에 거리에서 싸움이 벌어지면 사람들은 싸우는 사람들을 떼놓기 위해 '클럽스'라고 외쳤다(뜻대로 하세요AYL 5, 2); **11.** 메이스mace; 지팡이staff 참조.

곤충 insect **1.** 짧은 수명; **2.** 인지력이 떨어지는 작아져 버린 원시 괴물; 곤충들은 호흡을 하거나 혈액을 갖고 있지 않다(플리니우스Pliny 11, 1ff); **3.** 정액: a. 때로 임신은 우발적으로 곤충을 삼켜서 이루어진다; 콩 먹기eating of beans 참조; b. 미노스는 (그의 질투심 많은 부인 파시파에에게) 저주를 받아 사정할 때 정자가 아닌 곤충, 전갈, 뱀, 지네 등이 나와 성교 시 상대의 내장을 먹어 버렸다(다산왕의 성적 능력에서 기인하는 해충의 역병); **4.** 딜런 토머스Dylan Thomas: a. 시는 변형의 산물; b. "목재 곤충": 인위적인 시; c. 시+'자름(in-sect)': 즉, 반으로 자르면 '복잡한 이미지'가 되며, 불완전한 절반들이 통합을 이루며, 단어들이 하나의 전체 시를 형성한다; d. "곤충 모습의 얼굴": 조상forefathers.

골고다 Golgotha **1.** 그리스도가 십자가에 못 박힌 곳이며 아마도 언덕일 것이다; **2.** 이름: '해골'을 의미하는 아르메니아어이며 로마인들은 갈보리(라틴어 '카바리아calvaria')로 번역했다; **3.** 골고다에서 큰 두개골이 발견된 적이 있었다: 이것은 아담의 것이었다(테르툴리아누스Tertullian, 시적 마르시온poetic Marc. 2, 260); 시리아 원문에 의하면 노아는 세계의 중심(즉, 골고다)에 묻혔다(후고 라흐너Rahner, 교회의 상징SK 516).

골고사리 hart's tongue (식물) **1.** 사슴의 혀를 닮은 고사리('스콜로펜드리움 오피시날리스Scolopendrium officinalis')로 뱀에 물리거나 벌레에 쏘인 상처에 사용될 수 있다(라틴어 'lingua cervi'=사슴의 혀, 그러나 그리스어로는 'ophioglosson'=뱀의 혀에 해당한다; 니칸데르Nicander, 테리아카Th. 684; 테오프라스투스Theophrastus, 식물의 역사HP 9, 18, 7; 안젤로 드 구베르나티스Angelo De Gub(ernatis), 식물의 신화MP 2, 287, 디오코리데스Dioscorides를 인용함); **2.** 힐데가르트 폰 빙엔Hildegard von Bingen: a. 간, 폐, 장의 통증의 경우, 포도주와 꿀을 넣고 골고사리를 끓이면 몸을 따뜻하게 하고 유익하다; b. 머리와 가슴 통증의 경우, 가루로 만들어서 손에 놓고 핥아먹으면 효과가 있다; 뜨거운 포도주에 넣으면 통증으로 쓰러진 사람들에게 도움이 된다(자연학Ph. 1, p. 23).

골디록스 goldilocks (식물) **1.** 꽃: a. 일반적으로 다음을 의미한다: 미나리아재비의 한 종류; b. 시들어가는 열정; **2.** 여성의 머리, 특히 금빛 머리카락에 바른다; **3.** 곰 세 마리 동화The nursery tale of the Three Bears 속의 여주인공.

골렘 golem **1.** 구약성서: 형상이 이루어지기 전의 물질(시편Ps. 139, 16에서 사용된다); 그래서 미혼 여성이나 자녀가 없는 여성에 대해 쓰일 수 있다; **2.** 유대 민속: 생명이 부여된 이미지; **3.** 중세시대: 성자들의 생명이 깃든 목각 이미지에 사용된 표현으로 억압으로부터 이 물건의 소유자를 보호한다; **4.** 임무를 수행할 때 열정 없고 영혼 없이 기계적으로 행동하는 사람.

골무 thimble **1.** 무의미함; **2.** 여성성; 딜런 토머스Dylan Thomas: "실크 골무silk thimble" 참조: 외음부; **3.** 민속: 어떤 웨딩 케이크 안에 반지와 골무가 숨겨져 있는데 반지를 얻는 사람은 1년 안에 결혼할 것이며 골무를 얻는 사람은 노처녀로 남게 될 것이다.

골수 marrow **1.** 정액과 남자다운 탁월함: "그는 키키위키 (=아내)를 안아 주는 자신의 남자다움의 명예[남자의 골수(정액)]를 보이지 않는 상자에 넣고 아내의 품에서 마르스의 맹렬한 말의 뜀 같은 힘으로 그것을 소모한다(끝이 좋으면 다 좋아All's W. 2, 3; 정액semen, 척추spine도 참조); **2.** 욕망: (비너스가 말했던) "나의 골수 불태우기"(비너스와 아도니스Ven. 142); 카툴루스Catullus 참조: "불길이 그녀의 골수를 다 태워버렸다"(35), 그리고 "애간장을 녹이는 골수"(45); **3.** 불에 타버린 옛 불사조의 골수에서 생겨나는 새로운 불사조; **4.** 윌리엄 B. 예이츠William B. Yeats: a. "골수뼈": 육체적인 삶(마음의 대극); "영원한 노래를 부르는 사람은 골수(즉, 깊은 곳)로 생각한다"라는 유일하게 영원한 시; b. 노인이 갖고 있는 육체적 사랑에 대한 지식. 여드름 투성이의 젊은이는 가질 수 없다: "어머니의 지혜로 까마득히 오래 전부터 [여자의] 골수에 감춰진 것들"과 연결된다; **5.** 토머스 S. 엘리엇Thomas S. Eliot: a. ="뼈에서 나는 열": a. 육체를 초월한 무엇인가에 대한 불타는 생각; b. "뼛속까지 사무치는 고통": 골수에 사무치는 괴로움=뼈의 열=경험과 생각을 뛰어넘는 것("불멸의 속삭임"); **6.** 딜런 토마스Dylan Thomas: a. 죽은 뼈 안에 있는 생명; b. 정액; c. "열두 번 주기를 돈 골수": 골수의 주기에 따른 시간 속의 삶; d. "국자자리(북두칠성)"는 (하늘의) 남근이다.

골짜기 valley **1.** 중립성; **2.** 식물의 풍요 및 (영원한) 봄과 관련된 물질적 성장: 예 페르세포네가 사라지기 전에 꽃을 모았던 그리스의 엔나 계곡; **3.** 목자 및 제사장과 관련 있다; **4.** 죽음: a. "사망의 음침한 골짜기로 다닐지라도…"(시편Ps. 23, 4); b. 죽음, 애도, 눈물의 맥락에서 딜런 토머스Dylan Thomas는 4번과 5번을 연결하는 "가장 작은 베옷의 골짜기"라는 표현을 사용한다("애도에 대한 거부A Refusal to Mourn"); c. 고

대 북유럽: '가시 골짜기'는 죽은 자들의 골짜기이다; **5.** 눈물의 계곡: 이 세상; **6.** 굴욕의 계곡(존 번연John Bunyan, 천로역정Pilgr. Progr.); **7.** 결단의 계곡: 여호사밧(요엘서Joel 3); **8.** '바깥 세계'에서는 적에게 알려지지 않은 영혼의 은밀한 후퇴(에드거 앨런 포Edgar Allen Poe); 정원의 상징성과 관련 있다; **9.** 사랑의 계곡 "사랑은 계곡에서 나오니"(알프레드 테니슨 경Lord Alfred Tennyson, "오 처녀여, 내려오라Come down, O maid"); 10. 언덕hill, 산mountain, 골짜기vale 참조.

골짜기, 계곡 vale **1.** 산보다는 언덕과 연결된다; **2.** 보호받는 삶: "시원하고 한적한 인생의 골짜기에서 그들은 고요히 삶을 이어 나갔다"(토머스 그레이Thomas Gray, "비가Elegy" 75f.); **3.** 쇠퇴: "나는 세월의 골짜기로 기울어져 있다(늙어가고 있다)"(베니스의 무어인 오셀로Oth. 3. 3); **4.** 침울함: "골짜기의 그늘진 슬픔 깊숙이… 백발의 사투르누스Saturn가 앉아 있다"(존 키츠John Keats, "하이페리온Hyperion" 1ff.); **5.** 죽음: "그 빈 골짜기That hollow vale"(헨리 킹Henry King, "추도사Exequy"); **6.** 계곡valley 참조.

골풀 rush (식물) **1.** 일반적으로 다음을 의미한다: a. 엘리자베스 1세 여왕 시대에는 보통 바닥에 골풀을 깔았다; "가볍고 즐거운 마음으로 사람들이 춤추며 발을 움직이게 하라. 그럴 때마다 바닥에 깔린 골풀이 바스락거리는 소리를 낸다"(로미오와 줄리엣Rom. 1, 4); b. 성 패트릭이 골풀을 저주했기 때문에 골풀은 갈색으로 변하면서 윗부분부터 죽어 간다; **2.** 풍요: 종종 골풀과 버들로 수확 바구니(방주ark 참조)를 만들었으며 이 수확 바구니로 새해의 아이(역주: 새해는 전통적으로 갓난아이로 묘사된다)(신성한 왕[Sacred] King)가 온다; 또한 부들bulrushes 참조; **3.** 바람둥이: "그녀는 당신에게 가볍고 자유로운 골풀에 누우라고 명령한다"(헨리 4세 1부1H4 3, 1); 6번 참조; **4.** 덧없음: 골풀은 "다른 허브보다 먼저" 시든다(욥기Job 8, 11 등); **5.** 온순, 겸손, 조용함; **6.** 골풀을 엮어 만든 결혼반지rush-rings: 종종 농민들의 가짜결혼에 사용되었다: 예 "톰Tom의 검지손가락에 끼워진 티브Tib의 골풀반지"(끝이 좋으면 다 좋아All's W. 2, 2). 이와 관련된 내용: 골풀 우리 안에 사랑이 있으며 나는 당신이 그것의 죄수가 아니라고 확신한다(뜻대로 하세요AYL 3, 2); **7.** 단테Dante: 그는 지옥에서 연옥으로 가기 위한 의무를 다할 때까지 골풀로 만든 허리띠(성실, 충성, 겸손으로 설명되는)를 두르고 있었다; **8.** 윌리엄 블레이크William Blake: "축축한 골풀dank rushes": 육체적이고 결실을 맺는 사랑; **9.** 민속: 보호: 성 신부의 전야St. Bride's Eve(1월 31일)에 모여서 골풀로 작은 십자가를 만들었다(만들 때 칼을 사용하지 않음); **10.** 부들bulrush, 갈대reed 참조.

곰 bear **1. 일반적으로 다음을 의미한다**: a. (도나르에게 곰을 바쳤던) 북쪽지역에서 곰은 매우 위험한 (고결한) 동물이면서 동시에 동물의 왕으로 간주된다; b. 태어날 때는 곰이 아니지만 곧 형태를 갖추어 간다(나소 P. 오비디우스Naso P. Ovid, 변신이야기Metam. 15, 379); c. 곰은 7년에 한 번 새끼를 낳으며 새끼를 낳을 때 인근에 있는 모든 소와 돼지가 조산으로 새끼를 잃는다; d. 곰은 관심을 돌리기 위해 겨울을 나는 동굴에 거꾸로 걸어 들어간다; **2. 폭력**: a. 곰은 포효하며(이사야서Isa. 59, 11) 살코기를 먹는다(예 다니엘서Dan. 7, 5, 이 사이에 세 개의 갈비뼈가 끼어 있었다); 일반적으로 성경에서 새끼를 빼앗긴 곰은 매우 위험한 동물로 간주되며 이러한 이미지가 자주 등장한다(예 잠언Prov. 17, 12); b. '난폭한berserk'이라는 단어는 '베어 코트bear-coat'를 의미하며 이는 맹렬한 곰으로 변하는 노르웨이 전사를 지칭하는 표현이다; 늑대인간lycanthropy 참조; **3. 달의** 동물(변화하는), 어머니 여신과 연관된다: a. 아탈란테는 곰의 젖을 먹었다; b. 곰은 아르테미스에게 바쳐졌으며 아르테미스는 곰과 함께했다; 또한 아르테미스가 곰으로 변장하기도 했다; c. 에리니에스에게도 바쳐졌다; d. 숲에 사는 아르카디아 님프, 칼리스토는 제우스에게 강간을 당한 후 곰이 되었다(나소 P. 오비디우스, 변신이야기 2, 440ff.); 또한 뱀snake 참조; e. 여우이야기Reynard the Fox에서 브룬은 남자 마법사를 상징하는 것일 수 있다; **4. 태양**과 연관된 측면: a. 여호와(그의 무기는 종종 페르시아 왕국이었다): i. "그는 나에게 누워서 기다리는 곰과 같았다"(예레미야 애가Lament 3, 10); ii. '자신의 새끼를 잃은' 곰의 분노로 여호와는 이스라엘을 벌할 것이다(호세아서Hos. 13, 6-8, 다니엘의 예언과 똑같은 네 마리의 짐승과 결합한다는 점에서 호세아는 다니엘보다 앞선다); b. 다윗은 골리앗을 죽이기 전 자신의 손으로 사자와 곰을 죽였다; 지크프리트 Siegfried 참조(니벨룽겐Nibelungen 16); c. 태양의 동물들과 함께: 다니엘서에서 사자와 표범에 이어 네 번째; **5. 고결함**: 왕들은 바다표범, 곰, 멜루시아나 등의 혈통이라고 주장한다: a. 곰은 죽은 것(또는 죽은 척하는 것)은 절대 건드리지 않는다(이솝Aesop 176); b. 곰은 러시아의 상징이다("강인한 러시아 곰처럼 접근한다": 맥베스Mac. 3, 4). 러시아에서 곰은 사람의 친구로 간주된다; 간혹 곰에 대해 느끼는 숭배는 곰을 죽이는 것에 대한 금기를 동반한다; 딜런 토머스Dylan Thomas: 흰곰=흑해의 블랙 메두사와 반대된다; **6. 완고함**, 서투름: a. "비록 권위는 고집스러운 곰과 같지만"(겨울이야기Wint. 4, 4); b. 아리스토텔레스: 어리석음; c. 추함: "나는 곰처럼 못생겼다"(한여름 밤의 꿈MND 2, 2); d. 서투른 무용수(속담); e. 사소함; f. 종종 말과 반대된다(아테네의 티몬Tim. 4, 3 참조); **7. 멜랑콜리**: "나는 끌려가는 (덫에 걸린) 곰처럼 우울하다"(헨리 4세 1부1H4 1, 2); **8. 중세**: a. (그리고 라바누스 마우루스Rhabanus Maurus의 사무엘상서1Sam. 17, 34에 따르면 (사자와 함께) 악의 상징: 성 어거스틴(성 아우구스티누스St. Augustine); b. 영혼들의 전투Psychomachia에서 분노의 군마; c. 분노의 상징: 분노의 무기: 그녀의 투구에는 입에서 불을 내뿜는 곰의 머리가 있다; d. 살: 꿀처럼 예민한 곰의 살코기는 관능적이다(성 보나벤투라St. Bonaventura); 더 나아가, 곰 한 쌍이 마치 사람처럼 누워 있다(플리니우스Pliny 10, 83); **9. 문장** heraldry(紋章): a. 힘; b. 강인함(동물 앞에서 도망가지 않고 맞설 수 있는); c. 혈육을 보호할 때의 흉포함; d. '재갈을 물린 곰과 누더기를 걸친 참모'는 워윅 가문의 휘장이었다(참고할 문헌: 헨리 6세 2부2H6 5, 1); **10. 연금술**: 제1물질(원질료Primal Materia)의 흑화. 초기의 모든 단계 및 본능과 관련된다; **11. 심리**: a. (고양이, 뱀, 악어와 같이) 동물들의 중심이자 코레와 동물 모습의 어머니 인물(카를 융 Carl Jung 9a, 184); b. 꿈에서 짐승으로 상징되는 자기Self(앞의 책, 9b, 225f.); c. 무의식의 위험한 측면; d. 또한 수컷은 종종 무의식에서 끔찍한 어머니Terrible Mother인 '암컷 동물' 이미지이다; **12. 민속**: a. (길들여진 많은 동물이 그런 것처럼) 죽은 후 유령으로 되돌아온다; b. (역주: "선과 사각Line and Sqaure"이라는 운율 시에서) 사람들이 도로의 사각 벽돌의 깨진 곳을 밟아 넘어지면 잡아먹으려고 기다는 곰(역주: squares와 운율이 맞는 bears를 사용). 포석pavement 참조; c. '안경을 쓰고도 속을 수 있다'(율리우스 카이사르Caes. 2, 1=거울로도 보지 못한다); d. 미용: 곰의 기름은 눈썹 펜슬로 사용되었다(플리니우스Pliny, 나소 P. 오비디우스Naso P. Ovid, 사랑의 기술De Art. Am.); e. 곰사냥: 황소사냥과 유사하다: 잔인한 스포츠(1835년이 되어서야 의회에 의해 불법으로 규정되었다). '곰사육장'이라고 불리던 경기장에서 처음에는 목요일(=도나르의 날)마다 열렸으며 나중에는 일요일에 열렸다: 곰을 말뚝에 묶어 놓고 개들이 공격하게 했다; 엘리자베스 여왕과 메리 튜더는 이 경기를 매우 좋아했다; 청교도들은 이 경기를 반대했다(토머스 매콜리Thomas Macaulay에 따르면 이것이 관객들에게 즐거움을 선사했기 때문이었다); **13.** 북극곰: 악의 속성.

곰팡이 mildew (균류) **1.** 로마: 4월 25일이 축일이었던 로비구스나 로비고와 같은 신들이 종종 그렇듯이 곰팡이는 농사에서 성별을 알 수 없는 풍요의 신으로 신격화되었다; 4월 25일에 개와 양의 내장을 태워서 신에게 바쳤다(나소 P. 오비디우스Naso P. Ovid, 행사력Fasti. 4905ff.); **2.** 성 아우구스티누스 축제를 다음과 같이 설명한다: 풍년을 기원하는 행렬인 로비갈리아 (4월 21일)는 곰팡이를 막고 로비고('병충해') 여신을 기리기 위해 열렸다: 개는 붉은 강아지이다(신국론 Civ. D. 4, 21).

곰팡이, 균류 fungus (식물) **1.** 일반적으로 유독하고 위험한 것으로 간주되며, 죽은 유기물이나 살아 있는 유기물을 먹이로 한다; **2.** 니칸데르Nicander: a. 곰팡이는 "굴 안에서 똬리를 틀고 있는 독사 위에서 독사의 독과 입에서 나오는 독한 입김을 빨아들이면서 자란다"(알렉시파르마카Al 521ff.; 플리니우스Pliny에 의한 순응 22, 95); **3.** 힐데가르트 폰 빙엔Hildegard von Bingen: a. 땅의 거품이나 '땀'과 같이 곰팡이는 사람에게 가래와 거품을 일으키면서 공격한다; 그러나 뜨거운 토양에서 자라는 것들은 습한 토양과 습한 공기에서 자라는 것보다 덜 불쾌하다; 그러나 둘 다 그다지 유용하지는 않다; 살아 있는 나무나 쓰러진 나무에서 자라는 균은 식용으로 때로는 약으로 유용하게 쓰인다; b. 호두나무에서 자라는 곰팡이는 벌레를 없애지만 맛은 없다; 너도밤나무에서 자라는 것들은 삶으면 맛이 좋다; 일부 허브는 가래로 가득 찬 차가운 위장을 치료함; 올리브 오일과 섞은 신선한 배나무 곰팡이의 수액은 두통과 상한 손톱을 치료한다; c. 균류로 만든 수프는 출산할 때 생기는 문제에 도움이 된다; d. "유대인의[또는 유다의] 귀"는 전혀 쓸모가 없지만 초원의 곰팡이는 건강에 유익하다; 호흡곤란을 겪는 사람은 포도주에 타서 마셔야 한다; 이것은 또한 심장, 폐 및 비장의 문제를 치료할 수 있으며 설사약이다; **4.** 데이비드 H. 로렌스David H. Lawrence: 부르주아; "…균류처럼 지나간 삶의 잔해 위에 사는 자들 즉 자신의 삶보다 더 큰 삶의 잔해에서 그들의 생명을 빨아들인다"("부르주아는 얼마나 야수적인가How Beastly the Bourgeois Is").

곱슬머리인 사람 Curly locks　동요에서: 천진함(또는 완전히 버릇없음): "곱슬머리, 곱슬머리, 나의 사람이 되어 줄래? 너는 설거지도 하지 않고 돼지에게 먹이도 주지 않고, 방석에 앉아 고운 옷의 솔기를 바느질하고 딸기와 설탕과 크림을 먹을 거야."

공기 air　**1.** 첫 번째 원소: 공기가 압축되거나 밀집되면 열이나 불을 발생시킨다. 공기로부터 다른 원소들이 생겨났다; **2.** 인간 생명의 첫 번째 필수 조건; **3.** 창조적 생명의 숨결=a. 말씀, 진리; b. (폭풍 같은) 창조; 최고 존재와의 연결; 바람wind 참조; **4.** 공간; 움직임과 생명과정 출현의 매개체; **5.** 가벼움과 관련된다(고전적 색상: 태양과 관련되어 있는 노란색; **6.** 물질에 매이지 않는 자유, 가벼운 공기로 최종 용해 따라서 다음을 의미한다: a. 영원, 무한성; b. 천국; c. 비물질성, 영혼; **7.** 향기와 관련된다: a. 추억, 향수; b. 정서('열' 및 '차가움'과도 관련된다); **8.** 맑은 산 공기(높이 상징성): a. 영웅적이고 혼자 하는 생각; b. 추론하는 사람; **9.** 히브리-기독교인: 사탄의 영역; **10.** 그리스: a. 그리스인들은 때로 제우스를 상징하는 순수한 공기('에테르aether')를 숭배했으며 (아래의) 헤라나 아테네 여신처럼 우리를 둘러싼 더 두꺼운 공기를 상징했다; b. 때로 이들은 공기로 달 아내와 이슬 딸을 둔 별도의 신을 만들었다; **11.** 연금술: 원질료Prime Matter의 이름 중 하나; **12.** 타로카드: 공간의 분위기와 에테르를 연결하는 스페이드의 원소: 신탁; **13.** (특히 '신선한' 밤) 공기는 위험한 것으로 간주되었다: "지금 그를 따르라. 광기에 붙잡혀 공기를 움직여 오염시키지 않도록"(십이야Tw. N. 3, 4).

공기의 요정 sylph　**1.** 그리스: 나비가 되는 딱정벌레; **2.** 중세시대: 물질적 존재와 비물질적 존재 사이의 중간적 존재이지만 주로 공기의 정령이다(악마devil; 원소elements 참조); **3.** 순결한 인간은 죽으면 공기의 요정으로 변한다; **4.** 이들은 사람의 담즙 기질에 영향을 미친다; **5.** 폴 발레리Paul Valéry: 피상적 관념이 아닌 시적 사유('팡세pensée'): 규정하기 어렵다.

공산주의 communism　**1.** 이론상: 유토피아('현실에 존재하지 않는 이상적 세계'; 플라톤과 토머스 무어Thomas Moore 참조); 현실에서는 공동 배급에서부터 완전한 공동 재산까지 많은 형태를 띨 수 있다; 종종 문명 발달의 초기 단계에 나타난다(예 리파라섬의 생활: 디오도로스 시쿨로스Diodorus Siculus 5, 9; 스페인의 바케이족: 앞의 책; 5, 34; 게르만의 수에비족: 율리우스 카이사르Caes., 갈리아 전쟁기BG 4, 1 등등); **2.** 아폴로니오스Apollonius는 공유(그리스어 'koinonia')의 예로서 참새를 언급했다: 참새는 먹이를 발견하면 혼자 독차지하지 않고 다른 참새들에게 알린다(필로스트라투스Philostratus, 티아나의 아폴로니오스의 생애VA 4, 3); **3.** 가장 고전적인 군국주의 형태: 스파르타Sparta 참조; **4.** 왕비 보아디케아는 자신의 브리트인들이 "모든 것을 공유하고 심지어 아이들과 아내들까지 공유하여 아내들이 남자와 같이 용맹하다"고 주장했다(디오카시우스Dio Cassius 62, 6, 3); **5.** 에세네파The Essenes(역주: 예수 그리스도 시대의 유대교의 일파)는 공산주의적으로 간주되었다(필로 유다이오스Philo Judaeus, 아마도 86; 가설Hyp. 11, 4); **6.** 카를 융Carl Jung: 공산주의 국가는 절대 군주제와 다름없고, 신하가 없으며 농노들만 있다; 게다가 그 집단 정신은 자연히 개인의 정신을 도덕적 및 윤리적으로 저하시킨다(9a, 127).

공원 park 1. 아름다움, 풍요; 정원garden 참조; 2. 부(富), 낙원.

공이, 막자 pestle **1.** 남근; 절구와 함께 양성성(다산)의 한 형태; **2.** 이집트-히브리: 곡물을 빻는 것: "미련한 자를 곡물과 함께 절구에 넣고 공이로 찧을지라도 그의 미련은 벗겨지지 아니하느니라"(잠언Prov. 27, 22). 로마의 곡물의 신인 피쿰누스Picumnus와 필룸누스Pilumnus 참조; **3.** 윌리엄 B. 예이츠William B. Yeats: "달의 공이Pestle of the Moon": 환생의 도구.

공작고사리 maidenhair-fern (식물) **1.** 이것의 다른 이름은 '비너스의 머리카락'이다; **2.** 비밀, 신중함; **3.** 숨겨진 재산: 플루토/디스/하데스; **4.** 양치식물fern 참조.

공작새 peacock (새) **1. 세속적 자부심**, 왕족의 상징: a. (승리자의 독수리처럼) 동전에 새겨진 고대로마 공주의 신격화; b. 비잔틴 황후의 상징; c. "지금 여기는 매우 비열한 한 마리 공작이 군림하고 있다"(덴마크의 왕자 햄릿Ham. 3, 2); d. 자존심(혹은 덧없음)의 상징; 깃털은 불복종의 상징이기도 하다; e. 초라한 종달새의 반대인 부자를 상징한다(윌리엄 랭글랜드William Langland, 피어스 플로우먼에 관한 비전PP 12권); **2. 불멸**: a. 공작새의 고기는 부패하지 않는다; b. 타락하지 않는 영혼; 대칭으로 서로 마주 보는 두 마리의 공작새는 정신의 이중성을 나타낸다; c. 종종 불사조를 대체한다; d. 중세시대: 낙원에 있는 불멸의 영혼(새)은 종종 포도를 따거나 성배를 마시는 것으로 표현된다; e. 생명의 나무 옆에 있는 불멸을 위한 잠재력; f. 기독교: 늘 깨어있는 교회; g. 이집트: 헬리오폴리스의 상징; **3. 경계**: 공작의 꼬리에는 아르고스(불의 영혼: 헤라의 명령으로 달의 암소가 된 이오를 감시했다)의 눈이 있어서 아르고스가 헤르메스에 의해 살해당했음을 상기시킨다(바람wind 5번 참조); **4. 전체성**: 모든 색의 혼합; **5. 공기**: 날씨의 여신 헤라에게는 공작새가 끄는 전차가 있었다; 주노-사투르니아는 공작새의 깃털에 아르고스의 눈을 넣었다(나소P. 오비디우스Naso P. Ovid, 변신이야기Metam. 1, 721); **6. 물**: 가뭄의 뱀을 죽이고 풍요를 가져오는 공작새; **7. 의인(義人)의 상징**: 부패하지 않고 덕(깃털)이 많으며 뱀(악령, 악마)을 죽이거나 노래를 불러 도망치게 한다; **8. 과학**: 피타고라스는 공작의 영혼을 가지고 있다: 이 영혼은 판 신으로부터 호메로스, 유포르두스 그리고 에니쿠스에게 계승되었다; 따라서 공작은 환생을 상징하게 되었다; **9. 사악한 눈**: 이집트-로마 시대; **10. 도용한 장식물**: 공작의 깃털로 몸을 장식하였으나 발각되어 조롱을 당한 어치 이야기(사자 가죽을 뒤집어 쓴 당나귀; 1번의 c도 참조); 수컷이 없으면 암컷들끼리 동성애를 하는 음탕한 자고새와 동일한 의미이다(플리니우스Pliny 10, 80); **11. 다음에 상응한다**(나침반compass 참조): a. 시기: 황혼, 가을; b. 방향: 서쪽; c. 원소: 물; d. 인간의 나이: 40대 여성(인간의 나이age 참조); **12. 기독교**: a. 그리스도의 상징; b. 성찬의 은혜; 성찬에서 공작은 포도를 먹었다; c. 천상의 영광; d. 꼬리가 접힌 공작은 회한의 상징이다; e. 올리브 잎을 물고 있는 공작은 평화를 가져오는 교회의 상징이다; **13. 문장**heraldry(紋章): A. 공작은 독일에서 힘과 고귀함의 상징으로 12세기 이후에 가장 많이 등장하는 새이다; B. 깃털: a. 때로 성의 귀부인이 예술에 대한 보상으로 하사하는 늙은 음유시인의 장식품; b. 가문의 문장heraldry(紋章)에서 투구를 깃털 다발로 장식하는 것은(다른 모든 깃털처럼) 기사의 전쟁 기술을 나타낸다; c. 왕족과 국가의 자부심을 나타낸다; **14. 윌리엄 블레이크**William Blake: 세속적인 마음; **15. 윌리엄 B. 예이츠**William. B. Yeats: "춤추는 암컷 공작새"는 새벽의 상징이다("그의 사랑에 대한 인디언The Indian to his love") 따라서 빛을 내며 탄식하는 황혼의 비둘기와는 반대이다; **16. "원숭이와 공작"**: 다시스의 배로 황금과 은과 상아와 원숭이와 공작을 실어 왔음이더라(열왕기상서1Kings 10, 22); 어떤 사람들은 후자는 개코원숭이일 것이라 하고, 또 어떤 사람들은 향료일 것이라고 하였다; **17. 민속: 불운**; a. 계속되는 공작의 울음소리는 비를 예고한다(영국에서는 불길한 징조로 여긴다); b. 집에 공작의 꼬리 깃털을 두면 불길하며 죽음을 예고하는 것으로 여겼다; c. "공작의 깃털은 아름다우나 그 발은 더럽다"(속담).

공작석 malachite (보석) **1.** 고운 녹색의 보석(아본 산염); 이것은 탐사에 유용한 길잡이다; 윤이 나며 장식품이나 모자이크 등에 사용되었다; **2.** 번영: 1번의 b 참조; **3.** 장수, 건강; **4.** 사랑의 성공: 녹색; **5.** 이집트: 태양 상징: 어둠의 악령과 마법사를 물리칠 수 있는 부적.

공주와 완두콩 이야기 Princess and the Pea 이 이야기는 시바리스 사람의 이야기와 비슷한데 이 사람은 자신이 감옥에서 잠을 자려고 할 때 아래에 베고 있는 장미 꽃잎의 수가 두 배로 늘어나서 잘 수 없었다고 세네카에게 불평했다.

공중 부양 levitation **1.** 기독교: 변화된 모습의 그리스도; 공중 부양으로 가장 잘 알려진 성인은 필립푸스 네리였다(또한 '파테르 에크스타티쿠스'에 대해서는 괴테Goethe, 파우스트Faust, 11854 참조); **2.** 로마: a. 시몬 마구스는 하늘을 날 수 있었지만 불행하게도 한때 폭군 네로 앞에 잘못 착륙한 적이 있다(아나스타티우스Anastatius, 미뉴Migne 89, 모음집 523); b. 시리아의 신비주의자인 이암블리코스는 그가 신들에게 기도하는 동안에 "땅에서 10규바 이상 높이 떠오른다"고 그의 종들이 보고했으며 게다가 그의 몸과 옷은 "아름다운 황금빛으로 변한다"고 했다. 이에 이암블리코스 자신은 웃으면서 모든 것을 부인했다(비록 이교도였지만 그는 기독교 교사로부터 교육을 받았고 기적을 행했다. 그래서 기독교의 '황금빛'일 것이다; 유나피우스Eunapius 458); **3.** 인도: 인도의 현자들은 지상에서 3피트 높이까지 공중에 떠서 태양에 대한 모든 의식을 수행하는 것으로 묘사된다(필로스트라투스Philostratus, 티아나의 아폴로니오스의 생애VA 3, 15); **4.** 비행flying 등 참조.

공포 fear **1.** 철학적으로 스피노자Spinoza는 죽음 외에는 아무것도 생각하지 말라는 완전한 스토아철학(금욕주의)을 채택함으로써 인류로부터 두려움을 없애려 했다; **2.** 외로움과 개성에 대한 두려움은 아마도 다음과 같은 결과를 낳을 수 있다: a. 마법; b. 전체주의; c. 동성애; d. '소속감'을 제공하는 기타 그룹 활동: 교회(특히 밀교), 마약 복용, 문란한 성행위, 점성술 등.

공허함 emptiness 항상 공허함에 대한 두려움이 있어 왔다: 완전히 비어 있는 식탁을 치우는 것은 불길하다(플루타르코스Plutarch, 윤리론집M 279E); 커피는 컵에 조금 남기고, 포도주는 잔(또는 병)에 조금 남기고, 음식은 접시에 약간 남겨 두라는 현대의 경고와 비슷하다.

과꽃 aster (식물) **1.** '갯개미취'라고도 한다; **2.** a. '뒤늦은 생각'을 상징한다; b. 프랑스에서는 군인 무덤에 이 꽃을 놓았다(브리타니아의 민속과 문화Folkl. & C of Brit. p. 58); c. 사랑의 언어: 우아함(안젤로 드 구베르나티스Angelo De Gubernatis, 식물의 신화MP 1, 151).

과수원 orchard **1.** 죽음: 예 햄릿의 아버지가 살해된 장소; **2.** 딜런 토머스Dylan Thomas: 미끼(다리leg 참조)가 들어 있는 방주가 '죽는' 곳; **3.** 정원garden 참조.

과시, 자만심 boasting 질투하는 신들에게 도전하는 매우 위험한 행동; 따라서 이것은 고대 전사들의 특권이긴 했지만 이들조차도 이러한 '자만심'을 매우 경멸했다; 모든 형태의 계산, 측정 그리고 '미성숙한' 행동(아이가 태어나기 전에 집에 유모차를 가져오는 것)과 관련된다.

과일, 열매 fruit **1.** 풍요: A. 풍부함; B. 영적 풍요: a. 지혜; 지식의 나무와 관련된 열매의 종류: 사과, 무화과, 레몬, 대추, 오렌지, 배, 석류, 모과; b. 천상의 행복; c. 영적 열매: 예 무화과, 올리브, 딸기, 포도, 대추; C. 세속적 욕망; **2.** 기원: 새로운 생명의 씨앗을 포함한다; 알egg 참조; **3.** 성숙, 끝: 여름(=익은)과일 한 광주리를 아모스에게 보여 주었으니 이는 곧 끝이 가까웠고 이스라엘이 벌을 받을 것이라는 징표였다(8, 1): 때가 무르익음; **4.** 이집트: 오시리스 숭배자들은 신의 현현인 과일 나무를 상하게 하는 것을 금했다; **5.** 기독교: 동정녀 마리아; **6.** 문장heraldry(紋章): a. 행복; b. 관대함; c 평화; **7.** 민속: a. 유럽의 많은 지역에서 임산부에게 나무의 첫 열매를 주면 나무가 열매를 많이 맺었다; b. 과일나무는 크리스마스와 새해 전야에 악령으로부터 보호하기 위해 짚으로 싸거나(묵은 해의 영들이 많을 때), 정화의 불에서 나오는 연기로 소독했다(이는 또한 다산을 촉진하고 태양의 불을 전달한다).

관 coffin **1.** 보름달이 지구의 그림자 속으로 들어가면 오시리스가 관으로 들어간다(플루타르코스Plutarch, 이시스와 오시리스 이야기Osr. 44); 가슴chest 참조; **2.** 연금술: 시체 부패의 상징(J. 반 레넵J. van Lennep; **3.** 민속: 관을 뛰어넘은 고양이를 즉시 죽이지 않으면 관 속의 시체가 뱀파이어로 변한다(캐벌Cabell 37).

관목, 덤불 bush **I.** 관목shrub과 같은 의미: 1. 불타는 관목: a. 중세: 성모마리아; b. 박해의 화염에 휩싸였지만 사라지지 않는 교회; c. 신성한 사랑(=신성한 말씀); d. 검은딸기나무Bramble 참조; 2. 어둠 속에서 싸우다: a. "밤에 공포를 상상하고자 한다면 숲에 나타난 곰을 떠올리면 얼마나 쉬운가"(한여름 밤의 꿈MND 5, 1); b. "의심은 항상 죄책감의 마음을 홀린다: 도둑은 경찰이 있는 모든 덤불을 두려워한다"(헨리 6세 3부3H6 5, 6); 3. 달 아래 있는 사람의 속성: 횃불, 개 그리고 가시덤불은 달빛을 대표한다(한여름 밤의 꿈MND 5, 1에서); 관목의 의미는 아마도 아래의 II번과 같을 것이다; 4. 불임, 쓸모없음: "척박한 덤불 아래 삼월의 파랑새가 스쳐 지나간다"(알프레드 테니슨 경Lord Alfred Tennyson, "인 메모리엄In Memoriam" 91); 5. 윌리엄 B. 예이츠William B. Yeats의 시 '세 개의 덤불'에는 a. 사랑에 빠진 여인, 연인의 침대에서 그녀를 대신하는 하녀 그리고 연인 자신의 얽히고설킨 서사가 묘사되어 있다; 그리고 b. 은폐의 세 가지 원칙이 하나의 실체로 합쳐진다; c. 음모; 6. 민속: a. "좋지 못한 덤불이라도 황량한 들판보다는 낫다"(속담); b. 새들이 숨는 장소: "손에 있는 한 마리 새는 덤불에 있는 두 마리 새보다 가치 있다"(속담); **II.** **나뭇가지**와 동일한 의미: 담쟁이 덤불이 포도주 상인의 간판에 매달려 있다: "좋은 와인은 덤불이 필요하지 않다"(뜻대로 하세요AYL 에필로그Epil.).

관습 custom **1.** =제2의 천성(속담); **2.** 인간 생활의 큰 안내자(데이비드 흄David Hume., "인간 오성에 관한 탐구Inquiry concerning Human Understanding" 5, 1); **3.** "현명한 사람들의 전염병이자 어리석은 사람들의 우상"(속담); **4.** 셰익스피어는 끊임없이 관습에 반대하여 외쳤다: a. 햄릿Ham.을 관통하는 주제 중 하나: 예 (그것은) "관습은 지키는 것보다 위반하는 것이 더 명예롭다"(1, 4); 그리고 "관습이란 괴물은 모든 감각을 삼켜 버린다"(3, 4); b. "독재자 관습The tyrant custom"(오셀로Oth. 1, 3).

관통, 찌르기 stabbing 민속: a. 찌르는 무기가 남근을 상징하듯이 어머니 대지를 찌르는 것은 그녀의 번식력을 증가시킬 것이다; b. 칼에 베였을 때 상처의 감염을 막기 위해 칼을 닦아야 한다; 칼을 닦는 많은 방법 중 하나는 칼을 땅에 찌르는 것이다; c. 단검dagger; 칼knife 등 참조.

광기 madness **1.** 태양신의 특징: 태양의 타는 듯한 파괴적이고 불가결한 면: 예 쿠홀린, 헤라클레스 등; 왕은 무덤에서 죽은 것처럼 위장하고 있으면서 그 사이 어린아이(더 이상 이해할 수 없는)를 희생제물(대리 제물: 예 헤라클레스의 경우)로 바치는 관습에 대한 고대 그리스인들의 (세련된) 변명; 란슬롯의 벌거벗음(토마스 멜러리 경Sir Thomas Malory 11, 9 그리고-12, 4) 참조; **2.** 풍요의 신에게 적용되는 용어: a. 디오니소스에게 기원하면 그는 인간을 문명화시키고 땅을 경작하는 법을 알려 준다; b. 그리스도께 기원함(그리고 그의 제자들: "하나님 밖에 모르는 사람들"에게도); **3.** 한여름 축제와 관련된다: "도대체 왜.., 한여름에 이건 정말 미친 짓이요"(십이야Tw. N. 3, 4); **4.** 시: 셰익스피어Shakespear, "섬세한 격정fine frenzy" 참조; 광대clown 참조; 바보fool 등.

광대 clown **1.** 왕의 반대: a. 광대는 왕이 절대적인 권력을 쥐고 있는 물질세계에 대항해서 끊임없이 투쟁한다; b. 희생제물을 위한 (가짜) 살인에서 왕의 대체물이다; 사투르날리아 농신제Saturnalia도 참조; **2.** 바보fool 참조.

광대옷 motley **1.** 이전에 이것은 광대와 바보가 걸치던 송아지 가죽이었다; 어원은 아마도 '티끌'=작은 입자라는 단어와 관련있는 것으로 보인다; **2.** 광대옷과 도덕성의 본래적인 관련성에 대해서는 악함Vice 참조(참고할 문헌: 덴마크의 왕자 햄릿Ham. 3, 4: 이 문헌에 "쓰레기 넝마를 걸친 어릿광대 왕"이라는 표현이 있다).

광부 miner **1.** 그는 어부처럼 원소에서 (영적) 가치를 추출한다; **2.** 마르스와 관련된다; **3.** 종종 대장장이의 상징성을 갖고 있다; **4.** 민담에서 광부들은 종종 난쟁이들이며 큰 부를 소유하지만 잘 유지되지 않는다: 대지의 풍요는 일시적이지만 그것은 항상 반복된다.

광부, 석탄을 나르는 배 collier "더러운 광부"=사탄(지옥 불을 계속 타게 한다: 십이야Tw. N. 3, 4).

광선 ray (광선) **1.** (태양의) 방사, 빛 그리고 풍요의 열기; **2.** 집중된 힘, 관통력; **3.** 신성한 존재 혹은 동의의 상징; **4.** 단테Dante: 경이의 광선(놀라움): "감탄의 광선gli strali D'ammirazione"(신곡 낙원편Par. 2, 55ff.)

괭이 hoe **1.** 농업, 풍요; **2.** 근면; **3.** 선택받은 자의 선출; **4.** 문장heraldry(紋章): 보통은 삽과 같은 의미이다: 경작할 의무와 더불어 공공 구역의 일부에 대한 권리를 주장하는 것.

괭이밥 woodsorrel (식물) **1.** 이 식물은 밤에 꽃잎을 닫고 잎을 떨어뜨리며 해가 뜨기 전에는 그 모양을 회복하지 못한다; **2.** 기쁨, 자애로운 사랑.

괴물 monster **1.** 원초적 생명; **2.** 혼돈 그리고 형체 없음에서 한 단계 벗어난 잠재력 단계에 있는 우주적 힘; **3.** 영웅(기사)은 제물을 강요하는 괴물과 싸운다(예 미노타우로스, 성 조지의 용 등): a. 우주: 원초적 희생, 사악한 데미우르고와 속죄; b. 사회: 폭군, 전염병, 가뭄 등에 억눌린 국가(폭군은 종종 무력한 상태이며 풍요의 결핍을 초래한다); c. 심리: 인간 안에 있는 저열한 힘의 우세, 그의 '건강한' 면이 희생된다: 인간의 영적인 측면(='기사')은 기저의 힘과 싸운다; **4.** 괴물로부터 처녀를 구출하는 영웅: 괴물 왕(신성한 태양왕)을 죽여 폐위시키려는 영웅; 그는 처녀의 아버지이며, 그는 딸과 결혼함으로써 스스로 왕이 된다; **5.** 이러한 전설은 종종 숫자 7(연수, 피해자 수 등)과 연관된다. 행성의 나쁜 영향(=본능과 저열한 힘)을 물리친다; **6.** 리비도 또는 무의식의 산물; **7.** 인간이 진실을 보지 못하도록 방해하는 본능, 고조된 욕망, 부적절한 의도 등; **8.** 형태: a. 동물의 머리와 인간의 몸: 논리의 극단에 이르는 인간의 기본적인 힘; b. 동물 몸체와 인간 머리: 동물 측면의 단순한 우세, 더 낮은 본성; **9.** 용dragon 참조; 거인giant; 목동herdsman 등.

교수대 gallows **1.** 하급 범죄자의 전형적인 처형: 귀족의 목을 베는 참수형과 반대; 교수형hanging 참조; **2.** 희생; **3.** 교수대 자체와 그 주변 지역은 마법의 힘을 발산한다(거기에서 꽃이 자라는 등); 교수형hanging과 영광의 손hand (of glory) 참조; 학질을 막기 위해 마구간에 교수대를 걸었다; **4.** 구약성서: 하만에 대한 벌(에스더서Esth. 7:10); 에스더Esther 참조; **5.** (독일어판에서) 일곱 번째 계명을 어긴 죄에 대한 처벌을 상징한다: 도둑.

교수형 집행인 hangman 이 세상에서 큐피드는 "자신이 보는 모든 것을 가지려는 바보들"의 교수형 집행인이다(필립 시드니 경Sir Ph. Sidney, 고대 아르카디아OA 1, 66, 20; 참조: 헛소동Ado 3, 2, 9ff).

교수형, 매달리는 것 hanging **1.** 본래 희생제물의 형태이며 '매달리는 것'은 거세, 십자가형 등이 포함한다; 이것은 종종 죽은 후에 '교수대에 매다는' 형태였다; **2.** 태양왕의 죽음; 이것은 봉헌된 시체이기 때문에 신체, 의복, 교수대, 십자가상, 말뚝 등에 상당한 마법의 힘이 부여되었다(마법의 힘은 교수형이 집행이 될 때까지 유지되었다); 교수형 집행인은 대사제였으며, 그는 이러한 기능을 통해 강력한 권력을 얻었다; 크림힐트를 질투한 브륀힐트 여왕은 결혼식 날 밤 크림힐트의 남편이 될 군터를 자신의 띠로 손과 발을 묶어 매달았다; 매달린 남자hanged Man 참조; **3.** 일반적으로 이것은 하늘의 신들에게 바치는 희생제물이었다(이로 인해 여자는 결코 바치지 않았다); **4.** 이것은 또한 하늘신의 희생적 자살이다: 오딘, 그리스도 등; 종종 창상과 화상을 입었다(또는 창상과 화상이 선행되었다); 오딘은 매달린 신이자(지혜를 얻기 위해) 창을 휘두르는 신이다; **5.** 매달리는 여신들과 여자 주인공들은 나무에 매달리는 달moon일 수 있다: 예 헬레네의 나무 숭배와 '매달린 아르테미스'; 헤라도 제우스가 내린 벌로 매달렸다(파우사니아스Pausanias 8, 23 참조); **6.** 이후 실제 교수형은 다른 방법(예 머리 자르기 참조)으로 대체되었다; 옷, 넝마, 인형을 '봉헌 공물'로 나무에 매달았다; **7.** 그 후에도 이것은 운이 나쁜 죽음, 수치스러운 처벌의 형태로 간주되었다; 앵글로색슨족은 조상인 게르만 부족으로부터 이 형벌을 물려받았다; **8.** 엘리자베스 1세 여왕 시대에 이것은 일반적인 범죄자들에 대한 형벌이었다; 참수형은 귀족에게 적용되었다; **9.** 이것은 개(때로는 고양이)를 죽이는 대표적 방법이다: a. 속담: "개를 죽이기 위해 목을 매다는 것 외에도 많은 방법이 존재한다" "개에게 오명을 씌우고 목을 매달아라" 등; b. 민요에서: 예 "마리 여왕"; c. 전래동요에서: 예 "목사로부터 서기에 의해 교수형에 처하라는 선고를 전해 받은" 늙은 개 브렌디 브라이트에 관한 동요; d. 18세기까지 사람에게 해를 입히고, 교수형을 선고받은 개들에 관한 공식 재판 기록이 존재한다; **10.** 심리: '매달림'은 충족되지 않는 갈망 또는 절박한 기대의 상징이다(매달린 남자The Hanged Man 참조).

교차 intersection **1.** 연결; 의사소통; **2.** 반전, 방향 변화가 유도되거나 모색되는 곳(종종 '묶어 주는' 매듭 기능을 갖고 있다): a. 손가락 또는 물체의 교차; b. 춤에서 검이나 막대기의 교차: 일반적으로 풍요를 위한 변화(또는 치료)의 촉진; **3.** 모든 교차, 특히 시간과 영원이 만나는 움직임 없는 지점.

교회 church **1.** 기독교도: a. 유대교인(=유대교)과 반대의 의미로서 의인화된다; b. 많은 역사적 인물로 의인화된다: 예 사라 대 여자 노예; **2.** 종종 영혼들의 배; **3.** 교회의 첨탑: 남근, 생식력; **4.** 탑: 불 또는 태양의 탑r; **5.** 신자들이 모인 교회: a. 석류; b. 딜런 토머스Dylan Thomas: 옥수수 이삭 같은 유대교 회당; **6.** 가장 신성한 색깔들: a. 파란색: 솔직함, 불변성; b. 흰색: 최고의 신(모든 색깔을 합한 것보다), 영원한 젊음, 순결함, 처녀성; **7.** 자궁을 상징하는 샘과 함께 어머니 상징; **8.** 민속: 교회 현관에서 바라보기: a. 중요한 날의 전날 밤에(특히 성 마르코St. Mark 축일 전날 밤): 자정 전후 1시간 동안 기다리고 있으면 1년 안에 죽을 사람들이 자정 즈음에 교회로 들어온다; 때로 모든 교구 신자가 들어오고, 나오지 않은 사람들은 죽는다; 남자와 여자가 팔짱을 끼고 나오면 그들은 그해에 결혼할 것이다; b. 결혼 점: 자정을 알리는 시계가 울리기 직전에 교회에 들어가라: 결혼식 행렬이 교회로 들어가는 것이 보이면면 당신은 그해에 결혼할 것이다; **9.** 매장(예 무덤지기Churchyard- Watcher, 무덤grave, 결혼wedding 참조.

구 orb **1.** 완전성, 완벽함; 볼ball; 지구본globe 참조; **2.** (왕의 홀sceptre과 함께) 세상에 대한 통치권; **3.** 태양이나 별(예 베니스의 상인Mer. V. 5, 1), 혹은 그것의 궤도; **4.** 볼ball, 지구본globe 참조.

구(球), 구체, 지구본 globe **1.** 원과 공의 상징성과 동일한 상징성을 갖고 있다: a. 완성; b. 마법의 중심, 영혼 또는 세계의 모든 영혼soul; c. 온전함; d. 영원; **2.** 지구, 여정; **3.** 힘(특히 구orb로서); **4.** 절묘하게 들어맞음: 모서리나 테두리가 없다; 히에로니무스 보쉬Jheronimus Bosch의 그림 "세속적 쾌락의 정원Garden of Earthly Delight"에서 두 연인은 유리 구체에 들어 있다: 이는 합일에 대한 암시와 함께 나머지 세계와의 분리, 세속적 즐거움의 부질없음을 의미한다; **5.** 태양 원반: 이집트; **6.** 머리: "이 산만한 구globe"(역주: 산만하고 어지러운 세상)(덴마크의 왕자 햄릿Ham. 1, 5); **7.** 연금술: a. 검은 구체: '원질료'; b. 날개가 있는 구: 영적 움직임, 진화를 의미한다; **8.** 딜런 토머스Dylan Thomas: a. 고환("일단 황혼 빗장이 열릴 때When Once the Twilight Locks no longer"); b. 시("죽음과 입구Death and Entrances"); **9.** 다른 것과의 조합: a. 가운데 줄이 있는 것, 즉 사위분할이 있는 지구본: 1년의 주기, 적도, 극지, 그리고 지구의 직경 분할을 의미한다; b. 십자가와 구: 세상에 대한 점진적인 깨달음, 구원; c. 태양계와 지구: 바다에 대한 통치권을 의미한다; d. 날개를 펼친 독수리와 지구: 헌신; e. 삼각대 위의 지구: 우라니아의 상징; f. 지구를 발로 차는 우화적인 사람: 세상에 대한 경멸을 의미한다; g. 두 개의 반달로 쪼개진 구: 달의 상징(7seven 참조); **10.** 구체orb 참조.

구강성교, 펠라치오 fellatio 구강성교의 꿈에 대해서 아르테미도로스Artemidorus는 다음과 같이 썼다: **A.** 만일 꿈속에서 자신의 아내나 정부에게 구강성교를 받은 경우: 1. 이것은 결혼이나 애정에 대한 증오와 파탄을 의미할 뿐이었다. 왜냐하면 "구강성교를 한 여자와 함께 식사하거나 자신에게 키스하는 것은 허용되지 않기" 때문이다; 2. 만일 임신한 여자가 구강성교를 하는 꿈을 꾼다면 그녀는 유산을 하게 될 것이다. 왜냐하면 그녀는 본성에 반대되는 정액을 받았기 때문이다; 3. 만약에 구강성교를 한 여자가 남자보다 부자라면 남편을 위해 많은 빚을 갚아야 할 것이다. 만일 그 여자가 노예와 함께 살고 있다면 자신의 돈을 써서 '남편'을 해방시켜야 할 것이다(다음 C번의 3, d 참조); **B.** 1. 만일 꿈에서 가족 구성원 (성장한 자녀 또는 부모) 또는 친구로부터 구강성교를 받은 경우에는 꿈을 꾼 사람과 그들 사이에 생길 적개심의 징후이다; 2. 만약 꿈에서 아기로부터 구강성교를 받는다면 아기는 죽게 될 것이다. 왜냐하면 더 이상 아기에게 키스를 해 줄 수 없기 때문이다; 3. 만일 꿈에서 낯선 사람으로부터 구강성교를 받는 경우라면 정액의 분비가 헛되이 이루어졌기 때문에 꿈을 꾼 사람은 어떤 댓가를 지불해야 할 것이다; **C.** 꿈을 꾼 사람이 구강성교를 행한 경우: 1. 아는 사람에게 한 경우 그 사람은 적이 될 것입니다. 왜냐하면 더 이상 그 상대에게 키스할 수 없기 때문이다; 2. 낯선 사람에게 한 경우: 이 꿈은 플루트 연주자, 트럼펫 연주자, 웅변가, 수사학 교수 등 입으로 생계를 유지하는 사람들을 제외하고는 항상 나쁜 징조이다; 3. 자기 자신에게 한 경우: a. 자녀가 없으면 자녀를 갖게 된다; b. 자녀들이 여행 중이라면 그들에게 키스하며 만나게 될 것이다; c. 아내가 없는 많은 사람들이 이런 꿈을 꾼 후에 바로 결혼했다; d. 가난한 사람, 빚이 있는 사람 또는 노예에게는 그들을 난처하게 만드는 '속박'(즉, 그들의 생식기관)으로부터 자신을 해방시키는 꿈이므로 긍정적인 꿈이다; e. 이 꿈은 자녀가 있고 자녀를 낳기 원하는 사람에게는 좋지 않다: i. 그의 자녀들은 죽을 것이다; ii. 그는 다른 자녀를 갖지 못할 것인데 이는 남성의 생식기관이 아이들과 무덤의 입(입구)에 동화되기 때문이며, 입은 빼앗은 모든 것을 파괴하기 때문이다; f. 게다가 스스로 성적 만족(쾌락)을 얻을 수 있는 사람에게는 파트너가 필요 없으므로 아내나 연인이 없어진다; g. 구강성교를 하는 꿈은 이 밖의 모든 사람에게 자신에게 '자양분을 제공'하기 위해서 극도로 기본적인 필수품에 의존해야 할 정도로 극심한 빈곤이나 끔찍한 질병을 예고한다(그리스어 본문에는 '필수품'에 해당 되는 단어에 대한 재치있는 이야기가 있다, '필수품'='아난카이아anankaia'나 '구속의 장소, 감옥'='아난카이온anankaion', 이 단어는 '남근phallus'을 의미하기도 한다): 가난에서 벗어나기 위해서 자신의 소중한 재산을 모두 팔아야 한다; 몸이 병들어 녹아내려서 입이 자신의 남근까지 닿을 수 있다(1, 79, 80 모두); 또한 오이디푸스Oedipus 참조.

구개, 입천장 palate 정신의 영spirit: 입천장은 영혼이 하나님과의 신비로운 연합 안에서 영혼이 큰 기쁨의 노래를 부르는 곳이다(산 후안 10세S. Juan X; 라마Llama 2, 35).

구관조 mynah (새) **1.** 이것은 인도에서 왔다; **2.** 클라우디우스 아엘리아누스Claudius Aelianus: a. 이것은 아름다운 목소리로 작은 새들을 유혹하지만 감금된 상태에서 노래하는 것은 거부한다(동물의 본성에 관하여NA 8, 24); b. 앵무새보다 말이 많고 지능이 높다. 흔히 사육되기 보다는 굶주림을 선호한다(같은 책 16, 3).

구근 bulb **1.** 성욕촉진제로 복용되었다(마르쿠스 발레리우스 마르티알리스Marcus Valerius Martialis, 풍자시Ep. 3, 75 및 13, 34; 또한 아테나이오스Athenaeus, 2, 63, d ff, 식용 아이리스Iris에 관한); **2.** 영양가가 풍부하지만 눈을 어둡게 한다(아테나이오스, 앞의 책); **3.** 튤립tulip 참조.

구기자 lycium (식물) **1.** 일반적으로 다음을 의미한다: 구기자나무boxthorn 또는 갈매나무buckthorn라고도 한다; **2.** 약용: a. 그리스. 'rhamnos'("유럽산 구기자Lycium europaeus")와 월계수 가지를 병실 문 위에 놓는다; b. 구기자와 포도주로 감염된 생식기를 치료했다(코르넬리우스 켈수스Cornelius Celsus 6, 18, 2).

구더기 maggot **1.** 윌리엄 블레이크William Blake: 불멸: 죽음에서 살아남음; **2.** 딜런 토머스Dylan Thomas: a. 죽음과 부패; b. 죽음을 극복한 불사(不死): "아무도 죽일 수 없는 구더기"

구덩이 pit **1.** 지옥: a. 저승(스올), 지하세계를 상징한다: "구덩이로 내려가는 자는 통째로 삼켜진다"; 무고한 자에 대한 살인to murder of the innocent 참조(욥기Job, 시편Ps. 등 참조); b. 원형적 동굴archetypal cave, 지옥hell 등 참조; **2.** 라틴어에서 'pit'은 외음부를 완곡하게 표현한 말이기도 하다.

구두 shoe **1. 외음부**, 다산, 사랑: a. 민요. "윌리의 숙녀Willy's Lady": 풀리지 않는 왼쪽 신발이 그녀의 출산을 방해한다; b. 민속: 신발 속에 사는 노부인: 그녀는 생식기 중심적이어서 많은 자녀를 두었다; c. "사랑에 푹 빠지게 된다over-shoes in love"(베로나의 두 신사Gent.): 레안데르Leander는 헬레스폰트Hellespont를 헤엄쳐 건너며 "사랑에 푹 빠져over-shoes in love" 있었다; 참조: "아주 깊이 사랑에 빠지다over-boots in love": 사랑의 수렁에 빠져 정신을 잃다; d. 이러한 상징성은 신데렐라 이야기에서 반전된다; e. 네덜란드에서는 성 니콜라스가 양말을 채우는 대신 나무 신발을 굴뚝 근처에 놓았다. 이것은 매춘으로 돈을 벌도록 강요당한 소녀들에게 돈을 준 전설을 상기시킨다(니콜라스 Nicholas 참조); **2. 쾌락**: "쾌락의 신발"(로버트 그린 Robert Greene, "참회하는 순례자의 송시The Penitent Palmer's Ode": '프란체스카의 행운Francesca's Fortune'); **3. 소유**: 룻기Ruth(4, 7)에는 땅을 소유하기를 원하는 경우 신발(또는 샌들)을 그 땅 한 켠에 던지는 관습에 대한 사례가 나온다; "그의 신발[=룻Ruth과 땅에 대한 권리]을 벗어 그의 이웃인 보아스Boaz에게 던지니"; 참조: 아랍의 이혼Arabic divorce: "그녀는 내 샌들이었고 나는 그녀를 버렸다"; **4. 겸손**(상징성의 단계): 비열하거나 덕망 있는 행동: a. 우리는 평화의 복음으로 신을 신어야 한다; b. 신발을 나르는 것은 일반적인 노예의 일이었지만(참조: 그리스도와 관련된 세례요한의 말), 끈을 풀기 위해서는 (누가복음Luke과 마가복음Mark) 그 사람 앞에 무릎을 꿇어야 한다. 그러나 유대인은 무릎을 꿇는 것이 허용되지 않았으며 심지어, 그가 노예라 하더라도 허용되지 않았다; c. 신발을 벗는 것은 "주님 앞에 벌거벗은 채로 서 있는 것"의 한 형태이다. 더 나아가 이것은 다산의 특징이기도 하다. 로마 세계에서는 유대인들이 맨발로 축제를 여는 사람들로 알려져 있었다; **5. 불명예**: (구약성서) 남자가 자식 없이 죽은 형제의 아내를 취하지 않으면 그녀는 성문 옆 장로들 앞에서 "그의 발에서 신발을 벗기고 그의 얼굴에 침을 뱉을 것이다". 그리고 그는 "신 벗김 받은 자의 집"(신명기Deut. 25, 9ff)이라 부를 것이다; **6. 인식**: 테세우스Theseus는 아버지의 신발(샌들)과 검을 꺼내어 자신의 정체성을 증명했다; **7. 자유**: 노예는 맨발로 다녔다; **8. 권위**, 권력, 왕족: 예 켈트족의 "황금을 입힌 신발gilded shoes"; 또한 샌들sandal 참조; **9. 여행**: 예를 들어, 화려한 신발 끈은 여행 경험이 풍부한 사람임을 보여 준다(예 눈에는 눈, 이에는 이Meas. 4. 3); **10. 이집트**: 적의 형상을 신발 속에 넣고 걸으면 그를 짓밟게 될 것이다; **11. 게르만**: 큰 신발은 자연의 힘을 상징하는 침묵의 신 비다르 Vidar의 상징 중 하나였다. 그는 세계의 늑대 펜리르 Fenris와 싸웠고 큰 신발로 괴물의 아래턱을 벌렸다; **12. 민속**: (나쁜) 운: a. 실수로 오른쪽 발을 왼쪽 신발에 밀어 넣는 것은 불운이다(플리니우스Pliny, 1, 85); b. 끈에서 매듭을 찾는 것은 행운이다; **13. 다산**: 신혼 부부 뒤로 던지는(또는 차에 묶인) 낡은 신발; "행운을 위한 쌀, 아름다운 아이를 위한 바우클bauchles[=오래된 신발]"; 이러한 관습은 다음을 설명한다: a. 납치 결혼의 유물; b. 소유권 또는 권한 이전; 앞의 3번 참조; 또는 외음부 상징: 신랑에게 주는 신부의 신발; c. 생명의 본질 또는 영혼과 관련된다: 새로운 출발을 위한 힘을 준다; **14.** 반장화buskin 장화; 발foot; 발뒤꿈치 heel; 왕king; 샌들sandal; 슬리퍼slippers 참조.

구두 수선공 cobbler **1.** 성욕: a. "나는 당신도 알듯이 그저 신발수선공[=제화공 또는 솜씨 없는 사람]이지만… 내가 살아가는 수단이라곤 송곳뿐이고, 나는 장인의 일과도 상관없고, 여자의 일과도 상관없고…"(율리우스 카이사르Caes. 1, 1; '일matters'의 경우, 덴마크의 왕자 햄릿Ham.의 "나라 일country-matters"=성관계 참조); b. 거리의 민요에서 구두 수선공은 정육점 주인의 아내의 연인이며, 정육점 주인의 아내의 살집 풍만함은 (다시 한 번 구두 수선공의 남근 모양의phallic 송곳과 함께) 고기에 빗대어 자세하게 묘사되었다; **2.** 구두 수선공이부유해질수록 그의 엄지손가락은 더 검어진다"(속담); 3. 제화공shoemaker 참조.

구두 수선공 shoemaker **1.** 터무니없는 노래를 부르는 사람에게: "구두닦이의 돌림노래를 부르면서 고래고래 소리 지르고 있다니."(십이야Tw. N. 2, 3); **2.** "누가 구두 수선공 아내보다 더 안 좋은 신을 신는가"; **3.** 구두 수선공cobbler 참조.

구렁텅이, 진창 slough **1.** 플라톤은 사악한 영혼들이 지하세계에 묻히는 오르페우스교Orphism의 야만적인 '진창'을 언급한다(국가론Rep. 7, 14, 533D); **2.** 습지marsh 참조.

구루병 rickets 영국인의 질병(토머스 브라운 경Sir Thomas Browne, "친구에게 보내는 편지Letter to a Friend" p. 107).

구름 cloud **1.** 하나님의 현현(히브리인들의 구름 기둥: a. 신은 구름 뒤에 숨는다; b. 신이 타는 말 또는 전차(마법의 양탄자와 관련된다: 이사야서Isa. 19, 1; 전차의 경우, 에스겔서Eze.); c. 여호와는 구름 속에 숨어 구름의 형태로 움직이면서 '광야'에서 그들을 인도했다; d. 여호와의 노여움(예레미야 애가Lament 2, 1); 전쟁의 잔혹한 구름 참조: 시모니데스Simonides와 핀다로스Pindarus (이스트미아 송시Isthm. 0, 7, 27); e. 인자가 구름과 함께 올 것이다(요한계시록Rev. 1, 4 및 다니엘서Dan. 7, 13); **2.** (따라서) 신의 섭리, 신성함, 인자함, 지혜; 또한 구름은 불타는 태양으로부터의 보호; **3.** 무지개(여호와의 약속 표시)의 영광을 가져온다; **4.** 풍요를 주는 비를 가져온다: '상류'; **5.** 하늘: "구름 속에 앉아 내 슬픔의 밑바닥을 보면 연민을 느끼지 않는가?"(로미오와 줄리엣Rom. 3, 5); **6.** 태양을 가리는 것: a. 이때 태양은 진실; b. 또는 지식(미지의 구름); c. 또는 영광; 그러나 궁극적으로 태양에 저항하지 못함: "태양이 가장 어두운 구름을 뚫고 나오는 것처럼 명예로움은 가장 비열한 습관을 깨뜨린다"(말괄량이 길들이기Shr. 4, 3); d. 신의 지위가 됨: 헤라클레스와 그리스도가 하늘로 승천할 때 그 아래에 구름이 흘러갔다; **7.** 덧없음: 아침 구름: 에브라임의 선함(호세아서Hos. 6, 4); **8.** 기만적인 겉모습(진실을 숨김): "때로 우리는 용과 같은 구름을 본다. 곰이나 사자 같은 수증기, 우뚝 솟은 성채, 걸려 있는 바위, 갈라진 산 또는 그 위에 나무가 있는 푸른 곳, 형상의 구름"(안토니우스와 클레오파트라Ant. 4, 14); **9.** 외로움: "나는 구름처럼 외로이 떠돌았네…"(윌리엄 워즈워스 William Wordsworth); **10.** 잠: "괴로워하는 이 왕자에게 구름같이 내려오라"(존 플레처John Fletcher, 발렌티아누스의 비극Trag. of Valent. 5, 1); **11.** 메신저: 초기 기독교에서 구약성서의 예언자들은 희미하고 어렴풋하게 진실의 환영을 본다; **12.** 사랑: 게르만족의 사랑의 여신인 프리가 또한 구름을 만들어 내는 여신이었다; **13.** 배신: 왕을 배신한 고위 관료에 대해 "하늘이 더 맑고 아름답기 때문에, 그 안에서 떠다니는 구름은 아름다워 보이지 않는다."라고 말한다(리처드 2세의 비극R2 1, 1); **14.** 하늘의 무리; **15.** 천상의 말을 타는 기수; **16.** 랍비 유대교 문헌에서: 그 위에 불이 타고 있는 구름: 셰키나=신의 힘을 상징하는 여자 정령: a. 그녀는 결혼을 주재한다; b. 인간이 저지른 죄로 그녀는 점차 일곱 번째 하늘까지 올라갔지만 여섯 명의 의로운 사람(아브라함, 이삭 등등)이 그녀를 다시 땅으로 데려왔고 땅에서 그녀는 성막에 자리 잡았으며 솔로몬의 신전으로 들어갔다; 출애굽 때 여자는 다시 하늘로 돌아갔다; **17.** 참고할 문학서: A. 윌리엄 블레이크William Blake: a. 신의 전차; b. 힘의 초점; c. 진실을 가리는 존재; 이성의 구름Clouds of Reason("고대 시인의 목소리"); B. 윌리엄 B. 예이츠William B. Yeats: 분산되고 효과적이지 못한 원칙, '느슨한' 상상력; **18.** 구름 아래에 있는 것: a.=명예롭지 못한 상태; b. 아이네아스와 그 동행자들은 그의 어머니 비너스가 만든 안개의 "구름 아래서" 들키지 않은 채 카르타고의 중심에 들어갔다(베르길리우스Virgil, 아이네아스Aen. 1, 411); **19.** 꼭대기에 구름을 이고 있는 산: 종종 신들이 있는 곳, 예 제우스가 있는 가르가론: 향incense 냄새가 나는 연무 또는 구름이 화관처럼 둘러져 있다(호메로스Homer, 일리아드Il. 15, 153); **20.** 구름에서 태어남: 켄타우러들은 익시온과 구름의 모습을 한 주노의 손자들이다; 익시온과 구름의 모습을 한 주노는 켄타우로스를 낳고, 켄타우로스는 암말과의 사이에서 켄타우러들을 낳았다(예 나소 P. 오비디우스Naso P. Ovid, 변신이야기Metam. 9, 123; 및 12, 504; 핀다로스 Pindarus, 피티아 송시Phth. 2, 21ff).

구리 copper **1.** 돈; **2.** 평범한 사람들에게는 금속; **3.** 그리스-로마에서 a. 구리는 이미 기원전 약 8000년에 사용되었지만 고전시대에 구리는 주로 구리 매장층이 풍부한 사이프러스섬과 관련있다; 그 매장층의 이름은 'aer cuprium'=사이프러스의 광석ore of Cypus이었고, 이것이 '구리copper'가 되었다; b. (그러므로) 구리는 아프로디테 및 금성과 연관된다; 행성 Planets 및 금속Metals 참조; 또한 케레스와 연관된다(나소 P. 오비디우스Naso P. Ovid, 행사력Fasti. 4, 405); c. 인간의 세 번째 연령 시대Third Age(인간의 나이 ages 참조); d. 달에서 가장 흔한 금속(사모사테 출신 루키아노스Lucianus from Samosate "진실된 역사True History"); **4.** 그 색깔 때문에: 가을, 결실, 그러나 또한 부패; **5.** '딸기코': a. 사춘기나 성인기 초기에 가장 걸리기 쉬운 피부병인 '주사성좌창'에 의해 빨갛게 된 코; b. 폭음: 돈이 많이 드는 형태; **6.** 민속: 팔이나 다리에 구리철사를 감고 있으면 성병을 예방한다; 놋쇠 brass 참조.

구멍 hole **1.** 종종 다음과 같이 표현된다: a. 구멍 뚫린 돌: 마법의 속성 때문에 가축과 돌을 찾아낸다; b. 기둥과 상인방이 있는 문; c. 특히 입문의례에서 가해진 상처; **2.** 외음부; **3.** 다른 세계가 열리는 것; **4.** 신비한 중심The Mystic Centre, 세계의 배꼽, 천국; **5.** "바람이 구멍으로 불면 마음을 다스리고 돌보라"(속담).

구멍, 움푹 파인 곳 hollow **1.** 동굴의 추상적인 형태: 무의식의 어머니를 상징한다; **2.** 산 또는 언덕의 대극; **3.** 장소로서 a. 죽음; b. 무의식; **4.** 소설 할로우맨Hollow Man에 대해서는 사람man 참조.

구성원 member '다루기 힘든 구성원': (길들여지지 않는) 혀(야고보서James 3, 8 참조).

구슬말 nostoc 카를 융Carl Jung: a. 비가 계속되면 나타나는 점액질의 남조류. '스타젤리star jelly'나 '황금흰목이witches' butter'(역주: 곰팡이의 종류)라고도 불린다; b. 별에서 내려오는 광선 또는 열선으로 생각했다; c. 연금술: 하늘에서 내려온 것으로 추측되며 승화작용을 하는 불가사의한 것으로 여겨졌다(13, 153n.).

구유 trough "파우스트Faust"에서 마녀들은 빵 굽는 구유를 타고 날아다녔다(괴테Goethe, 파우스트F. 4009; 체를 타고 날아다닐 때가 더 많긴 했지만).

구조, 직물 fabric **1.** 이 세상의 덧없음: "그리고 이 비전의 근거 없는 구조처럼"(템페스트Tp. 4, 1); **2.** (일시성) 문학작품: 시간의 흐름은 시인들의 작품 구조를 끊임없이 손상시키지만 파괴할 수 없는 단호한 셰익스피어의 작품에는 영향을 미치지 못한다(새뮤얼 존슨Samuel Johnson, "셰익스피어의 편집Edition of Shakespeare", 서문preface); **3.** 베틀loom; 연결망web 등 참조.

구즈베리 gooseberry (식물) **1.** 다음 품종의 이름: 메이 듀크May Duke, 킵세이크Keepsake, 인더스트리Industry, 케어리스Careless, 레벨러Leveller; **2.** 태양의 상징, 지혜; **3.** 기대; **4.** 후회; **5.** 속담(엘리자베스 1세 여왕 시대) "구스베리만큼의 가치도 없다"(예 헨리 4세 2부 2H4 1 2); 참조. "딸기만큼의 가치도 없다"(트로일로스와 크레시다Troil. 5, 4); **6.** 딜런 토머스Dylan Thomas: "구즈베리 나무gooseberry wood": 목가적인 사랑의 장소.

구체, 천구 sphere **1.** 천상 또는 지상의 형태; **2.** 창조적 움직임, 생명의 수레바퀴; **3.** 신의 형태; **4.** 프톨레마이오스Ptolemaic: 천구=지구: a. 우주의 중심; b. 9개 구체의 보이지 않는 공간으로 둘러싸여 있는 곳; 천국heaven 참조; **5.** 새장 같은 구체 안에 놓인 사람: 후광halo 참조; **6.** 천체의 음악: 음악music 참조; **7.** 윌리엄 B. 예이츠William B. Yates: 완벽함: 별자리가 구체로 변함("선택됨Chosen"); **8.** 지구본globe; 궤도orb 참조.

구토 vomiting **1.** 아리스테이데스는 '연설을 토해내지 않았다', 즉 즉흥적이고 계획 없이 하는 것이 아니라 완벽하게 만들려고 노력했다고 말했다; 그는 이런 이미지를 키케로의 글에서 발견했을 것이다(점치는 것에 대하여Ep. ad Div. 12, 2); 많은 후대의 소피스트들이 이것을 주장했다(필로스트라투스Philostratus, 소피스트들의 삶BS 583); **2.** 구토하는 꿈: a. 피: i. 피를 조금 토하는 것은 가까운 친척이나 이웃과의 다툼을 의미한다; ii. 많은 양의 피를 토하는 경우에는 피가 건강한 색이면 재화와 부를 얻는 것을 예견하는 것이므로 가난한 사람에게 좋다. 그 이유는 피와 돈이 같은 관계에 있기 때문이다('선조'들이 지혜롭게 말한 바와 같이); 또한 자식이 없는 사람에게도 좋다; 그가 아이를 낳거나 여행하던 친척이 무사히 돌아올 것을 예견할 수 있기 때문이다(둘 다 혈연); 만일 토한 피가 그릇에 담기면 친척은 살 것이고 피가 땅에 떨어지면 죽을 것이다; b. 담즙 또는 가래를 토하는 꿈: 고통과 질병의 완화를 의미하지만 건강한 사람들에게 이 꿈은 나중에 해소될 악을 의미한다; c. 음식을 토하는 꿈: 몸이 음식물을 거부해서 생기는 손상을 의미한다; d. 내장을 토해내는 꿈: 남편과 아내에게는 자녀의 죽음을 예고하는 것이며, 자녀가 없는 사람에게는 사랑하는 사람을 잃는 것을, 아픈 사람에게는 죽음을 예고하는 것이다(달디스의 아르테미도로스Artemidorus of Daldis 1, 33).

국가, 시골 country **1.** 땅과 국가. 둘 모두 어머니 상징: 왕(신성한 왕Sacred King 참조)은 그의 국가와 결혼한다: 국가의 풍요는 왕의 건강에 달려 있어 풍요를 생산하지 못하는 왕은 죽어야 할 수도 있었다; **2.** 딜런 토머스Dylan Thomas: "시골 감각Country-senses": a. 토착민(현지인); b. 신선하고 무해한 녹색 채소.

국화 chrysanthemum (식물) **1.** 어원: '황금꽃golden flowe'; 매우 강인하다: 정원의 다년생 식물; **2.** 태양의 수레바퀴 상징: a. 풍부함; b. 장엄한 아름다움; **3.** 점성술: 궁수자리에 영향을 준다; **4.** 동양(서양의 장미와 반대), 특히 일본과 관련된다.

군대 army 유령군대와 군단에 관한 다양한 예가 있다: 유령군대는 로마 내전을 예언했다(루카누스Lucan, 네로의 찬사L. 560ff). 영국에서 여러 장소가 유령군대로 유명하다(브리타니아의 민속과 문화Folkl. of C. Brit.: "꽃무덤Flowers Barrow", p. 158, 에일스포드Aylesford, p. 196).

군소 sea-hare (어류) **1.** 일반적으로 다음을 의미한다: 그리스어 '라고스 탈라시온스lagos thalassions' 또는 라틴어 '레푸스 마리티무스lepus maritimus'에 해당한다. 토끼 색깔의 무서운 바다 민달팽이로 '아플리시아 데필란스Aplysia depilans'라 불리며 토끼 같은 귀를 갖고 있고 자주색의 산성 분비물을 분비한다(니칸데르Nicander, 알렉시파르마카Al. 465ff.); **2.** 독: a. 독이 있다. 이것에 물리면 생선 냄새가 난다. 군소 암컷을 보기만 해도 (임신한 여성에게) 유산을 일으키기 때문에 이를 방지하기 위해 수컷 군소 팔찌를 부적으로 착용해야 한다(플리니우스Pliny 32, 3ff.). 지구상에서 가장 나쁜 독으로 네로와 티투스 그리고 형제인 도미시아누스가 사용했다(필로스트라투스Philostratus, 티아나의 아폴로니오스의 전기VA 6, 32); c. 따라서 위험한 음식이며(클라우디우스 아엘리아누스Claudius Aelianus, 동물의 본성에 관하여NA) 오직 붉은 숭어만이 군소를 먹을 수 있다(플리니우스Pliny, 같은 책).

군인, 병사 soldier **1.** 용기: "아니, 여보, 뭐라고요? 병사가 겁을 내다니요?"(맥베스Mac. 5, 1); **2.** 방어, 경계; **3.** 봉사, 대의를 위한 헌신: "그대의 목적을 위한 병사"(타이어의 왕자 페리클레스Per. 4, 1); **4.** 낮은 계급; **5.** 민담 주제: 빛나는 갑옷을 입고 아내(새벽)를 떠난 노병(태양-영웅)이 오랜 시간 후에 누더기를 걸친 채 돌아오고, 그의 늙은 아내는 그를 알아보지 못한다(해가 진 뒤에 으스름).

군중 crowd **1.** 다중성의 나은 형태: 형태: 전체성, 단일성: 폭도mob는 군중crowd의 좋지 않은 형태이다; **2.** 많은 사람이 줄줄이 이동하는 모습: a. 심리: 무의식(대양의 파도처럼); b. 어중간한 상태의 사람들: 선하지도 악하지도 않음: 단테Dante(신곡 지옥편Inf.)는 토머스 S. 엘리엇Thomas S. Eliot("황무지The Waste Land" 1부)에 의해 계승되었다.

굴 oyster 1. 가장 하등한 형태의 동물: 사자 혹은 독수리의 반대(중세 자연사에서); **2.** 날것으로 먹는다; **3.** 욕정: a. 민요: 여성 성기: "그녀는 굴처럼 닫혔다가 열린다"("오이스터 난Oyster Nan이 욕조 옆에 서 있을 때"); b. 최음제: 굴은 남성에게 쿤닐링구스(역주: 남성이 여성에게 하는 구강성교)만큼이나 '일반적인 성행위'에 끌리게 한다(로버트 버튼Robert Burton); **4.** 세상: a. 바빌로니아인은 이 세상을 굴로 보았다; b. "그렇다면 세상은 나의 굴이며 내가 칼로 열어버릴 것이다"(윈저가의 즐거운 아낙네들Wiv. 2, 2); **5.** 어리석음, 우둔함: 우상의 속성; **6.** '굴 파는 처녀': 가장 비천한 직업: 헨리 볼링브로크Henry Bolingbroke는 추방당하는 길에 민중의 환심을 사기 위해 굴 파는 처녀를 향해 모자를 벗어 인사했다(리차드 2세의 비극R2 1, 4); **7.** 딜런 토머스Dylan Thomas: "굴을 모음(母音)으로 쪼개라": 굴은 침묵을 상징하므로 굴이 쪼개지면 말씀이 방출된다("올빼미 빛의 제단Altarwise"); **8.** 민속: a. 굴이 깊은 곳에서 잠들면 혹독한 겨울이 예견된다; b. "맨 먼저 굴을 먹은 사람은 용감한 사람이다"(속담); **9.** 진주pearl 참조.

굴뚝 chimney 1. 집으로 들어가는 입구: a. 창문을 판자로 막고 문을 자물쇠로 잠그고 말 편자로 막으면 굴뚝은 마녀가 들어갈 수 있는 유일한 입구이다(잉골즈비 전설Ingoldsby Legends 1; 괴테Goethe, 파우스트F. 2381); b. 이와 마찬가지로 재미있으면서 덜 무서운 의미로는 산타클로스가 집으로 들어가는 입구이며 네덜란드에서 산타클로스로 여기는 성 니콜라스의 조수인 블랙 피터가 집으로 들어가는 입구이다; **2.** 굴뚝 옆에 앉아 있는 것은 활동적인 삶을 사는 것과 정반대의 상태를 의미한다: 예 전쟁터에서("멀린 Merlin" 22, 민담fol. 140B).

굴뚝 청소부 chimney-sweep 1. 윌리엄 블레이크 William Blake: 유아기적 퇴행i과 고통; **2.** 민속: (불 및 난로와 연관됨, 검은색): a. 굴뚝 청소부를 우연히 만나게 되면 매우 행운이다: 굴뚝 청소부에게 인사하라; b. 신부가 굴뚝 청소부를 만나면 최상의 행운이다, 그가 행운을 빌어 주고 잠시 함께 걷는 경우는 특히 그러하다: 굴뚝 청소부는 그을음 및 재와 관련 있으며 그을음과 재는 비옥함과 연관된다(불로 정글을 태워 원시적, 약탈적으로 경작하고 비옥함을 얻었다); c. 전래동화: "부활절의 베 짜는 사람, 굴뚝 청소부는 아내가 있었지만 도망갔다네, 새 아내를 맞았지만 그녀를 사랑하지 않았네, 굴뚝으로 그녀를 밀어 넣었다네"; d. 생식력과의 또 다른 연관성은 그가 하는 일이다: 여성의 음문—굴뚝 속으로 들어가는 남근; **3.** 매연 soot도 참조.

굴뚝새 wren (새) 1. (황금 볏의) 굴뚝새는 지난해의 쌍둥이 영웅이며(네덜란드에서는 '겨울 왕'), 성 스테파노 축일St. Stephen's Day에 붉은 가슴 울새와 이들의 친구들이 굴뚝새를 사냥한다: a. "굴뚝새시여, 굴뚝새시여, 새의 왕이 성 스테파노 축일에 가시금작화에 갇혔네". 막대기를 들고 마을을 돌아다니면서(십자가에 못 박힌 영웅의 잔재) 굴뚝새를 죽일 때 부르는 전통적인 운문 시; b. 긴 전래동요에서 유럽울새와 이들의 친구들이 굴뚝새를 죽였을 때 이 굴뚝새가 너무 커서 수레 한 대와 말 여섯 필로 옮겨야 했고, 일곱 명의 요리사가 손질해서 '양조업자의 커다란 솥'에 삶았다; c. 또 다른 운문에서는 울새의 아내 암당나귀였다; d. 담쟁이덩굴 또는 호랑가시나무에서 볼 수 있으며, 자작나무 막대기에 맞아 죽는다; **2. 모성애**, 영웅심: a. 굴뚝새는 자신의 새끼를 지키기 위해 부엉이와 싸울 것이다(맥베스Mac.); b. 전래동요: "비둘기가 말해요 구, 구, 어떡하면 좋을까? 난 둘을 지키기도 힘들어. 푸, 푸, 굴뚝새가 말했어요. 난 열 개야. 모두 신사처럼 보호할 거야"; **3. 육욕**: "굴뚝새도 그렇고"(리어왕Lr. 4, 6)(역주: 굴뚝새도 그렇고 작은 금파리도 내 면전에서 뻔뻔스럽게 음란한 짓을 하거든); **4.** 예언: a. 아일랜드: 브란에게 바쳐졌으며 계절 변화와 죽음을 예고한다(까마귀처럼); b. 드루이드교의 새; **5. 죽음**: a. 콕 로빈의 장례식에서 굴뚝새는 관을 운구했다; b. 붉은 가슴 울새와 굴뚝새는 아직 묻히지 않은 시신을 잎과 꽃으로 덮는다(존 웹스터John Webster, 하얀 악마WD 5, 4); **6. 위로**: 짹짹거리는 위로(헨리 6세 2부 2H6 3, 2); **7. 자그마한 크기**: "야, 저기 굴뚝새의 아홉 번째 새끼가 오는 군": 둥지에 마지막까지 남은 작은 새를 말하며, 몸집이 작은 여인을 가리킨다(십이야 Tw. N. 3, 2); **8. 윌리엄 블레이크**William Blake: "저 작은 굴뚝새를 해치는 자는 결코 사람의 사랑을 받지 못할 것이다."(순수의 전조Aug. of Inn.); **9. 딜런 토머스**Dylan Thomas: a. 아버지는 아들에게 굴뚝새와 거미(삶과 죽음의 요소)를 죽이라고 조언하지만 아들은 거부한다("뼈에서 고기를 찾아라Find meat on bones": 역주-다른 대안을 찾다); b. 굴뚝새의 뼈: 얇고 약하며 미래의 빛으로의 여행(나중에 날개가 달린다); c. 알 속의 매(=탄생-죽음의 시작)가 굴뚝새를 죽인다("다리가 긴 미끼의 발라드Ballad of the longlegged bait"); **10. 민속**: 굴뚝새의 알을 가져가면 매우 불길하다.

굴레, 재갈 bridle **1.** 다음을 상징한다: 절제는 입에 채운 재갈(혀를 억제하는)과 머리에 시계(순서대로 일을 처리하는)를 가지고 있다; **2.** 신약성서: 세상이 끝날 때 나타나는 끔찍한 학살의 이미지(계시록 Rev. 14, 20). 성서는 피가 심지어 '말의 굴레 위에도' 닿을 것이라 말한다; **3.** 말horse 상징에서 공통적으로 나타난다(풍요 등); **4.** 고삐rein 참조.

굴리다, 구르다 rolling **1.** 구약성서: '구르는 돌'(돌stone 참조; 우두머리The principal 참조): 그리스도의 무덤 앞에 있는 돌; **2.** 그리스: 시시포스는 저승세계의 산 정상으로 돌을 밀어 정상에 도달했지만 다시 돌이 굴러 떨어졌고 그래서 헛되이 다시금 돌을 밀어 올려야 했다. 그는 자신의 왕국에 온 모든 여행자들을 바위에 던져 야만적으로 죽인 것에 대한 벌을 받은 것이다; **3.** 단테Dante: 구르는 추weights(신곡 지옥편Inf. 7)는 탐욕스러운 자들(시시포스도 탐욕스러웠다)과 낭비하는 자들에 대한 벌이다. 이들은 '저주받은 늑대'의 감시 하에 석로에게 추를 굴린다. 탐욕스러운 사람들 대부분은 성직자의 혀를 가지고 있다.

굽기 baking **1.** 성교: "반죽하기, 케이크 만들기, 오븐 가열하기, 굽기"(트로일로스와 크레시다Troil. 1, 1); **2.** 올빼미는 빵 굽는 자의 딸이었기 때문에 올빼미owl 참조; **3.** 오븐oven도 참조.

궁수 archer **1.** 구약: 이스마엘은 궁수가 되었다(창세기Gen. 21, 20); **2.** 고대세계 최고의 궁수들은 이집트, 근동 및 크레타 출신이었다; **3.** 켄타우러centaur 참조; 궁수.

궁수자리 Sagittarius (별자리) **1.** 일반적으로 다음을 의미한다: a. 황도 별자리의 아홉 번째 별자리; b. 화살을 쏠 준비를 하는 켄타우러의 모습을 나타낸다; c. 황도 별자리의 최남단; 궁수자리의 서쪽 경계 부근은 겨울-동지이고, 그 영역은 (지구가 속한) 나선형 은하의 중심이다; d. 바빌로니아: 네르갈-화성(이후 케이론Cheiron): 황도 별자리의 세차운동으로 인한 가을-추분의 시기; e. 속성: 건조하고, 뜨겁고 남성적이며 상서롭다; **2.** 죽음의 시기(사냥의 계절)와 사색의 시기; 폭풍의 달을 연다; **3.** 다음에 상응한다: a. 신체: 허벅지; b. 색상: 파란색; c. 원소: 불; d. 행성: 목성; e, 풍경: 유사quicksand와 마법의 중심; f. 타로카드: 은둔자the Hermit 카드; **4.** 심리: a. 천국으로 가는 사다리(화살); 승화; b. 완전한 인간: 동물적인 부분(하반신), 영적인 부분(인간 부분), 그리고 신성한 부분(화살); c. 장력: 화살-호arc-무지개; d. 이 별자리에 태어난 사람들은 야심차고 참을성이 없는 탐험가들이며, 특히 정치, 지적 분야, 예술 분야에서 그러하다. 이들은 말과 개를 좋아하며 대인 관계가 좋다. 이들은 종종 인생 후반에 들어서 최고의 자질을 보여 준다; **5.** 이 별자리의 유명인: 윈스턴 처칠Winston Churchill, 루드비히 폰 베토벤Ludwig van Beethoven, 존 밀턴John Milton.

궁전 palace **1.** 신비의 중심: 이 세상이라는 미로에서는 발견하기 어려울 수도 있다; **2.** 권위, 재산, 명예의 장소; **3.** 전설에서: a. 종종 마법처럼 나타나는 수정(또는 거울)궁전; 황금기로부터 물려받은 기억; b. 비밀의 방: 숨겨진 무의식; c. 그 안의 보물(때로는 숨겨져 있음): 영적인 진리 혹은 풍요로움; **4.** 카발라교: 신성한 '내부 영역' 과 '은'의 궁전, '은사(銀絲)': 공간의 여섯 방위의 교차점; **5.** 가정home 참조.

궤양 Ulcer 악행을 저질렀다는 의식성은 육체의 궤양과 같은 영혼의 후회를 유발한다(플루타르코스Plutarch, 윤리론집M 476E).

귀 ear (신체) **1.** 호기심이 많다; 기억력의 자리인

귓불(플리니우스Pliny 11, 103); **2.** 엿듣다: 벽에 귀가 있다; **3.** 험담과 조언; **4.** 아첨과 마법을 통한 유혹: a. 에덴동산의 뱀; b. "내가 말을 하게 하라, 나는 당신의 귀에 마법을 걸겠다. 아니면 요정처럼 초원을 경쾌하게 건겠다…"(비너스와 아도니스Ven. 145); **5.** 임신: a. 수태고지의 다양한 묘사에서 하늘의 빛이 성모 마리아의 귓속으로 들어간다: 그러므로 성모 마리아는 로고스, 즉 말씀을 수태한 것이다; b. (마리아는 예르마에게 아이를 가졌다고 말했다): "우리 결혼식 날 밤 그는 입을 내 뺨에 대고 계속 그것에 대해 이야기했어; 그래서 이제 내 아이는 그가 내 귀에 미끌어져 들어가게 한 불의 비둘기 같아"(페데리코 G. 로르카Federico G. Lorca, "예르마Yerma" 1, 1); **6.** 긴 귀: a. 당나귀(미다스왕) 및 디오니소스 숭배와 연관된다(미다스Midas에 대해서는: 나소 P. 오비디우스Naso P. Ovidius, 변신이야기Metam. 11, 172ff 참조); 당나귀ass도 참조; b. 판 신 및 사티로스와 연관된다; c. 난쟁이와 연관된다; d. 긴 귓불: 불교의 현자; **7.** 화끈거리거나 따끔거리는 귀: a. "귀가 화끈거리면 누군가 당신에 대해 이야기하고 있는 것이다"(속담); b. 사악한 험담; c. 전래동화: 왼쪽 귀가 화끈거리거나 따끔거리면 연인이 나에 대해 생각하고 있는 것이고 오른쪽 귀가 그러한 경우는 누군가 나에게 원한을 품고 있는 것이다; **8.** 귀를 자르는 것: 왕족의 명예를 훼손하는 방식(헨리 4세 2부2H4 2, 4); **9.** 귀를 뚫는 것: a. 아이를 위한 피의 제물을 상징하며 이것은 아이를 보호하기 위한 희생제물이다; b. 히브리: 송곳으로 뚫은 귀는 6년간의 노예 생활 후 주인에게 남기로 선택한 노예를 구분하는 표시였다; 이렇게 귀를 뚫는 것은 '문설주'에서 행해졌다(문door 참조); **10.** 정화 의례: a. 사제의 기름 부음에서 신성한 숫양의 피를 오른쪽 귀의 끝 부분, 오른쪽 엄지손가락의 손톱, 오른발 엄지발가락의 발톱에 발랐다(듣는 것, 행동하는 것, 움직임을 정화한다); b. 이것은 '문둥병' 후 결례에서도 행해졌다(레위기Lev. 14, 17); **11.** "무딘 귀": 밤의 무딘 귀(헨리 5세의 생애H5 코러스Chor. 4); **12.** 토머스 S. 엘리엇Thomas S. Eliot: "예리한 귀"("아폴리낙스 씨Mr. Apollinax"): a. 불균형; b. 판 신-프리아포스; **13.** 딜런 토머스Dylan Thomas: "머리카락에 덮힌 귀": 음모로 덮인 자궁('머리head'가 때로 처녀성maidenhead이을 상징하는 것처럼); 그리고 5번의 a 참조; **14.** 붉은 귀를 가진 흰 개='죽음'의 이야기에 대해서는 수사슴stag도 참조.

귀감람석 chrysolite (보석) **1.** 투명한 녹색 돌; 그리스어 'chrysolite'='황금빛 돌': 이 단어는 귀감람석chrysolite이라는 이름을 황옥, 녹주석 등에 잘못 적용하는 결과를 초래했다: 예 구약성서에 나오는 황옥(출애굽기Ex. 28, 17 또는 에스겔서Eze. 28, 13)을 귀감람석으로 읽어야 하는 곳이 있다(오셀로Oth. 5, 7도 마찬가지); **2.** 태양의 전차를 장식하는 보석 중 하나이다(나소 P. 오비디우스Naso P. Ovid, 변신이야기Metam. 2, 109); **3.** 새 예루살렘의 벽의 토대를 '장식하는' 일곱 번째 보석(요한계시록Rev. 21, 20); **4.** 지혜.

귀걸이 earring **1.** 일반적인 부적으로서의 귀걸이: a. 금귀걸이: 태양숭배; b. 은귀걸이: 달숭배; **2.** 구약성서: a. 귀걸이와 팔찌는 아브라함의 하인이 리브가에게 준 선물이었다; 귀걸이는 아마도 코걸이였거나 이마를 장식하는 장식품이었을 수 있다; b. 귀걸이는 종종 부적이었고 우상에게 제물로 바쳤다(예 창세기Gen. 35, 4); c. 귀걸이를 모아서 황금송아지를 만들었다(다른 장식품은 언급되지 않는다: 출애굽기Ex. 32, 2ff); **3.** 민속(귀걸이는 귀를 뚫고 착용했을 때만 효과가 있다): a. 시력에 좋다; b. 선원의 경우 평범한 금귀걸이를 착용했다: 익사하지 않게 보호해 준다; c. 황금gold도 참조; d. 전래동화: 귀걸이가 떨어지면 연인이 당신을 생각하는 것이다.

귀뚜라미 cricket **1.** 여름; **2.** 귀뚜라미 소리: a. 재잘거리는 여인들(겨울이야기Wint. 2, 1); b. 수다: 현명한 노인(호메로스Homer, 일리아드Il. 3, 151); c. 그리스에서는 뛰어난 시인을 아키투스의 귀뚜라미라고 불렀다: 과묵: 아카투스에서는 귀뚜라미가 울지 않는다; **3.** "귀뚜라미처럼 즐거운"(예 헨리 4세 1부1H4 2, 4); **4.** 토머스 S. 엘리엇Thomas S. Eliot: "죽은 나무에는 쉴 곳이 없고, 귀뚜라미도 위안이 되지 아니 하네"("황무지The Waste Land" 1부): a. 티토누스와 연관이 있다; 매미cicada 참조; b. 메뚜기의 짐과 관련이 있다(전도서Eccl. 20, 5); c. 비를 예측하는 예보자(가장 확률이 높은 예보자); 다음의 A번 참조; **5.** 민속: A. 비나 폭풍우 예측: 귀뚜라미가 여느 때보다 더 크게 울면; B. 죽음 예고: a. "나는 올빼미가 비명을 지르고 귀뚜라미가 우는 것을 들었다"(맥베스Mac. 2, 2,); b. 귀뚜라미가 갑자기 집을 떠나도 죽음의 징조; 바퀴벌레cockroach 참조; C. 노래하는 귀뚜라미는 밤의 시간을 나타낸다(심벨린Cym. 2, 2).

귀리 oats (식물) **1.** 목가적인 시 또는 노래에서 양치기의 파이프는 귀리 줄기로 만들기도 했었다; **2.** 로마: 밀의 퇴화된 형태(플리니우스Pliny 18, 44 참조: 베르길리우스Virgil.: "메마른barren": 농경시Georg. 1, 154); 오트밀 스프는 게르마니아인들의 주식이었다(존슨의 식이요법Johnson's Diet의 귀리oats 참조); **3.** 청소년의 과함과 부주의함('야생귀리 심기'라는 표현에 비유된다); **4.** "영국의 기근은 말구유에서 시작된다"(=귀리가 귀해지는 시기; 속담).

균형 balance 저울scales 참조.

그늘 shade **1.** 밤: "우리가 디아나의 숲을 지키는 자, 그늘의 신사, 달의 하수인이 되게 해 주십시오"(헨리 4세 1부1H4 1, 2; 어둠darkness, 밤night 등 참조); **2.** 연금술: 원질료의 이름 중 하나; **3.** 딜런 토머스Dylan Thomas: a. 영혼; b. "아이들의 그늘": 아직 잉태되지 않은 아이들은 부모에 의해 만들어지기를 바라며 아우성친다; c. "소녀들의 그늘": 남자들이 꿈에서 본 비현실적인 '유령'; 그림자shadow 참조.

그레이하운드 greyhound **1.** 속도, 사냥: a. 이집트: 영양antelopes 같은 동물을 잡기 위해 스스로 간다; b. 신성한 왕은 뒤따르던 사냥의 여신이자 달-풍요 여신이 성스러운 추격전에서 그레이하운드로 변한 것을 알았다(염소goat; 위대한 여신Great Goddess 참조); 아마도 다음과 관련이 있을 것이다: 들판에서 사랑을 나누었던 젖 짜는 처녀의 그레이하운드를 들판에서 길렀다는 착한 왕 펠리노르에 관한 기이한 이야기(토머스 맬러리 경Sir Thomas Malory 3, 3); **2.** 우아함, 고귀함: "아름답게 질주하는" 동물 중 하나(시편Ps. 30, 29-31, 아마도 말horse을 의미하는 것으로 보인다); **3.** 구세주: 단테Dante(신곡 지옥편Inf. 2)에서 탐욕을 의미하는 암늑대를 죽이고 이탈리아를 구원할 구세주; **4.** 니므롯의 죽음의 조력자: 정욕, 질병, 시기심, 돌봄(윌리엄 드러먼드William Drummond, "사냥의 세계The World a Hunting is"); **5.** 아첨하는 것(셰익스피어의 개에 대한 혐오감과 같은 것): "이런, 아첨하는 그레이하운드가 나에게 권한 것이 얼마나 사탕발린 예의인가"(헨리 4세 1부1H4 1 3); **6.** 문장heraldry(紋章): 용기, 충성도, 경계함; 7. 개dog 참조.

그렌델 Grendel **1.** 베오울프가 싸운 괴물; **2.** 자연의 신화: 역병을 왕실로 몰고 오는 늪지의 위험한 환경.

그렘린 gremlin 민속: 가장 최근에 나온 말썽꾸러기 요정: (제1차 세계대전 때에도 있었지만) 제2차 세계대전에 비행기를 고장나게 해서 조종사에게 재앙을 초래했다; 그들의 사악한 영향력은 빈 맥주병을 들고 다니는 것으로 무력화 된다. 이들은 항상 병 안으로 들어가게 되고 더 이상 다른 이들에게 해를 끼치지 않는다.

그룹 cherub **I. 모양**: A. 이집트: 많은 날개를 갖고 있고 눈eyes으로 덮여 있으며, 밤하늘, 종교, 경계를 상징한다; B. 에스겔의 "살아 있는 피조물Living Creatures"(가장 유명한 묘사): 네 개의 얼굴, 네 개의 '곧은' 다리(각 방향으로 뻗은 네 개의 다리는 각각 네 개의 발을 갖고 있는 것 같다): 발은 "송아지의 발"의 둥근 발바닥 같고 "놋쇠처럼 반짝거린다"; 이들은 네 개의 날개를 갖고 있다: 두 개는 서로 연결되어 있고 나머지 두 개는 이들의 몸을 감쌌다; 불이 그들 사이를 "오르락내리락"하고, 번개가 쳤다; 그들의 격렬함은 그들을 태양력의 수레바퀴와 연결시켰다; 이들은 하늘의 푸른색이나 노란색이며 이들의 눈은 전지전능함을 상징했다; 이들의 날개는 신성한 본성과 속도를 가짐; 그들의 네 개의 머리에 대해서는 네 가지 형상tetramorph 참조; C. 얼굴이 두 개(사람과 사자)인 그룹cherub도 있었는데 두 얼굴 사이에는 손바닥이 있었다; 이들은 에스겔의 사원에서 발견되었으며(에스겔서Eze. 41, 18ff), 아수르바니팔Assurbanipal의 궁전에서 날개 달린 게니이genii가 생명의 나무에 열매를 맺게 한 것에서 영감을 받았을 수 있다; D. 아카디아의 '카리부karibu'는 절반은 황소, 절반은 사람; 그룹의 역할은 이집트의 스핑크스 및 길가메시 서사시에서 마수산을 지키는 전갈과 유사하다; E. 보다 현대적인 모습은 아름다운 젊고 순수한 여성: **Ⅱ. 기능**: 수호자: a. 아시리아: 사원과 궁전 입구에서 '문지방을 지키는 존재'; b. 성서: 에덴동산의 동쪽 문에서 "모든 방향으로 돌릴 수 있는 불타는 검"(=번개)으로 무장하고 있다: 달력의 수레바퀴과 연관된다; 2. 경계: 그룹은 눈eyes으로 완전하게 덮여 있다; 3. 신의 뜻의 집행자; 4. 신의 지혜, 지식, 신탁(을 전하는 메신저): a. "나는 그들을 보는 그룹을 본다"(덴마크의 왕자 햄릿Ham. 4, 3); b. 사원의 '신탁oracle'에 있는 두 개의 나무 조각상은 올리브나무 목재로 만들어졌다(열왕기상서1Kings 7, 23); 5. 천상의 고발자: a. "유감이로다… 그룹들과 함께 보이지 않는 말을 타고 하늘을 날며 그 끔찍한 행위를 모든 곳의 모든 사람에게 알릴 것이다"(맥베스Mac. 1, 7); b. 윌리엄 블레이크William Blake: 뒤 참조; 6. 여호와가 타는 말: 다음 참조; 7. 폭풍우 또는 구름, 천사: "그룹cherub을 타고 다니심이여 바람 날개를 타고 높이 솟아오르셨도다"(시편Ps. 18, 10; 또한 사무엘하서2Sam. 22, 11 등등); 8. 궤에 새겨진 그룹들: a. 그룹들을 궤의 뚜껑에 돋을 새겨 "하늘에 있는 것"의 우상을 만들지 말라는 금지에 어긋나지 않게 했다: 이 때의 그룹은 우상을 이야기할 때 으레 사용되는 '녹여 만든' 것(예 황금송아지)이 아니라 '새긴' 것이기 때문이다; 또한 '새겨진' 천사들과 종려나무와 피어나는 꽃들을 첫 번째 사원 전체를 장식하기 위해 사용했다; b. 많은 글에서 언약궤의 그룹들은 번개 치고 폭풍우 치는 구름 덮인 하늘을 상징하려는 의도로도 보인다; **Ⅲ. 문장**heraldry(紋章): a. 위엄, 영광, 높은 지위, 명예; b. 그룹=날개 달린 사랑스럽고 온유한 천사의 머리: Ⅳ. 참고할 문학서: 1. 윌리엄 블레이크: a. 고발자(비난자); b. 성적 즐거움을 약화시키는 이성과 논리로 제어되는 남성(생명의 나무와 사랑의 수호자로서); 세라프=사랑의 반대로서의 지성; c. 덮혀 있는 그룹: 무익한 지식, 잘못된 교리(에스겔서 28, 14; 출애굽기Ex. 25, 20): 진정한 것 대신 외형을 취한다; d. 현세의 교회; e. 큐피드와 같은 존재로 하락: 그는 "구름에 숨은 (무력한) 악마"로 태어났다(경험의 노래, '아기의 슬픔'), 사랑 없는 결혼에서 태어난 아이는 "인간의 형태를 한 그룹의 혐오스러운 탄생"이다 등등; 2. 딜런 토머스Dylan Thomas: a. 그룹 바람: 부어오른swollen, 뺨cheek 참조: 옛 지도 위의 그룹 머리; b. 그룹시대cherub time: 세례식("그것은 더러운 혀를 가진 죄인들의 죽음을 알리는 종소리이다").

그릇 Bowl **1.** 빈곤: 구걸, 자선; **2.** 부: 비옥함, 많음(예 전도서Eccl. 12, 6, "황금술잔"); 부정적 의미: 폭식; **3.** 여성 원리: a. 이집트의 상형문자; b. 대지, 세계의 어머니(수태의 상징); 가마솥cauldron 참조; 그릇, 용기(容器); 물그릇 등; **4.** 희생제물; **5.** 소문: "안 좋은 소문은 친구와 식사하면서나 얘기해라"(로미오와 줄리엣Rom. 3, 5, 여기에서 캐플릿은 줄리엣을 옹호하는 유모를 꾸짖는다); **6.** 문학 속 언급: a. 윌리엄 블레이크William Blake: 황금그릇: 뇌의 지혜의 그릇; b. 토머스 S. 엘리엇Thomas S. Eliot: 장미 꽃잎이 담긴 그릇: 먼지 쌓인 문명화된 삶: 죽음과 매장("4중주의 번트 노튼Burnt Norton" 1); c. 에드워드 피츠제럴드Edward Fitzgerald(오마르 하이얌의 루바이야트 번역서O. Khayyám's "Rubaiyat"): 밤의 그릇Bowl of Night(=아래로 방향이 바뀐 하늘)은 아침에 돌을 던져 별들을 날아가게 한다(해방시킨다); 사막에서 컵에 돌을 던진다는 말은 다음을 의미했다: "말 타고 가자!"

그리스; 그리스인 Greece; Greek **1.** 봉헌된 이성, 지적인 예리함; **2.** 쾌락주의, 물질적으로 잘 사는 것을 절제한다; **3.** 영리한 거래자; **4.** 이스라엘 자손에게는 이교도, 우상숭배자들(특히 풍요의 신들); **5.** 로마인에게는 최고의 문화; **6.** 영국인에게는: a. 교활하거나 약삭빠른 사람들, 사기꾼, 특히 카드에서 속임수를 쓰는 사람들(뜻대로 하세요AYL 2, 5 참조); b. 이해할 수 없는 언어를 말하는 사람들("그것은 나에게 모두 그리스어로 들린다It is all Greek to me(역주: 무슨 뜻인지 모르겠다)"는 표현이 여기서 유래했다); c. 변덕: (헬렌Helen에 관한 크레시다Cressida) "그럼 그녀는 참으로 명랑한 그리스인이군요"(트로일로스와 크레시다Troil. 1 2); **7.** "그리스인끼리 만나면 주도권 다툼이 생긴다"(속담; 나다니엘 리Nathaniel Lee의 다음의 표현을 잘못 인용한 것에서 생겨난 표현이다: "그리스인들이 모였을 때 주도권 다툼을 했다").

그리스도 Christ 예수Jesus 참조.

그리핀 griffin (날개를 지닌 신화적 존재) **1.** 일반적으로 다음을 의미한다: A. 이름: 그리스어 '그리프스gryps'는 '그리포스grypos'=갈고리, 구부러진 것(부리)와 연관되는 것으로 보인다; 아마도 키메르족Cimmerian의 상징; B. 형태: a. 원래 반쪽은 (사자라기보다는) 황소이며 에덴의 수호자인 그룹Cherubs과 관련된다(창세기Gen. 3, 24); b. (또는) 인도에서 유래했으며 태피스트리에 처음으로 나타났다(인도는 모든 가능성의 땅이다); 기원전 1500년경에 인장 등의 흔한 상징이었으며 인도에서부터 서아시아로 전파된 것이 유력하다; 그리핀은 기원전 14세기에 그리스에 알려졌고 시인 아리스테아스Aristeas(기원전 9세기)가 기술한 바 있다; 아시아 그리핀은 볏이 있는 머리 모습이었고 그리스 그리핀은 곱슬곱슬한 갈기를 한 모습이다; c. 이후의 일반적인 표현: 독수리eagle(또는 독수리vulture)의 앞모습과 (구불구불한 꼬리를 포함한) 사자의 뒷모습이 되었다; 때로는 (갈기에 어울리는) 말의 귀와 윗쪽에 큰 혹이 있다; d. 색상: i. 크테시아스Ctesias(4세기): 푸른 목 깃털과 불같은 눈; ii. 가슴에 붉은색이 있고 날개는 흰색이다(클라우디우스 아엘리아누스Claudius Aelianus); iii. 파우사니아스Pausanias(6, 2)는 표범과 같은 반점이 있다고 생각했다; **2.** 유익한 두 태양 동물의 혼합; 그리핀이 독수리vulture와 사자로 구성된 경우 이것은 하늘의 태양왕과 땅을 상징할 수 있다; **3.** 이집트 상형문자: 보물의 수호자; **4.** 영원한 경계와 감시자: a. 북쪽의 금광 수호자들은 외눈박이 아리마스피와 끊임없이 싸우고 있다(플리니우스Pliny 7, 2); b. 구원의 길을 지키는 사람: 예 생명나무 옆에 서 있는 것으로 표현될 때; **5.** 승리(힘과 빠름): a. 아테나의 투구에는 측면에 그리핀이 있다; b. 아폴로와 네메시스의 상징; c. 사자와 코끼리만이 정복할 수 있다(크테시아스); d. 거인 오키아누스(아이스킬로스)의 말; **6.** 기독교: a. 그리스도의 주권과 이중적 본성: 신성한(하늘의) 독수리와 인간의(땅의) 사자; b. 단테Dante: 에덴 동산에서 단테는 두 개의 수레바퀴(명상적 삶과 활동적 삶, 도미니크 수도회와 프란치스코 수도회 등)가 있는 그리핀이 끄는 교회의 승리의 수레를 보고 있다. 즉, 그리스도의 두 가지 본성: 그의 새 중 하나는 금색(천상)이고 또 다른 새는 흰색(순수)과 주홍이다(희생; 후자의 색상은 아가서SoS 10, 11; 신곡 연옥편Purg. 32도 참조); c. 교회: 두 가지 권능; d. 교황: 사제와 왕; e. 사탄, 기독교인의 압제자, 영혼의 도둑; f. 우박, 눈, 비를 내리는 하늘의 말steed; **7.** 베르길리우스Virgil: '말horse'의 반대: 그리핀이 암말과 짝짓기를 하는 것은 사슴이 사냥개와 술을 마시는 것과 마찬가지로 있을 수 없는 일이다(전원시Ecl. 8, 27); **8.** 문장heraldry (紋章): a. 그리핀 문장은 북부 독일의 해안지역에서 가장 흔히 발견되며 이는 아마도 폴란드의 영향일 것이다; b. 풍부한 능력과 지식: 사자의 힘과 결합된 독수리의 지성, 신중함, 통찰력을 의미한다; c. 지지자로서: 매우 예민하고 예리한 청력(말의 귀)을 갖고 있다; **9.** 별자리: 고대에는 전갈자리를 대체했으며 그 당시에는 사악한 영향으로 여겨졌다; **10.** 심리: 심리적 에너지와 우주력 사이의 관계; **11.** 다른 것과의 조합: A. 발톱 아래에 동그란 부분: a. 깨달음, 지혜를 보호한다; b. 물-여신water-goddess의 후원자; B. 두 마리의 그리핀: 계몽Enligtenment과 지혜Wisdom를 의미한다.

그림 picture 민속에서: 불길한 징조; a. 특별한 이유 없이 벽에서 떨어진 그림; b. 떨어진 초상화; c. 동상image, 사진photograph 참조.

그림자 shadow **1.** 육체도 영혼도 아닌, **그 사이에 있는** 어떤 것으로, 육체의 형태와 특성을 가지고 있어 영혼을 감싸는 역할을 한다; 이것은 지하세계에 들어가는 그림자이다: 그러나 매우 강력하다: 예 사도행전Acts(5, 15)에서 사람들은 병자를 거리로 데려와서 침대와 침상에 눕히고 베드로가 지날 때에 그의 그림자라도 그들을 덮기를 바란다; 지하세계에서는 우리의 그림자(지상에서는 절대 우리를 떠나지 않음)가 사후 심판에서 고발자 역할을 한다(루키아누스 사모사테 출신Lucianus from Samosate); **2.** 삶: (사람에 대해 말한다면) "헛된 생명의 모든 날을 그림자 같이 보내는 일평생"(전도서Eccl. 6, 12); **3.** 우울, 모호함, 죽음: a. "내가 다시는 돌아오지 못할 땅, 곧 어둡고 죽음의 그늘진 땅으로 가기 전에"(욥기Job. 10, 21); 이 생각은 시편에서 끊임없이 표현된다; b. 쇠퇴하는 그림자=죽음이 다가옴: "나의 날은 지는 그림자 같으니라"(시편Ps. 102, 11): c. "부드러운 그림자"(비너스와 아도니스Ven. 1001); 사형 선고를 두려워하는 버킹엄이 말한다: "나는 불쌍한 버킹엄의 그림자이다"(헨리 8세의 생애에 관한 유명한 역사H8 1, 1); **4. 유령**, 떠난 영spirit, 영혼: "엘리시온의 그림자"(심벨린Cym. 5, 4); **5. 과거**(에머슨); **6. 보호**: a. 하나님의 날개의 보호의 그늘(시편 36, 7: 57, 1 등); 또한 "그가 나를 그의 손 그늘에 숨기셨느니라"(이사야서Isa. 49, 2); b. "아아, 그가 그토록 위대함의 그늘에서 무슨 장난을 치겠느냐"(헨리 4세 2부2H4 4, 2); **7. 대응할 사람이 없는 단순한 이름**(헨리 4세 2부 3, 2); **8. 성찰**: "그녀의 눈 속에 생겨난 나 자신의 그림자"(존왕의 삶과 죽음K. John 2, 1); **9. 이미지**: 상상 속에서 만들어진 사람의 그림자: "내 영혼의 심안이 보이지 않는 내 시야에 당신의 그림자를 그리는구나"(소네트Sonn. 27); **10. 그림자 역할**(리처드 3세의 비극R3 1, 3); **11. 사람의 그림자**: a. 여자: 그들을 따라가려 하면 날아가고, 날아가 버리려 하면 쫓아온다; 더군다나 그림자는 아침과 저녁에 가장 강하다(존슨Johnson); b. 아들: "그러므로 여자의 아들은 남자의 그림자이다"(헨리 4세 2부 3, 2); **12. 심리**: "주체가 자신에게 있는 것이라고 인정하기를 거부하면서도 항상 직간접적으로 자신에게 밀어붙이는 모든 것-예를 들어, 열등한 성격의 특성 및 기타 양립할 수 없는 경향": 성격의 '어둡고', 원초적이며, 본능적 측면('아니마anima'가 남성 안에 있는 여성적인 측면이고 '아니무스ammus'가 여성 안에 있는 남성적인 측면인 것처럼: 카를 융Carl Jung; 원형archetypes 참조); 인식하지 못하면 그림자는 그를 둘러싼 온 세상이 '악하고' 악의에 찰 때까지 '악한' 사람들 그리고 주변에 있는 적들에게 투사되는 경향이 있다; **13. 특별히 참고할 문학서**: A. 플라톤: 동굴cave 참조; B. 셰익스피어는 반대되는 그림자 실체에 대해 여러 곳에서 묘사했다(헨리 6세 1부1H6 2, 3에서; 탈봇은 벽에 있는 자신의 그림자이면서 또한 자기 자신인 벽에 그림을 그렸다; 그의 진짜 실체는 영양실조에 걸린 허수아비 같은 영국인의 몸이다; 더 보려면 윈저가의 즐거운 아낙네들Wiv. 2, 2; 소네트 43, 53 참조); C. 단테Dante: a. 죽은 자의 영혼이 자신에게 그림자가 있는 것을 보고 자신이 살아 있다는 것을 안다; b.=무지: 만일 하나님의 빛이 이 세상에서 빛나지 않는다면 모든 것은 어둠이거나 "육체의 그림자" 또는 그 독이다(=악덕vice: 신곡 낙원편Par. 19, 65ff.); D. 윌리엄 블레이크William Blake: a. 안식의 땅에 있는 육체의 이전 존재; b. 억압된 욕망; c. '그림자 여성': 자연; 계곡vale 참조; E. 페데리코 G. 로르카Federico G. Lorca: a. 바다와 녹색처럼 부정적인 그림자: 육욕의 존재 또는 삶을 긍정하고 이에 도움이 되지만, 이것은 그늘 속의 삶이다(반대: 주황색=긍정적인 사랑); 그래서 자살 가능성이 있는 어두운 사랑; b. 결실 없는 삶, 죽음; F. 토머스 스턴스 엘리엇Thomas S. Eliot: ("텅 빈 사람들Hollow men"); 공포와 좌절의 그림자('진짜'가 아님), 본질적으로 덧없는 삶; G. 딜런 토머스Dylan Thomas: "그림자 없는 사람": 자신은 메말라서 다른 사람의 생명을 빼어 먹는 뱀파이어; **14.** 그림자의 **왕**(오베론Oberon: 한여름 밤의 꿈MND 3, 2); **15. 그림자 인형극**(예 자바섬의 웨이앙, 현대 그리스 꼭두각시 인형): 인간사에 대해 조상들의 영spitirs이 개입하는 것; **16. 민속**: 사람의 그림자는 영혼의 표현이고 그의 '복제물'이다: 그림자에게 일어나는 일은 무엇이든지 그에게 일어난다.

그림카드 (왕, 여왕, 잭의 그림이 그려져 있는 카드) court-cards

카드 돌리기에서 다수의 그림카드가 나오면 사교 모임이 열릴 것임을 의미한다.

그물 net

1. 하늘의 그물은 하늘과 땅 사이에 펼쳐져 있으며 세계 질서(테미스Themis)를 유지하고 침입을 막는 울타리 역할을 한다: a. 그러므로 우리는 '그물 아래' 살고 있으며 '죄'는 우주의 균형을 파괴한다. 우주의 균형은 희생제물로 회복되어야 한다; 우주(그리고 그 원리)에서 벗어날 수 없다; b. 그물은 영웅의 검과 비견되는 하늘(그리고 최고신)의 전형적인 무기이다. 여호와에게는 보통 태양과 번개의 무기(검, 화살 등)가 있을 뿐만 아니라 혼돈의 괴물을 잡는 근동 아시아적 특성을 가진 그물도 있다(여호와는 이를 욥기, 호세아서, 예레미야 애가 등에서 사용한다); c. 수메르인: 광선 그물과 함께 샤마시(태양)의 두 가지 측

면으로서의 정의와 과학; **2.** 죽음: a. 클리템네스트라Clytemnestra는 아가멤논을 그물로 잡아 죽였다; b. 게르만: 익사한 선원들을 잡는 바다의 여신 란Ran의 죽음의 그물; c. "죽음의 그물로 가고 있나니 아무도 저항하는 자가 없다"(타이어의 왕자 페리클레스Per. 1, 1); **3.** 부활: 세계 질서의 결과: 예 이집트 미라는 그물에 싸여 있었다; **4.** 풍요와 사랑('바다의 여신'): a. 그물은 지상의 부요함을 만드는 저승의 대장장이 헤파이스토스가 만든 것이긴 하지만 봄 카니발에서 그물을 입고 아레스(전쟁과 풍요의 신)와 아프로디테를 잡았던 그믈은 여사제들의 것이었을 수 있다; b. 아르테미스의 동료였던 브리토마르티스는 그물의 발명가였다. 북방에서는 그녀를 고다(염소goat 참조)라고 했으며 봄 축제에서 그물을 착용하기도 했다(고디바Godiva 참조; 호메로스Homer, 오디세이아Od. 8, 266; 논누스Nonnus 5, 583; 칼리마코스Callimachus, 세 번째 찬가H3 190ff; 로버트 그레이브스Robert Graves, 그리스 신화GM 1, 301f. 참조); c. 리브가Rebekah는 '그물' '올가미snare'라는 뜻일 것이다; d. "희망 없는 사랑의 그물에 나를 던지는" 사랑의 마법(이뷔쿠스Ibycus); "욕망 속에서 우리는 아프로디테의 비밀스러운 그물로 사냥을 한다."(또 다른 서정시); **5.** 교활, '함정에 빠뜨리는'. 특히 탈출을 막기 위한 그물(예 예레미야 애가Lament 1, 13; 에스겔서Eze. 12, 13 등); **6.** 마법의 권위; **7.** 심리: a. (종종 무의식) 변하지 않는 상황에 묶여 있음(매듭knot 참조); b. 무의식의 물에서의 낚시; **8.** 윌리엄 블레이크William Blake; a. 결혼의 비단 그물: 황금새장golden cage 참조; b. 종교와 속박의 그물; 특히 외적인 종교; c. 문제; **9.** 윌리엄 B. 예이츠William B. Yeats: a. 옳고 그름의 그물(테미스-'정의'로서의 1 참조); b. 소녀(물고기)를 잡기 위한 도구; **10.** 로마의 검투사 레티아리우스retiarius의 무기인 그물에 대해서는 삼지창trident 참조; 또한 집어 삼키기devouring, 얽힘entanglement 참조.

그을음, 검댕 soot **1.** 악마: 모든 종류의 연극에서 벨제붑과 같은 악마는 검게 그을린 얼굴을 하고 있다; **2.** 그리스: 다산인들의 얼굴도 검게 그을렸다: a. 고대 찬가에서 남근을 운반하는 사람들은 그을음에 덮인 것으로 묘사된다(아테나이오스Athenaeus 14, 622); b. 로마: 성적으로 홍분한 소녀들의 얼굴이 그을음으로 얼룩졌다(티투스 마키우스 플라우투스Titus Maccius Plautus, 포에눌루스Po. 1193); c. 무언극에서 악마는 때로 몽둥이나 장난감 칼을 들고 똑같이 검게 칠한 광대가 연기하는 다산(풍요)을 상징하는 인물로 대체되었다(참조: 앨런 브로디Allen Brody 72f.); **3.** 기독교: a. 마음의 그을음: 거룩한 것들로부터 주의를 돌리게 하는 속세의 즐거움; 믿음의 순수성은 과오의 먹구름으로 더렵혀졌다(암브로시우스Ambrose, 루가의 복음서 해설집EL 1, 14); b. 영혼의 그을음: 이생에서 부와 희망, 열정에 대한 갈망(같은 책).

극 pole **1.** 천구의 극은 하늘과 관련 있다(예 아라토스Aratus, 하늘의 현상Phaen.; 마르쿠스 툴리우스 키케로Marcus Tullius Cicero, 신론ND 2, 40f; 존 밀턴John Milton, 실낙원Par. L. 1, 74); **2.** "극이 서로 맞닿는다": 속담에 "동과 서가 서로 만난다."(조지 허버트George Herbert, "서치The Search" 43); **3.** 기둥으로서의 극pole.

극락조 bird of paradise **1.** '사실적' 기록: a. '낙원의 새'라고도 불린다. 이들은 둥지를 만들지 않으며 어미새가 누구인지 모른다. 음식이 아닌 공기를 마시고 살아가며 죽을 때까지 날개 없이 날아다닌다(조슈아 실베스터Joshua Sylvester, 기욤 드 살루스테, 시에르 드 바르타의 신성한 시기와 작품DB 1, 5, 791ff; 아마도 이것은 1532년 마젤란 탐험대가 섬 주민들이 발과 날개가 제거한 새를 가져온 것에서 비롯되었을 것이다); b. 따라서 네덜란드 여행자들에 의해 이름이 붙여졌으며, 날개도 발도 없이 풍부한 깃털로 살아가며, 부리로 휴식을 취하는 것으로 알려졌다(대영백과사전Encycl. Brit.에서 앤드류 마벨Andew Marvell에 관한 설명; 다음 2번의 a 참조); c. 이 새는 다리가 없으며 땅에서는 볼 수 없는 새이다; 이들은 서로의 등에서 부화한다(새뮤얼 버틀러Samuel Butler, 휴디브라스H 2, 3, 416n); **2.** 문학: a. 마벨: "항상 날개를 펴고 있다" ("존 밀턴John Milton, 실낙원Par. L." 40); b. 로버트 버튼Robert Burton: 학자들은 마치 "공기와 천국의 이슬을 먹고 살아가고 먹이도 필요 없는" 인도의 극락조와 같다(우울의 해부Anat. of Mel. 1, 2, 3, 15); 참조: 존 드라이든John Dryden: "…아침 이슬을 먹고 살아가는"(올드햄씨에 대한 추모TO 380); c. 알프레드 테니슨 경Lord Alfred Tennyson: "긴 꼬리의 극락조는 천국을 떠다니며 빛을 낼 수 없다"("샬롯의 레이디Lady", 에필로그).

극장 theatre **1.** 현상의 세계: 무대stage 참조; **2.** 사교생활: 오비디우스Ovid는 이곳을 젊은 남녀가 만나기 좋은 장소라고 언급했다(사랑의 기술De Art. Am. 1, 8 9ff.); **3.** 희곡의 저자인 데미우르고스demiurge; **4.** 배우: 배우들의 역할은 그들 자신의 개성과 관련 있다; **5.** 민속: a. 새로운 작품에서 팔리는 첫 번째 티켓은 다음과 같은 징조를 나타낸다: 노인에게 팔릴 경우에 연극은 장기간 홍행하고 젊은이에게 팔릴 경우는 불운하다; b. 극장안내원이 프로그램을 판매할 때 여자에게 팁을 받으면 운이 좋지 않고 남자에게 팁을 받으면 운이 좋다; 시즌의 첫 번째 팁은 써 버리면 안 된다; 다리에 세게 문지르고 보관해야 한다; c. 안내원이 밤에 가장 먼저 도착한 사람을 자신의 자리로 안내하는 것은 행운이다.

근교, 외곽 suburb 엘리자베스 1세 여왕 시대: 몸가짐이 헤픈 여인들이 살던 곳: "당신의 기쁨의 주변(근교, 외곽)에 라도 제가 머물 수 있을까요? 그게 불가능하다면 브루투스여, 나는 당신에게 창녀일 뿐 당신의 아내가 아닙니다"(율리우스 카이사르Caes. 2, 1).

근육 muscles 극도로 근육질의 남자들에 대한 과장된 관심은 동성애적 성향을 가리킬 수 있다. 예 시스티나Sistine 성당에 있는 미켈란젤로의 운동선수들.

근친상간 incest **1.** 인류의 근원: a. 원시 어머니는 동침하지 않고 처녀로 낳은 아들과 결혼한다; b. 인류의 조상이 되기 위해, 때로는 동물세계의 조상이 되기 위해 원시 남성은 자신이 낳은 딸과 결혼한다(=하늘 남자와 땅 여자); **2.** (하늘) 영웅들은 종종 새벽 여신의 아들이며 자신의 어머니와 결혼한다(후기 작품에서는 '자신도 모르는' 상태로 결혼한다). 가장 분명한 예는 오이디푸스이다; 솔로몬은 그의 신부(술람미 여인)를 '누이'라고 부른다; 왕위가 모계 승계되었을 때 왕은 그의 아내가 죽으면 딸과 결혼해야만 권력을 유지할 수 있었다; 신탁은 종종 딸의 아들에 대해 경고한다; **3.** 후기 작품에서 새로운 태양 아이를 태어나게 한 근친상간으로 인해 아이가 유기되곤 했다; **4.** 그래서 신들 사이에 근친상간 사례가 무수히 있지만 특정 시기에는 근친상간이 금지되었다. 버블리스(나소 P. 오비디우스Naso P. Ovid, 변신이야기Metam. 9, 453ff.)는 남동생을 사랑하게 되자 자신을 변호하기 위해 신들을 예로 들어 설명했으나 그녀는 벌로 털가시나무가 있는 샘으로 변했다(또한 사랑의 기술De Art. Am. 1, 283); **5.** 뮈르라는 아버지를 근친상간적으로 사랑했다; 그녀의 고뇌는 충분히 묘사되어 있다(나소 P. 오비디우스, 변신이야기 10, 392ff.); 그녀는 여러 날 동안 어둠 속에서 아버지와 동침했다(참조: 동굴에 있는 롯과 그의 딸들). 그리고 마침내 아버지가 그녀의 얼굴을 보고 싶어 불을 켰을 때 자신의 딸인 것을 알게 되자 그는 딸을 죽이려고 했다; 그녀는 시골로 도망갔고 나무로 변했으며 9개월 후에 아도니스(초목의 신)를 낳았다: 몰약myrrh도 참조; **6.** 게르만: (예 지그프리트는 누나이자 아내 관계에서 태어났다(지그문트와 지글린데); 그의 인간 어머니는 지그린데이며 '영적 어머니'는 브룬힐트이다. 그의 아내 크림힐트는 동생과 키스하는 꿈을 꾸었다; **7.** 켈트족: 모르드레드는 '무의식적으로' 누이와 동침하여 낳은 아서왕의 자식이다(토머스 맬러리 경Sir Thomas Malory 1, 19); **8.** 유사 물질의 합일(예 하프와 피아노를 위한 협주곡): 상징은 두 가지 방식으로 작용할 수 있다; **9.** 심리: a. 자기 자신의 본질과의 합일에 대한 갈망 · 개성화를 위한 것; 특히 현대 소설에서 오누이 관계로 표현된다; b. 무의식적인 존재, 즉 개인이 다시 빠져드는 어머니 이미지. 개인은 이를 사용하거나 싸울 수 있다(일종의 근친상간적 감정을 느끼면서); '어머니'로부터 완전히 자신을 해방시키는 것은 해방 직후 사망한 영웅들의 특징이었다(예 3년 후의 예수; 신비한 숫자 3 참조; 찾고자 하는 것은 실제 어머니가 아니라 안전을 제공하는 '이미지'이며 여전히 갈망이 남는다.

글라디올러스 gladiolus (식물) **1.** 이름: 라틴어 '글라디우스gladius'=칼 모양의 잎에서 나온 '검'을 의미한다; 가장 좋은 품종은 고대에 크레타에서 왔다; **2.** 준비된 목표; **3.** 약용: a. 좋은 음식: 이것의 뿌리는 빵의 풍미를 더한다; b. 몸에서 딱딱한 것(요로결석)을 제거하지만 유산을 유발할 수 있다.

글라우코스 Glaucus **1.** 신화: 여러 신화적 인물에게 붙여진 이름, 그중 가장 중요한 것은 신이 되기 전에 스스로가 신이었던 어부의 신god of fishermen의 이름이다; 그는 질투로 괴물이 된 바다 요정 스킬라Scylla와 사랑에 빠졌다; **2.** 나소 P. 오비디우스Naso P. Ovid, 변신이야기Metam.: 이전의 어부는 이 세상이라는 바다에서 살기 위해 온 구세주를 의미한다; 스킬라(=유대교 회당)를 향한 그의 구애는 아무런 결과도 얻지 못했다.

글로소페트라 glossopetra (보석) "중세보석세공집Med Lap.": a. 독과 독약으로부터 보호하는 여러 가지 빛깔의 돌로 위대한 영주great lord의 테이블에 놓인다(F 105, '랑게 독사lange serpent'); b. 이것은 영국 너머에 있는 대해the great sea(역주: 지중해)의 자갈 틈에서 발견된다; 은색으로 되어 있다; 누군가 몰래 당신을 따르거나 쫓고 있다면 보석에서 약간의 수분이 나올 것이다(G 33).

금 세공인 goldsmith **1.** 부정직한 사람: 그가 정직한 사람이라면 "금세공인이 아니다"(벤 존슨Ben Johnson, 연금술Alch. 1, 3, 32); 금 세공인은 종종 은행가이자 대부업자이기도 했다; **2.** 꿈: 금 세공인이 되는 꿈은 누군가가 당신을 속이고 당신의 돈을 빼앗으려 한다는 것을 의미한다(달디스의 아르테미도로스Artemidorus of Daldis 1, 51); **3.** 금gold 참조.

금, 틈 crack 민속: 돌과 돌 사이, 인도(보도), 마룻장 사이, 지하 저장고의 하수구 쇠창살cellar-grating 사이 등의 금(틈)을 밟지 않는 일반적인 금기가 있다; 곰을 위한 보도pavement for 'Bears' 참조.

금고 vault 꿈에서: 은행 금고 등은 자궁 또는 정액을 모아 둔 곳을 나타낸다(톰 체트윈드Tom Chetwynd).

금록석, 크리소베릴 chrysoberyl (보석) **1.** 일반적으로 녹색이고 반투명하다(때로는 탁하고 심지어 묘안석과 비슷하다); 금록석(크리소베릴)은 매우 단단한 보석이다; 알렉산드라이트Alexandrite는 금록석 중 유명한 종류; **2.** 슬픔을 참는 인내심.

금방망이, 래그워트 ragwort (식물) **1.** '돼지풀'이라고도 부른다; '세네시오Senecio' 속에 속하는 여러 식물이름; **2.** 로마: '사티리온satyrion'이라고 불렀으며 매우 강력한 최음제이기 때문에 사랑을 나눌 때 손에 쥐고 있기만 해도 효과가 있다(플리니우스Pliny 26, 96ff; 안젤로 드 구베르나티스Angelo De Gubernatis., 식물의 신화MP 2, 336에서 인용함); **3.** 켈트족: 요정들(브리타니아의 민속과 문화Folkl. & C. of Brit. p. 117)과 마녀들(로버트 번스Robert Burns, "오 그대가 무엇이든 간에…O Then whatever title…" 50)을 위한 이동수단.

금성 Venus (행성) **1.** 금성은 태양으로부터 멀리 떨어진 두 번째 행성: a. 새벽과 일몰에 가장 빛나는 '별'; b. 엄청난 행운의 목성과 비교했을 때 '작은 행운'을 의미한다; **2.** 여신과의 관계: a. 조화를 나타내고 자애롭고 선하다; b. 금성은 부드러운 사랑을 상징하며, 반면에 화성은 공격적이고 폭력적인 성(性)을 상징한다; 이것은 또한 영적인 사랑을 의미할 수도 있다; 별star 참조; c. 금성은 모성을 관장한다; d. 낮은 형태에서는 물리적 및 기계적 존재를 나타내고 또한 정액 (생리) 이슬을 나타낸다; e. 금성이 매우 밝을 때 수염이 난 것처럼 보여서 양성적인 존재로 보인다; 수염이 없으면 좋지 않다; f. 금성은 금요일의 여주인이다; g. 금성의 8각별과 연결되어 있다; **3.** 다음에 상응한다: a. 금속: 구리; b. 꽃: 제비꽃, 장미, 백합 및 많은 과일나무 꽃; c. 동물: 백조, 물총새, 제비, 멧비둘기; 바닷가재, 연어, 돌고래; d. 색상: 노란색과 파란색; e. 신체: 신장과 생식기, 또는 일반적으로 허벅지나 오른손을 관장한다; f. 나이: 청소년기; g. 선물: 아름다움; 죄: '사치', 방황; **4.** 특성: A. 긍정적인 면: a. 사랑, 상상력, 예술 (특히 음악), 조화 및 아름다움; 신체적 매력; b. 관대함; c. 이것은 개인적인 관계, 특히 금전적인 문제를 관장한다; B. 부정적인 면: a. 카드놀이, 음주, 호색에 사치하는 경향; b. 우유부단; C. 금성과 관련된 유명한 유형: 브리지트 바르도(금성이 지배하는 천칭자리).

금속 metal **1.** 지하세계의 원소들: a. 부; b. 전쟁; c. 영원; **2.** 감각; '비(卑)' 금속은 육체의 욕망이다; **3.** 연금술: a. 낮은 '비(卑)'금속의 진수를 추출하여 '높은 수준의' 금속으로 변환해야 한다. 즉, 창조 에너지를 감각세계로부터 자유롭게 하기=행성들의 영향으로부터 해방시키기; b. 금속의 가치가 상승되면서 상승된 금속의 종류에 따라 금속은 각기 다른 행성들과 연결된다(금속은 지상 또는 지하 행성들이다);
토성Saturn – 납
목성Jupiter – 주석
화성Mars – 철
금성Venus – 구리
수성Mercury – 수은
달Moon – 은
태양Sun – 황금
c. 용해된 금속은 대극(불/물, 고체/액체 등)의 결합을 상징하고 수은과 관련된다; **4.** 심리: 응고된 에너지 즉 리비도; **5.** 입문자들의 습관, 편견 등을 나타내는 물건으로 동전, 장신구, 열쇠 등을 입문자들이 내어놓게 한다; **6.** 금속 노동자: 대장장이blacksmith 참조; **7.** 딜런 토마스Dylan Thomas: 모든 금속(철은 물론이고 갑옷 등 포함): (인간의) 육신; 2번 참조; **8.** 개별 금속 참조.

금식, 단식 fasting **1.** 자진하여 고행(苦行)하는 것: a. 신들의 호의를 구하는 것; b. 신들의 용서를 구하는 것; **2.** 애도의 상징: 시기하는 사자(死者)를 두려워하는 애도(베옷sackcloth 참조); **3.** 숭고함: 금식은 영적 훈련이며 환상을 일으킬 수도 있다.

금어초 snapdragon (식물, 게임) **1.** 꽃: a. 무분별함; b. 추정: 더 이상 필요하지 않은 곳에 불쑥 나타난다; c. 화장품과 유독성 약물로부터의 보호: **2.** 게임: 크리스마스에 어두운 방에서 하는 게임으로 불이 붙은 브랜디가 놓인 접시에서 건포도를 낚아채는 것으로 이루어진다.

금요일 Friday **1.** 이름: 프레이야Freya의 날(고대 북유럽의 다산의 여신; 결혼식 날); 아마도 '비너스의 날dies Veneris'에서 번역되었을 것이다; 예 따라서 물고기와 관련 있다; **2.** 멜랑콜리(우울)한 날: a. "금요일에 노래하는 사람은 일요일에 울 것이다"(속담); b. "당신이 금요일에 하는 재채기는 슬픔 때문에 재채기를 하는 것이다."(속담; 전체 운율에 대해서는 재채기 sneezing 참조); c. "금요일에 비가 내리면 일요일에도 비가 내릴 것이다; d. '교수형의 날': 범죄자를 처형하는 날; **3.** 변덕스러운 날: 금요일이 그 주의 나머지 다른 요일과 같은 경우는 드물다(제프리 초서Geoffery Chaucer, "기사의 이야기The Knight's Tale"). 변덕스러운 비너스와 관련 있다; **4.** 히브리와 이슬람: a. 아담이 창조된 날; b. 그가 낙원에서 추방된 날; c. 그가 회개하고 죽은 날; d. 최후의 심판 때에 죽은 자가 일어나는 날; **5.** 로마: 행운의 날: 비너스에게 바쳐진 날: 원로원이 집회를 열지 않는 열정의 날: **6.** 기독교: 불행한 날: 그리스도께서 십자가에 못 박히신 날; '손실의 금요일'(결혼의 경우); **7.** 아일랜드: 금요일에 죽으면 행운이다; 토요일에 묻히고 일요일에 기도할 수 있기 때문이다; **8.** 민속: 항해를 시작하기에 불길한 날; **9.** 요일day과 행성planet 참조.

금작화 broom (식물) **1.** 이 식물은 '양골담초Cytisus scoparius'이며 콩과의 상록관목이다; 작은 잎은 일찍 떨어지지만 가지는 어두운 초록색을 유지한다; 노란색 꽃은 벌이 건드릴 때 꽃가루를 폭발적으로 흩뿌리는 원리로 작동한다; **2.** 전쟁: 창과 화살을 위한 재료; **3.** 구약성서: 북쪽 지역의 자작나무와 동일한 기능을 한다: a. 태양에 바침; b. 악령을 쫓아낸다; **4.** 겸손, (도구 만드는 재료를 제공하는) 노예살이; **5.** 깔끔함; **6.** 거절당한 사랑: "실연당한 독신남자는 목을 매지 않도록 금작화 나무숲을 떠나야 한다"(템페스트Tp. 4, 1); **7.** 문장heraldry(紋章): 플랜태저넷Plantagenets 왕조의 상징, 본래 앙주Anjou의 백작 제프리Geoffrey의 별칭이었다. 그 이유는 그가 금작화 무늬가 있는 가죽모자를 쓰고 다녔기 때문이다; **8.** 민속: a. 쓰디쓰고 구토를 유발하는 금작화의 싹은 이뇨제로 사용되었다(과식했을 때 사용); 씨도 같은 용도로 사용된다; b. "금작화 나무 아래에는 은도 있고 금도 있다(좋은 것과 나쁜 것이 함께 있다)"(속담); 가시금작화furze 참조.

금작화 greenweed (식물) **1.** '외잎 금작화Genista tinctoria': 녹색 염료를 만드는 데 사용되었다; **2.** 플리니우스Pliny: a. 아프리카 수염새로 밧줄을 만들기 이전 시대에 밧줄을 만드는 재료로 사용되었다; b. 금작화 씨앗은 몸을 정화한다; c. 금작화는 좌골 신경통, 배뇨 곤란, 무릎 통증 등을 치료한다(24, 50).

급사, 바텐더 (술집의) tapster **1.** 돈 문제에만 교활함을 보이는 아주 무지한 사람(예 사랑의 헛수고LLL 1, 2); **2.** 거짓 이야기를 지어내는 사람(뜻대로 하세요AYL 3, 4); **3.** 가짜 상냥함: "술집에 들어오는 모든 사람과 악당까지도 환영하는 급사처럼"(아테네의 티몬Tim. 4, 3): 친절한 대접을 받을만한 자격이 전혀 없는 사람에게도 친절해야 하는 자들: **4.** 뻔뻔한 급사: 그려진 것만큼 그렇게 검지는 않은 악마(에드워드 피츠제럴드Edward FitzGerald, 오마르 하이얌의 루바이야트O. Khayyám 번역서).

기계(류) machine(ry) **1.** 기계는 라틴어로 '데우스 엑스 마키나deus ex machina' 즉 기계에서 나온 신을 의미한다: 이것은 드라마에서 나온 매우 오래된 이미지로 '신들'이 갑자기 공중에 떠있는 모습을 만들기 위해 기계가 사용되었다(플라톤Plato, 크라틸로스Cratyl. 425D 그리고 클레이토폰Cleit. 407A. 이 책에서 신들은 인간의 어리석음을 꾸짖는다; 아리스토텔레스Aristotle, 시학Poet. 15, 7; 필로 유다이오스Philo Judaeus, 특별한 법률에 관하여Spec 1, 28); **2.** 모든 기계는 자연에 의해 만들어지며 "우주의 변화가 안내하고 통제한다"(=스토아학파Stoic 만신론Pantheism, 비트루비우스Vitruvius 10, 1, 4); **3.** 심리: 복잡한 형태의 기계는 남성 생식기를 나타낼 수 있다(지그문트 프로이트Sigmmund Freud 10); **4.** 꿈: a. 기계적인 행동; 습관적으로 움직이는 자동화; b. 신체 역학; c. 개인의 내적 작용, 동기, 갈등 등 분리되기를 원하는 것; d. 발명가: 신God; e. 엔진engine 참조(톰 체트윈드Tom Chetwynd).

기념물 monument 눈물은 "계속되는 신음소리의 가련하고 헛된 기념물"로 여겨진다(루크리스의 능욕Lucr. 798; 햄릿 6세 2부2H6 3, 2 참조).

기니 guinea (영국의 옛 금화) **1.** 로버트 번스Robert Burns: "금화에 새겨진 각인"=계급, 신분: "계급은 금화에 새겨진 각인에 불과하다. 그럼에도 불구하고 사람은 금이다."("그럼에도 불구하고 사람은 사람일 뿐이다"); **2.** 동전에 대해: 코끼리elephant 참조.

기도 prayer 기도는 거꾸로 말하면, 특히 마녀가 그렇게 말하면 그것은 마법의 주문이 된다(잉골스바이의 전설Ingoldsby Legends, I, "유모의 이야기Nurse's Story"; 새뮤얼 버틀러Samuel Butler, 휴디브라스H 1, 3, 344).

기둥 pillar **1. 이집트 상형문자**('기둥pillar' 외에도): 척추; **2. 세계 축**, 세계 척추, 극; **3. 하늘**의 지지대: 여호와는 땅의 기둥 위에 안정적인 기반을 놓았다(예 사무엘상서1Sam. 2, 8ff.; 욥기Job. 9, 6); 그러나 또한 하늘은 기둥 위에 있다(욥기 26, 11); **4. 남근**, 남성 원리, 창조주, 태양으로서의 기둥: a. 압살롬은 자기를 위하여 한 비석을 마련하여 세웠으니 그가 자기 이름을 전할 아들이 내게 없다고 말하였음이더라 그러므로 자기 이름을 기념하여 그 비석에 이름을 붙였으며"(사무엘하서2Sam. 18, 18; 아가서SoS 3, 6의 사랑하는 이의 '연기 기둥Pillar of smoke'도 참조); b. 이사야 선지자는 "태양의 형상"(기둥)을 거부했지만(이사야서Isa. 17, 8), 이집트의 헬리오폴리스에 "주를 위한" 기둥이 있으리라 예언했다(19, 19); 오벨리스크obelisk도 참조; c. "오시리스의 기둥"은 꼭대기에 네 개의 고리가 있는 지팡이로 안정감을 나타내는 이집트의 부적이었다; d. 그리스어로 '바에틸리baetyli'(히브리어로 '벧엘bethel'='주님의 집'; 창세기Gen. 28, 18 등 참조)는 돌기둥으로 원래는 아마도 운석이었을 가능성이 있으며 일반적으로 신과 관련이 있지만 키벨레와 같은 여신과도 연관된다; 참조: 헤르메스와 헤카테아(헤카테Hecate 참조); e. 테베의 디오니소스 숭배 형태; **5. 신의 메시지** 또는 인도: a. (밤의)불 기둥, 그리고 광야의 (낮의) 구름 기둥은 여호와의 현존을 나타낸다. 나중에는 어디에서 멈춰야 할지를 알려 주었다(언약궤 위에 서 있었다); b. 연기 기둥은 여호와의 날이 올 것이라는 징조 중 하나이다(요엘서Joel 2, 30); **6. 소유권**: 디오니소스는 인도 전역에 기둥을 세웠다(아폴로도로스Apollodorus 3, 5, 2); 이탈리아의 세소스트리스

Sesostris(헤로도토스Herodotus)와 디오메데스Diomedes(리코프론Lycophron 625ff.)도 참조; **7. 문장**heraldry(紋章): 불굴의 의지; **8. 윌리엄 블레이크**William Blake: 구름 기둥과 불 기둥: 자연의 환상과 열정의 고통으로 표현했다; **9. 다른 것과의 조합**: I. 부러진 기둥: a. 힘을 나타내는 상징으로 삼손의 마지막 파괴행위를 나타낸다; b. 쇠약한 힘, 믿음 등; c. 죽음; II. 기둥의 숫자; A. 두 개의 기둥; a. 야긴과 보아스Jachin and Boaz(각각 참조); b. 두 기둥을 함께 사용하는 것은 이원조합(아름다움/힘, 정의/자비, 왕/사제, 사랑/이해) 또는 이중성(어두움/빛, 탄생/죽음)을 나타낼 수 있다; c. 에녹의 두 기둥은 서로 다른 지혜를 상징하는데; i. 돌기둥은 물에 대한 것으로 안정되고 영속적인 지식을 나타내고; ii. 벽돌 기둥은 불에 대한 것으로 세상에 적용할 수 있는 실용적인 지식을 나타낸다; d. 바빌로니아인, 셈족의 신화에 나오는; 태양신은 멜카르트(지브롤터)의 두 기둥은 사람이 사는 세계로 들어가는 입구를 나타낸다; e. 전차 경주에서: 기둥은 목표 지점을 나타낸다; f. 영지주의 상징에서: 문자 H는 영원으로 가는 관문을 나타낸다; B. 세 개의 기둥: a. 삼위일체, 세 가지 형태; b. 선함(아름다움)과 지혜와 힘을 나타내고; C. 네 개의 기둥: a. 공간의 방향; b. 땅(또는 하늘의) 지지대; D. 지혜의 일곱 기둥: "지혜가 자기 집을 짓고 자기의 일곱 개의 기둥을 깎아 만들며"(잠언Prov. 9, 1). 숫자 7은 다음을 의미한다; a. 신성함; b. 막대한 재물: 평범한 귀족 집에는 두세 개의 기둥이 있는 홀이 있었다; c. 창조의 7일; d. 행성, 풍요의 달, 지하세계의 문 등; E. 열두 개의 기둥: 모세는 시나이 지파를 위해 열두 개의 기둥을 세웠다; III, 스틱스에는 은색 기둥으로 만든 집이 있었다(헤시오도스Hesiodus, 신통기Theog. 771); **10.** 고인돌dolmen, 거석menhir, 오벨리스크obelisk, 돌stone 참조.

기둥, 기념비 column **1.** A. 수직: 남근, 생명의 줄기: a. 활동성: 자기확신을 향한 충동; b. 케레스와 연관된다: 기둥=사랑, 돌고래=바다; B. 수평: 타성; **2.** 세계 축, 나무줄기: 종종 나뭇잎 무늬로 장식됨; **3.** 힘, 견고함; **4.** 경험의 속성; **5.** 채찍질에 사용되는 기둥: 제물을 바치는 데 사용되는 기둥; **6.** 기독교: a. 십자가 처형: 세계의 축이자 생명과 죽음의 나무로서의 십자가; b. 순교; **7.** 폴 발레리Paul Valéry: 수학적 아름다움인 기둥의 배열은 정신의 조화를 보여 주는 전형이다; **8.** 부러진 기둥: a. 죽음; b. 좌절된 희망; c. 파괴되거나 미완성인 작품; **9.** 주춧돌 또는 기둥머리가 없는 기둥: a. 믿음, b. 희망; c. 불변성; d. 힘; e. 순결함; f. 건축물; g. 메달에 새겨진 기둥: i. 확신; ii. 정신의 굳건함; **10.** 선박의 뱃머리로 장식된 기둥: 승리: '해전기념기둥': 밀레에서 카르타고인들에게 승리를 거둔 후 될리우스가 세웠다; 기둥은 전투에서 쟁취한 선박의 뱃부리('로스트라')로 장식했다; **11.** 기둥pillar 참조.

기름 oil **1.** 재물; **2.** 빛: a. 로마 가톨릭의 성유Chrism(7번 참조); b. 신의 은총; **3.** 타락에 대한 정화와 보존: a. 대제사장, 왕 등을 위한; b. 죽은 자들을 위한; **4.** 기쁨(의 기름): 슬퍼하는 자에게 재ash를 대신하는 것(이사야서Isa. 61, 3); **5.** 평화; **6.** 교활: 부정적 의미의 부드러움; **7.** 성유: 순결(양심)과 깨달음의 기름+향유(향기로운 미덕 또는 좋은 평판, 믿음); **8.** 다음과 같이 사용되었다: a. 춤과 운동경기 전에: 추위를 막고 마사지로 근육을 풀어 줄 때 사용되었으며 경기에서 상으로 주어졌다; b. 성교 직전 자극을 위해서 사용되었으며 대관식 이전에 봉헌을 위해서 사용되었다; c. 마녀는 사바웃(마녀의 안식일)에 참석하기 전에 향유를 사용하여 심장박동수를 증가시키거나(독미나리나 부자aconite에서 추출한 독으로) 흥분을 유발했다(벨라도나belladonna를 사용해서). 특히 다리와 성기에 문지르면 기름이 혈류에 침투했다. 미량의 독과 혼합한 기름은 마녀들이 단체로 공중 부양하는 느낌을 갖게 할 수 있었다; **9.** 딜런 토머스Dylan Thomas: 생명을 주는 것: 죽음의 밀랍의 반대; **10.** 기름부음anoint와 향유ointment 참조.

기름, 지방 fat **1.** 희생 제물로 바치는 동물의 기름 중 귀한 것을 선택하여 그 기름을 특히 신들에게 바쳤다(예 창세기Gen. 4, 4; 민수기Num. 18, 17 등); 이동식 성소였던 성막의 제사에서 어린 수송아지 한 마리를 죽여 그 피는 뿔에 바르고 기름을 태우는 동안 뿌리는데 사용되었다; 그러나 남은 기름은 제물로 바칠 수 없었기 때문에 밖에서 불살랐다; **2.** 얼굴, 가슴 또는 옆구리가 지방으로 덮여 있다: a. 건방지고 오만함(욥기Job. 15, 27 참조); b. 굳은 마음(시편Ps. 17, 10)을 나타낸다; **3.** 풍족함, 부유함.

기름부음 anointing **1.** 세례와 마찬가지로 기름부음(의례에서 기름이나 지방을 바르는 것)은 종교세계에서 거의 보편적이다. 기름부음은 다음과 같은 이유로 이루어졌다: a. 치유로서: '구원'='치유', 따라서 주술사medicine man=사제; b. 축성으로: i. 죽음의 시간에 야생동물, 마녀의 날게 하는 비행연고(약)의 위험에 대한 준비, 전투에 대한 준비를 위한(이것을 생략하는 것은 애도의 표시); ii. 평범한 사람에게 어떤 거룩함을 부여하기 위해; c. 안수로서: b번의 ii와는 별도로 사람들을 높고(종교적 또는 세속적으로) 높은 위치로 올릴 수 있다: 사제, 왕 등; d. 일반적으로 방문자를 존중하기 위해; **2.** 일반적으로 기뻐함을 나타낸다. 그러나 기름oil, 연고ointment도 참조.

기린 giraffe **1.** 높이 상징성을 갖고 있다: a. 고상한 생각, 더 높은 지식에 대한 열망; b. 웅변: 고상한 언어에 대한 사랑; c. 온화함(사슴, 가젤 등처럼); d. 교태: 상징적으로 나무 사이에 '숨는 것'; **2.** 달콤한 냄새: 아카시아 잎을 먹는다: **3.** 속도: 아랍어 '자타파zatafa'=빠르게 걷는 자(최고 속도 48.3km/h); **4.** 표범 가죽 무늬(라틴어로 '카멜레오파다피스cameleopardafis').

기사 knight **1.** 물질을 타고 다니는 영spirit; 켄타우러의 대극; 영웅으로서 그는 괴물의 정복자이다; **2.** 기사도: 금욕적 부인denial을 통해 사랑하는 이(아니마)에 대한 신비주의적 숭배로 반전된 육신적 욕망; **3.** 색상: A. 녹색의 기사: a. 아직 입문하지 않은 견습생; b. 식물: "가윈 경과 녹색의 기사Gawain and the Green Knight, Sir"에 대해서는 채플chapel 참조; c. 민요의 구절: "아서왕과 콘월왕King Arthur and King Cornwall"에서 녹색의 기사는 아서왕에게 콘월왕(세속적인 부)을 이기기 위한 전쟁 도구를 제공한다. 콘월왕은 아서왕의 아내에게서 아름다운 딸을 낳았다고 자랑했다. 귀네비어는 세상에서 "가장 아름다운 원탁(=지구)을 찾기 위해" 아서를 보냈다; d. 성 조지George 참조; B. 붉은 기사Red Knight: 희생을 통해 모든 시련과 비열한 모든 것을 극복한다; 정력; C. 백색의 기사White Knight(예 갈라하드): a. 정복을 위해 선택된 자, 빛나는 자, 무고한 자; b. 암흑에서 막 나온, 아직 땅을 그을리지 않은 어린 봄 태양(또는 새벽); D. 흑색의 기사: a. 죄와 속죄; b. 진보에 필요한 퇴보; **4.** 방랑의 기사: 여전히 육체적 욕망을 지배하려는 남자; **5.** 백조의 기사: 백조가 기사가 되어 육지로 올라와 결혼하여 아이를 낳고 7년 만에 사라진다; 원래 이 이야기는 태어날 때 목에 은색 사슬이 달린 일곱 명의 자녀를 둔 여왕의 이야기였다; 왕의 어머니의 적개심 때문에 그들(일곱 자녀들)은 배에서 표류하게 되고(유기 주제) 은둔자에게 구조된다; 할머니가 그들을 죽이려 하자 그녀는 여섯 개의 목걸이를 가져온다. 헬라스Helyas 것만 없었다. 목걸이가 없는 자식들은 헬라스가 지키는 백조가 된다; 나중에 그들 중 다섯 명은 목걸이 사슬을 되찾고 인간 모습을 회복했지만 한 명은 목걸이를 녹여 잔(풍요)을 만들었기 때문에 백조로 남게 된다; 백조처녀 로엔그린 등 참조; **6.** 염소를 탄 기사: 성자들을 의미할 수 있다(최고의 우월성과 관련된 염소, 일반적인 염소 상징성 참조); **7.** 기사 카드: 에너지 및 자아ego와 관련 있다; **8.** 엘리자베스 1세 여왕 시대: 술을 가장 많이 마실 수 있는 사람을 '기사'로 임명하는 것이 관례였다(헨리 4세 2부2H4 5, 3 참조).

기수, 말 타는 자 horseman **1.** 불멸 또는 예언의 전달자; **2.** 구약성서: a. 하늘에서 말 탄 군인들을 보는 것: 전쟁의 전조(마카베오하서2Maccab 5, 29; b); b. 스가랴의 환상(1, 8ff.): 아마도 6장에 있는 전차 환영과 동일할 것이다: 뒤쪽의 도금양 나무 사이에 서 있는 붉은 말을 타고 있는 사람, 그 뒤에 있는 붉은 말, 얼룩덜룩한 말 그리고 흰색 말(마소르인들에 따르면: 이사야서Isa. 41, 19 및 55, 13의 메시아 언급에서 도금양myrtle 참조; 70인역 구약성서LXX.에는 "심연에 서 있는 산이 있다"); 그의 위에는 붉은 말, 갈색 얼룩무늬 말, 그리고 백마가 있다: i. 태양 말sunhorse: 산을 '깊이'로 본다. 또는 산 사이에 있는 바빌로니아의 태양신; ii. 행성들과 관련된 네 마리의 바람의 말에 대해서는 말horse 참조; c. 일반적으로 메시아 언급한 맥락에서 발견된다; d. 솔로몬과 관련된다(예 고대의 부적); **3.** 신약성서: 계시록: a. 백마를 탄 자(6, 2): 그의 때에 이루어지는 그리스도의 영적 정복; 활 그리고 면류관과 함께; 아마도 하나님의 말씀(19, 11−16의) 또는 '복음'과 동일한 것일 것이다(그는 다른 사람들이 명령을 기다리고 있는 동안 즉시 나간다); b. 붉은 말을 탄 자(6, 3): 전쟁의 힘(하나님의 형벌); 검과 함께; c. 검은 말을 탄 자(6, 5): 흉년, 귀중한 곡물의 무게를 잴 수 있는 "한 쌍의 저울"과 함께; d. '창백한'(초록빛이 도는) 말: 죽음(아마도 전염병), 지옥(하데스, 지하세계)이 죽은 자를 '삼킨다'; e. 나중에 '신실하고 참된' 백마를 탄 또 다른(?) 자가 있다. "공의로 심판하며 싸웠다"(19, 11). 하나님의 말씀이라고도 불리는 백마를 탄 전사들이 뒤를 따랐다. 이들은 다음의 무기를 갖고 있다: 입에서 나온 칼, 쇠막대, 포도주 즙틀: 이것들은 신의 형벌을 의미하는 상징들이다; **4.** 윌리엄 B. 예이츠William B. Yeats: 미래의 기수들("벤 불밴 아래서Under Ben Bullben")이 세상 끝에 있는 산에서 내려올 것이다; **5.** 심리: 인간의 '마음'에서 원초아Id(=무의식, 원시적 충동)를 통제아래 두려는 자아(이성적 자아Ego); **6.** 머리 없는 기수는 악마 또는 죽음을 상징한다; **7.** 말horse 참조.

기억 memory **1.** '불멸의 기억'은 그리스에서 아에탈리데스로 의인화 되었다. 그가 죽어도 기억이 멈추지 않았으며 "고착된 기억은 그 거처를 영원히 바꾸는 운명을 갖고 있다; 한 번은 지하의 죽은 자들이 기억할 것이며 그다음은 살아 있는 자들이 기억할 것이다"(로디우스의 아폴로니우스Apollonius Rhodius 1, 640ff.); **2.** 오르페우스; 강river 참조

기장 millet (식물) **1.** 여성의 손에 들려 있는 한 단의 기장은 보존을 나타낸다; **2.** 수수sorghum 참조.

기적 miracle **1.** 성서: 기적과 비범함은 항상 새로운 삶으로의 진입과 함께 이루어진다: 노아의 홍수, 아브라함의 기적적인 정복, 바로가 보낸 고난, 그리스도의 초기 기적 등(존 크리소스톰John Chrysostom, 신화 핸드북HM 14, 3); **2.** 그리스: 포도주, 꿀, 우유에 관한 '기적'은 디오니소스와 관련 있다(예 디오도로스 시쿨로스Diodorus Siculus. 3, 66, 2; 파우사니아스Pausanias 6, 26, 1; 논누스Nonnus, 여러 곳에서 발견된다; 에우리피데스Euripides, 바킬리데스Bacch. 704).

기준 standard 깃발banner; 깃발ensign 참조.

기차 train 꿈에서 a. 진행; 기차를 놓치는 꿈은 상황에 대처하지 못하는 것을 의미한다; b. 사람 간의 의사소통: 사람 간의 의사소통이 방해받거나(슬픈 작별인사) 서두르는 것; 기차를 놓치는 꿈: 연락하길 원하지만 실패하는 것; 역station 참조; c. (지그문트 프로이트Sigmmund Freud) 기차는 죽음과 같다; 기차를 놓치는 꿈은 (아직) 죽지 않을 것이라는 의미이다.

기침 coughing 어색함이나 경고 외에 녹색기사의 기침은 교만과 경멸의 표현이었을 수 있다(가윈 경과 녹색의 기사Gawain and the Green Knight, Sir 307: 톨킨Tolkien 참조).

기타 guitar **1.** 여성의 몸+남성의 목; 양성성; **2.** 소리: 사랑 노래에 곁들이는 반주; **3.** 민속: a. 마녀들이 변신하는 형태; b. 악마와의 계약이 이루어지는 동안 연주된다.

기혼 여성 matron **1.** 어머니의 지배적인 면; **2.** 보호: 도시, 교회, 대지, 밤night 등.

기후, 날씨 weather 딜런 토머스Dylan Thomas: 계절: a. "바깥 날씨": 외부 현실; b. 과거−현재−미래: 날씨가 바뀌었을 때=현재가 과거가 되었을 때; c. 외부 및 내부의 변화무쌍한 기후.

긴털 족제비 fitchew 긴털 족제비(=유럽산 긴털족제비polecat)는 그 냄새와 음탕함으로 잘 알려져 있다: 이것은 또 다른 핏츄이다; "음탕한 긴털 족제비인 향기로운 그녀와 결혼했군요"(베니스의 무어인 오셀로Oth. 4, 1).

길 path **1.** 인생, 경험, 배움; **2.** 죽은 자들의 땅으로 가는 위험한 길; **3.** 도로road 참조.

길 way **1.** 영생으로 인도하는 "좁은 문"과 "좁은 길"(마태복음Matth. 7, 14); **2.** 미로 같은 길: "나는 그

에게서 도망쳤고 내 마음의 미로 같은 길을 따라 내려갔다"(프랜시스 톰슨Fr. Thompson, "천국의 사냥개The Hound of Heaven"); **3.** '환락의 길'은 앵초primrose 참조; 또한 고속도로highway; 도로road 참조.

길르앗 Gilead **1.** 르우벤 족속, 입다와 관련 있다; **2.** 윌리엄 블레이크William Blake: 증인의 언덕the Hill of Witness.

깃 quill 남근phallus(조지 채프먼George Chapman, "에우게니아Eugenia" 2, 4, 178).

깃발 ensign **1.** 성서에 산 위의 깃발에 관한 여러 언급이 있다: a. 형벌로서 다른 나라들이 이스라엘을 이길 것이라는 언급: 또 그가 기치(깃발)를 세우시고 먼 나라들을 불러 땅 끝에서부터 자기에게로 오게 하실 것이다; "보라, 그들은 빠르게 달려올 것이다"(이사야서Isa. 5, 26); b. "한 사람이 꾸짖은 즉 천 사람이 도망하겠고 다섯이 꾸짖은즉 너희가 다 도망하고 너희 남은 자는 겨우 산꼭대기의 깃대 같겠고 산마루 위의 기치 같으리라"(이사야서 30, 17; 참조: 시편Ps. 74, 4); **2.** 지옥 밖의 어두운 평원에서 저주받은 자들이 이동하는 깃발을 뒤따르는데 이 지옥은 선하지도 악하지도 않으며 이성을 잃은 이들을 위한 곳이다(단테Dante, 신곡 지옥편Inf. 3); **3.** 깃발banner, 깃발flag 참조.

깃발 flag **1.** 가장 초기의 전투에 사용된 휘장은 '표준'적으로 정해진 상징이었으며 원래는 우월한 힘을 나타내기 위해 적보다 '높이'가 위에 있었다; 때로는 깃발이 추가되었고 나중에 천을 기호에 붙였다; **2.** 신원 확인, 자기주장; **3.** 민족주의; **4.** 승리; **5.** 신호: a. 깃발 치기: 항복 또는 휴전; b. 깃발 내리기(천천히 내리고 빠르게 올리기): 경례; c. 조기로 게양: 애도; d. 거꾸로 된 깃발: 고통; **6.** 색상: A. 흑기: a. 해적선: 종종 흰색 두개골 밑에 교차시킨 두 개의 뼈의 도식; b. 범죄자의 처형; c. 제2차 세계대전에서 복귀하는 잠수함은 최근의 승리 후에 때때로 검은 깃발을 게양했다; B. 적기(赤旗): a. 혁명, 무정부주의, 사회주의; b. 위험; c. 경매; C. 백기(白旗): 항복, 휴전 또는 평화적 의도(타이어의 왕자 페리클레스Per. 1, 4 참조); D. 황색기: 전염성 질병; **7.** 또한 깃발banner; 깃발ensign 참조.

깃발, 배너 banner **1.** 높이: 깃발은 거의 접근하기 어려운 산에 설치된다(예 이사야서Isa. 13, 2); **2.** 죽음에 대한 승리: 그리스도의 몸(예 '하나님의 어린 양'); 물질적 유대를 넘어; 액션카드(타로카드); **3.** 명예: 군대의 깃발은 거룩하여 끝까지 지켜야 한다; 엄청나게 많은 숫자로 이루어진 공격적인 군국주의; 예 로마와 독일(다중성Multiplicity 참조); **4.** 사랑(아가서SoS 2, 4); 희망(방패에); **5.** 종교상징으로 표시된 회당(유대교); **6.** 흔드는 것: 악령을 퍼뜨리는 것; **7.** 붉은 깃발banner: 전쟁, 혁명; **8.** 깃발ensign, 깃발flag 참조.

깃털 feather **1.** 공기, 바람, 속도, 광선, '하늘'에 등장하는 악의 정화, 공기와 관련된 신화의 확산: 모두 새와 날개에 관련 된다; **2.** 이집트: a. 이집트 상형문자에서 이 단어의 의미: i. 공허; ii. 건조함; iii. 가벼움; iv. 높음; 비행flight 참조; b. 영혼, 마음: "영혼의 저울질psychostasia": 죽은 후에 사람의 마음(양심)을 깃털(가벼움과 진실의 가벼움)과 저울로 그 무게를 쟀다(오시리스와 마트에 의해): '가벼운 마음'은 "거기에 달" 것이 없다"; c. 창조자-신들; d. 힘: 홀sceptres에 있는 두 개의 깃털(원래는 아마도 나귀의 귀였을 것이다): 이진법 기능; e. '떠오르는 생명', 대지=곡식의 재생; f. 죽음; g. 성실, 정의, 진실: 1번의 b 참조; **3.** 장신구, 과시, 자긍심: 오래 전에는 깃털을 기사 복장에 꽂았다: 기사의 자긍심; 기사 옷에 오래된 깃을 꽂았다: 기사의 자긍심; **4.** 점술에 사용되었다; **5.** 자선; **6.** 믿음, 사색(성 그레고리Gregory:) 생각의 '비행flight'; **7.** 정의: 2번의 b 참조; **8.** 문학 또는 (종교적) 말씀: 특히 거위 깃털; **9.** 풍요: 탐욕의 상징인 솔개: "솔개에게 깃털을 좀 달라고 하면 솔개는 날 수 있을 만큼의 깃털밖에 없다고 할 것이다"(속담); **10.** 생식기: (티레시아스에 관하여): 이탈리아어로 "레 마스킬리 페네le maschili penne"='수컷의 깃털' (단테Dante, 신곡 지옥편Inf. C. 20); **11.** 나소 P. 오비디우스Naso P. Ovid: 사냥에서 사슴에게 겁을 줘서 둥지 쪽으로 몰기 위해 깃털을 나무에 매달았다(변신이야기Metam. 15, 475); **12.** 수number: A. 두 개의 깃털: 2번의 d 참조; B. 세 개의 깃털: a. 드루이드: 빛의 세 갈래=힘, 신성, 세상의 빛; 여전히 웨일즈 왕자의 휘장에 있다; b. 빛: i. 백합 문장에서 유래했다; ii. 이집트 상형 문자의 세 개의 불꽃에서 유래했다; c. 좋은 생각, 말과 행동; d. 공간: 3차원; e. 간호사 교육 종료(3년); 그들은 3교대로 일한다; '세 개의 깃털'이라고 불리는 선술집에서 런던병원을 설립하기로 결정했다; **13.** 색상: A. 흰색: a. 깃털-구름 또는 바다의 거품; b. 겁쟁이: 싸우는 수탉의 꼬리에 있는 흰 깃털은 불순한 변종임을 나타내며 이 닭은 싸우지 않을 것이다; B. 진홍색: 진홍색 깃털로 장식된 망토는 요정의 특징적인 옷이다(윌리엄 B. 예이츠William. B. Yeats "오이신의 방황The Wanderings of Oisin" 참조); **14.** 다른 것과의 조합: A. 깃털 달린 남자: a. 하이퍼보리아의 달Hyperborean Pallene에 미네르바의 웅덩이 못에서 아홉 번 목욕한 후(나소 P. 오비디우스, 변신이야기 15, 356ff. 참조) 깃털을 달았다; b. 스키타이 여성들: 마법의 주스와 깃털들을 뿌렸다(동일); c. 3번과 13번의 b 참조; B. 아버지-왕관: 깃털은 태양-광선, 후광(인디언의 머리 장식은 독수리Eagle도 참조)과 관련 있다; C. 솜털 같은 깃털: 솜누스Somnus의 흑단 침대는 검은 깃털로 화려하게 장식되어 있었다: 수면; D. 깃털 달린 뱀serpent: a. 이중성: 대지/하늘, 좋은/나쁜, 비/가뭄 등; b. 뿔 달린 깃털: 대립하는 대극의 힘과 이로 인해 강화된 이중성을 상징했다; **15.** 딜런 토머스Dylan. Thomas: "죽음의 깃털death's feather": 죽음의 쉬운 승리; **16.** 민속: 아기가 태어난 후 침대 밑에서 닭의 깃털을 태우면 출혈을 예방할 수 있다.

깃털 plume **1.** 고대의 모든 투구에는 깃털이나 말총 장식이 있었지만, 호메로스Homer.의 "일리아드Il." 에서는 헥토르의 사치스러운 투구가 계속 언급되고 있다; **2.** 깃털feather, 뱀serpent 등 참조.

깊은 틈 chasm 갈라진 틈cleft 참조.

깊은, 심연 deep **1.** 혼돈, 세상의 시작: "그리고 땅이 혼돈하고 공허하며 흑암이 깊음 위에"(창세기Gen. 1, 1; 혼돈chaos, 심연abyss 참조); **2.** 바닥이 보이지 않는 깊은 구덩이인 지옥: "나 자신은 지옥이다; 그리고 가장 깊은 곳에서 나를 삼키려고 위협하는 것보다 더 깊은 곳이 넓게 열려있으니, 그에 비하면 내가 고통받는 지옥은 천국이다"(존 밀턴John Mliton, 실낙원Par. L. 4, 75); **3.** 대양ocean.

까마귀 crow (새) **1.** 신화: a. 까마귀는 아폴로에게 코로니스('까마귀'라는 뜻) 님프가 바람을 피웠다는 소식을 너무 늦게 보고했기 때문에 아폴로가 검게 만들었다; 화가 난 신들이 까마귀를 검게 만들었다는 이야기는 흔한 이야기이다; b. 원래 공주였던 은백색의 까마귀가 검게 되었다(나소 P. 오비디우스Naso P. Ovid, 변신이야기Metam. 2, 5, 35); c. '까마귀'는 종종 검고, 신탁과 관련되며 썩은 고기를 먹는 새들을 총칭해서 부르는 이름이다(특히 큰까마귀raven 참조): 라틴어('코르빅스corvix'와 '코르붐corvum') 및 그리스어에서 자주 혼동된다; d. 뿔까마귀는 큰까마귀와 함께 켈트족의 위대한 여신Great Goddess 모리간-리안논을 상징한다; **2.** 수다: a. 신탁과 관련, 메신저, 소식을 전하는 새, 전조: 1번의 a 참조; 대개 좋지 않은 소식이나 징조; b. "걱정의 목소리"(=불안: 제프리 초서Geoffrey Chaucer, 파울스의 의회PoF 363); **3.** 반짝거리는 것은 전부 훔치는 도둑; **4.** 교활하고 잡식성이다: '재치로' 산다; 나무열매가 너무 단단해서 깰 수 없으면 까마귀는 이것을 높은 곳에서 떨어뜨린다; **5.** 자존심: a. 여우의 아첨에 넘어가 고기 조각을 떨어뜨린다(이솝Aesop); b. "까마귀 눈에는 제 새끼가 제일 예쁘다"(속담); **6.** 악마: 대부분의 검은색 또는 흑백의black-and-white 새들과 마찬가지로; **7.** 신뢰할 수 없음: 덫에 걸렸을 때 아폴로에게 제물을 바치겠다고 약속하고, 풀려나자마자 약속을 저버렸다; 다시 잡히자 이번에는 (심지어) 헤르메스가 믿어 주지 않지만 헤르메스에게 제물을 바치겠다고 재차 약속했다; **8.** 귀족적인 독수리와 반대로 서민적이다: "폭도들이… 원로원의 자물쇠를 열고 까마귀들을 데려와 독수리들을 쪼게 할 것이다"(코리올라누스Cor. 3, 1); **9.** 장수: 인간보다 세 배 더 오래 산다: "세 배 더 사는 까마귀"(아마도 큰까마귀raven인 듯함): 셰익스피어의 "불사조와 거북Phoen."에서 조문객; 헤시오도스Hesiodus에 따르면, 까마귀는 인간보다 아홉배 더 오래 산다; **10.** 은둔자: 높은 곳에서 홀로 산다; 군집생활을 하는 갈까마귀daws와 떼까마귀rook 참조; **11.** 창의적이고 창조적인 힘, 풍요: 고대 북유럽; **12.** 영적인 힘, 세상을 개화시키는 존재: 높이 상징: 순수한 '창공'을 날아다닌다; **13.** 다음과 관련된다: A. 아폴로: a. 1번의 a 참조; b. 신들이 티폰Typhon을 두려워하여 올림푸스에서 도망쳤을 때 아폴로는 까마귀의 모습으로 변신했다(나소 P. 오비디우스, 변신이야기 5, 329; 그러나 매hawk 참조); B. 아스클레피오스Asclepius와 사투르누스Saturn; C. 아테네의 적: 까마귀는 아크로폴리스를 방문하는 것이 허락되지 않았다; **14.** 부부간의 행복: 쌍으로 있을 때, 특히 나뭇가지 등에 앉아 쉴 때; 이집트에서는 짝을 잃은 까마귀는 다시 짝짓기를 하지 않는다고 여겼다; 그리스에서는 신부에게 이렇게 말했다: "이리로 오세요, 예쁜 까마귀" 그리고 까마귀는 헤라/주노에게 바쳐졌다; **15.** 희생제물로 바쳐진 왕들의 영혼이 깃들어 있는 새(아마도 큰까마귀raven와의 또 다른 혼동); **16.** 문장heraldry(紋章): a. 데인사람들의 깃발과 성전 기사수도회의 깃발에 까마귀가 이미 사용되었다; b. 조용한 삶, 정착생활; **17.** 상상의 번식: 숨을 쉼으로써 새끼를 낳는다: 무형의 번식(셰익스피어, 불사조와 거북Phoen.); **18.** 연금술: 시작: 비옥한 대지와 같은 검은 물질: 부패putrefaction 참조; **19.** 참고할 문학서: A. 윌리엄 셰익스피어: a. 죽은 짐승의 썩어 가는 고기–새–죽음–어둠이 연결된다: b. 거리: 일직선으로 날아다닌다: 속도; c. 딱정벌레와 관련 있다; B. 제임스 조이스James Joyce: "썩어 가는 고기를 먹는 까마귀carrion crow": a. 하나님; b. 교회; **20.** 태양 원반 위에 다리가 셋인 까마귀: 그리스도, 태양의 세 가지 단계, 즉 떠오르고 천정에 닿아 저무는 것과 연결된다; **21.** 흰 까마귀: 희귀한 것 또는 드문 일; **22.** 눈가의 잔주름crow's feet: 난쟁이들은 눈가의 잔주름이 있다고 여겨졌다; **23.** 미나리아재비crow-flower(덴마크의 왕자 햄릿Ham. 4, 7): 미나리아재비buttercup='까마귀–발crow-foot' 참조; **24.** 민속: a. 일반적으로 나쁜 징조(큰까마귀raven와 마찬가지로); 켈트족에서는 한때 여신이었으나 기독교 이후에는 괴이한 노파 또는 괴물로 살아남은 무시무시한 존재들과 관련 있다; b. 날씨 예측; c. 동요: a. 운율에 따라 편을 가르는 게임에서 여러 사람은 동쪽과 서쪽으로 보내지고 몇몇은 언제나 까마귀의 둥지에 도착한다: 예 "(프랑스 사람, 스코틀랜드 사람, 젊은 사람 등등은) 모두 어디로 갔나? 동쪽으로 서쪽으로, 그리고 오래된 까마귀 둥지로"(=악마의 둥지=지옥); d. "타르 드럼통만큼 큰 무시무시한 까마귀"가 말다툼을 하던 서로 다를 게 없는 두 사람 옆을 날아가자 그들은 즉시 싸움을 멈췄다; e. 전래동화: 까마귀를 보는 것에 관해(까치 등과 마찬가지로): "한 마리를 보면 슬픔, 두 마리를 보면 기쁨, 세 마리를 보면 편지, 네 마리를 보면 남자 아기."

까마귀 (다리가 붉은) chough (새) **1.** 아서왕의 영혼을 갖고 있다; 그러므로 이 새를 죽이는 것은 매우 불길한 일이다(심지어 죄 받을 만한 일임); 동일한 의미로 큰까마귀raven도 참조; **2.** '가마우지'라는 이름으로도 불리는 이 새들은 죽음의 신 크로노스에게 바쳐졌고 칼립소의 '축복받은 섬Blessed Island'에서 발견되었다; **3.** 정치에 관한 (쓸데없이 마구 하는) 지껄임: "나 자신도 수다를 깊이 있는 대화처럼 지껄일 수 있다"(템페스트Tp. 2, 1; 끝이 좋으면 다 좋아All's W. 4, 1).

까마중 nightshade (식물) **1.** 치명적인 독성이 있는 열매와 잎이 있는 가지과의 다양한 식물: 벨라돈나풀Deadly Nightshade('아트로파 벨라돈나Atropa belladonna': 벨라돈나belladonna 참조)은 영국에서 가장 독성이 강한 식물이다; **2.** 죽음, 어둠; **3.** 마법: 그것은 '실재하지 않는 것을 생각나게' 만든다; **4.** 회의론, 진실의 속성; **5.** 건망증: "페르세포네의 루비 그레이프: 그것으로 이마를 건드리면 건망증이 온다(존 키츠John Keats, "우울에 대한 송가Ode on Melancholy"); **6.** 점성술: 화성의 지배를 받는다; 7. 민속: a. 마법과 관련된다: 불길한 외형과 폐허 근처에서 자란다는 사실 때문에; b. 마녀의 '날 수 있게 해 주는 연고flying-ointment'의 중요한 재료.

까치 magpie (새) **1.** 장난꾸러기 도둑; **2.** 깩깩거림: a. 뮤즈와 노래 경쟁을 하고 싶어 했던 아홉 명의 피에리데스는 까치로 바뀌었다(나소 P. 오비디우스Naso P. Ovid, 변신이야기Metam. 5, 여러 곳에서 언급됨, 특히 676에서); b. (단지) 소리와 말을 모방하는 사람; 그러나 플리니우스Pliny는 그들이 비밀리에 단어들에 대해 숙고하고, 단어가 너무 어려우면 수치심 때문에 죽었다고 믿었다; c. 경솔: 디오니소스/바쿠스의 상징이자 신성한 것; **3.** 위선: 이것의 색깔 때문에 주교의 상징이다; **4.** 여성적: a. 이것의 색깔 때문에 한겨울과 연결되며 죽어가는 생명(그리고 생명 속에 있는 죽음)의 위대한 여신과 연결된다; 로버트 그레이브스Robert Graves, 하얀 여신WG 297): 모호함; 이들은 아홉 개의 알을 낳으며 다섯 개의 발톱을 가지고 있다; b. 제프리 초서Geoffery Chaucer: 젊은 여성은 "까치처럼 유쾌하다"("선원들의 이야기Shipman's Tale"); c. 인간의 연령에서 이 까치는 (거울과 함께) 서른 살의 여성을 의미한다; 성자 오다의 특성; e. 2번 참조; **5.** 위장: a. 도굴범들을 혼란스럽게 하기 위해 까치는 실제 보금자리 근처에 둥지를 짓는다; b. 위장의 상징; **6.** 해충과 곤충을 파괴한다; **7.** 민속: a. 전설: 까치는 검은색과 흰색이다. 그 이유는 십자가 처형에 대한 애도를 거부했거나 노아의 방주에 들어가려 하지 않았기 때문이다; b. 마녀와 악마의 새이며 좋은 징조와 좋지 않은 징조가 된다; c. (전래동요) "슬플 때는 하나, 즐거울 때는 둘, 결혼할 때는 셋, 태어날 때는 넷".

▌꼬리 (동물의) tail **1.** 동물의 힘을 상징한다: 예 미트라교에서는 죽은 황소의 꼬리에서 옥수수가 자란다고 한다; **2.** 동물의 기분 표현: 개가 꼬리 흔드는 것 외에도 종종 사자나 곰이 분노를 표현할 때 꼬리를 흔드는 것을 볼 수 있다; **3.** 거짓 선지자: 이스라엘의 '꼬리'는 거짓을 가르치는 선지자를 상징한다: 그 꼬리를 끊으실 것이다(이사야서Isa. 9, 15); **4.** 마녀는 동물의 형태를 취할 수 있지만 보통 이런 경우에는 꼬리가 없다(예 맥베스Mac.: "꼬리 없는 쥐"; 또한 로버트 번스Robert Burns의 "커티 삭Cutty Sark": 마녀가 말horse의 꼬리를 잡아 뺐다).

▌꼬집음 pinching **1.** 꼬집는 것은 생쥐, 올빼미, 고양이 등과 같이 죽음 및 밤의 상징과 관련된다; **2.** 하녀를 꼬집는 것으로 유명한 요정과 관련 있다: 예 "요정들은 우리의 숨을 빨아들이고 파랗고 검게 멍이 들도록 꼬집을 것이다"(실수연발Err. 2, 2); **3.** 감금 또는 투옥과 관련 있다; **4.** 음탕함: 뺨, 허벅지, 엉덩이 등을 꼬집는 것; **5.** 꿈을 꾸지 않도록 자기 자신을 꼬집기; **6.** 핀처 마틴Pincher Martin 참조; **7.** 민속(초등학생): a. "이 달의 첫째 날에 꼬집고 주먹으로 때리기에 빠르게 응수하려면 꼬집고 차기를 해야 한다; b. 새 옷을 입은 아이는 꼬집어 주어야 한다.

▌꼭두각시 puppet **1.** 일반적인 상징성에 대해서는 인형doll, 동상image 참조; **2.** 신이나 운명의 노리개가 된 사람: 신에게 "우리는 잘하든 못하든 그의 꼭두각시일 뿐이네"(로버트 브라우닝Robert Browning, "피파가 지나간다Pippa Passes").

▌꼭두서니 madder (식물) **1.** 이 덩굴식물의 뿌리는 아주 먼 옛날부터 붉은 염료를 만드는 데 사용되어 왔다: 예 이집트 미라에서 발견된다; **2.** 중상모략: 초식동물이 꼭두서니를 먹으면 마치 사냥동물을 먹은 것처럼 이빨이 매우 붉게 된다: 사실과 다른, 겉으로 보기에 무고한 희생을 가져온다; **3.** 수다스러움.

▌꼽추 hunchaback **1.** 윌리엄 B. 예이츠William B. Yeats: a. 성자의 대극: 과거에 지은 죄가 많은 꼽추는 성자가 자신의 죄를 거두어 가기를 원한다; b. 주교("미친 제인Crazy-Jane" 시 에서): 죄에 빠져 있고 아기를 가질 수 없고 기형적이며 악의적이다; **2.** 딜런 토마스Dylan Thomas: "의문을 갖는 것은 굽은 척추 뼈를 갖는 것과 같다"("올빼미 빛의 제단Altarwise"): a. 척추 뼈는 척추, 음경, 삶과 죽음의 뼈; b. 척추 뼈는 태아를 짊어진다; c. 물음표를 던지는 것은 직접적이고 관습적인 삶에 존재하는 꼽추이다; d. 의문은 생명력의 방해물이다; **3.** 민속: 꼽추를 만지는 것은 행운을 가져온다.

▌꽃 flower **1.** 꽃의 상징성은 다음과 같은 많은 요인에 의해 결정된다: a. 꽃의 자연적인 특성: 외딴 곳에서 자라거나 그늘에서 자라는 것 등; b. 꽃의 색상: 예 대부분의 붉은 색 꽃과 흰색 꽃은 위대한 여신과 관련 있다(아래의 민속 참조); 그러나 흰 꽃(예 산사나무)은 또한 위대한 여신의 죽음과 관련 있다; c. 잎에 있는 꽃잎 또는 손가락 모양의 잎의 수: 예 세 개는 삼위일체, 다섯 개는 위대한 여신을 나타낸다; **2.** 아름다움; **3.** 축제 분위기, 기쁨: "모든 꽃이 숨 쉬는 공기를 즐긴다는 것이 나의 믿음이다."(윌리엄 워즈워스

William Wordsworth, "이른 봄에 쓰인 시Lines written in Early Spring"); **4.** 일시적: 시편Ps. 103, 15에서 들판의 꽃은 수명이 짧은 것으로 언급되어 있다; 바람(사막 바람과 시간)이 그들을 죽인다; **5.** 탄생(봄), 교접, 죽음 및 재생(식물 생장과 관련된 생명주기): a. "보라, 겨울이 지나갔고, 비가 그쳐서 땅에 꽃이 핀다"(아가서SoS 2, 11); b. '꽃 담요'=무덤; c. "아니요, 나는 텔루스의 잡초를 빼앗아 당신의 초록을 꽃으로 흩뿌릴 것이다"(타이어의 왕자 페리클레스Per. 4, 1); **6.** 소통: 누군가에게 꽃을 보내는 것; **7.** 미덕, 선함, 순결: 가시나무 등의 반대; **8.** 신비, 신비의 중심, 우주의 신비적 관계: "야생화 속의 천국을… 본다"(윌리엄 블레이크William Blake, "순수의 전조Auguries of Innocence"); **9.** 대지의 별; **10.** 승리; **11.** 유혹(사탄과 관련된 선악과처럼), 속임수: a. "가장 잘생긴 꽃이 가장 달콤한 것은 아니다"(속담); b. "순수한 꽃처럼 보이지만, 그 아래에 뱀이 되어라"(맥베스Mac. 1, 5); **12.** 사랑, 특히 여성의 사랑, 외음부, 처녀성: 세익스피어는 일반적으로 꽃을 인용한 구절을 여성에게 사용한다: 거르트루드, 오필리아, 데스데모나, 코델리아, 마리나, 페르디타 등(또한 심벨린Cym. 4, 2에서 한 형제가 "계집아이 같은 말투"를 사용하여 다른 형제를 꾸짖는 것 참조; 또한 '처녀성을 빼앗다deflower' 참조); **13.** 여자: 꽃-여자는 과일-남자의 반대이다; **14.** 영혼: 원형 archetype; **15.** 균형, 정의; **16.** 기독교: 선행, 특히 자선의 결과; **17.** 연금술: 천상의 꽃=운석=태양의 작품; **18.** 윌리엄 블레이크William Blake: 꽃을 꺾는 것: a. 성적인 방종, 성적 행위; b. 순수한 기쁨; **19.** 색상(아래의 민속 참조): A. 붉은 색: 사랑, 열정; B. 흰색: a. 순수함, 결백함: "흠 없는 삶의 흰 꽃을 꽂다"(알프레드 테니슨 경Lord Alfred Tennyson, "왕의 목가Idylls of the King", 헌정Dedic.); b. 사랑, 성교; c. 죽음, 영웅주의; d. 위대한 여신의 상징(1, b 참조): 아르테미스/디아나, 헤라/주노, 성모 마리아; **20.** 다른 것과의 조합: a. 흩뿌려진 꽃: 기쁨, 즐거움; b. 꽃 담요: 5번의 b 참조; **21.** 민속: a. 꽃이나 식물이 계절에 맞지 않게 피는 경우: 불운, 종종 죽음을 의미한다(비정상적인 것의 위험성); b. 색상: i. 많은 흰색 꽃과 죽은 자의 영혼이 거주하는 머리 숙인 꽃들을 집으로 가져오는 것은 위험하다; ii. 노란색 꽃 화관: 마법으로부터 보호한다; iii. 붉은 꽃: 행운, 피, 생명을 나타낸다; iv. 병문안에 가져갈 꽃다발은 빨간색과 흰색 꽃을 함께 묶지 말 것(1번의 b 참조): 병실에서의 죽음; c. 생화는 무대 위에서 불운하다(공연 후의 꽃다발 제외); 신에 대한 도전으로서 과시하는 것의 위험성 참조.

꽃박하 dittany (식물) **1.** 꽃박하 '딕타누스Dictamnus' (또는 '오리가눔 딕타누스Origanum dictamnus'): 약초. 비너스는 이 약초로 아이네아스의 '화살에 맞은 상처'를 치료했다; 이것은 크레타섬의 딕테산에서 자란다. 딕테산의 야생염소도 화살로 상처를 입으면 치유를 위해 이 약초를 먹는다; 자주색 꽃이 핀다(베르길리우스Virgil, 아이네아스Aen. 12, 412ff); 어떤 사람들은 사슴이 꽃 박하를 이용해 상처에서 화살을 뽑는 것을 인간에게 알려 주었다고 믿었다(플리니우스Pliny 8, 41); **2.** 딕테산은 레아가 제우스를 낳은 장소이다; **3.** 출생의 상징; **4.** 풍경: 오래된 기념물, 폐허, 고속도로 옆의 황무지에서 자란다; **5.** 여성 질환에 가장 효과적인 약초이다; **6.** 꽃도 없고 씨앗도 없고 줄기도 없다; 마조람marjoram 참조.

꽃박하속 origanum (허브) **1.** 일반적으로 다음을 의미한다: 다음과 같은 식물들이 속한다: a. '오리가눔 딕탐누스Origanum dictamnus'=백선속dittany; b. '오리가눔 불가레Origanum vulgare' 혹은 '염소의 마조람 goat's marjoram', 현대에는 '오레가노oregano'라고 부른다; c. '야생 마조람origanum majorana' 혹은 '스위트 마조람sweet marjoram': 마조람marjoram 참조; **2.** 이것은 이뇨제와 소산제로 사용되었다(켈수스Celsus II권 서문 및 3, 21, 7; 5, 11).

꽃병 vase **1.** 다음을 포함하는 여성적 상징: a. 물을 담는 것: 생명의 근원, 풍요의 가마솥, 다산, 성장; 이것은 비를 만드는 의식에 사용되며 성배와 관련이 있다; b. 시신을 담는 것(석관, 독수리 등)들과 마찬가지로 어머니를 상징한다(항아리urn 참조); **2.** 지혜, 정화 및 빛의 기름을 담는다; **3.** 신성한 피와 재, 죽음과 희생을 담는다; **4.** 다음을 상징한다: a. 모신-여신, 성모, 처녀자리; b. 시므온 지파; c. 물병자리, 물의 신.

꽃상추 endive (식물) **1.** 코르넬리우스 켈수스Cornelius Celsus: 열을 내리는 음식; 배변을 조절하고 열을 내리는 작용을 한다(2, 27+30+33, 2); **2.** 플리니우스Pliny: 두통을 치료하고 이뇨작용을 한다(20, 29); 3. 질소(質素).

꽃이 피다 blossom 꿈에서의 꽃: 여성의 생식기(지그문트 프로이트Sigmmund Freud, 정신분석학입문강의ILP 10).

꽃잎 petal 민속: 꽃잎을 한 장씩 따면서 사랑을 점치는 것으로 "그는 나를 사랑한다. 그는 나를 사랑하지 않는다."라고 말한다. 특히 데이지 꽃을 사용했다; 참조: 민들레 홀씨, 엉겅퀴 홀씨, 옥수수 알갱이와 같은 다른 재료도 사용했다.

꿀 honey **1. 신들의 음식**, 하늘이 보낸 음식: A. 구약성서: 이스라엘이 순종했더라면 여호와께서 '반석에서 나온 꿀'을 이스라엘에게 주셨을 것이다(시편Ps. 81, 16); B. 그리스: a. 올림포스에 있는 신의 꿀; b. 디오니소스는 꿀을 먹었다; 꿀은 또한 헤카테(여왕벌로서)와 헤르메스에게 바쳐졌다; c. 영원한 행복: 방부제에 사용되었고; d. 꿀 케이크는 갈림길(교차로)에서 아르테미스에게 제물로 바쳐졌다; (브라우닝Browning, "아르테미스 프롤로그Artemis Prologiz" 참조); 이와 유사한 여신과 관습이 가나안 사람들에게 존재했음이 틀림없다. 왜냐하면 숙성되지 않은 '소고기 제물'(레위기Lev. 2, 11)에 꿀을 넣었기 때문에 꿀 사용이 엄격히 금지되었다; e. 네 가지 신주(神酒) 중 하나(물, 우유, 기름과 함께); C. 고대 북유럽: 크바시르의 피(=아이시르와 바니르의 타액)와 섞은 꿀은 다음의 것들이 되었다: a. 신들의 음료; b. 시인들의 벌꿀 술; D. 기독교: 성찬식; **2. 시적 황홀감**: a. "그의 주변을 세 바퀴 돌고 거룩한 두려움으로 눈을 감으라. 그는 꿀 이슬과 낙원의 우유를 마셨다"(새뮤얼 콜리지Samuel Coleridge, "쿠블라 칸Kubla Khan"); 이 '꿀이슬'은 잎과 줄기에 붙은 진딧물의 배설물일 수 있으며 다른 가능성도 제기되었지만 '꿀'과 천상의 음식 간에 관련성이 있는 것은 틀림없다; b. 1번의 B, b 참조; **3. 지혜, 영적 풍요**: a. "내 아들아 꿀을 먹으라. 그것이 좋은 것이라… 지혜를 아는 지식이 네 영혼에 이와 같으리라…(잠언Prov. 24, 13f.; 또한 사무엘상서1Sam. 14, 24ff 참조); b. 영적 자기 개선: 신비하고 정교한 과정으로 간주되는 꿀 생산(예 오르페우스), 배belly도 참조; **4. 웅변**: a. "선한 말은 꿀송이 같아서"(잠언 16, 24); b. "아, 가장 낙담하고 비참한 여자들에게 그의 음악은 꿀처럼 달콤했다"(덴마크의 왕자 햄릿Ham. 3, 1); **5. 달콤함**: "나의 배우자여, 당신의 입술은 벌집처럼 달콤하고 당신의 혀 아래서 꿀과 우유가 떨어지는 구나"(아가서SoS 4, 11); **6. 풍요**: "…여호와께서는 그들의 조상들에게 우리 민족에게 젖과 꿀이 흐르는 땅을 주리라 맹세하였다"(여호수아서Josh. 5, 6): **7. 명예**; 순결, 처녀성: "내 꿀은 없어졌고, 나는 벌처럼 웅웅거리는 소리를 낸다…"(836), 그리고 (그는) "네 순결한 벌이 간직한 꿀을 빨았다"(루크리스의 능욕Lucr. 840); **8. 아첨, 속임수**: 이방 여자의 입술(잠언 5, 3); **9. 욕정**: 기만적인 욕정, 괴롭히는 위험에 대해 사람을 눈멀게 한다: 발람Barlaam과 여호사밧Josaphat 참조; **10. 잠**: "꿀이 잔뜩 묻은 이슬과 같은 잠"(율리우스 카이사르Caes. 2, 1); **11. 입문**: 다시 태어나는 것과 비교되는 꿀의 생산과정 또는 입문 후 성격의 변화(예 이집트); 글라우쿠스가 꿀에 익사하는 기이한 이야기는 바빌로니아에서 꿀 속에 매장하는 것과 관련 있을 것이다(헤로도투스Herodotus 1, 97); **12. 광야에 있는 예언자의 음식**: 석청과 메뚜기는 세례요한의 음식이었다(마태복음Matth. 3, 4): 나무에서 나오는 다소 맛없는 액체를 의미할 수 있다; **13. 딜런 토머스**Dylan Thomas: 벌통(자궁)에서 발견되는 '끓는' 사랑과 다산의 열; **14. 다른 것과의 조합**: A. 꿀이슬: 2번 참조; B. 벌집(언급된 경우를 제외하고): a. 미로, 혼란; b. 선견지명(저장); C. '꿀줄기(=클로버 줄기): 너무 많이 섭취하면 수면에 치명적이다(타이투스 앤드로니카스Titus Andronicus 4, 4 참조); **15. 민속**: 화장품(나소 P. 오비디우스Naso P. Ovid, 여성의 얼굴 화장품De Med. Fac.)에서 다양한 방법으로 사용된다; 수많은 약재의 성분과 방부제; **16.** 꿀벌bee, 향수perfume 참조.

꿀풀, 멜리사 melissa (허브) **1.** 레몬 허브. 그리스어의 '발름balm'은 '벌bee'을 의미한다; **2.** 타베마몬타누스의 약초 책에 의하면, 이것은 몸에서 '검게 변한 피'

를 제거하여 행복을 느끼게 하고 우울을 제거한다(카를 융Carl Jung 13, 153).

꿀풀, 하고초 all-heal, heal-all (식물) **1.** 이름에서 알 수 있듯이 모든 병을 치유하는 약(앤드류 마벨Andrew Marvell, "잔디 깎는 사람 데이먼Damon the Mower" 83: 크라운즈 올 힐Clowns-all-heal 참조); 그러므로 모든 것을 고치시는 그리스도(조지 허버트Jeorge Herbert, "봉헌An Offering", 19ft); **2.** 강한 향이 나는 이 꽃의 즙(그리스어는 '칼반chalbane'이라고 함)을 태우면 뱀을 쫓아낸다. 이 향 때문에 '페룰라 갈바니플루아Ferula galbaniflua' 또는 '갈바늄galbanum(풍자향)'이라고 불린다(디오코리데스Dioscor. 3, 83; 플리니우스Pliny 12, 126; 루크 디자인Luc. 9, 916; 니칸데르Nicander, 테리아카Th. 50, 938 및 Al. 555). 이 식물의 뿌리는 도롱뇽 독을 치료한다; **3.** 갈바늄은 갈리아와 프랑스에서 비유적으로 '갈바galba'로 사용된다. 협잡, 허튼 소리를 뜻한다; **4.** 만병통치약panacea 참조.

꿈 dream **1.** 일반적으로 다음을 의미한다: a. 어원: 독일어 '트릴겐trilgen'(네덜란드어 '베드리헨bed-riegen')='배신하다', 속이다와 관련된 어근에서 유래되었다; b. 꿈은 색깔 없이 흑백인 경향이 있다; c. 영혼은 꿈꾸는 당시에 몸이 있는 곳에 없거나, 몸이 있는 곳에서 떨어진 곳에서 일하거나 본다: 영혼은 꿈의 현재, 현실에서 보고 행한다. 그래서 힘든 일을 하는 꿈을 꾼 후에는 매우 피곤하다; d. 꿈에서 사건들을 예견하기도 하는데 이것은 더 높은 존재가 일종의 경고를 보내는 것이다(그리스어 '오네이로맨티아oneiromancy'): 요셉이 이집트에서 해석했던 부류의 꿈; 유대인 여자들은 로마 제국에서 '꿈을 팔았다'(=해몽); e. 이시스는 자신을 숭배하도록 만들기 위해 꿈에 사람들을 불러내었다(파우사니아스Pausanias 10, 32); **2.** 그리스: a. 꿈꾸는 사람은 죽음과 부활의 세계(사투르누스와 연관됨)인 오케아노스의 서쪽 지역에 있는 축복받은 자들의 섬Island of the Blessed을 방문한다; b. 상아와 뿔로 된 대문이 있는 꿈의 궁전의 경우, 뿔horn; 상아ivory도 참조(참조: 호메로스Homer, 오디세이아Od. 19, 562ff); **3.** 로마: 거짓 꿈은 자정 전에, 진짜 꿈은 자정 후에 꾼다; 이러한 생각은 영국의 속담이 되었다: "아침의 꿈은 진실이다"(참조: 나소 P. 오비디우스Naso P. Ovid, 여걸들의 서한Heroides. 19, 196); **4.** 셰익스피어: a. 꿈은 왕과 관련되며 비유적 의미로도 사용된다: 예 "그러므로 내가 당신과 함께 있을 때는 기분 좋은 꿈을 꾸는 것과 같았다. 꿈속에서 내가 왕인 줄 알았지만 깨어 보니 그렇지 아니 하네"(소네트Sonn. 87); b. 꿈을 만드는 요정은 마브 여왕Queen Mab(로미오와 줄리엣Rom. 1, 4); **5.** '생명이 없는' 사물도 꿈을 꿀 수 있다: "키 큰 참나무여, 진심 어린 별들의 마법에 매혹된 가지, 꿈을 꾸어라, 그리고 움직임 없이 밤새도록 꿈을 꾸어라"(존 키츠John Keats, "하이페리온Hyperion" 1, 74); **6.** 죽음 후(삶은 잠에 포위되어 있는 것으로 여김)에는 아마도 꿈에 있을 것이다: "죽는 것은 잠을 자는 것; 잠을 자는 것은; 아마도 꿈을 꾸는 것; 아아, 거기에 문제가 있다; 우리가 이 죽을 수밖에 없는 몸에서 벗어나면 그 죽음의 잠에서 어떤 꿈이 올 것인가는 분명 우리를 잠시 멈추게 할 걱정거리다"(덴마크의 왕자 햄릿Ham. 3, 1); **7.** 삶=꿈: a. "우리는 꿈으로 만들어져 있고 우리의 작은 삶은 꿈으로 둘러싸여 있다"(템페스트Temp. 4, 1); b. "우리가 보는 또는 본 것 같은 모든 것은 꿈속의 꿈일 뿐이다"(에드거 A. 포Edgar A. Poe, "꿈속의 꿈A Dream within a Dream"); **8.** 꿈(악몽)은 아마도 끔찍한 행위의 계획과 실행 사이에 존재한다: "끔찍한 것의 실행과 첫 동작 사이의 모든 중간은 환영 또는 흉측한 꿈과 같다"(율리우스 카이사르Caes. 2, 1); **9.** '작은 존재들'인 요정, 흥청거리며 벌이는 축하, 마법과 관련된다: "자정 즈음에 어떤 뒤늦은 농민이 숲이나 샘 옆에 있는 요정들을 보았다. 아니 보는 꿈을 꿨다. 머리 위의 달은 중재자의 역할을 하며 앉아 있다"(존 밀턴John Milton, 실낙원Par. L. 1, 781ff); 참조: "한여름 밤의 꿈MND" 전체); **10.** 민속: "꿈은 반대다"(속담); **11.** 아르테미도로스Artemidorus, 지그문트 프로이트Sigmmund Freud, 체트윈드Chetwynd가 설명하는 꿈속의 사물이나 행동에 대해서는 개별 항목 참조; **12.** 잠sleep(ing) 참조.

꿩 pheasant (새) **1.** 신화: 이틸로스는 자기 여동생(니오베)의 장남을 살해하려던 어머니에 의해 실수로 죽게 되어 꿩으로 변했다. 그는 아마도 신성한 왕을 대체하는 아이였을 것이다. 그의 어머니는 매일 밤 자신이 죽인 아들을 애통해 하다가 나이팅게일로 변하였다; **2.** 아름다움, 화려함: 수컷은 암컷에게 구애하기 위해 화려한 깃털을 보여 준다; **3.** 어머니의 사랑을 나타낸다: 앞의 1번 참조; **4.** 꿩은 날아다니는 동물 중 최고의 사냥감이다(사슴은 달리는 동물 중 최고의 사냥감); **5.** 법정의 뇌물: "변호사의 법정 용어는 꿩이다"(겨울이야기Wint. 4, 4); **6.** 음탕함: a. 꿩은 일부 다른 닭과도 교배하고, 일반 닭fowl을 비롯하여 다른 여러 가금류와도 교배한다; b. 제프리 초서Geoffrey Chaucer: "꿩은 밤에 수탉을 비웃는다"(파울의 의회PoF. 357); c. 꿩의 붉은색 고기는 최음제이다; **7.** 단순함: 비둘기와 함께 단순함을 상징한다; **8.** 문장heraldry(紋章): 사냥; **9.** 카니발Carnaval: 카니발의 왕자는 꿩 깃털을 둘렀다: a. 꿩 깃털은 길고 꿩 사냥철이 추수 절기, 즉 축제의 시작과 일치하기 때문에 사용되었다; b. 대리 왕으로서 깃털을 착용했다; c. 2 번과 6번에 언급된 특성 때문에.

끄덕임 nodding 제우스가 고개를 끄덕이는 것은 그의 불변의 돌이킬 수 없는 의지를 가장 확실하게 표시하는 것이다(예 호메로스Homer, 일리아드Il. 1, 525). '누멘numen'(거의 절대적인 신성력)은 라틴어 '누에레nuere'='[신성한] 끄덕임'에서 유래했다.

끈 string (밧줄) **1.** 존재하는 모든 것의 응집력; **2.** 세계축, 태양광선; 남근(제복의 장식용 수술braids이나 넥타이와 같은); **3.** 죽음: 올가미; **4.** 다음과 같은 목적으로 입문의례에 사용된다: a. 마법의 원을 만들기 위해; b. 변형을 유도하고 끈을 제거할 때까지 입문자가 정해진 상태를 유지하도록 하기 위해; **5.** 부적: 불임 해결('묶음'); **6.** 밧줄rope 참조.

끈끈이대나물 catchfly (식물) **1.** '끈끈이대나물Silene armeria' 및 '비단동자꽃Lychnis viscaria'에 사용되는 이름; '도버끈끈이대나무dover catchfly'와 '주머니꽃nodding catchfly'; 독일어로는 '글리에드크라우트Gliedkraut'라고 한다; **2.** 병든 물새를 치료한다(아그립파Agrippa, 오컬트 철학OP 1, 17).

끓이다, 가열하다 boiling **1.** 엘리자베스 1세 여왕 시대: 종종 건강하게 흘리는 땀과 '스튜를 끓이는 것'은 같은 의미를 함축하고 있는 것이었다; 아마도 말장난으로 venereal boil(역주: 성병으로 인한 종기)이라고도 한다; **2.** 젊음의 회복: 메데이아는 펠리아스의 딸들이 똑같이 따라 하고 아버지를 베어 삶아 젊게 만들 수 있다는 것을 보여 주기 위해 숫양을 삶아 숫양의 젊음을 회복시켰다; 그녀는 이아손의 늙은 아버지와 이아손 그리고 디오니소스에게도 그렇게 하도록 한 것으로 보인다; 펠롭스도 비슷한 방식으로 생명을 되찾았다; 불멸을 위해 아기를 굽는 것 참조; 또한 데모폰Demophon에게 행한 데메테르의 마법(불과 제물로) 참조.

ㄴ

나귀 ass　**A. 신들과 관련된다: 1.** '두 번째 태양'의 능력으로 토성과 관련된다; **2.** '데몬 트리우누스 daemon triunus': 땅chthonian의 삼위일체, 머리가 셋 달린 괴물: 수은, 소금, 유황=물질의 세 가지 물질적 원리; **3.** 여호와와 관련된다: a. '야Ja-'는 신성의 가장 기본적인 어근: '영원히 존재하는': 예 야곱Jacob, 여호와Jahweh, 예수Jesus, 유수프Yousouf, 여호수아Josh., 야긴Jachin, 주피터Jupiter 등(모든 모음은 서로 바뀔 수 있다. 역주: 여기서 Ja와 a는 동일한 모음으로 사용되었다); b. 세트Seth/토성Saturn을 통과한다(행성은 팔레스타인에서 가장 중요함); 세트를 이스라엘의 아버지로 보고(세트가 나귀를 타고 호루스에게 도망친 후에) 그래서 신(에돔/아담이 그에게서 생겨났다)이 되었다는 이야기는 유대족의 유래에 관한 이야기이다(아마도 이중 족보에 대해 설명하는 것으로 보인다: 두 족보 중 한 족보에서 에돔, 즉 아담은 세트의 아들이다); 그런 다음 그들은 세트를 연결시켰다=죽음과 부활; **4.** 성경의 첫 번째 책에서 특별한 나귀의 위치는 여러 가지 방법으로 증명할 수 있다. 그중 두 가지는 다음과 같다: a. 모든 처음 난 동물(처음에는 인간도 포함되었다)은 나귀를 제외하고 여호와께 바쳐야 하고(출애굽기Ex. 13, 13) 어린 양으로 대신 속죄함을 받거나 어린 양의 목을 부러뜨려야 한다; 제물로서 나귀가 '정결하지 못한 것'이어서 바치지 않은 것이 아니라는 것은 낙타와 같은 대체물을 필요로 하지 않는다는 언급 등에서 나타난다; 이 금기는 어미의 젖에다 새끼를 삶지 못하게 하는 금기와 유사하다: 둘 다 다산의 상징이고 둘 다 설명되지 않으며, 아이와 관련하여 이스라엘 사람들이 이것(나귀를 제외한 장자를 바치는 의식)을 다산 의식으로 행했다는 것을 알 수 있다; b. '나귀의 매장'이란 태양과 독수리에 의해 해체되도록 성문 밖에 버려두는 것을 의미한다; 나중에 이것은 한 사람의 수치스러운 삶의 끝의 상징이 되었지만, 그것은 태양과 (어머니 상징으로서의) 독수리가 죽은 자들을 돌보는 것으로 믿었던 태양 숭배와 관련있다: 침묵의 탑Tower of Silence 참조; **5.** 태양과 관련된다: 예 '삼손'(='태양')은 나귀 턱뼈를 무기로 사용했다(이 단어는 쟁기날 또는 헤라클레스의 몽둥이를 의미하기도 하며 둘 다 다산-태양 상징이다); **6.** 나귀, 고양이, 황소 등과 동일시되었던 라Ra에게 바쳐진 것; 그것은 성서에서 나귀가 이집트와 관련하여 (이집트 숫자 5와 함께) 자주 언급되는 것에서 볼 수 있다; 'ass'와 'great'은 이집트에서 동음이의어이다; 이집트에서 그는 때로 태양과 하늘을 떠받치는 산맥 주변을 달리는 밤의 뱀night-serpent, 즉 하인에게 쫓기는 야생나귀로 표현된다; **7.** 하몰의 자식들=나귀 부족은 바알 브릿(사사기Judg. 9, 4) 숭배와 관련되며 그 이유는 신과의 계약이 나귀 희생제물과 함께 인봉(印封)되었기 때문이다(창세기Gen. 33, 19 참조); **8.** '상상 속의 사람들인 하이퍼보리아인들'은 어린아이 때의 호루스-아폴로에게 나귀제물을 바쳤다(풍배도wind-rose 참조)(나중에 세트는 이 어린아이의 부모인 이시스와 오시리스의 최대의 적이었다); 핀다로스(피티아의 송시Pythian Odes 10, 52ff. 참조); **9.** 그리스도: a. 메시아에 관한 예언(B번 참조)의 완성; b. 나귀는 이교도들과 유대인들을 평화의 비전으로 인도하도록 보내진 '순전한 마음'이다; c. 조롱거리인 팔레스타인 십자가에 못 박힌 나귀는 (조롱 없는) 진정한 상징이다: 나귀는 초기 기독교와 혼합되어 예루살렘 성전에서 숭배되어야 했다; 나귀는 확실히 초기 유대기독교인들을 대변했다('이교도'의 반대); 또한 사바오트(하나님의 군대)와 C번의 2 참조; d. 중세에는 남부 프랑스에 '나귀축제Festum Asinorum'라고 불린 나귀의 날Ass-Mass이 있었으며 이는 마리아의 이집트 피난을 기념하는 것으로 추정된다: 나귀는 때로 황금과 축제 의상으로 장식되었으며 이는 그리스도를 상징하는 것이었다;

기도는 아멘 대신 나팔소리로 응답 되었다; **10.** 고대 로마에도 당나귀 숭배가 있었음에 틀림없다; 아시나와 아셀루스라는 이름의 로마 부족은 평민이었다(진탕 마시고 노는 사투르날리아Saturnalia 농신제에서 귀족은 참나무와 야생 황소를 가졌고 평민들은 호랑가시나무와 나귀를 가졌다)(로버트 그레이브스Robert Graves, 하얀 여신WG 289); 게다가 나귀는 베스타Vesta 여신에게 신성한 것이었고 나귀는 시리아의 아타르가티스의 이미지를 갖고 있었다; **B. 다음과 같은 뜻을 갖고 있다: 1.** 선지자(예언자): 그들은 전통적으로 농촌 출신이었고 따라서 말을 싫어했으며 이것은 '구시대적 종교'가 아닌 '새로움'을 나타낸다; 더구나 나귀는 사치와 전쟁의 동물이었으며 이집트와 관련되었다; 그리고 (열왕기상서1Kings 13, 13, 23ff. 참조) 사자가 선지자를 죽이고(불복종) 사자와 함께 다른 선지자가 (앞선 선지자의) 나귀가 시체를 묻으러 올 때까지 시신을 지키는 이상한 장면이 있다; **2.** 나귀가 노새로 대체되는 다윗왕 시대까지의 왕들과 사사들; 솔로몬이 노새를 타고 왕위에 올랐지만 노새는 곧 이집트에서 온 수천 마리의 말과 함께 마구간에 있게 되었다(열왕기하서2Kings 4, 26 및 2, 40 참조); **3.** 메시아: a. "시온의 딸아 크게 기뻐할지어다; 예루살렘의 딸아 즐거이 부를지어다 보라 네 왕이 네게 임하시나니 그는 공의로우시며 구원을 베풀며 겸손하여서 나귀를 타나니 나귀의 작은 것 곧 나귀새끼니라"('and'는 'is'를 의미한다: 스가랴서Zech. 9, 9); b. 그리스도의 예루살렘으로 가는 길: 암나귀 (그리고/또는) 새끼, 어린 나귀를 타고(마태복음Math. 12); 마가에게는 어린 '나귀'만 있다(이는 말, '폴로스polos'를 의미할 수 있다); c. (반쯤 신성모독으로) 제임스 조이스James Joyce ("피네간의 경야Finnegans Wake"): 이어위커Earwicker 가문의 미치광이 수다쟁이 판단자들(=네 개의 바람, 아일랜드의 네 명의 마스터, 네 명의 복음서 저자들)은 당나귀donkey를 특별히 담당했으며 당나귀는 일종의 로고스의 고태적 화신이다; 그러나 나귀는 또한 네 개의 다리, 즉 네 개의 주가 있는 아일랜드이다; **4.** 유태인: 중세 상징이 있는 유대교 회당(아브라함과도 관련된다): 속박의 종교; **C. 종파의 상징: 1.** 유대인들에게서 유래한 별명. 이후의 초기 기독교인들은 '아시나리Asinarii'(=나귀 숭배자들)였다; **2.** 십자가에 못 박힌 나귀 참조: A번의 9, d에서 언급된 팔레스타인의 임페리얼 사관학교 벽에 난 긁힌 자국; **D. 특성: I. 궁정적 특성: 1.** 순결의 수호자: 큰 소리로 헤스티아(영원한 동정녀)에게 경고하는 나귀. 나귀는 그녀를 괴롭히려는(강간하려는) 프리아푸스Priapus를 발견하고 비명을 질렀고 그를 '두려움'에 차 도망가게 만들었다(나소 P. 오비디우스Naso P. Ovid, 행사력Fasti. 6, 319ff.): (항상 열기 속에 있다고 생각되는) 나귀는 집 안 화롯가에 있는 이방인의 존엄함조차 존중할 것이다; 베스타 여신 축제일에 제분업자의 나귀는 일하지 않아도 되었지만 화환과 빵으로 장식하여 여신의 신전에 데려갔다(예 나소 P. 오비디우스, 행사력 3, 750ff. 및 프로페르티오스Propertius 4, 1, 21); **2.** 지혜: a. 미트라교에서는 지혜; b. "너희는 무지한 말이나 노새와 같이 되지 말지어다: 그것들은 재갈과 굴레로 단속하지 아니하면 너희에게 가까이 가지 아니 하리로다"(시편Ps. 32, 9): 나귀가 그것들을 필요로 한다는 언급이 없다; c. 옥수수와 관련된 신문지를 힘들게 찾아낸 나귀는 개에게 그것을 읽어 주었고 개는 고기와 뼈에 대한 아무 언급이 없기 때문에 그것이 쓰레기라고 말했다(역주: 자신의 관심사와 관련된 것이 아니면 쓸데없는 것으로 치부하는 편협함에 대한 표현)(이솝우화Aesop); **3.** 겸손: a. 신데렐라의 겸손의 망토는 나귀 가죽이다; 아마도 풍요의 불을 통해 헤스티아와 관련되었을 것이다; b. 인간들은 접근하는 적 앞에서 도망쳤지만 나귀는 그렇지 않았다: 나귀는 다시 짐을 실을 수 있었다(이솝 112); **4.** 심리적으로 나귀는 중세시대의 절제의 군마이다; **5.** 강한 일꾼이자 가장 귀한 재산: a. 잇사갈 지파를 상징한다: 양쪽으로 짐을 메고 있는 강한 나귀; 가나안 사람들의 멍에를 메는 강력한 일꾼; b. 네가 주님의 길을 따르지 않을 때 너의 나귀를 빼앗길 것이다(너의 소는 죽임을 당할 것이며 네 아내는 창녀가 되는 것과 같다: 신명기Deut. 28); **6.** 위대함: A번의 7 참조; **7.** 정직: 사자를 대할 때의 그의 정직은 그의 목숨을 담보로 한다(이솝우화 13); **8.** 드러난 위선(이솝 31); **9.** 영리함: 늑대가 나귀를 위협하자 나귀가 사자에게 자신의 발에 박힌 가시를 빼달라고 했고 그래야 사자가 자신을 잡아먹을 때 고통스럽지 않을 것이라고 했다; 그는 늑대의 이를 차 버렸다; 이 외에도 나귀는 종종 가난한 자를 대표하는 무기력한 동물이다:

"야생나귀는 광야에서 사자의 먹잇감이 되니 가난한 자도 부자들에게 먹히느니라"(예수스 벤 시라크Jes. Ben Sir. 13, 23); 또한 "사료와 막대기와 짐은 나귀를 위한 것이다; 빵, 교화, 노동은 노예를 위한 것이다"(앞의 책 33, 25); **10.** 평화, 구원: a. A번의 9 참조; b. "모든 사람이 당신을 나귀라고 말한다면 힘을 내라"(속담); **11.** 예언적: a. 발람의 이야기(민수기Num. 22)(모세 이후 그는 자신의 종교 사상의 대부분을 미디안 사람에게서 얻었다)는 그가 나귀의 신으로부터 경고 받았음을 의미한다; b. 나귀뼈로 만든 주사위는 예언적이었다; **12.** 각성: 마을 청사에 있는 양처럼 가시덤불 속에 있는 나귀(테오크리토스Theocr. 21, 36); **II.** 부정적 측면: **1.** 정욕: a. 그리스어: '엠푸사이Empusae'=나귀 등ass-haunches을 가진 유혹적인 여자 악마들이었다(팔레스타인어에서 유래함: 릴리스의 자식들); 그들은 놋쇠로 되어 있었고 나귀 다리 하나를 갖고 있었다; 그들은 아마도 세트 숭배의 유물이었고, 히브리의 올빼미 여신(릴리스)의 자식들이었을 것이다; b. 로마: 세트의 나귀Seth-ass는 세트-사투르날리아Seth-Saturnalia 농신제 동안 완전하게 육체적 정욕을 따르는 것의 상징이 되었다; c. 폼페이의 선술집에서 소녀들은 스스로를 '아셀라Asellae'(작은 여자 나귀들)라고 불렀다; d. 코모두스의 카타마이트(남성 동성애자)는 오노스라고 불렸다(그리스어의 나귀와 같은 뜻); e. 에스겔Eze.은 나귀의 살 같은 살[=음경]을 갖고 있고 말의 특성과 같은 특성을 갖고 있는 이집트의 '연인들'에 관해 이야기했다"(에스겔서Eze. 23, 20; 호세아서Hos. 8, 9 참조); f. 데키무스 유니우스 유베날리스Decimus Junius Juvenalis는 보나 데아Bona Dea(5월 3일) 축제의 절정에서 여자들의 맹렬한 욕정을 만족시켜 줄 남자가 없으면 여자들은 엉덩이를 내밀고 젊은 나귀가 뒤에서 올라타게 했다고 말했다(풍자시집Sat. 6, 308-333); **2.** 외도하는 아내를 둔 남편: 이탈리아에서는 '뿔horn'과 같은 의미; **3.** 바보, 속임수: a. D번의 I, 7 참조; b. 바보들의 축제인 사투르날리아Satrunalia 농신제의 상징; c. 나귀와 사자가 함께 사냥을 갔다. 나귀는 모든 염소를 사자의 입에 넣었지만 그 자신은 아무것도 먹지 못했다(이솝우화Aesop, 103); **4.** 야생성(모호한: '굴복하지 않는' 또는 '쓸모없는'): a. 그의 일시적 광기. 느부갓네살 왕은 짐승과 같았고 "들나귀와 함께 살았다"(다니엘서Dan. 5, 21); b. "혼자 있는 들나귀"(호세아서 8, 9)는 긍정적이다: 그는 인간에게서 멀리 떨어져 있는 것이 가장 좋다는 것을 알고 있다; c. 황량하고 폐허가 된 마을은 "들나귀의 즐거움"이다(이사야서Isa. 32, 14); 피츠제럴드의 오마르 하이얌Omar Khayyam에 대한 다음 번역 글 참조: "그리고 위대한 사냥꾼 바람Bahram-들나귀가 그의 머리 위를 뛰어넘자 그는 바로 잠이 든다"(17절): 바람Bahram이 가장 좋아하는 사냥감은 들나귀였다; d. 윌리엄 블레이크William Blake는 (성서의) 들나귀에 대해 언급한다: 그것의 가죽은 호랑이와 얼룩무늬 표범의 가죽과 함께 언급된다; **5.** 감성: "그리고 나는 양파 눈을 가진 나귀"; "부끄러우니 우리를 여자로 바꾸지 말라"(안티오크의 테오필루스Ant. 4, 2); **6.** 불일치: 나귀는 중세시대에 불일치의 상징이었다; **7.** 자긍심, 자만: a. 그것이 자신을 위한 것이라 생각하면서 숭배 받는 신상을 나르는 나귀(이솝우화); b. "모든 나귀는 나팔소리를 듣고 싶어 한다"(속담); c. 세바스찬 브란트Sebastian Brandt가 쓴 "바보배Narrenschiff"에 보면, 나귀가 위태로운 최상단 자리에 앉았는데 초기에 이 자리는 왕이나 사기꾼이 앉았었다; **8.** 말만 하고 일하지 않는 사람: 변호사가 가장 일반적으로 나귀를 상징한다(에라스무스Erasmus, 우신예찬Stult. Laus. 33절; 덴마크의 왕자 햄릿Ham. 5, 1 참조); **9.** 질투: 수컷은 태어난 새끼 수컷의 생식기를 물어뜯는다; 그러므로 그는 "숨막히게 하는 아버지" 유형(플리니우스Pliny 8, 46); **10.** 무지: a. 중세시대에는 무지의 상징이었다; b. '무지'에 해당하는 이집트의 계급; **11.** 완고함: a. "완고한 나귀가 옥수수 밭을 지나갈 때 소년들이 나귀의 등을 지팡이로 쳐서 부러뜨릴 수 있을 만큼의 용기"(호메로스Homer 11. 11, 55717f.); b. "때리는 것으로는 둔한 나귀가 속도를 내게 할 수 없다"(덴마크의 왕자 햄릿 5, 1); **E. 어머니-달-여신**과 관련된다: **1.** 프리기아: 미다스의 장미정원은 디오니소스를 어머니여신 그리고 아프로디테와 연결한다(헤로도토스Herodotus 8, 138); **2.** 자신의 나귀를 통해 아풀레이우스Apuleius는 이시스의 장미를 먹으면서 인간의 모습을 되찾는다; 그가 그녀의 신비를 침범했기 때문에 이시스는 그를 자신이 가장 싫어하는(항상 열 속에 있어야 하기 때문에) 모습으로 만들었다; **3.** 달과 관련된다; **F. 바카**

날리아Bacchanalia **주신제 및 사투르날리아**Saturnalia **농신제**와 관련된다: **I.** 바카날리아Bacchanalia 주신제: **1.** 골동품 그림에서 디오니소스는 종종 나귀를 타고 인류에게 오는 것으로 묘사된다; 많은 이야기가 나귀를 디오니소스와 연결시킨다; **2.** 사람들에게 농업(=포도)을 가르치기 위해 온 세상을 여행하고 있던 디오니소스가 한 번은 호수에 도착했고 두 마리의 나귀를 만나게 되었는데 그중 한 마리가 그를 안전하게 호수 건너편으로 건너게 해 주었다(감사의 마음으로 그는 나귀들을 모두 하늘의 별자리에 올려놓았다); **3.** 실레누스는 항상 나귀를 타고 다니려 했다: 이것은 본래 그의 지혜와 예언능력을 상징했지만 나중에는 그의 부조리와 어리석음의 상징이 되었다(참고문헌: 나소 P. 오비디우스, 사랑의 기술De Art. Am. 1, 543f.); **II.** 사투르날리아Satrunalia 농신제: 이들은(사투루누스-세트Saturnus-Seth) 정적에 의해 살해된 나귀 귀를 가진 신(나중에 Christmas Fool)에 대한 살해 의례killing ritual를 행했다; 이는 다른 방법으로는 설명할 수 없는 나귀와 바보 사이의 연관성을 설명해 준다. 나귀가 말보다 똑똑하다는 것은 잘 알려져 있기 때문이다; **G. 다음과 관련된다**: **1.** 요정: 나귀머리를 가진 보톰이 요정의 원fairy ring 한가운데 앉아 그들의 여왕에게 구애를 받는다(한여름 밤의 꿈MND); **2.** 처녀들(동정녀): D번의 I, 1 참조; **3.** 유대족: a. 잇사갈: D번의 1, 5 참조; b. 모리아는 때로 '하모림Hamorim'의 땅으로 이야기된다=나귀-세겜족(사사기Judg. 9, 28); **4.** 유니콘: a. 들나귀를 기술한 후 욥(39, 5-8)은 다음과 같이 말을 이어 간다: "유니콘이 기꺼이 너를 섬길 것인가, 아니면 너의 요람 옆에 머물 것인가?"; b. "세상은 아주 즐겁게 지나간다. 맹세하건대 정직한 인디언의 나귀는 유니콘을 향해 간다"(작자미상의 노래, "파라 디들 다이노Fara diddle dyno"); c. 플리니우스Pliny(11, 45)는 한 개의 뿔을 가진 인디언 나귀를 묘사한다; **H. 다음을 상징한다**: **1.** 시로코 바람(종종 세트와 동일시된다); **2.** 초기 기독교 문헌에서 영spirit은 종종 나귀를 타는 여성으로, 몸은 나귀로 묘사된다; **3.** 중세기독교 성화에서 소작농의 말; **4.** 불일치의 상징; **5.** 인간의 연령: 90세의 남자(토성); **6.** 택함: a. 사울은 아버지의 나귀를 찾다가 왕으로 택함을 받는다(사무엘상서1Sam. 9 외); b. 사울이 다윗을 알게 된 전통 중 하나(하프 연주자로): "이새가 떡과 한 가죽부대의 포도주와 염소 새끼를 나귀에 실리고 그의 아들 다윗을 시켜 사울에게 보내니"(사무엘상서 16, 20); **7.** 반전: a. A번의 9, d 참조; b. 나귀는 여호와의 쌍둥이 아들로서 무의식의 전체를 이루는 그리스도-사탄 이중성에 대한 완벽한 상징 중 하나: 대극의 합일: 천국과 지옥. 전체 인간의 영적 측면과 땅에 속한 (동물) 측면; 이 또한 나귀가 어떻게 둘 중 하나를 상징하는지를 보여 준다: **I. 변환**: **1. a.** 페로Perrault의 "엄마거위 동화Mother Goose Fairy Tales"에서 "미녀와 야수": 왕은 죽어가는 아내에게 그녀만큼 아름다운 여자여야 결혼하겠다고 약속했다. 그것은 그녀의 딸이었으며, 그래서 딸은 대모의 도움으로 하늘, 달, 태양 빛의 드레스를 입었지만 모두 소용없었다(아름다움을 가릴 수 없었다). 대모는 결국 나귀의 마굿간을 더럽히지 않기 위해 금화를 떨어뜨린 나귀 가죽을 그녀에게 주었다. 그렇게 변장한 소녀는 농장에서 일하며 일요일에만 옷으로 갈아입었다. 이곳을 방문한 왕은 열쇠구멍으로 그녀를 엿보다가 그녀와 결혼한다; 이것은 다음과 같이 설명되었다: b. 자연신화로 밤Night은 하늘, 달, 태양을 가린다; c. 심리: 수치심과 근친상간의 죄책감; **2.** 아풀레이우스의 유명한 황금나귀; **3.** 보톰(한여름 밤의 꿈MND에서); **J. 별자리**: **1.** 성경에 나오는 '암나귀와 새끼'는 게자리Cancer로 설명될 수 있으며(=여름 밤 하늘의 높이) 고대에는 '나귀와 새끼'로 알려졌다; **2.** 사자자리: 사자는 태양의 비옥함의 상징; **K. 문장**heraldry(紋章): **1.** 체력; **2.** 인내; **3.** 만족; **L. 색상**: "흰 나귀를 탄 자들아 말하라": 데보라의 노래; 나귀=암나귀='흰색'='회색'; 이것은 사사, 구세주를 의미하며, 나중에는 메시아 사상 및 왕들(예 사사기Judg. 5, 10)을 의미하게 되었다; **M. 하늘을 나는 나귀는** (드물게) 전령괴물로 나타난다(그리핀, 스핑크스 같은); **N. 다른 것과의 조합**: **1.** 나귀+덩굴: 나귀 새끼를 포도나무에 매었다=풍요: 나귀 새끼가 배불리 먹고도 아직 여유 있게 남아 있다; **2.** 나귀+소: a. A번의 10 참조; b. '혼돈': 성서에는 소와 나귀로 쟁기질하는 행위에 대한 일관된 금기가 있으며 이는 '혼란'(예 다양한 종류의 종자가 밭에 함께 있는 것 또는 복장도착)에 대한 유대인의 두려움을 나타낸다(예 신명기 23, 10); 오디세우스는 자신이 미쳤다는 것을 보여 주기 위해 그렇게

했다: 황소=제우스, 나귀=크로노스; c. 소+나귀+양: 크리스마스 동물; d. 소=유대인, 나귀=이교도: 이후의 마굿간 장면에 대한 해석; e. "소는 그 임자를 알고 나귀는 그 주인의 구유를 알건마는"(이사야서 1, 3); 그것이 이전의 어떤 상징일 수 있다면 마굿간 장면과 관련하여 가장 잘 알려진 인용문이다; 성서에만 소+당나귀에 대한 일관된 언급이 있다; **3.** 나귀+비파: 그리스어 '비파를 연주하는': 이 이미지는 에라스무스Erasmus에서 가장 많이 언급되는 이미지이다(예 우신예찬Stult. Laus 25절): 나귀가 비파를 연주하는 것만큼이나 철학자들은 나쁜 정치가들이다(또한 42 및 54); **4.** a. 나귀+금: 햇볕의 비옥함: 매우 많은 조합이 모든 종류의 고문헌에서 발견된다: 예 F번의 1 참조; b. "잉곳 때문에 등이 휜 나귀처럼 당신은 부를 소유할 수 있지만 그것은 단 한 번뿐이다"(너무 많은 부는 등을 휘게 한다)(=현세에서: 눈에는 눈, 이에는 이 Meas. 3, 1); 나귀는 황금을 싣고 다니지만 엉겅퀴만 먹는다는 것은 속담이다(또한 율리우스 카이사르 Caes. 1); c. 미다스와 자동차의 관계; d. 아풀레이우스의 '황금' 나귀. '황금'의 의미가 무엇이건 간에(로버트 그레이브스Robert Graves 참조); **5.** 나귀+사자: 앞의 것과 관련된 것으로서 다시 한 번 많은 예가 있다: 예 B번의 1; D번의 1, 9; **6.** 나귀 머리+어릿광대 모자: 돌대가리(십이야Tw. N. 5, 1); **O. 민속**: **I.** 화장품: 데키무스 유니우스 유베날리스Decimus Junius Juvenalis(풍자시집Sat. 6)에는 여성은 얼굴 마스크를(베일) 쓰고 다니며 나귀 젖을 화장품으로 사용한다고 기술되어 있다. "이를 위해 여자는 북극으로 추방되어도 그녀의 베일 안에 나귀 무리를 데려갈 것이다"; **II.** 종교: 원래 그것의 등에는 표시가 없었다: 검은 십자가는 종려주일이나 이집트로 도피하거나 발람의 나귀와 함께 나타나게 되었다(그들은 그가 부당하게 받은 타격); **III.** 치료적이다: a. 십자가에서 나오는 머리카락은 매우 강력하다. 주머니에 넣어 목에 걸고 있으면 치통 등을 예방한다; 플리니우스는 나귀 약에 관한 내용으로 가득 차 있다(특히 플리니우스 11, 27 및 28); b. 당나귀donkey 타기: (특히 꼬리 쪽으로 얼굴을 향하고 앉을 때); c. 당나귀의 배 아래를 세 번(또는 아홉 번) 지나기. 그런 다음 등 뒤로(9일간 아침마다) 지나가기; d. 전갈에 물린 것을 나귀에게 귓속말로 말하면 물린 상태의 나쁜 결과가 나귀에게로 옮겨갈 수 있다; e. 들판의 검은 당나귀는 전염병으로 인한 암말의 낙태를 예방한다; **IV.** 마법: a. 당나귀가 방금 뛰어다닌 땅을 밟는 것은 불운이다; b. 아무도 죽은 당나귀를 본 적이 없다; 만약 본다면 그것은 행운의 징조이고 그 위에서 세 번 점프를 해야 한다; **P. 당나귀의 수명**(years): a. 가능한 인간 장수의 기준; b. 이것은 엘리자베스 1세 여왕 시대에도 흔했던 'ears'를 'years'로 사용한 것에서 비롯되었다.

나도싸리나무 laburnum (식물) **1.** 일반적으로 다음을 의미한다: 관목, 작은 나무, 밝은 노란색 꽃이 폭포처럼 흘러내린다. 따라서 네덜란드어: '골든 레인 Gouden Regen'(='황금비')을 의미한다; **2.** 어원: 'la-bur'=영원한 'bur', 즉 빛의 아버지; 따라서 바쿠스, 즉 생산과 풍요의 신 리베르와 관련된다(베일리Bayley 1. 319); **3.** 나무는 활에 사용되었다(베롤트Beroult 6; 또한 p. 147 참조); **4.** "무성한 나도싸리나무"(존 키츠 John Keats, "나는 발끝으로 선다Stood Tiptoe" 31).

나룻배 ferry **1.** 입술은 사랑의 나룻배(논누스 Nonnus 4, 139 참조); **2.** 꿈에서의 나룻배는 죽음을 나타낸다: 카론의 배(나룻배 사공ferryman 참조).

나룻배 사공 ferryman 신화 속 나룻배 사공은 지하세계의 강 건너편으로 죽은 자의 영혼을 실어 나르는 일을 하는 카론이다; a. 그는 매장된 자들의 영혼만 옮길 수 있으며 매장되지 않은 자들은 그들이 제대로 묻힐 때까지 기다려야 한다; b. 카론은 고인을 매장할 때 고인의 입에 넣어 둔 동전인 '오볼obol'(역주: 고대 그리스의 은화)을 뱃삯으로 받았다; c. 살아 있는 사람들은 신의 허락을 받아야만 지하 세계에 들어갈 수 있었다; 황금가지는 신의 허락에 대한(아이네아스) 징표였다; 카론이 신의 허락도 없이 헤라클레스를 실어 날랐을 때 카론은 가혹한 형벌을 받았다.

나르드 nard (식물) 감송spikenard 참조.

나막신 clog 원치 않은 거추장스러운 아내(겨울이야기Wint. 4, 4; 끝이 좋으면 다 좋아All's W. 2, 5).

나무 tree **I. 일반적으로 다음을 의미한다: 1.** 우주생명체: a. 하늘을 향한 엄청난 성장, 수직화; b. 세 개의 세계를 연결한다: 땅 위에는 줄기가 있고 나뭇잎이 달린 가지는 하늘을 향해 뻗어있으며 뿌리는 지하세계에 있다; c. 원시적 생명나무(II번 참조)도 뿌리가 하늘에 있거나 하늘을 향하여 거꾸로 자란다고 생각되었다; d. 운명의 나무처럼 세상은 그물에 매달린 우주의 나무로 여겨진다. 별 모양의 잎사귀(또는 뿌리)는 과거와 미래, 운명의 기록을 담고 있다; c. 우주의 축과 하늘을 향한 사다리; **2.** 식물의 삶vegetative life: A. 영원한 재생, 죽음에 대한 승리, 불멸: a. 나뭇잎을 떨어뜨린 나무들은 '살기 위해 죽는다'; 반면 상록수는 영원한 영sprit의 상징이다; b. 나무속으로 사라지거나 숲속이나 해변에 숨어 있거나 버드나무에 얽혀 있거나 재생하는 것은 태양신 등의 회춘과 함께 하늘과 땅의 결합인 '신성 결혼hieros gamos'과 관련 있다; B. 유기적 화합, 건강; 장수longevity; **3.** 인간의 본성: a. 소우주로서의 인간(예 아래의 IV번 B, 5 참조); b. 피 흘리는 나무: "나무에서 피가 떨어질 것이고, 돌은 소리를 지르며 사람들은 고통받을 것이다"(구약성서 외경Apocr. 에스드라서Esdras 2, 55); c. 위대함, 왕권: 왕은 나무의 꼭대기이고 뿌리를 보호하고 먹여 살리는 것이다(예 타이어의 왕자 페리클레스Per. 1, 2); d. 남근과 기쁨; **4.** 아름다움, 지혜, 시(VI번의 D 참조); **5.** 정의는 종종 나무 아래에서 집행되었다: 예 고대 게르만의 업스톨 트리Upstal-tree(역주: 법적 절차를 위한 모임 장소로 공정성의 상징); **6.** 피난처: 인류 최초의 거처 중의 하나; **7.** 희생과 구원 또는 형벌: 예 기독교 예술에서 십자가는 종종 살아 있는 생명나무로 표현된다; 또 다른 형태의 교수형과 관련 있다; **II. 생명나무**: 지식나무와 함께 우주 나무를 형성하는 것: **1.** 이것은 세 개의 세계를 연결하고(I번의 1 참조), 생명력으로 만물을 유지하며, 신들의 심판대이며, 불멸의 음식을 생산하고, 한 해의 주기와 계절의 변화와 여섯 방향(역주: 동, 서, 남, 북, 위, 아래)으로의 확장을 상징한다; **2.** 생명나무 기슭에는 생명을 주는 샘과 나무의 열매를 지키고 신성 모독을 막아 주는 괴물(용, 뱀, 사자 등)이 있다; **3.** 종종 생명나무의 꼭대기에는 북유럽신화의 독수리와 기독교의 성령의 비둘기가 있다; **4.** 생명나무의 성별: A. 암수 모두 여성적 측면과 남성적 측면을 갖고 있다: a. 여성적 측면: 달과 현상 세계, 연금술사의 기초 단계; b. 남성적 측면: 태양의 영역: 지식과 죽음; 마지막 단계; B. 주로 여성적이다: a. 히브리: 아래 참조(IV번의 B, 1, b); b. 그리스신화에서: 나무요정이 살고 있는 생명나무는 비너스에게 바쳐지지만 다산의 신들과 강력한 연관성이 있다(물푸레나무에 매달린 오딘, 아티스 등); **5.** 다음에 상응한다:

부분	동물	색상
뿌리	용, 뱀serpent	검정색
나무의 몸통	사자, 유니콘, 수사슴, 황소, 양: 상승, 공격성, 침투성	흰색
가지	새, 공작, 비둘기, 또는 독수리	붉은색

C. 생명나무는 내세로 가는 길로 간주되며 이것은 종종 희생의 말뚝, 비파/수금, 죽음의 배ship, 북drum 등과 관련 있다; **6.** 지식 나무는 종종 생명 나무의 쌍둥이로 간주되며, 두 나무는 쌍둥이자리의 상징을 나타낸다; [쌍둥이 기둥[twin] pillars 참조; **III. 지식 나무**: **1.** 지식 나무의 샘이나 열매에서 나오는 지식은 은총의 타락과 죽음에 이르게 하는 신성모독으로부터 보호된다; **2.** 예언적 나무와 관련 있다(예 IV번의 B, 2 참조); **3.** 지식 나무의 형태: a. 히브리 전통: 포도나무 가지, 감람나무, (당시에는 나무만 한 크기의) 밀 이삭; b. 그리스: 무화과나무; c. 라틴어 및 기독교: 사과나무(아마도 라틴어 말장난으로 강화됨): 악malum−사과malus=사과apple−악evil); d. 켈트족의 전통: 개암나무; **4.** 라틴어로 '철학의 나무'=진화, 생각의 성장; 철학자의 나무를 심는 것과 지식 추구; **IV. 다양한 신화에 나오는 나무들**: **A.** 바빌로니아: 생명나무와 진리나무는 바빌로니아 천국의 동쪽 문에서 발견된다; 길가메시의 서사시 "태양의 정원Garden of the sun"에서도 발견된다; **B.** 히브리: 1. 나무숭배에 대한 광범위한 증거가 존재한다: a. 나무숭배가 너무 유행하여 나중에는 제단 근처에 나무숲을 만드는 것이 금지되었다(바알 숭배와 '하늘의 만상'과 관련된다); 그러나 여호수아는 큰 돌을 가져와 여호와의 성소 옆에 있는 참나무 아래에 세웠다(여호수아서Josh. 24, 26); 나뭇가지를 남겨서 초막을 지었다(레위기Lev. 23, 40; 느헤

미야서Neh. 8, 15); b. 아세림(아세라ashera 참조); 가나안 여신 아쉬르투(이슈타르-아쉬타르테가 아니라 아쉬라투Ashratu)의 이름을 따서 만든 것이다. 나무 여신이었으며 녹색 나무의 상징이었다; 나중에 녹색 나무 자체를 아세라라고 불렀고 아쉬르투는 실제 나무로 만들거나 다양한 형태로 모방되고 양식화되었다. 아세림은 종종 마세바와 (바알 신의 상징인) 태양 기둥과 함께 언급된다; 므낫세 왕은 성전에 아세라 목상을 세웠다(열왕기하서2Kings 21, 7); 벌거벗은 여신은 종종 두 마리의 양에게 나뭇가지를 먹이는 것으로 표현된다; c. 많은 곳에서 세계수로 표현된다(예 다니엘서Dan. 4, 10ff.); d. 나무를 마법에 사용했다; 사막의 쓴 물을 달게 만들기 위해 나무를 물에 던졌다(출애굽기Ex. 15); 2. 예언적 나무: a. 아브라함은 세겜 땅 근처 마므레(또는 모레) 참나무 지역 근처에 살았다(창세기Gen. 12, 6); b. 야곱도 거기에 살았다(창세기 35, 4); c. 드보라('벌bee')는 종려나무 아래에 살았고(여기서 '토머tomer'는 대추야자나무이다: 사사기Judg. 4, 5); d. 야엘('가젤')은 자나임의 참나무 근처에 살았다(킹제임스 버전AV 성서서는 그를 '평원'에 살게 했다고 나와 있다: 사사기Judg. 4, 11 및 17ff.); e. 다산의 영웅 기드온에 관한 언급에는 나무가 많이 나타난다: "주의 천사가 와서 그의 아버지의 거룩한 참나무 아래에 앉았으며" 기드온은 그곳에 제단을 쌓았다; 그는 나중에 에봇, 달 모양의 장신구, 보라색 천, 그리고 70명의 아들을 가진 다산의 신이 되었다; 기드온의 아들들은 모두 세겜 기둥의 참나무 옆 '하나의 돌' 위에서 죽임을 당했다; 그의 아들 요담은 세겜 사람들에게 나무 비유를 말했다; 참조: 메노네민menonemin=예언자의 참나무의 길; 3. 사울의 매장지: 사울의 유골을 나무 아래 묻었다(능수버들; 사무엘상서1Sam. 31, 13); 4. 전투 준비: 사울은 전투 전에 나무 아래에 앉았다(석류나무 또는 능수버들: 사무엘상서 14, 2 및 22, 6); 5. 인간의 상징: a. 의인은 "시냇가에 심은 나무가 철을 따라 열매를 맺으며"(시편Ps. 1, 3: 경건하지 않은 자의 겨자씨와 반대); b "내가 보기에는 사람이 걸어가는 나무 같으니라"(마가복음Mark 8, 24); 6. 바팀Batim을 위한 흔들림swinging('교수형hangings') 참조; **C.** 그리스: 나무숭배는 매달린 여신과 관련 있다: 특히 나무에 걸려 있는 달; (예 아르테미스) 또한 메놀라오스의 아내인 트로이의 헬레네(셀레네 달)와도 관련 있다; **D.** 고대 북유럽: 이그드라실에서 오딘은 매년 사지가 훼손되고 못 박힌 후(재ash 참조) 부활했다. **E.** 켈트족: a. 일곱 그루의 신성한 나무: 오리나무, 가장 고귀한 불멸의 사과나무, 자작나무, 호랑가시나무, 개암나무(또는 재), 참나무, 버드나무 등; b. 나무 알파벳에 상응하는 것에 대해서는 달력calendar 참조; **V. A. 연금술**: 1. 행성(금속)의 흔적이 있는 나무는 모든 물질의 원질료Prime Matter로 간주된다; 2. 디아나의 나무는 은과 관련 있다; **B. 심리**: 1. 모성이미지: 영웅/신들은 모성 나무에 흡수된다(예 삼나무 아래 묻힌 오시리스, 도금양나무에 묻힌 아도니스); 또는 영웅/신들은 모성 나무 아래에서 스스로 남성성을 거세한다(어머니 소나무 아래서 아티스가 거세했다); 여신들은 스스로 나무로 변하며 일부는 '신성한 숲'을 형성한다; 벌거벗은 나무 기둥은 남성성이다(남근, 즉 여성의 아니무스animus); 2. 고대의 나무 또는 식물은 심혼적 삶의 성장과 발달을 상징할 수 있다(보통 지성을 나타내는 동물의 상징과는 구별됨); 따라서 나무는 저승의 안내자인 헤르메스의 날개 또는 지하세계의 토트와 관련 있다; 3. 개성화의 느린 과정을 상징한다; **C. 문장**heraldry(紋章): a. 정의; b. 번영, 특히 숲이 우거진 땅의 소유를 상징한다; c. 믿음의 불변성; d. 나무는 가족 분화의 상징으로 '가계도'를 나타내기도 한다; **VI. 특별히 참고할 문학서: A.** 단테Dante: a. 자살한 죄인들의 영혼은 잎이 시들어 가는 나무들로 변했고, 울부짖는 하피Harpies들이그 위에 앉아 있었다(신곡 지옥편Inf. 13 참조); b. 나무wood 참조; **B.** 윌리엄 블레이크William Blake: 신비의 나무: 거짓 종교; **C.** 윌리엄 버틀러 예이츠William B. Yeats: 나무가 가지고 있는 일반적인 의미와는 별도로: a. 벌거벗은 겨울나무는 북부 기후와 시간의 불모를 상징한다; b. 마비노기온Mabinogion의 이중 나무 (예 "동요Vacillation"에서 볼 수 있다); **D.** 딜런 토머스Dylan Thomas: "단어words의 나무"는 프롤로그의 흩어진 잎(시poem)을 가리킨다. **VII. 다른 것과의 조합: 1.** 나무+이미지: 나무의 이미지는 다음에서 중요한 역할을 한다: a. 이시스-오시리스 숭배 (오시리스의 위로 무성히 자란 삼나무; B번의 1 참조); b. 키벨레-아티스 (소나무와 연결된); c. 코레/페르세포네: 베어진 소나무 한 그루의 한가운데에 젊은이의 형상이 묶여 있었다; d. 디오니소스는 '엔덴드론'('나무 안에 있는 사람')이라고도 불렸다; e. 펜테우스(그의 아버지 에키온='살무사adder'를 통해 뱀과 관련된다)는 나무에 올라가 마에나데스(역주: 디오니소스를 추종하는 여성들)의 비의를 염탐하다가 어머니에게 처음으로 발견되어 공격을 받았고 소나무와 함께 베어졌다. 이 나무는 펜테우스를 '품은' 어머니의 상징이기도 하다; 그러나 이 두 가지 행위 모두 리비도와 얽혀 있기 때문에 나무를 베는 것은 거세 또한 나타낸다(아티스Attis 참조); **2.** 교회 마당에 있는 나무들: a. 무덤에 심은 나무들은 죽은 영혼을 보호하고 시신을 부패하지 않게 한다(특히 상록수는 활력의 상징); 공기와 땅에서 나오는 양분을 지하세계의 시체들에게 먹인다; b. 때로 죽은 자의 영혼이 나무에 들어가 그 나무에서 '사는' 경우가 있다; 보통 11월 초, 특히 일 년의 농사가 끝나는 때에 죽은 사람을 기념한다(위령의 날All Souls' Day); **Ⅷ.** 한 주간의 모든 요일을 상징한다; 용dragon; 분수fountain; 뱀serpent과 개별 나무 참조.

▌나무 한 다발 (묶음) faggot　나무 한 단을 갖고 다니는 것: 이단에 빠진 사람들의 회개방법: 이들은 "나무 한 다발을 들고 다니거나 화형당할 수 있다"(존 스켈턴John Skelton, "반향A Replication").

▌나무껍질 bark　**1.** 추운 기후에 사는 사람들이 오래전에 사용한 의복: 예 게르만, 마사게테인(스트라보Strabo), 바스타르니(가이우스 발레리우스 플라쿠스Gaius Valerius Flaccus, 6, 97; 안젤로 드 구베르나티스Angelo De Gubernatis, 식물의 신화MP 1, 124); **2.** 나무의 속껍질(라틴어의 '리베르liber') 또는 겉껍질은 초기의 글을 쓰는 재료였기 때문에 'book'이라는 단어가 여기에서 유래했다(앞의 책 1, 140).

▌나무꾼 woodcutter　동화에 나오는 많은 아버지는 나무꾼이다; 이것은 신/영웅의 아버지들 또는 장인들의 손 기술과 관련이 있다; 아도니스와 예수는 목수, 헤파이스토스는 대장장이이다; 나무꾼은 또한 노현자와 관련된다.

▌나무망치 mallet　**1.** 켈트족: 나무망치는 수켈루스 신의 지하세계의 상징이었다; **2.** 지붕 위에서 운명의 여신의 망치질을 느끼는 것은 재난의 노크 소리를 듣는 것이었다(세바스찬 브란트Sebastian Brant, 바보배Sh. o. F. 23).

▌나뭇가지 bough　**1.** 매달림: "아버지는 나뭇가지에, 아들은 쟁기에", 즉 아버지가 교수형 당하면 아들이 토지(쟁기)를 물려받는다(속담); **2.** 타고난 잠재적 명성: "타버린 것은 때로[=한때] 이 배운 사람 안에서 자라난 아폴로의 월계수 나뭇가지(지성)이다"(크리스토퍼 말로Christopher Marlowe, "파우스트 박사Doctor Faustus" 16); **3.** 풍요(의 부담): "열매가 많은 가지는 밑으로 처진다"(속담); **4.** 황금가지: 지하세계를 방문한 후 지상으로 돌아가기 위해 아이네이아스Aeneas)가 사용했다. 따라서 불멸(참조: 베르길리우스Virgil, 아이네아스Aen. 6, 137ff.; 특히 208ff.). 이러한 맥락에서 겨우살이가 언급된다(또한 나소 P. 오비디우스Naso P. Ovid, 변신이야기Metam. 14, 114); 또한 황금gold 참조.

▌나뭇가지 branch　**1.** 이집트 상형문자: '주다' '구부리다'; **2.** 자손: "여호와의 가지"(이사야서Isa. 4, 2): 이스라엘 또는 메시아(또한 이사야서 II, 1), 반면 팔레스타인은 주님의 포도원; **3.** 남근; **4.** 채찍질 특히 가시가 있는 채찍: a. 통증, 심각성; b. 순교; c. 채찍질과 태장 참조; **5.** 의로움: 의인은 "가지처럼 번성"(잠언Prov. 11, 28); **6.** 참된 신자: "나는 포도나무요 너희는 가지라"(요한복음John 15, 5); **7.** 녹색 잎이 있는 가지: a. 우정, 보호; b. 선술집 표시; **8.** 열매가 달린 가지: 우정; 9. 개별 나무와 나뭇가지bough 참조.

▌나뭇잎 leaf　**1.** 사람들: a. 오고 감: "나뭇잎의 발생과 쇠락처럼 인간의 오고 감도 그러하다"(호메로스Homer, 일리아드Il. 6, 146); b. "인생사와 같은 잎사귀여, 너의 신선한 생각으로 봐줄 수 있겠니?"(제라드 홉킨스Gerard M. Hopkins, "어린아이에게 봄과 가을Spring and Fall: to a young child"); **2.** 원시적인 의복, 특히 고전 작품에서 최소한의 의복으로 자주 사용되는 아담의 무화과나무 잎; **3.** 예지: a. 나뭇잎(특히 참나

무)의 바스락거리는 소리를 제사장이 해석했다; b. 시빌의 예언이 기록된 시빌의 잎사귀는 읽히기도 전에 바람에 흩어져 버리는 경우가 많았다(타이투스 안드로니카스Titus Andronicus 4, 1 참조); c. 갈등의 투표 용지: 논쟁(예 핀다로스Pindarus, 이스트미아 송시Isthm. O. 8, 43); **4.** 죽음: (아래의 갈색brown과 노란색yellow 참조): a. 무덤에 나뭇잎을 뿌리는 것(예 베르길리우스Virgil, 전원시Ecl. 5, 40); b. "붉은 가슴 울새와 굴뚝새를 불러라. 이후에… 나뭇잎과 꽃으로 (그들이) 매장되지 않은 사람들의 낯선 몸을 덮을 것이니"(존 웹스터John Webster, 하얀 악마WD 5, 4); c. 유령과 비교된다: "마법사로부터 유령들이 쫓겨 가는 것처럼 서풍의 보이지 않는 존재로부터 나뭇잎들이 쫓겨 간다"(퍼시 셸리Percy Shelley, "서풍에게 드리는 송시Ode to the West Wind"); **5.** 사람들을 놀라게 하는 미세한 소리: "흔들리는 나뭇잎 소리가 그들을 쫓을 것이다"(레위기Lev. 26, 36); **6.** 카드에서 서양 '스페이드' 상징의 기원; **7.** 딜런 토머스Dylan Thomas: "말의 나무tree of words"에 있는 시편들; **8.** 색상: a. 갈색: 죽음: "갈색 잎사귀들이 나의 숲을 따라다니고…"(새뮤엘 T. 콜리지Samuel T. Coleridge, 늙은 선원의 노래Rime of the Ancient Mariner 7); b. 녹색: 고귀함, 건전한 판단; c. 노란색: 노년: 나는 "마르고 노란 잎사귀"(맥베스Mac. 5, 3).

나방 moth **1.** 파괴자: 죄 많은 에브라임이 나방처럼 여호와에 의해 파괴될 것이다(호세아서Hos. 5, 12). 그러나 나방은 장례식에서 입는 의복은 건들지 않는다(플리니우스Pliny 28, 6); **2.** 부패(마태복음Matth. 6, 19); 3. 기생충, 남의 돈으로 생활하는 게으른 사람(특히 여성의 경우): a. (페넬로프에 관하여) "율리시스가 없을 때 그녀가 잣은 모든 실은 이타카섬을 나방으로 가득 채울 뿐이었다"(코리올라누스Cor. 1, 3); b. (데스데모나에 관하여:) "평화의 나방a "(베니스의 무어인 오셀로Oth. 1, 3).

나병, 문둥병 leprosy **1.** 나병에 걸리게 하거나 치료하는 것은 하얀 달의 여신의 특권이었다(씨 뿌리기sow 참조); **2.** 나병은 전 세계적으로 금기시한 음식이나 음료를 먹은 것에 대한 형벌이다; **3.** 아마도 다양한 피부 질환을 '나병'이라고 불렀을 것이다(예 성서에서). 가장 가능성이 높은 것은 '백반증'인데, 이는 더러운 음식을 섭취한 결과라고 생각되는 피부 색소의 상실이다; 진짜 나병은 아마도 기원전 1세기에 유럽에 퍼졌을 것이다; **4.** 성서에서 주님의 형벌(특히 교만이나 자신의 지위를 넘어서는 경우): 예 미리암(민수기Num. 12, 10), 나아만(열왕기하서2Kings 5), 웃시야(역대하2Chron. 26, 19); 색상 D번의 3 참조.

나비 butterfly **1.** 영혼: a. 벌레의 반대=육체; 고치와 비교; b. 12번의 a 참조; **2.** 죽음: a. 알-번데기-나비의 단계들로 인해 그리스 청년 타나토스를 상징한다; 이것은 이슬에서 태어난다(플리니우스Pliny 11, 37); b. '장례식 나비': 때로 무덤에 나비를 새긴다(나소 P. 오비디우스Naso P. Ovid, 변신이야기Metam. 15); **3.** 다음에서 부활, 재탄생을 의미한다: a. 정신분석; b. 기독교: 부활절, 그리스도의 부활과 관련된다; **4.** 불멸로의 승격: 불에 의한 영혼의 정화, 그러나 죽음보다는 생명과 관련된다; **5.** 변덕, 덧없음: 메뚜기도 한 철이다: "언제나 할 수 있는 것이 아니다. 남자도 그와 같다(싸워라)"(트로일로스와 크레시다Troil. 3, 3); **6.** 사랑: a. 고대 기념물에 큐피드가 나비를 찢고 있는 것이 있다(=사랑에 지배받는 영혼); 그는 여전히 한 손에는 활 그리고 다른 한 손에는 나비의 날개를 태우는 불을 들고 있다; b. 사랑은 나비의 날개로 상징된다; **7.** 경솔, 성급, 무자비: a. 쾌락은 나비의 날개로 상징된다; b. 죽음에 이르게 하는 불빛을 향해 어쩔 수 없이 이끌린다; c. 다른 사람들에게 무자비함을 유도한다: 셰익스피어의 작품에서 나비를 무자비하게 죽이는 소년들의 사례를 여러 번 볼 수 있다(6번의 a와 관련될 수 있다): 예 코리올라누스Cor. 1, 3 및 4, 9); d. 종종 경솔한 주의산만의 상징: 예 성급함의 상징; **8.** 물건을 쉽게 드는 가벼움: a. 로버트 그레이브스Robert Graves: 비뚤게 날면서도 염소에게 다가가는 기술(일벌과 대조됨); b. 나비+게: "빠르고 신중함"; **9.** 허영심 많은 옷차림, 특히 아첨꾼: "우리는 금박을 두른 나비를 보고 웃었습니다"(리어왕Lr. 5, 3); **10.** 문장 heraldry(紋章): 약하고 일시적인 삶; **11.** 윌리엄 B. 예이츠William B. Yeats: 직관: 매의 반대=논리; **12.** 민속: a. 죽은 자의 영혼은 때로 날아다니는

나비로 나타난다: 행복의 상징; b. 붉은 나비는 마녀로 여겨졌다; c. 집에 들어온 나비: 다가오는 결혼식; **13.** 번데기chryalis, 누에고치cocoon 참조.

나사 screw **1.** 잡아맴과 조임; **2.** 성행위: 예 딜런 토머스Dylan Thomas는 "당신의 얼굴의 물[=물의 표면+창세기의 바다]이 한 때 내 나사에 맞춰서 돌아가던 곳.": a. 아버지의 율동적인 남근 문지르기; b. 아기의 발구르기(역주: 양육의 힘듦과 기쁨에 비유); **3.** 고문: 엄지손가락을 죄는 고문 기구thumbscrews; **4.** 머리와 관련된다: 예 '느슨해진 나사a screw loose(정신이 이상하다)'.

나선 spiral **1.** 삶과 죽음, 퇴보와 진화의 신비; 이것의 주요 형태는 다음과 같다: A. a. 태양 팽창(예 성운): 활동; b. 달 수축(달 궤도) 및 골화(骨化) 작용(예 껍질): 수동성; B. a. 시계 방향: 창조, 진화, 성장(예 팔라스 아테나Pallas Athena의 상징); b. 시계 반대 방향: '파괴', 퇴보, 죽음 또는 감소(예 소용돌이 또는 포세이돈의 상징); **2.** 중심(부동자의 동자unmoved mover)과 다중성을 가진 현상세계의 원을 연결한다: a. 이집트 상형문자: i. 단일성과 다중성의 관계; ii. 움직이는 우주의 힘; b. 천상과 지상 현상의 형태: 소용돌이, 회오리바람, 허리케인 등; c. 우주의 균형잡힌 질서; **3.** 부활과 불멸: a. 옛 성전에는 나선형의 기둥이 최소한 한 개 이상 있었다; 에스겔Eze.(41, 7)은 성전 전체의 위를 향해 둘러 감은 기둥을 보았다; b. 바사리드, 디오니소스(담쟁이덩굴과 포도나무 덩굴의 성장), 메이폴의 (다산: 죽음과 재생) 지팡이와 연결된다; **4.** 호흡과 영: 머리에 나선이 있는 이집트 토트; **5.** 권위, 권세: 파라오의 홀sceptre; **6.** 점술: 신탁의 뱀의 움직임과 관련된다; **7.** 죽음: "나선의 성"=은성=북극광=유리성, 종종 미로 춤maze-dance과 관련된다(9번 참조); **8.** 수호: 악령, 침입자 등을 쫓는 데 사용되며 수호하는 뱀snake을 상징한다; **9.** (종종 치유를 위한 주문과 함께 추는) 나선형 춤: a. 황홀경을 유발한다; b. 물질세계로부터 중심으로의 도피; c. 자고새 춤Partridge-dance, 메이폴 댄스Maypole Dance 등과 관련된다; **10.** 이중 나선(종종 각각 반대 방향을 따름); a. 이진법 기능: 남성/여성, 진화/퇴보 등; 참조: 앤드루 십자가 Andrew Cross(역주: X자형 십자가, 스코틀랜드의 상징), 모래시계hour-glass 등; b. (켈트족:) 죽음과 재생; c. 상류와 하류 수역; d. 물의 요소(전환, 변형, 재생)와 연결된다: 해양 문화에서 공통적으로 나타난다; e. 원시 자웅동체; f. 세계 알World-Egg의 평평한 두 개의 반쪽; **11.** 나선무늬는 거북이(등껍질의 무늬)와 소용돌이 무늬를 연결시킨다.

나이아데스 Naiads **1.** 샘, 강 등에 생명력과 영속적인 움직임을 부여하는 님프; **2.** 지하세계에서 미래와 관련된 신탁을 하는 존재: a. 이들의 물을 마시는 사람들에게는 예언의 능력이 부여된다; b. 이들은 나이아데스의 물 흐르는 소리를 통해(해석하여) 예언한다; 예언 나무의 잎사귀가 바스락대는 소리 참조.

나이팅게일 nightingale (새) **1.** 신화: a. 필로멜라는 언니 프로크네의 남편인 테레우스에게 겁탈당한 뒤 언니와 함께 복수하기 위해 그의 아들 이티스를 죽여 테레우스에게 먹게 했다. 테레우스의 분노를 피해 아테네로 도망치던 중 필로멜라는 "이튜, 이튜Itu, Itu"(='버드나무willow': 나소 P. 오비디우스Naso P. Ovid, 변신이야기Metam. 6, 438−674)하고 울면서 나이팅게일로 변했다; 자연 신화에서 이 사건은 태양을 맞이하는 새벽의 구름으로 설명된다; 그리스신화에서는 원래 프로크네가 나이팅게일로 변했다; b. 아에돈은 실수로 아들 이틸로스를 죽인 뒤 나이팅게일로 변해 초여름 밤마다 아들을 위해 애통해한다(호메로스Homer, 오디세이아Od. 19, 518); **2.** 전설: a. 나이팅게일은 자신의 슬픔을 기억하기 위해 스스로 가시나무 가시에 가슴을 찔린다(열정적인 순례자Pass. Pilgr. 20, 9 참조). 또는 (페르시아의) 불불bulbul(동방의 '나이팅게일')은 흰 장미와 사랑에 빠져 가시에 찔리고 붉게 물들어 죽을 때까지 노래했다; 사랑 시를 위한 영감을 주었다; b. 기독교도: 죽을 때가 되면 새벽에 노래를 부르기 시작하여 점점 더 아름답게 계속 부르다가 아홉 번째 시각에 죽는다; c. 고대의 사람들은 나이팅게일 수컷이 아니라 암컷이 노래한다고 믿었다(로미오와 줄리엣Rom. 3, 5 참조); d. 나이팅게일은 포플러 그늘 아래에서 새끼들의 죽음을 애도한다(베르길리우스Virgil, 농경시Georg. 4, 511); **3.** 봄의 전령: a. "여름이 오기 전에 노래한다. 그리고 여름이 무르익어 가면 노래를 멈춘다."(소네트Sonn. 102); b. 나이팅게일과 뻐꾸기는 같은 달에 노래한다. 제우스(사포Sappho)가 보낸 "사랑스러운 목소리의 봄의 전조"; **4.** 밤을 사랑하는 새: a. 종달새=새벽의 새(그리고 아침을 사랑하는 새: 로미오와 줄리엣 3, 5)의 반대: 종달새가 부엉이와 반대인 것처럼 세속적인 사랑은 교회의 사랑church love 비교된다; b. 잠들지 않음: "홀로 깨어있는 나이팅게일. 그녀는 밤새도록 사랑스러운 소프라노 노래를 불렀다"(존 밀턴John Milton, 실낙원Par. L. 4, 602f.); c. 시골 사랑의 활기: "내 살갗은 한껏 햇볕에 그을린 갈색이에요, 내 눈은 나이팅게일처럼 까맣고 여느 수사슴보다 자유롭죠."(민요 "갈색 소녀The Brown Girl", 프랜시스 차일드Francis Child 295); **5.** 시적 도피: 현재를 넘어서는 황홀경(존 키츠John Keats, "나이팅게일에 바치는 노래Ode to a Nightingale"). 울새와 나이팅게일은 새장에서 오래 살지 못한다; **6.** 짝사랑, 그러나 사랑시를 위한 영감을 준다: 2번의 a 참조; **7.** 악마의 속임수(베니스의 무어인 오셀로Oth.); **8.** 미신: 중세시대에는 미신의 상징이었다; **9.** 영원한 노래의 흐름: "당신의 즐거운 목소리, 당신의 나이팅게일은 여전히 깨어있다. 죽음이 모든 것을 앗아 가지만 그것들을 빼앗을 수는 없다"(윌리엄 코리William Cory, "헤라클리토스Heraclitus"); **10.** 토머스 S. 엘리엇 Thomas S. Eliot: a. 배신: 그들의 노래와 '기억의 잔재들'은 아가멤논의 영웅적 죽음과 스위니의 추악한 살인을 불러 왔다("나이팅게일 사이에 있는 스위니 Sweeney among the Nightingales"); b. '신성한 목소리'로 가득 찬 사막과 관련 있다: 불모의 황무지이지만 봄 샘물의 필연적 귀환이 함께 한다("황무지The Waste Land"); **11.** 딜런 토머스Dylan Thomas: 나이팅게일의 "잡담din and tale": 죽음; **12.** 페데리코 G. 로르카 Federico G. Lorca: "이그나시오 산체스 메히아스에게 보내는 애가Lament for I. Sanchez Mejías").

나일강 Nile **1.** 일반적으로 다음을 의미한다: a. 이름: 아래의 5번 참조; b. 다음과 같은 혜택을 주기 때문에 다른 모든 강을 능가한다: 물고기가 풍부하고 목초지가 풍성해서 양 떼는 일 년에 두 번 털을 깎는다(호메로스Homer, Pd. 4, 86; 디오도로스 시쿨로스 Diodorus Siculus 1, 36ff); **2.** 여름에는 강물이 불어나 둑이 범람했는데, 이는 고대시대에 알려진 다른 강들과 반대된다. 이 수수께끼 같은 사실이 많은 추측을 불러일으켰다(헤로도토스Herodotus 2, 21ff.; 루크레티우스Lucretius 6, 712; 필로 유다이오스Philo Judaeus, 모스쿠스Mos. 1, 114f.; 세네카Seneca, 자연의 문제NQ 4A; 클라우디아누스Claudianus, 기독교 신화CM 28): a. 대부분은 에티오피아의 눈이 녹아서 수위가 상승했다고 믿었지만, 일부는 바람이 물을 끌어와서 강에 부었거나 대양의 압력으로 수위가 상승했다고 믿었다; b. 15큐빗(1큐빗은 22인치)이 상승하면 안전하고, 16큐빗이 상승하면 만족하지만 둑 근처의 농부들은 16큐빗 이상의 수위가 상승하면 두려워했다(암미아누스 마르켈리누스Amminanus Marcelinus 22, 15; 플라비우스 클라우디우스 율리아누스Flavius Claudius Julianus 3세 p. 141); **3.** 강의 발원지는 미스터리이다: a. 알 수 없는 홍수 시기 때문에 많은 사람이 그 수원지를 찾고자 했다(루카누스Lucanus, 내란기CW 10, 268ff., 이런 소망을 갖고 있었던 모든 왕과 정치가 목록들); b. 일부는 "강이 스스로 물을 만들어 내는 것"(논누스Nonnus 3, 367)이라고 믿었다; c. 거대한 유프라테스강이 땅속에서 길을 잃고 흐르다가 이집트에서 출현해 나일강과 섞였다(필로스트라투스Philostratus, 티아나의 아폴로니오스의 전기VA 1, 20); d. 비슷한 이야기로, 나일강을 동방의 지상낙원에 있는 강 중 하나라고 여겼는데, 이 강은 땅속으로 들어간 후 에티오피아 전역을 둘러싸고 있는 긴 강으로 다시 나타나 일곱 줄기로 갈라졌다가 이집트를 횡단한 후 대해로 다시 나간다(윌리엄 캑스턴William Caxton, 세계의 거울 MW 2, 3, 이시도로스Isidore 13, 21, 7을 인용함); **4.** 진흙: a. '나일'이라는 이름은 그리스어로 '네일로스neilos' '네일리스nea ilys'는 '새로운 진흙'이라는 의미이다; b. 태양은 나일강의 진흙에서 기묘한 생명체를 낳는다(논누스 3, 276; 존 던John Donne, 풍자시집Sat. 4, 12f.); **5.** 이집트 신화: a. 이름: 강과 신을 모두 뜻하는 고대 이집트식 이름은 '하피'로 모든 신의 아버지이다. 다른 이름은 '세이리오스Seirios'이며, '네일로스 Neilos'라는 이름은 헤시오도스의 책에서 처음으로 등장했다(리아카Th. 338; 마네Manetho, 주석 p. 196; 또는 일부 83 및 플루타르코스Plutarch, 이시스와 오시리스IsOs. 66 참조); b. 이 강은 살을 찌우고 비만을 유발한다. 그러므로 아피스(역주: 고대 이집트의 신성한 소)에게 주지 않는다(플루타르코스, 윤리론집M 353A); c. 이시스와 오시리스의 작업장의 자궁수이다(헬레나 블라바츠키Helena P. Blavatsky, 비경SD 2, 616).

나침반 compass (공간에서의 방향) **1.** 이집트에서: 두 방향은 상호보완적이며 한 방향은 다른 방향에 반드시 필요하다: a. 남쪽: 땅과 지하세계(저승); 세상의 '앞쪽'; 사막; b. 북쪽: 하늘(누트여신은 북쪽의 왕관을 쓰고 있음): 세상의 '뒤쪽'; 비옥한 삼각주; **2.** 다음에 상응한다: 다음 표 참조; **3.** 방향: A. 동쪽을 향하면: a. 일출, 빛이 있는 쪽을 향하는 것; b. 영적 깨달음; B. 북쪽을 향하면: a. 북극성, 세계의 축, 부동의 동자, 공간과 시간 속의 구멍; b. 북쪽 신들에게 질문하는 것; C. 서쪽을 향하면: 일몰, 죽음(황혼twilight 참조); **4.** 4four 참조; 행성; 네 가지 형상tetramorph; 풍배도(風配圖)와 개별 방향들을 나타내는 단어들 참조.

나침반

방향	북쪽	동쪽	남쪽	서쪽
1. 계절	겨울	봄	여름	가을
2. 통지자들: a. 이집트 b. 로마 c. 기독교	 늙은 호루스 Horus 사투르누스 Saturn 여호와 Yahweh	 오시리스 Osiris 주피터 성령	 세트Seth 플루토Pluto 사탄	 어린 호루스 Horus 아폴로 그리스도
3. 원소 (+정령)	불 살라만더 salamander	공기 실프sylphs, 거인giants	흙 놈gnomes	물 운디네 undines
4. 달	신월	초승달	보름달	하현달
5. 나이	노년기	아동기	청년기	중년기
6. 신체	머리 지성 극복 도구	심장 생명과 사랑이 있는 자리	하체 뜨겁고 불 타는 듯함 열정	상체 들숨 날숨, 온화함, 정령의 땅, 미지의 곳

나트론, 천연 탄산소다 natron "사자의 서Book of the Dead": a. 나트론 목욕은 자신이 원하는 모습으로 변화할 수 있게 하고 화재로 인한 부상을 피할 수 있게 한다(루브릭Rubric에서); b. 죽은 후 시체의 일반적인 정화를 위해 향만큼 중요한 것이다(예 루브릭 33장 참조).

나팔 bugle **1.** 본래 수송아지의 뿔(프랑스 고어 '부글레bugle'); **2.** 기상나팔부터 일과종료 나팔에 이르기까지 군대의 행동개시 호출; **3.** 구원의 뿔: 일반적 상징성에 대해서는 뿔, 뿔피리horn 참조; **4.** 외도하는 아내를 둔 남자의 뿔. "내 뿔을 보이지 않는 어깨띠에 걸고": 내 위치를 숨긴다(헛소동Ado 1, 1).

나팔수선화 daffodil (식물) **1.** 트럼펫 모양의 전체가 노란색인 수선화과의 흔한 야생화; 또 다른 이름은 렌트릴리; 어원: 기원이 모호한 'd'+'affodil'. 아포딜affodil은 아스포델Asphodel에서 유래했다; **2.** 숫자 6과 관련된다: 여섯 개의 꽃잎과 여섯 개의 엽상 꽃부리를 가지고 있다; **3.** 봄을 알리는 꽃: "수선화가 피기 시작할 때… 그러면 한 해의 찬란한 시기가 온다네; 붉은 피로 물든 오랜 겨울 뒤에"(겨울이야기Wint. 4, 3); **4.** 용기(불리한 환경에서): 수선화 "제비가 남쪽에서 돌아오기 전에 피고, 그 아름다움으로 3월의 바람을 매혹시킨다"(겨울이야기 4, 4); **5.** 문장heraldry(紋章): a. 기사도 정신, 용기; b. 웨일즈의 상징(웨일스의 국가 문장인 리크leek와 함께); **6.** 수선화와 함께 춤을 추다(윌리엄 워즈워스William Wordsworth: "나는 구름처럼 외로이 떠돌았네I wandered lonely"); **7.** 짝사랑; **8.** 짧은 순간의 아름다움: "아름다운 수선화여, 그렇게 서두르듯 빨리 사라지는 모습에 우리는 눈물을 흘린다오"(로버트 헤릭Robert Herrick, "수선화에게To Daffodils"); **9.** 죽음, 애도: "아마란투스는 그 모든 아름다움을 떨구고, 수선화는 그 잔을 눈물로 채워 리시다스가 누워 있는 월계수로 장식한 장례 행렬에 흩어진다"(존 밀턴John Mliton, 리시다스Lyc. 149ff); **10.** (영적인) 재탄생: 수선화는 죽음의 상징인 해골의 눈구멍에서 자란다(토머스 S. 엘리엇Thomas S. Eliot, "불멸의 속삭임Whispers of Immortality"); **11.** 품위: (그리스어): "수선화처럼 우아한".

나폴리 Naples **1.** 베르길리우스Virgil의 묘비명: "만투아가 나를 낳아 주고 칼라브리아가 나를 채어 갔다. 지금은 나폴리가 나를 붙들고 있다. 나는 목초지와 농토와 장수들을 노래했노라"; **2.** 엘리자베스 1세 여왕 시대: 성병과 관련된다: "나폴리의 골병"이라는 표현이 있었다(트로일로스와 크레시다Troil. 2, 3. 베니스의 무어인 오셀로Oth. 3, 1에서 모호하게 언급되어 있다); **3.** "나폴리를 보기 전에는 죽지 마라"(속담).

나프타 naphtha 멀리에서도 불이 붙는다(아그립파Agrippa, 오컬트 철학OP 1, 17).

낙엽송 larch (나무) **1.** 소나무과의 유송은 낙엽송이며 일반적으로 잎이 나선형으로 자란다. 이 나무의 목재는 거칠고 강하고 단단하다. 선박 건조, 전신주, 광산 목재 등에 사용된다. 그리고 (땅에서 쉽게 썩지 않기 때문에); 베니스 도시의 많은 건축물들이 낙엽송으로 지어졌다; **2.** 불연성; 3. 안정성, 독립성; 4. 대담함.

낙원 paradise **1.** 세상의 미로의 신비한 중심; **2.** 형태(인간 본연 그대로의 행복과 내세를 위한 장소): a. 아담과 이브의 낙원: 뱀serpent, 나무tree 참조; 포기, 타락과 연결된다; b. 헤스페리데스의 서쪽 낙원; c. 오르지 의례에서 태양왕의 희생이 필요했던 켈트 여신 아리안로드(아리아드네)의 은빛 성(나선형의 성, 유리의 성); 태양왕의 영혼은 이 성으로 갔고, 나머지 유해는 죽은 자들의 섬에 남겨졌다; "북풍 뒤에" 있는 은빛 성의 위치에 관해서는 북쪽왕관자리Corona Borealis 참조; d. 달; e. 축복받은 자들의 섬Island of the Blessed; f. 엘도라도; g, 천국의 산Mount of Heaven: 동굴cave 참조; **3.** 되찾은 낙원Paradise Regained; 원탁Round Table; **4.** 무화과fig(시카모어sycamore), 천국heaven, 예루살렘Jerusalem, 강river, 지하세계Underworld 참조.

낙타 camel **1.** 일반적으로 다음을 의미한다: a. 히브리어 문자 'gimel', 즉 C를 의미하지만 [g]처럼 발음된다; 알파벳 G 참조; b. 나귀 옆에서 낙타의 등에 초기 성경책들을 실었다고 말하는 것은 시대착오일 것이다: 이집트에서 낙타는 대략 BC 1200~900년 사이에 길들여졌다; c. 말은 낙타에 대해 타고난 증오를 보인다(헤로도토스Herodotus 1; 플리니우스Pliny 8, 26 등 참조); **2.** 복종: a. 사람이 처음 낙타를 보면 그 모습 때문에 겁을 먹는다; 낙타가 온순하다는 것을 알게 되면 낙타의 모습에 익숙해진다; 낙타가 분노하는 모습을 보고 재갈을 씌웠다(이솝Aesop, 우화Fable 206); b. 상징성: 복종의 특성 또는 올라타는 것: 올라타는 사람을 기꺼이 태우기 위해 무릎을 꿇는 모습으로 나타난다; **3.** 어리석음: a. 춤을 추는 원숭이가 갈채를 받는 모습을 질투한 낙타가 원숭이를 흉내 냈지만 보이지 않는 곳에서 몽둥이로 맞았다: 이솝(우화 59); b. "하라 무례하게, 하라 낙타처럼, 하라, 하라"(트로일로스와 크레시다Troil. 1, 2); 아마도 많은 광대가 기형이었다는(예 등이 굽은hunch-backed 경우 등) 사실과 관련된 것으로 보인다; **4.** 이해타산, 교활함: a. 앞의 3번과 명백히 반대되는 것으로 자주 언급된다: 당나귀, 부엉이 등과 비교; b. 상징성: 자유재량의 상징; **5.** 외설스러움: 당나귀와 유사한 특징을 갖고 있다; 이들의 비밀스러운 짝짓기는 하루가 걸린다(플리니우스Pliny 10, 8, 3); **6.** 분노: 상징성에서 분노의 상징; 2번의 a와 비교; **7.** 상징성: 아시아의 속성; **8.** 절제(기독교): 사막의 고난을 견딘다; **9.** 탐욕: 아무것도 먹지 않고 긴 시간을 보낸 후 물을 마실 때 탐욕적; **10.** 자긍심: 위의 3번의 흐느적거리는 모습과 결합되어 있음에도 거만한 모습; **11.** 문장heraldry(紋章): a. 체력과 만족감; b. 피사Pisa에서 멀지 않은 곳에 있던 낙타농장으로 인해 13세기 이후부터 낙타가 나타났다; **12.** 낙타의 묶은 머리: a. 참회: 세례요한의 속성; b. 충성심; **13.** "하루살이는 걸러내고 낙타는 삼킨다"(마태복음Matth. 23, 24: 각다귀gnat 참조); **14.** 낙타와 바늘귀에 관한 우화(마태복음 19, 24): 그리스어의 '카메로스 kamelos', 즉 밧줄ropedms(아마도 'kamflos'로 읽어야 할 것이다. 이것이 더 타당하다); **15.** 용, 날개 달린 뱀과 관련된다: 조하르Zohar에 따르면, 정원의 뱀은 '날아다니는 낙타'였다.

낚시 angling **1.** 네로는 어둠의 호수(3, 6, 6장)의 낚시꾼으로, 제프리 초서Geoffrey Chaucer의 "수도사 이야기"에서 따온 것이다; 라블레: 네로는 지옥에서 손풍금을 연주하고 트라이아누스는 개구리를 잡는다; **2.** 조용함: "그리고 미덕을 사랑하고 감히 그분의 섭리를 신뢰하는 모든 자에게 [축복]을 베푸신다; 그리고 조용히 낚시하러 가라"(아이작 월튼Issac Walton, "유능한 낚시꾼The Compleat Angler"); **3.** 미끼, 유혹:

"당신은 나를… 낚았다"(안토니오와 클레오파트라Ant. 2, 5); 낚시fishing 참조.

낚시, 어업 fishing 1. 심연의 (무의식적) 요소; '찾기 힘든 보물', 지혜 또는 탐색되지 않은 무의식에 대한 탐구심(카를 융Carl Jung 9b, 152); **2.** 어부: a. 영혼과 영혼 안에서 '사람을 낚는 어부'로서 사도 베드로; b. 어부왕은 물고기fish 참조; c. 성배의 전설에 나오는 '부자 어부'는 물고기를 잡은 형제(브루스Brous) 중 한 명이며 그는 잡은 물고기로 주변 사람들을 다 먹였다(메시아에 대한 기대를 연상하게 한다: 물고기fish 참조); d. (특히 달의) 순환적인 삶과 관련 있다; e. 심연에서 상징적인 증거를 가져온다; **3.** 아내의 외도: 이웃이 '낚시한' 남자의 연못(겨울이야기Wint. 1, 2); **4.** 민속: 속담: a. "당신이 장담하면 물고기를 잡지 못할 것이다"(또한 물고기fish: 민속folklore 참조); b. "북풍이 불 때 노련한 낚시꾼은 낚시하지 않는다"; c. "가장 깊은 물(또는 거친 물살)에서 낚시하는 것이 가장 좋다"; d. "낚시의 목적은 낚시질이 아니라 잡는 것이다"; e. "모든 물고기가 다 미끼로 잡히지는 않는다"; f. "미끼마다 입질하는 물고기는 곧 잡힐 것이다"; 또한 성교와 관련된다; g. "농부가 풍성한 곡식 단을 수확할 때 어부는 많은 물고기를 잡는다"; h. "가장 좋은 물고기는 바닥 근처에서 헤엄친다"; **5.** 낚시angling; 물고기fish; 갈고리hook 등 참조.

낚싯바늘 fish-hook 1. 심연(대양ocean, 바다sea 및 물water 참조)의 지혜를 조사하는 수단이며 물고기는 지혜의 투사이다; 이것은 무의식뿐만 아니라 난해한 철학 등에 적용할 수 있다; **2.** 속임수; **3.** 낚싯바늘로 십자가에 대해서는 물고기 11번의 c. iii 참조; **4.** 문장heraldry(紋章): a. 어업에서 얻은 재물 또는 중요한 어업권; b. 좋은 확신, 명예; c. 인내, 미덕.

난로 hearth 1. 가정, 가정의 수호신을 위한 제단(페나테스, 라레스s); **2.** 사랑, 다산, 생명: a. 집안의 태양, 헤스티아-베스타와 관련된다; b. 양성성: 남성적인 불과 여성적인 저장고; c. 불은 일반적으로 집 안의 죽음으로 인해 꺼졌다; 나중에 애도의 상징이 되었다; **3.** 오직 집의 주인 부부만이 돌볼 수 있는, 집에서 가장 신성한 장소(아래의 민속 참조); **4.** 환대, 성소: 그리스의 시청에 있는 탄원자들을 보호하는 장소였다; **5.** 절제: 4대 덕목의 하나인 절제의 상징: 4four (11, IV, 4) 참조; **6.** 민속: A. 오직 주인 부부만이 돌본다: a. 신부는 신혼집에서 가장 먼저 난로로 인도되었다; b. "7년간 알고 지낸 후에만 그 사람의 불을 건드릴 수 있다, 그 전에는 절대 안 된다"(속담): 불운; B. 불쏘시개: 정화의 불을 피울 때에는 가정의 모든 불을 껐다. 그렇지 않을 경우 이 새로운 불을 피우기 위한 불꽃이 생기지 않을 것이다; 이때가 가정의 불을 끄는 것이 허용되는 유일한 시간이었다; 난로는 이 정화의 불이 새로운 생명을 주는 그리고 '수호하는' 불꽃으로 다시 불이 붙는다; C. 새해 첫날: 이 날은 집에 있는 불이나 빛을 가지고 나오지 않도록 주의해야 한다: 그렇게 되는 경우, 1년 내에 가지고 나온 사람의 가족 중에 누군가 죽게 된다는 것을 의미한다(떠나 버린 생명); D. 징조: 불쏘시개, 타는 불 등에 특정한 이상이 발생하는 경우 이것은 집에 사는 사람들의 삶에 발생할 수 있는 유사한 사고를 예견하는 것이다.

난쟁이 dwarf 1. 일반적으로 다음을 의미한다: 현실 세계에서 정상적인 신장보다 현저히 작은 사람을 일컫는 '난쟁이'와 자신들의 왕을 지닌 작은 요정들을 일컫는 '난쟁이'를 반드시 구분해야 한다: **A.** 엘프, 페어리 등으로 묘사되는 작은 사람들이 존재한다고 믿었던 것은 아마도 키 큰 침략자들에 의해 정복당한 키 작고 소를 기르던 인종에서 유래했을 것이다(그 이후 이야기는 사람들의 과장에 의해 만들어졌을 것이다); 이것은 이러한 침략자들이 우세한 힘을 행사하는 것에 대한 난쟁이의 증오를 설명해 준다. 침략자들의 우세한 힘이란: a. 농업; b. 철; c. (교회의) 종소리이다; 이것은 또한 침략자들이 숲과 산의 지하 동굴에 숨어 모습을 완전히 드러내지 않는 빠르고 작은 사람들에 대해 느끼는 두려움도 설명해 준다. 이들은 이러한 숲이나 지하 동굴에서 아직도 (요정) 소떼를 기르고 있을 것으로 여겨진다: 비정상적이고 뜻밖이며 예측 불가능한 것(의 초자연적 힘)에 대한 두려움; 이들 중 몇몇은 정복자들과 결혼하여 마녀와 페어리(옛 의미에서의)를 낳았을 것으로 생각되었다; 이들은 무한한 부(금과 은을 가졌지만 철은 없었던 아메리카 인디언들과 마찬가지로), 뛰어난 지식(아즈텍족의 달력은 침략자들이 사용하던 것보다 더 나았다)을 가지고 있으며 자신들을 눈에 보이지 않게 할 수 있다고 믿어졌다; **B.** 몸통과 머리는 거의 정상적이지만 다리와 팔은 비정상적으로 짧은 키 작은 사람들은 한편으로 왕가(마법에 대한 왕족들의 대비책: "봉건 영주의 초야권 Droit du Seigneur" 참조)에서의 다양한 기능을 위해 필요 했다; 그러나 이들의 주요 기능은 어릿광대였다(아마도 본래 왕의 대체물로 희생제물이 되어 슬픈 종말을 맞았을 것이다): a. 파라오(프톨레미 왕조 포함)의 궁정에서; b. 로마인: 노예 아이들은 종종 시장 가치를 높이기 위해 고의로 성장을 저하시켰다; c. 중세 유럽, 르네상스 시대 궁정, 그리고 19세기 러시아(비정상성, 이상abnormality도 참조); **2.** 게르만족 신화에서의 **난쟁이: A.** '도칼파Dockalfar'(검은 난쟁이들), 지하에서의 삶: a. 이들의 기원: i. (에다Eddad의 시) 이미르의 부패한 시체; ii. 대지의 흙(때로 흙 사람이라고 불렸다); b. 이들의 생김새: 어두운 색의 피부, 큰 머리, 녹색 눈, 짧은 다리, 까마귀의 발; 태아와 같은 이들 형태는 인간 이하의 지위를 의미했고 이로 인해 사람들은 이들이 감정이 없다고 믿게 되었다; c. 이들은 장인(공예가)으로서 타의 추종을 불허했다: i. 이들은 디트리히를 위해 나겔링 검을 만들었다; ii. 이들은 토르의 망치를 만들었다(에다Edda의 시); iii. 이들은 오딘Odin의 창을 만들었다(에다Edda의 시); iv. 비축물 모아 둔 것을 지키는 수호자로서 이들은 지그프리트에게 암흑의 망토와 마법의 검을 주었다(니벨룽겐); 이들은 풍요의 반지를 소유했고, 프레이야의 목걸이, 시프의 황금 머리카락 등을 만들었다(볼숭Volsung); d. 이들은 낮에 자신을 드러내면 돌이 되는 벌을 받았다; 다른 사람들의 말에 따르면, 이들의 (남근 모양의) 모자는 이들을 눈에 보이지 않게 만들 수 있었으며 그래서 이들의 조롱하는 듯한 목소리(=메아리)만 들렸다; e. 이들은 자신을 즐겁게 해 주는 사람들에게 관대하지만 화나게 하는 사람들에게는 복수심에 불타고 악의적이다; 이들은 단지 짓궂을 뿐이다(어린애 같은 특징을 부여받음); f. 풍경: 숲(갈색 또는 녹색) 또는 땅(검은색 또는 회색)과 연관된다; g. 원소: 흙(땅을 지키는 늙은 난쟁이과 마찬가지); **B.** 브라우니 난쟁이 요정: 이들은 집에 살면서 도움을 주는데 일반적으로 서까래에서 산다; 이들은 긴 코트에 가려진 거위 발을 하고 있으며, 교회 종소리를 견디지 못했기 때문에 사라졌다; **C.** "노커 난쟁이 요정 Knockers"(콘월Cornwall 및 스태퍼드셔Staffordshire)의 소리는 광산의 낮은 곳에서 들을 수 있고 반드시 음식으로 달래 줘야 한다; 사람들이 너무 호기심을 보이면 이들은 재앙으로 보복한다; **3. 조나단 스위프트**: 소인국 사람들은 인간의 야망, 속 좁은 견해 등에서 하찮음을 보여 준다; **4. 심리**: a. 자연에 숨은 힘의 의인화; b. 꿈에서(주로 여성의 꿈) 아버지-영(靈)의 이미지; c. 무의식의 문지방을 지키는 수호자; 어쨌든 이들은 의식 밖에 존재하는 힘이다(놈gnomes, 엘프elves, 댁틸스dactyls 등등과 마찬가지로); d. 어린이Child 참조; **5.** 브라우니 난쟁이 요정brownie: 엘프elf; 요정fairy; 놈 난쟁이 요정gnome; 피그미pigmy; 마녀witch 참조.

▌난쟁이 요정 gnome **1.** 광부; **2.** 까다로운 기질로 흙earth 요소에 영향을 미친다(요소elements 참조); **3.** 백마법white magic에서 난쟁이 요정의 왕 고브Gob가 마법의 검으로 그들에게 명령한다; **4.** 난쟁이dwarf; 마귀goblin 참조.

▌난초 orchid (식물) **1.** 이름: 덩이줄기의 일반적인 형태가 고환처럼 생겼기 때문에 그리스어의 '오르치스 orchis'는 고환이라는 의미를 갖고 있다; **2.** 생김새가 매력적이고 몇몇 품종은 '음순'이 잘 발달되어서 여성적인 것이다; **3.** 사치; **4.** 점성술: 게자리를 관장한다; **5.** (또한 영국의) '오르키스 마스쿨라orchis mascula' 또는 '사티리콘satyricon'; a. (특히 큰꽃마리dogstone 품종) 강력한 최음제; b. '긴 보라색 꽃'은 남근을 암시하는 표현이다(덴마크의 왕자 햄릿Ham. 4, 7); '보라 난초purple orchid'는 1890년대 음경에 대한 완곡한 표현이었다.

▌난파 wrack 딜런 토머스Dylan Thomas: a. 파멸과 폐허의 바벨탑에서 언어의 창조자들이 생겨날 것이다; b. 미역seaweed(=어머니) 참조.

▌난파, 조난 shipwreck **1.** 심리: 영웅의 조난: 자아의식이 조난을 겪으면 정신은 '보통의' 삶보다 본질적

인 삶의 문제를 숙고하려는 경향을 보인다. 이러한 사람이 도착하는 섬의 유형은 일반적으로 조난당한 개성화individuation의 수준이 어느 정도인지를 나타낸다: 즉, 무인도의 원시적 혼돈 또는 유인원이나 식인 거인의 섬에서 탐욕과 욕망 등의 수준(코르넬리스 J. 슈어만 박사Dr. Cornelis J. Schuurman 349); **2.** 해안에서 가짜 조명으로 배를 난파시키는 해적행위 형태는 트로이에서 돌아오는 배를 같은 방식으로 난파시킨 나우플리오스Nauplius만큼 오래된 것이다; **3.** 난파는 탄생이다; 특히 사랑이 시작된 연인(팔라티노 선집P. Anth.; 앤드류 마벨Andrew Marvell 등); **4.** 죄를 짓는 일반적인 사람의 모습(성 존 크리스소스톰St. John Chrysostom, 신화핸드북HM 26, 28); **5.** 꿈에서: 배가 전복되거나 암초에 부딪혀 부서지며 난파하는 꿈은 타인에게 억류되어있는 사람들을 제외한 모든 사람에게 불쾌한 꿈이다. 노예에게 이러한 꿈은 해방되는 것을 의미한다(달디스의 아르테미도로스Artemidorus 2, 23).

날 blade **1.** 초기 민요에서는 남근이었다; **2.** 딜런 토머스Dylan Thomas: 질의 입구: '신부의 칼날bridal blade'; **3.** 풀grass, 검sword 등 참조.

날개 wing **1.** 상승, 적극적 염원, 미덕: a. 날개 달린 동물은 일반적으로 그 동물이 가진 특정 미덕의 승화를 의미한다: 예 바빌로니아의 날개 달린 소는 용기, 고귀함, 전지성(全知性)을 상징할 수 있다; b. 날개 달린 발: 우주의 진화; c. 기독교: 천상의 존재(예 천사)들 또는 미덕의 상징(신념, 희망 등); d. 연금술: 상위 원소, 활동성, 남성; **2.** 권한, 권력, 영광과 보호: 예 독수리 혹은 솔개 신의 날개 아래에 있는 이스라엘; **3.** 시간; **4.** 속도, 신의 전령: 아르테미스와 헤르메스의 상징; **5.** 영혼(영성), 저승사자, 또는 부활; **6.** 상상, 명상, 마음: 명성과 소문의 상징; **7.** 사랑: a. 에로스의 황금날개, 아프로디테의 상징; b. 윌리엄 블레이크William Blake: 사랑의 날개; **8.** 공기: a. 바람의 신의 속성; b. 특히 아침 공기(예 시편Ps. 139, 9); **9.** 기회: 운명의 속성; **10.** 편재성: 네 개의 날개는 방향, 계절 등을 의미한다; **11.** 승리: 아테나의 상징; **12.** 치유: 태양의 날개; **13.** 불행: "불행은 날개로 찾아오고, 발로 떠난다"(속담); **14.** 앗수르(아시리아)(예 이사야서Isa. 8, 8); **15.** 문장heraldry(紋章): a. 보호; b. (방패에서) 번영하는 번성의 기쁨; **16.** 날개 형태의 시: a. 조지 허버트George Herbert에서부터 딜런 토머스Dylan Thomas에 이르기까지, 이것은 어두움과 빛(깨달음) 혹은 시간과 영원함을 의미할 수 있다; b. 날개 달린 말words: 유명한 격언(호메로스Homer 이후).

날개 편 독수리, 미국의 문장(紋章) spread-eagle **1.** 과장, 오만, 우월주의적 과대망상; **2.** 채찍질을 받거나 또는 죽는 자세; 눕기lying 참조; **3.** 굴복하는 사람 (여성)의 누워 있는 자세 (사랑을 위해 또는 사랑을 나눈 이후에).

날개를 편 독수리, 알에리온 al(l)erion **1.** 문장heraldry(紋章): 부리나 발톱이 없고 날개를 펼친 채 끝은 아래를 향하고 있는 독수리; 발 없는 새(흰털발제비 [문장heraldry(紋章)] 참조; **2.** 전쟁으로 절름발이 또는 불구가 된 사람; **3.** 몽모랑시 가문의 팔 문양에서 그 예를 볼 수 있다.

날치 flying fish 양방향에서의 패자, 물 안팎에서 적에게 희생된다(크리스토퍼 말로Christopher Marlow, 에드워드 2세Edward II, 플리니우스Pliny 인용).

남근, 팔루스 phallus **1.** 신들에게 편입된 자연의 생식력: A. 이집트: 오시리스 세트는 남근을 제외한 오시리스의 몸을 열세 부분(음력)으로 찢었다. 이시스가 그의 몸을 다시 결합할 때 남근(일년 13개월에 추가된 날)을 잃어버렸고 이를 물고기가 삼켜버렸다. 이는 일 년에 단 하루를 제외하고 이집트에서 물고기(한겨울)를 금기시하는 것을 설명할 수 있다(왕이 거세당하는 시기는 세 계절로 나눌 수 있다, 전갈자리가 뜨는 시기에 미트라의 고환이 거세되었으며 세 번째 거세는 게자리가 뜨는 시기일 수도 있다; 이시스는 끝내 남근을 찾지 못하자 대체 남근을 만들어 봉헌했고, 이후로 오시리스를 기리기 위해 제정된 축제의 행렬에서 사제들이 이 조각형상(길이 50야드)을 운반했다; B. 그리스-로마: a. 프리아포스: 거대한 남근을 가진 정원의 신으로 그의 남근상이 디오니소스/바카날리아Bacchanalia 주신제 행렬에 실려서 운반되었다; 낫sickle 참조; b. 또한 엘레우시스 비의나 또 다른 비의에서 성스러운 남근을 매달아두고 그곳을 향해 기도했다; c. 파시누스는 전형적인 로마의 남근 화신으로 그의 부적(역주: 날개 달린 남근 모양의 부적)을 아기의 목에 걸었다, 그는 장군들의 수호자였으며 또한 파시누스에 대한 숭배는 베스타 여신의 여사제들에게 맡겨졌다; **2. 재생**, 생명의 영속성: a. 장례용 배의 선상에 누워 있는 오시리스는 항상 부활을 상징하는 발기한 남근상으로 표현되었다; 죽음으로서의 결혼marriage as death 참조; b. (생명의 상징으로서) 남근상을 무덤 근처나 무덤 위에 꽂았다(사이프러스cypress 참조); **3. 관통력**: 헤르메스 등: 미지의 세계로 뚫고 들어가서 구원과 치유의 영적 메시지를 찾는다; 따라서 카두세우스와 관련 있다; **4. 태양광선과 세계 축**: 태양 영웅의 상징: 많은 영웅은 '불구'(발은 마법의 생성력을 가지고 있다), '눈이 먼' 점쟁이(눈eye 참조), 지하세계의 대장장이처럼 추악하고 기형적이다(헤파이스토스-빌란트, 태양의 야간횡단을 나타내며 풍요를 만드는 자들), 모든 태양과 지하세계, 대장장이 신들의 특징; "그것을 따라 내려가라. 그것은 당신을 모든 어머니에게로 인도할 것이다."; 많은 사람들이 호기심을 자극하는 붉은색의 프리기안 모자('필레우스')를 쓴다. 그들은 작은 것보다 더 작고 큰 것보다 더 크다(힘과 크기 면에서); 태양 영웅의 특성 중 하나는 빠른 성장력이다; **5. 맹세, 언약**: 구약성서에서 맹세는 (일반적으로 손을 드는 것 대신에) 남근 근처에 손을 놓는 것으로 행해졌다: '내 허벅지 아래에': a. 남자의 허벅지 아래에 이미 후손이 존재한다고 믿었기 때문에(창세기Gen. 24, 2); b. 할례의 언약 때문에; c. 그는 종이기 때문에(그러나 창세기 47, 29에서 야곱이 아들 요셉에게 동일한 (허벅지 아래에 손을 놓는) 행동을 하도록 이른 것도 참조); **6. 점치기**: 아마도 '드라빔teraphim'(예 창세기 31, 19; 사사기Judg. 17, 5)은 점을 치는 데 사용되는 남근 모양의 우상이었을 것이다(페나테스-페네스처럼); 이들은 죽은 자들의 예언을 전하는 정령이었을 수도 있다; **7. 희극**: 일반적으로 그리스 희극 배우들의 과장된 어깨, 배, 엉덩이 등을 가지고 있었다, 그러나 남근만큼은 항상 거대하고 가끔 양식화되기도 했지만 쉽게 알아볼 수 있었다; **8. 심리**: a. 카를 융Carl Jung은 독자들에게 원초적 정신에 대한 '남근'의 상징은 신체 기관 그 자체를 의미하는 것이 아니라 인간 의지의 원동력인 '리비도'를 의미한다고 주장했다. 이것은 기호(=음경)가 아니라 생명 충동의 상징이다(5, 222); b. 남근은 생명과 리비도의 근원이며 기적의 창조자이자 수행자로 모든 곳에서 숭배된다; '리비도'는 태양-불(유사성) 또는 남근-뱀(대상)으로 상징되고, 기능적으로는 사자-멧돼지-황소-나귀(항상 발정하는)로 상징된다(카를 융Carl Jung 5, 96ff.); c. (무의식, 영적인 내면 등)으로 침투를 활성화하고 풍요롭게 하기 위해 침투하는 정서; d. 남근은 성에 대해 과소평가하는(억압 등) 자기 자신을 상징(예 꿈에서)한다(카를 융 96, 226); 자기숭배의 상징이다; **9. 세 개의 남근**: 원초적 원인: 부모나 배우자 없이 존재하고 자가 생식으로 영속되는 신; **10.** 할례circumcision, 거세emasculation, 남성male 등 참조.

남색, 소도미 sodomy **1.** 사원에서, 특히 달의 여신을 숭배할 때 행해졌으며, 달 여신의 신성한 암컷 새들이 알을 품을 때 분류하는 행위를 모방한 것일 수 있다[예 자고새(메추라기)]; **2.** 동성애homosexuality 참조.

남성 male (남자) **1.** 남성 상징들: A. 길고 관통하는 아론의 지팡이, 화살, 몽둥이, 홀, 원통, 손가락, 칼, 쟁기, 바쿠스의 지팡이 등; B. 불타는 모든 것(태양 상징): 빨간색, 하늘, 번개: 원형, 부싯돌 등; C. 직립의 곧은 모든 것: 모든 종류의 기둥, 십자가, 나무, 배꼽, 바위, 'T'자; D. 번식 그리고/또는 강한 동물: 토끼, 염소, 양, 말, 황소 등; E. 꽃과 과일: 담쟁이덩굴, 맨드레이크, 원추 등; **2.** 다음을 의인화한다: a. 창조자 또는 다산의 신; b. 이야기 속의 거인; c. 영웅들; d. 성자와 캔타우러; **3.** 남성-여성은 다음에 상응한다:

남자	여자
정신	물질
동적	정적
변덕스러운	굳건한
생산적	다산성의
개인화	단일성
의도적 의사소통	즉흥적 의사소통

남자 male **1.** 판도라가 창조되기 전의 원시시대에 인류는 님프 아내를 가진 남자로 한정되었다(카를 케레니Carl Kerényi, 그리스의 신들GG 207); **2.** 여성 신과 반대로 남성 신들은 오직 쌍둥이 신으로서만 신성해질 수 있었다: 기울어가는 해year의 쌍둥이 신과 기울어가는 해year의 신; 이 둘을 하나로 통합하려는 가부장적인 노력은 그의 '신성한' 인간성을 파괴하는 경향이 있다; 초인간들은 실제로 영원한 신이 아닌 반신반인적인 '영웅'이 되는 경향이 있다(로버트 그레이브스Robert Graves, 하얀 여신WG 110).

남자 마법사, 요술쟁이 warlock **1.** 원래 악마였으며 나중에 마법사 또는 남자 마법사가 되었다; **2.** 고대 북유럽: 마녀처럼 폭풍을 일으킬 수 있다(락스다엘라 사가Laxdaela p. 35); **3.** 스코틀랜드 북동부는 마녀의 작업을 취소할 수 있는 마법사와 요술쟁이로 가장 잘 알려진 곳이다(㉮ 탈란드의 마녀Wizards of Tarland, 브리타니아의 민속과 문화Folkl. & C. of Brit. p. 466). 그러나 마법사와 요술쟁이는 한동안은 악마가 한 일을 취소할 수는 있었지만 여전히 악마와 함께 일해야 했다(㉮ 주인마녀Wizard Laird: 같은 책 p. 467).

남쪽 south **1.** 태양, 불: a. 더위, 사막, 지옥과 같은 지역(북방의 추위도 마찬가지); b. 여름; c. 암사자와 수사자와 독사와 "날아다니는 불 뱀"이 나오는 위험하고 곤고한 땅(이사야서Isa. 30, 6); d. 게르만: 신들의 황혼에 불의 신들이 생명의 물푸레나무ash-tree를 파괴하기 위해 남쪽에서 올 것이다; **2.** 기독교: a. 영적인 빛; b. 교회의 남쪽 벽은 신앙을 지키려는 순교자, 성인 등에게 바쳐졌다; **3.** 다음에 상응한다: a. 연령: 청소년기; b. 몸: 몸의 상반신; **4.** 윌리엄 블레이크William Blake.: a. 이성(우리젠Urizen)의 지역: b. 시내산(예루살렘 남쪽에 위치한): "~하지 말지니라Thou Shalt Not"의 금지의 산; **5.** 알프레드 테니슨 경Lord Alfred Tennyson("오, 제비야, 제비야O, Swallow, Swallow"): a. 남쪽은 강렬하고 변덕스럽다; b. 남쪽에서는 아름다움의 달이 짧다; c. 제비가 제멋대로 놀아나는 곳; **6.** 남풍: 풍배도wind-rose 참조: 남쪽은 밝고 강렬하고 변덕스럽다; 그러나 영국의 경우: a. 감염원: i. "남쪽 안개가 그를 썩게 만든다"(심벨린Cym. 2, 3); ii. 특히 나폴리 지역의 매독을 가져온다(㉮ 트로일루스와 크레시다Troil. 5, 1); iii. 전염병의 주범: 당신을 비추는 남쪽 빛은 모두 전염의 주범이다(코리올라누스Cor. 1, 4); 그리고 남서풍이 불면 온몸에 물집이 생긴다(템페스트Tp. 1, 2); b. 비를 몰고 온다: "남쪽 구름이 몰려오면 눈물로 싸워야 한다…"(헨리 6세 2부2H6 3, 2); c. "남풍이 불면 어부의 입으로 미끼가 날려 들어간다"(속담)(역주: 남풍이 불 때 어떤 기회나 운이 자연스럽게 찾아온다는 뜻); d. 남풍은 식물의 기공을 열고 편안하게 만들고 고무진이 나오게 만들며 초목이 달콤한 냄새를 내뿜게 만든다(토머스 브라운 경Sir Thomas Browne, "키루스의 정원Garden of Cyrus"); e. 남풍이 불 때 태어난 아이는 꿀, 과일 등을 얻게 되며, 주교와 음악가들을 대접할 것이다.

납 lead **1.** 무게, 밀도; **2.** 고집; **3.** 무지: 비금속; **4.** 둔함: "납과 같은 다리"(헨리 6세 1부1H6 4, 6), "납의 시대"(비너스와 아도니스Ven. 34); **5.** 사망: a.점성술: 죽음의 행성인 토성과 관련된다; b. 연금술: 은silver, 즉 출생의 대극으로서 죽음과 관련된다; c. 엘리자베스 1세 여왕 시대: 납으로 시신을 쌌다; **6.** 창백함: 셰익스피어풍과 연관된다; **7.** 물질(연금술): 흰 비둘기가 납에 싸여 있다. 즉, 물질 안에 들어 있는 영spirit이고, 납은 원질료의 또 다른 이름이기도 하다; **8.** 고문: 납을 녹여 외투로 만들어 입히거나 목구멍에 부어넣었다; **9.** 위선(단테Dante, 신곡 지옥편Inf. 23): 위선자들은 겉에 아름다운 색을 칠한 납으로 된 망토를 입고 천천히 걸어 다닌다; **10.** 기록: 기록 보존에 사용되는 납 판; **11.** 민속: a. 납은 기초 금속으로서 마녀, 늑대인간 등에게는 효과가 없으며 이들은 반드시 은으로 죽이거나 (최소한) 철로 쫓아낼 수 있다; b. 포도주가 상하기 시작하면 포도주에 담근 납의 색이 변한다(플리니우스Pliny 14, 25).

납달리 Naphtali **1.** 야곱이 라헬의 여종 빌하를 통해 낳은 여섯 번째 아들; **2.** 이름: a. '다툼, 싸움': 라헬이 이르되, "내가 내 언니와 큰 싸움을 싸워 이겼다"(창세기Gen. 30, 8); b. '신의 투쟁'; **3.** 농업; **4.** 상징: a. (아프리카) 사슴: "납달리는 풀어 놓은 암사슴이니 그가 좋은 말들을 내는도다"(창세기 49, 21); b. 색상:

검붉은 색; c. 보석: 자수정(로버트 그레이브스Robert Graves에 의하면 암록색 공작석); d. 방향: 서쪽과 남쪽(신명기Deut. 33, 23의 모세의 축복), 그의 지파(그의 형제인 단과 함께)가 북쪽에 살았음에도 불구하고; e. 계절: 쟁기질하고 수확하는 시기; **5.** 별자리: 염소자리를 지배한다.

납땜 soldering 성교하다: "남편이 모든 틈새를 메우는구나"(토머스 미들턴Thomas Middleton, 치프사이드의 정숙한 부인CMC 1, 1, 37).

낫 (가지치는) pruning-hook **1.** 평화: 그들의 창을 쳐서 낫을 만드는 것은 전쟁에서 평화로의 변화를 의미한다(이사야서Isa. 2, 4. 쟁기plough 참조); 베르길리우스는 같은 의미로 이것 대신 검으로 묘사했다(농경시Georg. 1, 508); **2.** 포모나(역주: 열매를 돌보는 님프)의 상징(나소 P. 오비디우스Naso P. Ovid, 변신이야기Metam. 14, 628).

낫, 작은 낫 sickle **1.** 풍요, 수확: 큰 낫scythe과 같은 가치를 지닌다; **2.** 죽음: 인자Son of Man가 낫을 땅에 던지면 그의 판단에 따라 낫이 수확할 것이다; **3.** 무기: 프리아포스의 상징; 그는 이것으로(또는 그의 거대한 남근으로: 나소 P. 오비디우스Naso P. Ovid, 변신이야기Metam. 14, 640) 악을 행하는 자들에게 떠날 것을 경고한다; '아다만틴adamantine으로 만든' 낫은 고르곤 등과 싸우도록 페르세우스에게 주어졌다; **4.** 거세 도구: a. 크로노스-사투르누스, 그리고 시간의 할아버지Father Time(역주: 피할 수 없는 시간 흐름의 의인화)의 상징: 큰 낫scythe과 같다; 참조: "장미빛 입술과 뺨이 비록 그의 구부러진 낫의 반경 안에 오더라도 사랑은 시간의 바보가 아니다"(소네트Sonn. 116); 크로노스는 '낫의 섬Sickle Island'인 드레파네를 '혐오했다'(로디우스의 아폴로니오스Apoll. Rhod., 아르고호 항해기Arg. 4, 982ff.; 리코프론Lycophron 76lf.; 나소 P. 오비디우스, 행사력Fasti. 4, 474 등); b. 통치가 끝날 때 다산의 왕들에 대한 거세 도구; c. 황금 낫은 드루이드교(달의 상징)가 신성한 겨우살이를 자르는 데 사용한다; **5.** 희망: 낫과 삽은 희망, 부활, 다산 등의 상징이다.

낯선 사람, 이방인; 낯설음 stranger; strangeness **1.** 공동체에 들어오는 낯선 사람들은 영웅이나 악당일 수 있다(기사도 이야기에 나오는 이상한 기사, 서양 이야기와 영화에서 나오는 고독한 기수); **2.** 심리: 마법이나 종교적 힘을 받고 초자연적으로 자애롭거나 악의적인 힘을 갖게 된 이방인은 이러한 힘을 무력화하기 위해 통과의례를 거쳐야 한다; 갓난아기는 '작은 이방인'임으로 같은 관심을 필요로 한다(반 게넵Van Gennep 26f.); **3.** 꿈: a. 달디스의 아르테미도로스Artemidorus of Daldis: i. 꿈에 나오는 지역 관습은 좋은 징조를 의미하고 낯선 관습은 나쁜 징조를 의미한다(1, 8); ii. 낯선 사람은 종종 꿈을 꾸는 사람 그 자신이다(같은 책); b. 톰 체트윈드Tom Chetwynd: i. 외국인 또는 알려지지 않은 범죄자: 그림자; 만약 '내(I)'가 그림자(원형archetypes 참조)와 싸우면 그것은 정신 기능의 내적 갈등을 나타낼 수 있다; ii. 알려지지 않았거나 두렵거나 모호한 모든 것의 구체화일 수 있다; iii. 악동 또는 영웅, 아마도 존경받는 상상 속의 인물; 남성의 꿈에서 자기Self를 나타낼 수 있으며 여성의 꿈에서 아니무스Animus를 나타낼 수 있다; iv. 쉬운 특성을 가졌든 또는 어려운 특성을 가졌든 알려지지 않은 여성: 남성의 꿈에 나오는 이런 여성은 남성의 아니마Anima를 나타낼 수 있다.

내장 entrails **1.** 내장intestines 참조; **2.** 점을 치기 위해 연구해야 할 것; **3.** 또한 가장 끔찍한 살인의 잔재; 앤드류 마벨Andrew Marvell의 "갤러리The Gallery"에서 연인은 동굴 속에서 여자마법사처럼 나중에 "탐욕스러운 독수리에게 먹이"로 던져질 자신의 내장에 열광한다.

내장 intestines **1.** 순환; **2.** 연금술: 증유기; **3.** 민속: 새와 물고기의 창자(로마); 최음제.

냄비 skillet 민속: 임산부 아래에 냄비를 두면 배 속의 아기가 딸이 될 수 있다(칼knife 참조).

냄새 smell **1.** 하늘로 통하는 다리: 희생제물의 냄새가 여호와의 콧구멍을 간지럽힌다; 향incense, 희생제물sacrifice 등 참조; **2.** 셰익스피어는 '악취'를 죄와

관련시킨다: 예 "햄릿Ham.": "내 죄의 악취가 하늘에 이르렀구나"; **3.** (향신료에서 신발 타는 냄새까지) 강하거나 매운 냄새는 마녀와 다른 사악한 존재들을 겁주는 무기가 될 수 있다; **4.** 아프로디테Aphrodite는 여성들이 남편을 사랑하지 않는다는 이유로, 렘노스섬의 모든 여성에게 악취를 내렸다(아폴로도로스Apollodorus 1, 9, 17).

냅킨 napkin 로마: a. 집정관은 키르쿠스 막시무스(역주: 로마 최대의 전차 경기장)에서 경주를 시작하라는 신호로 흰색 냅킨을 던졌다(마르쿠스 발레리우스 마르티알리스Marcus Valerius Martialis, 풍자시Ep. 12, 29 참조); b. 저녁 식사에 초대받는 손님들은 자신의 냅킨을 가져갔다(사모사테 출신의 루키아누스Lucianus from Samosate, 용병MercC. 15).

냉이 madwort (식물) 알리섬뜰냉이alyssum 참조.

냉이 shepherd's purse (식물) **1.** '양치기의 자루shepherd's bag'라고도 하는 흔한 풀: 그리스어 '틀라스피스thlaspis', 라틴어 '카프셀라 벌사 파스테리스Capsella bursa pasteris'; **2.** 코르넬리우스 켈수스Cornelius Celsus: 씨는 겨자 같은 맛이 나고 해독제로 사용할 수 있다(II부 서문 5, 23, 3); **3.** 광대의 쥐오줌풀처럼 피를 맑게 하는 데 사용되었다(앤드류 마벨Andrew Marvell, "풀 베는 사람 데이먼Damon the Mower" 83 및 "이제 잘 들어 봐…"(역주: 예수의 탄생에 관한 오래된 노래로 마리아가 출산 후 출혈을 막기 위해 냉이를 사용했다는 내용이 포함되어 있음) 83; 쥐오줌풀all-heal 참조); **4.** 그것은 장에 변비를 "일으킨다"(조지 허버트George Herbert, "성전의 사제A Priest to the Temple" 23장).

널빤지, 나무판자 plank **1.** 라틴어 '타불라 포스트 나우프라기움tabula post naufragium'는 배가 난파된 이후 사람을 구조하는 나무판자로 일반적인 고대의 상징이다(후고 라흐너Hugo Rahner, 교회의 상징SK 450ff.); **2.** 초기 기독교: 최초의 구원의 기회인 첫 번째 구원의 널빤지는 세례 과정에서 하나님으로부터 주어지며, 이는 원죄를 의미하는 난파선에서의 구원을 뜻한다. 평생 동안 죄인은 오직 한 번 더 이 널빤지, 즉 두번째 널빤지인 '세쿤다 타불라secunda tabula' 받으며 이것은 회개를 의미한다를 이 개념은 나중에 루터와 칼뱅에 의해 공격받았다(같은 책 454ff., 테르툴리아누스Tertullian, 회개에 관하여Paen. 4, 2f.를 인용).

넙치 flatfish 넙치가 있는 곳에는 상어가 없다(플리니우스Pliny 9, 70).

넝마, 누더기 rag **1.** 빈곤과 절망을 상징한다; **2.** 자기 비하, 영혼의 상처; **3.** 인간제물이나 신체 절단을 위에 (인형이나 동상처럼)나무에 걸어놓는 옷조각: a. 다산을 촉진하기 위해; 흔들림swinging도 참조; b. 해당 나무가 신성시되는 신들에게 바치기 위해; **4.** 물에 던져진 천 조각(물에 빠뜨리는 대신에): a. 기우제처럼 대체물을 물에 담근다; b. 추방된 범죄자(스스로 혹은 지역사회로부터); **5.** 히브리: 옷을 찢는다(옷clothes과 베옷sackcloth도 참조); 비통에 잠긴 사람이 걱정하지 않도록 하기 위해 죽은 자와 맺은 약속, 그리고 그들의 질투를 피하기 위해 자신을 죽은 자와 동일시하는 것.

네 가지 형상 tetramorph **1.** 앗수르(아시리아)의 네 가지 형상, 다니엘서Dan, 에스겔서Eze.(1, 4–10), 신약성서(요한계시록Rev. 4, 6–8)에서는 일반적으로 다음의 의미와 일치한다: A. 독수리: a. 다니엘서에 기술되지 않았다; b. 원소: 흙; 방향은 북쪽 또는 서쪽; 계절: 겨울; c. 인간의 양심; B. 황소ox(황소bull): a. 다니엘서에 나오는 곰; b. 요소: 공기; 방향은 북쪽 또는 서쪽; 계절: 겨울; c. 인간의 식욕; C. 사자: 요소: 불; 방향은 남쪽; 계절: 봄; 의지의 사람; D. 사람: a. 때때로 아시리아에서는 공작, 다니엘서에서는 표범으로 나타난다; b. 요소: 물; 방향은 동쪽 또는 북쪽; 계절: 가을; c. 인간의 지성; **2.** 아래와 같은 기원으로부터 유래했을 가능성이 크다: a. 거석문화에서 신들은 '태양을 삼키려고' 하는 어둠의 괴물들과 싸우며 천상의 산에 사자를 두고 땅 끝에 네 명의 궁수를 배치하여 피조물을 안전하게 지킨다; b. 네 개의 얼굴을 가진 아시리아의 신 아수르; **3.** 복음주의자들은 기독교적 상징을 항상 획일적으로 구분하지 않았다: 예 사자는 네 상징과 모두와 연결되어 있다; **4.** 현재 상징의 구

분: A. 사도 누가St. Luke: 날개 달린 송아지 또는 소(제물로 바쳐진 동물의 왕 또는 가축): a. 제롬Jerome: 그리스도의 고난과 연관시켰다; b. 비전(祕傳)되는 것: 대지, 노동, 인내, 희생; c. 그는 그리스도를 대제사장이자 희생제물로 묘사한다; B. 사도 마가: 날개 달린 사자(짐승의 왕, 승화): a. 제롬: 그리스도의 부활; b. 소수만이 이해하는 불, 힘, 움직임; c. 그는 유다의 사자lion, 그리스도의 왕의 위엄과 이 세상 광야에서의 외침을 강조했다; C. 사도 마태: 날개 달린 사람 또는 천사(만물의 왕, 승화됨): a. 제롬: 그리스도의 성육신; b. 소수만이 이해하는 천사, 직관, 진리의 깨달음; c. 그는 그리스도의 승천을 강조했다; D. 사도요한: 독수리(하늘의 왕): a. 제롬: 그리스도의 승천; b. 소수만이 이해하는 공기, 지능, 행위; c. 그는 예리하고 눈부신 눈으로 불멸의 진리의 빛을 바라보았다; 또는 하늘에서 내려와 그곳으로 돌아갔다; **5.** 에스겔에 관한 내용에 대해서는 그룹cherub 참조; 에스겔은 환상에서 그룹의 여러 얼굴 중 황소의 얼굴을 보았다(=황소bull; 10, 14 참조); "그들의 얼굴의 모양은 내가 그바르 강가에서 본 것과 같은 얼굴이더라"(10, 22 참조); **6.** 요한계시록에서 그들은 하나님의 보좌 주위에 있다(4, 6): 그 기원은 천문학적이다: 하나님의 보좌가 천정에 있을 때 우리는 지구의 네 모퉁이에서 다음의 별자리를 볼 수 있다: 사자자리, 황소자리, 전갈자리(기원: 전갈 사람scorpion man, 전갈scorpion 참조), 독수리자리.

네 번째 fourth **1.** 단테Dante의 "신곡 지옥편Inf."의 네 번째 원:현세의 재물을 낭비하는 자들: 돈을 물 쓰듯 하는 자들과 돈에 인색한 자들; 이들은 무거운 '물질'의 짐을 서로 반대 방향으로 굴리며 서로에게 으르렁 거린다; **2.** 네 번째 계급: a. 사회에서 가장 낮은 계급: 최하층 노동 계층; b. 대중 언론계(버크Burke에 따르면): 그 외에 세 가지 다른 계급인 귀족Lords Temporal, 성직자Lords Spiritual, 평민들Commons에 이은 네 번째 계급.

네거리, 교차로 Crossroads **1.** 영웅의 선택choice; **2.** 공간과 시간 등 두 가지 형태의 교차점; **3.** 신비로운 중심으로 이 중심에는 인도함을 위한 신이 위치한다: a. 그리스도; b. 돌로 된 (주로 에르메스의) 흉상, 바에틸(역주: 신의 상징으로 숭배된 운석이나 그와 비슷하게 생긴 돌) 등; c. 로마: 도시 수호자들은 특히 교차로에서 숭배되었다(나소 p. 오비디우스Naso P. Ovid, 행사력Fasti. 2, 615f); **4.** 교차로는 디아나-헤카테에게 바쳐졌다(대개 등변십자형으로 상징되었다); **5.** 어머니 상징: 대극의 통합(카를 융Carl Jung); **6.** 민속: a. 마녀와 악령들이 만나는 장소인 교차로는 많은 마법 처방에서 자주 나타난다; b. 뱀파이어(교차로에 고정시키기 위해 심장이나 머리에 말뚝을 박음), 중죄인, 자살자, 마녀 등이 어느 길로 가야 할지 혼동하여 집에 돌아오지 못하도록 교차로에 묻었다; c. (그와 반대로) 교차로는 큰 마법적 힘을 지닌 장소이기 때문에 봉헌된 땅 다음으로 가장 좋은 매장 장소이다; d. 그리스: 종종 동물의 내장을 버리는 장소였으며, 걸인들이 앉아 쉬기 좋은 장소였다(예 칼리마코스Callimachus, 여섯 번째 찬가H6 114f).

네덜란드, 홀랜드 Holland **1.** 린넨으로 유명하다; a. "오, 그녀는 손수건을 꺼냈는데 그것은 질 좋은 삼베(린넨)이었어요"(민요 "더글라스의 비극The Douglas Tragedy"); b. 존 스튜어드John Steward의 아내는 민요 "차일드 모리스Childe Maurice"에서 린넨 예복를 입었다; c. 엘리자베스 1세 여왕 시대: 올이 고운 최고급의 아마섬유: 올이 굵은 아마섬유의 반대(헨리 4세 1부 1H4 3, 3 참조); **2.** 항해: "시보니는 홀란의 보트를 타고 올 것이다. '당신의 작은 여관에' 닿을 때까지 노를 저어라"(민요 "젊은 비키Young Bekie", 프랜시스 차일드Francis Child 53c); **3.** 음주: a. 내쉬Nashe("피어스 페닐리스P. Penniless")에 따르면 네덜란드인은 영국인에게 술을 가르쳤지만 1530년에 라벨레는 이미 "영국인만큼 술에 취했다"라고 말했다; b. "그들이 술을 가장 잘 만드는 영국에서 그것[=노래]을 배웠어요: 덴마크 사람, 독일 사람, 그리고 배불뚝이 네덜란드 사람-마셔라, 호!-당신의 영국에서는 아무 일도 아니잖아요"(베니스의 무어인 오셀로Oth. 2, 3); **4.** 식탐과 인색; **5.** 무례하고 미개하다: "무뚝뚝한 네덜란드인"(헨리 6세 3부3H6 4, 8); '네덜란드 콘서트' 참조: 소란스럽고 요란한 파티; **6.** 존 던John Donne: "물에 젖은 스펀지 같은 네덜란드인"("그의 여주인에 대한 비가");

7. 르네상스: 종교로 인해 박해받는 사람들(유태인처럼 다양한 형태의 개신교를 믿는 사람들)을 위한 새로운 아이디어, 발명품의 나라; 동시에 부르주아적 청교도("네덜란드 아저씨처럼 퉁명스럽게 비판적으로 말한다")의 나라; 8. "네덜란드의 아이들은 만드는 것을 즐거워하고 영국의 아이들은 깨는 것을 즐긴다"(속담); 9. 동화: 연애편지 봉투 뒷면에 'HOLLAND'라고 쓰면 "우리의 사랑이 지속되고 결코 사라지지 않기를 바란다Hope Our Love Lasts And Never Dies"라는 의미의 비밀 메시지.

네펜디 nepenthe (식물) 1. 신화 속 식물. 아마도 이집트에서 유래한 '양귀비opium poppy'일 것이다. 마시는 항우울제로 쓰였다; 2. 어원: 그리스어로 '고통을 진정시키다'를 뜻한다; 3. 신화: 분노와 슬픔을 치료하기 위해 테베의 여인들이 독점적으로 사용했으며 이집트 사람들이 다른 약과 함께 트로이의 헬레네에게 준 것이다. 그녀는 이것을 "슬픔을 잊고 진정하도록" 텔레마코스에게 주었다(플리니우스Pliny 25, 5; 호메로스Homer, 오디세이아Od. 4, 219ff.을 인용함); 또한 필로스트라투스Philostratus, 소피스트들의 생애BS 480와 티아나의 아폴로니오스의 전기VA 7, 22 참조; 플라비우스 클라우디우스 율리아누스Flavius Claudius Julian의 배교자Apost에서는 약물이라기보다는 위로가 되는 이야기였음을 시사한다: 또는 8, 240C); 4. 에드먼드 스펜서Edmund Spencer는 네펜디의 영향을 다음과 같이 설명했다: "마음의 비애를 누그러뜨리도록" 천국에 들어가는 영웅들에게 주었다; 5. 17세기 로마의 여행가 피에트로 델라 발레Pietro della Valle는 호메로스의 식물이 실제로는 커피라고 믿었다(안젤로 드 구베르나티스DAngelo De Gubernatis, 식물의 신화MP 2, 238).

넥타 nectar 1. 일부 그리스인들은 넥타가 음료가 아닌 음식이라고 믿었다(예 알크만Alcman); 2. 로버트 그레이브스Robert Graves에 따르면: 넥타는 오일, 포도주, 꿀, 다진 치즈, 그리고 식사였다.

넥타이 necktie 1. 현대사회에서 신분의 상징; 원래는 노예에게 사용한 '타이tie'였으며 노예가 잘못을 저지르면 목을 매달 수 있는 끈이었다; 2. 특히 꿈에서는 남근(지그문트 프로이트Sigmmund Freud, 꿈의 해석IDr. 6, p. 356).

넵투누스 Neptune (신) 포세이돈Poseidon 참조.

노 oar 1. 물질적 진보(물water=물질matter): 사원을 지을 때 왕은 손에 노를 들고 그 장소를 한 바퀴 돌았다; 2. 창조적 사고; 3. 모든 행위의 근원인 창조의 말씀; 4. 사투르누스의 상징; 5. 메이스mace와 노paddles 참조.

노 paddle 이집트의 상형문자 '크헤루kheru'에 해당한다; '목소리voice'를 의미한다(월리스 버지Wallis Budge, 이집트 상형문자사전EL 79).

노란 구륜 앵초 cowslip (식물) 1. 일반: a. 프림로즈와 눈동이나물도 속한 앵초과에 속한 종; 밝은 노란색 꽃의 여러해살이 풀; b. 소똥이 있는 곳에서 자란다; c. 또는 소 입김의 달콤한 향기로 자란다(소cow 참조); d. 또 다른 이름: 베드로의 열쇠를 닮았기 때문에 베드로 허브라고도 불린다; 2. 소박함; 3. 우아함, 단정함; 4. 깊은 생각에 잠김; 노란 구륜 앵초 용액은 기억력에 좋다(존 웹스터John Webster, 하얀 악마WD 5, 4); 5. 종종 요정과 관련해 언급된다: a. "한여름 밤의 꿈MND"에서 자주 언급된다: 예 "노란 구륜 앵초 꽃이 그녀의 보디가드이다"(=보디가드body-guard: 2, 1); b. 아리엘은 자신이 노란 구륜 앵초 꽃에 누워 있다고 노래한다(템페스트Tp. 5, 1); 6. 민속: 위아래를 거꾸로 심으면 꽃은 노란색이 아니라 빨간색이 된다; 사랑 점치기에 사용된다.

노란색 yellow 1. 태양의 색: (태양신, 특히 아폴로): a. 빛: 지성; 직관을 포함하는 지혜의 확산, 합리화뿐 아니라 포괄적인 일반화; 영적 성숙(익은 열매의 색깔이기도 함), 영감, 계시된 믿음(사도 베드로의 역할); 심판; "생각의 노란 주름"(스테판 말라르메Stéphane Mallarmeé, "헤로디아드Hérodiade"); b. 따뜻함, 사랑, 관대함, 평화; c. 영spirit의 순수함, 믿음의 절개; d. 부와 권세: 하나님은 솔로몬에게 지혜와 부를 함께 약속했다; 다산(신성한 동정녀 어머니는 노란색 또는 '황금색' 머리를 갖고 있다); 수확, 풍요, 환대; 디오니소스 축제에서는 전형적으로 노란색 예복을 입었다; e. 지하세계에서 돌아온 아이네아스에게 대가로 '황금' 가지를 주었다; **2. 사랑**: a. 히브리 결혼식의 캐노피 색; b. 신부 행렬에서 '히메나이오스'-가수들은 노란색 옷을 입었다; c. 로마 신부들은 결혼식 때에 노란 베일을 쓰고 노란색 신발을 신었다(카툴루스Catullus 61). 웨딩드레스wedding-dress도 참조; d. 14세기에 함부르크의 매춘부들은 노란색 스카프를 착용해야만 했다; **3. 동쪽**, 새벽; **4. 황금**과도 연결된다: a. 철학자의 돌의 색깔; b. 존엄성: 공식 정부 문서 및 보고서('옐로 북'); c. 인정, 보상; **5. 배신**(불변, 간음 등): a. 전통적으로 유다의 옷 색깔; 기독교 박해에서 유태인을 나타내는 배지의 색(베니스, 독일 강제수용소 등); b. "이 노란 이아치모"(심벨린Cym. 2, 4); **6. 비겁함**, 질투; **7. 죽음과 부패**: a. 가을낙엽의 색; b. 스페인 종교재판 집행자의 색; c. 현대 이집트에서 애도의 색; **8. 선정성**, 깊이 없는 확산: 저질 소설의 노란 표지, 저널리즘의 맹목적 애국주의; **9. 우울**: "푸르고 노란 우울"(십이야Tw. N. 2, 4); **10. 적대감**, 최하위: 중세에는 전사, 하인, 견습기사 등이 세속적인 색인 노란색 옷을 입었다; **11. 메르쿠리우스**와 연결된다; a. 신: 다양한 종류의 색(8번도 참조); b. 수성과 관련된다; c. 연금술: 황; **12. 심리**: a. 파란색의 보색 및 부정: 노란색은 앞으로 나아가는 것이며 파란색은 후퇴하는 것이다; b. 노란색을 좋아하는 사람들도 이 특성을 갖는 경향이 있다; 외향적이고, 외부세계에 대한 넓은 관심을 갖고있다; 용감; 불변; 이상주의, 오컬트 숭배자; 성도착적인 사람: 환멸적, 비사교적, 냉소적인 사람; **13. 다음에 상응한다**: a. 기하학적 그림: 육각형; b. 신체적 영향: 심장과 폐; c. 보석: 모든 황금색 보석(금록석, 귀감람석, 비취옥 등), 다이아몬드, 벽옥; d. 독일: 8세기에 성 베아투스의 지도에 있던 독일의 색; **14. 제임스 조이스**James Joyce: 갈색과 함께 (더블린 등의) 마비와 부패의 색; **15. 딜런 토머스**Dylan Thomas: 노란색은 바다와 달, 주권, 하늘을 연결할 뿐만 아니라 일시성(모래)과 무의미함을 연결한다; **16. 민속**: a. 빨간색 및 검은색과 함께 전염병의 색 중 하나; b. 노란색의 꽃은 황달을 치료한다; c. 배우들에게는 불운을 상징한다: 노란 색의 커튼이나 기타 물건을 사용하지 않았다; d. 개별 꽃들(예 금잔화marigold) 및 웨딩드레스wedding-dress 참조; **17.** 사프란saffron 참조.

노랑가오리 stingray (물고기) **1.** 헤라클레스는 가오리에 물려 손가락을 잃었다; **2.** 교활함: 어류 중 가장 느린 이 물고기는 입으로 가시를 쏘기 때문에 숭어(가장 빠른 물고기)를 물고 있는 채로 잡힌다(플리니우스Pliny 9, 67 및 72); **3.** 어떻게 오디세우스와 키르케의 아들 텔레고누스가 아버지를 찾아 이타카에 도착하였는지 그리고 '자기도 모르게' 아버지를 죽이고(텔레마쿠스가 키르케와 결혼하는 동안) 어떻게 오디세우스의 아내 페넬로페와 결혼하게 되었는지는 "감응유전telegony"과 관련될 것이다; 오디세우스를 죽인 창에는 가오리 등뼈 가시가 달려 있었다; **4.** 광선ray; 어뢰torpedo 참조.

노랑꽃창포 corn-flag (식물) **1.** 글라디올러스 'Galdiolus' 속이며 그리스어로는 '시피온xiphion'; **2.** 의학: 깨진 뼈와 고름을 빼내고 독을 중화한다(플리니우스Pliny 25, 89); **3.** 사랑: 포도주에 넣으면 최음제(플리니우스 26, 61); **4.** 처녀성: "갓 죽은 처녀의 무덤 주위에 핀다"(아테나이오스Athenaeus 15, 684, c; 니칸데르Nicander 일부 74, 62ff 슈나이더Schn.; 아스포델asphodel 참조).

노랑멧새 yellow hammer (새) 민속: 이 새는 악마와 관련 있다. 그 이유는 다음과 같다: a. 이 새는 매년 오월제 아침에 악마의 피 한 방울을 마신다; b. 노랑멧새는 뱀의 하인이다: 노랑멧새는 뱀에게 위험이 다가오는 것을 경고하고 뱀의 알을 부화시킨다(또는 두꺼비의 알을 부화시킨다: 흰머리딱새무리wheatear 참조).

노랑부리저어새 spoonbill (새) **1.** 이집트 상형문자로 '살을 찌운다'라는 의미이다(어네스트 월리스 버지Earnest Wallis Budge, 이집트 상형문자 사전EL 66); **2.** 다른 잠수하는 새들의 먹이(물고기)를 훔친다; 이 새는 급하게 삼킨 먹이를 미리 소화시킨 후 역류시켜 골라 먹는다(마르쿠스 툴리우스 키케로Marcus Tullius Cicero, 신들의 본성에 관하여De Nat. Deor. 2, 124; 아리스토텔레스Aristotle, 동물사Hist. Anim. 9, 10을 인용함).

노랑촉수 surmullet (물고기) **1.** 붉은 숭어; **2.** a. 인간

에게 치명적 바다 군소sea-hare를 죽이기 때문에 신성하고 금기시된 물고기이다; 따라서 엘리시온 비의의 입문자들에게 숭배되었으며 아르고스에 있는 헤라의 여사제들도 노랑촉수를 숭배했다(플루타르코스Plutarch, 동물의 영리함Clev. of Anim. 35 및 983F; 또한 클라우디우스 아엘리아누스Claudius Aelianus, 동물의 본성에 관하여NA 2, 45; 9, 51; 16, 19 참조; 플리니우스Pliny 9, 155; 필로스트라투스Philostratus, 아폴로의 일생VA 6, 32).

노래 song **1.** 일반 신화: a. 바람: 판, 오르페우스; 풍요; b. 유혹: 지렌, 인어; **2.** 고대 북유럽: 노래-벌꿀술=바람은 오딘의 가장 강력한 무기 중 하나; 그러나 벌꿀술mead 참조; **3.** 아가서SoS: 술람미 여인 Shulamite 참조.

노래기 millepede **1.** 다중성과 알 수 없는 연관성을 갖고 있다; **2.** 로마: 최음제로 쓰였다.

노래 부르기 singing **1.** 노래는 메고 있는 무거운 짐의 무게를 가볍게 했다(율리아누스Julian, 철학자 테미투프스에게 보내는 편지Them. 253B; 참조: 디오 크리소스토무스Dio Chrys., 연설Or. 1, 9); **2.** 꿈: 달디스의 아르테미도로스Artemidorus of Daldis의 꿈 해석에 따르면: a. 좋은 목소리로 노래하는 꿈은 가수, 음악가, 모두에게 좋다; b. 나쁜 목소리로 노래하는 꿈은 실패와 빈곤을 뜻한다; c. 책의 글에 대한 좋은 기억으로 노래하는 꿈은 글의 내용 자체를 의미한다; d. 여행 중에 노래하는 꿈은 좋으며 특히 짐을 나르는 짐승 뒤에서 걷고 있다면 더욱 좋으나 목욕하면서 노래하는 것은 나쁜 꿈이다; 전자의 경우는 용감한 삶을 사는 것을 의미하고 후자는 말할 때 웅얼거리는 것을 의미한다; e. 시장이나 큰 거리에서 노래하는 꿈은 부자의 경우 추잡한 행위와 조롱을 의미하며 가난한 사람의 경우 어리석음을 의미한다(1, 75).

노루 roe (수사슴) **1.** 민첩성, 속도(예 사무엘하서 2Sam. 2, 18); **2.** 온유함: 그리스도의 상징; **3.** 사랑: a. 아가서SoS(2, 17): 나의 사랑하는 이여, 날이 새고 그림자들이 달아나기 전까지는 돌이키시며 또 당신은 베데르 산들 위의 노루와도 같고 젊은 사슴과도 같이 되시옵소서; '뛰어넘기'=교미; b. 쌍둥이 노루: 사랑하는 사람의 가슴(아가서 4, 5); **4.** 지혜, 선견지명; **5.** 디오니소스와 관련된다: 10월에 디오니소스를 기리기 위해 담쟁이덩굴이 감긴 전나무 가지를 흔드는 바사리드는 팔에 노루 문신을 새겼다; **6.** 흰 노루는 "비밀을 품는다bides the secret": 왕들은 종종 마법에 걸린 숲에서 흰 노루를 쫓았고 사냥감들에게 속기도 하였는데, 이는 노루들이 변장한 왕자이거나 마법사에 의해서 노루로 변했기 때문이었다; 화이트 하트(역주: 버찌의 일종) 참조; **7.** 사슴deer 참조.

노보대디 Nobodaddy 윌리엄 블레이크William Blake: a. "그 누구의 아버지도 아닌 자": 만유의 아버지의 반대: 질투의 아버지=우리젠Urizen; b. 종교는 왜 미스터리인가라는 질문에 대해 그는 여자, 즉 이브(=타락의 원인)가 그것을 원했기 때문이라고 대답했다.

노새 mule **1.** 왕의 말: 즉위식 때 솔로몬은 다윗의 노새를 탔다(예 열왕기상서1Kings 1, 33). 르네상스 시대까지 흰 노새는 온순한 숙녀들에게서 인기가 많았다; **2.** 헥토르의 시신은 노새 수레에 태워 트로이로 다시 옮겨졌다: 호메로스Homer(일리아드Il. 24, 여러 곳에서 발견됨); **3.** 추기경의 말(에라스무스Erasmus, 우신예찬Stult. Laus. 58); **4.** 노새는 나중에 다음과 같은 부정적인 나귀 상징성도 갖게 되었다: a. 자존심; b. 완고함(속담이지만 명백히 사실이 아님); c. 위선; d. 이단, 유대인; **5.** 약자들의 상부상조: "한 노새가 다른 노새를 문질러 긁어 준다"; **6.** 불임: 모든 (부)적절한 장기를 가지고 있고 교미를 좋아하지만 번식이 불가능하다. 그러나 노새로 만든 부적은 여자를 임신하게 할 수 있다; **7.** 내구성: 노새의 발굽은 스틱스강(삼도천)에 썩지 않는 유일한 물질이다; **8.** 충실한 일꾼: 파르테논 신전이 건설되는 동안 다른 노새들이 일을 하도록 격려한 것에 대해 보상 받는 노새 이야기(플루타르코스Plutarch).

노새 몰이꾼 muleteer 야비하고 방탕하다(디오도로스 시쿨로스Diodorus Sicu 16, 93).

노아 Noah **1.** 후기 유대교와 유다계 그리스도교 신학에서 노아는 유일한 구원자로서, 유일한 메시아가 오심을 의미한다(휴고 라흐너Hugo Rahner, 교회의 상징SK 515; **2.** 필로 유다이오스 Philo Judaeus): a. '노아Noah'는 '안식' 또는 '의로운'을 의미한다(특별한 율법에 관하여Leg. A. 3, 77); b. 그의 아내 십보라 Zipporah의 이름은 "날개를 달고 날아오르는 미덕"을 나타내는 '새'를 의미한다(케루빔에서Cher. 41 및 47); **3.** 최초로 술 취한 사람으로 기록되었다(창세기Gen. 9, 21); **4.** 방주ark, 벌거벗음nakedness도 참조.

노예 slave a. 노예들은 성 파트너의 선택이나 성행위의 자유를 박탈당했고 주인이 원하면 거세당하거나 첩이 될 수 있었다; 디오니소스Dionysus를 '리베르 Liber(라틴어로 '자유'를 의미한다)'라고 부르는 것은 성적 자유와의 연관성 때문이다; 또한 게르만어 '자유로운free'은 프레이르 및 프레이야 신뿐 아니라 성행위를 하는 것을 나타내는 모든 종류의 단어와 관련된다; b. 머리와 손은 성행위의 중심이기 때문에 사람을 노예로 만드는 과정과 노예 상태에서 해방시키는 과정은 모두 머리(예 머리카락을 자르거나 이마에 표식을 남기거나 목에 띠를 감았다)와 손(다양한 종류의 팔찌 착용)을 중심으로 이루어진다. 노예에게 자유를 주는 것은 라틴어로 '해방manumissio', 즉 말 그대로 '주인의 손에서 멀리 보내는 것'이다; c. 포도주, 물 또는 맥주는 이미 사용한 생식 능력을 다시 채워 주는 역할을 하므로 노예들이 해방될 때 그들에게 "자유의 포도주[물, 맥주]"를 주었다(오니언스Onians 472ff.).

노틸러스 nautilus (어류) **1.** 등지느러미로 유영할 수 있는 방어의 일종(플리니우스Pliny 9, 47의 묘사에 따르면); **2.** 인간은 이 물고기를 모방하여 헤엄치는 법을 배웠을 것이다(오피안Oppian 1, 340ff.; 아리스티데스Aristides 622b 5; 아테나이오스Athenaeus 317ff.; 클라우디우스 아엘리아누스Claudius Aelianus 9, 34).

노플리우스 nauplius (어류) 오징어와 비슷한 종류의 생물. 소라껍질을 이고 다니기 때문에 바다에 떠 있을 때는 배처럼 보인다. 선원에게는 나쁜 징조다(플리니우스Pliny 9, 49).

녹 rust **1.** 금속의 질병: a. '오싹한 질병'(필로 유다이오스Philo Judaeus, 영원한 세계에 대하여Aet. 20); b. 녹이 슬면 금속이 '죽었다'는 증거다(테오프라스투스Theophrastus, 순수한 금의 발견NR 6); **2.** 긍정적 특질: a. 연금술: 비록 금속의 질병이지만 동시에 철학적 황금의 진정한 기초인 "진정한 원질료Vera Prima Materia"이다(카를 융Carl Jung 12, 159); b. 탈레스는 녹이 동전에 가치를 부여한다고 주장했다(카를 융, 앞의 책); **3.** 갑옷의 녹을 제거하는 한 가지 방법은 모래통에 넣어서 이리저리 굴리는 것이었다[중세시대 모래로 녹을 없애는 한 가지 방법; 가윈 경과 녹색의 기사Gawain and the Green Knight, Sir 2018n, 펭귄출판사Peng. 참조].

녹색 green **1.** 땅에서 눈에 띄게 자라는 것들, 초목: a. 민요: "그리고 녹색 잎은 거의 자라지 않았다" ("잔인한 어머니The Cruel Mother", 프랜시스 차일드 Francis Child 20B의 후렴구); b. 약초의 색이 의사 가운의 색이 되었다; **2.** (어머니 대지의) **풍요**, 생명, 자연: 이집트에서 풍요와 건강을 기원하는 의례에 많이 사용되었던 색: 녹색 예복, 호루스의 눈을 그릴 때 쓰이는 녹색 물감 등; **3.** **부활**, 영속성, 불멸: a. 이시스는 '에메랄드(녹색)의 여인'이다; 또한 오시리스의 색깔도 에메랄드이다; b. 시간 그리고 시간의 초월: "영원한 녹색의 시간The Everlasting Green One"; 아래의 녹색 기사 및 녹색 침대Green Bed 참조; **4.** **사랑**: a. 녹색 바다에서 태어난 아프로디테의 색(아프로디테의 다른 색에 대해서는 위대한 여신Great Goddess 참조); b. 중세시대: 종종 미성숙한 사랑; 아래의 위황병green-sickness 참조; c. 뱀snake, 칼knife, 남근과 관련된다; d. 제프리 초서Geoffrey Chaucer: 사랑의 가벼움('진실한 파랑true blue'의 반대: 예 스퀴어의 이야기the Squire's Tale); 또한 노래 "푸른 옷소매의 여인My Lady Greensleeves" 참조; e. 사랑에 대한 생각은 풀grass 참조; f. "이 아름다운 녹색만큼 사랑스러운 흰색이나 빨간색은 본 적이 없다."(앤드류 마벨Andrew Marvell, "정원에서의 생각 Thoughts in a Garden"); **5.** **여성스러운 색**; a. 로마에서, 그리고 문장heraldry(紋章)에서 (행성) 금성과 관련되어 있음; 그러나 이것에 대하여 아래의 점성술astrology 참조; b. "그녀는 처녀들이 기뻐하는 색인 올리브

그린색 드레스를 입고 있다"(마이클 드레이턴Michael Drayton, "목가시집Eglogs" 9); c. "녹색은 처녀들이 모이는 곳이다"(에드먼드 스펜서Edmund Spenser, 양치기의 달력Shepherd's Calendar 8); d. 브륀힐트의 홀은 초록빛 대리석 무늬로 되어 있었다; 싸움에서 그녀는 녹색과 금색으로 된 옷을 입고 있다; **6. 중립성**, 수동성, 우유부단함: a. 종종 적극성을 상징하는 붉은 색의 반대이며 붉은 색과 함께 쓰인다; b. 균형, 조화, 조용한 배경; c. 사랑과 공포, 적응성, 동정심; **7. 바다**: a. 셰익스피어 작품에서 묘사되는 바다는 거의 언제나 녹색이다: 사랑은 "바닷물 색인 녹색"이다(사랑의 헛수고LLL 1 2); "오히려 이 내 손이 헤아릴 수 없는 바다를 물들여서 녹색인 바다를 붉은 바다로 만들었다"(맥베스Mac. 2, 2); b. 녹색 머리카락은 인어(때로는 은색 또는 금색)에게 가장 흔한 색깔이다; **8. 밤**: "녹색 밤의 황금 램프처럼 밝은 주황색" (앤드류 마벨, "버뮤다Bermudas"); 아마도 명상; **9. 충실함**, 기억: "비록 아직 햄릿의 사랑하는 형제의 죽음에 대한 기억은 푸르지만…"(덴마크의 왕자 햄릿Ham. 1, 2); **10. 신선함**, 젊음, 순수함, 미덕; **11. 자유**, 평화: 초목이 흙을 뚫고 나와 땅의 결박을 끊어 버린다(6번 참조); **12. 기쁨**, 환대; **13. 명상**, 지식, 지혜, 통찰력: a. 세상을 초월한 마음: "아직 사랑하는 형제인 햄릿에 대한 우리의 사랑은 푸른색으로 남아 있다…"(앤드류 마벨, "정원에서의 생각"); b. 아폴로의 월계수; c. 아테네(지혜의 여신) 여신의 흉패에는 종종 에메랄드가 있었다; 그녀는 녹색 눈과 예복을 받았는데, 그것은 아마도 그녀가 숲이 우거진 크레타를 배경으로 뱀과 올리브 상징을 갖고 있었고 풍요의 수호자였기 때문일 것이다; 색상colour 참조; **14. 기대**, 희망: 봄과 관련된다; **15. 순종**: 이차 색(=통일성을 의미한다)으로 파랑색(우주의, 끊임없는 사랑)과 노란색(지혜)의 혼합이다; **16. 요정의 색깔**: a. 정복당한 더 작은 종족이나 숲속에 숨어 있는 도망자를 위한 보호적인 위장색; b. 요정은 오래된 풍요 숭배와 관련된다; **17. 사망**, 부패: a. 곰팡이의 색; b. 검은 광물과 붉은 (혈액의) 동물을 연결할 뿐만 아니라 삶과 죽음을 연결한다; c. 로마: 죽음의 메신저로서의 메르쿠리우스의 상징; d. 스코틀랜드: 케이스네스의 남자들은 영국군에게 패배한 플로든 필즈Flodden Fields 전투에서 녹색을 입고 있었다; 그러므로 녹색은 앞으로의 일에 치명적인 악영향을 미치는 것을 가리킨다; **18. 질투**, 시기심, 독: a. 뱀의 색깔; b. 아래의 녹색 눈Green Eyes 참조; **19. 우울**: "녹색과 노랑색의 우울"(십이야Tw. N. 2,4); **20. 무지**, 미숙함, 경험 부족: "당신은 녹색 소녀처럼 말한다"(덴마크의 왕자 햄릿 1, 3); **21. 기독교**: a. 교회 예복에 녹색은 절대 들어가지 않았다: 평일에 입는 색: 중립; b. 구원의 희망, 부활, 죽음에 대한 승리; c. 악과의 끝없는 싸움: 성 조지St. George; 기사knight 참조; d. 겸손, 명상, 순결: 성모 마리아의 상징; e. 옅은 녹색: 세례식에 사용되는 물의 빛깔; f. 색조를 연결하는 역할을 하는 녹색은 기독교 미술에 널리 퍼져 있는 색; **22. 심리**: A. 일반적으로 감각과 관련된다; 6번의 c 참조; B. 녹색을 좋아하는 사람은 다음과 같은 경향이 있다: a. 방어적 성격(낮은 형태: 회피); b. 냉담함, 내성적임, 자기중심적임; c. 조용한 방법으로 세속적인 삶을 영위한다; d. 좋은 이웃; 이해; e. 끊임없이 용감하지만 무모하지 않다; f. 이들은 자신의 추문에는 회피적지만 다른 사람의 추문을 즐긴다(18번 참조); g. 이들은 돈을 사회적 지위로 본다; **23. 문장**heraldry(紋章): ('녹색을 띠는' 또는 식물이 자라는 녹색 들판verdant'; 제3의 색): a. 자유, 아름다움, 행복, 우정, 건강, 희망; b. 다른 사람들이 보기에는 온화하다; c. 에메랄드와 관련된다; **24. 국가의 색**: 아일랜드의 색으로 아일랜드 섬 자체를 나타내는 색이며 아일랜드의 국장인 토끼풀의 색으로 행운을 부르는 부적으로 작용한다; 7세기의 성 베아투스St. Beatus 지도는 영국을 빨간색으로, 프랑스를 초록색으로 표시했다; **25. 특별한 시적 의미**: A. 페데리코 G. 로르카Federico G. Lorca: a. 인간 본능의 가장 접근하기 어려운 과정으로 뱀과 관련된 성적인 욕구 불만을 내포하고 있다; 달, 바다, 정욕적인 것, 죽은 아이, 피, 새가 없는 가지, 언 과일과 관련된다: 익은 과일에 접근하기 어렵기 때문에 시인이 선택하는 불모, 좌절, 죽음, 쓴(익지 않은) 과일: 이는 여성에 대한 발기부전 때문에 동성애가 인정되는 것을 의미할 수 있다; b. 장미와 반대=장미는 여성적 사랑을 의미한다: 장미(여성)에 대한 발기 부전 또는 혐오감; c. 동성애적 우울증과 관련이 있으며 이는 다시 좌절감을 의미한다; d. (아마도) 시와 관련된다: 파블로 네루다의 매거진(로르카가 출판한 매거진에서도)에서는 "시를 위한 녹색 말(馬)"로 불렸다; B. 딜런 토머스 Dylan Thomas: a. 일반적인 생활, 생명력; b. "녹색 신화": 활력, 성숙(녹색의 빛의 바위에서와 동일); c. "녹색의 낮과 밤": '녹색 생각'(13번 참조) 또는 바다 녹색: 토머스의 '녹색'은 문맥에 따라 크게 바뀐다; d. "녹색 아이"=미성숙; e. "녹색 무덤"("누워 있는 그녀의 머리 속"): 바다와 자궁(토머스의 흔한 조합); **26. 다음에 상응한다**: A. 점성술: a. 고대: 수성과 관련된다; b. 근대: 토성: 느린 행성, 지구력, 끊임없이 먹고 자손을 번식하는 것; B. 보석: 에메랄드, 옥, 벽옥; C. 표식: 독일 강제수용소: 독일 범죄자('상습범Berufsverbrecher'), '특출한 사람들': 살인자와 구제 불능인 사람들이지만 여전히 '독일 지배 민족'에 속했다; **27. 다른 것과의 조합**: A. 녹색 침대: a. 공개된 장소에서의 사랑; b. 영원한, 끊임없는; B. 녹색의 성: 로버트 그레이브스Robert Graves, 아담이 이브를 다시 발견한 일곱 번째 천국을 의미한다; C. 녹색 눈: (또한 눈eye 참조) a. 난쟁이와 요정; b. 희귀하기 때문에 엘리자베스 1세 여왕 시대에 특별하게 여겨졌다: "부인, 독수리는 그렇게 녹색의 민첩하고 아름다운 눈을 갖고 있지 않아요"(로미오와 줄리엣Rom. 3, 5; 그러나 파란색blue 참조); c. "녹색 눈의 괴물": 질투(베니스의 무어인 오셀로Oth. 3, 3; 베니스의 상인Mer. V. 3, 2); D. 녹색 보닛: 파산한 사람이 착용(유럽); E. 위황병: a. 사랑으로 번민하는 소녀들 특유의 빈혈 상태; b. 어느 소녀에게 이렇게 말했다: "꺼져 버려, 무기력한 위황병 걸린 자여! 너의 얼굴이 창백하도다!"(줄리엣의 아버지가 그녀에게 하는 말: 로미오와 줄리엣 3, 5); c. 사포Sappho: "나는 풀과 같이 푸르고 창백하다"(참조: 멕베스Mac. 1, 7); F. 녹색 스타킹: 중세시대: 나이 많은 미혼의 언니가 여동생의 결혼식에서 입는다; **28. 민속**: a. 요정의 색: 그러므로 장난을 의미한다; b. 로빈 후드와 관련된다: 대담함, 기사도, 무법자; c. 녹색을 금지하는 것에 대해서는 웨딩드레스wedding dress 참조; d. 동요: 선호하지 않는 색: "헥터 프로텍터는 전부 녹색으로 옷을 입었다; 헥터 프로텍터를 여왕에게 보냈다; 왕비는 그를 좋아하지 않았고, 왕도 더는 그를 좋아하지 않았다."

녹석영 prase (보석) **1.** 플리니우스Pliny: 푸르스름한 녹색(그리스어 '프라시오스prasios')의 옥수; 붉은 반점이 있는 것은 '헬리오트로프heliotrope'(혈석bloodstone; 37, 34 참조)라고 한다; **2.** "중세보석세공집 Med. Lap.": a. 카르시우스 또는 가르시우스라 불리며, 녹색이고, 때로 혈관같은 무늬가 있으며, 때로는 흰색이기도 하다; b. 녹색이라는 것 외에 다른 특징은 없다(B 29 및 F 87); c. 에메랄드와 마찬가지로 시력을 향상 시킨다. 황금을 선호한다(F 140); **3.** 힐데가르트 폰 빙엔Hildegard von Bingen: 반죽에 조금 말아서 3일 동안 배꼽에 묶어 놓으면 열이 내려간다(자연학Ph. 4, p. 86; 현대 보석에서 '석영Quartz'이라고 부르는 것이다).

녹옥수 chrysop(r)ase (보석) **1.** 옥수의 한 종류; 최고의 녹옥수는 밝은 녹황색; **2.** 구약성서: a. 하윌라에서 왔다(창세기Gen. 2, 12); b. 흉배의 보석 중 하나; c. 에덴동산에서 온 사람의 옷에 있었다(에스겔서Eze. 28, 13); d. 욥기Job에서 언급된다(욥기 28, 16); **3.** 하늘의 예루살렘 벽의 토대를 장식하는 열 번째 보석(요한계시록Rev. 21, 20); **4.** 웅변; 5. 미래에 대한 희망을 강하게 품게 해 준다; 자신감을 준다; 6. 점성술: 때로 게자리와 관련된다.

녹음, 해동 (눈, 서리, 얼음 따위가) thaw **1.** 풍요의 회복; **2.** 살의 용해와 부패 과정: "오, 너무 단단한 이 살도 녹아서 스스로 이슬이 되리라"(예 덴마크의 왕자 햄릿Ham. 1, 2); **3.** 둔감: 그녀는 내게 "나는 위대한 해빙기보다 더 둔하다"고 말했다"(헛소동Ado 2, 1).

녹이다 melting "증류되어 젤리처럼 되었구나"(덴마크의 왕자 햄릿Ham. 1, 2, 204n.): 모든 종류의 용융, 액화, 용해 등은 다 두려움과 관련이 있으며 아마도 땀 흘리는 것을 의미하는 것을 보인다: "너 자신을 녹이고 증류하여 밀랍이나 눈으로 변하라"(조슈아 실베스터Joshua Sylvester).

녹청 verdegris **1.** 문자 그대로 '그리스의 녹색': 구리 아세테이트에서 파생되었다; 구리 또는 황동에 천연 또는 화학적으로 유도된 녹색 침전물로 많은 용도로 사용된다; **2.** 플리니우스Pliny: 약용 매염제, 궤양

세척제 및 안연고로 사용된다(34, 26f.); **3.** 코르넬리우스 켈수스Cornelius Celsus: a. 식초에 담근 구리 시트에서 '녹aerugo'을 긁어낸 것이다; b. 수렴제, 억제제 또는 부식제로 사용된다; 염증을 가라앉힌다; 손상된 조직을 침식, 부식시킨다(5, 2, 1; 5, 5ff.); c. 궤양에 딱지가 생기게 한다(5, 9); d. 몸 안에 있는 병든 물질을 추출하고(5, 17, 2) 상처 치유에 쓰인다(5, 19, 1ff.).

논병아리 dabchick (새) **1.** =논병아리Little Grebe('작은수리Podiceps minor'), 잠수하는 새; **2.** 잠수하는 새는 깊은 곳에서 지혜를 구하는 자와 같다; **3.** 제대로 발달하지 못한 날개와 꼬리 때문에 약한 모습이고 이로 인해 땅 위에서는 무력하고 공중을 나는 것도 능숙하지 않다; 연약한 수초로 엉성하게 둥지를 만든다; **4.** 예민한 사람과 기생동물. 논병아리는 등에 새끼들을 태우고 다니며 잠수할 때 새끼들을 날개 아래 감싸는 등 새끼를 매우 잘 돌보긴 하지만; **5.** 소녀; **6.** 숨기(셰익스피어 작품에는 "논병아리dive-dapper"라고 표현되어 있다): "위협을 느끼자 수면 아래에서 엿보는 논병아리처럼 재빨리 잠수해 숨는다": 비너스와 아도니스에서 비너스의 접근을 피하려는 아도니스는 잠시 머리를 들었다가 재빨리 숙였다(비너스와 아도니스Ven. 86ff).

놋(황동)대야 laver 구약성서(출애굽기Ex. 30, 18)에 기술된 '놋대야[놋그릇 또는 대야]; 나중에 히브리의 신전에는 황동의 바다Sea of Brass가 있었으며 이는 바빌로니아의 압프수신이었다. 이것은 재탄생을 가능하게 하는 '더 깊은 바다'를 담고 있었다.

농부 husbandman 신약성서: "내가 참 포도나무요, 내 아버지는 그 농부라"(요한복음John 15, 1).

농어 perch (물고기) **1.** 바다 농어는 모두 암컷이다[즉, 자웅동체; 아리스토텔레스Aristotle, 동물의 세대GA 2, 5; 플리니우스Pliny 32, 53; 아테나이오스Athenaeus 7, 315ff: 농어는 수정관(授精管)이 없다]; **2.** 클라우디우스 아엘리아누스Claudius Aelianus: a. 가장 도발적인 물고기이다; b. 잘라도 여전히 움직인다; c. 육지 근처에 머무는 것을 좋아한다(동물의 본성에 관하여NA 4, 5 및 5, 18); **3.** 힐데가르트 폰 빙엔Hildegard von Bingen: a. 차가운 공기보다는 따뜻한 공기를 선호하며 햇빛 쬐는 것을 좋아한다: 햇빛이 비치는 맑은 물속에 사는 것을 선호한다; b. 농어는 때로 바다 절벽과 바위틈에 있는 이로운 해초를 먹기 때문에 농어 고기는 건강에 좋다(자연학Ph. 5, p. 98).

농업 agriculture **1.** 동물의 자궁이 정자에 의해 수태하는 것과 같은 방식으로 고대에는 땅이 씨앗에 의해 비옥해진다고 여겼다(플루타르코스Plutarch 104); **2.** 그것은 데메테르가 페르세포네의 죽음 이후 그녀에게 준 농업의 선물이다: 신의 '죽음'에 의한 곡물의 창조(엘리아데Eliade, 종교사상사 제1권HRI. 1, 95n); **3.** 인간 종species에 대한 인간의 공격성은 농업과 함께 본격적으로 시작되었다(1만 년 전). 농업은 좌식생활을 가져왔고 그 결과 물질 소유와 여가생활을 가능하게 했다; 농업과 산업은 전쟁을 가능하게 했고 유리하게 만들었다(예 리키-레윈Leaky-Lewin 223); **4.** 옛날부터 농경문화는 성(性)과 연결되었다; 여성은 밭; 특히 낙원으로부터의 추방은 육체적인 것이었기 때문에 아담(농업의 고단함)과 이브(출산의 고단함)에 대한 형벌(고난의 농경)은 더욱 성과 연결되었다(오르베Orbe, 성 이레네우스의 인류학AI 329n); 알렉산드리아의 클레멘스Clement of Alexandria는 남편을 "살아 있는 땅을 경작하는 농부"(훈교자Paed. 2,10)라 부르면서 성교와 농업 간의 관계에 대한 장문의 비교를 했다; 사랑은 공통적로 농업용어로 묘사되었다; 용어: 수확(플루타르코스Plutarch의 윤리론집M 752A에 인용된 단편 비극), 즉 사랑의 파종("아프로디테와 멜라니푸스는 인간 마음의 은밀하고 즐거운 욕망을 수확했다": 리어왕Lr. 그리스어판 III, p. 238); 쟁기plough 참조; 농업의 도구는 남성, 즉 여성 위에서 사용되는 물질(목재wood, 종이paper 등 참조; 지그문트 프로이트 Sigmmund Freud, 정신분석강의ILP 10); 정액 및 씨앗에 대한 질투, 월경 중이거나 불임인 여성과의 동거 또는 남색하는 것은 농업 상징성 측면에서 금기시되었다(필로 유다이오스Philo Judaeus, 특별한 율법에 관하여 Spec. 3, 32ft); **5.** 토양을 경작하고 파종하는 등의 꿈은 결혼하여 자녀를 갖고 싶어 하는 사람들에게 좋은 꿈이었다: 땅은 아내를 상징하고 밀은 아들, 보리는 딸,

콩과 식물은 유산을 상징했으나 집안에 아픈 사람이 있다면 농업활동은 죽음을 상징했다. 즉, 흙으로 뒤덮임이기 때문이다(달디스의 아르테미도로스Artemidorus of Daldis 1, 51); **6.** 그리스도: 주님은 우리 안에 믿음의 씨앗을 뿌렸다: 씨 뿌리는 사람의 비유 참조(알렉산드리아의 클레멘스Clement of Alexandria, 스트로마타Strom. 1, 7 참조).

농장 (농부) farm(er) **1.** 모든 형태의 농업의 풍요와 동물의 다산; 농부는 여전히 카니발과 밀접한 관련이 있다. 왜냐하면 그는 풍요와 연결되어 있고 또한 그는 '최초의 광대'이기 때문이다; **2.** 달력, 순환적 존재; **3.** 풍경: 계곡; **4.** "작은 농장": 관료주의에 시달리는 영국(리처드 2세의 비극R2 2, 1)을 빗대어 사용하는 표현.

뇌 brain **1.** 이성: 엘리자베스 1세 여왕 시대에 심장 및 간과 함께 필수 기관으로 자리 잡았다; 뇌는 동물에게 영혼을 생성하며 따라서 이성의 자리이다; **2.** 환상: a. "이것은 네 머리가 꾸며낸 것이다"(덴마크의 왕자 햄릿Ham. 3, 4); b. "내 머릿속에 담긴 생각들을 글로 쓰기 전에 내가 죽을지도 모른다는 두려움이 들 때"(존 키이츠John Keats, 소네트Sonnet); **3.** 기억: a. "그의 뇌에는… 그가 망가진 형태로 분출하는 관찰내용들이 가득 들어 차 있는 이상한 장소들이 있다"(뜻대로 하세요AYL 2, 7); b. (자신의 기억에 대해 이야기하며): "당신의 명령만은 내 기억의 수첩 속에 깊이 새겨 둘 것이다"(덴마크의 왕자 햄릿 1, 5).

뇌전증, 간질 epilepsy **1.** 갑작스럽고 극적인 증상 때문에 오래 전부터 기록되었으며 항상 경외의 대상이었다: a. 신 또는 '신성한 질병'(히포크라테스Hippocrates): 환자들은 발작하는 동안 신과 교감한다; 종교적인 무아지경 또는 '황홀감'으로 간주된다; b. 기독교가 이것에 대해 부정적 관점을 갖기 이전에 이미 악마 또는 악령에 사로잡힌 것으로 보았다; **2.** 간질 환자였던 위대한 사람들: a. 율리우스 카이사르Caes.; b. 모하메드; c. 크롬웰 d. 피터 대왕; e. 나폴레옹; f. 히틀러('카펫 먹는 자'); 플로베르와 도스토예프스키에 대해서만 확실히 알려져 있다.

뇌조 grouse (새) **1.** 스코틀랜드와 관련된다; **2.** 뇌조 깃털로 된 모자를 쓰는 것은 위협 또는 도전에 대한 결투(특히 독일과 티롤에서); **3.** 문장heraldry(紋章): a. 위대한 사냥의 조상; b. 남자 조상은 용감한 결투를 벌였다.

누른도요새 woodcock (새) **1.** 속담에 따르면, 이 새는 올가미에서 머리를 뺄 줄 모르기 때문에 잡히기 쉽다(유사하게 생긴 도요새처럼); 수컷은 대단한 구애비행을 한다; **2.** 호의, 애정; **3.** 바보, 사기당한 사람, 얼간이: "우리는 누른도요새를 잡았다"(끝이 좋으면 다 좋아All's W. 4, 1); "우둔한 누른도요새를 잡는 덫"(덴마크의 왕자 햄릿Ham. 1, 3); **4.** 이것의 고기(붉은 고기)는 최음제이다.

누에 silkworm **1.** 몸의 부활을 나타낸다(바실리우스Basil, 헥사메론에 대한 강론HH 8, 8, 78Ef.); **2.** 성녀 테레사: a. 벌레는 봄에 날씨가 따뜻해지면 후추 열매에서 자라난다; 이것은 성령의 열기를 통해 소생하는 영혼과 비슷하다; 교회의 도움을 상징하는 뽕나무 잎을 누에가 먹기 시작한다; 그리고 실을 짜서 자기가 죽을 집을 짓기 시작한다(참조: 골로새서Coloss. 3, 3); 이 추한 벌레가 세상을 마감할 때 누에는 아름다운 흰 나비가 되며, 나비의 쉬지 않는 퍼덕임은 세속적인 것들로부터의 분리를 나타낸다(M 5, 2, 2ff.); b. 이것은 새로운 누에의 씨앗을 낳고 하나님과의 영혼의 결합으로 죽는다(M 5, 3; 영적 결혼the Spiritual Marriage 7, 2, 6); **3.** 문학 속 언급: a. 존 웹스터John Webster: i. "너의 누에는 사흘에 한 번씩 먹으며 그 이후 더 좋은 실을 낸다"(하얀 악마WD 1, 2, 179); ii. 그들은 자신의 실로 자기 자신을 얽는다(같은 책 1, 2, 197); b. 새뮤얼 버틀러Samuel Butler: "암컷 누에가 수컷 위에 올라탄다"(휴디브라스Hudibras 3, 1, 750).

누워 있기 lying (자세) **1.** 누워 있다: 안전하다: 나는 "그들을 평안히 눕게 할 것이다"(호세아서Hos. 2, 18; 레위기Lev. 26, 6 참조): 방어하는 태도가 아니다; **2.** 엎드려 애도하다(예 나소 P. 오비디우스Naso P. Ovid, "헤로이데스Her(oides)"에서 종종 언급); **3.** 날개를 편 독수리spread-eagle 자세도 참조.

눈 eye **I. 일반적으로 다음을 상징한다**; **1.** 태양: '하늘의 아름다운 눈': a. 이집트의 상형문자: 태양–신: 호루스, 라Ra, 오시리스; b. =호루스의 눈: 생식기를 잃은 세트(사투르누스)와의 영원한 전투에서 잃었던 다른 눈; **2.** 지식: a. 이집트: 홍채+동공='입 속의 태양'=창조의 말씀, 그리고 호루스와 오시리스의 신성한 전지(全知); b. 그룹Cherub(참조: III번의 4, c); c. 아르고스Argus: 이오Io의 수호자; **3.** 이해(신성한 불): "신하, 군사 그리고 학자의 눈, 혀, 검"에서 '눈'은 학자를 가리킨다(덴마크의 왕자 햄릿Ham. 3, 1); 마음의 안식처; **4.** 판단: a. "우리가 보는 것은 우리의 눈으로 인해 비난받는다"(크리스토퍼 말로Christopher Marlowe, "헤로와 레안데르Hero and Leander" 1); b. "모두가 각자의 눈으로 확인하고 다른 사람의 판단을 믿지 마십시오."(헛소동Ado 2, 1); **5.** 권위: a. 그의 공정한 모습과 숭고한 안목은 그의 절대적인 통치를 나타낸다(존 밀턴John Milton, 실낙원Par. L. 4, 300f); b. "그리고 나서 정의는… 그의 눈은 매우 진지해 보였고 그의 수염은 잘 다듬어져 있었다."(뜻대로 하세요AYL 2, 7); **6.** 보살핌: "주인의 눈(관심)은 말을 살찌운다"(속담); **7.** 생명: a. "눈을 감는다"=죽는 것: 죽을 때까지 "먼지가 헬렌의 눈을 가렸다"(토머스 내쉬Thomas Nashe, "역병시대의 비탄A Lament in Time of Plague"); b. 이집트: 창조 신화에서 인간은 라Ra의 눈에서 태어났다; c. "나는 여자들의 눈에서 이것을 가져온다: 이 눈은 여전히 프로메테우스의 불꽃을 반짝인다; 이 눈은 책과 예술이며 온 세상을 보여 주고 담아 주고 자양분을 준다."(사랑의 헛수고LLL 4, 3); **8.** 천체, 세계: "우리가 세계를 소유하자, 각자 하나씩을, 그리고 결국 하나인 세계를. 내 얼굴은 네 눈 속에, 네 얼굴은 내 눈 속에 나타난다"(존 던John Donne, "좋은 아침The Good-morrow"); **9.** 영적인 속사람의 수호자(치아가 육체적 속사람의 수호자이듯), 영혼의 수호자 또는 마음의 수호자: "천사 같은 그녀의 눈은 여전히 그들을 지켜보고 있다[=입술=사랑]"(토머스 캠피언Thomas Campion, "체리가 익었어요Cherry-Ripe"); **10.** 정탐꾼: "들에는 눈이 있고 숲에는 귀가 있다"(13세기 속담); **11.** 성격에 대한 표현: "그녀의 눈, 뺨, 입술에는 말이 있다. 아니 그녀의 발은 말한다. 그녀의 방탕한 영혼은 자신의 몸의 모든 관절과 의도마다 고개를 내민다"(트로일로스와 크레시다Troil. 4, 5); **12.** 기분의 표현: 예 a. "눈은 몸의 등불이니 그러므로 네 눈이 성하면(=선함) 네 온몸이 빛으로 가득 차게 될 것이다": (=지식과 선함: 마태복음Matth. 6, 22=누가복음Luke 11, 34 36); b. "그녀의 눈에서 무시와 경멸이 반짝거린다"(헛소동Ado 3, 1); c. 그리스어 "Ear th' horosa Nycheia"(그리고 그녀의 눈에 봄이 들어 있는 니케아: 테오크리토스Theocritus(같은 책 1, 45); **13.** 사랑: a. 눈은 사랑이 시작되는 (입에서 끝나는) 곳이자 아직은 순수한 곳: 천상의 사랑의 눈, 진정한 사랑의 자리, 신체의 나머지 부분에 의해 더럽혀지지 않은 곳; b. "사랑은 눈에서 생겨난다"(참조: 베니스의 상인 Mer. V. 노래Song 참조: "사랑하는 이가 어디 있는지 말해 줘": 3, 2; 참조: 템페스트Tp. 1, 2); **14.** 창문: 외부 세계로 향하는 창문과 내면의 사람을 바라보는 창문 모두를 의미한다(12번 참조); **15.** 외음부: 라틴어 완곡어법: '푸피라pupilla'=눈동자, '작은 눈'; **16.** 고환: 많은 신화에서 완곡한 표현: 오이디푸스는 아마도 자신의 눈을 멀게 한 것이 아니라 스스로 거세했을 것이다: 참조: 아티스와 그의 어머니 키벨레의 관계; 또한 다른 눈–고환의 맥락에 대하여 I번의 1, b 참조; 참조: 헤르메스와 요정의 아들인 다피스는 왕의 딸과 사랑에 빠졌다; **17.** 종종 진주와 관련된다: a. "이것들은 그의 눈이었던 진주들이다"(템페스트Tp. 1, 2); b. "눈은 얼굴의 진주이다"(속담); **18.** 심리: a. 눈은 어머니의 품을 나타내고 눈동자는 그 안에 있는 어린아이다(참조: 15번); b. 사방에 눈이 있는 (유리) 구체처럼 보이는 영혼; c. 신비의 중심; d. 신God; **19.** 영지주의: 이슬방울; **20.** 문장heraldry(紋章): 통치의 섭리; **21.** 사악한 눈: a. 주술: 아래 민속folklore 참조; b. 속담에 나오는 사악한 눈은 보통 '부러움'을 의미한다; **22.** 참고할 문학서: A. 윌리엄 블레이크William Blake: a. 그룹Cherub, 고발자Accuser; b. 신의 지혜의 눈빛; c. 지성: 세라핌(=사랑)의 반대; B. 윌리엄 B. 예이츠 William B. Yeats: "태양을 사랑하는 눈꺼풀 없는 눈": 귀족을 독수리로 비유; C. 제임스 조이스James Joyce: 탈출과 모험(예 "더블린 사람들Dubliners": "만남An Encounter"); D. 토머스 S. 엘리엇Thomas S. Elliot: a. ("J. 알프레드 프루프록의 사랑의 노래Prufrock":) "나는 이미 그 눈들을 알고 있다 그 모든 눈들을… 정해진 구절 속으로 너를 고정시키는 그 눈들을": 사회를 판단하는 눈; b. ("서곡Preludes":) "확신하는 눈": 일반사람들의 착오; c. ("광시곡Rhapsody"): i. 창녀: "그리고 네가 그녀의 눈꼬리를 보면 비뚤어진 핀처럼 뒤틀리는 걸 볼 수 있어"; ii. "나는 그 아이의 눈 뒤에 아무것도 볼 수 없었다": 감정과 지성의 결여; iii. "나는 거리에서 불이 켜진 셔터들을 통해 엿보려고 시도하는 눈들을 본 적이 있어": 지적 호기심을 대신하는 천박한 호기심; d. ("버뱅크Burbank":) "빛이 없는 돌출된 눈이 원생동물의 화석이 묻힌 진흙에서 응시한다": 영적 퇴보; e. ("불멸의 속삭임Wh. of Imm.":) "안구에 있는 동공 대신에 수선화 구근이 빤히 쳐다본다": 뼈는 살보다 더 오래 가지만 생각(그리고 자연)은 그 어느 것보다도 오래 간다; f. ("황무지The Waste Land"): i. "나는 말할 수 없었고 내 눈은 볼 수 없었다": 현대인이 히아신스 소녀(=사랑)와 실제로 접촉하는 것은 불가능하다; ii. "그의 눈은 진주처럼 아름다웠다": 아름다워도 감정은 보이지 않았다(예 눈물을 낼 수 없다: 앞의 17번의 a 참조); iii. 티레시아스Tiresias의 눈 먼 상태(내면의 시력)는 부동산 매매 대리인의 의식 없는 시선과는 반대다; iv. 붉은 눈의 상징성은 불과 붉은 색, 눈물 흘리는 것, 동물 사체를 먹는 동물들의 상징성과 일치한다; g. ("가족 상봉Family Reunion":) 범인을 쫓는 복수자의 눈; h. ("텅 빈 사람들Hollow Men"): i. "죽음의 다른 왕국을 직접 눈으로 본 사람들"(=진정한 죽음) 우리를 오직 텅 빈 사람들로만 기억하라": 그가 두려워하는 (의로운 사람들의) 눈; ii. "꿈에서 감히 마주칠 엄두가 나지 않는 눈(=인간의 판단과 비난) 이것들은 죽음의 꿈의 왕국에서는 나타나지 않는다": 꿈의 모든 것은 간접적으로 보인다; 환상의 세계; iii. 텅 빈 사람들Hollow Men은 "눈이 죽음의 황혼 왕국의 영원한 별 모양 다엽장미처럼 다시 나타나지 않는 한 앞을 보지 못한다: 자비와 정의에 대한 (유일한) 희망: 사랑의 눈; **Ⅱ. 색상**: **1.** 푸른 눈: a. 엘리자베스 1세 여왕 시대: 방탕의 표시(특히 눈 주위에 다크 서클이 있음), 사랑에 빠진 표시에 대하여(예 뜻대로 하세요AYL 3, 2); 임신의 표시를 위하여 파란색blue 참조; b. 하늘의 신들; c. 순수함; d. 동화 속 좋은 요정들과 여주인공들; e. "아무리 파래도 지치지 않는 눈은 어디 있을까?" (존 키츠John Keats, "공상에 대한 송가Ode to Fancy" 72); **2.** 녹색 눈: a. 대중적 신념: 신뢰할 수 없는 눈; b. 질투: "녹색 눈의 괴물"(베니스의 무어인 오셀로Oth. 3, 3); c. 희망: 단테Dante: 베아트리체의 눈은 "에메랄드"이다; d. 다산의 여신 아테네는 때로 녹색 눈을 갖게 된다; 파우사니아스Pausan(1, 14)는 리비아의 신화에서는 그녀의 눈을 '회녹색(그리스어 'glaukopis') 눈'이라고 설명한다; 그녀는 포세이돈의 딸이었고 그를 닮은 눈을 가졌다; 그러나 핀다로스Pindarus(올림피아 송시Olymp. O. 6, 30)에 의해 뱀에게 동일한 색이 주어졌다; 또한 '회녹색glaux'='그녀가 숭배한 동물 '올빼미night-owl'에게도 회녹색이 주어졌다. e. 엘리자베스 1세 여왕 시대에는 희귀한 색으로 소중히 여겼다: "부인, 독수리의 눈처럼 그렇게 푸르고 빠르며 아름다운 눈은 없소."(로미오와 줄리엣Rom. 3, 5); **3.** 회색 눈: 엘리자베스 1세 여왕 시대: 비너스: "내 눈은 회색이고 밝고 빠르게 돌아간다"(비너스와 아도니스Ven. 139). 여기서 '회색'은 여성들에게 인기 있는 색(금발 머리에 어울리는)인 '파란색'을 의미할 수 있다; **4.** 붉은 눈: a. 울음(잠언Prov. 23, 29); 울기weeping 참조; b. 때로 음주와 연관되어 바쿠스Bacchus를 의미한다; c. 카론의 눈(특히 눈동자)은 '타오르는 숯'처럼 붉게 빛나고 눈동자 주변은 '화염의 수레바퀴'를 닮은 붉은 눈으로 지옥에 가는 사람들을 저주하여 자신의 나룻배에 끌어당길 수 있다(단테, 신곡 지옥편Inf. 칸토C 3); d. 에리니에스Erinyes; e. 악마의 분노: "그의 눈은 로마를 불태울 것처럼 붉다"(코리올라누스Cor. 5, 1, 울음을 의미할 수 있음); "부포Beaufort의 붉고 반짝이는 눈은 그 마음의 악의를 드러낸다."(헨리 6세 2부 2H6 3, 1); 채찍질 당하는 소녀 같은 얼굴들, "그리고 키케로는 흰담비처럼 불타는 눈으로 본다"(율리우스 카이사르Caes. 1, 2); **5.** 두 가지 색의 눈: 알렉산더 대왕의 눈: 흑색(밤) 하나와 푸른색(낮) 하나; **Ⅲ. 눈의 개수**: **1.** 한 개의 눈: a. 인간의 열등한 본능적 측면; b. 신성한 전지전능성: 모든 것을 보는 태양은 신들 또는 무자비하고 태워 버릴 듯한 측면을 나타내는 거인과 괴물들; c. 일반적으로 바람직하지 않은, 하나의 목표를 향한 인간 외적인 노력, 보통은 부정적인 것들: 예 무지막지한 거인 키클롭스; d. 빛(I번의 12, a 참조); e. 고대 북유럽: 오딘은 모든 지혜를 부여해준 룬 문자를 얻기 위해 미미르 우물에 자신의 한쪽 눈을 남겨두고 왔다; **2.** 두 개의 눈: a. 신체적 · 정신적으로 정상인 상태; b. 외부적인 측면: 이진법적 기능: 신성한 특성: 남성/여성, 지성/사랑, 태양/달, 호루스/세트 등; c. 내적 측면: 조화: 시각의 통일; d. 하늘의 두 개의 눈: 아폴로(태양)와 디아나(달): 단테, 신곡 연옥편Purg. 칸토C 20, 133); **3.** 세 개의 눈: a. 초인간적인, 신성한 눈: 능동적, 수동적+중립적; 창조, 보존+파괴 등; 3three 참조; b. 신성은 다음과 같을 수 있다: i. 자비로움: 천상의 지혜, 그리고 내적인 지성, 모든 것을 보는 것; ii. 악의적임: 악한 눈, 타들어 가는 눈; c. 토르와 제우스는 때로 세 개의 눈을 받았다: 아르고스의 아크로폴리스에 있는 제우스 동상의 세 번째 눈은 ("모두를 보는 것" 외에) 세 개의 세계를 모두 통치하는 것으로 설명되었다(파우사니아스Pausanias 2, 24); d. 신중함(기본 덕목 중 으뜸 덕목)은 세 개의 눈을 가지고 있다: 과거, 현재 및 미래를 보는 눈(단테, 신곡 연옥편 칸토 29, 132); **4.** 여러 개의 눈: a. 밤과 별; b. 여러 개 눈을 가진 사람은 어둠 속에 남겨져 있다: 아르고스는 죽음을 면할 수 없었다; 참조: 타로카드에 있는 많은 눈을 가진 사탄; c. 그룹Cherubim: 에스겔의 환상에서 수레바퀴에는 눈이 있는 고리(테)가 달려 있고(10, 12에서), 그들의 몸에도 고리가 달려 있다; 참조: 이집트 신 베스는 완전히 눈eyes으로 덮여 있고, 네 개의 날개와 새의 꼬리를 가지고 있다; 때로 중세에는 세라핌과 왕좌의 상징; d. 요한계시록Rev. (5장)의 일곱 개의 어린 양의 눈: 하나님께서 세상에 보내신 일곱 정령들을 의미한다; **5.** 두 개의 눈동자를 가진 마녀(나소 P. 오비디우스Naso P. Ovid., 사랑의 치료법Amores 1, 8, 15); 또는 사악한 눈(플리니우스Pliny 7, 2); **Ⅳ. 다른 것과의 조합: A.** 형용사와 함께 쓰일 때: **1.** 상처난 눈(실명blindness 참조): a. 맹목, 무지; b. 노예; c. 공정성(테미스); **2.** 변화하는 눈: 기쁨의 부족: (달에 대해) "기쁨 없는 눈처럼 끊임없이 변하는 것은 불변의 가치를 지닌 대상을 찾지 못합니다"(퍼시 셸리Percy Shelley, "달에게To the Moon"); **3.** 눈부시게 황홀한 눈: a. 영원함; 나는 그것(영원)에 닿을 수 없다; 나의 고군분투하는 눈은 영원하게 그것을 바라본다(본Vaughan, "어린 시절Childhood"); b. 끔찍한 범죄에서: "그녀의 얼굴을 가리세요. 눈이 부셔요. 그녀는 젊은 나이에 죽었어요"(존 웹스터John Webster, 몰피 공작부인Duch. of Malfi 4, 2); **4.** 반짝반짝 빛나는 눈: 예 고대의 뱃사람(새뮤얼 T. 콜리지Sammuel T. Coleridge); 헬리오스(태양 신)의 모든 종족은 '반짝이는' 눈을 가지고 있다: 키르케, 메데이아 등; **5.** 굴리는 눈: "굴리는 눈, 배회하는(방랑하는) 마음"(속담); **6.** '봉인된' 눈('봉인': 매를 훈련시키기 위해 눈꺼풀을 꿰매거나, 노래를 더 잘 부르게 하려고 노래하는 새의 눈을 멀게 하는 것): a. 숨기기: "눈꺼풀이 감기는 밤seeling night"(맥베스Mac. 3, 2); b. "연옥편Purgatorio"에서는 산의 두 번째 언덕에서 질투하는 사람이 눈을 봉인당하는 벌을 받는다: 이탈리아어로 "매가 큰 소리를 내면 사람들이 매의 눈을 가리는데(매를 위한 눈가리개가 있음) 그러면 매가 조용해진다": (신곡 연옥편 칸토 13, 71f); c. "뜨거운 전선을 따라서 새들이 휘파람 소리를 냈기 때문에 눈먼 말horse이 노래를 더 잘 부르는 것이 아닌가"(딜런 토머스Dylan Thomas); **7.** 감은 눈과 깜빡거리는 눈: "앞으로의 일을 고안하다"(속담, 여러 곳에서 언급됨; 아래의 눈 깜빡거림winking C번의 3 참조); **8.** 가늘게 뜬 눈: 질투의 상징; **9.** 안구를 빼낸 눈: (실명blindness참조) a. 예 시드기야 왕(예레미야서Jer. 39, 7; 앞의 I번, 16과 같은 의미를 가질 수 있음); b. "가자지구의 공장에 노예들과 함께 있는 눈없는 존재(영적 눈이 없는 가자지구) "(존 밀턴John Milton, "삼손 아고니스테스Samson Agonistes" 41); c. "만일 네 눈이 너를 범죄 하게 하거든 빼어 내버리라"(마태복음Matth. 18, 9); **B.** 동물들의 눈: **1.** 두더지의 눈: 지적이고 영적 면에서의 무지; **2.** 독수리의 눈: 예리함: "좋은 외과 의사는 독수리의 눈, 사자의 심장, 그리고 여자의 손을 가져야 한다"(속담); **3.** 올빼미 눈: 맹목, 무지: "무지한 자는 독수리의 날개와 올빼미의 눈을 가진다"(속담); **C.** 다양한 조합: **1.** 여러 개의 눈과 머리: 다양성의 악한 작용: 붕괴와 분해; **2.** 다른 부분의 눈: 예지력; **3.** 눈이 표현하는 것: a. 하인들의 비밀 언어: 하인이 주인에게 가지고 있는 비밀 언어를 의미하거나 하인들끼리 은밀하게 가지고 있으면서 주인에게 말하지 않는 비밀을 의미할 수도 있다; b. 성서에서 눈짓하는 것은 또한 다음을 의미할 수 있다: i. 사람을 조롱하는 것(시편Ps. 35, 19); ii. 은밀한 약속을 하는 것(잠언Prov. 6, 13:) "눈짓을 하며 발로 뜻을 보이며 손가락질을 하며"; (10, 10에서 동일한 의미) "그가 눈짓하는 자는 근심을 끼치고, 입이 미련한 자는 멸망하느니라"; c. 아래 13번, e 참조; **4.** 시선: "우리의 눈빛이 얽히고, 두 갈래 끈을 엮어 우리의 사랑을 만든다"(존 던John Donne, "황홀경The Extacy": 두 연인이 서로를 바라보고 있다); **5.** '내면의 눈': 기억: 예 윌리엄 워즈워스William Wordsworth의 수선화Daffodils; **6.** 눈의 커튼: 눈꺼풀: "네 눈의 휘장을 치켜 세우고 저쪽에 보이는 것을 말하라"(템페스트Tp. 1, 2); **7.** 우주의 꼭대기에 있는 눈: 북극성; **8.** 삼각형 안에 있는 눈: 삼위일체: 모든 것을 보는 하나님의 눈; **9.** (권위의) 홀위에 있는 눈: 중세: a. 예지력; b. 절제와 겸손의 상징; **10.** 관에 있는 눈: 이집트: 미라의 영혼을 인도하기 위해 눈의 이미지를 관에 새겼다: 호루스의 태양의 눈, 지하 세계와 달 신 오시리스의 눈; **11.** 눈동자: '눈동자': "나를 눈동자같이 지키시고 주의 날개 그늘 아래에 감추사"(시편 17, 8); **12.** 맹목(무지): 분리됨separate 참조: **13.** 두 개의 다른 눈: a. 색상: II번의 8 참조; b. 중세 시대 : 한쪽 눈을 뜨고 한쪽 눈을 감았다: 교회와 회당; c. 행복과 슬픔: "상서로운 눈과 떨구는 눈으로"(덴마크의 왕자 햄릿Ham. 1, 2); d. "한쪽 눈에는 애정이 빛나고 다른 쪽 눈에는 계산이 빛난다"(찰스 디킨스Ch. Dickens, "마틴 추즐위트의 삶과 모험Martin Chuzzlewit" 8); e. 신뢰할 수 없는 눈: "한 눈으로 윙크를 하고 다른 눈으로 쳐다보는 사람, 비록 그가 내 형제라 할지라도 나는 그를 믿지 않을 것이다"(속담); **14.** 밝은 눈: 위험한 눈: "나의 정부는 여전히 열린 길이며 위험의 밝은 눈이다"(로버트 루이스 스티븐슨Robert L. Stevenson, "언더우드Underwoods"); **15.** 가득 찬 눈: 기운찬 말horse의 눈(비너스와 아도니스Ven. 296); **V. 민속**: **1.** 부적으로서의 눈: a. 호루스의 눈: 사악한 눈, 원한, 질투 등으로부터 보호하는 부적; b. 건강, 행복 및 악에 대한 일반적인 보호를 위한 태양 부적; 이와 같이 눈 부적은 죽은 자에게 주는 장례 선물로 영혼이 죽음의 어둠을 통과하도록 보호하고 영혼의 길을 밝혀 준다; **2.** 동물의 눈으로 만든 부적: 수탉의 눈: 마법으로부터 보호하는 부적; 수탉cock 참조; b. 도롱뇽의 눈: 질병과 악으로부터 보호하는 일반적인 부적; c. 카멜레온의 호기심 많은 눈은 강력한 부적으로 사용되었다; **3.** 떨리는 눈: a. 왼쪽 눈이 떨릴 때('불길한'): 슬픔과 눈물; b. 오른쪽 눈이 떨릴 때: 기쁨; **4.** 사악한 눈: 종종 이상하게 배열되어 있거나 기이한 색을 띠는 눈은 그 눈의 소유자가 원하든 그렇지 않든 그들이 사악한 눈의 힘을 가지고 있음을 나타낸다; 원치 않는 피해가 발생하는 것을 막기 위해 악의 눈을 가진 사람은 아침에 가장 먼저 중요하지 않은 것을 보아야 한다; 이것에 대비하기 위한 부적들이 무수히 많이 있다; **5.** 죽은 자의 눈에 놓인 은화에 대하여 은silver 참조.

눈 snow **1.** 눈먼 것, 흰 것, 아무것도 없는 것, 죽음; **2.** 반유기적 생명체: 기하학적 결정체로 구성된다; **3.** 순수성, 순결(또는 발기부전): "녹은 눈과 같은 피를 가진 사람"(눈에는 눈, 이에는 이Meas. 1, 4): **4.** 안전한 덮개, 번식력 보존; **5.** 부드럽지만 효과적인 덮개: 오디세우스Odysseus의 강력한 말words은 차가운 눈송이에 비유된다(호메로스Homer, 일리아드Il. 3, 222); **6.** 딜런 토머스Dylan Thomas: 일반적으로 다음을 의미한다: a. 여성의 불감증; b. 죽음의 이미지: 눈사람의 뇌는 각각의 무성한 것들(음모)을 죽음을 가리키는 표시로 만든다; B. "겨울 이야기A winter's tale": a. 녹을 가능성이 있는 얼어붙은 물; b. 삶, 죽음, 부활; c. 눈은 북극 얼음의 마스토돈mastodon처럼 과거를 보존하고 만들어 낸다; d. 코카인.

눈꺼풀 eyelid **1.** 올라간 눈꺼풀: 경계, 관찰; **2.** '이방' 여인의 매력의 주된 요소 중 하나(잠언Prov. 6, 25; 참조: 벤 시라크Ben Sirah. 26, 12: "여자의 음행은 그녀의 오만한 눈과 눈꺼풀로 알 수 있다"; **3.** 하나님의 눈이 인생을 통촉하시고 그의 안목이 그들을 감찰하시도다(시편Ps. 11, 4f.); **4.** 윌리엄 블레이크William Blake: 지성(눈eye 참조); **5.** 토머스 S. 엘리엇Thomas S. Elliot: "눈꺼풀 없는 눈을 누르다"("황무지The Waste Land" 제2부): 무감각; 눈eye 참조; **6.** 동물과 관련해서 눈꺼풀 없는 눈은 보통 독수리 및 파충류(후자는 퇴행적인 형태의 생명체)와 관련이 있다; **7.** 속눈썹: a. 모든 동물 중에서 타조만이 양쪽 눈꺼풀에 속눈썹이 있다(플리니우스Pliny 11, 56); b. 성욕이 과도하면 속눈썹이 떨어진다(플리니우스 11, 56).

눈물 tear 1. 슬픔: 구경꾼(조문객)들의 눈물은 죽어 가는 사람들이 이 땅을 떠나기 어렵게 만든다; 2. 기쁨의 황홀경; 3. 다산: a. '황금(의 눈물)'인 '신들의 눈물'은 비와 비옥한 상류의 강을 의미한다; 예 데메테르, 프레이야의 눈물; b. 이시스의 눈물: 비옥한 나일강; 4. 연약함: "그러나 나는 여자의 눈물보다 약하다"(트로일로스와 크레시다Troil. 1, 1); 5. 진주와 연결된다(예 베니스의 무어인 오셀로Oth. 5, 2); 6. 윌리엄 블레이크William Blake: "눈물은 지적인 것"("수도사The Monk"); 7. 다른 것과의 조합: A. 철의 눈물: "오르페우스Orpheus의 영혼이 현에 맞춰 노래할 때 그 음악이 플루토Pluto의 뺨에서 철의 눈물이 흘러내리도록 할 것을 명령했다"(존 밀턴John Milton, "사색가Il Penseroso"); B. 눈물 항아리Tear-urn: (히브리와 로마의 무덤 위에 있는) 신이 인간적인 슬픔으로 흘린 눈물을 받는 항아리; 8. 민속: a. 신부 어머니의 눈물, 그러나 심지어 신부 자신의 눈물도 행운(풍요)이다, 반면 그 외의 방식으로 슬픔을 표현하는 것은 불길하다; b. 아기는 세례를 받을 때 울어야 하는데 만일 울지 않으면 몰래 가볍게 꼬집어서 울릴 수 있다; c. 눈물을 흘리는 상아 조각상은 카이사르의 죽음을 나타내는 불길한 징후였다(나소 P. 오비디우스Naso P. Ovid, 변신이야기Metam. 15, 792); 9. 통곡wailing, 울기weeping 참조.

눈썹 eye-brow 1. 방어: "그녀의 눈썹은 당긴 활처럼 서 있고, 체리 같은 신성한 입술에 가까이 오려는 눈이나 손을 꺾으려고 무섭게 찌푸려져 있다."(토머스 캠피언Thomas Campion, "체리 리프Cherry-Ripe"); 2. 마음에서 생긴 자만심이 머무르는 곳(플리니우스Pliny 11, 52); 3. 미드가르드Midgard(대지)는 혼돈의 거인 이미르Ymir의 눈썹으로 만들어졌다; 4. 민속: A. 눈썹(미간)이 가까운 것: a. "눈썹이 가까운 사람을 조심하여라. 왜냐하면 그의 마음속에 속임수가 있기 때문이다"; b. 그리스: 흡혈귀; c. 고대 북유럽: 늑대인간; d. 눈썹이 가까운 사람들은 결혼할 때까지 살지 못한다; e. 눈썹이 가까운 남성의 경우: 무정함; f. 눈썹이 가까운 여성의 경우: 질투; B. (양 미간이 넓어) 눈썹이 멀리 떨어져 있는 경우: 냉혹함; C. 눈과 가까이 있는 눈썹: 중력; D. 눈에서 높이 치켜 올라간 눈썹: 소심한 호기심; E. 긴 눈썹: 현명함; 전래동요에 나오는 눈썹이 무성한 사람은 미신에 사로잡혀 있다.

느릅나무 elm (나무) 1. 신화: a. 게르만족: 미댄가드Middangard에 살았던 최초의 여성은 엠블라Embla(=느릅나무elm)였고 그녀의 남편은 애스크르Askr(=물푸레나무ash)였다; b. 그리스-로마: 바쿠스에게 바쳐졌다: 다음 내용 참조; 2. 덩굴식물과 연관된다: 덩굴은 느릅나무 위로 오르며 자란다; 덩굴과 느릅나무는 함께 다음을 나타낸다: a. 자연의 공감, 통합; b. 자비심; c. 결혼: 4번의 a 참조; 3. 매장(지)와 관련된다: a. 호메로스Homer: 영웅의 무덤가에 느릅나무를 심었다(일리아드Il. 6, 419; 참조: 필로스트라투스Philostratus, 에로이카Heroica 3, 1); b. "기둥 같은 느릅나무, 시체 위의 관"(제프리 초서Geoffrey Chaucer, 새들의 의회PoF 177); 4. 다산(의례)와 관련된다: a. 여자를 필요로 하는 남자의 이미지: 느릅나무가 쓸모 있으려면(나뭇잎 외에) 덩굴이 필요하고 덩굴은 지지를 위해 느릅나무가 필요하다(나소 P. 오비디우스Naso P. Ovidius, 변신이야기Metam. 14, 661ff); b. 그 아래에서 바알에게 제물을 바친 나무들 중 하나(그 아래에서) 중 하나(호세아서Hos. 4, 13); 그러나 제물을 바칠 나무는 단독으로 서 있는 나무여야 하기 때문에 '참나무'(히브리어의 '알론allon')에 반대되는 '테레빈 나무terebinth'(히브리어의 '엘라elah', 즉 신성한 나무)로 이해하는 것이 옳을 수 있다; c. 느릅나무의 그늘은 식물의 성장을 촉진한다(플리니우스Pliny 17, 18); 5. 장수: "태곳적부터 있어 온 느릅나무에서 들리는 비둘기 울음소리"(알프레드 로드 테니슨Alfred Lord Tennyson, "공주The Princess" 7); 6. 형태: a. 아름다움, 우아함: 느릅나무는 맨 위가 우아하고 둥글며 꽃병 같은 모양이다; b. 장중함과 높이: 커다란 느릅나무는 산비둘기와 멧비둘기가 앉는 곳(베르길리우스Virgil, 전원시Ecl. 1, 57ff); c. 그늘: "별빛이 들지 않게 가지를 뻗은 느릅나무의 그늘진 지붕 아래"(존 밀턴John Milton, "아케이드Arcades" 88); 7. 정의: 성주의 이름으로 법을 집행하던 사람들은 성문 앞에 심은 느릅나무 아래에 앉는 것이 관습이었다; 8. 기독교: 힘의 상징(질병에 취약해서 거대하나 약한 나무로 여겨지긴 했지만); 9. 연료: "불꽃을 내지 않고 타는 아마"처럼 느릅나무는 탈 때 화염이 없다(로버트 그레이브스Robert Graves, 하얀 여신WG

169n); **10.** 딜런 토머스Dylan Thomas: "느릅나무처럼 곧은"("공원의 곱추A Hunchback in the Park"); **11.** 민속: a. 개에게 물린 곳에 느릅나무의 나무껍질을 씹어서 습포제로 사용했다("다프니스와 클로에Daphnis and Chloe" 1); b. 나뭇잎과 나무껍질은 상처 치료제이다; 상처로 죽은 왕의 무덤에 자라는 느릅나무는 특히 효능이 강하다.

늑골 rib **1.** 이브의 형상을 만드는 데 사용되었다: a. 심장 근처에 있다; b. 흉부의 앞쪽에 빈 공간이 있으면 안 된다; **2.** 딜런 토머스Dylan Thomas: a. 이브; b. 골격 및 남근과 연관된다.

늑대 wolf **1. 길들여지지 않는 본성**: 일반적인 혼돈의 악. 우주와 인간의 파괴적 요소, 결국에는 승리하게 됨; 반전; **2. 위대한 여신**에게 바쳐짐: a. 늑대는 달을 보며 울부짖는다; b. 늑대의 눈은 어둠 속에서 빛난다; c. 시체를 먹는다; d. 숲이 우거진 산에 출몰한다; e. 여신이 변신하는 형태 중 하나였으며 나중에는 마녀가 변신하는 형태가 되었다(혹은 마녀가 올라타는 동물); f. 일반적으로 유럽에서는 곡식 정령을 상징하는 형상이었으며 늑대의 꼬리에는 수태 능력(다산)이 있다고 여겨졌다. 종종 곡식의 마지막 단을 묶는 사람에게 이러한 능력이 전이된다; **3. 다산**: a. 이집트의 리코폴리스('늑대의 도시')에서 늑대는 흔히 오시리스가 변신한 형태였기 때문에 크게 숭배되었다; b. 그리스-로마: 늑대는 제우스, 아폴로, 마르스(농업의 신이자 전쟁의 신)에게 바쳐진다; c. 프랑스의 여름 불의 축제에는 유쾌한 형제애와 함께 녹색 늑대(풍요의 왕을 상징하는 형상)가 있다; d. 우화에 나오는 늑대들은 대체로 불의 왕인 사자에게 속는데, 이는 그들이 사자와 실질적인 경쟁 관계임을 암시한다(예 이솝Aesop, 우화Fable 34: 이 우화에서는 길어진 그림자가 중요한 역할을 한다). 늑대는 또한 참나무 숭배와 관련이 있다; **4. 욕망**: a. 암컷 늑대는 짝짓기를 하기 위해서 무리 중 가장 낮은 서열의 가장 흥분한 수컷을 고른다(제프리 초서Geoffrey Chaucer, "맨시플의 이야기Manciple's Tale"); b. 키르케는 인간을 늑대와 사자로 변하게 한다; c. "늑대의 자궁심은 어떤 것도 따라가지 못한다(여기서 '자궁심'은 성적 열기를 의미함: 베니스의 무어인 오셀로Oth. 3, 3); 존 웹스터John Webster 참조: "남자에게 여자는 신이거나 늑대일 것이다(하얀 악마WD 4, 2); **5. 잔인함**, 살인, 시체를 먹어치우는 자: a. 늑대는 잠든 사람을 공격하기 전 발에 물을 적셔 잠든 사람에게 물을 뿌린다(민요 "코커스리의 조니Johnnie of Cockerslee"); b. 늑대는 "시들어 버린" 살인의 파수꾼이다(맥베스Mac. 2, 1, 52); c. 늑대는 사람의 적으로서 발톱으로 무덤을 파헤친다(존 웹스터 John Webster); d. 심리: 어린아이를 집어삼키는 늑대는 근친상간에 대한 두려움을 의미한다(집어삼킴de-vouring 참조); **6. 탐욕**, 식탐, 도둑: a. '저녁의'(혹은 사막의) 탐욕스러운 이리가 허물이 많은 유대인들을 멸할 것이다(사자가 그들을 죽이며 표범이 엿본다). 여기에서 이리(늑대)는 아마도 로마제국에 대한 언급일 것이다(예레미야서Jer. 5, 6); b. 게르만 늑대인 게리와 프레키(탐욕과 탐식, 혹은 용기, 폭풍우와 바람)는 오딘에게 바쳐진 모든 것을 먹는다. 오딘은 어떤 음식도 필요치 않다; c. 단테Dante: 암컷 늑대인 탐욕(신곡 지옥편Inf. 1)은 교황청을 가리킨다; 탐욕Avarice은 질투Envy에 의해 지옥에서 풀려났다; 사자와 표범의 결합에 대해서는 6번의 a 참조; d. "여우이야기Reynard the Fox"에서 늑대 이젠그림은 남작을 가리킨다; e. 율리우스 카이사르가 "늑대는 아니지만 그는 로마인들을 양으로 본다"(율리우스 카이사르 1, 3); 그리고 "욕망이라는 늑대는 의지에 더해 권력을 갖게 되면 모든 것을 잡아먹다가 마침내는 자신마저 먹어 버린다"(트로일로스와 크레시다Troil. 1, 3); **7. 악마**: (중세시대: 요한복음John 10, 12 참조); **8. 용맹함**, 전쟁: a. 이집트와 로마에서는 군기의 상징으로 사용되었다; b. 히브리: 이스라엘의 고관들을 상징한다(에스겔서Eze. 22, 27); c. 게르만: 전쟁의 신 오딘과 연결된다(6번의 b 참조); 발키리는 때로 늑대를 타고 다닌다; 늑대는 전사라는 직업의 상징이다; 늑대와 독수리가 발할라의 입구에서 발견되는 것은 선택받은 자라는 것을 의미했다; **9. 교활함**, 민첩함, 맹렬함, 예리함(예 하박국서Habakkuk 1, 8); **10. 가난**, 배고픔, 우울함: 탐욕과 연관됨: 그래서 "늑대를 문 밖 멀리에 둔다"(역주: 탐욕을 멀리하려 하다)(관용구); **11. 부패**, 이단, 비겁함, 위선: a. (예 화가 지오토Giotto 등) 교회의 개들이 늑대를 밀어낸다. 여기에서 늑대는 기독교의 사탄의 상징이다; b. 양

가죽을 입은 이리(늑대)(거짓 선지자: 마태복음Matth. 7, 15); c. 의심을 주제로 한 성화 한 점: "내 귀에 늑대가 있다Auribus lupus teneo"라는 글귀가 있는 두루마리와 함께 늑대 귀를 잡고 있는 젊은이(역주: 세상에 완벽한 것은 없다); **12. 어두움**, 밤, 겨울: A. 성서에서 늑대는 항상 저녁 혹은 밤과 연관된다: 예 늑대인 베냐민에 대해: "저녁이 되면 그는 움킨 것을 나눌 것이다"(창세기Gen. 49, 27); B. 게르만: a. 세계의 늑대인 펜리르(로키의 아들)는 지상에서 사라진 것들(산의 뿌리, 여자의 턱수염, 새의 침, 고양이의 발소리, 물고기의 숨결 등)로 만든 족쇄에 묶여 땅 속에 있다; 그는 턱(구름)이 하늘과 땅에 닿는 폭풍-밤의 괴물이다; 신들의 몰락(라그나로크)이 도래하면 그는 풀려날 것이며, 동쪽에서 나와 싸움에 합류하여 해와 달을 집어삼키고 오딘을 죽인 후 비다르에게 죽임을 당할 것이다; b. 늑대가 밤마다 볼숭의 아들 중 하나를 잡아먹는다(윌리엄 모리스William Morris 번역본 5); 그의 딸(새벽, 봄 등)이 막내아들(태양)을 지하세계의 괴물로부터 구한다; c. 펜리르의 쌍둥이 아들 스콜Sköll('집착')과 하티('증오')는 태양과 달을 따라 땅 끝까지 간다; C. 페데리코 G. 로르카Federico G. Lorca: "늑대의 그림자"("이그나시오 스핀체스 메지아스에 대한 애도Lament for I. S. M."); **13. 개인의 그림자**: 뱀 고삐에 묶인 늑대는 보통 수호령, 도플갱어 또는 꿈에서 꿈꾼 이를 따라다니는 동물이다; 이것들을 꿈에서 보는 것은 죽음에 대한 예고이다; **14. 보호**: 늑대가 기른 아이들의 이야기는 전 세계적으로 알려져 있으며 늑대는 버려진 신성한 아이들(미래의 태양 영웅들)의 양부모 역할을 하는 다양한 동물 중 하나이다: 예 로물루스와 레무스; **15. 인간의 나이**: 60대 남성; **16. 문장**heraldry(紋章): a. 늑대 문장은 코린토스(고린도)와 로마인들의 깃발에서 이미 발견된다: 공격에 대한 경고; b. 전쟁에서의 교활함과 신중함; **17. 늑대와 양**: a. 서로 반대되는 존재로서 함께 있을 때는 평화를 상징한다(이사야서Isa. 11, 6); 사자가 늑대의 영원한 적인 것처럼 양lamb 또는 sheep은 늑대의 전형적인 희생자이다; b. 두 늑대 사이에 있는 양은 수산나와 음탕한 늙은 장로들에 대한 초기 표현이다; **18. 늑대인간**(리칸트로피lycanthropy): a. 사나운 동물로 변한 인간에 대한 전 세계적인 이야기: 유럽에서는 늑대, 아시아에서는 호랑이, 미국에서는 곰으로 등장한다; 동물이 죽거나 다쳤을 때 그 사람도 같은 상처를 입은 채 발견된다; b. 그리스: 리카온의 제우스 의식에서 소년의 내장을 먹어야 했던 양치기는 늑대인간이 되었으며 늑대들과 함께 살았고 8년 동안 사람의 고기를 먹지 않아야만 사람들에게 돌아갈 수 있었다; c. 제우스는 "끔찍한 식인 의식"을 행한 벌로 리카온을 늑대로 만들었다(나소 P. 오비디우스Naso P. Ovid, 변신이야기Metam. 1, 210ff.; 또한 플리니우스Pliny 8, 34; 파우사니아스Pausanias 6, 8 및 8, 2 참조); d. 판 신이 돌본 늑대는 늑대인간이었을지 모른다; e. 늑대인간에 대한 믿음은 빨간 모자 이야기의 기초가 된다; f. 심리: 반전될 수 있는 가능성을 가진 더 '인간적인' 특성을 소유한 사람의 야만적 본능(현대: 특히 호색한); **19.** 다산과 풍요의 신 루페르칼리아Lupercalia의 축제가 있는 2월February 참조.

늑대고기 sea-wolf **1.** 신화에서 바다와 육지 양서의 맹금류; **2.** 사자는 이 물고기를 먹음으로써 병을 고친다(로버트 그린Robert Greene, "환상의 카드The Carde of Fancie").

늑대인간 werewolf 마법에 의해 인간이 늑대로 변하는 것lycanthropy; 늑대wolf 참조.

늑대인간, 리칸트로피 lycanthropy **1.** 늑대로 변신하는 인간; **2.** 격렬한 배고픔으로 인해 임신한 여자의 히스테리적 상태, 간질 등으로 인한 광포한 남자의 히스테리 상태; **3.** 외부 영혼의 개념과도 관련 있다: 마녀의 친구들, 조현병, 흡혈, 식인의 형태로 상징되는 마녀들; **4.** 좀 더 부드러운 민담 주제는 늑대들 틈에서 자라 나중에 인간 사회(머무르거나 떠나는)로 돌아가는 '늑대 소년'이다; 또한 루페르쿠스제(2월과 늑대under February and wolf) 참조.

늙은 해리 Old Harry 악마를 지칭하는 이름: a. 어둠 왕국의 왕자인, 페르시아의 아리만에서 유래되었다; b. 성서에서 '털이 많은 사람들'은 '악마'로 번역되어 왔다; '사티로스'와 관련된다.

능수버들, 타마리스크 Tamarisk (나무) **1.** 풍요와 재

생: a. 오시리스의 관이 비블로스로 떠밀려 왔을 때 그것은 능수버들로 완전히 덮여 있었다; b. 아마도 아브라함이 제단으로 사용하기 위해 브엘세바에 심은 나무나 작은 관목일 것이다(창세기Gen. 21, 33; 사무엘상서1Sam. 22, 6); c. 사울의 유골은 야베스 에셀나무 아래 묻혔다(사무엘상서 31, 12); d. 아폴로는 레스보스(알카에우스)에서 "타마리스크의 신"이라고 불린다; e. 플리니우스Pliny는 능수버들이 결코 열매를 맺지 못하기 때문에 저주받은 불길한 나무라고 했다; 이 나무는 염분이 많은 토양에서도 자라며 매우 많은 잎사귀와 씨를 가지고 있다; **2.** 범죄의 상징; 3. 호랑이는 이 뿌리의 취약점을 알고 있다(로버트 그린Robert Greene, "환상의 카드C. of Fancie").

능형(菱形) rhomb(us) 불로러bullroarer 참조.

늪, 습지 swamp 늪에 빠지는 것: 집어삼키기devouring 참조; 습지marsh 참조.

늪지, 소택지 fen **1.** 악취를 뿜는 부패: "내가 싫어하는 썩은 늪지의 악취와 같은 숨결"(코리올라누스Cor. 3, 3, 120ff; 참조: 템페스트Tp. 2, 1, 45); **2.** 독: 별들은 늪지에서 독을 빨아들이고 그것으로 다시 땅에 비를 내릴 수 있다(크리스토퍼 말로Christopher Marlowe, 탐불레인 대왕 1부1Tamb. 4, 2 참조); **3.** 그러므로 뱀serpents과 용들의 고향: "… 그의 늪지는 보는 것보다 더 많은 것을 두려워하고 이야기하게 만드는 외로운 용과 같다."(코리올라누스 4, 1, 30; 참조: 에드먼드 스펜서Edmund Spenser, 페어리 퀸FQ 1, 7, 16).

니겔라, 흑종초 nigella (식물) **1.** 많은 약용 종자가 있는 회향꽃과 니겔라가 속해있는 식물 속; **2.** 힐데가르트 폰 빙엔Hildegard: a. 따뜻하고 건조한 성질이며 사람에게는 적절하지 않는다; b. 소에게는 해롭지 않다; 가루로 만들어 구운 지방과 섞으면 긁힌 머리 상처에 좋은 연고가 된다; 구워서 꿀과 섞으면 파리를 잡는 독이 된다(자연학Ph. 1, p. 18).

니그로 Negro **1.** 어둠의 자식들; **2.** 심리: a. 아니무스로서 원시적이고 정서적인 자기self(원형archetypes 참조); b. 집단 무의식; c. (나쁜) 아버지; d. 개인 성격의 어두운 측면, 인간의 '낮은 본능적' 열정.

니느웨, 니느베 Nineveh **1.** 아시리아 왕국의 수도인 바빌로니아 다음으로 아름답고 견고한 도시; **2.** 기원전 6세기에 파괴되었다; 어떤 이들은 티그리스강의 이례적인 범람에 의해서 그렇게 되었다고 한다(크세노폰Xenophon, 아나바시스Anab. 3, 4, 7ff.; 디오도로스 시쿨로스Diodorus Siculus 2, 27, 1; 시어도어 개스터Theodor Gaster, 테스피스Th. 143); **3.** "높은 곳에서 질서 있게 사는 작은 나라가 꽉 막힌 니느웨보다 강하다"(포실리데스Phocylides, 그리스 비가 및 운율Greek El, and Iamb. p. 175).

니오베 Niobe **1.** 탄탈로스의 딸이자 테베의 왕비인 그녀는 일곱 명의 아름다운 딸과 일곱 명의 잘생긴 아들을 낳았다, 그러나 그녀의 운명에 거스르는 오만함으로 인해 자식을 둘밖에 낳지 못한 레토/라토나를 조롱했고 그로 인해 레토의 자식인 아르테미스와 아폴에 의해 가족 모두 죽고 만다; **2.** 오비디우스 도덕론Ovid M: a. 두 자녀(지혜와 박애)와 함께 진정한 종교로 대표되는 레토 여신과는 반대로 그녀와 그녀의 사악한 가족들은 오만함을 나타낸다; b. 그녀는 일곱 개의 대죄(일곱 명의 아들)와 사악한 욕망(일곱 명의 딸; 도덕론M 6, 1379ff.)의 어머니인 탐욕이다.

님프 nymph **1.** 이름: (아마도) 그리스어의 '신부' '인형' '베일을 쓴 사람', 여자 성기의 소음순; **2.** 낮은 단계의 아름다운 여신: 대부분 자연의 풍요로움의 측면(숲, 구름, 습지, 강, 호수)과 관련 있다. 따라서 이들은 원래 신성한 왕(왕king 참조)과 관련이 있으며 님프는 신성한 왕의 '열렬한 관심을 피하기 위해' 모습을 바꾸는 대신 그가 계절적 변화를 겪는 동안 그를 쫓아다닌 것으로 전해진다: a. 메티스 혹은 네메시스를 쫓는 제우스; b. 테티스를 쫓는 펠레우스; c. 레토(라토나, 레다)를 쫓는 피톤; d. 실레노스는 (당나귀를 타는 것 외에) 님프를 타는 것으로도 표현되는데, 이는 그가 님프에게 끌려갔다는 것을 의미할 수도 있다. 따라서 아마도 불멸의 사과(사과apple 참조)를 건네는 여신의 여사제의 변형일 것이다; **3.** 님프의 신성한 동물은 종종 백조였다; **4.** 님프는 위대한 여신Great Goddess의 여사제(혹은 대표)로서 그녀는 a. 출생 및 다산; b. 사멸과 죽음에 관여한다; **5.** 이들은 뛰어난 무희이자 가수이다; **6.** 신과 동행할 때 이들은 종종 님프가 갖고 있는 또 다른 의미인 신들의 '아니마'(여성적 에너지)로 기능한다; 인도의 사크티sakti 참조; **7.** 테오프라스투스Theophrastus: "유충": 개성화 과정의 미분화 단계(님프nymph=번데기pupa); a. 유혹; b. 일시성; c. 다중성과 해체; 번데기chrysalis 등 참조; **8.** 카를 융Carl Jung: 무의식의 여성적 특성에 대한 독립적이고 단편적인 표현; **9.** 귀족 가문은 종종 님프의 혈통이라고 주장한다: 예 멜루시나Melusina 참조.

ㄷ

다나에 Danae **1.** 다나에의 아버지 아크리시오스는 그녀의 아들이 자신을 죽일 것이라는 신탁을 듣고 그녀를 탑에 가두었지만 제우스가 황금 소나기로 변신하여 그녀를 찾아왔고 그녀는 페르세우스를 낳았다; **2.** 연금술: 황과 수은의 결합(반 레넵van Lennep 참조); **3.** 오비디우스 도덕론Ovide M: a. 역사적 설명: 금은 그녀를 지키는 보초들에게 뇌물을 주는 데 사용되었다; b. 다나에는 순결의 탑 안에 있는 성모마리아를, 페르세우스의 탄생은 그리스도의 탄생을 상징한다(라틴어 '아우리게나aurigena'는 성모마리아가 그랬던 것처럼 '금에서의 탄생' 또는 '귀를 통한 잉태'를 의미할 수 있다); c. 다나에의 아버지는 구세주를 박해한 유대 민족을 상징한다(변신이야기 4, 5490ff).

다나이데스 Danaids **1.** 원래 이집트 사람이었으나 아르고스의 왕이 된 다나오스의 오십 명의 딸들이다. 이들은 아버지인 다나오스의 명령으로 결혼식 전날 자신의 남편을 죽였고 그 벌로서 지하세계의 물이 새는 항아리에 영원히 물을 채우는 결코 완수할 수 없는 일을 부여받았다; **2.** 비와 물: a. 비구름이 새는 그릇에 물을 가져오는 것처럼 이집트에서 아르고스로 부는 남풍을 타고 비구름 정령들이 물을 가져온다(헤시오도스Hesiodus 일부 24 참조); b. 우물을 만들고 관리하는 사람들well-makers(유스타티오스Eustath, 호메로스Homer, 일리아드Il. 4, 171에 관해; 스트라보Strabo 7, 6, 8; 모든 리처드 오니언스Richard Onians 272의 내용); **3.** 오비디우스 도덕론Ovide M: 두 형제 다나오스와 아이깁토스Aegyptus(다나이데스의 남편들의 아버지) 사이의 증오는 영혼과 육체 사이의 증오를 나타낸다; 영혼의 상징인 아이깁토스의 아들들은 미덕이고, 육체의 상징인 다나오스의 딸들은 악덕으로 악덕이 미덕을 죽인 것이다; 남편을 죽이지 않은 다나오스의 유일한 딸인 휴페름네스트라는 정의로운 육체의 행동을 나타내며 이는 영혼의 의도가 유지되면 육체에 올바른 영향을 미친다는 것을 의미한다; 다나이데스의 형벌은 고난과 고통이 존재하는 삶을 나타낸다; 다나이데스는 황금에 목마른 사람들을 나타낸다(변신이야기 2, 4796ff).

다뉴브강 Danube 힐데가르트 폰 빙엔Hildegart: a. 깨끗하고 맑은 물이 흐르고 좋은 모래가 있다; 그러나 물은 떫은 맛이 강해서 음식이나 식수로 사용할 수 없다; 이 물을 마시면 장이 감염되고 피부가 검어진다; b. 다뉴브강의 물고기는 건강에 좋지만 거친 물살 때문에 보존되고 있다(자연학Ph. 2, p. 60).

다닥냉이 속(屬) pepperwort (식물) 꽃박하dittany.

다락 attic **1.** 인간에게 머리; 특히 (무)의식적으로 억압된 것; **2.** 과거; 과거의 저장고.

다람쥐 squirrel **1.** 민첩함, 장난기; **2.** 전령; 라타토스쿠르Ratatoskur 다람쥐는 잿더미(생명나무, 이그드라실)를 오르내리며 그 아래에 있는 용으로부터 어떤 동물들이 (천상세계와 지하세계에 대한) 끊임없는 적대감에 빠져 있는지에 대한 소식을 나무 꼭대기에 있는 독수리에게 전한다(그리고 그 반대도 마찬가지); **3.** 비축: 섭리와 절약; **4.** 통찰을 통한 지혜: 고양이 견과류; **5.** 문장heraldry(紋章): a. 다람쥐의 조상은 외교 또는 군대에서 중요한 전령이었다; b. 용기(위험에 처했을 때도 나무에 달라붙어 있다); 매력적이고 교활하게 싸운다; c. 공평성; d. 위대한 사냥꾼과 숲의 요정의 은거(隱居); **6.** 딜런 토머스Dylan Thomas: (필요하지만) 욕정이 고조되어 위험한 열망의 세계에 사는 사람; **7.** 다람쥐꼬리: 미국 혁명의 정찰병; **8.** 사육장 안의 쳇바퀴 위를 돌고 있는 다람쥐: 인간 특히 시인의 익살맞은 이야기 "아직도 바람이 잘 통하는 원형에서 춤을 추고, 여전히 자신의 운문 소리에 만족하고 있다"(매튜 이전의 시Mattew Prior, "시밀레A Simile…").

다리 bridge **A.** 두 세계 또는 본질적으로 다른 존재들 사이를 연결한다: 1. 인간과 신(천국) 사이의 연결: a. 신의 전령 또는 스칸디나비아의 미드가르드(인간세계)와 아스가르드(천국) 사이의 무지개 다리, 즉 아이리스Iris와 무지개rainbow(참조); b. 은하수Milky Way: 켈트족의 사슬; 영국 민속에서 '워틀링 가도Watling Street'; c. 또는 영혼들이 건너가야 하는 다리는 실보다 얇으며 지옥 위에 매달려 있고 자격 없는 사람들은 떨어진다; 2. 보이는 세상과 보이지 않는 세상 사이; 3. 두 시기 사이; **B.** 시험: 아일랜드의 낭떠러지 다리는 자격이 없는 사람들에게는 아래로 기울어져 있으며 오직 용감한 자만이 건널 수 있다; **C.** 변화에 대한 욕망; **D.** 다리의 여인인 데메테르; **E.** 로마: 영적 의미로 사용되는 '최고 신관pontifex maximus(神官)'(가장 위대한 교량 건설자); 그가 하는 주요 역할은 다리로 인해 모욕당한 강의 신을 달래는 것이었다; **F.** 문장heraldry(紋章): 1. 거친 보살핌, 인내, 안정성; 2. 예술적 감각, 근면, 충실함, 끈기, 공의라는 기둥 위에 놓여 있는 다리; 때로는 두루마리에 기록된다: 라틴어의 'Fluctantibus obstat', 즉 홍수에서 살아남게 해 준다는 표현이 있다; **G.** 탄식의 다리: 1. 베니스: 판결장에서 사형장까지의 다리; 2. 런던: 워털루 다리: 자살로 악명 높음; **H.** 민요: 많은 민요에서 '다리가 부서져' 사람들이 수영해서 강을 건넌다: 행복한 결말인가 또는 불행한 결말인가에 따라 사람이 최후에 구조되거나 익사한다(예 "월링턴의 명랑한 메리Fair Mary of Wallington"); **I.** 민속: a. 아이들의 사랑: 기차가 지나가는 윗쪽과 아랫쪽의 다리를 건너는 것은 행운을 가져온다; b. "다리는 현자는 걸어가도록 그리고 어리석은 자는 뛰어가도록 만들어진다"(속담); c. 황금다리: "도망가는 적에게 황금(또는 은silver) 다리를 만들어 주는 것이 좋다(역주: 적이 도망가게 내버려 두는 것이 좋다. 그렇지 않으면 해를 끼칠 수 있다)"(속담); d. 새로 지은 다리를 처음으로 건너는 사람에게는 불운이 찾아오며 이것은 아마도 건물 토대(집과 문지방처럼) 아래 놓는 고대 희생제물과 관련된 것으로 보인다; 다리가 없었다면 건물은 버티지 못했을 것이다; e. 악마의 도움으로 만들어진 악마의 다리. 그러나 악마는 처음으로 건너는 사람을 희생제물로 요구하기 때문에 동물이 먼저 건넌다; 악마의 다리는 불완전하기 때문에 알아볼 수 있다: 돌 한 개가 빠져 있다; f. 마녀들은 물을 가로지르는 다리를 건널 수 없다(로버트 번스Robert Burns, "마녀 커티 삭Cutty Sark" 참조); g. 다음의 유명한 동요는 강의 신의 힘으로부터 안전하게 지나기 위한 아기 희생제물과 관련된 것일 수 있다; "오렌지와 레몬"이라는 아이들의 놀이와 유사한 놀이가 있다: "런던 다리가 무너져요(5번 반복)–"나의 아름다운 여인이 나무와 흙으로 다리를 지어요, 나무와 흙은 씻겨 내려갈 거예요; 벽돌과 모르타르로 지어요, 벽돌과 모르타르는 못 버텨요" 등.

다리 leg **1.** 이집트 상형문자: a. 상승, 직립; b. 설립; **2.** 동작, 속도, 에너지; **3.** 승리, 패권: '가랑이를 벌리고 앉은 다리': "그는 다리를 벌려 바다를 뛰어넘었다"(안토니오스와 클레오파트라Ant. 5, 2). 그리고 "그는 거대한 조각상처럼 좁은 세상에 다리를 벌린 채로 앉아 있었다"(율리우스 카이사르Caes. 1, 2); **4.** 태양 광선, 화려함; **5.** 생식기: a. 주님은 "사람의 다리를 기뻐하지 아니하시나니"(시편Ps. 147, 10; 또한 출애굽기Ex. 4, 25; 이사야서Isa. 6, 2; 7, 20 등); b. "부부의 침대에는 네 개의 맨다리보다 더 많은 다리가 있다"(속담); **6.** 별자리: 물병자리의 지배를 받는다; **7.** 위치: A. 왼쪽 발 먼저 나가면 불운(그리스); B. 다리 교차(왼쪽 다리 위에 오른쪽 다리 교차시키기): a. 출생을 지연시키는 마법; b. 기도: 십자가 위의 그리스도의 다리 위치; c. 중세시대(예술에서): 십자군, 왕, 기사단 및 귀족들의 자세; **8.** 형태(민속folklore 이하 참조): A. 매우 긴 다리(오컬트occult): a. 감동적인 정서; b. 사랑의 홍분; B. 짧은 다리: 종종 태양신들의 특징(신성한 왕Sacred King 참조): 오디세우스 그리고 다윗이 두려워했던 불구가 된 사울의 아들 가레스 등; **9.** "몸통 없는" 다리: 일시적: "사막에 서 있는 두 개의 몸통 없는 돌다리…"(퍼시 셸리Percy Shelley, "오지만디아스Ozymandias"); **10.** 딜런 토머스Dylan Thomas: "긴 다리 미끼에 관한 민요The Ballad of the Long-legged Bait": 미끼는 소녀이며 '물고기'를 잡는 데 사용된다: 물고기는 물에서는 태아; 물 밖으로 나오면 남편; 또한 그리스도의 상징. 어부로서의 그리스도(=시인과 그리스도, '붙잡힌' 남편); 그녀는 좋은 미끼이기 때문에 긴 다리를 가지고 있고 그녀를 (무엇인가를 뒤쫓거나 도망치는) 훌륭한 달리기 주자로 만든다. 그리고 그녀는 토머스Thomas의 아내이고 지렌이며 그의 열정이자 육신이며 그의 뮤즈이자 아니마이다(그녀를 잡으면서 그는 자신을 발견한다); 그가 시인이 되면 마법의 땅에 '떨어지게' 될 것이다; **11.** 민속: a. 다리 교차는 손가락을 교차 상태로 유지(시험 등)하거나 나무를 만지는 것과 거의 같은 마법적 행운을 가져다 준다: 원치 않는 것: 전쟁 중 작전 회의에서는 다리 꼬기가 금지되며 거래에 방해가 된다(플리니우스Pliny 28, 17); b. 동요 중에서 다리 수수께끼 동요는 가장 오래된 것이다(예 "두 개의 다리가 세 개의 다리에 앉았다 등"); c. "한 쌍의 다리는 두 쌍의 손의 가치가 있다"(속담); **12.** 발foot 참조.

다리를 절다 hobbling 다음을 위해 절름발이 춤을 출 수 있다: **A.** 태양왕의 성스러운 발꿈치가 땅에 닿지 않도록 하기 위해; 춤은 태양왕의 걸음걸이를 모방한 것이며 다음과 같은 것이 원인이다: 1. 신(또는 이전의 왕)과의 씨름에서 환도뼈가 탈구된 것; 야곱의 씨름Jacob's wrestling 참조; 2. 태양왕이 죽기 전에 자신의 생식기를 거세하는 것; 3. 공격적이고 음경이 발기된 남자의 걸음걸이의 과장; **B.** 오르지Orgy와 같은 풍요 의례에서 남자의 생식기 훼손으로 절정에 달하며 그 후에는 다음과 같은 것이 이어졌다: a. 생식기의 매장('풍요를 위한 심기'); b. (풍요의 교감마법으로서) 여사제가 생식기를 먹는 것; c. 과일 수확의 모방(예 포도); **C.** 전쟁 춤: 즉, 한 발을 앞으로 내딛고 공격할 준비를 하는 수컷 자고새를 모방한 것; 자고새 역시 풍요를 상징하기 때문에 B번의 춤과 C번의 춤을 구별하기 어렵다(같은 방식으로 전쟁의 남신과 여신들 또한 풍요의 신이다); **D.** 이런 신성한 의례의 잔재로서 춤추는 경우: a. 그리스 비극에서는 이 의례의 형태가 양식화됐다. 이는 비극 배우들이 고대 영웅 신들의 삶과 '걸음걸이'를 강박적으로 재연하면서 시작되었다; b. 그리스어 '살마키데스Salmakides'('살루마Saleuma', 즉 흔들리는 엉덩이와 관련)로 불리는 창녀들의 엉덩이 실룩거림. 이는 수많은 왕을 뜻하는 어원인 's-l-m'과 연관이 있다); 심지어 우아한 숙녀들도 '발끌기'라 불리는 것을 칭찬으로 여겼는데 이는 발을 질질 끈다는 의미이다(대부분 로버트 그레이브스Robert Graves, 하얀 여신WG 327ff; 그리스 신화GM 1, 315ff.의 내용; 절뚝거림lameness도 참조).

다림줄, 수직선 plumb line **1.** 정의와 진리의 척도(사해 문서Dead Sea Scrolls, 찬가 10과 14); **2.** 엄중한 도덕성, 엄격한 정직성(아우소니우스Ausonius 4, 5, 8; 라틴어 '페르펜디쿨룸perpendiculum': "다림줄로 잴 수 있을 만큼"의 고결함과 온화함을 지닌 사람(암미아누스 마르켈리누스Amminanus Marcelinus 29, 2, 27).

다마스크 장미 damask-rose (식물) **1.** 처녀의 붉어진 얼굴: 흰색과 빨강색이 혼합된 다마스크 장미의 색(뜻대로 하세요AYL 3, 5); **2.** 소녀의 뺨을 다마스크 로즈에 비유하는 것은 정부(情婦)의 눈을 태양에, 그녀의 입술을 산호에 비유하는 것처럼 틀에 박힌 많은 묘사와 비유만큼이나 진부하다(소네트Sonn. 130).

다발, 무리, 묶음 bundle **1.** 집정관의 권위: 내재된 힘을 보여 주는 제어되는 권력; 파스케스Fasces 참조; 이들은 도끼 또는 화살을 들고 다니는 무리들을 가리키는 것일 수 있다; **2.** 삶의 다발: "하나님의 영혼은 너희가 하나님을 숭배하는 생명의 다발 속에 있다"(아비가일부터 다윗까지: 사무엘상서1Sam. 25, 29); 생명의 책Book of Life 참조: 이 책에 안에 무엇이 담기면 열리지 않는 지갑(닫혔을 때)에 관한 언급이 있다; **3.** 옥수수 대ear of corn, 단sheaf, 횃불torch 참조.

다산, 비옥함, 생식력 fertility **I. 신들과 영웅들: 1.** 인류에게 농업 기술을 가르쳤다: 예 디오니소스, 야훼, 탐무즈; **2.** 이들은 일반적으로 되살아나기 위해 희생되고 남성성이 무력화되었다(아티스와 아도니스); 이들은 종종 인류에 대한 도움으로 인해 고통을 겪는다(프로메테우스); 자세한 것은 영웅hero 참조; **3.** 전쟁의 신은 다산의 신이기도 하다: 예 마르스는 원래 다산의 신이었다('시체 심기planting of the corpse'와 11, 1 참조); **4.** 히브리: A. 족장들의 신들은 엘 샤다이El Shaddai라고 불렀는데 이는 다음을 의미할 수 있다: a.

불멸의 유일한 요소로 여겨진 인간의 다산에 있어서 능력의 신: 후손의 계승; b. 산의 신: '산'과 '높은 곳'을 예배 장소로 언급했다; 나중에 (a번과 조합하여) 산에서 다산-오르지 의식들('가증스러운 것들the abominations')을 행했다; B. 다산의 신으로서의 여호와: a. 그는 농업을 가르쳤다(이사야서Isa. 25-26); b. "우리가 여호와를 알자 힘써 여호와를 알자 그의 나타나심은 새벽빛같이 어김없나니 비와 같이 땅을 적시는 늦은 비와 같이 우리에게 임하시리라"(호세아서Hos. 6, 3 참조); 이는 선지자가 여호와 안에서 숭배해야 할 신이 다산의 신이 아님을 나타내려고 쓴 것이다(그러나 또한 욥기Job 29, 23 참조: "그들은 비를 기다렸듯 나를 기다렸고"; 그는 또한 호세아서 14, 5에 있는 '이슬'이다); c. 그는 비를 내리시는 분이다(스가랴서 Zech. 10, 1 및 14, 17); d. 여호와는 "추수하는 주인"이다(명확히 비유적이지만; 마태복음 9, 37(누가복음 Luke 10, 2); 위대한 여신GreatGoddess 참조; **II. 의례**: **1.** 다산 의례는 항상 조상숭배(부활), 추수, 성적 요소(예 룻기The Book of Ruth), 특히 남근을 숭배하는 것과 관련 있다; **2.** 다음과 관련 있다: a. 유목 사회에서: 새끼의 출생(예 봄에 새끼를 낳는 시기)이나 새끼의 죽음(가을)과 관련이 있으며 출생과 죽음의 의례는 피와 관련 있다; b. 농업 사회에서 밭일이나 타작(타작마당threshing-floor 참조)과 관련 있다; 이것은 곡식과 포도주에 관한 것이다; **3.** 밭일과 타작의 두 영역 모두에서 봄 축제는 흥겨운(탄생 또는 부활) 경향이 있는 반면 가을 축제는 통곡과 울부짖는 것이 특징적이다; 카니발Carnaval과 위령의 날All Souls' Day 참조; 넷째 달과 열째 달에 통곡했을 수도 있는 탐무즈Tammus도 참조; **4.** 히브리: A. (무교병Unleavened Bread의) 축제주간은 후에 유목민들의 유월절 숭배(피blood 참조)와 연결되었다; B. 밀 수확의 초실절(역주: 첫 열매를 바치는 축제): 밀을 추수하여 얻은 햇곡식으로 만든 빵 두 덩이(예 레위기Lev. 23, 15-21 참조); C. 유대인의 초막생활을 기념하는 연말의 축제(후일의 초막절 Sukkoth: 신명기Deut. 16, 13; 레위기 23, 34 참조); 땅에서 나는 모든 것에 대해 감사했지만 (평소처럼) 특히 포도주에 대해 감사를 했다; 몇 가지 축제 행사가 수반되었다(사사기Judges 21, 21 참조): "보라, 보라, 실라의 딸들이 춤을 추러 나오면 너희는 포도원에서 나와서 실로의 딸들 중에서 각각 하나를 붙들고 자기의 아내로 삼아 베냐민 땅으로 돌아가라"; D. 금지된 다산 의례(별도의 언급이 없는 한 이사야서 57, 5-10에 쓰여진 것을 의미한다): a. "모든 푸른 나무 아래서(또는 참나무 아래에서) 우상으로 자신을 불태우는 것"은 '음행하는 것'(예레미야서Jer. 3, 6 참조)이다; b. 문지방 신을 숭배했는데 이는 의례적 성교를 수반하기도 했다; c. 종교적 수음; d. 동굴에서 맏아들을 죽이는 것; 희생 제물sacrifice 참조; e. '매끄러운 돌'(바에틸릭석baetylic) 위에 포도주를 바쳤다; f. 벽돌 제단에 향을 피웠다(이사야서 65, 3); g. "너는 향유를 가지고 왕에게 간청하노라"(이사야서 57, 9); h. 희생 제물로 "자기를 거룩하게 하고 그 가운데에 있는 자를 따라 스스로를 정결케 하는 자들" (이사야서 66, 17); **III. 다음을 상징한다**: A. 씨앗이 많은 식물: 보리, 석류, 양귀비; B. 동물: a. 태양과 관련된 동물: 예 황소; b. 다산의 동물: 예 토끼hare와 토끼rabbit; C. 남근 또는 양성성의 형태: 예 십자가(흔히 혈류와 잎이 무성한 가지로 되어 있음), 바에틸릭석baethylic stone, 중앙에 점이 있는 원으로 구성된 모양 등; 여성female 및 남성male도 참조; D. 물; E. 히브리: a. 돌기둥(태양, 남근): '마세바'는 남성적 원리와 관련 있다; b. 나무 말뚝(비축물): '아세라'의 상징으로 여성적 원리와 관련 있다(예레미야서 2, 27에서는 성별에 관한 히브리어의 문법적 특성으로 인한 실수로 성별을 잘못 변경함); F. 중세: a. 영적인 풍요함을 상징하는 솔방울; b. 대지의 풍요로움을 상징하는 비둘기가 있는 대추야자나무.

다섯 번째 fifth **1.** 단테Dante의 "신곡 지옥편Inferno"에 나오는 다섯 번째 원의 단계: 분노한 사람들이 진흙탕에서 싸우는 곳; **2.** 제 5열: 스페인 내전에서 유래한 용어: 몰라 장군은 외부에는 4열 종대가 있고 마드리드 내부에는 제 5열 종대가 있다고 말했다; 이것은 다음을 의미했다: 반역자, 트로이 목마; **3.** 다섯 번째 왕국: 위대한 5대 제국(다니엘서 2, 44 참조) 중 마지막 제국으로 영원히 멸망하지 않을 것이며 다른 모든 왕국을 멸망시킬 것이다: a. 카발라: 영적 세계; b. 특히 17세기의 신자들은 세상의 종말이 가까이 왔다고 믿었다.

다시스 Tarshish 1. 대서양의 부유한 스페인 도시; 2. 멀리 떨어진 부를 얻기 위한(에스겔서Eze. 27, 12) 위험한 여행(예 시편Ps. 48, 7): 은(예레미야서Jer. 10, 9: 접시에 다시스에서 가져온 은을 뿌림), 철, 주석 그리고 납이 있다.

다우사벨 Dowsabel(l) 엘리자베스 1세 여왕 시대의 시: 연인, 특히 순박한 시골 처녀; 셰익스피어는 원래의 형태인 '델시벨라Dulcibella'를 사용했다(실수연발 Err. 4, 1).

다이몬; 데몬 daimon; daemon 1. 호메로스Homer: '테오theos'와 혼용해서 사용할 수 있다. 테오는 신의 속성 및 성격을 포함한 신의 모든 측면을 나타내며 다이몬은 특정 신의 활동이나 영향과 관련된다; 2. 헤시오도스Hesiodus: 첫 번째 황금시대가 끝나자 죽은 자들은 영혼 또는 다이몬이 되었다(사람의 나이age 참조); 나중에 다이몬은 인간보다는 높고 신보다는 낮은 것으로 간주되었다(때로는 심지어 죽기도 함); 다이몬은 인간을 수호하는 존재로, 신과 인간 사이의 중재자로 일했다; 3. 피타고라스학파: 다이몬은 신성과 연결된 지혜로 영혼의 가장 높고 고귀한 부분이다(오직 물질적 소유와 육체적 쾌락만을 추구하는 사람들의 경우 다이몬은 활동이 없는 휴면 상태); 사람의 행동이 내세의 환생을 결정한다는 점에서는 힌두교의 카르마karma와 유사하다; 4. 소크라테스: 그는 자신이 신탁 또는 '다이몬'의 '양심의 목소리'의 안내를 받았다고 주장했다; 5. 스토아 철학자로서 마르쿠스 아우렐리우스Marcus Aurelius는 모든 사람이 수호천사와 유사한 다이몬(수호천사guardian angel 참조)을 내면에 가지고 있어 완벽한 자연의 법칙을 따르게 한다고 믿었다; 6. 종종 다이몬은 특정 신에 의한 개입이 아닌 예상치 않은 초자연적 개입을 의미하기도 한다; 7. 나중에 기독교에서는 다이몬을 '데몬demon', 즉 악마와 동일시했다.

다이버 버드, 잠수새 diver-bird 1. 아테네가 다이버 버드로 위장해 선박들을 보호했다; 2. 신성한 왕이 바다에 던져지는 것과 관련 있다: 목이 긴 잠수하는 새의 기원은 아이사쿠스(트로이의 왕 프리아모스와 님프 사이에 태어난 아들)이다. 아이사쿠스는 물의 정령 헤스페리아와 사랑에 빠져 그녀를 쫓아다녔다; 뱀이 그녀의 발을 물었고 그녀는 즉사했다; 아이사쿠스는 그녀를 그리워하는 마음이 너무나 깊어서 바위에서 몸을 던져 죽으려 했으나 테티스가 불쌍히 여겨 그를 다이버 버드로 변신시켜 주었다; 그래서 그는 죽으려고 물속으로 들어가고 또 들어갔으나 죽지 못했다; 파리스를 제외한 그의 모든 (이복)형제들이 그를 불쌍히 여겼다(나소 P. 오비디우스Naso P. Ovid, 변신이야기Metam. 11, 751–795).

다이빙, 잠수 diving 꿈에서의 잠수: a. 용서; b. 잃어버린 어린 시절의 가치를 찾아 무의식의 기억 속으로 들어가는 것(톰 체트윈드Tom Chetwynd, 물water; 꿈에서 히포크라테스Hippocrates 참조; 수영swimming, 물water 참조).

다이아뎀 diadem (왕관으로 쓰는 머리띠) 1. 왕관으로 쓰는 머리띠, 원래는 천 조각으로 만들었다; 2. 태양(아폴로)은 '왕관의 제왕'이다(암미아누스 마르켈리누스 Amminanus Marcelinus 17, 4, 19ff); 3. 로마인들은 다이아뎀을 미치광이 칼리쿨라만이 착용하는 혐오스러운 왕족의 표시로 싫어했지만 디오클레티아누스는 진주로 장식된 흰색 머리띠 왕관을 쓴 최초의 황제이다(에드워드 기번Edward Gibbon, 13장 p. 130; 도미티아누스의 생애Suet., Dom. 4, 4; 암미아누스 마르켈리누스 21, 1, 4); 성 크리소스토모스는 동로마제국의 최초의 왕으로 보석 장식이 된 금으로 만든 다이아뎀을 썼다(에드워드 기번 32장, p. 460).

다이아도코스 diadochos (보석) 중세보석세공집Med. Lap.: a. 물에서 발견되는 옅은 색의 돌; 악마를 피하게 해 주고 어둠을 사라지게 한다(F 60); b. 이 보석을 착용하면 죽음으로부터 보호해 주지만, 죽은 사람에게 착용시키면 보석이 힘을 잃는다; 녹주석처럼 밝게 빛나는 왕의 보석으로 악령이나 환영으로부터 지켜준다; 죽은 사람에게 이 보석이 닿으면 살아나지만 말이나 행동을 하지는 못한다; 이 보석을 가지고 있으면 해를 입지 않도록 악마를 통제할 수 있다(F 64).

다이아몬드 diamond (보석) **1.** 일반적으로 다음을 의미한다: a. 어원은 그리스어 '아다마스'='천하무적', 헤시오도스 이래로 가장 단단한 금속 및 가장 단단한 보석을 지칭하는 것이었다; b. 플리니우스Pliny는 다이아몬드는 너무 희귀해서 오직 왕들만이 아는 귀한 보석이라고 언급했다; 남아프리카공화국의 막대한 매장량은 19세기에야 발견되었기 때문에 당시에는 다이아몬드를 인도에서 가져와야만 했다; c. 엘리자베스 1세 여왕 시대에는 무게 단위인 캐럿으로 거래되지 않고 빛을 굴절시키는 투명한 정도에 따라 '워터water'로 거래되었다: "여기 일등급 워터의 다이아몬드가 있소. 보시오."(아테네의 티몬Tim. 1, 1); 당시의 등급: 1등급 워터, 2등급 워터, 3등급 워터; **2.** 다음을 상징한다: a. 단단함: 구약성서에서 특히 마음과 '이마'에 새길 때 사용했다(예 예레미야서Jer. 17, 1); b. 꺾이지 않는 믿음; c. (국왕의) 위엄 및 부(富); d. 명료함, 솔직함, 순수성; 기독교에서는 그리스도; e. 불변성, 사랑: 이모진은 변하지 않는 사랑의 표시로 다이아몬드 반지를 포스투무스에게 주었다(심벨린Cym.); f. 광명, 환희, 생명; 어둠 속에서 빛을 줌: "어둠 속에서 다이아몬드는 가장 밝은 빛을 퍼뜨린다"(존 웹스터John Webster, "하얀 악마WD" 3, 2); g. 화해; h. 도덕적, 지적 지식; i. 신비로운 중심, 종종 왕관에 사용되었다; **3.** 기간: a. 4월; b. 천칭자리: 9월 22일에서 10월 22일까지; **4.** 이것의 일반적 특성: A. 다음을 준다: a. 힘, 능력; b. 순수성; c. 불변성; d. 겸손함; e. 정신적 명석함; f. 적에 대한 승리; B. 다음을 막아 준다: a. 사악한 마술; b. 폭풍우; c. 전쟁; **5.** 색상: 검은색; **6.** 꽃: 데이지와 히아신스; **7.** 히브리('샤미르shamir'): 제사장의 흉갑에서 여섯 번째 보석이며 갓 지파 또는 스불론 부족을 나타낸다; 피의자의 (무)죄에 따라 다이아몬드는 검거나 희게 변한다; **8.** 로마: a. 왼쪽에 (심장 근처에) 착용하면 건강과 활력을 지켜 준다; b. 약혼반지에 사용한다: 화합을 증진한다; **9.** "다이아몬드 마상 창 경기": 아서왕이 개최한 시합으로 다이아몬드를 상으로 주었다; 아서왕은 살해한 기사의 왕관에서 아홉 개의 다이아몬드를 발견했고, 이것을 9년 동안 상으로 제공하였다; 랜슬롯경이 모두 승리하여 상으로 이 아홉 개의 다이아몬드를 다 받았고 귀네비어 왕비에게 주었으며 귀네비어 왕비는 질투심으로 다이아몬드를 모두 강물에 던져 버렸다; **10.** 제라드 M. 홉킨스Gerard M. Hopkins: "영원불멸의 다이아몬드": 빛, 선견지명, 영원; **11.** 딜런 토머스Dylan Thomas: A. 시; B. "환영과 기도Vision and Prayer"에서: a. 가끔 검은색이기도 하지만 빛을 품고 있다: 약속된 환영, 예술의 이미지; b. 모양(=마름모꼴): 하늘의 자궁, 점-클라이맥스-점(조지 허버트George Herbert의 "부활절 날개Easter Wings"와 반대 모양); 또한 이 시의 II부의 모래시계 모양과 정반대: 모래시계 모양은 시간, 영원을 향한 열망을 상징한다; **12.** 민속: a. 악명 높은 호프 다이아몬드는 원래 인도 신의 조각상에 박혀 있던 것을 훔쳐 왔기 때문에 지금까지 그것을 가진 모든 사람에게 불운을 가져다주었다; b. "다이아몬드로 다이아몬드를 자른다": 즉, 교활한 사람은 또 다른 교활한 사람을 부른다(속담); c. 여성의 드레스 단추로 사용하는 것은 재앙이다.

다이아몬드 diamonds (카드) **1.** 다이아몬드가 그려지기 이전의 카드에는 동전, 황금 원반, 오각형의 별 모양, '정사각형'이 그려져 있었다; **2.** 영혼을 가진 사각형(마름모꼴)의 사람: 한쪽은 하늘을, 다른 한쪽은 땅을 가리킨다; 또한 앞 내용의, 예 딜런 토머스Dylan Thomas와 마름모꼴lozenge도 참조; **3.** 물질적 힘, 광물계; 돈, 무역, 산업, 개발의 문제를 나타낸다; **4.** '영원의 반지'; **5.** 정의; **6.** 침묵; **7.** 여성의 음문; **8.** 문장heraldry(紋章): a. 상인들의 수호자로서의 메르쿠리우스-토트의 상징; b. 가문의 문장이 장식된 여성들을 위한 방패의 형태; **9.** 민속: a. 다이아몬드 9 카드: 스코틀랜드의 저주; 스테어가문의 첫 영주가 대학살의 명령을 그 카드에 적었다고 전해지기도 한다; b. 다이아몬드 10 카드: 18세기에 종종 손님을 사교 행사에 초대할 때 도착시간을 표시하기 위해 사용했다; c. 한 판의 카드 돌리기에서 다이아몬드가 과반수 이상 나오면 사업, 재산, 돈을 상징한다; d. 아이들의 운세 점치기에서 다이아몬드 카드가 나오면: 누군가 너에게 돈을 줄 것이다; e. 동요: "모두가 우울해, 왜냐하면 다이아몬드가 으뜸 패이기 때문에; 새끼 고양이들은 사도 바울 대성당으로 갔어! 아기들이 물렸어, 달은 화가 났고, 집들은 벽 없이 지어졌어".

다중성 multiplicity **1.** 합일의 상실로서 일반적으로 해체, 퇴보, 퇴행의 형태이므로 좋지 못하다; **2.** 대부분의 신화에서 여러 신으로의 점진적인 파편화가 발생했다고 추정한다: 예 위대한 여신들은 처음에는 세 명으로 나뉘었고 [미(美)의 세 여신: 코레-아프로디테-헤카테단계] 계속해서 아홉 명으로 나뉘었다(예 뮤즈); 궁극적으로 거의 모든 이집트 여신들은 이시스와 동일시된다; **3.** (공간의 분산으로서) 다중성은 일시적인 시간적 분열과 관련 있다(공간에서의 이동은 시간의 움직임과 같다); **4.** 연금술: 휘발성(=다중성)에서 고정된 것(통합된 것)으로의 변환 또는 그 반대의 변환; **5.** 때로 다중성은 누적 효과를 갖는다: 예 풍요를 암시한다(특히 통일된 패턴이 유지되는 경우); 예 사과=단일성, 그러나 (여러 세포로 나누어진) 석류는 풍요와 같다; 여러 개의 보석이 함께 있어서 보물을 이루는 경우도 마찬가지일 수 있다(예 브리싱가멘, 비너스의 거들=다산; **6.** 심리: a. 파편화 상태의 무의식; b. 따라서 마이나드, 에리니에스, 바칸테, 하르피이아, 지렌 등은 남자의 내면을 갈기갈기 찢는 것이라고 할 수 있다; 머리가 많은 용, 케르베로스 등.

다크틸 dactyls (초기 그리스 영웅들) **1.** 기원: 헤라가 아이를 낳는 산통을 겪으면서 두 손으로 땅을 눌렀을 때 태어났다: 오른손에서 다섯 명의 남자, 대장장이들이 태어났고, 왼손에서 다섯 명의 여자, 마법사들이 태어났다(로버트 그레이브스Robert Graves, 그리스 신화GM 1, 185ff); b. 어릴 때 이야기 보다는 성장 후의 이야기가 신화를 통해서 전해지고 있으며 프리기아의 이다산에서 살았다; c. 일부 버전에서는 이들이 크레타섬에서 아기 제우스의 요람을 보호한 쿠레테스들이라고 한다; **2.** 땅에서 태어난 이들은 지하 신들의 영웅들이다(따라서 다산과 관련된다): 이들은 지하의 금속을 다루는 대장장이(키클롭스에서부터 빌란트까지) 및 지하세계와 연결된 여자 마법사와 밀접한 관련성이 있다; 따라서 이들은 지하세계 및 땅과 연결된다; **3.** 이들은 우연히 나타나 논리적으로 계획한 일들을 돕거나 틀어지게 만든다; 이들은 자연의 다양성에 대한 '맹목적'이고 본능적인 힘이다; **4.** 손가락fingers 참조.

다프네이온 daphneion (보석) a. 녹주석 같은 돌로 불그스름하고 색이 엷다; b. 밤에 악마의 유혹으로부터 그리고 출혈성 이질과 중풍을 막아 준다(중세보석세공집Med. Lap. F 66).

단, 댄 Dan **I. 이스라엘의 부족, 지파:** 1. 야곱의 다섯째 아들, 라헬의 '하녀' 빌하의 첫째 아들(둘째 아들은 납달리)의 이름: '판단하다'(레아와의 투쟁에서) 또는 '강력하다'라는 의미를 가지고 있다; 2. 가나안에 들어갈 때 그 수가 유다지파에 이어 두 번째로 많았다; 3. 재판관; 삼손은 소라 출신의 단 지파 사람이었다(사사기Judg. 13); 또한 타로카드의 정의 카드에 상응한다; 4. 단 지파의 상징은 뱀이나 용이었다: 이것은 아마도 단 지파가 적 그리스도의 전설과 관련이 있기 때문일 것이다; 또한 랍비(율법 학자)의 유대교 문헌에서 단 지파는 항상 우상숭배와 연관되어 있다; 아마도 이로 인해 단이 요한계시록의 봉인된 명부에서 빠졌을 것이다(요한계시록Rev. 7); 단 지파도 제사장으로서 모세의 자손이었기 때문에 모세의 놋뱀과 관련되었을 수 있다(사사기 17 및 18); 모세의 예언에서 단은 사자의 새끼로 언급된다; 5. 별자리: 전갈자리를 다스린다; 6. 단 지파가 이주한 도시: a. 우상을 숭배하는 도시: 현지 부족들의 억압으로 인해 단 지파는 예루살렘의 서쪽에서 북동쪽으로 이주했고 가장 북쪽의 도시를 차지했으며 그 도시 이름을 단으로 바꾸었다(최남단의 도시 베르셰바와 반대 위치); b. 황금 송아지들(태양 우상) 중 하나가 있던 곳; **II. 소년의 이름:** 댄이라는 이름의 아이들을 조롱하는 노래: "댄, 댄, 더러운 노인, 프라이팬에서 세수를 했네."

단, 묶음 sheaf **1.** 이집트 상형문자: 제한; **2.** 라틴어 '파시스fascis'와 유사하다: a. 통일, 통합, 권력과 힘의 통제; b. 매듭 등과 같은 묶음의 상징: 예 존재에 얽매이는 것.

단검 poniard 기본적이고 비밀스러운 대표적 무기.

단검, 단도 dagger **1.** 남근 상징: 그러므로 자웅동체의 마녀 여신이자 남자가 결혼하는 것을 막음으로써 남자의 남성성을 '훔치는' 끔찍한 어머니Terrible Mother인 헤카테의 상징; **2.** 종종 배반자들이 사용하

는 무기: 예 맥베스가 던컨왕을 죽일 때, 배신자들이 카이사르를 죽일 때 사용한 무기(추정하건대, 마지막에 자살을 위해 동일한 무기가 사용되었으며 그 단검을 '검swords'이라고 달리 지칭하였다); **3.** 중세 '자비의 단검(미세리코르데)': 죽어 가는 패배한 적의 갑옷 이음매를 관통하여 치명상을 입히는 데 사용된 단검; **4.** 나무(욋가지) 단검은 도덕적 교훈을 주는 중세연극에서 악덕의 전형적인 상징물이었다; 셰익스피어 작품에서 많이 언급된다(십이야Tw. N. 4, 3; 헨리 4세 1부1H4 2, 4; 헨리 5세의 생애H5 4, 4 등); **5.** 16세기 말경 '양날 칼rapier(또는 검sword) 및 단검dagger'이 검과 방패를 대체하기 시작했고 명예로운 싸움에서 사용하게 되었다; **6.** 심리: "그림자".

단독(丹毒) erysipelas **1.** '장미' 혹은 성 안토니우스의 불로도 알려진 피부 염증을 유발하는 질병; **2.** 마비처럼 분노의 전형적인 질병(에드먼드 스펜서Eedmund Spenser, 페어리 퀸FQ 1, 4, 35).

단두대 guillotine 딜런 토머스Dylan Thomas("오늘이 벌레는"): a. '신뢰와 욕망'의 두 가지가 되도록 감각을 자르는 것; b. 뱀과 벌레를 교미시키는 남근적 도구로서, 거기로부터 에덴의 자궁에 악어가 출현한다.

단봉 낙타 dromedary **1.** "너는 발이 빠른 암약대가 그 길에 어지러이 달림 같았으며"(예레미야서Jer. 2, 23): '쾌락(=열기)'의 무모함으로 모든 속박을 깨고 올바른 길을 벗어난다; **2.** 자만심(아마도 그 자체에 성적인 의미가 포함되어 있다: 늑대wolf 참조); **3.** 낙타camel 참조.

단어, 말 word **1.** 인간에게는 자신의 삶의 이야기를 들려 주고 싶어 하는 원형적 욕구가 있다: a. 죄의식을 해소하기 위해(예 햄릿이 죽어 가며 호레이시오에게 했던 부탁, 늙은 수부의 노래 등); b. 속죄함을 받고 그에 따라 "이름"을 짓고 개별화된 불멸성으로 다시 태어나기 위해; **2.** 진리, 로고스: 창조적이고 파괴적인 최고신의 발출(發出); 폭풍, 바람, 숨결, 그리고 아누의 '말word'이었던 수메르의 엔릴Enril 참조: 건설적이면서 동시에 파괴적인 존재의 능동적인 힘의 발현; **3.** 기독교: 그리스도; **4.** 일반적으로 언어 속의 단어들은 유기적인 전체로 표현된다: 예 딜런 토머스 Dylan Thomas의 시를 위한 "말의 나무"; **5.** 은silver: 침묵은 금이다; **6.** 말은 나오는 숨, 침 등에 대한 연상을 가져온다.

단일 거석 monolith **1.** 이집트 상형문자: a. 오시리스와 관련됨. 그의 팔다리의 재결합은 단일석(역주: 오벨리스크)을 세우게 했다; b. '지속하다'의 의미이다; **2.** 태양; **3.** 남성성, 생식(선돌menhir 같은); **4.** 부활, 영생; **5.** 단일성(체): 해체되어 '추락한' 세계와 반대되는 것; **6.** 원시 생명체.

단추 button 슬픔: 조끼에서 터져 떨어지는 단추 등은 과도한 슬픔을 뜻한다(프랜시스 차일드Francis Child II, p. 302; 참조: 리어왕Lr. 5, 3).

단풍 sycamore; sycomore (나무) **1.** 일반적으로 다음을 의미한다: 글로는 구별할 수 없는 두 개의 다른 나무가 있다: a. 팔레스타인, 이집트 등에서 자라는 무화과 뽕나무('피쿠스 시코모루스Ficus Sycomorus'; 무화과fig 참조); b. 영국의 단풍나무. 미국에는 다양한 종류가 있다(플라타너스Platanus속); **2.** 풍요: A. 이집트: a. 신들이 앉는 생명나무와 그들이 먹는 과일; 오시리스 비의에 영향을 주었다; b. 하토르, 누트, 세크헤트 등에게 바쳐졌다; B. 구약성서: (솔로몬에 관한 부분) "백향목은 그를 골짜기에 있는 뽕나무와 같이 많게 하였느니라"(열왕기상서1Kings 10, 27; 삼나무보다 열등하다(예 이사야서Isa. 9, 10); **3.** 허영심; **4.** 진리를 위한 호기심과 지혜를 나타낸다: 세금 걷는 자였던 삭개오는 그리스도를 보기 위해 돌무화과나무에 올라갔다(누가복음Luke 19, 4); **5.** 사랑: a. "아민타스는 이제 클로리스와 함께 무화과나무 아래에서 잠을 자고 있다(토머스 카루Thomas Carew, "봄Spring"); b. 슬픔: 불쌍한 영혼: "사랑에 빠진 가련한 영혼이 뽕나무 옆에 앉아 한숨을 쉬었다"(베니스의 무어인 오셀로Oth. 4, 3); 이른 아침에 이미 단풍나무 숲에 있는 로미오를 보게 될 것이다"(로미오와 줄리엣Rom. 1, 1); **6.** 기독교: a. 긍정적 의미: 그리스도의 십자가 나무; b. 부정적 의미: 탐욕스럽고 신실하지 않은 유대인들;

7. 영국: 풍요: 풍요를 촉진을 위한 나무숭배의 잔재로서 오월제에 단풍나무와 산사나무 등의 푸른 가지를 집 앞에 놓았으며 문을 장식했다.

단풍나무 maple (나무) **1.** 보류와 물러남: 거리와 그늘을 만드는 나무; **2.** 부부간의 사랑, 세속적인 브르주아적 행복; **3.** 과거의 행복: 빛나는 가을 빛깔; **4.** 순간: 곧 잎이 떨어진다; **5.** 신화: a. 파시파에는 단풍나무로 만든 가짜 암송아지(나소 P. 오비디우스Naso P. Ovid, 사랑의 기술De Art. Am. 1, 325) 속에 들어가서 황소를 유혹했다; b. 라티움의 왕 에반드로스는 아이네아스를 단풍나무 보좌로 데려왔다(나소 P. 오비디우스, 아이네아스Aeneid 8, 178); **6.** 이 나무는 오월제 기둥과 유사한 것으로 보인다; **7.** 단풍잎: 캐나다의 상징.

달 moon **1.** 기본 상징으로서 여성과 남성, 유동성과 휘발성, 항상성과 항변성 등의 **대극적 가치**를 나타낸다; **2.** 신화에 나오는 **성별**: **I.** 여성: A. 이집트: a. 달은 호루스의 '왼쪽 눈', 반면 오른쪽 눈은 태양이다; b. 나중에는 이시스와 동일시된 소의 여신 하토르; c. 분노의 자리: 그녀는 달 위에 놓여 있어 지구상의 어떠한 잘못된 행위도 그녀를 벗어날 수 없었다(그러나 오시리스Osiris 참조); B. 바빌로니아: 이슈타르; C. 그리스: 세 가지 형태의 여신(초승달, 보름달, 그믐달), 대모 여신의 처녀 단계, 여인 단계, 노파 단계와 가장 밀접한 관련이 있다; 그녀는 또한 테르마간='트리바간트t'='세 번의 변신'이다. 때로 그녀는 이중적이다: 교차로의 디아나: a. 처녀 아르테미스(킨티아, 디아나, 포이베), 치명적인 여자 사냥꾼; 그녀의 '남성적' 특성은 달을 양성적, 양성애적으로 보이게 만들었다: 원래의 관점이든 아니면 이러한 여성과 남성의 합일이든 그중 '남성'은 더욱 모권적 사회의 잔재이다; 또는 달이 세계의 알로 간주되기 때문이다; 달의 단계는 천상의 측면인 코레에 상응한다; b. 잠자는 들판(엔디미온)에 키스하는 셀레나(헬레나, 루나); 이 단계는 지상의 아프로디테와 일치한다; c. 헤카테: 노파로 변신한 마녀, 지옥과 같은 지하 세계의 측면, 데메테르에 상응한다; d. (이후에) 그녀는 히페리온과 테이아의 딸로서 태양 다음으로 위대한 신이었다. 마크로비우스는 모든 신이 이 두 신과 연관될 수 있다고 주장했다: 일부 '동양인들'은 그녀를 천문의 여신 우라니아로 숭배했다; D. 기독교: 천국의 여왕인 동정녀 마리아; **II.** 남성: A. 고대 셈족: 아버지로서 아브라고 불리는 샤하르신, 그의 '아니마'(아마도 이전의 여성 형태의 잔재)로서 와드('사랑'), '방랑자'로서 와라라고 불린다; B. 이집트: 아Ah(나중에 콘수)는 각성자 길잡이 토트와 연관되었다; C. 바빌로니아: 위대한 신Sin, 그의 신성한 거주지는 시나이산이었다; 그는 이슈타르의 '아버지'이다. 그에 대한 숭배는 히브리 종교에 큰 영향을 끼쳤다(예 안식일 준수). 그는 나중에 바벨로니아의 주신 마르둑과 합쳐진다; D. 달 속에 있는 사람: 아래 참조; **3. 죽은 자들의 거처**: a. 그리스(그리고 이집트인): 땅에서 선했던 사람들의 거주지(특히 초승달); 그들은 완벽한 평온을 누리고 아직 지상에 있는 사람들에게 신탁을 준다; 그 무시무시한 모양은 그곳에 거주할 권리가 없는 사람들을 겁주는 역할을 한다; b. 영지주의: 죽은 자의 영혼을 실은 천상의 배; **4.** 신들의 음식 **암브로시아** 또는 신들의 술을 담은 잔(잭과 질Jack and Jill 참조); **5. 문**(門)(디아나=이아나=이아누스의 여성 형태): 변하지 않는 것(문 위로)과 일시적인 것(문 아래) 사이의 구분선; **6. 물질**, 여성: a. 여성(그리고 바다)은 달의 리듬에 따라 움직인다: 수동성; b. 다산과 담음의 상징인 모체, 관(棺); c. 감싸기, 보호: 교회, 국가 등; d. 태양으로부터 형태를 받는 물질(연금술에서 원질료의 이름 중 하나); e. 영혼soul, 심혼psych.; f. 무의식, 자연, 드러난 세계의 초자연적 측면(태양의 맹렬하고 활동적인 측면 이외에도); g. 중재자(5번 참조)로서 비rain와 풍요 등을 관장한다. 따라서 달은 물(마찬가지로 원질료이다)과 연결된다: 달 여신은 흔히 '목욕'으로 표현된다(예 악타이온 신화); h. 삶의 단계: 주기적 창조와 재창조(아래의 윌리엄 B. 예이츠William B. Yeats 참조); i. 기억력 및 유전적 자질의 수호자; j. 보름달은 출산을 용이하게 한다(그리스 이후); **7. 유동체**: a. 달은 인체의 모든 체액(월경뿐 아니라)에 영향을 미치기 때문에 인간에게 있는 '체액'이다; 만약 그녀(달)가 빛을 내지 않는다면 우리의 몸은 탈수될 것이다; b. 땅의 액체에 영향을 미친다(조수, 비rain 등). 바다가재, 굴, 나뭇잎 등은 달이 떠오르면 성장하고 달이 기울면 줄어든다; c. 적응; **8. 광기**: a. 일반적으로 여성들이 광란 상태에서 수행하는 절단에 관한 신화(오시리스, 자그레우스, 펜테우스, 오르페우스, 악타이온)는 달의 단계와 관련이 있을 수 있다; b. 성서에서 달은 간질('미친 짓'의 한 형태) 시기를 조절하는 것이다; c. "그것은 달에 대해 잘못 알고 있는 것이며 달은 늘 그랬던 것보다 더 지구 가까이 와서 남자들을 미치게 만든다"(베니스의 무어인 오셀로Oth. 5, 2); d. 상상력, 시적 영감(잭과 질Jack and Jill 참조), 시적 '광란'; **9. 마법**: a. 히브리 부적은 일반적으로 달 모양이었다: "반달장식"(이사야서Isa. 3, 18); b. 달빛에 채취한 약재가 가장 강력하다: "달빛 아래 이것의 일반적 특성을 가진 가장 단순한 것[=약초]"(덴마크의 왕자 햄릿Ham. 4, 7); c. "높이 뜬 달이 여자 중재인처럼 앉아 있는 시간에 늦게 일을 마친 농부들이 숲이나 샘물 옆에서 떠들썩한 한밤중 잔치를 벌이고 있는 엘프들을 보거나 꿈을 꾸듯 본다"(존 밀턴John Milton, 실낙원Par. L. 라틴어판 1, 781ff); d. 유령과 관련된다: "유명을 달리한 시체가 어찌하여 갑옷과 투구로 완전 무장하고 하필이면 어스름 달빛 아래 다시금 나타나 이 밤을 소름끼치게 하는가?"(덴마크의 왕자 햄릿 1, 4); 이 외에도 달빛은 불멸을 제공한다; e. 달빛은 요정의 음식이다; **10. 불변성**: 성서에서: 죽음과 언약 등의 불변성. "달이 존재하는 한"; **11. 변하기 쉬움**: "오, 달에 맹세하지 말아요, 둥근 궤도를 돌면서 다달이 변하는 달이라 당신의 사랑마저 그처럼 변할까 두려워요"(로미오와 줄리엣 Rom. 2, 1); **12. 순결**: 처녀 여신(특히 초승달)으로서: a. "최고로 얌전한 처녀는 자신의 아름다움을 달에게만 드러내도 아주 방탕하다고 여긴다"(덴마크의 왕자 햄릿 1, 3); b. "여왕, 여자 사냥꾼, 순결하고 공정한…"(벤 존슨Ben Jonson, "킨티아의 계시Cynthia's Revels": 헤스페로스, 찬가); **13. 반(反)순결성**: (아프로디테로서): a. 내가 생각하기에 "달은 물기 어린 눈으로 바라보는구나: 그리고 그녀가 울 때 모든 작은 꽃이 울면서 강요된 순결을 한탄하는구나"(한여름 밤의 꿈MND 3, 1); b. 초승달은 종종 결혼을 위한 시간이었다: 예 테세우스의 결혼(한여름 밤의 꿈 3, 1); **14. '별들의 목자'**, 깨우는 자 및 모으는 자(역주: 목자처럼); **15. 죽음**(위대한 여신의 또 다른 측면): a. 하늘에 네 개의 달 그리고 그 주변을 휘감아 도면서 "기이한 움직임을 보이는 다섯 번째 달"은 존왕의 죽음을 예고하는 것이었다(존왕의 삶과 죽음K. John 4, 2); b. "달이 기울었다"는 것은 던컨의 죽음을 알리는 것이다(맥베스Mab. 2, 1); c. 단테Dante: 죽음의 밤에 달 주위에 광배가 비쳤다("나의 누이가 잠들었다"); **16. 재난**: '피' 같이 붉은 달은 여호와의 날이 임할 징조이며(요엘서Joel 2, 31) 종종 지구의 재앙을 예언하는 일식과 유성이 동반된다(예 요한계시록Rev. 6, 12f.); **17. 침묵**: "고요한 달의 다정한 침묵 속에"(베르길리우스Virgil, 아이네아스Aeneid 2, 255); **18. 음악**: 달의 단계는 악기의 모양에 영향을 미쳤을 수 있다; **19. 알파벳**: a. 달의 단계는 히브리 문자의 특성에 영향을 미쳤을 수 있다; b. 그리스어 모음 알파α와 일치한다; **20. 기독교**: a. 성모 마리아; b. 그리스도의 빛을 비추는 교회; c. 유대교 회당: 교회와 반대이며 초승달 축제와 연결된다; d. 그리스도의 인간성은 십자가에 못 박혔지만 태양은 그리스도의 신성을 상징한다; e. 달의 중간 상태: 거기에서 땅 위로 낭비되는 귀중한 것(깨진 언약 등: 림보limbo 참조)이 있다; **21. 연금술**: a. 원질료; b. 휘발성: 변이성; c. 은silver; **22. 점성술**: a. 성배의 신비로운 중심인 성수와 여성 원리; b. 별자리: 달은 게자리를 지배한다; c. 클라우디우스 프톨레마이오스 Claudius Ptolemaeus: 위, 자궁, '왼쪽 부분'의 질병들 또는 우울증을 관장한다; d. 다음에 상응한다: i. 체액: 차가운, 촉촉한; ii. 색상: 흰색; iii. 금속: 은; iv. 보석: 오팔 또는 진주; v. 요일: 월요일; vi. 식물: 미역, 멜론, 오이, 버섯, 모란, 양갓냉이, 수련, 호박, 딸기, 금달맞이꽃, 괭이밥, 야생백리향, 바이올렛 및 양귀비; vii. 장소: 하수구; viii. 선물: 상상력, 여행, 부주의; 죄: 게으름; **23. 심리**: (카를 융Carl Jung) 무의식의 특정 측면: 태양은 신의 한 유형이고, 달은 인간이다. 왜냐하면 달의 변화하기 쉬운 특성 때문이다(죽어야 할 운명, 죽음); **24. 특별한 문학적 의미**: A. 윌리엄 블레이크William Blake: 신부(불라), 열정, 사랑, 이상적 결혼, 진실된 빛의 아름답고 지속적인 비추임; B. 윌리엄 B. 예이츠William B. Yeats: 인간과 인류의 단계(또한 원소 elements 참조): 1단계: 어둠의 단계. 인간의 삶은 존재하지 않는다; 2~8단계: 인간의 삶의 실현은 동물적 행복에 좌우된다; 9~11단계: 비극적이고 잘생긴 영웅들이 지배한다("마음에 아홉 개의 꼬리가 있는 고양이"); 12~14단계: 육체의 아름다움은 증가하지만 육체가 소멸에 가까워지고 있다는 두려움이 있다: 12단계: 영웅의 초승달: 그는 '지렁이처럼 무력함'을 갖고 있더라도 성장해야 한다; 13단계: 자신의 존재와 전쟁 중인 영혼; 14단계: 자신의 미로 속에서 죽게 되는 영혼의 광란; 15단계: 순수한 주관성. 아무것도 명확하지 않지만 바라는 의지(욕망)와 의지를 통해 꿈꾸는 이미지가 생겨난다; 이후 사색과 욕망이 하나로 결합하여 모든 사랑하는 이미지가 육체적 형태를 갖게 되고 모든 육체적 형태가 사랑을 받는 세상에서 존재하게 된다: 이 사랑은 욕망과는 아무 관련이 없다; 이 단계에서 인간의 삶은 가능하지 않다: 육체가 사라진다(세상에서 인간은 완전할 수 없다); 16단계: 반대 방향으로의 회전주기: 순수한 영혼I, 무용수(유기체적 합일)가 나타난다; 17~22단계: 개혁가, 상인, 정치가, 학식 있는 사람, 충실한 남편과 아내; 23~28단계: 영적 계시, 곱추(26), 성자(27), 바보(28)의 시기; C. 제임스 조이스James Joyce: 고립: 동반자가 없는 방황; D. 페데리코 G. 로르카Federico G. Lorca: 시인은 적대적인 새벽이 올 것이라는 공포에 사로잡혀 끊임없이 계속되는 밤에 움직인다. 그는 항상 여성적이지만 메마른 달 밝은 밤을 묘사한다: 달은 사랑하는 사람에게 열려 있는 유일한 '문'이며(한 시에서 달은 소녀지만 죽은 채로 누워 있다) 또한 차가운 이미지, 경직된 상태(예 얼어붙은 과일), 죽음으로 가득 차 있기 때문이다; 달은 "씨 없는 돌"이다; E. 토머스 S. 엘리엇Thomas S. Eliot: 달의 합성: 달빛은 특히 기억의 단절된 이미지와 같이 변화하고, 녹아내리며, 일관성을 만든다; 이와 반대되는 것은 안개이다("광시곡")이다; F. 딜런 토머스Dylan Thomas: 밀주: a. 불법적으로 산에서 증류된 술; b. 상상력; c. "신호를 보내는 달빛"; 아홉 번째 달 또는 0시(0=자궁과 달), "달빛을 수태하다": 다산; d. 불임: '씨 없는 돌'; e. 규칙성, 삶의 질서; f. 꿈과 로맨스의 수호자; g. 시간과 죽음의 경과를 나타낸다; **25. 붉은 달**: a. 마녀들의 활동 징후(벤 존슨, "여왕들의 가면The Masque of Queens"); b. 재앙에 대해서는 앞의 16번 참조. 일반적으로 전쟁을 예측한다; **26. 달의 인간**(또한 3번 참조): A. 단테Dante는 중세 전통을 따랐는데, 그것은 제물에 쓸 가시 다발을 들고 가는 가인이었다(예 신곡 지옥편Inf. 20; 신곡 낙원편Par. 2); B. 전래동요: a. 그는 교회 길에 가시를 뿌려 예배에 참석한 사람들을 방해했다는 이유로 달로 추방되었다. "달에 있던 남자는 남의 땅에서 가시를 훔치려다가 덫에 걸렸다. 만약 가시덤불이 놓인 상태로 두고 그냥 지나갔더라면 그는 그렇게 높은 달의 사람이 되지 못했을 것이다"; 종종 그가 갖고 있는 것으로 묘사되는 덤불(그리고 등불)은 이러한 가시덤불을 가리킨다; b. 전래동요와 거리 민요의 내용을 보면, 믿을 만한 소식통에 따라 그가 포도주를 마신다는 것을 알 수 있다; **27. 달**: A. 동물: 나타났다가 사라지는 모든 동물: 예 양서류, 달팽이(껍질 안에서 밖으로), 다양한 모양의 동물; 또한 밤도둑 등: 위대한 여신Great Goddess 참조; B. 물체: a. 수동적 또는 반사적인 것(예 거울); b. 모양이 변하는 것: 예 부채; C. 방식: 직관적이고 상상력이 풍부한 마법(태양 방식의 반대, 즉 이성, 반사, 객관성); 타로카드Tarot 참조; **28. 민속**: 1. 날씨 예측: A. 베르길리우스(농경시Georg. 1, 427ff.)에 따르면, 기우는 달은 다음을 예측한다: a. 폭우: 흐릿한 초승달에 안개가 끼었을 때; b. 바람: 달에 붉은 빛이 돌 때; c. 네 번 연속해서 달이 선명하게 떠오르면 월말까지 맑은 날씨: B. 민요("패트릭 스펜스 경Sir Patrick Spens", 프랜시스 차일드Francis Child 58)에 따르면, "어제 늦게 나는 초승달을 보았고 그녀의 팔에 안긴 보름달을 보았다": 이것은 폭풍우가 일어날 조짐을 뜻한다; C. 초승달: a. 토요일 또는 일요일에 떠오르는 초승달: 악천후와 불운; b. 초승달 끝이 위를 향하고 있는 상태: 홍수(물을 운반하는 것으로 보이는 달) 또는 건조한 날씨(달의 곡선이 비를 잡고 있는 상태); D. 한 달에 두 개의 달: 악천후 한 달; 그러나 5월에 두 개의 달이 뜨면 1년과 하루 동안 비가 내린다; E. 속담: a. "창백한 달은 비를 내리고, 붉은 달은 바람이 불게 하며, 하얀 달은 비도 눈도 내리지 않게 한다"; b. "보름달은 좋은 날씨를 가져온다"; c. "달 주위에 거무스름한 것[=후광]이 있으면 날씨가 춥고 거칠 것이다".

달 카드 The Moon (타로카드) **1.** 다른 이름: 교차로; **2.** 다음을 나타낸다: 하늘에 있는 달은 사실적으로 표현되거나, 하늘에 있는 달 모양 그대로 표현되거나(노란, 붉은, 파란) 이슬방울이 떨어지는(반대 방향으로 떨어지는 것도 있다) 원 모양의 달 얼굴에 초승달 모양이 함께 있는 것으로 묘사된다; 보통은 사각형이고 가끔은 원형인 두 개의 탑이 있다; 두 마리의 개들이 있다(그중에 한 마리는) 달을 보고 울부짖는다(다른 한 마리는 잠들어 있다); 물이 있는 풍경이 있고 그 근처에는(혹은 안에) 바닷가재 같은 게(게자리)가 있다; **3.** 다음을 의미한다: a. 새로운 시작을 위해 보다 원시적인 상태로의 회귀 또는 퇴행(게가 일시적인 것을 갉아먹고 있다); 변화, 변하기 쉬운 상태, 선택; b. 명상, 이성의 거부, 상상력; c. 달 합성에 담겨 있는 경이로운 세계, 상징성; d.점성술: 게자리, 때로는 쌍둥이자리, 물병자리, 금성.

달란트, 재능 talent **1.** 일정한 액수의 돈이 되는 일정한 무게; **2.** 신약성서의 유명한 달란트 비유(마태복음Matth. 25, 124ff; 누가복음Luke 19, 11f.; 안토니오 S. I. 오르베Antonio S. I. Orbe, 성 이레네우스의 복음주의 비유PEI 2, 18 참조): a. 비유에서 등장하는 주인은 그리스도이며, 그는 아버지께 가서 그의 재림 때에 위엄있게 돌아와 책임을 물을 것이다(테르툴리아누스Tertullianus, 마르키온에 반대하여Marc. 4, 39, 11, 다니엘서Dan. 7, 13f와 관련지음); b. 달란트 또는 파운드('미나')는 영지주의에 대항하여 감춰질 수 없는 하나님의 말씀이다(테르툴리아누스, 이단의 처방에 대하여Praescr. 26, 1ff.); c. 재능은 덕목뿐만 아니라 죄를 의미할 수 있고 또한 성령의 은사일 수 있다(안토니오 S. I. 오르베, 성 이레네우스의 복음주의 비유 2, 54; 오리게네스Origen, 레위기 3장 9절 강론Hom. 9, in Lev. 3과 첫 번째 원칙Princ. 2, 10, 7); d. 우리는 우리의 돈이 "주님의 돈" 또는 주의 돈(정직한 돈)인지 확인해야 한다; 돈에 관하여 왕이신 하나님의 형상과 그의 말씀의 형태를 가진 모든 말은 합당하다(안토니오 S. I. 오르베, 성 이레네우스의 복음주의 비유 2, 44ff; 오리게네스, 인간의 기원과 진화Ser. 68, 마태복음Matth.).

달력 calendar **A. 단주기**shorter periods: 사람들이 달력을 만들 때 다음의 것들에 의해 시간을 정했다: 1. 여성의 월경주기와 마법처럼 일치하는 달의 단계. 이것은 사냥꾼들에게 중요한 의미를 갖는다; 여전히 유대교, 이슬람교, 기독교 교회에서 사용된다; 2. 잎의 새싹: 예 무화과나무 새싹은 항해하기에 적당한 계절의 시작을 알리는 것이다; 3. 열대지역에서 우기 또는 건기; 4. 강의 홍수: 예 나일강; 5. 일출 직전 또는 일몰 이후에 보이는 별들; 6. 땅에서 간단한 막대기로 측정되는 한낮의 태양의 높이; 7. 동물들의 습성: 새끼의 출생; 이동하는 두루미들의 울음소리는 그리스에서 파종 또는 수확 시즌을 알리는 것이었다; 식물을 타고 올라가는 달팽이: 포도밭 경작의 끝 등; **B. 장주기**longer periods: 수확 또는 눈snows의 수; **C. 하루**는 새벽(예 바빌로니아), 태양 또는 밤으로 계산되었다: 예 게르만 민족의 '2주일' '일주일'; 로마와 이집트에서는 하루가 자정에 시작되었으며, 히브리인들의 경우 일몰에 시작되었다; 빛의 주기로 세분되었다: 새벽, 일출, 정오, 오후, 황혼, 일몰; 날을 셀 때 종종 정오부터 시작했으며 따라서 점성술사들은 밤을 두 개로 구분하지 않았다; 새벽부터 황혼까지 태양을 시간으로 구분하는 것은 일 년 내내 불균등한 시간을 만들었다; **D. '일주일'**은 장날들 사이의 기간으로 시작되었는데, 이는 5일, 6일, 8일 또는 10일이었다; 이후 신비한 숫자 7이 사용되었으며 훨씬 나중에는 12시간의 낮과 밤이 사용되었다. 그리고 종교적 의식이 장이 서는 것을 대신했다; **E. 계절**: 온대지역에만 계절이 존재하며(열대는 두 개의 계절만 있다) 이는 농업을 위해 태양년(태음년과 더불어)을 채택하도록 만들었다; 그러나 계절의 수와 어떤 계절인지에 대한 합의가 존재하지 않았다: 예 튜턴사람들(역주: 현재의 북유럽 민족들)은 겨울, 봄, 여름을 구분한 반면, 다른 사람들은 겨울을 제외시켰다(계절seasons 참조); 로마에서는 아마도 다섯 개의 72일에 각 5일간의 미네르바 축제Minerva-festival일을 합친 다섯 개의 계절로 구분했던 것 같다(숫자 5five 참조); 이집트에는 120일의 세 계절이 존재했다. 120일(=5×24, 또는 4×30)+오시리스, 호루스, 세트, 이시스, 네프티스의 5일로 이루어진 세 개의 계절이 있었다; 호루스는 댕기물떼새가 사라짐과 동시에 큰개자리와 두 마리 나귀자리에 해당하는 세 번째 계절(가장 덥다)이 되면 세트에게 그 자리를 내어주었다; **F. 연(연도)**은 다음과 같은 방법으로 계산되었다: **I.** 눈에 띄는 사건: 전염병, 기근, 전쟁이 발생하거나 새로운 군주 또는 로마에서 새로운 콘술consuls, 그리고 그리스에서 새로운 집정관이 생겼을 때; **II.** 태양년: 태양이 별자리들을 통과하는 것으로 365일과 1/4일에 해당하는 달력이며 1/4일이 4번 반복되어 완전한 하루가 되면 이 하루는 달력에 계산되었다; 연은 하지나 동지에 시작되거나 또는 춘분, 추분에 시작될 수 있지만 황도십이궁 별자리를 통과하는 태양의 여정과는 더 큰 차이가 있었으며, 따라서 사람들은 태양년으로 모든 계절로 구성하고자 시도했고 한 해가 동일한 계절에 시작되도록 하였으며 가능한 태음년에 맞추고자 했다; 이집트에서 나일강 상승의 시작으로 표시하는 대신 이후에 큰개자리의 상승으로 표시하는 방법이 점차 나타난 것에서 볼 수 있는 것처럼 점차 차이를 주목하기 시작했음을 볼 수 있다; **III.** 태음년: 이에 따라 29와 1/2일로 구성된 12개월(=II번의 1/4일보다 짧은) 또는 28일로 구성된 13개월=354일 +1 또는 +2일 등을 선택했다; 종교의 연(태음년)을 농업을 위한 태양년에 맞출 수 없었기 때문에 월에 속하지 않은 날 수를 연말에 추가했다; 보통 '새로운 달'로서 초승달의 첫 번째 테두리가 보일 때 또는 월의 날 수가 (인위적으로) 변화할 때 종교축제들이 열렸다; 호메로스Homer에서는 저녁에 목동자리의 대각성Arcturus이 보이기 전에 포도나무 가지치기를 했으며 가을폭풍이 예상되면 새벽녘 플레이아데스Pleiades 별자리가 보이기 전에 파종을 마무리해야 했다; 태음년의 가장 중요한 체계(축제가 포함된)는 다음과 같았다: **A. 13개월로 구성된 1년**: 1. 한 달은 7일로 구성된 4주였다=28일; 2. 13개의 음력달+1일, (거의) 태양년. 따라서 다음과 같은 표현, 즉 '1년과 1일' 또는 '12개월과 1일'이 사용되었다: "그러나 한 해에는 몇 개의 달이 있는 것일까? 나는 13개월이 존재한다고 말하겠어"("로빈 후드와 커털 수도사Robin Hood and the Curtail Friar"; 프랜시스 차일드Francis Child 123); 2. 불길한 13번째 달 다음의 홀수 일에 여러 가지 중요 사건이 발생했다: a. 동정녀의 아이가 태어났다: 보통 한겨울이 되기 2일 전; b. 태양왕의 희생죽음은 보통 한여름에 일어났다(신성한 왕에 대해서는 왕King 참조); c. 신비의 새해 아이는 염소젖을 빨았으며 양치기들에게 발견되거나 또는 떠내려갔다(방주ark 참조); 3. 임신 기간은 '10개월'이 걸렸다: a. "10개월 동안 나는 피와 사람의 씨앗으로 압축되었고 수면의 즐거움이 동시에 찾아왔다"(외경 지혜서Wisdom 7, 2; b. "10개월이라는 긴 시간은 너의 어머니에게 임신의 고통을 안겼다"(베르길리우스Virgil, 목가Ecl. 4, 61; 호메로스 찬가Homeric H. to Hermes. 11 참조); 4. 켈트족의 나무 알파벳 달력Tree-Alphabet-Calendar (로버트 그레이브스Robert Graves, 하얀 여신WG 207f. 및 그리스신화GM 1, 183f. 참조)(다음 표 참조);

달력calendar: 켈트족의 나무 알파벳 달력(자음)

(1) 12월 24일	B	자작나무 또는 올리브나무	5
(2) 1월 21일	L	마가목	14
(3) 2월 18일	N	물푸레나무	13
(4) 3월 18일	F	오리나무(또는 산딸나무)	8
(5) 4월 15일	S	버드나무; SS(Z)(야생 자두나무)	16
(6) 5월 13일	H	백색 산사나무(야생 배나무)	0
(7) 6월 10일	D	참나무(테레빈나무)	12
(8) 7월 8일	T	호랑가시나무(가시가 있는 배, 나중에는 가시금작화)	11
(9) 8월 5일	C	개암나무; CC(Q)(사과, 마가목속 열매 또는 모과)	9
(10) 9월 2일	M	포도나무	6
(11) 9월 30일	G	아이비(담쟁이)	10
(12) 10월 28일	Ng	(Gn) 갈대, 또는 드워프 엘더베리(또는 불두화나무)	7
(13) 11월 25일	R	엘더베리(머틀)	15

4개 분기별(모음)

춘분	O	울렉스furze(나중에 빗자루로 대체)
하지	U	헤더heather
추분	E	백양나무
새해	A	전나무(또는 출생 나무로서 종려나무, 이후 느릅나무로 대체)
동지	E	주목(죽음의 나무)

사라진 날(12월 23일): 겨우살이mistletoe(새해에 전나무와 함께 사용됨).

B. 12개월로 구성된 1년: 1. 히브리: a. 일반적으로 히브리 달력은 매우 복잡했으며 큰 변화가 있었다: 이들은 경험적 방법에 따라 매달 새로운 달을 결정했다(29일 또는 30일); 나중에서야 1년은 30일('한 달의 전체 일수')로 구성된 8개의 달 수보다 많아야 한다고 결정했다; 바빌로니아에 포로로 끌려가기 전에는 월에 단순히 숫자를 매겼으며 몇 개의 이름만을 붙여 주었다; b. 가인(농업)과 아벨(목축) 사이의 싸움은 새끼들(첫 수확물)을 바치는 달력주기의 끝에 가서 발생했다; c.

출애굽이 일어나기 전 가을에 새해가 시작되었으며 이후 유월절로 이어졌고, 따라서 출애굽은 봄에 시작되었다(출애굽기Ex. 12, 2); d. 성서에서 말하는 바빌로니아 시대의 신화에 대해서는 부활절Esther 참조; 2. 고대 영국에서 크리스마스와 주현절 전야 사이에 12일의 간격이 있었고('남은 기간leftovers'이라고 불렸다) 12일은 종종 1년 12개월을 나타냈다; 각 날은 한 달을 나타냈다; 이것은 12개 연으로 구성된 많은 운율(여전히 현존하는)을 의미한다; **C. 태음년 주기**에서는 4년간의 위대한 해(자신의 계승자를 선택하는 경기와 함께 신성한 왕의 생명의 첫 번째 연장; 올림픽 경기와 비교)를 계산하거나 태양년과 훨씬 더 일치하는 태음년을 계산하기 위해 큰 해는 235개의 태음월, 즉 19개의 태양년이었다(뒤 참조); **IV.** 새해: 1. 아시리아: 약 9월 10일 쯤; 2. 히브리: a. 교회: 봄; b. 민간: 가을(고대 로마, 마케도니아, 시리아처럼); 3. 그리스: 여름; 4. 로마: 3월, 나중에는 1월; 5. 영국(1752년 전): 3월 25일 그러나 또한 1월 1일("가윈 경Sir Gawain" 60); **G. 로마 달력**(처음에는 경험에 근거해 만들어진 그리스 달력에 뒤처졌다)은 3월부터 시작하는 12개월이 있었으며 12개의 태음월과 두 개의 이름 없는 달로 구성되었다(아마도 1월로의 변경은 문의 신 야누스)로 한 해를 시작했던 에트루리아 사람들Etruscans에게서 유래했을 것으로 보인다); 사제들은 초하루 또는 초승달, 보름달을 뜻하는 '이두스idus'의 9일 전을 계산했다; '초하루' 이외에는 모두 불운한 날이었다; 또한 한 해의 나머지는 합법적인 일에 적합한 날들('파스fas')과 도움이 별로 되지 않는 날들('네파스nefas')로 완전히 구분되었다; 율리우스 카이사르Caes.는 거의 현대 표준에 맞게 달력을 쇄신했다(130년간 하루가 틀렸다); **H. 교회**는 태음년을 따라 히브리 축제를 열 수 있도록 허용했다(예 부활절 축제: 유대인의 유월절 이후 일요일: 춘분에 뜬 보름달 이후의 일요일 또는 초승달 이후의 일요일에 열렸다); 28년 후에는 일요일이 일 년 내내 같은 날이 될 수 있었다; 19년마다 일요일과 달의 초승달 단계가 일치할 수 있게 만들었다; **I. 그레고리력**Gregorian correction: ('양력'): 400년이 되는 날에서 3일이 지나면 10일을 제거했다; 영국은 11일이 차이 나게 되었을 때 양력을 채택했고 1751년 9월 2일과 9월 4일 사이에 이 11일이 제거되었다. 이는 11일을 되돌려 달라고 요구하는 폭동을 불러일으켰다; **J.** 계절season; 연year 참조.

달리기 running **1.** 그리스 신화: 아킬레스는 훌륭한 달리기 선수로 언급되지만 에우로페와 포세이돈의 아들이자 아르고선의 선원들 중 한 명인 유페모스의 발이 가장 빨랐다. 그는 심지어 물 위를 달릴 수 있었으며 발가락만 젖을 뿐이었다: 일반적으로 바람의 신의 특징(로디우스의 아폴로니우스Apollonius Rhodius 1, 179ff.); **2.** 정해진 시간: a. 소녀로 변장한 아프로디테는 하르모니아가 낯선 카드모스를 질투하게 만들어 아내로 삼으라고 부추긴다. 그녀는 하룻밤 달리기를 위해 카드모스를 빌려 달라고 하르모니아에게 요청했다(논누스Nonnus 4, 173); b. 한 여자가 그녀의 연인이 밤의 공간(라틴어 '공간spatium')을 달리도록 요구한다(루크레티우스Lucretius 4, 1196); **3.** 켈트족 신화: 나무 꼭대기와 갈대 위에서 나뭇가지와 갈대를 구부리지 않고 달릴 수 있는 스기티 라이트풋Sgitti Lightfoot은 페니안 전설의 아일랜드 켈트에 상응한다(로저 루미스Roger Loomis, 중세의 아서문학ALMA p. 34; 마비노기온Mabinogion, 컬후치Culhwch p. 102); **4.** 광기와 관련된다: 발광하다, 미친 듯이 날뛰는 등(제프리 초서Geoffrey Chaucer, 트로일루스와 크레시다 Troil. 2, 1554n 참조); **5.** 꿈: 단순한 경로를 달리는 것은 모두가 좋아한다. 적어도 자신이 이기고 있다는 느낌이 있다면 말이다: 예 '끝에 이르는 것'은 노예에게는 자유로워지는 것이지만 병든 사람에게 '죽는 것'을 의미한다. 먼 길도 동일한 의미이지만 시간이 더 걸릴 것이다. 특히 여성들에게 꿈속의 달리는 길은 한 곳에 머물지 않는 창부나 창녀의 삶을 보여주는 것이다(달디스의 아르테미도로스Artemidorus of Daldis 1, 58).

달리아 dahlia (식물) **1.** 멕시코가 원산지인 달리아는 스페인을 통해 영국으로 전파되었고, 스페인에서 스웨덴의 식물학자 달Dahl의 이름을 따서 명명되었다; **2.** 우아함, 고상함; **3.** (하위 중산층 또는 중위 중산층의) 품위; **4.** 세속적인 과시; **5.** 토머스 S. 엘리엇 Thomas S. Eliot: 마을에 있는 일반적인 식물("이스트 코커East Coker" 1); **6.** 페데리코 G. 로르카Federico G. Lorca: 건강("피의 결혼Blood Wedding"); **7.** 파랑색 달

리아: 불가사의한 경이로움.

달팽이 snail **1.** 게으름: 나무늘보Sloth의 상징; 모든 죄는 게으름과 연관되어 있기 때문에 중세시대에는 '죄인'의 상징이었다; **2.** 성적 힘의 출현 혹은 생겨남; **3.** 감수성과 부드러움: "꼬막 달팽이의 부드러운 뿔"(또한 비너스와 아도니스Ven. 1033ff. 참조); **4.** (적의) 덧없음: "소멸하여 가는"(시편Ps. 58, 8); 가을과 연관된다; **5.** 중세시대: 이슬에 의해 수정된다(처녀가 아들을 낳을 수 있다는 증거 중 하나); **6.** 문장heraldry(紋章): a. 숙고와 인내; b. 획득한 소유물을 유지하고 확장하려는 욕구; **7.** 심리: 껍데기 안쪽의 부드러운 몸은 의식을 상징하며 껍데기는 의식을 상징한다; b. 카를 융Carl Jung: 때로 꿈에서 자기Self의 상징(9b, 226); **8.** 달팽이 껍질: a. 삶과 죽음: 껍질에서 나오는 달팽이는 대개 어머니의 죽음을 초래한다; b. 죽음 이후에 살아남는 것: 불멸; c. 어디든 가지고 다니며, 심지어 새로운 환경에서도 놓지 못하는 사람의 성격; **9.** 달팽이의 흔적: 하늘과 땅 사이에 있는 은하수의 상징, 영혼의 다리; **10.** 민속: a. 점술(날씨, 운, 결혼)과 치료(특히 위장)에 사용된다; b. 전래 동요: c. 개구리, 강아지 꼬리 그리고 달팽이는 남자 아기를 만든다(아이오나 오피와 피터 오피Iona Opie & Peter Opie p. 100).

닭 chicken **1.** 비겁하다; **2.** 나약하다; **3.** 황금과 관련된다: 녹인 황금을 닭다리로 저으면 황금을 완전히 흡수한다; **4.** 닭 수프는 뱀에게 물린 독과 많은 질병을 치유한다; 몸에 닭 수프를 바르면 사자와 푸마로부터 보호한다.

담배 cigarette 민속: 전쟁터에서 저격수들이 총을 겨냥할 시간을 벌어 주기 때문에 성냥 하나로 담배 세 개비에 불을 붙이면 위험하다고 한다; 하나의 수단으로 세 개에 불을 붙이는 것을 금지하는 금기는 훨씬 오래전부터 있었다: 양초candle 참조.

담배 tobacco (식물) **1.** 덧없는 즐거움과 건망증; **2.** 악마의 잡초: "지독하고 악마 같고 저주받은 담배"(로버트 버튼Robert Burton, 우울의 해부Anat. of Mel.); **3.** 점성술: 화성과 관련된 행성; **4.** 토머스 S. 엘리엇Thomas S. Eliot: ("여인의 초상Portrait of a Lady") 너무 은밀한 장면에서 외부로 향하는 남성적인 탈출의 상징; 또한 파이프pipe, 흡연smoking, 땜장이tinker 참조.

담비 marten 이집트 몽구스ichneumon 참조.

담요 blanket **1.** 밤하늘; **2.** 엘리자베스 1세 여왕 시대에 연극 무대에 사용된 검은 담요: 비극이라는 것을 보여 주기 위해 무대의 가리는 부분 꼭대기에 걸었다: 검은색black 참조; **3.** "담요의 잘못된 쪽에서 태어나다(서자로 태어나다)"(=사생아: 속담).

담쟁이덩굴 ivy (식물) **1.** 일반적으로 다음을 의미한다: A. 암나무와 수나무 모두에게 해당한다: a. 수나무: 상록수로서 초목 신에게 바쳐졌다; b. 암나무: 다섯 갈래의 담쟁이덩굴 꽃은 위대한 여신에게 신성한 것을 의미한다; 게다가 담쟁이덩굴의 달라붙음과 궁극적인 조여듦은 다양한 측면에서 그녀가 여신임을 의미한다; c. 중세 캐롤에서 담쟁이덩굴과 호랑가시나무는 각각 소녀와 소년을 의미하며 성탄계절에 우월성을 다투는 남녀를 나타낸다(노래, 시 등으로); 아래의 민속 참조; B. 붉은색을 칠해 남자의 생식 능력을 위한 의식에 쓰였다; C. 벌이 마지막으로 꿀을 채취하는 꽃이다(마시멜로가 첫 번째 꽃이다); D. 켈트족 달력: 9월 30일부터 10월 27일까지의 기간 및 문자 G에 해당한다(달력calendar 참조); **2.** 생명, 초목(식물): **I. 남성 신들**: A. 디오니소스에게 바쳐졌다: a. 바사리드는 디오니소스를 기리고자 10월에 담쟁이덩굴로 나선형 왕관을 만들어 쓰고 오른팔에 수컷 노루의 문신을 했다; b. 술의 신 바쿠스의 지팡이(티르수스)는 담쟁이덩굴에 휘감겨 있다; 이것은 디오니소스가 포도주의 신이 되기 전에 맥주의 신이었음을 가리킬 수 있다; c. 바카날리아 신화에서 셀레네가 낳은 바쿠스는 그를 상징하는 담쟁이덩굴 바구니에 담겨 강에 던져졌다(그리스 동전에 그려진 것); B. 식물의 신으로서 오시리스를 상징한다; C. 아티스에게 바쳐졌다: 아티스(그리고 키벨레)를 섬기는 거세된 사제들은 담쟁이덩굴로 문신을 했다; D. 사투르날리아 농신제Saturnalia와 관련된다: 사투르누스의 황금색 무늬가 있는 굴뚝새는 담쟁이덩굴에 둥지를 튼다; **II. 여신들**: a. 여신 키시아는 담쟁이덩굴 달에 축제를 하는 아테네를 기리기 위해 연말에 담쟁이덩굴과 포도덩굴 축제를 열었다; b. 바카날리아 주신제Bacchanalia 참가자들은 원하는 광분을 불러일으키기 위해 이것을 사용했다. 아티스의 경우와 마찬가지로 여기서도 남신과 여신 그리고 하인들이 섞이는 경향이 있다; c. 탈리아Thalia의 상징; **III. 중세시대**: 생명Life, 영원Eternity, 천상의 기쁨Celestial Joy의 상징; **3. 죽음과 불멸**, 그리스도의 부활: a. 죽음, 즉 밤의 딸에게 바쳐졌다; b. 장례의 꽃; c. 나선형의 성장: 부활; **4. 불멸의 사랑과 우정**: a. 그리스: 영원한 사랑을 상징하며 사제가 결혼하는 부부에게 준다; b. "하지만 먼저 당신이 담쟁이덩굴로 묶은 내 가엾은 마음을 놓아 주시오"(보먼트와 플레처Beaumont and Fletcher, "피의 형제The Bloody Brother"의 노래. "치우세요, 오 그 입술을 치우세요"); c. "암 담쟁이덩굴은 껍질이 벗겨진 느릅나무의 가지를 에워싸고 있다"(한여름 밤의 꿈MND 4, 1); **5. 기억의 집요함**(충성심과 죽음에 대한 후회가 혼합된): 무덤 위; **6. 야망**: 근면의 속성; **7. 불멸의 시**: 서정시(영웅시와 목가시를 위한 월계수 및 도금양과 함께); **8. 숙주를 죽이는 기생충**, 배은망덕: a. 담쟁이덩굴은 그것이 붙잡고 성장해가는 것을 파괴함을 상징한다; b. "그는 나의 웅장한 줄기를 가리고 나의 푸르름을 빨아들인 담쟁이였다"(템페스트Temp. 1, 2); c. 이것은 남편 느릅나무와 포도나무 아내라는 맥락에서 "평범하지 않은 여자"와 관련지어 사용된다(실수연발Err. 2, 2); **9. 모호함**; **10. 취하게 하는 것**: a. 영국에서 담쟁이덩굴로 에일ale을 만들었고 오르지적 목적으로 그것을 씹었다; 다른 술에 이것을 넣어 마시기도 했음; 아이비 에일은 여전히 옥스퍼드 트리니티 칼리지에서 마시고 있다; b. 담쟁이덩굴 화환('덤불')은 선술집과 양조업자의 상점 밖에 걸어두며 그 이유는 물과 포도주를 그릇에 담을 때 담쟁이덩굴은 물과 포도주를 분리하는 효과를 갖고 있기 때문이다; c. 오디세우스는 담쟁이덩굴 그릇에 담긴 포도주를 폴리페모스에게 주었다(호메로스Homer, 오디세이아Od. 8, 346 및 14, 78); **11. 문장heraldry(紋章)**: 강력하고 지속적인 우정 또는 지속적인 사랑; **12. 점성술**: 토성을 지배한다; **13. 제임스 조이스James Joyce**: a. (죽었다가 다시 살아난) 바쿠스와 관련된다; b. 단추 구멍의 담쟁이 장식은 파넬의 추종자들의 표시였다; **14. 민속**: A. 호랑가시나무가 남성에게 행운을 가져다주는 것처럼 크리스마스 장식의 담쟁이덩굴은 여성에게 행운을 가져다 준다; B. 보호: 집에서 키우는 담쟁이덩굴은 마법과 악으로부터 보호한다. 갑자기 시들면 액운이 올 징조이다; C. 약용: a. 병든 염소를 위한 치료제(플리니우스Pliny 8, 41); b. 식초에 적신 잎은 옥수수에 넣을 수 있다; c. 잎을 우린 물은 눈이 아플 때 좋다; 그 잎과 열매는 숙취를 줄여 준다: 이 물은 (예언적 영감을 위해) 마음을 혼란스럽게 하지만 많이 마시면 오히려 정신을 맑게 한다(플리니우스 24, 47).

▌담즙 bile **1.** 사랑하는 연인이 분비하는 액체로 종종 쓸개즙과 혼용된다; **2.** 호메로스에서는 '흉선'(혈액-호흡-영혼), 심장 및 '폐'(폐 또는 가슴)로 들어간다. 이것은 급성 질환의 원인인데, 그 이유는 쓸개즙이 넘치면 폐, 정맥 및 갈비뼈로 분출되기 때문이다(아낙사고라스Anaxagoras, 디엘스Diels A 105; 리처드 오니언스Richard Onians, 84); **3.** 황색 담즙은 '힐라로스테hilarotes'(그리스어에서 유쾌함-쾌활함을 뜻함)의 원인"이었다; 두 종류의 담즙과 원소들의 관계에 대해서는 원소element(코르넬리우스 켈수스Cornelius Celsus 2, 13) 참조; **4.** 처음 담즙과 분노를 연결시킨 것은 그리스인들이 아닌 로마인들이었다(리처드 오니언스 88f); **5.** 꿈: 담즙은 성마름choler, 돈, 여성을 나타낸다(달디스의 아르테미도로스Artemidorus of Daldis 1, 44); **6.** 담즙gall과 간liver 참조.

▌담즙, 쓸개즙 gall **1.** 쓰라림, 고통: 쓸개gall와 식초(시편Ps. 69, 21); 때로 쑥과 함께 쓴다(예레미야 애가Lamnet 3, 19); 또한 "악독이 가득한 쓸개"(사도행전Acts 8, 23) 참조; **2.** 형벌: 여호와께서 이스라엘에게 "담즙"(=독한 물)을 (쑥과 함께) 주셨다(예레미야서Jer. 8, 14 및 9, 15); **3.** 죄의 괴로움과 악(말)이나 불의의 독(신명기Duet. 29, 18, 또다시 독초와 함께) 참조. "너희는 정의를 쓸개로 바꾸며 공의의 열매를 쓴 쑥으로 바꾸었다"(아모스서Amos 6. 12; 또한 5, 7 참조: 여기서 '쑥'은 '독미나리'로 번역될 수 있음); **4.** 치료: 플리니우스Pliny의 조언(32, 24)에 따라 토비아스의 물

고기로 그의 아버지의 눈에 있는 "흰 반점"을 치료했다(6, 7 및 11장); **5.** 용기: (그럴 수 없다) "하지만 나는 마음이 약하고 억압을 쓰라리게 만드는 담력이 없다"(덴마크의 왕자 햄릿Ham. 2, 2); 노아가 방주에서 보낸 비둘기는 그 쓸개 터뜨려서 보냈기 때문에 쓸개가 없다(또한 비둘기dove 참조); **6.** 특히 개미와 관련이 있음(토머스 시셀턴 다이어 목사Rev. Thomas F. Thiselton Dyer, "가장 키 작은 나무The Lowest Tree"); **7.** 활력의 자리, 죽음을 가져오는 완전한 배설: "그는 내 콩팥들을 꿰뚫고… 내 쓸개가 땅에 흘러나오게 하시는 구나"(욥기Job 16, 13; 참조: 플리니우스 11 75); **8.** 모든 동물 중 의학적으로 가장 효과 있는 신체 부분; **9.** 넵투누스에게 바쳐졌다; **10.** 독사asp의 담즙: 독: 살무사adder, 작은 독사asp, 담phlegm, 비장spleen 참조.

당근 carrot (식물) **1.** 점성술: 야생 당근은 수성의 지배를 받는다, 따라서: a. 당근은 방귀를 만든다; b. 옆구리 결림을 없앤다; c. 이뇨작용을 한다; d. 여성의 월경을 돕는다; e. 결석을 부서지게 하여 몸 밖으로 내보낸다; f. 당근 씨앗도 동일한 효과를 낸다; **2.** 민속: a. 시력 개선에 유용하며, 특히 야간 시력을 개선한다; b. 천식, 류머티즘, 결석을 치유한다; c. 사랑의 미약과 최음제로 사용된다. 이 효능에는 야생종이 최고다(플리니우스Pliny 20, 15); **3.** 그 잎은 매우 아름다워서 장식으로 사용된다; 찰스 1세 시대 여성들은 모자에 깃털 대신 당근 잎을 꽂기도 했다.

당밀 treacle-wort (식물) 음료수에 타서 먹으면 뱀에 물린 것에 대한 치료 효과가 있다(니칸데르Nicander, 테리아카Th. 520).

닻 anchor **1.** 이름: 그리스어 '앙구라angura'='고리' '각도'; 그러나 고대 그리스인들은 돌이나 납이 함유된 목재 한 자루를 가지고 있었다; 그것은 아마도 선미에 던져진 '네 개'의 닻일 것이다(사도행전Acts 27, 29); **2.** 때로는 거꾸로 표시되거나 초승달 또는 별로 표시되었다. 그 이유는 a. 신비한 본성을 나타내기 위해; b. 그것의 의미에 추가된 기호의 의미를 결합시키기 위해; **3.** 다음을 상징한다: a. 일반적으로 항해, 해군, 해군의 승리; b. 희망('영혼의 닻': 히브리서Hebr. 6, 19); c. 인내, 굳건함, 고요; d. 지원, 안전: e. 남성성(지그문트 프로이트Sigmmund Freud); 또한 십자가+초승달=생명(남성과 여성); f. 위험 속에서의 도움[문장heraldry(紋章)]; **4.** 고대 마리아의 모노그램: 초승달-마리아의 형태로 수평의 칼날로부터 떠오르는 닻의 십자가(생크와 스톡)는 그리스도의 몸이 되었다; **5.** 닻을 감싸고 있는 뱀: 초승달(암컷, 여성성기, 방주 등)+뱀이 감싸고 있는 돛대(남근, 수컷)(다산, 생명)=번식; **6.** 닻 십자가: 십자가cross 참조.

대리석 marble **1.** 차가운 아름다움, 죽음; **2.** 신, 숭배, 권위: 기념물과 동상; **3.** 불가변성; **4.** 내구성, 영원함: a. '대리석에 쓰기'=후세를 위하여: "그들이 악행을 저지르면 대리석에 적는다: 그리고 우리에게 선행을 하면 먼지에 적는다"(토머스 모어경Thomas More, "리처드 3세Richard III"); b. 종종 천국(의 바닥)과 연관된다: 조브 신전은 대리석으로 만들었다(나소 P. 오비디우스Naso P. Ovid, 변신이야기Metam. 1, 177); **5.** 석회암limestone 참조.

대리인 deputy **1.** 왕권신수설에 따라 왕은 신의 대리인이다; 종종 셰익스피어 작품에서: 예 "그의 대리인이 그가 보는 앞에서 성수를 발랐다"(리처드 2세의 비극R2 1, 2); **2.** 지역구 의회 의원의 아내: 남편이 최고위직 시민이기 때문에 그 아내는 구설수에 오르지 않도록 행동해야 했다(율리우스 카이사르Caes.의 아내처럼).

대머리 baldness 머리카락/털hair 참조.

대모 godmother **1.** 이집트: 요정-대모에 해당하는 이집트의 존재는 일곱 명의 하토르여신들이며 이들은 인간이 태어날 때 (불가역적인) 미래를 예측한다(어네스트 알프레드 월리스 버지 경Sir Ernest A. Wallis Budge, 이집트 신비Mag. 223); **2.** 그리스: '모이라이Moirai' 또는 '운명의 여신들Fates'은 아마도 원래 추상적인 운명의 힘이 아니라 탄생의 정령들일 것이다. 나중에 '모이라이'가 로마신화의 파르카에(라틴어 '파레레parere=출산하다')와 동일시되었던 것처럼;

'운명을 써주는 요정들'은 아이가 태어난 지 7일째 되는 날 아이를 방문한다(테르툴리아누스Tertullian, 아니마Anim. 39; 허버트 J. 로즈Herbert J. Rose 24); **3.** 민담에서 대모는 조언을 하고 해로운 주문을 깨는 것을 돕거나 그 주문의 악한 영향을 완화시킨다; 그러나 대모가 본질적으로 악한 사람을 변화시키거나 실제의 세속적인 상황을 변화시킬 수는 없다(아이오나 오피와 피터 오피Iona Opie & Peter Opie, 고전동화FT p. 14).

대사제 카드 Archpriest (타로카드) **1.** 다른 이름: 대주교, 교황, 수도원장, 총대주교; 이 카드는 이집트의 프타, 히브리의 여호와, 그리스의 비너스를 나타낸다; **2.** 신성한 신비와 태양의 영감의 주인으로서, 대제사장은 두 기둥 사이의 보좌에 앉아 있다(야긴과 보아스); 그는 한 손의 두 손가락을 들어 올리고 있고 다른 손은 삼중의 십자가를 들고 있다: 그는 물질적 실현(황제)과 창조주에 대한 인간의 직관적이고 무의식적이며 합리적인 접근 사이를 연결한다; 그 앞에 무릎 꿇은 두 명의 입문자들(보통 뒤에서 보인다); **3.** 다음을 상징한다: a. 자연에 대한 인간의 오컬트 숭배의 힘; 전통적이고 의례적인 종교에 대한 인간의 선호 그리고 그러한 종교 외적인 형태와 관습 및 도덕률과 의무에 대한 강조; b. 신성한 신비의 계시; c. 신을 영화롭게 하기 위한 강력한 부르심; d. 점성술: 양자리/수성; **4.** 토머스 S. 엘리엇Thomas S. Elliot: 지팡이를 든 남자("황무지The Waste Land"): 오시리스의 몸의 회복과 관련된 삼중 남근, 생명과 생동력에 대한 관념.

대야 basin **1.** 청결함; **2.** 이발사barber; **3.** 특성: 천상의 저장소; 구름; **4.** (진귀한 금속으로 만들어진) 대야와 물병은 가정의 가장 값비싼 소유물 중 하나였다: "그녀의 고운 손을 씻는 대야와 물병"(말괄량이 길들이기Shr. 2, 1; 또한 아테네의 티몬Tim. 3, 1. 참조); **5.** 용기vessel 참조.

대양 ocean **1.** 그리스 사람들에게 대양과 바다를 뜻하는 단어는 하나였다. 따라서 바다sea도 참조; 종종 '수평선horizon'의 뜻과 같았다(예 아라토스Aratus); **2.** 지구를 휘감는 큰 조류 혹은 뱀; **3.** 지옥과 천국의 분리, 고체(땅)에서 형체 없는 것(공기)으로의 전환; **4.** 끝없는 황폐; **5.** 죽음과 재탄생; 매일 태양이 태어나고 죽는 심연의 거처; **6.** 끝없이 움직이는 우주의 힘; **7.** "소지할 수 있는 바다": 눈물(리처드 크래쇼Richard Crashaw); **8.** 윌리엄 블레이크William Blake: (물) 물질주의적인 불모의 물, 영적인 죽음; 시공간의 바다; **9.** 스테판 말라르메Stephane Mallarmé: 시인이 만나게 되는 광대하고 무한한 '기회'; **10.** 폴 발레리Paul Valéry: 미지의 것이고, 알려지지 않았으며, 기록되지도 않았지만 실제 하는 말라르메Mallarmé의 합리화된 사상; **11.** 딜런 토머스Dylan Thomas: 고래의 고향: 거대한 자궁의 투사.

대장간, 연마하는 곳 forge **1.** 두뇌, 생각; **2.** 시적 영감; **3.** 모루anvil, 대장장이blacksmith, 해머hammer, 대장장이smith 참조.

대장장이 blacksmith **A.** 중요한 원소들과 관련된다: 금속과 불; 따라서 대장장이는 예부터 특별한 위치에 있었다: 창조자-창조: 1. 대장장이는 신성시되었으며 왕의 특권을 받았다; 2. 신화에서 이들은 지하세계에 살며 그곳에서 풍요의 보물을 지킨다; 그리스인들이 알고 있는 카베이로이 이외에 로드섬, 크레타섬에 살던 텔키네스가 있다(파우사니아스Pausanias 9, 19); 3. 이들의 작업은 지진과 화산 분출을 초래한다; 4. 지하세계에서 작업하며 비정상적 모습을 하게 되었다: 이들은 난쟁이(헤파이스토스)에다 불구이거나 거인(키클롭스)이었다; 이들은 대지-불과 관련되었다; 5. 사례: 헤파이스토스, 오베론, 알베리히, 빌란트-웨일런드; 6. 이들은 형태의 창조자들로 물질의 장인이었다; 또한 안 보이게 만들어 주는 망토(구름과 안개, 비), 저항할 수 없는 무기(햇빛과 번개) 등을 만들었다; **B.** 이들은 다음과 같은 생각과 관련된다: (저주받은) 시인이자 경멸받는 예언자 참조: 윌리엄 블레이크William Blake, 로스의 책Los; **C.** 철을 통해 다음과 관련된다: a. 우주: 최초의 철은 운석이었다; b. 행성 화성=전쟁; **D.** 마녀들은 철을 무서워하지만(예 못nails 참조) 예로부터 대장장이는 마녀무리의 수장이자 처녀(예 성모마리아) 즉 처녀수장의 반대인 남자 마술사 수장으로서 뿔 달린 마귀와 연결되었다; 마녀들처럼 이들은 남자가 알지 말아야 하는 것들에 대해 알고 있다; **E.** 중세: 이들의 특징적 음악(리드미컬한 비트) 그리고 이들의 속성인 나이팅게일; **F.** 민속: a. 때로 이들은 아픈 사람을 치료할 수 있다; b. 일부는 혈액을 다룬다: 마법의 동작을 통해 베인 상처에서 나오는 피를 멈추게 할 수 있다; c. 그레트나 그린Gretna Green에서 대장장이는 도주 커플을 결혼시켰지만 다른 마을에서는 다른 부류의 사람들이 그렇게 했다; d. 이들은 성 금요일에는 말에 말굽을 달거나 못을 사용하는 작업을 거부한다; e. 노팅엄의 대장장이는 교만한 녀석으로 알려져 있었다; f. 대장장이의 해골은 음료컵 모양이었다가 이후 큰곰자리가 되었다: 해골skull 참조; **G.** 모루anvil; 헤파이스토스Hephaestos; 대장장이smith 등 참조.

대장장이 smith **1.** 구약성서: 첫 번째 대장장이(양치기, 음악가, 땜장이의 세 가지 유목민 직업군 중에서)는 두발가인Tubal-Cain이다. 가인Cain이라는 단어 자체가 '대장장이'를 의미한다; 그의 '누이'는 나아마Naamah(=이슈타르Ishtar의 이름 중 하나로 '사랑스러움'을 뜻함)이다; 참조: 헤파이스토스-아프로디테Hephaestos-Aphrodite; 이 대장장이들은 유목민이었고 음악에도 능통했다; **2.** 대장장이 신은 종종 치료와 술의 신이기도 하다(헤파이스토스에서 켈트족의 고부뉴Goibhniu에 이르기까지); 고대 웨일즈 법에서는 궁정 대장장이에게 가장 먼저 음료를 대접했다. 아마도 지하세계 대장장이가 사후세계 축제에서 주최자 역할을 하기 때문일 것이다; **3.** 민속: a. "웨일랜드Wayland" 전설: 크롬렉cromlech(거석)은 유명한 튜튼족Teutonic 대장장이의 이름을 따서 명명되었다; 어떤 사람이 돈 한 푼을 남겨 놓은 말을 묶어 두면 그는 돌아오는 길에 말굽을 발견하게 될 것이다; b. 속담: "대장장이와 그의 동전은 둘 다 검은색이다(역주: 대장장이의 일의 특성이 더러워지고 육체적으로 힘들다는 뜻)" "대장장이는 항상 목구멍에 불꽃이 있다(역주: 무언가에 대한 끊임없는 필요를 의미함)"(=언제나 목이 마르다); **4.** 대장장이blacksmith 참조; 에프f, 불fire 등.

대천사 archangel **1.** 최고의 천사들. 개별적이고 특수한 기능을 담당한다; 계시록에서 이들은 일곱 번째이다(8, 2 및 6; 14, 1 및 15, 1); 하나님의 보좌를 받드는 네 천사로서, 성서의 미가엘과 가브리엘 그리고 외경의 라파엘과 우리엘; **2.** 수호, 의사소통 및 계시; **3.** 이들은 디오니소스 위서Pseudo-Dionysus에 기술된 세 번째 명령에서 두 번째 순위에 해당한다; 이들은 인간에게 신을 계시하고 인간의 고난과 기도에 대해 신에게 알린다는 점에서 천사들과 동일하지만 환상과 암시로 신을 드러내며 인간에게 가리워져 있지 않은 유일한 순위의 존재들이다(휘틱Whittick p. 207f); **4.** 가브리엘Gabriel, 미카엘Michael, 라파엘Raphael, 우리엘Uriel 참조.

대청 woad (식물) **1.** 십자화과 약초('우드 왁센woad-waxen' 혹은 '다이어스 그린위드dyers' greenweed'라고도 불린다)이며, 노란색 꽃과 축 늘어지는 꼬투리를 가지고 있다; 발효된 잎은 동일한 이름의 푸른색 염료를 만든다; **2.** 픽트인들('물감을 칠하는 사람')은 전쟁용 페인트와 문신을 위해 이 염료로 만든 페인트를 사용했다; 이렇게 칠하는 경우 전투에서 외양을 더 공포스럽게 만들 수 있었다(율리우스 카이사르Caes., 갈리아 전기De Bello Gall. 5, 14); 문신tattoo 참조.

대체물, 대리자 substitution **1.** 가장 흔한 형태의 희생제물 중 하나; 파우사니아스는 디오니소스에게 바치는 염소처럼 인간의 희생을 대신하는 제물들로 가득하다(9, 8); **2.** 어떤 이들에 따르면, 레위기Lev.(1, 4)의 제물도 대체제물 즉 희생양으로 이해되어야 한다; 제물의 머리에 손을 올려 대신 속죄하는 희생 제물임을 표시해야 했다; 장자나 나귀(이삭-양Isaac-ram 등)의 희생을 대신하는 여러 형태가 있었다; **3.** 신성한 왕[Sacred] King 참조.

대추나무 jujube tree **1.** 먹을 수 있는 열매를 맺는 나무인 '시시포스'; **2.** 사랑의 언어: 안심(안젤로 드 구베르나티스Angelo de Gubernatis, 식물의 신화MP 1, 151).

대추야자나무 date-tree (식물) **1.** '대추야자나무Phoenix dactylifera'. 열매를 맺는 사막의 나무; **2.** 용도: 엘리자베스 1세 여왕 시대: a. 감미료로서 설탕보다 값싼 설탕 대용품: "당신의 대추야자는 당신의 빵에 넣고 익히지 않은 채 먹는 것 보다 파이와 죽에 사용하는 편이 더 낫다"(처녀성을 지키는 것보다 육체적 쾌락을 탐닉하는 편이 더 낫다는 조언: 끝이 좋으면 다 좋아All's W. 1, 1); b. 대추야자와 모과는 페이스트리를 만드는 데 사용된다: 즉, 결혼식을 위한 페이스트리(로미오와 줄리엣Rom. 4, 1); **3.** 근동지역에서는 종종 생명나무로 간주된다: a. 암수 동숙의 나무: 양성성; b. 열매가 손 모양과 비슷하다: 'dactylifera'='손가락을 가진'; **4.** 그리스: a. 올리브와 마찬가지로 풍요의 여신 레토에게 바쳐짐; b. 바쿠스가 다스림; c. 부활: '파닉스'; **5.** 로마: 일반적으로 포도주와 올리브 다음으로 인간에게 많은 도움을 준다(플리니우스Pliny 23, 5 1); **6.** 중세시대: 비둘기가 있는 대추야자나무: 지상의 다산과 풍요; **7.** 종려나무palm 참조.

대출 loan 달디스의 아르테미도로스Artemidorus of Daldis에 따르면 꿈에서: a. 대출은 생명과 같은 의미이다. 우리는 창조주에게 진 빚과 같이 우리의 보편적인 본성에 빚을 지고 있다; b. 돈을 빌려준 사람은 빌려준 돈과 같은 의미이다. 그러므로 돈을 빌려준 사람이 병든 사람의 침대로 와서 그의 주장을 하면 이는 위험을 의미한다; 만약 꿈꾸는 사람이 어떤 것을 받는다면 심지어 그것은 죽음을 의미한다. 돈을 빌려준 사람이 죽으면 고통과 근심으로부터 해방된다; c. 돈을 빌려준 사람과 딸은 같은 의미이다. 딸은 요구적이고 아들과 달리 신경써 키워야 하며 결혼지참금을 받고도 떠나지 않는다; d. 노예에게 돈을 빌려준 사람은 외부에서 일해서 받은 봉급을 요구하는 주인을 의미한다; e. 집세를 받는 것은 돈을 빌려준 것과 동일한 의미이다(3, 24).

대황 rhubarb (식물) **1.** 일반적으로 다음을 의미한다: a. 대황을 번식시키려면 각각 뿌리와 새싹이 있도록 대황의 구근을 조각내야만 한다; b. 이 꽃은 흰색이며 삼각 혹은 날개 달린 열매는 각각 하나의 씨앗을 맺는다; **2.** 조언; **3.** 딜런 토머스Dylan Thomas: "대황 인간rhubarb man": 그리스도-도마(혹은 사도 바울Paul; "올빼미 빛의 제단"): a. 키 큰 식물; b. 쓴맛; c. 붉은 피색을 띤다; 4. 전래동요: 코끼리와 연관된다.

댕기물떼새 lapwing **1.** 볏이 있는 왕족 새: 이것은 너무 신성해서 '부정한 것이었다'(레위기Lev. 11, 19); **2.** 교활함, 속임수: a. 로버트 그레이브스Robert Graves("하얀 여신WG")에 따르면 둥지로부터 천적을 멀리 유인 해낸다: 비밀의 위장: 개dog; 노루수컷roebuck 참조; b. "그녀의 둥지 멀리에서 댕기물떼새가 울며 날아간다"(실수연발Err. 4, 2). 그리고 "처녀들을 댕기물떼새처럼 보이게 하는 것은 나에게는 일상적인 악행이지"(눈에는 눈, 이에는 이Meas. 1, 4); c. 제우스는 뱀의 여신 라미아와 성교하기 위해 댕기물떼새로 변신했다; d. 이집트에서 세트가 어린 호루스를 숨겼던 시기는 댕기물떼새가 사라진 때와 일치했다; **3.** 자신의 연장자보다 더 잘 안다고 생각하는 어리석고 교만한 자: "이 댕기물떼새가 머리에 조개껍데기를 쓰고 도망 친다"(덴마크의 왕자 햄릿Ham. 5, 2); **4.** 켈트족: 브란Bran의 동물(지하세계); **5.** 배신: "배신으로 가득 찬 거짓의 댕기물떼새"(제프리 초서Geoffrey Chaucer, 파울스의 의회PoF 347); **6.** 기독교 전설: 성모 마리아의 하녀가 그녀의 드레스 하나를 훔치자 댕기물떼새로 변해 버렸고 "티빗! 티빗!"('나는 그것을 훔쳤다'는 뜻) 소리를 내며 울게 되었다(그 외침 때문에 새는 '댕기물떼새'라고도 불린다. 네덜란드어 '키빗kievit'); **7.** 민속: a. 나쁜 징조: 날아다닐 때 항상 "마법에 걸렸어"라고 울부짖는다: 이 울음소리를 듣는 사람들에게 불운을 가져온다; b. 이들은 안식처를 찾지 못하고 떠도는 영혼들이다; c. 둥지에서는 퀴린이라고 불리는 돌이 발견되는데, 이 돌은 비밀을 발견해 내는 놀라운 특성으로 인해 마녀와 주술사들이 귀하게 여긴다.

더블, 꼭 닮은 것 double a. 종종 외부에 있는 영혼의 형태, '도플갱어,' 쌍둥이; b. 이집트: 인간뿐 아니라 동물과 사물도 자신과 꼭 닮은 존재, 즉 "카ka's(역주: 고대 이집트 종교에서 인간에게 깃들여 있는 생명력의 근원으로서의 혼)"를 갖고 있다: 이것은 신들의 카를 볼 수 있고 과거와 미래에 관한 지식을 허락 받은 특정 사제들을 제외하고는 눈에 보이지 않는다; c. 스코틀랜드: 꼭 닮은 사람 또는 '페치'는 죽음을 가져온다; 사람이 죽기 직전 자신의 '유령'을 본다(모두 조지 루이스 보르헤스Jorge Luis Borges p. 51f의 내용).

더블유 W **1.** W는 고대 북유럽 시대부터 사용되어 온 이중 V 또는 U이다. 이것은 G와 연관된다; 앵글로색슨어로는 기쁨joy을 의미한다; **2.** 다음을 상징한다: a. 쌍둥이 형성과 관련된 모든 것들, 예 쌍둥이자리Gemmi; b. 감정, 놀라움, 일시적으로 중단된 것들; **3.** 다음에 상응한다: a. 기간: 5년; b. 신체: 간; c. 타로카드: 세계카드.

덧지기, 던짐 throwing **1.** 어떤 것을 뒤로 던지거나 어깨 너머로 던지는 것은 흔한 마법 의식이다; 예 데우칼리온과 피라가 그들 뒤로 돌을 던져서 사람이 생겨났다; 제사장이 '검은' 희생제물의 일부를 뒤로 던지는 것은 삼배 행진과 더불어 죽은 사람에 대한 의례의 특징이었다(참조: 가이우스 발레리우스 플라쿠스 Gaius Valerius Flaccus 3, 439ff.; 말굽horse shoe 참조); **2.** 추격자를 지체시키기 위한 수단으로 모아둔 물건을 뿌리는 것은 흔한 민담 주제이다: 메데이아는 그녀의 형제의 일부를 뿌리고, 아탈란타는 황금사과의 일부를 뿌렸다.

덧신, 슬리퍼 slipper **1.** 노년: "막이 6막으로 바뀌면 슬리퍼를 끌고 다니는 늙고 메마른 바보의 판탈롱"(뜻대로 하세요AYL 2, 7 139ff.); **2.** 히브리: 금식과 속죄의 날인 속죄일Yom Kippur과 같이 특별한 때에는 가죽 신발 대신 펠트 슬리퍼를 신었다(시몬 필립 브리스Simon de Vries 83); **3.** 로마: a. '물레우스mulleus'는 최고 행정관만이 신는 보라색 슬리퍼이다. 훗날에는 교황도 신었다(조지 허버트George Herbert, "교회의 투사The Church Militant" 204+n: 여기에는 교황의 "슬리퍼mule"에 대한 언어유희가 등장한다); b. 침대 밑에 있는 낯선 슬리퍼는 아내의 외도를 암시한다(루키우스 아풀레이우스Lucius Apuleius, 변신M 9, 21); **4.** 꿈: 남성의 발에 있는 여성의 생식기(지그문트 프로이트 Sigmmund Freud, 정신분석학입문강의ILP 10).

덧없음, 허무 vanity "이상한 옷차림의 근원이 되는 얼룩진 허영심"(조지 채프먼George Chapman, 헤로와 레안데르Hero and L. 3).

덩굴옻나무 poison ivy (식물) **1.** 북미가 원산지인 식물; 덩굴옻나무의 독성이 있는 즙은 직접 접촉하지 않아도 사람들에게 영향을 미칠 수 있다; **2.** 조롱: 실제적인 '접촉' 없이도 상처를 준다.

덩이줄기, 괴경 tuber 토머스 S. 엘리엇Thomas S. Eliot: 삶의 잠재력: 히아신스와 부활을 위해 '심어진 planted' 시체("황무지The Waste Land")와 관련이 있다.

데메테르 (케레스) Demeter (Ceres) **1.** 위대한 풍요의 여신(=데메테르, 텔루스 마테르, 가이아, 키벨레 등), 성숙한 보모로서 미래의 풍요를 가진 처녀(페르세포네/코레/프로세르피나)를 돌보고 양육한다; '케레스' ='여성 창조주'; **2.** 홀로 또는 케루스와 함께 숭배되었다; 로마에서 데메테르의 주요 축제는 세레알리아이다(4월 12~19일): 여자들의 비밀 축제로 코레가 사라짐이나 코레와 하데스(저승의 풍요의 왕)의 결합을 재연했다; (로마 외) 다른 곳의 데메테르의 축제는 엘리시온 비의로, 남근 모양의 물체를 여자의 승마용 장화(신발shoe=음문vulva 참조)의 아래위로 움직이면서 데메테르의 여러 신(예 제우스)과의 사랑 이야기를 재연했다; 그리하여 브리노 이아쿠스가 (재)탄생했다; **3.** 데메테르의 상징들: a. 옥수수대; b. 기둥=남근숭배에 대한 열정; c. 돌고래=바다(아프로디테가 태어난 곳: 위대한 여신의 또 다른 현현).

데모고르곤 Demogorgon **1.** 흑암의 혼돈의 화신; **2.** 창조적 정신; **3.** 때로 고대 신화의 (풍요의) 원시적 신이며 토양을 비옥하게 하는 큰 능력이 있다: 식물의 생명과 자양분으로서 땅속에 살았던 이끼로 덮인 노인으로 상징화된다; 그는 마법을 사용할 수 있는데 아마도 하데스/플루토와 관련이 있을 것이다; **4.** 무서운 악마로 지하의 지옥에 살며 밤에 인간 해골 모습으로 나타나 방랑자들의 복부를 이빨로 공격한다; **5.** 에드먼드 스펜서Edmund Spenser: 심연에서 운명의 세 여신과 함께 사는 악마; **6.** 존 밀턴John Mliton: 악령; **7.** 퍼시 셸리Percy Shelly: 거짓 신학의 신들을 몰아내는 영원한 원리 또는 힘("사슬에서 풀린 프로메테우스Prom. Unb").

데몬 daemon 다이몬daimon 참조.

데몬, 악령 demon **A.** 일반적으로 다음을 의미한다:

I. 기원: 1. 유대 민족: a. 하나님 아래의 지위인 정령(다이몬daimon 참조)으로 여호와와 동일한 지위로 여겨졌다; 사탄(='마왕', 나중에 고유명사가 됨)도 하나님의 종(하인)이다. 하나님의 허락을 받고 욥을 유혹에 빠뜨렸다; b. '광야'에 사는 세력들; c. 아사셀: 희생양; d. 릴리스: 뱀파이어; 2. 그리스-로마: a. 비극적으로 죽은 유령들은 복수를 하려고 한다; 또 일부는 정령spirits이 되어 집단적으로 복수를 도모하기도 한다: 복수의 세 여신은 퓨리스, 하르피아이, 레무레스이다; b. 이러한 유령이나 정령 옆에는 인간에게 도움을 주는 '신령numina'이 있었다; **II.** 악마devil 참조; **III.** 윌리엄 블레이크William Blake: 독창적인 생각을 하는 자: 악마devil 참조; **B.** 다양한 종류: **I. 악마의 종류는 다음과 같다**: a. 페이츠: 여기서는 운명의 세 여신이 아니라 악마들이다; b. 폴터가이스트(스페인어 '도깨비duende de casa'): 물건을 부수거나 머리에 발자국을 남기면서 밤에 집 안에서 작은 장난을 친다; c. 인큐버스(여자에게 나타나는 남자악령)와 서큐버스(남자에게 나타나는 여자악령): 순결서약을 한 수녀에게 성적인 꿈을 꾸게 하여 불경함과 죄책감을 가지도록 유혹한다; d. 마칭 호스트Marching hosts: 행진하는 무리가 지나가는 소리를 낸다; e. 친숙한 악마: 토빗의 천사처럼 사람들과 함께 먹고 마신다; f. 악몽: 잠자는 동안 사람들을 무섭게 한다; g. 몽정한 남자가 사정한 정액(그리고 그 냄새)에서 만들어지는 악마; h. 속이는 악마: 남자나 여자의 모습으로 나타난다; i. 순결한 악마는 가장 불결한 악마: 신실한 남자들만 유혹한다; j. 늙은 여자들로 하여금 마녀의 안식일에 자신들(악마들)이 날아간다고 생각하게 만드는 악마들; **II. 죽음에 이르는 일곱 가지 대죄에 따른 계급**: 1. 루시퍼-자만심; 2. 마몬-탐욕; 3. 아스모데우스-호색; 4. 사탄-화; 5. 벨제바브-폭식; 6. 리바이어던-시기; 7. 벨페골-나태; **III. 기타** 이름 및 기능: 1. 마몬: 유혹하는 사람들의 왕자; 2. 아스모데우스: 악의 보복자; 3. 사탄: 속임수, 마법사와 마녀를 도와준다; 4. 벨제바브: 거짓된 신들; 5. 피토: 거짓말하는 정령Spirit of Lies의 왕자; 6. 벨리알: 부당함의 왕자: 카드와 주사위; 7. 메레힘: 역병을 일으키는 정령spirits들의 왕자; 8. 아바돈: 사악한 전쟁의 악마; 9. 아스타로드: 고발자와 심판관의 왕자.

데미우르고스 demiurge (플라톤 철학에서의 조물주) **1.** 세계(상상의 또는 현실)를 창조하고 세계의 조각난 부분들을 안드레아 십자가처럼 생긴 봉합 수단을 가지고 연결하는 사람 또는 힘; **2.** 플라톤에게는 반신(半神)이며 물질세계의 건설자; **3.** 영지주의에서는 지구를 창조한 낮은 계급의 천사(또는 악마나 여호와); 그 후 하나님은 벌거벗고 두 다리를 가진 불쌍한 동물(인간)을 긍휼히 여겨 인간의 정신에 빛을 부여해 주었다; 이 빛은 이제 위대한 구원이 올 때까지 물질의 노예가 된다. 위대한 구원이 오면 인간을 해방시키고 동시에 그 신의 빛도 해방시킨다; **4.** 데미우르고스의 힘은 때로 다섯 번째 원소='영spirit' '정수'로 간주되었다; **5.** 석탄coal 참조.

데빌, 악마 devil **1.** 심리: 원형archetype: 드러나지 않은 인간의 어두운 부분의 위험한 측면; 그의 '그림자'; **2.** "악마의 책devil's books": 카드놀이의 카드; **3.** 윌리엄 블레이크William Blake: a. 일반적인 의미의 악마; b. rlwhsdml 질서에 대한 반항=천재Genius(예 "천국과 지옥의 결혼"; 악마demon 참조); c. 거짓된 종교의 반대인 독창적인 사상가의 악마; **4.** 딜런 토머스Dylan Thomas: "그림으로 그린 악마pictured devil": 허구의 위험; **5.** 다이몬daimon, 악마demon, 삼지창trident(삼위일체Trinity의 반대) 참조.

데이비 크로켓 Crockett, Davy **1.** 전래동요에서 데이비 크로켓은 그가 태어난 특이한 곳(달, 카페의 테이블 위 등), 아기 때 한 일들(예 부모, 경찰 등 살해)로 가장 잘 알려져 있다; **2.** 데이비 크로켓은 테디 보이 시대와 관련된다.

데이비드 David **I. 성인(聖人)**: 1. 축제: 성 데이비드 축일 3월 1일; 2. 쿠네다 계보의 왕자인 산트의 아들 데이비드는 6세기 켈트족의 대주교였다; 그는 종종 비둘기가 그의 어깨에 앉아 있고 높은 곳에서 설교하는 모습으로 표현된다; 3. 540년 3월 1일에 브리턴족이 색슨족을 무찌른 전투를 이끌었기 때문에 그는 웨일스의 수호성인이다; 4. 켈트족은 그에게 하프를 선물해 주었고, 그는 하프를 연주함으로써 고대 켈트족의 시인들의 문화적 전통인 바르디즘을 신성시하였다; 5. 여러 개의 신성한 샘도 그가 만든 것이며, 영국의 온천 도시 바스의 물은 그의 축복 덕분에 따뜻하고 건강에 좋다; 6. 다음을 상징한다: a. 웨일즈의 국가 문장 리크leek: 앞의 3번에서 언급한 색슨족과의 전투에 아군을 표시하기 위해 그가 켈트족에게 주었다; b. 비둘기; c. 그의 발아래의 언덕; d. 샘; 7. 웨일즈 인 Welshman 참조; **II. 소년의 이름**: 데이비드라고 불리는 소년을 조롱하는 노래: 1. "데이비, 데이비, 창피한 줄 알아, 기차 안에서 소녀들에게 키스했네"; 2. "데이비, 데이비, 그를 고기국물에 집어넣어라."

데이슬리퍼 day-sleeper (물고기) **1.** 라틴어의 '우라노소푸스 스카베르Uranosopus scaber': 다양한 종류의 '통구멍과' 물고기가 있다; **2.** 모든 물고기 중 가장 어리석고 게으르며 먹이 욕심이 엄청나다; 눈은 위쪽으로 뜨고 하루 종일 모래에서 자다가 밤에 먹이를 잡는다; 먹이를 계속 먹을 수 있으면 배가 터져서 죽일 수도 있다.

데이지 daisy (식물) **1.** 국화과 식물; 데이지라는 이름은 '낮의 눈day's eye'에서 유래했다; 그리스어는 'margarites'=진주; **2.** 태양 숭배: a. 밤이나 흐린 날에는 꽃이 닫힌다; b. "저녁에 접히는 작은 데이지"(에드먼드 스펜서Edmund Spenser, "결혼축가Prothalamion"); **3.** 순결, 처녀성: 그리스도와 성모 마리아의 상징; **4.** 속임수: 오필리아는 왕을 위해 일하는 악당들 중 한 명에게 데이지꽃을 건넨다(예 왕: 덴마크의 왕자 햄릿Ham. 4, 5); **5.** 부활: "나무는 베어지고 다시 자라고, 장미와 데이지가 싹을 틔운다. 겨울은 갔다. 그러나 우리가 죽게 되면 더 이상 태양을 볼 수 없다"(윌리엄 드러먼드William Drummond, "노래Song"); **6.** 죽음의 완전한 침묵: "사뿐히 밟아라, 그녀는 눈snow 아래 가까이 있다, 다정하게 이야기하라, 그녀는 데이지들이 자라는 소리를 들을 수 있으니"(오스카 와일드Oscar Wilde, "평안히 잠들길Requiescat"); **7.** 진주와 관련된다: (1one 참조) "데이지, 진주처럼 빛나는 아르크투리"(역주: 목동자리의 가장 큰 별)퍼시 셸리 Percy Shelley, "미지의 것에 대한 꿈A Dream of the Unknown"); **8.** 회화에서: 아침에 가장 빨리 피는 꽃들 중 하나이므로, 종종 낙원의 잔디밭을 장식하는데 사용되었다; **9.** 윌리엄 워즈워스William Wordsworth의 시 '데이지': a. 첫 번째 연에서는 겸손한 수녀; b. 두 번째 연에서는 장난스럽고 쾌활한 시골 소녀; c. 세 번째 연에서는 매혹적인 루비 여왕; d. 네 번째 연에서는 볼품없이 시들어버린 식물; e. 다섯 번째 연에서는 도전적인 정신으로 데이지를 묘사했다; **10.** 민속: a. 봄의 전령: "한 번에 데이지꽃 아홉 개를 밟으면 봄이 왔다"(속담); b. 봄에 처음 본 데이지꽃을 밟지 않으면 다음 해에 데이지꽃들은 당신 또는 당신이 사랑하는 사람을 뒤덮으며 무성하게 자랄 것이다; c. 아이들이 자기가 동쪽, 서쪽, 남쪽, 북쪽 중 어디에 살고 있는지를 정하기 위해 점치기 도구로 데이지 꽃잎을 사용하였다.

덴마크 Denmark '브리티아Brittia'의 '섬'(덴마크) 사람들은 섬에 모인 죽은 자들의 영혼을 운반하는 기이한 임무를 수행했다(카이사레아의 프로코피우스Procopius of Caesarea, 전쟁의 역사HW 8, 20, 50 이후).

델로스섬 Delos (고대 그리스의 섬) **1.** 아폴로와 아르테미스/디아나의 출생지; **2.** 지질학적 기원: a. 델로스 섬은 물에 떠 있는 섬으로 여겨졌으며, 이것은 아마도 태양(아폴로)과 할키온(물총새kingfisher 참조)의 떠다니는 둥지와 관련이 있을 것이다; b. 이 섬은 한 번도 지진의 피해를 겪지 않았다(투키디데스Thucydides 2, 8; 마크로비우스Macrobius, 사투르날리아Saturnalia 3, 6, 7f); c. 이 섬은 노아의 홍수 이후에 생겨났다(윌리엄 캑스턴William Caxton, 세계의 거울MW 2, 13); **3.** 델로스 섬의 아버지신 아폴로Apollo the Father의 제단에는 살아 있는 생물을 제물로 바치지 않고 기도 의식으로만 숭배했다. 이로 인해 피타고라스는 '더럽혀지지 않은' 제단이라고 불렀다(마크로비우스, 사투르날리아 3, 6, 2); **4.** 이 지역은 청동으로 처음 유명해졌다(플리니우스Pliny 34, 3).

델타 delta **1.** 로마인들은 문자 '델타delta'를 여성의 음문을 의미하는 것으로 사용한다; 파우사니아스 Pausanias는 델타Delta가 의미하는 곳은 언급하지만 그 위치나 그 이름의 기원을 설명하기를 (금욕주의적으로) 거부한다(2, 21); **2.** 피라미드Pyramid도 참조.

델포이 Delphi 신비로운 중심Mystic centre: **1.** 파르나소스산(홍수flood도 참조) 근처 지하 동굴(지하세계의 갈라진 틈: 틈cleft 참조), 이 동굴은 세 개의 세상(저승, 이승, 천국: '세계축')의 연결을 형성하고, 이 연결점을 통해 세 개의 세계 사이의 교류가 가능하다(설명: 루카누스Lucianus, 내란기CW 5, 71 이후; 신탁oracle도 참조); **2.** 델포이 처음에는 테미스Themis(자연의 균형, '포르투나Fortuna')의 통제를 받았고 나중에는 아폴로의 통제를 받았다; **3.** 모든 기도가 금지되어 있었기 때문에 사악한 기도로부터 자유로운 유일한 곳이다; **4.** 왕들이 미래를 아는 것을 두려워하게 되자 신탁은 사라졌다.

도가니 crucible 연금술:=몸body; 오븐oven 참조.

도구 tool **1.** 인간이 만들고 사용하는 모든 도구, 특히 무기는 고유의 신성한 특성을 가지고 있다; 그 이유는 도구가 인간의 외부뿐만 아니라 그 자체로도 거룩한 타고난 힘('마나mana')을 증가시키기 때문이다(존 해리슨John Harrison, 테미스Th. 86); **2.** 아르테미도로스Artemidorus에 따르면 도구가 나오는 꿈에서: a. 자르고 분리하는 도구는 불일치, 분쟁 및 손상을 나타낸다; b. 사물을 결합하는 도구는 도움, 결혼, 교제를 예견하지만, 여행을 떠나는 것을 방해할 수 있다; c. 도구를 연마하는 것은 적대감을 제거하는 것으로 해석된다; d. 도구로 직선을 만들거나 곧게 펴는 것을 보이는 경우 숨겨진 것을 드러내는 것으로 해석된다(1, 52); e. 도구가 사용되는 무역과 도구를 사용하는 노동자를 나타낸다(4, 28); f. 도구는 친구, 자녀 및 부모를 나타낸다(같은 책); **3.** 도구instrument 참조.

도구, 수단 instrument **1.** 잠재력; **2.** 욕망; **3.** 행동; **4.** 도구tool 및 개별 도구 참조.

도금 gilding **1.** a. 도금은 금과 수은의 혼합물을 도포하여 이루어졌으며 수은은 열에 의해 증발했다: 도금할 때 발생하는 유독가스를 흡입하면 떨림과 정신이상을 유발한다; b. 그로 인해 "수은으로 뇌가 파괴된 도금장이의 간은 여전히 따뜻하다"=간은 열정의 자리이기 때문에 그는 여전히 열정을 느낀다(존 웹스터John Webster, 하얀 악마WD 1, 2, 27); **2.** 동물 가죽을 망토로 입을 때는 동물의 발톱에 금박을 입힌다(제프리 초서Geoffrey Chaucer, 캔터베리 이야기CT 12, 2141; 스타티우스Statius, 테베에 대항하는 7인조Theb. 6, 724 및 9, 686 참조); **3.** 금박을 입힌 뿔 등에 대해서는 뿔horn 참조.

도금양 myrtle (식물) **1.** 위대한 여신에게 바쳐졌다(흰꽃 또는 장미꽃): **A.** 아프로디테Aphrodite에게 바쳐졌다: a. 해변가에서 자란다(베르길리우스Virgil, 농경시Georg. 2, 112; 전원시Ecl. 7, 62); b. 아이네아스Aeneid는 그의 어머니의 도금양으로 그의 사원을 가렸다(베르길리우스, 아이네아스Aeneid 5, 72); c. 나소 P. 오비디우스Naso P. Ovid는 비너스가 그에게 어떻게 말했는지 "그리고 어떻게 그녀의 도금양에서[머리에 도금양을 꽂고 서 있었기 때문에] 잎사귀와 열매 몇 개를 그에게 주었고 도취 되었는지 설명했다(사랑의 기술De Art. Am. 3, 53ff.; 또한 행사력Fasti. 4, 138ff.); d. 비너스는 3일 간의 축제에 도금양으로 나무 그늘을 만들었다("잠 못 이루는 비너스Pervigilium Veneris" 2); e. 아도니스가 멧돼지 사냥을 가자 비너스는 도금양 숲으로 달려갔다(비너스와 아도니스Ven. 865; 또한 파우사니아스Pausanias, 2, 32 참조); f. 로마에 있는 비너스 신전은 도금양으로 둘러싸져 있었다; g. 유태인 신부들(처녀 시절)은 도금양 화환을 썼다. 영국에서도 도금양은 오렌지꽃이 유행하기 전에 신부 화환에 사용되었다; h. 크레탄 브리토마티스는 미노스에서 날아갈 때 도금양에 얽혔기 때문에 도금양을 '싫어했다'(칼리마코스Callimachlls, 세 번째 찬가H3 200ff.); **B.** 다른 바다 여신들에게도 바쳐졌다: a. 테티스가 돌고래를 타고 알몸으로 가곤 했던 그리고 펠레우스가 그녀(그녀가 변신한 후: 돌고래dolphin 참조)를 사로잡은 동굴은 두 가지 색깔의 열매가 가득한 도금양 숲이었다(두 가지 색깔의 포플러The two-coloured poplar 참조: 나소 P. 오비디우스, 변신이야기Metam. 11, 234); b. 일반적으로 바다 님프에게 바쳐졌다; '인어mermaid'도 참조; **C.** 프로세피나에게 바쳐졌다: a. 디오니소스는 타르타로스의 처녀 어머니인 달의 여신 셀레네를 풀어 주도록 페르세포네에게 도금양을 뇌물로 주었다(아리스토파네스 학파Schol.

Aristoph., 개구리Frogs 330); b. "지상의 도금양 나무그늘에 있는 요정여왕 프로세피나(=페르세포네)여, 달빛에 빛나는 이 밤이 회전목마를 끌고 있고 달콤한 사랑으로 시간을 멈추게 했다오"(토머스 캠피언Thomas Campion, "잘 들으세요, 잠을 자는 모든 숙녀 여러분"); **D.** 한 무리의 말을 이끄는 볼스키족 여전사의 손은 강철로 덮인 화살통과 목가적인 도금양을 들고 있었다. 그녀의 수호자는 디아나 여신이었다(베르길리우스, 아이네아스 7, 817); 이것은 또한 알카이오스Alcaeus에서의 전쟁을 상징한다; **E.** 그러나 이 식물은 헤라에게 혐오스러운 것이었고(아프로디테가 미인대회에서 걸쳤기 때문이다) 보나 데아의 축제에서 금지되었다; **2. 지하세계-지옥**과 연결되었다: a. 1번의 C, a 참조; b. "내가 보니 밤에 한 사람이 붉은 말을 타고 골짜기의 화석류나무(도양금) 사이에 서 있었다"(스가랴서Zech. 1, 8): 상록수 도금양은 신들의 거주지 주위에 울타리를 만들며 지하의 심연에 뿌리를 내리고 있다('심연'); c. 안식일의 마지막 의식인 '합달라'에서 지옥불의 냄새를 없애기 위해 사용되었다; **3. 죽음**: a. 산딸나무와 함께 살상용 창으로 사용되었다(베르길리우스, 농경시 2, 447f.); b. 부활과 불멸: 죽음 속의 생명; c. 켈트족의 나무 알파벳에서 도금양나무는 13번째 달(11월~12월)이며 신성한 왕의 통치기간의 마지막 달(문자 R)과 관련된다; **4.** 한 시대의 **끝**: a. 그리스 이주자들은 삶의 한 단계가 끝났음을 알리기 위해 (그리고 아프로디테의 호감을 얻어 풍요를 이루이기 위해) 도금양을 가지고 다녔다: 로버트 그레이브스Robert Graves, 그리스 신화GM 1, 279); b. 히브리 초막절 가지는 이집트에서 탈출한 것을 기념하기 위해 삼나무와 도금양(=눈)으로 만들었다; **5.** 아테네의 **탄원자들**은 도금양 왕관을 썼다; **6. 삶, 자연, 행복**: a. 디오니소스 의례에서 입문의 상징; b. 도금양 왕관은 가정의 신 라레스에게 바쳤다; c. "자연은 도금양 지팡이를 흔들며 바다와 육지의 전 세계에 평화로운 조화를 가져다준다."(존 밀턴John Milton, "찬가The Hymn"); **7. 평화**: a. 로마 사람들과 사빈 사람들의 연합의 상징; b. 이사야서Isa.에서 선지자는 기쁨, 평화, 다산의 표시로 도금양이 찔레 대신 자라게 될 것이라고 말한다(55, 13); **8. 업적**, 승리: a. 아테네에서 열린 경기에서 우승자들은 도금양 왕관을 썼다(플리니우스Pliny 15, 38); b. 기독교: 개종; **9. 정의**: 아테네에서는 치안판사들도 도금양 왕관을 썼다; **10. 예언**: 그리스 연회에서 예언하고 노래하라는 요청의 표시로 도금양 가지를 돌렸다(플리니우스 15, 36 참조); **11. 목가시**; 또한 아카데미Academy(역주: 아카데무스, 즉 플라톤이 설립한 철학 학교)의 상징; **12.** 번개로부터의 **보호**: 부드러운(=연한) 도금양은 "딱딱하고 구불구불한 참나무보다 벼락에 더 안전하다"(눈에는 눈, 이에는 이Meas. 2, 2); **13. 순결**, 충동의 지배: 동정녀 마리아에게 바쳐졌다; 비너스 클루아시나Venus Cluacina('세정제')에게 바쳐져서 정화 의식에 사용되었다(플리니우스 15, 36); **14. 윌리엄 블레이크**William Blake: 사랑; **15. 민속**: a. 행운: 사랑, 결혼, 다산과 관련되어 있으므로 이것은 여자가 심는 것이 가장 좋고, 치마를 그 위에 펼쳐서 '자랑스럽게' 보여야 한다(또한 로즈마리, 파슬리와 함께); b. 사랑의 마법: 어린 소녀들은 아름다움을 더하기 위해 잎사귀를 우려내어 마셔야 했다.

▌도기 earthenware 철을 이용할 수 있게 되고 난 이후에도 오랫동안 인류가 돌칼을 사용했던 것처럼 2세기까지 도기 숟가락과 잔은 로마 사람들이 예전 궁핍했던 시절을 추억하기 위해 사용했으며 아마 이런 옛날에 대한 향수의 일환으로 도기용품은 의례 제물을 바칠 때 사용되었을 것이다(루키우스 아풀레이우스Lucius Apuleius, 변명Ap. 18, 5).

▌도깨비불 will o'-the- wisp (=will of the wisp) **1.** 이것의 다른 이름: '이그니스 파투우스ignis fatuus', 들불, 수도승의 등불, 호박등, 여우불, 아일랜드의 페어 메이드 등; **2.** 방황하는 유령의 불멸성(특히 세례 받지 않은 아이들의 유령); **3.** 여행자들을 잘못된 길로 인도하는 숲의 정령; **4.** 좇기는 무모한 계획; **5.** 붙잡기 어려움.

▌도끼 axe **A.** 이집트 상형문자에서 신을 의미한다; **B.** 일반적으로 1. 벌목과 관련된다; 2. 전쟁과 관련된다: a. 원시 전투도끼: 검, 망치, 십자가와 같음; b. 신성한 속성을 갖고 있다; c. 물고기 및 꼬리와 관련된 다산; 3. 사형집행; 응징; 자해, 신체 훼손(예 마태복음Matth. 3, 11); 4. 굴욕: "소나무는 도끼가 뿌리에 놓

였을 때 관목이 되기를 원한다"(속담); **C.** 신의 무기: 1. 번개, 천둥, '길을 비키다'; 2. 태양; 3. 신이 명령한 죽음; **D.** 종종 다음을 나타낸다: 1. 하늘의 가장자리; 2. 뱀을 파괴하는 새; **E.** 다음과 관련된다: 1. 재, 신성한 나무; 2. 사다리꼴 모양 때문에 황소ox와 관련 있다; **F.** 구약성서에 기이한 기적이 묘사되어 있다(열왕기하서2King 6); 엘리사의 제자들이 그를 위한 방을 만들기 위해 나무를 베고 있었다; 쇠도끼를 물에 빠뜨렸지만 엘리사가 "나뭇가지를 베어 물에 던져 쇠도끼를 떠오르게 했다"(6번 참조); **G.** '양날도끼labrys': 1. 다산(종종 식물 손잡이 도끼), 우라니아(동성애자)의 천둥 신(다산의 신)을 황소 머리 위에서 땅의 기능과 연결시킨다; 2. 왕족: "양쪽에 달이 있는" 크레타 왕족의 상징 암피온Amphion 참조; 3. 남근(특히 발기된): 음경에 의해 차고 기우는 것으로 분리되는 달; 4. 타우 기호tau sign와 관련되며 종종 소의 머리에 있었다: a. 만돌라(뿔과 관련된 모양); b. 제사의 희생제물(계곡과 산 사이, 하늘과 땅 사이); c. 제우스 카르포도테스 및 디오니소스 페레코스(='도끼axe')와 연결된다; d. (크레타) 미로, 존재의 세계, '중심'을 향한 탐색; 5. 아마존의 무기(나소 P. 오비디우스Naso P. Ovid, 변신이야기Metam. 12, 611); **H.** 다른 것과의 조합: 1. 도끼+원뿔+새: 신성+이중성(쌍둥이자리Gemini): 상징적 반전의 합 즉 대극적인 것의 합; 새-영혼; 2. 도끼+삼지창: 불과 물; **I.** 민속: a. 면도날처럼 날카로운 도끼를 침대 아래에 놓고 그 칼날을 위쪽으로 향하게 하면 출산을 용이하게 한다; b. 힘을 얻기 위한 일반적 부적; c. "도끼는 도끼손잡이를 빌려 온 숲으로 간다(배은망덕)"(속담).

▌도둑 thief **1.** 자연 신화에서: 바람, 서리, 뜨거운 태양, 홍수 등 자연의 파괴적인 측면을 의인화한 것; 이들은 구름(가축 무리), 불, 빛, 달, 계절의 풍요(황금) 등을 훔친다; 도둑은 추적하기 어렵거나 발견되었을 때 결백하고 해를 끼치지 않을 것처럼 보인다(예 어린 시절 헤르메스); **2.** 의협심이 강한 도둑은 가난한 사람, 연인 등을 돕기 위해 부자들의 것을 훔친다; 예 로빈 후드R. Hood; **3.** 시간; "친구는 시간의 도둑이다"라는 속담과 딜런 토머스Dylan Thomas의 "시간의 비탄의 도둑Grief thief of time" 참조; **4.** 죽음 또는 인자의 도래(예 마태복음Matth. 24, 43); **5.** 모든 것: 해, 달, 바다, 땅(아테네의 티몬Tim. of Ath. 4, 3); **6.** 중세시대: 십자가에 못 박힌 장면에서 선한 도둑은 그리스도를 시인하는 이방인을 나타내는 반면, 나쁜 도둑은 그를 부인하는 유대인을 나타낸다; **7.** "목요일의 아이는 도둑질을 하는 경향이 있다"(속담; 전체 목록은 요일days 참조); 8. 강도robbing 참조.

▌도둑갈매기 sea-hawk (새) 아버지 니소스의 머리카락 한 가닥(외적 영혼)을 잘라내 버림으로써 아버지 니소스와 그의 도시를 배신한 스킬라는 그 벌로 물수리로 변했고 아버지인 흰꼬리수리에게 항상 쫓겼다(예 베르길리우스Virgil, 농경시Georg. 1, 405 및 "시리스Ciris" 191ff.). 이 신화는 또한 아침 해에게 쫓기는 초승달로 설명되었다(오비디우스Ovid는 스킬라를 짖는 개 허리를 가진 바다괴물로 바꾸었다; 아폴로도로스Apollodorus 3, 15, 8+n.도 참조).

▌도둑질, 강도질 robbing **1.** 신화: a. 신들에게서 훔치는 것에는 다양한 형태가 있다. 예 불, 게리온의 태양의 소떼, 헤스페리데스의 사과, '불멸의 허브' 등; 사실 어떠한 마법 행위도 '신들로부터 훔치는 행위'의 한 형태로 간주될 수 있으며 이는 위험하다; b. 약탈하는 신은 종종 바람의 신이다; **2.** 심리: 퇴행적인 형태의 도둑질은 병적인 도벽이 될 수 있다(전형적인 여성적 퇴행은 음경에 대한 갈망이다); **3.** 도둑thief 참조.

▌도래송곳 gimlet **1.** 오래된 구멍 뚫는 도구; **2.** 로버트 번스Robert Burns: 여기서 도래송곳gimlet은 윔블wimble' 또는 '웸블wumble (역주: 구멍 뚫는 도구)'이다: a. "어린 소녀는 작은 구멍을 가지고 있고, 과부는 큰 구멍을 가지고 있다"("녹색이 번져나간다, 오Green Grow the rashes, O" 124); b. 남근: "그는 작은 송곳처럼 빠르게 무엇인가를 만들어 낸다(역주: 남근이 작은 송곳처럼 빠르게 움직인다)"("사랑하는 자Aye who love" 23).

▌도로, 길 road **1.** 인생, 진전, 모험: a. 순례자와 관련이 있다; b. "나의 여왕은 위험에 대해 여전히 열린 길과 밝은 눈을 가졌다…"(로버트 L. 스티븐슨Robert

L. Stevenson, "언더우드Underwoods": "젊음과 사랑Youth and Love"); c. 일방통행로: 죽음으로 가는 길; **2.** 경험; **3.** 고난, 순교: 갈보리로 가는 길; **4.** 매춘부("큰 길처럼 흔한"); "이 돌 티어시트Doll Tearsheet(역주: 극 중 등장하는 가상의 인물로 매춘부)는 어떤 길이 되어야 한다"(헨리 4세 2부2H4 2, 2); **5.** 교차로crossroads, 고속도로highway, 길way 참조.

도리깨 flail **1.** 곡물 타작: 인간에게 채찍질을 하는 것처럼 곡식을 쳐 타작하는 것도 동일하게 풍요를 위한 것이라는 연관성을 갖고 있다(곡물을 때려야 곡식이 나오는 것처럼 사람도 마찬가지이다-고통의 상징); **2.** 권력: 이집트에서 왕의 상징; **3.** 고난의 속성: 라틴어 '트리불라tribula'('고난' 참조)=작은 도리깨; **4.** 속담에 나오는 것: 전형적인 남성적 활동(옷감 짜기는 여성의 활동: 성탄계절Yule 참조).

도마뱀 lizard **1. 일반적으로 다음을 의미한다**: a. 도마뱀은 물 없이 살 수 있고 더운 곳을 좋아하기 때문에 '메마른 뱀'이다; 게다가 어떤 도마뱀들은 다리가 없다; b. 도마뱀은 '뱀'으로서(예 에덴 동산의 중세 판화에서) 종종 발이 달려 있고 뱀 및 용과 동일한 상징성을 갖고 있다(예 단테Dante, 신곡 지옥편Inf. 25의 파충류-뱀에 관한 기록에서 도마뱀은 인간으로부터 파충류 변화하는 상징성을 갖고 있다); c. '뱀anguis[뱀 anguid (뱀같은snake-like)]을 잘못 번역하는 바람에' 도마뱀은 독침이 있다고 생각했다: "도마뱀의 침처럼 따끔거리는 정도로 부드러운 그것들의 촉감"(헨리 6세 2부2H6 3, 2); 아메리카 독도마뱀은 독성이 있다; d. 도마뱀은 때로 아테네의 가슴에 그려져 있다; e. 젠드-아베스타(역주: 조로아스터교의 경전)에는 암흑과 악의 신아리만의 상징으로 다양한 뱀serpent이 기술되어 있다(창세기의 뱀snake처럼); f. 이 뱀은 귀로 잉태하여 입으로 낳는다; g. 늙어서 시력을 잃고 동쪽의 갈라진 틈으로 슬금슬금 들어가서 햇빛으로 시력을 회복한다; 독수리의 재생The rejuvenation of the Eagle 참조; **2.** 이집트 상형문자: **친절**과 자비를 의미하며 이는 도마뱀이 사람에게 갖는 애정 때문이다. 상징에서 도마뱀은 또한 사랑을 나타낸다; **3. 재생**, 봄: 뱀처럼 허물을 벗는다; 1번의 g 참조; **4. 건강**health 참조; **5. 후견**: 상징의 속성; **6. 경건**: "도마뱀이 이끼를 먹는 곳"에는 신에 대한 경배가 있다(크리스토퍼 스마트Christopher Smart, "다윗의 노래A Song to David"); **7. 신성한 영감**, 지혜, 군사 전략: 1번의 d 참조: 벽 위에 있는 도마뱀의 움직임으로 점을 치는 것은 그리스인들의 흔한 점술의 형태였다; 아폴로는 또한 그리스어로 '사우로크토노스sauroctonus 공룡'(='도마뱀 살생자')이었다; **8. 로고스**the Logos: 1번의 f 참조; **9. 우상숭배**, 불경; 도마뱀은 알을 낳은 곳을 기억하지 못하기 때문에 알을 부화시킬 수 없다(플리니우스Pliny 10, 85); **10. 악의**, 장로들에 대한 무례: 히포툰과 멜라니아의 아들인 아바스('도마뱀')는 케레스에 의해서 도마뱀으로 변했으며 그것은 케레스가 프로세르피네(페르세포네)를 찾는 과정에서 지독한 갈증을 해소하기 위해 물을 달라고 요청했을 때 아바스가 그녀를 탐욕스럽다고 꾸짖었던 것에 대해 벌을 준 것이다. 오비디우스의 책에서 그는 라틴어로 '스텔리오stellio'라고 불린다('도마뱀': 변신이야기Metam. 5, 46, 1); **11. 수줍음**: "떨리는 나뭇잎의 그늘 아래 있는 도마뱀처럼 당신은 슬픔에 휩싸여 있다"(퍼시 셸리Percy Shelley, "초대Invocation"); **12.** 도마뱀, 사자 그리고 야생 나귀는 인간의 영광보다 더 오래 **살아남는다**(에드워드 피츠제럴드Edward FitzGerald, 오마르 하이얌의 루바이야트 Omar Khayyám 번역서); **13. 특별한 신화적 의미**: A. 이집트: a. 다산; b. 집어삼키는 열heat; 악어crocodile 참조; B. 그리스: 도마뱀이 끄는 전차; 헤르메스/메르쿠리우스; C. 기독교: a. 복음의 분명한 영향; b. 귀ear로 잉태한 성모 마리아의 특성; **14. 특별한 문학적 의미**: A. 페데리코 G. 로르카Federico G. Lorca: 태양을 쥐하는 도마뱀: 무활동, 무동력(예 "예르마Yerma" 2, 1); B. 딜런 토머스Dylan Thomas: (남근) 아버지; 입 즉 여자 외음부 및 어머니의 대극; **15. 민속**: a. 도마뱀을 가루로 만들어 달콤한 포도주와 함께 마시면 훌륭한 최음제가 된다; 도마뱀은 수많은 마법 처방(플리니우스 30, 47 등)에서 발견된다; b. 도마뱀은 마녀와 직접적으로 관련 있다.

도마뱀붙이, 게코 gecko (도마뱀) 이 도마뱀은 자신이 벗은 허물을 삼키기 때문에 질투를 상징한다. 이 허물은 간질을 치료하는데 쓰였을 수 있다(클라우디우스 아엘리아누스Claudius Aelianus, 동물의 본성에 관하여 NA 3, 17).

도망자, 탈주자 fugitive 인생은 탈출하는 노예와 같고 행운은 매춘부와 같다(팔라티노 선집P. Anth. 10, 87).

도미 sea-bream (물고기) **1.** 일반적으로 다음을 의미한다: 잡기가 쉽지 않다. 겁쟁이일 뿐만 아니라 먹음직스러운 미끼를 피하는 신중함으로도 유명하다. 잔잔한 바다의 모래 밑에 살지만 폭풍우가 치면 바다 위를 빠르게 헤엄쳐 지나가며 다른 물고기들이 모두 숨어 있는 동안에도 해안을 떠돌아다닌다. 그때 바닷가 절벽에서 치즈와 꽃을 미끼로 사용해 낚을 수 있다(오피안Oppian, 할리에우티카H. 3, 443); **2.** 일부일처제: 간통하는 사르구스의 반대: 도미는 한 마리의 암컷만을 위해 싸운다(클라우디우스 아엘리아누스Claudius Aelianus, 동물의 본성에 관하여NA 1, 26; 조슈아 실베스터Joshua Sylvester, 기욤 드 살루스테, 바르타 시에르의 신성한 시기와 작품DB 1, 5, 201ff.); **3.** 이집트: 나일강 범람의 전령으로 생각되는 신성한 물고기; 강꼬치pike처럼 오시리스의 남근을 먹었기 때문에 금기시되는 물고기(플루타르코스Plutarch, 윤리론집M 353Cf. 및 358A; 또한 클라우디우스 아엘레아누스, 동물의 본성에 관하여 10, 19 참조).

도살업자 butcher 거리의 민요에서 도살업자의 아내는 구두수선공의 연인이다.

도시 city **1.** 도시는 그 안에 사는 공동체의 특정 정책과 원칙을 나타낸다; **2.** 모성: a. 어머니 여신(예 레아, 키벨레, 디아나)은 도시의 수호자로서 성벽 모양 왕관을 가졌다; 이들은 정복되지 않은 처녀일 수도 있다; 또는 매춘부(이사야서Isa. 23, 16) 또는 종말론적 꿈의 도시인 새 예루살렘, 신비로운 자기Self의 중심; b. 구약성서에서 도시는 "시온의 딸"이라고도 불리지만 종종 어머니의 고통 속에 있는 것으로 표현된다(예 미가서Micah 4, 9–10); c. 아가서SoS의 사랑하는 사람은 도시들에 비유된다(6, 4 및 7, 5); d. 처녀: "이것이 그를 더욱 노하게 하고 덜 연민하게 하며, 성벽을 파괴하여 이 감미로운 도시 안으로 들어가게 한다"(루크리스의 능욕Lucr. 469); **3.** 외로움: 자연, 인간 또는 영적 접촉의 결여; **4.** 피난처; **5.** 프란츠 카프카Franz Kafka: 개인이 자신의 정체성을 잃어버리는 곳; **6.** 페데리코 G. 로르카Federico. G. Lorca: 기본적인 인간의 수준에서 미칠 수 없는 사회: "코르도바에 도착하기 전에 죽음이 나를 기다리고 있다"("라이더의 노래Cancion de Jinete"); **7.** 딜런 토머스Dylan Thomas: a. "9일 동안의 밤의 도시들": 이 도시들에서는 시인이 9일 간의 경이로움이다: 런던과 뉴욕, 소돔과 고모라("프롤로그Prologue"); b. "유령들의 도시": 아이들이 생길 수 있는 자궁("제로 상태의 씨앗"); **8.** 황금의 도시: 바빌로니아(이사야서Isa. 14, 4); **9.** 언덕 위의 도시=눈에 잘 띄는: 예수 그리스도의 제자들(마태복음Matth. 5, 14); **10.** 일곱 개문의 도시: 테베Thebes(나소 P. 오비디우스Naso P. Ovid, 변신이야기Metam. 13, 685ff); **11.** 영원한 도시: 로마; **12.** 도시의 성벽은 신비한 힘을 갖고 있다: 로물루스의 형제 살해를 설명해준다; **13.** 도시국가 개념의 상실은 세상에 대한 철학적 비관주의의 증가로 스토아학파, 냉소주의, 회의주의로 이어지는 것과 동시에 발생하였지만, 이것은 인류의 형제애에 대한 감정과 노예의 평등으로 보상되었다; 현대의 산업도시는 마르크스주의와 파시즘을 발생시켰다; **14.** "신은 국가를 만들었고, 인간은 도시를 만들었다"(윌리엄 쿠퍼William Cowper, "도시와 국가Town and Country").

도요새 sandpiper (새) **1.** 도요목의 새 중 하나이며 악어의 이빨을 청소하는 새(아리스토텔레스Aristotle, 세상의 거울Mir. 7; 동물사HA 9, 6, 612a; 또한 헤로도토스Herodotus 2, 68; 플리니우스Pliny 8, 25 및 37, 2); **2.** 에드먼드 스펜서Edmund Spenser: "그토록 작은 것이 큰 힘을 가질 수 있는데 왜 가장 큰 것이 가장 작은 것을 경멸해야 합니까?"(세상의 바니티의 비전Van. 3).

도요새 snipe (새) 바보, 얼간이(누른 도요새woodcock와 같은: 예 베니스의 무어인 오셀로Oth. 1, 3).

도자기 china **1.** 훌륭하지만 부서지기 쉽다: "순수하여 도자기처럼 훌륭하지만 깨지기 쉽다"(존 드라이든John Dryden, "…한 시인The bard who…" 120f; 다음의

2번도 참조); **2.** 중국의 황제만 소유하고 있는 최고의 도자기 접시들은 독에 닿으면 깨진다(토머스 브라운Thomas Browne, 저속한 오류PE 2, 5, 7 및 7, 17, 3); **3.** 허영심과 연관된다: "허영심 많은 사람들이 도모하는 은밀하고 세속적 일은 도자기 점토보다 더 느리고 더 부서지기 쉽다": 도자기를 만들기 전 준비작업으로 중국인들은 점토를 오랫동안 묻어 두었다(앤드류 마벨Andrew Marvell, "1주년The First Anniversary" 19f); **4.** 꿈: 예 신뢰, 이상 등등, 내면의 삶의 '부서지기 쉬운' 부분이 깨질 수 있는 것; 결혼식에서 깨지는 유리잔은 그러한 '깨짐'을 막아 줄 수 있다(톰 체트윈드Tom Chetwynd의 상징사전The Dictionary of Symbolism의 깨짐break의 상징성 설명).

도토리 acorn **1.** 이름: 이것의 어원은 '열린 들판의 열매'라는 뜻을 갖고 있다; 나중에는 참나무의 열매로만 이름이 사용되었다; **2.** 양성성: 1(신성한 하나)+0(생성적인 구멍 또는 잔cup); **3.** 그러므로 다음을 상징한다: a. 생명; b. 힘[문장heraldry(紋章)에서], 정력: "아마도 그는 말하지 않았지만 도토리(정력)로 가득 찬 멧돼지 같이 완전히 발기한 독일 남자가 '오오'라고 외치며 여자를 덮쳤다(심벨린Cym. 2, 4); **4.** 원시적인 인간음식: (와인과 물처럼) 옥수수 이삭과는 반대: 따라서 농경 이전 시대의 음식(베르길리우스Virgil, 농경시Georg. I, 8; 아르바라투스arbutus도 참조); 황금기의 음식(야만적인 아르카디아인에 관해서는 헤로도투스 1Herodotus1, 나소 P. 오비디우스Naso P. Ovid, 변신이야기Metam. I, 104; 플리니우스Pliny 16, 1); **5.** 돼지와 관련된다: "멧돼지는 도토리 타작하는 자를 우습게 보지 않는다"(속담); **6.** 가죽 무두질에 사용되었다; **7.** 전염병 예방(게르만); **8.** 불과 다산의 신 토르에게 신성한 것이다; 도토리는 독일 카드게임의 클로버와 같다; **9.** 민속: a. 이것은 젊음을 보존한다; b. 무절제 또는 술취함을 치료한다: 이것에서 즙을 증류해 내고 마신다; **10.** 참나무oak 참조.

도화선 fuse 딜런 토머스Dylan Thomas: 파괴적 (폭탄) 및 창의적 (남근).

독 poison **1.** 독이 추위나 어둠과 관련하여: a. 밤이나 어둠과 겨울의 신들을 잠들게 만드는 데 사용된다; b. 빛 또는 여름의 신들을 죽이는 데 사용된다; **2.** 태양신은 종종 독이 있는 검 즉 뜨거운 태양광선을 가지고 다니는데, 이는 어둠이나 서리를 죽임으로써 대지를 파괴하거나 보호하는 역할을 할 수 있다; **3.** 독은 연금술의 원질료의 이름 중 하나이다; **4.** 독극물을 사용하는 것은 여자가 남편을 죽이는 (또는 죽게 하는) 전형적인 수단이다.

독거미, 타란툴라 tarantula **1.** '늑대거미'라고도 불리는 독거미로 이 거미에게 물린 사람은 히스테리병인 '우도병tarantism'이 생긴다; **2.** 힐데가르트 폰 빙엔Hildegard von Bingen: 매우 뜨겁고 독성이 있다; 소의 젖이 우유로 가득 찬 것처럼 타란툴라 꼬리는 독으로 가득 차 있다(자연학Ph. 8, p. 141); **3.** 이 거미에게 물리면 "사람들은 함께 춤을 추게" 된다(로버트 버튼Robert Burton, 우울의 해부Anat. of Mel. 1, 2, 4, 7); 음악과 광란의 춤인 타란텔라춤을 추면 타란툴라에게 물린 것을 치료할 수 있다(조지 허버트George Herbert, "종말Doomsday"; 필립 시드니 경Sir Philip Sidney, 고대의 아르카디아OA 1, 17, 10f.; 카스틸리오네Castiglione, "궁정론The Courtier"; 갈리아의 아마디스Amadis de Gaule 11, 56; 토머스 브라운 경Sir Thomas Browne, 저속한 오류PE 3, 28: 그는 거미들이 음악에 맞춰 춤을 춘다고 덧붙였다); **4.** 타란툴라에게 물린 상처는 이 동물의 수명보다 오래 가지 않는다(존 던John Donne, 헨리 구디에르 경에게 쓴 편지Letter to H. G. 1604); **5.** 니체Nietzsche: 동굴에 숨어서 생명을 등지고 앉아 있는 위험한 평등의 사제들(차라투스트라는 이렇게 말했다Sprach Z. II부, '타란툴라'); **6.** 꿈에서 타란툴라, 전갈, 지네 등은 악당을 나타낸다(달디스의 아르테미도로스Artemidorus of Daldis 2. 13).

독미나리 hemlock (식물) **1.** 독미나리의 두 가지 종류(독미나리Water Hemlock와 독당근Poison Hemlock)는 당근과에 속하며 흰 꽃이 피고 강한 독성의 노란색 진을 함유한 뿌리를 가지고 있다. 잎과 꽃 또한 독을 가지고 있다; 습한 노지, 습지대에서 자라거나 또는 개울을 따라 자란다; 쥐와 유사한 향을 가지고 있다; 이름: 고대 영어로 'hem'(초원, 경계)과 'lok'(또는 'lich'

=죽음); 이 식물은 파슬리와 유사하다; 독당근은 경련을 일으키지 않으며 효력이 사라질 때까지 정신이 또렷하다; 팔다리, 특히 발 윗부분에서 오한이 생긴다; **2.** 파괴적 또는 마법적 측면에서 위대한 여신에게 바쳐졌다(예 헤카테, 그리고 나중에는 마녀: 맥베스Mac. 4, 1, 25), 따라서 A. 죽음, 쇠약함(연약함의 상징): 아테네인들은 사형 선고를 받은 사람에게 이것을 마시게 했다; 소크라테스Socrates는 청년들을 타락시킨 죄로 이것을 마셔야 했다; B. 사람을 미치게 만든다: a. 미혹되어 방황하는 이스라엘에 관해 "그 재판이 밭이랑에 돋는 독초 같으리로다"(호세아Hos. 10, 4); b. "…그런데 너희는 정의를 쓸개로 바꾸며 공의의 열매를 쓴 쑥으로 바꾸며"(아모스Amos 6, 12); c. 이것은 "이성을 포로로 잡는 미친 뿌리일 수 있다"(맥베스Mac. 1, 3); d. "내 가슴은 쑤시고, 나른히 파고드는 마비에 감각이 저린다, 마치 방금 독당근 즙을 마신 듯"(존 키츠John Keats, "나이팅게일에 부치는 노래Ode to a Nightingale"); e. 최음제: 부자aconite와 섞어서 사모하는 여인에게 동침을 거부당한 남자에게 주었다(나소 P. 오비디우스Naso P. Ovid, 부자aconite 참조); **3.** 점성술: 토성과 관련된다; **4.** 딜런 토머스Dylan Thomas("올빼미 빛의 제단Altarwise":) 독성이 있지만 동시에 늘 푸르며 모든 날씨를 이겨 낸다(=경험); **5.** 민속: A. 악마, 마녀와 연관된다: a. 악마와 악령을 불러내는 주문에 사용된다; b. 사랑을 파괴하고 광기 또는 마비를 유발하는 데 사용된다; c. 남성과 동물의 생식력을 폭발시킨다; d. 일시적 효과를 내는 연고의 재료; e. 청년의 고환에 문지르면 최음제가 된다; B. 의약: a. 일반적으로 열을 내린다; b. 처녀 때부터 가슴에 문지르면 탄력을 유지한다.

독미나리 oenanthe (식물) **1.** 그리스어로 '와인 플라워wine flower'를 의미하며 미나리dropwort 또는 '스피리아 필리펜둘라Spiraea filipendula'라고 한다; **2.** 플리니우스Pliny: a. 가지치기를 하면 꽃이 매우 오래 가며 와인 향이 난다(21, 28); b. 바위 위에서 자라며 출산을 용이하게 해 준다. 기침을 치료하고 배뇨를 촉진한다(21, 95); c. 야생 포도 넝쿨도 이 약효를 갖고 있다(23, 5).

독보리 cockle (식물) **1.** 때로=밀 가운데 뿌려진 '가라지tares'의 비유(마태복음Matth. 13); '리크니스 기타코Lychnis Githaco'; 독보리라고 해야 할 것을 잘못 번역한 것; **2.** 기독교: 호전적인 교회에서 선과 함께 자라는 악; 동물들이 많이 먹지만 농작물의 성장에는 해가 된다; **3.** "반란의 독보리the cockles of rebellion"(코리올레이너스Cor. 3, 1).

독보리 darnel (식물) **1.** 일반적으로 다음을 의미한다: a. 농작물을 망치고 먹으면 시력을 손상시키는 잡초(나소 P. 오비디우스Naso P. Ovid, 행사력Fasti. 1, 69); b. 빵에 사용하면 현기증을 일으킨다; 대중목욕탕 주인이 손님을 내쫓고 싶으면 석탄 불에 독보리를 던져 넣었다(플리니우스Pliny 18, 44); **2.** 악, 악덕: 잡초; 3. 불길함(베르길리우스Virgil, 농경시Georg. 1, 154); 4. 가라지tare 참조.

독사 viper **1.** 부자연스러운 배반, 사악한 천재성: a. (헤로도토스Herodotus 이후:) 새끼 독사들이 힘차게 어미의 창자를 뚫고 나아간다(참조: 토머스 브라운경Sir Th. Browne, "저속한 오류Vulgar Errors" 3, 15; 코리올라누스Cor. 3, 1; 헨리 6세 1부1H6 3, 1; 타이어의 왕자 페리클레스Per. 1, 1 등; 참조: 플리니우스Pliny 10, 82); b. 동물우화집에서 어린 독사는 태어날 때 어미를 죽일 뿐만 아니라 태어나기도 전에 아비를 먹고 살아간다; **2.** 배은망덕: 이솝 우화에서 얼어 버린 독사는 불쌍히 여겨 따뜻하게 감싸 준 어미의 가슴을 찔러 버린다; **3.** 독사에게 물린 것을 또 다른 독사가 중화시킨다; **4.** 독사가 위협을 느끼면 조약돌을 삼키는데 이 조약돌은 나중에 마법처럼 강력해진다(플리니우스 29, 21); 5. 뱀serpent 참조.

독수리 buzzard **1.** 연Kite처럼 비열한 것으로 간주되었다: "연kite과 독수리buzzard가 자유를 노릴 때 독수리eagles가 야옹 거리는 것이 더 안타깝다(=매처럼 새장에 갇혀 있는)(리처드 3세R3 1, 1); **2.** 똥 때문에 말무리와 유사하다(아리스토텔레스Aristotle); **3.** 세 개의 고환이 있다(플리니우스 10, 9); 4. 길조로서 가장 중요한 새(같은 책).

독수리 eagle **A. 일반적으로 다음을 의미한다**: 1. 이집트 상형문자: 알파벳 A: a. 삶의 온기; b. 기원; c. 낮; 2. 독수리는 태양을 바라볼 수 있다; 3. 쇄신: 독수리는 태양을 향해 깃털이 타는 곳까지 날아갔다가 샘물 속으로 들어가 다시 새롭게 젊음을 얻는다(불사조Phoenix, 이카루스Icarus 참조); 4. 피시오로고스Physiologus에 따르면 독수리는 부리가 너무 길게 자라면 바위에 대고 부리를 깨뜨려 다시 살아갈 수 있게 한다; 5. 동물우화집Bestiaries에 따르면 독수리는 불의 고리 속으로 날아올라 깃털 등을 잃고 눈이 먼 상태로 떨어진다; 6. 많은 기본적인 상징들과 마찬가지로 독수리에 대해서도 다양한 종류의 혼동이 존재한다(돌고래dolphin와 쇠돌고래porpoise, 사자lion와 표범leopard 등 참조); 다음에서 보는 것처럼 다양한 항목이 독수리vulture를 지칭하며 그중 몇몇은 '매hawk'에 대해 독수리eagle를 사용하고 있다; 아마도 다음 7번의 경우에는 물수리osprey일 것이다; 7. 모든 동물 중 가장 높이 난다: 바다 위를 날 때는 대양의 가장 깊은 곳까지 볼 수 있어 급강하하여 물고기를 잡는다(=흰꼬리수리sea-eagle); 8. "날아다니는 동물 중 가장 힘세고 가장 빠른 검은 사냥꾼"(호메로스Homer, 일리아드Il. 21, 252); 그러나 다른 곳에서는 가장 빠르게 나는 새는 송골매('에토스')이고 그다음은 매('키르코스')다; 9. 뒤에 흔적을 남기지 않는다(독수리와 사자의 많은 공통점 중 하나): "그러나 독수리처럼 대담하게 앞으로 날고 뒤에 흔적을 남기지 않는다"(아테네의 티몬Tim. 1, 1); 10. 이글스톤: 독수리의 둥지에서 발견되며 독을 감지한다(아래의 민속 부분도 참조); 11. 독수리는 '호크시드hawk-seed'를 먹음으로써 비상한 시력을 유지한다; 12. 독수리는 신중하게 새끼를 선택한다: 새끼들 위로 날아와 새끼들을 벌린 날개 위에 얹어 태양으로 데려가 누가 열기를 견딜 수 있는지 시험하고 열기를 견디지 못하는 새끼는 떨어뜨린다; **B. 위풍당당함, 힘**: 1. 신과 같은 위풍당당하다: 높이 상징성을 갖고 있다; 2. 천체+독수리: 힘의 신성함; 3. 로마의 휘장 중 하나; 4. 특히 다음 모토와 함께 힘을 상징한다: 라틴어 "신성화consecratio": 로마 황제들의 신격화(공작새가 공주들의 상징이 된 것처럼); 아래의 문장heraldry(紋章)도 참조; **C. 영**spirit, **혼**soul: 땅으로부터 분리된다; **D. 태양, 불**: 1. A번의 2, 3 및 12 참조; 2. 물고기(물)와 뱀(땅)의 천적: 독수리는 종종 부리나 발톱에 뱀을 잡고 있는 모습으로 나타난다; 3. 아메리카 인디언들은 머리 장식물에 독수리의 깃털을 사용한다: 모든 왕관과 연관되는 일반적인 태양 상징성 외에도 독수리 깃털은 독수리에게 힘을 주는 것이다(적의 머릿가죽을 벗기거나 적의 심장을 먹는 것과 마찬가지); 4. 원소 불과 공기: 올빼미owl와 반대: 낮의 새와 밤의 새; 이들은 또한 천적 관계: 독수리 사냥은 아직도 큰 부엉이를 가지고 한다: 수리부엉이 종Bubo-species; 5. 벼락: 독수리의 대담한 비행은 벼락과 연관된다(문장heraldry(紋章) 상징 참조)='영웅적 고결함의 리듬' '폭풍우를 알리는 새'; 번개를 맞지 않는 유일한 새(플리니우스Pliny 2, 56); 독수리는 날갯짓으로 폭풍을 만들 수 있다; **E. 하늘, 공기**: 1. 땅 위의 사자와 같다: 때로 독수리의 머리를 사자 머리로 표현하기도 한다; 2. 하늘의 메신저, 예언의 영spirit: 다른 태양 동물 참조: 수사슴과 말; 몬머스의 제프리Geffrey of Monmouth의 저서에는 몇몇 예언적인 독수리가 등장한다(예 2, 9 및 9, 6); 3. 로마네스크 미술에서 뱀(땅)의 공격자: 야비한 세력의 공격자, 지하세계의 공격자; 4. 빠른 비행: 사람과 하늘 사이의 의사소통: 신에 대한 기도와 우아한 하강; 5. 예수의 승천; 6. 신의 새(단테Dante); 제우스의 상징(G번의 1, b도 참조), 오딘의 상징물(오딘은 독수리로 변신하기도 한다); 7. 바람: 고대 북유럽: 흐레스벨그는 지역의 북쪽 끝의 거대한 바람 독수리이다: 흐레스벨그는 또한 라그나로크(역주: 북유럽 신화의 세계 종말의 날)가 오면 크게 소리를 지른다(헤임달의 뿔나팔Heimdal's Horn와 붉은 수탉Red Cock 참조); 폭풍우를 알리는 새storm-bird에 대해서는: D번의 5 참조; 독수리 별자리가 바다 위로 뜨면 폭풍우가 예상된다. 그래서 이 별자리는 그리스어로 '독수리aetos'라고 하며 이 단어는 '아에타이aetai'='바람에 날리다'에서 유래했다; **F. 물**: 신에게 술을 따르는 미소년 가니메데스와 연관된다: 별자리 '독수리자리'는 언제나 아쿠아리우스(가니메데스와 동일시됨)의 물병자리의 움직임을 따른다: 신조차 우라노스의 생명의 힘인 물을 필요로 한다; **G. 성격 특성**: 1. 생식력: a. 특히 남성의 생식력과 활동: 아버지의 상징(그러나 때로 성적 무기력을 나타내기도 한다); b. 제우스는 독수리의 모습으로 에우로페를 겁탈한다(참조: 제우스가 뻐꾸기의 모습으로 헤라를 겁탈했다); c. 아프로디테에게 바쳐졌다; d. 황소가 비옥한 대지이고 그 위에서 데메테르가 독수리에 의해 수태하는 내용을 담은 모습으로 나타난다(레다와 백조의 다양한 변형된); 그러나 일반적으로 세 가지 형태의 아르테미스(위대한 어머니 여신)는 독수리를 싫어한 것으로 여겨지는데 그 이유는 독수리가 대지의 것을 먹이로 삼기 때문이다; 2. 전쟁 및 힘의 신과 연관된다(전쟁의 신은 일반적으로 다산의 신이다; B번의 3 참조); 3. 부활: a. A번의 3, 4, 5 참조; b. "좋은 것으로 네 입을 만족하게 하여 네 젊음을 독수리처럼 새롭게 하시는도다!"(시편Ps. 103, 5); 4. 장수: "이 촉촉한 나무들은 독수리보다 더 오래 살았다"(아테네의 티몬Tim. 4, 3); 5. 새끼를 잘 보호한다: a. A번의 12 참조; 플리니우스Pliny(10, 3) 참조: 한 종류를 제외한 모든 종류의 새들이 새끼들을 몰아낸다; b. "나(=여호와)는 독수리의 날개에 너희를 태웠다"(출애굽기Ex. 19, 4); 6. 속도: a. E번의 4 참조; b. "주는 한 민족을 멀리서, 땅 끝에서부터 독수리가 나는 것처럼 빠르게 너를 치러 오게 할 것이다"(신명기Deut. 28, 49; 사무엘하서2Sam. 1, 23); 7. "정결하지 않은" 동물(레위기Lev. 11, 13); 모든 맹금류와 마찬가지로 바빌로니아에서 신의 상징이다(아마도 독수리vulture일 것이다); 8. 하나님의 복수자: a. 큰까마귀는 아버지를 조롱하는 자의 눈을 쪼아 내고 "독수리 새끼가 그것을 먹으리라"(잠언Prov. 30, 17); b. 정녕히 재물은 스스로 날개를 내어 하늘을 나는 독수리처럼 날아가리라(잠언 23, 5); c. 하나님의 분노는 나라 위로 독수리의 날개를 펴고 비둘기로 표현된 모압들(에돔 사람들)을 덮친다(예레미야서Jer. 48, 28−40; 또한 49, 16); d. 지구의 파괴가 다가옴을 알리는 존재(요한계시록Rev. 8, 13, 그러나 킹 제임스 버전에는 '천사'로 되어 있다); E번의 7 참조; 9. 독수리가 공중에서 날아다니는 방식은 "너무나 불가사의한" 것들 중 하나이다(잠언 30, 19); 10. 바빌로니아 관련된 맥락(신약성서 포함)에서는 종종 '독수리vulture'와 혼동해서 사용된다: "날개가 크고 길며 다양한 색깔의 깃털이 가득한 큰 독수리"=바빌로니아(바빌로니아의 상징인 날개 달린 수레바퀴 참조; 가장 큰 독수리eagle는 가장 큰 독수리vulture보다 작다: 에스겔서Eze. 17, 3); 11. 자부심: "너(=에돔, 높은 산에서의 삶)는 독수리처럼 너 자신을 들어 올려도"(오바댜서Obad. 4): 에돔에는 아마도 독수리eagle는 없고 독수리vulture만 있었을 것이다; 12. 대머리: "독수리같이 너의 대머리를 크게 할 것이다"(미가서Micah 1, 16: 분명히 독수리vulture이다); 13. 썩은 짐승 고기를 먹는 동물: "시체가 있는 곳에는 독수리가 모일 것이다"(마태복음Matth. 24 28: 분명히 독수리vulture이다); 14. '파리'의 반대(사자−쥐 참조): "독수리는 파리를 잡지 않는다"(속담, 원래 라틴어에서 유래); 15. 독수리의 적: 족제비와 수벌; 16. (성적) 놀이: "독수리들의 놀이. 공중에서의 격렬한 사랑의 만남"(월트 휘트먼Walt Whitman); 17. 관대함: "독수리는 작은 새들이 노래하는 것을 견디고 그 내용에도 신경 쓰지 않는다"(디도서Tit. 4, 4); **H. 다음에 상응한다**: 1. 방향: 남쪽; 2. 계절: 여름; 3. 원소: 불; 4. 나이: 젊음; 5. 하루 중: 한낮; 상응하는 다른 동물들에 대해서는 나침반compass 참조; 6. 독수리자리; 7. 별자리: 게자리(발톱 때문)와 전갈자리(악령): 여름=춘분과 추분의 사이; **I. 특별한 의미**: 1. 이집트: a. 영혼; b. 수리매 호루스; 2. 히브리: 하나님의 이스라엘에 대한 가호; A번의 12 참조; 3. 그리스: a. 제우스가 크로노스를 피해 숨어 있을 때 독수리가 제우스에게 신의 음료인 넥타를 가져다주었다; 천둥신으로서의 제우스; b. 가니메데스는 독수리를 타고 다닌다; c. 트로이의 상징; d. 이솝Aesop우화: 많은 면에서 독수리는 도덕적 기준이 높고 현명하지만 암여우와의 계약을 깨뜨리기도 했다(67); 독수리는 친절함에 대해 고마워했다(68); 또한 종종 허영심 많은 자를 벌하는 존재: 예 거북과 수탉; 4. 게르만족: a. 흰 독수리는 성스러운 물푸레나무(이그드라실) 꼭대기에 앉아 있다; b. 거인 티아지가 독수리의 모습을 하고 나타나 영원한 청춘의 여신 이두나를 겁탈하려 하자 로키가 매의 모습으로 나타나 이두나를 제비로 변신시켜 탈출하게 했다; c. 바람: 바람의 신 오딘은 노래의 벌꿀술을 가지고 신들의 영역으로 날아간다; 5. 영지주의: 사다리 위에 앉은 독수리: 길('완덕의 계단')+비전의 목표; 6. 콥트교: 목에 화환을 하고 십자 모양의 '인장(印章)'과 입에 앙크 십자가가 있는 양식화된 독수리가 종종 무덤에서 발견된다: 부활(시편 103, 5 참조); 7. 고대 과학(특히 연금술): 여성적, 물, 흙, 수동적 등

등; 따라서 불사조의 반대 의미; 8. 기독교: 중세: a. 예수 그리스도의 승천; b. 자부심, 권력, 힘, 속도, 젊음의 상징; 그리고 기하학의 상징; c. 세례식; d. 심판의 날; e. 신과 인간 사이의 중재자로서의 그리스도; 또한 태양으로서의 그리스도는 독수리=천사와 함께 한다; f. 성모 마리아: 사람들을 진정한 광명으로 이끈다; g. (바다에 잠수하는 물수리를 지칭한다: A번의 7 참조:) 그리스도가 아래로 급하강하여 격랑치는 생명의 바다에서 영혼을 건져낸다; h. 사도 요한의 상징; 입에 펜을 문 독수리도 십자가의 사도 요한의 상징한다; 4복음서를 쓴 사람을 상징하는 네 가지 형상tetramorph에서 독수리는 사도 요한이다; i. 날개를 펼친 황금 독수리: 원래는 바빌로니아, 동양, 이집트에서 나타난다; j. 단테Dante: 교회에 대한 세속의 박해, 나중에 회개한다(신곡 연옥편Purg. 32); 9. 윌리엄 블레이크William Blake: (시적) 천재성, 상상력, 하나님; **J. 연금술**: 1. 휘발성 2. 사자를 삼키는 독수리: 고정된 것의 휘발, 또는 퇴화에 대한 진화의 승리; **K.** 심리: 부성 원리, 로고스; M번의 II, 1 참조; **L.** 문장heraldry(紋章): 1. 활동가, 고결한 정신과 지혜를 지닌 높은 위치의 사람; 2. 흰죽지수리: 이 새는 아이네아스를 따라 트로이에서 이탈리아로 전해졌고, 콘스탄티누스가 비잔티움으로 가져가면서 많은 국가가 문장heraldry(紋章)에 사용하게 되었다. 종종 머리가 두 개인 모습(M번의 I도 참조); 3. 쌍두 독수리는 이미 히타이트족과 수메르족의 상징이었다; 비잔틴 제국의 흰죽지수리 문장의 사용으로부터 쌍두 독수리는 나중에 동서양의 결합을 나타내는 데 사용되었다; 훨씬 후에도 때때로 왕과 황제들이 사용했다; 결국에는 장식의 표식으로만 남게 되었다; 4. 흰독수리: 폴란드; 5. 독수리 발톱: a. 끈기; b. 자유와 정의의 수호; c. 독일의 일부 지역에서는 자유로운 사냥 권리를 의미한다; **M. 다른 것과의 조합**: I. 다른 존재의 부위와 조합: 1. 인간의 팔을 가진 독수리: 시리아: 태양숭배; 2. 머리가 두개인 독수리: a. 쌍둥이자리에 있는 모습 오리표현 표시에서: 완전한 또는 부분적 중복: 예 붉은색과 흰색의 두 개의 머리(야누스와 연관된다); 쌍둥이자리 참조; b. 창조적 힘; c. 기독교: 하나님의 성령; d. 신성로마제국: 독일의 독수리는 문장heraldry(紋章)의 오른쪽, 로마의 독수리는 문장heraldry(紋章)의 왼쪽에 위치했다; e. 비잔틴제국과 로마제국의 결합; f. 히브리: 엘리사; 3. 사자의 머리를 한 모습: 암흑의 악마와 지하세계(사자lion, 사자의 일반적 의미와 반대), 그리고 하늘(빛)의 신들 사이의 충돌; II. 다른 동물들과의 조합: 1. 희생자를 운반하는 독수리: a. 열등한 세력에 대한 우세한 세력의 승리(부성 원리, 로고스); b. 전조: "일리아드Iliad"에서 뱀(독수리가 가장 흔히 잡는 동물, 문장heraldry(紋章)에서도 마찬가지이다)을 잡은 독수리가 왼쪽(불길함)에서 날아와 뱀을 떨어뜨렸다. 뱀이 독수리를 물어서 독을 퍼뜨렸기 때문이었다: 그리스인들의 배 주위의 성벽 가까이에 그리스인들이 있을 때의 트로이 전투에서는 나쁜 징조이다(11, 200ff); 오른쪽에서 온 독수리가 그리스 사람들을 격려했다(13권 끝 부분); 2. 불타는 별 모양을 발에 가지고 있는 독수리: 목성의 상징; 3. 4복음서를 쓴 사람을 상징하는 네 가지 형상: 사도 요한: 하늘로 솟아올라 예리하고 현혹되지 않는 눈으로 불멸의 진리의 빛을 본다(다른 동물들에 대해서는: 네 가지 형상tetramorph 참조); 4. 비둘기와 함께 있는 독수리: "(사랑하는) 우리는 우리 안에서 독수리와 비둘기를 발견한다"(존 던John Donne, "시성식The Canonisation"). 5. 사자를 삼키는 독수리: J번의 2 참조; 6. 사다리와 독수리, 또는 십자가 위의 독수리: I번의 6 및 7 참조; 7. 족제비와 수벌에 대한 독수리의 증오에 대해서는, 족제비weasel와 수벌drone 참조; 또한 뱀serpent도 참조; **N.** 독수리의 **일부분**: 1. 머리만 있는 경우: 우주의 영적인 불길이 발산되는 중심점(머리head도 참조); 2. 발톱: L번의 5 참조; **O. 민속**: 1. 독수리의 둥지에서 도둑질하는 것은 위험하다 그렇게 하면 다시는 평화나 휴식이 없을 것이다; 2. 이글스톤: 연한 갈색의 작은 이글스톤은 여성들이 임신 및 출산 시 착용하면 유산을 막고 순산하게 해 준다; 이글스톤은 동양에서 수입했으며 동양에서는 독수리의 둥지에서 발견되었다. 독수리는 암컷이 알을 낳는데 너무나 큰 어려움을 겪기 때문에 둥지에 이글스톤을 둔다. 또한 독으로부터 알을 지켜 준다(플리니우스Pliny 36, 39).

독수리 vulture **1.** (위대한 여신에게 바쳐진) **어머니 상징**: A. 이집트: a. 시신(석관 등)를 집어삼키는 것들(용기containers)은 모두 동정적인 정화자(淨化者

들)로서 여신에게 바쳐졌다; b. 대부분의 모신들에게 바쳐졌다; 예 독수리 모양의 머리 장식이 있고 그 위에 원반과 뿔 또는 초승달 모양의 뿔 또는 태양 원반으로 뒤덮인 독수리 머리 모양의 머리쓰개를 쓰고 있는 하트로 신(본성적인 여성의 힘)에게 바쳐졌다(바빌로니아의 날개 달린 원반 참조); 독수리는 네크베트(상부 이집트 여신)에게도 바쳐졌다; 그리스의 에일레이티아, 마트(여자 저승사자)와 이시스의 상징은 왕 위를 맴도는 독수리였다; c. 독수리는 암컷만 있으며 바람에 의해 수정된다('프네우마pneuma', 즉 영); '정신, 영pneuma'; 루시타니아의 암말 참조; d. 이것은 전갈에 물리지 않게 하는 부적이다; 독수리의 발은 독을 탐지한다(카벙클과 마찬가지로 독수리는 뱀의 천적이다; B. 페르시아: 독수리는 침묵의 탑에서 재탄생한다(카를 융Carl Jung 5, 237f 참조). C. 그리스-로마: a. 헤라와 에리니에스에게 바쳐졌다; b. 아버지로부터 태어나지는 않았지만 아버지의 머리에서 나온 아테나의 상징, 순수한 처녀이자 영적인 어머니의 상징(참조: 호메로스Homer, 일리아드Il. 7, 58); D. 일반적으로 다음을 의미한다: a. 새끼에 대한 깊은 헌신; b. (어머니) 자연의 상징; **2. 죽음과 불멸**: 여신의 측면 중 하나인 죽음과 불멸; **3. 예언력**: 자연현상을 이해하기 위해 새의 비행을 관찰하였으며 독수리도 그 중 하나였으므로 예언적 측면을 나타낸다; **4. 보호**: (구약성서) 이집트-앗수르(아시리아)의 맥락에서 여호와와 관련하여 보호적인 '독수리eagle'를 묘사한 많은 언급들은 사실 '독수리vulture'로 보는 것이 타당하다; **5. 다산**: a. 어머니로서 바람과 태양 상징; b. 이집트: 그리핀 독수리(황금독수리보다 더 넓고 큰 날개를 가진)도 다산의 신인 오시리스에게 바쳐진 존재였다; c. 로마: 마르스(전쟁의 신이기 이전에 다산의 신이다)와 아폴로에게 바쳐졌다; **6. 의로움**: 헤라클레스가 높이 평가한 것처럼 독수리는 매우 강력하지만 가장 작은 생명체도 공격하지 않았다(플루타르코스Plutarch, 윤리론집M 286B); **7. 최고도의 비행**과 광범위한 시야: "[지혜나 하나님의] 그 길은 솔개도 알지 못하고 독수리의 눈으로도 보지 못하느니라"(욥기Job 28, 7: 아마도 매falcon나 매hawk를 언급한 것일 수 있다); **8.** 여름의 불볕더위, 불; **9. 처벌과 후회**: 독수리는 티토스와 프로메테우스의 간(감정의 자리)을 뽑아낸다(예 나소 P. 오비디우스Naso P. Ovid, 변신이야기Metam. 4, 457f. 및 10, 43; 베르길리우스Virgil, 아이네아스Aen. 6, 595f.); **10.** 사악한 특성은 시간이 지나 선한 특성이 더 이상 느껴지지 않게 되었을 때 부여되었다; a. 폭동(예 헨리 6세 1부1H6 4, 3), 탐욕, 폭식, 위선, 무자비함, 악마; b. 복수: "네 적들에게 잔인한 복수를 함으로써 네 마음을 갉아먹는 독수리를 달랜다"(타이투스 안드로니카스Titus Andr. 5, 2); **11. 풍경**: 황량한 곳의 거주자(이사야서Isa. 34, 15); **12. 인간의 나이**: 물레의 실패를 든 70세 여성; **13. 딜런 토머스**Dylan Thomas: "독수리 항아리vultured urn": a. 독수리는 죽음과 성(性)의 결합을 나타낸다; b. 독수리는 에덴에서 인간의 '아침'을 담는 항아리이다(역주: 에덴의 평화와 완전성을 끝내는); c. 독수리는 '모두 잃어버린 자'(죽은 자들)들의 '썩은 고기 평원'을 감시한다.

독수리자리 Aquila (별자리) 태양을 바라보는 독수리(라틴어 '아퀼라aquila')는 성령이다(실베스터Sylvester, 기욤 드 살루스테, 시에르드 바르타의 신성한 시기와 작품DB 2, 2, 4, 501ff).

독일(인) German(y) **1.** 경솔함: "성급한 독일인"(헨리 6세 3부3H6 4, 8); **2.** 독일인은 그들의 큰 키와 흑마술에 대한 지식을 자랑스럽게 생각한다(에라스무스Erasmus, 우신예찬Stult. Laus); **3.** 옷: "허리 아래로 축 처진 헐렁한 작업복을 입은 독일인"(=넓은 반바지를 입은: 헛소동Ado 3, 2); **4.** 제임스 조이스James Joyce: 독일=아버지 원형, 그 대극인 프랑스=어머니 원형; **5.** "독일인의 재치는 그의 손가락에 있다"(속담).

돈 money 헤라Hera 참조.

돈 후안 Don Juan 심리: 모성 콤플렉스가 아들에게 미치는 대표적인 영향은 동성애, 때로는 발기부전 및 '돈 후안리즘'이다: 후자의 경우, 만나는 모든 여성에서 자신의 어머니를 찾으려 한다; 남성에게 모성 원형Mother-archetype은 아니마와 함께 작용한다(카를 융Carl Jung 9a, 85).

돈주머니, 지갑 purse **1.** 탐욕이나 자선을 위한 재정; **2.** 다음을 상징한다: a. 은행가, 상인, 알모너almoner(역주: 중세시대의 구호 및 복지 담당자), 순례자; b. 헤르메스, 프리아포스; c. 포르투나투스; d. 사도 유다, 사도 마태, 성 니콜라스; **3.** 문장heraldry(紋章): a. 자비로운 축복; b. 회계원; **4.** 막대기staff, 벽wall 참조.

돌 stone **1. 단단함**, 견고함, 기초: a. 통합, 힘; 흩어졌을 때: 분열, 분해; b. 응집력; **2. 신의 형상: a.** 존재의 상징; b. 창조주: 귀중한 돌들은 그 신성한 본질이 농축된 형태이다; c. 많은 신은 돌 또는 동굴에서 태어났다(예 미트라Mithra); 바위rock 참조; d. 그리스도는 경건하지 아니한 자가 넘어지는 돌이시며(누가복음Luke 20, 18), 건축자가 버린 모퉁잇돌이시다; **3. 불, 태양**, 번개: a. 로마: 주피터Jupiter가 돌로 맹세한 것은 신성한 맹세였다; 아마도 그는 원래 '주피터석Jupiter-Lapis'이었고 돌로 대체된 이야기가 추가되었을 것이다; b. 많은 운석 및 석질 운석이 특히 정사각형 형태로 숭배되었다; c. 아폴로Apollo, 헤라클레스Heracles, 헤르메스Hermes, 포세이돈Poseidon 숭배의 한 형태; d. 환상열석은 태양 춤에 사용되었다; e. "하늘에는 돌이 없는데 무엇이 천둥을 일으키는가?"(베니스의 무어인 오셀로Oth. 5, 2); **4.** 땅의 **뼈**, 최초의 단단한 형태의 창조물; **5.** 왕들의 **돌**에서 전해진 것(또한 바위rock 참조): a. 아서왕의 검(권력)도 돌에서 나왔고 갈라하드Galahad의 검도 마찬가지였다; b. 돌은 성배 전설에서 기본 상징들 중 하나이다; c. 스콘석(역주: 스코틀랜드 왕이 즉위 할 때 앉았던 돌): 아래 참조; d. 상징적인 보좌로서의 돌(예레미야서Jer. 43, 9f); **6.** 돌로 창조된 **사람**(10번과 관련됨): a. 크로노스는 그의 아버지 우라노스가 어머니 대지와 성교를 하는 동안 낫으로 그의 성기들을 잘라 뒤로 던졌는데 그것들로부터 에리니에스와 지하의 기간테스들이 생겨났다(헤시오도스Hesiodus, 신통기Theog. 1, 80ff.); b. 대홍수 이후에 데우칼리온과 피라는 그들의 어깨 너머로 돌을 던졌고 이 돌들이 새로운 인종이 되었다(똥excrements 참조); c. 어머니의 상징; **7.** 일반적으로 **나무숭배**와 관련이 있다: 예 드루이드교 성직자들; **8.** 원시 **제단**: a. 야곱은 특히 돌과 관련이 있다: 예 그가 베개를 만들기 위해 모은 돌들. 그는 그곳에서 환영을 보았고 나중에 그 돌들로 제단을 만들어 그 돌들 위에 기름을 부었다(창세기Gen. 28, 11-28); b. 후에 이 돌들은 '깎아서 다듬은' 것이 아니라 거친 것이어야 한다고 규정했다(출애굽기Ex. 20, 25; 신명기Deut. 27, 5); **9. 남근**: a. 시편Ps.(예 132, 17)에서 우리는 '뿔'과 '기름 부음'이 돌과 연관되어 있다는 것을 알 수 있는데 이는 고대의 돌이 남근석이었을 가능성을 높인다(열왕기상서1Kings 1, 9에도 돌 숭배에 대한 언급이 있다); b. 은둔자herm; 배꼽navel 등 참조; **10. 고환**: a. 구약성서: (베헤못Behemoth에 관하여:) "그 넓적다리 stones 힘줄은 서로 얽혀 있으며"(욥기Job 40, 17; 신명기 23, 1 등); b. 셰익스피어 작품: 여러 곳에서 언급했다; **11. 증인과 기억**: a. 기념 비석: 에봇에는 지파의 이름이 적혀 있는 오닉스가 달려 있고(오닉스onyx 참조); b. 이와 관련하여 시내산 근처와 여리고에는 이스라엘 지파를 위한 열 두 개의 돌이 있다(요단강 바닥에서 나온 길갈): 예 창세기 31, 46 ff., 사무엘상서1Sam. 7, 12;); 기둥pillar 참조; **12. 율법**: 명령하여 이르되 큰 돌들을 세우고 석회를 바르라. 이 율법의 모든 말씀을 그 위에 기록하라(신명기 27, 217f); **13. 설교**와 관련된다: a. "돌들이 성벽에서 부르짖을 것이요 들보가… 이에 응답하리로다"(하박국서Habakkuk 2, 11, 강제노동의 피로 지어진 니느웨의 궁전에 대해 기술되어 있음); b. 돌들이 외치다: 자신이 왕도로 예루살렘에 입성한 것을 보고 분노한 바리새인들에게 그리스도가 말하였다: "만일 이 사람들이 침묵하면 돌들이 소리칠 것이다"(누가복음 19, 40); c. 우리는 "나무에서 혀를, 흐르는 개울에서 책을, 돌에서 설교를" 발견한다(뜻대로 하세요AYL 2, 1); **14.** 원시적이지만 경건한 **무기**(참조: 금속이 도입된 후에도 할례를 위해 부싯돌 칼을 사용했다): 골리앗과 다윗의 싸움에서 칼과 창 같은 세속적 무기와는 반대이다(사무엘상서 17, 47, 50); 이마에 '박힌' 그 돌을 통해 다윗은 지하에 사는 거인족 키클롭스와 싸우는 또 다른 오디세우스가 된다; 토르의 이마에 박힌 (숫)돌(whet)stone도 참조; **15. 어려움**: a. 걸려 넘어짐(이사야서Isa. 8, 14); 느부갓네살 왕의 환상 속의 신상을 깨뜨린 돌; b. 강(또는 바다)에 (맷돌을) 던지는 것은 몰락을 예언한다(예레미야서Jer. 5 1. 64. 및 요한계시록Rev. 18, 21); **16. 실명**: 속담: "아주 눈이 먼stone-blind"; **17. 침묵**: "당신의 사려 깊은 돌"(안토니우스와 클레오파트라Ant. 2, 2):

18. 순교와 처벌: a. 순교자에게 가하는 돌팔매질: 예 성 스테판St. Stephan; b. 채석장은 적어도 그리스 시대부터 처벌 (고된 노동)의 장소였다: 예 키테라Cythera의 서정시인 필록세누스Philoxenus와 관련된다; 아래의 단테Dante 참조; **19. 외부 영혼**의 일반적인 형태; **20. 연금술**: A. 철학자의 돌: a. 대극의 융합: 남성적 의식과 여성적 무의식의 통합(불안정성 등을 해결); b. 만물; c. ('원질료' 로서의) 돌 안에 메르쿠리우스의 영, '달의 원', 둥근 원과 네모, 호문클루스, 엄지손가락 톰 그리고 완전한 인간이 모두 동시에 잠자고 있다; B. 시금석: '떠돌아다니는' 생각, 영, 욕망의 대극이 되는 (고정된) 육체; **21. 심리**: 자기Self와의 조화로운 화합; **22. 특별히 참고할 문학서**: A. 호메로스Homer: "돌 옷": 무덤(예 일리아드Il. 3, 58): B. 윌리엄 블레이크William Blake: 밤의 돌: 유리즌이 남쪽(지성)에 세운 열 가지 금기; C. 윌리엄 B. 예이츠William B. Yeats: a. 신비를 버리지 않는 우주의 변함없는 면모; b. 유사한 비밀스러운 삶을 지키는 자기Self의 석회화된 부분; D. 페데리코 G. 로르카Federico G. Lorca: a. 죽음; b. 불임, 석화: 예 달은 씨앗이 없는 돌이다; **23. 다른 것과의 조합**: **I.** 색상: A. **검정색**: a. 죄, 죄책감, 그리스 투표; b. 패배, 구속; B. **파란색**: a. 사파이어 블루의 하늘색과 연관된다: 즉, 신성한 율법의 서판과 연결되어 선서와 투표에 사용된다; b. 건강 부적; C. **흰색**: 우상숭배에 저항한 그에게는 '흰 돌'을 줄 터인데 그 돌 위에 새 이름을 기록한 것이 있나니 "그것을 받는 자 밖에는 그 이름을 알 사람이 없느니라"(요한계시록 2, 17 참조); 이것은 다음의 몇 가지 항목에 의해 설명된다: a. 우림과 둠밈; b. 반지에 있는 명예의 표시; c. 극장 입장권(그리스); d. 법적 기소에서 무죄 선고를 받은 표시(그리스); e. 승리와 행복; f. 그리스인들은 좋은 날들은 하얀 돌로, 나쁜 날들은 검은 돌로 표시했다; g. 이것의 일반적 특성; h. 아일랜드: 관에 안치된다: "신의 돌"; i. 묘지에서: 부활, 불멸; **II.** 인간의 석화: 예 A. 여자들이 돌로 변했다: a. 니오베(나소 P. 오비디우스Naso P. Ovid, 변신이야기Metam. 6): b. 레타이아: 아름다움에 대한 자만으로 인해(나소 P. 오비디우스, 변신이야기 10. 70); c. 프로포에티데스는 아만토스의 소녀들이었는데 비너스의 신성을 부정하고 스스로 매춘에 빠져 얼굴 붉히는 법을 잊어버렸다; 이들은 점차 돌로 변했다(나소 P. 오비디우스, 변신이야기 10, 22, 1ff.); B. 돌로 변한 남자: 올레누스는 아내의 자존심에 대해 죄책감을 느껴 돌로 변하기를 바라게 된다(그 자신은 결백했다: 나소 P. 오비디우스, 변신이야기 10, 69)); **III.** 비유: a. 사람이 찾는 어둠의 돌(욥기 28, 3): 아마도 1번의 6의 돌로 창조된 사람들의 귀한 돌일 것이다; b. 이스라엘의 돌: 요셉(창세기 49, 24); c. 살아있는 돌: 그리스도와 그를 믿는 자(베드로전서1Peter 2. 4); **IV.** 특정한 돌: A. 헬레네의 "피 흘리는 돌": a. 다른 돌에 문지르면 피를 흘리는 돌; 이것은 최음제였으며 그 이유는 자녀 희생이 왕위의 연속성과 그로 인한 사랑의 연속성을 지켜주었기 때문이다; B. 구르는 돌: 시시포스; C. 스톤헨지: (몬머스의 제프리Geoffery of Monmouth, 브리타니아 역사Hist. Reg. Brit. 8, 10ff.): a. 멀린이 마법으로 아일랜드에서 영국으로 가져간 돌: '거인의 고리'; b. 대칭축이 한여름 일출 지점에 정렬된다; c. 북부 아폴로 신전: d. 원: 일체감, 완벽함; e. 안쪽 돌의 발굽 모양: 말 또는 나귀 숭배; f. 다산; g. 약용: 돌에 닿은 모든 물은 질병과 상처를 치료한다; h. 농업용 달력을 위한 거대한 시간 측정기; D. 런던의 돌: 캐넌 스트리트: 스콘석(역주: 스코틀랜드 왕이 즉위 할 때 앉았던 돌)과 같은 중요성을 가지고 있었을 것이다; 케이드Cade(헨리 6세 2부2H6 4, 5)는 런던의 돌 위에 앉아 자신을 도시의 주인이라고 선언한다; E. 권력의 돌: (켈트족) 여신 다뉴의 부족들Tuatha de Danaan (시데(요정)Sidhe)이 아일랜드로 가져온 네 가지 귀중한 물건 중 하나(성배, 창, 가마솥과 함께); 여기서 돌은 다시 태양숭배와 연결된다; 왕의 돌은 아마도 갈라하드가 앉은 위험한 자리의 최초의 형태일 것이다; F. 즉위의 돌: a. 원래 야곱의 베개; b. 아테나의 팔라디움, 오시리스의 계단식 자리와 마찬가지로 바위에서 솟아오르는 미트라를 닮았다; c. 운명의 돌Lia Fail이라고도 한다; d. 스코틀랜드 왕들이 이 돌 위에 앉아 즉위했고, 지금은 대관식 의자 위에 놓여져 있다; 이 돌은 태양왕이 돌에서의 출생한 것과 관련 있다; **V.** 돌 문지르기: 인류의 아주 오래된 행위: 돌은 앞서 문지른 사람들의 영혼을 담고 있으며 지속해서 문지르면 자기Self라는 조화롭고 둥근 돌을 완성한다; 많은 사람들은 여전히 낯선 모양의 돌을 줍고 싶은 설명할 수 없는 충동을 느낀다; 돌은 일반적

으로 매장물이다; **Ⅵ.** 돌-소용돌이(굴리기): 비를 내리게 하는 마법, 하늘과 땅의 비옥한 결혼을 상징한다(투우사bullroarer 참조). 천둥을 불러일으키기 위해 돌을 굴리는 모방 마법과 유사하다; **24. 민속**: A. 팔 스톤: 에린(아일랜드)의 적법한 왕이 만지면 사람의 울음소리를 내는 아일랜드의 돌. 이것은 때로 스콘석(역주: 스코틀랜드 왕이 즉위할 때 앉았던 돌)과 동일시된다; 타라 스톤Tara Stone이라고도 부른다; B. 구멍이 뚫린 돌(구멍이 뚫린, 바위, 입석 또는 조약돌 등): 다산을 위해 마법을 방지하는 용도; C. 로건 스톤Logan Stones(또는 '흔들리는' 돌): 손으로 만졌을 때 '흔들' 수 있을 정도로 다른 바위 위에 위태롭게 균형을 잡고 있는 큰 바위; 이런 돌들은 불길하다: 마녀들의 만남의 장소; D. 둥근 돌: (켈트족) 저주에 사용될 수 있다; E. 비석: 어떤 영혼들의 고향이자 질투 어린 죽은 자의 고향이기 때문에(예 북유럽 신화에서), 돌을 무겁게 만들어서 영혼의 귀환을 막는 것이 안전하다; F. 특히 소cattle에게 특별한 치유력을 지닌 돌에 대한 많은 이야기가 있다('페니Pennies' 참조); 이 돌들을 담가 두었던 물을 소들에게 주었다; G. '페팅 스톤Petting Stone'(역주: 결혼식에서 장애물로서 그 위를 밟거나 뛰어넘어야 하는 돌): 결혼식wedding 참조: 길막이; **25.** 바위rock; 돌팔매질stoning 참조.

▌돌고래 dolphin **1. 일반적으로 다음을 의미한다**: a. "큰 얼굴을 한 돌고래는 물고기 중 으뜸이다; 돌고래는 악마 같은 눈 갖고 있으며 악마처럼 행동한다; 모든 물고기 중 돌고래는 가장 용감하며 성난 파도처럼 바다를 걷는다"(존 그레이John Gray, "날아다니는 물고기The Flying Fish"): 즉, 돌고래는 황새치과의 바닷물고기처럼 다른 물고기를 삼키므로 악마 같다; b. 그리스인들은 돌고래dolphin와 알락돌고래porpoise를 구분하지 않았다; 따라서 펠롭스Pelops의 어깨는 돌고래의 상아로 만들었다: 상아ivory 참조; **2. 구조**: 돌고래가 뱃사람, 아이 및 신을 구한 이야기는 많이 존재하는데 이들을 안내하거나 등에 태우거나 또는 이들로 변신하여 구조한다: a. 새해의 아이는 종종 돌고래가 데려온다. 이 이야기는 그리스 신화 속 음유시인 아리온의 이야기와 흡사한데 선원들에 의해 바다로 던져진 아리온은 자신의 음악과 시로 돌고래들을 끌어들였고 돌고래들이 그를 구해 주었다(헤로도토스Herodotus 1, 23); b. 포세이돈(돌고래가 포세이돈을 아미모네에게 데려갔음), 트리톤들이 타고 다녔다; c. 테티스는 말에 마구를 채우듯 장비를 채운 돌고래를 나체로 타고 도금양 숲에 있는 자신의 동굴로 들어갔다; 거기서 펠레우스가 그녀를 겁탈하려 했고 그녀는 변신(새, 나무, 암컷 호랑이)을 해서 탈출하려고 했으나 포기하고 아킬레스를 임신했다(나소 P. 오비디우스Naso P. Ovid, 변신이야기Metam. 11, 237ff); d. 암피트리테Amphitrite는 돌고래를 타고 다녔다; e. 제정신이 아닌 남편 아타마스(카드모스의 아들)에게서 도망친 이노가 바다에 뛰어들었고 그녀의 아들 멜리케르테스(페니키아의 신 멜카스와 관련됨)와 그녀는 바다의 신이 되었다; 그의 이름은 팔라이몬이 되었고, 그가 타고 다닌 것은 돌고래였다; 그는 제우스에 의해 코린트의 지협으로 보내졌다(파우사니아스Pausanias 1, 44); f. 레토는 (포세이돈이 보낸) 돌고래를 타고 델로스섬으로 갔고 거기서 아폴로와 아르테미스가 태어났다; g. 디오니소스를 잡은 해적들은 디오니소스에 의해 술에 취해 바다로 뛰어들었고 그들은 돌고래가 되었다(나소 P. 오비디우스, 변신이야기 3, 577ff; 디오니소스에게 바치는 호메로스풍의 찬가Homeric Hymn to Dionysus 6 이후; 아폴로도로스Apollodorus, 3, 5, 9); h. 이솝Aesop의 작품에서도 돌고래가 인간의 목숨을 구하는 것으로 표현된다(예 우화Fables 50), 그러나 인간인 척 속임수를 쓴 원숭이를 물속에 빠뜨렸다; i. 돌고래가 사람을 구조하는 것을 보고 기독교도들은 돌고래를 창조자이자 구원자로서 그리스도의 상징으로 여겼다; **3. 풍요**: a. 달-여신(일반적으로 또한 바다-여신임: 비너스Venus 참조)에게 바쳐졌다; b. 어떤 조각상에서는 데메테르Demeter는 한 손에는 돌고래를, 다른 손에는 비둘기를 들고 있다; 기둥column도 참조; c. 돌고래는 일반적으로 에로틱한 신들 그리고 젊음의 즐거운 자유분방함과 연관이 있다: "왜 너의 돌고래는 더 활기차지 않지"(끝이 좋으면 다 좋아All's W.; 안토니우스와 클레오파트라Ant.: "그의 기쁨은 돌고래와 같았다": 5, 2); **4. 음악을 좋아한다**: a. 아리온과 팔라이몬은 (리라를 가지고) 음악을 통해 돌고래와 연결된다. 돌고래들은 음악에 민감하다; b. 아폴로는 때로 돌고래로 위장했다(델피 아폴로에게 바치는 호메

로스풍의 찬가Homeric Hymn to Pythian Apollo 1, 400f); 또한 델포이 신탁소의 수호자인 피톤Python의 직함 중 하나는 델핀Delphin이었다; 삼각대tipod 근처에 놓아둔 돌고래는 '로마 10인 위원회decimvir'의 사제임을 의미했다; c. 인어가 돌고래를 타고 다닌다: "… 그리고 돌고래의 등에 탄 인어가 너무나 감미롭고 조화롭게 노래 부르는 소리에 무례한 바다도 정중해졌다"(한여름 밤의 꿈MND 2, 1); **5. 예언**: a. 비: "돌고래가 바다에 거품이 일도록 이리저리 움직이자 비가 왔다"(조지 채프먼George Chapman, "유게니아Eugenia"): 돌고래의 기운찬 움직임은 종종 폭풍우를 예견한다(플리니우스Pliny, 18, 87 참조); b. 위험: 돌고래는 등을 둥글게 구부려 선원들에게 다가오는 위험을 알린다(단테Dante, 신곡 지옥편Inf. 22, 19f); c. 잔잔한 바다: 감사한 마음으로 넵튠Neptune은 별자리들 사이에 돌고래자리를 만들어 주었고 돌고래자리가 뜨면 바다는 여행하기에 좋도록 잔잔해졌다; **6. 빠름**: 가장 빠른 바다 동물; 때로 돌고래는 닻을 휘감은 모습으로 표현된다: 억제된 속도=신중함; **7. 문장**heraldry(紋章): a. 바다 도시와 선원들; 오디세우스Od.의 방패에 있었다(예 리코프론Lycophron, 658); b. 애정, 관용; c. 음악에 대한 사랑: (앞의 4번 외에도) 오피안Oppian에 따르면, 돌고래는 그늘에서 양치기의 피리 소리를 들으려고 바다를 떠났다; 참조: "플루트의 사랑스러운 소리가 파도 없이 고요한 바닷속의 존재를 설레게 한다"(핀다로스Pindarus 일부분 참조); d. 호전성: 돌고래는 상어의 입과 위험한 등지느러미를 가지고 있다; 아래의 10번도 참조; e. 프랑스; f. 프랑스의 경우, 돌고래 문장이 그려진 방패는 황세자Dauphin(왕위 계승자)만 사용할 수 있었다; **8. 물**: 네 가지 원소를 나타낼 때 돌고래는 종종 물을 대표한다; **9. 저승사자**: 삶의 시작(새해의 아이; 로버트 그레이브스Robert Graves, 그리스 신화GM 1, 291f.)과 끝은 물에 있다: A. 돌고래는 영웅-왕의 영혼을 태우고 축복받은 자들의 섬Island of the Blessed으로 간다; B. 죽음과 관련된다: a. 죽은 사람들에 대한 숭배; b. 죽은 사람들에 대한 경의(돌고래들은 인간의 영혼일지 모른다); **10. 돌고래의 천적**은 상어다; 돌고래의 가장 직접적 천적은 돔발상어(돔발상어dogfish 참조) 종류이다; **11. 참고할 문학서**: A. 존 밀턴John Mliton: 돌고래가 에드워드 킹Edward King (또는 그의 유령)을 태우고 아이리시해를 건너 웨일즈로 간다; B. 윌리엄 B. 예이츠William B. Yeats: 비잔티움과 관련된다: (저승사자로서) 돌고래는 (육신을 떠난) 혼령들을 태우고 시간과 공간의 바다를 건너 혼령들이 연옥의 불 속에서의 춤을 시작할 수 있는 곳인 천국의 비잔티움으로 간다; **12. 다음과 같이 나타난다**: A. 때로 이중적임: a. 두 마리가 같은 방향을 향한 모습: 순전히 장식적이거나 균형을 의미; b. 두 방향을 향한 모습: 퇴화와 진화의 두 가지 우주적 흐름; B. 닻을 휘감은 모습: 신중함: 앞의 6번 참조; C. 돌고래+삼지창+닻: a. (초기 기독교 무덤 미술:) 예수 그리스도의 죽음: 양Lamb과 마찬가지; 십자가는 묘사되지 않았다(새로운 개종자들에게 혐오감을 줄 수 있어서); b. 르네상스 시대에는 아우구스티누스Augustinus의 "축제에 임하는 것처럼 서두르지 마라"라는 언급과 함께 발견되었다; c. 상업의 자유와 바다의 우위; D. 돌고래+닻+보트: 기독교 교회의 영혼; E. 서커스 시설circus의 낮은 벽의 각 끝에 있는, 전차 경주에서 전차들이 돌아서 와야만 하는 '반환점들'에는 돌고래가 새겨진 원뿔 모양의 기둥들이 있었다: 말과 돌고래는 포세이돈을 통해 서로 연관된다; 이러한 반환점들은 또한 겸손한 여성들에게 운세를 말해 주던 장소였다(데키무스 유니우스 유베날리스Decimus Junius Juvenalis, 풍자시집Sat. 6, 582ff; 파우사니아스Pausanias 6, 20).

돌고래, 참돌고래 porpoise (해양포유류) **1.** 그리스인들은 참돌고래와 돌고래를 구분하지 않았다; **2.** 어두운 색의 겉모습(그리스어로 '펠롭스pelops' '검은 색의 눈' 또는 '얼굴빛이 어두운')과 흰 어깨는 대모 여신의 여사제들에게 신성시되었다(데메테르는 펠롭스의 어깨뼈를 먹었다); **3.** 정욕; 돌고래dolphin 참조; **4.** 폭풍을 예고한다: "내가 돌고래가 물속에서 어떻게 뛰놀고 움직이는지 본 걸 얘기했지만 그게 다가 아니야. 사람들이 말하길 돌고래는 반은 물고기, 반은 사람의 살로 되어 있다지. 저 염병할 사람들은 절대 가까이 오지도 않는데 저들이 보면 내가 돌고래 때문에 (성가시게) 젖은 줄 알겠어!"(타이어의 왕자 페리클레스Per. 2, 1); **5.** 바다제비와 조합에 대해서는(토머스 S. 엘리엇Thomas S. Eliot): 바다제비petrel 참조.

돌나물 houseleek (식물) **1.** 일반적인 돌나물과의 풀인 '샘페르비비움Sempervivum'(아래 4번 참조) 즙이 많은 약용식물이며 '식용부추Alium porrum'와는 구분된다; 돌나물은 종종 영국의 지붕에서 발견되며, 심지어 슬레이트를 제자리에 고정시키기 위해 지붕에 심기도 한다. 사방으로 곁가지를 내고 퍼지면서 촘촘히 번식한다; **2.** 가내 수입과 생산; **3.** 인쇄의 상징: 항상 푸르다; **4.** 활력; 이름: '항상 살아 있다': 파종 전에 이것의 즙에 씨앗을 담가 두면 씨앗이 잘 자란다(플리니우스Pliny 18, 45); **5.** 민속: a. 제우스에 속하는 약초로, 불과 번개에도 잘 자란다; b. 약용: 모든 내부와 외부의 열을 막아 준다.

돌나물 stonecrop (식물) **1.** 다섯 개의 꽃잎과 꽃받침, 다섯 개의 꽃잎과 꽃받침이 있는 별 모양의 꽃으로 일년생 또는 다년생의 다육식물 속('세듐Sedum') 식물이다; 수분을 저장할 수 있어서 가장 건조한 기간에도 살아남을 수 있다; '작은 돌나물'이라고도 한다; **2.** 민속: 지붕에 자라면 화재와 번개로부터 집을 보호한다; 마녀를 겁주어 쫓아내며 치유력이 있다.

돌팔매질 stoning **1.** 원시적인 집단적 처벌행위: 누구도 책임이 없다; 게다가 돌은 궁극적 심판이 이루어지는 대지의 마법의 힘을 갖고 있다; 이것은 특히 법적 통제력이 미치지 않는 곳에서 효과가 있다(문지방threshold 참조): 예 해안(기슬리의 사가Gisli's Saga 19; 또한 p. 81의 주석 참조); **2.** 예시: a. 필로 유다이오스Philo Judaeus는 공동의 측면을 강조한다(모스쿠스Mos. 2, 202); b. 배신자 헤르메이아스의 아내와 아들은 각각 여자와 남자아이들에게 돌에 맞아 죽었다(폴리비우스Polybius 5, 56); c. "이들은 [범죄자로 추정되는] 그가 저지른 공공에 대한 범죄를 앙갚음할 수 있도록 돌로 쳐 죽여야 한다고 외쳤다"(루키우스 아풀레이우스Lucius Apuleius, 변신M 10, 6; 또한 변신M 1, 10 참조: 여기서 테살리아의 마녀가 마법으로 돌팔매질을 피해 도망친다).

돔 (반구형 지붕) dome **1.** 프로스페로의 템페스트(폭풍우)로 인해 침몰된 사람들에게 진주와 돔이 희망을 주었다; **2.** 콜리지Coleridge(쿠빌라이 칸Khubilai Khan의 '즐거움의 돔pleasure-dome')와 예이츠Yeats(별빛 또는 달빛이 비추는 돔은 인간적인 모든 것, 모든 복잡함, 인간의 혈관에 흐르는 분노와 진창을 경멸함: 비잔티움)의 꿈에 나타났다; **3.** 딜런 토머스Dylan Thomas: a. 머리; b. "생일에 부치는 시Poem on his birthday" 참조.

돔발상어 dogfish (물고기) **1.** 돔발상어과의 상어 종으로 무리 지어 먹이를 잡는다. 길이: 2~3.5피트; 이들은 몹시 게걸스러워 자신보다 작은 물고기는 모두 먹어치운다. 필요할 경우 먹이를 잡기 위해 그물을 뜯기도 한다; 그러나 새끼들에 대한 사랑은 각별하다(플루타르코스Plutarch, 동물의 영리함Clevern. of Anim. 33); **2.** 돌고래가 가장 고등한 종류의 '물고기'이고 돔발상어는 가장 하등한 종류의 물고기이다(헨리 6세 1부1H6 1, 4 참조).

동고비 nuthatch (새) **1.** 그리스어의 '시타sitta': 작은 '참새rocky nuthatch'는 견과를 잘게 부숴 먹는다(존 폴라드John Pollard 51, 2, 3도 참조); **2.** 호전적이고 깔끔하고 몸단장을 잘하는 새이지만 지혜가 있기 때문에 마녀로 간주되었다. 알을 많이 낳으며 독수리의 알을 쪼아 먹는다(아리스토텔레스Aritotle, 동물사HA 9, 6166, 22); **3.** 연인들에게 좋은 징조(아리스토파네스의 저서Schol. on Aristoph., 희극새AV 705; 존 폴라드 127).

동공(洞空) agent 딜런 토머스Dylan Thomas의 시: "비어 있는 동공the hollow agent": a. 골수 없는 골격의 죽음; b. 자궁-무덤; c. 남근("올빼미 빛의 제단Atarwise").

동굴 cave; cavern **I. 원시의 집, 자궁, 어머니:** 1. 사투르누스 시대에 인간이 살았던 가장 초기의 집(나소 P. 오비디우스Naso P. Ovid); 2. 남근을 상징하는 뱀과 물이 있는 자궁, 생명의 기원으로서의 자궁: a. 뱀이 있음: 예 카드모스가 괴물과 싸운 것(나소 P. 오비디우스, 변신이야기Metam. 3, 29ff); b. 샘이 있음: (명백히 성적인 맥락에서) 악타이온이 목욕하는 아르테미스여신의 빛나는 나체를 훔쳐보았다(나소 P. 오비디우스, 변신이야기 3, 143ff); 3. 많은 태양 영웅 및 신들이 동굴에서 태어나거나 자랐다: 미트라 신('바위에서 태어남'), 디오니소스('헤라 여신에게서 도망치기 위해'), 그리스도('여관에 빈 방이 없었다'); **Ⅱ. 원시시대의 매장 장소**, 무덤, 하데스: A. 동굴에 묻힌 조상들을 숭배하여 동굴은 다음으로 발전했다: 1. 저승으로 가는 입구: a. 그리스도의 매장은 지옥의 참혹함으로 이어졌다; b. 키벨레여신은 자신의 아들이자 연인인 아티스를 데려오기 위해 동굴로 하강했다; 이슈타르 Ishtar 참조; 2. 원시교회: 예 미트라교는 종교성의 동굴 요소가 너무나 중요하여 의도적으로 교회를 동굴과 비슷하게 건축했다: 저승(부활의 장소)과 연관되고 종종 밤하늘이 드리우고 있다; B. 저승 그 자체: a. 아서왕은 아발론의 동굴에서 쉬었다; b. 아브라함은 매장을 위한 장소로 막벨라Machpelah=Makpela='이중 동굴'이라고 불리는 동굴을 샀다(창세기Gen. 23); 이런 이중 동굴은 태양숭배에서 죽음과 부활-의례의 특징이었다(이사야서Isa. 65, 4 및 III번의 4 참조); c. 그의 피는 "정의를 위해서, 혀 없는 동굴에서조차 내게 소리친다"(리처드 2세의 비극R2 1, 1); d. 3인의 동방 박사는 '태양빛 없는 장소'에서 아리만 신에게 제물을 바쳤다(플루타르코스Plutarch); e. "죽어 사라진 시인의 영혼들이여, 그대들은 어떤 엘리시움Elysium을 알게 되었는가? 인어 술집보다 더 좋은 행복한 들판인가 아니면 이끼 낀 동굴인가?"(존 키츠John Keats, "인어 술집에 관한 시Lines on the Mermaid Tavern"); C. 윌리엄 블레이크William Blake의 동굴=영혼의 무덤=몸은 VI번의 2, b 참조; **Ⅲ. 부활**(종종 이중 동굴): 1. 특히 이집트에서는 저승을 동굴로 생각했고, 서쪽 문을 통해 들어가서(태양이 지듯이) 동굴 안에 무엇이 있는지 모른 채 동쪽 문을 통해 나온다; 2. 예수 그리스도는 동굴에서 태어나고 동굴에 묻혔다; 3. II번의 B, b의 아브라함의 동굴 참조; 4. 오디세우스의 부활의 동굴에 관한 설명은 오디세이아Od.(13, 105ff) 참조; **Ⅳ. 다산**, 성교: A. 다산: 1. 영웅이 '찾기 힘든 보물'(다산 및 지혜)을 발견한 장소(=신비로운 중심): 보물Treasure 참조; 2. 비옥하게 하는 비의 감옥: 비를 내리지 않는 구름 또는 바람-동굴과 연관됨: IX번 참조; B. 성교를 위한 피신처: 1. 오비디우스에 따르면, 동굴은 집이 발명되기 전 성교의 장소(사랑의 기술De Art. Am. 2, 623); 2. 롯Lot이 동굴에서 잤고, 그의 딸들이 잠자는 롯을 유혹했다(잠과 무의식 두 가지 모두와 관련됨: 창세기Gen. 19, 30ff 참조); 3. 주노와 비너스의 계획에 따라, 아이네아스Aeneas는 디도Dido와 동굴에서 처음 성교했다. 이들은 궂은 날씨를 피해 동굴로 들어갔다(베르길리우스Virgil, 아이네아스Aen. 4, 165); **Ⅴ. 인간의 정신**, 마음, 무의식: 1. 종종 가장 큰 노력을 해야만 어렵게 닿을 수 있는 '복잡하고 구불구불한 방들'이 있는 정신의 모호한 동굴; 2. 동굴은 원형적 상징: 강들이 흘러나오는 거대한 동굴(또는 구덩이)은 지옥의 원형적 이미지(플라톤의 "파이돈Phaedo," 세네카, 쿠빌라이 칸의 끝이 없는 동굴); 천국의 산과 정반대; 3. 의식의 뒤에 놓인 어둠, 즉 영혼이 변환하는 곳; 또한 신들이 어떤 자양분으로 변환하는 장소: 예수 그리스도는 빵으로, 오시리스는 밀로 변환 했다(카를 융Carl Jung); 4. 중세시대: 영적인 '중심'으로서의 인간의 마음; 5. 무의식의 안정성과 불변성(카를 융); **Ⅵ. 세상**: 1. 달아날 수 없는 장소로 생각되는 세상; 벽wall 참조; 2. 이 세상의 거짓된 겉모습: a. 플라톤Plato: 사람들(학교교육을 받지 않은 사람들은 말할 것도 없이)은 실제에 대해 매우 거짓된 관념을 가지고 있다; 그들은 유아기 때부터 동굴에서 묶여 산 사람들 같아서 심지어 머리를 움직일 수도 없다; 그들 뒤에 불이 있어서 반대편 벽에 비친 (뒤에 있는 물체들의) 그림자를 실재 하는 것으로 받아들인다; 동굴에서 탈출하여 실재를 있는 그대로 보고, 나중에 동료들을 납득시키려면 동료들이 진실을 믿지 않으려 할 것이므로 어려움을 겪을 것이다(국가론Republic, 플라톤의 책Bk. 7); b. 윌리엄 블레이크William Blake: 물질화materialization에 절망적으로 파묻혀 있는 사람들(플라톤에 근거하여); 따라서 동굴은 영혼의 무덤, 즉 몸이다; 3. 이 세상은 결국 죽음, 불멸에 이른다: 때로 동굴에는 365개의 계단이 있다. 예 안티오크Antioch에 있는 헤카테Hecate 여신에게 바쳐진 동굴; **Ⅶ. 은신처**, 비밀: 1. 신들과 영웅들(종종 태양-영웅들)의 경우: a. I번의 3 참조; b. 여호수아서Josh. (10, 16)에는 끔찍한 복수를 두려워하여 다섯 왕이 동굴에 숨었다; 열왕기상서1Kings(18, 4)에는 이세벨을 두려워하여 동굴에 숨은 100명의 선지자도 있다; c. 다윗은 아둘람의 동굴에 숨었다(사무엘상서1Sam. 22, 1, 아마도 여기서(동굴에서) 시편Ps. 57 및 142을 썼을 것이다); 2. 구약성서에서 동굴은 일반적으로 숨는 장소이다

(예 사무엘상서 13, 6); 3. 죄: "살인자들을 그들의 죄의식의 동굴들에서 찾아라"(디도서Tit. 5, 2); 그들은 공의에 반하여 거기 숨어 있다; 또한 "동굴을 지키는 악마들"(루크리스의 능욕Lucr. 1250); 4. 동물의 경우(종종 태양 관련). a. 네메아의 사자; b. 아픈 사자들이 동굴에 숨는다: 이솝Aesop; c. 사자에게 쫓기는 황소가 동굴의 들염소들이 싫어하는 데도 불구하고 개의치 않고 동굴에 숨었다(97): 아마도 별자리와 관련 있을 것이다; **Ⅷ. 요정들이 사는 곳**, 쿠마에의 무녀: "매우 큰 방"이 그녀가 사는 곳이었다(베르길리우스, 아이네아스 6, 11); **Ⅸ. 바람이 사는 곳**: 바람의 신 아이올로스의 섬. 여기에 바람을 저장해 두고 한 번에 하나씩 내보낸다; **Ⅹ. 다른 것과의 조합**: 1. 잠의 동굴: 맨 아래쪽에 레테강(=망각의 강)이 흐르고, 입구에는 양귀비가 피어 있으며, 잠의 흑단 침대가 있다(나소 P. 오비디우스, 변신이야기 11, 592ff에 설명되어 있다); 2. 복수의 동굴: a. "그러면 어느 길로 가야 복수의 동굴을 발견할 수 있는가?"(디도서 3, 1); b. "솟아올라라 검은 복수여 그대의 빈 방에서"(오셀로Oth. 3, 3); 3. 시기심의 동굴: "혐오스러운 동굴 속 여윈 얼굴을 한 시기심"(헨리 6세 2부2H6. 3, 2); **Ⅺ. 윌리엄 B. 예이츠**William B. Yeats: a. "동굴에서 목소리가 들려온다. 그것이 아는 것이라고는 '기뻐하라'라는 단어뿐이다": 동굴은 여성이 새-신과의 성교를 한 후 낳은 알이며 돌과 관련된다("가이아"); b. 내면의 자신을 보는 마음; 탑, 즉 바깥에 있는 사람들과 사물을 보는 마음의 대극,

▌동면쥐류 dormouse **1.** 설치류, 야행성, 관목이나 나무들 사이에서 서식한다; 새끼들과 깔끔한 둥지에서 살고 새끼는 대개 1년에 두 번 낳는다; 긴 겨울잠을 자며 겨울잠을 자기 전에는 매우 뚱뚱하다; **2.** 속담에 의하면 게으르고 졸음이 많다: a. 루이스 캐럴Lewis Carroll's의 "이상한 나라의 앨리스Alice in Wonderland"에서 다과회tea-party 참조; b. "잠자고 있는 용기를 깨우고 심장에 불을 붙이라"(십이야Tw. N. 3, 2).

▌동물 animal **A. 일반적으로 다음을 의미한다**: 1. 동물과 식물의 생명 사이에는 구분이 없지만 고대로부터 인간(그리고 심지어 신들까지)과 동물(예 토테미즘) 사이의 직접적인 관계는 인식되었다; 2. 심리: 무의식에 대해 부정적일 때 원형적archetypal 동물은 무서운 괴물로 나타난다; 무의식에 대해 긍정적이면 원형동물은 동화와 전설에 나오는 '조력동물'의 유형으로 나타난다; 오이디푸스가 스핑크스(헤라가 보낸 나쁜 어머니처럼)를 두려워했다면 더 이상의 비극적 어머니 경험은 피할 수 있었을 것이다; 자신의 지성(덫으로 설정한 유치한 수수께끼 풀기)에 대한 자부심은 (무의식적으로) 필요한 두려움을 제거했다(카를 융 Carl Jung); 3. 종종 신화에서: a. 하늘 또는 세계로부터 오는 도움을 상징한다: 뱀, 소, 거북이, 코끼리; b. 이들은 인간을 지하세계에서 지상의 삶으로 인도한다. c. 지구의 네 모퉁이, 공간의 네 방향의 수호자; d. 여신에게 버림받은 필멸의 연인은 종종 동물의 형태로 삶을 살아간다(이슈타르Ishtar, 키르케Circe, 아우로라 Aurora 참조); 4. 진화 정도에 따라 동물은 더 고등하거나 더 하등하다; 다중성도 동물을 하등하게 한다; 5. 멋진 동물은 때로 단순하다. 페가수스의 말=하등한 힘의 영화spiritualization(비행); 우리는 비현실적 특성을 가진 멋지지 않은 동물들도 볼 수 있다: 예 펠리컨, 도롱뇽; 6. 문장heraldry(紋章): 대극(방패를 갖고 있는): 종종 한쪽 날개만 있고 다른 쪽 날개는 없다; 각각 한 마리의 수컷과 암컷; 카를 융에 따르면, 그에게 런던의 사자와 유니콘은 중심에서서 평형을 찾고 있는, 같은 크기의 힘을 가진 대극에 대한 내면의 스트레스를 의미한다(그러나 유니콘unicorn 참조); **B. 다음과 같이 분류된다**: 1. 원소에 상응하는 동물들: a. 사물의 원시적 근원, 재생의 힘: 용 또는 뱀은 물, 땅, 심지어 불과 관련된다; b. 땅: 파충류; c. 공기: 새; d. 불: 포유류(온혈동물); 2. 예술에서의 동물; a. 자연: 종종 정반대의 두꺼비-개구리; 올빼미-독수리; b. 환상적: 완전히 분화된 존재의 세계와 형태가 없는 물질세계 사이; 큰 힘+비정상성의 마법; 3. 연금술에서: 우선 중요한 것부터 열거하면 불사조, 유니콘, 사자, 용; 균형을 이루는 동물들=유황+수은=고착성+휘발성; 4. 그 가치는 종종 다음과 같이 고려하여 결정된다: a. 탈 수 있는 동물인가; b. 희생제물이 될 수 있는가; **C.** 동물에 대한 **금기**('정결하지 못함'으로 인해)가 있다면 언제나 이것은 그 동물숭배를 가리키거나 (더 초기 단계) 이웃부족과 구별된다는 것을 의

미한다; **D. 로마**의 '시그나signa(역주: 상징)': 정육면체(대지)나 구형(하늘: 본능의 힘) 위에 있는 동물: 독수리, 늑대, 황소, 말, 멧돼지; **E. 로마네스크 예술**: 널리 퍼진 동물: 공작, 소, 독수리, 토끼, 사자, 수탉, 두루미, 메뚜기, 자고새; **F. 동물의 조언**: 종종 민담에 보면, 고통받고 있을 때 친절한 동물의 조언을 무시하며(본능 대 지성) 그러고 나서 모든 것을 잃는다; **G. 딜런 토머스**Dylan Thomas: 아니마, 창조적 상상력(그의 시 "어떻게 내 동물은 견딜까How shall my animal"); **H.** 또한 별자리와 개별 동물 및 계절seasons 등 참조.

동방박사 Magi 이들의 예물: **A.** 황금: a. 왕에게 바치는 예물; b. 사랑; 정의(윌리엄 랭글랜드William Langland, 플로우먼에 관한 비전PP 18권); c. 유럽 야벳족; d. 노인 멜키오르; **B.** 향: a. 신에게 바치는 헌물, 기도; 자선과 성물(랭글랜드): b. 아시아의 셈족; c. 어두운 카스파르; **C.** 몰약: a. 죽음에 이르는 박해; 이것은 취하게 만드는 용도로 사용되었다: 예 그리스도에게 진통제로 바쳐졌다(마가복음Mark 15, 23에 따르면). 방부처리에도 사용되었다(알로에와 함께: 요한복음John 19, 39); 불쌍하고, 자비롭고 온화한 말씨(랭글랜드); b. 아프리카의 함족; c. 갈색 피부의 발사자(발타자르).

동백나무, 카멜리아 camellia (식물) **1.** 아시아의 토종 식물로 유럽에서는 고온의 온실에서(또는 정원) 키우는 식물이다; 린네오스Linaeus에 의해 '카메루스Camellus'로 이름 붙여졌다; 겨울에 꽃을 피우며 꽃은 시들지 않고 덩어리째 떨어진다; 중국 품종 중에는 차로 끓이는 것도 있다; **2.** 이국적 · 유혹적 아름다움: "동백꽃 아가씨La Dame aux Camelias"(D. 뒤마 2세D. Dumas the Younger가 저술함)는 '헤픈' 여성이었으며 감성적인 아르망 뒤발Armand Duval의 사랑을 통해 변화한다; **3.** 수명이 짧은 연약한 아름다움; **4.** 순수한 미: 향기가 없음('애기동백'과 올레이페라'는 향기가 있다. 전자는 일본에서 머리향수를 만드는 데 사용되었다); **5.** 주로 일본과 관련된다.

동상 statue 동상image 참조.

동상, 이미지 image **1.** 한 국가의 힘이 우상에 있기 때문에 우상은 정복자들에게 포로로 잡힐 수 있다(그리고 사슬에 묶은 채로 끌어다가 승전 기념행사에 내 보인다: 행진에 사용되는 큰 인형과 괴물의 기원 중 하나). 아니면 도시가 약탈당하기 전에 그들을 구해야 한다: 예 팔라스 여신상을 운반하는 아이네아스Aeneid; **2.** 동상을 물에 담구어 기우제를 지낼 수 있다; 목욕bathing 참조; **3.** 오시리스(=풍요)는 매년 곡물이 가득한 땅의 이미지로 부활하였다; **4.** 우는 동상: 여신들이 출산하는 시필로스산에서 니오베가 여름에 울었기 때문이다; **5.** 땀 흘리는 동상은 경고 신호다; **6.** 민속: a. 사람의 동상에 행한 것은 동상에 해당하는 당사자에게 실제로 행한 것이다; 이것은 좋거나 나쁜 목적으로 사용될 수 있다; b. 스포츠 챔피언의 동상은 종종 질병을 치료한다; c. 복수를 위해 범죄자들에게 넘어지는 영웅들의 동상은 민담의 흔한 주제이다(예 아리스토텔레스Aristotle, 시Poetics 9, 12; 테오크리토스Theocritus 23, 60; 파우사니아스Pausan 6, 11); **7.** 인형doll 참조; 조각상effigy 등.

동성애 homosexuality 다음의 집단들과 관련된다: **1.** 성서: a 남자 매춘부들에게 '개'와 관련되어 붙여진 이름으로 최악의 이름; b. 로마서Romans(1, 26)에서 동성애 여성은 비난을 받는다; **2.** 그리스: a. '탐미주의자'(소크라테스는 아테네의 젊은이들을 타락시킨 혐의로 기소되었다; 역주: 그는 소년들과 동성애를 한 것으로 알려져 있다); b. 레스보스섬의 사포; **3.** 로마: (나소 P. 오비디우스Naso P. Ovid, 변신이야기Metam. 참조); A. 남성: a. 가니메데스를 사랑한 주피터; b. 히야킨토스 및 사이파리소스(10, 106ff.)를 사랑한 아폴로(10, 16217f.); c. 오르페우스(10, 83ff.): "유행을 만들어 냈다"; B. 여성: 사포: "나에게 오명을 안긴 여성 동성애자의 사랑"(나소 P. 오비디우스, 헤로이데스Her. 15, 201); 복장 도착자transvestite 참조; **4.** 중세시대: a. 특히 알비파들(역주: 10세기 경 불가리아 카타리 이단의 추종자들)은 동성애로 인해 비난받았다; b. 제프리 초서Geoffrey Chaucer: '면죄부를 파는 사람Pardoner'의 목소리는 "마치 최근에 털이 깎인 염소처럼 작고 톤이 높았다. 나는 그가 암말이나 거세한 말 같다고 생각했다"; **5.** 심리(지그문트 프로이트Sigmmund Freud): a. 소년이 자신을 어머니와 지나치게 동일시하고 아버지에 대한 강한 적대감과 결합된 결과 동성애자가 된다(동일시에 대해서는 로마 시대 키벨레 숭배 집단의 카스트라티castrati 참조); b. 구강기, 항문기, 남근기, 생식기 단계의 완전한 주기를 거치지 않은 소년; c. 박해망상.

동전 coin **1.** 돈의 이롭지 않은 측면: 보물(=종종 풍요)의 반대; 전투에서 흘리는 피blood shed in battle 참조: "사병들의 피는 쟁취하기 어려운 것(=승리)에 쓰이는 동전처럼 흐른다"(존 포드John Ford, 상심Broken Heart 1, 2); **2.** 세속적 욕구와 이기적인 사랑으로 인한 만족(부유함)과 부패(탐욕); **3.** 뇌물 수수; **4.** 거래trade; **5.** 그리스: 죽은 자를 저승으로 데려다주는 뱃사공 카론Charon에게 주는 뱃삯으로 죽은 사람의 입에 동전을 넣는다; **6.** '화폐 주조'=성교의 결과: "우리는 모두 사생아다… 어떤 화폐 주조자가 자신의 연장을 가지고 나를 위조화폐로 만들었다"(심벨린Cym. 2, 4); **7.** 민속: a. 동전에 구멍을 뚫어서 만든 부적은 많은 질병(마녀에 의해 초래된)으로부터 보호해 준다; 이렇게 하면 동전은 구멍이 있는 케이크와 점이 있는 원과 같은 마법을 가지게 된다; b. 죽은 자의 두 눈에 동전을 올려두는 것은 다시 눈을 떠서 다음번에 죽을 사람을 쳐다볼까 두려워서이다; 또는 5번과 비슷한 이유; c. 페니penny 참조.

동쪽 east **1.** 일출: a. 세상의 빛이신 예수 그리스도의 승천; b. "매일 동쪽에서부터 더 멀리 가야만 하는 젊은이…"(윌리엄 워즈워스William Wordsworth, "불멸의 깨달음에 부치는 노래Ode on Intimations of Immortality"); **2.** 유아기, 봄; **3.** 지혜: a. 마법(사들)이 오는 곳(이사야Isa. 2, 6); b. "이스라엘의 하나님의 영광이 동쪽에서부터 왔다"(에스겔서Eze. 43, 2); c. 수정구슬 예언자crystal gazers와 점쟁이들은 동쪽을 향해 점을 친다; **4.** 비의 저택; **5.** 이집트: 때로 생명을 앗아 가는 태양신 라Ra에 의해 지배된다; **6.** 별자리: 양자리, 사자자리, 궁수자리; **7.** 신체: 오른쪽 절반(=좋은 의미; '사악한' 서쪽과 죽음의 반대); **8.** 윌리엄 블레이크William Blake: 열정; **9.** 민속: "바람이 동쪽에서 불면 인간에게도 짐승에게도 좋지 않다"(속담); **10.** 풍배도wind-rose 참조.

돛 sail **1.** 바람과 관련된다: a. 다산과 욕망: "항해 중인 상선을 보면서 애라도 밴 듯 바람에 부푼, 불룩한 돛에 깔깔대곤 한다"(한여름 밤의 꿈MND 2, 1); 임신; b. 원소 중 공기의 상징; **2.** 보트와 관련된다: a. 모험, 액션; b. 천체의 '배'(특히 태양과 달); **3.** 딜런 토머스Dylan Thomas: '수의에 덮인 항해shrouded sail' ("푸른 줄기 도화선The green fuse"): 이 표현은 돛의 밧줄을 의미하는 shroud를 장례식의 수의shroud와 연결하고 있다; 따라서 이것은 테세우스와 트리스탄을 연결한다. 나의 삶의 항해에서 함께 해야 할 수의(존왕의 삶과 죽음K. John 5, 7 참조); **4.** 팽창력: 내가 "왕이 되어 나의 큰 돛을 선보이겠다"(헨리 5세의 생애H5 1, 2); **5.** 돛을 내리다: 겸손하게: "이제 마거릿은 돛을 내려야 한다"(헨리 6세 3부3H6 3, 3); **6.** 자주색 돛: 클레오파트라의 바지선(안토니우스와 클레오파트라Ant. 2, 2)과 로마 황제의 돛(플리니우스Pliny 19, 5).

돛대 mast **1.** 세계 축, 생명 나무; **2.** 여성적 배(담아줌)의 남성적(남근적) 요소: 자존심, 에너지 등; 배와 돛대가 함께 있는 것은 양성성의 상징이다; **3.** 지그문트 프로이트Sigmmund Freud: 남성 상징; **4.** 딜런 토마스Dylan Thomas: "돛 달린 비너스Masted Venus": 조개껍데기 안에 똑바로 서 있는 비너스, 즉 두 개가 결합된 것; **5.** 민속: 배의 돛대를 손톱으로 긁으면 폭풍이 가라앉을 수도 있다.

돼지 pig **1.** 풍요의 신에게 바쳐졌다; 특히 위대한 여신과 관련이 있는 것으로 알려져 있다(더 광범위한 논의는 수퇘지boar와 암퇘지sow 참조); A. 이집트: a. 파종 기간에는 오시리스의 영혼을 가지고 수확 기간에는 세트의 영혼을 가진다(발전-쇠퇴); b. 돼지고기는 금기시되었다(부정한 것으로 간주되었기 때문에; 이후 이러한 금기가 히브리인들과 이슬람교도들에게도 적용되었다); c. 이 금기를 어긴 것에 대한 여신의 벌은 '나병'(암퇘지sow 참조)이었지만 한겨울 의식에서는 반드시 제물로 먹어야 했다; B. 그리스: a. 데메테르에게 바쳐졌다(그녀는 돼지로 상징되었으나 나중에 사람들이 그녀를 암퇘지로 생각할 수 없었기 때문에 돼지를 그녀에게 제물로 바쳤다); b. 돼지는 페르세포네가 하데스에게 강간당했을 때 지하세계로 같이 휩쓸려 들어갔다(후대 사람들의 해석); c. 은총(풍요로움)을 가져오는 자인 헤르메스에게 바쳐졌다; d. 아티스와 아도니스와 돼지의 관계는 수돼지boar 참조; C. 게르만족: a. 오딘과 풍요의 신 프레이Frey에게 바쳐졌고 이는 곡식 정령과 결합을 나타낸다; b. 한겨울에 벌어지는 성탄절 수퇘지Yule boar(역주: 게르만 이교도들의 성탄절 축하 행사) 축제 때를 제외하고는 이집트와 마찬가지로 금기시되었다; D. 켈트족: a. 루 라바다 신은 치유의 힘이 있는 돼지가죽을 갖고 있었으며 기적적으로 물을 포도주로 변화시켰다(다산 신의 특성); b. 이젤Easel의 일곱 마리 돼지: 그들은 매일 죽임을 당했지만 다음 날 아침에 다시 살아났다(질병을 예방하는 음식): 다산의 재생; **2. 정화**: (그리스에서) 돼지의 피(제물)와 흐르는 물은 사람을 정화하는 수단이었다(예 살인 후에 정화; 로디우스의 아폴로니우스Apollonius Rhodius, 4, 702); 그리고 나서 삭발하고 일 년 동안 유배되었다; 피는 나중에 포도주로 대체되었다. 물론 원래 돼지 자체는 (테미스의 균형을 바로잡기 위해) 죽음의 신에 바치는 인간 제물을 대체하는 것이었다: '눈에는 눈'의 법; **3. 부정함**: 후에 신성한 것으로 반전되었다: a. 처음에는 문자 그대로 '불결한unclean' 것으로 받아들여져 더러움, 역겨움, 감정 결핍으로 발전했다; b. 폭식; c. 음탕함: 음탕한 행위와 남근 모양 모두를 상징한다; d. 무기력, 완고함; e. 기독교: 사탄; 특히 흑돼지의 경우에; **4. 윌리엄 B. 예이츠**William B. Yeats: 겨울, 서리, 세상의 종말 등을 상징한다("흑돼지의 계곡The Valley of the Black Pig"에서); **5. 다른 것과의 조합**: A. 돼지섬: 아일랜드: 투어 다 드 다난Tuatha de Danaan(역주: 아일랜드 신 족)은 마법의 안개를 만들어서 섬에 접근하는 밀레시안들에게 섬이 돼지의 등처럼 보이게 했다; B. 돼지가죽 가방(엘리자베스 시대에는 '물건을 담는 것budget'): 땜장이도구 등을 담는 특유의 가방; 땜장이 자신은 때로 에로티시즘의 상징으로 여겨졌다(땜장이tinker 참조; 겨울이야기Wint. 4, 3); **6. 민속**: A. 금기(여전히 위대한 여신과 그녀의 후손인 마녀와 관련이 있다): a. 마녀가 바람과 폭풍을 다루기 때문에 바다의 어부들 사이에서는 돼지라는 단어는 금기어이다(직접적인 언급 대신에 '그것'이라고 말한다); b. 임신 중이거나 월경 중인 여성이 숙성 중인 돼지고기를 만져서는 안 된다: 그녀는 미쳐 버릴 것이다('미치광이'가 되는 것은 위대한 달의 여신의 형벌이다); 요정 돼지와 유령 돼지에 대한 이야기가 있다(요정 소fairy-cattle 참조); B. 폭풍을 예측하는 능력: 돼지는 바람을 보거나 냄새를 맡을 수 있기 때문에 입에 지푸라기를 물고 뛰어다니면 바람이 많이 부는 날씨가 될 것이라는 신호이다(조지 채프먼George Chapman, "에우게니아Eugenia" 참조); C. 전래 동요: a. "디커리Dickery, 디커리dickery, 감히 돼지(마녀)가 공중으로 날아올라; 갈색 옷을 입은 남자에 의해 쓰러졌다, 디커리, 디커리, 감히."; b. 매우 자주 돼지의 민둥머리가 강조된다: 많은 운율에서 털이나 머리 장식이 없다는 것을 언급한다; c. 일부 운율에서는 손가락이 돼지로 표현된다; d. 숫자 세기 운율: "돼지주둥이야, 걸어나가라Pig-snout, walk out"[역주: 돼지가 장난스러운 동물이라는 생각을 반영하여 어린이 게임에 통합한다]; **7.** 수퇘지boar, 암퇘지sow, 돼지swine 참조.

돼지 swine **1.** 탐욕, 추함; **2.** 악의; **3.** 신의 음식; 돼지고기는 종종 금기시된다: 신화와의 연관성은 멧돼지boar, 돼지hog, 암퇘지sow 참조; **4.** 켈트족: 마나난(역주: 리르의 아들이며 바다의 신)의 돼지는 먹어도 다시 살아났으며 줄어들지 않았다; 끊임없는 초목의 재생(풍요); 돼지 신은 또한 저승사자로 간주 된다; **5.** 기독교: a. 이교도; 셈족의 금기의 잔재; b. 사탄: 그리스도가 쫓아낸 악령들이 들어간 돼지 떼(예 마태복음Matth. 8, 3ff); **6.** 단테Dante: 오만한 자는 "수렁에 빠진 돼지와 같다"(참조: 지옥편Inf. 8); **7.** 전래동요: "돼지를 사랑하는 여자가 있었어요, 그녀가 말했어요. 자기야, 돼지야, 내 것이 되어 줄래? 그가 말했어요. 훗, 내가 당신에게 은(銀) 우리를 지어 줄게, 당신은 그 안에 누워, 은색 핀을 하고 나갔다 들어왔다 할 수 있게, 이제 나를 가져. 그렇지 않으면 내 마음이 찢어질 것 같아": 이 동요 버전은 여인이 '갖고 있는' 성적 본성을 의심의 여지없이 드러낸다; 마지막 연에 운율이 없다는 것은 보다 사실적인 원래의 행을 가리킨다; **8.** 음식에 대해서는 돼지pig 참조.

돼지 치는 사람 swineherd **1.** 원래는 죽음의 여신을 섬기는 사제이자 왕이었으며, 이들에게 신성한 동물은 시체를 집어삼키는 암퇘지였다: 원래 '거룩함'이 나중에 '부정함'이 되는 또 다른 예; **2.** 이들은 사제일 뿐만 아니라 예언 능력을 가진 마법사이다;(로버트 그레이브스Robert Graves, 그리스 신화GM 1, 94); 예 켈트족; **3.** 오디세우스는 '왕족의 혈통'이었던 돼지 치는 사람 에우마이오스의 도움을 많이 받았다; 충실하지 못한 염소 치는 사람의 반대; 호메로스Homer, 오디세이아Od. 17, 369ff.); **4.** 자연신화: 하늘의 양떼 즉 구름을 지키는 자; **5.** 이집트-히브리: 인간이 처할 수 있는 가장 낮은 위치. 예 탕자의 비유; **6.** "아름다운 여인이 삼가지 아니하는 것은 마치 돼지코에 금고리 같으니라"(잠언Prov. 11, 22).

돼지우리 (매춘굴) sty **1.** 부패: "끔찍한 매춘굴에서 꿀을 먹으며 사랑을 나누는 것": 그의 어머니에게 어머니와 의붓아버지가 나눈 사랑의 결말을 이야기하는 덴마크의 햄릿 왕자(Ham. 3, 4); **2.** 윌리엄 블레이크 William Blake: 사제에게는 오염된 신전에 있는 것보다 돼지들 사이에 있는 것이 낫다(참조: "나는 황금으로 된 예배당을 보았다"): 변태적인 사상가보다 짐승으로 사는 것이 더 낫다.

되새 chaffinch (새) **1.** a. 흔한 새; **2.** 날씨 예언: a. 되새가 새벽에 울면 폭풍우가 온다(아라토스Aratus, 하늘의 현상Phaen. 1024; 클라우디우스 아엘리아누스Claudius Aelianus, 동물의 본성에 관하여NA 4, 60도 참조); b. 되새의 노래는 겨울을 알린다(제프리 휘트니Geffrey Whitney, 상징의 선택A Choice of Emblems 54b).

되새김질거리 (소 등의) cud 기억력: a. 되새김질은 "삶과 존재에 대한 추억"이다: '주님, 율법, 우리의 창조물 등에 대한 추억이다; 그러므로 동물, 씹기, 되새김질은 '신성하다'(구약성서 외경Pseudep., 아리스토텔레스Aristotle 153ff); b. 신성한 동물들의 되새김질은 정의를 위한 올바른 자양분을 의미한다: 지시를 통해 들어온 단어를 합리적 '기억'에서 되새김질하듯이 다시 꺼낸다(알렉산드리아의 클레멘스Clement of Alexandria, 훈교자Paed. 3, 11 및 스토르마타Strom. 7, 17).

두꺼비 toad **1.** 개구리의 악한 변형: A. 독성: a. 두꺼비의 피(예 데키무스 유니우스 유베날리스Decimus Junius Juvenalis, 풍자시집Sat. 1, 70) 또는 폐(같은 책 6, 659; 플리니우스Pliny 8, 48); b. 특히 육지 두꺼비는 독성이 있다; B. 악마 그 자체: a. 중세시대에 표현된 퇴마의식에서 악마가 빙의된 사람의 입으로부터 두꺼비가 도망치는 것을 볼 수 있다; b. 바실리스크와 같은 종류의 눈을 가지고 있다; c. 가장 두려움을 불러일으키는 것은 뿔이 있는 가시개구리(플리니우스 32, 18)이다; C. 마녀와 연결된다: a. 보통 두꺼비는 마녀들과 친숙하며 이들이 흔하게 변신하는 모습 중 하나이다; b. 마녀의 양조주의 일부(맥베스Mac.에서); c. '두꺼비paddok'(맥베스에서; 검은 개구리일 수도 있음)는 위험할 때 우는 소리를 낸다; D. 악덕: a. 탐욕의 말; b. 두꺼비는 욕정('정욕')의 젖가슴에 매달려 있다; c. 부풀려진 오만과 불의의 상징; **2.** 번식력: 개구리와 같은 양서류(땅+물); **3.** 지혜와 영감: 때로는 웅덩이 옆에 있는 지식 나무의 수호자; **4.** 감정의 결핍: "오, 결혼의 저주여, 우리가 이 섬세한 존재를 소유해도 그들의 욕구는 소유할 수 없다니! 내가 자유롭게 사랑할 수 없고 그 대가로 사랑받을 수 없다면 차라리 두꺼비가 되어 습한 지하 감옥에서 살겠어"(베니스의 무어인 오셀로Oth. 3, 3); **5.** 문장heraldry(紋章): 똑바로 일어서서 뛰는 자세를 한 세 마리의 두꺼비가 프랑스의 고대 문장heraldry(紋章)에서 발견된다; **6.** 민속: a. 긍정적인 면: 두꺼비를 만나는 것은 행운이다; 텍사스 소녀들은 남자들을 유혹하기 위해 비밀스럽게 뿔 달린 두꺼비를 가지고 다닌다; 이것은 놀라운 마법의 특성을 가지고 있다(모여 있는 사람들을 즉시 조용하게 만들 수 있고 들판에서 참새나 벌레를 쫓아낼 수 있으며 해독제와 정력제가 된다); b. 부정적인 면: 마녀와 친구(또는 악마 그 자체)가 되거나 사악한 눈을 얻거나 '두꺼비 인간'이 되는 데 도움이 된다 (말, 돼지, 여자에 대해 놀라운 능력을 가진다); 그들은 죽은 자의 영혼을 품을 수도 있다; **7.** 토드스톤toadstone, 사막 딱새wheatear 참조.

두더지 mole (동물) **1.** 맹목성: a. 이집트 신화에서 이것은 분별력이 없는 것을 의미한다; b. 분별력 없는 인간성: "나는 눈 먼 이 두 마리의 두더지, 이 첩자들과 함께 그 자를 배에 태우겠다"(겨울이야기Wint. 4,

3); **2.** 우상숭배, 거짓말: 점술의 목적으로 미신을 믿는 마술사들이 큰 경외심을 갖는 대상이다; **3.** 지하세계로부터 오는 지혜, 풍요: 씨앗의 앞쪽 1/4이 두더지에 닿으면 더 비옥하다(플리니우스Pliny 18, 45); **4.** 탐욕: 두더지는 중세시대의 상징으로 탐욕의 말(馬)이다; **5.** 근면(덴마크의 왕자 햄릿Ham. 1, 5 참조); **6.** 예리한 청각: 당신에게 부탁하건데 "눈먼 두더지가 발을 떼는 소리를 듣지 않도록 살살 걸어 주세요"(템페스트Tp. 4, 1; 플리니우스 10, 88); **7.** 어둠 속에서 일하기 때문에 마녀들과 연관된다: "개미와 두더지 둘은 구멍에 앉아 있고 개구리는 분수대 밖을 훔쳐본다"(벤 존슨Ben Jonson, "여왕의 가면The Masque of Queens"); **8.** 파괴, 죽음: a. 두더지는 묘지와 폐허를 자주 간다; b. 주의 날에 백성들은 그들의 우상을 "두더지와 박쥐"에게 던질 것이다(이사야서Isa. 2, 20); **9.** 세속의 더러운 냄새; **10.** 두더지가 파 놓은 흙 두둑: a. "흙두둑 위에 올려지다": 조롱: "이리 와서 두 팔을 뻗고 산까지 닿아 있는 두더지 언덕 위에 그가 올라가게 하소서(헨리 6세 3부3H6 1, 4)"; b. 헨리왕은 두더지 언덕에 앉아 죽음을 염원하고 부자연스러운 전쟁의 종식을 기원하며, 단순한 목자의 삶을 부러워했다(같은 연극에서 후반에 2, 5); c. 자부심과 야망(토머스 미들턴Thomas Middleton, "체스게임A Game of Chess" 4, 4); d. 두더지는 증거도 없이 서식지를 파괴하고 이유 없이 죽이는 인간에 의해 피해를 입는 생물이다.(타이어의 왕자 페리클레스Per. 1, 1); **11.** 민속: 많은 (마법적인) 처방전에 사용되었다; 불길함.

두드림, 노크 knock(ing) **1.** 죽음: 예 토머스 S. 엘리엇Thomas S. Eliot의 "황무지The Waste Land"(2); **2.** 딜런 토머스Dylan Thomas: a. 일반적으로 출생, 성교 및 죽음의 노크; 두드림tapping 참조; b. 심장의 두근거림: 예 "내가 떼는 이 빵"; **3.** "행운은 모든 사람의 문을 최소한 한 번은 두드린다"(속담).

두루마리 roll (종이) 스가랴는 악행을 저지르는 자들에 대한 저주로 가득 찬 양피지 두루마리가 날아가는 것을 본다(스가랴서Zech. 5장). 다니엘의 환상이 담긴 두루마리scroll for Daniel's vision 참조.

두루마리 scroll **1.** 하나님의 계시: '율법의 두루마리Scrolls of Law': 모든 유대교 회당에서 발견되는 토라Torah(모세 오경Five Books of Moses 율법책)는 '깨끗한' 동물 가죽으로 만든다; **2.** 선지자들과 성인들의 속성(기도와 율법); 열 두 지파 족장들의 손에 두루마리 율법책이 들려 있었다는 것은 그리스도 이전에는 믿음이 큰 어둠에 싸여 있었다는 것을 의미한다; 히브리인의 무덤 위에 있는 두루마리: 거룩한 존재를 의미한다; **3.** 신의 징벌: a. "하늘은 두루마리같이 말려서 쓸려가고"(요한계시록Rev. 6, 14; 또한 이사야서Isa. 34, 4); b. 다니엘은 날아다니는 두루마리를 저주로 가득 찬 징벌로 보았다; **4.** 운명의 칙령 또는 과거 사건의 기록: 여신 클리오와 칼리오페(역사와 서사시)의 속성; **5.** 장식: 이오니아 양식의 건물장식에서 문장heraldry(紋章)에 새겨진 글귀에 이르기까지 사용된 장식; **6.** 모든 인봉, 계약서, 법률 문서.

둑, 언덕 bank **1.** 정화에 필요한 굴욕, 복종, 영혼에 대한 자기경멸; 덕을 의미하는 산의 반대말(산후안 10세San Juan X, 영적 찬가CE 3, 3); **2.** 또한 해변beach 참조.

둔부 loins **1.** 일반적으로 생성적, 신체적 힘이다; **2.** 생식기: 구약성서에서 생식기는 종종 '둔부 아래에 손을 놓는다'와 같은 표현에서 볼 수 있다. 즉, (심장과 같은) 신성한 부위에 대고 하는 맹세의 형태; **3.** 신성: (그리스) 제물이 된 동물의 몸에서 기름에 둘러싸인 허릿살은 항상 신에게 바쳐졌으며 나머지는 (게르만족 등이) 사람들이 먹었다; **4.** '띠를 두른 허리'(예 성서에서): 주의, 경계, 행동 준비(예 누가복음Luke 12, 35); 벨트belt 참조.

둥글레 Solomon's seal (식물) **1.** 백합과의 식물, '여러 가지 면이 있음'을 의미하는 '황정polygonatum'속에 속한다; 독일어로는 '등대풀 뿌리Springwurzel'; **2.** 그림형제Grimm: a. 이것은 모든 문을 열 수 있고 보물 창고의 문을 열 수 있기 때문에 도둑들이 사용한다(독일의 전설DB 571); b. 녹색 딱따구리(또는 까치나 후투티)의 둥지를 닫아 놓으면 이 식물을 얻을 수 있다: 새는 밖에서 가져온 둥글레를 닫혀 있는 둥지 위에 놓는

ㄷ

다. (새 둥지가 닫혀 있어) 공간이 확보되므로 새가 식물을 사용하기 전에 훔칠 수 있다(같은 책 9).

둥지, 보금자리 nest 1. 여성의 생식기: 셰익스피어(리처드 3세의 비극R3 4, 4, 42ff: "향신료의 둥지 nest of spicery"; 로미오와 줄리엣Rom. 2, 4, 73f. 등도 참조)부터 유명한 민요와 로버트 번스Robert Burns("진실과 명예의 이름으로")에 이르기까지 이 의미로 사용되었다; 2. 스텔라의 가슴은 "사랑이 누워 있는 릴리스의 둥지Lillies' neast"(필립 시드니 경Sir Philip Sidney, 아스트로펠과 스텔라AS 83, 8).

드라이플라워 immortelle (식물) 1. 헬리크리섬helichrysum 참조; 2. 사랑 언어에서 변함없음을 상징한다(안젤로 드 쿠베르나티스De Gub., 식물신화MP 1, 152); 3. 꿈: 드라이플라워 왕관 꿈은 모든 사람에게 좋은 것이며, 특히 소송에 휘말린 사람들에게 좋은 것이다; 이 꽃은 색을 유지한다: 그러나 아픈 사람들에게는 나쁘다. 드라이플라워는 죽은 자들과 신들에게 주는 선물이지만 인간에게는 잘 주지 않기 때문이다(달디스의 아르테미도로스Artemidorus of Daldis 1, 79).

드래코나이트 draconites (보석) 1. 용의 머리에서 발견되는 것으로 때로는 카벙클이라고도 부른다; 드래코나이트는 오직 그 반짝임 때문에 귀한 것이 되었다(중세보석세공집Med. Lap. F67); 2. 용이 살아 있을 때 빼내는 경우 모든 독에 대해 해독 효과를 발휘한다; 왼쪽 팔에 착용하면 모든 적을 물리치게 해 준다(알베르투스 마그누스Albertus Magnus, 비밀의 책Secr. 2, 40).

드레스, 옷 dress 1. 현실 또는 진실(현실이나 진실은 나체)의 은폐, 그러므로 속임; 2. 부(富) 또는 장식의 표시; 3. 삶의 새로운 단계(예 결혼), 또는 특정 직업 또는 특정 정신 상태로 들어가는 것을 표시한다: 군대, 귀족, 보헤미안; 4. 여성: 유혹; 패션의 변화는 불가피한 일: 여성의 몸 전체가 '성적이므로', 유혹은 보통 숨겨진 것을 (제한적인 시간 동안) 보여 주는 것이다; '도덕적 품위'는 패션 트렌드에 따라 달라진다: 스커트가 길면 가슴이 많이 드러나고 발목의 노출은 수치나 분노 등등을 불러일으킨다; 심지어 극단적인 형태들을 더 오랜 기간에 걸쳐 볼 수 있다: 예 가슴을 완전히 드러낸 형태(밑단은 땅까지 길게 하고 목은 가렸음)는 미노스 문명의 크레타섬과 같은 옛 시기와 중세시대 피렌체(여기서 단테Dante는 거리에서의 가슴 노출에 깜짝 놀랐다)에서 볼 수 있었다; 5. 윌리엄 블레이크William Blake: 옷=몸=속박; 참조: "그러나 이 모든 육체의 옷을 통해 영원의 밝은 싹이 느껴진다" 헨리 본Henry Vaughan, "회귀The Retreat"); 6. 옷clothes; 의복garment; 벌거벗음nakedness; 의복raiment; 복장도착transvestism 참조.

드레이크의 북 Drake's Drum 1. 플리머스 근처의 버클랜드 수도원에 있는 북; 2. 임종 시에 드레이크는 영국이 위험에 처했을 때 이 북을 치면 자신이 환생할 것이라고 유언했다; 블레이크와 넬슨은 그러한 환생이었다; 나중에 북은 저절로 울렸고 한참 뒤에도 선박에서 귀신같이 희미한 북소리가 들렸다(예 1918년 스캐퍼플로에서).

드루이드 (드루이드교의 성직자) Druid 1. 드루이드Druid라는 단어는 아마도 '아는 사람he who knows'으로 해석할 수 있으며 '참나무oak'의 뜻이 함축되어 있을 수도 있다; 나중에 아일랜드 사람들은 이 단어를 '마법사magician'로 바꾸었다; 2. '로고스Logos,' 즉 본능을 제어하는 영혼의 더 높은 힘: 이것은 로마 스토아학파의 민족지학자 포세이도니오스Poseidonius의 관점이다; 3. 드루이드들의 종교적 관행은 고리버들로 만든 형틀에 불태운 인간 희생제물(나중에는 동물로 대체됨)의 수로 그 특성을 알 수 있다: 용dragon 참조; 4. 윌리엄 블레이크William Blake: 유물론적 종교: 자신이 아닌 다른 사람들을 제물로 삼는다; 모든 구원받지 못한 사람의 종교; 5. 드루이드 알druid egg: 우화 속의 알, 여러 마리의 뱀이 협력해 부화시키고 쉿쉿 소리를 내며 공중으로 띄워 올린다; 이 알을 잡으면 뱀에게 물려 죽지 않도록 빨리 말을 타고 도망가야 한다. 이 알은 성공적인 삶을 보장해 준다; 6. 드루이드의 발druid's foot: 부적으로 사용하는 오각형 도형(샌들 위의 '드루덴수스drudenfuss' 참조); 7. 겨우살이mistletoe; 참나무oak 참조.

드보라 Deborah **I.** 리브가의 유모: 겸손한 성실의 전형; 그녀는 벧엘 땅의 "가지가 늘어진 참 나무" 아래 묻혔다(창세기Gen. 35, 8); **II.** 예언녀prophetess: 1. 드보라라는 이름은 히브리어로 '꿀벌'(꿀벌bee에서 예언 참조)이라는 뜻; 2. 그녀는 종려나무 아래에 머물며 가나안 사람들에 맞서 이스라엘 사람들을 도왔다(사사기Judg. 참조); 4. 그녀의 유명한 승리의 노래(사사기 5).

들갓 (야생 갓) charlock (식물) '라파누스 라파니스트럼Raphanus raphanistrum' 및 '시납시스 아르벤시스Sinapsis arvensis' 또는 필드-머스타드field-mustard(겨자과의 들풀) 등으로도 불리는 다양한 들풀에 사용되는 이름; 이뇨제(코르넬리우스 켈수스Cornelius Celsus II, 서문 '겨자lapsanum'; 2, 31).

들기, 나르기 carrying **1.** 영웅들은 인류를 위해 무거운 짐을 지는 측면이 있다: 예 (십자가 형태의 기둥을 들고 있는) 헤라클레스, 황소를 들고 있는 미트라Mithra; 짐은 사실 영웅 그 자신이자 신이자 동물인 그 자신 전체이다(예수는 자신의 십자가를 짐; 카를 융Carl Jung 5, 302ff 참조); **2.** 디오니소스와 데메테르의 숭배에서 나무를 드는 것(그리스어 '탈로포리아thallophoria')은 중요한 부분이다(카를 융 5, 339n, 스트라보Strabo 참조); **3.** 담는 것과 관련해 용기vessels 등 참조.

들통 pail 라틴어로 '시툴라situla'(버킷 혹은 들통)는 나일강을 범람시키는 이시스 여신의 상징이다(위트Witt 예 71).

들판 field **1.** 풍요; **2.** 공간, 구속으로부터의 자유, 무한한 행동 가능성(스포츠, 전쟁 등): "홍수 및 전쟁 같은 예기치 못한 사고"(베니스의 무어인 오셀로Oth. 1, 3 참조); **3.** 인간과 동물의 생존, 물질적 창조: "사람이 와서 밭에서 일하다가 결국에는 그 아래 눕고 많은 여름이 지나면 백조도 죽는다"(앨프레드 테니슨Alfred Tennyson, "티토누스Tithonus" 3); **4.** 종종 죽음, 내세와 지하세계와 관련 있다: a. "진리의 장": 영혼의 심판자들이 거하는 곳의 그리스어 이름: 아이아쿠스, 미노스, 라다만티스; b. "애도하는 들판The Mourning Fields": 지하 세계에는 사랑을 위해 자살한 사람들의 영혼이 담겨 있다(예 디도Dido: 베르길리우스Virgil, 아이네아스Aen. 6, 440ff 참조); c. 미트라교와 마찬가지로 우라니아의 신들은 천국으로 돌아오는 길에 영혼을 인도하는 "평원의 군주"로 불렸다; **5.** 구약성서: 예루살렘이 포위되었을 때 밭을 사는 것은 더 나은 시대가 올 것이라는 것을 보여 주는 상징이었다; **6.** 들꽃: a. 겸손; b. 기독교: 성모 마리아와 교회; **7.** "밭에는 눈이 있고 숲에는 귀가 있다"(속담); **8.** 사과apple; 아스포델asphodel; 축융공(역주: 천을 바래고 다듬는 직공)fuller; 도공potter; 갈대reed 참조.

등, 뒤 back **1.** 무거운 짐 및 형벌의 장소; **2.** 옷을 입는 곳: "배를 위하지 않으면 등에 황금을 입을 수 있을 것이다(역주: 먹지 않으면 부자가 될 것이다)"(속담); **3.** 등이 두 개 달린 동물: 성교(베니스의 무어인 오셀로Oth. 1, 1); **4.** 등을 맞대고 추는 a. 마녀들의 춤; b. 윌리엄 블레이크William Blake: 결혼에 의해 강제로 묶인 부적절한 부부; **5.** 등뼈: 척추spine 참조

등나무 wisteria (식물) **1.** 환대; **2.** 토머스 S. 엘리엇Thomas S. Eliot: 등나무 가지들이 사창가의 창문을 둘러싼다("나이팅게일 무리 속의 스위니"); **3.** 보라색 꽃은 트로이에서 돌아오는 아가멤논 앞에 펼쳐진 보라색 양탄자와 관련될 수 있다.

등대 lighthouse **1.** 위험에 대한 경고; **2.** 초기 기독교 무덤: 구원을 향한 안전한 여정; **3.** 버지니아 울프Virginia Woolf: a. 인간의 고립과 고독. 그러나 (시간, 감정 등의) 파도가 그것을 에워싸고 부서져도 굳건히 서 있다; b. (남성) 시간과 영원의 합일, 남성과 여성의 합일 등; 본질적으로는 같은 것을 의미하는 여성적 장미와는 대극이다.

등대풀 spurge (식물) **1.** 일반적으로 다음을 의미한다: '유포비아Euphorbia'속의 많은 식물에 사용되는 이름; 등대풀은 많은 용도를 가진 유백색 즙을 가지고 있다; 종종 사용되는 등대풀은 '늑대의 젖wolf's milk'과 '바다의 등대풀sea-spurge'이라고 불린다; ('상추종Lactuca marina' 또는 그리스어 '티티말로스tithymallos'); **2.** 니

칸데르Nicander: 등대풀의 유백색 화합물은 뱀에 물린 것을 치료한다(테리아카Th. 617); **3.** 코르넬리우스 켈수스Cornelius Celsus: 바다–등대풀의 경우: a. 근본적인 몸속 정화(제거)를 위해 사용되었다(II부 서문, 2, 12, 1 및 3, 21, 13); b. 피부에 바르기도 하였으며 섭취하면 염증을 삭힌다(6, 7); **4.** 플리니우스Pliny: a. 바다 근처의 거친 땅에서 자란다; 한 가지 변종('헬리오스코포스helioscopos')은 머리가 태양을 향한다; 등대풀은 마을 주변에서 자라고 비둘기들이 좋아한다; b. 등대풀 즙으로 몸에 남긴 글자는 재를 뿌리면 볼 수 있다. 따라서 은밀한 연애에서 소통 수단이 된다; c. 많은 열을 발생시키고 심지어 물집까지 일으키며 매우 약효가 세다(25, 39); **5.** 콜루멜라Columella: 일반적으로 장에 설사를 일으킨다. 가장 이른 봄철에 꽃을 피우는 식물 중 하나이기 때문에 겨울 이후까지 너무 욕심을 부리는 벌들에게는 치명적일 수 있다(9, 13, 2); **6.** 힐데가르트 폰 빙엔Hildegard von Bingen: a. 사람의 살을 태울 정도의 갑작스러운 열을 발산하는 독극물이지만 살을 부패시킬 정도의 불필요한 수분도 만든다; 그러나 고대 철학자이기도 했던 의사들은 정화(제거)제로 사용될 수 있다는 것을 발견했다(자연학Ph. 1, p. 27, 독일어 'Wolfsmilch'); b. 등대풀Petty Spurge(독일어 'Brachwurz')은 발열과 통풍에 효과적이다; 화합물은 목소리를 맑게 하고 가슴을 깨끗하고 편안하게 만든다(같은 책); **7.** 등대풀 종자는 엄청나게 가스가 차는 복부팽만증을 유발한다(마법의 망치Mall. Malef. II, 2, 1, p. 170); **8.** 토머스 브라운 경Sir Th. Browne: 등대풀을 위쪽으로 당기면 설사하고 아래쪽으로 당기면 구토한다(저속한 오류PE 2, 7, 9).

등반, 오르기 climbing **1.** 성적 활동: "(짝짓기를 위해) 올라타는" 욕정(지그문트 프로이트Sigmmund Freud, 꿈의 해석IDr. 6, A, p. 286); 다음의 3번 a도 참조; **2.** '높고' 조용한 도피처(쓸쓸한 다락방)로 올라감으로써 일상생활에서 물러나는 것은 외부의 삶에서 도망치는 것으로, 성교 또는 중독의 한 유형이다(허버트 실버러Herbert Silberer, 연금술과 비술의 숨겨진 상징성Alch. 3, 1, p. 249); **3.** 꿈에서: A. 지그문트 프로이트: 성교(정신분석입문ILP 10); B. 톰 체트윈드Tom Chetwynd: a. 어떤 것이든 그것을 향한 노력: 성교, 야망, 사회적 '지위 상승', 이상ideals 등; b. 등산은 사람의 삶의 첫 절반을 의미할 수 있다: 자신의 잠재력의 꼭대기에 다다르기 위한 노력; 꿈에서 히포크라테스dream for Hippocrates 참조; **4.** 언덕hill, 산mountain, 계단stairs 참조.

등에 gadfly (곤충) **1.** '타바니다에Tabanidae'과의 곤충으로, 소와 말을 물어뜯는다; 말벌과 관련이 있으며 때로 동일시된다; **2.** 끊임없이 다른 사람을 괴롭히는 사람; **3.** 등에의 괴롭힘은 소떼를 미쳐 날뛰게 하며 이것이 정욕의 광기의 상징이 되었다: a. 그리스: 여자들이 더위에 달의 암소처럼 에로틱하게 움직이는 등에 춤gadfly dance이 있었다; b. "등에gadbee의 끈처럼 역겨운 욕망이 계모 파에드라를 사로잡았다"(로버트 브라우닝Robert Browning, "아르테미스 서론Artemis Prologizes"); **4.** '오만', 자만심에 대한 처벌: a. 제우스는 벨레로폰이 올림푸스에 오르려고 하자 (달의)말인 페가수스에게 등에를 보내서 말이 벨레로폰을 땅으로 던져버리게 만들었다; b. 헤라는 제우스가 이오(방황하는 달의 암소)와 사랑을 나눈 후에 그녀에게 등에를 보냈고, 제우스는 그녀를 헤라의 질투로부터 보호하기 위해 암소로 변신시켰다; c. 그녀는 또한 헤라클레스가 에릭스에서 가져온 소떼 중 한 마리를 보냈다(아폴로도루스Apollodorus 2, 5, 10); **5.** 일반적인 광기: 등에에게 쏘인 소는 일반적으로 극도의 광기를 상징했다(예 "다프니스와 클로에Daphnis and Chloe" 1); **6.** 전쟁: 벨로나Bellona의 속성; **7.** 별자리: '파리자리Musca Borealis'.

등자 stirrup 한 발을 들여놓고 한 발을 뺄 수 있다; 비참함을 상징한다(민요 "로빈 후드의 무용담A Geste of Robin Hood", 프랜시스 차일드Francis Child 117, 2).

디 D **1.** 셈어 'daleth'(=문door)에서 유래한 그리스 알파벳의 네 번째 글자 '델타delta': 천막의 접히는 문과 관련될 수 있다; 켈트족: 참나무(테레빈 나무terebinth); 앵글로색슨족: '낮day'; **2.** 다음을 상징한다: a. 한계: D는 닫힌 글자이다; b. 삼각형triangle; c. 빛나는 존재로서의 신: 데우스Deus(=제우스), 디오니소스, 도미누스Dominus(하등한 신), 디스Dis 등; **3.** 다음

에 상응한다: a. 육체: 피; b. 타로카드: 여사제Empress 카드; c. 행성: 목성(디스 파테르Dis-pater).

디기탈리스 foxglove (식물) **1.** 일반적으로 다음을 의미한다: a. 이름: 라틴어로 '디기탈리스Digitalis'; 아마도 "민중의 장갑folk's glove" "요정의 장갑fairies' glove"; 남부 잉글랜드에서는 "블러디 핑거스Bloody Fingers"; 북부에서는 "죽은 사람의 종소리Deadmen's bells"; 동부에서는 "여인의 골무Ladies' thimbles" "와일드 머큐리Wild Mercury"라고 불렀을 것이다; b. 보라색 디기탈리스('디기탈리스 퍼플레아Digitalis purpurea')는 보통 건조하고 언덕이 많은 목초지, 바위가 많은 장소 및 길가 등에서 자란다; 곧은 줄기와 두 개의 입술 모양의 꽃받침, 넓고 둔한 입처럼 생긴 종 모양의 화관과 수많은 씨앗을 가지고 있다; **2.** 소원; **3.** 젊음; **4.** 불성실함; **5.** 로마: 티르수스는 자신의 노래가 과도한 찬사를 받게 될 경우 신들의 시기심으로부터 자신을 보호하기 위해 부적으로 디기탈리스 화환으로 장식해 달라고 요청했다(베르길리우스Virgil, 목가Ecl. 7, 27f.); **6.** "디기탈리스와 가지(식물)는 각각 처벌과 자부심의 상징"(월터 스콧Walter Scott); **7.** 민속: a. 죽은 자의 영혼의 집; 백리향thyme 참조; b. 요정 식물, 집이나 선박에서 두려워하는 식물(역주: 디기탈리스가 요정을 끌어들일 수 있어서 불운이나 위험으로 간주됨); 독성이 있지만 심장 질환 치료에도 사용된다.

디아나 Diana 아르테미스Artemis 참조.

디오게네스 Diogenes **1.** 대낮에 등불을 들고 사람들을 찾아다니는 것으로 알려져 있다(디오게네스 라에르티오스Diogenes Laertius 6, 41); 그는 매일 술에 취해서 술통에 빠져 살았다(앞이 책의 여러 곳에서 언급됨, 23 및 48); **2.** 알렉산더Alexander, 수음masturbation도 참조.

디오니소스 Dionysus **1.** 영감(靈感)의 상징으로서 포도주와 장미의 신; **2.** 모든 꽃이 피고 계절의 변화를 알려 주는 나무의 신; **3.** 인간적 측면에서의 디오니소스는 a. 이성적 통제에 얽매이지 않고, 만족이 없고 억제되지 않는 타고난 열정을 갖고 있다; b. (카를 융Carl Jung) 디오니소스 신화는 시간으로부터 '시간 이전'(오르지 시대적 특징)으로 탈출하고자 하는 충동과 관련된, 감정의 극단적 발작의 결과로서 '열정적 해체'의 심연을 의미한다; 신화는 무의식적인 충동을 나타낸다(6, 136, 니체Nietzsche, "비극의 탄생The Birth of Tragedy"에 관해); **4.** 아폴로의 대극; 디오니소스와 아폴로는 모두 모호한 예술과 삶을 나타낸다: a. 아폴로: 질서, 영적인 삶, 진화를 향한 이끌림; b. 디오니소스: 혼돈 상태의 삶, 자기 파괴(죽음 소망), 퇴행을 향한 이끌림; **5.** 그러므로 (많은 면에서 그리스도와 닮긴 했지만) 디오니소스는 지옥의 신으로 간주된다; 오르페우스도 디오니소스가 영화(靈化)된 형태이며, 황홀경, 순환적 고통, 피 등이 있는 영적 도취와 여성적이고 통제 없는 본능적인 삶으로서의 오르페우스교로 이어진다; **6.** 로마의 바쿠스, 즉 라베르 파테르는 그리스의 디오니소스에 동화되기 전에는 원래 매우 다른 신이었다.

디오니시아스 dionysias (보석) a. 검은색 돌로 붉은 빛을 낸다; '디오니스dionise'라고도 한다; b. 물에 넣으면 물이 포도주 맛이 나게 해 주므로 이 돌의 풍미는 술에 취하는 것을 방지해 줄 수 있다(중세보석세공집Med. Lap. 61).

딜 dill (식물) **1.** '아네튬 그라베올란스Anethum graveolens'이며 '아네트anet'라고도 불린다(그러므로 종종 아니스anise와 혼동되었다); **2.** 플리니우스Pliny: a. 소화제; b. 딜을 태운 재도 약효가 있지만 생식 기능을 저해할 수 있다(다음의 5번 d 및 6번 a도 참조); **3.** 켈수스Celsus: a. 식용으로 사용, 이뇨제로 사용, 두통을 치유하기 위해 코로 향을 흡입하는 방식으로 사용되기도 한다(II, 서문; 2, 31; 3, 10, 2); b. 딜로 만든 물약은 자궁 질환를 치유하고 또한 장을 원활하게 움직이게 해 준다(4, 27, 1C 및 2, 29); **4.** 아풀레이우스Apuleius: 딜과 월계수로 만든 물약은 새로 변한 인간을 다시 인간으로 만들어 준다(변신이야기M 3, 23); **5.** 힐데가르트 폰 빙엔Hildegart: 톡 쏘는 매운 맛이며 땅의 수분과 기름기를 함유하고 있기 때문에 익히지 않고 먹으면 건강에 좋지 않고 사람을 우울하게 만든다; b. 익혀서 섭취하면 통풍을 제거한다; c. 신선한 딜과 서양톱풀을 이마와 관자놀이, 흉부에 붙이면 코피를 멈추게 한다; d. 다른 것과 혼합하여 사용하면 성욕을 감소시킨다(자연학Ph. 1, p. 31f; 다음의 6번도 참조); **6.** 에드먼드 스펜서Edmund Spenser: 성욕 억제제(페어리 퀸FQ 3, 2, 49; 뮤즈의 눈물Mu. 17도 참조); **7.** 성요한초St. John's Wort 참조.

따오기 ibis (새) **1.** 일반적으로 다음을 의미한다: a. 신성한 이집트 따오기는 흰색이며 머리와 목에는 털이 없고 날개는 검은색이다; 이것을 죽이면 사형에 처했다(헤로도토스Herodotus 2, 66); b. 깨끗한 물을 마시는 새: 유해 곤충 및 특히 뱀을 죽인다; 이것은 심지어 나라를 전염병에 휩싸이게 할 수 있는 날개 달린 뱀을 죽이는 임무도 수행했다; c. 물고기를 잡으면 물고기를 동그랗게(왜가리처럼) 놓아 둔다; d. 다리를 벌려 삼각형 형태로 서 있는다; e. 날개 아래로 머리를 넣으면 하트 모양이다; f. 이들의 걸음걸이는 1큐빗 정도의 폭이다: 큐빗은 회당을 짓는 데 사용되는 척도; **2.** 새벽: 따오기의 머리를 한 개코원숭이 형상의 토트: 두 동물 모두 새벽을 맞이하는 동물이다(왜가리heron 참조): 영적 각성; **3.** 지혜: (토트와 관련된다): a. 학습, 글쓰기(학crane 참조), 초자연적 예술; b. 개혁, 재생(토트-오시리스와 관련된다); c. 죽은 후 인간 영혼의 무게에 대한 오시리스의 판단을 기재한 명부: 개코원숭이baboon 참조; d. 나일강의 범람을 알린다; **4.** 열망, 인내; **5.** 감사; **6.** 달(여신) 및 이시스 제단에 있는 따오기 머리의 (위대한 여신) 이시스와 연관된다; **7.** 그리스: 헤르메스(토트와 동일)는 티폰(나소 P. 오비디우스Naso P. Ovid, 변신이야기Metam. 5, 331)이 접근하자 따오기로 변해 올림포스에서 도망쳤다; **8.** 기독교: (성스러움의 반대) 성욕, 오물, 게으름; 그리스인들은 이미 이 새가 잡식성이고 부정하니 오염된 것으로 보았다(이 새는 칼리마코스가 호메로스의 길을 더럽힌 것에 대해 로디우스의 아폴로니우스 Apollonius Rhodius에게 사용한 비난의 용어였다); **9.** 점성술: 물병자리.

딱따구리 woodpecker (새) **1.** 로마 신화: a. 사투르누스의 아들이자, '말의 조련사'인 파우누스-판의 아버지인 피쿠스는 키르케의 구애를 거절한 것으로 인해 딱따구리로 변했다(나소 P. 오비디우스Naso P. Ovid, 변신이야기Metam. 14, 6); 머리 위에 딱따구리가 있는 피쿠스의 동상이 키르케의 궁전에서 발견되었다(나소 P. 오비디우스, 변신이야기 14, 320ff.); b. 그는 늑대의 젖이 부족하자 로물루스와 레무스를 먹였다(나소 P. 오비디우스, 행사력Fasti. 3); 이에 따라 그는 로마의 전설에서 고대의 왕으로 칭송되었고 미르스에게 신성한 것이었다; 그는 신성한 나무를 갖고 있었다; c. 이것은 또한 나무악마, 악령, 예언자로 여겨졌다; d. 때로 피쿠스는 나무 그늘의 지배자인 실바누스로부터 아이들을 지켜 주는 '갓난아기들의 신' 필룸누스의 동반자인 피쿰누스와 동일시되었다; e. 제우스는 딱따구리로 변신했다(참나무와의 관계); f. 딱따구리가 가진 대부분의 특징은 위대한 여신과 연결되며 그리스의 '드리오페' 및 '피쿠스'가 말들horses 및 키르케와 갖는 연관성과도 일치한다(로버트 그레이브스R. Graves, 그리스 신화GM 1, 192); **2.** 풍요: a. 그리스에서는 딱따구리가 참나무(로버트 그레이브스, 그리스 신화 1, 196)를 부리로 두드리거나 가시 돋친 혀로 울음소리를 내는 것은 여름비를 알리는 것이다; b. 또한 아레스의 풍요와 관련이 있다; **3.** 욕망: 딱따구리가 (어머니) 나무의 틈을 부리로 두드린다는 사실에서 특별한 의미가 생겨나게 되었다; **4.** 전쟁: 1번의 b 참조; **5.** 불멸: 나무를 나선형으로 기어오른다(나선spiral 참조); **6.** 예언: a. 비와 폭풍을 알린다; b. 보물이 숨겨져 있는 장소(그림형제Grimm, 독일민담DS 9, 솔로몬의 인장-식물 참조)를 보여 준다; c. 딱따구리는 약용 성분이 있는 다양한 약초를 알고 있으며 부당하게 약초를 훔쳐 가는 사람의 눈을 쪼을 정도로 매우 경계하며 보호한다; **7.** 기독교: 사탄Satan, 이단heresy.

딱정벌레 beetle **1.** 어원: 이 단어는 '물다bite'와 관련된 것으로 보인다; **2.** 일반적으로 다음을 의미한다: a. 너무 작은 해충을 죽일 수밖에 없는 독수리가 딱정벌레의 주요 천적이다; 복수를 하기 위해 딱정벌레는 독수리의 둥지로 날아가서 독수리가 없는 사이 알을 떨어뜨려 새끼를 죽인다(뒤의 10번 참조); 때로 독수리의 피를 빨아먹는 것으로 알려져 있지만 이것은 셰익스피어에 의해 부인되었다(헨리 6세 2부2H6); b. 항상 뒤쪽으로 그리고 서쪽을 향해 걷는다; c. 많은 측면에서 풍뎅이의 상징성과 겹친다; **3.** 죽음: 때로 영혼은 잠시 동안 딱정벌레에게 머무는 것으로 추정된다; 벌bee과 나비butterfly 참조; **4.** 마법: a. 까마귀, 생쥐, 쥐 등과 관련된다; b. 셰익스피어에서 이것은 까마귀–박쥐–밤–행위로 이어지는 이미지의 군집을 형성한다; **5.** 요정(4번과 관련된다); **6.** 왜소해진 삶: "죽음에 대한 예감은 두려움으로 인해 최대가 된다: 그리고 우리가 밟고 지나가는 불쌍한 딱정벌레에게 신체의 고통은 거인이 죽을 때와 마찬가지로 격렬하다"(눈에는 눈, 이에는 이Meas. 3, 1); **7.** 어둠과 그림자를 드리우는 일몰: "딱정벌레의 나른하게 웅웅거리는 소리는 밤이 하품하는 소리로 들린다"(맥베스Mac. 3, 2; 또한 이든 그레이Eden Gray, "비가Elegy" 그리고 윌리엄 콜린William Collins, "저녁송가Ode to Evening" 참조); **8.** 멍청하고 앞을 못 보는 사람: "딱정벌레 머리를 가지고 있으며 귀가 늘어진 녀석!" (말괄량이 길들이기Shr. 4, I); **9.** 문장heraldry(紋章): a. 겸손함; b. 속세의 슬픔에 대한 상기; **10.** 이솝우화Aesop: a. 딱정벌레가 애원했던 동물을 독수리가 먹어치우자 딱정벌레는 독수리의 둥지에서 알을 굴려 떨어뜨려 복수했다; 제우스(독수리는 제우스가 특별히 아끼는 동물)의 도움도 아무 소용이 없었다; b. 여름에 개미가 일하는 것을 보고 감탄하다가 겨울에 굶는 신세가 된다(137); 매미와 비교; **11.** 카를 융Carl Jung: 때로는 꿈에서 동물로 변한 자기Self의 상징(영어버전의 융전집 9b, 226); **12.** 민속: a. 집에 있는 검은색 딱정벌레: 불운이나 나쁜 소식을 가리킨다; b. 오직 한 경우에만 치유력을 가지고 있다: 백일해에 대한 치유력; c. 빗살수염벌레의 (나무에 구멍을 내며) 두드리는 소리는 죽음에 대한 확실한 예고이다; **13.** 무당벌레ladybird, 풍뎅이scarab 등과 같은 개별 딱정벌레 참조.

딱총나무 무리 water-elder　불두화 참조.

딸기 strawberry (식물, 과일)　**1.** 사랑의 여신의 상징: a. 딸기는 녹색일 때는 냉하고 건조하며 익었을 때는 촉촉하고 과즙이 많다; b. 고대 북유럽: 프리그(프리가)는 죽은 아이들을 딸기 덤불에 숨겨 하늘로 보냈다; c. 성모 마리아의 상징; d. 미친 처녀의 죽은 연인이 숨겨져 있는 곳: "아니, 이제 그의 무덤에 딸기를 가득 채운 것 같아요"(로버트 헤릭Robert Herrick); **2.** 정의: 기독교 상징(예 사도 베드로), 세례요한; **3.** 귀족: 딸기 잎은 계급을 나타내는 도안이다(예 공작duke의 대관식에서); **4.** 악evil에 가려진 선good: "딸기는 쐐기풀 아래에서 자란다"(헨리 5세의 생애H5 1, 1); **5.** 점성술: 달과 관련된다; **6.** 윌리엄 셰익스피어 William Shakespeare: 리처드는 엘리주교에게 좋은 딸기를 보내 달라고 부탁했고 주교는 이에 동의했지만 후에 리처드의 적과 동맹을 맺었다(리처드 3세의 비극R3 3, 4); **7.** 토머스 S. 엘리엇Thomas S. Eliot: 백리향과 딸기: 감각 안에 숨겨진 기쁨뿐만 아니라 어둠 속에 있는 영적이고 수동적인 기쁨을 의미하기도 한다("이스트 코커East Coker" 3); **8.** 민속: 붉은 음식으로서 딸기는 종종 요정, 마녀 또는 신들의 음식과 관련이 있으므로 먹지 않았다.

딸랑이 rattle　**1.** 모든 종류의 딸랑이(투우사의 블로러처럼)는 소리를 흉내 내어 비를 부른다; **2.** 출생: 아이는 딸랑이 소리를 무서워하는 악령으로부터 자신을 보호하는 방법을 금세 배운다; **3.** 죽음: 죽어가는 사람의 마지막 호흡; **4.** 로만 카톨릭: 성주간 동안에 종 대신에 이것을 사용했다: a. 그리스도의 굴욕을 상징하며(종소리보다 덜 즐겁고 차분한 소리); b. 딸랑이의 좀 더 여성스럽고 차분한 소리는 사도들처럼 그리스도를 부인하지 않고 그를 따라 갈보리까지 따라간 여인들을 가리키기도 한다; **5.** 딸랑이sistrum 참조.

땀 sweat　**1.** 사람의 저주: "네 얼굴에 땀을 흘려야 먹을 것을 먹으리니"(창세기Gen. 3, 19); **2.** 노력: "땀이 없으면 단 맛도 없다"(속담); 참조: "덴마크의 왕자 햄릿Ham.": "지친 삶 속에서 끙끙 앓고 땀을 흘리는 것"(3, 1); 윈스턴 처칠Winston Churchill: 나는 피, 수고, 눈물, 땀 외에는 드릴 것이 없다"(하원에서의 연설 House of Commons, 1940년 5월 13일); **3.** 땀을 흘리는 동상은 위험의 징조이다.

땅, 흙 earth　**1.** 일반적으로 다음을 의미한다: a. 주님의 기둥 위에 서 있는 세계(사무엘상서1Sam. 2, 8); 주님은 땅의 기초도 놓았다(욥기Job 38, 4); b. 땅은 주의 발판이다(이사야서Isa. 66, 1; 마태복음Matth. 5,

34 등); c. 땅은 바다에 살고 있는 또는 대양을 형성하는) 땅의 뱀earth-snake에 둘러싸여 있다; 우로보로스Ouroboros도 참조; **2.** 물질적 삶의 대모Great Mother: 수동성, 여성의 음문(위에 가로놓인 아버지 하늘에게); a. 인간은 흙(=먼지)으로 만들어졌다; b. 하늘의 결혼('신성결혼hieros gamos'): "달콤한 날, 너무나 시원하고 너무나 차분하고 너무나 밝다, 대지와 하늘의 신부"(조지 허버트George Herbert, "미덕Virtue"); **3.** 육체적 삶의 종말: '지옥'인 지하세계로: a. 땅의 방식=죽음(여호수아Josh. 23, 14); b. 큰 무덤: i. 그리스의 "유명한 사람에게는 온 세상이 무덤이다"(타이어의 왕자 페리클레스Pericles: 투키디데스Thucydides, 2, 43); ii. "그녀는 이제 아무 움직임도, 힘도 없다; 그녀는 듣지도 보지도 못하고 바위, 돌, 나무와 함께 대지의 일주 경로를 따라 굴러다니네"(윌리엄 워즈워스William Wordsworth, "잠이 나의 영혼을 봉인하였네"); **4.** 육체적 삶을 유지하게 하는 것: "그리고 들판의 나무는 열매를 맺고 땅은 그 소산을 내리니 그들이 그들의 땅에서 안전할 것이다"(에스겔서Eze. 34, 27); **5.** 땅은 영원하다, 그러므로 영혼이다: "한 세대가 가고 다른 세대가 온다: 그러나 땅은 영원히 있도다"(전도서Eccl. 1, 4); **6.** 육체적 인간의 특징: a. 땅의 지혜를 갖고 있다: "세속적이고 관능적이며 사악한"(야고보서James 3, 15); b. "온유한 자는 복이 있나니 그들은 땅을 물려받을 것이기 때문이다"(마태복음 5, 5); c. '용서받을 수 있는' 인간적 결함을 지닌 사람: "나에게 그는 결함이 전혀 없는 결함투성이다: 나를 사랑하는 사람은 반드시 땅의 면모를 지니고 있기 때문이다"(알프레드 로드 테니슨Alfred Lord Tennyson, "랜슬롯과 일레인Lancelot and Elainc" 131); d. '실제적' 감각을 지닌 감각적 유형의 사람; **7.** 순환적 존재(인간의 삶의 상징으로서): 출생, 성숙, 쇠락, 죽음; **8.** 대지의 여신(=다산의 여신)은 대개 모든 어머니이다: 달의 여신들(아르테미스)과 바다의 여신들(아프로디테)도 그렇다; **9.** 인간의 증인: "하늘이여 귀를 기울이라 내가 말하리라; 땅은 내 입의 말을 들으라"(신명기Deut. 32, 1); **10.** 히브리: a. 하늘의 신성하고 영적인 것과 도덕적으로 반대되는 것; b. 신의 의지 그리고 하나님의 힘과 분노: 주님을 '도발하는' 자들은 열린 땅의 '구덩이 속으로' 삼켜질 것이다; c. 온 세상은 주의 영광으로 충만하다(민수기Num. 14, 21); **11.** 기독교: 교회는 특히 하늘과의 결혼이다: 그리스도와 그의 신비로운 신부의 결혼; **12.** 다음에 상응한다: a. 신체: 위장을 다스린다; b. 색깔: (회갈색의) 갈색, 녹색, 빨간색, 노란색; c. 형태: 정육면체, 구체, 뱀; d. 타로카드Tarot: 다이아몬드 세트의 상징: 물질세계의 수단; e. 연금술: 원질료Prime Matter의 많은 이름 중 하나; **13.** 원소: 금속의 생산자이자 물의 파괴자; **14.** 윌리엄 블레이크William Blake: 타락한 인간Fallen Man, 타락한 본성Fallen Nature 등; **15.** 한줌의 흙(=먼지): 죽음과 필멸mortality; **16.** 민속: a. 죽음과 출생은 모두 오두막의 맨 땅에 누움으로써 덜 힘들어지지만(어머니 대지Mother Earth에게서 힘을 얻는다) 이왕이면 어떠한 신비로운 장소, 예컨대 교회 묘지churchyard 또는 세 개의 땅이 만나는 곳이면 더 좋다; b. 의약품에 자주 사용되는 요소: 즉, (불길한) 사마귀, 마술 등에 대해 사용되었다; **17.** 먼지dust, 자연nature 참조.

땅벌 bumble-bee (곤충) 약: a. 감기에 효과가 있다; b. '머리와 배 사이에 위치한' 방광의 액체를 침침해지는 눈에 떨어뜨렸다; c. 이러한 즙은 또한 불결한 손톱과 두피의 '황선'(피부병)을 치료했다(힐데가르트 폰 빙엔Hildegard von Bingen, 자연학Ph. 6, p. 119).

때죽나무, 소합향 storax (관목; 나무) **1.** 고무 수지가 나는 작지만 곧게 자라는 정체불명의 옛 나무 이름이다; 후에 이 이름은 '스티락스 오피키날리스Styrax officinalis' 또는 리퀴담바 오리엔탈리스liquidambar orientalis 발삼을 첨가한 향기로운 껌이름으로 사용되었다; **2.** 성서: 아론의 지팡이의 재료가 된 나무(참조: 테르툴리아누스Tertullian, 마르키온에 반대Marc. 3, 153; 한편, 성서 민수기Num. 17, 18에서는 아몬드가 자랐다고 잘못 말한다); 야곱의 지팡이가 이 나무로 만들어졌다(알렉산드리아의 클레멘스Clem. Alex., 훈교자Paed. 3, 10, 한편, 공식 버전은 그것이 포플러였다고 잘못된 설명을 한다: 창세기Gen. 30, 37); **3.** 신화: "그리 멀지 않은 곳에 크레타의 때죽나무들이 많이 자라는데, 할리아르트Haliartians는 그것을 라다만투스가 한때 그곳에 살았다는 증거로 여긴다"(플루타르코스Plutarch, 리쿠르고스Lyc. 28); **4.** 스트라보Strabo: a. 산딸나무cornel

처럼 창을 만드는 데 사용되었다; b. 유향에 사용되는 때죽나무의 수지는 독창적인 방법으로 얻어진다(같은 책); c. 에티오피아에서도 발견되었다(모두 12, 7, 3의 내용); **5.** 약용: 코르넬리우스 켈수스Cornelius Celsus: 발삼의 향이 자스민과 비슷하다; 이뇨제(II부, 서문; 3, 21, 7; 5, 25, 16)와 해독제(5, 3)로 사용된다; 상처 소독(5, 5), 분산제(5, 11); 연화제(5, 15 및 5, 18, 21) 및 발포제(5, 18, 5), 또한 타박상과 관절 통증(5, 18, 24 및 29; 또한 플리니우스Pliny 12, 55 및 25, 15 참조)에도 사용된다.

땜장이, 부랑자 tinker **1.** 어린아이의 상상의 삶을 살며 '문명화된' 삶의 관습을 벗어나 사는 사람; **2.** 많은 민요에서 땜장이는 성적으로 자유로운 사람으로 표현되는 한편, 여인의 주전자에 있는 틈을 망치질하는 것에 대한 명백한 언급이 있다; 일부 노래에서는 한 여성이 신사에게 땜장이로 변장하고 와 달라고 부탁하기까지 한다; **3.** 인상적인 술꾼: a. "나는 어떤 땜장이와도 함께 술을 마실 수 있어"(헨리 4세 1부1H4 2, 4; 또한 십이야Tw. N. 2, 3); b. 로버트 버튼Robert Burton에 따르면 담배는 "땜장이가 에일(역주; 발효맥주)을 마시듯 담배를 피우는" 대부분의 남성에게 남용된다(우울의 해부Anat. of Mel. 2, 4, 2).

떨다 shiver 민속: a. 갑자기 떨리는 것은 나쁜 징조다; "누군가 당신의 무덤 위를 걸어간다[미래이지만 가까운 미래]"; b. 사시나무Shiver-Tree에 대해서는 아스펜aspen 참조.

떼, 무리 herd **1.** 번성; 그러나 다중성multiplicity 참조; **2.** 자연 신화에서: a. '태양의 떼'인 구름(비옥하게 만드는 비); 이들을 잠시 동안 지키는 것이 태양 영웅들의 임무이다; b. =오디세우스의 어떤 부하들이 훼손한 아폴로의 소떼; **3.** 괴물 목동: 난폭한 본성을 가진 지하세계의 신: 신화의 공통적 주제, 예 훔바바(길가메시 서사시Gilgamesh Epic), 폴리페모스(호메로스Homer, 오디세이아Od. 9, 116ff.), 키논이 만난 곤봉을 든 남자(마비노기온Mabinogion); **4.** 또한 소 떼cattle 참조.

떼까마귀 rook (새) **1.** 새벽: "태양이 웅장하게 솟아오르는 장엄한 광경을 찬양하라"(퍼시 셸리Percy Shelley, "유가니안 언덕에 대한 기록Written among the Euganean Hills"); **2.** 4월과 봄: "떼까마귀는 바쁘게 울며나뭇가지와 짚을 찾아 헤매다"(존 키츠John Keats, "공상에 대한 송가Ode to Fancy"); **3.** 이집트: a. 결혼; b. 사망 시: 일몰의 상징, 순환의 자연적인 종말; **4.** 사교성: 군락생활을 하면서 종종 사람과 매우 가깝다; **5.** 소년들의 특별한 사격 목표: "외로운 밀밭에 있는 소년들은 떼까마귀를 겁준다…"(매튜 아널드Matthew Arnold, "학자 집시Scholar Gipsy"); **6.** 딜런 토머스Dylan Thomas ("시골잠을 자며In country sleep"): 검은 새 같은(홉킨스Hopkins 참조) 사제들을 의미하는 단어를 사용한다. 그는 또한 '훔치다' 등의 의미에서 'rook'; **7.** 민속: a. 까마귀crows와 섞여있지 않으면 일반적으로 행운: 는 경우; b. 떼까마귀가 갑자기 살던 숲을 버리고 떠나면 불운; c. 인간과의 관계: (소와 같이) 가족, 특히 주인의 죽음에 대해 알려야 한다. 새로운 주인은 그들에게 공식적으로 자신을 소개하고 자신과 자신의 친구만이 떼까마귀를 사냥하겠다고 약속해야 한다; d. 날씨 예언자: i. 떼까마귀가 둥지에서 지저귀면 날이 화창해진다(베르길리우스Virgil, 농경시Georg. 1, 410; 아라토스Aratus, 하늘의 현상Phaen. 1003f.); ii. 떼 지어 먹이를 먹는 장소를 떠나거나 서로 가까이 나는 경우에는 폭우가 올 징조이다(베르길리우스, 농경시 1, 381f.).

떼죽나무 styrax (관목; 나무) 소합향storax 참조.

똥 dung **1.** (신성한) 말의 똥은 행운을 위해 집 앞이나 집 안에 둘 수 있다; 게다가 이것은 곡물을 함유하고 있으므로 풍요를 상징한다; **2.** 땅의 인류를 평등하게 만드는 것(먼지와 마찬가지로): "거지와 카이사르도 똥을 싼다"(안토니우스와 클레오파트라Ant. 5, 2): 몇몇 현대 버전에서는 똥을 'dug'으로 쓰고 있는데, 이것은 '똥dung'이 '땅earth'과 관련되어 있기 때문에 불필요한 제안이다: "우리의 똥 같은 땅도 짐승과 사람을 먹여 살게 한다"(안토니우스와 클레오파트라 1, 1; 겨울이야기Wint. 2, 1); **3.** 똥은 유령들에게 모욕적이다; **4.** 쇠똥구리: a. 풍뎅이와 관련되며 따라서 이집트 사람들은 쇠똥구리도 숭배한다; b. 이시스 석판 새겨져 있는 쇠똥구리는 이시스의 머리를 한 모습으로 나온다; 다른 곳에서 쇠똥구리의 머리는 빛나는 태양이다; **5.** 대변, 배설물excrements 참조.

똥 excrements **1.** 황금과 관련 있다: 예 황금 똥을 눈 나귀의 이야기; 이 생각은 심리학에서 확인된다; 항문은 고대부터 숭배의 대상이었다; 이 유물은 교황의 똥으로 안수 받은 십자군과 안식일의 주인의 엉덩이에 입맞춤한 마녀들에게서 찾을 수 있다; 엉덩이fundamen 참조; **2.** 단테Dante: "신곡 지옥편Inf."에서 아첨꾼들은 똥으로 그들을 완전히 뒤덮는 처벌을 받았다(신곡 지옥편Inf. 칸토C 18); **3.** 연금술: 어둠의 단계인 '니그레도'는 결국 '철학자의 돌'의 빛으로 이어진다; **4.** 많은 경우에 권력자의 똥을 소유하거나 사용하는 것 또는 심지어 삼키는 사람(특히 사악한 사람)에게 권력을 부여해 준다; **5.** 똥dung 참조.

뜨개질 knitting **1.** 직조 및 방적과 관련된다; **2.** 민속: 극장에서는 금지되었다: 이것은 공연을 꼬아 버린다(실이 꼬이듯 꼬여 버린다).

띠 cestus **I.** 아프로디테의 **마법의 띠**: 1. a. 헤파이스토스가 만들었고, 이 띠를 착용하면 띠를 보는 사람은 누구나 착용한 사람과 사랑에 빠지게 된다; b. 아프로디테가 아레스와 성교할 때 이 띠가 바닥으로 떨어졌다; 2. 이 띠는 신화에 나오는 모든 유명한 보석과 관련된다(예 마법의 목걸이 브리싱가멘Brisingamen): 풍요를 나타낸다(언제나 물질과 정신의 풍요); 이시스의 허리띠Isis' girdle, 허리띠girdle도 참조; 3. 순결과 다산의 조합 또 다른 신기한 조합(이중적 조합)은 난잡하게 즐기는 주신제와 비슷한 종류의 축제들과 달리 엄격한 금욕을 요구하는 순수한 남근숭배의 축제와 유사하다; 4. 에드먼드 스펜서Edmund Spenser: 플로리멜Florimel은 이와 동일한 순결과 덕행의 상징인 띠를 착용하고 있다("페어리 퀸Faery Queen" 3권 및 4권); **II.** 권투 선수의 장갑: 그리스 및 로마의 권투선수들은 가죽과 금속으로 된 장갑을 사용했으며 이것은 타격을 줄이기 위함이 아니라 더 세게 하기 위함이었다; 앞의 I번 내용과 관계 없다.

띠 cingulum **1.** 로마 가톨릭 교회에서 의식 집전 때 입는 제의인 앨브에 두르는 띠; **2.** 앨브의 순수함이 순결하지 못한 생각으로 풀어지지 않게 하라; **3.** 예수 그리스도가 당한 채찍질의 고통을 상기시키는 것.

ㄹ

라레스 Lares **1.** 일반적으로 다음을 의미한다: 페나테스 같은 다른 가정의 신들과 마찬가지로 집안 전체와 교차로를 관장하는 로마의 정령 또는 가정의 신들은 '중심(집안에 불을 피우는 중심 장소)' 또는 화로 그리고 '음식저장소'나 '고깃간'을 관장했다; **2.** 이름: a. 이들은 본래 거리와 길의 신으로 여겨졌는데, 이는 거리를 뜻하는 그리스 단어 '라우라이laurai'(아르노비우스Arnobius, 이교도들에 대항하여Nation. 3, 41)에서 유래했다; b. 아마도 이것은 '장난스럽다'라는 의미였을 것이다. 따라서 이들은 땅의 비옥함과 가정의 행복을 지켜보는 명랑하거나 유쾌한 신이었다(허버트 J. 로즈Herbert J. Rose, 그리스와 로마의 종교RGR 188); **3.** 이들은 "죽은 조상의 신격화된 영으로서, 여전히 가족에 관심을 갖고 있고 무슨 일이 생기면 격렬한 감정을 가질 수 있다"(악령Lemures과 유령ghost 참조); 이들의 신전인 '라라리움'은 다음과 같았다. 라레스를 상징하는 일종의 작은 조각상이 들어 있는 작은 수납장으로 안방구석에 세워놓았으며 가족의 성물함의 일종으로 사용되었고 가족들은 페나테스에게 하듯이 매일 그들에게 기도하고 작은 선물을 바쳤다(로버트 오길비Robert Ogilvie 101; 또한 제의에 대해서는 허버트 J. 로즈, 그리스와 로마의 종교 186f. 참조).

라마 Ramah 에브라임의 어머니 라헬이 에브라임의 자손들을 애도하고 애가를 부른 곳: 북쪽 사람들이 바벨로니아로 끌려가기 전에 모였던 곳.

라미아 Lamia **1.** 괴물의 변형: a. 아름다운 여왕이 잔인함 때문에 야수로 변했다; b. 사이렌과 비슷하지만 동굴과 사막에서 용과 함께 발견된다; 그녀의 속성은 (또한) 황금빛이다; 그녀는 아이들을 삼키거나 젊은이들을 유혹하여 잡아먹는다; c. 거대하고 탐욕스러운 물고기(이 상징은 라미아를 용 및 고래와 연결시킨다); d. 제우스와 사랑에 빠진 리비아의 여왕; 헤라가 그녀의 아이들을 빼앗자 자신이 잡을 수 있는 모든 아이를 죽이기 시작했다(로버트 그레이브스Robert Graves, 그리스 신화GM 1, 205); e. 존 키츠John Keats(필로스트라투스로부터 버튼을 통해): 헤르메스에 의해 뱀에서 아름다운 소녀로 변했다; **2.** 구약성서에서 '부엉이-올빼미'(릴리스)는 여자 뱀파이어 '라미아'(이사야서Isa. 34, 14)이다; **3.** '끔찍한 어머니Terrible Mother'로서 그녀는 종종 그녀의 희생자들을 타고 다닌다: a. 아담의 첫 번째 아내인 릴리스와 관련된다. 그녀는 나중에 임신한 여자들을 괴롭히고 아이들을 납치했다; b. 1번의 d에 언급되어 있는 라미아의 후손이 동화 헨젤과 그레텔에 등장한다; **4.** 카를 융Carl Jung: 아니마(인어mermaid 참조).

라벤더 lavender (식물) **1.** 민트과의 다년생 상록수, 향기로운 식물: 일반적인 라벤더는 지중해 지역이 원산지이며 햇볕이 잘 들고 돌이 많은 경사면에서 자란다. 많은 꿀을 생산한다; **2.** 로마: 목욕, 상자 및 옷장에 향기를 내는 데 사용된다; **3.** 이것의 일반적 특성: 근면; **4.** 인정; 또한 불신과 조심; **5.** 점성술: 수성과 관련된다; '따뜻한' 식물(겨울이야기Wint. 4, 4); **6.** 프렌치 라벤더: 불신의 상징; 7. 실라벤더(납나물과의 속류): a. 동정심: 실라벤더는 무수한 뿌리에 모래가 뭉쳐 있다; b. 이것은 붙잡고, 결합하고, 고정시킨다.

라벤더-면 lavender-cotton (식물) **1.** 허브 같은 사이프러스('국화과')는 종종 '향쑥속식물' 또는 개사철쑥과 혼동된다; **2.** 일반적으로 질병을 완화시킨다(니칸데르Nicander, 테리아카Th. 910).

라세다이몬 Lacedaemon 스파르타의 다른 이름; 따라서 '다의적 줄임말laconic'.

라오네스 Lyoness **1.** 콘월Cornwall 남부 해안에서 떨어진 아틀란티스와 같은 전설의 잃어버린 땅들 중 하나; **2.** 트리스트람Tristram 경이 태어난 지역이고 아서왕과 모르드레드 간의 전투가 벌어졌던 지역.

라이트 Wright 라이트라 불리는 소년은 '샤이너' 라이트Shiner Wright라는 별명을 갖게 될 것이다.

라인강 Rhine **1.** 스위스와 독일을 지나 네덜란드를 거쳐 북해로 흘러들어가는 강; **2.** 힐데가르트 폰 빙엔Hildegard von Bingen: a. 라인강은 바다에서 발원하여 (물줄기를 강제로 보내기 때문에) 잿물처럼 거칠다; b. 라인강물을 끓이지 않고 마시면 인체의 유해 물질을 줄여 주지만 유해 물질이 존재하지 않으면 대신 사람에게 해를 끼칠 수 있다; c. 그러나 라인강물에 음식을 끓이면 나쁜 요소들을 추출해 낼 수 있어서 건강에는 더 좋다; d. 라인강에서 목욕을 하거나 세수를 하는 것은 재앙이다. 얼굴을 붓게 하고 검게 만들며 변형시킨다. 또한 이 물에 삶은 고기는 검게 변하고 부풀어 오른다; e. 라인강물은 사람의 피부 속으로 금방 흡수되며, 물고기를 물 밖으로 내어놓으면 금방 썩어버린다; 그러나 신선하게 잡으면 먹기에 좋다(자연학Ph. 3, p. 59).

라일락 lilac (식물) **1.** 젊음, 첫사랑, 봄; 참조: 토머스 S. 엘리엇Thomas S. Eilot의 "여인의 초상Portrait of a Lady"과 "황무지The Waste Land": 여기에서 라일락은 주로 봄을 의미 한다; **2.** 까다로움; **3.** 애도: "문 앞에 라일락이 마지막으로 피었을 때"(월트 휘트먼Walt Whitman이 링컨의 죽음을 애도한다): 한 그루 라일락이 베어지면 다른 라일락이 그를 슬퍼하여 다음 해에 꽃을 피우지 않는다; **4.** 민속: 라일락을 집으로 가져가는 것은 불운하다(특히 같은 흰색 라일락 품종). 보라색과 빨간색 품종은 덜 해롭지만 이것들을 병문안용으로 가져가서는 안 된다.

라임 lime (과즙; 식물) 때로 의사의 지시에 따라 양조업자가 포도주에 첨가했다. "겁쟁이는 라임이 들어 있는 자루보다 나쁘다"(헨리 4세 1부1H4 2, 4; 윈저가의 즐거운 아낙네들Wiv. 1, 3).

라탁스 latax (허브) 펄킹Pearl-kings들은 그들의 대리자들에게 라탁스를 주었기 때문에 그들이 어디를 가든 모든 것을 풍족하게 갖게 되었다(아그립파Agrippa, 오컬트 철학OP 1, 13).

라테라누스 Lateranus 아르노비우스Arnobius(그리고 여기에서도 그는 "그가 누구든지 간에"로 불림)에서만 언급되는 모호한 신으로 화로의 신이었으며 따라서 "남자들이 굽지 않은 벽돌[라틴어 '라테르later'=벽돌]로 2종류의 벽난로를 만들었기 때문에" 수호신이라는 이름을 갖게 되었다; 라테라누스는 사용하는 목재를 돌보고, 질그릇의 내구성을 높여서 불에 깨지지 않게 하고 음식의 맛을 관장한다(이교도들에 대항하여Nation. 4, 6).

라틴어 Latin **1.** 교회와 과학의 언어; **2.** 따라서 죽은 자들의 언어로, 귀신이나 악마를 물리치는 데 사용된다: a. "그대 예술적인 학자여, 그것에 대해 말하라, 호라티오스여Horatio": 유령이 지옥에서 오면 라틴어로 주문을 외워 악령을 쫓아내야 한다(덴마크의 왕자 햄릿Ham. 1, 1, 42; 또한 헛소동Ado 2, 1, 264 참조; 보먼트와 플레처Beaumont and Fletcher, "나이트 워커Night's Walker" 2, 1); b. 아모레트는 악마를 쫓아내기 위해 라틴어를 알았으면 한다(앨프레드 테니슨Alfred Tennyson, "그래서 이제는…And now..." 1, 5, 56ff; **3.** 존 번연John Bunyan, 천로역정PP 299, 26f.; 또한 로버트 번즈Robert Burns, "일부 책들은 거짓말이다Some books are lies" 12Iff.); **4.** 언어language 참조.

라파엘 Raphael **1.** 천국의 동쪽에 있는 공기의 영. 때로는 파충류의 머리를 하고 있다; **2.** 인간의 수호자: a. 순례자의 수호자: 라파엘은 토비아와 동행했다; b. 악마에 대항하는 인간 영혼의 수호자: 그는 아스모데우스를 물리쳤다; c. 치유자(메르쿠리우스에 상응함); 이 이름의 뜻은 '신은 치유자이시다'를 의미한다; d. 네덜란드에서 가톨릭을 믿는 철도인들의 수호성인이다; **3.** 지혜와 초의식의 상징이다; **4.** 아담을 가르치고 위험을 알리기 위해 보내진 라파엘(존 밀턴John Milton).

라플란드 Lapland **1.** 타의 추종을 불허하는 요술과 마법의 땅(실수연발Err. 4, 3 참조); **2.** 라플란트의 밤: 밝음과 고요함: "그러나 라플란트의 밤처럼 고요하고 밝으며 멋진 노년이 당신을 무덤으로 인도할 것이다"(윌리엄 워즈워스William Wordsworth, "젊은 숙녀에게To Young Lady").

라합 Rahab **I.** 혼돈의 괴물: 1. 여호와가 위와 아래로 갈라놓은 괴물(바빌로니아의 티아마트Tiamat에 해당한다). 레비아탄Livyatan이나 용 탄닌Tannin과 같은 존재이다(예 이사야서Isa. 51, 9); 2. 이집트(예 시편Ps. 87, 4; 아래의 II번을 참조; 이집트인the Egyptian paramours 참조); 3. 윌리엄 블레이크William Blake: a. 인간의 형태보다 용의 형태로 가라앉은 합리적 도덕성(역주: 인간 수준 아래로 타락한 합리적 도덕의 상징); b. 위선적 교회; **II.** 창녀로 묘사된다(예 여호수아서부터 신약성서까지): 1. 여호수아서에 나오는 두 정탐꾼을 보호하고 히브리인과 결혼하여 다윗과 예수의 조상이 된 여인; 2. 그녀에게는 딸만 50명이 있었다: 예언의 여사제(50fifty 참조); 3. 단테Dante: 그녀는 천국에 있다.

라헬 Rachel **1.** 야곱이 가장 좋아하는 아내이자 요셉과 베냐민의 어머니; **2.** 그녀가 자신의 자녀들에 대해 애도할 것이라 예언한 것은 헤롯왕이 어린아이들을 학살할 것을 예언한 것이다; **3.** 단테Dante: 명상적 삶Contemplative Life(신곡 지옥편Inf. 2, 102).

랜슬롯 Lancelot 풍요 신화로 해석되는 랜슬롯의 이야기(원래 아서왕의 주기에 포함되지 않는): 그는 물에서 올라오는 태양왕이다(그는 "호수의 랜슬롯Lancelot of the Lake"이다). 그리고 초기 버전에서는 그는 1만 명의 처녀만 있고 남자는 없는 신비한 영역(밤)에서 물의 처녀가 기른 버려진 아이이다: 그는 지하세계의 왕으로부터 새벽, 혹은 봄의 처녀, 아마도 풍요의 정령(아서왕)의 아내를 구출한다. 그는 전형적인 '방랑자'(하늘을 가로지르는)이며, 달 소녀인 아스톨랏에게 충실하지 않았다(초기 버전에서는 그는 심지어 세 번 결혼한다); 새벽 직전에 그는 다른 태양을 낳는다(갈라하드).

램프, 등불 lamp **1.** 빛: a. (빛의) 신성성의 현존 그리고 어둠의 악마로부터의 보호; b. 지성, 비전, 지혜; c. 영spirit: i. 기독교: 성령의 조명자; ii. 죽은 사람의 사진이나 그의 무덤 앞에 놓인 등불: 영spirit의 재창조를 돕는 영혼soul; d. 인도함: "당신의 말씀은 내 발에 등불이요, 내 길의 빛입니다"(시편Ps. 119, 105); e. 희망, 정직한 사람을 찾는 것(디오게네스); f. 영원: 히브리인들 사이에 등불은 밤새도록 계속 켜져 있었다: 영원과 번영; g. 경계: 지혜로운 처녀와 어리석은 처녀의 비유(마태복음Matth. 25); **2.** 불, 순수, 순결; **3.** 사랑: 경건, 자선: 플로렌스 나이팅게일의 상징; **4.** 아름다움과 사랑: "밤까지 타오르는 등불은 스스로 기름을 소진하여 세상에 빛을 비춘다. 오비드풍의 재담(비너스와 아도니스Ven. 755); **5.** 자기희생: 밝은 빛으로 세상을 비춘다: 숫자 3, 숫자 4와 관련된다(눈에는 눈, 이에는 이Meas. 1, 1 참조); **6.** 행운과 부의 원천: 알라딘의 램프; **7.** 특별한 종교적 의미: a. 히브리어: 한누카Hannukah, 빛의 헌신; b. 그리스와 로마: 헤스티아/베스타, 프시케 그리고 이시스의 상징; c. 켈트: 할로윈에 들고 다님; **8.** 가로등: 약한 사람, 즉 영웅적 시인이 스스로 목을 매는 문명(스테판 말라르메Stéphane Mallarmé, "르 귀뇽Le Guignon"); **9.** 민속: 한 줄로 설치된 세 개의 램프: 다가오는 결혼식, 촛불candles도 참조; **10.** 촛불candle 참조; 랜턴lantern; 빛light.

러비지 lovage (식물) **1.** 이 '레비스큼 오피시날레Levisticum officinale'는 '러브 파슬리'라고도 불린다; **2.** 힐데가르트 폰 빙엔Hildegard von Bingen: a. 적당히 뜨거운 것: 이것만 먹으면 사람을 영적, 육체적으로 둔하고 나른하게 만든다; b. 이것은 병꽃풀과 함께 목에 종기를 치료하는 찜질용으로 사용된다; c. 오래된 포도주에 러비지, 세이지, 회향을 넣고 마시면 기침을 치료한다; d. 날카로운 쐐기풀로 말horses의 통증과 류머티즘을 치료한다(자연학Ph. 1, p. 45); **3.** 독일에서는 바스타르트bastard 또는 롬바르디 러비지Lombardy lovage라고 부른다; 자연요법. 이것은 염소의 출산을 돕는다(=출산; 죠슈아 실베스터Joshua Sylvester, 기욤 드 살루스테, 시에르 드 바르타의 신성한 시기와 작품DB 2, 1, 3, 610).

러시아 Russia **1.** 어둠: "밤이 가장 긴 러시아에서의 밤만큼이나 어둠은 오래 지속될 것이다"(눈에는 눈, 이에는 이Meas. 2, 1); **2.** 자작나무와 곰; **3.** 러시아 산 가죽: 질기며 책을 제본할 때 사용된다; **4.** "문명인도 거죽 한 꺼풀만 벗기면 야만인"(속담).

런던 London **1.** 유쾌한 간호사; "마침내 그들은 유쾌한 런던에게 왔다, 나의 가장 친절한 간호사인 유쾌한 런던에게"(에드먼드 스펜서Edmund Spenser, "결혼축가Prothalamion"); **2.** "런던, 너는 모든 도시의 꽃이다"(윌리엄 던바William Dunbar, "런던London"); **3.** 괴물: "비정상적으로 거대한 런던"(아브라함 카울리Abraham Cowley, "시와 산문Essays in Verse and Prose" 2; "고독에 대하여Of Solitude" 2); **4.** 재치: "재치가 넘치는 런던": 옥스퍼드Oxford 참조.

레다 Leda **1.** 펠라스기아의 창조 신화에 나오는 하늘의 유사버전의 이야기에서 여자가 땅의 동물인 오피온Ophion뱀에 의해 수태한다; **2.** 윌리엄 B. 예이츠William B. Yeats: 새의 형상을 한 신에 의해 여성이 임신하는 것은 새로운 시대를 시작하는 것이다: 그리스 시대의 시작에는 레다가 있고 기독교 시대의 시작에는 마리아가 있으며 각 시대는 약 2천 년 동안 지속된다.

레모라 remora (물고기) **1.** 레모라는 빨판을 선체에 부착하여 배를 멈추게 할 수 있는 힘을 가진 작은 물고기(라틴어 '레모라remora' 지연을 의미함)로 재앙의 징조이다: 예 칼리굴라Caligula 그리고 마르쿠스 안토니오스Marcus Anthony와 관련하여(플리니우스Pliny, "전원시Echeneis" 9, 41; 32, 1 및 50); **2.** 작살에 맞은 레모라는 신중함의 상징이다; **3.** 문장heraldry(紋章): 장애물의 상징; **4.** 심리: 무의식의 바다에 잠겨 있는 자기(Self)의 상징: 작은 것보다 더 작고, 큰 것보다 더 크다.

레몬 lemon **1.** 슬픔: 냉혹한 이상의 황금빛 레몬(말라르메Mallarmé, "르 귀뇽Le Guignon"); **2.** 조롱; **3.** 열정; **4.** 즐거운 생각; **5.** 분별력; **6.** (때로는) 지식 나무의 열매; **7.** 토머스 S. 엘리엇Thomas S. Eliot: 무력함: 그의 시 "미스터 아폴리낙스Mr Apollinax"에서 '나'는 미망인 필라쿠스 부인과 교수와 치타 부인을 '레몬 한 조각(나쁜 의미로)'으로 기억한다; 이들은 프리아포스(역주: 그리스 신화의 풍요와 생식력의 신)와 프로테우스(역주: 바다의 신)를 미스터 아폴리낙스가 다산/풍요의 상징으로 간주하는 것과는 반대이다.

레비아단 Leviathan **1. 일반적으로 다음을 의미한다:** a. 이름: 알 수 없는 어원; 어원으로는 '쪼개다' 또는 '구부리다'가 제안되었다; b. 그것은 "성난 뱀"(=막대처럼 건너는) 및 "구불어진 뱀"이라고 불리기 때문에 이집트의 밤의 뱀과 관련이 있을 수 있다. 고래 속에서의 요나의 야간횡단 참조; c. 레비아단은 라스-샤므라 본문의 신화 시에 기술된 로탄에 대한 설명과 일치한다. 여기서 괴물은 가뭄과 죽음의 신인 모트와의 싸움에서 비를 내리는 바알신의 종의 창에 관통당했다. 이것은 페니키아인들에게도 알려져 있었다; 이 모든 것 중에 레비아단은 최고신의 특정한 적, 즉 카오스를 나타내는 것일 수 있다; **2.** 그것은 **물의 무게**를 견디거나 혼돈의 물을 의미한다; **3.** 의인화된 **악**: a. 여호와가 멸망시킬 악; b. 이것을 잡거나 유용한 것으로 만들 수는 없다. 이것은 인간과 '언약'하지 않는다(메시아에 대해 더 참조할 것); c. '용'과 같다(욥기Job. 41장); d. 창조신에 대한 반역(이사야서Isa. 27, 1; 시편Ps. 74, 14; 104, 26 등); **4. 계절**의 정령 또는 초목 신화: a. 매년 다시 돌아와서 새로 죽임을 당한다; b. 세상(에서 보존하고 활성화하는 힘); **5.** 이 세상 종말에 신실한 자들의 **음식**: 출처가 명확하지 않은 랍비의 성서인 외경에 따르면 메시아는 세상 끝에서 레비아단을 붙잡아 엄청난 양식의 저장고인 신실한 자들 사이에서 (베헤못과 함께) 그것을 나눌 것이다; **6. 장난기**: 여호와는 레비아단과 내기를 하기 위해, 즉 자신의 엄청난 능력을 나타내기 위해 레비아단을 창조했다(시편 104, 26); **7.** 최초의 **남성과 여성**; 땅의 괴물 베헤못과 이중성의 형태; **8. 중세시대**: a. 환희의 정원Hortus Deliciarum에서 우리는 아버지 하나님이 이새의 낚싯대와 미끼인 그리스도로 레비아단을 잡으시는 것을 본다; b. 종종 악어로 표현된다; c. 그 입은 종종 지옥의 문이다; **9. 윌리엄 블레이크**William Blake: "많은 고리": 집어삼키는 존재의 원(우로보로스와 관련된다); **10.** 고래whale 참조(고래와는 구분되긴 하지만 상징성을 많이 공유한다).

레세다, 목서초의 일종 reseda (식물) **1.** 가볍지만 널리 향기를 퍼뜨리는 꽃; 레세다그린이라는 녹색의 색 이름으로도 알려져 있다; **2.** 부드러움; **3.** 겸손함.

레스보스섬 Lesbos 집: a. 시인들의 섬: 예 알카이우스와 사포("놀라운 여성a marvellous woman")의 섬; b. 테오프라스투스와 같은 철학자의 집; c. 돌고래와 테르판데르에 의해 구조된 아리온과 같은 음악가들의 섬; 아마도 7현 리라가 생겨난 곳일 것이다(모두 스트라보Strabo 13, 2, 3ff.에 등장하며 여성동성애에 관해 언급하지 않았다).

레슬링, 씨름 wrestling **1.** 신화: 레슬링은 미끌거리는 바다의 신들을 이겨내는 일반적인 방법이다; 헤라클레스는 네레우스와 씨름하고 펠레우스는 그의 신부 테티스와 씨름했다(허버트 제닝스 로즈Herbert Jennings Rose 26; 파우사니아스Pausan, 5, 185+제임스 조지 프레이저 경의 작품Sir James G. Frazer's N.; 핀다로스Pindarus, 네메아 송시Nem. 3, 35, 4, 62; 나소 P. 오비디우스Naso P. Ovid, 변신이야기Metam 11, 229ff; 아폴로도로스Apollod 3, 170을 인용함; 또한 돌고래dolphin 참조); **2.** 레슬링장: a. 그리스 · 로마 신화: 레슬링 경기장의 모습은 종종 학교나 토론 장소로도 사용되었다(마르쿠스 툴리우스 키케로Marcus Tullius Cicero, 법에 관하여Leg. 2, 3, 6+n.); b. 중세시대: 수도원의 레슬링 학교, 금욕적인 삶(발람과 요사팟Barlaam & Jos. 28, 262); **3.** 꿈: a. 꿈에서 친척 또는 친구와 씨름하는 것은 그와 논쟁 또는 경쟁하는 관계라는 것을 의미한다; b. 이미 싸움을 벌인 적 있는 사람과 씨름하는 꿈을 꾼다면 꿈속의 승자가 다음 날에도 이길 것임을 의미한다. 다만 땅에 관한 싸움은 예외이다. 땅은 먼저 닿는 사람의 것이므로 미끄러져서 먼저 닿는 것이 낫다; c. 누군지 모르는 상대방과 씨름하는 것은 아픈 사람에게는 위험하다. 상대방이 자신을 병에 걸리게(=아파서 병상에 눕다) 하려고 한다; d. 어른이 아이와 씨름하는 것은 좋지 않다. 이기면 누군가를 묻게 될 것이고(죽기 때문에), 진다면 비웃음을 당하고 병들게 될 것이다. 허약해질 것이다. 그러나 아이가 어른을 이기는 꿈은 좋다. 그는 원하는 바를 이룰 것이다(달디스의 아르테미도로스Artemidorus of Daldis 1, 60).

레아 Leah 단테Dante(예 신곡 연옥편Purg. 27): 활동적인 삶: 숙고적 삶의 상징인 라헬의 대극: 교회의 수레가 놓인 두 개의 바퀴.

레아 Rhea **1.** 어원: '넓은' 땅(미르체아 엘리아데Mircea Eliade, 종교사상사 제1권HRI. 1, 83, 성경 n.); **2.** 대모Great Mother이자 아시아와 미노아적 특성을 다 갖고 있다; 그녀가 아시아의 대모와 다른 점은 태초의 신이자 수확의 신인 크로노스와 결혼했다는 점이다. 그래서 그리스어로 '파레드로스paredros'(평가자 혹은 가까운 관계라는 뜻. 그리스 종교에서 미노아-미케아의 종교MMR 536)가 없다.

레위 Levi **1.** "내가 그에게 세 아들을 낳았으니 이제 내 남편이 나와 연합하리라"라고 말한 레아가 낳은 야곱의 셋째 아들(창세기Gen. 29, 34); '레위'는 '연결' 또는 '부착'을 의미한다; **2.** 소유한 땅이 없는 제사장직; 지파에 관한 예언: 시므온Simeon 참조; **3.** 다음을 상징한다: 칼과 물병; **4.** 별자리: (시므온과 함께) 쌍둥이자리의 지배를 받는다; **5.** 윌리엄 블레이크William Blake: "폭력의 도구"를 든 제사장(창세기 49, 5).

레이스 lace 레이스를 만드는 일은 아들들이 선술집을 지키는 것만큼 딸들에게도 죄가 되는 일이었다(조지 허버트George Herbert, "사원으로 가는 사제A Priest to the Temple" 10).

레프레콘 leprechaun 아일랜드: 부('황금그릇')의 위치를 알고 있는 난쟁이(보통 늙고 주름진 남자)는 잡혀서 위협을 받으면 자유를 얻기 위해 그 위치를 말한다. 비록 그의 지갑에는 금화 1실링 이상 넣을 수 없지만 보물이 감춰진 장소를 찾아내면 보물은 사라진다. 스위프트는 이 '작은 사람들'로부터 영감을 받아 걸리버를 난쟁이들 사이에 두었을 것이다.

렌즈콩, 편두 lentil (식물) **1.** 농경에 도입된 최초의 식물 중 하나; **2.** 에서는 (이집트) 렌즈콩으로 만든 붉은 팥죽 한 그릇에 장자권을 팔았다(창세기Gen. 25, 34); **3.** 가난한 사람의 음식; **4.** 소 사료이며 우유 생산을 증가시킨다.

로고스, 이성, 진리 Logos **1.** 세계에 내재된 이성; **2.** 헬레니즘: A. 헤라클리토스Heraclitus: 세계를 이루는 보편적 질서의 원리와 연결되어 있으며 질서로부터의 일탈을 바로잡는다. 인간의 마음은 질서 원리의 일부를 형성한다; 로고스는 세계 안에 있고 세계로부터 분리될 수 없다; B. 플라톤Plato: 세상 밖에 있고 세상과는 무관한 최상의 지적 원리(보편적 존재인 '이성 nous'에 들어 있는 질서); C. 스토아학파: 자연과 신을 지배하고 결정하는 능동적 원리; '로고스의 씨앗'은 죽은 물질에서(또한 인간에게서) 작용하는 능동적 이성의 원리이다; **3.** 히브리: a. 창조 때의 여호와의 말씀, 심판, 파괴, 구원, 신성 지혜Divine Wisdom와 같으며(여성적); b. 나중에 헬레니즘의 영향으로 로고스는 여러 요소가 섞인 관념이 되었다. 로고스는 신적이지만 신이 아니고, 빛, 물, 만나, 목자 등을 의미한다; **4.** 기독교: 그리스도께서는 하나님의 아들이시요, 하나님의 말씀이 하나님 안에 포함되셨다; **5.** 영지주의: 신과 세상을 중재하는 신화적 존재: 하나님의 아들 중 하나, 그의 형상, 많은 아이온 중 하나; **6.** 영원한 대극의 싸움: 삶/죽음, 빛/어둠 등; **7.** 요하네스 스코투스 에우리게나John the Scot: 창조하는 것들과 창조되는 것들은 모두 원초적 원인들(=원형prototypes, 즉 플라톤Plato의 이데아Idea)을 포함한다; 이러한 원초적 원인들의 총체가 로고스이다.

로도스섬 Rhodes (섬) **I.** 태양의 섬으로, 그 기원은 다양한 이야기 속에서 나타난다; 1. 로도스라는 이름은 암피트리(할리아라고도 함)와 포세이돈의 딸로 그리스어의 '로돈rhodon'='장미'라는 뜻과 관련 있다. 신들이 모여 땅과 섬과 도시들을 서로 나누고 있을 때 로도스 섬은 아직 보이지 않았다. 헬리오스Helios는 그 회합에 참석하지 않았다. 그러나 로도스섬이 점차 수면 위로 떠올라 눈에 보이자 헬리오스는 그것이 무엇인지 알고자 했고, 로데라는 소녀에게 매료되었다(카를 케레니Carl Kerényi, 그리스의 신들GG 188f.; 핀다로스Pindarus, 올림피아 송시Olymp. 7, 54ff 참조); 2. 어떤 이들은 이 섬이 이전에 존재했으나 홍수로 잠겼다고 한다. 로도스 섬의 최초 거주자는 텔키네스이며 이들은 홍수가 범람하기 전 텔키네스 여인과 포세이돈의 딸인 로데를 섬의 유일한 소유자로 남겨두고 떠났다. 헬리오스는 그녀와 결혼했고, 그의 아들들은 라틴어로 '헬리아다이Heliadai', 즉 '태양의 아이들'이라고 하며 유명한 점성술가들이었다(로버트 그레이브스Robert Graves, 그리스 신화GM 1, 155); 3. 세상이 떠오르자, 헬리오스는 물에 잠겨 젖어있던 섬을 말린 후 일곱 명의 '헬리아다이'와 다른 오토크톤들(토착민)을 살게 했다. 이러한 이유로 이 섬은 헬리오스에게 바쳐졌다. 헬리아다이는 학문, 특히 점성술, 항해술, 시간을 배분하는 것에 뛰어났다. 헬리아다이 중 한 명은 이러한 지식을 이집트인에게 전수했다. 이집트인들은 대홍수 이후에 이 기술을 실천한 최초의 사람들이라고 거짓된 주장을 펼쳤다(디오도로스 시쿨로스 Diodorus Siculus, 5, 56ff; 태양과 관련하여 저술한 아래의 저자들도 참조); 4. 한때 태양의 섬이었지만 나중에는 카이사르의 소유가 되었다(팔라티노 선집P. Anth. 9, 178 및 16, 49); **II.** 그 밖의 신화: 1. 신들은 로도스인들에게 황금비를 내렸다(플라비우스 클라우디우스 율리아누스Flavius Claudius Julian, 성직자Sacerd. 290B; 핀다로스, 올림피아 송시 49; 필로스트라투스Philostratus, 상상Imag., 2, 270); 2. 바다의 여왕 그리고 아폴로에게 신성한 것(루키아누스Lucianus, CW 5, 50; 태양에 대해서는 8, 247 참조); **III.** 기타 주장: 1. "달콤한 젊은이들의 집"(예 멜레아그로스Meleager; 팔라티노 선집 12, 54); 2. 서기 100년경 약 3,000여 개에 달하는 그림과 조각상으로 유명했다(플리니우스Pliny 34, 17, 36; 디오 코케이아누스 크로소스토모스Dio Cocceianus Chrysotomus 31, 146); 3. 로도스 해양법Rhodian law은 해군 법제의 모델이었다(테르툴리아누스Tertullian, 마르시온Marc. 3, 6).

로마 Rome **1.** 신성한 도시; **2.** 영웅적인 죽음(혹은 자살): "용감한 것, 고귀한 것을 로마식으로 행하고 죽음이 우리를 데려가는 것을 자랑스럽게 하소서"(유물Ant. 4, 15); **3.** 로마의 휴일: 젊은 "야만인"의 "아버지가 살해당한다": "폐하는 로마의 휴일을 만들어 주기 위해 도살되었다"(조오지 바이런 경Lord George G. Byron, 차일드 헤럴드의 순례Ch. Har.'s Pilgr. 4, 144); **4.** 아테네가 냉철한 철학의 도시인 것처럼 로마는 긍정적이고 부정적인 의미 모두에서 허식, 사치, 쾌락의 도시이다(루키아노스Lucian, 니그리누스Nigr. 16); **5.** 꿈: 거리와 원형경기장으로 풀려난 해방된 리비도와 잔혹함(톰 체트윈드Tom Chetwynd).

로마의 휴일 (Roman) holiday 검투사 경기에서처럼 다른 사람들을 고통받게 해서 얻는 즐거움.

로버트 Robert "홉Hob과 딕Dick"(로버트Robert와 리처드Richard)은 둘 다 광대나 저속한 패거리에게 어울리는 이름이었다(코리올라누스Cor. 2, 3, 115).

로브, 가운 robe **1.** 숨김; **2.** 재산; **3.** 법적 절차, 재판(욥기Job. 29, 14 참조, 역주: 나의 재판은 의복과도 같고 왕관과도 같았느니라); **4.** 공의(이사야서Isa. 61, 10); **5.** 색상; A. 검은색; a. 애도; b. 죄악, 마법; c. 밤; B. 흰색; a. 무죄, 미덕; b. 새 예루살렘에서 "하나님의 말씀을 위하여 죽임을 당한" 자들에 대한 보상(요한계시록Rev. 6, 9ff.); c. (로마:) '칸디다투스(역주: 고대 로마의 관직 취임 후보자, 흰 토가를 걸쳐야 했다)가 되는 것; C. 금색: 태양의 불; 질투에 찬 메데이아(새벽)가 글라우케를 불태워 버릴 목적으로 글라우케에게 보낸 옷(글라우케는 황혼); 참조: 데이아네이라가 남편 헤라클레스에게 보낸 망토는 그녀의 피가 스며 있었다; D. 주홍색: 군사들이 그리스도에게 준 가짜 왕의 옷(마태복음Matth. 27, 28); E. 우단과 흰담비 가운: 계급과 영광; F. 노란색: 스페인 종교 재판에서 화형대에 올랐던 사람들에게 입혔다: a. 옷에는 화염과 악마가 그려진 십자가가 두 개 있었다. 악행을 저지른 사람이 회개할 때 옷을 아래쪽으로 입었다; b. 유대인과 여타 배신자들의 옷: 붉은색의 앤드류 십자가가 앞뒤로 수놓아진 옷; **6.** 흘러내리는 가운: a. 평화; b. 지혜, 지식; c. 하늘, 광선, 강, 바람의 자비로운 신의 가운; **7.** 옷clothes, 의복garment 등 참조.

로빈 굿펠로우 Robin Goodfellow **1.** 오베론의 아들. 유쾌하지만 장난꾸러기인 나무의 요정; 셰익스피어의 "한여름 밤의 꿈MND"에서 그는 퍼크와 동일시된다(2, 1): a. 그는 마을 처녀들을 놀라게 하려고 "한밤중에 맥아나 겨자를 갈고 집을 청소하고" 우유 한 그릇을 떠 놓는 장난을 친다; b. 부엌에서 그는 우유를 휘젓고 맷돌을 갈면서 우유가 버터가 되는 것을 방지한다; c. 그는 밤의 방랑자들을 현혹하고("그들의 해악을 비웃고") 암망아지 우는 소리를 내어 콩을 먹여 살찐 말을 속였다; d. 그는 나이 든 여자에게 장난치는 것을 좋아한다; **2.** 그의 성격은 로마의 목신 파우누스에게서 영감을 받은 것으로 보이며 로빈 후드와 동일시되기도 한다.

로빈 후드 Robin Hood **1.** 그는 역사적으로 중요한 요소들로 구성된 혼합체일 수 있다: 예 A. 숲의 사람들과 억압받고 학대받은 소수자들(앵글로색슨 이전의 영국인들 혹은 그 이전 사람들)의 왕; 그의 추종자들은 두건을 쓰고 '요정'의 색인 녹색의 옷을 입었다. 이들은 요정(후일에는 마녀)과 더 공통점이 있다: a. 엘프의 방어술인 활쏘기; b. 이들은 큰 참나무 또는 참나무 숲 주변에서 모였다; B. 신화 속 비옥한 태양의 영웅: a. 메이드 매리언(뮤즈muses와 인어mermaid도 참조)의 약혼자인 그린우드의 영주(로빈 구펠로우로도 불림)는 더 오래 된 오월제, 모리스 댄스, 성적인 숲의 의식과도 관련 있다; b. 그리고 "미친 장난"을 하는 음란한 판('로빈'은 남근일 수도 있다), 마녀신, 악마일 수도 있다(로빈 굿펠로Robin Goodfellow 참조); c. 자비로운 태양 영웅으로서 그는 모두에게 공평하게 선물을 나누어 주었고 절대로 목표를 놓치지 않는 화살(태양광선)을 가지고 있다. 그의 동료들(이술, 바람 등)과 함께 그는 셔우드 숲에서 사냥했다. 그가 견딜 수 없는 유일한 바람은 차가운 날씨를 녹이는 바람이었다; **2.** 민요 등에서 그는 대담하고 기사도 넘치는 도둑이 되었다: a. 부자에게 훔쳐서 가난한 사람에게 나누어 주었다; b. 연인들을 이어 주었다; c. 보통은 곤경에 처한 사람을 도와주었다; d. 성모 마리아의 신실한 숭배자; **3.** 커클리스(다음 태양 영웅 또는 희생적인 죽음을 감독하는 사제)의 전임 태양 영웅 또는 희생적인 죽음을 감독하는 사제였던 그는 친척의 명령을 따른 수녀의 배신에 의해 피 흘리며 죽는다.

로스 Los 윌리엄 블레이크William Blake: a. 시적 본능, 시간의 지배자, 태양신: 영원한 선지자(시간=영원의 예언); 타락하기 전에 로스는 우르토나였다; b. 그의 아내는 에니타르몬; 그들의 자식은 오르크 Orc(='코어cor'=마음heart); c. 그의 적수는 우리젠('당신의 이성', 여호와Yahweh).

로저 Roger 종종 황소에게 붙이는 이름으로, 여기서 결실을 맺는 활동을 나타내는 동사가 파생되었다(로버트 번스Robert Burns p. 1326n); 숫양 또는 거위의 이름(옥스포드영어사전OED 참조).

로즈마리 rosemary (식물; 허브) **1.** 일반적으로 다음을 의미한다: a. 민트과의 상록수 관목. 영국에서는 향기로운 보라색 꽃과 잎을 보기 위해, 프랑스와 스페인 등지에서는 기름을 얻기 위해 키운다; b. '로스 마리나Ros Marina'(바다의 이슬sea-dew)로서 바다의 소리가 들리는 곳에서 가장 잘 자란다; c. 이집트로 이동 중 마리아가 로즈마리 덤불에 그리스도의 아마포를 펴 말렸더니 흰색이었던 것이 푸른색(그녀의 색)으로 변했다. 그리고 그 후 지금까지 계속 남아 있다; d. 로즈마리는 33년 동안 그리스도와 같은 키로 자라며 그때부터는 더 크지 않고 죽거나 혹은 옆으로 넓게 자란다; e. 크리스마스이브(옛날 날짜의 크리스마스이브)에 꽃이 핀다; **2.** 추억: a. 결혼 및 장례식(예 덴마크의 왕자 햄릿Ham. 4, 5; 로미오와 줄리엣Rom. 4, 5): "이 아름다운 시체 위를 당신의 로즈마리꽃으로 장식하시오." 그 장미는 결혼식에 쓰려던 것이었다; b. 로즈마리는 "겨울에도 자라고 내내 맛볼 수 있기 때문에" 추억을 상징한다(겨울이야기Wint. 4, 4); **3.** 치유: 예 로즈마리 에센스는 기절한 사람을 깨우는데 사용되었다(찰스 페로Charles Perrault의 동화Tales); 향수를 만드는 데도 사용된다; 클렌징에도 좋다; **4.** 광기: 애드거Edgar는 핀과 못 그리고 '로즈마리의 잔가지'가 베들람 수용소의 정신병자들의 몸에 박힌 것이라고 말한다(리어왕Lr. 2, 3); **5.** 민속: a. 여성의 식물: 여성이 심을 때 가장 잘 자란다(파슬리나 도금양처럼); b. 요정의 식물: 엘프와 요정을 환영하기 위해 교회에 걸어 둔다; c. 악령, 마녀 등으로부터 보호하며 천둥과 번개(마녀가 폭풍을 불러오기 때문에)로부터 보호한다.

로켓 rocket (불꽃놀이) 심리: 초월의 상징: 중력으로부터의 자유, 남근 모양의 카두케우스phallic caduceus(역주: 신의 사자의 지팡이)에 비견된다.

로크 roc (새) **1.** 동양의 전설에 나오는 거대한 신화 속의 새; **2.** 로버트 버튼Robert Burton은 마다가스카르에서 "사람과 말 또는 코끼리를 태울 수 있는 거대한 새의 무리"를 보고 싶었다(우울의 해부Anat. of Mel. 2, 2, 3; 또한 마르코폴로Marco Polo 3, 36 참조); **3.** 신드바드는 두 번째 항해에서 로크를 타고 공중을 날았다. 이것의 천적은 거대한 뱀이었는데, 아마도 독수리를 과장한 것으로 보인다. 같은 이야기에서 코끼리를 삼킬 만한 커다란 뱀이 등장한다. 로크의 알은 창조적인 환상이 싹트는 상태인 세계의 알을 닮았다(슈어만 Schuurman 307f.).

록 로즈 시스투스 rock-rose (식물) **1.** 일반적으로 다음을 의미한다: '헬리안더멈Helianthemum' 또는 '시스투스Cistus' 속의 식물; **2.** 오케아노스(대양) 너머에 있는 고르곤의 땅은 그리스어로 '시스테네Kisthene' 또는 '록 로즈의 땅'으로 불렸다(카를 케레니Carl Kerényi, 그리스의 신들GG 46); **3.** 코르넬리우스 켈수스Cornelius Celsus: a. '시스투스 킬로수스 크레티쿠스Cistus cillosus Creticus'(라틴어 '라다lada') 혹은 크레탄 로켓 로즈는 '라다니스테리움ladanisterium'이라는 양털과 결합하여 '랍다눔ladanum'이라는 합성수지를 얻었다(일리아드 Il. 서문Ladanum); b. 사향과 같은 향수는 이것을 훈증하여 정제하였으며 현재에도 사용된다. 마시면 이뇨제이고 외용하면 발포제이다(5, 12); c. 그리스인들은 '셉타(역주: 벽 닫힌/펜스)'라고 불렀으며 이것은 침식적인 석회 성분이다(5, 19, 18; 또한 아리스토텔레스 Aristotle, 동물사HA 8, 607a, 3 참조); d. 또한 머리카락의 성장을 자극한다(6, 1f.).

롬바르드 가문 Lombard **1.** 롬바르드 가문은 엘리자베스 1세 여왕 시대까지 런던에서 전당포업의 독점권을 가지고 있었다; **2.** [3개의 황금] 공[Three Golden] balls 참조.

루 rue (식물; 허브) **1.** 은혜, 선함: 그림에서 루의 화관을 쓴 님프는 여신을 나타내는 상징이다; **2.** 동정, 자비; **3.** 회개: a. "시큼한 은혜의 허브, 심지어 슬픔의 허브라고 불리는 루는 슬퍼하는 여왕(남편 리차드 2세가 사망해서)을 생각나게 한다"(리처드 2세의 비극R2 3, 4); 루=회개(신의 은총으로 오는)와 연민; b. "우리는 그것을 주일의 은총이라고 불러야 할 것이오-아, 당신은 반드시 루를 다르게 착용해야 합니다"(마지막 부분은 상징적 표현이다. 역주: 루를 다르게 착용해야 한다는 표현은 오필리아의 회개와 순전한 슬픔을 상징하는 것으로 해석될 수 있다); 여왕에 관한 언급에 대해서는 덴마크의 왕자 햄릿Ham. 4, 5); 로즈마리rosemary도 참조; **4.** 정화: a. (강한 냄새가 나는 다른 허브와 함께) 감염을 방지하기 위해 집 안의 모든 방에 놓아둔다(중세 시대의 풍습); b. 순회 재판소의 판사들은 죄수로부터 발진티푸스(감옥열)가 옮는 것을 막기 위해 루로 만든 작은 꽃다발을 들고 다녔다; **5.** 괴로움, 경멸, 슬픔: a. "당신을 위한 루가 있고, 여기에는 나를 위한 루가 있소"(덴마크의 왕자 햄릿 4, 5); b. 민요 "엘리스 여인Lady Alice"에서는 장례식 화환으로 사용되었다: 마조람marjoram 참조; **6.** 광기 해독제: 중세시대에 악령을 쫓아내기 위해 파슬리와 루 화환을 보냈다; **7.** 해독제: 루로 강력해진 족제비(그리스도)가 바실리스크-코카트리스를 공격한다(바실리스크=악마; 플리니우스Pliny 8, 4, 1 및 20, 5, 1 참조); **8.** 변덕스러운 성질; 9. 민속: a. 훔친 루가 제일 잘 자란다; b. 모든 독과 독극물을 중화한다; c. 일반적으로 시력을 강화하므로 플리니우스는 판화가, 조각가, 화가들이 이것을 먹는다고 했다(20, 51); d. 머리, 간, 비장 등에 좋다; e. "루와 백리향이 한 정원에서 자란다(역주: 다른 속성의 것들이 공존한다는 뜻)"(속담).

루비 ruby (보석) **A.** 기간: a. 일: 오후 5시; b. 월: 7월; c. 계절: 여름; d. 별자리: 사자자리(때로 염소자리, 황소자리 또는 게자리); **B.** 다음을 상징한다: a. 자선, 사랑, 열정, 아름다움; b. 위엄, (신)의 권능, 왕족: (이집트에서) 파라오의 홀(성스러운 뱀 우라에우스)에 박혀 있는 것; c. 빛, 우아함, 행복; d. 요정과 관련된다: "루비, 요정의 호의"(한여름 밤의 꿈MND 2, 1); e. 경솔함; f. 호랑가시나무와 관련된다; **C.** 이것의 일반적 특성: a. 일반적으로 건강하게 해 준다: "뺨에 있는 천연 루비the natural ruby of your cheek"(맥베스Mac. 3, 4); 특히 전염병에 효과적이며 독이 있는 파충류를 모두 죽인다(예레미아 애가Lament. 4, 7); b. 존경과 권위를 부여한다; c. 용기, 행복, 활력을 준다; d. 평화와 평온을 가져오며 따라서 정조를 보호한다; e. 포도주에 부식되지 않는다; f. 색이 변하면 해악이 다가온다는 것을 알리는 것이다. 본래의 색으로 돌아오면 위험이 끝난 것이다; **D.** 성서: 대제사장의 흉배의 첫 번째 위치에 사디어스sardius=루비를 박아 넣었다: 르우벤족; **E.** 기독교: a. 신의 사랑; b. 단테Dante(신곡 낙원편Par. 19): 단테에서 목성 영역의 지배자였던 복된 영들이 루비로 나타난다; **F.** 루비의 다른 이름: "비둘기의 피" 혹은 "램프-스톤lamp-stone"; **G.** 홍옥carbuncle 참조.

루스 Ruth **1.** 이름: a. (여성) 우정, 아름다움; b. '멧비둘기'의 수수께끼; **2.** 어머니의 이름은 나오미['대장장이' 두발가인의 누이인 나아마와 같다]='사랑스러움' '즐거움'=풍요의 여신(데메테르); 그녀 자신은 들판에서 방황했으며(데메테르Demeter 참조), 플루토스/보아스(페르세포네Persephone 참조)와 결혼했다; 보아스는 성전의 두 개의 기둥(역주: 야긴과 보아스) 중 하나의 이름이다: 야긴Jachin 참조.

루시타니아 Lusitania **1.** 포르투갈의 고대 이름; **2.** 저렴한 가격의 음식이 있고 모든 인간과 동물의 삶이 매우 여유로운 풍요의 땅(아테나이오스Athenaeus 8, 331 ff.).

루콜라, 겨잣과의 식물 rocket (식물) **1.** 이 허브는 정원의 신인 프리아포스에게 바쳐졌다. 그의 동상 근처에 뿌려졌으며 더군다나 최음제이기도 하다(에루카eruca 참조; 데키무스 유니우스 유베날리스Decimus Junius Juvenalis, 풍자집Sat. 9, 134; 또한 플리니우스Pliny 10, 83 및 19, 44 참조); **2.** 독을 치료하고 피부에 좋으며 포도주에 넣어 마시면 태형을 당하는 사람들의 감각을 무디게 한다(플리니우스 20, 49).

루핀, 층층이부채꽃 lupine (식물) **1.** 콩과의 한 속

(200종 이상의 식물이 이 속에 속한다); 고대 이집트인들이 가장 흔히 재배했으며 라틴어로 '루피누스 테르미스Lupinus termis'이다: 가난한 사람들의 음식(쓴 맛을 제거하기 위해 물에 담갔다가 먹음); 그리스와 로마의 품종은 라틴어로 '루피누스 알부스Lupinus albus'이었다; **2.** 민감성: 모든 식물 중에서 천체와 토양에 가장 민감하다; 심지어 흐린 날씨에도 태양을 따라 움직인다; **3.** 지속성: 가시덤불이라도 루핀의 지속성을 능가할 수가 없다; **4.** 풍부함: 땅을 기름지게 한다; **5.** 루핀을 지하세계와 연관 짓는 데는 이유가 있다.

룬 문자 rune **1.** 어원: '속삭임' '비밀 단체' '신비'; **2.** 원래는 물푸레나무 가지로 그 형태를 만들었을 가능성이 있지만 나중에는 거석문화와 연결된 것으로 보인다; **3.** 오딘은 마법의 룬을 배워 신성한 힘을 얻었고, 우주의 비밀을 알아내기 위해 이그드라실 나무(재ash 참조)에 거꾸로 매달렸다. 또는 오딘은 자신을 희생하여 창에 찔린 채 이그드라실에 매달려 있을 때 룬을 발명했다고 한다; **4.** 룬 문자의 알파벳은 여덟 개씩 세 개의 그룹으로 나뉘어져 있다; **5.** 마법: a. 거석에는 안전, 보호의 전사, 날씨의 통제, 사랑의 성공 등에 관한 내용이 새겨졌다. 저주의 내용도 있다; b. 죽은 자의 혀 밑에 룬 문자를 두면 예언을 하게 된다.

룸펠슈틸츠킨 Rumpelstilzkin (역주: 독일 민담의 난쟁이) **1.** 방앗간 주인의 딸(=오래된 풍요의 딸)은 보물-난쟁이들(지하 세계에 있는 풍요의 '촉진자들') 중 한 명으로부터 오래된 식물의 짚에서 황금을 자아내는 법(봄의 풍요; 물레질spinning와 직조weaving 참조)을 배운다; **2.** 난쟁이의 이름을 추측하는 것은 수수께끼의 해답을 찾은 것이나 매듭을 푸는 것과 같이 풍요를 촉진하는 것이다; **3.** 심리: 남근을 상징하는 난쟁이는 소녀의 짚(성기)에서 성적 감정의 황금을 뽑아내도록 가르친다. (소녀가 알아내려고 하는) 난쟁이의 이름을 몰래 엿들으면서 생긴 격렬한 흥분(오르가즘)의 촉발에 반쯤 묻힌 난쟁이(남근)의 크기가 절반으로 줄어든다.

류트 lute (악기) **1.** 양성성: 남근 모양의 목과 둥근 모양의 여성의 배belly; **2.** (희망이 없는) 연인들이나 음유시인의 악기: a. "내 류트와 내가 했던 것"(와이트Wyatt, "불친절한 사랑에 대해 연인의 불평The Lover Complaineth the Unkindness of Love"); b. "절망적인 연인들의 비가가 류트로 연주되어 소곤거리는 구나"(드라이든Dryden, "1687년 성 세실리아St. Cecilia의 날을 위한 노래"); **3.** 음란함: a. "그는 여자의 방에서 류트의 음란한 즐거움에 신나게 뛰어노는 구나"(리차드 3세의 비극R3 1, 1); b. "그의 플루트에 맞춘 그녀의 하얀 뱃살의 류트"(거리의 민요); **4.** 종종 회화 예술에서 신성한 찬양의 악기; **5.** 대지/공중 축과 연결된 공작 같은 논리적인 사고; 백조/하프 축swan/harp axis 참조: 백조swan 참조; **6.** 단테Dante: 지폐 위조자였던 아담 드 브레시아Adam de Brescia의 배는 이따금 '수종증(水腫症)'(30, 9ff.)을 일으키는 류트 모양의 뚱뚱한 배였다.

르우벤 Reuben **1.** 야곱과 레아의 장남으로 아버지의 첩(그의 '어머니 빌하')과 잤기 때문에 상속권을 잃었다; **2.** 이름: a. 여호와께서 나의 고난을 보시고; b. '보라, 아들이다'; c. '사자'; d. '바알의 친구'; e. "그가 나를 사랑하실까?" 등의 다른 의미를 가지고 있다; **3.** 야곱의 예언: 르우벤은 불안정하며 뛰어나지 못할 것이다; **4.** 상징: a. 합환채, 맨드레이크(창세기Gen. 30, 14)의 상징; b. 물 위의 햇살을 상징한다; **5.** 점성술: 물병자리와 관련된다; **6.** 윌리엄 블레이크William Blake: (근친상간의 저주로) 가장 낮은 형태의 동물의 삶을 사는 사람으로 묘사된다.

리구리아, 리구리아인들 Liguria, Ligurians **1.** 제노바 주변 지역은 로마 시대에 '갈리아 치살피나Gallia Cisalpina'('알프스의 갈리아 쪽')로 알려졌었다; **2.** 고전시대에 리구리아인은 전설적인 전사와 무신경한 여자들로 구성된 거칠고 강한 종족으로 여겨졌다; **3.** 신화: a. 이들은 일곱 개의 갈비뼈만을 가지고 있었다고 한다(증거는 없다: 아리스토텔레스Aristotle, 동물사HA 1, 15); b. 그들은 헤라클레스/헤르쿨레스의 소를 훔치려 했다(아폴로도로스Apollodorus. 2, 5, 10; 카를 케레니Carl Kerényi, 그리스의 영웅HG 169); 이 이야기에 대한 다른 해석은 헤라클레스가 그의 군대와 함께 이탈리아로 들어가는 것을 이들이 막으려 했다는 것이다

(할리카르나소스의 디오니소스Dionysus of Halicarnassus 1, 41); c. 새를 잡기 위해 슬링을 완벽히 사용할 수 있는 사람들이었다(아리스토텔레스, 세상의 거울Mir. 90); d. 여자는 남자와 마찬가지로 들판에서 일할 수 있었으며 출산 때 일시적으로 일을 중단할 뿐이었다(같은 책 91; 디오도로스 시쿨로스Diodorus Siculus 4, 20 및 아래 참조); e. 로마 시대에 머리를 자르긴 했지만 이들은 긴 머리를 목 위로 아름답게 내려뜨렸고, 트란살피나 갈리아사람들보다 아름다웠다(루카누스 Lucan, 내전CW 1, 442); **4.** 이 지역은 토양이 척박해서 리구리아인들은 비록 키가 작았지만 꾸준한 운동으로 활력을 유지했다; 굵은 나무로 만든 목재가 많이 났는데, 이 목재는 결이 고왔으며 로마인들을 위한 거대한 식탁을 만드는 데 사용되었다(플리니우스Pliny 13, 299ff 참조). 그들은 또한 작은 말과 노새, 튜닉 및 다량의 호박을 수출했다(스트라보Strabo 3, 4, 17; 4, 6, 2ff.; 디오도로스 시쿨로스 4, 20 및 5, 39: 여기서 그는 이들이 바다에서도 용감했음을 언급한다); **5.** 전사: a. 이들은 훌륭하고 중무장한 병사이자 척후병이었다; b. 이들은 위험한 지형에 살며 이동하는 사람들이었다: "말하자면 이 적은 큰 전쟁들 사이에서 로마의 군사 규율을 유지시키기 위해 태어난 것 같았다"(티투스 리비우스Titus Livius 39, 1, 2); c. 나중에 로마화된 리구리아인은 마살리아, 코르시카 등에서의 정착과 함께 아홉 번째의 아우구스탄 지역을 점령했다); **6.** 부정적인 의미: a. 그들은 악명 높은 거짓말쟁이였고 속임수뿐이었다(베르길리우스Virgil, 아이네이아스Aeneid 11, 700ff; 아우소니오스Ausonius 12, 10); b. 비정상적인 성관계를 가진 연인들.

▌리규르 ligure (보석) 구약성서: 대제사장 흉배의 보석. 단Dan 지파를 지칭하는 것으로 보이며 아마도 히아신스에 붙여진 이름일 것이다.

▌리기다소나무 pitch pine (나무) 플리니우스Pliny: a. 리기다소나무는 산악 지역과 추운 지역을 선호한다; b. 장례식에서 리기다소나무 가지는 애도의 상징으로 문 위에 두었고 나무는 무덤에 심었다(16, 18).

▌리디아 Lydia **1.** 리디아풍의 음악: 빛과 축제: "부드러운 리디아풍으로 나를 감싸 줘"(존 밀턴John Milton, "쾌활한 사람L' Allegro"); **2.** 리디아풍의 삶: 부드럽다(예 아에스킬로스Aeschylus).

▌리본 ribbon **1.** 수상, 영예: "젊은이들의 모자에 있는 바로 그 리본이라네"(덴마크의 왕자 햄릿Ham. 4, 7; 나사fillet 참조); **2.** 태양광선: 오월제의 기념기둥과 악기, 즐거움. 파우사니아스Pausanias(10, 35)는 "리본으로 묶인 고대 조각상들은 데메테르 숭배 문화의 한 종류다"라고 하였다; **3.** 밝은 색상의 리본은 종종 적의에 찬 악의 눈(혹은 모든 종류의 악)을 막는 부적이다: 개별 색상 참조; **4.** 푸른 리본blue ribbon: a. 민요: "높이 자라는 나무들The Trees They Do Grow High"(스코틀랜드 버전에서 새벽에 길게 우는 닭과 아일랜드 버전의 미소년)에서 24세의 여자가 14세 된 귀족 소년과 결혼했다. 그녀는 아버지에게 이렇게 말했다. "아버지, 친애하는 아버지, 만약 필요하다고 생각하신다면 그 사람을 일 년 동안 대학에 보내겠어요. 저는 그의 머리에 파란색 리본을 묶을 거예요. 모든 처자가 그가 결혼했다는 것을 알도록 말이죠"; b. 파란색blue 참조; **5.** 붉은 리본: 바스 훈장(역주: 영국의 기사단 훈장); **6.** 매듭지은 리본: 박애.

▌리브가 Rebekah **1.** (또는 '레베카'); 아브라함의 아들인 이삭의 아내; 에서와 야곱의 어머니(창세기Gen. 24, 15ff); **2.** 이름의 의미: '불변성'; 다른 의미로는 "탁월함에 대한 확고한 의지", 인내(필로 유다이오스Philo Edaeus, 케루빔에서Cher. 41; 아벨의 탄생에 대하여 Sacr. 4; 창세기에 관한 문답QG. 4, 97 등)를 뜻한다; **3.** 결혼 전에 그녀는 육신뿐만 아니라 영혼까지도 처녀였다(필로 유다이오스, 창세기에 관한 문답Quest. Gen. 4, 99; 오리게네스Origen. 창세기 강해Hom. 10 창세기 4장에서; 안토니오 S. I. 오르베Antonio S. I. Orbe, 성 이레네우스의 복음주의 비유PEI 1, 345+n 등); **4.** 지혜의 상징: a. 그녀는 '브두엘'의 딸이었다. '브두엘'='신의 딸'='지혜'; b. 그녀는 또한 아브라함의 종에게 지혜를 가르치는 교사였다(창세기 24, 15 등).

▌리처드 Richard 리처드는 한 소년에 대한 조롱조의 운율을 고쳤다. 그래서 소년은 "디키, 디키 다우트,

셔츠가 밖으로 나와 있어"라고 불렀다; 로버트Robert 참조.

리치니스 lychnis; lichnites (보석) **1.** '빛의 돌(光石)': a. '석류석carbuncles' 같은 붉은 돌에 대한 통칭; 이 이름으로 불린 이유는 이 돌이 불빛에 유난히 아름답게 빛나기 때문이다; 파라고섬Parian 대리석의 다른 이름일 수도 있는데 지하 갱에서 전등 불빛을 비추고 채석했기 때문이다(플리니우스Pliny 37, 29; 및 36, 14; 알렉산드리아의 클레멘스Clement of Alexandria p. 104f.); b. '전기석tourmaline'으로 보이는 '야광석'은 아틀라스의 산허리에서 발견된다(스트라보Strabo 17, 3, 11, 주석note); c. 독수리가 '취석(鷲石)'을 가지고 있듯이 황새는 둥지에 '빛나는 돌'을 가지고 있어서 알을 부화시키고 뱀을 겁주는데 도움을 받는다(필로스트라투스 Philostratus, 아폴로의 인생VA 2, 14); **2.** 중세보석세공집Med. Lap.: 거미와 같은 색깔이다: a. 그러므로 독으로부터 보호해 준다; b. 여성의 출혈을 멎게 한다; 이것을 착용한 노인: 그가 불을 불면 불수록 불은 더 꺼진다(중세보석세공집Med. Lap. 123).

리코더 recorder (악기) **1.** 좋아하는 것을 좋아한다고 말할 수 있는 사람(덴 마크의 왕자 햄릿Ham. 3, 2); **2.** "맞아요. 그는 리코더를 장난감으로 갖고 노는 아이처럼-소리가 났지만 실제로는 의미가 없었어요."(한여름 밤의 꿈MND 5, 1)

리파리아 liparea (보석) **1.** 향을 피우는 데에 사용되었으며(아마도 리파리제도에서 나온 유황일 것이므로 여기에서 이름이 유래된다) 향은 모든 짐승을 불러모은다(플리니우스Pliny); **2.** "중세보석세공집Med. Lap."('디파레아'라고도 한다): a. 리비아에서 발견된 돌(B 33); b. 모든 짐승이 그 번쩍이는 돌을 향하여 오기 때문에 사냥에 도움이 된다(F 106); **3.** 리파리아의 연기는 모든 동물을 끌어당긴다(아그립파Agrippa, 오컬트 철학OP 1, 13).

린덴나무, 피나무 linden lime (나무) **1.** 일반적으로 다음을 의미한다: a. 린덴나무 꿀은 영양가가 높다; b. 이 나무는 해충을 막기 때문에 나무 조각가들이 가장 좋아한다; c. 속껍질은 섬유질이 풍부하다. 종이를 만드는 데 사용된다(또는 서판을 만들기 위해); 이 나무의 조직은 멸균된 상처 드레싱용으로 사용되었다. 아래의 민속 참조; **2.** 일반적으로 위대한 여신에게 바쳐지는 여성적 나무로 간주되었다(수컷 참나무의 동반자로서): a. 아프로디테에게 바쳐짐; 평지에서는 종종 산 헤더(헤더heather 참조)를 대신했다; b. 그 향기 때문에 프리가에게 바쳐졌다; c. 바우키스는 린덴나무로 변했다(그리고 필레몬은 떡갈나무로 변했다: 나소 P. 오비디우스Naso P. Ovid, 변신이야기Metam. 8, 620ff 참조); d. 테살리아에서 켄타우러인 케이론의 어머니(그는 에로틱한 개미잡이속 딱따구리와 연관된다)는 필리아='린덴'(로디우스의 아폴로니우스Apollonius Rhodius 2, 1231ff.)로 불렸다; e. 그리스 신화에서 나무의 요정들은 린덴과 '결혼'했다; f. 봄나무로서 사랑을 나누는 모습을 가려 주므로 독일과 프랑스의 서정 시인들 사이에서 선호된다; g. 남성이 참나무에 바쳐졌던 것처럼 여성들은 다산을 위해 라임나무에 바쳐졌다; h. 여우이야기Reynard Fox: 암탉 쿠팽은 그 아래에 묻혔다; **3.** 한여름: 5월 중순부터 8월 중순까지 개화한다. 따라서 이것은 때로 참나무를 대체했을 수 있다. 린덴 잎사귀는 지그프리트에게 치명적인 반점을 일으켰고, 그는 개울 옆 린덴나무 아래에서 죽임을 당했다; **4.** 부부간의 사랑: 2번의 c 참조; **5.** 여성스러운 나무로 부드러움, 겸손, 달콤함; **6.** 환대하지만 그 나무 아래에서 심판이 선고되기도 한다; **7.** 린덴 잎: 가벼움(랭글랜드Langland, 플로우먼에 관한 비전PP 1권); **8.** 문장heraldry(紋章) (종종 잎사귀): 부드러움, 매력, 은혜; **9.** 히브리: 거룩한 '피나무'(이사야서Isa. 6, 13)는 아마 린덴나무였을 것이다; **10.** 민속: a. 껍질을 벗긴 린덴나무 조각은 점을 치는 데 사용되었다(케이론과의 연결을 통해: 2번의 d 참조). 그리고 명예 화환에 사용되었다(플리니우스Pliny 16, 25); b. 보호: 린덴나무는 집이나 요새의 수감자와 밀접하게 연결되어 있다; 종종 가지를 잘라서 집 주위에 울타리를 만들었다(그늘을 거의 만들지 못했다). 샤를마뉴가 번개를 막기 위해 심은 것으로 알려져 있다.

린쿠리움 lyncurium (보석) **1.** 일반적으로 다음을 의미한다: 인도에서 발견되며 숲을 통과해서 흐르는 강물에 스라소니들이 출몰하는데 이들은 목구멍 깊숙이 그 돌을 넣고 인간이 발견하지 못하도록 한다; 가장 좋은 것은 황금색이지만 다른 돌과 마찬가지로 향과 몰약의 색을 띠며 유백색뿐만 아니라 황녹색도 있다; 그것은 노란색과 갈색의 전기석tourmaline일 수 있다 (아래에 인용된 다양한 출처에서); **2.** 테오프라스투스Theophrastus: a. 야생 스라소니가 길들인 스라소니보다, 수컷이 암컷보다 더 나은 돌을 '생산'한다; 스라소니는 눈에 잘 띄지 않게 소변을 감추기 때문에 숙련된 수색자들만이 찾을 수 있다; b. 이것은 상당한 작업이 필요한 보석이며 인장을 만드는 데 사용되었다; c. 암컷이 만든 것은 더 투명하고 창백하다; 이것은 호박처럼 마음을 끄는 힘을 가지고 있다(L 5; 비록 플리니우스가 호박은 전혀 다른 것이라고 확신했지만); **3.** 중세보석세공집Med. Lap.: a. 모세Moses는 '호박 백마노 자수정'(B 7)이라고 불리는 돌을 생산하는 동물이 황소라고 생각했다(욥기Job의 베헤못Behemoth 참조); 곧 황소들이 그리스도의 땅을 경작한다; 대제사장의 흉갑의 세 번째 모서리에 이 보석이 있다: 훌륭한 설교자는 세 번 와야 한다(중세보석세공집 C와 E); b. 그것은 황달을 낫게 하고 통풍을 예방하며 위를 깨끗하게 하며 이질과 분노와 출혈을 멈추게 하고 여성을 즐겁게 하여 사랑하게 한다; 입 안에 넣었을 때 시원하고 눈에 대고 있으면 통증이 멈춘다(중세보석세공집 B 7; 아래 4 참조); c. 슬픔을 없애고 속을 다스린다(F 104); d. 인재로부터 집을 보호한다(중세보석세공집 F 124); e. 아픈 배를 치료한다(중세보석세공집 F 125). 아그립파Agrippa: 눈에서 사악한 마기를 제거한다.

릴리트 Lilith **1.** 일반적으로 다음을 의미한다: A. 기원: a. 아담의 첫 번째 (땅의) 아내(그녀의 이름은 '밤의 괴물' 또는 '부엉이 올빼미'로 설명된다)는 그에게 복종하기보다는 홀연히 그를 떠났다(탈무드); b. 사람들을 잠에 빠뜨린 악마인 바빌로니아-아시리아의 릴리트에서 파생된다. 그녀의 남성 파트너는 리루였다(서큐버스(여자악령)과 인큐버스(남자악령) 참조); B. 다른 신화에서는 다음에 상응한다: a. 이집트 뱀파이어; b. 그리스: 라미아; 저주받은 여성 사냥꾼 해카테의 사나운 특성; 헤라클레스에게 정복당한 아마존 여전사; 아테나를 나타내는 올빼미; c. 독일: 크림힐트의 대극인 브륀힐트; **2.** 성격: a. 남자를 유혹하거나 파괴하기 위해 아름다운 여자의 모습을 했으며 모발이 풍성한 밤의 유령; b. 특히 폭풍우가 치는 날씨에 황량한 장소의 유령(바람 악마); c. 그녀는 어린이와 임산부에게 특히 적대적이며 위험하지만 릴리트를 막는 용도로 제작된 동전 모양으로 된 부적으로 막을 수 있다; d. 그녀의 악마같은 자식인 '몽마 릴리들'은 엉덩이가 서로 붙어 있다; e. (오컬트occult:) 불결한 영혼(나헤마)과 관련된다; 그녀는 이브를 유혹하는 폭풍의 불순한 악마인 (할례받지 않은) 뱀 사마엘의 음경 표피(신부)이다; **3.** 심리: a. 어린 시절에 숭배하고 두려워했던 끔찍한 어머니, 자녀의 희생을 요구하거나 아들과 그의 아내를 분리시킴으로써 그들을 방해하는 어머니; b. 어머니도 변장하고 자신의 '아들'과 아들의 아내를 떼어 놓으려는 템프트리스(역주: 유혹하는 여자); c. 멸시받고 '오랫동안 잊혔던' 여자는 남자의 심혼psyche에 복수한다; **4.** 라미아lamia 참조.

림보 limbo **1.** 일반적인 중세 전통: 천국과 지옥 사이의 분명하지 않은 특성을 가진 영역. 나쁜 것은 아니지만 어떤 이유로(일반적으로 세례를 받지 않았기 때문에) 천국에 들어갈 수 없는 사람들을 위한 것이다; 그곳에 주로 거주하는 집단들에 의해 지정된 림보의 유형: a. 교부 또는 족장들의 림보("아브라함의 품"); 그리스도가 죽을 때 이 '지옥'에서 무고한 자를 해방시켰다; b. '바보들의 낙원'은 아무 잘못이 없지만 세례를 받지 않은 바보와 어린이들이 거주한다(예 자궁에서 사망한 경우); 이 림보는 때로 일종의 지상 낙원으로 표현된다. 가혹한 도미니크회 수사들은 림보가 땅속의 음울한 장소에 있다고 하는 반면, 프란체스코회 수사들은 지상 바로 위의 밝은 영역에 있다고 한다; **2.** 단테Dante: 세례나 기독교 없이 살았던 사람들을 위한 지옥의 첫 번째 문; 그들이 겪는 유일한 고통은 그들이 하나님을 뵙고자 하는 소망과 열망 없이 사는 것이다. 그러므로 불평은 없고 한숨만 들릴 뿐이다. 고귀한 빛의 성에서 우리는 호메로스와 다른 고대 시인들 그리고 영웅들을 볼 수 있다. 성(城)은 일곱 가지의 인문학적 덕(德)의 벽(신중함, 정의, 강건함, 절제, 지혜, 지식 및 이해)과 수사법을 포함한 7대 인

문학의 문으로 이루어져 있으며 이성의 호소력이 그 주위를 흐른다; **3.** 루도비코 아리오스토Ludovico Ariosto: 달의 림보에는 잘못된 미덕, 아첨, 허영심, 이행되지 않은 서약, 무시된 조언 등이 있다.

ㅁ

마가목 rowan (나무) **1.** 마운틴 에쉬Mountain-ash라고도 한다. 생명나무로 '유럽산 마가목quickbeam'라고 하며, 마녀의 나무로 '위킨트리wicken-tree'라고도 한다; 둘 다 사랑, 생명 그리고 죽음의 위대한 여신과 연결된 가장 중요한 (북유럽) 나무라고 일컬어진다; **2.** 켈트족 나무 알파벳에서 마가목은 두 번째 달(1~2월)과 연관된다: a. 새로운 해를 앞당기는 것(물푸레나무ash 13번: 뉴맨New Man 참조); b. 가장 중요한 마녀의 안식일 중 하나인 성촉절Candlemas(2월 2일)에 해당한다; **3.** 마녀의 도구: 금속 점을 치는 지팡이; 그러나 금속 무기를 상대로 대항하는 무기로 사용되기도 한다(로버트 그레이브스Robert Graves, 하얀 여신WG 167); **4.** 불멸의 열매(사과apple 참조)를 맺는 죽음의 나무(웨일즈에서는 주목나무가 죽음의 나무이다); **5.** 신탁; **6.** 전쟁과 관련된다: 드루이드교도들이 전투에 참가시키기 위해 영들을 불러올 때 이 나무에 불을 붙였다. 게르만 신화에서 이 나무는 범람하는 비미르Vimir 강에서 토르Thor를 구해냈다; **7.** 마가목 열매: a. 아홉 끼 식사가 될 만큼 든든하다; b. 부상을 치료한다; c. 사람의 수명을 일 년 연장한다; d. (사과 및 붉은색 견과류와 함께) '신의 음식the food of the Gods' (모두 로버트 그레이브스Robert Graves의 앞의 책에서 인용; 붉은 음식red food 참조); 또한 4번 참조; **8.** 민속: A. 반마법anti-witchcraft: a. 굴뚝의 대들보를 만드는 데 사용되었다(마녀가 일으키는 번개를 막기 위해); b. 마가목의 날Rowan Tree Day=5월 3일=성십자가 발견 축일Holy Rood Day: 십자가의 발명; 따라서 기독교화 되었고 다음 해의 보호를 위해 집에 마가목 가지를 들여놓았다; c. 분기일Quarter- days에 집의 상인방(창이나 문 위에 덧 댄 가로대)에 마가목 지팡이를 놓아두었다; d. 마가목으로 말채찍을 만들었다(마녀가 말을 다루기 쉽게 하기 위해); e. 요람에는 마가목으로 만든 로커(요람 밑 부분에 대는 활 모양의 나무막대)가 있어야 한다; B. 드루이드교와 관련된다: 드루이드교도들이 마가목 나무를 사용했기 때문에 마가목 나무는 고대 환상 열석이나 무덤가에서 가장 잘 자란다; **9.** 물푸레나무ash, 자작나무birch, 개암나무hazel 참조.

마가목 열매 sorb (과일) **1.** 일종의 야생 사과로 종종 (모과와 함께) 사과와 같은 상징적 가치를 갖는다. 잎이 한 번에 다 떨어지며, 술잔goblets을 만드는 데 사용되는 값 비싼 목재를 생산한다(플리니우스Pliny 16, 38 및 76); **2.** 켈트어: 나무 알파벳에서 8~9월(문자 CC 혹은 Q)과 연결된다; **3.** "부패로부터 달콤함": 그 열매는 썩을 때까지 먹을 수 없다; 모과medlar 참조; **4.** 신중함(='마가목 무리Service tree').

마거리트꽃 marguerite (식물) **1.** 오스아이 데이지꽃, '프랑스 국화Chrysanthemum Leucanthemum'; **2.** 태양 상징; **3.** 열두 개의 꽃잎: 달months, 사도들 등; **4.** 메리골드marigold 참조.

마구 harness 꿈에서 말의 마구: 의지 및 의식의 통제(톰 체트윈드Tom Chetwynd).

마구간, 우리 stable **1.** 태양이 떠오르거나 빛의 영웅이 태어난 어둠의 영역; **2.** 무지함에서 나오는 빛과 계시; **3.** 보호된 장소: 종마로부터 암말을 보호하는 곳(겨울이야기Wint. 2, 1); **4.** 말horse 참조; 여물통manger.

마귀할멈 hag **1.** 늙은 노파로서 마녀의 한 형태: a. "추악하고 늙은 마녀Blue meagre hag"(존 밀턴John Milton, "코무스Comus" 434); b. "여봐라, 어두운 밤에 남모르게 흉악한 음모를 꾸미고 다니는 늙은 마녀들아"(맥베스Mac. 4, 1에서 마녀들); **2.** 이들은 밤에 사람들, 특히 젊은 남장에게 올라타서 불안과 '악몽'을 가져다준다. 이들은 종종 수태를 막기 위해 젊은 남자가 결혼하지 못하게 만든다(끔찍한 어머니Terrible Mother 원형); **3.** 이들은 또한 말을 타고 다닌다(부적으로 구멍이 뚫린 부싯돌flint-stone 참조); **4.** (웨일즈Wales) 마지막으로 베이는 곡식 단은 늙은 마녀이다. 따라서 수확하는 사람은 이것을 빠르게 없애려고 시도한다(눈치 채지 못하게 다른 사람에게 건넴으로써). 어쩔 수 없이 집에 가져갔다면 현관 못에 조심스럽게 걸어 놓아야 한다.

마녀 witch **I. 일반적으로 다음을 의미한다: 1.** 다산과 죽음의 위대한 여신을 섬기던 여사제들의 후예로서, 여신이 자신의 종들에게 위임한 많은 능력을 보유하고 있다: a. 예 밤(달) 여신 숭배자들로서 이들은 밤 특히 농사에 있어 중요한 날에 활동한다(예 하지와 동지 및 춘분과 추분의 밤들); 이들은 별들과 달의 경로를 확인한다; b. 폭풍의 영으로서 바람을 능가하는 힘을 가지고 있다; c. 뿔 달린 신 또는 뿔 달린 주인에 대한 숭배: 아도니스Adonis 참조; d. 식물, 특히 약초에 대한 지식; e. 변신 능력, 특히 다산을 상징하는 동물들로의 변신 (토끼, 두꺼비, 늑대 등); f. 예지력; g. 침입하는 사람을 죽일 수 있다 (본래 희생제물): 오르페우스, 펜테우스 등에서부터 게르만의 "흰색의 여인들"을 간섭한 청년에 이르기까지; 흰색의 여인들은 언덕이나 물푸레나무와 개울 근처에서 혼자 살거나 세 명이 무리를 지어 살았다; 여신의 이러한 포식적 측면은 아이를 잡아먹는 원형적 마녀(근친상간의 두려움) 또는 남자의 음경을 훔치는 여인(자웅동체hermaphrodite 참조)으로 이어졌다; h. 전형적으로 여성의 무기는 자신의 월경 혈이다; i. 자웅동체를 실현하기 위해 노력하며, 이들은 종종 남근의 상징을 타고 다니고, 수염을 기른다(따라서 이들은 '못생겼다'); **2.** 사람이 스스로 가장 큰 깨달음을 얻었다고 생각할 때마다 생겨나는 '마법'에 대한 두려움: 로마 시대에서부터 기독교까지(독일은 영국의 사형 선고 숫자보다 최소 100배나 많은 마녀들을 죽였다); **II. 입문식**: 일반적으로 입문의례는 다음과 같이 구성되었다: a. 최소한 1년 2개월 동안 뿔달린 주인, 즉 악마에 대한 헌신; b. 되도록 피를 사용하여 지옥의 서약서에 서명했다; c. 악마 즉 최고의 주인과 의례적으로 치르는 성교; **III. 마녀를 인식하고 시험하는 방법: 1.** 이들은 감각이 없으며 따라서 울지도 못하고, 핀으로 찔러도 느끼지 못한다; 신체에서 이러한 둔감한 지점(특히 상처)은 악마의 표식이 될 수 있다; **2.** 다른 신체적 변화: 종종 겨드랑이 아래 혹은 머리카락 안에 숨어 있는 피부의 흠을 찾아본다(여분의 유두, 치질, 사마귀, 모반 등): 이러한 것들은 마법의 확실한 징표이며, 같은 부류의 마녀들의 '젖꼭지'가 될 수 있다; **3.** 이들은 비정상적으로 가벼우며(날 수 있기 때문에), 따라서 마녀는 다음으로 감지될 수 있다: a. 보통 금속으로 제본된 큰 성경책과 비교하여 무게를 잰다; 저울scales 참조; b. 물속에 밀어 넣기; 익사drowning 참조; **4.** 납득할 만한 정도의 고문을 가한 후, 여전히 주기도문을 정확히 외울 수 있다면 이들은 마녀가 아니다; 잔다르크는 외우지 못했다; **5.** 빗자루, 곡식 알갱이, 혹은 체의 구멍을 보게 되면, 마녀들은 즉시 셈을 시작할 것이다(특히 정당한 고문을 받았을 때); **6.** 무게달기weighing 참조; **IV. 능력과 활동**(또한 I번 참조): **1.** 이들은 비정상적 가벼움으로 (약을 바른) 빗자루, 염소, 당나귀, 늑대 등을 타고 날 수 있으며, 체를 타고 항해할 수 있다; **2.** 동물로 변신한다(보통 꼬리 같이 한 부분이 없는 상태로); 이들은 또한 생명이 없는 것들에 생명을 부여할 수 있다(다산의 귀환); **3.** 투명해지거나(겨울의 다산), 누군가(예 죽은 자)가 '투명해지게' 만들 수 있으며, 또는 그 사람을 마를 때까지 피를 빨아먹어 그 크기가 줄어들게 만들 수 있다(유령처럼); **4.** 이들은 돼지를 죽일 수 있다(여신의 변신); **5.** 사람의 몸에서 이들이 가장 좋아하는 부분은 (남근) 엄지이다; **6.** 이들은 핀과 바늘(=태양광선)을 뱉을 수 있다; **7.** 이들은 (남근상징의) 요정 나무 주위에서 춤을 춘다; 이들은 주인의 항문에 입을 맞춘다(아마도 본래는 두 번째 자웅동체인 야누스의 가면이었을 것이다); **8.** 교감마법으로 누군가에게 해를 끼칠 수 있다: 해를 끼치려는 사람의 이미지에 바늘을 찌르고, 옷 조각 혹은 머리카락 등을 불태운다; **9.** 마녀들의 안식일은 닭이 울 때 끝난다: 시계가 없어도 시간을 알 수 있는 자연의 시간 표시기.

마녀의 안식일 (Witches') Sabbath **1.** 특히 동지, 하지, 추분 또는 사냥 의식이나 동물의 짝짓기 기간에 마녀들의 집회가 열렸다. 이것은 마녀의 안식일이 고대(여성)의 다산 의식에서 유래했음을 보여 준다. 'Sabbath'(마녀의 집회esbat)라는 단어에 대해 다양한 설명이 있으며 가장 간단한 것은 히브리어 단어라는 것이다; **2.** 집회: (알코올이 들어 있는) 마녀들은 '날게 하는' 연고를 바르고 갈고리 막대기나 빗자루를 타고 모임에 나갔다. 교차로, 숲속, 들판, 교회, 산꼭대기 등에서 만났으며 이들의 주인(악마Devil)의 엉덩이에 입을 맞추는 것으로 경의를 표한 후 연회를 시작했다. 이들이 먹는 것 대부분은 역겨운 것(조각난 아이들의 시체 등)이었다. 원(반시계 방향으로)을 그리거나 등을 맞대고 춤을 추었다. 그러고 나서 종종 난교, 때로는 근친상간, 남색, 수간 등의 형태로, 또는 주인(악마)과의 난교가 이어졌다. 악마와의 성교는 보통 고통스러운 것이었는데, 성기에 '비늘'이 있거나 거대했거나 성교 도구로 행해졌기 때문이었다(악마와 정액 모두 감정 없이 차가웠으며 일반적으로 합의하에 이루어졌다). 이 집회는 닭이 울 때까지 이어졌다.

마노 agate (보석) **1.** 수많은 종류의 마노가 있다: 홍옥, 자수정, 석영, 벽옥, 오팔, 오닉스, 부싯돌 등; 옛날부터 마노를 인위적으로 염색했다(이것은 여러 가지 이름의 마노를 만들어 냈다); 스코틀랜드에서 많이 발견된다. '스코틀랜드산 마노'; **2.** 마노는 다음과 같은 것을 준다고 알려져 있다: a. 고요; b. 용기; c. 웅변; d. 건강; e. 장수; f. 신성함; g. 부; h. 성공(사업가가 종이의 무게를 잴 때 마노를 사용하거나 마노로 종이 자르는 칼을 만들었다); **3.** 마노는 다음의 것들에 대항하는 힘을 갖고 있다: a. 뱀에 물리는 것; b. 전염병; c. 사악한 눈; **4.** 카메오나 인형(남신과 여신들)을 만들거나 좌우명을 만들 때 자주 사용되었다: "당신에게 새겨져 있는 마노와 같은 그의 마음"(사랑의 헛수고LLL 2, I); **5.** 따라서 매우 작은 사람들: "마브 여왕은 마노석보다 작은 모습으로 온다"(로미오와 줄리엣Rom. 1, 4; 또한 헛소동Ado 3, I); **6.** 높은 지위의 성직자의 흉패에 그려져 있는 납달리 부족 문양; **7.** 두로(티레)에서 이것을 가져왔다(에스겔서Eze. 27, 16); **8.** "그리고 나는 너에게 (미래 시온의) 마노석(석류석) 창window을 만들어 주겠다(이사야서Isa. 54, 12); **9.** 현대의 용도: a. 장식-부적; b. 균형; c. 작은 유봉 및 모르타르의 제조에 사용된다; d. 광내는 것; e. 글쓰기 스타일; f. 우산 손잡이; g. 물개.

마노아 Manoa 무한한 부유의 도시 또는 멋진 곳: "마노아의 거대한 황금 도시"; 16세기에 남아메리카에서 사람들이 이곳을 찾고자 했다(이로 인해 많은 사람들이 죽었다); 이 곳의 통치자는 마나오=엘 도라도, 즉 '황금을 칠한 자'였다. 그는 매일 황금가루로 분칠했다; 영국의 월터 롤리 경Walter Raleigh은 마노아가 아마존강이나 오리노코 강둑에 실재하는 땅이라고 믿었던 사람들 중 하나였다.

마늘 garlic (식물) **1.** 양파와 해총, 그리고 모든 강한 향이 나는 향신료는 마녀의 마법에 대항하는 강력한 작용제이다; 더욱이 마늘은 달이 기울었을 때만 자라며, 특히 달의 마녀와 강력한 관련이 있다; **2.** 구약성서: 단 한 번 언급되었지만(민수기Num. 11, 5에서 사람들이 애굽(이집트)에서 먹은 음식들을 기억하면서 광야에서 불평했을 때) 마늘은 이스라엘 사람들이 매우 좋아하는 것이었고 로마인들은 이스라엘 백성들을 "악취나는 유대인"이라고 불렀다; **3.** 엘리자베스 1세 여왕 시대: 하층 계급이 먹었다(코리올라누스Cor. 4, 9; 한여름 밤의 꿈MND 4, 2 참조); **4.** 토머스 S. 엘리엇Thomas S. Eliot: "진흙 속의 마늘과 사파이어garlic and sapphires in the mud": 대극의 결합: 살아 있는/석화된, 향기 나는/향기 없는, 비옥한/불모의("번트 노튼Burnt Norton" 2); **5.** 민속: 부엌(요정들이 버터를 휘젓는 것과 같은 활동을 방해하기 쉬운 경우)의 문기둥 근처와 (요정들과 대모들 등이 바꿔치기 할 것을 두려워하여) 요람에 걸어둔다: 악령, 흡혈귀 등을 쫓아내고 사악한 눈과 전염병으로부터 보호한다; b. 이것은 (위험한) 최음제이다(플리니우스Pliny 20, 23); c. 뱀과 전갈 등을 쫓아낸다.

마도요 curfew (새) **1.** 공중에서 산다; **2.** 마도요의 구슬픈 울음소리: 불운: 죽음 또는 폭풍우를 예견한다; **3.** 풍경: 개펄, 습지, 황야, 강이 바다로 흘러 들어가는 어귀 등에서 산다; **4.** 때로 가브리엘의 사냥개 및 신성한 사냥과 연관된다; **5.** 기독교: 모든 새 중에서 가장 맛있는 고기이기 때문에 선한 기독교인의 전형적인 모습이다. 그리고 1one 참조; **6.** 윌리엄 B. 예이츠William B. Yeats: "마도요의 우는 소리the curlew's cry": 잃어버린 사랑에 대한 슬픈 기억을 불러온다; **7.** 딜런 토머스Dylan Thomas: "강처럼 생긴 목을 가진": 강과 목은 둘 다 다산의 상징: 마도요는 한때 불임 여성에게 필요한 새였지만 이제는 시인과 함께 있고 시인의 '목소리'이자 시인의 뮤즈이다("흰 거인의 허벅지에서In the White Giant's Thigh").

마디풀 knotgrass (식물) **1.** 일반적으로 다음을 의미한다: '마디풀 종'; **2.** 약용: a. 성장을 방해한다(그래서 아마도 이 이름을 갖게 된 듯하다(매듭나무knotting trees 참조; 옥스퍼드영어사전OED 참조); b. 일반적으로 질병을 완화시킨다(니칸데르Nicander, 테리아카Th. 901); c. 이것은 양에게는 독이지만(콜루멜라Columella 7, 5, 19) 그 새싹은 메도우사프란 중독을 치료한다(니칸데르, 알렉시파르마카Al. 246; 디오스코리데스Dioscor. 4, 4); d. 이것은 소의 베인 상처의 지혈제이다(콜루멜라, 6, 12, 5); 즙은 탄닌과 갈산이 매우 풍부하기 때문에 강력한 지혈제이며 출혈을 억제하는 데 많이 사용되었다. 따라서 라틴어 '헤르바 산귀이날리스herba sanguinalis'(코르넬리우스 켈수스Cornelius Celsus II, 서문 및 2, 33, 2.; 3, 22, 15; 5, 1)로 알려져 있다; 농포에도 사용되었다(같은 책 5, 28, 15E); e. 설사를 '막는다(장을 묶는다)'(조지 허버트George Herbert, "신전의 사제A Priest to the Temple" 23).

마로니에 horse-chestnut (나무) **1.** '칠엽수나무buck-eye'라고도 한다; **2.** 태양 상징: 가시 돋친 씨앗 속에서 뿜어져 나오는 불; **3.** 고급스러움; **4.** 던지기, 찌르기; **5.** 민속: 이것을 몸에 지니고 다니면 류머티즘을 예방한다.

마르다 Martha 다양한 측면에서 마리아와 반대로 보인다: a. '영(적)지(식)'(=지식: 마리아)와 '종교적 신앙심'(=신뢰: 마르다)를 상징한다. 마리아는 구세주에게 깨달은 개인들의 영원한 영적 지식, 마르다는 깨닫지 못한 이들이 가진 임시적인 지식(오르베Orbe, 일상생활의 정신병리학PEL 2, 60); b. 활동하는 삶 대 숙고하는 삶(마리아, 알 수 없음의 구름Cloud of Unknowing 17f.; 누가복음Luke 10, 38 참조).

마르스 Mars (신) 아레스Ares 참조.

마른 덤풀 그루터기 stubble **1.** 불의 연료(이사야서Isa. 여러 곳에서 언급됨); **2.** 덧없음: "내가 그들을 광야의 바람에 의해 사라지는 지푸라기 같이 흩으리로다"(예레미야서Jer. 13, 24); 흔히 상징적으로는 겨와 같다.

마름모꼴 lozenge **1.** 외음부(카를 융Carl Jung 5, 202); **2.** 예식용 악기 불로러(=마름모꼴) 참조; **3.** 문장heraldry(紋章): a. 미혼여성 또는 미망인; b. 고귀한 출생; c. 정의, 정직; d. 일관성; e. 서양장기의 말 checkers. 참조.

마리안 Marian 처녀 마리안에 대해서는 안나Anna 참조.; 하녀maid; 인어mermaid; 뮤즈muses; 울새robin

마모셋 marmoset **1.** 원래 원숭이 종의 이름이며 성적으로 맹목적이고 음탕한 남자를 비난하는 용어가 되었다: '못생긴 아내는 마모셋과 함께 있어도 안전하다'(존 던John Donne, "너의 플라비아를 사랑하고 결혼하라Marry, and love thy Flavia" 40; "조롱하는 마모셋" 참조. 존 스켈튼John Skelton "가네슈에 대항하여Against Garnesche" 3, 172); **2.** 중세: 탐욕(모턴 블룸필드Morton Bloomfield, 일곱 개의 대죄SDS 247).

마못 ground-hog 성촉절Ground-hog Day(마못이 겨울잠에서 깨어나는 날): 2월 2일=성촉일; 고슴도치 hedge-hog 참조.

마무리, 갈무리 finishing 어떤 일들은 실제로 필요한 순간 이전에 끝내는 것에 대한 금기가 있다; 예 신부의 드레스에서 마지막 바늘 한 땀은 결혼식 당일 아침에 끝내야 한다; 연극의 마지막 대사는 실제 공연이 진행될 때까지 시연을 해서는 안 된다: 이것은 자랑의 한 형태로 여겨질 수도 있다(브리타니아의 민속과 문화Folkl. & C. of Brit p. 79).

마법 magic 마녀witch 참조.

마법사 magician 원형archetype에 대하여 트릭스터trickster 참조; 타로카드에 대해서는 음유시인Minstrel 카드 참조.

마법사 sorcerer **1.** 끔찍한 아버지(거인과 마술사처럼); **2.** 영지주의: "사악한 데미우르고스evil demiurge": 사투르누스Saturn를 예고 존재; **3.** 심리: (원형Archetype) ='데몬Daemon'; 치료 주술사와 관련된다: a. 부정적인 면: 종종 어두운 피부색의 몽골인종mongoloid: 인간의 어두운 무의식(참조: 악마devil; 그림자shadow); b. 긍정적 측면: 노현자Wise Old Man.

마브여왕 Queen Mab **1.** 요정들의 위대한 산파: 그녀의 몸은 마노석 인장 반지에 들어갈 정도만 했다; 그녀는 잠든 남자들 위로 걸어가 그들의 성격과 사회적 위치에 따라 그들의 꿈을 만든다; 또한 밤에 말의 (엉킨) 갈기를 꼬아 그 지저분한 털로 피운 불에 요정 자물쇠를 굽는다. "엉키지 않은 털은 불운의 전조"(로미오와 줄리엣Rom. 1, 4)다; 그녀는 환상적인 마차를 타고 다닌다; **2.** 요정들의 (풍요의) 여왕으로서 그녀는 이후에 등장한 티타니아이자 켈트족의 여왕 메브였다: a. 풍요의 갈색 황소를 위해 쿠훌린은 이 어둠과 달의 여왕에 대항해 싸웠다; b. 풍요의 갈색 황소에 대해서는 황소bull(B, 8)참조.

마술사 conjuror **1.** 마녀들의 '그랜드 마스터' 또는 악마 신을 낮춰 부르는 말로 여전히 그의 검은색 옷, 모자, 주문hocus-pocus 외우기라는 점을 공유한다; **2.** 마술사는 (남근 같은) 지팡이와 (여성의 음문 같은) 컵 또는 고깔모자를 가지고 끝없이 경이롭게 '마술을 펼친다'.

마스티프 견 mastiff **1.** 이 개들은 서로 싸운다: 일단 피 맛을 본 후에는 통제할 수 없는 공격성(에드먼드 스펜서Edmund Spenser 페어리 퀸FQ 4, 2, 17 및 4, 9, 31)을 보인다. "묶인 채 치열해지는 영국의 마스티프들"(존 웹스터John Webster, 몰피 공작부인DoM 4, 1).

마시기, 음주 drinking **1.** "마시는 것과 관련된 고된 시련: (이스라엘 사람들 사이에서) 물과 잘못의 원인이 되는 것을 섞어 마시게 하면 죄가 있는 경우에는 마신 사람이 아프게 된다(민수기Num. 5, 27; 또한 출애굽기Ex. 32, 20에서는 다음을 의미할 수도 있다: 삼킴을 통한 부패); **2.** 만취drunkenness 참조.

마시멜로 marshmallow (식물) **1.** 디오니소스(데이아네이라Deianeira) 신의 딸을 낳은, 오이네오스의 아내이자 멜레아그로스의 어머니인 알테아에게 신성한 식물; **2.** 벌이 봄에 처음으로 꿀을 빠는 봄꽃(담쟁이덩굴이 연중 마지막 식물이다); **3.** 치유(접시꽃속althea 참조), 특히 염증 완화제; 뱀이 가까이 오지 못하게 한다; 황금도구로 파냈을 때 가장 효과가 좋다; **4.** 자애로움의 상징. 이 식물의 모든 부분이 좋고 약효가 있기 때문이다; **5.** 아욱mallow 참조.

마에나데스 Maenads **1.** 디오시소스/바쿠스에 대한 극단의 열광적인 여성 추종자이다; **2.** 자연신화: 비옥한 폭풍의 정령; **3.** 심리: 퇴행적인 무의식의 파편화(인간을 분리시킴); 다중성multiplicity 참조; **4.** 바쿠스의 여신도들Bacchantes 참조.

마음 mind 톰 체트윈드Tom Chetwynd는 마음의 네 가지 기능을 구분한다:

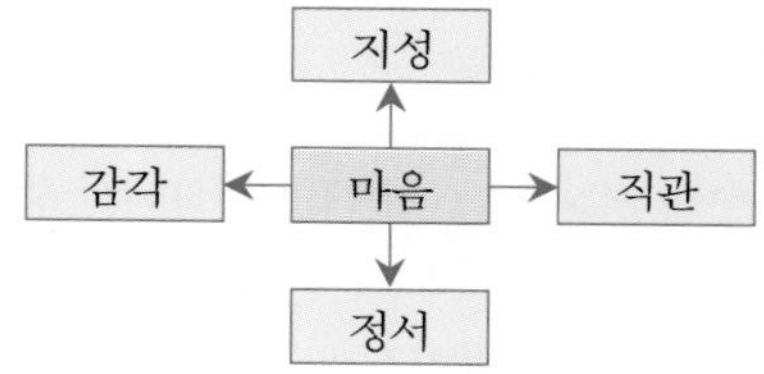

사람은 자신의 지배적 기능과 대극이 되는 기능을 무시하는 경향이 있다: 예 지적인 사람은 자신의 정서를 무시한다; 꿈은 일반적으로 과장된 형태로 균형을 회복하려는 경향이 있다(원형archetype도 참조).

마저리 Margery 18세기와 19세기에 주로 가난한 시골 사람들에게 사용된 이름. 따라서 이 이름은 종종 동요에서 볼 수 있다(예 마저리 더우Margery Daw).

마조람 marjoram (식물; 약초) **1.** '꽃박하속Origanum' 참조; 또한 '꽃박하Dittany' 참조; **2.** 슬픔: 민요 '앨리스 아가씨Lady Alice'에서 아가씨는 사랑하는 자일스 콜린스Giles Collins의 시체를 보면서 그녀 자신도 곧 죽을 것임을 알고 "마조람, 레몬타임, 루(역주: 귤과(科)의 상록 다년초)"로 만든 화관을 요구했다; **3.** 얼굴을 붉게 한다; **4.** 순수함: "부드러운 마조람 그 순수한 꽃으로 수놓은 망토는 너의 처녀성의 망토다"(존 스켈톤 John. Skelton, "마저리 웬트워스 부인에게To Mistress Margery Wentworth"); **5.** 신화: 키프로스 왕의 향수를 담당하는 아마르코스가 향수병을 깨뜨렸고 신들이 그를 불쌍히 여겨 마조람으로 변하게 했다; b. 이 식물은 비너스가 잠자는 소년 아스카니우스를 숨겨 준 이달리아의 숲에서 자랐다(베르길리우스Virgil, 아이네아스Aeneid 1, 693); 이것은 최음제이다: "마조람을 먹여서(성기를 발기하게 해서) 성교를 원하게 만들었다(티모테우스); **6.** 결혼: 결혼하려면 "향기로운 마조람으로 너의 이마를 묶어라(약속하라: 성교로 결혼을 완성하라)"(카툴루스Catullus 61); **7.** 이것의 뛰어난 치유력은 동물에게도 치유적인 것으로 알려져 있다: 이것은 병든 황새를 치료한다; 그리고 거북이는 뱀을 잡아먹은 후 마조람을 해독제로 먹는다(플리니우스와 플루타르코스Pliny and Plutarch; 몽테뉴Montaigne, 에세이Ess. 2, 121).

마차 coach 민속: 머리 없는 마부가 모는 죽음의 마차는 매장burial 참조.

마차, 수레 wagon **1.** 수레는 신화에서 중요한 역할을 한다; a. 로마의 사투르날리아Saturnalia 농신제의 짐수레 '카루스 나발리스'와 유사한 오시리스의 배boat 수레로 다산의 대체왕(풍요의 신을 나타내는 '왕자')을 들판으로 실어 날랐다; 사투르날리아Saturnalia 농신제, 선박Ship 참조; 참조: 키벨레는 '갈리'를 타고 들판을 돌아다녔다; b. 고대 북유럽에서 이에 해당하는 것은 눈에 보이지 않는 신의 따뜻함과 풍요의 징조이자 보이는 (또는 보이지 않는) 신들이 타는 바니르, 프레이르 및 프레이야 신의 수레다; 죽은 왕들도 매장되기 전에는 수레에 실려 운반되었다; **2.** 민속: 임산부가 마차의 후미판을 넘으면 유산할 수도 있다.

마카로니 Macaroni **1.** 멋쟁이 또는 외모에 관심이 많은 남자: 1760년경 런던의 마카로니 클럽: 거기서 사치스런 식사를 소개했던 화려하고 오만불손하고 방종한 거짓말쟁이들; **2.** 독립전쟁 당시 메릴랜드의 멋진 연대병사들이 "모자에 깃털을 꽂았고 그것을 마카로니"라고 불렀다("양키 두들Yankee Doodle").

마케도니아 Macedonia 사도 바울은 마케도니아 사람들을 좋아했는데 그 이유는 이들이 자신들의 빈곤에도 불구하고 바울에게 연보(헌금)를 보냈기 때문이다(로미오와 줄리엣Rom 15, 26ff.; 데살로니가 후서 2Thess 1, 1 외).

마케도니우스 macedonius (보석) 여자가 이 보석을 지니고 있는 한 출산할 수 없다(중세보석세공집Med. Lap. F90).

마틴 Martin (이름) 마틴이라는 이름을 가진 소년은 학교 또래들 사이에서 '핀처 마틴'이라는 고정 별명 얻을 가능성이 높다(예 '스퍼드' 머피).

마헤-샬할-해쉬-바스 Maher-shalal-hash-baz **1.** 히브리어: (이사야서Isa. 8, 1-5) "그는 재빨리 먹이를 잡아먹는다" 또는 "속도를 내어… 등": 예언자의 아들로 이름 붙여진 자들이 아시리아(앗수르) 사람을 속히 이길 것이다(이사야서 7, 14 참조. 처녀가 아들을 낳을 것이고 이름을 임마누엘이라 부를 것이다); **2.** 행동하기 위한 준비태세.

막대기 bar 문장heraldry(紋章): a. 양심에 대한 '기준'을 세우다; 강인함; 악에 대항하는 결집, 지지와 힘의 느낌을 주는 것; 종종 조언자의 상징; b. 불길한 '막대기': '왼쪽'으로 기울어진 좁은 막대기: 사생아.

막대기 rod **1.** 교화(예 잠언Prov. 22, 15); **2.** 사악함: "폭력이 일어나 사악함의 막대기 속으로 들어간 즉"(에스겔서Eze. 7, 11); **3.** 자유: (로마에서) 노예를 해방시키는 상징적인 행위는 집정관이 막대기(라틴어 '빈딕타vindicta')로 노예를 건드리는 것이었다(나소 P. 오비디우스Naso P. Ovid, 사랑의 기술De Art. Am. 3, 615 참조); **4.** 남근, 빛, 우주의 축, 자손: a. 아론(역주: 모세의 형이자 유대 최초의 제사장)의 기적의 지팡이; b. "옛적부터 얻으시고 속량하사 주의 기업의 지파로 삼으신"(시편Ps. 74, 2); c. "이새의 줄기에서 한 막대기가 나며 그의 뿌리에서 한 가지가 나서 자랄 것이요"(이사야서Isa. 11, 1); **5.** 지지, 순례; **6.** 윌리엄 블레이크William Blake: "은 막대기": 남근(또는 '황금 핀'이라고도 한다); **7.** 곤봉club, 지팡이staff 등 참조.

막대기 stick **1.** 세계축, 하늘과 땅의 연결; 이것의 일반적인 상징성에 대해서는 지팡이staff 참조; **2.** 리더십: 구약성서(민수기Num. 17, 6)에서는 막대기에 이름을 썼으며 열두 명의 방백들이 각각 막대기를 들고 그 위에 이름을 적었고 요셉과 유다도 자신들의 이름을 적어 지파나 지역을 나타냈다(에스겔서Eze. 37, 16); **3.** 불에 탄 막대기: a. 게르만: 번개로부터 집을 보호하기 위해(발드르Balder의 죽음과 매장을 기념하면서) 여름의 화재로 그을린 막대기를 보관했다; b. 죽음, 기아; c. 지혜; d. 선동가firebrand 참조; **4.** 딜런 토머스Dylan Thomas: 남근(비행기의 "조종간Joy-stick"): 섹스와 비행 사이의 프로이트학파적 관계; **5.** 막대기 춤(보통 남성이 춘다): a. 전쟁 의례rites: 막대기는 보통 뱀snake을 나타낸다(지팡이-뱀staff-snake 관련: 모세Moses 참조); b. 다산 의례: 이때 막대기는 남근 또는 노인을 부양하는 것을 상징한다. 땅을 두들겨 죽은 조상들을 불러올리거나 출산을 높이기 위해 지하 영주를 불러들인다; 또는 춤은 땅과의 성교를 상징한다(뿔피리shofa, 발구르기stamping 참조); **6.** 속담: a. "두 개의 마른 막대기가 녹색 막대기에 불을 붙인다"; b. "십자로 엇갈린 두 개의 막대기"; **7.** 몰이 막대기goad; 막대기rod 참조.

막대기, 지팡이 staff **1.** 안내: a. 목자의 지팡이, 주교의 지팡이; 여러 성인들의 상징이다(예 성 크리스토포로스St. Christopher); b. 스가랴서Zech.의 선한 목자의 비유에서 그의 두 지팡이는 은총과 연합(1 1, 7ff.)이라고 불린다; c. 그리스도의 상징; d. 왕실 무기: 곤봉; **2.** 다산, 부활, 태양: a. 우주의 축, 남근; b. 뱀snakes과 연결된다(예 모세Moses): 지하의 신들 두 명 모두(홀sceptre도 참조); 이집트 그림에서 태양신은 종종 뱀 지팡이로 표현된다; c. 아스클레피우스Asclepius의 상징: 치유=부활, 왜냐하면 지팡이는 '치유'의 결과가 아니고 '죽은 자들로부터 다시 불러내는', 즉 부활이기 때문이다; 또한 디오니소스/바쿠스(풍요의 신으로서)와 헤르메스/메르쿠리우스(봄의 풍요를 가져오는 카리테스Graces)의 상징; d. 보통 지갑과 연결된 연인의 특성; e. 바위에서 물을 만들어 낸 모세Moses와 레아Rhea(칼리마코스Callimachus, 찬가H 1, 30f.); **3.** 마술 지팡이, 창조: 연설과 연결되고, 다시 모세와 연결된 창조의 말씀: 땅은 '이름을 부여'하여 창조되고 부활에 의해 스스로를 창조하므로 '말하는 땅'이라고 할 수 있다. 전령인 헤르메스/메르쿠리우스가 대표적이다; 그의 감독 하에 있는 신탁the oracles under his supervision 참조; **4.** 지원: a. 노년에 눈이 안보이는 것을 돕는 상징; b. '생명의 지팡이': 빵; 여기서도 지팡이는 '식물의 삶vegetative life'을 의미할 수 있는데 이것은 기근의 시기에는 부러질 수 있다; 기근; 참조. "인자여, 보아라, 내가 예루살렘의 빵의 지팡이를 부러뜨리리라"(에스겔서Eze. 4, 16: '내가 기근을 일으킬 것이다': 빵은 막대기에 달려 있었다); **5.** 순례, 신앙(월터 롤리 경Wilter Ralcigh, "열정적인 인간의 순례"); **6.** 처벌; **7.** 토머스 S. 엘리엇Thomas S. Eliot: 다섯 번째 타로는 지팡이를 든 남자 카드이다("황무지The Waste Land", 대사제archpriest 참조) 이다; **8.** 다른 것과의 조합: A. 생명의 지팡이=빵: 4, b 참조; B. 연인의 지팡이: "희망은 연인의 지팡이"(베로나의 두 신사Gent. 3, 1, 속담); C. 꽃의 막대기: a. 풍요: 헤라클레스Heracles의 곤봉; b. 신이 선호하거나 선택한 경우: 예를 들어 사제를 위한 아론Aaron의 지팡이와 마리아의 남편이 된 요셉Joseph의 지팡이; c. 무고한 사람이 피소된 것에 대해 또는 죄인에 대한 용서: 탄호이저Tannhäuser의 지팡이는 그가 용서받을 수 없다는 것을 반증하기 위해 꽃을 피웠다; D. 꼭대기에 초승달(반원) 모양이 있는 막대기: 대극의 합일: 불+물, 남성+여성, 영혼+물질 등; **9.** 메르쿠리우스의 지팡이caduceus, 곤봉club, 구부러진 지팡이crook, 메이스mace, 막대기rod; 홀(역주: 왕권을 상징) sceptre 등 참조.

만 bay 여성의 음문: "모든 남자들이 말을 타는 만에 닻을 내려라"(소네트Sonn. 137).

만나 manna **1.** 꿀처럼 달콤한 하나님의 말씀; 하나님의 계시; **2.** 딜런 토머스Dylan Thomas: ("언어의 작업이 아닌 것에 관하여On no work of words"): 하늘의 선물로 보이는 시적 영감.

만돌라 mandorla **1.** 신성한 두 원이 (보통 수직으로) 교차하는 여성성기 모양의 악기. 이 신성은 특히 육체가 다음 세상으로 넘어가는(탄생) 것을 보여 주는 그리스도와 성모 마리아를 상징하는 신성이다; '만돌라'=아몬드; **2.** 영원한 희생+부활: 이중성, 쌍둥이자리i 등 참조; **3.** 카타콤에서는 완벽한 축복, 다음 세상으로의 탄생을 의미한다; **4.** 위치: a. 수평: 상하 세계; b. 수직: 왼쪽/물질 그리고 오른쪽/영: 결합; **5.** 좀 더 일반적인 의미에서 성인(聖人)의 몸에서 발산되는 모든 방사선 따라서 광환, 광륜, 원광, '베스카 피시스[역주: 두 개의 원이 부분적으로 겹쳐진 타원형 모양]: 영적 영광; **6.** 모신Magna Mater의 회전축, 마법의 실타래t, 아몬드 마름모꼴 등과 연관된다.

만물 용해액 alcahest 라틴어의 '거의 알칼리 같은 Quasi alkali est'이라는 뜻: 화학자들은 일반적인 '용매액menstruum solvens'을 이 이름으로 사용했으며 이 용액은 모든 만물을 녹인다('월경menstruum'이라는 용어를 사용한 이유는 용해 과정이 보통 한 달 걸리기 때문이다: 파라켈수스Parcalesus, 의학의 책V 412n).

만병통치약, 파나시아 panacea (식물) 이 용어는 모든 질병을 치료하는 보편적인 치료약에 사용되는 표현이지만 처음에는 '페너스Panace' 또는 '꿀풀all-heal'이라고 불리는 실제 식물을 일컫는 것이었다.

만약 if "당신이 말하는 '만약if'만이 평화를 가져올 수 있다": 예의 바른 싸움의 법칙에 따르면, "만약 당신이 내가 그렇게 말했다고 한다면 내가 그렇게 말한 것이겠죠"라고 말함으로써 싸움을 피할 수 있다(뜻대로 하세요AYL 5, 4).

만취, 취한 상태 drunkenness **1.** (종교적) 광란; 취하면 힘이 보통 때의 힘보다 세어진다; **2.** 주홍, 기분 좋음; **3.** 중세: '해학'에 따르면: a. 화를 잘 내는 것='사자'가 취한 것; b. 쾌활한 것='원숭이'가 취한 것; c. 차분한 것='양'이 취한 것; d. 우울한 것='돼지'가 취한 것; **4.** 다음과 관련된 고정적 구절에서 귀족lord, 생쥐mouse(제프리 초서Geoffrey Chaucer 이후), 외바퀴 손수레wheel-barrow; **5.** 간음fornication과 밀접하게 관련 있다: 취한 상태와 간음은 모두 리비도의 상징: 육체-불-태양 사이에 유사점이 있다; **6.** 민속: a. "평상시에 감춰져 있던 것이 술에 취하면 드러난다"(속담); b. "취한 사람들은 해를 입는 일이 드물다"(속담).

만티코어 manticore **1.** 아리스토텔레스가 묘사한 괴물이다; 이 이름은 인간의 피를 선호하기 때문에 '사람 먹는 자'에 해당하는 고대 페르시아어에서 유래했다: a. 세 줄의 상어 톱니를 가진 사람의 머리; b. 사자의 몸(힘과 속도); c. 독성이 있는 전갈 꼬리와 매우 정확히 던질 수 있는 호저의 가시를 갖고 있다; d. 트럼펫과 팬파이프의 목소리를 낸다; **2.** 폭풍을 동반하거나 타는 듯한 열풍을 의인화했을 것이다; **3.** 때로는 용의 발을 가진 맹수의 몸, 나선형 또는 구부러진 뿔을 한 사람의 머리가 있는 문장heraldry(紋章) 속의 괴물 이름이었다; 이것은 전사들의 자세를 상징한다; **4.** 심리: 끔찍한 합리주의자.

말 horse **A. 산:** 1. 신들의 번개, 햇빛/달빛, 파도, 바람; 2. 악마 또는 마녀들의 남근; 하비호스 및 빗자루와 관련된다; 3. 영spirit이 기수(騎手)인 육체; 4. 사람+말=사람+동물의 본능; 나귀를 탄 그리스도, 황소들의 미트라 등 참조; 아래의 K번 참조; 5. 중세시대: a. 미덕의 말; b. 사랑의 말; c. 유럽의 상징; **B. 태양(태양왕):** 1. 수레바퀴 등과 관련된 태양 동물: 우주; 2. 밤에는 백조가 태양범선으로 물을 건너고 낮에는 말이 태양전차를 끈다는 점에서 백조와 관련된다; 그리고 말들은 죽을 때 울부짖는다(미셸 드 몽테뉴Michel de Montaigne); 3. 헬리오스 등과 연결된다; 4. 새로 선택된 태양왕은 어머니 여왕 옆에서 전차를 타는 것이 허락되었다; **C. 달, 어머니**(여신), **마술:** 1. 점술(이것은 투시력을 갖고 있다), 마법(아래의 말편자horse-shoe 및 민속 참조)에 사용되며 시적 영감의 원천이다(히포크레네Hippocrene 참조); 2. 삼위일체의 위대한 어머니 여신에게 바쳐졌다: a. 발굽은 달 모양이다; b. 말은 비를 내리는 의식과 신성한 왕의 즉위식에서 중요했다(B번의 4 참조; 로버트 그레이브스Robert

Graves, 그리스 신화GM 1, 17); 3. 말+벌거벗은 여자: a. 비를 내리는 데 사용되는 달의 말인 페가수스; b. 말고기는 왕이 암말의 머리를 한 산의 여신으로부터 상징적으로 부활한 후 성찬으로 먹었다; c. 고디바Godiva 참조; 4. 태양 마차의 말(수입된 더 큰 말)을 숭배하기 이전에는 유럽 조랑말이 달에게 바쳐졌다(큰 말은 아마도 기원전 1850년경 힉소스 침략자들과 함께 들어 왔으며 기원전 1500년경에는 그리스에 들어온 것으로 추정된다); 따라서 나귀는 왕좌를 잃은 크로노스나 판, 실레누스 그리고 기타 옛 펠라스기족 신들의 상징이 되었다; 태양의 신 아폴로도 있었다. 핀다로스가 나귀를 싫어한다고 언급했기 때문에 하이퍼보리안들(역주: 고대 이상향의 사람들)이 바친 수많은 나귀는 킬레아 아폴로에게 바친 것이다(피티아 송시Pyth. O. 10, 30ff.); 5. 마녀의 약: '히포마네': 원래 바카날리아 주신제Bacchanalia의 풍요의식에 사용되었다: 예 벨레로폰Bellerophon이 태양왕으로서 희생적으로 살해되었을 때 그는 치마를 들어올리고 암말 가면을 쓴 채 성적으로 흥분해 다가오는 여자들 앞에서 뒤로 물러섰다. 여자들은 그에게 가까이 다가가 그를 죽였고, 그에게서 솟아나가는 피가 여자들의 벌거벗은 자궁을 비옥하게 만들었다; 6. 리아논(웨일즈의 새벽 또는 달의 여신)은 백마를 타고 프윌(어둠)을 지나쳤지만 나중에 잡혀서 암말이 되었다. 그런 후 그녀는 방문자들을 프윌의 성으로 데려가야 했다(=죽음); 7. 때로 말은 마법에서 염소의 기능을 대체한다. 악마는 말발굽으로, 말은 안식일의 주인으로 표현된다; 8. 켈트족의 여신 에포나(다산의 여신)는 조랑말, 말, 나귀를 관장한다. 마녀들의 손에는 종종 말발굽자국이 있다; 9. 독일: 프레이(르)의 숭배와 관련이 있다; 프레이(르)는 프레이야의 남자 버전일 수 있다; 10. 아래의 민속folklore 참조; **D. 대지**: 1. 매장의식 및 지하세계 숭배와 관련된다; 2. 현상 세계의 순환적 움직임을 나타낸다; 3. 지하세계의 페르세포네에게는 흰 말이 있었던 반면(핀다로스Pindarus, 올림피아 송시Oymp. O. 6, 95), 그녀의 남편 하데스/플루토에게는 검은 말이 있었다; **E. 물**: 1. 파동의 말: 원시 혼돈에서 솟구치는 맹목적인 우주의 힘; 2. 포세이돈(바다, 대양)과 관련된다: a. 포세이돈은 말을 창조했지만 크로노스에게 먹히는 것을 피하기 위해 말 사이에 숨었다(신과 그의 신성한 동물의 동일시); 레아는 (역주: 레아는 자신이 낳은 포세이돈을 잡아먹으려는 크로노스로부터 포세이돈을 보호하기 위해 망아지를 낳은 척하면서) 크로노스에게 망아지를 주어 먹게 했다(제우스에게는 돌)(파우사니우스Pausanias 8, 8, 2); b. 그에게는 놋쇠발굽과 황금갈기를 가진 흰 말(전차용)이 있는 마굿간이 있었다(호메로스Homer 11. 13, 19ff.); c. 그는 종마(파우사니아스 8, 25, 4 n.)의 형상으로 (암말로 위장한) 데메테르와 결합했다: 땅을 덮고 있는 바다; d. 그는 경주마horse-racing를 만들었다; e. 말발굽 모양의 달moon은 모든 물의 근원이며 바다의 조수를 지배한다; f. 말은 바다에 제물로 바쳐졌다: 미트라다테스 1세는 호의를 얻기 위해 네 마리의 말이 끄는 마차를 바다에 빠뜨렸다; 3. 샘물을 만드는 말발굽 차기에는 몇 가지가 있다: (한 버전에 따르면) 뮤즈들의 히포크레네 샘: 발더의 말발굽 자국이 샘물을 솟아나게 했다; 켈피(역주: 스코틀랜드에 사는 말의 모습을 한 나무요정) 참조; **F. 공기, 바람**: 1. 하늘과 땅 사이의 중재자, 수사슴과 독수리처럼; 2. 오딘의 말 슬레이프니르는 여덟 개의 발(=폭풍우 바람)을 갖고 있었으며 흰색이거나 얼룩무늬 회색이었다(아래 민속 참조). 이 여덟 개의 다리는 상여를 매는 네 명의 사람들과 관련이 있을 수 있다(영매인 오딘); 3. 네 개의 행성이 지배하는 네 마리 바람의 말들:

a. 수성 붉은색 말 (동쪽?)
b. 토성 검은색 말 (북쪽?)
c. 금성 적갈색 말 (남쪽?)
d. 목성 흰색 말 (서쪽?)

4. 캔타우로스는 바람의(또는 구름의) 신이다. 독일 문학에는 폭풍의 말들storm-horses에 대한 많은 언급이 있다. **G. 불**: 1. 불과 번개의 결합: 헬리오스, 헥토르의 크산토스('노란색' '반짝거리는'), 람포스('빛나는') 등; 2. 태양Sun 참조 (13번); **H. 고기를 먹는 것이 금기시되는 매우 신성한 동물**: 1. 게르만: 특정한 날을 제외하고 말고기를 먹는 것에 일반적인 금기가 있었다. 즉, 말과 연결된 신의 축제일에만 먹을 수 있었다(돼지고기에 대한 금기 참조: 멧돼지boar 참조); 말고기는 진미로 여겨졌지만 샤를마뉴와 이후 기독교인들은 이교도 의식으로 이를 금지했다; 2. 고대 히브리인들은 우상에게 말을 바쳤다. 나중에 말은 천사 또는

지상의 권세(예 목사)로 여겨졌지만, 호전적이고 우상숭배적이고 교만한 마음을 갖지 않도록 하기 위해 많은 말을 소유하지 못하게 했다(솔로몬이 금했다); 3. 아래 I번과 IV번의 4 참조. I. **특징: I.** 다산: 1. 일반적인 생명력(마차chariot 참조), 생식력 그 자체: a. 그들은 다산의 신 프레이야에게 말 제물을 바쳤다; b. 로키는 말의 형태로 전파되었다(순수한 성적 본능); c. 말: 번개의 다른 형태의 표현이다; 천둥이 치면 곡식을 살찌우는 비가 온다(토머스 S. 엘리엇Thomas S. Eliot의 "황무지The Waste Land" 참조), 말의 발굽은 남근의 의미를 갖게 되었다; 특히 말의 옆구리는 번개를 막아 준다('동종요법'); d. 종종 옥수수의 정령이 들어있는 밭의 마지막 곡물 단은 말로 간주되었으며 처음 새끼를 낳은 암말에게 주었다; e. 말은 풍요를 위해 마르스에게 제물로 바쳤다(=자기희생의 신으로 자처한다: 미트라와 황소bull 참조); 유사한 관념이 히폴리투스/비르비우스의 말을 죽이는 것의 기저에 있을 수 있다; 2. 어머니를 상징한다: a. 플리니우스Pliny는 암말의 성기를 북풍(북쪽=말)이 부는 쪽으로 향하게 하면 '종마 없이 수태'한다고 한다(8, 67); b. C번 참조; 3. 사랑: a. 사랑의 선물로서의 말: 예 폴리듀오테스; b. 아가서SoS (1, 9)의 연인은 자신이 사랑하는 사람을 "파라오의 전차에 있는 말 무리"와 비교한다; 4. 음탕함: a. "그들은 아침에 먹이를 실컷 먹은 말과 같았다"(=흥분상태): 모든 사람이 (수말처럼) 이웃의 아내를 '따라다니며 소리지른다'(예레미아서Jer. 5, 8); 이것은 아마도 잘못 알려진 "창녀의 집", 즉 우상숭배의 장소에 대한 추가 설명인 것 같다(5, 7). 그러나 이 추가 설명은 관련된 상징적 의미를 바꿔 놓지는 않는다; b. 에스겔은 애굽의 "숨겨둔 정부"에 대해 "살"(=남근)은 나귀의 살과 같고 이들의 정액배출은 말의 그것과 같다고 언급했다(23, 20); c. "헥토르의 말": 안드로마케의 방식으로 여자가 남자 위에 눕거나 앉는 성교; 나소 P. 오비디우스Naso P. Ovid(사랑의 기술De Art. Am. 3, 777ff.). 그녀의 체구가 너무 컸기 때문에 오비디우스는 이 이야기를 부인했고 작은 여성에게만 이 자세를 권했다; d. "탐욕이 그의 교만 속에 들어있는 한 어떤 외침(=책망)도 그의 흥분을 가라앉히거나 그의 경솔한 욕망을 억제할 수 없다. 옥처럼 단단한 자기의지가 그를 진정시키기 하는 한"(루크리스의 능욕 Lucr. 705ft.; 비너스와 아도니스Ven. 259ft. 참조; 크리스토퍼 말로Christopher Marlowe, "헤로와 레안드로스 Hero and Leander" 2, 14 1 ff.); e. (나귀ass처럼) 발기하는 동물: 나중에 욕정적인 악마의 성적 상징성을 갖게 되었다; f. 르네상스: 정욕을 상징한다; **II.** 충실함: 1. 주인을 헬웨이로 데려가기 위해 말과 주인을 함께 묻는 것이 고대 북유럽의 관습이었다; 2. 죽은 주인을 위해 우는 말: a. 아킬레스를 위해 우는 말(호메로스 Homer II. 17, 426ff.); b. 팔레스를 위해 우는 에톤(베르길리우스Virgil, 아에네이스Aen. 11, 89f.); 3. 말처럼 진실한(한여름 밤의 꿈MND 3, 1); **III.** 민감성(청각 및 느낌의 민감성): 앞부분 참조; **IV.** 가장 유용한 동물: 1. '탁월한 짐승'의 예([우주] 물고기fish 참조): 2. 힘과 허영심: "(그는) 힘 있음을 기뻐하며 앞으로 나아가서 군사들을 맞되 두려움을 모르고 겁내지 아니하며 칼을 대할지라도 물러나지 아니하니"(욥기Job 39, 21ff.); 3. 많은 동요(가장 잘 알려진 험프티-덤프티 Humpty-Dumpty)에서 "왕의 모든 말horse"은 최고의 힘을 상징한다; 4. "길에서 말을 거칠게 다루거나 짐을 너무 많이 싣는 것은 하늘에 인간의 죽음을 청하는 것이다"(윌리엄 블레이크William Blake, 순수의 전조Aug. of Inn.); 5. 자유; 6. 굳건함(=지혜): 주께서 "그들을 깊음으로 인도하시되 광야에 있는 말같이 넘어지지 않게 하신 이"(이사야서Isa. 63, 13); 7. 순수함과 완벽함(예 딜런 토마스Dylan Thomas); **V.** 이기심: 이솝 Aesop, 우화Fables(80); **VI.** 분노: "분노는 완전히 흥분해 날뛰는 말과 같아서 자제시키기 어렵다"(헨리 8세의 생애와 역사H8 1, 1); **VII.** 완고함: "말을 물가로 데려갈 수는 있지만 억지로 물을 마시게 할 수는 없다"(속담); **VIII.** 어리석음: a. 말과 노새는 이해력이 부족하므로 이들을 통제할 고삐가 필요하다. 나귀는 그렇지 않다(시편Ps. 32, 9); b. 말은 다음과 같은 이유로 고삐를 매게 되었다: 모든 것을 엉망으로 만든 멧돼지와 함께 풀을 뜯던 말은 화가 나서 인간에게 도움을 요청했고 인간은 그가 말 등에 올라타고 고삐를 매게 해준다면 말을 돕겠다고 했다(이솝, 우화 92); c. 노예근성이 가장 강한 동물: 자신의 오랜 적인 사슴(에라스무스Erasmus, 어리석음의 찬양Stult. Laus.)에게 복수하기 위해서라면 고삐와 채찍으로 제약을 받으면서도 인간과 가장 가깝게 지낼 수 있고 주인과 운명을 함께

할 수 있다; d. 겁에 질린 광기: 특히 암말(예 페트로니우스, "사티리콘"); e. "그렇지 않다면 말이라고 불러주세요. 아니면 나귀라고 불러주세요": 경멸적 표현(예 헨리 4세 1부1H4 2, 4); f. 말이 피곤하다는 속담이 있다; **IX.** 지배 계급, 허영심; a. "나는 말을 타고 땅에서 종들과 걷는 방백들을 보았다"(전도서Eccl. 10, 7); b. 말은 "그의 힘으로 보답한다"; c. 세속적 힘과는 대극인 신성한 힘: "어떤 사람은 병거(兵車)를 신뢰하고 어떤 사람은 말을 신뢰하지만 우리는 우리 하나님 여호와의 이름을 기억할 것이다"(시편Ps. 20, 7); d. 더 높은 계급에만 적합하다: 거지들은 죽기까지 말을 달린다(헨리 6세 3부3H6 1, 4); **J. 문장**heraldry(紋章): 1. 평화를 위한 것이든 전쟁을 위한 것이든 행위 할 준비; 2. 말의 주인; 3. 백마: 하노버 왕가; **K. 심리**: 1. 인간의 비심리적이고 인간 이전의 동물적 측면. 따라서 무의식적 측면이다; 2. 사람보다 하등한 동물적 측면으로서 낮은 신체 부분(켄타우러Centaur 참조)을 의미하며 거기에서 생겨나는 동물적 욕망을 나타낸다; 3. 직관적 이해(이 부분도 인간과 동물이 공유하는 부분); 4. 꿈에서 짐승상징으로 나타나는 자기Self(카를 융Carl Jung 9b, 226); 5. 육체적, 정신적 에너지; 6. 어머니 상징: 어머니 상징은 보호뿐 아니라 악몽의 끔찍한 어머니도 의미할 수 있기 때문에 양가적이다(잘못된 어원 포함); 7. 세상에 들어온 (삶으로 구체화된) 리비도; **L. 전쟁**: 1. 히브리 선지자(예언자)들에게는 나귀, 즉 평화의 반대(예 출애굽기Ex. 14-15부터 예레미야서Jer. 6, 23까지, 여기서 나귀는 파라오의 흉악한 군대를 의미한다); 고대 시대를 나타내는 선지자(예언자)의 나귀ass 선호에 대해서는 나귀ass 참조; 다윗왕 시대에도 적의 말의 힘줄을 잘랐다(자신의 병거를 끌 백 마리는 제외 했다. 사무엘하서2Sam. 8, 4); 말을 제대로 활용한 것은 솔로몬이 처음이었다; 2. 이솝Aesop: 훌륭한 군마라도 평상시에 제대로 먹이지 않으면 다음 전쟁에서 좋은 말이 될 수 없다(우화Fables); 3. "전쟁을 위해 말을 훈련시키는 자는 결코 영적 세계Polar Bar에 들어갈 수 없다"(윌리엄 블레이크William Blake, 순수의 전조Aug of Inn.); 4. 고대 로마의 플라멘 디알리스(대사제)에게는 전쟁과 관련된 어떤 것도 허용되지 않았기 때문에 말을 만질 수조차 없었다. 플리니우스Pliny에 따르면, 말의 쓸개에 독성이 있기 때문이었다; 5. 승리를 상징한다: 예 장군의 기마상 등; **M. 죽음**: 1. 죽음의 나무: 예 중세에 관을 "성 미카엘의 말"이라고 불렀고, 근대 페르시아어로 '관'은 '목마'를 의미한다; 2. 죽음의 나무인 이그드라실 나무와 연결된다; 3. 영매로서 발키리 여신과 연관된다; **N. 신들의 속성**: 디오니소스, 플루토, 넵투누스 보레아스, 마르스, 카스토르, 폴룩스, 주피터, 조지, 헬리오스, 오딘, 뮤즈 등: **O. 색상**(기수horsemen 참조): 1. 흰색: a. 하프와 관련된다; b. 죽음의 징조; 창백한 죽음의 말(요한계시록Rev. 8, 8): 예 마왕을 상징하며 종교 성화에서의 상징성에 대해서는 D번의 3 참조; c. 순수, 지성, 이성, 천상의 지식, 신성한 말씀, 새벽; d. 그리스도 재림의 산; 태양신; 메시아(또한 비슈누와 무하메드도 이렇게 돌아올 것이다); e. 붉은 머리를 가진 여인을 본 후 백마를 찾으러 다녔다: 죽음을 부르는 세트를 본 후 태양의 구세주를 찾으러 다녔다; f. 오딘의 말horse; g. 점술에 사용되었다; h. 속성: 어둠이나 악과 전쟁을 벌이는 카스토르와 폴룩스, 주피터, 천상의 주인의 속성; i. 몸에 흰색이 없는 말은 사악하다. 검은색 말에 흰색이 가장 잘 어울리는 곳은 이마이다. 별이나 '구름'과 같은 흰 반점(안토니오스와 클레오파트라Ant. 참조 1, 3); j. =백발 노년기: "백마를 탄 사람을 위해 무언가를 구하십시오"; k. 이탈리아 해안에서 아이네아스가 네 마리의 백마를 보았다: 전쟁(아마도 칼라브리아의 그리스 거주지: 베르길리우스Virgil, 아이네아스Aeneid 3, 537); l. 흰색과 검은색: 삶과 죽음: 쌍둥이자리; m. 민속 참조; 그리고 버크셔 말에게 먹인 풀; n. 바다의 경우 E번의 2 참조; 2. 검은색: 기근(요한계시록Rev.); 3. 빨간색: 전쟁(요한계시록Rev.); 4. 회색: 웨일즈 악마; **P. 다른 것과의 조합**: 1. 두 마리의 말: 디오스구로는 두 마리의 백마(또는 두 개의 원으로 상징됨)를 받았다. 두 마리 백마는 핀다로스Pindarus (피티아송시Pyth. O. 1, 66)에 의해 '류코폴로이'라고 불리웠는데, 이는 아침별과 저녁별을 의미할 수 있다: 하늘의 기수들; 레우키포스Leukippos의 두 딸을(백마white horse: 파우사니아스Pausanias. 3, 16) 데려갔다고 한다; 2. 네 마리의 말: a. 사두마차 및 4four 참조; b. 네 가지 요소에 대해서는 D-G 참조; c. 지성: 형평성. 특히 '마구를 씌웠을' 때; d. 신화에서는 일반적으로 바람wind(F번의 3 참조); 3. 날개 달린 말: a. 메두사가 페르세우스에게 살해당했을 때 메두사의 몸에서 나온 페가수스. 벨레로폰은 페가수스를 타고 키마이라를 무찌를 수 있었다; b. 시: 히포크레네와 관련된다; 4. 자유롭게 풀 뜯는 말: 평화와 자유; 5. 말 털: a. 아테나는 투구 윗부분에 바람에 휘날리는 갈기를 꽂고 있었다(그리핀griffin과 스핑크스sphinx 참조); b. 속도의 행운을 상징한다; c. 영국 판사들의 가발: 분별력과 지혜를 준다; d. 말털을 물에 던지면 살아나서 장어가 된다(또는 아직 알려지지 않은 뱀serpent이 된다: 안토니오스와 클레오파트라Ant. 1, 3; e. 말이 트로이를 상징했음에도 그리스 투구에 말 털 장식을 했다: 나소 P. 오비디우스Naso P. Ovid, 변신이야기Metam. 12, 88f.); f. 아래의 민속도 참조; 6. 말 머리: a. 카르타고Carthage를 상징한다(베르길리우스Virgil, 아에네아스Aen. 1, 444); b. 농장 앞에 있는 두 개의 말머리: 일반적인 방어책(여러 마리임을 강조하는 의미); 7. 말의 두개골: 농장 지붕의 용마루에 달려 있다: 행운을 가져오고 악을 피한다(특히 색슨족); 8. 말 길들이기: a. 전형적인 트로이 목마(호메로스Homer, II. 이 책의 여러 곳에서 언급된다); b. "야생마를 길들이는 자들은 말이 복종하도록 하기 위해 손을 쓰지 않고 단단한 재갈로 입을 막아 명령에 복종할 때까지 채찍질 한다"(헨리 8세의 생애와 역사H8 5, 2); 가디너는 자기방어적으로 종교와 관련한 자신의 강력한 조치에 대해 말한다; 9. 양조장의 말: 노쇠한 말: 귀족들은 말이 너무 늙으면 양조업자들에게 팔았다(헨리 4세 1부1H4 3, 3 참조); 10. 다리가 세 개뿐인 말: a. '악마의 산', b. 역병이 퍼질 때 죽음의 여신(헬)이 있는 산; **Q. 특별히 참고할 문학서:** 1. 윌리엄 블레이크William Blake: 가르침을 주는 말(호랑이tiger도 참조); 2. 토머스 S. 엘리엇Thomas S. Eliot: "초원에서 질주하는 늙은 백마"("동방박사의 여정Journey of the Magi"): 죽음, 낡은 섭리 등; 3. 윌리엄 B. 예이츠William B. Yeats: 흑암의 말: 재앙의 말; 세상이 끝나는 날 말들은 언덕 아래로 질주할 것이다; 4. 페데리코 G. 로르카Federico G. Lorca: a. 그들은 결코 도시를 이루지 못한다: 사회를 이루지 못하는 인간 본성의 불가능성; b. 말에 올라탄 사람이 지시하는 정서적 삶; 종종 산에서: 정서적 삶; c. 새벽의 말(예 "피의 결혼Blood Wedding"); **R. 민속:** **I.** 행운: a. 일반적으로 다음을 의미한다: 여덟 개의 발을 가진 오딘의 말은 흰색이거나 얼룩덜룩한 회색이었으며 이들과 마주치면 운이 좋지 않다(발이 흰색인 말도 포함); 때로 백마를 만나는 것은 행운이다; b. 풍요: i. 수확 및 옥수수 정령과 관련 있다(위 참조); ii. 암말이 망아지를 배고 있는지 알아보려면 물 한 모금을 귀에 뱉어본다: 암말이 머리만 흔들면 망아지를 밴 것이고 온몸을 흔들면 그렇지 않은 것이다; c. 마구의 놋쇠장식: 악마의 눈에 대항하는 강력한 힘; 따라서 초승달, 햇빛, 수레바퀴, 스와스티카 등의 형태로 만든다; **II.** 불운: a. 임산부가 말의 목 아래쪽에 발을 디디면 유산할 수 있다; b. 폭풍을 일으키는 마녀와 관계가 있기 때문에 배에 말을 태우면 불길하다; c. 그들은 귀신과 영혼을 볼 수 있다(발람Balaam의 나귀ass 참조); 구멍이 뚫린 돌은 '마녀 말타기witch-riding'(이튿날 아침이 되면 말은 땀을 흠뻑 흘리고 있다)를 막을 수 있다; 이것은 아마도 다음과 같은 동요의 주제일 것이다: i. "나에게는 작은 조랑말이 있어요. 이름은 대플 그레이랍니다. 어떤 숙녀에게 이 조랑말을 빌려 주고 1마일 떨어진 곳까지 태워다 주게 했죠. 그녀는 조랑말을 채찍질하고 베어 버렸어요. 이제는 숙녀가 돈을 주고 빌리겠다고 해도 내 조랑말을 빌려주지 않을 거예요"; ii. "나는 링컨거리에서 내 암말을 잃어버렸고 어디에서도 찾을 수 없었다: 암말이 집을 찾아 돌아오긴 했지만 다리를 절룩거렸고 앞을 보지 못했으며 꼬리도 없었다": 마녀는 악명 높은 꼬리 강탈자들이다(로버트 번즈Robert Burns, "말괄량이Cutty Sark" 참조); **III.** 약용: 다양한 레시피가 있다(예 플리니우스Pliny 28, 4, 1); **IV.** 말을 다루는 사람의 언어: 사람들을 선택하는 것으로 알려진 마법의 언어(에드워드 뮤어Edward Muir는 이것이 '무례한 표현'이라고 생각했다), 말의 귀에 대고 속삭이면 거친 야생마를 길들인다; 대장장이가 종종 지도자였던 형제단에 합류하여 이러한 표현을 배웠다. 말 길들이기에 대해서는 두꺼비toad 참조; **S.** 전차chariot 참조; 고디바Godiva; 암말mare; 악몽nightmare; 말steed 등.

말 울음소리 neighing **1.** 정욕에 대한 표현(예레미야 애가Lament 5, 8; 13, 27); **2.** 자존심, 자랑: (야간 전투에 대한 설명) "말들이 서로를 위협하며, 고요한 밤을 우렁차고 자신감 넘치는 울음소리로 꿰뚫는다"(헨리 5세 4부4H5 서문 1).

말거머리, 착취자 horse-leech 1. 끝없는 탐욕: "거머리에게는 두 딸이 있어 다오 다오 하느니라"(잠언Prov. 30, 15; 참조, 로버트 그레이브스Robert Graves, 하얀 여신WG 448); 2. 이 이름은 수의사에게도 적용되었다.

말더듬 stammering 1. 원시적인 사람의 말speech의 특징(티투스 루크레티우스 카루스Titus Lucretius Carus, 5, 1022); 2. 말더듬이 랑베르Lambert le Bègue는 베긴Beghards(Brewer) 수도원 형제회를 설립했다; 3. 신비 체험의 언어: "나는 모든 과학을 초월하는 무언가를 경험하면서 말을 더듬게 되었다me quedé balbucendo, toda ciencia transcendiente"(산 후안 10세S. Juan X, "내가 모르는 곳으로 나를 인도하소서Entréme donde no supa"; 참조: 스페인 찬가Cántico Esp. 7).

말더듬기 stutter 1. 설화와 민요에서 말을 더듬는 연인은 악명 높은 인물이다; 2. 다른 사람이 자신을 위해 대신 구애하기를 원하며 말을 더듬거리는 영웅들: a. 고대 북유럽: 헬리골랜드의 왕인 헬게는 토라를 사랑하여 그의 친구 호더Hother에게 말을 전해달라고 부탁했다; b. 시라노 드 베르주라크Cyrano de Bergerac의 친구(로스탕Rostand); c. 마일스 스탠디시Miles Standish(롱펠로Longfellow); 말더듬기stamrner 참조.

말뚝 stake 1. 말뚝에 묶이는 것: a. 인간을 화형이나 고문하기 위해 쓰였다: 순교 또는 다산왕의 죽음, 교수형과 관련된다(모발 자르기, 거세/눈 가리기 등; 교수형hanging 참조); b. 엘리자베스 1세 여왕 시대: 곰들을 말뚝에 묶어 개들에게 화를 돋우게 했다(예 맥베스Mac. 5, 7 참조): 2. 민속: 그곳에 붙잡혀 돌아오지 못하도록 갈림길에 묻고 나서 뱀파이어의 심장(때로 다른 '범죄자'나 자살한 사람의 심장도)이나 머리에 말뚝을 박았다.

말미잘 sea-anemone (어류) 1. 아프로디테에게 바쳐졌다; 2. 딜런 토머스Dylan Thomas: 집어삼키는 자궁; 바다sea 참조; 3. 시간이 지나면 청어로 변하기 때문에 '청어 빛'이라고도 불린다.

말벌 hornet 1. 영국에서 가장 큰 말벌wasp 종; 2. 처벌로서의 고문: a. 주님은 이스라엘 백성에게 말벌을 보내 원수를 쫓겠다고 약속하셨다(출애굽기Ex. 23, 28); 이 번역은 '그들을 낙담시키다'를 의미할 수 있지만, '말벌'은 유대의 전통에 있는 것이다. 신명기Deut.(7, 20)도 참조: "더욱 네 하나님 여호와께서 그들 가운데 말벌을 보내시어 그 남은 자들이 네게서 숨어 멸망하기까지 하시리니"(또한 여호수아서Josh. 24, 12); b. 단테Dante: 말벌hornet과 말벌wasp(말벌hornet ='파리mosconi')은 충분히 좋지도 나쁘지도 않은 어둠의 평원에 있는 죄인들을 괴롭힌다(신곡 지옥편Inf. 3); 3. 말은 호전적인 동물이기 때문에 이들은 말의 시체에서 번식한다(꿀벌bee 참조; 나소 P. 오비디우스Naso P. Ovid, 변신이야기Metam. 15, 368); 4. 민속: 방에 말벌의 빈 둥지가 있으면 출산을 용이하게 한다.

말벌 wasp 1. 일반적으로 안 좋은 것: 그 이유는 꿀벌의 반대라서: 예 말벌은 꿀벌이 먹지 않는 고기를 먹는다; 2. 자극; 3. 사소한 위험: "네가 벌 같다면(벌처럼 화를 쉽게 낸다면) 나의 즐거움을 위해, 참으로 나의 웃음을 위해 너를 이용하겠다"(율리우스 카이사르Caes. 4, 3); 4. 사랑: 큐피드는 비너스의 "말벌 머리를 가진(화를 쉽게 내는) 아들"이라고 불린다. 그 이유는 그가 쏘기 때문이다(템페스트Tp. 4, I); 5. 단테Dante: 말벌hornet 또는 wasp은 선하지도 악하지도 않아서 천국과 지옥 모두에서 버림받은 흑암의 평원의 죄인들을 쏜다.

말편자 horse-shoe 1. 부적으로 사용한 엘크 뿔의 잔재로, 초승달 형태다; 뿔이 늘어지면 제대로 힘을 발휘하지 못하는 것처럼 편자도 마찬가지이다(이 부분에 대하여 논쟁이 많다); 2. 대장장이(마법적으로 강력한 인물), 편자공 또는 말 상인을 상징한다; 3. 달 모양을 하고 있고 말 자체가 여신과 관련 있기 때문에 위대한 여신과 관련 있다; 4. 똑같이 신성한 말이 마녀들에게 영향을 주는, 사트루누스Saturn의 적 마르스와도 연관된다; 이것은 말편자가 어떻게 마녀에 대항하는 도구로 사용하게 되었는지를 설명해 준다(위대한 여신의 가르침을 받은 여사제들의 후손임에도 불구하고); 또 다른 이유는 편자가 마녀를 강력하게 억제하고 최고의 금속으로 만들어졌기 때문일 수 있다; **5.** 말의 성적 능력과 번식력, 철과 불의 마법, 그리고 달 모양과 관련이 있기 때문에 남성적 요소와 여성적 요소가 결합되어 강한 생명력을 상징한다; **6.** 때로 망치로 연마하여 마법의 힘을 높일 수 있다: a. 오딘과 로키; b. 여성의 음문과 남근; **7.** 민속: 행운을 가져다 준다. 특히 회색 암말의 뒷발 편자는 그렇다. 이 편자를 집어 들어 침을 뱉고 소원을 빌고 왼쪽 손으로 힘껏 던진 후 뒤돌아보지 않고 계속 걸어간다(특히 누군가를 편자로 맞혔다면); 또는 집으로 가져가 문 위나 배의 돛대에 못으로 박아 고정시킨다.

말하기 speaking 말하기talking 참조.

말하기 talking **1.** 전설에서 말하는 새, 식물, 돌 등은 영웅에게 도움을 준다: a. 그가 자연과 소통하며 '읽은(알게 된)' 계절적인 측면; b. 전조; c. 사람이 존재함을 알리는 새의 갑작스러운 비행, 돌에 긁힌 자국, 사람이나 동물이 지나간 흔적 등에 관한 합리적인 해석; **2.** 민속: 말하기(또는 웃기)는 일반적으로 백마법의 효과를 소멸시킨다: 위시본 마법(뼈bone 참조); **3.** 외침shout 참조.

맘몬 신 Mammon 불의의 맘몬은 돈을 뜻한다; 초기 논객들에 따르면 이것은 '부자' '이득' '돈'을 뜻하는 고대 카르타고어나 시리아어였을 것이다(테르툴리아누스Tertullian, 마르키온 논박Marc. 4, 32+n.; 시편Ps. 103, 누가복음Luke 16 9; 두 번째 산상설교에 관한 성 아우구스티누스St. Auglstine의 주석 설교 35, "주께서 가라사대De Verbo Domini").

망둥어 goby (물고기) 망둥어의 민물 종인 모샘치gudgeon 참조.

망명, 추방 exile **1.** 종종 (의도치 않게) 가족을 죽인 사람들에 대한 처벌: 예 가인과 오이디푸스; 1년 동안 망명하는 것은 여러 가지 죄악으로부터 자신을 정화하는 일반적인 방법이었다; 돼지 피 참조; **2.** 현대: 사회에서 추방(배척)당하는 것은 현대인이 느끼는 가장 큰 공포이다.

망아지 colt **1.** 활발하게 뛰놀기, 혈기(심벨린Cym. 2, 4); a. 젊고 어리석으며 혈기왕성한 사람(베니스의 상인Mer. V. 1, 2); b. "그들의 열정적인 상태"(베니스의 상인 5, 1); **2.** 망아지의 이빨: 혈기왕성함: "망아지의 이빨이 아직도 빠지지 않았는가?"(헨리 8세의 생애에 관한 유명한 역사H8 1, 3); 제프리 초서Geoffrey Chaucer의 작품에서 바스Bath의 아내도 이와 유사하게 망아지의 이빨을 언급함; **3.** 민속: "볼품없는 망아지라도 좋은 말이 될 수 있다"(속담); **4.** 그리스도가 탄 망아지의 경우: 나귀ass 참조; 그 외의 모든 경우는 말horse 참조.

망치 hammer **1.** 망치+모루=자웅동체: 다산, 창조: a. 지하세계의 풍요를 담당하는 대장장이 헤파이스토스의 상징; b. 창조적 (시적) 말씀: 여호와의 말씀이니라(내 말이 불같지 아니 하냐) "바위를 쳐서 부스러뜨리는 방망이 같지 아니 하냐"(예레미야서Jer. 23, 29); c. 자연에 대한 모방(조각으로); d. 망치=생각; 모루(또는 대장간)=뇌; **2.** 천둥신의 도구(다산과 관련된 천둥-비): a. 주기적으로 잃어버리는, 토르의 가장 소중한 소유물. 다음의 의미로서: i. 힘의 상징으로서; 보호를 위한 부적으로 착용; ii. 파괴(불과 서리 거인들의)로서; iii. 다산의 촉진으로서; 결혼식에 사용되었던 상징; b. 폭풍의 한가운데에서 태양을 방출하는 봄의 전령; 모의로 천둥을 유발하기 위해 기우제에서 사용되었다(토르의 전차를 움직임으로써); **3.** 쌍두망치(두 개의 머리를 가진 전투용 도끼, 십자가, 검 등)는 마르스의 산, 그리고 희생제의를 통한 질서의 역전을 상징한다; **4.** 불멸: 영국인들은 망치를 무덤에 놓았다; 게르만: 부활을 보장하기 위해 장례식에서 사용된 상징; **5.** 운명: 바꿀 수 없는 자연의 법칙을 의인화한 그리스의 우화적 여신 아난케의 속성; **6.** 신의 복수: 많은 나라를 파괴했으며 따라서 스스로 자멸하게 된 바빌로니아(예레미야서 50, 29); **7.** 물리적 힘과 전략: 마카비는 '망치'를 뜻한다(참조: 카를 '마르

텔'Charles 'Martel'); **8.** 끈질긴 생각: "피와 복수가 내 머리를 망치로 두드리는구나"(타이투스 안드로니카스Titus Andronicus 2, 3); **9.** 육체노동; **10.** 기독교: a. 십자가형과 관련된 상징들 중 하나; b. 대장장이의 수호 성인, 성 엘리기우스의 상징; **11.** 문장heraldry(紋章): a. 폭력; b. 꺾이지 않는 결의; c. 전략; **12.** 딜런 토머스Dylan Thomas: a. ("내가 문을 두드리기 전에"에서) 미래 아이의 갑옷(=살)을 두들겨서 형태를 만드는 남근; 또한 ("움직이는 무덤When I like a running grave"에서) 처녀의 명예를 실추시키는 경매인의 망치; b. 꽃들이 땅을 '두드린다'; 13. 모루anvil; 대장장이(black-)smith 참조.

망토 cloak **1.** 보호; **2.** 숨김(은폐), 불가사의, 눈에 보이지 않게 한다: a. 사람을 세상으로부터 차단시키는 베일; b. 인격의 외부 경계, 진정한 자아를 숨기는 '가면'('페르소나'); c. 지크프리트의 투명 인간이 되게 하는 망토는 보물을 지키는 난쟁이에게서 얻었다; 이 투명 망토는 건서왕이 브륀힐트의 결혼 경쟁에서 승리하게 해 주었다; 밤/낮 또는 여름/겨울 주제; **3.** 악행villainy 또는 infamy: "망토 아래 칼을 가지고 미소 짓는 사람": 제프리 초서Geoffrey Chaucer, 기사의 이야기 The Knight's Tale); 악행을 가리는 망토cloak of maliciousness(베드로전서1Peter 2, 16); **4.** 탐욕스러움의 망토clock of covetousness(탐욕greed: 데살로니가전서 1Thess. 2, 5); **5.** 열성(이사야서Isa. 59. 17); **6.** 우월한 위엄; **7.** 재질, 색깔 이외에 지위도 중요하다: a. 미트라는 망토를 휘날리며 황소를 죽인다: 변하는 것과 고정된 것의 결합; b. " '…처럼 보인다'라니 무슨 뜻인지 모르겠네요. 저의 검은 망토뿐만 아니라 어머니…" (덴마크의 왕자 햄릿Ham. 1, 2); 옷clothing 참조; **8.** 짙은 빨간색 또는 불타는 망토: 대개는 지는 태양: a. 데이아네이라가 죽어 가는 켄타우러에게서 얻은 망토(둘 모두 달lunar의 인물); 망토는 헤라클레스를 불태웠다(예 나소 P. 오비디우스Naso P. Ovid, 변신이야기 Metam. 9, 101ff); b. 글라우케(새벽)는 메데아에게서 망토를 얻었다: 메데아는 이튿 날 새벽 또는 해가 진 뒤의 황혼을 의미한다; c. 때로 생명을 주거나 파괴할 수 있는 태양의 지혜로 간주된다; **9.** 잠: "인간의 모든 생각을 덮는 망토인 잠을 발명한 사람은 대단하다"(미구엘 드 세르반테스 사베드라M. de Cervantes Saavedra, "돈키호테Don Quijote" 2, 68); **10.** 세계: 스트라보Strabo는 당시 알게 된 세계를 망토에 비유했다; **11.** 옷clothes, 의복garment 참조.

망토 mantle **1.** 신을 감싸는 것: a. 구름이나 안개, 신의 광채를 숨기는 것 또는 신의 광휘로부터 인간을 보호하는 것; b. 자기를 억압하고 드러내지 않는 측면; c. 영원무궁한 것; **2.** 결합: A. 밤의 검은 망토: "그의 검은 망토가 대지를 덮고 있던 밤이 사라졌다"(헨리 6세 1부1H6 2, 2); B. 신의의 망토: 멋진 소년이 흠없는 숙녀에게 어울리는 아름다운 망토를 가지고 아서왕의 궁정에 왔다; 오직 숙녀 크래독만이 죄가 없었다; 소년이 멧돼지를 죽였는데 오직 죄 없는 사람의 칼만이 멧돼지를 조각낼 수 있었다(민요 "소년과 망토The Boy and the Mantle", 프랜시스 J. 차일드Francis J. Child 29번); C. 예언의 두루마기(망토): 엘리야의 예언; D. 적갈색의 망토: 새벽: "적갈색 망토를 걸친 아침은 저 높은 동쪽 언덕의 이슬 위를 걷는다"(햄릿 Ham. 1, 1); **3.** 망토cloak 참조; 옷chothes; 드레스dress; 의복garment 등.

매 falcon **I. 일반적으로 다음을 의미한다:** 1. 매falcon와 매hawk를 구별하는 어려움은 '매과Falconidae'에 약 60 종의 매hawk와 35종 이상의 '진짜' 매falcon로 구성되어 있다는 것을 알면 명확해진다; 그리고 프랑스어로는 두 종류가 같은 단어로 표현된다; 그러나 일반적으로 '귀족의 새'는 송골매Peregrine Falcon나 암컷 송골매Falcon Gentle이며 이들 중 (수컷보다 크고 대담한) 암컷이 주로 매사냥에 사용된다(훈련된 매hawks와 때로 독수리eagles를 사용하기도 한다); 훈련된 수컷 매는 '테르셀tercel'이라고 불리며 사냥에는 사용하지 않는다(맥베스Mac. 2, 4; 비너스와 아도니스Ven. 1,027에 자주 나옴); **2.** 나머지 종 중에 가장 흔하게 볼 수 있는 것은 다음과 같다: a. 미국 황조롱이kestrel, 유럽 참매goshawk와 (매사냥에도 사용되는 짧은 날개를 가진) 참새 매sparrow hawk: 이들은 사냥감을 움켜잡아 죽인다(매는 공중에서 시속 290km의 속도로 몸을 구부려 깔끔히 죽이는 대신에 움켜잡아 죽인다); 매는 토끼, 꿩을 사냥하는데 사용된다; 작은 사냥감을 위한

작은 맹금류: 지빠귀, 자고새류, 메추라기; b. 황조롱이kestrel ("황조롱이Windhover")는 공중에서 맴돌며 먹이를 찾는다: 먹이는 딱정벌레, 생쥐, 메뚜기, 드물게 참새 및 다른 새들이다: 따라서 황조롱이는 매사냥에는 사용되지 않는다; 비둘기에게 위협이 될 수 있는 다른 맹금류들을 쫓아내기 때문에 비둘기들을 보호하려고 길렀다; 황조롱이의 전형적인 (날고 있는 동안 내는) 울음소리는 '클, 클, 클, 클'이다; **3.** (그중 일부는) 원을 그리거나 나선형으로 날아간다; **4.** 매는 자신을 날려 보내는 사람에게 돌아가게 되어 있다; **II. 신화: 1.** 이집트: 매는 빛의 신들의 상징이다(태양과 죽은 자들의 세계 사이의 연관성에 대해서는 태양sun 참조): 빛의 신들은 어린 호루스, 하라크테-라, 몬수, 콘수, 호루스 신 등이 있다; **2.** 그리스: 키르케는 아마도 팔콘('키르코스kirkos')이란 단어와 관련이 있을 것이다. 이것은 그 자체로 의성어인 '키르크키르크kirkkirk')이고 게다가 키르케는 태양신 헬리오스와 관련 있다; b. 죽음의 여신과 관련이 있으며 칼립소의 축복의 섬(죽은 자들의 섬; 호메로스Homer, 오디세이아Od. 5, 66)에서 찾아볼 수 있다; 또한 매는 둥지에 다섯 개의 알을 낳기 때문에 위대한 여신과 관련 있을 수 있다(5는 위대한 여신의 수); c. 치료용으로 사용되었으며 아폴로(또 다른 태양신)와 관련이 있기 때문에 점치는 데에 사용되었다(호메로스Homerus, 그리고 베르길리우스Virgil, 아이네아스Aen. 11, 721); d. 비둘기를 죽이는 새, '가장 빠른 새' (호메로스, 일리아드Il. 15, 237; 또는 16, 583; 그러나 비둘기를 죽이고 가장 빠른 것은 매hawk와 독수리eagle도 마찬가지다: 독수리eagle A번의 8 참조); **3.** 게르만: a. 이그드라실의 가장 높은 가지 위에 앉아 있는 독수리 머리 위에 매가 앉아 있다; 매는 그들이 보는 모든 것을 신들에게 보고하며 나무 밑에 있는 어둠의 용과는 반대이다; b. 프레이야는 매옷을 입고 있다: 그녀는 이 깃털 옷(구름)을 입고 대지 위를 맴돈다; 이것은 또한 위대한 여신 프리그의 상징이다; c. (불의 정령) 로키의 변장한 모습 중 하나; d. 니벨룽겐: 크림힐트는 강인한 매(지그프리트)를 길렀는데 그 매가 두 마리의 독수리에게 찢겨 죽는 꿈을 꾸었다; **III. 다음을 상징한다: 1.** 고귀함: 줄리엣은 로미오를 "수컷 매"라고 부른다(=암컷 매Falcon Gentle의 '수컷tercel': 1, 1 참조): "오, 수매가 다시 돌아오게 하려면 숙련된 매사냥꾼의 목소리가 필요하겠지"(로미오와 줄리엣Rom. 2, 1); **2.** 자부심: a. "그녀의 자부심에 우뚝 솟은"(맥베스Mac. 2, 4); "매는 둥지에서 나와 머리를 움직이고 (사냥하려는) 의지를 열렬히 보여주는 날개를 움켜쥐며 자신을 아름답게 만든다"(단테Dante, 신곡 낙원편Par. 19, 34 참조); **3.** 불멸: a. 매의 나선형의 움직임: 1, 3 참조; b. 키르케와 칼립소는 축복의 섬Blessed Islands의 죽음과 불멸의 여신이다; **4.** 태양, 불: II번의 1, 2, a 및 c, 3, a 등 참조; **5.** 죽음: 과수원의 저택에서 죽어가는 한 기사를 그의 연인이 돌보고 있다는 내용의 초기민요에서 후렴구는 다음과 같다: "럴리, 럴리, 럴리, 럴리! 매가 내 짝을 데려갔어"; **6.** 바람, 폭풍, 구름: II번 의 3, b 참조; **7.** 자신감: "새에 대적하는 매의 비행만큼 자신감이 있는…"(리처드 2세의 비극R2 1, 3: 헨리 볼링브로크Henry Bolingbroke가 속한 랭커스터 가문의 문장(紋章)에는 하얀 매falcon가 있었다; **8.** 겸손: 고귀한 복종; **9.** 논리의 상징; **10.** 길들여진 야생성: 길들여지지 않은 케이트는 "주인(남편)의 부름"을 알아차리는 법을 배워야 했다(말괄량이 길들이기Shr.); **11.** 하늘의 먹이를 향해 솟구쳐 올라감: 매는 "먼저 자신의 발을 보고 나서, (매사냥꾼의) 부름에 따라 몸을 돌리고, 자신을 유혹하는 먹이를 향한 욕구로 인해 날아오르기 위해 몸을 굽힌다(신곡 연옥편Purg. 19, 63ff. 참조); **12.** 촉각과 미각의 상징; **13.** 속도: I번의 2, a; II번의 2, d 참조; **14.** 기독교: a. 개종자; b. 다양한 성자들의 상징: 예 성 바보St. Bavo의 매는 주권을 상징하며 성 볼드릭St. Baldric의 매는 수도원을 지을 장소로 그를 인도해 주었다; c. 천상의 매: 단테의 "연옥"에서 밤에 뱀의 공격으로부터 영혼을 지키는 희망의 녹색 천사(8, 104: 아마도 "황조롱이"일 것이다); d. 야생매: 사악한 인간; **15.** 문장heraldry(紋章): a. 훈족 왕 아틸라의 군대 표시; b. 기사도의 상징: 패배한 적에게서 검과 매를 빼앗을 수는 없었다; c. 사냥의 재능; d. 간절히 원하는 것을 열심히 사냥하는 사람; **IV. 다음에 상응한다:** 별자리: 궁수자리를 주관한다.

매 hawk **1. 일반적으로 다음을 의미한다:** a. 매 훈련/사냥에서 매를 사용하는 것에 대해서는 송골매falcon 참조, 매와 송골매는 종종 구분이 되지 않는다(상징 측면에서); 생물학적 용어로 사용될 때는 오직 45종의 매와 '새매 속에 속하는 맹금류'에만 적용된다; a. 암컷은 일반적으로 수컷보다 크다; b. 가장 잘 알려져 있고 가장 큰 매는 참매이다; c. 특정 계절이 되면 뻐꾸기로 변한다(플리니우스Pliny 10, 11); d. 매는 사냥감의 심장은 먹지 않는다(플리니우스 10, 288 10); **2. 불, 태양, 고귀함**(독수리와 공유하는 특징): A. 이집트: a. 왕실의 매는 태양의 남신과 여신, 호루스, 라, 스핑크스등에 바쳐진다; b. "사자의 서Book of the Dead"에서는 다음과 같이 말한다: "나[=태양]는 알에서 나온 장대한 매처럼 솟아올랐다"(77, 2); c. '신'(=태양) 또는 '태양의 변신'에 관한 이집트 상형문자; d. 이집트에서 매를 죽인 것에 대한 형벌은 죽음이었다(헤로도토스Herodotus 2, 66); B. 그리스: 매를 전령으로 사용하는 아폴로에게 바쳤다('키르코스kirkos'; 호메로스Homer, 오디세이아Od. 15, 5310); C. 고귀함: "그는 짝이 없다; 그의 목은 노란 고리로 감겨 있다; 그의 가슴에는 선대 왕의 문장(紋章)이 있다"(존 그레이John Gray, "나는 물고기The Flying Fish"); D. 온순함: "매, 또는 탑의 매처럼 온순한"(존 스켈턴John Skelton, "여인 마거릿 허시에게"; 참조: 줄리엣의 매처럼 '얌전한 도련님'; 2번의 C와 관련될 수 있다; **3. 피**: 물을 마시지 않고도 모든 새를 물리친다; **4. 불멸, 장수**: 이집트의 납골함에 그려진 매는 간과 쓸개의 수호자이다; **5. 영혼**: a. 이집트 상형문자의 의미들 중 하나; b. (독수리처럼) 하늘을 열망한다; **6. 마음**: a. 토끼를 먹는 매는 육체를 이기는(본능을 억제하는) 정신의 승리를 상징할 수 있다; 또한 아래의 연도years 참조; b. 게르만 신화: '베드르폴니르'라는 매는 신성한 물푸레나무에서 하얀 독수리의 두 눈 사이에 앉아 천상과 지상을 살피며 모든 것을 알고 있다; c. 때로 이것은 죄인의 사악한 마음 그리고 때로는 그 반대인 고귀한 생각을 상징한다; 전자는 솔개의 영향을 받을 수 있다; d. 교활함: 독수리의 형태로 변신한 거인 티아사의 감시에서 다산의 여신 이두나를 구해 준 매의 형태로 변신한 로키; **7. 바람, 폭풍**: a. 이집트: 동풍; 간혹 모든 바람: 사방에서 부는 바람; b. 솔개는 보레아스에게 바쳐졌다; **8. 돌아온다**: 학과 반대되는 것은 분명하지만 사랑만으로 돌아오게 만들 수는 없다(예 윌리엄 랭글런드William Langland: 플로우먼에 관한 비전PP 5권); **9. 복수**: 케익스의 형, 다이달리온은 디아나가 자신의 딸 키오네를 죽이자 슬픔에 못 이겨 파르나소스산에 올라가 몸을 던져 죽었고 (아폴로에 의해) 매로 변했다: "누구에게도 우호적이지 않고 모든 다른 새에게 분노를 터뜨리며 자신의 괴로움만큼 고통을 당하게 만든다"(나소 P. 오비디우스Naso P. Ovid, 변신이야기Metam. 11, 338ff.); **10. 맹금류**(육식조): 따라서 흉포함, 사기꾼 등; 잔혹한 힘과 폭력을 상징하며, 이승에서 매에게 완전히 휘둘리는 '연약한' 명금인 나이팅게일과 반대된다(헤시오도스Hesiodus, 작품과 생애Works and Days 203ff.); **11. 선망**: 중세시대에 우상의 속성; **12. 속도**: 일직선으로 날아간다; **13. 특별한 종교적 의미**: A. 히브리: a. '부정함'(레위기Lev. 11, 26); b. 신의 섭리: "매가 떠올라서 날개를 펼쳐 남쪽으로 향하는 것이 어찌 네 지혜로 말미암음이냐"(욥기Job 39, 26); B. 기독교: 성령; **14. 특별한 문학적 의미**: **A.** "볼품없는 매[=야생 매] 즉 [어리석은 사람]도 눈앞에 나타난 먹잇감의 온갖 습성을 샅샅이 확인한다": 길들여진 사람들 사이에서 야생 매처럼 어리석은 사람은 농담할 기회가 있을 때마다 열심히 뛰어든다. 그러나 매와 마찬가지로 어리석은 사람도 조심하고 경계해야 한다. 매가 움직이기 전에 깃털 하나하나를 살피는 것처럼 어리석은 사람도 행동하기 전에 생각해야 하며 말이나 행동의 결과에 주의를 기울여야 한다(십이야Tw. N. 3, 1); **B.** 야생매는 또한 거칠고 다루기 힘든 여인을 상징한다(특히 다 자란 암컷이기 때문에 길들여야만 한다): "그녀가 길들일 수 없는 매라는 것을 증명한다면"(오셀로Oth. 3, 3; 또한 말괄량이 길들이기Shr. 4, 2); **C.** 키르케는 'kirkos'(=까마귀)와 관련되었을 수 있으며 따라서 시코랙스Sycorax와 관련될 수 있다("템페스트Temp."); 라틴어 'sus'(=돼지)+kirkos(=까마귀 또는 매): 까마귀raven 참조; **D.** 윌리엄 B. 예이츠William B. Yeats: a. 논리: 죽이기 위해 바로 급습하는 것; 이것은 나비=직관과 반대된다; b. ("또 한편의 바보에 관한 노래Another Song for a Fool") 교사의 과거 존재; c. '유용한' 존재가 되기를 거부할 자유: 예술가가 현실적 세상에서 살아가면서 자유를 간직하는 것의 어려움; d. ("매의 우물에서") 매의 모습을 한 여인이 불멸의 우물(노인인 시인은 물이 솟아오르기를 기다리지만 헛수고이다. 매번 솟아오를 때마다 그가 잠이 들기 때문이다)을 지키며, 그녀는 난교적인 춤으로 쿠훌린을 꾀어낸다: 짧지만 영웅적인 삶은 소심하게 사는 긴 삶보다 낫다; 매는 다음을 상징한다: i. 강력한 고귀함; ii. 매의 탐욕도 품위의 일부분이다; iii. 자연의 기운을 인간세계에 전달하는 신성한 새와 짐승 중 하나(백로, 백조, 유니콘 그리고 '위대한 야수'와 함께) (15단계: 달moon 참조); **E.** 딜런 토머스Dylan Thomas: a. 강렬한 욕망: 맹금으로서 연인: 경쟁자; b. "불타는 매"("존 경의 언덕 너머Over Sir John's Hill"): i. 태양의 빛남과 그 아래 먼지; ii. 탐욕스러운 본성(참새들도 유죄): 이러한 본성을 통해 계속해서 삶의 과정을 이어 나간다(따라서 참새들도 무한한 가치를 갖는다); iii. 번쩍이고 폭발하는 불새; iv. =교수형을 내리는 가혹한 재판관과 교수형 집행인 그리고 사형수; **15. 민속**: a. 매가 하늘에서 보이면 좋은 날씨를 예견한다(니소스의 변신: 베르길리우스Virgil, 농경시 Georg. 1, 404ff.); b. 홀hall을 휩쓸고 지나가는 '멋진' 매는 울려 퍼지는 하프처럼 행복한 삶의 징조 중 하나였다("베오울프"); c. 전래동요: 자만심: "내가 내는 수수께끼를 맞혀 봐, 나무에 매가 앉아 있어: 그리고 그가 혼잣말로 거짓을 말해, 주여! 저는 얼마나 훌륭한 새입니까"; 16. 독수리; 눈('봉인'에 대해); 송골매falcon 참조.

매, 막대기 ferule 문법의 상징(기하학처럼 명백히 추상적인 개념은 제외; 플리니우스Pliny 13, 42 참조).

매달린 남자 카드 The Hanged Man (타로카드) **1.** 다른 이름들: 목을 맨 사람, 가롯 유다; 그는 모든 매달린 다산의 신과 동일시되어 왔다([신성한] 왕 참조): 아티스, 탐무즈, 오시리스, 디오니소스, 오딘, 발드리r, 그리스도; **2.** 다음과 같이 표현된다: 매달린 남자는 마법사와 어릿광대의 중간 정도 되는 인물로, 다채로운 색이 들어간 옷을 입고 있다; 그는 손을 등 뒤에로 잡고(묶인 상태) 우리에게 무언가를 숨기고 있다(예 유다의 이름과 연결되는 것으로 오인되는 지갑 또는 가방); 그는 살아 있는 나무의 T자형 십자가, 또는 두 개의 기둥이 얹혀 있는 가로대, 또는 두 개의 얽혀 있는 나무줄기(또한 살아 있는 초목으로 보이는)에 걸쳐 놓여 있는 막대에 매달려 있다; 그는 분명히 한 다리만으로 매달려 있으며 다른 다리는 몸 뒤에 교차되어 있다(또 다른 십자가 또는 삼각형을 형성하며); 그의 머리 주위에는 광채가 있다. 얼굴 표정은 고통스럽다기보다 황홀해 보인다; **3.** 다음을 의미한다: a. 물질주의와의 분리; 악을 이기기 위한 싸움; 페르세우스; b. 마법사의 주문과 어릿광대의 신성한 광란을 결합하는 시인의 수행법; 선지자와 달의 피에로; c. 마음의 돌이킴과 정지; 신비로운 이상주의; 유토피아적 꿈-세계; d. 태양 신화: 동지와 봄의 다가 옴; 점성술; 양자리(또는 천칭자리)와 천왕성; e. 삼각의 물triangle of water 원소를 극복하는 십자가; **4.** 토머스 S. 엘리엇Thomas S. Eliot("황무지The Waste Land"): '상승'으로 얻는 능력: 관용, 지식, 지혜, 신의 등. 그가 현대의 황무지에서는 찾을 수 없는 모든 특징.

매듭 knot **1.** 묶는 것: 합의, 사랑, 결혼: 방패를 감는 '사랑의 매듭' 끈은 기혼 여성뿐만 아니라 미혼 여성도 사용했다(리처드 3세의 비극R3 4, 3 참조); **2.** 무한대: 종종 가로로 누운 '8'(숫자 상징성과 꼬기)의 형태이다. 불멸; **3.** 어려움: 얽힘; **4.** 인간의 죽음과 운명의 매듭; **5.** 감쌈, 보호; 고리 모양의 매듭; **6.** 개인의 존재; **7.** 고르디우스 매듭: 미로: 이것을 푸는 것은 신비의 중심을 찾는 것과 동일하다(솔로몬의 매듭에 대해서도 동일); **8.** 헤라클라스 매듭: 신랑이 풀어야 하는 신부의 띠(주노에게 봉헌됨)의 헤라클레스 매듭(고대 헤라클레스와 제우스의 동일시); **9.** 민속: a. 신랑을 무력하게 하는 부적이나 여자를 잉태하지 못하게 하거나 출산을 어렵게 만드는 부적; 후자의 예는 민요 "윌리즈 레이디Willy's Lady"(프랜시스 차일드Francis Child 6, A)이다. 이 민요에서 마녀 어머니가 놓아둔 아홉 개의 매듭 때문에 여자가 아이를 낳지 못한다; 빗comb도 참조; b. 여러 가지 색의 매듭으로 묶은 연인의 그림을 가지고 재단을 세 번 돌면 연인을 당신에게 묶어 둘 수 있다. 그러나 죄 많은 사랑을 이루기 위해 마녀들도 같은 방법을 사용하기 때문에 위험한 일이다; **10.** 그물net, 나선spiral 또는 에스S자형sigmoid(그것의 모양으로 인해) 참조.

매미 cicada **1.** 멜로디, 수다; 티토누스는 매미가 모든 곤충 중 가장 음악적이기 때문에 매미(또는 메뚜기)로 변했다(다음의 6번 참조); **2.** 부활, 불멸성: 변형metamorphosis과 6번 참조; **3.** 영원한 젊음, 행복: 새벽과 관련된다; 6번 참조; **4.** 유동성, 덧없는 세상의 영광; **5.** 호색(음탕함)과 악의 통제; **6.** 그리스에서는 다음을 상징한다: a. 아폴로: 특히 '황금매미'(로버트 그레이브스Robert Graves, 그리스 신화GM 1, 150); b. 오로라-에오스: 새벽에 노래하기 시작하고 새벽에 가장 활동적이다; c. 티토누스: 티토누스와 사랑하게 된 에오스는 그(태양왕)를 위해 불멸을 얻어 그에게 줬지만 영원한 젊음을 요청하는 것은 잊었다(셀레네는 엔디미온을 위해 영원한 젊음을 요청했다); 에오스가 늙어 쭈글쭈글 완전히 말라 버리고 날카롭고 높은 목소리가 된 그를 돌보다 지치자 그는 에오스의 침실에 갇히는 신세가 되었다; d. 형편없는 시인들의 상징(앞의 1번 참조); **7.** 버림받은 연인; **8.** 교활함: 매미의 강력한 울음소리를 칭찬하며 아첨을 하는 여우에게 매미는 속지 않는다; **9.** 낭비성, 태만: 겨울에 매미는 개미에게 곡식을 청했고 다음과 같은 대답을 들었다: "당신은 여름에 노래했고 이제 겨울에는 춤을 추는군요"(이솝Aesop); **10.** 이슬을 먹고 산다(베르길리우스Virgil, 전원시Ecl. 5, 77); **11.** 토마스 S. 엘리엇Thomas S. Eliot: 사막에 속함: 바위, 물 없음: 종교, 감정 등의 석화(石化)("황무지The Waste Land" 5); **12.** 번데기chrysalis 참조.

매발톱꽃 columbine (식물) **1.** 미나리아재비꽃의 영국종('매발톱Aquilegia vulgaris'), 돌려나기로 배열된 꽃잎 다섯 개의 꽃이 피는 야생화; **2.** 황폐, 변하기 쉬움, 신의 없는 결혼생활: 남근을 닮은 모양 때문(햄릿Ham. 4, 5); 그러나 파란색 매발톱꽃은 불변의 상징이다; **3.** 어리석음: 특이한 형태의 독이 있는 보라색 식물; **4.** 기독교: a. 이 꽃 일곱 개는 성령의 선물로 적합하다; b. 그리스도와 성령의 속성: 이새의 창자, 가슴, 입에서 자라나는 이새의 계보나무 맨 위에 있는 그리스도는 거대한 매발톱꽃 보좌에 앉아 있다; c. 겸손과 사랑; **5.** 엘리자베스 1세 여왕 시대: 연민의 매발톱꽃.

매장 burial **1.** 죽은 자를 기리는 것; **2.** 슬픔; **3.** 완성consummation: 또한 다양한 의미에서 대지의 모신에게 잡아먹힘; **4.** 부활, 원초적 부모에게 돌아감; **5.** 입문initiation: 성인 또는 삶의 새로운 단계(예 밤의 영혼); 이러한 것들은 종종 가짜 매장과 함께 이루어졌다. 예 신성한 왕의 매장; **6.** 일부 사람 사이에서(예 유대인과 그리스인) 매장의 거부는 **불행**의 원인이었으며 일반적으로 적에게도 거절하지 못할 정도였다; **7.** 매장지는 **의례적**이고 마법적인 의미를 갖고 있었으며 침략자는 종종 이러한 목적을 위해 동일한 장소를 이용했고 매장지와 관련된 의례는 죽음과 새로워짐, 조상숭배에 관한 의례였다; 나중에 이러한 곳들은 유령이 출몰하는 지역으로 남게 되었다; 또한 매장언덕burial mound 참조(16번); **8.** 둥근 **고분**barrows: 풍요 의례; **9.** **수장**: 죽은 자를 물에 띄우거나 가라앉힌다; 이들을 천국, 즉 축복의 섬Blessed Island으로 보내는 것이다; 물은 생명과 젊음을 회복하며 길가메시Gilgamesh 이후로 재탄생의 촉진제이다; **10.** **노출**: 가장 잘 알려진 형태는 조로아스터교의 침묵의 탑으로, 여기에서는 독수리(모신의 상징)가 먹도록 죽은 자를 눕히고 태양(부패에 의해)에 의해 정화한다; 또 다른 형태는 새와 짐승들의 먹이가 되도록 밖에 놓아두는 것이다: 죽은 자는 먹히는 동안 지극한 즐거움을 경험한다(정화되기 때문에 부패한 입자는 행복의 들판에 들어가지 못한다); 후자는 히브리의 당나귀 매장과 관련될 수 있다; 두 가지 형태는 다음에서 발견되는 정화 요소를 보여 준다; **11.** **화장**: 구약성서에서 가장 흔한 형태로 오직 신체의 부드러운 부분들만이 태워지고 따라서 (깨끗해진) 뼈는 묻을 수 있다(사무엘상서1Sam. 31, 12, 사울이 이러한 방식으로 화장되었으며 그의 뼈는 능수버들 아래에 묻혔다; 또한 아모스서Amos 6, 10; 역대하서2Chron. 16, 4, 및 21, 19); **12.** **그리스-로마**: 매장이 가장 중요했다: 오직 몸이 적합하게 묻혔을 때 영혼은 코키토스강과 스틱스강(삼도천)을 건너 운반될 수 있다; 그렇지 않을 경우 엘리시온 들판에 들어가기에 앞서 100년 동안 떠돌게 된다; 몸 위에 세 번 뿌리는 한줌의 흙은 매장의 최소 조건이었다(베르길리우스Virgil, 아이네아스Aen. 6, 322ff.); **13.** **길**에 매장: 리처드 2세는 흥분한 상태로 "사람들이 시간마다 국왕의 머리를 밟을 수 있는" 길에 매장해 달라고 부탁했다(3, 3); **14.** **사체** 참조(토머스 S. 엘리엇Thomas S. Eliot, "황무지The Waste Land": "죽은 자들의 매장The Burial of the Dead"); **15.** **민속**: a. 사람들은 종종 죽은 친척이 새로운 매장지에 묻히는 것을 반대했다(악마가 새로운 것을 이용할 위험성이 존재한다; 다리bridge 참조): 그의 영혼은 악마에게 사로잡히거나 다음 시체가 올 때까지 교회묘지의 감시인이 되어야 할 것이다; 때로 감시인은 새해에 묻힐 첫 번째 사람으로 여겨졌다: 그는 그 해가 끝날 때까지 이러한 기능을 유지하게 된다; 감시인은 밤에 수레를 타고 돌아다니면서 죽은 자들을 불러왔고 이러한 소리는 실제 죽음의 징조가 되었다; 때로 이것은 악마가 모는 마차이기도 했다: 목이 없는 마부; b. 죽은 자와 함께 묻히는 물건: 사후세계를 위한 준비; 무기에서부터 소녀를 위한 거울과 점토 파이프가 있었으며 간혹 '노잣돈'으로 쓰도록 돈을 넣었다: 입이나 눈에 1페니를 넣거나 사자의 죽음을 지키기 위한 목적으로 살아 있는 사람의 물건을 넣었다; c. 죽은 자의 시신은 발쪽이 먼저 나가야 하며 앞문이나 전면의 창문을 통해 집을 떠나야 한다(영혼을 위험에 빠뜨리지 않기 위해 그렇게 했다); 작은 집들과 외딴 농장들을 따라 이어지는 정해진 길로 가야 하는 것이 의무였다: 교회 길, 시체의 길, 시체의 문이 별도로 정해져 있었다; d. 장례식 화환: 죽은 자의 영혼을 '묶기 위해', 그리고 질투에 찬 죽은 자의 귀환을 막기 위해 여전히 묘지에 장례식 화환을 걸어 둔다; 또는 이것은 여정에서 영혼을 달래기 위한 오래된 장례식 선물의 유물일 수 있다; e. 영혼이 집으로 돌아가는 길을 혼동하도록 하기 위해 뱀파이어, 자살자 등은 교차로에 매장했다; 필요한 경우 해당 장소에 영혼을 묶기 위해 가슴을 관통하는 말뚝을 꽂았다; 이것은 사고가 발생한 장소에 놓인 십자가와 관련된다; **16. 언덕 매장지**: a. 북유럽: 왕과 시인을 위한 영감의 장소; b. 매장 언덕의 보물을 도둑으로부터 지키는 불을 뿜는 용은 화장의례에서 비롯되었을 수 있지만(먹어 치우는 괴물로서의 불) 때로는 죽은 자들이 용으로 변한 것으로 여겨지기도 했다; **17. 배 매장**은 여전히 아서왕 전설에 등장하며(예 퍼시벌Perceval의 누이) 때로는 서신을 함께 놓는다; 또한 보트boat 참조; 18. 시체corpse; 화장cremation; 무덤grave 등 참조.

▌매춘 prostitution **1.** 매춘: 근동지역에서는 종교적 매춘이 일반적이었다(예 헤로도토스Herodotus 1, 199); 성서에서 매춘에 대한 예: a. 시스라의 어머니(사사기Judg. 5, 28), 그리고 다윗 왕이 춤추는 것을 지켜 본 미갈(사무엘하서2Sam. 6, 16 등)과 같은 여인들은 신전 노예("성전 노예temple slaves")였을 것이다. 엘리의 아들들은 아마도 이러한 신전 노예인 여인들과 동침했을 것이다(사무엘상서1Sam. 2, 22); 창문window 참조; b. "여선지자에게로 들어가니 그녀가 수태하여 아들을 낳으니라. 그 때에 주께서 내게 이르시되, 그의 이름을 마헬살랄하스바스Maher-shalal-hash-baz라 하라"(이사야서Isa. 8, 3); c. 구약 외경에 예레미야의 편지에서 '끈'(또는 '덫'이나 '매듭')을 가진 여인들이 길가에 앉아 올리브 씨나 겨를 태웠다는 내용을 읽을 수 있다; 그녀가 지나가는 사람에게 끌려 "그와 동침하게 되면 이웃들은 그녀가 스스로의 가치를 인정하지 않았고 자신의 끈을 끊지 않았다고 비난했다"(바룩서Baruch 6, 42-43); 호기심 많은 여성인 '나비스'(=선지자: 에스겔서Eze. 13, 18-21)도 같은 유형의 여성이었을 것이다: 다시 언급되는 '매듭리본'(또는 킹 제임스 버전 성서AV의 '베개' 대신 매듭knots)과 머리에 쓴 베일(이스라엘 사람들에게 매춘의 상징: 창세기Gen. 38, 15의 다말Tamar 참조); 하지만 이것들은 보리 여신의 여 사제들이 사용하는 것과도 유사했다; 그러나 비교해보면 에스겔서(16, 24)에서 언급된 '높은 대(장소)'가 이슈타르 창녀의 처소일 수 있다; d. 종교적 매춘은 또한 언덕에서 행해졌다: 그 언덕에는 바마Bamah라고 불리는 '산당'이 있었다; 아마도 '사람들이 (성교를 하기 위해) 오는 곳'을 의미할 것이다(에스겔서 20, 29); e. 남자들이 창녀와 매춘부들과 함께 "떨어져 나갔다"는 비난을 받았다는 내용(호세아서Hos. 9, 10)이 나오는 호세아서(4, 14)에서처럼 창녀와 같은 단어('케데샤qedesah')가 창세기Gen.(38, 21 등)에서 다말에게 사용되었다; f. 나훔서Nahum(2, 7)의 니느웨 정복에 대한 설명에서 이슈타르 여사제와 시녀들을 언급하며 "그의 여주인이 끌려가 추방되리라"고 말했다; g. '서코스 베놋Succoth Benoth'은 '딸들의 장막'을 의미하며 사마리아인들이 가져와 숭배하게 된 앗수르(아시리아)의 신상을 가리킨다: i. 사르파니툼Sarpanitu (마르둑의 아내); ii. 식구트 닌우르타Siccuth Nin-Urta, 이슈타르의 또 다른 이름으로 이 장소들은 신성한 매춘을 하는 '사원'을 가리킬 수도 있다; **2.** 일

반적으로 성스러운 매춘은 동종 요법의 마법을 통해 다산의 번영을 바라는 것이다; 머리카락/털hair, 매춘부harlot 참조.

매춘부 harlot **1.** 본래 남녀 모두의 파렴치한들에게 사용하는 단어였다(이것은 의구심이 드는 어원이다); **2.** 히브리: a. 종종 외국인인 매춘부, 따라서 '이방 여인'; b. 우상숭배: 이들의 종교는 여성에게 스스로 매춘을 하도록 요구할 수 있다['매춘을 하는 신전노예(히에로듈)'로서]; 따라서 이후에 이 이름은 믿지 않는 종교나 종파의 중심에 적용되었다: 예루살렘, 니네베, 사마리아, 바빌로니아, 티레, 로마 등; **3.** 윌리엄 블레이크William Blake: "거리마다 들리는 매춘부의 울음소리는 부패하고 낡은 영국의 수의가 될 것이다"(순수의 전조Aug. of Inn.); **4.** 매춘prostitution; 매춘부whore 참조.

매춘부, 창녀 whore **1.** 종종 자만심의 의인화; **2.** 매춘부harlot; 매춘prostitution 참조.

매트리스 mattress 클레오파트라가 카이사르를 처음 유혹했을 때 카이사르는 클레오파트라를 매트리스에 감추어 자신의 성에 몰래 데려왔다.

맥박 pulse **1.** 심장 박동은 마음의 불규칙성을 기록한다: "저의 맥박은 당신 것처럼 박자를 맞춰 건강하게 노래해요. 지금 내가 말한 것은 미친 말이 아니에요"(덴마크의 왕자 햄릿Ham. 3, 4); **2.** 시간: "그녀는 모든 세계를 통해 거세게 뛰는 파도 같은 시간을 보았다"(단테 G. 로세티Dante G. Rossetti, "행복한 처녀The Blessed Damozel") 참조: 속담: "세상의 맥을 알기 위해서는 오랜 시간이 필요하다".

맥베스 Macbeth 민속: (배우들 사이에서는) 연기하기에 매우 불길한 역이다. 그 이유는 위험한 마녀들의 노래이기 때문이다.

맥주 beer **1.** 남성적 음료; **2.** 까다롭지 않은 일반적인 남성의 음료(에일ale 참조): "나는 샴페인을 입에 대지 않는 사람이 아니라 맥주를 입에 대지 않는 사람이다"(버나드 쇼Bernard Shaw, "캔디다Candida" 3); **3.** 신화: a. 올림포스의 신들은 일종의 맥주를 마셨다; b. 트라키아와 프리기아에는 맥주축제가 있었다; 디오니소스는 본래 맥주의 신이었다; 나중에 포도주의 신으로 바뀌었다; 축제의 제물인 왕은 자고새처럼 춤을 추었다(참조: 로버트 그레이브스Robert Graves, 그리스신화GM 1, 108); **4.** "오직 소네트의 선율이 좋다"(프랜시스 버몬트Francis Beaumont, "벤 존슨에게 보내는 편지A Letter to Ben Jonson"); **5.** 민속: a. 비행기를 타고 있을 때의 빈 맥주병에 대해서는 그렘린gremlin 참조; b. 유명한 속담: "칠면조, 잉어, 강꼬치고기, 홉과 맥주는 모두 한 해에 영국으로 들어왔다"(강꼬치고기=어린 강꼬치고기); 연도는 1520년으로 추정된다; **6.** 또한 에일ale 참조.

맨드레이크 mandrake (식물) **1.** 일반: a. '가지과 맨드레이크속'은 지중해 지역에서 자생하는 감자과의 식물로 짧은 줄기에 흰색 또는 파란색 꽃이 피지만 두껍고 살집이 있으며 종종 뿌리가 갈라지고 살색의 열매를 맺는다; b. 고대 의학에서 이것의 독성 성분은 구토제, 설사약, (외과 수술을 위한) 마약 성분, 최음제 미약으로 사용되었다; c. 다른 식물들이 '맨드레이크'였다: 섹스의 모습과 냄새 때문에 백합, 장미, 눈송이, 자스민, 멜론, 채소 과일, 휘틀베리, 작은 검은 딸기, 생딸기, 특별한 포도, 산딸기, 송로버섯, 난초의 한 종류('고환')가 이 식물에 해당하며 나귀 냄새 나는 당나귀 귀모양의 또 다른 난초도 이 식물에 속한다; d. '만드라고라mandragora'는 '소에게 해로운 것'을 의미한다; e. (영광의) 손hand 참조; **2.** 최음제와 비교: a. 뿌리는 (털이 많은) 사람의 다리와 가랑이를 닮았다; b. 구약성서: i. '맨드레이크'('만드라고라 베르날리스'로 추정됨)는 히브리어로 "도디임dod'im"이라고 불리며 이것은 일반적으로 '다임daim'='사랑'과 연관되었다; ii. 라헬은 하룻밤 야곱의 은총을 얻기 위해 레아에게서 합환채를 샀다(레아는 음탕한 르우벤에게서 이것을 받았다)(그리고 레아는 잇사갈을 임신했다); iii. 아가서SoS(7, 13)에서 맨드레이크(마늘, 양파 등)는 부엌 문 주위에 걸었다; c. 그리스인들은 이것을 아프로디테/비너스에게 바쳤고 그 열매를 '토마토'라고 불렀다; d. 나중에 맨드레이크는 교수형 당한 남자의 정액(또는 소변)이 떨어진 교수대 밑에서 자란다고 알려지게 되었다; e, 겨우살이('신성한 약재')와 '건축재'인 참나무 근처에서 발견된다(존 웹스터John Webster, 하얀 악마WD 3, 2); **3.** 수면제와 마약: a. "만드라고라를 마시게 해 줘… 그러면 내가 이 거대한 시간의 틈새에서 잠을 잘 수 있을 거야"(안토니오스와 클레오파트라Ant. 1, 5; 또한 베니스의 무어인 오셀로Oth. 3, 3); b. 사람을 안정시킨다(마취약); **4.** 광기: 뽑힐 때 신음하고 비명을 지르며 이것은 사람을 미치게 한다: "죽임을 저주할 것인가 맨드레이크의 신음처럼…"(헨리 6세 2부2H6 3, 2; 로미오와 줄리엣Rom. 4, 5 참조); **5.** 영혼soul의 부정적이고 최소한의 측면; **6.** 기독교: 성모 마리아는 치유하는 뿌리(그리고 풍요의 여왕)에 비유된다; **7.** 특별히 참고할 문학서: A. 윌리엄 블레이크William Blake: 식물적 성(性), 부패한 시체에서 생겨나며 그것을 캐는 사람의 생명을 위태롭게 한다: 아이들은 우연히 나무 아래에서 태어난다('발견된다')(식물적인 생명); B. 딜런 토마스Dylan Thomas("올빼미 빛의 제단Altarwise"): a. 아바돈 지옥(죄sin 참조)의 갈고리에 물린 남자; b. 죽은 사람을 뜻한다; **8.** 맨드라고라 역시 익숙한 악마였는데 그는 수염도 없고 머리도 흐트러진 작은 흑인으로 나타났다; **9.** 민담: a. 영국에서는 브리오니아가 종종 맨드레이크처럼 사용되었다; b. 교감마법으로 이것의 신통력을 증가시킨다: 이것은 어둠 속에서도 빛이 난다; 마녀들은 상상마법에서 이것을 사용했을 뿐 아니라 이것으로 행운의 부적도 만들었다.

맷돌 millstone **1.** 게르만: 두 처녀 거인 펜자와 매냐가 갈아서 금을 만들었던 프로데의 마법의 맷돌. 그가 욕심을 부리자 맷돌은 불과 소금을 뿜어냈다; 이것은 봄의 풍요가 찌는 듯한 한여름을 지나고 메마른 가을에 끝나는 것과 같다; **2.** 무거운 짐; **3.** 단단함, 분쇄기: "맷돌 아래짝같이 튼튼하구나"(욥기서Job 41, 24); **4.** 형벌(마태복음Matth 18, 6); **5.** 순교; **6.** 지나친 웃음; "바보들의 눈이 눈물을 흘릴 때 네 눈은 맷돌을 떨어뜨리는구나"(리처드 3세의 비극R3 1, 3; 트로일로스와 크레시다Troil. 1, 2); **7.** 문장heraldry(紋章): a. 결단력, 조용히 자신의 길을 가는 것; b. 두 개의 돌: 인간 사회의 상호 대화; **8.** "위의 맷돌뿐 아니라 아래 맷돌도 잘 간다"(속담).

맷돌질 grinding **1.** 성적 의미가 있는 가장 천한 일: "그러면 내 아내가 타인의 맷돌을 돌리며 타인과 더불어 동침하기를 바라노라"(욥기Job 31, 10; 사무엘하2Sam. 12, 11 등); **2.** 딜런 토머스Dylan Thomas: 삶이라는 "맷돌질하는 바다"; 참조: 바다의 '끊임없이 요동치는 조류churning'에 대한 보편적인 개념: 예 세상의 창조 때; **3.** 방아mill 참조.

맹세 oath **1.** 히브리: 유대인들은 속죄일 전야에 부르는 콜니드레 노래Kol-Nidré song 가사로 다음 해에 생길 수 있는 약속과 맹세의 파기 행위에 대해 스스로 용서를 빈다; 이것은 특정 기간 동안 금식하거나, 특정한 종교적 일들을 하거나 하지 않는 것 또는 큰 감동의 순간에 행해진 맹세와 같이 신자들이 스스로 한 맹세와 관련이 있다; 그러나 이는 오래전부터 반유대주의적 입장에서 유대인에 대한 불신의 '증거'로 여겨져 왔다(시몬 필립 드 브리스Simon Philip de Vries, 93); **2.** 로마: a. 주피터는 하늘과 연결되어 있으므로(제우스Zeus 참조) 지붕 아래에 있을 때 그의 이름으로 맹세하는 것은 부적절하다(테렌티우스 바로Terentius Varro, 라틴어 원론LL 5, 66); b. 로마 사제는 의심이나 불신 위에 있는 존재이며 맹세는 저주나 위증이 가능성을 갖고 있기 때문에 이들에게 맹세는 금기시되었다: 사제는 다른 사람들에게 저주를 내려서는 안 된다(플루타르코스Plutarch, 윤리론집M 275C); **3.** 검sword 참조.

머리 head **1.** 정신, 영적인 삶, 지혜; **2.** 태양. 빛, 왕권, 권위; **3.** 우주(하늘로서 지구의 절반인 꼭대기); 우주는 전신에 상응하여 머리는 하늘을 나타낸다; **4.** 단일성; **5.** 남성성; 정력, 다산: a. 아테네는 제우스의 머리에서 태어났다; b. 남성을 특별하게 만들고(그리고 그를 불멸로 만들고), 남성을 개성화하는 지성이 자리한 곳으로 머리는 여성화하는 자궁과 반대되는 남성성을 의미한다; 그러므로 많은 남성의 머리가 죽은 후에도 말을 한다; 아래의 절단된 머리 참조; **6.** 문장heraldry(紋章): a. 특별 임무에 대한 명예; b. 권력; c. 무어인의 머리; d. 십자군 또는 동인도 회사에 대한 지칭; **7.** 별자리: 양자리가 지배한다; **8.** 연금술: 변환의 그릇에 대한 상징; **9.** 딜런 토머스Dylan Thomas: 때로 머리는 '처녀성'이다("로미오와 줄리엣Rom."에 나오는 것처럼); **10. 절단된 머리**: A. 몸과 별개로 보이는 머리(죽은 후 참수); B. 별도로 매장되었다: a. 영웅들의 머리는 침략으로부터 도시를 지키기 위해 전략적 지점 또는 진입로에 매장되었다: 마비노기온에서 브란의 머리는 (프랑스를 마주한) 타워 힐에 묻혔다; 에우리스테우스; 예루살렘에 묻힌 아담의 머리; 이방인들도 나라를 지킬 수 있다(예 오이디푸스, 오레스테스 등); 자신의 군대에 맞서 베툴리아를 지키는 홀로페르네스(유디트Judith 14, 7); b. 이후 실제 머리는 종종 조각상으로 대체되었다; C. 희생: a. 거세된 또는 훼손된 신성한 다산왕의 머리(예 페레두르 전설); b. 게르만 민족의 경우, 신들에게 바친 것은 머리(특히 말의 머리)였으며, 나머지는 먹었다(참조: 그리스인들에게는 허리고기와 비계); 일반적으로 악마를 물리치기 위해 바쳤다; D. 말하는 머리: a. 신성한 머리는 나머지 몸이 죽은 후에도 계속해서 지혜를 말하며 위험한 시기를 사람들에게 알린다. 따라서 신성한 머리는 지혜이다: 예 아서왕, 브란, 녹색 기사 등; b. 자연 신화에서: i. 수평선 아래로 가라앉았지만 여전히 빛을 발산하는 태양; ii. 폭풍(천상의 전투); iii. 다산의 측면: 종종 샘물에 또는 샘 옆에 묻혔다: 예 비를 만드는 탁월한 능력을 지닌 페가수스; 아마도 샘의 신탁 특성과 연관되었을 것이다; iv. 사후의 영혼의 삶; v. 이것의 기원은 인도함을 얻는 데 사용된 조상의 해골 숭배 수 있다: c. 레스보스 해안을 떠다니던 오르페우스의 잘린 머리는 뱀(=겨울winter 참조)의 공격을 받았지만 아폴로(귀환한 태양)가 뱀을 쫓아내고 "돌로 만들어 버렸다"(나소 P. 오비디우스Naso P. Ovid, 변신이야기Metam. 11, 60; 베르길리우스Virgil, 농경시Georg. 4, 454ff.); 오르페우스는 또한 (다산의) 바람으로 여겨졌다; E. 형벌: a. 신이 보낸 형벌: 그 머리는 곧 장로와 존귀한 자요 그 꼬리는 곧 거짓말을 가르치는 선지자라(이사야Isa. 9, 15; 또한 '꼬리'=거짓말을 가르치는 선지자); b. 엘리자베스 1세 여왕 시대에 참수는 귀족에 대한 형벌이었다(평민은 교수형에 처했다); **11. 다른 것과의 조합**: a. 놋쇠로 만든 머리: 수사 베이컨의 머리는 "현재의 시간, 과거의 시간, 시간은 흘러갔다"라고 말했다(조지 바이런George Byron, "돈 주앙Don Juan" 참조); b. 머리띠: 특히 그리스와 로마의 머리띠: 머리띠fillet 참조; c. 머리 장식: 왕좌와 궁전 등에: 중심; d. 세 개의 머리: i. 처녀-여인-노파, 어머니-누이-아내, 초승달-보름달-그믐달 등으로서 세 여신; ii. 아버지-아들-영혼의 남성 삼위일체 또는 지옥의 삼위일체(예 케르베로스의 세 개의 머리); iii. 나란히 놓인 여러 개의 머리는 강화(약화시키는 효과가 아닌)하는 것(다중성multiplicity 참조): 예 쌍둥이자리, 야누스 등; **12. 민속**: a. 악을 피하기 위해 나무를 만지는 것은 종종 머리를 만지는 것으로 대체되었다(아마도 본래는 '돌대가리'를 통한 조롱이었을 것이다): b. 동요: "찰스 1세 왕은 머리가 잘린 후 삼십분 동안 걷고 말했다"(변형된 버전에서: 7년); **13.** 눈eye 참조; 머리카락; 심장 등.

머리 가리개 (여성용) wimple

1. 단테Dante: a. 머리 가리개는 오직 결혼한 여성들이 착용한다(예 신곡 연옥편Purg. 24, 43); b. 검은색(화사한 색 대신) 옷과 흰색 머리 가리개: 애도의 표시(신곡 연옥편 8, 74); **2.** 베일과 동일한 상징성을 갖고 있다; 또한 머리카락/털hair 등 참조.

머리띠, 가는 끈 fillet

1. 로마(주로 '세로줄 무늬vitta'): 머리띠는 희생제물로 바치는 동물의 머리에 묶었다; **2.** 죽음과 희생제물: a. 장례 의식을 위해 검은 편백나무를 어두운 띠로 사용하여 제단을 슬프게 만들었다(베르길리우스Virgil, 아이네아스Aen. 3, 64 참조); b. 뱀으로 둘러싸인 라오콘이 뱀의 매듭을 풀려고 애쓰는 동안 그의 띠는 피와 검은 독으로 물들었다(베르길리우스, 아이네아스 2, 221 참조); c. 아폴로의 사제 아니우스는 이마에 머리띠를 두르고 신성한 월계관을 썼다(베르길리우스, 아이네아스 3, 81 참조); d. 엘리시움의 들판에서 죽은 사람은 하얀 띠를 착용했다(베르길리우스, 아이네아스 6, 665 참조); **3.** 신들과 관련된다: a. 헥토르의 유령은 아이네아스에게 집안의 신들을 데리고 도망가라고 말한다: "그래서 헥토르는 말을 하였으며 자신의 손으로 아이네아스에게 띠와 위대한 베스타, 그리고 영원한 불꽃을 가장 깊은 성소에서 가져다 주었다"(베르길리우스, 아이네아스 2, 296 참조); b. 아폴로의 띠(여기서 '주교관의 장식띠')는 당신을 덮지(보호하지) 않았다(베르길리우스,

아이네아스 2, 430 참조); c. 페나테스의 '머리 띠를 두른 머리'('코마스 벨라타스comas velatas')(베르길리우스, 아이네아스 3, 174 참조); **4.** 승리: 게임의 승자는 자주색 머리띠를 받는다("퓨니시스 타에니스puniceis… taenis": 베르길리우스, 아이네아스 5, 269 참조); **5.** 겸손: a. 로마 여성들 사이에서 가느다란 머리띠를 겸손의 표시로 긴 예복과 함께 입었는데 오비디우스는 이것을 싫어했다(예 사랑의 기술De Art. Am. 1, 31; 사랑의 치유Rem. 386); '케레스의 머리띠': 정숙한 여성은 이 머리띠를 다룰 가치가 있다(데키무스 유니우스 유베날리스Decimus Junius Juvenalis, 풍자시집Sat. 6, 50 참조); b. 법적으로 결혼한 아내의 표시(나소 P. 오비디우스Naso P. Ovid, 사랑의 기술 3, 48 참조); c. 게르만: 머리띠와 화환은 미혼여성이 착용하고, 결혼한 여성은 쓰개를 착용했다; **6.** 머리띠는 머리의 상징성을 공유한다; 리본ribbon도 참조.

머리카락 gallery 구약성서: 가장 높은 위치: "왕은 그 머리카락에 매이었구나"(아가서SoS 7, 5): 머리카락은 가축이 물결 모양으로 움직이는 모습과 같다; 여기서는 사랑하는 여인의 '물결치는' 머리카락을 가리킨다.

머리카락 hair **1.** 에너지: **A.** 마법의 힘: a. 성서에서: 머리카락을 자르지 않는 나실인 등; 아래 참조; b. 로마에서는 소녀가 베스타 여신을 모시는 무녀가 되면 타르퀴니우스 칙령에 따라 머리를 잘랐으며, 소녀가 마법의 주문을 행할 수 없도록 오래된 연꽃나무(=자웅동체=다산)에 머리카락을 매달았다. 이렇게 하면 소녀는 마법의 주문을 행할 수 없게 된다. 이후 수녀원에 들어가는 소녀들도 동일하게 머리를 잘랐다; c. 마녀재판에서 마녀들은 사역마들에게 빨리기 위한 여분의 젖꼭지(예 무사마귀)가 있는지 찾는다는 구실로 머리를 전부 밀었다. 이것은 그들을 즉시 자백하게 만들었다. 이러한 행위는 마법사들과 다른 범죄자들에게도 행해졌으며, 이들 모두가 사탄의 종이었다; d. 털은 마법사의 힘이 자리한 곳(특히 수염)이다(예 실수연발Err. 5. 1; 아래 부분 참조): 털을 자르면 그를 '바보'로 만들 것이다; **B.** 영적인 힘: 예 풍성한 머리카락은 '생명의 약동élan vital', 성공하려는 의지 등을 의미한다; 또한 6번 참조; **2. 불, 태양광선 그리고 태양 영웅과 관련된다: A.** 일반적으로 원초적인 힘의 성장; **B.** 태양(다산)왕의 머리카락은 그가 죽기 전, 즉 태양이 빛을 잃기 전(일몰 또는 겨울에)에 잘렸다. 이러한 의례는 종종 재탄생 장면(욕조, 또는 침대, 예 아가멤논)으로 이어졌다. 신성한 발꿈치가 땅에 닿지 않도록 머리카락을 묶었다(예 압살롬); 왕이 머리카락을 잘리기 전에 종종 거세되었다: a. 삼손('태양')은 여사제 데릴라에 의해 침대 기둥에 묶였다(일곱 개의 자물쇠로: 삼손Samson 참조). 압살롬은 참나무에 묶였다; b. 프테렐라오스는 달의 여사제인 코마이토('빛나는 머리카락')에게 배신당했다(아폴로도로스Apollod. 2, 4, 5ff.); c. 쿠훌린이 쿠로이를 죽일 수 있도록 블라나트가 쿠로이를 침대 기둥에 묶었으며 그의 자리를 대신했다; d. 그녀의 '연인' 그로누가 그를 죽일 수 있도록 블로데웨드는 러이라우Llew Llaw를 나무에 묶었다; e. "락스다엘라 사가Laxdaela Saga"에서 스티간디는 "그의 머리에서 이를 찾아 주겠다"고 제안한 양치기 여인에게 배신을 당한다(락스다엘라 사가Laxd. S. 38); **C.** 나실인들(또한 아래 참조)은 머리카락을 잘라 화목 제물의 불에 던져야 했다(민수기Num. 6, 18: 또한 앞에서 그리고 별도로 제시되는 삼손Samson 내용 참조); 이러한 행동은 에스겔서(5, 2-4)에서 예루살렘의 불을 통한 파괴를 상징한다; **D.** 인간 희생제물을 바치는 관습의 흔적은 매우 흔하다: a. 다산을 상징하는 젊은 전사이자 사제인 쿠레테스들은 태양을 흉내내어 자신들의 앞머리를 주기적으로 잘랐다; 이후 성서에서 유대인들에게 유사한 의식이 금기시되었다: 아랍인들은 오론탈의 디오니소스를 기리기 위해 사원에서 머리를 잘랐다(예 레위기Lev. 19, 27; 신명기Deut. 14, 1; 예레미야서Jer. 48, 37 및 49, 32); b. 장례식에서 앞머리는 육신을 태우기 전, 타르타로스의 신들(=다산과 부활의 신들)에게 바쳐졌다(예 베르길리우스Virgil, 아이네아스Aeneid 4, 700ff.); 아이네아스가 하데스로 내려가기 전 동일한 희생 의례가 이루어졌다(아이네아스 6, 245); c. 희생제물인 동물을 죽이기 전에 동물의 머리털을 잘라 불에 던졌다(일리아드와 오디세이Iliad and Odyssey, 구절; 예 오디세이아Od. 14, 420ff.); **3.** 다산: 빠르게 자라며, 곡식과 유사하다: "…하늘에서 열기가 점점 강해질 때 땅은 해마다 덥

수룩한 머리털이 잘린다"(티불루스Tibullus 2, 1, 48); **A.** 남성의 경우: a. 판Pan은 다리에 털이 많다; b. 자신의 어머니(=아버지의 첩)를 범하며 아버지를 대신했던 르우벤은 털이 많은 사람이었다; 또한 15번의 F 참조; c. 히브리인들과 로마인들은 대머리를 '기형'이라고 여겼다: **B.** 여성의 경우: a. 머리카락은 다산의 그물망/가리개로 여겨졌다: 염소goat 참조; b. 결혼을 원하는 소녀들은 아르테미스에게 머리카락을 바쳤다; c. 엘-부가 의례(아랍)에서 여성들은 다산의 신 아도니스 타뮤즈를 위해 눈물을 흘렸고 자신의 머리카락을 잘라 바쳤다; 큰 희생을 하고 싶지 않은 여성들은 대안으로 시장 또는 사원('매춘을 담당한 신전 노예 히에로듈')에서 낯선 사람들에게 몸을 바쳤으며, 호의로 얻은 금을 다산의 여신 아프로디테-이슈타르에게 바쳤다; 대사제들은 신을 본받아 스스로 거세했다; d. 영웅의 활시위를 만들기 위해 여인의 머리카락을 땋는 것은 일반적인 주제이다; 예 "냘의 사가Njal's Saga"에서 할게르드는 위험에 빠진 남편에게 머리카락을 주지 않았다. 이 자리에 그의 어머니도 있었지만 어머니에게는 머리카락을 요청하지 않았다; **4. 비와 관련된다**: 페트로니우스("사티리콘")는 전능한 산의 신에게 비를 내려 달라고 기도하며 여성들이 머리를 풀어헤쳤다고 언급한다; **5. 사랑**: 머리카락의 양은 사랑의 잠재력과 관련된다: "그녀의 풍성한 머리카락에서 나는 사랑을 본다"(존왕의 삶과 죽음K. John 3, 4; 15번의 F 참조; 또한 모스쿠스Moschus 1; 플리니우스Pliny 11 , 94 참조); **6. 단계-상징**: a. 머리카락: 영적인 힘: b. 몸의 털: 우주의 불합리한 힘과 본능; **7. 시간과 관련된다**: 인간에게 있어 가장 큰 적은 시간이다(예 실수 연발Err. 2, 2): 짐승들은 털이 있지만 '지혜'(이해)가 부족한 반면 시간이 흐르면 사람은 머리카락이 빠지기 때문에 시간 자체는 대머리와 같아서 "세상이 끝날 때까지 대머리 추종자들만이 남게 될 것이다"; **8. 선wire과 관련된다**: 일반적인 엘리자베스 1세 여왕 시대의 비유; **9. 외부 영혼** 또는 자신의 영혼이 자리한 곳: a. 신체의 일부분이었기 때문에 신체와 분리된 후에도 교감하는 연결이 지속된다(참조: 깎은 손톱과 옷clothes); 이것은 특히 머리에서 머리카락(종종 영혼이 자리한 곳)이 분리되는 경우에 그러하다; 따라서 머리카락을 버리는 방법에 주의를 기울여야 한다: 머리카락은 그 사람을 상대로 하는 흑마술에 사용될 수 있다(민속 참조); b. 니소스는 머리카락에 자리한 외부 영혼의 전형적 예이다: 17번의 C 참조; 프테렐라오스의 황금 머리카락도 참조; **10. 신의 섭리**: 자신의 머리카락을 다듬는 것은 완전한 정결함을 상징하기 때문에 신의 섭리는 다음과 같이 표현된다: "여호와의 살아 계심을 두고 맹세하옵나니 그의 머리털 하나도 땅에 떨어지지 아니할 것은"(사무엘상서1Sam. 14, 45); **11. 특별한 신화적 의미**: a. 트로이 근처에서 굽이치며 흐르는 스카만드로스강은 머리카락의 색을 아름답게 만들었다: 아프로디테, 아테나와 헤라는 미녀를 가리는 경연에 나가기 전에 이곳에서 목욕을 했다; b. 여인이 교회를 갈 때 머리를 가려야 하는 이유 중 하나는 인간의 딸들에게 관심이 있는 특정 천사들이 교회에 많이 있기 때문이다; **12. 특별한 문학적 의미**: **A.** 이솝Aesop: 젊은 아내와 늙은 아내를 둔 남자의 이야기: 젊은 아내는 그의 흰 머리카락을 모두 뽑고, 늙은 아내는 그의 검은 머리카락을 모두 뽑아 그는 완전히 대머리가 되었다(우화Fables 182); **B.** 윌리엄 B. 예이츠William B. Yeats: a. 머리를 묶는 것: "모든 남자의 가슴이 불타게 하고 뛰게 만드는" 마법("연인에게 시를 써서 바치다"; 15번의 A, III 참조); b. "그림자 드리워진 바다"라는 작품에서 포겔은 자신의 주위에 덱토라의 머리카락을 모았다: "머리카락을 한 개씩 그물로 엮으면 우리는 불멸이 될 것이다"; **13. 머리를 기르는 것**: 특별한 (정신의) 힘을 증가시키기 위해 a. 나실인들은 '구별'이 끝날 때까지 머리카락을 자르지 않아야 하며 포도주를 마시지 말아야 한다(민수기 16); b. 맹세를 한 경우(특히 복수에 대한), 사람들은 종종 마법의 힘에 집중하기 위해 이러한 맹세를 완수할 때까지 머리카락을 자르지 않는다; 그러나 다음 내용 참조; **14.** 머리 **자르기**: 보통 긴 머리를 가진 사람들은 맹세, 희생 등을 위해 머리를 자른다. 그리고 그 반대의 경우에도 그러하다(머리를 자르는 것은 보통 애도를 위한 것이지만 길가메시는 엔키두Enkidu를 애도하며 머리를 길렀다): **A.** 이것은 매우 위험한 행동이기 때문에(마법의 힘을 방출하는 것) 머리를 자르는 일은 종종 마법의 힘에 영향을 받지 않는 대사제들이 수행해야 했다(참조: 흡혈blood-drinking); **B.** 다산을 중단시키는 것; **C.** 금욕주의; **D.** 정화: 범죄를 저지른 이후 스스로를 정화하는 방식(참조: 돼지 피pig's blood); 나병 환자들은 전신의 털을 밀어 정화했다; **E.** 인간 희생제물의 대체: 2번의 D 참조; **F.** 애도: a. 히브리인: 머리카락을 뽑았다; b. "가사가 대머리가 되었다"(예레미야서Jer. 47, 5)고 멸망한 블레셋 사람들에게 말했다; c. 로마: 나소 P. 오비디우스Naso P. Ovid(변신이야기Metam. 3, 506)에서 여성들은 머리를 잘랐다: "머리를 잘라라"; d. 살아남은 모든 트로이 여성이 그리스 배에 올라타야 했을 때 마지막에 오른 헤카베는 헥토르의 무덤에 자신의 회색 머리카락을 두고 왔다(오비디우스, 변신이야기 13, 425); 아마도 그녀의 (보호하는) 영혼의 일부분을 남겨 두는 또 다른 의도가 있었을 것이다; 또한 사포도 애도하며 머리를 자르는 것에 대해 언급한다; **G.** 마법을 막기 위해: a. 히브리인이 아내를 삼고자 데리고 간 이교도 여인 즉 포로는 머리를 밀고 손톱을 잘라야 했다(신명기 21, 12); b. 1번의 A 참조; **H.** 불명예: a. 엘리자베스 1세 여왕 시대에 유죄 판결을 받은 사람들은 머리를 밀었다(눈에는 눈, 이에는 이Meas. 4, 2, 단, 1번의 A, c 참조); b. 이것은 제2차 세계대전 당시 독일 군인과 사랑에 빠져 '반역'을 저지른 여성들에게도 자행되었다; **I.** 삭발: a. 이집트: 이시스의 사제들이 삭발했다; b. 기독교: i. 그리스도의 가시면류관을 지칭한다; ii. (두란두스Durandus에서 책상과 의자의 상징) 머리는 영이며, 따라서 머리카락은 세속적이고 나태한 생각들이므로 맨 위(원문 그대로)는 잘라야 한다. 그러나 사람은 완전히 세속적 생각 없이 살 수 없기 때문에 가장 아래 부분의 머리카락은 남기는 것이 허용된다(수준 상징성에 있어서 약간의 여유를 남기는 것); **J.** 전쟁 선동: 카이사르(적어도 그것을 숨겨 주려 했다), 독일의 '머리카락 밀기Rasierschnitt', 미국 군인의 짧은 머리 스타일; **15. 형태: A.** 풀어헤친 머리카락: I. 히브리인: a. 간통이 의심되어 "거룩한 물의 시험"을 받는 여인(민수기 15)은 대항 마법을 사용하지(마법의 힘을 '묶음'으로써) 못하도록 머리를 풀어야(또는 노출시켜야) 했다; b. 보통 히브리 여인은 머리카락을 땋아서 짧게 묶거나, 단순한 밴드를 이용해 묶었다. 따라서 머리를 푸는 것은 오직 예수의 발을 씻는 죄인에게만 허락된다(누가복음Luke 7, 138ff); II. 히포다메이아('horsetamer', 말-달 여신에 대한 칭호 중 하나)가 만든 헤라이안 게임이라고도 불린 핸디캡을 갖고 하는 경주에서 소녀들은 무릎 길이보다 짧은 튜닉을 입고, 오른쪽 가슴을 드러내고, 머리를 풀었다; 상은 올리브 가지(평화와 다산)였으며, 헤라여신을 위한 의식에 바쳐진 소 희생제물의 일부를 받았다; III. 처녀성: a. 처녀 다프네와 사랑에 빠진 포이보스는 그녀의 머리카락을 보며 다음과 같이 말했다: "머리를 빗었더라면[정돈했더라면] 어땠을까?"(나소 P. 오비디우스, 변신이야기 1, 498); b. 기독교 미술에서 굽실거리는 머리카락은 종종 처녀성(예 마리아)을 의미한다; IV. 마법을 부리는 바쿠스 신의 여사제들의 전형적 특징: 불타는 제단을 도는 바쿠스 여사제들의 의례 후, 물결치는 머리카락을 가진 메데이아가…(나소 P. 오비디우스, 변신이야기 7, 257f); V. 애도: a. 장례식에서 나쁜 영혼이 머리에 자리 잡는 것을 막기 위해 여성들에게 머리를 푸는 것이 규정되었다(베르길리우스, 아이네아스 3, 65); b. "내 머리에 두건을 씌우는 것도, 빗질을 하는 것도 안 된다… 네덜란드의 로우랜드Lowlands o' Holland가 내 사랑과 나를 휘감아 버렸으니(=갈라놓았으니)"(민요 "네덜란드의 로우랜드The Lowlands of Holland"); c. 오르페우스의 죽음을 슬퍼하는 나이아데스와 드리아데스: "머리카락과 함께 애도하다"(나소 P. 오비디우스, 변신이야기 11, 49); VI. 비를 내리는 마법: 4번 참조; **B.** 헝클어진 머리카락: I. 이마를 덮은 머리: a. 저승의 신들; b. 쇠퇴를 상징한다; c. 전쟁; II. 풀어헤친 머리카락: 메두사와 관련된다(토머스 S. 엘리엇Thomas S. Eliot, "황무지The Waste Land"); III. 산만하게 만드는 사별의 관습적인 표시: "귀 주변에 (헝클어져) 있는 그녀의 머리카락"(리처드 3세의 비극R3 2, 2에 나오는 무대 지문; 참조: 오필리아(덴마크의 왕자 햄릿Ham. 4, 5, 그리고 콘스탄스Constance, 존왕의 삶과 죽음K. John 3, 4); **C.** 긴 머리카락: I. 시간의 할아버지Father Time: 그의 앞머리: 17번 참조; II. 그리스: 호메로스Homer에서 그리스인들은 계속해서 "머리가 긴 것으로" 언급된다; 아폴로는 머리카락을 정돈하지 않는다(그리스어로 '아키레코마akeirekoma'); III. 기독교: a. 남성: 참회; b. 여성(또한 15번 A의 풀어헤친 머리 참조): 처녀성, 신부; IV. "재치보다 많은 머리카락": 지성의 부족을 뜻하는 긴 머리(16세기 속담, 예 실수연발Err. 2, 2); **D.** 곱슬머리: a. 기교를 따르는 사람,

예 외국어를 배우는 '혀tongues'는 'tongs'(머리에 컬을 넣는 데 사용하는 인두)와 똑같이 발음된다; b. 전래동요: "한 꼬마 여자아이가 있었는데, 이마 한가운데 머리카락이 조금 말려 있었대, 그 애는 착할 때는 너무 착했지만, 나쁠 때는 말릴 수가 없었다네"; 또한 곱슬머리인 사람curly locks 참조; **E.** 대머리: a. 앞에 나온 다양한 형태의 머리카락 자르기 참조; b. 매독에 따른 (수은 치료) 결과 중 하나(예 실수연발 2, 2; 한여름 밤의 꿈MND 1, 2: "너의 프랑스 왕관들에는 머리카락이 전혀 없다네"; 또한 눈에는 눈, 이에는 이Meas. 1, 2); c. 어릿광대: "가위를 든 그의 하인이 그에게 어릿광대 같은 자국을 남긴다"(실수연발 5, 1); 항상 발길질을 당하는 어릿광대 같은 사람(데키무스 유니우스 유베날리스Decimus Junius Juvenalis 6, 17 1 ff.); **F.** 머리숱: a. 3, 5번 및 15번의 C, IV 참조; b. 에서는 털이 많은 아들이었다(그리고 아담/에돔처럼 붉은 아들이었다: 창세기Gen. 25, 25ff.); c. 르우벤: 3번의 A, b 참조; d. "텁수룩한 머리의 욕정"(조지 채프먼George Chapman, "평화의 눈물The Tears of Peace"); e. '야만인' 엔키두는 곡식의 여신 같은 물결 모양의 머리카락과 소의 신과 같은 엉겨붙은 체모를 가지고 있었다(길가메시 서사시Epic of Gilgamesh); **16. 색상**(또한 개별 색상 참조): **A. 황금색 머리**: I. 태양 광선: 모든 태양의 상징, 그리고 빛의 영웅들의 상징; II. '황금 머리카락': 불멸: 포세이돈은 프테렐라오스에게 황금 머리카락을 주었다; III. 여성의 황금색 머리: a. 여문 곡식의 여신: 예 이시스와 데메테르; 메데이아는 보통 검은색 머리의 마녀로 표현되지만, 황금양털과 관련하여, 헬리오스(태양) 일족의 일원으로서 '황금빛 머릿단'을 갖게 된다; b. 새벽 또는 황혼의 여신; c. 켈트족: 신들의 딸인 니암은 마법의 섬으로 오이신을 데려갔으며, 그는 300년 후에 섬에서 돌아왔다; d. 순결, 미덕, 지혜: 예 마리아; e. 사랑 여신의 상징: 예 헬레네(셀레네로서 달의 여신); IV. 고대 북유럽: 풍부함, 많음: 예 로키가 자른 시프의 황금 머리카락. 이후 잘린 머리카락은 지하세계에서 생산을 담당하는 난쟁이들이 만든 머리카락으로 대체된다; V. 게르만 여성들은 머리를 금발로 염색한 것으로 알려져 있다(나소 P. 오비디우스, 사랑의 기술De Art. Am. 3, 163); **B. 흰 머리**: 인자Son of Man, 그리스도(요한계시록Rev. 1, 14: 존재의 불멸성); **C. 빨간 머리**: a. 마귀 들린, 악마 같은 사람(종종 붉은색 또는 노란색 수염을 가지고 있다): 캠, 로키, 아마도 기원은 지하세계 신들과 관련있었을 것이다: 라다만토스는 전통적으로 빨간 머리를 가진 것으로 표현된다; b. 이집트: 세트-티폰은 불그스름한 머리를 가지고 있었다. 따라서 빨간 머리를 가진 아이들은 특별한 마법의 보호가 필요했다; c. 가롯 유다는 빨간 머리를 가지고 있었다(참고할 문헌: 뜻대로 하세요AYL 3, 4); d. 데인인Danes은 대개 빨간 머리이다; e. 제프리 초서Geoffrey Chaucer: "캔터베리 이야기Canterbury Tales"에서 밀러Miller는 빨간 머리를 가지고 있었다; **D. 보라색**: 일반적으로 봄의 축제를 갖는 여신들과 관련된다, 예 카리테스, 아프로디테, 뮤즈, 에우리디케; **E. 흑갈색**: 지하신들의 힘; 또는 어두운 머리색을 가진 포세이돈; **F. 녹색 머리**: a. 인어에게는 녹색 또는 황금색 머리가 부여된다; b. 템스의 딸들은 "각각 신부로서 모두 길게 늘어뜨린 아름다운 녹색 머리를 가지고 있었다"(에드먼드 스펜서Edmund Spenser, "결혼 축가Prothalamion"); **G. 파란색**: 보레아와 오레이티이아의 아들들(히기누스에 따르면); 푸른 수염Bluebeard 참조; **17. 머리카락 한 다발**: **A.** 성서: a. 예언자 에스겔Ez. (8, 3)과 하박국Habakkuk(다니엘서Dan. 14, 외경Apocr.)은 머리카락 한 다발로 공중에서 옮겨졌다; b. 머리카락 다발을 자르는 것은 금기시된다: 2번의 D, a 참조; **B.** 호루스의 머리카락 다발: 시간의 할아버지Father Time의 대머리에 있는 한 올의 머리카락; **C.** 니소스의 자주색 머리카락 한 올: 그의 왕좌(그리고 그의 생명)는 이 머리카락을 보존하는 것에 달려 있다: 외부 영혼의 대표적 사례(나소 P. 오비디우스, 변신이야기 8, 8, 그리고 사랑의 기술 1, 23 1 ff.; 아폴로도로스 3, 15, 8); **D.** 미노스를 위해 아버지의 머리카락을 훔친 니소스의 딸 스킬라는 머리카락으로 인해 키리스 (그리스어 '케이로keiro'=자르다; 그러나 또한 여기에서는 도둑 갈매기를 뜻하는 것일 수 있다)라는 이름의 불길한 큰 올빼미(수리부엉이 'Bubo ignavus')로 변신했다(나소 P. 오비디우스, 변신이야기 8, 15Iff.); **E.** 오레스테스Orestes는 그가 아가멤논의 무덤에 바친 머리카락이 자신의 머리카락과 비슷하다는 이유로 엘렉트라의 인정을 받았다; **F.** '오카시오Occasion'(=기회)는 앞머리로만 잡을 수 있다: 그녀의 앞머리는 머리숱이 무성하며, 뒷머리는 대머리이다(예 오셀로 Oth. 3, 1); **G.** 사랑의 집착: a. 연인(이 경우 남자의 머리카락)의 머리카락으로 만든 팔찌는 사랑의 징표이다(한여름 밤의 꿈 1, 1); b. 죽은 연인(남성 또는 여성)에게서 가져온 머리카락 한 다발: '나는 목숨이 다할 때까지 영원히 나의 마음이 얽매일 화환을 당신의 머리카락으로 만들 것이오!'(민요 "커크코네의 헬렌 Helen of Kirkconnell"; 참조: 또한 "국경 미망인의 애가 The Lament of the Border Widow", 프랜시스 차일드 Francis Child 106); **H.** 세 가닥의 머리카락: a. 태양의 빛. 이러한 태양의 빛을 차단하는 것은 태양왕 희생제의의 잔재였으며 그러한 이유로 세 가닥은 남성 생식기의 세 부분의 형태를 뜻하는 것일 수 있다: 일반적으로 희생제의에 앞서 이루어지는 거세; b 그리스도의 상징: 그와 우주의 일치; **18. 머리카락으로 만든 옷**: 이러한 옷은 아마도 유목 민족인 히브리인들의 초기 의복이었을 것이며, 애도자와 예언자들(항상 '광야'에 대한 원시 신념을 갈망한)에 의해 유지되었다(퇴행의 형태로); **19. 민속**: **A.** "V자형 머리선widow's peak": 여성의 이마에서 V자 지점까지 자라는 머리; 이것은 여성이 과부로 살아가게 된다는 것(간혹 장수를 동반)을 의미한다; **B.** 머리 자르기(또한 14번 참조): a. 다시 빨리 자라는지 그렇지 않은지에 따라 상현달이나 하현달에 잘라야 한다(플리니우스Pliny); b. 밤에 머리를 자르면 소녀의 성욕이 감소한다; c. 선원들에게는 선상에서 머리를 자르는 것(또는 손톱을 깎는 것)에 대한 강한 금기가 있다: 선상에서 머리를 자르면 고요한 바다에 폭풍을 불러올 수 있다(또한 페트로니우스 Petronius, "사티리콘Satyricon"에서 언급됨); **C.** 빗질: 악천후를 초래한다: 인어들의 전형적 행동(인어mermaid와 거울mirror 참조); **D.** 마법(언급된 사례들 이외에): a. 마녀는 늘어뜨린 머리를 흔드는 것으로 마법의 힘을 최대한 증가시킬 수 있다; 때로는 머리를 묶음으로써 힘이 증가되었다(유디트Judith 10, 3); b. 아동 민속: 체벌을 당하기 전 손에 든 털(말의 털이 바람직함)은 체벌을 받는 사람의 고통을 줄여주며, 괴롭히는 교사에게 고통을 초래한다; 또는 교사의 회초리를 부러트릴 것이다; c. 또한 말털로 만든 가발(판사가 쓰는)에 대해 말horse 참조; E. 잘린 머리카락: a. 불에 태워야 한다; b. 새가 둥지를 짓기 위해 가져가면 두통을 초래한다; c. 마녀는 머리카락의 주인을 상대로 한 마법 주문에 사용할 수 있다; d. 밝은 빛을 내며 타는 경우 이것은 장수를 의미한다.

머리핀 hair-pin 민속: a. 일반적으로 여성의 건강한 머리카락과 핀은 밀접하게 관련된 강력한 마법의 물건이다; b. 머리핀을 잃어버리면 연인을 잃게 될 것이다.

머위 관동 coltsfoot (식물) **1.** a. 다년생의 약초로, 그 잎의 모양에서 이름을 얻게 되었다; 비늘로 덮이고 털로 덮인 줄기에 노란색 꽃이 핀다; 잎은 나중에 난다; 물이 있는 곳을 알려 주는 식물: 이 식물이 자라는 곳 아래에는 샘물이 흐른다(플리니우스Pliny 26, 16); **2.** 치료제: 천식과 기침; **3.** 모성애.

머피 Murphy 학교 친구들 사이에서 이렇게 불리는 소년은 "스퍼드Spud" 머피Murphy라는 고정별명을 얻게 된다. '스퍼드'와 '머피가 모두 감자의 속어였기 때문이다(코밤 브루어Cobham Brewer, 관용구와 우화 사전DPF 참조); "샤이너" 라이트"Shiner" Wright, "핀처" 마틴"Pincher" Martin 등 참조.

먹기 eating **1.** (마시기와 함께) 물질적 존재인 인간을 위한 시초이자 원시적 활동(자신에 대한 보살핌이 후손에 대한 보살핌보다 선행함): "먹고 마시고 장가 들고 시집 가고"(마태복음Matth. 24, 38); **2.** 먹는 것은 종종 다산 의례로 여겨졌다: 몸으로 들어간 음식은 씨앗을 뿌리는 것(교감마법을 위한 성교coition 참조) 또는 (여)신에게 제물을 바치는 것과 유사하다(그러므로 동일하다): 먹는 사람은 어머니 대지Mother-Earth의 수용적 특성을 공유하고 신들 중 하나가 된다; 많은 종교 축제는 먹는 것을 동반한다(또는 먹는 것으로 구성된다): 무교절, 성찬식, 구약성서에서 제사장 또는 제사장과 제물을 바친 사람이 함께 제물을 먹는다: 예 그리스인들의 장례식도 마찬가지이다; **3.** 신성(神性)을 먹는 것은 성찬식에서부터 16세기 아즈텍족의 의례에 이르기까지 전 세계적인 풍습이다; 먹히는 것은 특히 '신성한' 것이다; 참조: 지크프리트Siegfried가 파브니르Fafnir의 심장을 먹은 것; **4.** '다른 세계'에서 음식을 먹으면 그곳에 묶이게 된다. 그러므로 저승에서 음식을 먹은 사람은 이승으로 돌아오지 못한다는 일반적인 믿음이 있다(예 코레/페르세포네; 참조: 하토르Hathor가 죽은 자들에게 음식을 제공했다); 또한 어쩌다 요정의 나라로 흘러 들어가게 된 사람도 다시 돌아오고 싶다면 절대 요정의 음식을 먹지 말라고(또는 말을 하지 말라고) 경고한다; 이 개념은 호메로스Homer 작품에서 '로터스lotus'(역주: 황홀경을 느끼게 한다는 상상의 열매)를 먹는 것 또는 그리스도가 저승에서 돌아와 음식을 먹은 것에 대한 거듭되는 언급과 연관성이 있을 수 있다; **5.** 집어삼키기devouring, 음식food 참조.

먹이, 희생 prey 가장 아름다운 희생: 사랑, 애정(플루타르코스Plutarch, 윤리론집M 757E: 여기에서 사랑은 사냥으로 표현된다; 플라톤Plato, 법률론Leg. 823B9 참조).

멀레인 mullein (식물) **1.** 양털꽃식물속인 '멀레인속Verbasculm'의 통칭; **2.** 자연적으로 건조되는 식물로서 곰이 상처를 치료하는데 사용한다; **3.** 힐데가르트 폰 빙엔Hildegard Von Bingen: a. 뜨겁고 건조하다; b. 슬픔과 불행에 대비하기 위해 이것을 삶아서 생선과 함께 먹어야 한다; c. 가래를 가라앉히려면 이것을 회향과 함께 와인에 끓여야 한다(자연학Ph. 1, p. 42: 독일어로는 '볼크라우트Wolkraut', 라틴어로는 '우레나wullena').

멀린 Merlin **1.** 아서왕 소설에 나오는 조언자이자 마법사로 많은 전통이 혼합된 존재: 예 a. '아버지 없는 아이'(때로는 인큐버스 즉 남자악령에 사로잡힌 성스러운 수녀가 낳은 자식으로 생각되었다); b. 악마 아스모데우스, 즉 솔로몬의 친숙한 정령spirit; c. 스코틀랜드의 라일로켄 즉 "숲의 사람"이자 예언자; d. 아서의 왕족임을 밝힌 우터 펜드라곤의 친척인 예언자; 그는 매혹적인 호수의 여인과 연결되어 있다(호수lake 참조); **2.** 알딩거 경의 민요 이야기에서 어린아이(멀린)가 가짜 왕의 집사의 다리를 무릎으로 쓰러뜨렸다; 보상으로 아이는 왕의 집사가 된다: 신성한 왕을 대신한 혼적과 형을 대신한 어린 아이 주제; **3.** 윌리엄 블레이크William Blake: 상상에 사로잡힌 존재: 아서왕처럼 호수(=물질, 어머니)의 여인에게 사로잡혔다.

멍에 yoke **1.** 조합, 균형; **2.** 경계: 인내, 순종, 수고의 상징; **3.** 폭정 또는 세속적 권력 또는 운명: 예레미야는 바빌로니아로의 추방을 상징하기 위해 목에 멍에를 메고 걸었다(예 27 및 29장): a. 로미오는 "불길한 별들의 멍에"(로미오와 줄리엣Rom. 5, 3)를 떨쳐버린다; **4.** 범죄: 시온의 범죄의 멍에, 시온이 짊어져야 할 죄의 짐(예레미야 애가Lament 1, 14); **5.** 희생: 소와 연결된다; 따라서 풍요, 파종 등과도 연결된다; **6.** 기독교: a. 그리스도의 상징; b. 그리스도(성 아우구스투누스)의 사랑.

멍청이 idiot 우둔stupidity 참조.

메가라 Megara 그리스 도시 메가라의 사람들은 한 때 신탁에서 그들이 아무것도 잘하지 못하며 자신들에 관하여 "생각이 없다"는 말을 들었다(칼리마코스Callimachus, 풍자시Epigr. 27).

메그 meg **1.** 고대 영어에서 거인, 질병과 전염병의 악마, 바위와 거대한 대포 포탄의 투척자; 나중에 종종 강력한 대포의 이름으로 사용되었다. 예를 들어, 15세기 에든버러 성의 총은 '몬스 메그Mons Meg' '머클 메그Muckle [Great] Meg' '로링 메그Roaring Meg'로 불렸다; **2.** 보더 민요Border-ballads(역주: 스코틀랜드와 잉글랜드의 국경지역 민요)의 '머클마우쓰 메그Muckle-mouthed Meg'는 무시무시한 여성이다: 그녀에게 무단침입한 자들은 교수형을 당하거나 그녀와 결혼하거나 둘 중 하나를 선택해야 했다.

메기 catfish **1.** 아버지의 사랑: 모든 물고기 중에서 메기 수컷은 새끼에게 가장 헌신적이며, 느리게 자라는 새끼를 위해 보초를 선다; 암컷은 새끼에게 금방 흥미를 잃어버린다(아리스토텔레스Aristotle, 동물의 역사HA 6, 14; 클라우디우스 아엘리아누스Claudius Aelianus, 동물의 본성에 관하여NA 12, 14); **2.** 교활함: 낚시 바늘에서 미끼만 채간다(플리니우스Pliny 9, 76).

메두사 medusa **1.** 그녀의 머리는 상징적 공간의

중심이다: 파괴성, 모든 것을 날려버리는 회오리바람; 거미줄cobweb 참조; **2.** 산호와 관련된다; **3.** 딜런 토마스Dylan Thomas: a. “블랙 메두사Black Medusa”: 끔찍한 어머니Terrible Mother(“올빼미 빛의 제단Altarwise”); b. 원초적 성욕, 죄악, 영원히 위험한 여성; **4.** 고르곤Gorgon 참조.

메디아, 메데 Medes 구약성서: a. 메데(메디아)의 원주민들은 금이나 은을 기뻐하지 않는다(이사야서Isa 13, 17); b. 경건하지 않은 이스라엘에 대한 여호와의 징벌의 지팡이; c. 메디아(메데)인과 페르시아인들(바사)의 법: “변하지 않는 것”(다니엘서Dan. 6, 8).

메디우스, 메두스 medius; medus (보석) **1.** 알베르투스 마그누스Albertus Magnus: a. 메디아 지역에서 발견된다; 검은색과 녹색 종류가 있다; b. 검은 보석을 가루로 만들어 뜨거운 물에 넣고 손을 씻으면 피부가 한 번에 벗겨질 수 있다; c. 또한 눈의 실명과 통풍을 막으며 상처가 났거나 몸이 약할 때 영양분을 공급한다(비밀의 책Secret. 2, 8); **2.** 중세보석세공집Med. Lap.: a. 여성의 모유와 섞은 이것은 시력을 회복시킨다; 통풍과 신장병을 치료한다(B 27); b. 의약용으로 가장 좋은 돌이다; 하지만 한 번에 소량씩 마셔야 하며 그렇지 않으면 미쳐버릴 수 있다(F 80; F 115 참조).

메뚜기 grasshopper (곤충) **1.** 일반적으로 메뚜기locust는 (더 약하다고 알려져 있는) 메뚜기grasshopper의 더 해로운 측면을 나타내지만 거의 구별할 수 없다; **2.** 소심함, 두려움: “네가 그것으로 메뚜기처럼 뛰게 하였느냐 그 위엄스러운 콧소리가 두려운 것인가?”(욥기Job 39, 20); **3.** 무의미하게 낄낄거리며 웃기, 망령: 티토노스에 대한 언급; **4.** 나약함: “메뚜기도 짐이 될 것이며 정욕이 그치리니 이는 사람이 자기의 영원한 집으로 돌아가고 조문객들이 거리로 왕래하게 됨이니라”(전도서Eccl. 12, 5): 메뚜기는 지치거나 굶주리거나, 죽음의 시간 또는 세상의 종말에 몸을 끌고 간다(역주: 늙으면 죽어가는 메뚜기처럼 기운 없이 처져 있다); 아마도 헤시오도스와 관련될 것이다: “메뚜기가 나무에 있을 때 사람은 가장 약하다.” 왜냐하면 천랑성별이 뜨면 모든 것이 메마르기 때문이다; **5.** 사람: a. 전능하신 하나님의 반대: “그는 땅 위 궁창에 앉으시나니 땅에 사는 사람들은 메뚜기 같으니라”(이사야서Isa. 40, 22); b. 적 앞에 도망가는 사람: 니느웨Nineveh의 상인들과 군인들(용병들)이 메뚜기처럼 날아갈 것이고, “추운 날에는 울타리에 깃들였다가 해가 뜨면 날아감과 같으니 그 있는 곳을 알 수 없도다”(나훔서Nahum 3, 17); **6.** 그리스: 귀족; **7.** 기독교: 개종; **8.** 부주의한 삶: 아무 것도 요구하지 않고 아무것도 필요로 하지 않는다(로버트 러브레이스Robert Lovelace, “메뚜기The Grasshopper”); **9.** 제임스 조이스James Joyce: 성급함: 축적가 개미의 반대; **10.** 민속: 사악한 눈에 대항하는 부적; **11.** 혼동 가능성에 대해서는 메뚜기grasshopper 참조.

메뚜기 locust **1.** 메뚜기locus라는 이름은 종종 더 큰 곤충에 해당하며 작고 덜 파괴적인 곤충은 ‘메뚜기grasshopper’라고 부른다; 때로는 전혀 차이가 없으므로 메뚜기grasshopper도 참조; 어미는 새끼를 낳은 후에 죽는다; 수컷도 그때 죽는다; **2.** 파멸: a. 생성적인 태양과는 대극; b. 메뚜기의 파괴적인 측면에서 달 여신과 연결되어 있고 나중에는 태양과도 연결된다; **3.** 지혜: 임금이 없으되 다 떼를 지어 나아가는 메뚜기(잠언Prov. 30, 24–8); **4.** 더 큰 힘에 대한 의존성: “나는 메뚜기떼처럼 이리저리 뒤척인다”(시편Ps. 109, 23); **5.** 가혹한 심판: a. 이집트에서 행한 모세의 여덟 번째 표적(플리니우스Pliny 11, 35 참조); b. 요엘서의 거대한 메뚜기 침략은 지역 (도덕적) 질병과 함께 침략하는 군대와 그 군대가 함께 옮겨 오는 풍토병(도덕적 문제 포함)을 가리킬 수 있다(예 3장); 자벌레, 애벌레 등의 상징은 ‘영적 가뭄’과 함께 땅을 황폐하게 했다; 자벌레, 애벌레 등은 ‘메뚜기’와 동의어; c. 메뚜기 악마(요한계시록Rev. 9장): 메뚜기들은 ‘지옥의 바닥없는 구멍’에서 나오며 초목을 먹지 않는다. 그러나 봉인되지 않은 메뚜기들은 아마도 사악한 양심을 상징할 것이다; 메뚜기들은 ‘전투태세를 갖추고 있는 말과 같이’ 금관과 사자 이빨과 철제 흉갑과 날개, 전갈의 꼬리를 가지고 있다. 이들의 왕은 아바돈/아폴리온이며, 일반적으로 다음을 나타낸다: i. 멸망(의 장소); ii. 유대 종교지도자: 지옥의 가장 낮은 부분; iii. 아마도 메뚜기의 특성을 가진 아폴로와 관련 있을 것이다; iv. 메뚜기는 켄타우로스나 전갈 인간들에게서 연상되었을 것이다; **6.** 이교도, 이단, 거짓 예언자들; **7.** 유혹: 에티오피아의 케브라 나가스트Kebra Nagast에 따르면, 메뚜기 세 마리와 진홍색 실 한 가닥이 바로(파라오)의 딸이 솔로몬을 유혹할 때 사용한 마법 도구였다; **8.** 그리스: 우는 소리가 좋아서 메뚜기를 나뭇가지로 만든 우리에 넣어 두었다; "다프니스와 클로에Daphnis and Chloe"(롱구스Longus 1, 10) 참조.

메르쿠리우스 Mercury (신) 헤르메스Hermes 참조.

메리 Mary 동요: "메리, 메리, 반대로, 은색종과 조개껍데기 그리고 예쁜 하녀들이 줄지어 있는 네 정원의 꽃들은 잘 자라고 있니?"; 여기서 메리는 수녀원 또는 스코틀랜드의 메리여왕을 지칭하는 것으로 보인다.

메리골드 marigold (식물) **1.** 다양한 종류의 꽃을 일컫는 통칭. 그 중에는 '카렌듈라' '메리골드속' '국화' 등이 있다; **2.** 태양을 상징한다: a. 새벽부터 정오까지 피고 밤에는 진다; b. "메리골드 같은 그녀의 눈이 하루를 장식하기 위해 열릴 때까지 그녀의 눈은 빛을 가렸다"(루크리스의 능욕Lucr. 397f; 심벨린Cym. 2, 3 참조); c. 한여름의 꽃. 중년 남성에게 적합하다(겨울이야기Wint. 4, 4); d. 태양을 따라가는 꽃으로 "여름의 신부Summer's Bride" 또는 "농부의 해시계Husbandman's Dial"라고도 불린다; e. "팬지꽃과 메리골드는 태양신의 숨겨진 연인"(마이클 드레이톤Michael Drayton, "고보와 바트Gorbo and Batte"); **3.** 사랑의 일관성, 인내심(특히 여성의 경우): a. 2번의 c 그리고 윌리엄 블레이크William Blake 참조; b. 존 제라드John Gerard에 의하면, 이 꽃은 거의 매달 피기 때문에 칼렌둘라라는 이름이 붙여졌다; c. 이것은 결코 사라지지 않는다; **4.** 슬픔, 불행, 절망의 상징(특히 사랑에서); **5.** 자비; **6.** 단정함: 특히 공작국화; **7.** 기독교: 성모 마리아의 상징: 악천후와 폭풍에 살아남으며 태양(예 그리스도 또는 연인)이 뜰 때만 열리고 어둠 속에서는 닫힌다(사악함: 예 대중민요: "메리골드에 대한 새로운 민요"; **8.** 문장heraldry(紋章): a. 헌신, 경건; b. 스코틀랜드 메리여왕의 애칭(위 7번의 민요는 그녀에 대한 것이다); **9.** 윌리엄 블레이크William Blake: a. 청렴함과 순수; b. 루타의 계곡(청교도의 사탄 아래)에서 자라는 이것을 우튼이 뽑았다(=성적 행위); 마리아의 황금; **10.** 민속: 사랑: 결혼화환에 자주 사용된다; **11.** 헬리오트로페(페루향수초)heliotrope 참조.

메이스 mace (곤봉club) **1.** 이집트 상형문자의 a. 창조적인 말; 그리고 b. 성취에 해당한다; **2.** 헤라클레스의 속성; **3.** 일격에 의한 승리; 중세 주교들은 검으로 피를 흘리는 것이 허용되지 않았기 때문에 막대기를 가지고 전투에 나갔다; **4.** "어깨를 건드리다": (엘리자베스 1세 여왕 시대Eliz.) 담당 보안관은 체포될 사람의 어깨를 막대기로 건드렸다. "오, 죽음과도 같은 잠이여! 그대의 음악을 연주하여 내 아들에게 그대의 무거운 메이스를 얹었는가?"(율리우스 카이사르Caes. 4, 3); **5.** 권위, 왕족, 관직; 가장 아름다운 메이스는 런던시의 것이다; **6.** 인간의 주관적이고 주장적인 것의 소멸; **7.** 곤봉club, 노oar, 왕권을 상징하는 홀sceptre, 막대기staff와 관련 있다.

메이어네이즈 mayonnaise '메이어네이즈 교수'는 자신의 작은 분야라는 '고치' 안에 살고 있는 극도로 전문적인 학자(런던 매거진London Mag. 13/5, 1973년 12~1월 1973/74)

메이폴 maypole **1.** '메이'=산사나무; **2.** 기둥: 기둥은 자연의 남근적 재생산력인 반면, 여성성기 모양의 원은 시간과 움직임의 조절자 또는 속박을 의미한다; 이 두 가지는 함께 양성성을 형성한다; 메이폴 댄스: 색이 잘 맞는 매듭을 만들기 위해 기둥 위에 묶여 있는 천을 잡고 사람들이 복잡한 미로댄스를 추어야 한다; **3.** 신비한 중심, 세계 축World-axis, 세계수World-Tree; **4.** 건축물에서 계란 및 다트문양과 관련된다; **5.** 대극의 합일; **6.** 고대 수목숭배의 잔재; **7.** 하천: a. 사방으로 빛나는 햇살; b. 기둥과 원의 결합의 기쁨과 결실(신부가 입는 가터garter 끈 참조); **8.** 거짓 그림; 헬레나가 생각하기에 그녀에게 헤르미아는 그녀의 사랑을 훔친 존재다: "나는 얼마나 키가 작은가, 너는 (키 큰) 메이폴처럼 화장했는가? 말하라!"(한여름 밤의 꿈MND 3, 2); **9.** 민속: 자작나무birch 참조.

메추라기 quail 1. 위대한 여신에게 바쳐졌다: A. 부활: a. 봄에 가장 먼저 오는 새로 메추라기의 도래는 (오래 전) 새해를 시작하는 달이었던 3월과 일치한다; b. 이올라오스는 메추라기를 헤라클레스의 코에 대고 그를 되살렸다; B. 음탕함: a. 봄의 여신을 축하하기 위한 에로틱한 메추라기 향연이 열렸다; b. 최음제: 붉은 고기를 먹으면 최음효과가 있는데 메추라기는 유독한 열매를 먹기 때문에 피해야 한다; c. 행실이 나쁜 여자: 아가멤논은 "메추라기를 사랑하는 사람"이다(트로일루스와 크레시다Troil. 5, 1); d. 제우스와 여신 레토는 두 마리 메추라기 형태로 맺어졌다; 아스테리아(역주: 레토의 여동생)는 제우스의 추격을 피하기 위해 메추라기로 변신했다; C. 다산: 레토는 델로스의 옛 지명인 오르튀기아섬(메추라기 섬)에서 아폴로와 아르테미스를 출산했다; 2. 호전성: a. 닭싸움처럼 메추라기싸움도 있었다(예 아테네); 두 마리 메추라기를 링 안에 넣어 놓고, 그중 한 마리가 링 밖으로 벗어나면 지는 것이다; b. 메추라기는 항상 전투적인데, 이는 아마도 메추라기가 너무 오래 살기 때문일 것이다(나소 P. 오비디우스Naso P. Ovid, 사랑의 치료법Amores. 2, 6, 27f.); 3. 악의 상징; 메추라기는 간질에 걸리기 쉬운 유일한 동물이므로 사람들은 간질을 피하기 위해서 메추라기에게 침을 뱉어야 한다(플리니우스Pliny 10, 33); 더군다나 메추라기는 다른 동물들이 물을 마시지 못하도록 물을 흐려놓는다; 4. 메추라기는 멜카르트에게 바쳐졌다: 유대인들은 광야에서 금기시된 메추라기를 먹고 병에 걸렸다(예 출애굽기Ex. 16; 민수기Num. 11, 31 등); 5. 어떤 그리스 서정시인들은 메추라기를 '감미로운 목소리'라고 묘사했다; 6. 광야에서 메추라기를 먹었던 것에 대한 중세시대의 해석은 이것이 성찬식의 한 유형이었다는 것이다(그러나 결과가 비참하기 때문에 적절치 않은 해석이다).

메피스토펠레스 Mephistopheles 1. 어원이 의심스러운 단어; 아마도 그리스어의 '빛을 사랑하지 않음'을 뜻하는 것 같다; 2. 독립과 개성을 성취하기 위해 모든 것으로부터 돌아서는 영혼의 부정적 측면; 3. 괴테Goethe의 "파우스트Faust"에 나오는 자웅동체; 4. 교활함과 냉소주의.

멜론 melon (열매) 1. 앤드류 마벨Andrew Marvel("정원에서의 사색Thoughts in a Garden")은 그의 황홀경 경험에 대해" 나는 지나다니면서 멜론에 걸려 넘어지고 꽃과 함께 풀밭에 넘어진다"라고 기술했다; 2. 땅ground 참조.

멜루시나 Melusina 1. 알바니아 왕들의 선조인 요정 또는 님프: 멜루시나는 요정 프레시네의 딸이었다. 프레시네는 아버지가 어머니에게 저지른 잘못에 대해 복수하기 위해 아버지를 산에 가두었다. 이 일로 인해 그녀는 매주 토요일마다 허리 아래가 뱀으로 변했다. 멜루시나는 그녀를 본 적이 없는 남자와 결혼해야만 뱀으로 변하는 것에서 풀려날 수 있었다; 그래서 그녀는 한 사람을 찾았고 그를 부자로 만들어 주었지만 그녀의 행동이 그의 호기심을 불러일으켰고 그러던 어느 날 그가 정화의 목욕(풍요-달-여신)을 하고 있던 그녀의 모습을 보게 되자[(치명적인) 외모의 주제] 그녀는 뱀의 모습으로 도망쳤다; 2. (왕관과 갈라진 꼬리만 가지고 있는) 지렌과 관련된 일반적인 유형의 바다요정이 되었으며 재앙이 일어나기 직전 비명을 세 번 지른다; 3. 멜루시나는 정상이 아닌 아이를 낳는다; 4. 그녀는 신비로운 일꾼 무리의 도움으로 하룻밤에 건물을 짓는다; 그 건물들에는 항상 결함이 있다(돌 하나가 빠진 "악마의 다리devil's bridge" 참조); 5. 직관력 있는 천재: a. 긍정적인 면에서는 예언적이고 적극적이며 기적적이다; b. 부정적인 면에서는 허약하고 악의적이다; 6. 문장heraldry(紋章): a. 모성애: 바람 속에서 그녀는 자신의 잃어버린 자식들에 대해 탄식한다; b. 처녀성; c. 항해, 조상: 매혹적인 바다; 7. 인어mermaid 참조.

멜리크로스 melichros (보석) 중세보석세공집Med. Lap.: a. 이것의 이름은 '꿀의 달콤한 맛'을 의미한다; b. 이것의 색깔: 한 쪽은 녹색이고 다른 한 쪽은 꿀색이다.

멤노니우스 memnonius (보석) 중세보석세공집Med. Lap.: 독, 두려움, 불굴의 모험에 맞서기 위해 착용했으며 일이 잘 마무리되게 한다; 귀족과 숙녀들의 분노와 짜증을 가라앉히는 데 사용하고 화상을 입거나 부상을 당했을 때 사용했다(F 79: '피미오니스fimionis' 아마도 알베르투스 마그누스Albertus Magnus의 '멤피티스 memphitis'로 추정됨).

멤파이트 memphites (보석) 알베르투스 마그누스Albertus Magnus: a. 멤피스Memphis에서 나는 돌; b. 부수어서 물과 섞어 마시면 화상이나 고통 등을 느끼지 않는다(비밀의 책Secr. 2, 9).

멧돼지 boar **A. 태양(왕 또는 영웅) 또는 그의 대체자; 불: 1.** 아폴로, 핀 맥쿨, 세트의 변장; 이 동물의 짧고 뻣뻣한 털=태양광선; **2.** '우월한' 동물(장대한 돼지, 물고기 같은): a. 용보다 높고 사자보다는 낮은 서열; b. '숲의 기사': 북유럽; c. 차이와 긍정성: 게일어; **3.** 종종 신성한 해의 후반기를 상징한다(사자는 여름 중반까지 해당하는 전반기의 상징). 따라서 신성한 쌍둥이 왕은 한겨울에 성탄계절의 돼지로서 죽임을 당했다. 눈 속에서 돼지를 죽인 헤라클레스 참조(로버트 그레이브스Robert Graves, 그리스 신화GM 2, 115); 추가내용 참조; **4.** 오디세우스의 허벅지에는 돼지의 엄니상처가 있었으며 이 상처 때문에 늙은 유모가 그를 알아볼 수 있었다: 신성한 왕으로서 목숨을 건졌다(호메로스Homer, 오디세이아Od. 19, 393; 로버트 그레이브스, 그리스 신화 2, 287); **5.** 아레스, 아르테미스, 헤르메스, 포세이돈에게 바쳐졌다; **6.** 태양 영웅 베오울프와 관련된다: 부하들의 체크무늬 갑옷과 자신의 투구를 돼지 이미지로 장식했다; **7.** 일반적으로 남근동물(형태)로 간주된다; **8.** 로마 휘장 중 하나; **B. 풍요를 기원하는 겨울의 희생제물: 1.** 풍요신들(죽은): a. 아프로디테에 대한 질투로 돼지로 변한 아레스에게 살해당한 아도니스: 아레스도 전쟁의 신이 되기 전에 풍요의 신이었다; 아레스는 돼지로 변해 이집트로 도망쳤다; b. 탐무즈, 오시리스 등: 달의 여신 디아나/페르세포네가 돼지로 변장했다면 초승달 모양의 엄니를 가진 암퇘지였을 것이다; c. 디아나가 모욕을 당한 것에 대한 복수로 (역주: 칼리돈의 왕 오이네우스의) 나라에 보낸 칼리돈의 멧돼지는 처음에 아탈란테Atalanta의 공격을 받았지만 멜레아그로스 Meleager에게 죽임을 당했다; 멜레아그로스는 전리품으로 피부와 머리를 당당히 바쳤지만 그의 삼촌들이 이를 거부했기 때문에 멜레아그로스는 삼촌들을 죽였다; 이 일로 인해 그의 어머니가 그를 살해했다(나무 wood 참조); 나소 P. 오비디우스Naso P. Ovid(변신이야기 Metam. 8, 260ff.); 전임자였던 삼촌을 죽인 것으로 인해 달의 여신에게 살해당하는 태양왕은 자주 등장하는 주제이다; 아마도 그는 전에 "사타구니를 찔려 죽은" 아도니스처럼 거세되었을 것이다(변신이야기 10, 708ff.); d. 크림힐트Kriemhild는 지그프리트가 돼지에게 죽임을 당하는 것을 목격하는 꿈을 꾸었다(꽃들이 그의 피로 빨갛게 물들었다: 니벨룽겐Nibelungen 16); **2.** 풍요의 신 프레이Frey는 금빛 털의 돼지Gullinbursti를 타고 다녔다; 그의 축제는 한겨울에 열렸다; 또한 돼지는 그의 '누이' 프레이야Freya의 말이었다; 굴린부르스티는 난쟁이들이 만들었으며 어떤 어둠보다 뛰어나고 어떤 존재보다 빨리 달렸다; **3.** 잉글랜드의 성탄계절Yule-tide 돼지의 머리는 프레이에게 바치는 북유럽의 한겨울 희생제물이다; 돼지머리는 입에 사과를 물린 채 연회장으로 운반되었으며 월계수 잎과 로즈마리로 장식되었다; 멧돼지(칼리돈의 멧돼지와 같은)는 추위, 기근 또는 가뭄 괴물이었을 수 있다; **4.** 이것은 두 개의 계절과 연관된다: a. 봄: 잡초를 제거함으로써 성장을 돕는 시기; b. 가을: 작물의 부패+파괴(=비옥함의 제거); J번의 5와 관련된다; **5.** 10월(멧돼지 사냥 시즌)은 가을(=다가오는 죽음) 또는 겨울이 시작되는 시기이다; **6.** 멧돼지는 달의 모신 디아나에게 바쳐졌다; **C. 신의 음식: 1.** 이 음식은 힘과 용기를 준다; **2.** 발할라에서 선민은 매일 멧돼지 세림니르의 고기를 먹었다; **D.** 멧돼지 위에서 **서약**이 이루어졌다: **1.** 성탄계절에 멧돼지는 왕실 연회장으로 운반되었으며 북유럽인들은 연회장에서 바쳐진 멧돼지의 머리 위에서 충성을 맹세했다; **2.** 때로는 돼지털에 손이 닿아야 했다: 태양광선; **3.** 순수 또는 정직의 맹세가 멧돼지 위에서 이루어졌다(호메로스Homer, 일리아드 Il. 19, 266f.); **E. 용맹함: 1.** 멧돼지는 한 무리의 사냥개들에게 둘러싸일 때까지 기다렸다가 사냥개들을 공격해 산산조각 찢는다; **2.** 그는 적을 죽이기 위해 결코 가려지지 않는 엄니를 계속해서 갈았다(비너스와 아도니스Ven. 617f); **3.** 충동적인: 그는 어떤 것이든, 누구든 맹목적으로 공격한다; **F. 욕정: 1.** "아마도 말은 하지 않았겠지만 완전히 자란 멧돼지처럼(완전히 발기한) 독일 남자가 "오오"라고 외치며 올라탔다"(심벨린Cym. 2, 4); **2.** 상징적으로 그는 유니콘을 타고 다니는 순결한 여성의 적이다; **G. 특별한 종교적 의미**: **1.** 바빌로니아: 신성한 전령: 따라서 그의 고기는 특정한 날짜에(히브리가 정한) 금기시된다; 오직 금기 동물신의 축제에서만 금기 동물을 (평상시처럼) 먹을 수 있는 영국에서도 마찬가지이다; **2.** 히브리: 이스라엘의 적의 상징: 숲에서 나온 멧돼지는 포도나무를 파괴한다(시편Ps. 80, 13); **3.** 기독교: a. 특히 노르망디 교회에서 멧돼지처럼 신의 포도밭을 파괴하는 악마: 일반적으로 죄악; b. 탐식의 멧돼지(영혼의 싸움psychomachia에서); c. 분노; d. 방종; e. 우울증과 대지의 상징; f. F번의 2 참조; **4.** 켈트족: 짧은 털(=광선)이 없는 멧돼지는 세상의 마지막 어둠이자 해질 무렵 태양의 파괴다; **H. 문장**heraldry(紋章): **1.** 용맹함; **2.** 완전히 무장한 병사; **3.** 자유; **4.** 억제되지 않는 권력; **5.** 동물적 본성의 힘(아도니스를 죽임); **6.** 흰색 돼지: 리처드 3세의 휘장(셰익스피어의 희곡에 여러 번의 언급이 있다); **I. 다음에 상응한다**: **1.** 방향: 북북서; **2.** 시간: a. 사냥 시즌: 성탄절에서 성촉절까지; b. 겨울의 경우 B번 참조; c. 성 바돌로매 축일(8월 24일)은 돼지 요리를 하기에 매우 좋은 날이었다: "너희 비천한 작은 바돌로매 멧돼지–돼지"(팔스타프Falstaff에게: 헨리 4세 2부2H4 2, 4); 또한 바돌로매Bartholomew 참조; **3.** 별자리: 물고기자리(겨울); **J. 부분과 색**: **1.** 피부: 그토록 원하는 힘을 위한 주술: B번의 1, c 참조; **2.** 머리head: a. 성탄절Christmas: 성탄계절Yule-tide 멧돼지: 앞의 설명들 참조; b. 중세시대 왕이나 신에게 바치는 돈; c. 숙박: 여관 간판; **3.** 엄니: a. 선사시대 십자가의 상징; b. 고대 영국인: 무덤: 불멸; c. E번의 2 참조; **4.** 코: "무덤을 파는 코, 그는 무덤으로 간다"(비너스와 아도니스Ven. 622); **5.** 색: a. 검은색 멧돼지: 부패, 밤, 겨울, 세트 신; b. 흰색 멧돼지: H번의 6 참조; **K.** 또한 사자lion; 돼지pig; 암돼지sow; 돼지swine 참조.

멧비둘기 turtle-dove (새) **1.** 애정과 사랑: a. "멧비둘기는 노래할 수는 없지만 사랑을 한다"(시셀턴 다이어Thiselton Dyer, "가장 낮은 나무The lowest tree"); b. 민요에서 멧비둘기는 밤이 되면 잘생긴 청년으로 변해 "마르 백작의 딸"(프랜시스 차일드Francis Child 270)과 6년 1개월을 함께 살았으며 머나먼 섬에 있는 여신이자 여왕이었던 어머니에게 그녀를 데려갔다. 그녀의 아버지는 날아가는 새(청년으로 변신한 멧비둘기)를 죽이려 했고, 일곱 명의 아들(백조) 그리고 스물네 명의 다른 '기사의 새'(황새)와 함께 신부(딸)를 되찾아 돌아왔다; c. 고전 시대에는 앵무새의 사랑을 받는 새였다(녹색 새: 예 나소 P. 오비디우스Naso. P. Ovid, 헤로이데스Her. 15, 39); **2.** 부부간의 정절: "멧비둘기는 짝을 짓고 결코 헤어지지 않는다"(겨울이야기Wint. T. 4, 4); 순결과 불변성의 의미에 대해서는 존 포드John Ford("상한 마음Broken Heart" 3, 2 및 4, 2) 참조; **3.** 기쁨: 이집트 상형문자로 멧비둘기는 춤과 피리 소리를 좋아하는 사람을 나타낸다; **4.** 애통: a. "나는 비둘기같이 슬피 울며 내 눈이 쇠하도록 앙망하나이다"(이사야서Isa. 38, 14); b. 멧비둘기는 밤의 새로서 이 새의 울음소리를 듣는 모든 사람을 슬프게 만들거나 심지어 이들의 삶을 지옥으로 만들기도 한다; "올빼미와 사티로스가 울부짖는 동안 종려나무에 사는 멧비둘기는 슬퍼한다; 쾌적했던 땅은 유황으로 변하고, 모든 개울은 더러워진다."(헨리 본Henry Vaughan, "새The Bird"); **5.** 소심, 은둔: 고독과 사막을 좋아한다(제비의 반대); **6.** 봄의 전조: 멧비둘기의 소리는 겨울이 끝나고 사랑의 시간이 왔음을 나타낸다(아가서SoS 2, 12); 이 새는 가장 먼저 팔레스타인으로 돌아온 새들 중 하나이다; **7.** 온화함, 희생(또는 희생제물): a. "주의 멧비둘기의 영혼을 악인의 무리에게 주지 마소서"; b. 멧비둘기는 정화를 위한 번제물 또는 속죄 제물이었다; **8.** 여호와의 규례에 대한 순종: "그들(역주: 멧비둘기와 제비와 두루미)이 올 때를 지키거늘"(예레미야서Jer. 8, 7); **9.** 기독교(때로 비둘기와 동일시됨): a. 그리스도, 그의 신부인 교회에 충실한 멧비둘기; b. 풍요의 영.

면도 shaving 수염beard, 머리카락/털hair 참조.

면도날, 면도칼 razor **1.** 면도날처럼 날카로운 혀, 면도날의 재치(예 시편Ps. 52, 2 등); **2.** 주께서 이스라엘의 원수 앗수르(아시리아)를 이스라엘의 머리카락과 발에 있는 털(=음모)을 밀기 위한 면도날에 비유했다; **3.** 면도날(그리스어 '에피 사라우 아크메스epi ksurou akmes'): a. 호메로스Homer의 면도날: 우리의 운명은 모두 비참한 파멸을 맞거나 생명을 보존하는 이 두 가지 가능성 위에 서 있다(일리아드Il. 10, 173); b. 지협Isthmus(플루타르코스Plutarch) 비문: "우리 다섯 명의 희생으로 그녀가 면도날 위에 서 있던 모든 그리스를 구했다"(운명이 머리카락에 매달려 있을 때).

명반, 백반 Alum 1. 무기염; 2. 의학: 수렴성, 경화성 및 부식성의 성분(플리니우스Pliny 35, 52); 명반 성분이 있는 샘물은 "열을 전달하여 마비 또는 뇌졸중에 의해 손상된 신체 부위에 영향을 미친다."(마르쿠스폴리오 비트루비우스Vitruvius 8, 3, 4); 광견병에 효과적이다(운문 에다Edda, 하르의 격언Sayings of Har 137); 3. 명반에 덮인 나무는 불이 붙지 않는다(라틴어의 '알루미네a-lumine'는 '빛이 없음'을 의미한다); 불이 붙지 않게 할 목적으로 전쟁 시 성벽 파괴용 나무망치에 명반을 발랐다(아우룰스 겔리우스Aulus Gellius 15, 1).

명왕성 Pluto (행성) 1. 1930년에 발견된 아홉 번째 행성; 행성의 시운동은 연간 11/2°이다; 2. 제거: 제1차 세계대전과 제2차 세계대전에서 파괴적인 특성을 보여 주었을 것이다; 3. 부활과 재탄생; 4. 명왕성의 영향력: a. 더 높은 권력과 섭리: 보이지 않는 힘과 권력; b. 권력을 행사하고 대중들에게 영향을 미치려는 의지: 선전가 및 정치인; c. 배우; 5. 상응하는 별자리: 전갈자리.

모건 르 페이 Morgan Le Fay 호수의 여인Lady in the Lake: 모르가나 요정Fata Morgana 참조.

모과 medlar (나무; 열매) 1. 썩으면서 과일의 맛이 좋아진다. "반쯤 익기 전에 썩을 것이며 이것이 바로 모과의 이것의 일반적 특성이다"('모과'에 관한 농담 참조 그리고 뜻대로 하세요AYL 3, 2 참조; 또한 제프리 초서Geoffery Chaucer, 캔터베리 이야기CT, "리브의 이야기Reeve's Tale" 프롤로그Prol. 참조); 2. 매춘부: "그렇지 않으면 그들은 나를 썩은 모과(매춘부)와 결혼시켰을 것이다"(눈에는 눈, 이에는 이Meas. 4, 3); 3. 오래된 농담의 대상: "그는 모과나무 아래 앉아 그의 연인이 여성 성기처럼 생긴 모과이기를 바랄 것이다. 처녀가 여자의 성기를 닮은 모과를 보고 혼자 웃을 때" (로미오와 줄리엣Rom. 2, 1); 4. 데이비드 H. 로렌스 David H. Lawrence: "마가나무류와 모과": a. 가을과 관련된 것: 이별: 지하세계의 디오니소스에 해당하는 오르페우스("지옥의 증류 진액"); b. "맛있게 부패함"; 5. 마가목 열매sorb 참조.

모과 quince 1. 열대지역에서 사과와 상징성을 많이 공유하는 과일; 종종 사과와 함께 언급된다, 예 "일만 개 부족의 사과와 독특한 모과"(크리스토퍼 스마트Christopher Smart, "다윗에게 바치는 노래A Song to David"); 2. 에로틱하고 결실하는: a. 아프로디테에게 바쳐졌다; b. 신부는 마르멜로를 먹어야 한다: 플루타르코스Plutarch(결혼에 대한 조언Advice on Marriage); c. 마르멜로는 도금양myrtle의 잎, 장미 화관, 제비꽃 화환 등과 함께 결혼의 상징이다. "헬레네와 메넬라오스"의 결혼식에 사용되었다; d. 대추야자와 마르멜로는 웨딩 패스트리에 사용되었다(로미오와 줄리엣 Rom. 4, 2); e. 결혼의 상징; 3. 때로 선악의 나무: a. 유혹; b. 실망, 경멸적 아름다움; c. 기독교: 그리스도의 상징; 4. 켈트족: 마르멜로는 8~9월과 관련 있다(그리고 켈트족 문자 CC 또는 Q와 관련 있다); 5. 점성술: 토성과 관련 있다.

모기 mosquito 각다귀gnat 참조.

모닥불 bonfire 1. 어원: a. 스코틀랜드에서는 '베인파이어bane-fire'로 발음한다: 야외에서 뼈를 태우는 큰 불; b. 장작더미; c. (개연성이 적은) '행운Boon-fire': 이웃이 피우는 것을 돕기 위해 장작이나 음식을 가져온다; 2. 죽음, 부활, 풍요: a. 본래 인간 또는 동물 희생제물(어원에서 알 수 있듯이), 특히 풍요의 왕 또는 (동물) 대용물; b. 나중에 인간 제물은 짚(참조: 곡식의 정령이 들어 있는 마지막에 수확된 곡식 단)으로 대체되었다; 3. 경고: a. 트로이전쟁 마지막에 신호를 알리는 일련의 모닥불에 대해서는 불fire 참조; b. 영국에서는 모닥불이 무적함대의 접근에 대한 경고였다; 4. 예방의학, 정화: 특정 질병을 방지하기 위해 모닥불 사이로 소를 통과시킴; 5. 승리의 신호(3번의

a 참조); **6.** "영원한 모닥불에 이르는 [환락의] 꽃길"=지옥(맥베스Mac, 문지기 장면Porter); **7.** 모닥불과 관련된 날들: A. 새해: a. 그리스에서는 야생 올리브(참조) 나무가 이러한 목적을 위해 사용되었다; b. 성촉절(2월 2일)도 종종 동일한 기능을 했다: 어린 싹이 자라도록 오래된 관목을 불태운다; c. 오월제MayDay=Beltane Fire(역주: 5월에 열리는 켈트족의 고대 축제): 카니발Carnaval 참조; B. 한여름(성 요한 또는 성 비투스): a. 이러한 불에 쓰이는 나무는 참나무이다: 한여름에 가장 무성하게 서 있는 참나무(문의 역할을 하는) 사이로 보이는 성 요한 해 또는 성 비투스의 해(포터Porter 참조); b. 한여름의 모닥불은 아마 숭배와도 연관되는 것으로 보인다(리넨linen); 또한 한여름midsummer 참조; c. 다음을 위해 불을 뛰어넘는 행위가 이루어졌다: i. 풍요를 촉진하기 위해; ii. 로마: 팔릴리아Palilia 축제(양치기들의 축제): 나소 P. 오비디우스Naso P. Ovid가 이에 대해 기술했다(행사력Fasti. 4, 721ff.); C. 모든 할로윈: a. 마녀에 대항; b. 다음 해의 수확 촉진; D. 성탄계절Yule-tide: 멧돼지Boar 참조; **8.** 민속: a. 큰 화재, 낙뢰 등으로부터의 보호(이열치열); b. 마법과 질병으로부터의 보호; c. 일반적인 다산을 의미한다; d. 특정인의 모형을 태워 그 사람에게 피해를 입히는 흑마술에 사용되었다; e. 정화의 불need-fires 참조.

모란, 작약 peony (식물) **1.** 치유: 헤라클레스의 상처를 치유한 신 (그리스어) 파에온의 이름을 따서 명명되었으며 이것은 헤라클레스로 인해 아폴로와 관련된다; **2.** 부끄러움, 수줍음, 여성적인 사랑스러움; **3.** 화, 분개; **4.** 봄: 춘분 무렵에 꽃이 피었다가 빨리 진다; **5.** 점성술: 태양과 관련된다; **6.** 민속: a. 모란꽃의 뿌리는 밤에만 안전하게 채취할 수 있으며 채취한 후에는 개의 울음소리가 모란이 듣기에 치명적이기 때문에 개를 모란에 묶어 놓아야 한다(맨드레이크Mandrake 참조); 또는 채취한 사람이 마르스의 딱따구리에게 공격을 받을 수도 있다; b. 간질, 광기, 악몽 및 기타 질병 등에 대한 치료에 쓰인다.

모래 sand **1.** 불모, 헛된 일: 사막과 관련된다; **2.** 무한하며 셀 수 없는 수: "내가 네게 큰 복을 주고 네 씨가 크게 번성하여…" 바닷가의 모래와 같게 하리니(창세기Gen. 22, 17); **3.** 해변과 관련된다: a. 희망, (익사로부터의) 안전; b. 덧없음: "어느 날 나는 그녀의 이름을 물가에 썼지만 파도가 밀려와 그것을 씻어 내렸다"(에드먼드 스펜서Edmund Spenser, 소네트Sonn.); **4.** 시간(모래시계): "막 흐르기 시작한 모래시계가 모래의 흐름을 멈추기 전에"(헨리 6세 1부1H6 4, 2); **5.** 인내, 용기: 모래는 물을 견딘다; **6.** 수면과 관련된다: 잠귀신Sandman(눈 비비기); **7.** 불안정성: "자기 집을 모래 위에 지은 어리석은 사람"(마태복음Matth. 7, 26-27); 따라서 반석의 반대; **8.** 지옥의 형벌: 단테Dante(신곡 14)에서 그 불티가 비가 되어 내리는 불타는 모래는 다음과 같은 죄인에 대한 형벌이다: a. 누워 있는 신성모독 죄인(예 카파네우스): 신에 대한 폭력; b. 웅크리고 앉아 있는 고리대금업자: 자연과 예술에 대한 폭력; c. 끊임없이 배회하는 남색하는 자: 자연에 대한 폭력; **9.** 감수성: "긴 머리가 헝클어진 님프처럼 모래 위에서 춤을 추지만 발자국이 보이지 않는"(비너스와 아도니스Ven. 147); **10.** 소우주, 가장 작은 형태의 세계: "모래알 속의 세상을 보기"(윌리엄 블레이크William Blake, 순수의 전조Aug, of Inn.).

모래시계 hour-glass **1.** 인간에게 주어진 제한된 기간: 연, 시간(심지어 죽음을 넘어 영원까지)을 측정한다; **2.** 시간의 새로워짐(재생): 사도 안드레아의 십자가 및 X 참조; **3.** 시간의 부정적이고 반전적인 측면: a. 밤: 낮의 해시계의 반대; 옛 선원들이 사용한 용어는 "야경nightglass"이었다: 여덟 번 뒤집으면 네 시간이 되며 (밤에 거리에서 시간을 알리는) 야경꾼의 교대가 이루어진다; b. 소멸, 상부세계와 하부세계의 영원한 뒤바뀜, 창조와 파괴; c. 종종 묘지와 비석에서 발견된다: 죽음과 관련된다; **4.** 사투르누스Saturn(크로노스Kronos=Chronos로 잘못 표기되었다. 크로노스는 시간time을 의미한다) 및 드럼과 연관된다; **5.** 절제의 상징; **6.** 문장heraldry(紋章): 사망과 소멸; **7.** 딜런 토마스Dylan Thomas: 그의 "비전과 기도Vision and Prayer" II부의 시(詩) 중에서 모래시계 모양에 대해서는 다이아몬드diamond 참조.

모래톱 shoal **1.** 죄책감의 함정shoals of guilt(조지

바이런Lord George G. Byron), "젊음과 나이Youth and Age"; 2. 물고기fish; 다중성multiplicity 참조.

모루 anvil 1. 대지, 물질; 2. 남성적 해머와 반대되는 수동적이고 여성적인 것: 다산(해머hammer 참조); 토머스 맬러리 경Sir Thomas Malory: 아서왕의 검을 당긴 '돌'은 '강철 모루'와 같았다("아서왕의 죽음Morte D'Arthur" 1, 5); 3. 원초적 용광로의 상징. 이는 대장장이 신이 우주를 두드려 만드는 것을 도왔던 힘이다; 4. 창조의 검으로서 (빛을 주는) 제공자와 같으며 따라서 빛+비=풍요; 5. 지혜: 뇌=모루+생각=해머; 남성과 여성, 양성성 그리고 시적 영감(예 윌리엄 블레이크William Blake); 진실(예 핀다로스Pindarus, 피티아 송시Pyth. 1, 86); 6. 순교 또는 처벌의 도구: 헤라가 헤라클레스를 방해한 것 때문에 제우스는 그녀의 양 팔목과 양발을 황금 체인으로 묶어 놓는 벌을 주었다; 7. 중세 프랑스의 미니어처: (여성적인) 스트렝티아시Strength는 자신의 등에 모루를 달고(두드려서 그것을 부드러워지게 만들려는 끊임없는 노력) 와인 압착 틀 위에 서서 탑(양심의 요새)에 있는 용을 끌어당겼다(그것의 부서진 심장에 대한 영적 정복); 8. 신체: 적이 공격하는 신체(코리올라누스Cor. 4, 5); 9. 격언: a. "서두르지 말고 천천히 정확히 해야 성공할 수 있다": 협력; b. "해머와 모루 사이": 위험한 지점; 10. 문장heraldry(紋章): a. 대장장이의 상징; b. 자기통제; c. 기운, 에너지; d. 근면; 11. 십자가 모루 또는 십자가 모루의 검: 우주, 여자와 남자의 창조.

모르가나 요정 Fata Morgana 1. 요정 마법사: 아서왕 로맨스의 모르간 르 페이Morgan le Fay(아서왕의 이붓누이)('파타Fata'=요정): 모르가나 요정Fata Morgana은 다음과 관련이 있을 수 있다; a. 켈트족의 무어겐('바다에서 태어난'), 켈트족의 전쟁의 여신 모리간: 아일랜드의 전쟁의 (그리고 풍요의) 여신; b. 켈트족의 모드론(마트로나): 태양신의 대지의 어머니; 2. 아발론을 통치하는 아홉 명의 자매 중 한 명으로 때로는 아서왕의 여동생으로 여겨졌지만 종종 이 둘의 관계는 모호해지고 아들이 어머니와 또는 남자 형제가 여자 형제와 사랑하게 되는 많이 알려진 전형적 관계를 닮아가게 된다(이시스-오시리스Isis-Osiris 참조.); 3. 치유, 마법; 4. 모르가나 요정은 그녀의 사랑을 경멸한 헥토르를 증오했다; 5. 변신; 6. 때로 (아마도 노르만족의 기원을 통해) 모르가나 요정은 메시나 해협에서 자주 볼 수 있는 신기루와 관련이 있다.

모리스춤 Morris-dance 이것의 주인공: 로빈 후드, 마리안 부인, 스칼렛, 스톡슬리, 리틀 존, 하비호스, 바비안 혹은 바보, 파이퍼 톰('토머스 F. 시셀턴 다이어Thomas F. Theselton Dyer' 셰익스피어의 민속Folk. of Shak. p. 289ff 참조).

모리아산 Mt. Moriah 아브라함이 의도한 이삭의 희생이 이 산에서 행해졌다(조슈아 실베스터Joshua Sylvester, 기욤 드 살루스테, 시에르 드 바르타의 신성한 시기와 작품DB 2, 3; 2, 272).

모샘치 gudgeon (물고기) 1. 미끼로 사용되는 작은 물고기(셰익스피어Shakespear); 2. 잘 속는 바보(베니스의 상인Mer. V. 1, 1); 3. 망둥이goby 참조.

모세 Moses 1. 그리스도를 예시한다: a. 그는 아동 학살을 피한다([신성한] 왕[Sacred] King 참조); b. 그는 홍해를 건널 때 세례를 받았다; c. 팔을 쭉 뻗고 서 있는 그의 모습은 십자가를 상징한다; d. 그리스도로서 그는 사람들의 해방자였다(아울렐리우스 클레멘스 프루덴티우스Aurelius Clemens Prudentius, 진실한 가톨릭 교회에 대하여Cath. 12, 141ff에서); 2. 그의 유대 이름은 요아힘이었다. 그러나 나중에 천국에서 그는 멜기라는 세 번째 이름을 얻었다(알렉산드리아의 클레멘스Clement of Alexandria, 스트로마타Strom. 1, 23: 이 문헌은 주로 필로 유다이오스Philo Judaeus의 "비타Vita"를 다시 기술한 것임); 3. 그는 로마 농경신 사투르누스Saturnus보다 약 900년이나 앞선다; 4. 일반적으로 다음을 상징한다: a. 법; b. '오래된 율법'; c. 희망(예 윌리엄 랭글랜드William. Langland, 플로우먼에 관한 비전PP 17권).

모음글자 vowels 남성적 원리: 모음은 다른 글자들을 활성화시킨다.

모이라 Moirae 운명fate 참조.

모자 cap 1. 형형색색의 깃털을 많이 꽂은 모자: a. 값비싼; b. 책임질 필요가 없는 행동을 할 수 있는 지위; 2. 부인의 외도를 감출 장치(역주: 아내가 외도를 하면 남편의 이마에 뿔이 난다는 속설 때문에): "실로, 세상에는 부인을 의심하며 모자를 쓰는 남자밖에 없지 않은가?"(헛소동Ado 1, 1); 3. 어릿광대의 모자: 어릿광대jester 참조; 4. 프리기아인의 모자(미다스왕과 관련된다): 프리기아인Phrygian 참조; 5. 둥근 모자: 요셉에게는 둥근 모자가 있었다(예 민요 '쾌활한 와트Jolly Watt'); 6. 흰색 모자: "모든 바보가 흰 모자를 쓴다면 우리는 거위 떼처럼 보일 것이다"(속담); 7. 그리스 '죽음의 모자': 쓰면 안 보이게 되는 모자와 관련될 수 있다; 8. 어릿광대모자foolscap, 후드hood, 프리기아Phrygia 참조.

모자 hat 1. 생각: 머리와 관련된다; 모자를 바꾸는 것=생각을 바꾸는 것; 2. 사람(성격)을 '가리는 것'; 3. 모자의 형태에 따라 남근 모양이 될 수 있다: 예 프리기아인의 모자, 브라우니의 모자 등; 원뿔형 모자는 목동, 밀교 전수자e 또는 예언자의 특징이다; 4. 일부 모자는 투구를 쓴 것처럼 보이지 않게 만들어 준다(=회귀); 5. 다른 것과의 조합: a. 날개가 달린 모자: 헤르메스/메르쿠리우스의 상징; b. "모자를 들어 올리는 것": 원래 존경을 표하고 위험하지 않다는 것을 보여 주기 위해 투구를 들어 올렸다; c. 링(원형 공간)에 놓는 모자: 도전, 경쟁; 6. 민속: A. 긴 모자는 마녀 또는 우두머리 마녀의 특징이다; B. "모자 장수처럼 미친, 완전히 미친": 다음과 같은 표현에서 유래되었을 수 있다: "독사에 물린 것처럼 미친(=독을 품은)"; C. 모자의 띠: a. 종종 영혼들의 사악한 영향에 대응하기 위해 사람들이 부적을 걸칠 수 있게 만든 것; b. 소녀를 위한 사랑의 주문: 사랑하는 남자의 모자 띠를 훔쳐서 양말 끈으로 착용한다; c. 남자의 경우 모자의 띠를 양말 끈으로 착용한다: 끈/가터garter 참조.

모자, 후드 hood 1. 불투명성: a. 죽음; b. 물질세계로부터의 분리, 순수한 영성의 추구(수녀들의 베일 참조); c. 빨간 모자: 난쟁이dwarfs 참조; 2. 영적 실명, 제한된 시력: 예 토머스 S. 엘리엇Thomas S. Eliot의 "황무지The Waste Land"(4), 후드를 쓴 자들이 인도하는 자 없이 자신들의 발치를 보며 이 끝없는 평원을 무리 지어 다니는 곳; 3. 심리: a. 퇴행: 정신적 내용이 보이지 않게 한다; b. (카를 융Carl Jung) 천상의 세계, 가장 높은 구체(머리와 같은 높이 상징성을 갖고 있다); 4. 문장heraldry(紋章): 일반적으로 사냥의 완벽한 기술을 의미하는 매의 후드(머리 깃털); 5. 중세시대: 일반적으로 남근 형태의 고깔 모양이었고, 일반적으로 프리기아 모자와 관련된다; 카비리Cabiri 신 참조; 6. 모자cap, 망토cape, 모자hap, 머리head 등의 상징성을 갖고 있다; 또한 승마모자Riding Hood 참조

모피, 털 fur 활동적이지 않은 사람들에게 적합하다(조지 허버트George Herbert, "고용Employment" II, 4; "교회의 전투원The Church Militant" 198).

모형 effigy 1. 장례식에서 사용했다: a. 이집트: 밀랍으로 만든 신의 조각상을 장례식에 사용했고 부활을 촉진하기 위해 무덤에 놓았다; 밀랍으로 만든 과일도 함께 놓아 두었다; b. 로마인들은 밀랍으로 모형을 만들었고 이 모형은 신비로운 특성을 가졌다(어떤 사람을 꼭 닮은 '조각상'은 그 사람이 가진 힘의 일부를 갖고 있다; 초상화portrait와 유품keepsakes 참조); 이러한 모형은 기념행사에서 사용되었다; 사투르날리아 농신제Saturnalia가 끝나 가는 시기에 밀랍으로 과일과 조각상을 만들어 팔았다; 2. 중세(역시 밀랍으로 만들었다): a. 신에게 바친 제물; b. 밀랍 모형으로 만든 적을 핀으로 찌르면 적이 쇠약해진다(아직도 스코틀랜드 고지대에서 행해진다); 또는 사람들을 (가연성 재료로) '모형 모양으로 만들어 불태운다'; 3. 다산: a. '묵은 해' '마녀' '유다' 등을 모형으로 만들어 봄 축제(대개 사순절의 첫 일요일 또는 부활절)에서 불태운다: 아마도 인간 제물을 바치던 풍습의 잔재일 것이다; b. 이집트에서는 오시리스Osiris의 세 가지 모습(죽은 모습, 사지가 절단된 모습, 재생한 모습)을 한 모형을 모래로, 또는 곡식 씨앗을 넣은 흙(씨앗이 싹이 트는)으로 만들었다; 또 다른 때에는 남근상을 여성들이 노래에 맞춰 들고 다니면서 오시리스의 다산력을 기원했다; 4. 카니발: 카니발의 정령의 모형을 참회 화요일의 늦은 밤 또는 재의 수요일에 불태운다;

때로 이 모형의 목을 매달거나 물에 띄웠다; 대개 모형은 지하의 풍요의 신, 거대한 농부(농업의 풍요를 나타낸다), 또는 죽음(퇴화: 곡물의 부활 전의 죽음)의 혼합이다; **5.** 케이크 형태로 만든 모형effigies을 먹거나 바쳤다: 케이크cake 참조; **6.** 때로 모형effigies, 인형dolls, 동상images 등을 물에 던져 넣었다: 생식기의 일부를 자른 것을 땅에 던져 흙을 풍요롭게 하는 것과 마찬가지로 이것들은 풍요를 주는 비로 돌아올 것이다; **7.** 문, 들판, 마을 입구에 걸어 두는 것은 악령 등을 겁주어 가까이 오지 못하게 하려는 것이다; **8.** 인형doll, 인체 모형dummy, 동상image, 고리버들wicker 참조.

목 neck **1.** 힘, 고집; **2.** 형의 집행: a. 교수형이나 참수형: "내가 그의 목을 주겠다"(헨리 4세 1부1H4 2, 1); b. 어린이를 해친 자의 목에 맷돌을 매달아 익사시켰다; **3.** 목을 처들고 걷다=오만함(고대 그리스 이후로); **4.** 사랑의 고통과 타오르는 불길이 목덜미 아래 가장 깊숙한 곳에 침투한다(로디우스의 아폴로니우스Apollonius Rhodius, 아르고호 항해기Arg. 3, 762f.); **5.** 칼라collar 참조.

목걸이 necklace **1.** 합일된 다중성: 풍요: a. 그리스: 아프로디테는 하르모니아의 결혼식에서 그녀에게 헤파이스토스가 만든 유명한 목걸이를 선물했다. 이 목걸이는 착용한 사람에게 거부할 수 없는 아름다움을 주었다; b. 고대 북유럽: 브리싱가멘Brisingamen(역주: 북유럽 신화에 나오는 프레이야를 상징하는 목걸이); c. 풍요의 여신들의 중요한 상징: 상체에 착용한 목걸이는 하체의 성적 부분의 반복; **2.** 부; **3.** 빛: 하늘 여신들의 속성: 새벽, 아침 및 저녁별, 달, 무지개 등; 이슈타르가 착용한 목걸이는 '천국의 보석'으로 만들어졌다; **4.** 여성: a. 목neck=성sex; b. 목걸이: 성적 연합 또는 결합; **5.** 보호: 이집트에서 독을 예방하거나 상쇄하는 부적으로 목걸이를 만들었으며 특히 여성들이 보호의 목적으로 착용했다; **6.** 외국 용병에게는 금목걸이를, 로마 군인에게는 은목걸이를 보상으로 주었다(플리니우스Pliny 33, 10).

목구멍, 인후 throat **1.** 점성술: 황소자리의 지배를 받는다; **2.** 딜런 토머스Dylan Thomas: a. 수태의 장소=생식기; b. 시(詩)의 소리를 위한 장소(또한 그의 상처받은 목구멍his wounded throat 참조).

목도리, 네커치프 neckerchief 성욕을 불러일으키는 것: "그녀의 가슴에 걸쳐진 목도리"(괴테Goethe, 파우스트F 2661).

목도리도요 ruff (새) 매처럼 생겼지만 식물을 먹는 이 새는 그리스어로 '멤논memnon'이라 불리며 왕이 죽은 후 매년 왕의 무덤을 찾아간다. 목도리도요는 무리 중 절반을 죽을 때까지 서로 싸운다(클라우디우스 아엘리아누스Claudius Aelianus, 동물의 본성에 관하여NA; 또한 로버트 그레이브스Robert Graves의 그리스 신화GM II, p. 315 참조).

목동 herdsman **1.** 신화, 전설 등에서 공통적 주제는 종종 눈이 먼 괴물 목동이다: 예 훔바바(길가메시 서사시Gilgamesh Epic), 폴리페모스(호메로스Homer; 또한 키르케루도비코 아리오스토Ludovico Ariosto, 광란의 오를란도OF 17, 29ff.: 허버트 J. 로즈Herbert J. Rose 27+n.); **2.** 선한 목동은 죄 없는 사람을 위험에서 구한다(로물루스와 레무스). 따라서 그리스도는 목동/목자이다.

목동자리 Boötes (별자리) **1.** '목동cowherd'에 해당하는 그리스어에서 유래했으며 그 이유는 그가 마차(=마차) 같이 생긴 곰 위에 손을 얹고 있는 것처럼 보이기 때문이다. 그의 벨트 아래에는 아르크투루스Arcturus(대각성, 즉 목동자리의 가장 큰별)(아라토스Aratus, 자연의 현상Phaen. 92ft 참조)가 있다; **2.** 예언적: a. 이 별자리가 "바다에 잠기면" 이것의 폭풍을 예고하는 것이다(나소 P. 오비디우스Naso P. Ovid, 트리스티아Trist. 1, 4, If 및 1, 11 , 15); b. 세트의 예언에서 이것은 선지자 엘리야를 예시한다(조슈아 실베스터Joshua Sylvester, 기욤 드 살베스테, 시에르드 바르타의 신성한 시기와 작품DB 2, 2, 4, 451f).

목련 magnolia (식물) **1.** 인내; **2.** 사랑, 아름다움, 교양; **3.** 고상한 영혼; **4.** 감각적임; **5.** 본성.

목사, 성직자 parson "경마에서 행운이 따르는 사람은 목사의 아내에게 키스해야 한다"(속담).

목성 Jupiter (행성) **1.** 가장 큰 행성, 왕의 행성; **2.** "대운세"를 의미한다: 순수하고 맑지만 그리 뜨겁지는 않은 행성; **3.** 다음을 나타낸다: a. 목요일의 주인; b. 하늘의 목자: 자연의 힘, 팽창과 보존, 풍요를 가져온다; **4.** 다음에 상응한다: a. 금속: 주석; b. 점성술: 꽃: 참나무, 오렌지, 완두콩, 민들레; c. 색상: 보라색(왕족), 회색 및 녹색; d. 동물: 유순한 동물 종; e, 풍경: 궁전, 법정; f. 별자리: 물고기자리 또는 궁수자리를 지배하며 둘 다 사랑의 별자리; **5.** (이 별자리에 태어난 사람의) 성격: a. 우주 존재에게 영적으로 흡수된다; b. 도덕적 · 종교적 고양(예 교황 요한 23세); c. 소유권; d. 조화; e. 신체: 명치, 신경계, 간(또는 팔과 위 또는 폐, 혈액 및 내장)에 영향을 미친다; **6.** 기호: 세 개의 태양.

목소리, 음성 voice **1.** 무형의 존재: 구름에서 들려오는 하나님의 음성, 콜리지e의 "조상의 목소리accestral voices"("쿠블라 칸Kubla Khan"에서); **2.** 양심: "'더 이상 잠자지 마라!'라고 외치는 소리를 들은 줄 알았다."(맥베스Mac. 2, 2); **3.** 윌리엄 블레이크William Blake: 말씀; **4.** 다른 것과의 조합: a. "세미한 음성"은 산들바람이다. 천둥과 지진 후에 주의 음성(열왕기상서1Kings 19, 12); b. 아침의 소리: 기도(시편Ps. 5, 3); c. 신랑 신부의 목소리는 평화와 기쁨의 상징이다(예레미야서Jer.); d. 지혜가 길거리에서 부르며 광장에서 소리를 높이며(잠언Prov. 1, 20ff.); 또한 외침shout, 말하기talking 등 참조.

목수, 대장장이 Carpenter **1.** 대표적으로 (금세공인과 함께. 예 이사야서Isa. 44, 12–13) 우상을 만드는 사람; 그리고 "목수는 금세공인을 격려했다"(이사야서 41, 7); **2.** 창조자; **3.** 스가랴의 환영에서 네 명의 대장장이(목재나 석재의 대장장이)가 이스라엘에 흩어진 네 개의 권세를 두고 '경쟁'할 것이다(스가랴서Zech. 1, 18ff.); **4.** 루이스 캐럴Lewis Carroll의 "거울 속 나라의 앨리스Through the Looking-Glass"에 유명한 바다코끼리와 목수의 노래가 있다. 여기서 목수는 회의적이고 우울하다; **5.** 성 요셉은 목수였다; **6.** 병사에서 선원까지, 땜장이에서 이발사까지, 사람의 직업과 애정 행각을 관련짓는 거리의 민요에서 목수가 빠진 점이 주목된다(그 이유는 성 요셉이 목수였기 때문일까?).

목요일 Thursday **1.** '토르Thor의 날'로 토르가 보호했던 팅모테(스칸디나비아의 부족 의회)가 열리는 날이다; **2.** 요일day 참조.

목욕 bathing **1.** 물은 '원질료Primal Materia'이며 물에 담그는 것은 재생, 재탄생, 회복을 위해 이전의 덜 진화된 존재 단계로 회귀하는 것이다: 헤라와 아프로디테는 목욕으로 자신들의 처녀성을 되찾았다; 여신의 이미지는 종종 목욕하는 모습이다: 예 비너스와 키벨레(칼리마코스Callimachus, 다섯 번째 찬가H5; 나소 P. 오비디우스Naso P. Ovid, 행사력Fasti. 4, 135 및 340; 파우사니아스Pausanias 2, 38, 2); **2.** 이니시에이션(입문의식): a. 태양왕의 정화의 목욕: 희생물 앞에서 하는 연고목욕=즉위식에서 목욕이 이루어진다: i. 세례(참조): 출애굽과 관련된다: "우리 조상들이 모두 다 구름 아래에 있고 바다 가운데로 지나며; 모세에게 속하여 모두 다 구름과 바다에서 세례를 받고"(고린도전서lCor. 10, 1–2); ii. 기독교와 이교도의 통합: "우리가 유대인이든 헬라인이든 종이든 자유인이든 모두 다 하나의 영으로 세례를 받아 하나의 몸이 되었고; 모두 다 하나의 영을 마시게 하셨느니라"(고린도전서 12, 13); **3.** 정화: a. 의례적 정화는 특히 셈족처럼 사막에 거주하는 사람들 사이에서 강조된다(유대교와 이슬람); 목욕Ablution 참조; b. 목욕은 신성한 왕을 죽인 후에 하도록 규정된 정화의례였다; c. (또 다시) 세례와 관련된다(사도행전Acts 2, 38); **4.** 태양왕의 죽기 전 목욕: a. 여러 신성한 왕이 속임수에 의해 '자신의 욕조'에서 죽임을 당했다(예 미노스, 아가멤논, 때로는 간혹 오시리스; 디오도로스 시쿨로스Diodorus Siculus, 4, 74); 이는 암살모의였을 가능성이 있으며(왕의 대역이 사망함), 이러한 모의에 따라 왕은 욕조에서 다시 태어났다; 참조: 자신의 어머니인 바다의 여신으로부터 물을 건너오는 새해의 아이; 지크프리트는 개울 근처에서 죽었다(니벨룽겐의 노래Nib. 16); b. 특성: 바다 위로 떠오르는 태양; **5.** 여신의 목욕은 마법으로 충전되는 순간이며 이러한 의식을 염탐하는 남성들은 가

차 없는 처벌을 받았다: a. 악타이온Actaeon은 사슴으로 변했으며 갈가리 찢겼다(실제로 아르테미스Artemis는 살해 후 목욕을 했을 것이다: 3번의 b 참조); b. 아테네를 훔쳐 본 티레시아스Tiresias는 장님이 되었지만 내면의 눈(예언)을 보상으로 받았다; c. 지크프리트 버전 '브로트Brot'에서는 두 명의 여성이 '강에서 목욕을 하며' 질투를 표현한다; **6.** 세계의 많은 지역에서 목욕은 강우-주술로 행해졌다.

목욕, 씻음 ablution **1.** 의식적이고 영적인 의미에서의 씻음; 물, 물과 소금, 또는 피가 사용되었다: "그들의 신성하고 순결한 목욕 임무에서 사용되는, 인간 땅의 해안을 따라 흐르는 물"(존 키츠John Keats의 소네트 형식의 시 "빛나는 별Bright Star"); **2.** 셈족의 정화의례; 세례와 관련된다; 이집트, 그리스, 로마인들에게서도 발견된다; 3. 주관적, 내적, '사적' 사악함의 정화.

목이 잠김 hoarseness 침묵과도 관련이 있다: 즉, 단테Dante(신곡 지옥편Inf. 1, 63)는 베르길리우스Virgil를 언급하면서 그가 "긴 침묵으로 목이 잠겼다"라고 말했다.

목재, 나무 wood **I.** 재료: **1.** 어머니 상징: 나무tree 참조; **2.** 신성한 불꽃을 공급하는 것: a. 지혜; b. 삶과 죽음: 멜레아그로스가 태어났을 때 운명의 여신은 그가 어떤 불타는 통나무(외부의 영혼)만큼 살 것이라고 예언했다; 그래서 그의 어머니는 그가 삼촌을 죽일 때까지 불 속에 있던 장작을 꺼내어 보관했다(나소 P. 오비디우스Naso P. Ovid, 변신이야기Metam. 8, 45, 1ff.); **3.** 단물(출애굽기Ex. 15, 23.); **4.** 마법: "나무를 만지면 틀림없이 행운이 찾아온다": 과시 때문에 생기는 나쁜 결과를 방지하기 위한 마법; **5.** 스베덴보리: "신체의 가장 낮은 부분에 천상의 선함이 있다"; **6.** 나무가 돌로 변함: 워윅셔주의 킹스뉴햄에서(덴마크의 왕자 햄릿Ham. 4, 7 참조); **7.** (살아남아) 풀려난 검투사에게 목검을 주었다: "검투사에서 풀려나 칼을 내려놓으면 무해한 목검을 상으로 주었다"(나소 P. 오비디우스, 사랑의 치료법Amor. 2, 9, 23); **II.** 숲: **1.** 다산: 초기 다산 의식과 호의적인 결혼과 출산의 장면: 예 로빈 후드는 "백합꽃 가운데 녹음이 우거진 숲에서" 태어났다; **2.** 인간의 가장 오래된 신전: 식물장식이 여전히 이를 증명하고 있다; **3.** 황홀감; **4.** 단테Dante: a. 오류, 감각 그리고 영적 죽음의 숲은 햇빛이 반짝이는 신비로운 장미와 반대된다; b. 자살한 사람들의 영혼은 자라지 않는 나무의 숲에 있으며 하피들이 이러한 영혼들을 집어삼킨다(신곡 지옥편Inf. 13); **5.** 윌리엄 블레이크William Blake: 경험의 숲(숲forest 참조); **6.** 딜런 토머스Dylan Thomas: a. "날씨의 숲wood of weathers": 외적 현실; b. "글로 쓰여진 숲": '언어의 나무'(시), '지식의 나무' 그리고 십자가("올빼미 빛의 제단Altarwise")와 관련된다; **7.** 산지기: 여자 사냥꾼(예 눈에는 눈, 이에는 이Meas. 4, 3).

목초지 meadow **1.** (생명의) 강과 연결된다; **2.** 슬픔; 겸손과 인내("거룩한 성배H. Grail.의 탐구"); **3.** 꿈 많음 또는 기쁨; **4.** 균일성: 나무가 없다; 한계; **5.** 불운의 초원; **6.** 욕망: "욕망이라고 불리는 야만적인 초원"(윌리엄 랭글랜드William Langland, 플로우먼에 관한 비전PP 10권); **7.** 지하세계에서처럼 영혼의 초원에서는 피면 지지 않는 꽃인 아스파델 만이 자란다; **8.** 천국의 초원: 하늘.

목향 elecampane (식물) **1.** 라틴어로는 '이누라 헤레니움Inula helenium'. 약초 중 하나; 독일어 '아란트Alant'; '호스힐horse-heal'과 '스캡워트scab-wort'라고도 한다; **2.** 의학: a. 코르넬리우스 켈수스Cornelius Celsus: 뿌리는 쓴맛의 항생 물질(헬레닌)과 글루코사이드(인슐린)를 만들어 낸다; 외용약으로 고관절 통증을 완화시키는 데 사용되었다; 목향은 또한 소산제였다(II장 서문; 4, 29, 2; 5, 11); b. 힐데가르트 폰 빙엔Hildegard von Bingen: 뜨겁고 건조해서 이로운 점이 많다; 일 년 내내 어느 때나 신선한 것 또는 말린 것을 순수 와인에 넣었다가 추출하고 다시 새 목향을 넣는다(와인에 넣어 약효가 없는 경우, 꿀물에 넣어 사용할 수도 있다); 추출물은 폐질환의 독을 빼내기 때문에 폐질환을 치유한다(자연학Ph. 1, p. 36); **3.** 꿈: 목향으로 만든 왕관 꿈을 꾸면 일반적으로 불길하며 질병을 의미한다.

목화, 면직물 cotton (식물) 민속: 장례식에 끼는 장갑은 반드시 면으로 만든 것이어야 한다.

몰로치티스 molochitis (보석) "중세보석세공집Med. Lap": a. 에메랄드와 같은 녹색 돌이지만 에메랄드보다 더 거칠다: 옅은 보라색을 띠고 있어 이런 이름이 붙여졌으며 아라비아에서 유래했다; b. 이것은 정신적인 피해로부터 어린이들과 어른들을 구해 준다(F 129).

몰리 moly (허브) **1.** 호메로스: 키르케의 마법을 깨뜨리고 그의 동료들을 인간의 모습으로 되돌려 놓기 위해 헤르메스가 오디세우스에게 준 약초(인간은 그 뿌리를 뽑을 수 없기 때문에): 해독제(오디세이아Od. 10, 302−6); 뿌리는 30피트 길이 정도 된다(로버트 그레이브스Robert Graves, 그리스 신화GM 367f); **2.** 나소 P. 오비디우스Naso P. Ovid: 검은색의 뿌리에 하얀 꽃이 피기 때문에 "신들이 이 이름을 지었다"; 비록 호메로스와 테오프라스투스가 흰색이라고 했지만 그리스인들은 이것이 노란 꽃을 피웠다고도 했다(플리니우스Pliny 25, 8).

몰약 myrrh **1.** 신화: 아프로디테의 선동에 따라 미르나(=미르라; 예 로디우스의 아폴로니우스Apollonius Rhodius 3, 14, 4)는 자신의 아버지(안키세스)를 근친상간적으로 사랑했고 그에게서 아들(아도니스)을 낳았으며 아버지의 노여움을 피하기 위해 몰약나무로 변했다. 그 나무에서 흘러내린 눈물이 아직도 우리에게 기름부음이 되고 있다(나소 P. 오비디우스Naso P. Ovid, 변신이야기Metam. 10, 312ff.; 그리고 사랑의 기술De Art. Am. 1. 285); **2.** 신성한 연고: "주요 향신료" 중 하나(예 출애굽기Ex. 30, 23); **3.** 방부 처리에 사용되었다(알로에와 함께: 요한복음John 19, 39); 동방 박사의 불길한 선물: 죽음에 이르는 박해; **4.** 정화: 몰약 기름은 1년의 첫 번 6개월 기간에 에스더(이슈타르)를 '정화'하는 데 사용되었다(두 번째 기간에는 '달콤한 향'이 사용되었다); 이것은 비의 계절 과 꽃 및 과일의 계절을 나타낼 수 있다; **5.** 취하게 하는 것: 포도주에 사용했다. 이것은 종종 예루살렘의 귀족 여성들이 사형 선고를 받은 사람에게 주었다(마가복음Mark 15, 22); **6.** 최음제: a. 구약성서의 여자들은 심지어 밤에도 피부에 작은 몰약 열매의 주머니를 착용했다(아가서SoS 1, 13); b. "여자의 침대"(잠언Prov. 7, 17)에서 사용되었다; c. "즙이 많은 몰약"은 얼굴에 바르는 크림의 성분으로 사용되었다(나소 P. 오비디우스Naso P. Ovid, 여성의 얼굴 화장법De Med. Fac. 88ff); **7.** 순결: 이것은 또한 사랑의 감정을 예방하거나 상쇄하는 미약(媚藥)이다; **8.** 이집트: 몰약은 정오에 라 신에게 바쳐졌다(아침의 향); **9.** 기독교: a. 자연의 선과 지혜; 선물gifts 참조; b. 성모 마리아.

몰타 섬 Malta 몰타의 개들은 특히 주인에게 온순하고 다정했다(스트라보Strabo 6, 277; 알렉산드리아의 필로Philo of Alexandria, 미덕에 대하여Virt. 89; 플리니우스Pliny 3, 박물지NH 26; 아테나이오스Athenaeus 12, 518).

몸통, 토르소 torso 티루수스thyrsus와 관련된 어원: 식물의 대와 줄기; 그러므로 몸통은 식물과 남근의 측면 모두를 강조한다(해럴드 베일리Harold Bayley II, 8).

못 nail (도구) **1.** 세계 축, 남근 등: 예 창spear 참조; **2.** 강인함, 지지, 안전; 하나님께서 우리에게 "그 거룩한 처소에 박힌 못과 같게 하시고"=정착할 수 있는 안전한 거처(에스라서Ezra 9, 8). 아마도 장막의 고정 못을 의미할 것이다; **3.** 신성한 왕은 매년 십자가에 못 박힐 때 신성한 발(발foot, 발꿈치heel 참조)에 부상을 입었다. 독화살의 상징; **4.** 고대 북유럽: 희생제의에 불을 피우기 위해 사용된 부싯돌 조각이 들어 있는 쇠못: 이 못은 궁니르와의 전투에서 토르의 이마에 박힌 부싯돌을 의미하는 것이다; **5.** 기독교: a. 세 개의 못: 십자가 처형의 상징; b. 못이 가득 박힌 나무 조각이 그리스도의 허리띠에 매달려 있는 것을 종종 볼 수 있다: 그리스도의 수난; **6.** 사람의 머리에 못을 박다: 야엘이 시스라에게 그렇게 했다(사사기Judg. 4, 21). 그리고 캘리번이 스테파노에게 저지른 사건(템페스트Tp. 3, 2)과 뱀파이어의 머리나 심장에 말뚝을 박는 것 등도 참조; **7.** 문장heraldry(紋章): 고통; **8.** 민속: a. 철로 만든 못은 마녀와 번개로부터 보호해 주는 기능을 한다; b. 두 사람이 맺은 언약을 나무에 못 박아놓음으로써 '확실하게 한다'. 이는 두 사람의 동의하에서만 제거할 수 있다; c. 길에서 못을 발견하는 것, 특히 녹슨 못을 발견하는 것(녹 자체에 마법의 힘이 있다)은 다른 모든 금속제의 물건을 발견하는 것과 같이 행운이다.

몽유병 somnambulism 잠결에 걸어 다니는 것: 잠결에 아무런 문제 없이 높은 건물 위를 걸어 다니는 사람들은 악령에 이끌린 것일 수 있다. 악령이 이러한 사람들의 세례명으로 부르면, 이들은 "마치 세례를 받을 때 적절한 형태의 이름을 받은 적 없는 것처럼" 갑자기 땅으로 떨어질 수 있다. 따라서 이러한 몽유병을 가진 사람들은 종종 다시 온전하게 세례를 받는 것으로 치료를 받는다(마법의 망치Mall. Malef. II, 2, 6, p. 198).

묘안석, 캐츠아이 cat's eye (보석) **1.** 다양한 금록석; 모양이 완벽한 것은 연마하지 않아도 고양이의 눈을 닮은 좁고 뚜렷한 선이 빛을 낸다('샤토얀시chatoyancy'); **2.** 이 보석이 가져다주는 것: a. 장수; b. 플라토닉 러브; c. 힘과 외적 아름다움; **3.** 이 보석이 보호해 주는 것: a. 경고를 함으로써 다가오는 위험으로부터 보호한다; b. 주문(마법)에 걸리지 않게 하고, 사악한 눈으로부터 보호한다(악한 눈에 악한 눈으로 대항한다); **4.** (오닉스 등으로) 염소자리와 관련된다.

무 radish (식물) **1.** 히브리: 특히 유월절을 위한 반찬: (상추, 파슬리 등과 함께); 봄과 구원을 상징한다; **2.** 가느다란(혹은 얇은); a. 팔스타프는 이렇게 말했다: "만약 내가 그들 50명과 싸우지 않았다면 나는 무 한 다발이 되었을 것이다(역주: 적과 전투에 참여하지 않으면 무 한 다발처럼 쓸모없을 것이라는 의미)" (헨리 4세 1부1H4 2, 4); b. "팔스타프가 벌거벗었을 때 그의 머리는 칼로 환상적인 조각을 낸 갈래 무와 같았다(역주: 얼굴이 독특하거나 기이하다)"(헨리 4세 2부2H4 3, 2); **3.** 강력한 해독제, 최음제로 (비록 '평범한' 음식이긴 하지만) 중독 등을 예방할 수 있다; **4.** 점성술: 화성과 관련 있다.

무(無) nothing **1.** 변환 상태로서의 소멸, 죽음; **2.** 외현적 세계가 생겨나는 카오스chaos, 공상을 만들어 내는 모체: "상상력이 발동되면 미지의 것에 형태가 부여되고 시인의 펜은 허무한 무(無)에 거주지와 이름을 주고 형상으로 변화된다."(한여름 밤의 꿈MND 5, 1); **3.** 인생: "그것은 바보가 들려주는 소음과 분노로 가득 찬 이야기이며 아무런 의미도 없는 것이다"(맥베스Mac. 5, 5); **4.** 스테판 말라르메Stéphane Mallarmé: 절대적인 것: 마침내 시인이 들어가서 자신을 잃어버리는 실체; **5.** 0zero 참조.

무게를 달다 weighing **1.** 예로부터 무게를 재는 것은 (지불하는) 돈, 구리, 은, 금 등의 주화와 관련되어 있다. 따라서 특정 무게에 대해 '파운드'라는 단어가 사용되었고 나중에 특정 가치에 대해 사용되었으며 '봉급'과 같은 단어에 사용되었다; '비용expense' 등(테렌티우스 바로Terentius Varro, 라틴어원론LL 5, 182f.); **2.** 영혼은 사후에 무게를 달았다; **3.** 마녀는 시련으로 무게를 달았다: 그들이 물보다 가벼워 물에 뜨면 유죄였다: 예 성경책보다 무게가 가벼우면 유죄였다(브리타니아의 민속과 문화Folkl. & C. of Brit. p. 273; 오클리Oakley 참조).

무교병 wafer **1.** 둥근 제물용 케이크(주로 발효하지 않은 빵); **2.** 달의 여신에게 바쳐졌다: 둥근 케이크[round] cake 참조; 무화과fig; **3.** 기독교: 신성한 희생자로서 그리스도.

무기 arm (무기) 무기weapon 참조.

무기 weapon **1.** 영웅의 무기는 일반적으로 실수가 없고 신이 부여한 것이며 하늘신의 특성이다(예 태양광선, 벼락 등). 무기는 영웅이 안팎에서 괴물과 싸우는 데 도움을 준다; 무기는 종종 스스로의 의지로 인간에게 상처(처벌)를 가한다: 예 캄비수스가 신성한 황소의 허벅지를 찔렀던 그 검이 캄비수스의 허벅지를 찔렀다(헤로도토스Herodotus 3, 64); **2.** 마법의 특성을 얻고 귀중한 것이 되는 경향이 있으며 무기에는 고유한 영혼이 있고 다음의 위험한 만남에서 사람의 삶이나 죽음을 결정할 수 있으므로 무기에 대한 맹세는 절대적으로 구속력이 있다; **3.** 무기와 무기를 소지한 사람의 지위 사이의 관계: a. 하늘의 신: 벼락과 그물; b. 왕: 홀, 지팡이, 철퇴, 채찍; c. 기사: 검, 창, 단검; d. 악당: 칼, 단검; **4.** 원소와의 관계: a. 불: 검; b. 공기: 슬링; c. 물: 삼지창; d. 땅: 창; **5.** 심리: a. 자기self: 검; b. 마나: 그물, 곤봉, 철퇴, 채찍; c. 아니마anima: 창spear; d. 그림자: 단검, 칼; **6.** 뒤집힌 팔: 죽음, 애도; **7.** 갑옷; 개별 무기 참조.

무녀, 여자 점쟁이 Sibyl **1.** 중세 초기에 무녀(헬레노-히브리어 기원)도 사도Apostles와 거의 동일한 위치를 갖겠다는 이상ideal이 생겨나기 시작했다; 곧 이들은 12라는 숫자를 완성하고자 했다; 즉, 신으로부터 영감을 받은 고대 이교도의 열두 여인; **2.** 프란체스코 바르비에리Francesco Barbieri(15세기)가 처음으로 열두 명 전체의 이름을 제시했다; 가장 잘 알려진 무녀는 쿠마에cumaean의 무녀이다; 라틴어로 "이제 쿠마에 노래의 마지막 시대가 왔도다Ultima Cumaei venit iam carminis aetas...": 베르길리우스Virgil, 전원시Ecl. 4, 4)

무당벌레 clock-a-day (곤충) 검은 점의 빨간색의 무당벌레가 "때를 기다리며" 노란 구륜 앵초의 씨에 있다(존 클레어John Clare); 무당벌레ladybird 참조.

무당벌레 ladybird (ladybug) (곤충) **1.** 이로운 적색-불과 관련이 있지만 일몰과도 관련이 있다; **2.** 다음에 의해 풍뎅이와 관련된다: a. 장미십자회에 의해; b. 데이비드 H. 로렌스David H. Lawrence에 의해: "최초로 공(태양)을 굴러가게 한 해체의 원리(역주: 재생과 재탄생을 위한 파괴의 원리)"; **3.** 무당벌레는 농사에 유익하다: 부드러운 곤충을 먹고 산다(예 애벌레); **4.** 민속: 무당벌레가 당신의 손이나 옷에 날아와 앉으면 행운의 징조이지만, 스스로 날아가게 해야 한다(그리고 무당벌레를 죽이는 것은 매우 불운하다); 무당벌레를 날려 보내는데 다음과 같은 말이 도움이 될 수 있다(의심스러운 표현). "무당벌레여, 무당벌레여, 집으로 날아가세요: 당신의 집은 불타고 당신의 아이들은 사라졌어요"(또는 "당신의 진정한 사랑은 사라졌어요": 더 오래된 버전); 그것은 붉은색과 불의 관계를 강조한다; 색이 짙을수록 운이 좋다.

무대 stage (극장) **1.** 세상: "온 세상은 무대이고 모든 남녀는 배우일 뿐이다." 등(뜻대로 하세요AYL 2, 7; 베니스의 상인Mer. V. 1, 1); **2.** 딜런 토머스Dylan Thomas: "상아 무대Ivory stage": 고상한 체하는 예술가가 세상으로부터 물러나 지내는 상아탑의 변형; 실제로는 단지 과시일 뿐인 가짜의 시적 고립이다; **3.** 극장theater 참조.

무덤 grave **1.** 위대한 형평자: "우리는 모두 똑같이 무덤에 눕게 될 것이다"(속담); **2.** 세속적 영광의 끝: "그리고 작은 무덤을 위한 나의 큰 왕국, 작고 작은 무덤, 이름 없는 무덤"(리처드 2세의 비극R2 3, 3); **3.** 사랑의 끝: "무덤은 훌륭하고 사적인 곳이지만 누구도 무덤을 기꺼이 받아들이려 하지 않는다."(앤드류 마벨Andrew Marvell, "그의 수줍은 숙녀에게To His Coy Mistress"); **4.** 몸: a. 엘리자베스 1세 여왕 시대의 몰두, 집착: "네 몸이 삼키는 무덤이 아니라면 무엇이냐"(비너스와 아도니스Ven. 757); b. 윌리엄 블레이크William Blake: 물질적 존재로서의 몸; **5.** 모든 생명이 사라진 세계(의 일부): 이집트가 '용광로furnace'이었듯이 포로생활 중인 이스라엘 사람들에게 바빌로니아는 무덤과 같았다(에스겔서Eze. 37, 12); **6.** 성서: 히브리어 'shelol'은 일반적으로 '구덩이'를 말한다; **7.** 딜런 토머스Dylan Thomas: a. (일반적으로) 자궁; b. "움직이는 무덤": 시간; **8.** 민속: A. 방향: 일반적으로 무덤은 동서향이고 발은 동쪽을 향한다: 최후의 심판에서 예수는 동쪽에서 올 것이다; B. 세례를 받지 않은 어린이: a. 교회 마당의 북쪽에 있는 성화(聖化)되지 않은 땅에 (천국에 갈 수 없기 때문에) 매장되어야 한다; 또는 이들은 '신성한' 비로 원죄를 씻어 내도록 교회 처마 밑에 묻힐 수 있다; b. 세례를 받지 않은 아이들은 실제로는 죽을 수 없다고 믿었다: 최후의 심판 날까지 방황할 운명이다(지옥에는 가지 않지만); **9.** 매장burial; 사람 시체를 먹는 악귀ghoul; 무덤sepulchre 등 참조.

무덤 sepulchre **1.** 죽음과 부패: "여호와의 원수들의 목구멍은 열린 무덤이요" 그 목구멍으로부터 죽음과 부패가 나오리라(시편Ps. 5, 9); **2.** 회칠한 무덤: 위선자(마태복음Matth. 23, 27); **3.** 단테Dante: 루시퍼의 도시(디스Dis)에서 이단자들은 화염에 휩싸여 뜨겁게 타오르는 덮개 없는 무덤에 갇히는 형벌을 받는다(신곡 지옥편 9); **4.** 무덤grave, 석관sarcophagus 참조.

무덤 tomb **1.** 여성, 모성의 특성: 시체를 담는 모든 것과 비슷하다;. 독수리vultures; 무덤grave, 석관sarcophagus 참조; **2.** 영혼이 거하는 몸과 세속적인 욕망; **3.** 변형; 재생의 희망을 가진 퇴보(자궁–무덤의 관계); **4.** 최후; **5.** 무의식; **6.** 단테Dante: 불타는 열린 무덤에는 이단자들(지옥편Inf. 9 참조)의 영혼(서로 다른 종파로 모인)이 담겨 있다; **7.** 딜런 토머스Dylan Thomas: a. 무덤은 항상 자궁과 관련 있다; b. 그늘에 불과한 '유령소녀'(=꿈의 소녀)에게 딱 맞는 장소이다.

무두장이, 제혁(製革)업자 Tanner **1.** '부정한' 사체를 처리해야 하기 때문에 랍비 문학에서 멸시받는 직업으로 표현된다; **2.** 사망 이후 무두장이의 시신은 그 누구의 시신보다도 오래 보존된다. 왜냐하면 "물은 시신의 부패를 재촉하는데, 무두장이는 직업으로 인해 피부가 너무 그을려서 한동안 방수가 되기 때문이다" (덴마크의 왕자 햄릿Ham. 5, 1).

무릎 knee **1.** 여자의 무릎 위에서 태어난다: 어머니의 대리 형태: 예 빌하가 라헬의 무릎에서 아이를 낳았고 실바가 레아의 무릎에서 아이를 낳았다; **2.** 남자의 무릎 위에 태어나는 것은 인정 또는 입양: 야곱과의 관계에서 요셉의 아들들 그리고 요셉과 관련된 므낫세의 자녀들(창세기Gen. 50, 25; 욥기Job 3, 12; 이사야서Isa. 66, 12; 호메로스Homer, 오디세이아Od. 19, 401 참조); **3.** 무릎을 꼬고(그리고/또는 손가락을 꼬고) 앉는 것은 주노가 헤라클레스의 탄생을 늦출 수 있었던 마법이었다(나소 P. 오비디우스Naso P, Ovid, 변신이야기Metam. 9, 295ff.); **4.** 많은 속담에서 시리다고 하는 것이 두 가지가 있는데 개의 코와 하녀의 무릎이 그것이다; **5.** 그들에게는 간청하는 사람이 무릎을 구부리거나 만지는 이유를 말하는 어떤 중요한 원칙이 있다(플리니우스Pliny 11, 103).

무릎 lap **1.** 기쁨: "누가 그토록 부드러운 기쁨의 무릎에 앉아서 오랜 시간 동안 행복에 젖어 있었는가"(에드먼드 스펜서Edmund Spenser, 뮤즈의 눈물TM 301); **2.** 재탄생: "무릎을 통과하는"이란 표현은 재탄생에 대한 기이한 표현이다; 따라서 사바지우스의 신비에 나오는 뱀은 "무릎을 통과하는 신"이었다: 그 뱀은 입문자의 무릎 사이로 끌려간다(알렉산드리아의 클레멘스Clement of Alexandria, 그리스도인을 설득한다Protr. 2, 16); 뱀을 입문자의 무릎으로 기어 내려가게 했다가 아래로부터 다시 위로 기어올라 오게 했다(아르노비우스Arnobius, 결혼에 대한 조언Adv. 베로나의 두 신사Gent. 5, 21; 모두 카를 융Carl Jung 5, 343에서 인용함).

무어인 Moor **1.** 원래는 북아프리카(마우레타니아)에서 온 이슬람 민족을 의미하지만 흑인을 의미하게 되었다; **2.** 셰익스피어: 악랄하고 교활하며 괴물 같은 사랑의 부정적인 상징: "삶에서 정직하고 범죄로부터 자유로운 사람은 무어인의 활과 창이 필요하지 않다"(퀸투스 플라쿠스 호라티우스Quintus Flaccus Horace, 타이투스 안드로니카스Titus Andronicus 4, 2에서 인용함; 베니스의 무어인 오셀로Othello 참조).

무정란 wind-egg 플라톤Plato: 거짓된 의견, 괴물 같은 출생, 유령과 그림자(테아이테토스Theaet. 151E).

무지개 rainbow **1.** 신화; a. 그리스: 신의 사자 아이리스; b. 켈트족: 고대 아일랜드 러그 신Lug(h)의 투석기; c. 신들의 황혼녘에 무너져 버린 아스가르드로 가는 영웅들의 다리인 바이프로스트Bifrost를 나타낸다; **2.** 신의 메시지, 언약, 고난의 끝, 축복을 상징한다; a. 히브리: 노아의 무지개: 하나님의 용서와 화해를 상징한다; b. 기독교: i. 그리스도와 마리아; ii. 성령의 일곱 가지 은사; c. 로마: 고통 받는 디도의 영혼을 풀어 주고 주노의 축복을 주는 것; **3.** 부활, 재생: 다산을 상징하는 이슈타르의 목걸이; **4.** 다리bridge; a. 앞의 1번 b 참조; b. 무지개가 인간의 반쪽=사랑을 이어 준다(데이비드 허버트 로렌스David H. Lawrence); **5.** 자비: '에메랄드 같은' 녹색 무지개가 하나님의 보좌 둘레에 있다(요한계시록Rev. 4, 3; 요한계시록 10, 1: "힘센 천사 주위에 무지개가 있다" 참조); **6.** 완벽함: a. 기독교: 완벽을 추구하는 사람: 무지개는 높이 올라갈수록 양 끝이 더 깊은 땅으로 향한다; b. "무지개에 또 다른 색을 더하는 것은 낭비이자 터무니없이 과도한 것이다"(존왕의 삶과 죽음K. John. 4, 2); **7.** 평온: 의인화된 상징에서; **8.** 일시성: a. "무지개가 떴다 사라지고 사랑스러운 장미도 그렇다"(윌리엄 워즈워스William Wordsworth, 불멸의 암시Int. of Imm.): b. "폭풍 속에서 사라지는 무지개의 멋진 모습처럼…"(로버트 번스Robert Burns, "탐 오 샨터Tam o' Shanter"); **9.** 눈물과 관련된다: "무슨 일이야, 이 동요하는 물의 전령이여. 형형색색의 홍채가 당신의 눈에 동그랗게 떠다니는군"(끝이 좋으면 다 좋아All's W. 1, 3; 또한 루크리스의 능욕Lucr. 1586f.); **10.** 요정과 관련된다: "나는 그것이 자연계의 즐거운 생명체들이 무지개의 생생한 색채 속에서 살아가면서 떠다니는 구름 사이에서 행복하게 노니는 마법 같은 광경이라고 생각했습니다"(존 밀턴John Milton, "코무스Comus" 298f.); **11.** 윌리엄 블레이크William Blake: a. 물(=물질Matter)로 만들어진 물질적 환상. 그것은 죽음(언약으로서)을 약속하는 것일 수 있다; b. 주님의 약속의 상징(역주: 대홍수 이후에 다시는 물로 인류를 멸망시키지 않겠다는 언약의 상징).

무한의 공급자 inexhaustible supplier **1.** 종종 영웅들이 끊임없이 찾는 말의 힘을 지닌 풍요의 그릇(어머니여신, 태양신 또는 지하세계의 신에 의해 조종된다): 매년 추구하는 대지의 풍요; **2.** 예 a. 풍요의 뿔(염소 아말테이아Amaltheia의 뿔), 외음부; b. 원모양 형태의 것들(1년year의 주기, 별자리 등): 원형탁자 등; c. 기타 담아 주는 것의 상징들: 배, 방주; d. 남근 상징: 생명의 나무; e. 영국 전통에서 가장 잘 알려진 잔은 거룩한 성배이며, 천둥소리가 난 후에 새어 나온 빛처럼 홀로 들어간다. 이것은 홀(별자리)을 맴돌았고 '놀라 말문이 막힌' 기사들은 그들이 원하는 음식(웨일스 전통의 음식)이 접시에 가득 차 있는 것을 발견했다; 게다가 성배는 피 흘리는 창과 함께 어부왕(성배의 보관자)의 땅에 풍요를 회복시켰다.

무화과 fig (식물; 과일) **1. 일반적으로 다음을 의미한다:** a. 가장 초기부터 재배된 과일나무 중 하나; b. 그리스인들은 카리아('피쿠스 카리카Ficus carica')로부터 무화과 나무를 들여왔다; 아티카 무화과나무는 그리스 동부 전역에서 유명해졌고, 아테네에는 제물로 쓰이는 무화과의 수출에 관한 엄격한 법이 있었다; c. 플리니우스Pliny에 따르면, 최고의 무화과는 에페소스(현재는 이비자)에서 생산되는 것이었다; 집에서 재배한 무화과는 노예들에게 중요한 식량이었다; d. 가장 공통적인 이름인 '무화과fig'는 종종 야생무화과caprifig'와 '시카모어sycamore'를 의미하는 이름이었다; e. 아주 초기부터 인공 수정이 이루어졌다; f. '무화과'라는 단어는 '강인한 생명력Mighty Life', 즉 '초목vegetation'과 '활력vigour'의 근원을 의미한다; **2. 다산과 풍요:** a. 1년에 네 번 열매를 맺는다; b. 양성성: 여성 성기 모양의 열매와 남근 모양의 잎; 포도나무와의 조합에 대해서는 3번 참조; c. (석류와 포도와 함께) 정탐꾼이 가나안에서 가져온 첫 번째 열매이다(민수기Num. 13, 23, 20, 23); d. 무화과나무가 로물루스와 레무스의 늑대 동굴을 덮어 보호해 주었기 때문에 로마의 미래 번영을 예측하는 것이었다; 이들을 담은 궤는 '루미나Rumina' 근처에 있었다("더그 트리Dug-tree": 나소 P. 오비디우스Naso P. Ovid, "행사력Fasti." 2, 41 If. 참조; 플리니우스 15, 20 참조); **3. 무화과나무와 포도나무**(이 조합은 거의 소와 나귀의 조합만큼 흔한 것이다: a. 무화과나무는 남성적인 것으로 생각되고 여성적인 포도 나무 덩굴이 달라붙어 있는 남성적인 것으로 간주된다(느릅나무elm와 포도나무vine 참조); b. 포도원은 무화과나무에게 좋은 장소이다; 따라서 무화과나무가 열매를 맺지 못했을 때 심한 벌을 받았다(누가복음Luke 13, 6); c. 낙원의 두 그루의 나무; d. 무화과나무와 포도나무 아래에 앉아 있는 것은 조용하고 '안전한' 평안한 삶, 즉 이상적인 것으로 여겨졌다(예 열왕기상서1Kings 4, 25; 미가서Micah. 4, 4; 또한 요한복음John. 1, 48ff.: 나다니엘Nathaniel 참조); e. 바알림Baalim에게 바치는 전형적인 제물(예 호세아서Hos. 2, 12): 무화과와 포도(포도나무) 과자(호세아서 3, 1의 '포도주 병flagons' 참조); 호세아의 묘사가 정확하지 않기 때문에 아마도 '바알림Baalim'이 아니라 이슈타르를 의미했을 것이다: 4번의 c 참조; **4. 여성과 관련된다:** a. 먹기 좋게 열린 신선한 무화과의 모양은 여성의 생식기모양과 매우 유사하며 무화과를 먹는 것은 에로틱한 황홀감과 '다산을 먹는 것' 상징이 되었다; b. (콩과 마찬가지로) 그리스의 무화과 재배는 처음에는 여성에게만 국한되었다; c. 이집트: 시카모어Sycamore

무화과는 생명나무였으며 어머니여신 하토르-누트(자연의 영적인 힘)에게 바쳐졌다; 하토르-누트는 과일이 가득 달린 나무에서 나와서 죽은 자들에게 과일을 주는 것으로 상징화된다; 이 나무의 과일을 받은 사람은 "신과 같다"(부활로 인한 불멸) 그리고 "신을 안다"(사과apple 참조); 이 나무는 종종 동쪽(에덴과 같은 곳)에 있다고 알려졌으며 이 동쪽은 태양이 다시 태어나고, 죽은 자들도 이 재생의 음식을 얻는 곳이다; 무화과나무는 곡식이 높이 자라는 이집트 낙원에서 있었다; 태양(그들에게서 태어난 것) 의 한 가운데 종종 생명과 죽음의 이중 나무가 발견된다: 재생; 무화과나무는 번식력이 매우 왕성(최대 7모작까지)하며 무화과에는 씨가 없다(플리니우스 13, 14); d. 이슈타르와 관련된다: 호세아의 창녀 아내 고멜은 '두 개의 무화과 과자'라는 뜻의 이름을 가진 '디블라임의 딸'이었다(1, 3): 무화과는 이슈타르 의례에서 사용되었고 고멜은 (결혼 전이나 후에) 여신을 섬기는 여사제이자 창녀였을 수 있다; e. 여성의 젖가슴과 관련된다: 아르테미스가 스스로 무화과나무로 변했을 때 (열매 때문에) 그녀는 '많은 젖가슴을 가진 나무'(양육자)였다; 이 나무는 또한 아프로디테와 연결되었다; f. '무화과의 주노Juno Caprotina': 노나에 카프로티나에Nonae Caprotinae 축제(7월 7일)때 무화과나무 아래에서 주노에게 여자들을 제물로 바쳤는데; 이 의례는 갈리아 사람들(또는 라틴 사람들)이 로마 부인들과 처녀들을 요구할 때 노예로 주어진 여성들을 기리기 위해 거행되었다; 종들(노예)은 무화과나무에서 로마 군인들에게 공격하라는 신호를 보냈다(나소 P. 오비디우스, 사랑의 기술De Art. Am. 2, 257f. 참조); g. 데이비드 허버트 로렌스David H. Lawrence는 그의 시에서 남성 안에 존재하는 아니마의 추가적인 의미가 있는 4번의 a를 직접적으로 언급한다; h. 페데리코 G. 로르카Federico. G. Lorca의 "예르마Yerma"(3, 2)의 성지순례의 다산 의례에서 임신을 원하는 불임의 여성들은 "무화과나무가 가장 무성하게 자라는 곳"으로 혼자 가라는 지시를 받는다; **5.** 일반적으로 **성sex과 관련된 내용은 다음과 같다**: a. 아담과 이브의 벌거벗은 몸을 덮은 옷은 '무화과 잎사귀를 엮은 것이었다'(창세기Gen. 3, 7); b. 후에 이것으로 특히 남성 신의 생식기를 덮는 가리개로 사용하였는데 무화과 잎사귀는 삼엽의 형태로 넓기 때문이다; c. '스페인의 무화과' 또는 '경멸의 제스처fico': 경멸의 표현으로 엄지손가락을 입에 넣거나, 닫힌 두 손가락 사이에 끼워 넣는 것(성교의 상징); "피스톨이 거짓말을 하면 이렇게 하고, 잘난 체하는 스페인 놈처럼 무화과 제스처로 나를 조롱해 봐"(헨리 4세 2부2H4 5, 3; 또한 로미오와 줄리엣Rom. 1, 1); d. 3, 4번 참조; e. 일반적인 삽입: "무화과 나무의 무례한 힘"(데키무스 유니우스 유베날리스Decimus Junius Juvenalis, 풍자시집Sat. 10, 145), 심지어 단단한 씨까지 제거한다; **6. 장수**; **7. 연옥**: 소아시아에서는 재앙에 처했을 때 인간 희생양을 선택하여 제물로 바치기 전에 무화과와 함께 매달았다가 무화과 잔가지로 성기에 채찍질을 했다; 무화과의 정화 능력으로 인하여 억제된 생식력을 풀어주고 발산하기 위해서였다(태형flagellation 참조); 또한 사냥이 실패했을 때 성공을 방해할 수 있는 부정적인 영향을 제거하는 방법으로 판Pan의 형상을 무화과 잔가지로 채찍질 했다; **8. 사치**: 무화과의 달콤함 때문에(또한 사사기Judg. 9, 8ff의 나무 우화집the treefable 참조); **9. 죽음과 관련된다**: a. 디오니소스는 하데스 입구에 무화과 나무를 심었다; b. 1년 중 가장 치명적인 시기인 5월에 무화과 잎은 갈까마귀의 발톱과 비슷하다; c. 클레오파트라의 독사는 무화과와 무화과 잎사귀 아래 바구니에 담겨져 몰래 방으로 들여왔다(안토니오스와 클레오파트라Ant. 5, 2 참조); d. 독이 있는 무화과는 스페인에서 적을 죽이기 위한 방법으로 사용되었다: "탐벌레인…은 적에게 무화과를 주었고, 적이 죽은 후 그의 미망인과 결혼했다."(토머스 노스Thomas North); e. 아테네의 티몬은 인간을 혐오하여 동굴로 돌아갔고 그를 다시 도시로 데리러 온 사절들에게 무화과 나무를 주면서 목을 매달라고 했다; f. 4번의 c 참조; **10. 봄, 회춘**: a. "무화과나무에는 푸른 열매가 익었구나": 무화과나무는 봄을 알린다(아가서SoS 2, 13; 마태복음Matth. 24, 32 참조); 그리스에서는 무화과나무의 싹이 돋아나면 항해를 시작하였다; b. 무화과 열매를 고기와 함께 먹으면 노인들의 주름을 없애 준다; **11. 구함**: a. 오디세우스는 바다에 빠져 카리브디스(역주: 바다의 여신이자 바다괴물)가 살았던 무화과나무의 줄기에 매달려 살아나왔다; b. 무화과나무는 번개에 대한 예방효과가 있다; 무화과 열매는 약효로 인해 큰 가치가 있다(플리니우스

23, 63): 예 중독을 치료한다; **12. 진실; 13. 그리스:** a. 트로이는 아이아쿠스가 지은 무화과나무 근처의 서쪽 성벽이 가장 약했다; b. 야생 무화과에서 나온 수액은 우유를 즉시 응고시킨다(호메로스Homer 11, 5, 901); **14. 다른 것과의 조합:** A. 무화과 바구니: a. 예레미야 선지자는 성전에서 두 개의 무화과 바구니를 보았는데 하나는 좋은 무화과가 들어있고, 다른 하나는 나쁜 무화과가 들어있었다; 좋은 것은 히브리인이 바빌로니아로 유배되었다가 결국 돌아올 것을 상징했으며; 나쁜 것은 남은 자들이 전쟁과 역병과 기근으로 죽게 될 것을 상징했다; b. 9번의 c 참조; B. 무화과 케이크(반죽): a. 이슈타르Ishtar를 섬기는 데 사용된다: 4번의 d 참조; b. 무화과 반죽은 염증과 상처를 낫게 하는데 사용되었다(예 열왕기하서2Kings 20, 7; 이사야서Isa. 38, 21; 7번 참조); C. 그리스어로 '시코판타이sycophantai'='무화과의 발견자들'('아첨꾼sycophant'이 되었다): 아테네에서 무화과 밀수꾼에 대해 알린 사람들을 지칭한다: 1번의 b 참조.

묵주 rosary **1.** 원래는 시간을 계산하는 데 사용되었으며 둥근 형태의 묵주는 영원한 연속성을 암시한다; **2.** 원래 육체의 죄악의 수를 나타내는 108개의 구슬이 있었다; **3.** 헌신, 명상 또는 무한 반복; **4.** 완벽한 원; **5.** 문맹자의 책; **6.** 시간의 쇠락, 모든 열망의 헛됨: "만약 전갈의 공포가 장미 위에 있는 내 심장을 찢어 버린다면 내가 얻는 것은 무엇인가"(헨리 트리스Henry Treece, "묵주Rosary"); **7.** 장미rose와 관련 있다.

문 gate **1.** 통로, 여성, 외음부: a. (문으로서의) 두 개의 기둥: 양성성; b. 닫힌 문: 성모 수태; "그가 나를 데리고 성소의 동쪽으로 향하는 바깥문으로 돌아오게 하였더니 문이 닫혔더라"(에스겔서Eze. 44, 1 참조); c. 부활: 호메로스(오디세이아Od. 13권)에서 나이아드의 동굴은 오디세우스의 부활의 장소이다; 그 안에는 꽃병과 베틀과 같은 여성적 상징들이 있다; 필멸의 인간은 북쪽 문으로 들어가고 신은 남쪽 문으로 들어간다; **2.** 문의 기능: a. 삶과 죽음 사이; b. 천국의 문: '베델'(창세기Gen. 28, 17); c. 선과 악 사이: '좁은 문'과 '협소한 길'은 영생으로 이끈다(마태복음Matth. 7, 14); **3.** 권력, 요새: a. 적의 성문을 점유하는 것은 그것을 정복하는 것과 같다(창세기 24, 60); b. 도시 성벽의 강력한 거점(요새화를 통한), 즉 '힘'(마태복음 16, 18); **4.** 공의: 심판의 자리로서(아모스서Amos. 5, 10, 15 참조); **5.** 자비: 자비의 문[헨리 5세의 생애H5 3, 3; 헨리 6세 3부3H6 1, 4; 토머스 그레이Thomas Gray의 "비가(悲歌)" 68 등]; **6.** 찬양: 구원의 벽에서(이사야서Isa. 60, 18); **7.** 의(義)(시편Ps. 118, 19); **8.** 몸: "몸에 있는 문과 통로"(덴마크의 왕자 햄릿 1, 5); **9.** 전쟁: 전쟁의 문은 닫히고 분노는 갇힐 것이다(베르길리우스Virgil, 아이네아스Aen. 1 294) 전쟁의 문The door of war 참조; **10.** 다음의 장소: a. 시장; b. 거지; c. 게으름뱅이; d. 기다리는 연인; 문door 참조; **11.** 참고할 문학서: A. 윌리엄 블레이크William Blake: a. 북쪽 문: (상상력의) 죽음 후 재상승; b. 남쪽 문: (지성의) 영원성으로부터의 하강; c. 동쪽 문: 열정의 문: 영원으로 가는 길; d. 서쪽 문: 몸의 문, 자유; e. 낙원의 문: 서로 용서함; **12.** 토머스 S. 엘리엇Thomas S. Eliot: "뿔 달린 문": 음란한 행위로 인한 죽음, 오리온Orion의 운명(베르길리우스, 아이네아스 6), 스위니Sweeney가 지켰던 문(=현대인: 나이팅게일들 가운데 있는 스위니); **13.** 다른 것과의 조합: A. 열린 문: a. 환대; 그림: 이방인의 회심(이사야서 60, 11); b. 낮: 새 예루살렘의 문(요한계시록Rev. 60, 11)은 항상 열려 있어서 밤이 올 수 없다; c. 평화; B. 닫힌 문: a. 추방(예 낙원Paradise으로부터), 냉대, 고통, 전쟁 등; b. 1번의 b 참조; C. 뿔과 상아로 만든 문: 꿈에서: a. 예지몽은 뿔의 문을 통해 온다; b. 기만적 꿈은 상아의 문을 통해 온다. "나의 중얼거리는 운율은 상아문에 대항하여 가벼운 날개를 달고 날개짓하는 것으로 충분하다."(모리스Morris, "지상의 낙원The Earthly Paradise"): 또는 상상의 꿈세계[딜런 토머스Dylan Thomas의 시를 '상상의 허구fibs of vision'로 보는 시각(역주: 시가 반드시 사실을 전달해야 하는 것이 아니라 시인의 상상적, 창조적 표현이어야 한다는 관점) 참조]; c. 고전적인 참고문헌: 호메로스Hormer(오디세이아Od. 19, 562)와 베르길리우스(아이네아스 6, 894ff. 참조) D. 철문: 인생의 철문: A. 앤드류 마벨Andrew Marvel("그의 수줍은 숙녀에게To his coy mistress"); E. 암흑의 문: 종종 지하세계의 입구: 죽음; F. 뜨거운 문: "테르모필레Thermopyle": 유명한 전투 장소. 참조: 토머스 S. 엘리엇의 "노인Gerontion": 헤라클레스가 불타는 옷으로 인한 고통을 줄이려고 개울에 들어가자 개울물이 뜨거워졌다; G. 태양의 문: 열대지방: 게자리와 염소자리 사이; H. 일곱 개의 문: a. 이슈타르가 위아래로 통과하는 지하세계의 문(이슈타르Ishtar 참조); b. 인문학; c. 그리스의 테베(7seven 참조); I. 백 개의 문의 도시: 이집트의 테베Thebes; J. "문 없이"(=밖에서): 고난: 예수는 "문 없이" 고난을 당했다(=골고다: 히브리서hebr. 13, 12); K. 문을 부수는 자: 헤라클레스: 트로이, 오칼리아 및 필로스; 3three 참조; **14.** 도시city; 문door; 정원garden 등 참조.

문; 문설주 door; doorpost **1.** 어떤 상태에서 다음의 상태로 인도하는 것: **A.** 여성: 질, 세상으로 이어지는 구멍의 상징; 시작; 신부는 그녀의 새 집에 들어가기 전에 반드시 기름(오일 또는 그리스)을 문설주에 발라야 한다; **B.** 죽음의 문: 세상 밖으로 인도하는 문; 끝; **C.** 이집트 사원의 문(특히 지성소)은 영원으로 가는 문이었다. 이 문을 통해 아침에 태양이 떠올라 햇살의 칼로 어둠의 적(예 뱀 아팝Apap)과 싸웠다; 이것은 또한 사원 입구에 왜 무서운 전쟁의 상징들이 서 있는지도 설명해 준다; **D.** 로마의 야누스는 '과도기'의 신이었다: a. 야누스는 태고의 원초적 물질(원질료Prima Materia)이 분리되고 개별화될 때 거기에 있었다; 그래서 그는 또한 창조자이다; b. 야누스는 부활로 이어지는 죽음의 문의 신이다: 아래의 9번, b도 참조; **E.** 기독교의 경우, 특히 순교자들의 경우, 죽음은 하나님의 왕국으로 가는 구멍, 천국의 기쁨으로 가는 구멍이었다; "보라, 내가 너희(선한 빌라델비아인들) 앞에 열린 문을 두었으니 아무도 이 문을 닫지 못한다"(요한계시록Rev. 3, 8); **2.** 보호, 외부의 위험에 대한 도피처; 성서는 초자연적 세력들이 가까이 오지 못하도록 마술적 수단으로 문을 강화하는 방법의 많은 예를 제시했다: a. 하나님의 파괴적인 천사들이 이집트의 처음 태어난 장자들을 죽일 때 보호 방법으로서 히브리인들의 문설주에 피를 발랐다; 나중에는 부활절 양의 피로 이 방법을 반복했다; b. 부적 및 '메주자'를 두는 장소: 메주자는 신명기Deut.의 글(신명기 6, 4–9 및 11, 13–21)을 적은 양피지 두루마리를 그 속에 넣은 작은 원통형 목재 또는 금속; 양피지의 뒷면에는 하나님의 이름("샤다이Shaddai")을 적는데, 이 이름은 원통에 있는 작은 창을 통해 언제나 볼 수 있다(이사야서 57, 8; 신명기 6, 9 등 참조); c. 사원의 문설주에는 속죄를 위한 희생제물들의 피를 발랐다; d. 부엌(반드시 악령들에 대해 지켜야 하는 곳)은 악령을 물리치는 힘을 가진 톡 쏘는 냄새가 나는 마늘, 양파 등을 문 근처에 걸어 둠으로써 보호했다; e. '건물을 위한 희생제물'은 문지방 아래에 또는 주춧돌 아래에 두었다(문지방, 역치threshold 참조); **3.** 신비를 알아내는 것을 막는 장벽: 예 푸른 수염의 남자Bluebeard 동화의 잠긴 문; **4.** "이 낡은 대상들의 숙소의 출입구는 밤과 낮이다"(=삶: 에드워드 피츠제럴드Edward Fitzgerald, 오마르 하이얌의 루바이야트 번역서Ommar Khayyám); **5.** 드루이드교: 참나무왕 또는 뇌신의 상징(또한 여호와와 야누스와 관련됨): 참나무oak 참조; **6.** 기독교: a. 그리스도: "나는 문이니 나로 말미암아 들어가면 구원을 받고, 들어가고 나오며 목초지를 발견하리라"(요한복음John 10, 9); b. 인간의 영혼; c. 성모 마리아: 중개인으로서; **7.** 거지들과 죄의 장소: "죄가 문에 있다"(창세기Gen. 4, 7); 고전 문학 전반에 걸쳐 절망적인 연인이 사랑하는 사람의 문 앞에 서 있고 울고 또 심지어 잠을 자는 것을 볼 수 있다; 전형적인 탄식을 '문가에서의 탄식'이라고 불렀다; **8.** 지혜의 장소: a. "성문 곁과 문 어귀와 여러 출입하는 문에서 불러 이르되"(잠언Prov. 8, 3); b. "지혜를 닦으려고 깨어 있는 사람에게는 모든 근심이 곧 떠날 것이다"(지혜서Wisdom. 6, 15); **9.** 다른 것과의 조합: a. 문이 없는 집: 소문(나소 P. 오비디우스Naso P. Ovid, 변신이야기Metam. 12, 45ff); b. 전쟁의 쌍문Twin Doors of War: 야누스의 신전에 있는 쌍문은 전쟁 시에는 열었고 평화 시에는 닫았다(베르길리우스Virgil, 아이네아스Aen. 7, 607); 전쟁의 문Gates of War 참조; c. 도어홀더: 나쁜 일의 중개자.: "도어홀더 일을 하는 형제자매들이여"(트로일로스와 크레시다Troil. 5, 10); **10.** 딜런 토머스Dylan Thomas: "어두운 문dark door"("겨울이야기Wint."): a. 과거; b. 죽음; c. 성sex; d. 이것들을 하나의 복합적인 이미지로 보아야 한다는 것을 인식; **11.** 민속: a. 일반적으로 앞문이 가장 중요하다: 신부는 언제나 반드시 앞문으로 나가야 한다: 신부는 또한 반드시 앞문으로 새 집에 들어와야 함; b. "뒷문(=뒷문 또는 정문 외의 문)은 도둑과 매춘부를 만든다"(속담); c. "두 딸과 뒷문은 세 명의 도둑이다"(=딸들은 제물을 축내고 하인들은 좀도둑질한다; 속담); 두 딸 대신 예쁜 아내에 관한 유사한 속담이 있다; d. 문에 박는 장식용 대갈못: "대갈못처럼 죽은, 즉 완전히 죽은"라는 구문이 있다; **12.** 문gate; 산사나무hawthorn; 야누스Janus; 참나무oak 참조.

문신 tattoo **1.** 우주적 활동; 로마 시대에 브리튼에서는 픽트족의 아내와 며느리들이 벌거벗은 채로 걷는 특정한 의식ceremonies을 행할 때 온몸에 문신을 새겼다(플리니우스Pliny 22, 2; 대청woad 참조); **2.** 보호 문신: 수호신의 그림이나 그 또는 그녀의 상징을 나타낼 때; 가장 흔한 문신은 선원들이 손에 새기는 아프로디테의 별 모양이다; **3.** (자기) 희생: 시기하는 망자를 달래거나 산 자와 죽은 자의 언약을 확고히 하기 위해 문신을 새겼다; 참조: 머리카락 잡아당기기hair-pulling 및 가슴 뛰기breast-beating; **4.** 종족, 사회적 지위, 때로는 성별 등에 대한 신비로운 의미와 충성심을 나타낸다; 이것은 일반적으로 입문 의식에서 행해진다; **5.** 반마법: 예 전갈에게 물리는 것을 방지하기 위해 전갈 문신을 하는 것; 자신에게 스스로 흉터를 만드는 것이 이와 관련 있다; **6.** 장식품adornment.

문어 octopus **1.** 거미줄 및 나선형과 관련 있다: 신비의 중심과 창조의 전개; **2.** 용과 고래의 상징성을 공유하는 괴물; **3.** 주변 환경에 따라 색이 변하며(루키아누스 사모사테 출신Lucianus from Samosate, 유녀들의 대화DMer. 4) 교활한 미끼 도둑이다; **4.** 딜런 토머스Dylan Thomas: a. 자궁 안의 아이; b. 시의 잉태(머릿속에서); **5.** 더 많은 정보는 갑오징어cuttle-fish 참조.

문지기 porter **1.** 천국의 문지기: 태양 영웅 헤라클레스의 불멸의 측면: 이 문은 한여름에 가장 활짝 열려 있다; 또한 문door, 문gate, 야누스Janus 등도 참조; **2.** 지옥의 문지기: 맥베스에서 등장하는 문지기는 맥베스의 성이 지옥이 된 사실을 강조했다.

문지르기 rubbing **1.** 딜런 토머스Dylan Thomas: a. 마찰; b. 장애, 어려움("햄릿Ham."에서); c. 난폭함, 성가심; **2.** 민속: a. 치유, 사악한 힘의 방지 등을 목적으로 생명력이 충만한 것이 갖고 있는 마법의 힘을 주는 행위: 예 특정한 마법의 돌, 성인의 그림 등을 문지르는 것; b. 도박꾼들이 행운을 위해 자신의 허벅지에 주사위를 문지르거나 여성이 가슴에 문지르는 것처럼 직접적인 성적인 함의가 없더라도 이러한 생명력은 생식력과 관련 있다; 알라딘의 램프Aladdin's Lamp 참조; c. 불을 피우는 위험한 일과 관련 있다(막대기 문지르기).

문지방, 경계 threshold **1.** 단계 또는 상태 간의 모든 전환: 수면과 각성, 삶과 죽음, 종교와 신성모독, 의식과 무의식 등; 이것은 문의 상징성과 많은 부분을 공유한다; **2.** 에스겔Ezekiel의 환상에서 성전의 거룩한 샘이 문지방에서 솟아올랐다(47, 1ff.); **3.** 문지방의 신은 강력하다; A. 그들을 달래어야 한다: a. 종교 의식(숭배)에 따라(사무엘상1Sam. 4, 5); b. 입구에서 지불해야 하는 '입장료'는 실질적으로 '문지방–돈(역주: 예배와 관련된 헌금)'이었다; c. 때로 건물의 초석이 아닌 문턱 아래에 건축의 제물을(아이, 동물의 희생제물) 바치기도 했다; 처벌로 델포이의 문지방 아래 묻힌 네오프톨레무스(=피루스)의 일부분이 발견됐지만 그는 죽기 전까지도 행렬을 호위해야 했다; B. 문지방 신의 살상력은 다음과 같다: a. 여로보암의 아이는 예언에 따라 그의 어머니가 여호와의 궤를 들고 "문지방"을 넘을 때 죽었다(열왕기상서1Kings 14, 17); b. 블레셋 사람들이 여호와의 궤를 그들의 성전에 두었을 때 다곤의 머리와 손이 "문지방에서" 잘렸는데 이는 그가 물고기 신이라면 물고기의 몸통 부분만 남기기 위해서였다(사무엘상서 5, 3); **4.** 사자 등을 포함한 문턱 괴물은 신성모독에 대한 경고로 종종 신성한 장소(궁전, 사원, 낙원, 젊음의 샘, 생명나무 등) 근처에서 발견된다; **5.** "문지"[=문틀]은 경첩에게 들은 것 말고는 말하지 않는다"(속담).

물 water **1.** 혼돈 또는 흑암의 물: a. 물은 모든 생명의 근원이 되는 '원질료Prima Materia'; 그것은 물질성(영적 사막의 반대)뿐 아니라 창조되지 않은 첫 번째 원리를 나타낼 수 있다; b. 낮은 물Lower Waters로서: i. 지구가 위치해 있는 동쪽 우주의 혼돈의 물('테홈tehom'); 그것은 여호와의 적이며 레비아단은 그것의 상징이다; ii. 상부의 물의 풍요한 희망과 반대되는 현실; 종종 무균 상태이다(예 대양); c. 생명을 주는 모든 액체: 양수, 피, 타액, 정액(예 이사야서Isa. 48, 1: "유다의 물에서 나왔다") 등; d. 대지모와 대부분의 모신의 상징: 술람미 여인, 이시스, 성모 마리아 등; e. 아래의 그릇water-pot도 참조; 또한 심연; 혼돈 등; **2. 세례**의 물: a. 혼돈, 혼란 상태로의 자발적 복귀; b. 영적 재탄생과 재생; 영적인 삶; 직관적인 지혜의 물; 역동적인 아니마anima(참조: 벤 시라크Ben Sir. IS, 3); c. 홍수는 우주 수준에서 동일한 기능을 가지고 있다; d. 젊음의 재생, '잠자는 자'의 각성, (시력, 건강, 처녀성 등의) 회복자, 불멸을 주는 자; 그리스도 상징과 탐구의 대상: e. 아마도 (데메테의) 물의 운반은 엘레우시스비의의 중요한 부분이었을 것이다; **3. 전환**: a. 에테르적인(천상의 기운을 가진), 증기 같은 미묘한 것(불과 공기)과 고체(땅) 사이의 유동적 요소; b. 삶과 죽음 사이: i. 탄생과 죽음의 강(스틱스강); 물을 만지면 죽어 가는 태양왕(씻기washing 참조); ii. 창조와 파괴; c. 승화(진보적 증발) 및 강수(퇴화적 풍요); **4. 용해**: a. 셰익스피어의 물에서 녹거나 물에 녹는 것은 성격의 용해 또는 죽음을 의미한다(예 리처드 2세의 비극 4, 1: 여기서 리처드왕은 "물방울"로 용해시키고자 한다; 또는 덴마크의 왕자 햄릿. 1, 2: "오, 이 너무 단단한 살 역시 녹을 것이다"); 그리스인은 무엇보다도 물에 의한 죽음을 두려워했는데, 물은 불같은 성질을 지닌 영혼도 죽이기 때문이다; c. 약함: '물처럼 약한'(관용구); **5. 정화**: 예 붉은 암송아지의 재를 포함하는 "분리의 물"(민수기Num. 19장), 때로는 '먼지'라고도 하는데, 이는 죽은 자와의 접촉으로 발생한 부정함으로부터 사람을 정화하는 데 사용된다(암소cow 참조); **6. 심판**: 예 물의 심판(민수기 5장): 성막 바닥(또는 성전의 특별한 장소)의 먼지와 섞인 물은 심판에 사용된 물질이었다; 간음죄로 끌려온 여자가 마셔야 했다; 그녀가 유죄라면 그녀의 허벅지가 썩고 배가 부풀어 오를 것이며 죄가 없다면 그녀는 물 앞에서 고백하면 된다; 아마도 물은 제사장이 씻었던 대야에서 가져왔을 것이다; **7. 불안정성, 적응성**: 불안정성과 적응성은 물을 담고 있는 그릇 모양의 형태를 취한다; **8. 고난**: 떡과 함께하는 고난의 물은 죄인의 식탁(역대하서2Chron. 18, 26); **9.** 무의식에 저장된 **지식과 기억**; **10. 영혼**: 물은 영혼의 거울이 될 수 있으므로 물을 보는 것은 (내적) 묵상을 의미한다; **11. '생수'**: a. 메시아에 관한 예언에서 그가 가져올 생수는 그의 선물이다(예 요한복음John 4, 14)이며 이는 결코 다시 목마르게 하지 않을 것이다(갈증thirsty 참조); 그것은 심지어 그리스도의 옆구리에서 흐르는 물과 피를 가리킬 수도 있다; b. "생수의 샘"이 있으며(요한계시록Rev. 7, 17) 여기서 어린 양은 이 축복받은 자들을 흠뻑 적실 것이다; c. 그것은 종종 바위 틈 또는 갈라진 바위 아래에서 물을 찾아야 하는 영웅의 과업과 관련된다: 아르고나우타이 영웅들과 관련된다; **12. 낙원의 물**: 이스라엘에 이르게 될 영원한 낙원(지상)에 관한 한 예언에서 그는 "집[성전]의 문지방 아래에서 나오는 물은 동쪽으로 흐른다"라고 언급했다(에스겔서Eze. 47, 1−12); 요엘서Joel(3, 18)에서도 그곳에서 물은 신성한 아카시아 골짜기로 흘러 들어간다(또한 스가랴서Zech. 14, 8 및 요한계시록 22, 1의 하나님의 보좌에서 나오는 생명수)라고 언급하고 있다; **13. 국가의 힘**: 강과 '바다'는 일반적으로 국가의 힘으로 간주된다: 주에 의해 말라 버린 강과 바다, 특히 애굽(이집트)의 바다와 바빌로니아의 강들(예 이사야서Isa. 11, 15); **14. 달**Moon 및 정서와 관련된다: 비너스는 물에서 태어났다; **15. 사람의 무리**: "네가 본 바 음녀가 앉아 있는 물은 백성과 무리와 열국의 방언들이니라"(요한계시록 17, 15); **16. 상쾌함, 기쁨**; **17. 거짓**, 불일치: "그녀는 물처럼[=믿음 없음] 거짓이다"(베니스의 무어인 오셀로Oth. 5, 2); **18. 연금술**: 첫 번째 변환에 해당하는 수은; **19. 심리**: a. 합리적인(안전한) 자아를 공격하기 위해 괴물이 숨어 있는 무의식: 예 게crab; b. 가장 분명한 어머니 상징(특히 바다); **20. 참고할 문학서**: 윌리엄 블레이크William Blake: 불모의 물질주의와 (영적) 죽음의 물; B. 윌리엄 B. 예이츠William B. Yeats: 몸과 꿈의 결실; 바다는 "표류하는 무한정한 삶의 괴로움"; C. 토머스 S. 엘리엇Thomas S. Eliot: a. 불타는 욕망의 갈증을 해결하는 물에 의한 '죽음'을 통한 풍요; 또한 재탄생에 필요한 망각을 제공한다("황무지 Waste Land"); b. 무의식: "모든 물이 수면 아래에서 만난다"("마리나"); D. 딜런 토머스Dylan Thomas: 물의 얼굴, 창세기의 바다, 자궁(예 "한때 당신의 얼굴의 물이었던"); **21. 조합**: a. 나무로 인해 쓴 물이 달게 된다(출애굽기Ex. 15, 23-25); b. 엎질러진 물: 우리는 "땅에 쏟아진 물을 다시 담지 못함 같을 것이오나"(사무엘하서2Sam. 14, 14); c. 도둑질한 물이 달다(잠언Prov. 9, 17); d. 물과 포도주(기독교): 그리스도의 인간성과 신성; e. 체로 걸러 낸 물: 눈물과 비; f. 물그릇(물주전자water- jug; 냄비pot 등 참조): i. 풍요의 가마솥, 무한한 어머니 대지의 자궁; 상징 U; ii. 몸은 유동체이다; iii. 물병자리의 상징; 참조: 꽃병vase; **22. 민속**: a. 마녀에게 흐르는 물은 종종 참을 수 없는 장애물(예 로버트 번스Robert Burns, "스코틀랜드 모자 타모샨터"); b. 예언의 우물은 종종 이상하고 깊은 북소리를 내거나 비 오는 날에 말라 버림으로써 (국가의) 위험을 알린다; **23.** 익사drowning; 호수lake; 대양ocean; 강river; 바다sea; 수영swimming; 갈증thirst 등 참조.

물고기 fish **1. 삶, 다산, 풍요**: a. 다산과 관련된 어부 왕: 다음 참조; b. 다산: 많은 알; c. 성적인 것과 밀접하게 관련된다(2번 참조); **2. 성적인 것**: A. 수컷: a. 남근 모양: 암컷 개구리의 반대; b. 신성한 태양-왕의 계절적 변화 중 하나; c. 오시리스가 세트에 의해 14개(달이 쇠퇴하는waning moon 밤의 수)로 토막 나자 그의 어머니이고 여동생이자 아내인 이시스는 물고기가 삼킨 그의 (달력calendar과 연관된) 남근을 제외하고 토막 난 몸을 모아 다시 그를 만들었다; d. 몇몇 전래동요는 위의 c와 많은 유사성을 보여 준다: i. 참새가 죽인 수컷 울새의 피를 물고기가 접시에 받았다(또한 신성한 왕Sacred King 참조); ii. "하나, 둘, 셋, 넷, 다섯, 일단 살아 있는 물고기를 잡았을 때 여섯, 일곱, 여덟, 아홉, 열, 그리고 나는 그것을 다시 놓아 주었다. 왜 그냥 놓아 주셨어요? 내 손가락을 물었기 때문이죠. 어느 손가락을 물었나요? 오른쪽 이 작은 손가락"; e. 셰익스피어 작품에 나오는 물고기의 냄새는 음경, 소변 등과 관련이 있다; B. 암컷: a. 모든 물고기(특히 갑오징어)는 최음제로 여겨졌다: 바다에서 올라 온 아프로디테+소금[성(性)]+인광체; 생선은 결혼식 피로연에서 흔히 사용되는 요리이다; b. 외음부와 처녀성은 특히 물고기 방광과 관련이 있다; c. 향기와 관련된다; d. 이슈타르(다산의 위대한 여신 중 첫 번째): 이슈타르의 상징 중 하나는 '물고기가 있는 집'이었다; 다산으로 가득 찬 집; e. 아프로디테: 모든 올림피아 신들이 티포에우스앞에서 도망치자 비너스는 물고기로 변했다(나소 P. 오비디우스Naso P. Ovid, 변신이야기Metam. 5, 331 참조; 아래의 16번 C 참조); f. 인어: 또한 데르세토; g. 엄마의 설거지를 하고 그의 눈에서 황금 물고기를 빼낸 착한 어린 소년에 관한 전래동요의 '상스러운 변형' 참조: "내가 젊은 처녀였을 때 내 어머니의 설거지를 하고 나는 손가락을 내 안에 넣고 작은 물고기를 뽑아냈다"; (참조: 눈에는 눈, 이에는 이Meas. 1, 2: "특이한 강에서 송어를 찾는 중"); **3. 부활, 불멸**: a. 나일강의 풍요를 나타내는 오시리스(앞의 2번 A, c 참조); b. 그리스도: 누가복음Luke(24, 42)에 따르면 그리스도가 제자들에게 나타났을 때 먹은 것: "그들이 그리스도께 구운 생선 한 토막과 벌집 하나를 주셨습니다."(벌집Bee-hive 참조: 태양-영웅과 관련 된다); c. 물고기는 홍수에서 살아남은 자들과 관련있다: 노아는 다산과 농업의 신, 바빌로니아의 물고기 신 오안네스와 관련 있다(노아Noah와 포도주wine 참조); 그는 또한 다곤 신과도 연결된다; 닥Dag=물고기 또는 다, 안Da, an=빵: 이 신을 반인 반어로 표현한 것은 중세의 랍비로 거슬러 올라가지만 매우 정확한 것일 수 있다: 자세한 내용은 인어mermaid 참조; d. 때로 고대 그리스의 죽은 영혼은 물고기로 다시 태어날 수 있으며 미래의 어머니(콩bean 참조)에게 잡아먹힌다; 그래서 물고기=불멸; e. "알파버드Alpha-bird와 불가분의 관계에 있는 깊은 심연(=파괴)의 상징인 오메가(알파alpha 참조)처럼 물고기는 "저승세계"의 새이기 때문에 영혼을 지하 세계에서 인도해 온다; f. 세례의 상징(예 마태복음Matth. 4, 19); **4. 구세주**: a. 아스타르테(또는 데르세토-아타르가티스)는 익튀스(=그리스어 '물고기')를 낳았다; b. 랍비 문헌에서는 물고기는 레비아단을 잡아 낙원의 축복받은 자들에게 먹일 메시아의 상징이다; c. 여호수아(=이에수스)는 눈Nun(=물고기)의 아들이었다; d. 그리스도를 의미하는 그리스어 물고기에 해당하는 익튀스: "그리스도, 하나님의 아들, 구세주" 그러므로 물고기는 성모 마리아의 상징이다(그녀가 이슈타르-이시스-아프로디테와 공유하는 다른 모든 상징과 함께); **5. 태양**: a. 태양의 야간 횡단(바다 괴물 배 속의 태양 영웅)과 관련된다; b. 연도 주기와 관련 있다: 예 오시리스; 이것은 순환적 존재를 상징하는 신비한 "생명의 배"이다; c. 여호와(태양과 빛의 신)는 또한 물의 제왕이었다: "주께서 말을 타시고 바다를 밟으셨나이다"(하박국Habakkuk 3, 15; 또한 1장 16절에서 그물을 강조한 것 등 참조); d. 물고기의 꼬리 지느러미는 종종 태양광선 또는 번개의 상징이다; **6. 지혜**: a. 특히 생명과 지식 나무의 수호자로서의 연어; b. 물과 바다의 모든 상징과 관련있다; **7. 자유**: 흔히 말하는 자유로운 움직임; **8. 순결**: 소금물[=사악함, 특히 성(性)='불순함']을 통과하지만 여전히 '신선한' 상태를 유지한다; **9. 전체성, 연대감**: "그들은 물고기처럼 둘이 하나이다"(베로나의 두 신사Gent. 2, 5 참조: 두 연인에 대해 말함; 뒤의 23번 a 참조); **10. 믿음, 신자들**: a. 기적적인 어획량: (부활 전후) 사도 베드로에 대한 언급일 뿐만 아니라 교회와 사도의 사역에 대한 언급; b. 불멸을 염원하면서 생명의 물속에서 신실하게 헤엄치는 신자들; c. 종종 그물 속의 물고기로 표현된다; **11. 악**: a. 혼돈의 괴물 라합은 매일 태양신(황소 또는 뱀serpent으로서)인 여호와께 죽임을 당했다; 이집트의 라Ra 참조; b. 이스라엘은 바빌로니아인들에게 물고기처럼 잡힐 것이다(하박국 1, 14). 이것은 그물로 상징되는 근동 최고의 존재에 의해 제안되었을 수 있다; c. 악마: i. 그는 원시의 물에서 두 마리의 물고기를 발견했다: 창조의 시작; ii. 종종 두 물고기의 조합으로: 여호와의 두 아들로서 (영원히 싸우는) 사탄과 그리스도: 퇴화와 진화, 제사장과 왕 등은 X(=물고기 모양)로 결합한다; iii. 악마는 그리스도가 미끼로 매달린 십자가에 매였다; **12. 멸망**: 물고기와 관련된 두 사람(토비아스와 요나)이 니느웨의 멸망을 예언하였다; **13. 어리석음**; **14. 탐욕**; 탐욕의 상징이며 '증오'에 해당하는 이집트 상형문자; **15. 혼란**: "예쁜 물고기 주전자"(대혼란); **16. 점성술**: A. 물고기자리; B. =기독교 시대: 물고기 사인은 메시아의 상징이었다(다니엘서에 대한 유대인의 주석): a. 토성(이스라엘과 죽음의 별)과 목성('정의의 왕', 생명의 별)이 물고기자리(근동지역)와 함께 있을 때: 기원전 7년에 이것이 세 번 일어났다; 이중 한번은 화성(=본능)이 심지어 반대에 있었다; b. 그리스도의 죽음은 어린 양의 시대를 종식시켰다(=양자리Aries=제우스); c. (구식) 크리스마스이브의 12시에 태양은 염소자리에 진입하고 처녀자리가 동쪽 지평선에 떠있으면 곧이어 (땅꾼자리가 들고있는) 뱀자리가 등장한다; C. 금성은 물고기자리에 그녀의 '최고 성위(星位)'를 가지고 있다; **17. 심리**: a. 태초의 물 위에 있는 두 물고기: 새롭게 생겨난 의식의 세계; b. 무의식의 바다에 숨겨진 자기Self; c. 물고기는 무의식의 내용 중 하나로 뱀snake보다 높은 힘을 가지고 있다; d. "기초물질과 관련된 역동적 힘을 가진 침투적 움직임, 즉 무의식"; e. 영혼; f. 꿈속의 다양한 동물 모습을 한 자기 상징 중의 하나(카를 융Carl Jung 9b, 145ff.); **18. 문장heraldry(紋章)**: a. 기독교; b. 과묵함, 비밀; c. 겸손, 절제, 건강; d. 경계(물고기는 잠을 자지 않는다); e. 자유로운 어업 의례 fishing-rites; **19. 연금술**: 라틴어 '돌labpis': a. '원질료': 작업을 시작한 정의되지 않은 물질; 물과 관련된 물고기; b. '철학자의 돌'='황금 묘약'='아기' '소년' '철학자의 아들'=자웅동체; **20. 영국**: 세 마리의 '왕족 어류': 돌고래, 고래(+일각고래), 철갑상어; **21. 윌리엄 블레이크William Blake**: 가장 낮은 곳에서의 동물의 삶: 물에서만 살 수 있다(=물질적 존재); **22. 다른 특별한 의미**: A. 히브리: a. 물고기는 새 및 야수 인간과 친밀한 관계가 아니다(예 창세기Gen. 2, 19); b. 비늘이 있는 물고기만 먹을 수 있었기 때문에 매우 신성한 돌고래를 먹는 것은 '부정한' 것이다; c. 물고기 담즙은 기적적인 치유력을 가지고 있다: 토비아스; d. 고대 유대교의 유월절은 (유대력의) 제12월(아다르의 물고기 달)에 열렸다; e. 이것은 레비아단의 형태에서는 축복받은 자들의 음식이기 때문에 종종 장례식을 상징하거나 장례식 선물 등으로 사용되었다; B. 로마: a. (플리니우스Pliny가 참조한 문헌) 이lice가 생기게 한다; b. 금요일의 음식: 비너스에게 바치는 날; C. 기독교: a. 베드로는 교회에 세를 내기 위해 은전 한 세겔을 입에 물고 있는 물고기를 잡으러 나갔다(마태복음 17, 27); b. 사순절 음식; 고해성사: 참회; c. 상징: 게으름의 상징; d. 물고기의 뼈: 부활(뼈bone 참조); **23. 두 마리의 물고기**: (보통 반대방향으로): a. 결혼, 가정의 행복: 예 이집트에서(비둘기와의 또 다른 유사점)도 같은 의미의 상징이지만 또한 성적인 무관심, 냉담함을 나타내는데, 그 이유는 물고기는 교미 없이 번식하기 때문이다; b. 11번의 c 참조; c. 물고기자리의 상징(16번 참조); **24. 세 마리의 물고기**: a. 삼위일체(종종 뒤얽혀 있음); b. 세례; c. 삼각형인 경우에는 16번의 B 참조; **25. 어부 왕**: 늙거나, 아프거나, 부상을 입거나, 성적으로 기능을 못하여 그들의 건강이 국가의 다산에 영향을 미치는 다산왕(신성한 왕sacred King 참조); 성배의 전설에서 어부왕은 피 흘리는 창(유물을 찾는 십자군에게 크게 영향을 준 여러 의미의 상징)과 성배(주로 담아줌을 의미하는 여성 상징)의 소유자이다; 그는 '사타구니'에 부상을 입고 비참하게 낚시를 하면서 시간을 보낸다; 그의 건강(그리고 그의 조국의 건강)은 성배 기사(그 상징은 비둘기)가 '질문'을 수행하는 것으로만 회복될 수 있다(참조: 토머스 S. 엘리엇Thomas S. Eliot의 "황무지The Waste Land"에서 이 전설을 인용되는데, 여기서의 질문은 무의미하고 답이 없는 상태로 남아 있다); 다른 유명한 어부 왕은 탐무즈와 유대인 메시아(메시아를 기다리며 안식일에 생선을 먹음)가 있다; **26. 특별한 물고기**: a. 황새치: 유니콘과 관련된 물고기; b. 제비 머리를 가진 물고기: 순환적 (재)생의 전조; **27. 약용**: 헤엄치는 영역에 따라 힐데가르트 폰 빙엔Hildegard von Bingen이 만든 구분: a. 바닥에서 먹이를 먹는 물고기는 살이 약하고 힘이 없어 건강하지 않다; 이들 중 일부는 햇빛과 낮의 활동을 좋아하고 다른 일부는 달빛과 밤을 좋아한다; 다른 일부는 모든 생식 물질을 한꺼번에 산란하여 완전히 지치게 되고 어떤 것은 산란하면서 힘을 모으고 다시 산란한다; b. 어떤 물고기는 중간의 가장 맑은 물에 살며 바위에서 종종 우리가 모르는 약초를 발견한다; 만약 우리가 그것이 무슨 약초인지 안다면 모든 질병을 없앨 수 있을 것이다; 이들은 일반적으로 바닥 물고기보다 다소 작지만 강하고 영양가 있는 살을 가지고 있다; c. 물표면 근처에 사는 물고기들은 거품과 흙 속에서 먹이를 먹는다; 더러운 동굴과 만에서 살며 살은 약하고 건강에 좋지 않다(자연학Ph. 5, 하늘의 현상Praef.); **28. 민속**: A. 신성한 물고기: a. 지혜와 지식을 가지고 있으며 치유와 소원의 샘에서 헤엄치는 물고기는 신성한 물의 화신이다 그러므로 이 물고기를 죽이는 것은 신성모독이다; 이 물고기들은 또한 아기와 연인을 허락할 수도 있다; b. 물고기는 해안에서 일어나는 일을 알고 있으며 그곳에서 일어나는 일에 영향을 받는다: 그들은 살해가 발생한 곳에서 도망친다; c. 생선뼈를 태우는 것은 불길하다(22번의 C, d 참조); B. 전조: 계절의 첫 어획량: a. 주로 암컷일 경우: 남은 계절의 풍성한 어획량을 예견한다; 주로 수컷일 경우: 남은 계절의 빈약한 어획량을 예견한다; b. 처음 잡은 물고기는 감사 제물로 종종 돛대에 못으로 박아놓고 다른 물고기들이 따라오도록 한다; C. 먹는 방법: 청어, 정어리 또는 고등어는 반드시 꼬리에서 머리까지 먹어야 하며 반대로 먹으면 안 된다; 머리부터 먹으면 물고기 떼의 우두머리들을 해안에서 멀어지게 한다; D. 일기예보: a. 폭풍우가 오기 3일 전에는 잘 물지만 날씨 변화가 있기 전날에는 물지 않는다; b. 큰 물고기가 수면 위로 올라오거나(예 고래 점프), 돌고래가 남쪽으로 빠르게 헤엄칠 때 폭풍이 예측된다; E. 속담: a. 냄새에 관련된 언급 참조: "생선과 사람들이 모인 곳은 3일만 지나면 악취가 난다"; "물고기에서 냄새가 난다고 외치는 생선 장수는 없다"; b. 여성 관련: "딸과 죽은 물고기는 보관하지 않는 물건이다"; c. 가치가 거의 없는 것: "빈 접시보다 작은 물고기가 낫다"; **29.** 모든 종류의 물고기 참조.

물고기자리 Pisces (별자리) **A.** 일반적으로 다음을 의미한다: 1. 물고기자리는 열두 번째 별자리로 2월 19일부터 시작한다; 2. 바빌로니아의 점성술에서 (세차운동으로 인해): 동지, 비, 부활; 3. 그림으로 나타낸 상징: a. 두 마리의 물고기가 보통 정반대 방향으로 있고; 이전의 주기(왼쪽)와 새로운 주기(오른쪽); b. 아르고호; 4. 별자리의 지옥; 5. 위선과 폭력적인 죽음의 상징; **B.** 물고기자리의 기간: a. 파괴: 보편적인 용매로 상징되는 물과 해체(무덤): 주기의 마지막 단계는 염소자리로부터 시작되며 새로운 주기는 양자리로부터 시작된다; b. 원시의 물에서 우주 에너지로 부활하는 시기; c. 금성의 자리: 성적인 사랑의 상징인 물고기자리; **C.** 다음에 상응한다: a. 신체: 발과 발가락; b. 행성: 목성(그러나 일부에서는 해왕성이라고 함)이 불안정성을 교정한다; c. 타로카드: 매달린 남자 카드; d. 특성: 변화무쌍한, 물이 많은, 여성스러운, 차가운 성질; **D.** 특성: a. 안정성과 정확성의 부족(유동적), 실패; b. 대배우(변화하는 다양한 인물); c. 이상주의자(최악의 경우에는 방랑자); d. 개성의 결여; e. 온화함, 수줍음, 과민함, 모호함; f. 멜랑콜리; g. (병원이나 수도원에서) 은둔하는 것, 고립, 신비주의를 선호할 뿐만 아니라 망명도 선호한다; h. 음주를 멀리해야 한다; i. 사랑이 많아 사랑스럽다; j. 자기 자신과 자신의 열정에 대한 거부; k. 배신; **E.** 유명인사: 횔덜린Hölderlin, 쇼펜하우어Schopenhauer. 작품 속에서는 미코버씨Mr. Micawber가 있다.

물냉이 watercress (식물) **1.** 특히 유월절을 위한 히브리 반찬이며 따라서 생명의 재생, 회춘, 속죄함; 또한 유채과야채 참조; **2.** 점성술: 달과 관련된다.

물다 bite **1.** 사랑의 표시: a. 격렬한 성교의 흔적; b. 단테Dante: 신성한 사랑의 이빨로 문 흔적(신곡 낙원편Par. 26); **2.** 신비주의: 살에 새기는 영혼의 인장; **3.** 심리: 마음의 본능에 따른 갑작스럽고 위험한 행위; **4.** 개dog; 치아tooth 참조.

물닭 coot (새) **1.** 아름다움, 품위 있음: 물새인 물닭의 우아한 움직임과 품위 있는 색깔; **2.** 이해, 지혜: 물닭은 물을 휘젓지 않고 깊이 잠수하여 물고기를 잡아먹는다; **3.** 저속하거나 어리석은 사람: 2번과 같은 이유로 또는 두운법사용을 대단히 선호하는 이유로: '물닭처럼 미친'; **4.** 무가치한 것; **5.** 민속: a. '물닭처럼 대머리: 부리에서부터 이마까지 흰색이 넓게 자리 잡은 가장 흔한 대머리물닭을 비유한 말이다; b. 물닭들이 아침에 울면 폭풍우를 예견한다(플리니우스Pliny).

물떼새 charadrius (새) 전설 속의 새 칼라드리우스 Caladrius 참조.

물떼새 plover (새) **1.** 탐욕; **2.** 민속: A. 치유; B. 점술: 아픈 사람이 살게 될지, 죽게 될지를 예측한다; C. 황금 물떼새: a. 예수를 십자가에 못 박고 영원히 떠돌아다니면서 죄를 한탄하는 유대인들의 영혼; b. 양들에게 다가오는 위험을 경고한다; c. 죽음의 징조로 휘파람 소리를 낸다(7seven, 엔N 참조).

물레가락, 방축 spindle **1.** 남근, 우주 축, 성교: a. 달, 대지, 초목의 (여성) 신이 가진 상징; b. 하늘과 땅의 결혼; c. 달과 관련된다: 일시적인; d. 페로Perrault의 "잠자는 숲속의 공주"에서 그녀가 100년 동안 잠들게 된 것은 물레가락에 찔렸기 때문이었다; 이것은 강력한 마법을 가지고 있어서 훤히 보이는 밖에서 들고 다니는 것은 위험하다(플리니우스Pliny 28, 5); **2.** 바늘; **3.** 직조: 클로토Clotho (운명)의 상징이자 일시적인 삶의 상징; 모이라이Moirai (운명)는 '놋쇠 물레'를 가지고 있다(리코프론Lycophron 584f.); **4.** 실패distaff 참조.

물레방아 water-mill 토머스 S. 엘리엇Thomas S. Eliot: "어둠을 치는 물레방아"("동방박사의 여행": a. 시간; b. 물질적 현상의 세계, 영적 사막의 반대, 비옥함; c. 물+수레바퀴.

물레질, 회전 spinning **1.** 창조 (직조와 같은): 물질적 생명을 창조하는 조화로운 소용돌이: a. 생명을 낳고 기르는 것; 실타래=자손; b. 실 잣는 자는 존재의 실타래를 돌리는 데미우르고스demiurge와 관련된다; c. 에일리티아Eileithya (출산의 여신)는 '능숙한 실 잣는 자'라고 불린다; d. '초목의 물레질spinning of vegetation': 예 룸펠슈틸츠킨Rumpelstiltzkin 참조; e. 15세기와 16세기까지 성모 마리아는 수태 고지 Annunciation가 이루어졌을 때 항상 실을 잣고 있던 것으로 표현되었다; **2.** 운명: 운명의 여신 모이라의 상징; **3.** 딜런 토머스Dylan Thomas: a. 자신의 몸을 회전하는 태아; b.=마법 이야기를 엮음, 음유 시인과 예언자; c. 창조; d.=가공하지 않은 섬유의 실을 짜는 것+만드는 것: 예 짚straw; **4.** '황금실golden threads': 태양광선의 실을 잣는 여신(예 프리그Frigg; 황금gold 참조; **5.** 물레: a. 외음부, 여성성의 상징; b. 옴팔로스 Omphalos: 배꼽navel 참조; 따라서 또한 헤라클레스 Heracles의 상징이기도 하다; c. 회전하거나 소용돌이치는 하늘.

물망초 forget-me-not (식물) **1.** 순진한 순수함; **2.** 기념하는 것, 기억; **3.** 진정한 사랑; **4.** 불변함; **5.** 2월 29일(윤년)에 친구들 간에 교환하고 또한 여행을 시작하는 사람들이 서로 교환했다.

물병자리 Aquarius **A.** 일반적으로 다음을 의미한다: a. 열한 번째 별자리. 1월 20일에 시작된다; b. 물병자리 기간에 대한 자세한 설명은 단테Dante의 신곡 지옥편Inf. (24)에서 찾을 수 있다; c. 고대에는 동지winter-solstice의 위치였다; 이것의 회화적 상징은 연금술에서 두 개의 물결 모양 선=용해dissolution이다; d. 이것의 중심 상징은 다음과 같다: 두 개의 물결 모양의 선(연금술의 용해dissolution); e. 루벤은 물병자리에 태어났다(창세기Gen. 49, 4): '드'엘리d'eli(히브리어)'=양동이(민수기Num. 24, 7 참조); 흐르는 물=정액; f. 하피 신(=나일강)과 풍요에 반드시 필요한 그의 홍수; g. 요한의 세례 및 유다의 침례교도와 다대오의 아들 유다와 관련된다; **B.** 기간. a. 형식적인 우주의 끝으로서의 홍수; b. 이중성: 능동-수동 등; **C.** 다음에 상응한다: a. 몸: 다리 그리고 피의 순환(그리고 생각의 순환); b. 행성: 토성(때로는 천왕성, 때로는 그에 따라 나눠는 특성); c. 풍경: 동굴 및 하수구; d. 동물: 비를 가져오는 거위(페트로니우스Petronius); c. 타로카드: 힘 카드; d. 점성술: 추위, 어둠, 홍수, 비, 폭풍; e. 특성: 일주 기호, 본질적으로 고정되고, 공기가 잘 통하고, 뜨겁고, 축축하고, 낙천적. 운이 좋은; **D.** 심리: 이 별자리를 가진 사람의 성격: a. 숙고하는; b. 민주적; c. 비록 전통적이지는 않지만 사람을 존중한다(그러나 이 사람은 재치 없고 완고하고 광신적이고 비효율적일 수 있다); d. 인기는 있지만 고독하며 종종 비정상적이다; e. 좋은 배경을 가졌지만 아직 여성스러워 보이는 경향이 있다; f. 자랑스러운, 야심찬; **E.** 이 별자리에 태어난 유명인: 갈릴레오, 프랜시스 베이컨, 찰스 다윈, 에이브라함 링컨, 프랭클린 D. 루즈벨트.

물보라 spindrift 딜런 토머스Dylan Thomas: a. "물보라의 첨탑steeples of spindrift": (시와 아이를 낳는 것의) 고조되는 순간의 황홀감; b. 존 키츠John Keats는 물에서 글을 썼고, 딜런 토머스Dylan Thomas는 심지어 더욱 덧없는 물보라에서 글을 썼다(역주: 딜런 토머스 시의 덧없는 성격을 강조함); c. "노래하는 조수singing tides" 참조.

물수리 osprey (새) **1.** 물수리는 물고기를 현혹시켜 흰 배를 드러내어 눈에 띄도록 함으로써 날아가면서 물고기를 발톱으로 쉽게 잡을 수 있다; 물수리 어미는 어린 새끼로 하여금 태양을 응시하게 하며 태양빛을 견디지 못하는 새끼는 모두 죽여버린다(플리니우스Pliny 10, 3 및 30, 20); **2.** 주권: "자연의 주권에 의해 물수리가 물고기를 잡는 것처럼 "나는 그가 로마에 있어야 한다고 생각한다"(코리올라누스Cor. 4, 7); 때로 매사냥꾼들이 물고기를 잡도록 물수리를 훈련시켰다; **3.** 신화: 니소스는 적군인 미노스를 사랑한 자신의 딸에게 머리카락이 잘려서 죽었고 그 딸은 물수리로 변했다(나소 P. 오비디우스Naso P. Ovid, 변신이야기Metam. 8, 146; 머리카락hair과 탑tower 참조); **4.** 윌리엄 B. 예이츠William B. Yeats: a. 회색의 방황하는 물수리: 슬픔("오이신의 방랑Wanderings of Oisin" 1, 303); b. 슬픔의 원인이 되는 시간과 관련 있다.

물웅덩이, 늪 pool **1.** 지혜, 우주의 지식; **2.** 부패: "고여 있는 물웅덩이 안에 녹색 웅어리"(리어왕Lr. 3, 4; 연못pond 참조); **3.** 심리: 무의식; **4.** 폴 발레리Paul Valéry: 세계("나르키소스Narcissus"); **5.** 연못pond, 물water 참조.

물의 인간 (물귀신) water-people a. 녹색 치아를 제외하고 완전한 인간의 모습이라는 것만 다를 뿐 이들은 남녀 인어와 유사하다; b. 이들은 강과 연못에 살며 인간 여성을 훔치고 그들의 아이들을 죽인다; c. 이들은 '물의 요정(닉시)'이라고도 불린다; d. 물의 남자는 녹색 모자를 쓰고 얼음처럼 차가운 손을 가진 "잘생기고 잘 차려입은 젊은이"처럼 보일 수 있다; e. 이들은 익사한 자들의 영혼을 잡고, 헤엄치는 사람과 어부를 공격한다(그림형제Grimm, 독일의 전설DS 49-64: 이들의 범죄와 행동에 대한 많은 예가 있음).

물의 정령 kelpie **1.** 스코틀랜드: 해마. 보통 해안가에서 아름다운 마구를 한 말로 나타난다; 소녀(때로는 소년)가 자기를 쓰다듬도록 물의 정령이 유혹하면 소녀는 벗어날 수 없으며 물의 정령은 그녀를 물가로 데려간다; **2.** 물의 정령은 때로 잘생긴 청년으로 나타나는데 물 관련 상징(예 머리카락에 해초가 붙어 있거나 옷에서 물이 떨어지는 것)으로만 그를 알아볼 수 있다; **3.** 물의 정령을 보는 것은 죽음을 의미한다; **4.** 때로 물의 정령은 밤에 방앗간 주인이 방아를 돌리는 것을 돕는다.

물의 정령, 운디네 undine **1.** 일반적으로 다음을 의미한다: 물의 요정 또는 도깨비; '오디네ondine'라고도 한다; 라틴어로는 '운다unda'이며 '파도'를 의미한다; **2.** 장미십자회원(연금술사)에 따르면, 물의 정령은 자신에게 충실할 남자와 결혼함으로써 영혼을 얻을 수 있다고 믿었는데 이것은 영원히 사는 물의 정령은 거의 없다는 사실을 설명해 준다(찰스 고드프리 릴랜드Charles Godfrey Leland 146, 라 모테 푸케La Motte Fouque의 "운디네Undine" 부분에서 인용함).

물주전자 water-jug **1.** 고해성사에서 종종 막대기를 들고 참회하는 특성: 영혼의 정화; **2.** 흐르는 물과 함께 바다의 상징; 물뿌리개water-pot의 물도 참조.

물파리 water-fly **1.** 특히 여성 동성애자의 윙윙거리고 바쁘고 무익한 일: 예 "햄릿Ham."(5, 2)의 오스릭; **2.** 테르시테스를 동성애자일 것이라고 의심하던 파트로클로스 동성애는 매우 작고 미미한 생물 중 하나인 "자연의 작은 동물"(트로일로스와 크레시다Troil. 5, 1)과 같은 것이라고 말했다; **3.** 잠자리dragonfly 참조.

뮤즈 Muses **1.** 본래 위대한 여신의 주술적 측면(위대한 여신Great Goddess, 뱀serpent 등 참조); **2.** 이후에 세 명으로의 첫 분할이 이루어졌다. 주술을 주관하는(축복하거나 저주하는) 명상, 기억 및 노래의 뮤즈; 뮤즈는 땅의 자손이요, 하늘의 은총이다(목가시인 베스티누스Bucolic Vestinus); **3.** 마침내 아홉 명의 뮤즈가 생겨났고(다중성multiplicity 참조), 쇠약해진 아폴로가 그들을 감독했다; 대부분의 저술가들은 그들이 제우스와 므네모시네의 딸이라는 것에 동의한다. 테오크리토스("티르시스")는 뮤즈(그리고 참나무)를 양치기들의 노래와 연결시켰으며 판Pan(그리고 소나무)을 염소 목동과 연관 지었다; **4.** 웨일즈: 성모 마리아가 영감(靈感)의 가마솥이며 성령의 용기(容器)라는 점에 주목하였다; **5.** 아일랜드: 성모 마리아는 켈트족의 여신 성 브리지트와 동일시되었다; **6.** 스코틀랜드: 금빛 머리카락의 신부, 흰 언덕의 신부(백조 상징)와 마리아; **7.** 중세시대: 또한 마리안(아마도 이집트에서 온 어둠의 마리아와 관련 있을 것이다), '인어' '명랑한 처녀'; **8.** 존 밀턴John Milton: "실낙원Par. L."의 서두에서 그는 삼위일체Trinity를 그의 뮤즈라고 부른다.

므낫세 Manasseh **1.** 이름: '망각' 또는 '건망증 유발': "하나님께서… 나의 모든 수고와 나의 아버지의 모든 집의 일을 잊게 했다"(창세기Gen. 41, 51); 장자권이 작은 아들에게 대체되어 장남이 축복을 적게 받는 다른 예들이 있다(예 창세기 48); **2.** 보석: 자수정(술 취함, 즉 '건망증'을 막는 그리스의 포도주 돌) 또는 마노(보석gem 참조); **3.** 별자리; 천칭자리Libra; **4.** 식물: 포도나무; **5.** 색상: 빨간색, 흰색과 검정색; **6.** 동물: 유니콘.

미(美)와 우아(優雅)의 여신들 The Graces **1.** 원래 이들은 (세 개로 나누어진 것 중) 첫 번째 풍요의 위대한 여신을 의미한다: 풍요의 '기쁨'의 모습으로서 세 명의 운명의 여신들과 동일하며 헤르메스/메르쿠리우스가 봄에 '밖으로' 이끌어 낸다; 이들은 카리스이기 때문에 나누어질 수 없는 형상이다; **2.** 고대 그리스 시대의 이 세 여신은 아글라이아('밝음'), 에우프로시네('기쁨')와 탈리아('꽃')였다; **3.** 고대에는 파우사니아스 시대(9, 35)까지 이들이 몇 명인지에 대한 의견이 분분했다: 스파르타에는 두 명(클레타Kleta='부름 받고 환영받는 자' 및 파에나Phaenna='빛나는 자')이 있었다; 헤르메시아낙스는 단 한 명이 있다고 했다: 페이토('설득Persuasion'); 파우사니아스는 원래 이들은 옷으로 표현된다고 생각했다; **4.** 이들은 '포도주 재배자'라고 불리는 아니우스의 딸들의 형태로 반복되었다: 엘라이스(올리브), 스페르모(옥수수 종자), 오이노(포도주)는 디오니소스가 농산물 재배를 위해 특별히 재능을 부여한 여성들이었다(나소 P. 오비디우스Naso P. Ovid, 변신이야기Metam. 13, 632ff.; 아폴로도로스Apollodorus, 요약집Epit. 3, 10).

미, 아름다움 beauty **1.** 고결함: "건강과 부는 미를 창조한다"(속담); **2.** 자선, 미덕, 불멸: "아름다움이란 영원한 즐거움" 등(존 키츠John Keats, "엔디미온Endymion"); **3.** 물과 관련된다: 아프로디테 그리고 근동지역에서 그녀와 동일한 여신도 바다의 여신이며 물에서 태어났다; **4.** 힘: "아름다움은 황소보다 더 힘이 세다"(속담); '(역주: 클레오파트라) 죽은 몸으로도 남자를 유혹할 만큼의 아름다움(그녀를 아름답게 만든 신의 작업)' 참조; **5.** 일시성(1번과 반대): "아름다움은 한철 피는 꽃과 같다"(속담).

미꾸라지 loach (물고기) (플리니우스Pliny) 벼룩과 이를 번식시키는 물고기이다(헨리 4세 1부1H4 2, 1 참조).

미끄러짐 skidding 심리: 자아(=합리성)와 초자아(=윤리적이고 표준화된 도덕성)가 더 이상 원초아(=무의식)를 통제할 수 없을 때 사람은 '밑바닥Skid Row'에 발을 디디게 된다=알코올 중독자가 된다.

미끄러짐, 슬라이딩 sliding 슬라이딩은 자위행위의 대표적인 상징적 표현이다(또한 미끄러짐gliding 참조: 지그문트 프로이트Sigmmund Freud, 정신분석학입문강의ILP 10).

미끼 bait **1.** "무서운 갈고리로부터 사랑의 달콤한 미끼를 훔친다"(로미오와 줄리엣Rom. 1, 5 및 서문부터 2막까지); **2.** 사랑하는 사람의 몸: 너의 몸은 미끼다. 물고기는 그 미끼에 걸리지 않아 잡을 수 없지만 나는 걸렸으니 물고기가 나보다 지혜롭다"(존 던John Donne, "와서 나와 함께 살자Come live with me"; 또한 딜런 토머스Dylan Thomas, "긴 다리 미끼long-legged bait" 참조); **3.** 그리스도의 인간적 본성은 사탄이 낚아채려고 한 미끼였으나 사탄이 그 미끼에 붙잡혀 무력해졌다(예 교황 그레고리 1세의 책Gregory the Great, 윤리론집M 33, 10; 후고 라흐너Hugo Rahner, 교회의 상징SK 294); **4.** 갈고리hook; 바람wind 참조.

미나리아재비 crowfoot (식물) **1.** '미나리아재비속Ranunculus'의 한 종류. 또한 식물 몸체의 어떤 부분이든 까마귀의 발을 닮은 모든 약초나 식물을 가리키기도 한다; **2.** 양sheep은 간에 까마귀 발 무늬가 있기 때문에 미나리아재비crowfoot를 싫어한다(아그립파Agrippa, 오컬트 철학OP 1, 18).

미나리아재비 larkspur (식물) **1.** '참제비고깔'; 프랑스어로 '피에 달루에트pied d'alouette' ('제비 발'), 네덜란드어로 '라이더스포어riderspoor'(='기사의 박차knight's spur'); **2.** 사랑의 언어: 열린 마음(안젤로 드 구베르나티스Angelo de Gubernatis, 식물신화MP 1, 151).

미나리아재비속 ranunculus (식물) **1.** 그리스어 '바트라키온batrachion'과 라틴어 '라눈쿨루ranunculu'에서 파생된 이름: 둘 다 '개구리 풀frog plant'을 의미한다; 미나리아재비속의 가장 흔한 종은 미나리아재비buttercup(애기똥풀celandine과 미나리아재비crowfoot도 참조)이다; **2.** 이 식물은 특정한 점성술적 조건 예를 들어, 황소자리나 전갈자리가 함께 뜰 때 광기를 치료한다(루키우스 아풀레이우스Lucius Apuleius, 허브의 미덕에 관하여De Virt. Herb.; 안젤로 드 구베르나티스Angelo De Gubernatis 식물의 신화MP 2, 38에서 인용함).

미네르바 Minerva (팔라스) 아테나(Pallas) Athena 참조.

미녀와 야수 Beauty and the Beast **1.** 전 세계적인 주제; **2.** 때로 왕자는 동물, 새, 괴물 등과 같이 초자연적인 것에 비유된다; **3.** 변화는 일시적이며 처녀는 그의 신성한 모습을 견딜 수 없을 테니 불멸이어야 할 것이다(=고군분투해야 할 것이다); 백조처녀(참조)와 연관된다; **4.** 찰스 페로Charls Perrault의 동화에서 털이 많은 매우 못생긴 리키가 아름답지만 멍청한 여자에게 지혜를 줄 수 있었고 그 대가로 그녀가 그와 결혼함에 따라 자신이 원하던 미인을 얻게 된다는 이야기는 이러한 주제와 연관된다; **5.** "징그러운 벌레 이야기The Laily Worm"(프랜시스 차일드Francis Child 36)과 같은 많은 민요; 반전 형태의 '오르페오왕에 관한 민요'(프랜시스 차일드 31)에서 헬리는 괴물의 모든 끔직한 소원을 들어 주며 괴물은 아침이 되자 "한 번도 본 적 없는 가장 아름다운 여성"으로 나타난다; 괴물에서 아름다운 여성으로의 변신은 "가윈경의 결혼The Marriage of Sir Gawain"(프랜시스 차일드 32)에도 있다; **6.** 반대로 어려움에 처한 여성이 뱀 또는 용으로 나타나고 아름다운 여성으로 돌아가기 위해 키스를 받아야 하는 게르만 전설에서 종종 발견된다; 현명한 여성들은 물고기 또는 뱀꼬리를 갖고 있다; **7.** 심리: 미녀는 아버지와 정서적 유대감을 쌓은 소녀 또는 여성들이다(아버지는 미녀가 부탁한 장미를 야수의 정원에서 꺾어 준다); 야수는 친절하지만 아버지와의 정서적 유대를 끊으려 한다는 점에서 잔인하며, 미녀는 야수의 선함에 반해서 그를 사랑하게 되고 결국 그를 아름다운 왕자로 변모시킨다; 이것은 꿈처럼 여성으로서의 삶에 입문하는 순간에 일어난다: 영과 본성의 결합이 방해 받을 때는 언제나(동화 내용과 같은) 이런 일이 발생한다(프시케와 에로스/아모르의 이야기 참조); **8.** 또한 야수결혼beast-marriage 참조.

미노타우러 괴물 Minotaur **1.** 일반적인 상징성에 대해서는 반인반수의 괴물, 부켄타우로스bucentaur 참조; 미로, 괴물, 실(또한 플라톤Plato, 대화편Phaedr. 58A); **2.** 단테Dante: 피에 굶주린 폭력과 잔인성(신곡 지옥편Inf. C. 12).

미다스 Midas 오비디우스 도덕론Ovide M에서 미다스의 이야기는 매우 다양한 방식으로 설명된다: a. 황금으로 변한 것은 기독교 교리의 황금을 입힌 것이다(도덕론 11, 488ff.); b. 그것은 탐욕을 상징하며, 결코 만족할 줄 모르는 것 그리고 이미 많은 것을 가지고 있지만 더 많은 것을 원하는 것을 상징한다: 성직자들이 공통적으로 저지르는 잘못; c. 미다스의 회개는 "마음이 거룩하지 않다면" 황금을 버릴지라도 분별 있는 사람이 되는 것이 얼마나 힘든지 보여 준다(771ff.); 트몰로스의 산은 명상의 상징이고 판신은 거짓 위선을 상징한다; 많은 사람이 거룩한 교회(804)의 명예를 위하여 자신들의 나귀의 귀를 숨기려 헛수고한다.

미라 mummy **1.** 삶: "진실로 삶은 방부 처리된 미라에 불과하며 그것은 인간의 몸을 필멸의 벌레로부터 보존한다"(테오프라스투스Theophrastus; 카를 융Carl Jung, 전집 9b, 213 및 133, 134 참조); **2.** 미라에서 추출한 술은 약용 또는 마술적 목적으로 사용되었다(베니스의 무어인 오셀로Oth. 3, 4: "그것[=비단 손수건]은 갈색 물감으로 염색한 것이다"); **3.** 종종 연인과 이상하게 관련된다: "우리는 고대 사막의 행복한 야자나무 아래서 하나의 미라가 될 수 없다"(스테판 말라르메Séphane Mallarmé, "여름의 슬픔Trisless dété").

미로 labyrinth **1.** 세상: a. 신비의 중심을 찾아야 구원이 가능한 복잡한 현상의 세계로 영혼이 떨어지는 것; b. 오류의 숲Wood of Error과 관련이 있으며 생명의 샘에서 멀리 떨어져 있다; c. 식물의 생명(가지와 뿌리): "훨씬 더 많은 미로 같은 가지와 뿌리가 장미꽃을 피운다"(로버트 브라우닝Robert Browning, "소르델로Sordello" 1); **2.** 지하세계: a. 식물, '양날 도끼'(이중 도끼, 미로라는 단어에 대한 설명 중 하나)와 부활(왕릉으로서 그리고 동굴과 관련된다)의 지하 터널; b. 밤에 태양이 지나가는 길(테세우스); c. 플리니우스Pliny(36, 19)는 미로가 본래 이집트의 태양의 사원이나 왕을 위한 무덤이었다고 생각했다; **3.** 별들의 어지러운 움직임으로 빛나는 하늘: '뾰족하게 높이 솟은 성'(때로 '트로이타운'이라고도 한다); 아리아드네는 왕이 죽음으로부터 탈출하도록 도울 수 있다; 마법 주문을 상쇄하는 것은 부활절 달걀이다; **4.** 신성한 불가사의: '솔로몬의 매듭', 미로의 교차, 즉 미로의 중심은 종종 스와스티카를 형성한다: 회전, 생성 및 합일; **5.** 마음mind: "나는 그를 피하여 미로 같은 내 마음의 길을 따라 내려갔다"(프랜시스 톰슨Francis Thompson, "천국의 사냥개Hound of Heaven"); **6.** 고통(에드윈 A. 로빈슨Edwin A. Robinson의 "언덕의 능선Hillcrest"에서); **7.** 분노: "네 분노의 미로에서 길을 잃은 건가!"(트로일로스와 크레시다Troil. 2, 3); **8.** 음부: 윌리엄 B. 예이츠William B. Yeats: 음부에 들어가기 위한 영웅의 도전: 성교; **9.** 신화: 다이달로스가 건설한, 미노타우로스가 중앙에 있는 미노스의 미로에 대한 설명은 나소 P. 오비디우스Naso P. Ovid 참조(변신이야기Metam. 8, 152); **10.** 중세시대: 프랑스(예 샤르트르 대성당)와 이탈리아의 일부 교회 바닥에서 발견된다; 이에 대한 다양한 설명이 있다: a. 순례 여행; b. 악마를 내부로 유인하여 당황시키기 위한 것이다; c. 그리스도가 예루살렘에서 갈보리까지 가는 험난한 길; d. 참회: 일부 순례자는 무릎을 꿇고 여행을 한다; 샤르트르 대성당은 평균 속도로 무릎을 꿇고 가면 1시간이 걸리기 때문에 1마일이라고 한다; e. 중앙에 미노타우르스(악마)가 있는 미로(죽음), 즉 우리는 테세우스-그리스도를 통해 악마의 얽힘에서 탈출한다; **11.** 심리: a. 무의식; b. 귀신 들린 사람의 생각의 엮인 패턴; 정신적으로 고문의 방; **12.** 미로춤(여자가 미로에서 성적 남자 대상을 찾는 행위에서 비롯된 춤): a. 봄 축제의 타작마당 춤과 자고새 호블 댄스(역주: 다리가 부러져 걷지 못하는 수컷 자고새로 암컷 자고새를 유인해 잡는 것에서 유래한 춤)와 관련이 있다(로버트 그레이브스Robert Graves, 하얀 여신WG 328f 참조); b. 이것은 부활에 의한 죽음의 정복을 나타낸다; 그렇다면 미로는 초승달을 중심에 둔 우주를 나타낸다: 지상 세계는 지하 세계를 반영한다; **13.** 미로는 도시의 상징성 측면에서 다음을 공유한다: 얽힘entanglement; 절뚝거림hobbling; 매듭knot; 네트net 등.

미로 maze 미로labyrinth 참조.

미망인, 과부 widow **1.** 그리스: 페르세우스의 딸 고르고폰이 첫 번째 남편의 죽음 이후 재혼하기 전까지 여성들은 그들의 남편이 죽으면 자살했다(로버트 그레이브스Robert Graves, 그리스 신화GM 1, 245F; 파우사니아스Pausan 2, 21, 7); **2.** 기독교: a. 열왕기상서 1Kings(17, 10)의 미망인과 타마르(창세기Gen. 38, 11)는 "마음을 타락시키고 해치는 욕정의 미망인"이었다(필로 유다이오스Philo Judaeus, 하나님의 불변성에 대하여Deus. 136f); b. 교회(교황 그레고리 1세Gregory, 에스겔서 강론집Super Eze. Hom. 3; 성 아우구스티누스St. Augustine, 시편Expos. Ps. 131, 25; 카를 융Carl Jung 14, 18에서 인용함; 아래 참조); **3.** 카를 융: a. 카발라: 말쿠트는 이 사악한 세상의 미망인이었다. 그녀에게는 티페레스(아름다움)가 없고 그녀 안에는 예소드(남근)도 없지만 메시아는 그녀를 그것들과 재결합시킬 것이다(같은 책); b. 연금술: '원질료Prima Materia'의 아들은 '돌'이며 그녀는 아들과 결혼한 과부이다(오시리스의 죽음 이후 자신의 연금술적 아들 '가브리티우스'와 결혼한 이시스에 비유된다; 앞의 책).

미모사 mimosa (식물) **1.** 완두콩과 중 하나; 동물의 민감성을 '모방'한다(동물처럼 민감하게 반응한다). 즉, 이 식물은 기계적 자극뿐 아니라 빛과 어둠의 영향을 받아 수면 운동을 하는 '민감한 식물'이다(특히 함수초와 미모사 신경초 종이 그러하다); **2.** 민감함; **3.** 깐깐함; **4.** 예민함: 이 식물은 쓸모가 없다; **5.** 호주(특히 아카시아)와 남아프리카의 상징.

미소짓기 smiling **1.** 사람의 지적인 상태와 기분mood의 반영: 악랄하고 어리석고 병들고 달콤하고 경멸하는 등의 미소가 있을 수 있다; **2.** 호메로스Homer: 아프로디테는 "친절하게 미소 짓거나" 또는 "미소 짓는 것을 좋아한다"(또한 "웃음을 사랑하는": 예 11. 5, 375); **3.** 단테Dante: 미소는 대개 천국과 연결되지만 특히 베아트리체와 연결된다; **4.** 딜런 토머스Dylan Thomas: "둥근 미소": 완전한 사랑.

미역취 golden rod (식물) **1.** '솔리다고Solidago'속(屬)의 식물로 대부분 미국이 원산지이다; 영국의 자생종만이 숲과 덤불에서 자생하며 최고의 정원 식물로 꼽힌다; 화려한 꽃 머리의 긴 꽃송이를 가지고 있다; **2.** 숨겨져 있는 샘물과 금과 은의 보물을 가리킨다; **3.** 별자리: 처녀자리(처녀자리가 나타날 때는 대부분 종의 개화 시기); **4.** 격려; **5.** 예방책.

미카엘 Michael **1.** 불의 천사 또는 태양; 이 이름은 "누가 주님과 같을 수 있겠습니까?"를 의미한다; **2.** 하늘 군대의 지도자; **3.** 사탄의 쌍둥이 형제, 나중에는 그의 적수(드래곤 파이터); **4.** 그는 하나님이 천지를 창조하신 강력한 '말씀'의 비밀을 알고 있다; **5.** 그는 하나님이 인간을 창조하실 수 있도록 땅의 사방과 중심(함께 다섯 번째)에서 먼지(티끌)를 모은다; **6.** 히브리 민족의 수호자; **7.** 심판 날에 그는 나팔을 불 것이다; 그러나 가브리엘Gabriel 참조; **8.** 존 밀턴John Milton: 천국에서 아담과 이브를 쫓아내기 위해 보내심을 받은 천사; **9.** 중세: 헤르메스가 지배하는 영spirit; **10.** 그는 영혼들을 천국으로 인도할 때 한 쌍의 저울을 가지고 다니며 최후의 심판 때에도 가지고 다닐 것이며 악마도 그의 옆에서 자신의 몫을 주장할 것이다; **11.** 다음을 상징한다: 때로 조개껍데기(브리타니의 성 미카엘 산 순례Pilgrimage to Mt. St. Michael in Brittany).

민달팽이, 게으름뱅이 slug **1.** 생명의 기원, 종자; **2.** 조용히 빛을 향해 움직이는 어둠의 성향; **3.** 나무늘보Sloth의 상징; **4.** 달팽이snail 참조.

민들레 dandelion (식물) **1.** 국화과의 '서양민들레

Taraxacum officinale'; 프랑스어 어원 'dent de lion'=사자의 이빨; 끝으로 갈수록 뾰족해지는 뿌리는 라텍스를 함유하고 있고 때로 커피의 저렴한 대체품으로 사용되기도 한다; 잎은 쓴맛이 나지만 샐러드로 먹거나 익혀서 먹기도 한다; 꽃은 노란색; **2.** 쓴맛, 그리스도의 고난; **3.** 슬픔의 상징; **4.** 교태; **5.** 태양: 꽃의 색깔; **6.** 점성술: 사자자리와 목성; **7.** 민속: a. 날씨: 이른 아침에 꽃이 피면 좋은 날씨를 예견한다; b. 사랑 점치기: 민들레 홀씨를 불어서 모두 날아가면 연인이 당신을 열렬히 사랑하고 있는 것이다; 몇 개가 남으면 연인이 당신에게 성실하지 않은 것; 많이 남으면 연인이 당신에게 무관심한 것이다.

민스파이 mince-pie 민속: 크리스마스의 12일 동안 매일 민스파이를 하나씩 먹는 사람은 열두 달 동안 행복하게 지낼 것이다(옛날 달력에서 '별도의' 12일은 종종 또 다른 열두 달을 상징했다).

밀 wheat (식물) **1.** 밀은 모든 농업과 풍요의 상징이다: a. 신성한 왕들Sacred Kings의 계절적 변화 중 하나이다; 사투르누스의 상징이다; b. 대지 여신의 상징이다; c. 서양의 삶의 지팡이; **2.** 풍성함, 수확, 죽음; **3.** 로고스의 상징인 창조신의 정력적인 힘; **4.** 계절: 여름 혹은 가을; **5.** 구약성서: 밀 수확기간에는 비가 오거나 천둥이 치지 않았고 어떤 징후도 없었다(사무엘상서1Sam. 12, 17); **6.** 기독교: 포도와 함께 밀은 성체, 그리스도의 성체, 육신을 상징한다; **7.** 곡물; 색종이 조각confetti; 귀ear; 짚straw 등 참조.

밀가루 flour **1.** 어떤 것의 가장 좋은 추출물; '겨bran'의 반대(㊞ 코리올라누스Cor. 1, 1); **2.** 민속: 밀가루를 엎지르면 술주정뱅이와 결혼할 수 있다; **3.** 빵, 곡식 등과 동일한 상징성을 갖고 있다.

밀랍, 왁스 wax **1.** 두려움: "내 마음은 밀랍 같아서 내 창자에서 녹았나이다"(시편Ps. 22, 14); **2.** 소실: "불 앞에서 밀랍이 녹는 것같이 악인은 하나님 앞에서 멸망할지어다"(시편 68, 2); **3.** 비밀: 편지 봉인과 관련됨; **4.** 고도: 이카루스와 관련이 있고 그를 통해 페가수스와 관련됨; **5.** 뜨거운 사랑: "불타는 젊음에게 덕은 밀랍과 같게 하고 그것을 자신의 불에 녹이라 하라"(덴마크의 왕자 햄릿Ham. 3, 4; 더 많은 연관성은 벌bee 참조); **6.** 모형: "형상의 틀"('밀랍인간': 로미오와 줄리엣Rom. 1, 3); **7.** 기독교: 수지의 반대인 꿀벌의 밀랍: 그리스도의 살; **8.** 딜런 토머스Dylan Thomas: 죽음: 장의사들이 왁스(그리고 양초)로 혈관을 채우고 있다; **9.** 속담: a. "밀랍처럼 가까이 잘 붙는다"; b. "밀랍머리를 가진 자는 태양 아래서 걷지 말아야 한다"; c. "밀랍을 녹이는 열은 점토를 단단하게 할 것이다"; **10.** 왁스 인형: 동상image 참조; 여새류(새)가 영국에 날아오는 경우는 드물기 때문에 예년에 비해 비정상적으로 많은 수의 여새류가 날아오는 것은 전쟁, 역병 또는 매우 추운 날씨의 징조이다.

밀짚꽃 gold-flower (식물) 깔깔이국화helichrysum 참조.

ㅂ

바구니 basket　**1.** 일반적인 수태력: a. "너의 바구니와 네가 품고 있는 것에 축복이 내릴 것이다"(신명기Deut. 28, 5); b. 빵 한 덩이의 기적적인 증식; **2.** 여성: 수태의 상징, 어머니의 몸, 음문; **3.** 남성: 바구니를 타고 오는 또는 바구니를 타고 도착하는 새로운 태양왕. 이러한 바구니는 종종 수확하는 데 사용되는 바구니(고리버들과 골풀로 만들었다; 로버트 그레이브스Robert Graves, 하얀 여신WG 318; 또한 키질winnowing 참조)와 같은 것이었다; 새해의 아이와 그의 어머니가 바다에서 타고 오는 방주([신성한] 왕sacred king 참조); 또는 태양의 신이 동정녀 어머니들(새벽, 대지, 또는 달의 여신)에게 타고 가는 작은 코러클 배; b. 죽음이나 학살로부터의 탈출; 그리고 사도 바울이 "벽 옆으로 바구니에 숨어서" 학대로부터 탈출했다(사도행전Acts 9, 25); **4.** 계절의 상징: a. 바구니의 내용물은 계절을 가리킨다; b. 꽃과 과일: 출산, 선물, 기회, 보상; c. 호세아Hos.의 예언에서 여름과일 바구니(호세아서Hos. 8, 1-3)는 이스라엘의 몰락을 예시하는 것이었다; **5.** 철 바구니: 최초의 그리스도교인들이 아이슬란드에 타고 온 배(냘의 사가Njal's Saga, 104).

바꿔친 아이 (특히 동화에서 다른 아이와) changeling　민속: 이례적으로 못생기거나 어리석거나 이상하게 심술궂은 성격의 아이는 바꿔친 아이로 의심될 수 있다: 요정이나 마녀(예쁜 아이를 갖기 위해 무슨 짓이든 할 존재)는 예쁜 인간 아기들을 훔치고 자신의 아기를 대신 놓아 둔다.

바나나 banana　지혜: 인도의 현자는 이것을 먹고 산다(플리니우스Pliny).

바늘 needle　**1.** 오벨리스크, 기둥, 창, 핀, 못 등과 유사한 상징성을 갖고 있는 남근; **2.** 여성성: a. 결혼의 상징: "바늘과 핀, 바늘과 핀, 남자가 결혼하면 문제가 시작된다"(속담); b. 클레오파트라는 남근을 담는 용기라는 상징성을 제외하고는 그 유명한 바늘과는 아무런 관련이 없다(역주: 영국에 있는 스핑크스와 오벨리스크를 클레오파트라의 바늘이라고 부른다); **3.** 북쪽(나침반의 바늘처럼): 예 "가끔 정도를 이탈한 나의 바늘이 기울어지지만 그럼에도 불구하고 너무나 강한 동정심이 그것을 돌려서 다시 당신을 향하게 한다"(존 노리스John Norris, "포부The Aspiration"); **4.** 심리: 꿈: 예 곤충(리비도의 다른 형태)이 핀에 꽂혀 고정(억압)된다; **5.** 바늘귀: a. 낙타가 통과하는 바늘에 대해서는 낙타camel 참조; b. 단테Dante: "그는 이렇게 물음으로써 내 욕망의 바늘귀에 실을 꿰었다"(신곡 연옥편Purg. 21, 36f.); c. 윌리엄 B. 예이츠William B. Yeats는 바늘을 환생과 연관지었다("베로니카의 냅킨Veronica's Napkin" "위로받은 쿠훌린Cuchulain Comforted" 참조); **6.** 민속: 바늘에 찔리는 것은 일종의 경고이다: 타퀴니어스는 루크리스의 방에 들어가기 전 장갑을 발견하고 집어 드는 바람에 그 안에 있던 바늘에 찔렸다. 그것은 그에게 돌아가라는 경고였다(루크리스의 능욕Lucr. 316ff.); **7.** 재단사tailor 참조.

바다 sea　**1.** 일반적으로 다음을 의미한다: a. 바다는 그리스어로 '탈라싸thalassa'와 '오케아노스Okeanos'에 해당하며 두 단어는 혼용 가능했다. 바다에 해당하는 상징성이 일반적으로 여기에도 적용되며 주요 차이점은 오케아노스는 지구 전체를 에워싸는 바다를 뜻한다는 것이다(역주: 오케아노스는 대양, 탈라싸는 지중해); b. 구약성서에서 바다는 여호와(예 예레미야)에 의해 항상 '결박되어' 있는 것으로 언급된다; c. 천년왕국 이후에는 이 세상에 바다가 없을 것이다: "또 내가 새 하늘과 새 땅을 보니 처음 하늘과 처음 땅이 없어졌고 바다도 다시 있지 않더라"(요한계시록Rev. 21, 1). 여호와의 (혼돈의) 적들이 솟아오른 곳이라고 설명되었다; **2. 위대한 여신**(땅의 여신과 하늘의 여신 이외에 바다와 관련된 달의 여신)의 상징 중 하나: 예 A. 이집트: 태양 호루스의 어머니이자 비옥한 나일강 홍수의 신 오시리스와 결혼한 달의 여신 이시스는 '물의 여인'이자 '바다의 별'이다; B. 아시리아와 바빌로니아: 이슈타르Ishtar(히브리의 에스더Esther)도 금성의 여신이며 '닌 엘라Nin Ella' 즉 '위대한 물의 여성'이다; C. 그리스: a. 바다의 거품(또는 우라노스의 거세된 부분이 바다로 떨어져 생긴 물방울)에서 태어난 아프로디테는 '아나디오메네Anadyomene'(=물에서 떠오른 여성), '항해의 여인'(비둘기와 함께 육지의 방향을 알려 주는)이다. 비너스의 속성 중 하나는 네메시스이며, 때로는 오케아노스의 딸이며, 지속적인 계절의 변화를 겪는 '신성한 복수Divine Vengeance'(=매년 죽음의 드라마를 행하는)의 사과 여신apple-goddess이다; b. (펠라스기 족) 오케아노스의 아내이자 우라노스의 딸인 바다의 여신 테티스('수분' '자양분'의 공급자')는 바다의 신 네레우스와 도리스의 딸(여사제) 50명 중 최고인 은발silver footed의 님프 테티스Thetis와 동일시된다. 그녀는 태양(아킬레스)의 어머니이며 끊임없이 변화한다; D. 기독교: 라틴어의 '스텔라 마리스Stella Maris' 또는 '바다의 별Star of the Sea'을 의미하는 성모 마리아; **3. 원시창조**, 혼돈의 물의 잔재: a. 모든 것이 흘러가고 모든 것이 되돌아오는 신비한 무한함; b. 연금술: 제1질료의 이름 중 하나; **4. 깊이를 헤아릴 수 없는 진리**와 지혜: 어부는 이제 결코 완전히 이해할 수 없는 지식과 지혜를 찾는 자가 된다; **5.** 인간의 성적 욕망의 감정과 관련된 '심해의 괴물'을 품고 있고 (영적) 실험과 모험(4번과 관련된다)에 대한 일반적인 갈망과 관련된 **집단 무의식**: a. 여성의 월경처럼 바다의 범람은 달에 의해 조절된다; b. 파도는 성적 오르가슴(파도에 휩쓸려가거나 들이치는 느낌)과 연관이 있는 것으로 생각되었다; c. 양수(예 지그문트 프로이트Sigmmund Freud); d. 앵글로색슨족의 "뱃사람The Sea-farer": "바다에 나가는 사람은 항상 그리움을 느낀다"; **6. 양심**: "양심의 거친 바다"(헨리 8세의 생애에 관한 유명한 역사H8 2, 4); **7.** 엄청난 양의 가라앉은 **보물**(특히 아프로디테와 관련된 진주)과 인간의 생명: A. 보물: a. "… 가라앉은 난파선과 무궁무진한 보물이 있는 바다의 뻘과 바닥 같은 …부요함"(헨리 5세의 생애H5 1. 2. "바다에 있는 모든 귀한 것을 위하여…하지 않을 것이다": 베니스의 무어인 오셀로Oth. 1, 2도 참조); b. 클러랜스Clarence(리처드 3세의 비극R3 1, 4에서)는 익사하는 꿈을 꾸었고 다음과 같은 것을 보았다: "금덩어리, 거대한 금괴, 진주 더미, 더없이 귀중한 보석들, 가격을 매길 수 없는 보석들이 바다의 바닥에 흩어져 있었다. 그중 일부는 죽은 사람의 두개골 사이에도 있었고… 여기저기 흩어져 있는 죽은 뼈들을 조롱했다"; B. 죽음: a. 죽음의 섬이 있는 곳: 예 아빌리온의 섬 계곡에는 "무성한 초원이 있고 과수 정원이 있다, 꼭대기에는 여름바다가 내려다보이는 아늑하고 그늘진 공간이 있다"(앨프레드 테니슨Alfred Tennyson, "아서왕의 죽음The Passing of Arthur" 429f.); 섬island 참조; b. "바다와 교수대는 누구나 다 받아들인다"(속담); **8. 시간**: 흐름, 시간, 죽음, 그리고 우리의 물고기 영혼이 헤엄치는 시간(예 버지니아 울프Virginia Woolf, 헨리 베르그송Henri Bergson, 지그문트 프로이트Sigmmund Freud); 또한 정복되거나 견뎌내야 할 우리의 비관적 이고 낯선 세계(조셉 콘래드Joseph Conrad); **9. 영원**: a. "… 내가 바다로 나갈 때 모래 둔덕이 울지 않길 빌며"(엘프레드 테니슨Alfred Tennyson); b. 우리 앞에(또한 우리 뒤에) 있는 바다: "우리의 영혼은 우리를 여기까지 데려온 불멸의 바다를 본다"(윌리엄 워즈워스William Wordsworth, 어린 시절을 회상하며 얻은 불멸에 대한 깨달음에 대한 송가Ode on Int. of Imm.); **10. 비옥하지만 열매를 맺지 않는다**: a. 물처럼 풍요를 나타낸다; 그리고 "바다에는 모든 사람을 위한 물고기가 있다"(속담); b. '아루게토스atrugetos(역주: 황량한desolate의 의미)'(헤시오도스Hesiodus, 신통기Theog. 728)=불모이며 수확할 수 없다; **11. 행위**의 장소: 관능과 순수한 행위는 사막 즉 순수한 지성의 대극이다(예 위스턴 H. 오든Wystan H. Auden); **12.** 길들일 수 없는 **야생성**, 자유: a. "두 목소리가 있습니다. 하나는 바다의 목소리, 하나는 산의 목소리입니다. 각각 강력한 목소리라 당신은 내내 기뻐하셨습니다. 이것들은 당신이 선택한 음악이요, 자유입니다!"(윌리엄 워즈워스, 소네트Sonn. "영국인의 생각Thought of a Briton"); b. 종종 반항의 상징; **13. 외로움**: "넓은 바다 위에 홀로Alone on a wide wide sea"(새뮤얼 T. 콜리지Samuel T. Coleridge, "늙은 선원의 노래Rime of the Ancient Mariner" 파트 4); **14. 정화**: "바다는 모든 사람의 악을 씻어 낸다."(에우리피데스Euripides, "타우리스의 이피게네이아Iphigenea in Tauris"); **15. 불순물**: 일반적으로 중세시대에서 다음의 의미로 사용되었다: "쓴 맛의 바다Mare ab amaro": 바다의 미네랄에서 나오는 소금은 본래 쓴맛이지만 그 쓴맛은 불완전한 육체의 불순물 때문이기도 하다; **16. 추가적으로 다음과 관련이 있다**: a. 귀먹음과 관련된다: 속담(존왕의 삶과 죽음K. John 2, 1; 리처드 2세의 비극R2 1, 1 등에서 인용됨); b. 눈: "네 눈은 바다라고나 할까… 밀물과 썰물처럼 눈물로 가득 찼다 말랐다 하는구나."(로미오와 줄리엣Rom. 3, 5); c. 색상(선명한 파란색 외에): i. 포도주색 또는 자줏빛(예 호메로스Homer); ii. 녹색: 예 셰익스피어; iii. 은색: 일반적으로 달과의 또 다른 연결을 의미한다; **17. 특별히 참고할 문학서**: A. 윌리엄 B. 예이츠William B. Yeats: "끝없이 표류하는 삶의 고통"; B. 제임스 조이스James Joice: a. 탈출을 제안한다(아일랜드 포로로부터); b. 죽음에 대한 위협; C. 페데리코 G. 로르카Federico G. Lorca: a. 바다와 강은 각각의 방식으로 로르카 문학 속의 연인을 압도한다. 바다에는 오렌지색(=사랑의 색, 역주: 사랑의 부드러움과 달콤함이 없다)이 없다; 바다=파란색=남성; b. 바다와 말horse: 바다의 에로틱한 좌절(=녹색=쓰라림); D. 토머스 S. 엘리엇Thomas S. Eliot: a. 인간관계의 복잡성을 초월한 삶: 정신의 해방; b. 물: 풍요를 의미한다; c. ["드라이 샐베이지즈Dry Salvages"(엘리엇의 시)]; 개인의 삶 너머의 역사와 삶; E. 딜런 토머스Dylan Thomas: a. "메마른 해저의 열림(출산)" 즉 출산 후의 자궁; b. 달과 태양의 사슬 속에서 무지한 채로 노래하는 것("들판에서의 잠"); c. 진화, 생명의 근원과 생명의 끝, 시계바늘처럼 도는 생명의 항해(=지루한 삶); **18. 다른 것과의 조합**: a. 바다의 신부Bride of the Sea: 베니스: 1777년에 총독은 자신의 도시와 바다의 결혼을 상징하기 위해 바다에 반지를 던졌다; b. 염소별자리sea-goat: 염소자리Carpricon 참조; c. 해양 무척추 동물sea-invertebrates: (해파리medusa, 대양해파리, 해파리jellyfish 등) 암컷(어미)의 상징(뼈bones; 딜런 토머스 참조); d. 바다괴물: 바다괴물에 삼켜진 태양왕 또는 영웅이 3일 동안 바다괴물의 뱃속에 있다가 밖으로 나와 싸운다: 마르둑, 요나, 헤라클레스 등: 저승으로 가는 항해; 태양을 삼키는 뱀 아팝Apap; 야간횡단night-crossing 참조; 또한 신성한 왕sacred King도 참조; e. 유리바다: 보좌 앞에 수정과 같은 유리바다가 있고 짐승과 싸워서 이긴 사람들이 서 있는 곳(요한계시록Rev. 4, 6 및 15, 2); f. 놋(청동)바다: 첫 번째 성전에서 (태양의) 열두 마리 청동 황소가 운반하는 거대한 그릇(황소ox 참조).

바다거북 turtle **1.** 양성성: 남근 모양의 머리와 여성적인 둥근 등껍질이 결합되어 있으며 메르쿠리우스의 상징이다(자웅동체); **2.** 하늘과 땅의 결혼: 밑면이 평평하고 그 위에 둥근 돔이 있다; 다양한 신화에서 거북이는 세계를 지탱하는 것으로 묘사된다; 테세우스(아폴로도로스Apollodorus, 요약집Epit. 1, 2; 파우사니아스Pausanias, 1, 44 등)와 관련된 거대하고 집어삼키는 거북이의 흔적이 발견된다; **3.** 매끄러움: 여성의 생식기관과 유사하다; 님프 첼로네는 제우스와 헤라의 결혼을 조롱했고 그 벌로 물에 던져져 거북이로 변했다; **4.** 느림: a. 물질적 진화, 영의 빠른 변화와 반대; b. 정체 또는 퇴보, '뒤집힌' 날개를 갖고 있으며 혼돈의 물속에서 움직인다; **5.** 장수; **6.** 침묵, 물; **7.** 안전: 자신의 집과 갑옷을 나른다; **8.** 거북이tortoise 참조.

바다등대풀 sea-spurge (식물) **1.** 그리스어로는 '히포파이스hippophaes'라고 한다: 말의 건강에 매우 좋기 때문이다. 수종병dropsy도 치료한다(플리니우스Pliny 22, 14); **2.** 연주창에 피부 연화제로 사용하기도 한다(코르넬리우스 켈수스Cornelius Celsus 5, 18, 14); **3.** 등대풀spurge 참조.

바다매미 sea-cicada 제우스의 아들인 페르세우스의 총아로 숭배하며 잡아먹지 않는다(클라우디우스아엘리아누스Claudius Aelianus, 동물의 본성에 대하여NA 13, 26).

바다오리 puffin (새) **1.** "바다오리는 반은 물고기이고 반은 인간의 살로 되어있다(존은 무관심하고 둘 사이에서 표리부동한 사람이다)"(토머스 내쉬Thomas Nashe, "사순절 물건Lenten Stuff"; 벤 존슨Ben Jonson, 연금술사Alch. 3, 5, 55n. 참조); **2.** "바다오리와 쇠오리, 그들이 버릴 돈"(이것은 장례식 후 남은 돈을 가난한 사람들에게 나누어 주는 것을 의미한다: 존 스켈턴 John Skelton, 필립 참새Ph. Sp. 454).

바다제비, 슴새 petrel (새) **1.** 섬새와 알바트로스를 포함한 여러 종류의 새과로 이루어진 무리; 잘 알려진 윌슨의 바다제비는 선원들의 '작은 바다제비'이다; 이 작은 바다새는 폭풍 속에서 물 위로 아주 낮게 날아다니는데 그 모습이 마치 수면 위를 걷는 사도 베드로 같았다(바다제비petrel는 '작은 베드로'라는 뜻이다); **2.** 토머스 S. 엘리엇Thomas. S. Eliot: 인간은 나이가 들어감에 따라 인생의 수레바퀴가 충분히 순환할 수 있도록 파도와 바람, "바다제비와 돌고래의 대양"을 포함하여 자연과의 더 많은 교감을 위해 노력해야 한다("이스트 코커East Coker" 5).

바다표범 seal (동물) **1.** 신화: **A.** 그리스: a. 님프 프사마테Psamathe는 아이아코스Aeacus의 애정 어린 관심을 피하려고 바다표범으로 변했다. 그녀는 포코스Phocus('물개seal')를 낳았고 따라서 포키스Phocis 지역 사람들의 어머니가 되었다; b. 프로테우스에게는 바다표범 떼가 있었다. 메넬라오스는 프로테우스를 잡기 위해 바다표범 가죽을 쓰고 바다표범 무리 속에 숨어들었다; c. 바다표범 여신은 테티스(프로테우스로 남신화된)였다; 그(그녀)와 씨름하는 펠레우스 참조; **B.** 켈트족: a. 바다에서는 바다표범처럼 보이지만 육지에서는 인간으로 보이는 타락한 천사들; b. 마법에 걸린 인간; c. 종종 인어(또는 인어의 수호자)로 오인되었다: i. 바다표범은 사람의 모습이 될 수 있지만 가죽이나 모자를 도둑맞은 경우에는 사람의 모습으로만 있어야 한다(백조신부swan-maid 참조); ii. 예언; d. 바다표범과 여자 사이에서 태어난 아이들은 뿔이 난 손바닥, 발바닥 또는 '물갈퀴'가 달린 손으로 알아볼 수 있다. 이는 흔한 민담의 주제이다. 깊은 바다에서 바다표범 아버지(조상)를 다치게 한 어부를 데리러 온 낯선 존재에 관한 이야기: 그 어부의 손길만이 바다표범을 치료할 수 있기 때문이다; 인간 여자와의 사이에서 자식을 낳아 아버지가 된 바다표범에 대해서는 다음 참조: 민요 "설 스케리의 위대한 바다표범 실키The Great Silkie of Sule Skerry"(프랜시스 차일드Francis Child 113); **C.** 게르만: 로키의 변신 중 하나.f 바다표범seal=영혼soul에 대해서는 "락스델라의 사가Laxdaela Saga"(18) 참조; **2.** 과시행위: 서커스적 행위; **3.** 바다신의 군마; **4.** 보호: 아우구스투스 황제는 마법을 공개적으로 반대했지만 번개에 대비한 보호수단으로 바다표범 가죽을 입었다.

바닥, 마루 floor 토머스 S. 엘리엇Thomas S. Eliot: "기억의 바닥floor of memory": 정상적인 상황에서는 사물이 깔끔하게 정리되어 있지만, "달의 주문"("바람이 부는 밤의 랩소디Rhapsody on a Windy Night")에 의해 혼란스러워진다; 아마도 퍼시 셸리Percy Shelley의 시 "구름The Cloud"을 연상시킬 것이다. 달은 "내 양털 같은 바닥 위를 미끄러지듯 빛나며" 또한 달은 그녀의 마법을 발휘한다.

바닷가재 lobster **1.** 단단한 껍데기 안에서 사는 것, 주변 환경에 영향을 받지 않는 것, (또는 다치지 않고) 접촉 없이 사는 삶; **2.** 무정하고 욕심 많은 괴물; **3.** 편협함; **4.** 혼란; **5.** 호색: 포식자이며 최음제의 성질을 가진 (예민한) 바다 동물이다; **6.** 종종 게자리의 게와 동일시된다; **7.** 중세시대: 비일관성의 상징; **8.** 토머스 S. 엘리엇Thomas S. Eliot: ("J. 알프레드 프루프록의 사랑의 노래Prufrock") 탈출: 결정하거나 말할 필요도 없고 접촉할 필요도 없다(존 키츠John Keats, 나이팅게일에게 바치는 노래Nigutingale); 또한 1번 참조.

바람 wind **1. 일반적으로 다음을 의미한다:** a. 활동적이고 격렬한 형태의 공기; 또한 허리케인hurricane; 회오리바람whirlwind 등 참조; b. 창조적인 영혼; 미트라교에서 태양면(최고 신의 상징)은 손과 발을 가지고 있을 뿐 아니라 이른바 관tube(남근)을 가지고 있으며 여기에서 다산의 바람이 분다(그리스어로 '프네우마pneuma', 즉 영spirit, 풍요의 태양 빛, 일차적 요소); 따라서 바람은 다산을 의미한다(그리스 마법 파피루스Pap. Mag. Gr. 4, 547ff.; 융Jung 9a, 50f. 및 15, 100); c. 바람은 또한 위대한 여신과 그녀의 여사제들 그리고 마녀들이 주관하는 땅(지하세계)에서 솟아올라 '점점 약해지기' 때문에 뱀 꼬리로 표현된다; **2.** 욕

망: a. 보레아스는 암말을 수태시켰으며, 또한 뱀의 형태로 에우리노메를 수태시켰다; b. 트로이와 이다산(山)은 일반적으로 '바람이 많이 부는' 것으로 알려져 있으며 이유는 아프로디테가 안키세스 등과 이곳에 누웠기 때문이다(또한 아프로디테에 대한 호메로스풍 찬가Homeric Hymn에서); c. "만나는 모든 것에 입맞춤하는 음란한 바람"(천체Orb. 4, 2); 참조: "어머니를 얼마나 사랑하시는지 하늘의 바람도 그녀 얼굴에 세게 부딪치지 못하게 하노라"(덴마크의 왕자 햄릿Ham. 1. 2); d. 바람+문=세속적 욕망(예 토머스 S. 엘리엇Thomas S. Eliot, "황무지The Waste Land" 2, 118), 웹스터에게서 그것을 빼앗았지만 "저 문에 있는 바람은… 무엇인가"(토머스 맬러리경Sir Thomas Malory, 아서왕의 죽음M.d'A. 7, 34; 또한 10번 참조); **3. 재생**: a. 에스겔이 "마른 뼈들"을 살리기 위해 네 번의 바람을 일으킨다(37장); b. 바람은 또한 영혼들이 나오거나 들어갈 수 있는 곳이다; 죽는 것은 "보이지 않는 바람에 감금되는 것, 그리고 매달린 세상 주위에 끊임없이 가해지는 맹렬함에 날려가는 것" 참조(눈에는 눈, 이에는 이Meas. 3, 1); **4. 자유**: "그는 바람처럼 자유로워야 한다"(코리올라누스Cor. 1, 9; 또한 뜻대로 하세요AYL 2 7; 템페스트Tp. 1, 2 등); **5. 미덕과 악행**은 다양한 종류의 바람과 일치한다[또한 풍배도wind-rose 참조]: 예 a. 시원하고 온화한 은총의 바람(헨리 5세의 생애H5 3, 3); b. "반복되는(=회자되는) 악행은 방황하는 바람과 같으며, 퍼져 나가기 위해(=퍼져 나가면서; 타이어의 왕자 페리클레스Per. 1, 1) 다른 사람들의 눈에 먼지를 날려 보낸다"; c. 배은망덕: "불어라, 불어라, 겨울바람이여, 그대는 남자의 배은망덕처럼 친절하지 않구나"(뜻대로 하세요 2, 7); d. 변하기 쉬움, 변덕, 변덕스러움: 속담에서; **6. 황홀감, 시적 영감, 신탁**(을 유도하는 것): a. 나무(특히 참나무) 잎들을 우수수 떨게 만드는 바람은 일반적으로 신탁으로 간주된다; 아폴로는 판 신으로부터 예언의 기술을 배웠다(아폴로도로스Apollodorus 1, 4, 1); b. 새뮤얼 T. 콜리지Samuel T. Coleridge("늙은 선원의 노래Rime of the Ancient Mariner")에서 바람은 정체되어 있는 잔잔함과 반대된다; 이것은 둔한 관성과 반대되는 창조적 충동, 영감의 황홀감을 상징한다(또한 1번의 c 참조); **7. 생명력**, 영spirit: a. 히브리어 '루하ruah'는 움직이는 공기, 초자연적 존재(특히 최고의 신)의 숨결, 그리고 피와 함께 생명의 정수이다: 이것은 살아 있는 세계와 이러한 초자연적 존재들이 공통적으로 가진 것이다; 따라서 영혼; 회오리바람은 종종 신의 현현을 동반한다(예 시편Ps. 107, 25; 148, 8; 에스겔서Eze. 1, 4; 사도행전Acts 2, 2 등); 또한 숨breath 참조; 바빌로니아: 마르둑은 바람의 도움으로 카오스의 원시적 물을 이겨냈으며, 샤마시(태양)가 보낸 바람은 지하세계의 괴물 훔바바와 싸우는 길가메시를 도와주었다; b. 인간의 삶: "가고 다시 돌아오지 못하는 바람"(시편 78, 39); **8. 시간**: a. "나의 생명은 죽음의 바람을 기다리고 있는 빛입니다"(토머스 S. 엘리엇Thomas S. Eliot, "시므온을 위한 노래Song for Simeon"; 또한 "마리나Marina" 참조); b. "내가 시간을 거스르며 빠르게 움직일 때, 이집트 바람에 수염이 휼날리는 조용한 신사는"(딜런 토머스Dylan Thomas. "등불을 밝히며Should lanterns shine"); **9. 공간**: 풍배도와 연관된다; **10. 아무것도 없음**, 공허: a "자기 집을 해롭게 하는 자의 소득은 바람이라"(잠언Prov. 11, 29); 그리고 "[거짓] 선지자들은 바람이라. 말씀이 그들의 속에 있지 아니한즉"(예레미야서Jer. 5, 13); b. "저게 무슨 소리죠? 문 밑을 지나는 바람이죠"(바람은 아무것도 하지 않으며, 공허를 상징한다: 토머스 S. 엘리엇, "황무지The Waste Land"; 2번 참조); **11. 파괴**, 신의 분노, 위험: a. "네 목자들은 다 바람에 삼켜질 것이요"(예레미야서 22, 22); 이것은 또한 하나님의 형벌(요한계시록Rev. 7장), 그리고 네 명의 기사와 관련된다; b. 단테Dante: '검은 하늘'에서 불어오는 바람(회오리바람)에 끊임없이 쫓기는 것은 지옥(칸토C. 5)의 두 번째 단계에 있는 '육욕의 죄인들'(이승에서 금지된 사랑을 한 연인들)의 운명이다: 실제 지옥의 가장 가벼운 형벌; **12. 속도**; **13.** 바람의 방향은 **광기**의 정도에 영향을 끼친다(광기는 위대한 여신을 통한 '미친 짓'과 연관된다): "나는 북서풍이 불 때 미친다"(덴마크의 왕자 햄릿Ham. 2, 2); **14.** (거짓) **교리**: "온갖 교훈의 풍조에 밀려 요동하지 않게 하려 함이라"(에베소서Eph. 4, 14); **15. 항해와 관련된다**: 예 선원들이 흰 양을 제물로 바치자(바람을 잔잔하게 하기 위해) 카스토르와 폴리데우케스가 그들을 구하러 왔고 참새들이 따라왔다; **16. 소문을 퍼뜨린다**: 바람은 소문을 전하는 역마이다(헨리

4세 2부2H4 서문 참조: 또한 심벨린Cymb. 2, 4); **17. 신화**에서 바람은 또한 다음으로 표현된다: a. 종종 음악과 달변으로 현혹시키는 도둑; 이들은 막을 수 없으며, 어떤 흔적도 남기지 않는다; b. 전사; c. 기적적으로 커지다가 끝에 점점 줄어든다; d. 부(다산)의 주인; **18. 특별히 참고할 문학서**: A. 윌리엄 블레이크William Blake: a. 여성으로서 에니타몬과 연관된 공간, 아담(=시간)의 반대; b. 폭풍으로서: 물질주의; B. 폴 발레리Paul Valéry: 시인으로 하여금 시작업을 하게하는 감각대상; C. 윌리엄 B. 예이츠William B. Yeats: a. 공허한 욕망과 희망, 바람은 항상 자신의 머리 주위에 네 마리의 새를 날리며, 개암나무 지팡이를 가지고 다니는 사랑의 신, 앵거스와 관련된다; b. 특히 춤과 관련하여 "요정 언덕의 사람들"인 시드와 연관된다; D. 페데리코 G. 로르카Federico G. Lorca: 무력한 산들바람, 소녀 프레시오사를 뒤쫓는 "녹색 바람"("녹색과 빨강색"); E. 딜런 토머스Dylan Thomas: a. 그는 달month의 숫자와 일치하는 나침반의 전통적인 열두 바람을 받아들였다; b. 외적 현실; c. 세상 자체, 삶 자체의 숨결, 창조적 숨결; 따라서 "잠자는 바람"은 죽음이다; d. "종교적 바람": 시의 신성한 숨결; e. 환영vision의 바람; **19.** 산들바람breeze; 풍배도wind-rose 참조.

바람개비 weathercock **1.** 불변, 경박, 무모함; 긍정적 의미에서의 다양성; **2.** 과시(예 윈저의 즐거운 아낙네들MWW 3, 2; 사랑의 헛수고LLL 4, 1 등); **3.** 딜런 토머스Dylan Thomas: a. 부계(모성의 종maternal bell 참조); b. 열두 바람과 방향을 나타내는 공간.

바람장미 wind-rose (식물) **1.** 양귀비의 품종; **2.** 뱀에 물린 상처에 유용함(플리니우스Pliny 25, 55, '아르게모니아argemonia')

바르바리 Barbary **1.** 해적질; **2.** 바르바리의 말horse: 우아한 아랍의 말; 리처드 2세(리처드 2세의 비극R2 5, 5)에게는 "땅을 경멸하듯 자랑스럽게" 달리는 말이 있었다; **3.** 바바리 원숭이(바바리마카크): 가장 유명한 것은 지브롤터 바위에 사는 원숭이들이다(유인원ape 참조).

바리새인 Pharisee **1.** 바리새인과 세리(역주: 로마시대 세금을 징수하는 관리)의 비유에서 죄를 깨닫고 있는 세리는 독선적인 바리새인보다 더 거룩하다고 여겨진다(누가복음Luke 18, 9 이하; 안토니오 S. I. 오르베Antonio S. I. Orbe, 성 이레네우스의 복음주의 비유PEI. 1, 271ff. 및 281n); **2.** 일반적으로 다음과 같이 설명된다: a. 바리새인이라는 표현은 히브리어 '파레스phares', 즉 '분열'에서 파생되었다. 바리새인들은 스스로를 정결하다고 생각하기 때문에 자신과 다른 이들을 구별하는 사람들이다(오리게네스Origen, 주해서Comm. 20, 마태복음Matth.에서); b. 바리새인은 전형적인 유대인의 표상이며, 세리는 전형적인 그리스도인을 대표한다(테르툴리아누스Tertullian, 마르시온Marc. 4, 36, 2).

바벨 Babel **1.** 이름: '밥-엘Bab-El'은 "하나님의 문"(창세기Gen. 2), 즉 하늘과 태양숭배에 사용되었던 바빌로니아의 지구라트를 의미한다; **2.** 다음을 상징한다: a. 비현실적인 꿈; b. 인간의 자기만족적 자존심; c. 언어의 혼란; 탑, 타워tower 참조; **3.** 그리스에는 오사산에 펠리온산을 쌓는다는 유사한 표현이 있다; **4.** 기독교 과학: 잘못된 지식, 기만적인 신체감각에 근거한 오류.

바벨 barbel (물고기) **1.** 잉어의 일종; **2.** 시끄러운 바벨은 미끼에 걸린 먹잇감을 먹기 전에 꼬리로 미끼를 풀어낸다(조슈아 실베스터Joshua Sylvester, 기욤 드 살루스테, 시에르 드 바르타의 신성한 시기와 작품DB 1,5, 283ff); **3.** 힐데가르트 폰 빙엔Hildegard von Bingen: 이 물고기는 차가운 공기보다는 뜨거운 공기로 이루어져 있다; 일광과 열을 좋아한다. 약간의 추위라도 느끼면 구멍에 숨는다; 햇볕에 있는 것을 가장 좋아하기 때문에 고기가 약하고 쉽게 녹는다; 가운데 수심쯤에 서식하며(물고기fish 참조) 깨끗한 먹이를 먹는다; 바벨을 규칙적으로 먹는 것은 육체와 혈액에 좋지 못하다.

바보 카드 Fool (타로카드) **1.** 다른 이름으로는 '체크메이트checkmate', 우둔한 사람이 있다; 그는 메이저 아르카나Major Arcana(때로는 번호가 매겨지지 않음)의 첫 번째(O) 또는 마지막(22번째) 카드이다; 그는 마법사Magician 카드와 매달린 남자Hanged Man카드와 관련 있다; 조커Joker의 원조; **2.** 다음을 상징한다: 어릿광대, 순례자, 또는 가벼운 마음으로 산악 지대를 걷는 (르네상스 시대의) 젊은이처럼 차려 입은 남자; 개나 고양이와 같은 동물이 그의 왼쪽(때로는 오른쪽) 다리를 물거나 뒤에서 위협한다; 그는 위를 올려다보며 자신의 발밑(종종 악어 괴물이 그를 기다리고 있는 곳)에 있는 심연을 알아차리지 못한 채 한 손에는 순례자의 짐꾸러미를 어깨에 메고 다른 한 손에는 지팡이나 꽃(보라색 튤립이나 흰 장미)을 들고 간다; 그는 때로 허리띠에 종을 차고 있다; **3.** 다음을 나타낸다: a. 절대적인 0: 모든 것이 시작되는 곳, 모든 것인 곳, 모든 것이 돌아오는 곳; 삶, 퇴행적 죽음/혼돈 및 부활; b. 경험의 문(물질의 소멸)을 통해 (신성한) 지혜의 세계로 들어가는 입구(그중 일부는 그의 보따리에 들어 있다); c. 위대한 선택; d. 무의식의 심연으로의 가까운 추락; e. 점성술: (때로) 쌍둥이자리Gemini.

바보, 어리석은 사람 fool **1.** 조롱과 경외심 모두를 불러일으키는 비정상abnormality의 모든 종류: **A.** (부르주아) 사회의 기준에 부합하지 않는 사람: 예 오일렌슈피겔Eulenspiegel; 그는 일반적으로 평범한 상황에 받아들여지는 표현을 '비정상적인' 상황에 적용하고 반대의 경우도 그렇게 한다; **B.** 퇴보: a. (재진화를 가능하게 하기 위해) 의도적으로 퇴보하는 사람: "지혜로운 사람만큼 어리석은 짓을 잘할 수 있는 사람은 없다"(매우 모호한 속담); b. 정상적인(퇴보한) 질서의 반전, (억압된) 무의식적 충동과 자연 그대로의 순수함으로의 전환: 예 사트루날리아-카니발; **C.** (사회적 관점에서): 사악하고 이단적이며 낭비하는 사람, 참견하기에 바쁜 사람, 또는 자신의 유익을 위해 이용할 수 있는 도구("땅을 가진 많은 사람이 바보와 손을 잡는다(역주: 개인적인 이익을 위해 어리석은 사람을 조종함)"=그녀 또는 그와 결혼하는 것: 속담); **D.** 바보와 관련된다: a. 미친 사람과 아이들(둘 다 진실을 말한다); b. 행운: 예 "오, 나는 운명의 바보로다"(로미오와 줄리엣Rom. 3, 1, =운명의 장난; 아마도 엘리자베스 1세 여왕 시대에 '사랑하는 사람'의 의미가 "사랑은 시간의 바보가 아니다"(소네트Sonn. 116)라는 구절에 들어있다); **2.** 완전한 순수성; '어리석은silly'의 원래 의미 참조; **3.** 인간의 궁극적인 고통을 넘어서는 (그리고 탈출하는) 단계: 예 고통이 너무 커지자 리어왕은 스스로 바보가 된다(그 후에는 사라진다); **4.** 멜랑콜리; 광대의 '달의' 측면; **5.** 태양: a. 태양왕을 대신해 죽는 희생제물: 예 사트루날리아 농신제Saturnalia; b. 태양 영웅은 일반적으로 파괴적인 광기의 기간을 갖는다(태양의 어지러운 효과 때문일 수도 있고 또는 더 민감한 세대에게 그들의 잔인한 자녀 희생을 설명하기 위해): 예 그의 아이들을 죽이는 헤라클레스Heracles; **6.** 기독교: a. 그리스도께서는 제자들이 형제들을 '어리석은 자'라고 부르는 것을 금하셨다(마태복음Matth. 5, 22의 그리스어로 인해 의미가 문자 그대로일 수도 있지만); b. 크리스마스 바보와 녹색 기사와 관련된 그리스도 자신(녹색green; 호랑가시나무holly; 손가락finger, 그리고 다음 참조); c. 진정한 신자들은 단어 본래의 의미로 '하나님의 어리석은 자들'이다: 예 성 안토니우스St. Anthony가 모든 소유를 나누어 주고 옷도 입지 않은 채 알몸으로 죽음을 맞았다; 어리석은 자에 대한 예전의 생각은 다음과 관련된다: a. 교만, 경험, 관습; b. 상술(속담); c. 신앙심이 없는 사람들(시편Ps.).

바빌로니아, 바빌론 Babylon **1.** 바벨탑과 관련된 고대 종교의 중심지; 또한 에스더Esther 참조; **2.** 호화로움: 공중정원과 연결된다; **3.** 유대인들에게는 a. 포로, 박해, 애가; b. 우상숭배(특히 점치는 것과 수비학) 및 호화로운 악덕을 의미한다; **4.** 기독교인에게는 부정한 여인(계시록Rev. 14), 적그리스도(이는 자신이 속한 종파를 제외한 모든 기독교 종파를 의미한다)를 상징한다; **5.** 사마르칸트와 같은 머나먼 호화로운 도시: 예 아마도 17세기에 아기의 땅Baby-Land이라는 동요제목이 변형된 이름으로 보인다; **6.** 윌리엄 블레이크William Blake: 세속적인 것, 즉 영적이고 신성한 예루살렘의 반대되는 도시.

바실리스크 basilisk **A.** 일반적으로 다음을 의미한다: **1.** 명칭: 그리스의 '어린 왕': a. 머리에 왕관과 닮은 흰색(플리니우스Pliny 8, 33) 또는 금빛 왕관을 가지고 있다(중세); b. 뱀과 용들의 왕; **2.** 형태: 다른 많은 이야기들이 존재한다: a. 뱀 머리, 서 있는 수탉 몸, 길게 끌리는 뱀 꼬리를 가지고 있다; b. 1~6피트 길이; c. 흰색 표시를 가지고 있으며(A번의 1 참조) 중세에는 금빛 왕관이었지만 브루네토 라티니Brunetto Latini(13세기)는 흰색 점(+어릿광대 모자)을 고수했다; d. 꼬리를 입 안에 넣고 있거나 또는 세 갈래(삼지창)의 꼬리를 가지고 있다; e. 호루스 아폴로('상형문자Hieroglypha' 1, 2, 60)는 그것을 태양디스크sun-disk(역주: 원반 모양의 태양을 이르는 말로 라Ra 신의 상징)를 보호하는 이집트의 우레우스를 동일시하거나 파라오의 왕관과 동일시했다; **3.** 출생: a. 중세: 늙은 수탉이 똥 무더기 위에 낳은 알; 똥 무더기의 열기로 오랜 시간 후 부화하며 오리 크기의 동물 새끼가 나오고 수탉 뱀의 형태로 자란다; b. 수탉이 낳은 알은 노른자가 없으며 똥 더미 위에서 뱀 또는 두꺼비에 의해 부화한다; (헨리 6세 2부2H6 3, 2 참조); **4.** 무기와 살상(메두사의 머리와 비교): a. 바실리스크는 자신의 모습으로 상대를 죽이며: i. 거울에 비친 자신의 모습을 보는 사이에 상대에게 공격당해 죽을 수 있다; 그러나 플리니우스에 의하면, 사냥꾼은 긴 창으로 바실리스크를 죽일 수 있지만 독이 손잡이를 타고 올라가기 때문에 사냥꾼(그리고 그의 말)도 죽는다고 한다; ii. 뒤에서 접근하여 거울을 통해 바실리스크 자신을 먼저 보게 만든다; b. 바실리스크는 오직 자신의 냄새만으로도 다른 존재를 죽일 수 있다(플리니우스); c. 또한 바실리스크는 숨결로도 죽인다: 바실리스크가 인간에게 접근하고 먼저 인간을 보게 되면 인간은 죽게 된다; 반대의 상황이라면 머리 위에 유리공을 놓아 공격해야 한다: 바실리스크의 유독한 숨결이 스스로를 죽일 것이다; **5.** 바실리스크의 천적: a. 오직 족제비만이 바실리스크의 무기를 견딜 수 있다. 이는 족제비가 루타식물rue로 자신을 보호하며 이는 루타가 독뱀에게 치명적인 독을 분비하기 때문이다; b. 바실리스크가 수탉이 우는 소리를 듣게 되면 즉시 죽는다; 따라서 플리니우스에 따르면, 계룡(코카트리스)이 들끓는 지역(예 키레나이카)에는 수탉을 데리고 가는 것이 좋다; **6.** 코카트리스(계룡, 실제 아메리칸 파충류는 바실리스크라는 이름을 가지고 있기 때문에 이 용어가 더 자주 사용된다)에 대한 언급들은 바실리스크와 별도로 다루어져 왔다; **B. 다음을 상징한다: 1.** 사악하고, 게걸스러우며, 통찰력이 있다[성서에서는 독사(코카트리스) 참조]; **2.** 기독교: a. 악마, 적그리스도; b. 족제비=그리스도; 바실리스크=사탄, 죄악, 죽음; 유리종=마리아의 순수함; c. 작은 독사asp와 함께, 사자, 용, 바실리스크(=죽음)는 그리스도에게 짓밟히는 동물이다; **3.** 빈곤; **4.** 연중 주기 또는 모든 것을 집어삼킬 듯한 거친 시기; **5.** 심리: 지옥 같은 인간의 마음에 대한 이미지; 이것의 삼중적 특성은 성 삼위일체의 반대로 여겨진다(사탄의 삼지창 참조); **6.** '보물을 지키는 수호자' 중 하나: 성castle 참조; **C.** 바실리스크의 강력한 **피**는 성공을 보장하고 질병을 치유하며 마법에 맞서는 부적이다('사투르누스의 피'라고 불린다); **D.** 16세기에 '다마스쿠스Damascus의 포탑을 뒤흔들고 포효하는 바실리스크'라는 이름을 가진 대형 **황동대포**가 존재했다(크리스토퍼 말로Christopher Marlowe; 또한 헨리 5세의 생애H5 5, 2 참조).

▌바알 Baal 바알='벨'='천국'(유세비우스Eusebius); 바빌로니아의 주피터 벨루스(플리니우스Pliny 2, p. 431 참조) 참조.

▌바위 rock **1.** 이것의 일반적인 의미 상징성에 대해서는 돌stone 참조; **2.** 태양신의 자궁: a. 구약성서: 주님="이스라엘을 낳은begat Israel" 반석Rock(구원의)(신명기Deut. 32, 18); b. 미트라교: 미트라는 바위에서 태어났으며(그가 올라가는 하늘=하강; 바위=불, 빛), 바위와 결혼하여, 바위의 부모가 되었다; c. 동굴 출생과 관련된다: 그리스도(고린도전서1Cor. 10, 4), 그의 후계자 사도 베드로와 함께(예 마태복음Matth. 16, 18); d. 태양왕들은 왕관을 쓰고 바위에 앉아 있었다(바위에서 태어난 것과 유사하다): 돌stone 참조; **3.** 거석 형태의 바위: 세계 축, 신의 보좌(혹은 신의 후손인 태양왕의 보좌) 그리고 태양의 상징; **4.** 때로 인간의 삶의 근원(식물과 동물의 삶의 기반이 되는 토양); 니벨룽겐 신화를 정리한 에다Edda에서는 "라인강의 붉은 바위에서 온" 사람들이라고 한다; **5.** 은신처: a. "주의 두려움과 그분의 위엄의 영광으로 인하여 바위 속으로 들어가고 티끌 속에 숨을지니라."(이사야서Isa. 2, 10; 참조: 토머스 S. 엘리엇Thoma S. Eliot, "황무지The Waste Land"); 또한 "그들이 바위틈에 들어가 여호와를 경외하며 땅의 굴로 들어가"(같은 책 19);

b. “한 사람이 광풍을 피해 숨는 곳같이 되고 폭우를 가리우는 곳 같을 것이며 마른 땅에 냇물 같을 것이며 곤비한 땅에 큰 바위 그늘같이 되리라”(이사야서 32, 2; 또한 토머스 S. 엘리엇, “황무지”도 참조); **6.** 걸림돌과 실족하게 하는 반석(이사야서 8, 14; 또한 그리스도에 관해서는 베드로전서1Peter 2, 8 참조); **7.** 내구성, 견고성, 응집력, 불멸: a. “불멸의 생명 바위를 붙잡고 그토록 확실히 닻을 내린 사람에게서”(에밀리 브론테Emily Brontë, “내 영혼은 겁쟁이가 아니다No Coward Soul is Mine”); b. 단단함 때문에 바위 위에 건물을 짓는 것: 모래sand 참조; c. 정의: 예 아이슬란드 알팅그의 로락 지역; 그리스 참조: 아레오파고스에서: 재판받는 사람들이 서 있는 파렴치한 바위, 그리고 검사들이 서 있는 오만의 바위(파우사니아스Pausanias 1, 28); **8.** 당나귀와 관련된다: “바위의 야생 나귀”(알크만); **9.** 특별히 참고할 문학서: A. 윌리엄 블레이크William Blake: a. 물질; 심장이 에덴의 네 개의 강(“조아스”)로 만들어진 것처럼, 뇌가 바위로 자라난다; b. 계명의 석판: 돌stone 참조; B. 토머스 S. 엘리엇: a. 교회: 하마와 석화된 종교 및 영성: “바위만 있고 물이 없음”; b. 무섭도록 뜨거운 불모지; c. 고독의 장소; 그러나 푸른 바위(재의 수요일): 파란색은 성모 마리아의 색이기 때문에 인도함과 사막의 정원의 고독; d. 5번 참조; C. 딜런 토머스Dylan Thomas: 여성의 냉혹한 잔인함은 바위와 나무를 섹스의 상징으로 만들었다(=처녀성의 껍데기): “나는 이것을 감정적 동요 없이 만든다”; **10.** 바위에서 던져짐: a. 반역자: 카피톨리노 구릉에 있는 타르페아 절벽은 국가의 반역자들이 내던져진 장소였다(코리올라누스Cor. 3, 1 참조); b. 태양왕(또는 그를 대신한 자들)이 살해된 방법 중 하나: [신성한] 왕[Sacred] King 참조.

바위종다리 hedge-sparrow (새) 새끼를 몰래 두고 가는 뻐꾸기의 교활한 장난의 빈번한 표적이 되는 새(예 리어왕Lr. 1, 4).

바이올렛 violet (색상) **1.** 과도기: 헌신과 열정, 향수와 기억, 세속적인 것과 영성, 잠자는 것과 깨어 있는 것 등의 사이; **2.** 여성스러운 색상: a. 사랑과 관련된다; b. 물과 달의 색상; **3.** 권한; **4.** 불변성; **5.** 애도, 겸손, 참회(붉은색+파란색); **6.** 기독교: 사순절의 색상, 성령 주일, 재의 수요일; **7.** 토머스 S. 엘리엇Thomas S. Eliot: “바이올렛 시간violet hour”: 해가 지는 시간으로 현대생활에서(집이나 다른 곳에서 우리의 추악한 행위를 계속하기 위한) 퇴근 시간을 가리킨다.

바이올린 (연주자) fiddle(r) **1.** 유쾌함의 상징(흔히 고용됨); “피들러의 낙원Fiddler's Green” 참조: 선원들의 코케인의 땅Land of Cockaigne은 럼주, 담배, 음악, 여성의 땅으로 (이 순서 또는 이 밖의 다른 순서로) 신화적인 사후세계(무릉도원)의 장소로 묘사되는데 이곳은 모든 것이 자유롭고 근심 걱정이 없는 곳이다; **2.** 민요에서: “도박꾼들의 술과 바이올린 연주자의 아내는 항상 제한 없이 이용 가능하며 어디서든 볼 수 있다”; **3.** 위대한 바이올린 연주자는 네로였다: 그는 “로마가 불타고 있을 때 바이올린을 켰다”(일반적인 표현); **4.** 윌리엄 B. 예이츠William. B. Yeats: 천국의 문에서 (두니Dooney의) 바이올린 연주자는 제사장인 그의 형제와 사촌들보다 먼저 천국으로 들어갈 수 있을 것인데 이는 그가 “바이올린을 연주할 때 사람들이 바다의 파도처럼 춤을 추기” 때문이다; **5.** 신체 단련: “바이올린처럼 건강하다”(속담); **6.** “친구는 바이올린 현과 같아서 너무 꽉 조여서는 안 된다”(속담).

바이올린 violin **1.** 열정: “날카로운 바이올린 소리는 아름답고 오만한 여인에게 질투로 인한 고통, 절망, 분노, 광적인 분개심, 깊은 고통과 극에 다른 열정을 선포한다”(존 드라이든John Dryden, “성 세실리아의 날을 위한 노래, 1687Song for St. Cecilia's day, 1687”); **2.** 양성성: 예 민요에서: 바이올린은 현으로 된 여성스러운 본체와 남성적인 활-스틱으로 되어있다; **3.** 식물의 삶: 바이올린 음악은 페데리코 G. 로르카Federico G. Lorca(“피의 결혼식Blood Wedding”)에서 숲의 소리를 나타낸다.

바질 basil (식물) **1.** 명칭: 그리스어 ‘바실리콘basilikon’=‘왕실’; 바실리스크basilisk 독의 해독제이다(참조); ‘바질Ocimum basilicum’은 조반니 보카치오Giovanni Boccaccio의 “데카메론”과 존 키츠John Keats의 시를 통해 유명해졌다(4, 5); **2.** 빈곤: 빈곤의 특성; **3.** 이 꽃의 향기를 너무 많이 맡으면 머리가 몽롱해진다(참조: 맥베스Mac. 3, 2; 플리니우스Pliny 20, 48); **4.** 최음제이며 말과 나귀에게도 주었다; 이 식물은 매우 많은 씨를 만들어 내며 파종할 때 씨를 퍼부으면 가장 잘 자란다.

바쿠스 Bacchus 디오니소스Dionysus 참조.

바퀴벌레 cockroach **1.** 어원: 스페인어 '쿠카라차cucaracha'가 영어화된 형태; **2.** 야행성 동물; 또한 불길한 의미로 '검은 딱정벌레'라고도 부른다; **3.** 오물, 열기; **4.** 바퀴벌레들이 어떤 곳을 떠나면 그곳에 재난이 닥칠 것이다; 쥐들이 배를 떠나는 것 참조.

박 gourd **1.** 호박을 포함하여 두 가지 다른 종의 단단한 껍질(주로 장식용)로 된 과일을 일컫는 일반적인 이름; 땅을 따라 기어서 자라지만 높은 곳을 좋아하고 지지대 꼭대기에 도달하기 위해 빨리 자란다; **2.** 즙이 많은 사막의 열매; **3.** 맞부딪치며 달가닥 소리를 냄으로써 비를 오게 만든다: 창조와 부활; **4.** 컵이나 병처럼 생명의 영약을 담는 여성적인 용기(容器); **5.** 히브리: 부활: 요나가 앉아 니느웨가 멸망하기를 기다리고 있을 때 여호와께서 요나의 머리 위에 박(=피마자)을 자라게 하사 그다음 날 그것을 시들게 하시어 여호와가 은혜를 베풀고 거두어들일 수 있음을 보여 주셨다; **6.** 기독교: a. 순례(술잔), 특히 콤포스텔라의 사도 야고보의 상징; b. 자부심(팽창); c. 그리스도와 라파엘의 상징; **7.** 순응성: 강제적으로 어떤 형태를 만들 수 있다; **8.** 존 키츠John Keats: 가을과 관련 있다: 결실함("가을에 부치는 송가Ode to Autumn").

박쥐 bat (동물) **1.** 하루 중 특정 시간(빛과 어두움 사이, 밝은 시간에는 어두운 곳에서 보낸다)에 **보이는** 박쥐는 강한 마법의 힘을 가지고 있으며 항상 흑마술, 마법 그리고 어둠과 관련되어 왔다(예 맥베스Mac. 4, 1에서 마법사가 조합하는 요소들 중 하나): 주님의 날, 사람들은 "두더지와 박쥐"에게 자신들의 우상을 던질 것이다(이사야서Isa. 2, 20); **2.** 사악한 영혼, 유령(바빌로니아 시대부터); 모세의 율법에 따르면 '정화되지 않은' 동물이다; **3. 죽음**, 공포, 불행: 중세에서부터 셰익스피어까지; 예 단테: 사탄은 이러한 원안에서 가장 깊고 지독하게 추운 지옥의 박쥐날개를 달고 있다(단테, 칸토C. 34); **4.** 중세: a. 악마의 속성 또는 표상; b. 자긍심의 속성; c. 인간의 연령(참조)에서 80세의 여성; **5. 맹목**: 속담; **6. 광기**: "종탑에 박쥐가 있다t"(=미치다): [모자 안에 벌이 있다(=머리가 이상하다, 미치다) 참조]; **7. 복수**: 박쥐는 박쥐날개를 가진 복수의 여신 에리니에스에게 바쳐진다; **8. 디오니소스의 축제**와 관련된다: 미니아스의 세 딸들('미니아스)'='달의 남자'의 딸들은 처음에 축제에 참가하기를 거부했다가 박쥐로 변해 버렸다(나소 P. 오비디우스Naso P. Ovid, 변신이야기Metam. 4, 1ff. 및 390ff.); **9. 우상숭배**: "저녁 무렵 날갯짓하는 박쥐는 믿음 없는 머리에서 비롯된다"(윌리엄 블레이크William Blake, 순수의 전조Aug. of Inn.); **10.** 박쥐의 **날개**: a. 악마, 에리니에스, 지옥의 특성과 관련된다; 어두움의 힘: 앞부분 참조; b. 엘프의 코트는 박쥐 날개로 만들어졌다(한여름 밤의 꿈MND 2, 2 참조); c. 수면(한여름 밤의 꿈 3, 2); d. 아리엘은 자신이 박쥐 날개를 타고 날아다닌다고 노래한다(템페스트Temp. 5, I); **11. 장수**: 박쥐는 수천 년을 산다; **12.** 지혜(이솝우화Aesop, 47); **13. 문장**heraldry(紋章): 위험의 시대에 교활함, 냉혈함; 보통 검은색으로 상징된다; **14. 연금술**: 용, 자웅동체와 관련된다; **15.** 그 외 **참고할 문학서**: A. 윌리엄 B. 예이츠William B. Yeats: 개암나무에서 날아올라 상징적인 나선형을 그리며 돌고 모습을 드러내기 위한 방법을 준비한다: 예 "달의 위상"; B. 제임스 조이스James Joyce: a. 맹목, 광기, 침묵, 비밀, 외로움; b. (종종 새로 상된다): i. 아일랜드 여성들과 예술가; ii. Bloom 및 Gerty와 관련된다(Bloom은 뻐꾸기, Gerty는 빅토리아 카나리아); c. "피네간의 경야Finnegan's Wake"에서 박쥐가 사망한 청소부들의 시신을 바라본다; **16. 반전**inversion (참조): 거꾸로 매달림; **17. 민속**: a. 집에 들어가기 위한 마녀의 정상적 변신; b. 박쥐들이 위를 향해 날아갔다가 다시 빠르게 아래를 향하기 시작하면 마녀의 시간이 찾아온다; c. 간혹 박쥐가 사람에게 떨어지면 운이 좋은 것이다. 단, 많은 여성은 박쥐가 머리카락에 얽히면 머리카락을 잘라 내야 하기 때문에 두려워할 것이다; d. 플리니우스Pliny(24, 29)는 박쥐가 독성을 가지고 있지만(29, 30번 책) 약용가치도 있다고 언급한다; 여성의 머리 아래에 박쥐의 피를 바르면 최음 효과가 있다고 한다.

박차, 자극제 spur **1.** 자극, 부지런한 사람들의 활동; **2.** 기사 작위: 기사도 시대에는 기사만이 박차를 사용할 수 있었고, 따라서 기사 작위의 상징이 되었음; 이것은 여전히 영국 왕권의 상징물의 일부를 이루고 있다; **3.** 문장heraldry(紋章): a. 투지, 폭력; b. 기사의 위엄; **4.** 민속: 박차-소리spur-peal: 결혼예고banns 참조.

박하 horehound (식물) **I. 일반적으로 다음을 의미한다**: a. 라틴어로 '마리비움 불가Marrubium vulgar', 허브; '호어hore'는 솜털 같은 머리 때문에 '호아hoar'(백발)에서 유래했다; b. 이집트: 이집트인들이 호루스에게 바친 식물은 '마루비움 플라카툼Marrubium plicatum'인데 사제들은 그것을 '호루스의 정자' '황소혈' '별눈'이라고도 불렀다(안젤로 드 구베르나티스Angelo de Gubernatis, 식물의 신화MP 2, 221); **II. 여기서 기술한 많은 의약적 쓰임새**는 연대순으로 제시한 것이다; 이후의 저자들은 새로운 용도일 경우에만 언급했다; 수 세기 동안 기침약으로 사용되었다; **1.** 니칸데르Nicander: a. '색깔이 선명한' 포도주를 마시면 뱀snakes을 피할 수 있다; b. 박하는 처음으로 새끼를 낳은 어린 암소의 젖이 불게 한다. 젖이 불면 새끼를 돌본다; 목동들은 이것을 '멜필론melphylon'(꿀 잎사귀)이라고 부르고 다른 사람들은 '멜릭태나melictaena'라고도 부르는데 그 잎사귀에서 나는 꿀 향기에 이끌려 벌들이 바쁘게 윙윙거리기 때문이다(테리아카 550ff.); c. 또한 아코나이트 중독의 해독제(알렉시파르마카Al. 46); **2.** 코르넬리우스 켈수스Cornelius Celsus: a. 이것에서 추출한 희고 쓴 기름을 꿀과 요리하여 기침약으로 사용했다(II, 서문Intr. 3, 22, 14; 3, 27, 4C 등); b. 외용으로는 세정제로 사용되었다(5, 7 및 16); c. 귀 안의 유충maggots를 없앨 때 사용되었다(6, 7, 5); d. 일반적으로 궤양에 자주 사용되었지만 특히 코와 생식기에 사용되었다(5, 28, 3E; 6, 8, 1C; 7, 27, 2); 경직된 포피(包皮)에 좋다(6, 18, 2); **3.** 플리니우스Pliny: 항응고제이며 흉통, 각혈, 남성 생식기, 힘줄, 장, 월경, 괴저, 황달, 배뇨에 사용되고 시력을 좋게 한다(20, 89); **4.** 루키우스 주니우스 모데라토스 콜루멜라Lucius Iunius Moderatus Columella(조개류): 그의 레시피로 만든 박하 와인은 모든 내부 질환, 특히 기침에 유익하다(12, 32); **5.** 힐데가르트 폰 빙엔Hildegard von Bingen: a. 뜨겁고 약효가 있다; b. 청각장애를 예방하려면 이것의 뜨거운 증기로 귀와 머리 전체를 찜질해야 한다; c. 와인, 회향 및 딜(허브의 일종)로 삶아 목 통증과 기침을 치료한다; **6.** 그림형제Grimm: 마조람(꿀풀과의 식물)과 함께 먹으면 뱃사공의 마법을 깬다: 산파들이 즐겨 찾는 조합이다(독일어 이름: '헬프크라우트Helfkraut'=헬프허브help-herb 또한 '고테실프Gotteshilf':=신의 도움; 독일의 전설DS. 65).

박하 mint (허브) **1.** 좋은 것; **2.** 성서: a. 박하는 유월절 양고기와 함께 먹었던 '쓴 허브' 중 하나이고 엘리시온 비의에 사용되었던 재료였다; b. 바리새인들에게 박하의 십일조(회향과 근채의 십일조와 마찬가지로: 마태복음Matth. 23, 23)를 요구하기에는 우스꽝스러울 정도로 소량이 자란다. 무게가 1온스 올라가려면 물 1파운드를 소비한다(토머스 브라운 경Sir Thomas Browne, "키루스의 정원Garden of Cyrus"); **3.** 일부 고대에서는 최음제로 간주되었지만(루키우스 아풀레우스Lucius Apuleius: "성병치료제mentha venereal") 다른 사람들에게는 그 반대인 경우도 있었다. 이 씨앗은 음경의 액체에 녹아 버리며 심지어 발기를 막는다(히포크라테스); 일반적으로 회복제로 간주된다. 스피어민트spearmint도 참조; **4.** 성모 마리아의 상징.

반딧불이 glow-worm (곤충) **1.** 종종 별과 관련된다: a. "초저녁, 하늘의 사랑스러운 반딧불"(존 키츠John Keats, "프시케에게 바치는 송가To Psyche"); b. "그리고 지구의 희미한 별(반딧불)은 하늘의 별과 같이 두껍게 펼쳐져 있다": 폭풍을 예고한다(조지 채프먼George Chapman, "에우게니아Eugenia"); c. 플레이아데스Pleiades의 자손(플리니우스Pliny 18, 66f.); **2.** 아침의 선구자: "반딧불이는 아침 예배가 가까이 왔음을 알려 주고 그 빛은 점차 희미해진다"(덴마크의 왕자 햄릿Ham. 1, 5).

반복 repetition 지그문트 프로이트Sigmmund Freud: a. 반복 강박은 태초부터 인간에 있는 것이다: 참조:

배아와 하등 동물. 이것들은 잃어버린 장기가 재생될 수 있는 형태의 생명체들이다; b. 반복은 동물들의 이동 본능 및 번식에 있어서 중요한 요소이다; c. 인간에게 있어 반복이란 본능의 '보존적 본성'이며 의례의 본질적 요소일 것이다; d. 죽음에 대한 동경과는 반대이긴 하지만 반복 강박장애는 쾌락 원칙을 압도하기 때문에 이 장애를 가진 사람들은 자신에게 해가 되는 "동일한 행동이나 반응을 수정하지 않고 끊임없이 반복한다"; 반복에 대한 강박은 '악마적' 특성이 있다(정신분석에 대한 새로운 입문강의NILP 32).

반사 reflection **1.** 거울에 비친 반사: 의식성consciousness, 현실의 반영; **2.** 거울에 비친 자신의 모습을 보는 것은 사악한 눈Evil Eye의 영향을 받기 쉽게 만든다(예 테오크리토스Theocritus 6, 39f.).

반암 porphyry (보석) **1.** 보라색 돌(그리스어 '포르피로스porphyros'=보라색); **2.** 고대 이집트에서 채석되었지만, 로마인들은 반암이 아라비아 사막에서 나온다고 믿었다; **3.** 위엄; 교황의 취임 때 반암으로 만든 의자를 사용했다.

반전, 전도 inversion **1.** 우리는 폭력적인 행위(예 희생)를 통해 한 상태와 반대되는 상태를 현실로 만들 수 있다: 생명(다산)을 강제하기 위해 죽음을 불사한다; 그러나 영구적이고 이중적인 적대적 상태가 발생할 수 있다: 예 삼지창(세 개의 이빨)은 '반전된' 삼위일체(지하세계도 참조); **2.** 본질적으로 아무 일도 일어나지 않는다; 반전은 유사한 행위(=동종요법적 마법: '같은 것으로 같은 것을 죽인다')나 반대의 행위(=반전)에 의해 사건들의 과정이 강제되어야 한다(예 일식 후나 봄에 태양의 돌아옴); 따라서 삶의 연속성은 규칙적인 희생에 의해 보장된다: 즉, 죽음은 재탄생을 허용한다; **3.** 이 원리는 퇴화(퇴보)와 관련되지만 보다 직접적인 행위이다; **4.** 형태: 구조-+파괴, 사랑-+증오, 검은색-+흰색, 신에 대한 모욕-+찬양; **5.** 끔찍한 상황이 될수록 그것을 되돌리는 데 필요한 희생이 커진다; **6.** 심리: 반대로 불가능한 것에 관한 표현; **7.** 숫자: 2와 11; **8.** 다음을 상징한다: a. 이중 나선형, 화살의 떨림, 교수형 당한 사람; b. 해로운 동물 대 유익한 동물: 두꺼비/개구리; 전갈/풍뎅이; 코뿔소/유니콘; 바실리스크/수탉; 말벌/벌; 숫염소/암소 등.

반점 spot **1.** (자수) 패턴: "거기서 뭘 바느질해요? 좋은 곳이네요"(코리올라누스Cor. 1, 3); **2.** 변덕: "이 얼룩덜룩하고 변덕스러운 남자"(한여름 밤의 꿈MND 1, 1); **3.** 얼룩: 얼룩무늬 표범(=성공회)은 티끌 하나 없는 암사슴(=드라이든Dryden)과 반대된다.

반지, 링 ring **1.** 속박, 노예: (그리스) 프로메테우스는 쇠사슬의 상징적인 잔재로서 반지를 착용한 최초의 사람이었다. 플리니우스Pliny는 이를 부정했다(33, 4ff. 및 37, 1f.); **2.** 결혼, 다산: a. 삶의 연속성: 이슈타르가 왼쪽 손에 낀 반지; b. 니벨룽겐에서 시구르드는 구드런의 반지를 브륀힐드에게 주었다: 여름(혹은 봄)의 여신에게서 다른 여신에게 전달되는 다산의 상징; c. 난쟁이 신드리가 만든 뱀 반지인 드라우프니르는 한때 프로이가 소유했으며 다른 금반지가 끊임없이 나오는 반지이다. 도난당하거나 분실하면 불행(풍요와 겨울 같은 죽음)을 가져왔다; **3.** 영원, 불변, 여성의 사랑: a. 영원성에 관해서는 원circle 참조; b. 셰익스피어의 "로미오와 줄리엣Rom."(2, 1)에서 원은 여성의 성기를 가리킨다; 아마도 "당신은 금속 세공인의 아내와 친하게 지내서 그들이 반지에 새겨진 격언을 읽고 유식해진 게 아닙니까?"(뜻대로 하세요AYL 3, 2)에서 나온 부수적인 의미일 것이다. 여기서 'con'은='안다know'를 의미한다(또한 베니스의 상인Mer. V. 5, 1도 참조); c. 일반적인 주제: 침대에서 교환되는 반지("데카메론Decamerone" 10, 8; 끝이 좋으면 다 좋아All's W. 4, 2; 베로나의 두 신사Gent. 2, 3; 제프리 초서Geoffrey Chaucer의 "트로일러스와 크리세이드Troílus and Criseyde" 등); **4.** 인식: a. 쿠훌린Cuchulain은 자신도 모르게 아들을 죽이고 나서 반지로 그가 아들임을 알아보았다; b. 게르만: 랑힐트Ragnhild는 자신이 간호했던 하딩Hadding의 상처에 반지를 남겼다. 나중에 그녀가 구혼자 무리 중에서 남편을 선택해야 했을 때 그들의 몸을 만져 보고 반지로 하딩을 알아보았다; c. 가이 오브 워윅Guy of Warwick은 십자군 원정을 마치고 돌아올 때 그의 아내 펠리체에게 반지를 보냈

ㅂ

다. 여기에서 반지는 순환 이동의 상징이기도 하다. 그는 새벽의 여신을 떠났다가 죽기 전에 그녀에게 돌아왔다; **5. 진정성**, 정의, 합법성: 예 요크York는 글로스터 공작부인으로부터 천 파운드를 받기 위해 하인을 보냈고 그 요청의 진위를 증명하는 반지를 주었다(리처드 2세의 비극R2 2, 2); 인장signet 참조; 팔찌는 토르의 상징이다. 그것에 대고 맹세가 이루어졌다. 아마도 더 오래된 법과 질서의 신인 티우Tiu(Tiwaz)의 유산일 것이다; **6. 권력**, 계급, 품위, 명예, 재산: a. 구약성서에서 반지의 가장 중요한 의미는 인장 반지를 통해 위임된 권력이다; b. 반지를 주는 것은 덴마크 사람들 사이에서 오래된 관습이었다(예 베오울프Beowulf). 배는 반지 모양 뱃머리를 하고 있고 갑옷에는 반지의 표식이 있으며, 왕자는 '반지를 주는 자'였다; c. 축성 후에 주교 서품을 받은 자가 교회를 수호하는 신앙의 완전성; **7. 운명**: 사모스의 폭군 폴뤼크라테스는 이집트 왕의 조언에 따라 반지를 바다에 던졌다. 반지는 며칠 후 물고기 뱃 속에서 발견되어 그에게 돌아왔다. 그는 후일 사트라프에 의해 십자가에 못 박혔다; **8. 투명성**: 일반적인 모티프로 겨울에는 볼 수 없는 풍요로움과 관련이 있다; 미다스 이후(플리니우스Pliny 참조); **9. 애도**, 비밀; **10. 문장**heraldry(紋章): ('고리'): a. 다섯 번째 아들; b. 계급; c. 충성; **11. 토머스 S. 엘리엇**Thomas S. Eliot: 빛의 고리: 인생 라운드의 고리("여인의 초상Portrait of a Lady"); **12. 다른 것과의 조합**: a. 세 개의 반지: 형제애; b. 해골 달린 반지: 이미 중세시대에 패션으로 유행했던 '죽음의 상'; c. 날개 달린 반지: 백조 여신의 상징: 예언의 선물; **13. 민속**: a. 경련의 반지: 원래는 왕의 축복을 받은(동시에 왕의 병인 연주창을 치료한) 반지; 류머티즘, 간질 등의 치료에 사용되었던 반지이다; b. 약혼반지: 로마에서는 원래 철로 만들었지만 이미 2세기에는 금반지가 사용되었다. 보석의 선택이 중요하다. 현재는 다이아몬드, 사파이어, 에메랄드 혹은 루비를 선호한다. 소녀들의 탄생석은 덜 귀한 돌이 아닌 한 행운을 가져온다; c. 요정의 링: 목초지에서 나는 녹색의 신맛 나는 풀(또는 작은 흰 꽃과 노란 꽃)이 원 모양으로 피어 있는 곳: 요정들이 이곳에서 춤을 추었으며 또는 때로 요정마을의 경계를 나타낸다; 보름달이 뜰 때 그 주위를 아홉 바퀴 돌면 요정들의 웃음소리나 이야기 소리를 들을 수 있다; d. 독 반지: 절망적인 상황에서 자살하거나(독을 담아서) 또는 반지로 상대방을 긁어 죽이는 데 사용되었다; e. 민간 설화에서 다음과 같은 반지들에 관한 내용을 볼 수 있다: i. 젊음의 보존(일종의 외부 영혼); 또는 영웅이 부상당하는 것을 방지한다(토머스 맬러리 경Sir Thomas Malory 7, 27); ii. 반지를 돌리면 필요하거나 원하는 것(말horse, 성castle 등)을 얻을 수 있다. 아마도 여성의 성적 자극에 대한 환상과 관련있을 것이다; f. 전래동요: "둥글게 둥글게 장미들, 주머니에 꽃다발 한가득, 에-취! 에-취! 우리 모두 넘어져 버려요": 장미는 붉은 전염병을 나타내고 꽃다발은 전염병에 대항하여 운반하는 허브이며 재채기는 질병의 마지막 증상이고 넘어져 버린다는 것은 병이 나았다는 뜻으로 설명될 수 있다; **14.** 원circle, 손가락finger, 봉인seal, 인장signet도 참조.

받침접시 saucer **1.** 담음을 의미하는 여성적 상징; **2.** 희생제물의 피를 담는 용기; **3.** 방혈을 위한 접시: "당신의 피에는 열(=사랑)이 흐르고 있다. 그렇다면 살을 베어 핏방울이 받침 접시에 떨어지게 하라: 달콤한 감옥"(사랑의 헛수고LLL 4, 3). 한동안 엘리자베스 1세 여왕 시대의 이발사들이 외과의사를 겸하는 것은 드문 일이 아니었다. 그 시대에는 피로 가득 찬 받침 접시가 그 직업의 표시였기 때문이다; **4.** 쟁반같이 둥근 눈: 악마의 특질 중 하나.

발 foot **1.** (어머니) **대지**와의 직접적 접촉; 가장 낮은 지위: 팔려고 내놓은 노예의 발에 있는 분필 표시(나소 P. 오비디우스Naso P. Ovid, 사랑의 기술Amores. 1, 8, 64); **2. 권력의 자리**: A. 태양왕의 신성한 발뒤꿈치와 관련된다; 태양 또는 달의 여행자; a. 발은 왕의 가장 취약한 부분이다: 아킬레스, 탈로스 등; 종종 '뱀에게 물렸거나' '화살에 맞았거나', 약하거나(하포크라테스), 또는 기형이다(헤파이스토스); b. 디오니소스의 반장화(부츠): 발이 땅에 닿지 않도록 보호하기 위해 발명되었으며, 나중에는 비극 작가들이 연극 공연에 사용했다; 발은 태양광선을 나타낼 수 있다(예 만자swastika의 '발'); B. 마법의 힘: a. 히브리: 야곱은 에서의 발뒤꿈치를 잡고 태어남으로써 그를 대신했다; b. 켈트족: 귀디온은 아리안로드의 발을 잡아 제압하고 그녀의 아들에게 그가 필요로 하는 러이 라우Llew Law라는 이름을 주었다(마비노기온Mabinogion, 웨일즈의 이야기 모음집Bk. 4, p. 65f. 참조); c. 신데렐라는 왕자가 그녀의 발을 잡았을 때 왕자의 권능 안으로 들어갔다; d. 간청자가 '상대의 발을 감싸다'의 기원은 상대에 대한 권력 획득; e. 사람의 발치에 놓이다=그에게 정복당하다: 예 "이 영국은 결코 정복자의 오만한 발아래 있은 적이 없으며 앞으로도 그러지 않을 것이다. 그러나 처음에는 우리끼리 싸웠다"(존왕의 삶과 죽음K. John 5, 7); 참조: "발로 짓밟다"=특히 악을 극복할 때 왼발로 압제한다; C. 사랑에 빠져 마법에 걸린 곳(특히 섬)에서 여신과 함께 살다가 향수병(비록 그들은 '마치 하루처럼'의 시간 밖에 살지만)에 걸려 고향 땅에 발을 들여놓자마자 초라해지고 쪼그라들어 죽어 버린다는 필멸의 영웅에 대한 전설과 이야기가 있다; 자연 신화에서 이것은 석양이 지는 것으로 설명될 수 있다; 티토누스와 "아름답고 무정한 여인La Belle Dame Sans Merci"과 같이 매우 다양한 이야기에서 그 흔적을 찾을 수 있다; D. 발의 위대한 힘은 마귀, 영웅 등의 발자국이 돌에 남겨진 많은 장소를 설명해 준다; **3. 남근**(여성의 성기인 신발과 함께 있는), 다산fertility(1번 참조): a. 구약성서: '발'은 생식기에 대한 완곡한 표현이다(예 신명기Deut. 28, 57: "그녀의 발 사이"; 룻기Ruth 3, 4 등); 또한 "내가 발을 씻었으니 어떻게 더럽히리이까?"(아가서SoS 5, 3): 이 문맥에서는 다른 완곡어법과 연결된 다음의 '더럽히다defile'의 의미로 받아들이기 어렵다: '발을 가리다to cover one's feet'=대소변을 보다: 예 사사기Judg. 3, 24; 사무엘상서1Sam. 24, 3; 참조: "머리털과 발의 털": 이사야서Isa. 7, 20); b. 고대 북유럽: i. 맨발은 다산 의례에서 중요한 역할을 했다; ii. 스카디Skade는 발로 남편을 선택해야 했다: 그녀는 그것이 발드르의 것이라고 생각하면서 가장 아름다운 발 하나를 선택했지만 그 발은 뇨르드의 것이었고 뇨르드를 남편으로 얻었다; c. 토머스 스턴스 엘리엇Thomas S. Eliot: 아이들의 노래와 함께 발을 씻는 것은 성배 전설에서 풍요의 귀환에 앞서 이루어졌다; "황무지The Waste Land"에서 이 위대한 의례는 현대의 저속함으로 전락했다; d. 카를 융Carl Jung: 꿈에서 발은 "생식적이고 남근적인 의미"를 가지고 있다; e. "주인의 발자취는 흙을 살 찌운다"(속담); **4. 영혼**: 또한 목발crutch 참조; **5. 장례**: 죽어 가다='떠나다', '지나다'; **6. 느리고 구불구불한 경로**: a. 특히 태양과 달(2번의 A 참조); b. 여행에 수반되는 위험; c. 경로 생성자; d. "불행은 날개를 타고 왔다가 걸어서 떠난다"; e. 음탕함: '발 끌기'(그리스어 '헤일리포데스heilipodes'): '얽힌 허벅지'; 또한 걷기walking 참조; **7. 간격 측정**; 시학에서 이 단어는 서양 춤의 발이 손보다 더 중요함을 가리킨다; **8. 별자리**: 물고기자리가 다스리는 별자리; **9. 맨발**: A. 히브리: a. 애도; b. 존중(높이 상징성): 무릎을 꿇고 쪼그리고 앉는 것과 같이 자신을 낮추고 기꺼이 섬기려는 마음: 불타는 덤불 근처의 모세(그리고 9번의 B 참조); B. 로마: 노예는 맨발로 다녔다(1번 참조); C. 기독교: a. 제자들에게 요구된 청빈함(=거추장스러운 소유물 없이 여행하는 것)(누가복음Luke 10, 4), 겸손함과 예수가 사도들의 발을 씻기심과 관련하여 그들에게 능력을 주는 것; b. 특히 금욕적인 성인과 관련 있다: 예 세례 요한; **10. 도보 경주**: a. 다산의 태양왕을 선택하는 방법: 예 아탈란타의 경주; b. 서로를 쫓는 신들; 시간의 흐름; c. 신과 영웅은 '빠른 발'로 묘사된다: 예 호메로스에서는 아킬레스; d. 사냥꾼 신들로 묘사된다; **11. 문장**heraldry(紋章): 조상은 중요한 발자취나 사실을 발견하고 따랐으며 영원한 가치를 얻었다; **12. 신발**(슬리퍼slippers, 신발shoes, 샌들sandals 등 참조), 특히 로마에서: a. 자유(9번의 B 참조); b. 금박을 입힌 신발: 왕족; c. 전사들은 왼발을 맨발로 오른발을 생가죽으로 덮은 상태로 전쟁에 임한다(무기로서: 예 베르길리우스Virgil, 아이네아스Aen. 7, 689 참조); **13. 갈라진 발굽**: a. 구약성서: 되새김질 하지 않는 동물은 '부정한' 동물이다; b. 기독교: 악마, 죄(악마devil 참조); **14. 색상**: a. 은(銀)으로 된 발=그리스어로 '아구로페자aguropeza' =테티스(예 호메로스Homer(일리아드Il. I, 538)); b. 보라색 또는 붉은색=그리스어로 '포이노코페자phoinokopeza'=데메테르(핀다로스Pindarus: 올림피아 송시Olymp. O. 6, 94) 및 헤카테(같은 책, 하늘의 현상Paean 2); **15. 발자국**: a. 발자국은 그것을 만든 사람의 일부분이므로 발자국을 (흑)마법에 사용할 수 있다; b. 재 위의 발자국: 점(占)치기에 사용된다; c. 발자국 없음: 요정: "길고 흐트러진 머리를 가진 님프처럼 (나는) 모래 위에서 춤을 추지만 발자국은 보이지 않을 것이다"(비너스와 아도니스Ven. 148 참조; cf. 2번의 D 참조); **16. 민속**: A. "하나님은 납으로 된 발로 임하시되 쇠로 된 손으로 치시느니라"(속담); B. 발과 관련된 행운: I. 행운의 발: a. 발가락이 다섯 개보다 더 많은 발(손가락finger 참조); b. 발가락 사이에 얇은 막이 있는 경우; 해안지역에서는 바다표범의 혈통: 바다표범seal과 인어mermaid 참조; II. 불운: a. 평발을 가진 사람: 예 불운: 예 첫 번째 발(역주: 새해의 첫 번째 방문자를 의미함)인 경우(다음 참조); b. 첫 번째보다 두 번째 발가락이 긴 경우: 남자는 잔인한 남편이 된다; C. 모든 상황에서 오른발을 왼발보다 먼저 사용해야 한다(특히 새집에 들어가는 신부의 경우); 또한 신발을 왼쪽보다 오른쪽 먼저 신어야 한다; D. 풋내기(머리 대신 발 먼저 태어난 사람)는 마법과 치유의 힘을 가지고 있다; 그러나 그는 절름발이가 될 사고를 당할 위험이 더 많다; E. 첫 번째 발: 새해 첫 번째 방문자가 집에 들어와 행운과 번영을 가져온다; 그는 자정 이후에 가능한 한 빨리 와서 풍요를 상징하는 선물(빵, 석탄, 돈, 소금)과 상록수 가지(생명 상징)를 가지고 와야 한다; 그는 반드시 a. 사람; 그는 새해를 상징한다; b. 절대 안 되는 사람: 평발, 사시 등; 때로 아이들이 나중에 캐롤을 부르고 집에 물을 뿌린다(정화 의식); F. 고양이와 관련된다: a. 항상 발로 착지한다; b. "고양이는 생선을 먹지만 발을 적시지는 않는다"(속담); c. 운동을 잘하는 개는 고양이 발을 갖고 있어야 한다.

발 없는 제비, 흰털 발 제비 martlet 문장heraldry(紋章): 발 없는 새(혹은 검은 새): a. 공덕과 미덕의 날개로 살아가는 가족의 넷째 아들(독수리Alerion 참조); b. 교활, 기민함, 좋은 평판.

발, 발삼 balm, balsam **1.** 구약성서: (아마도 길르앗에 들여온 수지(樹脂)) 약으로 사용되었다; **2.** 기름 부음: a. 미덕의 향기; b. 왕권, 특히 신성한 권한과 관련된 왕권(리처드 2세의 비극R2 3, 2)

발가락 toe **1.** 방향, 인간의 삶의 '방식': 레위 사람들은 엄지발가락에 기름 부음을 받았다; **2.** 빛의 광선, 남근(발foot 참조); **3.** 구약성서: 엄지손가락과 엄지발가락을 자르는 것은 전사를 무력화시키는 근동의 방식이었다(예 사사기Judg. 1, 6); **4.** 입 안에 있는 엄지발가락: 자기 충족, 영원한 순환을 상징한다(참조: 자신의 꼬리를 물어뜯는 뱀snake biting its own tail); **5.** 전래동요: 두 번째 발가락이 엄지발가락보다 길면 빨리 달릴 수 있다.

발견 finding **1.** 일반적으로 발견되는 모든 행운의 가치는 발견되는 대상에 따라 달라진다(예 열쇠key 참조); **2.** a. 약간의 빨간 리본이나 끈, 특히 양모로 만들어진 것은 사랑에 행운을 가져다주는 부적이다; b. 특히 물 위에 떠 있는 노란 리본이나 꽃을 발견하는 것은 황금이 들어올 징조가 된다; 하얀 것을 발견하는 것은 은을 얻거나 적들과의 평화를 이루는 것을 예고한다(찰스 고드프리 릴랜드Charles Godfrey Leland 113).

발구르기 stamping (맨)발로 땅을 밟는 것은 전 세계의 민속춤에서 흔한 다산 의식이다; 이것은 남근적 발의 상징성(발foot 참조)과 관련이 있으며 대지(자궁)로 다시 들어가 황홀한 무의식 상태를 가져온다.

발굽 hoof **1.** 갈라짐: a. 구약성서: 되새김질 한다면 정결한 동물이다; b. 악마의 표시: 뿔 달린 신; c. 분리, 배반; **2.** 말horse 참조(예 달과의 관련성 때문에); 염소 및 기타 동물의 발굽.

발뒤꿈치 heel **1.** 태양 신, 왕, 영웅들은 종종 유일하게 발뒤꿈치가 취약하며, 결국 이곳에 생긴 상처로 죽게 된다: 예 창에 의해(아킬레스), 뱀에 의해(라), 전갈에 의해(하포크라테스), 메데아의 핀에 의해(탈로스); 오이디푸스의 발목은 아버지가 브로치로 뚫었다(파우사니아스Pausanias 10, 5). 이 외에 겨우살이(발드르), 화살(크리슈나) 등에 의해; 죽음에 이르게 하는 도구는 대지의 상징(예 뱀), 또는 태양광선(예 창)으로 설명되었다; 그의 발뒤꿈치가 땅 또는 바다에 닿으면(일몰) 그는 죽어야 한다; **2.** 발뒤꿈치를 보호하기 위해 영웅은 종종 반장화 또는 샌들을 신는다; **3.** 태어날 때 에서의 발뒤꿈치를 잡는 야곱의 이야기는 성서에서 매우 정확하게 전달된다; 그러나 확실하지 않은 몇몇 구절이 존재하며 생식기-발 연관성(발foot 참조) 또는 희생제의에 대한 언급이 그러하다: a. "(내 발뒤꿈치의) 죄악이 나를 따라다니며 나를 에워싸는 환난의 날을…"(시편Ps. 49, 5); b. 여호와가 벌로 발뒤꿈치를 상하게 만드는 것(예레미야서Jer. 13, 22)은 희생 의례에 앞서 거세하는 것을 가리킬 수 있다; **4.** 무기: a. 사람은 뱀의 머리에 상처를 입히는 것뿐 아니라 사람의 발뒤꿈치를 상하게 만든다(창세기Gen. 3, 15 및 49, 17); b. "내가 신뢰하여 내 떡을 나눠 먹던 나의 가까운 친구도 나를 대적하여 그의 발꿈치를 들었나이다"(시편 41, 9; 요한복음John 13, 18 참조); **5.** "너의 발뒤꿈치로 사랑의 빛을 밝히다"=발뒤꿈치가 높은 신발=정숙하지 못한, 방종한(헛소동Ado 3, 4, 발뒤꿈치는 발의 성적인 함축의 일부로 쓰였다).

발람과 요사팟 Barlaam and Josapbat **1.** 이 7세기의 전설에는 유니콘에게서 도망쳐 심연으로 떨어진 생각 없는 사람을 비유하는 유명한 내용이 있다; 그는 덤불을 붙잡아 추락하지 않았지만 덤불뿌리를 갉아먹는 쥐를 보았고 그 아래에 끔찍한 용이 자신을 지켜보고 있는 것을 보았다; 완전히 비탄에 잠겨 그는 주위를 둘러보았고 덤불의 가지에서 꿀이 떨어지는 것을 보았다. 그러자 그는 자신의 모든 참담함을 잊어버렸다; **2.** 다음과 같이 설명된다: a. 유니콘=죽음, 계속해서 따라다님; b. 심연=악의 가득한 세상; c. 덤불=검은색과 흰색의 쥐(밤과 낮)에게 갉아 먹히는 인간의 삶; d. 용=인간을 삼키려 하는 지옥; e. 꿀=위험에 처한 사람의 눈을 멀게 하는 기만적 욕망.

발목 ankle **1.** 두꺼운 발목: 둔감함; 살찌고 아픈 관절: 약한 성격, 특히 여성(아리스토텔레스, 관상학Phgn. 3); **2.** 다리leg와 발foot도 참조.

발삼 balsam (나무) **1.** 열정적 사랑: 발삼 오일은 일반적으로 활력을 북돋우고 신체를 유연하게 만든다(플리니우스Pliny); **2.** 성급함, 경솔함: 열매를 만지면 알갱이가 쏟아져 나온다; **3.** 뱀은 이 풍성한 나무를 선호하지만 나무는 뱀의 독을 약하게 만든다(파우사니아스Pausanias 9, 28).

발출(發出) emanation **1.** 구약성서: 지혜는 "전능하신 하나님의 영광의 어떠한 순수한 발출(發出)"로, 지혜 자신을 "신성한 영혼들"에게 준다; 또한 지혜 자신은 전능한 남성인 여호와 외에 "전능하고" 하나인 존재(여성; 참조: 하기아 소피아는 성령이 되었을 때만 성별을 바꾸었음)로서 나타난다(지혜서Wisdom 7, 25); **2.** 윌리엄 블레이크William Blake: 인간(또는 신)의 밖으로 발산되는 창조적인 부분; 공포의 반대.

발코니 balcony **1.** 사랑, 로맨스와 세레나데(로미오와 줄리엣Rom. 2, 1); **2.** 가십을 위한 염탐; **3.** 전체주의로 왜곡된 권위(발코니 아래의 대중에게 소리 지르는 독재자들).

발키리족 Valkyries **1.** 갑옷을 입고 빠르게 말(바람; 늑대를 타고 다닌다고도 한다)을 달려 육지와 바다를 건너는 황금빛 머리카락과 눈부시게 흰 팔을 가진 여인들; 이들은 창과 칼집 없는 검('발키리들의 불': 태양광선)으로 무장하고 전투의 방향을 결정하며 선택받은 영웅들을 비프로스트(무지개)를 넘어 발할라로 이끌고 밤이 되면 그곳에서 빛나는 흰색 예복(구름)을 입고 영웅들에게 봉밀주를 바친다; **2.** 이들의 이름은 '죽은 자의 선택'을 의미한다; 앵글로색슨어와 관련된 단어로서는 복수의 여신들 또는 마녀를 가리킨다; 이들은 원래 전쟁(그리고 다산)의 신의 여사제였을 수 있다. 때로 이들은 제물의 머리만큼 무게가 나가는 인간의 내장으로 만든 베틀로 천을 짜는 노른신들로 표현된다; **3.** 늑대뿐만 아니라 까마귀와도 관련 있다.

발톱 (동물, 새의) claw **1.** 물질주의적 탐욕; **2.** 흉포함; **3.** 아첨: "그의 유머는 누구에게도 아첨하지 않는다"(헛소동Ado 1, 3); **4.** 퇴폐적 성생활; **5.** 짓기: 독수리는 발톱을 사용해 둥지를 짓는다; **6.** 문장heraldry(紋章)(독수리 또는 그리핀): a. 강인함, 힘, 지배; b. 자유와 정의의 수호; c. 사냥 솜씨 또는 자유롭게 사냥할 권리; **7.** 법의 손아귀와 손톱이 범죄자들을 움켜쥔다.

발판, 발등상 footstool **1.** 가나안 최고 신들의 상징: 예 엘El과 바알Baal; **2.** 땅(또는 사폰산): "하늘은

ㅂ

나의 보좌요 땅은 나의 발판이라"(이사야서Isa. 66, 1; 또한 마태복음Matth. 5, 35); **3.** 언약궤는 '여호와의 발판'이다(예레미야 애가Lament 2, 1); 또는 (발등상 앞에서) 경배의 장소(시편Ps. 99, 5; 132, 7); **4.** 가장 낮은 복종(높이의 상징성)을 상징한다: "내가 네 원수들을 네 발판으로 삼으리라"(시편 110, 1); **5.** 안전: "우리의 안전의 발판"(헨리 6세 3부3H6 5, 7); 가나안에서도 왕좌와 함께 갔다.

발판, 비계 scaffold **1.** 일반적 상징성: 교수대gallows, 교수형hanging 등 참조; **2.** 연극 무대(헨리 5세의 생애H5 1, 코러스Chor.; 참조: 트로일루스와 크레시다Troil. 1, 3: '비계scaffoldage').

밤 night **1.** 어둠, 죽음, 겨울: (이집트) 죽은 자들은 밤을 통과하여 부활한다; **2.** 사악함, 비활동성, 퇴화: a. 히브리: 역경, 격동, 불확실성; b. 밤공기는 건강에 해롭다. "오, 혐오스럽고 증기 가득하고 안개 낀 밤"(루크리스의 능욕Lucr. 771). 그리고 "너, 악취 풍기는 연기로 가득한용광로"(앞의 책 799); **3.** 만물의 창조 이전의 원초적 어둠; **4.** 여성성, 다산: a. 태양을 누르고 억압하는 탐욕스러운 여자; b. (이집트) 만물의 어머니, 심지어 신들의 어머니; **5.** 신비주의: (십자가의 성자 요한St. John of the Cross) 영혼이 신과의 합일에 도달한 상태; **6.** 듣기: "밤은 귀가 있다"(속담); **7.** 심리: 무의식; **8.** 윌리엄 블레이크William Blake: 경험의 시대; **9.** 스테판 말라르메Stéphane Mallarmé: "순수의 밤": 죽은 시인을 영광으로 감싸는 절대자의 보호장막; **10.** 폴 발레리Paul Valéry: ("시Poésie"): 절대적 만족; **11.** 어두움darkness 참조.

밤나무 chestnut (나무) **1.** 선견지명: 열매는 모아 두었다가 겨울에 가난한 사람들을 먹였다; **2.** 관능적이고 육감적이다: 전형적인 시골 소녀인 아마릴리스Amaryllis가 사랑한 밤나무chestnuts: 베르길리우스Virgil, 전원시Ecl. 2, 52); 이 시 구절은 나소 P. 오비디우스Naso P. Ovid가 두 번 인용했다(사랑의 기술De Arte Am. 2, 267 및 3, 83); **3.** 로마: 평민과 관련된다(플리니우스Pliny 16, 15); **4.** 강력한 내구성: 잘라내도 심지어 버드나무보다 더 잘 자란다(플리니우스 17, 34); **5.** 구약성서, 마법: "밤나무"(=흠정역 성서AV에서 '버즘나무'의 의미로 쓰임)는 야곱이 이 나무를 이용해 얼룩소를 얻었다(창세기Gen. 30, 37); **6.** 기독교: 순결, 육체의 유혹에 대한 승리; **7.** 연료로서: 난로에서 타지 않는다(로버트 그레이브스Robert Graves, 하얀 여신WG 169n.).

밧줄 rope **1.** 속박, 족쇄; **2.** 절망, 배신(한 버전의 유다); **3.** 연결(천국과의), 태양광선; **4.** 신의 힘: 황금으로 된 밧줄: 제우스는 모든 신이 함께 황금으로 된 밧줄로 당겨도 자신을 자리에서 끌어내릴 수 없지만 자신은 그들 모두와 땅과 바다도 끌어당길 수 있다고 말했다(호메로스Homer, 일리아드Il. 8, 19ff.); **5.** 밧줄춤rope-dance: (또는 '코르닥스 춤cord-ax-dance')=크레타, 트로이, 팔레스티나의 '자고새의 춤partridge dance'; **6.** 회개: 머리에 밧줄을 묶는 것(열왕기상서1Kings 20, 31); **7.** 민속: 교수형 집행인의 밧줄은 치유의 힘을 갖고 있다; **8.** 사슬chain, 매듭knot 참조.

방 room **1.** 개성; **2.** 몸과 생각의 사생활: "수녀는 수녀원의 좁은 방에 대해 안달복달하지 않고, 수행자는 자신의 독방에 만족한다"(윌리엄 워즈워스William Wordsworth, "수녀들은 힘들어 하지 않는다…Nuns fret not…"); **3.** 외로움(방=마음): "사랑스러운 여인이 어리석은 짓을 하고 다시 자신의 방에서 서성일 때 그녀는 손으로 머리를 부드럽게 빗어 내리며 축음기에 레코드판을 올린다"(토머스 S. 엘리엇Thomas S. Eliot, "황무지The Waste Land" 3); **4.** 방chamber, 집house, 창문window 등 참조.

방, 침실 chamber **1.** 지옥에 있는 죽음의 방들(잠언Prov. 7, 27); **2.** 남쪽의 방들=남십자성Southern Cross (욥기Job 9, 9); **3.** "물에 자신의 방의 들보를 얹으시며": 하나님God(시편Ps. 104, 3); **4.** 피난처: (여호와의 분노를 피해): "내 백성아, 그대들의 방으로 들어가 문을 닫고"(이사야서Isa. 26, 20); **5.** 비밀: (가짜 예수 그리스도들) "사람들이 너희에게 말하되 보라 그(가짜 예수 그리스도)가 비밀의 방에 있다고 말해도 믿지 마라"(마태복음Matth. 24, 26); **6.** 이미지(=우상): "사람의 아들아, 이스라엘 족속의 장로들이 저마다 우상의 방 안 어두운 가운데에서 행하는 것을 네가 보았느냐?"(에스겔서Eze. 8, 12); **7.** 수도: "왕자여, 너의 방, 런던에 온 것을 환영한다"(리처드 3세의 비극R3 3, 1).

방가지똥 sow-thistle (식물) **1.** '방가지똥 속Sonchus'에 속한다: 잎이 뾰족하고 유즙이 있는 잡초; **2.** 플리니우스Pliny: a. 이것은 아티초크와 비슷하며 특히 샐러드 드레싱과 함께 먹을 수 있다(22, 44); b. 천식, 구취를 치료하고 분만을 돕고 이뇨작용을 하며 유모의 젖을 풍부하게 만들고 아기의 안색을 좋게 만든다; 귀에 주입하여 청력을 좋게 할 수 있으며 복통, 배뇨 곤란 및 항문의 종기를 치료한다; 물린 곳에 해독제로 쓰인다(같은 책).

방광 bladder **1.** 돼지의 방광은 오래된 기념 의식에서 공기를 채워 소리가 나도록(예 덜거덕거리는 냄비처럼)하여 사용했다; 여전히 사육제와 관련된다; 꼬치에 꽂음: 모리스 춤Morris-dance에서 바보(광대)의 속성; **2.** 비탄: "한숨이 나오는 비통한 전염병이로구나! 이것은 사람을 마치 방광처럼 부풀게 만든다"(헨리 4세 1부1H4 2, 4); **3.** 윌리엄 B. 예이츠William B. Yeats: "거나하게 부푼(술에 취한) 에머great-bladdered Emer": 신성을 가진 이 여성은 소변으로 눈snow에 매우 깊은 구멍을 만들었다는 이유로 질투심에 찬 경쟁자에게 살해당했다(미친 제인Crazy Jane on the Mouritains).

방귀 farting **1.** 어떤 사람들은 불쾌한 냄새 없이 엉덩이에서 '음악적' 소리를 내는 능력이 있다(성 아우구스티누스St. Augustine, 신국론Civ. D. 14, 24; 아마도 이것은 단테Dante와 화가 히에로니무스 보쉬Jheronimus Bosch가 엉덩이에 트럼펫과 같은 관악기를 가진 남자를 묘사하는 것에 영감을 주었을 것이다); **2.** 마녀들의 전형적인 방귀: "마녀가 방귀를 뀐다, 염소 냄새가 난다" 괴테Goethe, 파우스트F 3961 참조; **3.** 속이 부글거림flatulence 참조.

방랑하는 유대인 The Wandering Jew **1.** 신화에는 벨레로폰, 오이디푸스, 이아손과 같이 도시에서 도시로 방황하며 삶을 마감하는 '저주받은' 왕들이 있다; **2.** 많은 경우에 이들의 방황은 태양(아마도 겨울의 태양)과 닮아 있다. 예 디오니소스, 헤라클레스, 미트라; 더 나아가 아하수에로라는 이름은 에스더Esther서에 나오는 태양왕에서 따온 것이다; **3.** 또한 이 특성은 영원한 젊음, 유령 사냥꾼, 유령선 등과도 관련 있다; **4.** 심리: a. 인간의 불멸의 측면; b. 결코 죽지 않고 그 대상을 찾지 못하는 끊임없는 충동의 갈망, 특히 잃어버린 어머니에 대한 향수를 나타낸다.

방망이, 곤봉 bat 곤봉club 참조.

방물장수 haberdasher (속담으로) 재치가 없다(예 헨리 8세의 생애에 관한 유명한 역사H8 5, 3).

방앗간 (방아간 주인) mill(er) **1.** 번식력: 곡물과 관련된다; 또한 맷돌millstone 참조; 풍요의 신인 제우스는 방아를 찧는 자이다(리코프론Lycophron 435); **2.** 수레바퀴: a. 태양: 태양 영웅인 삼손은 연자방아에 묶여 있었다; 익시온Ixion 참조; b. 회전하며 '소용돌이치는' 하늘; c. 시간; 모든 주기적 움직임; d. 응징: "신의 맷돌은 천천히 돌아간다"; **3.** 맷돌 가는 일: 가장 천한 직업: a. 하나님은 모든 장자(처음 태어난 것)를 그대로 두실 것이다: 왕위에 앉아 있는 바로의 장자로부터 맷돌 뒤에 있는 몸종의 장자"에까지 그러하다(출애굽기Ex. 11, 5); b. 그리스-로마: 노예들의 노동이었다. "그는 방앗간에서 슬퍼하고 지저분한 곳에서 애도한다": 노예와 자유인 모두 그러하다; **4.** 속도: "당신은 물레방아가 [물]을 치는 것만큼이나 빠르게 신음소리를 냈다"(템페스트Temp. 1, 2); **5.** 탐욕: "방앗간과 아내들은 항상 부족하다"(속담); 랭글랜드에서 방앗간 주인은 갈취하는 것으로 악명 높은 사람들이다(플로우먼에 관한 비전PP 2권); **6.** 중세: 복음; **7.** 윌리엄 블레이크William Blake: a. 열정에 대한 미약한 보호수단으로서의 논리; b. '마음의 방앗간': 산업용 기계(제분기=공장): 습관적이고 창조적이지 않은 생각: "이 어두운 사탄의 방앗간"("존 밀턴John Milton"; 윌리엄 B. 예이츠William B. Yeats: "1 에이커의 잔디An Acre of Grass"); **8.** 민속: a. 마을의 방앗간 주인은 종종 은행의 역할도 했기 때문에 파종용 곡식을 빌려주고 수확 때 돌려받아 다른 사람들이 어려울 때도 잘 살 수 있게 했다("모든 정직한 방앗간 주인에게는 황금 엄지 손가락이 있다"). 게다가 경외심을 불러일으키는 그의 방앗간 기계들은 사람들이 방앗간 주인에게 초자연적인 힘이 있다고 믿게 만들었다; 이는 종종 악마와 결탁했다고 해야만 설명될 수 있었다; 이 모든 것은 방앗간 주인이 사탄의 역할을 하는 수많은 민담을 만들어 냈다; b. 전래동화: 이름이 밀러인 소년은 언제나 먼지투성이 밀러Dusty Miller("꼬집는" 마틴"Pincher" Martin, "감자" 머피"Spud" Murphy 등처럼)라는 별칭을 갖게 된다; **9.** 맷돌질grinding 참조.

방어 pilot-fish **1.** 신화: a. 방어는 아폴로의 분노를 일으킨 뱃사공의 변형이었다(클라우디우스 아엘리아누스Claudius Aelianus., 동물의 본성에 대하여NA 15, 23, 로디우스의 아폴로니우스Apolloinus Rhodius를 인용); b. 사모트라케의 포세이돈과 카비리Cabiri(역주: 농경의 신)에게 바쳐졌다(같은 책); **2.** 특성: a. 인간이나 돌고래가 방어를 먹으면 신의 징벌로 죽음을 초래할 수 있다(같은 책); b. 배를 따라가던 방어가 떠나거나 뒤로 물러날 때, 선원들은 배가 육지에 접근하고 있다는 신호라는 것을 알았는데 이는 방어가 얕은 물을 싫어하기 때문이다(같은 책 2, 15; 오피안Oppian, 할리에우티카H. 1, 186ff.에서 이 물고기를 라틴어로 '나우크라테스 두크토르naucrates ductor' 또는 '선원의 리더'라고 불렀다); c. 방어는 거친 날씨에만 움직이고 그늘을 선호한다; 방어는 갈대로 만든 인공뗏목 아래에서 잡을 수 있다(오피안, 같은 책 및 4, 437ff.); **3.** 고래와 관련 있다: 고래가 얕은 석호에서 나오도록 돕는다; 고래는 방어를 입에 물고 자는데, 방어를 놓치면 고래는 길을 잃고 해변에 좌초될 수 있다(플루타르코스Plutarch, 윤리론집M 980F에서 물고기를 묘사하였다).

방울 drop 인간은 "음란한 욕정과 추잡한 물방울(정액)"의 결과물을 보고 자랑스러워할 이유가 없다(그리스어 '라니스ranis'는 '정액'을 의미한다; 판테온북스Panth. 10, 45).

방울새 linnet (새) **1.** 구애: a. "그때 (열정적인 방울새처럼) 내가 소리 높여 달콤함을 노래할 것이다…"(사랑의 달음박질로, "감옥에서 알테이아에게To Althea, from Prison"); b. "나는 봄에 자신의 암컷에게 구애하는 방울새의 노래 소리를 들었다."(로버트 브리지스Robert Bridges); **2.** 어머니의 사랑: "어미 방울새의 부름에 자신의 가느다란 목을 움직이는 덤불 속의 방울새 같은" (어린아이) (필립, "그녀의 어머니의 팔에 안긴 샬롯 풀트니 양에게To Miss C. Pulteney in her Mother's arms"); **3.** 윌리엄 워즈워스William Wordsworth: "초록 방울새"는 봄의 악단의 고독한 리더이다; **4.** 윌리엄 B. 예이츠William B. Yeats: 그는 그의 딸이 방울새처럼 되길 희망한다: "관대한 인상을 주는 소리를 만들어 낸다"; **5.** 동요: 방울새는 수컷울새Cock Robin의 장례식에서 횃불link(횃불torch)을 운반했다.

방주 ark **A. 노아의 방주: 1.** 홍수: a. 고대세계의 여러 홍수 이야기(원형archetype) 중 하나: 이 이야기들은 선택받은 순수한 자만이 보존된다는 점에서 공통되며 일부 이야기에서는 정찰을 위해 새를 보냈다: 노아는 까마귀 한 마리와 비둘기 두 마리를 보냈고 우트나피쉬팀(길가메쉬 서사시)은 비둘기, 제비, 까마귀를 보냈다; b. 하나님의 공의와 형벌의 도구; c. 노아의 홍수가 끝남은 성서에서 하나님과 맺은 첫 언약이다; 모든 이야기에는 감사의 희생제물이 포함되어 있다; d. 그것은 바구니에 담긴 모세를 나타낸다; 태양의 영웅(페르세우스Perseus 참조)은 종종 새해 첫날에 떠다녔다(또는 돌고래를 타고 왔다): 페르세우스는 나무 방주에 갇혀 그의 어머니 다나에와 함께 바다에 던져졌다(시모니데스Simonides 27장); 유명한 쌍둥이가 물에 떴다: 펠리아스와 넬레우스, 로물루스와 레무스(신성한 아버지와 필멸의 어머니가 있음); e. 최후 심판의 유형(예 마태복음Matth. 24. 37ff); f. 후기의 세례 유형(예 베드로전서1Peter 3, 20장 참조); **2.** 담아 줌의 여성적 상징: a. 다시 태어날 때까지 작은 씨앗에 담겨 있는 생명의 본질; b. 피난처, 성소 등; c. 교회; d. 동정 마리아; **3.** 하나님과의 언약: a. 1번의 c 참조; b. 방주+무지개 방주는 '아래의 바다'에 떠 있다: 하늘의 물에 있는 무지개: 방주에 보존된 질서회복의 표시; 함께 하나Oneness를 이룸, '세계의 알world-egg'의 두 반쪽; **4.** 홍수의 몇몇 생존자들은 포도주와 관련 있다: a. 노아의 경솔함; b. '데우칼리온'

'달콤한 와인': c. 새 달New Moon과의 연결을 통해 노아의 홍수는 디오니소스의 해적과 연결된다; **5.** 영혼, 이 세상의 순례; **6.** 딜런 토머스Dylan Thomas: 시; **B. 모세의 궤(방주): 1.** 그 내용의 신비함: 성서는 이 궤 안에 사람들이 의심하는 이교도적인 것(다산)이 전혀 들어 있지 않다고 강력하게 주장한다; 율법판, 아론의 지팡이, 만나가 담긴 황금 병만 들어 있어야 한다고 생각했다; **2.** 이것들은 마법의 힘을 가지고 있었다: 파라오의 딸이 이것을 만졌을 때 나병이 치료되었다: 태양은 여성성의 근원을 치료한다; 그러나 다음의 것을 죽일 수 있다: 예 '세게 맞은' 불쌍한 웃사(역대상서 1Chron. 13, 9f); **C.** 다음과 관련된다: 바구니basket; 가슴chest; 낭종(혹)cista 등.

방패 shield **1.** 방어, 보호: "나는 너의 방패요 너의 지극히 큰 상급이니라"(하나님이 아브라함에게 창세기Gen. 15, 1에서 하신 말씀); **2.** 믿음(에베소서Eph. 6, 16) 교회의 상징; **3.** 구원(예 사무엘하서2Sam. 22, 36); **4.** 미덕: 여성의 아름다운 얼굴은 종종 미덕의 방패로 여겨지고 거기에서 기사의 미덕이 상징화된다(예 루크리스의 능욕Lucr. 61ff.); **5.** 지혜, 신중함: 상징물들에서 보이는 속성; **6.** 태양(신)의 상징: "여호와 하나님은 해요, 방패이시라"(시편Ps. 84, 11); 방패에 "기름을 바를지어다"(이사야서Isa. 21, 5); **7.** 땅의 상징: 예 경외심을 불러일으키는 상징(예 공포, 추격, 운명 등) 외에 "헤라클레스의 방패"(헤시오도스)는 수퇘지, 사자, 돌고래, 전쟁 장면, 축제, 수확, 씨름, 경기 등 세계의 그림을 담고 있고, 전체는 '대양'의 물줄기로 둘러싸여 있다; **8.** 선박과 연결된다: 예 '울UII의 배'가 고대 북유럽의 시(詩)에 등장한다; **9.** 유명한 고전 영웅의 방패에 있는 다른 상징: a. 아킬레스의 어머니가 바다의 여신 테티스였기 때문에 그의 방패에는 해마 상징이 있다; b. 아가멤논 방패에는 고르곤; c. 메넬라오스의 방패에는 용; d. 헥토르의 방패에는 사자; e. 이도메네우스의 방패에는 수탉; f. 율리시스의 방패에는 돌고래 상징이 있다; **10.** 방패에 부딪치는 창: 겁주어 쫓기=악마, 비인간적인 아버지 등: 예 어린 제우스를 지키는 쿠레테스(칼리마코스Callimachus 1, 52ff.; 아폴로도로스Apollodorus 1, 1, 7 등).

방향 direction **1.** 나침반compass 참조; **2.** 현대에는 수직선의 방향도 포함되었다: 예 고층빌딩.

방향전환 swerving **1.** 에피쿠로스 철학의 중요한 개념: 일반적으로 평행경로를 따라 흐르는 원자들은 때로 방향을 바꾸며 새로운 조합을 만든다; 새로운 창조, 새로운 우주(티투스 루크레티우스 카루스Titus Lucretius Carus 서문, 33 및 2, 216ff.): 비록 데모크리토스는 무거운 원자와 가벼운 원자 간에는 구별이 있고 공(空)의 상태에서 떨어질 때 무거운 원자가 가벼운 원자를 앞지른다고 가르쳤지만 에피쿠로스는 원자의 하강은 균일하지만 조금만 방향이 틀어지면 충돌이 발생한다고 생각했다; 따라서 그는 사물의 고정된 질서에 관한 이론을 뒤집었다(마르쿠스 툴리우스 키케로Marcus Tullius Cicero, 최고선악론Finib. 서문, XX 및 1, 6, 17ff.); **2.** 사물의 고정된 질서가 없기 때문에 피할 수 없는 운명의 개념은 틀린 것으로 판명되었다; 인간은 자유 의지가 있고 자신만의 행복을 창조할 수 있다(마르쿠스 툴리우스 키케로, 같은 책); **3.** 소용돌이vortex 참조.

밭고랑 furrow **1.** 일반적인 상징성: 쟁기plough 참조; **2.** 이름: 그리스어로 '아우락스aulax'는 은유적으로 '아내'를 의미한다; **3.** 테렌티우스 바로Terentius Varro: 라틴어로 '술쿠스sulcus'는 쟁기공유가 '없어졌다'(라틴어로 '수스툴리트sustulit')에서 파생되었지만 실제로는 '끌거나 당기다'를 의미하는 어근에서 유래했다(라틴어 원론LL 5, 39); **4.** '마음의 고랑'에서 명예로운 조언이 나온다(플루타르코스Plutarch, 아리스토텔레스Arist. 3, 4, 아이스킬로스Aeschylos 인용, "테베를 대적하는 일곱명Seven against Thebes" 593).

밭종다리 pipit (새) **1.** 그리스어 '테트릭스tetrix' 또는 '히폴라이스hypolais'; **2.** 고대에 '황갈색 종다리', '큰 밭 종다리' 그리고 '나무밭 종다리'는 종달새와 구별되지 않았다(폴라드Pollard 49).

배 pear (나무; 과일) **1.** 배나무는 하얀 여신에게 바쳐졌다: a. 순결의 달인 5월에 열매를 맺는다(아래의 5번 참조); b. 흰 꽃; c. 이집트: 이시스 여신에게 바쳐졌다; d. 그리스: 헤라 여신에게 바쳐졌고 그리스인들이 매우 귀하게 여겼다(호메로스Homer, 오디세이아Od. 7, 114ff.); **2.** 풍부함: 척박한 토양에서도 많은 열매를 맺는다; **3.** 애정: 배의 하트 모양은 애정을 나타내는 상징이다; **4.** 안락함과 장수를 상징한다: 배나무를 태우는 향기는 안락함을 제공한다(로버트 그레이브스Robert Graves, 하얀 여신WG 169); **5.** 켈트족: 켈트족 나무 알파벳에서 배나무는 5월에서 6월까지의 여섯 번째 달 그리고 알파벳 H와 관련이 있다; **6.** 기독교: 인류에 대한 그리스도의 사랑; **7.** 조각용 나무로 사용된다: 회양목box-tree 참조; **8.** 전래동요에서 자고새와 함께 등장한다.

배 vessel (배) 선박ship 참조.

배, 복부, 밸리 belly **1.** 식탐: "그들의 신은 배요"(빌립보서Phil. 3, 19); **2.** 물리적이고 파괴될 수 있는 몸과 물질은 두뇌, 입, 말, 영혼과 대립된다: 사도 요한에게 천사가 준 지혜의 책은 "네 배에는 쓰나, 네 입에는 꿀같이 달리라"(요한계시록Rev. 10, 9): **3.** (성욕의) 애정, 관능, 죄의 자리이지만 또한 (내장, 신장 등과 같이) 연민과 사랑의 자리이다; 이것은 심지어 '예술'의 자리이다: "배는 모든 예술을 가르친다"(속담); **4.** 허풍이 가득 찬 배=어리석음(떠벌이): "지혜로운 자가 헛된 지식을 말하며, 동풍으로 자기 배를 채우겠는가?"(=무섭고, 파괴적인 사막 바람; 욥기Job 15, 2); **5.** 낮음(높이 상징): 뱀에 대한 저주: "너는 죽을 때까지 배로 기어 다니며 먼지를 먹어야 하리라"(창세기Gen. 3, 14); **6.** 배의 강=영혼: "나를 믿는 자는 성경에 이름과 같이 그 배에서 생수의 강이 흘러나오리라 하시니"[요한복음John 7, 38; 그리스도가 이사야이사야서 12장 3절에 대해 언급한 부분, 즉 "너희가 기쁨으로 구원의 우물들에서 물을 길으리로다"]; **7.** 게으른 탐식가: 크레타 사람들의 특징: 크레타 사람들은 "항상 거짓말쟁이요 악한 짐승이요 게으른 탐식가이다"(디도에게 보내는 서간=디도서Tit. 1, 12); **8.** 황동배: 느브갓네살왕의 조각상에 있는 알렉산더의 상징; **9.** 기독교: a. 남자의 가족 또는 재물; b. 자기만족에 빠진 중산층: "좋은 고기를 먹어 배는 근사하게 볼록 나오고"(뜻대로 하세요AYL 2, 7); **10.** 별자리: 처녀자리; **11.** 남자는 바다에 상응한다; **12.** 연금술: 실험실, (속성의) 변환의 장소; **13.** 술래 정하기 노래: "뚱보 아저씨, 부인은 안녕하신가요?" 등.

배꼽 navel **1.** 신비의 중심, 세계 축, 우주의 산의 뿌리; **2.** 옴파로스, 세상의 중심: 제우스는 세상의 중심을 계산하기 위해 두 마리의 독수리를 서로 반대 방향으로 날렸고 그 둘이 다시 만난 곳이 델포이였다(핀다로스Pindarus, 피티아 송시Pyth. O. 4, 6). 옴파로스는 독수리 두 마리가 지키고 있으며, 유대인들에게 그곳은 예루살렘이었다; **3.** 대지 여신의 보좌; **4.** 양성성: a. 중심축으로서 남성; 또한 태양의 회전; b. 둥근 구멍으로서 외음부; '배꼽navel'이라는 단어는 히브리어를 번역한 것으로 (여성의) 은밀한 부위, 즉 외음부를 완곡하게 표현한 것이다(아가서SoS 7, 2 참조; 또한 고블릿goblet 참조); **5.** 다산: a. 헤라클레스의 회전하는 바퀴의 중심은 옴파로스였다; b. 풍요의 영웅 오레스테스의 성소는 옴파로스였다. 로마의 팔라티움도 마찬가지였다; c. 고대 그리스 고전문학: 여성의 열정의 자리; **6.** 질서, 평화, 평온: 고요한 중심; **7.** 예언: a. 델포이의 신탁과 관련된다; b. 영웅 족장들의 탯줄과 턱뼈는 동굴에 보관해 놓고 예언을 청했다; **8.** 생명의 중심: "전쟁의 압박이 국가의 배꼽이 닿았음에도(=위협) 그들은 성문을 통과하지 않을 것이다."(코리올라누스Cor., 사람들의 비겁함을 비난하면서: 코리올라누스Cor. 3, 1); **9.** 인간성: 유령은 배꼽이 없다; 10. 운명: 탯줄이 사람의 운명을 통제하기 때문에 (출생 후) 신중하게 지켜야 한다.

배수로, 도랑 ditch **1.** 함정: "도랑에 빠지느니 돌아서 가는 편이 낫다"(속담); **2.** 고대 그리스: 지하세계(저승) 신들에게 제물을 바치는 '제단'; **3.** 딜런 토머스Dylan Thomas: "동틀 녘의 소용돌이치는 도랑"; **4.** 민속: "시궁창 물처럼 칙칙하고, 지독히도 따분한"(속담).

배신 betrayal 영웅은 일반적으로 가까운 사람에게 속아 배신을 당하고 배신으로 인해 죽임을 당한다. 속임을 당한 데이아나에이라를 통해 켄타우러가 헤라클레스를 죽이고, 그리스도가 유다(예수가 쉽게 예수 자신을 해방할 수 있을 것이라고 믿었던)에게, 지그프리트가 발에게 배신을 당한다(카를 융Carl Jung 5, 30).

배양 incubation **1.** 일반적으로 다음을 의미한다: 꿈에서 신들로부터 신탁을 받기 위해 신전에서 자는 행위; **2.** 예 a. 스파르타인들은 '진정한 꿈'을 꾸기 위해 파시파에 신전에서 잠을 잤다(마르쿠스 툴리우스 키케로Marcus Tullius Cicero, 점술Div. 1, 43, 96); b. 레오니다스는 헤라클레스 신전(플루타르코스Plutarch, 윤리론집M 865f)에서 자는 동안 꿈에 환상을 보았다; c. 한 양치기가 오르페우스의 무덤에서 잠을 잤다. 꿈에서 그는 마치 자신이 죽은 자들의 세계에서 돌아온 불멸의 목소리인냥 오르페우스의 노래를 큰 소리로 부드럽게 불렀다(카를 케레니Carl Kerényi, 그리스의 영웅HG 286, 파우사니아스Pausan. 9, 30, 10을 인용함); d. 이탈리아 남부 다우니아에 있는 예언자 칼카스를 위해 봉헌된 신탁의 영웅신전에서 신탁을 구한 사람들은 그의 '그늘'에 검은 양을 제물로 바치고 양의 가죽을 덮고 잠을 잤다(스트라보Strabo 6, 3, 9); **3.** 치유 대상의 배양: a. 치유 과학에 매우 조예가 깊었던 이시스는 자신을 부르는 사람들에게 '수면 중에' 도움을 주었다; 그녀는 호루스-아폴로에게 약과 점술을 가르쳤다: 그는 "이제 그의 신탁의 응답과 자신의 치유력을 통해 인류의 후원자가 되었다"; 델포이는 원래 규범을 주는 자였던 이시스의 다른 이름인 테미스를 모시는 배양 장소였다고 한다(디오도로스 시쿨로스 Diodorus Siculus 1, 25); b. 고대에 아폴로는 예언을 통해 치유술을 가르쳤다: 그는 그의 아들 아스클레피오스/아스쿨라피우스에게 약물과 수술법을 가르쳤다; 결과적으로, 로마 시대에 배양은 종종 아스쿨라피우스의 신전에서 행해졌다(디오도로스 시쿨로스 5, 74; 마르쿠스 툴리우스 키케로, 점술Div. 2, 59, 123, 치유술의 사용을 조롱했다); **4.** 기독교: 율리아누스는 기독교도들이 순교자들과 경건한 조상들의 무덤에서 예언의 꿈을 유도하기 위한 배양을 한다고 비난했다(갈라디아서Gal. 339Ef.).

배우 actor **1.** 로마인들은 춤을 멸시하는 경향이 있었지만 그들은 로스키우스와 같은 배우를 높이 평가했다. 마르쿠스 툴리우스 키케로Marcus Tullius Cicero와 루키우스 술라Lucius Sulla는 배우의 훌륭한 친구였다. 후자는 그(배우)에게 기사작위를 부여했다(마크로비우스Macrobius, 사투르날리아Saturnalia; 3, 14, 11ff); **2.** 심리: a. 인위적 행동으로 연기하는 꿈꾸는 자; 종종 그의 페르소나; b. 배우나 영화스타는 꿈속의 남자 또는 여자, 아니무스/아니마(원형archetypes 참조)이다; c. 영화스타가 되는 꿈: 불만족스러운 환경을 보상하려는 시도(톰 체트윈드Tom Chetwynd).

배의 키 helm 배의 방향타rudder 참조.

백 hundred 일백one hundred, 이백two hundred 등 참조.

백단, 샌들우드 sandalwood (나무) **1.** 이국적인 것: 최소한 인도로 가서 가져와야 했다; **2.** 향기: a. 백단에서 증류하여 얻은 기름은 향수를 만드는 데 사용되었다; b. "백단은 자신을 찍어 내는 도끼마저 향기 나게 한다"(오래 자란 나무의 노랗게 변한 단단한 중심을 찍을 때에만 해당된다); **3.** 신성한 나무: 조각상을 만들고 종교 행사에 사용되었다.

백단향 algum (나무) **1.** 킹 제임스 성서에서 '백단목(또는 백향목)'으로 보이는 건축 마감재; 이것은 금 등과 함께 오빌(아마도 인도의 한 지역)에서 들여왔다(역대하서2Chron. 2, 8 및 열왕기상서2Kings 10, 11장 참조); **2.** 매우 귀하게 여겨 성전 기둥을 건축하고 왕(히람 왕)의 궁을 짓고 계단, 수금, 비파를 상감하는 데 사용했다.

백로 egret (새) **1.** 작은 흰 왜가리(왜가리heron 참조); **2.** 눈이 하나밖에 없고 북쪽이나 남쪽으로 날아가면 좋은 징조이다(플리니우스Pliny 11, 52).

백리향, 타임 thyme (식물; 약초) **1.** 마르스와 비너스 모두에게 바쳐졌다(전쟁과 사랑-다산을 동일시함); **2.** 활동: a. 중세시대: 기사들의 활동성을 나타내기 위해 여성들은 허리띠에 백리향 나뭇가지 주위를 맴도는 꿀벌을 수놓았다; 또한 전장에서 기사들을 보호하기 위해 기사들에게 주어졌다; b. 근면의 상징; **3.** 요정과 관련된다; 티타니아가 잠자고 있는 장소에 대한 묘사로 시작한다(한여름 밤의 꿈MND 2. 1): "나는 야생 백리향이 날리는 강둑을 알고 있어요…"; **4.** 우슬초의 반대: 백리향은 촉촉하고 우슬초는 건조하다(아마도 베니스의 무어인 오셀로Oth. 1, 3에서 이에 대해 언급했을 것이다); **5.** 점성술: 달과 관련된다; **6.** 참고할 문학서: A. 윌리엄 블레이크William Blake: a. 영감의 기쁨(향기를 내는 최초의 식물)으로 인해 감각을 고양시킨다; b. '악마'의 식물이지만 종달새(=천사)처럼 내면의 신성함을 드러낸다; B. 페데리코 G. 로르카Federico G. Lorca: 좋은 평판("예르마Yerma" 2, 1); C. 토머스 S. 엘리엇Thomas S. Eliot: "백리향과 딸기"는 숨겨진 감각의 즐거움뿐만 아니라 어둠 속의 수동적이고 영적인 기쁨을 가리키기도 한다("이스트 코커East Coker" 3); **7.** 민요: "앨리스 부인Lady Alice"에서 레몬 백리향은 죽음의 화환에 사용된다; **8.** 민속: 죽음과 관련된다: 죽은 자의 영혼; 영국에서는 특히 살해된 자의 영혼이 (콩꽃과 디기탈리스꽃처럼) 이 꽃 속에 거한다.

백부, 숙부 uncle **1.** 심리: '숙권제'는 일반적인 가족구조와는 정반대의 체계이다. 즉, a. 아버지의 권력이 거의 없는 모계사회에서는 외삼촌이 가족에 대한 권한을 갖는다; 일부 사회에서, 예를 들어 멜라네시아의 언어에는 '아버지'라는 단어가 없는데 왜냐하면 아이들이 외삼촌으로부터 훈육과 상속을 받기 때문이다(찰스 셀트만Charls Seltman, 고대의 연인들Women in Ant. p. 20; 또한 클로드 레비 스트로스Claude Lévi-Strauss 구조주의 인류학Structural Anthropology p. 40f.); b. 아버지가 엄격한 권위를 가지고 있는 부계사회에서 조카는 삼촌과 의 관계에서 특권을 가지고 있으며, 삼촌을 희생자 또는 '남성 어머니'로 대할 수 있다(클로드 레비 스트로스, 같은 책); **2.** 구약성서: 남자가 아버지 형제의 딸과 결혼하는 것은 형제의 미망인과 결혼하는 것과 비슷하다(구약성서 위경Pseud. 희년의 책Jub. 4, 15, 27); **3.** 그리스신화: a. 헤라클레스는 미쳐서 조카 이올라오스를 죽이려 했지만 그가 탈출하자 헤라클레스는 자신의 친자녀들을 죽였다(희생 제물sacrifice 참조: 디오도로스 시쿨로스Diodorus Siculus, 4, 11); 조카 이올라오스는 나중에 헤라클레스가 누렸던 영예를 함께 누리게 되었다(같은 책 4, 2); 이올라오스는 테스피오스의 딸들 그리고 헤라클레스의 쉰 명의 아들들과 함께 사르디니아에 식민지 건설을 위해 보내졌으며, "테스피스는 그에게 이 영예[그의 이름을 따서 도시 이름을 짓는 것], 즉 그를 '아버지" 이올라오스라고 부르는 아버지로서의 영예를 주었다[(같은 책 4, 29; 나중에 헤라클레스는 그의 합법적인 아내 메가라를 이올라오스에게 주었으며, 헤라클레스의 자식이 많음에도 불구하고 그를 공식적인 후계자로 삼았다(4, 32); b. 펠리아스Pelias왕은 동생의 아들 이아손이 위험한 원정을 떠날 때 매우 기뻐했다; 그는 이아손이 "그의 왕국을 공격할까"(같은 책 4, 40) 두려웠기 때문이었다; **4.** 로마: 분노하고 엄한 삼촌 즉 '파트루우스patruus'는 라틴 문학에서 속담적인 표현으로 나온다(예 퀸투스 플라쿠스 호라티우스Quintus Flaccus Horatius, 풍자시집Sat. 2, 2, 97); **5.** 고대 북유럽: a. 막내아들 아리Ari는 어머니의 남자형제에게 입양되었다(기슬리의 사가Gisli's Saga 2); b. 레리르Rerir는 그의 아버지를 죽인 외삼촌들을 모두 죽였다(볼숭Volsung, 모리스Morris 번역 2); c. 신피오틀리Sinfjotli는 그의 계모의 동생인 외삼촌과 본문에 이름이 나오지 않은 여인(같은 책 10)을 두고 갈등했고 그를 죽였다; d. 삼촌과 계부를 증오하고 죽이는 햄릿 참조; **6.** 아서왕의 전설: a. 아서와 모드레드는 삼촌과 조카 관계로 매우 특별하고 돈독한 관계였으며 심지어 모드레드가 아서의 전 아내 귀네비어Guinevere와 사랑을 나누게 된다: 모드레드는 로스Loth왕과 결혼한 아서의 이복여동생 안나Anna의 아들이다(로버트 웨이스Robert Wace, 브루트 이야기Br. 79 및 109; 레이아먼Layamon pp. 235 및 259ff.; 몬머스의 제프리Geoffery of Monmouth, 8, 20ff.); b. 아서왕의 이복 누이들이 낳은 모든 조카들은 아버지의 반대에도 불구하고 아서왕에게 기사 작위를 받고 섬기기 위해 그의 궁정으로 갔다("멀린Merlin", 여러 곳에서 언급됨: 예 18장, 민담fol. 100A); c. 아서왕은 누이의 아들 카도르경을 그의 후계자로 지명했다[앨리어티드(두운체)Allit. "모르테 아서Morte Arthure" 1944f.].

백설공주 Snow White 질투에 사로잡힌 어머니(=죽음의 여신, 서리의 거인족 또는 오래된 초목)는 자신의 전형적인 상징인 빗, 거울, 허리띠를 사용하여 백설공주를 죽이려고 한다; 그녀는 마침내 사과를 사용하여 공주를 죽이는 데 성공한다; 이후 백설공주는 유리관(죽음의 유리성)에 놓이고 일곱 난쟁이(귀금속을 캐는=풍요, 또는 신성한 나무, 행성들 혹은 평일)와 올빼미, 까마귀, 비둘기(그녀의 신성한 동물들)가 그녀를 애도한다; 그녀는 새로운 왕자에게 키스를 받으며 새로운 삶을 위해 다시 살아난다; 아마도 원래는 반대였을 것이다; 왕자가 사과를 받았으며 그는 죽었다가 지하세계에 다녀온 후 여신에 의해 되살아났다; 그녀는 달의 여신과의 관련성을 보여 준다; 또한 왕자prince, 잠sleeping 참조.

백악 (백색 연토질 석회암) chalk 석고gypsum; 석회석lime 참조.

백의(白衣) surplice 성직자의 예복: 정의와 진리로 새롭게 된 사람(양성성androgyne도 참조).

백조 swan (새) **1. 자웅동체**: a. 남성적(남근적) 목과 여성적(둥근) 몸을 갖고 있다; b. 많은 원시 및 천체 생물학적 종교의 양성 신으로 신비한 중심과 대극 합일의 상징이다; c. 다산의 여신과 신들에게 바쳐졌다(예 아폴로와 고대 북유럽의 프레이르의 전차는 구름 모양이다); **2. 다산과 죽음**의 위대한 여신에게 신성시되는 여성 원리: **A.** 일반적으로 다음을 의미한다: a. 순결한 여성의 나체를 상징한다; 백조의 비행 대형은 여성적 형태를 취한다; b. 백조 처녀: 풍요의 (태양)영웅이 그녀의 깃털에서 멀리 떨어지면 그녀는 깃털(겨울안개 또는 눈snow)을 벗고 아름다운 여성(봄, 다산 등; 그리스의 미의 여신 카리테스Grace 참조)이 된다; 그는 항상 금기를 깨고 백조의 모습이 되어 날아간다; 이런 이야기들의 아류는 매년 여름 끝 무렵에 아름다운 카에르와 사랑에 빠지고 그녀가 백조가 된다는 것을 알게 된 옹구스-앵거스의 켈트족 이야기이다; 그는 그녀와 똑같은 모습이 되기로 했고, 그들은 드래곤-마우스 호수(=지옥 또는 지하세계)에서 사랑을 나눈다; c. 백조는 공기의 요소들 (풍성한 바람: 서풍이 불 때 더 부드럽게 노래한다)과 물을 가장 고결한 형태로 연결한다; 백조는 물새들의 왕으로 독수리에 대항해 싸울만한 가치가 있다고 여기는 유일한 새이다(올빼미owl 참조); **B.** 그리스: a. 아프로디테(사포에 따르면 백조가 그녀의 황금수레를 끌었다)와 아르테미스에게 바쳐졌다; b. 레다는 보통의 임신 가능한 여인으로서 레토/라토나와 유사하다; 레토는 아폴로와 아르테미스를 낳았으며 레다는 두 개의 알을 낳았다(하나는 카스토르와 폴리데우케-폴룩스를 담고 있으며 디오스쿠로이이고, 다른 하나는 트로이의 헬레나와 클리테르네스트라)이다; **C.** 게르만: a. 사랑과 다산의 여신 아프로디테처럼 프레이야와 관련이 있으며 하얀 바다 거품에서 태어났다; b. 노른 신(세 가지 형태의 여신)은 때로 백조로 변신했다; 발키리: D번 참조; c. 요정은 자신을 백조로 바꿀 수 있다(엘프elf 참조); **D.** 죽음의 여신: a. 한여름에 백조들은 미지의 북쪽 번식지로 날아간다; b. 많은 종교에서 백조는 죽은 자의 영혼(태양 영웅들)과 함께 아주 먼 북쪽에 있는 다른 세계로 죽은 자들의 영혼을 인도하는 안내자 역할을 한다: 예 발키리족은 '백조의 베일'을 통해 백조로 변신하여 전투에서 영웅적으로 죽은 사람들을 발할라로 불러들일 수 있다; c. 아마도 키크노스 이야기는 그러한 태양 영웅에 대한 전설의 잔재일 것이다(절벽에서 익숙하게 뛰어내리는 등: 아래 참조); d. 깃털은 치명적인 화살에 사용된다: "백조의 깃털로 만들어진 그의 화살은 그의 심장의 피로 젖었다"(체비 체이스Chevy Chase의 민요, 53절-프랜시스 차일드Francis Child 126, 46); e. 마지막 제사를 행하는 사제의 상징이다: "장송곡에서 능숙한 사제 역할은 하얀 성의를 입고 있는 백조가 하게 하라"(페니키아어: 내세로 안내하는 자와 관련된 죽음의 노래); **3. 남성 신들**과 연결된다: 가부장적인 하늘과 어머니의 대지-달의 여신을 대체하는 싸움의 신 또는 죽은 자를 인도하는 백조가 데리고 간 신성한 태양왕(2번의 D 참조): a. 아폴로는 음악을 통해 레토에게서 태어났고 하늘의 신이기 때문에 백조는 아폴로에게 바쳐졌다: 서정시 작가들은 목이 긴 백조의 감미로운 소리에 대해 언급했으며 아폴로가 하이퍼보리아인들의 땅(출생한 곳: 겨울 서식지)으로 날아갈 때 그의 전차를 백조가 끌었다: 예 알카이오스; b. 파에톤과 헬리아데스의 친척이기도 한 키크노스는 파에톤의 죽음과 소녀들의 변신을 애도하며 백조로 변하였는데 이것이 백조가 물의 요소를 좋아하는 이유다(태양-불의 대극: 나소 P. 오비디우스Naso P. Ovid, 변신이야기Metam. 2, 367ff. 및 12, 581); c. 아폴로와 하이리의 아들인 또 다른 키크노스는 숙련된 사냥꾼이었고 필리오스의 사랑을 받았다. 필리오스는 키크노스를 위해 야생동물들을 잡았으나 그의 사랑은 받아들여지지 않았다; 필리오스가 마지막 선물이었던 길들여진 황소(태양 상징)를 주지 않자 키크노스는 분노하며 절벽에서 뛰어내려 넵투누스에 의해 공중에서 백조로 변했다(오케아노스/포세이돈의 일몰: 나소 P. 오비디우스, 변신이야기 7, 37 이하); d. 또 다른 키크노스(백조자리='백조'라고도 함)는 아킬레우스를 만나 목이 졸려 백조로 변한 넵투누스의 불멸의 아들이다(나소 P. 오비디우스, 변신이야기 12, 72); **4. 태양**과의 추가적인 연관성: a. 말horse이 낮에 마차를 끄는 것처럼 백조는 때로 밤에 물을 가로질러 태양 마차를 끈다(로엔그린Lohengrin 참조); b. 붉은 백조는 태양의 상징이다; **5.** 음악 및 **예언**과 관련된다: a. 아폴로와 오르페우스에게 바쳐졌다; b. 죽음이 임박했을 때만 노래한다(이솝Aesop); 헨리 왕자(존왕의 삶과 죽음K. John 5, 7)는 스스로 다음과 같이 노래를 부른다: "나는 그의 죽음을 애도하는 창백한 새끼 백조다"; c. 하프와 관련된 백조의 노래는 비극적이고 우울한 측면이 강조된다; 완전한 욕망의 충족, 종종 죽음을 초래한다; d. 날씨를 예측하고 종종 전령의 역할을 하며 점쟁이의 상징성이 있다; e. 시의 상징인 노래에 대해서는 16번의 민속도 참조; **6. 시간, 일시적, 필멸**: a. 백조는 시간의 근원을 헤엄쳐 세계수 이그드라실을 먹인다(재ash, 자원sousce 참조); b. "그리고 수많은 여름이 지나고 백조가 죽는다"(알프레드 테니슨 경Lord Alfred Tennyson, "티토누스": 백조의 반대); **7. 고독**: 기독교에서 은퇴의 상징이다; **8. 아름다움, 순결**, 존엄성, 고귀함, 그리고 차가운 오만함과 질투심: 제프리 초서Geoffrey Chaucer: "질투를 느끼는 백조"(파울스의 의회PoF 342), 심지어 악마(위선자Hypocrite: 겉은 희고 속은 검다: "성배의 탐험Quest of the H Grail" 9); 게다가 백조는 육식성이다(플리니우스Pliny 10, 32); **9.** 영혼, **영원**, 부활: "내 영혼은 잠자는 백조처럼 떠다니는 마법의 배이다…"(퍼시 셸리Percy Shelley); **10. 지혜**: 섞인 물과 우유를 백조는 분리할 수 있다; **11. 연금술**: '철학적 메르쿠리우스'; **12. 문장**heraldry(紋章): a. 학식이 있고 조화를 사랑하는 사람; b. 왕관을 목에 두른 백조: 위엄, 높은 지위, 자유로운 견해; **13. 심리**: 근친상간적인 어머니와의 관계와 직접적인 관련이 있다(남근phallus 참조); 실제 근친상간이 아니라 재탄생(불멸)에 대한 열망: 자궁으로의 상징적 회귀; **14. 윌리엄 B. 예이츠**William B. Yeats: a. 죽어가는 동안 희미해지는 빛 속에서 노래하는 예술가; 레다Leda 참조; b. 영혼의 진보: "오만하게 순수한" 밤으로 향해하고 아침으로 가버린다(예 "쿨파크와 발리리Coole Park and Ballylee"); **15. 다른 것과의 조합: A.** 백조 처녀: 2. 그리고 미녀와 야수Beauty and the Beast, 결혼marriage 참조; **B.** 백조 기사: a. 브라반트의 공주 엘사를 돕기 위해 아서왕이 파견한 퍼시벌의 아들이자 성배 기사 로엔그린은 엘사와 결혼하지만 성배의 기사로서의 자신의 정체를 밝힐 수 없었다; 결혼식 날 밤에 그녀는 그가 약속을 어기게 만들었고 백조가 끄는 배가 그를 데리러 왔다; b. 중세시대: 결혼식 날 밤에 성교를 하고 그 후에 '순결'하게 사는 여자들의 아들들; **C.** 물결을 거슬러 헤엄치는 백조: 헛된 투쟁: "조수를 거슬러 헤엄치며 거센 파도에 힘을 쏟는 백조처럼"(헨리 6세 3부3H6 1, 4); **16. 민속**: a. 이들은 죽기 전에 보통 죽음의 노래를 부르기 위해 바다로 날아간다; 때로 이들이 땅에서 노래를 부르면 사람들이 사흘 동안 밤낮으로 잠을 자게 된다; b. 백조 알은 폭풍우가 칠 때에만 부화한다; 천둥과 번개가 알껍데기를 부순다(하늘의 신과 백조의 관계의 유물).

백파이프 bagpipe **1.** 판 신과 관련된 바람(풍요의 숨결); 나중에 소란스러운 농민축제 및 카니발과 관련된다; **2.** 멜랑콜리: "나는… 링컨셔 백파이프의 소리만큼 우울하다(헨리 4세 1부1H4 1, 2; 베니스의 상인Mer. V. 1, 1 및 4, 1 참조); **3.** 딜런 토머스Dylan Thomas: "백파이프 같은 가슴을 가진 여성": 사이렌("올빼미 빛의 제단Altarwise").

백합 lily (식물) **1. 일반적으로 다음을 의미한다**: a. 은방울꽃(별도로 제시하였음) 외에 매우 다양한 백합이 있다: 대부분의 품종이 '백합'이라는 이름으로 사용되기 때문에 몇 가지만 별도로 언급하겠다; b. 꽃잎이 여섯 개 달린 마돈나 백합Madonna Lily(라틴어 '리리움

캔디둠Lilium candidum')은 호메로스 이후의 고대 정원에서 흔히 볼 수 있는 꽃이었다. 보라색 장미와 함께 가장 인기 있는 꽃이었다: 예 프로세르피나(페르세포네)는 하데스에게 끌려갈 때 제비꽃과 백합을 모으고 있었다(나소 P. 오비디우스Naso P. Ovid, 변신이야기 Metam. 5, 392); c. '로사 주노니스'(19세기 후반에는 '마돈나'라고도 불림)는 헤라의 젖에서 유래했으며 아프로디테의 관능적인 장미와 더불어 순결을 상징한다; d. 붉은 백합은 다음을 의미한다: 향기가 나지 않을 때 "그의 입술은 백합화 같다"(아가서SoS 5, 13); e. 성서에서 '백합'은 종종 히브리어 단어가 아닌 '소샤나shoshanna' 또는 '슈산shushan'(이는 수잔Suzan이 된다)의 번역이며 실제로는 '연꽃'을 의미한다. 그러므로 백합의 사람들은 백합 여신 수산나 또는 아스타르테의 숭배자들이었다; '백합'은 아마도 진짜 백합꽃(호세아서에서)을 포함한 다양한 (들판의) 꽃을 가리키는 말이라고 할 수 있다; f. "들판의 백합화lily of the field"(마태복음Matth. 6, 28)는 팔레스타인에서 백합이 흔하지 않았기 때문에 '아네모네 코로나리아Anemone coronaria'인 '양귀비 아네모네'로 설명되어왔다; g. 여러 가지 '백합'은 '릴리아'가 아니다: 예 렌트릴리는 수선화이고, 워터릴리는 수련 속에 속하는 식물이다. 이에 대해서는 연꽃lotus 참조; 프렌치릴리는 백합 문장heraldry(紋章) Fleur-de-lis 참조; **2. 순결**, (결혼의) 정조, 천상의 행복: a. 그리스도, 성모 마리아(그리고 기타 동정녀 어머니들)의 특성; b. 헤라와 제우스의 카우치를 이루는 꽃 중 하나(수선화 등과 함께); c. '낙원의 꽃'; d. 클로도베쿠스Clovis는 그의 왕관에 백합꽃을 꽂았는데, 이는 세례를 통한 정화와 그의 정통파 신앙을 나타냄; e. "동정녀 백합"(에드먼드 스펜서 Edmund Spenser, "프로탈라미온Prothalamion"); f. 그리스어로 '백합 모양의 눈'=젊음; **3. 위엄**, 여왕다운 아름다움과 우아함: a. "그[=이스라엘]는 백합처럼 자랄 것이다": 아름다움과 풍요(호세아서Hos. 14, 5); b. "백합여왕"(리처드 팬쇼 경Sir. Richard Fanshawe, "이제 온 세상은 전쟁 상태가 될 것이다"); **4. 불멸**(땅에 남겨진 씨앗에서 다시 자란다), 영원한 사랑, 부활(부활절의 꽃); **5. 화려함**: 그것은 모든 정원 식물 중에서 가장 높이 자라며 꽃의 무게로 목이 축 늘어진다; **6. 남근**, 다산: a. 그것은 솔로몬 성전 앞 두 기둥의 꼭대기에 있었다(측면에 석류가 있음); b. 마리아가 남편을 선택하자 요셉의 지팡이에서 백합화가 피었다; c. 종종 (여성) 꽃병에 꽂혀 있는 것으로 표현된다: 양성성 androgyne; d. 지그문트 프로이트Sigmmund Freud: 남성 상징; e. 하나의 뿌리에 50개의 꽃봉오리가 핀다; **7. 욕망**: "그럴 자격이 있는 사람들이 백합침대에 눕는 낙원으로 날 데려가 주오"(트로일로스와 크레시다 Troil. 3, 2); 아가서SoS의 많은 언급 참조: 연인들이 "백합 꽃밭에서 먹는다"=성행위(2, 1); **8. 회개**: a. 이브의 회개의 눈물에서 백합이 피어났다; b. "썩어 가는 백합은 잡초보다 훨씬 더 나쁜 냄새가 난다"(속담이지만 예를 들어 소네트Sonn. 94에서 볼 수 있음); 따라서 좋은 향이 나는 장미의 반대(또한 에드워드 3세 Edward III 2, 1 참조); **9. 비탄**, 슬픔: a. 에드거 A. 포 Edgar A. Poe의 작품에서 일반적인 슬픔을 나타낼 때 사용된다; b. 토머스 S. 엘리엇Thomas S. Eliot은 백합-장례식-부활절-예수를 연결한다; **10. 특별한 종교적 의미**: A. 이집트: 이집트 귀족의 상징; B. 히브리: a. 1번 참조; b. 가브리엘의 속성, 유다의 상징; c. 하나님에 대한 신뢰; C. 기독교: a. 비둘기와 함께: 수태고지; 동방의 연꽃+백조 참조; b. 인간이 사랑의 고결함 속에서 살아갈 때 미래에 도래할 영혼의 꽃이다; **11. 특별한 문학적 의미**: a. 윌리엄 블레이크William Blake: 전적으로 제한 없이 주어지는 영적 · 육체적 사랑; 겸손 그리고 질투의 가시가 있는 장미의 대극; b. 쥘 라포르그Jules Laforgue: 신의 백합; 관능적인 장미의 대극; c. 딜런 토머스Dylan Thomas: "백합의 분노의 상징": 인간 타락(역주: 에덴 동산에서의) 이후 여성에 대한 처벌: 고통 속에서의 해산("슬픔 이전A griet ago"); **12. 민속**: a. 흰 백합은 결혼식을 위한 꽃일 뿐만 아니라 장례식에서도 정화된 영혼을 상징한다. 백합은 때로 부당하게 처형된 무고한 사람들의 무덤에서 저절로 자란다; b. 기억: 이튼교의 창시자인 헨리Henry 6세의 살해를 기념하여 이튼교 초신자들이 매년 추모탑에 백합을 바친다.

백합 문양 fleur-de-lis **1.** 이름: a. '리스lys'와 '루스luce' 단어의 변형으로 '백합꽃' 또는 '옅은 색 붓꽃'을 의미할 수 있다; b. 셰익스피어 작품의 "플라워 드 뤼스flower-de-luce"은 흰 백합꽃이었을 수 있지만(예 겨

ㅂ

울이야기Wint. 4, 3) 셰익스피어는 프랑스 왕실 문양을 표현할 때에도 동일한 단어를 사용했다(예 헨리 6세 1부1H6 1, 1 및 1, 2; 헨리 6세 2부2H6 5, 1 등); **2.** 생명나무: 가부장적 하나님의 삼위일체의 위엄: 빛과 지혜; **3.** 다산: a. 여성의 원에 잡혀 있는 남근: 양성성; b. 중간의 둥근 테두리 위는 남성, 둥근 테두리 아래는 여성(아래쪽 삼각형); **4.** 이집트: 호루스의 삶과 부활; **5.** 왕족[아래의 문장heraldry(紋章) 참조]: a. 왕의 은총: 양식화된 비둘기가 하강하는 것으로 표현되었다; b. 정의와 자비의 균형; **6.** 지도와 나침반에서 T(T는 라틴어 '트란스몬타나transmontana'로 제노바 등의 이탈리아 지도에서 알프스의 '산을 가로질러'라는 뜻으로 쓰임) 또는 화살촉이나 창을 대체한 1492년 경부터 북쪽을 나타내는 데 사용되었다; **7.** 일반적인 기독교 상징에서는 다음을 의미한다: a. 세상의 빛인 그리스도; b. 삼위일체; c. 성모 마리아; 5월; d. 정화; e. 믿음, 진리; **8.** 믿음의 순결과 24명 장로의 가르침(=구약성서, 24twenty-four 참조): 이탈리아어로는 '수레국화fiordaliso'; 장미의 반대=자비(신약성서의); 장미와 추가적인 비교는 백합lily 참조; **9.** '꽃밭의 여인 릴리Lilly, lady of the flowering field'의 연인(에드먼드 스펜서Edmund Spencer, "페어리 퀸Faery Queen"); **10.** 문장heraldry(紋章): A. 문장 기호는 비잔티움을 통해 근동에서 온 것으로 추정된다; B. 빨간색: 피렌체의 상징; C. 프랑스 왕의 상징(적어도 1197년 이후에): 부르봉Bourbon 가문은 푸른 들판 안이나 위에 이 상징을 두었다; 이와 관련된 전설: a. 클로비스가 세례 받을 때 백합(순결)이 하늘에서 내려 왔다; b. '백합문장'은 'Fleur de Louis (루이 클로비스Louis-Clovis)'에 대한 동음이의어 말장난이다; **11.** 뿔, 카두세우스, 삼지창, 티르수스 등과 같은 상징과 관련이 있다; 아이리스 및 백합과 동일한 상징성을 갖고 있다.

뱀 serpent **A. 일반적으로 다음을 의미한다**: 1. '뱀snake'과 흔히 혼동된다: 생물학 용어로서 '뱀serpent'은 일반적으로 크기가 더 큰 종류이지만 문학에서는 그런 구분을 한 적이 없다; 그러므로 뱀snake과 뱀serpent은 같은 종류이다; 따라서 다른 특징은 관찰되지 않는다(뱀serpent도 사지가 없고 비늘이 있으며 '쉿' 하는 소리를 내고 침을 쏜다는 특징이 있다); 오래된 낙원 그림에서 '뱀serpent'은 도마뱀이나 (더욱 비슷하게는) '용'처럼 보이는 팔다리가 있다; 가령 살무사adder(작은 독사asp와 혼합된) 또는 독사viper 같이 종류에 대한 구체적인 언급이 있는 경우에만 별도의 종류로 분류된다; 2. 뱀serpent은 태초의 우주적 힘을 나타내므로 고대의 모든 기본 상징(참조: 독수리eagle, 사자lion 등)과 같이 모호함이 있다: 예 a. 모든 피조물 중에서 가장 영적인 것; 뱀serpent은 불같은 성질을 가지고 있으며 그 재빠름은 무시무시하다; 매년 재생하며 수명이 길다; b. 또한 뱀은 가장 세속적인 동물로 무의식적이며 관계를 맺지 않는 냉혈동물이다; c. 독성과 독성의 예방 효과가 함께 있다; d. 뱀은 '아가타다이몬Agathadaimon'으로서 선하면서도 악한 '악령'이다; e. 영지주의: 뇌간 및 척수의 상징으로 주로 반사적으로 반응하는 정신의 측면과 일치한다; Q번의 I 참조; f. 우리의 삶에 고통스럽고 위험하게 개입하며 나중에 갑작스럽게 나타나는 무의식의 상징(무의식적 모성 이미지로 나타남)이어서 여성적이다; 그러나 남근 또한 상징하여 남성적이기도 하다; 3. '용dragon'으로서는 종종 '깃털과' '날개가 있거나'(참조: 바실리스크basilisk) '뿔'이 있다; 4. 양성적이며, 연꽃, 풍뎅이scarab 등과 같이 자가 생식이 가능하다; **B. 신성한 발출**emanation(發出): **I.** 구약성서: 모세의 '놋뱀serpent'과 여호와와의 관계는 매우 모호하다; 스랍seraph 참조; **II.** 그리스: 1. 제우스: a. 크로노스Kronos를 피하기 위해 제우스는 뱀으로 변신했고 그의 보초들은 곰으로 변신했다; 둘 다 동면을 하는 동물이 되었으며 별자리에서 볼 수 있다; b. 그는 이미 뱀snake의 모습으로 피신한 자신의 어머니 레아와 같이 뱀의 모습을 함으로써 그녀와 연결되어 '풀 수 없는 매듭'이 되었다; c. H번의 IV 참조; 2. 펠라스기아 창조 신화에서 만물의 여신 에우리노메는 알몸으로 혼돈 속에서 일어나 북풍(보레아스Boreas)을 붙잡아 손으로 비벼서 거대한 뱀 오피온이 만들어졌으며 그가 그녀를 임신시켰다(보레아스는 임신을 시킨 주체; 또한 말horse 참조); 3. 이것은 디오니소스(다산의 신)의 상징이다; 그는 뱀으로 된 왕관을 썼다(즉, 겨울에 태어났다: 계절season 참조); 4. 이것은 아가타다에몬, 아폴로, 아스클레피오스A, 아테나, 에리히토니우스에게 바쳐졌다; 아폴로 벨베데레의 지팡이는 뱀으로 만들었으며 이 뱀은 옴파로스(배꼽navel 참조)를 나타내고 여기에서 배꼽이 유래되었다; **Ⅲ.** 고대 북유럽: 1. 오딘Odin은 자신을 뱀snake으로, 또한 뱀과 반대되는 독수리로도 위장했다(또한 제우스Zeus 참조); 로키Loki도 그리했다; 2. 이를 통해 왜 게르만 검이 뱀 모양인지 알 수 있다. 예 베오울프가 그렌델의 어머니를 죽인 검; 또한 뱀은 고대 영시에서 '방랑자'(과거를 회개하는 음유시인)로 표현된다: "이제 죽은 전사들의 자리에는 뱀의 형상으로 뒤덮인 놀랄 만큼 높은 벽이 서 있구나"; 따라서 신들 또는 가능성은 적지만 죽은 영혼들을 지칭하는 것일 수 있다; **Ⅳ.** 태양(신): 1. 태양광선을 표현하는 뱀snake(검과의 또 다른 연결); 2. 뱀이 완전한 원이 되면 (영원에 관련된) 별자리를 나타낸다; 마크로비우스: 태양의 곡선 운동; 3. 뱀serpent은 이집트인들이 거의 모든 상징에서 사용했지만 주로 태양 상징으로 사용했다: 이것은 심지어 이시스의 머리 양식의 일부를 이룬다; N번의 1 참조; **C. 악**evil; 1. 열등한 자들이 우월한 자들의 자리를 차지하며 악이 만물에 도사린다; 2. '심연의 괴물'을 정복하는 여호와에게서 볼 수 있다: 혼돈Chaos 참조; 3. 하나님의 은혜로부터 추락한 사탄; 4. 본질적으로 뱀snake 그 자체가 이미 마법처럼 강력하다면 인간의 눈에 보이는 뱀과 악의 결합은 치명적일 것이다: 티레시아스의 신화the myth of Tiresias 참조: 뱀은 동성애나 성전환으로 인한 무분별을 초래한다(참조: 나소 P. 오비디우스Naso P. Ovid, 변신이야기Metam. 3, 323ff.); 5. 게르만: 더 작은 뱀들snakes과 같이 있었던 거대한 뱀serpent이 생명나무인 이그드라실의 뿌리를 조금씩 갉아 먹었다; 세계 뱀World-Serpent은 로키의 자식이었다; **D. 생명, 치유**: 1. 생명: a. 생명의 수레바퀴와 관련된다: 우로보로스Ouroboros 참조; b. 희생: 뱀serpent(=생명력)을 죽이는 희생=죽음을 받아들임(영웅을 천국으로 데려가는 백조 참조); c. 다산: 피톤(역주: 아폴로가 델포이에서 물리친 거대한)뱀이 에우리노메와 짝을 이룬 후(B번의 11, 2 참조) 그가 우주의 근원을 차지하자 그녀는 그의 머리를 후려치고 이빨을 뽑아 지하(부요의 근원)에 버렸으며 그 이빨에서 사람이 생겨났다; d. 게르만: 발드르Balder는 뱀의 독이 묻은 음식을 먹고 무적의 상태가 되었다; 2. 치유: a. 모세의 놋뱀: '불뱀serafim'의 출현 후에 그가 세운 것: 이것을 본 사람들은 치유되었다(나중에 이 관습은 우상숭배로 인식되어 폐기됨); 따라서 뱀serpent은 형벌과 동시에 치유를 의미한다; 히스기야왕 시대에는 이것을 느후스단Nehushtan이라고 불렀다: 히브리어 느호셋nehoshet(=놋쇠)+나하시ahash(=뱀); b. 아스클레피오스Asclepius(아폴로의 '아들')는 질병에 시달리는 로마인의 나라를 방문하고 그들의 요청에 따라 볏이 달린 뱀의 형상으로 에피다우로스의 신전에서 그들의 배로 먼저 가서 선미에 머리를 대고 배를 인도했다(나소 P. 오비디우스, 변신이야기 15, 626ff.); 카두세우스(예 의사의 상징) 및 R번의 I, 7, d 참조; **E. 영원, 풍요, 재생**: I. 영원: 1. 우로보로스Ouroboros 참조: 자신의 꼬리를 물고 원을 만든 뱀; 2. 바빌로니아 신화에서 길가메시로부터 불멸의 식물을 훔치는 도둑은 뱀snake이다; II. 다산: 1. 이것은 종종 발생적 열을 내기 위해 사람을 휘감기도 한다: 아이온Aion, 세계의 알, 부처 등; 2. 아도니스 신화에서 그가 페르세포네와 함께 보낸 1년 중 일부는 뱀snake(겨울)으로 표현된다; 3. 티타니아 여왕의 사랑의 침대에는 "에나멜 같은 뱀의 허물, 요정을 감싸기에 충분한 크기의 옷"이 떨어져 있었다.(한여름 밤의 꿈MND 2, 1); III. 재생: 1. 허물을 벗는다; 2. 바빌로니아: 땅의 신 에아엔키(뱀 형태)는 인간에게 세계 질서에 대한 지식을 주었지만 다시 살아나기 위해서는 죽음을 거쳐야만 하도록 했다; 3. 번개(다산과는 별개)는 새로운 주기의 탄생을 알리는 신호이다(천둥thunder 참조); 4. 죽은 사람의 척추는 뱀이 된다; Q번의 1과 척추spine 참조; E번의 1, 2도 참조; **F. 땅, 지하세계**: 1. 죽은 자의 화신; 2. 자신의 꼬리를 물고 있는 세계의 뱀 '미드가르드'는 대지를 둘러싸고 있는 바다를 의미하기도 하며, 밤에 태양이 가로지르는 곳(=지하 세계)이기도 하다; 그의 움직임은 바다 폭풍을 일으킨다; 신들의 중간지대에서 그는 위대한 적 토르와 싸우고 패했다; 3. 바람에는 뱀의 꼬리가 달린 것으로 표현된다: 땅(바람산)에서 비롯되기 때문에, 하얀 여신(그리고 후에 마녀들) 또는 아이올로스를 담당하는 지하의 신들; 이것은 또한 그들의 힘이 점점 쇠퇴하는 것을 의미한다; 4. 에로스는 원래 땅속에 사는 뱀, 즉 죽음-부활이 일어나는 지하세계의 군주이다: 에로스Eros와 프시케Psyche 신화 참조; 5. 저승사자로서의 뱀: "어느 날 부자 다이브가 병에 걸려 사망했고 그때 두 마리의 뱀serpents이 그의 영혼을 인도하러 지옥에서 왔다"(민요 "다이브와 나사로Dives and Lazarus"); 6. 혼돈의 괴물에 대해서는 혼돈chaos 참조; 7. E번의 III, 2 및 E번의 II, 2 참조; **G. 물**: 1. 형태: 출렁이는 물; 그러나 뱀-용snake-dragon은 종종 모든 물과 풍요를 독점하는 가뭄을 일으키는 괴물로 여겨지기도 한다; 2. 특히 뿔난 뱀snake은 종종 물을 나타낸다; 3. 게르만: 바다에는 거대한 뱀serpent이 있는데 바다로부터 와서 라그나로크에 출현한다: F번의 2 참조; **H. 보물의 수호자**: I. 신성한 나무가 있는 정원: 1. 라돈은 뱀serpent의 여신인 에우리디케의 형제이다; 그는 모든 낙원에서 신탁의 뱀으로 사과나무(에덴, 헤스페리데스 등)를 감고 있다; 2. 동산의 뱀serpent에 대해 낙타camel도 참조; 보석gems; II. 생명 샘: 1. 종종 외음부를 상징하는 동굴 안에; 2. 숨겨진 영적 보물의; 3 지하 황금을 지키는 사람; III. 번식 억제: 1. 대홍수의 진흙에서 부화한 뱀 피톤이 다산의 보물(땅 뱀earth-snake)을 숨기고 레토(=레다)의 아들, 즉 공기의 정령 백조를 죽이려 했지만 아폴로가 피톤을 죽였다: 동정녀 마리아에 대한 온 세상의 기대는 그녀의 아들이 뱀의 머리를 부술 것이라는 것이다; 2. G번의 1 참조; IV. 쥐나 다른 해충들로부터 창고 등을 보호하는 것: 제우스와 관련된다; L번의 II, 3, b도 참조; **I. 죽은 영혼**: 클리템네스트라는 그녀가 뱀을 낳고 젖을 먹이는 꿈을 꾸었다; 점술가들은 이 꿈이 그녀가 죽은 자들의 분노를 일으킨 것이라고 설명했다; **J. 가장 오래된 고대의 남근 상징**: 1. 가나안의 다산숭배(후대 청교도적 이스라엘인에게는 악의 상징)는 남근 의식일 뿐만 아니라 점술(아래의 '말하는 뱀talking snake' 참조)과 마술이었다; 게다가 그 모양 외에도, 뱀은 모든 동물 중에서 가장 '벌거벗은' 상태이다; 2. 아마도 또한 에스겔의 환상에서 그는 예루살렘의 장로들이 성전의 은밀한 방의 "벽에 그려진" "기어 다니는 모든 것의 형상을 한" 우상에게 향로를 흔드는 것을 보았다(8, 7-12); **K. 어머니 여신과 관련된다**: I. 여성 원리, 다산 등: 1. 심리: A번의 2, f 및 Q번 참조; 2. 지하 세계의 여신으로 보이는 이브(또는 릴리스); 3. 손에 뱀을 든 여신: 아르테미스, 헤카테, 페르세포네; 4. 머리카락이 뱀인 여신(참조: 여자의 머리카락을 뽑으면 뱀이 된다는 대중적인 믿음; 말 털horse-hair 참조): 메두사, 에리니에스; 5. 데메테르와 페르세포네와 연결된다: E번의 II, 2 참조; 6. 뱀의 여신이며 지하세계 통치자인 에우리디케와 연결된다: 그녀를 기리며 남자들을 희생제물로 바치는 의식을 치렀다(독에 의한 죽음); 7. 뱀 마법은 메데이아와 연결되며 메데이아는 위대한 여신으로서 재생의 가마솥과도 연결된다; 8. 아테네의 뱀이 라오쿤과 그의 아들들을 죽였다(예 베르길리우스Virgil, 아이네아스Aen. 2, 199ff.); 9. 클레오파트라와 관련된다: "나의 옛 나일강 뱀은 어디에 있습니까?"(안토니우스와 클레오파트라Ant. 1, 5); 10. 마법과 관련된다: K번의 7 참조; L번의 II, 2 등; **L. 특성**character: **I.** 악: 1. 속임수, 교활함, 악마: 악마는 종종 '완전한' 여성의 상반신을 가지고 있거나 유혹의 사과를 입에 물고 있다; 2. 정욕의 상징(라틴어 '정욕Luxuria')이 그녀의 가슴에 매달려 있는 것으로 나타난다; 3. 비밀, 은폐: a. "…그렇지 않다면 뱀이 숨어 있는 곳에 나를 숨게 하라"(로미오와 줄리엣Rom. 4, 1); b. "순수한 꽃인 척하되 그 밑에 숨은 뱀이 되어라"(맥베스Mac. 1, 5); 4. 위험, 죽음: a. 히브리인의 "광야의 시험"; b. 뱀은 결국 세상을 멸할 것이다: F번의 2 참조; c. 형태: 다트와 화살: 뱀에게 발꿈치를 물려 죽어가는 태양 영웅들 등; 군터(군나르)는 뱀 구덩이에서 죽었다; 이것은 뱀=겨울이라는 등식이라고 할 수 있다; 5. 물질주의: 세속적인 것에 대한 집착; 6. 노예제도: 뱀은 인류를 속박으로 이끌었다; 7. (악) 매혹, 유혹: a. 물질의 힘: 이아손-메데이아, 헤라클레스-옴팔레, 아담-이브; b. 구불구불하고 위험한 길을 걷고 있는 청년으로 의인화된 죄의 상징; 뱀이 허리에 감겨 있다; c. "꽃 핀 강둑에 몸을 말고 있는 뱀은 빛나는 격자무늬 허물을 가지고 있는데 그를 아름답다고 생각하는 어린아이를 문다(헨리 6세 2부2H6 3, 1); 8. 질투: a. 헤라는 질투로 레토(레다)의 뒤를 쫓아 피톤을 보내어 그녀가 쉬지 못하게 했다; b. 시기-상징의 속성: 뱀 머리카락 또는 가슴에 매달리거나 입에서 기어 나오는 뱀; c. 질투는 뱀에게 먹이를 준다(나소 P. 오비디우스, 변신이야기 2, 773); 9. 게으름: 의인화된 나태의 상징; 10. 처벌: a. '광야'에서의 히브리인; b 게르만: 신들이 로키의 머리 위에 뱀을 매달고서 그에게 독을 떨어뜨리는 벌을 내렸다(때로는 여자에 의해 배vessel에 갇혀서); **II.** 선함: 1. 심연(지하세계)의 지혜, 위대한 생명의 신비: a. 전사들이 힘과 지혜를 주는 것으로서 뱀을 구워 먹었다(고대 북유럽); b. 신중함의 상징(참조: 마태복음Matth. 10, 16); c. 변증법의 상징: 뱀의 허리둘레에; d. 그러나 때로 어리석은 것으로 표현된다: 이솝Aesop(우화Fables 57)에서 말벌을 죽이고 싶어서 말벌에 쏘이고 있던 자신의 머리를 수레바퀴 아래에 집어넣는다; 2. 예언: 미래(다산)는 베일에 싸여 지하세계에 있다: a. 가장 대표적인 땅속 동물은 생명과 부활, 계속되는 생명의 모든 비밀을 알고 있다; b. 신탁 영웅의 영혼의 화신은 새와 곤충, 뱀의 '언어'를 이해하려고 마법사의 귀를 핥는 것 같았다: 행동에서 징조를 읽었다; 다음 참조; c. 그리스: i. 델포이: 삼각대 좌석과 '옴파로스'(배꼽navel 참조)는 피톤 뱀의 무덤이었다; ii. 에피로츠의 아폴로 신전 예언자는 뱀을 키워 그 뱀이 벌거벗은 처녀에게서 어떻게 음식을 가져가는지를 보고 미래를 '해석했다'; iii. 도도나에 있는 제우스의 나무를 섬기는 예언자도 뱀을 길렀다; iv. 헬레누스, 카산드라 그리고 멜람푸스는 뱀에게서 예지력을 얻었다; 3. 이롭게 승화된 힘: a. 이집트 왕관; b. 가족의 건강을 책임지는 로마의 자비로운 뱀 형상의 가정 신; 뱀('게니우스 로키Genius loci')은 더럽혀지지 않도록 보호되어야 할 곳에 그려졌다; 4. "너무 기이한" 것 중 하나: 반석 위로 기어 다니는 뱀의 자취(잠언Prov. 30, 19ff.); **M. 다음에 상응한다**: 1. 대극: a. 일반적으로 사람과 짐승; b. 새(공기): 예 공작새의 노랫소리에 뱀이 날아간다; 따오기는 뱀을 잡아먹어야 하며; 뱀은 온 세상에서 독수리와 계속해서 싸우고 있다(예 R번의 II, 4 참조); c. '천적들'은 다음과 같다: 유니콘, 코끼리 및 사슴; d. 개구리(예 단테Dante, 신곡 지옥편Inf. 9, 76f.); e. 이솝 우화에서 족제비; f. 같은 꽃에서 하나는 독을 빨아먹고 다른 하나는 꿀을 빨아먹는 벌(참조: 타이어의 왕자 페리클레스Per. 1, 1); g. 황소: 살아 있는 태양 영웅인 반면에, 뱀은 죽으면 묻혀서 땅속에 사는 영웅이다; h. 물고기: 물고기를 달라고 하면 뱀을 준다(마태복음 7, 10); 2. 기간: (예 그리스) 겨울과 관련된다(계절seasons 참조; 존 웹스터John Webster, 하얀 악마WD 1, 2 참조); 3. 세계의 일부: 아프리카의 상징; **N. 특별한 신화적 의미**: 1. 이집트: a. 뱀은 거의 모든 상징에 사용되었다(B번의 IV, 3 참조); b. 원시의 물Primordial Water을 상징하는 뱀(아팝, 머리가 두 개 달린 뱀)은 빛의 신의 적으로 그가 이며 신이 일어나는 것을 막으려고 한다; 종종 세트Seth=아팝; c. 왕권과 신의 권위를 의미하여 신과 왕의 머리에 있는 좋은 의미의 우라에우스uraeus 뱀('인도코브라', 그리스의 바실리스크)은 빛의 신을 위해 싸우며 종종 불을 내뿜고(불fire 참조) 날개가 있다; d. 종종 숫양의 머리를 한 레Re(라Ra, 태양신)는 배에 서 있는 동안 땅 뱀earth-snake을 통과하거나 위 또는 아래로 넘어가는 것으로 표현되었다; e. 부활의 장소로 보이는 땅 뱀은 때로 오시리스와 동일시된다; f. 원시 어둠의 여신 부토의 상징으로 부바스티스와 호루스를 기르고, 그리스 신화에서 나오는 레토와 일치한다; 2. 구약성서: a. 뱀의 어원은 '신에게to divine'와 '마법witchcraft'의 어원과 같다; b. 나선형 (불)뱀은 스랍의 상징이다; c. 아론의 지팡이Aaron's rod 참조; d. 희석하지 않은 포도주: "마침내 뱀같이 물고 독사같이 쏘느니라"(잠언Prov. 23, 32); 3. 그리스: a. 이솝(우화 54): 제우스의 결혼식에 뱀이 장미를 입에 물고 나왔지만 그때에도 (하늘의 신) 제우스는 받아들이지 않았다; b. 여덟 마리의 새끼 새와 그 어미가 있는 둥지를 집어삼키는, 플라타너스나무를 감고 있는 뱀: 9년 동안 벌어질 트로이전쟁의 전조(호메로스Homer, 일리아드Il. 2, 325ff.; 나소 P. 오비디우스, 변신이야기 12, 12ff.); 4. 로마: a. 권위와 지배의 표시; b. L번의 II, 3, b 참조; 5. 게르만: 예 B번의 III 및 F번의 2; 6. 기독교: a. 성 패트릭St. Patrick은 뱀으로부터, 즉 둥근 탑과 관련된 남근 뱀의 숭배에서 아일랜드를 구했다; b. 뱀이 나오는 잔이나 성배: 이것은 신성한 사도 요한에 대한 전설을 나타내는데 요한이 막 독을 마시려 할 때 잔은 뱀의 형상을 하고 있었다; 뱀이 포도주를 좋아하는 것에 대해서는 플리니우스Pliny(10, 93) 참조; c. =그리스도: "모세가 광야에서 뱀을 든 것같이 나 자신도 들려야 하리니"; 동일한 상징을 갖고 있는 여호와의 두 아들인 그리스도와 사탄(요한복음John 3, 14); 참조: 사자Lion; d. 마리아의 발아래: 옛 이브가 뱀에게 굴복했던 것처럼 뱀을 무찌르는 새로운 이브; H번의 III, 1 참조; **O. 문장**heradry(紋章): 1. 전략, 군사적 명성; 2. 용기; 3. 경계; **P. 연금술**: 1. 날개 달린 뱀: 날 수 있다; 2. 날개 없는: 고정된; 3. 십자가에 못 박힘: 못 날도록 고정시킴, 승화(프로메테우스); 4. '남성에게 있는 여성성': 양성의 메르쿠리우스('아니마anima'); 5. 번개lightening 참조; **Q. 심리**: 1. 나선형 척수와 골수: 인격의 승화; 뱀은 인간의 척추에서 태어났을 것이다(플리니우스Pliny 10, 86); 2. 하등 척추동물은 항상 가장 좋아하는 집단적 심혼의 층의을 상징으로 가장 많이 사용되어해 왔다; 3. 본능의 세계, 특히 가장 접근하기 어려운 생명 유지 과정; 4. 물고기보다 더 원시적이고 본능적인 단계의 무의식; 5. 뱀 꿈은 의식이 본능적인 기반에서 벗어날 때 발생한다; 그때의 뱀은 갈등의 위협적 측면을 의인화한 것이다; 6. (칼, 곰, 악어처럼) 동물로 표현된 코레와 어머니상; 뱀의 양성적인 성격은 모든 종류의 영웅 신화에서 볼 수 있는데, 그 영웅은 "모성의 신비한 영감"(카를 융Carl Jung)인 뱀에게 뒤꿈치를 '쏘이거나' 물린다; 7. 기독교에서의 뱀=물고기: 깊이를 알 수 없는 물이나 땅 깊은 곳에서 솟아오르는 것, 무섭게 만들면서 동시에 구원하는 (심혼적이기) 사건의 갑작스런 발생; 8. '냉혈의': 무의식의 비인간적 내용 그리고 구체적으로는 동물적 본성뿐만 아니라 추상적으로 지적인 경향성: 인간의 초인간적 특성; 9. 그림자: 인간의 나약함과 무의식(예 카를 융Carl Jung 9b, 247), 따라서 꿈에서의 자기Self의 동물적 상징(예 카를 융 9b 226); 10. 이미지: 삶의 힘의 파괴, 우리 몸을 좀먹는, 은밀하게 기어 다니는 시간이라는 뱀의 독; 11. 무한한 확장에 대해 갖고 있는 젊은 이들의 욕구에 내재된 모순이 삶에 대한 낡은 형태의 완고하고 목적 없는 집착 뒤에 숨어 있다: 베로나의 고고학 박물관에 있는 뱀에게 남근을 물린 프리아푸스(겨울이 비옥함을 죽이는 것 외에); 12. 초월의 상징: 삶과 죽음, 의식과 무의식 등의 사이를 중재하는 심연의 상징; **R. 다른 것과의 조합**: **I.** (다른) 신체 부위, 색, 재질, 행동: 1. 토성Saturn의 황금기 이후, 목성Jupiter의 통치하에 검은 뱀snakes은 독을 품게 되었다(베르길리우스Virgil, 농경시Georg. 1, 129); 2. 놋뱀: a. 황동(놋)은 그 당시 가장 단단하고 내구성이 강한 금속이었다; b. B번의 I; D번의 2, a 등 참조; 3. 볏 달린 뱀: 카드모스와 그의 아내는 (예견된) 딸과 손자를 잃은 엄청난 비참함에 스스로 볏 달린 뱀으로 변했으며, 볏 달린 뱀은 지금까지도 인간에게 상처를 입히거나 두려움을 주지 않는다(나소 P. 오비디우스, 변신이야기 4, 562ff.); 4. 십자가에 못 박힌 뱀: a. 에워싸고 있는 뱀의 대극: 영spirit에 의해 정복된 지하 여러 신의 여성적 원리; b. 기독교; c. P번의 3 참조; 5. 흙먼지dust 먹기: 평화: "흙은 뱀의 육신이 될지어다"(이사야서Isa. 65, 25); 6. 알: (켈트어) 성게; 7. 똬리튼 뱀: a. 의기양양한; b. 얽힘; c. 곤봉 주변 등을 둘러싸고 있는 뱀: 약으로 퇴치되는 악에 둘러싸인 생명(의 나무); d. 길들여지지 않은 뱀에 대응하는 주눅 든 (승화된) 뱀: 뱀의 상처를 위한 치료제로서의 뱀; 성배와도 관련된다: N번의 6, b 및 치유healing 참조; e. 다산: E번의 II, 1 참조; 8. 뱀의 영웅들은 종종 뱀의 눈을 가지고 있다: 동종 요법적 퇴치; 눈은 (바실리스크의 눈만 아니라면) 가장 덜 위험하게 빼앗을 수 있는 부분이다: 영웅hero 참조; 9. 반쪽짜리 뱀: 케크로프스, 에리히토니오스(마부자리의 별들 사이에 놓임), 염소자리, 바람 등; 10. 뱀의 머리: a. 사자 머리로 대체된다: 태양 상징; b. 더 많은 머리: i. 숫자number와 다중성multiplicity 참조; ii. 세 개의 머리: 능동, 수동, 중립; iii. 일곱 개의 머리: 통합의 증대, 모든 종류의 악, 일곱 방향, 행성들, 죄 등; iv. 아홉 개의 머리: 히드라(일부에 따르면: 여성의 숫자); c. 양의 머리로 대체된다(양자리Aries): 봄, 입문, 불: 영성화; 11. 깃털 달린 뱀: a. 그리스어: '뱀-새'=목이 비뚤어진; b. 비구름과 물을 잘 아는 인디언(푸에블로족): 녹색 깃털 뱀 케찰코아틀; c. 선행; d. 대극의 조화, 땅과 공기; e. 땅에서의 구출; f. 새벽의 천사; 스랍seraph 참조; g. 모든 지식의 정령; h. P번의 I 및 R번의 II, 4 참조; 12. 바다뱀: 무의식과 심연; 또한 F번의 2 참조; 13. 뱀의 이빨: a. 보레아스의 으스러진 이마에서 나온 이빨이 사람이 되었다(B번의 II, 2 참조); b. 뱀의 이빨 뿌리기: 이아손Jason은 콜키스Colchis 왕의 명령을 받아(그의 딸이 마녀인 메두사이고 그녀가 그에게 마법의 풀을 주었다) 이빨을 뿌렸고 그것이 전사들이 되었는데, 이아손은 그들이 서로 싸우게 하여 정복했다(용의 이빨dragon's teeth 참조); 14. 쌍둥이 뱀: a. 죽음: 예 라오콘Laocoon은 아테나 여신이 보낸 알렉토Alecto의 뱀 머리카락에서 뽑은 두 마리 뱀으로 죽임을 당했다(베르길리우스, 농경시 2, 199ff.); b. 모든 대극: 땅/하늘, 선/악, 남성/여성 등; c. 때로 뱀serpents 중 하나에는 한두 개의 뿔이 있다; **II.** 다른 물건과 함께 있는 뱀:

1. 바구니에 든 뱀: 모든 종류의 풍요의 비의에서 남근(또는 남근 모양의 물건)과 함께 운반된다; 확실히 뱀은 디오니나 사바지오스 입문의식에서 중요한 역할을 했고 이 의식에서 뱀을 표현할 때 '허벅지에서 나온 신' 및 '무릎을 베고 누운' 등과 같은 용어가 사용되었다; 2. 뱀을 통한 몸의 통과: a. 어둠을 통한 빛 (라Ra)의 통과: 야간횡단; b. 지혜를 통해 영혼의 통로를 정화하는 것; c. 아마도 요나의 이야기와 관련이 있을 것이다; 3. 뱀이 끄는 병거: a. 달과 대지의 여신으로서의 메두사: 헤카테+데메테르; b. (나중에) 헬리오스와 함께 끄는 전차; 4. 독수리와 함께 있는: 뱀에 대한 독수리의 승리: 십자가에 못 박힌 뱀과 같다: 정령에 의해 정복된 여러 지하여신의 여성 원리; 5. 성배와 함께 있는 뱀: N번의 6, b 참조; **S. 특별한 문학적 의미**: **I.** 단테: a. 뱀, 파충류, 개구리, 개는 흔히 지옥에 있는 저주받은 자들로 비유된다; b. 뱀은 어둠 속에서 벌거벗은 도적들을 괴롭힌다; 일부는 그들을 옴짝달싹 못하게 만든다(신곡 지옥편Inf. 24); 일부는 파충류나 뱀으로 변한다(분명하게 구별되지는 않지만); **II.** 알렉산더 포프Alexander Pope: 알렉산드린(역주: 시의 구절 형식)에 대한 그의 유명한 비판: "상처 입은 뱀처럼 알렉산드린은 긴 몸을 천천히 끌고 간다"(역주: 알렉산드린 시의 느림과 지루함에 대한 비판); **III.** 윌리엄 블레이크William Blake: a. 독사는 금과 반짝이는 돌(=굳은 진리)로 장식된 빛나는 이성으로, 무한한 것에 대한 인간의 통찰을 제한한다; b. 블레이크의 초기 시에서: 사제들; c. 블레이크의 후기 시에서: 물질성; d. 블레이크의 더 나중 후기의 시에서: 필멸의 몸; e. 북쪽(캐나다, '아메리카', 서곡Preludium')에서 발라를 둘러싸고 있는 있는 열정; f. 괴물 오르크는 '뱀 형상'이다: i. 혁명은 영원하다; ii. 반란은 항상 밑에서 일어난다; iii. '억눌린 욕망'; iv. 억압되고 위선적인; **IV.** 토머스 L. 베도스Thomas L. Beddoes: "표범과 뱀을 만난 남자"("죽음에 관한 만담집Death's Jest Book", '아름다운 밤A Beautiful Night'); **T. 민속**: 1. 영국에는 단 한 마리의 뱀snake만 있다: 독사adder 참조; 2. 문, 팔찌 및 반지에 장식되어 있는 일반적인 뱀snake 부적: a. 다산; b. 보호; **U.** 바실리스크basilisk; 카두세우스caduceus 참조.

뱀 snake 뱀serpent 참조.

뱀 모양의 휘장 uraeus **1.** 이 단어는 이집트어로 '코브라'를 뜻하고 그리스어 '꼬리'에서 왔다; 신들과 왕들의 머리에 있는 신성하고 치명적인 독사는 불을 내뿜고 적을 파괴한다; **2.** 불, 움직임의 상징: 라와 세트 신의 상징(파라오는 '라의 아들'이었다) 등; **3.** 주권, 삶과 죽음에 대한 권세; **4.** 보호를 상징한다; **5.** 뱀serpent 참조.

뱀도마뱀 slow-worm **1.** '발 없는 도마뱀blindworm'이라고도 불리는 사막 도마뱀skink과 유사한 도마뱀; **2.** 힐데가르트 폰 빙엔Hildegard von Bingen: 살아 있는 동안은 차가우며 사람에게 해를 끼치지 않는다. 그러나 죽은 후에는 이것을 만지거나 먹는 사람은 죽는다(자연학Ph. 8, p. 139).

뱀주인자리 Ophiuchus 윌리엄 블레이크William Blake: a. 도덕성이나 본성의 굴레에 갇힌 사람; b. 북쪽 오리온자리의 반대인 남반구에 있다; c. 큰 뱀 '악'과 '신'에게 잡힌 라오콘과 동일시된다(블레이크 사전Dict. 전체 참조).

뱃사람 sailor **1.** 모든 바다 및 항해와 동일한 상징성을 갖고 있다: 예 무의식을 정복한다; **2.** 민속: 특히 내륙지역에서는 선원이나 선원의 옷깃을 만지는 것은 행운이다.

버건디, 부르고뉴 Burgundy 버건디(프랑스)의 남자들은 몹시 폭력적이었으며 펜싱에 능했다: "폭력적인 버건디hot Burgundian"(존 드라이든John Dryden, "누구도 그때처럼 그토록 열심히 일한 적이 없다Where none ...") 그리고 "펜싱을 잘하는 버건디fencing Burgullian"(원문을 직접 인용한 것이지만 원문 자체가 정확하지 않음. 벤 존슨Ben Jonson, 모든 사람의 유머EMIH 8, 383).

버드나무 willow **1.** 위대한 여신과 연결된다: a. 아테나, 헤카테, 키르케, 페르세포네(일반적으로 무덤가에 있는 나무로, 오디세우스는 하데스 입구에서 버드나무와 검은 포플러 나무를 보았다); 이 나무는 저승에 있는 암흑의 아케론강 옆에서 자라는데, 그 이유는 이 나무가 햇빛을 필요로 하지 않기 때문이다(토머스 브라운 경Sir Thomas Browne); b. 개미잡이새는 여신들에게 바쳐졌고 나중에는 신의 전령이 되었으며 버드나무 속에 둥지를 튼다; c. 마녀와 연관되며 마녀들이 바다에 나갈 때 쓰는 키 바구니를 버드나무로 만든다; 마녀의 빗자루에는 고리버들이 들어 있다; 그러나 버드나무는 달 마녀의 마법과 싸울 때도 사용될 수 있다; d. 켈트족 나무 달력에서 버드나무는 미네르바의 다섯 번째 달(V 기호)과 연결되어 있으며 중간에 오월절(오르지의 환락과 마법의 이슬 모으기)이 있다; 오월은 둥지를 트는 달이다; e. 헬리콘(버드나무를 의미하는 그리스어 '헬리스helice' 기원한 것으로 추정된다)은 뮤즈들(=오르지 여신의 여사제들)의 거주지다; f. 8번 참조; **2. 달**에 바쳐졌다: A. 물(강, 포세이돈)과의 연결을 통해; B. 히브리: 버드나무의 날이라고도 불리는 초막절: a. 추수-달 축제; b. 버드나무 가지는 하나님 앞에서 기뻐하는 인간의 입(입술 같은 모양의 잎)을 표현하거나 가을과 수확(연회 마지막에 땅에 떨어진 가지들은 낙엽을 의미 한다)을 상징하기 위해 의례적으로 사용되었다; C. 그리스: 이오(달 소moon-cow)는 버드나무에 묶여 있었다; 이것은 또한 달-버드나무-에우로페를 통해 제우스와 연결되어 있다; **3. 불임, 독신, 버림받은 사랑**: "그 밤에 디도는 손에 버드나무를 든 채 격렬한 바다 둑 위에서 카르타고로 다시 돌아오고 싶어 하는 그녀의 사랑을 훨훨 띄워 보냈다"(베니스의 상인Mer. V. 5, 1); 참조: 에드먼드 스펜서Edmund Spenser: "쓸쓸한 파라모어의 여인"("페어리 퀸FQ"); **4. 웅변**, 시: a. 뮤즈에게 바쳐진다(1번의 c 참조); b. (나중에) 아폴로와 메르쿠리우스에게도 바쳐졌다; c. 오르페우스가 페르세포네의 버드나무 숲을 만져서 얻게 된 화술; d. 프로메테우스는 버드나무 가지를 왕관으로 쓰거나 지팡이로 들고 다녔다: 그는 달의 여신 아나타(이집트의 네이트) 또는 아테나에게 바쳐졌다; 아마도 원래 그는 버드나무로 만든 희생 제단에 묶여 있었을 것이다; e. 기독교: 그리스도의 복음의 상징; **5.** 기쁨의 상징이었고 나중에는 애도와 **참담함**의 상징이 되었다: a. 동쪽과 떠오르는 태양의 상징; b. "그 중의 버드나무에 우리가 우리의 수금을 걸었다"(시편Ps. 137, 2); 참조: "쓴 버드나무"(베르길리우스Virgil, 전원시Ecl. 1, 78); **6. 빠른 성장**: 이스라엘 참조(이사야서Isa. 44, 4); 인내하라: 아무리 잘라도 날씨와 상관없이 새싹이 다시 돋아난다; **7. 강과 연관된다**; 강가의 버드나무는 바빌로니아를 의미한다(예 잠언Prov. 137; 이사야서 15, 7; 에스겔서Eze. 17, 5; 또한 베르길리우스, 농경시Georg. 2, 110); **8. 여성성**: 가냘픔의 상징: "버드나무는 약하지만 다른 나무를 묶을 수 있다"(속담); 황금사과 밭을 지킨 헤스페리데스 집단(님프들의 집단)의 아이글레는 버드나무로 변했다(포플러나무poplar 참조); **9. 민속**: a. 버드나무 가지를 이용한 매질은 아이의 성장을 방해하며 동물에게는 내장의 통증을 유발한다: 버드나무는 빨리 죽고 속부터 썩는다; b. 의학: 물, 습기와 연결되어 불임을 치료하지만 항최음제이다; c. 버드나무에서 마법의 안개가 피어오른다: "앤드류 바튼 경"과 싸우고 싶은 하워드 경은 그의 배들을 먼저 보내고 변장한 후 다음과 같이 말한다: "상인들이 바다를 항해하는 데 사용하는 하얀 버드나무를 내게 보여 달라"; d. 버드나무 꽃송이를 집에 가져오면 불운을 가져올 수 있다: 5월 1일 아침은 예외다. 그때 가지고 온 버드나무 꽃송이는 집을 사악한 눈 등으로부터 보호할 것이다; **10.** 아그누스 카스투스agnus castus; 고리버들osier 참조.

버려진 아이 foundling 거의 모든 태양 영웅 등은 (버려졌다가) 기적적으로 발견되어서 대학살을 피했다(일반적인 주제); 유기abandonment 및 어린 아이child(어린 아이 희생 제물sacrifice) 참조.

버베인, 마편초 vervain (식물) **1.** 엄밀히 말하면 버베인은 마편초과Verbenaceae의 광범위한 속 중 한 종에 불과하지만 버베나verbena와 버베인vervain은 동일한 것으로 취급되어 왔다(그러나 '아그누스 카스투스agnus castus', 즉 순결한 나무는 다른 식물이라서 본 사전에서 별도로 제시했다); 이것은 보라색 꽃과 함께 가느다란 뾰족한 뿔을 가지고 있다; **2.** 신화: a. 페르시아: 태양에 바쳐졌다; b. 로마: 비너스와 쥬피터에게 바쳐졌다(암수가 있는 식물); c. 드루이드교: 버베인은 거의 겨우살이만큼 높이 평가되었다; 사람들은 시리우스 별이 뜰 때 적절한 의례와 함께 모든 것이

마법적이고 영감을 주는 치유력을 가졌다고 믿었다; d. 기독교: 버베인이 자라고 있는 것이 처음 발견된 곳은 십자가 아래였으며 그곳에서 그리스도의 상처를 낫게 하기 위해 자라났다(이러한 이유로 '거룩한 허브Holy Herb' 또는 '십자가의 허브Herb-on-Cross'라고도 불린다); 그러므로 버베인은 성수를 뿌리는 데 쓰이고 모든 악한 질병을 치료한다; e. 고대 북유럽: 토르에게 바쳐졌다; **3.** 황홀함, 어둠 속의 희망; 버베인 다발은 국가적 재난, 신성한 의식, 로마에서 권리를 요구하는 대사관에서 쓰였다(플리니우스Pliny 22, 3); **4.** 결혼, 정절, 다산: 로마 신부들은 버베나 화환을 썼다; **5.** 신성성: 루툴리아인들과 튜크리아인들(아이네아스의 무리)의 각 진영은 투르누스와 아이네아스의 사이의 결투를 준비하면서 종교 의식을 위해 샘물과 불을 가져왔으며 버베나로 눈썹을 감쌌다(베르길리우스Virgil, 아이네아스Aen. 12, 120).

버섯 mushroom **1.** 태양신과 관련된다: 익시온Ixion 수레바퀴 의례의 불쏘시개(수레바퀴wheel 참조); **2.** 덧없는 것; **3.** 마치 마법처럼 한밤중에 요정들이 버섯을 키워 내기 때문에 요정들과 관련된다(템페스트Tp. 5, 1); **4.** 의심: 독극물: (어린) 아그리피나는 남편 클라우디우스를 버섯으로 독살했다(데키무스 유니우스 유베날리스Decimus Junius Juvenalis, 풍자시집Sat. 5, 147f.); **5.** 나쁜 소식; **6.** 방랑자; **7.** 최음제; **8.**점성술: 헤르메스와 관련된다; **9.** 딜런 토머스Dylan Thomas: a. 태아, (자궁의) 어둠 속에서 자라는 배아; b. 여성의 가슴; **10.** 독버섯toadstools 참조.

버섯, 독버섯 toadstool **1.** 포도주의 신으로 길들여지기 전에 버섯의 신이었던 디오니소스에게 바쳐졌다: 버섯은 씨앗이 아니라 번개에서 나온 것이다; 디오니소스는 번개의 신 제우스와 세멜레의 아들이다; **2.** 황홀한 환상과 연결: 버섯을 먹는 것은 시적이고 예언적인 황홀경을 낳는다; **3.** 발정기의 사슴을 위한 먹이로 쓰인다: 사슴deer 참조.

버스 bus 꿈에서 a. 일생 중 한 단계: 상황을 이어나가는 데 실패할 수 있다(버스를 놓치거나 잘못된 버스에 타는 것). 또는 상황과 상충하는 바람이 존재할 수 있다; b. 이웃들과 보조를 맞추어야 하는 순응주의(톰 체트윈드Tom Chetwynd, 여정Journeys).

버크람 buckram **1.** 접착제로 붙인 거친 린넨; **2.** 엘리자베스 시대에 사용되었다: a. 변호사의 가방을 만들기 위해: "당신은 버크람 주인님(역주: 피상적인 사람이라는 뜻)"(헨리 6세 2부2H6 4, 7); b. 커튼을 만들기 위해; c. 무대 위 거인들의 옷을 만들기 위해: "오 괴물이여! 열 한 명의 버크람 남자가 두 명에서 생겨납니다"(=옷이 커서 마치 두 남자가 열 한명의 거인처럼 보인다는 뜻: 헨리 4세 1부1H4 2, 4에서 팔스타프를 놀리는 홀); 그 이후로 상상의 인물이 되었다.

버클 buckle **1.** 자기방어와 보호: '비골(종아리뼈)'(작은 방패=방어물bukcler 참조) 벨트처럼: "나는 너에게 버클을 주겠다"=나는 너를 더 나은 사람으로 만들 것이다(전투에서; 헛소동Ado 5, 2); **2.** 벨트를 풀다='머리를 풀어내리다'; **3.** 황금버클은 셀레우코스 왕국이 하사한 최고 명예의 상징으로(보라색 가운), 마카베오 가문에서 착용할 수 있다(예 마카베오 상권1Maccab 10, 62ff.); **4.** 귀족; **5.** 권위에 대한 충성; **6.** S, 즉 태양과 유사한 룬runic 문자; **7.** '버클고리tongue'는 버클을 태양의 일일순환 그리고 연중순환의 중간을 상징하는 특성으로 구분해 준다; **8.** 문장heraldry(紋章): a. 싸움을 준비하는 기사; b. 고집, 끈기; **9.** 보호부적으로 사용되었다; **10.** 이시스의 선의와 보호: 지하세계에서 미라를 보호하기 위해 물에 담근 버클을 미라의 목에 걸었다; **11.** 거들girdle 참조.

버클, 비골 fibula **1.** 의복을 고정하는 데 사용하는 걸쇠, 버클 또는 안전핀 브로치; 그것은 미케네 문명 시대부터 사용된 것으로 알려져 있다; **2.** 최소한의 방패; 또한 버클buckle 참조; **3.** 처녀성의 상징: 허리띠belt 참조; **4.** 정력 제한: 남성의 경우: 가수, 연극배우, 무용수, 검투사는 발기를 막기 위해 음경 포피(包皮)에 두 개의 구멍을 뚫고 링을 삽입하였다; 이것을 종종 '버클'이라고 불렀다. 그래서 '버클을 빼려는 것'은 성교할 준비가 되었다는 뜻이었다; 때로 이것은 금속 케이스나 반지에 불과했다.

버터 butter　**1.** 사치: 버터와 꿀은 손님을 위한 특별한 접대(이사야서Isa. 7, 이마누엘Immanuel; 플리니우스Pliny: 야만인의 땅에서 부자와 가난한 자를 구분하는 음식(28, 35); **2.** 민속: A. 버터를 제조하는 것은 위험한 일이며 많은 것이 버터의 '탄생'을 지연시킬 수 있다: a. 버터를 만드는 여성의 월경; b. 종종 마녀와 요정들이 간섭한다; B. 건초에 버터를 바르는 것(사기치는 것): 버터를 바른 건초는 말이 먹지 않기 때문에 건초를 다른 말 주인에게 또 팔 수 있었다; a. 마부를 속이는 장난(참조: 리어왕Lr. 2, 4).

버팔로 buffalo　중세: 나태("맥아 빻는 기계farinator", 모턴 블룸필드Morton Bloomfield, 일곱 개의 대죄SDS 248).

번, 빵 bun　**1.** 둥근 희생제물 케이크 또는 빵: 신의 몸, 자기희생적 신의 인간과 동물과의 합일을 대체했다; **2.** 이집트인들은 봄의 빵에 (생명의) 십자가 무늬를 만들었다; **3.** 독일 사람들은 봄축제에 빵과 계란 공물을 바쳤다; **4.** 기독교: a. 유월절 성체로서 그리스도의 몸; b. 뜨거운 십자가 번Hot Cross Bun 참조; **5.** 현대: 남근(열이 나는 여성의 오븐에 집어넣음); **6.** 케이크cake, 파이pie, 둥근 물체round objects, 성체wafer 등 참조.

번개 lightning　**1.** 신의 무기, 최고신의 능력 또는 분노의 표현; 그러나 성서는 번개를 여호와와 사탄 둘 다의 무기로 만든다(예 누가복음Luke 10, 18); **2.** 신의 사자Messenger; 번개를 맞은 사람들은 특히 제우스에 의해 명예롭게 되는 것이다: 예 세멜레, 카파네우스; 번개가 내려친 장소에는 보통 울타리를 쳤다; **3.** 남근, 다산, 영감; **4.** 간결함; **5.** 그리스: 산의 한 면(구름덩어리)을 뚫고 아름다운 보석과 황금을 즉시 보여 줄 수 있는 신의 화살; **6.** 카를 융Carl Jung: a. 영혼은 종종 번갯불에 의해 '자유'로워지는 것으로 나타난다(예 파라켈수스Paracelsus와 연금술사); b. 구멍에서 나온 성난 뱀처럼 루시퍼의 몸으로부터 하나님의 '염수'(=초석='원질료Prima materia'=사트르누스) 속으로 쳐들어간 동물의 영으로서 또는 모든 본성을 조각낼 듯 성난 뱀처럼 폭압적이고 헐뜯고 분노하는 동물의 정령 메르쿠리우스(뵈메Bohme); 그것은 또한 사위(四位)와도 관련 있다: 건조함-습함-따뜻함-차가움, 쓰는 맛-쓴맛-단맛-신맛, 그리고 네 가지 색상과도 관련된다; c. 죄의 번개; **7.** 구름 속에서 나오는 번개섬광: 신화의 상징; **8.** 번개thunderbolt 참조.

번데기 chrysalis　**1.** 그저 모양만 바꿈으로써 매미가 된다; **2.** 부활(뼈와 마찬가지로); **3.** 몸을 떠나는 영혼 또는 살flesh(물질)로 가려진 영혼; **4.** 균형, 조직, 용기; **5.** 힘없는 발전: 자연의 변화의 법칙에 대한 수동적이고 맹목적인 순종; **6.** 변형 및 '가면mask'과 연관된다.

벌 bee　**A. 일반적으로 다음을 의미한다: 1.** 이집트의 계급: 다음의 이유로 인해 왕실의 이름 짓기에 사용되는 중요한 요소이다: a. 이들의 왕정 조직; b. 근면, 창조적 활동, 부; **2.** 여왕벌은 교미 후 수벌의 생식기를 뜯어낸다; **3.** 벌은 물푸레나무를 좋아한다; **4.** 베르길리우스Virgil의 "농경시Georgics"(4장)에 따르면, 벌의 천적은 다음과 같다: a. 비와 바람: 가는 길에 흔들리지 않도록 작은 자갈을 가지고 가야 한다; b. 초식동물; c. 도마뱀; d. 새(특히 제비; 또한 플리니우스Pliny 11, 19 참조); **5.** (베르길리우스Virgil의 "농경시Georgics" 4장에 따르면) 벌은 다음을 필요로 한다: a. 근처에 신선한 물, 새로운 벌떼가 오도록 유혹하는 향기; b. 벌을 잡기 위한 나무인 단 주목은 제외되었다: 전원시Eclogues(9, 30)에서 그는 특히 나무의 쓴맛 때문에 코르시카의 주목을 피하라고 벌들에게 경고한다; c. 게를 굽는 곳이나 흙냄새가 강한 곳 또는 속이 빈 암석이 있는 곳에도 가지 않는다; d. 벌떼를 유혹하려면 딸랑거리는 소리와 키벨레의 심벌즈가 부딪히는 소리가 있어야 한다; 거친 음악소리를 좋아하는 벌에 관한 것은 나소 P. 오비디우스Naso P. Ovid, 행사력Fasti. 3, 736ff.도 참조; **6.** 무성생식: 이 벌들에게는 '여왕' 대신 '왕'이 있다(플리니우스에 기술되어 있음, 특히 11, 17); **7.** 벌떼가 모여드는 가장 좋은 시기는 5월이다(민속 참조); **8.** "늙은 벌은 꿀을 만들지 못한다"(속담); **9.** 벌의 기원은 낙원이며 거기서 벌은 '작은 날개를 가진, 신의 종'이었으며 흰색이었다가 땅으로 내려온 이후 갈색으로 변했다; 독수리와 함께 천국에 접근하는 유일한 동물이다; **B. 달의 여신**과 관련된

다: **1.** 생식기를 찢음으로써 그들의 여름 왕들을 파멸시켰던 아프로디테-키벨레와 관련된다(A번의 2 참조); **2.** 여왕벌의 축제는 한여름에 열렸다(한 해의 전반기를 지배했던 태양왕의 죽음); **3.** 델파이의 여사제인 아프로디테와 밀리타(칼데아의 모신)의 상징; 파우사니아스Pausanias(8, 13)는 이들이 땅벌 여사제라고 믿었다; **4.** 벌은 모신을 특별히 숭배하고 마법으로 유명했던 도시인 에페소스의 메달에서 발견된다; **5.** 달의 황소와 관련된다: a. 선택받은 흠 없는 황소를 묻으면 내장에서 벌이 나온다(나소 P. 오비디우스, 변신이야기 15, 365f.); 말의 사체에서 나오는 '말벌'과 비교; 토머스 브라운 경Sir Th. Browne은 죽은 어린 암송아지에게서 벌이 나온다고 여겼다(사이러스 정원Gard. of Cyrus); b. 벌떼가 사라지면 맞아 죽은 맞은 어린 황소의 썩은 피에서 새로운 벌떼가 만들어진다(베르길리우스, 농경시 4장); c. 달의 격상인 타우로스와 관련된다; **6.** 로마에서 최음제로 사용되었다; **7.** 카를 융Carl Jung: 대지 모신, 달, 동정녀 마리아와 관련된다; **8.** 마녀 및 요정들과 관련된다: 예 유명한 구절: "벌이 꿀을 빠는 곳에서 나도 빤다"(템페스트Tp. 아리엘의 노래Ariel's Song, 이것은 부엉이와 박쥐로 계속된다); **C. 신의 음식인 꿀**: **1.** 제우스는 사투르누스가 아기였을 때 그의 울음소리가 안 들리도록 쿠레테스가 심벌즈를 치는 동안 염소님프의 꿀을 먹고 살았다; **2.** 토성의 '황금기'와 연관된다(A번 9의 천국과 비교); **D. 신성한 왕들**과 관련된다: **1.** 왕의 계절에 따른 형태변화(계절Seasons 참조); **2.** 아리스테우스(베르길리우스에 따르면)는 소의 사체 특히 사자 사체에서 새로운 벌떼를 키웠다(삼손Samson 참조); 왕은 사자자리의 상징 아래에서 죽기 때문에 위대한 여신은 때로 사자의 여신이었다: 그리고 죽은 사자의 영혼은 벌로 나타났다; **E. 죽음과 불멸**: **1.** 매우 종종 벌은 해골 및 사체와 연관된다(D번의 2와 B번의 5 참조); **2.** 오네실라스의 해골에 정착한 벌떼(헤로도토스Herodotus 5, 114); **3.** "제발 저의 사랑을 앗아 간 벌을 찾아주십시오"(로버트 헤릭Robert Herrick, "미친 처녀의 노래The Mad Maiden's Song"); 참조: "오, 사망아! 너의 쏘는 것이 있느냐?"(고린도전서1Cor. 15, 55); **4.** 카타콤(지하묘지)에서 벌은 부활한 그리스도, 부활, 불멸을 상징한다; **5.** 부패를 막기 위해 죽은 사람의 사체에 꿀을 발랐다; **F. 특징-특성**: **I.** 긍정적인 특성: **1.** 공동의 일, 순종적 활동: a. 그리스인들, 기독교도 등의 율법에 따른 삶. 각자 특정 활동 분야가 배정되며 새벽부터 밤까지 일한다; b. 벌은 유일하게 유용한 곤충이다; **2.** 타인들에게 이득을 주는 활동: 이타주의: a. "그래서 당신은 꿀을 만드는 벌을 좋아하지 않는다"(마찬가지로, 벌은 자신이 아닌 남을 위해 꿀을 만든다; 베르길리우스의 속성; b. '길들여지는' 유일한 곤충(공연하는 벼룩을 제외하고; 플리니우스 11, 4f.): 야생동물도 아니지만 길들여지지도 않는다; **3.** 순결: a. 처녀성 시험: 소녀를 벌떼에게 보내 벌들이 공격하는지 본다: 벌은 이들이 순결하지 않다는 것을 단번에 감지한다; 또한 여성과 잠자리를 가진 남성들을 공격한다(플루타르코스Plutarch); b. 벌은 스스로를 사랑하지 않으며 자신을 약하게 만들어 버리는 쾌락을 추구하지도 않는다. 암수 간의 결합에 대해 알지 못하며 어머니의 고통도 알지 못한다(베르길리우스, 농경시 4); c. 금욕, 수도승과 같은 삶의 상징: '겸손하게 일하는'(성 암브로시우스St. Ambrose); d. 무성생식('여왕' 대신에 '왕'이 있다): "새들이 봄을 노래하듯이, 또는 벌이 왕을 염려하듯이"(헨리 콘스터블Henry Constable, "다프레에게 보내는 다멜로스의 노래Damelus' Song"); **4.** 예언: a. 드보라='꿀벌': "야자나무 아래에 사는" 여사제; b. 고대 그리스에서 벌집은 종종 신성한 왕이 '매장되어' 죽어 있는 동안 대리자가 통치하는 무덤의 형태였다(그는 3일 동안 지하세계에 머문다); 또는 조상숭배의 흔적이다; c. 또한 B번의 3 참조; **5.** 달변: 기독교 문헌에서 플라톤Plato과 핀다로스Pindarus는 벌이 잠들어 있는 동안 입에서 밀랍을 만들어 내는 것을 보고 웅변술을 습득했다(파우사니아스Pausanias, 9, 23; 플리니우스 11, 18); **6.** 영혼: a. 카타콤(지하무덤)에서: E번의 4 참조; b. "신비의 포도나무Vitis Mystica"(성 버나드St. Bernard): 마치 벌집(=육체, 대지)을 떠나는 일벌처럼 벌은 명상의 날개를 타고 천국의 정원으로 올라갈 수 있다는 것을 알고 있는 영혼이다; **7.** 본능적 명령: "벌은 자연의 법칙에 따라 왕국의 사람들에게 명령을 내리는 행위를 가르치는 생물이다"(헨리 5세의 생애H5 1, 2); 벌과 벌집은 책략의 특성이다; **8.** '곤충의 왕'; 동물의 왕국에서 다른 '왕들'은 새들의 왕 독수리, 원숭이의 왕 유인원, 짐승의 왕 사자,

물고기의 왕 고래이다; 나무의 왕은 참나무와 삼나무; **9.** a. 쓴맛에서 나오는 달콤함: 벌은 가장 쓴 꽃에서 꿀을 빤다(헨리 4세 2부2H4 4, 5 참조); b. 고통 없는 달콤함은 없다: "꿀은 달콤하지만 벌의 침은 아프다"(속담); **10.** 생식력: a. 삼손이 죽인 사자의 사체에서(일부 사람에 의해 사자자리의 태양= 5~6월로 여겨지며, 이 시기에는 벌이 꿀을 만든다) 나중에 꿀을 발견했다(사사기Judg. 14, 8ff.); b. 생명과 죽음의 나무인 이그드라실은 벌이 먹는 이슬방울을 떨어뜨린다; 따라서 벌은 여전히 물푸레나무를 좋아한다(에다Edda); **11.** 사랑: "내 가슴속의 사랑은 벌이 꿀을 빠는 것과 같다"(토머스 로지Thomas Lodge, "로잘린드의 마드리갈Rosalynd's Madrigal"(역주: 마드리갈은 짧은 서정시)); **12.** 지혜: 이들은 천국의 공기를 마심으로써 신성한 지성을 나눈다; **13.** 하나님이 이스라엘에 내린 벌: 아모리 족속들이 "너희를 마주 나와서 벌떼같이 너희를 쫓아…"(신명기Deut. 1, 44); 그리고 "그들은 벌떼처럼 내게 몰려들었다"(시편Ps. 118, 12); **II.** 부정적인 특성: **1.** 아첨과 유혹: 따끔한 달콤함; **2.** 관료제: a. 벌과 관련된–서신의 밀랍인봉wax-seals(심벨린Cym. 3, 2); b. "세상은 송아지, 거위, 벌이라는 세 가지가 지배한다"[다음의 속담과 같은 뜻이다: 송아지 가죽, 펜, 봉랍(역주: 종이를 붙이는 밀랍, 일종의 접착제): 속담]; **3.** 특정 시점의 광기: '모자 속에 벌이 있다(송아지, 거위, 벌은 이 세 가지의 원료)'(망상에 사로잡히다, 즉 미치다): 구절; **G. 상징적 대극:** **1.** 반대는 말벌; **2.** 전갈: 둘 다 침을 쏘지만 하나는 유익하고 다른 하나는 순전히 악하다; **3.** 파리: 불결한 곤충; **4.** 거미(=악의 화신): "벌이 꿀을 빠는 곳에서 거미는 독을 만든다"(속담); **5.** 나비: a. 근면과 즐거움; b. '비뚤게 나는 기술'과 반대되는 똑바름('직선 비행bee-line'); **H. 다음에 상응한다:** **1.** 계절 참조; **2.** 창공(증기)의 상징; **3.** 색: 푸른색; **I. 특별한 신화적 의미:** **1.** 이집트: a. 왕권; b. 이비스에게 바쳐졌다; **2.** 히브리: a. 통치, 질서 유지; b. 벌=아시리아, 파리=이집트(이사야서Isa 7, 18); **3.** 그리스: a. 아테네는 꿀로 유명했다; b. 달에게 바쳐졌다; **4.** 로마: a. 멜로니아, 즉 여왕벌 여신; b. 꿀은 와인의 쓴맛을 없애는 데 사용되었다; **5.** 미트라교 숭배에서 벌은 중요하다: 황소머리와 3백 마리의 황금벌을 제단에 올렸다; 토머스 브라운 경도 매장부속물로 동일한 수의 벌을 언급했다; **6.** 기독교: a. 마리아; b. 그리스도; 마리아의 경우=벌집: 스웨덴에 관해 비르기트가 받은 계시Birgit of Sweden Revelations 참조; **J. 문장**heraldry(紋章): **1.** 카롤링거 왕조Carolingians의 상징; **2.** 나폴레옹 1세는 이 문장을 주권의 상징으로 만들었다; **3.** 잘 관리되는 산업; **K. 특별한 문학서적에서의 언급:** **1.** 단테Dante: "낙원편Paradiso"의 끝에 있는 상징적이고 신비로운 장미를 둘러싼 작품과 생애 같은 벌; **2.** 윌리엄 블레이크William Blake: "꿀벌의 독은 예술가의 질투와 같다"(순수의 전조Aug. of Inn.); **3.** 윌리엄 B. 예이츠William B. Yeats: 여름(예 "골왕의 광기The Madness of King Goll"); **4.** 토머스 S. 엘리엇Thomas S. Eliot: 성직자: 예 "엘리엇씨의 주일 아침 예배"; 애벌레로 묘사되는 성직자 참조: 인생의 즐거움을 탐하는; **L. 민속:** **1.** 벌에 관한 다양한 수수께기 운율들이 존재한다: 예 "천국의 작은 새는 깔끔하고 멋지게 일을 처리한다; 신을 기쁘게 하고 인간을 기쁘게 하며 누구도 할 수 없는 일을 해낸다"; **2.** '천국의 새'는 제단에 놓을 양초밀랍을 만들고 인간을 위해 꿀을 만들며 윙윙거리는 소리로 신을 숭배하는 특권을 갖고 있다(특히 크리스마스이브에 벌들은 윙윙 소리를 내며 벌집에서 100번째 찬송가를 부른다); **3.** 특별한 신성함으로 인해: a. 벌을 죽이는 것은 신성모독이다; b. 벌은 서로 싸우고 미워하는 집에서 살 수 없으며 또한 신성모독과 욕설을 참지 못한다(벌은 종종 욕하는 자에게 침을 쏜다); **4.** 약용: 벌침은 류머티즘을 방지하거나 치료한다(류머티즘을 죽이는 것과 같다); **5.** 벌을 사거나 판매하는 것은 불운을 가져온다; 가장 순수한 금속으로 값을 치르는 경우에만 안전하다: (태양) 금; **6.** 양봉: 5월은 양봉을 하기에 좋은 달이다: "5월의 벌떼는 건초 한 짐의 가치를 가지지만 7월의 벌떼는 파리 값도 되지 않는다"(속담); **7.** 영혼: 영혼은 때로 죽음 직후 짧은 시간 동안 벌이 되거나 영혼이 벌의 형태로 잠자는 사람의 입을 떠났다가 되돌아가는 것으로 보인다; 나비와 비교; **8.** "영리한 벌은 자신의 벌집 근처에 피해를 끼친다": 이것은 다가오는 폭풍에 대한 예측이다(조지 채프먼George Chapman, "에우게니아Eugenia"); **M.** 벌집bee-hive; 일벌drone; 꿀honey; 제비swallow 참조.

벌거벗음 nakedness **1.** 결백, 진실, 순수: a. 중세시대: 라틴어 '벌거벗은(순전한) 영적 상태nuditas virtualis'; b. "술책에는 옷이 있어야 하지만 진실은 벗는 것을 좋아한다"(속담); **2.** 굴종, 가난, 소유물 또는 방어수단을 내려놓는 것: a. "내가 모태에서 벌거벗고 나왔은즉 또한 벌거벗은 채 그리로 돌아가리라. 주신 분도 주시오, 가져가신 분도 주시니 주의 이름이 찬송을 받을 지어다"(욥기Job 1, 21); b. 성 프란체스코가 자진해서 청빈의 삶을 살기로 한 것에 대해 아버지가 반대하자 옷을 벗으면서 주교에게 자신의 모든 재산(옷)을 아버지에게 돌려줄 것을 호소했다. 그는 죽기 전에 자신이 죽으면 모든 옷을 벗겨 달라고 요청했다(단테Dante, 신곡 낙원편Par. 11 참조); c. 예수님이 잡혀가실 때 멀리서 따라오던 (알려지지 않은) 한 청년이 적에게 붙잡히게 되자 '좋은 옷'(역주: 원 구절은 아마포)을 벗어 주고 가까스로 도망쳤다(마가복음Mark 14, 5 등); d. "자신의 싸움이 정당한 자는 세 번 무장하지만 양심이 강철에 갇힌 자는 벌거벗은 자이며 그 양심은 불의로 인해 부패하였다"(헨리 6세 2부2H6 3, 2); e. 스목 결혼식smock wedding 참조; **3.** 특히 사회의 부조리한 상태에 대한 반항으로써의 항의: a. 이사야서Isa.(20, 2-5); b. 우상숭배에 대한 항의로써 "그러므로 내가 통곡하며 울부짖고 벌거벗은 채 벗은 몸으로 다니며"(미가서Micah 1, 8); c. 2번 참조; **4.** 다산(보통 춤출 때): a. 기우제; b. 모세는 사람들이 금송아지(=황소 우상) 주변에서 벌거벗은 채로(=부끄럽게도) 춤추는 것을 보았다; c. 불임 치료: 음부 노출 참조; d. 이러한 의례의 잔재는 마녀의 안식일에서 찾아볼 수 있는데, 이때 마녀는 보통 다 벗은 채 베일이나 가면만 썼다. 다산의 숨겨진 비장품(베일veil 참조) 또는 자연의 힘을 체현하는 것(이인화 또는 자신의 정체를 위장하는 것); e. (식물이 없는 상태의 상징으로서의 벌거벗음에 대해서는) 이슈타르Ishtar 참조, 성요한초St. John's Wor 와 여자woman도 참조; **5.** 황홀경ecstasy(춤과 더불어 또는 술에 의한): a. '예언자'들은 예언할 때 황홀경에 빠져 종종 옷을 다 벗었다(사무엘상서1Sam. 19, 24). 또한 다윗은 예루살렘으로 언약궤를 옮기면서 궤 앞에서 옷을 벗고 춤을 추었으며 미갈이 이를 비난했다(창문window, 춤dance 참조); b. 다산을 촉진하기 위해 강요된 퇴보; 디오니소스 오르지orgy에 반대하는 항의: "네가 취하여 스스로 벌거벗으리라"(예레미야 애가Lament 4, 21); c. 광기와 관련된다: 예 고대 로마 군대에 귀신 들린 사람(누가복음Luke 8, 27); 고대 기사들은 벌거벗음과 연결된 광기의 시기를 종종 거쳤다. 이것은 갑옷을 입지 않은 상태를 의미하는 것은 아니다: 예 트리스트럼(역주: 원탁의 기사 중 한 명)(토머스 맬러리 경Sir Thomas Malory 9, 18); **6.** 수치심: **A.** 처벌: a. 구약성서: 간음한 여자에 대해서: 그녀의 옷이 벗겨질 것이며(히브리인들 사이에서 가장 큰 모욕) 조롱을 당할 것이다(예 예레미야 애가 1, 8; 호세아서Hos. 2, 5 등; 에스겔서Eze. 16, 39; 23, 29 등). 여기서 간음하는 여성은 토착 종교나 인접한 국가의 종교(다산 촉진을 위해 종교적 매춘을 하는 종교)에 따라 '음행하는' 여성을 말하기도 한다; b. 구약성서: 여자 포로들은 합법적으로 다음과 같이 취급되었다. "내가 네 치마를 네 얼굴 위로 걷어 올려서 네 벌거벗은 것을 뭇나라가 보게 하고, 네 부끄러운 곳을 뭇 왕국이 보게 하겠다"; 그다음에는 흙을 던져 조롱의 대상으로 삼았다. 이 상황(바빌로니아의 건물에서도 볼 수 있으며 일반적인 관습이었다)은 많은 선지자들에 의해 매우 흥미로운 장면으로 묘사되었다(적의 자녀들을 거의 '산산조각 낼'만큼이나 엄청난 것); c. 단테의 신곡에서, 어둠의 평원에서 벌거벗는 것은 선하지도 악하지도 않은 많은 죄인들에 대한 지옥의 형벌이다; **B.** 벌거벗음에 대한 히브리인의 공포: a. '하나님 앞에서 벌거벗는 것'에 대한 수치(예 창세기Gen. 3, 10; 출애굽기Ex. 20, 26 등); b. '우상숭배'를 형상화한 벌거벗음은 히브리인들에게 그 자체로 혐오스러운 것이었다. "그 모습은 어리석은 자를 유혹하여 욕망하게 하며 죽은 우상의 무생물 형상을 사랑하게 한다"(솔로몬의 지혜서Wisd. Sol. 15, 5); c. 정통 유대교인들은 예루살렘에 있는 그리스식 '김나지움'을 보고 경악했다(마카베오 상서1Maccab 1, 15). 그 곳에서 이스라엘의 젊은이들이 할례 받은 흔적을 없애 '이교도들'과 구분할 수 없었기 때문이었다; **7.** 음란, 뻔뻔함: a. 중세시대: 라틴어 '누디타스 크리미날리스nuditas criminalis': 음탕함과 헛된 과시; b. 단테는 거리에서 가슴을 드러내는 피렌체 여성들의 패션에 대해 불평했다: "젖가슴을 드러낸 채 거리를 걷는다"(단테, 신곡 연옥편Purg. 23); **8.** 죽은 자들: 죽은 자들의 그림자는 벌거벗고 있다. 그래서 모르페우스는 알키오네의 꿈에 죽은 남편 케익스의 벌거벗은 모습으로 나타났다(물총새kingfisher 참조): "옷을 입지 않은 채 나타났다"(나소 P. 오비디우스Naso P. Ovid, 변신이야기Metam. 11, 654); 이 표현은 사후에는 성적인 특징이 없어지는 것과 관련이 있을 수 있다; **9.** 애도: 애도의 뜻으로 옷을 벗는 것이 나중에는 옷을 찢는 것으로 변했다. 여성은 가슴 아래로 삼베를 둘렀고(고용되어 전문적으로 통곡하는 여성도), 남성은 로인클로스(역주: 허리에 두르는 천)(베옷sackcloth도 참조)만 입는 것이 관습이었다. 게다가 결혼하지 않은 소녀들(보통은 집에 갇혀서 지냄)은 집 밖으로 나왔다. 그들 중 일부는 뛰어다니고 일부는 담 위를 걷고, 또 일부는 창가에 앉아 내다보며 자신들의 모습이 (하늘의 신에게) 잘 보이도록 했다. 후자는 어쩌면 매춘부였을 수도 있다(마카베오 하서2Maccab. 3, 19 참조). 이 모든 애도 의례는 다음과 같이 설명될 수 있다: a. 위험한 유령이 시샘하지 않도록 주의를 돌리는 방법; b. 유령의 적대감을 피하기 위해 죽은 자와 자신을 동일시하는 방법. 표면상으로 유령은 힘이 없는 죽은 자들의 처소인 '스올sheol'(역주: 음부)로 가긴 하지만(지하세계underworld 참조) 사람들은 안전한 쪽에 머무는 것을 선호했을 수 있다; **10.** 여자 전사들은 보통 한쪽 가슴을 노출한다. 아마존족(='한쪽 가슴')은 한쪽 가슴을 노출했다. 펜테실레아Penthesilea(역주: 아마존족의 여왕)의 한쪽 가슴은 황금 허리띠로 묶었다. 카밀라(베르길리우스Virgil, 아이네이아스Aen. 11, 647) 참조; **11.** 신의 모습: 신들의 상체(우주의 보이는 윗부분)는 종종 벗고 있지만 하체(땅의 비옥함과 부패)는 숨겨져 있다; **12.** 옷clothes, 여자woman 참조.

벌꿀술 mead 그리스: 즐거움과 휴식에 스스로 항복한(그리스어 '메투오methieimi') 사람들은 디오니소스의 선물인 '메티'(포도주)를 마셨다. '메티methy'라는 단어는 아마도 꿀과 물로 만든 알코올 음료이며 영어 '벌꿀술mead'과 관련 있을 것이다.

벌꿀술 mead 맥주beer 참조.

벌레 bug **1.** 기독교 신약 외경: 벌레들은 그를 잠들게 하고 문에 모이라는 요한의 명령에 복종한다(요한 행록Acts of John, 몬태그 R. 제임스Montag R. James p. 243); **2.** 곤충insect과 개별 벌레 참조.

벌레 worm **1.** 가장 하등한 존재; **2.** 경멸, 나약하고 하찮은 인간: a. "하물며 구더기 같은 사람[달과 별보다 작은], 벌레 같은 인생이랴"(욥기Job 25, 6), "버러지 같은 너 야곱아, 두려워하지 말라"(이사야서Isa. 41, 14); b. 첫 호흡 단계에 있는 사람; **3.** 사망, 음흉한 파괴자: a. 시체를 갉아먹음: "가련한 벌레의 부드럽고 연한 갈퀴를 두려워하는 구나"(눈에는 눈, 이에는 이Meas. 3, 1); b. (심지어) 처녀성을 집어삼키는 자: 그의 수줍은 연인이 죽으면 "벌레들은 오랫동안 보존된 처녀성을 먹어치우고자 할 것이다"(앤드류 마벨Andrew Marvell); **4.** 육체: 나비(사람의 영혼)와 반대됨; **5.** 양심: "돈 웜Don Worm, 그의 양심이여"(헛소동Ado 5, 2); 그리고 "양심이라는 벌레가 여전히 너의 영혼을 갉아먹고 있구나"(리처드 3세의 비극R3 1, 3); 이 생각은 옛 도덕극에서 비롯되었다; **6.** 계략: "새싹을 파괴하는 교활한 벌레"(알크만Alcman); **7.** 몸집이 작은 뱀serpent: a. 중상모략을 하는 혀는 "…나일 강의 모든 벌레를 능가한다"(심벨린Cym. 3, 4); b. 겨울의 상징(계절seasons 참조): 민요 속의 마녀 "앨리슨 그로스"는 (가을에) 자신의 구애를 거부하는 남자를 벌레로 바꾸며 이 남자는 "실리 궁전Seely Court"(봄의 요정들의 행복한 궁전)의 여왕을 통해 모습을 되찾을 때까지 벌레의 모습으로 있게 된다; c. 뱀snake처럼 발밑에 밟힘(1번도 참조); **8.** 게으름: 게으른 손가락은 벌레를 번식시킨다(로미오와 줄리엣Rom. 1, 4); **9.** 비밀: "은폐, 마치 꽃봉오리 속에 있는 벌레처럼"(십이야Tw. N. 2, 4); 탐욕스러운 벌레(윌리엄 랭글랜드William Langland, 피어스 플로우먼에 관한 비전PP 16권); **10.** 심리: 리비도 인물 죽이기; **11.** 기독교: a. 죄악, 지옥: i. 죄악에 관한 성화에는 벌거벗고 눈먼 젊은이에게는 자신의 심장을 갉아먹는 벌레가 있는 그림이 있다; ii. 지옥은 "벌레가 죽지 않고 불이 꺼지지 않는" 곳이다(예 이사야서 66, 24; 마가복음Mark 9, 44; 다음 12번의 A 참조); b. 그리스도: "나는 벌레요 사람이 아니라"(시편Ps. 22, 6); **12.** 특별히 참고할 문학서: A. 단테Dante: a. 벌레들은 지옥의 어두운 평원에 있는 겁쟁이들의 눈물과 피를 모으고, 좋지도 나쁘지도 않은 삶에서 움직이던 깃발을 좇아간다(신곡 지옥편Inf. 3 참조); b. 위대한 벌레: 케르베루스(신곡 지옥편 6, 22 참조); c. 루시퍼는 '악랄한 벌레'로 불린다(지옥편 34, 108); B. 윌리엄 블레이크William Blake: 육체, 물질성; 또한 장미rose 참조; C. 딜런 토머스Dylan Thomas: a. 뱀serpent 같은 벌레; 남근과 죽음(세상으로 죽음을 끌어들임); b. 겨울은 민달팽이처럼 파괴를 가르친다는 점에서 벌레와 같다("특히 10월의 바람이 불 때"; 앞의 7번 b 참조); **13.** 벌레와 **고등어**: 끔찍한 계모가 의붓아들을 "끔찍한[=혐오스러운] 벌레"로 변신시켜서 일곱 명의 기사들을 죽였고 그의 누이는 바다의 고등어로 만들었다. 그 소식을 들은 아버지는 계모를 "활활 타오르는" 장작불로 태웠다(민요: 프랜시스 차일드Francis Child 36).

벌새 humming-bird **1.** 쾌활; **2.** 용기; **3.** 질투; **4.** 데이비드 H. 로렌스David H. Lawrence: 원시 괴물이 줄어든 흔적("나는 …을 상상할 수 있다….."); **5.** 토머스 S. 엘리엇Thomas S. Eliot: ("마리나Marina"): "벌새의 영광": 자긍심.

벌집 bee-hive **1.** 풍부함; **2.** 활동(그리고 더 나아가 꿀벌 상징); **3.** 서로 탐하는 시스템 위에서 번성하는 사회: 버나드 드 맨데빌Bernard de Mandeville; **4.** 딜런 토머스Dylan Thomas: 꿀(열)이 발견되는 자궁.

범의귀, 바위취 saxifrage (식물) **1.** 문자 그대로 '돌을 깨는 것stone-breaker'이다: 바위틈에 뿌리를 내리는 고산 식물; **2.** 의학: a. 코르넬리우스 켈수스Cornelius Celsus: 해독제(5, 23, 3)이며 마취제(5, 25, 3)로 고통을 없앤다; b. 몸 안의 돌을 제거한다(앞의 1번 참조; 토머스 브라운 경Sir Thomas Browne, 저속한 오류PE 2, 5, 1); **3.** 켈트족: '길 위의 바위취'는 가장 달콤한 허브이다(켈트 선집Celtic Misc., 펭귄출판사Peng. p. 73).

법 law **1.** 예로부터 모든 법은 시나이산에서 '거룩하게 신의 영감을 받은' 모세, 동굴에 있던 그레타의 미노스, 그리고 마르둑의 영감을 받은 함무라비 등에게 나타났다; **2.** 로마의 두 번째 왕이자 고대의 입법자였던 누마에게는 신성한 숲, 초원 등의 고독 속에서 "그를 사랑하여 그에게 자신을 바쳐" 그를 감동시킨 천상의 친구 신성한 에게리아가 있었다. 누마도 뮤즈 특히 침묵의 여신 '타키타'(침묵; 플루타르코스Plutarch, 누마Numa 4 및 8, 6)에게서 영감을 받았다.

벙어리 dumbness **1.** 창조의 초기 단계 또는 그 단계로 돌아가는 것('호모 알라루스homo alalus'); **2.** 형벌로서 갑자기 말을 할 수 없게 되는 것: 퇴행; **3.** 구약성서에서 '실어증'은 아마도 죄인만이 아니라 사람들이 예언자의 말을 듣지 않으려 할 때 예언자에게도 내리는 주님Lord의 '벌'일 수 있다: a. "그리고 나는 너의 혀를 입천장에 들러붙게 해 네가 벙어리가 되고 그들을 꾸짖지 못하게 하리라. 그들은 순종하지 않는 가문이다(에스겔서Eze. 24, 27)"; 나중에 사람들이 말을 들으면 예언자는 다시 말하게 된다; b. 사가랴의 놀라운 메시지(누가복음Luke 1, 20)도 마찬가지로, 사가랴 자신이 아들의 출생을 믿지 못한 것(그와 그의 아내는 둘 다 '나이가 많았기 때문이다')으로 이 '벌을 받았다'; c. 말 못하는 자를 말하게 하는 것(실제로 또는 비유적으로)은 이미 모세에서 시작되었다(출애굽기Ex. 4, 11ff); **4.** 말 못하는 돌: "아무 말도 할 수 없는 돌아, 네게 이르기를 화 있을진저"=우상(하박국서Habakkuk 2, 19); **5.** 비정상성, 이상abnormality; 혀tongue 참조.

벚나무 cherry (나무) **A.** 과일: 1. 유쾌하게 떠들썩함; 2. 처녀성, 입술에 대한 전형적인 묘사; 3. 열매가 많이 열리다; 4. 로마: 농업의 여신인 케레스의 과일 중 하나; 5. 기독교; a. 낙원의 과일; b. 성모마리아는 임신 중에 딸기와 체리를 먹고 싶어 남편 요셉에게 가져다 달라고 부탁했다; 요셉은 마리아에게 그녀를 임신시킨 사람에게 부탁하라고 대답했다: 그때 벚나무가 마리아를 향해 가지를 굽혔다: 예 민요 "벚나무 캐롤The Cherry-Tree Carol"(프랜시스 차일드Francis Child 54); **B.** 나무: 1. 악마로부터 보호해 준다; 2. 위대한 성령; 3. 교육; 4. 문장heraldry(紋章): 겸손, 부유함, 환대; 5. 뻐꾸기와 관련된다; **C.** 벚꽃: 1. 봄, 4월; 2. 영적 및 여성적 아름다움; 3. 짧은 쾌락; 4. 고결한 대의를 위해 싸울 의지; **D.** 체리의 씨: 1. 머리카락, 손톱

조각 등과 함께 마법에 사용된다(실수연발Err. 4, 3); 2. 체리 씨를 구멍에 던져 넣는 아이들의 게임(십이야 Tw. N. 3, 4 참조).

베개 pillow **1.** '여성들이 사용하는 특이한 베개는 두건과 함께 사용되며 모든 겨드랑이'(혹은 팔꿈치)에 잘 맞게 만들어졌다. "다양한 크기의 베개들로 영혼을 사냥하거나 정원으로 보내 날아오르게 만든다": 우상숭배의 한 형태, 성서적으로 종교적인 '간음'(에스겔서Eze. 13, 18 이하 참조)을 의미한다; **2.** 사랑의 고뇌: "당신은 젊은 시절 한밤중에 베개 위에서 사랑을 위해 한숨지었던 것처럼 나에게 진정한 연인이었어요"(뜻대로 하세요AYL 2, 4); **3.** 베개는 고백을 침묵하며 듣는 자: "그리고 마치 그(=왕)에게 자신의 과중한 영혼의 비밀을 왕의 베개에 속삭인다"(헨리 6세 2부 2H6 3, 2).

베냐민, 벤자민 Benjamin **1.** 야곱의 막내아들이며 그의 어머니 라헬은 베냐민을 낳은 후 죽었다; 그녀는 죽어 가면서 그를 내 슬픈 아들 베노니라고 불렀지만 야곱은 요셉을 잃은 것에 대한 위안으로 그에게 베냐민(나의 오른손인 아들)이라는 이름을 주었다; **2.** 별자리: 게자리; **3.** 상징성: 늑대.

베네딕토 Benedict **1.** 성 베네딕토(3월 21일): 민속: "베네딕토 성자님, 당신의 콩을 건초에 뿌리거나 건초 더미에 보관하세요"(속담); **2.** "여기에서 당신은 결혼한 남자인 베테딕토를 볼 수 있다": 전쟁 중에는 용맹한 참호병이지만 자신의 아내를 감당하지 못해 일요일에는 한숨을 쉬면서(역주: 아내의 외도로 자신의 머리에) 뿔이 날 것을 두려워한다(헛소동Ado 1, 1).

베네치아 Venice 영국인이 이탈리아로 여행을 가는 이유는 창녀가 많이 있기 때문이다; "곤돌라를 타러 갔다"(뜻대로 하세요AYL 4, 1).

베드로, 피터 Peter **I.** 사도 베드로: 1. 반석, 교황(역주: 초대 교황 베드로); 2. 천국의 문지기(마태복음 Matth. 16, 19; 18, 18); 3. 배신: 새벽닭이 울기 전(로마의 야경이 끝나기 전)에 예수를 세 번 부인하였다; 4. 그는 동전을 입에 물고 있는 물고기를 잡았다(마태복음 17, 27); 5. 전도(轉倒): 거꾸로 십자가에 못 박혔다(그리스도를 모방하지 않기 위해); 6. 별자리: 양자리; **II.** 소년의 이름: 이 이름을 가진 소년은 항상 다음과 같은 후렴구를 듣게 될 것이다. "피터의 아빠는 막대 사탕 가게를 지켰고, 막대 사탕 가게는 피터를 지켰다"; **III.** 피터팬: 어린 시절에 사로잡혀 아직도 그 권리을 버리지 못하는 영혼; 피터팬은 본질적으로 다른 곳에서 온 존재로 미성숙한 영혼의 이상화된 인물이다(아이리스 머독Iris Murdoch, "세계의 아이A World Child", 런던: 1975, p. 227).

베들레헴의 별 Star of Bethlehem (식물) **1.** 일반적으로 다음을 의미한다: 팔레스타인에 풍부한 흰색 별 모양의 꽃을 가진 '오르니토갈룸 테누이폴륨Ornithogalum tenuifolium'; **2.** 키프로스인들에 따르면, 이 꽃은 바다에서 솟아오른 아프로디테Aphrodite의 발자국(제프리 그릭슨Geoffrey Grigson 44)에서 피었다고 한다.

베로니카 veronica (식물, 꽃) **1.** 영국의 '메도-스피드웰meadow-speedwell'로 불리는 꽃으로 푸르스름한 자줏빛 꽃과 뾰족한 잎이 있는 작은 허브이다; **2.** (여성의) 정절.

베르길리우스 Virgil 세속적인 지혜를 나타내는 인물로 신성한 비전을 나타내는 베아트리체와는 반대(단테Dante).

베리 berry **1.** 결혼의 열매; **2.** 친밀한 관계(우정 등): "한여름 밤의 꿈MND"에서 헬레나와 헤르미아: "우리는 겉으로 보기에 나누어져 있는 것 같지만 하나를 이루는 더블 체리같이 함께 자랐어; 하나의 줄기에 자란 두 개의 사랑스러운 베리처럼 말이야"(3, 2); **3.** 불멸: 디아마이드는 불멸의 베리열매를 지키는 거인을 죽였다; **4.** 지식과 회춘: 또한 켈트족 신화에서는 한 개의 눈을 가진 거인이 연못 위에서 자라는 불멸의 베리를 지켰다; 5. 다양한 나무, 이슬방울, 씨앗 등 참조.

베스타 Vesta 헤스티아Hestia 여신 참조.

베옷, 자루 옷 sackcloth **1.** 형태: 일종의 자루로 상

체 부분에는 재를 넣어 맨 몸에 걸쳤다; 먼지나 재 속에서 '뒹구는 것'과 관련 있다(예레미야서Jer. 6, 26에 묘사된다); **2.** 다음과 같이 설명된다: 일종의 조상숭배: 죽은 자(유해와 접촉하는 것과 유사하게)를 위한 속죄 또는 죽은 자와의 서약의 표시로 입었다: 질투에 찬 악의가 아니라 유용한 것; **3.** 애도 이외에도 다음과 같은 것을 상징한다: a. 참회: (거짓) 선지자들이 자주 입었다; b. 환난: 시리아의 포위 공격으로 기근이 발생했을 때 왕은 사마리아에서 굵은 베옷을 입었다(열왕기하서2Kings 7, 30ff).

베이컨 bacon **1.** 부요, '땅의 기름짐'; **2.** 상급: 예 후회나 다툼 없이 1년 동안 결혼생활을 하는 부부를 위한 것(참고할 문헌: 윌리엄 랭글런드William Eangland, 피어스 플로우먼에 관한 비전PP 9권); **3.** (여성) 성적 쾌락(제프리 초서Geoffrey Chaucer, 캔터베리 이야기CT 프롤로그, 배스의 아내The Wife of Bath); **4.** 인생: "우리 함께 도망가서 우리의 베이컨(인생)을 구하자"(프랑수아 라블레François Rabelais).

베일, 면사포 veil **1.** 마법에서 베일은 **머리카락**을 묶는(또는 자르는) 것과 유사한 기능을 가지고 있다; 베일은 특히 남편과의 관계에서 여성의 마법의 힘을 '길들인다'(참조: 고린도전서1Cor. 11, 10ff.); **2. 진실**: "이상한 구절 아래 숨겨진 메시지에 경청하라"("이상한 구절 아래sotto il vellame degli versi strani": 단테Dante, 신곡 지옥편Inf. 9, 63): **3.** 신의 **보호** (또는 신에게 대항하여): a. 순전히 영적인 것의 상징이며 동시에 신의 눈부신 광채로부터 평범한 사람을 보호한다; b. 이집트 시대부터 베일은 모습을 드러내지 않은 채 다른 이들을 볼 수 있는 최고신의 방패였다; 성막과 성전의 휘장 참조; **4. 운명**, 삶과 죽음: a. 우리가 신비를 생각할 때 무엇보다도 먼저 삶-죽음-부활의 비밀을 생각해야 한다; b. "사람들이 인생이라 부르는 채색된 베일을 들추지 말라."(퍼시 셸리Percy Shelley, "정형시A Sonnet"); c. 하데스와 죽음의 여신의 상징; **5. 다산** 및 숨겨진 지하 세계와 연관된 베일: a. 베일은 대지와 풍요의 여신에게 필수적이다; 일곱 개의 베일은 지하 세계의 일곱 개의 문이며 아마도 14개월 달력과 관련이 있을 것이다; 일곱 개의 베일의 춤에 대해서는 이슈타르Ishtar 참조; b. 히브리 여자들은 베일을 쓰지 않았지만 (종교적으로) 창녀들은 베일을 썼다(창세기Gen. 38, 14); c. 데우칼리온과 그의 아내는 새로운 종족을 만들기 위해 테미스(보편적 질서Universal Order)로부터 어깨 뒤로 씨앗 돌을 던지라는 명령을 받았을 때 베일을 머리에 쓰고 예복을 풀고 있었다(나소 P. 오비디우스Naso P. Ovid, 변신이야기Metam. 1, 380ff.); **6. 물질**의 세계, 육체: a. 초월적 진리를 숨기는 것(2번 참조); b. 맹목, 무지: 신이 여자의 모습으로 창조한 이브는 대담해져서 베일에 가려져 있던 무지한 상태로 돌아가고 싶어 하지 않았다(단테, 연옥편Purg. 29, 27); c. 열방에 덮개가 씌워져 있으며 그 덮개는 심판 날에 제하실 것이요(이사야서Isa. 25, 7); 참조: 그리스도의 죽음으로 성소의 휘장(=그리스도의 육신)이 찢어졌다(예 마태복음Matth. 27, 51); 아래의 윌리엄 블레이크 참조; **7. 순결**, 겸손, 처녀성: a. 헤스티아(베스타)의 상징; b. 속세의 포기: 예 수녀의 베일; **8.** 특히 새벽과 **밤하늘**: a. 광선 또는 이슬: 오로라의 상징; b. 밤하늘의 별무리; **9. 애도**와 속죄: 죽은 자가 시기하지 않도록 자신의 삶을 감추는 것; **10. 거듭남**, 중생: 베일은 눈에 보이지 않고 신비로 거듭나야 하는 새로 입문하는 사람들의 머리 위에 씌워진 천과 관련이 있다; **11. 중세시대**: 베일을 쓰고 맨 가슴을 드러낸 채 용의 목을 조르는 프루덴티아의 상징; **12.** 위선의 상징: 정욕(라틴어로 '미색Luxuria')은 남자(=악마)에 의해 베일이 찢어진 여자로 표현된다; **13. 그리스**: 오디세우스는 레우코테아에 의해 갈매기 형태의 베일을 받았다; 하얀 여신(이전에는 인간 이노)은 물에 빠지지 않도록 그의 허리에 베일을 묶어 주었다(호메로스Homer, 오디세이아Od. 5, 346f.); **14. 윌리엄 블레이크**William Blake: a. 육체는 우리가 초월적인 진리를 볼 수 없게 한다; b. 여성의 자궁; c. 발라의 베일: 내면의 영원한 아름다움을 숨기는 물질의 베일: 이제 자유가 베일에 갇히게 되었다(알비온-사람=자연-신비주의); **15. 다른 것과의 조합**: a. 동물이 있는 베일: 번식력; b. 검은 베일: 죽음의 베일(헨리 6세 3부3H6 5, 2); c. 채색으로 가려진 베일: 앞의 4번 참조; **16. 민속**: a. 베일은 영혼이 육체를 떠나는 것을 막기 위해 사용될 수 있다. b. 결혼wedding 참조; **17.** 일곱 개의 베일The Seven Veils: 이슈타르Ishtar 참조.

베틀 loom 1. 전형적인 여성 수공예; 2. 한 갈래로 엮인 신비로운 삶의 가닥; 3. 식물과 관련된 것: a. 키르케와 키르케는 베틀에서 일했고, 키르케는 노래를 불렀다; b. 윌리엄 블레이크William Blake: 식물로 만드는 베틀; c. 직조; 4. (공간의 여신) 에니타르몬이 베틀 위에서 만든 몸; 5. 운명, 기회: "그녀의 베틀은 가는 실과 거친 실을 짠다"(로버트 사우스웰Robert Southwell, "시간은 (역주: 좋은 것과 나쁜 것이) 교대로 흐른다".

베틀 북 shuttle 1. 인간의 삶: a. "또한 나는 인생이 베틀의 북이라는 것을 알고 있습니다"(윈저가의 즐거운 아낙네들MWW 5, 1); b. "인간은 굴곡이 있는 임무를 가진 북이며 이 베틀을 헤치고 나아간다. 신은 움직이라고 명령했지만, 휴식을 명하지는 않았다." (토머스 본Thomas Vaughan, "인간Man"); 2. 덧없음: "나의 날은 베틀의 북보다 빠르니"(욥기Job 7, 6); 3. 가벼움: "포자같이 가벼운lieve come spoia"(단테Dante, 신곡 연옥편Purg. 31, 96); 4. 실패distaff, (물레)가락spindle 참조.

베헤못 behemoth 1. 바다의 괴물 레비아단처럼 성경에 나오는 육지괴물; 이 괴물에 대한 가장 포괄적인 설명은 욥기에서 볼 수 있다; (레비아단-로탄처럼) 여호와-바알의 가장 큰 적이다: 혼돈; 이집트에서 변환적인 세트의 상징; 2. 그는 풀을 먹고 십여 마리로 무리를 이루어 살며 백향목 같은 꼬리를 흔든다; 3. "그의 힘은 허리에 있으며 그의 뚝심은 배의 힘줄에 있다"(=생식기). 그의 넓적다리 힘줄은 서로 얽혀 있다(욥기Job 40, 16 등); 4. "그는 하나님의 창조물 중 으뜸이며" 잡기 어렵다(동일함); 아마도 풍요의 상징일 가능성이 높다.

벤치 bench 운문 에다Poetic Edda: 축제 때 벤치 위에 밀짚을 놓았다(트림의 서사시Lay of Thrym, 22); 때로는 벤치 위에 밀짚 대신 대지목(알비스의 평신도Lay of Alvis, 1)이나 쇠사슬 갑옷을 놓았다('쇠사슬 갑옷byrnie'; 발드르의 꿈Balder's Dream 6).

벨루가 beluga (물고기) 1. 흑해와 카스피해에서 발견되는 흰색 철갑상어의 러시아 이름; 2. 힐데가르트 폰 빙엔Hildegard von Bingen: a. 차가운 공기보다는 뜨거운 공기로 구성된다. 이것은 휴식을 취할 때 낮보다는 달과 별의 힘을 좋아한다; 빠르게 흐르는 강을 좋아하기 때문에 헤엄치는 데 너무 많은 힘을 쏟아 그 살이 연하다; 보통 물 한가운데에서 헤엄친다; b. 약용: 깨끗한 먹이를 먹기 때문에 건강한 사람들에게 맞는다; 병자에게 조금 해를 끼칠 수 있다; 수종에 걸린 사람은 이 물고기의 방광을 물에 넣고 마셔야 한다(자연학Ph. 5, p. 94).

벨리알 Belial (악마) 1. 이름: '죄악'(고린도후서2Cor. 6, 15에서 의인화됨; 참조: 사무엘상서1Sam. 2, 12에 '벨리알의 아들들'이라는 표현이 있다); 2. 세 번째 순위의 악마 왕자, "모든 사악한 행실의 창시자"(로버트 버튼Robert Burton, 우울의 해부Anat. of Mel. 1, 2); 3. 음탕한: "하늘에서 지옥으로 온 자 중에 그보다 더 무례한 자가 없으며 그보다 악을 더 사랑하는 음탕한 자가 없다"(엘리Ely, 사무엘상서1Sam. 2, 12ff; 존 밀턴John Milton, 실낙원Par. L. 1, 490 및 복낙원PR 2, 150ff 참조); 그는 또한 그들의 신의 모습을 하고 이교도 님프를 유혹한 "가장 방탕한 영혼이며 가장 관능적이며 분노의 악마 아스모다이 다음으로 가장 육신적인 인큐버스(역주: 몽마, 과거 잠자는 여자를 덮친다고 알려져 있던 남자 악령) 악령"이다(앞의 책, 복낙원 2, 150 및 174ff; 인큐버스 악령incubus과 감시자watcher 참조). 그는 또한 "소심하고 게으르고"(앞의 책, 실낙원 2, 117), "사치스러운 삶을 살아가는 것" 그러나 "더 나은 사람은 천국을 잃지 않는다"(앞의 책 2, 110)이다.

벨벳, 사슴뿔 velvet 사슴뿔의 아래쪽을 '벨벳'이라고 불렀는데, '벨벳 모자'는 종종 바람난 아내를 둔 남편의 뿔cuckold's horn로 언급되었다; "벨벳 모자를 하늘 높이 들어 올려라"; (보먼트와 플레처Beaumont-Fl., 불타는 절구공이의 기사Knight BP 5, 5, 50; 필래스터Phil. p. 74, 계시연극Revels, n.).

벼 rice (식물) 1. 행복; 2. 다산: (다산을 위해) 쌀을 신혼부부에게 던진다: "행운을 위한 쌀, 어여쁜 아이를 위한 낡은 신발"; 신발의 성적인 암시에 대해서는 발foot 참조. 반면, '오래된 것'은 낡은 것과 새 것(결혼wedding 참조)을 나타내기도 한다. 원래는 밀wheat을 대신하는 것이었다가 나중에 쌀을 대신하게 된 색종이 조각(역주: 결혼식 등에서 뿌리는 색종이 조각)도 참조.

벼룩 flea **1.** 기생충; **2.** 소심함; **3.** 해충: (덴마크에서는) 게으름 때문에 인류에게 보내진 것으로 여겼다; **4.** 비열한 원수: "이스라엘의 왕이 누구를 따라 나왔으며 누구의 뒤를 쫓나이까 죽은 개나 벼룩을 쫓음이니이다"(사무엘상서1Sam. 24, 14; 그것은 사무엘상서 26, 20에서 메추라기와 같은 의미로 함께 사용된다); **5.** 게르만족: 로키가 변신한 모습 중 하나; **6.** 민속: a. "3월에 벼룩 한 마리를 죽이면 당신은 벼룩 백 마리를 죽인 셈이다": 벼룩을 집에 들어오지 못하게 하려면 3월 1일에 매우 일찍 일어나 모든 창문을 닫고 문의 창틀과 경첩 및 모든 틈을 조심스럽게 쓸어내야 한다; b. 숙주가 죽기 직전 숙주의 몸을 떠난다; c. (유럽 대륙) 벼룩에게 손을 물리는 것=곧 키스를 받을 것이라는 의미이다; d. 귀에 벼룩이 박힌 사람을 쫓아내려면 단호하고 충격적인 질책을 해야 한다.

벽, 담 wall **1. 이집트**: 평지보다 높은 고도; **2.** 방어, 보호, 안전; 상상할 수 있는 최대 안전한 벽은 황동벽이다: i. 온 땅과 겨루는 예레미야Jer.(1, 18 및 15, 20); ii. "... 속이 텅 빈 왕관(성벽) 속에서... 죽음은 마치 그 성을 자신의 왕궁인 것처럼 지킨다… 마치 이 육체가 우리 삶을 둘러싸고 있는 난공불락의 놋쇠인 것처럼 죽음은 자아와 헛된 자만심을 채워 넣었다"(리처드 2세의 비극R2 3, 2); 참조: 아나크레온도 성곽과 왕관에 관하여 말하였다; "아아~ 안타깝게도 그 성의 왕관(성벽)이 무너졌도다"; b. 불의 성벽: 재건된 예루살렘은 성벽이 필요하지 않을 것이다. "나 여호와가 말하노라 내가 불로 둘러싼 성벽이 되리라"(스가랴서Zech. 2, 5); **3. 물질**, 내재하는 영sprit의 대극으로서의 외부 육체: "어찌하여 그대는 외벽에 그토록 값비싸게 화려한 칠을 하면서 속으로는 궁핍하여 고통받는가"(소네트Sonn. 146; 2번의 a, b 참조); **4. 감옥**; **5. 여성**: a. 사랑하는 사람은 그녀의 형제들이 궁전이나 요새를 지을 방어벽이다(아가서SoS 8, 9f.); b. 라합의 집(또는 여관)은 성벽 위에 있었다(여호수아서Josh. 2, 15); c. 어머니와 전쟁의 여신들은 그들이 도시의 창조자, 양육자, 수호자임을 보여 주기 위해 벽관wall-crowns을 쓰고 있다; d. 심리: 모성의 상징; **6. 지혜**; **7. 구원**: 구원의 벽에는 찬양의 문이 있다(이사야서Isa. 60, 18); 8. 앙상한 벽으로 **둘러싸임**: 탄식함. 구덩이나 동굴로 보이는 세상, 그 속에서 빠져나오는 것은 불가능하다; **9. 우든 월**Wooden Wall **함대**: 이것이 그리스가 크세르크세스에게 점령당하지 않게 할 것이라 예언되었고 살라미스에서 함대 형태의 해전으로 입증되었다; 이후 이것은 모든 함대를 가리키는 용어로 사용되었다; **10. 딜런 토머스**Dylan Thomas: a. 남성이 "그리는" 여성의 몸; b. 무덤(자궁)의 벽; c. 소변기 안에 소년들이 그린 그림들.

벽돌 brick **1.** 믿을 수 있는, 영구적인, 튼튼한; **2.** 인간: 흙으로 만들어짐; **3.** 출생: a. 출산용 침대는 종종 벽돌로 만들어졌다(참조: 작은 집의 흙바닥에서 출산하는 여성들; 출생birth 참조): b. 바빌로니아의 여신 마미의 상징; c. 이집트에서 출산을 관장하는 운명의 여신 메스케네트의 상징; **4.** 히브리: 이집트에서의 히브리인들의 노동. 따라서 a. 추방, 속박; b. 잔인함: 짚없이 벽돌을 만들기 때문임: 짚straw 참조; c. 일시적 특성: 부드러운 재료(굽지 않는 재료; 돌stone 참조); **5.** 로마와 그리스는 로마 공화정의 쇠퇴기(또는 약간 더 전)에 벽돌을 사용하기 시작했다; **6.** 영국: 하층민과 신흥계층의 벽돌집(돌로 만든 주택의 반대되는 집), 근대에 세워진 붉은 벽돌의 대학들(옥스브리지와 대조됨); **7.** 윌리엄 블레이크William Blake: 사창가는 종교라는 벽돌로 지어진다.

벽옥 jasper (보석) **1.** 불순물이 섞인 석영(본질적으로는 이산화규소); 다양한 색상이 있다. 일반적으로는 불투명하다; 고대에 이 용어는 크리소파제와 다른 유형의 옥수(玉髓)도 뜻하는 것이었다; **2.** 기쁨; **3.** 지혜; **4.** 찬양; **5.** 미덕: a. 안정성을 제공한다; b. 불행에 위안을 주고 실망에 용기를 준다; c. 조심성과 이타심을 강화한다; d. 건강한 위(胃); e. 다양한 '에메랄드석smaragdus iaspis'은 대중연설을 하는 사람에게 도움이 된다(플리니우스Pliny 37, 37); **6.** 성서: a. 고위 사제의 흉패에 있는 것은 아마도 벤자민 지파를 대표하는 녹색 옥수일 것이다; 로버트 그레이브스Robert Graves에 따르면, 맑은 녹색 벽옥은 디나 즉 비오는 여성적 계절을 상징했다; b. 신의 색(色)(홍옥수 포함: 요한복음John 4, 3); c. 새 예루살렘은 "벽옥과 같고, 수정처럼 맑다"(요한계시록Rev. 21, 11); **7.** 로마: 벽옥인장은 황제들이 부적으로 사용했다; **8.** 점성술: 처녀자리 또는 천칭자리; 붉은 벽옥: 양자리.

벽장 closet **1.** 비밀: 몰래 기도하는 장소(마태복음Matth. 6, 6); **2.** 무덤, 땅: 운명은 인간을 장기판의 말로 사용하여 인생이란 장기판에서 체스를 두고, 운명은 인간을 체스판에서 죽이고 "하나씩 다시 무덤에 누인다"(에드워드 피츠제럴드Edward Fitzgerald, 오마르 하이얌의 루바이야트 번역서Ommar Khayyám Rubaiyat); **3.** 방chamber; 찬장cupboard; 방room 참조.

벽장, 다락 alcove **1.** 어원: 히브리어 금고vault에서 유래했다; **2.** 바알 브르를 위해 카데쇼트 지역의 여자들이 교감마법으로 매춘을 하기 위해 사용했던 벽장 또는 텐트; 성관계; **3.** 여성의 성적인 부분: 출산, 세상으로 들어가는 입구.

변장, 위장 disguise **1.** 다른 존재로 가장하는 것: a. (순간적인) 신의 환생으로 간주되어 신과 동일시되었다; 예 춤dance 참조; b. 자신이 섬기는 신을 모방하는 것: 예 i. 키벨레의 사제들이 키벨레 여신을 모방하여 여성 복장을 했다(성별sex, -바꾸기change of- 참조); ii. 헤라클레스가 옴팔레를 따라했다; iii. 사자 가죽을 입은 태양-영웅들, 표범가죽을 입은 디오니소스 추종자들 등; c. 정형화된 일상의 존재(퇴화)와 대조적으로 오르지에서는 정신의 황홀 상태를 유도하기 위해 변장을 했다: 예 카니발 및 기타 다산 의식; 원시의 자웅동체(퇴행)의 육화에 접근하기 위해, 재생과 재탄생의 문으로서 종종 복장도착이 이루어졌다; d. 개인의 '페르소나'를 바꾼다; **2.** 삶의 새로운 단계로의 입문을 나타낸다: a. 입문 또는 정화의 주술 의례에서 그리고 b. 세례식 복장, 결혼 예복, 삶의 새로운 계급이나 지위에 적합한 옷 등에 아직도 그 흔적이 남아 있다; **3.** 사악한 또는 시기하는 유령들로부터 숨기 위함이었다: 예 할로윈, 히브리의 '자루옷sack-cloth'; **4.** 윌리엄 블레이크William Blake: 위선; **5.** 옷clothes, 가면mask 참조.

변형, 변신 metamorphosis **1.** 비범한 생명체는 평범한 생명체로 변환될 수 있다: a. 신들은 자신들에게 바쳐진 새나 짐승의 모습으로 변화할 수 있다: 예 독수리나 사자로 변신하는 제우스; b. 마녀들은 고양이, 개, 토끼, 두꺼비, 시궁쥐, 생쥐, 뱀, 족제비가 될 수 있다; **2.** 인간과 같은 평범한 생명체가 특별한 존재로 변할 수 있다: 예 a. 사람이 늑대(늑대인간lycanthropy 참조)로 변하는 것; b. 낮에는 곰, 학, 사자, 게, 호박 등으로 변하고 밤에는 사람 또는 그 반대로 변하는 것은 민요의 흔한 주제이다(프랜시스 차일드Francis Child 1 p. 290 참조); **3.** 백조나 새 또는 꽃들로의 변형: 죽음, 즉 지하세계에서의 삶. 죽은 자들은 그곳으로 가고 산자들은 그곳으로부터 온다: 자궁-무덤(허버트 실버러Hebert Silberer, 연금술Alch. 1, p. 62); **4.** 사악한 변환은 거의 완성되지 않는다: 악마는 아무리 신사처럼 보여도 여전히 꼬리나 발(발foot 참조)로 (그가 악마임을) 알 수 있다; 성 아우구스티누스는 악마가 뱀 모양으로만 변할 수 있다고 한다(고린도후서2Cor. 11, 13f 참조); **5.** 르네상스: 모든 형태변화는 여러 가지 타락한 죄의 증상이다. 에드먼드 스펜서Edmund Spenser의 아르키마고Archimago, 존 밀턴John Milton의 사탄Satan 참조(예 실낙원Par. L. 3, 634 그리고 4, 398ff.); **6.** 꿈: **A.** 달디스의 아르테미도로스Artemidorus of Daldis: a. 노인부터 어린아이까지: 죽음; 그러나 변화는 한 번에 한 단계만 할 수 있기 때문에 젊은이가 어린 아이로 변하는 것처럼 노인은 젊은이로 변하는 것이 좋다; 어린 아이가 젊은이로, 젊은이가 중년으로 변하는 것도 좋다; 모두 적절한 나이로의 변화이다; 하지만 젊은 남자가 노인으로 변하는 것은 병을 의미한다; 중년의 남자가 아이로 변하는 것은 판단력 없는 사업을 했던 것에 대한 상처를 의미한다; b. 남자에서 여자로 변하는 것은 가난한 남자나 노예에게 좋은 일인데 그 이유는 전자는 누군가를 돌볼 것이고 후자는 가벼운 일을 할 것이기 때문이다; 부자들에게는 나쁜 것인데 특히 그들이 공적인 일에 관여했다면 여성들은 종종 집을 지키기 때문에 남자들은 직장을 잃게 되는 것을 의미하기 때문이다; 몸을 단련하는 사람들에게는 병이 났다는 것을 의미한다: 여성이 더 약하다; c. 여자가 남자로 변하는 경우: 만약 그 여자가 결혼하지 않았다면 결혼을 하게 될 것이고 여자에게 아이가 없다면 그녀는 아들을 낳게 될 것이다; 만약 여자에게 남편과 아들이 있다면 그녀는 미망인이 될 것이다. 왜냐하면 남자는 다른 남자가 아니라 여자가 필요하기 때문이다; 그것은 창부에게는 좋은 일이다. 왜냐하면 창부는 그 일을 계속할 것이기 때문이다; 여종에게는 고된 일을 의미한다; d. 황금이나 은으로 변하는 것: i. 노예라면 그는 팔릴 것이다; ii. 가난한 사람이라면 그는 부자가 될 것이다; iii. 부자의 경우에는 그는 돈 때문에 온갖 공격에 노출될 것이다; iv. 아픈 사람에게는 죽음을 의미한다; e. 청동으로의 변화는 일반적으로 나쁘다. 노예를 제외한 운동선수와 자유인만이 동상을 가질 수 있기 때문이다; f. 철로 변하는 것은 매우 불길하다: 온갖 고난을 견뎌낼 수 있을 때 '철의 사람'으로 불리기 때문이다; g. 점토나 흙으로 변하는 것은 죽음을 의미하지만 점토나 흙을 가지고 일하는 사람은 예외이다; h. 돌로 변하는 것은 부상과 자상을 의미한다; 왜냐하면 돌은 오직 철로만 모양을 만들 수 있기 때문이다; i. 짐승으로 변하는 것: 사람들이 선택하는 각 동물의 특성을 살펴보아야 한다(1, 50); **B.** 톰 체트윈드Tom Chetwynd: a. 이것은 한 가지가 다른 것과 함께 존재하거나 다른 것의 한 측면이라는 것을 보여 주는 회화적 방법이다; b. 내적 발달: 예 죽은 동상이 살아나거나 남자가 여자로 변하는 것: 이것은 아마도 남성의 가치가 하락한 것의 한 형태일 수 있다; c. 야수로 변하는 남성: 본성의 측면에서 인간 측면과 동물 측면 간의 충돌이며 동화 속에서 동물이 인간으로 변하는 것은 아름다운 여자영웅이 사랑으로 마법의 주문을 깨뜨리고 흉측한 몸속에 있는 아름다운 사람을 꺼내는 것을 나타낸다; **7.** 또한 '미녀와 야수Beauty and the Beast' 참조; '위대한 여신Great Goddess' '괴물monster' '[신성한] 왕[Sacred] King'

변호사 lawyer 변호사는 콘월에 있는 성 부리안 성당에 묻힌 두 형제를 제외하고는 정직하지 못한 것으로 악명이 높다. 그러나 "하나님은 이따금 기적을 행하신다"(브리타니아의 민속과 문화Folkl. & C. of Brit. p. 137).

별 star **1.** 어둠의 세력과 싸우는 **천상의 빛**(영spirit); 신들이 세상을 밝히기 위해 고친 무스펠하임Muspelheim의 불꽃이다; **2. 불멸**: 영혼; "우리와 함께 떠오르는 영혼, 우리 생명의 별은 다른 곳을 자신의 무대로 했으나 멀리서부터 왔다"(윌리엄 워즈워스William Wordsworth, 어린 시절을 회상하며 얻은 불멸에 대한 깨달음에 대한 송가Ode on of Imm.); **3.** (영적) **인도**: a. 베들레헴으로 가는 동방 박사들; b. 지식으로 향하는: "인간 사고의 궁극의 경계 너머로 저무는 별처럼 지식을 따른다"(알프레드 테니슨 경Lord Alfred Tennyson, "율리시스Ulysses"); **4. 운명**: a. 점성술: 사람이 태어날 때 지평선 너머에 있는 별들이 그의 운명을 결정한다. 별들이 상승하는 시기는 좋고 지평선 아래에 있을 때(쇠퇴기)는 좋지 않다; b. 구약성서에서 점성술은 일반적으로 금지되어 있지만, 드보라Deborah의 노래(사사기Judg. 5, 20)에서 우리는 "별들이 하늘에서부터 싸우되 그들이 다니는 길에서 시스라와 싸웠도다"라는 구절을 보게 된다; 아래의 9번 참조; c. "그것은 별들이다, 우리 위의 별들이 우리의 상황을 지배한다"(리어왕Lr. 4, 3); **5. 희망, 순결**; **6. 불변성**: "밝은 별이여, 내가 당신처럼 변함없다면?"(존 키츠John Keats, 소네트Sonn.); **7. 도달할 수 없는 이상**: "그리고 그는 별을 만지려고 애쓰지만 자주 지푸라기를 잡게 된다"(에드먼드 스펜서Edmund Spenser, 양치기의 달력: 7월); **8. 불침번**: "별, 하늘의 빛나는 감시병"(윌리엄 해빙턴William Habington, "카스타라Castara"); **9. 살아 있는 영혼**: (창작) "그 때에 새벽 별들이 기뻐 노래하며 하나님의 아들들이 다 기뻐 소리를 질렀느니라"(욥기Job 38, 7; 이러한 별에 대한 관점: 예 앗수르(아시리아)의 영향을 받은 므낫세Manasseh처럼 '우상숭배'로 이어졌다. "모든 하늘의 주인을 숭배하고 그들을 섬겼다"; 사사기Judg. 5, 20 참조; 바룩서Baruch 3, 35); **10. 달**: "넵투누스Neptune의 제국을 지배하는 촉촉한 별"(덴마크의 왕자 햄릿Ham. 1, 1); **11. 사회적 수준**: "당신의 별로부터"(덴마크의 왕자 햄릿 2, 2; 또한 십이야Tw. N. 2, 5: "내 별에서 나는 당신 위에 있지만 위대함을 두려워하지 말라"; 끝이 좋으면 다 좋아All's W. 1, 1); **12.** 태양의 배의 **노 젓는 사람**: 이집트; **13. 특별히 참고할 문학서**: A. 단테Dante: a. 지옥은 별이 없는 어두운 곳이다:

"별이 없는 공간l'aer senza stele"(신곡 지옥편Inf. 3, 23); 참조: 멕베스의 지옥성Hell-Castle에서(반쿼왕Banquo:) "천국에 집들이 있지만 그들의 촛불은 모두 꺼져 있다"(2, 1); b. 신곡 연옥편Purg.에서 그는 네 명의 별 님프nymph를 본다; 태양을 중심으로 네 가지 기본 덕목과 신학적 덕목의 별들; B. 윌리엄 블레이크William Blake: 무의미한 원을 따라 불변하게 움직이는 이성의 법칙들; 이것들의 빛은 흩어지고 무력하다; 과학과 운명은 인간을 지배하고 그의 몰락을 초래했다; C. 토머스 S. 엘리엇Thomas S. Eliot: a. "희미해져 가는 별들fading stars"; 영적 죽음; b. "영원한 별perpetual star"; 영원한 생명("텅 빈 사람들Hollow Men"); D. 딜런 토머스Dylan Thomas: a. 인류; b. "우리는 별을 울린다"; 우리는 시간과 공간의 한계를 넘어 오른다; **14. 다른 것과의 조합: I. 꼭짓점의 수: A.** 네 개의 광선: a. 아시리아–바빌로니아의 태양신 샤마쉬Shamash(삼손Samson과 같은 뿌리)의 상징; b. 후에 몰타 십자가의 기원이 되었다; **B.** 다섯 개의 꼭짓점(봉인seal 및 오각형pentagon 참조): a. 이집트: 최고신이 된 후의 호루스Horus의 상징: 천상계; b. 피타고라스학파: 3과 3, 3과 2의 영리한 조합: i. 완벽함; ii. 우주; iii. 남성; c. 문장heraldry(紋章): "숭어": i. 분가(分家) 가계에서: 셋째 아들; ii. 신의 은총, 학문, 미덕; **C.** 여섯 개의 꼭짓점: 양성성 및 대극의 결합: 다윗의 인장David's Seal 참조; **D.** 일곱 개의 꼭짓점: a. 순환 진행: 키벨레Cybele와 연결된다; b. 인간의 기술; c. 모든 일곱 가지의 것들: 신의 영들, 성령의 선물들, 행성들, 금속들 등; **E.** 여덟 개의 꼭짓점: a. 셈족semitic: 하늘의 여왕; 이후에 행성 및 비너스 여신; b. 떠오르는 태양 (재생 등); c. 오컬트: 행운의 수레바퀴; **F.** 아홉 개의 꼭짓점: 기독교: 성령의 아홉 가지 열매; **II. 특정한 별들: A.** 샛별: a. 위대한 여신의 남성적 측면: 전쟁; b. 태양(빛)의 선구자, 메시아 또는 태양신의 탄생; c. 다양한 이름: 헤오스포로스Heosphoros(새벽을 가져오는 자), 포스포로스Phosphoros(빛을 가져오는 자), 루시퍼Lucifer(동일), 비너스Venus; 빛 속으로 사라지는 불멸의 쌍둥이 폴룩스Pollux; d. 북유럽: 오르반델Orvandel의 발가락: 토르가 동상에 걸려서 떨어진 발가락을 하늘에 던졌다; e. 기독교: i. 그리스도: 부활과 승천(요한계시록Rev. 22, 16, 베드로후서2Peter 1, 19); ii. 마리아: 그리스도를 세상에 알린다; f. 샛별이 떠오를 때가 되면 양치기들은 그들의 양을 우리에서 풀어 줄 때라는 것을 알았다: "보라, 펼쳐지는 별이 양치기를 부른다"(눈에는 눈, 이에는 이Meas. 4, 2; 존 밀턴John Milton, "코무스Comus" 93); **B.** 저녁별: a. 위대한 여신의 여성적 측면(다음의 바다의 별 참조); b. 어둠의 인도자; 어둠 속으로 들어가는 필멸의 쌍둥이 카스토르Castor; c. 기독교: 마리아: 그녀는 인류 역사의 마지막 장에 왔다; **C.** 바다의 별: a. 모든 모신과 바다 여신의 상징: 이시스, 아프로디테 등; 바다 여신 비너스를 나타내는 별 문신을 선원들은 손에 아직도 흔하게 한다; b. 보통 여섯 개의 꼭지점을 지닌 별 모양으로 표현된다; c. 기독교: 동정녀 어머니; **D.** 별똥별: a. 그리스: 스파르타에서 별똥별은 때때로 왕이 죄를 지었기 때문에 폐위되어야 한다는 것을 의미했다; b. 로마: 폭풍 경보(예 베르길리우스Virgil, 농경시Georg. 1, 365); c. 하늘에서 특히 최고신의 표식; d. 속도의 상징; e. 인간 영혼과 연결된다: 아이가 태어나거나 연옥에서 영혼이 해방된다; **E.** 춤추는 별: 즐거움, 베아트리체는 그녀의 즐거움을 다음과 같이 설명한다: 그녀가 어렸을 때 어머니는 울었지만 "그때 춤추는 별이 있었고 그 별 아래서 내가 태어났구나"(헛소동Ado 2, 1); **F.** "별이 교차하는"(로미오와 줄리엣Rom. 1, 코러스): "별이 교차한 (불운한) 한 쌍의 연인이 목숨을 끊는구나"; 연극의 나머지 부분도 별에 대한 언급으로 가득 차 있다; **15.** 석질운석aerolite; 혜성comet; 행성planet 등 참조.

별봄맞이꽃 pimpernel (식물) **1.** 앵초과의 작은 풀; 다른 이름으로 "양치기의 시계"라고 하는데, 화창한 햇살 아래에서만 꽃이 피기 때문이다; 꽃은 주로 어두운 붉은 색조를 띠고 많이 핀다; **2.** 변화; **3.** 만남, 만남의 장소; **4.** 결실; **5.** 어린 시절.

별카드 the Star(s) (타로카드) **1.** 다른 이름: 시리우스Sirius(큰개자리), 동방 박사의 별; **2.** 다음을 상징한다: 작은 웅덩이에서 무릎을 꿇고 있는 벌거벗은 처녀가 들고 있는 두 개의 물병에서 물이 흘러내린다; 한 물병은 황금이고 다른 물병은 은이다; 또는 한 항아리는 땅에 비워지고 다른 항아리의 물은 웅덩이로 들어

간다; 그러나 하나는 항상 다른 것보다 더 높게 유지된다; 우리는 (영혼의) 새가 막 날아가려고 하는 적어도 한 그루의 나무가 있는 초목을 본다; 때로는 나비(재생) 또는 장미꽃과 함께 있는 아카시아(불멸과 사랑)가 있다; 중앙의 큰 별은 보통 달로 된 하나의 별이거나 두 가지 다른 색상으로 이중으로 겹쳐 있다(가끔 태양 안에 있는 오각형의 모양); 몇몇 다른 별들 (그리고 행성 표식)이 보인다; **3.** 다음을 나타낸다: a. 상류와 하류의 연결; 현상의 세계, 또는 보편적 의식consciousness (그리고 대지)의 웅덩이에 쏟아진 생명의 물; b. 조화: 영spirit과 물질을 연결하는 영혼soul; 명상; c. 성령 및 고귀한 지성의 행성인 천왕성에 연결된, 인간 지성의 방출; d. 처녀는 영원한 젊음과 아름다움을 나타내며 황후, 대여사제와 유사성을 보여 주지만 특히 절제하는 여성과의 유사성이 크다; c. 점성술; 천왕성Uranus, 또는 수성Mercury과 양자리Aries.

병 bottle **1.** 구원: 예 월터 롤리 경Sir W. Raleigh: "열정적인 남자의 순례The Passionate Man's Pilgrimage"; 순례자의 호리병박, 방주와 관련된다; **2.** 비: 하늘의 병(욥기Job 38, 37); **3.** 원기회복; **4.** 폭음; **5.** 부풀어 오른 것(예 리처드 3세의 비극R3 1, 3: "병에 든 거미 That bottled spider"); **6.** 옛 거리민요에서 남근; **7.** 트레이드마크: a. 금: 은행가와 금세공인; b. 색깔 있는 액체: 본래 약사. 이후에는 제과점과 잡화점도 사용하게 되었다; c. 맥주, 위스키 또는 와인: 선술집; **8.** 박살난 병: 예레미야는 신이 원로들 앞에서 병을 박살내고 그것이 신이 그들을 벌하는 방식이라고 말했다는 것을 신에게 들었다(19장).

병아리콩 chickpea (식물) **1.** 이것의 용도는 포세이돈에 의해 밝혀졌으며, 이 콩은 소화시키기 어려워(그러나 2번 참조) 하제(설사약)와 이뇨제로 사용되지만 '방귀가 많이 나오게도 한다'(아테나이우스Athenaeus 2, 55, b; 플리니우스Pliny 22, 72도 참조); 야생 병아리콩의 씨앗과 새로 돋아난 싹은 냄새가 강한 잎과 함께 일반적으로 약효가 있다(니칸데르Nicander, 리아카Th. 894); **2.** 힐데가르트 폰 빙엔Hildegard von Bingen: 뜨겁고 달콤하며 부드러운 음식이다; 빨갛게 달구어진 석탄 위에 구우면 열을 다스린다(자연학Ph. 1, p. 52: 독일어 '병아리콩Kichererbse'); **3.** 그리스어 '병아리콩erebinthos'은 남근을 표현하는 일반적인 단어이기도 하다(프랜시스 M. 콘퍼드Francis M. Cornford 243; 아리스토파네스의 저서Schol. On Aristophanes, 아카르나이 사람들Ach. 801).

병원 hospital 세계(토머스 브라우니 경Sir Thomas Browne).

보기 looking **1.** 모든 신화에는 어떤 것을 보는 것에 대한 금기가 있다; 그 이유는 다음과 같다: 빛을 보는 것이 금지된 어둠(겨울): 예 메데이아의 머리, 바실리스크 등; **2.** 보는 것에 대한 처벌 예: a. 신화에서: 악타이온, 세멜레, 오르페우스, 판도라, 프시케, 티레시아스; b. 동화에서: 푸른 수염, 피핑 톰; c. 성서: 롯의 아내; **3.** 엿보는 거울에 대해서는 거울mirror 참조; 또한 눈eye 참조.

보다 seeing 눈eye, 보기looking 참조.

보단, 오딘 Wodan **1.** '수요일'의 신이라는 이름을 가진 고대 북유럽 신: 즉 수요일은 보단의 날; 또한 오딘이라고 불린다; **2.** 바람과 연관된다; **3.** 웨이스는 헤르메스/메르쿠리우스와 동일시되었다; 시의 신이자 "열광적 애호가"인 오딘은 디오니소스와 동일시되었다: 고대 북유럽의 미미르는 그의 실레노스이다(카를 융Carl Jung 11, 28n.).

보리 barley (식물) **1.** 인간의 초기 음식. 그리고 이후 가난한 사람들의 식량(플리니우스Pliny와 요한복음John 6, 9 참조, 그리고 최후의 만찬의 밀Wheat of the Last Supper 참조); 따라서 풍요 의식과 연관된다: A. 보리왕: 참나무왕과 마찬가지로 재위기간 말에 의례에 따라 거세를 당하고 죽임을 당한다([신성한] 왕sacred king 참조); 사울의 일곱 아들과 보리를 추수할 때 죽은 유디트의 남편 이야기 참조; 태양숭배와 삶의 원천; B. 보리 여신: 위대한 하얀 여신(알피토Alphito), 나중에는 데메테르('호메로스 찬가Homeric Hymn') 그리고 엘레우시스 경기Eleusinian Games의 경품과 연관된다; 여자 선지자(에스겔서Eze. 13, 18–22에서의 보

ㅂ

리)는 보리여신의 사제들이었을 것이다; **2.** 예언과 점: 보리 태우는 연기는 최면 상태를 일으킨다; 존 발리콘John Barleycorn(보리로 만든 술의 별칭)은 크바시르와 미미르처럼 영감의 신이었으나 산산조각 난(에일을 만들기 위해 보리를 으깸에 따라) 신의 유해일 수 있다; **3.** 부활: 부활을 보장하기 위해 미라를 묻은 곳에 보리 낟알을 뿌렸다('오시리스의 곡물 관grain-bed of Osiris')(역주: 오시리스의 무덤의 관 안에는 재생의 상징인 곡식이 들어 있다); **4.** 약용(특히 '보리차': 플리니우스Pliny 참조)과 미용을 위한 것; **5.** 또한 개미ant 참조.

보리지 borage (식물) **1.** 학명 '보라고 오피키날리스 Borago officinalis'의 보리지는 밝은 파란색 꽃과 털이 많은 잎과 줄기를 가지고 있다; **2.** 용도: a. 민간요법에서 자주 사용되었다(특히 미열에 사용); b. 클라레(역주: 프랑스 보르도산 적포도주)와 다른 음료의 맛을 내기 위해 청량하고 오이 같은 꽃을 사용했다; **3.** 꽃: 무뚝뚝함, 재능; **4.** 식물: 성격의 거칠음.

보배, 보물 treasure **1.** 신화에 나오는 보물은 일반적으로 치명적이고 일시적이다; 영웅은 악의 세력에게 잃어버린 보물을 되찾는다; 다음과 같이 설명 되어왔다: a. 햇빛; b. 식물의 생식력; c. '저장물hoard'은 어원학적으로 '숨겨진 것' 및 여성 생식기와 관련 있다. d. 이것은 다중적인 긍정적의미(세속적 욕망, 탐욕 등의 느슨하고 통일되지 않은 물질, 돈의 반대)를 갖고 있거나 부정적 의미(탐욕, 다중적인 물질주의)를 갖고 있다; **2.** 연금술: 숨겨진 보물의 탐색=연금술 과정; **3.** 심리: a. 동굴 속 보물: (어머니이미지로서의 동굴과 함께) 인간 안에 있는 신비의 중심 (생명), 즉 재탄생하고 좌초된 리비도의 내향화, 퇴행, 억압이라는 용을 정복하면서 출현하는 자기Self(자아Ego의 대극으로서); b. 모든 영적 부요: 고결한 영웅은 신이 주신 검으로 악(예 치명적인 죄와 행성의 영향을 나타내는 악의 세력의 일곱 머리 용)을 정복하거나 신성한 개암나무 막대기로 미래를 점친다.

보병, 하인 footman 토머스 S. 엘리엇Thomas S. Eliot: "영원한 보병The Eternal Footman": 죽음("J. 알프레드 프루프록의 사랑의 노래Prufrock"); 신랑groom 또한 참조.

보석 gem I. **일반적으로 다음을 의미한다: 1.** 편의상 보석gems과 보석jewels을 구분하지 않았다; 보석류(더 넓게는 보물treasure까지 포함한다)는 여러 요인의 영향을 받는다; 보석류는 일반적으로 큰 통일성 안에 다양성을 갖고 있으며(예: 풍요의 보석류: 브리징가멘 목걸이와 비너스의 띠) 보물은 더 혼란스럽다: 보석gem과 보석류jewels는 둘 다 금속(보석gem을 보석장신구jewellery로 변형하는)과 동일한 상징성을 갖고 있다; **2.** 고대세계에는 보석에 대한 큰 혼동이 있었다; 따라서 구약에서 매우 많은 히브리어 단어가 '하팍스 레고메논hapax legomena'(단 한번 등장하는 단어)이며 화학적 특성을 분석할 수 없어서 종종 색상으로 표시되었다; 따라서 구약의 많은 히브리사람들은 심지어 어떤 보석이 대제사장의 흉패에서 발견되어 새 예루살렘(그래서 그리스 단어 옆에 히브리어가 있음)의 기초석 중 하나를 형성한다는 것을 알면서도 많은 부분을 추측할 수밖에 없었다; **3.** 색깔은 종종 돌이 가진 마법의 힘을 결정한다: A. 보색: a. 파란색 돌과 녹색 돌('차가운' 색)은 염증, 열 등을 치료한다; b. 빨간색 돌과 노란색 돌('따뜻한' 색상)은 감기, 류머티즘 등을 치료할 수 있다; B. 동종 요법의 마법('같은 것으로 같은 것을 죽이는 것')으로 노란 돌은 황달을 치료할 수 있다; **4.** 보석은 하루, 한 달 단위로 사용하거나 별자리, 제사장의 흉패장식 등으로 사용되므로 그 사용이 다양하다: 개별 보석도 속성이 다 달라 다양성이 존재한다; **5.** 보석은 일반적으로 하나님의 화려함 및 전능함과 관련 있다: 천국의 예루살렘의 기초, 구약의 비전vision 등; **6.** 보석은 동양에서 온 것이 아니라 떠오르는 태양과 관련이 있기 때문에 종종 '동양적인'(심지어 진주) 것으로 언급된다; **II. 일반적 상징성: A.** 우월한 진리 또는 지식: **1.** 이집트: "진리의 단단한 돌"; **2.** 스베덴보리Swedenborg는 보석이 창조되지 않고 발견되어야 할 영적 진리의 상징이라고 언급했다; **3.** '귀중한 보석'; 최고의 지혜 등; **4.** 용이 지키는 보물은 물질세계(용은 지하 세계 괴물을 의미한다)에 숨겨진(그리고 큰 위험을 감수해야 하는) 영적 진리의 방식을 나타낸다; **5.** 심리: 동굴에 숨겨진 보

석: 무의식의 보물로, 종종 (남근) 뱀이나 삼키는 (끔찍한 어머니) 용에 의해 보호된다; 참조: '진흙 속의 보석', "가장 순수하게 빛나는 보석으로 가득 찬 바다 곰의 어둡고 깊은 동굴"(토머스 그레이Thomas Gray, "비가Elegy" 53); **6.** 외부 및 내면의 빛: 일부 보석은 어둠 속에서도 빛이 난다(석류석carbuncle): "너의 그림자는… 보석처럼(끔찍한 밤에 매달린) 검은 밤을 아름답게 만든다"(소네트Sonn. 27; 참조: 디도서Tit. 2, 3) 그리고 "그녀는 에티오피아인의 귀에 걸려있는 보석처럼 밤의 뺨에 걸려 있다"(로미오와 줄리엣Rom. 1, 5); **7.** 숨겨진 진실을 발견하는 데 사용된다(점): 보석은 보석이 본래 있었던 지하 세계의 어둠과 연결되어 있다(분수fountain 참조); **B.** 다산: **1.** 유명한 보석은 일반적으로 다산(그리고 성욕)의 여신에게 속하며 종종 지하 신들에게 받은 것이다: 헤파이스토스/불카누스가 만든 아프로디테의 허리띠, 스바르탈헤임Svartalheim의 난쟁이들이 만든 프레이야의 브리싱가멘 목걸이 등; 부득이하게 나체 상태로 강등되었지만 자신의 존재에 반드시 필요한 것으로 보이는 여러 여신들이 있다: 안드로메다는 "특정 보석을 제외하고" 벌거벗은 채 바위에 묶여 있었고 헤시오네 등도 마찬가지였다; **2.** 보석은 비(rain)의 마법에 자주 사용되었다: 이슬방울이나 빗방울도 동종 요법으로 간주되었다; **C.** 순결: **1.** (따라서) 신체의 '불순결함'의 예방; **2.** 이것의 일반적 특성: "사랑하는 주인님, 남녀의 훌륭한 명성은 그들 영혼에 견줄 수 있는 보석입니까."(베니스의 무어인 오셀로Oth. 3, 3); **3.** 성적 순결의 수호자: 충실함: a. 민요에서 떠날 때 보석을 선물했던, 멀리 있는 연인의 마음이 변하면 그 보석의 색이 변한다(일반적으로 빛이 바래는 정도이지만, 때로는 부서지기까지 한다)("힌드 혼Hynd Horn": 프랜시스 차일드Francis Child 17); b. 이집트에서 부적으로 착용하는 붉은 홍옥수 허리띠는 소유한 사람의 죄를 씻어 내는 이시스의 피를 상징한다; **4.** 부정한(사악한) 영향으로부터 보호하는 부적: 사악한 눈 등으로부터; 그 고유의 힘은 상징적인 것 또는 기타 도구를 통해 강화될 수 있음; **D.** 내구성, 영속성, 불멸성: **1.** 이집트에서는 젊음과 불멸을 상징하기 위해 무덤에 부적으로 녹색 돌을 두었다; 호루스=에메랄드석의 왕자, 이시스=에메랄드의 레이디(또한 터키석의 레이디); **2.** 죽은 자의 입에 넣은 돈(다른 세계로 가는 여비의 지불 기능과는 별도로 화폐 기능을 한다)은 시체가 부패되지 않게 하고 불멸을 보장한다; **3.** 우정과 사랑의 표시 등으로 평화 조약에서 자주 교환된다; **E.** 일부 보석(특히 다이아몬드)은 독성이 있는 것으로 간주되었다: 뱀의 이마나 입에 있거나 뱀의 타액에서 유래한 보석; **F.** 교만, 과시용 장식: 청교도적으로 악마의 창조물로 간주된다; **III. 다음에 상응한다:** 이스라엘 지파와 대제사장 흉패의 돌: 다음의 표 참조.

흉패 보석표

지파	킹 제임스 버전 성서	로버트 그레이브스Robert Graves (하얀여신WG 270f.)
르우벤Reuben	홍보석/루비	붉은 홍옥수: 맏아들 붉은 사람
스블론Zebulun	금강석	(바다녹색) 녹주석: '선원들 사이에서'
유다Judah	에메랄드	붉은 석류석Fire-Garnet: '사자 새끼', 봄
갓Gad	마노	'석류석': 붉은색: '강도 떼'
레위Levi	'석류석'	청금석: '구별하다'; 여름
아셀Asher	녹주석	흰 낙타: '왕실 진미'
시므온Simeon	황옥	노란색 연수정: '분노': 무더운 여름
에브라임 Ephraim	마노	줄무늬 붉은 마노: '열매'
므낫세 Manasseh	–	자수정: 거친 주석: '건망증'
단Dan	호박	노란색 사문석: '뱀 같은'
디나Dinah	–	맑은 녹색 벽옥: 여성의 계절 우기(雨期)
납달리 Naphtali	자수정	쟁기질
베냐민 Benjamin	벽옥	잇사갈은 모두를 지배했다: 새해 아이New Year Child
잇사갈Issachar	청옥	노란색 감람석
요셉Joseph	호마노	–

보석(류) jewel(lery)　보석gem 참조.

보아 boa　**1.** 이름: 젖소에서 빨아들인 우유를 주요 먹이로 하는 것에서 유래한 이름(그리스어로는 우유를 의미하는 '부스bous'라고 한다; 플리니우스Pliny 8, 14); **2.** 머리에는 아기에게 좋은 부적을 만들어 치열이 고르게 하는 것을 돕는 작은 돌이 있다(30, 46번); **3.** 깃털 목도리: (여성의) 히스테리와 관련된다; **4.** 또한 히드라Hydra참조

보이지 않음, 드러나지 않음 invisibility **1.** 억압 또는 억압된 것; **2.** 해체, 사망 또는 (미래) 다산; **3.** 밤(바다) 항해 및 집어삼키는 것과 관련된다; **4.** 연금술: 라틴어 '태양의 검은 반점' 또는 '검은 태양'; **5.** 헬멧helmet 참조, 후드hood, 링ring.

보조개 Dimple **1.** 뺨의 보조개: '사랑의 배지': "양쪽 뺨에 예쁜 보조개가 생겨나도록 하는; 사랑이 보조개를 만들었다"(비너스와 아도니스Ven. 241ff); **2.** 아이들의 민속: a. 뺨의 보조개는 불운; b. 턱의 보조개는 행운.

보트, 배 boat **A.** 신의 **보좌**: 1. 이집트: 나일강 모양의 보트: 길고 가운데에 오두막/자리가 있다; 2. 한 마을에서 다른 마을로 갈 때 신의 옥좌로 사용되었다; '방문하는' 신상god image을 커튼으로 가렸다; **B.** (신의) **어머니의 자궁**: 1. "어린 호루스Horus가 젖을 빠는 어머니" 이시스는 종종 머리에 배를 이고 있는 것으로 상징화된다; 또는 이시스=배, 즉 호루스(태양신)를 위해 싸우고 그에게 생명을 주는 배이다; 2. 배는 여신이며 믿는 자에게 부활의 확신을 주는 여신이다; 배의 선수상은 단순한 묘사가 아니라 여신의 실제 머리를 나타낸다(또한 선수상figure-head 참조); 이것이 바로 이집트 그림에 종종 '비어 있는 오두막'이 있는 이유이다; 3. 심리: 다시 발견된 요람(자궁); 4. 라틴어의 '작은 배'는 여성의 음문에 대한 완곡한 표현이다; **C. 태양-밤-교차**: 누 또는 눈Nu(n) 신의 배(=케페라트Kepheret 태양빛에 빛나는 알처럼 나타나는 자기창조적 카오스(혼돈)를 믿는 자들은 배가 아팝 뱀(어둠의 용)의 등 넘어로 태양을 데려간다고 생각했다; 이 배는 영혼이 다시 태어나는 것을 막는 적과 싸우며 수백만 년 동안 오시리스가 해마다 부활하게 하는 살아있는 (여성) 존재로 간주되었다; **D. 풍요**: 1. 이집트: 누 또는 눈은 양성의 풍요의 신(여신)이었다: 때로 남성이나 처녀로 그리고 때로는 개구리 머리와 생식력을 상징하는 불룩한 배로 나타난다; 2. 라Ra 신(마찬가지로 태양)이 밤에 건너기 위해 이용하는 뱀 보트(양Ram 신 참조)=초목, 이것은 "세상의 과일을 잉태하고 있는" 선수상의 뱀모양과 관련된다(젖을 물리는 이시스, B의 1 참조); 3. 오시리스 비의에서 배는 곡물의 부활을 위해 사용되었다(수레에서); 4. 그리스: 디오니소스 숭배에서 디오니소스는 인류에 풍요를 가져오기 위해 '초목의 배를 타고 도착했다; 5. '배 마차carrus navalis'(때로는 '카니발carnaval'라는 단어의 어원으로 간주되었다)는 사투르날리아Saturnalia 농신제에서 사용되었다: 농신제의 왕을 배에 태우고 풍요와 다산을 전파하기 위해 들판과 마을을 다니는 행진이 이루어졌다(풍요의 영혼을 깨우기 위해 거친 음악이 동반되었다); 푸른 범선blue ship 참조; **E. 부활**: 1. 이집트:=지성소(신전 자체가 다시 만들어지는 것)로서, 여기에는 신이 살았으며 대중으로부터 차단되었다; 이곳은 부활이 이루어지는 장소이기 때문에 죽음의 집이다(독수리 여신Nelchebt, Nekhebet 또는 Nechbet, 죽음의 여신의 집); 이것은 부활의 상징으로 '만들어진' 운반용 '옥좌'와 동일하다; 또한 B번의 2 참조; 2. 영원, 불멸성: 또한 기독교 상징에서도 영원, 불멸의 상징이다; **F. 지구**: 비어 있는 지구. 비어있는 지구가 굴려가는 것은 지진을 일으키며 원시의 강에서 떠다닌다; 따라서 태양이 밤에 건너는 것처럼 오시리스는 지구를 지나간다; 종종 두 개의 배가 있다; 저녁 죽음의 배와 아침 부활의 배; **G. 저승사자**: 1. 이집트: 묘지까지 썰매나 수레에 미라를 싣고 가는 장례용 배; 이후에 배는 관으로 대체되었다; 2. 일반적으로 영웅들은 축복받은 자들의 섬Island of the Blessed까지 배(또는 돌고래 등으로)를 타고 갔다: 예 아서왕은 모건이 배로 아발론까지 건너 주었다; 알프레드 테니슨경Lord Alfred Tennyson이 저술한 "모래 둔덕을 넘어Crossing the Bar"에 들어 있는 관념을 포함하여 '배를 타고 간다, 항해한다(몸이 배에 실려)'는 생각은 전 세계적으로 존재한다(종종 육신은 배를 타고 떠내려갔다); **H. 통용되는 표현**: 1. 방주ark(참조), 안전; 2. 모험, 불운; 3. 태양과 달은 종종 하늘을 '항해하는' 것으로 표현된다; 4. '배를 불태우다'=귀환을 불가능하게

만들다=돌이킬 수 없는 결의를 하다; 5. 일반적으로 '이동수단'; **I. 푸른 배**blue boat: 카론Charon의 배. 죽은 자의 영혼이 스틱스강(삼도천)을 배로 건너게 해 준다: "푸른 선미caeruleam puppim"(베르길리우스Virgil, 아이네아스Aen. 6, 4, 10); D번의 5 참조; **J.** 또한 방주ark; 선박ship; 선원sailor; 바람wind; 선박의 각 부분(예 닻anchor) 참조.

보호, 방어 aegis **1.** 이름: '염소가죽'. 이것은 고대의 염소신 제우스(그는 염소 아말테아의 젖을 먹었다; 풍요의 뿔cornucopia 참조)가 입었던 것으로 때로 아테나에게 빌려 주었다; 어원은 뱀 같은 벼락에 둘러싸인 폭풍우-구름; **2.** 영양공급 원리: 자연(염소=다산); **3.** 보호, 후원; **4.** 취약하지 않음; **5.** 나중에 이것은 황금 장식 수술로 강화되었고, 메두사의 머리로 그 위를 장식했다; 비무장 상태의 아킬레스가 입었고(일리아드Iliad 18), 헥터의 시체를 보호한 것이었다(일리아드 24); **6.** 아폴로(일리아드 15)는 이것을 사용하여 공황상태를 일으킨다(오디세이아Od. 22 참조).

복도, 회랑 corridor **1.** 두 개 이상의 독립된 공간들을 연결하므로 복도가 연결하는 것들 보다 더 중요하고 흥미로워진다: "마음의 통로corridors of the mind"(토머스 S. 엘리엇Thomas S. Eliot) 참조; **2.** (비공식적) 모임의 장소 또는 (비공식적) 의사결정의 장소(참조: "권력의 회랑corridors of power"=화이트홀Whitehall; 양조장Brewer).

복면, 마스크 visor 가면, 변장: "고결한 체하는 겉모습virtuous vizard [복면vizor]"=미덕의 겉모습(리처드 3세의 비극R3 2, 2. 28).

복수(復讐)의 여신들, 푸리에스(에리니에스) Furies (Erinyes) **1.** 끔찍하게 생긴 복수의 여신들; 때로 한 명의 신으로 생각됐지만 대부분의 저자들은 다음의 세 명이라고 한다: 알렉토, 메가이라 및 티시포네(세네카Seneca, 헤라클레스의 광기HF 87ff 및 티에스테스Thy. 215f 참조); **2.** 기원: a. 우라노스가 그의 아들 크로노스에게 성기를 훼손당했을 때 우라노스의 성기에서 나온 핏방울에서 태어났다; 방울은 육지(예 헤시오도스 Hesiodus) 또는 바다(예 아폴로도로스Apollodorus)에 떨어졌다; b. 다른 사람들은 이들이 아케론강(지하세계의 강)과 밤의 딸이라고 말한다; **3.** 나중에는 흉악한 여인들의 모습이 누그러져 '에우메니데스' (='너그러운 여인들')라고 불렸다; 티시포네는 그녀의 "웅변술"(왕의 책Kingis Quair 19, 아마도 보에티우스Boethius 운문 번역에서) 때문에 뮤즈로서의 역할도 했다.

복숭아 peach (나무; 과일) **1.** 외음부, 여성 원리, 결혼의 상징; 아래의 점성술 참조; **2.** 호사스러움; **3.** 기독교: a. 긍정적인 면; 성화에서 침묵의 상징; 잎이 인간의 혀를 닮았기 때문에 하포크라테스에게 바쳐졌다; b. 구원; c. 동정녀의 상징; **4.** 점성술: 복숭아는 금성의 지배를 받으며 따라서 화성의 악한 영향에 대항한다; 잎과 꽃은 시럽이나 잼으로 만들면 황달과 콜레라에 효능이 있다(특히 아이들에게); 일반적으로 환자들에게 원기회복제로 사용한다.

복싱 Boxing **1.** 아이스킬로스는 복서가 할 수 있는 훈련의 예를 제공했다: 복서가 맞을 때 관중은 소리를 지르지만 복서는 그러지 못한다(플루타르코스Plutarch, 도덕론M 29F 및 79E); **2.** 폴룩스Pollux의 별칭은 그리스어 'Pyx-agathos'='잘생긴 복서'였다(호메로스Homer, 일리아드Il. 3, 237; 마르쿠스 발레리우스 마르티알리스Marcus Valerius Martialis, 풍자시Ep. 7, 57; 기수horseman 참조); **3.** 꿈: 복싱에 대한 꿈은 모두에게 좋지 못하다: 상처 외에도 복싱 중 얼굴이 망가지기 때문에 복싱은 손상을 암시하며 피를 흘리는 경우 피는 돈을 상징한다; 복싱과 관련된 꿈은 의사, 제물을 찾는 사람, 요리사와 같이 피를 보며 살아가는 사람들에게만 좋다(달디스의 아르테미도로스Artemidorus of Daldis 1, 61).

복음 Gospel 상징: **1.** 4륜 전차; **2.** 4두 2륜 전차: 말 네 마리가 나란히 끄는 2륜 전차; **3.** 낙원에 있는 네 개의 강; **4.** 네 가지 형상tetramorph.

복장도착자 transvestism **1.** 성례전, 전례: A. 아직 성별이 나뉘지 않은 태고의 자웅동체 신을 닮기 위한 방법(또한 자웅동체hermaphrodite 참조): 예 프레이야

축제에서 적어도 남성 유권자의 일부는 여성처럼 옷을 입고 눈에 띄게 남자답지 않은 행동을 했을 수 있다(남성 또는 여성의 복장 도착이 강하게 금기시되었음에도: 예 "락스다엘라 사가Laxdaela saga" 34, 35에서 확인할 수 있듯이 이것은 이혼 사유가 됨); 이는 프레이 신이 프레이야와 맺는 사제-왕-남편 관계에서 발전했으며, 이 두 바니르들은 나중에 갈라진 양성의 신이었을 수 있다는 것을 암시한다; 복장도착은 오랫동안 고대 게르만 신화의 공통된 특징이었다. 한때 고대 토르신은 거인을 속여 '무릎에' 놓여 있던 망치를 되찾아 오기 위해 신부로 '변장'했다; B. 자신이 섬기는 (남성 또는 여성) 신(神)을 닮기 위해 다음을 수행한다: a. 특히 로마에서는 여성 의례에 참석하기 위해 여성으로 분장한 남성이 있었다: 예 보나 데아의 여성 의례; b. 키벨레('갈리galli')의 사제들은 희고 기다란 장백의를 입고 경석pumice stone으로 다리를 밀고 머리를 말아 환관이 되었다(아티스Attis 참조); c. 다프니스는 클로에가 씻는 동안 그의 소나무 왕관을 쓰고 그의 옷을 입었다(롱구스Longus, 1, 24; 의복garment 참조); **2.** 성적sexual이고 오르지적인 의미: 성례적 배경이 잊혀졌을 때, 우리는 다음과 같은 오래된 컬트 문화의 잔재를 볼 수 있다: a. 특정 휴일의 축제: 크리스마스 연극, 할로윈, 카니발에서 볼 수 있다; b. 가면무도회; c. 아르고스의 여성들은 첫날 밤에 가짜 수염을 붙였다; **3.** 심리: a. 복장도착은 두렵거나 알지 못하고 직접 접근할 수 없는 사랑하는 (이상적인) 사람과 자신을 동일시하는 것; b. 어머니(또는 아버지)와의 동일시하는 것; c. 남성 (여성) 안의 '아니마anima' (아니무스animus)를 뛰어넘어 성장한 것(예 조현병으로부터 일어날 수 있다); d. 동성애의 징후(이런 경우에만 다른 동성애자를 끌어들이는 방법으로 쓰임); e. 남근 여성과 자신을 동일시하여 거세 불안을 극복한다(자웅동체hermaphrodite 참조); **4.** 옷clothes, 의복garment 참조.

복화술 ventriloquism 복화술은 아마도 그리스인과 이집트인의 신탁의 사제와 여사제들이 행했을 것이다: a. 이집트인의 '말하는 조각상'; b. 델포이 여성이 사용했다; c. 아마도 사도행전Acts(16, 16)에 언급된 소녀도 해당될 수 있다. 그녀는 사제들에게 재능을 악용 당했을 것이다.

볼, 구 ball **1.** 지구, 권력, 전쟁; 또한 지구Globe, 구체Orb 참조; **2.** 천체, 완벽, 영원(원Circle 참조); **3.** 그리스: 변덕스러움, 기회, 투표(반대투표의 경우 검은 공); 승리와 운명의 속성; **4.** 겸손: 강하게 뿌리칠수록 더 높이 올라간다(이탈리아의 상징); **5.** 심리: 볼 게임은 어린아이 희생제물과 관련된다(카를 융Carl Jung); **6.** 딜런 토머스Dylan Thomas: 사람은 나이가 들어갈수록 공에 맞은 것처럼 호흡이 가빠진다("내 머리가 아프다면"); **7.** 세 개의 금빛 볼ball: a. 미라Myra의 성 니콜라스(참조) 상징; 3중의 완벽성; b. 막대한 대부업자였던 메디치의 롬바르드 가문의 문장heraldry(紋章); 그로 인해 전당포의 상징이 되었다; **8.** 로마의 황금빛 공(라틴어 '불라bulla'): 악마의 눈에 대항하는 주술적 힘을 갖고 있으며 장군과 기사들이 사용했다(섹스투스 프로페르티우스Sextus Propertius 4, 1, 131; 마크로비우스Macrobius, 사투르날리아S 1, 16).

봄 spring (계절) **1.** 젊음, 여성의 순진함: "봄처럼 차려입고 그녀가 어디로 오는지 보라"(타이어의 왕자 페리클레스Per. 1, 1; 덴마크의 왕자 햄릿Ham. 참조: 1, 3: "봄철의 새싹은 봉오리가 피기도 전에 병들어 시드는 일이 너무도 허다하다); **2.** 재탄생: "…그리고 봄의 불길 속으로, 회개의 겨울옷을 내던진다"(에드워드 피츠제럴드Edward FitzGerald, 오마르 하이얌의 루바이야트O. Khayyám 번역서); **3.** 성장; **4.** 부드러움, 단맛(겨울이나 서리 악마를 제거): a. "온화한 봄, 천상의 온화함이여 오너라"(제임스 톰슨James Thomson, "봄spring"); b. "달콤한 날들과 장미들로 가득 찬 달콤한 봄, 단것들이 뭉쳐져 있는 상자"(로버트 헤릭Robert Herrick, "미덕Virtue"); **5.** 구애의 시기; a. "봄에 홍방울새가 그의 암컷에게 구애하는 소리를 들었다"(로버트 브리지스Robert Bridges); b. 그리스어 "Ear th' horosa Nycheia"="그리고 그녀의 눈에 봄을 담은 니케아"(테오크리토스Theocritus, 같은 책 8, 45); **6.** 다음에 상응한다: a. 기간: 이른 아침, 젊음; b. 방향: 동쪽, 비와 일출의 자리; c. 신체: 간(봄에 강하게 자극됨), 몸의 오른쪽 절반; d. 색상: 녹색(때로는 흰색=순수); e. 원소: 나무(식물의 삶); f. 향미: 신맛; g. 별자리: 양자리, 황소자리, 쌍둥이자리; **7.** 다른 것과의 조합: A. 춘분: a. 부활 의식; b. 종종 새해(3월 참조); c. 파종 및 덩굴 가지치기; d. 양치기의 축제; B. 봄 처녀: a. 일반적으로 새벽의 처녀와 동일하다(새벽dawn 참조); b. (태양) 풍요를 낳는 성모 마리아; c. 카리테스Graces는 세 가지 형태의 봄 처녀이다; **8.** 계절seasons 참조.

봄망초, 개망초 속의 식물 flea-bane (식물) **1.** 일반적으로 다음을 의미한다: 씨앗이 벼룩과 비슷한 모양이거나 혹은 벼룩을 쫓는 여러 식물에 붙여진 일반적인 이름: 그리스어로는 '코누자konuza', 라틴어로는 '이눌라Inula' '에리게론Erigeron' '시네라리아Cineraria' 또는 '플란타고 프실리움Plantago psyllium'; '금불초fleawort'라고도 한다; **2.** 용도: a. 니칸데르: i. 봄망초 즙은 뱀에 물린 상처를 치료한다; 봄망초는 뱀이 기피하는 식물이다(테리아카Th. 70 및 615; 또한 875 및 942 참조); ii. 잔가지는 갓 태어난 황소의 피의 독을 중화시킨다(알렉시파르마카Al. 331); c. 코르넬리우스 켈수스Cornelius Celsus: 상처 응고제임(일리아드II, 서문intr. 및 5, 2); c. 플리니우스Pliny: i. 말리기 위해서 집에 걸어 두면 한겨울에 꽃이 핀다(2, 41; 참조: 또한 아래의 f번); ii. 수태 전 40일 동안 복용하면 남자아이를 임신하도록 해 주고, 다른 품종들은 40일 이내에 수태하도록 도와준다; 이것은 또한 궤양 등을 치료한다(27, 40); d. 호라폴로Horapollo(역주: 이집트 저술가): 개망초를 먹는 양과 염소는 이 동물을 죽이는 사람을 나타내는 상형문자이다. 왜냐하면 동물들이 개망초를 먹으면 갈증으로 죽기 때문이다(2, 79); e. 힐데가르트 폰 빙엔Hildegard von Bingen: 기분을 좋게 하는 원리인 청량함 또는 라틴어로는 '달콤한 성질dulce temperamentum'이다; 포도주에 끓여서 뜨겁게 마시면 열을 내리고 정신을 맑게 하며 뇌를 튼튼하게 한다; 뜨거운 찜질을 하면 위장의 열을 치료한다(자연학Ph. 1, p. 22, '실륨Psillio'); f. 아그립파Agrippa: 다른 모든 것이 죽은 겨울에 꽃이 핀다(오컬트 철학OP 3, 64); g. 안젤로 드 구베르나티스Angelo De Gubernatis: 테스모포리아Thesmophoria 축제기간 동안 여자가 이 꽃에 앉아 있었다(식물신화MP 2, 107; 아그누스 카스투스agnus castus 및 버드나무willow도 참조); h. '수종증을 퍼트리고 슬픔을 가져온다'(조수아 실베스터Joshua Sylvester, 기욤 드 살루스테, 바르타 시에르의 신성한 시기와 작품DB 2, 1, 3, 165 참조).

봉선화 touch-me-not (식물) **1.** 일반적으로 다음을 의미한다: 만지기만 해도 깍지나 수관에서 씨앗이 터지는 다양한 식물의 이름: '노란 봉숭아' 또는 '임파티엔스 놀리 탕게레Impatiens Noli-Tangere'의 이름으로 가장 자주 사용되었다; 참조: 수줍음의 '놀리 메 탕게레noli me tangere'('나를 만지지 마십시오'); 독일어로 '스프링크라우트Springkreut', 네덜란드어로 '스프링 발사미엔Spring Balsamien'; **2.** 힐 데가르트 폰 빙엔Hildegard von Bingen: a. 수액이 적고 민감하며 냉하기 때문에 그대로 섭취하면 건강에 해로울 수 있다; b. 이것을 계피와 함께 먹으면 배변을 쉽게 할 수 있다(자연학Ph. 1, p. 44).

봉인, 인장, 도장 seal (도구) **1.** **소유권**이나 **신분**을 증명할 수 있는 힘: 예 유다가 다말에게 준 인장(창세기Gen. 38, 19). 바빌로니아에서는 모든 사람들이 인장과 자신의 표식이 끝에 있는 지팡이를 가지고 있었다(헤로도토스Herodotus 1, 195; 스트라보Strabo 16, 1, 20); **2.** 문서 등의 **인증**; 이세벨이 오용했다(열왕기상서1Kings 21, 8); **3.** **권한 위임**을 해 주는 사람: 모르드개Mordechai가 받은 반지: 구약성서 에스더Esther 참조; **4.** **안전**, 신의 보호: 이마에 있는 하나님의 인(가인; 요한계시록Rev. 7, 3); **5.** 이름과 매듭에 필적하는 **특성**을 갖고 있다`: 예 "나를 도장같이 네 마음에 새기고 도장같이 네 팔에 새기라"(아가서SoS 8, 6); **6.** **비밀**, 보존: 다니엘은 끝이 임하는 때까지 그 말씀들을 닫아 두고 그 책을 봉인하라는 명령을 받았다(다니엘서Dan. 12, 4); **7.** **처녀성**(밀랍wax과 관련된다); **8.** **사랑**: "하지만 내 키스는 다시 가져온다, 다시 가져온다. 사랑의 인장을. 그러나 헛되이 인봉되었다, 헛되이 인봉되었다"(눈에는 눈, 이에는 이Meas. 4, 1의 극 중 노래 "그 입술을 저리 치우시오Take, 0, take those lips away"); **9.** **모국어**는 그것을 말하는 사람의 입에 도장을 찍는 것이므로 아시아 사람이 그리스어를 말한다면 그 입의 도장 자국이 선명하지 않은 것이다(그리스 노래 가사); **10.** **자선**: "사람의 자선은 그의 도장과 같다"(벤 시라크Ben Sirach 17, 18); **11.** 귀중품으로서의 **인장반지**: a. "황금으로 만든 에메랄드 인장처럼 기분 좋게 하는 부드러운 와인을 곁들인 음악의 선율도 그러하다."(벤 시라크Ben Sirach 32, 8; 또한 예레미야서

Jer, 22, 24 참조); b. 종종 인장반지를 감상적 이유나 가보로 물려주었다(예 헨리 4세 1부1H4 3, 3); **12. 단테**Dante: 인간(그리고 자연)은 (그것을 만드는 '왁스'의 순도에 따라) 천상의 원본을 도장 찍은 것처럼 거의 완벽히 동일하게 만들어진다(신곡 낙원편Par. 13); **13. 아브라함의 인장**(=랍비의 인장): 할례; **14. 다윗의 인장**(=다윗의 방패. 실제로는 종종 솔로몬의 인장이라고도 한다: 두 개의 삼각형이 교차한 모양): a. '다윗의 별Magen David': 유대교의 상징; b. 신의 가호; 창조주 및 거시우주; c. 항의할 때 착용하면 감성을 논리적인 이성으로 격상시켜 준다; d. 제2차 세계대전에서는 수모의 배지; e, 영성(솔로몬의 인장과 반대); f. 연금술("솔로몬의 인장"): 일곱 부분=일곱 개의 금속으로 되어 있으며 그 중심은 황금이다. 또한 네 개의 원소를 포함하고 있어 우주적 합일을 상징한다; 증류: 불과 물의 합일; 여전히 브랜디 상점에서 볼 수 있다; **15. 솔로몬의 인장**(오각별): A. 성서: a. 천국의 열쇠; b. 건강 부적: 악령을 쫓기 위해; c. 영감; d. 완벽; B. 영국: 엔들리스 노트Endless Knot(역주: 끝이 없는 매듭): 예 "가윈 경과 녹색의 기사Gawain and the Green Knight, Sir"에서 이것은 진정한 믿음을 의미하며 그 다섯은 다음을 가리킨다: i. 다섯 가지 지혜; 지혜와 교육; ii. 손가락; iii. 그리스도의 상처; 또한 예수 탄생; iv. 성모칠락(성모 영보, 예수의 강탄, 그리스도의 부활, 그리스도의 승천, 피승천); v. 이것의 일반적 특성: 관대함, 자애, 절제, 예의, 경건; C. 타로카드: 다산을 의미하는 네 개의 카드 중 하나로 접시(혹은 동전)의 변형; **16. 일곱 봉인**Seven Seals: 성서 문헌(요한계시록Rev. 5)에는 그리스도의 삶을 일곱 가지 주요 사건으로 설명한 일곱 인이 있다: 재생incarnation, 세례baptism, 수난passion, 지옥으로의 하강descent into hell, 부활resurrection, 승천ascension, 성령강림descent of the H. Ghost, 오각별pentagram 참조.

부담, 짐 burden 순례자의 특성: 자신의 죄책감과 세속적 직업, 죄 등에 대한 인식(존 번연John Bunyan, 천로역정PP 8, 7; 제프리 휘트니Geoffery Whitney, 상징의 선택Embl. 223은 동일한 내용을 보여 준다).

부들, 골풀 bulrush (식물) **1.** 태양의 새해 아이의 방주: 갈대 상자에서 발견된 모세에 대해서는 파피루스Papyrus 참조; **2.** 체력 부족: "그의 머리를 갈대 같이 숙이는 것이냐"(이사야서Isa. 58, 5); **3.** 충실한 자들과 겸손한 자들의 무리(기독교인); **4.** 부들로 만든 배는 이집트에서 온, 속도가 빠른 사자messenger들이 사용했다(이사야서 18, 2); **5.** 파피루스papyrus 참조.

부등변사각형 (사다리꼴) trapezium **1.** 희생제물: 황소의 머리 또는 원시 도끼의 표시; **2.** 열등한 형태: 원(완전)에서 정사각형을 통해 내려오는 모양으로 악화되는 경향이 있다; **3.** 마름모꼴lozenge 참조.

부랑자, 떠돌이 tramp 심리: 자신의 원시적 · 본능적 · 본성적 자기Self를 의인화 한 것; 거지beggar, 니그로Negro, 땜장이tinker 참조.

부레풀 isinglass **1.** 물고기 부레, 특히 철갑상어 그리고 가죽과 말발굽에서 얻을 수 있는 젤리 같은 물질; **2.** 의학: 상처를 응고시킨다(코르넬리우스 켈수스 Cornelius Celsus 5, 2 및 5, 19, 7: 그리스어 '익시오콜라 ichthyocolla'=생선 아교 또는 부레풀).

부모 parents **1.** 부모를 공경하라는 계명은 하나님을 경배하는 첫 다섯 계명과 이웃에 관한 다섯 계명 중간에 있다; 부모들은 진정으로 세대를 걸쳐 신적인 것과 인간의 유한하고 물질적인 삶을 공유한다; **2.** 부모를 공경하는 것은 부모의 고유한 이름을 사용하지 않음으로써 이루어진다(이름name 참조; 필로 유다이오스Philo Judaeus, 십계명에 대하여Dec. 106 및 특별법Spec. 2, 224ff.; 디오게네스 라에르티오스Diogenes Laertius 7, 120; 요아네스 스토바에우Joannes Stobaeus, 아우구스투스 마이네케Augustus Meineke 3, 96).

부석, 경석 pumice **1.** 건조함, 따끔거림; 눈물이 말라서 불쾌하게 건조한 것(플라우토스Plautus, 아울룰라리아Aul. 297; 시편Ps. 75f.); **2.** 약용: a. 클렌징(코르넬리우스 켈수스Cornelius Celsus 5, 5); b. 소포제로 쓰인다(같은 책 5. 12).

부싯돌 flint **1.** 불: 부싯돌을 부딪쳐서 돌 자체에 있는 불을 끌어내는 것; 막대기를 문지르는 것(불fire

참조); **2.** 모욕에 대한 무관심(느끼지 못하는 것은 아니지만): "내가 부끄러워하지 아니하고 내 얼굴을 부싯돌같이 굳게 하였으므로 내가 수치를 당하지 아니할 줄 아노라"(이사야서Isa. 50, 7); **3.** 영원함: "여인이 오셨도다: 오, 그렇게 가벼운 발은 영원한 부싯돌을 닳지 않게 할 것이다"(로미오와 줄리엣Rom. 2, 5); **4.** 냉정한 마음: 파편, 부싯돌, 자갈은 자살한 사람의 무덤에 던져 버려야 한다(덴마크의 왕자 햄릿Ham. 5, 1); **5.** (석기시대 인류) 가장 오래된 도구: a. 전쟁: 예 화살촉, 나중에 종종 '요정의 무기'로 여겨졌다; b. 유물: 칼, 식칼, 손도끼 등; c. 히브리인들의 할례와 아티스의 자기 거세에 사용되었다('아쿠토 실리케acuto silice'='예리한 부싯돌로': 카툴루스Catullus 63); **6.** 게르만 신화: 흐룽그니르Hrungnir(=맹렬한 서리)가 부싯돌(태양 또는 번개)을 토르에게 던졌고, 그의 이마에 꽂혔다; 그로아G(백조 처녀, 여자 마법사, 다산, 성장)는 토르 이마의 부싯돌을 빼내려 했지만 허사였다; **7.** 부싯돌은 강한 힘을 가진 돌로서 둥글고 구멍이 뚫린 부적의 형태로 말의 목에 매달아 두면 밤에 악몽을 막아 준다(소떼cattle와 구멍hole 참조); **8.** 문장heraldry(紋章): 봉사에 대한 열의; **9.** 딜런 토머스Dylan Thomas: 생명과 사랑의 순간적인 불꽃과 관련있다, 다산의 불꽃을 피우기 위한 문지름; **10.** "가장 차가운 부싯돌에 뜨거운 불이 들어 있다"(속담); **11.** 돌stone 참조.

부엌 kitchen 성생활의 가장 추하면서도 가장 친밀한 세부 내용은 부엌에서의 활동이라는 일견 순수한 암시로 표현된다(지그문트 프로이트Sigmmund Freud, 꿈의 해석IDr. 6, D, p. 346).

부유(浮遊) floating **1.** 심리: a. 퇴행: 자궁의 양수로 돌아가기; b. 성적(性的)인 황홀경: 파도에 떠다니는 오르가즘(특히 수동적 · 여성적); c. 수동성: 무의식에 잠재해 있는 괴물을 탐색하는 것을 거부한다; **2.** 마녀와 마법사의 특징(플리니우스Pliny 7, 2 이후): 마녀 물고문의 익사drowning 참조; 3. (익사한) 남자의 시체는 등이 위로 보이게 뜨고, 여자의 시체는 "마치 죽은 후에 자연이 그들의 겸손을 보여 주는 것인냥" 얼굴 쪽이 뜬다(플리니우스 7, 17).

부자 aconite (식물) **1.** 일반적으로 다음을 의미한다: a. 이름: '흙 없이 자라다'(의심스럽다); 다른 이름은 '바꽃(독초)' '투구꽃' 또는 '수도사의 모자'(역주: 꽃 모양 때문에 붙여진 이름); 이것의 색은 파란색이다; b. 시원하고 축축하며 산에서 자란다(높이height 상징성); c. 헤라클레스가 케르베루스를 지옥에서 끌어낼 때 케르베루스의 입거품에서 튀어 나온 꽃(나소 P. 오비디우스Naso P. Ovid, 변신이야Metam. 7, 416-424; 또한 플리니우스Pliny 27, 2; 로디우스의 아폴로니우스Apollonius Rhodius 2, 354); **2.** 약용: a. 오래전부터 독화살을 만들기 위해 사용한 것에서 시작되었다; 따끔거림 때문에 독으로는 사용하지 않았다; b. 일반적으로 진통제(무감각 유발)이며 특히 열을 내리는 데 사용되었다(헤라클레스적 단순성); c. 마녀의 꽃: 테살리아 마녀들이 '비행연고'로 사용한 마녀의 꽃; 비행하는 만족감을 주면서 손과 발을 무감각하게 만든다(로버트 그레이브스Robert Graves, 그리스 신화GM 2, 157); d. '표범 교살자': 표범이 이것을 건드리게 해서 검은 표범을 죽였다(아코나이트를 건드렸을 때 인간의 분변을 먹으면 죽음을 피할 수 있다); 이것의 고약한 냄새는 쥐를 죽일 정도이다; **3.** 다음을 상징한다: a. 치명성(헨리 4세 2부2H4 4, 4 참조); b. 합법적이지 않은 사랑: 오비디우스의 글에서 흥미로운 통과의례: 헴록가루가 섞인 아코나이트를 연인에게 주는 여자. 이 여자는 "연인에게 선물을 받고 나서 연인에 대한 자신의 사랑을 부인한다"(사랑의 기술De Art. Am. 3, 465); 자책감; d. 상호 복수.

부적 amulet **1.** 일반적으로 목에 걸치는 모든 것(그리스어 '페리압토스per-iaptos'). 환영받거나 환영받지 못하는 사건을 불러들이거나 차단하는 주술로서 기능을 한다; **2.** 파라켈수스Paracelsus(대 천문학AM 1)는 양피지, 금속이나 보석에 새겨진 단어나 상징 부적은 본성과 모순되지 않는다는 것을 입증했다; **3.** 성 테레사(5, 5f 참조). 그녀는 부적을 믿지 않았지만 최음제의 주술에 걸린 구리인형을 목에 걸고 있던 요염한 성직자를 구했다; 성 테레사는 이것을 제거했고 그 후 성직자는 치료되었다; **4.** '천국의 부적'은 "진정으로 구원하시는 말씀"이다(알렉산드리아의 클레멘스Clement of Alexandria, 그리스도인들에게의 권면Pro.

ㅂ

11, 89; 플라톤Plato, 주술Charm 157A도 참조); **5.** 달과 다양한 식물; 예 양성성androgyny 참조.

부정함, 불결함 uncleanness **1.** 종교: 일반적으로 부정한 것은 (위험하고 신비한) 마법의 힘으로 가득 차 있고 피해야 하는 것이므로 (특별히 보호되지 않는 한) 사실상 금기와도 같았다; 더욱이 거룩함은 접촉을 통해서 전해질 수 있기 때문에 거룩한 것과 접촉했다면 그 물건이나 동물 또는 사람이 거룩한 것으로 간주되기도 했다; 이스라엘 사람들은 '부정함'의 원래의 의미가 더 이상 느껴지지 않자 더 엄격한 규칙을 만든 것으로 보인다: 예 문자 그대로 (죽은 자의) '영spirit으로 더럽혀진' 시체와의 접촉 금기가 있었다; **2.** 히브리인들에게 존재했던 '더러움'의 또 다른 형태는 음탕함('불순함')에 대한 두려움과 관련 있으며, 이는 결국 우상숭배의 이미지가 되었다.

부채 fan **1.** 원소: 공기; **2.** 바람; **3.** 천상의 공기, 즉 정화, 악령을 물리치는 것; 교회의 '성선(聖扇)(역주: 종교 의례 때 교회 앞에서 받드는 큰 부채)'은 '프로모시스 푸안디스pro muscis fugandis'('파리를 쫓는다'는 의미)로 사용했다; 악에 대해서는 파리fly 참조; **4.** 곡식을 까부는 도구; a. 선과 악을 분리하는 도구; b. 여름 또는 가을과 연결된다; **5.** 달의 단계와 관련 있다(달이 포개질 때); **6.** 여성과 관련된다: a. 요염함: 부채는 베일로 사용되었다; b. 가장 가벼운(=여성스러운) 무기: "에잇, 지금 그 악당 놈이 내 옆에 있다면 그놈 부인의 부채로 그놈의 머리를 세게 때려버릴 텐데"(헨리 4세 1부1H4 2, 3 참조); c. 돋보이려는 여성들 사이에 일어나는 싸움의 원인이 되었다: 글로스터 작부인은 여왕이 일부러 떨어뜨린 부채를 주워 주지 않았다(헨리 6세 1부1H6 1, 3 참조); d. 엘리자베스 1세 여왕 시대에 일반적으로 여성의 부채에 달린 깃털은 달콤한 기념물이었다(그녀의 가터garter 와 마찬가지로); e. 사랑은 부채의 날개가 달렸다(스테판 말라르메Stéphane Mallarmé, "헛된 쾌락Placet Futile").

부처 Buddha 윌리엄 B. 예이츠William B. Yeats: a. 완전한 명상; b. 사랑: 스핑크스, 즉 지성의 대극.

부추 leek (식물) **1.** 활기: 최음제이며 목소리에 힘을 준다; **2.** 제프리 초서Geoffrey Chaucer: a. 노인의 활력: "흰색 밑둥과 녹색 잎"; b. "부추만큼이라도 가치가 있는 남자는 결혼해야 할 것이다"; **3.** 웨일스의 국가 상징: 성 데이비드의 날St. David's Day에 모자에 부착한다. 그 기원은 아마도 나팔수선화와 혼동한 것에서 비롯된 것으로 추정되며 웨일스어로는 '케닌 페더Cennin Pedr', 즉 성 베드로 부추이다(헨리 5세의 생애H5 여러 곳에 기술된다. 특히 5, 1 참조); **4.** 민속: a. 부추즙은 피부의 상처, 감염, 독극물, 흉부 손상 등에 사용될 수 있다; b. "종달새가 부추를 먹듯이 연인은 사랑을 먹고 산다"(속담); 과하게 먹으면 고통 없이 죽을 수 있다.

부츠 boot **1.** 신화: a. 부츠는 그리스-로마의 지하세계에 대한 표현에서 복수의 여신 푸리에스Furies가 가진 특징이다(우도 비안치Udo Bianchi, 그리스 신화GM: 예 상징적으로 70ff.); b. 축지법을 행하는 부츠seven-league boots는 바람의 신이 가진 특징이다: 그리스 신화의 헤르메스부터 켈트족 신화와 일본 신화에 이르기까지 그리고 엄지손가락 톰Tom o' Thumb과 같은 동화에 등장한다(그림형제Grimm, "사랑하는 롤란트Sweetheart Roland"; 또한 플랜 오브라이언F. O'Brien, "헤엄치는 두 마리 새At Swim-Two-Birds"의 특징들); **2.** 로마: a. 특정 형태의 무릎길이의 빨간색 부츠는 로마 황제와 페르시아 왕의 상징이었다(카이사레아의 프로코피우스Procopius of Caesarea, 건물B 3, 1, 23); b. 아버지 게르마니쿠스의 군대에서 태어나고 자란 가이우스 황제는 "대중적 제스처"로 그가 종종 착용했던 작은 군용 부츠로 인해 '칼리굴라'라는 별명으로 불렸다(='작은 부츠'라는 뜻. 라틴어 'caliga'의 약칭)(타키투스Tacitus, 연대기A 1, 41; 디오 카시우스Dio Cassius, 57, 5); **3.** 헹기스트의 명령에 따라 색슨족이 부츠에 숨긴 단검은 영국 귀족 솔즈베리 회의에서 사용되었다(몬머스의 제프리Geoffrey. of Monmouth, 브리타니아 역사Hist. K. Brit. 6, 16); **4.** 처벌: a. '부츠'는 자백을 받아내기 위해 그리고 동료 마녀들의 이름을 얻기 위해 이루어진 다양한 형태의 고문에 사용되었다: 발목에서 무릎에 이르는 조이개vices를 신기고 망치질을 하면 살과 뼈가 완전히 산산조각 났다; 또 다른 고문은 끓는 기름이나 납을 가득 넣은 넓은 부츠였다(로셀 호프 로빈스Rossell Hope Robbins: 예 57); b. 경범죄나 수확시기에 일하러 나오지 않은 사람에게 부츠나 장화부츠로 밟아 버리는 처벌을 가했다(티셀턴 다이어Thiselton Dyer, 셰익스피어의 민속Folk. of Shako p. 302); **5.** 장화 신은 고양이Puss in Boots: 왜 고양이가 심지어 탈출에 방해되었던 부츠를 신겠다고 고집했는지 그 이유는 아직 불확실하다.

부켄타우로스 Bucentaur **1.** 절반은 사람, 나머지 절반은 황소/소/당나귀; **2.** 인간의 이중성, 인간의 천박한(동물) 부분을 강조한다; 켄타우러Centaur 참조; **3.** 하나의 상징으로 동시에 표현된 인간과 동물(괴물) 사이의 신비로운 싸움 원형archetype: 테세우스와 미노타우로스, 성 조지와 용, 헤라클레스와 크레타의 황소 등이 하나로 표현된 상징; **4.** 배의 머리 모양으로 사용되었던 것으로 보인다. 베니스의 총독이 매년 승천일에 공화국의 이름으로 금반지를 물에 떨어뜨림으로써 '바다의 결혼식'을 새롭게 하기 위해 아드리아해로 항해할 때 승선한 배의 선수 모양.

부패 putrefaction **1.** 연금술 작업의 두 번째 단계: 첫 번째 단계에서 파괴된 잔해를 분리하는 단계(연금술alchemy 참조); **2.** 진화에 대한 정신적 장애물의 파괴; **3.** 죽음 이후의 재탄생; **4.** 별자리: 물고기자리와 관련 있다; **5.** 다음을 상징한다: 검은 까마귀, 해골, 두개골 등.

부활 resurrection 재탄생rebirth 참조.

부활절 Easter **1.** 기독교의 부활절 의례는 다음의 죽음을 애도하며 기념하는 의례와 많이 닮았다: a. 아도니스의 죽음: 피에타를 포함하여 비너스가 자신의 연인인 아도니스의 죽음을 애통해했다; 곡식의 신으로서 아도니스는 베들레헴="빵의 집"(=곡식)에 신성한 밭을 가지고 있었다; b. 아티스의 죽음과 함께 눈물짓는 대모Great Mother, 이들의 기쁜 부활을 로마에서는 3월 24일과 25일에 축하했다; '이교도'와 기독교도의 부활절이 너무나 유사해서 서로 질투하며 어느 날이 먼저 오는지 정하는 권리를 두고 다투었다; **2.** 다산, 마녀 추방, 불의 재생(태양 및 남근 의식)을 위해 소에게 특정 곡식을 먹이는 시기이다(오월제 이브의 발푸르기스의 밤Walpurgis Night 참조); **3.** 부활절 달걀: a. 부활의 상징으로서 이집트에서 전해졌다(알egg 참조); b. (보다 높은 가능성으로:) 베다Baeda에 따르면, "부활절"은 풍요의 여신인 '에오스터' 또는 '오스타라'에서 유래했다고 한다. 이 여신에 대한 축제는 춘분에 열렸고 축제 의식의 동물은 토끼였다; 달걀(어울리지 않지만 토끼와 연관된다)은 풍요와 생명의 시작(봄)을 상징한다; **4.** 민속: "부활절에는 새 옷을 입어라, 그렇지 않으면 반드시 후회할 것이다": 풍요를 증진하기 위해서는 사람(=사람의 옷)을 새롭게 하는 것이 필요하다; **5.** 태양sun(민속) 참조.

북, 드럼 drum **1.** 참전 명령: a. 전쟁의 신 마르스의 상징. 주로 사용되는 트럼펫을 대신하는 것(끝이 좋으면 다 좋아All's W. 3, 3: "그대의 북을 사랑하는 사람, 사랑을 싫어하는 사람"; 비너스와 아도니스Ven. 107; 베로나의 두 신사Gent. 1, 1); b. "명예의 악기": 전투에서 북을 잃어버리는 것은 연대의 깃발을 잃어버리는 것과 동일하다(끝이 좋으면 다 좋아 3, 4); c. "천둥처럼 요란스럽게 반복되는 북소리가 이렇게 외치는 듯하다. 잘 들어라! 적들이 온다; 전진하라, 후퇴하기에는 너무 늦었다!"(존 드라이든John Dryden, "성 세실리아의 날을 위한 노래Song for SI. Cecilia's Day" 1687년); **2.** 의사소통: a. 도움을 청하는 것; b. 말씀과 전통을 전하는 수단; c. 경고: 드레이크의 북Drake's drum 참조; **3.** 악령을 쫓아내는 악기: 예부터 가장 신성하고 신비로운 악기; **4.** 모양에 따라서: a. 모래시계 모양: 두 모래 세계 사이의 전도 및 관계; b. 둥근 모양: 세계 형상, 여성성: 남근 모양 북채로: 양성성; c. 통 모양: 천둥과 번개; **5.** 소리에 따라: 남성성; **6.** 황홀경을 유도한다: 종교 또는 풍요를 위한 목적으로 사용되면 그 이유는 북이 다음과 관련되기 때문이다: a. 창조의 말씀; b. 풍요를 주는 비의 선도자인 천둥; c. 4번의 b 참조; **7.** 세계수와 관련된다: 북은 원래 나무로 만들었다; **8.** 북을 치는 것: 시간이 흐르는 것; **9.** 북=제물을 바치는 제단=하늘과 땅 사이의 중재자; **10.** 흙의 원소: 그릇 모양+가죽; **11.** 트럼펫(때로는 피리fife)과 관련된다(작은북tabor이 플루트와 관련되는 것과 마찬가지); 또한 요한계시록Rev.의 마지막

ㅂ

트럼펫과 관련된다: "오, 나팔 소리가 들리고 북소리가 들리는 그날이 오면 우리는 어디로 가야 하는가?"(조엘 Ch. 해리스Joel Ch. Harris, "리머스 아저씨의 노래Uncle Remus. His Songs" 1); **12.** 순회공연을 하는 배우들이 오는 것을 알리는 데 사용되었다(끝이 좋으면 다 좋아 4, 3); **13.** '소리를 약하게 만들기 위해 천으로 싼 북': 장례 행렬.

북극광, 오로라 Aurora Borealis **1.** 유럽 북부 지역에서 가장 빈번히 나타난다; 따라서 많은 남부 지역에서 이것이 나타나면 그 희귀성으로 인해 마법의 징조를 갖게 되는 것은 자연스러운 것이었다; **2.** 때로 '불타는 창Burning Spears' 또는 '발랄한 댄서The Merry Dancers'라고 불린다; **3.** 이것은 다음의 징조이다: a. 전쟁, 유혈사태; b. (일반적으로) 재난; c. 왕의 죽음; **4.** 1939년 초 미국에서 북극광이 목격되었는데 진주만 공격이 있기 전 연속 3일 밤 동안 목격되었다; **5.** 북유럽 신화에서는 발키리족(전쟁과도 연관됨)이다.

북극성 Polar Star **1.** 최고신의 왕좌, 심판자, 불변하는 움직임의 주체; **2.** 위대한 남성; 안내 원칙, 이상 ideal과 관련 있다; **3.** 사람과 사물이 시공간을 초월하여 움직이는 거대한 구멍; **4.** 천상의 눈; **5.** 세계 축; **6.** 불변성; **7.** 기독교: 그리스도의 호칭; **8.** 윌리엄 블레이크William Blake: 북극 장벽: 북쪽으로 향하는 문: 영적인 세계로 향하는 북쪽 장벽(우르소나); **9.** 딜런 토머스Dylan Thomas: a. "극의 키스kissing poles": 극과 극의 만남; b. "북극성과 인접한 별polestar neighbour": i. 안내자; ii. 극지방만큼이나 사회로부터 극단적으로 떨어져 있는 시인; **10.** 북쪽왕관자리Corona Borealis, 북쪽north 참조.

북두칠성 Arcturus **1.** 아마도 시리우스(천랑성) 다음으로 가장 잘 알려진 별일 것이다(욥기Job 9, 9와 38, 32에서 이 이름이 두 번 언급된다); **2.** 이 별이 밤에 뜨면 포도나무의 가지치기를 해야 하는 계절인 봄을 알린다; (9월) 새벽에 뜨면 포도를 수확할 때이다; **3.** 9월에 이 별의 신출heliacal rising(역주: 밤에는 보이지 않다가 해 뜨기 직전 동쪽 지평선에 보이는 현상)이 이루어지고 3월에 온 우주에 뜨면 폭풍우를 불러온다(아라토스Aratus, 하늘의 현상Phaen.; 플리니우스Pliny 2, 39); **4.** 이것은 차가운 별이며 제비는 이 별이 뜰 때 사라져야 하고 그렇지 않으면 죽을 것이다(플리니우스 18, 69 및 74); **5.** 이 별이 뜨는 것은 동물과 식물의 삶에 전반적으로 큰 영향을 미친다. 예를 들어, 사슴의 짝짓기 계절이 시작된다(플리니우스 8, 50).

북두칠성, 짐수레 wain **1.** 큰곰자리와 작은곰자리와(큰 '물까마귀dipper'와 작은 '물까마귀dipper')는 북극 주위를 함께 돌기 때문에 이렇게 불린다(아라토스Aratus, 하늘의 현상Pahen. 26f.); b. "찰스의 짐마차 Charles's Wain"라고 불리는 이유는 "농부의 짐마차 churl's wain"와 비슷하게 보이기 때문에 이다(찰스Charles 라는 이름도 샤를마뉴Charlemagne에서 파생되었을 수 있음; 브루어Brewer, 사전Dict.).

북양가마우지 gannet **(조류)** 문장heraldry(紋章): 발이 없는 오리 또는 거위: 높이 상징성: 물질(땅과 물)의 도움 없이 미덕과 공덕의 날개만으로 살아남는 사람을 상징한다: 흰털발제비와 동일하다.

북쪽 north **1.** 어둠: 태양은 결코 북쪽에서 떠오르지 않는다(유럽 문명권에서는); a. 겨울; b. 죽음; c. 밤; d. 미스터리; **2.** 북극성과 세계 축: a. 우주의 가장 먼 경계: "그녀는 북극성까지 오염시킬 것이다"(헛소동 Ado 2, 1); b. 윌리엄 B. 예이츠William B. Yeats: 북극성을 장미로 삼은 생명 나무; c. 북쪽왕관자리Corona Borealis 참조; **3.** 신의 장소: A. 히브리: a. 하나님은 욥이 찾을 수 없는 북쪽에서 일하신다. "그가 왼쪽(=북쪽)에서 일하시나 내가 만날 수 없고"(욥기Job 23, 9); 또한 북쪽에 있는 신의 산(시편Ps. 48, 2); b. 하나님의 복수는 '북쪽으로부터' 여러 민족의 형태로 이스라엘에 임한다; 아시리아와 바빌로니인들이 북쪽 경로로 왔다면 이것은 맞는 말이지만 나중에 바빌로니아의 몰락은 다시 '북쪽', 즉 '여호와로부터' 온다; c. "무릇 높이는 일이 동쪽에서나 서쪽에서 말미암지 아니하며 남쪽에서도 말미암지 아니하고"(시편 75, 6); B. 켈트족: 달의 하얀 여신이 갇힌 곳, 태양왕이 죽은 곳: 그곳에서는 태양이 빛나지도 다시 돌아오지도 않는다; C. 기독교: 천국의 문(아마도 에스겔서의 환영이 북쪽에서 왔기 때문일 수 있다); **4.** 악마의 장소: a. 루시퍼의 교만, 불신자의 영역(이사야서Isa. 14, 12 이하 참조). 여기서 죄인의 냉담은 불꽃과 연기를 뿜는 용과 결합된다(에스겔서Eze. 1, 4 참조); b. 또한 마르스Mars가 원시 악마로 살았던 지역(제프리 초서Geoffrey Chaucer, 캔터베리 이야기CT 참조); **5.** 윌리엄 블레이크William Blake: a. 성령에 대한 본능적 사고의 영역; b. 그리스도는 갈릴리에서 예루살렘으로 왔다; c. 가을 이후: 얼어붙는 겨울; **6.** 알프레드 로드 테니슨Alfred Lord Tennyson: a. 북쪽서는 어둡고 진실하며 부드럽다. 제비의 둥지가 만들어진 곳; b. 북쪽의 여름 태양은 짧다("오, 제비야, 제비야O, Swallow, Swallow" 4부, 75ff.); **7.** 민속: a. 죽음의 영역: 아기가 태어날 때 어머니의 머리가 북쪽을 향하고 있다면 운이 좋을 것이다. 아기는 남쪽(태양, 삶 등)을 향해 태어날 것이기 때문에 죽음에서 멀어지기 때문이다; b. "찬바람, 교활한 악당, 수축해서 줄어드는 천은 북쪽에서 오는 3대 악이다"(속담); c. 교회church 참조.

북쪽왕관자리 Corona Borealis **1.** 기원: a. 화환 모양에서 기원했다; b. 아리아드네의 왕관 모양대로 바쿠스가 만들었다(로디우스의 아폴로니우스Apollonius Rhodius 3, 997ff); **2.** 헤스페리데스Hesperides의 서쪽 낙원 끝자락에는 죽은 영웅들을 위한 낙원인 은으로 된 왕관의 성이 있었다; **3.** 켈트족: 성, 회전하는 성, 위험한 성 참조; **4.** 기독교: 그리스도의 가시 면류관.

분기일 quarter days **1.** 분기일에 해당하는 날은 다음과 같다: A. 동지winter-solstice: a. 성탄 계절Yule-tide: 재탄생, 빛의 귀환을 나타낸다; b. 영국: 크리스마스: 12월 25일; c. 스코틀랜드: 성촉절Candlemas: 2월 2일; B. 춘분spring- equinox: a. 환희: 성장의 상징; b. 영국: 성모 영보 대축일Lady Day: 3월 25일; c. 스코틀랜드: 성령강림절: 5월 15일; C. 하지: a. 모닥불: 성숙과 첫 열매; b. 영국: 성 요한축일 전야: 6월 24일; c. 스코틀랜드: 성 베드로 쇠사슬 기념일Lammas: 8월 1일; D. 추분autumn- equinox: a. 추수 축제에서 조상을 기리고 부활을 기원하는 날; b. 영국: 미카엘 축제일Michaelmas: 9월 29일; c. 스코틀랜드: 성 마르티노 축제일Martinmas: 11월 11일; **2.** 분기일은 임차일과 토지를 양수 혹은 양도한 날을 나타낸다; **3.** 분기일 전 날은 마녀의 중요한 안식일이었다; **4.** 개별 이름, 계절 참조.

분꽃 Four-O'Clock Bloom (식물) **1.** 오후 4시에 피고 아침에 지는 꽃; **2.** 소심함; **3.** 휴식.

분수, 샘 fountain **1.** 지하 세계에서 온 것으로 다음과 관련 있다: a. 죽음과 내세, 탄생 또는 부활; b. 점(占); 또한 심판Judges 참조; c. 약용: 신성한 샘에서 목욕하는 순례자; d. 지혜, 진실; **2.** '젊음의 샘 Fons Juventutis': (신비한) 중심(생명나무 아래)에서 발원하여 동서남북(4four 참조)으로 흐르는 네 개의 낙원의 강; 이것은 (네 방향으로 분출되는) 분수가 있는 안뜰에 있는 건축물에 종종 모방된다; **3.** 음문(陰門): a. "쾌락의 샘이 있는 길 잃은 낮은 곳으로 떨어져라(역주: 여성의 음부를 쾌락과 관능의 원천으로 묘사함)"(비너스와 아도니스Ven. 234); b. 그리스(예 레르나Lerna)에서는 종종 분수 주위에 남근 모양의 기둥을 세우는 식의 구성을 통해 양성성(=다산)을 표현했다; 또한 4번의 d 참조; **4.** 히브리: a. "생수의 샘": 여호와: 물그릇 즉, 신뢰할 수 없는 사람이 만든 우상들의 반대(예레미야서Jer. 여러 곳에서 언급됨); b. 속죄, 정화; c. 위안, 원기회복(사막지역에 사는 사람들에게); d. 여인: 아가서의 신부(4, 15); 또는: 자신의 아내(이사야서Isa. 51, 1; 잠언Prov. 5, 15); **5.** 그리스: 분수는 신성한 것이기에 숲이나 신전이 근처에 있다: 3, b번 참조; **6.** 기독교: a. 그리스도; b. 성모 마리아; **7.** 심리: a. 전체의 이미지; b. 카를 융Carl Jung: "유아기의 땅 Land of infancy(역주: 집단무의식의 상징적 영역)": 삶이 '말라버렸을' 때 필요한, 무의식의 계율을 받아들인다(특히 폐쇄된 정원 중앙에 샘이 있고 중앙은 개성을 나타낸다); **8.** 연금술: 두 개의 반대로 분출하는 분수는: 연금술사의 변형의 이중성.

분점, 주야 평분시 equinox **1.** 아담의 창조와 노아의 홍수는 모두 춘분에 발생했다(필로 유다이오스 Philo Judaeus, 창세기에 관한 문답QG 2, 17); **2.** 세상의 창조는 추분 때가 아닌 춘분 때 이루어졌기 때문에 성서에서는 새해를 봄에 시작하라고 명령한다(출애굽기에 관한 문답QE 1, 1); **3.** 두 분점(춘분과 추분)은 모두 폭풍의 시기이다(퀸투스 스미르나이오스Quintus Smyrnaeus 7, 305).

분홍색 pink (색상) **1.** 살flesh의 색; **2.** 여성적인 색: a. 여자 아기의 옷의 색; b. 동성애: 쇠약한 붉은색: 독일 강제수용소에서 동성애자(또는 '행정의 효율성을 위해' 동성애자로 지목된 사람들)의 배지는 분홍색이었다; **3.** 관능, 감정, 즐거움, 젊음; **4.** 신비주의: 숫자 5와 관련 있다; 치유; **5.** 영지주의: 부활.

불 fire **A. 일반적으로 다음을 의미한다:** 불의 기원과 요소: **1.** 프로메테우스가 질투심에 찬 제우스에 의해 처벌받은 '신들로부터 도둑질한' 사건 중 하나이다(헤시오도스Hesiodus, 신통기Th. 561); 대부분 태양-영웅에 의해 행해지는 다른 '도둑질' 참조: 이것이 불을 다루기가 매우 위험한 이유 중 하나이다; **2.** 불은 태양에서 발산하며 대지를 상징하는 데미우르고스(역주:세계 창조주)이다; 따라서 황금, 번개, 빛의 광선과 관련된다; **3.** 초목의 창조적 힘(물과 동일함); 이 힘은 잘린 나뭇가지를 (특히 불이 공기 중으로 올라가는 것처럼 그 뿌리가 지하의 불까지 깊이 내려가는 참나무)이용해서 '끌어내질' 수 있다; 숫나무 가지(드릴drill)를 암나무 줄기에 문지른다; 불은 피와 연결되며 이는 인간의 생명에 상응하는 것이다; 지하의 불은 동굴 대장장이로 이어진다: 헤파이스토스/불칸, 키클롭스, 난쟁이 등; **4.** 지구를 만든 요소 중 하나: 태고적 바다가 불에 휘말렸을 때 거품이 일면서 땅이 되었다; **5.** 연금술: a. 원질료Prima Materia의 이름 중 하나; b. '변환의 동인': 모든 사물은 불에서 파생되어 불로 돌아온다(헤라클레이토스); 이 점에 대한 스토아학파의 믿음: 불의 순환Cycle of Fire 참조; c. 수은, 휘발성, 생명 유지; **B. 다음을 상징한다: 1.** 기본 요소, 빛(번개)의 창조신: a. 히브리: 여호와는 실제로 항상 불이나 번개(예 산 위의 모세) 혹은 성막에 있는 불기둥, 불타는 덤불 등으로 나타났다; 그의 말씀조차 그러하다 "내 말이 불같지 아니하냐. 나 주의 말이다."(예레미야서Jer. 23, 29); 그의 불은 자신이 선택한 사람의 '산 위에서의 그리스도의 변용transfiguration'에서 눈부시게 빛날 수도 있다: 산에서 돌아온 모세와 산 위의 예수(마태복음Matth. 12, 2; 11k. 9, 2); b. 그리스: 천둥과 번개의 신인 제우스; c. 게르만족: 오딘; **2.** 생명의 본질: a. 생명과 같이 불은 다른 것들을 먹고 산다; b. 인간의 곤경: 프로메테우스는 불을 훔쳤고 엠페도클레스는 불에 몸을 맡겼다; **3.** 태양: a. 전 세계적으로 태양력의 중요한 순간에 불이 켜진다: 동지 하지점 그리고 춘분 추분점, 특히 한겨울에 태양의 재탄생을 돕는다; 또 다른 순간에 불은 동종 요법의 마법으로 태양을 정상 궤도에 오르게 한다(벨테인 축제Beltane, 세례요한John, 할로윈Halloween, 성탄계절 장작Christmas Yule- log 참조; 한여름에 언덕 아래로 굴러 내려간 불의 수레바퀴는 태양의 하강 경로를 따라갔다: 수레 바퀴wheel 참조); b. 불은 사제였고 한때는 신이었다: 희생 제물이 불에 태워지고 중재자인 불에 의해 태양과 번개의 신에게로 옮겨진다; c. 화로의 불을 끄는 것은 애도의 표시이며 또한 태양왕의 죽음에 대한 회개(화해 의례에서)의 표시이다. 그때는 다음 사람의 의무는 '다시 불을 붙이는 것'이다; 불의 재생은 명시된 시간에 수행되는 마법의 행위이다(참조: 부활절에 있는 로마 가톨릭 교회의 불의 재생: 새로운 봄 태양의 탄생을 축하하는 행사); **4.** 권위와 힘: 이집트 상형문자에서 태양 불꽃은 생명 및 건강과 관련이 있으며(2, 5번 참조) 우월성 및 통제와 관련이 있다(1번 참조); **5.** 정화: '불에 태움': a. 특히 아래쪽을 향하는 불꽃으로 나타난다(7번의 a 참조); b. 사악한 힘의 파괴: i. B번의 3에 언급된 불은 가장 중요한 마녀들의 '집회esbats'(='안식일sabbaths')와 일치한다: 이들은 같은 목적을 위해 마녀들이 행하는 의례를 흉내내면서 마녀들의 '위험한' 영향의 공기를 정화시켰다; ii. 역병과 같은 특정 재해는 (공동체에) 새로운 불을 피워 막을 수 있다: 정화의 불need-fires 참조; iii. 그것들은 심지어 원치 않는 날씨의 악영향을 피할 수 있다; c. 런던 대화재에 대한 이야기는 노아의 홍수에 대한 이야기와 다르다; d. 성서에서 불에 의한 정화(민수기Num. 31, 23 참조); e. 물 대신 불로 세례를 받는 것은 뒤에 오시는 이에 대한 세례요한의 예언이었다(마태복음 3, 11); 불과 물을 통한 정화의례인 로마의 파릴리아Parilia 축제 참조; f. 불에 의한 시련: 예 민요 "젊은 사냥Young Hunting"에서 불은 잘못 잡혀 온 사람을 태우지 않고 진짜 살인자를 불태웠다; g. 기독교: i. 순교; ii. 지옥("벌레가 죽지 않고 불이 꺼지지 않는 곳": 마가복음Mark 9, 44), 연옥; **6.** 영적 깨달음과 열정: a. "얼굴을 붉히는 종교는 그녀의 신성한 불을 가리고 알아차리지 못한 도덕성은 소멸된다."(알렉산더 포프Alexander Pope, "우인열전The Dunciad" 4, 649f 참조); b. 일반 기독교인: 강렬한 욕망과 자선; c. 생각하는 인간의 특징: "무엇보다 짐승이 싫어하는 것"; **7.** 성적인 것: a. 특히 아래쪽을 향하는 불꽃으로 표현된다: 에로틱한 삶; b. 이집트-히브리: 불꽃의 형태와 열은 남성이고 그 빛은 여성이다; c. 나무 막대기로 불을 피우는 것은 헤르메스(남근신)에 의해 발명되었다; 따라서 불을 피우는 것은 사랑에 대한 교감 마법이다[또한 개미잡이(새)wryneck 참조]; **8.** 다산: 정해진 의례 시간(B번의 3 참조)에 붙이는 불은 소년 소녀들이 농업의 풍년과 인간 및 동물의 번식을 위해 뛰어넘게 하여 다산에 불을 붙이는 것이기도 했다; **9.** 검과 관련 있다(=태양광선): 이것은 양면성을 공유한다: 육체적 파괴와 영적 에너지; '발키리의 불'=검; **10.** 화로와 관련 있다; a. 환대; b. 인간적인 따뜻함, 가정의 중심; c. 겨울; **11.** 사망: 순교 등; 또한 불멸(예 데모폰에 대한 데메테르의 마법 의례, "데메테르에게 보내는 호메로스 찬가Homeric H. to Demeter") 및 재탄생(스킬라Scylla의 부활: 리코프론Lycophron 45ff. 참조); **12.** 말speech: (바람과 호흡과 같은): 이미 성서에서 '불같이 격렬한 말씀' '불의 말씀' 등과 같은 용어들이 끊임없이 나온다; **13.** 먹기: '집어삼키는' '사로잡는' 불 등: "보라 여호와의 이름이 원방에서부터 오되 그의 진노가 불붙듯 하며 그의 입술은 분노로 찼으며 혀는 맹렬한 불과 같다"(이사야서Isa. 30, 27); 또한 '불타는 방언'의 영감, 사도에게 '방언의 은사'를 내리는 것 그리고 예언자의 불타는 덤불Buming Bush 참조; **14.** 심리: a. 리비도; 지그문트 프로이트Sigmmund Freud: 금지된 열정; b. 파괴와 재생(퇴화와 진화); c. 사라지는 형태와 나타나는 형태 사이의 중재자; d. 영웅이 싸우고 있는 바다 괴물의 뱃속에서 불을 피우는 장면은 자주 반복되는 주제이다: 새로운 태양 탄생의 야간 횡단의 일부분을 형성하며, 이 외에도 붉은 영웅의 힘 자체인 무의식(괴물)의 어둠을 쫓아낸다; e. 방화: 불을 피우는 퇴행적인 형태; 도벽이 여성적이라면 방화는 남성적인 것이다; 종종 자위가 동반된다; **15.** 문장heraldry(紋章): a. 영적 열망; b. 투혼; **16.** 특별히 참고할 문학서: A. 윌리엄 블레이크William Blake: a. 분노, 소멸; b. 시; B. 윌리엄 B. 예이츠William B. Yeats: 상상력; **C. 특별한 의미와 조합: 1.** 히브리: 안식일에 불을 피우는 것은 나무를 베는 것과 관련이 있기 때문에 금지되었다; **2.** (첫 번째 태어난) 자녀(나중에 가축으로 대체됨)을 불태우는 것: 이들은 불에 타서 불멸하게 되었다: 메데이아의 아이들; 희생 제물sacrifice 참조; **3.** 땅-뱀은 종종 빛을 향해 올라오고 그러고 나서 불을 내뿜고 날개 달린 용으로 출현한다; **4.** 징후의 불길: 끔찍한 폭풍이 몰아치는 가운데 불이 오르내리면서 '평범한 노예'의 손에서 손을 다치지 않고 불길이 치솟는 것은 카이사르Caesar의 죽음을 예고하는 징후 중 하나였다(율리우스 카이사르Caes. 1, 3); **5.** 불을 삼키는 것은 자살의 한 방식이었다: 브루투스의 아내 포르시아는 옥타비우스와 마르크 안토니우스가 어떻게 권력을 잡았는지를 듣고 스스로 목숨을 끊었다(율리우스 카이사르 4, 3); **6.** 불의 사슬: 이러한 불의 사슬은 클리템네스트라가 남편 아가멤논을 살해할 준비가 다 되었을 때를 알리는 신호이며, 이것은 곧 트로이전쟁의 종식을 의미했다; **7.** 선동가; **8.** 불의 원(수레바퀴): a. 순결; b. 마법의 주문; c. 익시온의 바퀴; d. 브룬힐데 의 상징; c. A번의 5 및 B번의 3; 또한 수레 바퀴Wheel 참조; **9.** 반딧불이: 여름; **10.** 다음을 상징한다: 예 a. 꽃과 나무: 전나무, 이새의 지팡이, 진달래 등; b. 머리카락: 예 강모, 사자 갈기, 삼손의 머리카락(삼손Samson 참조; c. 무기: 검, 화살, 다트, 창; d. 십자-스와스티카cross-swastika 모든 종류; e. 거의 모든 피라미드형, 원주형 및 남근의 상징; **11.** 하얀 불: 달: "하얀 불을 싣고 있는 둥근 모양의 처녀"(퍼시 셸리Percy Shelley, "구름The Cloud"); **12.** 성 안토니우스St. Anthony의 불: 단독(丹毒); **D. 민속:** a. '영혼을 따뜻하게' 하기 위해 무덤가에서 불을 피웠다; b. 불은 순결 그 자체이므로, 월경하는 여성('정결하지 않은')은 불을 보지 않는 것이 좋으며 입으로 불을 불지 않는 것이 좋다; c. "하나의 불[=사랑]이 또 다른 불을 태워 버린다"(로미오와 줄리엣Rom. 1, 2): 속담; 문자 그대로의 의미 외에 불 위를 비추는 햇빛이 불을 끄게 한다는 믿음을 나타낼 수 있다; (플루타르코스Plutarch, 신탁의 쇠락에 관하여Decline of the Or. 4 참조); d. 특히 난로hearth 참조; **E.** 불과 같은 기본적인 상징에 대한 수많은 언급 중에서 가장 중요한 것은 석질운석; 알코올; 발드르; 엘모의 불; 불꽃; 정화(淨火); 태양; 벽 등일 수 있다.

불가사리 starfish (어류) **1.** 라틴어로는 '스텔라 마리나stella marina': 다양한 종이 있다; **2.** 너무 많은 열을 발생시켜 만지는 모든 것에 불을 붙일 뿐만 아니라 직접 자신의 먹이를 만들어 내기도 한다(플리니우스Pliny 9, 86); **3.** 진정한 사랑의 꺼지지 않는 힘; **4.** 죄의 바다에서는 채울 수 없는 하나님의 은총; **5.** 상인 방에 두는 부적으로서 주술의 피해를 방지한다(플리니우스 32, 16).

불결, 더러움 dirtiness 옷이나 습관의 불결함을 예찬하는 것은 종종 사회의 확립된 질서에 반대하는 저항 혹은 상징이다; 예 그리스인들의 견유학파, 유대인들의 에세네학파(포르피리우스Porphyrius, 동물성 식품의 금지에 대해Abst. 4, 11).

불기 blowing **1.** 민요에서 여성의 오르가슴: "런던의 견습생The London Prentice"은 여성에게 그녀의 사랑으로 '촛불을 불어 꺼 달라고' 부탁한다(오해받지 않도록 계속해서 반복된다); **2.** 딜런 토머스Dylan Thomas: 활기찬 바람의 활동: 시인(바람wind 참조)과 고래를 위한 것; **3.** 현대: 여성이 남성에게 행하는 구강성교.

불길한 소유 fatal possession **1.** 불운을 가져오는 소유물을 말한다: 예 세이안 말Seian horse(브루어 사전Brewer Dict. 참조); **2.** 불길한 선물에 대해서는 선물gift 참조.

불꽃 flame **1.** 생명력, 또한 비유적으로도 "말씀… 미묘한 불꽃"(보먼트Beaumont, "벤 존슨에게 보내는 편지Letter to B. Jonson"); **2.** 정화, 감시; **3.** 최고의 신(불fire도 참조); **4.** 지혜; **5.** 영혼: a. 세상의 불순함을 통과하는 것; b. "가느다란 불꽃같은 그녀의 인도함을 받아 신에게 올라가는 영혼들"(단테 G. 로세티Dante G. Rossetti, "행복한 처녀The Blessed Damozel"); **6.** 자비, 사랑: "에우필리아는 내 눈에는 자애롭지만 클로에는 나의 진정한 불꽃(사랑)이다."(매튜 프라이어Matthew Prior, "송가An Ode"); **7.** 종교적 열정, 순교; **8.** 그리스: 다나에Danae에게 접근하기 위한 제우스Zeus의 변장; **9.** 머리 위의 불꽃: a. 신성한 영감: 오순절의 사도들; b. 중세시대: 종교적 경건함과 자비; c. 아이네아스의 아들 머리 위의 불꽃(그리고 하늘의 혜성)은 아이네아스가 그 성을 떠날 징조였다(베르길리우스Virgil, 아이네아스Aen. 2, 683 참조); **10.** 불타는 산: 신성한 영감: a. 모세는 번개가 치는 산에서 그의 율법을 받았다; b. 차라투스트라는 불타는 산에서 아후라-마즈다Ahura-Mazda로부터 계시를 받았다; **11.** 불타는 기둥 또는 불타는 나무 줄기: 빛과 지혜의 신; **12.** 불타는 검: a. 태양광선; b. 구약성서: 에덴동산의 어귀를 지키는 그룹들Cherubim의 상징: 보호; **13.** 단테Dante: a. 사악한 섭정관들(우월한 지식의 선물을 오용하는)의 영혼은 (의식의) 지옥 불에 둘러싸여 있고 그 가운데는 율리시스와 디오메데스가 있다(신곡 지옥편 26). b. "신곡 연옥편Purg. C. 25f.에서 정욕은 화염에서 생겨나는 그늘로 처벌된다('천국편'에서 일부 축복받은 사람을 포함하는 순수한 불꽃과 뚜렷하게 대조된다); **14.** 모든 다른 불과 동일한 상징성을 갖고 있다.

불꽃 spark **1.** 각각의 사람이 태어나는 영적 원리; 혼돈의 반대: "인간의 불꽃은 남아 있지 않으며 신의 빛 또한 거의 보이지 않는다"(알렉산더 포프Alexander Pope, 우인열전Dune. 4, 652); **2.** 중심에서 현상의 세계로 흩어지는 영혼들; **3.** 심리: 하늘 아버지; **4.** 대장장이smith, blacksmith 참조.

불꽃놀이 fireworks **1.** 태양광선을 모방한 것에서 유래되었으며[참조: 캐서린 휠(회전 폭죽)=태양 수레바퀴]모닥불과 동일한 기능을 가지고 있다; **2.** 다산: 비를 가져오는 천둥과 번개를 모방하는 것: 모든 시끄러운 소음, 딸랑이, 거친 음악 소리 등 참조; **3.** 유령 또는 천둥 자체를 겁주는 것: 때로 원치 않는 천둥과 비를 없애기 위해 공중으로 총기를 발사하기도 한다; **4.** 정화: 불, '소작(燒灼)'(역주: 불을 태워 정화하는 것).

불두화나무 Guelder-rose (식물) **1.** 이것의 다른 명칭은 잎이 흰 나무whitten, 양백당나무water-elder; **2.** 켈

트족 나무 알파벳에 있는 나무로 12번째 달을 지칭한다(10월 28일~11월 24일: 달력calendar 참조); 3. 종종 갈대reed로 대체된다.

불로러 bullroarer **1.** 불로러 또는 '육각 형태'는 일반적으로 한쪽 끝에 구멍이 있는 납작하고 길쭉한 나무 조각으로서 이 구멍을 통해 끈을 고정시킨 것으로 종종 톱니 모양의 가장자리가 있으며 이것을 둥글게 휘두르면 빙글빙글 도는 소리가 난다. 이것은 방울, 시스트럼 및 빗소리, 천둥소리 등을 모방하는 다른 악기들과 유사하다. 이것은 전 세계적으로 사용된다(고대 그리스에서부터 호주 원주민에 이르기까지); **2.** 그리스의 비의에서 이것은 다산을 가져오는 것으로 사용되었다: 최고의 (바람의) 영Spirit을 부르는 것 또는 그 영 자체의 창조적인 목소리; **3.** 그것은 또한 남성의 입문식에 사용된다. 예를 들어, 포경수술이나 부분 절개로부터 회복하기 위해 숲으로 가는 입문자는 자신의 약점을 공격할 수 있는 악령을 물리치기 위해 불로러를 휘두른다. 아직 입문하지 못한 자는 그것을 보지 못할 수도 있지만; **4.** 어린이와 여성에게 남성의 신성한 의례를 멀리하라고 경고하기 위해 사용한다; **5.** 길쭉한 마름모꼴인 경우 역동성을 상징할 수 있다(안드레의 십자가Andrew's Cross참조): (신들의) 상위 세계와 중간세계 또는 지하세계(다산) 간의 상호소통; **6.** 사랑의 부적처럼 휘두르기(테오크리토스Theocritus 2, 섹스투스 프로페르티우스Sextus Propertius 3, 6, 26).

불로장생의 영약 elixir **1.** 이 용어는 생명을 연장할 수 있는 모든 물약에 사용되지만 '연금술사의 돌alchemist's stone'에도 사용된다(제프리 초서Geoffrey Chaucer, "철학자의 돌, 영약The philosophers stone, Elixir clipt"); **2.** 글자 그대로 어떠한 행위든, 변변치 않은 행위조차 신에게 비치면 그 행위는 '황금'이 된다(조지 허버트George Herbert, "불로불사약The Elixir").

불멸성 immortality "뱀의 머리에 하는 키스"(=신의 남근 빨기)는 여성이 불멸에 이르는 방법이다; 남자들에게 상응하는 행동은 여신의 가슴을 빠는 것이다(헤라가 헤라클레스에게 젖을 먹인 것 참조).

불사조, 피닉스 phoenix (신화. 새) **1.** 이름: 그리스어로는 '포이닉스phoinix': a. '밝은 색'; b. '야자수'라는 뜻이 있다; **2.** 신화: A. 나소 P. 오비디우스Naso P. Ovid의 설명에 따르면 피닉스는 씨앗이나 풀을 먹고 사는 것이 아니라 유향 나무의 수지와 암모늄 액을 먹고 산다; 피닉스의 수명인 오백 년을 채우면 야자나무의 가장 높은 가지에 둥지를 짓고 계수나무 껍질과 밝은 감송 나무와 부서진 계피, 그리고 황색 몰약을 둥지 위에 깔고 그 위에 앉아 그 향기 속에서 생을 마감한다; 부모의 몸에서 새끼 피닉스가 태어나며 부모와 똑같은 기간을 살게 된다; 성장해서 힘이 생기면 태양의 도시(헬리오폴리스)로 가서 히페리온 신전의 신성한 문 앞에 둥지를 튼다; B. 여러 변형된 신화: a. 부모의 재나 둥지에서 또는 작은 애벌레로 태어난다 (막 태어난 피닉스는 불에 견디는 살라맨더로, 성체가 된 피닉스는 '깃털 달린 뱀'으로 연결된다); 때로 부모 새가 죽기 위해 이집트로 오기 전에 새끼 피닉스가 태어나기도 한다; b. 피닉스는 헬리오폴리스(야자수와 관련된 태양의 도시)에서 신성시된 공작새 '로roe'와 관련 있다; c. 피닉스의 수명은 500년에서 1만 2,954년까지 다양하게 언급되며 타키투스Tacitus는 연대기에 따라 피닉스의 수명을 1,461년으로 추정하는데 이는 이집트에는 윤년이 없기 때문에 1,460년에서 일 년이 줄어든 것이다(로버트 그레이브스Robert Graves, 하얀 여신WG 412f.); d. 피닉스는 수컷만 존재한다. 일부에서는 한 몸에 수컷과 암컷이 모두 존재하는 자웅동체라고도 한다; e. 셰익스피어에 따르면 피닉스는 향신료의 땅인 아라비아와 연결되어 있다: "오 안토니여, 오 아라비아의 새여"(안토니오스와 클레오파트라Anto. 3, 2); "그녀는 홀로 있는 아라비아의 새로구나"(심벨린Cym. 1, 6); f. 피닉스는 또한 머리에 볏이 있으며 목 주변에는 황금빛 깃털이 있고, 붉은 장미색과 흰색이 섞인 꼬리, 빛나는 눈을 가진 공작을 닮은 것으로 묘사되어 있다; C. 피닉스는 페니키아인들의 조상이며 카드모스와 에우로페의 형제이다; **3.** 태양숭배; **4.** 부활, 불멸: 오시리스에게 바쳐졌다; **5.** 영원한 젊음; **6.** 순결, 절제; **7.** 셰익스피어: 귀감이 되는 독특한 인물로 등장한다(예 끝이 좋으면 다 좋아AW 1, 1; 앞의 2번 B, e도 볼 것); **8.** 자급자족과 자기희생; **9.** 폭풍의 상징; **10.** 정의의 상징; **11.** 왕위 계승(예 헨리 8세의 생애에 관한 유명한 역사H8. 5, 4); **12.** 기독교: 그리스도의 고통과 부활; 희망; 때로는 인내의 상징; **13.** 연금술: a. 완전한 변형의 상징; b. 남성성, 태양, 불, 공기, 붉은 돌과 관련이 있고; 독수리와는 반대이다; c. 금속의 정령으로부터 변형되어 '바스 헤르메티카'에서 탈출한 세계정신의 영혼이다; 자웅동체hermaphrodite 참조; **14.** 문장heraldry(紋章): a. 동로마제국의 배지; b. 영혼이 불사조 안에서 살아 숨 쉬는 오리온에게 바쳐졌다; c. 생존과 부활; d. 엘리자베스 1세 여왕은 종종 "피닉스만이 온 세계의 상징"이라는 모토와 함께 메달에 피닉스를 새겼다; **15.** 심리: '꿈'과 '변화', 순간을 다르게 살아가는 것; **16.** 엘리자베스 1세 여왕 시대: 런던의 술집과 상점의 이름: 안티폴로스는 "피닉스"라는 여관에서 머물렀으며 연극은 아드리아나에 대한 사랑을 되찾는 것으로 막을 내린다(실수연발Err. 1, 2); **17.** 크리스토퍼 프라이Christopher Fry의 "너무 자주 나타나는 불사조"는 이솝 우화(203편)에서 가져왔다; **18.** 향신료spice 등 참조.

불카누스 Vulcan 헤파이스토스Hephaestos 참조.

붉은 가슴 울새 robin redbreast (새) **1.** 말하고 노래하는 법을 가르칠 수 있다. 그러므로 앵무새와 동일한 상징성을 갖고 있다. 굴뚝새의 수컷; **2.** 종종 노래로 통곡한 영국의 신성한 왕의 새; a. 새해의 정신을 담고 있는 반면 상모솔새(종종 담쟁이덩굴) 사이를 다닌다는 지난해의 정신을 의미한다. 상모솔새(지난해를 의미하는)는 로마와 그리스에서는 크리스마스이브에 사냥한다; b. 아비를 죽였으므로 가슴이 붉다(그러나 3번 참조); **3.** 붉은 가슴에 관한 전설들: a. 그리스도의 가시를 뽑아내려고 애쓰다가 붉은 가슴이 되었거나 그리스도를 잎사귀로 덮을 때 피로 얼룩졌다; b. 연옥에서 고통 받는 영혼들에게 물을 가져다주다가 지옥 불에 그을렸다; c. 굴뚝새가 인류에게 불을 주기 위해 지옥으로 날아갔다가 불길에 휩싸여 되돌아오는 바람에 붉은 가슴 울새는 굴뚝새를 구조하다가 같이 타는 바람에 붉은 가슴이 되었다; d. 숲 속의 아이들Babes in the Wood 참조: 숲에서 길을 잃은 아이들을 묻었다; **4.** 자신감, 신뢰: 사람들의 집 가까이까지 온다; **5.** 순종: 예 제프리 초서Geoffrey Chaucer(파울의 의회PoF 349); 그러나 나이팅게일처럼 새장에서 오래 살지는 못한다; **6.** 사랑: a. 어떤 사람들은 붉은 가슴 울새의 노래는 그 음의 달콤함에 있어서 나이팅게일에게 미치지 못한다고 한다; b. "붉은 가슴 울새처럼 사랑노래 즐기기"(베로나의 두 신사Gent. 2, 1); **7.** 5월의 상징; **8.** 윌리엄 블레이크William Blake: "새장에 갇힌 붉은 가슴 울새는 천국을 분노하게 한다."(순수의 전조Aug. of Inn.); **9.** 민속: a. 울새를 죽이거나 다치게 하는 것은 매우 불길한 것이다; b. 시신을 덮고 그 시신 옆에서 애도한다. 붉은 가슴 울새와 굴뚝새는 "묻히지 못한 쓸쓸한 시체를 나뭇잎과 꽃으로 덮는다"(존 웹스터John Webster, "하얀 악마WD" 5, 4 및 심벨린Cym. 4, 2: 여기에서는 '유럽 울새'라고 불린다); c. 그러나 죽음의 징조일 수도 있다. 집이나 교회에 들어갈 때 창문을 두드린다(11월에는 이러한 위험이 없다); d. 19세기 중반부터 크리스마스 카드에 항상 등장했다; e. "붉은 가슴 울새와 굴뚝새는 하나님의 수탉과 암탉이다[1번의 b 참조], 흰털발제비와 제비는 하나님의 활과 화살이다"(속담); f. 전래동요에서 수컷 울새는 암탉 제니에게 구애하고 결혼했지만 제비에게 살해당한다. 장례식의 새들은 각자의 이름을 갖고 있었다. 또 다른 동요에서 수컷 울새는 개암나무 가지 위에서 산다.

붉은 색, 적색 red **1.** 불, 빛(나는), 열: A. 이집트: a. 흰색의 호루스와 검은색의 오시리스의 상대인 세트와 관련된다; b. 이집트 남부의 사막과 연관된다; c. (태양) 왕의 배(선박ship 참조)는 세트가 태양을 나르는 노예가 되었음을 암시하는 붉은색으로 칠해졌다; B. 그리스: 붉은색의 신들은 태양의 신들인 헤파이스토스(불카누스), 아레스(마르스), 디오니소스(바쿠스)이다; C. 게르만: 토르는 붉은 수염이 있다; D. 일반적으로 다음을 의미한다: a. 붉은 빛: (또한) 직관, 도덕의 빛; b. 지옥: 새뮤얼 테일러 콜리지Samuel T. Coleridge: 유령선의 그림자는 "마치 불에서 온 것처럼 붉은색이다."("늙은 선원의 노래Rime of the Ancient Mariner"); c. (검은색과 함께 쓰이면) 악마의 색(그리고 제2차 세계대전의 네덜란드의 배신자들)이 된다; d. 기독교: 로만카톨릭 교회에서 오순절에 입는 전례복(불같은 방언); **2. 활동적 창의성**, 남성적, (소박한) 활력, 다산과의 연관성은 다음과 같다: A. 히브리: a. 아담-에돔은 붉은색 인간(또한 이집트인)이다; 기독교에서 인간의 몸을 일컫는다; b. 에서는 태어날 때 "붉고 전신이 털옷 같았다"(창세기Gen. 25, 25); 게다가 그가 상속권을 맞바꾼 팥죽도 붉은 색이다; c. 빨간색과 주홍색vermilion은 목재(다산을 위한)로 만든 우상의 전형적인 색이다(지혜서Wisdom 13, 14; 나중에는 다양한 색이 사용되었다): 15, 4; B. 그리스-로마 신화: a. 담쟁이 넝쿨은 종종 붉은색을 만들기 위해 사용되었는데, 남성의 다산의식에 사용되었으며 다산의 신인 마르스와 관련된다(로버트 그레이브스 Robert Graves, 그리스 신화GM 1, 111); b. "적색의 프리아포스ruber… Priapus"(티불루스Tibullus, 1, 1, 17)도 관련 있다; C. 일반적으로 다음을 의미한다: 왕(원래는 태양왕)과 왕자들(또한 교회 추기경)의 색이다; **3. 피, 전쟁**, 범죄, 복수, 순교, 분노와의 연관성은 다음과 같다: A. 히브리: "그 용사들의 방패는 붉고 영웅의 옷은 진홍색이다"(나훔서Nahum 2, 3), 이는 분명 핏자국을 말하는 것이 아니라 염료를 사용했을 것이다; B. 로마에서: a. 승리한 장군들은 얼굴을 붉게 칠했다; 마르스는 2번의 B, a 참조; 또한 축제날에 신들의 동상도 붉게 장식한다; b. 에리니에스는 붉은 눈을 가졌다; C. 기독교: a. 그리스도의 수난; b. 사도와 순교자들을 위한 전례복의 색상; D. 일반적으로 다음을 의미한다: a. 생명을 불어넣고자 하는 것은 무엇이든 피로 얼룩져 있다; b. 붉은 깃발: 위험을 상징하며 로마에서는 전투 신호이다(율리우스 카이사르Caes. 5, 1); c. 피로 물든 손을 씻을 수 없다는 맥베스의 불평: "아니, 내 손은 오히려 저 넓은 푸른 바다를 붉게 물들여 핏빛으로 바꾸어 놓을 것이요."(맥베스Mac. 2, 2); **4. 정화**, 승화, 영감, 의식: a. 기독교: 오순절과 관련된다; b. 연금술: 돌="붉은 팅크"; 또한 유황을 가리키기도 한다; c. 붉은색 가운은 징조의 상징이며; d. 히브리 신학에서는 금욕의 상징이다; **5. 부활, 반란**: a. 그리스: 붉은 여인 피라는 대홍수에서 살아남았다; b. 기독교: 부활절(봄 축제)을 위한 붉은 달걀; c. 일반적으로 다음을 의미한다: i. 반란의 붉은 깃발; 타락한 형태로 무법과 무정부 상태; ii. 새벽 신의 상징: 예 호메로스Homer, "장밋빛 손가락을 가진 새벽"; **6. 사랑**, 열정, 감정, 헌신: a. 인간의 제 1, 제 2의 성적 기관의 색; b. "천상의 장밋빛 빨강과 사랑의 적절한 색조에 빛나는 미소를 가진 천사에게"(존 밀턴John Milton, 실낙원Par. L. 8, 618f.); c. 얼굴을 붉히다(또는 홍조); 풍부한 장미색과 상징적으로 관련된다; d. '신성한 사랑의 참여': 자애롭고 순수한 처녀성; 유니콘('순수한' 사랑과 연관됨)은 붉은 머리이다; 적십자; e. "칠면조처럼 붉다"는 말은 일반적으로 성질을 잘 낸다는 뜻; f. 2번의 B, b 참조; **7. 용기와 모험심**: a. 용기의 빨간 배지; b. 조지프 러디어드 키플링Joseph Rudyard Kipling: "그러나 북이 울리기 시작할 때 '영웅들의 씬 레드 라인thin red line(역주: 크림전쟁에서 영국 기병대의 저지선을 일컫는 말)이 세워졌다"("토미 Tommy"); c. 영국군의 코트 색; 3번 참조; **8. 희생**, 사냥: 3번 참조; **9. 축제**, 즐거움; **10. 황금**gold: a. 황금-붉은색-피가 합쳐져: "여기 던컨 왕이 누워있고 그의 은빛 살결에는 황금빛 피로 물들어 있습니다"(맥베스 2, 3); b. 도둑들이 쓰는 은어에서 황금을 뜻하는 중세 용어로 사용된다; 4번의 6도 참조; c. "니벨룽겐의 노래Nib."에서 붉은색과 황금은 "붉은 빛의 황금red gold" "황금빛을 가진 붉은빛red with gold" 등으로 계속해서 연결된다; **11. 죄**, 원시적 야생성, 질병: a. 세트 Seth는 악을 의인화한 인격을 갖고 있다; b. 2번 A와 C의 우상idols 참조; c. 엘리자베스 1세 여왕 시대에는 전염병을 나타내는 색 중 하나로 언급됐다; 전염병을 나타내는 다른 색으로는 노란 색과 검은 색이 있다; **12. 영국**: a. 아일랜드의 녹색과 반대; b. 귀족(상원) 대 평민(녹색); **13. 문장**heraldry(紋章): 문장 속에서 다른 단어와 연결되면: a. 기사로서 국가에 봉사하고자 하는 열망을 나타내고; b. 승리의 힘, 승리, 통치를 나타낸다; c. 루비와 관련된다; d. 다른 사람들에 따르면 용기와 관대함을 상징한다; **14. 특별히 참고할 문학서**: A. 호메로스Homer: 배를 열거할 때(일리아드Il.) 오디세우스의 배만이 붉은 색이었다(다른 배들은 검은 색이었다; 그리스어로 붉은 납의 색을 의미한다; 8장에서 오디세우스의 배 또한 '검은 색'이었다).; 아마도 붉은 오디세우스에게 어울릴 것이다(그러나 플리니우스Pliny 33, 36 참조); B. 윌리엄 버틀러 예이츠 William B. Yeats: "붉은 남자red man"에서: 다른 세계에서 온 악몽을 지배하는 짓궂은 장난꾼practical joker;

C. 토머스 S. 엘리엇T. S. Eliot: a. "해초의 붉은 색과 갈색"("J. 알프레드 프루프록의 사랑의 노래Prufrock"); b. "황무지The Waste Land"에서는 '붉은'(눈 등)에 대한 언급이 지속적으로 나온다: 불 정화+정욕+울음; 딜런 토머스Dylan Thomas: a. "붉은 눈의 과수원red-eyed orchard": 꽃이 필 때를 말한다; b. "누가 붉은 강을 따르는가": 애매모호함: (정치적인) 무익함 그리고/또는 '붉은 바위'에서와 같이 시간의 덧없음에 압도되어 버린 삶("우리는 해변에 눕는다"); **15. 다음에 상응한다**: a. 형태는 삼각형; b. 점성술에서는 화성과 관련된다; c. 보석은 루비, 산호, 홍옥에 상응한다; **16. 다른 것과의 조합**: a. 붉은 배지: 독일의 강제수용소에서 정치사범, 탈영병 등; 그러나 7번의 a도 참조; b. 붉은 모자: 불가시성(난쟁이 등); c. 붉은 깃발: 경매: 3번의 D와 5번의 c 참조; d. 붉은색 음식: 신(또는 요정)의 음식; 그러나 붉은 색은 죽은 자의 색이고, 붉은 색 음식이나 생선은 죽은 자를 기리기 위해 먹기도 했다; 따라서 마가목 열매나 진홍색 버섯류는 보통 사람들에게는 금기시 되었다(로버트 그레이브스Robert Graves, 하얀 여신WG 167); 피blood도 참조; e. 붉은 돛: 시모니데스에 따르면, 테세우스의 안전한 귀환을 위해 올린 돛은 흰색이 아니라 돋아나는 털가시나무의 진홍색 꽃으로 물들인 붉은 색이었다; f. 붉은 피부: 헬레네스인들이 볼 때 페니키아인들은 붉은 피부를 가졌다; g. 공ball, 책book, 카펫carpet, 수탉cock, 십자가cross 등 참조; **17. 민속**: a, 마녀와 유대인들은 붉은 빵을 먹어야 했으며 이는 아이들의 시체나 더렵혀진 성찬식의 빵으로 여겨졌기 때문이었다; b. 요정과 마법의 색: 붉은 음식red food 16번의 d 참조; c. 마녀와 악령에 대항하는 부적(자신의 무기로 그들과 싸운다); d. 붉은 하늘: 아침에 하늘이 붉으면 악천후를 예고하고, 저녁에 하늘이 붉으면 다음 날은 맑은 날씨가 될 것이라는 예고이다(마태복음Matth. 16, 2f); "밤의 붉은 하늘은 양치기의 기쁨, 아침의 붉은 하늘은 양치기의 경고"; 18. 20세기 후반의 정치적 사고: 환경적으로 올바른 것; 19. 진홍색crimson, 주홍색scarlet 참조.

붓꽃, 아이리스 iris (식물) **1.** 이 식물의 이름은 신의 사자 아이리스 여신('무지개')의 이름을 따서 지어졌다; 그녀는 위증죄를 범한 모든 신들을 잠들게 한다; **2.** 죽음 및 풍요와 관련된다: a. 그녀의 죽음의 측면에서 삼중 여신이다: '붓꽃'은 세 개의 꽃잎을 가진 백합문양['수선화(나르키소스라고도 불린다)'이다; 로버트 그레이브스Robert Graves, 그리스 신화GM 1, 288]; b. 데메테르와 페르세포네의 화관에 사용되었다; c. 파슬리와 함께(애도) 칼립소의 초원에서 죽음의 꽃으로 발견된다; d. 결혼의 여신 헤라에게 신성한 것; **3.** 희망; **4.** 빛: '백합문양'=빛의 꽃; 독일어의 '백합lily'은 '나는 빛난다'와 같은 의미이다; **5.** 순수성: 스페인 그림에서 종종 원죄 없는 잉태의 상징; 피시디아 붓꽃은 매우 신성하여 이것을 캐낼 때 정교한 의식을 수행해야 하고 의식을 행하는 사람은 순결해야 한다(플리니우스Pliny 21, 19); **6.** 권력, 왕족: 하늘의 여왕 마리아; **7.** 웅변; **8.** 딜런 토머스Dylan Thomas: 여신과 관련된다: a. 마리아의 빛을 받는 눈; b. 무지개의 여신, 십자가의 처녀 어머니+신의 사자로서의 메르쿠리우스; **9.** 민속: (나소 P. 오이디푸스Naso P. Ovid) 일리리아의 붓꽃은 화장품으로 사용되었다(역주: 일리리아는 아드리아해 서쪽에 있던 고대국가)(여성의 얼굴 화장법De Med. Fac. 74); **10.** 붓꽃iris과 자주 혼동되는 히아신스hyacinth; 백합lily; 수선화narcissus 참조.

붕장어 conger-eel **1.** 진흙 속에서 산다; **2.** 소화를 도우기 위해 회향 소스를 곁들여 낸다(헨리 4세 2부2H4 2, 4); **3.** 장어eel 참조.

뷸라 Beulah **1.** "너를 헵시바['너는 나의 기쁨']라 하며 네 땅을 뷸라['결혼한 자']라 하리니"(이스라엘에 관한 이사야Isa. 62, 4); **2.** 존 번연John Bunyan은 그것은 "죽음의 그림자 계곡 너머에 그리고 거대한 절망의 손이 닿지 않는 곳에도 있다"라고 묘사했다; 순례자는 하늘의 도시를 보고 새가 지저귀는 소리를 들었고 "날마다 땅에 꽃이 피는 것을 보았다"; **3.** 윌리엄 블레이크William Blake: a. 달, 사랑의 밤; b. 사람은 지상에 도달하기 위해 뷸라를 통과한다; 그곳은 땅을 완전히 둘러싸고 있으며 여성(남성 태양과 반대되는), 즉 발출(發出)의 장소이다; c. 그곳은 또한 환상이 시작되는 곳이다; 뷸라에는 그림자가 있다. 즉, 그림자는 육체의 모습이 되어 낮은 지상의 세계를 통과하는 불멸의 도구이다; d. 남자(로스Los 참조)는 지상에서 그의 아내로 알려진 그의 발출과 합일될 만큼 영원성(영감을 얻은 자)을 인식하게 된다.

브로치 brooch 1. 원래 청동으로 만들었고 종종 조잡한 동물 형태였으며 브로치를 착용한 사람에게 장식된 동물의 특성을 부여했다; **2.** 엘리자베스 1세 여왕 시대에 브로치는 보석으로 장식되거나 사람의 직업을 나타내는 경우가 많았다: 일반적으로 모자에 착용했다: "리처드에 대한 사랑은 싫은 것뿐인 이 세상에서 이상한 브로치입니다"(리처드 2세R2 5, 5). **3.** 최고의 표본: "그는 참으로 온 민족의 브로치요 보석이로다"(덴마크 왕자 햄릿Ham. 4, 7); **4.** 민속: 선물로 주면 사랑이나 우정이 깨질 징조이다.

브리싱가멘 brisingamen 1. 매의 깃털 옷을 입은 게르만의 여신 프레이야의 유명한 목걸이. 아사신족의 에시르가 아니라 라이벌인 바니르에 속해 있었지만 그녀는 곧 오딘의 배우자인 프리그(프이야)와 혼동되었다. 그 전에 그녀는 위대한 여신이었다; 그녀가 죽은 영웅들을 영접하는 하늘에 있을 때에는 그녀는 죽음의 여신이었다. 그녀는 태양신 오드와 결혼했고, 오드가 태양의 황도에서 방랑하자 그녀는 '황금의 눈물'(곡식)을 흘렸다. 그녀는 두 명의 아름다운 딸을 둔 어머니여신이었다. 그녀는 비너스였으며 동시에 난잡한 마법사였다. 그녀는 스바르탈프헤임Svartalfaheim에 있는 검은 요정들에게서 목걸이를 얻었고 그들 모두와 잠자리를 하는 것으로 그 값을 치렀다; **2.** 이것은 다음과 같이 설명되었다(이름은 '불의 목걸이'를 의미한다): a. 달; b. 새벽: 바다의 아침별 또는 저녁별; c. 애시르의 가장 큰 적인 거인들(어둠, 서리 등)의 접근으로부터 하임달이 보호한 무지개; 하임달 자신도 빛의 신이었다. 무지개도 프레이야의 눈물로 설명되어 왔다; d. 일반적인 결실.

브이 V 1. 문자 'V'의 역사는 15~17세기까지 'U'의 역사와 동일하다; 또한 V는 F, W, B, M와 같은 다른 문자와 서로 대체하여 사용할 수 있었다; 히브리어 'vau'에 해당한다; **2.** 다음을 상징한다: a. 가입, 지원; b. 실험, 근면, 손실; c. 신(또는 모세)에게서 나오는 쌍광선; d. 승리 또는 'vie'(생명); **3.** 다음에 상응한다: a. 기간: 22년 또는 24년; b. 별자리: 황소자리; 행성: 금성; c. 신체: 신경, 뇌; d. 타로카드: 연인 카드.

블랙베리 blackberry (식물) 1. 죽음 및 요정과 연관되기 때문에 이것을 먹는 것에 대한 전반적인 금기가 존재한다; 검은 딸기나무bramble 참조; **2.** 이유와 관련하여 자주 사용되는 말장난이다(역주: 이유가 많을 때 블랙베리라고 말하는 말장난). 즉, '이유가 블랙베리만큼 많다면'을 의미한다; **3.** 무가치한 것: "블랙베리만큼의 가치도 없는"(예 트로일로스와 크레시다Troil. 5, 4); **4.** 블랙베리 수확 시기는 항상 학교를 무단결석하는 시기였다; **5.** 뉘우침, 회개; 건조하고 톡 쏘는 특징을 갖고 있다: 플리니우스Pliny(24, 73); **6.** 고행; **7.** 민속: 사탄은 첫 번째 성 미카엘 축일Michaelmas Day(10월 11일)에 하늘에 그림자를 드리우고 있다가 블랙베리 숲으로 떨어졌기 때문에 이 과일을 저주했다; 이후부터 성 미카엘 축일이 되면 사탄은 블랙베리에 독을 넣었다; 이러한 이유로 많은 곳에서 블랙베리를 먹지 않는다('뱀serpent과 연관된다'): 1번 참조.

비 B 1. 히브리어의 '베스beth'(=집); 이집트 상형문자의 양(우는 소리?); 켈트어의 '자작나무birch-tree'(제1자음)에 해당한다; **2.** 다음을 상징한다: a. 별들의 제왕, 구세주; b. 신성모독(낙인); c. 과학; d. 자기장 유도; **3.** 다음에 상응한다: a. 행성: 달; b. 타로카드: 대사제 카드 참조; **4.** 민속: '어린아이들에게 알파벳을 가르치기 위한 라임의 Bouncing B'에 대해서는 알파벳 에이A 참조.

비 rain 1. 풍요: 구약성서에서 비의 마법: a. 탈곡마당과 같은 마법의 땅 위에 있는 양털(기드온)에만 비가 내렸다; b. 인간 또는 소의 피가 흐르게 하고, 아이들이 이 몰록(역주: 어린아이를 불태워 바치는 신)의 불길을 지나가게 했다: 예 리스바Rizpah의 (의례를 위한 숫자 일곱) 아들들(사무엘하서2Sam. 21장, 또한 특히 10장 참조). 바알(또 다른 주님) 제사장들을 당황스럽게 만든 엘리야의 황소의 피; c. 물을 쏟는 것: 엘리야의 마법에서 두드러지는 것; d. (역주: 비가 내리는 모습을 본 딴) 도약과 멈춤leap-and-halt (뛰어넘다 또는 넘어가다pesah 또는 파사pasah)의 춤: 춤

ㅂ

dance 참조; e. 교감마법으로서 울기(역주: 울기도 비가 내리는 것을 상징한다); **2.** 하나님의 은혜(예 단테 Dante, 신곡 낙원편Par. 3, 89f.); **3.** 정화: a. 우주의 물질: 기체와 액체 사이; b. 깨끗한 상층의 물; **4.** 진실, 지혜, 자비: a. 하늘의 영적 영향력; b. 자비는 "하늘에서 온화한 비와 같이 아래로 내리나니 이는 두 배의 복이라"(베니스의 상인Mer. V. 4, 1); **5.** 영미 문학에서 비와 바람(욕망)은 항상 육체적인 사랑과 연관되어 있다; **6.** 집중호우: a. 주기가 끝날 때 내리는 홍수: 홍수flood도 참조; b. 처벌: i. 무신론자들의 홍수에 관한 다양한 설; ii. 단테: 케르베루스가 일으킨 폭풍우(눈과 더러운 물과 악취가 나는)가 엎드린 대식가를 괴롭힌다(신곡 지옥편Inf. 6); iii. 천상의 복수: "하늘이시여, 누가 범죄자들의 머리에 뜨거운 복수를 내릴 것인가"(리처드 2세의 비극R2 1, 2); **7.** 윌리엄 블레이크 William Blake: 자선; **8.** 민속: a. 하늘에서 직접 내리는 비를 깨끗한 병에 담으면(특히 승천일에) 매우 유익한 힘을 얻게 된다; b. 행운luck: "태양이 비추는 신부는 행복하고 비가 내리는 시신은 행복하다"; c. 점술: 점술에서 꿈에 비가 내리는 꿈을 꾼 소녀는 하인과 결혼할 것이다; d. 해가 떠있는데 갑자기 내리는 비: 여우가 시집가는 날Fox's Wedding 참조; **9.** 연금술alchemy; 물water 참조.

비글 beagle 뛰어난 후각과 총명함을 가진 작은 개; 이 용어는 다음의 경우에 사용된다: a. 하녀에 대한 애정의 표현으로(십이야Tw. N. 2, 3; b. 경멸의 의미로도 사용된다(아테네의 티몬Tim. 4, 3).

비너스 Venus (여신) 아프로디테Aphrodite 참조.

비누 soap 플리니우스Pliny: 갈리아 지방의 발명품, 특히 독일 여성들이 머리를 붉게 하기 위해 사용한 것; 염소 기름과 너도밤나무의 재로 만들었다(28, 51).

비누풀, 사포나리아 soapwort (식물) **1.** '사포나리아' 속의 약초: 라틴어 'sapo'='비누'; **2.** 로마: 사랑스러운 처녀는 비누풀로 만든 화관을 쓴다(아테나이오스 Athenaeus 15, 679Bf.); **3.** 약용: 체내에서 병든 물질을 배출한다(코르넬리우스 켈수스Cornelius Celsus 5, 18, 2).

비늘 scale (물고기의) **1.** 보호, 방어; **2.** 물 및 저승세계와 관련된다; **3.** 현재에도 지속되는 과거, 우월함 속의 열등함; **4.** 비늘이 있는 하반신: a. 인어 등의 비늘이 있는 하반신: 우주적(또는 도덕적) 열등감; b. 악마의 몸에는 비늘이 자라났다: 마녀들의 주인(악마) Witch Master의 남근은 비늘로 덮여 있었다; 참조: 악마는 뱀으로 변장한다; **5.** "눈에서 비늘 같은 것이 떨어지고": 선명한 시야, 시력의 회복(사도행전Acts 9, 18).

비늘돔 parrot-fish **1.** 놀래기과에 속하는 '지중해 비늘돔'으로 '바다 양놀래기'라고도 불린다; 화려한 색감보다는 날카로운 부리 모양의 턱 때문에 앵무새가 더 많이 연상된다; **2.** 특성: a. 가장 자주 언급되는 특징은 낚싯줄을 물어뜯어 동종 물고기가 낚시꾼을 피할 수 있도록 도와주는 영리함이다: 동종의 보호자; b. 새김질을 하며 동굴에서 잠을 자고 항상 깨어 있는 유일한 물고기이기 때문에 밤에도 잡을 수 없다; c. 수초와 해초를 먹고 살며 특별한 미끼를 써야 잡을 수 있다: 번식기의 수컷을 그물로 유인하는 살아 있는 암컷 미끼(숭어 등)와 고수풀과 부추와 같은 향신료가 들어 있는 미끼를 사용하는 것이 효과적일 수 있다; d. '유창한 목소리' 같은 소리를 낸다; e. 비늘돔의 담즙은 황달을 치료한다(대부분의 저자는 선행 연구자가 언급한 특징을 반복한다: 플리니우스Pliny 32, 5 및 11; 플루타르코스Plutarch, 동물의 영리함Clev. An. 25 및 윤리론집M 977 C; 클라우디우스 아엘리아누스 Claudius Aelianus, 동 물의 본성에 관하여NA. 1, 2; 1, 4; 2, 54; 11, 42; 14, 2; 나소 P. 오비디우스Naso P. Ovid, 낚시Hal. 9ff.; 아테나이오스Athenaeus, 7, 319ff., 오피안 Oppian, 할리에우티카H. 1, 134ff.; 2, 661f., 4, 40ff.; 조슈아 실베스터Joshua Sylvester, 기욤 드 살루스테 시에르 드 바르타의 신성한 시기와 작품DB 1, 5, 303ff.).

비늘돔 scarus (물고기) 이집트: 대식가를 나타내는 상형문자. 그 이유는 "새김질을 하고 이동하는 길에 있는 모든 종류의 물고기를 잡아먹는" 유일한 물고기이기 때문이다(호라폴로Horapollo 2, 109).

비단향꽃무 gillyflower (식물) **1.** 다양한 정향나무 향기가 나는 꽃. 특히 카네이션, 분홍색 정향이나 꽃무에 붙여진 이름(제프리 초서Geoffrey Chaucer, 셰익스피어Shakespear 등의 작품에 나옴); **2.** 자연 그대로의 아름다움: a. 엘리자베스 1세 여왕 시대에 머리에 쓰는 화관으로 사용되었다('대관식coronation'); b. 낙원에서 자라는 것으로 알려진 꽃 중 하나; **3.** 애정; **4.** 꽃 속에 있는 '왕위계승의 왕자'(리처드 프랜쇼 경Sir Richard Fanshawe, "이제 온 세상에 전쟁이 일어날 것이다); **5.** 잡종: 이 꽃은 인간의 개입 없이 이종 교배할 수 있다; "이 계절에 가장 아름다운 꽃은 우리의 카네이션과 줄무늬가 있는 비단향꽃무다. 일부 사람은 이 꽃을 자연의 교잡종이라고 부른다"(겨울이야기Wint. 4, 4); **6.** 상냥함: 전래동요에서 장갑glove 참조; **7.** 출산 중에 죽어 가는 여인의 침상은 주님의 발치에 있으며(역주: 쉬고 있으며) 주변은 "비단향꽃무로 장식되어 있다"(발라드, "클럭 손더스Clerk Saunders"); **8.** 와인 풍미.

비둘기 dove **1. 일반적으로 다음을 의미한다**: a. 독수리eagle와 함께 가장 기본적인 하늘 상징 중 하나이지만, 힘(천둥)보다는 순수함과 천진함이 강조된다; 비둘기와 독수리는 땅의 상징으로서 뱀과 대극이고 요나Jonah의 이야기에서 바다(괴물)와도 정반대이며 기본적으로 모두 생명의 상징이다; b. "비둘기가 알의 부화를 기다리는 것 처럼 그는 차분하고 조용할 것이다"(덴마크의 왕자 햄릿Ham. 5, 1: 비둘기는 알을 두 개 낳고 새끼는 부화하면 황금색 털에 쌓여 있다); **2. 우주의 어머니**Cosmic All-Mother: 풍요의 위대한 여신Great Goddess: a. 우주의 어머니는 비둘기로서 우주라는 알을 낳는다(로버트 그레이브스Robert Graves, 그리스 신화GM 1, 17); 보레아스Boreas 참조; 풍배도wind rose 참조; 이것을 연상시키는 것은 존 밀턴John Mliton의 뮤즈Muse에서 찾을 수 있으며 존 밀턴은 "실낙원Par. L."의 시작 부분에서 뮤즈가 "비둘기처럼 앉아서 방대한 심연에 대해 곰곰이 생각하고 있다"라고 언급했다; b. 모든 신의 어머니 레아와 관련 있다; c. 어떤 조각상에서 풍요의 어머니 데메테르는 한 손에 비둘기를 다른 한 손에는 돌고래를 들고 있다; d. 헤라는 비둘기로 위장했다; e. 아테네도 비둘기로 한 번 변신한 적이 있다; 그리고 올리브나무 가지와 함께 있는 아테네는 새로워진 삶을 상징한다; f. 사랑의 여신들에게 바쳐졌다: 아프로디테의 마차를 끈다(나소 P. 오비디우스Naso P. Ovid, 변신이야기Metam. 14, 597), 그리고 시리아의 신 아스타르테Astarte(나중에 성모 마리아로 여겨졌음)에게 바쳐졌다; 비둘기의 붉은 고기는 최음제이다; g. 모이라이, 파르카이, 페이트와 관련된다: 삶-운명-죽음: 달의 세 가지 모습; h. 새하얀 비둘기들은 아니오스의 (네 명의 딸 중) 두 딸이었는데 이들은 모든 땅을 농사짓기 비옥한 땅으로 바꿀 수 있었다; 아가멤논을 피해 달아나던 이들을 바쿠스 신(다산)이 비둘기로 변신시켰다(나소 P. 오비디우스, 변신이야기 13, 650ff); **3. 영혼**(대부분의 새들이 그러하듯이): a. 종종 죽어 가는 순교자들의 입에서 나오는 것; b. 외부에 있는 영혼: 그리스의 한 이야기에서 마법사의 생명은 멧돼지 안에 있는 비둘기 세 마리의 생명과 결합되어 있어서 비둘기 세 마리를 죽이자 무서운 마법사도 죽었다; **4. 진실**, 지혜, 그리스어 "신성한 지혜Hagia Sophia": a. 예수 그리스도는 번개-여호와와 지혜의 정령의 비둘기-여신의 아들이다(디오니소스Dionysus 참조: 독버섯toadstool 참조); b. 종종 후광과 함께 표현되면 성령을 나타낸다; c. 수태고지 장면에서 백합과 함께 출현한다(백조swan와 동양의 연꽃lotus 참조); d. 신의 영감: 종종 그리스도의 열두 제자, 성인 등이 신의 영감을 상징하는 비둘기와 함께 있는 모습을 볼 수 있다; 엘리자베스 1세 여왕 시대에는 마호메트가 성령의 비둘기에 의해 영감을 받았다는 이야기가 많이 전해진다; e. 신의 안내: i. 노아는 비둘기를 방주 밖으로 보냈다(그러나 아래의 요나Jonah 참조); ii. 두 마리의 비둘기가 아이네아스를 황금의 가지로 이끌었고, 이 황금의 가지는 아이네아스가 지하세계(저승)에서 돌아올 수 있게 보호해 주었다(그러나 또한 그녀의 어머니 비너스와도 연결된다; 멧비둘기turtle-dove도 참조); **5. 점치기**: a. 일반적으로 하늘의 소식을 알리는 존재로 간주되었다; b. 제우스의 신탁을 받는 여사제들은 비둘기들이 내는 소리를 듣고 점을 쳤다; **6. 부활**, 거듭남: a. 종종 묘지에서 발견된다; b. 영적인 거듭남으로서 세례식과 관련된다; **7. 사랑의** 기쁨, 사랑: 앞의 2번 f 참조; **8. 애도**, 우울감: "비둘기 울음소리를 듣고 농장의 우유 짜는 여자가 불쌍히 여긴다"(워턴Warton, "열성가The Enthusiast"); 멧비둘기turtle-dove 참조; **9. 평화**: 올리브나무 가지와 함께; **10. 온화함**, 겁 많음, 독실함, 겸손: a. 중세: 독실함을 의미한다. 사무엘서Sam.에도 나와 있다; b. 겸손의 상징; c. "그러므로 너희는 뱀같이 지혜롭고 비둘기같이 순결하여라"(마태복음Matth. 10, 16); **11. 순수함**, 천진함: a. 이미 아시리아의 깃발들에서 비둘기는 천진함과 진실을 의미했다; b. 중세: 한 영혼의 갈등에서는 순결이 비둘기를 타고 있지만, 또 다른 영혼과의 갈등에서는 음란이 염소를 타고 손에 비둘기를 쥐고 있다; 그러므로 비둘기는 아마도 허용된 혹은 허용되지 않는 간음을 의미했을 것이다; **12. 순박함**, 악의 없음: a. "비너스의 비둘기들과 같은 순박함으로"(한여름 밤의 꿈MND 1, 1); b. 교활한 자고새와 정반대; **13. 제물**: a. 아도니스(풍요의 영웅으로서)에게 제물로 바쳐졌다; b. 히브리: '깨끗한': 희생제물로 바칠 수 있는 유일한 새; 출산 후 '불결'에 대한 속죄의 제물이었다; **14. 비겁함**: a. 비둘기는 쓸개가 없다: i. 노아가 비둘기를 내보낸 후 비둘기의 쓸개가 파열되어 쓸개가 없어졌다; ii. 쓸개가 없는 것은 농작물을 지키기 위해 유용하다; 그물에 걸려도 쓸개 없는 비둘기는 주변의 날아다니는 비둘기들에게 위험을 알릴 용기가 없다(자고새partridge: 이솝Aesop 참조); c. "내가 겁쟁이인가?… 그럴 리가 없다. 그러나 나는 비둘기의 간을 가지고 있고 압력을 가할 쓸개가 없다"(덴마크의 왕자 햄릿 2, 2; 한여름 밤의 꿈 2, 1도 참조); **15. 속이기 쉬운 사람**, 얼간이: a. 어리석음, "감정 없는"(=이해력: 호세아서Hos. 7, 11); b. 비둘기는 너무 목이 말라 물병에 날아 부딪혔다(이솝Aesop, 우화Fables 85); c. "그녀는 그에게 양, 비둘기, 바보이다"(말괄량이 길들이기Shr. 3, 2); d. 질투심: 특히 바르바리Barbary 비둘기 수컷(뜻대로 하세요AYL 4, 1); **16. 자부심**: 비둘기장 안의 많은 가족을 자랑스러워하는 비둘기는 까마귀에게 그만큼 노예가 더 많아질 것이라는 말을 듣는다(이솝, 우화 78); **17. 그리스 신들과 연관된다**: a. 제우스의 위장; 앞의 5번 b도 참조; b. 아도니스: 앞의 13번 a 참조; c. 바쿠스의 상징: 풍요, 그리고 사랑으로 낳은 첫아이; **18. 심리**: 수태시키는 말씀(역주: 의식화를 가져오는) 또는 영; **19. 문장**heraldry(紋章): a. 평화: 대개 흰색(은색)으로 나타내고 올리브나무 가지와 함께 표현됨; b. 불변성을 선호한다; c. 영원한 생명; d. 순박함; **20. 연금술**: a. 납그릇 안에 담긴 비둘기: 물질 속의 정신; b. 유니콘은 이따금 흰색 비둘기로 변한다; **21. 인간의 연령**: 비둘기는 20세 소녀의 상징이다; **22. 부위, 조합, 숫자, 색깔**: A. 부위: a. 비둘기 고기: "그는 비둘기 고기밖에 먹지 않으며 이것은 뜨거운 피를 낳고 뜨거운 피는 뜨거운 생각을 낳고 뜨거운 생각은 뜨거운 행동을 낳으며 뜨거운 행동은 사랑이다"(트로일로스와 크레시다Troil. 3, 1); b. 비둘기 발: 순교자들의 피 위에 서 있는 교회(중세시대의 책상 상징); c. 눈: i. 노란색: 성숙과 지혜; ii. 사랑하는 사람의 눈(아가서SoS 1, 5; 4, 1; 5, 12)을 '비둘기의 눈'에 비유했는데, 아마도 비둘기의 눈이 아니라 비둘기 같다는 의미가 분명하다; B. 조합: a. 두 날개: i. 신과 인간의 사랑; ii. 라틴어 '실천적 삶vita active'과 '성찰하는 삶vita contemplativa'은 함께 교회를 형성한다; iii. 원반을 가진 비둘기(바빌로니아의 독수리 날개와 관련됨): 영원, 영원한 영혼, 태양; b. 비둘기+올리브나무 가지: i. 새로워진 삶: 앞의 2번 c 참조; ii. 평화; iii. 초기 기독교도: 영혼; 종종 묘지에 '평화롭게'라는 말과 함께; iv. 순례자들에 대한 환대를 보장한다; C. 숫자: a. 서로 마주 보고 있는 비둘기 두 마리: 화합; b. 비둘기 일곱 마리: 성령의 일곱 가지 선물; c. 비둘기 열두 마리: 예수 그리스도의 열두 제자; D. 색상: a. 흰색: i. 앞의 2번 h 참조; ii. 죽은 사람의 영혼; iii. 세례요한; b. 가변적인 색조를 띤 흰색 또는 바다의 색깔: 욕정의 삶과 싸우고 있는 순결(그리고 극복함); c. 푸른 날개를 가진 비둘기: 하늘에 관한 생각; d. 자주색 비둘기: 예수 그리스도; e. 황금색과 은색의 깃털을 가진 비둘기: 순수함과 천진함의 보물(이것은 아마도 시편Ps. 68, 13을 설명해 주는 듯함); **23. 특별한 종교 및 문학적 의미**: A. 히브리(앞서 언급된 의미들 외에): a. 랍비(율법 학자)가 생각하는 하나님의 영이 물 위를 움직이는 모습; 2번의 a 참조; b. '요나'는 '비둘기'를 뜻하는 이름: 요나라는 이름은 구약성서에서 예언자로서의 이름으로만 그리고 열왕기하서2Kings (14, 25)에서만 나온다; 요나라는 이름은 아마도 익사하기 전 구해진 다른 사람에서 영감을 얻어 만들어진 듯하다: 물고기-영웅 노아; B. 문학: a. 폴 발레리Paul Valéry: (역시) 생각, 영감; b. 윌리엄 B. 예이츠William B. Yeats: '윤이 나고' 한숨짓는 땅거미(황혼)의 새; 새벽의 공작 암컷과 반대; **24. 민속**:

a. 악마는 비둘기나 양을 제외한 모든 모습으로 변신할 수 있다; b. 사랑의 마법: 사랑에 번민하는 소녀가 비둘기의 심장을 찌르면 멀어지려는 연인(들)을 다시 돌아오게 할 수 있다; c. 비둘기 깃털을 채워 넣은 매트리스나 베개 위에서는 아무도 죽을 수 없다. 왜냐하면 비둘기는 성령을 상징하고 죽음은 성령이 있는 곳에 올 수 없기 때문이다; d. 동요: i. 비둘기는 수컷 울새의 죽음을 애도한다; ii. 굴뚝새와 달리 비둘기는 새끼 두 마리를 겨우 키운다; **25.** 새bird; 멧비둘기turtle-dove; 산비둘기wood-pigeon 참조.

비둘기 pigeon (새) 비둘기dove 참조.

비명 shrieking **1.** 윌리엄 B. 예이츠William B. Yeats: 이상한 새의 비명: 첫 성교를 경험한 여성의 외침("젊었을 때와 늙었을 때의 남자" "젊었을 때와 늙었을 때의 여자"); **2.** 맨드레이크mandrake; 비명shout 참조.

비밀 secrecy 영적이고 종교적인 측면에서 비밀을 요구하는 경향은 보편적이다; 그것은 "심리적인 것일 뿐만 아니라 어느 정도 사회적 법칙에 해당하는 경향성"이다. 오르페우스교Orphic, 헤르메스교Hermetic 그리고 피타고라스교Pythagorean의 밀교 의식은 모두 비밀을 포함한다. 기독교에서 라틴어 '비밀의 규율disciplina arcana'은 3세기에 시작되어 한 세기 후에 완성되었다(후고 라흐너Hugo Rahner, 그리스신화와 기독교신비주의GMCM 38); 또한 침묵silence 참조.

비버 beaver **1.** 비버의 생식기의 약효 때문에 사냥꾼이 비버를 잡으러 쫓아오면 비버는 생식기를 물어뜯어 사냥꾼에게 던져 버린다(플리니우스Pliny, 8, 47 및 32, 13); **2.** 근면, 공학; **3.** 지혜; **4.** 중세: a. 독일과 연관된다; b. 자해, 자기희생: 남자는 악마로부터 달아나기 위해 간통과 음란죄를 버린다; c. 중세 때에도 비버는 독일에서 발견되었지만 현재는 먼 북쪽에서만 발견된다; 꼬리로 물고기를 잡는다고 알려져 있다; 단테에서 괴물 게리온은 비버에 비교된다(신곡 지옥편Inf. C. 17); **5.** 평화: 비버는 사냥꾼들과 평화롭게 지내기 위해 스스로 자해한다(레오나르도 다 빈치Leonardo da Vinci); **6.** 문장heraldry(紋章): a. 희생; b. 평화; c. 관용; d. 기술(특히 성을 건축하는 기술); e. 경계함; f. 때로 다음과 같은 문구가 있는 휘장에서 발견된다: '고군분투Semper laborans'.

비스킷, 과자 biscuit **1.** 메마름: "항해 후에 비스킷이 연상될 만큼의 메마름"(뜻대로 하세요AYL 2, 7); **2.** 제임스 조이스James Joyce: (종종 와인과 함께 먹음): 로마 가톨릭 교회의 봉헌의 상징. 특히 본질적인 사랑 없이 나누어 줄 때.

비옥한 흙 loam "겉만 좋아 보이는 흙": 평판이 나쁜 남자(리처드 2세의 비극R2 1, 1)

비올 viol **1.** 성서에 나오는 '비올'은 아마도 비파였을 것이다(예 아모스서Amos 6, 5); **2.** 비올은 신을 믿지 않는 사람들의 연회에서 사용된 악기로, 이 연회에는 포도주와 바벨로니아의 호화스러움이 함께 나타난다(이사야서Isa. 5, 12; 14, 11).

비의, 신비 mystery **1.** 종종 상징적인 죽음과 부활이 수반되는 선별된 집단으로의 비밀스러운 입문; 성서 참조: 그들은 "숨겨진 희생제물을 사용하거나 광기어린 감시를 한다"(지혜서Wisdom 14, 23, 28); **2.** 모든 위대한 신비는 다산과 관련이 있으며, 따라서 죽음 및 부활(그리고 그 반대)과 관련된다. 그러므로 신비는 다음과 같은 특징이 있다: a. 황홀한 '광기': 동종 요법의 마법에 의한 퇴화의 강행(부활을 위해서는 곡물의 죽음이 필요하다); b. 비밀 유지: 자연의 성장과 소멸은 위대한 신비이다. 그러므로 풍요 신들은 일반적으로 베일로 가려져 있다; c. 인간(예 펜테우스, 오르페우스, 그리스도t, 신성한 왕Sacred King) 또는 모든 동물[동물 형태의 신: 디오니소스(황소 또는 염소t)]을 희생제물로 바치고, 뒤이어 공동식사를 하거나 음료(예 데메테르를 위한 보리음료)를 마신다; d. 통곡과 울음; e. 행렬: 풍요의 신은 남성신과 여성신 모두 방랑자이다: 디오니소스뿐만 아니라 데메테르도 방랑신이다; **3.** 바카날리아Bacchanalia 주신제 의식에 대한 설명은 나소 P. 오비디우스Naso P. Ovid(변신이야기Metam. 3, 533ff 책 4)참조; **4.** 셰익스피어: a. 매춘(여러 부분에서 언급됨); b. "선생님, 회화는 신비라고 들

ㅂ

었습니다"(눈에는 눈, 이에는 이Meas. 4, 2); 그러나 여기서 언급된 것은 '진한 화장을 한 여자'이다(역주: 매춘과 회화 둘 다 일 수 있다); **5.** 오르지orgy 참조.

비잔티움 Byzantium 윌리엄 B. 예이츠William B. Yeats: 땅 위의 에덴, 존재의 단일성을 의미하며 그 이유는 a. 2000년간의 기독교 문명의 중심에 있었기 때문이고(=달의 단계에서 보름달); b. 종교적, 미적, 실용적 삶이 하나였기 때문이다; c. 건축가와 예술가들의 초월적 예술; d. 새로운 비잔티움에서는 '노동자, 귀족, 성인'이 다시 인간의 삶을 지배할 것이다.

비정상성, 이상 abnormality **1.** 이상이 있는 것은 선천적이고 마술적인 힘을 갖고 있다. 심지어 그것이 작은 모양(난쟁이), 기형적 모양(헤파이스토스, 신성한 왕들)이어도 그렇다; 이것은 또한 종종 땅의 힘을 나타낸다; **2.** A. 인간의 이상: a. 손상된 것: (손상된 것은) 초자연적인 힘을 가졌다고 믿었다. 특히 예언, 치유, 비를 가져오는 것; b. 달 및 달의 변화 주기와 관련 있는 것; 그리고 c. 목발crutch, 발뒷꿈치heel, 곱추hunchback 참조; B. 사물의 이상: 예 화석이 들어 있는 돌, 네 손가락이나 여섯 손가락의 부적; **3.** 민속 a. 신의 특별한 보호 아래 있으며 행운을 가져오는 자; 특히 선원들이 배로 가는 길에 이들을 만나면 그것은 행운의 상징이다(예 곱추); 그러나 이들은 어떤 사람들에게는 '신의 손으로 서명한 것'을 멀리하라는 경고의 의미였다; b. 노래하면 안 될 때(예 한밤중에) 지저귀는 새들과 같은 자연의 이상 또는 제철이 아닐 때 꽃이 피어나는 것. 종이 저절로 울리는 것. 이런 것들은 종종 죽음에 대한 예고 또는 국가적 재난에 대한 경고였다; c. 인간의 기형은 종종 여자와 악마의 교접 또는 남자와 동물의 교접의 결과로 간주된다; d. 벙어리: i. '양쪽 세계를 보게 한다; ii. 벙어리의 타액은 다른 사람을 치료한다; e. 실명은 종종 예언적 힘을 준다; f. 사시 눈을 가진 사람들은 일반적으로 두려움의 대상이 되었다; 그런 사람을 만나는 것은 위험한 직업을 가진 모든 사람들에게 나쁜 징조이다. 왜냐하면 그것은 사악한 눈이기 때문이다.

비축 stocks **1.** 자유의 상실: 감금, 결혼; **2.** 항상성; **3.** 얽힘의 한 형태.

비탄, 비통 grief **1.** 종종 역병, 전염병 등과 관련된다: "한탄과 슬픔의 역병! 그것은 방광처럼(역주: 소변을 한순간에 내보내듯이) 사람을 날려 버린다."(헨리 4세 1부1H4 2, 4); **2.** 딜런 토머스Dylan Thomas: a. = 시간의 도둑; b. 아내, 삶의 문제, 시간 도둑질; **3.** 오디세우스라는 이름은 그리스어 '오디소마이somai'('슬프다')와 관련이 있다; 또한 아이네아스Aeneas는 '아이노스ainos'(끔찍한awful)와 관련이 있다. 왜냐하면 아프로디테는 자신이 필멸의 남자와 동침했다는 점에서 '끔찍하다'고 느꼈기 때문이다(아프로디테에 대한 호메로스 찬가Homeric Hymn to Aphrodite 5, 198f.); **4.** 눈물tear; 통곡wailing; 흐느껴 울기weeping 참조.

비틀거림, 넘어짐 stumbling 민속: **A.** 불운: a. 일반적으로 새로운 사업, 여행 등에 대한 나쁜 징조이다(적어도 나소 P. 오비디우스Naso P. Ovid, 변신이야기Metam. 10, 452 이래로); b. 정복자 윌리엄이 잉글랜드에 처음 상륙했을 때 비틀거린 것은 유명하다: 그는 그의 추종자들을 안심시키려는 목적으로 잉글랜드에 대한 소유권을 갖기 위해 흙을 움켜쥔 것이라고 말했다; c. 또한 말horse의 비틀거림: 예상하지 못한 사망선고를 받은 헤이스팅스Hastings는 다음과 같이 말했다: "화려한 안장으로 장식한 내 말이 오늘 세 번이나 넘어졌다"라고 말했다; **B.** 행운: 전래동화에서 한 소녀가 위층으로 올라가다가 비틀거린다면 그녀의 연인이 그녀를 생각하고 있는 것이다; **C.** 계단stairs 참조.

비행 flying **1.** 높은 것(높이의 상징성); **2.** 속도; **3.** 심리: (지그문트 프로이트Sigmmund Freud) 심리학에서 비행하는 꿈: 성적인 '상승', 또는 불쾌한 상황에서 벗어나는 꿈 (부유floating 참조); 또한 마르크 샤갈Mark Chagall의 하늘을 나는 연인들flying lovers 참조; **4.** 딜런 토머스Dylan Thomas: 매우 다양한 것들이 '비행'으로 표현된다: a. 성배: 물질적 삶에 의해 방해받는 영적 상승; b. 동산: 승천하시는 그리스도, 어린 시절의 에덴동산, 시적 욕망 또는 위의 천국; c. 바다: 바다는 파괴적 불(나쁜 상황)을 끌 것이다; **5.** 민속: 체를 타고 날아다니는 것은 많은 마녀들의 뛰어난 재주이다; 또한 기름oil; 안식일Sabbath 등 참조.

비행기 aeroplane 1. 꿈: 야망과 성공(높이 상징성); 일반적으로 민속에서 적용되는 안전 규칙이 선박에 대해서도 적용된다; 예 수녀nun 참조; 그렘린gremlin도 참조.

빌려 주는 사람 lender 대여loan 참조.

빌립, 필립 Philip I. 사도 빌립: 1. 브루기아의 뱀을 숭배하는 종교와 싸웠다(성 패트릭St. Patrick 참조). 그리고 거꾸로 십자가에 못 박혀 돌에 맞아 죽었다; 2. 처녀자리의 지배; II. 엘리자베스 1세 여왕 시대에 주로 참새를 부르던 이름.

빗 comb 1. 풍요: 불 및 물과 관련된다: a. 햇살; b. 비; 2. 허영심, 무정함(거울mirror 참조); 다음을 상징한다: a. 비너스; b. 인어; c. 라미아; 3. 지렌의 부분으로서 물고기의 꼬리와 관련되어 있으며 매장l 또는 희생 제물의 남은 부분과 관련된다(부크라니움bucranium 참조)(역주: 제물로 바친 황소 머리의 타고 남은 것의 모양에서 딴 장식 무늬); 4. 얽힘: 대부분의 민족에서는 빗으로 머리를 빗는 것을 금지하는 기간이 있고, 일반적으로 이 기간은 옷의 매듭을 금지하는 기간과 겹친다: 예 로마의 '플라멘 디알리스'에서 제우스로 변장하는 사제의 아내; 이것은 '빠진 머리카락'과 관련이 있고 머리카락이 빠지면 머리카락에 집중된 마술적 힘이 방출(상실)된다. (머리카락/털hair 참조); 5. 손가락; 6. 손가락은 그리스에서 리라의 줄을 퉁길 때 사용하는 도구인 플렉트럼과 관련이 있으며 따라서 음악과 연결된다(앞의 2번 b 참조); 7. "그 여인의 머리에 매달린 빗": 민요에서 옷의 매듭처럼 윌리의 여인(프랜시스 차일드Francis Child 6, a)이 출산을 못하게 한다; 8. 기독교: 순교: 강철 쇠빗을 사용해 살flesh을 '빗질'하는 것; 9. 설화에서는 위험으로부터 보호해 준다: 도망자는 빗을 던져 괴물의 추격을 방해할 수 있다. 빗에서 덤불이 자라나 추격자를 얽히게 한다(마술적 도망magic flight 참조); 10. 민속: 배우들은 빗을 떨어뜨리면 불길하다고 생각한다.

빗살수염벌레 death watch beetle (곤충) 1. 작고(1/2인치), 둥근 모양의 갈색 딱정벌레로, 오래된 목재에 구멍을 파고들어 간다; 건드리면 죽은 시늉을 한다; 이들의 째깍거리는 소리는 목재에 머리를 대고 긁는 소리로 번식과 관련 있다; 2. 민속: 집 안에서 빗살수염벌레가 째깍거리는 소리를 내면 누군가의 죽음을 예견하는 것이다.

빗자루 broom (도구) 1. 깔끔함, 겸손, 노예 상태: 윗부분의 내용 참조; 2. 통찰, 지혜; 3. 로빈 굿펠로Robin Goodfellow와 선의의 요정들이 가진 속성: (작은 요정) "나는 전에 빗자루와 함께 왔다. 문 뒤에 있는 먼지를 쓸기 위해"(한여름 밤의 꿈MND 5, 1); 4. 빗자루: a. 일반적으로 여성의 도구(남성의 쇠스랑과 대조됨); 여성이 집에 없을 때는 문 밖에 놓았다; b. 마녀의 말: 아마도 나는 것을 의미하기 위해 높이뛰기 장대 또는 장난감 말로 사용되었을 것이다; 5. 민속: a. 결혼식 때 열려 있는 문에 자작나무 빗자루를 비스듬하게 놓았다(신부의 집 또는 미래의 신랑신부 집에); 신부와 신랑은 공식 증인이 참석한 가운데 이 빗자루를 뛰어넘어야 했으며 이 경우 결혼식은 교회에서 하는 결혼식만큼 유효했다; b. 우연히 빗자루의 자루를 뛰어넘은 소녀는 아내가 되기 전 어머니가 될 수 있다(이것은 빗자루의 남근 의미를 강조하는 것이며 또한 마녀와 관련하여 기억해야 하는 중요한 것이다); c. 오래된 빗자루를 태우거나(자루 없이) 배 밖으로 던지면 폭풍우를 잠재울 수 있다.

빙카, 페리윙클 periwinkle (꽃) 1. 다양한 종을 포함하는 개정향풀과의 꽃; 2. 위대한 여신과 관련된다: a. 봄에 처음 피는 꽃 중의 하나: 여신의 오르지적인 봄의 측면; 비너스와 인어에게 바쳐졌다; b. 죽음; 범죄자에게 사형을 집행할 때 빙카로 만든 화관을 씌웠다; c. 마녀와 연관된다: 프랑스어로 "마녀들의 보라색"이라고 한다; 3. 사랑: a. 사랑의 추억; b. 최음제로 사용한다.

빚, 부채 debt 1. 로마에서 채무자의 재산 대신 채무자를 담보로 잡는 채무자 투옥은 BC 326년에 폐지되었다; 2. 찰스 디킨스Charles Dickens: 채무자 감옥인 마셜시는 사회가 외로운 개인을 (부당하게) 압제하는 것을 주제로 다룬 소설을 썼다("리틀 도릿Little Dorrit").

빛 beam 1.이것의 일반적 상징성에 대해서는 광선ray 참조; **2.** 영의 운반 수단: "빛에 싸여 나의 영은 다시 땅으로 내려간다"(왕의 책Kingis Quair 151절).

빛 light 순결, 도덕(일곱 가지의 미덕), 영적 생활(정서의 반대 등): **1.** "빛과 정욕은 치명적인 적"(루크리스의 능욕Lucr. 674); **2.** 지성, 지식, 지혜; **3.** 진화, 남성적 원리, 퇴행(의 신)의 반대, 어둠; **4.** 우주 에너지, 창조력: 만물의 통합(색상: 흰색); **5.** 낙관주의; **6.** 과거; **7.** 기독교: a. 세상의 빛으로서의 그리스도; b. 믿음, 은혜, 자선; **8.** 제임스 조이스James Joyce: "빛의 물결": 꿈; **9.** 딜런 토머스Dylan Thomas: ("빛이 부서진다Light breaks") 빛=삶=언어=소리; **10.** 불꽃flame 참조; 램프lamp 등.

빨간 모자 Riding Hood, Little Red Hood **1.** 이 이야기는 마녀들에 의해서 변신하는 늑대(리칸트로피lycanthropy)와 관련 있다(늑대wolf 참조); **2.** 밤의 늑대에게 잡아먹히는 새벽의 소녀: 소녀의 후드는 겉면이 붉은색이다; **3.** 5월의 여왕의례와 관련 있을 수 있다. "볼숭 사가Volsung Saga"에서도 유사점이 보인다; **4.** 페로의 이야기에서는 해피엔딩으로 결말을 내지 않았지만 소녀를 죽이는 장면에서 멈추었다. 그러나 그는 이야기에서 소녀가 '할머니'와 함께 잠자리에 들기 위해 옷을 벗게 하여 성적인 관계를 강조했다; **5.** 끔찍한 어머니는 늑대로 변했다.

빨판 상어 sucking-fish **1.** 로마: 최음제; **2.** 레모라remora 참조.

빵 Bread **1.** 일반적으로 다음을 의미한다: a. 생명의 양식; b. 가난한 자의 식량; c. 절제; d. 환대, 특히 빵의 나눔(함께 식사하기)(사도행전Acts 2, 46); **2.** 옥수수 신(여신)이 먹는 것: a. 아티스와 탐무즈에 대한 애도 의식 중 사람들은 방앗간에 있는 어떤 것도 주워서는 안 된다는 금기가 있는데, 그 이유는 그것이 신의 훼손된 몸일 수 있기 때문이다; b. 로마와 그리스에서 새 수확물로 만든 첫 번째 빵은 데메테르(=페르세포네 포함)에게 바쳐졌다; c. 기독교 성찬식의 영성체(다음 둥근 빵 참조); **3.** 신-공물: a. 효모를 넣지 않은 빵의 히브리 축제: 첫 번째 빵의 희생제물; b. 둥근 빵Round Bread 참조: 이집트; c. 장례식에서 죽음의 신에 대한 공물, 특히 빵 나눔(함께 먹기); **4.** 은둔자의 검소한 음식, 고독; **5.** 빵과 물: 죄수의 식사; **6.** 빵과 와인: a. 죽은 자에게 바치는 장례식 선물, 위로; b. 그리스도의 몸과 피, 성찬식; **7.** 둥근 빵: (또한 케이크cake 참조) a. 풍요; b. 빛; c. 이집트: 죽은 자를 기리는 음식; 또는 태양의 신에 대한 공물; d. 히브리: 무교병(효모 없는 빵), 신성한 빵; e. 기독교: 성찬식 전병; **8.** 구절(주로 성서): A. a. 고통의 빵(예 역대하서2Chron. 18, 26); b. 눈물의 빵(시편Ps. 80, 5); c. 슬픔의 빵(시편 127, 2); d. 불의의 빵(잠언Prov. 4, 17); e. 게으름의 빵: 가장 낮은 음식(잠언 31, 27); f. 빵의 충만함: 그리고 세 자매의 우화에서 게으름의 만연함은 '소돔'(=유다)의 죄악이었다(에스겔서Eze. 16, 49); 참조: '풍부한 빵'을 두고 죽다: 한 사람의 머리에 모든 사람의 세속적인 결점들이 들어 있다(덴마크의 왕자 햄릿Ham. 3, 3); g. 빵 한 조각=무가치한 것: 매춘부의 도움으로 남자는 빵 한 조각을 가져온다(잠언 6, 26); h. 속이고 먹는 빵: 입 안에 모래가 가득하리라(잠언 20, 17); i. 비밀: "도둑질한 물이 달고, 몰래 먹는 빵이 맛이 있다 하는도다"(잠언 9, 17); j. 지혜: 그녀는 삶과 이해의 양식 그리고 지혜의 물/와인을 대접한다(벤 시라크Ben Sirach, 15, 2 및 잠언 9, 5); B. a. 쓴 빵: 추방(리처드 2세의 비극R2 3, 1); b. 갈색 빵: (호밀과 함께) 가난한 자의 식량, 곰팡이가 빠르게 증식하며 악취가 난다: "그러나 그녀는 갈색 빵과 마늘의 냄새를 맡았다"(눈에는 눈, 이에는 이Meas. 3, 2); **9.** 문학 속 언급: A. 단테Dante: 살인자가 살해행위 후 9일 이내에 희생자의 무덤에서 빵과 포도주 한 모금을 먹으면 유혈의 복수에서 벗어나게 해 준다; 따라서 죽은 이의 친지들은 무덤을 철통같이 지켰다(신곡 연옥편Purg. 33, 36 참조: 신의 복수는 두렵지 않다); B. 윌리엄 블레이크William Blake: a. 생각의 빵; b. 사랑의 빵과 포도주; **10.** 민속: a. 빵을 던지는 것에 대한 일반적인 금기가 존재한다; b. 악령을 쫓기 위해 반죽(또는 빵) 위에 쇠 나이프로 십자가를 만든다(철iron 참조); c. 때로는 빵을 굽는 동안 노래하는 것이 금지된다; d. 곰팡이가 생긴 빵은 상처를 치유한다(실제로 페니실린을 함유할 수 있다).

뺨 때리기 slapping **1.** 전래동요: 소년의 뺨을 때리는 소녀: a. 왼쪽 뺨을 때리면: 그녀는 그를 사랑한다; b. 오른쪽 뺨을 때리면: 그녀는 그를 미워한다; c. 일반적으로 소년이 뺨을 맞을 때: "(뺨을 때리는) 일격에 키스로 반응"; **2.** 태형flogging; 채찍scourge 등 참조.

뺨, 볼 cheek **1.** 한쪽 뺨을 맞으면 때린 사람의 뺨을 때리지 말고 다른 뺨을 내어주어라: 예수 그리스도의 가르침(마태복음Matth. 5, 39); **2.** a. 창백한 뺨: 멜랑콜리: "그녀는 절대 자신의 사랑을 말하지 않고 숨겼다. 마치 그녀의 연분홍색 볼cheek을 먹고 사는 꽃봉오리 속의 벌레처럼"(십이야Tw. N. 2, 4); **3.** 장밋빛 볼: 젊음: "사랑은 시간의 어릿광대가 아니다. 장밋빛 입술과 볼이 시간이 휘두르는 굽은 낫 아래 들어갈지라도"(소네트Sonn. 116); **4.** 부풀어 오른 뺨: 옛 지도에서 바람을 표시했다: "공기를 불어넣은 부푼 뺨을 천둥으로 찢기"(코리올라누스Cor. 5, 3); 그리고 "바람아 불어라, 너의 뺨을 찢어라"(리어왕Lr. 3, 2); **5.** 턱jaw 참조.

뻐꾸기 cuckoo (새) **1. 유부녀의 외도**cuckoldom, 침해: a. "뻐꾹, 뻐꾹, 결혼한 사람의 귀에 불편하고 불길한 소리여"(사랑의 헛수고LLL 5, 2,); b. 뻐꾸기의 실제적인 피해자는 바위종다리: 뻐꾸기는 알을 낳으면 "나뭇가지 위에 있는 둥지의 바위종다리를 죽인다"(제프리 초서Geoffrey Chaucer, 파울스의 의회PoF 612); **2. 질투**: 제프리 초서의 작품에서 뻐꾸기의 속성(기사의 이야기Knight's T); **3. 봄**: a. 헤라의 홀에는 봄의 상징인 뻐꾸기가 올려져 있다: 달력의 여신으로서의 헤라; 그러나 5번도 참조; b. 올빼미(올빼미owl 참조)의 반대; c. '웨일즈의 특사': 웨일즈에서 봄에 오는 노동자들; **4. 4월**, 어리석음: a. 4월의 바보는: 4월April과 아래의 민속 참조; b. "4월에는 뻐꾸기가 올 것이다. 5월에 온종일 노래를 하고, 6월에는 다른 노래를 부르고, 7월에는 날아갈 준비를 하고, 8월에는 반드시 떠나야 하며, 9월까지 머문다면 그것은 가장 늙은 사람이 기억할 만큼 오래 머무는 것이다"(속담); **5. 속임**(눈에 보이지 않게 함으로써): a. 제우스는 뻐꾸기로 변장하여 헤라를 속이고 자신과 결혼하게 했다(파우사니아스Pausanias 2, 17, 4; 훈고자Schol. Theocr. 15, 64; 디오도로스 시쿨로스Diodorus Siculus 5, 72); b. "그는 마치 6월의 뻐꾸기와 같았다. 말을 해도 사람들은 그에게 주의를 기울이지 않는다"(헨리 4세 1부1H4 3, 2); c. "너를 새라고 불러야 할까 아니면 떠도는 목소리라고 불러야 할까"(윌리엄 워즈워스William Wordsworth, "뻐꾸기에 부쳐To the Cuckoo"); **6.** 보잘것없는 영원한 **미혼남**(제프리 초서, 파울스의 의회 605ff); **7. 사랑의 새**: a. 민속: 결혼 점치기 및 5번의 a 참조; b. 신부의 부케로 흔히 사용하는 꽃인 오렌지 꽃의 향기와 연결된다; **8. 비의 새**: 민속 참조; **9. 미친 짓**: 극도의 어리석음; **10. 이기주의**: 다른 사람들에게 자신의 책임을 전가한다: 그러므로 비겁하다: "나는 뻐꾸기처럼 그녀에게서 도망쳤다(아나크레온Anacreon); **11.** 기독교 성가의 **구슬픔**: 때로 단조인 뻐꾸기 울음소리는 교회의 '단조 성가'와 관련 있다; **12. 중세시대**: 악마를 나타내는 다양한 새 중 하나; **13. 나이팅게일과 관련됨**: "나이팅게일과 뻐꾸기는 같은 달에 노래한다"(속담); **14. 그리스**: a. 뻐꾸기의 울음소리는 비가 올 징조다; b. 3번의 a 및 5번의 a 참조; c. 하데스로 안내하는 안내자(아마도 11과 관련됨); **15. 윌리엄 B. 예이츠**William B. Yeats: 얼룩무늬새: '자연의 삶': **16. "뻐꾸기 꽃봉우리"** 또는 "뻐꾸기 꽃": (아마도) 미나리아재비일 것이다; **17. 민속**: a. 비를 예측함: 뻐꾸기가 지속적으로 고집스레 울 때; b. 결혼 점치기: 소녀가 처음 들은 뻐꾸기 소리의 수만큼 연수를 기다려야 결혼할 수 있다; 또는 뻐꾸기가 우는 계절에 소녀가 벚나무를 흔들면서 "뻐꾹, 뻐꾹, 벚나무야, 나는 몇 년 후에 결혼하게 될까?" 말하면 뻐꾸기가 답을 줄 것이다; c. 일반적인 예언: 뻐꾸기 소리를 처음 들을 때 듣는 사람이 보고 있는 방향이 그가 1년 후에 있을 곳이다: 그러므로 땅을 보고 있었다면 그는 죽을 것이다; d. 뻐꾸기는 작은 새들의 알을 빨아 먹는다; 예 동요의 일부: "뻐꾸기는 작은 새들의 알을 빨아먹는다. 목소리를 맑게 하기 위해, 1년에 3개월을 뻐꾹 뻐꾹 노래 부르기 위해!"; e. 뻐꾸기들은 겨울에 매로 변한다(아리스토텔레스Aristotle 이래로 이러한 믿음이 있었음); f. 땅의 구멍이나 속이 빈 나무 안에서 쉬기 때문에 요정과 관련된다; g. "뻐꾸기가 오면 모든 흙을 먹어 치운다"(흙이 메말라짐; 속담); h. "뻐꾸기가 마른 가시에 앉으면 암소를 팔고 곡식을 사라. 그러나 뻐꾸기가 잎이 풍성한 가지에 앉으면 곡식을 팔고 양을 사라"(속담); i. 만우절 장난에 속아 넘어간 사람(4월의 바보April-fool): 스코틀랜드에서는 4월 1일을 "뻐꾸기 사냥"(gowk=뻐꾸기cuckoo)을 하는 날이라고 부른다.

뼈 bone **A. 생명**: 1. 씨앗의 특징과 같은 생명의 상징; 2. "내가 입을 열지 아니할 때에 종일 신음하므로 내 뼈가 쇠하였도다"(시편Ps. 32편); 뼈=생명력의 자리; 3. "뼈와 살Forma d'ossa e di polpe"(단테Dante)=살아 있는 존재; **B. 죽음**, 부활: 1. 에스겔의 마른 뼈들의 골짜기에 관한 환상(에스겔서Eze. 37장): a. '죽은' 이스라엘은 부활할 것이다; b. 추방당한 이스라엘 민족의 잃어버린 희망, 사라진 용기(='묘지'); 탈무드는 이렇게 덧붙였다: "이 뼈들이 살아났다면 일어서서 노래를 부르고 죽었을 것이다"; 2. 번데기chrysalis 참조; **C.** 인간의 **파괴되지 않는** 부위; **D. 인간에게 상응하는 것**은 살과 뼈의 땅; **E. 통용되는** 말: 1. 논쟁거리bone of contention; 2. 아첨 또는 망설임이 없음; 진실; 3. "부러진 뼈(다리)는 잘 고정하면 더욱 강해진다"(헨리 4세 2부2H4 4, 1 참조: "우리의 평화는 부서진 사지가 결합되는 것처럼 부서져도 더욱 강해질 것이다"); **F. 성서**: 1. "내 뼈 중의 뼈"=여성(이브에 대한 아담의 말: 창세기Gen. 2, 23); 2. 뼈와 관련된 것은 여성과 남성, 그리스도와 교회의 비교에서도 사용된다(에베소서Eph. 5, 30); 3. 그리스도는 이미 죽었기 때문에 그의 뼈는 부러지지 않았다; 아마도 복음서 저자는 이것을 유월절 의례와 연관시켰을 것이다(출애굽기Ex. 12, 46; 민수기Num. 9, 12에서 언급됨); **G. 특별한 문학적 의미**: 1. 윌리엄 블레이크William Blake: 종종 부러뜨려야 하는 과거, 전통; 2. 토머스 S. 엘리엇Thomas S. Eliot: a. "뼈 속의 열기fever in the bones": 육신(죽음)을 넘어, 즉 인간의 경험과 형이상학을 넘어 무엇인가(생각)를 불태우는 것='골수'("불멸의 속삭임Whispers of Immortality"); b. 구체적 경과 시간, 구체적 역사의 형태("황무지Waste Land") 3; c. 기억은 뼈를 초월할 만큼 강하다: 역사적 지식은 참여한 사람들의 뼈보다 더 멀리 거슬러 올라간다("풍경Landscape" 4); 3. 딜런 토머스Dylan Thomas: A. "사랑에 빠지게 하는 헤르메스의 발의 날개뼈winging bone": a. 암수 한 몸을 가진 태아의 헤르메스(=남성성) 측면; b. "성교를 원하는 남자 성기flying heartbone"(참조); c. 남근; B. "성교하다 bone-railed": a. 성sex; b. 불안정; c. 죽음; C. "젊음의 생명을 주는 성기bone of youth": 생명의 도구가 되는 남근(그리고 죽음을 초래하는 삶): 수태할 수 없는 자궁으로서의 남자; D. 해변의 뼈: 여성적인 해양 무척추동물과 대조되는 남자의 남근; **H. 민속**: a. 로마: 인간의 마른 뼈는 최음제로 사용되었다; b. 본래 뼈의 소유자가 죽은 후에도 생명과 의식은 뼈에 머무를 수 있으며 따라서 파괴되지 않는다; c. 종종 마법과 마술에서 사용됨(동물과 인간의 뼈는 주문, 치유 주술과 점으로 사용되었다); d. 영국에서는 주로 양의 어깨뼈로 점을 쳤다; 그 밖의 곳에서는 '뼈를 던지고' 떨어진 방향을 '읽는 것'으로 점을 쳤다; e. 치유: 많은 치유방법이 있다. 예 만취하기 위해 불태운 인간의 뼈를 에일 술과 섞었다; f. 해골(특히 효과적임): i. 뼈에 대고 한 맹세는 매우 엄중하다(특히 혐의를 벗는 데 사용된다); ii. 해골로 마시다: 적의 해골로 마시는 것은 이러한 적의 힘을 갖게 한다; 성자의 해골로 마시는 것은 치유의 효과를 갖는다; iii. 일부 해골은 묻히기를 거부한다: 건드릴 때마다 비명을 지른다; g. 새의 차골 또는 쇄골: 이는 새의 가슴과 목 사이에 Y자 모양의 뼈를 말하며 초승달과 연관될 수 있다(말의 편자 모양과 유사하다); 비밀 소원을 빌 때 두 명이 작은 손가락으로 이 뼈의 끝을 붙잡고 부러뜨린다: 부러진 뼈에서 큰 부분을 가진 사람의 소원이 이루어질 것이다.

뽀빠이 Popeye 전래동요에서 뽀빠이의 놀라운 위업이 언급되지만 이는 주로 '인쇄하기 부적절한' 운율로 묘사되어 있다.

뽕나무 mulberry (나무) **1.** 피라미스와 티스베의 신화에서 티스베는 뽕나무 아래에서 사랑하는 피라미스의 시체를 발견했다: "그리고 티스베는 뽕나무 그늘에서 단검으로 스스로 목숨을 끊었다"(한여름 밤의 꿈 MND 5, 1). 그 이후로 뽕나무 열매는 붉은색이다(나소 P. 오비디우스Naso P. Ovid, 변신이야기Metam. 4, 90ff.); **2.** 위대한 여신에게 바쳐졌다: a. 실레누스가 술에 취해 있을 때 그를 발견한 두 젊은이들이 그를 묶었고 님프 에이글Aegle이 그의 얼굴과 관자놀이를 진홍색의 뽕나무로 칠했다는 기이한 구절이 있다(베르길리우스Virgil, 전원시Ecl. 6, 22); b. 민요: "비둘기가 뽕나무 위로 날아오를 때"라는 구절은 수수께끼의 기사의 후렴구로 세 자매의 사랑을 상징한다; c. 보톰(한여름 밤의 꿈에서)은 요정의 땅에서 뽕나무 열매를 먹었다; d. 지혜, 신탁: 다윗이 여호와께 여쭈었던 것(사무엘하서2Sam. 5, 23ff.); e. 전쟁과 관련됨: 포도와 뽕의 즙이 코끼리를 전투에 열중하게 만드는 데 사용됐다(마카베오 하서2Maccab 6, 34); f. 온화함과 날카로움이 결합함; 천천히 자라는 목재는 단단해지지만 시간이 지나면서 빛깔이 어두워진다(부드러워지면서); **3.** 느림: 늦게 번성함; 따라서 또한 지혜: 추운 날씨가 끝나면 꽃이 피고 빨리 익는다(플리니우스Pliny 16, 41); **4.** 비단과 관련된다: 누에를 뽕나무에서 기른다.

뾰루지 pimple 그리스: a. 만약 뾰류지가 혀에 생기면: 이 사람이 갖고 있는 비밀에 대해 밝히기를 거부하는 것이다; b. 코 위에 나면 거짓말쟁이임을 나타낸다.

뾰족뒤쥐 shrewmouse **1.** 달의 단계가 이 쥐의 세포 조직에 영향을 미친다는 사실로 볼 때 위대한 여신과 관련됨이 명확하다(플리니우스Pliny 2, 41); 생쥐mouse 참조; **2.** 많은 마법 처방에서 발견된다: 예 뾰족뒤쥐가 물면 독이 퍼지지만, 뾰족뒤쥐를 먹는 임산부는 검은 눈을 가진 아기를 낳을 것이다(플리니우스 30, 46).

뿌리 root **1.** 다윗의 뿌리: 그리스도(요한계시록Rev. 5, 5); **2.** 모든 악의 뿌리: 돈(디모데전서1Tim. 6, 10); 그러나 '뿌리 내리는 것'=번창하는 것(욥기Job 5, 3; 이사야서Isa. 27, 6; 37, 31).

뿔 antlers **1.** 이름: '안네ante'(=앞), '오큘러스oculus'(=눈)인 것으로 보인다; 사슴뿔의 가장 아랫부분에서 유래했을 것이다(지금은 '눈썹'이라고 함); **2.** 지능; **3.** 일광; **4.** 문장heraldry(紋章): 불과 관련된 무장력, 불굴의 의지; **5.** 악타이온(태양Sun 참조): 아마도 그가 사냥만 한 것이 아내를 외도하게 만들었을 것이다. 그의 사냥('죽어 가는 태양'과는 별도로)은 신성한 사냥 주제(유니콘, 사슴 등)와 관련이 있을 수 있다.

뿔 horn (동물의 뿔) **1.** '뿔'이라는 단어의 상징성 이해하는 데 있어 어려움은 주로 동물의 뿔과 악기가 같은 단어이고 기원 또한 같다는 사실에서 발생한다; 그러나 일반적으로 성서에서 언급되는 뿔피리는 '트럼펫'로 번역되었다. 성서에서는 뿔병horn of oil과 제단의 뿔horn of the alta이란 표현이 자주 등장한다; **2. 권력, 힘, 다산: A.** 모든 태양(그리고 땅 또는 강)의 신과 관련된다: a. 구석기시대 회화에서; b. 황소의 신 여호와의 힘을 나타내는 제단(아래 참조); c. 판뿐만 아니라 주피터 및 아폴로와도 관련된다; d. 강의 신들(예 나소 P. 오비디우스Naso P. Ovid, 변신이야기Metam. 13, 894 및 15, 565; 베르길리우스Virgil, 농경시Georg. 4, 370f.)의 뿔(종종 황금빛 번영을 강조하기 위해 금을 입혔다); 이들은 또한 황소의 신이기도 하며, 2번의 B에서 언급된 달의 여신들 근처에 있다; e. 광산, 대지 신의 창조력; f. 오시리스; g. 오딘, 토르, 로키 등; h. 악마들; **B.** 달의 여신들: a. 비너스와 관련된다: 키프로스의 베르날리아 시장 광장에서는 뿔이 잘 자라고 황금을 입힌 어린 암소가 바쳐졌다(나소 P. 오비디우스, 변신이야기 10, 271); '뿔'로서 그녀는 이집트에서 이시스-하토르-이오 그리고 모든 달의 여신 및 바다의 여신들과 함께 특히 추앙받았다: 예 기독교 상징에서 마리아가 서 있는 반구half-globe(뱀serpent과 함께)의 옆면에 달 뿔이 튀어 나와 있다; b. 달을 통해 여성의 음기와 연결된다: 오비디우스(변신이야기 9, 783)에서 이시스의 달 뿔이 빛의 섬광을 발산한다. "아첨하는 달빛이 뿔을 빛냈다imitataque lunam cornua fulserunt"; **C.** 풍요: a. 바쿠스Bacchus/디오시소스는 뿔 운반자였으며, 나중에는 무례함과 대담함 그리고 술 취함이 그들의 특징이 되었다(나소 P. 오비디우스, 사랑의 기술De Art. Am. 1, 232; 2, 380 등 참조); 더욱이 '뿔이 있는 아이' 디오니소스는 특히 크레타에서 숭배받았다. 그곳에서 최초의 포도주가 만들어졌고 거대한 뿔이 달린 염소가 있었다. 자그레우스는 바쿠스/디오니소스의 크레타 버전이다. 라피스티아의 디오니소스를 숭배하는 뿔을 가진 여성에 대해서는 리코프론Lycophron(1, 237) 참조; b. 미트라교에서는 죽은 황소 뿔에서 열매가 자란다; c. 2번의 B, b 및 풍요의 뿔Cornucopia 참조; **D.** 일반적인 권력: a. 바빌로니아 왕들은 자신의 힘에 따라 한 쌍 이상의 (황소) 뿔로 자신들을 묘사했다. 그리스 동전에도 아몬의 아들인 알렉산더가 숫양의 뿔을 가진 모습으로 묘사되어 있다(알렉산드리아의 클레멘스Clement of Alexandria, 그리스도인들에게 보내는 편지Pr. 4, 48; 그의 후계자 중 일부); b. "악인의 모든 집도 끊어질 것이나, 의인의 뿔은 높을 것이다"(시편Ps. 75, 10), "높여진 뿔"은 기름과 관련이 있다(시편 92, 10); 또한 "내가 다윗의 뿔이 돋게 하리라. 나의 기름부음 받은 자를 위한 등불"(시편 132, 17). 여러 차례 뿔은 남근을 가리키는 것으로 보인다(예 예레미아서Jer. 48, 25): "모압의 뿔이 잘리고 그의 팔이 부러졌느리라"(그리고 욥기Job 16, 15)라는 언급은 근동에서 여전히 행해지고 있는 원수의 시체를 훼손하는 방법을 가리키는 것일 수 있다; c. 스가랴의 환상(1, 18ff.)에는 네 개의 소뿔이 있다: 이스라엘을 흩어지게 만든 네 개의 뿔은 네 명의 '목수'(=일반적으로 돌, 나무 등을 다루는 일을 하는 상인)에 의해 '닳게' 될 것이다; d. 이집트의 상형문자에서 이것의 한 가지 의미는: '머리 위에 있는 것'이다. 즉, 상승, 영광; **3. 제단**: 봉헌의 뿔: a. 제단 모퉁이에 있는 네 개의 뿔은 땅의 끝으로 간주되었다(지평선horizon 참조): 황소bull(또는 암소cow) 자신은 땅이고, 식물적 삶이며(황소bull 참조), 특히 희생 제단(특히 식물의 희생)이다; 종종 이중으로 표현되는 풍요의 뿔과 관련이 있을 수 있다(따라서 음주 목적이 아님); b. 제단(그리고 향을 피우는 단)의 뿔이 기술되어 있다(예 출애굽기Ex. 27ff.). 이것들은 하나님의 권세와 능력, 그리고 제단이 여호와께 바쳐졌다는 표시로서 설명되었다; 뿔에 희생 동물의 피를 '네 손가락으로' 뿌려야 했다; 또한 황소bull 참조; c. 네 개의 뿔이 있는 제단은 가나안의 후기 청동기시대(BC 1500~1200)부터 존재했다; **4. 구원, 불멸**: a. 뿔의 내구성은 영생을 암시한다(상록수evergreen 참조); b. 구원의 뿔(누가복음Luke 1, 69)은 강력한 메시아를 가리킨다; c. 영국에서는 불멸을 위해 사슴뿔을 무덤에 놓았다; **5. 보호, 망명**: 지중해 전역에 있는 제단의 뿔은 성역이 되었다(열왕기상서1Kings 1, 50); 오비디우스(변신이야기 5, 103)는 '에티오피아인'들이 보호를 위해 제단 뿔을 잡았다는 것을 언급한다; **6. 시작**: a. 이집트의 상형문자: "스스로 길을 열어라"; b. 별자리 순환은 뿔이 있는 두 마리의 동물(양자리와 황소자리)로 시작한다; 또한 아래의 카를 융Carl Jung 참조; **7. 정조**: 모건 르페이Morgan le Fay가 아서왕Arthur에게 충성의 뿔을 보냈다. 남편에게 불충실했던 여성이 뿔을 사용하여 마시려고 하면 그 내용물이 쏟아졌다(토머스 맬러리경 Sir Thomas Malory 8, 34); **8. 남근과 부정한(외도하는) 아내를 둔 남편**: "뿔, 뿔, 튼튼한 뿔은 비웃어 넘길 일이 아니다"(뜻대로 하세요AYL 4, 2; 참조; 또한 헛소동Ado 1, 1; 윈저가의 즐거운 아낙네들Wiv. 2, 1; 사랑의 헛수고LLL 4, 1 등); **9. 광기, 분노**: a. 외도하는 아내의 남편이라는 것에 대해 내는 화(예 윈저의 즐거운 아낙네들 3, 5); b. 발정기에 뿔 달린 동물처럼 미친 듯이 화가 나서 무엇이든 공격한다: "…분명히 내 주인은 욕정의 광기를 부리고 있다… 내 말은 그가 아내의 외도에 분노하고 있는 것이 아니라는 뜻이다. 그러나 확실히 그는 완전히 미쳤다"(실수연발Err. 2, 1); **10. 심리**: (카를 융Carl Jung:) a. 삽입, 남성적, 활동적; b. 십자가(십자형criss-cross 참조), 알파벳 그리고 몇 가지 기도문으로 시작하는 용기(用器), 여성적; **11. 다른 것과의 조합**: A. 뿔로 만든 책: 뿔로 만든 읽기 '입문서'; B. 뿔궁(弓): 아폴로는 오레스테스에게 에리니에스와 싸우도록 뿔 궁을 주었다; C. 뿔 달린 악마: 단테Dante의 "신곡 지옥편Inf."에 나오는 뿔 달린 악마는 포주들(특히 여성을 탐욕스럽게 팔았던 사람들)과 거짓말하는 유혹자(신곡 지옥편Inf. 18)의 벌거벗은 몸을 채찍질하여 처벌한다; D. 뿔의 문: 사람들은 뿔 문을 통해 꿈의 도시를 떠나는 예언적 꿈을 꾼다(상아Ivory 참조: 호메로스Homer, 오디세이아Od. 19, 562ff.; 베르길리우스, 아이네아스Aeneid 6, 893); E. 뿔 달린 남자: 갑자기 로마의 집정관인 키푸스의 머리에 뿔이 돋아 동료 집정관들 사이에서 영예를 얻었다(나소 P. 오비디우스, 변신이야기 15, 565f.); F. 뿔 달린 여성: 뿔이 달린 여신들이 얼마나 높이 존경 받았는지를 고려할 때 뿔이 생기는 벌을 받은 여자들에 대한 오해는 나중에 생겼을 가능성이 있다. 이 여자들은 아마도 달의 여신들의 여사제들이었을 것이다: a. 코스 땅의 여자들은 헤라클레스가 그들의 땅에서 소를 몰고 갔기 때문에 화가 나서 주노 여신을 욕했다. 그 벌로 이들은 암소로 변했다; 오비디우스(변신이야기 7, 363) 참조; b. 비너스는 자신이 사랑했던 키프로스의 케라스타 사람들이 이방인들을 죽여 재단을 더럽힌 것에 대해 케라스타 사람들을 처벌했다(참고할 문헌: 나소 P. 오비디우스, 변신이야기 10, 222ff.); 그녀는 그들을 황소로 바꾸었다; c. 2번의 C도 참조; G. 지그프리드의 꿰뚫을 수 없는 뿔 피부(용의 피를 뒤집어쓰고 얻은 것)는 싸움에서 승리하기 위해 용의 특성으로 무장하고 용과 싸우는 영웅의 또 다른 예이다. 뱀의 눈을 가진 영웅들serpenteyed heroes 참조; **12. 민속**: a. (잘 다듬은) 뿔은 독성을 막아 주기 때문에 뱀(예 유니콘)의 천적이다; b. 일반적인 악에 대항하는 부적은 나중에 말굽으로 대체되었다. 또한 뿔을 모방한 손동작(손의 앞쪽과 새끼손가락만 들어 올리는 동작)도 동일한 효과가 있다. 모든 시대에서 그것은 무덤, 출입구 등에 매달면 행운을 가져다주는 부적이었다; c. 엘리자베스 1세 여왕 시대에는 '뿔 고리'는 마법의 특성 때문에 많이 팔렸다(겨울이야기Wint. 참조 4, 4); **13.** 갈라진 뿔antlers; 풍요의 뿔cornucopia; 그리고 뿔이 있는 개별 동물 참조.

뿔나팔, 호른 horn (트럼펫trumpet) **1.** 다음을 위한 무장의 요청 또는 도움을 위한 탄원 a. 천국의 주인을 위해; b. 성스러운 전쟁을 위해; c. 바스크인들(나중에 사라센으로 바뀜)에 대항하여 후위공격을 가하며 싸우다 어려움에 처하게 되었고 올리비에 경Sir Oliver이 도움을 요청하기 위해 그의 뿔나팔 올리판트를 불려 하자 자존심이 상한 롤랑Roland(또는 '오를란도Orlando')이 불지 못하게 했다; **2.** 세상(또는 계절)의 끝에서 불었다: a. 최후의 심판 때의 죽은 자들에 대한 경고(예 스바냐서Zeph. 1, 16); b. 소음: 라그나로크Ragnarok에서 헤임달Heimdal이 불었다(붉은 수탉red cock, 독수리eagle 참조); 그때까지 그것은 거룩한 재 아래에 보존되었다; **3.** 구원, 승리; **4.** 명성의 상징; **5.** 종교 축제에서 신자들을 모으거나 의식 중에 악령을 겁주기 위해 불었다: 예 히브리인들의 뿔피리, 때로 변환기간 동안 로마 가톨릭 교회에서 불던 나팔; **6.** 우울한 악기: 누가 "그녀의 잠겨 있는 영혼에 부드러운 나팔 소리를 불었습니까"(자일스 콜린스Giles Collins, "정열, 음악을 위한 송가The Passions, An Ode for Music"); **7.** 거친 음악: a. 바카날리아 주신제Bacchanalia의 오르지orgy 의식에 사용되었다(예 나소 P. 오비디우스Naso P. Ovid, 변신이야기Metam. 3, 533ff.); b. 악마를 겁주어 쫓아낸다: 숫자 5five 참조; c. 다산을 촉진하는 것. 성배H. Grail에 필적한다: 여성적 모양과 결합한 남성적 소리(예 고대 북유럽 신화에서); **8.** 이단: 특히 롤랑Roland의 뿔나팔; **9.** 그리스: 트리톤의 상징; **10.** 기독교: 성령H. Spirit; **11.** "뿔나팔을 부는 것"=엘리자베스 1세 여왕 시대 이야기에서는 자신의 불륜을 만천하에 선언하는 것: "그녀 앞에서 뿔나팔을 부는 고통을 인내해 줄 남편이 그녀에게는 없다"(존왕의 삶과 죽음K. John 1, 1); **12.** 문장heraldry(紋章): a. 사냥, 자유로운 사냥 의식; b. 높은 추구.

뿔피리 shofar **1.** 다음을 시작하는 데 사용된 히브리 숫양의 뿔: a. 유대교의 신년제Rosh Hashanah, 새해, 이삭Isaac의 희생을 대신하였던 숫양을 기념할 때; b. 욤 키푸르Yom Kippur, 속죄일; c. '뿔나팔jobel' 소리로 시작되는 '희년Jubilee'; d. 금식일; **2.** 다음을 의미한다: a. 속박에서 해방되는 것; b. 전쟁: 여리고Jericho의 함락과 관련된다; c. 엑소시즘exorcism: 신성한 의례가 시작될 때 악령을 겁주어 쫓아내는 것; d. 대멸망: 성전의 대멸망 그리고 최후의 심판; e. 하나님의 주권, 계시와 회개; 3. 다산: 뿔horn은 성적 의미가 강하다: 여성과 어린이는 뿔을 볼 수 없었으며 원래는 땅을 '진동시키고' 땅과의 신성한 결혼을 상징하기 위해 우물이나 구덩이에 대고 불었다.

삐침 sulking 아킬레스 이후로 서사시에서 삐친 영웅들을 흔히 볼 수 있다(참조: 매튜 아널드Matthew Arnold, 소랍과 루스툼SR 199ff.).

ㅅ

사각 quadrangle 정의는 사각형이다(보통은 정사각형을 의미함): "말에서, 행위에서, 악을 멀리하는 것에서, 자애로움에서, 즉 모든 측면에서 영적 지식의 완벽성"(알렉산드리아의 클레멘스Clement of Alexandria, 스트로마타Strom. 6, 12).

사격, 쏘기 shooting 엘리자베스 1세 여왕 시대: 성적 의미가 있었다: a. "젊은 아담 큐피드가 너무나 깔끔하게 활을 쏘았고, 코페투아왕Cophetua은 거지 소녀를 사랑하게 되었다"(로미오와 줄리엣Rom. 2, 1); b. "잘 이기는 것은 역시나 잘 쏘는 것"(존왕의 삶과 죽음K. John 1, 1; 또한 사랑의 헛수고LLL 4, 1).

사과 apple **1. 땅**earth, (구형의) **전체**totality, 세속적·물질적 욕망 및 일반적 기쁨: a. 비너스와 관련된다(뒤 참조); b. 웃음과 관련된다; c. 사과나무: 인간의 행복, 삶의 기쁨(러디어드 키플링Rudyard Kipling); d. 히브리-기독교의 낙원과 관련된다; e. 헤스페리데스의 사과는 (무엇보다도) 기쁨을 의미했고 땅과 관련되었다: 그것은 헤라에게 결혼 선물이었고 그녀는 그것을 땅 속 용의 보호 아래 두었다; f. 이브의 열매로 여겨지는 여성의 성기(예 딜런 토머스Dylan Thomas); **2. 불사**: 여신은 엘리시온 들판Elysian Fields인 낙원의 들판에서 사과를 불사의 보증으로 준다; a. 네메시스는 원래 다산과 바다의 여신이었다(복수의 여신이 되기 전); 그녀는 나중에 '신성한 숲의 여신'이 되어 영웅들에게 사과를 주었다(예 로버트 그레이브스Robert Graves, 하얀 여신WG 255, 그리스 신화 서론GM intr. p. 21); b. 이브는 지식을 통해 아담을 불사신으로 만들기 위해 그에게 사과를 주었다; c. 아프로디테는 파리스에게 사과를 주었을 것이다(더 이상 이해되지 않는 상징에 대한 오해와 재해석인가?; 로버트 그레이브스Robert Graves, 앞의 인용 참조); d. 북유럽의 연례 봄 축제에서 어머니 여신 고다가 신성한 왕에게 주는 것이었다(염소Goat 참조); e. 일반적으로 북유럽 신화에서 불멸성과 관련된다(회춘rejuvenation과 죽음death 참조); f. 몇몇 영웅은 애플랜드에서 잠을 자고 나라가 그들을 필요로 할 때만 깨어난다: i. '아발론'의 아서 왕; ii. (에어셀둔의) 토머스 더 라이머Thomas the Rhymer(프랜시스 차일드Francis Child 37)는 엘리돈 나무 아래에서 요정의 여왕을 만났다; 그녀가 준 사과를 먹은 후 그는 예언적인 운율시의 마법사가 되었다; 후에 그는 트루 토머스True Thomas(=드루이드 토머스Druid, T.)라고 불렸다; 그는 "지상에서는 한 번도 나타난 적이 없었지만" 엘리돈 언덕으로 간 후 조국이 그를 필요로 할 때까지 기다린다; g. 시적 불멸성 및 구원과 연결된다; **3.** 특히 **성적 즐거움 및 다산**과 관련된다: a. 비너스와 관련된다; 1번의 g 참조; 디오니소스와도 연결된다: 테오크리토스Theocritus("주문The Spell"); b. 심리: 여성의 가슴(꿈에서); c. 사과나무 애호가(아가서SoS 2, 3); d. "내가 사랑에 지쳤으니 사과로 나를 위로하라"(아가서 2, 5); e. 다산을 위한 성적 의례의 장소: "나는 너를 사과나무 아래에서 키웠다(=꽃이 졌다): 거기에서 너의 어머니가 너를 만들었다"(너를 수태했다고 표현해야 함: 아가서 8, 5); f. 달리기에서만 이길 수 있었던 아탈란타Atalanta(성적 상징성에 대해서는 발foot 참조)는 세 개의 황금사과에 속았는데 이 황금사과는 히포메네스(비너스에게 보호받음)가 떨어뜨린 것이었고 그녀는 그것들을 집어 들었다(나소 P. 오비디우스Naso P. Ovid, 변신이야기Metam. 10. 560-680); g. 시디페는 사과를 보낸 사람과 결혼할 것이라고 쓰여 있는 사과를 받았다; 그녀는 그것을 큰 소리로 읽었고 맹세하였다(나소 P. 오비디우스, 사랑의 기술De Art. Am. 1, 457); h. 사랑의 사과: 맨드레이크 또는 토마토의 다른 이름: i. 소녀에게 선물하는 특별한 사과(얻는 데 약간의 위험을 감수한 후에)는

『다프니스와 클로에Daphnis and Chloe』 같은 교양 있는 문학서적에서도 지속되었다; j. 사과는 불임이었던 레이리르의 아내 요드를 수태시켰다(동풍, 서리-거인의 딸): 그녀는 7년 동안 그것을 지니고 있었고 볼숭에게 전했다; **4. 불화의 사과**: a. 파리스Paris; 사과에 대한 또 다른 설명; b. 헤라클레스가 발로 으깨고 싶어 했던 사과는 불화의 사과였고 그 크기가 두 배나 되었다; 그가 곤봉으로 치자 사과가 다시 자랐다. 아테나는 그것이 분쟁이 커지는 방식이라고 설명했다(이솝Aesop); c. 에리스(불화) 및 네메시스의 속성(파우사니아스Pausan. 1. 33); 2번도 참조; **5. 회춘의 사과**: 영원한 젊음과 다산의 여신 이두나Iduna는 신들이 젊음을 유지하기 위해 먹어야 했던 회춘의 사과를 가지고 있었다. 로키와 동맹을 맺은 거인은 그녀를 호두(가을)로 변하게 하여 유괴했고 메추라기(봄)로 만들어 돌려보냈다; **6. 죄**: a. 육욕의 유혹; b. 라틴어 '말룸malum'=사과, '말루스malus'=사악함; 마리아의 손에 있던(또는 그녀가 데려온 그리스도의 손에 있던) 사과: 사악함의 극복(중세); c. 붉은색 사과: 육화한 악마: 딜런 토머스: 성적 기관으로서의 이브의 과일(또는 이브의 자녀로서의 그리스도); d. 소돔의 사과Apples of Sodom: (나무에서) 따면 재로 변하는 유독한 사해 열매. 죄의 상징(10번 참조); **7. 봄의 전령**: 시작: a. 특히 사과 꽃, 잘 어울리는 신부; b. 히브리-기독교에서는 처음에는 자주 구체화되지 않았다. 아마도 그 때는 곡식이나 포도였을 것이다; c. 새 아담이신 예수, 대속+구원, 천국의 재개, 영원한 생명; **8. 가을과 관련된다, 끝, 죽음(형벌), 완결**: 불사의 사과 선물은 자동으로 죽음을 포함하고 있다: a. 성서: 에덴동산에서 일어난 불행한 사건으로 인해 세상에 죽음이 왔다; b. 완성의 상징인 이니시에이션 계란의 반대; 특히 마가목 사과='부패의 단맛': 썩기 전에는 먹을 수 없다; 호라티우스Horace는 연회가 "계란으로부터 사과까지ab ovo usque ad malum" 지속된다고 말한다; c. 서쪽에 있는 사과 과수원(들): 죽음의 방향, 6번의 1 참조: 단테Dante에서 자살하는 죄인(신곡 지옥편Inf. 13, 6)은 "사과가 없는 곳에 있다Non pomi v'eran": 그들은 부자연스러운 방식으로 형벌의 장소에 들어갔다; d. 단테의 신곡에서 자살한 죄인들은 '사과가 없는 곳'에 있다("사과가 없었다Non pomi v'eran)(지옥편 13. 6); e. 한해의 가장 큰 사과 축제는 할로윈 축제다; f. 가을 그리고 다가오는 죽음과 관련 있다. "큰 이슬처럼 떨어져 스스로를 상하게 하는 출구"(=영혼이 떨어져 나가는 육체: 데이비드 H. 로렌스David H. Lawrence, "죽음의 배Ship of Death"); g. 그 당시 종종 영웅들은 죽음이 불가피하다는 것을 깨닫고('과거에서 온 목소리를 들으면서') 여신이 제공한 사과를 거절한다(예 존 키이츠John Keats, 무정하고 아름다운 여인La Belle Dame sans Merci); 따라서 많은 사람이 그것을 받아들이지 말라는 경고를 받았다; h. 백설공주는 '잠이 들고' 왕자에 의해 부활한다: **9. 지혜**(권력을 주는 지식): a. 하와가 아담에게 주어 두 사람이 지혜와 지식을 얻었다(심지어 뱀의 지혜도 거기에 있었다); b. 헤스페리데스의 사과도 지식을 주었다; 다시 땅속 지혜의 용이 등장한다. **10. 속임수**: a. 소돔의 사과: 6번의 d 참조; b. 특히 가시 사과: c. "좋은 사과, 썩은 마음: 오, 겉으로 드러나는 거짓이 얼마나 훌륭한가"(베니스의 상인Mer. V. 3); **11. 신성한 임재**: 사과밭(조하르Zohar 경전): **12. 위험**: a. 윌리엄 텔Willian Tell 이야기; b. 잉글랜드에서 이에 상응하는 것은 "클로우의 클림Clym of Clough" 등의 전승 민요시; **13. 단일성**: 석류의 다양성과 반대; **14. 신탁과 예언**: a. 죽음 및 불멸과 관련이 있기 때문이다: 2번의 f, b 참조; b. 주술에서 사과는 신탁을 받고 죽은 자들에게 적합한 음식으로 간주된다; **15. 별**: 헤스페리데스의 정원에서 언급되는 별과 같다; **16. 애플 님프들**은 멜리아에이다; 또한 아일랜드에서는 매우 숭배되었다: 고대 켈트족의 두 개의 신성한 나무 중 하나; **17. 신성한 사냥**에서 사과나무는 흰사슴과 유니콘의 피난처이다; **18. 사과나무 목재**는 방을 향기롭게 만든다(로버트 그레이브스Robert Graves, "하얀 여신WG" 169); **19. 문장**heraldry(紋章): a. 사랑; b. 회춘; c. 생명의 충만; d. 구(형)으로서 땅 위의 왕국; **20.** "적절한 말은 은장식에 **황금**gold 사과 같으니라"(잠언Prov. 25, 11); **21.** 켈트족의 **나무알파벳**에서 아홉 번째 달=8~9월(달력calendar 참조); **22. 미국인**: 조니 애플시드Johnny Appleseed=전설적인 영웅이 된 조나던 채프먼Jonathan Chapman은 오하이오와 인디애나 전역에 사과나무를 심었다; 그는 기이함으로 유명했다: 매너, 의복, 스베덴보르그적Swedenborgian 관점, 동물에 대한 극도의 친절함, 관대함, 용기와 특이한 인내의 측면에서 화초 재배 및 보존의 측면에서 과수원의 수호자; **23. 민속**: a. 헤이즐넛과 신성한 숲, 자르면 살아 있는 것으로 갚아야 하는 세 가지 중 하나; b. 크리스마스(또는 때로 부활절) 아침에 태양이 사과나무를 비추면 풍년과 번영의 해를 예고하는 것이다; c. 베드로 성인의 날과 성자 스위딘의 날에 비가 내리는 축복을 받아야 한다. 때로 비의 축복을 받지 못하면 그 사과는 먹을 수 없다; d. 수확하고 나서 봄까지 사과 한 개를 매달아 놓은 채로 둔다: 죽음; 그러나 때로는 새를 위해 한두 개는 남겨 두는 것이 의무였다; e. 사랑 점치기: 예 '애플 더킹apple-ducking': (다양한 형태로 이루어졌다) 물이 담긴 그릇에 여러 개의 사과를 넣은 다음 당신이 깨문 사과를 갖는 사람이 당신의 '그것(사랑의 대상)'이 될 것이다. 또는 실에 사과를 여러 개 걸고 눈을 가리고 그중 하나 물기; f. 앨런의 사과: 각 가족 구성원은 가을에 큰 사과를 하나씩 갖는다. 이 사과를 할로윈에 먹으면 다음 해에 행운이 온다(영국 남서부 콘월 지방); g. 사마귀와 류머티즘을 치료한다; h. 마녀는 사과를 호의적으로 사용하거나 비호적으로 사용했다; 화장품; 시간. 마녀가 유리하거나 불리하게 사용한다; i. 애플 와세일링apple-wassailing(=사과 과수원 축제): 크리스마스 시즌 황혼 무렵 농장의 남녀가 총, 쟁반, 프라이팬, 주전, 새끼 고양이 등과 일정량의 사이다를 들고 그 모두를 상징하는 한 그루의 나무를 선택한다; 그들은 그것을 마시고 나무뿌리에 술을 붓고 사이다에 절인 토스트 한 조각을 나뭇가지에 달아놓는다. 그리고 그 자리에 있던 사람들은 땅에 세 번 절하고 무거운 자루를 짊어진 사람처럼 몸을 일으킨다. 잠자는 나무 정령을 깨우고 불운의 악마를 몰아내기 위한 소음(냄비와 팬 등을 두드림)이 필요하다; j. 사과나무는 종종 보호를 위해 집 근처에 심었다: 번개는 사과 나뭇가지를 쪼갤 수 없고 토르의 망치도 건드릴 수 없다; k. "사과, 계란, 견과류는 창녀 다음에 먹어도 된다"(의심스러운 의미); l. 동요: "바울의 첨탑 위에 사과가 가득 열린 나무가 있다; 런던 시내의 어린 소년들은 갈고리를 가지고 사과를 끌어내리려고 달려간다; 그런 다음 울타리에서 울타리로 이동하면서 런던 브리지까지 간다".

사과주 cider **1.** 시골 축제; **2.** "사과주는 기만적이다. 왜냐하면 보기에는 순하게 미소 짓는 것 같아도 마시면 독하다"(속담).

사기꾼, 협잡꾼, 트릭스터 trickster **1.** 심리: 노현자 원형의 한 측면(원형archetype 참조); 장애물을 극복하는 데 도움이 되는 인간의 직관적인 지략; 그는 추악한 형태로 완전히 이성에 반하는 흑마법사가 될 수 있다; 남자의 경우 아버지와 반대이며 여자의 경우 대여사제와 동등하다; **2.** 예 a. 프로메테우스는 제우스에게 바칠 희생제물을 싸 놓아서 제우스가 가장 맛있는 조각들을 먹지 못하도록 속였다(헤시오도스Hesiodus, 신통기Th. 535ff); 또한 시시포스, 오디세우스도 마찬가지이다; b. 일반적으로 아서왕의 기사로서의 힘과 기량을 강조하지만, 그는 힘이 아닌 속임수를 사용하여 생 미셸 산(프랑스)에 살던 거인과 싸웠다.

사냥 hunting **1.** (진리의) 탐색; **2.** 추구; **3.** 살육; **4.** 가장 일반적인 신화의 유형: a. 신이 짐승의 모습으로 하는 사냥: 아름다운 여성을 쫓는 남근적인 다산의 악마: 사티로스와 님프의 관. 종종 동물 가죽을 입거나 동물 뿔로 만든 왕관을 쓴 남자들; b. 바쿠스 신을 숭배하는 여자들은 교미기에 있는 암말의 점액인 히포마네 또는 월계수 등에 취하거나 뱀snakes에 둘러싸여 살아 있는 동물(또는 남자)을 찢어서 날것으로 먹는다: 오르페우스, 펜테우스 등; 남자들은 종종 여성의 의례를 '보고자 하는 호기심 때문에' '벌'을 받는다; 아르테미스, 헤카테, 디오니소스-자그레우스, 유령 사냥꾼의 귀신 사냥; d. 전투 중에 몰살당한 귀신 같은 영혼의 군대: 전투 소리는 들리지만 볼 수는 없다: 천둥: 많은 태양 영웅들이 사냥에서 죽는다: 아도니스, 지그프리트 등; **5.** 사냥꾼: a. 기독교: 사악한 사람들을 사냥하는 악마; b. "자랑스러운 님로드가 먼저 피비린내 나는 사냥을 시작했고, 강력한 사냥꾼인 그의 먹이는 인간이었다."(알렉산더 포프Alexander Pope, "윈저 숲Windsor Forest", 제10장 9 참조); c. 일반적으로 언덕과 관련된 풍경에서의 사냥꾼; **6.** 사냥꾼: 딜런 토마스D. ThomasDylan Thomas.: =시간time=기수rider; **7.** 사냥개hound 참조.

사냥개 hound **1.** 진실, 호기심, 지성의 향기를 잘

맡는 사람; **2.** 사냥: a. 그리스: 아르테미스의 동반자; b. 켈트족: 붉은 귀를 가진 흰 사냥개들(바람, 즉 위대한 여신의 종). 이들은 하늘을 가로지르는 수사슴(영혼)을 사냥한다; 가브리엘 사냥개의 한 버전; **3.** 추적자: '사냥하기 위해to hound': 악타이온-디아나 신화와 관련된 욕망의 형태로 자신의 내적 열정을 추구한다(십이야Tw. N. 1, 1참조); b. 천국의 사냥개: 프랜시스 톰슨Francis Thompson은 신에게 추적당하고 압도당한다고 느낀다; c. 카라Kara는 '삶의 파괴자'인 하데스의 발 빠른 사냥개이며 공중으로 뛰어올라 살아있는 사람을 급습한다(로디우스의 아폴로니우스Apollonius Rhodius, 아르고호 항해기Arg. 4, 1665); **4.** 봄을 사냥하는 개: "봄의 사냥개들이 겨울의 끝자락에 있을 때"(찰스 스윈번Chares Swinburne, "캘리돈의 아탈란타Atalanta in Calydon"); **5.** 윌리엄 B. 예이츠William B. Yeats: 붉은 귀를 가진 사냥개: 남성적 욕망. 뿔 없는 흰 사슴의 여성적 욕망과는 대극; 2번의 b 및 3번의 a 참조; **6.** 개dog; 가브리엘Gabriel; 그레이하운드greyhound 참조.

사다리 ladder **1.** 일반적으로 높이 상징. 그러나 특히 야망을 상징한다: a. "초라함은 미숙한 야망의 사다리"(율리우스 카이사르Caes. 2, 1): 겸손한 척하는 것은 야망이 있는 사람이 일어서는 수단이다; b. 딜런 토머스Dylan Thomas: 인간의 끊임없는 노력; c. 지식의 점진적인 습득; **2.** 세상: "세상의 누군가는 오르고 누군가는 내려가는 사다리다"(속담); **3.** 천국과의 연결; a. 덕을 쌓는 신성함; b. 승천; c. 야곱의 사다리; **4.** 꿈: 지그문트 프로이트Sigmmund Freud에 따르면 사다리 또는 계단은 성행위에 대한 것이다; **5.** 물질세계의 어려움을 감수하는 것; 이집트에서는 보호 부적으로 무덤에 사다리를 두었다; **6.** 하강: a. 기독교: 십자가 처형 상징 중의 하나: 십자가로부터의 하강; b. 지하세계로 가는 길 그리고 위험으로 가는 길; **7.** 민속: 사다리 아래로 걷는 것은 생명의 삼각형을 깨뜨리거나 사다리를 타고 천국으로 올라가는 영혼spirit을 방해하기 때문에 위험하다; **8.** 하프는 종종 대표적인 사다리 상징이다.

사도 도마, 성 토머스 St. Thomas(제자) **1.** 불신, 회의론; **2.** 점성술: 전갈자리를 다스린다; **3.** 민속: a. 토머스의 날(12월 21일)에 술을 마시기 위해 돈을 달라고 하는 것을 "토머싱Thomasing"이라고 한다; b. "성 토머스 그레이, 가장 긴 밤과 가장 짧은 낮"(속담; 바너비와 루시Barnaby and Lucy 참조).

사도 마가 St. Mark 성 마가의 날 전야제: 4월 25일 자정에 교회 문 쳐다보기로 유명하다(존 키츠John Keats의 "사도 마가의 저녁The Even of St. Mark", 알로트Alott p. 480f; 그리고 "질병Illness" 101f. 참조).

사도 야고보 St. James the Great **1.** 요한의 형제: 그리스도는 이 두 형제를 '보아너게스(천둥의 아들)'라고 불렀다; **2.** 돌 (또는 대리석) 배에 실린 그의 시신은 기적적으로 스페인에 도착했다. 보트를 본 기사는 보트가 접근하는 것을 주저하는 말 때문에 바다에 빠졌다; 그는 성자에 의해 구출되었지만 그의 옷은 가리비로 덮여 있었다. 가리비는 지금도 스페인, 특히 갈리시아 지방의 상징이다; 그의 머리는 스페인을 보호하기 위해 땅에 묻혔다(아담, 아서왕r, 브리튼왕 등의 머리 참조); **3.** 궁수자리의 지배자.

사도, 제자 apostle **1.** 일반적으로 다음을 의미한다: 회화예술에서 이들은 일반적으로 후광을 갖고 있으며 종종 책이나 두루마리를 갖고 있다; 이들은 목자인 그리스도와 함께 있는 양으로 상징된다; 이들의 속성은 해당 단어 설명에 열거되어 있긴 하지만 다음과 같이 표로 요약하여 제시하였다(사도들의 영적 외심과 순교CSAM 170f 및 233); **2.** 다음 표 참조; **3.** 또한 베드로Peter 참조.

사도, 제자 apostle

이름	속성	특수기능
시몬(베드로) Simon(Peter)	천국의 열쇠, 물고기, 수탉; 노란 망토	천국 문지기
안드레 Andrew	*X자 모양의 십자가 St. Andrew's Cross 성 안드레아의 십자가	스코틀랜드의 수호 성자

큰 야고보 (세배대의 아들) James the elder	순례자의 지팡이와 가리비 껍질 (또는 말을 타고 깃발을 든)	산티아고 데 콤포스텔라 (스페인)에서 숭배됨. 그는 무어인으로부터 스페인을 구한 것으로 추정됨
요한 John	독수리 (최고의 영감)	복음전파자
작은 야고보 (알패오의 아들) James the younger	*방망이 또는 몽둥이	
다대오의 아들 유다 Jude(Thaddeus)	*창 또는 도끼창	
빌립 Philip	*라틴 또는 타우 (T자 모양) 십자가	
바돌로매 Bartholomew	큰 칼(때로 한쪽 팔 피부가 벗겨진 상처가 있는)	
마태 Matthew	날개 달린 사람, 주머니, *도끼	복음전파자
도마 Thomas	건축자의 규칙 또는 정사각형	
시몬 Simon	톱 또는 십자가	
유다 Judas	돈 자루, *나무	

* 죽임을 당할 때 사용된 도구

사드, 사르딘, 홍옥 sard; sardine (보석) **1.** 홍옥수carnelian의 일종으로, '홍보석sardius'이라고도 부른다. 황색에서 적색까지 색상이 다양하다. 사드는 벽옥과 함께 신의 색으로 언급된다(요한계시록Rev. 4, 3); **2.** 히브리: 제사장의 흉배에 있는 보석 중 하나로 르우벤(=루비)을 나타냈다; **3.** 플리니우스Pliny: 고대의 인장에 가장 많이 사용된 돌; **4.** 적갈색이며 따라서 순교자의 숭고한 피를 나타낸다(라바노스 마우로스Rhabanus Maurus, 중세영시M. E. Verse, 펭귄출판사Peng. p. 141). **5.** "중세보석세공집Med. Lap.: a. 강한 전사처럼 강인하게 만든다(E); b. 청명하지만 유익이 없다; 그러나 이것은 기쁨을 주고 두려움을 없애며 대담하고 강건하게 한다(F 110); c. 오닉스(마노)는 슬픔을 느끼게 하지 않는다; d. 완전히 붉은색 사드는 마법을 막는다; e. 가장 값비싼 사드는 '히아신스hyacinth'이다(모두 F 110의 내용); **6.** 힐데가르트 폰 빙엔Hildegard von Bingen: a. 주문을 외우는 기도와 함께 머리 위에 얹으면 격렬한 두통을 완화한다; b. 난산을 도와준다(자연학Ph. 4.).

사라 Sarah **1.** 유머 감각이 있는 성서의 몇 안 되는 인물 중 하나('이삭Isaac'='웃음laughter': 창세기Gen. 18, 12); **2.** 기독교: 사라Sarah='에클레시아Ecclesia'(교회); 하갈Hagar =유대교 회당(갈라디아서Gal. 4, 21ff); **3.** 아브라함Abraham 참조.

사륜마차 Clarence 아서왕은 전투에 나갈 때 "마차야 외쳐라."라고 말한다("멀린Merlin" 9장, 민담fol. 45B; 18, 민담 99B, 101A, 103A).

사르다나팔루스 Sardanapallus **1.** 아시리아의 타락하고 유약한 왕; **2.** 그의 동상에는 다음과 같은 문구가 새겨져 있다: "먹고, 마시고, 즐거워하라. 이것만큼 가치 있는 것은 아무 것도 없다." 여기서 '이this'는 동상의 손가락에서 알 수 있듯이 손가락의 마디를 의미한다(스트라보Strabo 14, 5, 9; 다른 많은 저자들도 그를 언급한다); **3.** 리드게이트Lydgate ("왕후의 몰락Fall of Princes" 2, 2311ff.)는 그의 비겁한 자살 때문에 그를 경멸했다. 그는 자신의 모든 보석과 귀중품을 장작더미에 던져 놓고 불 속에 뛰어들었다. 반면, 서리Surrey("아시리아의 왕Th' Assyrian king..." 32, 1ff.+n.)는 이것이 그의 유일한 남자다운 행동이었다고 생각했다.

사르디니아 Sardinia **1.** 이 섬의 원주민들은 이탈리아 본토까지 습격하는 도적들이었다. 이들은 산 속 동굴에서 살았기 때문에 카르타고인들에게 정복당하지 않았다(스트라보Strabo 5, 2, 7; 디오도로스 시쿨로스Diod. Sic. 5, 15); **2.** 경소Sardonic smile: 경멸하거나 조롱하는 웃음을 의미하는 이 표현의 기원은 다양하다; a. 사르데냐 사람인 탈로스는 사람을 죽일 때 뜨겁게 포옹하면서 씩 웃었다(리어왕Lr., 그리스어판Gr. 2, 405); b. 특정한 독성이 있는 식물은 사람들의 안면을 경직시키거나 웃으면서 죽게 만들었다. 이 허브는 '아피움 리수스Apium risus'라고 하며 그리스에서는 '사르다니온sardanion'이라고 불린다(호메로스Homer는 이 표현을 오디세이아 20, 302에서 사용하였다). 그러나 이 단어는 'sardinian'이 되었고, 따라서 사르디니아Sardinia와 연관된다(디오 크리소스토무스Dio Chrys III, p. 268; 파우사니아스Pausan. 10, 17, 13; 플루타르코스Plutarch, 윤리론집M 1097F 주석; 아그립파Agrippa, 오컬트철학OP 1, 17; 카이사레아의 프로코피우스Procopius of Caesarea, 전쟁의 역사HW 8, 24, 38f.).

사르사, 파릴라 sarsaparilla (식물) **1.** '약용식물 청미래덩굴Smilax officinalis'은 체질 개선제와 강장제를 만들 수 있는 뿌리를 제공한다; **2.** 달여 마시면 우울증을 낫게 할 수 있지만 땀을 많이 흘리게 한다(로버트 버튼Robert Burton, 우울의 해부Anat. of Mel. 2, 5, 1, 5).

사리풀 henbane (식물) **1.** 가지가 많고 점액질이 있는 허브로, 으깨면 악취가 나며 노르스름한 깔때기 모양의 꽃이 핀다. 꽃이 지면 독이 있는 꼬투리가 나온다; 이것은 버려진 땅과 쓰레기 더미에서 자란다; 잎으로 약물 또는 혼합 담배를 만든다; **2.** 불완전함의 상징; **3.** 민속: a. 매우 독성이 강해서 경련, 일시적 정신이상, 불임, 깊은 최면 상태를 유발하며 사람들이 환영을 보게 만든다; 따라서 위험한 주술에 사용될 수 있다; b. 의약: 특히 치통에 대한 진통제; 수면 효과를 가지고 있으며 부기를 완화한다; c. 부적으로 사용되는 경우 쾌활한 성향을 갖게 한다.

사마귀 mantis **1.** 이름: 그리스 '점쟁이'; **2.** 위선적인 기도의 태도로 위장한 탐욕, 잔인성, 식탐; **3.** 수정이 끝나면 암컷이 수컷을 잡아먹는다; **4.** 용기.

사마귀 wart 민속: a. 사마귀는 악마 자신이거나 (그랜드 마스터인 그를 통해) 마녀와 직접 관련이 있다. 사마귀는 마녀의 반려동물(마법동물)에게 젖을 먹이는 젖꼭지이다; b. 따라서 사마귀는 치료가 가장 중요하다. 치료는 마법의 수단을 통해 이루어지며 이는 일반적으로 질병을 다른 것에 '전이'시키는 수많은 치료법을 설명한다. 전이는 콩, 사과, 두꺼비, 자갈, 동전, 나무 등에 이루어진다; c. (아일랜드:) 성적 효능(예이츠Yeats에 의해 언급됨); 골수marrow도 참조.

사마귀, 모반 mole (피부반점) **1.** 보편적으로 오랫동안 단절되었던 관계를 알아보는 표시(예 심벨린Cym.은 자신의 아들 중 한 명을 이것으로 알아보았다); **2.** 다른 사람에게 있는 은밀한 점에 대해 알고 있는 그 사람에 대한 친밀한(육체적) 지식을 갖고 있다는 증거이다: 예 "노란색 꽃이 피는 야생화인 카우슬립의 뒷면에 있는 진홍색 방울"과 같은 "얼룩무늬" 반점은 이아치모가 이모젠과 깊은 우정을 나누었다는 증거였다(심벨린Cym. 2, 2); **3.** 민속: a. 행운: 점 위에 자라는 털은 종종 행운의 징조로 여겨진다; b. 신체에서 점의 위치는 어떤 행성이 성격에 영향을 미치는지 보여 준다; c. 점들은 미래 또는 중요한 특성을 보여 준다; **4.** 출생점birthmark 참조.

사마리아인 Samaritan **1.** 기독교시대에도 사마리아인들은 열등한 민족으로 여겨졌다(유대인 혹은 기독교 이단자보다 더 열등한 민족: 카이사레이아의 프로코피우스Procopius of Caesarea의 여러 곳에서 언급되었다. 특히 건물B 5, 7에서 언급되었다); **2.** 선한 사마리아인: 바리새인의 반대(내면의 선함 대 외적인 거짓: 누가복음Luke 10, 30ff. 및 11).

사막 desert **1.** 성서: a. "광야"(종종 '용'=아마도 하이에나가 함께 있는), 올빼미, 알락해오라기 등이 가장 상징적으로 나타난다; 때로 유니콘과 사티로스와 관련된다; b. 이후에 예언자들이 출애굽 직후 그리고 농업의 풍요가 시작되기 전 종교의 '순수성'을 이상화한 곳; c. 예언자들이 돌아온 곳: i. 신이 인간에게 계시하는 장소로서 "일신교는 사막의 종교이다"; ii. 엘리야, 세례요한 등이 순수성과 금욕적 유심론을 되찾기 위해 간 곳; d. 영적 유혹의 장소: 예 그리스도; e. 악령과 악마가 출몰하는 곳(예 마태복음Matth. 12, 43); **2.** 태양 및 사자와 관련된다: 순수한 천체의 빛이 있지만 때로는 눈을 뜰 수 없을 정도로 눈이 부신다; **3.** 물=육체적 생식력과 도덕적 부패의 정반대; **4.** 진

실: 이솝Aesop 이야기에서 눈을 내리뜨고 사막을 홀로 걷는 여자는 진실을 상징한다; **5.** 생사의 투쟁을 하는 곳(아무도 개입하는 사람이 없다): a. "그리고 그대의 검으로 사막에서 결투를 신청하라"(맥베스Mac. 3, 4); b. "묶여 있다 해도 달려가 그를 만나겠소. 알프스 산의 얼어붙은 산등성이까지라도"(리처드 2세의 비극R2 1, 1).

사막딱새 wheatear (새) 민속: 일반적으로 사막딱새는 악마 및 두꺼비와 연관되어 있기 때문에 불운하다: 두꺼비는 지하 둥지에 알을 낳아 부화시킨다(검은 딱새와 노란턱멧새처럼); 사막딱새는 때로 '말horse 경주'라고 불리는데, 그 이유는 사막딱새가 경주용 말이 끄는 수레 옆 도로에 날아다니는 것을 볼 수 있기 때문이다; 천랑성이 뜰 때 숨어 있다가 질 때 다시 모습을 드러낸다.

사문석 serpentine (보석) **1.** 뱀 가죽 같은 질감을 지닌 광물; **2.** 토성은 이집트의 마법사 넥타네보Nectanebo가 사용한 천문대에서 사문석으로 표현되었다(칼리스테네스Callisthenes, 알렉산더의 생애VA 1, 4).

사바옷, 천군 또는 만군의 주 Sabaoth **1.** 유래: 히브리어로 '군대' '주권자들'; **2.** 이 단어는 일반적으로 다음과 같이 사용된다: '만군의 주'(로마서Romans 9, 29)는 '전능하신 하나님'으로도 번역된다(오리게네스Origenes, 콘트라 셀숨CC 5, 45; 그리스 마법의 파피루스Pap. Mag. Graec. 2, 15와 116; 3, 55 및 76f와 446f.); **3.** 4세기 영지주의 종파에서는 유대인의 하나님 사바옷이 제 7천국의 주님이며 악마는 그의 아들이라 여겼다(앞의 책 p. 343 참조); **4.** 나귀ass도 참조.

사빈 사람들 Sabine 스트라보Strabo: a. 로마 건국 당시 이탈리아에서 가축을 사육하던 토착민. 로마인들에게 이들은 오래되어 낡은 무지와 엄격함을 의미했다. 이 때문에 일부 저자들은 이들을 라코니아인(역주: 스파르탄)의 후손이라고 여겼다[4, 2, 12 및 5, 3, 1, 마르쿠스 발레리우스 마르티알리스Marcus Valerius Martialis 10, 32 및 11, 15을 인용한다; 퀸투스 플라쿠스 호라티우스Quintus Flaccus Horace, 송가집Odes 3, 6, 38 및 비문Epit 2, 1, 25; 나소 P. 오비디우스Naso P. Ovid, 변신이야기Metam. 14, 797; 할리카르나소스의 디오니소스Dionysus of Halicarnassus 1, 1]; b. 로마인들이 사빈의 젊은 여자들을 납치해서 강간한 것으로 유명하다(5, 3, 2 참조).

사빈, 사비나 savin; savine (식물) **1.** 일반적으로 다음을 의미한다: 상록수 관목: 라틴어 '헤르바 사비나herba Sabina' 또는 '주니페루스 사비나Juniperus sabina'; 또한 '삼니테samnite'라고도 불린다; 열매는 독성이 있지만 말린 끝 부분은 약용으로 사용된다; **2.** 니칸데르Nicander: 전반적으로 약효가 있다(테리아카Th. 531); **3.** 낙태를 유도한다(에드먼드 스펜서Edmund Spenser, 페어리 퀸FQ 2, 7, 52n; 시릴 터너Cyril Tourneur, 무신론자의 비극Ath. Tr. 14, 1, 12+n); **4.** 성욕을 억제한다(에드먼드 스펜서, 페어리 퀸 3, 2, 49).

사슬 Chain **1.** 이집트 상형문자: 두 개의 엮은 선으로 된 세 개의 고리와 바닥으로 뚫려 있는 네 번째 고리: 이중성: a.=헤르메스의 지팡이caduceus; b. (일반적으로) 유대, 소통; c. '연결된' 우주: 자연신교 신자들Deist의 '존재의 위대한 사슬', 위계구조를 통해 신과 사람을 연결시키고, 다시 아래로 동물 심지어 생명 없는 물질까지 연결한다; 인간에게 악해 보이는 것도 이 사슬 안에 포함되어 있다; **2.** 결합: a. 유대, 묶음; 해방된 노예들은 자신의 사슬을 젊음을 회복시켜 주는 새벽-봄의 여신인 헤베를 위해 신성한 사이프러스 숲의 나무에 걸었다; b. 결혼: 또한 우주, 하늘과 땅의 결혼; 4four 참조; c. 혈족; d. 정복; **3.** 연결: 라틴어 (대극의) '융합'; **4.** 하늘로 가는 사다리: a. 제우스는 자신의 왕좌에 사슬을 묶어 놓았고 이 사슬을 통해 인간을 하늘로 당겨 올린다; b. 루의 사슬: (은하수Milky Way 및 다리bridge 참조); **5.** 지원: a. 안전; b. 정의: 정의의 사슬이 게일족 족장의 현관에 걸려 있다: 족장을 만나고 싶은 사람은 반드시 이 사슬을 흔들어야 한다; **6.** 족쇄: a. 운명의 족쇄: i. 운명의 여신 아난케의 속성; ii. "그래서 둥근 지구 전체가 모든 면에서 신의 발치에 황금사슬로 묶여 있기에"(알프레드 테니슨 경Lord Alfred Tennyson, "아서왕의 죽음The Passing of Arthur"); b. 바람: (고대 북유럽) 고리 700개의 사슬은 바람을 족쇄처럼 구속할 힘을 가졌다; c. 순교자의 족쇄; **7.** 심리: 사회적 및 정신적 통합; **8.** '사슬에 묶인 신들'; a. 프로메테우스; b. 안드로메다; c. 로키는 자신의 아들(신들에 의해 늑대로 변한 발리가 죽임)의 창자로 바위에 묶였고 뱀이 그에게 독을 떨어뜨렸다; 그로 인한 로키의 경련은 지진을 초래했다(로키는 또한 불의 신이었음); d. 세상만큼 거대한 늑대 펜리르Fenrir: 늑대wolf 참조; **9.** 목에 둘러진 사슬: a. 황금사슬은 이집트인들과 바빌로니아인들 사이에서는 예전부터 공로 훈장이었다(다니엘서Dan. 5, 7 참조); b. 아버지의 가르침과 어머니의 법: 종종 달 모양의 부적들을 사슬처럼 이은 히브리인의 장신구(잠언Prov. 1, 8ff); c. 녹여 만든 우상(이사야서Isa. 41, 29)은 아마도 다른 나라로 훔쳐가거나 이동시키지 못하도록 하기 위해 사슬에 묶인 우상들이었을 것이다; d. 황금사슬은 프랑스 루이 11세가 용감한 자들에게 상으로 수여하여 이들을 자신에게 '묶어 두려' 했다; **10.** 문장heraldry(紋章): 결코 오명이나 굴욕의 사슬을 착용하기를 거부함; **11.** 윌리엄 블레이크William Blake: 육신의 살flesh: 로스는 억압의 족쇄를 풀었다.

사슴 deer **1.** 일반적으로 다음을 의미한다: A. 중세: 사슴은 뱀이 뱀구멍에서 나오도록 만드는 능력을 가지고 있다; 뱀을 구멍에서 나오게 만들어 뱀을 잡아먹고 뱀의 독을 해독하기 위해 신선한 물을 찾는다; 그러면 사슴은 뿔이 빠지고 다시 젊어진다; 플루타르코스Plutarch는 사슴이라는 이름(그리스어 '사슴elaphoi')이 '뱀을 끌어당긴다'(그리스어 'hel ophis')는 뜻에서 유래했다고 한다; B. 수사슴은 나이에 따라 다른 이름을 갖고 있다: 태어나서 한 살까지는 "폰"이라고 하며 한 살에서 두 살까지는 "프리키트"이라고 한다. 다섯 살이 되면 "벅"이라고 하는데(사랑의 헛수고LLL 4, 2 참조) 다섯 살 된 벅는 이제 사슴으로서 '한 살'이 되었다고 할 수 있다; C. 발정기 동안 사슴의 주요 먹이는 붉은 버섯 또는 독버섯으로, 이 버섯은 '기름 소변'을 보게 만든다(윈저의 즐거운 아낙네들MWW 5, 5 참조: 팔스타프Falstaff: "멋진 발정기를 보낼 수 있게 해 주세요 조브, 그리 되면 내가 기름을 오줌으로 싼들 누가 날 탓하겠어요"); D. 사슴은 성적인 격렬함으로 유명하다; **2.** 민첩함, 빠름; **3.** 온순함: (사슴 눈에서 보이는 온화함과 달리) 사슴은 죽을 때 운다. 그러므로 사슴의 눈물은 귀한 치유제이다(뜻대로 하세요AYL 2, 1 참조); 또한 "총 맞은 사슴을 울게 하라…"(덴마크의 왕자 햄릿Ham. 2, 2) 참조; 게다가 사슴은 쓸개가 없다(예 아리스토텔레스Aristotle); **4.** 태양의 동물sun-animal: 뿔 햇살horn-rays; **5.** 장수: 새로운 뿔을 통한 회춘; 파우사니아스Pausanias(8, 50)는 사슴이 코끼리보다 더 오래 산다는 것을 증명하였다; **6.** 가을: 사냥의 계절; **7.** 영혼: a. 기독교도: 생명의 샘을 찾고, 진리의 물을 갈망한다; b. 연금술: 사막의 유니콘(=영)과 숲속의 흰 암사슴(=혼)을 구분한다; 이들은 숲에서 함께 산다(=신체); 연금술에서도 이 둘은 항상 대극 쌍을 이룬다; c. 윌리엄 블레이크William Blake: "자유롭게 돌아다니는 야생 사슴은 인간의 영혼을 근심하지 않게 해 주며"(순수의 전조Aug. of Inn.); **8.** 입문자: 7번의 a 참조; **9.** 허영심: a. 사슴은 경계심이 많지만 영광을 좇는 욕망과 허영심 때문에 잡힐 수 있다(이솝Aesop, 61); b. 아첨에 잘 속아 넘어가는 사람을 나타낸다: 사슴은 플루트와 플래절렛 소리에 민감하다; 플루트는 대체로 생후 1년 된 새끼 사슴, 폰의 뼈로 만들었다; 아테나의 발명품(칼리마코스Callimachus, 찬가H3 244ff); **10.** 고대 그리스: 아르테미스에게 바쳐졌다; **11.** 게르만족: 네 마리의 사슴이 항상 신성한 물푸레나무에서 나뭇잎을 먹는다; 정의와 관련된다; **12.** 여관 표시: 흰 암사슴은 리처드 2세의 개인적 상징으로 여관의 표지판으로 사용되었다; **13.** 뿔 사이에 십자가가 있는 사슴: 성 위베르와 성 율리아노와 관련 있다; **14.** 윌리엄 B. 예이츠William B. Yeats: 뿔이 없는 흰 사슴=여성의 욕구; 그 반대는 한쪽 귀가 빨간 하운드 사냥개=남성의 욕구; **15.** 수사슴hart; 암사슴hind; 수노루roebuck, 수사슴stag 등 참조.

사슴고기 venison 사슴고기는 몸을 건조하게 해서 변비를 일으키지만 소변(신장과 비뇨계통)에는 이롭다(히포크라테스Hippocrates, 식이요법Vict. 2, 45).

사슴벌레 stag-beetle 달의 곤충: 8일 동안 둥근 뭉치를 숨겼다가 해와 달이 합쳐지면 다시 파내서 물에 던진다; 잠시 후에 새로운 벌레가 생겨난다(아그립파Agrippa, 오컬트 철학OP 1, 24).

사슴, 토끼의 암컷 doe 1. 겁이 많다; 2. 충실함, 정절; 3. 기독교도의 영혼(생명수를 갈망하는); 4. 야생: "사슴처럼 야생의": 민요; 악몽nightingale; 5. 사슴deer 참조.

사업, 무역, 거래 trade (직업) 꿈에서 사업은 사람을 먹여 살리기 때문에 어머니로 비유되며 대부분 자신이 것이기 때문에 아내로도 비유된다(달디스의 아르테미도로스Artemidorus of Daldis 1, 2, 4, 42n.).

사울 Saul 1. 그가 왕으로 선택된 것은 고대의 나귀숭배와 관련있다; 2. 음침한 사악함으로 끝나는 역동적이고 세속적인 특성의 승화; 3. 완벽한 우정(사무엘하서2Sam. 1, 23).

사이프러스 (키 큰 상록수의 일종) cypress 1. 생명, 다산: a. 창조주 신의 상징: 피라미드 같은 원뿔 모양(오벨리스크obelisk 참조); 남근(테오크리토스Theocritus 27, 46); b. 이따금 아스타르테의 원뿔 모양 돌을 대체했다; c. 상록수: 모든 자연 및 풍요의 신들 및 여신들에게 바쳐졌다: i. 하늘의 신: 제우스, 비너스, 헤르메스, 실바누스; ii. 지하세계(저승)의 신: 디스, 아폴로; d. 케레스의 신전 가까이에(베르길리우스Virgil, 아이네아스Aen. 2, 714); e. 아가서SoS(1, 17)에서 연인들의 '집'(=자연)의 서까래(또는 '칸막이' 또는 '방'); f. 작은 씨앗에서의 엄청난 성장; 2. 죽음: a. 베르길리우스의 작품에서 다양하게 죽음에 관한 언급이 있다; b. (남근 모양의) 원뿔 사이프러스는 한때 아폴로의 사랑을 받은 퀴파리소스라는 소년이었고, 퀴파리소스는 아름답게 장식한 수사슴stag을 사랑했는데, '실수로' 이 수사슴을 죽이게 되었고 계속 슬퍼했다(나소 P. 오비디우스Naso P. Ovid, 변신이야기Metam. 10, 106ff); c. 아프로디테의 속성으로, (식물이 된) 아도니스의 죽음을 애도하는 연례 행렬에서 사이프로스를 들고 갔다; d. 지하세계(저승) 신들인 복수의 세 여신들Furies과 운명의 세 여신들Parcae에게 바쳐졌다(1번의 c, ii 참조); e. "invisas cupressos"(미움받는 사이프러스the hated cypresses: 퀸투스 플라쿠스 호라티우스Quintus Flaccus Horatius, 송가Ode 2, 14); f. 목에 두르는 검은색 론(린넨 천) 스카프는 애도의 표시이다: "사이프러스가 가슴이 아니라 내 불쌍한 심장을 숨겨 준다"(십이야Tw. N. 3, 1); g. 로마: 디스에게 바쳐졌으며, 애도의 표시로 문 앞에 두었다; 3. 사후의 삶, 불멸 및 부활: a. 상록수; 사이프러스의 변성 없는 목재는 에베소의 디아나 신전의 문을 만드는 데 사용되었다; b. 도금양(도금양 역시 죽음과 부활의 나무)과 함께 사이프러스는 초막절의 성막을 세우는 데 사용되었음; 4. 헤라클레스에게 바쳐졌다: a. 다프네의 숲에 심었다=부활; b. 키프로스섬의 아프로디테와 관련된다=어머니 여신이자 죽음의 여신Mother-Death-Goddess; c. 아르테미스에게 바쳐졌다(산사나무hawthorn와 마찬가지로); d. 부활: 오리나무가 둘러싼 칼립소의 죽음의 섬에서 탈출(호메노스Homer, 오디세이아Od. 5, 64); 5. 어둠, 밤: "밤의 사이프러스 커튼이 펼쳐진다"(토머스 캠피언Thomas Campion); 6. 조합: a. 사이프러스 관: 부활; b. 사이프러스 상자: 보존; c. 시온의 사이프러스: 성모마리아의 상징물; d. 사이프러스+마리골드: 우울감과 절망감; 7. 구약성서의 고퍼나무gopher-wood도 참조; 그러나 때로 사이프러스를 '전나무'로 번역한다(예 이사야서Isa. 37, 24; 호세아서Hos. 14, 9; 아가서SoS 1, 17).

사자 lion **A. 일반적으로 다음을 의미한다:** 1. 사자는 혼수상태로 태어나서 사흘 후에야 우두머리 사자의 숨결에 의해 살아난다; 그렇지만 사자는 움켜쥘 수 있는 발을 가지고 태어나는 유일한 동물이다; 2. 눈을 뜨고 잠을 잔다; 사실(?) 그때 가장 잘 본다; 3. 사자는 꼬리로 자신이 다니는 길을 숨긴다; 4. 사자는 암사자가 아닌 표범과 짝짓기를 한다. 그러므로 아틀란타와 그녀의 남편은 제우스의 신전을 '더럽힌' 후에 사자로 변했다. 그래서 그들은 다시는 교미할 수 없었다(나소 P. 오비디우스Naso P. Ovid, 변신이야기Metam. 10, 686; 히기누스Hyginus 7, 185) 그러나 플리니우스Pliny에 따르면, 수사자는 암사자가 표범에게 유혹하는 행동을 하면 즉시 이를 발견하여 엄하게 벌한다고 한다; **B. 태양:** 1. 네메아 사자에 대해서는: 헤라클레스 참조; 2. 그는 지하의 태양이다: 미트라; 사자는 미트라신 숭배에서 온 아이온(시간)의 속성이며, 뱀과는 대극이다(뱀처럼 생긴 용과 싸우는 태양의 영원한 싸움에 대해서는 뱀serpent 참조): 시간-'리비도'; 물리학적으로 사자는 활기찬 에너지 흐름을 의미한다; **3.** 태양의 사자는 달의 황소를 죽인다; **4.** 젊은 사자와 늙은 사자; **5.** 사자는 종종 예술에서 전통적인 태양 얼굴을 가지고 있다; **6.** 히브리어의 사자 이름 중 하나는 '아리ari'='불', 즉 아리엘ariel=왕의 '불' 또는 왕의 '사자'이다; **7.** 페르시아에서는 (불 외에) 태양에 깃든 힘의 상징이다; **8.** 사자를 죽이거나 사자와 싸우는 태양 영웅(살해자와 제물의 동일시; 미트라불Mithra-bull 참조): 길가메시, 헤라클레스, 디오니소스, 삼손, 다윗, 다니엘은 지하세계에 있는 태양을 찾아간다(전반적인 정보는 논누스Nonnus 9, 177f.); 헤라클레스처럼 아이네아스Aeneid는 사자 가죽을 입었다; 지그프리트조차도 보주산에서 (예상치 않게) 사자를 사냥했다(들소, 멧돼지, 곰과 함께: 니벨룽겐의 노래Nib. 16); **9.** 태양이 여름의 타는 듯한 더위를 의미하기 때문에 사자를 죽이면 시원하고 촉촉한 비를 내리게 할 수 있다: 삼손은 나중에 꿀을 발견했다(아래의 E번 참조); **C. 황금, 피: 1.** 사자는 태양-황금-피 계열과 잘 맞는다; **2.** 히브리어로 사자의 다른 이름은 '이블리아, 즉 '마음heart'(혈액의 중심)이며, '혼soul'이고, 유다 지파를 나타낸다; **3.** "…과거 당신 혈족인 사자=조상들이 한 것처럼"(헨리 5세의 생애H5 1, 2); **D. 땅, 풍요, 지하세계: 1.** 독수리와 반대일 때; **2.** 풍요: 이집트: a. 사자들이 매년 홍수를 지배했다: 태양이 사자자리에 들어올 때; b. 최초의 신전 대야에 그룹Cherubs, 석류, 백합과 함께 사자가 장식되어 있었다는 얘기가 있다; 분수대 위에 있는 사자는 비를 불러오는 자이다(예 알함브라강에 있는 '사자들의 안뜰Patio de los Leones'); c. 대지 여신들의 속성: 레아, 헤카테, 옵스 등; d. 키벨레의 상징: 아틀란타와 그녀의 연인은 사자로 변하여 키벨레의 마차를 끌게 되었다(나소 P. 오비디우스, 변신이야기 10, 704 및 14, 538); e. 사랑의 여신들의 속성: 사자는 이슈타르 숭배 동물이었고, 그리스인들은 아테네의 한 조각상에서 아프로디테 옆에 있는 사자의 존재를 설명하려고 ('사랑 때문에 고문을 당한 암사자'라고 불리는 헤타이라에 대한) 이야기를 만들었다(파우사니아스 1, 23; 참조: 1, 14); **3.** 지하세계: 뱀, 바실리스크 그리고 용과 함께 섬뜩한 짐승; 따라서 악마 (베드로전서1Peter 5, 8); **E. 시간:** 파괴적이고 모든 것을 없앤다; B번의 2 참조; **F. 성격 특성: 1.** 귀족: 제왕의 기품, 제국의 위엄: a. 동물의 왕국에서 가장 높은 순위를 차지하며, 멧돼지와 용(태양과 불)이 그 뒤를 잇는다; b. 로마: 단테Dante(신곡 지옥편Inf. 1), 아마도 예레미야에서 기인했을 것이다; c. "죽은 것처럼 보이는 것을 잡아먹지 않는 것은 이 짐승의 왕족 성향적 기질 때문이다"(뜻대로 하세요AYL 4, 3); d. 용기: 여자 무덤 위의 개처럼 사자는 남자 무덤 위에 있다; 원숭이 같은 속임수는 사자를 화나게 한다(플리니우스 8, 19); **2.** 정력은 여름의 타는 듯한 열기와 연결되어 있다. 또한 미친 듯한 욕망을 나타낸다; **3.** 승리: 승리를 상징하는 거의 모든 조각상의 특성이다; **4.** 힘: a. 히브리: 특히 하체; 사자의 머리는 주의와 경계를 나타낸다: A번의 1, 2 참조; b. 기독교: 때로는 사자 가죽을 쓴 여인으로 의인화되기도 하고, 때로는 삼손의 기둥과 함께 엘리야를 의미한다; c. "보아라, 백성이 수사자처럼 우뚝 서며, 어린 사자처럼 몸을 일으킬 것이다"(또는 수사자와 암사자: 민수기Num. 23, 24); d. 우아한 걸음걸이와 강인함을 드러내며 아무도 두려워하지 않는 '멋진' 동물 중 하나; **5.** 건강: 사자 부적은 건강을 가져온다; **6.** 동정심과 너그러움과 감사: a. "형제여, 너에게는 자비와 악덕이 있다. 그것은 사람보다 사자에게 더 잘 어울린다"(트로일로스와 크레시다Troil. 5, 3); 사자의 너그러움은 속담에 나온다; b. 사자의 입에 박힌 뼈를 난파되어 표류한 엘피가 빼주니 사자가 그에게 먹을 음식을 가져다주었다(플리니우스 8, 2 1); **7.** 순결: a. 사자는 처녀성 시험에 사용되었다: 처녀성의 마법적 힘은 사자들이 처녀들을 공격하는 것을 막을 수 있고 사자의 선천적인 순결성은 '불순함'을 단번에 감지한다; 유니콘, 수사슴, 코끼리도 비슷하게 사용되었다; b. 베스타에게 봉헌되었다; 또 다른 것은 불과 연관된다; **8.** 경계심: 따라서 문에 달린 초인종에서 종종 사자 모양이 발견된다; A번의 2 참조; **9.** 복수하는 신이나 신의 백성(그를 통하여): a. "너는 사자와 독사를 밟을 것이요, 어린 사자와 용은 너를 발로 짓밟을 것이다."(시편Ps. 91, 13); 유다는 사자요; b. 주께서는 사자를 두려워하지 않으신다(이사야서Isa. 3 1, 4 및 38, 13); c. "주님(하나님)은 사나운 사자처럼 나를 사냥하신다"(욥기Job 10, 16); d. 주님은 "사자처럼 부르짖으라"고 말씀하신다(호세아서Hos. 11, 11; 참조: 열왕기상서1Kings 13, 24 및 20,

36); **10.** 야성, 맹렬함: a. 머나먼 사자의 여정은 아시리아 왕들의 탐욕과 몰락을 나타낸다(나훔서Nahum 2, 11-13), "검이 너의 어린 사자들을 삼킬 것이다"; b. "너의 살아 있는 사자보다 더 두려운 야생 새는 없다"(한여름 밤의 꿈MND 3, 1); c. 디오니소스는 그의 무리에 입문하기를 거부한 소녀들을 사자, 황소, 표범으로 변해 미치게 했다; **11.** 멜랑콜리: "네 그래요, 사자병이죠. 자긍심에 상처가 난 거예요. 당신이 그에게 호감을 갖게 된다면 당신은 그것을 멜랑콜리라고 하겠죠. 하지만 내 생각에 그건 자긍심의 상처예요"(트로일로스와 크레시다 2, 3); **12.** 자긍심, 야망: a. 야망: 특히 프랑스 왕가의 야망, 단테(지옥편); 예레미야서의 표범과 세계도 함께 참조; b. 중세시대: 자부심의 말(馬); 때로는 말 위에 가죽을 얹은 모습; **13.** 분노: a. "죽어 가는 사자가 분노에 가득 차서 힘을 얻으려고 발을 앞으로 내밀어 땅을 긁는다"(리처드 2세의 비극R2 5, 1); b. "그러니 집어삼키는 발 아래서 떨고 있는 불쌍한 사람 너머에 억눌린(굶주린) 사자가 보인다"(헨리 6세 3부3H6 1, 3); c. 중세시대: 콜레라 환자; **14.** 죄인: 하나님의 징계: 숨어 있는 죄지은 적은 다음의 구절에 나오는 어린 사자이다: "어린 사자는 궁핍하여 배를 주릴지라도 여호와를 찾는 자는 모든 좋은 것에 부족함이 없으리로다"(시편 34, 10); **G. 다음에 상응한다: 1.** 방향: 동쪽과 봄과 공기; 나침반compass과 계절seasons 참조; **2.** 시기: 성년Sacred Year(聖年)의 상반기; **3.** 사람의 연령: 마흔 살의 사람; **H. 특별한 의미: 1.** 이집트: a. 세프(어제)와 투아우(오늘)의 상징 참조: 시간-관계; B번의 2 참조; b. 남풍은 네 개의 날개를 가진 사자로 표현된다; c. 헤파이스토스/불칸(불); **2.** 우화: a. 늙은 사자는 그의 지혜로 살아야 하지만 여우(태양 동물)를 속일 수 없고 오히려 여우의 도움을 받아야만 한다; b. 사자가 토끼와 사슴, 멧돼지, 독수리와 당나귀, 수탉, 여우, 늑대, 쥐(속담 참조: "사자는 쥐에게 신세를 질 수 있다") 그리고 개구리와 함께 등장하는 것을 이솝 우화에서 볼 수 있다; **3.** 기독교: (이미 언급된 특성과는 별개로): a. 예수와 사탄(여호와의 두 아들로서; 요한계시록Rev. 5, 5 참조)을 대표하는 많은 동물 중 하나이다: i. 경기장에 들어가는 사람들에게 상당히 고통스러운 연상들을 불러일으켰기 때문에 이 상징은 초기 기독교에서는 사용되지 않았다; 때로 그는 사자의 자식으로 불렸다(=여호와의 아들: 부활: A번의 1 참조; 호세아서 6, 2 및 11, 10); ii. 언제나 볼 수 있는 그리스도: A번의 2 참조; iii. 그는 자신의 하늘의 혈통을 숨겼다: A번의 3 참조; iv. 사자의 시체에서 꿀을 발견한 삼손은 나중에 그리스도의 수난을 상징한다; b. 순교자들과 십자군들의 발아래서 그들은 관대함을 보여 주기 위해 죽었다; c. 명상, 은둔자, 고독의 상징; d. 성자들의 삶을 보면, 사자가 종종 은둔자의 무덤을 파러 온다: 예 순교자 사도 바울, 이집트의 마리아 등; **4.** 로마: 특히 카이사르Caes.: a. 카이사르의 죽음의 징조: "나는 제우스 신전에서 게슴츠레한 표정으로 나를 성가시게 하지 않고 무례하게 지나가는 사자를 만났다"(율리우스 카이사르 1, 3); 셰익스피어는 아마도 탑의 '사자'를 보았을 것이다; F번의 1, c 참조; b. "로마인들이 사자가 아닌 것처럼 카이사르도 사자가 아니다"(율리우스 카이사르 1, 3); **5.** 아프리카의 속성(참조: 어니스트 헤밍웨이Ernest Hemingway, "노인과 바다The Old Man and the Sea"); **I. 문장**heraldry(紋章): 1. 죽음을 두려워하지 않는 용기, 군인의 상징; **2.** 영국, 스코틀랜드 등의 상징; **3.** 용기courage, 용맹valour; 표범leopards 참조; **J. 연금술**: '기본' 원소: 유황; **K. 심리: 1.** 야생 사자는 잠재된 열정의 유형, 즉 무의식의 위험성(=집어삼키는)을 의미한다; **2.** B번의 2 참조; **L. 사자와의 조합**: **I.** 다른 동물의 부분과의 결합: **1.** 스핑크스(스핑크스와 여성 참조): a. 테베의 상징; 칼리돈의 멧돼지; b. 이집트: 아케르, 땅의 사자, 즉 종종 밤에 태양이 그 사이를 통과하는 두 개의 머리를 가진 스핑크스; 라-아파프Ra-Apap 신화; **2.** 머리가 남자인 스핑크스: a. 인간의 머리와 손 그리고 사자의 몸; 지성과 육체적 힘의 결합; b. 윌리엄 B. 예이츠William B. Yeats: 무자비하고 멍한 눈빛을 가진 사자의 "거대한 이미지"는 재림하는 야수의 이미지, 이는 폭력적이고 야수성을 지닌 반문명을 표현할 것이며 2000년 기독교의 순환을 종식시킬 것이다; **3.** 그리핀: 지상의 그리스도의 왕국; **4.** 반은 사자, 반은 염소: a. 판Pan; b. 이중성: 사랑/증오, 선/악, 건설/파괴, 진화/쇠퇴 등이다; **II.** 다른 동물들과의 결합: **1.** 네 가지 형상tetramorph 참조: a. 사자=사도 마가는 그리스도의 존엄과 능력을 묘사했다; 더 나아가 부활과 불에 대해 기록했다(요한계

시록Rev. 4, 7); b. 다니엘의 환상: 당대의 기록과 같이 곰, 표범, 그리고 네 번째 짐승과 함께 사자가 등장한다(황금; 호세아서 13, 6-8에서 우리는 여호와께서 이스라엘을 벌하실 형상의 세 마리의 짐승을 갖고 있다: 호세아서는 망명 전이었으므로 다니엘서보다 앞선다); **2.** 사자와 표범: 사자가 표범을 길들인다(리처드 2세의 비극); 뒷발로 일어선 사자가 있는 리처드왕의 무기와 모브레이가의 문장heraldry(紋章)(=표범 문장) 참조; A번의 4 참조; **3.** 나귀: 우화에서 빈번한 조합으로 나타난다. 우화에서 사자는 태양의 열을, 나귀는 그 파괴적인(티폰-세트 측면을 상징한다; 나귀ass 참조; **4.** 늑대: a. 키르케는 사람을 늑대와 사자로 바꾸어 놓았다; b. 윌리엄 블레이크William Blake: i. 어린 양의 분노의 수호자. 어린 양의 도둑인 늑대와 대극; ii. 사자와 늑대는 또한 영국(사자)과 로마(늑대)의 두 제국을 의미할 수도 있다; **5.** 개: 속담: "죽은 사자보다 살아 있는 개가 낫다" "사자의 꼬리보다 개의 머리가 낫다" 등등; **6.** 유니콘: 사자와 유니콘의 조합은 아마도 매우 긴 역사를 가지고 있을 것이다: a. 두 동물의 적대감은 가장 오래된 영국 역사책에서 발견되며, 아칸토스의 동전에서 발견되고, 기원전 3500년부터 시작된 칼데아의 체커 보드에서 발견된다; 봄(유니콘)에 대한 여름(사자)의 승리를 상징한다; 그러나 해와 달을 상징할 수도 있다; b. 가장 오래된 스코틀랜드 왕실 무기에는 한쪽에는 유니콘 두 마리가 있고 다른 한쪽에는 사자가 있다; 나중에 그들 중 한쪽은 영국 방패의 수호자가 되었고 나중에는 왕관 장식이 되었다; 하노버가의 왕위 계승 이후 이 왕관은 사라졌다; c. 동요: "사자와 유니콘이 왕관을 두고 싸우고 있었다; 사자가 온 동네를 돌아다니며 유니콘을 물리쳤다. 어떤 사람은 흰 빵을 주고, 어떤 사람은 갈색 빵을 주고, 어떤 사람은 매실 과자를 주고, 또 어떤 사람은 북을 치면서 성 밖으로 쫓아냈다"; **7.** 멧돼지: a. 펠리아스는 사자와 멧돼지에게 수레 멍에를 씌울 수 있는 사람에게 그의 딸을 주겠다고 약속했으며 아드메투스가 한여름과 한겨울에 그렇게 한 것으로 보인다(아폴로도로스Apollodorus 1, 9, 15); b. 아드라스토스에게 내린 신탁은 아드라스토스의 딸들을 사자와 멧돼지에게 시집 보낼 것이라고 예언했으며 틴데우스(멧돼지)와 싸운 것으로 보이는 폴리네이케스(사자)가 결혼했다: 또 다른 신화에서는 게자리에서 염소자리까지 이어져 있는 영웅에 대한 묘사와 일치한다; **8.** 송아지, 살진 새끼와 누워 있는 어린 사자: 평화(이사야서Isa. 11, 6); 또한 황소처럼 짚을 먹을 때(이사야서 11, 6); **Ⅲ.** 사자의 사지: **1.** 사자의 시체는 삼손을 통해 꿀과 연결된다: 벌과 H번의 3, iv 참조; **2.** 사자의 머리: 주의와 경계: F번의 4, a 참조; **3.** 사자의 가죽: 태양 영웅의 구별되는 표시(위above 참조); 이것은 그와 '쌍둥이'인 테세우스, 헤라클레스, 아이네아스 등과 구별된다; **4.** 앞발: 이집트 신화에 나오는 사자의 앞발을 바친 제사장은 사자의 탈을 쓰고 있었다; **5.** 사자 두 마리: 이집트: 해가 뜨고 지는 산들; **6.** 사자의 이빨: 윌리엄 B. 예이츠William B. Yeats: "사랑[열정]은 사자 이빨과 같다": 파괴할 수 없고, 영원하며, 사랑과 증오를 합쳐 놓은 것이다("미친 제인 그라운이 댄서들을 바라본다Crazy Jane Grown looks at the Dancers"); 그러나 욥기Job 4, 10 참조; **7.** 날개 달린 사자: a. 연금술: 불의 원소; b. 갈라하드 경("성배를 찾아서Quest of the H. Grail"); **8.** 사자 기사: 아마디스 드 골Amadis de Gaul은 후일 영웅이 될 버려진 아이들 중 한 명이었다; **9.** 암사자: a. 모신Magna Mater은 (비둘기 같은): 레아, 대모, 아스타르테 등과 관련된다; b. 보호: 로마; c. 격렬한 성적 욕망; d. 암사자는 일생 동안 오직 한 마리의 새끼를 낳는다; 자궁 속의 새끼 사자가 다른 새끼들을 갈기갈기 찢는다; **M.** 연금술alchemy 참조; 아폴로Apollo; 나침반Compass; 헤라클레스Hercules; 계절Seasons.

사자의 잎사귀 lion's leaf (식물) 종종 질병으로 진단될 수 있는 악몽을 꾸게 한다(플리니우스Pliny 26, 32).

사자자리 Leo (별자리) **A.** 이전의 하지, 즉 7월 23일경에 태양 위치에 도달하는 다섯 번째 별자리: 파괴적인 더위; **B.** 남근이 달린 태양으로 표현된다; **C.** 이는 다음을 나타냄: 1. 생산, 생명력; 2. 태양의 힘, 불, 밝은 빛; 3. 의지; 4. 감정과 정서; 5. 인간의 영성의 시작; **D.** 다음의 시기: 1. 태양이 사자자리에 들어가는 기간에 이집트에서는 연례 홍수가 시작된다; 2. 신성한 왕이 죽을 때; 3. 사자자리는 처녀자리에게 자리를 내어 준다: 타로: 힘 카드strength 참조; **E.** 다음에 상응한다: 1. 신체: 심장, 폐 및 간; 2. 색상: 암황색; 3. 요

소: 불; 4. 행성: 태양이 지배하는 별자리 중 유일한 별자리; 5. 풍경: 산, 성 및 궁전과 관련된다; 6. 타로: a. 대제사장; b. D번의 3 참조; 7. 특성: a. 확고하고 불같고 남성적이다; b. 행운; **F.** 심리: 1. 지배자와 조직자; 2. 독립심, 성격과 정서의 확고함; 3. 훌륭한 일꾼; 4. 이들은 불같은 마음과 굽히지 않는 위엄을 갖고 있다; **G.** 사자자리의 유명인: 루이 14세, 나폴레옹, 가리발디, 비스마르크, 피카소, 루벤스; **H.** 이 별자리 기호는 다음과 관련된다: 1. 네메아의 사자; 2. 유다 지파; 3. 중세: 다니엘의 사자.

사제 priest **1.** 어원: 장로를 의미하는 'presbyter'='elder'가 축약된 표현으로, 나중에는 예언적, 의례적, 제의의 희생적 측면을 강조하기 위해 히브리어의 'kohen'(원래는 '예언자soothsayer'였다), 그리스어의 'hiereus'와 라틴어의 'sacerdos'를 번역한 표현으로 사용되었다; **2.** 대부분의 종교는 사제의 이 기능에 마법(치유 등)을 추가했고, 이는 사제의 역할이 지역의 신이나 군사 지도자의 역할로부터 분리된 후에 이루어졌다; **3.** 발전된 또 다른 사제의 기능: 사원(그리고 제물과 공물)의 수호자로부터 '점점 복잡해진 율법의 복잡성을 알고 설명하는 율법가'로의 변화; **4.** 제사장의 유형(선택받은 자들에 속하지 않은 자들)은 왕이자 제사장인 멜기세덱이지만 그의 주된 역할은 희생제물을 바치는 것이었다; **5.** 히브리: 레위 지파 중에서 제사장으로 선출했다; 다윗이 차지한 예루살렘 성소의 이스라엘 이전 제사장이었을 수도 있는 잘 알려지지 않은 사독을 제외하고는 모든 제사장이 아론의 후손이었다. 에스겔은 특히 사독의 아들들을 좋아했다(예 에스겔서Eze. 44, 15); **6.** 사형 집행자, 살인자: "말만 하면 내가 그의 사제가 되겠다"(헨리 6세 2부2H6 3, 1; 토머스 키드Thomas Kyd의 "스페인 비극Spanish Tragedy" 3, 3 등도 참조); 사제는 마지막 '예식'을 수행한다.

사진 photograph; 민속: a. 사진은 사진에 담긴 대상의 오래된 위험성을 물려받음과 동시에 렌즈의 사악한 눈이 당신을 주시하고 있다는 위험이 더해진다; b. 흑마법은 사진뿐만 아니라 이미지에도 적용된다. 사진은 당신에게서 무엇인가를 빼앗아간다.

사철가시나무 holly-oak (나무) **1.** '참나무속' 또는 너도밤나무류는 보통 호랑가시나무('사철갈참나무') 및 일반 참나무와는 다르다(그러나 일반 참나무와 혼동된다); **2.** 영국: 대 정령Great Spirit의 상징; **3.** 나소 P. 오비디우스Naso P. Ovid: 오빠에 대한 열정을 거부당한 사람들로 인해 비블리스는 검은 털가시나무 밑에서 솟아나는 샘물로 변했다(변신이야기Metam. 9, 665); **4.** 플리니우스Pliny: 장수longevity: 몇몇 사철가시나무는 로마 도시보다 더 오래되었다(16, 87).

사초 sedge (식물) **1.** 일반적으로 다음을 의미한다: 습한 환경에서 자라는 거칠고 무성하고 덤불 같은 식물; **2.** 사초의 부재: 황량함: "호수는 사초가 시들었고, 새도 노래하지 않는다": 존 키츠John Keats, "무정한 여인La Belle Dame…" 1); **3.** 연인의 피난처: "아, 불쌍하여라, 가엽게도 다친 새. 이제 그는 사초 속으로 기어들어 갈 것이다"(헛소동Ado 2, 1).

사타구니 groin 꿈에서: 정력 넘치는 사람(오직 남자) 가까이에 있는 것과 같은 의미를 갖는다.

사탄 Satan **1.** 욥기Job.(1, 7)에서 처음 언급되었으며 가장 큰 적이다(히브리어로 싸다니는 운명을 가진 사람). 그는 방황하면서 본 모든 악을 고발한다(하나님의 눈은 오직 선한 것만 본다). 그는 때때로 하나님이 끊임없이 싸우는 혼돈의 용(라합이나 리바이어던)과 동일시된다; **2.** 그는 뿔, 쟁반같이 둥근 눈, 발톱, 꼬리 등(혹은 이 중의 하나; 악마devil 참조)을 가지고 있다. 그의 색깔은 붉은색(불)과 검은색(저승)이다. 문명 세계에서 그의 유일한 후손인 마술사conjuror는 여전히 검은 옷을 입은 신사이다. 그는 플루토Pluto, 라다만투스Rhadamanthus, 헤파이스토스Hephaestos, 판Pan, 사티로스Satyr, 세트Seth, 아흐리만Ahriman, 로키Loki 등 인간의 동물적 측면을 의인화한 (불을 다루는) 이전의 모든 지하 신들의 특성을 갖고 있다; **3.** 그는 하나님의 다른 아들처럼 그리스도와 묘한 흑백 관계에 있지만 형제와 같은 관계에 있다. 그리스도가 이 땅에 재림할 때 사탄은 천년 동안 큰 사슬로 묶이게 될 것이다; **4.** 마녀들의 신으로서 그는 보통 그 지역의 그랜드 마스터(마녀들의 주인)의 형태로 숭배의 중심에 있다(안식일Sabbath 참조); **5.** 윌리엄 블레이크William Blake는 그를 오류, 즉 불분명함(=여호와Jehovah)의 한계라고 보았다. 그는 존 밀턴John Milton이 약한 하나님보다 사탄을 훨씬 더 강하게 묘사한 것에 대해 존 밀턴을 비난했다.

사투르날리아 농신제 Saturnalia **1.** 연속적, 의례적으로 (대리) 왕을 살해하는 것은 천왕성(우라로스), 토성(사투르누스), 목성(주피터)의 연속적인 우주 지배를 모방한 것이다(역주: 늙은 왕을 죽이고 젊은 왕으로 교체하는 것은 우주 질서의 지속과 땅의 풍요를 가져온다는 신념과 관련된다). 나중에 이 의례 중 하나가 사투르날리아 농신제가 되었다. 이는 12월 17일에 시작되며 3일에서 7일 동안 지속되었다. 이것은 원래 파종 축제('사투르누스Saturn'는 '파종하다, 뿌리다'를 의미하는 어근과 관련있다)였을 것이다; **2.** 사투르날리아 농신제의 (대리)왕(라틴어 '사트르날리치우스 프린셉스Saturnalicius Princeps')는 보통 범죄자나 노예들 중에서 선택되었다. 축제기간 동안 전권을 부여받고 나귀의 귀('사투르누스Saturn'은 이집트의 나귀 신인 세트와 관련있다)를 받았다. 나귀의 귀는 카니발 왕자들Carnival princes이 착용하던 깃털(나귀ass 참조)로 대체되었을 수 있다. 축제의 마지막에 왕은 의례적으로 살해당했다('적수rival'에 의해). 나귀 귀를 꽂은 신은 크리스마스 바보Christmas Fool(홀리holly 참조)로 발전했다. 그 역시 목이 잘렸다가 다시 살아났다; 참조: 가윈경과 녹색의 기사Gawain and the Green Knight, Sir; 카니발Carnaval도 참조; **3.** 일반적으로 축하 행사는 거리에서 열렸다. 사회적 차별과 질서가 뒤바뀌었다(노예가 주군이 되었다). 특히 밀랍 양초와 작은 점토 인형 같은 선물 교환이 있었다. 사투르누스의 동상도 행사에 포함되었다; **4.** 비록 11월에 시작하여 봄에 끝나는(자연과 풍요의 퇴행적인 겨울 시기를 반영하여) 일련의 '혼돈'의 한 부분이지만 가장무도회 축제는 다음과 더 직접적으로 관련될 수 있음: a. 엘레우시스(그리고 이와 유사한) 비의; 바빌로니아의 키벨레-아티스는 봄의 축제였다; b. 바빌로니아인들은 아나히타 여신과 관련된 5일간의 새해 축하 행사(사카에아sacaea 제전)를 열었으며 이 축제는 페르시아인들로부터 비롯된 것이었고, 보통 방종, 조롱, 사회 질서의 역전, 그리고 (사투르날리아 농신제의 왕처럼 취급된) 가짜 왕이 있었다; **5.** 신약성서: 로마 군인들이 그리스도를 '왕'이라고 조롱하는 것은 이 축제의 영향을 받았기 때문이었을 수 있지만, 대부분의 군인들이 근동지역 출신이었기 때문에 사형수를 처형하기 전에 조롱하는 페르시아의 관습에서 유래했을 수도 있다. 이 둘은 같은 배경을 가지고 있다.

사투르누스 Saturn (신) **1.** 시간: a. 모든 것을 삼키고 자기파괴적이며 우로보로스와 관련된다; b. 시간 속 존재의 불충분성; c. (특히 중세시대 이후로) 타래머리를 한 시간의 아버지(큰 낫과 모래시계를 든 노인의 모습을 하고 있음): 사투르누스는 그리스의 크로노스Kronos와 같은 신으로 보는데 이는 Chronos로 잘못 읽혔기 때문이다. 이후로 그는 노년과 죽음을 상징하기 시작했다; **2.** 풍요와 농업: 오프스Ops의 남편으로서 그는 '황금기Golden Age'를 야누스와 함께 통치했다. 그는 이중성을 갖고 있다: 예 시간의 안팎을 상징하며 네 개의 눈(뒤를 보는 두 개의 눈, 앞을 보는 두 개의 눈)으로 표현된다; **3.** 따라서 그는 쉴 새 없는 활동성과 깨달음의 정신, 느린 역동성의 정수가 되었다; **4.** 소통communication: 연금술에서: "메르쿠리우스 세넥스Mercurius senex(역주: 늙은 메르쿠리우스, 즉 지혜의 측면)": a. 양성적이다(대부분의 고대의 풍요의 신들처럼); b. 땅, 죽음, '부패putrefactio', 암흑과 관련있다; **5.** 멜랑콜리(우울)는 사투르누스와 밝은 머리색의 베스타Vesta의 딸이다(존 밀턴John Milton, "사색가Il Penseroso"); **6.** 그의 날: 토요일; **7.** 상징: a. 큰 낫scythe; 원래 우라누스를 거세하는 데 사용했던 가지치기용 낫; b. 모래시계; c. 노: 공간에서의 움직임=시간에서의 움직임; **8.** 나귀ass, 사투르날리아 농신제Saturnalia, 토성Saturn(행성) 등 참조.

사티로스 satyr **1.** 원래 이들은 반은 인간, 반은 염소인 돼지 코(켄타우러centaur 참조) 모습의 자유롭고 느긋한 삼림지대의 정령들이다; 이들은 디오니소스를 따르며 춤추고, 음악을 만들고, 포도주와 여자들을 즐겼다: "내 남자들은 초원에서 풀을 뜯는 사티로스처럼 염소발로 기묘한 시골춤을 추리라"(크리스토퍼 말로Christopher Marlowe, 애드워드 2세Edw. 2 l, 1); 로마에서 이들은 파우누스fauns 및 목신 판Pan과 혼동되었다; **2.** 지하세계의 신으로서 이들은 풍요와 지하세계(=미래)을 상징한다; **3.** 구약성서: a. 이들은 나중에 야생 염소 또는 유인원의 일종으로 설명되었다(문자 그대로 '털이 많은 것들'); b. 이들은 올빼미 그리고 '우울한 피조물들'과 함께 바빌로니아의 폐허에서 살며 춤춘다(이사야서Isa. 13, 21 및 34, 14); **4.** 중세시대에 이르러 악마는 점점 더 많은 속성을 갖게 되었다: 마녀들의 주인Witch Master(마녀들의 안식일Sabbath 참조)은 그의 직계 선조와 매우 유사하다; **5.** 이후 이들은 다음을 상징하게 되었다; a. 방종과 어리석음; b. 욕망: "영특하신 선친과 현왕을 견줘 보면 태양신과 짐승의 차이지"(덴마크의 왕자 햄릿Ham. 1, 2).

사티리아, 사티리온 satyrion (식물) **1.** '야생난초Orchis'의 일종; **2.** 최음제: a. 강하고 불쾌한 염소 냄새에도 불구하고; 염소 냄새 때문에 이름이 '사티로스satyr에서 유래했다; b. 이 꽃은 고환과 유사하게 생겼다. 성교 시 강력한 강장제이다(파라켈수스Paracelsus, 파라그라눔P p. 192); **3.** 명계의 신 세라피스Serapis와 하데스/플루토의 신전을 장식했다.

사파이어 sapphire (보석) **1.** 기간: a. 달: 9월; b. 별자리: 처녀자리 또는 천칭자리와 토성; **2.** 다음을 상징한다: a. 양심; b. 천상의 명상, 희망; c. 순도; **3.** 유익: a. 성실함을 가져온다; b. 정절을 고취시킨다. (민요에서처럼) 사파이어를 주는 사람이 불성실할 때 보석이 창백해지기 때문이다; c. 젊음과 용기를 진정시키고 보존한다; **4.** 성서: a. 대제사장의 흉배에 있는 사파이어는 잇사갈 지파Issachar를 상징했다; b. 모세는 하나님의 발 아래에 있는 청옥(사파이어) 포석을 보았다(출애굽기Ex. 24, 10). 에스겔서의 환상에 나타난 하나님의 보좌와 같다(에스겔서Eze. 1, 26; 에녹서Pseud. 18, 9); c. 내가 "청옥(사파이어)로 네 기초를 놓고"(이사야서Isa. 54, 11); d. 새 예루살렘의 문은 사파이어와 에메랄드로 만들어졌다(토비아서Tob. 13, 21); e. '윤이 나는' 몸(=뼈: 예레미야 애가Lament 4, 7); f. 솔로몬의 인장과 두 장의 모세 율법 석판은 사파이어로 만들어진 것으로 보인다; **5.** 기독교: 순결의 수호자, 따라서 동정녀의 상징; 그리고 이것은 추기경의 돌이다; **6.** 문장heraldry(紋章): a. 경건과 진실; b. 문장에 파란색을 묘사하기 위해 사파이어 보석을 사용했다.

사프란 saffron (식물; 허브) **1.** 용도: a. 그리스 회랑과 로마의 목욕탕 그리고 극장에서 향수로 사용되었다(종종 포도주와 함께 사용되었다). 또한 아이섀도우로도 사용되었다; b. 켈트족: 난쟁이족들은 지하세계에서 우유와 사프란을 먹고 산다; c. 중세시대: 발한제, 가루반죽과 전분의 착색제; **2.** 다음을 상징한다: a. 그리스: 원래 왕실의 색(핀다로스Pindarus, 피티아 송시Pyth. O. 4, 232에서 제이슨의 로브robe)이었다. 그러나 사치라는 함축적 의미 때문에 후일 헤타이라hetaerae(정부, 첩)의 전용이 되었다; b. 기독교: i. 자선 ii. 성모 마리아의 상징; **3.** 다른 것과의 조합: a. 의복: 새벽의 옷(예 호메로스Homer, 일리아드Il. 8, 1; 나소 P. 오비디우스Naso P. Ovid, 사랑의 기술De Art. Am. 3, 179); 또는 히메나이오스Hymen(역주: 혼인의 신)의 옷(나소 P. 오비디우스, 변신이야기Metam. 10, 1; 제인 오스틴James Austin, "엠마Emma" 36장 참조); 엘리자베스 1세 여왕 시대의 가면극(예 벤 존슨Ben Jonson의 희곡 "하이메나이Hymenai")에서 사프란은 최음제였다; 또는 뮤즈의 샤프란: "사프란 옷을 입은 뮤즈들이 멀리 날아서 제우스의 아들에게 이것을…"(알크만Alcman, 단편fragment); b. 날개: 아이리스의 날개(템페스트Tp. 4, 1); c. 귀: 오로라 여신의 귀(=새벽: 나소 P. 오비디우스, 변신이야기 3, 150); **4.** 점성술: 태양의 허브. 사자자리에 속하며 심장을 매우 튼튼하게 만든다; **5.** 노란색yellow 참조.

사향 musk **I.** 향수: 1. 히말라야, 시베리아 및 중국 북서부의 숲에 사는 수컷 사향 사슴의 냄새가 강하게 나는 분비물; 다른 동물의 사향은 상업적으로 사용되지 않는다; 2. 성적 자극에 의한 여성 분비물 냄새와 유사하기 때문에 남성에게 가장 어필한다(단, 윈저가의 즐거운 아낙네들Wiv. 2, 2two 참조; **II.** 사향 장미는 보통 흰색의 장미꽃이 핀다: 1. 예 티타니아가 잠들었던 꽃 중 하나로, "한여름 밤의 꿈MND"에 여러 번 언급된다: "스위트 머스크 향"(2, 1); 2. 요정들의 특별한 보호: 티타니아는 요정들에게 "사향 장미 꽃봉오리에 있는 뿌리혹병(즉, 벌레)을 없애라"고 명령한다(한여름 밤의 꿈 2, 2); 3. 변덕; 4. 성모 마리아의 상징.

사향액 civet **1.** "고양이의 매우 더러운 분비물"(뜻대로 하세요AYL 3, 2); **2.** 딜런 토머스Dylan Thomas: "아기를 낳을 신랑신부에게 이것을 준다": 의례행위를 위해 그리고 최음제 또는 유산시키는 것으로서(사랑의 역병=아이): "그것은 죄인들의 침묵의 혀이다".

산 mountain **1.** 명상의 영역(높이 상징): a. 신비주의: 현실의 평지와 대극을 이룬다; b. 축복받은 자와의 교감; c. 지혜: 고상한 생각이지만 여전히 지상에 머물러 있다(윌리엄 블레이크William Blake); d. 위협적인 마음: "오, 마음, 마음에는 산이 있고 추락의 절벽이 있다. 그것은 무섭고 가파르며 인간의 이해를 넘어서는 것이다. 그 절벽을 한 번도 경험하지 않은 사람은 그 깊이와 강도를 과소평가할 수 있다"(제라드 홉킨스Gerard M. Hopkins, "더 이상의 최악은 없다"; **2.** 고독: a. "구원의 산": 외부 세계로부터의 피난처, 일상적인 평범한 존재로부터의 피난처; 때로는 섬 같은 산; b. 순례의 장소; c. 불모: 열매 맺는 계곡의 반대; **3.** 태양, 부활과 관련된다: a. 태양이 탄생하는 장소: "밤의 촛불은 다 타 버리고, 안개 낀 산꼭대기에 발끝으로 서 있는 즐거운 낮"(로미오와 줄리엣Rom. 3, 5); b. 죽음의 장소: 서쪽 산은 죽음의 영역이다; c. 빛: 어둠 및 죽음의 계곡과 반대; **4.** 세계 축: 하늘과 땅의 접촉; 생명 나무: a. 하늘로 가는 사다리; b. (우주의) 척추; c. 계시의 장소: 시나이산, 호렙산; **5.** 천국: 지옥의 동굴과 반대되는 천국의 산(원형적archetypal): a. 단테Dante의 성스러운 언덕과 관련된 감미로운 포도주(=천상의 사랑, 구원)를 흘리는 매혹의 산(예 존 번연John Bunyan); b. "여호와의 전의 산이 모든 산꼭대기에 굳게 설 것이요 모든 작은 산 위에 뛰어나리니 만방이 그리로 모여들 것이라"(이사야서Isa. 2, 2f); c. 창조와 풍요의 신의 보좌가 놓여 있는 하늘의 궁전: '위대한 하나님El-Shaddai'=산의 신, '높은 것'의 신, 또는 (가장 높은) 천체의 신(구약성서에서 아마도 토성); 위대한 황소 신 여호와 하나님El-Yahweh이 황소를 보러 가는 곳; d. 그리스: 천상의 집: 올림포스, 파르나수스-헬리콘; 영웅의 매장지(아마도 성서에 나오는 이삭이 산에서 번제를 드린 것이 이것과 관련 있는 것으로 보임): 다른 세계로의 입구; e. 고대 북유럽: 발할라 신; "냘의 사가Njal's Saga"에서 흑마법사가 산으로 사라진다(14); **6.** 옴팔로스, 세계의 배꼽: a. 생명체가 거주 가능한 세상의 중심; b. 옴팔로스는 탯줄에 붙어 있으며 탯줄은 태아를 성장시키는 땅을 통해 태아에게 붙어 있다; c. 성배 전설의 '살바트산' '극지산', 항상 찾기가 어렵다(미로Labyrinth의 중심 참조). 옴팔로스 상징은 종종 백합 문양, 별, 초승달, 십자가, 계단, 왕관, 원, 삼각형, 숫자, 문자 Z(=시온산) 또는 R(=재생)과 함께 묘사된다; **7.** 풍요: a. 전능하신 하나님El-Shaddai에 대해서는 5번의 c 참조; "산꼭대기의 땅에도 곡식이 풍성하고 그것의 열매가 레바논같이 흔들리며"(시편Ps. 72, 16; '산의 신 엔릴Enlil', 길가메시Gilgamesh 참조); b. 산 정상은 판Pan에게 바쳐졌다; c. 풍요의 신과 영웅이 유기된(또는 탄생한) 장소: 제우스, 오이디푸스, 디오니소스; d. 영원한 젊음과 바쿠스 신의 광란의 주신제 오르지(펜테우스Pentheus) 장면; 그리고 구약성서에서 나오는 '가증스러운 것들'; e. 성적 황홀경: "거기에서 자유를 느낀다"(토머스 S. 엘리엇Thomas S. Eliot, "황무지The Waste Land" 1); **8.** 하나님의 영원한 능력과 신실하심에 대한 예배와 증거의 장소(모리아산); **9.** 자유: "너는 산바람처럼 자유롭구나"(템페스트Tp. 1, 2); **10.** 화평: "의로 말미암아 산들이 백성에게 평강을 주며 작은 산들도 그리하리로다"(시편 72, 3); **11.** 회중의 산: 바벨론은 교만하여 하늘로 올라가 "북극 집회의 산 위에" 앉았으며, 북방에는 하나님의 산이 있었다(이사야서Isa 14, 13, 또한 시편 48, 2); **12.** 사랑의 산(헛소동Ado 2, 1); **13.** 지옥의 산: a. 낭만주의 운동 이전의 문학에서(특히 고전 미술 시대에) 산은 일반적으로 죄악으로 파괴된 세계의 흉측한 기형으로 간주되었다; b. "서리가 내리고 올가미가 씌워졌을 때처럼 그렇게 음울한sae dreary wi' frost and snae" 산이 지옥의 산이다(민요 "악마의 연인Daemon Lover" 프랜시스 차일드Francis Child 243 F 14, 옥스퍼드 민요집Oxf.); **14.** 연옥의 산: 사탄이 지옥의 동굴을 만들었을 때 연옥의 산이 동시에 만들어졌다(단테Dante); **15.** 거인, 난쟁이, 요정의 집: "돌의 산"의 바깥은 산 자를 위한 것이고 안은 죽거나 불멸하는 자를 위한 것이다: a. 켈트: 요정 언덕과 관련된다; b. 산속에서 잠들었다가 하루는 세상을 구하거나 세상을 새롭게 하기 위해 나오는 영웅의 전설과 관련된다; c. 얽힘의 상징; 5번의 c 참조; **16.** 연금술: a. '속이 움푹한 산'=철학자의 오븐; b. 원질료는 종종 산으로부터 온다고 생각되었는데 그곳에 있는 것들은 특별하지도 않고 분명하지도 않다; **17.** 문장heraldry(紋章): a. 견고함; b. 자유; **18.** 다른 것과의 조합: A. 두 개의 산: a. =두 기둥: 기둥pillars 참조; b. 두 개의 세계: 둘을 향하는 빛/어둠, 삶과 죽음 등의 이중성; c. 만돌라: 천국과 땅의 원들의 교차점; d. 천국의 관문에는 두 개의 구리 산 "기둥"이 있다(스가랴서Zech. 6, 1); e. 또한 데우칼리온은 홍수 후에 파르나수스에 상륙했다(나소 P. 오비디우스Naso P. Ovid, 변신이야기Metam. 1, 316); f. 길가메시: 쌍봉의 마슈산이 그것을 지키는 인간-전갈들과 함께 떠오르는 해와 지는 해를 수호하고 있다; B. 눈 덮인 산: a. 귀족; b. 추상적 사고; 냉정한 추론.

산들바람 breeze **1.** 풍요; **2.** 애정의 동경(새, 화살 등과 같은); **3.** 호흡, 숨과 연결됨; **4.** 신의 전령 또는 목소리; **5.** 시인이 일하게 만드는 감각대상(폴 발레리Paul Valéry); **6.** 바람wind, 풍배도wind rose 참조.

산딸기 raspberry (식물; 과일) **1.** 하얀 꽃이 피고 붉거나 또는 하얀 열매를 맺는 가시관목; **2.** 질투, 후회; **3.** 인간의 마음; **4.** 기쁨: "그 공주는 크게 소리 내어 웃었다"(스테판 말라르메Stéphane Mallarmé, "헛된 쾌락Placet Futile").

산딸나무속 cornel (식물) 층층나무dogwood 참조.

산비둘기 ring-dove (새) **1.** 순결: 산비둘기는 간통한 여인들을 죽인다(포르피리우스Porphyrius, 금욕Abstin. 3, 11); **2.** 멧비둘기turtle dove도 참조.

산비둘기 wood-pigeon (새) **1.** 본래는 자신의 목소리에 대해 어리석은 자부심을 가졌던 소녀가 소년과의 대결에서 패배하고 수치스러운 나머지 새로 변신시켜 달라고 요청한다(롱구스Longus, "다프니스와 클로에dl Daphnis and Chloe" 1): 단조로운 노래; **2.** 플리니우스Pliny(10, 11): 뻐꾸기의 둥지 장난의 희생자(보통의 바위종다리새 대신); **3.** 허영심: 황조롱이가 방어한다(플리니우스 10, 52).

산사나무 hawthorn (나무) **1.** 영국에는 두 개의 종이 있으며(약간의 생물학적 차이가 존재함) '산사나무꽃'(특히 꽃), '가시나무' 또는 '흰 가시나무'이라고도 불린다; **2.** 이것은 위대한 (하얀) 여신에게 바쳐졌다; **3.** 죽음: a. 켈트족의 나무 알파벳(문자 H)에서이것은 5월 13일~6월 9일의 기간에 해당된다: 사람들이 헌 옷을 계속 입었던 5월은 불운의 달이었다(그리스에서 영국에 이르기까지): 때로는 애도 또는 속죄를 위해 누더기가 된 옷을 산사나무에 걸었다; b. 로마(나소 P. 오비디우스Naso P. Ovid, 행사력Fasti. 6, 101ff): 여신 카르나에게 바쳐졌으며 새 마녀가 아기를 잡아가지 못하도록 보호한다; 이와 반대되는 내용이 사실이었을 수도 있다. 산사나무는 새로 변장하여 아이들을 죽였기 때문에 집으로 가져가면 안 되었다; 이후 산사나무는 문의 수호신 야누스가 되었다(아들 또는 남편이 자신을 들어오지 못하게 했기 때문에 카르데아-카르네아는 야누스의 정부가 되었으며 문의 여신 이아나 또는 유노와 동일시되었다; 또한 문door 참조; 로버트 그레이브스Robert Gravcs, 하얀 여신WG 68); c. 종종 치명적인 결투가 펼쳐진 곳에서 발견된다: i. 가윈 경과 녹색의 기사(5번과 관련됨): 녹색 기사의 성으로 가는 입구에 개암나무와 산사나무가 뒤얽힌 채 서 있다; ii. 팔라몬과 아르시테가 에밀리의 사랑을 얻기 위해 싸운 수풀에서 산사나무와 인동 덩굴이 발견되었다(제프리 초서Geoffrey Chaucer, 캔터베리 이야기CT "기사의 이야기"); d. 나무를 베는 경우 소나 아이들 또는 돈에 큰 재앙을 초래한다; e. 벌과 나비는 산사나무를 피하며, 따라서 산사나무는 오직 파리에 의해 수분된다; **4.** 정화: 정화 의례가 끝나는 6월의 가운데 날(15일)에 그리스와 로마의 사원들을 청소하는 시기; **5.** 성욕, 다산: A. 금욕: a. 이 기간은 처녀 여신(아르테미스)에게 바쳐졌기 때문에 금욕이 요구되었다; b. 결혼하기에 좋지 않은 달: 위대한 여신은 결혼으로 인해 성욕이 속박되는 것을 싫어한다; B. 탐닉: a. 산사나무 꽃의 향기는 여성의 성적 분비물의 향취와 유사하다; b. 아테네의 신부들은 산사나무 화관을 썼다; c. 그리스에서는 히멘Hymen(이후 비유적으로 혼인의 신으로 불림)의 제단에 놓았다; d. 로마에서는 흥겨운 플로라 숭배와 연관된다: 산사나무를 꺾기 위해 달려 나가 '오월제' 기념 기둥 주위에서 춤을 추었다; 사빈 여인들을 데리고 가는 목동들이 산사나무 횃불을 사용했다; 이후부터 산사나무는 결혼식 횃불을 만드는 데 사용되었다(플리니우스Pliny 16, 30); e. 켈트족: 사랑과 식물의 5월 여왕인 올웬('하얀 자취의 그녀')은 이스파다덴 펜카우르(='산사나무')의 딸이었다; 그녀는 또한 야생 사과와 관련 있다(로버트 그레이브스, 하얀 여신 41); f. "이것 보세요, 나는 자신이 아닌 다른 사람인 척하는 많은 젊은이들처럼 당신을 속이거나 다른 사람이라고 주장할 수 없어요. 그들은 산사나무 꽃봉오리 같아서 남장을 한 여자를 닮았어요."(팔스타프가 궁정 여인들에게 한 말: 윈저의 유쾌한 부인과 헨리 4세Wiv. 3, 3); g. 아래의 민속 참조; **6. 달**과 관련된다: a. 모세의 불타는 가시덤불은 흰색 산사나무였을 수 있다: 아마도 '세네'(역주: 성서에서 불타는 가시덤불을 의미하는 히브리어)는 시내산과 관련이 있으며 남성적 달의 신인 신Sin에 대한 숭배였다; b. 달의 여신인 성모 마리아에게 바쳐졌다; c. 퍼시 셸리Percy Shelley("미지의 꿈")에 따르면, 산사나무는 "달빛 색"을 가지고 있다; **7. 노예 상태**: 우상숭배의 속성; **8. 신중함**: a. 두 얼굴의 야누스와 연관있다; b. 오랜 기간의 금욕은 신중함과 동일시되었다; **9. 목동**과 관련 있다: "그리고 모든 목동은 계곡의 산사나무 아래에서 자신의 이야기를 털어 놓는다(=양떼의 수를 센다)"(존 밀턴John Milton, "쾌활한 사람L'Allegro"); **10. 문장**heraldry(紋章): 튜더 왕조의 문장에서 발견된다; **11. 악천후**와 관련된다: "산사나무를 지나가면 차가운 바람이 불며 가랑비가 내린다"(민요 "회색 수도회의 수사Friars of the Orders Grey"); 참조: 또한 리어왕 Lr 3, 4); **12. 민속**: A. 불운: 가시면류관은 산사나무로 만들었으며 요정들과 관련 있다: a. 산사나무를 자르는 것은 불운을 가져온다; b. 요정들의 힘이 강력할 때 산사나무 아래에 앉는 것은 불운을 가져온다: 예 오월제, 하지 전야, 할로윈 등; c. 3번의 d와 e 참조; B. 다산, 결혼과 관련된다: a. 때때로 산사나무는 1년 동안 주방에 두었다; b. 결혼 부적: 소녀들은 오월제 날에 산사나무 꽃을 줍기 위해 일찍 나섰으며, 이 꽃을 을 조용히 집에 들고 왔다(그렇지 않을 경우 그 해에 결혼을 하지 못할 것이다); c. 프랜시스 차일드 Francis Child는 고대 오월제Old May day 날(꽃이 필 때)에 즐거워하며 집으로 가져왔다; C. 보호 부적: 이것은 집이 번개에 맞지 않도록 보호한다; D. 글래스톤베리에서 아리마대 요셉이 자신의 지팡이를 땅에 찌르자 산사나무가 기적처럼 자라났다; 청교도인들이 나무를 베었지만 다행히도 많은 나무 묘목을 가져왔으며 이 나무들은 (구) 크리스마스이브(1월 5일)에 여전히 꽃을 피웠다; E. 연료로 사용: 이 나무는 오래 살 수 있지만 가을에 잘라서 땔감으로 사용했다: **13.** 흰가시나무white-thorn 참조.

산사나무 whitethorn (나무) **1.** 흔한 가시나무로, 검은 가시나무보다 껍질 색이 더 연하다; **2.** 위대한 여신과 연결된다: a. 일반적으로 '기적의 수태'와 연관된다; b. 마녀 니뮤는 이 나무 아래에서 멀린을 유혹했다; **3.** 울새가 호랑가시나무와 관련 있듯이, 흰가시나무는 개똥지빠귀와 관련 있다: "개똥지빠귀는 흰가시나무에서 노래하고 울새는 호랑가시나무 덤불에서 노래한다"(크리스티나 로제티Christina Rossetti, "봄의 고요Spring Quiet"); **4.** 아르부투스 나무arbutus; 산사나무 hawthorn 참조.

산사나무꽃, 암당자 mayflower (식물) 철쭉과arbutus 참조.

산수, 산술 arithmetic **1.** "'산수ars metrique'의 과학을 잘 아는 사람은 만물의 규례를 볼 수 있다. 규례에 의해 세상이 만들어지고 창조되었으며, 주권자의 규례에 의해 세상이 멸망할 것이다"(윌리엄 캑스턴William Caxton, 세계의 거울MW 1, 10); **2.** 여섯 번째 과학은 산술에 기초한 음악(같은 책 1, 12); **3.** 자세한 내용은 숫자number(및 개별 숫자)를 참조.

산악염소 ibex 염소처럼 생긴 산악염소의 뿔은 장인(匠人)이 활을 만들 때 사용했다(호메로스Homer, 일리아드Il. 4, 105: 판다로스의 활); 이것은 작은 알프스 산악염소나 샤모아가 아니라 아시아 산악염소(최대 60인치의 뿔을 가지고 있음)의 뿔이었을 것이다.

ㅅ

산양사슴 tragelaph(us) **1.** 산양사슴은 신화 속 동물로 반은 수사슴이고 반은 염소이다; **2.** 아르테미스에게 바쳐졌다; **3.** 다음을 의미한다: a. 몸과 영혼, 물질적이고 영적인 삶; b. 생성과 보존.

산쪽풀 mercurialis; mercury (식물) a. '타베르네몬타누스Tabernaemontanus의 허브책에 따르면, '산쪽풀 Mercurialis testiculata' 또는 '산쪽풀dog's mercury'은 몰리(흰꽃과 검은 뿌리를 가진 전설상의 마초)처럼 헤르메스에 의해 발견되었다; 이 식물은 암수 식물로 분리되며 월경 촉진제 또는 월경 자극제이다; b. 성교 전에 산쪽풀을 질에 삽입하면 아이의 성별이 결정된다(디오스코리데스Dioscorides 4, 183; 두 가지 모두 카를 융Carl Jung의 저술에 언급되었다. 14, 480n.).

산토끼풀의 일종, 티젤 teasel (식물) **1.** 2년생 약초인 '딥사쿠스 실베스트리스Dipsacus sylvestris'는 길가와 울타리 아래에서 자라며, '티즐teazle' 또는 '티젤teazel'이라고 한다; **2.** 말린 꽃의 꽃봉오리에는 가시가 있어서 옷감의 실밥을 다듬는 데 사용되었다; **3.** 약용: '야생 티젤': 맨드레이크mandrake의 즙을 첨가한 약초는 암캐와 다른 동물들의 수태를 돕는다(알베르투스 마그누스Albertus Magnus, 비밀의 책Bk of Secr. 1, 5).

산파 midwife **1.** 악명 높은 술꾼: "산파의 독한 술처럼"(십이야Tw. N. 2, 5); **2.** 요정, 산파: 마브 여왕.

산호 coral **1.** 기원: 페르세우스가 안드로메다를 해방시키기 위해 고르곤 메데아의 머리를 내려놓자 머리 주위의 꽃들이 산호로 변했고(석화됨) 괴물의 피에 의해 빨간색이 되었다; 물 위로 나온 산호 부분은 여전히 나뭇가지 형태이지만, 아래쪽은 단단한 돌과 같다(나소 P. 오비디우스Naso P. Ovid, 변신이야기 Metam. 4, 473ff); **2.** 바다와 관련된다: a. 깊은 바다=심연; b. 육지 나무의 뿌리 또는 세계의 축; c. 바다에서의 위험; **3.** 산호의 빨간색 때문에: a. 피와 관련된다: i. 골 병사들이 투구와 무기에 부착했던 부적; ii. 내장; iii. 신체적 장애 및 해충에 물린 독 독 때문에(뱀 모양일 때=치료제); b. 성숙, 가을, 부패; c. 건강: 아래의 민속 참조; d. 불에 대해(동종요법); e. 사랑; f. 입술에 대한 정형화된 묘사의 표현; **4.** 흰색: 뼈와 관련됨: "그의 뼈는 산호로 만들어졌다"(템페스트Tp. 1, 2; 딜런 토머스Dylan Thomas: "그 옛날 물이 있던 곳"); **5.** 이집트: 비료로써, 그리고 곤충 또는 폭풍우(마술로 일어난 폭풍우에 대항해)로 인한 피해로부터 보호하기 위해 들판에 뿌렸다; **6.** 페데리코 G. 로르카 Federico G. Lorca: "산호의 정맥vein of coral": 여성에 대한 남성의 사랑, 동성애의 'celeste desnudo'(신성한 누드divine nude) 반대다; **7.** 딜런 토머스Dylan Thomas: a. "시간은 산호로 된 성인Time's coral saint": 천천히 자라는 창조의 시간; 더불어 증식하는 시간; b. 앞의 4번 참조; **8.** 민속: a. 빨간 산호는 일반적으로 사악한 눈 Evil Eye에 대항하는 부적으로 사용할 수 있다; 영국에서는 마녀의 주문에 의한 폭풍우의 피해로부터 사람들을 보호해 준다; b. 부적으로 착용: 착용자의 건강을 알려 준다: 아플 때는 옅어지고 건강해지면 다시 빨간색으로 돌아온다(플리니우스Pliny 32, 11); c. 사랑하는 사람이 죽음에 임박했을 때에도 옅어진다; d. 치아를 보존하고 강하게 해 주며 아기가 이가 나는 것을 도와준다: "이가 나고 있지 않구나… 너를 위해 산호를 가져올게"(보먼트와 플레처Beaumont and Fletcher).

살 flesh **1.** 물질적인 삶: a. 육욕: "이브의 살 한 조각"(십이야Tw. N. 1, 5); b. 지상의 재물; c. 일시적임; d. 생명, 생기 있고 민감한 신체: "육신이 물려받은 수천 가지의 괴로움들"(덴마크의 왕자 햄릿Ham. 3. 1); **2.** 남근의 완곡한 표현[에스겔서Eze. 16, 26 및 23, 20에서 속담처럼 이집트 남자 정부(情夫)의 큰 성기를 언급함]; **3.** 딜런 토머스Dylan Thomas: 자궁: 예 "내가 문을 두드리고 그리고 살이 들어오기 전에"

살갈퀴 vetch (식물) **1.** 콩과식물 '비시아Vicia'; 이름과 용도가 유사한 식물; **2.** 일반적으로 다음을 의미한다: a. 약간의 노동력을 필요로 한다는 점에서 루핀 lupine과 유사하고 토양을 풍요롭게 한다(플리니우스 Pliny 18, 47f.; 카토Cato, 농업론AC 37); b. 건조한 토양을 선호하고 질 좋은 왕겨를 생산한다(플리니우스, 같은 책). 민달팽이와 달팽이가 살갈퀴를 손상시킨다(같은 책 18, 44); c. 루핀과 덩굴손 모양의 다른 줄기 식물과 묶여 있기(라틴어 '빈시레vincire') 때문에 그렇게 불린다(테렌티우스 바로Terentius Varro, 농업론Re. Rust. 1, 31, 5); **3.** 히브리: 광신도들은 식량을 찾는 과정에서 다른 유대인들에게 고통을 주었다: 예 쓰라린 살갈퀴를 생식기 속에 넣었다(플라비우스 요세푸스Flavius Josephus, 유대전쟁Jewish War, 펭귄출판사, 313); **4.** 사랑: 디오스코리데스에 따르면 살갈퀴로 테살리아인들에게 사랑의 감동을 주었다(안젤로 드 구베르나티스Angelo De Gubernatis, 식물의 신화MP 2, 52); **5.** 약용: '쓴 살갈퀴'는 특히 유용하다: a. 히포크라테스에 따르면 쓴 살갈퀴는 사람을 단단하게 해 주고, 강하게 하고, 살을 찌우고, 속을 채우며 안색을 좋게 한다(식이요법Vict. 2, 45); b. 니칸데르Nicander: 쐐기풀 샐러드와 함께 먹으면 도룡뇽의 독을 치료한다(알렉시파르마카Al. 551; 참조: 테오프라스투스Theophr., 식물의 역사HP 242); c. 건강에 좋지 않은 음식이지만 동물에게는 좋은 사료가 된다(플리니우스 22, 73); d. 상처를 소독하고 구강 세정제로 사용되었다(코르넬리우스 켈수스Cornelius Celsus 2, 33, 5; 5, 28, 12; 5, 5; 6, 15, 2); e. 힐데가르트 폰 빙엔Hildegard von Bingen: 쓴 살갈퀴(같은 뜻의 독일어 '에르베Erve' 부분에 기술되어 있다)는 차갑고 열을 유발한다; 보통의 살갈퀴(같은 뜻의 독일어 '비헨Wichen' 부분에 기술되어 있다)는 차갑고 음식으로 권장되지는 않지만, 몸에 발라 따뜻하게 하여 종양이 커지고 사마귀가 생기는 것을 막는 데 사용된다(자연학Ph. 1, p. 53).

살구 apricot (과수) **1.** 이것의 열매는 자두와 배 중간쯤이다; **2.** 소음순, 즉 여성성기(모양); **3.** 자급자족, 양성성; **4.** 살구꽃(흰색): 소심한 사랑; **5.** 살구, 듀베리, 포도, 뽕나무 열매는 동화에서 기본 음식이었다(한여름 밤의 꿈MND 3, 1).

살기 grayling (물고기) **1.** '엄버umber'라고도 불린다: 민물고기; **2.** 클라우디우스 아엘리아누스Claudius Aelianus: 생선 비린내가 아니라 백리향 냄새가 난다; 오직 모기로만 잡을 수 있다(동물의 본성에 관하여NA 14 22); **3.** 힐데가르트 폰 빙엔Hildegard von Bingen(독일어로는 '아쉬Asche'): a. 뜨거운 기운보다는 찬 기운으로 이루어진 물고기; 낮과 물 한가운데를 좋아하고 돌 위에서 쉬기를 좋아한다; 곡물과 풀을 먹으므로 그 고기는 건강에 유익하다; b. 약용으로는 쓸개만 유용하다; 눈을 맑게 한다(자연학Ph. 5).

살라맨더, 도룡뇽 salamander **1.** 불 속에서 살며 극도로 냉한 몸을 갖고 있어서 불을 끌 수 있는 능력이 있다(플리니우스Pliny 10, 86f.). 그러므로 a. 불(그리고 석면) 원소와 관련있다; b. 악마를 의인화한 것이다. 독이 있는 생물 중 가장 사악하며 양심의 가책 없이 죽인다; c. 불의 왕=그리스도; d. 정절과 처녀성: 열정의 불길 속에서 냉정함을 유지한다. 성별 차이는 없다. 전투의 불길 속에서 살아남은 군인; 남자의 불타는 듯한 붉은 얼굴 등; "나는 당신의 샐러맨더를 불로 지켰습니다…"(헨리 4세 1부1H4 3, 3); **2.** 정의: a. 중세시대: 좋은 불은 유지하고 나쁜 불은 진화한다; b. 프랑스 국왕 프랑수아 1세의 상징: "(믿음과 지식은) 양육하고 … (죄/무질서)는 꺼버린다Nutrisco et Extinguo"; **3.** 그리스: 뱀의 변형으로 겨울의 상징(계절seasons 참조); **4.** 기독교: a. 세례; b. 인내하고 승리하는 믿음; **5.** 오컬트occult: 인간의 낙천적인 기질에 영향을 준다; **6.** 문장heraldry(紋章): a. 종종 입에서 불을 뿜는 일종의 용으로 표현된다(1번의 b 참조); b. 항상성; **7.** 도마뱀lizard과 혼동하지 않도록 유의해야 한다.

살무사 adder **1.** 일반적인 뱀snake의 상징성에 대해서는 뱀serpent 참조; 성서와 중세에 이 이름은 특히 바실리스크, 계룡 그리고 (날아다니는 뱀serpent) 용에 사용되었다; **2.** 치명적인 물기와 갑작스러운 쏘기; **3.** 보호: 다니엘에 관한 야곱의 예언: 그는 큰 적(말horses)을 공격하는 살무사가 될 것이다; 나중에 그들은 다마스커스로 가는 카라반 길을 '보호'했다; **4.** 난청: a. "그들(적들)은 청각장애인과 같다. 그녀의 귀를 막아라. 그러면 마법사들의 목소리에 귀 기울지 않을 것이다"(시편Ps. 58, 4). 살무사=작은 독사asp 및 마법사=신(의 선지자); b. "뭐야! 살무사처럼 귀머거리인가?"(헨리 6세 2부2H6 3, 2; 또한 트로일로스와 크레시다Troil. 2, 2 참조); **5.** 이것의 독은 쓸개에서 나온다(욥기Job 20, 14 및 16); **6.** 죄(다시 '작은 독사asp'로: 신명기Deut. 32, 33); **7.** 죄에 대한 벌(벤 시라크Ben Sirach, 39, 36); **8.** 이것은 메시아 시대에는 해를 끼치지 않는다(이사야서Isa. 11, 8); **9.** 좋은 것이 불러오는 사악함: "독사adder를 불러오는 밝은 날이다"(율리우스 카이사르Caes. 2, 1: 우리가 카이사르에게 왕관을 주면 그는 폭군이 될 수도 있다; **10.** 민속: a. 대영제국에서 유일하게 발견되는 독사, 그래서 불운을 의미하며 문 앞에 이것이 있으면 그 집에 살고 있는 누군가의 죽음을 의미한다; 봄에 처음 이것을 보았을 때 죽이면 운이 좋다; b. 물푸레나무 막대로 치지 않는 한 해지기 전에는 죽지 않는다(강한 마법의 특성에 대해서는 재ash 참조); c. 살무사 가죽은 약용으로 사용할 수 있다. 지붕이나 난로에 걸어 두면 화재로부터 보호하고 전반적으로 운이 좋다; **11.** 애더 스톤이라고도 하며 '살무사 구슬' '보석' '암몬 조개' 또는 '드루이드의 돌'(높은 지위를 가졌던 드루이드가 착용했었던 것처럼)로도 불린다: 천연 천공 또는 특정 유형의 색상을 가진 작은 돌로, 흔하지 않은 유리 같은 조약돌이며 결과적으로 비범한 마법의 힘을 가지고 있다; 선사시대의 방추가공도 종종 이 이름으로 불렸다; 이것은 악에 대항하는 부적으로 사용되었으며 사람들과 동물의 질병을 치료했다; 돌은 뱀에 의해 만들어지는데, 일 년 중 특정 시기에 수많은 뱀이 모여들어 살아있는 공 모양으로 합체한 다음 돌을 단단하게 만드는 타액을 뿜는다.

삼, 대마 hemp (식물, 물질) **1.** 교수대에 사용했다(저렴한 결박용 재료). 따라서 죽음; **2.** 태울 때 최면 효과를 가진 연기를 내뿜는다. 따라서 신탁의 여사제인 피토네스를 신들린 황홀경의 상태로 유도한 물질이다; **3.** 시골뜨기의 삶: "으스대면서 걷고 있는 저 시골뜨기들은 누구란 말인가?"(한여름 밤의 꿈MND 3, 1); **4.** 대마초: a. 자신감, 확신: 정원사들은 이 식물의 꽃이 피어나는 것을 보면 땅이 사랑에 빠진 것으로 여겨져서 확신을 가지고 씨를 뿌릴 수 있다고 말한다; b. 인식의 속성; **5.** 민속: a. 점치기에 사용되었다: 소녀가 교회 묘지로 가서 왼쪽 어깨 너머로 대마 씨를 뿌리며 주문을 외우면 미래의 남편을 보게 될 것이다; b. 치유력(㉐ 귀에서 기생충을 제거함) 이외에 생식기를 발기부전으로 만들 수 있다(플리니우스Pliny 20, 97).

삼각기 pennon 중세시대: 여성이 기사에게 삼각기를 보내는 것은 곤경에 처한 자신을 위해 싸워 달라는 요청의 표시이다; 결투를 신청할 때는 삼각기를 결투장 한가운데 놓았다(토머스 맬러리 경Sir Thomas Malory 10, 47).

삼각대 tripod **1.** 피티아(델포이에서 신탁의 경고를 받은 제사장)가 앉았던 다리가 세 개 달린 의자; 로마의 메달에 새겨져 있는 삼각대는 때로 까마귀와 돌고래로 장식되었다: 까마와 돌고래는 예언의 상징이며 예언 신탁 모음집 '시빌린 북'을 지키고 자문하는 '10인 위원회' 데켐비르의 상징이다; **2.** 태양: 삼각대의 세 다리는 태양의 세 번의 '순간', 즉 일출, 정오, 일몰을 나타낸다; **3.** 흔히 운동 경기에서 상으로 수여되는 의례용 그릇으로도 사용되었다.

삼각형 triangle **1.** 모든 세 가지 형태 또는 삼위일체(3three 참조); 삼위일체를 나타내므로 고딕 미술에 반드시 들어있는 것이다; **2.** 위치: A. 가장 상위의 꼭대기(정점): a. 남성적 측면: 불, 산, 수직화, 삼위일체의 신, 무한대, 피라미드; b. 모든 면이 같을 때 잠재된 힘을 나타내고, 양변이 밑변보다 길 때 진화하는 움직임을 나타낸다; c. 꼭짓점 부분이 잘린 경우: 공기; B. 꼭짓점이 아래로 향하는 경우: a. 여성적 측면: 물, 달, 지하 세계의 힘; b. 꼭짓점이 잘린 경우: 땅; **3.** 심리: 삼각형은 여성(모성) 정사각형이 대각선으로 잘린 남성적 측면이다(카를 융Carl Jung); **4.** 다른 것과의 조합: A. 두 개의 삼각형: a. 두 개의 삼각형이 얽힌 것: i. 다윗의 별(봉인seal 참조): 신성과 단결 속의 삼위일체; ii. 불과 물, 영과 물질, 남자와 여자 등: 대극의 합일; b. 모래시계 방향: 이집트인의 손: 북쪽(호루스, 역삼각형) 및 남쪽(세트, 불); B. 원 안의 삼각형: a. 남성과 여성; b. 삼위일체와 통일성; 우주에 있는 삼성원리: 전체성 안에 들어있는 영적 원리; c. 이 삼각형 안의 영역은 모든 사람의 공동의 본거지이며 진실의 평원이라고 불린다; 평원plain 참조; C. 정사각형 안의 삼각형 안의 원: 소통: 정사각형(땅)과 하늘(원) 사이의 관계(삼각형)를 나타낼 수 있다; D. 황소자리의 머리에 있는 삼각형: 헬리오스-태양에게 바쳐졌다.

삼나무 cedar (나무) **1.** 일반적으로 다음을 의미한다:

다양한 종의 상록수에 대한 집합적 명칭. 향이 나고 일반적으로 붉은(불그스레한) 목재이며, 대부분의 경우 부패에 강하고 곤충을 쫓아내는 방충제이다; 나이가 들면 울퉁불퉁하고 뒤틀리지만 장엄하다; b. 가구, 벽장, 상자(특히 혼수품 상자), 시가 상자 등에 사용한다; c. 플리니우스Pliny(24, 11f.): 전나무의 송진은 시체를 보존하고 살아 있는 것은 썩게 한다; **2. 아름다움**; **3. 장엄함**: 성경에 나오는 가장 큰 나무: a. 히솝풀과 반대(열왕기상서1Kings 4, 33 참조); 그러나 삼나무가 살아남지 못하는 곳에서 관목은 살아남을 수 있다(디도서Tit. 4, 3); b. 열왕기하서2Kings의 작은 우화에서 엉겅퀴와 정반대(14, 9); **4. 힘**: a. 이스라엘(에스겔서Eze. 17, 3); b. 아시리아(에스겔서 31, 3); c. "삼나무를 자주 흔들면 그 뿌리가 더 굳건해진다"(존 웹스터John Webster, "몰피 공작부인Duchess of Malfi" 1, 1); **5. 충성심**: "산꼭대기에서 어떤 폭풍우가 와도 잎들을 지키는 삼나무가 보여 주듯이"(헨리 6세 2부2H6 5, 1; 헨리 6세 3부3H6 5, 2, 셰익스피어는 (잎들을) 보호하는 삼나무를 '웅장한' 독수리와 '뛰는' 사자와 연결시킴); 아시리아에서도 삼나무는 동일한 의미(즉, 충성심)였다; **6. 불멸**: 오래 살고 썩지 않는 상록수; 시리아의 여러 종류의 삼나무는 최고의 수지를 생산하고, 그 목재는 썩지 않기 때문에 신의 이미지로 사용되었다(플리니우스 13, 11); **7. 향기**; **8. 풍요**: a. "그것들(=이스라엘의 집들과 성막들)의 펼쳐짐이 골짜기 같고 강가의 동산 같으며 여호와께서 심으신 침향목들 같고 물가의 백향목들 같도다(민수기Num. 24, 6); b. 풍요-전투의 여신으로서 아스타르테와 관련된다; 이와 유사한 조합의 마르스; c. 아가서SoS에서 연인들의 '집house'의 '지붕roof' 참조(서까래는 사이프러스나무: 아가서 1, 17='녹색 침대green bed'가 있는 자연); d. 오시리스 신에게 바쳐졌다; e. 하지와 관련된다; **9. 신성한**: 솔로몬의 사원을 짓는 목재로 사용되었다; 6six도 참조; **10. 배**: "그들은 레바논에서 삼나무를 가져와 너를 위해 돛대를 만들었다": 삼나무 목재는 충분히 강하지 못하므로 아마도 다른 침엽수일 것이다(에스겔서 27, 5); **11. 자비**: a. 하나의 상징물; 셰익스피어와 성경의 다른 곳에서 보호를 제공해 주는 존재(예 사무엘하서2Sam. 7, 2), 그러나 다음도 참조: "하지만 낮은 관목은 삼나무의 뿌리에서 시든다"(루크리스의 능욕Lucr. 665); **12. 정화의례**: '진홍색' 새(참새) 및 '히솝풀'과 함께 정화수를 만드는 데 사용되었다(삼나무 재); 그 물은 한센병 치료에 사용되었다(레위기Lev. 14); **13. 복수**: 복수의 여신 에리니에스에게 바쳐졌다(물푸레나무, 노간주나무, 수선화, 크로커스와 함께); **14. 기독교**: a. 예수 그리스도의 상징; b. 처녀(아가서에 나오는 소녀)의 이름.

삼색제비꽃 heart's ease (식물) **1.** =팬지; **2.** 마음의 평화: 문자 그대로의 의미로 사용된다(헨리 5세의 생애H5 4, 1); **3.** 엘리자베스 1세 여왕 시대에 유명한 곡(로미오와 줄리엣Rom. 4, 5 참조).

삼손 Samson **1.** 이 이름은 '태양'을 의미한다; **2.** 태양의 특성: a. 태양 영웅들은 항상 맨손으로 사자(=여름의 열기)를 죽인다. 이들은 죽어 가는 태양처럼 스스로 목숨을 끊는다; b. 불길 속에서 내려오는 천사가 그의 탄생을 알렸다; c. 그는 긴 머리를 일곱 갈래로 땋았다(길가메시Gilgamesh, 헬리오스Helios, 미트라의 일곱 광선Mithra's seven rays 참조); d. 그는 300마리의 여우 꼬리에 불덩이를 묶었다(태양력의 300일); e. "그의 팔 위의 줄들이 불탄 삼 같아서"(사사기Judg. 15, 14; 16, 9 등); f. 처음에는 머리카락(광선)을 잘리고 힘을 잃었으며 그다음은 '눈이 멀었다'(=태양이 지평선 너머로 지다; 또는=거세되다: 다산의 죽음). 그리고 일몰 기둥 사이에 서서 죽었다(멜카르트-헤라클레스의 기둥 참조); g. (회전하는 하늘의) 맷돌에 묶인 태양인 그가 (하늘의) 기둥을 무너뜨림으로써 완전한 파괴를 일으켰고 하늘 지붕이 내려앉았다; h. 나귀(=타오르는, 남쪽의 세트/티폰)는 삼손과 연관 있다; **3.** 달의 특성: a. 그는 한밤중에 가자Gaza(=어둠의 지하세계)로 출발하여 아침까지 잠들지 않았다(아마도 태양의 야간 횡단을 의미할 것으로 보인다); b. 그에게는 30명의 동료가 있었다(30은 달lunar의 숫자).

삼위일체 trinity **1. 일반적으로 다음을 의미한다**: 하나의 개념, 힘 또는 신을 형성하는 세 위격 또는 현시의 개념; **2. 페니키아 신화**에는 세 가지 주요 신의 현시가 있었다: a. 창조자 엘(창조주); b. 하닷(아시리아-

ㅅ

바빌로니아의 아닷 또는 바알)은 창조물을 돌보는 젊고 활기찬 신으로 "구름을 타는" 비와 천둥과 번개의 신이지만 매년 초목이 시들어가는 건기에 모트(역주: 죽음과 가뭄의 신)에게 정복당한다; c. 그러나 하닷은 여동생 아나트에 의해 발견되었고 다시 살아난다; 그리스 신화에서 하닷은 매년 사라지는 아도니스로 살아남으며 아나트는 재생의 창조를 하는 아스타르테-아프로디테였다(제프리 그릭슨Geoffery Grigson 54f.); **3. 그리스**: a. 그리스 신화에는 삼중 여신 또는 세 가지 형태의 여신이 많이 등장한다; i. 세상의 세 어머니: 바다, 밤, 땅; ii. 삼중의 밤의 여신의 자식들인 모이라이는 운명 또는 행운이다(오토 컨Otto Kern, 오르페우스Orphic의 일부 99; 헤시오도스Hesiodus, 신통기Th. 217: 여기에서는 그들을 제우스와 테미스의 딸들이라고 부르지만); 오르페우스 전통은 원래 달의 '부분'과 관련이 있으며 아이들은 "흰옷을 입은 모이라이"로 묘사되었다(오토 컨, 33) iii. 헤카테는 달의 세 가지 단계를 나타내지만 하늘, 땅, 바다와도 관련 있다(카를 케레니Carl Kerényi, 그리스의 신들GG 31의 내용 모두); b. 플라톤주의자들은 신의 삼위일체를 인정했다: 우주의 아버지, 첫 번째 지성으로서 아들, 세상의 영혼으로서 영spirit(아그립파Agrippa, 오컬트 철학OP 3, 8, 성 아우구스티누스St. Augustine, 포르피리우스Porphyrius 및 마크로비우스Macrobius를 인용 부분); **4. 로마**: 로마 판테온 신전에 하나의 신이 된 카피톨리누스 삼위일체를 모셨다; 주노는 물질로서 본성을, 주피터는 창조적 충동으로서 본성을, 미네르바는 창조적 충동을 지시하는 마음으로서 본성을 표현한다(로버트 그레이브스Robert Graves, 하얀 여신WG 361, 바로Varro를 인용함); **5. 기독교**: a. 성령, 성삼위일체의 신비: 아버지와 아들과 성령은 따로 하나님이 되고 또 함께 하나님이 되는 것; b. 삼위일체는 식물의 뿌리, 관목과 열매가 하나인 것처럼 뗄 수 없는 관계이다(테르툴리아누스Tertullianus, 프락세아스에 대항하여Prax. 8); c. 하나님 아버지는 만물의 근원이며 아들 예수는 창조가 성취되는 수단이고 성령은 성화되게 하는 수단이다(바실리우스Basil, 신성한 전례Spirit. Sanc. 16, 38; 3, 310; 헥사메론에 대한 강론HH 211f의 주석); d. 그리스도의 십자가를 구성하는 세 종류의 나무는 성삼위일체의 위격과 관련 있다; i. 강한 백향목은 아버지 하나님을 상징한다; ii. 열정적인 종려나무는 사랑을 전파하는 성령을 상징한다; iii. 사이프러스 나무는 아들 예수 그리스도의 죽음과 관련 있다(안젤로 드 구베르나티스Angelo De Gubernatis, 식물의 신화MP 2, 362, 스페인 작가 칼데론Calderon을 인용함).

삼지창 trident **1.** 기원: 수많은 추측: a. 삼지창은 벼락, 신성한 나무, 풍뎅이, 물고기 작살에서 유래했을 수 있다; b. 태양의 구+초승달; 아세라 기둥+고리 모양의 띠; 달의 봉헌의 뿔과 태양 오벨리스크; 남근과 뱀serpernt; 초승달+불꽃=백합 문장; 연꽃의 불꽃; c. 바다 괴물의 이빨; d. 십자가의 타락한 형태; e. 제사장들은 제물을 준비할 때 "세 개의 이빨로 된 갈고리"를 사용했다: 고기가 펄펄 끓으면 갈고리를 찔러 넣어 갈고리에 달라붙은 고기를 제사장의 몫으로 챙겼다(사무엘상서1Sam. 2, 13ff.); **2.** 용도: a. 바다의 신(특히 넵투누스)의 낚시 도구(제우스의 양날 도끼double axe 참조)였는데 후에는 만능 무기로 사용되었다: 이것은 홍수, 지진, 섬, 우물 등을 만들어 냈다; b. 그물이 있는 삼지창은 '레티아리우스'(우라노스를 암시한다)라고 불리는 로마 검투사의 무기였던 반면, '검투사'는 태양검을 가지고 있었다; c. 마법 지팡이로서 물을 감지하는 데 사용되었다; **3.** 창조적: 생명나무, 남근 등의 상징; **4.** 머리가 셋 달린 신들(예 세 가지 형태의 디아나) 또는 괴물(예 케르베로스)과 견줄 만한 삼위일체의 존재; 나중에 이 상징은 성삼위일체의 반대로 여겨졌으며 많은 적개심의 대상이 되었다; **5.** 죄악: a. 사탄의 상징; b. 세 가지 중요한 욕구의 반전: 보존, 재생과 진화의 욕구를 대신하는 소유(권력, 권위), 정욕, 허영심; **6.** 파괴: a. 카두세우스의 반대; b. 바다, 폭풍; **7.** 심리: 무의식과 퇴보의 신의 상징; **8.** 문장heraldry(紋章): 해양 지배권 또는 상류층 상인.

삼키기 swallowing 집어삼키기devouring 참조.

삼하인 축제 Samhain **1.** 켈트족의 동지 축제로 11월 1일(그리고 그 전날)을 기념하며, 할로윈과 연관 있다. 벨테인 축제와는 반대된다. 겨울의 풍요로운 힘이 여름의 풍요로움을 이기는 날이다; **2.** 그러므로 이날은 요정과 귀신이 있는 날로서 요정으로부터 숨기 위해 가면을 쓰고 귀신을 달래기 위해 조상숭배 의식을 치렀다; **3.** 많은 (태양) 영웅(예 디어메이드와 쿠홀린 등)의 죽음을 동반하는 쇠퇴의 기간. 뒤이은 혼돈을 유도하기 위해서 일련의 축제가 사회의 정상적 질서를 뒤엎는다(참조: 카니발은 11월 초에서 봄까지 행해진다).

삽 shovel 남성과 여성의 원리: 양성의 형태를 지니므로 다산의 상징이다.

상록수 evergreens (식물) **1.** 영속성; **2.** 영원, 불멸; **3.** 풍요를 회복하기 위한 한겨울 축제에 쓰였고; 특히 겨우살이와 관련이 있다; **4.** 장례식, 교회 묘지 등에 쓰인다; **5.** 빈곤.

상승, 승천 ascension **1.** 일반적인 높이 상징; **2.** 그리스도의 승천은 부활 후 40일(히브리-기독교의 성수)에 이루어졌으며 일반적인 풍요의식과 일치했다; **3.** 하늘이 받아들일 만한 것(제물 등)이 올라간다: 하늘에서 비추는 빛의 반대 방향으로 간다; **4.** 외적 상승: 높은 덕의 가치; 내적 상승: '상승 충동'; **5.** (지배욕, 권력욕 등의) 강도의 증가; **6.** 모든 세계 축의 상징과 연결된다: 십자가corss, 사다리ladder, 덩굴liana, 산mountain, 밧줄rope, 창spear, 거미spider, 실thead, 나무tree; 또한 꿈dream 참조.

상아 Ivory **1. 순결**; a. 다음의 속성으로서의 순결: "몸(배)은 아로새긴 상아에 청옥(사파이어)을 입힌 듯 하구나"(아가서SoS 5, 14), "너의 목은 상아망대 같구나"(같은 책 7, 4); b. 성모 마리아; **2. 단단함**, 저항: a. "상아궁들(=상아로 상감한 집)은 파괴되며"(아모스서Amos. 3, 15)라는 구절은 하나님의 권능을 나타낸다(시편Ps. 45, 8 및 아모스서 6, 4: "상아침대beds of ivory" 참조); b. 기독교: 도덕적 강인성; **3. 부**: 예 솔로몬의 보좌: a. 보좌의 뒤와 위에는 태양 원반이 있다. 아마도 황소의 머리가 뒤쪽에 있을 것이다. 두 마리의 사자가 팔걸이로 사용되었고, 그 옆에 열 마리의 사자가 있었다(청동바다의 황소처럼 총 열두 마리; 열왕기상서1Kings 10, 18); b. 중세시대: 상아는 마리아를 상징하는 것이 되었다. 상아는 순결, 황금은 완전한 사랑 또는 그녀의 태양 아들을 나타낸다; **4.** 다른 것과의 **조합**: A. 상아 문: (그리스) 거짓 꿈은 상아 문을 통해 꿈의 도시를 떠난다(뿔horn 참조; 참고할 문헌: 호메로스Homer, 오디세이아Od. 19, 562ff.; 베르길리우스Virgil, 아이네아스Aeneid 6, 893); B. 상아 집: 아합의 집(열왕기상서 39; 아모스서 3, 15; 시편 45, 8); C. 상아궁: 상아로 태양 궁전의 박공을 장식했다(나소 P. 오비디우스Naso P. Ovid., 변신이야기Metam. 2, 3); D. 상아의 시대: 상아, 뼈 또는 뿔 도구의 사용, 여러 색상의 동굴 벽화 등이 특징인 오리냐크 문화 또는 후기 구석기 시대; E. 아탈란타의 상아 화살통(나소 P. 오비디우스, 변신이야기 6, 402ff.); F. 상아 홀sceptre: a. 조브Jove(쥬피터)의 상아 홀(나소 P. 오비디우스, 변신이야기 8, 320); b. 콜키스의 왕 에이테스의 홀(나소 P. 오비디우스, 변신이야기 7, 103); G. 상아 어깨: 탄탈로스가 산산조각 난 펠롭스를 저녁 식사로 내어놓아 그를 다시 합쳤지만 데메테르가 아무 생각 없이 먹어 버려 어깨뼈가 사라졌기 때문에 상아로 어깨를 만들었다(나소 P. 오비디우스, 변신이야기 6, 402ff.); 따라서 그는 '돌고래'와 연결된다-돌고래 상아; H. 상아 조각상: 생명을 얻게 된 피그말리온의 동상은 상아로 만들어졌다. 그들의 딸은 파포스라고 불렸고, 이 이름을 따서 섬의 이름이 지어졌다(나소 P. 오비디우스, 변신이야기 10, 247-297); I. 상아탑: a. 세상으로부터의 철수: 현실 외면; b. 다윗의 탑; c. 교회; d. 성모 마리아의 상징; J. 상아 목걸이: 데메테르의 신전에 아름다운 예복과 조각된 상아 목걸이를 한 아홉 명의 처녀가 왔다.

상어 shark **1.** 위험, 악; **2.** 상어의 '천적'(또는 대조)은 돌고래; **3.** 영성의 뼈대만 남기는 물질의 죽음(예 어니스트 M. 헤밍웨이Ernest M. Hemingway, "노인과 바다The Old Man and the Sea"; 또한 사람man 참조); **4.** 민속: 상어는 배에 탄 사람이 언제 죽을지 알고 수마일을 뒤따라가서 배가 물에 잠기기를 기다린다.

상인 merchant **1.** 중세: 무절제한 욕망, 탐욕의 상징; **2.** 여덟 시간을 잔다고 함.

상인, 교역하는 사람 cuckold **1.** "당신의 마수걸이돈[=상인이 아침에 처음으로 받은 돈]은 도시를 위해 기도하는 데 써라. 그리하면 행운이 올 것이다(존 웹스터John Webster, 악마의 법전Devil's L. C. 2, 3, 74); 2. 뻐꾸기cuckoo 참조.

상자 Box 1. 무의식을 담는 여성적 상자; 어머니의 몸; 2. 보물; 3. 비밀; 4. 판도라의 상자: 무의식(또한 판도라Pandora 참조): a. 예기치 못한 것, 과도하고 파괴적인 것; b. 상상력의 고양; c. 많은 이야기에서 파괴적인 폭풍과 죽음을 담고 있는 '세 번째 상자'의 모티프와 관련된다(세 개의 상자=두 개는 긍정적인 것과 한 개는 부정적인 것; 인간 삶의 세 가지 단계); 5. 죽음, 재탄생; 방주, 배와 관련된다; 6. 향수: "그리고 아라비아의 모든 향이 저기에 있는 상자에서 나온다"(알렉산더 포프Alexander Pope, "머리타래의 강탈The Rape of the Lock" 1); 7. (그러므로) 봄: "달콤한 날들과 장미가 가득한 달콤한 봄, 달콤함이 꽉 차 있는 상자"(조지 허버트George Herbert, "미덕Virtue"); 8. 기독교: a. 막달라 마리아의 속성: 기름부음(도유); b. 영국: 크리스마스에 두 개의 인형(성모마리아와 아이)이 들어 있는 상자가 캐롤과 함께 집집마다 배달되었다; 상자는 새해의 아이가 있는 방주와 유사하다: 태양 풍요 의식; 9. 딜런 토머스Dylan Thomas: "두 상자의 슬픔": a. 두 개의 침대; 슬픔=배우자; b. 똑같은 두 개의 관; c. 고환(사랑의 상자에 담아 만든 시골 무덤).

상자 casket 1. "베니스의 상인Mer. V."의 주제 중 하나는 주인공의 상자 선택이다; 판도라의 상자 주제와의 관련성에 대해서는 상자box 참조; 2. 달moon 참조.

상자 chest 1. 풍요의 비의Mysteries와 관련된다: a. 오시리스의 관: 그의 관에서는 식물들이 자라나고 관 안에는 (남근이 발기한) 신의 조각상이 있다: 조각상은 흙으로 만들어져 있고 조각상에 곡물을 넣으면 한동안 후에 싹이 텄다; b. 상자(=땅)에 앉은 데메테르, 상자는 때로 육지 또는 바다의 뱀이 둘러싸고 있다; c. 디오니소스의 상자에는 뱀이 있다; d. 여호와의 궤는 모세의 지팡이(초목+뱀), 만나, 십계명을 담겨 있었다(테스모포로스 축제로서의 데메테르=죽음과 부활의 이중적 세계질서 등); 2. 새해의 아이(훗날 태양왕)를 넣어 물에 띄운 궤Ark: 모세; 상자에 담긴 어린 아도니스는 페르세포네의 손에 들어갔고 그녀의 남성 복제물이 되었다(아스타르테와 아도니스Astarte and Adonis 참조); 궤Ark 참조; 데우칼리온이 타고 살아남은 '배ship'는 그리스어로 '라낙스larnax'(=상자: ㉠ 아폴로도로스Apollodorus 1, 7, 2)로 묘사된다; 종종 굴대나무 또는 아카시아나무로 만들었다; 3. 이러한 이야기는 역사적인 사건(이주 또는 도망)에서 비롯되었거나 태양과 달이 하늘을 가로질러 '항해'하는 것으로부터 비롯되었을 수 있다; 4. =죽은 자를 묻는 관: 죽음과 부활: 1번의 a 참조; 바구니basket도 참조.

상처 wound 1. 딜런 토머스Dylan Thomas: a. 타락한 세계는 치유될 수 없고 필멸성이 내재되어 있는 상처(=그리스도의 상처)의 세계이다; b. '목구멍의 상처': 시인의 낙인; 2. 민속: 종종 상처를 입힌 것을 치유하면(㉠ 검, 칼 등에 기름을 칠해서) 또는 상처를 입힌 손을 치유하면 상처가 치유될 수 있다.

상추 lettuce (식물) 1. 냉담함: a. 점성술: 달의 식물로 마르스Mars가 건조시키고 가열한 것을 식히고 촉촉하게 한다(베니스의 무어인 오셀로Oth. 1, 3 참조); b. 절제: 항최음제로 놀라운 순결의 촉진제이다(플리니우스Pliny 19, 38); 2. 히브리: a. 봄의 귀환, 부활, 구속; b. 절기의 특징적 요리(㉠ 유월절); 무, 파슬리 parsley 참조; 3. 민속: (야생 및 재배 모두): I. 약용: 야생 상추('수면초'라고 한다)는 불면증 치료제이다. 또한 두통, 복통 및 소화장애에 대한 치료제이고 식욕을 촉진하며 로마 연회에서 먹었던 포도주의 숙취를 중화시켰다(플리니우스, 앞의 책 및 20, 24ff.); II. '호크시드'라고 불리는 품종은 특히 눈을 치료한다: 매는 상추를 찢어 그 즙으로 눈을 적셔 시력을 치료한다.

새 bird **A. 일반적으로 다음을 의미한다:** 1. 시적 어원(구어체 구절에서처럼)을 갖고 있으며 '숙녀'와 '신부'에 관련된다: "나는 내 집에서 쾌활한 숙녀를 맞이했다": "코스패트릭Cospatrick"의 민요(프랜시스 차일드Francis Child 5B); 2. 새장에 갇힌 채로 깃털이 다 난 어린 새는 독이 든 음식을 주는 어미에 의해 죽임을 당할 것이다; 3. 이 상징적인 이중의 의미는 그것이 그리스도와 사탄이 공유하는 상징들 중 하나라는 사실로 나타난다; **B. 공기**, 바람: 1. 영화spiritualization; 2. 시간: 공간의 흐름=시간의 흐름; **C. 태양**(왕), 불, 신성의 본질: 1. 나무와 관련된 새의 상징성은 대부분 불사조와 관련된다: 수나무에서 불타는 암컷 둥지; 2. 신성한 왕의 계절에 따른 형태 변화: 예 제우스는 독수리, 백조, 뻐꾸기, 후투티로 변신한다; 오다 여왕은 자식들이 헝가리로 떠나자 나라 안의 모든 새가 죽는 꿈을 꾸었다(니벨룽겐 전설); 3. 새의 모습을 한 여호와: 예 신명기Deut. 32, 11; 이사야서Isa. 31, 5 등에서 독수리(또는 솔개vulture)(독수리eagle 참조); 종종 이스라엘은 여호와의 (바빌로니아) '날개'의 보호를 받는 것으로 언급된다; 일부 사람들은 모든 인도-유럽 신과 여신이 짐승으로 나타날 뿐 아니라 새의 모습도 하고 있다고 생각한다; **D. 영혼**: 영혼의 실체화: 날 준비가 된 또는 날고 있는 새: 1. 이집트: 인간의 머리를 한 새들이 죽어 가는 사람의 입에서 떠나는 것이 목격된다; 수메르의 바빌로니아: 지하세계의 영혼들은 새의 깃털로 만든 옷을 입는다(길가메시 서사시 Gilgam. Epic); 2. a. 평범한 사람들은 흰색 새가 된다(또는 나비butterfly나 벌bee 참조); b. 태양왕들은 독수리(예 가니메데스Ganymede) 또는 왕실 상징인 그리폰(역주: 현대어로는 그리핀)이 된다; 3. 영혼이 자신의 몸 밖에 있기 때문에 종종 잘 보호받는 새가 되어 죽지 않는 괴물 같은 남자 또는 여자에 관한 이야기가 전 세계적으로 존재한다; 일단 비밀이 알려지고 새가 죽게 되면 다른 곳에 있는 새 영혼의 주인인 인간도 죽게 된다; 4. 인간의 영혼이 새의 형태를 갖게 되면(특히 익사한 선원들의 경우 바닷새) 그 사람은 자신의 죄를 속죄하고 있는 것이다; 5. 비둘기dove 참조; **E. 불멸성**: 영혼의 환생: 이에 대한 많은 사례가 전설에 존재한다(신천옹albatros에서 D번의 2 참조; 또한 십이야Tw. N. 4, 2 참조): "너는 죽기 위해 태어나지 않았다. 불멸의 새여"(존 키츠John Keats, "나이팅게일에 부치는 노래Ode to a Nightingale"); **F. 여성적** 원리: A번의 1 참조; C번의 1 참조; (수치스러워하는) 많은 여성이 새나 나무로 변했다; **G. 창조**(창조자): 1. 새를 통해 위쪽의 심연abyss인 새는 신의 상징이 된다(알파Alpha와 오메가Omega 참조); 2. 새의 모습을 한 여호와에 대해 C번의 3 참조; **H.** (신성한) **전령**: 1. 독수리eagle 참조; 2. 종종 떠돌아다니는 영웅들의 메시지를 전달한다; 3. 선원들은 어떤 방향에 육지가 있는지 판단하기 위해 새들을 풀어 주었다(중세); **I. 특징**: **I.** 긍정적 특징: 1. 열망: 높이 상징성: "일찍 일어나는 새가 벌레를 잡는다"(속담); 2. 예언: 날아갈 때 또는 모든 행동이 예언이 된다(=일부 사람은 이해한다고 하는 '새들의 언어'); 또한 다음과 같은 구절에서 표현된다: "지나가던 새가 내게 말했다"; 3. 풍요: a. 가뭄 괴물로부터 나무의 밑 둥에 있는 수분 보석을 해방시키기 위해 지식과 생명의 나무를 지키는 수호자; b. 전승시(민요)("얼 마 백작의 딸Earl Mar's Daughter", 프랜시스 차일드 270)에서 우리는 새로 변하는 기사에 관한 이야기를 볼 수 있다(멧비둘기turtle-dove 참조); 새는 본래 물고기처럼 남근의 상징이었다; 4. 사랑: a. 우리는 종종 동화에서 연인으로 비유되는 새들을 보게 된다; b. 이러한 새들은 종종 갈망을 의미한다(화살과 산들바람처럼); c. 켈트족의 사랑의 신 아엔구스는 새로 변신하여 키스했다; 5. 자유; 6. 성급함; 7. 청결(개인의 욕심으로 인한): "자신의 둥지를 더럽히는 새는 병든 새다"(속담); 8. 부모의 보살핌: "그리고 새는 애정 어린 시도를 좋아하기 때문에 갓 깃털이 난 새끼가 하늘을 날도록 이끌기 위해 어미새는 모든 기술을 시도했다… "(올리버 골드스미스Oliver Goldsmith, "버려진 마을The Deserted Village"); 9. 즐거움: a. 인간의 우울과 대조된다: "작은 새여, 너는 어떻게 그렇게 노래할 수 있니? 나는 사는 게 힘들다"(로버트 번스 Robert Burns, "강둑The Banks o' Doon"); b. 새 자신의 우울과 대조된다: "유쾌한 새는 눈이 먼 후에 휘파람을 불기 때문에 눈이 먼 말(馬)은 더 달콤하게 노래할 것이다"(딜런 토머스Dylan. Thomas); **II.** 부정적 특징: 1. 새들이 없는 곳: a. 지옥: 그리스인들은 아베르누스(지하세계로 가는 입구: 스트라보Strabo 5, 4, 5)를 아오르노스)(=새가 없는 땅)라고 불렀다: 베르길리우스Virgil(아이네아스Aen. 6, 242); 참조. 히틀러의 캠프에서 다음과 같은 글을 쓴 아이: "여기에는 나비가 없다"; (다른 상응하는 것들에 대해서는 영혼soul 등 참조); b. 저주받은 땅: "오, 무엇을 고뇌하고 있는가 갑옷 입은 기사여, 홀로 창백해져 돌아다니면서. 호수의 사초는 시들고 어떤 새도 노래하지 않는다네"(존 키츠John Keats, "잔인한 미녀La Belle Dame sans Merci"); c. 성별의 부재(어떤 형태로든): "어떤 새도, 어떤 날아다니는 물고기도 이 섬의 안식을 방해하지 않는다" (딜런 토머스, "포탑 속의 귀는 듣는다네Ears in the turrets hear"); 2. 배신: 종종 (사랑의) 전령으로서 새들은 민담과 민요에서 이야기의 전달자 역할을 한다(참조할 문헌: 예 타이어의 왕자 페리클레스Per. 4, 3); 그리고 민요 "젊은 사냥꾼Young Hunting"에서 전령은 '앵무새'이다(참조: 전도서Eccl. 10, 20); 3. 광기: "새처럼 미친 소녀"(딜런 토머스, "수용소에서의 사랑Love in the Asylum"), 그러나 이것의 의미에는 성적 열기라는 부차적 의미가 있기도 하다; 4. 겉모습으로 판단되는 것: "옷이 날개다"(속담); **J. 다음에 상응한다**: 1. 새의 천적: a. 뱀snake/serpent: 지하세계를 상징한다; b. 거북이: 거북이의 느림과 대조되는 성급함; 2. 계절: "3월이 되면 새들은 탐색을 시작한다; 4월에는 옥수수가 가득해지기 시작한다; 5월이 되면 새들이 알을 낳기 시작한다"(속담); **K. 특별한 신화적 의미**: 그리스: 멤노니데스는 트로이 편에서 싸웠던 에티오피아의 흑인 왕 멤논의 무덤으로 해마다 돌아가는 암컷 유령 새들이다; 이들은 화장용 장작더미 재에서 나타났거나 그의 소녀 동반자들이 새로 변화된 것으로 추측되었다(아마도 동지에 나소 P. 오비디우스Naso P. Ovid의 싸우는, 새로 변장한 소녀들); **L. 문장**heraldry(紋章): a. 발톱 또는 다리(예 독수리): 사냥감이 되는 새; b. 불구가 된 새들의 경우 발 없는 새martlet, 부리 없는 새allerion 등 참조; c. 문장heraldry(紋章)에서 가장 흔하게 나타나는 새들은 독수리, 황새, 학이다; **M. 연금술**: 활성화: 1. 날아오름: a. 휘발; b. 승화; 2. 급강하: a. 침전; b. 응축; 3. 새들이 함께 있으면 증류; **N. 심리**: 1. 카를 융Carl Jung: a. 영혼, 천사, 초자연적 도움, 상상의 사고와 비행; b. 검은 새와 흰 새: 꿈속에서 짐승의 모습으로 변화한 자기Self의 상징(9b, 226; 2. 지그문트 프로이트Sigmmund Freud: 남성의 상징; 3. 날개 달린 밤의 동물들: 왜곡된 상상; **O. 다른 것과의 조합** 및 특별한 새 무리: 기이한 새: 1. 거대한 새: a. 창조 신, 태양; b. 폭풍; 2. 새떼: 부정적인 것일 수 있다(다중성multiplicity 참조); 3. 색깔: a. 중요할 수 있다: 예 파랑새는 생각에 대한 순수한 연상이거나 불가능한 것에 대한 연상일 수 있다(파란 장미, 파란 수염 등); 4. 청동 부리 새: a. 스팀팔로스의 청동부리 새들은 습지에 살며, 캐스터네츠나 딸랑이에 겁을 먹는 갈색 배뻐꾸기들fever-birds이다; b. 불사조는 종종 금속 새로 언급된다; 5. 새장에 있는 희망(자유, 구원 등의 희망); 또한 새장bird-cage 참조; 6. 육식성 새: 탐욕: a. 이러한 새들은 소화되지 않는 음식을 먹어치운다; b. 과도하게 음식을 먹으면 토할 수 있다; 7. 새벽의 새: 수탉(덴마크의 왕자 햄릿Ham. 1, 1); **P. 특별한 문학적 의미**: 1. 스베덴보르그Swedenborg: 그는 지적인 것과 새를 연결시켰다; 2. 윌리엄 블레이크William Blake: 천재: 영원을 오가는(잠시 동안 대지를 떠나는) 전령: 순수한 행복의 상징; 3. 윌리엄 버틀러 예이츠William B. Yeats: a. 여성들과 연관된다(예 니암Niamh): 아름다움, 눈부심; b. 새처럼 명랑함: 특히 자유로운 글쓰기의 즐거움; c. 니암의 아버지 아엔구스의 키스: I번의 1, 4, c 참조; d. 황금새: (예 '비잔티움'): 존재의 통합으로 대극을 통합한다: i. 창조된 인공물인 시 그 자체; ii. 사라지는 주인공; iii. 자신이 창조한 것이 되는 시인; e. 새의 모습을 한 신과의 성교 후 수태하며 새로운 주기를 알리는 여성(레다와 백조, 메리와 비둘기): 그리스인, 기독교인; f. 흰 새: 요정 나라의 불멸의 새; g. 개인이 금욕적 종교 교리와 제약들로부터 벗어나는 역사 시기의 문화; 4. 션 오케이시Sean O'Casey("요술 수탉Cock-a-doodle-dandy"): 위험을 무릅쓰고 억누르는 본능적이고 창조적인 욕구 그리고 성적 사랑, 시, 음악, 무용. 또한 군림하는 성직자들이 거부하는 삶에 대한 순전한 사랑(예 "젊음이 충만하고 건장한 청년hefty lads, plum'd with youth"); **Q. 민속**: l. 창문을 두드리거나 집 안으로 들어오는 새: 죽음의 징조; 2. 새장의 새들은 가족과 긴밀한 관계를 갖는다(벌bee 참조): 예 집안의 죽음에 대해 새들에게 이야기하고 새장에 근조리본을 달아야한다; 3. 때로 새들은 희생양 역할을 한다; 4. 맹금류: (특히 매) 전쟁을 앞두고 있으면 왼쪽에서 오른쪽으로 날아가는 것을 볼 수 있다: 패배; 5. 새들은 성 발렌타인데이에 자신의 짝을 선택한다: "성 발렌타인데이에는 하늘에 있는 새들도 모두 짝을 이룬다"(속담).

새 사냥꾼 fowler 구약성서에 나오는 이스라엘의 적들: "그가 반드시 새 사냥꾼의 올무에서 건지시리로

다"(시편Ps. 91, 3).

새끼 거위 gosling (새) **1.** 새끼 거위. 따라서 풋내기로 간주된다: "나는 절대로 풋내기처럼 본능에 따르지 않으며 스스로 자신의 주인이 될 것이고(=가족의 유대 없이 스스로 살아가는 것) 그리고 나는 가문에 대해 어떤 것도 아는 바가 없다"(코리올라누스Cor. 5, 3); **2.** "모든 일에 간섭하는 사람은 풋내기의 신발을 신을 수도 있다(=자신의 시간을 낭비할 수 있다)"(속담); **3.** 거위goose 참조.

새끼 사슴, 아첨 fawn **1.** 특히 디아나와 관련 있다: "디아나의 새끼 사슴들만이 엘리시온의 풀밭에 앉아 풀을 뜯고 있다"(존 키츠John Keats, "시인에 대한 송가Ode, on the poets)"; **2.** 소심함, 온순함; **3.** 우아함; **4.** (방탕한 사람의) 복종, 아첨: "아양 떨기, 웅크리기, 기다리기, 타기, 달리기, 쓰기, 주기, 원하기, 무너지기"(에드먼드 스펜서Edmund Spencer, "어머니 허버드의 이야기Mother Hubbard's Tale" 905f); **5.** 참조: 사슴deer; 수사슴hart; 수사슴stag 등.

새끼 염소자리 Kids (별) 4월 25일에 떠서 9월 27일에 지는 마차부자리의 두 별이며 폭풍을 일으킨다(나소 P. 오비디우스Naso P. Ovid, 변신이야기Metam. 14, 711; 베르길리우스Virgil, 농경시Georg. 1, 205 등; 호라티우스Horace, 송가Odes. 3, 1, 28 참조).

새끼고양이 kitten **1.** 장난기; **2.** 방탕함: "방탕한 새끼고양이는 술 취한 고양이가 될 수 있다"(속담); **3.** 민속: a. 5월에 태어난 새끼고양이는 불운하다. b. 동요에서: 성 베드로 성당에 가는 새끼 고양이: 다이아몬드diamond 참조; **4.** 고양이cat 참조.

새매 sparrow-hawk (새) **1.** 태양에게 바쳐졌다: 빠른 비행 그리고 비할 데 없는 예리한 시야; 매hawk 참조: **2.** 오시리스Osiris와 아폴로Apollo에게 바쳐졌다; **3.** 용감한 전사; **4.** 풍향 예측: **5.** 질투: 질투할 때 꿰뚫어 보는 시선을 가진 주노Juno와 관련된다; **6.** 속도의 상징: **7.** 문장heraldry(紋章): 신중함과 용기.

새벽 dawn **1.** 빛이 밝아오는 것(이해); **2.** 부활: 태양의 부활, 그러나 4번의 a도 참조; **3.** 새벽의 처녀들과 새벽의 여신들(보통 봄의 연신들Spring-maidens): a. 종종 버림받았다: 아리아드네는 테세우스에 의해, 코로니스는 아폴로에 의해, 이올레는 헤라클레스에 의해, 프로크리스는 케팔로스에게, 브린힐트는 시구르트에게 버림받았다; b. 종종 쫓김을 당했다: 이들은 (아침 또는 봄에) 태양을 낳고 그 이후에 태양의 아내로서 태양의 너무나도 불 같이 뜨거운 포옹에 의해 죽게 된다; 태양은 이들에게 충실하지 않기로 악명 높기 때문에 밤이 오면 (보통 다른 이름을 가지고) 이들은 태양을 죽이고 (흔히 늙은 마녀의 모습으로) 그를 애도한다; c. 이들의 대부분은 미녀와 야수 패턴을 가지고 있다: 새벽(봄) 처녀는 어둠(또는 서리) 괴물과 결혼하고, 이 괴물은 새벽(봄) 처녀의 사랑의 행동으로 빛나는 태양의 왕자가 된다; d. 에오스-오로라: 오로라Aurora 참조; **4.** 새벽은 하루 중 다음의 시기이다: a. 성적인 열정이 다시 살아난다; b. 사람들이 열fever로 죽는다; **5.** 새벽은 익숙한 것을 변환시킨다: "손에 만져질 듯한 익숙함에 새벽의 황금숨결로 옷을 입히다"(새뮤얼 T. 콜리지Samuel T. Coleridge), "발렌슈타인의 죽음The Death of Wallenstein" 1, 1); **6.** '장밋빛 손가락'으로 세상을 어루만지는 새벽 빛(그리스어 'rhododaktulos'): "장밋빛 손가락의 새벽, 아침의 아이가 태어나는 시간..."(호메로스Homer, 오디세이아Od. 2, 1; 오로라Aurora도 참조); **7.** 카를 융Carl Jung: a. 창조; b. 무의식이 의식으로 확장되어 가는 것; **8.** 윌리엄 B. 예이츠William B. Yeats: a. "황금 새벽기사단Order of the Golden Dawn": 예이츠는 초기 장미십자단 단원이었다; b. 나이가 들면서 생기는 쓸모없는 지식을 아직 모르는 젊은이; c. '동틀 녘': i. 예이츠가 좋아하는 자각의 순간; ii. 연인들을 갈라놓는 '공포'의 순간.

새삼 dodder (식물) **1.** '새삼속Cuscuta' 식물에 대한 일반적인 명칭: 실타래 덩어리 같은 잎이 없는 가느다란 식물; 아마, 클로버, 타임, 가시금작화, 홉 등에 기생하며 이 식물들에게서 양분을 흡수해서 자란다; 새삼은 살갈퀴와 콩과 식물을 죽인다; **2.** 비열함; 새삼은 개의 생식기를 닮았다.

새우 prawn (어류) 천적인 농어를 영리하게 죽이는 새우: 끈적끈적한 농어의 입 안에 있는 새우는 머리에 돋아나 있는 가시로 농어의 입천장을 찔러 죽인다(클라우디우스 아엘리아누스Claudius Aelianus, 동물의 본성에 관하여NA 1, 30; 오피안Oppian, 할리에우티카H 2, 128).

새우 shrimp **1.** 작은 남자: 탈봇Talbot, 즉 '프랑스의 재앙Scourge of France'에 대해 그의 적들은 다음과 같이 묘사했다: "이렇게 약하고 뒤틀린 새우가 적들에게 이러한 공포를 안겨 줄 리가 없다."(헨리 6세 1부1H6 2, 3); **2.** 수줍음.

새장 bird-cage **1.** 인간의 모순: "낙담하지 않고 새장(여름의 새장)에 들어가는 새들. 체념한 새들 그리고 두려움에 사로잡힌 새들은 결코 나가지 못한다"(존 웹스터John Webster); 우리Cage 참조; **2.** 감금: 모신의 자궁에 있는 신; **3.** 새장에서 풀려난 새: 신체에서 자유로워지는 영혼; **4.** 기만: "새장에 새들이 가득함 같이 너희 집들에 속임이 가득하다"(예레미야서Jer. 5, 27); **5.** 황금새장=호화로운 감옥(특히 강제결혼), 우리cage 참조; **6.** 모든 새 상징에서 공통적으로 나타난다.

새조개 cockle (조개) **1.** 아프로디테 및 다른 바다 여신들의 속성; **2.** 마녀들은 새조개의 껍질을 타고 바다를 항해할 수 있다(타이어의 왕자 페리클레스Per. 4, 4 참조, 시인의 상상력도 새조개 껍질을 타고 항해할 수 있다고 함; 또한 말괄량이 길들이기Shr. 4, 3도 참조); **3.** 새조개 모자: 모자 안에 새조개 껍질을 넣는 것(스페인 갈리시아에서는 아직도 착용한다)은 스페인 콤포스텔라Compostela의 사도 야고보의 길을 찾아오는 성지 순례자들의 독특한 차림새 중 하나이다; 팔레스타인에서 오는 순례자들은 종려 잎을 모자 안에 넣었다; 다른 부속물들: "지팡이와 샌들"(덴마크의 왕자 햄릿Ham. 4, 5); **4.** 민요: "새조개 껍질이 은종으로 변할 때"=절대 일어날 수 없는 일("제임스 더글라스James Douglas"; 프랜시스 차일드Francis Child 204); **5.** 조개껍데기shell 참조.

새호리기 hobby(새) 작은 '매과의 새호리기' 또는 새호리기는 종달새를 사냥하는 데 사용되었다(존 드라이든John Dryden, 앰프시온나AM 780; 또한 브루어의 관용구와 우화사전Brewer에서 매hawk에서 참조).

색벗 sackbut **1.** 트럼본처럼 오래된 악기; **2.** 저음은 음악에서 가장 애잔한 음색을 내지만 다른 음악의 기초가 되는 음색이기도 하다. 신의 천상의 음악은 이 악기의 저음으로 시작된다(존 번연John Bunyan, 천로역정 2부2PP 253, 22).

색상 colour **I.** **일반적으로 다음을 의미한다: 1.** 원색: 기본 정서, 아이들의 색, 단순성; **2.** A. 다양한 색상: a. 변하기 쉬움, 속임수; b. 어릿광대의 알록달록한 옷; c. 요셉의 로브; d. 성서에서 출가하지 않은 공주들은 다양하게 채색된 옷을 입는다(사무엘하서2Sam. 13, 18 참조); e. 사람들은 일곱 가지, 때로 다섯 가지로 색깔을 구분한다; f. 일반적으로 다양한 색깔은 다음을 의미한다: 복잡성, 발전된 문화; 비판적인 가지각색을 의미한다; g. 아래의의 색깔 조합 참조; B. 이차 색: (2번의 A. f.가 강화됨): 예 a. 여호와: i. 짙은 파랑색: 영광, 신의 계시(동쪽 하늘); ii. 자주색: 위엄과 장엄함; iii. 진홍색–빨강색: 사랑과 희생, 속죄; iv. 흰색: 기쁨과 지극한 순수성; b. 성막: 파란색, 자주색, 진홍색, 사제의 대례복의 황금색; c. 우상: 파란색과 자주색 옷; **3.** 꿈은 '환영'과 달리 일반적으로 색깔이 없다(주로 검은색, 흰색, 회색뿐이다); **4.** 예술작품에서: 움직임: a. 진보의 색: 따뜻함, 활동, 강렬함, 동화: 빨간색, 오렌지색, 노란색, 흰색; b. 후퇴의 색: 차가움, 소극성, 약해짐, 이화; c. 중간색: 녹색; **5.** 로마 가톨릭 교회: A. 성 삼위일체:

a. 파란색 성부 천국 사람의 영sprit
b. 빨간색 성령 지옥 사람의 몸body
c. 노란색 성자 땅 사람의 마음mind;

B. 사제의 제의복의 색: (1200년경 로마 교황 이노센티우스 3세Innocentius III가 정함): a. 흰색: 순결함 및 순수성: 천사, 고해 신부, 처녀, 크리스마스, 부활절 등; b. 빨간색: 피와 불: 그리스도의 열두 제자와 순교자; c. 검은색: 망자들을 위한 미사, 성 금요일; d. 녹색: 희망과 평화: 대개 일요일의 색깔; e. 자주색/보라색: 애도와 참회: 대림절, 사순절 등; f. 노란색과 파란

색은 대례복에 적합하지 않은 것으로 여겨졌다: 개별 색상 단어들 참조; C. 무지개rainbow 참조; **6.** 연금술의 저울: A. 발달적인: a. 검은색: 원질료Prime Matter, 은둔의, 잠재된 재탄생, 슬픔; b. 흰색: 수은, 천진함, 빛, 솔직함, 기쁨; c. 빨간색: 유황, 열정, 피, 상처, 승화, 황홀감; d. 황금색: 영광; B. 퇴행적인: a. 노란색: 부정적 황금; b. 파란색: 하늘; c. 녹색: 자연; d. 검은색: '에덴동산에서 추방'; **7.** 고전 연극에서의 옷: A. 그리스 비극: a. 자주색 바탕에 황금색 실로 무늬를 넣었다: 왕족들; b. 빨간색(자주색에서부터 불꽃 색깔까지): 영웅; c. 칙칙한 색깔과 검은색: 빈곤; B. 로마시대의 비극: a. 자주색: 왕족들, 군인들; b. 어두운 빨간색: 빈곤; c. 얼룩덜룩한 색깔: 포주; d. 노란색: 매춘부; e. 흰색: 노인들, 때로는 젊고 발랄한 사람들; **8.** 웨딩드레스에 대해서는 결혼wedding 참조; **II. 색상 조합**: **A. 검은색과 흰색**: 1. 색이 없는 흰색과 모든 색을 포함한 검정색; 2. 첫 단계와 마지막 단계: 숨겨진 부(富)(예 검은 땅에 숨겨진)에서부터 순수한 빛까지; 흑기사 그리고 그 뒤의 백기사; 노아의 방주에 검은색 까마귀와 그 뒤의 흰색 비둘기; 3. 한겨울: 죽음과 같은 삶 또는 삶과 같은 죽음; 위대한 여신Great Goddess; 4. 종종 악마(예 까치: 민속); **B. 빨간색과 흰색**: 1. 여성의 색깔: 콜라타인Collatine(루크리스의 능욕Lucr.에서)은 견줄 데 없이 눈부신 흰색과 빨간색에 대한 찬사를 멈추지 않았다: "그의 환희의 하늘에서 승리한 색깔"(11f.); 또한 "아름다움을 상징하는 빨강색과 미덕을 의미하는 흰색"(같은 책 65); 2. (죽음의) 위대한 여신Great Goddess과 관련된다: [가브리엘의] 사냥개들[Gabriel] hounds 참조: 빨간색 귀를 가진 흰색 사냥개들; 3. 폐쇄된 이중 원double circle에서 사랑을 통해 나오는 길; 4. 연금술: 불과 물의 합일; 5. 이집트: 빨간색: 북쪽의 여신(부토); 그리고 흰색: 남쪽의 여신(네크베트); 그러나 검은색(A번의 2) 참조; **C. 빨간색과 흰색과 검은색**: 위대한 여신Great Goddess: 1. 흰색=새로운 달New Moon: 탄생과 성장; 빨간색=사랑과 전투; 검은색(또는 짙은 파란색): 하현달(저물어 가는 달): 죽음을 예언한다; 2. 예 a. 색깔이 변한 미노스의 어린 암소; b. 달이자 소인 이오; c. 아우게이아스의 황소들; d. 에우로페(어쨌든 흰색)를 납치한 제우스/미노스; e. 유니콘의 색깔; **D. 빨간색과 흰색과 녹색**: 1. 이 또한 위대한 여신Great Goddess의 색: 민요 '잔인한 형제The Cruel Brother'에서는 세 자매가 나오고(삼미신The Graces 참조) 그중 한 명은 녹색 옷을 입었고 한 명은 빨강색을, 또 한 명은 흰색 옷을 입었다; 죽음과의 조합은 노래의 끝 부분에 나오는데, 살해된 소녀는 그녀의 잔인한 오빠가 교수대로 가기를 소망한다; 2. 이 색상 조합의 많은 꽃들(예 프림로즈)은 사랑, 생명, 죽음을 상징한다; 3. '나병'(여신이 보낸 질병): 나병으로 피부가 헐거나 종기가 생긴 부위의 털은 흰색으로 변하고 "그 종처에 흰 점이 돋거나 희고 불그스름한 색의 점이 생긴다"(레위기Lev. 13); 녹색이 불가피하게 질병에 걸린 사람들의 옷에 나타날 때 나병을 의심할 수 있다: "전염병으로 인해 옷에서 녹색이나 붉은색이 보이면", 그리고 집에 "녹색을 띠거나 붉은색을 띤 움푹하고 기다란 자국이 있으면": 나병은 '하나님'이 미리암Miriam의 시기심에 대한 벌로써 걸리게 한 병이다(민수기Num. 12); 4. 기독교: 자비, 믿음, 희망: 예 이 세 명의 여성이 교회의 그리핀이 이끄는 전차(그리핀=예수 그리스도)를 따라 춤을 추었다(단테Dante, 신곡 연옥편Purg. 29, 125ff); 5. 아하수에로의 궁정에 걸어 놓은 것들(에스더Esther 1, 6)과 '왕족의 옷'으로서 모르드개(마르둑: 에스더 8, 15)가 입은 옷 참조; **E. 빨간색(진홍색)과 녹색**: 1. 민요에서 영주와 그 부인(예 프랜시스 차일드Francis Child 305)은 언제나 빨간색(진홍색, 자주색 등등) 계열의 옷을 입고 수행원들은 "황록색Lincoln green을 입는다"; 2. 또한 "메리 여왕The Queen Mary"에서도: "여왕은 짙은 빨간색을 입고, 그녀의 천진난만한 시녀들은 녹색을 입었다"; 3. 영국과 아일랜드(예 아이리스 머독): 스코틀랜드의 색깔: 타탄색; 웨일즈의 색깔: 빨간색과 녹색; 4. 영국 상원(빨간색)과 하원(녹색); **F.** 개별 색깔들을 나타내는 단어들; 결혼marriage; 토가toga 참조.

색슨족 Saxon 그림형제Grimm 이야기에서: a. 이 이름은 '사숨saxum', 즉 자갈에서 유래되었을 것이다; b. 이들은 바빌로니아에 있던 해산한 알렉산더왕의 군대에서 왔다(독일의 전설DS 414f.).

색종이 조각 confetti 색종이 조각은 쌀을 대체했고 그 이전에는 쌀이 밀을 대체했다=어머니 대지의 풍요를 신부에게 뿌리는 것이다; 또한 색종이 조각은 결혼식 행렬에서 신부 들러리들이 가지고 있었다; 카니발(사육제) 행렬에서 아직도 비슷한 관습이 존재한다.

샌들 sandal **1.** 왕족, 부: 이집트에서는 일반적으로 샌들을 많이 신었던 것으로 보이지만 예술가들은 남성과 왕족들만 신었던 것으로 표현했다; **2.** 자유(에우멜로스Eumelus의 단편); **3.** 겸손: a. 최근까지 일부 승려들이 신었다; b. 순례자의 상징: "다른 사람과 구별되는 진정한 사랑을 어떻게 알 수 있을까요? 그의 고깔모자와 지팡이로, 그리고 샌들로 알 수 있어요."(옛 민요, 덴마크의 왕자 햄릿Ham. 4, 5에서 인용한다); **4.** 샌들 한 짝; 전사의 표식(예 이아손): 왼발에 신었다(=공격하는 발, 아마도 발차기를 위한); **5.** 최소의 세속적인 삶이며 정신적 진보를 위한 도구(윌리엄 블레이크William Blake); **6.** 날개 달린 샌들: A. 신속: a. 태양과 바람 신의 속성; b. 메르쿠리우스와 아이리스의 신속함; c. 메두사를 죽이러 간 페르세우스의 신속함; B. 고결함: 페가수스와 연관된다; **7.** 샌들을 신지 않고 가는 것: a. 가난 b. 애도; **8.** 누군가의 샌들을 들고 있는 것: 겸손(가장 하찮은 일): a. 새로 사온 노예의 임무; b. 그리스도의 제자들은 주님을 위해 샌들을 들고 다니는 것을 영광으로 여겼다; **9.** 신혼부부의 샌들 묶기: 결혼 계약에 대한 셈족의 상징: a. 인생을 함께 겪어 감; b. 신발과 동일한 성적 상징성을 갖고 있다; **10.** 황금색 샌들: 태양의 속성: 여명Dawn(사포Sappho)과 헤라(헤시오도스Hesiodus, 신통기Theog.)가 신은 것; 현대적 변형: 태양의 붉은 샌들(제임스 볼드윈James Baldwin).

샐러드 salad 샐러드는 조미가 많이 되기 때문에 부적절함과 연관되었다(토머스 미들턴Thomas Middleton, 치프사이드의 정숙한 부인CMC 1, 1, 7).

샐비어, 깨꽃 salvia (식물) 세이지sage 참조.

샘파이어 samphire (식물) **1.** 일반적으로 다음을 의미한다: '크리트뭄 마리티뭄Crithmum maritimum': 향기롭고 염분이 있는 잎은 피클에 넣는다; **2.** 바닷가 바위 위에서 자라며(그래서 아마도 프랑스어로 '성 베드로의 약초herbe de Saint Pierre'라고 한다) 채집하기 어렵다(리어왕Lr. 4, 6, 15); **3.** 최음제: 포도주에 담근 야생 샘파이어(플리니우스Pliny 26, 61); **4.** 의학: a. 니칸데르Nicander: 일반적으로 병을 완화하는 데 사용한다(테리아카Th. 909); b. 존 제러드John Gerard의 식물이야기: 소변을 보게 하고 여성의 질병에 사용되었다. 막힌 장을 뚫고 고기에 대한 식욕을 촉진하기 위해 사용했다.

생가죽 rawhide 장갑glove 참조.

생강 ginger (식물) **1.** 의학: a. 구충제: b. 각성제: "그렇다면 결혼하라. 여자 노인들이 모두 죽었기 때문에 생강은 수요가 많지 않았다."(눈에는 눈, 이에는 이Meas. 4, 3); 노인의 배를 따뜻하게 한다(베니스의 상인Mer. V. 3, 1); c. 자극 완화제; d. 최음제: 맥주 향신료로 시용되는 경우(십이야Tw. N. 2, 3 참조); e. 말의 항문에 생강을 넣어 꼬리가 올라가게 하면 꼬리가 몸통에서 우아하게 뻗어 나올 수 있다; **2.** 생강 쿠키: a. 장례식이나 신에게 바치는 제물로 사용된다; b. 크리스마스에는 성찬의 빵에 사용된다.

생선장수 fishmonger **1.** 뻔뻔하게 너무 비싼 값을 요구하는 건방지고 천한 사람(아테나이오스Athenaeus 6, 224, c, ff); **2.** 당신을 그리스어 '타리코폴리taricho-pole'(소금에 절인 생선 장수)이라고 부르는 사람은 분명히 당신을 모욕하고 있는 것이다(플루타르코스Plutarch, 윤리론집M 63ID); **3.** 생선-성교의 상징어의 '뚜쟁이' 또는 '포주'를 뜻하는 은어이다(토머스 미들턴Thomas Middelton, 치프사이드의 정숙한 부인CMC 4, 4, 2).

샤모아 (유럽, 아시아 산간 지방의 영양류) chamois 야생염소ibex 참조.

샬롯 shallot (식물) 특히 후추나 잣과 함께 섭취할 때 향신료 중 최고의 강장제.

샹그릴라 Shangri-la **1.** 신화적이고 숨겨진 티베트 땅(제임스 힐튼James Hilton의 인기 소설 "잃어버린 지평선Lost Horizon"에 나오는); **2.** 세상으로부터의 후퇴; **3.** 영원한 젊음.

상피뇽 champignon (버섯) 의심: 어두운 곳의 똥에서 번성한다.

섀넌강 Shannon **1.** 이 아일랜드의 강은 자연적인 장벽이었다; 송어와 연어 낚시로 유명하다; **2.** 아주 초기의 기독교 중심지가 이 강가에 위치했다: 클론먹노이즈의 일곱 교회; **3.** 섀넌강에 몸을 담그면 부끄러움이 사라진다.

서 있기, 지속 standing **1.** 일반적으로 다음을 의미한다: 걷기walking 참조; **2.** 베스파시아누스Vespasian 황제와 엘리자베스 1세 여왕은 둘 다 서서(기립) 사망했다; 뷔시Bussy는 마찬가지로 "비굴하지" 않게 "순직"하길 원한다(조지 채프먼George Chapman, 뷔시 당부아BA 5, 3, 137).

서리 frost 단테Dante: 가혹한 서리는 같은 종족(카이나Caina)이나 국가(안테노라Antenora) 또는 성직자(프톨로마에아Ptolomaea), 또는 주인과 은인을 배신한 자들을 처벌하는 가장 낮은 지옥(9번째 원)에서의 형벌이다(주데카Giudecca: 칸토C. 3217f.).

서양 현호색과의 식물 fumitory (식물) **1.** 작고, 가지가 있으며, 종종 벽을 타고 올라가는 한해살이 허브로 작고, 관 모양의 분홍색 꽃과 자줏색 꽃이 핀다; 그것은 일반적으로 들판과 황무지에서 자란다; 쓴 잎을 가지고 있다; **2.** 비장; **3.** 약용: a. 심기증 및 검은 황달의 경우에 사용된다(같은 것을 죽이기 위해 약간의 그것을 사용해야 한다); b. 물, 우유, 유장(乳漿)에 끓이면 화장품이다.

서양메꽃속 convolvulus (식물) **1.** 150종이 있는 (나팔꽃과의) 잡초들의 큰 속genus; 또 다른 영문명은 '메꽃bindweed' 또는 '헤지-벨hedge-bell'이다(후자는 다른 종); 어원: '감기', '무엇인가를 휘감아 오르기'; 가늘고 휘감는 줄기에 트럼펫 모양의 독특한 꽃이 핀다; **2.** 겸손: 굽신거리는 꽃; 또한 아부의 상징; **3.** 불확실성, 헛된 희망: 매달리기; **4.** 낙담(특히 큰 메꽃); **5.** 밤, 어둠(특히 미놀 메꽃): 밤에만 꽃이 핀다; **6.** 태양의 두 가지의 움직임을 따라간다: 꽃은 '춘분과 추분의 절기'를 따라 왼쪽에서 오른쪽으로 돌고(태양의 일일 회전에 따라), 줄기는 '황도'를 따라 오른쪽에서 왼쪽으로 돈다(해마다 진행되는 태양의 '방향 전환'에 따라: 토머스 브라운 경Sir Thomas Browne, 키루스의 정원Garden of Cyrus); **7.** 교태의 상징(특히 세 가지 색깔의 꽃이 피는 것); **8.** 신화 이야기는 크로코스crocus 참조; 스카모니아scammony 참조.

서양방풍나물, 파스닙 parsnip (식물) **1.** 식용 뿌리를 위해 재배하는 채소로 라틴어로 '파스티나카Pastinaca'라고도 한다; 그리스어 번역에서 파스닙이 당근과 혼용되었으므로 당근carrot도 참조; **2.** 코르넬리우스 켈수스Celsus: 야생 파스닙은 특히 이뇨작용과 뱀독에 대한 해독제로 유용하다(2, 31; 5, 27, 10); **3.** 플리니우스Pliny: 의약: 일반적으로 각성제와 최음제 효과가 있다(20, 17); **4.** 플루타르코스Plutarch: 이 품종은 모두 맵고 얼얼하다는 공통점이 있다; 월경을 촉진하고 복통을 없애며 흉부 장기의 통증을 완화하며 일반적인 하제(설사약)로 사용된다(113 일부분); **5.** 힐데가르트 폰 빙엔Hildegard von Bingen: a. 사람들에게는 청량감을 주지만 위장에 부담을 주기 때문에 건강에 이로운 점은 없다(p. 47, 같은 뜻의 독일어 '모르크루트morkrut' 부분에 기술되어 있다); b. 차가운 성질이지만 상쾌한 기분을 준다(이 식물을 현재는 '파스티나크Pastinak'라고 부른다).

서양자두 plum (나무; 열매) **1.** 번식: 잎과 열매가 동시에 열리며 이종교배에 적합하다; **2.** 야생의 서양자두는 독립성의 상징이다: 자르거나 이식할 수 없으므로 살구나무에 접목해야 한다; **3.** 자두꽃: a. 봄에 개화; b. 순결, 충실함을 상징; **4.** 딜런 토머스Dylan Thomas: 금단의 열매(혹은 여성의 성sex): '남자의 욕정'과 반대

서양자두 prune (나무; 열매) 자두 조림은 엘리자베스 1세 여왕 시대에 사창가에서 '제공' 되었지만(예 눈에는 눈, 이에는 이Meas. 2, 1 참조), 그곳에서 음식을 제공하는 것이 허용되지 않았기 때문에 이 음식의 이름

ㅅ

은 서비스를 하는 여성들을 지칭한 것이었다; 이것은 자두 조림을 성병 예방책으로 먹었던 데에서 유래했을 것이다; 다음으로 매춘업의 간판에 사용되었다; 나중에는 창녀들 스스로가 자신을 그렇게 불렀다('조림 stew'의 이중적 의미와 원하는 행위와 대상을 나타내는 '자두prunes'의 의미 때문이다).

서양지치 scorpion's tail (식물) 플리니우스Pliny: 라틴어의 '클리메노스clymenus'에 해당한다; 약용으로 쓰이지만 남성 불임의 원인이 될 수 있다. 보통 차갑게 사용한다(25, 33).

서양톱풀 yarrow (식물) **1.** 국화과 식물로 목초지에서 흔히 볼 수 있으며 단단하게 잔디를 깔 때 사용한다; 다른 이름으로는 '밀포일milfoil'(학명은 '아킬레 밀레폴리움Achillae millefolium': 아킬레우스가 이 식물에서 치료적인 특성을 발견한 것에서 유래한 이름), 코피, 뿌리가 붉은 식물 등이 있다; **2.** 민속: a. 코피를 멈추게 하지만, 코피를 흘리게 할 수도 있다; b. 결혼식에 사용하면 최소 7년의 사랑을 보장한다; c. 마술에 대한 방어책: 문턱이나 요람 등에 놓아두는 방법을 사용한다.

서어나무 hornbeam (나무) **1.** 라틴어로 '카르피누스 베툴루스Carpinus betulus'는 단단한 재질의 낙엽수이다; **2.** 다루기 편리하면서도 잘 깨지지 않아 그리스 사람들은 예전부터 소의 멍에를 만드는 데 사용했다(비트루비우스Vitruvius 2, 9, 12): 비록 느릅나무과에 속하지는 않지만 이것의 영어이름은 'yoke-elm'이다. 네덜란드어/독일어 이름 '헤지비치hedge-beech'도 마찬가지로 잘못된 이름이다; **3.** 힐데가르트 폰 빙엔 Hildegard von Bingen: a. 이것은 뜨겁지 않고 오히려 차가우며 확실한 번성을 상징한다; b. 우유에 끓인 잎과 가지를 으깬 곡물 및 계란과 먹으면 여성의 불임을 치료한다; c. 불에 탄 서어나무가 있는 집에서는 유령과 악마에 대한 망상이 생기지 않는다; 또한 밤에 서어나무 아래에 누워 있어도 이러한 안전을 보장한다(힐데가르트 폰 빙엔, 기도집Ph. 3, p. 73).

서쪽 west **1.** 일몰, 완성, 어둠, 죽음: a. 대부분의 사후세계의 신성한 땅은 서쪽이나 북쪽에 있다; 그러므로 이집트에서 '서쪽 사람들'은 죽은 자들이었다; b. 기독교: 세례 장소를 서쪽으로 바꾸는 것은 이승의 파멸을 의미한다; **2.** 욕망: 머리카락은 "욕망의 서쪽 끝에서 불꽃을 날린다"로 묘사된다(스테판 말라르메 Stéphane Mallarmé, "라 슈벨뤼르La Chevelure"); **3.** 다음에 상응한다: a. 가을; b. 신체의 왼쪽 절반; **4.** 단테 Dante: 그는 서쪽으로부터 태양을 향해 에덴동산으로 들어갔다(신곡 연옥편Purg. C. 28); **5.** 윌리엄 블레이크William Blake: a. 자유: 아메리카, 태양이 쉬는 곳, 약속의 땅; b. 신체: 물질의 차가운 바다에 갇혀 있다; "서쪽의 자유"=사후세계; **6.** "웨스트워드!": 웨스트민스터로 향하는 템즈강 뱃사공들의 외침(십이야Tw. N. 3, 1 참조: 비올라가 왕에게로 돌아가는 부분); **7.** 서풍에 대해서는 풍배도wind-rose 참조.

서커스 circus 로마의 서커스는 원래 태양에 헌정되는 것이었고 한가운데에 태양의 사원을 두었다; 지붕은 없었다; 일부 사람들은 키르케가 자신의 아버지 태양에 경의를 표하며 서커스를 시작했다고 믿었다(테르툴리아누스Tertullianus, 스펙타쿨리스에 대하여 Sp. 8).

서판 tablet **1.** 정의, 법; 서판에 새긴 법이 무너졌을 때: 불의; **2.** 신성한 말씀 또는 명령; 십계명의 쌍둥이 서판; **3.** 기억: 듣기 좋은 말을 기록하기 위해 사용된 밀랍 판(예 덴마크의 왕자 햄릿Ham. 1, 5).

석고 gypsum **1.** 그리스어로 '깁소스gypsos'='흰가루'; **2.** 입문: 입문식에서 석고는 정화 혹은 몰개성화하는 데 사용되었다; **3.** 위장: 티탄족들이 자그레우스-디오니소스를 죽여서 훼손할 때 들키지 않기 위해 사용했다; 여기에는 혼동이 존재했을 가능성이 있다: '티탄족'이 아니라 '티타노이Titanoi'(='흰가루를 칠한 사람들', 이야기에서 자그레우스를 지킨 쿠레테들을 지칭한다); **4.** 부활: 티탄족들이 자그레우스를 거의 집어삼켰을 때 아테네가 끼어들어 자그레우스의 심장을 구한 뒤 그것을 석고와 섞어 새로운 생명을 불어넣었다; **5.** 노예: (로마) 노예들은 발에 석고를 바르고 판매대에 공개되었다(티불루스Tibullus 2, 3, 60 참조).

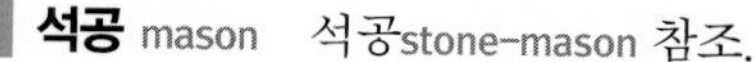

석공 mason 석공stone-mason 참조.

석공 stone-mason 중세시대: 독수리 상징을 가진 기하학의 상징.

석관 sarcophagus **1.** 플리니우스Pliny가 이 단어를 그리스어 '사르크스sarx'(=살)+'파게인phagein'(=먹다)에서 파생시켰다. 석관의 재료(석회암)가 신체를 빠르게 용해시키기 때문이다; **2.** 여성적(담아줌의 상징): 생명의 시작과 끝으로서의 흙; **3.** 모든 저장용기와 보트의 상징성과 동일한 상징성을 갖고 있다; **4.** 연금술: '철학의 알egg'(=변환의 그릇).

석누조, 가고일 gargoyle **1.** 중세 건축 기술에서 빗물 배수구에 장식된 환상적인 괴물; **2.** 우주의 힘; **3.** 우월한 영성에 사로잡혀 다산(빗물을 잡는)과 관련된 지하 괴물들을 수호한다; 단순한 장식으로 그들은 항상 고차원의 인물(천사 등)들을 받치고 있으며 중앙에는 배치되지 않는다; **4.** 믿는 자들과 그렇지 아니한 자들에 대한 경고로, 만일 그들이 순응하지 않는다면 괴물들에게 잡아먹힐 것이라고 경고한다; 악령을 무서워하게 만드는 무시무시한 수호자다.

석류 pomegranate (나무; 과일) **1.** 일반적으로 다음을 의미한다: a. 벌레가 생기지 않는 유일한 과일(로버트 그레이브스Robert Graves, 하얀 여신ND 470); b. 건조한 지역에서 자라는 가장 수분이 많은 과일 중 하나; c. 과즙은 (맛과 방부제 효과로) 포도주에 섞거나 과일주로 만들었다; d. 이 뿌리는 분리가 된 후에도 다시 서로 뒤엉킨다; e. 다양성 안에서의 통일성; f. 붉은색 염료; **2.** 디오니소스의 피에서 나왔다; 피가 떨어진 곳에서 자라났으며(아네모네 그리고 제비꽃과 함께), 열매는 상처처럼 솟아올라 붉은 씨를 드러냈다; 탐무즈와 림몬-아도니스(히브리어로 '림몬rimmon'=석류) 참조; **3.** 위대한 여신의 열매: 여성 원리, 다산의 상징; A. 히브리: a. 대제사장의 에봇(법의)과 성전 앞 두 기둥(위에는 백합이 있음), '놋바다'(역주: 솔로몬 성전의 제관들이 손 씻는 그릇)와 지성소는 (유일한 열매인) 석류로 장식되었다; b. 사울은 석류나무 아래에 앉아 전투를 준비했다(풍요-전쟁의 신들과 관련 있다: 사무엘상서1Sam. 14, 2; 22, 6); c. 솔로몬 왕은 석류나무로 둘러싸인 동산이 있었다(아가서SoS 4, 13); d. 아가서에서 소녀의 집은 석류 조각 같았지만(아마도 붉은색=건강한), 다음 문장에서의 성적인 의미는 분명했다: "나는 향기로운 술 곧 석류즙으로 네게 마시게 하겠고"(아가서 8, 2); e. 정탐꾼이 가나안에서 무화과나 포도와 함께 풍요의 상징으로 가져온 첫 열매였다(민수기Num. 13, 23 및 20, 5); B. 그리스: a. 헤라(그리고 페르세포네)의 손에서 석류는 죽음과 부활의 상징이었지만(로버트 그레이브스, 그리스 신화GM 1, 95), 파우사니아스Pausanias(2, 17)는 조심스럽게 석류에 관한 이야기가 다소 비밀스럽다고 하였다; b. 코레/페르세포네는 타르타로스의 석류 씨앗 일곱 개를 먹어서 지상 세계로 완전히 돌아가지 못했다(예 나소 P. 오비디우스Naso P. Ovid, 변신이야기Metam. 5, 53717f.); 죽음뿐만 아니라 지하 세계의 풍요와 성장, 그리고 부활을 의미한다; C. 기독교: 성모 마리아의 상징; **4.** 거룩함: 예 유대교에서(1번의 a 참조); 대제사장의 에봇에는 파란색, 자주색, 진홍색의 석류가 (나머지 의복과 마찬가지로) 아랫단에 장식으로 수놓아져 있고, (그가 죽지 않도록 문설주의 악마를 겁을 주어 쫓아내기 위해) '황금 종' 모양이 번갈아 달려 있다; **5.** 화합과 일치성: (1번의 e 참조); a. 승리의 상징; b. 기독교: 교회와 하나님의 은사의 상징; **6.** 사랑의 상징: 1번의 d 참조; 풍족함의 상징; 향기가 없는 화려한 꽃이 핀다; **7.** (때로) 지식의 나무; **8.** 문장heraldry(紋章): a. 문장에 나오는 석류는 완벽한 왕국의 모습이다; 석류는 꼭대기에 왕관을 닮은 솟아오른 부분으로 둘러싸여 있어 왕관 같았다; b. 그라나다의 무어왕, 헨리 4세의 상징으로 다음과 같은 좌우명이 있다: "시지만 달콤하다": 자비로 단련된 엄격함; c. 일치, 진실, 솔직함(일반적으로 석류 열매가 벌어진 상태로 표현됨)을 상징한다.

석류석 garnet (보석) **A. 일반적으로 다음을 의미한다:** 1. 유사한 결정 구조를 가진 특정 규산염 광물; 2. 이름: 라틴어로 '그라나툼granatum'=석류: 일부 적색 품종은 석류 열매와 유사한 모양이다; 3. 검은색과 무색 등 매우 다양한 색상이 존재하며, 이는 보석을 색상으로 분류하고 명명했던 예전 방식으로 정의하기 어렵다; **B. 기간:** 1. 생일: 1월에 태어난 사람들에게 a. 장수; b. 예술적 기질; c. 고상한 생각을 가진 느긋한 성격을 준다; 2. 별자리: 물병자리(다른 염소자리 또는 전갈자리); 3. 하루 중 시간: 오전 11시; **C. 이것의 일반적 특성:** a. 진실성, 의지력, 확고함, 항상성 및 쾌활함을 강화한다; b. 성공의 힘과 권위를 보장한다; c. 우울을 없애고 화를 가라앉힌다; d. 질병과 독에 대한 부적; 색이 옅어짐으로써 위험이 닥칠 것을 경고한다; e. 친구의 충성을 보장한다; f. 이것을 훔치는 사람에게 해를 끼친다; g. 여행 중 사고를 예방한다; **D. 다음에 상응한다:** a. 색상: 빨간색; b. 꽃: 카네이션; **E. 구약성서:** 이 보석은 제사장의 흉패 장식에서 세 번째 위치에 있었다: 유다 지파, 즉 '사자lion'(로버트 그레이브스Robert Graves에 따르면 그것은 파이어 가넷fire-garnet이었으며 춘분과 관련되었다).

석면 asbestos (보석) **1.** 아카디아와 카르타고에서 발견되며 강철색이다(중세보석세공집Med. Lap. A파트); 여성의 생산성과 관련 있는 납색 품종도 있다(같은 책 B파트, 25); 이것은 출산을 용이하게 한다; **2.** 일단 불을 붙이면 절대 꺼지지 않는다(이시도로스Isidore 16, 4, 4; 아그립파Agrippa, 오컬트철학OP 1, 13); 불은 "살라맨더(역주: 불속에서도 타지 않는 신화 속 불의 살라맨더)의 최초의 깃털 성질을 가지고 있기 때문에" 꺼질 수 없다(알베르투스 마그누스Albertus Magnus, 비밀의 책Secr. 2, 10).

석송 stag-horn (식물) **1.** "사슴뿔"이라고도 한다: 라틴어로 '코르누 체르비뭄cornu cervmum'; 이 이름은 옻나무, 양치류, 이끼 및 곤충에도 사용된다; **2.** 코르넬리우스 켈수스Cornelius Celsus: a. 재는 약간의 인산염과 탄산염을 함유한 생석회를 함유하고 있기 때문에 태워서 상처 치료제로 사용했다(II부, 서문; 5, 5); b. 연소하는 동안 발생하는 증기는 약간의 탄산암모늄을 함유하고 있기 때문에 무기력증의 경우에 자극제가 된다; 찰점액이 될 때까지 끓여 식초에 식히면 안연고로 사용된다(6, 6, 16C).

석실운석, 에어로라이트 aerolite **1.** 규산염으로 구성된 운석; **2.** 지상에 내려오는 영적 생명: '계시'; **3.** 창조적 측면에서의 천상의 불: 씨앗처럼 보인다; 별은 그 불에서 인간이 접촉할 수 없는 측면이며 에어로라이트와 메테로라이트(유성meteor 참조)는 그들의 전령, 즉 천사와 같다; **4.** 사람이 사용한 첫 번째 강철; **5.** 이것이 지닌 마법의 힘은 치유와 정화이다.

석영 quartz (보석) **1.** 무결성; **2.** 장미석영rose quartz: a. 기도의 기억; b. 이것의 일반적 특성: 내적 아름다움과 외적인 아름다움을 모두 증진시킨다; c. 점성술: 황소자리와 관련된다; **3.** 연수정smoky quartz: 점성술의 천칭자리와 관련된다.

석탄, 숯 coal **1.** 태양: a. 정화의 불: 죄를 사하기 위해 핀 숯에 입술을 대다(이사야서Isa. 6, 6); 여호와의 성전의 정화 의례에도 사용; b. 다산: 숯불을 끄는 것=자손을 죽이는 것(사무엘하서2Sam. 14, 7); **2.** 노여움; 여호와의 발치에서 타고 있는 숯불: 불복종에 대한 벌; **3.** 따뜻함, 난로; **4.** 소극적이거나 부정적 에너지(검은색): a. 숯은 자체적으로 발생하는 불에 의해 탄다; b. 불화: "두 사람 사이의 숯불에 바람을 불어넣다"=불화를 일으키다(헨리 8세의 생애에 관한 유명한 역사H8 2, 4); c. 복수: i. 적의 머리에 불타는 숯을 얹다(잠언Prov. 25, 22); ii. "우리의 얼어붙은 가슴에 뜨거운 복수의 타는 숯을 던지다"(헨리 6세 2부2H6 5, 2); **5.** 검은색과 빨간색의 조합: 데미우르고스demiurge(역주: 물질세계를 창조하는 신)인 '불새fire-bird'는 검은색 등에 빨간색 점이 있다; **6.** 구약성서와 랍비: 속죄일에 랍비는 불타는 숯을 가져다가 지성소에 놓아 셰키나의 불타는 빛에 대한 보호용 연막을 만든다; 구름cloud 참조; 숯은 향과 유사한 기능이 있다; **7.** "석탄을 나르다": 경멸하는 말: "그것으로 보건대 나는 그들이 석탄을 날랐음을(자랑스러지 않은 일) 알았다"(헨리 5세의 생애H5 3, 2): a. 천한 일; b. 비겁함을 나타낸다(예 로미오와 줄리엣Rom. 1, 1); 8. 민속: a. 일반적으로 행운과 보호; 굴뚝 청소부와 고양이 등등의 검은색 참조; b. "첫 번째 사람"(=새해의 첫 방문자)이 가지고 앞문으로 들어와야 한다; c. 선원, 절도범 또는 시험, 중요한 대회, 선거를 앞둔 아이들이 행운의 부적으로서 숯 조각을 지니고 다녔다; 현대의 감자modern potato 참조.

석회석 lime (돌) **1.** 일반적으로 다음을 의미한다: 석회석은 가마에서 가열되면 가장 순수한 형태의 '생석회'('태운 백악'), 즉 다양한 용도로 사용되는 물질이 된다. 물과 격렬하게 반응하고 시체를 '태우는' 데 사용할 수 있다. 이것은 초기부터 모르타르, 콘크리트(로마인이 발명한 것), 회반죽, 석고 등의 기초로 사용되었다. 대리석은 석회암의 한 형태이다. 따라서 기독교를 받아들인 후 많은 대리석 사원이 해체되었다: 모르타르를 얻기 위해 조각상, 기둥과 접시를 가마에서 가열했다; **2.** 약용: 생석회(역주: 산화칼슘)는 특히 응급 처방과 소화제로 사용되었다; 다양한 형태로 석회석은 피부 연화제, 자극 완화제로 사용되었다(코르넬리우스 켈수스Cornelius Celsus, II, 서문 '금속회calx'; 2, 7f.); 열: a. 성 아우구스티누스는 이것을 자연의 경이 중 하나라고 불렀다. 불에 넣으면 다른 모든 것은 검게 변하는데 석회석만은 하얗게 된다; 만지면 차갑지만 심지어 열전도가 빨라서 '생live(生)'이라고 불리는 이유가 된다(신국론Civ. D. 21, 4): 물에 풀면 불이 붙어 생석회가 완전히 없어질 때까지 불탄다; b. 석회를 물에 넣으면 손을 넣을 수 없을 정도로 빠르게 가열된다(윌리엄 캑스턴William Caxton, 세계의 거울MW 2, 17).

선, 줄, 끈 line **1.** 내세를 통과하는 단테 풍의 여정에서, 테스페시오스의 영혼의 불멸성은 그림자 없는 땅에 그림자를 주는 생명줄과도 같은 신체라는 '닻'에 연결되었다. 그림자가 없는 땅(그림자shadow 참조; 플루타르코스Plutarch, 윤리론집M 564D 및 566C); **2.** 고대의 가장 위대한 화가인 아펠레스는 완벽한 직선을 자유자재로 그릴 수 있었다. 나중에 지오토가 완벽한 원을 그릴 수 있었던 것처럼(참고할 문헌: 윌리엄 블레이크William Blake, "조수아 경은 자신의 초상화를 보냈다Sir Joshua sent his own portrait"; **3.** 꿈에서 직선은 자아ego다(톰 체트윈드Tom Chetwynd).

선갈퀴아제비 woodruff (식물) **1.** '개갈퀴Asperula': 강한 향기가 나고 낮게 자라는 허브; **2.** 작은 선갈퀴아제비는 편도농양을 치료한다(코햄 브루어Cobham Brewer, 편도농양Quinsy).

선물 gifts **1.** 치명적인 선물: A. 자연의 지나치고 부정적인 면: (따뜻함보다는) 타는 듯한 태양, 홍수 등; B. 죽어 가는 풍요(또는 황혼)의 여신, 또는 태양신; C. a. 데이아네이라가 보낸 헤라클레스를 죽인 셔츠: 그녀는 그 셔츠가 헤라클레스를 다시 그녀에게 돌아오게 할 것이라고 믿었다; b. 질투에 찬 메데이아가 크레우사에게 보낸 '황금옷'은 크레우사를 불태워 버렸다; c. 그가 만지는 모든 것을 황금으로 바꾸는 미다스의 선물(나소 P. 오비디우스Naso P. Ovid, 변신이야기Metam. 11. 100ff.); **2.** 동방 박사의 선물에 대해서는 동방박사Magi 참조; **3.** 산타클로스: 니콜라스Nicholas 참조.

선박, 배 ship **1. 일반적으로 다음을 의미한다**: a. 배는 살아 있는 존재로 간주된다: 예 키벨레는 신성한 이다산에서 소나무가 베어지자, 프리기아의 배들을 물의 님프로 변신시켰다(베르길리우스Virgil, 아이네아스Aen. 9, 77ff.; 나소 P. 오비디우스Naso P. Ovid, 변신이야기Metam. 14, 546ff.); b. 주인의 마음을 따라 스스로 움직이는 배에 관한 많은 이야기가 있다. 이러한 배는 보통 누군가를 구하거나 큰 상을 받는다(예 황금양털Golden Fleece 참조; 로디우스의 아폴로니오스Apollonius Rhodius 526ff.; 가이우스 발레리우스 플라쿠스Gaius Valerius Flaccus 1, 302f.); 자연 신화에서는 배를 구름으로 설명한다; c. 따라서 배는 영혼을 운반하는 인간의 몸을 상징한다; d. 배의 선미는 보통 수호신의 이미지를 가지고 있으며 주로 바다 여신의 이미지이다; 참조: 뱃머리에 있는 선수상은 주로 뱀의 모습을 한 아스클레피오스와 돌고래의 모습으로 배를 인도하는 아폴로가 대표적이다; 보트boat 참조; **2. 항해**: a. 해상 및 상업 도시 또는 국가, 특히 페니키아인의 상징; b. 행운, 성공, 부(富); c. 나이키 여신의 발앞에서 (승리): 해상 전투에서 승리; **3. 세계**: a. 지리의 상징; b. 이러한 큰 세상에서 누군가는 표류자(참조: 쿠퍼Cowper)처럼 단절되어 있다고 느끼거나 콘래드Conrad의 소설 "로드 짐Lord Jim"에 나오는 구명보트의 선원처럼 정신적으로 고립되어 있다고 느낄 수 있다; **4. 태양 상징**, 왕족: a. 이집트: 태양에는 낮의 배Me'enzet와 밤의 배Semektet가 있다; b. 게르만 신화에서 태양왕은 배를 타고 도착하고 통치가 끝나면 배를 타고 떠난다(6번 참조); 방주ark 등 참조; **5. 담아 줌, 자궁, 다산(풍요)의 여성성 상징**: a. 이시스Isis처럼 풍요의 상징으로서 배는 로마 축제의 일부가 되었다. 오시리스 신화에서 태양왕(대리자)은 풍요를 기원하기 위해 보트마차(라틴어 'carrus navalis'; 보트boat 참조)에 서서 들판을 가로질러 나아갔다. 또한 사투르날리아Saturnalia 농신제참조; b. 게르만: 또한 프레이르Freyr의 배도 같은 목적을 위해 동일한 방식으로 들판을 가로질러 이동했다; c. 게르만 풍요의 여신 네할레니아Nehalennia는 배와 풍요의 뿔 두 가지 모두를 상징하며, 순항과 풍요를 기원하는 여신이다; d. 태양의 이동 및 태양 왕과 연관된다; 3번 참조; e. 물, 구름과 연관된다; 프레이르는 작은 것보다 더 작고 큰 것보다 더 큰 보트를 가지고 있었다. 이 배는 모든 신들을 태울 수 있었지만, 그의 주머니에 들어갈 만큼 작았다(참조: 아서왕의 원탁Arthur's Round Table); f. 배+돛대=여성+남성=양성, 결합; g. 항해=단순한 동물의 존재를 초월함; h. 그리스도를 전하는 성모 마리아의 상징; **6. 죽음**, 영원, 부활: a. 이집트: 배(또는 배의 모형)는 피라미드에 넣는 부장품이었다; b. 발드르Balder는 죽은 후 자신의 배에서 화장되었으며, 이 배는 불타는 상태로 출항했다; c. 게르만식 매장: 무덤은 배 모양이거나 (특히 태양왕의 경우) 부장품이 가득 실린 실제 배였다; 또한 9번의 b 참조(배 매장의 경우 "락스다엘라 사가Laxdaela Saga" 7 참조; "냘의 사가Njal's Saga" 159에서 플로시Flosi가 사망한 방식 참조); d. '다른 세상'으로의 항해인 초월; e. 데이비드 H. 로렌스David H. Lawrence: "죽음의 배The Ship of Death"; **7. 달-상징**: a. 바빌로니아의 달의 신인 신Sin은 "빛의 배the Ship of Light"이다; b. 달의 꿈 세상으로의 항해를 상징하는 배; **8. 영혼**: 구원의 산에 도달하기 위해 격정의 바다를 거쳐 나아간다; **9. 안전**, 희망, 확신: a. (섬과 유사하게) 형태가 없는 거친 바다 그리고 둔감해진 '바깥 세계'의 포효와 반대된다; b. 순교자의 묘비에: 천상의 승리와 안식처/천국에서의 안식; c. 거의 변함없이 안전, 희망, 확신의 상징에 대한 신뢰의 속성; **10. 국가** 또는 교회; 후자의 우화적 상징: 선장인 사도 베드로, 뱃사공인 현자들, 그리고 수많은 독실한 성직자들을 실은 배는 구원의 항구를 향한다. 성모 마리아는 돛 위에 있고 그리스도는 돛대 위에 있다; **11. 초월**, 시적 영감: a. 항해=단순한 동물적인 존재를 초월한다; b. 게르만 운문에서는 시적 영감inspiration을 난쟁이의 배Ship of the Dwarfs라고 불렀다. 난쟁이들은 거인 크바시르Kvasir의 피에 꿀을 섞어서 꿀술poetic mead을 만들었다; c. 달과 달의 주문과 관련된다: 7번 참조; d. 심히 기이하게 여기는 것들 중에 하나: 바다를 지나다니는 배의 자취(잠언Prov. 30, 19f.); **12. 히브리**: 스불론Zebulun 지파: 스불론은 "해변에 거주하리니 그곳은 배 매는 해변이라"(창세기Gen. 49, 13); **13. 문장**herarldry(紋章): a. 바다 탐험; b. 상인, 부, 행복, 권력; c. 극한에서의 구출; **14. 딜런 토머스**Dylan Thomas "불타는 배ship of fires": 사랑의 불; **15. 다른 것과의 조합**: A. 난파선: a. 의인화되는 비참한 사건에 대한 일반적 상징; b. 요나Jonah 이야기와 관련된다(지하세계로의 하강); B. 유령선: a. 네덜란드 유령선Flying Dutchman; b. 늙은 선원(콜리지Coleridge)의 배와 네덜란드 유령선이 만나는 것; c. 발트해에서 한 배의 선장이 네덜란드 유령선의 맹세와 비슷한 맹세를 한다[곶(串)으로 돌아가기 위해]; 구두선shoe-ship의 정령 클라바우터만Klaboterman은 선원들을 돕지만 게으름뱅이는 외면한다. 배가 난파될 때 파이프 담배를 피우며 노란색 옷을 입고 나이트 캡을 쓴 클라바우터만이 나타난다(남근을 상징하는 원뿔 모자를 쓴 난쟁이와 비슷한다; 네덜란드어 'kabouter'='난쟁이'); C. 바보들의 배: a. 특히 육체의 악행을 우화적으로 묘사한 것들로 가득 찬 배: 예 반쯤 벌거벗은 여성, 와인잔, 백파이프 연주자 등; b. 더 높은 동기나 목적 없이 그 자체가 목적인 항해; c. 저주받은 사냥꾼과 유사하며, 어리석은 처녀들과 관련된다; D. 방향키가 없는 배: 배에 오르는 영웅은 삶의 위험을 받아들이거나 다른 세계(죽음, 마법, 초자연적 현상 등)로 항해를 떠난다: **16. 민속**: a. 배가 나아가는 것을 막는 죄 혹은 죄책감을 속죄하기 위해 사람들을 배 밖으로 던지는 것은 민요(요나Jonah 이야기 이외에)의 끊임없는 주제이다: 예 아버지의 황금을 훔친 "보니 애니Bonni Annie"; 자신의 아버지를 살해한 "브라운 로빈Brown Robyn" 등; b. 이름 부여: 샴페인 병은 원래 신께 바쳤던 술인 적포도주를 대신했다; 이것은 결과적으로 (인간) 희생제물의 피를 대신했다; **17.** 방주ark; 보트boat: 선수상figure-head; 돛대mast; 키rudder;

항해sail 등 참조.

선반, 지층 shelf '장애물'의 의미로: "시간의 여정에서 내가 상처 입을 때(역주: 시간의 흐름으로 인한 늙어 감)"(로버트 헤릭Robert Herrick, 아 죽음이여…Ah Posthumus…" 11f.).

선수상(船首像) figurehead **1.** 선수상은 단순한 장식이 아니라 여신의 배boat의 실제 머리이다: 배boat, 얼굴face 및 선박ship 참조; **2.** 배 위에 그려져 있는 눈: 파도를 통하고 더 나은 길을 찾을 수 있을 것이다(역주: 배의 앞부분 끝에 나무로 만들어 붙이는, 보통 여자 모습의 상); **3.** 항해 중인 배는 여신의 선수상 없이는, 즉 여신의 허락 없이는 가라앉을 수 없다: 이것은 선박의 생명과 영혼이 밀접하게 연결되어 있는 것을 의미하며, 따라서 선수상은 존중되어야 한다.

선옹초 rose-campion (식물) 홍매동자꽃 속lychnis 참조.

선인장 cactus (식물) **1.** 사막, 따뜻함, 웅장함; **2.** 열렬한 사랑; **3.** 토머스 S. 엘리엇Thomas S. Eliot: "텅 빈 사람들Hollow Men"에서 '선인장의 땅'은 석화된 형태의 종교와 더불어 현대사회의 황무지의 속성을 나타낸다; 종교가 죽어 가는 곳에서 선인장이 생겨났다.

선택 choice **1.** a. 인간(영웅, 보통 사람)은 종종 하나님이나 신들에 의한 선택의 기회를 받는다; 속임수로 제공된 선택은 민담의 주제로 널리 사용된다: 따라서 치명적 선택은 곧 죽음을 나타낸다(커크Kirk 138; 브리타니아의 민속과 문화Folkl. & C. of Brit. p. 425, 카논비 딕Canonbie Dick의 이야기 참조); b. 반대로, 신도 인간에 의해서 속을 수 있다 프로메테우스는 제우스에게 기만적인 선택을 하게 했다(헤시오도스Hesiodus, 신통기Th. 535ff); **2.** 연금술: 파리스Paris의 선택은 연금술사의 작업을 상징한다: 황금열매와 선택자로서 파리스를 세운 것은 3원소(수은, 유황, 소금)와 연금술의 아버지 헤르메스에 의해 생겨난 것이다(존 반 레넵John van Lennep p. 44); **3.** a. 두 가지 중 선택: '죽기 살기' 유형: 헤라클레스는 덕의 길과 쾌락의 길 중에서 선택해야만 했다(마르쿠스 툴리우스 키케로Marcus Tullius Cicero, 의무에 관하여Off. 1, 52, 118); 아탈란타Atalanta의 선택과 많은 설화 및 모험담 참조; b. 세 가지 중에서 선택(3three 참조): 선택자의 성격에 따라 현명하게 또는 현명하지 못하게 선택한다(예 허버트 J. 로즈Hebert J. Ros, 299 참조); c. 무한한 것들 중 선택: 대개 제약이 하나 있다(에덴동산의 나무, 금지된 방들 등 참조); **4.** 기독교: '이단heresy'은 그리스어 'haireoo'='선택하다to choose'에서 왔다: 이단자는 잘못된 선택을 하고 이어서 자신을 비난한다(테르툴리아누스Tertullianus, 이단의 처방에 대하여Praescr. 6; 신약성서 디도서Tit. 3, 10f); **5.** 심리: 소녀들은 선택을 에로틱한 것과 연관시킨다; 협력적 선택=삶을 위해 협력하는 사람을 선택하는 것(카를 융Carl Jung 2, 382).

선회, 회전 gyre 윌리엄 B. 예이츠William B. Yeats: a. (다른 사람들을 따름: 예 악습) 보통 새의 신Bird-god과 여성(트로이의 헬렌, 마리아 등)의 성교로 시작되는 문명들은 약 2,000년 주기의 나선형적 움직임을 보인다(선회, 회전); b. 또한 원소와 달에 상응하는 인간의 연령 참조.

설탕 sugar **1.** 단맛; **2.** 아첨, 속임수(악마에 설탕옷을 입히다); **3.** 동요에서 어린 소녀들은 설탕과 향신료 등 온갖 좋은 것들로 만들어진다.

설화석고 alabaster **1.** 고대에 단단한 대리석 같은 석회탄산염이며 이집트의 '알라바스트론Alabastron'이라는 이름에서 유래했다; **2.** 향수와 연고를 담는 신성한 그릇을 만드는 데 사용되었다(예 칼리마쿠스Callimachus, 4번 찬가H4 13ff); **3.** '설화석고 그릇'(맨 윗부분이 매우 좁은 그릇. 마가복음에서 소녀는 이 그릇의 윗부분을 깨뜨렸다): 마리아는 이 그릇에 담긴 기름을 그리스도의 발에 부었다(마태복음Matth. 26, 7, 마가복음Mark 14, 3, 요한복음John 2, 3ff.; 플리니우스Pliny 36, 12) 참조; **4.** 여자의 고운 피부와 비교하기 위해 종종 사용되었다.

섬 island **1.** 격리; **2.** 고독, 안정성, 우월성, 삶을

둘러싼 평범함으로부터의 피난처; 열정의 바다로부터의 피난처; **3.** 미지의 것에 대한 도전: a. "그들의 아들들을 보내 호의를 구하게 했다: 어떤 사람들은 전쟁에 보내어 그들의 운명을 시험하게 했다: 어떤 사람들은 섬을 발견하도록 멀리 보냈다; 어떤 사람들은 학문의 대학에 보냈다"(베로나의 두 신사Gent. 1, 3); b. 일종의 유토피아, 섬으로서의 지상낙원, 잃어버린 섬이자 발견될 경우 결코 그곳으로부터 돌아올 수 없는 섬으로서의 지상 낙원; 아마도 다음의 섬과 관련이 있을 것이다; **4.** 축복받은 자들의 섬Island of the Blesse은 여자들의 섬이었다: a. (죽거나 황홀경 상태에서) 남자들이 평생 추구하는 여신(들)과 함께 사는 곳; 예 칼립소의 섬, 훌륭한 여성의 섬, 여사제들을 매장하는 섬; 포세이돈=그의 아들 리쿠스(아폴로도로스Apollodorus 3, 10, 1)를 그곳에 보냈고 테티스는 장작더미에서 아킬레스의 시체를 빼앗아 그곳에 두었다(헬레네는 아내, 패트로클로스는 친구); 흰색white 참조; b. 죽음의 땅: 파괴의 중심; c. 때때로 섬–여자와 괴물–영웅은 동일시된다; d. 요정들은 섬으로 변했다: 예 아케노스A를 경시했던 요정들이 섬으로 변했다(그리고 또 한 명은 요정을 사랑했기 때문에 섬으로 변했다)(나소 P. 오비디우스Naso P. Ovid, 변신이야기Metam. 8, 575ff); **5.** 떠다니는 섬들: a. 한때 오르티지아('메추리')라고도 불리던 델로스섬("델로스 섬은 이제 움직이지 않는다")이 떠다녔다; b. 심플레가데스암초(역주: 흑해 연안에서 움직이는 무서운 두 개의 암초); c. 바람의 신 아일로스: 호메로스Homer(오디세이아Od. 10, 3); **6.** 100개 섬의 도시: "베니스가 있는 100개의 섬에서는 이시스가 숭배받고 있다"(조지 G. 바이런George Byron, 차일드 헤럴드의 순례Childe H's Pilgr. 4, 1); **7.** 별자리의 '자리'는 Houses로 불리지만 island로 불리기도 한다; **8.** 심리: 위협적인 '무의식의 바다'로부터의 피난, 즉 의식성은 의지를 강하게 한다; **9.** 특별히 참고할 문학서: A. 하먼 멜빌H. Melville: 평화와 기쁨이 있지만 잘 알려지지 않은 삶에 대한 공포에 사로잡혀 있다; B. 샤를 보들레르Charles Baudelaire: a. 질서, 아름다움, 평화("여정으로의 초대"); b. 비너스의 사랑의 섬. 성병에 대한 공포 속에서 자신의 모습을 매달 교수대를 발견하게 되는 곳("키테라섬으로의 항해Voyage à Cythère"); C. 조셉 콘래드Joseph Conrad: 떨어져 나감이라는 파괴적 환상 그러나 그곳은 아무도 살지 않는 섬이다; D. 윌리엄 B. 예이츠William B. Yeats: 세상의 무질서로부터 사랑과 게으름이라는 환상의 섬으로의 후퇴; E. 딜런 토머스Dylan Thomas: 불멸과 영적 죽음으로의 고립("죽어서 불행하다").

섬꽃마리 hound's-tongue (식물) **1.** 라틴어의 '사이노글로쏨 오피시날레Cynoglossum officialis'에 해당한다; '큰꽃마리dog'tongue'라고도 불린다; **2.** 약용: a. 코르넬리우스 켈수스Cornelius Celsus: 잎에서는 화상에 바르는 쓰고 떫은 즙이 나온다(II부, 서문 'Canina lingua'; 5, 27, 13); b. 페트로니우스: "나는 큰꽃말이를 먹어 본 적이 있다: 나는 진실을 말해야 한다": 청각장애가 있는 사람들을 위한 약. 포도주에 섞어 마시면 기분을 좋게 하는 효과가 강해진다(43+n); c. 알베르투스 마그누스Albertus Magnus: 개구리의 심장 및 자궁과 함께 어딘가 두면 개들이 모여 든다; 발밑에 바르면 개가 짖는 것을 방지한다(p. 9).

섬록암 diorite 히타이트족: 거인 울리쿠미스는 거대한 섬록암 기둥으로 변해 하늘에 닿았고 인류에게 위협을 가했다; 그는 결국 발이 잘려서 불구가 된 후에 죽임을 당했다; 발이 잘림(느부갓네살의 꿈에 나온 조각상; 새뮤얼 후크Samuel Hooke, 중동 신화MEM 97 참조).

섬새 shearwater (새) **1.** '폭풍새'라고도 불린다; '퍼핀누스Puffinus'속; **2.** 태초부터 새의 여신이었던 아테나와 관련 있다(호메로스Homer, 오디세이아Od. 3, 371ff.); **2.** 이 새들은 여전히 디오메아 섬을 방문하는 그리스인들에게 길들여진 디오메데스Diomedes의 변신한 동료들이었다(현대에는 산 도메니코; 클라우디우스 아엘리아누스Claudius Aelianus, 동물의 본성에 관하여NA 1, 1); 위대한 섬새는 애도 의례를 암시하는 습성을 갖고 있다: 디오메데스의 무덤에 물을 준다(허버트 J. 로즈Herbert J. Rose 253n); **3.** 섬새들의 적은 해조류이고 친구는 솔개다(클라우디우스 아엘리아누스, 동물의 본성에 관하여 4, 5 및 5, 48); **4.** 섬새가 황혼에 울면 폭풍우가 오고, 날개를 펄럭이며 바다로 곧장 날아가면 비바람이 분다(같은 책 7, 7; 팔라티노 선집P.Anth. 7, 285 참조); **5.** 섬새는 사람이 1펄롱furlong(역주: 길이의 단위; 1마일의 1/8)을 걷는 데 걸리는 시간 동안 물에 잠긴 채로 있을 수 있다(폴라드Pollard 19).

성 castle **1.** 침입으로부터의 안전 (또한 집으로서): "영국 남자의 집은 그의 성이다"; **2.** (위험이나 사고가 생기지 않도록) 지켜보는 정신적인 힘; **3.** 부유함: 오두막과 반대; **4.** 로맨스: 과거로 되돌아간다; **5.** (담으로 에워싸인 도시로서) 천국의 예루살렘의 초월적인 영혼; **6.** 권위, 주권: 언덕 위에 지어진 성은 높이 상징성에 의해 (권위, 주권이) 강화된다; **7.** 그 미로와 같은 길들이 아무 데도 닿지 않는 이 세상(프란츠 카프카Franz Kafka: 측량기사 K는 신의 은총에 대한 인간의 갈구를 상징한다); **8.** 문장heraldry(紋章): 웅장함, 고귀함, 견고함, 전략; **9.** 조합: A. 검은 성: a. 저승: 저승의 입구인 저승의 대저택; 또는 암흑의 성 그 자체: 플루토Pluto의 왕국(=사악한 기사의 성 또는 한 번 들어가면 나오지 못하는 성); b. 연금술사의 작업실; B. 빛의 성: 동화 등에서 이 성은 종종 갑자기 나타남[정신적 양식(패턴)이나 응집력 있는 환영을 갑자기 자각하게 됨]; 이 성은 종종 보물(정신적 풍요함), 처녀(카를 융Carl Jung의 아니마), 정화된 기사(구원받고자 하는 의지)를 담고 있다; C. 환락의 성(=회전하는 성=위험한 성: 켈트족의 저승): 우주는 강한 문과 유리벽을 갖고 있으며 그 축(미래의 천국)을 중심으로 회전한다; 이 성은 아무도 그 입구를 찾을 수 없도록 회전한다; 그 둥근 성문에는 타고 있는 등불을 제외하고 칠흑 같은 어둠이 있다; 맘껏 먹는 세계이고, 신탁을 받는 아홉 명의 처녀의 가마솥이 있다; 때로 이 성은 (축복받은 사람들의) 섬으로 여겨지기도 하고 때로 별자리인 북쪽왕관자리로도 여겨진다; D. 고결한 성: 림보(천국과 지옥의 사이)에 있다: 철학 또는 라틴어 '지혜Sapientia'; 이 성은 일곱 개의 벽(도덕적 덕 또는 학문의 분야)으로 둘러싸여 있고, "어여쁜 개울"(웅변eloquence: 단테Dante)이 있다; E. 악마의 성: 중세시대 종종 여관에 주어지던 이름(아마도 헨리 4세 1부1H4 1, 2에서 이 성을 언급한 것 같음: "그 성의 내 오랜 친구," 그리고 또 한 번 성이라고 불리는 서더크의 주요 사창가 집들 중 하나를 언급한다); F. 의심의 성: "의심의 성이라고 불리는 성, 그 소유자는 절망의 거인이었다"(존 번연John Bunyan, "천로역정Pilgrim's Progress"); G. 코끼리elephant도 참조.

성 니콜라스 (고대 도시 미라의) St. Nicholas of Myra 수호 성인: **1.** 어린이: 여관을 방문했을 때 여관 주인이 어린 아이의 인육을 고기로 제공하는 것을 목격하였다. 그는 잘리고 절여진 세 구의 아이 시체를 발견하고 축복하여 되살려냈다. 유럽 북부의 산타클로스로서 그는 보단(오딘)과 많은 관련이 있다. 네덜란드에서 흑인 하인과 함께 있는 성 니콜라스는 검은 색과 흰색의 상징성을 모두 갖고 있다; **2.** 처녀, 신부: 그는 이웃의 딸들이 신부 지참금 마련을 위해 죄짓는 것을 막기 위해 삼일 밤 연속 금화가 가득 들어 있는 양말 세 켤레를 이웃집 창문으로 몰래 던져주었다; **3.** 가난한 사람들: 부모님이 돌아가시자 그는 자신이 가진 돈 전부를 가난한 사람들에게 주었다; **4.** 선원(여행자): 성지로 가는 항해 중 폭풍을 잠재웠다; **5.** 전당포 주인, 상인: 앞의 2번에 기술된 세 켤레의 양말이 전당포의 상징인 세 개의 지갑 또는 세 개의 볼ball이 되었다(볼ball 참조); **6.** 학자들: "…그리고 성 니콜라스가 당신을 보호하리라"(베로나의 두 신사Gent. 3, 1); **7.** 애버딘Aberdeen(역주: 스코틀랜드의 도시); **8.** 러시아 제국; **9.** "성 니콜라스의 점원St. Nicholas' clerks": 도둑(헨리 4세 1부1H4 2, 1 참조). 니콜라스Nicholas='목걸이necklace'=교수형 올가미 또는 황금공 및 지갑과 관련 있기 때문이다.

성 던스턴 St. Dunstan 동요: "소문에 의하면 성 던스턴이 한번은 빨갛고 뜨거운 불집게로 악마의 코를 잡아당겼다네. 악마가 고함쳤고 이 소리는 10마일 떨어진 곳에서도 들렸다네."

성 데니스 St. Denis **1.** 프랑스의 수호성인; 그리스도교 칠 용사 중 한 명; 그의 원래 이름은 디오니시오이다; **2.** 그는 파리의 첫 주교였다; (3세기경) 참수당한 후 그는 머리를 손에 들고 6마일을 걸어 자신의 대성당이 지어질 곳에 머리를 내려놓았다; 머리head, 잘린severed- 참조; **3.** 축일은 10월 9일.

성 로렌스 St. Lawrence (산 채로) 철판에서 구워지는 동안 그는 뒤집어 달라고 요청했다(역주: 순교): "그쪽은 완전히 익었어" (프루덴티우스Prudentius, 페리클레스Peri. 2, 401ff.); 때로는 전형적으로 게으름을 상징하는 것으로 인용된다.

성 루시 St. Lucy **1.** 그 여자는 개종하고 나서(또는 순결을 지킬 것을 서약하고 나서) 자신의 약혼자를 비난했다. 그녀의 눈이 그를 괴롭히자 그를 해칠게 될까 두려워 자신의 눈을 뽑아서 그에게 보냈다(아니면 그녀를 고발한 자들에게 눈이 뽑혔다); **2.** 눈과의 관계는 그녀의 이름이 '룩스lux', 즉 빛과 연관되면서 생겨났을 것으로 추정된다; 3. 빛나는 은혜Grace: 단테Dante(지옥편Inf. 2, 97); 4. 속담: "루시Lucy가 비춘다. 루시가 비춘다, 가장 짧은 낮과 가장 긴 밤을": 12월 21일은 옛날 식 달력에서 일 년 중 가장 짧은 날이었다; 그 반대는 바나비Barnaby이다.

성 마틴 축일 Martinmas, Martlemas **1.** 헝가리의 성 마틴축제: 11월 11일; **2.** 이것은 '비날리아' 또는 바쿠스 축일, 즉 이 축일은 로마의 이교도 추수 축제인 카니발을 대체했다. 이것도 11일 11일에 열렸다; **3.** 축제 당일에 겨울용 식량 또는 월동을 위한 것들을 마련하는 것이 관습이었다; **4.** 성 마틴 축일 전야에는 항아리에 넣어둔 물이 포도주로 변한다; **5.** 독일에서 이것은 소시지 축제였다; 프랑스에서는 거위 축제였다; 한 전설에서 성인은 거위에게 짜증을 내면서 그것을 죽여 저녁 식사로 내놓으라고 명령했다; 유럽의 대부분 지역에서는 돼지 한 마리를 먹는다; **6.** 성 마틴St. Martin은 술주정뱅이들과 여관 주인의 수호성인이다; **7.** 이 축일 무렵에 날씨가 종종 변한다; **8.** 성 마틴의 여름='인디언의 여름'(헨리 6세 1부IH6 1, 2); **9.** 민요 "어셔 우물의 아내The Wife of Usher's Well"의 가사에 보면 "성 마틴의 축일 밤들은 길고 깊어서 그녀에게 세 아들이 생겼다".

성 미카엘 축일 Michaelmas **1.** 모든 천사들과 성 미카엘의 축제: 9월 29일; **2.** 가을 추수 축제가 조상숭배의 추모의례와 결합된 것; **3.** 영국: a. (사)분기일 중 하나이며 마녀들로부터의 위협이 존재하는 날이며 집세를 지불해야 하는 날; b. 치안 판사를 선출하는 날; c. 이 날 먹는 전통음식: 거위.

성 발렌타인 St. Valentine **1.** 성 발렌타인(2월 14일)은 로마의 루페르칼리아 또는 주노의 축제와 관련된 연인들의 축제이다; 새들이 이 날 짝을 선택한다는 고대 믿음에 의해 시작된 일반적인 봄 다산 축제일 수 있다: a. "이 날은 발렌타인데이였기 때문에 인간이 아는 모든 종류의 새들은 제 짝을 찾으러 온다"(제프리 초서Geoffrey Chaucer, 파울스의 의회PoF 309ff.); b. 다산: "성 발렌타인데이에는 좋은 거위가 알을 낳을 것이다"(속담); c. 사랑 점을 치기 딱 좋은 날; **2.** 지금처럼 카드를 교환하는 대신에 제비를 뽑아서 발렌타인이 누구인지 결정하고 선물을 교환했다. 특히 장갑(구애 선물)을 교환했다; **3.** 진정한 사랑의 증표: "그의 머리에는 머리카락이 아니라 발렌타인이 있다"(등장인물의 이름을 살짝 비꼬는 말장난: 베로나의 두 신사Gent. 3, 1).

성 아그네스 St. Agnes **1.** 성 아그네스의 전야(이브)(1월 20일): 특정 형태의 점을 쳐서 소녀는 미래 남편의 얼굴을 보게 된다; **2.** 케이크cake 참조; 말을 못하는.

성 엘모의 불 St. Elmo's Fire **1.** 밝은 빛 또는 불(전기 방전), 때로 심한 폭풍우가 칠 때 배(또는 비행기, 때로는 산에서)의 뾰족하게 튀어나온 부분에서 보인다: 이 빛 또는 불은 최악의 상황은 아직 오지 않았음을 나타낸다. 또 다른 사람들에 의하면 최악의 상황이 끝났음을 상징하기도 한다; **2.** 일반적으로 쌍둥이 빛으로 생각되었다: "중간 돛대, 즉 야드 그리고 제1사장(보우스피릿)에 나는 잘 보이게 불을 피울 것이다. 그러면 두 불은 만나서 하나가 될 것이다"(템페스트Temp. 1, 2); **3.** 그리스-로마: a. 신성한 쌍둥이(카스토르Castor와 폴룩스Pollux)의 현현; 그리스와 로마 사람들은 이들을 이 신들의 누이의 이름을 따서 헬레네Helen(엘모Elmo의 어원일 수 있다)라고 불렀다; b. 플리니우스Pliny: 빛이 두 개인 경우 좋은 징조: 카스토르와 폴룩스 쌍둥이가 보호해 줌을 의미한다; 빛이 한 개인 경우 난파할 것임을 의미한다(2, 10); **4.** 기독교:

a. 그리스 기독교도들은 이 불을 성 헬레나의 불(성 헬레나는 성 십자가를 발견한 사람)이라고 불렀다; b. 성 엘모(아마도 선원들의 수호성인 에라스무스와 관련되는 것 같다)는 심한 폭풍우가 치는 바다에서 죽었다; 그는 임종 시 선원들에게 그들이 살아남을 운명이라면 자신이 어떠한 형태로든 나타나겠다고 약속했다; **5.** 민속: 이 불은 익사한 동료의 귀신으로, 다가올 난파 또는 재난을 경고한다.

성 요셉 St. Joseph **1.** 예수의 지상 아버지; **2.** 순결의 모범(성 암브로시우스, 루가의 복음서 해설집EL 3, 47): 그는 "축복받은" 죽음으로 보상을 받았다; **3.** 그는 전통적인 노인으로 묘사되지만 그럴 이유는 없다; 또한 전통에 따르면 그는 예수보다 먼저 죽었고(요한복음John 19, 26 이하가 이를 가리키는 것일 수 있다) 복되신 동정녀 그리고 예수와 함께했지만 다른 사람들은 그가 그리스도의 죽음 당시에 아직 살아 있었다고 믿었다(암브로시우스, 루가의 복음서 해설집 2, 4 및 10, 133); **4.** 아빌라의 성녀 테레사는 그를 그녀의 "옹호자이자 주인"으로 택했다(동정의 저서V 6, 6); **5.** 목수carpenter 참조.

성 요한초, 고추나물 St. John's Wort (식물) **1.** 키 작은 관목식물인 '물레나물 속Hypericum' 식물. 이 식물은 작은 태양처럼 보이며 일반적으로 노란색 꽃이 한여름 무렵에 핀다; **2.** 단순성; **3.** 반감; **4.** 민속: a. 한때 악귀를 쫓아낸다고 하여 "푸가 다에모눔Fuga Daemonum"('악마를 쫓는 자')이라고 불렸으며 귀신이 집에 들어오는 것을 방지한다; b. 성 요한 전야 또는 하지축제일 전야에 처녀가 이 꽃을 따면 1년 이내에 결혼한다. 또는 자식이 없는 아내가 정원에서 벌거벗은 채로 이 꽃을 따면 다음 여름이 되기 전에 자식을 낳는다.

성 자일스 St. Giles **1.** 중세에 매우 존경받던 성자로 쫓기고 있던 암사슴에게 은신처를 제공했기 때문에 도움이 필요한 사람들은 지원이 필요할 때 어김없이 그에게 도움을 요청했다; **2.** 암사슴 때문에 사냥과도 관련이 있다(가윈 경과 녹색 기사GawGrKn. 1644+n. 그러나 여기에서는 멧돼지 사냥 후 그에게 간청이 이루어졌다); **3.** 런던 타이번의 사형 집행장에서 교수형에 처해진 사람들은 성 자일스St. Giles 교회에서 마지막 술 한 잔을 받았다(브리타니아의 민속과 문화Folkl. &c. Brit. p. 21).

성 조지 George **I. 성자:** 1. 영국의 수호 성인(에드워드Edward 3세 이후); 기독교 성인 중 한 명(성자Saint 참조); 2. 용을 죽인 자: 그는 리디아왕의 딸이나 프톨레마이오스왕의 딸을 구하기 위해 용을 죽였다; 페르세우스Perseus 참조; 그는 달숭배와 관련이 있다; 3. 영원한 녹색의 존재t: 악과의 갈등은 영원하다: 그는 영원히 죽임을 당하고 부활하는 것이기 때문에 모든 (희생적인) 풍요 영웅 및 신과 매우 유사하다; 또한, 혼돈의 괴물과 싸우는 태양 영웅에 대해서는 기사knight 참조; 4. 성 조지 배지와 펜던트는 가터 훈장의 휘장 중 하나였다: "나의 조지를 보세요. 나는 신사입니다"(헨리 6세 2부2H6 4, 1; 리처드 3세의 비극R3 4, 4); 5. 이미 셰익스피어 시대에 인기 있는 여관 이름이었다: "용을 휘두른[=때려눕힌] 성 조지, 그 이후로 내 안주인의 문 앞에서 말을 타고"(존왕의 삶과 죽음K. John 2 1); 6. 상징: a. 갑옷, 검, 흰색 바탕에 붉은 십자가가 있는 방패(또는 깃발); b. 용; c. 뜨거운 십자가 모양이 있는 빵; d. 장미(영국); **II. 소년의 이름:** 조지라는 이름을 가진 소년을 놀리는 동요: "조지Georgie, 포지Porgie, 푸딩과 파이, 소녀들에게 키스하고 그들을 울게 했다".

성 줄리안 Julian, St. **1.** 여행자의 수호자: 예 "가윈 경과 녹색의 기사Gawain and the Green Knight, Sir"에서; **2.** 박애, 자유 의사의 존중(제프리 초서Geoffrey Chaucer, 캔터베리 이야기CT 프롤로그).

성 케인 St. Keyne **1.** 왕의 딸인 켈트 성인; **2.** 케인즈 웰Keyne's Well(콘월의 리스커드 근처): 그 물을 마시는 첫 번째 신혼부부가 그 집의 주인이 될 것이다.

성 크리스토퍼 Christopher, St. **1.** 소년 예수 그리스도를 데리고 강을 건넌 성인. 소년 예수는 강 중간쯤에서 어른 예수가 되었다; 신(神)인 줄 모른 채 신을 데리고 강을 건넌 또 다른 '영웅'에 대해서는 이아손Jason의 강river 참조; **2.** 그러므로 여행자들의 수호 성

인: a. 그가 수호성인인 또 다른 이유는 순교자로 죽기 전 하나님에게 자신의 '몸'이 어디에 있든 그곳이 전염병으로부터 자유롭도록 해 달라고 간청한 것 때문이었다; 그러므로 그의 그림이나 조각상은 대개 공공도로와 도시 및 교회의 입구에 세워졌다: "크리스토퍼를 보면 그때부터 당신은 안전할 것이다"; 토머스 브라운Thomas Browne 저속한 오류PE 5, 16); b. 종종 로마 가톨릭 성도 운전자들은 자신의 차량에 그의 그림이나 조각상을 가지고 다닌다; c. 대중교통 차량, 예를 들어 스페인에서는 7월 25일에 택시를 그의 그림이나 조각상으로 장식했다(스페인에서는 성 율리아누스도 여행자의 수호 성인이다; 페데리코 G. 로르카 Federico. G. Lorca, 구스타보 코레아Gustavo Correa p. 47; 다음의 5도 참조); **3.** 숲 관리원들의 수호성인: 농민들은 그의 부적을 지니고 다녔다(제프리 초서Geoffrey Chaucer, 캔터베리 이야기CT 프롤로그Prol. 115); **4.** 동방정교회에서는 개의 머리를 한 성 크리스토퍼가 있는데, 아마도 그리스화된 아누비스에서 생겨난 것인 듯하다(위트Witt 201); **5.** 페데리코 G. 로르카: a. 고대의 장대하고 활기찬 바람 신wind-deity(집시 로맨스 RG: "소중한 공기"); b. 또한 이 바람신은 훌륭한 중매쟁이였다; c. 별명이 '크리스토보타Cristobota'인 돈 크리스토벌은 펀치의 이베리아 버전이다. 펀치는 뻐기며 약자를 괴롭히는 사람으로 곤봉을 가지고 사람들을 절벽에서 밀어 떨어뜨렸다(희극Comedies, 펭귄출판사Peng. p. 10); 6. 물water도 참조.

성 크리스피언 St. Crispi(a)n **1.** 축제: 10월 25일; **2.** 제화공들의 수호 성인; **3.** 아쟁쿠르 전투를 기념한다: "이날을 크리스피언의 축제로 정하노라. 이날까지 살아남은 자는 안전하게 고향으로 돌아가고, 이날이 되면 경건한 마음으로 일어서 크리스피인의 이름으로 분발하게 될 것이다"(헨리 5세의 생애H5 4, 2).

성 패트릭 St. Patrick **1.** 아일랜드의 수호 성인으로, 노예로 팔려간 곳에서 돼지 치는 일을 하다가 나중에 돌아와 개종했다; 성 패트릭의 날은 3월 17일이다; **2.** 그는 아일랜드를 해충, 특히 뱀이나 뱀 형상의 악마(신)로부터 해방시켰다; **3.** 그의 상징은 토끼풀이다(세잎 클로버); **4.** "성 패트릭의 연옥": 연옥의 입구는 아일랜드 로프 더그의 작은 섬에 있는 동굴이다; 이 곳에서 하루 밤낮을 보낸 사람들은 천국의 모든 즐거움과 지옥의 혹독한 고통을 목격할 수 있다.

성게 sea-urchin (어류) **1.** 태양의 상징: 다채로운 색깔의 광선 같은 가시를 갖고 있다; **2.** 생명력, 태초의 종자; **3.** 켈트족: "뱀의 알"; **4.** 아프로디테에게 신성한 것이었다: 바다와 연결된다; 겨울 보름달이 뜰 때 알을 낳는다; **5.** 무덤에 놓는 성게선물: 부활, 불멸; **6.** 폭풍우가 몰아치면 작은 돌 틈에 숨는다[플리니우스Pliny 18, 87; 또한 플루타르코스Plutarch; 에라스무스Erasmus, 대화집 'fenomenia'의 이크투오파기아 Ichthuophagia(짠 생선에 중독된 병), p. 331].

성교 coition **1.** 남녀가 씨를 뿌리는 들판에서 풍요를 위한 교감 마술로 성교를 한다. 데메테르는 결혼하지 않았다. 그러나 티탄 야시우스(이아시온)와 카드모스와 하르모니아는 결혼을 했고 세 번 쟁기질한 들판에서 공공연하게 성교를 했다(호메로스Homer, 오디세이아Od. 5, 125: 이 때문에 이아시온은 제우스의 번개를 맞았다(죽었다)); 세계의 많은 곳에서 곡식을 담당하는 여사제는 씨 뿌릴 때 가을의 풍년을 보장하기 위해 신성한 풍요의 왕들과 공개적으로 성교했다; 이 의례 후에 쌍도끼로 왕을 죽이기도 했다; **2.** 대부분의 사람들이 성교를 위험하거나 '죄'라고 간주하는 특정 의례 또는 기간이 있다: 마술적 힘을 모으기 위해 성교한다: 예 종종 전투에 나가기 전에; **3.** 구약성서: a. 일반적으로 여사제 및 여성들은 '남성' 우상과 성교를 행했으며(에스겔서Eze. 16, 17 참조) 태양 기둥sun-pillars, 아세림asherim, 뱀, 황소-송아지bull-calf 우상이 아닌 '남성' 우상에 대해 구체적으로 언급이 되어 있다(에스겔서 23, 37도 참조); b. 매춘prostitution 참조(신에게 바쳐졌던 노예hierodule=성스러운 노예의 경우); **4.** 자연은 성교 후의 인간을 거부한다: 예 엔키두 Enkidu는 신에게 바쳐진 노예와 일곱 밤을 성교한 후 가젤 등에게 버림받았다('길가메시'); **5.** 단식 및 금욕기간 동안 수태된 자는 죄인(카인 이래로)이 된다(윌리엄 랭글런드William Langland, 피어스 플로우먼의 비전 PP 9권).

성냥 match (황린) 민속: a. 한 개의 성냥으로 담배 세 개비에 불을 붙이는 촛불candle 참조; b. 성냥은 원래 촛불 심지였다: 나무 성냥에 불을 붙이고 똑바로 들고 있을 때 성냥불이 당신이나 그의 집 쪽을 향하지 않으면 그는 충실하지 않은 것이다.

성녀 제르트루다 St. Gertrude 평화를 가져다주고 유지시킨다(칼 랑고쉬Karl Langosch, "동화 서사시Ruodlieb" 4, 162).

성대 gurnet (물고기) 염장한 성대는 끔찍한 생선임에 틀림없다(시셀턴 다이어 목사Rev. Thomas F. Thiselton Dyer, 셰익스피어의 민속이야기Folk. of Shak. p. 468).

성령강림절 축제기간 Whitsuntide **1.** 성령이 사도들에게 강림한 것을 기념했던 오순절의 '성령강림절' 기간이자 부활절 이후 일곱 번째 일요일; 흰 예복을 입는 세례의 날; **2.** 법정에서 연회하는 날: a. 샤를마뉴 대제는 마상 시합 등과 함께 연회를 열었다. 이 날은 "올해 가장 행복한 날"이었다(에이몬의 자녀들Aymon's Children 1 및 18; 독일민속서적DVB 3, 125 및 239); 노블 왕은 그 후 개방 법정을 열었다(레이나르Reynard; 토머스 맬러리 경Sir Thomas Malory 1, 8; 또한 아서왕의 죽음MDu "레이나르데Reinaerde" 1, 41 참조); **3.** 법정: 앵글로 색슨 연대기Anglo-Saxon Chronicles에는 왕이 성탄절, 부활절, 성령강림절에 법정을 열었던 곳이 시기에 따라 기록되어 있다: 보통은 성령강림절에 법정에 참석하지 않은 사람들은 땅에 대한 그들의 권리를 상실했다.

성모 영보 대축일 LadyDay **1.** 기독교: 3월 25일: 동정녀의 원죄 없는 잉태(이전에는 동정녀와 관련된 다른 사흘의 기간이었으며, 그중 하나는 성탄절); **2.** 그리스와 로마: 헤라/주노의 기적적인 잉태; **3.** 잉글랜드: (1752년까지) 새해; 여전히 사분기 중 하나이다; **4.** 민속: "우리 주님이 성모님 무릎에 내려오시면 잉글랜드에 큰 불행이 닥칠 것이다": 성 금요일이 3월 25일이면 1년 안에 불행이 있을 것이다(속담); 이것은 에드워드 7세와 조지George 6세의 죽음으로 사실임이 입증되었다.

성배 chalice **1.** 성례 의식; **2.** 직관, 신중함, 지혜: 특히 포도주를 담은 성배는 가마솥cauldron의 상위 형태이다; **3.** 믿음: 6번의 c 참조; **4.** 담아 줌의 상징: 풍요, 여성 원리, 생식 에너지; **5.** 특히 물을 담고 있을 때는 생명의 원천이며 또한 영적인 삶의 원천이다: 6번의 c 참조; **6.** 기독교: a. 기독교 의식: 그리스도의 무덤; 그리스도의 인간적 성격; 그리스도의 고난(동산에서); b. 십자가의 발치에서=최후의 만찬의 성배와 동일=성배; c. 예수 그리스도의 피와 관련: 희생, 교회의 상징; d. 또한 유대교 회당의 성화에서도 나타난다; e. 종종 성 배에는 생명나무를 상징한다: 예 목마름을 해소하는 사슴이 그려져 있다; f. 또한 성배에서 나오는 뱀도 그려져 있다: 이것은 성배를 떠나는 독을 나타낸다: N번의 6, b의 뱀serpent 참조; **7.** 정의: "이 공명정대한 정의는 독이 든 성배를 마시라고 명령한다."(맥베스Mac. 1, 7); **8.** 민속: a. 치유의 힘과 저주: 성배를 도둑질하는 도둑은 언제나 사고를 당한다; b. 뱀과 관련되기 때문에 뱀에 물린 상처 치유에 쓸 수 있다.

성배 The Grail **1.** 아리마대의 요셉J은 루시퍼의 이마에 있는 다이아몬드 혹은 에메랄드로 만든 최후의 만찬 잔이나 접시에 그리스도의 옆구리에서 흐르는 피를 담았다; **2.** 여러 전설에 성배를 찾는 탐험의 주제가 공통적으로 들어 있다: 상처, 늙음 등으로 고통받는 왕의 건강과 활력의 회복을 위해 찾아야 하는 것, 그리고 이 고통은 그 나라의 초목이 황폐해지는 것과 연관되어 있다; 또 다른 중요한 점은 탐험의 기사가 (왕, 성배 등에 대해서) 적절한 질문을 해야 한다는 것이다; **3.** 성배를 찾는 탐험에 사용된 물건과 타로카드의 연관성: a. 컵(성배, 잔): (타로카드)의 하트, 여성; b. 창(지팡이, 홀sceptre): 곤봉, 남성; **4.** 원반(원, 펜타클): 다이아몬드, 여성; d. 검: (타로카드)의 스페이드, 남성; **5.** 이 전설은 사냥과 죽음의 계절인 가을(특히 11월 초)에 열리는 온갖 종류의 애도 의례(=식물과 관련된 의례: 조상숭배)에서 추는 황홀한 춤과 관련이 있다; 전설은 고대의 울부짖음과 황홀한 비의, 제물로 바쳐진 음식에서 그 기원을 찾는다; **6.** 제의에서 모든 (순결한) 의례 참석자들은 마법처럼 그들이 좋아하는 음식을 대접받았기 때문에 성배는 풍요의 뿔[그리고 풍요와 영감(靈感)의 가마솥]과 관련이 있다; **7.** 성배의 상실은 '행복의 근원'의 상실을 의미한다=낙원과 같은 상태의 상실, 자연(=영Spirit)의 죽음; **8.** 깨달음의 근원으로서의 신비로운 중심을 향한 보물을 찾는 탐험; 중앙에 성배가 있는 원탁; **9.** 영적으로 상승하는 방법 중 하나.

성인, 성자 saint **1.** 유래: a. 구약성서: 신들의 선택을 받은 자는 누구라도 성인이었다; b. 신약성서: 기독교 교회의 모든 신도; c. 6세기 이후: 교회가 기념하여 예배를 드리는 죽은 자들에 대한 영예로운 칭호; **2.** 전 세계 기독교 국가들의 일곱 명의 수호 성인. 성 앤드류(스코틀랜드), 성 안토니오(이탈리아), 성 데이비드(웨일즈), 성 데니스(프랑스), 성 조지(영국), 성 제임스(스페인), 성인 패트릭(아일랜드); **3.** 윌리엄 B. 예이츠William B. Yeats: 성인(꼽추의 반대)은 과거로부터 단순한 무(無)로 도피하기를 원한다(달moon, 달의 변화 단계phase of the moon 참조).

성자 바바라 St. Barbara 수호성인: a. 기하학적 구조(종종 원 모양) 속에 그려져있는 수호성인; b. 포병과 소방관의 수호성인; 그녀가 기독교로 개종하자 그녀를 참수형시키게 한 그녀의 아버지는 번개에 맞아 죽었다(그녀는 번개 맞지 않게 지켜달라고 사람들이 기도하는 수호성인이기도 하다).

성장 growth **1.** 대부분의 태양 영웅과 신들은 크기와 힘이 매우 빠르게 성장한다: 수평선 위로 빠르게 솟아오르는 태양: 예 제우스, 헤르메스, 포이보스, 헤라클레스, 쿠훌린 등; **2.** 달, 폭풍 그리고 다산의 신: 하늘의 표식.

성지순례자 palmer **1.** 종려나무palm 참조; **2.** 은둔자와 성지순례자는 추방된 연인이 흔히 하는 변장이다(은둔자hermit 참조).

성직자 clergyman 민속: 성직자 또는 사제를 만나면 불운하며, 특히 어부와 선원들 사이에서 더 그렇다; '성직자'라는 단어는 심지어 고양이, 개, 알과 함께 배 위에서는 금기어 중 하나이다.

성찬식 Eucharist **1.** 그리스어로 '선한 제물'을 의미한다: 빵과 포도주가 주의 살과 피로 변한 성찬식(화체설); 그리스도가 십자가에 바친 거룩한 희생을 피를 흘리지 않고 반복하는 것; 또한 (초기 묘사는 성 유스티누스St. Justin 참조, 1 아폴로도로스Apol. 65, 3 및 66, 1ff 참조; 또한 주의 제물에 감사하는 의식을 행함으로써 '감사절'이라고 설명했다. 성 이레네우스 Irenaeus, 이단에 대항하여Haer. 1, 13, 1f; 안토니오 S. I. 오르베Antonio S. I. Orbe, 성 이레네우스의 복음주의 비유PEI. 2, p.186ff 참조); **2.** 미트라교Mithraism: 미트라교에서는 미트라가 황소를 죽인 이야기를 반복했지만 실제 피를 사용하지 않았다. 또한 이것은 빵과 포도주가 포함된 특별한 의식을 통해 이루어졌다(밤버 가스코인Bamber Gascoigne, 기독교인C 30).

성탄 계절 Yule **1.** 동지에 열리는 축제로 태양의 재탄생, 다산 등을 보장하기 위해 오르지적 난교 의식이 이루어졌다(소음, 빛, 희극, 모의 죽음 및 부활이 수반되었다); **2.** 이 축제의 다른 중요한 요소들은 참나무, 겨우살이, 멧돼지이다; 3. 달력calendar; 크리스마스christmas; 계절seasons 참조.

성합 (성체를 담는) ciborium **1.** 언약궤; **2.** 성모마리아의 자궁; **3.** 최후의 만찬; **4.** 성찬식; **5.** 예수 그리스도의 무덤.

세관 custom-house 꿈: a. 그리스어 'telos'는 세관원을 의미하지만 '끝end'을 의미하기도 한다, 끝이라는 의미는 세관원이 등장하는 꿈에서 중요한 의미이다; b. 세관원이 나오는 꿈은 무언가를 완전히 끝내고 성취하고 싶은 사람에게 좋은 꿈이다; 세관원 꿈은 모든 사업의 마무리를 예견한다; c. 이동하고 싶은 사람들의 경우, 세관원은 언제나 출구 가까이에 있기 때문에 잠시 동안은 거기 붙들려 있어야 하는 것은 분명하지만, 그 후에는 이동하도록 안내하고 격려해 준다; d. 아픈 사람들에게는 죽음을 의미한다('끝end'); e. 결혼 및 단체의 경우, 세관원은 관련된 사람들이 세심하게 주의를 기울일 것이라고 약속하지만 세금 관련 권리에 대한 언쟁은 항상 있기 때문에 자주 다툼이 있을 수 있다고 말한다: 주의 및 성실성에 관하여 누군가

지켜 볼 수 있다(달디스의 아르테미도로스Artemidorus of Daldis 3, 58; 또한 세관원이라는 직업은 수치스러운 것으로 간주되었다: 4, 42).

세례, 영세 baptism 1. 영적 재탄생(양수의 모방); 새로운 이름을 받아 새로운 단계(종파)에 입문함; 2. 정화와 엑소시즘; 장수 의식; 3. 민속: a. 세례 전에 아이들을 잘 숨겨야 하며, (아이들의 연약한) 이름을 모르게 해야 한다; b. 아이는 울 수는 있지만 재채기를 해서는 안 된다(눈물Tear 참조): c. 수태하는 능력을 촉진하기 위해 빵, 치즈, 케이크 또는 아몬드를 나누어 준다(케이크cake; 신음groaning 참조).

세례반(飯) font (세례용 물을 담는 돌그릇) 1. 라틴어 '임마쿨라투스 디비니 폰티스 우테레우스immaculatus divini fontis uterus'는 신성한 우물의 흠 없는 자궁(모교회의)을 의미한다; 2. 부활; 3. 정화; 4. 입문식initiation; 5. 세례baptism 참조.

세리 publican 1. 부정적 의미에서 바리새인들과 연결된다: a. 이 '영적인' 사람들은 "영겁의 공물을 막으려고 나타난" 우주의 공물(세금)을 받는 자들이기 때문에 세리이다 (고린도전서1Cor. 10, 1의 독특한 표현: "시대의 끝에 이르렀던 자"); b. 세리들과 창녀들이 너희(바리새인)보다 먼저 하나님의 나라에 들어가리라(마태복음Matth. 21, 31); 2. 탐욕(누가복음Luke 3, 13); 특히 아시아에서의 '부당한 강탈'(스트라보Strabo 4, 6, 7; 디오도로스 시쿨로스Diodorus Siculus 37, 5).

세마이트 samite 보통 순수한 것 및 초자연적인 것과 연결된 귀한 비단 직물('여섯 번 꼬아서 만든'); 성배의 전설Grail legends에서: a. 카멜롯 홀에 나타난 성배는 흰색 세마이트 천으로 덮여 있었다(나중에 랜슬롯이 보았을 때는 붉은색이었다); b. 기이한 배는 흰색 세마이트 천으로 덮여 있었다; c. 갈라하드가 카멜롯에 도착했을 때 그는 세마이트와 흰 족제비 털로 만든 옷을 입고 있었다; d. 가웨인과 헥터는 폐허가 된 예배당에서 붉은색 세마이트 옷을 입고 양초와 고삐를 든 팔과 손에 관한 환상을 보았다. 진리와 절제로 우아하게 차려 입은 자비.

세멜레 Semele 1. 신화: 카드모스와 하르모니아의 딸; 그녀는 제우스의 사랑을 받아 디오니소스를 임신했다. 질투에 찬 주노가 늙은 유모로 변신하여 제우스에게 올림포스 주신으로서의 진짜 모습을 세멜레에게 보여 주라고 부추겼고 제우스가 그렇게 하는 바람에 세멜레는 불꽃에 타 죽었다. 그러나 디오니소스는 태어날 때까지 아버지 제우스의 허벅지에서 살 수 있었다; 2. 오비디우스 도덕론Ovide M: a. 제우스가 사랑한 방종한 육체는 술에 대한 열정을 나타낸다. 임신한 세멜레는 포도주로 가득 찬 몸을 의미한다. 주노는 노파가 젊은 여성보다 술을 더 좋아하기 때문에 노파로 변장했다. 세멜레는 술을 너무 많이 마신 사람이 그렇듯 죽는다(도덕론M 3, 856ff.); b. 또는 세멜레는 하나님의 사랑에 취한 영혼이며 그리스도의 재림을 기다리는 동안 악령과 거짓 선지자의 영을 불신해야하는 영혼이다(같은 책 905ff.).

세상 world 1. 가장 작은 단위인 소우주에 반영되는 대우주, 광대함; 2. 유한한 것: 영원한 혼돈과 반대됨; 3. 덧없음, 진리를 숨기는 경이로운 베일, 인간을 잘못된 방향으로 이끄는 순간적 쾌락; 4. 영원으로의 사다리; 5. 고대 북유럽: 아홉 세계: a. 무스펠하임은 남쪽에 위치한 가장 높은 불의 세계; b. 아사하임은 하늘 신들의 집; c. 로샬프하임은 동쪽에 위치한 빛의 요정들의 집; d. 바나하임은 바다신들의 집; e. 마나하임은 인간세계(미드가르드)이고 인간의 집; f. 요툰하임은 (대지) 거인들의 지하세계; g. 스바르탈하임은 서쪽에 위치한 어두운 요정들의 집; h. 헬하임은 죽은 자들의 집; i. 니플하임은 머나먼 북쪽에 위치한 안개와 얼음의 세계; 6. 나이age 참조.

세상 카드 The World (타로카드) 1. 다른 이름: 대지, 절대 진리, 항해, 완전한 승리, 동정녀 어머니; 2. 일반적으로 다음을 상징한다: 원(혹은 타원형 또는 만돌라의 아몬드 모양) 안에 벌거벗은 여성과 원 밖의 구석에 네 가지 형상이 있다; 여성은 베일로 앞을 가리고 있거나 꽃무늬 거들을 입고 있다; 때로는 두 개의 지팡이나 한 개의 지팡이와 한 개의 자루 또는 올리브 가지를 들고 있다(여성의 양쪽 측면에 서 있는 두 개의 가느다란 피라미드 모양과 함께); 그녀는 서 있거나 춤을 춘다; 원은 나뭇잎으로 만들어진 것일 수도 있고 우로보로스(역주: 꼬리를 물고 있는 뱀 즉 원모양)일 수도 있다; **3.** 다음을 의미한다: a. 혼돈에서 나온 창조의 완결로서의 완벽함; 입문자의 최종 왕관; 지상에서 달성되는 진리와 영적 진화; b. 주요 운명(운명의 수레바퀴는 작은 운명이다); c. 의식 및 초의식이 무의식과 결합된다; 우주 의식; d. 네 가지 원소(여섯 번째 창조)를 나타낸다; 네 가지 형상Tetramorph 참조; e. 점성술: 물고기자리.

세이보리 savory (식물) **1.** 광대나무과의 식물: 그리스어 '툼베라thumbra', 라틴어 '사투레이아 호르텐시스Satureia hortensis' 또는 '사투레이아 몬타나Satureia montana'; 허브로 이용한다; **2.** 니칸데르Nicander: "땅을 베고 누운" 세이보리는 약용이다(테리아카Th. 532f.); **3.** 코르넬리우스 켈수스Cornelius Celsus: a. 다른 허브와 함께 식료품과 이뇨제로 사용된다(일리아드Il. 서론; 2, 31; 4, 16, 3); b. 위에는 낯선 것이다(2, 25); c. 수면을 유도한다(2, 32); d. 월경 개선(4, 27, 1D); **4.** 힐데가르트 폰 빙엔Hildegard von Bingen: a. 차갑지 않고 뜨겁다. 약간의 세이지와 함께 가루로 사용하면 팔다리의 통풍을 치료한다(자연학Ph. 1, p. 47, 같은 뜻의 독일어 '자투라이Saturei' 부분에 기술되어 있음).

세이지, 샐비어 sage (식물) **1.** 일반적으로 다음을 의미한다: a. 이 식물은 크고 푸른 꽃이 피고 꺾인 후에도 오래 시들지 않는다; b. 로마인들이 영국에 들여왔으며 길에 떨어뜨렸기 때문에 그들이 지나간 장소에서 가장 잘 자란다; c. 여자의 꽃; **2.** 약효가 있다: 'sage'는 라틴어로 '살비아salvia'이며 '살보salvo'("내가 구원한다")와 관련된다; 건강의 상징이며 보통 강장제이다: "영원히 살려면 5월에(=꽃이 피기 직전: 속담) 세이지를 먹어야 한다"; **3.** 기억: 무덤을 온통 뒤덮다(로즈마리rosemary 참조).

세탁부 (빨래하는 직업의 여자) laundress **1.** 세탁부는 유혹하기 쉬운 여자이다: "나의 세탁부와 섹스하라lecherie my lauendere"(칼튼 브라운Carleton. Brown, 14세기의 종교적 가사RL 14, 6, 56; 존 웹스터John Webster, 하얀 악마Wh. D. 4, 92 참조); **2.** 세탁washing 참조.

세피라 sephira (역주: 카발라의 개념 중 하나) **1.** 이것들은 원형archetypal 세계, 인간 개성화의 운명, 이것의 아질리우츠Azilut 또는 발출 세계World of Emanations를 형성한다: 인간이 통찰할 수 있는 가장 높은 단계; **2.** 열 명의 남성 또는 여성의 '지력'(또는 신의 속성)이 합일 세계를 형성한다(피조물들의 하위 세계, 즉 '분리의 세계'와 구별하기 위해); 세피라는 신비한 나무 또는 상위의 인간을 형성한다; **3.** 현재의 세상이 구원받지 못하는 것은 이 세상의 '왼쪽 편'의 분열에서 기인하며 따라서 사탄의 '저 세상'을 만들어냈다. 전체 세계의 회복은 신에 대한 인간의 사랑에 의해서 촉진될 수 있다; **4.** 열 개의 세피로트sephirot는 22개의 길과 연결되어 총 32개의 지혜의 길이 이어진다; **5.** 처음 다섯 개는 매크로프로소포스Macroprosopus('큰 얼굴', 만유의 아버지의 광대한 얼굴)를 형성하고 나머지 다섯 개는 마이크로프로소포스Microprosopus(작은 얼굴)를 형성한다; **6.** 처음 세 개는 창조의 삼위일체를 형성한다. 나머지 일곱 개는 일곱 행성에 비유될 수 있는 창조된 우주를 형성한다; **7.** 개별 세피로트: a. 케테르Keter(엘리온Elyon): 최고의 왕관, 신의 원초적 의지 혹은 아인Ayin=무(無); 존재의 상징인 에헤흐Ehyeh("나는 스스로 존재한다I am")의 이름으로 대표된다; 이것의 색은 흰색; b. 호크마Hokma: 지혜 또는 시작; 아브Ab('아버지father')의 이름으로 대표된다: 여호와Yah, Yahweh; 이것의 색은 회색; c. 비나Bina: 지성, 초자연적 어머니, 모든 인격과 이해의 자궁; 엘로힘Elohim과 여호와 엘로임Jehova Elohim의 이름으로 대표된다; 이것의 색은 검은색; d. 헤세드Hesed: 자비와 사랑; 엘El의 이름으로 대표된다; 이것의 색은 파란색; e. 게부라Gevura: 용기, 권력, 정의 또는 엄격; 엘로흐Eloh와 게부라Gevura의 이름으로 대표된다; 이것의 색은 붉은 색; f. 티페렛Tiferet: 아름다움 또는 온화함; 엘로아 바-다트Eloa Va-Daath의 이름으로 대표된다; 이것의 색은 노란색; g. 네자Neza(니잠Nizam): 견실, 인내, 또는 승리; 여호와 사바오스Jehova Zabaoth(만군의 주)의 이름으로 대표된다; 이것의 색은 녹색; h. 호드Hod: 장엄, 명예 권위; 여성의 힘, 수동적; 엘로힘 사바오스Elohim Zabaoth(전능하신 주)의 이름으로 대표된다; 이것의 색은 주황색; i. 예소드Yesod: 기초,

모세의 율법; 챠이Chai 또는 샤다이Shaddai(산의 주인) 신의 이름으로 대표된다; 남근(카를 융Carl Jung 14, 23); 이것의 색은 보라색; j. 말쿠트Malkut: 왕국, 순응적 모성, 케테르의 신부: 아도나이Adonai의 이름으로 대표된다; 주의(임재)Shekina(신의 존재presence' of God)와 동일하다: 수용력: 이것의 색은 적갈색 또는 담황색; **8.** 세피로스는 다음을 나타낸다: a. 가시적 현상 세계; b. 인간: 머리 위로는 케테르, 발 아래로는 말쿠트와 함께 하는 인간; 이것들은 함께 '히에로스 가모스hieros gamos'의 거룩한 합일, 즉 하늘과 땅의 신성한 결혼을 이룬다.

섹스 sex **I. 성폭력**: 1. 자연 신화에서: 다른 계절을 범하는 한 계절(성적으로 다산과 관련이 있기 때문), 또는 연속되는 기간이나 주기; 2. 여성이 그들의 신비를 염탐하거나 빠져드는 남성을 공격한다; 몇 가지 예: a. 마에나데스에게 살해당한 오르페우스; 여기에서 계절과 다산과의 관계가 명확하게 드러난다(나소 P. 오비디우스Naso P. Ovid, 변신이야기Metam. 11, 1ff.): i. 그는 농기구로 살해당했다; ii. 사람들이 애도할 때 머리를 미는 것처럼 나무는 잎사귀를 떨어뜨리면서 애도한다; 강물은 "눈물로" 차오른다; iii. 그가 죽은 후 지하세계에서 인정받은 것 그리고 에우리디케(지하세계의 다산의 여신)와의 재회에 강조점이 있다; iv. 마에나데스는 참나무로 변했다; b. 아가베-펜테우스(나소 P. 오비디우스, 변신이야기 3, 725ff.); c. 드루오페-힐라스; d. 트라키아의 치코네; e. 이슈타르-탐무즈; f. 키벨레-아티스및 이시스-오시리스와 같은 신화들이 그 변형이다; **II. 성별 변경**: A. 이유는 다음과 같다: a. 신에 의한 형벌(또는 보상); b. 위험으로부터의 탈출(예 사악한 눈Evil Eye); B. 예 a. 티레시아스: 뱀serpent 참조; b. 카이네우스(나소 P. 오비디우스, 변신이야기 12, 177ff.)는 엘라투스의 아름다운 딸 카이니스로 태어났다. 그녀는 넵투누스에게 강간당했고, 소원을 빌었다: "다시는 그런 고통을 겪지 않게 더 이상 여자가 되지 않기를" 원했고 그리하여 그녀는 남자가 되었다; 그는 또한 무적 상태가 되었다; c. 소녀 이피스(나소 P. 오비디우스, 변신이야기 9, 704ff)는 그녀의 아버지가 남자아이를 원했고 아이가 딸이라면 그 아이를 죽이겠다고 맹세했기 때문에 그녀에게는 소년의 옷이 주어졌다; 그녀는 그 후 다른 소녀 이안테와 사랑에 빠졌고 신들의 개입을 통해 정말로 남자가 되었다; C. 양성성; 복장도착자transvestite 참조; **III. 성적 절제**: 정액의 손실은 상당한 힘의 손실로 간주되므로, 절제는 특별한 노력을 위한 정상적인 준비이거나 동종요법의 마법으로 유지된다: a. 전쟁을 위한 준비 또는 위대한 종교적 의식; b. 애도 기간 동안; c. 곡물 파종, 낚시 또는 사냥 중에 절제한다; **IV. 성적 오르지**: III번의 동종요법적 마법의 반대: 중요한 절기에 무차별적인 성교(나중에 마녀의 안식일에도 계속됨); **V. 사후에 성관계**의 지속을 위해: 수염beard; 인형doll 참조; **VI.** 성교coition; 여성; 남성; 남근phallus; 정액semen: 외음부vulva 참조.

센티코어 centicore 인도의 신화 속 동물로, 얼굴 가운데 사슴의 뿔이 있고, 가슴과 허벅지는 사자와 같으며, 귀가 크고, 사람과 같은 발을 가지고 있다(윌리엄 캑스턴William Caxton, 세상의 거울MW 2, 6, 솔리누스Solinus, '박식자Polyhistory'에서 인용함).

셀러리 celery (식물) **1.** 일반적으로 다음을 의미한다: 산형화 식물로, 그 줄기는 데쳐서 먹는다; 그리스어 '셀리던selidon', 라틴어 '셀러리Apium graveolens'; 종종 '파슬리 속Petroselium sativum', 또는 파슬리와 혼동된다(코르넬리우스 켈수스Cornelius Celsus 서문 참조); **2.** 그리스인: a. 죽음: 통상적으로 셀러리는 죽어 가는 사람에게 먹으라고 줄 수 있는 최후의 것이기 때문에 애도의 상징이다(플루타르코스Plutarch, 앞의 책; 플리니우스Pliny 20, 113); 네메아의 사자Nemean lion, 즉 죽음을 물리친 후 헤라클레스는 깊은 잠에 빠졌고 깨어났을 때 그는 무덤에서 돌아온 사람처럼 무덤들을 장식하고 있던 셀러리로 왕관을 만들어 썼다(플루타르코스, 티몰레온Timol. 26). 그로 인해 셀러리는 경기에서 승자의 화관이 되었다(카를 케레니Carl Kerényi, 그리스의 영웅들HG 142): 다음 참조. 또 다른 이야기에서 어린 오펠테스Opheltes(아르케모로스)가 용에게 죽었을 때 야생 셀러리 위에 눕혔다. 셀러리는 죽음 후에 번성하는 식물이기 때문이다(카를 케레니 298; 다음의 c 및 d번도 참조); b. 왕관: 이스트미아 제전 경기Isthmian Games에서 말린 셀러리는 포세이돈에게 경의를 표하는 승자의 왕관이었다; 제우스에게 경의를 표하는 네메아 제전 경기Nemean Games의 승자의 왕관은 신선한 셀러리였다(아테나이오스Athenaeus 6, 228 B); 소나무 화관도 계속 주었다(파우사니아스Pausanias 8, 48 및 플루타르코스, 윤리론집M 676Cff; 소나무pine 참조); 경기에서 셀러리는 또한 파슬리라고도 불림(디오도로스 시쿨로스Diodorus Siculus VIII, n); b번과 아래의 3번의 c 및 4번도 참조; c. 셀러리의 뿌리는 코리반테스Corybantes(키벨레 여신의 신관)들에게는 금기였으며 셀러리가 두 명의 코리반테스가 죽인 형제-희생자의 피에서 자라났기 때문이다. 두 코리반테스는 형제를 살해한 후 그의 머리를 올림푸스산 기슭으로 가져갔다(이것은 나중에 젊은 디오니소스의 전설이 되었다. 알렉산드리아의 클레멘스Clement of Alexandria, 프로트렙티쿠스Pr. 2, 16); d. 셀러리를 먹은 후 웃으면서 죽은 남자; 이에 대해 두 가지 설명이 제안되었다: 사르디스Sardis에서 온 독 있는 셀러리를 먹어 얼굴 근육이 수축되어 웃는 얼굴 표정이 되었거나(그래서 '냉소Sardonic smile 또는 Sardonic laughter'라는 단어가 생김), 음문, 여성성기vulva(그리스어 '셀리돈selidon'이라는 단어의 두 번째 의미; 판테온북스Panth. 7, 621)를 '먹었기' 때문일 것이라는 설명이 그것이다; **3.** 의학: a. 가뭄시기의 셀러리 씨앗은 방광 질병을 치유하는 것이었다; 이것의 씨앗은 수면제이다(코르넬리우스 켈수스Cornelius Celsus 4, 27, 1E 및 5, 25, 2); b. 말의 사료에 넣으면 가끔 발생하는 게으름으로 인한 말의 절뚝거림을 고친다(이것은 호메로스Homer, 일리아드Il. 2 775ff의 내용을 설명한 것); 셀러리는 자라는 동안 밟아 주면 더 잘 자란다(플루타르코스, 누마NM 678A 및 700F); c. '습지에서 자란' 셀러리의 씨앗은 뱀에 물린 곳을 치료한다; 바다에서 죽은 젊은 멜리케르테스의 시신을 시시포스의 아들들이 묻은 코린트지협에서 자라는 셀러리 씨앗을 먹어야 산화 납 중독을 치유할 수 있다; 이 코린트 지협의 이름을 따서 이스트미아 제전 경기가 시작되었다(니칸데르Nicander, 테리아카Th. 597 및 649; 알렉시파르마Al. 604); d. 셀러리(줄기)는 대변보다 소변으로 더 잘 배설되지만, 뿌리는 대변으로 더 잘 배설된다(히포크라테스Hippocr., 식이요법Vict. 2, 54); e. 힐데가르트 폰 빙엔Hildegard von Bingen: 셀러리는 따뜻하고, 건조하기보다는 가벼우며 즙이 풍부하다; 날것은 마음의 균형을 잃게 하는 나쁜 즙을 갖고있기 때문에 건강에 좋지 않다; 셀러리를 회향fennel, 달걀 흰자와 함께 쓰면 눈물이 흐르는 것을 치유한다; 입이 비뚤어졌을 때는 반드시 가루로 만든 셀러리와 운향, 육두구 등과 함께 복용해야 한다(자연학Ph. 1); **4.** 꿈: 아픈 사람, 특히 수종증을 앓는 사람이 야생 셀러리 왕관 꿈을 꾸면 죽는다. 그 이유는 셀러리가 차고 습한 기운이 있기 때문이며 장례식용 장식으로 사용되었기 때문이다; 그러나 운동선수들에게는 좋은 꿈이다(앞의 2번, b 참조; 달디스의 아르테미도로스Artemidorus of Daldis 1, 77).

셀런다인 celandine (식물) **I.** 다양한 식물에 붙여진 이름: a. 시인 워즈워스Wordsworth가 언급한 식물; '라넌큘러스 피카리아Ranunculus ficaria', 레서 셀런다인, 미나리아재비를 닮았고 꽃잎은 아홉개이다(다음 II번); b. '첼리도니움 마주스Chelidonium majus', 그레이터 셀런다인(다음 III번); **II.** 레서 셀런다인(=현삼f 또는 현삼속의 다년초t): 1. a. 적과 소송으로부터 지켜주는 부적; 2. 다가올 기쁨; **III.** 그레이터 셀런다인(=제비풀): 1. 점성술: 태양의 풀, 사자자리일 때 눈에 가장 효능 있는 치료제 중 하나: 눈은 빛나는 것에 크게 영향을 받는다; 반드시 태양이 사자자리, 달이 양자리에 있을 때 식물을 채집해야 효능이 있다; 2. 민속: a. 이름이 제비풀swallow-wort로 불리는 이유는 제비들이 눈이 어두운 새끼들을 치유하는 데 사용하기 때문이다(플리니우스Pliny, 8, 41; 테르툴리아누스Tertullian, 회개에 관하여Paen. 12; 아그립파Agrippa, 오컬트 철학OP 1, 17); b. 그 색깔(노란색) 때문에 황달에 효능이 좋다; 부족한 모유를 풍부하게 한다.

셈 Shem "무심한" 동생 야벳을 돌보는 착한 아들(필로 유다이오스Philo Judaeus, 창세기에 관한 문답QG 2, 79).

셔츠 shirt **1.** 몸과 밀접하게 연결된 의복으로, 그 주인의 영혼이나 마음을 어느 정도 공유한다고 여긴다 (또는 두려워한다); **2.** 소매가 없거나 목이 없는 셔츠는 왕의 희생 제의ritual에서 사용되었다(신성한 왕[Sacred] King 참조): 아가멤논Agamemnon은 이러한 셔츠를 받았다; **3.** 불길한 셔츠: 헤라클레스를 죽인 네소스Nessus의 셔츠; **4.** 민속: 남자가 여자에게 셔츠를 만들어 달라고 요구하는 것은 적어도 중세시대 이후로 그녀에게 결혼해 달라고 요청하는 것과 같았다. 그녀가 셔츠를 만든다면 그녀는 그를 받아들이는 것이다. 이러한 관행에 대한 언급은 여러 자장가와 민요에서 등장한다(예 "이사벨 여사와 엘핀 기사Lady Isabel and Elphin Knight"; 또한 데이비드 H. 로렌스David H. Lawrence, "무당벌레Ladybird").

셰브렐 cheverel **1.** 새끼 염소 가죽의 한 종류로 신축성 있고 잡아당기면 쉽게 (안팎이) 뒤집어진다(십이야Tw. N. 3, 1 참조); **2.** 양심: 안과 밖이 뒤집어지는 신축성 때문에 양심을 상징한다(헨리 8세의 생애에 관한 유명한 역사H8 2, 3).

소 ox **1.** 대부분 '황소ox'는 소의 총칭이지만 더 구체적으로 수컷 황소bull를 일컫는 이름이다; **2.** 농업: A. 끈기 있는 노동력: a. "곡식 떠는 소에게 망을 씌우지 말지니라"(신명기Deut. 25, 4), 이는 소가 일하는 동안에 먹을 수 있도록 하라는 것이다; b. 로마인들은 노동과 인내의 상징으로 건축물에 황소의 머리를 걸어두었다; c. 속담: "피곤한 소가 가장 잘 걷는다"; "소가 일하지 않으면 어디로 가겠는가?"; B. 다산을 위한 희생제물: a. 디오니소스에게 바쳐졌다; 플루토(지하세계의 풍요)에게 검은 황소를 바쳤다; b. 등 붉은 소(대지)와 염소를 아르테미스에게 바쳤다: 구약성서의 붉은 암송아지heifer 참조; 또한 아테네에게도 바쳐졌다; c. 전쟁과 다산의 관련성은 로마 장군들이 바친 흰 소에 의해서 지속되었다; d. 게르만족의 프레이 신에게 바쳐졌다; e. 영국의 성 마틴 축일에 도축된 '살찐 소'; C. 다산신의 상징: a. 여호와; 여호와의 황소신의 측면은 후에 사라졌기 때문에 구약성서 역대기의 순수주의자들은 (태양의) 열두 마리 청동 황소 기둥이 있는 첫 번째 성전의 '부어 만든 바다'에 대한 설명에서 소를 제외했다(열왕기상서1Kings 7, 23부터 참조); b. 오시리스-토트; 때로 세 개의 황소 머리를 갖고 있는 이시스 동상도 있다. 이는 농경을 위한 세 계절을 의미한다; c. 미트라(황소의 또 다른 변형); d. 주피터; 소는 디오니소스 자신이다: "이리 오라, 영웅 디오니소스여… 황소의 발로 여기까지 맹위를 떨치는구나, 잘생긴 황소여"; e. 농업적 가치로 인하여 천상의 황소인 황소자리는 대지에 상응하는 별자리이다; **3.** 태양: a. 태양처럼 다른 사람에게 혜택을 주기 위해서 수고한다; b. 느부갓네살 왕은 (일곱 번에 걸쳐) 황소로 변했고 독수리로도 변했다: 둘 다 태양 상징이다; 마침내 그는 두 눈을 들어 하늘을 우러러보았다(다니엘서Dan. 4장); 태양신에 관한 더 많은 설명은 2번의 C 참조; c. 태양 황소의 죽음은 오디세우스가 탄 배의 난파와 동료들의 죽음을 야기했다(호메로스Homer, 오디세이아Od. 1, 8, 등 및 9, b도 참조); **4.** 달, 밤: 때로 소가 달의 전차를 끌기도 한다; **5.** 인내, 고통, 의무, 친절한 성품, 온순함; **6.** 사도 누가(때로 날개 달린 소의 형상): 그의 이야기는 소가 희생제물로 바쳐진 구약성서의 희생으로부터 시작되었다: 더 자세한 것은 네 가지 형상Tetramorph 참조; **7.** 다음에 상응한다: a. 방향: 북쪽; b. 시기: 밤, 겨울 c. 원소: 땅 d. 인간의 연령: 노년; **8.** 문장heraldry(紋章): a. 용기 b. 아량; **9.** 특별히 참고할 문학서: a. 윌리엄 블레이크William Blake: "황소같이 분노하는 자는 결코 여자의 사랑을 받지 못할 것이다"(순수의 전조Aug. of Inn.); b. 제임스 조이스James Joyce: "율리시스Ulysses"의 태양의 황소Oxen of the Sun 챕터는 젊은 의대생들이 출산과 불임이 되는 성행위에 대해서 불손한 태도로 이야기하는 병원 장면을 표현했다("율리시스Ulysses"); **10.** 다른 것과의 조합: A. 사자머리를 한 소: 풍요로움과 지상의 권세(태양과 땅의 동물이 모두 포함됨); B. 소머리: 왕관, 뱀 감긴 지팡이, 성배, 원, 십자가, 백합문양, 초승달 등과 함께 재탄생의 상징: C. 소의 두개골: 죽음, 필사; 소의 두개골에 뿔이 달리고 장식이 되어 있을 때는 불사를 상징한다; D. 소와 나귀: a. "소도 자기 주인을 알며 나귀도 자기 주인의 구유를 알건만"(그러나 이스라엘은 여호와를 알지 못하며: 이사야서Isa. 1, 3); b. 마구간의 소와 나귀 장면은 바로크 미술에도 변함없이 존재하였다; c. 또 하나의 설명: 소=유대교, 나귀=이교도; 그러나 이에 대한 더 만족스런 설명은 나귀ass 참조; E. 소처럼 눈이 큰 ox-eyed: 예 아테네, 아르테미스 등; **11.** 민속: a. 폭풍우의 전조: "큰 소들이 광활한 하늘을 자주 바라보았고 부드러운 공기를 들이마셨다. 소들은 그 냄새를 좋아했다. 소들은 큰 머리를 옆으로 숙여 온 몸의 털을 매끈하게 핥았다"(조지 채프먼George Chapman, "에우게니아Eugenia"); b. (뿔 없는 황소의) 털은 힘을 주는 부적이다; c. 검은 황소=슬픔, 아마 저승과 관련이 있을 것이다: "검은 황소가 그의 발을 밟았다".

소 모는 막대기 ox-goad 이것은 아낫의 아들인 사사 삼갈의 무기로, 그는 이것으로 블레셋 사람들을 무찔렀다; 이것은 홀(다산의 상징) 혹은 마법의 도구였을 것이다(사사기Judg. 3, 31).

소고 timbrel **1.** 탬버린 같은 악기; **2.** 주로 승리할 때 춤추는 여인들과 관련된 기쁨, 종교적인 황홀경: a. 미리암은 "붉은" 바다(홍해)를 건넌 후 모든 여인과 춤출 때 소고를 연주했다(출애굽기Ex. 15, 20; 시편Ps. 여러 곳에서 언급됨); b. 입다의 불행한 딸이 소고에 맞춰 춤추며 아버지를 만났다(사사기Judg. 11, 34); **3.** 로마: (라틴어로 '팀파눔tympanum') 키벨레 의례의 전형적인 악기; 타보르tabor, 탬버린tambourine도 참조.

소고기 beef **1.** 소고기는 강하고 조직감이 있는 음식이어서 소화시키기 어렵다(히포크라테스Hippocrates, 식이요법Vict. 2, 45); **2.** 꿈: 소고기는 씹기 어렵기 때문에 소고기 꿈은 불길하다; 더 나아가 소고기는 매우 저렴하기 때문에 작은 이득을 보는 것을 의미한다; 생소가죽 채찍과 소의 음경으로 만든 채찍으로 인해 노예들에게 소고기는 고문을 의미한다(달디스의 아르테미도로스Artemidorus of Daldis 1, 70).

소금 salt **1. 방부제:** a. 그리스도는 제자들에게 다른 소금이 그 성질을 잃을 경우를 대비하여 스스로 소금이 되어야 한다고 했다(㉞ 마태복음Matth. 5, 13). 그러므로 또한 미덕을 상징한다; b. (당신은)… "시간의 짠맛을 어느 정도 맛보다"(헨리 4세 2부2H4 1, 2). 정상적인 신선도를 넘겨서 보관된 고기는 노년을 상징한다; **2. 정화:** a. 신생아를 씻겨 소금을 뿌렸다(에스겔서Eze. 16, 4); 피부를 강하게 하고 사악한 힘에 대한 방어(9번 참조); b. 샘물을 정화하는 데 사용되었다(열왕기하서2Kings 2, 21f.); **3. 불멸**, 불사: 그러므로 호메로스는 소금을 '신성한' 것으로 불렀다; **4. 지혜:** a. 의인화된 지혜는 소금통을 들고 있다: 이 때의 지혜는 라틴어의 'Sal Sapientiae'에 해당한다; b. 하기아 소피아 성당Hagia Sophia(역주: 아야소피아)의 상징으로 사용되었다; **5. 다산:** a. 성 감별과 관련된다(6번의 b 참조); b. 양수 속의 배아(딜런 토머스Dylan Thomas); c. 양들에게 소금에 절인 목초를 주면 물을 많이 마시기 때문에 우유 생산량이 증가한다; **6. 체액:** a. 눈물: 딜런 토머스: "가장 작은 베옷 골짜기에 내 소금 씨앗을 뿌리라"("애도 거부Refusal to mourn"); b. 정액, 성적 열기: "젊음의 소금"(윈저가의 즐거운 아낙네들Wiv. 2, 3), "상상력에 소금을 치다salt imagination"(눈에는 눈, 이에는 이Meas. 5, 1), "클레오파트라의 소금salt Cleopatra"(안토니우스와 클레오파트라Ant. 2, 1), "교만한 늑대와 같은 소금"(베니스의 무어인 오셀로Oth. 3, 3); c. 땀; **7. 언약:** a. 언약의 소금(레위기Lev. 2, 13; 민수기Num. 18, 19; 역대하서2Chron. 13, 5)은 '고기'(=밀가루) 봉헌물 위에 올려졌다. 소금의 습관적 사용은 유목생활에서 농경생활("빵과 소금의 조합")로의 이동을 의미한다; b. 언약은 소금에 절인 제물을 통해 이루어졌다. 이는 라틴어 'sal', 즉 'salarium'(='봉급salary': 로마 군대에서 장교와 남자에게 주어진 수당)'과 관련된다; **8. 불모:** a. 소금은 저주의 마법이자 영원히 불모지로 만들기 위해 파괴된 도시에 뿌려진다(사사기Judg. 9, 45; 플리니우스Pliny 31, 39도 참조); b. 또한 마녀들은 경작지에 소금(저주와 함께)을 뿌려 척박한 땅으로 만든다; **9.** 악령, 마녀, 심지어 악마로부터의 **보호:** a. 요정이나 마녀는 소금을 만지지 않는다(7번의 a 참조); b. 소금을 엎었을 때는 그 소금을 (일반적으로) 왼쪽 어깨 너머(=악마의 쪽the Devil's side)로 던져야 한다; 현대의 세례에서 사용되는 소금 참조; **10.** 일반적으로 **불운**을 상징한다: a. 소금은 세트/티폰과 관련된 것이기 때문에 이집트인들은 식사 중에는 소금을 금지했다; b. 오디세우스는 미친 척 어깨에 소금을 뿌리면서 트로이전쟁이 10년이나 지속될 것임을 예언했다; c. 로마: 희생제물은 머리에 소금을 얹은 채 죽음을 맞이했고, 그것을 털어 버리면 나쁜 징조였다. 레오나르도 다 빈치Leonardo Da Vinci는 그의 "최후의 만찬Last Supper"에서 유다 옆에 뒤집힌 소금통을 그려 넣었다; **11. 연금술:** 원질료Prima Materia의 이름 중 하나; **12. 신랄함:** "경멸salt scorn"(트로일루스와 크레시다Troil. 1, 3); **13.** 선원sailor, 바다sea, 지렌sirens 등 참조.

소나기 shower 풍요: a. 황금 소나기: 풍요의 태양 광선: 제우스는 이 형태로 단단히 둘러싸인 벽에 갇힌 다나에Danae를 임신시켰다; b. "복된 소낙비howers of blessing": 거세지 않지만 풍부하고 비옥하다(에스겔서Eze. 34, 26).

소나무 pine (나무) **1.** 상징성과 신화에서 소나무와 전나무 간에는 많은 혼동이 존재한다; 따라서 전나무fir도 참조; **2.** 불멸, 장수: a. 상록수; b. 무덤 부장품: 소나무는 시신이 부패하는 것을 막고 시신의 영혼을 지켜 준다; c. 때로 수사슴과 황새처럼 장수의 상징으로 사용하기도 한다; **3.** 불, 비옥함: a. 불에 쉽게 타고 나무의 모양이 남성적이고 창조적이며 불처럼 생겼다, 연료로 쓰면 달콤한 냄새가 나지만 불꽃이 튄다(로버트 그레이브스Robert Graves, 하얀 여신WG 169n.); b. 양성성의 "안사테 십자가"(역주: 고리모양의 손잡이가 달린 십자가, 앙크십자가라고도 함)와 관련된다; 십자가cross 참조; c. 아도니스와 아티스는 가을에 소나무 위나 혹은 그 아래에서 제물로 희생되거나 죽음을 맞이한다; 이들은 봄 다산의 신이다; 소나무는 춘분에 송진이 흘러나온다; 나소 P. 오비디우스Naso P. Ovid는 윗부분이 넓고 무성한 맨줄기의 소나무가 신의 어머니를 기쁘게 한다고 썼는데 이는 키벨레가 사랑한 아티스가 그의 인간의 형태를 바꾸어 소나무 줄기가 되었기 때문이었다(변신이야기Metam. 10, 103ff.); d. 미트라교에서 태양과 관련 있다; e. 디오니소스에게 바쳐졌다: 예 베르길리우스Virgil는 바쿠스를 기리기 위해 봉헌 부적을 소나무에 매달았다고 언급했다(농경시Georg. 2, 389); 더욱이 티르수스 윗부분에는 솔방울을 얹었다; 또한 소나무는 오시리스, 판, 포세이돈에게도 바쳐졌다; f. 비너스와 아르테미스에게도 바쳐졌다; g. 최음제: 잣(나소 P. 오비디우스Naso P. Ovid, 사랑의 기술De Art. Am. 2, 424); **4.** 승리: 소나무 또는 전나무 로 만든 화환은 이스미안 경기의 승리자를 위한 상이었다(파슬리parsley 참조); **5.** 선박: 배의 용골(역주: 배의 중심추)은 소나무로 만들었다(나소 P. 오비디우스, 변신이야기 1, 134); **6.** 슬픔, 인내, 연민; **7.** 철학; **8.** 우울(존 다이어John Dyer, "공거 언덕 Gongar Hill"); **9.** 처벌: '갈라진 소나무' 안에 갇히는 것; "템페스트Tp."(1, 2)의 아리엘과 트라두비온(에드먼드 스펜서Edmund Spenser, "페어리 퀸FQ" 1, 2, 33); **10.** 쓰러진 소나무: 불행에 빠진 사람을 상징한다: "이렇게 큰 소나무가 시들고 처져 작은 가지만 달려 있구나"(헨리 6세 2부2H6 2, 3); 원뿔cone, 전나무fir 참조.

소다 soda 곰팡이 중독을 치료한다(니칸데르Nicander, 알렉시파르마카Al. 532).

소떼 (집합적으로) cattle **1.** 종종 비옥함을 가져오는 태양신(예 헬리오스) 또는 달의 여신에게 속한 것으로 상징화 된다(그러면 소는 구름, 우유는 비가 되는 것을 설명할 수 있다) ; 소를 훔친 신은 비옥함이 커지는 소리를 비밀스럽게 들을 수 있는 유일한 존재이다(예 미트라); **2.** 가축은 주인과 함께 기쁨과 슬픔을 나누고 공감하며 산다; 그러므로 가족 중에 사망한 사람이 생기면 가축에게 이야기를 해 주어야 한다(꿀벌이나 고양이의 경우와 마찬가지로); **3.** 크리스마스이브의 자정이 되면 소는 동쪽을 향해 동정녀 마리아의 아들을 경배하여 무릎을 꿇는다(일부 지역에서는 주현절에 그렇게 한다); 때로 그 순간 소떼에게 말하는 재능이 생기지만, 그 말에 귀 기울이는 것은 위험하다; **4.** 요정 소와 마법의 소는 우유를 무한히 생산한다; 대개 이 소들의 색깔은 회갈색 또는 빨간색(아일랜드의 한 소는 바다색이었음)이거나, 종종 빨간색 귀를 가진 흰색 소이다(위대한 여신의 색깔들); **5.** 나쁜 징조: a. 팔 목적이 아닌 짐승에게 소를 먹이로 주는 것; b. 사람의 손('죄인의 몸')으로 소떼를 때리는 것, 그래서 소떼를 몰 때 반드시 막대기를 사용해야 하며 이왕이면 물푸레나무나 마가목(또는 '가치 없는') 막대기를 사용해야 한다; **6.** 질병[대개 마녀 또는 엘프샷elf-shots(요정이 쏜 화살) 때문에 생김]: a. 이 병에 대항하는 부적: 문 위에 걸어 두는 구멍 난 돌이나 편자(말굽); 또는 종이에 쓴 부적; 또는 마가목 십자가; 또는 마법의 돌을 담근 물을 마시는 것; 허브, 성수 또는 성경책 책장을 먹거나 마시는 것; b. 전염병으로부터 소를 보호하거나 치유하기 위해 소를 벨테인 축제의 불타고 남은 재나 잔불 위로 몰고 가는 것; 전염병이 이미 시작된 경우에는 정화의 불need-fire을 피워야 한다; **7.** 우유 생산량을 늘리려면 오월제 기념 기둥이 도움이 된다. 또는 나무의 녹색 가지를 5월제 때 집에 묶어 둔다; **8.** 생식력을 위해 때로 마지막 옥수수 단(처녀 곡식 영혼이 그 속에 있음)에 여자 인형처럼 옷을 입히고 성탄계절에 소에게 준다; **9.** 소와 양 문양이 동전에 최초로 주조된 동물 모양이었다=라틴어 '가축, 짐승pecus'; 그래서 '페쿠니아pecunia'=돈(플리니우스Pliny 33, 13); **10.** 황소Bull; 송아지calf; 떼herd 등 참조.

소라고둥 (껍데기) conch **1.** 신도와 신을 불러 모을 때 쓴 원시적 도구, 특히 입문식, 결혼식, 장례식과 관련하여 사용했다; **2.** 바다 신들의 상징: 아프로디테, 트리톤(들); **3.** 부적: a. 선원; b. 부(富): 풍요의 뿔을 닮았고 바람(풍요)을 불어 소리 내는 관악기다; c. 학습; d. 웅변술; **4.** 나선형 움직임: 불멸, 부활 등: 나선spiral 참조; **5.** 여성성: 여성의 음문: 스페인에서는 아직도 여성의 음문에 대해 사용하는 순화된 표현이다('콤차concha'='조개 껍데기shell'); **6.** 윌리엄 B. 예이츠William B. Yeats: 서양의 전통 악기(종교 등등): 동양의 징과 반대; **7.** 윌리엄 골딩William Golding: 이성적인 행동을 촉구할 때 사용된다(원시적 야만성과 반대; "파리대왕The Lord of the Flies"); **8.** 조개껍데기shell 참조.

소리쟁이 dock (식물) **1.** '소리쟁이속Rumex'의 잡초들을 부르는 일반적인 이름; 가장 흔한 형태('돌소리쟁이R. obtusifolius')는 눈에 띄지 않는 녹색의 단성의 꽃이 피고 신맛이 나지 않는 잎을 가진 투박한 식물이다; 말린 뿌리는 지사제이자 변비약이다; **2.** 변형되기 쉽다: "소리쟁이가 들어가면 쐐기풀이 나온다"(속담): 원래 쐐기풀에 찔린 상처를 낫게 하는 치료제; **3.** 기민함; **4.** 인내심; **5.** 애정의 상징; **6.** 민속: 서양쐐기풀이 발견되는 곳에는 소리쟁이가 자라고 소리쟁이 잎으로 쐐기풀에 찔린 상처를 치료한다; 때로 빨갛게 된 상처의 일반적인 치료제이다.

소매 sleeve **1.** 엘리자베스 1세 여왕 시대: 남성용 이중 셔츠와 여성용 드레스의 소매는 대개 탈부착이 가능했으며 장갑처럼 사랑의 기념품으로 교환되었다(예 트로일로스와 크레시다Troil. 4, 4); **2.** 녹색 소매Green-sleeves: 녹색green 참조.

소변 urine **1.** 그리스: 태양을 향해 소변을 보지 마라; 일출 전이나 일몰 후에 소변을 보는 것이 가장 좋다; 길에서 쪼그리고 앉거나 밀폐된 정원의 벽을 찾아서 소변을 보는 건 좋다; 그러나 바다로 흘러가는 강의 하구나 샘에서는 절대로 소변을 보지 않는다(헤시오도스Hesiodus, "작품과 생애Works and Days"); **2.** 민속: (피와 침spittle처럼) 마법과 치유의 힘을 가지고 있고 참석하지 않은 사람의 건강 상태를 평가할 수 있는 생명지표가 될 수 있다; 축융업자는 양모의 기름기를 없애기 위해 가장 전문적으로 소변을 사용하는 사람들이다.

소시지 sausage 페르시아인들은 경멸의 표시로, 빼앗은 로마 군대의 깃발에 소시지를 매달았다(아마도 남근 모양이기 때문에 모욕적일 것이다; 카이사레이아의 프로코피오스Procopius of Caesarea, 전쟁의 역사HW 2, 18, 26).

소용돌이 vortex **1.** 데모크리토스는크기와 수에 제한이 없는 전체 우주의 원자가 소용돌이를 타고 운반되어 불, 물, 공기, 흙 등의 복합적인 사물을 생성한다고 주장했다. 그 이유는 이것들도 기존의 원자들의 집합체이기 때문이다; 데모크리토스는 이 창조적인 소용돌이를 '필연성'이라고 부른다(디오게네스 라에르티오스디오게네스 라에르티오스Diogenes Laertius 9, 44); **2.** a. 아낙사고라스Anaxagoras는 기본 원소들이 마음에 의해 회전운동을 한다고 믿었다(그리스어로 '지성Nous'; 참조: 아리스토파네스Aristophanes, "구름Clouds" 828); b. 레우키포스Leucippus는 라틴어로 '운동의 소용돌이vortex motionis'를 그의 원자 이론과 연관 지었다; 다양한 크기와 모양의 원자들이 빈 공간에서 끊임없이 서로 충돌한다; 이것은 수많은 소용돌이를 일으킬 수 있으며, 각각의 소용돌이는 새로운 단어의 시초가 될 수 있다; **3.** 별star; 방향 전환swerving 참조.

소용돌이 whirlpool **1.** 열정, 정서: (돌아가는) 수레바퀴(wheel)+물; 회오리바람whirlwind 참조; **2.** 딜

런 토머스Dylan Thomas: a. 하늘의 소용돌이; b. 시간의 소용돌이 속으로 추락한 우리의 존재.

소원 wish 1. 소원은 마법 모자, 봉(지팡이), 잔, 거울, 우물 등을 통해 이루어질 수 있다; 2. 위시본(역주: 조류의 목과 가슴 사이에 있는 V자형의 뼈)에 대해서는: 뼈bone 참조; 3. 소원의 신: 오딘; 4. 소원의 처녀들: 발키리족; 5. 소원을 비는 돌: (아일랜드:) 블라니 스톤(역주: 블라니 성의 흉벽에 지어진 전설적인 석회암 성벽의 돌. 이 성에 키스하는 사람에게 웅변이나 설득력 있는 연설을 할 수 있게 해 준다는 속설이 있음).

소음 noise 1. 형벌: 단테Dante 신곡에서 울부짖음과 회오리바람 소리는 선하지도 악하지도 않기 때문에 천국과 지옥에서 쫓겨난 자들에게 주는 벌이다. 이에 더하여 벌거벗겨서 말벌에게 쏘이는 고통스러운 벌도 받았다; 2. 민속: 소녀가 소란스러운 꿈을 꾸면 그녀는 상인이나 선원과 결혼하게 된다는 의미이다.

소인, 낙인 branding 1. 다음과 같이 구별되거나 다음을 나타냄: a. 집단에 속하는 것; b. 집단에서의 분리; 개성화individuation; 2. "영혼의 잇자국"으로 흉터와 관련된다: 물기bite 참조; 3. 문신, 바디 페인팅, 가면, 의복, 행동과 관련된다.

소작농 peasant 일곱 개의 대죄 중 하나인 나태를 의인화한 것: a. 나귀 등에 앉아 올빼미를 나른다; b. 소가 쟁기에서 풀려 도망치는 동안에도 낮잠을 잔다; 농부farm(er) 참조.

소젖 짜는 여자 milkmaid 1. 로키의 변장 중 하나; 2. 잘 구별되지는 않지만 강력하다. 종종 사랑과 풍요의 상징: "하지만 암소의 뜨거운 젖줄을 가진 풍만한 가슴의 시골처녀를 나에게 주세요; 젖은 잔디에 닿을 것이에요. 아, 결혼도 하고, 너무 감사해요"(길거리 민요: 크리스토퍼 프레이Christopher Fry 참조, "화형을 모면한 여자The Lady's Not For Burning" 3); 3. 제임스 조이스James Joyce: 늙은 유모; 아일랜드; 암소 때문에 아일랜드와 관련된다.

소크라테스 Socrates 1. 진리를 위한 그의 죽음은 소크라테스의 가르침이 그리스도의 가르침을 암시하듯이 그리스도의 죽음을 상징한다(순교자 유스티나Justin the Martyr, 최초의 변증Apologia Prima, 5; 존 밀턴John Milton, 복낙원PR 3, 96ff.+n.); 2. 그는 쉽게 죽음을 피할 수 있었지만 무법한 방식으로 행동하는 것보다 죽음을 택했다(밀턴-캐리Milton-Carey p. 474, 플라톤Plato을 인용함).

소파, 카우치 couch 1. 몽상하는 장소: "종종 나는 소파에 누워 멍하게 있거나 또는 깊은 생각에 잠긴다"(윌리엄 워즈워스William Wordsworth, "나는 구름처럼 외로이 떠돌았네"; 2. "전쟁의 무정한 강철 소파the flinty and steel couch of war"(오델로Oth. 1, 3); 3. 죽음의 소파Couch of Death: 세상the World(윌리엄 블레이크William Blake).

소피아 Sophia 1. 히브리-그리스어: a. 신의 창조적 영('수면 위에 운행하는')은 라틴어에서 남성 명사가 되었다('성령spiritus'); b. 우주의 지혜; 2. 영지주의: a. 신의-아니마(원형archetypes 참조); b. 그녀는 혼돈의 물결에서 우주를 창조하는 신을 돕다가 어려움에 처했다. 그녀는 속절없이 한탄하며 울부짖었다. 이에 위대한 빛의 신 에우소프가 그녀를 돕기 위해 그의 아들 그리스도 예수를 보냈다; 오시리스-이시스 등과 같은 남매 관계

소화 digestion 1. 숙달, 흡수, 용해; 2. 로마네스크 양식의 도상학에서는 삼키는(그리고 구토하는) 괴물들이 많이 표현된다: 삼키고 소화하면 희생자를 완전히 정복하고 그의 힘을 얻을 수 있다: 카니발리즘cannibalism 참조; 3. 연금술: 녹색의 용green dragon과 관련 있다: 더 이상 분화, 용해될 수 없는 자연의 요소들: 이러한 요소들은 영화(靈化)될 수 없다; 4. 윌리엄 블레이크William Blake: 혼돈에 질서가 부여되는 법칙; 5. 삼키는 것과 관련된다.

속관 beadle 죄수를 채찍질하는 것은 속관의 임무였다(토머스 미들턴Thomas Middleton 1, 2, 169; 헨리 6세 2부2H6 2, 1, 135ff).

속눈썹 eyelashes 1. 눈꺼풀eyelid 참조; 2. 모든 네 발 달린 동물 중에서 유인원은 위, 아래 눈꺼풀 모두 속눈썹이 있다(아리스토텔레스Aristotle, 동물사HA 2, 8); 3. 속눈썹이 자라기 전에 교미를 시작하면 속눈썹이 떨어져 버린다(같은 책 3, 11).

속삭임 whispering 비밀, 마법: '훔쳐보기'와 '불평하기'는 마법사들(이사야서Isa. 29, 4)의 일반적인 행동이며 이들은 "사역마"(이사야서 29, 4)를 가지고 있다; 여전히 속삭임에 대한 일반적인 금기가 있다.

손 hand **I. 일반적으로 다음을 의미한다: 1.** (신과 섭리의) 힘, 능력, 예 고대 기독교 유적에; 중세시대 종교화에 십자가의 후광에 그려져 있었으며 '신의 손'이라고 불렸다; 구름에서 나오는 손은 신의 개입을 상징한다; **2.** 가부장, 황제, 또는 신의 권한; **3.** 보호: a. 모든 종류의 악이 끼치는 영향으로부터 보호하는 십자가가 달린 부적; b. 이슬람: 파티마의 손 부적: i. 성가정holy family을 상징한다: 모하메드(=엄지), 파티마 성모(집게손가락) 등; ii. 신의 관대함, 은총과 힘; iii. 이슬람의 5대 기둥(=주요한 종교적 의무를 나타낸다); **4.** 생식: 종종 제스처로 상징된다: a. 성교에 대한 '경멸의 몸짓fico'(무화과fig 참조); b. 엄지를 위로 들고 나머니 손을 아래로 향한다(특히 하복부 앞에 들고 있을 때): 외음부; **5.** 우정, 인사: 아래의 제스처 참조; **6.** 노동: 이집트 상형문자의 의미 중 하나: 발현, 행동, 기여, 농사; **7.** 문장heraldry(紋章): a. 믿음의 맹세, a 축복, 보호, 권력, 근면, 화합, 순수: b. 붉은 손: 계급의 표시; **8.** 축복: a. 프리기아의 축복Phrygian blessing 참조; b. 오른손을 들어 올림으로서; **9.** 치유: 종종 접촉을 통해, 예 왕의 손에 의한 왕의 병King's disease(=연주창scrofula)의 치유; 아래의 제스처gesture 참조; **10.** 윌리엄 블레이크William Blake: 세상의 원리world's mechanism; **11.** 도둑질에 대한 벌로 손에 낙인을 찍다(또는 절단하다)(양sheep; 예 헨리 6세 2부2H6 4, 2); **12.** 오른손과 왼손: A. 오른손: a. 남성적, 이성, 의식, 논리; b. 공격적; c. 왼쪽 어깨에 올릴 때: 불안, 희망과 순교; d. 히브리: 남쪽(동쪽을 향해 이야기할 때); e. 오른편에 앉는 것: 권능, 예의, 아버지 하나님의 오른편에 있는 그리스도, 제우스의 아들 아폴로(칼리마코스Callimachus, 2번 찬가H2 29); B. 왼손: a. 오른손 a와 b의 반대; b 약함, 쇠퇴, 죽음; **II. 제스처**gesture: **A.** 무엇인가에 손을 얹는 것: 1. 축복; 2. 축성: a. 레위인들을 앞에 나오게 하고, 그들에게 안수하게 한 후에(민수기Num. 8, 10); 또한 이후에 랍비의 전통에서 누군가에게 랍비직을 부여하는 것e; b. 특별한 임무에 대해 누군가를 지명하는 것(사도행전Acts 구절, 예 6, 6); 3. 죄책감의 전이: 대사제가 희생양 또는 희생제물에 손을 얹는 것; 4. 치유: 신약성서 전반에 걸쳐(예 마가복음Mark 6, 5): 5. 자기 자신의 머리 위에 손을 얹는 것: 애도(참조: 흙이나 재를 얹는 것: 예 사무엘하서2Sam. 13, 19; 예레미야서Jer. 2, 27); 6. 입에 손을 얹는 것: 본래 부활의 권능에 대한 비밀을 의미한다; 이후 비밀, 침묵, 그리고 신성한 숭배에 입문하는 사람의 전형적 몸짓을 의미한다; 7. 눈에 손을 얹는 것: 죽음의 순간에 투시력; 이집트 상형문자의 의미 중 하나: 천리안을 가진 사람의 행동; 8. 내 사랑하는 자가 문틈으로 손을 들이밀매(아가서SoS 5, 4): 성적 자극: **B.** 손을 들어 올리는 것: 1. 맹세: 위증하는 경우 맹세하는 손이 움츠러들 수 있다; 2. 웅변과 노래; 3. 고통, 항복, 죽음: 4. 할례; **C.** 가슴(심장)에 손을 얹는 것: 1. 현자; 2. 가슴을 움켜쥐는 경우: 신 또는 사랑하는 사람에게 바치기 위해 심장을 찢는 것; 3. 반듯하게 손을 대는 경우: 흠모, 사랑, 경례; **D.** 두 손을 모으거나 잡는 것: 1. 본래 무기를 가지고 있지 않다는 것을 보여 주는 것(펼친 오른손을 드는 것과 같이): 평화 조약의 체결; 2. 화합, 동맹, 우정, 연대, 사랑 등: (페르디난드) "여기 내 손이 있소"(미란다) "그리고 내 손도 있어요, 내 마음이 그곳에 담겨 있습니다"(템페스트Tp. 3, 1); 3. 신비로운 결혼; 4 카를 융Carl Jung: 개성화; **E.** 손을 옆에 두는 것: 1. 느슨하게 두는 경우: 물러남, 더 이상의 행동을 하지 않는 것; 2. 엉덩이에 두는 경우: a. 교만, 도전, 독립; b. 엄지를 앞에 둔 상태로 두는 것: 통솔, 물, 인정; **F.** 물과 관련하여: 1. 물에 담그기: 그릇의 물에 손을 넣는 사람이 그리스도를 배반할 것이다(예 마태복음Matth. 26, 23); 2. 씻기: 빌라도의 무죄 주장: 이것은 로마인들과 유대인들에게 있어 똑같이 살인의 결과를 피하기 위한 것으로 알려져있다; **G.** 손을 함께 맞부딪치는 것: a. 비를 내리는 마법: 흔드는 악기처럼; b. 박수; c. 본의가 아님(민수기 24, 10);

H. 누군가의 손에 무엇인가를 채우는 것: 그 사람을 자리에 임명하는 것(특히 사제); I. 손을 엇갈려 잡기: 본래 점쟁이에게 준 답례: 이후 호의를 받기 위해 제공되는 돈, 즉 뇌물을 지칭함; J. 아래쪽을 가리키는 손(기독교): 위에서 아래로 은총(빛 또는 미덕)을 내리는 것; K. 지푸라기를 잡는 것: 복권, 그리스도 또는 바라바가 풀려났는지 알아보기 위해 제비뽑기를 하다; L. 손에 손을 거치는 춤: 아리아드네의 실을 상징할 수 있다. 부활(식물인간 상태의 삶에서)을 통해 미로에서 돌아오도록 촉진한다; 또는 사슬을 상징하는 것일 수 있다: 삶-죽음-부활의 순환 이동, 특히 상대가 뒤섞이는 춤에서; 춤dance 참조; M. 다른 사람의 양손에 손을 두는 것: 그 사람에 대한 충성 맹세; N. 손가락을 넓게 펼친 상태에서 손 벌리기(=태양 상징): 악마의 눈으로부터 보호하는 마법; **Ⅲ. 다른 것과의 조합:** A. 일반적으로 다음을 의미한다: 1. 새벽의 왼손: 일출 한 시간 전 수평선에서 희미하게 깜박이는 빛(에드워드 피츠제럴드Edward FitzGerald, 오마르 하이얌의 루바이야트 번역서Omar Khayyám); 2. 영광의 손: 민속 참조; B. 색상: 1. 검은 손: a. 위협, 복수; b. 위험한 성에 사는 불가사의한 검은 손(악마 또는 겨울)은 퍼시벌이 그의 사악한 주문을 풀고 그를 쓰러트릴 때까지 많은 기사를 죽였다; 성castle 참조; 2. 하얀 손: 모세의 손: a. 표징(출애굽기Ex. 4, 6): 모세가 자신의 손을 품에 넣었다가 꺼내 보니 '나병'이 생겼다; b. 봄꽃: "가지에 있는 모세의 하얀 손이 뻗어 나가고, 땅에서 예수가 숨을 쉬는 곳"(에드워드 피츠제럴드, 같은 책); 3. 붉은 손: a. 폭력, 살인 또는 죽음의 경고; b. 태양의 상징; C. 물질: 1. 황금손: 행운의 손(존왕의 삶과 죽음K. John 2, 2); 2. 상아 손: 행운의 손: "티몬 경Lord Timon에게 있는 행운이 그녀의 상아 손을 통해 그녀에게 전달된다"(아테네의 티몬Tim. 1, 1); 3. 도금한 손: 뇌물: "금칠한 죄의 손이 정의를 밀어내고"(덴마크의 왕자 햄릿Ham. 3, 3); 4. 철의 손: "신은 납으로 된 발로 찾아오지만 철의 손을 휘두른다"(속담); D. 상태: 1. 차갑고 건조한 손: a. 구두쇠; b. 다정함의 결여; 그러나 속담은 다음과 같이 말한다: "차가운 손과 따뜻한 마음"; 2. 축축하고, 땀이 많은: 건장함: a. (오셀로가 데스데모나에게) "이 손은 축축하군요, 부인… 이 손은 사랑이 넘치고 마음이 관대하다는(=너무 풀어졌다는) 표시요; 너무 뜨겁고 축축하구려…"(오셀로 3, 4); b. 아도니스의 땀이 나는 손: "정력과 활력의 예"(비너스와 아도니스Ven. 26); c. 선물을 받기 위해 호의를 베푸는 하녀: "이 기름진 술집에 당신의 손을 가져와서 마셔 보세요"(십이야Tw. N. 1, 3); 3. 쇠약한 손: 여로보암이 예언자를 해치려고 하자 그의 손이 마비되었다; 예수는 '마른 손'을 치유했다; **Ⅳ. 민속:** A. 일반적으로 다음을 의미한다: 1. '손을 맞잡고 하는 약혼식': 약혼한 남녀가 손을 맞잡고 1년 동안의 정절을 서약한다; 이후 이 서약은 취소될 수도 있고 교회에서 결혼을 통해 영구적인 서약이 될 수도 있다; 2. 화요일을 제외하고 왼손잡이 남자를 만나는 것은 행운이다: 화요일에서 이름을 딴 북유럽 신 티우(=티르)는 왼손잡이였다; 3. 소를 손으로 치는 것은 안 된다: 예 물푸레나무 막대기를 가져와야 한다; B. 죽은 손(또한 C번 참조): 1. 자살했거나, 교수대에서 죽은 사람의 손은 특히 목이나 목구멍에 생긴 문제를 치유할 수 있다; 또는 여성의 불임을 치유할 수 있다; 보통 교수대에는 밤에 은밀히 갔다; 2. 플리니우스Pliny (28, 11): 일부 사람들은 (이른 나이에) 죽은 사람의 손이 치유 효과를 갖는다고 믿었다; C. 영광의 손: 교수형 당한 사람의 손을 수의 조각으로 감싸고 단단히 압착하여 남은 피를 뽑아낸 후 절인다. 이 영광의 손은 강력한 마법의 힘을 가지고 있어서 만지거나 보는 사람을 보이지 않게 만들 수 있다. 이 단어는 본래 '만드라고라mandragora'=맨드레이크mandrake(참조)와 관련된 프랑스어 '멩 드 글로아르main de gloire'이었을 수 있다. D. 행운의 손: 양치식물fern 참조; E. 손금: a. 손가락에 대해서는 각각의 손가락 이름 참조: b. 손가락의 튀어나온 각 마디는 신들의 이름을 갖고 있으므로 이에 해당하는 각 신의 이름 참조.

▌손가락 finger **A. 일반적으로 다음을 의미한다:** 1. 숫자 5는 인간에 해당하며, 신체 중 심장에서 가장 멀리 떨어진 다섯 부분(머리, 팔, 다리)을 세는 것과 관련 있다; **2.** 이집트: 인간의 분노; **3.** 히브리: a. 신의 힘: 예 그리스도는 자신이 "하나님의 손을 힘입어" 귀신을 쫓아냈다고 말한다(누가복음Luke 11, 20 참조; 기적과 관련하여 하나님의 손가락에 대한 특별한 언급을 암시하는 출애굽기Ex. 19, 20 참조); b. 벽에 손가

락을 대는 것: 거룩한 복수에 대한 경고(다니엘서Dan. 5, 5ff); c. 이사야 선지자는 손가락으로 지목하는 것을 사악한 눈에 필적하는 마법의 한 형태로 여겼으며 이를 금했다: "네가 너희 중에서 멍에와 손가락질과 허망한 말을 제하여 버리고"(58, 9); **4.** 손가락 끝: 점괘, 시적 영감(자작나무, 마가목, 오리나무 및 버드나무와 관련된다); **5.** 자해로 손가락을 자르는 것은 거세와 유사하게 애도나 속죄의 표시이다; **6.** '경멸의 제스처fico'(=무화과): A. 형태: a. 입안에 엄지손가락을 넣는 것; b. 접힌 손가락 사이에 엄지손가락을 끼워 넣는 것; c. 가운데 손가락을 내미는 것: C번의 1, 3 참조; d. 엄지와 집게손가락으로 O를 만들고 다른 손의 집게손가락을 그 사이로 통과시키는 것; e. 오른손 손가락으로 왼쪽 집게손가락을 움켜쥐는 것; B. 이 행동들의 의미: a. 성교의 모방; b. 경멸의 표시; "무화과 하나만큼의 가치도 없다" 참조; C. (무화과 5번 c의 이외에도) 단테Dante의 "신곡 지옥편Inf."에서 양손을 사용하여 행한 손짓은 "신이여, 그들을 데려가소서, 내가 당신을 겨냥하노니"(25, 2)라는 말로 신성모독을 하였다; **7.** 장밋빛 손가락: 새벽과 달; **B. 각각의 손가락**: **I. 엄지손가락**: 1. 수호신: 비너스(성장)와 헤라클레스(정력; 원래 그 '헤라클레스'가 아님(역주: 그리스 신화의 유명한 헤라클레스가 아닌 같은 이름의 다른 인물)); 2. 특징: a. 남근, 숙달; b. 어색함: '그의 손가락은 모두 엄지 손가락이다'; c. 마녀가 제일 좋아하는 손가락: "여기에 조종사의 엄지손가락이 있다"(맥베스Mac. 1, 3); "내 엄지손가락을 찌르면 사악한 일이 이곳으로 온다"(맥베스 4, 1); 3. 반지: a. 로마: 결혼반지를 제외한 모든 반지는 엄지에 착용하는데 이는 정력을 유지하기 위해서이다; 봉인seal 참조; b. 권한, 계약, 확인(인감); c. 반지 낀 교황의 손가락; d. 엘리자베스 1세 여왕 시대: 시의회 의원 및 중요한 시민들이 반지를 착용한다(헨리 4세 1부1H4 2, 4 참조); 4. 식물: 야자수와 포도나무의 상단: 야생 올리브(생식 능력); 5. 엄지손가락의 마디뼈(손에서 셀 수 있으며 손가락 뼈를 나눈다): 논리, 의지; 6. 중세: 최고신으로서 아버지의 상징; **II. 집게손가락**: 1. 수호신: 주피터: 그는 올림푸스의 손가락 경주에서 이겼으며 사투르누스보다 한 수 앞섰다; 2. 특징: a. 방향, 명령, 규칙, 행운의 지침; b. 악으로부터의 구원; c. 오른손의 집게손가락: 오이신의 손가락에는 독이 있어서 상처에 연고 등을 바르는 데 사용해서는 안 된다; 3. 식물: 가시금작화 또는 참나무; 4. 닥틸로이(역주: 이다산에서 금속세공, 마법을 행하는 요정): 파이오니우스(역주: 그리스 조각가); 5. 집게손가락의 마디뼈: 물질성, 법, 질서를 상징; 6. 기간: 춘분; 7. 중세시대: 성령; **III. 가운데 손가락**: 1. 수호신: 사투르누스; 2. 특징: a. '바보의 손가락': 크리스마스 바보와 녹색 기사; b. '뻔뻔한 손가락': 사랑을 나눌 때 사용되며, 켈미스가 헤라를 모욕할 때 사용되었다; (C번과 A번의 6 참조); c. 비 내리게 하기: 여성의 샘과의 접촉; d. 죽음: 사투르누스; e. 마법: 가운뎃손가락으로 아이의 이마와 입술에 침을 발라 사악한 눈을 피한다; 3. 반지: 부활의 소망; 4. 식물: 호랑가시나무와 헤더; 5. 닥틸로이: 에피메데스(에피메테우스): 바보처럼 너무 늦게 뒷일을 생각하는 사람; 6. 가운데 손가락 마디뼈: 인간성, 체계성, 지능; 7. 기간: 하지; 8. 중세시대: 그리스도의 구원; **IV. 반지(네 번째) 손가락**: 1. 수호신: 아폴로(치유자); 2. 특징: a. 현자; b. 의사('의사의 손가락': 예방적이다): 이 손가락으로 섞은 물약은 심장에 직접 전달되는 상황 외에는 독이 남지 않아 독을 막을 수 있다(로버트 그레이브스Robert Graves, 하얀 여신WG 1, 97); c. 오랫동안 변치 않는 사랑의 자리로 마음을 다스린다(특히 왼손의 약지); 약혼; d. '황금 손가락'; 3. 반지: 로마인: 결혼반지를 왼손 네 번째 손가락에 낀다: 2번의 c 참고; 4. 식물: 개암나무; 5. 닥틸로이: 아시우스(이아수스); 6. 네 번째 손가락의 마디뼈: 진실, 경제, 정력; 7. 기간: 추분; 8. 중세시대: 그리스도의 신성한 본성; **V. 새끼손가락**: 1. 수호신: 영혼의 지휘자(저승사자) 메르쿠리우스; 2. 특징: a. 영감, 점괘: '귀 손가락': 내면의 목소리를 듣기 위해 새끼손가락으로 귀를 막는 데 사용된다; b. 많은 이야기에서 거인괴물의 어둠Darkness, 겨울Winter 또는 가뭄Drought 딸은 그녀의 새끼손가락을 잃어버리고 이것을 영웅이 발견하고 영웅은 그녀와 결혼한다(로버트 그레이브스, 하얀 여신 196); 이러한 의미에서 새끼손가락은 태양 광선이나 분사된 물을 상징할 수 있다; c. 새끼손가락은 때때로 '핑키pinkie'라고 불리며 남근과 관련 있다(예 일부 아티스 신화에서); d. 마법: 메르쿠리우스; 3. 식물: 주목(죽음)과 관련된다; 4. 닥틸로이: 레

아의 제사장 이다스; 5. 새끼손가락 마디뼈: 선함, 신중함, 성찰; 6. 기간: 동지; 7. 중세시대: 그리스도의 인간적 본성; **C. 손짓과 태도: I.** 손가락을 위로 들어 올릴 때: 1. 엄지손가락: 로마의 '베스타 여신의 엄지손가락': a. 엄지손가락을 위로 올리기: 검투사에게 엄지손가락을 위로 올리면 자비를 나타내고; b. 엄지손가락을 내리면 죽음을 나타낸다; 2. 집게손가락: (부정행위 등에 대해) 경고를 나타낸다; 3. 가운데 손가락: '뻔뻔한 손가락'으로서 수치나 조롱의 의미로서, 사랑을 나누는 그의 기력이 쇠퇴하여 그의 아내가 바람을 피웠다는 표시로 사용되었다; 4. 집게손가락과 가운뎃손가락: "아스타르테의 뿔"(또는 다른 달의 여신의 뿔)로 "악마의 축복"을 의미한다(마녀들의 뿔 달린 신처럼): a. 마녀, 악마 등에 대항하는 무기 등; b. 도움; c. 축복; d. 선의; c. 평화; 승리; 5. 집게손가락과 새끼손가락을 펴는 것(다른 형태의 뿔 기호): 로버트 그레이브스, 하얀 여신 197: "악마의 축복"): a. 달의 여신의 초승달; b. 위험을 피하도록 도우며 특히 사악한 눈을 막는다; 6. 엄지, 집게 및 가운데 손가락을 펴는 것: 프리기안의 축복Phrygian blessing 참조; 7. (가위처럼) 두 손가락을 분리시키는 것은 악을 잘라내는 것; 8. 하나(또는 그 이상)의 손가락을 입술 위에 올리는 것: a. 침묵; b. 하포크라테스(역주: 침묵의 신)(나소 P. 오비디우스Naso P. Ovid, 변신이야기Metam. 9, 692 참조); 9. 손가락 하나(보통 엄지손가락)를 코에 대는 것: 오만, 도전, 모욕; 손가락으로 남근을 상징하는 코를 가리키거나 코를 늘리는 것; '경멸의 제스처fico'와 같은 성적 의미를 나타낸다; **II.** 손가락을 교차하는 것: a. 고대의 예언의 기도; b. 행운: 불운에 대한 면역 또는 징벌; c. 유혹적인 운명(교차intersection 및 퇴보inversion 참조); d. 헤라가 헤라클레스의 출생에 반대하여 출산을 지연시키는 마법(무릎 꼬기, 무릎을 바라보기, 옷에 매듭을 묶는 행위 등을 수반한다); **III.** 손가락을 꽉 쥐거나 접은 경우: 1. 다른 사람의 출산을 지연시키는 마법(족제비weasel 참조); 2. 왼쪽 집게손가락을 움켜쥔 오른손 손가락: a. 성교('피코fico'와 같은); b. 영적 차원에서 우주와 개인의 영혼의 통합; 3. 아도니스를 매혹시키려 했던 비너스의 원치않는 사랑의 노력의 일시적 중지: "그때부터 그가 떠나려고 애쓸 때 그녀는 백합 손가락을 하나로 묶는다": 그들이 할 수 있는 열정적인 포옹과 그를 속박하는 마법(그녀와 그 장소에: 비너스와 아도니스Ven. 226ff. 참조.); **IV.** 손가락(보통 엄지손가락)을 입에 넣는 것: 지혜; 1. 어린 호루스는 손가락을 입에 물고 어머니의 가슴에서 지혜를 얻은 것으로 표현되었다; 2. 전설에서 영웅은 용을 불로 구운 후에 종종 손가락을 입에 넣는다(인류에게는 적이지만 지하세계의 신의 지혜를 소유함): 따라서 죽은 용을 먹어 지혜와 지식과 힘을 얻는다(카니발리즘cannibalism 참조); 3. 피온(핀 막쿨Finn MacCool)은 지혜의 가마솥으로 요리를 하다가 손가락에 화상을 입은 후 자신에게 지식의 이빨이 있는 것을 발견했다(가마솥cauldron 참조); 그 후 피온은 다시 지혜를 얻기 위해 엄지손가락을 빨기만 하면 되었다; **V.** 손가락을 튕기는 것: 경멸의 상징: 예 그리스인들이 나약하다고 여겼던 시리아의 마지막 왕 사르다나팔로스의 동상(역주: 손가락을 튕기는 모습을 했다고 함); **D. 민속: I.** 특징: 1. 긴 손가락: a. 긴 손가락을 가진 사람은 경솔하며 돈을 모으지 못하고 때로는 도둑일 것이다; b. (전래동요) 음악적 재능; 2. 집게손가락이 가운뎃손가락만큼 길면 부정직하다고 여겨진다; 3. 삐뚤어진 손가락: 심술궂은 성질; 비뚤어진 새끼손가락만 있으면 부자로 살다가 죽을 것이다; **II.** 일반적으로 다음을 의미한다: 1. 여분의 손가락: 특별한 행운; 2. 젖은 손가락: (전래동요) 손가락을 촉촉하게 하는 것(특히 엄지손가락)은 침을 뱉는 것과 같은 마법의 힘을 가진다: 진실을 말하고 있음을 증명하거나 흥정이나 내기에 자신을 묶는 불가피한 방법; 3. 소년이 소녀의 손목을 감쌀 수 있다면 그는 그녀를 사랑할 수 있다; 자신의 손목을 감쌀 수 없다면 그는 사생아거나 교수형을 받기 위해 태어난 사람이다(전래동요); 4. 소녀의 손가락에서 꺾는 소리가 나면 그녀에겐 연인이 있다: 5. 손가락 걸기: 두 사람이 동시에 똑같은 말을 하는 경우 그들은 오른손 손가락은 오른손 손가락으로, 왼손 손가락은 왼손 손가락으로 걸고 조용히 소원을 빈다. 손가락을 떼기 전까지는 아무 말도 할 수 없다(마법의 침묵); 두 사람의 새끼손가락으로 위시본wishbone(역주: Y자형 창사골)을 부러뜨리는 것에 대해서는 뼈bone 참조; 6. (주사위 도박에서) 주사위가 구르거나 회전하는 동안 손가락을 튕겨 소리를 내는 것은 포인트 컨트롤(역주: 주사위나 카드 게임에서 플레이어가 결과를 조작, 통제하려는 의도)의 한 형태이다; 7. "어리석은 자들은 손가락을 자르지만 지혜로운 자들은 엄지손가락을 자른다": 지혜로운 자의 어리석음이 더 크다는 의미(속담); 8. 희시(戱詩): "오 나의 손가락, 오 내 엄지손가락, 오 내 배, 오 내 엉덩이".

손가락마디뼈 knucklebone **1.** 어린이의 놀잇감으로 자주 사용되는 뼈; **2.** 아이들이 즐겁게 가지고 놀기 때문에 장미 및 도양금(아프로디테에게 바쳐짐)과 함께 은총의 상징 중 하나이다(파우사니아Pausan 6, 24); **3.** 디오니소스의 상징. 그가 어렸을 때 희생되었고 절단되고 부활되었기 때문이다; 손가락마디 뼈는 공, 팽이, 수레바퀴, 거울 및 양털과 같은 다른 놀잇감과 함께 비의Mysteires에서 그 기능을 했다(알렉산드리아의 클레멘스Alex. Clem., 프로트렙티쿠스Pr. 2, 15).

손도끼 hatchet **1.** 삼림지대와 관련된다; **2.** 통나무 장작불; **3.** 목공; **4.** '도끼를 묻다': 화해하다(속담); **5.** 도끼axe 참조.

손바닥 palm (손) **1.** 기름진(=축축한) 손바닥은 방탕한 성향, 뜨거운 신체 부분, 다산을 나타낸다(손: 셰익스피어Shakespeare의 작품 여러 곳에서 언급된다); **2.** "손바닥과 손바닥을 맞대는 것은 성스러운 순례자의 입맞춤이다": 성지 순례자가(종려나무palm tree 12번도 참조) 그들의 손으로 거룩한 성소를 만졌다(로미오와 줄리엣Rom. 1, 5); **3.** 가려운 손바닥을 갖고 있는 것: 탐욕, 뇌물(예 율리우스 카이사르Caes. 4, 3); **4.** 손hand 참조.

손수건 handkerchief **1.** 집정관이 손수건을 떨어뜨리거나 던지는 것은 경마의 시작을 알리는 신호였다(마르티알리스Martial 12, 29; 수에토니우스Sueton., 네로 황제Nero 2, 3; 테르툴리아누스Tertullian, 스펙타쿨리스에 대하여Sp. 16); **2.** 동화: 장난의 원인(아이오나 오피와 피터 오피Iona Opie & Peter Opie, 고전동화FT p. 57); **3.** 아픈 사람들이 머리에 착용했다(토머스 시셀턴 다이어 목사Thomas Thiselton Dyer, 셰익스피어의 민속이야기Folk. of Shak. p. 259); **4.** 세례식, 결혼식 등에서 성찬을 가져가는 데 사용되었다(토머스 미들턴 Thomas Middleton, 치프사이드의 정숙한 부인CMC 3, 2, 50f+n.).

손전등, 랜턴 lantern **1.** 개개의 빛(우주의 빛의 반대): 지식(지혜 아님); 은둔자의 속성; **2.** (헛되이) 잃어버린 영원한 진리의 대극으로서의 일시적인 진리; **3.** 주의산만; **4.** 민속: 임신한 소 근처 탁자에 등불을 놓으면 소가 유산한다; **5.** 램프lamp와 빛light 참조.

손톱 nail (신체) **1.** 움켜잡기; 긴 손톱은 유혹하는 여성이나 또 다른 사악한 존재의 속성을 나타낸다; **2.** 긴 손톱은 육체노동을 하지 않았음을 나타낼 수 있다. 귀족, 유유자적; **3.** 손톱 깎기: a. 마법과 관련된다: 이스라엘 남자가 여자 포로를 아내로 취하고자 할 때 그 여자의 머리를 밀고 손톱을 잘라 남자에게 사악한 마법을 부리거나 종교적인 간음과 같은 유혹을 하지 못하게 했다; b. 정화 의례: (사제 또는 '나병'을 치료하는 사람의) 봉헌의 숫양의 피를 오른쪽 귓불과 오른쪽 엄지손톱과 엄지발톱에 바른다: 들음, 행위 그리고 움직임의 정화(예 레위기Lev. 14, 17); c. 고대 북유럽: (미움을 받고) 죽은 자들의 손톱을 깎지 않았다. 니플헬에서는 죽은 자들의 손톱이 나글파르호를 건조하는 데 사용되었기 때문이다; **4.** 여성의 몸(특히 가슴, 배꼽, 넓적다리)에 난 손톱자국이 공작의 발이나 호랑이의 발톱 형태인 경우 그것은 남자와 성교한 증거이다; **5.** 민속: a. 손톱에 난 반점 모양과 반점의 수는 불길함을 의미한다; b. 특정한 날에 손톱을 깎아야 한다: 예 소녀가 결혼하기를 원한다면 일요일에는 손톱을 깎지 말아야 한다(아마도 신들의 축제에는 손톱을 깎지 말아야 한다는 그리스의 금기의 잔재일 것이다).

솔, 브러쉬 brush 꿈에서의 음모(지그문트 프로이트Sigmmund Freud, 정신분석학입문강의ILP 10).

솔개 kite (새) **1.** 솔개가 매과의 다른 새들과 본질적으로 다르지는 않지만(예 빠르지만 매우 우아한 비행을 한다; 매falcon, 매hawk 참조) 두 가지의 매력적이지 않은 점이 있다: a. 작은 새, 물고기, 곤충 등을 먹는 청소동물이다; 300~400년 전만 해도 이 새들은 런던의 거리에서 흔하게 볼 수 있었다; 그러나 이들은 경건하게도 신에게 헌납된 장례음식은 먹지 않았다; b. 매처럼 길들여지지 않는다; 이것의 또 다른 이름은 '퍼톡'인데, 이는 보통 대머리 독수리를 가리킨다; **2.** 자긍심: 원래는 백조처럼 분명하게 노래할 수 있었지만 말의 울음소리를 흉내 내더니 노래를 잘 부르지 못하게 되었을 뿐 아니라 소리를 낼 수 없게 되었다(이솝Aesop); **3.** 청소부: a. 죽음; b. (죽음)침대, 음식 유령 또는 악마와 관련된다(예 셰익스피어의 상상에서); c. 동요에서 콕 로빈의 장례식의 관을 운반한다; **4.** 잔인함: a. 강간 및 무분별한 살육(다른 매과의 '영웅적' 특성 결여: 예 맥베스Mac. 4, 3); b. 자고새의 천적: "누가 참새 둥지에서 자고새를 찾는가…"(헨리 6세 2부2H6 3, 2); c. 덤불에서 닭을 훔치고 린넨을 말리는 자; **5.** 겁쟁이: 예 제프리 초서Geoffrey Chaucer(파울스의 의회PoF 349) 그리고 셰익스피어; **6.** (왕–독수리에게) 가짜 하인을 배치하는 것은 배고픈 매로부터 닭을 지키기 위해 배고픈 독수리를 보내는 것만큼 나쁘지 않은가?(헨리 6세 2부 3, 1); **7.** 일반적인 비열함: a. 사소한 일에 덤벼드는 사람; b. "나는 독수리를 택하고 솔개를 피했다"(심벨린Cym. 1, 1); **8.** 바람: 보레아스에게 바쳐졌다(모든 매와 마찬가지로); **9.** 봄의 도래를 알리는 별인 밀루우스('솔개')는 제우스가 즉위할 때 제우스를 섬기는 솔개이다(나소 P. 오비디우스Naso P. Ovid, 행사력Fasti. 3, 794ff); **10.** 민속에서 비열함: 예 "솔개에게 깃털을 달라고 하면 솔개는 깃털을 갖고는 있지만 날기에 필요한 만큼만 가지고 있다고 대답할 것이다".

솔로몬 Solomon **1.** '평화로운peaceful'이란 이 이름은 모든 셈족 영웅과 관련된다: 예 살모네우스Salmoneus, 압살롬Absolom 등; **2.** 인간의 지혜(법과 질서의 수여자)+인간의 나약함(오만)과 함께 태양의 강함과 약함을 상징한다; **3.** 위대한 다산가이자 연인; **4.** 히브리 전통에 따르면 그는 악마 아스모데우스Asmodeus를 사로잡았고 악마(가뭄이나 겨울악마)가 성전의 돌을 깎는 데 도움을 준 다산 상징의 벌레를 내놓을 때까지 악마를 놓아 주지 않았다; **5.** 민담에서 다음을 상징하는 이름이다: a. 영리한 민중 영웅; b. 풍요 또는 날짜와 관련된 특징을 가진 영웅, 예 "솔로몬 그룬디Solomon Grundy"라는 전래 동요에 등장하는 남자는 일주일 안에 삶과 죽음이 모두 이루어진다. 이 영웅은 초기 미국 코미디에서 인기 있는 캐릭터였으며 후에 엉클 샘으로 불리게 된다; c. 순종적이고 영리한 작은 유대인; **6.** 다른 것과의 조합: A. 솔로몬의 양탄자: 날아다니는 양탄자: 양탄자carpet 참조; B. 스스로 직접 만든 솔로몬의 마차(자신의 운명을 결정짓는 사람을 의미함); 마차는 다음의 것들로 만들어졌다: a. 썩지 않는 레바논산 목재; b. 은기둥(지식), 황금 바닥(지혜), 그리고 보라색(충성심) 혹은 파란색(진리) 또는 붉은색(사랑) 덮개가 장착되어 있다; c. 솔로몬의 매듭: a. 켈트 십자가에서 종종 발견되는 끝없는 형태의 만자 무늬 조합; b. 신성한 불가사의; D. 솔로몬의 반지: 지혜와 지식; E. 솔로몬의 인장: 오각별: 봉인seal, 별star 참조; 이 이름을 가진 식물에 대해서는 둥글레Solomon's Seal 참조.

솔론 Solon **1.** 입법자자; 그리스의 일곱 현자 중 한 명; **2.** 솔론의 행복: 죽음(헤로도토스Herodotus 1; 참조: 타이투스 안드로니카스Tit. Andr. 1, 1)

송곳 awl (남자) 성기에 대한 로마식의 완곡한 표현.

송로버섯 truffle **1.** 경이로움: 플리니우스Pliny는 이 송로버섯을 자연의 가장 위대한 경이로움이라고 했다; 뿌리 없이 솟아나는 것; 가을에 폭풍우가 지나간 후 생겨나는 "땅의 굳은살" 또는 흠집이다(19, 11); **2.** 알바Alba의 하얀 송로버섯은 정력과 생식력을 증가시키는 정력제였다(카스토르 듀란테Castor Durante, "건강의 보물Il Tesoro della Sanità", 16세기).

송아지 calf **1.** 미성숙함: a. 긍정적: 순수, 애정: "네가 나의 송아지인가?"(겨울이야기Wint. 1, 2); b. 부정적: 철없음, 멍청함, 어리석음: "그곳에서는 으뜸인 송아지를 죽이다니 그자가 짐승 노릇을 했군"(덴마크의 왕자 햄릿Ham. 3, 2); **2.** 송아지 또는 숫소: 기독교: 성자 누가St. Luke(네 가지 생물tetramorph 참조); **3.** 히브리: 어린 암소(참조)와 같이 종종 희생제물로 사용되는 '정결한' 동물; **4.** 중세: 인간의 연령(참조): 열 살

소년; **5.** 황금 송아지=어린 황소ox(참조): A. 히브리: a. 모세가 산 위에 섰을 때 세운 우상으로 여자들의 귀걸이를 만들었다: 흥청망청한 풍요 의례를 갖는 풍요신(황소bull 참조); b. 기독교 해석은 다음과 같다: i. 그것의 파괴: 그리스도가 이집트에 도착한 것(헤롯왕으로부터 도망치기 위해)과 관련된 것으로 예수가 간 곳마다 우상들이 쓰러졌다; ii. 사악한 부(富); B. 그리스: 어린 디오니소스; **6.** 송아지 가죽: 엘리자베스 1세 여왕 시대에 명문가의 어리석음은 송아지 가죽에 비유되었다: "너는 사자 가죽을 입었구나. 수치스러우니 그것을 벗고 그 비겁한 팔다리에 송아지 가죽을 걸쳐라"(존왕의 삶과 죽음K. John 3, 1); 1번의 b 참조; **7.** 백치moon-calf. 괴물, 기형출생(템페스트Tp. 2, 2; 8); **8.** 민속: a. 마굿간 등불은 절대 테이블 아래에 두지 말아야 한다: 소가 조산할 수 있다; b. 그 해에 처음으로 소가 새끼를 낳으면 그것이 시간의 기준이 된다: 낮에 새끼를 낳으면 다른 소들도 그러할 것이며 밤에 새끼를 낳으면 다른 소들도 그러할 것이다; c. 푸딩을 만들기 위해 많은 양의 초유를 받은 이웃들은 병을 씻지 않은 상태로 돌려주어야 한다. 그렇지 않으면 새로 태어난 송아지가 죽거나 소젖이 마를 수 있다; d. 송아지의 등에 손을 대거나 땅에 누워 있는 송아지를 넘으면 불행이 온다; e. 송아지의 마른 혀끝(행운의 혀끝): (빈곤을 막는) 행운주술.

송어 trout (물고기) **1.** 켈트족: 쿠훌린은 그의 어머니가 하루살이를 삼켰을 때 잉태되었으며, 태어나자마자 물고기처럼 헤엄칠 수 있었다(루Lugh 참조): 물 위에서 춤을 추거나 물속에서 헤엄치는 젊은 태양; **2.** 송어가 아가미를 공기로 채워 끽끽거리는 소리를 내며 점프하는 모습을 모방한 에로틱한 춤이 존재했던 것으로 보인다; **3.** 질투: "질투심 많은 송어는 물속 깊이 기다리고 있다가 낚싯바늘에 있는 파리를 보고 수면 위로 올라온다(헨리 와튼 경Sir Henry Wotton, "강둑에서 낚시를 하면서On a bank as I Sat Fishing"); **4.** 성행위: a. 송어는 여성에 대한 은유로 사용된다: "그런데 그의 죄는 무엇입니까?" "특이한 강가에서 송어를 잡으려고 더듬고 있었습니다"(눈에는 눈, 이에는 이Meas. 1, 2); b. 송어는 "간지럽혀 잡아야 한다"(참조: 십이야Tw. N. 2, 5); 또한 2번 참조; **5.** 포식자: "포식자가 먹이를 잡아먹도록"(찰스 칼렙 콜턴Charles C. Colton, "이삭 월턴에게To Issac Walton"); **6.** 적응력: a. 송어는 일시적인 서식지에 따라 색이 바뀐다; b. 장애물을 뛰어넘는 끈기가 있다(연어 종과 유사함); **7.** "송어(또는 로치roach(역주: 담수어의 일종)) 같이 좋은"(속담).

솥, 냄비 pot **1.** 체액: 우유, 타액, 정액, 눈물, 소변 및 혈액; **2.** 비, 풍요; **3.** 태고의 깊은 곳, 위대한 어머니, 자연의 무궁무진한 자궁; **4.** 처벌: 가마솥을 숯불 위에 놓고 '불결한 것'이 그 안에서 녹게 하며": 예루살렘(에스겔서Eze. 24, 3ff); **5.** 눈과 관련: "그러나 그녀의 눈 아래 솥에는 더 온화한 불이 있었다"(트로일로스와 크레시다Troil. 1, 2); **6.** "끓어오르는 솥": 다가오는 재앙: 이스라엘의 침략(예레미야서Jer. 1, 13); **7.** 문자 U로 상징; **8.** 물병자리의 상징; 물water 참조; **9.** 세계의 솥인 어머니의 솥: a. 재생과 풍요의 큰 솥; b. 지하세계; c. 회춘.

쇠고둥 whelk **1.** 해양 연체동물; **2.** 클라우디우스 아엘리아누스Claudius Aelianus: a. 쇠고둥 무리의 움직임을 이끄는 왕이 있다(동물의 본성에 관하여NA 7, 32); b. 그 왕을 잡는 것은 행운이다; **3.** 고대 브리타니아에서 많이 발견되었다; 식용으로 사용되었으며 퇴색하지 않는 다홍색 염료를 만들었다(성 비드St. Bede 1, 1).

쇠기름, 수지 tallow 황소의 혀에 쇠기름을 바르면 굶어 죽을 것이다(알베르투스 마그누스Alb. Mag., 비밀의 책Bk of Secr. p. 86).

쇠뜨기 horse-tail (식물) **1.** 라틴어로는 'Equisetum'라고 한다; **2.** 약용: 달리기 선수의 울적한 마음을 누그러뜨리며 일반적으로 상쾌하게 만들어 주는 약효가 있다(플리니우스Pliny 26, 83).

쇠비름 purslane (식물) **1.** 일반적으로 다음을 의미한다: 키 작은 다육식물로 이름은 라틴어 '포르투라카Portulaca'(이탈리아어 '포르첼라나Porcellana')에서 유래했다; **2.** 히포크라테스Hippocrates: 신선할 때는 몸의 열을 내리고 저장했다가 먹으면 몸을 따뜻하게 한다

(식이요법Vict. 2, 54); **3.** 코르넬리우스 켈수스Cornelius Gelsus: '쇠비름Portulaca oleracea'; a. 건강에 좋은 즙을 제공한다(II부. 서론 및 2, 20); 변비를 완화하고(2, 29) 설사를 멈추고 진정시킨다(2, 33, 2); b. 이뇨제이다(4, 16, 3); c. 껌처럼 씹으면 잇몸 출혈이 멈춘다(4, 11, 5); 이질 치료에도 사용한다(4, 22, 2); 쇠비름의 씨앗은 야맹증에 사용하는 연고이다(6, 638); **4.** 플리니우스Pliny: a. 화살 독을 치료 한다; b. 물, 상처, 눈 등을 정화한다; c. 목소리를 맑게 하고 갈증을 완화한다; d. 열을 식히기 때문에 소화를 돕는다; e. 그러므로 또한 성욕 억제제이다(20, 81; 이 마지막 특성은 로버트 버튼Robert Burton, 우울의 해부Anat. of Mel. 3, 2, 5, 1에서 언급된다); **5.** 알베르투스 마그누스Albertus Magnus: 침대 위에 올려 두면 꿈이나 환영을 막을 수 있다(비밀의 책Book of Secr. p. 90); **6.** 힐데가르트 폰 빙엔Hildegard von Bingen: 쇠비름은 차가운 성질이며 간과 점액에 영향을 주므로 약용으로 권하지 않는다(자연학Ph. 1, p. 33: 독일어 '포르툴라크Portulak'); **7.** 참고할 문학서: a. 에드먼드 스펜서Edmund Spenser: 쇠비름은 위로를 준다(뮤즈의 눈물Mu. 199); b. 토머스 엘리엇 경Sir Thomas Elyot: "머리나 눈과 같은" 신체 내부의 열을 내려 주고 위장과 식욕 증진에도 도움이 된다("건강의 성Castle of Health" 2, 27).

쇠스랑, 갈퀴 pitch-fork **1.** 여성의 빗자루와 반대되는 남성의 전형적인 농기구; **2.** 삼지창의 변형으로 악마와 관련 있다.

쇠오리, 상오리 teal (새) 쇠오리는 작품 '필립 참새'에서 퍼핀(역주: 바닷새의 일종)과 함께 장례 미사 후에 가난한 사람들에게 돈을 나누어 준다(존 스켈턴John Skelton, 필립 참새Ph. Sp. 454).

쇠채 scorzonera (식물) **1.** 식용의 뿌리는 파스닙과 비슷하다. '검은 우엉black salsify'이라고 불리기도 한다; **2.** 힐데가르트 폰 빙엔Hildegard Von Bingen: a. 차가운 성질이다; b. 적절하지 못한 때에 또는 적절하지 않은 방법으로 복용하면 기분을 나쁘게 할 뿐 아니라 마음에 끓어오르는 나쁜 기분을 갖게 할 수 있다(자연학Ph. 1, p. 46, 이 식물의 독일어 이름 '슈베르츠부르펠Schwerzwurfel' 부분에 기술됨); **3.** 독, 간질, 현기증뿐 아니라 우울도 치료한다(로버트 버튼Robert Burton, 우울의 해부Anat. of Mel. 2, 4, 1, 3); **4.** 이탈리아어 이름 '스코르조네scorzone'는 뱀에게 물린 곳을 치료한다고 해서 붙여진 이름이다. 또한 스페인에서는 도마뱀이나 두꺼비에게 물린 곳의 치료제로 사용한다. 이것을 먹은 후에 재미로 뱀에게 팔을 물리기도 한다(안젤로 드 구베르나티스Angelo De Gub., 식물의 신화MP 2, 342f.).

쇠황조롱이 merlin (새) 작은 매: "쇠황조롱이는 종달새가 먹이를 매우 열심히 찾는 것처럼 힘들게 열심히 일한다"(제프리 초서Geoffery Chaucer, 파울스의 의회PoF 339F.).

수 number **1.** 모든 숫자는 1(단일성)에서 파생되기 때문에 숫자가 1에서 멀어질수록 물질은 더 파편화된다: (진보를 위한) 퇴보(그러나 다중성multiplicity 참조); **2.** 홀수와 짝수: A. 홀수: a. 피타고라스Phytagoras: 활동성, 남성성, 열망, 선한 것, 제한 적인 것, '불'; b. 플라톤Plato: 올림픽(예 법률Laws 4, 717); c. 베르길리우스Virgil: 신은 홀수를 좋아한다(전원시Ecl. 8, 75); d. 마녀의 수: 심지어 짝수 중에는 마녀들에게 금기 숫자도 있다: 예 "내 고슴도치가 세 번 하고도 한 번 더 울었다"(맥베스Mac. 4, 1). 그래서 그들이 가장 좋아하는 숫자는 3과 9(그리고 3의 배수)이다: "괴로운 일곱 밤, 아홉 곱하기 아홉", 그리고 네가 세 번, 내가 세 번 그리고 다시 세 번을 더해 아홉을 만들자"(맥베스); B. 짝수: a. 피타고라스: 수동성, 여성성, 수용성, 무한, 원시 물질의 바다; b. 플라톤Plato: 악마의 수; c. 중세시대: 천국에는 짝수가 있다(예 요한계시록Rev. 7, 4-8 참조). 그러나 지옥은 셀 수 없다(욥기Job 10, 22 참조); **3.** 소수(素數): 더 이상 줄일 수 없는 수; 숫자가 커질수록 더 복잡해진다; **4.** 숫자의 반복: a. 양적 힘을 강조한다; b. 영적 존엄성을 손상시킨다; c. 666=요한계시록의 적그리스도의 수: 6은 7보다 열등하다; **5.** 융합: a. 신기한 덧셈에 의한 융합: 예 374=3+4+7=14=1+4=5; b. 연속에 의한 융합: 예 21은 갈등(2)을 해결(=단일성 1)에 이르게 한다; b. **6.** 곱셈: 원래의 숫자가 가진 힘을 증가시킨다: 예 숫자 5가 에로틱하다면 15와 25도 에로틱한 것이다; **7.** 황금 숫자: 19년으로 이루어진 달력 주기에서 달의 해를 지정하기 위한 1에서 19(19까지 포함된다) 사이의 숫자로, 부활절을 계산할 때 사용된다; **8.** 피타고라스: 숫자 0=원circle: 자신의 꼬리를 무는 뱀: 창조 이전의 신, 무한한 가능성; 숫자 1=원 안의 점: 중심 또는 원주의 불, 창조의 시작; 숫자 2=선의 파괴: 극단성, 저항, 원질료; 숫자 3=정삼각형: 이중성의 능동적 합일, 생성된 모든 것의 근원이자 원형prototype; 숫자 4=정사각형: 물질의 형태 및 분리된 단위들, 즉 테트락티스tetractys(역주: 네 개의 점에 의한 사각의 열들로 구분되는, 10개의 점을 가진 삼각형 모양); 숫자 5=오각형 별: 물질(숫자 4)을 지배하는 영(숫자 1); 숫자 6=육각형 별: 우주와 인간의 구조적 단일성: 둘 다 세 가지 주요 원리를 기반으로 한다; 숫자 7=정사각형 안의 정삼각형: 물질형태에 들어 있는 신성한 힘(입문시키는 신성한 존재와 신성한 메신저); 숫자 8=팔각형: 4+4: 물질, 정의, 조화, 우정의 질서; 숫자 9=3의 세 배: 숫자가 갈 수 있는 최대 범위: 다른 모든 숫자들은 9 안에 포함되거나 그 안에서 회전한다; **9.** 카발라: a. 창조주(아인소프Ainsoph)=1은 0과 결혼하여 2에서 9까지의 숫자를 생성했다; b. 숫자 1~10은 절대 영Eternal Spirit이 현상의 세계로 강림하는 것을 나타낸다; **10.** 민속: a. 홀수(특히 3, 7, 9, 13)는 행운의 숫자다; b. (좋은 일이든 나쁜 일이든) 한 번 일어난 것은 두 번 더 일어날 수 있다; c. 사람의 인생에 있어서 매 일곱 번째 해와 아홉 번째 해에 큰 변화와 위험이 온다. 따라서 가장 위험한 해는 63세이다; d. 숫자 세기는 위험한 행동이다(예 별star 참조); e. 숫자 동요: "하나, 둘, 내 신발 버클을 채워라. 셋, 넷, 문을 닫아라. 다섯, 여섯, 막대를 주워라. 일곱, 여덟, 막대를 똑바로 놓아라. 아홉, 열, 커다랗게 살진 암탉 한 마리. 열하나, 열둘, 남자들은 땅을 파고. 열셋, 열넷, 하녀들은 연애를 한다. 열다섯, 열여섯, 하녀들은 부엌에 있다. 열일곱, 열여덟, 하녀들이 기다리고 있다. 열아홉, 스물, 내 접시가 비었다"; f. 전래동요: i. 까치, 까마귀, 버스 등을 셀 때: "하나는 슬픔, 둘은 기쁨, 셋은 편지, 넷은 소년, 다섯은 은, 여섯은 황금, 일곱은 비밀. 절대 말하지 말 것. 여덟은 바다를 건너온 편지, 아홉은 진정한 사랑을 위한 것"(다양한 버전이 있다: 예 "다섯은 연인에게, 여섯은 키스, 행복으로 가득 찬 저녁에 일곱" 등); ii. "하나는 없는 것이고, 둘은 조금 있는 것이며. 셋은 많고, 넷은 1페니. 다섯은 100에 약간 못 미친다; **11.** 개별 수, 이진법binary 등 참조.

수 세기 counting 민속: a. 일반적으로 수를 세는 것은 불길하다: 사람의 연령을 말하는 것(=연령을 세는 것)은 불운하고 별점 운세를 말하는 것도 위험하다: 숫자의 비밀을 공개하면 불운이다; 종종 신에게 도전하는 위험한 '오만한' 행동과 관련 있다; b. 사랑 점치기: 널리 퍼진 공식은 수를 센(예 100마리의 흰 말 또는 자동차 등) 다음에 반드시 빨강머리 소녀(또는 대머리 남자 등)를 만나야 하고 그 다음에 만나는 첫 번째 (결혼 안 한) 남자가 당신이 결혼할 사람이다; 극복해야 할 장애물이 거의 끝없이 늘어날 수 있다; c. 또 다른 일반적인 사랑 점치기는 데이지꽃의 꽃잎, 단추, 체리 씨를 세거나 줄넘기를 하면서 "그는 나를 사랑한다, 그는 나를 사랑하지 않는다"고 말하는 것이다; 가장 잘 알려진 사랑 점치기는 "땜장이, 재단사, 병사, 선원, 부유한 사람, 가난한 사람, 거지, 도둑."이라고 말하는 것이다.

수공, 공예품 handiwork 엘리자베스 1세 여왕 시대: 성행위('훌륭한 작업' '좋은 솜씨' 등과 같은): "그의 솜씨를 잘 알고 있잖아"(존왕의 삶과 죽음K. John 1, 1).

수국 hortensia (식물) 수국hydrangea 참조.

수국 hydrangea (식물) **1.** 범의귀속saxifrage(약 80종) 중 한 속; 크고 화려한 꽃송이를 가지고 있다; 많은 언어에서 'hortensia'라고 불린다; **2.** 뽐내기; **3.** 냉정함: 차가운 아름다움은 상냥하지만 오래가지 못한다; **4.** 무정함: 향기가 없다; **5.** 기억; **6.** 사랑의 언어에서 냉정함을 의미한다(안젤로 드 구베르나티스Angelo De Gubernatis, 식물의 신화MP 1, 152).

수금, 살터리 psaltery 황홀경에 빠진 '나비스'('선지자': 예 사무엘상서1Sam. 10, 5)가 연주했던 고대 현악기.

수금, 칠현금 lyre **1.** 헤르메스/메르쿠리우스가 어린 시절에 수금을 발명하여 아폴로에게 준 후에 아폴로는 헤르메스가 훔친 소를 가질 수 있도록 허락했다(헤르메스에게 보내는 호메로스 찬가Homeric Hymn to Hermes 34 ff. 참조); **2.** 다음과 연결된다: a. 시: 뮤즈Muses(종종 두 개의 수금lyre)의 우두머리인 아폴로Apollo와 에라토Erato(사랑의 시)를 사이에 두고 이 악기의 연주를 듣는다; b. 노래와 춤: 오르페우스와 테르프시코레Terpsichore의 속성: c. 점(占); **3.** 우주적인 힘의 조화로운 결합, 고대 부부애의 상징. 또는 어떤 두 사람 사이 또는 한 남자와 그를 둘러싼 사람들 사이의 합의; **4.** 하늘과 땅을 연결하는 바람의 악기; **5.** 마법: a. 이것은 신들의 지배하에 있는 산을 움직일 수 있다; b. 테베Thebes 하부의 벽은 암피온Amphion의 수금lyre(하프harp나 비슷한 현악기였을 수도 있음)의 마법으로 세워졌다. 반면에 그의 쌍둥이 형제 제투스는 전력을 다해야 했다(나소 P. 오비디우스Naso P. Ovid, 변신이야기Metam. 6, 178); **6.** 성막 제단 위에 있는 두 개의 뿔 그리고 그 사이에 있는 희생제물과 연결되어 있다; (히브리어. 'kinnor'는 아마도 수금lyre으로 추정된다); **7.** 어미 거위Mother Goose 이야기에서 백마 탄 하얀 여인White Lady on a White Horse(지혜Wisdom)이 수금lyre을 연주했다(지혜); **8.** 문장heraldry(紋章): a. 시; b. 사색; **9.** 형태와 조합: a. 일곱 개 현이 있는 고전적인 수금lyre: 일곱 개의 행성, 음악에서 일곱 음계 등등; 타판데르Tarpander에 의해 소개되었다; b. 12현 수금lyre: 황도대Zodiac, 12개의 음계 등; c. 수금lyre+월계수laurel+칼knife: 아폴리안Apollian 게임; d. 켄타우러에게도 마찬가지이다: 케이론Cheiron; e. '줄 없는 수금lyre': 활; **10.** 윌리엄 블레이크William Blake: 고대 그리스의 수금lyre: a. 사실주의; b. 지성의 승리; **11.** 하프harp 참조; 류트lute; 치터zither, 오래 전에는 혼용되었다.

수녀 nun **1.** 프랑스에서 마법은 특히 수련 수사와 수녀 사이에서 성행한 것으로 알려졌다(로셀 호프 로빈스Rossell Hope Robbins, pp. 20, 27, 33ff., 313, etc.); **2.** 꿈: a. 수녀는 꿈꾼이의 누이를 상징한다; b. 비현실성, 순수성(톰 체트윈드Tom Chetwynd).

수달 otter **1.** 고대 북유럽: 오타르는 바다에서 연어 등을 잡기 위해 수달의 모습으로 변신한 주술사; 로키가 오타르를 죽였고 탐욕스러운 농부였던 오타르의 아버지는 신들에게 아들을 죽인 대가로 수달 가죽(=눈snow)을 다 덮을 만큼의 많은 황금(태양)을 요구했다; 이것은 (눈이 녹는 바람에) 불운을 가져왔다; 일시적 풍요; 지크프리트(역주: 북유럽 전설에서 용을 무찌른 영웅)가 (죽었을 당시) 입고 있던 사냥복은 수달 가죽이었다(니벨룽겐의 노래Nib. 16); **2.** 엘리자베스 1세 여왕 시대: 17세기에 수달이 물고기인지 동물인지에 대한 열띤 논쟁이 있었다(헨리 4세 1부1H4 3, 3 참조); **3.** 문장heraldry(紋章)에서: a. 신중; b. 무상어업권(기타 특권을 포함한).

수도자 monk **1.** 특히 아침에 수도자를 만나는 것은 보통 좋은 것인데 이 사람들은 독수리가 사체를 먹으며 살아가는 것처럼 물려받은 유산으로 살기 때문이다(아그립파Agrippa, 오컬트 철학OP 1, 54); **2.** 승려복은 악마가 가장 좋아하는 변장복이다(파우스토스의 유혹Faustus' suggestion: 독일민속서적DVB 3, 23에서).

수레 cart **1.** 수레에 태워져 대중에게 노출되고 뒤에서 채찍질당하는 것은 매춘부에게 흔한 형벌이었다(뜻대로 하세요AYL 3, 2; 리어왕Lr. 4, 6; 말괄량이 길들이기Shr. 1, 1 참조); **2.** 신의 궤를 나른 도구: "그들이 신의 궤를 새 수레에 싣고 기브아에 있는 아비나답의 집에서 나왔다: 아비나답의 두 아들인 웃사와 아효가 그 새 수레를 모니라"(사무엘하서2Sam. 6, 3): 이 궤를 옮길 때 수금과 비파와 소고와 양금과 제금으로 음악을 연주했으며, 이것은 풍요를 가져오는 이시스Isis의 푸른 배, 사투르날리아 농신제Saturnalia의 배-마차 등과 분명한 관련성이 있다(선박ship 참조); **3.** 태양의 전차: "포이보스의 전차"(덴마크의 왕자 햄릿Ham. 3, 2); **4.** 문장heraldry(紋章): 승리자의 마차; **5.** 영국의 경우, 수레는 농업에서 사용되었고 외에 땜장이의 장비의 특징이었다; **6.** 수레를 지붕 위에 올린다는 것은 미국 시골 마을의 전통적인 할로윈 농담이었다; **7.** 수레꾼은 휘파람 부는 사람으로 잘 알려져 있었다(헨리 4세 2부2H4 3, 2); **8.** 수레 밧줄: "헛된 것으로 줄을 삼아 죄악을 끌며 수레 밧줄로 함같이 죄를 끄는 자는 화 있을지니"(이사야서Isa. 5, 18); **9.** 죽음

마차Death-cart는 매장burial 참조.

수레국화 corn-flower (식물) **1.** 국화과 식물의 '센타우레아 시아누스Centaurea cyanus'; 수레국화는 가느다란 가지를 가진 한해살이 식물로, 1~2피트 높이에 가는 잎과 푸른색 꽃이 피고 꽃의 머리는 잎이 없는 긴 줄기에 달려 있으며 1인치 이상의 두께이다; **2.** 푸른색: 하늘 및 하늘에 사는 존재들과 관련된다; **3.** 천칭자리를 다스린다; **4.** 수레국화bluebottle 참조.

수레국화속 식물 centaury **1.** 매우 방대한 국화과 식물(500종; 플리니우스Pliny, 25, 30): 케이론이 헤라클레스를 치료하는 데 쓴 약초; **2.** 섬세함; **3.** 행복의 상징; **4.** 이 식물의 한 종류는 매의 보호를 받는다; **5.** 독을 제거하고 시력 등을 밝게한다; **6.** 수레국화 cornflower도 참조.

수레바퀴 wheel **1.** 일반적으로 다음을 의미한다: a. 가장 기본적인 기호 중 하나로 원의 상징성 뿐 아니라 나선형적 움직임과 순환적 움직임의 상징성을 모두 갖고 있다; b. 움직이지 않는 원반과 회전하는 수레바퀴를 구분할 수 있지만 움직이지 않는 것은 항상 회전하려는 경향이 있으며, 따라서 대극의 이중성, 삼각형, 십자형 등과 연결된다; c. 회전하는 가장자리는 그 중앙에 '부동의 동자unmoving mover'가 있다는 것을 가정한다; **2.** 태양 상징: a. 태양은 종종 두 개의 수레바퀴가 있는 전차로 표현된다; 별자리 등도 마찬가지; b. 아래의 불의 수레바퀴 참조; **3.** 운명, 행운, 삶의 우여곡절, 그리고 존재의 순환을 나타내는 원 circle: a. 네메시스(라틴어 '포르투나')는 요정 여신으로 원래 신성한 왕과 연결된 태양년의 수레바퀴를 가지고 있다; b. "모든 수레바퀴의 바큇살과 바퀴 테를 부러뜨려라"(덴마크의 왕자 햄릿Ham. 2, 2); **4.** 시간(보통 12로 나누어지는): 한 해와 하루의 주기(시계); **5.** 영원불멸(원circle), 우주의 회전하는 하늘(또는 성castle); **6.** 경우에 따라 여성: a. 달을 상징한다; b. 일반적으로 여성적인 것으로 여겨진 물레 돌리기는 성탄계절 이후에 여자들이 하는 것이었다; **7.** 초월, 전진, 나선형 움직임을 만드는 상승하는 수레바퀴; **8.** 완료: 주기적 움직임(예 별자리); 또한 완성된 연금술사의 '작품'을 의미하기도 한다; **9.** 고문: 아래의 불의 수레바퀴Wheel of Fire 참조; **10.** 윌리엄 블레이크 William Blake: 기계론적 논리; **11.** 수레바퀴 안의 수레바퀴: a. 남자와 여자; b. 효과를 발휘하는 데 미치는 복합적인 영향들; c. 에스겔의 환영(에스겔서Eze. 1); **12.** 불의 수레바퀴: a. 익시온 전설: 겨우살이 성기가 거세된 참나무신-왕은 구름 여신과의 혼례를 마친 후 벼락도끼에 목이 잘리고 날개를 펼친 독수리처럼 나무에 매달려 불에 태워졌다; b. 한 여름의 내리막길에서 불의 수레바퀴가 굴러간다(a번과 관련): 태양이 정점에 도달했으니 이제 저물어야 한다; c. 중세 전설 속의 연옥과 지옥에서의 형벌; 직접적인 출처는 신약성서 계시록이지만 고문의 이미지인 (태양, 생명 등의) 불타는 수레바퀴는 전 세계에 분포하는 원형archetype 이다; d. "나는 불의 수레바퀴에 묶여서 내 눈물이 마치 녹은 납처럼 흘러내렸다"(리어왕Lr. 4, 7); e. 켈트족 천둥신의 상징: 예 태양신 타라니스와 그의 나선형 천둥.

수련 water-lily (식물) **1.** 이 이름은 종종 눈에 띄는 꽃잎과 함께 떠다니는 모든 식물에 광범위하게 적용되는 이름이지만 실제로는 특정 식물군을 형성한다('님파에세Nymphaeceae'). 그 종 중 하나는 인도 연꽃이고 다른 하나는 이집트 연꽃이다; 이 꽃은 일반적으로 다섯 개의 꽃잎을 가지고 있다; **2.** 순수성: 항최음제이다; 한 입만 먹어도 40일 동안의 발기부전을 유발한다(플리니우스Pliny 25, 27; 26, 61); **3.** 웅변: 목소리를 향상시킨다; **4.** 야간 항해를 위한 태양 범선; **5.** 다산; 기독교: 자선; **6.** 점성술: a. 행성: 달; b. 별자리: 물고기자리.

수문 sluice (동사로) 성교하다: "수많은 남자가 아내의 팔에 매달려 있다… '그가 없는 동안' 아내라는 연못의 물이 빠졌다는 것(다른 남자와 외도를 한 것)도 모른다"(겨울이야기Wint. 1, 2).

수발총, 세로로 긴 마름모꼴 fusil 문장heralry(紋章): a. 원래 견인기로 덮인 스핀들을 의미하는 베어링으로; 나중에 양식화된 형태로 길게 늘어진 마름모꼴을 의미하게 되었다; b. 노동; c. 여행.

수사슴 hart **1.** 우아함, 민첩함; **2.** 샛별(새벽별); 부활: 가죽과 뿔을 벗는 것은 그리스도의 부활을 상징하는 특징이다; 수사슴이 밤에 갑자기 나타나 기사들이 좇아가면 그는 언제나 비참하고 특별한 모험에 뛰어든다: 예 호수의 여인들을 만난 아서왕(토머스 맬러리경Sir Thomas Malory 4, 6ff); **3.** 아르테미스, 에스더, 그리스도t에게 바쳐진다; **4.** 유니콘을 대체하는 것들 중 하나; **5.** 기독교: a. 영혼의 독실함과 염원: "하나님이여 사슴이 시냇물을 찾기에 갈급함 같이 내 영혼이 주를 찾기에 갈급 하나이다"(시편Ps. 42. 1); b. 박해: (영광을 잃은 시온의 지도자들은) "꼴을 찾지 못한 사슴들처럼 뒤쫓는 자 앞에서 힘없이 달아났도다"(예레미야 애가Lament 1, 6); c. 불멸: "수사슴의 경우, 나이가 들었을 때 밀랍을 바르면 하얀 피부로 다시 젊어진다"(토머스 맬러리경 17, 9; 참조: 사슴deer); **6.** 고대 영어: 흐로스가스가 지은 전당은 '헤오로트'(=수사슴)이라고 불렸으며, 이는 아마도 지붕 위에 있는 뿔 때문이었을 것이다; 그렌델의 습격으로 인해 열두 번의 겨울 동안 사람이 살지 않았다("베오울프"); **7.** 사슴deer; 암사슴doe 등 참조.

수사슴 stag **1. 일반적으로 다음을 의미한다:** a. '우월한' 동물; 사슴 뿔에 12개 이상의 점이 있을 때(=일곱 살) '로열(스태그)'이라고 불린다; b. 수사슴의 천적은 뱀이다; 사슴deer 참조; c. (그리스-로마) 수사슴은 약초를 알아볼 수 있는 능력이 있다; d. 수사슴의 음경은 에로틱한 흥분과 답즙의 저장소이기 때문에 강력한 정력제이다; e. (아리스토텔레스Aristotle, 클라우디우스 아엘리아누스Claudius Aelianus 등) 수사슴은 쓸개가 없다; **2. 신화:** 종종 여신의 연인인 왕들은 사슴으로 변했으며 여신이 연례적인 정화 목욕을 하고 새로운 애인을 취하면 새 애인에게 사슴뿔이나 다른 동물의 뿔이 생겼다(바람난 아내를 둔 남편의 뿔과 관련된다); 훗날 이 의식은 다음의 의례에서 모방되었을 것이다: 다산왕이 사슴뿔 장식을 머리에 쓰고 사슴 가죽을 입고 죽임을 당하는 의례(또한 뿔horn 참조); 몇 가지 예: a. 악타이온Actaeon은 디아나Diana가 자신의 아름다움을 뽐내며 목욕하고 있던 샘이 있는 동굴(외음부를 상징하는)을 '우연히' 발견했다; 디아나는 그를 수사슴으로 변신시켰고 하반신을 드러낸 무자비한 그녀는 악타이온이 자신의 사냥개들에게 잡아먹히는 것을 보았다(나소 P. 오비디우스Naso P. Ovid, 변신이야기Metam. 3, 1, 55ff.); 이것은 남자가 비밀스러운 여성의 신비를 침범한 데 대한 벌을 받은 것으로 설명되었다; 그러나 이것은 신성한 왕을 살해한 후에 목욕하는 아르테미스Artemis로 대표되는 여사제까지도 연결된다; 일부 문헌에서 아르테미스 숭배가 원래 여신의 처녀성 측면을 황홀하고 환락적인 것으로서는 그다지 강조하지 않았다는 것은 분명하다; 또한 네메시스Nemesis는 수사슴으로 변한 악타이온으로 장식한 은관을 썼다; b. 크레타섬의 미노타우로스Minotauros 전에는 미놀라포스Minolaphos가 있었는데 그 사이에 염소숭배가 있었다; 염소goat도 참조; c. 소년 퀴파리소스Cyparissus는 황금 같은 뿔이 달린 아름다운 수사슴을 사랑했다; 그는 이 수사슴을 타다가 실수로 사슴을 죽게 했고 너무 슬퍼서 그 자리에서 편백나무로 변했다(나소 P. 오비디우스, 변신이야기 10, 109ff.); **3. 고양:** a. 하늘과 땅 사이의 중재자(독수리와 말처럼)이고 신들의 사자로서 그는 종종 숫염소의 반대이다; b. 고독과 순결, 종종 순수한 영혼soul을 나타내며 세례, 성배 또는 승천의 길을 찾고 있다; 또한 켈트 신화에서 오이신Oisin은 말년에 붉은 귀(죽음)를 가진 흰 사냥개에게 쫓기는 수사슴(그의 영혼)을 보았다; c. 뱀의 천적으로 물질에 대한 영적 승리를 상징한다; **4. 생식력:** 남성적 원리: a. 게르만족: 그의 뿔은 생명의 나무와 관련이 있으며 신화에서 네 마리의 수사슴은 생명나무(이그드라실Yggdrasil) 가지를 먹고 산다; 때로는 세 마리이다; 이들의 뿔로부터 이슬방울이 떨어져 아래 세상을 비옥하게 한다; 게다가 그의 뿔은 태양의 상징이다; b. 켈트족: 러이 라우는 머리카락이 참나무 가지(하늘, 풍요)에 묶인 상태로, 한쪽 발을 가마솥(땅, 생식력)에, 다른 발을 수사슴(생식력)에 딛고 서 있을 때만 부상을 입을 수 있다; 수사슴은 풍요의 왕 프윌Pwyll과 관련이 있다; 아폴로Apollo에게 바쳐졌다; 1번의 d 참조; **5. 회춘**, 재생, 불멸, 장수: a. 뱀을 먹어서 스스로 회춘한다(앞의 1번의 b 참조); b. 회춘의 주기는 새로 난 뿔로 상징되기도 한다; c. 사슴뿔은 불멸(죽음에서 살아남)을 나타내기 위해 영국 무덤에서 종종 발견된다; d. (헤시오도스Hesiodus 등); 수사슴은 사람보다 아홉 배 더 오래 사는 까마귀보다 네 배 더 오래 산다; 뿔horn 참조; **6. 아름다움**, 우아함, 민첩성, 온화함(1번의 e 참조) 등; **7. 정조**: 수사슴은 (코끼리, 사자, 유니콘처럼) '처녀성 테스트'에 사용되었다: 만약 수사슴이 소녀를 죽인다면 그녀는 더 이상 처녀가 아니다("순결의 마법적 힘"); **8. 문장**heraldry(紋章): a. 정의와 조화의 연인; 음악에 능숙한 사람; b. 온화함, 친절; c. 정치적 순리; 경솔하게 공격하지 않는 사람; d. 믿음과 진리의 연인; e. 사냥할 수 있는 권리.

수사슴의 뿔 hartshorn **1.** 수사슴과 식물의 뿔(질경이plantain 참조); **2. 뿔**: 긁거나 잘라서 암모니아의 원료를 추출했다: 목동은 뱀이 싫어하는 암모니아의 원료인 수사슴 뿔의 연기를 헛간에 피워서 뱀으로부터 보호한다(칼푸미우스 시쿨루스Calpurnius Siculus., 목가Ecl. 5, 90ff).

수산나 Susanna **1.** 이름: '백합'(그녀의 이야기는 단테Dante, 외경Apocr. 13장에 묘사되어 있다); **2.** 달의 여신의 특성: 목욕과 염탐; **3.** 시간의 신화: 머리 하얀 늙은 태양 영웅 다니엘 대 새로운 태양 영웅 다니엘; **4.** '낯선 사람'이 난입하는 여성의 다산에서 다음과 같은 일이 이루어졌다: a. 그녀는 정오에 과수원으로 들어갔다; 나중에 그녀의 혐의가 제기되었을 때 그녀가 그 아래에서 놀았던 나무가 매우 강조되었다; b. 문은 잠겨 있었고 오직 두 명의 여종만이 그녀와 함께 있었다; c. 수산나가 목욕할 때 그녀의 아름다움이 장로들에게 드러났으나 나중에 고발할 때 그녀를 '드러내야' 한다는 것(마법을 방지하기 위해 그녀의 머리카락을 내리게 하는 것이 아니라: 머리카락/털hair 참조)을 강조했다는 점이 이상하다. 또한 (간음녀의 추한 벌거벗음을 강조하는 게 아니라) 그녀의 아름다움이 강조되었다는 점도 이상하다; d. 신성한 아이 다니엘(태양 영웅)이 그녀를 소생시킨다.

수선화, 나르키소스 narcissus **1.** 이름: '마비되다' '잠들다'를 뜻한다. 이 꽃의 이름은 님프 리리오페와 강의 신 케피소스Cephisus의 아들의 이름을 따서 명명되었다(나소 P. 오비디우스Naso P. Ovid, 변신이야기Metam. 3, 342ff.). 나르키소스는 물에 자신이 비친 모습을 사랑하다 여위어 갔다. 그의 몸에서 피어난 꽃은 흰색과 붉은색이었다(위대한 여신Great Goddcss의 색). 쟁기질하는 세 번의 시기와 일치하게 세 번 꽃이 핀다; **2.** 허영심, 자기애; **3.** 자성, 자기성찰. 우주적 측면에서 스스로를 성찰하는 세계(또는 신); **4.** 광기: 고통스러울 정도로 달콤한 향기가 광기를 일으킬 수 있다; **5.** 에리니에스Erinyes(역주: 복수의 여신)에게 바쳐졌다: a. 운명의 여신이 이 꽃의 화관을 썼다; b. 중세 시대: 복수의 상징; **6.** 기독교: 세속적인 것에 대한 신성한 사랑의 승리, 이기심을 이긴 희생; **7.** 폴 발레리Paul Valéry: 자아의 완전한 영적 향유; 자급자족; 지식을 추구하고 외부의 힘에 방해받지 않으며 지식을 타인에게 전달하지 않는다; **8.** 이것의 긍정적인 면: a. 진통제: 복수의 여신 퓨리에가 주는 수선화 화관은 범죄자의 감각을 마비시킨다; b. 상처치료제; c. 화장품(오비디우스Ovid와 플리니우스Pliny): 수선화 구근은 피부의 잡티를 제거하고 피부를 강화시키는 데 좋다; **9.** 붓꽃iris 참조.

수성 Mercury (행성) **1.** 일반적으로 다음을 의미한다: a. 태양에서 가장 가까운 행성. 따라서 태양의 성질을 가지고 있다: 지적 에너지; b. 가장 작은 행성; c. 수요일의 주님; d. 하늘의 남근: 대우주는 '최고의 인간'으로 간주된다; **2.** 메르쿠리우스 신과 연결된다(헤르메스Hermes 참조): A. 전령: a. 원소들 간의 중재자; b. 지식, 과학, 자유 의지: "메르쿠리우스의 자녀들"은 (독신의) 학자들이다(제프리 초서Geoffery Chaucer); B. 상인들과 도둑들의 보호자; C. 심리(카를 융Carl Jung): a. 인간의 꿈을 지배한다(오디세우스: 킬레네산의 헤르메스); b. 영-헤르메스-이성: 황금 번개 뱀처럼 하늘에 정지된 상태로 떠 있다; c. 가장 안쪽의 중심점이자 세계를 감싸는 것이며 공간의 수 4와 연결된다(헤르메스Hermes도 참조); **3.** 다음에 상응한다: a. 꽃, 버섯, 라벤더, 파슬리; b. 색상: 녹색, 노란색 또는 파란색; c. 신체 특징: 높은 이마, 긴 얼굴, 검은 눈, 가는 턱수염; 규칙: 사지, 폐, 오른발; d. 재능: 일에 대한 역량; 죄: 시기심; **4.** 성격: a. 말하기를 좋아함; b. 재치, 지성, 창의력, 분석력; 그러나 피상적인 경향, 견고한 학문의 결여; c. 훌륭한 예의범절; d. 상거래, 바다에서의 행운; e. 훌륭한 하인; f. 부정직: '카멜레온'; g. 이지적; **5.** 특징: 건조함; **6.** 별자리: 쌍둥이자리와 처녀자리를 지배한다; 성별이 없는 행성; **7.** 다음을 상징한다: 원(태양)에 싸여있고 그다음은 초승달(달)이나 날개(메르쿠리우스)에 둘러싸여 있는 십자가(차원, 공간).

수수 sorghum (식물) **1.** 인디언 수수Indian Millet라고도 하는 곡물; **2.** 힐데가르드 폰 빙엔Hildegard von Bingen: 차갑고 약한 품종이지만 일반 수수보다는 피해가 덜하다(자연학Ph. 1, p.18: 같은 뜻의 독일어 '베니히Venich' 부분에 기술되어 있다).

수수께끼 riddle **1.** 일반적으로 수수께끼를 푸는 마법적 효과는 '매듭을 푸는 것'(혹은 주문, 시 등의 운율의 장력 등)과 유사하다. 수수께끼가 만들어 내는 긴장감과 대답에서 나오는 해방감은 싹을 틔우면서 씨앗이 쪼개지는 것, 알의 부화, 아기의 탄생과 비슷하다; **2.** 성서: a. 가장 명백한 다산 관련 수수께끼는 삼손의 결혼식에서 나온 수수께끼지만 '숫자-속담'과 비유에서도 발견된다. 즉, "수수께끼를 내고 비유를 말하여"(에스겔서Eze. 17, 2); b. 수수께끼("어려운 글귀를 밝히 설명해 주는 것")와 매듭을 푸는 것("의문을 푸는 것") 사이의 관계가 분명하게 나타난다. 다니엘에게는 이 두 가지 재능이 모두 있었다(다니엘Dan. 5, 12); **3.** 민요: "수수께끼의 기사The Riddling Knight": 그는 세 자매 중 자신의 수수께끼를 모두 푼 막내와 결혼했다; **4.** 여성에게 수수께끼를 냈을 때: 민요에서는 수수께끼를 풀면 남편을 얻게 되거나("캡틴 웨더번의 구애Captain Wedderburn's Courtship"도 참조), 또는 수수께끼를 잘 피해서 남편을 얻기도 한다(예 "기사 엘핀The Elphin Knight"); **5.** 스핑크스sphinx 참조.

수액 sap **1.** 생명의 액체(혈액, 정액 등): a. "자, 나의 여왕이시여, 아직 수액이 남아 있습니다."(안토니우스와 클레오파트라Ant. 3, 13; 겨울이야기Wint. 4, 4 참조); b. "이성의 수액으로 열정의 불을 끄거나 최소한 진정시키려고 노력한다면"(헨리 8세의 생애에 관한 유명한 역사H8 1, 1); **2.** 대지 모신의 천상의 젖(때로는 은하수의 기원이 된다).

수염, 구렛나루 beard **1.** 매우 명예롭게 여김을 받는 나이 든 사람의 수염: a. 이것은 완전한 남성의 상징이기 때문이다(수염 난 여성은 종종 마녀이다); b. 태양-(광선)-신과 관련된다; c. 사람들은 '턱으로' 맹세했다(성서의 '허벅지'와 유사하다); d. 간혹 다산과 관련된 수염의 성장을 촉진하기 위한 교감마법이 이루어졌다; **2.** 이미 이집트인들은 수염을 곱슬거리게 만들고 염색하거나 헤나를 했다(태양의 오렌지색을 내기 위해); 나중에는 남성과 여성 모두 자주권의 상징으로 가짜 금속 수염을 달았다('가짜 수염'); 유대인들은 아시리아 신처럼 수염을 땋았으며, 두 명이 서로를 반기며 인사할 때 서로의 수염을 잡고 입을 맞추었다; **3.** 대부분의 근동지역에서 수염을 자르는 것(또는 수염을 잡아당기는 것: 덴마크의 왕자 햄릿Ham. 참조)은 악행이었다: a. 구약성서에서 수염은 오직 속죄(이집트가 기원일 수 있다), 애도, 처벌 또는 누군가에게 수치심을 안기는 형태로만(예 사무엘하서2Sam. 10,4; 또는 이사야서Isa. 50, 6) 잘랐다(또는 가렸다); b. 노예는 노예임을 표시하기 위해 면도를 했다; c. 정통 유대교인들은 여전히 곱슬곱슬한 구레나룻 수염 '페오티peyot'을 하고 있는데 이는 원로와 선지자들이 하던 것이었다; d. 나중에 로마시대가 되어서야 면도하는 것이 일반적 관례가 되었다(스키피오 아프리카누Scipio Africanus가 처음 면도를 한 것으로 알려져 있다); **4.** 고대 켈트족만이 매우 긴 콧수염을 가지고 있었다; **5.** 앵글로색슨족은 7세기까지 수염을 길렀다(법에 따라 면도를 해야만 했던 성직자를 제외하고); 영국의 왕들은 노르만 유행에 따라 윌리엄 1세가 자를 때까지 콧수염을 길렀다; **6.** 군대에서 특정 연대가 콧수염을 기르기 시작했다(당시 강제로 기르도록 했다). 따라서 이것은 군대의 특징이 되었다; 셰익스피어 시대에 사람들은 여전히 길게 수염을 길렀다. "그리고 기이한 맹세로 가득하며 표범처럼 수염을 기른 군인은…"(뜻대로 하세요AYL 2, 7); **7.** 노년과 관련된다: a. 지혜, 경험: "그리고 정의롭고… 엄격한 눈과 격식을 차려 자른 수염을 가진…"(뜻대로 하세요 2, 7); b. 망령: 연기자의 대사가 너무 길다고 불평하는 폴로니어스에게 햄릿은 다음과 같이 말했다: "수염을 들고 이발사에게 가는 셈이군요"(2, 2); **8.** 죽음과 반대되는

삶: 원시 프레스코 벽화에 살아 있는 사람은 수염이 있으며 죽은 사람은 수염이 없다; 이것은 또한 지상에서 수염이 있었으나 죽음 이후 말끔하게 면도를 한(죽음 이후 성별이 없어짐) 그리스도의 경우에도 마찬가지이다; **9.** 색깔: a. 파란색(불가능한 색): 악함(푸른 수염Bluebeard 참조); 달의 신, 죄의 속성; b. 황금색: 태양 빛; c. 회색: 노인(7번 참조) 또는 달빛; d. 붉은색: 북유럽의 신 토르, 오디세우스 등; **10.** 카발라: 숨겨진 고대 신(아버지 모습의 신)의 거대한 얼굴 수염: 이로부터 모든 창조(열세 개의 생명의 강에 따라)가 이루어진다; **11.** 머리카락/털hair 참조.

수영 sorrel (식물) **1.** 다른 속에 속하는 식물(정원 및 야생에서 자라는)에 적용되는 이름으로 이 식물은 종종 불쾌하지 않은 신맛을 가지고 있다. 때로 수프, 샐러드 등에 사용되고, 풍부한 가을 색을 지니고 있다; **2.** 아버지의 애정; **3.** 슬픔에 대한 체념, 정화: 치유력과 세정력이 뛰어나다; **4.** 달과 관련된다.

수영 swimmmg **1.** 신화에서 쿠훌린, 에우페모스: 태어나자마자 '송어처럼' 헤엄칠 수 있는 아이들(자연신화에서는 물 위의 새로운 태양으로 설명됨); **2.** 부유floating, 물water, 파도waves 등 참조.

수오리 drake (새) "자신과 같은 종류를 파괴하는 파괴자"(제프리 초서Geoffrey Chaucer, 파울스의 의회PoF 360).

수요일 Wednesday **1.** 그리스도는 수요일에 태어났다. 왜냐하면 넷째 날에 태양이 창조되었고 그리스도는 "세상의 빛"이기 때문이다(후고 라흐너Hugo Rahner, 그리스 신화와 기독교 신비주의GMCM 134n. 및 145); **2.** 특별한 음식: a. "고기를 먹지 않는 날"(윌리엄 캑스턴William Caxton, 여우 이야기Reynard Fox 28); b. 네덜란드: 금요일은 생선의 날이고 일요일은 스테이크의 날이기 때문에 수요일은 고기를 다지는 날이다; **3.** 재의 수요일에 대해서는 재ash 참조.

수은 mercury (금속) 연금술에서 '몬스트럼 헤르마프로디투스Monstrum Hermaphroditus'(쌍둥이Gemini, 즉 대극합일의 상징): **1.** 만물의 씨앗에서 탄생한 최초의 습한 물질; **2.** '이중적이다': 열등한 악마와 "철학자의 자식"; **3.** 첫 번째 정화purification: 느낌, 상상; **4.** 유황의 대극인 무의식(유동적이고 역동적인)과 여성성; 이것들은 함께 카두세우스의 지팡이를 이룬다; 소금과 함께 삼자관계를 형성한다; **5.** (유동체로서) 무한한 변환 및 침투; **6.** 수은의 연금술적 명칭: 바보, 뱀, 바다, 등불, 순례자, 검, 족제비, 사슴 또는 바보의 버섯(역주: 코르티나리우스 오렐라누스Cortinarius orellanus); **7.** 연금술alchemy 참조; 금속metal, 수은quicksilver.

수은 quicksilver **1.** 속도; **2.** 적응성, 불변성, 불확실성: 수은은 황금을 제외한 모든 것을 부식시킨다; **3.** 수은mercury과 관련된다; **4.** 연금술: 원질료Prime Matter의 또 다른 이름; 연금술alchemy과 뱀serpent 참조.

수음, 자위 masturbation **1.** 이집트: 테무 신은 헬리오폴리스에서 자위를 하여 아들 하나, 딸 하나를 낳았다(윌리스 버지Wallis Budge, 오시리스와 이집트인의 부활Os. 2, 330); **2.** 신화: 판은 에코를 헛되이 쫓다가 불쌍한 아버지 헤르메스에게 자위하는 법을 배웠다. 판Pan은 양치기들에게 이 방법을 가르쳤다(디오 코케이아누스 크리소스토무스Dio Coocceianus Chrysostomus 6, 17f); 그리스: 디오게네스는 공공장소에서 자위행위를 하면서 배고픔도 배를 문질러서 쉽게 없앨 수 있으면 좋겠다고 구경꾼들에게 말했다(플루타르코스Plutarch, 윤리론집M 1044B; 디오게네스 라에르티오스Diogenes Laertius 6, 46 and 69); 다른 이들은 이 이야기를 디오게네스가 사랑의 갈망이 얼마나 쉽게 처리될 수 있는지 보여 준 것으로 해석했다.

수정 crystal **1.** 투명성: 대극의 융합: '속이 보이는 물질'; **2.** 순수성; '수정으로 만든 집' 또는 '상자': 순수한 마음(윌리엄 블레이크William Blake); **3.** 지혜, 직관적 지식, 사고의 투명성, 정신, 지적 능력: 보석; **4.** 눈eye과 관련된다: a. 나르키소스의 샘의 밑바닥에 있던 두 개의 수정은 장미이야기Roman de la Rose에서 눈eye으로 표현된다; b. "그의 정부는 수정과 같은 아름다운 외모로 그의 눈을 사로잡았다"(베로나의 두 신사Gent. 2, 4); c. "한 번도 수정 같은 눈으로 꿰뚫지 못한 벽장"(=마음: 소네트Sonn. 46); d. 사악한 눈에 대항하는 부적: 동종요법; **5. 물과 관련된다:** a. 세례식의 물; b. 수정=화석빙 또는 언 이슬; c. 눈물; **6.** "끔찍한 수정": 에스겔서의 네 가지 '살아 있는 창조물' 위의 하늘: 얼음같이 차가운 북쪽; 아마도 신이 사는 장소로서의 북쪽; 하늘에서 내리는 깨끗한 눈과 같은 수분으로 이루어져 있다(그리스어 'crystal'은 수정과 얼음을 의미함) 열을 견딜 수 없다; **7. 크리스탈 볼:** a. 수정을 보며 점을 치는 점쟁이의 크리스탈 볼; 특히 수정 원석; b. 불멸: 무덤위에 놓인 크리스탈.

수조, 저수지 cistern **1.** 빈 틈 없이 지켜야 하는 자신의 아내(다음은 반문적 의문문이다: 어찌하여 깨끗한 물을 거리로 흘러가게 하겠느냐?; 잠언Prov. 5, 15); **2.** 사람이 만든 수동적인 수조: 반대로 신이 만든 능동적인 원천(예레미야서Jer. 2, 13); 또한 여호와=생명수의 원천, 그리고 '수조cistern'=우상idols; **3.** 욕정의 수조(오셀로Oth. 4, 2; 맥베스Mac. 4, 3); **4.** 딜런 토머스Dylan Thomas: 정액+시적 저장소; 시를 쓰는 것은 (수음과 같이) 머리를 '깨끗하게' 한다(예 "나의 영웅은 드러낸다").

수종증 dropsy **1.** 체액으로 몸이 붓는 질병; **2.** 탐욕을 수종증에 비유한다(플루타르코스Plutarch, 윤리론집M 524B+n.; 크세노폰Xenoph., 심포지움Sym. 4, 37 참조).

수증기 vapour **1.** 로마: 태양은 땅과 바다에서 솟아오르는 수증기를 흡수하기 때문에 열대지역에서 움직인다; 태양은 수증기로부터 너무 멀리 이동하지 않을 것이다(마르쿠스 툴리우스 키케로Marcus Tullius Cicero, 신론ND 3, 37; 별에도 동일하게 적용됨); **2.** 니체Nietzsche: 세상은 창조주의 관점에서 채색된 수증기이다; (또한 니체의 인용문Spr. "사후 세계의 사람들Of the Afterworldsman" 1부).

수지, 송진 resin **1.** 딜런 토머스Dylan Thomas: 수지는 방부 처리에 사용되었고 재생과 관련된다; **2.** 화장품: 제모제로 사용되었다(데키무스 유니우스 유베날리스Decimus Junius Juvenalis, 풍자시집Sat. 8, 114).

수컷, 수탉 (새의) cock **1.** '수컷cock'이 언급되는 경우 그것은 수꿩cock-pheasant, 수컷 자고새cock-partridge 또는 수컷 울새cock-robin(굴뚝새와 함께 하느님의 수탉과 암탉을 말한다)를 지칭하는 것일 수 있다; **2. 경계:** a. (수탉 모양 풍향계의 높이 상징성과 함께) 이것은 해 뜨기 전에 태양-그리스도Sun-Christ를 본다: (영적) 깨달음; b. 영지주의 프로네시스: 선견지명(경계+지성); 아브락사스Abraxas 참조; **3. 남성다움:** a. 풍요: 특히 농업에서의 풍요; 부활절 또는 종려주일의 행렬에서 케이크나 짚으로 만든 수탉을 들고 행진한다; 켈트족의 메르쿠리우스 유형의 신의 상징; b. 성욕: i. 간통: 중세시대에 간통의 상징이었으며 일반적으로 십계명 중 여섯 번째 계명에 대한 죄(허용되지 않는 욕구)에 해당한다; ii. 근친상간: 수탉은 그의 어미닭이나 누이닭과 근친상간을 저지르고도 부끄러워하지 않는데 왜냐하면 이들 모두 알을 더 잘 낳기 때문이다(이솝Aesop); iii. 수탉의 고환은 로마에서 최음제로 사용되었다; c. 이기주의, 저항, 자신감: 아래의 7번 참조; d. 어린 수탉: 젊은이의 어리석음(페트로니우스 아르비터Petronius Arbiter, "사티리콘Satyricon"); **4. 새벽의 새:** a. 앞의 2번 a 참조; b. 빛을 가져오는 존재; 기독교: 복음 전도사; c. 모든 마녀와 요정을 가까이 오지 못하게 한다(덴마크의 왕자 햄릿Ham. 1, 1); **5. 태양:** a. 지혜, 신중함, 지성: 중세시대 "프루덴티우스": 세계의 심판관의 속성: 수탉은 빛의 선지자이고 그 울음소리는 죽은 자들을 잠에서 깨어나게 할 것이다; b. 우수한 혈통의 준마(馬); c. 기독교: 세상의 빛인 그리스도: d. 정화의례: 특히 붉은 수탉의 울음소리는 어둠과 밤의 공기를 몰아낸다: 아래의 c번; e. 태양 영웅들의 상징: 12번 및 태양의 영웅으로서의 사도 베드로(10번 외에) 참조; **6. 악령을 물리친다:** a. (아이, 개 또는 고양이처럼) 수탉은 어둠의 힘을 몰아내는 축성 제물로 사용되었다; 종종 수탉의 피를 초석(주춧돌)에 문질렀다; b. 미트라교: 수탉의 울음소리가 악마를 도망가게 만들기 때문에 황소 다음으로 수탉을 가장 신성한 동물 중 하나로 여겼다; c. 4번의 c 참조; **7. 활동, 투쟁:** a. 수탉은 끊임없이 오는 바람(사악한 힘)과 대적한다; b. 승리, 명성; 로마시대에는 수탉의 울음소리가 전쟁 관련 신탁으로 간주되었다; 심지어 사자조차 수탉의 울음소리를 두려워한다(플리니우스Pliny 8, 19; 조슈아 실베스터Joshua Sylvester, 기욤 드 살루스테, 바르타 시에르의 신성한 시기와 작품DB 1, 5, 886 및 2, 1, 3, 82); c. 인간이 죽을 때까지 끊임없이 투쟁하는 것의 상징; d. 아래의 닭싸움 참조; **8. 지하의 신들**(그리스), 그러므로 a. 신탁: 7번의 b 참조; b. 악마의 상징: 그래서 수탉과 하나님은 대극; **9. 부활**: a. 새벽=태양의 부활; b. 바실리스크의 반대이고, 수탉은 바실리스크의 천적이다: 바실리스크의 부정적 죽음에 대항하는 긍정적 삶; c. 무덤 위에 수탉이 그려져 있다; d. 심각한 질병에서 회복된('죽음의 문'에서 돌아옴) 사람들은 아스클레피오스에게 수탉을 제물로 바쳤다; **10. 배신**, 속죄: 사도 베드로의 그리스도 부정(마태복음Matth. 26, 74ff, 특히 날개를 퍼득이는 수탉의 모습으로 나타낼 때); 사제들은 사람들에게 속죄하라고 말하기 때문에 이들은 때로 "하느님의 수탉들"이라고 불린다; **11. 문장**heraldry(紋章): a. 경계태세: 종종 작은 높이 상징으로 작은 녹색 언덕 위에 수탉을 놓는다; b. 종교적 열정; c. 프랑스 수탉: 일부 귀족이 수탉을 그들의 방패에 새길 수 있었던 권리와 관련이 있을 수 있다; 나중에 프랑스 공화정이 수탉 상징을 채택했다; d. 용기; 언제나 전투할 준비가 되어있다; **12.** 아폴로/헬리오스(태양), 아테네, 헤르메스/메르쿠리우스, 미트라의 **속성**; **13. 시간**: 히브리인: 밤의 '삼경'은 자정부터 수탉이 울 때까지이다; **14. 참고할 문학서**: A. 윌리엄 B. 예이츠 William B. Yeats: 에덴동산에서 추방되어 300년 전 어린 수탉이 꽃이 피는 사과나무 가지에서 울었고, 그 후 다시 울지 않다가 솔로몬과 시바의 여왕이 풀밭에서 거의 완벽한 결합에 이를 때에야 다시 울었다: 아주 만족한 성적 행위에서의 파괴와 재탄생; B. 션 오케이시Sean O'Casey: 요술 수탉Cock-a-doodle-dandy: 본능적이고 창조적인 충동: 새bird, P번의 4 참조; C. 토머스 S. 엘리엇Thomas S. Eliot: 날씨(비-풍요)를 알려주는 존재("황무지The Waste Land" 5부); D. 딜런 토머스Dylan Thomas: "어린 수탉의 알": a. 비정상적인 알; b. 수정된 정상적인 알; c. 수탉=가톨릭교(붉은 수탉), 개신교의 여우와 반대; **15. 색상**: A. 흰색: 경건한 삶을 사는 남자; 새벽; B. 검은색: a. 죽음의 새; b. 그리스의 밤의 여신인 닉스에게 바쳐진 새, 새벽의 흰색 (또는 이따금 붉은색) 수탉과 반대; C. 붉은색: a. 불의 악마, 번개, 새벽; 이따금 불로부터 보호해 주는 부적(동종요법); b. 고대 북유럽: 붉은 수탉은 라그나로크(역주: 신들의 몰락)가 올 때 운다; c. 고대 북유럽: 니플하임(역주: 지하 세계, 지옥)에는 남쪽의 수탉이 있는데 이 수탉의 불은 선한 것을 정화하고 악한 것을 파괴하며 매일 아침 공기를 정화한다. 또한 이그드라실에 앉아 있는 북쪽의 수탉인 골드콤의 부름에 답한다; d. 게르만족의 헬(역주: 저승의 여신)의 무서운 저승인 헬헤임에서는 짙은 붉은색 수탉이 운다; 수탉은 저승과 동일시된다; **16. 머리 두 개인 수탉**: 끊임없이 계속되는 전도; 쌍둥이자리 참조; **17. 수탉의 볏**: a. 아직도 알렉트리온의 기마병 투구에 수탉의 볏을 달고 있다: 마르스 신이 알렉트리온에게 (자신이 비너스와 놀고 있는 동안) 보았던 모든 것을 태양이 떠오를 때 자신에게 알려 달라고 경계를 서게 했는데 알렉트리온이 잠들었다. 벌로 마르스는 알렉트리온을 수탉으로 변하게 했다; b. 어릿광대의 모자; c. 어리석은 사람; d. 기독교: 승리의 관을 쓴 용사; e. 불, 번개, 새벽; **18. 닭싸움**: 수탉을 기둥에 묶어 놓고 죽을 때까지 막대기를 던져 맞히는 등 특히 참회의 화요일의 활동들과 관련이 있고, 봄 축제의 다산 의례와 명백히 관련되었다; **19. 풍향계로서**: a. 경계, 악령을 가까이 오지 못하게 한다; b. 루터교 교회에서는 백조로 대체되었다; **20. 민속**: a. 수탉은 그리스도의 탄생을 처음으로 알린 동물이었다; 그래서 그 이후에 수탉은 크리스마스에 밤새도록 운다(덴마크의 왕자 햄릿Ham. 1, 1 참조); b. 모든 실제 수탉과 교회 위 수탉 모양 풍향계는 세상의 종말에 최후의 심판을 알리는 울음을 울 것이다; 라그나로크Ragnarok 참조; c. 날씨를 예측하는 존재: i. 아마도 욥기Job(38, 36)의 (잘못된) 번역에서 수탉이 언급된다; ii. 다음의 경우에 비가 온다: 수탉이 문 위에 앉아 있거나 밤이 올 때 울거나 평소보다 늦게 닭장의 홰에 올라가 앉아 있는 경우: "수탉이 잠자러 가면서 울면 다음 날 수탉은 젖은 머리로 일어날 것이다"(속담); d. 사랑 점: 참회 화요일의 첫 팬케이크를 수탉에게 줄 때 함께 모여드는 암탉들의 수는 딸이 결혼하지 않고 지낼 기간(개월 수)을 보여 준다; e. 사랑의 부적(미국): 소녀들은 남자들과 악수할 때 남자들의 마음을 끌기 위해 장갑에 수탉의 꼬리 깃털을 넣었다; f. 도둑을 감지한다: 그릇아래에 수탉을 놓고 의심되는 사람들에게 차례로 그릇을 만지게 하면 도둑이 만질 때 수탉이 반드시 운다; g. 색상: i. 흰색: 행운; ii. 검은색: 종종 불운: 악마는 검은색 수탉을 선호한다; 사도 베드로의 배신과 관련있다; h. 수탉발톱: 경련을 예방해 주는 부적(장어 껍질 또는 토끼 발과 같다); i. 수탉-돌(수탉의 모래주머니에서 발견되는 돌): 대회에서 승리를 보장해 준다(플리니우스Pliny; 알렉토리우스alectorius 참조); **21.** 바실리스크basilisk 참조.

수포 blister **1.** 가인의 수포는 이마에 있는 순수의 장미와 완전히 반대된다(덴마크의 왕자 햄릿Ham. 3, 4); **2.** 테오크리토스Theocritus 이후 거짓말은 혀에 수포를 일으키는 것으로 알려졌다(앞의 책 12, 23f; 또한 겨울이야기Wint. 2, 2 참조).

수풀, 덤불 thicket **1.** 수사슴이 숨어 있거나 잡히는 곳; "여기는 더 이상 숨을 곳이 없다; 수사슴 아킬레우스는 덤불을 통과하지 못했다"(트로일로스와 크레시다Troil. 2, 3); **2.** 가시thorn (덤불bush) 참조.

수프 soup **1.** 데우칼리온이 살아남은 대홍수는 희생된 아이의 내장으로 만든 수프를 받고 분노한 제우스가 일으킨 것이다; **2.** 에서는 팥죽 한 그릇에 장자 상속권을 (쌍둥이 동생에게) 팔았다.

수확 harvest **1.** 때때로 다산왕의 재위 기간이 끝날 때(때로는 한여름) 수확이 이루어진다; **2.** 다양한 형태로 곡물 정령의 죽음이 이루어진다: a. 노인; b. 노파; 늙은 마녀 참조; c. 덜 익은 옥수수; 이때 마지막 옥수수를 자르는 것은 탯줄을 자르는 것을 의미한다; 이것은 원시적 인형으로 만들어졌다; **3.** 모닥불과 폭발로 악마와 마녀를 추방하는 시간; **4.** 조상숭배 의식; **5.** 완숙(존 키츠John Keats "가을의 송가Ode to Autumn" 참조); **6.** 노년; **7.** 히브리: a. 곡식의 수확 시기는 4~5월이었으며 따라서 오순절은 수확의 축제가 되었다; 포도주와 올리브는 8~10월에 수확했으며, 이것은 초막절로 축하했다; b. 최후 심판의 한 유형; **8.** 가을autumn 참조.

수확, 거두는 reaping **1.** 추수; **2.** 거두다; **3.** 거세용 칼(참나무 왕, 크로노스, 사투르누스, 시간 등): 큰 낫scythe 참조; **4.** 사신: a. 죽음의 신; b. 달의 여신(초승달 모양의 낫).

수확제 Lammas **1.** 8월 1일; 빵의 축제, 즉 '빵 축제hlaf-maesse'='loaf-mass'는 첫 번째 옥수수 수확에 대한 감사와 제물을 드리는 날; **2.** 네 절기 중 하나. 그래서: a. 중요한 마녀의 안식일중 하나; b. 지불해야 하는 소작료(여전히 스코틀랜드에서 사용된다); **3.** 켈트족: 루Lugh의 장례 잔치(또는 미사 또는 경야), 애도 축제(로버트 그레이브스Robert Graves, 하얀 여신 WG 30lf); **4.** 사도 베드로의 투옥: '어린 양' 및 '베드로의 결박'과의 잘못된 연결; **5.** 라마 홍수: 8월 1일 무렵의 우기.

숙녀 lady **1.** 요정의 이름; **2.** 기사의 동반자, 또한 색상도 참조; **3.** 민첩함: "숙녀분이 오셨도다, 오, 발이 민첩하도다. 영원한 부싯돌이 결코 닳지 아니하리라"(로미오와 줄리엣Rom. 2, 6); **4.** 왕국의 여인: 바빌로니아의 처녀 딸은 "하체가 드러날 것이며, 참으로 네 수치가 보일 것이요"(이사야서Isa. 47, 5); **5.** 호수의 여인Lady of the Lake에 대해서는 호수lake 참조.

순결 chastity **1.** 이집트: 세소스트리스의 눈이 먼 아들은 바람피우지 않는 정결한 아내의 소변으로 얼굴을 씻어야만 눈을 뜰 수 있었으며, 이것을 자신의 아내의 소변으로 시작해야 했다; 많은 사람의 아내의 소변으로 시도한 끝에 정원사 아내의 소변이 효과를 냈다; 그의 눈은 회복되었고 이 정결한 여성과 결혼했으며 다른 모든 아내들은 죽였다(디오도로스 시쿨로스Diodorus Siculus 1, 59); 다음의 3도 참조; **2.** 로마: 순결한 루크레치아가 섹스투스 타르퀴니우스에게 겁탈당하고 스스로 목숨을 끊은 유명한 이야기이다(티투스 리비우스Titus Livius 1, 57ff; 할리카르나소스의 디오니소스Dionysus of Halicarnassus 4, 64ff; 디오카시우스Dio Cass. 2, 11); **3.** 중세시대: 기사들은 종종 자신들의 순결하지 못함 또는 그들의 정결하지 못한 아내 때문에 순결 검증을 하지 못했다(예 가윈경 과 녹색의 기사의 아서왕Arthur in Gaw. 331); **4.** 추가 참조: a. 순

ㅅ

결 검증에 대해서는 뿔horn, 망토mantle 참조; b. 생명의 용액의 소비를 줄이는 방법으로서의 순결에 대해서는 정액semen 참조; c. 처녀성virginity 및 아내wife 참조.

순경 constable 엘리자베스 1세 여왕 시대 연극 무대에서 우스꽝스러운 등장인물이며 어리석은 행동으로 잘 알려져 있다(토머스 미들Thomas Middleton, 체인즐링Ch. 1, 2 125ff; 벤 존슨Ben Jonson, "모두 기분 언짢아" 1, 2 15ff).

순례자 pilgrim **1.** 신비의 중심을 향해 여행하는 땅 위의 사람; **2.** 인간의 영혼; **3.** 시간: "영원한 순례의 수고 속에서 본 가장 비참한 시간의 한 순간"(로미오와 줄리엣Rom. 4, 5); **4.** 명예: "죽은 자가 묻힌 땅을 축복하기 위해 백발의 순례자의 모습으로 온다"(윌리엄 콜린스William Collins, "1746년에 쓴 송시"; 회색에 대해서는 존 밀턴John Milton, 복락원Par. Reg. 4, 427 참조); **5.** 연인: "그때 내 생각은 열렬한 순례로 당신에게 향했습니다"(소네트Sonn. 27; 로미오와 줄리엣 1, 5 참조: 로미오는 캐풀릿가의 무도회에서 순례자의 가면을 썼다); **6.** 성지로 가는 순례자들은 종려나무 가지를 들고 가고 산티아고 데 콤포스텔라(스페인)로 가는 순례자들은 조가비를 들고 간다; **7.** 카를 융Carl Jung: 초월, 해방, 타인의 도움 없이 얻어지는 인생의 결정적 단계; 이 과정에는 포기와 속죄가 포함된다; 종종 연인(라틴어 '아니마anima')에 의해 인도된다: 아니마는 종종 아야 소피아, 팔라스 아테나와 같은 인물로 표현된다; 이 모든 것의 상징은 새들의 비행과 미로이다; **8.** 여정journey 참조.

순록 reindeer **1.** 극지방에 거주하는 동물; **2.** 원주민과 관련된다; **3.** 산타크로스의 말들steeds: 신들의 거주지와 관련된 북쪽North 참조.

순무 turnip (식물) **1.** 서늘한 계절의 농작물로 겨울에 자주 재배된다; 다른 모든 식물을 능가하는 효용성이 있다(플리니우스Pliny 18, 34); **2.** 자선; **3.** 딜런 토머스Dylan Thomas: 10월의 바람은 순무의 주먹으로 땅을 벌한다(역주: 혹독한 기상 조건을 나타낸다).

순사(殉死) suttee **1.** 훈족Huns의 야만인 종족인 에룰리Eruli 자손의 여인들은 남편이 죽으면 순사(殉死)를 맹세했다(카이사레아의 프로코피우스Procopius of Caesarea, 전쟁의 역사HW 6, 14, 36); **2.** 이 관행의 기원에 대해서는 다양한 설명이 존재한다: a. 이것은 '카타이Cathay' (인도)에서 남편을 독살한 아내들에 대한 처벌로 시작되었다는 기원이 있다(디오도로스 시쿨로스Diodorus Siculus 19, 23, 스트라보Strabo 15, 1, 30 및 62에 동의하는 사람); b. 또한 기원전 3세기 마우리아Maurya 제국에서 유래했다는 기원도 있다(플루타르코스Plutarch, 윤리론집M 499C, 아마도 메가스테네스의 설명에서 파생되었을 것이다).

순행 circumambulation 걷기walking 참조.

숟가락 spoon **1.** 여성 원리; 또는 양성적인(여성 그릇(우묵한 부분)과 남성 손잡이); '사랑의 스푼'은 사랑의 징표로 소녀들에게 주었다; **2.** 토머스 S. 엘리엇Thomas S. Eliot: 단조로움을 통해 영적 삶에서 벗어나는 것; 큰 것을 작은 것으로 나누는 것: "나는 커피 스푼으로 내 삶을 측정했다"("J. 알프레드 프루프록의 사랑의 노래Prufrock"); 커피coffee도 참조; **3.** 민속: a. 숟가락을 떨어트리는 것은 누군가의 도착을 의미한다; b. 세례 선물: 손잡이에 사도 형상이 달려있는 사도 숟가락 열두 개 한 세트. 이것은 특히 대자녀들(역주: 대부모의 후원으로 세례를 받는 아이들)에게 주었다(히브리어 성경HS 5, 3 참조); c. 속담: "악마와 식사를 할 때는 반드시 긴 숟가락을 들어야 한다"(제프리 초서Geoffrey Chaucer의 "종자 이야기Squire's Tale"에서 이미 나옴); "입에 은수저를 물고 태어난다": 부자로 태어난다.

술람미 여인; 수넴 여인 Shulamite; Shunammite **1.** 이 이름은 다음과 같이 설명된다: a. 수넴Shunam(=현대 술람미Shulam)의 주민; b. 아마도 다윗의 늙은 몸을 받들고(그러나 그는 "잠자리는 같이 하지 않았다"), 솔로몬의 품에서 위안을 찾았던 것으로 보이는 수넴의 처녀 아비삭Abishag과 연결된다(열왕기상서1Kings 1, 2 ff.); c. 샬로몬Shalomon('평화로운')의 여성형, 따라서 솔로몬에 속한다; d. 여신의 이름; **2.** 아가서SoS의 '평화로운' 여주인공(참조: 모든 특성 및 상징); 1번의 c 참조; **3.** 어두운 지하세계의 풍요의 여신, 아마도 그에게 왕관을 씌운 '어머니', 그리고 그의 아내에 해당하는 위대한 여신Great Goddes의 측면일 것이다(더 많은 측면에 대해서는 IV번 아래 참조); **4.** 전형적인 '아니마Anima'(원형archetype 참조; 카를 융Carl Jung 9b, 211); 태양 왕과 달(또는 대지)의 여신은 함께할 때 양성의 형태가 된다; 또한 신부bride; 솔로몬Solomon 참조.

술통 cask **1.** 와인과 관련이 있으며 와인의 맛에 영향을 주기까지 한다(특히 참나무 향): "와인은 그 와인을 담은 통의 맛이 날 것이다"(속담); **2.** 깊이가 무한하여 바닥이 안 보이는 통: 다나이데스의 전설; b. 모든 행위와 존재의 헛되다.

숨(쉬다), **호흡**(하다) breath(ing) **1.** 영혼, 정신, 생명력, 살아 있음: a. "그는 숨을 쉬었다"(시편Ps. 150, 6); b. 출생=죽음으로의 시작: "최초의 숨은 죽음의 시작이다"(속담); 자궁-무덤 상징; **2.** 인간에게 있어 신성한 요소, 영적 능력의 동화(예 죽어 가는 왕 또는 단지 정화하는 공기와 금빛 태양처럼 특정한 호흡): a. "그(예수)가 이 말씀을 하시고 저희를 향해 숨을 내쉬며 이르시되 성령을 받으라"(요한복음John 20, 22); b. 시적이고 예언적인 '영감'; **3.** 창조: 숨결을 불어넣는 신: "하나님이 흙으로 사람을 지으시고 생기를 그 코에 불어넣으시니 사람이 생령이 된지라"(창세기Gen. 2, 7; 또한 6, 17; 7, 15 등); **4.** 목소리(참조)와 연관된다; **5.** 호흡=공기(인간 상징에서), 바람: (겨울바람을 배은망덕에 비교하는) "네 숨결은 사나워도 사람 눈에 보이지 않으니 네 이빨은 그렇게 날카롭지 않네"(뜻대로 하세요AYL 2, 7); **6.** 호흡의 리듬은 '호흡하는' 우주의 리듬과 연관된다; **7.** 혈액순환과 연관된다: 반전inversion과 진화evolution; **8.** 여호와의 분노: 콧구멍nostril 참조.

숨기 hiding **1.** 축제일에 종종 볼 수 있는 음식을 숨기는 행위는 많은 고대 봄 축제의 일부였다; 유대교의 유월절 성만찬 때는 무교병 조각을 숨겼다(유월절의 시작). 부활절 달걀을 숨기는 기독교 의식 등; **2.** 꿈에서 숨는 것: a. 어둡고 좁은 공간에 숨는 것: 자궁으로 다시 도망가는 것; b. 다른 사람들로부터 무엇인가를 숨기는 것: 이것은 실제로는 공개하고 싶은 것을 의미한다(톰 체트윈드Tom Chetwynd).

숨바꼭질 hide-and-seek 구약성서의 결혼 피로연에서 신부는 정원에 숨어있고 모든 손님은 신부를 찾으러 나선다. 이때 신랑이 신부를 찾을 수 있도록 놔두는 것이 예의이다(예 아가서SoS 8, 13); 이것은 신부를 잡아오는 옛 결혼의 잔재일 수 있고 또는 종종 구약성서(특히 아가서)에 등장하는 것처럼 정원은 여성의 성기를 뜻하는 것일 수도 있다.

숨이고기 pearl-fish 피나pinna 참조.

숫돌 whetstone **1.** 좋은 숫돌은 게르만 신화에서 중요한 역할을 한다: a. 오딘은 자신이 몰래 낫을 갈았던 숫돌을 놓고 농장 일꾼들이 싸우게 했다(거인들로부터 시적 영감을 주는 벌꿀 술을 훔치려고 살필 때: 산문 에다Pr. Edda 2, p. 101); b. 거인 후룬그니르와의 결투 이후에 토르의 이마에 박힌 '돌'은 거인 후룬그니르가 무기로 사용했던 숫돌의 일부이다(방패와 함께 사용했다: 산문 에다 2, p 10); **2.** 게르만족 왕의 홀은 종종 이러한 형태였다; **3.** 거짓말: "당연히 숫돌을 받을 만하다"=큰 거짓말쟁이기 때문에; 목에 두른 숫돌은 거짓말에 대한 벌이었다.

숫돼지 hog **1.** 더러움, 불순함; **2.** 탐욕; **3.** 게으름, 어리석음: "꿀꿀거리는 것 외에 돼지에게 무엇을 기대할 수 있는가"(속담); **4.** 이기심, 배은망덕: "돼지는 도토리를 타작하는 자를 결코 존경하지 않는다"(속담); **5.** 관능: 오디세우스의 동료들은 키르케에 의해 돼지가 되었다; **6.** 높은 곳에서 낮은 곳까지 부패에 빠져듦; **7.** 특별한 종교적 의미: a. 이집트-히브리: '불결한 것'(원래는 위대한 여신에게 신성한 것이었다); b. 디오니소스의 상징; c. 돼지(불순한 욕망)를 물리친 성 안토니오스St. Anthony의 상징; **8.** 멧돼지boar 참조; 돼지pig; 암퇘지sow.

숫양 ram **1.** 신성한 (태양)왕 또는 신의 상징: 다산, 부활(황소의 신도 숫양의 신의 경향이 있다): a. 원래 태양왕은 종종 양가죽을 입기도 했다; 나중에 숫양은 양자리의 우세와 봄을 상징했다: 봄; b. 제우스가 받자 이전에 사제를 상징하는 흰색과 희생자를 상징하는 검은색의 양털이 황금색이 되었다; 신들이 티포에우스에게서 달아나자 제우스는 숫양의 모습으로 변했다(이 변화는 또한 제우스의 계절적 변화 중 하나이다: 계절seasons 참조; 나소 P. 오비디우스Naso P. Ovid, 변신이야기Metam. 5, 327; 또한 파우사니아스Pausanias 2, 18 및 헤로도토스Herodotus 2, 42 참조); c. 디오니소스는 헤라의 분노를 피하기 위해 숫양으로 변했다; d. 봄에 여신들 카리테스(다산)를 동굴(저승, 겨울 거주지) 밖으로 인도하는 헤르메스는 종종 숫양을 데리고 다니는 것으로 묘사된다; e. 야누스는 때로 숫양의 머리를 하고 있다. 한쪽 뿔은 앞을 향하고 다른 쪽 뿔은 뒤를 향하고 있다(예 로마); f. 포세이돈과 에로스에게 바쳐졌고 때로는 키벨레에게 바쳐졌다; g. 아브라함과 이삭의 이야기에서 태양 영웅의 대리 희생; h. 그리스도는 양떼의 우두머리이자 희생제물이었다(중세시대에 뿔은 가시왕관을 상징하는 것으로 여겨졌다); **2.** 유니콘의 변형: 영혼(예 이집트); **3.** 창조주의 상징: 고난의 개척자; **4.** 바람: (이집트) 바람은 숫양의 머리를 하고 있거나 숫양의 모습을 하고 있다; **5.** 희생으로서의 평화: 그 강인함은 전쟁을 상징한다; **6.** 양자리는 페르시아를 상징한다: 미디아인과 페르시아인을 상징하는 두 뿔(다니엘서Dan. 8, 4ff.); **7.** 이집트: a. 구부러진 뿔을 한 숫양은 아몬 신을 상징하고; b. 물결모양 뿔의 숫양은 크눔 신 또는 헤르세프신(아르사페스라고도 함)를 상징한다; **8.** 천적은 코끼리이다; **9.** 문장heraldry(紋章): a. 인내, 절제, 화해; b. 양을 지킬 권리; c. 지도자; 공작duke의 상징이다; **10.** 숫양의 뿔에 관해서는 뿔피리Shofar 참조; **11.** 민속: A. 마녀와 관련된다: 악마(염소와 같은)가 흔히 취하는 형태로 마녀가 자주 타고 다녔다; B. 호기심 많은 동요: a. 거대한 숫양에 관한 유명한 운율("내가 더 더비에게 갈 때…")이 있는데, 이 숫양은 "달까지 닿는" 거대한 뿔을 가지고 있다; 아마도 달-마법-마녀-다산으로 이어지는 주제의 일부일 것이다; b. 숫양의 뿔로 밭을 가는 것은 불가능하다는 것이 "이사벨과 엘핀 기사Lady Isabel and the Elphin Knight"에서 언급되었다; c. "꼬마야, 꼬마야, 너는 어디서 태어났니? 멀리 랭카셔 가시나무 아래에서 태어났지, 그 곳은 숫양의 뿔에서 신 우유를 먹는 곳"; **12.** 염소goat 참조.

숫처녀 virgin **I. 신화: 1. 동정녀 출산**(처녀 생식): a. (문화적) 영웅이 처녀로부터 태어난다: 처녀 대지가 하늘이나 오래된 태양신에 의해 비옥해지는 춘분(성모영보대축일Lady Day 참조)에 영웅(예 태양)이 잉태된다; 한겨울 동지에 아이가 태어난다(예 오시리스, 아티스, 미트라, 헤파이스토스, 마르스, 아도니스, 그리스도); 그는 일반적으로 봄에 십자가에 못 박히거나 교수형에 처해지거나(승천), 봄(다시 고대에 그리스도가 죽었다고 전해지는 3월 25일에) 또는 하지에 불태워진다(영화); b. 이런 신화에서 그는 대지 여인과 하늘 신의 아들이므로 현세의 아버지는 없다; 어머니는 처녀(어머니), 아내, 죽음의 파괴자(위대한 여신Great Goddess 참조)의 세 단계를 거칠 수 있다(; 실제로 이 아이는 다산의 왕(그리고 왕의 친절한 동료들)과 신전의 처녀들 간의 성교의 결과일 수 있다; 그때 태어난 아이들 중 한 명이 왕의 집사로 선택되었다; c. 고대 히브리인들 사이에서는 메시야가 '처녀'('알마alma'=장성한 소녀)에게서 태어나기로 되어 있었으며 그가 다윗왕(='이상적인 왕')의 후손으로 임에도 그의 아버지에 대해서는 언급되지 않았다(예: 미가서Mic. 5, 3); 예 "보라 처녀가 잉태할 것이다" 등(이사야서Isa. 7, 14 및 다음 장); **2. 동정녀-어머니:** a. 이들은 매일 아침이나 (때로는 바다에서 솟아오르는) 매년 봄마다 또는 매달마다 순결을 새롭게 하는 새벽, 땅, 또는 달의 여신들이며 목욕을 매우 좋아하는 사람들이다; b. 이들은 거의 기적적으로 태어났다: 예 바다 거품(우라노스의 가련한 피: 아프로디테)에서 태어나거나 불가능한 곳(예 머리에서 태어난 팔라스 아테나)에서 태어났다; c. 이러한 생각은 많은 위대한 종교들의 발상지인 근동에서 생겨났을 가능성이 있다(비록 그 흔적은 전세계적이지만); '천상의 여신' 또는 '천상의 처녀'(달)가 있는 곳으로 아스타르테 또는 이와 유사한 형태로 기념되었다; d. 지혜로운 처녀와 어리석은 처녀의 비유는 열 달 동안 다섯 달은 여름으로, 다섯 달은 겨울로 지내는 다산 의례와 같다; 신랑(태양)은 "주여, 주여, 우리에게 열어 주소서"(마태복음Matth. 25, 1-12)라고 헛되이 외치는 겨울달들winter-months에게 가지 않을 것이다; e. "윌링턴의 페어 메리Fair Mary of Wallington"에서 처녀성-죽음virginity-death과 출생은 신기하게도 관련되어 있다; **II. 처녀성 시험: 1.** 그리스 소녀들은 때로 독사와 함께 구덩이에 던져졌다; 순결하지 않은 소녀는 독사에게 물렸다; 이는 뱀, 용, 사자 등의 시험을 견뎌낸 성자(남성과 여성)와도 관련 있다; 영웅은 대개 이를 극복하기 위한 괴물의 특성(예 눈)을 가졌다(예 뱀snakes의 최면에 견뎌낼 수 있는 뱀serpent의 눈을 가짐); **2.** 처녀성 시험에 사용되는 기타 동물은 사자, 코끼리, 유니콘이 있다; **III. 다음을 의미한다: 1.** 순결; **2.** 두려움: 나는 "어둔 밤에 처녀보다 덜 용감하다"(트로일로스와 크레시다Troil. 1, 1); **3.** 자기애: "당신의 오래된 처녀성은 우리 프랑스의 시들은 과일 배와 같다: 이 배는 병들어 보이고 시들어 맛이 없다"; (성서에서 가장 억제된 죄악으로서의 자기애; 끝이 좋으면 다 좋아AWW 1, 1, 160); **4.** 지혜: "처녀성에 대한 현명하고 진지한 교리"(존 밀턴John Milton).

숭어 mullet (물고기) **1.** 간통한 자들의 처벌 중 하나로서 "간통한 자의 몸(항문)에 회색 숭어를 넣는다(데키무스 유니우스 유베날리스Decimus Junius Juvenalis, 풍자시집Sat. 10, 317); 맹목적으로 음탕하다; **2.** 가장 빠른 물고기; 숭어의 천적은 베도라치; **3.** 어리석음: 숭어는 머리를 모래 속에 숨기는 타조의 속임수를 가지고 있지만 회색 숭어는 갈고리에서 탈출하는 재주가 있다; **4.** 붉은 숭어: 생선 중에서 가장 사랑 받는다: 붉은 숭어는 독성분(예 여성의 생리혈)에 대한 해독제이다.

숭어, 사르구스 sargus (물고기) **1.** 도미의 일종; **2.** 클라우디우스 아엘리아누스Claudius Aelianus: a. 햇빛을 좋아하고 육지 근처에 서식하는 것을 선호한다(다음 참조); b. 염소에 대한 이상한(어떤 이는 성적인 것이라고 말한다) 애정을 가지고 있어서 어부들은 쉽게 잡기 위해서 염소가죽 옷을 입는다; c. 간음하며 매일 암컷을 바꾼다. 또한 육지의 염소에게 구애한다(동물의 본성에 관하여NA 1, 23 및 26; 또한 오피안Oppian, 할리에우티카H 4, 308ff.; 조슈아 실베스터Joshua Sylvester, 기욤 드 살루스테, 바르타 시에르의 신성한 시기와 작품DB 1, 5, 195ff. 및 2, 1, 3, 50 참조).

숯 charcoal 자연의 기적 중 하나: 잘 부러지긴 하지만 파괴할 수는 없다; 그러므로 경계석 아래에 두면 향후 소송을 막아 준다(성 아우구스티누스St. Augustine, 신국론Civ. 21, 4).

숲 forest **1.** 여성 원리, 위대한 어머니: a. 외부 이성과 지성: 외부 통제와 경작을 상징한다; b. 땅의 상징: 태양의 반대; c. 무의식: 숲 안에 있는 공포와 괴물은 무의식의 위험한 측면을 나타낸다; **2.** 은신: 숲(몸)에 유니콘(영spirit)과 흰 암사슴(영혼soul)이 숨어 있다; **3.** 사냥; **4.** 무법자들의 본거지이고, 다산 의례의 배경이다; 오비디우스Ovid에 따르면 집과 침실이 생기기 전에 사랑을 나누었던 장소로서의 숲(사랑의 기술De Art. Am. 2, 623); 인간의 아주 순수한 집; **5.** 요정과 초자연적인 영들spirits의 고향; **6.** 히브리: 왕국; **7.** 단테Dante: a. 오류와 잠의 숲[비전(영성)세계로의 입문]: 그의 '어둠의 숲selva oscura'("신곡 지옥편Inf." I); b. 자살의 숲: 하피들(역주: 여자의 머리에 몸은 새의 날개와 발을 가진 괴물)이 그 속에서 울부짖고 있는 시들고 독이 있는 나무 숲; **8.** 윌리엄 블레이크William Blake: 해안의 숲: 오류의 성장, 이론에 가려진 진정한 길; **9.** 딜런 토머스Dylan Thomas: "잔디밭의 숲forest of the lawn": a. 음모(陰毛); b. 출산의 단어 나무=시(詩); **10.** 나무wood 참조.

쉿쉿 소리내기 hissing 기독교인들은 그들의 불경스러운 이마에 [십자가 기호를] 그으면서 이교도들의 형상을 쉿쉿 소리를 내며 비난했다(율리우스Caes., 서간문Ep. 19; 뱀snake의 형상을 한 악마를 가리키는 것으로 추정된다).

스노든산 snowdon 아서Arthur는 스노든 산의 동굴에서 잠이 든다(사과-죽음의 섬apple-death island인 아발론이 아니라면).

스라소니 lynx **1.** 사나움; 야생성: 판Pan은 스라소니 가죽옷을 입는다(호메로스 찬가Homeric Hymns); **2.** 야경꾼, 죽음과 관련된다: 이집트에서는 고양이 신들과 관련된다. 스라소니는 불멸의 영(생명의 힘)을 나타내하며 두려움 없이 무덤에서조차 편안하게 있는다(에드가 A. 포Edgar A Poe, "침묵-우화Silence-A Fable" 참조); **3.** 속임수, 배은망덕: 스키티아Scythia의 왕 린쿠스Lyncus는 자신의 체면을 지키기 위해 자신에게 농업을 가르쳤던 케레스Ceres의 종을 죽이려다가 스라소니(나소 P. 오비디우스Naso P. Ovid, 변신이야기Metam. 5, 660)로 변했다; **4.** 바쿠스Bacchus와 관련된 건망증: 정복당한 인도India는 바쿠스 스라소니Bacchus lynxes를 왕위에 앉혔는데 방광에서 나온 그의 배설물이 공기와 접촉하여 돌처럼 딱딱하게 변했다(나소 P. 오비디우스, 변신이야기 15, 413); 스라소니가 왕의 수레를 끌었다(종종 표범과 함께: 나소 P. 오비디우스, 변신이야기 4, 25); **5.** 위대한 여신과 관련된다: a. 수렵과 관련된다: 사냥꾼으로 변장한 비너스Venus는 아이네아스Aeneid에게 그의 여동생이 "화살통을 가지고 얼룩덜룩한 스라소니의 가죽을 걸치고 있는"것을 보았는지 묻는다(베르길리우스Virgil, 아이네아스Aeneid 1, 323): b. 죽음의 여신; 2 참조; c. 야경꾼의 날카로운 눈매와 관련된다; **6.** 청결: 이들은 자신들의 배설물을 치우고 숨긴다; **7.** 딜런 토마스Dylan Thomas: "스라소니 같은 혀lynx-tongue": 가볍고 날카로운(시력).

▌스랍 seraph **1.** 어원: 히브리어 '사라프saraf'='태우다burn' '불타는fiery'에서 유래했다; 이들은 불뱀fiery serpent 또는 "날아다니는 불 뱀"(이사야서Isa. 30, 6)이다: 뱀이자 사람이자 새; **2.** 다음과 같이 묘사된다(예 이사야서 6): a. 하나님의 보좌를 지킨다; 태양 바퀴수레의 수호자; b. 기독교 예술에서 이들의 얼굴과 날개는 완전히 붉다: 이들은 여섯 개의 날개를 갖고 있으며, 둘은 머리 쪽으로, 둘은 발 쪽으로, 나머지 둘은 밖으로 펼쳐져 있다; "거룩하다, 거룩하다, 거룩하다"라는 글귀가 새겨진 '불타는 검'을 들고 다닌다; c. 때로는 '찬미가Sanctus'가 적힌 양초와 깃발(또는 야자수 나뭇잎 부채)을 들고 있다; 이들은 네 개의 날개가 있는 수레바퀴 위에 서 있으며, 각각의 날개에는 눈이 박혀 있다; **3.** 상징물: a. 똬리 튼 뱀; b. 둥글게 다듬은 석류석; **4.** 수호; **5.** 힘, 신속함; 하늘과 땅 사이의 전령; **6.** 지혜, 불같은 열성; **7.** 문장heraldry(紋章): 위엄, 명예: 높은 지위(천사들의 아홉 개 합창단 중 첫 번째); **8.** 윌리엄 블레이크William Blake: 신과 가장 가까운 존재인 사랑과 상상의 영.

▌스목 결혼식 smock wedding 민속: 여자가 결혼하기 전에 빚을 지고 있었다면 남편은 그녀가 맨발로 스목smock(긴 셔츠)이나 시프트shift(폭이 좁은 드레스)만 걸친 채(본래는 벌거벗은 채) 결혼식에 온다 해도 책임지지 않았다.

▌스미스필드 Smithfield 런던의 한 구역으로 한때 처형, 시합, 전투 등이 열렸던 장소이다(예 와트 타일러Wat Tyler가 이곳에서 죽었다). 그러나 특히 이단자와 개신교도들을 화형시키는 장소였다; 현재는 런던 육류 시장.

▌스불론 Zebulun **1.** 야곱의 열 번째 아들이며 레아가 낳은 여섯 번째 아들. 그가 태어나자 레아는 "내가 남편에게서 여섯 아들을 낳았으니 이제는 그가 나와 함께 살리라"(창세기Gen. 30, 20) 하고 아들이름을 '거주하다'라는 뜻의 스불론이라고 불렀다; **2.** 다음을 상징한다: 배를 상징한다. 그 이유를 "스불론은 해변에 거주하리니 그곳은 배 매는 해변이라"(창세기 49, 13)에서 볼 수 있다; **3.** 다음과 같이 기술되어 있다: "스불론에게서는 대장군의 지팡이를 잡은 자들이 내려왔도다"(사사기Judg. 5, 14); **4.** 전사: "스불론과 납달리는 죽음을 무릅쓰고 목숨을 아끼지 아니한 백성이요 들판의 높은 곳에서도 그러하도다"(사사기 5, 18); **5.** 점성술: 물고기자리; **6.** 보석: 킹 제임스 버전 성서에 따르면 다이아몬드이고, 로버트 그레이브스Robert Graves는 바다 녹색을 띤 녹주석이라고 했다.

▌스와스티카[만자(卍字)] swastika **1.** 이름: 산스크리트어로 '그렇게 하자' '그건 행운이야'라는 뜻이 있다; 체념; **2.** 태양: a. 태양, 비, 바람의 신의 일반적인 상징이지만(셈족과 이집트인 제외) 특히 최고신의 상징: 예 토르 망치의 상징; b. 농업과 세대의 계승; c. 불을 내는 막대기이며 회전하는 방향에 따라 태양이나 달을 나타낸다; 때로 프로메테우스와 관련된다; d. 문 위에 있는 스와스티카는 불로부터 보호하고 사악한 눈에 대항하는 흔한 부적이다; **3.** 공간: 나침반의 점: 십자가와 원 사이, 둘 모두의 상징성을 공유한다;

4. 신비의 중심; **5.** 속도: 축을 중심으로 회전하는 것; 문장heraldry(紋章)에서는 때로 인간의 다리로 대체된다; **6.** 방향은 다음과 같다: a. 시계 방향은 증가, 성장, 봄의 태양, 행운, 백마법을 나타내고; b. 시계 반대 방향은 부패, 어둠, 죽음, 가을의 태양, 불행, 흑마법, 나치 독일을 나타낸다(로버트 그레이브스Robert Graves, 하얀 여신WG 445); **7.** 원이나 삼각형 안에 있는 만자는 우주의 조화를 나타낸다; 죽음을 나타내는 상판이 구부러진 만자; **8.** 원, 십자가, 솔로몬의 매듭 등과 관련 있다.

스위스 Switzerland **1.** 평화: a. 악명 높은 세계 정복자들이 얻을 것이 별로 없어 침략할 가치가 없다고 생각한 나라; b. 스위스 사람들은 정치와 경제에 있어서 독립적인 것으로 유명하므로 국제 갈등에서 벗어나 있다; c. 세계 평화 조직의 중심: 예 국제적십자사; **2.** 청교도: a. 영적 독립은 중앙 정부에 대한 거부로 이어졌고 이것은 강한 보수적 종교성과 결합하여 청교도적 편협성으로 이어졌다: 간음은 사형으로 처벌될 수 있었고(참조: 레위기Lev. 20, 10) 부모를 때린 청년은 참수될 수 있었다(참조: 출애굽기Ex. 21, 15); b. 칼빈Calvin은 스위스에서 와서 가르쳤고 츠빙글리Zwingli는 스위스 태생이었다; c. 독일, 프랑스와 함께 최악의 마녀사냥 국가 중 하나이다(로빈스Robbins p. 5); **3.** 용병 국가: a. 그들은 "돈만 주면 어디에서든 싸운다"(존 드라이든John Dryden, 암사슴과 표범H&P 3, 177; 또한 알렉산더 던컨 교황Pope' Dunc. 2, 358 참조); b. "굽실거리는 스위스 용병"(로버트 번스Robert Burns, "고독한 음유시인The Single Bard" 12); c. 바티칸 교황청의 경비대는 여전히 미켈란젤로가 디자인한 유니폼을 입고 있다.

스카모니아, 메꽃 scammony (식물) **1.** 일반적으로 메꽃을 의미하는 라틴어 '콘볼불루스 스카모니아Convolvulus Scammonia' 또는 '헤르바 칸트라비카herba Cantrabica'로 불린다; 뿌리에서 고무 수지가 만들어진다; **2.** 의학: a. 니칸데르Nicander: 새로 자란 스카모니아의 고무질은 군소sea-hare에 중독됐을 때 구토하게 한다(알렉시파르마카AL 484). 또한 도롱뇽 중독을 치료한다(같은 책, 565); b. 코르넬리우스 켈수스Cornelius Celsus: 이것은 강력한 해독제이다(3, 20, 6 및 3, 24, 2). 또한 장의 편충을 제거하고(4, 24) 뱀에 물렸을 때 해독제이다(5, 27, 10); 부식제로 사용된다(5, 6); **3.** 한 색슨족이 영국 왕 아우렐리우스를 스카모니아 독으로 독살했다(레이아먼Layamon p. 163).

스카프 kerchief **1.** 질투의 상징인 손수건: 오셀로Othello 참조; **2.** 머리에 쓰는 두건: 질병(율리우스 카이사르Caes. 2, 1 참조).

스카프 scarf **1.** 사랑과 로맨스: '애정의 매듭amorous knot'은 전사에게 호감을 가진 여인이 기사에게 묶어주는 것이었다; 참고할 문헌: (그는) "그의 스카프 매듭에 전쟁의 모든 전술이 들어 있었다"(끝이 좋으면 다 좋아All's W. 4, 3); **2.** 겉치레false front: "인도 미인을 가리는 아름다운 스카프; 한마디로 교활한 시대가 가장 현명한 사람들을 함정에 빠뜨리는 그럴싸한 진실"(베니스의 상인Mer. V. 3, 2); **3.** 중년과 관련된다: "스카프, 양말 끈, 황금이 그의 노년을 즐겁게 한다."(알렉산더 포프Alexander Pope, 인간론Ess. on Man, 서간Ep. 2, 279); **4.** 눈가리개: "자, 오너라… 눈을 어둠으로 감싸는 밤아…"(맥베스Mac. 3, 2); **5.** 죽음: 특히 장례식에서 조문객들이 입는 검은색 상복이나 실크 스카프.

스커트, 옷자락 skirt 여자가 '벌거벗은 것을 가리기 위해' 그녀의 몸을 자신의 '옷자락'으로 덮는 남자: 성교=소유하기(룻기Ruth. 3, 9, 에스겔서Eze. 16, 8 참조).

스컹크 skunk **1.** 불쾌한 냄새, 외설스러움; **2.** 사나움; **3.** 완전한 패배.

스코틀랜드 Scotland **1.** 스코틀랜드의 상징: 성 안드레아의 십자가St. Andrew's Cross; 격자무늬 천; 엉겅퀴; **2.** 스코틀랜드 사람 a. 여행자이다: "스코틀랜드 사람, 쥐, 그리고 뉴캐슬의 숫돌은 전 세계를 여행한다"(속담); b. 전통: "각하, 올드 잉글랜드가 사라진 것은 별로 슬프지 않습니다. 스코틀랜드 사람들이 그것을 발견했기 때문입니다"(새뮤얼 존슨Samuel Johnson,

체스터필드 경에게 보내는 편지Letter to Lord Chesterfield, 1776): 에라스무스Erasmus에 따르면, 스코틀랜드인들은 자신들의 조상 및 왕실과의 관계를 자랑스럽게 생각한다; c. 이들은 잉글랜드에서 성공한다: "당신 정도의 능력을 가진 스코틀랜드 젊은이들이 300파운드를 가지고 세상에 나가면 무엇인들 못하겠습니까, 특히 잉글랜드 사람들 사이에서요?"(베리Barrie, "모든 여자들이 아는 것What Every Woman Knows"); d. 완고하고 끈기 있는: "…스코틀랜드 갱단은 원하는 것을 얻을 때까지 간다"(속담); e. 죽을 먹는 사람: "스코틀랜드 음식인 건강에 좋은 죽(로버트 번스Robert Burns, "코터의 토요일 밤The Cotter's Saturday Night"); f. 사교 능력: 에라스무스에 따르면, 스코틀랜드인들은 토론에서 영리함을 자랑한다; g. 거칠다: 이들은 항상 잉글랜드를 침략한다. 발라드의 시대에도 그러했다: 하나님께서 스코틀랜드의 모든 약탈과 침입으로부터 이 땅에 구원을 베푸시기를("파시 리드의 죽음The Death of Parcy Reed": 193장 B); h. 인색하다: "세 번의 실패와 화재는 스코틀랜드인의 재산을 만든다"(속담); i. 청교도: 장로교; **3.** 풍경: "스코틀랜드의 안개는 영국인의 피부를 젖게 한다"(속담).

스키타이 Scythia 스키타이로 불리는 두 민족이 있다. 하나는 코카서스 남쪽에 살고 있는 유럽계 스키타이인들이고(A번 참조), 다른 하나는 아랄해 동쪽에 살고 있는 아시아계 스키타이인들이다(B번 참조; 플라비우스 아리아노스Flavius Arrian 4, 1, 1ff.), 때로 이 두 민족이 혼동되기도 한다: A. a. 원수의 두개골을 술잔으로 사용한 트라키아 지방의 식인종으로 이루어진 매우 야만적인 사람들(스트라보Strabo 7, 3,6); b. 이들은 모두 비슷하게 생겼고 절대로 걸어 다니지 않고 마차나 말을 타는 이동 민족이었다. 남자들은 너무 오래 말을 타고 바지를 입어서 불임이었지만 노예로 종족의 대를 이었다(히포크라테스Hippocrates, 공기, 물, 장소에 대하여Aer. 18ff.); c. "이들은 포도주를 너무 많이 마셨기 때문에"(아테나이오스Athenaeus 427Bf.) '스키타이의 술' 이라는 표현이 생겨났다; B. a. 이들은 '가장 정의로운 사람들'이라 불렸고(호메로스Homer, 일리아드Il. 13, 6), 실제적으로 공산주의적 체제로 살았다(플라톤Plato, 국가론Rep. 4570; 스트라보 7, 3, 8). 이들은 또한 평화를 사랑하고 "온건하며 공정한 자유를 실천했기 때문에 가장 비천한 자와 우두머리가 동등한 지위를 가졌다"(쿠르티우스Curtius 7, 6).

스킬라, 사일라 Scylla **1.** 신화: 아름다운 한 소녀가 글라우코스를 사랑하게 되었고 키르케도 그를 사랑하게 되었다. 키르케는 이 아름다운 소녀를 허리에 개의 머리가 달리고 물고기 꼬리 모습을 한 인어 형상의 괴물로 바꾸어 버렸다. 여전히 아름다운그녀에게 포세이돈이 반하자 포세이돈의 아내는 그녀를 완전한 괴물로 만들었다. 이 소녀는 동료 괴물인 카립디스와 함께 시칠리아와 이탈리아 사이에 있는 메시나 해협의 절벽 근처에서 출몰했다; **2.** 프로코피우스Procopius는 그녀가 출몰했을 것으로 추정되는 장소가 '사일레움' 또는 '사일락스' 물고기를 뜻하는 '사일라치움'으로 불린다고 주장하면서 이 이야기를 믿지 않았다; **3.** 오비디우스 도덕론Ovide M.: a. '사치'(정욕), 이전에 호감이 가던 처녀가 지금은 어리석음에 빠져있다(도덕론 13, 3615f.); b. 유대교 회당: 유대교 회당은 한때 하나님의 눈에 아름다운 처녀였으나 지금은 그녀의 어리석음 때문에 버려졌다(같은 책 3367); c. 유대교 회당과의 또 다른 비교: 그녀(유대교 회당)는 이 세상과 악에 대한 사랑 때문에 하나님의 사랑을 잃고(글라우코스Glaucos) 개처럼 되었고 강퍅해졌다(같은 책 14, 203ff.).

스타가이저 star-gazer (물고기) **1.** 우라노스코푸스 Uranoscopus 속의 물고기. 머리 위에 올려다보는 눈을 가지고 있다; **2.** '신성한 물고기' 라고도 부른다(아테나이우스Athenaeus 8, 356, a); **3.** 담즙이 많다(클라우디우스 아엘리아누스Claudius Aelianus, 동물의 본성에 관하여NA 13, 4).

스타킹 stocking **1.** 크리스마스; 성 니콜라스St. Nicholas, 참조; **2.** 민속: a. "스타킹 던지기": 신부 들러리들과 신랑 들러리들은 침대 양쪽에 앉아 신랑 신부 중 같은 성별을 가진 사람의 스타킹을 들고 신호에 따라 스타킹을 어깨너머 뒤로 던지는데 이 스타킹으로 이성을 맞추면 곧 결혼하게 된다; b. 오래된 양말이나 스타킹, 특히 색상과 패턴이 다른 것을 신는 것은 행운을 불러온다; **3.** 발foot; 구두shoe 참조.

스토브, 난로 stove 꿈에서 스토브는 여성 생식기를 상징한다(지그문트 프로이트Sigmmund Freud, 정신분석학입문강의ILP 10).

스톨 stole **1.** 로마 가톨릭 사제들: a. 그리스도의 멍에; b. 순종, 인내, 하나님의 뜻에 복종하는 것; c. 불멸에 대한 희망; **2.** 로마 부인들의 겉옷.

스튜(끓이기) stew(ing) 엘리자베스 1세 여왕 시대: a. 건강식품; b. 매음굴에서 "뭉근히 끓인 말린 자두"를 즐겨 먹었기 때문에 매음굴(사악한 냄새, 음탕 등)과 연관된다.

스티븐, 스테판 Stephen 조롱하는 운율, 다음과 같이 불리는 소년: "스티븐, 스티븐, 빵을 똑같은 크기로 잘 잘라 봐."

스틱스강, 삼도천 Styx 뱃사공ferryman, 강river 참조.

스파르타 Sparta **1.** 관습을 통한 복종; **2.** 단순성, 검소함, 간결한 말솜씨; **3.** 용기; **4.** "스파르타의 사냥개hounds of Sparta": 속도와 냄새에 대한 예민함과 맹렬함으로 유명하다; "오 스파르타의 개야, 너는 고뇌와 굶주림과 바다보다 더 잔인하도다!"(로도비코Lodovico가 이야고Iago에게: 베니스의 무어인 오셀로Oth. 5, 2).

스펀지, 해면 sponge **1.** 기생충; 다른 사람의 뜻을 흡수(수행)하여 자기에게 유리하도록 실행하는 사람(예 덴마크의 왕자 햄릿Ham. 4, 2); **2.** 소멸; **3.** 십자가 처형의 상징.

스페이드 spade (카드) **1.** 타로 카드의 검을 대체한다; **2.** 금속 왕국, 왕/전사, 파괴, 물리적 힘에 의한 명령(이성의 곤봉과 반대); **3.** 다음에 상응한다: a. 표현의 영역; b. 원소: 공기; c. IHVH(야훼 이름의 네 자음) 중 V; 과감히 하다; **4.** 전래동요: 카드를 돌릴 때 스페이드가 많이 나오면 힘든 일이 닥칠 것이다; **5.** 몇몇 나라에서는 카드 제조사에 세금을 부과할 때 사용했는데 그때에는 스페이드 에이스가 '세금 카드tax-card'로 사용되었다(따라서 종종 최고 가치가 있는 카드로 여겼다); 한동안은 왕에게서만 에이스 카드를 살 수 있었다(왕관이 표시된 카드); 에이스와 잭knave 카드는 일반적으로 위험하다; 아마도 이 카드의 가장 사악한 용도는 다음 사례일 것이다: 미군 병사들은 베트남에서 죽은 희생자의 이마에 에이스를 박았다.

스페인 Spain **1.** 그리스와 켈트족: 지하세계; **2.** 로마: 스페인 사람들은 악명 높은 도둑이다(예 베르길리우스Virgil, 농경시Georg. 3, 408); **3.** 에라스무스Erasmus: 스페인 사람들은 전술에서 우월함을 주장한다(우신예찬Stult. Laus); **4.** 자랑(예 헨리 4세 2부2H4 5, 3); **5.** 복장에 관하여: "스페인 사람들은 엉덩이 위쪽으로 더블릿doublet(상의)을 안 입는다"(=모든 망토; 헛소동Ado 3, 2); **6.** 스페인 사람이 처음으로 한 것은 교회를 세우는 일이었을 것이다; 전체 속담은 영국England 참조; **7.** 최음제Spanish fly의 경우: 가뢰cantharide 참조; **8.** "스페인 왕의 딸The King of Spain's Daughter": 견과nut 참조; 시시베Sisibe("티드렉 사가Thidreks Saga"에서 등장하는 이름: 니벨룽겐Nibelungen에서는 지그프리트Siegfried의 어머니, 지글린트Sieglind로 나온다)는 스페인 왕의 딸이다.

스펠트, 스펠트 밀 spelt (식물) **1.** 곡물의 일종, '트리티쿰 스펠타Triticum spelta(학명)'; **2.** 로마: a. 역사: i. '스펠타'라고 불리기 전에는 '파체라facera=만들다'에서 유래된 '파르far'로 불렸다. 이것을 제분소에서 밀가루로 만들었기 때문이다(테렌티우스 바로Terentius Varro 라틴언어LL 5, 106); ii. '파르far'는 그리스인들의 보리처럼 로마인들이 가장 오래된 것이라 여긴 곡물이었다. 따라서 이후의 의식에서 사용되었으며(다음의 3번 참조), 행복한 결혼식에서 빵을 나누어 먹는 것을 의미하는 '콘파레아티오confarreatio'와 관련되었다(할리카르나소스의 디오니소스Dionysus of Halicarnassus 2, 25); b. 종교: 스펠트 밀과 보리로 만든 케이크는 야누스Janus와 같은 고대 신들에게 바쳐진 전형적인 제물이었다; 소금을 첨가하면, 일반적으로 "허기를 채워주는 음식"이 되었다(나소 P. 오비디우스Naso P. Ovid,

행사력Fasti. 1, 128 및 337). c. 농업: 루핀lupines, 콩, 살갈퀴vetch와 마찬가지로 풋거름으로 사용되었다(집정관 마르쿠스 포르키우스 카토Cato, M. Porcius, the Elder 고대 그리스AC 34); **3.** 약용: a. '외알밀Triticum monococcum'과 '스펠트 밀T. spelta'은 밀보다 약하고 완화제로서 더 효과가 있다(히포크라테스Hippocrates, 식이요법Vict. 2, 43); 힐데가르트폰 빙엔Hildegard von Bingen: 스펠트 밀은 따뜻하다; 가장 좋은 곡물로 지방이 많고, 강한 성질을 가지고 있으며 다른 재료들에 비해 무엇이든 받아들일 수 있으며 살과 피를 만들고 사람의 마음을 밝고 행복하게 만든다; 누군가가 너무 쇠약해져서 먹는 것이 어렵다면 달걀 노른자를 넣고 끓인 스펠트로 만든 음료를 마셔야 한다(자연학Ph. 1, p. 18).

스포츠, 운동경기 sport(s) **1.** 에로틱한 측면: 위험에 빠진 처녀를 지키려는 원초적인 에로틱한 충동 다음으로 스포츠는 다음의 에로틱한 과시의 형태가 되었다; "스포츠 경기는 언제 어디서나 강한 극적인 요소와 에로틱한 요소를 포함 한다"; 실제로 이 두 가지 요소는 중세 토너먼트에서의 경쟁 요소가 거의 완전히 대체되었다(잰 호이징가Jan Huizinga 77); **2.** 공격적인 측면: 콘라트 로렌츠Kornrad Lorenz 같은 몇몇 사람들은 스포츠를 인간의 선천적이고 계속 증가하는 공격성에 대한 안전장치로 보지만, 현실에서 스포츠 경기는 폭력을 유발한다; "공격성을 분산시키는 것과는 거리가 먼 고도로 조직화되고 감정적으로 충만해지는 스포츠 경기들은 훨씬 더 많은 공격성을 발생시키며 이는 집단의 정체성과 응집성에 대한 인간의 성향이 깊이 유지될 수 있게 한다; "국가들에서 나타나는 전쟁과 스포츠에 대한 헌신 사이에는 밀접한 연관성"이 존재한다(리처드 리키-로저 르윈Richard Leaky-Lewin 216).

스프링워트 springwort (식물) 민속: **1.** 아무도 이 식물이 무엇인지 모르지만('흰독말풀mandrake' 또는 등대풀 속과에 속하는 식물), 항상 이슬로 덮여 있는 것을 보면 누군가는 알아차릴 수도 있다; 딱따구리를 지켜보면 찾을 수 있다; **2.** 번식: a. 사람의 생식력을 강화하며, 일반적으로 이 풀을 몸에 문지르면 힘이 세진다; b. 비밀과 숨겨진 보물(지하세계의 풍요)을 드러낸다.

스피어민트 spearmint (식물) **1.** 요리 목적으로 사용되는 민트의 일종으로 잎과 점점 가늘어지는 연청색 꽃봉오리로 구별된다; 민트mint 참조; **2.** 불타는 사랑; **3.** 심각성.

스핑크스 sphinx **1.** 공통적인 형태: a. 인간의 머리와 손을 가진 사자의 몸: 안드로스핑크스androsphinx (머리가 남자인 스핑크스); 사자(L번의 1, 2)도 참조; b. 숫양의 머리를 가진 사자의 몸: 크리오스핑크스criosphinx; c. 매의 머리를 가진 사자의 몸: 히에라코스핑크스hieracosphinx; d. 바빌로니아: 사람의 머리를 하고 수염이 있는, 때로는 날개를 가진 동물; e. 그리스: 오로지 암컷 머리와 날개만 있다; f. 문장heraldry(紋章): 사자의 몸에 여자의 머리와 가슴; **2.** 아시리아와 바빌로니아: 마르둑 및 다른 빛의 영웅들이 정복한 혼돈의 괴물; 날개 달린 황소bull의 대극; **3.** 그리스: a. 공기와 땅을 지배하는 우라(니아), 훗날 제우스-아폴로에게 정복당하고 티폰의 딸이 되었다; b. 티폰과 에키드나의 딸로서 그녀는 지독히 성가신 여름의 더위를 상징한다; c. 만족할 줄 모르는 예언자(역병)로서 그녀는 누군가가 그녀의 수수께끼를 풀 때까지(오이디푸스) 테반의 젊은이들을 먹어 치웠다. 이후 그녀는 바위에서 뛰어내렸다; 수수께끼riddle 참조; d. 인생의 수수께끼: 삶과 죽음의 수수께끼, 그 궁극적 의미는 결코 파악할 수 없다; e. 자신의 이전 존재 중 하나에 속하는 아테나의 방패나 투구에서 발견된다; **4.** 일반적으로 다음을 의미한다: a. 중세시대: 육체의 쾌락, 첫눈에는 매력적이지만 맛을 본 후에는 매우 씁쓸하고 슬프다; 젊은이들이 공부에서 멀어지도록 유혹하는 창녀들의 사랑; b. 이진함수의 결합: 지성/육체적 힘, 정신/물질, 조화/평화, 사자자리/처녀자리=창조자/창조물, 왕권/보호 등; c. 이것은 악마와 같은 네 가지 요소를 포함한다; d. 윌리엄 B. 예이츠William B. Yeats: 은둔하는 완전한 사색: 춤추는 사람의 반대; 또한 부처=사랑의 반대; **5.** 카를 융Carl Jung 심리: a. 모성 이미지에 대한 반인반수의 신semi-theriomorphic (짐승의 모습을 한 신)의 상징, 즉 끔찍한 어머니; b. 특히 억압된 상태에서 리비도libido의 무의식적 발현에 따라 부모 상징과 동시에 어린 아이의 상징들이 나타나며 결국 이는 동물의 형태로 나타난다(아버지-

황소 등); c. 동물animal에서 오이디푸스Oeidipus 참조; **6.** 문장herarldry(紋章): a. 전지전능; b. 비밀.

슬픔 sadness 비탄grief, 눈물tear 참조.

슬픔 Sorrow 슬픔grief 참조.

습지, 늪 marsh **1.** 단테: a. 분노한 자들은 늪(스틱스 강: 삼도천)에 빠져 서로를 할퀴는 벌을 받는다("신곡 지옥편Inf." 7); b. 침울한 자들과 게으른 자들은 완전히 빠져 거품만 보이게 함으로써 그들이 "달콤한 공기 속에서 살 때" 타성에 젖어 있던 것에 대한 벌을 받게한다"(신곡 지옥편 1, 122); **2.** 윌리엄 블레이크William Blake: 수증기, 거짓 조명.

승강기 (엘리베이터) lift (elevator) 꿈에서: a. 승강기에서 상승 또는 하강하는 일반적으로 성교를 의미하는데, 이는 꿈꾸는 사람이 성교에 대해 다소 기계적 관점을 가지고 있는 것을 가리킨다(톰 체트윈드Chetwynd, '상승ascending' 부분); b. 올라가는 엘리베이터는 무의식을 의식세계로 가져올 수 있다(같은 책 '건물building' 부분); c. 하강과 갇히는 것은: 매장과 죽음(같은 책).

시 c **1.** 히브리어 'gimel'=낙타camel에 해당한다(참조). [g]로 발음되며, 에트루리아의 영향으로 무성음이 되었다. 아일랜드어 'coli'=개암나무hazel; **2.** 다음을 상징한다: a. 바다의 대모여신 또는 이집트-바빌로니아의 달의 신 신Sin의 상징인 초승달(시나이Sinai산 참조); b. 로마법: 판사는 피고인에게 유죄를 선고할 때 서판에 C를 썼다(A번 참조); **3.** 다음에 상응한다: a. 행성: 지구 또는 금성; b. 타로카드: 여사제카드; **4.** 다른 것과의 조합: a. '고양이cat가 찬장cupboard에 있다'는 표현은 알파벳 A 참조; b. C3: 군복무를 위한 체력 중 최하등급(이것의 반대는 알파벳 A의 1번 참조).

시간 hour **1.** 시간은 종종 비행(시간이동은 공간이동과 같다), 새, 나비(순환적 움직임과 소실) 또는 바람으로 표현된다; 테미스Themis, 다이얼, 시계 등과 연관된다; **2.** 황도대Zodiac 참조.

시간 time **1.** 모든 현상을 집어삼키는 존재: "시간, 모든 것을 삼킨다"(나소 P. 오비디우스Naso. P. Ovid, 변신이야기Metam. 15, 234) 및 "시간을 삼키는 가마우지에도 불구하고"(사랑의 헛수고LLL 1, 1); 크로노스와 크로노스Kronos-Chronos의 혼동으로 인해 집어삼키는 아버지가 되었다(역주: 크로노스Kronos는 식탐을 상징하며 크로노스Chronos는 시간을 상징한다); **2.** 이 세계는 "이 시간의 강둑과 모래톱"(맥베스Mac. 1, 7)이다; 특히 이집트와 관련 있다: 예 "시간, 이집트 바람에 수염이 흔들리는 조용한 신사"(딜런 토머스Dylan Thomas, "등불이 빛나기를Should lanterns shine"); **3.** 주기적 패턴; 시간 신화는 어둠과 빛, 척박함과 비옥함 등의 두 개념 간의 싸움과 관련 있다; **4.** 진실을 가져오는 자: "시간은 진실을 감찰한다"(속담); 또한 미트라교의 아이온은 어두운 동굴에서 진실을 꺼내는 것을 돕는다; **5.** 구약성서: "한 때, 두 때, 반 때(다니엘서Dan. 12, 7)"에 대해: 42forty-two 참조; **6.** 도둑thief 참조.

시계 clock **1.** 인간, 시간, 숫자, 계절 등의 순환적 존재; **2.** '끊임없이 계속되는 움직임'과 관련: 자신의 자율적인 실체를 따르는 신비한 발명품으로 간주되는 모든 기계 장치; **3.** 움직임과 시간의 조합; 공간에서의 움직임=시간의 움직임; **4.** 신비로운 중심과 점이 있는 원; **5.** 상대적 시간과 운명에 구속된 인간의 노예 상태: a. "나의 왕이시여, 나는 당신을 위해 시계를 보며 기다리는 시간이 얼마나 고통스럽게 긴지 감히 불평하지 못합니다. 나의 왕이시여, 또한 당신이 종에게 작별을 고한 후의 당신의 부재가 얼마나 괴로운지도 불평하지 못합니다"(소네트Sonn. 57); b. "별들은 여전히 움직이고, 시간은 달리고, 시계는 종을 울릴 것이고, 악마는 올 것이며 파우스트는 끝장난 것이다"(크리스토퍼 말로Christopher Marlowe, "파우스트 박사Dr. Faustus" 16); **6.** 중세시대: 절제의 상징물; **7.** 두 개의 시계: 데카르트의 사상의 영향을 받은 괼링크스는 '정신과 물질이 상호작용하지 않는다면 왜 몸은 정신이 몸을 지배하는 것처럼 행동 하는가'라는 질문에 대해 다음과 같은 답을 했다: 시간이 정확한 시계가 두 개 있고, 하나가 정각을 가리키고 다른 하나가 종을 치는 경우, 우리는 시계 하나가 다른 시계로 하여금 종을 치도록 유발했다고 생각할 것인데, 이는 위의 질문과 마찬가지로 잘못된 것이다; 나중에 이러한 개념은 신의 존재를 증명하려는 라이프니츠에 의해 무한한 수의 시계로 확장되었다; **8.** 딜런 토머스Dylan Thomas: "시계를 마주 보는 재단사들clock-faced tailors": 그의 부모는 인습적으로 시간에 맞춰 살았지만, 그 자신은 시간에 '쫓기면서' 살았다; 부모에 대해서는 재단사tailor 참조("시간 아래 옛날Once below a time"); **9.** 민속: a. 시계의 똑딱거리는 리듬이 변하면 죽음의 징조; b. 시계의 소유자(또는 시계를 준 사람)가 죽으면 시계가 멈춘다. 종종 시계가 멈추지 않으면 사람들이 멈추게 하기도 한다: 죽은 사람은 시간 너머에 있다; c. "시계만큼 조용한"(속담); d. 바늘 없는 시계: 약물 중독; 시간hour; 손목시계watch 참조.

시계꽃 passion flower **1.** 이것에는 그리스도의 수난을 의미하는 모든 상징이 포함된다: a. 창 모양의 꽃잎: 그리스도의 옆구리를 찔렀던 창; b. 다섯 개의 보라색 꽃잎: 그리스도의 다섯 군데 상처; **2.** 믿음, 종교적 봉사; **3.** 감수성.

시그마 sigma **1.** 수직 및 수평: a. 관계; b. 움직임; **2.** 특히 수직: a. 높은 곳과 낮은 곳을 연결하는 산의 급류를 뜻하므로 하늘과 땅의 신성 결혼의 상징이다; b. 지는 달과 떠오르는 달: 변환과 진화; **3.** S자형 나선: (회오리) 바람, 소용돌이; **4.** 이중 대칭 나선(예 이오니아식 소용돌이 기둥머리 장식Ionic volute): 황소의 뿔bull's horn; **5.** 굽은 지팡이crook 참조.

시금석, 표준, 잣대 touchstone **1.** 신화: 한 노인이 소들을 도둑맞은 것에 대해 말하지 않기로 메르쿠리우스와 약속했지만, 메르쿠리우스가 변장하여 돌아와 그에게 더 많은 돈을 주겠다고 제안하자 얘기해 버렸고 그 돈은 시금석이 되었다; "이 돌 위에는 아직도 오래된 비난이 남아 있다"(나소 P. 오비디우스Naso. P. Ovid, 변신이야기Metam. 2, 690ff.); **2.** 돌stone 참조.

시나에디아 cinaedia (보석) a. 같은 이름을 가진 물고기의 머리에서 발견된다; b. 이 보석을 입에 넣으면 육지 및 바다에서의 폭풍우로부터 지켜 준다; 또한 전쟁으로 인한 불안을 느끼지 않게 해 준다(중세보석세공집Med. Lap. F 42).

시녀 handmaid **1.** 동정녀 마리아: "이르되 주의 여종이오니"(누가복음Luke 1, 38, 시편Ps. 86, 16 및 116, 16을 참고하여); **2.** 그녀는 차례대로, 다섯 명의 시녀를 두었다: 세실리, 거트루드, 막달라 마리아, 마가레트, 로잘리스(참고할 문헌: 단테 G. 로세티Dante G. Rossetti, "축복받은 여인The Blessed Damozel"); **3.** 하루 중 시간: 단테의 신곡에서 '안첼라ancella'(시녀를 뜻하는 라틴어)(신곡 연옥편Purg. 12, 81).

시노키티디스 synochitis (보석) **1.** 정체를 알 수 없는 돌; **2.** (플리니우스Pliny 37, 11, 73에 언급됨); **3.** 지하세계에서 어두운 그림자를 불러온다(아그립파Agrippa, 오컬트 철학OP 1, 13).

시동 page (하인) 낭만주의 문학소설에서 연인과 동행하는 여성이 변장한 흔한 모습.

시럽 syrup "사랑은 시럽이다". 그 맛을 싫증나게 만든다(로버트 헤릭Robert Herrick).

시르티디스 syrtitis (보석) 중세보석세공집Med. Lap.: a. '스티르키데스Stircites'라고 불린다; b. 루카니아의 시르티움 해안에서 발견된다; c. 이것은 "연고 중 최고"이고 사프란 색을 띠며 속에는 움직임 없는 별들이 들어 있다(같은 책 A파트; 이시도로스Isidore 16, 14, 10).

시리아 Syria **1.** "방종한 시리아인들의 악덕": 아마도 그리스인들과 로마인들에게 시리아는 느슨한 도덕관념과 매춘을 요구하는 종교를 가진 '동방'을 의미했기 때문에 생긴 표현으로 보인다(조슈아 실베스터Joshua Sylvester, 기욤 드 살루스테, 바르타 시에르의 신성한 시기와 작품DB 2, 4, 4, 176; 페트로니우스Petronius는 그들을 강도로 불렀다: 22); **2.** 시리아인들은 중세 롬바르드족에 버금가는 은행가, 화폐 상인으로서 로마 제국 전역에서 무역을 했다; 이들은 특히 부당한 금전적 이익을 좋아하는 것으로 유명했다(프란츠 퀴몽Franz Cumont, 로마 이교도의 동양종교OR 107f.; 시도니우스Sidonius, 서신Ep. 1, 9, 2); **3.** 그들은 오만하고 머리가 텅 비었다(필로 유다이오스Philo Judaeus, 배움의 은총을 추구하는 모임에 관하여Congr. 41, 탈출과 발명Fug. 45); **4.** 시리아 점쟁이들은 의심스러운 여신 아타르가티스를 섬기며 시골을 배회했다; 그녀의 이미지는 나귀에 올라탄 채 똑같이 의심스러운 사제들과 함께 있는 것이었다(프란츠 퀴몽, 로마 이교도의 동양종교 104ff.); **5.** 이들은 노예로서 매우 강했다: "시리아인들은 인내심 강한 기질을 타고났다"(플라우토스Plautus, 스티쿠스St. 542); 이들은 특히 쓰레기(역주: 가마 모양의 수송 도구)를 운반하는 사람으로서 수요가 많았다(데키무스 유니우스 유베날리스Decimus Junius Juvenalis 6, 351; 마르쿠스 발레리우스 마르티알리스Marcus Valerius Martialis 4, 53 10; 9, 2. 11; 9, 22, 9).

시리우스, 천랑성 Sirius　천랑성dogstar 참조.

시므온 Simeon　**1.** 야곱Jacob과 레아Leah의 둘째 아들; 그의 후손은 이스라엘의 첫 번째 지파였지만 '디나Dinah'('정의', 아마도 가족을 뜻함)를 범한 사람들에게 자행한 잔혹함 때문에 오직 작은 지역만 가질 수 있었다; "잔인한 도구가 그들의 처소에 있도다(땅이 없는 레위Levi와 합세함). 내가 그들을 야곱 안에서 나누며 이스라엘 안에서 흩으리로다"(창세기Gen. 49); 모세는 이 지파를 언급하지 않는다(신명기Deut. 33); 이름: '주께서 내 말을 들으셨다' 또는 하이에나와 암늑대 사이의 잡종; **2.** 다음을 상징한다: a. 초록; b. 황옥topaz; c. 물동이water-pitcher; **3.** 별자리: 레위지파와 함께 쌍둥이자리를 지배한다.

시바리스 Sybaris　**1.** 이탈리아 남부 해안에 위치한 그리스풍의 도시; 그곳의 주민들은 호화롭고 욕정적이며 게으른 생활방식 때문에 그리스인들과 로마인들에게 멸시 받았다(스트라보Strabo 6, 1, 13); 자기 배belly의 노예(역주: 음식의 노예)가 되어 일하기를 싫어 했다: 한 시바리스 사람Sybarite은 '일work'이라는 말을 듣고 옆구리를 바늘로 꿰맬 지경이 될 때까지 웃었다(디오도로스 시쿨로스Diodorus Siculus 8, 18); **2.** 이 도시의 이름과 같은 이름을 가진 강물은 말horses들을 소심하게 만든다(스트라보, 같은 책).

시소 see-saw　**1.** 행운, 정의 등의 균형; **2.** 망설임, 선택; **3.** 사랑의 움직임; **4.** 바람의 신의 속성(앞뒤로 흔들림swinging 참조).

시스트럼 sistrum (악기)　**1.** 고대 이집트의 타악기, 일종의 금속 딸랑이; 시스트럼은 타원형 틀이 있고 손잡이에 고정되어 있으며 딸랑거릴 수 있을 정도로 큰 구멍에 가로막대가 교차한다; 또한 금속 막대기로 이것을 두들길 수 있다; **2.** 다산: a. 이것은 존재하는 모든 것이 흔들리고 절대로 움직임을 멈추어서는 안 되며 마치 잠들었던 것처럼 깨어나고 동요해야 한다는 것을 보여 준다; 파괴는 구속하고 멈추지만 움직임의 생성을 통해 본성을 해방시킨다(플루타코라스Plutarch); b. 전형적인 이시스의 상징; 이시스 숭배에서 그것은 비를 만드는 것으로 사용되었으며 가뭄의 악마인 복잡한 티폰/세트를 겁주기 위해 사용되었다; c. 출산(그리고 전쟁)의 여신 바스트와 암소/달의 여신 하토르의 상징; d. 로마: 오비디우스Ovid는 충돌하는 소리, 사람들의 행렬, 횃불 등과 같은 결혼의 상징과 악기들 중에 시스트럼을 언급했다(변신이야기Metam. 9, 777); **3.** 매춘: (로마) 간음죄로 유죄 판결을 받은 여성들이 성매매하는 매음굴의 상징이다; 4. 전쟁: 클레오파트라는 전투에서 이것을 사용했다; 2, c. 참조.

시시포스 Sisyphus　**1.** 타르타로스에서 시시포스는 가파른 언덕 위로 돌을 굴리라는 선고를 받았는데 그 돌은 올리면 정상에서 다시 굴러 떨어졌다; 그의 죄 중 하나는 탐욕이었다; 굴리다rolling도 참조; **2.** 매일 또는 매년 태양의 상승과 하강을 상징한다; **3.** 어리석은 짓을 무의미하게 반복한다고 여겨지는 인간의 노력[(무한 또는 불가능한) 작업 참조]; **4.** 영리함: 한 전설에서 오디세우스는 그의 아들이었다(로버트 그레이브즈Robert Graves, 그리스신화GM 1, 217).

시장광장 market-place　**1.** 클레오파트라의 도착을 기다리던 안토니우스는 사람들이 클레오파트라의 배를 보고 (그녀가 배에 싣고 온 향의) 냄새를 맡기 위해 갔기 때문에 그의 보좌에 앉은 채 시장 광장에 홀로 남겨졌다; **2.** 속담: a. "시장에서 아내와 키스하는 자는 많은 스승을 갖게 될 것이다(역주: 많은 사람들이 그러면 안 된다고 훈계한다)"; b. "시장에는 사랑이 없다"; c. "시장은 최고의 정원이다".

시체 carcase 1. "시체가 있는 곳이면 독수리들이 모여 있을 것이다"(마태복음Matth. 24, 28, 참조: 욥기Job 39, 30): 독수리vultures와 혼동하기도 한다(여기에서는 독수리eagle 참조); 2. 딜런 토머스Dylan Thomas: '시체의 형상carcase shape': 형식적인 기독교 신앙formal Christiannity; 3. 시체Corpse; 해골skeleton; 해골skull 등 참조.

시체, 송장 corpse I. 민속: 1. 시체-불빛: 영혼은 작은 불꽃의 형태로 몸을 떠나며 작은 불꽃은 임종 시 방에서 보이기도 하지만 영혼이 편히 쉬지 못하는 경우 무덤 위에서 더 자주 나타난다; 2. 도깨비불: 이것은 교회 묘지에서 죽어 가는 사람 또는 죽을 운명의 사람의 집으로 날아가는 작은 불꽃 또는 불덩이로 장례 행렬이 지나가는 경로와 동일한 경로로 이동한다; 이 도깨비불은 죽은 친척을 위해 오는 시신의 친척의 영혼이다; 양초candle도 참조; 3. 시체(또는 시체의 일부분), 특히 교수형 당한 범죄자의 시체는 강력한 주술의 힘이 있다(영광의 손길Hand of Glory 참조): 그 주술 중 한 가지는 반응이 없는 소녀와 사랑에 빠진 남자를 위한 실로 엮은 머리카락 부적이다(머리카락hair 참조); 4. 소녀를 위한 사랑의 부적: 바늘로 시체를 찌르고 그 시체를 빈 무덤의 흙으로 덮은 다음 다시 이것을 수의의 천으로 감싼다; II. 토머스 S. 엘리엇Thomas S. Eliot: "심겨진 시체planted corpse": 현대인이 싫어하는 (영적) 생식력과 부활의 상징으로 죽은 구근 및 히아신스와 관련된다("황무지The Waste Land" 1부); III. 매장burial; 시체carcase; 무덤grave 참조.

시칠리아 섬 Sicily 1. 페르세포네의 강간 현장: 풍성하고 비옥한 곳; 2. 목가 시인들은 테로크리토스Theocritus(예 "티르시스Thyrsis"), 비온Bion과 연관된다; 3. 스테판 말라르메Stéphane Mallarmé: "목신의 오후L'Après-Midi D'Un Faune"의 현장 에트나 화산의 산비탈에 비너스가 방문한다.

시클라멘 cyclamen (식물) 1. 중부 유럽과 지중해 지역의 산악지대에 자생하는 앵초과의 여러해살이 풀; 멧돼지가 특히 좋아한다; 시클라멘이라는 이름의 어원은 아마도 그리스어 '쿠클로스kuklos'=원circle과 관련이 있을 것이다; 2. 불신, 자신 없음: 톡 쏘는 듯하고 쓴맛이 나는 뿌리; 3. 관능적; 4. 기독교: '피를 흘리는 수녀': 성모마리아의 심장의 피 흘림; 5. 민속: A. 의학: a. 그 뿌리는 하제, 구토제, 해독제; b. 귓병을 치유한다: 잎이 귀 모양이다; c. 출산을 쉽게 해 준다; 그러므로 임신한 여성은 유산 위험 때문에 피해야 한다; B. 사랑의 부적이며 최음제로 사용된다: 케이크에 넣어 먹는다; C. 술꾼들은 포도주를 사랑하고 술이 취하지 않게 하는 모든 식물(베토니와 서양평지)을 싫어한다; 포도주에 시클라멘을 조금 넣으면 빨리 취한다(플리니우스Pliny 25, 67); D. 시클라멘은 또한 '흙 송로버섯'과 '부적'이라고도 불리는데, 사악한 주문으로부터 집을 지켜 주기 때문이다.

시트, 침대보 sheet 1. 침대, 성교; 2. 죽음, 유령; 3. 항해; 4. 사람의 소원에 은밀하게 관련된다: "그대는 아무 생각도 하지 않지만 그대의 침대보는 그대의 은밀한 바람을 알고 있소"(안토니우스와 클레오파트라Ant. 1, 2); 5. 셰익스피어 연관 개념: 피-시트-죽음blood-sheet- death

시트론 citron (식물) 1. 레몬, 라임, 자몽 등으로 구성된 과일 종류에 속한다; 가시가 있는 나뭇가지가 있고 이상적인 꽃(자주색 또는 흰색)이 핀다; 2. '에트로그Etrog'는 뚜렷하게 끝이 볼록한 시트론이다; 이스라엘 사람들은 종교적 목적으로만 사용했다; 초막절에 쓰인 식물 중 하나(몰약, 종려나무, 버드나무와 함께); 인간의 심장을 나타낸다; 3. 강한 향기는 해로운 곤충들이 접근하지 못하게 하고 포도주에 넣은 이것의 씨앗은 독을 해독한다; 입 냄새를 좋게 만든다.

시험 examination 꿈에서: a. 시험에 대한 두려움은 보통 시험에 떨어질까 봐 걱정했으나 결국 합격하는 사람들에게 나타난다; 두려움은 책임감 있는 행동(또는 스스로에 대한 결정)을 하려고 할 때 그 행동에 대한 걱정으로 나타난다; 이 불안함은 낮에 느꼈던 근심의 잔재이다; 시험을 통과한 것처럼 다른 것들도 성공할 것이라는 것을 알고 스스로를 안심시킬 수 있다;

b. 시험에 대한 두려움은 왕자가 공주와 결혼하려면 해결해야 할 수수께끼나 과제와 관련 있다(허버트 실버러Herbert Silberer, 연금술 2, 1, p. 49f).

시홀리 sea-holly (식물) **1.** 모든 독의 해독제를 만들어 내는 가시 허브('뱀 뿌리Snake-root'라고도 한다). 여타 많은 약용 효과가 있다: 외상 약, 소화제, 숙취해소제 등; **2.** 그 뿌리는 남자 또는 여자의 성기 모양으로 자라며 남자 성기 모양의 시홀리를 발견한 남자는 여성들의 눈에 사랑스럽게 보이게 된다(이것 때문에 파온이 사포의 사랑을 얻었다(플리니우스Pliny 22, 8).

식물 plant **1.** 일반적으로 식물의 삶은 다음과 관련 있다: a. 풍요의 신(오시리스, 아도니스/아티스, 데메테르); 토템을 통해 인간은 종종 동물과 관련을 맺는다; b. 출생-삶-죽음의 주기, 퇴보-진화 등; **2.** 수생식물은 종종 태초의 물에서 솟아나는 창조, 연꽃에서 솟아나는 우주를 상징한다; **3.** 시들어 가는 식물: 죽음; 영웅이 모험을 떠날 때 심은 관목이나 덩굴로 그의 외부 영혼을 나타낸다; 이 식물은 그의 영혼을 유지하고 있으며, 만약 영웅이 모험에서 죽으면 시들 것이다. 이 식물을 특별한 방법으로 치료하여 영웅을 되살릴 수도 있다; **4.** "유명한 초목plant of renown": 이스라엘에게 좋은 이름을 가져다 줄 풍요로움(에스겔서Eze. 34, 29)을 상징한다; **5.** 엘리자베스 1세 여왕 시대에는 차가운 식물과 뜨거운 식물로 나뉘었다: A. '차가운' 식물: a. 연초에 꽃이 피는 식물; b. 일년생 식물; B. '뜨거운' 식물: 그 외 다른 식물들을 가리킨다; **6.** 민속: (많은 가축에게처럼) 식물에게도 가족의 죽음에 대해 알려야 하며, 애도의 표시로 검은 크레이프를 묶어 주어야 한다. 그렇지 않으면 시들어 버릴 수 있다; 나무tree와 개별 식물 참조.

식물, 초목 vegetation **1.** (특히 나무의 경우:) 현상세계에서는 느리지만 꾸준한 물질적 형태로 성장하는 것: 농업; 식물; 허브(예 부활용) 참조; 나무; **2.** 사랑: "나의 식물 같은 사랑은 제국보다 더 광대하고 느리게 자랄 수도 있습니다"(앤드류 마벨Andrew Marvel, "그의 수줍은 여인에게To His Coy Mistress"); 참조: 같은 저자의 경우: 녹색 식물; **3.** 딜런 토머스Dylan Thomas: "식물의 눈vegetable eye": a. 모든 계절을 포함; b. 비옥한; **4.** 식물plant 참조.

식사 meal (식사) 신성한 식사는 다음과 같은 패턴을 따르는 경향이 있다: a. 사람은 신성한 음식이나 음료('성찬hierophagy' 또는 '인간이 성찬의 일부를 먹는 신식(神食)')를 취함으로써 신이나 초자연적인 힘과 결합한다; b. 신성한 식사, 즉 사람들이 신성한 언약 또는 신성한 관계를 맺기 위해 함께 먹거나 마시는 성스러운 식사; 또한 '아가페apage'(히브리어 하부라haburah); c. 사람들이 신들과 함께 먹고 신들과 결합하는 식사: 예 모세, 아론, 나답, 아비후, 산에 있는 장로들(출애굽기Ex. 24, 9-11); d. 신들에게 드리는 식사(예 구약성서 쇼브레드(역주: 고대 유대교에서 제단에 올린 빵)]; 먹기eating도 참조; 음식food 등.

식초 vinegar **1.** 비통, 슬픔: a. "게으른 자는 그 부리는 사람에게 마치 이에 식초 같고 눈에 연기 같으니라"(잠언Prov. 10, 26); b. 마음이 상한 자에게 노래하는 것은 소다 위에 식초(비누용 기름)를 부음 같으니라(허황된 것 등)(잠언 25, 20); **2.** 가난한 사람의 포도주: a. 물과 섞은 식초는 밭에 사는 자들을 위한 청량 음료였다(룻기Ruth. 2, 14); b. 또한 로마에 있는 노동자들과 군인들이 마신 것으로 언급되어 있다; **3.** 마지막 위로: 그리스도가 십자가에 못 박힐 때 쓸개즙을 탄 식초를 진통제로 바친 것으로 언급되어 있다(마태복음Matth. 27, 34). 그러나 '쓸개'가 쓴맛의 것이라고 한다면 '포도주'를 바쳤다는 몇몇 문헌의 언급이 더 맞을 수 있다; 더 취하게 하는 것(예 마가Mark가 언급한 쓴 몰약), 식초와 섞은 포도주는 일반적으로 유대계(귀족) 여성들이 사형 선고를 받은 사람들에게 진통제로 주었다; 나중에는 음료로 식초를 주었다(예 마태복음 27, 48); **4.** 한니발은 식초로 산을 갈랐다(데키무스 유니우스 유베날리스Decimus Junius Juvenalis, 풍자시집Sat. 10, 153; 참조: 플리니우스Pliny 23, 27); **5.** 약용: 열을 내리고 염증을 제거하며 하룻밤 사이에 머리카락을 붉게 변색시킨다.

신 God **1.** 다음을 상징한다: a. 영원함: 상록수, 원, 입에 자신의 꼬리를 물고 있는 뱀 등; b. 레바논의 삼나무, 산, 올리브나무, 바다, 해초 등; **2.** 호메로스의 상처 입은 남신들과 여신들: a. 디오메데스는 아프로디테의 손목 윗쪽의 부드러운 부분(일리아드Il. 5, 336f.)에 '이코르ichor'(신의 피)가 흐르게 했다; b. 헤라클레스에게 오른쪽 젖가슴을 공격당한 헤라; c. 헤라클레스에게 공격당한 하데스; d. (아테네의 도움을 받은) 디오메데스에게 공격당한 아레스.

신경 nerve **1.** 로마: 남근의 완곡한 표현; **2.** 윌리엄 블레이크William Blake: 연결(전체 신경체계의); **3.** 딜런 토머스Dylan Thomas: 척추를 통해 손(손목)에서 남근까지 연결되어 있다: 수음masturbation 참조.

신데렐라 Cinderella **1.** 불: 빛의 왕자에 의해 선택된 태양 여사제; 또는 아마도 원래는 태양 여사제에 의해 선택된 빛의 왕자였을 것이다: 신데렐라가 신발을 남겨 두고 왕자가 그녀를 찾아야만 하는 것은 왕이 뭔가를 가지고 와야 하는 과업 중 하나로 보인다; 헤라클레스Heracules 참조; **2.** 영혼(달lunar): 내면의 빛이나 불; 신데렐라 이야기는 프시케의 이야기와 유사하다: 계모, 쌍둥이 자매(자만심과 시기심), 그리고 에로스. 아프로디테가 보낸 에로스는 괴물이 되어 그녀(프시케)를 매혹시켰고 괴물(에로스)은 그녀를 취해 멋진 왕자가 되었다; 추가적으로 연관되는 것들: 이슈타르, 이시스; 술람미 여인 참조; **3.** 재탄생; **4.** 진실, 지혜: 때로 신데렐라는 아름다운 나체로 동굴에서 나온다; **5.** 밤의 구름들(새벽의 잔인한 친척들)에 의해 억압받는 새벽이 마침내 태양 왕자에 의해 구출되는 것; **6.** 슬리퍼: a. 유리(프랑스어 'en viar'=북방족제비 털ermine을 잘못 번역한 것; 'en verre'=유리로 잘못 읽은 것)에다 진주 또는 스팽글로 장식했다; b. 겸손, 비굴: 높이 상징; c. 신발과 발의 마법: 신발=여성의 성기; **7.** 신데렐라의 대모godmother: 별 왕관을 썼다: 태양이나 달에 앞서 나오는 금성(샛별)(1 및 2번 참조)은 신데렐라가 아름다운 모습으로 도착한 것을 알린다.

신랑 bridegroom **1.** 풍요: 그의 방 또는 장막에서 나오는 태양(시편Ps. 19, 4f.); **2.** 신선함: "깔끔하고 멋지게 차려입은 신사는 신랑처럼 신선하다"(헨리 4세 1부1H4 1, 3); **3.** 결혼marriage, 결혼식wedding 참조; **4.** 성령강림절의 신랑: 오월제에서 올라가는 경기 또는 말을 타고 달리는 경주에서 일등을 하는 청년은 성령강림절의 왕 또는 신랑이 되며 나머지 하루 동안 사람들에게 명령을 내린다; '기사들'과 광대가 그를 따른다(따라서 어릿광대와 조언자들이 따르는 사육제의 왕자와 유사하다); 소녀가 여왕 또는 신부로 지명된다; 신랑과 참석자들이 마을을 돈 후 두 사람은 선물을 받는다.

신랑 groom 죽음; "생각해 보라 내 영혼아, 죽음은 촛불을 다른 방으로 옮겨가는 신랑에 불과하다."(존 던John Donne, "영혼의 두 번째 진보 기념일The Second Anniversary of the Progress of the Soul"; 토머스 S. 엘리엇Thomas S. Eliot의 "하인Footman" 참조).

신명재판 ordeal **1.** 특정한 시험을 통해 죄의 유무를 가리는 신명재판(네덜란드어 '오딜oordeel', 독일어 '우르테일Urteil'=판결)은 종종 정화의례와 함께 이루어졌다; **2.** 중세시대: 마상의 창 시합은 결투방법을 사용한 신명재판이었다: 양측은 성물에 대고 맹세했으며 진실한 맹세를 한 사람이 승리하게 함으로써 신에게 "진실을 밝히게" 해달라고 기도했다(크레티앵 드 트루아Chrétien de Troyes의 "사자의 기사 이뱅Yvain" 약 4450; '란슬롯Lancelot' 약 4970ff.); 3. 민요에서 시죄법은 피나 불(민요 68), 전투(민요 59)에 의해 언급된다.

신발끈 shoe latchet 가치 없는 것: "들메끈(신발끈) 한 가닥도 내가 가지지 아니하리라"(창세기Gen. 14, 23; 마가복음Mark 1, 7).

신부 bride **1.** 풍요: a. 사과, 장미, 백합, 비밀 정원, 분수 등과 같은 풍요의 상징은 신부의 상징이다; b. 그녀는 종종 미천하게 출생(땅에서 올라가는 식물)하지만 (태양)왕자와 키를 맞추기 위해 아름다운 신발shoes(참조: '음문'에 대한 비유)을 신는다: 신데렐라 모티프; **2.** 아니마: 솔로몬의 술람미 여인('누이sisten')은 (태양)왕의 여성성에 상응한다: 솔로몬과 술람미 여인의 두 이름은 동일한 어근 'sh-l-m'을 갖고 있다; 이들은 함께 완벽한 양성성과 지혜를 이룬다; **3.** 갇힌 신부: 풍요는 태양이 데리러 올 때까지 지하세계의 얼음괴물에 의해 갇힌다; **4.** 가짜 신부: 미녀와 야수 버전의 반대 버전: 아름다운 신부는 추한 괴물로 대체된다; 진짜 신부는 미천한 신분에 처하게 되고 호수나 강에 던져진다(백조–처녀와 관련된다); 가짜 신부(겨울)가 모습을 드러내고 태양왕자에게 쫓겨나며 진짜 신부가 찬란한 영광(봄, 새벽 등) 속에서 일어난다; 숲 속의 잠자는 미녀가 '깨어나는' 것처럼; **5.** 기독교: a. 교회(신랑인 그리스도); b. 수녀(그리스도의 신부); **6.** 민속: "행복은 태양의 빛을 받는 신부이며 비를 맞는 시체이다"; **7.** 신부는 뱀악마에게 음경포피이다: 릴리트Lilith 참조; **8.** 신부풍속에 관한 자세한 사항은 결혼식wedding과 피blood 참조; 또한 술람미여인Shulamite, 음문vulva, 여자woman, 여성female 등 참조; **9.** 신부의 날(2월 1일): 스코틀랜드에서 소녀는 켈트족의 풍요의 여신으로 가장하고 집집마다 다니며 선물을 요구하는 노래를 부른다.

신성결혼(聖婚) hieros gamos 하늘과 땅의 '신성한 결혼hieros gamos': 결혼marriage 참조.

신성한 왕 King, sacred **I.** 신성한 왕에 대한 **관념**은 우리의 가부장적인 사회에 앞서 모권적 사회 형태가 선행했다고 가정한다. 모계의 후손; 풍요의 여신을 인격화한 '여왕'은 왕인 배우자를 정했다; 후자, 즉 풍요의 신으로 의인화된 왕은 최고의 종교지도자로 행동했으며 토지의 비옥함을 상징했다; **II.** 왕의 건강이 나빠지면 (교감적으로) 국가의 풍요를 줄이기 때문에 가장 **강력한 남자들**만이 그 자리를 대신할 자격이 있었다. 그래서 그들은 건강 테스트를 받고 선택되었다. 이는 사냥 또는 도보경주의 형태로 이루어졌으며, 여기서 여왕은 경주 참가자와의 달리기 경주로 선택하거나 또는 거의 불가능한 과업이 경주 참가자들에게 주었다(더 참조할 것). 그들의 성교는 하늘과 땅의 신성한 결혼('신성결혼hieros gamos')을 상징했다. 경주가 끝난 후 승자는 여왕 옆에 있는 마차를 타고 의기양양하게 행진하거나 여왕이 그에게 사과를 주었는데, 그 사과는 왕의 재위 기간이 끝나면 피할 수 없는 죽음을 가져오지만 동시에 그의 불멸을 보장하는 것이었다: 그는 신이 되었다. 여왕이 위대한 달의 여신(지구의 습도 관장)을 상징하듯 왕의 통치는 태양(열)과 연결되어 있었다. 그는 때로 한겨울부터 태양이 한낮의 최고조에 도달할 때까지 통치하다가 죽임을 당했고, 그의 쌍둥이 형제가 쇠약해져 가는 그해의 절반쯤의 기간 동안 그를 대신해 통치했다. 또는 그는 봄(부활절)부터 사과가 떨어질 때까지 통치할 수도 있었다. 그는 (역주: 태양처럼) 북회귀선과 남회귀선 사이(역주: 하지와 동지 사이)에 뻗어 있는 것으로 묘사되었다. 왕의 재위 기간의 짧음은 왕을 괴롭혔기 때문에 그 기간이 1년으로 연장되었고, 다시 4년으로 늘어났다=위대한 해Great Year 4년=100루네이션(올림픽게임)이 되었다. 왜냐하면 그때는 태양력과 태음력의 해가 거의 일치했기 때문이다; 또는 7년(7=완성) 또는 19년이 되기도 했다(달력이 더 잘 일치할 때); **III.** 본래 왕은 **자연사하는 것이 허락되지 않았다.** 그 이유는 자연사가 지력을 없앨 수 있기 때문이었다. 반대로 그의 자발적인 희생은 풍요의 지속에 필요한 것이었다(자연에서는 아무 일도 그냥 일어나지 않는다). 그의 피, 특히 잘려진 성기의 피는 땅, 나무 등에 뿌려져서(그리고 그의 생살은 여왕과 그녀의 여사제가 먹었다) 마법처럼 땅을 비옥하게 했다; **IV.** (더 긴) 기간도 (힘이 강성해진) 왕의 마음에 들지 않게 되자 **대리할 사람**을 찾았는데 아이나 노예가 그 대상이 되었다. 며칠 동안 대리자가 가짜 통치를 했다(동시에 모든 정상적 기준을 뒤집어엎는 퇴행이 일어났다): 예 사투르날리아 농신제–카니발 축제Saturnalia–Carnaval. 훨씬 나중에는 '희생양'으로 충분했다(이는 건강–정의–도덕–풍요의 순서로 도덕적인 것으로 간주되는 것이었다); **V.** 그다음에는 왕이 동굴이나 벌집 모양의 무덤에 '매장'되는 **가짜 장례**가 이루어졌다. 왕은 대리인이 통치하는 기간 동안(종종 3일, 그러나 때로는 4년까지) 그곳에 머물렀다: 그는 밤이나 겨울에 태양이 사라지는 것을 상징하는 의미로 지하세계로 내려갔다; 한편, 왕의 대리인이 죽으면 숨겨져 있는 땅속의 풍요를 가져오기 위해 진짜 왕이 기적적으로 부활했다; **VI. 여왕과 그녀의 배우자** 사이의 관계는 다른 관점에서도 볼 수 있다: 새해 아이New Year–child는 위대한 어머니 여신의 아들로 (혼돈의 바다, 즉 자궁에서) 떠다니게 된다; 그가 자라고 '여왕'이 그의 누이가 되고 그

ㅅ

다음에는 그의 아내가 되며 그의 죽음 후에 그녀는 애도하고 누워서 우는(비rain) 노파가 되어 세 가지 측면에서 그녀가 여신임을 보여 준다. 그러고 나서 그는 그녀에게서 다시 태어나고 주기가 새롭게 시작된다. 따라서 수확 축제(가을–조상–숭배와 일치함)에는 우는 의례가 있었고 봄철 축제에는 기쁨의 의례가 있었다; **Ⅶ.** 어떤 이유로 인해(아마도 발–남근 대체물을 통해) 왕은 **신성한 발뒷꿈치**를 가지고 있었으며 이것은 땅에 닿아서는 안 되는 것이었다. 그 기원에 대해서는 다양한 설명이 있지만 발뒤꿈치는 확실히 왕의 삶에서 중요한 역할을 했다; 그의 머리카락(태양광선)과 마찬가지로 발뒷꿈치는 그의 죽음에 앞서 잘렸다; 머리카락hair 참조; 다리 절단hobbling 등; 아킬레스Achilles 참조; **Ⅷ.** 왕을 선택하기 위한 **시험** 과업 중 일부는 다음과 같다: 1. 운동경기 특히 달리기(태양은 '발이 빠른' 방랑자); 2. 활쏘기 시험: 태양광선과 같은 활은 절대 목표물을 놓치지 않는다(예 오디세우스, 헤라클레스, 로빈 후드); 3. 야생동물을 죽이거나 길들이는 행위: a. 사자; b. (두 마리) 황소: 일반적으로 태양, 달(뿔), 풍요의 상징; 일반적으로 영웅신은 황소였고, 따라서 자기희생을 한다(미트라); c. 야생마: 암말Mare로서 위대한 여신; 4. 하루 만에 쟁기질하고 수확하는 것: 과업이 현실적이지 않을수록 왕의 풍요 촉진을 상징하기 위해 무언극(예 한여름에)으로 행해지는 경향이 있다; **Ⅸ.** 태양왕의 또 다른 특징은 **계절에 따른** 모습의 **변화**이다; 다양한 형태가 있다; 계절seasons 참조; **Ⅹ.** 빈번하고 억제되지 않으며 무차별적인 성교를 특징으로 하는 풍요 의례를 통해 교감적 성교sympathetic coition의 **풍요 기능**이 나타난다; 성교coition 참조; **Ⅺ.** 왕의 **의례적 죽음**의 몇 가지 형태: **A.** 불과 관련된다(태양왕으로서): a. 산 채로 장작불에 태워졌다: 헤라클레스, 엘리야; b. 번개에 태워졌다: 카파네우스; **B.** 피와 관련된다(다른 형태의 죽음에서도 거세가 선행될 수 있다): a. 낭떠러지에서 떨어뜨렸다: 테세우스; 때로 새와 함께 묶어 떨어뜨렸다('범죄' 처벌에 대해서는 스트라보Strabo 10, 2, 9 참조); b. 야생마에게 잡아먹히게 했다: 파괴적인 암말로서의 여신(또는 말 가면을 쓴 여사제); c. 마차에서 떨어뜨렸다: 피와 태양수레를 연결한다: 오에노마우스; d. '나무'에 매달리기, '말뚝에 묶이는' 고문 등은 모든 남근 및 식물을 상징한다; **C.** 물과 관련된다: a. 목욕: 미노스, 아가멤논; b. 웅덩이: 탄탈로스; **D.** 발꿈치에 나있는 뱀에게 '물린 자국'의 측면에서 밤에 땅(뱀)에 내려오는 태양 또는 겨울을 나기 위해 서 있는 뱀: 오레스테스, 아킬레스, 필록테테스등; **E.** 그들의 죽음은 어둠을 동반한다: 프로테실라오스(나소 P. 오비디우스Naso P. Ovid, 헤로이데스Her. 13, 23), 그리스도 등; **Ⅻ.** 신성한 왕Sacred King은 또한 **과업 주제**와 관련 있다: (나이가 많은) 왕(물고기fish 아래 있는 어부왕Fisher King 참조)은 상처로 고통 받으며 그의 허약함은 식물의 번식력 상실이나 전쟁의 패전을 초래한다; 과업을 부여하는 자가 특정의 '질문'(무슨 일이 일어날 것인지 또는 성배Grail가 어떤 목적을 수행하는지 등에 관한 질문)을 하면 그는 회복될 것이다(그리고 황무지에 비가 올 것이다). 이 이야기는 그의 어머니–아내가 땅에 물을 줄 때 지하세계에서 풍요를 되찾아온 탐무즈와 아도니스 그리고 성배 이야기를 연결한다. '죽은' 신에 대해 여자들이 통곡하는 것은 일반적인 특징이다. 또한 그것은 남성적 창spear과 여성적 화병vase에 관한 것이다; 성배의 검과 접시: 타로의 잔(='마음Hearts'), 황금(='다이아몬드'), 검(='삽Spades') 및 막대기Rods (='곤봉Clubs'). 축제는 보통 11월 초부터 사투르날리아 농신제–카니발 축제Saturnalia–Carnaval까지 열렸다. 여기에는 다음이 포함되었다: a. 유령 사냥; b. 남근 형태의 동물 모습을 한 악마와 정숙한 여자; c. 칼춤: 왕은 종종 물고기와 관련이 있으며 물고기는 비둘기와 연결된다(아스타르테, 성배 기사의 휘장 등). 일반적으로 광신적 오컬트 종교에는 밀교적 특성이 있다; **XⅢ.** 태양왕의 **일반적 특성**: **1.** 그의 출생: a. 그는 동지 때 동굴(지하세계, 밤)에서 태어났다; b. 그는 바구니에 둥둥 떠다니다가 물에서 구원을 받거나(방주) 태어날 때 헤엄치는 자이다(물 위의 일출); c. 그는 새벽의 아들이자 남편이다(VI번 참조). 그는 어머니의 이름을 물려받기도 한다(예 러이 라우); d. 그는 "어머니의 자궁으로부터 궁극적으로 찢겨져 나온다"(맥더프, 사후 출산) 또는 두 번 태어난다(디오시소스); 출생birth 참조; e. 그는 어린 시절에 엄청난 능력을 보여준다: 태양이 빠르게 떠오르게 한다; f. 그의 탄생은 동물 및 동료와 함께한다. 특히 양치기: 공기의 흐름, 찬란한 빛; g. 그는 태어난 즉시 산꼭대기 같은 곳에서 버려지거나(새벽에 떠난다)(그리고 양치기에게 키워진다) 폭군(어둠 또는 겨울)이 명령한 대량학살로부터 피한다; 또는 그가 '우연히' 죽인 그의 아버지(선행 태양왕)에게 그는 '치명적인 자식'이다; h. 아직 자궁 속에 있을 때 이미 그의 쌍둥이 형제와 다툰다: 에서와 야곱, 아크리시우스와 프록투스; **2.** 그의 외모, 무기 등: a. 하늘의 신으로서 그는 금발머리, 파란 눈 그리고 빛나는 얼굴을 가지고 있다; b. 그의 사지는 비율이 끔찍하게도 안 맞는다: 짧은 다리와 긴 팔 때문에 서 있어도 앉아 있을 때만큼 당당해 보인다: 예 헤파이스토스(그의 쌍둥이 형제 마르스와 비교된다); c. 이것은 나중에 어릿광대의 특성으로 변했다; d. 그는 말(=산들바람)이 끄는 마차 또는 (태양)배를 타고 여행한다; e. 그는 관통할 수 없는 갑옷을 입고 결코 실패하지 않는 무기(태양광선의 칼, 창 등)를 사용한다; f. 그의 무기는 종종 그의 어머니가 그에게 준 것이다(아테나가 페르세우스에게); **3.** 그는 풍요를 가르치는 자이자 촉진자이다: a. 농업을 가르치는 자: 파종과 수확, 와인 재배 등의 원인과 결과; b. 문자를 가르치는 자: 얻은 지식을 저장하고 농업에 필요한 달력을 만들기 위해; c. 곡물과 양떼를 기르는 자; d. 그는 놀랍도록 증산시킨다: 생식력과 풍요; 영웅과 유사한 기능(문화 영웅Cultural Heroes) 참조; **4.** 더 많은 행위가 있다: A. 여성: 그는 하녀와 아내를 버린다: 그는 심지어 자신을 낳았던 새벽이슬도 죽이고 새벽처녀의 침대를 어슬렁거린다. 그는 자기보다 낮은 자들을 섬긴다(태양 인간); c. 그는 전형적인 방랑자이다; d. 매일 또는 매년 자신의 모습을 바꾼다: IX번 참조; e. 그는 대지의 악령, 용, 뱀 또는 가뭄괴물과 끊임없이 싸운다; f. 그는 파괴적인 '광기'(예 헤라클레스)의 단계를 거친다: 한낮 또는 한여름에 파괴적인 태양; **5.** 그의 죽음(XI번 참조): a. 종종 죽음에 앞서 그는 위대한 승리를 얻게 된다: 영광스러운 일몰 또는 가을의 찬란함; b. 여자에게 배신당한다: 그녀의 품에 안긴 그를 보며 흐느끼다가 그를 죽인다; c. 죽기 전에 머리카락(태양광선)을 잘라야 한다; d. 그는 자신의 (태양) 수레에 대한 통제력을 잃고 바다에 빠진다; e. 그가 얻은 재물에는 가을의 부패라는 저주가 걸려 있다; f. 그는 한 곳에서만 취약하다; g. 잘못 던져진 원반 같은 것에 맞아 그는 종종 우연히 살해당한다; h. 지하세계로부터 부활하거나 임박한 죽음으로부터 벗어난다(V번 참조): 일어남과 시작: 예 고래에서 나온 요나, 밤의 뱀인 라Ra; **6.** 태양왕의 세 가지 측면: 왕은 종종 다른 두 사람과 함께 죽는다: 횃불을 든 두 명과 함께 죽은 미트라, 아지즈(마르스) 및 모니모스(메르쿠리우스)와 함께 죽은 셈족의 바알; 그리스도도 두 명의 도둑과 함께 죽는다. 이 두 동료는 종종 대극을 이룬다: 횃불을 들고 있는 두 사람은 떠오르는 태양과 죽어 가는 태양, 선한 도둑과 나쁜 도둑 등을 나타낸다; **XIV. 몇 가지 예: A.** 아이네아스는 신성한 왕으로서 투르누스를 몰아냈다(그것의 요소는 '역사에' 가려져 있지만): 바다에서 온 이방인 아이네아스는 황소왕 투르누스를 이겼다; 책에는 끊임없이 태양에 대한 언급이 있다(12); '정치적' 결투는 정교한 의식과 함께 이루어졌다; 투르누스가 아이네아스에게 접근하는 미로 같은 길; 목을 매는 여자; 아이네아스의 '다리에 난 화살 상처' 등; 게르만의 예는 지그프리트Siegfried 참조; **B.** 성서: 1. 그의 '누이'와 결혼한 아브라함이 그녀를 아비멜렉에게 보냈고 아비멜렉의 집에 있던 모든 여자가 수태하지 못했다(창세기Gen. 20, 18 참조); 2. 야곱이 한 남자와 씨름한 일: a. 꿈속의 환영이거나; b. 그가 강을 건널 때 싸워야 했던 강의 신에 관한 오래된 이야기이거나; c. 에서와 싸운 것일 수 있다(창세기 32, 11). 그 결과, 근육이 수축되었다(그의 신성한 발뒤꿈치가 땅에 닿는 것을 방지함). 이 이야기는 오래된 음식 금기를 설명하는 데 사용된다(창세기 32, 32). '허리와 생식기 부위'를 먹지 말라. 다른 문헌들에 따르면, 그것은 희생제물로 바칠 수는 있지만 먹을 수는 없는 '둔근musculus glutaeus'이다; 3. 5월 보리 수확이 시작될 때 이스라엘에서 풍요를 회복하기 위해 사울의 (손자)아들이 희생된다(사무엘하서2Sam. 21, 9); 예루살렘의 성전 언덕에서 희생 의례가 이루어졌을 수 있다; 그들의 어머니(여사제) 리스파는 비가 올 때까지 방치된 시신들을 지켜보았다; 4. 왕의 죽음과 그의 나라의 비옥함 사이의 관계는 다음과 같이 강조된다: "내가 레바논으로 하여금 그를 위하여 애통하게 하고 들의 모든 나무가 그를 위하여 탈진하게 하였느니라"(에스겔서Eze. 31, 15); 5. 마태복음Matth.(27, 3−5)에 따르면 ,유다는 스스로 목을 매달았지만 사도행전Acts(1, 18)에는 "거꾸로 몸을 던져 배가 산산이 터지고 모든 창자가 쏟아져 나와"라고 기술되어 있다: 두 가지 형태(목매달음과 벼랑에서 던져짐)의 대체자의 죽음(예수Jesus 참조); **C.** 동요: 풍요를 상징하는 음식의 기적적인 증가에 대한 이야기가 자주 발견된다: 예 아서왕은 '보리떡 세 덩이'로 푸딩을 만들었는데 그것은 온 궁정 사람이 다 먹을 수 없을 정도로 컸고, 다음 날 아침에 왕비는 남은 것을 튀겼다(예 '훌륭한 아서왕이 다스리던 때의 영토': '도둑질'은 '드러나지 않는' 생산 방식에 대한 언급일 수 있음); 남은 음식은 항상 많아지는 기적 이야기의 최종 증거로 강조된다.

신시아 Cynthia **1.** 아르테미스/디아나의 별칭, 달의 여신(킨토스산에서 태어남); **2.** 현대 문학에서 엘리자베스 1세 여왕: 예 a. 에드먼드 스펜서Edmond Spencer의 "콜린 클라우츠, 다시 집에 돌아오다"; b. 벤 존슨Ben Jonson의 궁정 생활을 풍자하는 "신시아의 향연Cynthia's Revels".

신원 오인 mistaken identity **1.** 신화, 동화, 연극, 민요 등에서 신원 오인의 사례를 볼 수 있다; a. 선량한 사람이 우발적으로 사망하는 극적인 사건 전환(아래의 2번 참조); b. 운 좋은 상황: 나쁜 사람이 살해되는 것, 그 이유는 대개 옷을 잘못 입거나 잘못된 장소에 있을 정도로 어리석었기 때문이다(아이오나 오피와 피터 오피Iona Opie & Peter Opie, 고전동화FT p. 129: 엄지동자Hop O, My Thumb 참조); c. 종종 쌍둥이들이 등장하는 실수연발의 희극처럼(적어도 플라우투스Plautus, "두 사람의 메나에크므스Menaechmi" 이후) 사건들의 코믹한 전환; **2.** 신원 오인으로 인한 비극적 죽음: a. 아타마스의 아내 테미스토는 경쟁자 이노의 자녀 중 한 명을 죽이려 했지만 오인하여 자신의 자녀 중 한 명을 죽였다(가이우스 히기누스Gaius Higinus, 이야기 모음집Fab. 4;); b. 사냥을 하던 중 야생동물 소리를 들은 케팔로스는 우연히 아내 프로크리스를 죽인다(플라티오Platio, 파에드르Phaedr. 229B ff.; 달디스의 아폴로도루스Apollodorus of Daldis 3, 109; 오비디우스 도덕론Ovide M 7, 794ff.); c. 민요: 프랜시스 차일드Frandcis Child 14의 대부분 변형된 버전에서 남자 형제는 알려지지 않은 그의 누이들을 죽인다.

신음 groaning **1.** 민요: 무덤에서 나온 망령은 때로 그들의 오래된 신음 또는 한숨으로만 인식될 수 있다; **2.** 신음moaning 참조.

신음 또는 탄성 moan '신음하다'라는 표현은 제프리 초서Geoffery Chaucer로부터 에드먼드 스펜서Edmund Spenser와 존 키츠John Keats에 이르기까지 노래와 시를 위한 말이었다("맛있는 탄성을 내기 위해" "푸시케에게 부치는 송가Ode to Psyche", 30; 또한 "아름다운 부인La Belle Dame…" 참조); 네덜란드어 '신음하다Du. kreunen'에서 유래한 '노래하다to croon'는 '탄성을 발하다to groan'라는 의미에서의 '신음하다to moan'를 의미한다.

신장, 콩팥 kidney **1.** 구약성서: a. 유대인의 관념에서 생명 및 생식과 관련된다; i. 양쪽 신장을 둘러싸고 있는 지방에 '생명'이 깃들어 있기 때문에 신장은 셈족의 영혼의 자리: 정액은 생명과 힘의 물질로서 일종의 기름이다(오니안스Onians 188n); ii. 최소한 수송아지의 간의 막 및 지방과 함께 신장은 여호와의 것이다. 이 부분은 고환 및 생식 기관과의 관계 때문에" 희생제물로 바쳐졌는데, 그 이유는 자연의 씨앗(정자)이 "인접 장기의 방해를 받지 않고 통과할 수 있도록 도와주고 협력"하기 때문이다"(필로 유다이오스Philo Judaeus 1, 216); b. 감정의 자리: "내 속(신장)이 유쾌하리라"(잠언Prov. 23, 16); **2.** 체질(오페라 팔스타프): "내 신장의 남자"(윈저가의 즐거운 아낙네들Wiv. 3, 5); **3.** 점(占)치는 데 사용했다; **4.** 최음제: 가장 압도적인 느낌인 성적 쾌감 추구를 의미한다; **5.** 윌리엄 블레이크William Blake: a. 애정의 자리(앞의 1번 b 참조); b. 머리 및 심장과 연결된다: 허리 쪽에 위치한다(사전: '콩팥허리'); **6.** 꿈: 꿈에서 짝을 이루고 있는 구성원이나 장기orgaus는 형제와 친척을 나타낸다(달디스의 달디스의 아르테미도로스Artemidorus of Daldis of Daldis 1, 44).

신전, 회당 temple **1.** 신의 왕좌; 신비의 중심, 속이 빈 인공적인 산 또는 산 정상(세계 축world-axis); 원래는 점괘를 보던 장소(참조: 라틴어의 '교회con-templ-atio'); **2.** 영혼(고린도전서1Cor., 3, 16 및 고린도후서2Cor., 6, 16 등 참조); **3.** 왕은 "여호와의 기름 부음 받은 성전"(맥베스Mac. 2, 3); **4.** 명령; **5.** 형태: a. 원형: 태양에게 바쳐졌다; b. 네 개의 기둥이 있는 삼각형: 삼위일체+네 개의 요소; c. 기독교 십자형으로 된 교회는 사람의 형상이며 동쪽 끝 반원형 부분은 머리, 십자가 및 좌우 날개 부분은 몸통, 제단은 심장의 형태와 유사하다; **6.** 계단: a. 일반적으로 신전을 오르는 것은 중심으로 가는 황홀한 여정이다; b. 고대 신비의 사원에는 열다섯 개의 계단이 있었다: 예술과 과학을 상징하는 일곱 개의 계단 그리고 그 다음으로 여덟 개의 감각의 계단이 이어졌으며 인간 안에 있는 질서의 삼위일체라는 계단이 정상까지 이어져 있었다; **7.** 솔로몬의 성전(태양의 도성, 새 예루살렘, 낙원)은 다소 이집트적 특징(두 개의 앞뜰과 격자무늬의 고딕풍 창clerestory)을 가지고 있었지만 주로 페니키아인들(튀루스의 히람왕)의 영향을 많이 받았다; 성전 휘장을 찢는 것: 다른 세계의 신비(제사장조차 향의 연기로 가려야 했을 정도로 인간에게 너무 끔찍했다)를 들여다보는 것; 기둥에 대해서는 야긴과 보아스Jachin and Boaz 참조; **8.** 교회church 참조.

신천옹, 알바트로스 albatross **1.** 이 이름은 그리스어 '버켓bucket'에서 파생되었다고 하며 그 이유는 이 새가 주머니에 물을 가지고 다닌다고 믿었기 때문이다. 또는 포트Port에서 파생되었다고도 한다. 스페인어의 '알카트라즈alcatraz'=가마우지 또는 '알카트루즈alcatruz'=펠리컨에서 유래했다고 하며 또는 '알바카트라스alba catras'=프리깃 새에서 유래했다고도 한다; **2.** 신천옹은 지구상에서 가장 큰 새이며 한 개의 알만 낳는다; 선원들이 사용한 용어는 '케이프 쉽Cape Sheep' '몰리 호크Molly- hawk' 등이다; **3.** 이들은 방해받으면 입과 콧구멍에서 역겹고 사향 향이 나는 기름을 분출한다(예 미끼 갈고리에 걸린 신천옹을 갑판 위에 올려놓으면 끝없이 선원들이 이 새를 놀리는데 그 이유는 이 새의 서투른 움직임과 심지어 이들의 뱃멀미 때문이다); **4.** 신천옹은 정교하게 양식화된 구애 행위를 한다; **5.** 상징성: a. 지칠 줄 모르는 엄청난 비행; b. 긴 항해와 남쪽 먼 바다; **6.** 딜런 토머스Dylan Thomas: '신천옹이 걸려 있다'는 표현은 죄책감을 의미한다; **7.** 민속: 대양 한가운데서 배 주변을 비행한다: 바람과 좋지 않은 날씨의 징조; 이 새를 죽이는 것은 불운을 가져온다(콜리지Coleridge, "고대의 항해자Ancient Mariner" 참조): 갈매기와 쇠바 다제비처럼 이것은 죽은 선원의 영혼을 상징한다; 이 믿음은 널리 퍼져 있지는 않다: 깃털을 장식용으로 사용하기 위해 많은 신천옹들이 죽임을 당했다; 물갈퀴가 있는 발로 담배 주머니를 만들었고 피부는 깃털 러그로 사용되었으며 뼈는 파이프로 사용되었다.

신체 body **1.** 물질 대 영혼soul=영spirit; 이 관계는 종종 말과 말을 타는 사람으로 표현된다; **2.** 육신 대 의지. 종종 정원과 정원사로 표현된다; **3.** 개인이 갖고 있는 신체의 흠은 그 사람을 왕에 적합하지 않은 존재로 만든다: 예 켈트족의 왕 코맥 맥아트는 눈을 잃어 퇴위했다: 왕의 개인적 건강은 나라의 풍요와 관련된다; **4.** 신체의 점(點): a. 신성한 (문신) 표시; b. 물린 자국과 긁힌 자국: i. 풍요 의식(채찍질flagellation 참조); ii. 야만성, 전투; iii. (불법적인) 폭력적 사랑(또한 치아tooth 참조); **5.** 뱀, 터널, 어두운 통로를 통과하는 신체: 지혜에 도달하는 영혼 또는 재탄생에 도달하기 위한 영혼의 야간 통행; 뱀Serpent 참조; **6.** 신체 부위를 별자리로 나타내는 것에 대해서는 신체의 개별 부위 참조; 또한 인간man 참조.

신탁 oracle 하나님의 신탁은 주로 구약성서에서 전해진다(로마서Romans 3, 2에 여전히 언급된다): a. 제사장의 분별을 통해서; b. 신비한 우림Urim과 둠밈Thummim을 통해서(우림은 빛을, 둠밈은 완전함 또는 완벽함을 의미한다): 크기나 색깔이 다른 두 개의 작은 돌을 던져서 하나님의 뜻을 분별했다; 나중에 이 돌은 단지 대제사장의 흉배를 장식하는 장식품이 되었지만 바빌로니아 추방에서 돌아올 때까지 신탁의 방법으로 믿어졌다(에스라서Ezra 2, 63); c. 대제사장의 제의(祭衣)를 통해서(그들이 신탁을 위한 별도의 제의를 가지고 있을 때); d. 후일 우상숭배로 여겨진 남근 모양 지팡이를 통해서: "내 백성이 나무에게 묻고 그 막대기는 그들에게 고하나니"(호세아서Hos. 4, 12); e. 제비뽑기를 통해서: 예. 누가 죄가 있는지 알아내려고 했다(요나서Jon. 1, 7; 또한 사무엘상서1Sam. 10, 20; 잠언Prov. 16, 33 등); f. 화살들을 '흔들어서 빛

ㅅ

나게' 함으로써(에스겔서Eze. 21, 21); g. 환영이나 황홀경에 빠진 예언자를 통해서; h. 꿈을 통해서: 아마도 성소에서 밤을 보내면서 꿈을 통해 신탁을 받았을 것이다; i. 가정의 신이기도 했던 드라빔Teraphim(역주: 팔레스티나의 가족 수호신)을 통해서(예 창세기Gen. 31, 19: 라헬은 그의 아버지의 드라빔을 도둑질하고); j. 신성한 참나무의 나뭇잎들이 바스락거리는 소리를 통해서; k. 물이 채워진 잔에 기름 한 방울을 붓거나 나무 조각을 던진 다음 신의 응답을 '해석'함으로써; l. 희생제물로 바쳐진 동물의 간을 살펴봄으로써(간 점치기hepatoscopy: 에스겔서 21, 21); m. 강령술을 통해서(사무엘상서 28, 7); n. 특정 사건이 예언되었고 그것이 일어났다면 그것은 신성한 하나님의 뜻이다: 예 아브라함의 종이 리브가를 이삭의 아내로 선택하였다(창세기 24, 12).

신혼여행 honeymoon 원래는 결혼 후 한 달 동안 부부의 친척 또는 부부가 벌꿀 술만 마시는 게르만족의 풍습에서 유래했다.

실 ligature 마법에서: 성교 또는 수태 방지; 이것은 실, 끈 또는 가느다란 가죽 조각을 가지고 매듭 '묶기'를 통해 이루어졌으며 그런 다음 매듭을 숨겼다(로셀 호프 로빈스Rossell Hope Robbins p. 305f.)

실 (바느질 실) thread **1.** 세계 축: 승천, 승화; 아리아드네의 신화, 미노스의 딸 아리아드네는 테세우스가 아버지의 미로(이 세상)에서 빠져나올 수 있도록 도왔다; 이는 창조주나 천국으로 가는 길(켈트의 아리안로드의 북쪽왕관자리)로 설명된다; 루의 사슬 그리고 은 궁전[silver] palace 참조; **2.** 서로 다른 두 존재(영적spiritual, 생물학적, 사회적 등)의 계층 사이의 연관성; **3.** 탈출: a. 아리아드네(뱀serpent 또는 대지의 여신)는 테세우스(태양 영웅)에게 미로(저승, 야간 횡단)를 탈출하기 위한 실(빛, 광선)을 주었다; b. 탯줄: 자궁의 미로(또는 지하세계)에서 탈출하다; **4.** 생명, 운명: 세 여신(그리스의 모이라이, 로마의 파테 또는 파르케, 고대 북유럽의 노른이 생명의 실을 준비해서 베를 짜고 잘라낸다; **5.** 정액: 특히 오르페우스 숭배(존 웹스터John Webster, 하얀 악마WD 1, 2); **6.** 거미줄cobweb, 베틀loom, 물레질spinning, 직조weaving 등 참조.

실고기 pipe-fish **1.** '시그나투스Syngnathus' 속; **2.** 실고기는 알을 낳을 때 몸이 터질 수 있을 정도로 가늘다(클라우디우스 아엘리아누스Claudius Aelianus, 동물의 본성에 관하여NA 9, 60).

실라, 나릿과 scilla (식물) '해총sea-onion'이라고도 한다. 우울증을 낫게 한다(로버트 버튼Robdrt Burton, 우울의 해부Anat. of Mel. 2, 4, 2, 1).

실레노스 Silenus **1.** 사티로스satyr 중 가장 나이가 많다: 불룩한 배를 가지고 있으며 종종 술에 취해 있다. 그는 때로 디오니소스Dionysus의 스승이자 동반자로 여겨졌다; 오비디우스 도덕론Ovide M: 식탐을 상징한다(도덕론 14, 5439).

실로 Shiloah **1.** 예루살렘에 있는 연못(느헤미야서Neh. 3, 15); **2.** 하나님의 보호(이사야서Isa. 8, 6).

실리아 Celia 여러 영어 서정시에 등장하는 사랑하는 여인의 이름.

실명, 맹목 blindness **1.** 어둠, 실수, 무지 등(검정색, 흑색black 참조): 예 "사람들은 자신의 사정만을 생각한다"; **2.** '순결한' 여신의 목욕하는 모습을 본 사람들에 대한 일반적 처벌(=여성의 의례를 침범하거나 공개된 여신의 찬란한 광채를 견디지 못하는 경우; 그리스도의 변화 참조): 티레시아스Tiresias, 에우리만테스Eurymantes 등; **3.** 예언: a. 여신을 본 것 때문에 벌을 받은 사람들은 종종 '내면의 눈', 즉 예지력을 보상으로 받았다: 티레시아스; 헤로도토스의 에우에니오스Euenius(9, 93ff.) 참조; b. 성서에서 선지자는 예언을 할 때 종종 눈을 감으며 눈을 뜨고 있을 때에는 아무 것도 보지 못한다: 발람(민수기Num. 24, 34)은 그리스도의 눈가리개를 조롱했다(예 마가복음Mark 14, 65); 참조: 강신술(spiritist) 영매; **4.** 음유시인: a. 예언과 시적 영감 간의 마법적 관계(냉혹한 사실에 더해, 음유시인이 되는 것은 맹인에게 열려 있는 유일한 직업이었다); 오디세이에서 데모도코스Demodokos 이후(8, 64); 호메로스는 스스로를 맹인이라고 생각했다;

b. 맹인 하프 연주자 또는 맹인 가수는 사랑의 노래를 전파했다; 또한 시인bard 참조; **5.** '눈'(그리고 '눈이 안 보이는 것')은 종종 '고환'에 대한 완곡한 표현이었다: 예 오이디푸스의 전설; 눈eye 참조; **6.** 눈가리개는 다음의 상징이다: a. 공정성; b. 우상 숭배; c. 큐피드: 중세시대의 사랑의 열망Amor Carnalis에 대해 염소goat와 '눈깜박임blinking' 참조(실수연발Err. 1, 1에서); d. 그리스도(개두포amice 참조); e. 운; **7.** 까막잡기blindman's buff: 충분한 지식 없이 문제를 해결하려고 하는 것.

실바누스 Silvanus **1.** 로마 신화에서 숲의 신(라틴어 'silva')이며 또한 정원과 초원의 신이기도 하다; 실바누스도 비명을 질러 사람들을 공포에 떨게 할 수 있기 때문에 종종 판과 동일시되었다; **2.** "경계의 수호자, 아버지 실바누스"(퀸투스 플라쿠스 호라티우스Quintus Flaccus Horatius, 서정시집Epod. 2, 17ff.); **3.** 오비디우스 도덕론Ovide M: 고대의 숲에서 행했던 우상숭배를 보여 준다(도덕론 14, 5430); **4.** 아레스/마르스도 참조.

실바누스 Sylvanus 실바누스Silvanus 참조.

실베스터 Sylvester **1.** 중세의 중요 성인: "신God의 저주와 지옥형벌 그리고 성자 실베스터"(크레티엥 드 트루아Chrétien de Troyes, "란슬롯Lancelot"; ±6550; **2.** 그의 축일이 12월 31일이기 때문에 독일인들은 새해 전야를 '실베스터'라고 부른다.

실크, 비단 silk **1.** 미(美): "비단 같은 나의 줄리아Julia가 갈 때…"(로버트 헤릭Robert Herrick, "줄리아의 옷On Julia's clothes"); **2.** 화려함: "값을 치르지 않은 비단옷을 입고 바스락거리는 것보다 더 교만하다"(심벨린Cym. 3, 3); **3.** 사치, 상류층: "비단과 새틴은 부엌 불마저 꺼뜨린다(역주: 상류층은 실용적인 필수품보다 비단 등의 호화로운 직물을 선호한다는 뜻)"(속담); **4.** 사회적 행동으로 인한 강하지 않은 유대: 여성들은 비단옷이 자신의 진정한 아름다움을 가리고 움직임을 방해한다고 불평한다.

실패, 실감개, 가락 distaff **1.** 산업; 우주: 시간, 창조의 시작과 연속성; **2.** 섬유; **3.** 옷감 짜기와 실잣기; **4.** 일반적인 여성의 상징: a. 움직임=성적 움직임; b. 물레가락과 실패는 전형적인 여성성의 상징: "손으로 솜뭉치를 들고 손가락으로 가락을 잡으며"(잠언Prov. 31, 19); c. 검(=죽음)이 남성성을 전형적으로 나타내는 것처럼 실패는 여성성(=삶의 지속성)을 전형적으로 나타낸다; 동물의 형태로는 개구리와 남근 모양의 물고기로 상징된다; d. 로마: 결혼식 행렬에서 신부의 미래의 일을 알려 주기 위해 신부 뒤에서 실패를 들고 따라갔다; e. 그리스: 핀다로스Pindarus에 따르면, 황금 실패는 암피트리테, 네레이드(네메아 송시Nam. O. 5, 36), 라토(네메아 송시 6, 37)의 속성이다(올림피아 송시Olymp. O. 6, 95); **5.** 그리스: 모이라이(운명의 세 여신) 중 가장 어린 클로토의 상징: 클로토는 생명의 실을 준비한다(라케시스는 실을 잣고, 아트로포스는 실을 자른다); 6. 때로 마녀들은 빗자루 대신 가락을 타고 날아다닌다.

ㅅ

실피움 silphium (식물) **1.** '레이저laser'로 불리는 고무 수지를 생산하는 지중해 식물이다; 따라서 '레이저워트laserwort'라고도 불린다; **2.** 니칸데르Nicander: a. 키레네의 특산품으로 헤로도토스Herodotus(4, 169)에서 처음 언급되었지만 플리니우스Pliny 시대에 없어졌다(테리아카Th 85); b. 실피움의 즙은 약효가 있다; 잎과 줄기는 소스에 들어가는 채소와 양념으로 사용되었다; 설사약으로 사용되지만 양과 염소가 먹으면 살이 찐다(같은 책); c. 또한 고무는 질병을 완화시킨다(테리아카Th. 907); d. 카멜레온 엉겅퀴의 독을 중화시킨다; 위장장애에도 좋다(알렉시파르마카Al. 309 및 369).

심넬 케이크 simnel-cake 민속: a. 원래 풍요-추수의 감사 의식; 또한 일반적인 상징성에 대해 케이크cake 참조; b. 사순절 넷째 주일Simnel Sunday 혹은 어머니의 날(사순절 넷째 주일)에 친구들과 나누어 먹는 푸짐한 과일 케이크이다; '심넬simnel'=고운 밀가루(프랑스어에서 유래).

심벌즈 cymbal **1.** 오르지적 숭배에서 중요한 악기: 심벌즈를 맞부딪치거나 문질러서 내는 금속성 소리는 참가자들을 광란에 빠뜨린다: 예 구약성서; **2.** 초기

기독교: a. 종교적 열정; b. 성배에 비견되는 신성한 그릇; **3.** 그리스: a. 바카날리아Bacchanalia 주신제에서 사용되었다(나소 P. 오비디우스Naso P. Ovide, 3, 533ff); b. 공연장에서 사용되었지만 여성스러운 것으로 치부되었다; **4.** 어머니 여신 키벨레의 축제와 관련된다: 키벨레와 아티스의 신비로운 식사자리를 함께 한 사람들이 술을 담아 마신 신성한 그릇(성배Holy Grail 참조); **5.** 허영심: '챙챙 울리는 소리tinkling'(고린도전서1Cor. 13, 1); **6.** 중세: 성마름의 상징; **7.** 팀파눔tympanum 참조.

심숨 simsum **1.** '행성'의 이니셜을 합친 것: 토성Saturn, 목성Jupiter, 화성Mars, 태양Sol, 금성Venus(V=U), 수성Mercury; 루나-달Lunar-Moon은 위험한 마법으로 인해 제외되었다; **2.** 공공 업무 또는 사업상의 모험에서 행운을 위한 부적으로 쓰인다.

심연 abyss **1.** 일반적으로 심층('아 비소스a-byssos'='바닥없음'); 다음과 같이 생각되었다: a. 산의 내부, 바다 또는 호수의 바닥; b. 지평선 너머; **2.** a. '죽은 자들의 땅', 지하세계, 대모Great Mother나 대지신과 관련된다; b. 어두운 곳, 지옥, 지구의 내부; 떠난 영혼들의 거처; **3.** 헤아릴 수 없는 모든 것, 신비; **4.** 열등함(예 무지), 슬픔; **5.** 우주가 만들어진 혼돈: 그리스어 버전의 구약성서에서 '창조의 물인 테홈tehom', 즉 흑암(창세기Gen. 1, 2); **6.** 집어삼키는 야수가 사는 곳, 발람과 요사팟Baarlaam and Josaphat 참조; **7.** 시간: "어두운 뒷면과 시간의 심연에 앉아 너는 (무엇을) 보는가?"(템페스트Tp. 1, 2장); **8.** 지혜: 바빌로니아 창조신화에서 에아는 깊은 물의 아들이며 지혜의 신이다.

심장, 마음 heart **1.** **정서**의 자리: a. 엘리자베스 1세 여왕 시대: 간, 뇌와 함께 필수 기관, 생명의 영혼이 자리한 곳, 따라서 애정의 자리; b. 심장은 한숨과 탄식으로 피가 빠져나간다(한여름 밤의 꿈MND 3, 2; 베니스의 상인Mer. V. 1, 1); c. 사랑: i. "따라서 사랑에 빠져 있는 모든 심장은 자신의 혀를 가지고 있다"(헛소동Ado 2, 1); ii. 하나가 되는 사랑; iii. 빛의 중심인 사랑은 불꽃, 십자가, 백합 문장, 왕관 등의 위에 얹혀 있다; d. 슬픔: "말하지 못하는 슬픔, 비탄에 찌든 심장이 속삭이고 결국 부서지고 말 것이다"(맥베스Mac. 4, 3); e. 회한: "하나님이여 상하고 통회하는 마음을 주께서 멸시하지 아니하시리이다"(시편Ps. 51, 17); f. 분개: "맹렬한 울분이 더 이상 그의 마음을 찢을 수 없는 곳"(스위프트의 묘비에 적힌 비문); g. 유쾌함: "마음의 즐거움은 양약이라도 심령의 근심은 뼈를 마르게 하느니라"(잠언Prov. 17, 22); h. 거짓: "거짓된 마음이 아는 것은 거짓 얼굴로 숨겨야만 한다"(맥베스 1, 7); i. 두려움: "왜 나를 사로잡는 불안한 예언의 무시무시한 환영이⋯ 평온했던 심장이 자연의 순리를 거슬러 갈빗대를 방망이질하게 만드는가?"(맥베스 1, 3); **2.** **생명의 본질**이 자리한 곳: a. 이집트: 내장을 미라로 만들 때 오직 심장만이 필수적인 것으로 보존되었다; b. 사람을 수직으로 볼 때 중심이 되는 곳: 뇌-심장-성기; c. 인간이 생명을 얻는 첫 번째 부분이자 마지막으로 죽는 부분이다(아리스토텔레스); d. 패배자의 생명력을 얻기 위해 정복자가 먹어 치우는 것으로 사람 안에 있는 '동물적 본성'의 중심; e. 특별히 신들에게 바치는 부분이며, '점술'에 사용되는 부분 중 하나이다; f. 토비아스가 태운 물고기 심장의 연기는 남자 또는 여자에게서 악마를 퇴치했다(토비트서Tob. 6, 7); 아마도 처음에 사용되었던 '간'에 추가되었을 것이다; **3.** **지성** 또는 **이해**(이성의 반대)의 자리: a. 연금술: 도구로서 달의 뇌의 사용을 이해하는 인간의 태양(지구의 금과 같은); b. 영적 중심(배꼽처럼), 부동의 동자unmoved mover; c. 성서: i. 감정 이외에 심장은 종종 이해를 의미한다(감정의 자리인 창자와 함께); ii. "우리에게 우리 날 계수함을 가르치사 지혜로운 마음을 얻게 하소서"(시편 90, 12); d. 이해, 따라서 조언의 자리: "집정관의 마음"(코리올라누스Cor. 1, 1, 115), 따라서 뇌의 반대=(순수한) 추론=작은 인간 세상에서 최고의 권위; e. "따라서 머리가 어디로 향하는지와 상관없이 마음이 옳다"(월터 롤리 경Sir W. Raleigh, 목숨을 걸 때when laying his head on the block); f. "마음은 이성도 알지 못하는 자신만의 이유를 가지고 있다"(블레즈 파스칼Blaise Pascal, "팡세Pensées" 4, 277); **4.** **영혼**: 하나님이 알고 있는 "마음에 숨은 사람"(베드로전서1Peter 3, 4); **5.** **의지**, **용기**의 자리: "견뎌라, 나의 심장아, 더 힘든 것도 버텨 왔다"(호메로스Homer, 오디세이아Od. 22, 18); **6.** **특별한 종교적 의미**:

A. 이집트: a. 지적 능력의 자리; b. 양심의 자리: 사람이 죽으면 그의 영혼은 깃털 같은 무게를 가진다; B. 그리스: 에로스의 상징; C. 로마 가톨릭: a.신의 사랑, 열의, 신성한 사랑(특히 불타오를 때); b. 화살에 맞았을 때, 후회, 사랑과 헌신; c. 그 안에 여인의 머리가 있는 경우: 제9계명을 어긴 죄에 해당한다; d. 그 안에 동전이 있는 경우: 제10계명을 어긴 죄에 해당한다; **7. 문장**heraldry(紋章): 성실함; 이성; **8. 별자리**: 사자자리가 주관함; **9. 다른 것과의 조합**: a. 고결한 마음: 완벽한 남성(예 헨리 5세의 생애H5 4, 1); 민요 "그린슬리브스Greensleeves"; b. 마음의 상실: 카이사르r 죽음의 전조 중 하나는 심장이 없는 희생동물을 발견한 것이었다(율리우스 카이사르Caes. 2, 2).

심판(의 날) **카드** (The Day of) Judgement (타로카드) **1.** 이 카드는 메르쿠리우스(예 영혼의 안내자로서)와 오시리스-토트O와 관련된 성 미카엘을 나타낸다; **2.** 다음과 같은 상징으로 표현된다: 날개 달린(그리고 후광이 달린) 천사가 구름 위에서 나팔을 불고 있다. 보통은 깃발(흰색 바탕에 노란색 십자가 표시)이 나팔에 부착되어 있다; 벌거벗은 남자 아래쪽 앞에서 여자와 어린아이가 황홀한 상태로 팔을 들어 올리거나 기도하는 자세로 무덤에서 일어난다; 때로는 무리의 사람들이 배경에 반복적으로 그려져 있거나 때로는 옷을 입은 많은 사람과 벌거벗은 한 명의 여자가 무덤에서 일어나는 것으로 묘사되어 있는 것을 볼 수 있다; 때로는 관이 보트처럼 물 위에 떠 있다; 뒤 배경에는 산이 있다; **3.** 다음을 나타낸다: a. 영적 각성, 개인의 의식성과 보편적 의식성의 병합; b. 창조의 말씀(소리)은 인간을 지상의 한계(나팔 소리와 산에 의한 '고양됨')에서 해방시킨다; c. (초목의) (재)생성; d. 점성술: 천칭자리(9월 29일 성 미카엘의 날) 또는 쌍둥이자리와 크로노스.

십일조 tithes **1.** 아주 오래된 관습으로, 세금을 부과하고 처음 익은 열매를 바치는 것은 페르시아에서 로마까지 이르는 고대 세계의 거의 보편적인 관습이었다; 아브라함은 십일조를 '이교도' 왕 멜기세덱에게 바쳤다(창세기Gen. 14, 20; 28, 22 등); **2.** '10'은 '무한정의' 또는 '많은 수'였기 때문에 '십일조'는 본래의 1/10의 의미를 잃어버리고 '일부'만 의미하게 되었다; 관대한 사람들은 수입의 1/40, 평균은 1/50, 인색한 사람은 1/60을 바쳤다; **3.** 딜런 토머스Dylan Thomas: "황금 십일조": 풍성한 수확을 거둔 땅 ("여름의 소년들이 보인다I see the boys of summer").

십자가 cross **A. 생명의 상징**: 1. 생명나무가 뒤집어진 형태; 중세시대에는 종종 살아 있는 나뭇가지처럼 생긴 Y자 형태였다: 세계 축, 야곱의 사다리; 2. 창조적인 힘과 불멸성의 상징: 아시리아인들과 켈트족에게; 3. 불과 관련된다(두 막대기를 문질러 불을 피운다): 풍요 및 미래의 삶의 상징: 예 페니키아인들과 이집트인들에게; 4. 이후 십자가에 못 박는 것은 형벌이 되었다: a. 십자가에 못 박는 것은 그 사람 자신의 상징으로 그가 신성을 훼손하고 더럽힌 삶을 상징한다; b. 그리스에서는 범죄자가 매달려 죽은 막대 기둥을 '헤카테'라고 부른다; 그러므로 따라서 십자가에 달리는 사람은 죽음으로 어머니와 합일되며(B번 참조) 동시에 끔찍한 고통으로 죄 값을 치르면서 합일의 행위를 부정한다; 5. 태양의 상징으로서 쌍도끼 또는 나무망치와 관련된다: 예 튜턴족과 켈트족; 6. 불멸, 영생: 무덤(특히 왕들의) 위의 십자가. 나중에는 사고가 발생하거나 범죄가 발생한 곳에 두는 십자가도 같은 의미이다; **B. 대모**Mother Goddess과 관련된다: 1. 의례에서 나무에 목이 매달리고(교수형hanging; 희생제물sacrifice 참조) 창으로 찔리는 영웅들의 예는 무수히 많다(또한 게르만족의 문헌에도 등장한다): 예 오딘도 그런 방식으로 부상을 입었다: "나는 오딘에게 나를 바쳤다. 나 자신을 나 자신에게 바쳤다"; 그리하여 영웅들은 불멸이 되었다; 지그프리트의 치명적인 상처 자리에는 (홍미롭게도) '봉합한' 십자가 모양이 있었다; 2. 팔을 벌리고 발을 모은 인간 조각상이 종종 십자가를 대체한다: 고대의 우상들은 이 자세로 발견되었고 '어머니' 측면은 돌출된 가슴으로 강조되었다; **C. 양성성**, 특히 앵크 십자Crux Ansata 또는 안세이트 십자가Ansate Cross: 1. 원래는 팔다리를 벌리고 머리는 뱀 또는 독수리 모양을 한 십자가였다; 2. 꼭대기에 고리 모양이 있는 이 T자형 십자가에 대해 다양한 설명이 있지만(예 로인클로스loin-cloth, 거울에 비친 신의 로인클로스), 가장 단순한 것은: a. 알파벳 O

형태=여성, 수호자; b. 알파벳 T 형태=활동하는 자, 생명, 지혜 등을 생성하는 자; 3. 이 두 가지는 함께 다음을 의미한다: 신의 지식, 생명과 불멸, 영spirit과 물질(또는 '원질료Prima Materia'로서의 물), 힘과 지혜 등: 모든 형태의 '대극'의 '융합'; 4. 이집트 상형문자에서 다음을 의미한다: a. 다가올 삶, 건강, 행복, 진실; b. 대우주: 태양-하늘-땅; 소우주: 머리-팔-몸; 5. 비와 풍요의 상징: 이집트에서는 상징적으로 앙크 십자가를 걸고 다니지 않고 입에 넣는 것으로 표현했다; **D. 창조**: 1. 이차원적: 땅 위에서 공간의 네 방향(나침반compass 참조); 2. 삼차원적: a. 천장에서 천저까지: 세계 축; b. 동쪽-서쪽: 앞쪽-뒤쪽=주야 평분선; c. 북쪽-남쪽: 왼쪽-오른쪽: 하지점과 동지점을 이은 선; 3. 우로보로스의 대극: 우로보로스=우주의 창조와 질서의 등장 이전의 혼돈의 역동성; 4. 경계선 표시: 예 고대 북유럽; **E. 죽음**: 십자가형: 1. 일반적으로 다음을 의미한다: a. 형벌 또는 희생제물로서: A번의 4 및 B번의 1 참조; b. 본질적인 모순과 양가감정으로 인한 고통, 본질적인 이중성, 특히 대칭적으로 반대되는 두 사람 또는 두 사물, 예컨대 여성(어머니)과 남성(사도), 태양과 달, 악과 선의 양면적인 살인자 등으로 나타날 때 이로 인한 고통; 2. 그리스도의 십자가에 못박힘: a. 십자가의 재료로 많은 나무가 언급된다: 예 종려나무, 사이프러스, 삼나무, 올리브나무; b. 십자가의 나무는 세트가 아담의 무덤에 심어 거기서 자랐거나(몇몇 사람은 아담의 머리가 잘려 거기 묻혔다고 믿는다) 아니면 아담의 무덤가에 서 있었던 나무이다; c. 608년 이후에 그리스도는 생명나무에 매달린 신으로 출현한다; 히브리인들에게 십자가는 장차 올 것이라 기대한 구세주 예수 그리스도의 표시였다; d. 구원과 사랑 및 자기희생을 통한 승리, 신의 지혜(고대 아일랜드에서도); e. 데이비드 H. 로렌스David H. Lawrence와 딜런 토머스Dylan Thomas: 생명, 사랑, 죽음, 시; **F. 입문의식**: 1. 그리스: 디오니소스 비의와 엘리시온 비의에서 입문의식을 행한 사람들은 '새로운 탄생' 후 십자가를 가슴에 달았다; 2. 미트라교: 입문을 승인받은 사람들은 T자형 십자가를 이마에 문신으로 새겼다; 3. 기독교: 십자가 (표시)는 다양한 형태의 세례식, 견진 성사 등에서 중요한 역할을 한다; **G. 위험에 대한 부적**: 1. 원초적인 괴물들(나중에는 악마)에 대항해 사용하는 '무기'로서 검sword과 관련 있다; 2. 불길한 초자연적 힘을 향해 십자가 모양을 긋는 것(예 기독교에서 악마를 쫓을 때)은 "지구의 네 개 모서리" 또는 "네 개의 바람을 향해 그 특정 힘의 이름을 부르는 것만큼 효과적이다(이름의 마법); **H. 자비**: 1. 로마와 그리스에서는 무죄 선고를 받은 범죄자의 이름에 십자가 표시를 했다; 2. 적십자(아래 참조); **I. 천국**: 스칸디나비아 지역; **J. 심리**: 1. 불; 2. 고난과 생존; **K. 숫자**: 1. 숫자 4four; 2. 숫자 7seven과의 연관성은 천칭자리Libra 참조; **L. 문맹**: 글을 쓸 줄 모르는 왕이나 귀족은 행운의 표시로 문서에 십자가 표시를 하곤 했다; 지금은 자신의 이름을 쓸 줄 모르는 모든 사람의 서명; 그러나 알파벳 티T 참조; **M. 십자가를 지니고 다닌다**: 1. 디오니소스 숭배 및 케레스 숭배에서 두드러지는 부분인 나무를 들고 다니는 것과 연결된다; 2. C번, 5 참조; **N. 불타는 십자가**: 1. 고대 북유럽 및 스코틀랜드인들은 전쟁을 위한 회합에 호출할 때 사용했다; 2. 품위가 떨어진 형태: KKK단의 '기사들'의 상징, 그러므로 잔인한 무법, 편협함 등; 3. 풍요를 위한 인간 희생제물의 대체물; **O. 부러진 십자가**: 중세 기사의 마상 시합에서 창이 길이 방향으로 부러지지 않고 가로 방향으로 부러지는 것은 불명예스러운 일이다(헛소동Ado 5, 1); **P. 성 안드레아 십자가**: 1. 완전성; 2. 숫자 10: 두 개의 V로 이루어진 로마 숫자 X; 3. 모래시계와 부활의 나선과 연관된다; **Q. 카이로Chi-Rho(XP)**: 1. 기독교: a. (유세비우스Eusebius에 따르면) 막센티우스의 패배 전날 콘스탄티누스 황제가 본 십자가; b.='Christos'의 첫 두 글자; 2. 그리스도교 선교 이전(서력 기원전): a. P=Pater=아버지; b. X=큰 불=태양; **R. 적십자**: 1. 사랑과 자비: 군사 및 민간 응급 구조대; 2. 영국의 수호성인 성 조지; 3. 기독교도 십자군; **S. 추가적인 조합**: 1. 십자가+닻+하트: 믿음, 희망, 자선; 2. 공 모양의 물체 위의 십자가: a. 황제의 보주; b. 물질세계를 극복하는 영spirit; 3. 십자가 위의 공 모양의 물체: 점진적인 깨달음; 예 원과 십자가; 4. 십자가와 원: a. 태양의 상징:=스와스티카(토르의 망치 등); b. 남성과 여성(=십자가+말편자); c. 삼위와 단일성; 5. 십자가+장미: 장미십자회원: 장미Rose 참조; 6. 십자가와 비둘기: 구원을 묵상함; 7. 교차시킨 피리: a. 깨우는 자 또는 소환자; b. 그리스도와 목신 판Pan; 알파벳 티T. 뿔horn 참조.

십자가상 (예수가 못 박혀 있는) crucifix; crucifixion 십자가cross 참조.

십자형 criss-cross **1.** 본래 십자가 모양으로 나열한 알파벳: '읽고 쓰기 학습을 위한 기독교적 입문서 hornbooks'(=입문서primers)의 알파벳 앞에 붙은 십자 모양; **2.** "알파벳에서 글자 G를 뽑아…"(리처드 3세의 비극R3 1, 1); **3.** "어떤 똑똑한 사람이 나에게 (십자) 알파벳을 가르쳐 주면 얼마나 좋을까"(민요: '즐거운 방직공 윌과 객실 청소부 채리티'); **4.** 딜런 토머스Dylan Thomas: "그는 죽음의 (십자) 알파벳을 외워 알고 있었다."

십자화과, 갈퀴덩굴속의 일종 crosswort (식물) **1.** 십자가 모양의 잎이 나는 식물들의 이름; **2.** 사랑의 미약에 사용된다(플리니우스Pliny 27, 99).

싯딤 shittim (나무) 성전을 지을 때 쓰였던 야생 아카시아나무의 한 종류.

싸움 fighting **1.** 전투combat 참조; **2.** 꿈에서 가장 가까운 사람과 싸우는 것은 좋지 않으며 외부인과 싸우는 것도 나쁘지만 가까운 사람과 싸우는 것보다는 덜 나쁘다; 아픈 사람이 싸우는 꿈을 꾸면 그는 힘을 잃을 것이다: 예 주인이나 왕과 같은 상관과 싸우는 것은 싸운 상대방에게 좋지 않게 보인다는 것을 의미한다(달디스의 아르테미도로스Artemidorus of Daldis 3, 9).

싹, 꽃봉오리 bud **1.** 잠재된 또는 발달하지 않은 힘, 미성숙, 젊음; **2.** 처녀성; **3.** 셰익스피어는 궤양(벌레)이 생기는 젊은 여성의 사랑스러운 꽃봉오리(음문)를 계속해서 언급했다: a. (로미오는) "도저히 탐지해 낼 수도 찾아낼 수도 없어서 그는 마치 고약한 벌레에게 뜯어 먹힌 꽃봉오리 싹과 같다"(로미오와 줄리엣Rom. 1, 1); b. "이제 질병과 슬픔이 나의 꽃봉오리를 먹는구나" (존왕의 삶과 죽음K. John 3, 4); **4.** 봄: a. "싹과 꽃이 피어나는 계절"(헨리 하워드 서리 백작 Earl of Surrey, "봄에 대한 기술Description of Spring"); b. "거친 바람이 5월의 꽃봉오리를 흔든다"(소네트Sonn. 18); **5.** 딜런 토머스Dylan Thomas: 소녀의 눈(그리고 남자 자신의 눈: "마치 나를 간질이는 것 같은")을 '찌르는(=고정시키는)' 남근.

쌍둥이 twins **1.** 일반적으로 다음을 의미한다: A. 쌍둥이는 결국에 생명/죽음, 일출/일몰, 선/악, 사냥꾼/목자, 수직산/수평계곡 등과 같이 통합되어 보상적 기능을 하는 두 개의 반대되는 것을 나타낸다: a. 미트라의 쌍둥이, 카우테스와 카우토파테스, 한 명은 횃불을 위로 들고 있고 다른 한 명은 아래로 내리고 있는데 이는 삶과 죽음, 일출과 일몰을 나타낸다; b. 다산왕(신성한 왕[Sacred] King 참조)에게는 '쌍둥이'가 있어서 그들은 반년씩 동반자(일반적으로 친척)로서 함께 통치하였다(한 명은 크고 강해지는 반년 동안 통치하고, 다른 한 명은 쇠약해지는 반년 동안 통치하였다); 따라서 두 형제의 관계는 가인과 아벨, 에서와 야곱 등과 같이 앞서 언급한 역할과 관련된 특성을 나타낸다; 쌍둥이는 야곱(라반Laban의)과 아폴로(아드메토스Admetus의) 등과 같이 종종 기적적으로 양 떼를 늘렸다; B. 가장 유명한 쌍둥이는 불멸의 아버지와 필멸의 어머니의 자녀들이다(하늘과 땅의 '신성결혼hieros gamos' 또는 거룩한 결혼); 예 이시스-오시리스, 미트라-바루나, 아폴로-아르테미스, 카스토르-폴룩스, 로물루스-레무스; C. 쌍둥이 신들은 보통 제 2의 신으로서 최고의 신을 섬긴다; D. 이들은 종종 동물의 형태로 나타난다: a. 조류: 새의 알에서 태어난 인간; b. 사자: 야생의 사자 한 마리와 길들인 사자 한 마리, 낮과 밤; c. 말: 흰색 한 마리와 검은색 한 마리; **2.** 쌍둥이들은 일반적으로 **특별한 것**으로 여겨지며, 경외심을 불러일으키는 신비로운 특성을 지니고, 이는 쌍둥이가 특히 악마적인 연인과의 간음의 결과로 생기는 것으로 설명된다. **3. 다른 것과의 조합:** A. 쌍둥이 사자: 보통은 등을 맞대고 앉아 있는 것으로 표현되며 이집트에서 떠오르는 해와 지는 해를 나타내는 사자들의 안식처가 된다; 그러므로 (태양, 밤과 낮, 생명과 죽음의 신) 오시리스는 쌍둥이 사자의 주인이다; B. 쌍둥이 산: a. 어머니 대지의 자양분; b번의 3, A; 또한 산mountain 참조; C. 쌍둥이 말steed: 해와 달과 새벽 별들의 전차를 끈다: 예 디오스쿠로이(천상의 쌍둥이로 곤경에 처한 선원을 구하기 위해 타고 나오는) 쌍둥이 말과 신데렐라의 쌍둥이 말; D. 날개 달린 쌍둥이: 날개 달린 차가운 보레아스Boreas(북풍)와 아테네 처녀의 아들 칼레스와 제테스, 이들은 황금양털을 찾기 위해 아르고선에 합류했다(나소 P. 오비디우스 Naso. P. Ovid, 변신이야기Metam. 6, 682ff.); **4. 민속:** 쌍둥이는 비록 떨어져 있어도 서로를 위협하는 위험을 알아차리는 강한 공감대를 갖는다(그리스의 그린Greene의 이야기 참조: "파티의 종말The End of the Party"); 5. 이진법binary, 2two 참조.

쌍둥이자리 Gemini **A. 일반적으로 다음을 의미한다:** 1. 5월 21일경에 태양이 들어오는 12궁도의 세 번째 별자리; 2. 다음을 상징한다: a. 두 연인, 남자와 여자; 이 자리는 완벽한 자웅동체와 관련이 있다; b. 두 아이 또는 두 손을 잡고 있는 사람: c. 모래시계: 영원한 반전; d. 마르스와 야누스의 산: 죽음과 부활; e. 쌍두(雙頭) 독수리 또는 수탉; **B. 기간:** 1. 순수한 창조적 힘(양자리와 황소자리)이 두 부분으로 분리되는 변환의 수레바퀴가 진행되는 순간: 하나는 변함없는 것(종(種))으로 상승하고 또 다른 것은 다중성(개체)으로 하강한다; 2. 이분, 분화를 향해 움직이는 양극성, 이중성: 헤르메스-헤라클레스의 기둥; 카발라에서는 야긴과 보아스로 표현된다: 개인의 힘과 삶; 3. 모든 쌍둥이: 천상/필멸; 흑/백 등; 4. 조화로운 모호성, 명백한 역설; **C. 다음에 상응한다:** 1. 몸: a. 팔과 어깨; 때로 폐; b. 모든 두 개로 된 기관과 관련이 있으며 신장, 고환 등도 관련이 있다(페트로니우스Petronius, "사티리콘Satyricon"); 2. 색상: 주황색; 3. 원소: 공기; 4. 행성: 수성; 5. 풍경: 산봉우리; 6. 타로카드: 황후카드(태양의 길의 세 번째 카드); 7. 특질: a. 뜨겁고 촉촉한; b. 남자다운; c. 이중의; d. 운이 좋은; D. 쌍둥이자리에 태어난 사람의 **특성**: 1. 이것의 일반적 특성: a. 다재다능하며 논쟁을 즐긴다; b. 지적이고 예술적이다; c. 자기중심적(광기로 이어질 수 있음); d. 채식주의 경향; e. 여성: 투피스 정장과 체크무늬 소재를 선호한다; 2. 단점: a. 자의식; b. 변덕스러운, 불안한; c. '이중생활'을 할 수 있다; d. 감정적으로 차갑다; E. 유명한 쌍둥이자리 인물: 단테Dante, 바그너Wagner, 쇼Shaw, 코난 도일Conan Doyle.

써레 harrow **1.** 농업, 풍요: **2.** 순교; **3.** 본래 상들리에 등으로 사용하기 위해서 관에 매달았다: 장례식용 다과를 써레의 뾰족한 살에 꽂아 놓았다; '영구차'는 '써레'를 가리키는 라틴어에서 유래되었을 수 있다.

썩어 가는 고기 (죽은 짐승의) carrion **1.** 밑바닥 생활, 죽은 짐승의 썩어 가는 고기보다 나을 바 거의 없는: "늙고 약한 비열한 사람"(율리우스 카이사르Caes. 2, 1; 윈저의 즐거운 아낙네들MWW 3, 3; 헨리 5세의 생애H5 4. 2; 로미오와 줄리엣Rom. 3, 5); **2.** 살flesh: "살의 무게"(베니스의 상인Mer. V. 4, 1); **3.** 죽음: "썩을 육신의 죽음"(베니스의 상인 2, 7); **4.** 썩어 가는 고기 같은 안락함: 절망(제라드 홉킨스Gerard M. Hopkins, "아니, 나는 썩어 가는 고기처럼 절망하지 않을 것이다").

썰물 ebb 민속: 출생Birth 및 사망과 관련된다: 홍수flood와 조류tides도 참조.

쏘기, 침(針) sting **1.** 죽음: "사망아, 네 쏘는 것이 어디 있느냐"(고린도전서1Cor. 15, 55f); '죽음의 침'=죄; **2.** 성적 욕구: a. '가차 없는 침처럼 관능적인'(뜻대로 하세요AYL 2, 7); b. "우리의 육욕의 침"(베니스의 무어인 오셀로Oth. 1, 3) 및 "음탕한 침과 감각의 움직임"(눈에는 눈, 이에는 이Meas. 1, 4); **3.** 쐐기풀nettle; 찌르기prick; 뱀serpent(또한 살무사adder, 독사asp 등); 가시thorn 참조.

쏙독새 goat-sucker (새) 염소를 공격하고 염소의 젖통을 쪼아 상처를 내고 젖의 흐름이 멈추게 하여 염소가 장님이 되게 만드는 가장 치명적인 존재(플리니우스Pliny 10.56; 클라우디우스 아엘리아누스Claudius Aelianus, 동물의 본성에 관하여NA 3, 39).

쏙독새 nightjar (새) 민속: a. 불길한 징조의 새: (올빼미처럼) 이상한 울음소리를 내는 밤의 새; b. 특히 세례를 받지 않은 어린이들의 영혼으로 간주되는 경우가 많다; c. 라틴어 '카프리무르구스Caprimulgus'='염소젖을 짜다' 또는 '염소젖을 빨다': 염소의 젖을 빨아서 염소의 눈을 멀게 한다.

쐐기풀 nettle (식물) **1.** 시기심; 중상모략; 잔인성의 상징; **2.** 회개: "회계의… 쐐기풀di penter… l'ortica"(단테Dante, 신곡 연옥편Purg. 31, 85); **3.** 용기: 꽉 잡으면 찔리지 않는다; **4.** 사랑: a. 최음제: 쐐기풀, 헬레보레 hel1ebore 그리고 시클라멘cyclamen은 사랑의 미약을 만드는 훌륭한 성분을 갖고 있다. 그러나 나소 P. 오비디우오비디우스Naso P. Ovid(사랑의 기술De Art. Am. 2, 417)는 쐐기풀 씨앗과 섞은 후추를 선호했다; b. 중세시대: 사악함의 만연(=무법행위); **5.** 죽음: 무덤 주위에 빽빽한 쐐기풀(타이투스 안드로니카스Tit. Andr. 2, 3 참조); **6.** 위험: "우리는 이 위험한 쐐기풀로부터 안전하게 꽃을 꺾을 것입니다"(헨리 4세 1부1H4 2, 3); **7.** 적: "장미에 찔리는 것보다 쐐기풀에 쏘이는 것이 낫다."(=친구보다 적에게 화를 당하는 것이 낫다: 속담); **8.** 점성술: a. 화성의 지배를 받아 뜨겁고 건조한 성질을 가졌다(베니스의 무어인 오셀로Oth. 1, 3 참조); b. 쐐기풀의 윗부분은 신체의 점액질 과잉을 해소하기 위해 봄에 먹는다(뜨겁고 차갑고 건조하고 축축한 것을 보상한다); **9.** 민속: a. 천둥과 관련 있으며 번개로부터 보호한다; b. 좋은 토양의 징후; c. 가장 강력한 쐐기풀은 태양 빛을 한 번도 받지 않은 쐐기풀이다; d. 치료제: (일반적으로 '동종요법') 발열, 류머티즘 등을 치료한다.

쑥 mugwort (식물) **1.** '쑥Artemisia vulgaris': 물고기 여신 아르테미스 또는 탄생의 여신 '엘리시아'에게 바쳐진다; 스코틀랜드의 인어들과 관련 있다; 2. 행복; **3.** 민속: a. 여행자를 돕는다: 쑥을 가지고 다니는 사람은 지치지 않는다; b. 쑥을 지니는 사람은 독약, 야생동물 또는 일사병의 해를 입지 않는다(플리니우스 Pliny 25, 81); c. 마법과 천둥으로부터 보호한다; **4.** 약쑥wormwood 참조.

쑥국화 costmary (식물) **1.** 그리스어 '코스토스kostos', 라틴어 '코스투스costus'; '국화' 속(그러나 아래의 2 및 3 참조); **2.** 코르넬리우스 켈수스Cornelius Celsus: a. 카슈미르의 식물 '목향'의 뿌리; b. 의학: 이것의 기름은 내복약으로 뱀독의 해독제로 사용되고 외용으로는 화농 촉진제 및 상처 소독제로 사용했다; 이뇨제이며 종기를 성숙시키고 간 질환을 완화시키며 방광결석에 효험이 있다(II, 서문 및 5, 18–27); **3.** 힐데가르트 폰 빙엔Hildegard von Bingen: a. 라틴어로 '발사미타 balsamita'(독일어 '발삼크라우스Balsamkraut'='발삼허브')라고 한다; b. 이것은 차갑기보다 뜨겁다; c. 누군가 많은 생각으로 혼란스러워졌을 때 회향과 함께 달인 탕약을 마시면 머리를 다시 맑게 해 준다; 그러나 자극적이지 않은 음식을 소식해야 하고 포도주와 물은 피하며 맥주만 마시면서 머리를 감싼 채 있어야 한다; d. 해독제; 이lice에 물린 곳에 바르는 연고를 만들 때에는 오래된 기름과 코스트마리를 이것에 혼합해서 만든다; 많은 지방과 혼합한 혼합물은 나병이 시작될 때 치유케 하고 삼일열을 치유한다(자연학Ph. 1, p. 53); **4.** 에일 맥주에 향을 풍부하게 하는 재료. 그래서 '에일코스트'로도 알려져 있다(옥스퍼드영어사전OED).

쑥국화 tansy (식물) **1.** 쓴맛을 내는 초본 식물에 속하는 '쑥국화속의 창포'; **2.** 힐데가르트 폰 빙엔Hildegard von Bingen: a. 뜨겁고 다소 습해서 모든 불필요한 체액(역주: 콧물, 가래 등)을 제거해 준다; b. 음식에 조금 첨가하면 위장 장애를 치료한다; c. 와인과 함께 이뇨제로 쓰인다; d. 복잡한 재료들의 혼합물로 만들었을 때 월경에 도움이 된다(자연학Ph. 1, p. 39, 독일어로 '라인파른Rainfarn'); **3.** 민속: a. 잎사귀를 샐러드로 먹으면 여성의 임신을 촉진하지만 낙태의 원인이 되기도 한다; b. 부활절 축제에서 쑥국화즙을 넣은 푸딩과 케이크를 물로 주었다; c. 쑥국화 잎사귀를 신발 안에 넣으면 말라리아를 예방한다(브리타니아의 민속과 문화Folkl. & C. Brit. p. 41).

쓰기 writing **1.** 운명과 관련 있다: '파타fata'(구어로는 운명의 여신인 파테스Fates) 외에도 '파타 스크리분다 Fata Scribunda'와도 관련된다; a. 히타이트의 여신 굴세스는 파르카에(역주: 로마 신화의 운명의 신) 또는 운명Fates과 유사하며, 아마도 굴세스라는 이름은 '쓰다'를 의미하는 '굴gul'과 연관될 것이다; b. 게르만 문화권에서는 "작가들"(여성 작가들)이라고도 불린다; c. 로마: 아이가 태어난 첫 주말에는 파타 스크리분다에게 기도를 드렸다(테르툴리아누스Tertullian, 아니마Anim. 39); d. 셈족: 오스납발(역주: 아슈르바니팔

Ashurbanipal)에서: 구약성서의 "생명책"에 내 삶이 (당신 앞에) 모두 기록됩니다"(예 시편Ps. 139, 15ff: 시어도어 개스터Theodor Gaster, 테스피스Th. 288): **2.** 천사: a. 기독교의 '기록하는 천사'라는 개념은 모든 개인의 선악을 큰 책에 기록하여 죽은 후 심판 때 제출할 것이라는 개념으로 이는 다른 고대 종교에서 영향 받은 것이다. 이전에는 저승의 심판자인 오시리스에 대한 이집트인의 사상이었으며 오시리스는 두 명의 기록하는 서기 신 토트와 세셰타를 거느리고 기독교와 비슷한 방식으로 파멸의 기록부를 기록했다(월리스 버지Wallis Budge, 오시리스와 이집트인의 천국과 지옥Os. 1, 309); b. 타락천사(페네무에)는 인류에게 먹과 종이로 쓰는 법을 가르쳤기 때문에 영원에서 영원까지 죄를 지었으며 오늘날까지도 죄인이다. 의인에게는 구전만으로 충분하다는 것을 서기 에녹은 깨달았다(구약외경 에녹서Enoch 1, 69); **3.** 악필: "한때 나도 우리나라의 정치가들처럼 오히려 아름답게 쓰는 것을 천하게 여겨 그들로부터 배운 것을 잊어버리려 많은 노력을 기울였습니다": 따라서 형편없는 악필은 가끔 가식적인 지식인들(예 처방전을 쓰는 가족 주치의)이 아는 척하기 위해 쓰는 것으로서, 이 사람들과 진짜 서기들이 무식한 사람들이 아니라는 것을 보여 주기 위한 수단으로 설명되곤 한다(덴마크 왕자 햄릿Ham. 5, 2, 33f.).

쓰레기 garbage 꿈속에서: a. 꿈에서 쓰레기 수거는 더러운 일을 두려워하지 않고 대중으로부터 생계를 유지하는 사람들에게 유익하다; 왜냐하면 쓰레기는 많은 사람들이 거부하는 유용한 파생물을 제공하기 때문이다; b. 또한 공공사업의 계약자와 일반 농부들에게도 좋다; c. 가난한 사람은 심지어 그 더미 위에 눕는 것도 좋다: 쓰레기에서 많은 것을 얻는다; 부자는 공직이나 공적인 명예를 얻게 될 것이다. 왜냐하면 국민에 속한 모든 사람이 치안 판사에게 돈과 선물을 가져오는 것처럼 더미 위에 쓰레기를 던지기 때문이다; d. 꿈: 당신이 잘 아는 누군가를 쓰레기로 덮는 것은 던지는 사람의 측면에서의 혐오감, 불화, 상실을 나타내기 때문에 나쁘다; 꿈에서 다른 사람에게 흙을 던지는 것은 그 사람에게 닥칠 큰 손실을 예고하는 것이다.

씨앗 seed **1.** 희망을 주는 잠재력; **2.** 신비의 중심Mystic Center; **3.** 풍요, 성장; **4.** 어린이, 인간: 성서; **5.** 말씀의 씨앗: 신의 가르침(예 마태복음Matth. 13; 단테Dante, 신곡 지옥편Inf. 33, 7); **6.** 지혜: "지혜의 씨앗"(오마르 하이얌의 루바이야트O. Khayyam, 에드워드 피츠제럴드Edward FitzGerald 번역); **7.** 눈물: "눈물의 씨앗il seme del piangere"(단테, 신곡 연옥편Purg. 31, 46); **8.** 시간의 씨앗: "마녀들은 어떤 것이 자라고 어떤 것이 자라지 않을지 알 것이다"(맥베스Mac.; 참조: 헨리 4세 2부2H4 3, 1); **9.** 이집트: 오시리스의 몸의 조각들; **10.** 석실운석aerolite, 베리berry, 이슬dewdrop, 정액semen 참조.

씻기, 빨래하기 washing **I. 자신을 씻는 것**: 1. 태양왕들은 종종 물에 들어가면서 죽는다(물 위의 일몰); 목욕bathing 참조; 2. 달의 여신들은 순결(물 위의 달빛)의 정화와 재생을 위한 씻는 사람이자 목욕하는 존재들이다; 또한 목욕ablution 참조; 3. 정화: a. 다음으로부터의 정화: a. 살인 등의 죄; b. 금기를 깨뜨리는 부정함; 4. 목욕하는 사람의 영적 본질 중 일부가 물속으로 들어가면 그(녀)는 순간 변화하여 순간적인 위기가 발생한다; **II. 개울에서 빨래하는 사람**: (켈트족) 죽음의 징조; 빨래하는 사람은 아름다운 처녀로 나타나거나 그녀 앞에 나타나는 사람의 수의를 세탁하는 못생긴 노파로 나타날 수 있다.

ㅇ

아귀 anglerfish 이 물고기는 머리에서 나오는 배설물을 미끼로 사용하여 다른 물고기를 잡으며 매우 단단한 알을 가지고 있다(에올리오스Aeolian 9, 24).

아귀 fishing-frog (물고기) **1.** 바다-물고기, 라틴어 '로피우스 피스카토리우스Lophius piscatorius'=그리스어 '바트라코스batrachos'='바다-낚시꾼'(아리스토텔레스Aristotle 540b, 18; 클라우디우스 아엘리아누스 Claudius Aelianus 9, 24; 마르쿠스 툴리우스 키케로 Marcus Tullius Cicero, 신론ND 2, 125 등 참조); **2.** 움직임이 둔하고 매우 흉측하며 입을 크게 벌리고 있다; 진흙 속에 몸을 넣고 움직이지 않고 누워서 아래턱에서 자란 피부 일부분을 뻗어 사악한 숨을 내쉰다; 이것을 미끼처럼 끊임없이 흔들어 작은 물고기들을 자신의 입으로 유혹한다(오피안Oppian, 할리에우티카H 2, 86ff).

아귀 sea-devil (물고기) '개구리 물고기frog fish'(씬벵이)라고도 불린다: 살아있는 이 물고기에서 혀를 꺼내 잠든 여인의 가슴 위에 얹으면 그녀는 진실만을 말하게 될 것이다(아그립파Agrippa, 오컬트철학OP 1, 21, 데모크리토스Democritus를 인용한 부분).

아그누스 카스투스 agnus castus (나무) **1.** '순결한 나무Vitex agnus castus': '카스투스castus'라는 단어는 그리스어의 '아고노스agonos'라는 단어에 대한 오해에서 기원했다. '아그노스agnos'는 나무의 이름과 같고 라틴어 '아그누스agnus'는 어린 양lamb과 같다; 다른 이름으로는 이탈리아목형, 아브라함 관목이 있다; **2.** 이 나무의 꽃은 다음을 상징한다: 차가움: 플리니우스 Pliny에 따르면, 세레스의 여사제들은 순결을 지키기 위해 이 향기로운 나무의 꽃으로 침대를 만들었다(24, 38); b. 명령.

아기 Baby **1.** 연약한 새로운 시작: 새해, 봄, 출생; 아기babe와 어린이child도 참조; **2.** a. 물에 비친 것 또는 눈: 사랑이 별을 본다면 "곧장 그녀의 눈에서 아기를 보게 될 것이다"(라틴어 '푸피라pupila'=눈동자, '동공papilus'=어린 소년. 따라서 '어린 소녀'도 '동공pupila'이다; 필립 시드니 경Sir Philip Sidney, 고대의 아르카디아OA 11, 10 및 28, 112; b. 눈 자체: "너는 너(눈 자체)를 행복하게 해 줄 놀이를 생각해 내지 못하는 것에 대해 나를 비난한다. 그리고 지혜롭고 깨끗한 공 같은 어린 안구를 굴린다"(로버트 헤릭Robert Herrick, "당신은 내가 사랑하지 않는다는 것을 알았다"; **3.** 욕망(필립 시드니 경, 소네트CS 6); **4.** 아기를 죽이거나 먹거나 주문으로 신체의 일부를 사용하는 행위 등은 오래전부터 소수자, 즉 친숙하지 않은 '이방인'을 비난하는 이유였다: 예 테살리아 마녀의 장황한 설명(루카누스Lucanus, 내란기CW 6, 710), (근친상간의) 초기 기독교인, 유대인 등(테툴리아누스Tertullianus, 기독교인을 위한 사과Ap. 2, 5 및 6, 7; 미누키우스 팰릭스 Minucius, F 9, 5 및 제임스 프레이저James Frazer, 황금가지GB 요약 버전 p. 480f.); **5.** 영혼: 마리아의 영혼은 하늘의 아버지가 포대기로 감싸 아기로 받아들였다("비스콘티의 시간Visconti" LF출판사LF 37 및 40v, 이미지도 참조); **6.** 꿈: a. 아르테미도로스: 변형metamorphosis; 아기 꿈: i. 아기가 자신의 아기라면 남자와 여자 모두에게 걱정, 근심을 나타낸다; ii. 남자아기는 궁극적인 성취; 여자아기는 나쁜 결말을 나타낸다. 아기를 잃는 것은 성인남자에게는 부모로부터 재산을 받지 못하는 것을 의미하지만 여자는 지참금이 필요하다는 것을 나타낸다; iii. 다른 사람의 아기를 보는 것은 좋은 것이다: 아기가 잘생기고 유쾌하면 좋은 기회의 시작을 나타낸다; iv. 포대기에 싸여 모르는 여자에게서 젖을 먹는 꿈은 오랫동안 병에 걸리거나 최소한 아내가 ('또 다른 자기Self'가 될 아기를) 임신할 것임을 암시한다; 여자가 그런 꿈을 꾼다면 그 여자가 어린 소녀를 낳을 것임을 상징한다. 사슬에 묶여 있는 여자가 아기 꿈을 꾼다면 그녀가 자유롭게 되지 않을 것임을 의미한다(1. 15); b. 톰 체트윈드Tom Chetwynd: 자신의 정신(심혼)에 새로운 가능성의 탄생 또는 어린아이적인 것을 의미한다, 속박(참고문헌: 사람들 people); **7.** 동요: "나무꼭대기에 바람이 불면 요람이 흔들려요. 가지가 부러지면 요람이 떨어져요. 아래로 아기가 내려 와요. 요람과 모든 것이 내려와요": 아기가 그런 의외의 장소에 놓여 있다는 것에 대해서는 충분한 설명이 되어 있지 않지만 아마도 적당한 바람으로 인해 나무 꼭대기의 부드러운 흔들림이 자연의 요람과 관련되어 있다는 의미일 수 있다(아이오나 오피와 피터 오피Iona Opie & Peter Opie 23).

아내 wife **1. 부정한 아내:** 유혹을 거절당하면 복수하는 보디발의 아내 이야기(창세기Gen. 39장)는 당시 고대 그리스에서도 흔한 신화이다(히폴리테와 펠레우스, 파에드라와 히폴리토, 안테아와 벨레로폰 등; 허버트 J. 로즈Herbert J. Rose 260+281 n. 19; 플루타르코스Plutarch, 연회의 질문QGr 40; 안테우스, 니케아의 파르테니우스, 14; 호메로스Homer, 일리아드Il. 6, 164; 사모사테 출신 루키아누스Lucianus from Samosate Lucian, 중상Cal. 26 등); **2. 정숙한 아내**가 색을 밝히는 하인 혹은 친구로부터 모함을 당하는 일도 흔하다: 루크레티아와 타르퀴니우스, 다양한 민요의 아내들(예 "알딩가르 경Sir Aldingar", 프랜시스 차일드Francis Child 59) 등; 때로는 남편이 아내의 미모를 자랑하는 것에 자극받아 이런 행위를 했다; **3. 대리 아내:** a. 귀족 여성은 천 크라운을 받고 남편의 마상 시합 친구와 잠자리를 갖는 데에 동의한다; 그녀는 백 크라운을 지불하고 그녀보다 덜 도덕적인 여성을 들여보낸다("포르투나투스Fortunatus" 독일민속서적DVB 1, 104ff.; 아래의 5번 참조); b. 말 그대로 큰 발을 가졌던 헝가리의 베르타는 그녀의 남편 피핀왕(샤를마뉴 대제의 아버지)이 몇 살인지를 알아낸 후 그녀의 하인인 엘리자베스(알리스테)를 보내 그와 동침시켰다(안젤로 드 구베르나티스Angelo De Gubernatis, 동물의 신화ZM 1, 255); c. 아서왕의 아내 곤노레(귀네비어)에게는 그녀의 결혼 첫 날 밤을 대신 보낼 같은 이름의 이복 여동생이 있었다("멀린Merlin" 14, 25, 2 절판된 책 포함. 이야기의 변형이 있는 164B); **4. 아내 도둑질:** 신부가 될 여자를 납치하는 것은 결혼을 하기 위한 확실한 방법이었다. 하데스가 페르세포네를 납치한 것은 신성시되었다; 따라서 디오스쿠로이 쌍둥이들은(쌍둥이twins 참조)는 그리스인 '레우키피데스'(흰 암망아지), '포이베'(순수, 즉 초승달)과 힐라이라('평온', 즉 보름달: 파우사니아스Pausan 3, 16, 1)이라 불리는 그들의 사촌들을 훔쳤다; 초기 로마 역사에서 사비니 처녀 강간과 도피 결혼의 집시 풍습 참조; **5. 아내 공유:** 누군가의 (또는 동료 중에서) 아내를 손님과 공유하는 것은 한 때는 흔했다; 중세 모험담에서 이 풍습은 아내를 제공하여 손님들을 "시험하는" 왕과 주인에 국한되었다; 손님들이 이를 탐닉하면 지배당하는 꼴이 되었다. 예 가윈 경: 치밀하게 준비한 식탁에 주인(왕)은 늙은 노파(위대한 여신의 측면)와 앉고 가윈 경은 왕의 매우 유혹적인 젊은 아내와 함께 앉는다; 아마도 이 이야기는 젊은 아내를 통한 왕위 계승의 암시를 가지고 있는 것 같다: 늙은 왕은 겨울에 젊은 아내를 통해 자신과 쌍을 이룰 봄의 왕자를 찾는다; '자궁'을 통한 계승; 술람미여인Shulamite 참조.

아네모네 anemone (식물) **1.** 신화: a. '바람꽃': 피 빛의 붉은색, 단명, 비너스의 넥타와 함께 뿌려진 아도니스의 피에서 생겨났다(나소 P. 오비디우스Naso P. Ovid, 변신이야기Metam. 10, 730ff.; 비너스와 아도니스Ven. 1168f; 또한 석류pomegranate 참조); b. 때로는 아도니스의 죽음에 대한 아프로디테의 눈물이라고 불린다(비온Bion의 시, "아도니스를 위한 애통Lament for Adonis", 66); c. 주피터의 사랑을 받았던 요정 아메모네는 플로라에 의해 궁정에서 추방되어 꽃으로 변했다. 봄이 오기 전에 싹이 난 그녀는 그녀를 괴롭힌 보레아스(북풍)에 내맡겨졌지만 그녀를 사랑할 수 없었던 북풍은 곧 그녀를 시들게 만들었다. 종종 라틴어 표현 "브레비스 에스트 우수스brevis est usus(그 통치 기간의 짧음)라고 쓰여 있는 두루마리와 함께 일시적 아름다움의 상징: 이 꽃은 바람이 불 때만 꽃잎을 연다(플리니우스Pliny 21, 94); **2.** 색상: 붉은 줄이 있는 흰색(위대한 여신의 색); **3.** 추가적 상징성: a. 유기; b, 기대; c. 비참함(특히 죽음에 대한); d. 질병.

아네모네꽃 pasque flower 1. 자줏빛 아네모네는 백악질(회백색 연토질 석회암)에서 자라며 4월에 꽃이 핀다; **2.** 원래 데인사람들의 피에서 생겨났다; **3.** 부활절 달걀에 쓰이는 녹색 염료를 만드는 데 사용되었다.

아다만트 adamant (보석) **1.** 멋진 바위 또는 돌; 어원. 강철과 관련된 단어. 이후 화이트 사파이어와 연결되었고(예 플리니우스Pliny에서) 훨씬 나중에는 다이아몬드와 연결되었다; **2.** 단단함: 그리스어 '아다마오adamaoo'는 '정복되지 않음', 깨지지 않음을 의미한다; **3.** 천연자석(잘못된 어원을 통해 생긴 어원): a. "… 아 너의 단단한 마음; 그러나너는 아직 강철이 아니다(=너의 검으로 나를 죽이지 마라). 나의 마음은 강철처럼 진실하기 때문이다"(한여름 밤의 꿈MND 2, 1); b. "그녀의 배우자에 대해서는 거북 같은, 단단함에 대해서는 강철 같은"(트로일로스와 크레시다Troil. 3, 2; 또한 헨리 6세 1부1H6 1, 4); **4.** 지하세계, 즉 지옥과 연결된다: a. 지하세계로 들어가는 문들은 단단하다(나소 P. 오비디우스Naso P. Ovid, 변신이야기Metam. 4, 453); b. 사탄은 지옥의 단단한 쇠사슬에 묶였다(존 밀턴John Milton, 실낙원Par. Lost); **5.** 영혼의 진정제.

아담 Adam **1.** 이름: '남자'(=종(種)); 또는 다음과 같을 수 있다. 이것은 에돔('아다마adamah'와 관련된다)과 같은 존재인 것 같다='붉은 사람(적신)'과 같다; 에돔은 세트(=여호와)의 아들; 후자는 이집트의 세트 '자신인 나귀 신'과 관련이 있는데 구약성서에는 중요한 순간에 나귀에 관한 많은 언급이 있다(나귀ass 참조); **2.** 그의 몸의 재료는 여덟 방향에서 가져왔다: 물-피, 돌-뼈, 태양-눈, 지구-살, 뿌리-인대, 바람-영혼, 구름-생각, 불-따듯함; **3.** 이브가 아담의 갈비뼈에서 취해지기 전 아담은 자웅동체였다고 한다(또한 양성성androgyne 참조); 히브리의 성별 없는 신과 유사한 것(주변 사람들과는 구분되는); 그래서 그는 이브와의 이상적인 결혼도 옹호했다; **4.** 그리스도와 관련된다: a. 아담은 여섯째 날에 창조되었고 그리스도는 여섯 번째 시대(종말 때까지)에 사망했다; b. 아담은 멸망, 즉 천국의 닫힘으로 인도했다. 그리스도는 구원, 즉 하늘 문의 열림으로 인도했다; c. 이브(='하와'=생명)는 아담이 잠들어 있는 동안 그의 오른쪽 갈비뼈를 취한 것이므로 교회는 그리스도의 죽음이라는 잠으로부터 창조되었다; 그러므로 창으로 찌름은 왼쪽이 아니라 변함없이 오른쪽에 가해졌다(또한 성서의 '오른쪽'); d. 그는 그리스도가 못 박힌 십자가 옆에 서 있거나 누워 있거나 그리스도의 옆구리 피에 의해 새로워진 모습으로 종종 상징화된다; 또는 그의 두개골: 두개골은 갈보리에 묻혔다(머리head, 참수당한 머리severed head 참조); e. 십자가 나무와 관련된다: 아담, 죽어 감, 세 알의 옥수수를 얻기 위해 낙원에 보내진 세트, 세트가 이것을 아담의 입에 넣었다: 궁극에는 이것으로부터 십자가 나무가 자라났다; **5.** 다음을 상징한다: a. 성령의 축복의 하나. 성령은 다음과 같이 표현된다: 지혜-뱀-아담; 그는 위대한 '이름의 부여자'였다(솔로몬의 지혜서Wisd. Sol. 10, 1 및 벤 시라크Ben Sirach, 집회서Eccles. 44, 16); b. (모든) 유혹; c. 원시 농업(스페이드: 쟁기를 가진 가인Cain 참조); d. 그는 약하고 죄 많은 인간의 측면을 상징한다: 다른 생각이 빠르게 들어 아담은 그것이 죄라는 생각을 떨쳐 버렸다(헨리 5세의 생애H5 1, 1); e. 인간의 순수한 평등: "(낙원에서 쫓겨난 후) 아담은 땅을 갈아야 하고 이브는 물레질을 해야 한다면 누가 (친절한) 신사가 될 수 있겠는가?": 존 볼John Ball이 언급한 내용; f. 자유의지 및 예정론과 관련된다; **6.** 아담이 사과를 먹음: 이 행위에서 긍정적인 것은 좋은 것이며 부정적인 것은 나쁜 것이었다. 그러나 부정적인 것은 유한한 피조물의 관점에만 존재하는 것이다(스피노자Spinoza); **7.** 왕의 힘은 궁극적으로 아담의 왕권에서 파생되었다: 왕은 그의 직계 후손이다(로크Locke); **8.** 윌리엄 블레이크William Blake: a.=시간(애니서먼Enitharmon(역주: 여성적 원리)의 반대=우주); b. 타락한 상태, 완전히 자연의 영역에 속한 인간; c. 계약의 한계; **9.** 딜런 토머스Dylan Thomas: A. ("나의 세계는 피라미드이다"): a. 최초의 남자; b. 인간의 형태, 아담의 이미지와 그의 자녀; c. 아담의 끊임없는 번식; d. 일반적으로 인류를 의미한다; e. 아버지의 남근; B. ("올빼미 빛의 제단Altarwise"): a. 남근; b. 아시아와 유럽 사이에 있는 비잔틴의 아담: 아이와 남자; **10.** 민속: a. 아이들의 속임수 동요: "아담, 이브, 핀치미가 목욕하러 강으로 내려갔다. 아담과 이브가 물에 빠졌다.

누가 구조되었을까?"(어린 아동들의 단순한 놀이); b. 엘리자베스 1세 여왕 시대의 아담은 궁수의 이름이었다: 예 민요의 아담 벨Adam Bell; 11. 지식나무tree of knowledge; 생명나무tree of life 참조.

아도나이 adonai **1.** 말로 표현할 수 없도록 되어 있는 구약성서의 신의 이름을 대신하는 이름이며 '나의 주'를 의미한다(위엄의 복수형); 자주 회당전례에 사용되었다; **2.** 태양(태양빛): 셈족; **3.** 말쿠트의 이름(열 번째 세피라): 왕국, 열등한 어머니(카발라); **4.** 모나드(역주: 유일한 하나), 최고의 존재[신비주의 시(詩)]; **5.** 믿음: 현대의 신비주의자.

아도니스 Adonis (영웅) **1.** 이름: (페니키아 어원의) '주님'(아도나이Adonai 참조); **2.** 죽어 가는 자연의 신, 특히 곡물의 신: "스스로 갈등을 빚은 자연은 세상이 당신의 삶과 함께 끝난다고 말한다"(비너스와 아도니스Ven. 11ft); **3.** 그는 몰약에서 태어났으며 그녀의 아버지에 의해 만들어졌다; 그녀는 몰약나무로 변했으며 10개월 후에 아도니스Adonis가 태어났다(나소 P. 오비디우스Naso P. Ovid, 변신이야기Metam. 10, 312ff.); **4.** 식물의 신으로서 그는 일 년 중 1/3을 코레와 지하세계(겨울)에서 지내며 또 다른 1/3은 봄 처녀 비너스와 함께 지상(봄)에서 지낸다; **5.** 그의 죽음으로 땅은 황폐해졌다: 또 다른 태양왕(왕king, 신성한 왕sacred king 참조)의 특성; 여성의례에서 신체 일부의 절단 등; **6.** 멧돼지에 의한 그의 죽음은 자신을 멧돼지 신이라 칭하게 만들었다. 곡물 신의 공통적 형태; **7.** 자연의 아름다움의 인격화. 그는 여성의 아름다움의 인격화에 상응하는 남성의 아름다움의 인격화이다: 비너스에게는 하나이며 카리테스에게는 쪼개져 있다; **8.** 별무리의 목자로서의 달의 탐무즈와 관련된다(또한 아스타르테Astarte 참조); 고대 셈족에게는 아도니스라고 불리는 물고기가 있었다. 아마도 곡물수확의 의례로 바다에 던져진 후의 탐무즈를 나타내는 것으로 보인다(아도니스 정원Adonis garden의 꽃 참조).

아도니스 정원 Adonis garden **1.** 수명이 짧은 꽃들의 정원, 예를 들어, 빠르게 자라는 상추와 회향('유쾌한 식물')은 빨리 자라서 8일 동안 돌봄을 받다가 시들면 풍요의 축제 때 아도니스 이미지와 함께 바다에 던져졌다; 정원은 종종 지붕 위에 있었다(이사야서Isa. 17, 11-12 참조); 플라톤의 파이드로스Phaedrus도 참조; **2.** 이 정원의 꽃은 아도니스의 빠른 성장, 죽음 및 부활을 상징한다; 이 정원은 '기쁨의 정원'으로도 불렸다: "당신의 약속은 어느 날 꽃을 피우고 열매를 맺는 아도니스 정원과 같다"(헨리 6세 1부1H6 1, 6).

아들 son **1.** 상속자, 젊은 (태양)왕자, 부활; 장자상속제 이외에 말자상속제(막내 아들이 상속받는 것)도 있다: 예 크로노스, 제우스, 리카온; **2.** 아름다움; **3.** 세속적 영혼; **4.** 윌리엄 블레이크William Blake: 성취; **5.** 동정녀 탄생: 동정녀virgin 참조.

아라라트 Ararat **1.** 이름: 히브리어의 '우라르두Urardhu' 또는 '우라르투Urartu'에 해당한다. 아라스Aras 왕국의 아시리아-바빌로니아식 이름(아락사스Araxas)이며 '높은 곳'을 의미한다; 아르메니아인들에게는 '세상의 어머니Mother of the World'로서 실제 매우 숭배받는 아라라트산을 가리킨다; **2.** 노아의 방주가 머문 장소로서 매우 신성한 산이다; **3.** 인류의 두 번째 요람; **4.** 옴팔로스omphalos, 세계의 배꼽.

아라비아 Arabia **1.** 불사조(피닉스)와 연결된다; **2.** 동방 박사와 연결된다: "아라비아 왕과 사바 왕이 예물을 드리리로다"(시편Ps. 72, 10ff); 킹 제임스 버전 성서에서 "시바와 스바의 왕들"; **3.** 사막, 향료, 기름의 땅; **4.** 이솝 우화: 아랍인들은 가장 큰 거짓말쟁이들이다: 헤르메스로부터 모든 '선물'을 훔친다; **5.** 풍요로운 아라비아: 유향 때문에 '행복한' '시바' 여왕의 땅.

아레스 (마르스) Ares (Mars) **1.** 이름: a. 그리스어 '아레고arego'='도움'에서 유래했다: 긍정적인 의미로는 악에 대한 방어자이며 부정적인 의미로는 파괴자(필로 유다이오스Philo Judaeus, 성읍에 관하여Prov. 113); 그리스인들은 포도주를 디오니소스라고 불렀던 것처럼 강철을 아레스라고 불렀다(알렉산드리아의 클레멘스Clem. Alex., 스트로마타Strom. 7, 9); b. 로마인들은 마르스Mars라고 불렀는데, 그 이유는 그가 전쟁 중 남자들 즉 라틴어의 '남자들mares'에게 명령을 내리거나 사빈족 중에서 "가장 선호 받는" '마머Mamers'(역주: 바로Varro의 책에 나오는 마르스Mars의 이름)로 불렸기 때문이다(마르쿠스 테렌티우스 바로Varro, 라틴어 원론LL 5, 73); "위대한 것을 뒤집어엎다"('magna vertere')(마르쿠스 툴리우스 키케로Marcus Tullius Cicero, 신론ND 2, 67)에서 파생된 'Mavors'(역주: 마르스의 또 다른 이름)라고도 불렸다; **2.** 기원: a. 그리스인들에 따르면, 그는 제우스와 헤라(호메로스와 헤시오도스에서)의 아들이었지만 로마인들에게 그는 아버지 없는, 헤라/주노의 아들이었다(나소 P. 오비디우스 Naso P. Ovid, 로마의 축제일F. 5, 229; 카를 케레니Carl Kerényi, 그리스의 신들GG 150f); 아레스는 잘 알려지지 않은 인기 없는 신이었다(허버트 J. 로즈Herbert J. Rose, 그리스와 로마의 종교RGR; 아테나Athena 참조); b. 멋진 결혼식을 올린 하르모니아가 그의 딸이었다는 것이 이상하며 그녀도 매우 불행한 딸 아가베, 아우토노에, 이노 및 세멜레를 두었다(에우리피데스Eurip, 바킬리데스Bacch. 1330ff; 커크Kirk 158); c. 아레스에 상응하는 로마의 마르스Mars는 신성을 잃은 그리스의 전쟁의 신 아레스와 동일시됨으로써 그 중요성을 상실한 몇 안 되는 신들 중 하나이다(로즈, 그리스와 로마의 종교 210ff); d. 마르스의 여동생이자 아내이자 딸은 전쟁의 여신 벨로나였으며, 반면 그 자신은 본래 식물의 신 실바누스였다(위트Witt 122); **3.** 자연: 창조와 보존은 (원시적) 희생제물과 전쟁을 통해 존재하게 되거나 온다; 따라서 아레스-마르스 그리고 기타 대부분의 전쟁의 신들은 여성뿐 아니라 남성이었으며 풍요의 신이었다; 그 자신은 본래 지상의 신이면서 지하의 신이었다(달디스의 아르테미도로스Artemidorus of Daldis 2, 34); a. 그는 "소떼를 원한다"(아리스티데스Aristides, 아폴로Apol. 시리아어 버전 11, 7); b. 마무리우스 베투루리우스Mamurius Veturius ("늙은 마르스Old Mars")는 새로운 마르스를 위한 공간을 마련하는 3월, 즉 초목의 새해인 3월이 오면 로마 거리에서 쫓겨나는 오래된, 늙은 식물이었다(또한 3월March 참조); c. 로마의 마르스 들판에서의 풍요한 수확을 위해 10월에 곡식의 정령이기도 한 마르스 신에게 소를 희생 제물로 바쳤다; d. 농부들은 '마르스 실바누스' 제의를 지냈다; e. 이것은 아레스/마르스가 늙은 신 헤파이스토스/불카누스를 대체하여 풍요의 여신 아프로디테/비너스와 성관계를 맺은 그의 '나쁜 행동'을 설명해 준다; 이들은 함께 게르만 바니르와 같은 양성성의 커플이 되었다; f. 또한 태양열이 사람들을 전쟁으로 몰아가기 때문에 태양과 관련된다(마크로비오스Macrobius, 사투르날리아S 1, 19, 6); **4.** 마르스와 관련된 직업(또한 산mountain 참조): a. 왕, 순교자, 전사: b. 의사; c. 광부; 건축업자 길드의 후원자(로버트 오길비Robert Ogilvie 15); **5.** 나중에 원시 악마로서 그의 거주지는 북쪽이었다(예 제프리 초서 Geoffrey Chaucer 참조); **6.** 꿈에서 그와 그의 아들 데이모스 및 폴로스는 장군, 군인, 검투사, 도적 및 모든 종류의 무법자를 상징한다. 다른 사람들에게는 전투와 상실을 의미한다(아르테미도로스Artemidorus 2, 39): **7.** 마르스에 헌정된 건물은 성벽 밖에 있지만 퍼레이드 장소 안에 있어야 한다(마르쿠스폴리오 비트루비우스Vitruvius 1, 7. 1); **8.** 카이사르 암살을 성공할 수 있도록 도움을 준 것으로 인해 '울토르', 즉 복수하는 자라고 불렸다; **9.** 피렌체가 세례 요한에게 헌정되기 전에는 피렌체의 신은 마르스였다(단테Dante, 신곡 지옥편Inf. 13, 낙원편Par. 16); **10.** 또한 춤dance, 반전 inversion 참조.

아령 dumb-bell 아령하는 꿈은 일시적인 행동의 어려움과 피로를 의미하지만 나중에는 더 활기차게 활동함을 예견한다. 그 이유는 아령 들기는 팔에 힘을 주는 운동이기 때문이다(달디스의 아르테미도로스 Artemidorus of Daldis 1, 55).

아론 Aaron **1.** 이름: a. 훌Hor(진리의 '빛')과 함께 현자의 팔을 떠받치는 말씀(모세의 팔: 출애굽기Ex. 17, 12; 훌은 출애굽기에서 허Hur이지만 그가 죽은 산은 훌이다: 민수기Num. 20, 25, 예루살렘 성서JB; 필로 유다이오스Philo Judaeus, 특별한 율법에 관하여Leg. A. 3, 45); b. 이 이름은 '산'을 의미하며 사상이 고상하고 숭고한 이성(理性)을 나타낸다(필로 유다이오스, 술 취함Ebr. 128); **2.** 중세: 알 수 없음의 구름: 아론은 하나님을 볼 수 있고 영적 지혜와 은총의 도움으로 원할 때마다 신과의 완벽한 합일을 이룰 수 있는 사람들 중 한 명이었다(하나님과 소통하기 위해 엿새 동안 산에서 고된 '작업'을 해야 했던 모세와는 다르다: 71ff.).

아론의 지팡이 Aaron's Rod 1. 레위 지파, 제사장; 2. 동정녀에게서 그리스도의 탄생(신성한 제사장직)과 (십자가의 일부인) 죽음; 3. 그리스도의 승천; 4. 유대교 회당; 5. 다산(아몬드 나무의 꽃이 피고 지는 것으로 나타나는); 남근, 부활; 6. 뱀serpent; 아몬드almond 참조.

아룸 릴리 Arum-lily (식물) 1. 아라카Araccae과의 결절 꽃; 이것의 다른 이름으로는 '로즈앤레이디스lords-and-ladies', '쿠쿠파인트cuckoo-pint, 연영초wake-robin'가 있다; 이 과에 속하는 많은 식물이 약간 유독하다(세포막을 흥분시킨다); 이 식물은 열대 지방에서만 만개한다; 2. 자웅동체: '꽃'은 포엽과 꽃차례로 이루어져 있다: 일종의 남근 같은 모양의 줄기가 있는 단일 잎; 3. 영혼; 4. 열정; 5. 야생 아룸은 약으로 많이 사용된다(플리니우스Pliny 24, 91ff.); 동면에서 깨어난 곰이 변비를 제거하기 위해 먹는다.

아르덴 Ardennes 1. 벨기에 남동부의 울창한 숲이 우거진 구릉 지역; 2. "야생의 땅"(여우이야기Reynard Fox 2247; 윌리엄 캑스턴William Caxton 17); 3. 사랑과 미움: a. 거기에는 두 개의 샘 또는 냇물이 있다. 하나는 사랑을 불러일으키고 다른 하나는 혐오감을 불러일으킨다(아리오스토Ariosto, 광란의 오를란도OF 78); b. "아르덴의 물"은 사랑에 대한 증오로 변하고 릴란도 타쏘가 마시고 취한다(에드먼드 스펜서Edmund Spenser, 페어리 퀸FQ 4, 3, 45); 4. "아덴의 숲Forest of Arden": 워릭셔Warwickshire의 일부지만 이름이 유사하다. 아마도 아르덴은 다음을 의미했던 것으로 보인다: 프랑스에서 추방된 사람들이 은거한 숲(뜻대로 하세요AYL).

아르메니아인 Armenians 1. 이들은 비둘기, 닭, 강아지, 심지어 소년의 내장으로 점을 치는 능력으로 유명했다(데키무스 유니우스 유베날리스Decimus Junius Juvenalis, 풍자시집Sat. 6, 550ff); 2. 의사들(클라우디아누스Claudianus, 에우트로피우스에 대하여Eut. 1, 12; 그러나 단지 이 이야기가 아르메니아에서 생겨났기 때문일 것이다).

아르카디아, 아카디아 Arcadia 1. 펠로폰네소스 섬의 산악 지역으로, 거주민들은 달보다 나이가 많다고 알려져 있다(알렉산드리아의 클레멘스Clement of Alexandria, 그리스도인들에게의 권면Pr. 1, 6; 그러나 프리기아Phrygia 참조); 2. 이 사람들은 다음과 같다고 한다: a. 돼지처럼 도토리를 먹는 지구상에서 가장 촌스러운 사람들 등(필로스트라토스Philostratos, 아폴로의 일생VA 7, 12; 아폴로니오스 로디오스Apollonius Rhodius 4, 262); 이들은 악명 높은 용병들이었다(필로스트라토스Philostratos, 소피스트들의 삶BS 522; 크세노폰Xenophon, 지옥Hell 7, 1, 23); b. 호의적적인 측면에서 기질이 좋은 사람들(아리스토텔레스, 정치학Pol. 4, 15 및 3, 4)과 위대한 음악가 및 가수(베르길리우스Virgil, 목가Ecl. 10, 32; 필립 시드니 경Sir Philip Sidney, 고대의 아르카디아OA 1, 4, 3f 및 6, 25ff에서 언급됨).

아르테미스 (디아나) Artemis (Diana) **I. 위대한 여신:** 1. "위대한 에베소의 디아나"(사도행전Acts 19, 34); 2. 특히 다산과 야생동물(및 출생)의 자연의 여신; 3. 헤카테로서 그녀는 마법과 죽음의 검은 여신: 저주받은 사냥꾼 주제와 연결되며 "창을 던져 사냥하기 때문에 그녀는 멀리서 성공한다"; 4. 그녀의 세 개의 머리(자주 표현되는 그녀의 이미지)는 여신의 전형: 암말, 암캐, 암퇘지; 이것은 또한 삼위일체의 반전inversion이다(삼지창trident 참조); 그녀는 '세 가지 형태triform' 또는 '트리비아Trivia'라고도 불린다; 5. 숲의 디아나여신은 신성한 다산의 왕으로 활동하고 사망한 사제인 '숲의 제왕King of the Wood'의 아내 여신이다; 6. 그녀는 교차로 및 숲과 관련된다; 7. 밤의 사냥꾼으로서 그녀는 개의 모습을 한 땅속의 악마와 함께 사냥한다; 8. (나중에는) '부도덕한' 비너스의 대극인 달의 처녀 측면(어원: 어근 'di'는 '빛남')을 상징하게 되었다; 또한 이중적 태양신 디아누스 야누스Dianus Janus와는 대극이다; **II. 다음에 상응한다.** a. 몸: 머리를 지배한다; b. 타로카드: 여사제 카드; c. 시기: 가을; d. 신성한 동물: 수사슴; e. 색상: 은색; f. 상징성: 활과 화살; **III.** 그녀는 하층계급인 **평민의 수호자**였으며 특히 노예(나무의 왕은 보통 노예였음)의 보호자였다.

아리스토텔레스 Aristotle 중세 아리스토텔레스와 필리스Phyllis의 전설: 아리스토텔레스 그의 제자인 알렉산더에게 그의 아내에 대해 자제하지 못하는 사랑을 경고했다; 필리스는 그 후 알렉산더는 아리스토텔레스가 그녀와 사랑에 빠지게 만드는 복수를 했다: 그녀는 아리스토텔레스가 손과 무릎으로 기어가게 했고 그에게 굴레를 씌우고 그의 등을 탔다; 그녀는 신하들과 하인들이 그들의 성교 장면을 보게 했다; 때로 그녀는 알렉산더의 아내가 아니라 그 이름을 가진 유명한 헤타에라hetaera(정부mistress)였다; 기독교적 도덕: 지혜는 미덕과 결합할 때만 열매를 맺는다; 베르길리우스Virgil에 관한 유사한 이야기가 있다.

아마 flax (식물) **1.** 가내 수공업; 다산: '아마 같은 머리카락을 가진' 페르세포네; **2.** 소박함; 갈리아에서는 여성 의복에 가장 화려한 재료였다(플리니우스Pliny 19, 2); **3.** 운명의 여신(실을 잣는 여신); 그러나 아마를 방적하는 일은 사람에게도 존경받는 직업이었다; **4.** 감사함; 처리하는 과정이 힘들수록 린넨(아마섬유)은 질이 더 좋아진다; **5.** 구약성서: a. 여리고Jericho에 있는 라합Rahab의 집 지붕에 숨어 있는 정탐꾼들은 아마 줄기로 위장했다(여호수아Josh. 2, 6); b. 불과 관련된다: 여호와의 종은 꺼져 가는 심지를 끄지 아니하리라(이사야서Isa. 42, 3; 사사기Judg. 15, 14 참조); c. 하나님의 환영으로 에스겔Ezekiel에게 보여 준 성읍 형상 주변에 나타난 '놋같이 빛난' 사람은 그의 손에 '삼줄'을 가지고 있었다(에스겔서Eze. 40, 3; 여기에서 삼은 아마섬유일 수 있다); **6.** "약혼 전에 성관계를 하는 아마 짜는 처녀처럼"(겨울이야기Wint. 1, 2): 문란한 처녀; 아마도 유럽 전역에 존재했던 아마 풍요 의례에 대한 언급일 것이다; **7.** 린넨linen 참조.

아마겟돈 Armageddon **1.** 명칭: "므깃도 산(또는 언덕)"(계시록Rev. 19, 11ff.): 므깃도는 갈멜산의 남쪽 연장선을 가로질러 이집트, 갈릴리, 메소포타미아 등으로 이어지는 길을 가리키는 전략적 통로였다; **2.** 세상 끝에 있는 팔레스타인의 전장(특히 이집트와의 전쟁), 빛과 어둠, 선과 악 등의 세력 간의 전투가 벌어지게 될 곳.

아마릴리스 Amaryllis (사람과 식물) **A.** 사람: '시골소녀'를 의미하는 라틴어의 여자이름, 소박한 연인, 목자(테참나무리투스Teocritus, "세레나데Serenade"; 베르길리우스Virgil, 목가Ecl. 1 참조); "그늘에서 아마릴리스로 또는 네아라의 엉킨 머리카락으로 놀이하기"(존 밀턴John Milton, "리시다스Lycidas" 69); **B. 1.** 백합(정원사들은 이 꽃을 이 이름으로 더 부르지만)을 닮은 소녀로부터 이름이 파생된 꽃; '아마릴리스 벨라도나Amaryllis belladonna' 종은 서리에 견디지 못하며 큰 구근과 잎을 갖고 있고 꽃이 시들어야 잎이 나온다; 2. 다음을 상징한다: a. 압도적인 아름다움(실제 꽃을 의미한다); b. 자긍심, 허영심, 맹렬함; c. 소심함(비천한 양치기를 말한다).

아마섬유, 린넨 linen (물질) **1.** 순도; 플리니우스Pliny: 가장 아름다운 옷의 재료(라틴어 '풀크리오리암 베스템pulchrioriam vestem'); **2.** 흰색 린넨 셔츠는 태양왕이 통치 말기에 장작더미 위에서 불멸의 존재가 되기 전에 입었다. "고운 린넨"은 또한 그리스도의 몸을 감싸는 데 사용되었다(마가복음Mark 15, 46); **3.** 사제의 복장: a. 아폴로의 사제들은 린넨 옷을 입었다; b. 이시스의 사제들은 린넨 옷을 입었다; 나소 P. 오비디우스Naso P. Ovid에 따르면 이오Io는 이집트에서 이시스로 숭배되었으며, 그는 그녀의 사제들을 "세마포 옷을 입은 무리"(변신이야기Metam. 1, 747)로 언급한다; c. 원래 린넨 옷은 성서에서 제사장의 옷이었으며 '흰색'으로 바뀐 것은 후의 일이었다; **4.** 정숙한 여인(고운 실크를 걸친 음탕한 여자의 반대); 그러나 "이집트의 린넨"은 '음란한' 여자의 침대 위에 놓여 있는데, 이 이집트 린넨은 그녀가 연인을 위해 향수와 함께 아낌없이 지출한다는 표시이다(잠언Prov. 7, 16); **5.** 운명: a. 린넨(베) 옷을 입고 뿔 모양의 잉크(먹) 그릇을 들고 다니는 사람이 의인들을 보호하고 다른 사람들은 죽도록 예루살렘을 두루 다녔다(에스겔서Eze. 9장); b. 운명의 실은 린넨실이었다; **6.** 존경의 표시: 존경의 표시로 린넨으로 감싼 손을 들어올렸다; 종종 그들은 마치 방금 받은 것처럼 또는 경의를 표하는 허락을 구하기 위해 천상의 존재 앞에서 왕관을 들고 다녔다. 이것은 종종 17세기까지 기독교 모자이크와 미니어처에서 발견된다; **7.** 음악과 관련된다: 아폴로의 아들

'리누스'는 모래땅(그의 어머니 프사마테)에 심겨진 아마초의 정령이었고, 멍들 때까지 린네 막대로 맞았다(=할아버지 그리스의 크로토푸스에 의해 살해당함='짓밟는 발'); 그는 리라 연주자였다(그러나 로버트 그레이브스Robert Graves, 그리스 신화GM 2, 212ff 참조); **8.** 한여름 모닥불은 종종 아마 숭배와 연결되었다: a. 슬픈 노래가 수반된다; b. 아마의 정령이 된 여신(리우스처럼)을 위해 여자는 남자들의 성적 여성 지배를 따른다; **9.** 민속: a. 아마포로 만들어야 하는 수의와 관련된다; b. 소녀가 린넨 꿈을 꿈꾸는 것은 그녀가 성직자와 결혼하게 될 것임을 의미한다(견과nut 참조); 10. 아마flax 참조.

아마씨 linseed **1.** 아마 식물의 씨앗; **2.** 약용: a. 히포크라테스Hippocrates: 영양가 있고 수렴성이 있으며 다소 상쾌한 느낌을 준다; b. 코르넬리우스 켈수스 Cornelius Celsus: i. 점액질이며 글루코사이드와 약간의 시안화수소산을 포함하는 에테르 오일을 생산한다; 아마씨 기름은 상처를 접합시키는 소산제(消散劑)와 발포제(發泡劑)로 사용되었으며 찜질 치료에 사용되었다: 염증이나 궤양을 없애는 데 아마씨를 반죽하여 고약으로 사용했다(II, 서문, "익혀서 말린 씨앗"; 2, 33, 5; 4, 9, 2; 4, 22, 3; 5, 2 및 5, 12); ii. 몸에 쌓인 노폐물을 없애 준다(5, 11); 빻아서 피부 질환에 사용한다(6, 3); 귀를 찜질하는 데 사용하기도 한다(6, 7, 10).

아마존 Amazon **1.** 어원이 의심스럽다: 그리스어의 '아마조스a-mazos'='가슴이 없음'의 뜻일 가능성은 거의 없다; 활을 쏠 때 가슴이 방해가 되지 않도록 오른쪽 가슴을 없앴다는 전설이 있다; **2.** 어떤 사람들은 이들이 낯선 남자들과 성교를 하고 딸을 낳으면 키우고 아들을 낳으면 아버지에게로 돌려보냈다고 한다; **3.** 헤라클레스(그리고 로버트 그레이브스Robert Graves, 그리스 신화GM 2, 124ff 참조); 그들은 또한 테세우스와 관련이 있었다; 그의 이야기는 알렉산더 대왕에 관한 이야기와 비슷하다; 후자에게는 종종 디오니소스의 위업이 주어졌고 디오니소스의 이름도 때로는 그의 적이자 때로는 그의 추종자였던 아마존스Amazons의 이름과 관련되어 있다; 네로 황제는 항상 가느다란 다리를 가진 아마존 입상을 가지고 다녔다; **4.** 릴리스 Lilith 참조; **5.** 아마존 돌: 러시아와 마다가스카르에서도 발견되었긴 하지만 이 이름을 따라 강의 이름이 만들어졌다; 다양한 장석; 우정을 상징한다.

아메리카 America **1.** 윌리엄 블레이크William Blake: a. 자유, 해방; b. 몸의 영역(감각을 상징하는 타르마스Tharmas); c. 서쪽; **2.** 민속: 어린아이와 놀 때 부르는 동요: "아메리카 점프하기, 아메리카 점프하기, 하나-둘-셋; 아래의 물, 바다 아래, 내 차tea를 만들기 위해 물고기 잡기. 죽었니, 살았니?"

아메리카 솔비나무 gopher-wood (나무) **1.** 히브리어 'gopher'는 그리스어의 삼나무cypress와 관련된다; **2.** 노아는 이 나무로 방주를 만들었다.

아메리카 원주민 red Indian **1.** 아메리카 원주민 동상: a. 아메리카와 b. 담배tobacco의 의인화; **2.** 때로 아메리칸 드림의 전형적인 영웅; 원주민들의 심흔은 다양한 '아메리카적' 특성을 지닌 반면 원주민의 샤머니즘은 영성주의, 기독교 과학, 슬로건의 신념 체계 등의 다양한 측면에 영향을 미쳤다. 헛된 노력 속에서 그들의 확고한 헌신은 진지한 스포츠훈련에서 볼 수 있다(카를 융Carl Jung 10, 47f).

아멘 amen 이 단어는 "주님은 참된 분"이라는 문장의 첫 글자들에서 파생되었다: (아그립파Agrippa, 오컬트 철학OP 3, 11; 다른 어원 설명이 더 일반적이다. 옥스퍼드 영어사전OED 참조).

아몬드 almond (나무) **1.** 봄, 부활의 전령: a. 가장 먼저 꽃피고 3월에 열매를 맺는다(플리니우스Pliny 16, 42); b. 1월에 흰색의 장미꽃을 피우며 아론이 제사장이 되었을 때 아론의 지팡이Aaron's Rod가 꽃을 피우고 아몬드 열매를 맺었다(민수기Num. 17, 8); c. 흰 머리는 종종 아몬드 꽃에 비교된다; d. 희망; e. 아몬드와 뽕나무열매: 서두름과 느림 사이의 중간: 뽕나무는 마지막에 꽃이 핀다; f. 꽃이 너무 일찍 피기 때문에 상당히 일찍 서리에 파괴되기 쉽다. 그래서 a. 부주의함; b. 무분별함; c. 서두름을 상징한다; **2.** 감시자, 경계함: a. 신성한 인정; b. '아몬드'와 '나는 깨어난다almond and I wake'에 대한 히브리어 말장난을 보면 다음의 구절이 설명될 수 있다: 주님이 예레미야에게 그가 본 것에 대해 묻자 그는 말했다: "내가 아몬드 나무막대기를 보나이다 하였더니 주께서 내게 말씀하시기를: 네가 잘 보았다: 이는 내가 내 말을 서둘러 실행하려 함이라." 즉, 이스라엘을 감시하는 것이다(예레미야서Jer. 1, 11f); **3.** 결실함: a. 남근의 외음부: 예 아론의 지팡이에 꽃이 피는 것; b. 아몬드 가지 껍질을 줄무늬 모양으로 벗긴 것은 아마도 줄무늬 양을 낳도록 하기위해 야곱이 풍요 의식에 사용했을 것이다(창세기Gen. 30, 37); c. '세계의 자궁'으로 그것은 동정녀 마리아의 결실(수태)의 상징이다; d. 메노라Menorah의 그릇(일곱 개 촛대)은 아몬드의 꽃잎 모양이어야 한다; e. 생명나무: 프리기아; f. 이탈리아에서는 결혼식에서 설탕에 절인 아몬드를 나누어 준다; 그리고 세례식에서도 준다; g. 아몬드 나무는 자웅동체인 아그디스티의 숫나무이다; 이것의 견과류는 강의 님프river-nymph를 수태시킨다(파우사니아스Pausanias, 7, 17); **4.** 처녀, 자가생식: a. 수정(수태) 없이 열매를 맺는 아론의 지팡이; b. 동정녀 마리아와 관련된다('베시카 피시스vesica pisces'); **5.** 삼위일체, 세상의 주님: a. 신성한 헤르메스, 여호와, 메르쿠리우스(의심스러운 어원); b. 신성한 존재들을 완전히 둘러싸고 있는 아우레올과 관련된다: 만돌라mandorla 참조; **6.** 야곱의 사다리: 야곱은 그가 사다리를 본 장소의 이름을 '루스Luz'(=아몬드)에서 '베델Beth-el'(=엘로힘 하나님의 집)로 바꿨다; **7.** 요셉의 형제들이 이집트에 가져온 달콤함, 섬세함(특히 가나안에서)(창세기 43, 11); **8.** 일반적으로 서양에서 아몬드의 성서적 기능은 헤이즐의 기능과 같으며 그래서 이것은 예언적이기도 하다: a. 2번 참조; b. "아몬드 나무가 번성"할 때(전도서Eccl. 12장 5절은 죽음의 시간 또는 최후의 심판을 예언한다); **9.** 죽음과 관련된다: a. 트로이에서 남편이 돌아오지 않는 것을 비관해 자살한 데코폰의 형제인 아카마스의 아내; b. 시안화물은 '쓴 아몬드' 맛이 난다; **10.** 뱀serpent과 아론의 지팡이Aaron's Rod 참조.

아바돈 Abaddon **1.** 이 단어는 그리스어 '아폴리온Apollyon', 즉 파괴자, '바닥없는 구덩이의 천사'의 뜻과 같다; 성서에서 종종 발견되는 이름(계시록 외에 욥기, 잠언, 시편에서도 발견됨. 2번 참조; 또한 존 밀턴John Milton 참조: 복낙원Par. Reg. 4, 624); **2.** 신성한 메뚜기 군대의 왕(계시록Rev. 9, 11); **3.** 죽음의 천사: a. 성서에는 세 번 죽음('스올Sheol')과 관련된다; b. 딜런 토머스Dylan Thomas, "올빼미 빛의 제단Altarwise" (2); **4.** 마녀의 사악함으로 알려진 이름들 중 하나.

아발론 Avalon **1.** 이름: a. 켈트어: '멀리afar'=사과apple; b. "아발락Aballach의 섬": 아발락은 켈트족의 흑암의 신이다; **2.** 몬머스의 제프리Geoffrey of Monmouth ("멀린의 생애Vita Merlini"): "행운Fortunate으로 불리는 과일의 섬(또는 사과의 섬)은 파종하지 않고도 수확을 거두고 주민들이 장수하기로 유명한 곳이다"; 그곳을 다스리는 모르간 르 페이Morgan le Fay와 그녀의 여덟 자매(총 아홉 명의 여성)는 의학 및 기타 기술에 능숙하다; 그들은 새의 모양으로 변할 수 있다; **3.** 아서왕Arthur, 오베론Oberon 및 모건 르 페이(때로는 아서왕의 여동생)의 거처와 매장지.

아버지 father **1.** 보통 하늘-빛-벼락-무기와 연결된 최고의 신: **2.** 창조주; 가부장적 신화의 모든 아버지; **3.** 남성적 의식: 모성적 무의식의 반대; **4.** 부계지배: 아들의 구체적인 활동으로 나타나는 영웅주의의 반대; **5.** 권위: 도덕적 계명과 금지, (여성의) 본능 억제와 파괴; **6.** 지혜; **7.** 전통; **8.** 죽음; a. 결혼은 재생이며 아들(또는 딸로: 봄)로 부활하기에 앞서 일어나는 일종의 식물적 죽음(겨울 동안에)이다: 하데스는 코레와 결혼하고, 에로스는 프시케와 결혼하며 이집트 신들은 죽음에 의한 재생을 의미하는 남근상의 미라로 표현된다: 디 파테르(지하 세계의 부요의 '아버지' 즉 하데스); b. 미트라 숭배에서 입문의 가장 높은 단계: 미트라가 되는 것=죽음으로 생명을 주는 신; **9.** (사제 또는 경찰관처럼) 전의식의 억제하는 힘(예 윌리엄 블레이크William Blake); **10.** 왕의 이미지와 관련 있다.

아벨 Abel **1.** 구약성서: 아담과 이브의 둘째 아들이지만 하늘에서는 궁극적인 우위를 차지한다; 이 이름은 '숨' '수증기'를 의미한다: a. 치명적인 (몸의) 점

ㅇ

(點)의 소유자; b. (무지한 유목민인) 가인에게 살해당한 목자(양치기); 대표적인 무고한 희생자(가인Cain, 쌍둥이twin 참조); 허영심; 짧은 수명('수증기'); **2.** 중세: 그리스도의 상징(죽음과 목자); 아담과 이브는 백 년 동안이나 그의 죽음을 애도했다; 땅 위의 순례자와 하늘의 시민.

아브라카다브라, 주문 abracadabra 의미: a. '아브렉 아드 하브라abreq ad habra'=히브리어로 '죽을 때까지 벼락을 치다'; 보통 역삼각형 모양으로 쓰인다; b.=그리스어 '아브락사스abraxas'; c. ab(=아버지father)+Ben(=아들Son)+Ruah Acadsh (=성령H. Spirit).

아브라함 Abraham **1.** 전형적인 '수천 명의 아버지'(아브람에서 아브라함으로의 바뀜); **2.** 할례와 관련된다; '아브라함의 인봉'; **3.** 치명적인 아이(오이디푸스와 제우스처럼); (태양의) 방랑자, 양떼(헤라클레스처럼); **4.** 님로드를 피해 동굴에서 몰래 이루어진 그의 탄생은 그리스도의 탄생과 유사하다; 그의 빠른 성장도 태양왕의 빠른 성장과 닮아 있다; **5.** 성서에서 웃었던 몇 안 되는 등장인물 중 하나(이삭='웃다'); **6.** 엘라가발로스 황제에 의해 그리스도와 함께 로마에 소개되었던 동방신들 중 하나; **7.** '아브라함의 신'은 마법의 강력한 공식이었다; **8.** 절대적이고 의심의 여지없는 믿음; **9.** 중세: a. 믿음이 의인화된 존재, 한 손에 칼을 들고(첫 번째로 태어난 것을 바치라는 여호와의 요구사항을 이행하기 위한 준비) 다른 손에는 횃불을 들었다; 게다가 (신의 품을 상징하는) 그의 무릎('그의 가슴')에는 어린 것들(인간)이 있다; b. 그의 제의/희생: i. 그리스도의 죽음과 성체(때로 아브라함은 아버지이다); ii. 구원의 장면; c. 세 사람의 방문: i. 삼위일체; ii. 타보르산에서의 그리스도의 변화된 모습; iii. 막달라 마리아에게 나타난 그리스도의 모습.

아브락사스 abraxas **1.** 최고 존재의 말씀, 365개의 영적 존재의 분출, 천상, 모든 우주에 깃든 영, 파괴자 흑암의 거인, 사악함 등의 근원을 표현하기 위해 그리스도에 관한 비밀스러운 이야기를 알고 있다고 주장한 영지주의 바실리데스인들이 창안한 이름; 이 이름은 부적으로 사용되었던 특정한 돌(흔히 타원형의 돌)에 쓰였다; **2.** 이것의 의미: 머리=수탉(생기), 몸=사람(로고스: 말씀과 영), 다리=두 마리의 뱀, 오른손=방패(지혜), 왼손=채찍(힘); 그가 몰았던 전차는 네 마리의 흰 말이 끌었다: 네 마리의 말은 태양의 힘이 우주를 순환할 때 사용하는 수단인 네 개의 에테르(물질)이다; **3.** 365는 다음과 같이 계산된다: 3×a(=3)+b(=2)+r(=100)+x(=60)+s(=200): 한 해를 지배하는 날 수 및 시간; **4.** 또한 이 이름은 '아비르abir'(황소)+'폴pole'(축, 극)이기도 하다: 북극의 황소자리에서 발생하는 춘분을 만들어내는 극의 변화; **5.** 부적: 경계함.

아사린 asarin 우울을 제거하는 장뇌와 같은 물질(로버트 버튼Robert Burton, 우울의 해부Anat. of Mel. 2, 4 , 2, I).

아서 Arthur **1.** 풍요의 태양왕으로 언급되는 아서왕 전설의 영웅: a. 그는 흑마법사 멀린이 발견한 버려진 아이였다; b. 그는 멧돼지를 사냥한다(겨울 또는 태양 상징: 자기희생) 그리고 고양이(달)를 죽인다; c. 그는 다른 영웅을 풀어 주기 위해 지하세계로 항해하여 (풍요의) 가마솥을 가져온다; d. 그의 망토는 헤라클레스의 망토를 닮았다; e. 모드레드와 전형적인 태양왕의 관계를 갖고 있다: 그는 여동생의 아들의 아버지이자 삼촌이다; 모드레드는 아동대학살에서 탈출하여 나중에는 왕좌를 '찬탈'하고 (풍요의 원탁을 처음에 가져온) 귀네비어를 유혹한다; f. 성배와 관련 있다; g. 그는 전형적인 여사제에 의해 태양선sun-ship에 실려 한 죽음의 섬(아발론Avalon 및 사과apple 참조)으로 보내진다; **2.** 윌리엄 블레이크William Blake: 경직된 법칙: 호수의 여신과 연관된다(검에 주로 의지하는 검 중심성-검이 있어야 왕이 될 수 있으므로); 멀린Merlin 참조.

아세라 ashera **1.** 바알(='주님')에 대해 사용된 앗수르의 남근형태의 숭배 및 아스다롯/이슈타르/비너스와 관련된다; 복수 형태인 아세림asherim은 이 기둥이 많아 기둥의 숲이라는 뜻을 갖고 있다; **2.** 나무숭배tree-cult 참조(성서).

아스클레피오스 Asclepius 1. 영웅 그리고 땅에 기원을 둔 치유의 신; 로마: 마르쿠스 툴리우스 키케로Marcus Tullius Cicero가 세 명으로 구분한 아스쿨라피오스Aesculapius(신론ND 3, 57); 2. 그의 뱀을 통해서도 그는 태양과 동일시된다(아폴로의 아들이 됨); 그는 의학과 밀접한 연관이 있는 예언능력을 갖고 있었다(마크로비오스Macrobius, 사투르날리아S 1, 20, 1ff.); 3. 많은 사람이 아스클레피오스를 유령으로 본 것이 아니라 신이 자신이 치유하고 선을 행하며 미래를 예언하는 것을 보았다고 고백했다(오리게네스Origen, 콘투라 셀숨CC 3, 24; 코르넬리우스 켈수스Cornelius Celsus는 이러한 신의 강림을 부활한 그리스도와 비교했다); 4. 꿈(달디스의 아르테미도로스Artemidorus of Daldis): a. 꿈에서 아스클레피오스가 신전 기단에 숭배의 대상으로 설치된 존재로 나타난다면 모두에게 좋은 것을 상징한다; b. 꿈에서 그가 있는 곳에 접근하거나 들어가거나 옮기면 이는 질병과 전염병에 관한 예고다. 그러나 이미 아픈 사람들에게는 그가 건강과 치유자가 되어줄 것임을 의미한다; c. 그는 항상 비상시에 도움을 주는 사람들을 의미하며, 몽상가의 집에서는 청지기, 소송에서는 변호인들로 나타난다(2, 37); 5. 오비디우스 도덕론Ovide M: 위대한 의사. 그의 아버지에 의해 죽임을 당했지만 그의 과학은 남아있다(도덕론 2, 3101ff): 유사하게 그리스도는 유대인과 바리새인들에게 죽임을 당했다(앞의 책 3433ff); 6. 카두세우스caduceus 참조.

아스타르테; 아쉬토레스 Astarte; Ashtoreth 1. 음탕한 이슈타르의 가나안 버전으로, 달의 여신으로도 표현되었으며 한 손에는 연꽃과 거울, 다른 한 손에는 두 마리의 뱀을 들고 암사자 뒤에 알몸으로 서 있었다; 때로는 그녀 자신이 암사자의 머리를 하고 있었다; 2. 매해 일어나는 붉은 망토를 입은 그녀의 아들 탐무즈(태양 식물 아도니스)의 죽음은 우는 의례(비와 관련된다: 모든 초목의 신은 '우는 신'이다)를 통해 애도되었다; 참조: 프로세르피나(=페르세포네)에게 잡힌 아도니스는 (일부 이야기에서) 일 년 중 절반 동안만 아프로디테에게로 풀려나며 따라서 프로세르피나 자신을 아도니스에게 반복한다; 3. 그녀는 탐무즈를 찾기 위해 황량한 계절에 하데스를 방문한다; 4. 그녀는 또한 아셀(야곱의 일곱 번째 아들)과 연결되어 전쟁의 여신이기도 했다(원래 식물의 신이기도 한 마르스Mars 참조); 5. 아스타르테는 '하늘의 여왕'이며 행성 목성 그리고 삼중 형태의 여신(예레미야서 Jer. 7, 18에 언급됨)과 연결되지만 중세 이후에는 악마 중 하나가 되었다; 6. 이슈타르Ishtar 참조.

아스팔트 aspalt 역청bitumen 참조.

아시리아, 앗수르 Assyria 1. 구약성서: 주님의 형벌; 2. 로마: (아라비아 옆) 향유의 땅; 3. 마법의 허브의 땅(예 테오크리토스Theocr. 2, 162); 4. 아도니스는 아프로디테의 아시리아 주님이었다(비온Bion I).

아시아 Asia 1. 지구의 네 모퉁이 중 하나; 가장 큰 대륙; 2. 일반적으로 다음을 의미한다: a. 종교의 온상; b. 대단히 부유하고 사치스러운 땅; c. 향신료와 보석의 땅; 3. 그리스어: 오세아니데스Oceanides 중 하나, 프로메테우스의 어머니; 4. 기독교: 세계의 빛(일출)인 그리스도의 탄생지; 5. 윌리엄 블레이크William Blake: 종교적 억압의 대륙; 6. 헤겔Hegel: a. 광대한 여성원리; b. 자연Nature.

아연 zinc 약용: 아연 산화물은 안약으로 많이 사용되었다(코르넬리우스 켈수스Cornelius Celsus 6, 6).

아우리칼쿰, 황동 aurichalcum (금속) 오리칼콘orichalcon 참조: '오리칼or(e)ichalkon'은 잘못된 어원으로 인해 '아우리칼쿰aurichalcum'이라는 철자로 자주 쓰인다(옥스포드그리스어사전OGD 참조).

아욱, 맬로우 mallow (식물) 1. 일반적으로 다음을 의미한다: '말바Malva'('말바과Malvaceae'속) 뿐 아니라 (습지)아욱 또는 '알테아 오피시날리스Althea officinalis'(다양한 약품으로 쓰임), '알테아 로사Althea rosea' 또는 접시꽃, 히비스커스와 기타 식물에 붙여진 이름이다; 2. 식물: a. 콜루멜라: i. 아욱이 꽃을 피울 때 나방이 가장 많다(9, 14, 9); ii. 아욱의 구부러진 머리는 태양을 향한다(10, 247); b. 사랑의 언어: 모성애(안젤로 드 구베르나티스Angelo de Gubernatis, 식물신화MP 1, 151, 2, 221 f); 3. 기근의 시기에 먹던 음식: 배고픔은 가라앉히지만 영양가는 거의 없는 가난한 사람들의 음식이었다: a. 구약성서: "누가 덤불 곁에서 아욱과 향나무 뿌리를 베어 고기 대신 주었는가)(욥기Job 30, 4); b. 그리스: 아욱과 수선화는 배고픔과 갈증 둘 다를 없애 주는 중요한 음식이었다; 피타고라스 사람들은 고기가 없던 황금시대의 신들처럼 이것과 곡물의 조합을 먹는 방법의 중요한 요소로 여겼다(인간의 시대 참조; 채식주의; 마르셀 데티엔Marcel Detienne, 아도니스의 정원GA, 47헤시오도스Hesiodus, 작품과 생애WD 41년; 플루타르코스Plutarch 윤리론집M 156ff., 아테나이오스Athenaeus 58ff.; 플라톤Plato 6770f); c. '말바 로툰디폴리아Malva rotundifolia'는 검소한 식단에서 볼 수 있는 음식이었으며 싱겁고 변보기에 도움을 주는 음식이었다(코르넬리우스 켈수스Cornelius Celsus II 서문 29)); **4. 신화**: a. 형벌: 이것은 축복받은 자들의 섬에서 잘못을 저지른 사람들에게 채찍질 할 때 사용되었다(사모사태 출신의 루키아노스Samosate Lucian, 진실한 이야기VH 2, 26). 뮤즈들은 무지한 책 수집가에게 도금양이나 아욱 즙을 뿌려 고통을 준다(같은 책, 서문. 3); 키가 크고 나무처럼 자라기 때문에 종종 지팡이로 사용할 수 있었고 때리기에 좋았다(도망자들Fug. 33n): b. 기도 나무: 이것은 라다만토스가 위험한 시기에 기도하라고 준 뿌리였다(루키아노스Lucian, 진실한 이야기VH 28; 플루타르코스, 윤리론집 12E); **5. 자선**; **6. 무성함**: "딱딱하고 높고 가느다란 잎 위로 날씬한 청둥오리가 비단결 같은 두려움을 흔들어댄다"(조지 크랩George Crabbe "마을The Village" 1, 73f.)"; **7. 약용**: a. 니칸데르Nicander: i. 이것의 잔가지와 신선한 수액으로 만든 잎사귀는 납을 제거한다(알렉시파르마카Al. 92); ii. 껍질을 벗긴 잔가지로도 연체동물 중독을 치료한다(알렉시파르마카 487); b. 코르넬리우스 켈수스Cornelius Celsus: i. 이것의 점액성분은 배변을 돕는다(2, 12, 2E; 아테나이오스 2, 58ff 참조: 이것은 불쾌감과 쓴맛을 없애 준다); ii. 포도주에 끓인 뿌리는 진정제로 사용되었지만 두드려 찧으면 궤양을 완화시키는 치료제가 되었다(4, 31, 4; 5, 28, 11F); c. 플리니우스Pliny: i. 소화제; ii. 물린 상처와 쏘인 상처를 치료한다: 이것의 잎 위에 전갈을 놓으면 마비된다; 경미한 종기를 치료한다; iii. 모든 종류의 질병에 대한 면역력을 강화하고 심지어 광기, 간질 등을 치료한다; iv. 검은 양털에 부적처럼 가지고 다니면 여성의 유방 통증을 멈추게 한다; v. 출산을 쉽게 하며 여성들에게 매우 강력한 최음제이기도 하다(20, 84); d. 군사: 복부에서 총알을 빼낸다(10, 48); e. 힐데가르트 폰 빙엔Hildegard von Bingen: 이것은 적당히 차갑다; 가래가 생기게 하고 독성이 있는 즙이 있기 때문에 생으로 먹으면 안 되지만 지방을 넣고 으깨어 먹으면 약한 위를 강하게 한다(자연학Ph. 1, p. 36); f. 알베르투스 마그누스Albertus Magnus: 순결 여부를 판단하는 데 사용되었다. 소녀에게 이 식물에 소변을 보게 한 후 소변이 마르지 않으면 그녀는 타락한 것이다(여자들의 비밀에 관한 작은 책Secr. Mulier.); **8. 꿈**: 아욱 왕관 꿈을 꾸는 것은 정원사와 농사꾼에게 좋고 다른 사람들에게는 피로와 해외 여행을 의미한다(달디스의 아르테미도로스Artemidorus of Daldis 1, 77).

아위 asafoetida (식물) 의학적 용도: **1.** 자궁을 정화하고 병든 기관지, 타박상, 음낭 및 사마귀를 치료한다; **2.** 이것의 즙 또는 진은 많은 용도로 사용된다: 체액을 따뜻하게 조절하며 소화를 돕고 해독 기능을 한다. 굳은살과 티눈을 제거하고 호흡곤란을 완화한다(플리니우스Pliny 22, 48f); **3.** 항경련제(알프레드 테니슨 경Lord alfred Tennyson, 롱맨영시해설선집LongAEP. p. 36n).

아이 I **1.** 히브리 알파벳의 '요드yod'(=손)에 해당한다; 이집트 상형문자의 병렬을 의미하며 켈트어로는 '주목나무'; 앵글로색슨어로는 '얼음'을 의미한다; **2.** 다음을 상징한다: a. 우주의 축, 남근 모양의 기둥; b. 자기인식; c. 그리스어의 열IAO=명왕성, 지하세계의 풍요의 신(하데스). 이오타Iota(태양)+알파Alpha(시작)+오메가Omega(끝); 합쳐서 IAO=열; d. 켈트어: 죽음(주목나무와 관련된다); e. 기독교: IHS의 '예수스Iesous'(=라틴어 '인류의 구세주 예수Iesus Hominum Salvator' 또는 '그대는 승리를 얻으리라' 또는 '이로써 구원함으로써In Hac Salvo') 및 I.N.R.I.(='유대인의 왕 나자렛 예수Iesus Nazarenus Rex Iudaeorum'); **3.** 다음에 상응한다: a. 계절: 동지; b. 점성술: 해왕성과 사자자리; c. 몸: 간; d. 타로카드: 은둔자(또는 행운의 수레바퀴) 카드.

아이네아스 Aeneas **1.** 오비디우스 도덕론Ovide M: 안전하게 스킬라와 카리브디스 사이(역주: 그리스 신화 속의 바닷가에 사는 암놈의 괴물들)의 진퇴양난을 통과한 교회의 상징, 즉 회당과 이교도 그리고 아이네아스 교회가 이단을 만난다; 위험은 잠시 동안만 지속된다. 그리고 이단은 영적으로 스스로 죽고 불에 태워진다(도덕론 14, 527ff; 반대로 교회는 보통 여성적 추상성으로 표현됨); **2.** 지옥으로 내려간 우리 주님(앞의 책 978ft).

아이디어 idea 플라톤Plato: 모든 것의 본질은 물질로부터 분리된 신성한 영spirit으로부터 나온다; 현상은 다르지만 원형적archetypal '관념'은 변하지 않고 지성에 의해서만 이해될 수 있다; 동굴cave 참조.

아일랜드 Ireland **1.** 만취 상태: "아일랜드인은 술에 취하지 않으면 뻣뻣하다"; **2.** 게으름: "만취 상태에서 영국인은 울고, 아일랜드인은 자고, 스코틀랜드인은 폭력적이다"; **3.** 의아함: "아일랜드 사람은 싸울 때 외에는 결코 평화로울 수 없다"; **4.** 미신; 속담에 의하면 운이 좋다(토끼풀과 관련된다); **5.** 모든 왕과 왕자; **6.** 다음을 상징한다: a. 토끼풀, 습지 참나무, 녹색 잔디; b. 황금 하프, 실레라그(곤봉); c. 색상: 녹색; d. 리본에 점토 파이프가 있는 높은 천 모자.

아첨꾼, 스패니얼 spaniel **1.** 아첨하기: A. 제프리 초서Geoffrey Chaucer: (여성) 애정 어린 애교 ("바스 여장부 이야기Wife of Bath" 프롤로그); B. 셰익스피어: a. "나를 이기려면 당신은 아첨꾼이 되어 혀를 놀려야 할 거예요"(헨리 8세의 생애에 관한 유명한 역사H8 5, 2); "하지만 그녀가 내 사랑을 거절할수록 사랑은 점점 더 커지고 계속해서 그녀에게 스패니얼처럼 아첨하게 된다네"(베로나의 두 신사Gent. 4, 2; 또한 덴마크의 왕자 햄릿Ham. 3, 2; 율리우스 카이사르Caes. 3, 1; 베로나의 두 신사 3, 1; 한여름 밤의 꿈MND 2, 1 등); **2.** 충실함: "또는 메마르고 충실한 스패니얼과 함께 총을 들고 황폐한 들판을 돌아다녀라"(제임스 톰슨James Thomson, "사계The Season"); **3.** 거세: "나를 스패니얼처럼 거세해 주십시오"(타이어의 왕자 페리클레스Per. 4, 6)

아치 arch **1.** 삼면의 둥근 돌출부(등변 또는 뾰족한 삼엽) 아치: 삼위일체(클로버clover 참조); 뾰족한 아치는 이슬람교도들에 의해 신앙의 상징으로 채택되었으며 십자군에 의해 유럽으로 전해졌다; **2.** 고딕건축과 관련된다; **3.** 여성원리; **4.** 하늘, 성소, 은밀한 장소; **5.** 승리.

아침 morning **1.** 남자의 경우: a. 유년기, 청년기; b. 좋은 시간; **2.** 인류의 경우: 순수한 행복, 낙원: "이제 동쪽의 날씨에서… 아침이 장밋빛 발걸음을 내딛는다…"(존 밀턴John Milton, 실낙원Par. L. 5, 1ff.); **3.** 건강, 신선함과 부를 가져다준다: a. "아침의 건강한 숨결"(존 키츠John Keats "히페리온Hyperion" 1, 2); b. "향기를 뿜는 아침의 경쾌한 부름"(토머스 그레이Thomas Gray, "비가Elegy" 17); **4.** 신화에서 어둠 속에 갇힌 보물을 꺼내는 사람; **5.** 사랑의 부활; **6.** 아침 꿈은 진정한 꿈이다(헨리 6세 1부1H6 1, 2 참조); **7.** 붉은 아침은 다음의 징조이다: "선원들에게는 난파, 들판에서는 폭풍우, 목동들에게는 슬픔, 새들에게는 고민, 소떼와 목동들에게는 돌풍이며 아주 안 좋은 질풍이다"; **8.** 우는 아침: 셰익스피어 신화에서 태양은 이슬에 젖은 오로라를 떠난다(비너스와 아도니스Ven. 2, 9 참조); **9.** 윌리엄 블레이크William Blake: 사랑의 빛나는 여명(뵈멘의 새벽빛Böhm's "Morgenroth")의 상징은 종달새(나이트 러브Night-Love의 나이팅게일과 대조됨)이다; **10.** 아침의 나라: 보통은 근동지역이지만 때로는 이집트(예 로디우스의 아폴로니우스Apollonius Rhodius 4, 267)를 의미한다; 새벽dawn 참조.

아카시아 acacia (나무) **1.** 일반적으로 다음을 의미한다: a. 줄기가 너무 많아 뜨거운 햇볕에 마르지 않는다; b. 놀라운 번식력; c. 가벼운 목재지만 방수가 된다; d. 야생 아카시아: (아마도) 성서의 '시팀나무'; e. (아마도) '만나manna'의 근원; **2.** 신화: a. 신성한 바빌로니아 아스타르테(흰색-빨간색 꽃: 위대한 여신의 조합; 색상colour 참조); b. 그 가시는 이집트의 대모여신 네이트에게 신성한 것이었으며 아카시아는 그녀의 상형문자였고 그녀는 아카시아에서 살았다; '아카시아'는 그리스어의 '아키스akis'=뚫다와 관련이 있다; c. 태양(신), 예를 들어 여호와 같은 초월적 신에

ㅇ

게 신성한 것이다; **3.** 용도: a. 많은 홍수의 방주가 아카시아 나무로 만들어졌다: 노아의 방주, 오시리스의 방주; b. 이집트인들은 아카시아를 배, 가구, 신상 등을 만드는 데도 사용했다; c. 아마도 지성소와 그곳의 금으로 장식된 신성한 가구도 아카시아로 만들어졌을 것이다(출애굽기Ex. 24, 26 외); d. 이집트 중심 도시에 있던 기둥도 이것으로 만들어졌으며 나중에 그리스인들도 이 나무를 사용했다; e. 구약성서의 '불타는 가시덤불'; f. 이것 위에서 로란서스 겨우살이가 자랐다; **4.** 다음을 상징한다: a. 우정, 플라토닉 사랑; b. 생산력, 번식, 번성; c. 부패하지 않음, 불사; d. 서양의 산사나무 속에 해당한다; e. 영혼과 불멸(초기 기독교인); f. 정화 및 성적 절제의 달과 연결된다(히브리인); g. 핑크 아카시아: 특히 우아하다; 흰색 아카시아: 플라토닉 사랑; 노란 아카시아: 은밀한 사랑; **5.** 아카시아 가시: 악을 물리치는 신성한 힘(2번의 b 참조); 아카시아껌: 생리혈과 관련된다(현재의 껌은 아랍어 '아카신acacine'에서 유래했다).

아칸서스 acanthus (식물) **1.** 이것의 성장은 다음과 같다: a. 대담하고 웅장하며, 큰 가시와 많은 흰색, 보라색, 또는 붉은 꽃의 직립 줄기를 가지고 있다; b. 퇴행 경향과 느린 성장(누가복음Luke 8, 7 참조); **2.** 다음에 활용되었다: a. 그리스('보통 아칸서스 스피노소스Acanthus spinosus: 식물 이름)와 로마('아칸서스 몰리스Acanthus mollis': 식물이름)의 기둥; b. 그리스의 장례식용 잎; c. 로마 정원과 도시의 관상용 식물; d. 그 뿌리는 치유력이 크다(플리니우스Pliny 22, 34); **3.** 다음을 상징한다: a. 부도덕; b. 인공물, 예술에 대한 사랑, 지복; c. 천상의 정원(초기 기독교인); d. 어떤 것도 이것을 주는 사람과 받는 사람을 떼어놓을 수 없다; e. 헬렌이 트로이에 도착했을 때 아칸서스가 드리워진 베일을 쓰고 있었다(베르길리우스Virgil, 아이네아스Aeneid 1, 649f.); f. 가시 사이에 떨어지는 씨앗: 땅은 인간에게 가시와 엉겅퀴를 만들어 낸다(창세기Gen. 3, 18); g. 이것의 가시: i. 불쌍한 것에 대한 돌봄; ii. 죄의 인식과 고통.

아케이드 arcade 회랑porch 참조.

아킬레스 Achilles **1.** 이름: '입술 없음'의 뜻을 가진 이름; 젖을 먹지 않고 카이런과 피닉스에게서 자랐다는 뜻; **2.** 의미를 위한 죽음Death 참조: '한 시대의 끝'; **3.** 태양 영웅의 취약한 발뒷꿈치heel 참조; **4.** 헤라클레스를 좋아했다. 그는 때로 여성으로 변장했는데(약한 발뒷꿈치를 보호하기 위해; 역주: 남성성의 거세를 상징), 이는 양성성을 의미한다; **5.** 태양 영웅인 그는 그의 어머니이자 새벽 처녀인 테티스를 떠나 구름(켄타우루+그의 여자 옷)에 숨었다; **6.** 그의 창은 녹슨 창 때문에 생긴 상처를 치유하는 힘을 갖고 있었다(헨리 6세 2부2H6 5, 1 참조); **7.** 빠른 발(그리스어 '아킬레스건을 맛보다podas okus Achilleus'); 아킬레스와 거북은 여전히 경주를 해야 했고 후자는 백 야드 뒤에서 출발을 했다; 아킬레스는 열 배 더 빨리 달렸지만 그는 항상 1/10만큼 뒤처져 있었기 때문에 결코 거북을 따라잡을 수 없었다.

아테나 여신, 팔라스 아테나 (미네르바) Athena, Pallas-Athena(Minerva) **A.** 신화: 1. a. 그녀는 제우스의 딸이었다. 그리고 대부분의 설명에서는 메티스(지혜)의 딸이었다; b. 헤파이스토스 또는 프로메테우스가 도끼로 제우스의 아픈 머리를 쪼갠 후에 그의 이마에서 태어났다(헤시오도스Hesiodus, 신통기Th. 924; 핀다로스Pindarus, 올림피아 송시O. 7, 35; 로디우스의 아폴로니우스Apollonius Rhodius 1, 3, 6); c. 그녀는 완전히 성장한 상태로 갑옷을 입고 태어났다; 2. 제우스는 메티스가 제우스를 죽일 아들을 낳을까 봐 두려워 메티스를 '삼켜 버렸다'. 그렇게 해서 아테나가 그의 몸에 들어가게 되었다; **B.** 유래: I. 이집트: a. 아테나는 '공기'를 의미하며, 상층부 공기의 여신이었다(플루타르코스Plutarch, 이시스와 오시리스IsOs 62; 마네토Manetho, 79+n.); b. 그녀는 또한 이시스와의 동일시를 통해 달과 관련되었다(플루타르코스, 윤리론집M 354C; 922A; 938B); 2. 미노아-미케네; a. 이러한 배경은 그녀가 비그리스적 이름을 갖고 있음을 분명히 보여 준다; 그녀는 또한 전쟁과 다산의 여신 '펠라스기안Pelasgian'의 직계후손이자(D번 2 참조) 늙은 왕자들과 그들의 집과 식구들 그리고 그들의 예술과 공예품의 수호자이다(허버트 J. 로즈Herbert J Rose, 그리스-로마인들의 종교RGR 52f.); b. 아버지 이마에서의 출생은 그녀를 그리스 신화에 동화시키는 방법이었다: 따라서 그녀는 제우스의 딸이 될 수 있었으며 그래서 '어머니'가 없다; 헤라(로즈, 그리스-로마인들의 종교 50); 3. 그녀는 고대의 숭배받던 사원이 있는 보이오티아 알라코메네에서 태어났다(스트라보Strabo 9, 2, 36; 호메로스Homer, 일리아드Il. 4, 8을 인용함); d. 다음의 C도 참조; **C. 이름**: 1. 그녀의 이름은 '나는 나 자신에게서 왔다'를 의미하며 '네이스'를 통해 생겨났다(플루타르코스, 이시스와 오시리스 62); 2. '팔라스'는 '소녀'를 의미하는 그리스어 단어로 보이는데, 이것은 (아테네의) 그리스인들에게 나중에 다른 도시의 강력한 지역여신이며 아테네인이 선택한 여신과 동일시되는, 크레타와 아르고스를 침략한 발키리와 같은 무술의 처녀여신이 있었을 가능성이 있다(윌리엄 거트리 William Guthrie, 108); **D. 관련성**: 1. 처녀성: a. 그녀는 '처녀'(그리스 '파르테논 신전') 그리고 '어머니'라고 불렸지만 그녀는 처녀성을 잃지 않았다; 이야기: 헤파이스토스는 그녀의 출생을 도와준 대가로 그녀가 자신의 신부가 되어 주기를 바랐다; 그들이 신방 침대에 눕자 그녀는 사라져 버렸다; 흥분한 헤파이스토스의 정액이 땅(가이아)에 떨어져 아테네의 아크로폴리스, 즉 에리크토니오스의 신성한 아이를 낳았고 아테나가 이 아이를 키웠다(히기누스Hyginus 166; 카를 케레니 Carl Kerényi, 그리스의 신들GG 123); b. 그녀의 처녀성은 가부장적으로 결정되었다: 아버지에게만 속하려는 그녀의 욕망과 그녀의 순결을 지키려는 아버지와 딸 사이의 엄격한 근친상간의 금기(카를 케레니, 제우스와 헤라ZH 53); 2. 지혜(다른 각도에서: 어머니 메티스, 아버지의 이마에서 태어남, 올빼미, 지적 전쟁 등); 3. 전쟁: 그녀는 문명화된 전쟁의 여신이었다: 지적 훈련과 함께 그녀는 아레스와 관련된 유혈 대학살, 광기와 폭력적 죽음(전염병을 포함하여)의 반대였다; 그러므로 아레스는 그리스인들 사이에서 중요하지 않은 신이었고, 신들 가운데 가장 못난 별명을 갖고 있었다(로즈, 그리스-로마인들의 종교 59); 4. 숫자 7(아그립파Agrippa 2, 21); **E. 다양한 예술과 공예의 여신**: 1. 그녀는 인류에게 목공, 집짓기, 방적, 직조를 가르쳤다(오피안Oppian, 할리에우티카H 2, 21); 또한 옷 만들기 그리고 다른 예술에 사용하기 위한 민감한 장치를 만드는 것, 예를 들어 파이프와 파이프 음악; 이를 위해 그녀는 그리스의 에리가네 '(=노동자; 디오도로스 시쿨로스Diodorus Siculus 5, 73; 로셔Roscher 1, 684f.)라고 불렸다'; 2. 그녀의 측면 중 하나는 '다기능적Polytechnica'이라는 것이었다: 그녀는 도예, 항해, 말 길들이기 및 전차 사용법을 가르치는 것 외에도 대장장이에게 쟁기 만드는 법을 가르쳤다(미르체아 엘리아데Mircea Eliade, 종교사상사 제1권HRI p. 94); 3. 뒤 H번의 2도 참조; **F. 도시 여신**: 미노아-미케네의 가족과 공예품의 수호자에서 아테네의 도시 수호자가 되었다(윌리엄 거트리, 116; 마틴 닐슨Martin Nilsson, 그리스 종교의 역사HGR 26; 그리스 종교에서 미노아-미케아의 종교MMR 417ff.); 그녀는 원래 아크로폴리스 성채 바위의 여신이었을 수도 있다: 그리스 이전에 거기에 살았던 모든 것의 산어머니Mountain-Mother: 뱀, 올빼미, 올리브(쿠크Cook, 제우스: 고대 종교연구Zeus. 3, 224 및 749; 다음 G번 참조); **G. 속성**: 1. 올빼미: a. 그녀는 원래 일반적으로 새와 관련이 있었다(마틴 닐슨, 그리스 종교에서 미노아-미케아 종교 490ff: 그녀가 독수리를 상징한다고 말하는 호라폴로Horapollo 참조); b. 아크로폴리스에는 올빼미가 많았는데 이것이 초기 아테네 동전에 여신이 아닌 올빼미가 새겨진 이유이다(앞의 책); c. 아테나는 그리스어 '글라우코피스glaukopis'로 기술되며 이는 '회녹색 눈동자'를 의미할 수 있지만(뱀의 눈 색이기도 한 바다의 색, 다음 3번 참조) 또한 그리스어 '글라우크스 glaux'=밤 올빼미(눈eye 참조)에서 유래했을 수도 있다; 2. 올리브; 3. 뱀snake: 미노아의 가족 여신의 현현(마틴 닐슨, 그리스종교에서의 미노아-미케네 종교 490ff; 뱀serpent 참조); 4. 갑옷: 투구, 창, 방패: 전쟁의 여신으로(앞의 D번 2 참조); **H. 로마**: 1. 포르피리우스에 따르면, 미네르바는 "인간의 마음에 올바른 판단을 주는 태양의 힘이며 이것이 바로 이 여신이 주피터의 머리에서 태어났다고 말하는 이유이다[즉, 하늘의 가장 높은 부분]. 태양이 기원한 곳"(마크로비우스 Macrobius, 사투르날리아S 1, 17, 70); 2. 라틴어로 '미네르바Minerva'라고 불렸는데, 그 이유는 그녀가 '작아지거나' 또는 '이동'하기 때문이다(마르쿠스 툴리우스 키케로Marcus Tullius Cicero, 신들의 본성에 관하여Nat. Deor. 2, 67; 3, 59에서 그는 다섯 명의 미네르바를 구별한다); 3. 미네르바는 대부분의 산업과 공예품 재

산을 다스렸다: "모든 것을 잘하는 미네르바의 남자"(페트로니오스Petronius 43, 8; 로버트 오길비Robert Ogilvie 14f.); 4. 학교장은 모든 학생의 첫 번째 학비를 미네르바에게 봉헌했다(테르툴리아누스Tertullian, 우상숭배론Idol. 10); **I. 기독교**: 1. 제우스의 머리에서 생겨난 것은 전통적으로 아버지로부터 그리스도의 탄생을 설명하는 우화가 되었다(존 밀턴John Milton, 실낙원Par. L. 2, 727ff., 각주); 2. 제우스는 말씀('로고스logos')을 통해 세상을 창조했다: 아테나 또는 지혜는 그의 첫 번째 생각이었다(순교자 안디옥의 줄리앙Julian Martyr, 사과Apol. 1, 64, 5); 3. 오르페우스Orpheus는 신의 지혜를 '팔라스'라고 불렀다(아그립파, 오컬트 철학OP 3, 10); **J. 꿈**: 아르테미도로스: 1. a. '노동자'라는 이름은 우리가 그녀에게 경의를 표하는 이름이기 때문에 그녀는 노동자에게 좋다(앞의 E번 1 참조); b. 그녀는 신부가 집안을 돌보고 지켜야 한다고 생각하기 때문에 그녀는 결혼하고 싶어하는 사람들에게 좋다(앞의 B번 2, a 참조); c. 그녀가 두뇌에서 태어난 '사유(생각)'이기 때문에 철학자들에게 좋다; d. 철학자들에 따르면, 그녀는 땅과 동일한 가치를 지니기 때문에 농부들에게 좋다; e. 그녀는 아레스/마르스와 같은 가치를 가지므로 전쟁에 나가는 사람들이다(앞의 로셔Roscher 1, 678 및 앞의 D번 3 참조); 2. 그녀는 간음한 여성과 창녀에게 좋지 않지만 처녀이기 때문에 결혼하고 싶어 하는 사람들에게도(앞의 1번 b와 반대) 나쁘다(2, 35).

▌아테네 Athens **1.** 신들이 세운 도시(소포클레스Sophocles, 엘렉트라El 707); **2.** a. 그것은 세상에서 가장 오래되고 가장 위대한 도시(이소크라테스Isocrates, 축사Paneg. 23f 및 124; 참조: 헤로도토스Herodot 7, 161); b. 아테네인은 '땅이 만들어 낸' 사람들이다. 즉, 스파르타인들처럼 다른 곳에서 이동해 온 사람들이 아니다(앞의 책 참조; 투키디데스Thucyd 1, 2, 5; 에우리피데스Euripd, 이온Ion 589ff; 아리스토파네스Aristoph의 희곡 말벌Wasps. 1076 등). 이들은 헤파이스토스가 아티카Attica 땅에 뿌린 씨앗에서 생겨났다(이소크라테스Isocrates, 주석 11, p. 449; 참조: 아이스킬로스Aeschyl, 에우메니데스Eum. 13); **3.** 땅이 달콤한 꿀과 치명적인 독당근을 생산하는 것처럼 땅은 가장 좋은 사람과 가장 나쁜 사람 둘 다를 낳았다(플루타르코스Plutarch, 디오니소스Dion. 47, 2; **4.** 이 표시의 학문성(아카데미)으로 인한 철학; **5.** 모든 좋고 나쁜 형태의 민주주의(예 눈에 거슬리는 사람들을 추방하는 다수결 투표), 스파르타와는 반대(공산주의communism 참조).

▌아틀라스 Atlas **1.** 자신의 무거운 실존에도 불구하고 헤스페리데스의 정원뿐 아니라 세계의 서쪽 끝에 있는 하늘을 떠받치면서 유명한 딸들을 낳았다: 헤스페리데스, 마에아, 플레이아데스; 그는 또한 바다의 깊이를 잘 아는 위험한 지혜의 신이었다(호메로스Homer, 오디세이아Od. 1, 52; 카를 케레니Carl Kerényi, 그리스의 신들GG 208); **2.** 그의 딸들이 잔인한 부시리스의 명령에 의해 납치당했을 때 헤라클레스가 그들을 풀어 주었다; 이에 대한 감사로 아틀라스는 하늘에 관한 지식을 그와 공유했고 그래서 헤라클레스도 "어깨에 우주를 메고" 다녔다(디오도로스 시쿨로스Diodorus Siculus 4, 27); **3.** 그가 하늘을 메고 다녔기 때문에 그가 그리스 점성술을 가르쳤다는 것은 르네상스 시대에도 널리 믿어졌다(베르가모의 자코포Jacopo da Bergamo; 장 세즈넥Jean Seznec, 살아남은 이교도의 신SGP 22); **4.** 오비디우스 도덕론Ovide M: a. 그는 고상함과 풍요의 왕이면서 철학의 대가이자 점성술사였다; 그는 부유하고 정직한 과수원, 즉 그의 철학의 황금나무가 심어져 있는 몸을 갖고 있었다; 페르세우스와 헤라클레스도 그의 열매를 얻은 그의 제자들이었다; b. 수호 용dragon의 이름은 스투디Study이다; 스투디가 산이 되었다는 것은 그가 수호하는 것을 그만두고 수련study하러 산으로 갔다는 것을 의미한다(4, 6302ff); c. 아틀라스는 아버지 신이며 복되신 동정녀는 아들이 "어두운 인간의 취약성"으로 하강하기 위해 내려가고자 했던 높은 산이다; 온 세상을 만드신 분을 그녀 안에 안고 있는 것처럼 그녀는 하늘을 들어올렸다; 그 나무는 불멸의 열매를 맺은 거룩한 십자가이다(앞의 책 6403ff); **5.** 고전신화에서는 그가 하늘만 짊어졌지만 메르카토르는 자신의 저술한 지도책을 구형의 지구를 들고 있는 아틀라스의 이미지로 장식했다; 이 이미지를 통해 그의 이름은 지도책의 이름인 'the atlas'라는 이름과 연결되었다; 그 이후로 그는 지구를

짊어지고 있는 것으로 묘사되어 왔다.

아틀란티스 Atlantis 1. 아틀란티스의 역사: 사람들이 비옥한 영토의 바닷가에 거주했던 섬; 그들은 종교적으로 매우 경건했으며 이방인을 선대했다; 그들에게서 신들이 태어났다고 전해진다(그러나 이집트, 에티오피아 등도 참조); 이들의 첫 번째 왕인 우라노스는 지역에 흩어져 살고 있던 야만인들을 도시로 모여들게 했고 그들을 문명화시켰다; 그는 그들에게 농업과 점성술을 가르쳤고 사람들은 우라노스를 기리기 위해 그에게 우주라는 이름을 주었다; 그는 여러 명의 부인에게서 마흔다섯 명의 아들을 두었고 아내 중 한 명인 신중한 티타에(티탄들의 어머니)는 나중에 게 또는 가이아(땅)로 신격화되었다; 그의 큰딸들은 바실라에와 레아였으며 판도라로도 불렸다; 바실라에는 모든 남자형제를 키웠으며 '위대한 어머니'라고 불렸다. 우라노스가 죽어 신이나 하늘이 된(승천assumption 참조) 후 그녀가 통치하게 되자 그녀는 그녀의 형제 중 한 명인 히페리온과 결혼했다; 그들의 자식은 헬리우스와 셀레네였으나 그녀의 형제들이 질투하여 어머니와 그 자식들을 죽였다: 그녀의 자식들은 해와 달이 되었다. 어머니는 미쳐 버려 제금(심벌즈)과 북을 치며 날뛰었다. 그녀는 죽은 후에 신격화되었으며 아직도 그런 음악으로 숭배받고 있다(어머니mother 참조); 그 후 왕국은 우라노스의 아들들 사이에서 분열되었고 바닷가 지역은 아틀라스의 몫으로 주어졌다. 그 지역명은 그의 이름을 따라 만들어졌으며 그는 점성술("그의 어깨 위에 하늘을 메고")을 연구했다; 그의 아들 중 한 명은 고결하게 살았으며 죽은 후 밤하늘에 가장 빛나는 별이라는 이름이 주어졌다; 아틀라스의 일곱 명의 딸인 아틀란티데스 중 한 명은 마에아였으며 그녀는 헤르메스와 제우스의 어머니이다; 다른 사람들도 영웅을 낳았으며 죽은 후에 그들은 플레이아데스, 즉 하늘로 불리게 되었다; 그들은 크레타의 왕이자 쿠레테스의 아버지인 초기의 제우스와, 크로노스와 레아의 아들이자 신과 인간의 아버지가 된 '올림피아'의 후기의 제우스를 구분했다(디오도로스 시쿨로스Diodorus Siculus 3, 56ff); 아마도 이곳은 아테네인들에게 정복당한 후 침몰한 것 같다; 2. (철학적으로) 이상한 나라wonderland; 3. 아틀라스Atlas 참조.

아티초크 artichoke (식물) 1. 엉겅퀴와 같은 다년생 식물; 땅 위로 자라는 부분은 매년 죽는다; 보라색 꽃이 피고 잎은 현재도 사용되는 약용 특성을 가지고 있다; 2. 점성술: 금성의 지배하에 있으므로 정욕을 자극한다; 3. 아티초크가 개화 할 때(6월) 염소는 가장 통통하고 포도주는 가장 달콤하며 여자는 가장 음탕하다(헤시오도스Hesiodus, 작품과 생애Works and Days 582ff.).

아편 opium 종교: 칼 마르크스Karl Marx가 "종교는 인민의 아편"이라고 말했지만 레닌Lenin도 이 표현을 사용했다(밤버 가스코인Bamber Gascoigne, 기독교인C 282ff.).

아폴로 Apollo 1. 태양: 그의 황금빛 머리카락은 활 및 화살과 같다: 치유하거나 소멸시키는 태양광선(아킬레스의 창spear 참조); 종종 헬리오스 및 다산의 신(들)과 같다. 그에 대한 숭배는 (아마도 북쪽에서) 그리스 신화로 유입된 것이 확실하지만 그는 곧 제우스 다음으로 두려운 존재가 되었다; 2. '아폴룬Apolloon'= "사자Lion의 깊은 곳으로부터"라는 의미: 태양 및 사자자리와 관련된다; 3. (일부 사람에 의해) 피타고라스는 아폴로의 아들이라고 전해진다; 4. 그는 거리와 길, 태양, 음악, 돌고래와 바다, 예언, 양치기의 신이며 도마뱀 살해자, 치유자이자 살해자, 탑 위의 탑이다; 5. 그의 숫자는 4이다. 나중에 5와 7이 되었다; 6. 그에 대한 숭배는 스톤헨지를 건설했을지도 모르는 상상 속의 사람들인 하이퍼보리아인들의 숭배와 관련 있을 수 있다; 7. 나중에는 두려움을 불러일으키는 신이 아니라 여자 같은 얼굴을 한 전형적인 아름다운 청년(아도니스 유형)이 되었다; 8. 디오니소스적문화는 아폴론적 문화와 반대된다: (니체Nietsche) 디오니소스적 문화는 그리스 헬레니즘 조각의 평온함과 상반되는 열정의 넘쳐남이 있다; 디오니소스적 사람들은 강하고 부요하여 그것으로 인해 신격화되는 고통을 당하는 반면, 아폴로적인 사람들(기독교도)은 지상에서의 행복한 삶조차도 부정한다; 아폴로적인 사람들은 약하고 가난하며 모든 형태의 삶에 대해 고통받는다.

아프로디테 (비너스) Aphrodite (Venus) **1.** 이름: '거품에서 탄생'(=무결한 출생), 또는 천왕성이 크로노스에게 거세당했을 때의 성기에서 나온 핏방울에서 태어났다(헤시오도스Hesiodus, 신통기Th. 188ff.; 논누스Nonnus 17, 226ff.); **2.** 필멸의 사랑: 그녀가 이전에 갖고 있던 기능을 헤라 및 데메테르와 일부 공유하게 되면서 그녀의 우월한 순위를 잃었다(고전 신화에 포함될 때). 자식이 많아 이 여신의 개념이 퇴보했다(다음 것 참조); 나중에는 심지어 그녀가 오랫동안 몸싸움을 벌였던 마르스에게 굴복해야만 했다; **3.** 수많은 형태로 나타나지만 주로 달 삼합moon-triad(달, 바다, 다산)으로 나타나는 풍요의 여신(위대한 여신Great Goddess 참조); 이것은 분열 이전의 것이었다(2번 참조); 아마도 미노아 또는 동방에서 그녀는 나중에 호메로스Homer와 베르길리우스Virgil 등의 세련된 버전이 되었을 것이다. 이것의 유래는 더 무서운 강간의 여신(나중에 프로세피나Proserpina 또는 페르세포네)이기는 하지만 재탄생과 진화에 선행하는 불가피한 퇴화였다; 아시리아에서는 밀리타, 아라비아에서는 알리랏, 페르시아에서는 미트라(헤로도투스Herodotus)라고 불렸다; **4.** 동틀 녘; 봄; **5.** 4월, 물고기, 의례적 매춘, 키프로스와 관련된다; 자웅동체hermaphrodite 참조.

아프리카 Africa **1.** 젊음: 사자의 젊음의 힘(=육체적); '최연소' 대륙; 원시성; **2.** 엄청난 부의 땅: "나는 아프리카와 찬란한 기쁨에 대해 말한다"(헨리 4세 2부2H4 5, 3); **3.** (아리스토텔레스와 플리니우스Pliny 이래로) 항상 새로운 것(예 괴물)이 기대되는 대륙.

악귀 ghoul **1.** 욕망은 결국 무덤의 시체를 "먹이는 것"으로 끝난다; 악귀는 종종 초자아super-ego에 의해 무의식의 지하세계로 보내진 이상적 사랑의 이미지이다(에드거 A. 포Edgar A. Poe, "울랄루메Ulalume" "꿈나라Dreamland" 등); **2.** 유령phantom 참조.

악덕, 사악 vice 옛날 교훈극의 대리왕([신성한 왕[Sacred] King 참조): "왕의 악덕"(덴마크의 왕자 햄릿Ham. 3, 4) 나중에 악마와 관련된다; 이 악마의 상징은 얼룩덜룩한 옷, 나귀 귀가 달린 모자, 가느다란 막대단검이었다; 보통은 불분명한 악마(왕의 일부, 죽음의 일부)와의 가짜 싸움이 있었고 여기서 죽음의 악마는 악인(악덕)을 등에 지고 지옥으로 갔다; 나중에 사악함은 어리석은 광대가 아닌 궁정 광대(타로카드Tarot 참조)에게로 전해졌다.

악령, 레무레스 Lemures **1.** 로마: 육체를 잃은 영들: 주로 악의적인 망자들의 유령. 파렌탈리아 위령제Parentalia(2월 18일~2월 21일)를 열어 이들을 달랬으며 특히 레무랄리아 사령제Lemuralia(3월 9일, 11일, 13일)의 밤에 주문을 외우면서 '가족의 가장'이 주변에 콩을 던져 유령들을 쫓아냈다. 애벌레larvae도 참조; **2.** 정신적 해리; **3.** 유충larvae 참조.

악마 카드 The Devil (타로카드) **1.** 다른 이름: '불가항력'; **2.** 다음과 같이 표현되어 있다: a. 서 있거나 앉아 있는 모습으로 염소의 머리와 수염을 하고 있으며, 때로는 손과 발이 동물 발톱 모양이고 여성의 팔과 가슴을 지니고 있다; 악마 카드는 네 가지 요소를 포함하고 있다: 어두운 색의 다리(흙), 하복부의 청록색 비늘(물), 푸른색의 박쥐날개(공기), 붉은색의 머리와 수염(불); 악마는 대개 사슬에 묶인 남자와 여자를 거느리고 있는데 이들은 카드에 따라 여러 모양의 뿔을 하고 때로는 꼬리가 달려 있기도 하다; 간혹 이들 중 하나는 흑인이고 다른 하나는 백인이다; 이들은 거의 언제나 악마가 서 있거나 앉아 있는 받침대에 느슨하게 사슬로 묶여 있다; 때로 거꾸로 된 별이 악마의 머리를 밝혀 주고 있다; b. 수염이 있고 뿔과 긴 귀를 가진 악마는 마술사를 닮았다; 악마는 불을 붙인 횃불(때로 아래로 향해 있음)이나 마술사 지팡이를 쥐고 있다: 잘못된 길로 이끄는 죄악 또는 잘못된 길로 향한 마술; **3.** 이 경외심의 영감을 주는 카드는 불의 긍정적 및 부정적 측면을 갖고 있다; 악마 카드의 의미는 a. 이 세상의 지식은 단지 단편적인 지식이다: 마술(선한 것이든 악한 것이든)이 그것을 보완한다; b. 짐승 같은 존재들을 대동한 악마는 천사의 반대: 본능적 또는 비정상적 삶; c. 속박은 실제라기보다 상상의 것이다; d. 사악한 수단을 통해 얻은 순간적 승리는 곧 벌을 받게 된다; e. 점성술astrol.: 궁수자리/물병자리.

악몽 nightmare **1.** "악몽은 하얀 여신WG의 가장 잔혹한 측면 중 하나이다. 꿈에서 마주하는 그녀의 둥지는 바위 틈새나 속이 텅 빈 나무줄기에 자리 잡고 있으며, 나뭇가지를 신중하게 골라지었으며, 흰 말총과 예언하는 새의 깃털이 장식되어 있으며 시인의 턱뼈와 내장이 널려 있다. 예언자 욥은 여신에 대해 이렇게 말하였다: "그녀는 반석 위에 거주한다. 그녀의 어린아이들도 피를 빨아먹는다"(로버트 그레이브스Robert Graves, 하얀 여신 26:); **2.** 그리스-로마 신화: a. 암말 머리를 가진 여신 헤카테와 관련된다; b. 티폰=시로코와 관련된다; c. 쌍둥이 거인 에피알테스와 오토스(헤카테의 손자들)와 관련된다: 인큐버스incubus(남자악령)는 등을 대고 누워 있는 여성을 숨 막히게 하여 내쫒는다; 그 악몽의 내용에 대해서는 인큐버스incubus(남자악령)와 서큐버스succubus(여자악령) 참조. 인큐버스incubus(남자악령)에 대한 믿음은 적어도 히브리어 'Zohar'에서 유래했다. 그러나 악몽은 성폭행에 대한 공포감과 연결시키고, 인큐버스incubus(남자악령)는 즐거운 감정과 연결시키는 것이 더 나을 수 있다; d. 라미아Lamiae(역주: 그리스 신화에서 어린아이를 잡아먹는 요마)와 관련 있다; **3.** 북부지방: 악몽에 대항해서 오딘을 부르며 가호를 빌었고, 기독교 시대에는 성 스위솔드St. Swithold를 불렀다; **4.** 숫자 9와 관련 있다: 예 "에드거의 아홉 가지 악몽"(리어왕Lr. 3, 4); **5.** 심리: 억압된 성적 욕구, 특히 근친상간.

악어 alligator 악어는 종종 '약국'에 (안이 채워지거나 말려진 채로) 걸려 있다(새뮤얼 버틀러Samuel Butler, 휴디브라스H 3, 2, 1074; 로미오와 줄리엣Rom. 5, 1, 43 참조).

악어 crocodile **1.** 이집트 상형문자: a. 분노와 악; b. 정부의 폭정; **2.** 죽음; **3.** 폭식: 중세 성화에서 금식은 입을 묶은 악어 위에 앉아 있는 모습으로 표현된다; **4.** 다산과 힘: a. 진흙과 식물과 관련된다; b. (뱀과 곤충과 마찬가지로) 악어는 태양의 작용에 의해 나일강의 진흙에서 태어난다(안토니와 클레오파트라Ant. 2, 7); c. 악어의 뛰어난 의학적 효능은 하이에나의 것과 동일하다; **5.** 주의, 예지력, 지식: a. (게와 거북과 마찬가지로) 악어는 나일강의 범람을 예측할 수 있다; b. 악어는 용, 뱀과 닮았다; **6.** 위선: 악어는 희생물에 대해 눈물을 흘리거나 눈물로 희생물을 유인한다(헨리 6세 2부2H6 3, 1); **7.** 악마(=악의 화신) 또는 지옥(사람을 통째로 삼킴); **8.** 욕정: 중세시대 수도원의 성화icon에서는 벌거벗은 욕정(여성)이 악어를 타고 있다; 악어의 이빨은 최음제이다; **9.** 소수민족에 대한 박해: 작은 물고기를 잡아먹는 괴물; **10.** 레비아단(역주: 성서에 나오는 바다 속 괴물)은 종종 악어나 용으로 표현된다; 악어의 천적은 이집트몽구스(작은 독사asp도 포함)와 돌고래이다; **11.** 악어는 혼돈으로 돌아가야 하는 것을 집어삼킨다: 때로 어릿광대 타로카드의 배경에 표현된다(멍청이fool 참조); 악어는 알에서 나오자마자 무엇인가를 세게 물지 못하는 새끼는 죽여버린다; **12.** 심리: (고양이, 뱀, 곰과 마찬가지로) 동물로 상징되는 코레Kore 및 어머니 이미지: 이때의 코래와 어머니 이미지는 무의식의 지하세계의 괴물이다; **13.** 별자리: 염소자리를 다스린다; **14.** 이집트: A. 긍정적인 면: a. 테베에 바쳐졌다; b. 태양의 신 라Ra의 변신; c. 풍요의 신들에게 신성한 존재: 혹은 악어가 나일강에서 오시리스를 구했다고 한다; d. 악어의 눈: 동쪽의 빛; e. 신성한 이유: 악어는 혀가 없으며 눈을 감고도 볼 수 있다(눈 위에 투명한 막이 있음); B. 부정적인 면: a. 티폰이 한때 악어의 모습이었다; b. 세트(사악한 열정), 부토(죽음의 세계), 키옵, 세베와 같은 불길한 신들에게 바쳐졌다; c. 악어의 꼬리: 서쪽의 어둠; d. 시간(머리에 쓰는 투구로서): 모든 것을 집어삼켜 버리는 시간의 상징; **15.** 딜런 토머스Dylan Thomas ("내가 만든 작품과 나"): a. 벌레와 뱀과 이집트와 관련 있다; b. '발톱으로 끄집어 낸' 진실의 상징; c. 죄 또는 죽음; **16.** 화장품: 악어의 똥은 피부에 광택을 주고 주름살을 펴 준다; **17.** 악어+백합+파피루스: 죽은 자들의 땅.

악인 villain 심리: 전형적인 악당에 대해서는 영웅hero 참조.

악취 stench 냄새smell 참조.

악타이온 Actaeon **1.** 신화에서 아르테미스/디아나를 염탐한 사냥꾼; 목욕을 하고 있던 그녀를 염탐한 벌로 그는 사슴으로 변했으며 나중에 자신의 개에게 죽임을 당했다; **2.** 여름의 열기 속에서도 이루어지는 강인한 식물의 성장을 인격화한 것; 의례적으로 사냥을 당해야 하고 산 채로 먹혀야 했던 신성한 수사슴(나소 P. 오비디우스Naso P. Ovid, 변신이야기Metam. 3, 131ff.; 아폴로도로스Apollodorus 3, 4, 4; 히기누스Hyginus, 우화F 181; 논누스Nonnus, 디오니이아카D 5, 316ff.); **3.** 그의 수사슴으로의 변화는 외도하는 아내를 둔 남편의 상징인 뿔의 유래일 수 있다(갈라진 뿔 antlers 참조); 뿐만 아니라 그에게 초승달(뿔) 자국을 찍은 달의 여신의 모습(달의 여신에 대한 그의 환영)에 죽임을 당한 태양(뿔=초승달).

안개 fog **1.** 로버트 브라우닝Robert Browning: "목구멍의 안개fog in the throat": 죽음에 가까워지는("프로스파이스Prospice"); **2.** 토머스 S. 엘리엇Thomas S. Eliot: A. ("J. 알프레드 프루프록의 사랑의 노래Prufrock") =고양이=관성으로 끝나는 육체적 욕망(칼 샌드버그 Carl Sandburg, "안개Fog": "작은 고양이 발에 안개The fog comes on little cat feet" 참조); B. "황무지The Waste Land": a. 시야의 희미함; b. 고립: 달의 합성과 반대; c. 변형과 비현실적인 감각; **3.** 안개mist 참조.

안개 mist **1.** (최고)신의 (구름과 같은) 베일; **2.** 풍요의 원인: a. "안개만 땅에서 올라와 온 지면을 적셨더라"(창세기Gen. 2, 6, 킹제임스 버전AV성서); b. 카발라: 피어오르는 안개는 자연적으로 남성을 원하는 여성적 원리이다; **3.** '불의 안개': 우주의 혼돈 상태를 따르는 상태=지구; **4.** 미결정 상태: 공식과 비공식 사이, 공기와 물 사이 등; **5.** 반인반어 및 테티스와 관련된다(호메로스에서 바다로부터 "안개처럼" 솟아오르는 것); **6.** 돌봄: "남자의 마음이 근심할 정도로 우울할 때 여자가 나타나면 안개가 걷힌다"(존 게이John Gay, 거지의 오페라The Beggar's Opera 2, 3); **7.** 로버트 브라우닝Robert Browning: "얼굴 속의 안개"는 죽음에 가까워지는 것("프로스파이스"); **8.** "언덕에 안개가 내리면 축축해져서 날씨가 좋고 바다에 안개가 내리면 날씨가 좋을 것이다"(속담); **9.** 구름cloud 참조; 안개fog.

안경 spectacles **1.** 이진함수: 사랑/지식, 계시/학습, 환상/명확한 시력 등; **2.** 쌍둥이 신; **3.** 노년기; **4.** 절제는 사물을 있는 그대로 명확하게 보기 위한 안경을 착용하는 것이다.

안드로메다 Andromeda **1.** 그녀는 포세이돈을 화나게 한 어머니의 자만심을 보상하기 위해 팔레스타인의 요파에서 바다괴물에게 희생될 운명이었다; 제때에 페르세우스에게 구원받았다(에우리피데스Euripides의 희곡 안드로메다Andromeda; 플리니우스 Pliny 5, 69; 스트라보Strabo 16, 2, 28 등); **2.** 그녀는 첫 번째 어머니가 사과를 먹은 결과로 어려움에 빠진 인간본성이다; 안드로메다가 페르세우스에게 그런 것처럼 인간본성은 그리스도에 의해 세상에 존재하게 되었다; 안드로메다는 별자리가 되었지만 태양은 그리스도이다(오비디우스 도덕론Ovide M 4, 6862ff.).

안색 complexion **1.** 어두운: a. 지하세계(저승)의 신들; b. 죽음, 잠, 무지; c. 악; d. 무대 위에서: 악당(예 베니스의 무어인The Moor of Venice); e. 신비롭고 이국적인 어둠과 풍요: "예루살렘 딸들아 내가 비록 검으나 아름다우니"; 스페인의 검rjsk 흰 성모 마리아 상들 참조; 일광 화상sunburn 참조; **2.** 밝은: a. 하늘의 신들; b. 지식, 지혜, 선행, 평화 등; c. 무대 위에서: 남녀 영웅.

안장 saddle 알렉산더 대왕의 말 부케팔로스Bucephalus는 안장의 중요성을 인식시켜 주었다. 안장이 없는 상태에서는 말구종들이 탈 수 있었지만 마구를 완전히 갖춘 상태에서는 알렉산더 대왕만이 탈 수 있었다(플루타르코스Plutarch, 윤리론집M 970F).

안젤리카 angelica (식물) **1.** 향기로운 산형과의 식물; **2.** 리큐르 같은 알코올 음료, 향수 등에 사용되었다; **3.** 이것은 다음을 상징한다: a. 황홀경, 엑스터시; b. 영감; c. 마법.

안티오크, 안디옥 Antioch 재물: "안티오크의 금 때문만은 아니다"(크레티앙 드 트루아Chretien de Troyes의 시, 클리제스Cliges).

앉는 자리, 앉음 sitting **1.** 주권, 심판; 또한 의자

chair, 왕좌throne 참조; **2.** 평의회, 평화; **3.** 땅 위에 앉음: a. 황폐와 애도(특히 땅에서의 먼지=재: 이사야서Isa. 3, 26); b. 참회; c. 쉼: "주를 위해 우리가 땅에 앉아 왕들의 죽음에 대한 슬픈 이야기를 하게 하소서"(리처드 2세의 비극R2 3, 2); **4.** 창가에 앉아 애도하는 것; 구약성서에서 창문window 참조; **5.** 어둠 속에서: 노예; **6.** 좌석seat 참조.

알 R **1.** 히브리어 알파벳의 '레시resh'(=머리head); 이집트 상형문자로는 '입', 켈트어로는 서양딱총나무(또는 도금양나무), 앵글로색슨어로는 조언, 충고를 의미한다; **2.** 다음을 상징한다: a. 속도; b. 기독교에서: 왕 예수, 부흥; c. 불량배rogue 표시 3. 다음에 상응한다: a. 계절: 11월 25일에 시작되는 13번째 달(달력calendar 참조); b. 점성술: 물병자리와 금성; c. 신체: 심장; d. 타로카드: 달 카드.

알, 달걀 egg **I. 이집트 상형문자**: a. 잠재력; b. 후대의 씨앗; c. 생명의 불가사의; **II. 세계 알**: 1. 세계의 알, 동심원의 층들이 있는 아치형 지붕의 공간: 일곱 개의 하늘 또는 천체; 2. (펠라스기족의) 다산의 여신 에우리노메는 거대한 뱀 오피온이 그녀를 겁탈할 때까지 카오스로부터 올라와 하늘과 바다를 나누고 파도 위에서 춤을 추었다; 그후 그녀는 비둘기로 변신했고 우주 알을 낳았다. 이 우주의 알은 나중에 부화하였으며 오피온이 일곱 번 감아 쪼개버렸다: 여기에서 우주가 생겨났다; 3. (이집트) 어머니 카오스 거위가 수컷 카오스 거위를 초대했고, 이들의 결합의 결과는 황금알이었다: 황금알은 황금의 풍요를 지닌 대지이거나 태양이다; 이 신화는 이솝Aesop의 황금알을 낳는 거위 이야기(우화Fables 178)와 "마더 구스Mother Goose" 이야기의 토대가 되었다; 여기서 '거위'는 여성을 상징한다; 4. 오르페우스를 시조로 하는 디오니소스 숭배 등: 전형적인 세계의 상징; 액체(위쪽 물과 아래쪽 물)의 중앙에 있는 노른자: '에테르ether', 하늘 지붕으로 둘러싸인 태양; 그러므로 a. 가운데에 점이 있는 알 모양은 태양; b. 안에 십자가가 있는 알 모양은 대지; 5. 알 우주 속의 불가사의한 생명력; **III. 알을 낳는 여신들**: A. 이집트: 1. 창조자 프타는 거위가 낳은 카오스 알에서 또는 아몬-크네프의 입에서 나온 알에서 태어났다; 생명 원리, 영혼의 자리; 2. 라Ra 신: 1번 3 참조; B. 그리스(그러므로 금기): 1. 트로이의 헬레네는 제우스의 사랑의 집착에서 도망치고자 백조로 변신한 네메시스가 낳은 알에서 태어났다(님프여신nymph-goddess, 신성한 왕Sacred King, 백조swan 참조); 헬레=셀레나=달의 여신=(트로이의) 헬레네도 레다=레트=라토나가 낳은 알에서 부화했다고 전해진다; 후자는 에우리노메와 합쳐졌다(II번의 2 참조); 2. 백조로 변신한 제우스에 의해 임신한 레다는 알을 낳았고 이 알에서 쌍둥이 카스토르와 폴룩스가 나왔다; 레다는 나중에 네메시스Nemesis가 되었다; 다른 버전의 이야기에서는 제우스와 네메시스가 결합했고 레다가 우연히 그들의 결합에서 낳은 알을 발견하고 집으로 가져가 부화시켰다; 3. 판 신은 딱따구리 또는 오리 페넬로페(오리duck 참조)가 낳은 알에서 부화했다; 4. 에로스는 혼돈 위를 떠다니던 밤Night의 알에서 나왔다; 이 알은 아프로디테에게 바쳐졌다; **IV. 부활, 재생**: 1. 부활절 달걀: 다음과 같이 다양하게 설명된다: a. (태양의) 부활의 상징으로 이집트에서 전해졌다(그러므로 주로 붉은색); b. 사람을 엘리시온 들판(천국)으로 인도하는 상쇄 마법(마법의 힘을 푸는 마법)으로서 사과와는 반대된다. 이것은 죽음(유한성)의 미로로부터 벗어나는 것이다(죽음의 미로labyrinth 참조); 부활절Easter, 토끼hare도 참조; 2. 게르만족과 프랑크족은 봄 축제에서 알과 빵을 제물로 바친다; 3. 무덤에서: a. 선사시대 무덤 안에서 불멸의 상징으로서 알이 발견되었고 알의 껍질은 썩지 않았다; b. 알은 지하 묘지인 카타콤에서도 발견된다: 속죄(영원한 기쁨으로 들어가는 수단으로서); 또한 알은 장례식의 식사에 필수적인 것이다; c. 이집트 미라 위에 떠다니는 알: 생명에 대한 희망; **V. 그 밖의 상징성**: 1. 전갈의 반대: "너희 중에 아버지 된 자로서… 아들이 알을 달라 하는데 전갈을 주겠느냐?"(누가복음Luke 11, 12); 2. 알로 태어나는 동물은 '두 번 태어난다': a. 알로 태어나는 것=인간의 탄생; b. 알을 깨고 나오는 것=두 번째 탄생=시작. 완결의 상징인 사과apple와 반대(IV번의 1, b 참조); 3. 흰 알 벌꿀술: (고대 북유럽) 미미르의 신비의 술. 힘과 지혜를 준다; 4. 히브리(성경에서는 거의 언급되지 않음): a. 유월절에 구워서 내놓는다: 축제 때 회당에 가져오는 제물; b. 계란은 욥기Job

에서만 언급된다(욥기Job 6, 6, 이것은 의심스러운 글이다: 다음의 VI번 1 참조); 신약성서에서는 알을 먹었다(예 누가복음 11, 12); 5. 로마: 유황과 알에 대해서는 유황sulphur 참조; 6. 가치가 거의 없는 것: 레온은 그의 아들에게 "돈 대신 알을 받겠느냐"고 묻는다(겨울이야기Wint. 1, 2); 속담에도 나온다; 7. 유사성: 그리스 시대 이래로; 8. 연금술: a. 일반적으로 이집트에서와 동일한 의미를 지닌다; 또한 물질 또는 생각을 담은 용기(그릇); b. "철학적 알":='석관(石棺)'=변환의 그릇; **VI. 부분 및 다른 것과의 조합**: 1. 달걀흰자: 무미: "달걀 흰자위가 맛이 있겠느냐?"(욥기 6, 6); 2. 알껍질: 무가치한 것(예 덴마크의 왕자 햄릿Ham. 4, 4; 앞의 IV번 3 참조); 3. 알과 유황에 대해서는 유황sulphur 참조; 4. 알과 뱀: 생명의 영원한 싹. 창조적인 지혜에 둘러싸여 있다; 5. 알과 화살: 양성성: 여성의 수태력+남근적 남성 생식력(참조: 연꽃Lotus 속의 보석); **VII. 민속**: A. 색이 있는 알: 알은 전 세계적으로 부활절과 관련된다: 봄의 귀환; 아이들은 자신들의 비정상적인 기원에 관한 이야기를 항상 듣는다(알에서 태어났다는); B. "부활절 알": 영국에서는 부활절에 이 알을 따로 꺼내 일 년 내내 집안에 보관했다; C. 평범한 알(일반적으로 불운): a. 해가 진 후에 알을 집 안으로 가져오거나 또는 집 밖으로 가져가면 불운하다; 선박 위에서 알은 많은 금기어(고양이, 개 등) 중 하나였다; b. 알 꿈은 불운하다; c. 작고 노른자 없는 알은 수컷의 알(새의 수컷cock 참조)이거나 무정란이기 때문에 절대 집 안으로 들이면 안 된다; d. (미국) 새의 알을 먹은 소년은 성적으로 비정상일 것이다; e. 많은 알이 깨져있는 것을 보는 것은 불운하다; D. 알 껍질: 알을 먹은 후 껍질을 깨지 않으면 불운하다: 마녀가 그것으로 알을 먹은 사람을 이용하거나 또는 이동의 수단으로 이용할 수 있다; E. 속담: a. "부목사의 알처럼 부분적으로 좋고 부분적으로 나쁘다"(펀치Punch 잡지의 만화에서 유래); b. "한 개의 알은 24시간 후에 세 명의 뱃속에 있을 것이다(순식간에 먹어치운다)"; c. "자부심이 가득하다"; d. "할머니에게 달걀 빨아먹는 법을 가르치려 하지 마라"; G. 전래동화: 안식처, 성역.

알라 반 디카 alabandica (보석) **1.** 이것은 아시아의 왕국에서 왔으며 정어리 색을 띤다; **2.** 판단을 예리하게 만들고 혈액을 자극하고 증가시킨다(중세보석세공집Med. Lap. PL 10).

알라딘(의 램프) Aladdin('s Lamp) **1.** '아라비안나이트'에서 가난한 재단사의 게으르고 음탕한 아들; **2.** 부의 마법적 근원; **3.** 심리: 램프 그리고 램프를 문지른 후 램프에서 나오는 힘은 남성의 자위와 그것으로 인해 객관화된 정서; 이것의 여성적 대응물은 판도라의 상자.

알라스터 Alastor **1.** 사악한 힘: 가족을 사냥하는 복수의 정령(예 네메시스 또는 에이리니에스)이며 종종 한 세대에서 다음 세대로 전달된다; 아트레우스의 집과 스코틀랜드족Scottish clans 참조; **2.** 중세: 사악한 사탄의 말을 실어 나르는 사악한 정령; **3.** 인간을 죄악으로 몰아넣는 인간 내면의 사악한 힘; **4.** 퍼시 셸리Percy Shelley, "고독의 정신The spirit of Solitude": 땅 위에서 혼자만의 고결한 생각을 찾다가 결국 찾지 못하고 죽는 이상주의자. 반면, "많은 벌레, 짐승, 인간이 땅 위에 산다".

알렉산더 Alexander(s) (식물) **1.** 다른 이름: 호스 파슬리horse-parsley; **2.** 의약 용도로 광범위하게 쓰였다: 씨앗은 뱀에 물린 데를 치료하고 항상 꽃을 피우는 크레타 품종은 (알 수 없는) '파리쿰pharicum' 식물 중독을 포함한 모든 종류의 독을 치료한다(플리니우스Pliny 27, 109; 니칸데르Nicander, 테리아카Th. 599 및 848f).

알렉산더 대왕 Alexander the Great **1.** 아마도 구약성서의 유니콘('수염소')(예 다니엘서Dan. 8, 21)일 것이다. 구약성서에서 그는 거친 염소였고 "그의 눈 사이에 있는 큰 뿔은 첫 번째 왕이다"; 또는 네 개의 날개를 가진 표범; **2.** 달콤한 냄새: 플루타르코스Plutarch는 특히 알렉산더의 죽은 이후에조차 그의 달콤한 냄새뿐 아니라 그의 극단적인 아름다움에 관해 언급했다: 더운 나라에서 매장하지 않고 여러 날 시체를 두었으나 깨끗하고 냄새나지 않았다(덴마크의 왕자 햄릿Ham. 5, 1에서 이것을 참조); **3.** 중세시대에 가장 선호되었던 주제: a. 안 좋은 결말을 가져오는 자긍심;

때로는 심지어 낙원의 교활한 뱀에 비교되었다; b. 궁정시인에게 그는 이상적 주권자이자 기사였다: 예 아홉 명의 영웅들(헥토르Hector 및 카이사르Caesar와 더불어 유일한 세 명의 이교도들); 다음 참조: "알렉산더처럼 많은 아버지들은 이 부분에서 아침부터 저녁까지 싸웠고 더 이상 논쟁하기 힘들어 그들의 칼을 칼집에 꽂았다"(헨리 5세의 생애H5 3, 1); c. 가장 잘 알려진 전설: 알렉산더는 그의 어머니에게 하늘로의 여정에 관한 편지를 썼다: 그는 두 마리의 그리핀(또는 독수리)이 연결되어 있는 왕관을 만들었다; 그는 그리핀(또는 독수리) 앞에 미끼가 있는 막대를 들어서 신성한 힘이 그를 덮을 때까지 그것들을 날려 보냈다; 그는 땅이 타작마당처럼 작게 보일 때까지 날아갔다; 기독교의 설명: 떨어지게 만든 영적 자만심과 호기심(그가 부드럽게 떨어졌다고 쓰긴 했지만); 타작마당을 전형적인 '세계의 배꼽(옴팔로스omphalos)'으로 보는 세계관; 그는 버즘나무 아래서 꿈을 꾸었다; d. 마케도니아 스타일로 만들어진 극도로 화려한 그의 무덤은 발견되지 않았다.

알렉산드라이트 alexandrite (보석) **A.** 우랄산맥에서 발견되는 다양한 금록석. 1833년에 처음 발견되었고 짜르 알렉산드르 2세의 이름을 따서 명명되었다: a. 색상: 일광에서는 녹색, 인공 조명 아래서는 빨간색으로 보인다; b. 러시아의 국가석: 또한 빨간색과 녹색이 러시아의 군대 색상이기 때이다; c. 불굴의 헌신; d. 월: 6월의 보석; 이것은 6월에 해당하는 전통적인 진주와 더불어 20세기에 확장된 표현이다; **B.** 알렉산드라이트 사파이어: 일광에서는 파란색, 인공조명 아래서는 붉은색 또는 보라색을 띈다.

알로에 aloe (식물) **1.** 소독약, 소화제, 수렴제 등의 의학적 용도에 사용할 목적으로 수지를 추출해 내는 즙이 많은 식물; **2.** 일반적으로 다음을 상징한다: a. 쓰디 씀, 슬픔, 경멸; b. 미신; c. 애정; **3.** 구약성서에 언급된 식물은 아마도 다른 종류의 것으로 보인다; 다음의 주제와 이것을 언급한 문헌: a. 비옥함의 상징(민수기Num. 24, 6); b. 주요 향수 중 하나. 예 '낯선 여인'의 침상에서(잠언Prov. 7, 17); c. 선택받은 자(왕)의 옷에서 나는 몰약, 알로에, 계수나무 향; d. 이와 거의 유사한 혼합물이 그리스도의 몸을 방부 처리하는 데 사용되었다(히브리 관습에 따라 이루어졌다: 요한복음John 19, 39).

알리섬 Alyssum (식물) **1.** 이름: '알리사a-lyssa'='광기가 없다'(알리수스Alyssus는 광기 치료에 효과가 있는 아르카디아의 샘물이었다); 이것은 일반적으로 흰색 꽃이 피며 때로는 보라색 꽃이 피기도 한다. 향기가 나고 긴 계절 동안 꽃이 핀다. 겨자과에 속하며 종종 '해변냉이'이라고도 불린다. 이것의 다른 이름은 '미나리madwort'; **2.** 모범이 되는 겸허; **3.** 평온의 상징.

알비온 Albion **1.** 그리스인들이 영국인을 이미 이렇게 불렀다; 로마인들은 이 단어가 도버 지역의 흰색 절벽을 가리키는 라틴어 '알부스albus(일종의 꽃)'와 관련 있다고 생각했다; **2.** 윌리엄 블레이크William Blake의 타락한 인간: 그의 딸들은 인간 신체를 만드는 인간의 타고난 기능이다; 딸은 열두 명이었으며 이들은 트위드 모직물의 독특한 토탄 맛과 토탄 향을 의미하는 그리스 문자를 본 따서 지은 이름을 갖고 있었다.

알카넷 alkanet (식물) **1.** 모든 종류의 동물에 쏘인 것을 치료한다(니칸데르Nicander, 테리아카Th. 838); **2.** 뿌리에서 붉은색 염료가 나온다.

알코올 alcohol **1.** '생명의 물aqua vitae': 불+물='결합'(연금술alchemy 참조); **2.** 불 탈 때의 신비: 변환의 불을 가진 여성적 물; **3.** 영국에서 보통의 원재료는 꿀이었으며 증류해서 벌꿀술을 만들었고 그것을 또다시 증류할 수 있었다; 아일랜드 귀리 그리고 보리를 '우스케보우usquebaugh'로 증류해서 맥주를 만들었다; 스코틀랜드에서는 맥아보리로 맥주를 만들었고 증류하여 생명의 물 또는 위스키를 만들었다: 이것들은 특징적으로 모직물의 이탄 맛과 향이 난다는 공통점이 있다.

알파벳 alphabet **1.** 일반적으로 다음을 의미한다: a. 알파벳은 세 명의 운명의 여신과 팔라메데스(신성한 새: 학) 또는 카드모스에 의해 만들어졌다; b. 학은 쐐기 형태로 날기 때문에 헤르메스는 쐐기 모양의 문자를 사용했다; c. 켈트족의 나무 알파벳: 달력calendar 참조; **2.** 다른 것과의 조합: a. 알파와 오메가: b. 알파=시작=나침반(이것의 모양을 따서), 창조주 신의 속성; 또한 알파는 새와 하늘의 심연; c. 오메가: 횃불(그 모양으로 인해), 끝: 불에 의한 묵시적 멸망; 오메가는 물고기와 땅의 심연; d. 알레프Aleph 및 타우Tau와 같다: 랍비 세키나(이사야서Isa. 41, 4와 연관됨); 티T 참조.

알팔파, 자주개자리 alfalfa (식물) 이것은 다리우스의 페르시아 전쟁 때 메디아에서 그리스로 들어왔기 때문에 '메디아 클로버'라고 불렸다; 탁월한 의약 품질로 유명했다(루키우스 주니우스 모데라토스 콜루멜라Lucius Iunius Moderatus Columella 52, 10, 24ft).

알패오의 아들 야고보 St. James the Less **1.** 산티아고 순례길: 은하수; **2.** 쌍둥이자리의 지배자.

암말 mare **1.** 다산: 예 프레이야는 암말의 머리(암컷 염소 머리도 있음) 모습을 하고 있다; 데메테르도 암말의 형상을 하고 있다: 파우사니아스Pausanias (8, 42) 참조; **2.** 마법: 마녀들은 남자를 말처럼 죽을 때까지 타거나 죽을 때까지 짓밟을 수 있다; 에드가왕의 아내는 말을 타고 높이 뛰고 달리며 수치스럽게 벗은 자신의 모습을 사람들에게 보여 주어야 하는 저주를 받았다; 로키는 암말처럼 울면서 아스가르드의 장벽을 세우던 거인 장인을 도운 종마를 유인했다; **3.** 에로틱한 광기: "정말로 암말의 (성적) 광기는 가라앉힐 수 없다."(베르길리우스Vigil, 농경시Georg. 3, 266); 포트니아의 네 마리 말이 글라우쿠스의 팔 다리를 집어삼키자 비너스가 그들에게 영혼을 주었다; 게다가 그들은 바람(=욕망), 즉 강력한 보레아스(북풍)에 의해 임신할 수도 있다; (암퇘지를 포함해) 암말만이 임신했을 때 교미를 거부하지 않는다; 일련의 별난 조롱: "암말의 궁뎅이"를 먹는 것: 냘의 사가Njal's Saga 참조(I 20); **4.** 민요: a. "돈이 암말을 가게 한다"는 동요의 마지막 줄이다. 말의 주인이 처음에는 자신의 암말을 절름발이라면서 빌려 주지 않지만 돈을 주면 빌려 준다; b. "암말의 둥지 찾기": 쓸모없는 발견; **5.** 말horse 참조; 히포마네Hippomanes; 악몽nightmare.

암브로시아 ambrosia **1.** 신화: a. 이름: 그리스어 '암브로토스a-mbrotos'=불멸의; 이것은 또한 기적적인 속성과 함께 호박보석(회색의)과도 연결된다; b. 불멸을 가져오는 신들의 음식(어떤 사람들은 '음료'라고 생각한다); 때로는 연고였을 수도 있다; **2.** 식욕을 돋우는 것은 무엇이나 암브로시아였다. 특히 향긋한 한 모금; 종종 신에게 바치는 헌주로도 사용되었다.

암사슴 hind **1.** 우아함, 고상함; **2.** 예민한 청각; **3.** 소심함; 부정적인 의미에서의 비겁함: a. "당신은 얄팍하고 겁 많은 암사슴이다"(헨리 4세 1부1H4 2, 3); b. "이 비정한 암사슴들"(로미오와 줄리엣Rom. 1, 1); 사자lion 참조; **4.** 결백, 순수성, 순결: a. 존 드라이든John Dryden: 가톨릭은 암사슴과 같고, 성공회는 얼룩졌지만 아름다운 표범과 같다; b. "그녀는 하얀 암사슴처럼 순결한 경건함 그 자체이다…"(루크리스의 능욕Lucr. 543f.); **5.** 아르테미스와 관련된다: a. 그녀는 때로 '엘라피오스'라는 '암사슴'으로 숭배된다; b. 그녀는 삽엽형의 잎을 먹고 사는 암사슴들에게 그녀의 황금마차를 끌게 했다: 네 마리의 암사슴=태음력에 상응한다(숫자 4four 참조). 아마도 그들의 뿔로 볼때 북쪽 지역의 순록이었을 것이다(또한 핀다로스Pindarus, 올림피아 송시Olymp. O. 3, 29ff 참조); c. 아르테미스 암사슴 숭배는 헤라 암소 숭배로 대체되었다(염소가 말로 대체됨과 비교된다); **6.** 주노와 관련하여: 아르테미스/디아나가 테살리아에서 추적했던 (황소의 뿔보다 큰) 황금뿔을 가진 다섯 마리의 암사슴들은 한 마리를 제외하고 그녀에게 다 잡혔다; 헤라/주노가 다섯째는 살려 두었다; **7.** 자신의 아내: "그는 사랑스러운 암사슴 같고 아름다운 암노루 같으니 너는 그 품을 항상 족하게 여기며 그 사랑을 항상 연모하라"(잠언Prov. 5, 19); **8.** 모성애: a. 야곱의 예언에 따르면, 납달리는 풀어놓은 암사슴처럼 아름다운 어린 것들을 낳을 것이다; b. 암사슴은 모성애를 상징하기에 예레미야가 생각할 수 있는 최악의 상황은 암사슴이 어린 새끼를 버려두는 것이었다; c. 작은 돌이 암사슴들의 출산을 용이하게 한다; **9.** 새벽의 상징: '에스더'는 '새벽의 암사슴'이다; **10.** 확실함; **11.** 지혜: 암사슴을 좇으라는 말은 지혜를 추구하라는 말이다; **12.** 불멸에 대한 탐구: 헤라클레스가 뒤따라간 암사슴은 야생 사과나무 밑에 숨었다; 그는 사과나무의 전설로 유명한 하이퍼보리아(역주: 상상의 낙원)까지 그 사슴을 따라갔고, 그래서 그것은 애플파라다이스를 향한 여정이 되었다; 수사슴hart 참조; **13.** "암사슴과 노루를 두고 하는 맹세"는 신에게 맹세하는 것: 노루roe 참조; **14.** 천박하고 우둔한 태생: a. 귀족적인 사자와는 대극이며 "사자와 짝이 된 암사슴은 사랑 때문에 죽을 것이다"(끝이 좋으면 다 좋아All's. W. 1, 1, 실수연발Err. 3, 1); b. "평민이 그렇듯, 무례하고 세련되지 않은 암사슴처럼 행동한다"(헨리 6세 2부2H6 3, 2); **15.** 황금 암사슴: 프랜시스 드레이크 경Sir Francis Drake이 세계를 항해했던 배 이름; 16. 사슴deer 참조; 암사슴; 생후 1년이 안 된 새끼 사슴fawn; 수사슴hart; 노루roe 등.

암소, 젖소 cow **1.** 어머니: 거의 모든 어머니-여신과 관련됨(특히 흰 암소 또는 어린 암소): A. 그리스: a. 헤라: 티포에우스/티폰의 공포 앞에서 신들이 올림푸스로 도망쳤을 때, 헤라는 눈처럼 하얀 암소로 변신했다(나소 P. 오비디우스Naso P. Ovid, 변신이야기Metam. 5, 330); b. 아테네에게 바쳐진 동물; c. 달 및 비의 여신으로서 이오Io의 형태(이시스와 동일시된다: 디오도로스 시켈로스Diod. Sic. 1, 24); B. 이집트: a. 이시스: 오시리스를 위한 애도 의식에서 황금빛 태양이 두 뿔 사이에 있는 황금 암소 조각상을 방에서 꺼냈고, 이후 그해 내내 계속 세워두었다(헤로도토스Herodotus 2, 41); 이시스는 종종 암소의 두 뿔로 상징된다(플루타르코스Plutarch); b. 오시리스가 묻히고 거기서 부활한 하늘-암소: 황소-태양 은 자신의 어머니에게서 자기 자신을 낳았다(뱀serpent, 세트/아팝 참조); 하늘-암소는 이시스의 또 다른 모습임이 틀림없다; c. 하토르: 이시스의 어머니이고 때로는 이시스와 동일시되기도 한다; d. 네이트: 원래 리비아의 신, 스스로를 낳은 처녀 대지의 어머니, 이집트인들은 네이트를 선택했고 이집트에서 네이트 역시 이시스와 통합되었다; C. 켈트족: 여신 브리지트; 중세시대에 킬데어의 성녀 브리지드의 상징(15번 참조); D. 이시스에서 어머니-여형제-아내 근친상간의 예가 발견된다: 오시리스는 이시스에게서 태어났고, 이시스와 오누이이며(이집트 왕들의 형제자매 결혼 참조)이자 남편이다; **2. 대지**: 임신을 시키는 하늘-황소 아래의 대지의 소; **3. 풍요**: A. 풍요의 신들의 속성: a. 아폴로의 암소 무리를 젊은 헤르메스가 훔쳤다; b. (황소와 마찬가지로) 암소도 헤르메스의 속성이다; c. (황소와 마찬가지로) 암소도 제우스의 속성이다; B. 황소와 대조적으로, 암소는 일반적으로 비를 주는 존재이며 황소-태양은 비옥하게 해 주는 비가 내리지 못하게 비를 붙들고 있는 존재이다; C. 비를 가져다주는 존재(특히 흰 암소: 구름 측면)이므로 황소와 마찬가지로 양성의 특징을 가진다: 생명의 열기(이집트)와 죽음의 말Steed (중세시대): 삶과 죽음의 여신으로서 위대한 여신Great Goddess; **4. 달**: a. 많은 달의 동물들은 암소의 뿔을 달고 있음; b. 여러 어머니-여신들은 또한 달-여신들이다: 예 이오, 네이트 등; **5. 새벽**(여신): (특히 붉은 암소) 성적 욕구는 재생을 수반한다; **6. 우유**를 통해 암소는 은하수와 창조(몇몇 암소-여신은 혼돈의 암소를 나타낸다)와 관련된다; **7. 희생제물**: A. 죽음 후의 정화 의례와 관련된다: a. 아직 멍에를 매지 않은, 흠 없고 몸 전체가 붉은 어린 암소(그러므로 암컷의 생식력이 가득함)의 유골은 유대인에게 망자와의 접촉으로부터 정화시키는 '분리의 물'을 제공했다; '더러움'은 시체(율법에 따라 정당하게 죽이지 않은) 내부의 '죽은 피'의 결과이다; 붉은 어린 암소는 내부가 '깨끗하고' 시체의 죽은 피에 의한 해가 없다; 또는 붉다=피=생명 또는 '붉은' 남자라고 할 때의 '붉은'=아담-에돔-에서; 어린 암소heifer 참조; b. 살인자가 밝혀지지 않은 사람의 죽음을 속죄하기 위해 또 다른 어린 암소(붉은 것 아님)를 희생제물로 사용했다(신명기Deut. 21); B. 다윗이 왕으로 선택되었을 때 '일반적인'(자주 하지는 않음) 제물을 바쳤다; **8.** 이집트 **부적**: 암소의 두개골을 사원 문 위에 걸어두면 악령을 쫓아낸다; **9. 젊은 여성**: "너희가 내 암송아지로 밭 갈지 아니하였더라면 내 수수께끼를 능히 풀지 못하였으리라"(사사기Judg. 14, 18); **10. 날씬함**: "암소의 허리 같이 날씬한"(속담); **11. 도시 건물**과 관련된다: 테베Thebes를 건설할 장소는 (신탁의 충고에 의해) 특정 암소가 피곤해 쓰러질 때까지 계속 뛰놀던 곳으로 정했다; 대개 어머니-여신들Mother-goddesses은 도시 여신이기도 해서 도시의 성벽이라는 왕관을 쓰고 있었다(예 키벨레Cybele; 도시city도 참조); 디도

ㅇ

가 카르타고를 위해 "황소 가죽 크기만 한" 땅을 샀던 경우의 황소는 황소bull F번의 2, b 참조; 일리움(트로이) 역시 암소가 눕는 것으로 가리킨 장소에 건설되었다; **12.** 숫염소He-goat와 **정반대**; **13. 별자리**: 전갈자리를 다스린다; **14. 색상**: a. 흰색: 1번 및 3번의 c 참조; b. 붉은색: 새벽(5번 참조), 불, 빛 또는 번개를 나타낸다; 7번의 a 참조; **15. 제임스 조이스**James Joyce: 암소를 아일랜드의 전통 상징으로 보았다; **16. 소치는 사람**: a. 고대 그리스에서는 명예; b. 이집트와 영국에서는 천하게 여긴다; **17.** 소가죽: 풍요를 주는 비를 불러오는 물건(양털fleece 참조)으로 결혼식과 수태에 사용되었다; **18. 민속**: a. 암소들은 아기 예수 그리스도를 따뜻하게 해 준 보상으로 달콤한 입김을 가지게 되었다('ox'는 다시 한 번 황소나 암소 모두를 지칭함); b. 붉은 암소는 특별한 특성을 지닌다; c. 모든 무리에는 대장 암소가 있어서 다른 소들과 (크게 심각하지 않은) 장난을 친다; d. 살면서 가난한 사람에게 암소를 주면, 죽었을 때 그 암소가 때로는 '암소의 길'이라고도 부르는 위험한 은하수를 건너게 안내해 줄 것이다; e. "광부의 암소와 맥줏집 안주인의 암퇘지는 항상 잘 먹는다"(속담); f. 정화의 불은 마녀(또는 질병)로부터 소들을 지켜준다; g. 이탈리아인들에게 그리고 드루이드교에서는 겨우살이(플리니우스Pliny에 따르면, 황금 칼로 조심스럽게 채취)가 소를 수정시키는 묘약이며 만병통치약이다; **19.** 황소bul; 소cattle; 송아지calf; 어린 암소heifer도 참조.

암양 ewe **1.** 가난한 사람이 유일하게 암양 한 마리를 소유한 것에 대한 나단의 비유(다윗이 밧세바를 원하여 취한 것이 잘못된 일임을 보여 주기 위한 비유: 사무엘하서2Sam. 12, 3); **2.** 그리스: 매달 첫째 날 죽음의 여신인 헤라에게 새끼 암양을 바쳤다; **3.** 양Sheep 참조.

암캐 bitch **1.** 하얀 여신과 관련된다(흰색White과 위대한 여신Great Goddess 참조): a. 암캐는 이러한 여신의 변신 중 하나(또한 개dog 참조); b. 아테네에서 신탁의 예언대로 흰색 암캐 한 마리가 제물로 바칠 동물을 가지고 도망쳤고 제물을 떨어뜨린 곳에 헤라클레스를 위한 신전이 만들어졌다. 그로 인해 그 장소에 '키노사르게스(흰 개의 집)'라는 이름이 붙여졌다; 따라서 암캐는 '레우코테아'의 모습일 수도 있는 헤라클레스의 바다어머니를 통해 하얀 여신과 관련된다'; **2.** 파렴치: 암캐는 "최소한의 가림도 없이 짝짓기를 하고 다녔기 때문에" 아크로폴리스에는 들어갈 수 없었다(플루타르코스Plutarch, 데메테르와 유물Demetr. Ant. 4, 2); **3.** 어머니의 보살핌(판테온북스Panth. 7, 425); 이는 아마도 키루스의 이야기 때문일 것이다: 아스튀아게스왕이 자신의 손자 키루스를 내놓으라고 명령하자 목동은 아내(그녀의 이름이 'Bitch'였다)의 죽은 아들을 키루스 왕자로 둔갑시켰다; 나중에 이 여자의 이름이 잘못 알려져서 키루스가 암캐의 젖을 먹고 자랐다는 신화가 만들어졌다(헤로도토스Herodotus p. 65); **4.** 출생: 암캐들은 '생명의 흐름과 출생'의 로마 여신 제네타 마나Geneta Mana에게 제물로 바쳐졌다. 이는 아마도 암캐들이 쉽게 출산한다는 점 때문이었을 것이다(참조: 플리니우스Pliny 29, 58); 또한 개의 가족 중 누구도 '착하기만'(착하다는 것은 야성이 죽었다는 의미) 하면 안 되고 야만스러운 존재로 남아 있기를 바라는 기도가 있었다(플루타르코스Plutarch, 도덕론M 277Af); 그러나 헤카테에게 바쳐진 강아지(그리스의 '암캐')와 유사한 제물은 악을 막고 속죄의 제물 가운데 정화를 의미하는 제물이며 대지의 여신이자 교차로의 여신 헤카테-디아나를 위한 음식이다(앞의 책 280C, 290D); **5.** "나는 신들의 암캐를 벌하였다": 이것은 아마도 삼손과 관련된 것 같다(라스 샴라Ras Shamra 문헌에서); **6.** 임신한 암캐: a. 일반적으로 로마에서는 해롭지 않았다[테렌티우스 바로Varro, 라틴어원론LL 7, 32; 참조. 티투스 마키우스 플라우투스Plautus, 유령Most(幽靈) 852)]; b. 그러나 여정을 떠날 때에는 이 또한 불길한 징조였다(퀸투스 플라쿠스 호라티우스Quintus Flaccus Horatius, 노래Carm. 3, 27, 2).

암컷 뿔닭 guinea-hen (새) **1.** 그리스어로 '멜레아그리스meleagris': 아르테미스에게 바쳐졌다(참조: 아폴로도로스Apollodorus, 1, 8, 3; 로버트 그레이브스Robert Graves, 그리스 신화GM 1, 265ff.); **2.** 동생의 죽음으로 절망에 빠진 멜레아그로스(멧돼지boar와 나무wood 참조)의 누이들은 암컷 뿔닭으로 변했다(나소 P. 오비디우스Naso P Ovid, 변신이야기Metam. 8, 540ff.);

3. 여성을 경멸하는 표현(예 베니스의 무어인 오셀로 Oth. 1, 3).

암탉 hen (새) **1.** 암컷: 모성의 보살핌: 사람의 일생으로 보면 암탉은 묵주를 지닌 50대 여인을 상징한다: **2.** 섭리: 새끼를 날개 아래에 모으는 암탉은 예루살렘을 구원하려는 그리스도의 헛된 노력을 상징한다(마태복음Matth. 23, 37); **3.** 인내: 둥지에서 알을 품고 있는 암탉이 상징하는 것; **4.** 문법의 속성: 수탉('hic'), 암탉('haec') 그리고 계란('hoc')의 연속(라틴어에서 세 개의 성별, 즉 남성, 여성, 중성에 따른 지시대명사 '이것this'을 가리키는 단어들); **5.** 매hawk와 반대된다: 암탉은 손에서 날아간다(매는 손으로 날아온다); **6.** 죽음과 관련 있다; **7.** "휘파람을 부는 여인과 꼬끼오 하고 우는 암탉. 둘 중 어떤 것도 신 또는 사람에 걸맞지 않다"(속담); **8.** 동요: 암탉은 18세기에 소녀 또는 여인을 가리키는 일반적 단어였으며, 이에 따라 종종 동요에서 이들을 대체하는 것으로 사용된다. 예 "나에게는 작은 암탉이 있어, 여태껏 본 적 없는 가장 예쁜 암탉이야. 그녀는 설거지를 하고, 집을 깨끗하게 청소하고…."

암퇘지 sow (동물) **1.** 위대한 여신(그리고 위대한 여신의 현신)에게 바쳐졌다: a. 번식력은 강하지만 자신의 새끼를 잡아먹을 수 있다; b. 색깔은 흰색, 붉은색, 검은색 등으로 다양하다; c. 시체를 먹어치운다: 헤카테Hecate－발키리Valkyrie의 측면; d. 엄니는 달 모양이다; e. 도시의 여신으로서 30마리의 새끼를 낳은 흰 암퇘지는 아이네아스가 도시를 건설할 장소를 나타내는 표시였다(베르길리우스Virgil, 아이네아스Aen. 3, 392ff.; 참조: 12, 72ff.); f. 암퇘지의 젖은 '나병leprosy'을 일으키며, 이 병은 위대한 (하얀) 여신이 초래한 것이다(그리고 치유했다); 그것은 가루로 만든 물총새halcyon의 둥지로 치료할 수 있다(물총새kingfisher 참조); g. 키벨레, 데메테르 등의 상징; h. 종종 할로윈 모닥불과 관련된 곡식의 정령이 깃든다(돼지pig; 멧돼지boar 참조); **2.** 기독교: a. 잔인함; b. 악의 생식력; c. 그리스도에게 바쳐졌다; d. 단테Dante: 돈을 빌려주는 가문의 문장; **3.** 셰익스피어: (템페스트Tp.) 시코락스Sycorax라는 이름은 'sus(암퇘지)'＋'koraks(까마귀)'로 설명되었지만 키르케Circe('kirkos': 매hawk)와 관련될 수 있다; **4.** 민속: a. 암퇘지가 새끼를 먹어치운 경우에는 잡아먹지 말고 돌로 쳐서 죽이거나 묻어야 한다. 이것은 아마도 암퇘지 고기가 독성을 갖고 있기 때문일 것이다; 그러나 앞의 1번 참조; b. 전래동요에서는 말horse처럼 사용되는 다양한 암퇘지가 등장하며 한 운율에서는 암퇘지에게 '안장을 얹는다'라고 언급하기도 한다.

암흑, 어둠 darkness **1.** 물질이 분화되고 질서가 생기기 전의 태고의 혼돈: "암흑이 깊음 위에 있고"(창세기Gen. 1, 2); **2.** 모성, 여성: "만일 내가 죽어야 한다면 나는 어둠을 신부로 맞을 것이며 내 품에 안을 것이다"(눈에는 눈, 이에는 이Meas. 3, 1); **3.** 빛을 따르는 어둠: 퇴행하는, 본래 상태로 돌아간, 사악한: a. "오, 어둠, 어둠, 어둠, 정오의 불길 가운데, 돌이킬 수 없는 어둠, 낮의 모든 희망이 사라진 개기일식"(존 밀턴John Milton, "투사 삼손Samson Agonistes" 80); b. "끝내시오, 여인이여; 밝은 낮은 끝나고, 우리는 어둠을 맞이할 준비가 되어 있다오"(안토니우스와 클레오파트라Ant. 5, 2,); **4.** 신화적 무(無); 위대한 공허; **5.** 무시무시한 심판: 암흑은 이집트에서 모세의 아홉 번째 '신호'였다; **6.** 불운, 영적 욕구: "너희가 어찌하여 여호와의 날을 사모하느냐 그 날은 어둠이요 빛이 아니라"(＝복수vengeance: 아모스Amos 5, 18); 그리고 "내가 해를 대낮에 지게 하여 백주에 땅을 캄캄하게 하며"(아모스 8, 9); **7.** 무지: "그들은 낮에도 캄캄함을 만나고 대낮에도 더듬기를 밤과 같이 하느니라"(욥기Job 5, 14); **8.** 신비: "내가… 수금으로 나의 오묘한 말을 풀리로다"(시편Ps. 49, 4); **9.** 주가 거처하는 장소: "여호와께서 캄캄한 데 계시겠다 말씀하셨사오나"(열왕기상서1Kings 8, 12; 또한 시편 18, 19ff도 참조); **10.** 어둠의 왕자: a. 악마; b. 신사(리어왕Lr. 3, 4); **11.** 사망: "어둠과 사망의 그늘"(욥기 3, 5; 앞의 4번 참조); **12.** '암실에 감금하는 것'은 광기를 위해 인정된 치료법일 수 있다(예 실수연발Err. 4, 4; 끝이 좋으면 다 좋아All's W. 2, 3; 뜻대로 하세요AYL 3, 2; 십이야Tw. N. 5, 1 참조); **13.** 민속: 사랑 점치기에서: 암흑이 나오는 꿈을 꾸면 변호사와 결혼할 것이다; **14.** 밤night; 햇볕에 탐sunburn 참조.

압데라 Abdera 1. 트라키아의 연안에 있는 그리스 도시; 2. 민주주의가 생겨났으며 프로타고라스가 그곳 출신이라는 사실에도 불구하고 그곳의 시민들은 어리석었다는 속설이 있다; 3. 아마도 대표적인 바보 도시인 시돈 및 사임과 함께 압데라의 민주주의자들이 인간의 우둔함을 비웃었기 때문일 것이다(필로겔로스Philogelos, 서론 p. 16, 110ff.).

압생트 absinthe (식물) 1. (이름에 슬픔의 의미는 없지만) 이 이름은 누군가의 부재로 인한 슬픔을 상징하는 식물의 쓴맛을 가리킨다; 2. 속성: 금욕의 상징; 3. '고민'; 4. 이 이름을 가진 강력한 (현재는 사용이 금지된) 도취제와 연관된다(에밀 졸라Émile Zolar, 목로주점L'Assommoire 참조).

압착틀 press (와인압착틀 wine-press 등) 1. 열정: 다양한 의미에서; 2. 하나님의 진노(예 요한계시록Rev. 14, 19 및 19, 15. 와인 압착틀winepress 참조; 3. 가을, 수확의 상징.

앙고라 고양이 angora cat 1. 값비싼 사치품; 2. 과잉보호받고 버릇없는 사람, 특히 여자; 나쁜 푸들의 상대격 여자.

애기풀 milkwort (식물) 1. 많은 식물에 대한 통칭으로 애기풀은 유모의 젖이 잘 나오게 하는 것 같다: '애기풀Polygala' '갯봄맞이Glaux' '대극과식물Euphorbia'에 사용되는 이름; 2. 플리니우스Pliny: a. 아틀라스 산에서 주바 왕에 의해 발견된 애기풀의 즙은 우유와 비슷하다; b. 이것은 시력을 향상시키고 뱀에 물린 상처를 치료한다(25, 38).

애도 mourning 애도식: a. 조상숭배의 한 형태로서 수확 축제와 동시에 이루어지는 경향이 있다: 풍요의 죽음 그리고 재생의 희망과 관련된다: 통곡wailing, 울기weeping 참조; b. 실제 죽음에 따른 많은 의식은 새로 죽은 자의 질투심에 대한 두려움 때문이다(시체corpse 참조; 죽음death; 무덤grave 등): 사람들은 흙과의 결합을 모방하거나(예 흙을 넣은 굵은 베옷) 변장을 한다(예 상복 베일).

애벌레 caterpillar 1. 전리품을 모으는 사람(메뚜기처럼: 이사야서Isa. 33, 4); 2. 애벌레에서 나비로의 부활(특히 예수); 영혼의 윤회; 큰비에 의해 태어난다(플리니우스Pliny 17, 37); 3. 사회의 기생충: '영연방의 애벌레들'(리처드 2세의 비극R2 2, 3); 4. 윌리엄 블레이크William Blake: a. 먹을 수 없는 식물을 먹는 벌레처럼 이 세상을 사는 사람은 진정한 빛을 인식하지 못한다(역주: 교회의 부패에 대한 비판); 고치cocoon 참조; b. 사제, 가장 좋은 기쁨을 먹는 것; c. "잎 위의 애벌레가 그대에게 그대의 어머니의 슬픔을 반복해 들려준다"("순수의 전조Auguries of Innocence"); 5. 사제: "보세요, 주인님, 저기 두 명의 종교 애벌레가 오고 있어요"(크리스토퍼 말로Christopher Marlowe, "몰타의 유태인The Jew of Malta, 토머스 S. 엘리엇Thomas S. Eliot, "엘리엇의 일요일 아침 예배Mr. Eliot's Sunday Morning Service"에서 모토로 인용했다. 여기서 엘리엇은 이 문구를 오리게네스의 거세된 교리와 상업주의와 관련시키고 있다; 6. 애벌레canker; 번데기chrysalis 참조.

앵무새 parrot (새) 1. 로마에서는 이미 앵무새를 애완용으로 키우기는 했지만 포르투갈인들이 항해를 통해 앵무새를 들여온 이후에야 널리 퍼졌다; 2. 어리석은 수다와 장황함: a. 웅변의 속성; b. 어리석은 웃음과 관련이 있다(예 베니스의 상인Mer. V. 1, 1; 베니스의 무어인 오셀로Oth. 2, 3 등); 3. 날씨 예측: 예 비가 오려고 하면 앵무새가 시끄러워진다(뜻대로 하세요AYL 4, 1; 실수연발Err. 4, 4도 참조); 4. 탐욕: 메이 콜벤May Colven의 민요에서 아는 것이 많은 작은 새는 뇌물을 받고 침묵했다(프랜시스 차일드Francis Child 4C ff.); 5. 다루기 쉽다: 조련할 수 있기 때문에 유순함의 속성이다; 6. 기독교: 앵무새는 "아베ave"라고 말하는데 이는 성모 마리아가 아들을 낳았다는 증거 중 하나이다[역주: 아베 마리아]; 7. 문장heraldry(紋章): 장거리 여행; 8. 윌리엄 B. 예이츠William. B. Yeats ("검은 앵무새 그림 위에On a picture of a black parrot"): 분열에 대한 공포: 말 많고(젊은 사람이나 아일랜드인=녹색(역주: 녹색은 아일랜드의 상징) 자기들끼리 다투는 정치인들; 9. 앵무새popinjay 참조.

앵무새, 청 딱따구리 popinjay (새) **1.** 즐거움, 방탕함: "진미가 가득하다"(파울의 의회PoF 359); **2.** "앵무새처럼 즐겁게"(제프리 초서Geoffery Chaucer, "선원의 이야기Shipman's Tale"); **3.** 앵무새parrot 참조.

앵초, 프리뮬라 primrose (식물; 꽃) **1.** 일반적으로 다음을 의미한다: a. 꽃잎이 다섯 개이기 때문에 위대한 여신(그리고 여신을 통해서 나중에는 마녀와 요정까지)과 관련 있다; b. 위황병(역주: 철결핍성 빈혈), 즉 '백혈병'으로 죽은 젊은 처녀들은 죽은 후에 앵초가 된다(옅은 녹색 때문에); **2.** 봄의 전령: a. '프리뮬라 베리스primula veris'와 '프리마 로사prima rosa'; b. 젊음, 순수함; c. 전설에서 이 꽃은 종종 보물이 숨겨져 있는 동굴을 열기 위한 열쇠로 쓰인다(봄의 풍요); 참조: 네덜란드 이름으로 '열쇠 꽃'은 종종 베토니나 황화구륜초와 혼동된다; **3.** 죽음: a. 셰익스피어는 앵초를 눈물, 진주, 죽음과 연결 지었다: "나는 눈물로 눈이 멀 것이며 신음으로 병들 것이다"(헨리 6세 2부2H6 3, 2; 또한 한여름 밤의 꿈MND 1, 1; 심벨린Cym. 4, 2; 겨울 이야기Wint. 4, 4도 참조); b. 로버트 헤릭Robert Herrick의 "미친 처녀의 노래The Mad Maid's Song"에서 그녀는 진흙과 뜯긴 머리카락, 앵초에게 좋은 내일이라고 인사하고, "모든 처녀들이 내 사랑이 누워 있는 무덤에 꽃을 뿌릴 것이다" 라고 하였다; **4.** 가벼운 로맨스, 변덕(그러나 죽음은 항상 가까이에 있다); A. 셰익스피어: a. "환락의 꽃길"(덴마크의 왕자 햄릿Ham. 1, 3. 맥베스Mac.에서 문지기도 이렇게 말하였다 "영겁의 불길 속으로 뛰어드는…": 2, 3, 17 도 참조); b. "내가 누워있는 이 앵초로 만든 침대를 보아라"(비너스와 아도니스Ven. 151: 분명히 의도적으로 말한 것인데 125에서 비너스는 "우리가 기댄 이 푸른 잎의 제비꽃들"이라고 했다); B. 민요에서: a. "한 기사가 세 명의 여성을 만나 '앵초가 달콤하게 펼쳐지는 것 마냥' 구애하기 시작했다."("잔인한 형제The Cruel Brother"에서); b. "정원사The Gardener"(프랜시스 차일드Francis Child 212 A)에서는 한 청년이 손에 앵초를 들고 서재 문 앞에 서 있고, 버드나무 가지처럼 가느다란 처녀가 그에게로 왔다." 그런 후에 그는 여인에게 아내가 되어 달라고 했다; **5.** "앵초 진실"(에드먼드 스펜서Edmund Spenser, "결혼축가Prothalamion"에서); **6.** 문장heraldry(紋章): 사판화(四瓣花), 즉 네 개의 잎이나 꽃잎으로 양식화된 것; **7.** 점성술: a. 별자리: 물병자리가 주관한다; b. 행성: 달과 관련 있다.

야간 횡단 night-crossing **1.** 궤, 나무껍질, 잔 등에 탄 태양(영웅)의 밤 바다 항해에는 온갖 위험이 따른다. 때로 여성과 동행한다; 태양(영웅)은 서쪽 물의 괴물에게 잡아먹힐 수도 있고 동쪽으로 야간 항해를 할 수도 있으며 배가 고프면 괴물의 뱃속에서 불을 피울 수도 있다; 그런 과정을 거쳐 괴물의 심장을 파괴하고 해안가에 상륙한다; 때로 머리카락이 고래 뱃속에 피운 불에 의해 타 버리기도 한다; 그는 종종 괴물이 이전에 삼킨 사람들을 구출해 주기도 한다; 따라서 야간 횡단은 지옥으로의 하강과 매우 유사하다(요나와 그리스도Jonah and Christ 참조); **2.** 대부분의 항해의 신과 영웅들은 태양계의 상징이며, 보통 태양의 운행과 반대 방향으로 항해한다; **3.** 심리: (카를 융Carl Jung) 바다괴물(혹은 밤 그 자체)은 자아가 빠져 일시적 죽음에 이르는 무의식(둘 다 모성의 상징)이다(=오디세우스Odysseus, 아이네아스Aeneas, 단테Dant의 지옥으로의 하강); 4. 재탄생 직전의 기간: 예 a. 타성에 젖어 있는 기간(새뮤얼 T. 콜리지Samuel T. Coleridge, "늙은 선원의 노래Rime of the Ancient Mariner"); b. 로마 가톨릭 교회에서 새 신자로 태어나는 피정과 속죄의 기간.

야곱 Jacob **1.** 태양 영웅: 신성한 발뒤꿈치를 가진 방랑자. 그는 자신의 아랫사람들을 위해 일했으며 레아(새벽) 그리고 라헬(달)과 결혼했고, 그의 자녀는 별들이다; **2.** 야곱의 사다리: a. 생명의 나무; b. 그는 축복받은 사람들이 하늘로 올라가는 데 사용하는 라Ra와 호루스의 사다리와 관련 있을 수 있다; c. 중세에 야곱의 사다리는 15개의 층(=15개의 덕목)으로 결합된 것이었다; d. 단테Dante: 이 사다리는 토성(금욕과 명상이 보상받는)으로부터 가장 높은 천국에까지 이르는 것이다(신곡 낙원편Par. 21); **3.** 야곱의 지팡이; a. 남근; b. 순례: 사도 야곱과 방랑하는 야곱 이스라엘이 결합된 것이다.

야긴과 보아스 Jachin and Boaz **1.** 솔로몬의 성전의

두 기둥; 어느 것이 '오른쪽'이고 어느 것이 '왼쪽'인지 기술되어 있지는 않으며 일반적으로 성전 안에 서 있는 사람의 눈을 기준으로 판단한다 해도 어느 것이 왼쪽이고 어느 것이 오른쪽인지 판단하기 어렵다; **2.** 전통적인 견해에 의하면: a. 야긴('오른쪽'=동쪽)은 '주께서 치실 수 있다' 또는 '신이 믿음을 강하게 하신다'를 의미한다; 이 기둥은 또한 아름다움을 의미한다; 달의 차오름; b. 보아스('왼쪽'=서쪽)는 "신(또는 그것)에게 있는 힘" 또는 "바알은 강하다"(열왕기상서1Kings 7, 21 참조)를 의미한다. 또한 태양, 목소리, 영, 감정, 의지; **3.** 로버트 그레이브스Robert Graves에 따르면: a. 보아스는 행운의 오른쪽 기둥: 나선형의 홈이 패여 있는데, 이는 성장, 차오르는 태양을 나타낸다; b. 야긴은 불운한 왼쪽 기둥이며 세로로 홈이 패여 있고 저주, 부패, 저무는 태양을 나타낸다.

야누스 Janus **1.** 전체성: a. 과거와 미래: 쌍두 독수리와 관련된 역사와 (선)지식; b. 모든 대극의 쌍: 쌍둥이자리와 반전, 상호희생; c. 사제와 군주; **2.** 만물에 대한 통달; 원초적인 빛(어원 '디Di'='밝다bright'에서 유래했다)의 신; 라틴어로 야누스, 그리스어로 잔Zan(즉, 제우스); **3.** (그 해의) 문door의 신: 산사나무hawthorn와 참나무oak 참조; **4.** 하루 중 첫 시간, 동지 후 첫 번째 달; **5.** 어머니의 태에 아이를 창조하는 자; **6.** 문door 참조.

야만의 savage **1.** 풍경: 숲(라틴어 'salvaticus'): "나는 자연이 인간을 처음 창조했을 때, 억압적인 노예법이 만들어지기 전 그리고 고귀한 야만인이 숲에서 야생적으로 살아가던 때의 인간만큼 자유롭다"(존 드라이든John Dryden, 그라나다의 정복Conq, of Gran. 1, 1, 1); **2.** 심리: 인간 성격의 어두운 면(카를 융Carl Jung); 에티오피아Ethiopia 참조.

야만인 wild man **1.** 그의 대표적인 무기인 곤봉을 통해 이름을 얻은 원초적 힘; **2.** 신성한 왕의 죽음을 대신하는 자; 야인은 종종 옷을 허리띠로 두르거나 참나무나 담쟁이덩굴 왕관을 쓴다; **3.** 문장heraldry(紋章): (지지자로서) 지배되고 초월된 자연의 근본적인 힘; **4.** 심리: 그림자; **5.** 야생의 사냥꾼, 거인 등과 관련된다.

야벳 Japheth **1.** 노아의 셋째 아들; **2.** 사악한 함Ham과 그를 돌보는 착한 셈Shem 외에 무관심한 아들(필로 유다이오스Philo Judaeus, 창세기에 관한 문답QG 2, 79); **3.** 그가 육지를 넘어 이교도의 섬까지 영토를 확장했기 때문에 그의 이름은 '호흡'을 의미한다(같은 책 80).

야생 사과나무 crab-tree **1.** 늙고 어리석으며 겁 많은 사람들: "여기 우리나라에는 다른 곳으로 보내 버리면 좋겠지만 보낼 수 없는 늙고 어리석으며 겁이 많은 사람들이 있다"(코리올라누스Cor. 2, 1); **2.** 화를 잘 낸다: 아마도 게의 공격적 기질 및 '괴팍한 노인crabbed age'과 관련된다.

야생 샐러리 smallage (식물) **1.** 야생 샐러리와 파슬리에 사용되는 이름, '아피움 그라베올렌스Apium graveolens'; **2.** 알베르투스 마그누스Albertus Magnus.: a. 벌레가 득실거리는 것처럼 보이는 죽을 만들 수 있다; b. 야생 샐러리는 그것을 갖고 있는 사람을 공손하게 만들고 적을 제압하게 만들 수 있다(p. 16).

야생 소 auroch (유럽 들소wisent) **1.** 황소bull 참조; **2.** 힐데가르트 폰 빙엔Hildegard von Bingen: a. 이것은 뜨겁고 사슴의 습성을 가지고 있지만 조금 더 민첩하고 건강하다; b. 이 고기는 건강에 좋다; **3.** 이 동물의 뿔을 긁어 물에 타서 소, 말, 당나귀, 돼지 등에 주면 전염병을 치료한다(자연학Ph. 7, p. 129).

야생 자두 sloe (과일) **1.** 이것의 일반적 상징성에 대해서는 블랙손(야생 자두나무)의 열매 참조; **2.** 먹기 나쁜 것: 어려움, 궁핍함; **3.** 제럴드 M. 홉킨스Gerald M. Hopkins: 성찬the Eucharist; **4.** 딜런 토머스Dylan Thomas: "날개 달린 야생자두의 나뭇가지winged, sloe wrist Of the wood"; 아마도 자연의 신성한 힘을 상징할 것이다(그리고 언어유희pun).

야수결혼 beast-marriage **1.** 미노타우로스에게 그랬던 것처럼 처녀와 청년이 (가뭄 괴물 등의) 괴물에게 인신공양되었을 수 있다(참조: 구약성서에서 말렉

/몰록의 제물); **2.** 구약성서: 동물들과의 짝짓기(특히 여성)에 대한 사례는 수없이 많으며 이는 스스로 행하거나 또는 이웃들이 행하는 풍요제일 수 있다(레위기 Lev. 18, 23 및 27 참조); 의례는 마녀 그리고 마녀의 뿔 달린 염소악마와의 성교로 18세기까지 유지되었다(모의 의례 형식으로 이루어짐); **3.** a. 이솝 우화 18, 96; b. 끝없는 변형 이야기(예 루키우스 아풀레이우스Lucius Apuleius, 황금나귀Golden Ass)가 존재한다; **4.** 야수결혼의 가장 흔한 형태는 다음과 같다: I. 하늘-신: a. 황소-결혼: 파시파에, 유럽; b. 새-결혼: 주노와 뻐꾸기로 변신한 제우스, 아스트라이아와 독수리로 변신한 제우스, 레다와 백조로 변신한 제우스 등; II. 대지-신: 뱀-결혼: 에우리노메에서 데오의 딸(나소 P. 오비디우스Naso P. Ovid, 변신이야기Metam. 6, 114); III. 바다-신: a. 말-결혼: 포세이돈(넵투누스)과 세레스; b. 숫양-결혼: 테오파네와 양으로 변신한 포세이돈; c. 돌고래: 멜란토와 포세이돈; **5.** 기본 토대는 여전히 꿈, 영화, 책 등에서 유인원 등이 여성을 '데려가는' 것으로 나타난다(참조: 〈킹콩〉); **6.** 심리: 문명화되고 '인간적인' 도덕성의 제약으로부터의 성적 자유; **7.** 전래동요: 돼지swine 참조; **8.** 이후 버전들에서 야수는 보통 또 다른 인간의 사랑을 받아 본래 형태인 인간으로 되돌아간다; **9.** 자연: 시간 신화: 태양(밤은 괴물)은 새벽처녀에게 눈부신 청년으로 나타난다; 또는 봄처녀에게 겨울 등으로 나타난다; **10.** 미녀와 야수Beauty and Beast 참조.

야훼 Yahweh **1.** 이 단어의 자음 어근은 다양한 모음과 결합될 수 있다: 제호바Jehova(아도나이Adonai의 모음에다 자음들을 결합하여 만든 것으로 잘못된 기독교식 발음), 야흐Yah, 야후Yahu 등으로 읽었다; **2.** 다음을 의미한다: '스스로 존재하는 자' (또는 그는 스스로 존재하는 자), '그는 일으킨다'(비, 파멸을), '그는 내리게 한다'(유성, 폭풍을), 또는 '그는 사랑한다'; **3.** 그 이름은 함부로 말할 수 없다: a. 그 이유는 이름 남용에 대한 두려움 때문이었다. 예 마법 공식에서; 그 결과는 반대였다: 이 이름을 회피하는 것 자체가 이 이름을 다른 어떤 이름보다 두려워하게 만들었고 심지어 '이교도들'조차 두려워하게 만들었다; b. 신에게 이름을 부여하는 것 자체가 다른 신이 생겨나게 할 가능성을 만든다; **4.** 이 단어의 자음의 해석: A. '요드Yod'(역주: 히브리어 자모의 10번째 글자): a. 카발라: 능동 원리이자 창조자, 다른 모든 문자의 근원이 되는 기원 문자 그리고 완전성을 상징하는 숫자 10, 세피라의 창조를 가능하게 한다; b. 신비주의: 남근, 남성, 검지손가락; B. '그, 하나님He': a. 카발라: 수동 원리, 위대한 수용자; b. 신비주의: 외음부, 구멍, 창문; C. '바우Vau': a. 카발라: 나머지 글자들을 통합하고 변형하는 중간 글자; b. 갈고리 또는 못, 포획; **5.** 이 이름은 성구함에 새겨져 있다; 오각별에 있는 이 이름은 부적(마법의 파피루스)이다. 모세의 지팡이에도 새겨져 있었을 것이다; 6. 하나님 예호바Jehova와 테트라그람마톤Tetragrammaton 참조.

약속 promise 경솔한 약속 : **1.** 신화: a. 파에톤의 아버지 태양신 헬리오스는 아들의 어떠한 소원이라도 들어 주겠다고 약속했고, 결국 이는 자신의 아들을 죽이는 꼴이 되었다(예 마르쿠스 튤리우스키케로Marcus Tullius Cicero, 의무에 관하여Off. 3, 25, 94ff.); b. 또한 테세우스에 대한 포세이돈의 약속과 포세이돈에 대한 이도메네우스의 약속: 사랑하는 사람의 원치 않는 죽음에 관한 두 이야기; c. 이피게네이아에 관한 이야기: 그녀의 아버지 아가멤논은 아르테미스에게 딸이 태어난 해의 가장 아름다운 것을 바치겠다고 약속하였는데, 그것이 바로 자신의 딸이었다(에우리피데스 Euripides, 타우리스의 이피게네이아IT 20ff.; 허버트 J. 로즈Herbert J. Rose 132); **2.** 성서: 왕들(예 입다 Jephthah, 헤롯 등)의 경솔한 약속은 중세에도 계속되었다: 예 '오르페우스'에게 자신의 아내를 돌려 주는 요정 왕의 이야기(450; 참조: 펭귄출판사Penguin, 중세영시M. E. Verse p. 226); **3.** 민속: 개구리 공주Frog Princess, 룸펠슈틸츠킨Rumpelstiltskin 등.

약쑥 wormwood (식물) **1.** 일반적으로 다음을 의미한다: a. 식물('아르테미시아'), 이것으로 독주를 만든다; b. 아르테미시아여왕은 남편 마우솔로스 왕의 죽음을 슬퍼하며 그의 재를 술과 섞었다; c. 종교 의식에 사용되었다; d. 숙성시키지 않은 이 술은 전차 경주자들에게 주는 상(재산을 증여함)이었다; **2.** 애정; **3.** 정화: 이 별 이름은 쓴 쑥(그리스어 '아프신토스

Apsinthos')이라 물의 삼분의 일이 쓴 쑥이 되매 그 물이 쓴 물이 되므로 많은 사람이 죽더라: 일시적인 재앙이 악을 치고, 선을 정화한다(요한계시록Rev. 8, 11); **4.** 거짓 심판: "심판을 약쑥에 의지하고, 지상에서 정의를 걷어치우는 너희들아"(아모스서Amos 5, 7); **5.** 처벌: a. 여호와는 불경스러운 자들에게 벌로 약쑥(그리고 "쓴 물": 다음 참조)을 먹인다(예레미야서Jer. 9, 15); b. 신명기서Deut.(29, 18)는 히브리인들에게 "독초(='로스')와 쑥의 뿌리가 너희 중에 생기지 않도록" 주님을 따르라고 꾸짖는다; c. '이방' 여인의 나중은 쑥 같이 쓰다(잠언Prov. 5, 4); **6.** 쓰라린 조롱(덴마크의 왕자 햄릿Ham. 3, 2; 사랑의 헛수고LLL 5, 2); **7.** 중독: "나를 쑥으로 취하게 하셨으며"(예레미야 애가Lament 3, 15); **8.** 젖떼기: 약쑥은 그 쓴맛으로 아이의 젖을 떼기 위해 젖꼭지에 발랐다(참조: 로미오와 줄리엣Rom. 1, 3); **9.** 점성술: 화성과 관련 있다; **10.** 단테Dante: 대식가들은 약쑥을 술로 마신다('주당assenzio': 신곡 연옥편Purg. 23, 86); 쑥mugwort 참조.

약탈자, 스포일러 spoiler 정오의 파멸자: 한낮의 더위에도 싸우는 매우 결연한 적: "내가 대낮에 파멸시킬 자를 그들에게로 데려다가 그들과 청년들의 어미를 쳐서"(예레미야서Jer. 15, 8)

약혼 betrothal **1.** 통과의례의 과도기간으로, 한 집단(미혼)으로부터 분리하여 다른 집단에 통합된다(결혼한 집단; 반 게넵Van Gennep: 예 p. 192 참조); **2.** 민요: 약혼자(약혼녀)가 고인의 유령에 시달리는 것을 피하기 위해 고인이 된 연인으로부터 약혼을 취소하는 것이 중요했다. "달콤한 윌리엄의 유령Sweet William's Ghost"(프랜시스 차일드Francis Child 77)에서 학장은 약혼을 취소하기 위해 온다; 밝고 긴 지팡이가 나오는 신기한 의례가 언급되어 있다(또한 "브라운 걸The Brown Girl"에 나오는 등장인물도 참조; 프랜시스 차일드 2A): "그녀는 흰 지팡이를 손에 들고 있으며 자신의 가슴에 그것을 부드럽게 문지른다; 믿음과 진심으로 나를 용서하고 당신의 영혼이 고이 쉬기를 바랍니다"(프랜시스 차일드 77, D 13에서는 은색 열쇠가 사용됨); **3.** 결혼marriage; 반지ring 등 참조.

양 lamb **1.** 달콤함, 용서, 온유함: "핍박받은 어린 양이 공분을 일으키지만 그는 도살자의 칼을 용서한다"(윌리엄 블레이크William Blake, 순수의 전조Aug. of Inn); **2.** 온순함, 약점; **3.** 결백: a. 늑대와 사자의 대극; b. 그리스도: i. 이사야서Isa.에서 그는 털을 깎일 때 침묵하는 어린 양으로 예시된다; ii. 사도 요한의 수난에서; iii. 지하 묘지에서 그리스도는 열두 사도의 어린 양으로 둘러싸여 있다; **4.** 희생제물: 구약성서에서 희생제물은 매일 두 번 바쳐지며 그다음(신약)에는 부활절 어린 양이 바쳐진다; **5.** 절제: "어린 양과 함께 자고 종달새와 함께 일어나라"(속담); **6.** 호랑이의 대극으로서 하나님의 사랑=하나님의 진노: 예 윌리엄 블레이크William Blake; **7.** 즐겁게 뛰어 놀기; **8.** 주노(로마에서), 헤카테(흰 양과 검은 양 모두), 아프로디테같은 위대한 여신들에게 바쳐짐; 곤경에 빠진 선원들이 흰 양을 바치자 카스토르와 폴리데우세스는 곤경에 처한 선원들을 구하기 위해 순풍을 타고 왔으며 참새(바다의 신 아프로디테에게 신성한 것)가 그 뒤를 따랐다; **9.** 헤르메스와 디오니소스에게 바쳐짐: 디오니소스 의례에서 디오니소스(풍요)를 풀어 주기 위해 어린 양을 지하세계의 신들에게 바쳤다; **10.** 문장heraldry(紋章): 인내와 친절; **11.** 민속: a. 어떤 마녀나 마법사도 어린 양(또는 비둘기)으로 변할 수 없다; b. 부활절 아침 해뜰 때 언덕을 오르면 태양 아래 깃발을 든 어린 양을 볼 수 있다; c. 검은 양이 없는 양떼는 양의 수가 늘지 않지만 검은 양이 두 마리 이상이면 불행하다; d. 나쁜 징조: 양이 너무 많으면 눈에 띄기 때문에 전쟁을 예고한다; **12.** 양털fleece 참조; 양sheeps.

양 sheep **1.** 봄: 양자리와 연결된다(입문과 불); 계절seasons 참조; **2.** 순수, 단순, 부드러움, 정직: a. 아벨과 관련된다: 유목민의 목축 대 가인의 농업; b. 심판의 날에 양은 오른편으로, 염소는 왼편으로 둘 것이다(마태복음Matth. 25, 33); c. 늑대의 반대; **3.** 사랑, 자선; 양들은 강한 자에게 살을, 약한 자에게 젖을, 추운 자에게 양털을 준다; **4.** 희생: a. 흰 양(일반적으로 흰 동물)은 제단에서 하늘의 신에게, 검은 양은 도랑에서 지하세계의 신에게 제물로 바쳐졌다; 양lamb 참조; b. 검은 양은 폭풍의 신에게, 흰 양은 호의적인 제피로스에게 바쳤다(베르길리우스Virgil, 아이네이스Aen. 3, 120); c. 기독교: 그리스도; **5.** 맹목적으로 양치기를 따르는 양 떼: a. "양 한 마리가 제방[=도랑] 위로 뛰어오르면 나머지도 모두 뛰어오를 것이다"(속담); b. 교회(적어도 시편Ps. 74, 1 이후); **6.** 무력감: 유배 중인 이스라엘(예레미야서Jer. 50, 17); **7.** 속담에 나오는 완고함, 어리석음; **8.** 방황: a. "우리는 모두 양같이 길을 잃었고; 우리는 각자 제 갈 길로 갔거늘 여호와께서는 우리 모두의 죄악을 그에게 담당시키셨도다"(이사야서Isa. 53, 6); b. "나와 함께 기뻐하자. 내가 잃어버린 내 양을 찾았기 때문이다"(누가복음Luke 15, 6); **9.** 구름: a. 일반적으로 자연 신화에서; 하늘 신들의 가축의 일부; b. 특히 태양신과 관련 있다: 아폴로는 벌로 아드메투스의 양 떼를 돌보았다; **10.** 예언적: 점과 날씨 예측에 사용되었다; **11.** 이브의 상징: 그녀는 타락한 후에 옷을 만들기 위해 양털을 짜야 했다; **12.** 상징에서 고리대금의 속성; **13.** 사랑하는 사람의 이teeth: "네 이는 양 떼 같으니라"(아가서SoS 4, 2); **14.** 양털 깎기: 마법적인 효능이 있는 양 털과 관련된 오래되고 중요한 축제(예 사무엘상서1Sam. 25); **15.** 양가죽: a. 양피지와 관련된다; b. 성막의 덮개로서 양가죽은 진리를 수호한다; c. 양털; 황금양털Golden fleece 참조; **16.** 양의 내장: 진정시키는 음악: "양의 내장이 사람의 몸에서 흠 없는 영혼을 꺼낸다는 것이 이상하지 않은가?"(헛소동Ado 2, 3); **17.** 민속: a. 거룩함: 성탄절 (때로는 부활절)에 그들은 새벽에 일어나 동쪽으로 세 번 절을 한다; b. 양 떼를 만나는 것은 운이 좋은 일이지만 그 무리를 통과하면 안 된다; c. 마법: 예 사랑-마법: 잔가지에 찔린 마른 양의 심장; d. 날씨를 예측하는 동물: 양들이 안절부절못하고 울음소리를 내면 매우 많은 비가 올 것으로 예측된다(참조: 리코프론Lycophron 1, 103ff); e. 양의 몸을 보호하는 부분: 예 i. 양의 머리에서 나온 작은 T자형 뼈; ii. 말의 목깃에 달린 작은 양가죽; f. 많은 질병의 치료제; **18.** 양털; 황금양털Golden Fleece; 어린 양lamb: 숫양ram; 양치기shepherd 참조.

양 우리 sheepcote 양 우리는 천사들로 이루어진 찬양대였고 이들의 사역을 통해 우리의 한숨과 기도가 하나님께로 올려졌다(산 후안 10세S. Juan X, 영적 찬가CE 2, 3).

양고기 mutton **1.** 암 양고기: 따라서 양을 물어뜯는 사람(본래는 개)은 교활하고 은밀한 사람 특히 여자 사냥꾼을 을 의미하게 되었다; **2.** '절개한 양고기'; 고급 창녀(베로나의 두 신사Gent. 1, 1; 또한 눈에는 눈, 이에는 이Meas. 3, 2 참조): a. 옷의 아래 천을 드러내기 위해 위의 천을 잘라낸 옷; b. '새를 자르다'=요리하기 전에 새를 절개하다(양념이 잘 베어들도록 하기 위해); **3.** 죽음: "양고기처럼 죽었다(활력이 없다)"(관용구).

양고추냉이 horse-radish **1.** 히브리: ('하제레스ha-zereth' 또는 '마로르maror'): 보통 쓴 맛이 나는 약초. 유월절 잔치에서 갈아서 사용하고, 애굽(=이집트)에서 당한 속박의 참담함을 상징한다; [쓴] 약초herb 참조; **2.** 점성술: 화성Mars과 관련된다.

양골담초속 cytisus (식물) **1.** '트레포일 관목shrub trefoil' '메딕 관목shrub medic' '클로버 관목shrub clover' 라고도 부름; **2.** 이것은 매우 귀한 클로버 종류이며, 동물의 사료로 유용하고 벌들이 좋아한다; 암컷 양과 여성들의 젖이 많이 나오게 해 준다(루키우스 주니우스 모데라토스 콜루멜라Lucius Iunius Moderatus Columella 5, 12, 1ff; 또한 드 아르보리부스Arbor. 28도 참조).

양귀비 poppy (식물; 꽃) **1.** 번식: a. 하데스가 페르세포네를 데려갔을 때 페르세포네는 곡식 가운데에서 양귀비를 골랐다. 또는 데메테르가 메코네에서 이것('메콩mekon')을 만들었다(파우사니아스Pausanias 2, 10. 칼리마코스Callirnachus, 6번째 찬가H6, 44ff. 등도 참조); b. 아프로디테에게 바쳐졌다; c. 씨앗이 많이 들어 있다: 라틴어 '페쿤다 파파베라fecunda papavera'; d. 아르테미스에게 바쳐졌다: "순결한 자들이 나를 숭배하며 붉고 검게 물든 양귀비의 왕관들을 매달고 종과 줄기를 여기 있는 나의 아테나이의 형상 위에 걸고"(로버트 브라우닝Robert Browning, "아르테미스 프롤로그Artemis Prologizes"); 순결의 상징: 성욕 억제제; **2.** 마취제: a. 솜누스(역주: 수면의 신)는 데메테르를 재우기 위해 양귀비를 주었고, 데메테르가 잠을 잔 후에 곡식이 다시 자랐다; b. 키메르인들의 땅 근처 잠의 동굴 바닥에는 레테(망각)의 강이 흐르고 양귀비가 자란다(나소 P. 오비디우스Naso P. Ovid, 변신이야기Metam. 11, 605); c. 무기력의 상징: 무관심과 무지를 나타낼 수도 있지만 교활함의 상징이기도 하다; **3.** 위로(수면과 망각이 가져오는); 교회의 의자에 새겨져 천상의 수면을 나타낸다. 양귀비의 진홍색은 또한 부활을 암시한다; **4.** 가을과 중독(존 키츠John Keats, "가을에 대한 송가Ode to Autumn"); **5.** 일시적 쾌락: 중독; 이것은 비너스가 그녀의 결혼식에서 마신 최음제이며, 4월 1일에 마실 것이 권장된다(나소 P. 오비디우스, 행사력Fasti. 4, 151ff.); **6.** 화장품: 찬물에 섞어 두드려서 사용한다(나소 P. 오비디우스, 여성의 얼굴 화장법De Med. Fac. 99f.); **7.** 올림픽 경기를 위해 훈련하는 선수들에게 포도주와 꿀과 함께 제공했다; **8.** 민속: a. 불운: 양귀비를 집에 가져오는 것은 위험하다; b. 추모: 영국에서는 휴전 기념일에 제1차 세계대전 때 파괴된 플랑드르의 황폐한 들판을 기념하기 위해 착용했다('잊지 않도록').

양날칼, 레이피어 rapier 결투용 레이피어와 단검은 셰익스피어 시대에 종종 전통적인 검과 버클러(역주: 작고 둥근)를 대체했다(눈에는 눈, 이에는 이Meas. 4, 3 참조).

양놀래기 wrasse (물고기) **1.** '놀래기' 과의 해양 어족; **2.** 이들은 질투심에 가득 차 그들의 사생활을 지켜보았다; 암컷은 모범적인 주부로 수컷에게 전적으로 의존한다(클라우디우스 아엘리아누스Claudius Aelianus, 동물의 본성에 관하여NA 1, 15; 다음의 3번도 참조) 음탕하고 탐욕스럽다(아테네우스Athenaeus 7, 281ff.; 304, f); **3.** 라틴어 'coris lulus' 또는 무지개빛 놀래기는 해면을 찾아 수천 명의 잠수하는 사람들을 공격했다. 독이 있어서 이것에 물리면 치명적인 상처를 입는다(클라우디스 아엘리아누스, 동물의 본성에 관하여 2, 44; 아테나이우스, 4, 157a; 오피안Oppian, 할리에우티카H 2, 434ff.); **4.** 메를 래쓰merle-wrasse와 트러쉬 래쓰thrush-wrasse를 잡기 위해서는 특별한 미끼와 기술로 질투심을 불러일으켜야 한다(같은 책 4, 172ff.); **5.** 이들은 원래 이탈리아 해역에서 서식한 것은 아니며 "산란"만 그곳에서 했다(마크로비우스Macrobius, 사투르날리아S 3, 16, 10); **6.** 앵무고기parrot-fish 참조.

양동이 bucket **1.** 채워졌다가 비워지는 양동이의 순환에 따른 운Fortune의 속성(참고할 문헌: 리처드 2세의 비극R2 4, 1); **2.** 민속: 예를 들어, 낚시꾼들은 뒤집어진 양동이에 앉지 말아야 한다; 양동이를 차 버리는 것, 즉 양동이에서 죽는 것에 관한 말장난. 여기에서 양동이는 무엇인가가 매달려 있는 기둥 또는 멍에이다; **3.** 또한 들통pail 참조.

양모 wool **1.** 가정적이고 소박한 삶; 비록 성서에서는 옷의 일반적인 소재이지만 성직자들에게는 금지된다: "땀이 나게 하는 것으로 허리를 동이지 말 것이며"(에스겔서Eze. 44, 18), 따라서 그들은 베로 만든 옷만 입을 수 있었다(가는 베 관과 베 바지 등); 오르페우스와 디오니소스 신화에서의 신도들에 대한 유사한 금지사항(헤로도토스Herodotus 2, 81) 참조; **2.** 소리가 나지 않음: "신들은 발에 양털 신을 신는다."(그들이 판결을 내릴 때: 속담); **3.** 모호함: "공상"=상상 속 목적 없는 꿈; **4.** 장막: "잉글랜드에서는 시체를 양모로 덮었다"(스위프트); **5.** 풍요: 그리스에서는 봄과 가을에 열리는 풍요 의식에서 양털과 계절 과일로 묶은 올리브 가지로 만든 '에이레시오네'를 사용했다; 후대의 그리스인들은 스스로 이러한 징표의 기원에 대해 이의를 제기했지만, 이러한 것들이 오르지적 풍요 의식과 연관되어 있다는 것에 동의했다; 로마의 신부들은 양털(그리고 돼지 또는 늑대의 지방)로 문설주를 문지르라는 요청을 받았다; **6.** 게르만: 하임달의 예민한 청각을 통해 땅에서 풀이 자라고, 양털이 자라는 소리를 들을 수 있다.

양배추 cabbage (식물) **1.** 이로운 것; 옛날의 모든 의사가 강력히 추천했다; 5번 참조; **2.** 자기 의지의 상징; 포도나무와는 상극으로 양배추는 음주의 숙취를 제거 한다; **3.** 태양의 상징(형태); **4.** "양배추와 왕": 루이스 캐럴Lewis Carroll의 "거울 속 나라의 엘리스Through-Looking- Glass"에 있는 바다코끼리 시에서 엉성하고 다양한 주제; **5.** "두 번 들은 이야기는 두 번 팔린 양배추"(속담).

양서류 amphibian **1.** 일반적으로 싫어하는 것의 상징: 새의 반대; **2.** 진화 단계에서 바다를 떠난 최초의 동물 단계(인간의 전 단계); **3.** 인간: 영과 물질의 나뉨.

양성성 androgyne **1.** 수컷+암컷; 모든 아버지+모든 어머니; 신부+신랑; 자연에서도 발생한다: 예 거머리, 아룸릴리arum-lily와 같은 식물; **2.** 타로카드에서 바보의 다른 이름; **3.** 인격 분리의 느낌이 사라짐; **4.** 종종 여성 복장의 성직자에 의해 이루어졌던 의례. 특히 키벨레 같은 여신(그리고 그리스도의 이중적 본성)을 위해; 예 기독교의 흰색 장옷alb 참조; 남자 또는 여자의 다산 매춘; **5.** 자연의 생산력, 생명 상징(예 안세이트ansate 십자가; 역주: T자 형태의 십자가, 앙크십자가라고도 한다); 풍요의 신들과 영웅들은 종종 '여성' 단계를 거친다(예 디오니소스, 헤라클레스, 아킬레스, 테세우스, 베르툼누스 등); **6.** 다음을 상징한다: a. 인간: 턱수염이 난 아프로디테, '돛대가 달린 비너스'(딜런 토머스Dylan Thomas), 자웅동체; b. 상징: 닻, 화살표+표적, 딱정벌레, 십자가, 원뿔, 원 속의 점, 백합 문양 등; **7.** 예술에서 종종 여성의 남성적 얼굴표정은 견고하고 심오한 판단을 나타낸다; **8.** 이성복장의 착용은 항상 다산축제의 특징이었다(결과적으로 주술적); 모리스 댄스에서 여성이면서 남성인 기괴한 인물이 (더 작은) 남자배우들을 쫓아다니면서 그들을 그녀의 '치마'로 덮으려 했다; **9.** 자웅동체hermaphrodite 참조.

양지꽃 cinquefoil (식물) **1.** '가락지나물Potentilla reptans': 다섯 개의 작은 복엽을 갖고 있다(프랑스어 'cinque foil'); 양지꽃은 베리 열매를 맺는다(플리니우스Pliny 25, 62); **2.** 5라는 숫자는 위대한 어머니-여신Great Mother-Goddess과 관련된다: a. 모성애; b. 죽음; **3.** 문장heraldry(紋章): 희망, 기쁨: 밝은 꽃과 우아한 잎; **4.** 부적: a. 위험을 피하게 해 준다: 종종 연철로 된 대문에 붙여서 사용함; b. 상처를 아물게 하고 뱀에게 물린 상처를 치유한다; c. 정화에 사용되었다.

양지꽃 속, 포텐틸라 potentilla (식물) **1.** 일반적으로 다음을 의미한다: 원시 장미의 광범위한 종: 약초와 작은 관목으로 이루어진 '장미과'의 식물이며 이 중에는 귈마silverweed, 양지꽃 속cinquefoil, 토르멘틸tormentil 등이 있다; **2.** 동물에게 쏘인 상처를 치료한다(니칸데르Nicander, 테리아카Th. 839; 그는 이것을 그리스어 '펜타페텔론pentapetelon' 또는 '다섯 개의 꽃잎' 혹은 양지꽃 속cinquefoil'이라고 불렀다).

양초(가는 초) taper **1.** 셰익스피어의 작품 속에는 삶을 위한 일련의 양초 이미지가 있다: 예 "나의 양초 1인치가 불타서 완성될 것이다"(리처드 2세의 비극R2 1, 3); **2.** 양초의 남근 모양을 강조한다.

양치기, 목자 shepherd **1.** 양치기 신: 아누비스(이집트), 아티스(프리기아), 파리스, 탐무즈 및 마르둑(바빌로니아), 헤르메스(그리스), 아폴로, 여호와(이사야서Isa. 40, 11), 그리스도; **2.** 항상 목자들이 신들과 영웅들을 길렀다(또는 '발견했다'): 제우스(한 버전에 따르면 이다의 목자들이 제우스를 길렀다), 로물루스, 고레스, 그리스도, 미트라(이들은 바위, 즉 동굴에서 태어났다); **3.** 유목민들 사이에서 목자장은 제사장이기도 하다: 다윗, 모압 왕, 메사(열왕기하서2Kings 3, 4), 선택되어 채색옷을 입은 요셉 등; 따라서 목자는 일반적인 히브리 지도자의 이미지가 되었다: 모세, 다윗, 고레스, 메시아; 목자와 은둔자는 똑같이 옷을 입고 다니기 시작했다; **4.** 양을 나르는 신들: 판, 헤르메스('크리오포로스'), 엔디미온, 아리스테우스, 그리스도; **5.** 고대 지혜의 수호자: 예로부터 "양치기의 달력은 있었지만 농부나 선원들의 달력은 상대적으로 적었다; 델피의 첫 번째 신탁을 양치기가 받았다(플루타르코스Plutarch, 신탁의 쇠락에 관하여Decl. of Or); **6.** 달: 별 무리의 양치기; **7.** 저승사자: 망자의 땅으로 양-영혼을 인도하는 자(헤르메스-그리스도와 관련됨); **8.** 목가적인 시에서의 소박한 연인: 특히 첫눈에 반하는 사랑; **9.** 이집트: 때로는 좋지 않은 콩을 그들에게 먹였고 양고기는 금기였다; "애굽 사람들에게 가증한 것" 참조(창세기Gen. 46, 34); **10.** 윌리엄 B. 예이츠William B. Yeats: 젊음, 자연스러운 육체적 삶; 풍경에 관해서 그는 계곡과 연결되었다; 염소자리의 반대; **11.** 다른 것과의 조합: A. 양치기의 지팡이: a. 이집트 왕권의 상징; b. 예수 탄생의 상징; c. 영적 인도

자의 상징: 주교의 십자가; B. 양치기의 딸: 동정녀 조안(=잔다르크Joan of Arc; 참조: 헨리 6세 1부1H6 1, 2); C. 양치기 축제: (바벨로니아) 춘분; 양털 깎기sheep shearing 참조; D. 양치기의 파이프: 팬-파이프: 바람; E. 양치기의 별: 금성Venus(참조: 존 밀턴John Milton, "코무스Comus" 93; **12.** 떼herd; 목동herdsman 참조.

양치기소녀 shepherdess 라헬은 양치기소녀였다(창세기Gen. 29, 9); 히브리어 'Rachel'='어린 양lamb'(참조: '레아Leah'='암소cow')

양치류, 고비, 고사리 fern (식물) **1.** 일반적으로 다음을 의미한다: a. 많은 식물의 속을 양치류라고 부른다; 단어 '양치류'는 '날개' '깃털' '잎'을 의미하는 어근에서 파생되었다; b. 양치류의 가장 분명한 공통점은 새로운 잎이 감기는 방식으로 끝이 말린 구조라는 것이다; c. 대부분의 양치류 종에서 '소리sori'(포자, 씨앗의 집합체)는 잎 표면 아래로부터 자라나며 '포막 indusium' 층으로 보호된다; 어느 정도 건조해지면 포자가 퍼진다; d. 하나의 양치류는 진정한 세대교체를 나타낸다; 식물(포자체 생성)은 무성 포자를 생산하며 이 포자는 배우체 또는 유성 세대로 자란다; 이것은 수컷과 암컷 배자를 생산하며 수정 후에 포자체 식물로 다시 자란다; e. 달리 언급하지 않는 한 양치류('프테리스 아퀼라Pteris aquila' 또는 '독수리 고사리')에 대해 이야기하는 것이다; 다른 중요한 양치류로는 공작고사리, 골고사리 등이 있으며 소위 고비("낙엽고사리종")로 불리는 양치류는 다른 과에 속한다: 잎의 윗부분은 수정 능력이 있고 자라나며 녹색을 거의 또는 전혀 띠지 않아 꽃처럼 보인다; f. 양치류는 그늘지고 습한 토양에서 자라는 것을 선호한다; g. 오랫동안 사람들은 양치류가 '꽃도 씨앗도 없이' 기적적으로 번식한다고 믿었다(플리니우스Pliny 27, 17, 55 참조); **2.** 성실의 상징; **3.** 인내; **4.** 환상(특히 고비Royal Fern, 아래 15번 참조); **5.** 고독, 겸손, 인간미(앞의 1번 f 참조); **6.** 천둥과 번개와 연관된다: 양치류의 씨앗은 황금이나 불꽃처럼 한여름에 '피어난다'; 동종요법: 번개로부터 집을 보호한다; **7.** 뱀snakes과 연관된다: 양치류는 살무사adders를 끌어들이므로 성 패트릭St. Patick에 의해 저주를 받아 지금은 꽃을 피우지 못한다; **8.** 때로는 악마의 식물이지만 고사리는 신성한 식물이기 때문에(모든 중요한 상징에 내재된 모호성) 마녀들이 두려워한다; 이는 고사리가 그리스도의 이니셜(십자형으로 자를 때 날개를 편 독수리 모양이 됨)을 갖고 있기 때문이다; 그러나 아래 민속 참조; **9.** 자신감; **10.** 매혹(앞의 7번 참조); **11.** 양치류의 씨앗은 사람을 보이지 않게 만든다(민속 참조): "우리는 양치류의 씨앗을 받아 보이지 않게 걷는다."(헨리 4의 1부1H4 2, 1 참조); **12.** 식민지 개척자들의 상징(올리브에 견준다); **13.** 양치류의 잎: 죽음을 이겨내는 승리(남쪽 종려나무 잎에 견준다); **14.** 공작고사리: 사이프러스와 마찬가지로 아이데스Aides/하데스Hades에게 바쳐졌다; **15.** 고비(꽃피는): a. 침대 또는 가마를 장식하는 데 사용된다; b. 예언적 꿈과 환상의 영감을 준다; **16.** 밤나팔꽃Moonflower (작은 양치류); **17.** 딜런 토머스Dylan Thomas: "거드름 피우는 양치류the strutting fern": 시인 자신도 그 자신을 뽐내는 것으로 묘사했다. 그리고 다른 시에서 자기애적으로 허세를 부렸다("장례 후에After the funeral" 참조; 1번의 d, 14 참조); **18.** 민속: A. 비를 내리게 한다: 양치류를 자르거나, 태우거나, 심지어 잡아당기면 비가 올 수 있다; B. 무심코 양치류를 밟으면 사람이 혼란을 겪고 그의 지혜와 길을 잃기 쉽다; C. 치료 및 예방: a. 탕약과 고약: 상처나 뱀에 물린 상처 등을 치료할 수 있다; b. 여성에게 낙태나 불임을 유발 수 있다(매우 약효가 높은 것 외에도: 플리니우스Pliny); D. 양치류 씨앗: a. 양치류 씨앗 세 알로 어떤 생명체든 마음대로 불러낼 수 있다; b. 신발 안에 씨앗을 넣고 신으면 사람이 보이지 않게 만든다; c. 씨앗을 손에 들고 다니는 것은 동종요법으로 숨겨진 황금 보물을 찾기: 6번 참조; d. 씨앗을 찾는 것은 세례 요한 축일 전야(또는 가끔 성탄절: 하지)에 해야 하는 위험한 일이다; E. 수컷 양치류: '행운의 손'으로 만들 수 있다: 세례 요한 축일의 전야에 '뿌리'(초기 배아의 주된 뿌리는 매우 일찍 죽기 때문에 보조적인 뿌리)를 캔다; 둥그렇게 말려 있지 않은 다섯 개의 잎을 제외하고 모든 잎을 잘라 버리면 결과적으로 울퉁불퉁한 손처럼 보일 것이다; 이것을 모닥불에 그을려서 굳혀야 하며, 그러면 악마와 마법으로부터 가족과 가축 등을 보호할 것이다; F. "양치류가 국자만큼 높을 때 너는 가능한 한 오래 잘 수도 있다(역주: 양치류의 키가 커지는 계절이 오면 푹 쉴 수 있다)"(속담).

양털 fleece 1. 특히 태양의 빛을 받는 구름과 연결되는 양 상징성과 관련 있다; 양털 구름은 비의 징조(아라토스Aratus, 하늘의 현상Phaen. 938f. 참조); 2. 인공 강우: a. 기드온(사사기Judg. 6, 37ff)은 타작마당에서 양털로 비를 내리는 마법을 행하였다(다산 상징과 대지-옴팔로스를 위한); 그러므로 중세시대에 양털은 마리아를 의미했다: 잉태하지만 그녀 몸의 나머지 부분에는 메마른 숫처녀 상태였다; b. 콜키스에서 찾은 황금양털: 분리separate 참조; 3. 목축의 신으로서 판 신과 관련 있다: a. 판은 고운 흰색 양털의 숫양으로 변하거나 혹은 양을 선물로 주어 셀레네/루나를 유혹했다(베르길리우스Virgil, 농경시Georg. 3, 39Iff. 참조); b. 신성한 숲의 신성한 양털에 누워있을 때 그의 신탁인 바람 신의 속삭임이 들을 수 있다: 정화의 례를 위해 돼지를 제물로 바치고 숫양을 죽인 후 그 양털 위에서 잠을 잔다(파우사니아스Pausanias 1, 34; 리코프론Lycopliron 1050f. 등).

양파 onion (식물) 1. 단일체: 하나의 유기체를 이루는 구성요소들: a. 원초적 원인, 신의 상징; 연꽃lotus과 장미rose 참조; b. 완벽하게 살아있는 균형을 이루는 우주; c. 불멸성; 2. 빛: 많은 품종이 낮과 밤의 길이에 민감하게 반응한다; 3. 점성술; 화성과 관련이 있다; 4. 민속: a. 달이 지면 자라기 때문에 달의 마녀에게 대항하는 강한 힘을 가지고 있다; 그리고 여느 강력한 약초나 덩굴줄기처럼 사악한 악령을 쫒는다. 대개는 양파를 집 안에 두는 것으로 충분하다(자르지 않아도 된다); b. 뱀이 싫어한다; c. 회초리를 맞게 될 남학생들이 덜 아프려고 생양파를 손바닥에 문질렀다. 회초리에 문지르면 회초리가 부러질 것이다; d. 정력제(나소 P. 오비디우스Naso P. Ovid, 사랑의 기술De Art. Am. 2, 421); 시야를 맑게 하고 물린 상처를 치료하며 혈색이 돌아오고 숙면을 취하게 한다(플리니우스Pliny 20, 20).

양피지 parchment 1. 로마: a. 시력이 약한 사람들이 사용했다(마르쿠스 파비우스 퀸틸리아누스Marcus Fabius Quintilianus, 10, 3); b. 자주 지우는 경우를 대비해 종종 준비되었다(마르쿠스 발레리우스 마르티알리스Marcus Valerius Martialis 14, 7); 2. "양피지 좌석" 은 귀족사회를 일컫는 말이다(로버트 버튼Robert Burton, 우울의 해부Anat. of Mel. 2, 3, 2).

어깨 shoulder 1. 신성한 권위를 지닌 제사장과 왕에게 바치는 희생제물의 가장 귀한 부분(레위기Lev. 7, 32; 9, 21 등): 또한 오이디푸스Oedipus 및 펠롭스Pelops 참조; 2. 견갑골: 종종 점을 치기 위해 참고한다; 3. 별자리: 쌍둥이자리Gemini의 지배를 받는다(팔을 포함해서); 4. 전래동요: 기울어진 어깨: 성공적인 발레 무용수.

어리석음 imbecility 1. 어리석음은 어린아이처럼 막대기를 타고 카드놀이를 하는 노인으로 의인화된다; 2. 어리석음folly 참조.

어린 암소 heifer 1. 신부, 다산, 자양분의 제공자; 2. (소와 같이) 어머니 여신Mother-goddess의 상징(동화에서 종종 등장하는 대모god-mother); 하토르, 이오, 이시스 등에게 바쳐졌다; 3. 희생제물: A. 히브리: 다음의 이유들로 붉은 암소(대지)를 제물로 바쳤다: a. 죽은 자와 접촉한 후 부정한 사람을 정화하는 '분리의 물water of separation'을 얻기 위해 ; b. 처벌받지 않은 살인을 속죄하기 위해; c. 다윗의 선택에 따라(소cow 참조); B. 로마: 디도는 흰 암소의 뿔 사이에 주노에게 바치는 봉헌주를 부었다(베르길리우스Virgil, 아이네아스Aeneid 4, 60f); 희생되어 묻힌 암소의 사체에서 벌이 태어난다(나소 P. 오비디우스Naso P. Ovid, 행사력Fasti. 1, 363); 4. 음란함, 무모함: a. "애굽은 심히 아름다운 암송아지일지라도 북으로부터 쇠파리 떼가 줄곧 오리라"(예레미야Jer. 46, 20); b. "이스라엘은 완강한 암소처럼"(호세아Hos. 4. 16); 5. 보호자 또는 도시의 건설자로서 어머니 여신: 신탁에 따르면 아게노르의 아들 카드모스가 예언된 암소가 누워 쉬는 곳에 보이오티아('암소의 땅')를 건설한다(나소 P. 오비디우스Naso P. Ovid, 변신이야기Metam. 3, 10ff.); 소cow 참조; 6. a. 흰 암소: 요베(제우스)는 질투하는 주노(헤라)의 감시를 피하기 위해 이오를 흰 암소로 변신

ㅇ

시켰으며, 주노는 '무수한 눈이 달린 아르고스'에게 이오를 감시하게 했다(달-소로서 이오): "소가 되어서도 그녀는 아름답다"; 오비디우스는 이러한 아름다움을 아버지(강의 신)의 강에서 그녀의 뿔이 반사되는 것으로 강조했으며(변신이야기 1, 588ff.), 또한 그녀는 이집트로 달아나 이시스로 숭배되었다고 했다; 또한 나소 P. 오비디우스, 사랑의 기술De Art. Am.에 이오에 관한 많은 언급이 있다(1, 76; 3, 393 등); **7.** 황소bull(예 파시파에와 관련하여); 소cow 참조.

어린이, 아이 child **I. 일반적으로 다음을 의미한다:** **1.** 천진함, '천사', 순수: "순수하고 밝은 이마와 경이로움을 꿈꾸는 눈의 아이"(루이스 캐럴Lewis Carroll, "거울 속 나라의 앨리스Through the Looking-Glass," 서문); **2.** 오염되지 않은 자연 그대로이며 비논리적인 삶의 개념; **3.** 시작, 봄, 새벽: "아침이 낮을 보여 주듯이 아동기는 사람을 보여 준다"(존 밀턴John Milton, 복낙원PR 4, 220); **4.** 자연과의 합일unity, 아동기 이후의 삶에서는 잃어버리는 것: "어린이는 어른의 아버지이다"(윌리엄 워즈워스William Wordsworth, "내 가슴이 설레이네My heart leaps up"); **5.** 무지: "최고의 말은 길들여야 하고 재능이 뛰어난 아이는 가르쳐야 한다"(속담); **6.** 은혜를 모름: a. 거듭 반복되는 주제: 예 "감사할 줄 모르는 자식을 두는 것이 뱀의 이빨보다 얼마나 더 날카로운지"(리어왕Lr. 1, 4); **7.** 슬픔: 셰익스피어 작품에서 슬픔은 종종 아이로 나타난다. 종종 슬픔은 조상의 슬픔이 '낳은 것이며 슬픔은 끔찍한 출생monstrous birth으로 분만되고 길러진다': 예 "부재한 내 아이의 방을 슬픔이 가득 채운다"(존왕의 삶과 죽음K. John 3, 4; 또한 리처드 2세의 비극R2 2, 2의 여러 부분에서); **8.** 건망증(그리고 용서): "노인은 죽고 아이들은 곧 잊어버린다"(속담); **9.** 미래, 풍요; **10.** 신비로운 아이는 지혜를 가르치고(예 예수 그리스도와 필경사Jesus and the scribes), 수수께끼를 풀고, 지하 괴물 또는 영적 괴물로부터 세상을 해방시킨다; 다음의 카를 융Carl ung 참조; **11.** 신비한 중심centre; **12.** 연금술: (특히 왕관이나 왕의 옷을 착용하고 있을 때) '현자의 돌lapis': '우리 안에 있는 신'과의 동일시, 인간의 영원한 부분; **13.** 심리: (카를 융): a. 어린이는 의식을 나타내며, 집단적 정신의 아동기적 측면을 나타낸다; 현대인에게 있어 어린이의 기능은 의식적 정신의 불가피한 일방성과 지나침을 보상하거나 교정하는 것이다; 개인 안의 어린이 존재 발생은 미래의 발달에 대한 예상을 의미한다: 어린이는 전체성을 위한 중재자, 치유를 가져다주는 존재이다; 어린이는 하늘-땅의 결합의 산물이다; 이 신-어린이 또는 영웅-어린이는 심리적 탄생이므로 비정상적인 탄생(예 처녀 잉태)이고 어린이는 인생 초기에 온전함을 얻는 것을 힘들어하고 삶의 욕구에 대한 무력함과 난감함을 보여 준다(강하면서도 동시에 약하다); 어린이는 또한 종종 동물(본능의 세계)의 보호를 받는다; 원시시대 사람들은 아이들을 종종 (농업)문화 영웅으로 여겼다: 아이를 자웅동체로 생각했고 탄생이자 재탄생으로 생각했으며 시작이자 끝으로 여겼다; b. 난쟁이Dwarf도 참조; **14.** 참고할 문학서: A. 윌리엄 블레이크William Blake: a. 예수 그리스도=순수; b. 시의 영(零); B. 라이너 M. 릴케Rainer M. Rilke: 절대적 영감, 힘, 조화, 영원함 속의 완전함, 오직 현재, 따라서 다가오는 천사; C. 토머스 S. 엘리엇Thomas S. Eliot: 충족되지 않은 욕구+더럽혀지지 않은 기쁨에 대한 향수("황무지The Waste Land": 1부에서 썰매타기sledding 참조); D. 딜런 토머스Dylan Thomas: "비밀의 아이The secret child": 내면의 자기one's inner Self; 앞의 12번 참조; **15.** '어둠의 아이들children of darkness': 크레타섬에서 여전히 여성들의 영역에서만 지내고 아직도 여사제 어머니priestess-mother에게 무기와 자유을 허락받지 못한 아이들; **II. 출산**: 탄생birth 참조; **III. 어린이 제물** 또는 죽이기: a. 대체물인 어린이-왕을 죽임: 예 '광기'에 어려 자신의 아이들을 죽인 헤라클레스, 펠레우스 등; 대리왕은 단 하루뿐인 왕이어도 불멸성을 보장한다; b. 특정 시기에 태어난 아이(자신의 자식, 또는 딸의 아들, 또는 조카)가 왕을 죽일(왕을 퇴위시킴으로써) 것이라는 예언 때문에 아이들이 죽임을 당했다: 예를 들어, 예수 그리스도와 동시대인 아서왕은 5월에 태어난 아이들을 모두 죽였다; 일반적으로 그중 한 명이 도망쳐(예 모드레드) 결국 왕을 죽이며, 예를 들어 종종 태양 원반(=태양의 길)으로 '우발적으로' 죽인다; 아이가 노출된다. 예를 들어 오이디푸스나 불구로 태어난 양치기의 아이가 대신 희생되며 이것은 자연 상징성에서 늙은 태양을 죽이고 등장하는 새로운 태양을 상징한다; c. 장자를 제물로 바치는 것(희생제물sacrifice 참조)은 근동지역뿐 아니라 카르타고에서도 행해졌으며 아마도 미노타우로스 신화의 기초가 되었을 것이다: 예를 들어, 황폐함을 치유하고 건강, 행운, 및 전체 풍요를 보장하기 위해 카르타고와 마찬가지로 황소머리 모양의 몰록 신의 화덕에서 장자들이 죽임을 당했다; 또 다른 이유는 환생이었다: 만약 아들이 아버지의 환생으로 태어나는 것이라면 아들을 죽임으로써 아버지의 생명을 보장한다(b번과 관련된); 게다가 첫 번째 낳은 아이는 특별한 신성함이 있기 때문에 이 아이를 희생제물로 삼으면 훨씬 더 효과적이다; 결혼 전 문란한 성생활이 그 여성의 습관이라면 첫 번째 낳은 아이는 아마도 사생아일 것이다; 영아 살해는 드루이드교에서 행해졌으며 셈족, 이집트, 그리스, 로마에서도 행해졌다; d. 때로 아이 제물은 전쟁 때에만 요구되었다; e. 어려서 죽은 어린이(예 타무즈, 아티스, 아도니스, 발데르 등): 모계중심 사회에서 어머니로부터 해방되고 싶어 스스로 잘라버리는 가지Branch; 심리학적으로 이것은 무의식으로부터 해방되고자 하는 의식성을 설명한다: 근친상간을 통해서만 불멸을 (되)찾을 수 있다; 아담을 필멸의 존재로 만든 것도 의식성이다; 영웅hero 및 왕king 참조; **IV. 새해의 아이**: 미래의 태양-풍요-영웅, 대개 바구니-궤에서 발견되거나 알 수 없는 곳에서부터 섬으로 온다: 궤ark, 왕king 참조; **V. 민속**: 1. 태어나서 처음으로 아이에게 한 일 또는 처음으로 아이가 한 일(먹기, 목욕시키기, 키스 등)은 불길한 예후가 있을 수 있으므로 반드시 적절한 주의를 해야 한다; 2. 아버지가 죽은 후 태어난 아이는 치유의 힘을 가지고 있다; 3. 아기의 몸무게를 재는 것은 위험하다(불길한 숫자 주문에 걸리거나 신들 앞에서 자랑하는 일종의 '오만함'이다); 4. 남자는 술을 많이 마셔야 딸을 낳지만(속담에 의하면), 폴스타프는 남자가 술을 마시지 않아도 생선을 많이 먹으면 "일종의 남성 위황병에 걸리고 결혼하면 딸을 낳는다"고 말했다(헨리 4세 2부2H4 4. 3); 5. "아이를 뼈(=아이 돌보는 식모의 무릎)위에서 잠들게 하지 마라"(속담); 6. 조숙에 대한 두려움: "열여섯 살의 남자는 예순 살에도 아이일 것이다"(속담).

어릿광대 buffoon **1.** 광대clown와 바보fool도 참조; **2.** 그리스: 아리스토텔레스Aristotle의 모순적인 어릿광대(니코마코스 윤리학Nic. Eth. II 27a, 21)는 사기꾼과 반대다: 사기꾼은 원래의 자신보다 자신을 더 나쁘게 만드는 반면 어릿광대는 자신의 내면의 비겁함과 어리석음을 용감함을 보여 주는 것으로 덮는다; 지혜; 아리스토텔레스는 자신의 만족을 위해 조롱을 일삼는 모순적인 광대jester와 다른 사람들을 즐겁게 해 주기 위해 그렇게 하는 어릿광대buffoon를 구별한다; 어릿광대는 스스로 온갖 종류의 농담이나 모욕의 대상이 되도록 허용함으로써 부자들의 식탁에서 자리를 차지하는 기생충에게 가깝다(앞의 책 3, 18 및 1419b, 8; 프랜시스 맥도널드 콘포드Francis M. Cornford, 다락방 코미디의 기원AC 119ff).

어릿광대 jester **1.** 희생과 관련된다: a. 신성한 왕의 살해 의식을 시작할 때 신성한 왕의 반전으로서의 어릿광대 그리고 신성한 왕의 대체자; b. 본질적으로 몸과 마음의 비정상적이고 기형적인 것과 관련 있다(현실과 그것에 대한 표상 사이의 불일치, 즉 과장, 생략 등의 방법으로 표현되는 유머); **2.** 여성: 여성들이 말하는 야한 농담: 예 테스토포리아Thesmophoria 기간 동안 교감마법을 하면 임신하게 된다; 이것은 켈레우스의 집에서 변장한 늙은 노인이 데메테르에게 했던 농담을 생각해 보면 설명된다(아폴로도로스Apoldorus 1, 5, 1 및 1, 9, 26 참조); **3.** 교회의 관행과 일반 기득권층에 대한 비판자(따라서 음유시인Minstrel과 관련된다); **4.** 어릿광대의 의상: a. 얼룩덜룩한 옷('잡다하게 마구 섞인'): 이중성; b. 어릿광대의 모자: i. 종bells: 자유와 경고, 비가 오게 한다; ii. 끝에 두 개의 암소 뿔이 있다: 빛과 보는 것; 또한 달의 요소; iii. 나귀의 귀: 이 복잡한 나귀 상징에 대해서는 나귀ass 참조; **5.** 광대clown, 바보fool 등 참조.

어릿광대가 쓰던 모자 coxcomb **1.** 어릿광대의 모자에 대해: "타고난 바보와 멍청이들은 아직도 수탉의 깃털을 달거나 수탉의 목과 머리와 종을 얹은 모자를 쓰는 데 익숙하다"(존 민슈John Minshew, "링구아스의 덕터Ductor in Linguas" 1617; 리어왕Lr. 1, 4, 100 참조); 사육제의 왕자Prince of the Carnaval가 쓴 모자와 관련있다; **2.** 그러므로: 어리석고 천박한 사람: "수다

떠는 멋쟁이"(제인 오스틴James Austen, "엠마Emma"); **3.** 특이성; **4.** 햇살(톱니와 마찬가지); **5.** 수탉cock 참조.

어릿광대모자 foolscap **1.** 머리카락이나 수탉의 볏으로 모자를 감춰서 사람을 바보처럼 보이게 만드는 머리에 꼭 맞는 모자(수탉 볏coxcomb 참조); 본래는 긍정적 표시였으나 나중에는 조롱의 표시가 되었다; **2.** 이것은 종이-표시에 자주 사용되다 보니 종이라는 말 자체가 foolscap(역주: 일정한 크기의 종이 이름)로부터 만들어졌다; **3.** 이것은 아마도 "그리스도를 위하여 스스로를 어리석은 자"로 여겼던 자들에 의한 (억압된) 지식의 분산을 의미할 것이다; (고린도전서 1Cor. 3, 18ff 및 4, 10; '진정한 신자'와 이단자들은 종종 어리석은 자들로 묘사되었다; 해럴드 베일리Harold Bayley II, 319).

어머니 mother **1.** 개인의 고통과는 상관 없는 생명 원리로서의 어머니; **2.** 세대의 연결, 혈연관계(부성적 법칙, 복종 및 복종의 대극이다), 운명, 지혜; **3.** 물질적인 삶, 생명수의 원천; 상징: 물, 동굴; **4.** 삶의 야행적 측면: 밤, 자궁; **5.** 왼쪽: 심장; **6.** 죽음: "어머니 대지로의 회귀"; 상징: 독수리; **7.** 끔찍한 어머니Terrible Mother(원형archetypes 참조); 민요 "잔혹한 어머니The Cruel Mother"(프랜시스 차일드Francis Child 20)는 눈물을 흘리며 그녀의 사생아 쌍둥이 아들들을 죽여야 한다("로흐 로얀의 여인The Lass of Lochroyan", 프랜시스 차일드 76B); **8.** 심리: a. 무의식은 최초의 그리고 최고의 모성 이미지인데, 이것은 왜 무의식의 이미지들이 괴물로 보이는지를 설명한다: 이것은 근친상간으로부터 남자를 겁주기 위한 것이다; b. 첫 번째 모성 이미지는 아니마(남자의 여성적인 부분)이다; 이것은 어머니-누이-연인의 단계에서 위대한 여신을 따르는 것이다; **9.** 여성female 참조; 오이디푸스Oedipus; 여자woman 등.

어머니 허버드 Mother Hubbard 전래동요에서 한 노파는 이상한 방식으로 자신의 시간을 완전히 교활한 행동을 하는 개에게 소비했다(아마도 마녀에게는 익숙한 관계일 것이다): "늙은 어머니 허버드는 그녀의 불쌍한 개에게 뼈다귀를 가져다주기 위해 찬장으로 갔다; 그러나 그녀가 그곳에 갔을 때 찬장은 비어 있었고 그래서 불쌍한 개는 아무것도 못 얻어먹었다"; 그녀의 이상한 모험들 중 하나: "그녀는 개에게 코트를 사 주러 재단사에게 갔다. 그러나 그녀가 돌아왔을 때 개는 염소를 타고 있었다."

어수리 무리 cow-parsnip (식물) **1.** 그리스어 '스포르두레이온sphorduleion', 라틴어 '헤라크레움 스폰디룸Heracleum spondylum'; 옥스퍼드영어사전OED에 따르면, 파스닙이 아니다(즉, 아메리카 당근에 속하지 않는다); **2.** 만병통치약에 속한다(니칸데르Nicander, 테리아카Th. 948).

어수리아재비(Tordylium) hartwort (식물) 태생초birthwort 참조.

어치 jay (새) **1.** 일반적으로 부정적이다: a. 제프리 초서Geoffrey Chaucer: "경멸스러운 어치(경멸스러운 사람)"(파울스의 의회PoF 346); b. 셰익스피어: 이미지 모음: 어치무늬뱀-술취함(즉, '붉은 코'), 속임수; c. 또한 이는 분장에 대해 셰익스피어가 가졌던 증오의 상징이다; **2.** 헤프거나 화려한 여성: "겉치장한 새"; **3.** 얼간이, 시골뜨기; **4.** 모방자: 아이의 울음소리를 흉내 내는 어치가 헤라클레스를 그가 사랑하는 여인(그녀의 아이와 함께 있던)에게 데려다 주었다(파우사니아스Pausanias 8, 12); **5.** 날씨 예측: 어치가 먹이를 먹고 늦게 돌아오면 폭풍이 올 징조이다(플리니우스Pliny 18, 87).

언덕 hill **1.** 산의 **높이 상징성과 동일한** 상징성을 갖는다; **2.** 숭배의 장소: a. 이것은 하늘에 더 가깝고 하늘로 가는 사다리이며 원시 제단이다; b. 조상숭배에 따른 매장무덤과 관련된다; c. 마지막 날에 "주의 전의 산"이 작은 산들보다 높아질 것이다"(이사야서 Isa. 2, 2); d. 종교적 '간음'의 장소; **3. 명상**의 장소: "언덕에 홀로 떨어져 앉아 생각에 잠긴 사람들은 더욱 고양되며 신의 섭리, 예지, 의지, 운명에 관해서 깊이 사색한다…"(존 밀턴John Milton, 실낙원PL 2, 557ff.); **4. 풍요**(민둥산the barren mountain 참조): 포도나무가 자라고 성스러운 이슬이 맺히는 장소; 그러나 평지에 사는 사람들과 비교하면 언덕에 사는 사람들에게는 숲과 가축과 광물이 있다: 길가메시가 삼나무 숲으로 간 이후로 그들 사이에는 영원한 적대감이 있다; **5. 순결한 쾌락**(특히 사랑)의 장소; a. "큰 물은 박수할지어다: 산악이 함께 즐거워할지어다"(시편Ps. 98, 8); b. 그분께서 "산들 위로 뛰어오시며 작은 산들을 뛰어 넘어 오시는도다"(아가서SoS: 성적인 의미); c. "초원에서 아이들의 목소리가 들리고 언덕에서 웃음소리가 들릴 때"(윌리엄 블레이크William Blake, "유모의 노래Nurse's Song"); **6. 바람**과 관련된다: a. 열정, 시간의 경과 등과 같다: 바람wind 참조; b. "큰 바람은 언덕 높은 곳으로 분다"(격언); **7.** 돌보는 것으로부터의 **자유**: 목자의 삶과 관련된다: "오! 나는 그것이 행복한 삶이라고 생각하오. 내가 지금 하는 것처럼 언덕 위에 앉아 보라. 운치 있게 한 점씩 시계 눈금을 새겨보라. 그러면 시간이 어떻게 흘러가는지 알게 될 거요…"(헨리 6세 3부3H6 2, 5); 그리고 디오니소스는 언덕 꼭대기에서 이리저리 헤맨다; **8.** 영원함: "언덕처럼 오래되었다"(속담; 창세기Gen. 49, 26도 참조); **9. 메아리**가 울리는 장소: "이봐, 네 이름이 바로 메아리가 울려 퍼지는 언덕이로구나. 그렇다면 하늘에 대고 소문을 재잘거려 봐, 그리고 "올리비아!"라고 외쳐"(십이야Tw. N. 1, 5); **10. 도움**이 오는 곳(시편 121, 1); **11.** 고대 북유럽: a. 발할라로 가는 입구; b. 죽은 자의 근심걱정 없는 곳; **12. 전투**의 장소; **13.** 다른 것과의 조합; A. 성스러운 언덕: a. 성서에 나오는 시온산(예 시편 2, 6); b. 단테Dante: 신령한 산(낙원)과 관련된다. 또한 존 번연John Bunyan과도 관련된다; B. 언덕의 여인(또는 사람들): 아일랜드의 반시 요정, 요정 이야기, 요정의 언덕(약하고 작은 종족을 위한 피난처); C. 호스 언덕: 더블린 항구를 내려다보는 산책로; 이곳은 아일랜드 왕과 여왕의 고대 매장지로서 호스 성에는 다음과 같이 적혀있다: "피네간의 경야Finnegan's Wake" 에서 호스 언덕은 몸이 반도처럼 보이는 잠자는 거인의 머리 모습의 지형을 하고 있다; D. 죽음의 언덕The Hill of Doom: 올림포스에서 제우스에게 내쳐진 아테 여신이 떨어진 곳; 나중에 트로이가 이곳에 지어졌다(호메로스Homer, 일리아드Il. 19, 126; 리코프론Lycophron 29).

언약, 약속 covenant **1.** 히브리어 'berith'=언약 covenant: A. 하나님과 인간, 즉 창조물 사이의 언약: a. 하나님은 예배자들을 언약을 통해 자신에게 구속시켰다: 예 시연령산의 언약은 십계명으로 귀결되었다; 또는 중개자(사제)가 '언약의 피'를 뿌리고 난 뒤 성찬이 행해졌다; b. 무지개와 관련된다(노아), 보호의 언약. 그 결과 선과 악, 낮과 밤, 생명과 죽음의 영원한 균형을 가져왔다: 쌍binary이 되기 위해 분투하는 이중성; B. 사람들 사이에 또는 집단들 사이의 언약. 예를 들어 성서에서 '다윗과 요나단'이 하나님 앞에서 하는 언약(사무엘상서1Sam. 23, 18) 또는 '하나님이 증인'이 되는 언약(창세기Gen. 9, 8ff); **2.** 제물의 피 또는 언약하는 사람들의 피는 중요한 역할을 한다.

언어 language **I. 일반적으로 다음을 의미한다: 1.** 악마는 필요로 하지 않았기 때문에 인간만이 사용하는 소통의 한 형태(플루타르코스Plutarch, 윤리론집M 589C); **2.** 말이나 개처럼 주인과 동물만이 이해할 수 있는 신호가 있는 것처럼 "대부분의 사람에게 알려지지 않은 상징의 언어"가 있다(3번 이하 참조; 플루타르코스, 윤리론집 593B); **3.** 플라톤은 정치적 · 수사학적 · 변증법적 · 기술적 그리고 일상적 삶의 다섯 가지 언어 유형을 구분했다(디오게네스 라에르티오스Diogenes Laertius 3, 86f.); **4.** 리쿠르고스의 가혹한 법에 따라 남자들은 스파르타에서 짧은 언어 훈련을 받았다(플루타르코스, 리코프론Lyc. 18, 3 및 19, 1ff.); **5.** 그리스도는 오순절의 사도들과 함께 다양한 국적의 사람들에게 설교하였고 그들은 각자의 언어로 이해했다(아르노비우스Arnobius, 이교도들에 대항하여Nation. 1, 46); **II. 종교와 마술의 언어: 1.** 특정 단어, 특히 이름은 항상 마법의 힘이 있다; **2.** 정해진 공식: a. 기도는 거꾸로 말하면 악마와 같다(태양의 반대방향으로 움직임; 가이우스 발레리우스 플라쿠스Gaius Valerius Flaccus 1, 813f. 참조, 해카테를 위해 주문을 거꾸로 연습한다는 언급이 있음); b. 회문(역주: 앞에서부터 읽으나 뒤에서부터 읽으나 동일한 단어나 구)은 반복될 때마다 하나 이상의 앞 글자를 빼 버리는 마법 공식(가장 잘 알려진 '아블라나타날바ablanathanalba')으로 사용되어 왔다(그리스의 매직 파피루스Pap. Mag. Gr. 예 1, 295f. 및 2, 1f.); **3.** 주문, 찬송 및 기도의 언어는 우아하고

ㅇ

아름다운 단어를 포함해야 한다(아그립파Agrippa, 오컬트 철학OP 1, 71; 프란츠 퀴몽Franz Cumont, 로마 이교사상에 나타난 동방종교OR 93 참조); **4.** 로마인들은 그들의 기도문을 의례를 통해 마법적인 힘을 갖게 만듦으로써 신들이 소원을 안 들어 줘도 되는 '허점을 남기지 않아야' 했다. 이들은 먼저 신의 올바른 이름을 찾아내고 그런 다음 신에게 요청한 일을 신이 할 수 있다고 신에게 상기시킨 후, 기도하는 사람이 반드시 덕이 있는 것은 아니지만 독실하다고 주장한 다음(베르길리우스Virgil, 아이네아스Aeneid 9, 406ff. 참조) 조심스럽게 요청의 한계를 정했다; 잊어버린 항목이 있으면 전체 의식을 반복해야 했으며(티투스 리비우스 Titus Livius 40, 16, 2), 중간에 기도가 중단되는 것은 두려운 일이었다(아르노비우스Arnobius, 이교도들에 대항하여 4, 31; 모두 로버트 오길비Robert Ogilvie 34f.의 내용; 또한 마르쿠스 툴리우스 키케로Marcus Tullius Cicero, 공화국Rep. 2, 14, 27 참조); **5.** 무언극 배우의 말로 하는 즉흥연기는 순전히 제의의 성격을 띤다: 말의 '산문 내용'보다는 말을 하는 행위가 더 중요시되며 일상적인 단어 의미는 중요하지 않다(앨런 브로디Alen Brody, 무언극 배우Mummer p. 30); **6.** "아무도 이해할 수 없는 방언으로" 말하는 (신비한) 음성은 민속 주제이다(앨프레드 테니슨Alfred Tennyson, "나에게는 꿈이 있다I have a vision" 222); **7.** 많은 (비밀) 집단은 그들의 구어, 계율 또는 공식이 기록되는 것을 허용하지 않았다(플루타르코스Plutarch, 윤리론집M 22); **8.** 르네상스: 진정한 마술사는 점성술에 기초하고 광물을 잘 볼 뿐만 아니라 언어도 풍부한 사람이다. 라틴어는 교회와 과학 모두의 언어이기 때문에 영혼의 언어이다(따라서 강령술의 언어); 마법의 목적 측면에서 그리스어와 히브리어처럼 다른 기호를 가진 언어는 그 언어를 모르는 자에게 큰 경외심을 불러일으켰고 기호는 이전 문명(이전 거주자의 '혼이 아직 출몰하는' 지역, 즉 이전 문명의 영향이 아직도 많이 남아있는 지역)이나 외계인이 남긴 이해할 수 없는 기호와 동일한 신비적 가치를 갖게 되었다(외부인 혐오증; 크리스토퍼 말로Christopher Marlowe, 파우스투스Faustus 1, 1, 137ff.); **III. 동물의 언어**: **1.** 새와 피가 섞인 뱀을 먹거나, 11월에 사냥을 나가 잡은 첫 번째 새를 여우의 심장과 함께 삶아 먹으면 새의 언어를 배울 수 있다. 용dragon의 심장이나 간을 먹음으로써 동물의 생각을 이해할 수 있다(아그립파Agrippa, 오컬트 철학OP 1, 55, 아폴로니우스Apollonius, 플리니우스Pliny, 헤르메스 및 아랍어 출처 언급; 헬레나 블라바츠키 Helena Blavatsky, 비밀교리SD 1, 434도 참조); **2.** 동물의 언어는 마법을 위한 관용어구로 사용되었다(그리스의 매직 파피루스Pap. Mag. Gr. 5, 27ff.); **IV. 개별 언어**: **1.** 히브리어: a. 히브리어는 하늘에서 내려온 언어이기 때문에 아마도 천사의 언어일 것이고, 바벨탑이 혼돈 이전에 이미 존재했기 때문에 가장 오래된 언어일 것이다. 신은 이 언어로 율법을 주었고 그리스도는 이 언어로 설교하였다. 더욱이 히브리어는 다른 언어들이 변했던 것과 달리 역사의 과정에서 변하지 않았다(아그립파, 오컬트 철학 3, 23); b. 히브리어 기호는 사람이 임의로 선택한 것이 아니라 별의 형상을 따라 형성되었으므로 신성한 명령이었다. 따라서 히브리어 기호는 형태와 숫자 모두 하늘의 신비로 가득 차 있다. 히브리어는 열두 개의 단순한 글자(열두 개 별자리의 황도대Zodiac)와 일곱 개의 이중 글자(일곱 개 행성) 및 세 개의 '어미' 글자(불, 물, 땅의 요소)로 나뉜다: 히브리어는 최초의 원시 언어이고 단어는 자연적인 의미를 가지지만 번역시에는 그런 특성이 사라진다(아그립파, 오컬트 철학 1, 71); c. 아이들에게 언어를 가르치지 않는다면 아이들은 세상의 원시 언어인 유대기독교의 히브리어를 말할 것이다. 독일은 예외인데 독일인들은 그것이 독일어라고 생각한다(토머스 브라운 경Sir Thomas Browne, 저속한 오류PE 5, 23, 3); **V. 외국어를 구사할 수 있음**: **1.** 클레오파트라는 경이적인 외국어 구사력을 가지고 있었기 때문에 이집트의 마케도니아 왕가의 전통에서 벗어났을 것으로 추정된다(플루타르코스, 안토니우스와 클레오파트라 Ant. 27, 3); **2.** 중세: 원숭이는 왕의 비서이다. 많은 언어를 알고 있기 때문에 지식은 '원숭이 속임수'로 간주된다(여우이야기Reynard Fox); **3.** 마녀와 흑마법사는 마귀가 그들과 계약을 맺을 때 요구한 대로 외국어를 철저히 구사할 필요가 있었다(로셀 호프 로빈스 Rossell Hope Robbins 376); **4.** 엘리자베스 1세 여왕 시대에 영국 여성들은 외국어를 알고 있었다. 여왕 자신도 히브리어, 그리스어, 라틴어, 이탈리아어, 스페인어 및 프랑스어를 알고 있었다(리차드 토틀Richard

Tottel 139도 참조); **5.** 현대세계에서 2개 국어를 구사하는 사람은 '이중 언어 구사자', 3개 국어를 구사하는 사람은 '다국어 구사자' 그리고 그 이상을 구사하는 사람은 스파이 또는 다국적 기업의 직원이다; **VI.** 이름name 참조; 그리스어와 같은 개별 언어; 히브리어 등.

얼굴 face **1. 신의 형상**: A. 태양: a. "나는 태양의 장엄한 시선이 산 정상을 장식하는 아름다운 아침을 많이 목격했다. 황금빛 얼굴로 푸른 초원을 사랑스럽게 어루만지고, 하늘의 마법으로 창백한 시냇물을 반짝이는 황금빛으로 바꾸어 놓는다."(소네트Sonn. 33): b. 여호와는 그의 얼굴을 네게 비추사 은혜 베푸시기를 원하며"(민수기Num. 6, 24; 참조: "주의 종 다윗을 위하여 주의 기름 부음 받은 자의 얼굴을 외면하지 마옵소서": 시편Ps. 132, 10); c. 하나님의 형벌: 악을 행하는 사람들을 향한 하나님의 얼굴(시편 34, 16; 이사야서Isa. 59, 2; 에스겔서Eze. 39, 23 등); d. 기독교: i. 삼위일체; ii. 두 개의 외형을 가졌지만 내적으로는 하나인 코, 귀, 눈; e. 카발라: i. 세피로스에 나오는 위대한 얼굴(마크로프로소푸스)을 가리키며 이는 영원 속에 은닉한 후 자신을 드러내시는 하나님을 나타낸다: 세피로스(세피라Sephira 참조)에서 처음 5를 의미한다; ii. 세피로스의 작은 얼굴(마이크로프로소푸스): 세피로스Sepiroth 6−10; f. 일부는 사자, 일부는 염소의 모습을 한 다산의 신 판(또한 키메라의 일부); h. 두 얼굴: 야누스Janus: 문door 참조; B. 달: a. '달의 사람'이라고 불리는 밤의 신으로서: 달moon 참조; b. 이집트: 토트의 얼굴; c. 그리스: i. 신들의 집을 깨끗하게 하려고 부정한 자들을 놀라게 하는데 사용된 괴물의 얼굴; ii. 세 개의 얼굴: 코레−아르테미스−헤카테; d. 고대 북유럽: 마니, 달의 운행자, 솔의 형제 그리고 두 자녀들의 얼굴; **2. 얼굴은 인간의 가장 두드러진 부분**: "세상에 모든 사람들이 있는데 어떻게 그렇게 많은 얼굴들 중에서 닮은 사람이 없어야 하는가"(토머스 브라운 경Sir Th. Browne, 의사의 종교Rel. Medic. 2, 2); **3. 사람의 인격을 나타내는 (거짓) 거울**(아래 민속folklore도 참조): a. "얼굴만 보고 사람의 마음을 읽을 수 있는 방법은 없다."(맥베스Mac. 1, 4); b. "가장 아름다운 쇼로 시간을 조롱하라. 너희의 거짓되고 악한 마음을 거짓되고 즐거운 얼굴에 숨겨라"(맥베스 1, 7); **4. 권위와 능력**(하갈): "나는 내 여주인을 피하여 도망하나이다"(창세기Gen. 16, 8); **5.** "신곡Divina Commedia"의 **처벌**: a. 예언자, 마법사 등은 미래를 내다보고 싶어 했기 때문에 몸이 뒤로 뒤틀려 있었다(신곡 지옥편Inf. 20); b. 극도로 탐욕스러운 사람들(시간의 끝/지옥 에서)은 그들의 얼굴을 흙에 묻은 채 엎드려 있다(신곡 연옥편Purg. 19); c. "신곡 지옥편"(34)에 등장하는 가장 깊은 구덩이의 얼음 속에 반쯤 잠긴 사탄은 세 개의 얼굴을 가지고 있는 것으로 묘사되었다: i. 붉은색의 얼굴은 ("베르미글리아vermiglia") 유럽을 상징하고 증오를 나타내며; ii. 흰색과 노란색의 얼굴은 아시아를 상징하고 무기력을 나타내고; iii. 검정색 얼굴은 아프리카를 상징하고 무지함을 나타낸다; **6. 다음에 상응한다**: 얼굴과 머리는 양자리의 지배를 받는다; **7. 다른 것과의 조합**: A. 빛나는 얼굴: 깨달음: 모세가 산에서 내려왔을 때 "모세는 자기가 여호와와 말하였음으로 말미암아 얼굴 피부에 광채가 나나 깨닫지 못하였더라"(출애굽기Ex. 34, 29). 그래서 그는 베일을 써야 했다; B. "얼굴의 혼동": 고난(예 에스라서Ezra 9, 7; 다니엘서Dan. 9, 8); C. 하늘의 얼굴: 하늘(로미오와 줄리엣Rom. 3, 2); D. 얼굴과 얼굴을 맞대고 본다: 분명한 진실: "우리가 지금은 거울로 보는 것 같이 희미하나 그때에는 얼굴과 얼굴을 대하여 볼 것이요"(고린도전서 1Cor. 13, 12); E. 칠한 얼굴: a. 사악한 눈과 다른 악령들에 대한 유혹; 변장disguise, 가면mask 등 참조; b. 유혹: "당신의 화장에 대해 충분히 들었노라. 신은 당신에게 하나의 얼굴을 주었지만 당신은 다른 얼굴을 하고 있노라"(덴마크의 왕자 햄릿Ham. 3, 1); 매춘부가 얼굴에 기괴하게 화장을 하는 또 다른 이유는 그녀의 직업에 필수적으로 비개인화가 필요하기 때문이다; F. 얼굴의 안개: 죽음: "죽음이 두려운가? 내 목구멍에 안개가 낀 것 같고 내 얼굴의 안개가 낀 것 같다"(로버트 브라우닝Robert Browning, "프로스파이스Prospice"); G. 두 개의 얼굴: a. '두 얼굴의' 거짓말쟁이; b. 야누스 신: 문door 참조; H. 세 개의 얼굴: 1번의 B 및 5번 참조; **8. 민속**: A. "얼굴은 마음heart의 지표" 또는 마음mind(속담); 안색과 관련된 특성: a. "안색이 붉은 사람에게 충고하고, 갈색 피부의 사람과 함께 먹고, 창백한 사람을 조심하고, 검은 피부를 가진 사람 근처에 아내를 두지 말라"(속담); b. 붉

ㅇ

은 피부를 가진 사람은 현명하고, 갈색 피부를 가진 사람은 부러워하고, 검은색 피부의 사람은 음탕하다"(속담); B. 괴물석상, 괴물 같은 얼굴 등: 보호: 악령을 겁 주는 것.

얼굴 표정 countenance 1. 감정의 표현: a. "우수에 찬 표정의 기사(미구엘 드 세르반테스Miguel de Cervantes, "돈키호테Don Quijote"); b. "용서하지 않겠다는 눈빛과 상속권마저 박탈할 것 같은 표정"(리처드 B. 셰리던 Richard B. Sheridan, 추문 패거리Sch. for Scand. 4, 1); 2. 지지, 호의: "그는 왕의 호의를 남용할 것인가?"(헨리 4세 2부2H4 4, 2); 3. 얼굴face 참조.

얼굴이 붉어지다 blushing 1. 이것은 다음의 이유로 일어난다: a. 수줍음으로 인해 붉어진다: '우리의 본성'이 가진 내향적 움직임에 따라 혈액이 불안정해지고 혈류의 불안정성은 피부색을 변화시킨다(정반대의 효과인 창백함에 대한 유사한 설명 참조); b. 즐거움으로 인해 얼굴이 붉어진다: 우리의 혈액 속에 있는 우리의 본성은 즐거움의 이유를 알기 위해 서둘러 밖으로 나오려 한다(그래서 붉어진다)(마크로비우스 Macrobius, 사투르날리아S 7, 11, 4–6); 2. 특히 창조력을 가진 생명–영혼의 자리로서 명예, 불명예 그리고 수치심을 느낄 때 머리가 영향을 받는다는 것이 입증된다(붉어짐으로써); 제어 불가능한 행위로서(재채기와 비교), 이것은 심혼psyche-genius soul이 드러나는 신비로운 사건이다(참조: 리처드 오니언스Richard Onians 146); 3. 또한 신체body 참조.

얼룩 stain 지울 수 없는 얼룩, 특히 피blood가 많은 이야기에 등장한다: a. 헤라클레스Hercules는 자신의 아이들을 죽인 손을 어떤 강이나 바다의 물이 씻어 낼 수 있을지 묻는다(세네카Seneca, 헤라클레스의 광기HF 1323ff.) 그러나 온 바다를 가진 위대한 아버지 넵투누스 Neptune 자신이라 하더라도 그토록 큰 죄책감을 씻어 낼 수는 없을 것이다(같은 책, 히폴리투스Hippolitus. 717); b. 맥베스 부인의 "사라져, 빌어먹을 얼룩! 명하노니 사라져라"(맥베스Mac. 5, 1, 38) 그리고 "모든 위대한 넵투누스의 대양이 이 피를 내 손에서 씻어 낼 것인가? 아니, 오히려 나의 이 손이 수많은 바다를 진홍으로 물들일 것이다"(같은 책 2, 2, 61).

얼음 ice 1. 겨울, 죽음의 계절; 2. 추상성: a. 수학과 과학의 원리; b. 고체와 유동체 사이의 중간 상태; 3. 물의 잠재력을 무효화하기; 4. 부드러움; 5. 지옥에서의 처벌(불지옥 외에도): a. 사람들이 서리로 고통받는다; 단테Dante의 가장 깊은 지옥; b. "그리고 맹렬한 홍수에 빠지거나 두꺼운 얼음 계곡의 위태로운 곳에 살면서 기뻐하는 영혼[즉, 죽은 후에]"(눈에는 눈, 이에는 이Meas. 3, 1); 6. 여성의 순결: "얼음처럼 순결하라…"(덴마크의 왕자 햄릿Ham. 3, 1, 135; 뜻대로 하세요AYL 3, 4, 16); 7. 심리: 의식과 무의식 사이의 경직된 구분선; 8. 연금술: '동결congelatio'; 9. "크리스마스 전에는 얼음이 남자의 무게를 버티지만 크리스마스 후에는 거위를 버티지 못한다"(속담).

얽어맴, 묶음, 결속 binding 1. 일반적으로 다음을 의미한다: a. 죄에 대한 형벌은 인간을 '얽어매는' 것일 수 있다: 남자로 하여금 생식력을 잃게 만들고 여자는 잉태하지 못하게 하며 들판을 메마르게 하는 등의 좋지 못한 건강; 우주의 힘은 전체 우주를 통해 생체의 정자 에너지를 순환시키기 위해 일정한 운동성 속에 있어야 하며 그것을 방해하는 것은 무엇이든 '묶는 것'이다; b. 묶기의 형태에 대해서는 유대bond, 팔찌bracelet, 사슬chain, 매듭knot 등 참조; c. 결속(매듭, 유대, 그물 등)은 정의, 행정, 왕실 및 공공 안보 및 기타 모든 권한과 같은 최고신의 속성과 관련 있다(예 인도게르만의 인드라 우라노스; 또한 우라노스 참조; 미르체아 엘리아데Mercea Eliade, P. 20, p. 70); 2. 일반적으로 결박은 나쁜 것을 암시한다. 왜냐하면 악한 운만이 족쇄, 묶이는 것으로 느껴지기 때문이다. 그러나 행운도 끈 부적에 묶일 수 있으며 끈 부적은 그것의 착용자에게 묶여있다: 성서의 띠 및 띠 착용 참조; 심지어 주문조차도 마법처럼 '묶는다'; '지렌'은 '바인더, 즉 묶는 자'를 의미한다: 참조. '주문에 홀린'; '종교'도 묶기로 설명되었다: 종교religion의 어원인 라틴어 '레리가레religare'는 '묶다, 고정하다'의 뜻을 갖고 있다(페트로니우스 아르비터Petronius Arbiter 44; 실제 묶는 것의 마술적 중요성에 대해서는 제임스 조지 프레이저James George Frazer의 황금가지Golde Bough의 금기Taboo 293ff 참조; 신의 동상을 실제로 묶는 것에 대해서는 마크로비우스Macrobius, 사투루날리아S 1, 8, 5 참조; 리처드 오니언스Richard B. Onians, 366 및 372); **3.** 탐욕도 풍요의 흐름을 '묶어'버리므로 처벌받아야 한다(예 트릭오어트릿trick- or-treat 놀이; 역주: 과자를 안주면 장난칠 거에요라고 말하면서 할로윈 때 아이들이 집집마다 찾아다니는 놀이). 캔디를 주지 않는 것은 탐욕을 의미하므로; 나무tree 참조); **4.** 결속의 반대의 예: 오르지 난교에서의 풍부한 방출; **5.** 그리스—로마: a. 오키아노스와 테티스는 세계를 묶는 유대이다(호메로스Homer II. 14, 200F). '아난케'(필요)와 '모이라'(나뉜 운명)도 구속력이 있다; 참조: 라틴어 '데스티노'와 모템는 '일어날 수밖에 없는 운명'(리처드 오니언스Richard Onians 332f); b. 정복당한 사람들은 침묵의 족쇄 속에 있다(플루타르코스Plutarch, 윤리론집M 88B, 핀다로스Pindarus의 단편 인용); c. 우주는 끊을 수 없는 사슬에 묶여 있다(필로 유다이오스Philo Judaeus, 이주에 관하여Mig. 181; 플라톤Plato, 티마이오스Tim. 41Af); d. 종교가 최초의 '묶는 것'이었으나 나중에는 사랑이 위대한 묶는 것이 되었고(티불루스Tibullus 1, 8, 5f; 베르길리우스Virgil, 전원시E 8, 67ff), 아프로디테는 묶는 여신이 되었다; 바로는 라틴어의 '빈키레vincire'(묶다)를 비너스와 연결했고, (하늘에 '묶인') 땅과 연결하고 왕관과 손바닥의 묶임(양면이 동일하기 때문에 자연적으로 묶여 있다)에 연결한 빅토리와 연결했다(라틴어원론LL 5, 61ff); **6.** 게르만: 고대 북유럽 신들도 묶인다: 이들의 옛 이름 중 하나는 유대, 즉 유대를 묶는 자들이었다. 엘라르트 후고(엘라드 휴고 마이어Elard Hugo Meyer, 게르만의 신화Mythologie der Germanen, 285 참조). 고대 북유럽인들은 특히 '체인chain' '유대host-bond' 등과 같은 이름을 갖고 있다(리처드 오니언스Richard Onians, 354); 베오울프Beowul에서 고통, 나이, 괴로움은 속박(11, 975, 1742, 2111)이고 중세에 죽음은 여전히 '묶여 있는' 것이다. 이 행운 또는 저 행운을 묶는다는 표현의 의미는 "푸는 것은 축복받지 못한 것"이라는 속담의 밑바탕에 자리하고 있다(리처드 오니언스, 앞의 책).

얽힘 entanglement **1.** 얽힘은 나뭇가지(예 오시리스), 그물, 사로잡힘, 교차하는 선/얽힌 선, 거미줄, 덫, 간힘, 잡초가 무성한 성(예 잠자는 숲속의 미녀), 눈에 덮인 땅 등으로 인해 생길 수 있다(카를 융Carl Jung 15, 242ff.); **2.** 얽힘에서 벗어남: 진화: a. 보물이나 과거의 (무의식 또는 풍요의) 부에 대한 방해물 제거; b. 태양 및 매일의 태양의 탄생과 관련이 있다(역주: 태양이 매일 떠오를 때 지평선에 얽히게 된다는 생각); **3.** 얽히게 하는 것들로 넘쳐나는 것: (전진을 위한) 퇴보(자발적이든 아니든): 예 a. 다시 일어서기 위해 발달하기 전단계로의 자발적인 복귀(적절한 배양 후); 풍요 여신의 '베일'과 관련된다; b. 안전한 자궁으로 회귀; c. 우주의 얽힘: 삶의 한 주기로부터 다른 주기로 분리하는 집단적 꿈; d. 무의식의 부분에 압도당하고 돌이킬 수 없게 묶여 있는 것; **4.** 엉겨 붙은 머리카락: 엘프의 머리카락 elf-lock 참조.

엄니 tusk **1.** 공격용 무기와 방어용 부적; **2.** 멧돼지 엄니: 영국에서는 불멸을 나타내기 위해 무덤에 묻었다; **3.** 멧돼지boar; 치아teeth 참조.

엄지손가락 thumb **1.** 구체적인 상징성에 대해서는 손가락finger(B번의 1) 참조; 손톱nail 참조; **2.** 속담: a. 녹색 엄지손가락을 가진 사람은 꽃과 식물을 잘 다룬다; b. "모든 방앗간 주인은 황금 엄지손가락을 가지고 있다"; "왜냐하면 그 직업의 부정직함 또는 수익성 때문에"; c. "구두 수선공의 검은 엄지손가락": 재물과 관련된다: 구두 수선공cobbler 참조.

엄지손가락 톰, 난쟁이 Tom Thumb 또는 "나의 작은 것Hop o' my Thumb"; 이 이야기에는 일곱 명의 형제가 등장한다: 맏이는 열 살이고, 막내는 일곱 살로 가장 약하다 (아마도 10개월 중에 7개월만 채우고 태어났을 것이다); 빗쟁이로부터 금붙이(종종 다산을 의미함)와 아이들이 함께 온다; 첫째의 머리는 적갈색으로 그의 어머니의 머리카락 색상과 같다(고운 머리카락은 보통 옥수수 색과 관련이 있음); 따라서 그들은 겨울 서리를 이겨내고 (빵부스러기 같은 많은 씨앗들을 먹으면서) 두 번째 봄 서리를 극복한 것이라고 할 수 있다; 이 이야기는 다윗에서 오디세우스에 이르기까지 거인을 죽이는 모든 이야기들을 담고 있다. 거인 괴물이 이른 아침에 자신의 딸들을 죽이는데, 이는 톰이 딸들의 머리(게르만계 다산의 지하 여신)에 있는 황금 왕관을 동생들에게 씌우고 이들의 모자를 거인 괴물의 딸들에게 씌웠기 때문이었다.

엉겅퀴 thistle **1.** 엉겅퀴의 다른 이름: 악마의 곡물, 여인의 손가락; 앵글로색슨어로 이것의 또 다른 이름은 큰곰자리이다; **2.** 긴축, 거부: a. 땅은 타락으로 인한 여호와의 저주로 가시덤불과 엉겅퀴를 낸다(창세기Gen. 3, 18); b. '무화과와 포도나무'의 조합에서 무화과(축복)의 반대: '가시나무와 엉겅퀴'는 위 조합의 반대 (또한 . 마태복음Matth. 7, 16; 참조: 누가복음: 가시나무 vs 무화과, 엉겅퀴 vs 찔레나무); c.=우화의 '가시나무'(사사기Judg. 9, 8-20); **3.** 인간 불신; **4.** 복수; **5.** 스코틀랜드의 상징; 예 사도 안드레아에게 헌정된 가장 오래된 엉겅퀴 훈장은 1687년 제임스 2세에 의해 제정되었다; 이것은 원래 군주와 여덟 명의 기사(총 아홉 명)로 구성되었고 나중에는 열두 명의 기사(총 열세 명)로 늘었으며 한참 후인 1827년에는 열여섯 명의 기사(총 열일곱 명)로 늘어났다; 엉겅퀴 훈장의 목걸이는 엉겅퀴꽃과 운향(芸香)으로 엮었다; 이것의 의미는 라틴어로 "그 누구라도 나에게 도전한다면 처벌을 면치 못 할 것이다"이다; **6.** 케레스(엉겅퀴로 횃불을 만든 사람)와 성모 마리아, 토르에게 바쳐졌다; **7.** 윌리엄 블레이크William Blake: a. 사랑의 정원에 피는 꽃과는 반대로 황무지에 사는 '순결'과 메마른 '소박함'을 의미한다; b. 세상에서 가장 비열하고 사악한 백발노인을 나타낸다; **8.** 딜런 토머스 Dylan Thomas: "사랑의 입맞춤 속에 담긴 엉겅퀴thistle in the kiss of his love": 엉겅퀴는 간지럽기보다는 까칠하다.

엉덩이 buttocks **1.** 밤의 엉덩이: 아침의 이마와 반대된다(코리올라누스Cor. 2, 1; 참조: 사랑의 헛수고 LLL 5, I: "하루의 후반부the posteriors of the day"); **2.** 단테Dante: 악마의 우두머리, 바르나리키아Barnariccia는 엉덩이를 트럼펫으로 만들었다: (코리올라누스 21, 139) "그리고 그는 나팔을 가지고 있었다"; **3.** 엉덩이 fundament 참조.

엉덩이(臀部) fundament (항문) **1.** 예로부터 배설의 힘을 통해 숭배의 대상이 되어 왔다; **2.** 전래동요에서 이것은 종종 '생산'과 연결되는데, '재생산'뿐 아니라 그 순간 원하는 모든 대상의 '재생산'과 관련된다; 이것은 "뒤로 던져진 것들"이 살아나는 신화와 연관된다: 예 데우칼리온과 피라이야기, 닥틸리의 탄생 이야기 등.

에글런타인, 들장미의 일종 eglantine (식물) **1.** 일반적으로 다음을 의미한다: a. '로자 에글런테리아Rosa Englanteria'는 곧은 줄기의 향기로운 장미로 '스윗브라이어sweetbriar'라고도 부른다; 들장미briar도 참조; b. 존 밀턴John Mliton은 이 에글런타인eglantine이라는 이름을 담쟁이덩굴에다 잘못 사용했다(역주: 운율을 맞추기 위해 의도적으로 사용했다); "스윗브라이, 구불구불한 에글런타인 또는 에글런타인 덩굴을 통해"("쾌활한 사람L'Allegro"); 아직도 북동부 요크셔에서는 이 표현들이 통용된다; **2.** 우아한 아름다움, 재능; **3.** 소박함; **4.** 요정과 관련된다: 티타니아가 잠자는 둑에서 자라는 식물 중 하나: 앵초, "흔들리는 제비꽃", "감미로운 인동덩굴" "달콤한 사향장미"와 함께 피어 있었다(한여름 밤의 꿈MND 2, 1); **5.** "무성한 에글런타인"(퍼시 셸리Percy Shelley, "미지의 것에 대한 꿈A Dream of the Unknown"; **6.** "목가적인 에글런타인"(존 키츠 John Keats, "나이팅게일에 바치는 노래Ode to a Nightingale"); **7.** 향기: 장례식 조화: 금달맞이꽃, 실잔대, "에글런타인의 잎도 향기롭지만 당신의 숨결보다 더 향기롭지는 않다." 에글런타인은 피델의 무덤 위에서는 덜 향기롭다(심벨린Cym. 4, 2).

에니수스 enysus (보석) 중세보석세공집Med. Lap.: (다른 곳에서 언급되거나 확인되지 않음): a. 에니수스를 착용한 사람은 자는 동안 쉬지 못한다; b. 에니수스는 혀로 시험할 수 있는데 혀가 검게 변해야 한다(F119).

에니타몬 Enitharmon 윌리엄 블레이크William Blake의 작품에서 **1.** 로스Los의 아내 또는 발출(發出)로 묘사된다; 이 이름은 그리스어로 'En-arithmon'='무수함'을 의미한다: 다양한 형태의 위대한 여신; **2.** 에니타몬은 우주의 여신, 영적 아름다움, 또는 시적인 영감으로 달을 지배한다; **3.** 아무리 높은 지위에 있어도 그녀는 실수를 하며 그녀의 배우자인 로스에게서 종종 거리를 두거나 떠난다.

에델바이스 edelweiss (식물) **1.** '에델바이스Leontopodium Alpinum': 다년생의 고산 식물로 바깥쪽의 암꽃과 안쪽의 수꽃으로 구성된 빽빽한 총포(總苞)가 있고 그 주위를 털이 난 포(苞)들이 둘러싸고 있다; **2.** 순수함, 고결한 기억: 산과 높이 상징성을 공유한다; **3.** 등산 기술 및 용기 과시(겉치레); **4.** 감상적인(그러나 위험한) 독일어 '안락함Gemutlichkeit'의 의미; **5.** 스위스의 상징.

에돔 Edom **1.** 에서(의 후손들)의 땅; **2.** 지혜(예레미야서Jer. 49, 7).

에로스 Eros **1.** 예술에서 에로스는 종종 사자, 돌고래 또는 독수리를 타는 것 또는 멧돼지나 사슴들이 끄는 전차에 앉아 있는 것으로 묘사된다; 에로스는 육지와 바다 또는 공중에서 가장 사납고 빠른 동물들을 제압할 수 있다; **2.** 에로스-프시케 신화: (참조: 아풀레이우스Apuleius의 "황금 당나귀Golden Ass") 다음과 같이 다양하게 설명된다: A. 완전한 삶의 시작: a. 결혼생활에서 '무례한' 남근은 이상적 로맨스를 깨뜨린다; b. 죽음은 인생의 마지막 부분 또는 절정이다(지하세계의 뱀snake으로서의 에로스); 참조: 아버지father; B. 새벽(봄) 처녀는 완전한 태양빛의 맹렬함에 압도당한다; 태양의 맹렬함이 약해지면 그녀는 다시 그의 관심을 얻는다; C. 프시케를 실어 나르는 바람은 시간의 신화를 의미한다; 강렬한 감정에 마음이 흔들리는 것 외에도; D. 기독교: 영혼이 그것의 본래의 신성한 본질에 합일되기에 앞서 고통을 통해 정화되어야 한다.

에루카 eruca (식물) **1.** 산에서 발견되는 '크루시페라Cruciferae'과에 속하는 식물, '루콜라rocket'라고도 한다; **2.** 최음제(나소 P. 오비디우스Naso P. Ovidius, 사랑의 기술De Art. Am. 2, 423; 참조: 데키무스 유니우스 유베날리스Decimus Junius Juvenalis, 풍자시집Sat. 9, 134); **3.** 루콜라rocket(식물).

에리니에스 Erinyes **1.** 복수vengeance의 여신들(아마 원래 하나일 것이다; 세 명은 여신의 첫 번째 '분리'이다); 이들은 대지의 여신(복수=균형의 회복)의 복수에서 유래했을 수도 있고 살해된 사람들의 유령에서 유래했을 수도 있다; **2.** 이들은 우라노스Uranus의 거세된 부분에서 나온 피로 수정되어 땅에서 솟아났다; (따라서) 이들은 지하세계의 악마로서 고향은 지하계이지만 인간사회에서 법을 위반하는 것으로 인해 혼란에 빠진 균형을 되찾기 위해 지상으로 올라온 이들이다(따라서 원래 테미스였을지도 모른다); 지하세계의 악마로 때로 이들은 개 또는 뱀serpents으로 상징된다; **3.** 복수의 여신들은 회한과 죄책감이 스스로를 향하게 하여 죄지은 자들을 파멸에 이르게 하였다; **4.** 무의식의 퇴행적 파편화의 상징('사람을 찢는 것으로 묘사됨'); 다중성multiplicity 참조.

에리카 erica (식물) **1.** 헤더heather 참조; **2.** 오시리스의 관을 덮은 식물인 타마리스크tamarisk에도 이 이름이 사용되었다(플리니우스Pliny 24, 4 참조).

에린고 eryngo (식물) **1.** (설탕에 절인 뿌리) 에린기움 속의 다년초, '엘리기늄 마리티뭄Eryngium maritimum'; **2.** 최음제로 사용된다.

에메랄드 emerald **1.** 일반적으로 다음을 의미한다: a. 기원전 2,000년 이후로 매우 가치가 있는 밝은 녹주석; 이집트에 중요한 광산이 있었다; b. 라틴어 '스마라그도스smaragdus'는 녹색 보석의 총칭이었다[붉은색에 대해서는 '카벙클carbuncle' 참조]; **2.** 기간: a. 5월; b. 봄-부활; c. 산사나무 및 버드나무; **3.** 별자리: 쌍둥이자리; **4.** 이것의 일반적 특성: A. 일반적으로 다음을 의미한다: a. 사랑의 성공(녹색), 가정의 행복; b. 미래를 예언하는 능력을 준다; c. 착용한 사람이 배신당할 위험에 처했을 때 이것의 색이 옅어진다; 사악한 말로부터 지켜 준다; B. 약용: a. 눈과 관련이 있다: 사악한 눈을 피하게 해 준다; 시선을 날카롭게 한다; 네로황제는 에메랄드 안경을 착용했다; b. (이미 이집트인과 에트루리아인은) 일반적으로 질병과 악령의 영향으로부터 보호한다; 처녀성의 부적절한 상실; 난산; C. 에메랄드가 탄생석인 사람: a. 느긋한 성격; b. 창의적이고 문학적인 지성; **5.** 상징적인 의미: a. 불멸: 교회에서 널리 사용된다(아래 참조); b. 참된 사랑; 그러나 사랑에 대해서는 녹색green과 파란색 blue 참조; c. 4번과 녹색Green 참조; d. 오랜 고통: 유혹에 넘어가지 않음; **6.** 특성: a. 평화와 번영; b. 정의감; c. 지적으로 각성하지 않는 한 수동적이다; **7.** 문장heraldry(紋章): a. 자유; b. 행복; c. 아름다움; d. 우정; e. 건강; f. 희망; **8.** 성서 참고문헌(히브리어 'nophek': 모든 돌이 좋다고 할 수는 없다): a. 대제사장의 흉곽에 있는 두 번째 줄의 첫 번째 돌: 유다 지파 또는 단 지파(에봇Ephod 참조; 출애굽기Ex. 28, 18); b. 시리아에서 얻어온 것이다(에스겔서Eze. 27, 16); c. 새 예루살렘의 문(또는 기초석)은 사파이어와 에메랄드 등으로 만들어야 한다(토비아서Tob. 13, 21; 요한계시록Rev. 21, 19); d. 하나님의 보좌(요한계시록 4, 3); **9.** 기독교: a. 신앙; b. 순수, 순결; c. 교황의 보석; d. 전설: i. 사탄이 하늘에서 떨어졌을 때, 그의 왕관에서 에메랄드가 떨어졌다; ii. 성배는 그 빛의 순수함 때문에 에메랄드로 만들어진 것이다; **10.** 다른 것과의 조합: a. 에메랄드 탁자(라틴어 '타불라 스마라그디나Tabula Smaragdina'): 헤르메스 트리스메기스투스Hermes Trismegistus의 이 작품에서 가장 유명한 말은 "위에서와 같이, 아래에서와 같이(위에서 일어나는 것은 아래에서도 일어난다)"이다(상징성에서 중요하게 기억해야 할 것)이다; b. 에메랄드 왕자: 호루스(영원한 젊음과 다산의 상징); 포이보스의 왕좌 참조(나소 P. 오비디우스Naso P. Ovidius, 변신이야기Metam. 2, 34); c. 에메랄드의 여인: 이시스Isis(호루스의 어머니): 성모, 하늘의 여왕, 바다의 별 등; d. 에메랄드 눈: 베아트리체의 눈(희망: 단테Dante, 신곡 연옥편Purg. 31, 116); e. 에메랄드 제도 또는 섬: 아일랜드; 그러나 종종 초록색 섬(들)과 비교하는 데 사용되었다: 눈이 알아보는 용감한 프리스Frith, 황금 위에 박혀 있는 에메랄드처럼 그의 눈에 섬이 있다(월터 스콧Wilter Scott, 마미온Marmion 4); f. 딜런 토머스Dylan Thomas: ("그것은 죄인의 먼지 덮인 종It is the sinners dust-tongued bell"): i. 창조적인+바다(비너스); ii. 시의 수호자인 헤르메스 트리스메기스투스의 에메랄드 탁자(10번의 a 참조)와 관련 있다.

에메랄드 smaragd (복수형: smaragdus) (보석) **1.** 모든 녹색 보석의 총칭: 불멸; **2.** 특히 에메랄드, 어원적으로 같은 단어이다.

에반 eban (광물) "금세공인이 금을 세공하는 데 사용하는" 돌: 정신이상, 상사병 등을 치유한다(로버트 버튼Robert Burton, 우울의 해부Anat. of Mel. 2, 4, 1, 4).

에베소, 에페수스 Ephesus **1.** 대모이자 위대한 여신인 다산의 아르테미스Artemis숭배, 아르테미스의 동상은 온통 젖가슴으로 가득 차 있다; **2.** 마법과 마법의 도시: a. "또 마법을 행하던 많은 사람이 자신들의 책을 가지고 와서 모든 사람 앞에서 불살랐다"(사도행전Acts 19, 19); 다른 곳(에베소서Eph. 4, 14)에는 "그들은 속임수나 간사한 유혹으로 사람을 속이려 한다"이라고 언급했다; b. 셰익스피어의 작품에도 묘사되어 있다(예 실수연발Err.); **3.** 환락의 도시: "에베소 사람"='친절한 동반자'(윈저의 즐거운 아낙네들MWW 4, 5; 헨리 4세H4 2, 2).

에봇 ephod 제사장의 제사 용품으로 사용하도록 규정된 유대교 의례예복(예 출애굽기Ex. 28, 6); 신탁 마술에 사용되었다(예 호세아서Hos. 3, 4); 이것은 가짜 신상인 드라빔 신상(역주: 이방신 숭배) 등과 함께 정죄 받았다; 이것은 점치기 용 제비뽑기 상자나 신비한 우림과 둠밈일 수도 있다; 지성소에는 또 다른 에봇이 있었다(사무엘상서1Sam. 21, 9; 추가 참조: 예 출애굽기서 39, 2; 사사기서Judg. 8, 27 및 17,5).

에브라임 Ephraim **1.** 에브라임이라는 이름은 '열매가 풍성한'이라는 뜻이다: "하나님께서 내가 수고한 땅에서 번성하게 하셨기 때문에"(창세기Gen. 41, 52); **2.** 그의 지파는 미디안 사람(모세의 종교를 주로 이루었던 사람들)과 기드온, 입다, 다윗의 사람들 등 여러 사람들과 함께 싸웠으나 그들이 회개하자 주님은 그들을 다시 받아들였다(예레미야서Jer. 31, 20); **3.** 그들의 가장 중요한 성읍은 실로, 세겜이며 "에브라임의 머리는 사마리아이다"(이사야서Isa. 7, 9); **4.** 그들은 악명 높은 술꾼이었다: "에브라임의 술 취한 자들의 교만한 면류관이여 화 있을진저…"(이사야서 28, 1ff.); **5.** 다음으로 상징된다: a. 황소; b. 포도 한 송이; **6.** 별자리: 사자자리; **7.** 에브라임과 므낫세(='잊어버림'): a. 차남이 장자를 대신한다는 주제(창세기 48, 14-19); b. 여름과 겨울 그리고 지속적으로 반복되는 주기적인 이원적 기능.

에서 Esau 필로Philo는 '에서'라는 이름에 대해 두 가지 어원학적 설명을 했다: a. 에서의 성격이 "허구와 허황된 지혜로 가득 차 있다"는 의미에서 '생긴 이름'이거나 '어리석다'는 뜻이다; b. "참나무"를 의미한다: "굽지 않고 뻣뻣한 목 그리고 유연성이 없다"(QG 4, 161; 또한 아벨의 탄생에 관하여Sacr. 17; 성적 삶에 대한 준비교육Congr. 61 참조).

에스 S **1.** 히브리어 알파벳의 '사메크samech'(버팀목, 받침대); 이집트 상형문자의 의자 등받이('sh'로 발음할 경우에는 홍수); 켈트어로 버드나무; 앵글로색슨어로는 태양을 의미한다; **2.** 다음을 상징한다: a. '방부소독제Sanitas'(건강); b. (지혜의) 뱀serpent; c. 기독교: 유심론 또는 상투스(역주: 찬미가); **3.** 다음에 상응한다: a. 계절: 4월 25일~5월 13일; b. 신체: 폐; c. 별자리: 물고기자리(또는 게자리); d. 타로 카드: 태양 카드; **4.** 민속: a. 특히 스와스티카 형태(두 개의 S자가 교차한 것)일 때 치료와 보호 특성을 지닌 마법 같은 강력한 기호; b. 독일 무장친위대 SS의 군복 깃: 기사작위 휘장의 체인 장식; 원래는 랭카스터Lancaster 가문의 배지였다.

에스더 Esther **1.** 신화적인 설명에 따르면, 퓨림 축제는 원래 다산(한겨울 또는 봄) 축제로 어둠의 신 하만(우만)에 대한 빛의 신 마르둑(모르드개Mordecai)의 승리를 축하하는 것이었다. 반면 에스더는 이슈타르, 와스디, 마스디와 같다; **2.** 에스더는 왕의 침실로 들어가기 전에 12개월(월력) 동안 정화(몰약 기름 여섯 개, 달콤한 향수 여섯 개)하는 기간(장마와 여름 기간)을 보냈다; 모르드개는 12월 13일(2~3월)에 죽을 운명이었다(1월 13일에 결정되었기 때문에 3~4월에 대당한다); 에스더가 모르드개를 돕는 것은 명백히 남근 태양왕의 '황금홀'을 만지는 것으로 시작된다; 모르드개가 승리했다는 징표는 하만에게 먼저 주었던 왕의 '금반지'를 받은 것과 하만의 얼굴을 가린 것(태양왕의 대리자로 희생 제물이 되어 사형 선고를 받았다는 징표)이었; 모르드개의 권력이 한 여름에 절정에 다다랐다(8, 9; 9, 4 참조); **3.** 마르둑과 이슈타르처럼 여러 가지 면에서 양성성의 신들(시간이 지나면서 서로 변했다)이었기 때문에 이후의 정통파에 따르면 퓨림 축제가 타락한 것은 놀랄 일이 아니다: 여자처럼 옷을 입은 남자들과 씨씨seesee; **4.** 중세시대: 이방인 교회가 바쉬티즉 유대교 회당보다 우선시되었다; 에스더는 사탄을 상징하는 불의한 하만의 공격으로부터 그녀의 사람들을 구한다.

에스파르토 esparto (식물) **1.** 골풀 같은 식물, 스페인 잔디라고도 불리고 노끈과 밧줄로 사용되었다; **2.** 꿈에서: a. 에스파르토를 두려워하는 사람들에게는 해롭다; 이들의 두려움이 지속되고 무거워지게 만든다; b. 에스파르토를 잘라 채찍줄에 엮은 것은 노예들에게 고문과 매질의 상징이다; c. 가난하고 자유인들이 에스파르토로 일하지 않는다면 그리고 가난하다면 노예와 같은 운명이 된다는 것을 암시한다; 부자들에게는 고통과 제약을 상징한다; d. 에스파르토는 해외에서 수입되기 때문에(스트라보Strabo 3, 4, 9에 따르면 스페인에서 수입되었다; 모든 달디스의 아르테미도로스Artemidorus of Daldis 3, 59의 내용). 특히 해외에 있는 사람들을 다시 데려온다.

에어맨, 날아다니는 남자 airman 꿈에서: 꿈의 남자, 판타지 속의 남자. 아마도 아니무스(톰 체트윈드 Tom Chetwynd).

에올리아 Aeolis, Aeolia **1.** 소아시아 지역; **2.** 서정시의 기원: 에올리아 하프는 공명상자가 있는 단순한 현악기였다; 현은 공기의 흐름에 진동하도록 만들어졌다(바람의 신 에올루스): 예 열린 창 근처; 다윗 왕은 밤에 이와 비슷한 악기를 머리 위에 걸어 두었다고 한다; **3.** 웅장한 분위기, 자만, 자신감; **4.** 와인, 여성, 호화로운 생활에 주어지는 것.

에우로스 Eurus 붉고 불같은 동풍(논누스Nonnus 3, 55).

에우리디케 Eurydice 1. 자연 신화: 남편(태양)이 그녀 없이 하늘을 돌 때 어둠으로 돌아오는 새벽; 2. 심리: a. 시인의 '아니마'는 시인이 그녀로부터 "현실적인" 관점을 직접적으로 듣고자 할 때 그를 피하거나 그의 "이성"(자아)에게 버려진다; b. 그녀는 갑작스런 전환을 통해 개인적 욕망으로 흩어진 불완전하게 형성된 직관적 비전이다; c. 개발되지 않은 직관이나 상상력이 풍부한 감성; d. 단테Dante: 지상에서는 프란체스카 다 라미니(신곡 지옥편Inf. C. 5)의 형태로 지옥의 지하세계에 남겨진 베아트리체Beatrice로 승화된 우리디케(참조: 베르길리우스Virgil, 아이네아스Aen: 이단Dido).

에이 A 1. 히브리어의 '알레프aleph'(=황소)에 해당하며; 이집트 상형문자의 전나무 또는 느릅나무, 켈트어의 은빛전나무 또는 느릅나무, 앵글로색슨어의 '신god'을 의미한다; 2. a. 불변의 근원 원인Unchangeable Primal Cause과 피라미드, 삼위일체, 신의 장엄함, 행복; b. 그리스어: 위협, 로마: 피고의 석방에 찬성할 때 로마인들은 그들의 석판에 A를 남기고 C를 지웠다; c. 알려진 수(대수algebra); d. 간통: 브랜드 호손Hawthone의 『주홍 글씨Scarlet Letter』 참조; 3. 다음에 상응한다: a. 계절: 봄이나 새해; 시간: 1년; b. 행성: 태양; 별자리: 양자리, c. 타로카드의 음유시인 카드; 4. 민속: 선박의 이름으로 끝나는 불길한 편지. 예 '루시타니아'; 알파벳을 가르치는 운율의 나머지 부분: "great A(대문자 A), little a(소문자 a), bouncing B(튕기는 B), cupboard(찬장)에 있는 cat(고양이) 그리고 그녀는 볼 수 없다(can't)"; 5. 다른 것과의 조합: a. 인공지능AI: (출처: 본래 Lloyd's Register 기업에서 유래) 전반적인 탁월성; b. A(lpha)와 O(mega): 그리스도(시작과 끝).

에이스 ace 1. 하나: a. 최선의 것, 최고의 것, 가장 완벽한 것(카드놀이); b. 가장 작은 불운: 예 주사위: "나는 나의 삶을 위해 더블 에이스를 던지느니(항상 이기기보다는) 차라리 이 선택을 하고 싶었다"(끝이 좋으면 다 좋아All's W. 2, 3 독일어판); 2. 타로카드: 힘 카드; 3. 어원: 라틴어 '아스as'로부터 유래했으며 이는 행운의 동전을 의미했다.

에이치 H 1. 히브리 알파벳의 '헤h'e'(창문) 또는 '헤트cheth'(울타리, 담)을 해당한다; 이집트 상형문자로는 구불구불 가다(또는 체로 치다); 켈트어로는 흰색 가시를 의미한다; 고대 영어에서는 '우박'을 의미했다; 2. 다음을 상징한다: a. 두 개의 기둥: 보완적 기능의 이진법적 함수관계(역주: 두 개의 기둥이 하나로 작용한다); 정의/자비 등; b. 천국으로 가는 문, 사다리; c. 쌍둥이자리; 3. 다음에 상응한다: a. 계절: 5월 13일~6월 10일(달력calendar 참조); b. 점성술: 게자리(또는 천칭자리), 수성; c. 신체: 위장과 종양; d. 타로: 정의(또는 대사제) 카드.

에이프런, 앞치마 apron 1. 이름: '나프론'=프랑스 고어 'naperon'=라틴어 'mappa'=테이블 냅킨; 2. 성적 부위를 가리는 것: "무화과나무 잎을 엮어 앞치마를 만들었다"(창세기Gen. 3, 7); 3. 비천한 노예본성: "너와 앞치마를 두른 너의 노예들"(코리올라누스Cor. 4, 6; 또한 율리우스 카이사르Caes. 1, 1 및 안토니우스와 클레오파트라Ant. 5, 2 참조: "기름 묻은 앞치마, 규칙, 망치를 가진 기계 같은 노예; 4. 프리메이슨: 흰 양가죽: 삶과 행동의 순결함; 특별한 신분임을 구분하기 위해 주교와 학장 등이 착용하는 앞치마와 유사한 배지; 5. 민속: a. 여성의 앞치마가 떨어져 나가면 불길한 징조. 불운을 의미하거나 1년 이내에 아이를 갖게 되는 것을 의미한다; b. 앞치마를 뒤에서 앞으로 입으면 행운을 가져온다.

에일 ale 1. 고대 북유럽의 신성한 액체; 맥주beer 참조; 2. 양조 또는 음주 축제와 종종 연결된다: 예 악토버 에일October Ale, 위트선 에일Whitsun Ale, 오디트 에일Audit Ale(=특별한 품질의 에일, 특정 대학교의 단과대학에서 양조된 특별한 품질의 에일), 신부 에일, 수확 에일; 또한 '기독교도와 함께 에일church-ale에 가기', 즉 교구 축제에 가기(참고할 문헌: 베로나의 두 신사Gent. 2, 5).

에코, 메아리 echo 1. 신화: a. 헤라에게 계속 말을 걸어 제우스의 부정을 알아채지 못하게 함으로써 헤라를 화나게 한 산의 정령; 헤라는 마지막 말을 반복하는 것 외에 다른 말을 못하는 벌을 주었다; b. 에코는 나르키소스에게 치명적으로 반하여 시름시름 앓다 죽거나 나르키소스에 의해 우발적으로 죽게 된다; c. 에코는 판 신의 성적인 접근을 거부했다. 그래서 판은 양치기들을 광란 상태로 몰아 에코를 찢어 죽이게 했고 에코의 오직 노래하는 능력만 남겨 놓았다; **2.** 상징적으로 메아리는 거울과 다소 동일한 기능을 가진다.

에타이트 aetite(-s) (보석) 1. 이글스톤: 핵이 느슨한 점토질 산화철의 속이 빈 덩어리로 독수리 둥지에서 볼 수 있다; **2.** 독수리는 이 붉은 돌을 둥지에 가져다 놓기 때문에 둥지가 해를 입지 않는다; 이 돌은 그 안에 또 다른 작은 돌을 품고 있다("그것의 입에": 중세보석세공집Med. Lap. C 23, '에트라이테 석'); 이것은 아퀼레우스라고도 불리며 보라색이고 '바다' 기슭에서 발견되며 때로는 페르시아에서도 발견된다(알베르투스 마그누스Albertus Magnus, 비밀의 책Secr. 2, 41); **3.** 용도: a. 중세보석세공집: i. 여자가 왼팔에 차고 있으면 출산을 쉽게 하며 산모와 아기가 생존하게 한다; 부부간의 사랑을 촉진한다; 남자나 여자가 자신을 괴롭히는 사람이 누구인지 확인하고 싶을 때 그것을 접시 아래나 위에 놓으면 돌이 접시에 놓여 있는 동안 괴롭히는 사람은 음식을 삼킬 수 없게 된다(C 23); ii. '늙음을 옹호'하고, 재물을 주고, 사랑받게 만든다; 아이를 자라게 하고 전투에서 병사를 돕고 정신을 맑게 한다(F 4); iii. 독을 무해하게 만들고 중한 병을 예방한다(F 70); iv. 통풍치료에도 사용된다(G 18); b. 알베르투스 마그누스: 왼쪽 어깨에 걸면 부부 사랑을 촉진한다; 두 사람이 사랑하게 만든다; 조산 방지, 위험 경감, 낙상 방지 등; 고기에 독이 있을 때 이 돌을 고기에 놓으면 고기를 삼킬 수 없지만 돌을 치우면 그것을 삼킬 수 있다(비밀의 책 2, 41); c. 몸의 윗부분에 착용하면 유산을 예방한다. 아랫부분에 착용하면 출산을 용이하게 한다(아그립파Agrippa, 오컬트 철학OP 1, 13).

에테르, 공기 ether 에테르, 공기aether 참조.

에테르, 공기, 하늘 aether, ether 1. 다섯 번째 원소(원소Element 참조); **2.** 이름: a. 아낙사고라스Anaxagoras는 이것이 '불'에서 유래했다고 주장했지만(그리스어 '아이테인aithein') 이것은 '항상 날아가 버리는' 것이었다('영속적으로 달리다aeithein'; 아리스토텔레스Aristtotle, 천체론Cael. 1, 3, 270b, 20f); b. 달 위에 있는 모든 것은 가장 순수한 에테르로서 자연스럽고 자발적인 빛이다; 따라서 '에테르aither'는 '아이테스타이aithesthai(=불타오르다)'에서 파생되었다(마크로비우스Macrobius, 스키피오의 꿈에 관한 주석CSS I 19, 9f; 또한 아리스토텔레스, 우주론Mundo 2, 392A 참조).

에트나 화산 Etna 1. 시칠리아 섬의 활화산; **2.** 신화: a. 침착하지 못한 거인 엔셀라두스는 주피터와의 전쟁 중에 시칠리아 섬 아래 묻혔다; b. 헤파이스토스/불칸은 화산 아래에 그의 대장간을 가지고 있었다; c. 철학자 엠페도클레스는 에트나 화산에 뛰어들었거나 추락했다고 전해진다; 3. 로마: 율리우스 카이사르가 죽기 전에 에트나 화산이 연기 대신 불덩어리를 뿜어냈을 때 이것을 불길한 징조로 여겼다(세르비우스 Servius, 농경시Georg. 1, 472에서; 티투스 리비우스 Titus Livius의 일부, 47 그리고 율리우스 옵스퀀스Julius Obsequens 26, 29 및 32).

에트루리아인 Etruscan(s) 1. 고대 이탈리아인의 독특한 문명이 로마인에게 부분적으로 흡수되었고, 그 기원은 초기 로마 문명의 형성에 영향을 미쳤다; **2.** 유래: a. 에트루리아인은 소아시아의 리디아와 같은 여러 곳에서 온 것으로 생각되었다(헤로도토스Herodot 1, 94; 베르길리우스Virgil, 아이네아스Aen; 마르쿠스 툴리우스 키케로Marcus Tullius Cicero, 국가론Rep. 2, 4, 9); b. 에트루리아인은 라센나에라고 불리는 원주민(토착민)으로 생각되었다(할리카르나소스의 디오니소스Dionysus of Halicarnassus 1, 25-30); c. 그러나 대부분 사람들은 이들이 원래 바다를 항해했다는 데에 동의했다. '바다를 통치하는' 방랑 민족. 때로 펠라스기아인으로 불리며 그리스의 렘노스와 임브로스를 점령했지만 코르시카와 스페인 해안뿐만 아니라 사르데냐에 식민지를 가지고 있었다; 이들은 '티레니안Tyrrhenian' 해적으로서 무역을 하는 페니키아인들과는 다르게 매우 두려운 존재였다(할리카르나소스의 디오니소스 1, 28; 스트라보Strabo 5, 24; 아테나이오스Athenaeus 15, 12; 플루타르코스Plutarch, 윤리론집M 247a ff and 296b ff); d. 후대 작가들은 이들이 '잃어버린 세계'의 거주자라고 생각했다; 이 세계는 자발적이고 자연스러운 축제적이고 감각적인 인간사회로 그리스-로마 및 기독교 문화의 합리성 및 도덕성과는 대조적이었다(아래 참조; 마시모 팔로티노Massimo Pallottino, 에트루리아인The Etruscans 32, 64, 82ff의 많은 부분에서 언급됨); **3.** 호화로운: a. 이들은 부유한 민족으로, 신발, 납, 철, 구리와 같은 가공되지 않은 금속과 무엇이든 살 수 있는 청동제품을 생산했다; b. 따라서 그리스인들은 아마도 악의적으로 이들의 사치스러운 방식과 관능미와 세련된 잔인함을 비난했을 것이다; 이들은 "허영심이 강하고 표현을 잘하는 사람들이었다… 이들은 향락과 사치를 목적으로 한 고가의 물건들을 집에서도 들판에서도 가지고 다녔다"(할리카르나소스의 디오니소스 3, 61; 그는 또한 이들을 검소하고 평온하다고 부르기도 했다); c. 풍만함과 연관이 있다; **4.** 이들은 유명한 건축가였다(리비우스 1, 56, 1); **5.** 더 중요한 것은 이들은 능숙한 예언가였다는 점이다: a. 특히 벼락과 번개로 인한 예언에서(세네카Seneca, 자연의 문제NQ 2, 32, 2); b. 희생제물의 내장과 불길한 자연 징후와 전조의 해석을 연구하는 데에도 능숙했다(마르쿠스 툴리우스 키케로Marcus Tullius Cicero, 예언에 대해서Div. 1, 42, 93); c. 이들은 로마인들에게 상급 점술과 징조를 읽는 방법을 가르쳤다; 심지어 한 예언자는 동족에 대해 반하는 예언을 해야만 했다(할리카르나소스의 디오니소스 3, 70 및 4, 59; 리비우스 5, 15); **6.** 로마에 미치는 영향: a. 점술: 앞의 5번 c 참조; 또한 결과적으로 희생의례에 대한 관습; b. 이들은 또한 중요한 사람의 죽음에 대한 (인간) 희생의 약화된 형태로 검투사 시합을 도입했다(팔로티노 180; 아테나이오스 4, 153f); c.기원전 400년경에는 "요즘 로마 소년들이 그리스어로 교육받는 것처럼 당시에는 에트루리아어로 교육받았다"고 리비우스는Livy는 생각했다(9, 36, 3); d. 이들은 로마에게 황금 왕관, 보라색으로 수놓은 옷, 상아 왕좌, 그리고 위에 독수리가 달려 있는 상아홀을 주었다(할리카르나소스의 디오니소스 3, 61); e. 이들은 막대 다발로 된 도끼를 든 열두 명의 장교의 풍습에서 유래했다. 이것은 '파스케스fasces'라고 불렸다; 앞 C번의 왕좌와 왕의 홀처럼 이 관습은 (일부 에트루리아의) 왕들이 추방된 이후에 집정관들에 의해 파스케스(속간)가 채택되었다(할리카르나소스의 디오니소스 같은 책; 스트라보 5, 2, 2).

에티오피아 Ethiopia **1.** 어원: a. 구스의 아들 에티옵스Ethiops는 악수마위의 아버지로 그의 아들들은 '악숨의 아버지들'로 불렸으며 이들은 북쪽 사바 제국의 주민들이었다; b. 그리스어 'aithein'(=햇볕에 탄)+'ops'(=얼굴); c. 헤로도토스Herodotus(3, 90ff.)에서 그리스인들이 아시아의 에티오피아인들과 아프리카의 에티오피아인들로 나눈 것을 볼 수 있다; 아프리카 에티오피아인들은 다시 이집트의 남쪽 국경에 사는 사람들과 끔찍한 사막의 반대편에 살고 있는 '진정한' 에티오피아인들로 구분되었다. 이들은 매우 키가 크고 강하며 수명이 길었다; 에티오피아인들의 정액(인디언과 유사하게)은 그들의 피부처럼 검다; **2.** 그리스어의 어원에 관련하여 일부 사람들이 헤파이스토스Hephaestos를 에티오피아인의 조상으로 여겼다; **3.** 또 다른 이야기에서 그들이 검게 되었을 때 파에톤의 기술 부족으로 태양이 진로를 어지럽혀서 리비아가 사막으로 변했다(나소 P. 오비디우스Naso P. Ovidius, 변신이야기Metam. 2, 236ff.); **4.** 호메로스Homer에 따르면 에티오피아인들은 땅 끝에서 산다(예 오디세이아Od. 1, 22ff.): 절반은 해가 지는 나라에서, 절반은 해가 뜨는 나라에서; **5.** 이 곳은 일반적으로 모든 땅 중에서 가장 먼 땅, 더 구체적으로는 모든 전설적인 것들이 존재한다고 가장 먼 동쪽 사람들이 생각했던 나라: 예 유니콘; **6.** 구약성서에는 '무심한' 에티오프가 살고 있는 강력한 나라(종종 '구스Cush'라고도 함)에 관한 많은 언급이 있다(예 에스겔서Eze. 30, 9); **7.** 연금술: '까마귀의 머리caput corvi'와 '니그레도nigredo': 진화를 향한 (영혼의) 입문 단계; **8.** 카를 융Carl Jung: (흑인, 인디안, 야만인 등과 같은) 그림자 또는 성격의 '어두운' 면을 나타낸다; **9.** "실비아는… 줄리아에게 거무스름한 에티오피아인을 보여 준다"

(베로나의 두 신사Gent. 2, 6); 또한 비유적으로 "에티오피아 말words은 더 어두운 효과를 나타낸다"(뜻대로 하세요AYL 4, 3); **10.** 프레스터 존Prester John의 이야기와 관련이 있는데 다시 그의 왕국 에티오피아는 극동 쪽에 있다고 믿어졌다.

에페메리드 'éphéméride' (식물) 사랑의 언어: 지나가는 행복(덧없는ephemeral; 프랑스어로 이 단어는 하루살이를 의미한다).

에프 F **1.** 히브리어 알파벳에는 없는 문자였다(=vau); 이집트의 상형문자로는 작은 독사 켈트어로는 오리나무, 앵글로색슨어로는 '돈'을 의미한다; **2.** 다음을 상징한다: a. 불, 태양, 생명의 아버지; b. 감정: 풍요와 더 없는 행복; c. (보호) 법률 및 재판; d. 낙제: (일반적으로) 교육에서 F는 '괜찮음fair'으로 세 번째 학점을 의미할 수 있다; **3.** 다음에 상응한다: a. 신체: 귀와 심장; b. 점성술: 황소자리 또는 처녀자리; c. 타로카드: 연인 카드.

엑세베누스 exebenus (보석) "중세보석세공집Med. Lap.": 가장 하얀 돌; 배가 아픈 여성들이 분말 형태로 마셨다(F 75).

엑스 X **1.** 고대에는 이에 상응하는 철자가 없다; **2.** 일반적으로 다음을 상징한다: a. 부정, '교차선을 그어 지우는 것'; b. 위대한 무명 작가 또는 가변량(A의 반대); c. 영적 사랑, 세상의 빛인 그리스도의 첫 글자; d. 사도 안드레의 십자가 및 모래시계와 관련된다; **3.** 다음에 상응한다: 신체body: 심장, 가슴, 마음: **4.** 알파벳 'T' 참조.

엑스칼리버 Excalibur **1.** 이것의 일반적 상징성 이해를 위해서는 검sword 참조; **2.** 히브리어와 영어 모두에서 엑스칼리버 이름은 목재, 철, 강철을 '절단'하는 것을 의미했고 이것은 스무 개의 촛불의 밝기로 타오른다("멀린Merlin" 7장, 민속fol. 38A; 토머스 맬러리 경Sir Thomas Malory 2, 3); **3.** 아서왕은 두 개의 유명한 검을 가지고 있었다: a. 아서왕이 돌에서 들어 올린 검은 신에 의해 선택되었음을 증명했다; b. 다른 하나는 호수에서 솟아오른 손이 그에게 준 검이다; 이것은 호수의 여인에게서 온 선물이었는데 나중에 그 호수에 돌려 주었다; 비록 '엑스칼리버Excalibur'라는 이름이 두 가지 검에 모두 적용되지만 보통 첫 번째 검과 관련이 있다("멀린" 6장, 민속 32B; 토머스 맬러리 경 1, 25, 및 주석 p. 1306).

엔 N **1.** 히브리 알파벳의 'nun'(=물고기)에 해당하며; 이집트 상형문자로는 물; 켈트어로는 재; 앵글로색슨어로는 '필요'를 의미한다; **2.** 다음을 상징한다: a. 새로운 단계나 길의 입구; 입문; b. 물리적 실존, 물의 현상적 세계; c. 자기력(북극의 N); **3.** 다음에 상응한다: a. 계절: 2월 18일~3월 18일[달력calendar 참조]; b. 점성술: 토성과 물병자리(또는 전갈자리); c. 신체: 간과 신경 조직; d. 타로카드: 절제 카드Temperance.

엔넥티스 ennectis (보석) 이것은 예언의 꿈의 영향을 완화시키는 힘이 있다(아그립파Agrippa, 오컬트 철학OP 1, 13).

엔디미온 Endymion **1.** 바다로 가라앉는 태양; 셀레네Selene의 사랑은 엔디미온이 바다(그녀의 요소)로 가라앉을 때 하늘로 떠오르는 달이다; 오십 명의 딸들은 잠자는 자연(제우스는 자연에게 영원한 잠을 허락했다)과 달빛의 매력에서 나온 열매이다(역주: 태양에너지와 달의 영향력의 결합으로 생산된 자연의 열매)(로버트 그레이브스Robert Graves, 그리스 신화GM 1, 210f.); **2.** 여성의 영역에 침입하여 살인적으로 폭행을 당하는 남자; **3.** 태양왕은 달의 고위 여사제의 하렘(성역)에서 다른 오십 명의 여사제들과 함께 살면서 밤마다 잠이 들었다.

엔진 engine **1.** 특히 (교활한) 전쟁 기계(무기): a. 오 필멸의 엔진들이여 그들의 무례한 목구멍들이여. 불멸의 주피터의 두려움이 가짜를 외친다. 안녕! 오델로의 점령은 사라졌다[역주: 전쟁기계(무기)가 천둥과 같은 소리를 낼 수는 있지만 그것은 진짜가 아니다](베니스의 무어인 오셀로Oth. 3, 3); b. 특히 "치명적인 엔진"=베르길리우스Virgil의 "치명적인 기계"(아이네아스Aen 2, 237)에서 파생된 트로이의 목마

(타이투스 안드로니카스Tit. Andr. 5, 3); **2.** 모든 메커니즘은 자율적 존재와 의지를 따르는 마법의 발명품으로 보인다; 3. 현대사회의 비인간적인 세력들.

엔콜리 encolie (식물) 사랑의 언어: 어릿광대의 모자와 형태가 유사하기 때문에 어리석음을 상징한다(프랑스어로 식물의 이름; 안젤로 드 구베마티스De Gub., 식물의 신화MP 1, 151).

엔히그로스 enhygros (보석) 중세보석세공집Med. Lap.: a. 홍해에서 발견되고 수정과 유사하다; 녹는 것처럼 보이지만 결코 작아지지 않아 땀의 돌 또는 눈물 흘리는 돌이라고도 한다(F 74와 B 34); b. 태양빛에서 무지개 색깔을 나타낸다(같은 책; 참조: 보석 수정the gem iris).

엘 L **1.** 히브리어 알파벳 '라메드lamed'(소 모는 막대기)에 해당한다; 이집트 상형문자로는 누워 있는 암사자; 켈트어로는 마가목; 앵글로색슨어로는 호수를 의미한다; **2.** 다음을 상징한다: a. 아름다움과 폭력적인 죽음; b. 종교: 하나님('엘El') 또는 로고스(신성한 말씀); **3.** 다음에 상응한다: a. 몸: 목; b. 계절: 1월 21일, 2월 18일(캘린더calendar 참조); c. 점성술: 천칭자리와 천왕성; d. 타로카드: 매달린 남자카드.

엘더나무, 딱총나무 elder (식물) **1.** '삼부쿠스Sambucus': 낙엽성의 관목; 흔한 엘더('서양 딱총나무S. nigra', 블랙 엘더Black Elder, 스코틀랜드어 '부어트리bourtree')는 어떤 흙에서도 빨리 자라긴 하지만 촉촉하면서도 배수가 잘 되는 물가 흙에서 더 잘 자란다; 그 줄기는 단단하고 광이 나며 낚싯대, 장난감(예 고갱이를 제거하고 호루라기나 장난감 총을 만든다: 헨리 5세의 생애H5 4, 1) 그리고 빗을 만드는 데 사용할 수 있다; 흰색 또는 분홍색 꽃에는 오일(다양한 용도)성분이 들어 있으며 다섯 개 꽃잎 그리고 다섯 개의 수술과 세 개의 꽃자루 없는 암술머리가 있다; 속나무 껍질은 하제(설사약)로 사용된다; 열매인 베리는 와인으로 만들면 감기 치료제이다(여전히 포트와인에 넣어서 만든다); 곤충은 이 나무의 잎과 나무껍질의 역겨운 냄새를 싫어한다; **2.** 죽음: a. 켈트족의 나무 알파벳에서 엘더나무는 열세 번째 달(11월 25일~12월 22일, 동지)을 나타내며 한 해의 후반부에 왕이 희생제물로 바쳐졌다(신성한 왕Sacred King 참조); b. 에드먼드 스펜서Edmund Spenser에 따르면 장례식; c. 셰익스피어의 타이터스 앤드로니커스Tit. Andr.에 등장하는 바시아누스는 엘더나무 아래에서 죽임을 당했다; d. 삶과 죽음의 위대한 여신과 관련된다: 3번 참조; e. 사냥용 창을 만든다; **3.** 마녀와 관련된다: a. 엘더나무의 흰색 꽃(마가목과 마찬가지)과 (꽃잎)숫자 5(1번 참조) 때문에 흰색의 (위대한) 여신에게 신성한 것이다; b. 아일랜드에서 마녀는 엘더나무를 타고 다니는 빗자루로 사용했다(물푸레나무가 아니라); c. 민속, 여러 부분 참조; **4.** 그리스도가 못 박힌 십자가 나무; **5.** 유다가 스스로 목을 맨 나무(12월 21일에: 윌리엄 랭글런드William Langland, 사랑의 헛수고LLL 5, 2 등 참조); **6.** 덩굴과 관련된다: "냄새 나는 엘더나무여, 슬픔이여, 사라져 가는 너의 뿌리를 무성해져가는 포도덩굴로 풀라(엘더나무, 즉 슬픔의 뿌리가 무성해져 가는 포도나무로 인해 제거되게 하라)(심벨린Cym. 4, 2); **7.** 연료로서: a. "녹색의 엘더나무 목재를 팔아버리는 것은 범죄다"; b. 엘더나무는 '악마를 집으로 불러들인다'; **8.** 연민; **9.** 열의: 엘더나무의 모든 것이 유용하다: 꽃, 열매, 펄프, 목재; **10.** 난쟁이 엘더 나무(='데인워트 Danewort'): a. 데인사람들이 영국에 전해 주었다. 또 데인 사람들의 피가 흐른 곳에서 자란다(그 꽃은 끝이 분홍색인 흰 꽃); b. 켈트족 나무 알파벳: 열두 번째 자음: 10월 29일~11월 25일; 갈대는 고대 동부 지중해 지역에서 충성심의 상징이었고, 아일랜드에서는 힘의 상징이었다(갈대는 지붕 이는 재료로 사용되었고 숫자 12=확립된 힘을 나타낸다); **11.** "엘더나무 같은 내 마음": 겁쟁이(윈저의 즐거운 아낙네들MWW 2, 3); 참나무 같은 마음의 익살스러운 변형이다; **12.** 민속: A. 다음은 불운(숫자 13)을 부르는 것이다: a. 엘더나무를 집 안에 들이는 것; b. 엘더나무로 요람을 만드는 것: (그렇게 하면) 마녀들이 앨더나무를 이용해서 아기에게 해를 끼칠 수도 있다(자작나무로 만들면 좋다); B. 마법: a. 때로 마녀들은 엘더나무로 변신한다; b. "롤라이트 스톤Roll-right Stones": 마녀에 의해 돌로 변한 군대(왕도 그들과 함께 변함)로 마녀는 엘더나무가 되어 그 돌들 곁에서 자랐다; C. 유용성:

a. 엘더나무는 번개를 피한다(그리스도가 못 박힌 십자가를 엘더나무로 만들었기 때문에); b. 때로 엘더나무는 마녀에 대항하는 용도로 사용될 수 있다.

엘리시온의 들판 Elysian Fields **1.** 사후세계에서 축복받은 자들이 사는 천국 같은 곳; **2.** 다양한 곳에 위치한다: a. 땅의 끝 부분의 시원하고 평평한 곳으로, '황금 머리카락의' 라다만티스가 공정하게 다스린다; 엘리시움은 타르타로스, 즉 지하세계(저승)의 일부가 아니다(예 호메로스Homer, 오디세이아Od. 4, 563); b. 엘리시움은 또한 사람들과 신들에게서 멀리 떨어진 섬으로 생각되었으며 정확한 위치에 대해서는 작가와 시인들의 추측에 따라 다르다(예 헤시오도스Hesiodus, 핀다로스Pindarus); c. 베르길리우스Virgil의 작품 아이네아스Aen.에서 엘리시움은 타르타로스의 일부로서 그 자체의 태양과 별들이 있고, 영웅들뿐 아니라 중요한 사람, 선량한 시민들도 있다(아풀레이우스Apuleius, 변신M 11, 6도 참조); d. 어떤 사람은 축복받은 영혼들이 별들 너머의 영원한 빛 속에서 산다고 믿었다. 그들은 태어날 때 황도대 별자리와 은하수가 교차하는 게자리와 염소자리 문을 통해 내려온 다음 행성의 구체를 통해 그 곳(엘리시온)으로 갔으며 은총 속에 죽어 돌아왔다(예 매크로비우스Macrobius, 스키피오의 꿈The Dream of Scipio 1, 12; 프란츠 퀴몽Franz Cumont, 로마 사상에 나타난 동방 종교OR pp. 255n 및 287); e. 달 위에 또는 달 근처에 있다고도 생각되었다(이암블리코스에 대한 요하네스 리도스의 증언Iamblic. Lydus: "달들months에 관하여De Mens 4, 419; 플루타르코스Plutarch, 윤리론집M 942F 및 944C, 그리고 일부 201도 참조); **3.** 섬island도 참조: 예 켈트족의 해상 낙원인 축복받은 자들의 섬Island of the Blest 참조.

엘크 elk **1.** 엘크가 현기증을 겪을 때 왼쪽 발굽을 문지르면 금방 치유될 수 있다: 그러므로 엘크의 발굽은 어지러움과 연관된다. 모든 질병을 치유하는 데 사용할 수 있으나 반드시 왼쪽 발굽이어야 한다; **2.** 엘크 뿔은 모든 뿔과 마찬가지로 많은 종류의 사악함에 대항하는 부적이다; **3.** 사슴, 수사슴, 무스와 동일한 상징성을 갖고 있다.

엘프, 요정 elf **I. 일반적으로 다음을 의미한다:** 1. 엘프는 두 그룹으로 나눌 수 있다; 그러나 실제로는 이 두 그룹을 요정과 난쟁이로 구별하기가 쉽지 않다: a. 한 그룹은 리오살파Liosalfar: 흰 엘프; b. 또한 그룹은 도칼파Dockalfar: 검은 엘프; 2. 어원은 아마도 어근의 의미인 '악몽'과 관련될 것이다; **II. 흰 엘프:** a. 이들은 나이를 먹지 않아도 늙은 모습이다(아마도 정복당한 작은 종족들의 생존자일 것이다); b. 이들은 음식이 필요 없다; c. 이들의 집은 초라하지만 땅속에서 얻은 귀중품들로 빛난다; d. 이들은 일하지 않는다; 그러나 만약 일을 해야 할 때는 힘을 들이거나 시간을 소비하지 않고 그것을 해낸다; e. 이들의 삶은 춤, 음악, 사랑에 전념하지만 이러한 것들을 할 때 이들의 끝없이 계속되는 삶과 마찬가지로 행복해하지 않는다; f. 인간이 더 낮은 계급이긴 하지만 이들은 인간의 사랑을 구걸한다; "그리고 불꽃처럼 빛나는 작은 눈의 엘프들 역시 당신의 친구가 되어 준다"(로버트 헤릭Robert Herrick, "헤스페리데스Hesperides": "줄리아를 위한 야경 시The Nightpiece, to Julia"); g. 이들은 종교가 없고 미래의 행복에 대한 보장을 끝없이 추구한다; h. 이들의 선물은 누가 봐도 가치 없는 것처럼 보이지만 다음 날 해가 뜨면 황금으로 변한다(또는 반대로 황금으로 보이지만 가치 없는 것으로 변하기도 한다); **III. 검은 엘프:** 추하게 생긴 그룹(난쟁이dwarf도 참조): a. 이들은 산의 어두운 통로, 매장지, 묘지에서 산다; b. 이들은 때로 인간 아이를 훔치고 대신 괴물 같은 아이를 놓아둔다('바뀌쳐진 아이changelings'); c. 엘프는 특정 백조 셔츠 또는 백조 반지를 착용함으로써 백조로 변신할 수 있다; 이것들을 도둑맞으면 엘프는 모든 수단을 써서 되찾으려고 한다(백조swan 참조); **IV. 참고할 문학서:** 1. 윌리엄 블레이크William Blake: =요정=자연의 삶의 진정한 기쁨; 2. 프랜시스 톰슨Ffrancis Thompson: "아이가 된다는 것은… 엘프가 다가와 귀에 속삭일 수 있을 만큼 너무 작아지는 것"("퍼시 셸리Percy Shelley"); **V. 다른 것과의 조합:** 1. '엘프의 굵은 화살' 또는 '엘프의 화살': 선사시대 부싯돌 도구로, 엘프가 소(그리고 사람)에게 해를 입히려고 사용한 것으로 보인다; 2. '엘프의 머리카락': 여성의 헝크러진 머리카락은 풀기 어렵다(그리고 풀면 불운임); 특히 마브 여왕이 그렇게 만들었다(로미오와 줄리엣Rom. 1, 4 참조); **VI.** 난쟁이dwarf; 요정fairy 참조.

엠 M **1.** 히브리 알파벳의 'mem'(=물); 이집트 상형문자로는 올빼미(=대지, 대모); 켈트어로는 '포도나무'; 앵글로색슨어로는 인간을 의미한다; **2.** 다음을 상징한다: a. 변환, 변화; b. 남성성(각이 있는 경우 두 개의 산 또는 두 개의 기둥) 또는 여성성(둥근 경우)을 상징한다; c. 기독교: 성모 마리아(예 새 개의 M자로 만들어진 탑: 세 부분으로 이루어진 마리아에 대한 기도) 또는 밀레니엄; d. 고대 영어의 엄지손가락 찍기: 과실치사; **3.** 다음에 상응한다: a. 계절: 9월 2일~9월 30일(달력calendar 참조); b. 신체: 혈액; c. 점성술: 토성Saturn; d. 타로카드: 죽음카드.

엠푸사 empusa **1.** 어떤 형태에서 다른 형태로 변하거나 때로는 아무것도 아닌 것으로 사라지는 괴물들; 때로 뱀파이어나 '라미아'와 동일시된다(참조: 제목이 같은 존 키츠John Keats의 시); 그들은 섹스와 육체를 모두 즐긴다(필로스트라투스Philostratus, 아폴로의 인생VA 2, 4); **2.** 괴테: 떠돌아다니며 피를 빠는 음탕한 밤의 괴물로 묘사된다. 아이들과 여행자들에게 공포를 불러 일으킨다; 이들은 나귀의 발을 갖고 있다; 파우스트Faust(7732ff)에서 엠푸사는 아름답고 사랑스러운 모든 것을 몰아낸다; 엠푸사는 말발굽으로 치장한 메피스토펠레스와 함께 있을 때 가장 안락함을 느낀다; **3.** 나귀ass와 춤dance 참조.

여관 inn **1.** 자유의 장소, 허세 부리지 않는 힘의 장소, 겸손의 장소; **2.** 리처드 2세의 아내는 남편을 가장 아름다운 여관에 비유했다: 승리(=헨리 볼링브로크Henry Bolingbroke)가 술집 손님이 됐는데(승리했는데) 왜 강력한 슬픔이 당신 안에 깃들어야 하는가?(리처드 2세의 비극R2 5, 1).

여뀌 water-pepper (식물) 라틴어로는 '사페나 리파룸Sapena riparum' 또는 '사페나 페르시카리움Sapena persicarium': 잎의 형태와 가운데에 있는 핏빛처럼 붉은 방울로 인해 새로난 상처를 치유한다(테오프라스투스Theophrastus, 식물에 대한 조사P p. 194).

여닫이창 casement **1.** (질투하며) 다른 사람의 죄악을 목격하는 장소: "내 집의 여닫이창을 통해 밖을 내다보다가 미련한 젊은이들 가운데서 한 정신 나간 젊은이를 보았다." 고혹적인 창녀가 그를 맞아들였다(잠언Prov. 7, 6); **2.** 남자가 연인에게 이야기하는 장소. 또는 몰래 집으로 들어갈 수 있는 장소, 종종 촛불을 들어와도 된다는 신호로 사용했다: "그리고 부드러운 기쁨, 그대에게는 그 그늘진 생각이 이길 수 있네, 밤에 밝은 불빛과 열린 여닫이창, 따스한 사랑이 들어올 수 있도록"(존 키츠John Keats, "프시케에게 부치는 송가Ode to Psyche"); **3.** 놀라운 바깥세상으로 향한 열린 구멍: "쓸쓸한 요정의 나라에서 위태로운 바다의 포말을 향해 열려 있는 마법 여닫이창을 종종 매혹시킨 그 동일한 [노래]"(존 키츠, "나이팅게일에 부치는 송가Ode to a Nightingale" 7연).

여름 summer **1.** 이름: 산스크리트어의 '사마sama'는 반년이라는 뜻이다; **2.** 기간: a. 쇠락이 예견되는 아름다움; b. 발달; 완벽, 빛; c. 명료성과 순수성; 청소년기와 성숙기; d. 수확; e. 열과 건조; f. 신체: 상반부 또는 몸의 전면부; g. 원소: 불; h. 색상: 붉은색; i. 날(시간): 한밤중부터 정오까지; j. 방향: 남쪽; k. 맛: 쓴맛; l. 별자리; 게자리, 사자자리, 처녀자리; **3.** 한여름 축제midsummer 참조.

여리고의 장미, 안산수, 부활초 Rose of Jericho (식물) **1.** 완전히 말라 죽은 것처럼 보이는 사막 식물. 그러나 일 년에 한 번만 물을 주면 녹색 잎을 펼친다: 부활의 식물(지그문트 프로이트Sigmmund Freud, 꿈의 해석IDr. p. 212n); **2.** 마리아의 꽃, 때로는 성모 마리아의 장미라고도 불린다(옥스퍼드영어사전OED); **3.** 장미rose 참조.

여물통, 구유 manger **1.** 이집트 상형문자: a. 아몬-라, 즉 빛과 태양의 신; b. 테베; **2.** 히브리: 계시; **3.** 기독교: a. 새해 아이의 요람; b. 무지로부터 지혜가 솟아난다; c. 신성이 생겨나는 동굴의 신비한 중심(연꽃 속의 부처 참조); d. 자비심에서 솟아나는 겸손; **4.** 질투, 원한(3번의 d의 반전inversion), 구유 속의 개dog(신God의 철자 순서를 뒤집은 것).

여사제 priestess 심리: 대모Great Mother 또는 대지적 측면(원형archetypes 참조). 물과 관련된 여성의 직관적 측면으로, 현대 사회에서 가장 무시되기 쉬운 부분인 여성의 창조적이고 실제적인 내면세계를 강조하는 측면; 그러나 그녀가 직관적인 측면에 지나치게 의존하여 주관적이고 편향된 시각으로 세상을 왜곡한다면 마녀가 될 수도 있다; 소유욕이 강하고 자기 과시적이며 다른 사람을 집어삼키는 끔찍한 어머니의 반대.

여왕 queen **1.** 일반적으로 다음을 의미한다: a. 여성적 형태의 수용성: 대지, 고귀한 어머니(코르넬리스 J. 슈어만 박사Dr. Cornelis J. Schuurman 42)의 상징; b. 자연은 양면성이 있기 때문에 여왕은 선하거나 악할 수 있다(예 계모): 인간은 자연과의 연결을 잃어버렸다(같은 책 45); c. 심리: 긍정적이고 부정적인 측면에서의 '아니마anima'(카를 융Carl Jung 14, 276ff.); **2.** 리비아는 여왕으로 통치한 최초의 여성이었을 것이다(이소크라테스Isocrates, 부시리스Bus. 10); **3.** 이집트: 기원전 3000년 경 두 번째 왕조의 세 번째 왕의 재위기간에 여성이 신성한 왕의 직책을 맡을 수 있다는 결정이 내려졌다(마네토Manetho, 단편집 8ff.); 많은 여왕이 언급되지는 않았으며, 재위기간 동안 사랑받았던 니토크리스또는 니오크렛등 한 명(헤로도토스Herodotus 2, 100)에서 다섯 명까지 언급되었다(디오도로스 시쿨로스Diodorus Siculus 1, 44 및 64; 스트라보Strabo 17, 1, 33; 플리니우스Pliny 36, 12, 78); **4.** 히브리: 안식일Sabbath은 종종 금요일 밤에 '등장'하여 축하받는 여왕(또는 신부)으로 언급되었다(시몬 필립 브리스 Simon. de Vries, 여러 곳에서 언급됨); **5.** 그리스: 고대 의식에서 여왕(그리스어로 'basileia')은 매년 '신'과 함께 '신성한 결혼hieros gamos'을 했으며 이는 대지에 풍요를 불러오는 교감마법이었다(아서 S. 콘퍼드Arthur S. Cornford, 다락방 코미디의 기원AC 181, 69); **6.** 로마: 여왕은 모권제의 수장이었다; "여성이 메디아사람들과 사바사람들을 통치했을 뿐 아니라 대부분의 바르바리 지역을 통치했다"(클라우디아누스Claudian., 유트로피Eut. 1, 321); **7.** 연금술: a. 생명의 영약은 '병bottle 속의 젊은 여왕'(사자lion 참조)이다; b. 수은(3three 참조)에 대한 많은 상징 중 하나: 여성적 형태의 수은(헤르메스Hermes; 왕king 참조); 그녀는 태양왕이 빛나는 하늘이다; 그녀는 왕과 같은 운명을 겪고 있는 라틴어로 '소로르 엣 스폰사soror et sponsa'(누이이자 아내)이다. 그녀는 그의 영spirit에 대한 영혼soul이다. 연금술에서 그녀는 보통 '시바의 여왕'이라 불렸다(카를 융 Carl Jung, 앞의 책); **8.** 꿈: a. 꿈에서 여왕은 왕자(아들) 또는 공주(딸)의 어머니; b. 여성성; c. 남성적 왕과 반대되는 여성성(톰 체트윈드Tom Chetwynd).

여왕카드 queen (타로카드) 영혼soul.

여우 fox **I. 일반적으로 다음을 의미한다:** 1. 보통의 서식지는 혼합 농지, 조림지, 특히 들판의 가장자리를 따라 잡초와 덤불이 무성한 곳이다; 다른 동물에 의해 버려진 토굴dens을 선호한다; 어린 새끼들은 한여름 즈음에 첫 훈련을 받는다; 2. 이집트와 성서상의 문맥 모두에서 '여우'라는 단어는 '자칼'을 의미하는 것으로 파악된다: 예를 들어, 썩은 고기를 먹는(때로는 여우도 이에 해당된다), 이집트어에서는 '길잡이'(다음 II번의 12 참조), 사막지역 서식자 등; 3. 천적은 왜가리와 까마귀이다(우화에 나오듯이); 그러나 그의 가장 치명적인 적은 사람이다; 또 다른 중요한 적은 독수리(핀다로스Pindarus, 이스트미아 송시Isthm. O. 4, 47ff.)이다; 그러므로 여우는 뱀snakes과 친구가 된다(아리스토텔레스); 4. 여우는 사자(태양의 측면을 강조함) 및 거위(어리석음, 가장 명백한 얼간이)와 자주 연결되어 언급된다; 5. 여우 사냥은 수사슴 사냥의 보조적인 형태로 발전했지만(약 17세기경), 고도로 형식화된 의식은 이것이 신성한 사냥의 잔재임을 암시한다; 여우 사냥은 여러 면에서 투우(또 다른 태양 동물)에 필적한다: 초기부터 존재했지만 매우 늦게 공식화되었고 트로피 등이 수여된다(역주: 두 개의 사냥 모두 고대사냥 전통에 뿌리를 두고 있고 17세기까지는 공식화되지 않았다); 6. 여우 한 쌍은 나란히 누워 암컷이 수컷을 껴안은 상태로 짝짓기를 한다(플리니우스Pliny 10, 83); **II. 일반적으로 다음을 상징한다:** **1.** 교활한 도둑, 간계 및 속임수: a. 우화에서 여우의 가장 두드러진 특징은 교활함으로, 때로는 스스로를 속이기도 한다(이솝Aesop, 우화Fables 1, 2, 14); b. "여우는 어린 양을 훔치려고 할 때 짖지 않는다"(헨리 6세 2부2H6

3, 2, 그리고 여러 곳에서 언급됨); c. 마르시우스 코리올라누스Marcius Coriolanus가 반란 시민들을 다음과 같이 비난한다: "사자를 찾아야 하는 곳에서 토끼를 찾고, 여우를 찾아야 하는 곳에서 거위를 찾고 있구나"(코리올라누스Cor. 1, 1; 참조: 1, 4); d. "이 사자는 용맹함에 있어서는 여우와 같고 신중함에 있어서는 거위와 같다: 한여름 밤의 꿈MND 5, 1); 여기서 영악함은 용맹함의 대극이다; e. "간계와 은밀한 방법"은 여우를 단테Dante의 작품에 나오는 사악한 조언자의 상징으로 만든다(신곡 지옥편Inf. 칸토C 27); **2.** 아첨: a. 우화 속에 나오는 여우의 가장 교활한 무기; b. 제임스 조이스James Joyce와 딜런 토머스Dylan Thomas는 여우와 시詩를 연관시켰다(딜런 토머스의 "환상의 허구fibs of vision"); 아래 참조; **3.** 태양을 상징하는 동물: a. 구약성서: 삼손은 (그해의 날에) 꼬리에 불붙은 막대기를 매달은 여우 300마리를 블레셋 사람들의 들판으로 보냈다; 아마도 고대 다산 의식에 대한 오해일 것이다: 다음 참조(참조: 사사기Judg. 15); b. 로마 세랄리아Roman Ceralia 축제에서도 여우를 서로 묶은 채로 횃불을 매달아 들판으로 보냈는데 이는 개의 날Dog-days의 '불'을 피하기 위함이었다; 비슷한 의식이 로마의 서커스에서 행해졌다(오비디우스의 4월 축제 참조); c. 이솝Aesop: 높은 모자를 쓴 여우가 많은 피해를 입혔고, 그로 인해 농부는 벌로 여우의 꼬리에 불을 질렀다; 그러나 신들은 여우를 농부의 밭을 가로질러 가도록 되돌려 보냈다; d. 제프리 초서Geoffery Chaucer의 글에선, 던 러셀Daun Russel이란 이름의 여우가 평소 활동하는 밤 시간이 아닌, 태양이 가장 높이 떴을 때 수탉Chanticleer을 공격했다; e. 유럽의 한여름 축제기간 동안 불에 태우는 동물 중 하나; **4.** 다산: a. 수확의 여신 데메테르에게 바쳐졌다; b. 달의 여신은 때때로 여우vixen의 여신으로 숭배되었다; **5.** 성적 특성('성적인 매력이 있는', 즉 '깡말랐지만 육욕적인 애정을 보이는' 성적 특성): a. 아가서에서 여우는 포도를 훔치고 포도원을 '망친다'(2, 15); 여기서 '포도원'은 종종 여성의 몸을 상징하기 때문에 성적인 암시일 수도 있다(이 문맥에 맞게); 알프레드 테니슨 경Lord Alfred Tennyson은 자신의 시 "오 처녀여, 내려오너라"에서 이 의미를 받아들였다. "포도나무에서의 여우처럼" 사랑을 찾을 수 있다; b. "여우의 수준"(십이야Tw. N. 2, 5)이란 표현은 냄새와 성적 특성 둘 모두를 가리킨다; c. 토머스 S. 엘리엇Thomas S. Eliot의 "버뱅크와 배데커Baedeker with a Burbank"라는 시에서, "볼루핀 공주Princess Volupine"에 대한 언급은 아마도 벌푸스Vulpus(여우)와 볼럽쳐스Voluptuous(관능적인)에 대한 말장난이었을 것이다; 참조: "모피 속의 돈money in fur"; d. 아래의 로렌스Lawrence 참조; e. 리코프론Lycophron(7, 71 f.)은 페넬로페를 고지식하고 요염한 암여우라고 부른다; **6.** 위선적이고 거짓된 선지자: a. 악한 선지자들은 광야에 있는 여우와 같으니라(에스겔서Eze. 13, 4; 그는 선지자를 가리킨다; I번의 2 참조); b. 단테: 암여우vixen는 이단Heresy의 상징(신곡 연옥편Purg. 32); II번의 1, e 참조; c. 별도 항목인 여우 이야기Reynard the Fox 참조; d. 속담: "여우의 설교에 나오는 것은 어리석은 거위다" "여우가 설교할 때 거위들을 조심하라"; **7.** 고독(1, 2 참조): a. 그들은 시온의 황폐한 산을 걷고 있다(예레미야 애가Lament 5, 18); b. 토머스 스턴스 엘리엇: ("시므온을 위한 노래Song for Simeon") "그들은 염소의 길을 따라 여우의 집으로 갈 것이다", 이는 예루살렘이 멸망하는 동안 유대인들이 도망친 것을 가리킨다; **8.** 배은망덕: a. "여우, 특히 암컷 여우를 잡았을 때에 반드시 죽여야 한다(역주: 리어왕의 딸들은 아버지에게 왕국을 나눠 받은 후 아버지를 배신하고 학대한다)(리어왕Lr. 1, 4; 참조: 또한 4, b, 여기서 다시 암여우vixen로 언급된다); b. "그대가 여우처럼 기만술을 가졌다면 [주권Lordship 또는 '인간'의 대극으로서] 말한 것보다 로마에 더 많은 타격을 가한 자를 추방할 수 있었을 것이다"(코리올라누스 4, 2: 다시 한번 여우의 두 번째 의미는 '말words'이다; II번의 2 및 6 이하 참조); **9.** 숨기기: (은밀하게) "언덕 아래 있는 여우Fox under the Hill"와 같은 술집 이름으로: 은신처, 피난처(사냥꾼이 자주 드나드는 곳이 아니라)로서의 술집; 게다가 여우는 종종 포도덩굴이나 포도와 연결된다(테오크리토스Theocritus 1, 48ff.); '여우처럼 되다to be foxed'=취한; II번의 5, a 참조; **10.** 자기기만: 이솝우 화에 나오는 여우와 '신 포도'(3)에 관한 이야기; **11.** 썩은 고기를 먹는 동물: "그들이 칼에 엎드러질 것이요: 여우의 분깃이 되리라"(시편Ps. 63, 10); 여기에서도 역시 죽은 사람의 시체를 먹는 자칼이 더 적합하다; **12.** 길잡이: 트라키아

인들은 얼음을 건널 때 여우가 지나간 길로만 건넌다(플리니우스 8, 42; 플루타르코스Plutarch, 동물의 영리함Clev. of Anim. 13); **13.** 문장heraldry(紋章): a. 교활함, 전략적인 간교함; b. 총명함, 자기 방어를 위한 재치; 14. 인간의 연령(참조: 연령Ages): 오십 세인 사람; **Ⅲ. 특별한 종교적 의미**: 1. 히브리: 누가복음(13, 32)에서 예수는 랍비 전통에 따라 헤롯을 "저 여우"라고 불렀다; 여기서 여우의 의미는 다음과 같다; a. 피에 대한 갈증; b. 교활함; c. 욕심 많음; d. 겁쟁이(사자의 반대), 또는 용맹과 반대되는 교활함; e. 일반적으로 비열함(느헤미야서Neh. 4, 3); 2. 기독교: a. 사탄의 상징: i. 우화와 잠언에 나오는 위선적인 설교자; ii. 그의 계략으로 새들(영혼)을 속인다; iii. 비열하고 교활한 '적수'; iv. 닭들에 의해 묻힌다(역주: 세속적인 관심사에 압도된다); b. 무절제는 입에 거위를 물고 있는 말steed로 묘사된다; **Ⅳ. 특별히 참고할 문학서**: **1.** 윌리엄 B. 예이츠William B. Yeats: "오소리가 휩쓸고 간 은신처"("시립 미술관 재방문The Municipal Gallery Revisited"이라는 시에 나오는)에 숨어 있는 부정한 것을 먹는 동물; **2.** 존 밀링턴 신지Jhon M. Synge: " 당신이 프랑스에서 온 여우같은 선장을 3페니에 면도해 주는 것을 본 적이 있다는 것을 세상이 알지 않나요?"("서부의 인기 있는 한량Playboy of the Western World", 1막); **3.** 제임스 조이스James Joyce: 스테판 데달루스Stephan Dedalus는 '여우'라고 불리며 '담쟁이덩굴'과도 관련이 있고, 아마도 '호랑가시나무'와도 연관이 있을 것이다; **4.** 데이비드 허버트 로렌스D. H. Lawrence("여우The Fox"): 양성애적 상징: 때때로 여우는 여성적인 반포드를 향한 남성적인 마치의 사랑을 방해하고(병사가 여우를 죽일 때 마치는 반포드가 죽은 것처럼 느낀다), 그러다 죽은 여우의 아름다운 꼬리에 감탄하던 병사는 여우가 된다; VI번의 B 참조; **5.** 딜런 토머스: a. "여우 빛fox light"("프롤로그"에서 나오는): 시인의 "여우같은 혀foxy tongue"에 의해 말로 표현되는 내면의 시적인 빛; 그는 자신을 "어린 강아지young dog"라고 부르는 것만큼이나 "늙은 바다다리 여우old sea-legged fox"라고도 부른다; 또한 신지Synge 참조; b. 카톨릭 수탉the Catholic cock(역주: 전통적이고 확립된 카톨릭 신앙)과 대조되는 개신교 ("여우 같은 불Fox-like fire"); c. 목가적인 욕망(항상 "불타는")의 상징: 참조: 앤 존스Ann Jones의 방에 여우가 "박제"되어있다; "하얀 거인의 허벅지에서In the White Giant's Thigh"에 나오는 여우는 "속이 비어 있는 상태"이다; **V. 다른 것과의 조합**: '여우 모피': (엘리자베스 1세 여왕 시대) 양가죽(순수)에 덧댄 여우(교활함) 모피는 특히 고리대금업자가 입었다(눈에는 눈 이에는 이Meas. 3, 2); **Ⅵ. 민속**: **A.** 여우의 혀: 착용한 사람을 대담하게 만들기 위해 부적으로 착용한다; **B.** 마녀의 변장: 일반적인 토끼 변장 외에도 도깨비나 악마는 여우 같은 형태를 하고 있는데, 희생자를 유혹하고 속이기 위해 인간의 모습, 특히 아름다운 젊은 여인의 모습을 취할 수도 있다: **C.** 여우 혈통: 여우의 후손(참조: 바다표범의 후손seal-descent): 어떤 아일랜드에서 집안은 여우의 후손이다; 집 주변에 많은 여우가 나타나면 항상 임박한 죽음에 대한 경고로 여겼다; **D.** 여우 꼬리: 과거에는 어릿광대의 배지; **E.** 여우를 만나는 것: a. 여우 한 마리를 만나는 것은 행운이지만, 여우 여러 마리를 함께 만나는 것은 불행이다; b. 여우에게 물린 사람은 7년 안에 죽는다; **F.** 여우의 결혼식: 햇빛이 비추는 동안에 갑작스러운 소나기가 온다(원숭이의 생일이라고도 함); **G.** 여우는 벼룩을 떼어내기 위해 주기적으로 헤엄을 치는데 이 때 양털을 입에 문다: 몸에 있는 모든 벼룩이 양털에 달라붙으면 양털을 물에 떨어뜨린다; **H.** 속담: a. "여우는 저주를 받을 때 가장 잘 지낸다(역주: 여우는 어려운 상황일 때 가장 현명하게 행동하며 능숙하다는 뜻)"; b. "여우는 아는 것이 많지만 그를 어려움에 처하게 하는 것이 더 많다"; c. "여우는 회색으로 자랄 수 있지만 결코 선해지지 않는다(역주: 여우는 늙어도 그 본성은 변하지 않는다는 뜻)"; d. "여우는 자신의 구덩이에서 멀리 떨어진 곳에서 사냥을 한다"; e. "여우의 꾀는 결코 사자의 머리에 들어가지 않을 것이다"; f. "우리는 여우가 결코 자신의 도랑의 흙에서 죽는 것을 발견하지 못한다"(사람들은 그들이 익숙해진 나쁜 것들로 인해 거의 상처를 받지 않는다).

여우상어 fox-shark (물고기) 여우상어는 몸을 비틀어서 어부의 낚시 바늘을 제거한다(플루타르코스Plutarch, 동물의 영리함Clevem. of Anim. 24; 클라우디우스 아엘리아누스Claudius Aelianus, 동물의 본성에 관하여NA 9, 12).

여우이야기 Reynard the Fox 레이나드는 중세 동물 우화집에 나오는 주인공: **1.** 육욕; **2.** 교활함; **3.** 교회의 상징; **4.** 그는 삼촌인 늑대 남작을 속인다; **5.** 가장 잘 알려진 우화는 늑대의 가죽으로 병든 사자를 치료한 이야기다.

여울, 개울 ford **1.** 문턱의 상징성을 갖고 있다: 두 개의 상태 또는 형태의 교차점: 잠이 드는 것/잠이 깨는 것, 시간/영원; **2.** 심리: 물을 건너고, 에워싸이고 '집어삼켜'진다=무의식의 모성 원형을 극복하는 것, 일반적으로 잠이나 죽음에 대한 욕구로 나타난다; 따라서 여울은 의식과 무의식 사이의 경계선이다: 많은 영성상 또는 모성상; **3.** 여울에서 솟아나는 것: 무의식의 힘. 예 괴물, 악마 또는 변형된 아버지나 어머니상.

여자 female **1.** 의인화: a. 위대한 여신의 형태로 의인화된 여자들(추가 형태와 상징): 아프로디테, 페르세포네, 주노, 이시스, 키벨레 등; b. 인어; **2.** 동물의 형태로 의인화된 여자들: 이집트: a. 우모(牛母)(하토르); 대부분의 위대한 여신은 암소-뿔-달과 관련 있다; b. 꽥꽥거리는 혼돈스러운 어미 거위; c. 암퇘지: 다른 많은 나라에서; d. 독수리: 바빌로니아, 성서 등에서; **3.** 다음으로 상징화된다: A. 동굴 같은 구조: 방주, 곡식, 동굴, 소라, 컵, 출입구, 틀, 달걀, 말굽; B. 원형 또는 타원형 모양: 방패shield, 방패aegis, 앙크십자ankh(십자가cross, 안세이트ansate 십자가(역주: T자 모양의 십자가로 앙크십자가라고도 한다) 참조); C. 휘어지는-오목한-완곡한 모양의 구부러진 형태: 바다, 고양이, 소(뿔), 초승달 모양, 물고기, 해안선, 흙 둔덕, 언덕(남성-산의 반대) 등; D. 수평: 삼각형의 밑변, 삼각주(글자와 강 하구 모두: 음모와 유사함), 선으로 이등분된 직각, 정사각형 돌(=지구); E. 틈새: 엄지를 중지와 검지 사이에 넣은 손가락 욕, 미로, 칼의 칼집, 화살 표적지, 참호, 입술 등; F. 다산: 석류, 비둘기dove, 비둘기pigeon, 토끼, 참새 등; G. 개방성(A번 참조): 손 벌리기, 도금양 잎사귀 등의 개방성; **4.** 여자woman 참조.

여자 woman **1.** 사물과 상황의 혼돈스러운 왼쪽 편: 모든 성적 오르가즘은 원시적·비이성적 혼돈으로의 자발적인 회귀이며, 여기서부터 삶이 진행된다; **2.** 모든 여성은 위대한 여신의 특정 측면을 나타내는 경향이 있다: a. 순식간에 지나가는 미지의 연인, 누이(아가서SoS), 남성의 가장 고결한 초월성(베아트리체), 정화된 지성(소피아), 겸손하고 도덕적인 처녀(마리아), 사나운 여자 사냥꾼(아르테미스) 또는 유혹자(지렌, 인어)를 나타내는 아니마; b. 성적 측면(아프로디테), 본능적 측면(이브), 정서적 측면(트로이의 헬렌 등을 강조하는 성숙한 여성; c. 어머니 또는 노파, 대모(비이성적·비도덕적·원시적), 마녀(헤카테), 시신을 매장할 준비를 하는 여성(피에타)은 생명이 생겨 나왔다가 다시 돌아가는 여신의 죽음의 측면을 강조하는 것이다; 5번도 참조; d. 게르만족의 여자들은 전투하기에 유리한 시기를 (제비뽑기나 점괘로) 결정했다(율리우스 카이사르Caes., 갈리아 전기De B. G. 1, 50); **3.** 벌거벗은 여인들: 풍요 의식에서 황홀경에 빠진 여성들은 풍요의 신을 흥분시켜서 봄의 들판에 영향을 주게 만든다; 또한 벌거벗음nakedness 참조; **4.** 성서: 해산이 임박한 여인: a. 극심한 고통, 특히 메시아가 오기 전의 고통(이사야서Isa. 13, 8; 21, 3 등); b. 세속적 삶의 일시적 고통(예 요한복음John 16, 21); **5.** 노파: a. 언덕 아래에 사는 노파에 대한 전래동요가 있다: 풍요의 상징(언덕 자체가 여성 상징); b. 또 다른 전래동요에서는 빗자루를 든 노파가 "달보다 열일곱 배나 높은 곳에 있는 바구니에 던져진다": 마녀(정치적 풍자로); c. 모든 아이들과 신발 속에 사는 노파는 분명히 또 다른 풍요의 상징이다(신발shoe 참조); **6.** 여성의 날('여성적 달kalendae femininae'): 3월 1일; **7.** 부정한 여인: 반교권주의 입장을 가진 개신교도의 눈에 비친 로마 가톨릭 교회의 상징(또한 바빌로니아Babylon 참조); **8.** 용dragon 참조(요한계시록Rev.에 나오는 여자들에 대해서는 II번의 1, B 참조); 여성female; 음문vulva 참조.

여자 대사제 카드 Arch-priestess (타로카드) **1.** 다른 이름: 대제사장, 교황 조안, 수도원장, 여성교황, 수도원의 수녀; 그녀는 달의 여신을 나타낸다: 이시스, 키벨레, 아르테미스, 마리아; **2.** 대제사장처럼 그녀는 옥좌에 앉아 있으며 때로는 두 기둥(야긴Jachin과 보아스Boas) 사이에서 반대방향으로 돌아서 있다; 가운에 반쯤 펼쳐져 있거나 반쯤 숨겨져 있는 책이나 두루마리를 들고 있다; 그녀의 달의 측면은 초승달 상징, 뿔이 있는 이시스 왕관, 보석 달린 머리장식 아래의 흰색 천 등으로 상징화된다; 옥좌 뒤에는 베일 같은 보호의 천이 있다; 그녀는 마법사와의 합일을 통해 황후가 되었지만 신비한 종교, 법률 및 신비주의 과학의 수호자이다; **3.** 다음을 나타낸다: a. 좋든 나쁘든 발전하는 진화와 물질화; b. 성역 내부로 통하는 문; c. 피할 수 없는 일련의 사건들; d. 점성술: 달.

여자 어릿광대 Columbine (팬터마임) **1.** 젊은 연인들의 사랑을 독차지하는 비참한 판탈로네, 부모 또는 보호자의 딸로, 만화 속 '어릿광대' 하인 중 한 명인 할리퀸의 연인이기도 하다; 희극에서 그녀는 사람들의 눈에 보이지 않도록 되어 있어서 가면을 쓰지 않는다; **2.** 전형적인 여자 연인('여자 어릿광대'='비둘기 같은'); 그녀는 짧은 치마를 입은 요정 같다; **3.** 소녀 같이 천진난만하고 경험이 없지만 배우려 한다.

여자악령, 서큐버스 succubus **1.** 여성의 모습을 한 악마이며 남성을 유혹하는 데 특화되어 있다; 악마는 성별이 없기 때문에 때로는 '서큐버스(여자악령)'가 발견되지만 남성 형태가 흔하게 사용되었다; 서큐비 succubi(여자악령)보다 아홉 배(9는 여성 수) 많은 인큐비incubi(남자악령)가 있으며, 서큐비가 인큐비보다 더 음란하다; 일부 권위자들은 이들이 사탄을 위해 일하는 파우니와 님프들이라고 주장한다; (나중에 이들은 혹독하고 고통을 주는 존재로 표현되었지만 이것은 여인들이 안식일에 악마와 성교한 것에 대한 설명과 일치시키기 위해서였다) 서큐비는 인간보다 더 성적 매력이 있다; **2.** 남자에게 얻은 영혼과 정액을 인큐비를 통해 여성에게 주입하는 것이 악마의 목표다; **3.** 카를 융Carl Jung: 아니마anima(원형archetypes; 인어mermaid 참조).

여정 journey **1.** 태양(영웅)의 전형적인 활동: 낮에 하늘을 가로질러 여정을 가고 야간 횡단을 한다; **2.** 또한 전형적인 a. 달, b. 바람의 신들; c. 시간 또는 공간에서의 주기적 움직임; **3.** 모험, 발견 또는 변화에 대한 열망; **4.** 더 높은 수준에서의 a. 순례; b. 중심과 미로(어둠, 어머니, 무의식)에서 나가는 길에 대한 탐색; **5.** 다음과 관련된다: a. 비행, 수영, 달리기; b. 백일몽 그리고 성적 탐구; **6.** 심리: 잃어버린 어머니를 향한 끝없는 여정이나 근친상간에 대한 두려움으로 인한 어머니로부터의 도피; **7.** 토머스 S. 엘리엇 Thomas S. Eliot: 무의미하고 쓸데없는 인간의 움직임(예 "황무지The Waste Land" 1에서 "겨울에는 남쪽으로 가라"에서 둥그렇게 원을 그리며 걷는 사람들 등); 참조: '엔트로피'를 위한 혼란; **8.** 여울 또는 다른 장애물 건너기: 결정적인 단계를 통과하기(여울의 경우 무의식에 대한 탐색이다); **9.** 민속: 출발할 때의 몇 가지 사악한 징조: a. 뒤돌아보기(예 롯의 아내, 오르페우스 등); 그러므로 어부가 일단 항해를 떠나면 돌아오라고 부르면 안 된다; b. 나쁜 징조가 발생하면 발걸음을 되돌려라. 앉아서 다시 시작하라; c. 떠나는 사람이 시야에서 완전히 사라지는 것이 다시는 그 사람을 보지 못하게 되는 원인일지도 모른다; **10.** (지옥으로의 여정을 위한) 지하세계Underworld와 야간횡단 Night-crossing 참조.

여행자 traveller **1.** 특징: 여행자가 돌아올 때 사람들은 그를 알아보지 못한다. 그리고 다른 사람이 자신의 자리를 차지한 것을 알게 되고, 가까운 친척만 이해할 수 있는 비밀메시지를 남기거나 몸에 있는 표시를 보고 자신을 알아보게 한다; 여행journey; 항해sailing도 참조; **2.** 유형: 예 오디세우스, 순례자 에녹 아덴; **3.** 윌리엄 블레이크William Blake: 태양the sun.

여호와 Jehovah **1.** 영지주의적 이름들은 부적으로 사용되었다: a. 아도나이: 제국; b. 엘El: 웅장함; c. 엘로힘Elohim: 엄격; d. 야Jah: 지혜; e. 여호와Jehovah: 지혜; f. 자바옷Zabbaoth: 영광과 승리; **2.** 세피라sephira, 구체들spheres, 야훼Yahwe 참조.

여황제 empress "여제의 사랑: 가장 높은 형태의 사랑: a. "여제의 사랑을 받을 만한"(베로나의 두 신사 Gent. 2, 4, 71+n); b. 스페인어 "황후의 가치digno de una Emperatrix"(페데리코 G. 로르카Federico G. Lorca, "안토니오 엘 캄보리오의 죽음Muerte de A. Camborio").

여황제 카드 The Empress (타로카드) 1. 다음을 나타낸다: 왕관을 쓰고 왕좌에 앉은 날개 달린 부인(황제처럼; 때로는 열두 개의 별이 있는 왕관; 그녀는 황제와 같은 홀을 가지고 있다. 그러나 그녀의 방패에는 독수리가 반대로 도는 모습[문장heraldry(紋章)의 왼쪽에] 또는 비너스의 상징이 있다; 그녀는 때로 비너스의 진주 목걸이와 도금양 왕관을 착용하고 있다; 그녀는 잘 다듬어진 풀과, 다산을 상징하는 쥐 등으로 둘러싸여 있다; 2. 다음을 나타낸다: a. 대모Great Mother 헤라-비너스, 이시스-하토르, 마리아; b. 황제의 지적인 생각들이 만들어 낸 무의식적인 생산활동; c. 음유시인-마법사와 합일한 후의 (처녀)여사제; d. 관대함과 정서적 호소(역주: 다른 사람을 설득하는 전략); e. 점성술: 금성(아름다움) 또는 지구.

역 station 1. 꿈에서 이것은 발기를 나타낼 수 있다(라틴어 '응시stare'='서다'; 허버트 실버러Herbert Silberer, 연금술Alch. 1, 2. p. 30); 2. 기차train 참조.

역 station 1. 성(性)과 관련된 동요에서: 예 "유혹, 유혹, 유혹, 딕 바튼은 역으로 내려갔네. 블론디가 알몸으로 벌거벗은 채 있었네, 유혹, 유혹, 유혹!; 2. 기차train 참조.

역병, 재앙 plague 1. 우리의 악덕: "신은 공정하셔서 불의의 쾌락을 맛본 자는 결국 그 쾌락으로 재앙을 받게 하시지"(리어왕Lr. 5, 3); 2. 결혼: "어떤 이는 결혼하지 않은 것이 그에게 지옥 같았고, 다른 이는 결혼을 한 것이 그에게 역병 같았다."(로버트 버튼Robert Burton, 우울의 해부Anat. of Mel. 1, 2, 4); 3. 딜런 토머스Dylan Thomas: "사랑의 역병love's plague"을 어린 아이로 표현했다.

역청 bitumen 1. 이름: 그리스어로는 '아스팔토스 asphaltos'=개정판 성서 및 예루살렘 성서의 '역청', 킹제임스 버전 성서의 '끈적한 물질'(창세기Gen. 11, 3); 2. 히브리어: a. 노아의 방주에 이것을 칠했다(창세기 6, 14); b. 사해가 토해 낸 역청이 배에 묻으면 생리혈로만 떼어 낼 수 있었다(플라비우스 요세푸스Flavius Josephus, 유대인의 고대사 B권 4, 4, 79); c. 역청은 영적인 것보다 육체적인 안전을 제공했다(필로 유다이오스Philo Judaeus, 방언의 혼란Conf. 103ft); 3. 바빌로니아는 아스팔트로 유명했다(카이사레이아의 프로코피우스Procopius of Caesarea, 건물B. p. 23 및 1, 1, 53; 스트라보Strabo 16, 7, 43; 플리니우스Pliny 35, 178); 4. 약: 역청물은 "신체 내부 결함을 제거하고 치유하는 약물을 만드는 데 사용된다"(마르쿠스폴리오 비트루비우스Marcuspollio Vitruvius 8, 3, 4).

역청 pitch 1. 지옥에서의 형벌: '부패한 정치인'(자신의 지위를 부당하게 남용하여 부를 축적한 사람들)은 끓는 역청에 잠긴다(단테Dante, 신곡 지옥편 Inf. 21); 2. 더러움.

역청 구덩이 slime-pit 싯딤 골짜기에는 역청 구덩이가 많은지라 소돔 왕과 고모라 왕이 달아날 때에 그들이 거기 빠졌다(창세기Gen. 14, 10).

연결망 web 1. 무지함에 대한 그리스어 'hyphasma'(=직조한 망토 또는 천): 영혼에 집중하지 못하게 만드는 세속적인 것들(헤르메스 트리메기스토스Hermes Tr. p. 7, 2); 2. 신비주의: a. "망('천')을 유지하는 것"은 (세상과의) 접촉을 유지하는 것이다(성 테레사St. Theresa, 예수와 마리아에 대한 비전V 18, 13; 이 이미지는 산 후안 10세S. Juan X에서도 발견된다: 다음 참조); b. 많은 신과 함께하는 신비주의자의 영혼의 정화를 방해한다: i. 일시적인 망, 즉 모든 생물이 갖고 있는 속성; ii. 자연적인 망은 자연스러운 모든 작업 및 성향; iii. 관능적인 망은 육체와 영혼의 결합; 처음 두 망은 제거되어야 하고 마지막 것은 영혼과 신의 "달콤한 만남"을 이루기 위해 변형되어야 한다(산 후안 10세S. Juan X, 살아 있는 사랑의 불꽃Llama 1, 29); c. 영과 육신 사이에 존재하는 유대 때문에, 그것이 육신과 영혼 사이를 구분하기 때문에, 그리고 정교함의 정도에 따라 망이 신성한 빛을 비추게 허용하기 때문에 그는 삶도 망web이라고 부른다(같은 책 32); 3. 참고할 문헌: a. 필립 시드니 경Sir Ph. Sydney: i. 나는 "돌봄의 망"(고대의 아르카디아OA. 9, 29)이다; ii. "고뇌 어린 고통의 증오심 가득한 망"(같은 책, 72, 25); b. 퍼시 셸리Percy Shelley: "존재의 망"("아도나이스Adonais"

482); c. 알프레드 테니슨 경Lord Alfred Tennyson: "온 망이 짜여져 있다": 별 그리고 운명(인 메모리엄IM 3, 6).

연고, 기름 ointment **1.** 사랑, 성교; **2.** 순수: 파리fly(1번) 참조; **3.** 영웅적 행위; **4.** 환대; **5.** 호사; **6.** 구약성서에서: 히브리어에서 기름ointment이라는 단어는 이름을 의미하는 동음이의어'와 재미있는 말장난의 의미로 종종 함께 사용되었다(전도서Eccl. 7, 1; 아가서SoS 1, 3); **7.** 기름부음anoint과 오일oil 참조.

연금술 alchemy **A.** 기본 물질을 금으로 바꾸는 (상징적) 과정으로 특히 이집트에서 발전되었다. 대우주와 소우주의 관계에서 연금술은 다음을 의미한다: 깨달음 또는 구원; 아랍의 연금술은 부분적으로 그리스의 연금술 원리에 기초하여 후기의 연금술을 확장·발전시켰다; 영국에서는 로저 베이컨Rorger Bacon이 이 분야의 첫 번째 인물이다; **B.** 연금술에는 보통 네 개의 단계가 있다(이전 원소들: 우주 또는 인간에 내재된 가능성): 1. 원초적 물질: 검음Black. 산화된 구리. 그것을 '죽이는 것': 내재된 가능성, 무의식, 본능의 원소적 조직화; 본래 상태의 영혼, 잠재적 힘, 죄책감을 의미한다; 2. 수은Mercury: 백색White(수은 또는 비소가 섞인 은색 합금): 달과 여성성, 최초의 정화, 상상과 감정, '작은 작업minor work'을 상징한다; 3. 유황: 붉음Red: 태양과 남성성, 더 깊은 정화: 이성, 직관, 열정을 의미한다; 4. 라피스Lapis: 황금색Gold: 절대적 통합(카를 융Carl Jung의 개성화), 초월, '더 큰 작업greater work'을 상징한다; **C.** 작용('solve et coagula'로 요약됨): 1. 하소calcination: 세속성의 죽음; 2. 부패putrefaction: 분리separation; 3. 해체solution: 정화purification; 4. 증류distillation: 정화된 물질의 '비rain'=구원의 원소; 5. 합일conjunction: 대극(알코올)의 결합; 6. 승화sublimation: 세상으로부터의 분리와 영적 노력에의 헌신=휘발성의 상승(=영적 원리); 프로메테우스; 천사; 7. (철학적) 응고congelation: 고착(남성)과 휘발성(=여성='구원받은' 요소)의 결합 원칙; **D.** 남녀가 함께 완벽한 자웅동체 형성: 남자(유황)+여자(수은); **E.** 변화과정에서 구별되어야 할 원리들에 대해서는 다음 표 참조; **F.** 각 단계에 상응하는 동물 상징이 있다(명확하게 지정되지는 않음): 까마귀-백조-용-펠리컨-피닉스.

변환		
(영spirit) Spiritus [영]	(혼soul) aqua [물]	(물질matter) Sanguis [혈액]
유황 (=열)	수은	소금 (=결정화)
맹렬함의 원리 남성성	휘발성의 원리 행위 (헤르메스)	견고함의 원리 여성성
flamma [불꽃]	natura [자연]	mater [어머니]

연기 smoke **1.** 정신적 어둠: 요한계시록Rev.에서는 "무저갱"에서 연기가 올라오며, 황충(메뚜기떼)이 나타나 부정한 사람들을 해치기 전에 사람들이 진실을 보지 못하도록 연기가 눈을 가린다(9장); **2.** 하나님 보호: a. 성막의 휘장screen으로 기능한다(신은 종종 북쪽의 어둠 속에서 산다); b. 세계 축, 땅과 하늘 사이의 연결; **3.** 하나님의 분노: a. 벌(다음의 단테Dante 참조), 전쟁; b. 악: 고요한 진실의 반대; **4.** 사랑: "사랑은 한숨으로 된 연기"(로미오와 줄리엣Rom. 1, 1); 반면에 연기와 격분한 아내는 남자들을 집에서 떠나게 만든다(제프리 초서Geoffrey Chaucer, "바스 여장부 이야기Wife of Bath's Tale" 프롤로그; 윌리엄 랭글랜드William Langland, 농부 피어스의 꿈Piers Pl; 셰익스피어, 예 헨리 4세 1부1H4 3, 1); **5.** 소실: "내 날이 연기같이 소멸하며"(시편Ps. 102, 3); **6.** 연금술: 육체를 떠나는 영혼; **7.** 허무함: 기독교의 상징; **8.** 단테Dante: a. 신체의 가장 은밀한 부분: 발이 달린 뱀이 도둑의 배꼽을 찌른다: 망령은 뱀을, 뱀은 망령을 마주 보았다. 망령은 상처에서, 뱀은 입에서 연기를 힘차게 내뿜었고 그 연기들이 서로 부딪혔다"(신곡 지옥편Inf. 25, 90ff.); b. 짙은 검은 연기는 분노의 죄인들에 대한 벌이며 이들은 계속해서 함께 "하나님의 어린 양Agnus Dei"을 위해 기도한다(신곡 연옥편Purg. 15, 16); **9.** 민속: a. 불행을 막는 마법: '연기를 피워 악을 제거한다'; b. 연기는 불꽃처럼 '가장 아름다운 사람을 따라간다': 무리 중에 가장 아름다운 사람을 향해 휘어진다.

ㅇ

연기(煙氣) fume 1. 고뇌: "모든 연기를 해결하기 위한 천 가지의 것"(서레이 존스Surrey Jones 13, 30); 2. "사랑은 한숨과 함께 피어오르는 연기다"(로미오와 줄리엣Rom. 1, 1, 196).

연꽃 lotus (식물) **1.** 일반적으로 다음을 의미한다: a. 많은 식물에 붙여진 가장 대중적인 이름: i. '연 관목Zizypus Louts': 빵과 발효 음료를 만들 수 있는 관목이다. 이것은 호메로스에서 건망증을 일으키는 '연꽃'로 알려져 있기도 하다; ii. 이집트 연꽃은 상징적으로 나일강과 연관된 수련('님페아 연꽃')이다. 힌두교의 성스러운 연꽃은 '넬룸비움 넬룸보Nelumbium nelumbo'이다; b. 아시리아인들은 20세기까지 페니키아 돌기둥(이오니아식 기둥이 된다)에 양식화된 형태의 연꽃을 장식했다; c. 연꽃은 태양을 향해 자라고 새벽에 잎을 피운다(플리니우스Pliny 13, 32: 22, 27); d. 씨앗 꼬투리, 열린 꽃과 새싹이 동시에 생긴다; **2.** 신비한 중심Mystic Centre, 심장, 태양: A. 힌두교: a. 여덟 장의 꽃잎이 있는 연꽃: 존재의 중심에는 브라흐마가 있고 연꽃은 브라흐마의 주술활동의 가시적 현현이다; 서양에서는 다음에 상응한다: 만돌라; 재생; b. 천개의 꽃잎이 핀 연꽃: 삼각형 형태가 없는 마지막 계시; 서양에서는 다음을 의미한다: 단테Dante의 다엽성 장미(신곡 낙원편Par.); B. 이집트: a. 호루스(태양)는 태고의 깊은 곳의 중심에서 자라는 연꽃에서 솟아오른다: 불+물이 세상을 창조한다; b. 오시리스의 상징; C. 그리스: 밤을 가로지르는 태양의 잔속에서 헤라클레스(태양 영웅으로서)와 연결된다; **3.** 부활, 불멸, 진화: a. (티베트): "오만니 팜메 훔Ommani padma hum"(연꽃 중심, 즉 아멘 속의 보석)은 부활의 순환에서 벗어나 열반의 낙원으로 올라가기 위해 아이에게 가르친 첫 번째 단어이자 죽기 전에 마지막으로 말하는 단어여야 한다; b. 생명의 수레바퀴: 동시에 과거, 현재, 미래: 1번의 d 참조; c. 매년 나일강의 범람은 재생을 가져온다: 1번의 a, i 참조; d. 때로 태양 자체보다는 태양의 재생을 상징한다: 즉, 재생, 다산, 여성스러움; e. 재생과 창조적인 측면에서 오시리스의 특성이다. 태양은 종종 연꽃에서 태어나거나 연꽃 위에 앉아 빛나는 왕관을 쓴 젊은이로 그려졌다; f. 이집트에서는 연꽃도 (양식화된) 배boat로 표현되었다: 죽음의 물에서의 부활; g. 예 그리스인들, 로마인들, 초기 기독교인들이 사용한 장례용 꽃; 사포: "삼도천의 이슬 맺힌 연꽃이 피어난 뚝"; **4.** 태양, 불, 빛: a. 2번 참조; b. 아폴로에게 바쳐졌다; c. 이집트: 남방의 상징(파피루스는 북방의 상징이다); d. 불의 작용을 통한 자연의 힘; 물=영spirit과 물질, 물에서 생명이 시작된다; e. '빛의 꽃'[생명life]=백합 문장heraldry(紋章)[리스Lis]의 '삼위일체'와 '그리스도'; 다른 형태의 백합; **5.** 순수성: a. 불교: 열반, 고여 있는 물속에서 깨끗하기 때문에; b. 가장 높고 순수한 개념, 솟아오르는 영혼: 성모 마리아의 백합화에 상응한다, 1번의 c 참조; c. (종종 연꽃 위에 앉아 있는) 이시스의 상징; **6.** 양성성, 생식력: a. 형태: '연꽃의 보석'(3번의 a 참조)이거나 암꽃 봉오리와 숫꽃망울; b. 쇠똥구리, 뱀, 야자나무처럼 자기창조selfcreation(역주: 자아의식을 통한 자아의 '순수한 행위'); c. 대극의 합일과 내적 갈등: 평화; d. (불교:) 연꽃은 숭배자의 보편적 존재성이며 보석은 그의 개별적 존재성이다; **7.** 특별한 종교적 의미: A. 이집트: 왕족; B. 그리스: (크로커스, 히아신스, 아스포델 등과 함께) 헤라가 제우스를 속여 인도했을 때 이다산 꼭대기에 제우스와 헤라의 잠자리를 이것으로 만들었다(호메로스Homer, 일리아드Il. 14, 348); 그래서 그것은 일반적으로 결혼의 성적 제약을 상징하기 때문에 아프로디테가 싫어했다고 한다; C. 호메로스의 "오디세이아Od."(9, 82)에서 연꽃을 먹어 과거를 잊는 사람들은 불멸의 사과를 거부하는 영웅들에 비유될 수 있다; D. 로마: 빛나는 연꽃은 열매가 맺히려는 조짐이다; 연꽃은 요정 로티스가 발기한 남근상의 프리아푸스에게 의해 쫓길 때 변신한 것이다; 이를 몰랐던 드라이오페는 꽃을 꺾어 활력과 젊음을 상징하는 연꽃나무로 변했다(나소 P. 오비디우스Naso P. Ovid, 변신이야기Metam. 9, 341-365); **8.** 다섯 개의 꽃잎이 있는 연꽃은 종종 다음을 상징한다: 탄생, 입문, 결혼, 노동으로부터의 휴식, 죽음.

연못, 늪 pond **1.** 부패: "얼굴이 고인 연못처럼 매끄럽고 순수해 보이는 사람들이 있습니다"(베니스의 상인Mer. V. 1, 1; 깨끗한 시냇물의 반대(예 스테판 말라르메Stéphane Mallarmé, "르 귀뇽Le Guignon"); **2.** 외도하는 아내: "그의 연못에서 옆집 이웃남자가 낚시했다(하고 있다)": 여기서 물고기는 명백히 성적 암시이다; **3.** 비추임, 반영: 웅덩이pool, 물water 참조.

연보라색 lilac (색깔) **1.** 우정; '가벼운 것', 부수적인 것, '남성' 동성애 경향을 나타내는 색이다; **2.** 형제애.

연소 burning **1.** 열정: a. 욕정: a. "그리고 여기에 그의 불타는 욕정의 과일이 있다"(타이투스 안드로니카스Titus Andr. 5, 1; 참조: 아테네의 티몬Tim. 4, 3; 베로나의 두 신사Gent. 2, 5); 셰익스피어의 작품에는 보통 성병이라는 의미가 추가되어 있다; b. "스스로를 태우는 것 외에 무엇을 원하는 것인가?"(토머스 캠피언Thomas Campion, 아이레스의 책Book of Ayres); c. 분개(존왕의 삶과 죽음K. John 4, 2); d. 수치심: "그는 부끄러운 수치심으로 타고 있습니다"(비너스와 아도니스Ven. 49); e. 모든 열정: 부처의 불의 설교가 토머스 S. 엘리엇Thomas S. Eliot의 "황무지The Waste Land"에 언급된다; **2.** 지옥보다 한 단계 뒤에 있는(지옥 같은) 결혼: "불에 타는 것보다 결혼하는 것이 좋다"(고린도전서1Cor. 7, 9); **3.** 영광: "그녀가 앉은 바지선은 마치 윤이 나는 왕좌처럼 물 위에서 불타올랐다: 똥이 황금으로 으깨졌다"(안토니우스와 클레오파트라Ant. 2, 2 클레오파트라의 배Cleopatra's boat에서); **4.** 윌리엄 블레이크William Blake: 창조적인 빛과 불: "호랑이야, 호랑이야, 밤의 숲에서 불타오르는 환한 빛이여": 특히 시를 창작하는 황홀감을 상징하는 달의 동물: 관련 시-그리스도(어린 양 그리스도 옆에 호랑이 그리스도). 예 딜런 토머스Dylan Thomas에게서 볼 수 있는 것처럼.

연어 salmon (물고기) **1.** 내륙에서 (종종 멀리까지) 이동하며 음식을 섭취하지 않고 엄청난 장애물을 극복한다. 산란 후에는 대부분 죽는다; **2.** 지혜: a. 이 단어는 광범위하고 중요한 어간 's-l-m'(예 Solomon)과 관련이 있을 수 있다; b. 시적 예술이라는 아홉 개의 개암열매에서 떨어진 견과류를 먹은 연어는 시인뿐 아니라 전사에게도 지혜를 준다(로버트 그레이브스Robert. Graves, 하얀 여신WG 75); **3.** 민물고기의 왕: 연어는 (철학적으로) 은신처에 숨는 것을 보면서도 잡기가 어려우며 왕으로서 풍요를 암시한다; **4.** 고대 북유럽Norse 신화: 자신이 욕설을 해서 불쾌해 하는 신들에게서 벗어나고 싶었을 때 교활한 로키가 변장한 모습 중 하나; **5.** 딜런 토머스Dylan Thomas: 태양("프롤로그The Prologue")과 관련 있다: 1번에서 파생됐다; **6.** "연어와 설교는 사순절이 제철이다"(속담).

연옥 purgatory 산후안 10세San Juan X는 연옥은 믿음, 희망, 박애라는 신학적 덕목임에도 불구하고 영혼의 어두운 밤의 단계를 연옥의 고통에 비유했다; 그는 연옥의 영혼들은 그들이 궁극적으로 구원받을 것임을 모르고 있다는 루터Luther의 생각에 동의하지 않았다(신들의 본성에 대하여NO 2, 7, 7; 2, 10, 5 등).

연인 lover (일반적인) **1.** 사랑에 빠진 연인들은 민담의 주제이다: a. 한 여성이 그녀의 구혼자들을 조롱한다: 예 키르케; b. 남편은 아내의 애인(예 아레사프로디테-헤파이스토스)을 붙잡아 그녀의 불륜을 입증한다; **2.** 라이너 M. 릴케Rainer M. Rilke: 절대적 영감, 완전한 자기희생; 현대의 사랑은 키스할 때마다 무엇인가를 댓가로 주어야 한다; 모성애적 관계; 고전적 사랑은 확신이 있고 사랑 후에 감동이 남으며 사랑이 완성되면 영웅적 모험이 끝나간다; **3.** 폴 발레리Paul Valéry: 사랑하는 사람을 기다리는 시인(=시Poetry).

연인(들) 카드 The Lover(s) (타로 카드) **1.** 이 카드는 헤라클레스 또는 아담 및 이브와 관련이 있다; 그것은 때로 결혼카드라고 불린다; **2.** 다음과 같이 그려져 있다: a. 두 손을 맞잡고 있는 남자와 여자가 각각 사제관을 쓴 대사제의 오른쪽과 왼쪽에 서 있다; b. 세로로 갈라진 화려한 색의 옷을 입은 남자가 예복을 입은 여자들 사이에 서 있으며 한 여자는 일종의 머리 덮개를 하고 있고 다른 여자는 풀어헤친 금발 머리를 하고 있다; 날개가 있는 큐피드가 빛나는 태양을 배경으로 그 남자 위에서 그에게 활을 겨눈다; c. 아담은 (생명의 나무를 그의 뒤에 두고) 오른쪽, 이브는 (그녀의 뒤에 지식의 나무를 두고) 왼쪽에 있다; 그들 너머로 구름 위에 천사와 찬란한 태양이 있다; **3.** 다음을 의미한다: a. 영웅의 선택; 얽힘(혼란); b. 권력과 힘의 균형, 반전과 진화의 균형, 초의식과 무의식 등의 균형을 창조하는, 적대적이지만 필연적으로 보완적인 존

재방식과 힘의 합일: c. 점성술: 이것은 화성, 천칭자리, 황소자리 또는 처녀자리에 할당되었다.

연장자 플리니우스 Pliny the Elder **1.** 베수비오산의 본질에 대한 플리니우스의 지나친 호기심은 그를 베수비오 화산에 빠지게 만들었다(역주: 실제로 빠져 사망함): 빠지게 만드는 호기심(제프리 휘트니Geoffery Whitney, 상징의 선택Embl. 25; 그러나 연장자 플리니우스Pliny의 죽음에 대한 실제 상황은 젊은 플리니우스Pliny의 서신 6, 16과 20 참조); **2.** 윌리엄 블레이크William Blake는 제비의 비행 패턴에 대한 플리니우스의 지식을 인용했다("달의 섬An Island in the Moon" 1장; 블레이크 사전Blake Dict. 참조).

연회 banquet **1.** 또한 식사meal 참조; **2.** 신의 성찬. 그리스어 '테오세니아'는 연관된 숭배신화 또는 극의 에피소드로서 널리 존재하는 계절축제로 잘 알려져 있다(예 바빌로니아 '창조 신화'; 그리고 새해축제: 고대 근동 문헌ANET 69; 리비우스Livy, 로마역사 29, 14, 13; 시어도어 개스터Theodore Gaster, 테스피스Th. 311); **3.** 축복받은 사람이 사후세계에서 누리는 기쁨 중 하나인 천상의 연회는 거의 모든 이교도에게 존재했으며 기독교도 이를 받아들였다(프란츠 퀴몽Franz Cumont, 그리스-로마인들의 점성술과 종교AR 109); 우리가 세상 끝날 때 성대한 연회에 참여하게 될 것이라는 희망은 계시록과 랍비 유대교 문헌에서 정당화되었다(예 외경Apocr. 바룩서Baruch 29, 3ff: 찰스Charles 2, p.297); 베헤못과 레비아단 그리고 때로는 거대한 황소가 연회에서 제공될 것이다; 가나안의 "바알의 시Poems of Baal" 중 일부도 동일한 내용이다; 선지자들은 이것을 이 세상에서의 메시아에 대한 기대와 혼동한다: 예 메시아의 강림으로 "숙성된 포도주와 풍부한 육류의 만찬"이 보장되며(이사야서Isa. 25, 6ff.) 죽음이 파괴될 것이다(스바냐서Zeph. 1, 7ff에도 같은 내용이 있을 것이다. 킹 제임스 버전의 성서에서 '희생제물'은 단순히 손님들을 초대한 축제를 위해 동물을 죽이는 것을 의미하는 것 같다: 시어도어 개스터, 테스피스: 고대 근동의 의례, 신화, 희곡 232+n); **4.** 성적 상징: 일반적인 성적 의미 또는 성교에 대한 특정 의미가 있을 수 있다: "비너스의 방에서의 연회"(윌리엄 던바William Dunbar: 예 옥스퍼드영어사전OED)[음탕하게 노는]; "너의 연회는 술 취한 입천장의 달콤함이구나"(조지 채프먼George Chapman, 과부의 눈물WT 5, 1, 67; 또한 앞의 책 "오비디우스의 감각의 향연Ovid's Banquet of Sense", 뷔시당부아BA 2, 3, 194); **5.** 꿈: 육체의 쾌락(톰 체트윈드Tom Chetwynd).

열 fever **1.** '자비로운 화살'로 열을 가하거나 치료했던 아르테미스와 관련 있다; **2.** 발열 조류에 의해 열이 발생한다(새birds 참조): 스팀팔로스Stymphalian의 새; **3.** 히브리: 여호와가 내린 불순종에 대한 형벌(신명기Deut. 28, 22); **4.** 흥분, 열정: "뼈 속의 열fever in the bone"(토머스 S. 엘리엇Thomas S. Eliot): 뼈bone 참조; **5.** 안절부절 못함: "인생의 변덕스러운 열병이 지나간 후 잘 잔다"(=사망을 나타냄: 맥베스Mac. 3, 2 참조); **6.** 딜런 토머스Dylan Thomas: 사랑의 열기와 즐거움을 묘사했다; **7.** 민속: "감기에는 잘 먹고 열병에는 굶어야 한다(역주: 감기에는 잘 먹어야 하지만, 열이 나면 덜 먹거나 먹지 않는 것이 좋다)"(속담).

열 heat **1.** 불과 관련된 생명의 원천으로, 흔히 태양이 야간횡단으로 방문하는 지구의 중심에서 나오며, 식물적 생명에 의해 전달된다; **2.** 성숙; **3.** 리비도; **4.** 태양 상징에서 빛의 직선들이 교차하는 물결선으로 나타난다(예 타로Tarot에서).

열쇠 key **1.** 신비, 비밀, 신중함: "네 친구를 네 목숨의 열쇠로 지키라: 침묵하고 많이 말하지 말라"(끝이 좋으면 다 좋아All's W. 1, 1); **2.** **간수**, 석방: 야누스의 상징. 야누스는 하늘의 문을 열어서 새벽을 풀어준다; 미트라에게도 이 열쇠가 주어졌다; **3.** (금지된) **지식**: a. 지식의 열쇠(누가복음Luke 11, 52); b. 푸른수염Bluebeard 이야기 참조; **4.** **권위**: 가지거나 넘겨 준다; **5.** 수행해야 할 **과제**(예 수수께끼 풀기) 및 그것을 수행하는 수단; **6.** 지하세계 또는 천국으로 가는 **문**: a. 하데스의 수호자와 신성한 저승사자로서의 헤카테의 상징(야누스-베드로-아이온Janus-Peter-Aion 참조); b. 교회 상징성에서 다양한 성인들의 속성; c. 바빌로니아의 장례식에서 지하세계의 문지기는 '죽은 자를 엄격히 감시하고 그의 열쇠로 자물쇠를 잠궈야 한다'(죽은 자의 귀환에 대한 두려움으로 인해)고 부탁받는다; **7. 남근**, 활력, 건강(6월과 관련됨): 셰익스피어는 음악과 남근의 의미에 대해 "히폴리타여, 나는 나의 검으로 당신을 구했고 당신에게 상처를 입히면서 당신의 사랑을 얻었습니다. 그러나 나는 당신과 다른 열쇠로, 거만함과 승리감으로, 그리고 존경심으로 결혼하겠습니다"(한여름 밤의 꿈MND 1, 1); **8. 냉담**(특히 죽음): "신성한 왕의 열쇠처럼 차갑게 식은 불쌍한 모습"(리처드 3세의 비극R3 1, 2; 또한 루크리스의 능욕Lucr. 1774); **9. 히브리**: a.권력과 신뢰; b. 저승사자의 (유대회당) 열쇠: 죽어 가는 아이 밑에 넣어 두면 편안한 죽음을 맞이한다; c. 출산 때 자궁을 여는 사람; d. 비를 오게 하는 부적; e. 부활의 열쇠; **10. 기독교**: a. 교회의 속성: a. 천국의 열쇠(마태복음Matth. 16, 19); b. 죄를 사하는 능력; c. 충실함의 속성; b. 하늘을 여는 다윗의 열쇠(또는 인장)로서의 마리아(이사야서Isa. 22, 22); 지하세계의 재물에 대한 열쇠를 가진 페르세포네 참조; c. 베드로의 후계자로서의 교황의 상징; **11. 심리**: 남자의 결혼을 막음으로써 남자의 남성성을 '훔치는' 자웅동체의Hernaphroditic 마녀(여)신이자 끔찍한 어머니Terrible Mother로서의 헤카테의 상징; **12. 문장**heraldry(紋章): a. 신탁, 후견인, 시종의 상징; 다락방의 주인 등; b. 폭력, 지배; c. 충실함, 섬길 준비; **13. 다른 것과의 조합**: A. 은색(두 개의 열쇠와 세 개의 열쇠two and three keys 참조): a. 지식 또는 물질적 힘(단테Dante, 신곡 낙원편Par. 5, 57; b. 분별력; c. 무의식의 힘; B. 황금: a. 교회의 권위 또는 영적인 능력(단테, 같은 책 참조); b. 정화; c. 초의식, 지식; C. 철: 두 개의 열쇠two keys 참조; D. 수컷 비둘기+열쇠: 천국의 문을 여는 영; E. 고대의 열쇠: 하데스를 상징한다: 탈출이나 귀환의 불가능; F. 두 개의 열쇠(보통은 두 개의 열쇠가 교차되어 있음): a. 사도 베드로: 하늘과 땅의 열쇠. 황금열쇠는 하늘을 열고 철열쇠는 하늘을 닫는다(존 밀턴John Milton, "리시다스Lycidas" 111); 때로는 야누스의 심장 위에 있는 열쇠; b. 남자의 섬의 의회 열쇠('열쇠의 집s'): 자치(自治); c. 은과 황금열쇠silver and gold keys 참조; G. 세 개의 열쇠: 귀중한 것으로 가득 찬 비밀의 방의 개수(입문과 지식): a. 심리학적 이해로 파악하는 것은 은열쇠로 가능하다; b. 철학적 지혜는 황금열쇠; c. 행동하는 힘을 나타내는 다이아몬드 열쇠; H. 열쇠 구멍: a. 외음부(아가서SoS 5, 4); b. 악마, 마녀 등이 들어갈 수 있는 입구. 그것을 채우거나 (철) 열쇠를 넣어 두어 보호한다; **14. 민속**: a. 신중함을 위한 부적, 과거의 일에 대한 기억; b. 열쇠를 찾는 것이 보물을 찾는 것보다 우선한다(장애물을 극복한 후에라야 가능하다); c. 약용: (차가운) 열쇠를 코피 흘리는 사람의 등에 밀어 넣어 코피를 멈추게 할 수 있다(참조: 현재도 타박상에 열쇠나 칼을 사용한다).

염소 goat **I. 다산**: **A.** 여신에게 바쳐졌다: a. 가나안 사람 '아스다롯'; 종교 매춘부(신전 노예hierodules)가 아시리아와 바빌로니아 방식으로 다산의 여신 이슈타르에게 예배를 드리면 새끼 염소를 보상으로 받았다(창세기Gen. 38, 14); 이것과 관련하여 새끼 염소를 어미염소의 젖으로 삶는 것을 금지한 것은 이상한 금지령(출애굽기Ex. 23, 19 및 34, 26)임에 틀림없다; 지역의 다산 의식을 암시하는 서판이 발견되었다; 이것에 더해 '섞이는 것'에 대한 히브리인들의 두려움(소와 나귀를 함께 멍에에 메지 말 것 등); 떡과 새끼 염소는 "길가메시 서사시"에서 이슈타르에 대한 제물의 재료이다; b. 염소는 특히 아프로디테와 헤라에게 바쳐졌다; 고린도의 주노(아크라에아 라고도 한다)를 위해 바치는 유일한 제물이었다; 아프로디테는 스코파스의 조각품에서 염소를 타고 있는 모습이다(파우사니아스Pausanias 6, 25); c. 염소 요정 아말테이아는 제우스에게 꿀을 먹였다; 그녀의 가죽으로 방패(아이기스aegis)를 만들었다; d. 아테네는 또한 염소 여신이었다: 음란한 거인 팔라스는 아테네를 강간하려 했고 아테네는 팔라스를 죽이고 그의 피부로 방패(아이기스)를 만들었다; e. 염소는 비너스가 타는 동물이었다: 비너스는 바다에 있을 때에도 바다 염소를 타고 있었다; f. 북쪽의 여신 고다(미노스에게 쫓겨 그물에 걸렸다가 탈출한 그리스 여신 브리토마르테스에 반대되는 신): 그녀는 한 손에 사과를 들고 그물(고디바의 머리카락Godiva's hair 참조)만 걸친 알몸으로 염소를 탔다; 그녀는 토끼, 까마귀와 함께 염소를 타고 매년 열리는 봄 풍요 축제에 갔다; 염소는 염소 가죽을 입은 남자, 신성한 왕(마녀숭배의 악마가 된다; 아래 참조)의 상징으로, 사과는 염소 가죽을 입은 왕의 임박한 죽음(그리고 불멸)의 상징으로, 토끼는 왕의 성스러운 추격(쫓기는 동안 '여신'은 불가사의하게 개의 한 종류인 그레이하운드가 된다)의 상징으로 설명되었다; g. 그녀는 그물에 걸려 물고기가 되었다(또 다른 풍요 상징); 까마귀는 염소 가죽을 입은 남자가 죽은 후의 여신 및 왕의 신탁과 관련이 있다; 또한 그리스 신화의 에우로페는 염소에게 납치(=염소를 타는 것)를 당했을 수 있다(로버트 그레이브스Robert Graves, 하얀 여신WG 403f.); h. 여러 사회에서 여성과 염소 사이에 다산을 위한 의례적인 성교가 존재한다(추후 '마녀'와 관련된다); **B.** 다산의 신에게 바쳐졌다: 1. 황소의 신(제우스의 유모인 아말테이아, 디오니소스, 오딘, 토르 등에게도 바쳐졌다); 논누스Nonnus(6 163ff.)에 따르면, 염소에서 황소 숭배로의 변화는 다음과 같이 이루어졌다: 자그레우스/디오니소스는 뿔이 난 미성숙한 존재로 하루 동안 제우스의 왕좌를 차지했고 티탄들이 자신들의 모습을 바꾸고 달려 와서 그를 갈기갈기 찢어 잡아먹었다(계절의 신들과 공통된다): 염소 가죽 코트를 입은 제우스, 비를 내리는 크로노스, 영감을 받은 청년, 사자, 뿔 달린 뱀, 호랑이, 황소; 여러 번 모양을 바꾸다 결국 황소였을 때 잡아먹혔다(참조: 미트라는 황소였을 때 잡아먹혔다); 크레타섬에서 황소 숭배 이전에는 아마도 염소를 숭배했을 것이고, 파시파에는 염소왕과 결혼했다(1번의 A, f 참조); 염소 켄타우로스가 말 켄타우로스보다 먼저였다; 2. 아스클레피오스와 제우스는 염소 요정들의 젖을 먹었다; 3. 디오니소스/바쿠스와 판: a. 염소-판-디오니소스 숭배는 구약성서에 기록된 가장 초기에 강력했다. 이스라엘의 초기 지도자/왕/통치자들이 천사를 만나면 천사에게 새끼 염소를 선물로 주었다: 아브라함(창세기 18, 7, 킹 제임스 버전 성서AV에는 송아지로 되어 있다), 기드온(사사기Judg. 6, 19), 마노아(사사기 13, 15); 더욱이 염소는 사라진 신들의 이름이 되었다['사티로스': 예 레위기Lev. 17, 7 ('악마devils'), 역대기하2Chron. 11, 15 등]; b. 염소는 이집트의 멘데스에서 그들의 신 판을 상징했기 때문에 크게 숭배되었다; c. 그리스인들은 "염소가 포도원을 파괴하기 때문에" 바쿠스에게 제물로 바쳤다(나소 P. 오비디우스Naso P. Ovid, 행사력Fasti. 1 353f.); d. 티포에우스의 분노를 피해 신들이 올림포스에서 도망쳤을 때 바쿠스는 염소로 변신했다(오비디우스, 변신이야기Metam. 5, 329: "세멜레의 새끼 염소proles Semeleia capro"); 4. 때때로 판은 일부는 사자, 일부는 염소로 표현된다; 그는 파우누스및 사티로스와 함께 염소 다리를 하고 있었다; 5. 아서왕이 난쟁이(=지하 초목의 신)로 염소를 타고 있는 12세기 묘사가 있다; 6. 소의 반대(나중에 반전에 의해); 7. 심리: (황소와 마찬가지로) 아버지 상징; **C.** 가열하면: a. 긍정적인 면: 흑염소(지하세계 염소) 콩팥은 장례식에서 제물로 바쳐졌는데, 이는 죽은 사람에게 활력의 열을 공급하여 환생을 용이하게 하는 '임종 시 받는 성찬viaticum'이었다; b. 부정적인 면: 가열 시 열병을 유발하여 죽음이나 질병을 가져올 수 있다; **D.** 스코틀랜드의 불의 십자가(원래는 다산 의례를 의미하고, 나중에는 전쟁에 대한 소명이 되었다; 다산 신은 전쟁 신이다): 십자가는 불태우기 전에 제물로 바쳐진 염소의 피에 담궜다; **Ⅱ. 풍경:** **A.** 때때로 계곡과 관련이 있고, 어리석음을 나타낸다; **B.** 산봉우리와 관련된다(서식지와 뿔을 통해): a. 발을 단단히 딛고 서서 멀리 내다보는 산봉우리; b. 기사, 염소 타기; **C.** 산에 사는 은둔자와 관련된다; d. 아래의 윌리엄 B. 예이츠William B. Yeats 참조; **Ⅲ. 마녀와 관련된다:** 1. 다산의 신의 후예: 예 1번의 A, f 참조; 2. 염소 우두머리t 또는 뿔이 있는 신(악마 또는 그의 대리인)은 안식일 의례의 주인이었다. 마녀들이 그의 둔부(아마도 그의 고환)에 입맞춤을 하고 그의 등에 올라탔으며 의례의 마지막에 성교했다(발굽hoof 참조); 3. 주술사로서 토템 동물, 판, 오딘의 결합; 4. 구약성서: 다윗의 암살자를 속이려 하던 미갈은 다윗의 침대에 염소털로 만든 '테라프teraph'(역주: 나무나 꽃를 두었다); 물론 털은 다윗의 머리카락과 비슷해야 했지만(아래 참조) 털과 머리카락 모두는 마법을 암시한다(사무엘상서1Sam. 19, 13); **Ⅳ. 비극**과 관련된다: 1. '염소 노래'로서의 비극은 다음과 같이 설명되었다: a. 배우들은 사티로스 같은 염소 가죽을 입고 있었다; b. 염소는 최고의 연기에 대한 상이었다; c. 비극이 시작된 디오니시아에서 염소가 제물로 바쳐졌다; 2. 베르길리우스Vigil(농경시Georg. 2, 381의 '루디ludi')는 이것을 그리스어 '트라고스tragos'와 연결했다. 이것은 포도 수확을 축하하던 것에서 유래되었는데 이때 염소를 바쿠스에게 바쳤고 염소 가죽을 부풀려 사람들이 그 위에서 춤을 추었다(로버트 그레이브스, 그리스 신화GM 1 108); **V. 전령**: 1. 희생양: 아자젤Azazel 참조; 2. 신들의 전령인 헤르메스에게 바쳐졌다; **VI. 기독교**: A. 숫염소: a. 사탄; b. 여성적 형태의 아모르 카르날리스(눈을 감고 있으며 날개가 있는 여성. 활과 화살을 가지고 있다)는 때로 염소를 탄다; c. 또한 때로 비둘기를 운반하는 음탕한 말('사치품' '쾌락' 등); d. (프라이부르크 대성당에 있는 조각상) 염소 가죽(풍만함)을 입은 벌거벗은 여자가 세계의 왕자 옆에 서 있다; e. 심판의 날에 왼쪽(멸망)으로 갈 죄인(그들의 냄새 때문에)이나 저주받은 자(마태복음Matth. 25, 33); f. 탐욕; g. 유대교 회당(=유대인); h. 인간의 나이: 20대의 청년을 의미한다; B. 암염소: a. 변덕; b. 부랑자; c. 색욕; **VII. 추가적인 일반적 상징**: 1. 빈곤과 겨울: a. 암염소는 가난한 사람의 소다(참조: 가난한 사람의 당나귀는 말과 같은 존재이다). 평범한 사람에게는 말이 있지만 가난한 사람에게는 당나귀가 있다; b. 겨울: IX번 참조; 2. 민첩성, 우아함: '위풍당당하게 다니는' 동물 중 하나(잠언Prov. 30, 29–31); 3. 아름다운 머리카락: "네 머리카락은 염소 떼 같으니"(아가서SoS 4, 1에서 사랑받는 사람=검은색); 4. 어리석음: 이솝 우화에서 늑대(101)를 속이지만 여우(7)에게 속는다; 5. 자유: 어떤 비굴한 음식보다 자유를 선호한다(이솝Aesop, 우화Fables 100); 6. 예리한 청력: 히브리; 야간에 뛰어난 시력(플리니우스Pliny 8, 76); 7. 사교성; 8. 웨일즈에 대한 욕설: "카드왈더Cadwallader와 그의 모든 염소를 위해서가 아니라."(='산mountains': 헨리 5세의 생애H5 5, 1); **VIII. 문장heraldry**(紋章): 1. 잔인한 무력보다는 외교적 · 정치적 교활함으로 승리한 전사; 2. 더 높은 곳을 향하여 나아간다: 예 "알타페토Alta Peto"라는 두루마리; 3. 양성적인 문장heraldry(紋章) 상징: 숫염소의 머리를 가진 암염소; **IX. 별자리**: 1. 염소자리: 동지; 2. 구약성서: a. 시리아를 지배한다; b. 유니콘(알렉산더 대왕): 그러나 큰 뿔이 부러졌을 때 네 개의 '눈에 띄는 뿔들'이 "하늘의 사방을 향하여" 자라 나왔고 그중 하나에서 자라난 "작은 뿔"이 아주 크게 자라 심지어 하늘과 싸웠다(안티오코스); 3. 미노아: 기우는 해: 떠오르는 해인 숫양(양자리)의 반대; **X. 윌리엄 B. 예이츠William B. Yeats**: 염소 떼: 노년: 꿈과 환상으로 더 높은 곳에서 살면서 "나의 염소들의 발이 찾을 수 없는 길을 발견했다"; 따라서 염소는 골짜기의 양치기와 반대이다; **XI. 민속**: a. "부인의 침대 아래에서" 달리는 가장 덩치가 큰 새끼 염소는 윌리 부인이 출산하는 것을 막았다(민담); b. 염소 타기: (남성과 여성의 경우) 기존 사회 질서에 대해 반하는 것과 연관된 비밀스러운 집단에 입문하는 매우 널리 퍼진 의례이다; c. 동요: "작은 소년 조니 모건, 웨일즈 신사, 암염소를 타고 와서 돌아다니며 돼지 꼬리를 팔았다"; **XII.** 모든 뿔과 공통의 상징성을 갖고 있다.

염소뿌리 goat-root (식물) 여성의 악몽(라틴어 '파투이fatui')을 막아 준다(플리니우스Pliny 27, 83).

염소자리 Capricorn (별자리) **A. 일반적으로 다음을 의미한다**: 1. 이름: 라틴어 'caper'=염소, 'cornu'=뿔; 2. 번호: 열 번째 별자리; 3. 다음을 상징한다: 물고기 꼬리를 가진 염소; 4. 풍요의 뿔과 연관된다: 번영; 5. 페트로니우스의 "사티리콘Satyricon"에서 바닷가재가 이 별자리와 관련이 있다; 6. 심연, 물로 끝나는 삶: 물병자리와 물고기자리가 뒤따라온다: 염소자리의 성질은 여성적이지만 메마르다; 7. 네 개의 점성술의 시대 중 네 번째의 문(4Four 참조); 8. 그리스 신화: 티폰T 두려워 염소로 변신한 목신 판; **B. 기간**: 동지(약 12월 21일)의 시작, 한겨울; '출생의 수레바퀴'로 회귀 및 출생의 바퀴에서 출발: 별자리; 아라토스(하늘의 현상Phaen. 286)에 따르면 항해에 위험한 달이 시작되었음을 알린다(강한 남풍); **C. 다음에 상응한다**: 1. 몸: 무릎; 2. 요소: 흙; 3. 행성: 추운 토성; 4. 풍경: a. 요새와 성; b. 높은 곳, 산; 5. 타로카드; 운명의 수레바퀴 카드; 6. 색깔: 푸른 자줏빛; 7. 보석: 라피스 라줄리, 터키석; 8. 행위: 애도; **D. 심리**: 1. 이 별자리의 심리: a. 현실적; 게자리와 정반대; b. 지식, 악어와 연관된다(악어Crocodile 참조); c. 이중적 성격; 2. 염소자리에 태어난 사람: a. 야심찬, 영리한, 위트 있는; b. 침착한, 차분한, 신중한, 상식, 끈질긴; c. 전통주의자이나 외교적 수완이 있다; d. 의식과 격식을 중요시 한다; **E. 유명인**: 염소자리의 스탈린.

영, 가져오기, 데려오기 fetch **1.** 사람의 외적 영

spirit(예 냘의 사가Njal's Saga 12); **2.** 이것은 사람이 죽음에 이르면 그를 '데려간다fetch' (더블double 참조).

영감 inspiration 아그립파에 따르면 영감은 뮤즈, 디오니소스, 아폴로, 아프로디테를 통해 가능하다(개별 행성과 별도 참조; 오컬트철학OP 3, 3, 46).

영겁, 이온 aeon **1.** 이름: '시대' '영원성'=시간의 무한함; **2.** 우주의 헤아릴 수 없는 나이 또는 그것의 인격화; **3.** 필멸의 슬픔의 시대를 대체하는 지복의 시대: 그리스의 신비; **4.** 신의 발현: 세계의 발전단계에 영향을 미쳐 온 별도의 존재성을 가진 영들.

영국 England **1.** 영국인들은 속담에 미친 사람들이다(덴마크의 왕자 햄릿Ham. 5, 1 참조); 참조: 또한 "미친개와 영국인들은 한낮의 태양 아래로 나간다." (노엘 코워드Noel Coward); **2.** 영국인들은 인간의 모습(외모), 음악성, 음식이 잘 차려진 식탁에서 1등인 척한다(역주: 자랑스러워한다): 데시데리우스 에라스무스 Desiderius Erasmus; **3.** 선원: "다른 사람들은 바다를 길로 사용할 수 있지만 영국인들은 그곳을 그들의 거처로 삼는다"(에드먼드 월러Edmund Waller, "스페인과의 전쟁Of a War with Spain" 25); **4.** 훌륭한 고립: "영국인의 집은 그의 성이다"(속담); **5.** 영국인은 우울하다: "영국인들은 비참할 때만 행복하고 스코틀랜드인은 고국에서는 결코 편안하지 않으며 아일랜드인들은 항상 싸울 명분을 찾는다"(속담); **6.** 음주: a. "로마인들이 라이Rye에 오거나 쎄번강가로 걸어 나오기 전에, 굴러다니는 영국 주정뱅이가 굴러가는 영국 도로를 만들었다."(길버트 키스 체스타톤Gilbert K. Chesterton); b. "스페인 사람들은 섬에 정착할 때 제일 먼저 교회를 세우고 영국인들은 제일 먼저 술집을 지을 것이다(속담); **7.** 귀족주의와 자유의 드문 결합; **8.** (단지) 위험에 직면할 때의 결단력과 투지: 예 "내가 그들[=프랑스]에게 그들이 무엇을 하든 영국은 혼자 싸울 것이라고 경고하자 그들의 장군들이 수상과 그의 분열된 내각에게 말했다. "영국은 3주 안에 닭처럼 목이 조일 것이다...어떤 닭은; 어떤 목은"(역주: 영국의 패배를 예측한 독일에 대한 처칠의 반항과 자신감을 표현한 것)(윈스턴 처칠Winston Churchill, 캐나다 상원 및 하원 연설, 1941년 12월 30일); **9.** 민주주의: "영국은 의회의 어머니이다."(버밍엄에서 이루어진 존 브라이트Jone Bright의 연설, 1859); **10.** "영국은 가게 주인들의 나라": 이것은 나폴레옹이 한 말이다; 1649년 이후로 영국이 죽었다는 1922년 독일 과학자의 말 참조; **11.** 풍경: 공원 (상징적인 장미에 어울리는): "영국의 푸르고 쾌적한 땅"(윌리엄 블레이크William Blake, "존 밀턴John Milton" 서문pref.; **12.** 의복: a. "긴 수염은 무정하고 화려한 코트는 실속이 없고, 영국이 돈을 헤프게 쓰게 만든다"는 스코틀랜드의 조롱 섞인 말이다; b. "영국에서는 복장과 예의범절에 대해 많이 신경 쓰지 않는다. 왜냐하면 우리는 옷을 잘 입지 않는 민족이고 예의도 없기 때문이다."(조지 버나드 쇼George B. Shaw, "당신은 장담할 수 없다You never can tell" 1); **13.** 식민지 주민: 영국에서만 알려져 있는 그들이 영국에 대해 무엇을 알겠는가?(러디야드 키플링Rudyard Kipling, "영국 국기The English Flag"); **14.** 교육(학습)이 이끌어 감: "옥스퍼드가 칼을 뽑을 때 영국은 곧 분쟁에 휘말릴 것이다"(속담); **15.** 영국은 여성의 낙원, 말horse의 지옥 그리고 하인의 연옥이다(16세기); **16.** 전형적인 나무: "영국에서 자라는 멋진 나무 가운데 태양 아래 참나무, 물푸레나무, 산사나무만큼 멋진 나무는 없다."(러디어드 키플링, "나무 송가A Tree Song").

영웅 hero **I. 일반적으로 다음을 의미한다:** 1. 모든 영웅은 태양 영웅, 문화 영웅, 또는 용을 물리치는 영웅으로 나타나는 경향이 있다(용을 물리치는 영웅은 보통 지하세계 괴물들이 지키는 보물을 찾는 자이다); 이들은 생명에 필수적인 열, 교훈 그리고 다산에 대한 자연의 장애물들을 물리치는 것과 관련된다는 점에서 농업의 풍요로 통합된다; 또한 [신성한Sacred] 왕King과 보물treasure 참조; 2. 이들은 항상 물질적 · 외부적 힘들과 '작은 성전'을 치르며, 이러한 전투는 동시에 영적 · 내적 힘들과의 위대한 성전이다; 3. 게르만 전설에서 영웅은 보통 뱀의 눈을 가진 것으로 묘사된다; 뱀serpent 참조; 4. 중세 문학에서: 기사; **II. 빛 또는 태양 영웅:** 영웅은 보통 빛나는 얼굴, 금발 그리고 푸른 눈을 가지고 있다; 그는 태어날 때 버려져서 야생의 짐승이나 양치기의 보살핌을 받으며 기적적으로 성장한다(수평선 위로 빠르게 솟아오르는 태양); 관통할 수 없는 단단한 갑옷(구름)을 입고, 표적을 결코 놓치지 않는 무기(광선)를 들고, 개, 짐승 무리 등(기류, 뛰어난 전투력, 또는 비를 몰고 오는 구름)을 소유한다; 그는 말이 끄는(=바람이 끄는) 마차 또는 (태양의) 배를 타고 여행한다; 그는 종종 자신보다 비천한 사람들을 위해 임무를 수행한다(대지를 위해 일하는 태양); 능력이 최고점에 달했을 때 그는 보통 정신이 이상해지거나, 살인을 하거나, 변덕스러워지거나, 나태해진다 (한낮 또는 한여름에 무자비하게 내리쬐는 태양); 그는 처녀(새벽, 땅거미, 이슬, 또는 달)를 사랑하지만 그녀를 버리거나 심지어 죽이며 이로 인해 방황하게 된다; 전투에 영웅이 없으면 그의 동료들은 실패하게 된다(태양이 없을 때 무력해지는 태양왕); 그는 한 부분(보통 발뒤꿈치)이 취약하며 따라서 일찍 죽을 수밖에 없는 운명이다(밤 또는 겨울에); 그러나 죽기 전 그는 영광의 마지막 순간을 누린다(일몰 또는 눈부시게 아름다운 가을); 그는 피를 흘리거나 불 타 죽으며, '잠든' 후 죽음에서 재탄생한다; 그는 지하세계를 방문하고 다시 돌아간다(새벽 또는 봄에); **III.** 프로메테우스-디오니소스 유형의 **문화 영웅**: 1. 인간들에게 농업, 어업, 또는 수렵의 풍요를 제공한다; [신성한] 왕의 유사한 역할 참조; 2. 마법처럼 효력을 가진 춤과 노래, 문자를 소개한다; 3. 사람들에게 도구를 만드는 기술을 가르친다; 4. 강의 방향를 결정하고 풍요-비 등을 해방시킨다; 5. 종종 자신의 추종자들이 전쟁에서 승리하도록 이끈다: 일반적으로 전쟁의 신(예 마르스)은 또한 풍요의 신이다(또는 풍요의 신이 되기 시작한다); **IV. 참고할 문학서**: 1. 라이너 릴케 Rainer M. Rilke: 유명하거나 위대하지는 않지만 스스로에게 충실하다; 자신; 다음 단계를 몰라도 조화롭다(천사와 반대); 2. 딜런 토머스Dylan Thomas: ("나의 영웅이여My hero bares"): a. 시인의 자아; b. 시인의 손; c. 시인의 남근; **V. 심리**: 1. 원형적 영웅은 종종 물의 괴물과 싸우다가 삼켜지게 되고, 이후 (괴물이 일출을 향해 동쪽으로 헤엄쳐 가는 동안) 내장의 중요한 부분(예 심장)을 잘라 낸다; 죽은 괴물은 육지를 향해 계속해서 떠다니고, 영웅은 부활하며 돌아온다(야간 횡단 night-crossing 참조); 2. 영웅의 희생: 리비도가 활동적인 삶으로 나아가기 위해서는 유아적 자기로 팽창된 인격은 희생되어야 한다; 3. 용을 물리치는 것: a. 용은 부정적인 어머니의 이미지, 즉 끔찍한 어머니를 상징하며 영웅은 자신을 불멸로 만들어 줄 수 있는 근친상간에 저항한다; 나무 또는 바위 동굴(어머니의 상징들)을 수호하는 뱀과 관련된 용을 물리칠 때 그는 불멸을 (다시) 얻게 된다; 용은 미트라교에서 소의 형태를 갖는다; b. 용은 또한 자신을 대신하려는 아들에게 공포를 불어넣거나 아내와의 근친상간을 막으려는 공포의 아버지이다; 영웅적 행위는 전형적인 아들의 활동이다(아버지의 전통의 고수를 반대하는); c. 용을 죽이는 것은 자신에 내재된 동물 본성을 죽이는 것이며, 동시에 이러한 죽임을 통해 해방되는 에너지를 자신의 (진정한) 것으로 취하는 것이다; 4. 영웅의 발달: a. 장난꾸러기 단계: 영웅은 본능적이고 자유분방하며 종종 유치하다; 유형: 여우 레이너드, 도둑질을 하는 젊은 헤르메스, 고대 북유럽의 로키; b. 인간 문화의 창시자로서의 영웅: 종종 사춘기의 무모함과 결합된다; 유형: 프로메테우스; c. 강력한 신인god-man: 완전히 성숙한 또는 사춘기의 후반기에 있는 영웅: 위대한 종교의 창시자; d. 쌍생의 단계Twin-stage: 대극의 융합(내향성과 외향성 등)으로 불굴의 유형을 만들어 낸다: 로물루스와 레무스, 카스토르와 폴룩스 그러나 이들은 힘을 남용할 수 있으며 이에 따라 '오만hybris'과 이후의 '죽음'을 야기하게 된다; **VI.** 원형archetypes 참조.

영원 newt (역주: 도롱뇽목 영원과의 동물) 1. 이 동물의 등에 있는 별 모양의 점에서 그리스어 '스텔리온stellion'이 유래했다(루키우스 아풀레이우스Lucius Apuleius, 변명Ap. 51, 4). 이 단어는 또한 '악당'을 의미하기도 했다(플리니우스Pliny 8, 111); 2. 의약: a. 살아 있는 동안 재생의 힘을 갖고 있다. 사지가 잘려도 다시 자란다(아리스토텔레스Aristotle, 동물사HA 508, b, 4ff.). 어떤 사람들은 이 동물이 배고픔 또는 못된 습성으로 인해 자신의 사지를 먹는다고 한다(테오프라스투스 Theophrastus 일부 175 위머Wimmer; 클라우디우스 아엘리아누스Claudius Aelian., 동물의 본성에 관하여NA 3, 17; 플리니우스, 앞의 책); b. 이것의 가죽은 간질을 치료한다(아풀레이우스Apuleius, 앞의 책); 3. 윌리엄 블레이크William Blake: a. 사람들이 독이 있다고 믿는다(밀턴Milt. 25, 22); b. 뱀의 독처럼 시기심과도 관련된다(순수의 전조Aug. 47).

영혼 soul 1. 인간의 불멸 부분; 2. 인간의 창조적인 부분, 인간의 안에 있는 빛과 불: a. 양심, 미덕; b. 이성, 포부; c. 여성형: 남성형 '영spirit'과 반대된다; 3. 외부 영혼: 영혼이 잠든 상태, 무아지경trance, 질병 또는 죽음의 상태에 놓인 육체를 떠난다; 영혼은 입이나 코, 혹은 그림자를 통해 나타난다; 영혼은 의식을 잃게 만들거나 심지어 죽음을 초래할 수 있으며 이는 다음을 통해 막을 수 있다: a. 악령을 쫓아내기 위해 입술이나 코에 다는 장신구; b. 재채기, 기침, 혹은 하품을 할 때 입을 가리는 것; c. 베일; 4. 외부 영혼의 사례: A. 일반적으로 다음과 같다: 민담에서 영웅은 떠날 때 종종 자신의 영혼을 보유한 동물, 식물, 양초 등을 사랑하는 연인 곁에 남기고 떠난다. 물체의 외부로 나타나는 징후(예 시든 식물)를 통해 연인은 영웅이 위험에 처했음을 알게 되고 이 사물을 특별히 돌보는 것으로 그를 도울 수 있다. 혹은 마법을 가진 영혼의 힘을 머리카락에 놓는다. 또한 외부 영혼은 토테미즘과 관련될 수 있다; B. 그리스: a. 장작(멜레아그로스의 영혼이 담긴)과 멜레아그로스 사이의 관계; b. 니소스의 머리카락; C. 고대 북유럽: a. 심장이 없는, 즉 영혼이 어딘가에 안전하게 보관되어 있는 거인에 관한 민담들. 만일 그것을 찾고(이 비밀은 종종 매혹적인 공주에게서 얻어낸다)상처를 입히면 거인은 죽게 된다. 이러한 이야기의 변형(영혼soul='동물'의 힘이 신체 일부에 보관되는 것으로 바뀐다)은 삼손과 같은 형태의 이야기이다; b. 불사의 마녀나 흑마법사의 영혼soul은 알 속에 있는 빛으로 호수에 있는 오리 몸속에 들어 있다(숨겨 둔 장소는 종종 압축된 일련의 어려움을 나타내며 도달하기 어렵다).

영 spirit 1. (사망 후) 무형의 존재; 2. 이상ideal, 완벽; 3. '진리의 영'='보혜사comforter'(=변호자): 성령(요한복음John 14, 17, 26); 4. 호흡과 연결된다(때로는 불과 연결됨): 생명력; 5. 통합; 6. 중세시대: 사람의 몸은 세 가지 영의 지배를 받았다: a. 동물의 영: 뇌에 자리 잡고 있고; b. 생명의 영: 마음에 자리 잡고; c. 자연의 영: 간에 자리 잡고 있다; 7. 연금술: 원질료Prime Matter의 많은 이름 중 하나; 8. 에드거 앨런 포Edgar A. Poe: 의식 또는 초자아에 의해 죽고', 무의식에 '묻힌' 생각 또는 사람; 9. 요정elf; 요정fairy; 유령ghost도 참조.

옆, 측면 side '허벅지'는 생식기에 대한 완곡어법 용어(예 윌리엄 B. 예이츠William B. Yeats, 여러 곳에서 언급된다; 딜런 토머스Dylan Thomas, "내가 간지럽다면If I were tickled").

예루살렘 Jerusalem 천국의 (새) 예루살렘에는 열두 개의 문이 있는 성벽이 있으며 천사들이 이스라엘 열두 지파 뒤에서 이 성벽을 지킨다(요한계시록Rev. 21, 12–14; 22, 1–2); 1. 모든 것을 포용하고 통합하는, '구원받은' 낙원이 될 새로운 도시; 2. 세계가 회전하기를 멈춘 후 공간으로 변환되는 열두 번의 시간적 순환; 3. 주로 광물(응고, 결정화, 성장 종료): 식물적이고 성장하는 생명의 동화의 낙원인 첫 번째 낙원의 반대; 4. 윌리엄 블레이크William Blake: 자유.

예배당 chapel 1. 녹색 예배당: 아서왕 전설: "가윈 경과 녹색의 기사Gawain and the Green Knight, Sir"에서 녹색의 기사는 자신의 목을 내리치라고 도전함으로써 머리가 베어지며, 이 도전은 베어진 머리에 의해 다시 반복된다: 가윈 경이 녹색 예배당에서 녹색기사를 만나면 똑같이 목을 내밀어 새해에 죽을 것을 각오해야만 한다; 그는 녹색기사와 녹색기사의 아내의 성에서 3일을 머물렀고, '시험test'을 겪어야 했으며, 녹색기사의 아내가 준 안전을 지켜주는 스카프를 받았기 때문에 목에 약간의 상처만 입고 기적적으로 살아남았다(대개는 거세 대신에); 녹색기사의 상징은 호랑가시나무(겨울)이고, 가윈은 참나무 기사(여름)이기 때문에 그 해는 반년이었다(신성한 왕Sacred King과 달력calendar 참조); 2. 위험한 예배당: 브랜지모어 여왕이 지었고 그녀는 그 예배당의 제단 아래 묻혔다; 검은 손은 가윈(또는 퍼시벌)이 멈추게 할 때까지 매일 밤 이 예배당에 들어오는 모든 기사(햇빛)를 살해했다: 오직 가장 순수한 기사(태양–봄)만이 검은 손(어둠–겨울; 토머스 맬러리Thomas Malory, 아서왕의 죽음Morte D'Arthur 6, 15)의 마법을 깰 수 있었다; 3. 윌리엄 블레이크William Blake: a. 이성, 순수한 기쁨(꽃)이 구체화되는(무덤) 곳; b. 사랑의 예배당.

예수 Jesus 태양 빛에 빛나는 영웅 요소: **1.** 요한은 그리스도보다 6개월 전에 잉태되었다(누가복음Luke 1, 26); **2.** 밤(동굴)에 태어나고, 밤에 (이집트로) 도피한다; **3.** 모세와 같은 방법으로 아내와 아들들을 나귀에 태우고 애굽(이집트)에서 돌아왔다(출애굽기Ex. 4, 20); **4.** 그는 기적적으로 대량 학살을 모면했다; **5.** 그가 태어났을 때 목자들이 함께 있었다; **6.** 그는 목수로 천한 일을 했다; **7.** 불에 대한 언급: 예 세례요한의 메시아 선언(마태복음Matth. 3, 11–12); **8.** 그는 타작마당의 풍요의 상징에 비유되었다(마태복음 3, 12); **9.** 디오니소스-바쿠스 숭배와 매우 유사한 가나 혼인잔치에서의 놀라운 포도주를 만든다(요한복음John 2); **10.** 절벽에서 던져질 위협(왕을 의례적으로 희생시키는 방식 중 하나: 누가복음 4, 29)과 교수형에 의한 마지막 죽음 그리고 그 후에 어둠이 따른다; **11.** 그 외 나무십자가 처형, 3일간 동굴에 묻힌 것, 그리고 보통은 대리자들을 목매달아 죽이거나 바위에 몸을 던져 죽이는 방법("몸이 곤두박질하여 배가 터져 창자가 다 흘러나온지라": 사도행전Acts 1, 18)으로 그의 대리자 유다가 죽은 후에 일어난 그의 기적적인 부활; **12.** 빵의 배가와 비유에서 농업에 대한 지속적인 언급; 더구나 (세례) 의식에서 여전히 그의 살을 먹는다; **13.** 자연은 그의 죽음을 슬퍼한다(발드르Balder, "주님의 꿈The Dream of the Lord" 참조); **14.** 또한 십자가cross 등 참조.

예수공헌대축일, (신의) **출현** Epiphany **1.** 어원: 그리스어 'epiphanein'=나타나다; **2.** 신(神)의 출현(또는 현시)을 찬양하는 그리스 축제; **3.** 기독교: 원래 1월 6일은 그리스도가 하나님의 아들로 계시된 것을 기념하는 날이었다; 그리스도가 이방인 동방박사에게 나타나게 된 연대는 동방에서 기원한 것이지만, 주로 그리스도의 세례와 가나에서의 첫 번째 기적에 관한 것이었다; 이 축제는 서양에서도 크리스마스보다 더 중요하게 여겨졌는데, 이는 이집트, 바빌로니아 등의 처녀 여신들이 모두 그날 태양의 신을 낳는 날과 일치하지 않도록 하기 위해서였다; 그러나 1월 6일은 12일 동안('주현절 밤') 지속되는 일련의 축제가 끝나는 날이기 때문에 별로 좋지 않았다: 예 사투르날리아 농신제Saturnalia; **4.** 묵은해의 악령을 쫓아내고 새로운 태양(년)의 탄생을 '쉽게' 하기 위한 의례 중 가장 잘 알려진 겨울 동지(冬至) 의식은 튜턴족의 방적과 쟁기질의 여신인 베르흐타Berchta(괴물같은 위대한 여신)의 축제로, 시끄러운 음악을 연주하는 사람들이 기괴한 가면을 쓰고 정교한 춤을 추는 겨울 카니발을 개최하는 것이었다; 이 전통은 카니발 시즌이 11월 11일(유럽 대부분의 지역에서와 같이)에 시작되지 않고 1월 6일에 시작되는 뉴올리언스에서 여전히 계속되고 있다; **5.** 아직도 영국 왕이나 여왕은 그날 로열 채플의 제단에 황금, 유향, 몰약을 제물로 바친다; 선물의 의미에 대해서는 동방박사Magi 참조; **6.** 주현절 밤Twelfth Night 참조.

예스, 긍정의 대답 yes **1.** 전형적인 여성적 단어: 예 몰리의 독백(제임스 조이스James Joyce, "율리시스Ulysses"); **2.** 죽음에 대한 묵인 혹은 죽음 그 자체: "죽음에 '예'라고 하는 것, 즉 예스맨과 대답"; '예'라고 말하는 죽음에 '예'라고 말하지 말라, 죽음은 '예'의 결과이다(역주: 죽음에 '예'라고 말하거나 죽음의 필연성을 맹목적으로 받아들이는 예스맨이 되는 것은 진정으로 삶을 살고 감사하는 길이 아니다. 딜런 토머스Dylan Thomas, "지금Now").

예일 yale **1.** 때로 '이얼eale'이고도 불리는 신화 속의 짐승; **2.** 신화: a. 에티오피아에서 발견되었으며 색이 진하고 코끼리의 꼬리, 멧돼지의 턱, 매우 길고 움직이는 뿔이 있으며 하마만큼 크다(플리니우스Pliny 8, 30); b. 뿔을 원하는 방향으로 돌릴 수 있다(터렌스 화이트Terence White, 동물에 관한 책Bk of Beasts. p. 54f.+n.); **3.** 문장heraldry(紋章): 신화적 짐승이 문장의 동물이 되었다: a. 여왕의 동물 문장 중의 하나: 헨리 7세의 모후 마거릿 보퍼트는 에드워드 2세의 후손이었다. 그녀는 가문의 문장 표식으로 금색 디테일이 있는 은색 예일을 가지고 있었다. 헨리 4세의 부인인 메리 보훈Mary Bohun의 문장에도 등장했다. 그녀의 아들은 베드퍼드 공작Duke of Bedford과 켄덜 백작Earl of Kendal이었는데 켄덜 백작은 자신의 작위 이름과 유사한 예일yale에서 차용한 말을 섞어 켄데일Kend-eale이라는 재미있는 이름을 만들었다(휘틱Whittick p. 25 및 351); b. 크라이스트 칼리지의 상징문양에 있는 이 짐승은 불의 꼬리, 멧돼지의 주둥이, 유니콘처럼 유연한 뿔을 갖고 있다(이것은 태양의 상징이 될 수 있다: 해럴드 베일리Harold Bayley II부를 인용한다, 138f.).

오 O **1.** 히브리어: '아인ayin'(히브리어 알파벳의 열여섯 번째 문자=영어의 눈eye)에 해당하며 모음이 아닌 유성 인두 수축성 자음이다; 이집트 상형문자에는 존재하지 않는 철자; 에트루리아어: 점이 있는 원; 켈트어로는 가시금작화, 앵글로색슨어로는 상속을 의미한다; **2.** 다음을 상징한다: a. 잔이 상징하는 모든 것: 예 다산, 혼돈의 물, 지혜; b. 원이 상징하는 모든 것; c. 완벽함, 즉 지오토의 원Giotto's O: 화가 지오토 디 본도네Giotto di Bondone가 손으로 그린 완벽한 원; **3.** 다음에 상응한다: a. 계절: 춘분(달력calendar 참조); b. 점성술: 처녀자리와 화성(오미크론omicron, 즉 O자 모양일 때) 또는 토성(오메가omega 모양일 때); c. 신체: 간, 심장; d. 타로카드: 바보카드; **4.** 특별히 참고할 문학서: a. "이 목재의 원This wooden O": 극장[헨리 5세H5 프롤로그에서(역주: 셰익스피어 극을 공연했던 글로브 극장은 참나무 목재로 지은 원형 극장이었다); b. 별, 작은 원 또는 점: "불타는 별들보다 밤을 더 잘 밝히는 당신"(한여름밤의 꿈MND 3, 2; 사랑의 헛수고LLL 참조); c. 하찮은 것, 아무것도 아닌 것: "당신은 형체가 없는 '오O'다"(리어왕Lr. 1, 4; 0zero 참조); d. 키테라섬의 폭군을 찬양하는 시를 쓰는 것을 거부하여 추방된 그리스 시인 필록세누스Philoxenus는 돌아오라는 명령을 받았을 때 단호한 거절의 뜻으로 페이지 가득 동심원의 '오O'를 써서 보냈다; e. 한탄: "왜 그렇게 깊은 신음(한탄) '오O' 소리를 내나요?"(로미오와 줄리엣Rom. 3, 3).

오각형 pentagon **1.** 카발라교: a. 모든 것을 볼 수 있는 신의 눈 또는 여호와JHVH; 자연(네 가지)에 대한 영spirit(하나)의 힘, 즉 불, 흙, 공기, 물에 상응하는 정령Sprits; '살라맨더', 그놈, 실프, 운디네; b. 이 상징은 마법의 특성으로 가득 차 있으며 초자연적인 힘들이 사람들을 위해 작용하도록 만들 수 있다; **2.** 5five 참조.

오각형의 별 모양, 펜타그램 pentagram **1.** 펜타클, 펜앵글, 펜트알파 또는 솔로몬의 인장이라고도 부른다; **2.** 피타고라스학파: 세 개의 삼각형이 교차하는 오각형이 이 학파의 상징이었으며 '건강'('모든 일이 잘 이루어짐'과 '기쁨'의 의미와 함께; 사모사테 출신 루키아노스Lucianus from Samosate, 말실수Laps. 5)이라고 불렀다; **3.** 프리메이슨: 회원들을 지휘하는 수장을 나타내는 두 번째 등급의 상징인 불타는 별(르네 알렌디Rene Allendy, 139); **4.** 악에 대항하는 힘: a. 내부에 다섯 개의 둔각과 외부에 다섯 개의 예각이 있고 가장자리에 다섯 개의 삼각형을 가지고 있으며 숫자 5의 많은 특성과 결합하여 악에 대응한다(아그립파Agrippa 오컬트 철학OP 2, 23, 르네 알렌디 138f.에서 인용한다); b. 괴테Goethe: 독일어로는 '드루덴푸쯔Drudenfusz'으로 악마 메피스토가 문을 통과하지 못하게 막는다. 때로 그 힘은 '예수Jesus'의 다섯 글자나 그리스도의 다섯 군데 상처를 나타내는 다섯 개의 모서리에서 나온다고 여겨진다(F 1395); **5.** 펜타그램이 뒤집어져서 아래를 가리킬 때 악의 표식으로 사용된다. 때로 염소의 머리에 그려진 악마의 표식으로 사용되었다(르네 알렌디, 앞의 책).

오각형의 별 모양, 펜타클 pentacle 오각형의 별 모양, 펜타그램pentagram 참조; 둥글레Solomon's Seal.

오그르 ogre **1.** 끔찍한 아버지Terrible Father: 그는 레아Rhea가 아이를 낳자마자 아이를 집어삼키는 사투르누스의 신화의 기원이거나 창조의 필연적 결과로서의 파괴이다; **2.** 집어삼키는 끔찍한 어머니Devouring Terrible Mother: 근친상간에 대한 두려움 등; 3. 인간 이하의 미개한 삶.

오노니스속 콩과 식물 rest-harrow (식물) **1.** '캐먹cammock'이라 불리는 야생 관목; **2.** 니칸데르Nicander: 보통 약용으로 사용된다(테리아카Th. 872); **3.** 파라켈수스Paracelsus: 독일어로 '하른크라우트Harnkraut'라고 하며 소변을 잘 보게 한다[문자 그대로 '소변-약초(역주: 이뇨제)'라는 뜻; 순수한 황금의 발견NR 9, p. 127).

오니키누스 onichynus (보석) 의학: a. 인도와 아라비아에서 왔고 '남성male' 오닉스처럼 여러 가지 색이 혼합되어 있다; b. 이 돌은 나쁜 영향을 미칠 수 있다: 슬픔, 불행, 두려움, 논쟁과 다툼 및 아이들의 과도한 타액 분비를 야기하지만 홍옥수로 정화할 수 있다; c. 표면이 깨끗하여 일종의 어두운 거울처럼 보인다(F 116; 오닉스onyx 참조).

오닉스 onyx (보석) **1.** 일반적으로 다음을 의미한다: a. 다양한 종류의 석영, 검은색과 흰색의 층이 있는 줄무늬 마노(갈색과 붉은색의 띠가 있으면 홍마노sardonyx라고 부른다); b. 이름: 그리스어의 '발톱' 혹은 '손톱'은 손톱 색깔과 유사한 이 보석에 붙여진 오닉스라는 이름의 기원이다; c. 카메오를 자르기에 가장 좋은 재료; **2.** 시기: 별자리: 염소자리, 게자리, 또는 사자자리(때로 물병자리)와 관련있다; **3.** 다음을 상징한다: a. 위엄; b. 명확성; c. 다툼; **4.** 유익한 점: a. 결혼생활과 우정에 행복을 가져다준다; b. 여행자들이 흉배에 착용하면 사고로부터 보호한다; c. 악몽을 좇아낸다; **5.** 성서: a. 대제사장의 흉배에 있는 오닉스는 요셉-에브라임 지파와 연결된다. 오컬트 숭배자들은 단 지파와 관련 짓는다; b. 이스라엘 지파의 이름은 에봇의 호마노석 두 개에 새겨졌다(출애굽기Ex. 28, 9): 기념석; **6.** 기독교; 검은색 오닉스는 묵주에 사용된다: a. 격정을 억제한다; b. 영적인 생각과 헌신을 강화한다; **7.** 오닉스 눈동자: 크리스티안 로젠크로이츠 신부는 오닉스 눈동자를 가졌다고 한다(윌리엄 B. 예이츠William B. Yeats, "산 무덤The Mountain Tomb").

오두막 cabin **1.** 비유적 그림(특히 짚으로 지붕을 이어 만든 오두막)에서 오두막은 a. 역경; b. 은둔처; **2.** 임시 피난처(예 연인들의): "나를 위해 당신의 문가에 버드나무[사랑의 슬픔과 관련됨] 오두막집을 지어주세요. 그리고 그 집에서 내 영혼을 불러 주세요"(십이야Tw. N. 1, 5); **3.** 야수의 소굴: "그[=멧돼지]가 그의 혐오스러운 오두막을 지키게 하라"(비너스와 아도니스Ven. 637; =동굴); **4.** (따라서) 안구: "유혈낭자한 그의 눈이 그녀의 머리에 있는 검은 눈을 본다"(비너스와 아도니스 1038); 참조: 오두막lodge.

오두막 hut **1.** 쉼터; **2.** 나무 상징과 관련된다; **3.** 히브리: 장막절: 광야에 있었던 시간을 떠올리게 한다; **4.** 집house 참조.

오두막 lodge **1.** 세상으로부터의 철수: "드넓은 광야, 음영이 끝없이 이어지는 그곳의 오두막, 그곳에서는 억압과 속임수의 소문 그리고 성공하거나 성공하지 못한 전쟁의 소문은 결코 내 귀에 들리지 않을 것이다"(윌리엄 쿠퍼William Cowper, "임무The Task" 2, "더 타임피스The Timepiece" 1); **2.** 위로, 우울함: "토끼굴 같은 오두막집에 있는 걸 보니 울적하군"(헛소동Ado 2, 1); 오두막집cabin 참조.

오디세우스 Odysseus **1.** 지혜: a. 천상계 신 헤르메스와 지하계신 키르케의 사이에 있는 영적 존재로, 몰리라는 (마법의) 치유의 약초(판테온북스Panth. 15, 12; 후고 라흐너Hugo Rahner, 그리스 신화와 기독교신비주의GMCM. 182f.)에 의해 보호받았다; 헤르메스는 그에게 이성으로 빛나는 통찰력을 주었다(헤라클레이토스Heraclitus, 호메로스 문제Homeric Probl. 73; 후고 라흐너Hugo Rahner, 앞의 책 194); b. 비록 그의 계략 때문에 플라톤Plato에게 미움을 받았지만 신플라톤주의자들과 후대 기독교인들에게 그는 지혜의 모델이자 화신으로 여겨졌다. 그의 로마 신화 속 이름인 '울릭세스Ulixes'는 그리스어 '만물의 이방인holon xenos'에서 파생되었으며 만물의 이방인이란 표현은 "진정한 지혜는 이 세상 모든 것으로부터 동일하게 떨어져 있기" 때문이라는 뜻이다(파비우스 P. 풀겐티우스Fulgentius, Fab. Sec. Philos. 2, 8; 후고 라흐너Hugo Rahner, 앞의 책 339); **2.** 기독교들에게: a. 오디세우스의 목표는 참된 진리를 찾는 것이었지만 그는 종종 천상의 집에는 무관심하고 지상의 집에서 나는 연기, 즉 세속적 욕망에만 관심이 있는 사람으로 여겨졌다(알렉산드리아의 클레멘스Clement of Alexandria, 그리스도인들에게의 권면 Protr. 9, 9, 86, 2; 라흐너, 앞의 책 328); b. 돛대에 묶여 있어서 배를 조정하려는 지렌의 유혹을 이겨낸 그는 이교도의 지혜에 거짓으로 복종하면서 자신의 신앙에 매달리는 기독교인 또는 그리스도 자신이다; c. 오비디우스 도덕론Ovide M: i. 오디세우스와 아이아스는 아킬레스의 갑옷을 놓고 싸웠으며 이는 그리스도와 세례요한을 상징한다. 메시아로 믿어졌던 세례요한은 광야에서 유대인들을 개종시킬 수 있다고 생각했다; ii. '율리시스Ulysses'는 '풍부한 통찰력'을 의미한다: 지혜의 샘(12, 931ff.); iii. 아이아스의 죽음은 헤롯에 의한 세례요한의 죽음뿐 아니라 모든 사도, 설교자, 초기 신자들의 용기를 상징한다(앞의 책 1304ff.; 또한 암브로시우스Ambrose, 루가의 복음서 해설집EL 4, 2 참조); **3.** 돛대mast; 지렌Siren; 선박ship 참조.

오딘 Odin 보단Wodan 참조.

오렌지 orange (식물; 열매) **1.** 천상의 황금과일: 신성성과 무한성; **2.** 여성스러움(둥근 모양): a. 관대함 b. 다산: 아래의 6번 a 참조; c. 정결: 성모 마리아에게 붙는 수식어; 헤로의 정절을 의심하는 클라우디오 백작은 그녀를 "썩은 오렌지"라고 불렀다(헛소동Ado); **3.** 질투: 백작은 "오렌지처럼 품위가 있으나 질투심 많은 안색이다"(헛소동 2, 1); **4.** 페데리코 G. 로르카 Federico G. Lorca: (오렌지 색은) 사랑의 상징: a. 그는 바다에는 오렌지가 없다고 말했다; b. 신부 화환에 월계수와 함께 사용한다("피의 결혼식Blood Wedding"); **5.** 점성술: 목성과 관련이 있다; **6.** 민속: a. 다산: 상록수이며 꽃과 열매를 동시에 맺는다(예 존 웹스터 John Webster, 몰피 공작부인DOM 2, 2); b. 또한 요즘 영국의 결혼식 화환에 가장 흔하게 사용되는 꽃이다: 종종 결혼식 후 신부 들러리에게 던져 준다; c. 마법: 희생자의 심장을 상징한다; d. 전래동요와 놀이: 오렌지와 레몬Oranges and Lemons; "성 클레멘트 교회의 종아 울려라 오렌지와 레몬이라고; 그대는 내게 5파딩의 빚을 졌지. 성 마틴 교회의 종아 울려라; 그대는 언제 빚을 갚으려나? 올드 베일리의 종아 울려라; 내가 부자가 되면, 쇼디치의 종아 울려라; 언제 그렇게 되겠는가? 스텝니의 종아 울려라; 그야 나도 모르지. 바우의 큰 종아 울려라; 침대에 있는 너를 비추려고 초가 다가오네, 네 목을 치기 위해 도끼가 다가오네; 설명: a. 헨리 8세가 폐위한 왕비들을 처형한 방법에 대한 설명이다; b. 사형수에게 사형을 집행할 때 치는 종소리.

오르가슴 orgasm **1.** 조브(=주피터)는 주노 여신에게 사랑을 나눌 때 여자가 남자보다 더 많은 즐거움을 느낀다고 주장했다; 조브가 동의하지 않자, 그 둘은 양성 모두를 성적으로 경험해보았던 예언자 티레시아스에게 물었고 그는 조브의 의견에 동의했다(나소 P. 오비디우스Naso P. Ovid, 변신이야기Metam. 3, 316ff.); **2.** 성교coition, 부유floating(浮遊), 비행flying 참조.

오르간 organ (악기) 하나님에 대한 찬양: "신성한 오르간… 거룩한 사랑을 찬양하는 음표, 성가대를 휘몰아쳐 천상의 길로 승천하는 음표"(존 드라이든John Dryden, "성 세실리아의 날을 위한 노래Song for St. Cecilia's Day" 16, 87).

오르지 orgy **1.** 어원: 그리스어의 복수형 '오르기아orgia'='수행': 오르지는 종교 의식(보통은 입문의례 포함)이지만 철학 등 공부의 입문에도 적용 가능하다; **2.** 기능(현대적인 의미에서): 퇴행 그리고 진전을 위한 퇴보: a. 현재에서 이전 시간으로의 도피; b. 진화를 가져오기 위한 혼돈으로의 회귀: 혼돈으로부터 풍요의 재생을 재현, 촉진하기 위해 종종 겨울이나 봄 직전에 수행되는 의례; c. 현대: (거짓된) 정상성을 받아들이는 퇴행적 실패; **3.** 다음과 같은 특징이 있다: a. 성적 허용(풍요를 촉진하기 위한 동종 요법); b. 일반적인 (사회)질서의 혼란, 복장 도착증, 변장 등; **4.** 형식: a. 특히 디오니소스적인 고대 신비 의식; b. 사투르날리아 농신제Saturnalia, 카니발 등; 아르테미스Artemis와 비의mystery 참조.

오르크 Orc **1.** 아리오스토Ariosto: 인간을 집어삼키는 바다 괴물(광란의 오를란도Orl. Fur.); **2.** 윌리엄 블레이크William Blake: (심장을 뜻하는 라틴어 '코르cor'의 애너그램(역주: 단어의 순서를 바꾸어 다른 단어로 만드는 것): a. 젊음과 반항의 정신; b. 시인과 영감(靈感)(=로스와 에니타르몬Los and Enitharmon)이 낳은 아이; c. 그는 부모(로스와 에니타르몬)에 의해 잠시 십자가에 못 박히지만 곧 풀려나 미국과 프랑스 혁명을 이끌었다.

오르튀기아 Ortygia **1.** 메추라기와 관련이 있는 봄과 아침의 땅(그리스어 '메추라기ortuks'); **2.** 아폴론과

아르테미스의 출생지: 델로스섬의 옛 이름(예 논누스 Nonnus 9, 214).

오르페우스 Orpheus **I. 신화:** 1. 기원: a. 오르페우스라는 이름은 '가수'를 의미하며(이반 린포스Ivan Linforth, 오르페우스의 예술AO 23n., 컨Kern을 인용함) 그는 채식주의자였다(같은 책 50ff, 에우리피데스Euripides, 히폴리토스Hippol. 952ff.); b. 또한 그는 반 디오니소스적이었다고 하지만(그의 죽음의 원인; 아래의 II번의 2 참조) 그리스로부터 오시리스-디오니소스 숭배 의례를 이집트에 들여왔다(디오도로스 시쿨로스Diodorus Siculus, 1, 23; 3, 63ff.; 4, 25; 가이사랴의 유세비우스 Eusebius of Caesarea, 복음의 준비Praep. Ev. 1, 6 및 10, 4); c. 그리스 최초의 위대한 철학자(루키아누스 사모사테 출신Lucianus from Samosate, 도망자들Fug. 8)이자 최초의 위대한 음악가(같은 책, Salt. 15); d. 이집트인과 바빌로니아인이 발견한 것과는 별개로 점성술의 원리를 (불완전하게) 발견하였으며, (당시 알려진) "이상한 별" 또는 행성과 동일한 수의 현을 가진 악기 리라를 만들었다고 전해진다(루키아노스, 점성술 Astrol. 10, 그러나 로마인들은 아틀라스에게 지식을 배운 헤라클레스가 최초로 점성술을 시작했다고 믿었다: 마르쿠스 툴리우스 키케로Marcus Tullius Cicero, 투스쿨라나 담론Tusc. D. 5, 38; 베르길리우스Virgil, 아이네아스Aen. 1, 740); e. 음악을 듣는 동물들에게 둘러싸인 오르페우스를 그린 그림에서 동물들은 별자리를 상징한다(루키아노스, 앞의 책); 2. 에우리디케를 구하기 위해 지옥으로 내려간 이야기: a. 때로는 긍정적으로 때로는 부정적으로 설명된다: 오르페우스는 비극적인 인물이거나 혹은 겁쟁이다(이반 린포스Ivan Linforth, 오르페우스의 예술AO 16f. 및 165); 3. 목이 잘려 죽은 후 잘린 머리는 계속해서 노래하며 시인들에게 영감을 주었다; [잘린] 목[severed] head 참조; **II. 오르페우스교**Orphism: 1. 6세기부터 시작된 종교운동으로 다음과 같은 특징이 있다: a. 금욕적인 생활방식; b. 육체는 영혼의 감옥이나 무덤이다; c. 종교 입문에 의한 구원; 죽음 이후 정의에 대한 축복, 불의에 대한 처벌; d. 그들이 '로고이logoi'라고 하는 독단적인 교리와 근거를 가지고 있다는 것은 특별한 점이다: 이는 공식적인 그리스 종교에는 없었던 것이다(윌리엄 거트리William Guthrie 311ff., 플라톤Plato, 국가론Rep. 364e을 인용함; 크라틸로스Crat. 402b; 필레보스Phileb. 66c); 2. 오르페우스는 아폴로와의 관계 때문에 이 종교 운동의 후원자로 선택되었다; 이 둘은 리라를 통해 자연을 지배했다(아이스킬로스Aeschylus, 아가멤논Ag. 1639; 에우리피데스, 연금술사Alc. 578ff. 참조); 더욱이 아폴로는 확실히 반 디오니소스적이었다: 후에는 광란의 오르지 의례를 통해 인간과 신의 결합을 추구하였으나 카타르시스의 신인 아폴로는 정화 의례를 선호했다(윌리엄 거트리 314ff.); **III. 기독교인:** 1. 초기 기독교인들은 카타콤의 상징이 보여 주는 것처럼 선한 목자 그리스도를 오르페우스와 동일시했다(헤럴드 베일리Herald Bayley, 1, 100f.); 2. 나소 P. 오비디우스Naso P. Ovid, 변신이야기Metam.: 그가 지하세계로 내려가는 이야기: a. 그는 신과 인간의 결합인 그리스도를 상징하며 히멘Hymen(역주: 혼인의 신)으로 남편과 아내를 결합시켰지만 이것은 낙원이야기의 반복일 수 있다: 에우리디케를 속인 뱀(나소 P. 오비디우스, 변신이야기 10, 44f.); b. 인간은 뒤돌아보지 않으면 지옥에서 구출될 수 있다, 뒤돌아보는 순간 영혼이 악마에 의해 육체로부터 분리되기 때문이다(같은 책); c. 오르페우스는 이해의 법칙을, 에우리디케는 영혼의 관능을 나타내며 둘은 결혼을 통해 결합해야 한다. 그러나 관능이 이해로부터 너무 멀리 떨어지게 되면 헛된 기쁨이라는 치명적 악에게 공격 당하고 지옥의 어둠 속으로 떨어지게 된다. 그곳에서 이해는 하프의 신성한 영감과 함께 그녀를 구출하려고 애쓰지만 참회나 고백이 없기 때문에 헛된 것이다; d. 이 이야기는 그리스도의 지옥 강림을 상징한다: 하프와 하프의 현은 미덕, 순결, 순수함, 과분한 호의 또는 동정, 인내, 금욕, 정의 및 겸손을 나타낸다: 사울의 번뇌를 치유하는 것은 다윗의 하프다; 이것은 그리스도와 기독교 교리를 가르치는 모든 사람의 입이다(변신이야기 10, 2542-2905ff.); e. 오르페우스를 따르는 나무, 새, 동물들은 각각 다양한 기독교인 즉 속세의 신자들을 상징한다; 묵상하는 사람들과 은둔자들(사막의 야생적이고 고독한 동물로 상징되는: 변신이야기 10, 2941-30312ff.).

오리 duck 1. 일반적으로 다음을 의미한다: a. 어

ㅇ

원: to duck, dive, dip, 즉 '잠수하다' '담구다'와 같은 어근을 가진다; b. 날씨가 좋지 않을 때 오리들은 물의 조수의 흐름에 의지한다; c. 새끼가 부화하면 수컷은 관심을 보이지 않는데, 이 시기는 수컷이 털갈이를 하고 난 후라 새끼들을 보호할 힘이 없기 때문이다; **2.** 깊은 신비의 지식에 대한 사랑: 영원의 물 위를 떠다니며 깊은 지혜를 찾아 잠수한다; **3.** 걱정으로부터 자유로움; 나쁜 의미로는 피상성이다. 그저 이리저리 떠다니며 '몸단장'에만 관심을 둔다; **4.** 수다스러움, 수다; 꽥꽥거림; **5.** 속임수: 예 종종 다른 오리의 둥지를 사용한다; **6.** 이집트: 이시스Isis가 태양을 낳은 것과 관련된다; **7.** 히브리: 불멸; **8.** 그리스: 페넬로페가 바다에 던져졌을 때 오리들이 구해주었으며 그로 인해 그녀의 이름('오리duck')을 얻었다; 그러나 이름은 또한 '얼굴에 망web이 있는' 것을 의미할 수 있다; 이것은 아마도 다음을 지칭할 것이다: a. 베일veil: 풍요의 여신들의 공통적 상징물[땅의 풍요는 '베일로 가려져 있다veiled', 지하에 있다]; b. 오르지에서 쓴 그물에 대해서는 그물net 참조; **9.** "오렌지색, 흰색 부리를 한 오리; 행운의 신처럼 물고기를 잡으러 잠수한다"(존 그레이John Gray, "날 수 있는 물고기The Flying Fish"); **10.** 문장heraldry(紋章): a. 지략이 많은 사람; b. 오리 우리를 가질 권리와 관련된다; **11.** 오리 고기: 최음제: 붉은 고기; **12.** 물고문 의자Ducking-stool: 마녀, 매춘부 등을 물속에 처박는 데 사용되었다: 익사drowing 참조; **13.** 수오리drake 참조.

오리게네스 Origen　토머스 S. 엘리엇Thomas S. Eliot: a. 거세된 종교 상징: 그는 스스로 '천국의 내시'가 되었다; b. 그는 로고스Logos(역주: 하나님의 말씀)가 원본의 사본이므로 열등하다고 주장하였다.

오리나무, 앨더 alder (나무)　**1.** 일반적으로 다음을 의미한다: a. 블랙 앨더Alnus glutinosa가 가장 널리 퍼진 종으로 매우 어두운 색의 나무껍질을 갖고 있다; b. 강가나 일반적으로 습한 곳에서 자란다; 따라서 저지대와 황무지에서 자란다(베르길리우스Virgil, 농경시Georg. 2, 110 참조); c. 이 나무 아래는 풀을 기르기에 좋다(타고 남은 재의 반대); d. 방수: 건축, 건축물의 기초를 위해 사용된다; e. 그 잎은 종양 치료에 사용되었다; **2.** 불과 관련된다: a. 대장장이와 도공의 숯불과 관련된다; b. 신탁 영웅이자 불의 발명자 포로네우스에게 신성한 것; 아스타르테와 그녀의 아들에게도 신성한 것; c. 그리스의 봄 축제 및 불 축제와 관련된다; d. 붉은 껍질은 불을 상징한다; e. (+방수:) 물로부터 땅을 해방하려는 불의 힘; f. 잘랐을 때 인간이 흘리는 피처럼 흰색이 붉은색으로 바뀐다; **3.** 죽음과 관련된다: a. 예를 들어, 칼립소섬과 같이 전반적으로 무덤 같은 섬들과 연결된 곳으로 부활, 뿔 달린 올빼미 등을 상징하는 다른 나무들(흰색 포플러 나무와 버드나무)과 함께 언급된다; 이 섬들은 또한 예언적이었다; b. 죽음의 신 크로노스와 켈트족의 브란에게 바쳐졌다; c. 파에톤의 죽음을 슬퍼하던 그의 자매들이 오리나무로 변했다(베르길리우스Virgil, 목가Ecl. 6, 62f.); d. 플리니우스Pliny(16, 45): 결코 열매를 맺지 못하기 때문에 불운하고 저주받은 나무(위성류속 관목 타마리스크tamarisk 및 포플러poplar 참조); **4.** 부활과 관련된다: a. 3번 참조; b. 켈트족: 태양의 해의 출현. 따라서 신성한 것이었으며 아직도 이 나무 한 그루를 벌목하는 것은 집에 불을 가져오는 것으로 간주된다; 이것은 켈트족의 나무 알파벳 달력(달력Calendar 참조)에서 3월 19일부터 4월 15일 사이의 기간인 '펀Fearn'(오리나무alder를 의미한다)를 말하며 이 기간에 춘/추분이 들어 있다(역주: 아일랜드 문자의 세 번째 철자의 이름): 첫 꽃이 필 때부터 홍수가 마를 때까지의 기간; **5.** 형태: 호리호리함(예 나소 P. 오비디우스Naso P. Ovid, 변신이야기Metam. 13, 790); **6.** 방수: a. 1번의 d 참조; b. 주피터의 철의 시대에 강은 가장 먼저 속이 빈 오리나무를 경험한다(=오리나무 보트를 띄운다: 베르길리우스, 농경시 1, 136); c. 꽃의 녹색은 이것을 물과 연결시킨다(녹색green 참조); 이것은 요정의 색이며 '녹색의 나무'에서 탈출구를 찾는 사람들에게 보호용 위장이기도 하다; **7.** 암소여신과 관련된다; 아일랜드에서는 이것으로 우유통을 만들었다; **8.** 음악: 이것의 녹색 가지는 훌륭한 휘슬과 (음악용) 파이프를 만드는 데 사용되었다; **9.** 문장heraldry(紋章): a. 견고함; b. 확고함(다시 1번의 d 참조); **10.** 유대인의 성막축제에서 손바닥 대용으로 오리나무의 사용이 금지된 반면, 버드나무는 사용할 수 있었다; **11.** 전체 지중해 지역에서 이것은 북쪽지역의 산딸나무에 상응하는 것이다(=층층나무dogwood).

오리온 Orion (영웅과 별자리) **1.** 영웅: a. 반인반신 아에로와의 사랑으로 인해 눈이 멀게 되게 된(오이디푸스; 눈eye 참조) 또 한 명의 태양 영웅(니케아의 파르테니우스Parthenius of Nicea, 20); b. '비참한 오리온': 음란한 행위로 인해 죽었다; 전갈scorpion 참조; 일부 다른 버전에서는 전갈에 물려 죽었다; 따라서 오리온 별자리는 전갈 별자리로부터 영원히 도망친다; **2.** 별자리: a. 오리온 별자리가 일찍 떠오르면 여름; b. 늦게 떠오르면 겨울과 폭풍우 치는 계절: "…겨울이 맹위를 떨치고 오리온이 비에 젖는 날씨"(베르길리우스Virgil, 아이네아스Aen. 1, 535와 4, 52); c. 자정에 뜨면(이집트 달력에서) 수확기의 시작, 따라서 풍요의 시기이다(또 한 개의 별인 시리우스 별자리와도 연관이 있다; 토머스 S. 엘리엇Thomas S. Eliot, "나이팅게일에 둘러싸인 스위니Sweeney among the Nightingales")참조; d. 오리온 별자리가 뜨면(7월) 곡물을 타작할 때이다(그리스).

오리칼콘, 수아연동광 orichalcon (금속) **1.** 금과 유사하며 아직 확인되지 않은 금속; **2.** 신화: a. 람페티아 여신이 신성한 소 떼를 몰기 위한 지팡이를 만들 때 사용했다고 한다(로디우스의 아폴로니우스Apollonius Rhodius, 아르고호 항해기Arg. 4, 973); b. 아틀란티스는 오리칼콘으로 유명했다: 아틀란티스의 아크로폴리스 벽은 오리칼콘으로 덮여 있었다(플라톤Plato, 대화Critias 114E: 플라톤이 이 금속이 어떤 금속인지 정의한 것은 아니며 이름을 말했을 뿐이다); **3.** 황동: a. 스트라보Strabo는 구리와 혼합하여 '오리칼콘', 즉 수아연동광을 만드는 '가짜 은(=아연)'을 어떻게 만드는지 설명했다; 그리스어 '오레이찰콘oreichalcon'은 산의 구리mountain-brass이다(13, 1,. 55); b. 여기에 상응하는 라틴어 '아우리칼쿰aurichalcum'은 황동('아우룸aurum'은 금을 의미하고 그리스어로 산을 의미하는 '오레이orei'와는 아무 관련이 없다)과 동일시되었으며 '황동brass'에 대한 일반적인 번역은 '청동bronze'이라는 것에 유의하여야 한다, 황동은 갑옷, 장신구, 거울 등에 사용되었다(헤시오도스Hesiodus, 헤라클레스의 방패Shield. 22; 칼리마코스Callimachus 5번째 찬가H5 19); c. 금과 금용량의 1/5의 은을 혼합한 것이 진정한 '오리칼쿰aurichalcum' 혹은 코린트식 청동이다(토머스 브라운 경Sir Thomas Browne, 저속한 오류PE 2,4).

오리티스 oritis (보석) **1.** 플리니우스Pliny는 오리티스(그리스어로 '산의 돌'이라는 뜻)가 능철석siderites('철광석iron stone')과 동일하며 철광석의 세 번째 변성인 자철석magnetite일 수도 있다고 주장하였다(자철석lodestone 참조; 알베르투스 마그누스Albertus Magnus의 기록, 아래 2번 참조); **2.** 알베르투스 마그누스: a. 세 가지 종류가 있다: 검은색 종류, 흰 반점이 있는 녹색 종류, 세 번째 것은 한쪽은 거칠고 다른 쪽은 철의 색을 띠고 평평하다; b. 이 보석은 "다양하게 직면하는 죽음의 위험", 특히 역병에 걸릴 위험에서 보호한다(비밀의 책Secr. 2, 44); **3.** "중세보석세공집Med. Lap.": a. 검고 둥근 돌이지만 내부에 흰색 반점이 있는 녹색일 수도 있다; b. 독에 물린 상처를 치료하므로 사막을 지날 때 유용하다; c. 이 보석을 지닌 여성은 유산 할 것이기 때문에 누구와 성관계를 해서 임신하게 될지에 대해 신경 쓰지 않는다; 적어도 태아에게 위험을 초래할 수 있다; d. 적대자와 화해하게 하고 분쟁에서 벗어나게 한다; 또한 "지식을 유지"하게 한다(B 31, '코린트corynth'; F 46; F 134; F 137; G 25).

오릭스 영양 oryx **1.** 일반적으로 다음을 의미한다: a. 이집트 신화에서 자주 등장하는 검은 영양sable antelope('오리 레우코리Orys leukoryx' 또는 '오리 베이사Orys beisa': 둘 다 이집트 유적에서 발견된다); b. 이름: 길고 뾰족한 뿔 때문에 '곡괭이'를 의미하는 그리스어 '오룩orux'에서 유래했다; c. 맹수들에게 사납고 무서운 적이다; 사냥개에게 둘러싸여도 두려움이 없고 황소, 사자, 멧돼지 또는 표범도 두려워하지 않아서 싸우다 둘 다 죽는 경우도 있다; 게다가 날카롭고 검은 뿔에 독이 있다고 믿는 사람들도 있었다(오피안Oppian 2, 44); d. 이 동물을 유니콘이라고 믿는 사람들이 있었다(마르쿠스 발레리우스 마르티알리스Marcus Valerius Martialis 13, 95); **2.** 이집트 신화: a. 천랑성인 시리우스가 뜨면 나일강의 범람을 알리기 위해 이 동물이 하루 종일 운다(플루타르코스Plutarch, 윤리론집M 974Ef.); b. 달과 해가 뜨면 울부짖기 시작하므로 '불결함'을 나타내는 상형문자로 존경심이 부족함을 나타낸다; 또한 사막에서 물을 찾으면 물을 마시고 난 다음 다른 동물들이 물을 마시지 못하도록 물웅덩이가 마르고 먼지가 날 때까지 짓밟는다(호라폴로Horapollo 1, 79; 아래 4번 참조); c. 목에 깃 모양의 무늬가 있는 긴칼뿔오릭스는 변환된 영적 육신을 나타내는 상형문자이다(월리스 버지Wallis Budge, 이집트 언어EL 60); **3.** 탐욕(모턴 블룸필드Morton Bloomfield, 일곱 개의 대죄SDS 247).

오메가 omega **1.** 끝, 마지막: 모네타 여신은 "멸망해가는 종족, 즉 티탄족의 쇠약한 오메가, 즉 마지막으로 알려져 있다(존 키츠John Keats, "하이페리온의 몰락The Fall of Hyp." 1, 288); **2.** 알파벳alphabet 참조.

오배자, 몰식자 gall-nut **1.** 나무, 특히 참나무에서 생성되는 공 모양의 생장물; **2.** 둥근 견과 모양이 역병 종기와 비슷하므로 가루로 바르면 역병이 완화된다(파라켈수스Paracelsus, 파라그라눔P. 211; 플리니우스Pliny 24, 5 참조).

오벨리스크 obelisk **1.** 남근, 재생, 다산: 돌, 기둥, 피라미드 등과 관련 있다(99. v.); 바늘needle 참조; **2.** 태양광선, 신의 손가락, 영생, 일출(플리니우스Pliny 36, 14); **3.** 침투: 침투하는 정신으로서의 빛; **4.** 하늘의 지지; **5.** 공간: 네 방향의 사면과 정점(피라미드의 꼭대기); **6.** 악령으로부터의 일반적 보호.

오보에 oboe **1.** 애절하고 목가적인 음악; **2.** 남근, 남성적 원리(그 형태 때문에); **3.** 플루트flute; 뿔horn 참조.

오볼로스 obol(-us) (역주: 그리스의 중량 단위로 0.1g에 해당) **1.** 고대 그리스의 작은 동전; **2.** 대중목욕탕과 극장 입장 티켓으로 자주 사용되었다(성 암브로시우스St. Ambrose., 루가의 복음서 해설집EL 7, 157f.); **3.** 지하세계로 가는 스틱스강(삼도천)을 건너 줄 뱃사공에게 뱃삯으로 주도록 죽은 자의 입에 넣는 동전.

오소리 badger **1.** 위대한 광부, 야만적인 전사(등으로는 하지 못하고 이빨과 발톱을 사용한다)지만 자신의 그림자에 놀란다; **2.** 움직임의 서투름; **3.** 호전적인 냄새(성적인 매력을 위해); **4.** 중세 종교 상징물에서 오소리는 탐욕스러운 말steed(저장꾼)이었다; **5.** 문장heraldry(紋章): 경계(1번 참조); **6.** 구약성서: '오소리 가죽'으로 성막을 덮었다(출애굽기Ex. 25, 5): 이것은 아마도 '보라색'이었거나 또는 '그을린' 색이었을 것이다; **7.** 여우 이야기Reynard Fox: 오소리만이 레이너드의 잘못된 행동에 대해 불평한 것은 아니었다; **8.** 민속: a. 고슴도치처럼 날씨 예고한다; b. 오소리를 미끼로 사용하는 낚시: 개의 먹이나 스포츠 목적으로 개를 이용해 구멍에 있는 오소리를 끌어내는 것; c. 오소리 이빨: 카드놀이에서 행운을 가져오는 부적.

오시리스 Osiris **I. 일반적으로 다음을 의미한다:** 1. 이름: a. 오시리스("wsr")에 해당하는 상형문자에서 하나의 요소는 표의문자인 '눈eye'("irt")이다; 이시스의 이름과 마찬가지로 오시리스의 이름에도 "왕좌throne"가 필수요소로 들어있다(플루타르코스Plutarch, 윤리론집M 354ff.; 디오도로스 시쿨로스Diodorus Siculus, 1, 11; 모두 위트Witt 36ff에서 인용함); b. '눈eye'은 '...만들다make' 혹은 '...하다do'를 의미하므로 이 상형문자는 자리를 만드는 자, 즉 패배한 형제이자 살인자 세트의 몸 위에 '자리 또는 왕좌를 만드는 자로 설명된다(다음의 II번 1, c 참조; 월리스 버지Wallis Budge, 오시리스와 이집트인의 부활Os. 1, 24ff.); 2. 기원: 오시리스는 종종 수많은 지역 신들의 복합체이다: 이집트 제12왕조부터 "오시리스와 동일시되지 않는 중요한 지역 신은 없었다"(월리스 버지, 오시리스와 이집트인의 부활 22ff.); 그러므로 많은 이질적 특성을 지니고 있으며 나중에는 다양한 그리스 신들과 연결된다; 3. 그의 특징은 윤기나는 황갈색 피부이다(디오도로스 시쿨로스 1, 11); **II. 이집트 신화: 1.** 초목의 신: a. 추수 때 죽고 씨 뿌릴 때 부활하는 신; 그의 매장과 부활은 "땅의 열매가 돌아오고 만물의 요소가 생명을 회복하는 매 년 반복되는 규칙성을 상징한다"(테르툴리아누스Tertullian, 마르시온Marc. 1, 13); b. 많은 사람은 오시리스가 생명의 원리인 씨앗이라고 믿었다; 그의 누이이자 아내인 이시스는 흙이었고 그의 형제인 세트는 뜨거운 열기였다(월리스 버지, 오시리스와 이집트인의 부활 1, 15, 피르미쿠스 마테르누스Firmicus

Maternus 이 이교 오류에 대해Err. Prof. Rel.인용한 부분); c. 이런 측면은 그가 형제인 세트에게 살해당한 이야기에서 절정에 달한다. 세트는 그의 몸을 여러 조각으로 자른다; 이시스는 남근을 제외한 시체 토막을 모두 찾았다. 남근은 황금 복제품으로 대체되었으며, 이로써 그는 더 이상 사람이 아닌 불멸의 신으로 부활하였다(아래의 5번 b 참조); **2.** 문명의 도래자: a. 인류가 처음으로 식인 풍습을 포기하도록 만든 자; b. 그는 이시스가 발견한 옥수수, 밀, 보리 재배법을 가르쳤다; c, 그는 이시스가 이집트를 돌보는 동안 군대를 이끌고 문명을 교화하기 위해 원정을 떠났다(디오도로스 시쿨로스 1, 14ff.); d. 그는 또한 신들에게 법과 명예를 가르쳤다; 문명 교화 원정에서 그는 설득력 있는 웅변으로 사람들을 사로잡았다(플루타르코스, 윤리론집 356Af.); **3.** '공기'의 신으로서 그는 불의 원소, 영혼, 그리고 그의 누이인 이시스와 더불어 공기 그 자체를 상징한다; **4.** 태양: a. 그는 태양처럼 눈이 많았다(디오도로스 시쿨로스 1, 11; 앞의 1, a와 b 참조); b. 그는 빛을 창조해 누이인 이시스와 네프티스Nephthys에게 나누어 주었다, 당시에는 모두가 그들의 어머니인 하늘의 신 누트의 자궁 속에서 태아 상태로 있을 때였다(위트 36); 후기 이집트에서 그는 지상의 "월인Moonman"이었지만(아래의 5번 참조), 마지막 부활 이후로 그는 태양과 동일시되었다(에스더 하딩Esther Harding, 여성의 신비WM 178; 또한 로버트 헤릭Robert Herrick, "그토록 부드러운…So Soft..." 11; 에드먼드 스펜서Edmund Spenser, 페어리 퀸FQ 5, 7, 4 참조); **5.** 달: a. 달의 신인 그의 신성은 태양신이 되었을 때와는 완전히 다르다; 그는 종종 "달의 오시리스"(월리스 버지 1, 21과 22)라고 불린다; b. 플루타르코스에 따르면, 세트/티폰Typhon은 태양계의 악한 면을 나타내고 오시리스는 수분을 발생시키고 생산하는 달세계의 자비로운 측면을 나타낸다; 파라오로서 오시리스가 다스린 기간은 달의 주기를 나타내는 28년 동안 계속되었다; 달의 움직임은 샘과 호수가 공급하는 이성 및 완전한 지혜의 움직임과 같지만, 세트/티폰은 사악함의 측면에서 세트/티폰이기도 한 바다에 의해 불 붙고 타오른다(윤리론집 367D–F); c. 오시리스가 절단되었을 때는 보름달 시기였으며 그가 열네 조각으로 절단된 것은 보름달이 지고 있는 밤의 날짜와 일치한다(월리스 버지, 오시리스와 이집트인의 부활 386); d. 그는 오리온자리에 거처를 두었지만 달에 '들어갔다'; 오시리스가 달의 힘과 영향력을 나타낸다면 이시스는 달의 생식 능력을 나타낸다(월리스 버지, 오시리스와 이집트인의 부활 1, 384, 플루타르코스, 이시스와 오시리스IsOs 43를 인용함); e. 그의 생식력 있는 달빛은 미래의 아피스(역주: 고대 이집트 신화에 나오는 신성한 소)가 되는 송아지의 어미를 수정시켰다(플루타르코스, 이시스와 오시리스 43); **6.** 지하세계의 왕: a 그는 한 해 주기와 관련된 초목의 신이지만 원래 왕들과 후일 일반 사람들이 "불멸을 위해 의지했던 신이었으며 내세에 심판할 것이라 믿었던 신이었다. 사람들은 죽을 때 실재적으로 신과 동화되어 신이 부활할 때 자신도 함께할 것이라고 믿었다; 이것은 과거의 사건이 미래와 연결된다는 흔한 생각이다"(새뮤얼 후크Samuel Hooke, 신화, 제의 및 왕권MRK p. 276, "사자의 서Book of the Dead"에서 인용함); b. 그는 "지하세계의 신"이라 불렸다(플루타르코스, 윤리론집 382Ef.); c. 그는 피부색이 어두워서 '아이디옵스Aithiops(역주: 에티오피아의 유래)'라고 불렸다: 기독교의 악마는 '검은 옷을 입은 신사'라고 불렸다(플루타르코스, 이시스와 오시리스 22, 카를 융Carl Jung, 앞의 책에서 인용); d. 그는 '로고스'로 여겨졌지만 또한 시체와 무덤으로도 표현되었다(히플리토스Hipplytos 5, 8, 10 및 22; 5, 9, 5 및 8, 카를 융, 앞의 책에서 인용함); **7.** 이성: 영혼 세계에서 그는 지성과 이성, 모든 선한 것의 통치자이자 왕이며, 물질세계에서는 질서 있고 확고하며 건강한 만물의 왕이다. 반면, 세트/티폰은 모든 것에서 그와 반대되며 지배적이고 강력하며 물러서게 하는 통치자이다(플루타르코스, 윤리론집 371B); **III.** 이집트신에서 **그리스신**으로: 1. 그의 '에우야스'(바쿠스) 비의, 마법의 주문 등을 통해 고대 그리스의 디오니소스와 일반적으로 동일시된다 (논누스Nonnus 4, 270; 디오도로스 시쿨로스 1, 11); b. 그의 불의 요소는 나중에 헤파이스토스로 개별화되었다(디오도로스 시쿨로스, 같은 책); c. 이시스와 공유했던 공기의 요소는 처녀 아테나로 개별화되었다; d. 그는 헤르메스와 비교되었으며 또한 바쿠스 의례로 표현되었다; 그는 태양과 달의 성질을 모두 가졌기 때문에 연금술적 '메르쿠리우스Mercurius'처럼 자웅동체이다(카를 융,

14, 509의 배사교Naasene 인용 부분); **IV. 중세시대**: 연금술과 마법과 관련된다: a. 와인은 고대 마법서적에서 "오시리스의 피"로 간주되었다(카를 융, 14, 509); b. 연금술: 신비한 물질로서의 납(올림피오도로스 Olympiodorus, 카를 융, 같은 책); 수분의 원리(플루타르코스, 이시스와 오시리스 33).

오월제 May Day **1.** 자연의 재생; **2.** 풍요축제는 종종 성령강림절 기간 또는 성 조지St. George의 축일과 같았다("그린 조지Green George"); 축제는 종종 나무 숭배의 형태로 이루어졌다; **3.** 로마: 파우누스의 처제인 보나 데아의 축제일. 그녀는 키벨레를 닮았다; **4.** 영국: 새로운 계절의 시작을 의미하는 4분기 중 하나: a. 지불해야 하는 비용; b. 중요한 마녀들의 안식일(특히 전야); c. 이전에 그린우드에서 로빈 후드와 처녀 마리안의 축제는 전날에 시작해서 밤새도록 진행되었고 오월제에 절정에 이르거나 메이폴 댄스를 추거나 나무나 나뭇가지를 운반하는 행렬로 절정에 달했다; d. 전야는 모닥불을 피우는 중요한 드루이드 Druid 축제였다; 벨테인 축제: '찬란히 빛나는' '불'은 켈트족의 아폴로 신인 벨레누스에게 바쳐졌다; e. 모리아춤을 추는 보통의 공휴일(실수연발Err. 2, 2): 오월제는 우유 짜는 처녀의 기쁨이다(존 게이John Gay: "몰리 모그Molly Mog"); f. 민요: 5월 1일 아침 엘핀 기사가 사방으로 나팔을 불어서 이사벨 부인을 유혹하지만 그들은 서로에게 구애를 위해 불가능한 일을 시켰고 그래서 그들은 결혼하지 못하게 되었다; 아래 5월의 왕과 여왕May King and Queen 참조; g. 대학살; 탈출한 모드레드를 확실히 죽이기 위해 아서왕은 5월에 태어난 모든 아이들을 모두 죽여 강물에 버렸다(토머스 맬러리 경Sir Thomas Malory 1, 27); **5.** 유럽에서: a. 5월의 왕 그리고/또는 여왕은 나뭇잎 옷을 입은 풍요의 영의 결합체였고, 때때로 도시를 돌며 풍요의 상징인 계란을 구걸했다(계란을 주지 않으면 벌로 풍년이 들지 않았다); b. 때로는 (그의 정수리에 있는) (가짜) 머리가 진짜 머리를 대신해 퇴행적인 원시적 희생으로 잘려 나갔다; c. 고대 로마의 왕들처럼 로마의 종교축제인 레기퓨지움때 다소간 선출형식으로 세워졌던 왕을 위한 결혼이 성사되었다; d. 여름(가지와 꽃에 둘러싸인)을 상징하는 젊은이들의 집단은 겨울(이끼와 짚으로 덮인)을 상징하는 이들을 정복하거나 그들과 함께 행진 한다; **6.** 민속: a. 오월제 아침에 모은 이슬은 아름다움을 보존하는 특별한 힘을 가지고 있다; b. 또한 메이폴댄스maypole separate 참조.

오이 cucumber (식물) **1.** 비관주의; **2.** 점성술: 달의 영향을 받는다. 오이의 차가운 성질 때문에 이에 대한 반대의 주장도 많이 있다; 오이가 조금만 더 차가웠다면, 독이 되었을 것이다; **3.** 오이밭의 오두막: 외로움(이사야서Isa. 1, 8); **4.** 기름을 싫어하고 물을 좋아한다; **5.** 어떤 모양으로든 자라게 할 수 있다; **6.** 꽃이 하나씩 차례로 핀다; **7.** 의학적 효능이 크다: 예 전갈에 물린 곳의 해독제.

오이디푸스 Oedipus **1.** 인격화된 태양 영웅sun-hero의 대부분의 특성을 오이디푸스에게서 볼 수 있다: a. 그는 버림받은 아이였다: 그리고 방랑자가 된다; b. 그는 자신의 '아버지'(묵은 해의 왕The king of the Old Year)을 죽이고, '어머니(새벽, 봄)'와 결혼한다; c. 그는 '수수께끼를 푼다'=다산의 물(비)을 방출한다; 올바른 질문을 하는 탐구자 참조; d. 그는 필연적으로 눈이 먼다: 낮의 '눈'(태양)이 사라진다; 또는 눈=고환이므로 다산 왕이 거세된 것이다(눈eye 참조); e. 때로 그는 어둠 속에서 자신의 '딸'(황혼 또는 가을 처녀)과 함께 나타나는 것으로 표현된다; **2.** 민요에서 그리스 신화의 다른 영웅과는 별개로 그의 특징 일부 또는 대부분(예 월계수 아래 버려진 님프의 아들 다프니스)을 가진 전형적인 오이디푸스 주제를 끊임없이 볼 수 있다: 예 "에드워드 에드워드Edward, Edward"(역주: 스코틀랜드 민요)는 아버지를 죽이고 아내와 아이를 떠나 세상을 떠돌아다니며 "오! 당신에 나게 이런 짓을 했습니다!"의 그 짓 때문에 어머니에게 "지옥의 저주"가 내리기만을 바란다(프랜시스 차일드Francis Child 13, 8).

오징어 cuttle-fish **1.** 그리스어의 '세피아sepia'=먹물 물고기ink-fish=오징어; **2.** 아프로디테에게 바쳐졌으며 여덟 개의 촉수가 있다(그리스어 'okto-pous'): 풍요의 숫자 8(로버트 그레이브스Robert Graves, 그리스 신화GM 1, 274); **3.** 테티스Thetis가 이용한 변장: 여덟 개의 뱀 같은 팔+머리=9: 9는 위대한 (달) 여신의 숫자; **4.** 어류 중 가장 강한 최음제(물고기fish도 참조); 또한 피부병을 치유하며(예 피부 반점의 치료) 변비 완하제; **5.** 문어octopus 참조.

오징어 squid (어류) 오징어cuttle-fish 참조.

오팔 opal (보석) **1.** 고대에는 에메랄드 다음으로 귀한 보석이었다; **2.** 기간: a. 10월; b. 별자리: 물고기자리와 천칭자리; **3.** 유익한 점: a. 희망, 자신감, 예언의 능력을 부여한다; b. 사랑, 성실, 다정함의 행복을 증진시킨다; c. 생각을 정화하고 결백을 보호한다; d. 영혼을 재창조한다; 기도와 용서; e. 독성 및 공기 오염을 막아 준다; f. 슬픔을 몰아낸다; g. 실신, 심장 통증, 사악한 감정을 막는다; **4.** 판테로스pantheros(보석) 참조.

오후 afternoon **1.** "오늘의 후반부"(사랑의 헛수고 LLL 5, I)=삶의 후반부; **2.** 진부하고 말이 많은 상태: 로터스 케이터스의 땅은 "항상 오후처럼 보이는 땅이었다"(알프레드 로드 테니슨Alfred Lord Tennyson); **3.** 가을; **4.** 민속: 달에 관한 오래된 이야기에서 구름 낀 아침은 맑은 오후가 될 징조이다(속담).

옥 jade (보석) **1.** 힘; **2.** 순도; **3.** 이것의 일반적 특성: a. 지혜, 공정함, 용기 그리고 자비심을 준다; b. 신장 기능 저하로부터 보호한다; 일반적으로 건강을 위한 부적; c. 특히 경주하는 남자들에게 좋은 행운의 부적; **4.** 중국: a. 모든 미덕: 옥은 첫 번째 아내에게 준다(두 번째 아내에게는 다이아몬드를 준다); b. 불멸: 옥 호랑이와 옥 용은 자연의 힘의 증가와 감소를 상징한다; c. 남성적 양(陽); d. 건조한 원소.

옥수 chalcedony (보석) **1.** 마노, 혈석, 홍옥수, 오닉스 등으로 이루어진 광물들의 집합; **2.** 언제나 (글씨를) 새기는 데 가장 많이 사용된 돌; **3.** 우울감을 없애준다; **4.** 만족감을 준다; **5.** 비밀 기도; **6.** 공명정대; **7.** 달: (때로) 6월(예 히브리); **8.** 날: 밤 8시.

옥수수대 ear (of corn) **1.** 다산; **2.** 태양의 속성; **3.** 이것은 또한 빵의 상징으로서 성체를 의미한다: 예수 그리스도의 살Flesh(다산의 신으로서: 아도니스Adonis, 오시리스Osiris의 몸에서 솟아난 옥수수 참조); **4.** 옥수수 단sheaf: ('묶음, 단bundle' 상징 참조): 옥수수자루+통합: 통제와 적절한 목적; **5.** 딜런 토머스Dylan Thomas: "옥수수자루 회당synagogue(역주: 죽은 자들의 안식처)"("애도하기를 거부함"): a. 삶을 가장 작은 단위로 환원하는 것과 관련된다: (소금) 알갱이, (시간의 모래의) 알갱이, 정액, 물방울water-bead은 인간이 결국에 돌아갈 형태들이다; b. 이것들은 가장 작은 합성물이 된다; 또는 옥수수대는 서서 기도하는 한 무리의 사람들로 간주된다; **6.** 민속: 일곱 줄 또는 열네 줄의 옥수수대: 풍작을 예견한다.

옥스아이 데이지 ox-eye daisy (식물) 마거리트꽃 marguerite 참조.

옥스퍼드 Oxford 속담: a. "공부하려면 옥스퍼드로, 재치를 위해서는 런던으로, 여자는 헐Hull로, 말은 요크York로" 보내라; b. "옥스퍼드가 칼을 뽑으면 영국은 곧 분쟁에 휘말린다".

ㅇ

옥슬립 oxlip (식물) **1.** 노란 구륜 앵초cowslip와 프리뮬라primrose(앵초)의 자연교배종; **2.** 퍼시 셰리Percy Shelley: "연약한 옥슬립"("미지의 꿈Dream of the Unknown"); **3.** 대담함(겨울이야기Wint. 4, 4).

옥시린쿠스 oxyrynchus (물고기) 일반적으로 이집트에서 신성하게 여긴 물고기였으며 특히 이집트 북부 옥시린쿠스 지역에서 더 신성시되었다. 날카로운 입을 가진 창꼬치와 유사한 물고기였을 것이다(스트라보Strabo 17, 1, 40).

올리브 olive (나무; 열매) **1.** **평화:** a. "올리브[가지 또는 올리브관]를 들고 다니는 전령에게 사람들이 (평화의) 소식을 전하려고 몰려든다"(단테Dante, 신곡 연옥편Purg. 2, 70f.); b. 중세시대: 평화와 화합의 속성; **2.** **다산:** A. 위대한 여신에게 바쳐졌다: a. 다산의 여신 레토/라토나: 그녀는 야자수와 올리브나무에서 아폴로와 디아나를 낳았다(나소 P. 오비디우스Naso P. Ovid, 변신이야기Metam. 6, 335; 논누스Nonnus 8, 148 및 27, 277); b. 아테나가 아테네에 심은 올리브는 포세이돈의 말보다 훨씬 더 큰 선물이었다; "진실한 미네르바의 열매"(변신이야기 8, 654); 지혜: 플라톤의 아카데미와 관련이 있다(존 밀턴John Milton); c. 메두사의 재생의 수프는 올리브 가지로 휘저었다(변신이야기 7, 277); B. 다산의 신에게 바쳐졌다: a. 그러나 주피터는 참나무에 대해서는 지독한 증오를 가지고 있다; b. 헤르메스가 재배법을 고안했다: 재배한 올리브는 번식할 수 없고 야생 올리브에 접목해야 한다(로버트 그레이브스Robert Graves, 그리스 신화GM 1, 62); c. 헤라클레스와 아폴로에게 바쳐졌다: 나우시카 앞에 나타난 오디세우스가 자신의 벗은 몸을 가리기 위해 가지고 있던 것은 올리브나무 가지뿐이었다(오디세이아Od. 6, 127ff.); d. (남근, 헤라클레스) 엄지손가락 상단 관절은 정력을 나타내는 부분이다(손가락fingers 참조); e. 파우누스에게 바쳐졌다: 폭풍우를 겪고 난 뒤 선원들은 파우누스에게 봉헌제물로 올리브나무를 바쳤다(베르길리우스Virgil, 아이네아스Aen. 12, 766); C. 춘분과 관련 있으며 겨울 홍수가 말라 가는 것과 관련있다: a. 헤라클레스의 곤봉은 참나무였다고 한다; b. 노아의 비둘기가 부리에 물고 온 잎사귀는 올리브 잎이었다; D. 올리브유는 히브리인들의 기름 부음에 사용되었다: 신성한 돌 위에 붓거나 기름을 부었다(예 창세기Gen. 28, 18) 남근을 상징하는 기둥에 부었다(창세기 35, 14); E. 자식과 관련된다: "네 아내는 결실한 포도나무 같으며 네 식탁에 둘러앉은 자식들은 어린 감람나무(올리브나무) 같으리로다." (시편Ps. 128, 3); **3. 번영**: 구약성서에서 가장 필요로 하는 음식: 땅의 '기름짐'; **4. 믿음, 정의**: a. 나는 하나님의 집에 있는 푸른 감람나무 같음이여, 하나님의 인자하심을 영원히 의지하리로다(시편 52, 8); b. 이것은 성막에서 희생 의례를 위해 사용되었으며 성막에서 사용된 주요 향의 재료였다; **5. 승리, 명예**: a. 헤라클레스가 제우스를 기리는 올림픽 경기를 위해 하이퍼보리아인들의 땅에서 가져왔다; 올림픽의 승자는 헤라클레스-제우스의 칭호를 얻었다; b, 헤라 여신을 위한 경기(머리카락hair 15번의 A, II 참조)의 승자에게 주어졌다; 평화와 다산을 위해; c. 마라톤 경주의 승자에게도 올리브관이 수여되었다(베르길리우스Virgil, 아이네아스 5, 309); 월계관bay-wreaths 참조: 월계관은 보트 경주의 승자들에게 주어졌다; d. 그리스 시민들에게 주어지는 가장 명예로운 보상; **6. 아름다움**: "그의 가지는 퍼지고 그의 아름다움은 감람나무(올리브나무) 같으며 그의 향기는 레바논 백향목 같으리니"(호세아서Hos. 14, 6); **7. 봉헌**dedication, 기름부음anointment: a. 왕, 제사장에게 기름을 바르고 손님에게도 기름을 붓는 것(시편 23, 5); b. 스가랴의 환상에서 두 그루의 올리브 나무가 메노라menorah 촛대 옆에 서 있었다(스가랴서Zech. 4); 성전을 재건할 기름부음 받은 두 사람(왕과 대제사장); **8. 자존심**: 자존심은 강하고 고요히 인내하나 참나무처럼 폭풍우에는 부러진다: 연약한 갈대와는 반대(이솝Aesop, 우화Fables 141); 잎이 없는 과일은 상스러움을 상징한다; **9. 새해 의례**: a. 그리스: 야생 올리브는 악령을 쫓아내기 위한 대빗자루로 사용되었다: 묵은 해의 악마는 종종 파리fly의 형상을 하고 있다; b. 켈트족: 첫 번째 달(자작나무와 함께)과 관련된다: 12월 24일~1월 21일; 새해의 모닥불을 지필 때 사용된다; **10. 구조**: a. 오디세우스가 사이클로프스의 눈을 맞춘 무기는 올리브나무였다; b. 나중에 오디세우스는 카립디스에서 배가 소용돌이에 빨려들어가기 직전 올리브나무 가지를 잡고 살아남았다(아테나의 보호); **11. 의학**: 곽향초석잠betony과 섞어 마시면 술 숙취를 방지할 수 있다; **12. 점성술**: 태양과 관련 있다; **13.** 이집트는 "**올리브의 땅**The Olive Land"이었다; 호루스는 올리브나무의 자손이라 불렸다; **14. 윌리엄 B. 예이츠**William B. Yeats: a. 이미지들(=스스로 생겨난 유일한 실재)의 상징: "살아 있는 돌에서 생겨난 기적"; b. 천상의 영광, 불변의 상징: "평화의 우연성도, 전쟁의 우연성도 그 오래된 경이를 시들게 하지 않을 것이다"("콜로누스의 찬양Colonus' Praise"); **15. 야생 올리브**: a. 야생 올리브는 춤추던 님프들을 조롱하고 험악하고 야만적이고 저속한 욕설을 퍼부었던 아풀리아 양치기가 벌을 받아 변한 것이기 때문에 그 맛이 쓰다(변신이야기 14, 517ff.); b. 뱀에 물렸을 때 대중 요법으로 사용되었다; (또한 9번의 a 참조) 올리브의 몇 가지 다른 의미들이 야생 올리브에도 적용된다.

▌올무 snare 죽음의 올무; "사망의 올무가 내게 이르렀도다"(사무엘하서2Sam. 22, 8, 시편Ps. 18, 5 등); 2. 죄, 특히 이방 여인(잠언Prov. 7, 23).

올빼미 owl (새) **1. 일반적으로 다음을 의미한다:** a. 일반적으로 올빼미과의 다양한 종을 상징적으로 구별하는 것이 불가능하기 때문에 올빼미과 전체를 이 제목에 포함시켰다(끝 부분에 있는 가면올빼미에 대한 몇 가지 항목은 제외); b. 올빼미의 천적은 독수리이며, 특히 가장 큰 부엉이인 수리부엉이bubo bubo의 천적이다: 스페인에서 독수리는 여전히 사슬에 묶인 올빼미로 잡는다; c. 올빼미는 60일 동안 겨울잠을 자고 아홉 번 운다; **2. 죽음**: a. 이집트 상형문자에서 죽음을 의미한다; b. 바빌로니아에서 올빼미가 밤에 우는 것은 아이를 낳다가 죽은 여자가 자신의 아이를 위해서 우는 것과 연관되었다; c. 위대한 여신에게 바쳐졌다(이집트 상형문자: 달의 여신): i. 아테나뿐만 아니라 죽음의 섬에 사는 칼립소도 다른 죽음 상징(예 매, 가마우지, 포플러나무)과 함께 올빼미를 가지고 있었다(호메로스Homer, 오디세이아Od. 5, 64ff.); ii. 둥지의 시체 썩는 냄새, 쥐를 잡아먹는 것 등은 헤카테 여신과 관련 있다; iii. 아담의 첫 번째 부인인 릴리트는 올빼미 여신이었다; d. 올빼미는 죽음의 달인 11월에 울음소리가 가장 크다; e. 밤에 활동하며 소리 없이 날기 때문에 유령새라고 한다; f. "죽음을 예언하는 올빼미의 울음소리"(제프리 초서Geoffrey Chaucer, 파울의 의회PoF 343); g. "끔찍한 밤을 선사하는 치명적인 야경꾼"(맥베스Mac. 2, 2; 헨리 6세 1부1H6 4, 2 참조); **3. 어둠**; a. 이집트 상형문자: 죽은 태양의 영역, 야간 횡단; b. 어둠 속에 있는 영혼들을 구원하고 세상의 빛으로 다시 돌아오기 위해 어둠 속으로 들어간 그리스도의 상징; c. 따라서 낮의 새인 독수리의 대극이기도 하다: 1번의 b 참조; d. 어둠의 행위: (특히 영국에서) 밀수; e. 불침번; f. "나는 종 모양의 노란 구륜앵초 속에 눕는다; 올빼미가 우는 밤이 되면 나는 거기에 눕는다"(템페스트Tp. 5, 1); **4. 예언, 지혜**: a. 올빼미는 죽음(헤카테) 너머의 (조상의) 예언과 관련이 있으며 따라서 지혜와도 연관이 있다; b. 아테나 그리고 아카데미와 연결된다(아테나의 눈에 대해서는 눈eyes 참조); c. 밤에 이루어지는 연구와 지식: 아스클레피오스(치유의 지식)의 상징이지만 디오니소스는 올빼미의 모습을 혐오했다고 한다; d. 또한 새벽신의 상징이기도 하다; e. 기독교: 세속적 지혜: 올빼미 위에 십자가가 놓여지는 것은 세속적 지혜에 대한 종교적 승리를 상징한다; **5. 뮤즈에게 바쳐졌다**(어린 왜가리young heron 또는 햄릿의 "작은 톱handsaw"의 동음이의어 말장난인 '왜가리heronshaw'와 함께): "우리가 맹세하는 뮤즈의 여왕에게 바쳐진 새"(조지 채프먼George Chapman, "평화의 눈물The Tears of Peace"); **6. 겨울**: a. 겨울 노래: "그리고 밤마다 응시하는 올빼미가 유쾌하게 튜잇Tu-whit, 튜휴Tu-whoo하며 노래한다": 봄 노래를 하는 뻐꾸기의 반대이다(사랑의 헛수고LLL(5, 2); b. "올빼미는 베이커의 딸이었다"(덴마크의 왕자 햄릿Ham. 4, 5); 왕이 지나가는 길에 베이커에게 빵을 달라고 요청하였다; 그는 오븐에 빵 조각을 넣었는데 그의 가련한 딸이 그 빵이 너무 크다며 불평을 했다; 빵이 너무 크게 부풀어 오르자 그의 딸은 올빼미 같은 소리를 내면서 올빼미로 변했는데 이것은 아마도 다산 신화의 일부일 것이다: 다산 왕은 봄의 딸을 수태하게 하였으며(자궁womb, 즉 오븐oven, 참조) 나중에는 어둠의 노파로 변했다; c. 이집트 상형문자에서는 추위와 수동성을 의미한다; **7. 외로움**: a. "사막의 올빼미"(시편Ps. 102, 6); b. 레스보스왕의 딸 닉티메네('밤을 뜻한다')는 아버지에게 겁탈당한 뒤 필사적으로 도망쳐 올빼미로 변하였다. 그녀는 여전히 어두운 곳을 찾고 햇빛을 두려워한다(나소 P. 오비디우스Naso P. Ovid, 변신이야기Metam. 2, 590ff.); **8. 존귀함의 결핍**: 순종 혈통이 없다; **9. 조롱의 대상**: "낮의 올빼미와 같이, 그가 일어나면 조롱하고 의심스러워한다(헨리 6세 3부3H6 5, 4); **10. 절망**: 에드먼드 스펜서Edmund Spenser의 "페어리 퀸FQ"(1)에서 올빼미는 모든 즐거운 새들을 절망의 동굴에서 쫓아낸다; **11. 불신자**: a. "밤을 부르는 올빼미는 믿지 못한 자의 공포를 말한다"(윌리엄 블레이크William Blake, 순수의 전조Aug. of Inni.); b. 중세시대: 유대교 회당의 상징: 율법을 찬미하지만 복음의 빛은 보지 못한다; **12. 중세시대**: 추가 상징성: a. 탐욕 b. 분노 c. 악마(어둠의 왕자Prince of Darkness); d. 위선; e. 나이팅게일(궁정연애)의 반대인 교회사랑; **13. 인간의 연령**: 80대 여성; **14. 문장**heraldry(紋章): a. 경계심; b. 번득이는 재치; c. 은퇴생활; **15. 무지**: 상징적인 반전; '신성한' 동물이 '부정한' 동물이 되는 것 참조; **16. 딜런 토머스** Dylan Thomas: "올빼미 씨앗owl seed": 지혜, 특히 조숙하고 어두운 지혜("빛을 가꾸다"); **17. 가면올빼미** Screech-owl: a. 성서(예 이사야서Isa. 34, 14)에서 여성 뱀파이어였다(릴리트-라미아Lilith-lamia); b. 고자질쟁이 소년인 아스칼라포스는 페르세포네가 석류를 먹었다는 사실을 말하여 배신한 탓에 올빼미로 변했다. 이제 그는 "악한 징조의 새"가 되었다(나소 P. 오비디우스, 변신이야기 6, 431 및 10, 453); c. 가면올빼미는 "대낮에 장터에서 큰 소리로 울면서 날카롭게 비명을 질렀다": 카이사르의 죽음의 전조(율리우스 카이사르Caes. 1, 3); d. 플리니우스Pliny: 나쁜 소식, 특히 공공의 사건에 나쁜 소식을 전한다. 그들은 대중 앞에서 울거나 노래하는 것이 아니라 일종의 신음 같은 독특한 소리를 내며 사악함의 징조이다; **18. 민속**: a. 마녀와 관련 있다: 특히 깃털은 마녀수프에 사용되었다(맥베스 참조); b. 전래동요: "내가 본 모든 화려한 새 중에서 올빼미는 나에게 단연코 가장 아름다우며 하루 종일 나무에 앉아 있다가 밤이 되면 날아가 버린다"; 또 다른 동요에서 참나무에 사는 '지혜로운 늙은 올빼미'는 침묵하기 때문에 현명하다고 생각되었다.

옴파로스(세계의 중심) omphalos 　배꼽navel 참조.

옷 clothes 　**I. 일반적으로 다음을 의미한다: 1.** 숨김: a. 나체nakedness 참조; b. 악행: "낡은 옷 사이로 작은 악행들이 보인다; 대례복과 모피 가운은 모든 것을 숨긴다."(리어왕Lr. 4, 6); **2.** 다음을 구분한다: a. 지위 또는 신분: "새로운 옷을 요구하는 모든 기업을 조심하라"(헨리 D. 소로Henry D. Thoreau, 월든Walden); b. 성별: 아래의 II번 참조; 판Pan은 여자 옷을 입은 헤라클레스에게 한 번 속았기 때문에 옷을 혐오했다; c. 기분: "격식을 차리지 않은 옷차림에서 자유로움이 시작된다"(로버트 헤릭Robert Herrick, "무질서의 기쁨Delight in disorder"); **3.** 옷은 소유주의 대체물: a. 제물을 바치는 의식에서 희생양: 신성한 나무에 걸어 둔다: 천cloth 참조; b. 숭배의 대상fetish: 클로튼은 이모젠이 매우 아끼는 포스트휴머스Posthumus의 옷을 입고 이모진을 유혹하려고 했다(예 심벨린Cym. 3, 5); c. 다른 사람의 옷을 입으면 그 사람의 신비로운 힘의 일부를 얻게 된다: 예 요나단이 다윗에게 옷을 주었다(사무엘상서1Sam. 18, 4), 엘리야(열왕기하서2Kings 2, 8 및 13), 보아스(룻기Ruth. 3, 9); d. 옷을 훔치는 것은 백조 처녀, 물개족, 또는 요정 등을 제압할 수 있는 흔한 방법이다(예 니벨룽겐의 노래Nib. 25); **4.** 소유자와 친밀하게 연결된다: 예 구약성서에서 정화 의례도 새 옷을 입는 것으로 이루어진다(또는 최소한 옷을 세탁해서 입어야 한다: 출애굽기Ex. 19, 10), 그리고 대개 성적인 금욕도 함께 이루어진 것으로 언급되었다; **5.** 심리: 성격; 그러므로 옷을 갈아입는 것=인격을 바꾸는 것; 그리고 옷을 벗는 것='페르소나'(가면)를 벗는 것; 원형archetypes 참조; **6.** 옷을 앞뒤 거꾸로 입는 것: 로마시대에는 치안판사가 사형을 언도하는 것이었다(페트로니우스 아르비트Petronius Arbiter, "사티리콘Satyricon"); **7.** 딜런 토머스Dylan Thomas: a. 가위scissors 및 재단사tailor 참조; b. "시간 아래 옛날Once below a time": i. 육신flesh의 탄생; ii. 청소년의 변장; iii. 문학(과 음주)의 세계로 들어감; **II. 복장도착증**: 1. 이성의 옷을 입는 것은 언제나 마술과 풍요 축제의 특징이었다; 2. 이성의 옷을 즐겨 입는 왕들은 모계중심 사회에서 여왕의 업무를 수행할 수 있었다: 헤라클레스가 옴팔레의 드레스를 입었다; **III. 민속**: a. 옷을 우연히 안팎이 뒤집어지게 입으면 행운; b. 단추나 후크를 잘못 끼우면 불운: c. 옷을 입은 채로 옷을 수선하면 불운; d. 옅은 색깔의 옷을 검은색(또는 짙은 색) 실로 수선하면 매우 불운; e. 새 옷을 입을 때는 소원을 빌 수 있다; 아이들의 경우 새 옷을 입으면 종종 (학교 친구들이) 건강을 비는 주문을 외며 꼬집기도 한다(또는 심지어 물을 붓기도 한다); f. "부활절에는 새 옷을 입어라, 그렇지 않으면 반드시 후회할 것이다"(속담); g. 죽은 사람의 옷을 나누어 주는 것은 불운; h. 옷은 종종 그 옷을 입은 사람의 행운을 담고 있다; 배우나 권투 선수들은 자신에게 행운을 가져다 주었던 옷은 (다른 사람에게 주지 않고) 버리는 것을 선호한다; **IV.** 드레스; 의복; 옷의 개별 부분들; 옷clothing; 벌거벗음nakedness; 의복raiment; 베옷sackcloth 참조.

옹호자, 대변자 advocate 　그리스도는 하나님 아버지와 함께 우리의 옹호자이다(암브로시오Ambrose, 누가복음해설집EL 5, 42, 요한복음John 2. 1에 관하여).

와이 Y 1. Y는 그리스어 '입실론upsilon'을 로마자로 표기한 것이다; 2. 다음을 상징한다: a. 양성성; b. 피타고라스: 성삼위일체(3three 참조); c. 자유의지가 선택할 수 있는 선과 악의 길; d. 미지수(X처럼); e. 형태에 따라 컵, 수맥 탐지기 등과 밀접한 관련이 있다; f. J와 발음상 유사성이 있다. 또한 하나님, 즉 야훼Yahweh와 테트라그람마톤tetragrammaton(역주: 여호와의 이름을 나타내는 히브리어 네 글자)도 참조; 3. 다음에 상응한다: a. 기간: 7년; b. 신체: 비장.

와이번 wyvern 1. 문장heraldry(紋章): 독수리의 날개와 발톱, 가시 돋친 뱀 꼬리 형상을 한 용dragon(이 단어는 '뱀serpent'에서 파생되었다); 2. 후견; 3. 용dragon 참조.

와인 압착틀 wine-press 1. 암석으로 만든 대야에 포도와 올리브를 넣고 발로 밟아 으깨면, 약간 더 낮게 만든 저장 대야 안으로 즙이 흘러들었다; 2. 신의 분노, 학살과 파괴: 예 여호와의 분노(이사야서Isa. 63, 1-3; 예레미야 애가Lament 1, 15, 요한계시록Rev. 14, 19에서; 또한 압착기press 참조); 3. 포도주 압착 틀에서 있는 힘: 마음을 이기는 정신의 승리(모루anvil 참조); 4. 윌리엄 블레이크William Blake: 전쟁; 5. 토머스 S. 엘리엇Thomas S. Eliot: "와인 압착 틀을 밟는 것": 지루한 일("바위The Rock" 1 및 8).

와트 Wat 엘리자베스 1세 여왕 시대의 토끼의 가장 흔한 이름.

완두콩 pea (식물) 1. 이것은 자신의 아들이 땅의 척박함을 불평하자 밤에 완두콩을 심었던 아일랜드의 위대한 달의 여신 아이네에게 바쳐졌다; 2. 사랑: 소박한 연인들 사이의 행운의 선물(뜻대로 하세요AYL 2, 4; '음낭cods'=고환testicles도 함께 참조); 3. 존경; 4. 점성술: 목성과 연관된다; 5. 민속: a. 행운: 꼬투리에 완두콩이 하나만 들어 있거나 보통 들어 있는 것보다 많이 들어 있을 때, 특히 처음 여는 꼬투리에 아홉 개가 들어 있는 경우에 행운으로 여겨졌다; b. 완두콩은 여신 아이네 그리고 그녀의 마녀들과 관련이 있기 때문에 결혼 점, 사랑의 마법, 사마귀 치료에 사용될 수 있다; c. 전래동요: "뜨거운 완두콩 죽, 차가운 완두콩 죽, 냄비 속에 9일 동안 있었던 죽, 어떤 사람들은 뜨거운 걸 좋아하고, 어떤 사람들은 차가운 걸 좋아하네."

왕 king 1. 어원: 'cyn(g)', 즉 친족, 인종, 부족; 2. 보편적이고 추상적인 사람; 그의 위대함; 3. 정치적 생각이 바보가 하는 얘기가 아니라면 인간의 충성심이 지속될 것이다(안정성)(예 존왕의 삶과 죽음K. John 및 헨리 5세의 생애H5); 4. 인간과 인간의 마음을 지배하는 원칙. 또한 통제(쟁기plough도 참조); 5. 사랑 및 결혼과 관련된다: a. 그는 여왕과 '신성결혼hieros gamos'(즉, 하늘과 땅의 신성한 결혼)을 약속한다; b. 성적 행위: 그는 (아름다운) 왕비와 언제든 잠자리를 할 수 있는 왕처럼 잠자리에 든다(로버트 그린Robert Greene "양치기 아내의 노래The Shepherd's Wife's Song"); 6. 신성한 권리와 보호의 소유자: "신이 왕을 보호한다"; 7. 최고의 의식성consciousness; 8. 우아함: 대항할 수 없는 존재에 대항하는 위풍당당함(잠언Prov. 30, 29-31); 9. 늙은 왕(=집단적 의식성consciousness)은 과거를 나타내며, 위험이 닥쳤을 때 그가 돌아옴으로써 과거는 미래로 반전된다(아서왕 및 기타); 10. '공포의 왕'="죽음의 장자"=재앙(욥기Job 18, 1 3f); 11. 다음에 상응한다: a. 시리즈: 왕-(모든) 아버지-영웅-메시아-마르스; b. 시리즈: 왕-피의 사자-독수리-황금; 12. 왕 카드: (타로카드) 영spirit과 관련이 있다; 13. 심리: 생명 에너지와 힘(그리고 그 반대)을 발출emanating하는 원초적 지위로서의 아버지 이미지와 관련된다; 집단이나 개별 아이에게 초자연적인 존재; 14. 즉위한 왕: 성취, 승리, 이전 것의 소멸; 15. [신성한] 왕[Sacred] King 참조.

왕겨, 곡식의 겉껍질 chaff 1. 신을 섬기지 않는 사람들: 그들은 "바람(=시간)이 날려 보내는 왕겨"와 같다(시편Ps. 1, 4; 또한 35, 5 등등); 2. 척박함: 겨를 잉태하고 짚을 해산할 것이다(이사야서Isa. 33, 11); 3. 박해자들의 무리(이사야서 29, 5); 4. 도망: 민족들이 "도망함이 산에서 겨가 바람 앞에 흩어짐 같겠고"(이사야서 17, 13); 5. 무상함: "그때 철과 점토와 놋쇠와 은과 금이 모두 부서져 여름 타작마당의 겨와 같이 되었고 바람이 그것들을 날려 보내니 보이지 않게 되었다"(다니엘서Dan. 2, 35); **6.** 민속: a. 점: 중요한 날의 전날 밤 자정에 헛간 문을 열어 두고 체로 겨를 체질할 때; 당신이 그해에 죽을 운명이라면 문을 통해 두 사람이 관을 들고 가는 것을 볼 것이다; b. "겨로 늙은 새를 잡을 수는 없다"(속담); c. 겨는 신기하게도 금을 녹이는 최고의 불을 만든다(플리니우스Pliny 33, 29).

왕관 crown **1.** 태양의 상징: 불, 빛: a. 영광, 아름다움, 명예; b. 승리; c. 영적인 깨달음; d. 신들과 행성들의 상징, 특히 제우스의 상징; **2.** 나무와 관련된다: 왕관 장식에는 여전히 나뭇잎이나 나뭇가지 무늬가 있어서 왕관이 식물에서 유래했음을 알 수 있다: 머리띠는 왕관보다 나중에 생겼다; 리베르 파테르Liber Pater(다산의 디오니소스; 플리니우스Pliny 7, 56 및 16, 3ff)가 고안해 냄; **3.** 원형circular form: a. 완벽; b. 영생; c. 여성 원리: i. 솔로몬은 "그의 결혼식 날에" 어머니가 왕관을 씌워 주었다: 모계중심 사회의 유물; ii. 지혜(소피아Sophia=여성적)가 남자에게 면류관을 씌운다(잠언Prov. 4, 9ff); **4.** 국왕의 상징: A. 긍정적인 내용: a. 제국, 위엄, 판단력, 명성, 부(富); b. 역사; c. 책임감: "왕관을 쓰려는 자, 그 무게를 견뎌라"(헨리 4세 2부2H4 3, 1); B. 부정적인 내용: a. 야심(카이사르의 야심과 같은); b. 교만, 폭정(독재); c. 허영심; d. 그릇된 지식 또는 세속적인 성공; **5.** 왕관은 그것이 올려져 있는 머리와 관련되고 다음을 상징함: 지혜, 통찰, 고상한 생각(높이 상징); **6.** 죽음: a. "왕의 관자놀이 위에 둥그렇게 놓인 속이 빈 왕관 안에서 왕은 죽음을 자신의 궁정으로 삼는다"(리처드 2세의 비극R2 3, 2); b. 라틴어 'corona sepulchralis' 또는 '푸네브리스funebris': 죽은 사람을 숭배하기 위해 장례식에서 사용한 머리에 쓰는 관; c. 불멸: i. "나의 로브를 주고 내 왕관을 씌워 달라; 내게는 불멸에 대한 갈망이 있다"(안토니우스와 클레오파트라Ant. 5, 2); ii. "네가 죽도록 충성하라 그리하면 내가 생명의 관을 네게 주리라(요한계시록Rev. 2, 10); **7.** 연금술: a. 원질료 Prima Materia를 더 가치 있는 것으로 변환시키는 것: 영적 진보; b. 자웅동체가 종종 왕관을 쓰고 있다; **8.** 문장heraldry(紋章): 영주의 지휘권; **9.** 그리스와 로마: a. 'corona sacerdotalis': 희생제물을 관장하는 사제들의 관; b. 'corona convivialis': 연회 참석자들이 쓰는 관; c. 'corona nuptialis': 결혼식에서 쓰는 관; d. 'corona civica': 동료의 목숨을 구한 병사를 위해 참나무 나뭇잎으로 만든 관; e. 'corona obsidionalis': 풀 또는 야생화로 만든 관, 자격이 되는 장군들에게 씌워주었다; 아래의 13번의 D, b 및 E번도 참조; **10.** 카발라Cabala: '헤': 정의와 자비의 균형; 참조: "그것[=자비]은 그의 왕관보다 더 나은 왕좌의 군주가 된다"(베니스의 상인Mer. V. 4, 1); **11.** 중세시대 이후로 왕관에 워터마크가 있다; **12.** 왕관의 수: A. 두 개의 왕관: 중세: 자유의 상징; B. 세 개의 왕관: a. 아서왕 깃발 또는 옷에 세 개의 왕관이 그려져 있었다; b. 교황의 왕관, 티아라: i. 세 개의 세계로 나뉜 교회: 즉, 연옥(고통), 지상(싸움), 천국(승리); ii. 사제, 교사, 왕; 또는 왕, 사제, 군대 리더; c. 영적 · 정신적 · 물리적 세계; **13.** 왕관의 종류: A. 촛불 왕관: 요정과 관련된다: "요정들이 벽난로에서 재빠르게 불을 붙인 촛불이 달린 왕관을 쓰고 홀로 들어왔다"(한여름 밤의 꿈MND 5, 1의 무대 지시; 또한 윈저의 즐거운 아낙네들MWW 4, 4); B. 일곱 개의 별 왕관: a. 가치, 미덕, 기쁨: 디오니소스가 아리아드네에게 바쳤다; b. 로마 황제의 축제의 왕관; C. 철 왕관: a. 고대 롬바르드족 왕들의 왕관, 테오델린다 여제가 처음으로 썼다(사망: 627년); b. 샤를마뉴 대제와 나폴레옹 황제가 썼다; 왕관 안쪽에는 헬레나(콘스탄티누스 대제의 어머니)가 발견한 '성 십자가의 못nail'으로 만들어진 가느다란 철 조각이 있었다; D. 성 꼭대기의 작은 탑 모양으로 만들어진 왕관: a. 도시(어머니 자신의 상징)의 수호자로서의 위대한 어머니-여신mother-goddess: 키벨레, 에베소의 디아나, 레아 등; b. '성벽 모양 왕관': 로마: 포위된 도시의 성벽을 가장 먼저 오른 사람에게 주었다; E. 뱃머리 모양이 장식된 왕관: 'corona navalis': 해전에서 승리한 사람에게 주었다; **14.** 프랑스 왕관French crown: 대머리baldness 참조.

왕자 prince 공주를 구하는 왕자; a. 융합; b. 새벽 또는 봄의 처녀를 풀어주거나 깨우는 어린 태양(왕); c. 소녀의 성(性)에 대한 각성.

왕좌 throne **1.** 신(또는 그의 지상에서의 대리인)

과 천상의 보좌; **2.** 신비의 중심(배꼽navel 참조), 승영; **3.** 안정성, 통합; **4.** 권위, 정의; 의자chair도 참조; **5.** 성문 입구에 왕좌를 두다=포위하다(예 예레미야서Jer. 1, 15); **6.** 다른 것과의 조합: a. 불타는 보좌: "마귀가 그의 불타는 보좌를 영광스럽게 여기게 하라"(눈에는 눈, 이에는 이Meas. 5, 1); b. 흑단 왕좌: "밤, 흑담비 여신! 그녀의 흑단 왕좌에서…"(에드워드 영Edward Young, "밤의 생각Night Thoughts"); c. 황금왕좌의 여신: 헤라(호메로스Homer, 일리아드Il. 15, 5); **7.** 왕좌: 천사들의 세 번째 합창단; 왕좌의 상징: a. 불타는 날개와 수많은 눈eyes이 달린 수레바퀴; b. 돌: 크리솔라이트; c. 색상: 녹색(왕좌의 색상); **8.** 보트boat, 정육면체cube, 계단 좌석[stepped] seat, 스콘석Stone [of Scone] 참조.

왕풍뎅이 cockchafer (곤충) **1.** 메이버그maybug라고도 부른다; **2.** 힐데가르트 폰 빙엔Hildegard von Bingen: a. 왕풍뎅이는 차갑다; b. 연주창 치료에 사용한다: 먹가뢰의 독을 짜내고 거기에 왕풍뎅이 가루를 조금 넣어 물에 타서 마신다(자연학Ph. 6, p. 119).

왜가리 heron (새) **1. 아침**: a. 이집트 상형문자의 한 가지 의미로서의 아침; b. 새벽을 맞이하는 첫 번째 새; **2. 생명의 (재)창조**: a. 이집트 상형문자의 또 다른 의미로는 오시리스의 귀환 [고대 이집트에서 숭배된 신조(神鳥) '베누'가 '피닉스'가 아닌 왜가리라면]. 그의 심장에서 왜가리가 생겨났다; b. 아이네아스가 아르데아시를 점령하고 파괴한 후 잿더미에서 날아오른 왜가리는 슬픈 소리, 쇠약한 외모의 창백한 새였다(나소 P. 오비디우스Naso P. Ovid, 변신이야기Metam. 14, 578); **3.** 황새처럼 아기를 데려다 주는 존재; **4. 오래 잘 견딤**: 목이 긴 모든 새처럼 물가에 서 있다; **5. 침묵의 기억**: a. 독일 프리가의 왕관에는 왜가리 깃털이 있는데, 이 깃털은 지상에서 일어나는 모든 일을 알고 있지만 그것에 대해 침묵한다는 것을 상징한다; b. 종종 왜가리가 입에 돌을 물고 있는 경우 이것은 침묵을 상징한다; **6.** 위험 극복: 아르고호에 장착한 왜가리의 꼬리(그러나 일부에 따르면 비둘기의 꼬리)는 심플레가데스 바위에 걸렸다. 왜가리 꼬리는 아테나가 보낸 것이며 왜가리는 아테나에게 신성한 새이다; **7. 무분별한 행동**: 거친 물에서 낚시하는 것; **8. 이중 본성**: 이중 인격; **9. 우울**: "인적이 드문 호수에서 늙은 왜가리가 우울한 날개를 천천히 펄럭거리기 시작하는 동안"(존 클레어John Clare, "겨울에 에몬세일의 황야Emmonsail's Heath in Winter"); 또한 2번 참조 b; 플리니우스Pliny는 왜가리들이 짝짓기와 알 낳기 둘 다를 힘들어한다고 말한다(10. 79); **10. 뮤즈**에게 바쳐졌다: (올빼미와 함께한) '헤론쇼heron-shaw'(=어린 왜가리)는 "뮤즈의 여왕에게 맹세하는 새들"이다(조지 채프먼George Chapman, "평화의 눈물The Tears of Peace"); **11.** 일반적으로 부정적 의미에서 **성직자**와 관련된다: 아래의 예이츠Yeats와 토머스Thomas 참조; **12. 2월**의 상징; **13.** "청어"(장어의 천적; 제프리 초서Geoffrey Chaucer, 파울스의 의회PoF); **14. 문장**heraldry(紋章): a. 위협적인 위험에 대한 신중함; b. 자유롭고 풍부한 어업 수역을 소유함; **15. 긍정적 징조**: 아테네가 보낸 왜가리 소리를 오른쪽에서 듣는 것은 디오메데스와 오디세우스가 트로이 목마 근처에서 정탐하러 나갔을 때 좋은 징조였다(호메로스Homer, 일리아드Il. 10, 274f.); **16. 날씨 예측**: a. 왜가리가 습지를 떠나 구름 위를 날면 이는 폭풍에 대한 예고이다(베르길리우스Virgil, 농경시Georg. 1, 363ff.); b. "삼중의 공기층을 뒤흔들었던 왜가리의 소리가 사라졌다는 것"은 폭풍을 예고하는 것이다(조지 채프먼George Chapman, "에우게니아Eugenia"; 아라토스Aratus, 하늘의 현상Phaen. 913 참조); 왜가리가 바다를 향해 비명을 지르며 날아가면: 비가 온다; **17. 참고할 문학서**: A. 윌리엄 B. 예이츠William B. Yeats의 "미친 제인의 시The Crazy Jane poems"에서 주교는 등에 "왜가리의 혹(왜가리의 직감)"을 갖고 있다(또한 꼽추hunchback 참조); B. 딜런 토머스Dylan Thomas: a. ("10월의 시Poem in October"): i. 성직자; ii. 아버지의 남근; b. ("존경의 언덕 너머로Over Sir John's Hill"): 조용히 접근하는 신성한 왜가리: 새들의 비가를 함께 노래하는 동료 왜가리; 그는 아마도 (왜가리와 유사한 따오기를 통해) 왜가리가 신들의 조력자라는 생각을 토트-헤르메스-트리스메기스투스에게서 얻었을 것이다; c. ("생일의 시Poem on a birthday":) 삶의 활동성을 추구하는 시인의 상징; 야망을 추구하는 것, 죽이는 것, 몸을 가리고 걷는 것; **18. 왜가리 깃털**: 특히 매 사냥을 할 때 기사의 옷을 장식하기 위해 사용했고 이것은 "나도 매와 작은 톱(=작은 왜가리)쯤은 구별할 수 있다네"와 같은 병렬적 뜻으로 설명될 수 있다(덴마크의 왕자 햄릿Ham. 2, 2).

외과 의사 surgeon 1. 토머스 S. 엘리엇Thomas S. Eliot: "부상 당한 외과 의사": 상처 입은 치유자: 그리스도("이스트 코커East Coker" 4); 2. "좋은 의사는 독수리의 눈과 사자의 마음과 여인의 손을 가져야 한다"(속담).

외국의; 외국인 foreign; foreigner 낯선 사람/이방인stranger, 낯설음strangeness 참조.

외바퀴 손수레 wheelbarrow 1. 노동, 가난; 동요에서 남자는 그의 아내를 손수레에 태워 집으로 데려와야만 한다. 왜냐하면 "도로는 매우 넓고 차로는 매우 좁기 때문이다": 떨어져서 죽을 수 있다; 2. 고통; 3. "외바퀴 손수레만큼" 몹시 취했다.

외침 shout 1. 하나님과 관련된다: a. "주께서 호령으로 친히 하늘로부터 강림하시리니"(데살로니가전서1Thess. 4, 16); b. 윌리엄 블레이크William Blake: "거리에서 외치다": 하나님; 2. 판Pan과 관련된다: a. 그는 갑자기 고함을 질러 거인족이 '공황 상태panic'에 빠져 도망가도록 만들었다(스스로가 이야기함); b. 판은 제우스가 티폰의 포로였을 때 제우스를 감시하던 바다 괴물 델피네에게 고함을 질러 겁을 주고 괴물이 도망가게 만들었다; 3. 마법 주문의 파괴: 데메테르가 데모폰을 불사신으로 만들려는 마법의 주문은 그의 어머니 메타네이라의 외침으로 중단되었다; 4. 포도주를 밟아 으깨어 만드는 것과 관련된다(예 예레미야서Jer. 48, 33); 5. 고통의 외침: 하늘과 땅의 결혼(마치 사슬과 같음); 6. 거리의 외침: 창녀의 외침; 7. 비명shrieking 참조.

왼쪽 left 1. 구약성서에서 '왼손잡이'는 일반적으로 다음을 의미한다; 양면성ambidextrust: 예 에훗(사사기Judg. 3, 15 이하; 또한 사사기 20, 16에 있는 뛰어난 병사들에 대한 설명 참조); 2. 오른쪽right(왼쪽left) 참조.

요나 Jonah 1. 이 이름은 '비둘기'를 의미한다; 2. 요나서가 문학적 추억으로 가득 차 있기 때문에 이 이름은 노아의 비둘기를 가리킬 수 있다(인어mermaid 참조); 3. 여호와께서 그를 니느웨로 보내었으나 그는 금속의 항구 다시스행 배를 탔다. 폭풍우가 몰아치자 승선한 일행들이 그의 죄를 알게 되었고, 그는 바다로 던져져 큰 물고기에게 삼켜진 채로 3일 동안 물고기 배 속에 있었다; 그 후 그는 주의 명령을 따랐고 니느웨의 멸망을 선포했다; 이야기의 태양 요소들이 강력하게 강조된다; 4. 밤(영웅들이 3일간 머무는 곳)에 태양이 교차하는 지하세계인 물고기 뱃속에서 "나는 지옥 (또는 무덤)의 뱃속에서 꺼내달라고 울부짖음"으로 나올 수 있었다(요나서Jon. 2, 2); 5. 태양, 난파선, 고래 등과 관련이 있기 때문에 그는 허먼 멜빌Herman Melville의 "모비딕Moby Dick"에 영향을 준 것이 분명하다.

요람 cradle 1. 출생 또는 부활; 2. 피난처, 보호; 3. 관(출생=물질의 상태가 됨) 또는 육체(영-혼을 담음); 4. 태어난 도시 또는 국가: 문명의 요람; 5. 흔들리는 요람: 삶의 우여곡절; 6. 민속: a. 아기가 태어나기 전에 새 요람을 집에 들이는 것은 불길하다; 어떤 것을 처음 사용하는 것에 대한 일반적인 두려움과 관련이 있다: 예 교회 묘지, 다리; 그리고 신에 대한 도전과 관련된다; 유모차perambulator도 참조; b. 아기를 마녀와 요정들로부터 보호하려면 소금과 금속으로 된 물건, 마가목 십자가, 마늘 등을 요람에 두어야 한다; c. 요람을 만드는 재료에 대해서는 자작나무birch 참조; 7. 궤ark; 보트boat; 상자chest; 어린이child 참조.

요리사 cook 1. 고대에 이들은 희생제물을 죽이는 의례에서 언급되었다(유대교 율법에 따라 죽이기 'kosher' killing 참조; 피 금기, 사제의 역할 등; 2. 그리스: 이들은 대개 (노예가 아닌) 자유 신분으로 태어났다(아테나이오스Athenaeus 14, 658f 및 661d ff); 종종 어릿광대이기도 하다. 따라서 3번 참조; 3. 희극의 등장인물: 자신의 요리 기술은 모든 종류의 인간 과학을 포함한다고 박식한 척 주장하는 현학적 요리사는 아리스토파네스Aristophanes 이래로 희극의 전형적 인물이었다(예 "기사들Knights"의 소시지 상인; 아테나이오스Athenaeus 9, 377ff 및 플라톤, 고르기아스Gorgias 464D 참조); 프랜시스 M. 콘퍼드Francis M. Conford, 고전 희극의 기원AC. 142); 20세기 서양 영화에 나오는 희극적 요리사들 참조; **4.** 꿈: a. 요리 없는 결혼식을 치를 수 없기 때문에 꿈에 집의 요리사가 나오는 것은 결혼하고 싶은 사람들에게는 길몽이다; b. 가난한 사람들에게도 좋은 징조이다: 부유한 사람들만 요리사들을 부르기 때문이다; c. 아픈 사람들의 경우, 요리사 꿈은 자극, 염증, 기분의 불안정, 이로 인한 끔찍한 결과를 예견하게 한다; d. 또한 요리사는 연기를 발생시키기 때문에 눈물을 의미한다; e. 비밀은 멋진 날에 알려진다. 요리사의 요리는 멋진 연회를 즐기는 사람들에게 제공되기 때문이다(달디스의 아르테미도로스Artemidorus of Daldis 3, 56).

요새 citadel 종교religion(아니키우스 만리우스 세베리누스 보에티우스Anicius Manlius Severinus Boetius, 카톨릭 신앙에 대하여FC 31).

요새 fort **1.** "이성의 울타리와 요새를 무너뜨리는 것"(덴마크의 왕자 햄릿Ham. 1, 4, 28) **2.** 카를 융Carl Jung: 성채Citadel 또는 요새는 여성의 상징이며 그 안에 '진리' 또는 지혜의 보물이 들어 있다(14, 272).

요셉 Joseph **1.** 라헬이 낳은 야곱의 열한 번째 아들. 그는 일반적으로 에브라임과 므낫세의 두 지파로 대표된다; **2.** 이름: a. "주께서 나에게 또 다른 아들을 더하시리라"; b. '두 배의 아들'[(포플러pople(역주: 히브리어의 double에 해당하는 발음이 poplar와 비슷해서 포플러poplar라는 이름이 붙여진 것으로 보인다는 설이 있다)]; c. '부끄러움의 제거'; **3.** 야곱의 예언(창세기Gen. 49, 22): "열매를 맺는 큰 가지, 그 가지가 담을 넘는 우물가의 무성한 가지"; **4.** 태양 영웅: a. 그의 혈통은 그의 여러 가지 이야기에 서사되고 있다(사자에 대한 이야기와 함께); b. 그는 구덩이에서 던져진다(요나와 다니엘Daniel 참조); c. 그는 방랑자이다; d. 그는 한동안 하찮은 일을 맡는다; e. 여자를 버린다; f. 그는 갑작스럽게 영광에 오른다.

요일 day **1.** 다음에 상응한다: 다음의 표 참조. **2.** 민속: A. 태어난 요일: a. "월요일에 태어나면 얼굴이 아름답다; 화요일에 태어나면 [신의] 은총이 가득하다; 수요일에 태어나면 예민하고 슬프다[또는 걱정이 가득하다]; 목요일에 태어나면 즐겁고 기쁘다[또는 멀리 간다]; 금요일에 태어나면 귀하게 여겨진다[또는 사랑받고 사랑을 준다]; 토요일에 태어나면 생계를 위해 열심히 일한다; 일요일에 태어나면 결코 부족함이 없다[또는 행운이고 행복하고 선하고 즐겁다]"; b. "일요일의 아이는 우아함이 가득하고, 월요일의 아이는 얼굴이 아름답고, 화요일의 아이는 엄숙하고 슬프며, 수요일의 아이는 즐겁고 기쁘고, 목요일의 아이는 도둑질하는 경향이 있으며, 금요일의 아이는 아낌없이 주고, 토요일의 아이는 생계를 위해 열심히 일한다"; B. 결혼하는 요일의 경우: "월요일은 부(富), 화요일은 건강, 수요일은 최고의 날, 목요일은 십자가, 금요일은 손해, 토요일은 불운"; C. 재채기의 경우: 재채기sneezing 참조; D. 동요: "솔로몬 그런디Solomon Grundy, 월요일에 태어나서 화요일에 세례를 받고 수요일에 결혼하여 목요일에 병이 들고 금요일에 악화되어 토요일에 죽어 일요일에 묻혔네, 이것이 솔로몬 그런디의 마지막이라네"; **3.** 달력calendar; 행성planets; 황도대Zodiac 참조.

요일

요일	창조	다음의 작업	신/행성	별자리
일요일	빛	빛	솔Sol, 헬리오스Helios	태양
월요일	물의 분리	점치기, 신비	루나Luna, 디아나Diana	게자리, 달
화요일	마른 땅, 초원, 나무	분노	마르스, 티우Tiu =티르Tyr(전쟁)	전갈자리
수요일	천체, 계절	과학	메르쿠리우스, 우단Wodan, 점성술astrol	쌍둥이자리
목요일	바다짐승, 새	정치, 종교	주피터, 도나르Donar－토르Thor(풍요, 율법)	궁수자리
금요일	육지짐승, 남자와 여자	사랑	비너스, 프레야Freya(풍요, 결혼)	황소자리
토요일	휴식	애도	사투르누스Saturn	염소자리

요정 fairy **1. 엘프, 요정, 도깨비, 난쟁이** 등을 구분하는 것은 일반적으로 불가능하다; 요정들의 다른 이름은 다음과 같다: 하얀 여인들, 녹색 여인들, 검은 여인들(중세의 기사들과 동일한 색의 상징성이 있다), 리틀 포크The Little Folk 등; **2.** 이들은 다음과 같은 **특징**이 있다: A. 정복당한 작은 종족: a. 거주지는 숲과 언덕(손수레)이며, 종꽃, 버섯, 옥수수 등이 자라는 의외의 장소에서 산다; b. 이들은 특히 빨래하는 일과 같은 보잘 것 없는 일을 수행한다; c. 이들은 주로 황소와 말인 소-사람, 요정-소이다; d. 요정들은 모계 혈통에 따른 이들만의 위계질서를 가지고 있다(동화에서 종종 상속받는 사람은 막내딸이다): 요정에 대해 (다른 소인들과는 대조적으로) 일반적으로 여성으로 생각하기 때문에 이들을 마녀의 가장 직접적인 조상으로 본다; e. 이들은 자신들의 영토에 더 큰 종족들이 침입하는 것을 질투한다. 이것은 때로 이들이 악의적인 측면을 설명한다(난쟁이dwarfs 참조); f. 요정은 철iron과 강철steel을 두려워한다(참조: 마녀witches 등); g. 이들은 결혼과 다산의 표시로 여겨지는 춤과 관련 있다; h. 유목이나 목축을 하는 인종의 특징인 소금을 절대 먹지 않는다; B. 고대 여신들: a. 요정의 대모들은 종종 머리에 별이 있는 여신들을 닮았다: 이슈타르 이시스, 바다의 별; 황금 뿔의 소: 하토르여신; 인어-물의 요정-바다뱀 라비스미나(='심연'): 혼돈의 어머니 등; 이들과 신의 자녀와의 관계는 데메테르와 페르세포네 또는 키벨레와 아티스의 관계와 같은 것인데, 이 관계에서 신어머니는 신화 속에 나오는 모든 어머니이다; b. 이들은 실을 잣는 전형적인 인물이다; 파르케Parcae 참조; c. 이들은 요정의 땅(피할 수 없는 죽음이 전제된)에 불멸을 선사한다; 참조: 사과apple를 바치는 죽음과 불멸의 여신들(축복 섬Blessed Islands의); d. 이들은 비정상적인 힘을 가지고 있다: A와 B의 조합은 이들이 하찮은 일을 하는 것으로 묘사되는 이유를 설명할 수 있다(모르가나 요정Fata Morgana 참조); **3.** 요정은 **결혼**과 관련 있다: a. "한여름 밤의 꿈MND" 전반에 묘사되어 있다; b. 에드먼드 스펜서 Edmund Spencer("에피탈라미온Epithalamion"): 난꾸러기 정령이나 다른 사악한 생명체가 우리를 겁먹게 하도록 하지 마세요. "'호브 고블린'이나 '푸케'와 같이 우리가 그 의미를 모르는 이름에 겁먹지 맙시다... 실재하지 않거나 존재하지 않는 것들로 우리 스스로를 괴롭히지 맙시다"; **4.** 요정들과 **출산**의 관계: a. 많은 동화에서 아이가 태어날 때 선과 악의 여러 대모god-mother가 존재하며 아이의 미래의 삶을 결정을 한다; 파르케의 운명Parcae Fates 참조; b. "오, 맙소사, 마브 여왕이 당신과 함께 있는 것을 보았어. 그녀는 요정들의 산파인데…"(로미오와 줄리엣Rom. 1, 4; 에일리시야Eileithyia 참조); **5.** 요정들과 **춤**의 관계: a. 종교는 춤에서 시작되고 춤과 함께 성장한다. 금욕적인 춤에서부터 정서적이고 에로틱하며 황홀한 춤이 있다(구약성서의 나비스nabis(선지자)의 춤). 이러한 형태의 종교는 나중에 교회로부터 공격을 받았지만 비인간적으로 냉정한 청교도들에게 더욱 심한 공격을 받았다(요정, 마녀와 뿔 달린 신의 또 다른 유사점; "그리고 당돌한 요정들fairies과 멋진 엘프들elves이 황갈색 모래와 선반 위에서 놀고 있다"(존 밀턴John Milton, "코무스Comus" 117f.); b. 춤의 중심은 보통 요정의 나무이다; 로빈 후드 분위기, 그리고 돔레미Domrémy에서 원을 그리는 춤을 추었다는 혐의를 받은 잔 다르크 Joan of Arc 참조: 또한 이그드라실Yggdrasil, 오벨리스크obelisks, 십자가crosses 등 참조; c. 요정은 종종 요정 반지와 관련 있다: "달빛 아래 양이 풀을 뜯지 않는 풀밭에 원을 그리는 요정들"(템페스트Tp. 5, 1); **6. 요정의 왕과 왕비**: a. "한여름 밤의 꿈"의 오베론과 티타니아; b. 로빈 후드와 5월의 여왕Maid Marian(야누스 역으로 어린 존Little John) 참조; **7. 요정의 땅**: a. 브리튼의 기사인 란발은 요정과 사랑에 빠지고 그녀와 함께 말을 타고 불멸의 땅으로 떠났다(=죽음; 참조: 아발론Avalon, 콘라Connla 및 "아름답고 무정한 여인La Belle Dame Sans Merci"); b. "쓸쓸하고 황량한 요정의 땅에서 위험한 바다를 드러내는 마법의 창을 여는 노래이다"(존 키츠John Keats, "나이팅게일에 바치는 노래Ode to a Nightingale" 7); c. 다음 참조; **8. 심리**: a. 요정은 잠재된 가능성이 갑작스레 실현되는 인간 영혼의 초월적인 힘을 상징; b. 전설의 "잊혀진 요정들"의 좌절된 행위들; c. 요정의 나라: 탈출의 땅, 꿈의 나라(흔히 어린 시절의 '안전기지'로 퇴행하는 것을 나타냄): "요정의 나라, 아무도 늙지 않고 경건하거나 진지하지 않은 곳, 아무도 늙지 않고 교활하고 현명해지지 않는 곳, 아무도 늙지 않고 거칠게 말하지 않는 곳"(윌리엄 B. 예이츠William. B. Yeats, "마음의 욕망의 땅The Land of Heart's Desire"); **9. 특별히 참고할 문학서**: a. 윌리엄 블레이크William Blake: 요정처럼 꾸밈없는 삶의 진정한 즐거움을 찾아야 한다고 했다; b. 윌리엄 버틀러 예이츠William. B. Yeats: "(여러 차원이 있는)우주적 마음의 영적 감정 속에는 모든 감정이 영혼을 갖고 있으며 모든 생각이 몸을 갖고 있다; **10.** '요정'과의 **현대적 연관성**: a. "한여름 밤의 꿈"; b. 판토마임 소프라노; c. 팅커벨: 요정 주전자를 수리하는 작고 화려하며 질투심이 많은 "종처럼 반짝이는" 말을 하는 여자 요정(제임스 매튜 배리 경Sir James M. Barrie, "피터 팬Peter Pan"); d. 도토리와 엉겅퀴; e. 선술집에 들어가지 못한 여성들의 쉼터인 서섹스의 찻집들; f. 버섯 위에 앉아 있는 요정들; g. 작은 요정 래프러콘에 대한 아일랜드인들의 미신적 믿음과 관련 있다; **11. 민속**: a. 광산의 요정(실제로는 사악한 요정gnome)은 광석을 캐고 윈치windlass를 돌리지만 아무런 영향을 미치지 못한다; "고블린이나 광산의 요정은 진정한 순수성과 처녀성에 아무런 해악을 미치지 못한다"(존 밀턴John Milton, "코무스Comus" 437f.); b. 요정fairies(참조: 마녀witches)에 대항하기 위해 사용되는 철(또는 더 효과적으로는 강철): i. 요정들의 집에 들어갈 때 칼이나 바늘을 문에 꽂아 두면 요정들은 당신이 나갈 때까지 문을 닫을 수 없다; ii. 하모니카(또는 다른 강철 또는 철제 악기)의 음악소리는 요정들을 두렵게 한다; c. 개미ants(콘월Cornwall도 참조); **12.** 바꿔친 아이changeling; 난쟁이dwarf; 엘프elf; 피그미pigmy 등 참조.

요한 John **I.** 세례요한: 1. 가원 경의 한여름 의식을 이어받았다: 불 축제와 함께 하는 하지 예배; 모닥불bonfire, 한여름midsummer 등 참조; 2. 별자리: 사자자리를 지배한다; 3. 성 요한 전야제: a. 금식하는 사람들은 다음 해에 죽을 사람의 유령이 교회 문을 두드리는 것을 보곤 한다; b. 성 요한초(고추나물)(민속) 및 거인troll 참조; **II.** 복음전도자 사도 요한: 그는 작가와 언론인의 수호 성인이 되었다. 때로 독수리(또한 네 가지 형상tetramorph 참조)가 그의 상징으로 사용된다; **III.** 불쌍한 요한: 소금에 절여 말린 생선인 대구: 자신의 "몸이 이쁘다"라고 자랑하는 남자는 "네가 생선이 아니라서 다행이다; 네가 생선이었다면 불쌍한 요한(즉, 불쌍한 시작: 로미오와 줄리엣Rom. 1, 1; 또한 템페스트Temp. 2, 2)만큼이나 마르고 볼품없었을 걸"이라고 대꾸했다.

욕(설), 악담, 저주 curse **1.** 말의 신비로운 힘: a. 왕들은 종종 질투하는 신들을 물리치기 위해서 대관식을 하는 동안 멀리서 자신에게 악담을 퍼붓게 했다: 헤라클레스 그리고 마르스로 가장한 로마 장군들도 그들의 승리에 대한 신들의 질투를 막기 위해그렇게 했다; b. 씨 뿌리는 사람들은 종종 싹이 나는 씨앗에 신의 화가 미치지 않도록 씨를 뿌리면서 씨앗에게 욕을 했다; c. 풍요 증진을 위한 저주: 아폴로도로스Apollodorus (2, 5, 11) 참조; **2.** 카인의 저주: a. 추방, 안식처가 없음; b. "오, 나의 죄는 악취가 나고, 그 냄새는 하늘에 이르노니. 형제 살해, 그것은 태고의 가장 오래된 저주를 받으리라."(덴마크의 왕자 햄릿Ham. 3, 3); **3.** 종Bell, 책, 촛불로 저주하기: 종bell 참조; **4.** 스코틀랜드의 저주Curse of Scotland: 카드놀이에서 다이아몬드의 '9'; 다음으로 설명됨: a. 1612년의 글렌코 대학살과 연관된 초기 스테어 가문의 문장heraldry(紋章)과 흡사하다; b. '포프 조안Pope Joan'이라는 카드 게임에서 이 카드는 교황=적그리스도t이다; c. '코메타Cometta'라는 카드 게임에서 이 카드는 많은 스코틀랜드 가문을 망하게 한 승리의 카드이다; d. 컴벌랜드 공작은 컬로든 전투 후 유혈을 부르는 명령을 이 카드에 썼다.

용 dragon **I. 일반적으로 다음을 의미한다: 1.** 용은 뱀, 파충류(발 두 개 또는 네 개가 달린 뱀)와 구분하기 어렵다: 여기에 볏이 있는 머리, 박쥐 날개, 비늘, 무시무시한 발톱, 비늘이 있는 꼬리를 추가하면(또는 이들 중 일부만 추가해도) 일반적인 용의 모습을 얻게 된다; 용은 '괴물'과 밀접하게 관련되는데 괴물은 공격적이고 위험한 동물들의 거의 모든 결합물이다; 그러므로 괴물은 벌레에서부터 악어, 오거, 거인 등 다양하다; **2.** 용의 기원은 아마도 선사시대의 괴물들에 대한 희미한 기억 또는 거대한 뱀이 존재하는 나라들에서 사람들이 뱀을 과장한 것에서 찾아볼 수 있다; **3.** 어원: 그리스어 '용drakon'은 '데르코마이derkomai'='나는 선명하게 본다'와 관련된다; 히브리어 '탄닌

tannin'=큰 뱀; 현재는 종종 '탄tan'=자칼과 혼동된다.; 용은 일반적으로 늘 경계 태세를 유지하고 비상한 시력을 가지고 있는 것으로 전해진다; **4.** 대부분의 고대 신화에는 혼돈의 용이 등장한다: 예 이집트의 아팝Apap(아포피스Apophis 등), 칼데아의 티아마트; 이들은 인간이 선을 방해하는 주요한 악으로 생각되는 모든 것을 상징하게 되었다: 용이 가뭄이나 서리를 상징하는 경우는 보물(또는 용의 세력 안에 있는 소녀)은 다산(또는 다산의 처녀)이다; (기독교화되어) 용이 악을 상징하는 이야기에서는 순결한 처녀가 구출된다; 용이 무의식 속의 괴물인 경우는 영웅(이성)이 용과 싸워 심리적 균형을 회복한다; **5.** 그리스와 로마의 경우는 무시무시한 히드라, 키메라 등의 옆에서 많은 도움을 주는 '용들dracontes'을 볼 수 있다: 용은 대지의 깊은 내부에 살면서 풍요를 지키고 깊은 신비를 알고 있으며 (인간이 물으면) 신탁의 형태로 기꺼이 이러한 지식을 공유한다; 이들은 심지어 보호의 수호신 게니이 역할도 한다: 예 위대한 여신 보나데아의 성소의 뱀들; **6.** 북유럽 신화에서도 용은 이와 동일한 애매모호한 양면성을 보여 준다; **7.** 기독교는 사악한 용과 이 사악한 용을 숭배하는 이교도를 비난한다; 뱀serpent 참조; **8.** 영국의 경우 초기에 용은 충성심의 표시가 되었고 현재 왕자의 문장heraldry(紋章)에 포함되어 있다; 아래의 문장heraldry(紋章) 참조; **9.** 와이번(중세영어ME '뷔브르wivere'=독사)은 두 다리를 가진 뱀이었고, 이 모습으로 문장에 사용되었다; 앵글로색슨족의 불을 뿜는 '파이어 드레이크fire-drake'는 날아다니는 용이다; **10.** 주기적으로 젊은이를 제물로 요구하는 용은 구약성서에 나오는 몰록의 희생제물(희생제물sacrifice 참조)을 닮았다; **11.** 동물로서 용은 사자, 수퇘지, 황소 아래의 지위이다; **Ⅱ. 상징성: 1.** 자연, 대모여신과 관련된다: A. 다음의 마차를 끈다: a. 신시아–달: i. "밤의 용들"(심벨린Cym. 2, 2; 트로일로스와 크레시다Troil. 5, 8; 한여름 밤의 꿈MND도 참조; 크리스토퍼 말로Christopher Marlowe, "영웅과 레안도로스Hero and Leander" 1, 107–108 참조); ii. "신시아는 평소에 하듯이 온화하게 용들을 익숙한 참나무로 안내한다"(존 밀턴John Milton, "사색가Il Penseroso"); b. 케레스/데메테르(나소 P. 오비디우스Naso P. Ovid, 변신이야기Metam. 5, 642 참조); c. 메두사(나소 P. 오비디우스, 변신이야기 7, 234); B. 요한계시록의 용: 불타는 듯한 붉은색의 용이 '태양의 옷을 입고' 산고를 겪고 있는 여자와 마주하고 여자가 출산하는 것을 집어 삼키려고 기다린다(12장); 용에게는 왕관을 쓴 일곱 개의 머리(세상의 왕들과 가득 찬 탐욕)와 열개의 뿔(큰 힘)이 있다; 나중에 용은 "그 오래된 뱀"이라고 불린다; 용이 사막에 있는 여자에게 닿을 수 없자 용은 "입에서 그 여자를 향해 홍수를 내보내" 여자를 익사시키려고 한다(혼돈의 물); 이 글은 공식적으로 교회와 마귀를 설명하는 것으로 여겨졌다; 그러나 동시에 이것은 에우리노메와 오피온, 퓌토–레토, 마르둑–티아마트, 이시스–오시리스–세트 등의 이야기를 셈족이 변형시킨 다른 형태의 가장 흥미로운 잔재이다; 여자의 태양의 아들은 하늘로 올려지고 그 이후에는 언급되지 않는다; 매우 유대교답지 않은 요소는 여자가 나체라는 점이며 공공장소나 대중 앞에 나체로 있게 하는 것은 간통에 대한 형벌이거나 또는 여자 전쟁 포로들을 (합법적으로) 즐기는 방법이었다; C. 거인과 괴물은 한여름 또는 부활절과 가까운 시기의 풍요 행렬에서 행진했다; 다른 나라의 노예들이 승리한 장군(전쟁의 신은 다산의 신)의 뒤를 따르듯이 지하의 힘(겨울 등의 힘)은 다산에 자리를 내어 주면서 정복되고 행렬이 끝난 후 마지막에 불태워진다; 이 풍습은 드루이드교 성직자들 사이에 이미 존재했고(살아 있는 동물들을 버들가지로 엮어서 만든 기괴한 틀 안에 넣었다) 아직도 유럽의 많은 지역의 카니발 의례에서 이것이 행해지고 있다; 안에 들어가 죽게 되는 동물들은 종종 뱀, 고양이 또는 여우였으며, 이런 동물은 원래 풍요의 마법을 행했던 마녀들과 직접적으로 관련되어 있다; **2.** 지하의 부(富): A. 풍요: a. II번의 1 참조; b. 바쿠스에게 용은 신성한 존재이다(용과 연관되는 다산의 신, 행성인 화성, 전쟁의 상징이기도 하다: VI번의 A 참조); B. 지혜와 예언: 예 피톤뱀; C. (다소) 특별히 구체화되지 않아서 개인적으로 본인의 가치에 따라 해석할 수 있다: a. 요한계시록의 용(II번의 1, B; 또 다른 '해석'은 III번의 2 참조); b. "베오울프Beowulf": 괴물 자체는 뱀과 같이 "활처럼 휘고"=뱀처럼 몸을 비트는 모습이었다; "베오울프"의 또 다른 용 이야기에는 용이 밤에 날아다니며 무덤의 봉분 안에 있는 보물을 지킨다; 보물(다산 등)은 죽은 영웅들의 것이다;

이 "황혼의 적"은 베오울프에게 죽임을 당했고, 베오울프는 보물을 찾은 후 죽었다; c. 예 허먼 멜빌Herman Melville의 "백경Moby Dick"은 용을 현대적으로 각색한 것이다; **3.** 자연(그러면 용을 죽이는 것은 우주생성론이 된다: 혼돈의 정복): A. 용을 정복하는 것=자연의 지하 신들의 힘을 정복하는 것(II번의 1, C), 따라서 풍요가 찾아온다; B. 자기 자신을 먹는 용: 자연에 매혹되고 정복된 자연; C. 생명의 나무 및 지식의 나무와 연관된다(나무Tree도 참조): a. 에덴동산의 뱀; b. 헤스페리데스의 사과 열매를 지키는 관리인; c. (게르만족:) 물푸레나무의 뿌리를 먹고 살면서 이 나무의 성장을 막으려고 하는 니드호그: 자연에서 일어나는 부패; D. 전 세계를 별 왕관(별자리)을 쓴 거대한 용으로 간주한다(세계를 둘러싸고 있는 대양 속의 레비아단과 관련된다); E. 우로보로스Ouroboros 참조; 앞의 내용과 관련된다: 영원히 계속되는 순환적 움직임(시간 및 공간 속에서); F. 용의 변화하는 형태는 달의(지구의) 변화하는 현상들로 이루어진 세계의 불가사의를 나타낸다; G. 용의 피로 목욕한 게르만 전설의 영웅 지크프리트는 자신 안에 있는 본성의 취약함을 극복하여 해칠 수 없는 상태가 되었다(상아색ivory도 참조); 용의 머리를 자른 사람은 새들의 언어를 이해할 수 있다('아는' 것=자연을 '정복하는' 것); **4.** 혼돈, 본능: a. 용을 찬미하면 용을 왕좌에 앉히게 된다; 강력한 생명의 힘인 본능; b. 종종 용의 다중성(예 많은 머리)은 퇴행 또는 (진보를 위한) 퇴화를 나타낸다; c. 정신적 균형의 회복은 I번의 4 참조; **5.** 모든 형태의 적. 예 a. 용은 태고의 적(나중에 악마)으로 영웅에게 최고의 시험은 용과 싸우는 것이다; b. 가뭄, 서리: 여름(열기)에 대해서는 계절seasons 참조; 비를 갖고 있는 존재로서 용은 일반적으로 구름 속에 숨어 있다; c. 특히 어린이를 죽이는 전염병과 질병(종종 매년 반복된다); d. 어둠: 예 아팝 뱀(뱀serpent 참조); e. 폭군: 예 미노타우로스; f. '불결'(히브리-기독교의 큰 적), 순결=(유대교의) 처녀성을 위협한다; 아스모데우스Asmodeus 참조; g. 용의 벌린 입은 종종 지옥의 문이다; h. 기독교: 오류, 이단, 이단교리, 시기심 등: 다음의 중세 참조; **6.** 수호자(주로 풍요의 상징들을 지킴): a. 그리핀의 기능과 유사한 기능을 갖고 있다: 사원, 성소, 보물을 지킨다; b. 황금양털을 지키는 용; c. 헤스페리데스의 사과, 생명나무에 대해서는 11번의 3, c 참조; d. 구원의 길을 막음; **III. 특별한 종교적 의미: 1.** 히브리: 용이 발견되는 장소: a. 황야(=사막); b. "섬의 야생 짐승들"과 함께 용들은 바빌로니아의 폐허가 된 궁전들에서 살 것이다(이사야서Isa. 13, 22); c. 이집트의 "자신이 살고 있는 강 가운데 누운 용"(에스겔서Eze. 29, 3ff); **2.** 기독교: 중세: a. 독수리의 목과 다리=하늘의 잠재력; 뱀의 몸=지하; 박쥐의 날개=지적 고양; 사자의 꼬리=이성에 복종; b. 검은 표범이 배가 고파 일어나 포효할 때 표범의 입김의 기운에 저항할 수 있는 유일한 동물; 표범=그리스도, 용=악마; c. 종말론적인 머리 일곱 개 달린 괴물: 일곱 가지 치명적인 죄: 사람의 머리(자만심), 뱀(시기심), 낙타(화), 달팽이(나태), 하이에나(탐욕), 여성(욕정), 늑대(폭식); d. 힘은 굴뚝에서 용을 잡아당겨 꺼내는 모습으로 표현된다(모루anvil 참조); e. 신중함(적절하게 감추고는 있지만 가슴은 상처받기 쉬운 모습)은 용의 목을 조른다; f. 때로 시기심이 용을 지배한다; g. 종종 무덤에 있는 조각상의 발치에서 용이 발견된다(사자, 사냥개와 함께): "사자와 용이 발밑에서 짓밟으리라"; h. 오류, 이단, 이교주의, 악마의 상징; i. 날개 달린 용: 점성술과 연금술의 상징; **IV. 관련성: 1.** 심리: a. 근친상간에 대한 공포: 아이들을 잡아먹는 용(집어 삼키기Devouring 참조): 끔찍한 어머니Terrible Mother: 모성 원리 또는 무의식의 혼돈; b. 사악함; **2.** 연금술: a. 원질료Prime Matter(혼돈chaos)의 많은 이름 중 하나; b. 더 이상 단순화할 수 없는 자연의 요소; 영화(靈化)될 수 없는 요소(녹색green과 관련됨); c. 싸우고 있는 두 용: 부패: 요소들의 분리(=정신적 해체); d. 세계를 둘러싼 뱀이자 동시에 '돌'의 가장 안쪽에 숨은 존재로서의 메르쿠리우스; **3.** 문장heraldry(紋章); a. 로마: 자주색 용은 군대의 표시가 되었다; 용은 부대를 상징하게 되었다(독수리가 '군단legion'의 표지였듯이); b. 노르만 정복 이전의 영국은 용을 전쟁의 깃발로 사용했다: 유서 펜드래곤Uther Pendragon, 아서왕의 아버지)은 하늘을 나는 용의 환상을 본 후 자신의 왕이 될 것을 예언하는 것으로 해석하여 용을 상징으로 채택했다(몬머스의 제프리Geoffrey of Monmouth 8, 15-17); c. 왕좌를 지키는 또는 통치자의 보물을 지키는 수호자; d. 십자군전쟁 이

ㅇ

후 더 자주 사용되었다. 그러므로 장거리 이동과 전사의 사기를 나타낸다; e. 와이번(역주: 유럽전설에 나오는 괴물로 용의 머리에 날개를 가지고 있고 도마뱀 같은 몸을 갖고 있다)은 I번의 8 및 9 참조; **4.** 별: 용자리: 하늘의 지혜; **V. 참고할 문학서: A.** 윌리엄 블레이크William Blake: a. 용-인간: 성sex, 무한함을 볼 수 있게 한(예 "천국과 지옥의 결혼"); b. 전쟁; **B.** 윌리엄 B. 예이츠William B. Yeats: 용자리: 생명의 수호자, 북극성을 장미로 삼는다; **VI. 다른 것과의 조합: A.** 칼자루를 물고 있는 용: 화성의 상징; **B.** 용의 이빨: a. 카드모스는 아테네의 지시에 따라 용의 이빨을 뿌렸고 그 자리에서 전사들이 생겨나는 것을 보았다. 이 전사들은 즉시 싸우기 시작했고 오직 소수만 살아남았다; 이들은 카드모스의 친구가 되어 테베를 건설하였다(나소 P. 오비디우스, 변신이야기 3, 95ff); b. 행운과 건강을 보장하는 부족; **C.** 용의 피: a. 행운을 보장하는 부적 또는 전쟁에서 지니는 물건; 용의 피에 담근 무기는 치유 불가능한 부상을 입힌다; b. 용의 피로 목욕하는 것은 II번의 3, G 참조; **D.** 용의 침에는 이미 독이 있었다; 종종 용의 꼬리는 전갈처럼 찌르는 용도로 쓰였다; **E.** '드래코나이트Draconites': 용의 머리, 특정 종류의 뱀 또는 물고기에서 꺼내는 돌; 때로 흑요석으로 추정된다; 드래코나이트는 강력한 사랑의 마법이다; 토드스톤toadstones(두꺼비의 몸에서 생긴다고 믿었던 돌) 참조; **F.** 용의 눈: 뱀serpent 참조; **VII.** 참조: 동물animal; 뱀serpent; 용과 공통점이 있는 다른 괴물들, 즉 바실리스크; 키메라; 히드라; 미노타우로스 등.

용광로 furnace **1.** 타는 용광로(불타는 등불과 함께): 주의 현현(창세기Gen. 15, 17); **2.** 철로 된 용광로: 애굽은 속박과 압제의 장소(신명기Deut. 4, 20); **3.** 고난의 용광로(이사야서Isa. 48, 10); **4.** 쓸모없는 찌꺼기로 가득 찬 용광로: 불에 타 버릴 예루살렘(에스겔서Eze. 22, 18); **5.** 기독교: 불타는 용광로의 세 청년은 성령을 상징하며, 내적으로는 동정녀를 깨우치고 수태하게 하는 한편 외적으로는 모든 감각적 욕망이 그녀에게서 멀어지도록 한다; **6.** 심리: 불타는 용광로(참조: 연금술 '증류alembic'): 어머니 상징, 자궁; **7.** 윌리엄 블레이크William Blake: a. 시적 영감을 생성하는 열; b. 시적 창조의 용광로를 만드는 상실 경험: 시적 기법을 개발하는 것; c. 유령이나 천사에게 지옥처럼 보이는 창조적인 능력; **8.** 난로hearth 참조.

용기 vessel (그릇, 컨테이너) **1.** 무엇인가를 담는 여성적 상징: 세계: a. 서로 다른 재료(힘)가 혼합된 모체; b. 우주의 넓은 그릇(헨리 5세의 생애H5 4, 코러스); **2.** 인간: a. 일반적으로 다음을 의미한다: 신이 토기장이와 같이 자신의 뜻을 따라 만든 사람(예 예레미야서Jer. 18); b. 인간의 생식기, 또한 남성: "청년의 그릇은 거룩하니라"(사무엘상서1Sam. 21, 5; 또한 데살로니가전서1Thess. 4, 4); '그릇'은 남근에 대한 로마식의 완곡한 표현이다; c. 여성: "더 약한 그릇"(베드로전서1Peter 3, 7); **3.** 선택: "택한 그릇"(문자 그대로 '택한 도구', 사울/바울: 사도행전Acts 9, 15 참조); **4.** 진노와 관용의 그릇(로마서Romans 9, 22ff.); **5.** 보물: "우리는 이 보물[=하나님의 빛: 사사기Judg. 7, 16 참조]을 토기에 담았다"(고린도후서2Cor. 4, 7): 인간의 몸에 비친 하나님의 빛이나 그릇에 보물을 숨기는 관습에 대한 언급; 문서를 보관하는 토기 항아리(예 예레미야서 32, 14) 참조; **6.** 문장heraldry(紋章): a. 왕실의 술을 맡은 관원장 또는 고기를 자르는 사람에 대한 명예로운 칭호; b. 기록 보관소의 집행관, 재무 또는 관리인; c. 관대함, 순수, 기쁨; **7.** 월식 때 놋그릇을 두들겨 시끄러운 소리로 달을 '구해내기' 위해 사용했다[나소 P. 오비디우스Naso P. Ovid, 변신이야기Metam. 4, 332; 또한 일식(월식)eclipse 참조]; **8.** 대야basin, 가마솥cauldron, 성배chalice와 잔cup, 성배grail, 항아리urn, 꽃병vase, 그 밖에 담을 수 있는 상징들 참조.

용담 gentian (식물) **1.** 일반적으로 다음을 의미한다: a. 약 400종으로 구성된 초본 식물의 큰 속(屬)('겐티아나Gentiana')의 일부(특히 희귀한 노란색 품종)는 예로부터 약용으로 사용되었다; 예방 차원 뿐 아니라 질병의 치료법으로 사용된다: 일반적으로 (몸을) 따뜻하게 한다; b. 이것은 기원전 2세기에 약효를 발견한 일리리아(역주: 발칸반도 서부의 고대국가)의 왕 겐티우스의 이름을 따서 명명되었다; c. 특히 알프스산맥 기슭 근처에서 발견된다(플리니우스Pliny 25, 30); **2.** 가을; **3.** 사랑스러움; **4.** 점성술: 전갈자리를 관장한다; **5.** 데이비드 H. 로렌스David H. Lawrence: 바바리아Bavarian의 용담: a. 슬픈 미카엘 축제Michaelmas와 관련이 있다; b. 플루토Pluto의 지하세계의 어두운 횃불.

용량, 책 volume 1. 얼굴: "파리에서 온 청년의 얼굴을 자세히 들여다보면 마치 거기서 아름다움의 펜으로 쓰여진 기쁨을 보게 될 것이다"(로미오와 줄리엣Rom. 1, 3); 2. 기억: "그리고 당신의 명령만을 홀로 내 머리 속 책에 간직하고 기억할 것이다"(덴마크의 왕자 햄릿Ham. 1, 5).

우둔, 어리석음 stupidity 민담의 주제: 사람을 잡아먹는 거인ogre은 상대적으로 작은 사람(소인)게 속고 죽임을 당하며, 거세를 당하거나 '눈이 멀게' 된다(골리앗Goliath, 폴리페모스Polyphemus); 다음을 설명한다: a. 시간에 관한 신화: 비옥, 따뜻함 또는 빛이 부드럽게 스며드는 어둠, 폭풍우, 겨울, 서리 등; b. (지하세계) 물질을 정복하는 영spirit.

우라노스 Uranus (신) 1. 신들의 통치는 마음의 단계와 관련 있다: a. 우라노스: (태고의 넵투누스와 같은) 무의식의 단계와 관련 있다: a. 인간의 조상에 대한 기억; b. 잠재적 사고; c. 사투르누스는 의식, 시간, 실존적 존재로서의 인간을 나타내며; d. 주피터는 초의식성, 초자연적인 것에 대한 직관 및 천체에 대한 인식을 나타낸다; 2. 거세castration 참조.

우로보로스 Ouroboros 1. 자신의 꼬리를 물고 있는 용(또는 뱀): 몸의 반은 빛이고 반은 어둠이다: 지구를 둘러싸고 있는 바다뱀(원Circle 참조); 2. 만물에 존재하며 만물을 연결하는 우주의 단일성을 의미한다. 하나이자 모든 것(그리스어 '하나이면서 곧 모든 것En to pan'; 카를 융Carl Jung 11, 231); 3. 자가 수정, 자연의 자급자족, 양성성, 다산; 4. 삶=시간의 연속성; 그리고 영원성; 5. 몸, 즉 물질의 용해; 6. 연금술: a. 연금술사가 자신과 동일시하고자 하는 데미우르고스(역주: 물질적 세계를 지배하는 존재)에 의해 조직된, 초기의 혼돈과는 반대되는 조직화된 우주; b. 우로보로스의 둥근 형태는 지구와 폐쇄적 순환의 원리를 나타낸다: 연금술의 비밀; c. 영원: 원circle; d. 메르쿠리우스, 즉 이중성의 신.

우르소나 Urthona 윌리엄 블레이크William Blake: 우르소나는 타락 전의 로스라고 불리는 영spirit이다: 이 세상에서 시(詩)는 우르소나의 표현이다; "대지의 주인"을 나타낸다.

우리 cage 1. 구금; 2. 결혼: 윌리엄 블레이크William Blake: 황금새장Golden Cage 참조; 그리고 5번 참조; 3. 잔인함: "새장 속 한 마리의 울새는 온 천국을 분노케 하고"(윌리엄 블레이크William Blake, "순수의 전조 Aug. of Inn"); 4. 단순한 신체 구속: "돌로 된 벽이 감옥을 만드는 것이 아니고 쇠창살이 우리cage를 만드는 것도 아니다" "나의 영혼은 자유롭다"(리처드 러브레이스Richard Lovelace, "감옥에서 알디아에게To Althea from Prison"); 5. 인간의 모순(결혼에 관한): "이것은 새장과 마찬가지에요. 밖에 있는 새들은 안에 들어가고 싶어 절망하고 안에 있는 새들은 나가고 싶어서 절망하죠": 미셸 드 몽테뉴Michel E. de Montaigne, "수상록Essais" 3, 5); 웹스터Webster 사전에서 인용됨: 새장 bird-cage 참조; 6. 윌리엄 블레이크: 황금새장: a. 결혼생활('비단 그물'과 같음); 포이보스Phoebus("나는 얼마나 달콤하게 방랑하였던가"); 7. 딜런 토머스 Dylan Thomas: ("죽은 자들 가운데서") 심장을 지켜 주는 신체+갈비뼈; 8. 또한 새장bird-cage 참조.

우리엘 Uriel 1. 미가엘, 가브리엘 라파엘 옆에 있는 수석 천사들 중 한 명(구약성서 외경Pseud. p. 564); 2. 우리엘이라는 이름은 "하나님의 불"을 의미하며, 이 땅의 통치자 중 한 명으로서 남쪽을 다스렸다: a. "한 천사가 태양 안에 서서"(요한계시록Rev. 19, 17); b. "자오선의 힘으로"(존 밀턴John Milton, 실낙원 Par. L. 3, 621ff. 카발라교; 구약성서 외경, 2 에스드라서 Esdras.; 에녹전서1Enoch. 20, 2 및 21, 33장); 3. 우리엘은 "하늘에 있는 모든 것 중에서 가장 예리하게 볼 수 있는 영"이지만, 실낙원Par. L.에서 변장한 사탄에게 속고 말았다(요한계시록 같은 책; 존 밀턴, 같은 책).

우리젠 Urizen 1. 윌리엄 블레이크William Blake: "당신의 이성"=로스의 적; 2. 우주를 다스리는 것이

우리젠의 야망이다; 그러므로 그는 거룩한 영이 거주하는 북쪽을 끊임없이 침공하여 폭정과 거짓 종교로 모든 것을 황폐하게 하고 보이지 않는 세계를 가시적 세계로 석화시켜 버린다; **3.** 우리젠은 창조에 책임이 있으며 따라서 여호와와 사탄은 동일한 것: 사탄은 이 세상에서 거짓 숭배되는 신.

우림과 둠밈 Urim and Thummim (신탁의 보석) **1.** 이 돌들의 작용에 대해서는 신탁oracle 참조; **2.** 우림은 '빛'을 뜻하고, 둠밈은 '진리'를 의미한다(존 밀턴John Milton–캐리Carey); **3.** 연금술: 달의 돌 둠밈은 비금속을 은으로, 태양의 우림(빛)을 황금으로 변형시킬 수 있다.

우물 well **1.** 순례자로서의 인간과 관련된 세례, 정화, 재탄생: 구원의 샘(이사야서Isa. 12, 3); **2.** 진실: a. 우물을 들여다보는 것은 명상을 의미한다. 따라서 또한 영혼; b. 심연의 무수한 지혜; **3.** 위대한 여신의 속성: a. 예언적: 신탁의 우물; b. 다산, 풍요: 데메테르와 연결되며 성모 마리아의 상징; 나무와 함께 우물은 신성한 결혼(여자 성기와 남근)을 상징한다: 신성한 물을 그늘지게 하는 생명의 나무; c. 재산: 소원의 우물; d. 정화를 통한 치유; **4.** 시간: (게르만) 시간의 우물은 물푸레나무, 즉 이그드라실 나무를 적신다; **5.** 히브리: 겨울에는 사용하기에 적합하지 않은데 그 이유는 입다가 한겨울에 희생제물로 바친 그의 딸의 피가 우물에 섞여 있기 때문이다('그가 처음 본 것'=첫째 자식); **6.** 페데리코 G. 로르카Federico G. Lorca: a. '우물구멍': 소녀를 남근 물고기와 연결시킨다: 죽음; b. '샘': 출구 없는 열정, 정체, 죽음; **7.** 분수fountain; 물water 참조.

우박 hail **1.** 적의 공격, 파괴: a. 이집트에서의 모세의 일곱 번째 재앙: 그러나 이 성서의 내용은 팔레스타인 폭풍이고 이집트에서는 이런 폭풍이 발생하지 않는다; b. 우박은 이스라엘 사람들이 가나안 사람들을 물리치도록 도왔다. 따라서 끔찍한 심판; 참조: 우박이 "거짓의 피난처를 소탕하여"(이사야서Isa. 28, 17에서 요한계시록Rev. 구절까지 여러 곳에서 언급됨); **2.** 빠른 속도: "꼬리에 꼬리를 물고 빗발치듯 굵은 우박이 내리고"(맥베스Mac. 1, 3); **3.** 어떤 악천후든 "당신은 내 안에서 햇살과 우박을 동시에 볼 것이다"(끝이 좋으면 다 좋아All's W. 5, 3); **4.** 우박: 덧없음(예 윈저의 즐거운 아낙네들MWW 1, 3:) "악당들, 꺼져라, 물러가라! 우박처럼 사라져 버려라, 가라!"; **5.** "우박은 꼬리에 서리를 달고 온다"(속담).

우산 umbrella **1.** 하늘의 돔; **2.** 수직: 우주목, 남근 아버지와 관련 있다; **3.** 태양 상징; 파라솔parasol과 양산sunshade 참조; **4.** 신성한 왕권, 보호; **5.** 애도; **6.** 민속: 우산이 필요하지 않을 때 우산을 펴는 것은 불운을 가져온다.

우슬초 hyssop (식물) **1.** 구약성서: a. 구약성서에서 이 식물은 명확하게 정의되지 않았지만 벽과 지붕에서 자라며 잎은 머리카락처럼 가늘어 이것을 가지고 물을 뿌리기에 적합하다; b. 출애굽기의 유월절을 위해 처방되었다: 삼나무cedar 참조; c. 희생제물로 사용되었다: i. 붉은 암소(새끼 밴 적이 없는 어린 암소)의 희생(민수기Num. 19, 16); ii. 비둘기 제물(레위기Lev. 14, 4); iii. 시편Ps.(51, 7) 참조; **2.** 겨울: 삼나무와는 대조를 이룬다. 겨우살이–참나무 관계와 같은 관계를 갖고 있는 것처럼 보이며 두 가지 모두 겨울을 상징한다(로버트 그레이브스Robert Graves, 하얀 여신WG 339); **3.** 겸손, 빈약(삼나무와 대조됨): "담에서 자라는" 가장 작은 나무(열왕기상서1Kings 4, 33); **4.** 회개; **5.** 품위; **6.** 기독교: 세례와 회개를 상징한다; **7.** 점성술: 백리향과 관련된다: 하나는 건조하고 다른 하나는 촉촉하다(베니스의 무어인 오셀로Oth. 1, 3 참조).

우유, 젖 milk **1.** 가장 기초적인(그리고 천상의) 영양소, 생명의 요약: a. 선한 목자 그리스도는 종종 우유 통을 가지고 다닌다; b. 생명 나무가 그늘을 드리우고 있는 천상의 은하수는 모든 생명의 근원이다; **2.** 재생; **3.** 정액; **4.** 풍요, 다산: 여성의 젖에서 나오는 것의 상징성; "속을 편안하게 하는 우유!"(존 포드John Ford, 실연Broken Heart 1, 2); 여성의 젖은 염소젖 다음으로 영양분이 가장 많다; **5.** 지혜: 상징성 측면에서도; **6.** 화합의 젖(맥베스Mac. 4, 3); **7.** 인간의 친절과 인간의 감정의 젖(맥베스 1, 5); **8.** 진실, 순백: "프리아모스 목사의 우윳빛 머리"(덴마크의 왕자 햄릿Ham. 2, 2); **9.** 제물로 바쳐짐: a. 구약성서: 새끼는 어미의 젖에 끓일 수 없다(염소goat 참조): 젖과 고기는 가나안의 다산숭배의 일부였기 때문에 여전히 유대인들은 이 둘을 분리한다; b. 그리스: 우유는 물, 꿀 및 기름과 함께 네 가지 헌주 중 하나이다; c. 로마: 따뜻한 젖과 죽은 사람의 피는 장례제물이었다(베르길리우스Virgil, 아이네이스Aeneid 3, 64f); **10.** 젖과 꿀: a. 천국의 음식; b. 풍요: 가나안은 젖과 꿀의 땅으로 약속되었다(출애굽기Ex. 3, 8); c. 관능적 쾌락: 젖과 꿀은 사랑하는 자의 혀 밑에서 흐른다(아가서SoS 4, 11); d. 갓난아기들에게 주는 것; 변화를 위해 '말씀의 젖'을 먹여야 한다: 아마도 입문식의 유물로, 입문자들에게 젖과 꿀이 주어졌을 것이다(베드로전서1 Peter 2, 2); **11.** 딜런 토마스Dylan Thomas: "홍분의 젖horny milk"("내 세계는 피라미드이다My world is pyramid"): a. 성적 자극으로 분비되는 여성 분비물; b. 이집트의 소의 여신 하토르와 관련된다; c. 풍요의 젖; **12.** 민속: 여성의 젖은 그 자체로 매우 약효가 있으며(특히 안구 질환과 독극물 치료에) 수많은 혼합물에 사용되었다.

우유통 milk-pail 라틴어의 '물크트룸mulctrum'에 해당하는 이것은 영적 자양분을 공급하는 '선한 목자'로서 그리스도의 속성이다(해럴드 베일리Harold Bayley 1, 100).

우주생성론 cosmogony 전투combat; 희생 제물sacrifice; 초목vegetation; 전쟁war 참조.

운, 라임이 맞는 rhyming 마법과 관련된다: **1.** "한여름 밤의 꿈MND"에 나오는 요정들이나 "맥베스Mac."의 마녀들처럼 이를 주문에 사용했던 '초인preterhuman'의 언어이다(뜻대로하세요AYL 서론 23); **2.** 이는 단어들의 '결속력'의 수준을 높여서 단어가 가진 마법의 힘을 강화시킨다. 운율이 맞는 단어들은 더 큰 응집력을 주는 집게 역할을 한다. 그렇지 않았으면 우리가 의심조차 하지 않았을 유사성을 시사하기도 한다(예 '쥐와 인간'); **3.** 아일랜드: a. "나는 당신이 아일랜드에서 (말이나 글씨를 이용한 시적 주술이 쥐를 죽게 한 방법이라는) 믿음과 라임을 맞추는 운명이 아니기를 빕니다"(토머스 캠피언Thomas Campion p. 294, 필립 시드니 경Sir Philip Sidney, "시의 옹호Defense of Poetry"에서 인용; 말이나 글로 된 부적에 의해서 쥐가 죽임을 당했다); b. 존 스켈턴John Skelton은 운율이 가진 위험한 마법의 힘에 대해 알고 있다고 주장하면서 1414년에 썼던 풍자문에 라임을 맞춰 죽음을 당했던 아일랜드의 주지사에 대해 언급했다(콜린 클라우트Colin Cloud 5f. 참조); **4.** 운율에 맞춘 속어: 수치심, 비밀 유지 등을 은폐하기 위하여 대용한다.

운동선수 athlete **1.** 영혼은 삶의 경주를 하는 운동선수이다(플루타르코스Plutarch, 윤리론집M 561, 593Dff; 참조: 플라톤Plato, 공화정Rep. 621Cf 및 대화편Phaedr. 256B); **2.** 진정한 운동선수는 다음과 같은 사람이다: 이 세상이라는 위대한 검투장에서 모든 열정을 불사른 사람(알렉산드리아의 클레멘스Clement of Alexandria, 스트로마타Strom. 7, 3).

운명 fate **1.** 그리스: 심지어 올림포스 신들(예 제우스)도 운명, 숙명, 필연의 대상이 되는데 이것은 처음에 '모이라(분할allotant)'라고 불렸고 그 후에 의인화되었다. 그리고 의인화된 이후에 처음으로 여성으로 분할되어 세 명의 모이라이가 되었다(다산의 여신들은 세 명의 카리테스Graces로 나누어졌다; 참조: 호메로스Homer, 일리아드Il. 20, 127ff.; 참조: 헤시오도스Hesiodus, 신통기Th. 218 및 904 참조); 이 사상은 질서(테미스Themis, 정책measure)와 관련된 그리스 사상(과학의 자연법칙이 유래한 근원 중의 하나)의 주축이 되었다; 필연의 법칙을 넘어서는 것은 '오만'이며 이는 불가피하게 처벌(균형의 회복)을 가져온다; **2.** 로마: a. 파르카에는 잘 알려져 있지 않지만 모이라이와 동일시되었다; b. 파타Fata는 파툼Fatum (구어체)의 복수형이고, 프랑스어로는 '요정Fée=fairy'이 되었다(특히 출생 시의 대모 요정fairy 참조); c. 스토아철학과 운명예정론의 기초; **3.** 게르만: 노른 신; **4.** 점성술과 직접적으로 관련된다: 필요하다면 점성술로 미래를 예측할 수 있다; **5.** 위대한 여신Great Goddess 참조.

운명의 수레바퀴 카드 The Wheel (of Fortune) (타로카드) **1.** 다른 이름: 느부갓네살; **2.** 다음과 같이 묘사된다: a. 바다에 떠 있는 두 개의 기둥에 의해 지지되는 손

ㅇ

으로 돌리는 수레바퀴(아마도 모든 가능성이 생겨나기 시작하는 혼돈) 위에 스핑크스(신비한)가 있다; 한쪽은 개 또는 개코원숭이와 같은 형상, 다른 한쪽은 괴물: 두 형상 모두 옷을 일부부만 입고 있다; 원숭이처럼 생긴 스핑크스는 칼을 가지고 있다; 수레바퀴가 시계 반대방향으로 회전한다; b. 높은 황무지 위에 빨간 망토와 황금 왕관을 쓰고 칼을 뽑아 든 원숭이 같은 형상이 앙상한 나뭇가지 위에 앉아 있다; 그 사이에 바퀴살 없는 바퀴가 공중에 걸려 있고 바퀴 한쪽에는 쥐가 올라가고 있으며 다른 한쪽에는 옷을 걸친 인간 형상이 내려가고 있다(시계 반대방향); 때로는 네 가지 형상이 구석을 채운다; **3.** 이것은 이중성, 극polarity, 숫자 11과 관련이 있다; **4.** 다음을 의미한다: a. 돌이킬 수 없는 운명, 신의 뜻; 수레바퀴는 영원히 변하지 않는 실재의 나침반 안에서 움직인다; b. 전진, 성공; 진화; c. 균형(권력, 자연의 균형 등), 부권의 홀; d. 발현, 다산; 점성술: 태양 그리고 처녀자리/염소자리; **5.** 토머스 S. 엘리엇Thomas S. Eliot("황무지The Waste Land"): 운명의 흥망성쇠와 죽은 자들의 영혼에 대한 오시리스의 심판.

울기 weeping **1.** 풍요 의식: 울기는 종종 옥수수 파종과 함께 이루어진다(매장할 때처럼): 풍요의 신의 죽음과 그가 봄에 돌아오는 것 둘 다에 대해 통곡한다; 또한 눈물tear 참조; b. 도움을 주는 마법(교감마법): 나중에 땅에 비를 내리게 함(아마도 예레미야서Jer. 3, 21에서는 이것을 가리키는 것 같다: '산 위'에서 운다는 것은 '작은 산들과 큰 산들'이라는 표현에 딱 들어맞는다(3, 23). 일부는 '사막 길에서'로 번역하지만); **2.** 예 a. 구약성서: 탐무즈, 아도니스, 하다드림몬(하닷은 풍요의 신이 되었을 수도 있는 바빌로니아의 천둥신인 림몬의 다른 이름이다: 석류pomegranate 참조: 스가랴서Zech. 12, 11에서 하다림몬은 통곡한다; b. 그리스의 히아신스 축제는 며칠 동안 우는 것으로 시작된다. 마지막 날은 기뻐한다(3일에서 11일 동안 지속됨); **3.** 통곡하는 철학자: 에베소의 헤라클레이토스는 인간의 어리석음을 보고 통곡했다; **4.** 통곡하는 사도: 축제 때 비가 오면 우기가 이어진다; 특히 영국에서는 성 스위딘 축제 때St. Swithin; **5.** 슬픔grief; 눈물tear; 통곡wailing 등 참조.

울타리 fence 꿈에서: 울타리는 인간이 만든 억제; 특히 야생동물 즉 열정이 울타리에 갇혔을 때는 자기 통제를 나타낸다(톰 체트윈드Tom Chetwynd 참조).

울타리 hedge **1.** 사생활: "사이에 울타리가 있어야 우정이 생기 있게 유지된다"(속담); **2.** 비밀; 특히 비밀, 또는 부정한 사랑을 나누는 장소: 그녀는 "모든 울타리 옆에 앉아 모든 화살에 화살통을 열어 줄 것이다"(벤 시라크 경Jes. Ben Sir. 26, 15).

울화, 비장 (脾臟) spleen **1.** 감정의 자리: a. 성적인 열정: "내 성마른 아들들이 이 창녀를 능욕하게 하소서"(타이투스 안드로니카스Tit. Andr. 2, 3); b. 환희: "웃음보가 터져서 창자를 꿰매고 싶으시거든 따라오세요"(십이야Tw. N. 3, 2; 또한 사랑의 헛수고LLL 3, 1 등); 웃음을 조절하지 못하는 것은 비장이 커졌기 때문일 수 있다(플리니우스Pliny 11, 80); c: 분노: "완전히 화가 치밀어서 제정신이 아니구나"(베니스의 무어인 오셀로Oth. 4, 1); d. 악의(리처드 3세의 비극R3 2, 4); e. 성급함, 불같은 성질: "번개… 분노한 번개가 하늘과 땅에서 펼쳐지는구나"(한여름 밤의 꿈MND 1, 1); f. 변덕, 어리석음(헨리 4세 1부1H4 2, 3 등); **2.** (이후에) 현대세계에서 불편함을 느껴서 생기는 전형적인 낭만적 우울감(예 샤를 보들레르Charles Baudelaire, "파리의 우울Spleen de Paris"); **3.** 특히 파리들flies과 관련이 있다: "가장 낮은 나무마저 꼭대기가 있고 개미핥기도 담즙이 있으며 파리들도 비장이 있으니 작은 불꽃이 그들을 뜨겁게 만든다"(에드워드 다이어 경Sir Edward Dyer, 라틴어 속담에서).

웃음 laughter **1.** 고대부터 그리스 도시에서 아프로디테는 항상 '웃음을 사랑하는' 것으로 묘사되었다; **2.** 기쁨; **3.** 승리 또는 도전; 종종 경멸 및 속임수와 결합된다(침묵하는 영웅의 반대); **4.** 미스터리: 예 이삭은 '웃음'(히브리어 '이샤크ishaq')을 의미한다: 여호와께서 사라에게 아들의 태어날 것을 알리자 "아브라함이 엎드려 웃더라"(창세기Gen. 17, 17; 18, 12f; 21, 6)); **5.** 광기 또는 어리석음: "항상 (의미 없이) 앵무새처럼 엿보고 비웃는 사람들"(베니스의 상인Mer. V. 1, 1; 참조: 배우들이 연기할 햄릿의 대본 3, 2); **6.** 하이에나와 관련된다; **7.** 민속: 일반적으로 불길한 웃음(신들의 도전): a. 아침 식사 전의 웃음은: 밤이 되기 전의 눈물; b. 과도한 웃음은 항상 나쁜 징조지만 일반적으로 매우 진지한 사람에게 특히 그렇다.

원 circle **1.** **영원**, 천국, 완벽: a. 원과 정사각형의 영원한 문제: 정사각형=다원적 상태; 원=궁극의 단일성, 그리고 그 사이에 팔각이 존재한다; 정사각형square 참조; b. 다중성 후에 단일성으로 돌아감: 숫자 10; c. 하늘의 해와 달과 같은 구체는 완전한 것이기 때문에 원형의 움직임을 나타낸다고 생각되었다; **2.** **우주**, 무한함: 구(球)=모든 것과 연관된다; **3.** **존재의 순환**: a. 일(日): 태양의 수레바퀴(특히 불의 수레바퀴); b. 계절; c. 별자리; d. 필연의 원: 운명: 출생, 성장, 노쇠, 죽음: "수레바퀴는 완전히 한 바퀴 돌았다"(리어왕Lr. 5, 3); **4.** **여성 원리**; 물; **5.** **왕의 권력**: 예 바빌로니아, 특히 날개를 가지고 있을 때: 생명나무 위를 덮고 있는 신; **6.** **원주**(원의 둘레): a. 현상의 세계; b. 정확하고 규칙적인 것; c. 모든 물질의 내적 단일성과 조화; d. (그리스 문화에서 본질적인) 균형, 완벽하고 영원한 움직임; e. 원 안에 싸여 있는 사물들: i. 안으로부터 원에 싸일 경우: 윤곽, 경계; ii. 없음으로부터: 무정형, 혼돈에 대한 방어; f. 원의 둘레를 돌 듯 둥글게 움직이는 운직임: (예 용, 물고기 또는 자신의 꼬리를 무는 뱀): i. 흠 잡을 데 없는 활동성; ii. 모든 순환적 존재; iii. 원무: 중심의 물체 둘레를 도는 것(원circle 안의 점point 참조): 시계 방향 또는 그 반대 방향으로withershins의 움직임; 퇴화involution 참조; 만卍자(字) 참조; **7.** **관련성**: a. 색깔: 파란색: 고요한 완전성; b. 신: 메르쿠리우스, 아수르; **8.** **딜런 토머스**Dylan Thomas: "불타는 원": '형성의 시간shaping-time'=창조; 아담과 이브가 쫓겨난("오늘날 이 보잘 것 없는 벌레t") 후의 원형의 윤곽이 생겨났다; **9.** **조합**: A. 아홉 개 발을 가진 원: 그 안은 마법사가 영과 접촉하는 영역이며 마법사는 주문을 깨뜨려야 여기서 나갈 수 있다; B. '황금원': 왕관(존왕의 삶과 죽음K. John 5, 1; 안토니와 클레오파트라Ant. 3, 10); C. 두 개의 동심원: a. 키클롭스의 눈들과 연관되고 키클롭스를 통해 대장장이와 연결된다; b. 양성성, 자웅동체; D. 두 개의 원: 두 부분이 이어지도록 분투하는 이중성: 하늘과 땅의 결혼, 사랑과 지식의 결합 등; E. 세 개의 원: 삼위일체, 사랑, 지혜; F. 다섯 개의 원: a. 다섯 개의 행성; b. 중심+동서남북 네 방향; 숫자 5Five 참조; G. 원 안의 점: a. 신비로운 중심; 피타고라스: 우주; b. 양성성, 자웅동체; H. 두 부분으로 나눠진 원: 이중의 기능; I. 원+십자: a. 공Ball 및 십자cross 참조; b. 십자(+) 모양의 산: 신비로운 중심으로서의 교회; c. 가부장적 십자가가 가운데에 벨트처럼 둘려지고 꼭대기에도 얹혀 있는 원: i. 지구, 적도 및 극; ii. 별자리의 순환주기; **10.** 건축학; 볼ball; 원반disc; 뿔horn; 알파벳 오O; 구체sphere; 수레바퀴wheel; 황도대Zodiac도 참조.

원반 disc **1.** 태양: 날아가는 원반은 태양의 궤도를 상징한다. 원반이 떨어지는 것은 영웅의 죽음을 의미한다; 원반으로 인한 태양-영웅의 '우발적' 살인의 예는 많이 있다: a. 아폴로가 히아킨토스를 죽인 것; b. 페르세우스가 자신의 할아버지를 죽인 것; c. 텔라몬이 자신의 형제인 포코스를 죽인 것 등; **2.** 날개 달린 원반: a. 종종 날개 달린 뱀의 상징; 이집트(그리고 바빌로니아)에서는 종종 보호의 상징인 독수리 날개로 표현된다(어머니 상징은 독수리vulture 참조); b. 승화된 물질: 종종 두 마리의 뱀이 얽혀 있는 날개 달린 지팡이 카두세우스와 관련이 있다; c. 날아가는 속도의 상징(현대적 적용); **3.** 윌리엄 블레이크William Blake: 우리젠의 원반Disc of Urizen: 열정과 욕망에 대한 우리젠의 방패.

원뿔, 원뿔형 물체 cone **1.** 태양, 태양의 불, 신의 도끼와 관련된다; **2.** 세계 축으로서의 남근; **3.** 풍요의 여신들의 속성: 이슈타르, 바알브올, 프리아포스 등; **4.** 원과 삼각형(피라미드=정신적 합일)과 관련된다; **5.** 헤르메스의 주상(柱像); 소나무pine 참조.

원소, 요소 elements **A. 일반적으로 다음을 의미한다**: **1.** 원소들은 언제나 특정 생물과 연결되었다; **2.** 원소들은 언제나 높이 상징성을 갖고 있다: "나는 히스테리 상태가 되고 있다. 슬프지만 침착하자. 너의 원소들은 아래에 속해 있다"(리어왕Lr. 2, 4); **3.** 원소들의 특정 혼합은 사람의 성격을 이룬다(B의 상응 부분에서 언급하는 '유형들' 외에): "그의 삶은 온화했고 원소들은 그의 안에서 너무나 잘 혼합되어 있어서 자연은 아마 일어나서 온 세상에 이렇게 말했을 것이다 '이것이 인간이었다!'"(율리우스 카이사르Caes. 5, 5); **4.** 세 가지 물질 상태로 나뉘는 원소들과 여기에 생명을 가져오는 작용제인 불(3+1); 따라서 4는 안정성이다; 그래서 원소들은 나침반의 네 개 지점과 관련되었다; **5.** 때로 다섯 번째 원소가 구분된다. 이 원소는 '정수' '에테르' '사물의 영혼' '영(靈)' '기원' '데미우르고스의 힘' 등으로 다양하게 불린다; **6.** (원소는) 원circle(=물water 물질)을 넘어선 영spirit(삼각triangle). 이 물은 여성이기 때문에 영은 남자의 심리적 측면, 즉 개인의 삶과 영원성의 원(circle)을 합친 것이다; **7.** 히브리어로 네 원소의 첫 번째 글자는 INRI로, 유대인의 왕 나사렛 사람 예수를 의미하며 죄인의 표식으로 그리스도의 십자가에 쓰여 있던 글이다; **8.** 사람이 죽으면 존재의 공기와 불은 가져가고 보다 기본적인 원소들은 남는다(안토니우스와 클레오파트라Ant. 5, 2); **9.** 아낙시메네스Anaximenes는 근본적인 물질이 공기=영혼이라고 주장했다; 불=희박한 공기; 물=응축된 공기; 흙(그리고 돌)은 더욱 응축된 공기; **10.** 딜런 토머스Dylan Thomas: "최후의 원소"는 죽음이다; **B. 다음에 상응한다:** I. 원소와 인간의 특성: 표 I 참조; II. 각 원소에 해당하는 동물, 돌, 신화 속 존재 등은 표 II 참조; III. 원소들과 색상: 1. 공기: a. 고대세계: 노란색; b. 레오나르도 다빈치 이후: 파란색; 2. 불: (언제나) 빨간색; 3. 물: a. 고대세계: 자주색; b. 나중에 녹색(예 셰익스피어); c. 최근에 와서야 파란색; d. 허먼 멜빌Herman Melville: 바다와 연관된 모든 것은 흰색; 4. 흙: a. 히브리: 흰색; b. 고전시대: 파란색; c. 레오나르도 다빈치Leonardo da Vinci: 노란색; d. 허먼 멜빌: 검은색; e. 동물animals, 나침반compass, 4four(예 4두 2륜 전차quadriga 참조), 계절seasons 참조.

표 1. 원소와 인간의 특성

원소	기질(중세시대)	신비로운 성격	셰익스피어(소네트Sonn.)	블레이크Blake	예이츠Yeats	일반적으로 다음을 의미함
에테르(공기, 바람) aether)	다혈질(피, 붉은색)	몽상가, 자유를 사랑하는 사람, 심오한	생각	수치심과 공포심(의심=구름, 별=이성)	허파, 논리적 사고, 22단계 전: 르네상스~19세기	자유와 움직임(남성적·창조적)
불	담즙질(담즙, 노란색)	정서적, 저항할 수 없는, 변덕스러운, 마음을 끄는	욕구(배설, 제거)	맹목적	영혼: 1단계 전, 우리의 증오로 우리의 문명을 제거함	욕구와 사랑(남성적·창조적)
물	점액질(물, 흰색)	온정적인, 치유자, 친절하게 이해하는	사랑의 눈물	의심, 어리석음, 질투심, 물질주의	피와 섹스, 열정, 15단계 전: 무장한, 성적인 시대, 기사도	부드러움과 휴식(여성적·수용적)
흙	우울질(담즙, 검은색)	아기와 식물을 사랑하는 사람, 소유욕이 강한, 실용적인	몸의 두 가지 물질	우울감, 8번째 단계 전: 달: 자연이 문명을 지배함	창자, 본능, 장애물	부(富)(여성적·수용적)

표 II. 원소와 동물, 돌, 신화 속 존재 등

요소	신화 속 존재	히브리Hebrew	중세시대 동물	중세시대 이후의 동물	계절	풍배도wind-rose	형태
공기	요정sylph, 거인	독수리, 무지개	원숭이	독수리	봄	남쪽	바로 선 타원
불	살라만더salamander	인간, 천사, 유성meteor	사자	살라만더, 불을 내뿜는 괴물	여름, 초가을	동쪽	삼각형 또는 피라미드
물	인어, 운디네undine	물고기, 용, 진주	양	백조(또는 다른 물새), 돌고래	겨울	서쪽	원 또는 구체
흙	난쟁이, 땅속요정gnome	황소, 사자, 루비	돼지	사자, 코끼리	늦가을	북쪽	정육면체, 사각형

원숭이 monkey 1. 모방: 희극의 속성(이솝Aesop, "우화Fables" 49 참조); 또한 예술의 속성(모방); **2.** 춤: 이솝에 따르면 동물들 중 최고의 춤꾼; **3.** 일반적으로 악의성, 좀도둑질 또는 소심함: 인간의 저급한 힘; **4.** 낙관적 기질: 15세기의 "시간의 책Libre des Heures"에서 인간의 낙관적인 기질은 원숭이(=원소 공기)의 속성을 가지고 있으며; 다른 기질을 나타내는 것 중에는 송골매(또한 원소 공기)가 있다; **5.** 음탕함: "그들은 원숭이처럼 몸이 달아올랐는가(호색적인)"(베니스의 무어인 오셀로Oth. 3, 3); 또한 욕망의 상징인 "염소와 원숭이"(베니스의 무어인 오셀로 4, 1) (윌리엄 랭글랜드William Langland, 플로우먼에 관한 비전PP 3권 참조); **6.** 아첨, 위선: 경멸의 속성; **7.** 참견하는 사람: "참견하는 원숭이 또는 바쁜 유인원"(한여름 밤의 꿈MND 2, 1); **8.** 변덕스러운 행동: 속성; **9.** 탐욕: 중세시대 덕행과 악습의 싸움(모두 여성으로 의인화됨)에서 탐욕은 원숭이에게 등을 지고 앉아 있다; **10.** 우울:

"병든 원숭이처럼 우울하다"(상투적 관용구); **11.** 자존심: 이솝 우화 중 한 편에서 원숭이는 여우에게 속아 넘어갈 정도로 터무니없는 자부심을 가지고 있다; **12.** 우상숭배의 상징; **13.** 잘못된 사랑: 원숭이가 쌍둥이를 낳으면 한 마리는 사랑으로 질식시켜 죽이지만, 다른 한 마리는 방임하기 때문에 건강하게 자란다(이솝Aesop); **14.** 고대: a. 이집트: 매우 귀하게 여겨졌다; 이집트에서 피테쿠사섬(그리스 '아페섬'을 뜻함)으로 건너갔다; b. 로마: 집을 나설 때 만나는 불길한 징조; **15.** 윌리엄 블레이크William Blake(특히 개코원숭이): 그의 천국에서 그는 기성 종교처럼 원숭이들이 서로를 집어삼키는 것을 본다("천국과 지옥의 결혼"); **16.** 유인원ape 개코원숭이baboon 참조.

원질료 prime matter **1.** 창조의 첫 번째 요소; **2.** 연금술사가 위대한 작업을 시작하게 하는 원료; 원질료 Prima Materia에는 수많은 이름이 있다; **3.** 심리: 무의식과 연결된다.

원탁 Round Table **1.** 일반적으로 다음을 의미한다: a. 원탁에 관련된 이야기는 원래 아서왕 이야기와는 무관했다. 많은 영국 이야기에 원탁이 존재한다; b. 서로 정복하기 위한 끊임없는 학살을 종식시키기 위해 평등을 상징하는 원탁이 만들어졌다(4주 만에). 이 테이블에는 1,600명이 앉을 수 있었지만 아서왕이 가지고 다닐 수 있었다. 나중에는 25명(태양왕의 자리와 녹색과 흰색 기사의 24개의 자리가 교차해 있었다)이 앉았다; 한참 후에 12명(가장 심리적으로 효과적인 단위)이 앉을 수 있었다; c. 성배와 밀접한 관련이 있다. 또 원탁을 가지고 있었던 아리마대의 요셉Joseph of Arimathea을 통해서도 관련된다; **2.** 태양의 상징: 둥글다는 것 외에도 연관된 숫자들도 다음과 같은 것을 가리킨다: 4(한 달의 4주, 일 년의 4계절), 그리고 24 또는 12는 별자리를 가리킨다; **3.** 성배와 함께 신비의 중심으로서의 지구; 중심centre, 배꼽navel 참조; **4.** 테이블의 좌석 중 하나는 '위험한 자리Siege Perilous'였는데, 성배를 찾아낼 운명을 가진 절대적으로 순수한 기사를 위한 자리였다: 새로운 성장을 가져오는 순수한 봄; **5.** 회전하는 성Revolving Castle과 함께 회전하는 우주; 북쪽왕관자리corona borealis 참조.

원형 archetype **1.** 영웅: 구원자, 구세주, 메시아, 거인 킬러 잭, 성 조지, 베오울프; **2.** 나쁜 어머니: 복수의 여신, 잔인한 계모(빨간 망토), 오르지, 마녀; **3.** 희생: 새로운 것을 위해 옛 것을 벗어 버리고 더 큰 선을 위한 선의 희생; **4.** 아니마anima(아니무스animus): 남성의 억압된 여성적 부분(그리고 여성의 억압된 남성적 부분)은 남자의 꿈에서 여자로(또는 여자의 꿈에서 남자로) 나타난다. 트로이의 헬렌, 비너스, 교회의 어머니, 헨리 R. 해가드Henry R. Haggard의 '그녀She', 파우스트Faust의 그레첸(타락한 여성), 성모 마리아(원죄 없는 여성), '이상적인 여성' '꿈의 소녀', 시인으로 의인화된 '영원한 여성'; **5.** 노현자 원형의 상징: 그루, 교사, 현자, 라마, 교황.

원형 경기장, 아레나 arena 클레멘스 알렉산더Clemens Alexander는 거룩한 말씀이 심판관이라는 것 그리고 청중과 논쟁 할 것을 생각하니 벌거벗은 채 경기를 시작하는 것 같은 느낌이 들었다; 이미지는 "성령의 검" "구원의 투구"와 같은 문구의 무술적 상징성에 맞는다(알렉산드리아의 클레멘스Clement of Alexandria, 그리스도인을 설득함Pro. 10, 77; 또한 검투사gladiator 참조).

월 month **1.** 원래 음력 주기의 시간(달moon 참조); **2.** 다소 길지만 제한된 시간(예 코리올라누스Cor. 4, 1, 38: "한 달 동안 당신을 따르겠습니다"); **3.** 달력 calendar 참조(그리스의 달과 축제에 대한 설명은 허버트 J. 로즈Herbert J. Rose, 그리스와 로마의 종교RGR 67-89 참조; 달의 단계와 관련된 칼렌드, 노네스, 이데스에 대한 설명은 플루타르코스Plutarch, 윤리론집M 269Bff 참조).

월경 menstruation 피blood 참조.

월계수 bay (나무) **1.** 이것의 학명은 '스위트 로럴 sweet laurel'='라우루스 노빌리스Laurus nobilis'이며 월계수 나무과의 종으로 가장 일찍 알려진 허브 중 하나이다; (60피트까지) 큰 상록관목으로 자라며 다육 열매를 맺는다; 아마도 고대 문헌의 '다프네'와 같은 것으로 보이지만 (이 사전에서는) '월계수'를 처음 발견했을 때처럼 별도로 분류했다; **2.** (월계수와 마찬가지로) 아폴로와 아스클레피오스의 상징이다(아폴로에 대해서는 테오크리스투스Theocritus의 풍자시Epigr. 1 참조; 핀다로스Pindarus, 피티아 송시Pyth. 10; 파우사니아스Pausanias, 10, 5 참조); **3.** 월계수 나무 왕관과 화환은 일종의 명예를 나타낸다. 특히 시적 명예: 전쟁 또는 스포츠의 명예를 나타낸다: 예 보트 경주의 승자에게 화환이 주어졌다(아이네아스Aen. 5, 245: ('라우로lauro', 따라서 많은 의심스러운 사례 중 하나); **4.** 불멸, 변함없는 애정: 늘 푸른 상록수; 죽은 것처럼 보이지만 뿌리에서 다시 잎이 난다는 점에서 관을 월계수 나무로 장식한다(토머스 브라운 경Sir Thomas. Brown: "유골 항아리Urn-Burial"); **5.** 그리스-로마 시대에 월계수는 행운의 가지였다; 중세 교회에서는 월계수가 크리스마스에 요정들에 대한 환영이었다; **6.** 죽음과 관련된다: a. 왕의 죽음: 웨일즈에서는 "나라 안의 모든 월계수 나무가 시들면" 왕이 죽은 것으로 여겼다(리처드 2세의 비극R2 2, 4에서); 4번의 7, d 참조; b. "전성기 때 죽은 사람들을 위한 월계수"(크리스티나 로제티Christina Rossetti의 노래 "청춘을 위한 장미Oh roses for the flush of youth"); **7.** 민속: a. 공통적으로 크리마스 장식으로 사용되었다(5번 참조); b. 절대 번개를 맞지 않는다(존 웹스터John Webster, 하얀 악마WD 5, 4); c. 전염병과 사악한 영혼으로부터 보호; d. 월계수가 갑자기 시드는 것은 악의 징조: 전염병의 창궐이나 왕의 죽음을 의미한다(네로 황제가 죽기 전 모든 월계수 나무가 죽었다); 또는 정원에 있는 월계수가 죽는 경우는 가족 구성원의 죽음을 의미했다; c. 월계수 나뭇잎은 불 속에서 타닥 소리를 낸다: 좋은 징조(티불루스Tibullus 2, 5, 81).

월계수 laurel (식물) **1. 일반적으로 다음을 의미한다:** 다양한 유형의 월계수(라틴어 '라우르스Laurus')가 있으며 그중 가장 중요한 것은 다음과 같다: a. 16세기 말에야 유럽에 소개되었지만 상록수 잎의 아름다움 때문에 곧 정원 관목으로 퍼진 흔한 월계수 또는 체리 월계수; b. "다프네의 월계수": 그리스인들이 아폴로에게 바쳤던 것; c. '라우루스 노빌리스laurus nobilis'에 대해서는 만bay(灣) 참조; **2. 승리:** 상록수로서 불멸을 상징한다: a. 그리스인과 로마인은 어떤 식으로든 스스로를 돋보이게 한 사람에게 월계수관을 하사했다; b. 특히 승리를 알리는 서신과 승리한 병사의 팔을 월계수로 장식했다(플리니우스Pliny 15, 40); **3. 시:** a. 아폴론에게 바쳤다: 뒤 참조; b. 이것은 특히 영웅시를 상징한다: 담쟁이덩굴과 도금양은 서정시와 목가시를 나타낸다; c. 이것은 시적이고 성적인 격정을 유발하기 위해 취하게 하려고 사용되었다: '다프네'('피 묻은 자')는 평온한 아폴로가 템페를 차지하기 전에 월계수를 씹는 여사제들이 벌이는 오르지 의식에서 숭배되는 여신이었다(로버트 그레이브스Robert Graves, 하얀 여신WG 391f.; 그리스 신화GM 1, 17 및 81); d. 그리스에서는 친구들과 함께 시를 이어지으면서 시를 지은 다음 사람에게 월계수를 넘겼다; **4. 예언적:** 피티아누스 여사제는 이것의 잎사귀를 씹었다(예 리코프론Lycophron 6); **5. 보호:** a. 플리니우스Pliny에 따르면(2, 56 및 15, 40) 번개는 월계수를 칠 수 없다; 순수와 보호를 위해 종종 그리스인들은 집 문 앞에 두었고 로마에서는 카이사르Caesars의 문 앞에 두었다. "인타크타 트리윰파트intacta triumphat", 즉 완전한 승리; b. 전반적인 질병과 악으로부터 보호; **6. 정전:** 올리브와 같음(플리니우스 15, 40); **7. 생식력:** 예 페데리코 G. 로르카Federico G. Lorca: a. (오렌지꽃과 함께) 신부 화환에 사용되었다("피의 혼례Blood Wedding"); b. 임신을 위한 '월계수 기도자'인 예르마Yerma는 하루에 두 번 '월계수 기도'를 해야 하며 정오에 성 안나의 미사를 드려야 한다("예르마Yerma"; 3, 1); **8. 겨울:** 1년을 마무리하는 휴식의 계절; **9. 특별한 종교적 의미:** I. 그리스-로마: a. 아폴로 자신과 관련된다: 월계수 숲에서 그는 피티아누스의 피로 정화되었다; 이 행사는 매년 한 소년에 의해 이루어졌다. 소년은 델피에서 템페로 도망쳤다가 월계수 왕관을 쓰고 노래를 부르며 돌아온다; b. 배신: 아폴로에게 강간당하는 것을 피하기 위해 월계수로 변한 다프네와 관련된다; 그래서 그는 다음과 같이 약속했다(나소 P. 오비디우스Naso P. Ovid, 변신이야기Metam. 1, 525f.): i. 월계수는 로마 장군들이 승리하여 수도로 갈 때 머리에 장식할 것이다; ii. 월계수는 아우구스투스의 "신뢰할 수 있는 수호자"인 문들 마다 앞에 서서 그 사이에 걸려 있는 시민의 참나무 왕관을 지켜 줄 것이다; iii. 월계수는 항상 푸르를 것이다(토머스 맬러리경Sir Thomas Malory 2, 15 참조); c. 월계수는 디아나와 바쿠스에게 바쳐졌다. 주노와 헤라클레스의 사제들도 월계수로 면류관을 썼다; d. 폴리페모스의 동굴 입구에는 월계수가 걸려 있다; e. 정화(데키무스 유니우스 유베날리스Decimus Junius Juvenalis, 풍자시집Sat. 2, 158; 플리니우스); II. 기독교: a. 순수, 순결: 처녀 순교자의 면류관, 특히 처녀 여왕(베스타에게 바쳐짐); b. (상록수로) 불멸, 천상의 기쁨; c. 요정을 환영하기 위해 크리스마스에 교회에 매달은 상록수 중 하나; **10. 심리**: 다프네의 강간당함: 성행위에 대한 소녀의 본능적인 공포(프로이트학파; 로버트 그레이브스Robert Graves, 그리스 신화 GM 1, 17); **11. 윌리엄 B. 예이츠**William B. Yeats: 월계수는 숨겨진 곳, 전통에 뿌리를 내리고 있으며 영혼Soul에게 순수함을 줄 수 있다. 이것은 바깥 세계의 거센 폭풍우로부터 안전하게 숨겨져 있다("내 딸을 위한 기도A Prayer for my Daughter").

월싱엄 Walsingham **1.** 중세시대: a. 노퍽Norfolk에 위치한 성모마리아 성지로 나사렛에 있는 예수의 생가를 "모델로 한" 유명한 순례의 성지; 은하수가 영국 하늘을 가로질러 이 성소를 가리키고 있기 때문에 월싱엄 길이라고 불렸다; 예배당과 사제상이 있는 성지는 종교개혁으로 인해 손상을 입었다(브리타니아의 민속과 문화Folk. & C. of Brit. p. 247); **2.** 랭글랜드Langland는 거짓 수도사들과 그들을 따르는 젊은 처녀들이, 월싱엄의 마녀라고 불리는 월싱엄의 성모 마리아에게 찾아가는 길을 묘사하고 있다; ("피어스 농부Piers Plowman"에 대한 프롤로그; 베넷의 편집본Bennet's ed. p. 86 참조).

월요일 Monday **1.** 월요일의 일반적인 정보에 대해서는 요일days 참조; '블랙 먼데이': 에드워드Edward 3세가 파리를 포위했을 때인 1360년 부활절 월요일에 날씨가 너무 추워서 군인들이 말 위에서 죽었다(토머스 F. 시셀턴 다이어Thomas F. Theselton Dyer, 셰익스피어에서의 민속in Shak. p. 284).

월장석 moonstone (보석) **1.** 푸르스름한 흰색의 무지개빛 광채 또는 유백색의 빛을 띠는 장석; **2.** 지능, 관대함; **3.** 주문: a. 가족의 화합을 도모하고 불행으로부터 가족을 보호한다; b. 기억력 향상; c. 선원들 보호; d. 상현달일 때: 강력한 사랑의 주문; e. 하현달일 때: 예언의 능력을 부여한다; **4.** 별자리: 게자리를 관장한다.

월하향, 튜베로즈 tuberose (식물) **1.** 멕시코가 원산지이며 가을과 겨울에 흰색 깔때기 모양의 향기로운 꽃을 피우는 아마릴리스과의 구근식물 속; **2.** 관능적이고 위험한 쾌락.

웨일즈 Wales (웨일즈 사람) **1.** 16세기 무대에서 웨일즈 사람들은 종종 과시하는 것으로 풍자되었다; **2.** 가문의 자부심; '웨일즈의 왕자': 영국 왕위 상속자들에게 주어지는 기본 지위(적어도 1301년 이후); **3.** 웨일즈 사람들은 요정과 관련있다; **4.** 웨일즈 언어는 다른 언어들에 비해 매우 어렵다; **5.** 도둑: "태피Taffy는 웨일즈인이었고, 태피는 도둑이었다, 등"; 이 노래는 3월 1일, 성 데이비드St. David의 축제('태피Taffy'=데이비드David)에서 불렸는데, 당시 웨일즈맨-베이팅(역주: 웨일즈인들을 조롱하거나 괴롭히는 행위)은 영국 평민들 사이에서 웨일즈 사람들을 조롱하는 것이 꽤 인기가 있었다; 영국인들은 웨일즈 사람들에게 요정의 특성을 부여했을 가능성이 있고 태피의 모자를 '핀으로 찌르는' 조롱도 있었다; **6.** "웨일즈 사람들은 잃기 전까지는 아무것도 간직하지 않는다"(속담); **7.** "웨일즈 대사": 여름에 취업을 위해 웨일즈의 노동자들이 영국으로 이주하는 것을 알리는 뻐꾸기(역주: 웨일즈인들을 이주노동자로 해석함); **8.** 다음을 상징한다; a. 부추, 수선화; b. 붉은 가슴과 목을 가진 녹색 용, 또는 녹색 산에 있는 붉은 용; c. 수호성인: 성. 데이비드; d. 웨일즈의 퍼시벌 경; e. 세 개의 타조 깃털은 왕자의 문장heraldry(紋章)에서 발견되었다.

위대한 여신 Great Goddess **I. 기원: 1.** 자연발생적인 재생(탄생)의 예로, 원시 사회는 우주 형성(창조)의 가장 중요한 요소로 여신을 꼽았다; 이 태고의 존재는 때로 주로 여성의 특성을 포함하는 자웅동체로 생각되었다. 달의 습기(=자양분이 많은 자궁)는 순간적인 태양열(정액)보다 더 중요하다; 그러므로 동시에 여성과 남성인 동물, 식물, 그리고 상징은 탁월한 생명의 상징들이다: 양성성(예 풍뎅이scarabaeus, 연꽃lotus, 앙크 십자가ansate cross); **2.** 남자와 여자로 분리된 후에 두 사람은 신성한 창조에 관한 많은 이야기에서 역할을 하기 시작했다: a. 지혜의 뱀(오피온, 아야 소피아Hagia Sophia, 나중에는 창세기의 혼돈의 물 위를 이동한 상투스 스피리투스)은 붉은 (태양, 부활절) 알을 먹었고, 그래서 (그가 아버지가 되지 않고도) 그녀는 수태했다: 아이들이 알에서 태어날 수도 있다(헬레나, 카스토르와 폴룩스); 나중에 알의 탄생은 하늘의 신들의 새(bird) 변신과 관련되었다(제우스는 많은 새로 변신했다);

위대한 여신

형태	우주	달	여신	색상	계절
a. 처녀, 자매/아내, 셀레네Selene	위의 하늘	초승달	탄생과 성장	하얀색	봄
b. 님프nymph, 성적으로 매력적인 젊은 여성nubile, 아프로디테Aphrodite	땅	보름달	사랑과 전쟁	빨간색	여름/수확
c. 늙은 노파crone, 헤카테Hecate	지하 세계	그믐달	죽음과 점치기	검은색	겨울/늦가을

b. 뱀을 죽이고, 여신의 사랑을 얻고, 그녀에게 죽임을 당한 후 유골(다른 뱀처럼)에서 다시 태어난 별-아이(일반적으로 금성인 루시퍼); **3.** 여신은 이후 그녀의 첫 번째 삼중 기능을 획득했다: 예 오시리스 신화에서 a. 어머니로서: 오시리스의 실제 매장과 어린 호루스로서의 그의 부활 이전의 누트(관coffin으로 표현된 하늘의 여신); 위대한 여신은 일반적으로 이시스로 여겨졌기 때문에 이시스는 이집트의 어머니 여신이 되었다; b. 누이와 아내; c. 선을 그어 분할하는 괘선사(罫線士, 자궁으로의 회귀); 이러한 분할에서 인간은 작은 풍요자의 역할을 유지한다; **4.** 그녀의 처녀성(그녀는 성모 마리아이다)은 매 달 (달의 여신으로) 또는 1년에 한 번 (땅의 여신으로) 재생된다; **5.** 괘선사로서 그녀는 종종 심(왕)을 북쪽(=어둠, 북반구에서 태양이 결코 비치지 않는 위치)에 감금한다; **6.** 그녀의 가장 흔한 형태는 다음과 같다: a. 암퇘지 머리를 한 여신: 그녀가 희생된 태양(태양신이나 태양영웅)인 자신의 아들을 집어삼키는 것처럼 암퇘지가 시체를 집어삼킨다; b. 개의 머리를 한 여신: 개는 달을 보고 짖으며 시체를 삼킨다. c. 말의 머리를 한 여신: 말은 달 모양을 한 말굽을 통해 달과 연결된다; **7.** 다산의 여신으로서 곡물 여신, 주로 보리 여신을 의미한다; **8.** 하늘의 여신으로서 그녀는 보통 파란 눈과 황금빛 머리카락을 가지고 있다; 그녀는 또한 바람(뱀 꼬리를 하고 지하에 사는 존재)을 관장했으며 이 기능은 나중에 마녀들이 이어받았다; **9.** 서양에서(대표적으로 언급된 그리스 외에) 거의 모든 신화의 여성은 여신의 일부 측면을 나타낸다: a. 드보라, 데릴라, 술람미 여인: 성서에 인용된 더 많은 인물에 대해서는 아래 참조; b. 니무에, 비비안, 호수의 여인, 모르간 르페이Morgan-LeFay; c. 니암의 황금빛 재능; d. '우유빛 백마를 탄 여인' 고디바Godiva 또는 아름답고 무정한 여인La Belle Dame Sans Merci; e. 인어; f. 백설공주; g. 에드먼드 스펜서Edmund Spenser의 파이드라(페어리 퀸FQ 2, 6); **10.** 돼지 여신은 말 여신 이전부터 존재했지만 그녀는 계속 자신의 자식들을 잡아먹었다; 어쨌든 자식들은 사라졌다. 그러나 다른 사람들에 의해 길러져 새해의 아이New Year Child가 되었고 돼지 여신이 왕권을 주었다(예 루시페는 아들인 히파수스를 잡아먹었고 그로 인해 그들의 이름에 아직도 '흰색white'과 '말horse' 의미가 남아 있다; 후에 이 역할은 종종 태양신이나 영웅에 의해 행해졌다. 즉, 이들은 자신들의 자식들을 '광기'로 죽였다(예 제우스, 헤라클레스 등); **11.** 이후에 여신에게 부여된 역할: a. 무당, 여사제; b. 교회; c. 도시 또는 지방(의 여성 보호자); **12.** 그 이후의 더 가부장적인 시대에 천둥 아이Thunder-child는 어머니의 낫을 사용하여 별 아이Star-child(예 우라누스)를 죽이고(또는 거세하고) 어머니와 결혼했고, 원래의 뱀은 반신(反神) 또는 악마가 되었다; **Ⅱ. 태양-왕-영웅과 여신의 관계: 1.** 그녀의 삼중 관계에 대해서는 1, 3번 참조; 그리스: 왕권은 여성이며 때로는 아테나(불멸)와 동일시된다; **2.** 모계 혈통의 신화적 잔재: A. 그리스: a. "리턴스The Returns"는 텔레마코스가 나중에 키르케와 결혼한 과정을 다루고 있고, "텔레고니Telegony"는 오디세우스와 키르케의 아들 텔레고노스가 '부지불식간에' 그의 아버지(당시 키르케의 죽음의 섬으로 끌려간)를 죽이고 페넬로페와 결혼한 과정을 다룬다; 오이디푸스Oedipus 참조; b. 암피트리온은 "그의 장대한 황소[태양]를 위

해" 아버지를 죽인 후 알크메네와 결혼했다; 알크메네는 쌍둥이(한 명은 신, 한 명은 인간)를 낳았다; c. 남편을 죽이는 렘노스섬의 여인들은 매년 9일 동안 정화의 불 축제를 열었다(아폴로도로스Apollodorus 1, 9, 17); d. 외할아버지를 살해한 손자의 (예상된) 기이한 이야기: 할아버지의 발에 '우연히' 원반이 날아가 즉시 사망하게 만든 페르세우스(아폴로도로스 2, 4, 4); (신성한) 뒷꿈치[Sacred] Heel 참조; e. 심지어 실제로 헤로도토스는 왕(칸다울레스)을 죽임으로써 여왕을 통해 왕권을 획득한 남자(귀페스)의 완벽한 예를 보여준다; f. 다리우스는 그의 아버지 크세륵세스가 갈망하던 여자와 결혼했다; 그녀가 요구한 선물은 크세륵세스의 아내가 그에게 준 형형색색의 망토였다(성서의 요셉Joseph 참조); B. 셈족: 딸들이 아버지 집에 살고 남편이 주기적으로 방문하는 '비나 결혼bina-marriage': 예 삼손-딤나; C. 고대 북유럽: "냘Njal의 사가Saga"에 한여름에 많은 남자들을 한 명씩 죽이는 두 여자, 베르그토라와 매혹적인 할게르드에 대한 이야기가 있다; **3.** 그녀는 '통곡하는 여인들Wailing Women'의 원형이었다(통곡wailing 참조); 그녀는 풍요신들(해마다 죽을 운명이었다)의 어머니이자 연인이었던 이니니-이슈타르-아프로디테-마리아와 같은 여신이 되었다; 대중적인 (오해가 있는) 신화에서 그들은 종종 작은 신들이나 영웅들의 사소한 사건에 대해 슬퍼했다(아킬레스가 사랑하던 노예를 가질 수 없었을 때 테티스처럼); 이들은 아들을 사랑하는 '버림받은 여성이고' '멀리 항해를 떠난' 남편에게 버림받은 여성들이다: 예 파이드라-히폴리투스 및 기타(나소 P. 오비디우스Naso P. Ovid, "헤로이데스Heroides"에서); **4.** 그녀는 또한 영웅 안에 있는 더욱 복잡하고 치밀하며 강한 추진력이 되었고, 그로 인해 영웅은 자신감의 부족을 극복하게 되거나(아테네와 아프로디테가 오디세우스와 아이네아스에게 열심히 조언하는 것과 같이), 또는 일시적이고 피상적인 의식 상태의 과도한 흥분을 극복하게 되었다; 그녀는 또한 뮤즈로 활동했다; **5.** 그녀의 의례는 신체 절단 행위(영웅들의 신체 일부분을 찢음: 예 오르페우스와 악타이온 또는 거세: 예 아티스)와 매춘을 포함하여 오르지 적이었다: 두 형태의 동종 요법인 다산 마술; 그녀의 여성적인 하인들에 대해서는 데키무스 유니우스 유베날리스Decimus Junius Juvenal 참조(풍자시집Sat. 2, 82ff.); **III. 셋으로의 분할**(다중성의 퇴보): **A.** 창조-죽음의 여신: a. 에우리노메('광범위하게 돌아다니는'): 하늘과 땅: 펠라스기인의 창조 신화에서 그녀는 혼돈의 파도 위에서 오르지적인 춤을 추던 중 뱀 오피온에게 강간 당했다; b. 에우리비아('광범위한 힘'): 바다:=테티스=케토=네레이스=엘렉트라(또한 천둥의 여신); c. 에우리디케('광범위한 정의'): 뱀을 잡는 지하 세계의 통치자; **B.** 뮤즈: 오르지적 측면에서 본 여신; 심지어 아르테미스조차도 '광란적이고, 예언적이며, 난장판'이라고 불렸다; 또한 일반적으로 온화하고 차분한 페르세포네도 헤시오도스Hesiodus(신통기Theog. 728)에서 '끔찍하다'(그리스어 '에페인epaine')라고 불린다; **C.** 카리테스: 헤르메스가 꺼낸 (지하의) 다산의 여신(카리테스Graces 참조); **D.** 에리니에스(운명의 세 여신): 이들은 다음의 것을 가진 것으로 표현된다: a. 개의 머리; b. 박쥐의 날개; c. 뱀serpent 머리카락; **E.** 사포Sappho는 헤카테를 "아프로디테의 황금빛으로 빛나는 시녀"라고 한다; **IV. 성서: 1.** 아비삭이라는 이름의 술람미 여인(또는 술람미트, 도시의 현대적인 이름은 술람이다)은 모계 여신의 의인화이다. 그녀는 다윗이 죽을 때까지 다윗을 섬겼다(그는 그녀를 '알지' 못했다고 구체적으로 언급되어 있다); 솔로몬의 '약혼 날에 어머니가 그에게 왕관을 씌웠다'(여자가 남자에게 관을 씌운 또 다른 경우: 잠언Prov. 4, 9에서 지혜); 이때의 '어머니'는 솔로몬의 오른편에 앉은 술람미 여인임에 틀림없다; 그렇지 않다면 그의 남동생 아도니야가 그녀를 원했을 때 솔로몬이 보인 분노를 설명할 길이 없다: 그녀는 아도니야왕을 만들었고(열왕기상서1Kings 2, 13), 그래서 그는 솔로몬의 어머니 밧세바에게 도와달라고 요청한다; 또한 (운문verse 22) "어찌하여 아도니야를 위하여 술람미 여인 아비삭을 구하시나이까 그는 나의 형이오니 그를 위하여 왕권도 구하옵소서"; **2.** 영향력 있는 여왕-어머니들: 밧세바(열왕기상서 2, 19), 술람미 여인(열왕기상서 15, 13), 여호야킴Jojakim의 어머니(예레미야서Jer. 13, 18), 벨사살의 어머니(다니엘서Dan. 5, 10); **3.** 사라: 아스모데우스Asmodeus 참조; **4.** 유디트는 그녀의 "집 위층에 있는 자신의 방"(8, 5)에서 그녀의 이전 남편들을 애도했다; **5.** 건장한 장로들이 백합처럼 하얀 수산나를 염탐했다; **V. 다음에**

상응한다: **A.** 다음과 같은 특성을 가진 동물: a. 색상: 흰색, (불그스름한) 빨간색, 검정색: 돼지, 고양이, 당나귀, 학; b. 먹이가 풍부하지만 새끼를 잡아먹는다: 돼지, 고양이; c. 눈이 빛나거나 어둠 속에서 보는 동물: 고양이, 늑대, 올빼미, 박쥐; d. 쥐(='역병': 그녀는 농업의 여신이다)를 잡아먹는 동물: 고양이, 올빼미, 뱀; e. 시체를 먹는 동물: 늑대, 개, 하이에나, 돼지; f. 공개 짝짓기에 대해 무심한 동물(여신은 가부장제 결혼을 싫어한다): 고양이, 꿀벌(숫벌 죽이기), 토끼hare, 멧비둘기, 개; g. 달과 연결된 동물: 늑대, 개, 말; h. 달 모양의 뻐드렁니(수퇘지) 또는 뿔(암소와 황소); i. 산과 관련된 동물: 늑대, 꿀벌; j. 기호 V(=5)와 관련된 동물: 지혜의 여신 미네르바: 학crane, 신탁의 뱀의 표식, 산사나무; k. 숫자 9와 관련된 동물: 학crane; **B.** (그리스에서) 금속: 은, 구리, 금, 주석 및 납(철이 아닌 것으로 해외에서 또는 신성한 운석으로부터 가져왔다; 마녀witches 참조); **C.** 연금술: '원질료P'의 많은 이름 중 하나. **D.** 심리: 많은 동물(호랑이, 염소, 소 등)은 (억압된) 성적인 감정의 상징으로 간주된다; [나쁜, 끔찍한] 어머니[Terrible] Mother도 참조.

위안을 주는 사람(것) comforter **1.** "주의 막대기와 주의 지팡이가 나를 위안케 하나이다"(시편Ps. 23, 4); **2.** 성령: "내가 아버지께 기도할 것이고 아버지께서는 영원히 너희와 함께할 수 있다는 또 다른 위안을 주실 것이다; 심지어 진리의 성령도"(요한복음John 14, 16; 또한 15, 26 및 16, 7).

위장 stomach **1.** 배움과 진리; **2.** 인내: "내 안에서 생겨난… 앞으로 닥칠 일에 맞서 견뎌야 하는 위장(배짱, 용기)"(템페스트Tp. 1, 2); **3.** (불굴의) 용기가 자리잡은 곳(예 헨리 4세 2부2H4 1, 1); 대부분 이것은 "배짱이 좋은(위장이 높게 위치한)"(리처드 2세의 비극 R2 1, 1) 것으로 표현된다; **4.** 분노, 분개, 원망, 복수: a. "세상에, 이 귀족들이 그런 속(위장)을 견뎌야 했다니"(헨리 6세 1부1H6 1, 3); b. "그의 머리카락이 모두 생명이었다면 나의 위대한 복수는 그 모두를 감당할 속(위장)을 가지는 것이다"(베니스의 무어인 오셀로 Oth. 5, 2); **5.** 별자리: 처녀자리에 속한다; **6.** "사람의 마음에 이르는 길은 그의 배(위)를 통한다"(속담).

위험 danger "로즈의 로망스Romaunt de la Rose"와 같은 중세시대 사랑의 시에서 의인화된 위험; 보다 구체적인 형태로는 질투심 많은 남편으로 표현된다(잰 호이징가Jan Huizinga 202).

위협, 협박 threat 이집트: 신들에 대한 위협; 나일강이 충분히 범람하지 않은 가뭄의 때에 사제들은 신성한 동물들을 비밀리에 위협했다. 이는 '가뭄'의 원인이 되는 티폰-세트의 영spirit이 모든 동물 사이에 퍼지게 되기 때문이다(플루타르코스Plutarch, 이시스와 오시리스IsOs 73; 마네토Manetho의 일부 86+n.).

윌리엄 텔 William Tell 영웅들의 활쏘기 시합의 후기 형태; 초기 형태의 예로는 소년 사르페돈이 다치지 않도록 이 소년의 가슴에 있는 반지에 활을 쏘아야 했던 그리스의 이산드로스가 있다(화살arrow=광선ray).

윌슨 Wilson 윌슨Wilson이란 이름을 가진 소년은 "터그Tug" 윌슨이라는 고정된 별칭을 얻게 된다.

유 U **1.**이집트에서 "U"자 발음은 아마도 뿔 달린 말벌의 소리였을 것이다; 히브리 알파벳으로 '바우vau'(역주: "U"자 발음처럼 들림)는 '고리'를 의미한다; 켈트어로 "U"는 헤더header를 의미하고, 앵글로색슨어로 "U"는 야생 황소인 오록auroch에 해당한다; **2.** 다음을 상징한다: a. 세계의 가마솥, 즉 여성 생식기관; b. 풍부하거나 시적인 영감을 주는 잔이나 가마솥; c. 말굽이나 고전적인 자석의 모양; d. 선물 또는 손실에 대한 것; e. 중세시대: 슬픔, 불행, 우리의 불행; **3.** 다음에 상응한다: a. 계절: 하지; 달력calendar 참조; b. 신체: 목구멍; c. 타로카드: 세계 카드; d. 별자리: 물고기자리.

유기, 버림 abandonment **1.** A. 어린아이를 버림: 이유: a. 근친상간 또는 신의 혐통 때문에; b. 가난(동화); c. 폐위나 죽음에 대한 왕(아이의 아버지)의 두려움(예 헤롯, 오이디푸스, 쥬피터); d. 버려진 아이foundling 참조; [신성한] 왕; e. 다음과 같이 설명되었다: 태양신화: 그들은 종종 산꼭대기에 누워 새, (거룩한) 셰퍼드 개, 켄타우러, 염소 등이 물어다 주는 것을 먹었다;

B. 아내를 버림: 이유: a. 질투심 때문에: 즉, 합법적인 아내가 규칙적인 성관계를 거부하는 경우 그 여자들은 보통 나무 등으로 변했다; 그녀들은 특정한 시간이 지나면 원래의 모습으로(예 백조) 그리고 원래의 위치(예 바다)로 돌아온다; b. 더 큰 임무를 수행하는 영웅; 예 테세우스, 아리아드네, 아이네이아스, 디도 등; c. 다음과 같이 설명되었다: 계절적 또는 시간적 변화: 떠오르는 태양에 의해 버림받은 여명의 여인 등; **2.** 주관적 버림받음: '우리 안의 신'에게 버림받은 느낌=인간의 심혼에 있는 영원한 빛을 잃음=소외감; **3.** '잃어버린 물건'; **4.** 미로와 관련된다(미로labyrinth 참조).

유니콘 unicorn **I. 일반적으로 다음을 의미한다: 1.** 설명: a. 유니콘들은 매우 크지만 대부분은 말의 몸(때로는 부분적으로 염소)과 이마에 뿔(늑골이 있거나 나선형)을 가지고 있다; 전통적으로 흰색이라고 하지만 난해한 문헌에서는 흰 몸, 빨간 머리, 파란 눈을 가지고 있다고 한다; b. 그리스인들(예 크테시아스)은 발목뼈의 아름다움을 강조했다; **2.** 서식지: 유니콘의 일부는 인도에서 살고, 일부는 에티오피아에 살고, 일부는 달의 산에서 산다고 믿었다; 그리고 유니콘은 고독을 좋아한다; **3.** 천적은 사자이다; 이것은 사자가 아프리카에서 두 번째로 위험한 동물이거나 태양의 상징(유니콘은 달의 동물)이 기 때문일 것이다; 유니콘을 집어삼키는 사자는 이미 페르세폴리스에서 볼 수 있다. **4.** 이것의 힘: a. 그 타고난 힘은 지칠 줄 모르며 무적이다; 성서에 이러한 효과에 대한 언급이 있다(예 민수기Num. 23, 22; 신명기Deut. 33, 17); 때로 이것은 요셉의 힘과 그의 지파의 힘을 가리키며, 때로는 알렉산더 대왕을 가리키기도 한다; b. 유니콘의 힘은 뱀의 독을 제거한다. 다른 동물들은 아침에 물을 마시기 전에 유니콘이 오기를 기다린다. 유니콘은 뿔로 물 위에 십자가 표시를 한 다음 뿔을 물에 담그고 물을 마신다. 이렇게 하여 뱀과 밤의 독을 제거한 후에는 다른 동물들도 그 물을 마실 수 있다. 뿔의 맨 아래 부분에는 카벙클(루비)이 있다고 한다(사슴deer 참조); **5.** 포획: 광야에서 혼자 사는 거칠고 사나운 짐승으로 발정기의 계절을 제외하고는 동족과도 싸운다; 유니콘은 처녀(적어도 아름다운 소녀)에게만 붙잡힐 수 있으며, 벌거벗은 처녀의 향기로 유인한다; 유니콘은 처녀의 무릎에서 잠들어(종종 성적인 속임수 후에) 기뻐서 눈물을 흘리고 있을 때 사냥꾼들은 다가가서 유니콘을 죽인다; **II. 해석: A.** 일반적으로 다음을 의미한다: 1. 통일된 절대 군주제: a. 이것은 용기, 위대함, 지혜, 고귀함, 정의 등을 강조하는 것이다; b. 예로부터 유니콘이 잡히거나 살해되면, 유니콘 뿔의 유일한 소유자인 왕들이 가져갔다; c. 사자 곁에 있는 태양 영웅의 상징이다; 2. 계절의 야수(플리니우스Pliny 8, 31의 설명에 따르면); a. 뿔: 가을; b. 사슴 머리: 동지; c. 코끼리 발: 춘분; d. 사자의 꼬리: 여름(로버트 그레이브스Robert Graves, 하얀 여신WG 409f.); 3. 공간: 플리니우스의 설명은 또한 공간의 다섯 분할을 언급하고 있다; 지구의 네 모서리+뿔−천정(로버트 그레이브스, 같은 책); 4. 때때로 이것은 사악한 본성이 있는 인간의 적이었다; 참조: 성서에서는 길들일 수 없고 "유익하고 선한" 것으로 만들 수 있는 것이 아니라고 묘사하고 있다(욥기Job 39; 시편Ps. 22, 21; 29, 6 등); 5. 자부심(II번의 C, 2 참조); 6. 연금술: 모호한(참조: '불길한 자웅동체Monstrum Hermaphroditum'): a. 모든 원시 괴물과 관련 있다; b. 남성적 활동; '메르쿠리우스의 괴물 형상'의 순수하고 관통하는 힘. 여성적 수동성과 관련 있다; c. 흰 사슴(=영혼Soul; 사슴deer도 참조)과 함께 숲(몸)에 살고 있는 유니콘(영spirit)의 모습; 7. 문장heraldry(紋章): a. 왕실의 문장은 원래 사자가 지지자였다. 제임스 1세 때 스코틀랜드 유니콘을 추가했다. 사자lion 참조; b. 기사의 힘, 용기, 호전성; 8. 심리: 정액과 관련된 단어 또는 영의 상징; 9. 화학자들의 상징: 제품의 순도를 나타낸다(해럴드 베일리Harold Bayley, 23); **B.** 기독교: 1. 거룩한 사냥: 그리스도: a. 유니콘(아버지와 하나됨)은 세상의 모든 권력에 저항하며(그의 어린 시절 모습은 죄인과의 연결을 암시하지만) 성모 앞에서는 겸손하다가 사냥꾼에게 붙잡힌다(성령, 가브리엘을 통해); 생포, 성육신; b. 유니콘(세속적인 사랑)은 영적 사랑에 사로잡히며 그때에 동정녀는 지혜나 영적 온전성을 나타낼 수 있다; c. 그리스도는 동정녀의 태를 통해 적들에게 자신을 넘겨준다. 또한 성수태고지 장면에서: 마리아와 함께 있는 가브리엘의 무릎에 유니콘이 머리를 얹고 있다. 나중에 사냥개(가치) 서너 마리가 추가되었다(예 자비, 진실, 정의, 평화); d. 검으로서의 그리스도=하나님의 말씀; 2. 순결: a. 유니콘(코끼리, 수사슴, 사자처럼)은 '처녀성 테스트'에 사용되었다. 만약 이 동물이 소녀를 죽인다면 그녀는 더 이상 순결하지 않은 것이다 (순결의 마법의 힘); b. 때로는 승화된 성욕을 나타낸다; c. 순결의 상징으로서 유니콘은 성인(예 성 유스티누스St. Justina)에게 속한다; d. 유니콘은 때로 흰 비둘기로 변형된다; 3. 수도자적 생활: '순수성'과 고독에 대한 사랑; 4. 믿음의 말steed; 5. 죽음: 발람과 요사팟Barlaam and Josaphat 참조; **C.** 참고할 문학서: 1. 민요: 자랑스러운 무법자 머레이의 성에 묘사에서 다음의 표현을 볼 수 있다: "그 아름다운 성의 맨 앞에 두 마리의 자랑스러운 유니콘이 보인다. 그들의 눈썹 위에는 용감한 기사와 사랑스러운 여인의 모습이 그려져 있는데, 두 사람 모두 밝은 녹색의 호랑가시나무에 둘러싸여 있다"(프랜시스 차일드 Francis Child 305); 2. 엘리자베스 1세 여왕 시대: "그는 유니콘이 나무와 함께 배신당 할 수 있다는 말을 듣는 것을 좋아한다"(율리우스 카이사르Caes. 2, 1): "페어리 퀸Faery Queen"(2, 5)에서 사자가 나무 앞에서 덤벼드는 유니콘을 속여 유니콘의 뿔이 나무 사이에 끼어 버리게 한다; 사냥꾼에 대해서도 같은 이야기가 있다; 3. 윌리엄 B. 예이츠William B. Yeats: 잃어버린 것에 대한 동정심을 느끼게 하는 청록색 눈을 가진 구름처럼 창백한 유니콘은 눈을 감은 채 여인들을 데리고 다닌다; 그 아름다움은 남북전쟁의 맹렬한 군대와 대극이며 앞으로 닥칠 일들에 대한 증오이고, 둘 다 비현실적인 것들의 상징이다; 4. 토머스 S. 엘리엇Thomas S. Eliot: ("재의 수요일Ash Wednessday"); "보석으로 장식한 유니콘들이 금장식의 영구차를 끌 때 이루지 못한 꿈의 비젼을 이루라". 여기서 죽음 상징(영구차)은 세상으로부터의 초월을 의미한다; 젊음과 아름다움이 덧없고 시간의 흐름을 피할 수 없다(예이츠Yeats 참조); 5. 위스턴 H. 오든Wystan. H. Auden: "오, 삼나무들 사이에 있는 유니콘이여… 하얀 어린 시절, 푸른 숲속에서 한숨 짓 듯 움직이는 당신의 세련된 순수함에 상처는 없다"("새해 편지New Year Letter"); 6. 페데리코 G. 로르카Federico G. Lorca: "회색과 녹색의 유니콘, 떨리지만 황홀하다". 달과 관련이 있으며 때로는 동성애를 상징한다고 한다; 7. 딜런 토머스Dylan Thomas: 최악의 고통스러운 "유니콘의 악Unicorn evils"; 8. I. 머독 Murdoch("유니콘The Unicorn"): 이 소설에서 갇힌 여성에 대한 다른 등장인물들의 감정이 모호하게 묘사되어 있고, 구속 및 종교적 주제와 사랑의 교제를 혼합하여 묘사하였다; 사람들이 길을 잃는 미로와 성자가 되는 어려움의 주제를 다루었다.

유니폼 uniform 꿈에서 유니폼은 종종 알몸을 숨기거나 드러내는 것을 상징한다(지그문트 프로이트 Sigmmund Freud, 정신분석학입문강의ILP 10).

유다 Judah **1.** 야곱과 레아의 넷째 아들이며 그의 지파는 우두머리 지파였다. 그 이유는 주로 다윗 가문이 그 지파로부터 나왔기 때문이다("그의 왕권이 유다에서 떠나지 아니하리라"); **2.** 이름: '내가 찬미하리라'(또는 '그가 찬양을 받으신다'); **3.** 야곱의 예언(창세기Gen. 49, 11)에서 또한 "선택받은 포도나무에 매인 나귀새끼"에 대한 언급을 볼 수 있다; "그는 포도주의 피로 자기 옷을 빨았다"에 대한 언급이 있다; **4.** 다음을 상징한다: a. 진홍색; b. 사자lion(야곱의 예언에도 있음); **5.** 황도대Zodiac: 궁수자리를 지배한다.

유다, 배반자 Judas **1.** 탐욕의 유형(아울렐리우스 클레멘스 프루덴티우스Aurelius Clemens Prudentius, 시편Ps. 530); **2.** 가인Cain도 참조.

유대, 속박 bond **1.** 죄악의 속박(사도행전Acts 8, 23); **2.** 화평의 매는 줄(에베소서Eph. 4, 3); **3.** 완전의 띠(골로새서Col. 3, 14); **4.** "정직한 사람의 말은 그가 계약한 것만큼이나 믿을 만하다"(=계약); **5.** 얽어맴 binding 및 얽힘entanglement 참조.

유대교 회당 synagogue **1.** 중세시대: 구약성서의 의인화, 즉 유대인들; **2.** 딜런 토머스Dylan Thomas의 시: "곡식단의 회당(역주: 이 시에서 곡식단은 삶과 죽음의 사이클을 의미하는 것으로 보인다)"(종교적 의미와는 다른 의미에서): a. 자연, 즉 우리 모두가 자연에서 왔다가 자연으로 돌아간다는 점에서 공유하는 자연은 거룩하다; b. '단ear'은 '곡식'을 모아놓은 것이며 물방울에 비교될 수 있는 '가장 작은' 생명의 단위이다.

유대인 Jews 1. 신성한 (로마인의) 능력을 멸시하기로 유명한 인종(플리니우스Pliny 13, 9); **2.** 유대인 여성들은 통역사로 유명했다: 꿈의 '판매자'(데키무스 유니우스 유베날리스Decimus Junius Juvenalis, 여러 곳에서 언급된다); **3.** 탐욕: 재산과 직업에 대한 제한뿐 아니라 강제추방으로 끊임없는 방랑을 강요당했으며 자신들의 힘으로만 살아야 했다.

유디트 Judith 그녀는 홀로페메스(가뭄 괴물 또는 뜨거운 한여름의 태양)가 샘을 막아 생긴 가뭄에서 '베툴리아'를 구해야 했다; 그녀의 남편은 '보리 추수 때'(태양왕의 일반적인 죽음의 시간)에 '일사병'으로 죽었으며, 그 후 그녀는 3과 1/2년(1/2×7, 즉 완성의 절반 기간, 전체 기간의 전반부 절반을 통치하는 왕에 대해서는 신성한 왕Sacred King 참조) 동안 과부로 지냈다; 이를 위해 그녀는 "집 윗부분에 자신만을 위한 방"을 지었고(외경 구약성서: 유디트Judith 8, 5: 다산의 달의 여신), 포도주, 기름, 마른 콩, 마른 무화과, 빵, 치즈로 살았다(그녀가 나중에 주님에게서 얻었다고 언급한 바로 그것들이다: 11, 12); 그녀는 "새벽 무렵"에 진영에 도착했다; 홀로페메스는 왕좌에 앉아 있었다. '차양canopy'(아마도 곤충을 막는 천)은 에메랄드와 귀중한 보석으로 만들어진 보라색과 금색이었고, 그녀의 이야기를 들은 후 그는 "그녀에게 그의 보물이 있는 곳으로 가서 그곳(태양의 지하보물, 달이 하루를 보내는 곳)"에 머물면서 몸에 묻은 타르를 씻으라고 명령했다. 그녀는 밤에(3일 밤 동안) 그녀의 '장막' 밖으로의 출입을 허락받았고 베툴리아 계곡에서 "샘물에 몸을 씻었다"(모든 달의 여신은 물에 자주 들어가서 목욕하고 씻는다: 예 아르테미스/디아나); 네 번째 날, 그녀는 그와 식사를 함께 하게 되었고 그는 "평생에 한 번도 취한 적이 없는 것처럼" 포도주를 많이 마셨다; "늦은 시간이 되고" 두 사람이 단둘이 있게 되자 그녀는 그의 검(태양 영웅의 무기)을 훔쳤다. 그리고 기둥에서 그의 '차양canopy'(=햇빛이 비치는 낮 하늘의 영광)을 훔친 후 그의 머리를 잘랐다(태양 영웅의 일반적인 죽음); 유대인들의 도시로 돌아가서 그녀는 그의 머리와 '차양'을 보여 주었다; 그녀의 이야기는 아캇의 죽음으로 인해 그의 여동생인 '메이든이 복수하는 라스 샴라 이야기와 매우 흡사하다(따라서 바알 제의의 여신 아나트와 유사하다). 그녀는 얏판의 진영으로 무기를 숨겨 가지고 가서 그를 술 취하게 한 후 살해했다(로버트 그레이브스Robert Graves, 하얀 여신WG 317).

유럽 Europe 윌리엄 블레이크William Blake: a. 아메리카 대륙으로부터 단절된 제3의 대륙, 아메리카를 열망하여 향해 있지만 유럽은 아시아와 연결되어 있다; b. 북쪽, 상상의 영역(블레이크 사전Dict.).

유럽 족제비 polecat **1.** 흰담비처럼 냄새나는 동물(핏츄fitchew 참조): "고양이와 유럽 족제비는 악취가 나고 안전하다"(로버트 번스Robert Burns, "후천적 불구Late crippled" 18: 특정 동물과 사람의 선천적인 방어력에 대해 설명함); **2.** 음탕함: 카밀로의 비둘기 집을 방문하는 것(역주: 카밀로는 부도덕하거나 음탕한 족제비로 묘사됨)(존 웹스터John Webster, 하얀 악마Wh. D. 2, 1, 5); **3.** 힐데가르트 폰 빙엔Hildegard von Bingen: a. 차갑고 악취가 난다; b. 도둑의 습성, 늑대의 천성을 가지며 종종 부정한 것들을 먹는다; c. 가죽은 냉기가 돌기 때문에 의복으로는 쓸모가 없다(자연학Ph. 7, p. 133, 같은 뜻의 독일어 '일티스Iltis' 부분에 기술되어 있음).

유럽 참돔 braize (물고기) 거칠고 수치를 모른다(오피안Oppian, 할리에우티카H 1, 140).

유럽꾀꼬리 oriole (새) **1.** 일반적으로 유럽꾀꼬리(그리스어 '크로리온chlorion', 라틴어 '오리오루스Oriolus oriolus', 네덜란드어 '리드바운wielewaal')는 그 아름다움에도 불구하고 문학에서는 무시되었던 철새이다. 아리스토텔레스, 아엘리아누스Aelian(4, 47; 수컷 방울새라고 생각했다), 플리니우스Pliny(10, 50; 유럽꾀꼬리의 둥지를 딱따구리 둥지로 설명하였다)는 종종 유럽꾀꼬리에 대해 혼돈되게 기술했다; **2.** 클라우디우스 아엘리아누스Claudius Aelianus: a. 포획하여 새장에 두면 길들이기 수월하다; b. 하지에 날아와서 대각성Arcturus이 뜨면 본래의 서식지로 돌아간다(동물의 본성에 관하여NA 4, 47; 앞의 1번 참조); **3.** 힐데가르드 폰 빙엔Hildegard: a. 흥분을 잘 하고 부산스러우며 우

ㅇ

울한 성격이다; b. 깃털이 온전한 채로 죽은 이 새를 황달에 걸린 여자의 배 위에 올려주어야 한다; c. 청각장애가 있는 사람의 귀에 새의 심장을 갖다 대면 귀를 따뜻하게 하여 낫게 한다; d. 간을 가루로 만들어 복용하면 콧물을 치료한다(자연학Ph. 6, p. 118).

유령 ghost **1.** 딜런 토머스Dylan Thomas: a. 존재하지 않는 것 또는 꿈에서만 존재하는 것("우리의 거세당한 남자 꿈Our eunuch dreams"); b. 앞으로 태어날 가능성이 있는 아이[즉 시(詩)] 또는 무능한 아버지(역주: 시 창작에 대한 시인의 불안정서 또는 자신 없음에 대한 상징)("내 세상은 피라미드이다My world is pyramid"); **2.** 죽음death; 무덤grave; 유령phantom 등 참조.

유령, 망령 spectre **1.** 죽음을 암시한다: "젊은이가 창백해져 유령처럼 야위어 죽어 가는 이 세상"(존 키츠John Keats, "나이팅게일에게 바치는 노래Ode to Night" 3); **2.** 윌리엄 블레이크William Blake: 인간(또는 신)의 의식적이고 지배적이며 논리적인 부분; 발출 자기의 대극.

유령, 환영 phantom **1.** 신화: 가장 유명한 유령 이야기는 트로이의 헬레네의 이야기이다. 헬레네는 헤르메스와 함께 이집트로 갔고, 하지만 구름으로 만든 숨 쉬는 유령은 파리스와 함께 트로이로 갔다고 전해진다(에우리피데스Euripides, 헬레네Helen 34ff, '스테시코루스의 철회Recantation of Stesichorus'를 인용; 필로스트라투스 티아나Philostratus Tyana, 아폴로니오스의 전기VA 4, 16); **2.** 기독교: 성 아우구스티누스는 모든 사람이 자기 자신이나 다른 누군가의 상상이나 꿈속에서 다양한 형태를 취할 수 있는 유령을 가지고 있다고 믿었다; 이러한 사실은 많은 변신 이야기들을 설명할 수 있다(신국론Civ. D. 18, 18); **3.** 귀네비어라는 이름은 아마도 '하얀 유령'을 의미할 수 있다; **4.** 유령 군대: a. 로마에서 들리는 전장의 소음, 나팔 소리, 함성 등은 마케도니아의 필리피 전투가 일어날 것이라는 유령 군대의 예고였다(디오 카시우스Dio Cassius 47, 40); b. 군대army 참조; 하늘의 기수horseman for Riders in the Sky 참조.

유령선의 선장 (희망봉 부근의) The Flying Dutchman **1.** 네덜란드 선장인 반 데르 데켄Van der Decken은 희망봉 주위를 항해하는 신성모독죄로 정죄 받아 영원히 그곳을 항해할 수 없었으며 항구를 만들 수 없었다; 그러나 그는 심판의 날이 온다 해도 희망봉 주위를 돌겠다고 맹세했다; 그에게는 침묵하며 일하는 유령선의 죽은 선원들이 있었다; 바그너Wagner는 이 이야기를 자신의 작품에 사용했다; **2.** 네덜란드 배를 보는 것은 재앙이며 보통 죽음을 의미한다; **3.** 다른 유령선에 대해서는 선박ship 참조.

유리 glass **1.** 순결, 처녀성: a. 원죄 없는 잉태; 빛에 대한 유리의 투명함은 그리스도의 탄생을 상징한다; b. "그녀의 처녀성을 깨뜨리고 나머지도 유순하게 하라"(타이어의 왕자 페리클레스Per. 4, 6); **2.** 관념; **3.** 계시: a. 신성한 말씀; b. 수정구슬 점치기; **4.** 깨지기 쉽고 수명이 짧은 아름다움: "안경과 처녀는 깨지기 쉬운 도자기다"(속담); **5.** 유리를 통해 보기: a. 불투명함: "우리가 지금은 거울로 보는 것같이 희미하나 그때에는 얼굴과 얼굴을 대하여 볼 것이요 지금은 내가 부분적으로 아나 그 때에는 주께서 나를 아신 것 같이 내가 온전히 알리라"(고린도전서1Cor. 13 12); b. 파란 유리를 통해 보는 것: 인간에 대한 편향되고 부정적인 견해; c. 장밋빛 유리를 통해 보는 것: 낙관적 견해; **6.** 다른 것과의 조합: A. 바워 글래스Bower of Glass: 지하 세계 신의 아내인 에테인은 엥거스에게 납치당했는데, 엥거스는 그녀를 어디에나 데리고 다닐 수 있도록 유리에 넣었다; B. 유리 성(城): 영국 전설에 나온다(북극광Aurora Borealis 참조; [(회전하는) 성castle; 낙원paradisc 참조]: a. 섬의 성지: '유리'=바다; b. 하늘의 어둠 속에 떠 있는 별똥별('은으로 된 성'=지옥); c. 둘 모두는 죽음과 달의 여신들과 관련이 있다(로버트 그레이브즈Robert Graves, 하얀 여신WG 109n.); C. 유리 산: a. =유리 성; b. 새벽(봄 혹은 다산) 공주를 풀어 주기 전에 태양신은 눈과 얼음으로 된 북쪽의 산을 정복해야만 한다; 일반적으로 태양신은 모든 종류의 동물(의인화된 구름, 바람, 빛 등)의 도움을 받는다; D. 여러 가지 색의 둥근 유리 돔: "삶은 다양한 색깔의 유리 돔처럼 영원의 하얀 광채를 얼룩지게 만든다."(퍼시 셸리Perch Shelley, "아도나이스

Adonais" 54f.); E. 유리 바다: a. (요한계시록Rev. 4, 6): 하나님의 보좌 앞에서 "수정과 같은"; b. 묵시록의 짐승을 이긴 사람들은 "하나님의 거문고를 가지고" 유리바다 곁에 서 있었다(요한계시록 15, 2); F. 유리 구체Globe of Glass, 구체globe 참조).

유리병, 물약병 vial **1.** 담아 주는 것에 관한 여성적 상징: 어머니 안에서 어머니 여름의 아름다움이 추운 겨울을 위해 증류된다(소네트Sonn. 6); **2.** 하나님의 진노의 대접들; 일곱 가지 재앙(요한계시록Rev. 16); **3.** 기름병(라틴어로는 '암풀래ampullae')은 캔터베리 순례 시대의 전형적인 기념품이었다(로마의 야자수palm for Rome, 산티아고의 소라고둥conch for Santiago 등 참조).

유모 nurse **1.** 파이드라Phaedra의 유모 이후로, 이 직업의 사람들은 실제적이고 솔직한 실용적 철학자로 표현되어왔다, 명예를 구하지 않았으며 필요하다면 마법의 도움을 받아서라도 더 큰 악을 피하기 위한 방종을 조언했고 이를 '오직 인간이기 때문에' 너그러이 용인하였다(에우리피데스Euripides, 이온Ion 예 471ff.; 로미오와 줄리엣Rom.의 유모nurse도 참조); **2.** 유모는 다음과 같은 경향이 있다; a. 신뢰할 수 없는 종교적 가르침을 주었다(오리게네스Origen., 콘트라셀숨CC. 6, 34; 아울렐리우스 클레멘스프루덴티우스Aurelius Clemens Prudentius, 아포테시스Apoth. 297); b. 알코올중독dipsomaniacs(오리게네스, 콘트라셀숨 6, 37; 안티옥의 유스타티우스Eustathius of Antioch, 엔가스트림Engastrim. 29); **3.** 플라톤은 영혼을 유모와 어머니라고 불렀다; **4.** 중세시대: 뛰어난 기사였던 케이 경은 그의 어머니보다 낮은 계급의 여성을 유모로 두었기 때문에 입이 거칠었다: 중세에 일반적으로 그렇게 생각되었다("멀린Merlin" 9장 45A f 이후; 또한 서문 CCXX 참조); **5.** 민속: 북유럽 전역에서 인간 유모에 대한 요정의 지극한 애정은 발견할 수 있다(로리 찰스 윔벌리Lowry Charles Wimberly, 영국과 스코틀랜드 민요의 민속이야기 p. 326; 또한 영국과 스코틀랜드 민요의 민속이야기 40); **6.** 꿈: 유모는 꿈꾼이의 누이를 상징한다; 꿈에서의 의사와 같은 의미를 갖고 있다(역주: 묵상, 치유, 무의식적 생각 등의 상징)(톰 체트윈드Tom Chetwynd).

유모차 perambulator 민속: 아기가 태어나기 전에 새 유모차를 집에 들이는 것은 불길하다; 이것은 신이나 운명에 대한 도전으로 요람의 경우도 마찬가지이다.

유물 relic 중세시대에는 종종 다음과 같은 유물로 맹세를 했다: 예 검이나 성서("멀린Merlin" 3, 18A 이하; 4, 25A 이하 등)

유성, 운석 meteor **1.** 오래된 유성은 하늘과의 직접적인 소통 또는 하늘의 선물로 여겨져 왔다: 예 에베소(에페소)의 디아나 신상, 즉 "주피터(=제우스)에게서 내려온 형상"(사도행전Acts 19, 35)은 아마도 운석이었을 것이다; **2.** 이것은 땅에서 끌어올려진 (증기의) '증발'에 의해 만들어진다고도 생각되었다(율리우스 카이사르Caes. 2, 1 참조); **3.** 이것은 하늘과의 연결을 통해 힘을 키우며 긍정적인 것일 수도 있고 부정적인 것일 수도 있다: a. 부정적: i. 제우스는 '밝은 별'을 선원들과 챙이 넓은 모자를 쓴 전사들에게 하나의 징조로 보냈다(호메로스Homer 11. 4, 75ff.); ii. 노르망디의 윌리엄에 떨어진 유성(또는 혜성)을 본 헤롤드왕의 두려움이 커졌다(베이유 벽걸이Bayeux tapestry 참조); b. 긍정적: 민속: '유성'을 보면서 소원을 빌면 성취된다; **4.** 혜성cometr 참조; 별sta.

유인원 ape **1.** 모방: "오, 잠이여! 너는 죽음의 유인원(모방)"(심벨린Cym. 2, 2); **2.** 정욕: a. 관능: "여자는 교회의 성도, 거리의 천사, 부엌의 악마, 침대의 유인원"(속담); b. 맹목적 정욕: "두 마리의 암컷은 유인원과 원숭이에 대해 '(심지어) 이런 식으로 수다를 떨면서 서로를 욕할 것이다'"(심벨린 1, 7); c. '동물성': "오랑우탕의 몸짓은 증기 속에서 올라온다"(토머스 S. 엘리엇Thomas S. Eliot, "똑바로 선 스위니Sweeney Erect"); **3.** 진리, 영생 등을 향한 발달의 단계(이집트); **4.** 인간이 되어 가는 발달의 마지막 단계; 그래서 미성숙한 인간을 의미한다(딜런 토머스Dylan Thomas, "내가 간지럽힘을 당한다면"); **5.** 영적 나태, 인간 안에 있는 낮은 동물적 본성: "위로 올라가서 야수를 처치하고 원숭이와 호랑이를 죽게 하라"(알프레드 테니슨 경 Lord Alfred Tennyson, "인 메모리엄In Memoriam" 118, 27); **6.** 순전히 외적 형식으로 보이는 예의, '유인원적인 예의'(리처드 3세의 비극R3 1, 2; 사랑의 헛수고LLL 5, 2; 요한복음John 5, 2; 뜻대로 하세요AYL 2, 5); **7.** 우울, 특히 달이 기울고 있을 때; **8.** 춤, 특히 보름달일 때 유인원들은 황홀하게 열광한다(마녀와의 관계): 플리니우스Pliny 8, 80; **9.** 광기, 악마 빙의, 악의: "때때로 나에 대해 얼굴을 찡그리고 잡담하는 유인원(악령)처럼 그리고 나를 물은 후에.."(템페스트Tp. 2, 2); **10.** 온순함과 분노: "…성난 원숭이처럼 약간 단순한 권위를 나타내는 옷을 차려입은… 사람은 너무 엄격해서" "천사들을 울게 만든다"(눈에는 눈, 이에는 이Meas. 2, 2); **11.** 원숭이의 왕, 더 많은 '왕king'에 대해서는 벌bee 참조; **12.** 미혼 여성과 관련된다: a. 중세: 유인원은 "그리스도도 남자도 사랑하지 않는" 여성을 위한 내세의 짝이다; b. "그러므로 나는 곰 사육사에게 진지하게 6펜스를 가져가서 그의 유인원을 지옥으로 인도하겠다"(헛소동Ado 2, 1); 속담은 알려져야 했다; **13.** "게으른 유인원": 국가의 쓸모없는 조언자(헨리 4세 2부2H4 4, 5); **14.** '유인원과 공작새'는 공작새peacocks 참조; **15.** 사후 심판: 사후에 깃털과 비교해 인간 영혼의 무게를 재는 것과 관련된다: 토트Toth와의 연관성에 대해서는 깃털feather 참조; **16.** 바구니 안의 원숭이: 알려지지 않은 이야기: 무슨 일이 일어날지 알아보기 위해 그는 바구니에 몰래 들어갔다가 목이 부러졌다(참고할 문헌: 덴마크의 왕자 햄릿Ham. 3, 4); **17.** 지브롤터와 연결된다: 유럽에서 유일한 토착 원숭이인 바바리 유인원. 유인원이 존재하는 한 영국인들은 지브롤터에 남을 것이라고 했다; **18.** 유인원의 천적은 표범이다; **19.** 문장heraldry(紋章): (거의 사용되지 않음) 거울과 함께 자주 사용: a. 교활함; b. 극도의 감수성; c. 사교성; d. 장거리 여행; **20.** 원숭이monkey, 개코원숭이/비비원숭이baboon 등도 참조.

▌유청 whey 1. 고대 북유럽: 대부분의 성분을 치즈로 만들고 남은 잔여물인 유청은 다음과 같은 용도로 사용되었다: a. 음용; b. 피클 만들기; c. 불끄기("기슬리의 사가Gisli's Saga" 3: "날의 사가Njal's Saga" 129); 2. 다음과 같은 의미는 일반적으로 부정적이다: 예 "유청같이 창백한 얼굴a little whey-face"(윈저의 즐거운 아낙네들MWW 1, 4, 22; 맥베스Mac. 5, 3, 17); 땀은 "피가 유청이 된 것이다."(보먼트와 플레처Beaumont-Fletcher, 필라스터Phil. 1, 294F.)

▌유충 larvae 로마: 사악한 영혼들은 산 자들을 겁주기 위해 이리저리 움직이도록 되어 있다; 그러므로 그들에게 사악한 정령을 의미하는 이름이 주어졌고 레무레스(역주: 죽은 자의 영혼)라고도 불렸다; 유충은 일반적으로 유령에게 붙인 이름이기도 했다.

▌유프라테스 Euphrates (강) **1.** 일반적으로 다음을 의미한다: a. 이름: 수메르어로는 'Buranunu'='거대한 강', 바빌로니아어로는 'Puratta'; 히브리어로는 'Perath'; 아랍어로는 'Nahr al Furat' 또는 'Frat'이다; b. 아시아에서 가장 큰 강이지만 수심이 얕기 때문에 거의 항해할 수 없다; 바람과 하천이 같은 방향으로 흘러가기 때문에 항해하기에 나쁘다; c. 많은 유명한 성읍들이 이 곳에 자리잡고 있었다: 바빌로니아('왕국의 영광The glory of kingdom'), 우르, 니푸르 등; d. 홍수 피해에 취약하지만 초기 운하 역할을 하여 매우 비옥했던 곳; **2.** 에덴동산의 네 번째 강(창세기Gen. 2, 14)으로 나중에 아브라함과 그의 후손에게 약속된 땅의 경계를 형성하게 된다(다른 하나는 나일강이다); **3.** 요한계시록Rev.에는 멸망을 일으키는 네 천사가 유프라테스강에서 일어나며(9, 14), 한 천사가 그 대접을 유프라테스강에 쏟으매 강물이 말랐다(16, 12); **4.** 돌이킬 수 없는 과정의 본질과 시간을 의미한다(다른 강과 마찬가지로); **5.** 물질세계(=바빌로니아)를 두 방향으로 가로질러 유동적인 우주: 퇴보와 진화의 두 방향; **6.** 티그리스 강Tigris 참조.

▌유향 frankincense 향Incense 참조.

▌유향나무 lentisk (나무) **1.** 유향나무mastic tree이며 학명은 '피스타샤 렌티스쿠스Pistacia lentiscus'이다; 이 나무는 많은 의학적 용도로 사용되었다(플리니우스Pliny 24, 28 참조); **2.** 사랑의 언어: a. 정숙과 순결; 아르테미스/디아나의 님프인 딕팀나에게 특히 사랑받는다. 딕팀나를 기리기 위해 그리스 처녀들은 유향나무로 자신을 꾸미기를 좋아했다; b. 키오스에서는 이 나무가 많이 자라며 유향나무의 수지를 먹는다(안젤로 드 구베르나티스Angelo de Gubernatis, 식물의 신화

MP 2, 194f.).

유향나무 mastic (나무) 1. '피스타치오' 과의 수지를 분비하는 나무 또는 관목; 2. 신화: 펜테우스는 유향나무에서 바쿠스의 여자들을 훔쳐보았다(테오크리토스Theocritus 26, 11); 3. 날씨 예측: 새싹은 1년에 세 번 쟁기질하는 계절에 맞춰 익으며, 이 새싹이 가져오는 부는 3년간의 곡물 수확에 해당한다(아라투스Aratus, 하늘의 현상Phaen. 1051ff.; 마르쿠스 툴리아스 키케로Marcus Tullius Cicero, 점술Div. 1, 9, 15); 4. 패션: 털을 면도하고 투명한 옷을 입고 향수를 뿌리는 것만큼이나 유향나무를 씹는 것은 여성적인 것이었다(알렉산드리아의 클레멘트Clement of Alexandria, 훈교자Paed. 3, 3과 11); 5. 약용: 코르넬리우스 켈수스Cornelius Celsus: a. 이것은 시오Scio(그리스 키오스섬)에서 유래했으며 현재 씹는 껌과 와인의 향료로 사용되는 테레빈 같은 껌을 만든다(일리아드Il, 서문ntr.: '피스타시아 렌티스쿠스Pistacia lentiscus'); b. 내적으로는 항우울제 및 청량제로(2, 33, 4), 외용으로는 부식제(5, 6) 및 귀의 염증 치료약으로(6, 7, 28) 사용될 수 있다; c. 유향나무 잎은 생식기 궤양의 치료에 사용되었다(6, 18, 2F).

유황 brimstone 1. 죄에 대한 형벌로서의 파멸: 지옥의 불; 2. 민속: 류머티즘(지옥과 관련된다: 불과 불의 싸움), 경련 등을 예방하는 것으로 전해진다; 3. 유황sulphur 참조.

육두구 nutmeg (향신료) 1. 제프리 초서Geoffrey Chaucer: 육두구를 에일 맥주에 넣었다("토파즈 경Sir Topaz"); 2. 딜런 토머스Dylan Thomas: "신랑과 신부를 괴롭히기 위해": a. 의례용 향신료: 견과nut 1번의 a. 참조; b. 최음제; c. 낙태(확실하지 않음): '아이'는 '사랑의 역병'이다.

윤광, 광륜 nimbus 1. 십자가: 삼위일체; 후광aureole, halo 그리고 만돌라mandorla 참조; 2. 원형circular: 성인saint; 3. 사각형: a. 사대 덕목The cardinal virtues(역주: 절제, 용기, 정의, 지혜); b. 중세시대: 살아 있는 교황, 군주 등; 4. 육면체: a. 성인의 한 단계 아래; b. 조토 디 본도네Giotto di Bondone의 작품 "가난Poverty"; 가운데에 끈이 있는 낡고 꿰맨 옷을 입은 여인의 머리 위의 윤광; 5. 검은색: 유다.

율리시스 Ulysses 오디세우스Odysseus 참조.

은 silver 1. 순결, 순수, 깨끗한 양심: a. 로마 가톨릭: 종교 의식에 사용되는 은성배 및 기타 도구, 예 종; b. 주님의 말씀은 "흙 도가니에 일곱 번 단련한 은 같도다"(시편Ps. 12, 6); 숫자 7은 은을 3과 연결한다; c. 아마도 던컨Duncan의 "은빛 피부silver skin"(그의 황금 피 옆: 맥베스Mac. 2, 3); 2. 순결, 처녀성: a. 디아나의 달과 관련된다: 디아나의 "은색 상징"(타이어의 왕자 페리클레스Per. 5, 3); b. "그녀의 순결한 색조를 지닌 은"(베니스의 상인Mer. V. 2, 7); 3. 지혜: "의인의 혀는 순은과 같거니와"(잠언Prov. 10, 20: 은은 말speech과 관련된다); 또한 "은을 구하는 것같이 그것[=지혜]을 구하며 감추어진 보배를 찾는 것같이 그것을 찾으면"(잠언 2, 4; 또한 시편 12, 6 참조)에서 은은 유사한 상징성을 지닌다; 4. 적의 말words은 황동으로, 아가멤논의 말은 "은으로 만들어야 한다[=새겨야 한다]"고 율리시스는 말했다; 4. 자비: 카발라Cabala; 5. 충성: 은에는 충성이 뒤따른다; 6. 배신: a. 데릴라(히브리어로 '나른한languish' 또는 아랍어로 '기만하다, 알리다'를 의미한다)가 삼손을 배반하는 대가로 은 5,500개(각 '방백prince'으로부터 은 1,100개씩)를 받았다; 여기서 은은 달의 여사제가 태양 왕을 죽이는 것과 같은 기만을 의미한다: 그녀는 '평원'(종종 참나무)이나 소레강가(=포도나무)에 살았다; 문맥을 들여다보면 마법과 관련된 내용으로 가득 차 있다(사사기Judg. 16, 5); b. 유다Judas는 은 삼십 냥에 그리스도를 배반했다; c. 그리스: 리카온Lycaon은 은잔에 팔렸다; d. "은무기": 뇌물(=은열쇠): 마케도니아의 필리포스philip가 사용한 용어; 7. 달, 밤: a. 황금태양의 제국인 낮의 반대; b. "은색 문Silver Doors": 태양의 궁전의 문으로 밤에 떠오른다(나소 P. 오비디우스Naso P. Ovid, 변신이야기Metam. 2, 4); c. 라Ra의 뼈는 은이었고 그의 팔다리는 황금이었으며 그의 머리카락은 청금석이었다; 8. 연금술: a. 디아나-루나, 물과 관련된 초승달; b. 은(=인간의 영spirit)+황금(=신의 영)은 함께 신성한 결혼, 신격에 이르는 길을 형성한다; c. 은(여성)+황금(남성)=자웅동체; d. 라틴어 '아룸 포타빌레aurum potabile'(액상 금)+달의 기름=치유; **9.** 문장heraldry(紋章): a. 순결, 순수, 신실; b. 지혜(정의로 보는 의견도 있다); c. 평화, 기쁨; 승자의 색깔; e. 거울, 진주와 관련된다; **10.** 구약성서: a. 제사장의 직분을 사고자 하는 사람들은 은 한 조각과 떡 한 덩이를 가져올 것이다(사무엘상서1Sam. 2, 36); b. 예레미야(예 6, 28−30)는 '타락한 은'이라고 불렀는데 이는 아마도 히브리 여성들이 은월silver moon 부적을 많이 사용했기 때문일 것이다; **11.** 다른 것과의 조합: A. 은의 시대: 은의 시대에 간음을 처음으로 행했다; 황금기 말에 아스트라이아Astraea는 '처녀자리Virgo'로서 하늘에 자리한 마지막 인간이었다(데키무스 유니우스 유베날리스Decimus Junius Juvenalis, 풍자시집Sat. 6, 19ff.); 또한 나이age 참조; B. 은의 성silver castle: 죽은 태양 왕의 영혼을 위한 낙원; C. 은궁silver bow의 신: 아폴로Apollo; **12.** 민속: 귀금속이므로 영혼과 마법에 저항한다: 은 총알이나 무기는 초자연적 힘과 싸우기 위해 종종 필요하다('강철'보다 훨씬 더 나음): 예 토끼는 마녀, 늑대 인간 등의 변신에 사용된다; 죽은 자의 눈 위에 은화를 놓으면 "함께 갈 사람을 찾지 못하도록" 할 수 있다; 또한 페니penny 참조; 13. 금속metals, 달moon 등 참조

▌은둔자 hermit **1.** 특정 시대에 은둔자가 되는 것은 일반적인 일이며 종종 부끄러운 행위를 저지른 후에 기사가 스스로에게 내리는 벌이다(키르케루도비코 아리오스토Ludovico Ariosto, 광란의 오를란도OF 46, 102); **2.** (추방당한) 연인들의 가장 흔한 위장은 은둔자와 순례자이다; 은둔자는 또한 (가짜) 마법사의 위장이기도 했다.

▌은둔자 카드 The Hermit (타로) **1.** 다른 이름: 현자, 카푸친회 수도승; 그는 고대의 지혜, 디오게네스를 상징한다; **2.** 다음과 같이 표현된다: 바깥쪽은 어둡고(지상) 안쪽은 푸른색(또는 노란색)인 (천상의) 긴 망토를 걸치고 있는 흰 수염의노인; 그는 때로 직선이거나 뱀처럼 구불하거나 물결모양인 지팡이를 들고 있다; 다른 쪽 손으로 간혹 진흙으로 만들어진(모든 세속적 지식의 '약한' 빛) (육면체의) 등불을 들고 있다; 일부 카드에는 배경에 산(금욕, '상승')이 있다(때로는 단순한 물결선이 있다); **3.** 다음을 상징한다: a. 방법을 알고 있는 절대 지혜; b. 완전한 탐구, 영원한 순례자; c. 외로운 불침번; d. 점성술: 천왕성, 해왕성과 사자자리.

▌은방울꽃 lily of the valley (식물) **1.** 앙증맞음, 향기로움; **2.** 겸손: 그늘을 선호한다; **3.** 봄의 귀환과 행복; **4.** 강림절을 의미하는 성모 마리아의 상징물; **5.** 아가서SoS에서 술람미 여인의 귀환과 이름(또한 백합lily 참조); **6.** 이스라엘의 상징; **7.** 점성술: 수성Mercury의 지배하에 있다; 그러므로 흐린 기억력을 회복하여 뇌를 다시 강하게 만든다; **8.** 민속: a. ="성모님의 눈물Our Lady's Tears"; 그녀의 눈물이 땅에 떨어진 곳에서 은방울꽃이 피었다; b. 그러나 때때로 불길한 징조: 이 꽃은 (유령같이) 흰 머리를 매달고 있다; 정원에 심은 은방울꽃은 심지어 집안에 죽음을 가져올 수도 있다; c. 은방울꽃을 증류한 물은 심장을 치유하여 영혼에 활력을 가져온다.

▌은하수 Milky Way **1.** 기원: A. 이집트: a. 소 여신 하토르의 젖(로셔Roscher 6, 1022ff. 참조); b. 이시스가 세트로부터 도망치다가 떨어뜨린 곡식; B. 그리스: a. 레아의 젖(히기누스Hyginus 2. 43, 디오도로스 시쿨로스Diodorus Siculus 4, 9); b. 헤라가 속아서 헤라클레스에게 젖을 먹이다가 급하게 그를 떼어 놓는 바람에 헤라의 젖이 우주로 분출되었다(파우사니아스Pausan. 9. 25, 2; 로버트 그레이브스Robert Graves, 그리스 신화GM 2, 94); c. 헤라클레스는 삼킬 수 있는 것보다 더 많은 양을 삼켜 기침을 했다(로버트 그레이브스, 하얀 여신WG 86); d. 비너스의 젖(딜런 토마스Dylan Thomas, "땅에 묻히지 않은 영원한 씨앗" 참조); e. 파에톤이 우주에 불을 붙이고 그것이 원형 의 경로로 통과한 공간을 불타오르게 하자 한 별이 탈출했다; C. 켈트족: '귀디온의 성': 귀디온이 블로듀웨드(로버트 그레이브스, 하얀 여신WG 86)에게 기만적인 죽음을 당한 후 러이 라우를 찾으면서 만든 길; D. 때로 신성한 불 또는 신의 정액; **2.** 기능: A. 신성한 강에서 신성한 아이(버려진)가 온다: 방주ark 등 참조, B. 영혼이 하늘로 올

라가는 길: a. 그리스: 신들의 궁전으로 가는 길; b. 로마: 신들의 궁전이 있고 천둥신 주피터의 옥좌로 연결되는 길: "저 높은 천국의 궁전Palatia"(나소 P. 오비디우스Naso P. Ovid, 변신이야기Metam. 1, 1 76ff.); c. 켈트족: 르구족의 사슬: 하늘과 땅을 잇는 다리; d. 민속: 영혼이 천국으로 갈 때 지나가는 "와틀링 거리Watling Street"; C. 로마: 육체에서 벗어나 우주를 바라보는 것을 즐기는 불멸의 영웅들의 거주지; D. 게르만족 Teutonic: 오딘이나 홀데의 길; E. 기독교: a. 사도 야고보의 길; b. '성자 월싱엄의 길Walsingham way'에 있는 유명한 성모 신전을 가리킨다.

음문, 외음부 vulva **1.** 다음을 상징한다: a. 원(모든 닫힌 도형: 예 대문자 D), 역삼각형, U자형; b. 초승달; c. 암소; d. 연꽃 등; **2.** 가부장적 사회에서는 이것이 악의 형태로 간주되며(여성woman도 참조), 그 악의 영향은 호의적인 (십자형) 남근으로 대응하여야 한다; **3.** 부정적이고 수동적인 원리; 퇴보; **4.** 처녀성 그리고 동시에 생명의 근원, 풍요의 가마솥 등; (남근은 어떤 창조적인 힘과도 연결될 수 있으므로) 모든 재생력을 나타낸다; **5.** 이집트에서 다산의 황소에 외음부를 노출시키는 것에 대해서는 황소bull 참조; **6.** 심리: '이빨 달린 질vagina dentata'에 대한 공포로 남성들이 이성과의 사랑을 두려워하는 것: 이빨 달린 질로 남성의 음경을 잘라 '가져가는' 여성들의 소위 남근 선망; **7.** 피blood, 성교coition, 남근phallus, 섹스sex 등 참조.

음보, 미터 metre **1.** 그리스: a. 그리스에서는 음보의 찬가를 디오니소스에게 바쳤다. 이 찬가는 정서적이고 변환적이었으며 겨울에 불려졌다; b. 아폴로에게는 음보의 승전가로 바쳐졌다: 이것은 조절되고 정숙한 것이었다; 1년 내내 불렸다(델포이의 예언자The E in Delphi 9); c. 트로이로 가기 전에 아가멤논은 그의 집에 강강격 음보를 연주하는 음악가를 두었는데 이는 그가 아내의 순결을 유지시키기 위해 한 것일 수 있다(토머스 나쉬Thomas Nashe, "불행한 여행자The Unfortunate Traveller 82; 에브리맨즈라이브러리 단편소설Ev. Sh. N. p. 330f. 참조); **2.** 고대 북유럽: 마법 주문을 걸 때는 음보와 운율이 수사보다 훨씬 효과적이다. 왜냐하면 마녀들은 음보로 된 것을 강박적으로 끝까지 듣기 때문이다. 또한 마녀들이 이 음보에 완전히 매료되기 때문에 음보와 라임에 더욱 집착하게 된다. 더욱이 이들은 복잡한 패턴을 따르려는 강박적 욕구를 갖고 있으며 이로 인해 생각이 흩어지고 혼란스러워진다; 음보와 결합된 이러한 패턴들은 북유럽 사람들이 뱀 모양의 글씨와 꼬여있는 줄띠를 만들어 내게 했다. 이것들이 악을 막고 복을 가져다준다고 믿었다(찰스 고드프리 릴랜드Charles Godfrey Leland, 98).

음부 gable 로버트 번스Robert Burns의 작품에서 여성의 생식기: a. "튕겨서 움직인 음부gable를 세게 쳤다(그녀의 음부에서 당신은 많은 것을 때리고 쳤다: 로버트 번스, "진실과 명예의 이름으로In Truth and Honour's Name" 91f); b. "이리 와서 당신의 음경을 잡고 내 음부gable에 대고 때려라"("와서 나에게 갚으라 Come rede me" 23f).

음식 food **1.** 음식 자체에 내재되어 있고 신성한 존재의 통합인 신성한 생명의 가시적 형태: "빵의 영혼"=오시리스의 영혼, 성찬=그리스도의 몸; **2.** 원래 다산 영웅들이 하는 것처럼 생명과 불멸의 교차점에 도달하기 위해서는 희생제물로 바친 음식은 죽인 동물이거나 떼어낸 빵이거나 부을 신주여야 했다: 오시리스의 절단, 그리스도의 십자가 처형 등; **3.** 금기시된 음식의 대부분은('부정한' 것으로 여겨진 초기 단계에서) 그것이 신에게 신성한 것이라는 사실에서 비롯되었다; 이 음식은 신의 연회에서만 먹는 것이 일반적이었다: 예 영국에서는 보통 돼지고기가 '부정한' 것으로 여겨졌음에도 불구하고 성탄 멧돼지는 성탄 계절 동안에 먹는 음식이었다; **4.** 음식에 대한 금기를 어기는 것은 죽음을 가져왔지만(그리고 가져오지만) 그보다 더 많이 '나병'을 가져온다(농업의 풍요의 신이나 신성한 사냥꾼으로서 위대한 여신의 보호를 받는 많은 동물들이 신성한 것으로 금기되었다; 금기를 어긴 것에 대한 벌로 그녀는 사람들을 '하얗게' 변하게 했다); 이러한 측면에 대해 아담과 이브도 참조; **5.** 지하세계에서 음식을 먹는다는 것은 누군가 그곳에 머물러야 한다는 것을 의미했다; 아래의 페르세포네Persephone 참조; **6.** 음식의 공유: a. 친족 관계 및 우정; b. '결속'을 만든다. 특히 순환 운동으로 설정된 법칙을 만든다; 하데스의 석류 씨앗(다산의 씨앗)을 먹은 페르세포네는 일 년 중 일부를 지하세계(식물의 삶)에서 보내야 했다; 결속은 음식을 나눈 사람들이 서로를 죽이는 것을 금지한다: 예 벨레로폰을 죽이지 않은 이오바테스(리코프론의 트제트제스Tzetzes on Lycophron 17; 또한 로디우스의 아폴로니우스Apollonius Rhodius 3, 377ff. 참조); **7.** 붉은 음식: (그리스) 죽은 자를 위해 준비된 음식, 단 장례 의식과 조상숭배 의식에서는 제외; **8.** 먹기eating; 식사meal 등 참조.

음식 공급자 caterer **1.** 착취적인 도시의 수호자들을 경멸적으로 부르는 말(플라톤Plato, 국가론Rep. 4, 412b); **2.** 옳지 않은 왕들에게 경멸적으로 사용되었다(디오 코케이아누스 크리소스토무스Dio Cocceianus Chrysostomus 1, 13).

음악 music **1.** 종교: (불 및 연기와 관련됨): a. 구약성서에서 공식 제사에 점차적으로 더 많이 사용되었다; b. 음악은 선지자들(예언자)이 사용한 가장 효과적인 최면 유도제였다; c. 거친 음악은 아래 참조; **2.** 위대한 치유자: a. 흔한 강장제(예 리어왕Lr. 4, 7; 덴마크의 왕자 햄릿Ham. 3, 4); b. 광기 치료: 다윗이 사울을 사로잡았던 '악령'을 쫓아내기 위해 사용; "불안정한 환상에 최고의 위안"(템페스트Tp. 5, 1); c. 시인이자 변호사였던 탈레스(탈레타스)는 그의 음악으로 스파르타의 전염병을 막았다; d. 음악은 심지어 죽은 사람들을 소생시킬 수 있다: "음악이여 그녀를 깨워라: 두드려라"(겨울이야기Wint. 5, 3; 타이어의 왕자 페리클레스Per. 3, 2); **3.** 풍요과 관련된다: a. 모든 풍요의 신들은 자신들만의 (비를 내리게 하는) 도구를 가지고 있다: 흔히 편경과 방울, 시스트럼(이시스), 심벌즈와 탬버린(키벨레), 리라(아폴로) 등; b. 엘리사 시대에 음유시인의 연주는 기적적인 황홀경으로 광야에서 물이 나게 했다(열왕기하서2Kings 3, 15 이하); **4.** 창의성: a. 혼돈으로부터 솟아오르는 조화; b. 전헬레니즘 시대의 여신들은 리라를 가지고 창조했다; c. 종종 도시의 설립과 관련된다. 아폴로는 도시 설립의 기초를 놓는 자이다(칼리마쿠스Callimachus, 열두 번째 찬가H12. 57); **5.** 죽음: 예 죽음의 소망을 상징하는 하프 연주자; **6.** 천구의 음악: 행성들은 동심원을 그리며 회전하며 공중에서 윙윙거리거나 웅웅거린다. 모든 행성의 궤도는 오직 신들에게만 들리는 천상의 음악을 가지고 있다; 이것들의 궤도는 현이 원 모양으로 구부러져 있는 리라와 비슷하다: 지구 대 달은 1음계; 달 대 수성은 반음계; 수성 대 금성은 반음계; 태양 대 화성은 1음계; 화성 대 목성은 반음계; 목성 대 토성은 반음계; 항성에 대한 토성은 단3도; 그러므로 피타고라스 척도로 운행한다: C–D–Es–E–G–A–Bes–B–D(4분음계를 가진 다른 척도가 사용되기 전; 아그립파Agrippa, 오컬트 철학OP 24 참조); **7.** 의지: 쇼펜하우어: 순수한 의지의 표현; **8.** 조롱: "나는 그들의 음악이다"=나는 그들의 풍자적인 노래의 주제가가 되었다(예레미야 애가Lament 3, 63); **9.** 물질: a. 귀족 및 전사들을 위한 금속 악기: 고위 직위와 관련된다; b. 목재 악기: 일반인, 양치기 등을 위한 것; 계곡 및 언덕과 관련된다; **10.** 거친 음악: a. 죄악으로 인해 자연의 균형(운명–테미스–'정의')이 깨졌을 때 필요하다(특히 성적인 균형): 어떤 것이든 큰 소리(주전자, 팬 등)를 낼 수 있는 것을 가지고 겁을 주기 위해 행렬을 형성했다; b. 또한 희생제물이 내는 불길한 소리를 감추기 위해 시끄러운 음악이 필요했다(예 로디우스의 아폴로니우스Apollonius Rhodius 1, 1136; 플리니우스Pliny 28, 3 등); c. 잠자는 풍요의 신을 깨우기 위해 필요했다: 예 애플 웨슬링 술Apple-Wassailing; **11.** 피아노piano 및 기타 개별 악기 참조.

음유시인 minstrel **1.** 일반적인 상징성에 대해서는 음유시인bard 참조; **2.** 신약성서: 야이로의 집에 고용된 애도자들; 최소한 피리 부는 자 두 명과 대신 곡하는 여자 한 명이 있었다(예 마태복음Matth. 9, 23); **3.** 제프리 초서Geoffrey Chaucer: 술에 취하고 방탕한 사람들은 그들의 불명예스러움에 주의를 환기시키는 음유시인을 앞세우고 감옥으로 끌려갔다("요리사 이야기Cook's Tale"); **4.** 예수의 탄생 장면(성탄도)에 있던 목자들은 음유시인이었다(음유시인과 동행했다); **5.** 신의 음유시인은 거지들이었다(예 윌리엄 랭글란드William Langland, 플로우먼에 관한 비전PP 13권).

음유시인 카드 The Minstrel (타로카드) 1. 이것의 다른 이름: 마법사, 동방박사, 곡예사, 바가텔; 2. 다음을

상징한다: 가운(또는 여러 가지 색의 드레스)을 입은 다양한 연령대의 남자; 그는 손에 곤봉(남근 모양)을 들고 앞 테이블에 다른 상징의 옷을 입고 누워 있는 사람을 바라보고 있다; 때로 테이블 모서리에 숫양의 머리가 장식되어 있다. 그의 머리에는(또는 머리 위에) 가로로 누운 '8'자(수학, 영원의 상징)가 있다. 또는 그가 쓴 모자의 테두리가 누운 8자 형태이다. 그는 때로 꼬리(영원)를 물고 있는 뱀을 허리띠로 착용한다; 3. 다음을 의미한다: a. 우리를 타로카드의 신비(이 카드는 메이저 알카나 카드의 첫 번째 카드), 지혜의 신비, 최고 예술의 신비로 안내하는 마법사; 그는 위대한 '마법사'이다; b. (초)의식성(super)consciousness; c. 하우저먼 필그림; 오컬트적인 숨겨진 힘과 싸웠던 탐구자; d. 대사제와 합일하기 전 황제의 현현; 그는 그 바보(시적 표현)와 강한 친밀감을 갖고 있다; e. 점성술: 메르쿠리우스(그는 신비로운 풍요 여신 카리테스를 데려온다); 때로는 태양.

의복 raiment **1.** 일반적인 상징성: 옷clothes과 의복garment 참조; **2.** 성서: a. 영생(예 마태복음Matth. 6, 25); b. 의복은 물질적 사치이며 세례요한의 머리 및 옷과는 반대된다(마태복음 11, 8).

의복, 옷 garment **1.** 부(富); **2.** 몸: 허수아비scarecrow 참조; **3.** 순수함의 결핍: 타락의 결과; **4.** 지식: 낙원의 나무와 관련된다; **5.** 인간 내면의 반영: a. 슬픔: "그의 빈 옷을 그의 형상으로 채워라"(존왕의 삶과 죽음K. John 3, 4); b. 아래의 흰색 등 참조; **6.** 존재 상태의 반영: **A.** 긍정적인 면: a. 영광: 하나님: "주께서 빛으로 자기를 가리우시며 의복같이 하시나이다"(시편Ps. 104, 2); b. 축제: "아름다운 옷을 입으라"(이사야서Isa. 52, 1); c. 보증: "이방인에게 보증을 선 사람의 옷을 빼앗으라"(잠언Prov. 20, 16 및 27, 13); '빌리는 것loan'의 8번 참조; d. 위로로서의 찬양: (그들에게) "슬픔의 옷을 벗고 찬양하는 옷을 입히시며"(이사야서 61, 3); e. 구원의 옷(이사야서 61, 10); **B.** 부정적인 면: a. 소멸: "모든 세대가 의복같이 낡으리니"(시편 102, 26; 이사야서 50, 9에서 적에 대해 말하고, 51, 6에서 땅에 대해 말한다); b. 고난: 시편 기자는 자신이 경멸받는 자라고 말하면서: "그들이 내 겉옷을 나누며 속옷을 제비 뽑나이다"(22, 18); 전도자들에 의해 이 본문은 그리스도에게 적용되었다(마태복음Matth. 27, 35; 마가복음Mark 15, 24; 누가복음Luke 23, 24); c. 저주: (적) "저주하기를 옷 입듯 하더니"(시편 109, 18); d. 폭력: "강포가 저희의 입은 옷이며"(시편 73, 6); e. 복수(이사야서 59, 17); f. 겸손함: 영웅은 종종 보잘 것 없는 옷차림으로 변장했다; 천체의 초기 미약한 빛과 관련된다; **7.** 옷은 입은(혹은 입었던) 사람의 능력을 공유한다: a. 엘리야는 엘리사에게 겉옷을 던져 주었는데, 그때 엘리사는 멍에를 메고 밭을 갈고 있던 열두 번째 소와 함께 있었다[참조: 제일 성전의 '부어 만든 바다'에 있는, 그해의 번식력을 상징하는 열두 마리의 소: 열왕기상서1Kings 19, 19]; 나중에 그는 그 겉옷(열왕기하서2Kings 2, 13)과 그에 따른 힘을 물려받았다; b. 기독교: 수년 동안 혈루증을 앓던 여인이 그리스도의 옷자락을 만지자 그는 힘이 그에게서 빠져나가는 것을 느꼈다(마태복음 9, 21); **8.** 구약성서: a. 옷은 종종 대출 담보물로 제공된다(잠언 20, 16); 율법에 따라 즉시 돌려줘야 한다; b. 불가능: "바람을 그 장중에 모은 자가 누구며 물을 옷에 싼 자가 누구냐?"(잠언 30, 4); c. 반역: i. 요셉의 옷은 그가 주인의 아내를 성추행했다는 것을 증명하는 것이었다(창세기Gen. 39); ii. 아간Achan은 여리고의 전리품에서 "아름다운 바빌로니아 옷"과 은과 황금을 가져와서 재앙을 불러왔다(여호수아Josh. 7); 그것들은 "저주받은 물건"이었기 때문이다; iii. 게하시가 나병 환자가 된 것은 엘리사가 거절한 나아만의 옷과 다른 재물을 가져갔기 때문이다(열왕기하서 5); **9.** 신약성서: 구멍 난 낡은 옷에 새 천('가공되지 않은')을 붙이면 그 천이 줄어들기 시작하면서 더 크게 찢어진다: 낡은 방식 위에 새로운 삶의 방식이 덧붙여지는 것(마태복음 9, 16); **10.** 다른 것과의 조합: A. 옷자락이 넓은 옷: 전형적인 바리새인의 모습(마태복음 23, 5); B. 옷을 찢는 것: a. 슬픔에 대해 외적으로 애도하는 표현; b. 참회의 표시: "너희의 옷을 찢지 말고 마음을 찢고 너희 하나님 여호와께로 돌아올지어다(요엘서Joel 2, 13); C. 솔기가 없는 옷: a. 그리스도의 옷(6번의 B, b 참조); b. 순수성, 단일성, 신성; D. 빛나는 옷: 그리스도의 부활을 알린 두 천사(누가복음 20, 4, 마가복음 16, 5에는 "길고 흰 옷을 입은" 한 청년이라는 구절이 있다); E. 주

머니가 없는 옷: 우리의 마지막 옷: 수의(속담); **11.** 색상: A. 흰색: 일반적으로 이스라엘 사람들은 여러 가지 색의 옷을 좋아한다(요셉의 옷); 흰 옷은 이집트인의 관습이었다; 그러나 흰 옷을 입는 것을 권장한다(=즐겁게 놀아라); 후대의 문헌에서는 흰옷은 일상적인 옷의 색이다: a. 천상의 존재(전도서Eccl. 9, 8 참조); b. 중요한 사람들; c. 잔치feast에 대해서는 10번의 D 참조; B. 다양한 색상: a. 다양하고 광범위한 지식; b. 불일치; c. 다양한 가능성: 자유 의지의 상징; d. 이중성에 대한 유대인들의 두려움 때문에 옷 한 벌에 아마포(린넨)와 양모를 함께 직조하는 것이 금지되었다(레위기Lev. 19, 19; 신명기Deut. 22, 11); 참조: 황소와 나귀로 쟁기질을 하거나 다른 성별의 옷을 입는 것에 대한 금지; **12.** 민속: 악령, 요정 등을 쫓기 위해 낡은 옷을 요람에 넣었다; **13.** 옷clothes, 드레스dress; 벌거벗음nakedness 참조.

의사 physician 의사doctor 참조.

의사, 박사 doctor **1.** 존재를 정화한다; **2.** 풍경: 산봉우리와 관련됨; 고상한 정신; **3.** 마술과 관련된다; **4.** 민속: a. 진료비를 전액 지불하는 것은 불운한 것: 자랑하는 만큼 위험하다; b. 일곱 번째 자식의 또 일곱 번째 자식이 의사가 되면 그는 매우 훌륭한 의사가 될 것이다; c. 동요: "나는 당신을 좋아하지 않아요. 펠 박사님, 그 이유는 알 수 없어요"; 여기서 박사는 실제 박사(크라이스트 처치Christ Church대학 학과장)를 가리키지만, 이 동요 자체가 로마의 풍자시인 마르쿠스 마르티알리스Marcus Valerius Martialis(1, 32)의 짧은 풍자시를 쉽게 풀어 쓴 더 오래된 글을 수정한 것이다.

의자 chair **1.** 잠시 멈춤, 휴식, 노년: "활기 없이 늙고 약하고 잘 움직이지 못할 때 아버지를 축 처진 의자로 데려가야 한다…"(헨리 6세 1부1H6 4, 5); **2.** 왕좌throne 참조: a. 지휘권, 통치권; b. 판단: i. 윈저 성의 세인트 조지 교회 안 "명령의 의자"(지혜서Wisee 5, 5 참조); ii. "정의의 의자"(코리올리아누스Cor. 3, 3 참조); iii. 의장직(헨리 8세의 생애에 관한 유명한 역사H8. 4, 1); c. 지구의 배꼽, 중심; **3.** 망각의 의자: 하데스에서 테세우스와 페이리토스가 앉았다(아폴로도로스Apollodorus, 설명Epit. 1, 24); **4.** 빈 의자: a. 지휘자의 부재; b. 죽은 사람 또는 그의 유령의 의자: "맥베스Mac."에 나오는 뱅쿠오Banquo의 유령 참조; c. 부재하는 사람에 대한 존경심; d. 히브리인: i. 엘리야의 의자; ii. 사제인 엘리는 자신의 아들의 죽음과 궤를 잃었다는 슬픈 소식에 의자에서 뒤로 넘어져 목이 부러졌다(사무엘상서1Sam. 4, 18); **5.** 은silver 의자: 달(디아나Diana)의 은 의자: "순결하고 아름다운 여왕이자 사냥꾼, 이제 태양이 잠자리에 들었으니 당신의 은 의자에 앉아 평소와 같은 상태를 유지하네"(벤 존슨Ben Jonson, "신시아의 향연Cynthia's Revels" 5, 3); **6.** 민속: a. 방문객이 방문한 집을 떠날 때 의자를 벽에 기대 놓으면 그는 다시 그 집에 오지 못할 것이기 때문에 불운한 징조이다; b. 소녀가 의자를 넘어뜨리면 결혼할 기회가 사라질 수 있다; **7.** 좌석seat도 참조.

이 E **1.** 히브리어의 'he'에 해당한다. 아마도 (격자) 창문(또는 울타리)에서 유래; 이집트 상형문자: 오리duck; 그리스어 'eimi'(=존재함to be)와 관련된다: '…인 그He Who Is'(또는 '당신은 …이다Thou Art'), 아폴로와 관련된다(여호와와 연관되는 것과 마찬가지로); 켈트어: (흰색) 포플러나무(white) poplar; 앵글로색슨어: 주목yew-tree 또는 말horse; **2.** 다음을 상징한다: a. 솔로몬의 인장; b. 희망, 후함; c. 흥분, 에너지; d. 논리: 일반적으로 부정적인 견해; e. 로이드 서적Lloyd's books 2등급; **3.** 다음에 상응한다: a. 계절: 추분; b. 신체: 간; c. 점성술: 수성, 양자리; d. 타로카드: 대사제 카드.

이 louse **1.** 해충: 이집트에서 모세의 세 번째 재앙: 이것은 특히 가을철에 흔한 모기, 각다귀 또는 모래 해충이었을 것이다; **2.** 사랑: "수많은 하얀 이가 문장heraldry(紋章)의 문양을 닮게 만든다[문장의 문양이 낡아 희미해진 것]… 이는 인간에게 친숙한 것이며 사랑을 의미한다"(윈저가의 즐거운 아낙네들Wiv. 1, 1); **3.** 민속: 종종 마녀들이 이lice를 보낸다; **4.** 나병leprosy 참조.

이그드라실 Yggdrasil 북유럽 신화에서: 탁월한 우주목 또는 세계수로 표현된다: '오딘의 말horse'; 재ash

참조.

이끼 lichen (식물) **1.** 고난: 높은 고도, 위도, 양분 부족 등의 가장 가혹한 조건에서도 살아남을 수 있다; 이것은 종종 바위의 불가능한 틈새에서 자란다; **2.** 고독; **3.** 낙담.

이끼 moss (식물) **1.** 모성애; 감싸서 보호하는 것; **2.** 겸손, 봉사; **3.** 우정; **4.** 기생충(실수연발Err. 2, 2); 담쟁이덩굴ivy 참조; **5.** 지루함.

이다산 Mt. Ida **1.** 일반적으로 다음을 의미한다: 제우스가 태어났던 크레타의 산과 파리스가 자라고 제우스가 트로이 전쟁을 보았던 프리기아/소아시아 지역의 산맥; **2.** 아시아의 이다산에서 나온 송진은 와인 저장 용기의 재료로 인기가 있었다(플리니우스Pliny 14, 25).

이름 name **1.** 영혼, 인간의 생명력의 고유한 부분; 그러므로 반드시 '이름을 가져야 한다' 바벨탑을 세우는 목적은 '이름을 내고'(창세기Gen. 11, 4), 온 지면에 널리 흩어짐을 면하는 것이었다: 탑tower 참조; **2.** 마법을 걸 때 이름을 알고 있는 것은 매우 중요하다: a. 싸우고 있는 존재의 이름: 퇴마 의식에서 한 사람을 잠식한 특정한 악령의 이름을 알고 소리 내어 말해야 한다(바빌로니아 시대부터). 그러므로 예수님께서 물으시되, "네 이름은 무엇이냐? 하시매 그가 대답하여 이르되, 내 이름은 군단이오니 이는 우리가 많기 때문이니이다"(마가복음Mark 5, 9); b. 도움을 청하고자 하는 신의 이름: 만약 신의 이름을 알면 신의 마법의 힘을 마음대로 사용할 수 있다. 그러므로 이집트인들은 종종 신의 이름을 비밀로 하여 신의 마법의 힘을 분산시키지 않았다; 이는 모세로 하여금 하나님의 이름을 물어보게 만들었다(출애굽기Ex. 6, 3 플리니우스Pliny 28, 4 참조). 모세의 능력은 주로 하나님의 이름에 대한 그의 지식에서 비롯되었다: 예 "내가 아브라함과 이삭과 야곱에게 전능자 하나님의 이름으로 나타났으나 나의 이름을 여호와로는 그들에게 알리지 아니하였다"(출애굽기 6, 3); **3.** 사람들은 종종 공식적인 이름과 더불어 적들이 알지 못하는 개인적이고 비밀스러운 이름을 갖는 것이 더 안전하다고 생각했다. 심지어 도시에도 그러한 이름이 있었다(플리니우스 3, 5); **4.** 삶의 새로운 국면에 접어들 때 새로운 이름을 받거나 또 다른 이름을 갖는다: 예 견진성사, 결혼(여성의 경우), 수도자나 수녀가 될 때 등; **5.** 이름은 그 이름이 나타내는 것의 힘을 갖고 있다. 신(과 악마)의 이름은 더 안전한 이름, 즉 직접 명명할 수 없는 존재, 무리의 주인(하데스), 사악한 존재 등으로 대체되어야 한다; **6.** 민속: a. 선택: 어린이의 이름을 선택하는 것은 매우 중요하다. 어린이의 이름은 성서 페이지를 무작위로 펼쳐서 나온 이름을 성별에 따라 선택했다(신에게 선택을 맡기는 것). 어떤 사람의 이름을 따서 어린 아이의 이름을 짓는 것은 그 사람의 특성을 '상속'한다는 의미이므로 죽은 형제 등의 이름을 따라 지어서는 안 된다; b. 금기: 세례를 받기 전까지 아이의 이름을 비밀로 하는 것 등이 있다(마녀의 영향에 좌우되기 전에); c. 선원들: 선원들에게 배의 이름을 바꾸는 것은 불운을 의미한다: 예 루시태니아Lusitania호, 메리 셀레스트the Mary Celeste호; **7.** 단어word 참조.

이마 forehead **1.** 머리의 상징성: 지식, 지혜 등; 이마 눈썹brow 참조; **2.** 사람의 성품을 반영하는 곳: "네가 창녀의 이마를 가지고도"(예레미야서Jer. 3, 3); 이것은 베일이나 장신구를 가리킬 수도 있고, 인격을 나타내는 거울을 의미할 수도 있다; **3.** 사람의 감정을 반영하는 곳: a. "암울한 전쟁이 끝나고 그의 주름진 얼굴의 상심도 잦아들었다"(리처드 3세의 비극R3 1, 1); b. "…고통과 슬픔이 이마에 주름졌다"(덴마크의 왕자 햄릿Ham. 1, 2); **4.** 이마를 사람의 방패로 삼았다: 여호와께서 에스겔에게(3, 9) "내가 네 이마를 부싯돌보다 단단하게 하였노라": 그가 예언할 때 이스라엘 백성이 대적하는 것을 견딜 수 있게 하려 함이라: 감정의 "보루bastion"(예레미야서 5, 3 참조; 이곳에서 이스라엘 자손들이 그들의 '얼굴'을 바위보다 더 단단하게 만든 곳이다; **5.** 경건함: 예 로마 가톨릭교회에서의 재의 수요일에 이마에 재를 바르는 것; **6.** 형벌로 낙인을 찍는 얼굴 부위: 예 구약성서의 가인의 표시일 뿐 아니라 죄인과 노예 표시로 사용되었다; 이마는 바람난 아내를 둔 남자가 되는 것과 관련 있다(예 시릴 터너Cyril Tourneur, "복수자의 비극Rev. Trag.", 여

러 곳에서 언급됨: 예 2, 2); 7. 중세시대에 넓은 이마는 여성의 아름다움을 나타내는 자산이었다: 예 제프리 초서Geoffery Chaucer의 작품에 나오는 수녀의 이마는 최소한 '손가락 한 뼘 정도로 넓은' 정도였다.

이마눈썹 brow 1. 감정을 나타낸다: "비통함으로 일그러지는 눈썹"(덴마크의 왕자 햄릿Ham. 1, 2); 2. 개인의 특성이 찍혀 있는 장소: a. "정의의 눈썹인 것처럼 보이는 이 얼굴을 보라"(헨리 4세 1부1H4 4, 3); b. "내 참된 어머니의 순결하고 깨끗한 눈썹 바로 아래에 매춘부라고 낙인찍는 꼴일 것이요"(덴마크의 왕자 햄릿 4, 5); c. 우아함: "이분의 이마 위에 어떠한 미덕이 서려 있나 보세요"(덴마크의 왕자 햄릿 3, 4); d. 승리: "손상을 가져오는 모든 취약함, 굴종하는 모든 비통함, 승리로 빛나는 눈썹에서 이것들의 단 하나의 목소리를 들어 보세요"(매튜 아널드Matthew Arnold, "셰익스피어Shakespeare"); e. 순수: "흐려지지 않는 순수한 이마와 꿈꾸는 경이로운 눈을 가진 아이"(루이스 캐럴Lewis Carroll, "거울나라의 앨리스Through the Looking-Glass", 도입부); f. 가인의 수포(물집)와 대조되는 장미 참조; 3. 하늘색 눈썹: 대양의 하늘색 눈썹: "시간은 얇은 하늘색 눈썹에 주름을 만들지 않는다: 세상이 창조되었을 때와 똑같이 파도는 너를 포효한다"(조오지 바이런 경George Byron, "헤럴드 귀공자의 순례Childe Harold's Pilgr" 4); 4. 이마forehead 참조.

이발사 barber 1. 기원: a. 희생제의에서 사제가 희생제물의 (강한 마법의 힘을 가진) 털을 자른 것에서 유래했다(또한 머리카락/털hair 참조); b. 제의의 집행인도 외과의사(치유주술사)였다: 예 "브르타뉴의 어떤 의사baber도 너의 피를 멈추게 할 수 없다"(토머스 맬러리 경Sir Thomas Malory 5, 10); 2. 상징: a. 이발소 기둥: 금색 손잡이가 달린(아마도 환자의 옷을 보호하는 도구였을 것이다) 나선형의 흰색과 붉은색(피색) 줄무늬(본래 막대기에 칠해진 것이었다); 왕의 죽음과 관련된 일반적인 남근의 생식력의 상징이었을 가능성이 있다; b. 면도 대야: 예 돈키호테의 두 번째 투구; 3. 소문과 스캔들 유포자; 4. 이발소 의자: 모든 엉덩이에 적합하다(실수연발Err. 2, 2).

이브 Eve 1. 꾸밈없음, 순진함; 2. 아름다움: "아담은 태어날 때부터 가장 선한 남자였고 이브는 딸들 중 가장 아름다운 여자였다."(존 밀턴John Milton, 실낙원Par. L. 4, 323f.); 3. 온유함; 4. 실 잣는 사람(오래전부터 전통적인 여성의 일): "아담이 밭을 갈고 이브가 베를 짜고 있을 때 누가 신사였습니까?(존 볼John Ball에게 기인함); 5. 영지주의: 영지주의자들이 주장하는 것은 여호와일 수도 있는 어떤 열등한 존재가 세상을 창조했고(이는 유대인이 선택받은 민족이라는 믿음을 깨트린다), 지혜의 뱀("소피아")은 이브에게 창조주의 거짓말에 대해 경고했다는 것이다; 6. 성 아우구스티누스St. Augustine: 아담과 이브는 타락 전에는 정욕 없이 성교를 했다고 해석했다; 7. 중세시대: a. 아담의 옆구리에서 나온 이브는 예수의 옆구리에서 흘러나온 피(=성찬Euchanist)와 물(=세례Baptism)의 예표이다; b. 이브(에바Eva, 물질, 삶의 형식적 측면, 모든 물질적 삶의 어머니)가 어디에서 잘못되었는지를 논하는 중세의 탁상공론은 끝이 없었고 모든 영혼의 어머니로서 마리아(에이브Ave)는 이를 바로잡았다. 참조: 에로스-아레스; 8. 자부심: 이브의 유산(베로나의 두 신사Gent. 3, 1); 9. 이브=뱀serpent=지하세계의 여신: 참조: 뱀serpent (K번의 2).

이삭 Isaac 1. 아브라함의 아들; 2. 그의 이름은 '웃음'이라는 뜻이다; 3. 필로 유다이오스Philo Judaeus: a. 영혼의 웃음; 환희, 기쁨(특별한 율법에 관하여Leg. Al. 3, 87); b. 쉽게 현명해진 사람: i. 그는 아브라함이 깨달음을 얻기 위해 가야 했던 고된 길과는 사뭇 다른 자기 깨달음이라는 더 고귀한 은사를 받았다(예 아벨의 탄생에 관하여Sacr. 6); ii. 다른 사람의 목소리와 다른 스승을 통하지 않고 스스로 덕을 얻은 사람들의 본보기(술취함Ebr. 94); 4. 장차 올 그리스도의 상징: a. 그에게는 그리스도가 십자가를 졌듯이 자기희생을 위한 자신의 '나무'가 있었다(테르툴리아누스Tertullian, 유디트서Jud. 13); b. 그는 (장차 오실) 영적 신랑인 예수의 예표가 되었다(암브로즈Ambrose, '이삭의 아니마Isaacen Anima'. 실낙원Par. L. 14, 501ff; 누가복음 해설집El 서론 p. 9).

이새 Jesse (이름) 이새의 나무: 이새는 땅 위에서 잠을 자고 있는 존경할 만한 노인으로 묘사된다; 그의 배꼽에서 튼실한 가지가 뻗어 나와 무성한 가지가 되며 각 가지에 있는 반쯤 열린 꽃받침은 그리스도의 조상의 이름을 하나씩 갖고 있다; 여기에는 주요 선지자들이 포함된다; 마리아는 맨 윗부분에 있으며 그녀의 품에는 신성한 아들이 안겨 있다; 보통은 그녀의 가슴에 초승달이 있다(달의 여신).

이슈타르 Ishtar **1.** 식물의 여신: 매년 그녀는 아들이자 연인을 구하기 위해 지하세계로 내려가는 길에 짐꾼들에게 몸값으로 옷가지를 건넨다; 마침내 그녀는 여왕 아랄루 앞에 벌거벗은 채로 서 있다가 다시 돌아와 점차 자신의 옷을 입으면서 지상세계로 올라간다: a. 초목 부족을 상징하는 벌거벗음; b. 달의 단계; c. 모든 순환적 존재; **2.** 가나안 형태인 아스타르테의 가나안 버전이 성서에서 종종 발견된다: 홍미로운 뿔이 있는 형상이 등장하며 그녀에 대한 숭배(그리고 그에 수반되는 종교적 매춘)가 자주 언급된다; 그녀는 종종 '바알'(=주님the Lord)과 함께 숭배받았다. 그러나 그녀는 아세라와 구별되어야 한다; 때로는 공식적으로 언급되기도 한다(예 솔로몬과 관련하여 열왕기서Kings 11, 5과 33 참조). 때로 그녀의 이름은 경멸적인 모음이 들어 있는 아스다롯으로 불리기도 한다.

이스마엘 Ishmael 필로 유다이오스Philo Judaeus: a. 이름: '듣는다' 혹은 '하나님의 음성을 듣는다'(이스라엘처럼 그를 '보는' 것은 아님)를 의미하는 이름; b. 그는 천성적으로 논쟁을 좋아하는 소피스트sophist였다; c. 분별력을 상징한다(창세기에 관한 문답QG 3, 32ff.; 4, 245).

이슬 dew **1.** 달과 관련된다: 예 알크만의 시에서 달의 딸; **2.** 새벽과 관련된다: '순수한' 하늘에서 내려온다: A. (신성한) 영감: 동트는 새벽의 전조로서의 영적 깨달음; B. (신의) 축복, 보호: a. 여호와: "내가 이스라엘에게 이슬과 같으리니"(호세아서Hos. 14, 5; 6, 3의 '비rain' 참조); b. 그리스도=이슬-사람; c. "그의 이슬이 모든 곳에 내린다": 축도(+'dues'에 대한 말장난: 헨리 8세의 생애에 관한 유명한 역사H8 1, 3); C. 순수성, 정화: a. "이슬방울 같은 여인이 있다. 그녀는 가장 순수한 것보다 훨씬 더 순수하다"(로버트 브라우닝Robert Browning, "방패의 오점A Blot on the 'Scutcheon'" 1, 3); b. 단테Dante는 지옥의 때가 묻은 자신의 얼굴을 아침 이슬로 씻고 나서(그리고 동물의 신화로 만든 허리띠를 가지고) 지옥에서 연옥으로 갔다; D. 청년(예 시편Ps. 110); 처녀성: 소중하지만 곧 사라진다; **3.** 일시성, 덧없음: "쉬 없어지는 이슬 같도다": 에브라임의 선함의 덧없음(호세아서 6, 4); **4.** 신선함, 풍요: a. '비와 같은' 풍요로움(예 열왕기상서1Kings 17, 1); b. "젊은 바람이 가져다준 은과 같은 이슬을 먹고 정원의 민감한 식물들이 자란다"(퍼시 셸리Percy Shelley, "미모사Sensitive Plant" 1, 1); **5.** 기억: (고대 북유럽) 프레이야Freya가 숲의 여자 거인 힌들라(암캐)에게서 얻으려고 했던 기억을 가져다주는 음료; 뒤의 15번(민속folklore)도 참조; **6.** 부활: '약초의 이슬'은 죽은 자를 일으킨다(이사야서Isa. 26, 19); **7.** 다수, 군중: (예 사무엘하서2Sam. 17, 12); **8.** 피의 이슬: a. 제우스는 그리스인들에게 그날 전쟁에서 많은 사람들이 죽어서 하데스로 보낼 것임을 경고하기 위해 피의 이슬을 내리게 하였다(그리스어 "피의 이슬을 보내다ersas haimati mydaleias")(호메로스Homer, 일리아드Il. 11, 53 및 16, 459); b. 카이사르의 죽음을 암시하는 전조(덴마크의 왕자 햄릿Ham. 1, 1); c. 피blood N번의 1, 3 참조; **9.** 아침(코리올라누스Cor. 5, 6); **10.** 밤이 오는 것과 관련됨: a. 잠: "때에 맞는 잠의 이슬"(존 밀턴John Mliton, 실낙원Par. L.); "꿀같이 무거운 잠의 이슬"(율리우스 카이사르Caes. 2, 1); b. 죽음: "오, 이 너무나 딱딱해진 육체는 녹아 이슬이 되리!"(덴마크의 왕자 햄릿 1, 2); **11.** 매미는 이슬을 먹고 산다(베르길리우스Virgil, 전원시Ecl. 5, 77; 테오크리토스Theocr. 4, 16); 나비는 이슬에서 태어난다(플리니우스Pliny 11, 37); **12.** 비의: 태양에서부터 아주 작은 물체까지 이슬 안에 모든 것이 비추어져 있다; **13.** 연금술: 원질료를 일컫는 많은 이름 중 하나이다; **14.** 윌리엄 블레이크William Blake: 밤과 관련된 육체적(물) 경험; **15.** 민속: A. 치료제; B. 5월의 이슬(매우 이른 아침에 모은 이슬)은 선한 목적으로든 악한 목적으로든 매우 강력한 효과가 있다; 가장 흔하게는 화장품으로 사용; C. 기억: 밤의 찬이슬이 내려앉은 꽃은 묘지에 두기에 가장 적합하다(심벨린Cym. 4, 2); D. "성 바톨로매St. Bartholomew

가 차가운 이슬을 가져온다"(성 바톨로매 축일 8월 24일; 속담); **16.** 공기air; 물water 참조.

이시스 Isis **1.** 그녀의 이름의 상형문자: 옥좌; **2.** 그녀는 이 사전의 전반에 걸쳐 언급되어 있다: 예 위대한 여신, 오시리스, 고대 이집트 타악기 시스트룸, 거들, 에메랄드 등과 연결하여 언급되어 있다; **3.** 로마에서는 주로 바다에서 위험할 때 그녀의 이름을 불렀다(예 데키무스 유니우스 유베날리스Decimus Junius Juvenalis 12, 27f).

이쑤시개 toothpick 엘리자베스 1세 여왕 시대: 이쑤시개는 여행을 잘 다니는 사람들의 고상함의 표시로 여겨졌으며 모자에 꽂고 다녔다(끝이 좋으면 다 좋아All's W. 1, 1; 또한 존왕의 삶과 죽음K. John 1, 1).

이웃 neighbour **1.** 이웃의 대표적인 악덕은 질투이다(필로겔로스Philogelos 216; 헤시오도스Hesiodus, 일과 나날WD 23). 또한 호기심과 도덕적인 비판도 있다; **2.** 민요에서 '작은 요정'에 대한 많은 완곡한 표현 중 하나: 예 "오늘 밤은 할로윈이야 자넷, 우리의 좋은 이웃들이 하늘을 날 거야"(탐린Tam Lin 39H, 8); **3.** 에티오피아Ethiopia 참조.

이중성 dualism 두 개의 반대되는 원리가 적대적으로 분리되어 있고 상호보완적인 통합을 이루지 않고 있을 때 우리는 '이중성'이라고 말한다; 1+1이 2가 아니고 함께 더 큰 단일체를 형성할 때 우리는 '이원성binary'이라고 말한다.

이진법, 이분 binary **1.** 우리는 다음을 이분이라고 부른다: 이중의 형태로 되어 있는 것. 그러나 3이라는 합일을 형성하는 것(또한 삼중성triangle과 이중성dualism 참조); **2.** 원시 정신에서 '선과 악'의 힘은 이러한 방식으로 상호 보완적이다: 완전한 삶을 살기 위해서는 태어나는 것만큼이나 죽음이 필요하다; 풍요를 갖기 위해서는 물만큼 열이 필요하다; 따라서 '선'에 대해 이야기할 때도 마찬가지로 악이 필요하다는 것이 우리의 해석이다: 예 많은 개별 상징과 하데스/플루토(=죽음+많은 부활)처럼 긍정적인 면과 부정적인 면을 가진 세트-사투르누스.

이집트 Egypt **1.** 구속(속박)의 땅, '뜨거운 열기의 땅', 나중에 사순절에 기념된 땅; **2.** 우상숭배의 땅: "이집트로부터 나왔다"=홍해(출생birth 참조)를 건너고 '광야'(영성의 사막)를 통과해 영적인 약속의 땅으로 가기 위해 세속적이고 물질적인 삶을 떠났다: 우월하고 초월적인 상태로 나아가는 것; **3.** 바빌로니아에 함께 대항하지만 믿을 수 없는 동료; **4.** 이집트 사람들은 팔다리(음경)가 길다고 널리 알려져 있다("하체가 큰": 에스겔서Eze. 16, 26); 이집트 사람들의 정력이 넘치는 음경은 당나귀의 것만큼 크고 그들의 '정액'은 말의 것만큼 많다(에스겔서 23, 20); 그러므로 인간 짐승; **5.** 사후의 삶에 관심을 가졌던 사람들; **6.** 그리스: (5번 때문에) 영spirits은 그리스어보다 이집트 언어로 더 잘 이해된다; 라틴어 참조; **7.** 의사: "이집트에서는 모두가 의사라는 말을 들었다"(플루타르코스, 오디세우스와 그릴루스); **8.** 중세: 그리스도와 연관된다(전설): a. 이집트로 피난갔다; b. 그리스도가 지나갈 때 우상들이 쓰러졌다; c. 그리스도가 이집트에 있을 때 용, 사자, 검은 표범 등이 경의를 표했다; **9.** 윌리엄 블레이크William Blake:=남쪽=이성, 우리젠의 영역; **10.** 딜런 토머스Dylan Thomas: a. 죽음, 과거 그리고 자궁이 아닌 무덤(피라미드임에도 불구하고). 그러므로 이집트의 바람은 과거의 바람이다; b. 멈출 수 없는 시간의 포로(늙어감); c. 문명의 발상지; 예절과 관습이 미라화 된 세상의 발상지; **11.** 상징: a. 남부 이집트왕국: 흰 왕관과 골풀; 북부 이집트왕국: 붉은 왕관과 파피루스; b. 보석: 이집트의 조약돌=벽옥(碧玉): 사임; **12.** 이집트 도둑: 내가 사랑하는 것을 죽이는 죽음의 순간에 이집트 도둑에 일어난 일처럼: 사랑하는 여자를 죽이려 했으나 동굴 안이 어두워 실수로 다른 여자를 죽인 적들에게 포위당한 산적 두목: 노상강도의 우두머리가 적들에게 둘러싸여 자신이 사랑하는 여인을 죽이려고 했으나 동굴이 어두워 실수로 다른 사람을 죽였다(십이야Tw. N. 5, 1; 원래 헬리오도로스Heliodorus의 작품에 나오는 내용); **13.** 이집트=집시: "연인도 마찬가지로 제정신이 아니어서 집시에게서 헬레네의 아름다움을 본다"(한여름 밤의 꿈MND 5, 1).

이집트 몽구스 ichneumon 1. 일반적으로 다음을 의미한다: 몽구스와 유사한 족제비를 닮은 작은 갈색의 육식 동물; 2. 이집트에서는 악어의 알을 파괴하기 때문에 몽구스를 숭배한다(악어crocodile 참조); 3. 굳은 진흙을 몸에 바르고 입 속으로 들어가 악어의 내부를 먹은 후에 다시 밖으로 나온다. 이것은 악어를 죽일 수 있다(히드라hydra 참조; 스트라보Strabo 17, 1, 39; 클라우디우스 아엘리아누스Claudius Aelianus, 동물의 본성에 관하여NA 3, 22; 오피안Oppian 3, 407ff); 4. 꿈에서: 담비처럼 이집트 몽구스는 그들이 만난 사람들에 대해 자비심을 보이지 않는 부정하고 기만적인 사람들을 의미하며 이유는 길들이기 힘든 이들의 야만적인 본성 때문이다; 이집트 몽구스는 남자를 의미하고, 담비는 여자를 상징한다(달디스의 아르테미도로스Artemidorus of Daldis 3, 12).

이카루스 Icarus 1. 현상세계의 미로에서 벗어나려 하는 지식인; 2. 영Spirit을 거역하는 지식인(헤파이스토스Hephaestos 참조); 3. 날개: 불충한 기능.

이탈리아 Italy 1. 영국인의 두 번째 집: (자발적) 추방, 피난처; 2. 에라스무스Erasmus(우신예찬Stult. Laus)에 따르면 그들은 이 세상에서 유일하게 a. 학식; b. 화술; c. 교양을 갖춘 사람들이다; 3. 셰익스피어: a. "그 유쾌한 나라의 땅"(한여름 밤의 꿈MND 2세 4, 1); b. 그 당시 이탈리아의 고급 창녀들은 매력적이었다: "이탈리아에서 온 소녀들, 그들을 주의하라"(끝이 좋으면 다 좋아All's W. 2, 1), 그리고 "이탈리아의 동성애자를 조심하라"(심벨린Cymb. 3, 4); c. 독극물의 전문가들(예 햄릿); 4. 존 던John Donne("그의 연인에 대한 비가Elegy written on his mistress"): a. 무관심; b. 동성애자; 5. 격언: a. "이탈리아인들은 일이 일어나기 전에만 현명하다"; b. "라틴계 이탈리아인-악마의 화신"["이탈리아계 영국인은 악마의 화신(化身)이다"]; 6. 동화: a. 봉투 뒷면에 수수께끼 같은 메시지로 다음과 같이 쓰여 있다: "나는 당신을 믿고 사랑한다"; b. 전래동요: "다리가 긴 이탈리아는 지중해 한가운데에 있는 불쌍한 시칠리아를 발로 찼다".

이혼, 분리 divorce "강철을 통한 머리와 몸의 오랜 분리": 참수형(헨리 8세의 생애에 관한 유명한 역사H8 2, 1).

익사 drowning 1. 마녀: 국왕 제임스 1세는 물에 의한 죄의 판별을 굳게 믿었다: 물은 신성한 물질로서 사악한 마법을 행한 죄인을 거부한다고 믿었다; 용의자들의 손과 발을 묶고 물에 빠뜨려 용의자가 물에 뜨면 유죄이므로 태워 죽였다; 용의자가 무죄이면 가라앉지만 종종 익사했다; 물에 뜨거나 가라앉는 것은 승산이 반반인 기회이다; 대개 시험을 수행하는 사람들은 용의자의 몸통 가운데를 밧줄로 묶어 익사 직전에 용의자를 끌어당기기로 되어 있었지만 이 사람들은 매우 치밀하여 무죄 여부를 확실하게 모를 경우에 다시 시도했다; 이것은 19세기경까지 계속 시행되었고 마녀들은 영국과 유럽 대륙에서 이루어진 훨씬 더 잔인한 시험(독일이 가장 잔인하다)보다는 물을 이용하는 이 시험을 요청했다; 물에 빠뜨리는 이 시험은 마녀와 다른 신성한 물건을 저울질하는(척도Scales 참조) 또 다른 시험과 비교할 수 있다: 이 또 다른 신성한 물건은 은으로 장식한 무거운 성경책이었다; 2. 익사는 오필리아의 슬픈 종말 외에도 익사는 민요에서도 실연당한 연인들의 가장 흔한 죽음의 형태이다: 예 "야로에 익사한 윌리Rare Willy Drowned in Yarrow" "클라이드 워터Clyde Water" 등; 3. 익사는 "리처드 3세의 비극R3"(1, 4)의 아름다운 구절에 나오는 난파된 배, 죽은 사람의 두개골, 보석 등의 상전벽해와 같은 감탄을 자아내는 환영과 관련된다; 4. 심리: 익사=무의식 또는 양심에 압도됨(바다sea 참조); 5. 민속: A. 익사의 원인: 물의 정령들이 데려간다; 어떤 강에서는 해마다 희생자를 요구하고, 한 사람이 익사한 후에는 (수영 등을 하기에) 안전해진다; B. 익사한 사람: a. 7일, 8일 또는 9일째에도 물 위로 떠오르지 않으면 반드시 총을 쏘아 담낭을 터뜨려야 한다. 그리하면 시체가 물 위로 떠오를 것이다; 아니면 반드시 양초를 올려놓은 판자를 놓고 물에 띄워야 하는데 그러면 시체가 가라앉은 곳에서 판자가 멈출 것이다; b. 익사한 사람의 영혼은 아마도 다양한 바닷새 중 하나가 될 것이다; c. 또는 물 위의 신비한 빛이 되어 적들의 배를 유혹해 침몰시킬 것이다; d. 익사한 사람은 자신의 죽음을 알리기 위해 살아 있는 사람들에게 나타날 수 있지만 멀리서 텔레파시를 통해서만 그렇게 할 수 있다; C. '익사'라는 단어는 바다에서는 물론 금기 단어이다; D. 동요: a. 익사는 고양이를 죽이는 가장 흔한 형태이다(개의 경우 매달기hanging for a dog 참조): "딩동 딩동 벨이 울린다, 고양이가 우물에 빠졌다"; b. 나이 든 여자 익사시키기: "나이 든 여자가 있었다, 그녀의 이름은 펙이었다; 그녀의 머리는 나무였고 다리는 코르크였다. 이웃들이 모두 그녀를 물속으로 던져버렸다. 그녀의 다리가 먼저 물속으로 들어가고 머리가 그 뒤에 들어갔다; **6.** 부유floating 참조.

익살꾼, 조커 joker **1.** 카드에서: a. 사용하게 되면 게임을 지배하는 약탈자; b. 타로의 바보 카드에 해당한다; **2.** 광대clown 참조: 바보fool, 어릿광대jester.

익시온 Ixion **1.** 일반적으로 다음을 의미한다: 최초의 살인자이자 이전에 제우스가 가장 좋아했던 자. 익시온은 (헤라와 함께) 제우스를 너무 자주 배신하는 바람에 지하세계로 던져져 시시포스와 탄탈로스처럼 영원히 고통 받아야 했다: 익시온의 고문은 영원히 회전하는 바퀴에 묶여 있어야 하는 것이었다; **2.** 오비디우스 도덕론Ovide M: 세속적 즐거움과 세상의 안락함을 선택한 사람들을 나타낸다(도덕론 4, 4357ff.).

인간 man **I.** 인간(=**인류**)

1. 다음에 상응한다

a. 흙	살과 뼈	하지
b. 물	혈액	복부
c. 불	몸의 열	(=하늘) 머리
d. 공기	호흡	호흡

2. 숫자 5; 3. '유머': 원소elements 참조; 4. 연금술: 남자=유황; 여자=수은; 5. 자웅동체: 원형적 인간(예 에드먼드 스펜서Edmund Spenser와 윌리엄 블레이크William Blake)은 인간의 두 번째(성별과 식물적 삶으로의) 타락 이전에 완벽한 자웅동체였다; 6. 신체의 일부에 상응하는 행성Planets 참조; **II.** 남자(=**여자의 대극**): **A.** 남자-여자-아이(초자연적 숭배): a. 남자=자아의식성; b. 여자=무의식; c. 아이=재생된 인격; **B.** 남자-여자: 이해하기 매우 어려운 것 중 하나(그리고 그러한 네 가지의 것 중에 절정)는 "여자와 함께 한 남자의 자취"이다(잠언Prov. 30, 19f.); **C.** 다른 것과의 조합(금속metals 등 참조): **1. 검은 인간**: 지하세계의 신(풍부한 초목 또는 혼돈의 힘); b. 기독교: 사탄; **2. 황동 인간**: a. 자신을 붉게 물들이고 이방인들을 끌어안아 죽임으로써 크레타를 지키기 위해 헤파이스토스가 '황동'으로 만든 로봇 탈로스; b. 육체 노동자; **3. 황금 인간**: a. 플라톤Plato: 수호자; b. 미다스나 태양영웅; c. 부귀영화를 누리는 자 특히 마노아의 통치자; **4. 속이 빈 인간**: a. 느낌이 없는 사람, 로봇 같은 사람, '짚으로 만든 사람'; 토머스 S. 엘리엇Thomas S. Eliot의 작품에서 '가이 포크의 체포(역주: 영국의 화약음모 사건) 기념일'의 '남자들'과 관련 있다; b. 진실되지 않음: "로Lo, 그 괴물이 그의 내면에서 얼마나 공허한 말을 하는지"(십이야Tw. N. 3, 4; 햄릿Ham. 참조. "공허한 친구"; c. "손이 뜨거운 말처럼" [=처음에는 활기차게] 용감한 모습을 보여 주고 패기를 약속하지만 "시련에 빠질 때는..."(율리우스 카이사르Caes. 4, 2); **5. 철 인간**: a. 플라톤Plato: 육체 노동자; b. 불굴의 의지; c. 무자비한 (헨리 4세 1부1H4 2, 3); '철의 전쟁iron wars' 참조; d. 무장한 남자(헨리 4세 2부2H4 4, 2에 나오는 대주교); e. 에드먼드 스펜서Edmund Spenser ("페어리 퀸Faery Queen"): 아스트레이아가 철인 탈로스를 남겨두고 하늘로 돌아가자 탈로스는 "그녀의 변함없는 형벌을 항상 집행하기 위해"(5, 1, 12) 철퇴를 휘두르며 범죄자들을 처벌했다: 통치 집행력; 황동인간Brass Man 참조; f. 철가면을 쓴 남자; 철iron 참조; **6. 노인**: a. 원형archetype; b. 식물신화에서 종종 지난해의 정령 (종종 여성적인 것과 대응관계), 즉 생산의 결핍 상태; c. 고대 시대: 창조의 영; d. 열 두 명의 예언자와 열 두 명의 사도들로 설명되는 스물 네 명의 장로들(레위기Lev. 4); e. 현대: i. 인류의 오래된 지혜; ii. 집단무의식; f. 심리: 의식이 무의식으로부터 나온 조직화된 내용으로 인해 과부화 상태가 된 후의 인격의 영성; **7. 산의 노인**(아랍인 '쉐이크 알 자발'): 광신적 종파의 창시자 하산벤사바는 산에 있는 그의 성에서 '암살자들'('마약하는 사람들')을 지도했다; **8. 바다의 노인**: a. 프로테우스('첫 번째 사람'=네레오스): 파로스에 살던 신탁의 바다 왕이며 글라우코스를 닮은 모습으로 변신했다; b. 신밧드는 모험 중에 바다의 노인으로부터 신밧드에게 자기를 어깨에 메어 달라는

부탁을 받는다. 점점 무거워지자 신밧드는 노인을 포도주에 취하게 하여 그를 내려놓을 수 있었다; 인큐버스 악령; 무의식의 짐; **9. 노인과 바다**(헤밍웨이): (이전의 체력을 잃은) 영적인 사람은 영적인 계획(신성한 사냥, 그리고 작은 모비딕)을 추구함으로써 인간성과의 접촉을 잃어버린다(땅에 대한 지각을 잃어버린다); 그는 영적인 의지와 생각(작은 물고기)으로 스스로를 지탱하고 많은 경험을 하지만 그러한 노력은 인류를 위한 물질적 이득에 관한한 헛된 것이다: 뼈만 남은 앙상한 모습을 보고 사람들이 그의 경험의 크기에 경탄할 수 있지만 경험의 본질을 완전히 파악하지는 못한다(지나치게 현실에서 벗어나 있어서); 다중적 가치를 가진 상징으로서 무의식을 바다로 보고 물고기를 바다 속에 있는 괴물로 본다면 서로 다른 가치들의 조합이 가능하다; **10. 은의 인간**: 플라톤Plato: 군인; **11. 흰색의 인간**: 하늘, 태양 또는 최고의 신; 색상은 기사knight 참조; **12.** 네 가지 형상Tetramorph의 **날개 달린 사람**: 삶으로의 구체화, 직관, 진리에 대한 지식; **Ⅲ.** 인간의 연령; 원형archetype; 여성female; 남성male; 야성wildman 등.

인간(인류)**의 나이** Ages of Man(kind) **1.** 일반적으로 달의 변화 단계, 사계절, 나침반의 점처럼 네 개의 (물질세계)로 분할된다; **2.** 고전적으로 황금, 은, 청동, 철(느부갓네살Nebuchadrezzar과 단테Dante, 신곡 지옥편Inf. 14, 4-120 참조)은 퇴보를 의미한다: 또한 개인의 삶에서 가장 순수한 것에서 가장 나쁜 것까지로도 표현한다; **3.** 각 시대의 인간의 상태: A. 금의 시대: a. 행복과 다산이 보편적이다; b. 악이나 죄가 없는 순수함과 즐거움; c. 크로노스/토성의 시대; B. 은의 시대: a. 인간은 신에 대한 숭배를 멈추었고 악을 알게 되었고 서로를 죽이는 타락에 빠졌다; b. (병든) 유년기가 100년 동안 지속되었고 성인기의 삶은 짧았다; C. 청동시대: a. 금속 도구를 가지고 끊임없이 싸우고 하데스에서 방황하도록 저주받은 잔인하고 거칠고 강력한 인류; D. 철의 시대: a. 그리스: 죄의 시대. 제우스는 데우칼리온과 피라를 제외하고 모두를 익사시킨 대홍수를 일으켰다; b. 인류 존재의 최후의 가장 퇴보한 기간: 쇠퇴한, 불경한, 불의한; **4.** 인간의 연령대(중세)+동물 상징(다음 표 참조);

인간의 연령대(중세시대)+동물 상징

나이	남성	여성
0~10	송아지/강아지	메추라기
10~20	송아지/염소	비둘기
20~30	황소	까치
30~40	사자	암컷공작
40~50	여우	암탉
50~60	늑대	거위
60~70	수고양이/개	독수리
70~80	수고양이/개	올빼미
80~90	당나귀	박쥐
90~100	죽음	죽음

5. 느부갓네살왕의 환상과 다니엘의 네 짐승: (다니엘서Dan. 2, 32ff; 단테의 네 짐승 참조): A. 황금 연령대: 동상의 머리, 느부갓네살왕 자신: 사자; B. 은의 연령대: 동상의 젖가슴과 팔: 메디아 제국: 곰; C. 황동(또는 청동) 연령대: 배belly와 허벅지: 페르시아 제국: 표범; D. 철의 연령대: 다리(발은 철, 점토): 알렉산더 제국: 네 번째 것; **6.** 비코Vico에 따르면 인간의 나이(제임스 조이스James Joyce에게 미친 영향 등)는 다음과 같다: a. 신성, 신권, 종교, 우화, 상형문자, 창세기; b. 영웅적, 귀족적, 결혼, 갈등, 형이상학, 트로이와 아서왕의 시대; c. 인간, 민주적, 매장, 추상적 언어, 페리클레스, 첫 번째 시기로의 회귀를 가져온 로마의 쇠락, 근대; d. 혼란, '리코르소ricorso', 혼돈, 로마의 몰락: 기독교 시대; 각 주기는 천둥소리로 끝이 난다.

인도 India **1.** 엄청난 부의 원천: a. "그녀의 침대는 인도; 저기 그녀가 진주같이 누워 있구나"(트로일로스와 크레시다Troil. 1, 1; 헨리 8세의 생애에 관한 유명한 역사H8 4, 1 참조); b. 때로 '인도제도'로 언급되는데 동양과 서양을 모두 의미한다; **2.** 향신료: "향기로운 인도 공기"(한여름 밤의 꿈MND 2, 1); **3.** 오베론과 티타니아사이의 불화의 원인은 티타니아-디아나-달(한여름 밤의 꿈 2, 1)을 숭배하는 인도 첩의 뒤바뀐 아이에 관한 것이었다.

인동덩굴 woodbine (식물) 인동문honeysuckle 참조.

인동문, 허니서클 honeysuckle (식물) **1.** '로니세라

Lonicera': 영국에서 가장 흔한 "인동덩굴woodbine인 인동문honeysuckle"이며 여기에서는 두 이름에 대한 참고문헌을 모두 열거했다(미국에서 '인동덩굴woodbine'은 버지니아 크리퍼Virginia Creeper를 지칭한다). 이 식물은 야생에서도 특유의 향기로 눈에 띈다; **2.** 예로부터 연꽃에 필적하는 숭배대상(예 니느웨Nineveh 기념비에서 발견됨)이었다; 넥타(역주: 즙)의 성분 중 하나이다; **3.** 사랑: 인동덩굴(장미 및 백합과 함께)은 보먼트Beaumont와 플레처Fletcher가 쓴 "발렌티니아Valentinian"에 나오는 러브송에서 사랑의 상징이다; b. "아름다운 나무덩굴"(한여름 밤의 꿈MND 2, 1); c. 두 연인을 상징하듯 서로 뒤엉켜 있는 나무덩굴: "보니둔Bonie Doon의 나무줄기가 휘감긴 것"(로버트 번즈Robert Burns, "둔 강둑The Banks O'D"); d. 데이비드 H. 로렌스David H. Lawrence: 관능적("축 늘어진" 인동덩굴); e. 그리스: 담쟁이덩굴과 인동덩굴 왕관: 예 갈라테아에게 구애하는 폴리페무스; **4.** 형제간의 사랑(또는 사랑을 위한 투쟁): 산사나무와 인동문 숲에서 발견되었으며 이 숲에서 팔라몬과 아르사이트는 에밀리의 사랑을 놓고 싸웠다(제프리 초서Geoffrey Chaucer, "기사 이야기Knight's Tale"); **5.** 달과 진주와 관련됨; **6.** 문장heraldry(紋章): 이것의 잎사귀: "내가 매달린 어떤 것도 손상되지 않았다"; **7.** 점성술: 마르스와 관련된다; **8.** 민속: 마녀가 출산을 막는 한 가지 방법은 인동덩굴 숲을 만드는 것이다. 민요 "윌리스 레이디Willy's Lady" 참조.

인디고 indigo **1.** 밤, 악마; **2.** 점성술: a. (고대) 크로노스와 관련된다; b. 제우스와 관련된다.

인어 mermaid **I. 일반적으로 다음을 의미한다: 1.** 본질적으로 거주지가 바다이고 인간에 매우 가까운 존재이기 때문에 인간과 여자인어 또는 남자인어 사이에 구별은 이루어지지 않았다; **2.** 이 오래된 생각은 모든 짐승은 물속에 상응하는 다른 요소, 즉 상응하는 상대가 분명히 있다는 옛날 이론에서 그 근거를 찾을 수 있다; 그래서 바다소, 해마, 바다사자 등이 있고 심지어 바다주교도 있다; 이 이론은 여자인어와 남자인어의 존재를 필요로 했다; **3.** 아프로디테 이야기는 원형적 인어(바다-어머니-생산 등)의 잔재일 수 있다; 그녀는 거울(자기이해, 달 원반, 바닷물 표면 또는 단지 허영심), 빗(음악가로서 또는 무정함으로 인해 '그녀의 머리카락을 뽑기 위한' 것) 그리고 금발(해초 또는 물 위에 비춰진 햇빛)을 가지고 있다; **4.** 물고기 신은 매우 오래되었다: 예 A. 바빌로니아: 문명의 신 오아네스는 낮에는 예술과 농사를 가르쳤고 밤에는 바다로 돌아갔다; 그는 홍수-물고기-영웅 노아(다곤을 통해)와 관련될 수도 있다; 다그=물고기 그리고 노아=오아네스); 노아도 포도농사의 영웅이다; B. 시리아: 아타르가티스(=블레셋 신화의 데르체토)의 신성한 동물은 물고기이다(그래서 '부정한 제물'은 특정한 날에 제물로 바치는 것 외에는 먹지 않았다) 인간에게서 태어난 세미라미스 여왕의 어머니로 그녀는 아이를 드러내놓고 살해했다; C. 그리스어: 지렌, 네레이데스, 트리티온; D. "켈트족에게는 인어에 관한 수많은 이야기가 있다; E. 중세: 성모 마리아 숭배 그리고 뮤즈 숭배와 관련된다; **5.** 인어에게 참치, 철갑상어, 가리비 및 경단고둥(모든 최음제), 도금양과 종려나무를 바친다. **II. 특성: 1.** 이들은 (기독교 시대 이래로) 영혼을 갈망하며 오직 인간과의 결혼을 통해서만 영혼을 얻을 수 있다; **2.** 예언의 힘을 가지고 있다(예 니벨룽겐Nibelungen에서); **3.** 소원을 들어 준다; **4.** 인어의 음악을 들으면 사람에게 광기를 일으키거나 잠들게 한다; 그리고 인어는 남자를 외딴 곳으로 데려가서 그 사람의 생명을 담보로 그의 사랑을 갈구한다; 그녀는 어쨌든 그를 죽인다; 윌리엄 B. 예이츠 William B. Yeats의 글("한 남자의 일생A Man Young and Old" 3)에서 덜 심각한 형태를 볼 수 있다; **5.** 이들은 종종 익사한 선원의 영혼으로 여겨진다; **6.** 상처를 입거나 좌절하면 끔찍한 복수를 한다; **7.** 인간과 함께하는 그들의 삶: a. 그녀는 바다로 돌아갈 수 있게 하는 그녀의 마법의 모자(쇼올 등)를 가진 인간과 함께 육지에서 산다; b. 그녀는 마법의 모자를 확보한 유한한 인간과 땅 위에서 산다. 마법의 모자가 없으면 그녀는 바다로 돌아갈 수 없다; c. 인간과 사랑에 빠지고 얼마간 그의 아내로 산다. 그런 다음 보통은 약속이 깨지기 때문에 그녀는 다시 바다로 떠나야 한다: 예 멜루지네; d. 여자인어(또는 남자인어)는 바다 밑에서 함께 살기 위해 남자를 유혹한다(예 매튜 아놀드Mattew Arnold의 "버려진 인어Forsaken Merman"); **8.** 이들은 음악가, 가수, 댄서이다; **9.** 이들은 폭풍을 즐기고 잔잔한 바다에서 슬퍼한다; **10.** 일반적으로 이들의 노래(특히 밤에)는 폭풍을 예고한다; **11.** (특히 남자인어) 밤에 배에 올라타서 배를 짓눌러 가라앉힌다; **12.** 물개-인간에 대해서는 물개seal, 인간man 참조; **III. 다음을 상징한다: 1.** 노래의 마법의 힘: a. 나는 돌고래의 등에 탄 인어가 너무 감미롭고 조화로운 숨을 내쉬며 부르는 노래를 들었고 그 노래에 거친 바다가 잔잔해졌다"(한여름 밤의 꿈MND 2, 1); b. 이들은 "바다처녀의 음악을 듣기 위해 이들의 별에서 미친 듯이 별들을 쏘아 올릴 수 있다"(같은 책); c. 아래의 인어의 노래mermaid's song 참조; **2.** 유혹의 힘:(지렌으로 보이는) "오, 나를 유혹하지 마오 달콤한 인어여, 당신의 노래로 당신 누이의 눈물의 바다에 나를 빠져죽게 하지 마오"(실수연발Err. 3, 2; 또한 헨리 6세 3부3H6 3, 2 참조); **3.** 관능적 쾌락: a. 지렌(단테Dante, 신곡 연옥편Purg. 19, 7-33); b. 동물우화집의 상징(피시올로고스Physiologus): "육체의 기만적 유혹" 또는 물질; **4.** (치명적) 유혹: 예 "점원 콜벤Clerk Colven"(프랜시스 차일드Francis Child 42)은 인어를 만났고 그의 머리에 걸려 있던 인어의 '옷' 조각이 그가 집에 도착하자 그를 서서히 죽였다; b. 그러므로 종종 선술집이나 여관의 표시가 된다; 가장 유명한 선술집은 셰익스피어시대의 문학클럽이었다; c. II번 참조; **5.** 물 원소: 물질, 지혜, 무의식(의 괴물), 미치광이 기질; **6.** 인류 재앙의 예언자: 많은 선원들의 이야기에 언급되었다; **7.** 중세: a. 그리스도의 이중 본성; b. 바다를 정복한 성 마가렛과 관련된다; 소아시아에서 온 그녀는 아마도 그 지역의 바다 신들에게 영향을 받았을 것이다; c. 종종 성 크리스토퍼로 상징된다: 신을 태운 남자, 여자를 태운 물고기; d. 알렉산더는 인어인간들과 많이 만났다; **8.** 인쇄: 인어는 오래된 인쇄공의 상징이다(지금도 여전히 마이클 조셉Michael Josep의 상징); **9.** 심리: 카를 융Carl Jung: 닉시, 물의 여신 멜루시나, 나무요정들, 라미아, 서큐버스(여자 악령) 등은 모두 '아니마'의 발현이다(새를 잡는 '아니무스'의 대극): 남성영혼의 여성적 부분이며 지하 세계적 부분이다(원형archetype 참조); **10.** 문장heraldry(紋章): a. 설득력; b. 항해의 선조; **11.** 현대 정치: 상처 입은 인어는 2차 세계 대전 때 폴란드의 저항운동의 상징이었다(아마도 바르샤바의 인어 때문으로 추정됨); **12.** 딜런 토마스Dylan Thomas: a. 자궁("한때 물이 있던 곳")의 바다에서 헤엄치는 배아; b. "인어잡이": 시인들("나의 동물을 어떻게 해야 할지"); **13.** 인어의 노래: a. 자연과 예술에 대한 극도의 감수성과 의인화된 아름다움; b. 존재하지 않는 것: 일련의 불가능한 것들 가운데서 "인어들의 노래를 들을 수 있는 방법을 내게 가르쳐줘"(존 던John Donne, "유성을 잡으러 가라"); c. 시리우스, 율리시스 등과 관련이 있다; **14.** 지렌siren과 멜루지나Melusina(또는 멜루지네) 참조.

인큐버스 incubus (남자악령) **1.** 이 단어는 '~위에 눕는 것'을 의미한다. 많은 교부에 따르면 악령은 여자에 대한 욕망 때문에 타락한 천사이다; 남자에게 나타나는 악마는 여자 악령(='~아래에 눕는 것')이다; 마녀나 마법사와 연결되었을 경우 그것은 '영혼의 동반자'이다; **2.** 꿈이 성적이므로 악령은 종종 여자 악마와 같은 것이다; **3.** 이런 식으로 '처녀'가 아기를 낳을 수도 있다. 왜냐하면 악마[서큐버스(여자 악령)가 되어]가 남자의 정자를 훔쳐서 여자[인큐버스(남자 악령)가 되어]에게 수정시키기 때문이다; 보통 악마는 가능한 한 까다롭게 최고의 정자를 선택한다. 이들은 몽정이나 자위행위로 그것을 선택할 수도 있다; **4.** 아름다운 머리카락을 가진 여자와 수녀는 악령으로부터 공격을 잘 당한다; 악마는 다른 종(種)이기 때문에 악령과의 관계는 항문성교나 수간과 동등한 죄로 여겨졌다; 멀린은 악령과 왕의 딸인 수녀의 자식이었다(몬머스의 제프리Geoffrey of Monmouth, 브리타니아 역사Hist. 6, 18).

인형 doll **1.** 영혼, 조상; **2.** 가족 또는 영혼을 지켜주는 신의 형상; 이미지image 참조; **3.** 다산을 증진하기 위해 인형을 나무에 매달았다: 흔들림swinging 참조; **4.** 이집트: 죽은 사람과 순장하는 첩concubine으로 인형을 묻었다. 이로 인해 죽은 남성이 성적인 즐거움을 누리고 생식 기능 약화로부터 보호되도록 한다; **5.** 엘리자베스 1세 여왕 시대 연극: 매춘부에 대한 보통명사(예 헨리 4세 2부2H4 2, 1); **6.** 데이비드 H. 로렌스David H. Lawrence: "대위의 인형The Captain's Doll"("무당벌레The Ladybird"와 동일한 책에 포함된): 서양 여성이 남성을 사랑할 때 여성은 그 남성에게 필수적인 것들, 즉 존경, 순종, '적절한 육체적 교류'를 거부하면서 그 남성을 닮은 유치한 인형을 만든다.

일곱 명의 잠자는 사람들 The Seven Sleepers 1. 북유럽: 지하세계의 황금 보물(풍요) 옆에서 잠을 자는 (지혜의 신) 미미르의 아들들; 보물을 가져가려고 하는 사람은 누구나 시들어 버린다; 잠자는 자들은 최후의 전투에 참여하기 위해 라그나로크에서 헤임달 Heimdal의 뿔나팔이 울리기를 기다린다; **2.** 기독교: 서기 250년에 에베소의 일곱 청년이 황제 데시우스의 박해를 피해 도망치다 동굴에 숨었으나 발각되었고 동굴의 입구는 막혔다; 거의 200년 후에 이들은 길 잃은 목자 (또는 노예)에 의해 깨어났고 기독교가 공인되었다는 것을 알게 되었다; 이들은 입고 있던 기이한 옷이나 가지고 있던 오래된 동전 때문에 눈에 띄었다; 곤봉이나 도끼, 큰 못과 횃불은 이들의 상징이 되었고, 이 기적이 공식적으로 선포된 후에 그들은 "주 안에서 잠들었다"; **3.** 일부 신화에서 잠자는 7인은 큰곰자리와 관련 있다; 이 별자리는 낮에는 잠을 자고 밤에는 방황한다; 그러나 숫자 7은 여기에서 대략적인 숫자일 수 있다(참조: 일곱 현인Seven Sages 등).

일렉트럼 electrum **1.** 라틴어의 '엘렉트룸 서키눔 electrum succinum'은 호박보석을 말한다; **2.** 라틴어 '엘렉트룸 미너라리스electrum mineralis'는 금과 은의 합금으로, 연금술사들에 의해 "아직 그 완성에 이르지 못했지만 힘으로 가득한 금속 중 첫 번째 것"으로 간주되었다(파라켈수스Parcalesus V권, p. 415n).

일몰, 해넘이 sunset 일몰은 자살이나 교수형에 처한 범죄자조차 묻힐 수 있는 시간이었다(플라비우스 요세푸스Flav. Joseph. 8, 3, 277; 또한 신명기Deut. 21, 22f.; 여호수아서Josh. 8, 27 참조).

일벌, 수벌 drone **1.** 수벌들은 독수리(썩는 것들을 먹고 자람)에게 잡아먹히며, 수벌들은 복수를 위해 독수리 둥지로 날아가 독수리가 없을 때 독수리 알들을 둥지 아래로 떨어뜨려 깨뜨리거나 빨아먹는다: "수벌들은 독수리의 피를 빨지 않고 그들의 빼앗긴 벌집을 빼앗는다"(헨리 6세 2부2H6 4, 1); **2.** 셰익스피어 작품에서의 등장하는 여러 이미지들: 수벌–족제비–유인원(사자–고래 등; 꿀벌bee 참조)–서서히 다가오는–고양이–우울감–빨아들이는–음악; 3. 꿀벌bee 참조.

일식, 월식의 식 eclipse **1.** 일식과 월식 상태의 태양과 달은 일반적으로 괴물에게 먹혔다고 믿었다; 집어삼키기devouring 참조; **2.** 일식과 월식을 무효로 만들기 위해 행한 교감마법: a. 불을 피움(동지 때 그렇게 하듯이, 태양이 돌아올 수밖에 없게 하거나 돌아오도록 유혹하기 위해); b. 원을 그리며 걷기; c. 태양을 모방한 것을 만들기(그리고 불을 붙이기); **3.** 새들이 잠잠해지는 것처럼 모든 동물이 일식을 느낀다; **4.** 월식 상태의 달은 태어나고 있는 중이다. 그러므로 사람들은 테메사의 그릇들을 부딪히고 청동을 두드려 진통을 겪고 있는 달을 도와주려 했다(나소 P. 오비디우스 Naso P. Ovidius, 변신이야기Metam. 7, 207); 용기vessels도 참조; **5.** (로마시대부터) 월식이나 일식은 다음을 예언한다: a. 왕의 죽음: i. 영지주의Agrippa; ii. "그리고 넵튠이 다스리는 넵튠의 제국(역주: 넵튠이 다스리는 바다)이 서 있는 촉촉한 별(=달)이 일식으로 병들어 거의 최후의 날에 이르렀다": 카이사르 죽음의 징조(덴마크의 왕자 햄릿Ham. 1, 1); iii. 헨리 8세의 왕비인 아라곤의 캐서린; b. 전쟁; c. 흑사병; **6.** 이집트에서 모세가 내린 재앙 중 하나였고 그리스도의 사망 시에도 일어났다(누가복음Luke 23, 44); **7.** 세상의 종말; **8.** 암흑darkness도 참조.

일요일 Sunday a. 기독교인들은 그리스어 '쿠리아케Kuriake'를 가져다 일요일Sunday을 만들었다: 원래 이 말은 '제국'을 뜻했으며 일요일은 그리스어로 '데이프논 쿠리아콘deipnon Kuriakon', 즉 주의 날' 또는 '주의 만찬'을 기념하는 날이라는 뜻이다. 한편, 이교도들은 일주일 중 두 번째 날인 토성의 토요일을 태양에게 바쳤다(참조: 후고 라흐너Hugo Rahner, 그리스 신화와 기독교 신비주의GMCM 103); b. 그리하여 기독교인들은 부활의 성찬의 신비를 '태양일sun-day'에 기념하기 시작했다; 이로 인해 그들은 유대인과 그리스인뿐만 아니라 로마인들과도 구별되었다(같은 책 104, 안티옥의 이그나티우스Ignatius of Antioch, 마그네시아인들에게 보내는 서신Ep. Magn. 9 및 사도 교부 II,

205를 인용함); c. 이것은 그리스도와 태양을 끝없이 비교하는 결과를 낳았다: 예 그리스도에게는 죽은 사람들 가운데서 살아난 의로움이 있지만(말라기서Mal. 4, 2 및 누가복음Luke 1, 78에 근거), 이것은 기독교인들이 태양 숭배자들의 한 종파였다는 가정으로 이어졌다(테르툴리아누스Tertullian, 사과문Apol. 16, 9ff.); d. 비록 기독교인들은 한편으로 '그들의' 날을 '태양일'로 명명하는 것을 신의 섭리라고 생각했지만 동시에 그리스어와 로망스어(예 스페인어의 '일요일Domingo')에서 여전히 사용되는 '주님의 날'이라는 이름을 유지하는 것이 필요하다고 느꼈다; 한편 태양을 숭배하는 로마에서는 '태양일sun-day'을 한 주의 첫째 날로 계산했다; 이로 인해 콘스탄티누스 황제는 그제서야 효과적으로 기념일을 명할 수 있었다(라흐너, 그리스신화와 기독교신비주의 107; 가이사랴의 유세비우스Eusebius of Caesarea, 콘스탄티누스Constant. 4, 18).

읽기 reading **1.** 중세와 초기 르네상스 시대에는 글을 읽을 수 있다는 것이 특별한 재능이었다; a. 아서왕은 글을 읽지 못했다(대주교가 대신 읽어 주었다: '멀린Merlin', 31, 220A 이하 그리고 32, 226B 이하; 또한 토머스 맬러리 경Sir Thomas Malory 18, 20); b. "이 남자가 글을 읽을 수만 있었다면 목숨을 구했을 것이다": 사형 선고를 받은 범죄자는 글을 읽을 수만 있다면 성직자의 혜택(역주: 처벌을 면제받거나 적게 받을 수 있다)을 받을 수 있었다(존 웹스터John Webster, 악마의 법 사건Devil's L. C. 4, 1, 86); **2.** 큰 소리를 내서 읽는 것은 소화기 계통의 문제를 치료한다(코르넬리우스 켈수스Cornelius Celsus 1, 7f.); **3.** 거꾸로 읽기: 주술을 거꾸로 읽으면 악마가 건 저주를 취소할 수 있다(에드먼드 스펜서Edmund Spenser, 페어리 퀸FQ 3, 12, 36); **4.** 책book 참조.

잃어버린 것 lost objects **1.** 합리적인 이유 없이, 가령 운명에 의해 빼앗기고 잃어버린 것들은 민속, 신화뿐만 아니라 더 세련된 소설(예 루도비코 아리오스토Ludovico Ariosto, 광란의 오를란도OF, 여러 곳에서 발견된다)에도 나타나는 흔한 주제이다; 무엇인가를 잃지 않고 상실을 슬퍼하지 않는 기사knight는 거의 없다: 말(리날도Rinaldo 1, 12), 검(두린다나), 투구, 방패, 숙녀 등(12, 12 참조); 토르는 주기적으로 망치를 잃어버린다; 황금양털; 라인의 황금 등; **2.** 이것들은 주기적인 시간의 상징: 풍요의 얻음과 잃음; 또한 영웅적인 '덕목' 측면이다(사무엘상서1Sam. 10, 20에서 사도행전Acts 1, 26까지).

임무, 과업 task **A.** 신화와 민속에는 끝이 없거나 불가능한 일에 대한 많은 이야기들이 있다; **B.** 끝없는 반복: 1. 신화: a. 시시포스는 돌을 산 위로 굴려 올렸지만 다시 굴러 내려가는 것을 지켜볼 수밖에 없었다(호메로스Hom., 오디세이아Od. 11, 593); b. 바닥이 없는 항아리에 목욕물을 채우는 다나이데스Danaids(악시오코스Axiochos 371E; 나소 P. 오비디우스Naso. P. Ovid, 변신이야기Metam. 3, 462; 퀸투스 플라쿠스 호라티우스Quintus Flaccus Horatius, 노래Carm. 3, 2, 25); 항아리jar 참조; c. 나귀가 먹어치울 짚으로 영원히 밧줄을 엮는 오크노스Oknos(파우사니아스Pausan 10, 29, 1f.; 크라티노스Kratinos 일부 348); 밧줄rope 참조; d. 바퀴 위에서 끝없이 회전하는 익시온; 2. 다음을 설명한다: 문화 영웅의 타락한 (반전된) 형태의 활동으로 영구적으로 쓸모없는 움직임을 만든다; **C.** 불가능한 작업: **1.** 질투심 많은 아프로디테는 프시케에게 불가능한 일을 시켰는데 프시케는 가끔 친한 동물들의 도움을 받았다: a. 밤이 되기 전에 개미의 도움을 받아 잡곡 더미를 분류하며; b. 갈대의 도움을 받아 야생 양의 양털을 얻고; c. 독수리의 도움으로 용이 지켜보는 위험한 산에서 위험한 물을 가져왔다; d. 지하세계에 있는 페르세포네의 아름다움을 조금 가져오는 과제: 신기하게도 탑이 그녀에게 방법을 알려 준다; 이 여정은 하데스에서의 (오디세우스Odysseus, 아이네아스Aeneas) 영웅의 과업과 비슷하다(루키우스 아풀레이우스Lucius Apuleius, 변신M 6, 10ff.; 허버트 J. 로즈Herbert J. Rose 82 및 287); **2.** 해변의 모래로 밧줄을 만들어 조수에 떠내려가게 하기: a. '모래로 밧줄을 만드는 것'은 불가능한 일을 수행하는 것을 뜻하는 그리스 속담이다(루키우스 주니우스 모데라토스 콜루멜라Lucius Iunius Moderatus Columella 10, 추천서문 4+n.; 아리스티데스Aristeides 2, 309f.); b. 반면 초기 문헌 중 "그들은 파도 아래의 모래로 밧줄을 감는다."는 문장은 바다와 바다 기슭 근처에서 파도에 의해 만들

ㅇ

어진 모래의 물결을 의미한다(운문 에다Poetic Edda, "하바르트의 평신도Lay of Harbarth", 18); c. 민속: 코니쉬 얀 트레게글Cornish Jan Tregeagle은 모래로 밧줄을 짜기 시작했다; 모래로 밧줄을 감는 것은 영국의 여러 곳에서 유래된 이야기에서 나왔다(브리타니아의 민속과 문화Folkl. & C. Brit., p. 138f.; p. 166, 울라컴Woolacombe; p. 428, 오크우드Oakwood); **3.** 테세우스와 헤라클레스의 놀라운 업적과 관련된 것들로 그리스 문학뿐만 아니라 켈트 문학에도 존재한다; (신화) 마비노기온의 쿨후흐는 거인의 딸 올웬과 결혼하기 위해 열두 개의 임무를 수행해야 했다(일부에서는 마흔 개라고 함)(제프리 애쉬Geoffery. Ashe, 아서왕의 아발론섬AA p. 88f.); **4.** 다음을 설명한다: 하루만에 씨를 뿌리고 거두는 것과 같이 불가능해 보이는 일일수록 마음 속에서 의식적ritual으로 행했을 가능성이 더 커진다(로버트 그레이브스Robert Graves).

임신 pregnancy **1.** 에리니에스나 데메테르와 같은 지하 세계의 여신들에게 임신한 동물을 바치는 것은 다산과 생식에 대한 희망을 상징한다(베르나르트 디트리히Bernard Dietrich 115n; 참조: 파우사니아스Pausan. 2, 11, 14); **2.** 꿈: a. 가난한 사람에게 임신하는 꿈은 재물을 얻는 것을 의미하고, 부유한 사람에게는 도전과 걱정에 노출될 것을 의미한다; b. 기혼 남성에게 임신하는 꿈은 그가 더 이상 아내를 '필요로' 하지 않으므로 그가 아내를 빼앗길 것을 의미한다; c. 미혼 남성의 경우 자신과 꼭 닮은 잘 맞는 아내와 결혼할 것을 의미한다(달디스의 아르테미도로스Artemidorus of Daldis 1, 14); **3.** 출생birth도 참조.

입 mouth **1.** 이집트 상형문자: 입은 말의 힘, 창조적 언어[태양면(햇무리)가 있는 입으로 상징되기도 함]; **2.** 이중성: a. 닫힌 이중성(두 입술의 닫힘), 선line을 형성한다: 남성 또는 남근적인 혀가 보인다: 중심, 즉 원의 점; b. 열려 있는 입은 원을 형성한다: 여성 생식기; **3.** 불(과 에너지의 생명력)과 연결된다: 창조적이고 파괴적(지옥은 불을 뿜는 용의 입으로 표현된다)이다; **4.** 이집트, 히브리에서는 문(門); **5.** 전통적으로 장미와 연관되며 또한 그리스에서 은화를 운반하는 장소와 연관된다(예 아리스토파네스Aristophanes의 희극 "말벌Wasps"); **6.** 다른 기능들 아래에 위치하기 때문에 창조의 하향 이동을 상징한다; **7.** 단테Dante: 사랑이 끝나는 곳(사랑은 눈에서 시작된다); **8.** 성격: a. 입의 크기는 자기주장의 정도와 관련 있다; b. '달콤한' 입: 사치스러운 성향(베로나의 두 신사Gent. 3, 1); **9.** 집어삼키기devouring 참조.

입술 lip **1.** 성감대로서 입술은 성욕과 직결되며('한 부분으로써') 사랑하는 사람을 나타낼 수 있다: "아, 너무나도 달콤한 그 입술을 치워라"(눈에는 눈, 이에는 이Meas. 3, 1); **2.** 사람의 기분을 나타냄. "입술에 담긴 경멸과 분노가 얼마나 아름답게 보이는지"(십이야Tw. N. 3, 1); "누군가에게 입술을 비죽거리는구나"(코리올라누스Cor. 2, 1) 참조=경멸스러운 표정을 짓는 것은 또한 뻔뻔함을 상징한다; **3.** 언어, 로고스; **4.** 웅변, "진정한 입술"은 달콤한 목소리로 유명한 핀 맥쿨의 아들인 웅변가 페르구스를 일컫는 말이다. 페르구스는 달콤한 목소리로 유명하고 꿈의 선견자이자 해석가이자 바람의 신이다; **5.** 지식에 대한 욕망; **6.** 예술에서 입술은 종종 바람을 나타내며 특히 남서풍의 신인 제피로스를 나타낸다; **7.** (위) 입술을 가리는 것: 수치심이나 애도의 표시(예 미가서Micah 3, 7); 질투하는 악령(혹은 망자)들에게 얼굴이 드러나는 것을 숨기기 위해 얼굴 전체를 가렸다(예 사무엘하서 2Sam. 15, 30); **8.** 입술 오므리기: a. 페르세포네는 그녀의 입술을 오므려서 왕실에 동의 의사를 주었다(사모사테 출신의 루키아누스Lucian from Samosate: 메니포스가 지옥에 간다); b. 점잖은 체하기, 중립 등(예 쥘 라포르그Jules Laforgue, "피에로의 말투Locutions de Pierrot"); **9.** 전통적으로 산호, 체리와 관련이 있음; **10.** 키스kiss 참조.

입양 adoption 양자 입양 의례, 특히 성격상 정치적 입양이 이루어졌던 로마의 입양의례: 보통 입양의례는 통과의례를 따라 이루어졌다. 예를 들어, 로마에서 '신성하게 여겨지는 것의 포기'는 귀족계급으로부터, '로마의 계급'으로부터 그리고 이전 가족으로부터 개인을 분리시키는 것을 의미했다. 반면, '신성한 전환'은 사람을 새로운 환경에 통합시켰다; 그것은 이름 주기, 선물, 함께 식사하기 등과 같은 모든 평소의 의례와 함께 이루어졌다: 이것은 종종 재탄생 의례의 특징을 갖고 있다(아놀드 반 게넵Arnold Van Gennep, p. 38; 출생birth 참조).

잇사갈 Issachar **1.** 야곱의 다섯째 아들에게 레아가 말하기를 "내가 남편에게 내 시녀를 주었기 때문에 하나님이 나에게 그 값을 주셨다"(창세기Gen. 30, 18); 또는 맨드레이크로 '정직하게 그 값을 치렀다': **2.** 농업; **3.** 별자리: 황소자리를 지배한다; **4.** 다음을 상징한다: a. 짐 사이에 웅크리고 있는 나귀: 야곱의 예언(창세기 50, 14); b. 색상: 검은색(또는 파란색); c. 보석: 사파이어(킹 제임스버전 성서AV).

잉걸불 (장작, 숯이 타다 남은) embers **1.** 노년기: 삶을 불태우는 인생의 마지막 연기; **2.** 어둠과 관련 있다: "방 안에서 불타오르던 불이 침울하게 꺼져 가는 것, 유쾌한 활력과는 거리가 먼 것, 난로 위의 귀뚜라미(마지막 남은 활력)를 보존해야 하는 것"(존 밀턴John Milton "사색가Il Penseroso" 79); **3.** 흐르는 시냇물 속으로 불씨를 던져버리는 것: 떠나간 연인을 처벌하는 마법(베르길리우스Virgil, 전원시Ecl. 8, 101ff.).

잉꼬새 paroquet (새) "로망스… 색으로 입혀진 잉꼬는 나에게 가장 친숙한 새였다"(에드거 A. 포Edgar A. Poe, "로망스Romance").

잉어 carp (물고기) **1.** 인내, 끈기: 잉어는 폭포에서 힘겹게 위로 올라가고 물 밖에서도 상당한 시간을 살 수 있다; **2.** 전쟁, 용기: 1번 내용에 붉은색을 띤다는 점을 추가했을 때 이 의미를 갖는다; **3.** 대식가: 매우 크게 자랄 수 있다(50파운드); **4.** 장수: 200세까지 살 수 있다; **5.** 다산; **6.** 남성적인 물고기; **7.** 말이 많은 사람: "원한다면 잉어를 이용하라"(끝이 좋으면 다 좋아All's W. 5, 2); **8.** 잡기 힘들다: "진실의 잉어"(덴마크의 왕자 햄릿Ham. 2, 1).

잉어 roach **1.** 이집트: 갈고리에 걸린 잉어과 물고기는 회개한 살인죄로 처벌받은 사람에 해당하는 상형문자이다. "이 물고기를 잡으면 꼬리에서 가시가 튀어나오기 때문이다"(호라폴로Horapollo 2, 112); **2.** 힐데가르트 폰 빙엔Hildegard von Bingen: 이것은 차가운 공기보다는 뜨거운 공기로 이루어져 있고 햇빛을 좋아하며 물거품 속에서 산다. 그러나 종종 중간 깊이의 물속에서 스스로 몸을 깨끗하게 한다(물고기fish 참조). 바닷가 절벽 위에서 자라는 이끼와 풀을 먹으며 물거품 속을 헤엄친다. 이 물고기는 소화가 잘 된다(자연학Ph. 5, p. 98, 독일어: '로타그Rotauge').

잉크 ink **1.** 이집트: 잉크와 갈대는 다음과 같은 것을 위한 상형문자였다: a. '글쓰기', 이집트인들은 오직 갈대로만 글을 썼기 때문이다; b. '필경사': 그가 '홀리 앰버Holy Amber'의 책에서 병자의 운명에 관해 읽으면서 삶과 죽음 사이를 구별한 이래로; c. '한계': 문자를 아는 사람은 더 이상 인생의 사악함 속에서 헤매지 않고 고요한 삶의 항구에 안착하기 때문이다(모두 호라폴로Horapollo 1, 38의 내용); **2.** 피부 발진 치료: 그는 "피부 발진을 치료하려고 휴가 내내 그 큰 잉크통을 차고 다녔다"(=피부의 농포; 존 웹스터John Webster, 악마의 군대Devil's L. G. 4, 1, 46f.); **3.** 그림형제Grimm: 루터가 성서를 번역할 때 악마가 루터를 괴롭혔다; 루터는 분노하여 악마에게 잉크통을 던졌다(독일의 전설DS 562).

ㅈ

자 ruler 1. 측정, 도덕성의 표준; 적절한 조심성이 필요한 신성한 활동; 숫자 세기counting, 숫자numbers 등 참조; 2. 이유, 선택.

자고새 francolin (새) **1.** 자고새과의 새이지만 꿩과 비슷하다; **2.** 일반적으로 다음을 의미한다: a. 자고새들은 리비아에서 이집트로 들어왔으며 처음에는 메추라기 같은 소리를 냈지만 나중에는 기근이 들었을 때 "저주받은 자들에 대한 세 가지 저주"라고 울부짖는 소리를 냈다. 그럼에도 불구하고 이들은 사로잡힌 상태로는 노래하지 않는다(클라우디우스 아엘리아누스 Claudius Aelianus, 동물의 본성에 관하여N. A. 15, 27; 저주에 대한 이야기는 아리스토파네스Aristophanes를 인용한 아테나이오스Athenaeus에 의해서도 언급됨); b. 수탉의 치명적인 적(앞의 책 6, 45); c. 자고새는 무게가 나가고 날개가 짧아서 잡히기 쉽다; 자고새는 새끼를 많이 낳는다(아테나이오스 9, 387, f ff); **3.** 자고새는 추격자들을 피할 뿐만 아니라 깃털에 노예 낙인 같은 무늬가 있기 때문에 가출한 노예에 비유된다(존 폴라드John Pollard 14, 아리스토파네스Aristophanes, 희극 새Av. 760 인용).

자고새 partridge (새) **1. 위대한 여신**에게 바쳐졌다(로버트 그레이브스Robert Graves, 하얀 여신WG 327ff.; 그리스 신화GM 1, 315ff.); A. 위대한 여신을 기리기 위해 행해진 절름발이 춤과 관련 있다(학crane 참조; 발foot, 걷기walking도 참조): a. 구애의 춤을 출 때 수컷 자고새들은 언제든지 경쟁하는 새를 치기 위해 한쪽 발뒤꿈치를 들고 있다; 그래서 자고새는 전쟁(에 대한 준비)을 상징하기도 한다; b. 다산의 신 절름발이 불칸과 연결된다; c. 타작마당의 춤과 관련 있다; d. 자고새는 미로 및 사랑의 봄 축제와 연관 있는 봄의 철새이다; e. 화살을 맞거나 뱀에 물려서 발뒤꿈치에 상처를 입은 '영웅들'과 관련 있다; f. 질투심 많은 삼촌 다이달로스가 성채에서 던진(역주: 태양왕의 죽음을 대신하는 희생제물) 재능 있는 소년은 자고새(라틴어로는 '페르딕스Perdix)로 변했다; 자고새는 다이달로스가 그의 아들 이카로스가 익사해서 묻어야 했을 때 즐거운 노래를 불렀다(나소 P. 오비디우스 Naso P. Ovid, 변신이야기Metam. 8, 236ff.); 자고새는 여전히 낮은 곳을 좋아하고 관목 울타리에 알을 낳는다; 4번도 참조; B. 자고새 암컷은 수컷의 울음소리나 바람에 실려온 냄새를 맡는 것만으로도 잉태한다(그래서 단성생식과 관련 있다: 플리니우스Pliny 10, 51); C. (로마에서) 자고새의 고기와 머리는 강력한 최음제였다; **2. 음탕함**: 암컷이 알을 품는 동안 수컷은 수컷동성애로 스스로를 달랜다(개나 비둘기가 그러는 것처럼); 또한 색욕의 상징이다; **3. 속임수**: 암컷이 부화하지 않는 알을 품었다: "재물을 모으되 바르게 모으지 아니하는 자는 자고새가 알들을 품되 부화시키지 못하는 것 같아서 그의 날들의 중간에 그것이 떠나겠고 끝에는 그가 어리석은 자가 되리라"(예레미야서 Jer. 17, 11); 또한 우상 숭배의 종교를 믿는 자들에 대해서도 언급했다: 자고새-숭배; **4. 교활**하며 동족을 배신하는 새; a. 암컷 자고새를 사냥하기 위한 미끼로 수컷 자고새를 덤불 미로에 넣었다; 수컷 미끼의 죽음을 더 많이 목격할수록 암컷은 더 즐겁게 노래했다(벤 시라크Ben sirach 11, 32; 이솝Aesop, 우화Fables 88도 참조); 미끼는 보통 절뚝거렸으며 신성한 왕처럼 살쪄 있었다; b. 교활함은 비둘기와는 반대된다; c. 암컷이 적을 유인하는 동안 새끼들은 위장하는 법을 배운다(플루타르코스Plutarch); **5.** 자고새는 **피그미족**의 전차를 끈다: 피그미족pigmy 참조; **6. 기독교**: a. 사탄의 유혹; b. 교회와 진리(1번의 B와 관련된 것); **7.** 동요와 크리스마스 캐럴: "내 진정한 사랑"은 성탄절 이후 12일 내내 나에게 선물을 주었다. 첫 번째 선물은 "배나무의 자고새"였다. 이 운율은 프랑스에서 유래했을 수 있으며 연이 점점 길게 진행되면서 단어를 잊어버리면 벌칙을 받는 몰수 게임이다; 옛 달력에서 그 12일은 한 해의 열두 달을 나타내는 경우가 많았기 때문에 선물은 열두 달을 의미할 수도 있으며, '나의 진정한 사랑'은 다산의 태양신에 대한 비유일 수 있다.

자궁 womb **1.** 시작, 아침(시편Ps. 110); **2.** 밤: "밤의 더러운 자궁"(헨리 5세의 생애H5 4, 코러스); **3.** 자궁과 무덤의 관계: a. "나는 집어삼키는 이 깊은 구덩이, 불쌍한 바시아누스 무덤의 자궁 속으로 빨려 들어갈 것이다"(타이투스 안드로니카스Tit. Andr. 2, 3: 리처드 2세의 비극R2 2, 1; 소네트Sonn. 3 및 86); b. 딜런 토머스Dylan Thomas: 여러 곳에서 언급함; **4.** 수태하지 못하는 자궁: 결코 만족하지 못함(무덤처럼 마른 흙과 불: 잠언Prov. 30, 16); **5.** 집어삼킴devouring; 여자female; 어머니mother; 음문vulva 참조.

자기(磁器) porcelain 도자기china 참조.

자동차 automobile **1.** 20세기의 전형적인 사회정치적 상징: 독립, 민주주의, 지위, 인구 과잉; **2.** 꿈에서 자동차는 에너지와 성적 정력의 상징이다. 점차 말을 대체하였으며 카트 상징성의 의미와 일부 겹친다(다음 3번 참조); **3.** 꿈에서: a. '도망' 또는 '이동'하려는 충동; b. 자동차의 몸체는 일반적으로 꿈꾸는 사람의 몸을 나타낸다. 그래서 연료가 떨어지면 '추진력'을 잃는다. 단단히 팽창된 타이어는 만족스러운 발기를 나타낼 수 있다; c. 자동차가 달린 거리는 과거 시간이다; d. 남자의 꿈에서 여자; e. 다른 사람과 차를 타고 여행하는 것: 결혼이나 친밀한 관계에 대한 생각들; f. 자동차 사고: i. 보행자를 치는 것: 가학적 경향성에 대한 두려움; ii. 차에 치이는 것: 강간당하는 것에 대한 두려움; g. 자동차 운전: 자신의 운명에 대한 독립과 숙달; 부주의하게 운전하는 것은 성적 본능에 대한 통제력을 잃는 것을 의미한다; 쫓기는 것: 수동성, 누군가 다른 사람이 통제하고 있는 것(톰 체트윈드Tom Chetwynd p. 109).

자동차 car 자동차automobile 참조.

자루 bag **1.** 다산: 담아 줌, 수용성에 관한 여성적 상징; **2.** 종종 민담에서 태양을 가리는 구름; **3.** 바람: 오디세우스는 아에올로스로부터 (반대방향으로 부는) 바람의 자루를 받았다; 치명적인 선물; **4.** 비밀: "고양이를 자루에서 나오게 하다(역주: 비밀을 누설하다)"(속담).

자루 sack (처벌) 자루에 넣고 꿰매어 익사시키는 것은 원래 심각한 종교범죄에 대한 처벌이었다(할리카르나소스의 디오니소스Dionysus of Halicarnassus 4, 62; 발레리우스 막시무스Val. Max. 1, 1, 13). 나중에 이것은 특히 존속살인에 대한 형벌이 되었다; 이것은 모독자를 정화하는 한 형태였다(티투스 리비우스Titus Livius, 요약집Summary B. C. 100, p. 182n.; 오시리우스 Osirius 5, 16, 23 참조).

자르기 (요리된 고깃덩어리를) carving **1.** 집에서 요리한 고깃덩어리를 누가 (먹기 좋게) 자르느냐가 중요했다: a. 향사(역주: 중세의 견습단계의 기사)가 그의 주인의 집에서 해야 하는 의무: 그는 "아버지 앞에서 식탁의 고기를 잘랐다"(제프리 초서Geoffrey Chaucer, 캔터베리 이야기CT 프롤로그Prol. 100); b. 이상적인 아내는 남편 대신 "식탁의 끝에서" 고기를 잘랐다(로버트 버튼Robert Burton, 우울의 해부Anat. of Mel. 3, 2, 5, 3); **2.** 칼knife 등 참조.

자리, 좌석 seat **1.** 자리에 앉은 남자: (가부장적 사회의) 최고신 또는 지상에서는 그의 대리자인 왕(왕좌throne 참조); **2.** 자리에 앉은 여자: 대지의 신(=모권적 사회의 최고 신); **3.** 안정성; **4.** 계단식 좌석: 영원의 땅에 도달하기 위해 사용한 이시스와 오시리스의 보좌의 부적; **5.** 마르스의 자리: 잉글랜드(리처드 2세의 비극R2 2, 1); **6.** 의자chair, 앉기sitting 참조.

자매 sister **1.** 세 가지 형태Triform를 가진 여신의 한 단계로서의 자매-신부의 관계: 위대한 여신Great Goddess 참조; **2.** 토머스 S. 엘리엇Thomas S. Eliot: "베일을 쓴 자매the Veiled Sister"='여인the Lady'=축복받은 영혼Soul('아니마anima'; "재의 수요일Ash-Wednesday").

ㅈ

자물쇠 여는 도구 picklock 정조대에 대한 완곡한 표현으로, 열리면 '명예'의 보물에 접근할 수 있다(눈에는 눈, 이에는 이Meas. 3, 2 참조).

자반풀 navelwort (식물) **1.** 다양한 식물이 이 이름으로 불린다. 특히 '자엽식물 움비리쿠스Cotyledon umbilicus'와 '다년생식물 카렉스 스테릴리스C. sterilis'의 이름이다; **2.** 니칸데르Nicander: 이 식물의 뿌리는 "혹한의 날씨에 발의 손상된 피부에 걸린 동창을 없애며" 뱀에 물린 상처를 치료한다(테리아카Th. 681; 또한 디오스코리데스Dioscorides 4, 19 참조); **3.** 플리니우스Pliny: 바위가 많은 지역에서 사는 해안가 식물로 눈이나 귀의 치료제로 쓰인다(25, 101).

자살 suicide 성서의 유명한 자살 사건: 삼손 그리고 사울과 그의 갑옷을 든 아히도벨, 라시아스의 유다의 자살; 이들 대부분은 불완전한 '의로운 사람들'이다; 심지어 아히도벨은 그의 아버지의 무덤에 묻혔다(사무엘하서2Sam. 17, 23).

자석 magnet 천연자석lodestone 참조.

자수정 amethyst (보석) **1.** 이름: 그리스어 '아메스 a-methu'='중독성 없음'에서 유래; 세공하기 쉽다; **2.** 시기: a. 2월의 탄생석; 이때 태어난 사람들이 착용하면 다음의 것을 가져다준다: i. 예술에서의 명성; ii. 높은 수준의 이타주의; b. 별자리: 물고기자리(어떤 사람들에 따르면 물병자리); **3.** 이것의 일반적 특성: A. 다음을 의미한다: a. 깊은 사랑 그러나 때로는 성적으로 놀아남: "독신남이 결혼하면 자수정을 귀에 걸었다"(존 포드John Ford, "상한 마음Broken Heart" 4, 2); b. 행복, 부; c. 겸손; d. 성실; e. 참회 (보라색); f. 순결; B. 자수정은 다음을 가져다준다: a. 용기; b. 유혹으로부터의 자유, 마음의 평화, 명상 상태; c. 행복, 즐거운 꿈; d. 사랑; e. 심판(히브리); f. 평화 속의 안전 그리고 전쟁, 특히 후자를 의미한다(이집트); g. 이것은 강한 감정을 진정시킨다; C. 다음을 막는 주술: a. 도둑, 우박, 메뚜기; b. 긴장; c. 전염병; d. 독성: 질투심 많은 디아나는 바쿠스에게 사랑받는 님프를 자수정 기둥으로 만들어 버렸다; 그 이후로 바쿠스 돌은 중독으로부터 보호하는 힘을 갖게 되었다; 컵은 무제한 마실 수 있도록 자수정으로 만들어졌다; **4.** 색상: 보라색violet에서 보라색purple까지; **5.** 히브리어: a. 대제사장의 흉패: 갓지파(또는 므낫세='건망증'); b. C번의 2, e 참조; **6.** 기독교: 용서를 상징하는 교회감독의 보석; **7.** 문장heraldry(紋章): 귀족 남자의 방패 색.

자스민 jasmine (식물) **1.** 섬세한 아름다움, 은혜, 사랑; **2.** 향기; **3.** 우정, 특히 시에서 가장 많이 언급되는 하얀 자스민; **4.** 기억; 리시다스의 영구마차를 장식하도록 요청받은 꽃 중 하나(존 밀턴John Milton); **5.** 분리separation; **6.** 기독교: a. 천상의 행복; b. 성모의 속성; **7.** 종려나무와 자스민: "…자스민이 종려나무를 헤집고 자라는 곳에" 신에 대한 경배가 있다(크리스토퍼 스마트Christopher Smart, "다윗의 노래A Song to David").

자웅동체 hermaphrodite **1.** 창조: a. 쌍둥이 형태와 연관된 창조의 신; b. 양성적 자기창조; c. 여성적 측면(이브)이 빠져나가기 전 아담; 아래의 윌리엄 블레이크William Blake 참조; **2.** 통합: 대극의 결합. 인간에게 적용되는 숫자 2와 연관된다; **3.** 일체의 순수한 행복: 성적인 측면으로 표현되는 경우 지상에서는 고통스럽고 불안정하게 분리되는 형태만 발견할 수 있다; **4.** 해석적 신화: a. 소년 헤르마프로디토스(헤르메스와 아프로디테의 아들)와 열렬한 사랑에 빠진 나머지 그와 완전한 한 몸이 되길 원했던 요정 살마키스의 이야기(나소 P. 오비디우스Naso P. Ovid, 변신이야기Metam. 4, 306ff); b. 주피터의 머리에서 태어난 미네르바; c. '커플'로 역할을 수행하는 많은 다산의 신이 자웅동체의 기원일 수 있다: 예 마르스-비너스, 바니르 고대 로마의 팔레스 등과 같이 변신하는 신; **5.** 연금술: 두 개의 머리가 달린 형상인 메르쿠리우스; 알카헤스트(보편적인 용매) 또는 레비스(양성체): 실체를 만드는 궁극의 변환. 이를 통해 남성과 여성은 완전히 결합된다(신으로서); 변환과정에서 헤르마프로디토스의 두 개의 얼굴이 있는 머리, 성교 중인 남성과 여성, 또는 왕과 왕비의 결혼으로 표현된다; 약간의 황금이 추가되는 경우, 지혜의 돌이 만들어지며 이것을 가지고 비금속을 황금으로 만들거나 또는 불사의 명약을 만들 수 있다; 금속의 영혼은 헤르메스 평화시대에서 솟아오르는 불사조로 상징되는 우주의 정신으로 변환되었다; 또한 메르쿠리우스, 그리고 물고기fish(카를 융Carl Jung에 따라) 참조; **6.** 심리: a. 여성이 거세된 남성이라고 믿는(또는 여성이 음경을 가지고 있지 않다는 것을 거부하는) 소년은 자신이 거세되는 것을 너무 두려워하는 나머지 성 도착자(복장 도착자)가 된다; 또 다른 이유는 질이 거세의 도구, 이른바 이빨을 가진 질Vagina Dentata이라는 두려움일 수 있으며 이러한 이미지는 구강성교로 강화될 수 있다; b. 남성의 음경을 '훔치는' 빗자루를 든 마녀와 관련 있다; **7.** 참고할 문학서: A. 단테Dante: 소도미(역주: 남색)의 사랑과 파시파에의 사랑의 유형에 반대되는 자연스러운 사랑: "우리의 죄는 자웅동체였다"(신곡 연옥편Purg. 26, 82); B. 에드먼드 스펜서Edmund Spenser: 천상의 아름다움의 상징; C. 윌리엄 블레이크William Blake: a. 낙원의 장미 정원(원형적 앨비온)에 있는 남자의 본래 상태: 이곳에서 그는 "자신을 사랑했으며" 자부심을 통해 두 번째 상태에 들어가게 되었다(=성의 분열, 생식이 필요한 식물 상태에 빠짐; 성은 여전히 대립 중인 요소, 즉 해결되지 않는 모순으로 여겨짐; b. 의심; D. 딜런 토머스Dylan Thomas: ("비탄의 아고A Grief Ago"): "내가 안았던 그녀… 탑을 오르기 위해 안간힘을 쓰며 결합되는 줄기, 장밋빛 처녀와 남자, 또는 태양을 향해 항해하며 노 젓는 돛을 단 비너스"; **8.** 상징(더 다양한 목록은 양성성androgyne 참조): a. 연lotus, 풍뎅이, 뱀, 손바닥; b. 색상: "자웅동체Hermaphrodite의 사파이어-푸른색 꽃"; **9.** 양성성androgyne; 복장 도착transvestism 참조.

자작나무 birch (나무) **A. 일반적으로 다음을 의미한다**: 1. 약 40종의 '자작나무 속'의 나무와 관목이며 그 잎으로 쉽게 식별할 수 있다. 잎 앞에 단성의 꽃차례가 있으며 한 개의 작은 종자 날개가 있지만 대부분의 자작나무('벤둘라 알바Bendula alba')는 특히 눈에 띄는 밝고 어두운 껍질로 인해 쉽게 식별된다; 목재는 숯과 연료(매우 빨리 타긴 하지만)로 사용되며 가구, 마차에도 사용된다. 끝없이 펼쳐진 자작나무(특히 '벤둘라 펜둘라Bendula pendula') 숲으로 유명한 러시아에서는 이것으로 숟가락을 만들고 껍질을 태닝에 사용한다; 2. 1년 가까이 자라야 나뭇가지가 단단해진다(버들과 마가목도 유사하다); 3. 민요 "어셔네 우물의 아내"(프랜시스 차일드Francis Child 79)에서 여자의 죽은 아들들이 철이 아닌 때에 '자작나무 모자'를 쓰고 그녀에게 왔다(역주: 죽은 자들의 세계에서는 자작나무가 계절과 상관없이 자란다). "하지만 낙원 문가의 그 자작나무는 상당히 자랐다"; **B.** 가장 넓은 의미에서의 **시작**: 1. 새해: a. 자작나무는 가장 이른 시기에 잎이 나는 숲속 나무(서양딱총나무는 해당되지 않음)이다; 4월 1일은 오랫동안 새해 첫 날이었다; b. 자작나무 막대는 묵은 해를 몰아내는 데 사용되었다(굴뚝새wren도 참조); c. 북서부 유럽에서는 자작나무가 그리스의 (야생) 올리브 나무처럼 새해 나무의 기능을 갖고 있었다. 종종 자작나무로 새해의 불을 지폈다(로버트 그레이브스Robert Graves, 그리스 신화GM 2, 94); 2. 켈트족의 나무알파벳에서 첫 번째 달, 첫 번째 자음(B) 및 12월 24일~1월 20일(달력 참조)의 기간을 나타낸다; 3. 로마: 고위관료의 임명식에 사용되었다; 4. 자작나무는 요람을 만드는 목재로 좋으며(마녀로부터 보호를 위해서도 좋다) 서양딱총나무는 좋지 않다(13세기); **C. 자가생식**: A번의 1 참조; **D. 마녀**에 대항하기 위해 사용되었다: 1. B번의 1, b 참조; 2. 악령을 쫓아내기 위해 범죄자와 미치광이를 채찍질하는 데 자작나무 막대가 사용되었다(로버트 그레이브스, 하얀 여신WG 166); 3. 마녀의 빗자루는 자작나무 가지로 만들었다; **E. 죽음**과 관련된다: 1. 1번의 A, 3 참조; 2. 민요 "서기 손더스Clerk Saunders"에서 마거릿은 교회서기에게 "제발 오보니 자작나무를 엮은 지팡이를 그의 무덤에 놓으라는 요청을 받는다"(프랜시스 차일드 77G); 3. 민요 "체비언덕에서의 사냥Chevy Chase"(53번째 구절): "그래서 그들은 이튿날 자작나무와 개암나무로 만든 관을 회색으로 만들었습니다"; **F. 사랑**: 1. 자작나무는 북유럽의 사랑의 신 프리가에게 바쳐졌다; 2. 남근: 윌리엄 버틀러 예이츠William B. Yeats: "하지만 자작나무는 나의 잭(성기)을 일으켜 세웠다"("미친 제인Crazy Jane" 시); **G. 우아함**과 온유함: 자작나무 님프는 머리카락이 떠 있는 연약한 젊은 여성으로 표현된다; **H. 세계의 종말**: 자작나무 주변에서 최후의 세계 전투가 벌어질 것이다(고대 북유럽Norse); **I. 민속**: a. 사악한 눈을 피하고 행운을 빌기 위해 집에 두는 나뭇가지(모자나 단추 구멍에 있는 작은 나뭇가지와 같음); b. 자작나무와 마가목으로 만든 십자가는 마녀를 피하게 한다; c. 빨간색과 흰색의 깃발이 달린 오월제 기둥에 사용되며(색상colours 참조) 질병과 악몽을 막기 위해 그것을 일 년 내내 보관했던 마구간의 문 앞에 세워 두었다.

자전거 bicycle 꿈에서 자전거는 다음을 의미한다: a. 사춘기, 청소년기; b. 지배, 열정, 성관계(톰 체트윈드Tom Chetwynd, 여정과 타기Journeys and Riding에서; 타기riding 참조).

자정 midnight **1.** 마녀의 시간: "한밤중에 시계추가 열두 시를 알렸다. 연인들이여, 잠자리에 들라. 요정의 시간이 다 되었다"(한여름 밤의 꿈MND 5, 1); **2.** 마법의 이슬을 모으기에 알맞은 시간: "한 번은 밤에 당신이 나를 불러서 여전히 화가 나 있는 베르무트에게서 이슬을 가져오게 했다"(템페스트Tp. 1, 2); **3.** 우울함, 고독: "옛날 옛적 한밤중에 음산한…"(에드가 A. 포우Edgar A. Poe, "까마귀The Raven"); **4.** 고행: 악마는 자정에 파우스트를 데려간다(크리스토퍼 말로Christopher Marlowe); **5.** 비밀, 음모; **6.** 구약성서: "한밤중에 일어나서" 주께 감사하라(시편Ps. 119, 62); **7.** 로마: 밤=세 개의 시계: 두 번째는 자정에 멈추었고, 세 번째는 수탉이 울 때까지 계속되었다.

자주개자리 lucern(e) (식물) 자주개자리alfalfa('Medicago sativa') 참조.

자주색, 보라색 purple (색상) **1.** 매우 오래된 색상: 뿔고동의 껍질에서 얻는 색상; **2.** 신, 사제, 종교의 색상: A. 히브리: a. 예배의례 도구[(예) 우림과 둠밈Urim and Thummim(역주: 제사장이 흉패에 넣고 다녔던 제비뽑기 패)], 성막 휘장의 색상, 대제사장의 의복 색상; b. 우상(예레미야서Jer. 10, 9)의 색상; B. 그리스: 비의(秘儀)에서 예복과 의례 용품의 색; 헤라는 자주색 띠를 둘렀고; 디오니소스는 자주색 망토를 입었다(디오니소스에게 바치는 호메로스 찬가Homeric Hymn to D.); C. 기독교: a. 하나님 아버지의 상징; b. 주교 의복의 색; D. 독일: 종교적 이유로 나치 독일을 반대하는 사람들이 강제수용소에서 달던 배지 색상: 성직자, 여호와의 증인 등; **3.** 제국 또는 왕실의 색상(왕권), 귀족: A. 히브리: a. 솔로몬의 병거; b. 알렉산더 대왕은 요나단에게 그가 이 땅에서 가장 위대한 인물 중 하나임을 보여 주기 위해 보라색의 사제복을 입도록 명령하였다(구약외경 마카베오 상서1Maccab 10, 62 이하); c. 제국의 위엄의 상징으로서 보라색은 바벨로니아(로마제국 등)의 대탕녀Great Whore에게도 (주홍색과 함께) 주어졌다; B. 그리스: 일반적으로 의복에서 극도의 사치스러움을 나타내는 색이다; C. 로마: a. 클레오파트라의 배barge는 자주색 돛을 달았다(황금색 선미, 은색 노: 안토니우스와 클레오파트라Ant. 2, 2); b. 평민들에게는 이 색상을 착용하는 것이 허용되지 않았다; **4.** 죽음, 애도, 영성화spiritualization 또는 폭력; A. 그리스: a. "자줏빛 죽음이 그를 덮쳤다"((예) 호메로스Homer, 일리아드Il. 5, 83); b. 흰색 바탕에 보라색 표지판이 있는 필로멜라는 흰 바탕에 보라색 표시를 수놓아 자신이 형부 테레우스에게 강간당했음을 언니에게 알렸다((예) 나소 P. 오비디우스Naso P. Ovid, 변신이야기Metam. 6, 577ff.); B. 로마: 자주색 예복은 장례식의 '상복'이었다((예) 베르길리우스Virgil, 아이네아스Aen. 6, 221); C. 기독교: a. 순교자의 색상, 금식과 금욕, 애도 기간 동안의 색상; b. "핏빛 전쟁의 자주색 유언"(리처드 2세의 비극R2 3, 3); **5.** 사랑: A. 그리스-로마: a. 키르케의 침대는 자주색 침대보로 덮여 있었다; b. 에로스도 사프란색 조끼와 자주색 망토를 입었다; 또한 아프로디테는 머리에 '자주색 머리띠'를 둘렀다: 이것은 아마도 봉헌물일 수 있다((예) 사포Sappho); c. "황금 눈동자의 에로스가 자주색 공으로 나를 쳤다"(아나크레온Anacreon); d. 또 다른 그리스 서정시에서는 처녀의 입술 색으로 묘사되었다; e. "보라색… 사랑…" ("보라색 사랑Purple Love": 나소 P. 오비디우스Naso. P. Ovid, 사랑의 기술De Art. Am. 1, 232); B. 기독교: a. 웨딩(드레스)wedding(dress) 참조; b. 야생의 팬지꽃은 "사랑의 상처가 있는 자주색" 꽃이다; **6.** 정의, 지혜, 지식을 상징하는 색상; **7.** 물, 특히 바다의 색상(그리스어 '포르푸레아porphureas'); 호메로스의 "자주 빛 바다wine-coloured sea" 참조; **8.** 문장heraldry(紋章)(나중에 추가된 다섯 번째 색상); a. 존엄, 정의, 지배; b. 풍요 속의 절제; c. 자수정과 관련 있다; **9.** 점성술: 목성과 관련 있다.

자철석 lodestone **1.** 자철석(또는 '천연자석' 앵글로색슨어로 '청년lad'=길way에서 유래한다)은 강한 자석 광석이며, 검은색의 금속으로 보이는 '자철석magnetite'이다; **2.** 모든 종류의 매력, 사랑; **3.** 신성한 돌: 많은 사람(예 이집트인)은 이 '자석'으로 사악한 (비자성 철과 관련된) 신들의 흑마법을 추구한다; 그리스인들은 이것을 특히 헤라클레스와 연결한다(플리니우스Pliny 36, 25); **4.** 태양 상징; **5.** 집시의 돌인 자철석은 먼지를 일으켜 이들을 경찰로부터 숨겨 줄 수 있다; **6.** "동료애의 자철석은 음악이다"(존 데이비스John Davies, "오케스트라Orchestra"); **7.** 방향을 표시한다; 나침반compass 참조.

자칼 jackal (동물) **1.** 일반적으로 다음을 의미한다: a. 야행성 동물: 자칼은 시체를 먹고 살며 밤에 배회하고 달을 향해 울부짖는다; b. 사자의 먹이를 사냥한다(하이에나hyena 참조); **2.** 이집트: a. 죽은 자의 수호신인 자칼신 아누비스는 이시스가 오시리스의 신체 조각(세트가 그의 몸을 절단했다)을 모아서 다시 합치는 것을 도왔다; 자칼은 밤에는 모성 상징(독수리처럼)으로서 잡아먹는 자이다; 자칼은 하지에 가장 높이 떠 있는 개자리(시리우스)의 출현과 관련된다; 또한 절단dismemberment 참조; b. 비의 여신인 테프누트와 동일시되며, 때로는 무트Mut 여신(때로는 양성성이다) 및 추수의 신 르네눌렛(르넷)과 동일시되는 비의 여신이다; c. 판단judge; d. 발자취를 남기는 자(여우와 비슷함); e. 나중에 개로 교체되기도 했다; **3.** 죽음, 썩은 고기를 먹는 자; **4.** 지성, 예민함(냄새); **5.** 비겁한 봉사: 1번의 b 참조; **6.** 기독교: a. 영혼의 인도자로서의 그리스도; b. 밤새도록 태양을 잡아끌어 어둠을 유지시킨다(백조swan 참조); **7.** 점성술: 자칼은 황소자리를 통해 태양을 운반한다.

작살 harpoon 아침에 세트가 보낸 공격하는 뱀을 진압하기 위해 라가 사용한 무기(사자의 서Book of the Dead 108, 7).

작은 독사 asp **1.** 이집트와 리비아의 작고 독이 있고 머리띠 모양이 있는 뱀. 라틴어 '아스피스aspis'는 고대 문헌에서 종종 '살무사adder'로 번역되었는데, 그 이유는 그것이 영국에서 유일한 토착 독사였기 때문이다. 따라서 이 사전에서 '뱀serpent'이라는 의미를 가진 상징어로 기술된 모든 뱀에 대해서도 이와 동일한 해석이 적용된다; **2.** 중세: a. 기독교 성서 시편 91장 13절에서 그리스도가 네 동물을 밟아버릴 것이라고 하는, 즉 시험(유혹)에 대한 그리스도의 승리(초기 기독교 미술에서 흔히 표현된 것이며 나중에는 용과 사자만 남게 되었다): i. '살무사'=죄; ii. 사자=적그리스도; iii. 용=악마; iv. 바실리스크=죽음; b. 악마의 네 가지 측면: i. 'dispas': 갈증을 일으켜 그 (악마)의 희생자를 죽이는 것: 탐욕; ii. '히프날리스hypnalis': 죽음의 잠을 유발한다; iii; '헤모로이스hemorrhois': 피땀을 흘리게 만드는 '치질': 분노; iv. 'praester': 몸이 터질 때까지 부풀어 오르게 하는 것: 탐욕; c. 기독교 신앙: a번의 결과; **3.** 일반적으로 신성한 기록에서 자주 언급된다: a. 태양: 이 동물이 내는 소리는 들끓는 태양이다; b. 왕족과 권력: 이집트; c. 보호 및 자애: 그리스; **4.** (살무사adder처럼) 잘 듣지 못한다: a. 마법의 주문으로만 이 뱀을 죽일 수 있으며 이것을 막기 위해 이 뱀은 한 귀는 꼬리로 막고 다른 귀는 땅에 대고 막는다(시편Ps. 58, 4−5 참조); b. (상징적으로) 하나님의 말씀을 경멸한다; **5.** 자살: "플루타르코스전"에서는 클레오파트라가 자신의 팔에 독사를 올려 두지만 셰익스피어는 더 빨리 죽음에 이르도록 하기 위해 클레오파트라의 가슴에 뱀을 올려놓게 했다(훌륭한 전통이다); **6.** 암컷과 수컷이 함께 살다가 둘 중 하나가 죽임을 당하면 살아 있는 것은 살해 동물이 숨어 있는 곳 어디든지 추적한다. 이것의 천적은 이집트몽구스이다(플리니우스Pliny 8, 35f. 참조).

작은 방, 캐비넷 cabinet **1.** 텐트=마음: "조용하고 작은 방으로 부름받는 그들"(셰익스피어Shakespear, 루크리스의 능욕Lucr. 442); **2.** 윌리엄 블레이크William Blake: 수정crystal 참조.

작은 숲 grove **1.** 식물의 본성에 대한 모든 종류의 종교적 · 원시적 숭배와 연관된다: 예 황금가지(겨우살이mistletoe 참조)를 베는 드루이드, 인간의 풍요−

희생제물([신성한] 왕 참조) 등; **2.** 브라우니, 엘프, 님프 등과 연관된다.

작은 죽 그릇, 포린저 porringer 운율을 찾기 어려운 것으로 잘 알려진 단어; 이것은 오래된 자코바이트 노래(역주: 스튜어트 왕조의 복위를 주장하던 자코바이트 지지자들의 노래)로 해결되었다: "포린저porringer에 대한 운율은 무엇입니까? (2번 반복) 왕은 아름다운 딸을 낳았고 오렌지의 왕자에게 딸을 주었다."라는 가사로 운율이 맞춰졌다.

작은 집 (특히 시골에 있는) cottage **1.** 단순하고 걱정 없는 전원생활: "나의 작은 시골집은 왕국을 준다 해도 바꾸지 않겠다"(속담); **2.** 포도밭의 망대: 외로움(이사야서Isa. 1, 8); 오두막Lodge 참조.

작은곰자리 The Lesser Bear (별자리) **1.** 큰곰자리Great Bear 참조; **2.** 페니키아인들은 작은곰자리를 보며 항해했다('작은 곰자리' 또는 '개의 꼬리 북극성'; 칼리마코스Callimachus, 1, 1; 나소 P. 오비디우스Naso P. Ovid, 트리스티아Trist. 4, 3, 1f; 디오게네스 라에르티오스Diogenes Laertius 1, 23); **3.** 호메로스Homer는 곰(작은곰자리 또는 큰곰자리)이 절대 물에 빠지지 않는다고 서술했다(이에 대해 스트라보Strabo 1, 1, 6에서 흥미롭게 묘사했다).

작은북 tabor **1.** 북채 한 개로 연주되는 작은 북(종종 피리 또는 트럼펫과 같이 연주된다); **2.** 축제: 축제 때 교회 마당에서 귀신을 쫓는 데 사용되는 거친 음악의 한 형태; **3.** 신성한 의식에서 황홀경을 유도하기 위해 사용되었다: 작은북tabret 참조; **4.** 거지들의 악기.

작은북, 소고 tabret **1.** 종교에서의 황홀경: 종교에서 '선지자'('예언서': 예 사무엘상서1Sam. 10, 5)들이 사용하는 악기; **2.** 승리의 황홀경: 여자들이 승리의 춤을 출 때 연주되었다(사무엘상서 18, 6); **3.** 사악한 연회의 악기와 포도주(이사야서Isa. 5, 12).

잔디 lawn 복종: 짧은 상태로 경계 내에 있는 풀.

잔디 turf 고대 북유럽: 땅에서 반이 잘린 형태의 반원형 잔디 아래를 아치가 무너지지 않게 통과하는 것은 다음과 연관된다: a. 피를 흙에 섞어서 혈연 형제애를 맹세하는 것(같은 땅의 태에서 나온 것); b. '시련'; "냘의 사가Njal's Saga"(119)에서는 이것과 관련된 고대 관습을 암시하는 이상한 조롱이 발견된다.

잔소리 scolding 학대, 남용abuse, 과시boasting 참조.

잠자기 sleep(ing) **1.** 신화와 민담에서: a. 오랜 세월 동안 동굴에서 잠 자는 태양 영웅; 그의 움직임은 바깥세상의 사건이나 계절 등을 반영한다; b. 죽는 대신에 영웅은 동굴이나 섬에서 잠을 자고 조국이 그를 필요로 할 때 깨어난다; c. 왕자들(또는 어린 태양)은 새벽이나 봄 처녀에 의해 깨어나거나 그 반대이다; d. 예 엔디미온, 에피메데스, 탄호이저, 윌리엄 텔, 프레데릭 대왕, 샤를마뉴, 아서왕, 립 반 윙클; **2.** 지혜: 예언적 꿈을 제공한다; **3.** 창조적: a. 성교와 관련된다; b. 아담의 "깊은 잠"에서 이브가 생겨났다; c. 풍요는 겨울에 지하에서 '자고' 있다; **4.** 신성한 상태: 이것은 셰익스피어 작품에서의 살인-잠을 더욱 끔찍하게 만든다(죽음과 유사함); **5.** 위험한 상태: a. 영혼이 몸을 떠나서 바깥을 떠돌기 때문에 영혼이 돌아오기 전에 사람을 깨우는 것은 죽음을 초래한다; b. 인큐비incubi(남자악령) 또는 서큐비succubi(여자악령) 등, 몽마의 형태를 하고 있는 악령의 공격에 취약한 상태; **6.** 특별히 참고할 문학서: a. 베르길리우스Virgil: 아이네아스A 뱃사공인 팔리나루스는 잠이 들었을 때 배 밖으로 떨어지며 물에 빠져 익사했다; b. 페데리코 G. 로르카Federico G. Lorca: 몽유병은 성적 본능의 불완전한 표현으로 몽유병을 앓는 사람은 내적 갈등을 겪는 중이다; c. 딜런 토머스Dylan Thomas: =도플갱어, '아니마'("나는 잠과 친구였다I fellowed sleep"); **7.** 민속: a. 수면 시간; (속담):" i. 여행자는 5시간, 학자는 7시간, 상인은 8시간, 그리고 모든 악당은 11시간 잠을 잔다"; ii. "자연은 5시간을 필요로 하고, 관습은 7시간을 요구하며, 게으름은 9시간, 사악함은 11시간을 필요로 한다"; b. 꿈dream 참조.

잠자는 숲속의 미녀 Sleeping Beauty **1.** 다음과 같은 예가 있다: a. 에로스Eros를 잃은 프시케는 아프로디테Aphrodite로부터 지하세계에서 아름다움이 담긴 상자를 가져오라는 명령을 받았으며 이 상자를 연 후 연기로 인해 마비됐고, 큐피드의 화살에 손가락이 찔리면서 깨어나게 되었다; b. 볼숭Volsung: 오딘의 가시에 상처를 입은 브륀힐트Brunhild는 불에 휩싸인 성에서 잠이 들고 시구르트Sigurd가 그녀를 깨운다; c. 중세 프랑스 이야기: 중세 궁중 로맨스Perceforest에서 공주는 몇 달 동안 탑에 갇혀 잠이 든다; d. 바실레Basile의 "펜타메론Pentamerone": 탈리아는 아마에 숨겨진 가시에 찔려 잠이 들며(참조: 봄까지 잠드는 곡식의 정령을 가두기 위해) 잠들어 있는 동안 왕에게 강간을 당하게 되고 두 자녀인 태양Sun과 달Moon을 낳아 키운다; 왕은 마침내 그녀를 성으로 데려가고 성에 있던 그의 아내는 혼돈의 괴물(겨울, 또는 늙은 풍요의 여신)로 변하여 왕에게 태양과 달을 먹이려 한다; e. 페로Perrault: 이 동화에서 아이들의 이름은 새벽(딸)과 낮(아들)이다; 세 명 모두를 먹어치우려던 괴물 여왕, 어머니(밤 또는 서리)는 결국 아이들이 죽지 않았다는 것을 알았을 때 아이들을 죽이려고 준비한 독사에 물려 죽게 된다(참조: 아침에 라Ra를 공격한 뱀); f. 그림형제Grimm: 들장미 공주Little Briar Rose의 이야기(잠자는 숲속의 미녀 원작)는 소녀가 잠에서 깨어나는 것으로 끝이 나는데 이야기의 나머지 부분은 페로Perrault(그리고 바실레Basile의 이야기)가 추가한 것일 수 있다; **2.** 무의식 속에 잠들어 있는 조상의 이미지; **3.** 남성의 내면에 잠들어 있는 '아니마anima'; **4.** 모든 여성(기혼자, 어머니 또는 처녀)의 성욕은 이상형(천생연분 씨Mr. Right)이 나타날 때까지는 잠들어 있다; **5.** 자연 신화에서: 어둠의 괴물, 서리, 오래된 초목 등의 위협을 받으며, 젊은 태양을 통해 잠에서 깨어나는 새벽, 풍요, 혹은 봄의 처녀.

잠자리 dragon-fly (곤충) **1.** 연못과 시냇물 가장자리를 따라 날아다니는 곤충; 잠자리의 가장 두드러진 특징: 크고 보석 같은 눈(겹눈), 두 쌍의 좁고 밝고 투명한 날개; 잠자리는 입 아래의 발로 곤충을 잡는다; 짝짓기 때 수컷은 암컷의 머리 또는 흉곽을 잡는다, 날아다니거나 휴식할 때 암컷은 몸을 앞으로 동그랗게 구부려 그 끝 부분을 수컷의 생식기에 댄다; 수컷은 수정 후 암컷을 놓아주거나 암컷이 알을 낳는 동안에도 잡고 있을 수 있다; 새끼들은 1~4년간 (10~15개 단계의) 애벌레 단계를 거친다; 잠자리는 지극히 게걸스럽다; **2.** 수컷 지배; **3.** 죽은 사람의 영혼(많은 곤충, 새들이 그렇듯이) 또는 부활(나비butterfly 참조); 또는 불멸: "애벌레를 벗고 영광의 태양을 보는" 잠자리의 님프를 제외하고 살아 있는 모든 것은 죽는다(길가메시 서사시Epic of Gilgamesh); **4.** 국가: 일본.

잡목림 copse; coppice 케레스에게 바쳐진 (덤불)숲 (조지 허버트George Herbert, 순례The Pilgrimage).

잡부 hackney **1.** 고된 일을 하는 사람; **2.** 매춘부 (두 측면 모두 하비호스hobbyhorse 참조).

잡초 weed **1.** 무질서, 모든 예술과 돌봄에 대한 도전: "쓸데없이 잘 자란 꽃에서 토양의 비옥함을 빨아먹는 잡초"(리처드 2세의 비극R2 3, 4): 내부가 무질서한 정원; **2.** 순위 및 총계에 관한 모든 것: 햄릿의 "잡초 없는 정원"(1, 2); **3.** 민속: 잡초는 자연적으로 땅에 속하기 때문에 결코 완전히 박멸될 수 없다(성장하는 돌처럼); **4.** 해초seaweed 참조.

장갑 glove **1.** 권력, 보호; 중세 연극에서 신의 상징; **2.** 귀족: 특히 왼쪽 손의 장갑은 일반적으로 이중 테두리로 장식되었는데, 이는 신사들이 사냥할 권리를 보여주기 위해 스스로 가지고 다닌 것으로 송골매를 위한 횃대를 잡는 용도였다; **3.** 신비: 도둑, 마녀, 나이트 라이더night-rider(역주: 밤에 활동하는 복면 기마 폭력단원) 등과 같은 신비한 인물의 속성이 있다; **4.** 경의의 표시: 다음의 경우에 오른쪽 장갑을 벗음으로써 존경을 표했다: a. 더 높은 지위에 있는 사람이나 제단에 다가갈 때; b. (갑옷 장갑) 상급자 앞에서 무장해제 하거나 충실함을 보여 주기 위해; **5.** 취임식: 기독교 교회에서 주교 이상 상위 계급의 상징: a. 오른손이 하는 일을 왼손이 모르게 하라; b. '더러운' 어머니 대지Earth Mother로부터의 분리; **6.** 완벽하게 '맞는' 모든 것; **7.** 다른 것과의 조합: a. 철 장갑: 토르Thor의 소유물 중 하나; b. 생가죽 장갑: 권투 선수의 장갑(베르길리우스Vigil, 아이네아스Aen. 5, 69ff.; 농경시Georg. 3 20); c. 장갑과 반지: 민요에서 전통적인 구애 선물로 사용된다("비노리Binnorie"[프랜시스 차일드Francis Child 10], "차일드 모리스Child Maurice" "영 존Young John" 등; 그러나 트로일로스와 크레시다Troil. 3. 3: 소매sleeve 참조); **8.** 민속: a. (가위처럼): 불운을 불러오기 때문에 떨어뜨린 사람이 절대 줍지 않아야 한다; b. 이별과 관련하여: 만약 당신이 장갑을 잊어버리고 그것을 찾기 위해 돌아간다면, 당신은 장갑을 가지러 떠나기 앞서 다시 앉아야 한다. 그렇지 않으면 당신은 절대 다시 그곳으로 돌아가지 못할 것이다; c. 장갑은 특히 부활절에 연인에게 줄 수 있는 적절한 선물이다: 만약 그녀가 선물 받은 장갑을 끼고 교회에 간다면 당신을 받아들인 것이다; 동요도 참조: "장미는 빨간색, 제비꽃은 파란색. 비단향꽃무는 달콤하다. 당신도 달콤합니다. 이것들은 부활절에 새 장갑 한 켤레를 선물 받고 싶어하는 나에게 당신이 해준 말입니다"; d. 사람들이 착용한 장갑이나 신체의 일부(장갑, 머리카락, 손톱 등)를 사용하여 해당 사람에게 흑마법을 행할 수 있다; e. 흰 장갑: 순수, 순결의 상징: 종종 처녀의 장례식에서 들고 가는 조화의 중앙에 달려 있다; 또한 중범죄를 다루는 애사이즈Assize 법원의 판사가 흰 장갑을 착용한다는 것은 형사 사건이 없음을 알려 주는 것이다; **9.** 장갑은 손과 손가락의 상징성과 동일한 상징성을 갖고 있다; 긴 장갑gauntlet 참조.

장갑 (갑옷용) gauntlet **1.** 보호; **2.** 힘; **3.** 도전: 사람을 향해 장갑을 던지다=그에게 싸움을 걸다; **4.** 처벌: 범죄자가 장갑을 끼고 두 줄로 늘어선 사람들 사이로 지나가면서 맞는 것을 "태형(笞刑)"; **5.** 문장heraldry(紋章): a. 보상 및 승격; b. 정의; c. 전투에 대한 도전과 준비; **6.** 고대 북유럽: 토르의 상징; **7.** 장갑glove 참조.

장난감 plaything 장난감toy 참조.

장난감 toy 유혹: a. 티탄은 어린 디오니소스에게 장난감을 주었다; b. 보석과 값비싼 물건 또는 검 중에 하나를 선택할 수 있는 상황에서 아킬레우스는 후자인 검을 선택했다; 영웅의 선택이라는 주제; c. 에로스는 메데이아가 이아손을 사랑하게 만들기 위해 파란색 반지가 달린 황금 공을 뇌물로 받았다(로디우스의 아폴로니오스Apollonius Rhodius 3, 131).

장난꾸러기 꼬마 도깨비 hobgoblin **1.** 난쟁이, 도깨비 등의 일반적인 상징성을 갖고 있다; **2.** 이들의 특징: a. 꼬마 도깨비는 종종 어두운 구석에 숨어서 아이들을 흠칫 놀라게 한다; b. 일반적으로 친근하지만 장난이 심하다; **3.** 셰익스피어의 저서에서 퍽과 로빈 굿펠로를 이렇게 불렀다(한여름 밤의 꿈MND 2, 1, 윈저의 즐거운 아낙네들MWW 5, 5).

장단 long and short 꿈에서: 길게 자라는 모든 것(사이프러스, 갈대, 키 큰 사람 등)은 사람으로 하여금 인내심을 갖고 서두르지 않게 한다. 짧고 낮은 것은 사람을 서두르게 한다(4, 11; 성장growth 참조).

장막, 천막 tabernacle **1.** 육신(예 베드로후서2Peter 1, 14); **2.** 초막절(=장막절): 속죄일 닷새 후에 티슈리Tishri 달(유대력의 1월)의 보름달이 뜰 때 히브리인들이 '광야'에 거주했던 장막을 기념하여 축제(7일째에 종려나무 가지 행렬로 절정에 달함)를 시작한다; 이 축제는 안나 페렌나Anna Perenna(3월 15일, 과거 새해의 시작 월이었던 3월의 보름달이 뜨던 날) 축제와 비슷하다(나소 P. 오비디우스Naso. P. Ovid, 행사력Fasti. 3, 523ff).

장막, 초막 pavilio 여호와가 위험에 빠진 다윗을 숨기신 장막(예 시편Ps. 27, 5; 31, 20).

장미 rose (식물) **I.** 위대한 여신과 관련된다: **여성 생식 원리**, 육체적 사랑, 봄, 젊음(원래는 양성적 신과 관련된다): **A.** 이집트: 이시스에게 바쳐진 것; 루키우스 아풀레이우스Lucius Apuleius의 황금 나귀와 장미의 관계: 나귀를 해방하는 것처럼 사람의 마음을 되찾을 수 있는 순수한 헌신; 미다스를 통한 나귀와의 또 다른 연관성은 나귀ass 참조; **B.** 구약성서: 아가서SoS에서 사랑받는 샤론의 들꽃the Rose of Sharon(무궁화)(2, 1; 크로커스나 나리꽃일 수도 있다): a. 풍요로움; b. 이스라엘; **C.** 그리스: 1. 아프로디테에게 바쳐졌다: a. 아프로디테가 바다에서 태어났을 때 장미가 처음 피었다(아나크레온Anacreon); b. 아프로디테는 부상당한 아도니스에게 서둘러 달려가다가 장미(그 당시 장미는 항상 흰색이었다)에 다리를 긁혔다. 그리고 나서 장미는 붉은색이 되었다; c. 또는 아프로디테가 애도하자 아도니스(=죽어 가는 자연의 신)의 피로 장미가 태어났다고 한다(비온Bion); d. 비너스는 아도니스에게 자신이 마르스를 이겼다고 자랑하면서 "그를 붉은 장미 사슬로 묶어 포로로 잡았다"라고 했다(비너스와 아도니스Ven. 110); 2. 카리테스Grace(=봄의 풍요로움)에게 바쳐졌다; 3. 에오스Eos(로마에서는 아우로라Aurora): "장미빛 여명rosy- ingered Dawn"; 4. 봄의 전조로서 페르세포네에게 바쳐졌다; 5. 신혼부부는 장미가 흩어져 있는 침대에 장미로 채워진 베개, 신부의 장미 리스 등을 가지고 잤다. 더구나 장미는 사랑하는 사람의 신체적 속성(호흡 등)이나 만남의 장소 등과 끊임없는 비교가 이루어졌다; **D.** 로마: 영원한 사랑: 장미는 무덤과 죽은 이의 이마 위에 놓였다; **E.** 초기 기독교인들: 장미는 매춘부들이 치욕의 표시로 착용하도록 강요된 배지였다; **F.** 중세시대: a. '정중한 사랑'(다른 남자의 아내에게): 성모 마리아에 관한 노래와 동일한 용어로 표현되었으며, 장미를 주요한 상징으로 사용했다(예 "장미이야기Roman de la Rose", 특히 2, 1695-1703), 이는 모든 사람이 여성을 사랑한다는 것을 표현했기 때문이다: 게으름, 기쁨, 예의, 부, 젊음; 장미의 가시는 교만, 악의 혀, 겸손함, 두려움을 상징했다; b. 민요: 예 마거릿과 윌리엄의 무덤에는 장미가 서로 얽혀 자라고 있다(들장미briar도 참조); **G.** 르네상스 시대: a. 솔직한 성애; b. "그는 젊음의 장미를 걸쳤다"(안토니우스와 클레오파트라Ant. 3, 13); **H.** 19세기 말엽: 사랑에 대한 신성모독(예 리차드 스윈번Richard Swinburne의 "진흙탕의 장미"), 욕망, 악덕; **II. 영적인 사랑, 고결한 아름다움: A.** 중세시대: a. 낙원과 관련된다: 아래의 단테 참조; b. 그리스도와 천국과 영적 사랑의 여왕으로서의 성모 마리아의 상징: 태양이 있을 때만 꽃이 핀다. 이따금 가시가 없는 모습으로 표현된다; 색상: i. 붉은색: (불) 자선, 영성(여러 겹의 꽃잎), 정화를 통한 악의 소멸, 순교자; ii, 흰색: 미덕, 순결, 하나님에 대한 사랑, 처녀; c. 성도에 대한 보상: 예 체칠리아Cecilia, 헝가리의 성녀 엘리사벳; d. 묵주와 관련된다: 녹색은 기쁨, 가시는 슬픔, 장미는 영광; **B.** 셰익스피어: a. "순수한 사랑의 아름다운 이마 위의 장미", 가인Cain의 수포의 대극(덴마크의 왕자 햄릿Ham. 3, 4); b. "5월의 장미"는 레어티즈Laertes가 (이제는 미쳐 버린) 오필리어Ophelia에게 붙인 호칭이다(덴마크의 왕자 햄릿 4, 5); **C.** 현대: 예 이디트 시트웰Dame Edith Sitwell 부인("장미의 찬가Canticle of the Rose"); 그녀의 초기의 시 가운데 전쟁에 짓밟혀 시들어 가던 장미꽃은 최후의 고통을 겪었고, 그리스도의 피를 물로 삼아 부활을 기다린다. 원초적 순수함 속의 자연스러운 기쁨, 지금은 잃었지만 만회할 수 있는 사랑, 용서를 통한 부활, 하나님의 현현; 원초적 물질, 창조; **III. 지적인 아름다움, 완벽, 태양:** a. 스펜서Spencer부터 셸리Shelley까지 장미는 지적인 아름다움을 나타낸다; b. 본보기, 비할 데 없는 사람, 특히 고결한 미모나 탁월함을 지닌 여성: "그러면 장미의 아름다움은 결코 사라질 수 없는 것"(소네트Sonn. 1). 그리고 "(햄릿은 우리의) 기대와 아름다운 장미"(덴마크의 왕자 햄릿 3, 1); c. "나는 밝은 동쪽에서 장미 꽃봉오리를 보고 순례자 태양은 그것을 연다"(본Vaughan, "탐색The Search"); II번의 A, b 참조; **IV. 인간 정신(의 초월성), 통일성: A.** 장미십자단Rosicrucian: 시간의 십자가 위에서 재합일의 고통을 통해 얻을 수 있는 영원의 장미; 장미=사랑, 아름다움, 선함, 기쁨에 대한 인간의 가치가 경이롭게 변형되고, 도덕적 삶에 대한 명백한 구분이 영원하고 형언할 수 없는 합일로 나타나는 신비로운 상태. 따라서 십자가는 서로 반대되는 것의 합일을 나타낸다. 장미십자단에는 골든 던Golden Dawn(역주: 황금여명회) 기사단 외에도 연금술의 장미기사단Alchemical Rose도 있었다; **B.** 연금술: 물질을 영으로 변환시킨다; **C.** "무관심의 극치"(엘리자베스 보웬Elizabeth Bowen, "모든 장미를 보라Look at all the roses"): 불행과 범죄 이상의 모든 욕망의 부재; **D.** 통찰력, 초월을 향한 갈망: a. 버지니아 울프Virginia Woolf: 다양하게 보이는 대립점들이 시간의 고독 속에서 진정한 통찰력을 얻는 순간; b. 에드워드 포스터Edward M. Forster: 사랑, 성실, 영혼의 자유, 계급의 극복이라는 진정한 가치를 추구하는 인간애; **E.** 통일성: a. 카발라Cabala: 또한 윌리엄 B. 예이츠William B. Yeats

참조; b. 심장, 신비한 중심; **V. 영감**(사랑의 시에서 특히): **A.** 페르시아: 나이팅게일 한 마리가 흰 장미와 사랑에 빠져 가시 위에서 죽을 때까지 노래하며 피를 흘려 장미를 붉게 물들였다: 사랑의 시에 대한 영감; **B.** 그리스: a. 뮤즈에게 바쳐졌다; b. 사랑과 사랑의 시를 고취시키는 포도주의 신 디오니소스에게 바쳐졌다: 장미는 자연의 풍요로움을 나타내지만 (그리스에서), 그 의미는 종종 와인에 한정되었다. 연회를 장식하고, 화환을 만들고, 포도주를 마시면서 꽃잎을 떼내어 흩뿌리는 등 복합적인 기쁨을 상징하였다: 포도주, 사랑, 아름다움, 노래, 봄, 젊음 등; **C.** 일반적으로 다음을 의미한다: 예 로버트 헤릭Robert Herrick: 시에 영감을 주는 자연의 아름다움; **VI. 덧없음, 죽음, 그리고 부활**: a. 로마: 특히 시든 장미: 기쁨의 시간이 짧은 것을 애도함, 더 나아가 내세인 엘리시온의 상징; b. 셰익스피어: 장미는 죽을 때 더 좋은 향기가 난다(소네트 Sonn. 54). 그러므로 백합과는 반대이다; c. 오마르 하이얌의 루비이야트O. Khayyám(에드워드 피츠제럴드 Edward FitzGerald 번역): 장미는 카이사르가 피를 흘리며 묻힌 곳에서 가장 잘 자란다; **VII. 허영심**: 특히 17세기: 일시적 허영, 즐거움, 어리석은 행동; 그러나 예외가 있다: 예 본Vaughan(=신성holiness) 그리고 마블Marvel(=파괴된 선의goodness destroyed); **VIII. 승리**: 로마: 숭고한 행동에 대한 보상; **IX. 축제**: a. 그리스: V번의 B, b 참조; b. 로마: 종종 축제 때 장미 화관을 쓰고 다녔다; **X. 비밀**: '장미 밑에(비밀)sub rosa': 침묵의 신 하포크라테스Harpocrates의 뿔의 상징. 종종 고해실에서도 볼 수 있다; **XI.** 동양의 국화Chrysanthemum와 반대되는 서양의 꽃; **XII. 문장**heraldry(紋章): a. 젊음, 아름다움, 매력, 기쁨, 순수함, 온화함, 침묵; b. 색상: 흰색: 기쁨, 보라색: 슬픔, 황금색: 명성, 파란색: 죽음에 충실; c. 전쟁의 영광: 전장은 종종 장미의 정원이라고 불렸다; d. 영국: 튜더 왕조의 상징; 장미는 영국 왕실의 상징으로 헨리 3세의 아내인 프로방스Provence의 엘리노어Eleonor가 소개했다. 에그몬트Egmont백작의 랭커셔의 붉은 장미(1277년 프로방스 전투 이후); 전투가 시작되었을 때 요크의 흰 장미와 반대되는 붉은 장미가 선택되었다. 아래의 붉은 장미와 흰 장미 참조; **XIII. 심리**: **A.** 지그문트 프로이트 Sigmmund Freud: 여성의 성기; 프로이트에게 모든 꽃은 다 그런 의미였으며 특히 외음부 형태의 장미가 그러했다. 또한 사랑의 첫 번째 장미이자 사랑의 묘약의 재료이다; **B.** 카를 융Carl Jung: a. 성격의 통합: 의식과 무의식 사이의 균형; b. 세계는 원이며, 신God은 그 중심mandala이다; c. 원형(태양, 전체, 완벽) 및 다산성; **XIV. 다른 것과의 조합**: **A.** 장미 정원: a. 새 예루살렘; b. 장 드 멩Jean De Meung "장미이야기Roman de la Rose"): 지상 낙원: 재생: 사랑의 최정점으로 필멸의 존재와 신의 결합으로 교접하라는 신의 명령; c. 아래의 토머스 스턴즈 엘리엇Thomas S. Eliot; 또한 XII번 참조; **B.** 색상: 1. 흰 장미: a. 순수, 순결, 추상, 침묵; b. 요크 가문의 휘장; c. 마른 흰 장미: 순결을 잃기보다 죽음을 택한다; 2. 붉은 장미: a. 열정, 욕망, 감탄; b. 얼굴을 붉힘, 당황스러움, 수치심; c. 죽음, 순교; d. 결혼, 결합, 모성애; e. 랭커셔의 휘장; 또한 XII번 참조; 3. 푸른 장미: a. 불가능한 것; b. XII번 참조; 4. 황금색 장미: a. 절대적인 성과; b. 황금 장미장 Golden Rose: 사순절 기간 중 네 번째 일요일("수상 Laetare", 프랑스의 장미 축제와 함께)에 황금색 옷을 입으며 보석으로 치장하고 교황으로부터 축복을 받으며 저명한 개인, 기관, 공동체 등에게 가장 큰 영예 중 하나로 수여된다(최소한 11세기 이후); XII번도 참조; 5. 노란 장미: 외도, 질투; **C.** 다른 품종: 1. 불두화나무Guelder rose: a. 12번째 달(10~11월)이자 마지막 달이며 켈트족의 나무 알파벳Celtic tree-alphabet의 하나(Ng 또는 Gn)이다; b. 나이, 겨울, 나이가 많지만 젊은; 2. 별개로 다마스크 장미Damask rose 참조; **D.** 장미의 창: 영원; **XV. 특별히 참고할 문학서**: **A.** 단테 Dante: a. 신약성서 저자들의 속성: 구약성서 저자들의 백합문양fleur-de-lis(신앙과 가르침의 순수성) 속성의 반대: 자선을 의미(신곡 연옥편Purg. 29); b. 세속적 사랑과 교회의 사랑을 포용하는 영적 탐구의 성취: (죽은 베아트리체에 대한) 영화된spiritualized 사랑이 그로 하여금 신성한 사랑을 알게 했기 때문에 일시적인 것에 대한 영원성의 성취; c. "신곡 낙원편Par." 마지막 장에서 그는 어떻게 축복받은 자들이 더 높은 곳(순수한 눈에만 보임)에는 삼위일체가 있으며 그 가운데 그는 오직 세 개의 원Circle에 대한 기억만 갖고 있다; 따라서 하늘의 형상과 거대한 무리를 이루면서 어떻게 하나의 거대한 태양빛 장비(우주창조의 신비)를 형성하고 그 중앙에 천국의 여왕인 마리아를 두는지 보게 된다; 장미는 중간과 가로로 나뉘며 한쪽에는 남자 성자들이, 다른 쪽에는 여자 성자들이 자리하고 있다; 그리고 그 아래로 시복 받은 아이들의 영혼이 있다; d. 인간에 대해 교회와 동등한 지배권을 가진 제국의 승리를 의미하기도 한다; **B.** 윌리엄 블레이크William Blake: '병든 장미Sick Rose': a. 억압된 성: 장미 가시는 남자에게는 억압이고 여자에게는 질투와 정숙이다(그러므로 백합과는 반대된다); b. 구속되지 않은 사랑을 악으로 간주하는 기독교 이성의 관점에서 볼 때 오염된 본능적 사랑; c. 경험에 의해 오염된 순수; d. 타락으로 오염된 선량함, 악에 의한 상상력, 시간에 의한 영원성 등; **C.** 스테판 말라르메Stephane Mallarmé: a. 꿈의 이상에 도달하지 못한 불완전한 사랑; b. 유년기의 자연스러운 기쁨; **D.** 쥘 라포르그Jules Laforgue: 가톨릭의 위선: 감각적인 욕망, 영혼의 기쁨을 대신하는 궁핍함: 변덕스러운 달=장미 여왕; **E.** 오스카 와일드Oscar Wilde: a. 부패("도리언 그레이의 초상Picture of D. Gray"); b. "살로메Salome": 달처럼 색과 특성이 변하는 장미는 잔인한 순백의 처녀성에서 시작하여 붉은 욕망, 피와 죽음으로 변하는 연극에서의 진행을 나타낸다; **F.** 윌리엄 B. 예이츠William B. Yeats: a. 예술: 물리적 상징을 통한 영적 실재의 표현; b. 다크 로잘린Dark Rosaleen: (정치적으로) 아일랜드; c. 절망적인 사랑(모드Maud); d. 현존하는 것들의 파괴 후 장밋빛 밀레니엄을 가져오는 육체적 죽음에 대한 소망과 부활; e. 카타르시스, 평화 그리고 완벽한 질서를 제공하는 요소들, 심지어 이와 반대되는 요소들의 조직; f. 장미십자회의 신비한 초월적 사랑: IV번의 a 참조; **G.** 제임스 조이스James Joyce: a. 여성, 풍요로움; b. 국가; c. 녹색 장미: i. 미성숙; ii. 도달하기 어려움; iii. 아일랜드; **H.** 토머스 S. 엘리엇: 신의 결심, 반대되는 것들의 결합(단테 참조); "리틀 기딩Little Gidding"에서는 주목나무Yew-tree와 반대: 탄생/죽음, 욕망/슬픔 등; b. 앵글로색슨 교회Anglo-Saxon Church; c. 얼어붙은 연옥의 불에서 황홀한 순간("이스트 코커East Coker"); d. 부활; e. 종이 장미: 현대적이고 외설적인 싸구려, 거짓, 진정한 사랑의 대용품; f. 장미 정원: 은둔: 있었던 일과 있을 수도 있었던 일은 순간이라도 현존했던 것이다. 실현되지 않은 잠재력의 시각화("번트 노튼Burnt Norton"); **I.** 데이비드 H. 로렌스David H. Lawrence: a. 초기 시에서: 성sex; b. 후기 시에(예 "포도Grapes")서는 지적인 기독교 신앙을 통한 현대적 정신의 쇠퇴(원시적인 포도의 반대로서); c. ("사랑에 빠진 여자Woman in Love") 달과 동일시되는 삶의 일관성에 대한 초월적 통찰력; **J.** 페데리코 G. 로르카Federico G. Lorca: 여성(그리고 이성적 사랑): '파란색'의 반대=남성(그리고 동성애적 사랑); K. 딜런 토머스Dylan Thomas: a. 그리스도: 벌레worm 참조; b. "시들어 굽은 장미crooked rose"("초록 줄기 속으로 꽃을 몰아붙이는 힘The green fuse": i. 윌리엄 블레이크William Blake의 "병든 장미Sick Rose"; ii. 늙고(혹은 사악하고) 시들어 가는 미인이지만 절망적으로 사랑을 추구하는; c. ("뼈에서 고기를 찾는Find meat on bones") 청년이 늙었을 때에도 할 수 있을 만큼의 진정한 사랑의 상징; 일 년에 한 번 피는 램블러 장미"rambler rose": 남성과 여성, 양성성.

장밋빛 rosy (색상) **1.** 호메로스Homer나 사포Sappho 등은 새벽을 '장밋빛 손가락의 새벽rosy-fingered'이라고 불렀다. 새벽의 여신인 에오스 또한 '장밋빛으로 무장한 새벽rosy-fingered'라 하였다고 한다(헬리오스에게 바치는 호메로스풍의 찬가Homeric Hymn to Helios); **2.** 딜런 토머스Dylan Thomas: 잠자던 한 소녀가 장밋빛 숲("시골 잠In Country Sleep")에 관한 이야기를 들었다.

장식술 tassel **1.** 태양 또는 광선; **2.** 흐늘흐늘함(무기력함): 로버트 그레이브스Robert Graves의 시 "거인괴물과 피그미족Ogres and Pygmies"에서 현대 (피그미족)은 "작고 약한 존재"로 표현된다.

장애물 obstacle 꿈에서 이것은 의식과 무의식, 욕망과 두려움 등과 같은 의지의 충돌에 해당한다(허버트 실버러Herbert Silberer, 연금술Alch. 2, 1, p. 48).

장어 eel (물고기) **1.** 미끄러움, 잡기 어려움(종종 이 의미로 사용됨); 장어는 때로 적대감의 상징으로 쓰이기도 한다; **2.** 민첩함: "모래 망태 속의 장어처럼 민첩하다"(속담); **3.** 남근: "장어처럼 솔직한"(딜런 토머스Dylan Thomas); **4.** 랜덜 경Lord Randal의 죽음의 원인:

"그의 '연인true-love'이 죽으로 끓인 장어" 또는 "팬에 볶은 장어"를 그에게 주었다; 몇몇 변형 본에서는 장어 대신 '민물송어' 또는 '영원newt'(역주: 도롱뇽목 영원과의 동물)으로 되어 있지만, 성적인 의미를 함축하고 있는 것은 명백하다(프랜시스 차일드Francis Child 12); **5.** 시몬 드 브리Simon de Brie 교황은 포도주에 뭉근히 끓인 장어를 너무 많이 먹어 사망했다(단테Dante, 신곡 연옥편Purg. C. 24); **6.** 폭풍우의 영향을 받는다: 폭풍우는 바다의 모든 물고기에게 영향을 주지만 특히 "장어 무리"를 혼란스럽게 한다(타이어의 왕자 페리클레스Per. 4, 2); **7.** 민속: a. 장어 껍질을 다리에 밴드처럼 붙이면 경련(쥐)을 예방한다(예 수영하는 사람의 경련); b. 술에 살아 있는 장어를 넣어 마시면 폭음하는 악덕을 치유한다; c. 물속에 있는 장어는 장어가 건강에 좋다는 것을 증명해 준다; d. 플리니우스Pliny(10, 87)는 장어가 교미를 하지 않고 자가번식self-을 한다고 믿었다(도롱뇽, 조개류 등과 마찬가지로); 그러나 토머스 브라운 경Sir Thomas Browne("사이러스의 정원Garden of Cyrus")은 살아 있는 대구 및 민물 농어의 등에서 장어가 태어난다고 주장했다.

장인, (수)공예가 craftsman **1.** 기독교: a. 요셉이 목수인 것에 관해: "그것은 그[예수 그리스도]의 아버지가 모든 것의 창조자임을 나타내는 상징이다(성 암브로시우스St. Ambrose, 루가의 복음서 해설집EL 3, 2); b. 모든 장인은 하나님을 상징한다(오비디우스 도덕론Ovide M M8, 1767ff); **2.** 켈트족: 궁정 또는 요새에는 장인들만 입장이 허용되었다("마비노기온Mabinogion," 쿨후흐와 올웬Culhwch and Olwen pp. 97 및 121; 아일랜드의 유사한 예는 로저 루미스Roger Loomis, 중세시대의 아서왕 문학Arthurian Literature in the Middle Ages p. 33 참조); b. '마나위단Manawydan' 이야기의 주인공들은 자신들의 기술을 여러 번 바꾸지만 마구공이든 방패공이든 아니면 제화공이든 언제나 최고의 장인이다('마비노기온Mabinogion'); **3.** 개별 장인들을 나타내는 단어들, 특히 대장장이(black-)smith와 목수carpenter 참조.

장화 신은 고양이 Puss in Boots **1.** 달고양이는 개울(아침 햇살)에서 벌거벗은 채 발견된 태양 왕자와 결혼했다; **2.** 심리: 처녀성 상실이 너무 두려운 나머지 마치 괴물의 성처럼 느껴지는 곳에서 연회를 열기 전까지는 알몸으로 헤엄치는 소년을 보는 에로틱한 자극이 공주에게 무엇보다 큰 성적 쾌락을 주었다.

재 ashes **1.** a. 불: 구약성서: 빵을 굽는 데 사용되었다; b. 희망의 파괴 등: "세상에서 사람들은 재(헛된 것)에 마음을 둔다"(에드워드 피츠제럴드Edward FitzGerald, 오마르 하이얌의 루바이야트 번역서tr. of Omar Khayyam); c. 불탄 희생제물: 희생제물의 재는 제단 동쪽에 모았다가 나중에 놋그릇에 담아 성소로 옮긴다; 바쳐진 어린 암소의 재에 관해서는 암송아지heifer 참조; **2.** 죽음: a. 구약성서: 재, 먼지 등으로 몸을 가리는 것은 매장의 모방이며 따라서 죽은 자의 악의적인 영혼이 질투하지 않을 것이다(베옷sack-cloth 참조; 욥기Job 2, 8 참조); b. 재를 먹다: 비참함과 애통함: "나는 재를 양식같이 먹으며 나는 눈물 섞인 물을 마셨나이다"(시편Ps. 102, 9); **3.** 겸손: 위대한 자의 굴욕(예레미야 애가Lament 3, 16); **4.** "나는 티끌이나 재와 같사오니 감히 주께 아뢰나이다"(창세기Gen. 18, 27); **5.** 죄에 대한 형벌로서의 영적 약: 불타는 재에 던져지는 것을 말한다(마케오베하서2Macch. 13, 5–6); **6.** 정화, 불성실의 배신: 재에 난 발자국은 우상에게 바친 음식을 먹은 자가 선한 신 벨Bel(=바알Ba-al=엘El='주님'the Lord)이 아니라 제사장들이라는 것을 알게 했다(다니엘서Dan. 14 외경Apocr.); **7.** 예루살렘 파괴의 기억: 신랑에게 뿌린 재; **8.** 로마: 로마에서 재는 아이섀도우로 사용되었다(나소 P. 오비디우스Naso P. Ovid, 사랑의 기술De Art. Am. 3, 203); **9.** 딜런 토머스D. Thomas: 화산재: 시간; **10.** 민속: a. 불과 관련되기 때문에 재는 마법처럼 강력하다; b. 다산: 신성한 모닥불에서 나온 재(Beltane–5월에 하는 켈트족들의 고대 축제, Midsummer–한여름 축제, Need-fire–질병을 예방하기 위해 불을 놓는 축제)는 비료가 되고 농작물을 보호한다; c. 잿더미에 난 발자국: "재 위에 나 있는 발자국으로 운명을 점치기ass-riddling": (발음상 ass를 ash 대신 사용했고 따라서 Yorkshire ass는 재의 의미로 사용되었다) 성자 마가의 이브 날에 난로에 흩어져 있는 재: 거기에 발자국을 낸 사람은 누구라도 일 년 이내에 사망한다.

재, 뜬 숯 cinder 우주의 재: 별(헨리 4세 2부2H4 4, 3).

재갈 bit (굴레 bridle) 이것은 지배자를 절제하게 만드는 네메시스Nemesis의 상징(판테온북스Panth. 16, 223, '재갈chalinos'; 또한 굴레bridle 참조).

재난, 재해 disaster "역병, 기근, 전쟁, 지진은 국가들을 위한 구제책이며 인류라는 무성한 나무의[즉, 너무 큰 성장]의 가지치기 수단으로 생각해야 한다"(테르툴리아누스Tertullianus, 아니마Anima 30).

재단사 tailor **1.** 창조주: 신은 영spirit의 실로 물질의 세계를 꿰매어 우주의 외관을 만든다: 예 신들이 인간의 아내를 빼앗고 선택할 수 있는 새로운 여자들을 제공할 때 신들은 재단사에 비유된다(안토니우스와 클레오파트라Ant. 1, 2); **2.** 성(性): a. 적어도 엘리자베스 1세 여왕 시대 이후로 남성과 여성 성기에 대한 완곡한 표현; b. 재단사는 '뜨거운 거위'를 가지고 있다: 다리미 또는 남근('거위'는 매독을 뜻하기도 함); c. 성적 호기심: 피핑(엿보는) 톰(고디바Godiva 참조); 알라딘Aladdin 참조; **3.** 발기부전: A. 재단사의 직업적인 자세가 원인이다; B. 전래동요: a. "재단사의 거위는 결코 날수 없다": 발기부전을 암시하는 말장난; b. "비시터의 재단사인 그는 눈이 하나밖에 없다; 그가 죽는다면 녹색 갈리가스킨 한 쌍도 자를 수 없다": 통이 넓은 바지 '갈리가스킨'은 발기를 의미할 수 있다; 소녀들이 자신의 드레스를 잡아당겨서 바지 모양으로 만들고 방 한가운데에 있는 촛불 위를 뛰어넘는 춤을 추며 이 노래를 불렀다: 이것은 분명히 고대 다산 춤의 잔재이다; **4.** 직조공과 같은 불완전한 인간성: (십이야Tw. N. 2, 1) 한 재단사에게서 아홉 영혼을 끌어낼 수 있다; 이것은 "아홉 명의 재단사가 사람을 만든다"라는 속담과 관련이 있으며, 의미의 전환으로 나인 테일러Nine Tailors를 가리킨다: 아래 민속folklore 참조; 이로 인해 셰익스피어가 그의 재단사를 로빈 스타벨링이라고 불렀을 수도 있다(한여름 밤의 꿈MND); **5.** 겁쟁이: 스물네 명의 재단사가 달팽이를 죽이러 나갔지만 달팽이가 위협적으로 뿔을 내밀자 도망쳤다는 얘기가 속담과 동요에 나온다; **6.** 빗나간 사격: 동요에서 그는 썩은 까마귀 대신 자신의 암퇘지를 쏘았다; 이것은 앞의 2번 또는 3번과 관련이 있을 수 있다; **7.** 마치 직조공처럼 일하는 가수들: "다음 방법으로 재단사가 되거나 붉은 가슴새 선생님(순진한, 시골의 음악 선생님)이 되는 것이다"(헨리 4세 1부1H4 3, 1); **8.** 신사를 만드는 사람; 이미 셰익스피어의 작품에서: "재단사가 당신을 만들었으니 당신은 인격이 없다(덴마크의 왕자 햄릿Ham. 3, 2; 리어왕Lr. 2, 2 등)"; **9.** 도둑, 탐욕: 재단사가 황금알을 낳는 거위를 죽였다; **10.** 딜런 토머스Dylan Thomas: A. '실잣기'=창작과 관련된다, 시인; B. ("시간 아래 옛날Once below a time":) 인어(=시인)의 반대: a. 인간의 관습적인 부분; b. 특히 인어(=시인)의 부모; c. "우상이 되는 재단사": 보통의 재단사들이 자신의 모습을 본떠 만든 우상신; 1번 참조; C. 생명(=죽음)을 위한 수의(=몸, 살)를 꿰매는 배아; D. 일반적으로 가위와 관련된다: 수명을 단축하거나 모양에 맞게 자르는 것(=창의적); **11.** 민속: a. 선원이 배로 향하는 중에 재단사를 만나는 것은 불행을 예견한다; b. 나인 테일러(=텔러Tellers)의 경우 남자는 아홉 번, 여자는 여섯 번, 어린이는 세 번 죽음의 종을 울린다: 또한 죽음death 참조.

ㅈ

재봉 sewing 우주를 재단하는 신에 대해서는 재단사tailor 참조.

재봉사 (여성복) dressmaker 민속: [(남성복) 재단사 및 변호사와 마찬가지로] 선원들이 배로 가는 길에 마주치면 불길하다.

재채기 sneezing **1.** 일반적으로 다음을 의미한다: a. 영혼이 몸을 떠나려고 하는 것; 이 재앙은 축복이나 코를 가리는 것으로 막을 수 있다(플리니우스Pliny 7, 6 참조); b. 재채기는 격렬하게 내뱉는 숨breath의 한 형태이기 때문에 항상 불길하다; 이것은 일반적으로 신의 징표로 여겨진다; **2.** 그리스: 천상에서 기원한 좋은 징조(예 호메로스Homer, 오디세이아Od. 17, 541ff.); **3.** 로마: 상서로운 인사; **4.** 민속: a. 재채기가 행운인지 아닌지는 순간이나 방향 등에 달려 있다; b. 숫자(까치magpies 등 참조): "한 번의 재채기는 키스, 두 번은 소원, 세 번은 편지, 네 번은 좋은 일이 생기고, 다섯 번은 은이 생기고, 여섯 번은 황금이 생기며, 일곱 번은 절대 말하지 않아야 하는 비밀이 생긴다"; c. 요일: "월요일에 재채기를 하면 위험을 알리는 것이고, 화요일에 하면 낯선 사람과 키스를 할 것이고, 수요일에 하면 편지가 올 것이고, 목요일에 하면 무언가 좋은 일이 생길 것이고, 금요일에 하면 슬픔을 알리는 것이고, 토요일에 하면 사랑하는 사람을 내일 보게 될 것이고, 일요일에 재채기를 하면 악마가 일주일 내내 당신과 함께 할 것이기 때문에 보호를 받아야 한다."

재치 wit 1. 예부터 다섯 가지의 '재치'는 오감이었다; 이후 다섯 가지의 재치는 지능이 되었다: 일반적 재치, 환상력, 상상력, 추정과 기억(토마스 F. 시셀턴 다이어Thomas F. Thiselton Dyer, 셰익스피어의 민속 이야기Folk. of Shak. p. 464f.); 2. '지능'의 의미에서 재치는 소고기를 먹으면 손상될 수 있다(같은 책, 십이야 Tw. N. 1, 3 및 트로일로스와 크레시다Troil. 2, 1 참조).

재탄생, 중생 rebirth 1. 여러 가지 다양한 해석이 언급된다, 예 죽기 이전과 동일한 사람으로의 부활, 완전히 다른 사람으로의 부활, 완전히 다른 종으로의 부활 등; 이러한 이유로 환생reincarnation과 소생, 부활resurrection도 여기에 포함된다; 2. 부활과 소생의 모티브는 모든 통과의례에서 중요한 요소를 차지하고 있다: 임신, 출산, 결혼, 장례식 및 유명한 아도니스(아도니아)와 아티스 축제 등(반 게넵Van Gennep p. 92)에도 존재한다; 3. 죽었다가 다시 살아나는 모티브는 잃어버렸다가 다시 찾는 모티브와 같다: 예 성전에서 필경사를 가르치시는 그리스도: 신의 형상을 '잃어버렸다'(숨겼다)가 다시 '찾는' 의례가 무수히 많다(카를 융Carl Jung 5, 343); 4. 부활과 태양 신화는 오시리스부터 잠자는 숲속의 미녀에 이르기까지 포용, 얽힘, 익사로부터의 구조, 역류(소화) 등과 같은 많은 요소를 공유하고 있다; 이것은 회춘과 처녀성의 회복을 위한 여신의 목욕의식(목욕bathing 참조)과 관련이 있다(융 5, 242); 5. 부활의 장소: a. 자궁과 유사한 모든 장소: 양수, 여성 생식기, 동굴, 균열, 암석 사이의 틈, 나무 사이의 구멍 등(융, 9a, 113)이 있다; b. 그림형제Grimm는 젊은 하인이 동료들에게 받아들여지기 위한 통과의례로 세 번이나 돌의 좁은 구멍으로 기어들어 가야 했던 것을 언급했다(입문으로서의 재탄생 rebirth as initiation; 독일의 전설DS 324); 6. 재탄생의 형태: a. 영혼의 재생metempsychosis: 인격과 기억의 연속성이 이어지지 않는 다른 인간의 몸이나 혹은 완전히 다른 종으로 영혼이 옮겨가는 것; b. 환생reincarnation: 같은 종 내에서 인간의 몸으로 인격과 기억이 유지된 채 재탄생하는 것; c. 부활: 부활은 원래의 존재가 변화하거나 변형하는 것: 그리스도의 '영광스런 육신' 또는 영화된 몸; d. 부활-재탄생: 일생동안 인간은 존재 자체의 변화가 아닌 인격의 기능이나 일부가 변화한다. 즉, 이러한 변화가 완전히 끝나면 사람은 육체적인 것에서 영적인 것으로, 인간에서 신으로 변화한다; e. 변화과정의 참여; 개인 밖에서 일어나는 간접적 재탄생. 예 거룩한 미사에서의 변화(카를 융 9a, 113); 7. 그리스: 플라톤에 따르면 선하든 선하지 않든 모든 영혼들은 천 년 후에 다시 태어나야 한다; 이 과정을 세 번만 거치면 되는 선한 영혼들을 제외하고 이 과정은 열 번 이상 반복된다(파이드로스). 구제받을 수 없는 영혼들은 다른 영혼들에 대한 본보기로 타르타로스T로 보내졌다(윌리엄 거트리Willian K. C. Guthrie 323; 또한 플라톤Plato, 국가론Rep. 614ff; 플로티누스Plotinus, 엔네아데스Enn. 3, 4, 2); 8. 히브리; 율법을 지킨 사람들 중에서 선한 영혼이 환생하였고 악한 영혼은 비참하게 지하 세계로 갔다(플라비우스 요세푸스Josephus Flavius 아피온 반박문Ap. 2, 218와 B3, 374); 9. 근친상간incest과 야간횡단night crossing 참조.

잭 Jack (이름) 1. 민속: 전형적인 하인: a. "성탄계절 Yule이 지나가고 파티는 잘 끝난다. 그러면 잭은 다시 도리깨를 잡아야 하고 제니는 물레를 잡아야 한다(다시 일로 돌아가야 한다)"; b. "잭이 프랑스어를 할 수 있다면 그는 신사일 것이다"; c. "모든 잭에게는 질Jill이 있다" "좋은 잭은 좋은 질이 되게 한다"; 잭과 질 Jack and Jill도 참조; 2. 동요: 대부분의 노래와 그에 수반되는 게임들은 풍요 의식과 관련 있다: 예 "잭은 민첩하다, 잭은 빠르다, 잭은 촛대를 뛰어넘는다"; 촛대 위로 점프하는 소년이나 소녀가 등장하는 몇 가지 운율이 있다. 이는 모닥불 위로 점프하는 것과 비교되는 풍요 의식이다; 3. 악당: "모든 잭이 신사가 되었기 때문에 잭을 만든 신사도 많다"(리처드 3세의 비극R3

1, 3; 민속folklore 참조); **4.** 일반적으로 경멸의 의미로 사용되는 단어: "하찮은 잭(잭은 신분이 낮은 사람을 일컬으며 왕실 경비 등을 맡은 평민이 본인이 뭐라도 되는 양 행세할 때 쓰는 말)"(코리올라누스Cor. 5, 2); **5.** 딜런 토머스Dylan Thomas: "잭 프로스트Jacks of Frost": 사춘기 소년들이 프로스티 잭(음경)을 질에 넣었다; 서리의 요정 잭 프로스트에 관한 연극.

잭 호너 Jack Horner **1.** 동요: "꼬마 잭 호너는 구석에 앉아 크리스마스 파이를 먹었죠. 엄지손가락을 쑤셔 넣고 자두를 꺼내면서 그가 말했어요; "나는 착한 아이야!""; **2.** 기원: 잭 호너는 수도원들이 폐쇄되던 헨리 8세 시절에 글래스턴베리 수도원의 마지막 수도원장직을 수행한 사람이었다; 수도원장은 왕을 달래기 위해 왕에게 파이를 바치고자 했다. 이 파이에는 열두 장원(그중 하나는 멜스의 저택이었다)의 증서가 숨겨져 있었다. 파이를 왕에게 가져가던 중에 잭은 손가락으로 파이 하나를 찌르는 실수를 하게 되었고, 그 결과로 저택 증서를 발견하게 되었다. 그는 그중 한 장을 가졌다.

잭과 콩나무 Jack and the Beanstalk **1.** 그는 거인(아버지)의 보물(풍요), 재물 주머니(비 또는 비바람), 황금알을 낳는 암탉(태양), 하프(바람 창조자)를 훔친다: 신의 보물을 훔치는 남자는 흔한 주제; **2.** 콩나무: 이그드라실, 즉 세계 나무; 3. 숫자 5five 참조.

잿물 lye 옛날부터 배탈 난 데 사용되었다(니칸데르Nicander, 알렉시파르마카Al. 370, '코니아konia').

쟁기 plough **1.** 다산: 수컷 쟁기와 암컷 고랑의 결합; '신성한 결혼Hieros gamos'(하늘과 땅의 신성한 결혼)을 위한 기관; a. (삼손) "너희가 내 암송아지로 밭을 갈지 아니하였더라면 너희는 내 수수께끼를 능히 풀지 못하였으리라"(사사기Judg. 14, 18); b. 민요: "작은 농장 또는 지친 쟁기꾼"라는 민요에서 한 청년은 사랑하는 소녀에 의해 "두 개의 "포플러 나무 사이의 계곡에 있는 작은 농가로 향하게 되었다. 그곳은 소녀가 오랫동안 보관해 온 덤불들로 둘러 싸여 있었다…"; c. 풍요의 상징: "여호와의 말씀이니라, 날이 이르리니 쟁기질하는 자가 추수하는 자를 따라잡을 것이요"(아모스서Amos. 9, 13); d. 정욕의 상징으로 종종 '뜨거워진다'; **2.** 세상에 대한 인간의 지배(또는 무의식의 세속적 측면); **3.** 건설될 도시의 위치를 표시하는 데 사용한다(예 베르길리우스Virgil, 아이네아스Aen. 5, 755ff.); 여신 게피온은 거인의 도움으로 코펜하겐이 위치한 섬인 질랜드를 쟁기질 했다; **4.** 평화: 쟁기를 녹여 검을 만들다: 평화에서 전쟁으로(예 이사야서Isa. 2, 4; 미가서Micah. 4, 3). 그러나 "너희의 보습을 쳐서 칼을 만들지어다. 너희의 낫을 쳐서 창을 만들지어다"(요엘서Joel 3, 10); **5.** 봉헌; 왕실의 위엄; 왕이 쟁기 위에 손을 얹는 것: 쟁기에 바퀴가 두 개면 보통 신과 관련 있다; **6.** 순교: 불에 의한 재판의 도구로 달궈진 쟁기 날을 사용한다; **7.** 쟁기꾼(윌리엄 랭글랜드William Langland): 사회에서 필요한 것들을 제공하는 사람, 자연법의 신봉자, 그리스도, 기독교 공동체(피어스 플로우먼에 관한 비전PP의 여러 곳에서 언급됨. 특히 6권 참조).

쟁반 charger **1.** a. 그릇; 라틴어 '카리카토리움carricatorium'=담는 용품; **2.** 세례요한의 머리는 쟁반에 올려져 살로메에게 바쳐졌다(마태복음Matth. 14, 8); **3.** 용기vessel 참조.

저녁 evening **1.** "저녁이 그 날의 왕관을 씌운다"(속담); **2.** 평화로운: "그러니 평화로운 저녁을 맞이합시다"(윌리엄 쿠퍼William Cowper, "과제The Task"); 휴식: 도착 시각; **3.** 죽은 듯이 조용한 때: 수술대에 있는 환자가 마취되는 것처럼 저녁 어둠이 하늘을 향해 펼쳐졌다(토머스 스턴스 엘리엇Thomas S. Eliot, "J. 알프레드 프루프록의 사랑의 노래Prufrock"); **4.** 무채색: "그리고 황혼의 회색빛은 그녀가 입은 수수한 옷차림에 있습니다"(존 밀턴John Milton, 실낙원Par. L. 4, 598f.); **5.** 퇴보: 혼돈의 밤으로 돌아가 아침으로 다시 태어나기 위해 준비하라; **6.** 인간의 삶: 중년(아리스토텔레스: 노년); 요일day 참조; **7.** 계절: 가을(아리스토텔레스: 겨울); **8.** 저녁의 신: 지하 세계의 암흑으로 이끈다.

저녁식사 supper **1.** 신비로운 사색 속에 있는 영혼soul에게 신God은 "활기를 돋우는 멋진 만찬"이다. 왜

ㅈ

냐하면 저녁 식사는 연인들에게 휴양과 만족, 사랑을 가져다주기 때문이다; (산 후안 10세S. Juan X, 영적 찬가CE 13–4, 28; B. 14–5, 28); **2.** 또한 식사meal 참조.

저승사자, 안내자 psychopomp 죽은 자(영웅)의 영혼을 축복받은 자들의 섬Island of the Blessed 또는 북쪽 천국으로 인도하는 신이나 동물; 가장 잘 알려진 저승사자는 아누비스, 헤르메스, 개, 거위, 돌고래이다.

저울 scales (천칭; 무게) **1.** 정의: 죄와 벌의 균형(희생sacrifice 참조): a. 권위자의 손에 있으면 권력; b. 네메시스의 손에 있으면 복수; **2.** 모든 이중적 기능: 시작/끝, 삶/죽음, 진화/쇠퇴, 동/서 등; **3.** 죽음: 주피터는 싸우고 있는 두 적을 저울로 잰다(호메로스Homer, 일리아드Il. 22, 209ff.; 베르길리우스Virgilius, 아이네아스Aen. 12, 7 25ft.). 이집트에서도 마찬가지이다(개코원숭이baboon, 깃털feather 참조); **4.** 정확한 측정: 절제와 지조; **5.** 눈금: "그들은 피라미드에 있는 저울로 나일강의 흐름을 잰다"(안토니우스와 클레오파트라Ant. 2, 7): 이것은 나일강의 비옥함의 정도를 결정하는 높이를 나타내는 것이다; **6.** 기근, 결핍: 나누어 줄 식량; 요한계시록의 기수horseman는 저울을 들고 있다; **7.** 천칭자리, 테미스, 오시리스, 마트Maat[사이코스타시아psychostasia(역주: 영혼의 무게 달기): 깃털feather 참조], 토트Thoth의 속성; **8.** 크리스탈 저울: 로잘린드의 아름다움을 다른 미녀들과 비교해서 저울질해야 하는 로미오의 눈(로미오와 줄리엣Rom. 1, 2); **9.** 두 개의 대칭 저울: 양날 도끼, 생명나무 등과 유사하다; **10.** 별자리: 천칭자리; **11.** 민속: 마녀를 결정하는 수단으로 무게를 재는 것: 때로 무거운 금속으로 제본한 성경으로 무게를 재었다. 네덜란드에서 99파운드는 여전히 마녀의 무게로 여겨진다.

저울추, 다림줄 plummet **1.** 공의의 상징: "공의를 저울추로 삼으리"(이사야서Isa. 28, 17); **2.** 정의, 처벌: 아모스는 주께서 담 곁에서 손에 이스라엘의 멸망을 의미하는 다림줄을 잡고 서 계시는 것을 보았다(7, 7f.); **3.** 공허의 '돌들'(이사야서 34, 11).

저장물, 보고 hoard **1.** 어원학의 측면에서 볼 때 '숨겨진'이라는 의미에서부터 '여성 생식기'까지의 의미가 있다; **2.** 보물treasure 참조.

적도 equator 사람들이 적도를 처음으로 건널 때('선을 넘는 의식The Line') 머리카락이 빠진다; 만일 저절로 빠지지 않으면 선원들이 짓궂은 농담을 했다(참조: 템페스트Tp. 4, 1); 종종 "넵투누스Neptune(역주: 선원이 연기하는)"가 배에 올라 나무 면도기로 비누칠 한 남자들을 "면도한다".

적철석, 헤마타이트 hematite; haematite (보석) **1.** 가장 중요한 철광석으로 긁으면 나타나는 붉은색 줄무늬를 통해 '피'와 연관된다; 아시리아 시대부터 보석으로 사용되었으며 여전히 제본기술자, 금세공인 등이 연마기로 사용한다; **2.** 활발함(정력적); **3.** 기혼 여성; 모든 혈액 질환, 특히 월경에 효과적이다; **4.** 별자리: 물고기자리; **5.** 이것의 일반적 특성: a. 상처의 출혈을 멈추고, 통증을 완화한다; b. 법정에서 그리고 왕에게 탄원할 때 유리한 소명 기회를 얻게 해 준다(플리니우스Pliny 36, 38과 37, 60).

전갈 scorpion **1.** 고문과 환난: "내 아버지는 채찍으로 너희를 벌하였으나 나는 전갈로 너희를 벌하리라"(열왕기상서1Kings 12, 11); **2.** 해악과 불화; a. 세트는 이시스와 오시리스의 아들인 태양의 아이 호루스를 죽이라고 했다; b. 하포크라테스Harpocrates(역주: 침묵의 신)(아침의 태양)의 발뒤꿈치를 문 것; c. 전갈에 대한 공포에 대해서는 묵주rosary 참조; **3.** 경멸, 질책, 굽히지 않는 자존심: a. 여호와가 에스겔에게 이스라엘 자손들에 대한 예언을 할 때 언급되었다: "네가 전갈들 가운데 거할지라도"(에스겔서Eze. 2, 6); b. 중세시대: 유대인의 상징; **4.** 불: 태양과 많은 관련이 있다. 예 바빌로니아와 아시리아에서는 전갈이 네 가지 형상Tetramorph의 모습을 한 '사람'의 기원이었다고 한다. 길가메시 서사시에서 카오스Chaos가 창조한 전갈 인간은 태양의 산(일출과 일몰의 두 봉우리가 있는)을 수호한다; 요한계시록의 메뚜기 떼locust-demons; **5.** 정욕: 성적인 부분과 관련된다(전갈자리Scorpio 참조). 전갈은 미트라 황소의 정자를 더럽히고자 하는데, 이 정자는 달(달의 여신)로 옮겨져 정화되어 여러 동물을 낳고 풍요의 이슬로 되돌아온다. 전갈은 땅의 뱀이나 황소의 상처를 핥아 다산의 피를 얻고자 하는 미트라의 충성스러운 개와는 반대된다; **6.** 방어: 보호, 관리; 일곱 마리의 전갈이 파피루스 늪에서 오시리스를 찾기 위해 이시스와 동행한다. 전갈의 여신 셀케트Selket(세르퀘트)의 상징; **7.** 자살: 빠져나갈 길이 보이지 않을 때 자신의 목을 쏜다; **8.** 중세시대: 시기, 변증법, 이단 및 아프리카의 속성; **9.** 풍뎅이의 반대 상징; 거석문화에서는 인간을 이롭게 하는 꿀을 가진 벌과도 반대된다; **10.** '뇌 속의 전갈scorpions in the brain'(제 정신이 아니다)에 대해서는 바질basil 참조.

전갈자리 Scorpio (별자리) **1.** 일반적으로 다음을 의미한다; a. 10월 22일부터 들어서는 황도대의 여덟 번째 별자리; b. 죽음의 집, '황도대의 묘지'; c. 그리스: 오리온은 거대한 전갈과 싸웠지만 죽이지 못했다. 하늘에서는 항상 오리온이 전갈의 뒤를 쫓고 있다; 혹은 전갈이 오리온을 죽였고 그 이후로 줄곧 그는 도망쳤다; d. 미트라교: 미트라가 황소를 죽이는 장면에서 전갈이 황소의 고환을 공격하고 있다. 또한 아래로 향해 횃불을 들고 있는 사람(추분autumn-equinox)의 팔 위에 전갈이 있다; e. 특성: 고정적이고 불행하고 차갑고 축축하며 여성적이다; **2.** 기간: a. 싸움과 죽음: 태양이 전갈자리에 있을 때 오시리스가 죽임을 당했다(그때 공기 중에 너무 많은 독이 있어서 나무 잎이 떨어졌다); b. 물질로부터 경험(역주: 성장 또는 변화의 경험)을 이끌어 내는 것; **3.** 다음에 상응한다: a. 신체: 성기, 자궁 및 신장; b. 색상: 청록색; c. 원소: 물; d. 행성: 화성(또는 명왕성, 어둠과 지하세계의 신); e. 풍경: 감옥과 동굴; f. 타로카드: 정의Justice 카드; **4.** 성격(일반적으로 마르스의Martian 성격): a. (심술궂게) 공격적이고 까다롭지만 정력적이다(실험이나 건설에 적합); b. 호색가이며 일을 즐기지만 극화하는 경향이 있다; **5.** 유명인: 도스토예프스키, 퀴리부인, 마타 하리, 요제프 괴벨스; **6.** 기호: a. 번개의 지그재그선; b. 다트(침sting)가 있는 M자.

전기가오리, 어뢰 물고기 torpedo-fish **1.** 일반적으로 다음을 의미한다: 납작하고 둥글며 가느다란 꼬리에서 전기를 방출할 수 있는 물고기; '전기가오리electric ray' 또는 '어뢰 물고기cramp ray'라고도 한다. 종종 노랑가오리와 혼동된다(일반 참조: 예 플리니우스Pliny 32, 2 및 9, 143; 클라우디우스 아엘리아누스Claudius Aelianus, 동물의 본성에 관하여NA 1, 36; 9, 14; 플루타르코스Plutarch, 윤리론집M 978b); **2.** 이집트 상형문자: 익사로부터 많은 사람들을 구한 사람: "가오리는 헤엄칠 수 없는 많은 물고기들을 자신에게 유인해서 구한다"(호라폴로Horapollo 2, 104); **3.** 이름: '어지럽게' 만들거나 마비시킨다는 의미이다: 그리스어 '나르케narke'와 라틴어 '토르페도torpedo'는 둘 다 마비를 의미하며 물고기의 이름이다(클라우디우스 아엘리아누스, 동물의 본성에 관하여 1, 36); **4.** 전하(電荷): a. 반듯이 누운 상태로 시체처럼 보이도록 하고 천천히 움직여 먹이를 유인한 후 전하를 일으켜서 마치 악몽처럼 그들을 움직이지 못하게 만든다(오피안Oppian, 할리에우티카H 2, 56); b. 먹이의 말단 부분에만 경련을 일으키며 몸통의 나머지 부분에는 경련을 일으키지 않는다(섹스투스 엠피리쿠스Sextus Empericus, 헬레니즘 철학HP 1, 93); c. 전기가오리의 전기 전하는 그물뿐만 아니라 막대에도 통하여 어부들을 다치게 할 수 있다(플로티누스Plotinus, 4, 5, 1; 클라우디아누스Claudianus, 기독교 신화CM 49; 오피안, 할리에우티카 3, 149; 실베스터Sylvester, 기욤 드 살루스테, 시에르 바르타의 신성한 시기와 작품DB 1, 5, 245ff.); d. "전기가오리를 낚시하려는 사람은 현혹당하지 않기 위하여 손에 네미파르 기름 같은 것을 발라야 한다(로버트 그린Robert Greene, "환상의 카드The Card of Fancie", p. 170).

전나무 fir (나무) **I. 일반적으로 다음을 의미한다:** 1. 원래 스코틀랜드 소나무Scottish pine에 붙여진 스칸디나비아어 이름이지만 전나무는 다른 소나무와는 다르다; 줄기는 보통 곧게 자라고 나무는 원추형 또는 피라미드 모양이다; 그러나 종종 아티스, 피튀스 등의 신화에서 나오는 소나무와는 구별되지 않는다; 2. (40종 중) 유명한 종은 다음과 같다: a. 17세기 초 대륙에서 영국으로 들어온 은색 전나무로 높이는 150피트까지 자랄 수 있다; b. 노르웨이 가문비나무; c. 250피트까지 자라는 거대한 미국 품종(발삼, 화이트, 퍼시픽 은색 전나무 등); 3. 최소한 성서 번역본에서는 종종 사이프러스와 혼동된 것으로 보여진다; 4. 종려나무처

ㅈ

럼 모래 토양에서 바닷바람을 맞으며 번성한다; 5. 다른 중요한 상징처럼 그 의미는 종종 모순된다: 죽음뿐만 아니라 생명도 상징한다; **Ⅱ. 일반적인 상징성**: 1. 고상함; 2. 불멸, 불변성, 재생: 상록수; 3. 충실함, 순결: 아래의 아티스Attis와 피튀스 신화Pitys myths 참조; 4. 장엄한 아름다움, 자부심; 5. 불, 태양, 생명: 상록수와 불꽃 모양; 죽음과 같은 주목의 반대이다(하지만 잎은 주목과 닮았다); 6. a. 여름에는: (짙은 어두움 때문에) 삶의 엄숙함; b. 겨울에는: (지속적인 생생함 때문에) 힘과 젊음; 7. 희망: 흑양(黑楊)나무의 반대; 8. 성별: 양성성: 남근 모양과 원뿔 형태의 암나무; 9. 새로운 달 여신New Moon-goddess에게 바쳐졌다; **Ⅲ. 신화**: **A.** 프리기아: 아티스는 아그디스티스의 열렬한 욕망에서 벗어나기 위해서 또는 대모Great Mother 키벨레가 그가 사랑하는 님프를 질투심으로 죽였기 때문에 완전히 불행해졌고 스스로를 거세하거나 멧돼지에게 살해되어 전나무로 변했다(아도니스 영향; 예 나소 P. 오비디우스Naso P. Ovid, 변신이야기Metam. 10, 103ff. 참조); 어쨌든 그는 재생을 상징한다; 나무의 진을 채취하는 것은 테레빈유(역주: 소나무과 식물의 송진)를 얻기 위해 전나무(소나무)를 절단하는 것과 관련이 있을 수 있다; **B.** 근동과 이집트: 성적 상징으로 종려나무를 대신한다; **C.** 히브리: a. 탄생과 관련된다: "학은 전나무로 집을 삼는도다"(시편Ps. 104, 17); b. 항해와 관련된다: "그들은 스닐의 전나무[아마=사이프러스(편백나무)]를 가져다가 돛대를 만들었도다"(에스겔서Eze. 27, 5); c. 가시나무의 반대: "가시나무가 자라던 곳에는 전나무가 대신하며 찔레나무를 대신하여 화석류가 날 것이다. 이것이 주께 기념이 되어 영원한 표징이 되어 끊어지지 아니하리라."(이사야서Isa. 55, 13); d. 솔로몬 성전의 마루바닥(열왕기상서1Kings 6, 15); e. 젊은 힘과 인내: "이스라엘은 '나는 푸른 전나무 같다'라고 말할 것이다."(호세아서Hos. 14, 8); **D.** 그리스: a. 출산의 여신 아르테미스에게 바쳐진다; 이것은 일반적으로 가장 중요한 탄생 나무(특히 은색 전나무)이며 예수탄생 그림Nativity 속에서 친숙한 것이다; b. 순결한 피튀스는 판 신의 욕정적인 추격을 피하기 위해 전나무로 변했다(논누스Nonnus 42, 259); 판은 그 후에 전나무 가지를 화관으로 쓰고 '그녀를 기리기 위해' 난교(亂交) 의식을 거행했다; 또는 그녀가 판의 사랑을 받음으로 인해(판=산들바람), 격렬하게 질투하는 보레아스에 의해 바위에서 내던져진 후 전나무로 변했다; (신과 남근의 연관성에도 불구하고) 일반적으로 암컷 나무로 여겨진다; 로마: 실바누스에게 바쳐졌다; c. 디오니소스와 관련 있다: 디오니소스는 전나무에서 나왔고 바쿠스의 티루수스는 담쟁이덩굴로 꼬인 원뿔형 전나무 가지(또는 소나무)였다; d. 포세이돈/넵투누스에게 바쳐졌다: 선박, 특히 노의 재료; 소나무pine 그리고 C번의 b 참조; e. 그 바스락거리는 소리가 점괘에 사용되었다; f. 트로이 목마는 '아테네에게 바치는 평화제물'로 은빛 전나무로 만들어졌다; 말-달-불(그리고 탄생목); g. 이솝Aesop: 교만: 그것이 가시덤풀 쪽으로 보였으나 전나무가 도끼 앞에 쓰러지고 가시덤풀은 그대로 남아 있었다(140); C번의 c 참조; **E.** 로마: a. (플리니우스Pliny) 죽음의 나무; 전나무는 켄타우로스의 일반적인 무기이다(예 아폴로도로스Apollodorus 2, 5, 4; 핀다로스Pindarus, 단편fragm.); b. 글을 쓰기 위해 전나무 명판을 사용하였다(예 나소 P. 오비디우스, 사랑의 기술De Art. Am. 3, 469 참조); c. 파시파에의 정교하게 만들어진 가짜 소는 전나무로 만들어졌다(프로페리티우스Propertius 3, 19, 12f.); **F.** 게르만족: 생명과 빛; **G.** 드루이드교: 켈트족 알파벳에서 모음 A(달력calendar 참조)에 해당하며 겨우살이와 함께 새해의 아이New Year Child가 도착하는 날(12월 2일)을 이었다(반면, 주목yew은 죽음과 동지를 나타냈다); **H.** 스코틀랜드: 출산: 전나무 횃불로 침대 주위를 세 번 빙빙 돌리면서 산모와 아이를 정화('정결하게')했다; **Ⅳ. 문장**heraldry(紋章): 희망, 신실함, 안정, 회춘; 원뿔cone 및 소나무pine 참조.

전동싸리 melilot(us) (식물) **1.** 일반적으로 다음을 의미한다: 콩과 식물 '전동싸리': '트리고넬라 그래카속 Trigonella graeca' 또는 '허니 클로버'는 그 이름에서 알 수 있듯이 많은 양의 꿀을 함유하고 있다; **2.** 니칸데르Nicander: 신선한 전동싸리의 화환으로 질병을 치료한다(897Th); **3.** 코르넬리우스 켈수스Cormelius Celsus: 피부연화크림(5, 15); **4.** 플루타르코스Plutarch: a. 오시리스는 이시스인 줄 알고 이시스의 자매이자 티폰의 아내인 네프티스와 동침하여 아누비스를 낳았고 이를 폭로했다(이시스와 오시리스Is. and Os. 14 및 38; 윤리론집M 356F 및 366B); **5.** 아테나이오스Athenaeus: 이것은 '다년생식물'로 불리는데 후세의 사람들은 그 이유를 아무도 모른다; **6.** 꿈: 꿈속의 멜릴로트 왕관의 의미에 대해서는 백리향thyme 참조(달디스의 아르테미도로스Artemidorus of Daldis 1, 77)

전령 messenger 옛날부터 전령들은 쌍을 이루었다(가나안의 "바알의 시Poem of Baal"; 드라이버Driver 81; 씨어도어 게스터Theodone Gaster, 테스피스Th. 157f.; 구약성서와 관련된 고대 근동 판본ANET 30, 30; 여호수아서Josh. 5, 13 참조).

전령, 전조 herald **1.** 그리스에서 전령의 역할은 죽은 병사들을 전쟁터에서 데려와 묻어 주기 위해 휴전을 요청하는 것이었기 때문에 저승사자인 헤르메스/메르쿠리우스와 관련 있다; **2.** 오랫동안 요리에 쓰일 고기를 다듬고 잘라 내며 소를 죽이는 역할을 했다; 또한 명예로운 직업이었던 포도주 따르는 일을 했다(아테나이오스Athenaeus 14, 660Aff.); **3.** 꿈: 전령의 지위를 갖는 꿈은 나팔을 부는 것과 동일한 의미를 갖는다; 만일 꿈을 꾸는 사람이 노예라면 해방을 선언하는 것이다(아테미도로스Attemidorus 1, 56).

전사 warrior **1.** 조상; **2.** 심리: 인격 내에서 '싸움'을 하는 의식의 힘; **3.** 전쟁의 징조로 하늘에 보이는 전사들: a. 예루살렘의 멸망 전: 하늘의 기병 참조; b. 율리우스 카이사르가 죽기 전(율리우스 카이사르Caes. 2, 2).

전율, 떨림 trembling 악령의 빙의: "그가 황홀경에 얼마나 떨고 있는지 주목하라"(타이어의 왕자 페리클레스Per. 4, 4; 또한 템페스트Tp. 2, 2; 참조: 토머스 시셀턴 다이어 목사Rev. Thomas F. Thiselton Dyer, 셰익스피어의 민속이야기Folk. of Shak. p. 443).

전율, 몸서리 shuddering 윌리엄 B. 예이츠William B. Yeats: 특히 성교와 관련이 있다: 예 "잠과 함께 오는 쾌락, 그들을 하나로 만든 전율"(솔로몬과 시바Sheba에 관한 "여자에 관하여On Woman"), 그리고 "음부에서 느껴지는 전율은 저 부서진 성벽…"("레다와 백조Leda and the Swan").

전쟁 war **1.** 전형적으로 우주의 희생을 대표하는 전쟁신들은 다음과 같은 유형의 다산신이기도 하다: a. 다산의 신이자 전쟁의 신인 마르스(그리고 아마도 전에); 한 계절 대 다른 계절, 빛 대 어둠, 선 대 악의 대결; b. 위대한 여신의 한 측면: 전쟁과 죽음의 여신; 따라서 어머니(도시) 여신은 전쟁의 여신이다; 참조: 비너스와 마르스의 관계; c. 농업과 전쟁의 비수기는 같다; **2.** 전쟁은 퇴보와 진화를 가져올 뿐 아니라 합일된 힘이라는 질서를 가져온다.

전쟁터 battlefield **1.** 인간 영혼의 싸움: 바가바드기타Bhagavad-Gita(힌두교 경전)에서부터 그린Greene 장군에 이르기까지 인간 영혼의 싸움; **2.** 계절과 비옥함의 연속을 상징한다(전쟁의 신은 농업의 신이기도 하기 때문이다).

전차, 마차 chariot **1.** 전쟁, 정복, 지휘권: 말이 끄는 전차는 전쟁의 도구이지만, 주의 이름처럼 지나치게 신뢰하지 말아야 한다(시편Ps.); 하나님이 꾸짖으면 말과 전차는 깊은 잠에 빠질 수 있다(시편Ps. 76, 6); **2.** 신의 전차: 5five, 6six 참조; **3.** 자연 상징에서 구름이나 바람; **4.** 심리: 자기Self=변화 중에 있는 인간의 몸: 말horse=생명력, 고삐=지성과 의지력; **5.** 태양의 수레바퀴: a. 에스겔의 환영에서 신의 보좌, 환영에서 달력의 신은 4개의 바퀴(=4년)가 있는 보좌에 앉아 있었다(달력calendar 참조); b. 아폴로-헬리오스; 아도나이; c. 태양 왕들의 죽음은 종종 전차 경주에 의해 발생했다: 예 그리스 신화에서 오이노마오스; 성서에서 솔로몬 이후: 아합, 요시야(열왕기상서1Kings 22, 20ff) 등등; 신성한 왕Sacred King 참조; 길가메시에게 라피스 라줄리와 황금으로 된 전차를 제공하며 길가메시를 유혹하려 한 이슈타르Ishtar 참조; d. 태양 불: 물질, 색깔, 견인력 등의 경이로운 세계에 따라 '움직이는' 영적인 정신의 역동적인 힘; 또는 영혼을 위해 소모되는 영웅의 몸(5번의 c 참조); e. 전차 경주에서 경주 코스는 열두 바퀴를 달린다(예 핀다로스Pindarus, 올림피아 송가Olymp. Odes 2, 50); **6.** 기독

교: a. 예수 그리스도: 축, 굴대axle-tree 참조; b. 가톨릭교회: 전투적인 현세의 교회[레아(야곱의 첫 번째 아내)도 참조]; c. 천사가 타고 하늘을 나는 마차; d. 공포: 전차를 탄 가나안 족속; e. 사랑의 마차(아가서SoS 3, 9ff); f. 구원의 마차(하박국서Habakkuk 3, 8); **7.** 넵튠의 황금전차는 폭풍우를 잦아들게 했다; **8.** 계절과 관련된 쿼드리가(말 네 마리가 끄는 전차)의 경우: 숫자 4Four 참조; **9.** 헤이즐넛의 마차(마브여왕의 마차: 로미오와 줄리엣Rom. 1, 4); **10.** 윌리엄 블레이크William Blake: 루타Leutha의 마차: 발출의 수단으로서의 몸.

전차카드 the Chariot (타로카드) **1.** 태양의 길의 일곱 번째 카드(다양한 카드 형태의 타로카드Tarot 및 카드Cards 참조); **2.** 다음과 같이 묘사되어 있다: a. 황금단추 다섯 개가 달린 갑옷을 입은 젊은이; 어깨 위에는 두 개의 달이 있다; 그는 왕의 상징인 홀을 들고 있다; 그의 전차는 파란색이고, 바퀴는 빨간색이며, 전차 안에는 날개 달린 천체가 있다; 전차는 암피스바에나amphisbaena(역주: 몸 양끝에 머리가 붙은 쌍두의 뱀)들이 끈다; b. 흰색 스핑크스와 검은색 스핑크스(자비와 정의 등)가 끄는 전차를 탄 정복하는 왕; **3.** 다음을 의미한다: a. 힘, 심신에 영향을 미치는 능력potency; 성욕 및 영적 욕구에 대한 완전한 제어; b. 장엄함, 의기양양한 왕위; c. 하위의 힘들에 대해 갑옷, 무기, 검 등을 가지고 (성공적으로) 자신을 방어하는 인간 본성의 상위원리; d. 이중적: 긍정적인 것이 승리와 함께 선은 악이 정복되는 것을 본다(암피스바에나, 스핑크스 등등); 상대적인 것(빨간색)이 끄는 절대적인 것(파란색); **4.** 마르스의 메신저로서의 메르쿠리우스; 오시리스의 태양의 전차; 오시리스가 아니라 넵튠(어깨 위에는 달이 얹혀 있음)이라고 말하는 사람들도 있다; 또는 전차는 쌍둥이자리/궁수자리; **5.** 점치기: 숫자 7 또는 8.

전투 battle **1.** 어떤 전투는 반복될 수 있다고 생각된다; **2.** 시들어 버린 배나무의 부활은 다가오는 전투를 알리는 것이다(그림형제Grimm, 독일의 전설DS 24); **3.** 또한 유령 군대에 대해 군대army 참조.

전투 combat **1.** (연극의 형태로 이루어지는) 전투는 생명력을 촉진하는 자극제이다: a. 영웅적인 또는 집단적인 전투는 생명력을 강하게 자극하는 교감 마법의 한 형태일 수 있다; '적들'은 가뭄, 악마 등의 힘이다; 이와 유사한 자극제: 예 집단 짝짓기(성교coition 참조), 비-마법 등(앨런 브로디Allan Brody, 영국 무언극 배우들과 그들의 연극Mummers. 118ff); b. 풍요를 증진하기 위한 치열한 전투에서 종종 참가자들의 피를 들판에 뿌렸으며 때로는 생명의 원리를 상징하는 동물이나 인형의 몸을 자르는 것도 동일한 기능을 갖는다(콘퍼드Cornford, 83, 제임스 G. 프레이저James G. Frazer, 파우사니아니스Pausan. 2, 30, 4에서 인용); c. 집단적 전투가 개인의 전투(영웅)로 대체된 경우 이러한 전투는 로마의 자치 공동체 네미에서 행하는 것과 마찬가지로 한 사람이 죽으면 다른 사람(또는 그 죽은 사람)이 다시 태어나 우주생성론을 통해 공동체의 영속성을 보장한다(앞의 책, 20); d. 의례적인 가짜 싸움은 선과 악, 낡은 것과 새 것, 겨울과 여름, 질병과 건강, 빛과 어둠 사이에서 예측 가능한 결과를 놓고 싸운다. 이러한 것은 전 세계적으로 의례와 연극에서 볼 수 있다(예 티투스 리비우스Titus Livy 40, 6FF; 플루타르코스Plutarch, 알렉산더의 생애Vit. Alex. 31; 영국인 제임스 G. 프레이저, 구베르나티스GB; 희생양The Scapegoat도 참조); 영웅은 옛 것이나 괴물을 죽이고(페르세우스Perseus, 성 조지St. George) '구출된' 공주(현지의 대지의 여신)를 데리고 돌아가서 새로운 왕이 될 수 있다(콘퍼드, 고전 희극의 기원AC 12 및 13; 일부러 연출한 전투에서 종종 수반되는 학대abuse도 참조); e. 엘레우시스에서는 젊은이들이 매년 '펠팅'(그리스어 '전투balletys'; 호메로스Hom. 참조: 호메로스 찬가Hymn. Dem. 236; 콘퍼드 83)이라고 하는 연출된 전투에 참가했다; **2.** 추가적인 참조: a. 의례로 이루어지는 전투에 대해서는 계절season도 참조; b. 결혼의 전투에 대해서는(꿈에서: 아르테미도루스Artemidorus) 검투사gladiator 참조; c. 우주생성론cosmogony에 대해서는 제물sacrifice 참조.

전화 telephone 꿈에서 전화는: a. 연락하기; 또한 성교; b. 무의식과의 접촉; c. 전화차단: 죽음(톰 체트윈드Tom Chetwynd).

절구 mortar 공이pestle 참조.

절단, 분할 dismemberment **1.** 개인 또는 우주의 복수성과 단일성으로의 회귀; 원시적 괴물들의 절단을 위한 희생제물 참조; **2.** 심리: a. 많은 태양-영웅들에게 사지절단이 발생한다(어머니의 자궁 안에서 절단된 부분들이 합쳐지는 것의 대극으로서); 근친상간을 통해 이들은 다시 자궁으로 들어갈 수 있다: 오시리스는 절단된 신체 부분들(한 조각을 제외하고)이 그의 어머니-여형제-아내 이시스에 의해 다시 합쳐졌으며 디오니소스는 데메테르에 의해 합쳐졌다; b. 무의식적인 충동, 광기, 집착 등에 사로잡혀서 정신이 여러 갈래로 분열되는 것; c. (정신적) 분열, 파괴(카를 융Carl Jung 5, 237ff); **3.** 달의 단계와 관련해서는 탐무즈Tammuz 참조.

절단, 손상 mutilation **1.** 풍요 의식: 태양의 쇠퇴 또는 수확을 모방(그리고 동반)하기 위해; 남자는 대모 여신과의 동일시; **2.** 사춘기의 남자다운 용기의 증거(때로는 여자아이에게도 비슷한 의식이 이루어졌다); 퇴행의 형태로, 유치한 독일인의 결투 상처: 허영심; **3.** 애도: 죽은 자와 자신을 동일시하거나 그와 약속을 하는 것; 나중에는 머리카락을 자르거나 옷을 갈아입는 것으로 대체되었다; **4.** 우정의 맹세('피'로 맺은 형제가 됨) 또는 적을 저주하는 것; **5.** 여성의 신비속을 방랑하는(범한) 남자들에 대한 벌; **6.** 종종 훼손된 (태양의 영웅으로서) 영웅들은 방랑자들이다: 예 시력을 빼앗긴 사람들(오이디푸스나 리어왕)은 부활 전에 어둠 속에서 방황한다; **7.** 일반적으로 제물로 바쳐진 신체부분들: a. 생식기: 거세emasculation, 거세castration 및 할례circumcision 참조; b. 여성의 가슴: 예 시리아 아프로디테의 가슴; c. 눈을 제거하기. 그러나 '눈'은 종종 생식기에 대한 완곡한 표현이었다; **8.** 단테Danate: 시체의 절단 및 분리는 '인류'를 분열시키는 추문과 불화를 유포하는 자들에 대한 처벌이다(신곡 지옥편Inf. 28).

절도 stealing 강도robbing; 도둑thief 참조.

절뚝거림 limping 다리를 절다hobbling 참조; 절름발이lameness.

절름발이 lameness **1.** 종종 신성한 왕의 신성한 뒤꿈치와 관련된다; **2.** 여전사들은 남자의 성적 능력을 향상시키기 위해 다리를 부러뜨렸다. 안티아나라 여왕에 따르면 "절름발이가 사랑의 행위를 가장 잘 한다"; **3.** 선 스미스와 연결된다: 야곱, 탈로스, 헤파이스토스, 빌란트; **4.** 절뚝거림hobbling 참조; 자고새partridge 등.

절벽 precipice **1.** 절벽은 높은 곳에서 떨어지는 것을 암시한다; **2.** 라틴어에서 절벽은 여성의 외음부에 대한 완곡한 표현으로 사용된다.

절제 카드 Temperance (타로카드) **1.** 다른 이름: 연금술사; **2.** 이마에 태양 표시(또는 정형화된 장미)가 있는 날개 달린 (자웅동체) 천사; 다른 상징으로는 공과 천사가 두 발로 딛고 있는 돌출된 삼각형 또는 천사의 옷에 그려진 원과 삼각형 (때로는 사각형: 타로의 상징)의 문양이다; 땅과 물속에 한 발씩 디딘 것도 있으며 한쪽 갑판에는 '토트Thot'가 새겨진 테두리가 있다; 그는 파란색(은색) 항아리의 물을 붉은색 (황금색) 항아리에 붓는데 때로는 그 모습이 가려져 있기도 하다. **3.** 다음을 상징한다: a. 결합과 승화: 모든 이원 기능: 달(변화, 감정, 여성 등)과 태양(고정, 이성, 남성); b. 과거에서 현재를 거쳐 진화하며 황금빛 미래로 흐르는 점진적 삶의 영구적 움직임; c. 생각에 대한 정복; d. 점성술: 전갈자리 및 토성(다른 사람들에 따르면: 황소자리Taurus).

젊은 처녀 wench **1.** "절제Temperance[청교도들에게 흔한 이름]는 유약한 젊은 처녀이다"(템페스트Tp. 2, 1.); **2.** "안정되지 않은 젊은 처녀처럼 흘러넘치는" (템페스트 1, 1; '통제되지 않는'= a. 새는; b. 만족을 모르는).

젊음, 젊은이 youth 심리: 노현자의 측면(원형archetypes 참조): 공주와는 반대로 구하는 자; 사회적이고 사교적인 유형이며 반대로 책임감과 성숙한 안정감이 없이 쉴 새 없이 떠돌아다니는 부랑자가 될 수 있다; 또는 항상 새로운 모험을 추구하며 인내와 헌신과 자기희생이 부족한 사냥꾼이 될 수 있다; 인간 중에서 젊은이는 영웅의 대극이다(톰 체트윈드Tom Chetwynd).

점 point 1. 플라톤주의자들은 합성, 분석, 유추를 통해 신을 알 수 있다고 주장했다. 분석과정에서 본체에서 차원을 추상화하고, 선에서는 다시 점으로 추상화하며, 점에서 그 위치를 없애면 단일체Monad의 개념이 생기게 된다(플라톤Plato, 국가론Rep. 508B; 알렉산드리아의 클레멘스Clement of Alexandria 5, 11, 71; 오리게네스Origenes, 콘트라 셀숨CC p. 420n); 2. 연금술: a. 점은 신비로운 물질, 본질의 순도 또는 균질성을 나타낸다; 라틴어로 '푼크툼 솔리스punctum solis' 또는 태양의 점이라고 하는데, 이 점은 계란 노른자로 표현된다; 반대를 조정하고 사각형을 연금술 과정의 완전성을 나타내는 완벽한 원으로 바꾼다(4four 참조); 이것은 간신히 볼 수 있는 창조의 시작점이다(카를 융Carl Jung 96, 220 및 14, 45).

점, 점치기 divination 1. 그리스: 플라톤은 '만티케mantike'('예언적인' '신탁의')라는 단어의 어원이 '마니아mania':=광란frenzy에 있다고 보았다(파이드로스Phaedrus 244c; 광기madness도 참조); 2. 로마: 키케로는 '신divi'=신gods이 점divination이라는 단어의 유래라고 보았다(신국론Div. 1, 1, 1).

점박이바다표범 sea-calf 1. 케피소스의 손자가 아폴로에 의해 점박이바다표범으로 변했다(나소 P. 오비디우스Naso P. Ovid, 변신이야기Metam. 7, 388f.); 2. 낙뢰를 맞지 않는 유일한 해양 동물이기 때문에 그 가죽은 텐트 가죽으로 추천된다; 3. 그 깊은 포효를 듣는 사람은 곧 죽을 것이다(클라우디우스 아엘리아누스Claudius Aelianus, 동물의 본성에 대하여NA 9, 50).

점성술 astrology 1. 별의 '영향력'을 결정한다. 즉, 일반적으로 인간의 특성과 운명 또는 지하의 것에 영향을 미치는 미묘한 액체의 흐름을 결정한다; 나중에는 권력이나 '덕' 또는 신비한 힘(옥스퍼드 영어사전)으로 간주되었다; 2. 이집트의 사제들이 처음으로 별의 움직임과 움직임의 영향에 대한 연구를 했고 이것의 예언력을 만들었다; 이집트의 식민지인였던 칼데아의 사람들도 이것으로 유명했다(디오도로스 시쿨로스Diodorus Siculus 1, 81 및 2, 30ff; 그러나 아틀란티스Atlantis 참조); 또한 8번 아래의 것들 참조; 3. a. 칼데아인들에게 이들의 불변적인 별의 순환에 대한 생각은 심지어 인류를 지배하는 신들에 우선하는 운명이 있다는 믿음을 갖게 했다: 이 운명이 우주적으로 결정된다면 운명은 예언가능하다; 추락하는 별이나 혜성처럼 불규칙한 혼란만이 신성한 힘이 운명에 영향을 미치고 있다는 것을 보여 준다(퀴몽Cumont, 그리스-로마인들의 점성술과 종교AR 17); b. 변하지 않는 별의 항로에 대한 관찰은 오시리스, 아티스 등의 죽어가는 신과는 반대되는 영원한 신 개념을 가져왔다(앞의 책 58); c. 라틴어 '에테르누스aeternus' 영원하다는 의미는 특히 항성의 신들(시리아의 신)에 관해 사용되었으며 그로 인해 철학자의 영원한 제일 원인First Cause을 대중화시켰다; 나중에 이 단어는 땅으로 하강해서 영혼이 태양의 '영향을 받은' 사람들에게도 적용되었다. 태양은 이들을 황제로 만들어 주었다(페르세포네: 앞의 책 59 참조); d. 점성술은 죽음 후에 축복받은 이들이 지하세계에서 '별 너머' 상부세계로 거처를 옮기는 주요 원인이었다; 천상의 연회(연회 참조)가 지속 되었다면 그것을 통해 우주를 관조하는 것과 함께 영원한 기쁨의 원천을 공유했을 것이며, 이 세상에서 별을 신비롭게 관찰하는 것을 예감으로 삼고 구체(=별; 같은 책 109)의 음악을 듣는 것으로 이어졌을 것이다; 4. 다양한 신화들이 점성술적으로 설명된다: 신들과 신들의 '아들들'(예 비너스의 아이네아스, 주피터의 미노스)의 관계는 점성술적 관계이다; 주피터의 황금사슬은 태양이고 태양의 황소는 그 낮이다 등; 신탁조차도 점성술의 지배를 받았다(루키아누스 사모사테 출신Lucianus from Samosate, 점성술Astr.); 5. 성서: a. 점성술은 초자연적인 기원을 갖고 있다. 지키는 자들Watchers(천사들)은 '하늘의 징조인 태양, 달, 별들의 징조'에 관한 지식을 바위에 조각했고 이 바위는 가이남(카이난, 아르박셋의 아들, 셈의 손자)에 의해 발견되었다. 그는 노아의 화를 두려워하여 그것을 혼자만 알고 있었다(위경Pseud., 희년의 서Jub. 8, 3); 그 후 이것은 칼데아Chaldees의 우르Ur에서 나홀Nahor에 의해 발견되었다(앞의 책 10, 9); 아브라함은 이것의 사용을 금했다(앞의 책 12, 17ft); b. 거룩한 작품과 생애 우리엘Uriel은 에녹이 모든 별, 별의 수, 이름, 항로, 월을 기록하도록 인도했다: 하나님이 모든 불순종한 별들을 벌하셨기 때문에 이 별들은 '순종적인' 별들이다(에녹상서1Enoch 33과 72-82; 에녹하서2Enoch 23에서, 하나님이 그 자신에게 명령함); c. 아자젤은 요술, 점성술 등을 가르친 장본인 중 한 명이다; d. 테르툴리아누스Tertullian: 점성술은 타락한 천사들이나 지상의 여인을 사랑한 "하나님의 아들들"(창세기Gen. 6, 2)에 의해 발견되었다; 때로 점성술사들은 도시에서 추방되었다(타키투스Tacitus, 연대기Ann. 2, 31f 참조); 별을 보고 동방방사가 그리스도의 탄생을 알린 것은 기독교의 변증가들이 점성술을 비난할 때 항상 까다로운 부분으로 남아 있지만 '말하는 별'에 관한 마지막 사례였다; 그리스도의 탄생 이후 하나님은 점성술을 금했다(우상숭배론Idol. 9); 7번 아래도 참조; **6.** 중세시대: a. "오, 이 하늘의 영향력이여! 하나님 아래서 너희가 우리의 목자가 될이라"(제프리 초서Geoffrey Chaucer, 트로일로스와 크레시다Troil. 3, 618f); b. 교회는 천문학을 공부하는 성직자들로 잘 무장되어 있었으며 이들은 "아서Arthur에게 미래에 무슨 일이 일어날지 그리고 그가 하게 될 일에 대해 자주 예언했다"(웨이스Wace, 브루트이야기Br. p. 63f); c. "인간 안에 있는 모든 다양성과… 자연에 의해 일어나는 모든 것, 그것이 허브, 식물 또는 야수 안에서 일어나든 아니든 이것은 신이 처음 세상을 창조할 때 별들에게 주신 천상의 덕에 의해 생겨난다"; 따라서 그것들은, 예를 들어 태양이 움직이는 항로가 동일하고 별의 영향이 없기 때문에 건조하고 습한 여름을 만들어 낸다. 따라서 우리는 항상 같은 여름을 경험한다(윌리엄 캑스턴William Caxton, 세상의 거울MW 3, 8); **7.** 파라켈수스Paracelsus: a. 하늘에 있는 위의 것. 별 등은 땅에서 가장 낮은 것과 일치하며 따라서 별들은 아래에 있는 것에 영향을 미친다; 또한 그 반대도 마찬가지이다: 월경 중인 여성은 별, 태양, 달 등을 독살시킬 수 있다; 피blood 참조(시드넘의 무도병SC p. 37f); b. 별은 사람의 외모에도 영향을 미친다; 그러나 현명한 사람은 별을 지배하고 짐승 같은 사람만이 별의 지배를 받는다: 그래서 현명한 황금기 사람들은 스스로 태양의 자녀가 될 수 있고 거기에 있는 최고의 영향력을 사용할 수 있다; 마나manas를 주기 위해 별을 주었으니 사람은 그것을 사용할 줄 알아야 한다(사물의 성질에 관하여: 순수한 금의 발견NR 9, 106 및 110); **8.** 블라바츠키Blavatsky: 그리스도의 탄생 때에 별이 나타났다는 믿음은 "점성술이 확실한 징표"라는 의미이기 때문에 받아들여지지 않았다(성 존 크리소스톰St. John Chrysostom, 어머니의 집HM 6, 1); 프톨레마이오스Tetr.(1, 2, 3)와 성 토머스 아퀴나스St. Thomas Aquinas(신약전서 질문Summa Qu. 15, 5 및 그 밖의 다른 문헌에서도 언급함)는 인간의 삶이 별의 영향을 받지만 별에 저항할 수 있으며 피할 수 없는 것이 아니라고 주장했다(디오니소스 주석론SD 3, 339); **9.** 별점(탄생 시의 별의 위치): 유용한 운세를 갖기 위한 최소의 필요사항은 다음과 같다: a. 태어난 날의 태양과 달을 포함한 행성의 정확한 위치; b. 황도대 별자리와 관련된 '행성'의 위치; c. 수평선에 떠오르는 신호: 아기가 태어나려 하면 칼데아인 한명 산꼭대기에 앉아 있고 아기의 아버지는 아기가 태어나면 산 아래에서 징을 두드릴 것이다. 그 후에 이 산꼭대기에 앉아 있던 칼데아인은 필요한 기록(별의 조짐)을 하기 시작한다(그러나 낮이나 흐린 밤에는 하기 어려울 것이다); **10.** 아틀란티스Atlantis 참조; 아틀라스Atlas; 이집트Egypt; 에티오피아Ethiopia; 오르페우스Orpheus; 별star 참조.

점액 slime **1.** 우리가 되돌아가고 새로운 생명이 샘솟는 (혼돈의) 근본 물질: "죽는다는 것은 다시 지상의 점액으로 돌아가는 것"; **2.** 점액과 점액질의 생물: 다시 태어나기 전 거의 움직임이 없는 정체된 고요함과 관련된다(예 새뮤얼 T. 콜리지Samuel T. Coleridge, "늙은 선원의 노래Rime of the Ancient Mariner"); 이것은 사기를 북돋는 바람과 반대된다; **3.** 딜런 토머스Dylan Thomas: "소녀의 점액The maiden's slime": 처녀성("흐르는 무덤처럼When like a running grave")

점토, 찰흙 clay **1.** 창조: a. 아담, 생명; b. 도공에 비유되는 창조주: 예 "보아라, 점토가 토기장이의 손에 있음과 같이 너희가 내 손에 있느니라 이스라엘 족속아"(예레미야서Jer. 18, 6); **2.** 죽음, 무덤: 16~17세기에 사용한 흔한 표현: '점토에 덮인'=묻힌; **3.** 흑마술에서는 점토 인형을 태운다; **4.** 다니엘이 본 점토로 된 발(다니엘서Dan. 2, 32ff)은 일부는 철, 일부는 점토

였다: 알렉산더 대왕 이후에 나뉜 제국; **5.** "채색된 점토": 평판을 잃은 사람(리처드 2세의 비극R2 1, 1); **6.** 윌리엄 블레이크William Blake: "부인 점토matron Clay" =델Thel; 추위cold 참조; **7.** 딜런 토머스Dylan Thomas: "점토 친구": 아담, 몸("빛을 발하라"); **8.** 민속: a. "밀랍을 녹이는 열기는 점토를 단단하게 한다"(속담); b. '모래를 공급하는 점토'에 대해서는 모래sand 참조.

점프 jumping 도약leaping 참조.

접목 grafting **1.** 자연의 질서를 인위적으로 방해하는 행위; **2.** 성교.

접시 plate **1.** 담아 주는 것의 상징: 가마솥, 컵, 냄비, 그릇 등과 같은 여성 원리의 상징; **2.** 희생제물.

접시꽃 holyhock (식물) **1.** 마시멜로와 유사한 마부세이아의 일종으로 접시꽃류와 비슷하며 중국이 원산지이다; 번식력이 강하다; **2.** 야망: "회색으로 변해 스러지면서도 너무 고결한 붉은색을 추구하는 접시꽃, 느즈막이 피어 이른 눈에 덥힌 장미꽃같이"(토머스 S. 엘리엇Thomas S. Eliot, "동부 코커East Coker" 2); **3.** 비옥함, 풍요.

접촉 touching **1.** 전염을 매개로 정체성을 식별하는 방법이다. 일반적인 통과의례이기도 하며 여러 형태가 있다; 유대인이 집의 정문을 통과할 때 문설주를 만지는 것(반 게넵Van Gennep 24); 찰싹 때리기, 손뼉치기 등은 새로운 사람을 입회시키는 형태일 수 있다(같은 책 28); **2.** 혈관은 촉각의 기관이며 지방은 무의미 하다(플리니우스Pliny 11, 37, 213 및 220, 존 오니안John Onians, 81에서 인용함); **3.** 민요: 키스하거나 포옹하는 것은 고사하고 요정에게 닿는 것만으로도 요정의 힘에 충분히 빠져들 수 있다. 요정의 옷을 만지는 것조차 치명적일 수 있다(로리 C. 윔벌리Rowry C. Wimberly p. 248 f.; 민요 39G 및 42 참조).

정맥, 혈관 vein **1.** 활력 (남성) 에너지: 예 이 단어는 라틴어로 남근을 완곡하게 표현한 것이다; **2.** 우리를 다른 창조물과 연결시켜 주는 모성적 연결: 예 "당신은 바다 자체가 당신의 혈관에 흐르기 전까지는 세상을 제대로 즐길 수 없다…"(트러헌Traherne, "수 세기 동안의 명상Centuries of Meditation" 1, 29); 딜런 토머스Dylan Thomas: "그녀의 어머니의 어두운 핏줄the dark veins of her mother"("애도 거부A Refusal to Mourn") 참조.

정복 livery **1.** 복종: "하인들이 정복을 입을 때 인내심을 가져야 한다"(속담); **2.** 신체: a. (=젊은이는) "밝고 가벼운 옷을 입는다"(덴마크의 왕자 햄릿Ham. 4, 7); b. "젊음의 자랑스러운 옷이 지금 그렇게도 시선을 끈다"(소네트Sonn. 2); **3.** 위장(연인의 불평Compl. 105).

정사각형 square **1.** 이집트의 상형문자: 성취; **2.** 네 방향과 네 가지 원소가 있는 물질세계인 지구: a. 굳건함, 안정성(정육면체cube 참조); b. 다원화된 상태에서의 질서, 조직, 구성(참조: 신성하고 영적인 삼각형과 통일성의 원); c. 기독교: 죽음; **3.** 합리적인 지성 또는 안정된 지혜, 진리; **4.** 여성성; **5.** 심리: 자기 자신으로 통합되지 않는 사람: 최소 합성수; 하지만 사다리꼴보다 질서정연하고 안정감이 있다; **6.** 문장heraldry(紋章): a. 진실; b. 형평성; c. 항상성, 안정성; **7.** 다른 것과의 조합: A. 건축자들의 광장: (이집트): a. 의식ritual에 사용되었다; b. 신전과 피라미드에서 오시리스(지하세계의 심판관)와 마트(진리)를 위한 자리로 표현되었다; B. 네모난 신: "사각 신Quadratus Deus": 경계의 신인 테르미누스Terminus, 때로는 정사각형 돌의 형태로 숭배된다; C. "원의 정사각화"(실제로는 그 반대): 정사각형을 원으로 만드는 것은 연금술사들이 집착하는 것 중 하나였다: a. 통합을 통해 하늘과 땅을 동일시함으로써 대극의 합일에 도달하는 것; b. 물질의 모서리를 제거함으로써 물질세계의 궁극적인 통합을 찾는 것; c. 이것은 다음으로 이루어질 수 있다: i. 정사각형을 회전시킨다; ii. 중간 단계는 팔각형(두 개의 겹쳐진 정사각형)으로, 우리가 지구상에서 바랄 수 있는 최고의 단계이다; 땅(여성, 물질, 이성)과 영원(완벽, 영spirit) 사이의 단계; **8.** 4four 참조.

정액 semen **1.** 정수essence: a. 고대시대에는 일반적으로 가장 순수한 부분, 즉 크림 상태의 좋은 피라고 여겼다. 스타티우스Statius가 단테Dante의 신곡(신곡 연옥편Purg. 25, 37ff.)에서 설명했듯이 심장에서 나온 가장 순수한 혈액은 정맥으로 들어가지 않고 더욱 정제되어 남성과 여성의 생식 기관으로 가는 길을 찾는다; 따라서 정액은 여성의 혈액을 '정제'하고 '응고'시켜 아이를 만든다; b. 플라톤Plato: 척추의 골수 정제; c. 데모크리토스Democritus: 영혼과 육체의 추출물; d. 아리스토텔레스Aristotle: 우리 몸의 모든 부분에 널리 퍼진 마지막 피의 자양분에서 나온 배출물; e. 기타: 생식기의 열로 만들어지고 소화되는 혈액; **2.** 같은 양의 혈액 보다 스무 배 넘게 남자의 힘을 빼앗는다고 생각되었다; **3.** 어떤 창조 신화에서는 지구가 혼돈의 신의 타액이나 자위한 정액에서 만들어졌다고 한다; **4.** 제우스가 잠든 사이 땅에 떨어진 정액에서 아티스와 연결되는 자웅동체인 아그디스티스가 나왔다; **5.** 미트라교: 죽은 황소의 정액에서 소떼가 나온다; **6.** 로마: 정액과 생리혈은 사랑의 묘약을 만드는 재료이다; **7.** 씨앗seed 등 참조.

정어리 sardine (물고기) 톱가오리에 물린 상처의 치료약(플리니우스Pliny 32, 17).

정오, 한 낮 noon **1.** 밤의 반대: "정오의 불꽃 속에서 오 어둡고, 어두운 회복할 수 없는 어둠이여, 낮에 대한 모든 희망을 사라지게 하는 완전한 개기일식이여"(존 밀턴John Milton, "영웅 삼손이야기Samson Agonistes" 80ff.); 한낮의 어둠: 그리스도의 죽음; 여전히 악마가 가장 유혹하는 때(시편Ps. 91, 6 참조); **2.** 도달해야 할 정상: 예 달의 정상: "유랑하는 달을 바라보며 가장 높이 떠오를 정오쯤에 그녀(달을)를 타기 위해"(존 밀턴, "사색가Il Penseroso" 67f.); **3.** "사랑의 밤은 한 낮이다"(십이야Tw. N. 3, 1); **4.** 추격을 마치고 쉬는 판 신에게 바쳐졌다(테오크리토스Theocritus, "티르시스Thyrsis"); **5.** 다음에 상응한다: a. 사람의 인생: 중년; b. 계절: 여름.

정원 garden **1.** 경작: "낙관주의자의 답변은 좋은 말이지만 우리는 정원을 가꾸어야 한다"(="좋은 말씀이시네요"라고 대답했다. 그러나 우리는 정원을 가꾸어야 한다=우리의 일을 해야 한다; 볼테르Voltaire, "낙관주의Candide" 30의 마지막 줄); **2.** 다산, 여성성: a. "내 누이, 내 신부는 잠근 동산이요"(아가서SoS 4, 12); 내 사랑하는 이가 자기 동산으로 내려가 향기로운 꽃밭에 이르러서 동산 가운데에서 양떼를 먹이며 백합화를 꺾는구나(아가서 6, 2); b. 기독교: 성모 마리아([잠긴locked] 문gate 참조); c. 윌리엄 블레이크William Blake: 사랑의 정원; d. 종종 결합의 장소; **3.** 천국과 관련된다: a. 행복; b. 구원; c. 순결; **4.** 인체; 더 제한된 의미로 얼굴: "그녀의 얼굴에는 장미와 백합이 자라는 정원이 있다."(토마스 캠피언Thomas Campion); **5.** 궁창: 헤스페리데스; **6.** 영혼: "그들의 심령은 물 댄 동산과 같을 것이다."(예레미야서Jer. 31, 12: 심령=감정); **7.** 세상: "잡초가 무성하게 자라 더 많은 잡초를 만드는 정원이다. 그것은 악취가 나고 역겨운 것들로 가득 차 있다."(덴마크의 왕자 햄릿Ham. 1, 2); **8.** 국가는 종종 정원에 비유된다. 나소 P. 오비디우스Naso P. Ovid("행사력Fasti." 2, 701–710)에서 셰익스피어(리처드 2세의 비극R2 3, 4)에 이르기까지 왕국은 정원으로 간주되며 언제든지 "근본적으로 뿌리내리지 않은" 잡초를 제거해야 하는 곳으로 여겨진다(헨리 6세 2부2H6 3, 1); **9.** 여가: "은퇴 후의 평화로운 여가와 함께 잘 정돈된 정원에 서 그의 자유시간을 즐긴다"(존 밀턴John Milton, "사색가Il Penseroso"); **10.** 신비한 엑스터시의 장소: "녹색 그늘에서 녹색 사상으로 만들어진 모든 것을 전멸시켜 버리며"(앤드류 마벨Andrew Marvell, "정원에서의 생각Thoughts in a garden"); **11.** 명상(카발라): 과수원의 정원('파르데스pardes')=메르카바에 대한 명상(견과류nut 참조); **12.** 보물찾기와 관련된다; **13.** 심리: a. 의식: 숲(섬island과 바다ocean 참조)의 대극인 자연 질서; b. "자댕의 비밀Jardin Secret"(샤를 보들레르Charles Baudelaire): 전적으로 자신의 비밀, 가장 깊은 비밀을 보호해야 할 필요성; 특히 사람들이 자라는 과정에서 이것은 성적 측면일 것이다; 이 정원의 보호벽은 '수치심'이다; c. 정원=외음부, 문=음순; **14.** 허브동산: 구약성서에서 우상숭배의 한 형태: 지붕roof 참조; **15.** 기쁨의 정원: 아도니스 정원(이사야서Isa. 17, 10f)

정원사 gardener **1.** 높은 (영적) 차원으로 올려진 농부: 영혼을 기른다; **2.** 인간의 의지; **3.** 아담; **4.** 프리아푸스(아프로디테와 디오니소스의 아들, 두 명의 다산의 신)는 거대한 이티프할루스와 가지치기 칼을 가진 정원사이자 정원의 보호자였다; **5.** 윌리엄 블레이크William Blake: 정원사의 딸들: 달month; **6.** "정원사 팬시The gardener Fancy"(존 키츠John Keats, "프시케에게To Psyche").

정육면체 cube **1.** 지구: a. 사각형+4개의 원소+3차원; b. 레아, 키벨레 등 대지의 여신들과 관련된다; **2.** 안정성: a. 활성 없는 형태, 단단함, 진리; 부정적인 면: 자기 의견을 고집하는(독선적인); b. 왕좌, 전차, 제단 등등은 정육면체였다: 물질세계의 통치자의 자리 또는 지지대(예 1번 b의 여신들; 그러나 게르만족의 경우 오딘도 포함된다): 휴식; **3.** 피타고라스Pythagoras: 예배, 독실함으로 정화된 정신; **4.** 문장heraldry(紋章): 불변성, 참됨, 헌신; **5.** 새 예루살렘New Jerusalem(요한계시록Rev.).

정의 카드 Justice (타로카드) **1.** 타로Tarot의 여덟 번째 카드(태양의 길Solar Way 카드); 때로는 열한 번째 카드; **2.** 다음과 같이 묘사되어 있다: 예 황후 같은 여성; 얼굴 전체 모습 그리고 빨간색 튜닉과 파란색 망토를 입은 대칭형(평형); **3.** 한 손에는 저울을 들고 다른 한 손에는 검을 들고 있다; 그녀는 황제의 것과 같은 옥좌(안정성)에 앉아 있고 창 모양의 문양이 있는 왕관을 쓰고 있다; 때로 정의는 왕의 모습으로 그려져 있기도 한다; **4.** 다음을 나타낸다: a. 죄를 결정하는 내면의 판결; b. 적극적인 법 집행; c. 대극들의 균형; d. 점성술: 토성 또는 게자리/천칭자리.

정자(亭子) arbour 왕자의 정자Prince's Arbour: 고난의 언덕 중간에 '은혜의 상금'인 정자가 있다. 그러나 그곳에서 잠이 들도록 내버려 두는 것은 위험하다. 잠자는 사람들이 혼수상태로 죽는 마법의 땅Enchanted Ground의 정자에서는 더욱 그러하다(존 번연John Bunyan, 천로역정1 PP 27ff 및 2 PP, 296ft).

정절 fidelity, **정절 테스트** tests of fidelity 정절을 테스트하는 것은 종종 불신을 근거로 참담하게 끝난다: 예 프로크리스의 테스트(나소 P. 오비디우스Naso P. Ovid, 변신이야기Metam. 7, 720 참조; 여기에서 불길한 선물의 주제와 섞여서 이중 테스트를 받는다).

정찬, 만찬 dinner **1.** 호메로스 시대에 사람들은 만찬 때 아마도 각자 자신의 작은 테이블에 앉았을 것이다(아테나이오스Athenaeus 1, 11f; 또한 5, 192, e: 아테나이오스는 식사 때 누워있는 것을 '타락한' 관습이라고 개탄했다); **2.** 만찬 후 술을 마시면서 끝없는 토론을 하는 것이 일반적이다(앞의 책).

정향 clove (식물) **1.** 일반적으로 다음을 의미한다: 말린 꽃봉오리는 강한 향신료로 사용했다; b. 전통적으로 몰루카 제도와 잔지바르에서 자라던 '카리오피루스 아로마티쿠스Caryophyllus aromaticus'에서 온 이름; **2.** 채취하기 가장 좋은 날: 크리스마스와 성 요한 축일, 즉 한겨울과 한여름; **3.** 특성 및 용도: a. 힐데가르트 폰 빙엔Hildegard von Bingen: 매우 맵지만 또한 수분이 있어 꿀처럼 달콤한 향기가 잘 퍼진다; 두통, 장 질환, 수종증에 대해 사용할 수 있다; 골수의 삼출인 통풍을 예방한다(자연학Ph. 1, p. 22); b. 테오프라스투스Theophrastus: 정향유는 맥주를 보존한다(사물의 성질에 관하여: 순수한 금의 발견NR 3, p. 76).

정화 purification **1.** 정화가 필요한 경우를 예로 들면 다음과 같다: a. 사람 안에 있는 악령을 쫓아내기 위해; 예 출생 시에; b. 부정한 땅에서 여행하고 돌아올 때: 종종 가짜 출생 의례에 동반된다: 목욕과 면도; c. 우발적으로 사람을 죽인 후에; 복수심으로 가득 찬 유령을 달래거나 테미스의 균형(우주의 법과 질서)을 회복하기 위해 정화가 필요하다; 이러한 형태의 정화는 불멸의 존재에게도 필요할 수 있다(예 아폴로도로스Apollodorus 2, 3, 1 참조); d. 고의로 또는 무의식적으로 금기를 위반했을 때; 잘못을 바로잡기 전까지는 이러한 위반이 전체 공동체에 위협으로 남아있게 된다; e. 출산 후의 여성; f. 침수 이후의 들판 등; **2.** 다음을 상징한다: a. 불을 통과한 번제물; b. 우슬초와 물; c. 구토제와 하제; 할례(또는 다른 절단), 금식, 고해; d. 숫자 8eight.

정화(淨火)**의 불** need-fire 매년 새로운 불을 다시

지펴야 한다; 이는 중요한 전야(대부분 한여름이나 벨테인 축제 때)에 이루어졌다. 먼저 집의 모든 불을 꺼뜨리고 참나무 막대기 두 개를 문질러 새로운 불을 피운 다음 여러 가정으로 옮겨 붙인다; 그동안 불은 계속 타오르며 불 위로 남녀가 뛰어넘어 다녔다(풍요를 위해); 질병, 전염병, 기근 등을 피하기 위해 모든 가축을 불 사이로 몰아넣었다; 때로는 불이 꺼지고 나면 가축들을 잿더미 위로 몰았다. 전염병이 창궐하는 해에는 정화의 불이 더 중요했다.

젖가슴, 유방 Breast(s) **1.** 성숙한 여성, 어머니, 어머니의 보살핌; **2.** 풍부함, 생식력: a. 특히 가슴을 쥐어짜는 여성: 너그러움; b. 과다 유방: 예 아르테미스의 유방: 아래 참조; **3.** 보호와 위안: "너희가 젖을 빠는 것 같이 그 위로하는 품에서 만족하겠고 젖을 넉넉히 빤 것같이 그 영광의 풍성함으로 말미암아 즐거워하리라"(이사야서Isa. 66, 11, 새 예루살렘에 관하여); **4.** 소통: 다른 선물의 소통; 소통이 상실된 이후 갈망은 손가락을 빠는 것으로 나타난다; 5번의 a 참조; **5.** 지혜, 신중함: a. 지혜: 호루스는 자신의 어머니 이시스Isis의 가슴에서 지혜를 받았다; 따라서 어린아이 호루스는 종종 손가락을 빠는 모습으로 묘사된다(이집트); b. 중세: 얼굴을 베일로 가리고 (성적으로) 가슴을 노출하는 신중함은 용의 목을 조르는 것으로 표현된다; **6.** 행복: "행복한 가슴 사이에 코를 비빈다(역주: 여성의 가슴 사이에 코를 비비는 것만큼 행복하다)"(존 마스턴John Marston, "안토니오의 복수Antonio's Revenge", 프롤로그Prol.); **7.** 솔직함: 특히 드러난(풀어헤친) 가슴; **8.** 희망: 희망은 인간의 가슴에서 영원히 샘솟는다(알렉산더 포프Alexander Pope, "인간에 관한 에세이Essay on Man" 1); **9.** 용기: '가슴을 앞으로 내미는 것'은 등을 보여 주는 것과 반대된다. 따라서 적을 마주하는 용기이다; **10.** 숭배의 장소: "그녀의 하얀 가슴에 그녀가 착용한 빛나는 십자가에 유대인들이 입을 맞출 수 있으며 이교도들이 흠모할 수 있다"(알렉산더 포프, "머리타래의 강탈The Rape of the Lock" 2); **11.** 문명화의 자리: 모유 수유: 시적 영감의 원천(폴 발레리P. Valéry); **12.** 올바름과 순수의 자리: "자신의 선명한 가슴에 빛을 가진 그는 중앙에 앉아 밝은 날을 즐길 수 있다"(존 밀턴John Milton, "코머스Comus" 381); **13.** 간통: a. "그녀가 자신의 유방 사이에서부터 간통을… 하게 하라"(호세아Hos. 2, 2); 이것은 목에 착용한 우상숭배 목걸이를 뜻할 수 있다; b. 민요에서 간통을 저지른 여성은 '젖꼭지'를 잘린다(예 "작은 머스그레이브와 버나드 부인Little Musgrave and Lady Barnard" "포팅게일의 늙은 로빈Old Robin of Portingale" 등); **14.** 폐, 목소리: "바보는 멋진 가슴을 가지고 있다"(십이야Tw. N. 2, 3); **15.** 조합: **A.** 유방 절단: a. 유방 절단은 프리기아-시리아여신인 키벨레에 대한 숭배로 여성들이 스스로 유방을 절단했다(생식기를 희생한 남성들과 마찬가지. 그녀의 아들인 아티스도 스스로 거세했다); b. 슬픔: '가슴을 잡아 뜯다'(에스겔서Eze. 23, 34); c.접시에 담긴 두 개의 유방: 성 아가타의 고문의 상징; **B.** 가슴을 치며 슬퍼하다: 절망, 극도의 애통함, 애도(참조: A번 b에서 '가슴을 잡아뜯다'); **C.** 맨가슴: a. 한쪽 가슴을 내놓은 여성들의 경주; 머리카락/털hair 참조, 풀어헤친 가슴; b. 솔직함(7번 참조), 그리고 신중함(5번 참조); **D.** 과다 유방: a. 다유방증 또는 과잉 젖꼭지(과다 유두): '작은 젖꼭지'는 그 사람이 마녀라는 절대적 증거이다: 이것은 '반려동물들(사악한 동물)'에게 젖을 물리는 데 사용된다; 모반(출생점), 치질, 사마귀 같은 피부 문제도 몸 전체의 털을 깎은 여성들에게는 과다 유두와 같은 기능을 할 수 있다(역주: 사람들은 마녀로 의심되는 여자가 마녀임을 입증하기 위해 그 여자의 몸의 털을 밀기도 했다. 점이, 사마귀, 치질 등이 나오면 그것을 마녀의 동물에게 먹이는 젖꼭지로 간주했다); 다유방증(최소한 한쪽 가슴에)은 매우 빈번하게 발생한다: 예 밀로의 비너스상; b. 풍요한 무화과 여신인 아르테미스; c. 부르봉 왕가의 특징; **E.** 가슴을 쥐어짜기: 2번의 a 참조; **F.** 은색 유방: 온화한 종달새는 "은색 가슴으로 아침을 깨운다. 태양은 그의 영광스러운 옥좌에서 떠오른다"(비너스와 아도니스Ven. 850); **G.** 가슴뼈: 아마도 수금lyre(그리스어 '키타로스kitharos') 그리고 아폴로와 관련되며, 반면 학명 '마타마타 거북 속chelus'에 속하는 마타마타 거북 및 헤르메스와도 관련된다; **16.** 별자리: 게자리; **17.** 가슴bosom, 젖꼭지paps, 젖꼭지teats 참조.

젖꼭지 pap "네가 젊었을 때 행음하여 애굽 사람에게 네 가슴과 유방이 어루만져졌던 것을 아직도 생각하도다"(에스겔서Eze. 23, 21); '순결의 젖꼭지teats of virginity'; 가슴bosom, 젖가슴breast도 참조.

젖꼭지, 유두 teat **1.** 다산: "그들은 젖꼭지, 좋은 밭[또는 욕망의 들판]이 열매 많은 포도나무로 인하여 가슴을 치게 될 것이니라"(이사야서Isa. 32, 12); b. 좋은 밭, 열매 많은 포도나무가 드러나 있는데, 이 둘은 모두 여자를 가리킬 수 있다; 포도나무vine 참조; **2.** 처녀성(에스겔서Eze. 23, 여러 곳에서 언급함): 이집트에서는 젊었을 때에 "그들의 유방이 눌리며 그 처녀의 가슴이 어루만져졌나니 그때부터 행음함을 마지아니하였느니라[=적극적으로 행했다]"; 예루살렘과 사마리아의 '행음'; 젖꼭지pap 참조; **3.** 젖가슴breast, 마녀witch 참조.

제10 하늘, 원동력 primum mobile 프톨레마이오스: 원동력은 매일 회전하는 '고정된' 별을 포함하는 외부 구체인 반면, 그 내부에는 (움직이는) 행성을 포함하는 다른 8~9개 구체를 갖고 있으며 이 구체들은 창조의 경계인 외부 구체에서 원동력을 얻는다: 그 너머에는 최고천(最高天) 또는 신의 영역이 있다.

제단 altar **1. 일반적으로 다음을 의미한다:** a. '신들의 테이블'; b. 지구의 배꼽; '제단'='높은 곳'; c. '기둥'이 변형된 형태: 창조자; d. 일반적으로 번제 제단은 둥근 형태나 정사각형 또는 타원형이지만 항상 동쪽(떠오르는 태양)을 향해 있으며 제단에서 섬김을 받는 신상보다 항상 낮은 곳에 위치했다; 제단은 그 신의 상징으로 장식된다: 예 아폴로 신의 상징은 월계수였다; e. 낮은 신들에 대한 제물은 어느 수준에서나 이루어졌고, 높은 신들에게 바치는 제물은 태양의 수준에서 이루어졌다; 지하세계 신들(땅의 신성성)에게 바치는 제물에 대해서는 도랑이나 참호 같은 것이 사용되었다; **2. 일반적으로 다음을 상징한다:** a. 헌신, 숭배; b. 희생(제물); c. 믿음; **3. 구약성서:** a. 그 형태는 본질적으로 주변 나라들(아랍, 메소포타미아 등)의 제단과 동일하다. 즉, '뿔이 있었다': 모서리에 네 개의 뿔(뿔horn 참조); b. 본래 이것은 깎지 않은 돌로 만들어야 했다: 도구(특히 철로 된)는 이것을 오염시키곤 했다; 계단이 있어서도 안 되었다(그렇게 만들어야 성직자의 벗은 몸이 '발견'되지 않았다: 출애굽기Ex. 20, 24-6; b. 솔로몬의 제단은 청동이나 황동으로 만들었다(열왕기상서1Kings 8, 64; 열왕기하서2Kings 16, 14; 역대하서2Chron. 4, I); c. 에스겔의 환상에는 재료가 언급되어 있지 않지만 세 개의 계단이 있다(에스겔서Eze. 43, 1317f.); d. 후기 소예언서: '율법에 따라 다듬지 않은 돌로 만들었다'(구약외경 메카베오Macc. 또는 메카베오상서1Macc. 4, 47); e. 헤롯의 성전: 여전히 뿔이 있고 계단 금기를 지키기 위해 약간의 경사로 되어 있음; 철로 된 도구는 여전히 사용이 금지되었다; f. 번제단, 분향단 등이 있었다(희생제물sacrafice 참조); **4. 중세:** a. 중세의 형태는 오늘날의 형태와 동일하다. 항상 하나 또는 세 개의 계단이 있는 제단(적대적인 두 개는 절대 두지 않았다); 계단은 다음의 연상을 불러일으킨다: i. 높이 상징성; 참조: 오시리스도 계단식 왕좌에 앉아 있었다; ii. 완벽함의 정도; b. 그리스도와 동일; c. 십자가와 동일; d. 제단에 올라가는 제사장=마리아의 태를 떠나는 예수; e. 인간 그리스도의 희생이 반복되는 인간의 마음(세그니의 브루너Bruno of Segni); f. 왼쪽은 유대민족: 서신Epistle 낭독은 왼쪽에서 이루어진다; 오른쪽은 이교도: 복음서는 오른쪽에서부터 읽는다; g. 제단장막: 그리스도의 수의; **5.** 악인을 위한 **성역**: 제단 뿔의 중요성은 분명하다: 악인들은 괴롭힘을 당하지 않기 위해 뿔에 매달린다; **6.** 문장heraldry(紋章): 때로 향을 피우거나 피우지 않고 사용된다; 그것은 다음을 의미한다: 감사, 믿음, 겸손, 존경; 7. 뿔horn 참조; 희생.

제단자리, 아라자리 Ara (별자리) 아라(그리스어 '제단Thyterion')가 수평선 위에 떠 있는 짧은 기간은 항해하기에 매우 나쁜 기간이다(아라토스Aratus, 하늘의 현상Phaen. 420ff.).

제라늄 geranium (식물) **1.** 일반적으로 다음을 의미한다: a. 야생 제라늄은 부리 모양의 씨방 때문에 일반적으로 '학 부리Crane's bill'라고 불린다; 꽃에는 다섯 개의 꽃잎이 있다; 이 식물은 일반적으로 삼림지대에서 발견된다; 많은 종들이 단단한 암석정원 식물로 재배된다; 일부는 잡초로 간주된다; 일부(악취가 나는 학

부리Crane's bill)는 자극적인 냄새가 난다; b. '플로리스트florist가 사용하는 제라늄'은 '펠라고니움Pelargonium' 속의 화려한 온실 식물이다; **2.** 멜랑콜리; **3.** 어리석음, 바보 같음; **4.** 부르주아 식물; **5.** 토머스 S. 엘리엇Thomas S. Elliot: 죽은 제라늄을 흔드는 광인("랩소디Rhapsody"): 죽은 기억, 스러진 생명력.

제라늄속 crane's-bill (식물) **1.** '제라늄'의 모든 종, 특히 영국 토착 종은 새의 부리 같은 열매 때문에 두루미의 부리crane's-bill라는 이름이 붙었다(때로 펠라르고늄pelargonium 종의 이름일 수 있는 '황새'의 부리 'stork's-bill'와 혼동됨); **2.** 폐결핵, 고창, 귓병 등을 치료한다(플리니우스Pliny 26, 68); 3. 시기심.

제복의 일부로 몸에 두르는 띠 sash **1.** 구별: 귀족에서부터 스페인 시장(우두머리)의 '파하faja(역주: 스페인이나 중남미의 남자들이 두르는 밝은 색조의 넓은 장식띠)'에 이르기까지; **2.** 벨트의 상징성을 다 가지고 있다.

제비 swallow (새) **1.** 봄(중생)과 풍요로운 비의 전령: a. 그리스에서 한 무리의 소녀들이 집집마다 다니며 풍요를 기원하는 봄 노래는 불렀는데 이 노래를 "제비의 노래"(또한 "까마귀의 노래")라고 했다; b. 다른 어떤 새들보다 그 움직임이 연중 주기와 밀접하게 연관되어 있는 새이다; **2.** 다산과 전쟁의 **위대한 여신**에게 바쳐진 성물: A. 이집트: 오시리스의 시신을 찾기 위해 빛을 내뿜는 깃털을 가진 제비의 모습을 한 이시스; B. 구약성서: 제비의 똥은 토비아스의 눈을 멀게 했는데 이는 영웅이 여신에게 벌을 받았음을 나타낸다(토비아스서Tob. 2); 그의 시력은 그녀의 또 다른 상징인 물고기에 의해 회복되었다; C. 그리스-로마: a. 오디세우스가 구혼자들을 죽이는 동안 아테나는 연기로 검게 그을린 지붕 들보에 앉아있었다(호메로스Homer, 오디세이아Od. 22, 240); b. 제비는 아프로디테에게 바쳐졌다; 제비는 보통 다섯 개의 알을 품는다; c. 프로크네의 여동생이 형부에게 강간당했고 프로크네는 제비로 변했다(그녀의 여동생은 나이팅게일로 변했다): 그녀의 미친 듯한 비명소리와 원을 그리며 날아다니는 모습은 월계수를 씹고 있는 여사제들이 황홀경에 빠져서 빙빙 도는 장면을 암시한다(예 나소 P. 오비디우스Naso P. Ovid, 변신이야기Metam. 6, 438ff.); 이 신화에서 제비는 이슬과도 관련된다; D. 게르만: 이두나(다산의 여신)는 자신을 강간하려 한 독수리 형상의 티아스로부터 매의 형상을 한 로키(불의 정령)가 구해 주자 제비로 변했다; **3. 가정과 관련된 특성**: a. 심지어 가장 미천한 제비조차도 새끼를 위한 보금자리가 있다(시편Ps. 84, 3); b. 제비는 그들이 지키는 집에 둥지를 틀었기 때문에 라레스에게 제물로 바쳐졌다; c. 히브리의 부계 상속의 상징; **4. 배고픔**: a. 제비는 항상 배가 고프기 때문에 기도의 상징이 되었다; b. 기독교: 어린 제비는 영적 양식을 위해 우는 사람을 상징한다; c. 가난 속에서의 만족; **5. 무자비**: a. 바람(욕망)과 연관된다; b. 2번 및 조지 채프먼George Chapman 그리고 아래의 민속 참조; **6. 희망**: "진정한 희망은 제비의 날개를 달고 빠르게 날아간다"(리처드 3세의 비극R3 5, 2); **7. 근면**: 항상 쉬지 않고 일을 하거나 둥지를 짓거나 만족할 줄 모르는 새끼들을 돌보고 심지어 진흙으로 집을 짓는 법을 새끼들에게 가르쳐 준다; **8. 순종**: 제비는 "그들이 올 때를 지키거늘"(예레미야서Jer. 8, 7): 여호와의 율법에 순종하라; **9. 사교성**과 공평성: a. 제비는 인간을 좋아한다(거북은 반대로 좋아하지 않는다); b. 공평성의 상징; **10. 불안정성**: a. 생이 짧은 새; b. "오, 제비여, 두 가지 모두를 아는 네가 그녀에게 말하라, 밝고 사나우며 변덕스러운 것은 남쪽이며 어둡고 진실되며 부드러운 것은 북쪽이라고"(알프레드 테니슨 경Lord Alfred Tennyson, "공주The Princess" 4; 그는 제비를 남쪽과 연결한다); **11. 생각**: "생각이 마치 노래하는 제비와 같은 곳"(헨리 워즈워스 롱펠로Henry Wadsworth Longfellow, "아이들Children"); **12. 옹알이**, 재잘거림: a. 구약성서: 학crane과 공통점이 있는 것들 중 하나(이사야서Isa. 38, 14); b. 그리스: 아나크레온, 시모니데스 등에서; c. 카산드라는 리코프론에서 자신을 광적인 제비에 비유한다(1460); **13. 꿀벌을 죽이는 제비**: "신선한 색깔의 꽃으로부터 꿀을 만드는 작은 곤충을 잡아먹는 제비"(제프리 초서Geoffrey Chaucer, 파울스의 의회PoF 353ff.); **14. 문장**heraldry(紋章): a. (새끼를 보호하기 위한) 용기courage; b. 의존성; c. 자신의 일을 신속하게 처리하는 새; d. 좋은 소식과 행운을 가져다주는 새; **15. 기독교**: 그리스도의 성육신; **16. 단테**Dante: 아

ㅈ

침 직전에 노래하는 새(신곡 연옥편Purg. 9, 14f.); **17. 민속**: a. 전설(모호함); 제비는 지옥에서 인류에게 불을 가져다주었고 불을 나르는 동안 가슴이 타면서도 여전히 연기처럼 푸른 날개를 가지고 있다(참조: 울새robin, 개똥지빠귀redbreast); "악마의 새"(또는 "마녀 병아리")라고도 하며 혀 밑에 악마의 피 한 방울을 지니고 있다; b. 다산: 이 새들은 겨울에 이동하지 않으며 절벽의 구멍에서 잠을 자거나 달콤한 노래와 함께 날아간 후에 연못과 호수로 뛰어들고 봄에 다시 솟아오른다; c. "흰털발제비와 제비는 신의 활과 화살이다"(속담; 참조: 진홍가슴새robin redbreast); d. 제비는 제비풀(애기똥풀celandine III번 참조)과 자신의 몸 안에 들어있는 돌로 새끼의 시력을 치료하는데 이 돌은 강력한 마법의 부적이다(플리니우스Pliny. 11, 79); e. 폭풍우나 비가 오려고 하면 제비가 낮게 난다; "자유로운 제비는 고요한 호수 속으로 재빨리 날아 들어갔으며 물에 너무 가까이 날아서 날개가 수면에 닿았다"(조지 채프먼George Chapman, "에우게니아Eugenia"); 또한 제비가 기둥 주변을 맴돌며 지저귀면 폭풍을 예고한다(베르길리우스Virgil, 농경시Georg. 1, 376); **18.** 제비돌swallow-stone에 대해서는 켈리도니우스chelidonius 참조.

제비갈매기 tern (새) **1.** 일반적으로 다음을 의미한다: 몸이 가늘고 날개가 뾰족한 갈매기 모양의 새: 네덜란드어로 '스터른stern'; 바다제비'라고도 한다; **2.** 갈매기는 먹이를 저장하는 곳을 지키고 감시하는 데 제비갈매기를 이용했다: "단순하고 느긋하여 먹이를 잡는 데는 약하지만" "잠을 참는 것에는 강하여 오래 깨어 있을 수 있다"(필로스트라투스Philostratus, 상상Im. 2. 17).

제비꽃, 바이올렛 violet (꽃) **1.** 봄에 다시 피어나는 꽃; **2.** 애도, 죽음의 꽃: a. 라에르테스는 제비꽃이 오필리아의 무덤에서 자랄 것이라고 한다(덴마크의 왕자 햄릿Ham. 5. 1; 타이어의 왕자 페리클레스Per. 4. 1); b. 제비꽃은 아티스의 피(또는 이오의 숨결)에서 싹텄다; c. 풍요의 종말: 프로세르피나(페르세포네)가 제비꽃과 흰 백합을 모으고 있었을 때 플루토/하데스가 그녀를 데려갔다(나소 P. 오비디우스Naso P. Ovid, 변신이야기Metam. 5, 392); **3.** 사랑: a. 예 셰익스피어의 작품에서는 이 꽃의 향기 때문에 그리고 "사랑이 그의 즐거움을 유지시켜 주는" 곳에서 자라기 때문이다; b. 그리스 전통에 따르면, 사랑스러운 가슴은 '제비꽃처럼 달콤하다'('향기로운 꽃', 예 사포Sappho); c. 어머니 주일(사순절 넷째 주일)과 관련된다; **4.** 충실, 불변: 예 "제비꽃 몇 송이를 드리려 했지만 아버지가 돌아가셨을 때 모두 시들어 버렸습니다"(덴마크의 왕자 햄릿 4, 5); **5.** 겸손, 겸손한 삶, 비밀 유지: "이끼로 덮인 돌 옆에 자라는 제비꽃은 눈에 잘 띄지 않는다"(윌리엄 워즈워스William Wordsworth, "그녀는 아무도 온 적 없는 길 가에 살았다"); **6.** 경계: 예 에드거 A. 포Edgar A. Poe 작품에서 제비꽃은 두려움을 통한 영원한 경계를 의미한다; **7.** 진정한 미덕: "태양 빛으로 깨끗해졌어요"(눈에는 눈, 이에는 이Meas. 2, 2); **8.** 순결: 특히 하얀 제비꽃; **9.** 덧없음: a. "앞으로 전진 하되 영원하지는 않으며 단지 잠시 달콤하고 오래가지 않는 향기와 만족"(덴마크의 왕자 햄릿Ham. 1, 3); b. "잎으로 뒤덮여 빠르게 시들어 가는 제비꽃"(존 키츠John Keats, "나이팅게일에 바치는 노래Ode to Nightingale"); **10.** 궁정 생활, 연회 등: a. "보라색 상원 의원"(리처드 팬쇼 경Sir Richard Fanshawe, "이제 전쟁은 전 세계에 걸쳐 있다"); b. 궁정에서 선호하는 인물들: "새로운 봄을 환영하는 초록으로 흩뿌려 놓은 제비꽃은 어디에 있을까?"(리처드 2세의 비극R2 5, 2); c. 그리스에서는 식사하는 사람들에게 제비꽃 화환을 주었고 식사 중에 신선한 화환으로 교체했다. 그 향기는 숙취를 없애 준다; **11.** 제비꽃 왕관을 쓴 여신들: 에우리디게, 플레이아데스, 뮤즈들(시모니데스); 핀다로스Pindarus는 아테나를 추가로 언급했다; **12.** 문장heraldry(紋章); 보나파르트주의자들의 상징: 나폴레옹 1세는 엘바섬으로 유배되자 봄에 제비꽃을 들고 돌아오겠다고 말했다.

제비뽑기 lot 제비뽑기는 신의 심판으로 여겨졌다(사무엘상서1Sam. 10, 20에서 사도행전Acts 1, 26까지); 또한 신비한 우림과 둠밈이 많았을 것으로 추정된다; 신탁oracles 참조.

제비풀 swallow-wort (식물) 애기똥풀celandine 참조.

제우스(주피터) Zeus 1. 지하세계의 신 플루토와 심해(무의식)의 군주 넵투누스를 옆에 두고 있는 하늘의 제왕; 2. 판단력과 의지의 최고의 덕목; 3. 초의식: 초자연적 직관과 천구(天球)에 대한 인식; 4. 문장heraldry(紋章): 하늘색azure(하늘의 푸른색).

제의복(사제가 옷 위에 입는 소매 없는 예복) chasuble 1. 라틴어 '작은 집': 순결과 보호를 위해 "작은 집처럼 사람을 완전히 덮는 옷"; 2. 기독교: 다음을 상기시키기 때문에 제의복은 예수 그리스도의 사랑을 상징한다: a. 빌라도가 예수 그리스도에게 입히도록 명령한 로브; b. 병사들이 제비를 뽑아 가졌던 '솔기 없는 옷'.

제이 J 1. 제이j 기호는 인접한 엔n, 엠m 등과 구별하기 위해 중세에 처음 사용하기 시작했다(i 위의 점처럼); 앵글로색슨어의 '년year')에 해당한다(역주: 고대의 영어 스펠링은 현재의 스펠링과 달랐다; 2. j는 'i'와 같은 기호이다; 3. 다음에 상응한다: a. 신체: 폐; b. 타로카드t: 수레바퀴카드; c. 별자리: 처녀자리(또는 염소자리).

제트 Z 1. 그리스어의 '제타zeta'를 표현하기 위해 라틴어에 도입되었다; 2. 다음을 상징한: a. 완성하는 것, 완벽; b. 알 수 없는 수량(X 및 Y처럼); c. 제우스와 같은 창조적인 천둥신의 상징인 지그재그 모양의 빛; d. 과분함: "당신은 사생아 제트! 당신은 불필요한 글자예요"(리어왕Lr. 2, 2); e. 때로는 S와 혼용했다(특히, 예를 들어 '성가Sanctus' ZZZ); 3. 신체에서는 위장에 상응한다.

제피로스 Zephyr(us) 1. 다음의 것들로 의인화되었다: a. 가장 중요한 네 가지 바람 중의 하나이며 이오스/오로라의 아들이다; 그는 시원하고 부드러운 서풍의 신이다; "제피로스의 달콤한 바람이 춘(추)분점의 하늘의 분노(역주: 격렬한 폭풍우)를 잠재우고 있다"(카툴루스Catullus 46); b. 달콤하고 고요한 분위기를 가진 청년; 그는 자연에 좋은 영향을 미쳤고 꽃의 여신인 클로리스와 결혼했기 때문에 나비 날개와 온갖 꽃으로 이루어진 왕관을 가지고 있다; 나무에 꽃을 피운다(참조: 베르길리우스Virgil, 농경시Georg. 2, 330); c. 제피로스의 이슬 호흡은 봄과 관련된다(칼리마쿠스Callimachus, 두 번째 찬가H2 82); 2. 가볍고 공기 같은 모든 것: "봄을 호흡하는 기분 좋은 바람 제피로스여, 오월제에서 만났던 오로라와 놀고 있구나"(존 밀턴John Milton, "쾌활한 사람L'Allegro"); 제피로스는 중요한 말들horses의 아버지이다(참조: 보레아스Boreas): 불사의 말 크산투스와 발리우스(하피 포다르게가 제피로스에게서 낳았다).

젤리 jelly 인간의 두려움: "그들은 공포에 질려서 거의 젤리 상태가 되어…"(덴마크의 왕자 햄릿Ham. 1, 2).

조각, 부분 slice 아이스킬로스Aeschylus의 희곡은 호메로스Homer의 화려한 잔치의 '빵조각(역주: 문학작품의 작은 부분, 각색한 것)'과 같다(필로스트라투스Philostratus, 소피스트들의 삶BS 574).

조개 clam 조개는 파도 없는 여름 바다에서 수면으로 올라와 주위를 살짝 둘러 본다; 온화한 미풍이 불면 조개는 껍질을 벌리고 항해한다(클라우디우스 클라우디우스 아엘리아누스Claudius Aelianus, 동물의 본성에 관하여NA 15, 12).

조개 (류) shell-fish 1. 많은 조개류가 진흙 속에서 저절로 생겨난다(아리스토텔레스Aristotle, 동물사HA 5, 15); 수초가 육지 조개류의 변종으로 보이는 것처럼 이 조개류는 일반적으로 수생식물의 변종으로 간주되었다(같은 책; 동물의 세대GA 3, 11); 2. 약용: 삿갓조개 및 일반 조개류는 변비에 걸렸을 때 장을 치료한다(호라티우스 퀸투스 플라쿠스Horatius (Horace), Quintus Flaccus, 풍자시집Sat. 2, 4, 27); 초승달이 조개를 살찌운다(같은 책); 꿈에서 여성의 생식기(톰 체트윈드Tom Chetwynd; 아마도 쌍각류조개의 변종이 외음부와 비슷하기 때문일 것이다).

조개; 조개껍데기 shell; shell-fish 1. 물과 관련된다: A. 다산: a. 아프로디테 및 출생과 연관된다; 그리고 외음부의 상징으로 여성의 원리를 나타낸다; 결혼한 딸에게 주는 행운(또는 다산)의 부적; b. 다른 바다즉 신들과 관련된다: 트리톤 등; c. 성 콤포스텔라 야고보(야고보James 참조)와 노르망디의 성 미셸로의 성지 순례와 관련이 있다; d. 다른 세대의 죽음으로 촉발되는 한 세대의 번영; B. 달과 관련된다: **2.** 비의적: a. 영혼에 의해 버림받은 육체: 생명이 없는 집; 묘비에서 발견된다; b. '역사적 사실'; **3.** 불멸: 무덤-선물; 그리고 죽음(예 시릴 터너Cyril Tourneur, 복수자의 비극Rev. Trag. 1, 1); **4.** 진주와 관련된다; **5.** 원시 화폐; **6.** 상징성에서 어리석음의 속성; **7.** 문장heraldry(紋章): 일반적으로 조개관자; **8.** 아일랜드를 위한 파넬Parnel 증표; **9.** 특별히 참고할 문학서: A. 뉴턴Newton: 그는 자신을 (발견하지 못한) 진실의 거대한 바다의 해변에서 놀고 있는 소년으로 묘사했다, 더 부드러운 자갈이나 더 예쁜 조개껍질을 찾는 데 몰두하는 소년으로 자신을 묘사했다; B. 스테판 말라르메Stéphane Mallarmé: 외음부: "이 옅은 분홍빛의 입이 바다표범처럼 보인다"("흑인 여성Une Négresse"); C. 윌리엄 B. 예이츠William B. Yeats: 조개껍데기의 "정교한 소용돌이 무늬"를 따르는 것: (쓸모없는) 지적 추구; 아폴로도로스에 있는 다이달로스에 대한 이야기(설명Epit. 1, 14f.) 참조; D. 제임스 조이스James Joyce: 스테판Stéphane에게 그것은 아름다움과 힘("율리시스Ulysses")을 의미한다; E. 딜런 토머스Dylan Thomas: a. "달에 부푼 조개": 생명; b. 여성성; c. "거울 조개": 자궁; d. 치명적인 여성의 배신의 목소리: 바다는 거대한 고래의 짝짓기가 이루어지는 곳으로 성적으로 무질서하고 자유롭다; e. 트리톤의 조개: 시; 연체동물이 죽고 남긴 뼈: 죽음; **10.** 뿔소라-조개: 보라색 염료를 제공하므로 예로부터 신과 왕족(귀족)과 관련되어 왔다; 뿔소라가 옛날에 배ship를 멈추고 소년들이 거세되는 것을 막았기 때문에 아프로디테에게 바쳐졌다(플리니우스Pliny 9, 41); **11.** 주름cockle; 고동conch; 가리비scallop; 달팽이snail 참조.

조끼 jerkin 가죽 조끼: a. 순경의 자켓(조끼 '애호가'): 헨리 4세 1부1H4 1, 2); b. 생각의 모호함: "의견의 폐단! 사람은 그것을 가죽자켓처럼 양면으로 착용할 수 있다(한 사람이 양쪽으로 다른 의견을 갖는다)"(트로일로스와 크레시다Troil. 3, 3); c. 아서왕과 같은 위대한 왕만큼 가치가 있는 옷이었다(몬머스의 제프리Geoffrey of Monmouth, 브리타니아 역사Hist. 9, 4).

조밥나물, 매의 풀 hawkweed (식물) **1.** 노란 꽃을 피우는 다양한 식물에 붙여진 이름, 예 알프스 민들레 mouse-ear hawkweed, '히에라시움 필로셀라Hieraceum pilosella'; 그리스어 '히에라키온hierakion'에서 유래되었으며, 여기에서 '히에락스hierax'는 매를 의미한다; **2.** 이것은 저하된 시력을 회복시키며 따라서 매와 연관된다(예리한 눈을 가진 사람이란 뜻을 가진 매의 눈 hawk-eye; 안젤로 드 구베르나티스Angelo De Gub(ernatis), 식물의 신화MP 2, 171); **3.** 알프스 민들레: a. 목초지와 초원에서 유해한 잡초로 특히 제거하기 힘든 다년생 식물이다; b. 과거에는 '사도 요한의 피St. John's Blood'라고 불렸으며, 그 이전에는 발드르와 연관되었다; c. 이것은 행운을 가져오지만 금화를 이용해 뿌리째 뽑아야 한다(안젤로 데 구베르나티스, 식물의 신화 1, 190); **4.** 힐데가르트 폰 빙엔Hildegard von Bingen: 이것은 차갑고 축적된 나쁜 체액을 줄여 주며 심장을 강화한다; 단독으로 복용해서는 안 되며 꽃박하를 첨가해야 한다(자연학Ph. 1, p. 41); **5.** 상추lettuce 참조.

조부모 grandparents 꿈에서 조부모를 보는 것은 오래된 일에 대한 불안을 의미한다; 조부모가 좋은 말이나 행동을 하면 불안이 덜해질 것이다; 그렇지 않고 꿈꾸는 손자가 아주 어려 아직 말을 못할 때에도 꿈에 나타나는 조부모는 걱정을 나타낸다; 꿈꾸는 이가 성인이면 도움과 보호를 상징한다(달디스의 아르테미도로스Artemidorus of Daldis 3, 27).

조수, 조류 tide **1.** 자연의 균형: 예 "조수는 돌아오지 못할 만큼 멀리 나가지 않는다"; 만(썰물)은 조수(밀물)가 끌어온 것을 걷어낸다"(속담); 참조: "사람의 일에는 조수가 있다…"(율리우스 카이사르Caes. 4, 3); **2.** 조수는 새해에 신성한 아이를 배, 바구니 등에 넣어서 데려온다; **3.** 민속: a. 영혼의 운반자: 사람들은 조수에만 죽을 수 있다; 물 밖으로 흘러나온 조류가 영혼을 멀리 데려간다; b. 전래동요: 조수가 변할 때 찡그린 얼굴 표정은 평생 갈 수 있다.

조안 Joan 한때 왕실 숙녀를 위한 이름이었지만 엘리자베스 1세 여왕 시대에는 이미 부엌과 별장 하녀의 이름으로 강등되었다: a. "조안이 어둠 속에 있을 때는 내 여자처럼 좋다"(속담); b. 매춘부: "나는 이제 어떤 조안이라도 숙녀로 만들 수 있다"(존왕의 삶과 죽음K. John 1, 1; 또한 사랑의 헛수고LLL 3, 1).

조약돌, 자갈 pebble **1.** 정의: a. 죄를 가리는 투표에 사용된다(예 나소 P. 오비디우스Naso P. Ovid, 변신이야기Metam. 15, 4 1ff 등에는 투표할 때 신이 조약돌의 색을 바꾼다. 흰 조약돌은 무죄, 검은 조약돌은 유죄); b. 자살한 사람의 무덤에는 사금파리, 부싯돌, 조약돌을 던져야 한다(덴마크의 왕자 햄릿Ham. 5, 1 참조); **2.** 웅변: 입 안의 조약돌; **3.** 평탄하고 품위 있는 삶: 바위와 돌의 반대; **4.** 사랑의 정표: 매끄러운 조약돌(조개껍데기, 꽃 등과 함께)은 소녀에게 기쁜 사랑의 선물이었다(나소 P. 오비디우스, 변신이야기 10, 260); **5.** 하얀 조약돌은 부활이나 재탄생을 염원하며 무덤에 넣어두는 부장품이다; **6.** 윌리엄 블레이크 William Blake: 실리주의, 죽어있고 물속에 가라앉아 있다는 점에서 이기적인 사람의 상징; 흙덩이의 반대.

조언, 충고 (원로나 전문가의) counsel 초기 기독교와의 연관성: 모세의 조언.

조종사 pilot **1.** 조종사의 실수는 잔잔한 날씨에는 눈에 띄지 않지만 폭풍 속에서는 처참하게 드러난다(히포크라테스Hippocrates, 고대 의학에 관하여VM 9); **2.** 자연은 이성을 머리 위에 있는 조종사로 삼았다(플루타르코스Plutarch, 윤리론집M 1008A); **3.** 마음은 영혼의 조종사이다(헤르메스 트리스메기스토스Hermes Trismegistus, 신성한 피만데르P. 12, 4).

조팝나무 meadowsweet (식물) **1.** 무용지물; **2.** 민속: 이 꽃이 필 때 꽃을 집에 가져오면 불운하다: 강한 냄새가 잠에서 깨어나지 못하게 할 수 있다.

족도리풀 hazelwort (식물) **1.** '족두리풀의 일종'; **2.** 플리니우스Pliny: a. 뱀에 물린 상처, 두통, 계속 깜빡이는 눈, 출산 후 부어오른 가슴, 피부 질환을 완화한다; b. 수면제; 뿌리는 경련을 치료한다: 끓인 가지는 유산한 여성을 정화한다; c. 간 질환, 건강염려증, 수종병, 황달을 치료한다; 설사약이자 이뇨제(21, 77과 78); **3.** 꽃을 화관(고깔모자)으로 사용하는 경우 기저의 뇌에 작용함으로써 술꾼들을 진정시켜 편안하게 자게 한다(플루타르코스Plutarch, 윤리론집M 6470); **4.** 힐데가르트 폰 빙엔Hildegard von Bingen: a. 매우 뜨겁고 위험하다; 아픈 사람의 통증을 배가시키며, 임산부들에게 있어 죽음 또는 자신의 생명이 위험해지는 낙태를 의미한다(자연학Ph. 1, p. 26; 또한 바위솔 houseleek 참조).

족쇄, 구속 fetter 꿈에서 족쇄는 **1.** 감금, 장애물 및 질병의 일반적 징후를 나타낸다; **2.** 족쇄는 노예들이 스스로 풀 수 없는 중요한 신뢰의 직무를 받을 것임을 예측한다; **3.** 족쇄에 관한 꿈은 독신자에게는 결혼을 의미할 수 있지만 자녀가 없는 사람들에게는 자녀를 갖게 되는 것을 의미할 수 있다; **4.** 선물의 가치는 족쇄의 재질로 추측할 수 있다(달디스의 아르테미도로스Artemidorus of Daldis 2, 47 참조).

족제비 weasel **1.** 일반적으로 다음을 의미한다: a. 입으로 새끼를 낳는다. 헤라클레스가 태어나려 할 때 주노는 분노하여 출산의 여신을 알크메네에게 보내 그녀를 곤란하게 만들었다(무릎을 꿇고 손가락을 움켜쥐었다). 알크메네의 충실한 시녀 갈란티스는 아기 울음소리를 내어 아기가 이미 태어났다고 여신을 속였다. 그러자 여신이 나타나서 시녀가 입으로 "죄를 지었다"면서 시녀를 족제비로 바꾸었다(나소 P. 오비디우스Naso P. Ovid, 변신이야기Metam. 9, 323); b. 이것은 (심지어 독수리의) 알을 빠는 모든 동물의 '왕'과 관련 있다: "한번은 잉글랜드 독수리의 둥지가 약탈당하여 무방비 상태가 되자 스콧족제비가 둥지에 몰래 다가가 왕자의 알을 빨아먹었다"(헨리 5세의 생애H5 1, 2); 또한 벌bee 참조; c. 경계: 절대 잠들지 않는다: 예 "자고 있는 족제비를 잡는다"(속담); d. 용기: (중세시대) 족제비만이 바실리스크를 공격하고 죽인다(코카트리스 참조); 그리스도의 상징; e. 족제비는 마녀의 가장 흔한 반려동물 중 하나이다: i. 대모 여신의 변신 중 하나; 이것은 데메테르와 연결되어 있으며 그래서 예언적다; ii. 이것은 테살리아 마녀들이 가장 좋아하는 변신이었다(이 변신은 그리스어로 '기교가 좋은 것'); iii. 특히 흰색일 때는 악령의 화신일 수 있다;

2. 호리호리함: 예 제프리 초서Geoffrey Chaucer("밀러의 이야기Miller's Tale"); 3. 피에 굶주림, 오만한 말다툼(또한 '비장'이 과도하게 커진 것으로 인한): "족제비는 당신과 같은 비장을 가지고 있지 않다"(헨리 4세 1부1H4 2, 3); 4. 탐욕: 덕에 경청하지 못하고 재물을 탐내는 자; 5. 해충의 킬러: 로마 가옥에서는 독사에 대항하도록 고양이 대신 족제비가 사육되었다.

좁쌀풀 euphrasy (식물) 1. '유프라시아 오피시날리스Euphrasia officinalis'는 '훌륭한 말솜씨'를 의미하는 그리스어 '유프라시아euphrasia'에서 유래되었지만 '쾌활함'을 의미하기도 한다(통속적 어원설에서); 2. 또한 '아이브라이트eyebright'이라고도 불리며, 약한 눈을 치료하는 데 쓰인다(존 밀턴John Milton, 실낙원Par. L. 11, 414 참조); 독일어로는 '눈밝은Augentrost'이라고 하는데 눈의 질병을 치료하기 때문이다(테오프라스투스Theophrastus, 순수한 황금의 발견NR 9, p.127).

좁쌀풀 loosestrife (식물) 바늘꽃과(科)willow-herb 참조.

좁쌀풀무리 eyebright (식물) 좁쌀풀euphrasy 참조.

종, 벨 bell 1. 경배를 위한 부름: a. 때로는 최고의 영이신 하느님을 부르는 것; b. 초기 기독교에서는 그리스도를 부르는 것을 의미했을 뿐 아니라 그리스도 상징 자체이기도 했다; c. 천국과 땅 사이의 (걸려 있는) 연결성; 2. 기쁨, 자유: '자유의 종'; 3. 전쟁을 알리거나 도움을 요청하는 경보; 4. 죽음: 동성애 음악은 우울한 종소리로 변했다(=종knell; 로미오와 줄리엣Rom. 4, 5); 5. 양성성, 생식력: a. 종과 손잡이(종종 삼엽형 낙뢰 등으로 장식되었다)=음문+남근; 종bell과 혀도 마찬가지이다; b. 풍요숭배의 대상인 남근은 종종 종으로 장식되었다(남근phallus 참조); 6. 처녀성: a. 미혼여성들이 갖고 있는 처녀성에 대한 히브리 상징; 7. 소리의 창조력; 8. 화음: "달콤한 종소리 같던 고귀하고 지고한 이성이 어긋난 음정으로 거칠게 쨍그랑거리고"(덴마크의 왕자 햄릿Ham. 3, 1); 9. 종의 형태에 따라 돔형, 하늘형 등이 있다; 두건hood 참조; 10. 건강: (말장난) '종만큼 건강한(매우 원기왕성한)'; 11. 특별한 종교적 사용: a. 구약성서: 에봇 망토 끝에 금방울(종)과 석류를 번갈아 풍요의 상징으로 달고 대제사장이 나아가는 길에 있는 위험한 문지기 악마에 대해 경고한다: "그리하면 그는 죽지 않으리라"(출애굽기Ex. 28, 35); 나중에는 종교적 관심을 환기시키는 것으로 여겨졌다; b. 기독교: i. 믿음이 위협에 처할 때 성배사원의 종이 울리면 기사가 나선다; ii. 유리종은 바실리스크와 싸우는 수단이었다; c. 속담: 8세기 이후 '종, 책, 촛불'로 인해 사람이 파문당할 수 있었다; 이것들은 공식을 마무리하는 단어였다: "책을 덮고 촛불을 끄고 종을 울려라"; 이 단어들은 또한 다음과 같이 설명되어 왔다: 종=알리다, 책=주재하는 주교의 권위, 촛불=회개로 제거되는 금지; 12. 특별한 문학적 의미: A. 매튜 아널드Matthew Arnold("버림받은 인어The Forsaken Merman"): 시간, 인간의 죽음; 윌리엄 버틀러 예이츠William B. Yeats: 종을 거는 나뭇가지는 영웅들을 계속해서 잠들게 했으며(역주: 음악처럼 들려 사람들을 잠들게 함) 나중에 오이신은 깜짝 놀라 깨어났다(=현실; "오이신의 방랑Wanderings of O" 3, 46ff.; C. 토머스 스턴즈 엘리엇Thomas S. Eliot("드라이 샐비지스The Dry Salvages"): '바다'와 관련된다: a. 시간의 흐름 표시(특히 범선의 종): 시간과 영원의 교차 순간; b. 기도(특히 수태고지)나 종치기(=부활)를 요청함; D. 딜런 토머스Dylan Thomas: a. 형성되는 중에 있는 태아(=시)(또한 종-바다 참조); b. 죄 많은 진흙 혀를 가진 또는 검은 혀를 가진black-tongued 종: 죽음; c. 아버지의 풍향계와 대조되는 어머니의 풍향계; d. 수면 아래에 종이 있으면 시를 창작할 수 없다; 13. 매 훈련: 매의 발에 종을 달았다: "워워이 종을 울린다면(위협한다면) 랑카스터의 깃발을 가진 훌륭한 자조차 감히 움직이지 못한다": 그의 적들 사이에 두려움이 퍼져 나갔다(헨리 6세 3부3H6 1, 1); 14. 민속: a. 폭풍, 역병의 악령을 쫓다; b. 종은 자신만의 생각과 의식을 가지고 있다: 종은 성자가 있을 때나 범죄가 저질러질 때 스스로 울린다; c. 때로 특별한 연관성을 가진 인어들이 종을 울린다; d. 특정한 날이 되면 물에 잠긴 마을에서 종소리가 울린다는 전설이 있다; e. 종을 쳐서 출생을 알리며 작물의 안전을 보장하기 위해 수확기에도 울린다; f. 배의 종은 종종 배가 가진 영혼이 형상화된 것이다; 배의 종은 건드리지 않아도 난파될 때 항상 울린다; g. 슬픈 종소리: 또한 죽음death 참조; h. 런던 벨에 관한 동요: 오렌지orenge와 레몬lemon 참조.

종달새 lark (새) **1.** 일반적으로 다음을 의미한다: a. 많은 종류의 종달새 중에서 일반적인 종달새를 의미한다; b. 옛날이야기: 두꺼비의 못생긴 큰 눈과 종달새의 정교하고 작은 눈이 바뀌었음에 틀림없다: "어떤 사람들은 종달새와 혐오스러운 두꺼비가 눈을 바꾼다고 말한다"(로미오와 줄리엣Rom. 3, 5); c. 거울, 붉은 천 조각 또는 작은 매를 사용하여 종달새를 잡는데, 종달새가 이것들에 집중하느라 자신들에게 떨어지는 그물을 보지 못하고 잡힌다(헨리 8세의 생애에 관한 유명한 역사H8 3, 2 참조); **2.** 새벽의 새: a. 밤의 대극–황혼의 새, 올빼미(예 심벨린Cym. 3, 7); b. 나이팅게일의 대극(로미오와 줄리엣 3, 5); **3.** 하늘과 연결된다: "종달새야, 우짖어라! 종달새가 천국 문에서 노래한다"(심벨린 2, 3); **4.** 명랑함, 무모함; **5.** 활동: a. "분주한 종달새"(제프리 초서Geoffrey Chaucer, "기사이야기The Knight's Tale"); b. "어린 양과 함께 자고 종달새와 함께 일어나라"(양lamb 참조); **6.** 지혜: a. 아테네의 모습 중 하나; b. "지혜로운 자는 하늘을 날지만 결코 배회하지 않는다"(윌리엄 워즈워스William Wordsworth, "종달새에게To a Skylark"); **7.** 자연 예술: a. "필연적으로 황홀감 속에서 솟아나는 계획되지 않은 풍부한 음악성의 예술(퍼시 셸리Percy Shelley, "종달새에게To a Skylark"); b. 윌리엄 블레이크William Blake: 환상적 영감: 첫 번째로 노래하는 새; **8.** 사랑의 새: 아침은 사랑의 시간이다. 어둠이 사랑이나 범죄의 시간인 것처럼("어둠의 행위가 그녀와 함께 했다": 리어왕Lr. 3, 4); 따라서 종달새는 야행성 사랑의 새인 나이팅게일과 대극이다(로미오와 줄리엣 3, 5); **9.** 사제: a. 기독교: 사제로서의 겸손; 공작과 반대: 비록 작지만 달콤한 목소리를 가지고 있고 빠르며, 맛있는 살을 가지고 있다(윌리엄 랭글랜드William Langland, 플로우먼에 관한 비전PP 12권); b. 동요에서 종달새는 수탉 로빈의 장례식에서 성직자이다; **10.** 봄의 새(예 딜런 토머스Dylan Thomas, "10월의 시Poem in October"); **11.** 배신: 스킬라는 그녀의 아버지를 배신한 것에 대한 벌로 종달새로 변했다; **12.** 민속: 속담: a. "종달새는 구어진 채로 떨어진다"; 게으른 자의 꿈; b. "종달새가 장어를 먹고 사는 것처럼 연인은 사랑을 먹고 산다"; c. 복통/배앓이를 일으키는 담즙은 팔각형으로 고리를 만들고 다음과 같은 말로 제거할 수 있다 "물러가라, 물러가라, 담즙이여, 종달새가 널 찾고 있다!"(그리스).

종달새, 종다리 skylark 종달새lark 참조.

종려나무, 야자나무 palm (나무) **1.** 이집트 상형문자로는 '미덕'을 의미한다; **2.** 상승, 영광, 승리: a. 니케 여신의 상징; b. 고대 그리스의 피티아 경기의 우승자들과 로마의 우승한 검투사들에게 종려나무 가지를 주었다; c. "아, 참으로 놀랄 일이 아니오. 그처럼 나약하고 겁 많은 위인이 인제 와서는 이 장엄한 세계에서 승리의 종려나무를 독차지 하다니"(율리우스 카이사르Caes. 1, 2); d. 영원한 행복 속에서 죽음을 이기는 승리(요한계시록Rev. 7, 9); 에스겔이 꿈에서 본 성전(에스겔서Eze. 40)은 종려나무와 그룹cherub으로만 장식되어 있었다; e. 순교자의 상징; f. 의인(죄의 정복): "의인은 종려나무 같이 번성하며"(시편Ps. 92, 12); **3.** 생명, 자기재생의 나무: a. 매달(혹은 매년) 새 잎이 자라지만 잎이 떨어지지 않는 유일한 나무; b. 죽을 때까지 계속 열매를 맺는다; c. 양성성; d. 페니키아의 신은 바알 다말이며 '종려나무의 주인'이라는 뜻이다; e. 그리스어 '포에닉스phoenix'(=피의)는 이 나무를 불사조(종려나무에서 태어나고 재탄생한다) 및 페니키아와 연결시킨다; f. 창조의 불꽃; **4.** 사랑, 다산, 모성애: a. 히브리 이름 다말(3번의 d 참조)은 이슈타르, 아스타르테, 비너스와 같은 뜻의 이름이다; 이것은 종종 일곱 개의 나뭇가지 촛대로 표현된다: 다산; 더욱이 종려나무는 일반적으로 오르지 여신에게 바쳐졌다; b. 레토는 종려나무와 올리브나무에 기대어 아폴론과 디아나를 낳았다(나소 P. 오비디우스Naso P. Ovid, 변신이야기Metam. 6, 335); c. 켈트족: 켈트족에게 이 나무는 출생의 나무이다: 동지 및 알파벳 A와 연결된다; d. 바다(우주의 어머니) 가까이에서 번성하고 염분이 많은 토양에서도 자랄 수 있다; e. 사랑하는 사람: "네 키가 이렇게 종려나무 같고 네 젖가슴은 열매 송이 같구나"(아가서SoS 7, 7); f. 우주의 모체; g. 수나무는 여러 그루의 암나무로 둘러싸여 있으며 수나무를 바라보는 것만으로도 암나무는 열매를 맺는다(플리니우스Pliny 13, 6ff.); **5.** 풍요: 예 황제의 훈장에 새겨져 있는 종려나무; 그러나 상징성의 측면에서는 금욕의 속성(사막의 나무)이 있다; **6.** 태양의 상징: 아폴로에게 바쳐졌다; **7.** 왕족의 상징: a. 왕실 부채에 사용되었다(태양왕으로서 왕); b. 그리스도의 예루살렘 입성과 관련 있다; **8.** 초막절의 첫날에 제사를 지내며 춤을 출 때 흔들었다(종려나무 가지, 도금양나무 가지, 버드나무 가지를 묶은 다발을 들고 춤을 추었다; 레위기Lev. 23, 40); 종려나무 가지는 인간의 척추를 나타낸다; 시트론citron, '감귤etrog' 참조; **9.** 예언자: 선지자 드보라('꿀벌')는 종려나무 아래에 앉아 있었다; **10.** 글쓰기: 종려나무 잎은 글씨를 쓰는 데 사용되었고 헤르메스에게 바쳐졌다; **11.** 처녀성: 성모 마리아의 상징; **12.** 순례: 거룩한 땅을 방문한 사람의 증표('성지 순례자Palmer'); **13.** 심리: (카를 융Carl Jung) '아니마'; **14.** 문장heraldry(紋章)(1500년 이후로): a. 승리, 왕실의 명예; b. 생명, 다산; c. 지혜; d. 관대함, 정의; e. 우정; **15.** 여리고는 종려나무의 도시였다: (신명기Deut. 34, 3); **16.** 대추야자나무date-tree 참조.

▌종양, 종기 tumour　꿈에서 a. '종양tumour'은 '손실loss'을 의미하는데 이는 두 단어의 문자 값이 동일하기 때문이다; b. 신체의 모든 종양은 아름다움이나 힘을 주지 않으며 반대로 좋은 외모를 해쳐서 손실과 근심을 유발한다; c. 게다가 종양이 고통스럽다면 특히 정력에 관여하는 기관에 영향을 미친다면 남근과 관련된 모든 면에서 불행과 고통을 상징할 수 있다(달디스의 아르테미도로스Artemidorus of Daldis 3, 29).

▌종이 paper　**1.** 튼튼하지 않으며 일회용이다: 양피지의 반대; 파피루스papyrus 참조; **2.** 종이가방(전래동요): "어떤 남자가 있었는데 미쳐서 종이가방으로 뛰어내렸다" 등.

▌종탑 belfry　**1.** 기도에 대한 부름, 종교성(성직자의 약점으로 인해 없어진): "악마는 교구장의 옷으로 종탑까지 올라간다"(속담); **2.** 사람의 머리: "종탑에 박쥐가 있다"=미치다; 참조: 머리head에 해당하는 '다락방attic'과 광기에 해당하는 '보닛에 있는 벌bees in one's bonnet'; 3. 종과 관련된다.

▌좌우 right and left　**1.** **오른쪽**right: a. 영적, 남성적, 의식, 이성, 지혜: "지혜자의 마음은 오른편에 있고 우매자의 마음은 왼편에 있느니라"(전도서Eccl. 10, 2). 단테Dante가 오른손으로 돌봄=영적인 돌봄(2번의 a)이라고 했던 것도 참조; b. 전면, 미래, 진화, 더 높은 미덕(예 자선), 명예(예 오른쪽에 앉기): 명예의 자리, 또는 바로 아래에 있는 자리(시편Ps. 110, 1); 참조: 제우스의 오른편에 있는 아폴로; c. 입구(출생), 개방; d. 행운, 성장; e. 합법성, 충성, 도움: "오른쪽에 계신 주님"=도움(시편 110, 5); f. 우정, 사랑: "그분께서 왼손으로 내 머리를 고이시고 오른손으로 나를 껴안으시는도다"(아가서SoS 2, 6); g. 숫자 '3'; h. 윌리엄 블레이크William Blake: 정력(또한 좌우 두 개의 기둥The two pillars 참조); **2.** **왼쪽**left: a. 물질적, 여성적, 나약함, 무의식: "불길한 치료법": 세상의 보살핌(단테, 신곡 낙원편Par. 12, 129); b. 뒤, 과거, 쇠퇴; c. 달에 관련된 것, 마법, 출구(죽음); d. 불길한, 비정상적인, 낮은 미덕, 낮은 순위; e. 사생아, 적대감, 저주: "양들은 자기 오른편에 두되 염소들은 왼편에 두리라"(마태복음Matth. 25, 33); f. 숫자 '2'; g. 윌리엄 블레이크: 자비; **3.** **민속**: a. 왼쪽은 마법의 측면이므로 긍적적 목적이나 부정적 목적으로 사용될 수 있다. 또한 악령의 편이기도 하다; b. 길에서 주운 행운의 물건은 왼쪽 어깨 너머로 던지면 더 확실히 자신의 것이 될 수 있다(예 말굽horse shoe 참조). 그러나 악령을 쫓기 위해서는 소금을 뿌려야 한다; c. 성별 예측: 뱃속에서 남자아이는 오른쪽에, 여자아이는 왼쪽에 있다(플리니우스Pliny 7, 4 및 8, 70도 참조); 4. 왼쪽 방향을 향하다withershins 참조.

▌죄 sin　**1.** 플라톤Plato은 돌팔이 사제와 예언자들이 부자들에게 죄를 사해주겠다고 주장하면서 그들의 돈을 받는 것을 비난했다(국가론Rep. 2, 364C; 거스리Guthrie 270에서 인용됨); 면죄부를 파는 중세의 사면자들과 비교: **2.** 일곱 개의 대죄: a. 교만; b. 탐욕; c. 정욕; d. 분노; e. 탐식; f. 시기; g. 나태.

죄를 먹는 사람 sin-eater 희생양: 이들은 때로 망자의 가족의 일원이었지만 종종 전문직으로서 시체의 가슴 위에 올려진 빵 한 조각과 우유(또는 포도주나 맥주)를 마시는 것으로 돈을 받았다; 죽은 자의 죄가 음식에 흡수되어 사후의 고통에서 벗어난다.

주교, 비숍 bishop 1. 그리스어 '에피스코포스episkopos', 즉 '감독관'(데시데리우스 에라스무스Desiderius Erasmus, 물고기를 먹는 것에 관해CF 물고기를 지나치게 많이 먹었을 때 토하는 증상Ichthophagia p. 405); 2. 이튼에서는 12월 6일 몬템 데이Montem Day에 소년주교가 선출되었다(브리타니아의 민속과 문화Folkl. & C. of Brit. p. 263).

주교관, 미트라 mitre 1. 주교관의 기원: a. 아시리아 사람인 에아-오안네스 사제들의 물고기 머리 가면과 유사하다; 아마도 나중에 유대인들에게 권위의 상징이 되었을 것이다; 그리스도는 물고기(그리스어 '이크토스ichthys') 신이기도 하다; b. 고대에는 주로 여성들이 착용했다; c. 또한 원뿔형 프리기아인의 머리장식으로부터 유래되었을 수 있으며, 이 머리장식은 작은 왕관과 주교관으로 나뉘었다; d. 어원: 그리스어 '미트라mitra': 머리띠 또는 머리장식; 2. 이후 설명에서는; a. 모세의 두 뿔; b. 구약성서와 신약성서; 3. 다른 형태: 디오니소스-바쿠스는 영원한 젊음과 회춘이라는 뱀 모양의 미트라를 착용했다.

주교장, 홀장 crosier 1. 주교의 지팡이; 구부러진 지팡이crook 참조; 2. 원래 T자형 십자였으나 17세기에 와서 구부러진 형태가 되었다; 3. (따라서) 생명의 상징(예 카두세우스와 마찬가지)이며 에트루리아 점쟁이들이 점을 치는 데 사용한 남근 모양의 막대기와 관련된다.

주근깨 freckles 주근깨가 있는 사람들은 마법 의식에 참여하는 것이 금지되었는데 신들은 그들의 기도를 들어 주지도 않고 눈길도 주지 않기 때문이었다(플리니우스Pliny 28, 59 및 30, 6).

주기, 순환 cycle 1. 순환적 존재의 모든 형태; 비코의 주기에 대해서는 사람의 나이ages 참조; 2. 숫자 12와 연관된다: 1년의 주기가 되는 개월 수, 하루의 주기가 되는 시간 수; 3. 반대 방향을 가리키는 두 개의 기호 또는 이미지로 상징화된다(오는 것과 가는 것); 부활, 환생; 4. 불의 주기: 스토아학파(제노 등)에 따르면, 불이 원래의 요소였으며, 불이 있은 후 다른 세 개 요소가 생겨났다: 공기, 물 그리고 그 다음은 흙; 조만간 또 다른 우주의 대화재가 있을 것이고 다시 불이 될 것이며 시간의 흐름에 따라 주기가 다시 시작될 것이다; 5. 원circle, 나선spiral, 수레바퀴wheel 등 참조.

주노 Juno 헤라Hera 참조.

주머니 pocket 전래동요: 보통 아이들이 순서를 정하기 위해 부르는 주머니에 관한 동요에는 수많은 변형이 있다; 종종 술(또는 우유)을 사고 싶어 하는 누군가(예 군인), 또는 동물(예 고양이)에 대한 노래로 돈을 달라고 하면 대답은 "내 주머니에 있어요" "주머니는 어디에 있나요?"라고 물으면 "잊어버렸어요"라고 답하며 "그럼, 나가세요"라고 부른다.

주머니, 파우치 pouch 1. 여성의 성기(로버트 번스Robert Burns, "나를 가엽게 여겨 주세요Hude pity me" 10: '스플랜찬Splenchan'); 2. 지갑purse도 참조.

주목 yew (나무) 1. 죽음(그리고 불멸): a. 주목으로 장식하여 헤카테에게 바친 검은 황소의 피는 유령에게 주어졌다; b. 치명적인 무기의 재료였다: 예 활; 이미 로마 시대(베르길리우스Virgil, 농경시Georg. 2, 448)와 중세시대(제프리 초서Geoffrey Chaucer)에 주목으로 화살을 만들었다; "활쏘는 사람의 주목(화살)"(파울의 의회PoF); 참조: "그리고 주목 활을 매세요"(민요 "로빈 후드와 그의 마이니Robin Hood and his Meiny"); c. 주목나무는 북풍의 추위를 좋아한다(베르길리우스, 농경시 2, 113). 주목 통나무는 겨울철에 좋은 연료(로버트 그레이브스Robert Graves, 하얀 여신WG 169n.)이고, 죽음의 나무이며 동지와 연결된다(켈트 문자 I에 해당한다: 달력calendar 참조); d. 지하 세계로 가는 길은 주목나무(나소 P. 오비디우스Naso P. Ovid, 변신이야기Metam. 4, 432)로 가려져 있다; e. 씨와 잎사귀는 독이 있어서 소를 죽일 수 있고 새도 죽인다(또는 깃털이 다 빠지게 할 수 있다); 따라서 주목은 무엇인가를 죽이고 죽이는 도구의 재료가 되기 때문에 "이중의 치명성"(리처드 2세의 비극R2 3, 2)이다; "맥베스Mac." 에서 보면, 이것은 마녀의 가마솥에서 발견되며 "햄릿"의 '저주받은 독초'였을 것이다; f. "오, 주목나무로 장식한 흰색 수의를 나에게 준비해 주시오"(십이야 Tw. N. 2, 4); g. 주목 뿌리는 교회 마당에 있는 죽은 자들의 입으로 뻗었다; 참조: "오래된 주목나무Old Yew"; "당신의 감정들은 꿈 없는 머리를 지배하고, 당신의 뿌리는 뼈를 휘감고 있다"(앨프레드 테니슨Alfred Tennyson, "인 메모리엄In Memoriam" 2, 1ff.; 또한 존 웹스터John Webster, 하얀 악마WD 4, 3); h. 십자가의 재료로 쓰인 나무들 중 하나: "거기 큰 주목나무에 못 박힌 감미로운 예수 그리스도를 보리라"(민요 "일곱 처녀The Seven Virgins"): i. 슬픔의 속성: 식물을 죽이고 식물이 자라는 토양을 고갈시킨다; **2. 항상성**, 믿음: 수명이 길고 마모되는 상록수; **3. 망각**(죽음의): a. 이것의 열매는 망각으로 언급된다(존 키츠John Keats, "우울에 대한 송가Ode on Melancholy"); b. 와인 통은 종종 주목 나무로 만든다; **4. 점성술**: 토성과 관련된다; **5. 윌리엄 B. 예이츠**William B. Yeats: 두 명의 오래된 아일랜드 연인(베일과 아일린)이 기독교의 사과나무와 이교도의 주목나무 아래 묻혔고, 이들의 영원한 사랑의 불꽃은 알아 볼 수 있을 만큼 충분한 빛을 발하고 있다("초자연의 노래Supernatural Songs I"); **6. 토머스 S. 엘리엇** Thomas S. Eliot: a. 세상의 욕망이 죽음조차 넘어 두개골까지 내려온다("번트 노턴Burnt Norton"; 1번의 g 참조); b. 장미와 함께: 대극 합일 즉 탄생/죽음, 욕망/슬픔 등("리틀 기딩Little Gidding" 5); **7. 민속**: a. 주목은 신성한 나무이기 때문에 가지를 자르거나 상록의 크리스마스 장식으로 쓰려고 집에 가져오는 것은 불운한 것이다; b. 사랑: 그 열매는 끈적끈적한 단맛이 있고, 결혼을 축하하는 교회의 현관 앞으로 떨어진다.

주물공, 금속세공업자 founder 선지자가 금속을 아무리 다듬어도 "타락한 은(역주: 유다 백성의 사악함과 부패의 비유)"만을 얻을 수 있다; 예레미야서Jer. 6, 28–30 참조.

주사위 dice **1.** 운세, 점치기; **2.** 방탕: 카드놀이와 마찬가지로 악마가 만든 것; **3.** 거짓됨: "속임수를 쓰는 도박꾼이 던지는 주사위처럼 거짓되다"(겨울이야기Wint. 1, 2); **4.** 물체: 정육면체; **5.** 삼위일체: 주사위를 굴리면 항상 세 개의 면이 보인다; **6.** 숫자 상징: A. 주사위 한 개: a. (가장 현대적인 주사위 형태에서) 서로 마주 보는 두 면을 더하면 칠이 된다; b. 측면 네 개의 사각형: 공간 속에서의 네 방향; c. 반대면을 알려 주는 규칙; d. 윗면과 아랫면: 지구 남극과 북극의 축; B. 주사위 두 개: 모서리 열두 개: 완성; C. 주사위 세 개: a. 세 개의 주사위의 합은 최대 18이 될 수 있으며 18은 옛 알파벳 글자 수이므로 점칠 때 유용했다; b. 7 × 7 × 7+주사위의 모든 점의 숫자(1에서 6)를 합친 수는 364일, 즉 1년이 된다; **7.** 문장heraldry(紋章): a. 공평; b. 운명의 변덕스러움; **8.** 민속: 손가락을 딱 소리 나게 튕기기finger-snapping, 숫자numbers, 문지르기rubbing 참조.

주석 tin (금속) **1.** 주석의 부산물(찌꺼기): 값싼 은이나 돈: "내가 또 내 손을 네게 돌려 네 찌꺼기를 잿물로 씻듯이 녹여 청결하게 하며 네 혼잡물을 다 제하여 버리겠다"(이사야서Isa. 1, 25); 주석-구리 합금을 의미한다; **2.** 점성술: 목성과 연결된다; **3.** "주석제도 Tin Islands": '카시테리데스'(예 헤로도토스Herodotus에 의해 언급됨)는 아마도 북부 스페인이나 콘월로 보이며 유럽의 서부 해안에서 떨어져 있었다고 한다.

주인 host (여관의 주인) **1.** 동화에서 매우 자주 지하세계적 특성을 가진 친절한 주인이 자신의 부인이나 딸을 간절하게 원하는 손님에게 보낸다. 이러한 일은 순결 테스트의 형태로 자주 발생한다(마비노기온Mabinogion의 프윌Pwyll; 가윈 경과 녹색의 기사Gawain and the Green Knight, Sir; 로저 루미스Roger Loomis, 중세의 아서 문학ALMA p. 536); **2.** 동화에서 여관주인은 이기적이다. 겉으로는 환대를 보여 주지만 궁극적으로는 자신의 유익을 추구한다; **3.** 꿈에서의 여관주인inn-keeper에 대해서는 여관inn 참조.

주전자 kettle **1.**메데이아의 주전자: 회춘의 마법 그릇. 잃어버린 젊음을 회복시키는 것: 세계의 냄비,

지하세계, 환생의 영역; **2.** 영감inspiration의 주전자; 시적인 벌꿀주를 담고 있다; 오딘이 그것을 훔칠 때 몇 방울이 땅에 떨어졌고 거기서 시인들이 생겨나게 되었다; **3.** 케틀드럼: 덴마크 지방색이 짙은 대표적인 악기(덴마크의 왕자 햄릿Ham. 1, 4 및 5, 2); **4.** 가마솥cauldron 참조.

주춧돌, 초석 cornerstone **1.** 매우 중요하고 근본적인 것으로 안전과 믿음을 가져다준다: "보라 내가 한 돌을 시온에 두어 기초를 삼았노니 곧 시험한 돌이요 귀하고 견고한 기촛돌이라"(이사야서Isa. 28, 16); **2.** 그리스도: "건축자가 버린 돌이 집 모퉁이의 머릿돌이 되었나니"(시편Ps. 118, 22); 이 의미는 영지주의에서도 받아들여졌다; **3.** 딸들: "우리 아들들은 어리다가 장성한 나무들과 같으며 우리 딸들은 궁전의 양식대로 아름답게 다듬은 모퉁잇돌과 같으며"(시편 144, 12); **4.** 예전에 희생제물로 바쳐진 사람들은 건축을 위한 제물로써 주춧돌 아래에 묻었다(문지방threshold 참조); 나중에는 고양이, 개, 또는 수탉으로 대체되었고, 그 후에는 다시 동전과 문서로 대체되었다.

주피터 Jupiter 제우스Zeus 참조.

주현절 밤 Twelfth Night **1.** 주현절은 크리스마스 축제의 마지막 날일뿐만 아니라 그해의 재탄생과 사투르날리아Saturnalia 농신제를 축하하는 의식과도 관련이 있다; **2.** 주현절 케이크: 케이크 조각에 콩이나 동전이 들어 있으며 이것을 발견한 사람은 축제의 밤의 왕이나 여왕이 된다(대리왕Substitute King 참조); **3.** 예수공현 축일epiphany 참조.

주황색 orange (색상) **1.** 불: a. 성령; b. 교만, 야망; **2.** 열: a. 정욕, 결혼; b. 환대, 자비; c. 건강, 활력; **3.** 열정의 빨간색이 현세의 지혜인 노란색으로 완화된 색상; **4.** 타락한 모습: a. 악마; b. 악의, 이기주의, 잔인함, 흉포함; c. 자포자기; **5.** 문장heraldry(紋章): (나중에 추가된) 인내, 힘, 세속적 야망; **6.** 점성술: 태양(때로 목성)에 해당한다; **7.** 불교: 부처가 자신의 옷을 주황색으로 선택한 이유는 과거의 사형수들이 입었던 색이기 때문이다(스페니시 옐로우Spanish yellow 참조); **8.** 사프란색saffron과 노란색yellow 참조.

죽 porridge "식은 죽처럼 편안하다"(템페스트Tp. 2, 1); 죽에는 완두콩peas이 들어 있고 같은 발음의 단어 평화peace에 대한 말장난 표현이 있다.

죽마 stilt 딜런 토머스Dylan Thomas: 속임수.

죽음 카드 Death (타로카드) **1.** 이 열세 번째 타로카드의 그림은 토성, 시간, 운명의 주인을 나타낸다; **2.** 다음과 같이 표현된다: a. (분홍색 뼈의) 해골이 왕관, 꽃, 머리, 팔다리를 자르는 모습; b. 전신 갑옷을 입은 해골이 흰 말을 타고 신비로운 장미(생명)가 장식된 검은색 깃발을 들고 있는 모습; 배경에는 두 개의 탑 사이에서 뜨거나 지고 있는 해, 항해하는 배, 앞쪽에는 애원하는 자세의 주교관을 쓴 주교, 소녀, 아이가 있다; **3.** 다음을 의미한다: a. 변화, 끊임없이 계속되는 움직임: 창조, 죽음, 부활; b. 영화spiritualization, 육체적 욕망에서 벗어남; c. 부패, 언젠가는 죽어야 함; 불운; d. 긍정(=진화)과 부정(=종말); e. 점성술: 황소자리(희생제물 황소)와 토성.

죽음, 사망 death **I. 죽음의 무도=프랑스어의 'Danse Macabre'**: a. 오해의 소지가 있는 용어: 죽음(해골)은 자신의 희생자인 사회계층의 대표자들을 한 명씩 차례로 만난다: 아마도 원래는 비의에서 이루어진 극의 일부분이었으나 나중에는 별도로 행해졌을 것이다; b. 때로 죽음은 죽음이 만나는 사람과 동일 인물이다: 그 사람은 죽음 후의 상태일 것이기 때문이다; 때로 그들은 죽음이라는 거울에 비친 자신을 본다; c. 또 다른 형태에서는 죽음의 군대가 전투 대형을 갖추고 북을 치며 살아 있는 사람들과 싸우러 와서 희생자를 한 명씩 차례로 그 사람의 일상에서 데려간다; **II. 죽음이라는 주제: A.** 죽은 척하기: 1. 사랑하는 남자와 결혼하기 위해 죽음을 가장하는 여자: "로미오와 줄리엣Rom." 에서부터 민요 "즐거운 참매The Gay Goshawk"(프랜시스 차일드Francis Child 96)에 이르기까지; 이것은 풍요의 처녀가 봄에 부활하는 것으로, "잠자는 숲속의 공주"와 관련이 있을 수 있다; 2. 여자의 마음을 얻기 위해 죽음을 가장하는 남자: "윌리의 경야Willie's Lyke-Wake"

ㅈ

(프랜시스 차일드 25): 앞의 경우와 비슷하게 설명할 수 있다; **B.** 남자가 모르는 친척을 죽이는 것: 오이디푸스에서부터 민요까지 모든 문학에서 공통적으로 나타난다: 예 아내의 알려지지 않은 아들(아마도 신성한 왕을 대체하는 아이)을 죽이는 "귀공자 모리스Childe Maurice"; "바빌로니아Babylon"에서는 형제가 자신의 모르는 여형제 두 명을 죽였다; **C.** 남자가 자신의 형제를 죽인 후 나라를 떠남: 성서의 가인에서부터 "두 형제The Twa Brothers" 발라드까지; **D.** 두 번째 죽음: "이기는 자는 둘째 사망의 해를 받지 아니하리라"(요한계시록Rev. 2, 11); 랍비(율법 학자): 부활을 강탈당한 상태가 계속 유지되는 것으로 영원한 지옥 또는 영혼의 죽음을 의미한다(첫 번째의 몸의 죽음 후; 요한계시록 20, 6도 참조); 윌리엄 블레이크William Blake가 사용한 용어로 볼 때, 첫 번째 죽음은 아마도 인간이 물질세계로 떨어지는 것은 출생이며 두 번째 죽음은 육체의 죽음일 것이다; **Ⅲ. 다음을 상징한다:** 1. 한 시대의 끝: a. 신성한 왕의 희생제물로서; b. 자기 파괴의 견딜 수 없는 긴장으로부터의 탈출로서; 2. 불멸을 얻기 위한 수단으로서: a. 태양왕 또는 태양왕의 대체자의 죽음; b. 아이들의 죽음: 어린이child 참조, 예 첫째 아이의 죽음; **Ⅳ. 민속:** **A.** 죽음을 덜 힘들게 하는 방법: a. 모든 자물쇠를 열고 매듭을 느슨하게 푼다(출산의 경우와 동일); b. 죽어 가는 사람을 들어 맨 땅바닥에 눕힌다(역시 출산의 경우와 동일: 대지의 어머니Mother Earth로서의 위대한 여신은 출생과 죽음의 여신); c. 비둘기의 깃털이나 사냥해도 좋다고 허락된 새의 깃털로 채워져 있는 베개나 매트리스는 반드시 치워야 한다(그러한 베개를 급히 치우면 종종 큰 도움이 된다); **B.** 사망 직후 신경 써야 할 일: a. 동물들은 반드시 그 방에서 즉시 나가게 해야 한다; 가축(소, 꿀벌 등)에게는 반드시 죽음을 알려야 한다; b. 시계가 이런 전통에 따라 저절로 멈추지 않는 경우 멈추게 해야 한다; c. 망자가 임종한 방의 거울은 반드시 베일로 가리거나 벽을 보도록 돌려놓아야 한다; d. 집 안에서 피워놓은 불은 반드시 꺼야 한다; e. 종종 문상객들은 사망 직후 식사를 한다; f. 시체는 절대 홀로(또는 어둠 속에) 놔두지 말고 밤낮으로 살아 있는 사람들이 지켜야 한다; 소란스러움이 악령을 무섭게 해 가까이 오지 못하게 하기 때문에 술을 마시고 농담을 하는 것을 권장한다; **C.** 사망시간: a. 해안지대에서는 썰물 때(대개 출생과 정반대)가 사망시간이 된다; b. 아픈 사람이 배에 있다면 육지가 보일 때까지 죽지 않은 것이다; c. 크리스마스이브에 죽으면 행운이다. 왜냐하면 이때 천국의 문들이 활짝 열려 있기 때문이다; **D.** 장례식 종소리knell: a. 유령들을 겁주어 가까이 오지 못하게 한다; b. 런던의 대종이 장례식에서 울리는 횟수는 어떤 사람이 죽었는지를 나타낸다; 종소리 횟수는 테일러즈(=텔러즈)라고 부른다; 그래서 "아홉 번의 테일러즈는 남자이다"=남자가 죽으면 종을 아홉번 친다; 여자는 여섯 번; 아이는 세 번; 그리고 마지막으로 죽은 사람이 산 햇수만큼 종을 친다; **E.** 사망 십자가: 거친 나무 십자가는 유령이 그곳을 떠돌지 않도록 예방하기 위해 사고가 발생한 장소에 세운다; **F.** 마지막 경의를 표함: 죽은 사람에게 마지막 경의를 표하고 싶다면 반드시 시체를 만져야 한다. 이것은 a. 당신과 질투하는 죽은 자 사이에 악의가 존재하지 않음을 보여 준다; b. 살해당한 사람의 경우에는 그를 죽인 사람이 만지면 만지자마자 시신의 상처에서 다시 피가 흐른다(때로는 살인자가 근처에만 와도 그렇게 된다: 시체corpse 참조); **G.** 죽음의 등불: 무덤에 등불을 놔두면 좋다: 라틴어 "그리고 그들 위에 영원한 빛이 비추기를et lux perpetua luceat eis"; **V.** 매장burial; 시체corpse; 무덤grave 참조.

줄 cable **1.** 켈트족: 루Lug(h)의 사슬: 그는 은하수로 영혼을 하늘로 끌어올렸다; **2.** 문장heraldry(紋章): 보통 끝이 없는 줄, 영원을 상징하는 사랑의 매듭 또는 마법의 매듭으로 표현된다; **3.** 동서양의 승려들이 착용하는 삼겹줄; **4.** 체인chain도 참조.

줄, 끈 cord **1.** 결합, 속박; **2.** 안전함; **3.** 힘, 설득: "사람의 줄"은 인간을 올바른 길을 가도록 유지해 주는 수단이다(호세아서Hos. 11, 4); **4.** 절망(교수형); **5.** 거짓의 끈으로 사람들이 죄악을 '끌어당김'(이사야서Isa. 5, 18); **6.** 죄의 줄: "악인은 자기의 악에 걸리며 그 죄의 줄에 매이나니"(잠언Prov. 5, 22); **7.** 하늘과의 연결: 야곱의 사다리, 루의 사슬, 콩나무 줄기 등; **8.** 은줄: 심판의 날에 "은줄이 풀리고 금그릇이 깨지고 항아리가 샘 곁에서 깨지고 바퀴가 우물에서 깨지고"(전도서Eccl. 12, 6); **9.** 사제의 손목에 착용한 한 개 또는 세 개의 줄: a. 순결함, 절제, 속죄; b. 헌신; c. 순교: (기독교:) 그리스도가 채찍질 당한 것을 상기시키는 것; d. 테슬: 빛; **10.** 민속: 매듭지은 끈: a. 사악한 눈에 대항; b. 흑마술에서 매듭 지은 밧줄(예 물에 던짐)은 그 밧줄을 발견할 때까지 결합을 막을 수도 있다(예 결혼을 막음); 또는 출생을 막을 수 있다; **11.** 밧줄rope 참조.

줄, 다듬는 도구 file (도구) **1.** 세련된 생각 또는 표현: a. "그의 혀가 매끄럽게 다듬어졌다(역주: 유창하고 말을 잘하는 사람을 가리킴)"(사랑의 헛수고LLL 5, 1 참조); b. "뮤즈에 의해 연마되고 완성된 모든 귀중한 문구"(소네트Sonn. 85, 4 참조); **2.** 미신이 없는 사상; **3.** "시간은 소리 없이 마모시키는 줄file이다(역주: 시간은 소리 없이 점진적으로 변화를 가져 온다)"(속담).

줄기 stem **1.** 하늘과 땅을 연결하는 세계축; **2.** 윌리엄 블레이크William Blake: 식물의 줄기: 남근.

줄넘기 skipping **1.** 단체 줄넘기는 특히 참회의 화요일 행사와 관련된다: 봄의 다산 의례의 유물이며 이 의례에서 다산은 동종 요법 마법에 의해 촉진된다: 더 높이 뛰어오를수록 곡식이 더 높이 자랄 것이다; **2.** 춤dancing 참조.

중국 China **1.** 매력적인 여성: "사적으로 말할 때 우리가 좋은 도자기라고 묘사하는 것"(존 브레인John Braine, "꼭대기 방Room at the Top"); **2.** 사기꾼들의 나라: "나의 여인은 사기꾼Cataian이다"(십이야Tw. N. 2, 3; 캐세이Cathay=중국China).

중심, 중앙 centre **I.** 중심은 다음을 가리킬 수 있다: 1. a. 하나님의 도시, 천국의 예루살렘; b. 성Castle 참조; 미로; c. 산; d. 피라미드; e. 오벨리스크; f. 델피의 흰 돌; g. 별자리의 북극성; h. 아치 등을 만들 때의 '거푸집'; 2. a. 바퀴의 중심; 왕좌; b. 방패의 중심; c. 몸이라는 소우주에서 배꼽; d. 동요에서 까마귀의 둥지; 까마귀crow 참조; e. 연꽃; 또는 연꽃 안의 이슬방울; f. 신비의 장미; g. 뱀이 감싸고 있는 알; h. 천정의 십자 모양(또는 원형 평아); i. 거미줄; j. 나선형; k. 영원하고 무한한 시간과 공간의 교차점; 3. 모든 원형 또는 아몬드 모양 물체에 난 구멍(구멍hole 참조); **II.** 중심은 다음을 의미할 수 있다: 원시 상태: 1. 죽음을 통과해(1, 2, k, 또는 3번) 영원으로 감; 또는 부활, '죽은 자들 가운데서 다시 살아남'; 2. 최고 신; 부동의 동자; 3. 하늘, 지상, 저승 사이의 연결(특히 델피 신탁에서 분명히 나타난다); 또는 신, 인간, 죽은 자 사이의 연결; 길가메시가 들어간, 숲 가운데 있는 '살아있는 자들의 나라'라는 곳으로, 신들이 있는 곳이자 저승으로 가는 입구인 산; 4. 다양성(혼돈)으로 구성된 단일체; 5. 신비한 관조의 최고 경지와 빛으로 수렴하는 원초적 물질, 영spirit; 자기Self에 대한 내적 관조, 그 반대는 어둠의 세계에 대한 외적 관조: "자신의 맑은 가슴에 빛을 가진 사람은 중심에 앉아 밝은 날을 즐길 수 있다"(존 밀턴John Milton, "코머스Comus" 381); 6. 진화를 이루기 위해 필요한 퇴화; 7. 남근(I번의 1 및 2) 또는 여성의 성기(1, 3): 낙원의 높은 곳 또는 충만한 신비의 무(無), 즉 위대한 공(空); **III.** 배꼽navel 참조.

중얼거림 muttering **1.** 마녀와 마법사의 특징: 독일에는 "약간의 이야기만으로 충분하다"("조금 중얼거리면 다 끝나는 걸 나는 알지")라는 표현이 있다; **2.** 괴테Goethe, 파우스트F. 6207; 속삭임whispering 참조.

중풍 palsy 보통 신의 노여움으로 생기는 질병(에드먼드 스펜서Edmund Spenser, 페어리 퀸FQ 1, 4, 35).

쥐 mouse **1.** 쥐의 '천적'은 족제비이다; **2.** 다음의 경우에 신성한 것이었다: A. 구약성서: a. 때로 제물로 바쳤다; b. 블레셋 사람들이 '전염병'을 없애고 싶었을 때 침입 공물로 이스라엘인들에게 다섯 개의 황금 '에머로드'(치질에서 전염병을 앓는 것에 이르기까지 다양하게 설명되는 질병)와 다섯 마리의 황금쥐를 주었다(사무엘상서1Sam. 5, 9, 6); B. 이집트: 호루스(태양신)와 이시스에게 신성한 것. 호루스와 이시스는 생쥐의 형상으로 세트에게서 도망쳤다; C. 그리스: 아폴로에게 바쳐졌다(아폴로의 다른 이름인 '스민테우

ㅈ

스'): a. 아폴로는 의술의 신이다: 생쥐는 질병 및 치료와 관련 있다; b. 신탁; c. 풍요의 신. 쥐는 일반적으로 농작물을 파괴로부터 보호하는 신의 형벌 도구; d. (어떤 이들에 따르면) 아폴로는 트로이가 건설되어야 할 장소를 표시하기 위해 쥐를 보냈다; 또한 갑작스런 쥐의 침입과 페스트를 막기 위해 아테나 신전에 쥐를 두었다; D. 신성한 (풍요의) 왕의 계절적 변화 중 하나; E. 쥐는 위대한 여신에게 바쳐졌다: a. 야행성 동물: 신데렐라 마차의 밤쥐는 태양에 가까워지자 마법처럼 새벽에 백마로 변했다; 쥐의 간은 달과 함께 커지고 작아진다; b. 위대한 여신의 또 다른 선호 동물인 고양이와도 연결된다; c. 다산; 소금이 있는 것은 어떤 것이든 핥거나 맛을 봄으로써 임신하는 모든 동물 중 가장 번식력이 높은 동물이다; d. 파괴, 죽음; e. 요정과 관련된다: 또한 '박쥐rere-mouse'=박쥐bat(한여름 밤의 꿈MND 2, 2); **3. 중세시대**: **악마**; **4. 감사**: 사자가 전에 쥐를 살려 주었기 때문에 사자가 붙잡힌 그물의 밧줄을 갉아먹는다(이솝Aesop, 우화Fables 39); **5. 허영심**: 이솝; **6. 영리함**: a. 고양이를 능가한다(이솝 94); b. 도시생활의 위험한 사치보다 안전한 시골의 힘든 삶을 선호한다(이솝 41); **7. 술 취함**: 최소한 제프리 초서Geoffrey Chaucer 이후(예 "기사 이야기Knight's Tale"와 "바스의 부인 이야기Wife of Bath's Tale"의 프롤로그; 아마도 다음 이야기와 관련이 있을 것이다); **8. 익사**: "가엾은 그들은 물에 빠진 생쥐처럼 보일 것이다"(헨리 6세 1부와 2부6H1, 6H2; 속담 참조: "물에 빠진 생쥐에게 물을 끼얹지 말라"; 쥐의 특징적 죽음은 고양이와 마녀에게서 공통되는 또 다른 특징이다; **9. 겸손**, 하찮음: "최고의 계획을 세운 생쥐와 나쁜 계획을 따르는 범죄 조직의 남자들"(로버트 번스Robert Burns, "생쥐에게To a Mouse"); **10. 침묵**, 최소한의 소리만 내는 쥐: a. "쥐새끼 한 마리 얼씬 안 했네"(덴마크의 왕자 햄릿Ham. 1, 1); b. "던의 쥐"=어둡고 조용한 상태에 있다(예 로미오와 줄리엣Rom. 1, 4); c. "쥐처럼 조용하다"(속담); **11. 가난**: "교회 쥐처럼 가난하다"(속담); **12. 여성에 대한 애칭**: a. "네 빰을 아무렇게나 꼬집고 너를 그의 쥐라고 불러라"(덴마크의 왕자 햄릿 3, 4); b. "아유, 당신은 당신의 시대에 쥐잡이였군요[=호색한](로미오와 줄리엣 4, 4); **13. 단정치 못함**, 광기: "네 마음은 쥐를 쫓고 있다[='부질없는 공상']: 상투적 관용구; **14. 민속**: A. 징조: 집이 갑자기 쥐들로 넘쳐나거나 쥐들이 갑자기 사라지는 것은 그 집에서의 죽음을 의미하며 나라가 갑자기 쥐로 들끓으면 전쟁을 의미한다; B. 특히 마녀에 의해 발생하는 간질 및 장애를 치료한다; C. 성격: 쥐를 무서워하는 소녀는 남자들도 무서워한다; D. 외부 영혼; E. 들쥐: a. 질병의 원인: 사람 또는 동물 위로 다가가는 경우 팔다리 질병(예 절뚝거림); b. 사람이 밟고 다니는 길을 지나갈 수 없다: 즉사할 것이다; 이것은 종종 들쥐로 확대되며 뚜렷한 원인 없이 쥐가 길을 따라 죽은 채 발견되는 이유를 설명한다; F. 전래동요: a. "고양이가 헛간에서 비틀거리며 나오는 동안" 쥐는 작은 벌 또는 땅벌과 결혼한다; b. 여러 동요에서 쥐는 '실을 잣는 물레'로 언급되는데, 이는 본래 이 동요들이 물레에 관한 동요였음을 의미하는 것일 수 있다; c. "눈먼 세 마리 쥐, 그들이 어떻게 뛰는지 봐! 그들은 모두 농부의 아내를 쫓아갔고 농부의 아내는 조각칼로 그들의 꼬리를 잘랐다네, 이 세 마리의 눈먼 쥐와 같은 것을 본 적이 있는가?"; d. 24시간 달리는 쥐의 경우: 힉코리, 딕코리, 덕hickory, dickory, dock 참조; e. 미키 마우스는 많은 숫자 세기와 공 튀기기 동요에 등장한다: 오만arrogance.

쥐 rat **1.** 파괴와 질병: a. 이집트에서 쥐는 모세의 '징표' 중 하나이다; b. 전염병의 전염성 매개체; **2.** 쥐와 같은 악마: 켈트교의 뿔 달린 동물 형상을 한 지하의 신 케르눈노스; **3.** 교활한 정보 제공자, 배신자; 중상모략의 상징; **4.** 시체 먹는 악귀: "나는 우리가 죽은 자들의 뼈만 남은 쥐새끼 굴에 있다고 생각한다"(토머스 S. 엘리엇Thomas S. Eliot, "황무지The Waste Land" 2). 그리고 나중에는("황무지" 3에서) 죽음으로부터의 생존자, 죽음을 먹고사는 악귀("텅 빈 사람들The Hollow Men"도 참조); **5.** 남근 모양; **6.** 때로 비rain나 다산과 관련 있다; **7.** 쥐는 죽은 자의 영혼으로서 살아 있는 사람들에게 위험이나 죽음에 대해 경고하기도 한다(아래의 민속 참조); 그러므로 사람은 쥐를 경계해야 하며, 모든 쥐가 읽을 수 있도록 다시 돌아오면 없애버리겠다고 글을 써서 경고해야 한다; **8.** 로마: 행운; **9.** 아일랜드: 음유시인은 쥐와 죽음의 운율을 맞출 수 있다(뜻대로 하세요AYL 3, 2 참조); **10.** 민속: a. 경고:

i. 만일 배에서 모든 쥐가 떠난다면 비극이 닥쳐올 것이다. 바다에서 쥐는 금기어이다; ii. 쥐의 개체수가 크게 늘어나면 전쟁이 일어날 징조다(개미나 여새처럼); b. 복수: 악명 높은 살인자를 쫓아가 복수하는 쥐에 대한 전설이 많이 있다; c. 쥐는 음악에 민감하다(예 피리 부는 사람); 그러므로 말하는(또는 노래로 하는) 부적이 효과적이다.

쥐똥나무 privet (식물) **1.** 주로 울타리로 사용되는 상록수 관목; **2.** 금지; **3.** 눈처럼 새하얀 잎은 사람의 피부에 비견된다(나소 P. 오비디우스Naso P. Ovid, 변신이야기Metam. 13, 789).

쥐약 (아비산) ratsbane (식물) 질병과 죽음을 유발하는 음행과 관련된다: "그들에게 어울리는 파멸을 노리는 쥐처럼"(눈에는 눈, 이에는 이Meas. 1, 2, 129; 참조: 토머스 미들턴Thomas Middleton, "블랙 북Black Book" 8, 6에서 "매춘부의 쥐약The ratsbane of a harlot").

쥐오줌풀 valerian (식물) **1.** '정원 헬리오트로프'라고도 하는 쥐오줌풀과의 다년생 식물로 분홍색 또는 흰색 꽃이 핀다; **2.** 지금은 비록 냄새가 불쾌하다고 여겨지만 (고양이 냄새) 과거에는 쥐오줌풀의 뿌리를 향수로 사용하여 옷 사이에 넣었다; 로마인들은 이것을 향으로 사용했다; **3.** 자비심; **4.** 민속: a. 사랑을 불러일으킨다; b. 큰 치료 효과 때문에 고대에는 '약초All Heal'로 불렸다.

증류 distilling 여름의 꽃(=젊은이 또는 중년)은 아이를 가짐으로써 '증류'될 수 있고, 그러면 그 꽃의 향기와 아름다움이 보존된다(또한 '거울' 및 과 '이미지'의 비교도 같은 의미로 사용된다: 소네트Sonn. 5).

증오 hate 꿈에서: 미워하거나 미움을 받는 꿈은 누구에게든 아무 쓸모가 없다; 증오는 반드시 적을 만들기 때문에 자신을 미워하는 사람을 미워하는 것은 어떤 해결도 만들어 내지 못한다; 그리고 그 적들은 상대방이 필요로 하는 도움을 주지 않는다(달디스의 아르테미도로스Artemidorus of Daldis 3, 10).

지 G **1.** 히브리어 알파벳의 세 번째 글자 '지멜gimel'(=낙타)에 해당한다; 이집트 상형문자: 왕좌의 의미; 켈트어: 담쟁이넝쿨; 앵글로색슨어: '선물'; **2.** 다음을 상징한다: a. 행동; 스스로 존재하는 자; b. 예수Gesu; c. '영지주의'에서는 지식을 의미하는 글자; **3.** 다음에 상응한다: a. 몸: 비장; b. 점성술: 지구, 쌍둥이자리(또는 궁수자리); c. 타로: 전차.

지갑 wallet **1.** 지갑은 담아 주는 것에 대한 여성의 상징; **2.** 기억: "나의 주인 시간이여, 당신은 등에는 망각의 자선을 베푸는 지갑을 메고 있습니다"(트로일로스와 크레시다Troil. 3, 3; 속담에서 유래); **3.** 자루bag, 지갑purse 참조.

지그재그 zigzag **1.** 번개, 전기: 제우스와 같은 천둥신의 상징; **2.** 바다의 파도: 재생, 영적 정화 및 재탄생 등을 나타낸다; 두 개의 수평 지그재그 선은 물병자리의 상징이다.

지그프리트 Siegfried **1.** 태양 또는 문화 영웅, 전형적인 방랑자, 그는 용맹한 크림힐트(구두룬Guthrun)를 위해 용맹한 브륀힐트를 버렸다(일부 버전에서 브륀힐트는 화장용 장작더미 위에서 자살함); 그는 황혼에 보리수나무 아래 땅과 물(시냇물 또는 샘) 사이에서 크림힐트의 친척인 하겐(회그니)에게 살해당했다; 하겐은 니벨룽겐 보물의 지하 수호자가 만든 태양검을 받았으며 한여름 축제에서 살해당했다; 변형된 버전에서는 회그니가 "니벨룽겐의 노래Nib."에 나오는 것보다 크림힐트와 더 가깝게 관련된다; **2.** 고전적이라고도 할 수 있는 신성한 왕의 거의 고전적인 예는 티드렉 사가Thidreks Saga에서 발견되는데 시구르트(지그프리트)는 '우연히' 유리그릇 안에 넣어진 채로 바다에 띄워졌고 해안에 도착한 그는 야생동물(암 사슴)의 젖을 먹었다; 그는 빨리 성장하였으며(일출) 대장장이(풍요의 대장장이)에게 발견되었다; 또한 그는 용(서리, 가뭄, 어둠 등)의 공격을 받았고 이러한 용의 몸을 가마솥에서 끓였다; 그는 손가락을 국물에 넣었고(참조: 핀 맥쿨Finn MacCoul) 자기의 목숨을 앗으려는 음모에 관해 이야기하는 새의 말을 듣고 이를 '알게 되었다'; 그는 등에 있는 치명적인 곳만 제외하고 용의 피를 자신의 몸에 발랐다; 대장장이는 그에게 칼

ㅈ

(태양광, 남근 등)을 주었고 시구르트는 브륀힐트(새벽, 봄, 등) 성문을 부쉈다; 그는 말(태양 말 또는 바람)을 길들일 수 있는 유일한 사람이었으며 그림힐트와 결혼했다; (회그니는 그녀의 이복 오빠였으며 그들의 어머니는 인큐버스incubus(남자악령)로 인해 임신했다); 니벨룽겐의 노래Nib.에서처럼 지그프리트에게 버림받은 브륀힐트B는 군나르와 결혼하도록 강요당했다; 그녀는 새벽까지 그를 그녀의 띠로 묶어 못에 매달았다; 뒤이어 시구르트는 군나르의 집에서 고집 센 처녀를 겁탈했다(일부 버전의 이야기에서는 음경과 동일한 시구르트의 검을 이 부부 사이에 두는 것으로 벌을 준다); 사냥터에서 시구르트는 죽게 되었다(일부 버전에서 그는 그림힐트의 침대에서 살해당했다; 황혼 또는 가을 처녀의 품 안에서 죽어가는 태양); 회그니는 멧돼지(겨울)를 죽인 후 물가에서 시구르트도 죽였다; 브린힐트는 그들이 '탑에서' 도착하는 것을 보았고, 그림힐트가는 멧돼지가 시구르트를 죽였다는 이야기를 들었지만(참조. 아도니스Adonis) 그녀는 그 멧돼지가 회그니라는 것을 알고 있었다; 니벨룽이 비에 젖은 갑옷을 번쩍이며("이 초록빛의 여름이란 계절이 얼마나 아름다운지") 훈란드에 도착했을 때 그림힐트가 탑에서 지켜보고 있었다; 그들은 과수원, 홀(탑), 뱀snake 구덩이(겨울에 대해서는 뱀serpent 참조), 불과 같은 상징들 사이에서 죽었다; 회그니는 회그니와 싸울 때 "화염을 내뿜는" 새로운 여름 영웅 티드렉(디트리히Dietrich)에게 굴복하게 되었다.

지네 centipede **1.** 수많은 발을 가지고 있지만 기어 다니는 것들 중 가장 느리다(디오 코케이아누스 크리소스토무스Dio Cocceianus Chrysostomus 10, 10); **2.** 예언적: 지네가 벽에 떼를 지어 모이면 비가 올 것이다(아라토스Aratus, 하늘의 현상Phaen. 958ff); **3.** 바다의 배를 지네에 비유한다(리코프론Lycophron 23, 고대 그리스 군함triremes과 같이 노를 저어 나아가는 배를 지칭함).

지네 scolopendra **1.** 왕지네 또는 바다의 노래기; **2.** 신화: a, 콧구멍에서 거대한 털이 자라나고 몸의 양편으로 헤엄치기 위한 수많은 발이 있다고 여겨졌다. 이들 중 일부는 거대한 괴물로 생각되었으며 다양한 변종이 있었을 것이다. 해변으로 밀려온 것 중에는 길이가 8패덤이나 되는 것도 있었다(클라우디우스 아엘리아누스Claudius Aelianus, 동물의 본성에 관하여NA 13, 23; 아리스토텔레스Aristotle, 동물의 일부AP 222f.; 팔라티노 선집P. Anth. 6, 222f.); b. 갈고리에 걸리면 내장을 토해 내어 갈고리를 푼 다음 내장을 다시 삼킨다(수많은 문헌에서 볼 수 있다: 플루타르코스Plutarch, 윤리론집M 5678; 클라우디우스 아엘리아누스Claudius Aelianus, 동물의 본성에 관하여 7, 35 및 9, 12; 조슈아 실베스터Joshua Sylvester, 기욤 드 살루스테, 바르타시에르의 신성한 시기와 작품DB 1, 5, 267ff.); **3.** 이다 산은 작은 언덕들이 많고 산 모양이 지네를 닮았다(스트라보Strabo 13, 1, 5); **4.** 꿈: 독거미tarantula 참조.

지도 map 이미지: 예 셰익스피어의 작품에서 '비통의 지도' '명예의 지도' '관대함의 지도': 예 "고된 불운의 깊은 이미지가 새겨진 얼굴"(루크리스의 능욕Lucr. 1712f. 타이투스 안드로니카스Titus Andronicus, 3, 2; 십이야Tw. N. 3, 2; 헨리 6세 2부2H6 3, 1 등 참조).

지렌, 사이렌 siren **1.** 기원: a. 그리스: 포르키스(또는 강의 신 아켈로오스)와 님프 칼리오페(또는 테르프시코레나 포르타온Porthaon 딸 스테로페Sterope)의 (둘 혹은 세) 딸들; 이들이 코레와 놀 때 코레가 하데스에게 납치되었기 때문에 데메테르가 이들을 새로 변신시켰다; 혹은 인간이나 신의 사랑에 굴복하지 않는다는 이유로 아프로디테가 이들을 새로 변신시켰다; 이들은 산간 지역에 살았으며 감미로운 노래로 여행자들을 유혹해서 잡아먹었다; 공기의 원소와 연관된다(로버트 그레이브스Robert Graves, 그리스 신화GM 2, 368 참조); b. 후기 고전주의 시대에 물고기 여자(인어)가 나타났는데 그녀는 바위섬이나 절벽 등에 살았다. 이들은 원소인 물과 연결되며 달과 관련된다; 때로 이들은 일곱 명이었다; **2.** 다음을 설명한다: a. 무덤의 섬sepurchral island에서 신성한 왕의 죽음을 애도하는 여사제들; b. 죽음의 섬에 사는 세 마리의 신탁 올빼미; c. 맹금류의 의인화; d. 보이지 않는 바다의 위험: 모래톱의 마녀처럼 위험한 해안; e. 일사병; f. 평온한 위험지대; **3.** 두 가지의 유명한 탈출: a. 돛대에 묶인 오디세우스와 밀랍으로 막은 선원들의 귀(호메로스Homer, 오디세이아Od. 12, 47ff.); b. 아르고선 선원들을 보호하기 위해 더 달콤한 음악으로 그들의 노래가 안 들리게 만든 바람의 신 오르페우스; **4.** 다음을 의미한다: a. 아름답지만 위험한 여자들; b. 세속적인 유혹, '사람의 딸들'; 중세에 라틴어 "지레네스 볼룹타티스Sirenes voluptatis"=모든 악에 존재하는 유혹적인 특성; c. 죽음의 운반자 또는 죽음에 대한 동경; d. 치명적인 초자연적 연인들; e. 죽음으로 함께 하도록 살아있는 자를 유혹하는 영혼-새; f. 운디네(물의 정령)의 다른 형태; g. 삶의 더 천하고 더 원시적인 단계, 자기파괴로 유도하는 타락한 상상: 이들의 비정상적인 몸은 노래의 아름다움과 풍만한 가슴이 불러일으키는 열정을 충족시킬 수 없다; h. 인간을 찢어 버리는 무의식의 퇴행적 분열에 대한 상징: 다중성multiplicity 참조; **5.** 단테Dante: 관능적 쾌락: 지렌은 죽은 자들이 탐욕, 탐식, 정욕에 대한 벌을 받는 연옥의 산(신곡 연옥편Purg. 19)에서 마지막 세 계단을 지킨다; **6.** 두 개의 꼬리: a. 두 다리가 두 꼬리가 되었다; 멜루시나Melusina 참조; b. 쌍둥이자리: 지옥의 모형 또는 하늘로 들어올린 팔.

지르콘 zicron (보석) **1.** 지르콘은 염소자리 및 처녀자리와 관련이 있다; **2.** 가치: a. 지르콘은 성격에 대한 통찰력을 향상시킨다; b. 기쁨과 우애를 준다; c. 질투와 도둑을 막아 준다; d. 특히 질병을 일으키는 악령을 쫓아낸다.

지붕 roof **1.** 우상숭배의 장소: a. 종종 지붕에는 특별한 마법의 약초가 심어진 "욕망의 정원"이 있었다(아도니스의 정원Adonis' garden 참조); b. "그들이 모든 지붕 위에서 하늘의 모든 군대에게 분향하고" 다른 신들에게 술 제물을 부었으므로(예레미야서Jer. 19, 13; 하늘의 신에 대한 숭배는 스바냐서Zeph. 1, 5 참조); **2.** 애도와 통곡의 장소(예 예레미야서 48, 38); **3.** 은신처: 라합은 정탐꾼들을 자신의 집의 지붕 위에 숨겼다(여호수아서Josh. 2, 6); **4.** 설교를 위한 무대: "너희가 귓속말로 듣는 것을 지붕 위에서 선포하라"(마태복음Matth. 10, 27). 낮은 지붕 위에서 이웃이나 길거리에 있는 사람들에게 약간의 소식이 전해졌다. 집 정면에는 눈높이에 창문을 내지 않았기 때문이다; **5.** 엿보는 곳: 다윗은 안뜰에서 목욕하는 밧세바를 지붕 위에서 염탐했다.

지옥 Gehenna **1.** 신약성서에서 게헨나='게 (벤) 힌놈Ge (ben) Hinnom'=힌놈Hinnom의 (자녀들의) 골짜기(예 열왕기하서2Kings 23, 10), '끔찍한 일'이 일어난 곳, '아이들을 불 가운데로 지나가게 하는 옛 관습의 잔재; 첫 번째로 태어난 아이들의 희생; 나중에 그 장소는 예루살렘의 불결한 장소로(시체 등을 던졌던) 소각로(燒却爐)가 되었다; **2.** 지옥hell, 형벌, 영원한 고통.

지옥 hell **1.** 사람들의 전형적인 고통으로 이루어진 곳: 사막에 사는 사람들에게는 열기, 북쪽('니플하임')에 사는 사람들에게는 추위 또는 다툼("저주하는 외침과 깊은 탄성": 리처드 3세의 비극R3 1, 2)이나 전쟁의 소리(예 셰익스피어Shakespeare의 예민한 귀); **2.** 성서: a. 게헨나: 게 힌놈: 예루살렘 근처에 있는 골짜기로, 이곳에서는 예레미야의 시대가 올 때까지 첫 아이를 희생제물로 바쳤으며(희생, 제물sacrifice 참조) 나중에는 불이 꺼지지 않는 쓰레기 처리장으로 사용되었다; b. 세 번 반복되는 구절(마가복음Mark 9, 44: "거기는 구더기도 죽지 않고 불도 꺼지지 아니하느니라"(이사야서Isa. 66, 24 참조); **3.** 윌리엄 블레이크William Blake: 지옥과 불은 게니우스가 머무르는 곳이며 전통적인 법에 얽매여 있는 천사에게는 고통과 광기로 보일 수 있다; 4. 잡아 삼키는devouring; 저승underworld 참조.

지지자, 원조자 supporters 문장heraldry(紋章): 기본적인 힘, 한 때는 적대적이고 공격적이었던 힘(인간 형태이면 보통 '야생인간'이다)이었으나 이제는 중심 요소에 대한 방어자이자 조력자를 상징한다: 승리의 힘(풍요의례의 행렬에 등장하는 지하 괴물 참조).

지진 earthquake **1.** 원인: a. 땅을 지지하고 있는 물고기, 거북, 뱀 등 동물의 움직임; b. 키클롭스와 기간테스같은 지하의 거대한 대장장이가 일을 하는 것이다; c. 포세이돈에 의해 초래되었고 포세이돈과의 관계를 통해 테세우스는 지진을 예언할 수 있었다; 포세이돈은 황소 신이기 때문에 소도 지진을 예측할 수 있다; d. 대지의 자궁 안에 갇힌 다루기 힘든 바람의 배앓이에 의해 초래되며 그로 인해 대지는 '폭발한다'; e. 대지 모신Mother Earth의 동의가 있어야 지진이 발생한다(예 델피 아폴로에게 바치는 호메로스풍의 찬가Homeric Hymn to Pyth. Apollo. 341); **2.** 의미: a. (신의) 출생(예 헨리 4세 1부1H4 3, 1); b. 신의 분노: "너희는 만군의 주의 천둥, 지진, 굉음, 폭풍우, 삼키는 불의 불길로 징벌받을 것이다"(이사야서Isa. 29, 6); c. 신의 죽음: "예수께서… 영혼이 떠나시니라. 이때에 성소 휘장이 위에서 아래까지 찢어져 둘이 되었고 땅이 진동하며 바위가 터지고"(마태복음Matth. 27, 50ff); d. 신의 개입: 바울과 실라가 감옥에 갇혀 있을 때 지진이 났고 감옥의 문이 열렸다(사도행전Acts 16, 26); e. 요한계시록Rev.의 여섯 번째 및 일곱 번째 봉인은 지진과 함께 열릴 것이다; f. 모든 갑작스러운 엄청난 규모의 (주로 뒤집히는) 변화; g. 신의 현현에 앞서거나(출애굽기Ex. 19, 18) 또는 뒤이어(에스겔서Eze. 3, 13) 일어난다; h. 희생; i. 단테Dante: "연옥편Purgatorio"의 마지막 세 개 테라스(신곡 연옥편Purg. C. 21)에서 지진은 또 하나의 영혼이 속죄에서 풀려남을 나타낸다; **3.** 민속: a. 징조: "지진이 불러오는 것들이 있다: 9시에 지진이 일어나면 질병을 예언한다; 5시와 7시에 일어나면 비가 올 징조이다; 4시에 일어나면 하늘이 갠다; 6시와 8시에 일어나면 다시 바람이 온다"; b. 지진이 일어날 때 태어난 사람은 국가를 멸망시킨다(존 웹스터John Webster, "하얀 악마WD" 1, 1).

지치 gromwell (식물) **1.** 자근(=돌씨); **2.** 플리니우스Pliny: a. 가장 멋진 식물 중 하나. "주피터의 옥수수" 또는 "헤라클레스의 옥수수"라고도 하며 돌처럼 차가운 진주 같은 씨앗; 이 씨앗으로부터 매우 매력적인 식물이 자라난다; b. 의학: 결석을 제거하는 것은 물론이며 배뇨 곤란도 치료한다.

지칫과 식물 bugloss (식물) **1.** '소의 혀'라고 불리는 식물; **2.** 허위: 거짓말의 상징: 그 뿌리에서 다양한 종류의 오일 물감이 만들어진다(화장make-up 참조); **3.** 이것은 많은 약용 용도로 쓰이며 가지고 다니면 뱀을 쫓아낸다(플리니우스Pliny 22, 25).

지팡이 cane **1.** 다음의 사람들이 사용한다: a. 노인; b. 거지; c. 불구자와 맹인; **2.** 황금 머리장식 지팡이: 일반적으로 의사의 지팡이; **3.** "달콤한 줄기": 창포 줄기 종류(참조: 이사야서Isa. 43, 24); **4.** 플루트flute; 갈대reed; 막대rod; 지팡이staff 참조.

지팡이 (손잡이가 구부러진) crook **1.** 이집트: a. 권력과 통치권; b. 아누비스Anubis, 오시리스 등의 상징; c. 파라오의 채찍과 지팡이: 이중성; **2.** 하늘의 양치기의 지팡이; **3.** (끝이 S자형으로 구부러진 지팡이): a. 신의 힘; b. 소통과 연결; **4.** (끝이 나선형으로 구부러진 지팡이:) 창조적 힘(나선spiral 참조); **5.** 신성한 지도력; **6.** 교회, 주교 등의 목자의 지팡이; **7.** 믿음의 상징.

지팡이, 막대기 wand **1.** 권위: a. 곧은 지팡이는 방향(권력의 인도)과 화평을 제시한다; b. 왕과 요정의 상징; 니벨룽겐dml 노래에서 작은 황금 지팡이는 한 인간을 온 인류의 주인으로 만들 수 있었다(니벨룽겐Nib. 19); **2.** 마법; **3.** 광대들이 손에 쥐고 있는 남근; **4.** 측정; **5.** 메르쿠리우스의 지팡이는 잠이 오게 하거나 잠을 몰아낼 수 있다(예 나소 P. 오비디우스Naso P. Ovid, 변신이야기Metam. 2, 735); 모든 저승사자의 상징: 예 하데스Hades; **6.** 민속: "마법 지팡이": 지팡이 모양이지만 아주 가느다란 선이 있는 유리로 만들거나, 작은 씨앗으로 가득 채워진 막대로 마법이나 요정으로부터 보호하려고 집 안에 걸어 둔 것이다; **7.** 카두세우스caduceus 참조; 티르수스thyrsus(바쿠스 신의 지팡이); 지휘봉과 관련이 있는 지팡이; 곤봉club, 막대기rod, 홀sceptre, 막대기staff, 막대기stick 등 참조.

지평선 horizon 종종 사원으로 간주되었다; 이 세상과 다른 세상이 만나는 곳, 죽은 자들의 땅, 옥수수가 가장 높이 자라는 '낙원' '땅의 뿔'; 이집트의 상형문자로 두 개의 뿔처럼 생긴 산으로 표현되며 그 사이로 태양(달걀 모양)이 떠오른다; 또한 제단의 뿔horn 참조.

지하 basement **1.** 잠재의식 속 깊은 공포감을 일으키며 끔찍한 범죄를 저지르거나 모의하는 낮은 장소; **2.** 일반적 상징성은 지하 저장고cellar 참조.

지하 감옥 dungeon 거짓의 지하 감옥:=슬픔의 성은 지옥이다(윌리엄 랭글런드William Langland, 피어스 플로우먼에 관한 비전PP).

지하 저장고 cellar **1.** 아동기의 기억, 퇴행; **2.** 의식이 있는 자아 아래에 도사리고 있는 불건전과 공포; 지하실basement 참조; **3.** 신체의 하지, 그리고 남성 상징성에서 낮은 욕망들; **4.** 여관 및 애일 선술집의 단골손님은 포도주 저장고로 들어가는 것이 허락되었다(헨리 4세 1부1H4 2, 4); **5.** 민속: 결혼하고 싶은 소녀는 지하 저장고의 쇠창살을 밟아서는 안 된다.

지하세계 underworld **I.** 지옥에 대한 히브리-기독교 사상의 발전: 원래 죽은 자의 영은 비참한 거처('스올sheol')에서 방황하며 영원한 어둠 속에서 아무것도 하지 않는다고 여겨졌다. 그러면서 죄인들의 상황과 의인들의 상황이 구별되기 시작했다; 이후에 메시야 사상은 부활이나 '스올'로부터의 해방이라는 새로운 요소를 가져왔다; 신약시대에는 악인들이 지하세계에서 불의 형벌을 받을 것이라는 믿음이 있었다(아마도 끊임없이 타오르던 불 즉 예루살렘 근교에서 어린아이를 포함한 모든 장자를 태우던 불 그리고 나중에는 동물의 내장을 태웠던 불의 영향을 받았을 수 있다); 이곳을 게헨나(힌놈계곡) 라고 불렀고, 그 후에 의인들은 그 후에 하데스의 스올로 옮겨졌다; 지옥hell도 참조; **II.** 신성한 왕들의 지하세계로의 하강: **1.** 유형: a. 태양왕의 대리자가 며칠 동안 왕의 직위를 대신하다가 죽임을 당하는 동안 태양왕은 가짜로 죽은 시늉을 하다가 기적적으로 죽음에서 살아난다; b. 이 계보는 다양한 형태로 표현된다: 오디세우스, 아이네아스, 그리스도 등과 같이 뚜렷한 형태부터 고래 뱃속의 요나, 사자굴 속의 다니엘, 불가마 속의 세 청년에까지 광범위하다; c. 이슈타르Ishtar 참조; **2.** 자연 신화에서의 지하 세계의 의미: a. 겨울 (또는 맹렬한 여름 가뭄)기간. 자연이 일정 기간 동 안 땅속으로 '후퇴'하는 때; 헤르메스는 봄에 카리테스(비옥함)를 이끌어 낼 뿐만 아니라 지하세계에서 페르세포네를 데메테르(어머니 대지의 비옥함)에게로 데려온다. 그의 마차에서 "그것들(바다, 세계 등)위로 흐르는 깊은 공기를 가르고 간다"("데메테르에 대한 호메로스풍의 찬가Hömeric Hymn to Demeter"); b. 태양의 야간 횡단; **3.** 기독교: a. 지옥: 죄와 형벌의 장소; 지옥에서는 구원이 불가능하다. b. 반면에 연옥은 참회, 속죄, 용서의 장소이다; c. 낙원-천국: 연옥을 통해 가거나 (죄 없이 죽은 사람들은) 직접 갈 수 있다; **4.** 심리: a. 테세우스 신화: 페리토스와 테세우스는 지하세계에서 페르세포네를 납치하려 했다[무의식적 모성상(이마고)으로의 리비도의 퇴행]; 그들은 콜로누스(=외음부) 숲의 골짜기로 들어갔다. 그러나 내면세계의 이상한 나라에 들어간 그들(=그들의 리비도)은 갇히게 되었고 (이러한 퇴행이 극복될 때 얻게 되는 새로운 결실을 즐길 수 있는) 상층세계로 올라갈 수 없었다; b. 집단 무의식의 통합은 자기Self의 개성화 과정에 필수적이다; c. 존재가 갖고 있는 모든 가능성에 대한 인식; **III.** 운명: 미래의 풍요가 땅 속에 감춰져 있듯이 운명 또한 마찬가지이다: 만약 신들이 스틱스강(삼도천)Styx의 맹세를 했다면 그들의 맹세를 취소할 수 없다(사랑의 맹세는 예외).

직각 right angle **1.** 피타고라스의 정의와 도덕(또한 정사각형square=네 개의 직각four right angles 참조); **2.** 직각을 양분하는 것은 여성 원리(같은 책); **3.** 건축가의 정사각형; 다양한 의인화의 상징, 기하학.

직조 weaving **1.** 여성적 활동: a. 호메로스Homer에서 중요한 여성들은 직물을 짜고 있는 것으로 표현된다: 페넬로페, 헬레네(그녀는 이중의 보라색 옷을 만들었는데 자신이 들은 전쟁 이야기를 옷에 무늬로 짜서 넣었다: 일리아드Il. 3, 125ff.), 키르케는 천을 짜면서 노래 소리를 듣는다; b. 파르카에의 상징: 운명을 잣는(생성시키는) 물레; c. 이시스(직조를 발명한 사람)와 아테나는 천을 짜는 존재들이다. 왕의 영웅에게 바쳐진 그들이 짠 옷은 부활을 일으켰다; d. 발키리족의 여전사들은 '창으로 그물을 만든다': 누가 죽임을 당할지 결정하라; e. 구름은 종종 풍요의 여신이 짠 것으로 표현된다; **2.** 물질세계, 창조, 생명, 초목: a. 능동 씨실과 수동 씨실이 교차한다; b. 자연의 질서와 균형; c. 진리를 감싸는 베일과 같은 물질; d. 종종 미완성의 직조 형태로 끊임없는 성장과 쇠퇴; **3.** 사랑: "이야기 짜는 사람"(시인 사포Sappho); **4.** 시: 고대 그리스 서정시에서 시인은 종종 '노래를 짜는 사람'으로 표현된다; **5.** 남성적 활동: a. 엘리자베스 1세 여왕 시대: 재단사와 마찬가지로 직조공은 불완전한 인간일 뿐이다. 더욱이 그들은 시편을 노래한다; b. 민요: 천을 짜는 것(직조)이 남성적 활동이라면 실을 잣는 것은 여성적 활동이다: "만약 그녀가 호의를 받아들인다면 내가 천을 짜고 그녀는 물레를 돌려 실을 만들 것이다"; c. 쌍둥이자리와 연결됨(2번의 b 참조); **6.** 올가미: 거미와 연결된다; 또한 거미줄cobweb 참조; **7.** 천국으로 가는 사다리; **8.** 평화와 화합(예 플랜 오브라이언Fl. O'Brien의 작품에서 핀Finn이 말하는 "두 마리 새 사이의 좁은 물"; **9.** 윌리엄 블레이크William Blake: a. 땅속 벌레는 꿈에 성적 투쟁을 만든다(엮는다); b. 여성은 몸, 전쟁, 죽음, 종교를 엮는다; **10.** 베틀loom; 그물net 참조.

▌진달래 rhododendron (식물) **1.** 이름: 장미나무(로도스섬Rhodes 참조); 보통 그늘에서 자라는 진달래목 진달래과 에리카속의 상록수이다; **2.** 화재; **3.** 중독의 위험.

▌진드기 tick (곤충) **1.** 진드기는 실컷 먹지만 배설을 할 수 없기에 동방박사들이 신비의 대상으로 여겼다; 따라서 굶었을 때 더 오래 생존할 수 있다(플리니우스Pliny 30, 24); **2.** 약용: a. 검은 개의 왼쪽 귀에서 떼어낸 진드기는 모든 통증을 완화시킨다; b. 죽음을 예고한다; c. 진드기의 피는 탈모를 일으킨다(플리니우스 30, 24 및 30, 46).

▌진사 cinnabar (광물 및 수지) **1.** 광물질인 붉은 납 또는 수은의 붉은 황화물. 흑해 연안의 도시인 시노페가 원산지이며 붉은 구리 산화물, 철, 납과 혼합한다. 진사는 의학적으로 많은 효능이 있다: 생식기, 눈 및 창자의 궤양에 사용되며 소독제 등으로 사용된다(코르넬리우스 켈수스Cornelius Celsus II장 서문 '선홍색minium' 및 4, 22, 5; 또한 5, 5, 2 및 5, 6, 1 등등); **2.** 진사는 '용의 피'라고도 불렸는데, 용의 피는 용혈나무(드라세나의 일종)에서 얻은 수지였고 약, 염료, 페인트로 사용되었다(루킬리우스Lucillius 일부 1155f+n; 플리니우스Pliny 33, 7); 용dragon 참조.

▌진주 pearl (보석) **I.** 일반적으로 다음을 의미한다: 1. 지중해 진주는 알렉산더 대왕의 원정 이후에 주변 국가들에게 알려졌다; 페르시아와 인도로부터 호기심으로 가져왔으며 후기 프톨레마이오스 시대부터 널리 착용되었다; 2. 진주를 더 '동양적으로'(=빛나게) 만들려면 비둘기에게 주고 비둘기의 자궁 속에 잠시 두었다가 꺼내면 된다(존 릴리John Lily, "엔디미온Endymion" 5, 2 참조); 3. 진주는 재탄생한 아프로디테가 물에서 나왔을 때 떨어진 물방울이다; 4. 영국에서는 이전에 진주를 '마거라이트margantes'라고 불렀다(그리스어 '마가론margaron'에서 파생되었고 프랑스어와 라틴어를 통해 유래했다); 5. 중세시대: 진주는 낙원에서 자랐다(창세기Gen. 2, 12의 '자라는 돌'); **II.** 시기: a. 월: 6월; b. 별자리: 게자리, 때로 쌍둥이자리; **III.** 긍정적인 면: a. 진주는 부부간의 행복을 증진한다; b. 순수; **IV.** 문장heraldry(紋章): (반지에 있는 진주는) 높은 품격을 나타낸다; **V.** 일반적으로 다음을 의미한다: **1.** 신비의 중심: 세상을 나타내는 굴oyster과 관련 있다; **2.** 육체를 나타내는 굴oyster과 관련된 영혼: 모든 진주는 독특하다("단일성"); 여성을 위한(그리고 네로와 같은 여성스러운 남성을 위한) 전형적인 장신구; **3.** (비정상적인 것의) 승화 , 순결, 구원: a. 흰색과 관련된다; b. 그리스도와 성모 마리아(굴)의 상징; 처녀생식의 상징; c. 물과 불의 결합; 굴은 하늘로부터 '이슬을 받아 임신'한다; d. 베니스의 무어인 오셀로Oth.(5, 2)는 "그는 자기 손으로 자신의 부족보다 더 값진 진주를 던져 버린 비천한 인디언과 같았다"라고 말했다; **4.** 달: a. 사랑과 달의 여신의 상징: '오O', 타원형 그리고 달걀과 관련 있다: 굴(물water 1번의 c 참조)을 통한 달의 본질; b. 아래의 단테Dante 참조; **5.** 눈eyes과 관련된다: a. "숙녀의 눈에서 흘러나온 것 같은 진주"(베로나의 두 신사Gent. 5, 2); "그의 눈이었던 진주들이다"(템페스트Tp. 1, 2, 아리엘의 노래Ariel's song); b. "눈은 얼굴의 진주이다"(속담); **6.** 이슬방울과 관련된다: "나는 여기에서 이슬방울을 찾아가야겠다. 모든 앵초 귓불에 진주를 걸어라"(한여름 밤의 꿈MND 2, 1. 존 밀턴John Milton, 실낙원Par. L. 5, 2 참조); **7.** 웅

변: 성화에서 웅변의 상징; **8.** 믿음, 비밀의 지혜: "너희 진주를 돼지 앞에 던지지 말라. 그것을 그 발로 밟고 다시 돌이켜 너희를 찢어 상하게 할까 염려하노라"(마태복음Matth. 7, 6; 아래 참조); **9.** 부(富): 클레오파트라는 호화로운 연회로 안토니우스를 깜짝 놀라게 만든 후 진주를 산성 포도주에 녹여서 마심으로써 호사스러움의 극치를 보여 주었다(플리니우스Pliny 9, 58); **10.** 건강; **11.** 자기희생; **12.** 특히 로마인에게는 눈물을 상징한다; **13.** 참고할 문학서: A. 플라톤: 원초적인 최후의 양성적인 인간; B. 단테Dante: 축복받은 영혼이 자신을 나타내는 행성을 진주라고 여겼다; 그러나 "불멸의 진주"는 달이다(신곡 천국편Par. 2, 34); 또한 축복받은 자들은 각자의 '천국의 미녀'인 진주로 둘러 싸여 있다는 무슬림의 믿음을 기저에 두고 있는 플라톤의 사상과 관련이 있을 수 있다; C. 존 스타인벡John Steinbeck: 인간성을 경직시키고 분노를 일으키며 인간을 고립시키고 원시의(거대한 단일 사회) 산으로 도피하게 만들고 마침내 다산과 미래를 죽이는 병든 사회(굴)가 만들어 내는 부(富)(아들; "진주The Pearl"); 딜런 토머스Dylan Thomas: 여성의 바다 위에 있는 태양의 마지막 부분; **14.** 다른 것과의 조합: A. 진주 문: 새 예루살렘(천국)의 열두 개의 문은 열두 진주니(요한계시록Rev. 21, 21); B. 값진 진주: a. 하늘의 왕국(마태복음Matth. 13, 46 참조); b. 마니교의 용어로는: 세상의 악에 대항하는 궁극의 부적으로 이성과 종교적 감정의 결합에 의해 달성될 수 있다; c. 보편적인 지혜 또는 태양; **15.** 민속: a. 불에 대항하는 부적; 물과 관련 있다; b. 조상들이 물려 준 보석으로, 갖고 있지 않은 사람은 불운하다; 눈물과 관련이 있다; c. 가루로 만들어 물과 섞으면 광기를 치유한다(달과의 연관성은 E번의 4 참조).

진홍색 crimson **1.** 종종 '자주색'의 상징적 의미를 가진다; **2.** 제왕의 색깔: 아서왕과 러우 라우Llew Law는 "진홍색 얼룩이 묻어 있었다"; **3.** 단테Dante: ('주홍색vermiglia, 선홍색') 칸토Canto의 마지막에서 번개가(바람과 흔들리는 땅과 함께) 단테의 모든 감각을 집어삼켰다: 대개 하나님의 개입에 수반되는 색(신곡 지옥편Inf. 3, 133ff); **4.** 그리스인들의 장례 의식에서 신들을 달래기 위해 사용된다(피의 색깔); **5.** 판 신의 색상(베르길리우스Virgil, 전원시Ecl. 10, 26); **6.** 로마: 승리를 거둔 장군들의 얼굴과 손에는 진홍색이 스며있었다: 빨간색Red 참조; **7.** 사랑; **8.** 죄의 색(이사야서Isa. 1, 18); **9.** 8월; 빨간색red 참조.

진홍색, 주홍색 scarlet **1.** 불, 열정; 로마군 총사령관(예 율리우스 카이사르Caes.)은 진홍색('붉은' 화성과 관련된다) 옷을 입었다; 빨간색red 참조; **2.** 세속, 부유한 옷차림: "런던의 상인들은 진홍색 옷을 입는다"(전래동요); **3.** 법률; **4.** 보호: 라합의 집 창문에 붉은 줄을 매어 파괴되지 않도록 보호했다(여호수아서Josh. 2, 18ff); 또는 특권의 인정: 쌍둥이 중 베레스Phares가 나오기 전에 먼저 나온 세라Zarah의 손목에(산파가) 붉은 줄을 매어 두었다(창세기Gen. 38, 28ff); **5.** 일반적인 유익과 이것의 일반적 특성: 히브리에서는 정화 의식(삼나무cedar 참조)에 사용된다; 피와 입술: "네 입술이 홍색 실 같구나"(아가서SoS 4, 3); **6.** 상호 간의 애정; **7.** 화려한 색깔: "그의 친구가 주홍이 무엇이냐고 물었다. 맹인이 대답하기를 나팔소리 같다고 했다"(존 로크John Locke); **8.** 죄: a. "너의 죄들이 주홍 같을지라도 눈같이 희게 될 것이요"(이사야서Isa. 1, 18); b. 간통의 색(두 가지 의미에서): 바빌로니아의 큰 음녀는 붉은 빛 짐승을 타고 자주 빛(제국의 위엄)과 붉은 옷(부와 교만함)을 입었다(요한계시록Rev. 17, 1–6); 멸시적 용어인 "진홍색 탕녀"라는 표현은 반유대 종교에서 사용되었다(여자woman, 바빌로니아Babylon; 아래의 12번 참조); **9.** 지속적 음주: "그들은 술 마시는 것을 주홍색으로 염색하는 것이라고 한다"(헨리 4세 1부1H4 2, 4); **10.** 진홍색 외투: 사냥꾼; **11.** 주홍 모자: 추기경cardinal(cardinal 진홍색 또는 주홍색을 의미하기도 한다): "나가거라. 이 주홍색 위선자여"(헨리 6세 1부1H6 1, 3); 이 'cardinal'이라는 표현을 통해 ' 큰 덕cardinal virtues'에 반대되는 '큰 죄cardinal sins'라는 표현이 생겼다; **12.** 주홍 글씨: 간음죄로 유죄 판결을 받은 여자들이 강제로 새기게 된 것(나다니엘 호손Nathaniel Hawthorne) A자와 관련된다; **13.** 긴 주홍색 옷scarlet robe: 그리스도에 대한 조롱(마태복음Matth. 27, 28).

진흙 mud **1.** 물질의 출현; **2.** 수용적 땅과 변환적

물의 합일; **3.** 대리석의 반대: "생명은 대리석과 진흙으로 이루어져 있다"(나다니엘 호손Nathaniel Hawthorne, "일곱 개의 박공이 있는 집The House of the Seven Gables" 2); **4.** 진흙 속으로 가라앉는 것: 집어삼키기devouring 참조; **5.** 단테Dante: 진흙이 거만한 자를 덮는다(신곡 지옥편Inf. 8).

질경이 plantain (식물) **1.** 플란타고 속의 초본 식물로 그 종의 일부는 정원에서 골칫거리인 잡초가 될 수 있다; 일곱 개의 (신성한) 잎이 있다; **2.** 아침: 많은 고대 앵글로 색슨의 부적에 사용된다; '동쪽으로 열려라'(또는 '동쪽으로부터 열려라')라고 말하였다; **3.** 상처의 치료: 정강이나 머리의 가벼운 상처의 열을 식히기 위해 질경이 잎이 사용된다; "너의 부러진 정강이를 위해"(로미오와 줄리엣Rom. 1, 2); **4.** 기독교: 구원을 바라는 군중.

질그릇조각 potsherd **1.** 구약성서에서는 다음과 같은 의미로 사용되었다: a. 구덩이에서 물을 꺼낼 때; b. 난로에 불을 피울 때; c. 욥은 질그릇 조각을 가져다가 자신의 몸을 긁었다(욥기Job. 2, 8). 플리니우스Pliny(35, 46)도 이와 유사한 용도를 언급했다; **2.** 마른 상태: "내 힘이 질그릇 조각같이 마르고"(시편Ps. 22, 15); **3.** '은 찌꺼기'(법랑)를 입힌 질그릇 조각: "불타는 입술"과 사악한 마음(잠언Prov. 26, 23); **4.** 자살한 사람 위에 질그릇 조각, 부싯돌, 그리고 자갈을 던져야 한다. 오필리어의 경우는 예외였다(덴마크의 왕자 햄릿Ham. 5, 1).

질문 question 퍼시발의 성배의 전설에서 묻지 않은 가장 유명한 질문은 치명적인 결과를 초래하였다: 그는 성배가 누구를 섬겼는지 그리고 어부왕의 피흘리는 창이 왜 피를 흘리는지에 대해 성배 기사인 어부왕에게 질문하지 않았다; 실제로는 궁금했지만 그가 질문하지 않았다는 사실은 언어가 가진 마법의 힘을 증명한다(크레티앵 드 트루아Chrétien de Troyes, '퍼시발'; 볼프람Wolfram, 255, 17 및 316, 3은 이 점을 놓쳤다).

질병 disease **1.** 나쁜 병은 다음에 의해 초래된다: a. 질투하는 망자들; b. 성난 신; c. 다른 사람에 대한 마법의 힘; **2.** 피부병, 악취, 피부가 검어짐. 갈증이 나타나는 질병은 모든 종류의 위선자들에게 내려지는 벌이다: 연금술사, 위조범 등이 모두 어지럽게 누워 있다(단테Dante, 신곡 지옥편Inf. 29ff).

질병 illness 질병disease 참조.

질투 jealousy **1.** 인간은 아다파(새뮤얼 후크Samuel Hooke, 중동신화MEM 58)의 바빌로니아 신화 이후로 질투심 많은 신 때문에 불멸을 잃었다; **2.** 신들은 재능을 남용하거나 완전한 행복을 즐기는 인간들을 질투한다(아리스토텔레스Aristotle, 형이상학Met. 982B); **3.** 행운은 잘 되는 것을 질투한다(플루타르코스Plutarch, 윤리론집M 105B).

짐 luggage **1.** 심리: 무엇인가를 '짓누르는 것': 죄책감, 죄 등(지그문트 프로이트Sigmmund Freud, 꿈의 해석IDr. 6, E, p. 358); **2.** 꿈: a. 꿈꾸는 사람의 생식기: '가지고 다니는' 것(지그문트 프로이트Sigmmund Freud, 같은 책); b. 결혼: 짐을 싸는 것은 자신의 시간을 최대한 길게 하는 것을 의미한다(톰 체트윈드Tom Chetwynd).

짐승, 야수 beast **1.** 보통 너무 저질이어서 공유하고 싶지 않은 인간 행동들: 예 "모든 길들여진 짐승 중 내가 가장 싫어하는 짐승은 천박한 사람이다"(격언); **2.** 의로움: "의인은 자기 가축의 생명을 돌보나 악인의 긍휼은 잔인이니라"(잠언Prov. 12, 10); **3.** "이성의 분별이 없는" 짐승(덴마크의 왕자 햄릿Ham. 1, 2); **4.** 구약성서: a. 다니엘서: i. 찢겨진 날개를 가진 사자. 사자는 뒷발로 걸어가 인간의 심장을 탈취한다: 느브갓네살왕: 힘을 잃거나 인간적 모습을 얻거나; ii. 절반만 길들여진 곰: 미디안왕 다리오; b. 네 개의 날개와 네 개의 머리를 가진 표범: 키루스(그리고 네 명의 페르시아 왕들); c. 넷째 짐승은 두렵고 무서우며 심히 강하다: 또한 쇠 이빨과 황동손톱 그리고 열한 번째가 자라고 있는 열 개의 뿔(처음 세 개는 뜯겼다), 인간의 눈과 입('큰 일들을 말하는'=신성모독)을 가지고 있다: 마케도니아의 알렉산더; d. 계시록(13): i. 첫 번째 짐승(바다에서 나타난)은 다니엘의 네 마리

짐승으로 이루어졌다: 로마제국은 사탄인 용에게서 권력을 받았다: 물리적 권력과 자긍심; 특히 로마의 정복자 네로 황제가 존재했고 다시 나타날 것이다('네로의 귀환Nero redivivus' 전설); 숫자 참조(666); ii. 두 번째 짐승: 땅에서 나타난다: 거짓 예언, 지적 망상: 이 짐승은 양(어린 양)과 같은 뿔을 가지고 있고 용(='양의 옷을 입은 늑대')과 같이 말했다; **5.** 많은 머리를 가진 짐승: 히드라, 케르베로스 등: 다중적 악(다중성multiplicity 참조); **6.** (플라톤 이후) 민주주의 국가(예 코리올라누스Cor. 4, 1 참조); **7.** 두 개의 등을 가진 짐승: 성교: "당신의 딸과 무어인이 지금 한 몸이 되어 있다는 것을 말씀드리고자 합니다"(베니스의 무어인 오셀로Oth. 1, 1; 원문은 라볼레Rabelais: "좋은 것은 등을 두 개 가지고 있다"; 등back 참조); **8.** 짐승을 버리다: 열망: "위로 올라가라, 짐승처럼 일하라, 그리고 원숭이와 호랑이가 죽도록 내버려 두어라"(알프레드 로드 테니슨Alfred Lord Tennyson, "인 메모리엄In Memoriam" 118).

집 house **1.** 피난처, 안정: 내 아버지 집에 거할 곳이 많다(요한복음John 14, 2); **2.** 수감자의 삶과 그의 후손에 대한 성찰: a. 환대의 상징; b. "그 여자(=이방 여자)의 집은 사망에 이르느니라"(잠언Prov. 2, 18); c. 여호와께서 오벧에돔의 집에 복을 주시니라(사무엘하서2Sam. 6, 11); d. 분쟁하는 집은 설 수 없다(마가복음Mark 3, 25); e. 초상집과 잔치집이 언급된다(전도서Eccl. 7, 2 등에서); **3.** 우주에 상응한다: a. 지붕: 하늘; b. 창(窓): 신(神); 육체: 땅; **4.** 신비로운 중심: 성, 도시 등; 처음에는 원형(圓形)의 형태가 많았고(특히 그리스에서 땅과 태양면) 언덕에 세워졌다; **5.** 인간의 육체: a. 특히 암컷, 어머니의 몸: 외음부로서 문, 통로나 계단과 함께; b. "땅에 있는 우리의 장막 집"(고린도후서2Cor. 5, 1), **6.** 재료: a. 백향목: i. 썩지 않음; ii. 솔로몬의 집; b. 진흙: i 덧없음; ii. 무덤; c. 황금 집: 네로황제가 태양왕으로 머물던 네로의 태양궁전; **7.** 다른 것과의 조합: **A.** "집의 주인": 바알세불Baalzebul(마태복음Matth. 10, 25): a. 로마인들의 '마이아그로스 신'이었던 에그론의 블레셋인들의 신(열왕기하서2Kings 1, 2, 6, 16): 그가 파리를 보내어 그들에게서 구출한 신; 유대인들은 '자바zabah'(=제물)을 '자발zabal'(=똥=부정한 제물)로 바꿨다; 바알의 집을 완성한 것은 아마도 성막 및 솔로몬의 성전 건축과 관련된 가나안의 풍요 의식이었을 것이다(가을 새해에 동물의 무덤으로 완성 되었다); b. 바알세불: 집의 주인은 집으로 가져가는 소유욕이 강한 '부정한 영'을 의미할 수 있다(마태복음 12, 42에 따르면); 파리fly 참조; **B.** '자비의 집'=베데스다 연못. 천사들이 가끔 못에 내려와 물을 움직이게 했다(요한복음John 5); **C.** 가족: 믿음의 가족(갈라디아서Gal. 6, 10); **D.** 일곱 기둥이 있는 집: 지혜의 기둥(잠언Prov. 9, 1); **E.** 빵집: 베들레헴(빵bread 참조); 8. 딜런 토마스Dylan Thomas: a. "시간이 흘러도 변치 않는 집"="피라미드"=시poem; b. "사랑하는 자의 집": 부모들이 만든 집 즉 자녀; c. "중간의 집": i. 가을: 토마스는 가을에 태어났다; ii. 인생의 중간지점; iii. (홉킨스Hopkins에서) 빵의 중간을 나누어 먹는다; iv. 하늘과 땅 사이; v. 그리스도의 말구유; vi. 마리아의 태womb.

집게 tongs 로르샤흐 검사에서 응답자의 답변에 집게가 나타나는 것은 자유를 빼앗기고 움직일 수 없는 상태에 갇힌 것 같은 느낌을 암시하는 것일 수 있다(월터 루슬리Walter Loosli 81f.).

집게벌레 earwig (곤충) 비유적으로 고자질하는 사람, 아첨꾼, 기생충 같은 사람을 이른다(옥스퍼드영어사전OED; 존 드라이든John Dryden, 메달Medal 3 참조).

집시 gipsy **1.** 집시는 아마도 인도에서 기원한 것으로 보이지만 사람들은 집시가 "작은 이집트의 영주와 백작" 또는 이집트 토트 신전에서 추방된 자들의 후손일 것이라고 믿었다; **2.** 집시의 일상적인 직업: 점쟁이와 땜장이; **3.** 특성: 다른 문화권과 비슷한 정도의 부정적 측면을 갖고 있으나 단지 좀 더 눈에 띌 뿐이다(집시는 공개적으로 태어나고, 살고, 죽기 때문이다); 이들이 가진 미덕은 이들만의 것이다(역주: 다른 문화의 사람들과 다르다); **4.** 종교: 집시는 일반적으로는 편의를 위해 지역의 종교를 받아들이기는 하지만 이들은 달을 숭배한다(그리고 모계중심 사회); 계란은 일반적으로 금기이다; 그들은 또한 비밀스러운 수화sign-language로도 유명하다; **5.** 성스러운 기독교 전설: 집시들은 이집트로 가는 여정 중 거룩한

ㅈ

가족(역주: 아기 예수와 마리아·요셉)을 환대하지 않았기 때문에 쉬지 못하고 정착하지 못한다고 한다. 그로 인해 기독교인은 20세기 대량 학살에 이르기까지 집시를 끝없이 박해할 수 있는 정당성을 가지게 되었다; **6.** 로르카 F. 가르시아Lorca F. Garcia: (예 '밀수업자contrabandista'): a. 반사회적이고 버림받은 추방자; b. 자연의 원초적인 힘을 가지고 거짓된 법과 사회적 관습의 변두리에 사는 원시인; c. 어둠의 연인Dark Lover과 동일하다(그림자shadow 참조).

집시 gypsy **1.** 민요: 초인적인 설득력을 가지고 있다("집시소년The Gypsy Laddie", 프랜시스 차일드Francis Child 200); **2.** 집시-여자: 포주(괴테Goethe, 파우스트 F 3030: 그녀는 "중매인과 집시들을 위해 선택된 존재이다auserlesen Zum Kuppler-und Zigeunerwesen").

집어삼키기 devouring **1.** 태양 신화의 공통적인 구성요소 중 하나이다; 포옹하고 얽히는 것과 긴밀히 연결된다: 나무, 고래-용(예 요나Jonah); 종종 부분적 신체 절단 또는 완전한 사망으로 이어진다: 서양에서는 그리스어 '신성결혼hieros gamos'(땅 또는 바다와 하늘의 신성한 결혼)을 통해 새로운 태양이 태어나고, 다음날 태양은 동쪽으로 옮겨간다; **2.** 근친상간에 대한 공포(어머니에 의해 삼켜짐); 마녀, 늑대, 용, 오거(역주: 이야기 등에서 사람을 잡아먹는 거인)의 이야기에서 아이를 집어 삼킨다; **3.** 죽음: 땅이 시체를 삼킨다; 잡아먹힌 아이를 배에서 꺼내 구출한다: 육체 부활의 희망; **4.** 거세에 대한 공포: 끔찍한 어머니에 대한 공포, '이빨을 가진 질'(음문vulva 참조)에 대한 공포; **5.** 다양한 형태의 서서히 죽이는 것과 관련된다: 늪에 빠지는 것 등등; **6.** 얽힘entanglement 참조.

집행자, 사형집행인 executioner 동정심이 많은 사형집행인들은 신화(예 로물루스와 레무스, 페르시아의 키루스, 오이디푸스; 또한 유기abandonment 참조), 그리고 민담(예 백설공주)과 민요("숲의 아이들children of the wood" 12)에서 흔히 볼 수 있다.

징 gong **1.** 윌리엄 B. 예이츠William B. Yeats: 징은 전형적인 동양(종교)의 악기로 아일랜드의 기독교/유대교에서 사용하던 소라 껍질과 반대이다; **2.** 딜런 토머스Dylan Thomas: 시("시간 아래 옛날On below a time").

짚, 밀짚 straw **1.** 중세시대: 죄인: "그들은 바람 앞의 지푸라기 같고 폭풍에 휩쓸려가는 겨 같도다" (욥기Job 21, 18); **2.** 화살과 막대기의 변형으로 점을 치는 데 사용된다; 갈대reed의 일반적인 상징성도 참조; **3.** 끊어진 지푸라기: 싸움, 깨어진 우정; **4.** 처벌: 짚 없이 벽돌을 만드는 것; 이집트에서는 햇볕에 말린 벽돌을 만드는 데 짚을 사용하였고, 이집트인들은 히브리인들이 더 오래 작업하게 만들려고 그루터기 밭에서 짚을 가져오게 하면서 자신들과 같은 수의 벽돌을 만들게 했다(출애굽기Ex. 5, 7ff.); **5.** 딜런 토머스Dylan Thomas: a. 질vagina("나의 세계는 피라미드다My world is pyramid"에서); b. 물레질을 위한 원료(=창작, 시 쓰기 등); c. 짚으로 만든 사람=필멸의 인간; d. 지푸라기를 뚫다: 솟아오르는 성욕sexuality; **6.** 민속: a. 밀짚 수레: 양가적: 일부 지역에서는 누군가를 만나는 것이 행운이지만 다른 지역에서는 그렇지 않다; b. 밀짚 형상: 모형인형을 태우는 일반적인 모양; c. 밀짚모자: 첫 번째 밀짚모자를 쓴 사람을 만나는 것은 언제나 행운이다; 하지만 이 행운은 팔꿈치와 손을 번갈아 만지며 "스트로베리 맨, 스트로베리 맨, 행운을 가져다주세요. 오늘이나 내일 무언가를 딸 수 있게 해주세요"를 노래함으로써 지킬 수 있다; 그런 다음에 돌이나 작은 물건을 집어서 왼쪽 어깨 위로 던져야 한다; d. 속담: "짚으로 만든 남자(=재산이 없는 남자)도 황금으로 된 여자보다는 가치가 있다"; "지푸라기는 바람이 부는 방향을 보여 준다".

짚, 억새풀 thatch **1.** 초가집은 소박하지만 고결한 삶을 나타낸다; **2.** 특히 필레몬과 바우키스가 제우스와 헤르메스에게 베풀어 준 따뜻한 환대(나소 P. 오비디우스Naso P. Ovid, 변신이야기Metam. 8, 626ff.; 또한 헛소동Ado 2, 1, 82. 뜻대로 하세요AYL 3, 3 참조); f. 엘리자베스 1세 여왕 시대에서는 단어 주피터Jove와 '초가집thatched house'의 조합이 외설적이거나 풍자적이었던 것으로 보인다.

짚신나물 agrimony (식물) **1.** 타원형의 씨앗과 노란

꽃(염료로 사용되었다)이 피는 장미과의 가느다란 다년생 허브; **2.** 피어남: 감사; **3.** 약용: 허브차, 특히 이질을 막아 주는 차.

찌꺼기 lees **1.** 찌꺼기, 가라앉은 더 무거운 부분; 2. (이사야서Isa. 25, 6; 참조: 예레미아서Jer. 48, 11 및 스바냐서Zeph. 1, 12; **2.** 찌꺼기 위에 정제된 것: 주님의 축복: "그리고 만군의 여호와께서 이 산에서 만민에게 기름진 것으로 잔치를 베푸시리니 포도주로 잔치를 벌이며 기름진 골수와 잘 정제된 가루와 가라앉은 포도주로 잔치를 베푸시리로다(이사야서 25, 6; 예레미야서 48, 11; 스바냐서 1, 12).

찌르레기 starling (새) **1.** 잘 훈련된 무리가 위험에 처하면 명령 없이도 원모양으로 움직인다; **2.** 검고 흰 색의 새로서 한겨울과 죽음 속의 생명과 연관이 있다(그리고 그 반대도 마찬가지) ; **3.** 특히 은 6펜스로 혀가 갈라지면 말하는 법을 배울 수 있다(앵무새parrot 참조): a. 종종 전령의 역할을 한다(예 브란웬Branwen 딸들에게서 브란Bran왕으로); b. 엘리자베스 1세 여왕 시대 문학에는 말하는 찌르레기가 많이 있다(예 헨리 4세 1부1H4 1, 3); c. 제프리 초서Geoffrey Chaucer: "약한 주(州)를 조심하라. 마찬가지로 변호인도 경계해야 한다"(=배신, 폭로; 파울의 의회PoF 348); **4.** 단테Dante: "신곡 연옥편Purg"(칸토C 5)의 연인들은 찌르레기, 학, 비둘기처럼 바람(욕망)에 의해 이리저리 움직인다; **5.** 윌리엄 B. 예이츠William B. Yeats: 오이신과 다른 영웅들은 나뭇가지에 의해 잠들었지만 오이신Oisin은 찌르레기에 의해 깨어났다; =현실: "펄럭이는 대지의 슬픔the fluttering sadness of earth"("오이신의 방랑The Wanderings of Oisin" 3, 103).

찌름, 찌르기 prick **1.** 양심: "그녀를 하늘에 맡기고 그녀의 양심이 그녀의 가슴을 찌르고 고통스럽게 하라"(덴마크의 왕자 햄릿Ham. 1, 5); **2.** 기억; "기억의 침"(단테Dante, 신곡 연옥편Purg. 12, 20); 3. 쏘기sting, 가시thorn 참조.

차빌 chervil (식물) 힐데가르트 폰 빙엔Hildegard von Bingen: a. 건조한 성질이며 차갑기보다 뜨거운 편이다; 차가운 공기 중이나 습기 많은 땅에서는 자라지 않으며 따뜻한 공기 중에서 자라나고 태양의 열기 속에서 열매를 맺는다; b. 유일한 이것의 일반적 특성은 음식을 날것으로 먹어 생긴 장의 염증과 비장의 통증을 낫게 하는 것이다; c. 모든 종류의 빨갛게 된 상처와 찰과상에 바르는 연고에 첨가된다(자연학Ph. 1, p. 32).

차양, 양산 sunshade 1. 보호; 2. 태양 상징: 권위, 위엄, 발광; 3. 때로 그리스에서는 (흔히 태양 왕을 대신하여) 한 남자를 차양으로 (그리고 그에게 묶인 새들로) 받친 채 희생양으로 바위 위에서 바다로 던졌다; 4. 데메테르와 코레의 여성 축제에서는 흰 양산을 들고 다녔다.

차이브, 골파 chive (식물) 1. 양파와 같이 구근에서 자라며 잎은 수프 등의 풍미를 더하는 데 사용된다; 오일에 절여 저장해 먹으면 목소리에 좋다(네로 황제가 먹었음); 2. 점성술: 화성과 관련된다.

차풀 senna (식물) 1. 약용 효과가 있는 '카시아Cassia' 관목; 2. 일반적으로 우울증에 효과가 좋다고 알려져 있다(로버트 버튼Robert Burton, 우울의 해부Anat. of Mel. 2, 4, 2, 2).

찬장, 벽장, 컵보드 cupboard 꿈에서: 여성, 자궁 또는 정신(톰 체트윈드Tom Chetwynd).

찰리 Charlie 1. 찰리라고 불리는 소년을 놀릴 때 부르는 운을 맞춘 동요: "찰리, 찰리, 척, 척, 척, 세마리의 오리 새끼와 잠자리에 든다"; 2. 채플린Chaplin 참조.

찰리 채플린 Chaplin, Charlie 아이들의 동시: 1. 찰리 채플린이 주위의 물리적 세상과 좌충우돌하는 내용; 2. 그가 (프랑스 여인들에게) 춤추는 법을 가르치는 내용.

참깨 sesame (식물) 1. 인도 식물인 '인도참깨Sesamum Indicum'는 기름을 내는 작고 맛있는 씨앗이다; 2. 히포크라테스: 씻지 않은 참깨 씨앗은 변비약이며, 허기를 채우고 살찌게 한다; 씻으면, 즉 외피를 제거한 것을 먹으면 변비약으로서의 효능은 떨어지지만 살이 찌고 포만감을 주는 효능이 더 커진다(식이요법Vict. 2, 45); 3. 니칸데르Nicander: 포도주에 넣은 참깨 씨앗은 납 중독 해독제 역할을 한다(알렉시파르마카Al. 44); 4. 코르넬리우스 켈수스Cornelius Celsus: 올리브유보다는 질이 떨어지지만 연화제에 속한다(II부 서문 5, 15); 5. 꿈: 꿀 참깨 떡(케이크) 에 관한 꿈은 특히 소송 중인 사람들에게 좋다: 고대인들 사이에서 참깨는 승리의 상으로 주어졌다(달디스의 아르테미도로스Artemidorus of Daldis 1, 727; 곡물grain 참조).

참나무 oak (나무) 1. 일반적으로 유럽에서 **나무 왕**이라 불린다: 참나무는 어느 하나의 종을 지칭하는 것이 아니라 다양한 종의 나무가 포함되며 구별되지 않는다; 그러나 히브리어에서는 이스라엘에만 있는 참나무를 '테레빈나무terebinth'라고 별도로 부른다; 2. **강인함**: a. 뿌리는 굵고, 가지가 하늘을 향하듯이 뿌리는 타르타로스Tartarus(역주: 그리스·로마 신화의 지하세계의 깊은 곳을 상징하는 태초의 신)를 향하여 깊이 내려가므로 폭풍우에도 뿌리가 뽑히지 않는다(베르길리우스Virgil, 농경시Georg. 2, 291ff.; 아이네아스Aen. 4, 445); 그러므로 참나무는 지상세계와 저하세계를 다스리는 신의 상징이기도 하다; b. "내가 아모리 사람을 그들 앞에서 멸하였더니 그 키는 백향목 높이와 같고 강하기는 참나무 같으나 내가 그 위에 열매와 그 아래 뿌리를 진멸하였느니라"(아모스서Amos 2, 9); **3.** (종종 상록수) **장수**longevity, 불멸immortality: a. 활엽수이며 가을에는 낙엽이 진다: 재생과 생명의 불(6번 참조); b. 몇몇 신화에서 참나무는 가장 먼저 창조된 나무이며 인류가 참나무에서 싹텄다고 한다(오리나무alder; 서양물푸레나무ash; 느릅나무elm 참조); c. 관은 참나무로 만든다; d. 성탄 계절의 땔감인 굵은 장작the Yule-tide log; **4. 태양 왕**Sun-king (그리고 그의 죽음)의 왕권과 관련있다: a. 그는 참나무 아래에서 왕관을 썼다; b. 교수대, 십자가상 등은 참나무로 만들어졌다(예 십자가에 못 박힌 예수상처럼). 화장용 장작더미도 참나무였다; 겨우살이mistletoe와 발드르Balder 참조); c. 참나무는 원래 참나무왕이 사망한 시기인 한 여름과 연관되어 있다. 참나무왕의 쌍둥이인 호랑가시나무 왕Holly King(역주: 겨울의 상징)도 그의 뒤를 따랐다; 호랑가시나무holly 참조; 켈트족 나무 달력the Celtic Tree-Calendar에서 참나무는 일곱 번째 달을 나타낸다: 6월 10일~7월 7일까지; d. 때로 참나무로 만든 곤봉을 무기로 사용했다: 예 헤라클레스Heracles; e. 참나무 아래에서 맹세가 있었고 정의가 실현되었다; f. 참나무 아래에서 희생제물이 바쳐졌다; 8번 참조, a; **5. 위대한 여신**Great Goddess에게 바쳐졌다: a. 여신의 여사제와 신성한 왕은 결혼했다; b. 키벨레, 레아(로디우스 아폴로니오스의 저서Schol. Apoll. Rhod. 1, 1124), 그리고 아르테미스Artemis에게 바쳐졌다; c. (세 가지 형상의 달의 여신으로서) 다산과 지하세계의 여신인 에리니에스에게 바쳐졌다; d. 키르케의 섬은 참나무로 가득했다; e, 네미호수 근처의 디아나 네모렌시스 숲은 여사제와 참나무왕이 결혼식을 치렀던 오래된 장소이자 참나무왕이 죽은 장소이기도 하다; 이후 연인들이 자주 찾는 장소가 되었다(나소 P. 오비디우스Naso P. Ovid, 사랑의 기술De Art. Am. 1, 259ff.); f. 오르페우스를 죽인 치코니안 마에나드Ciconian Maenads는 참나무로 변했다(나소 P. 오비디우스, 변신이야기Metam. 11, 3ff.); **6. 불, 다산**: a. 한여름 밤의 모닥불 재료: 앞의 4번의 b 참조; b. 번개를 끌어들인다: 여호와, 주피터, 그리고 토르와 같은 천둥 신의 상징이다: 불의 신뿐만 아니라 다산의 신의 상징이다; c. 참나무는 양날 도끼로 쓰러뜨려야 한다: 양날 도끼는 천둥과 함께 비를 끌어들이는 주피터의 다산의 낙뢰이다; d. 콜키스Colchis의 황금양털은 참나무에 박혀 있었다(로디우스 아폴로니오의 저서 4, 124); **7. 전환점**, 세계 축, 그리고 문: a. 참나무왕Oak King이 죽임을 당했던 하지는 한 해의 '중심점'이 되는 날이다; 왕들의 영혼은 종종 우주의 '멧돌' 또는 '중심점' 역할을 하는 은의 성Silver Castle의 부동의 동자인 여신(오로라Aurora Borealis 참조)에게 보내졌다; 산사나무hawthorn 3번의 b 그리고 문지기porter 참조; b. 환대: 특히 켈트족에게; c. 천국의 문; **8. 신탁**: a. 구약성서에서 참나무는 자주 신탁으로 표현된다: 예 헤브론 근처의 마므레Mamre의 아브라함 참나무(창세기Gen. 13, 18; 킹 제임스 성서AV에는 '참나무' 평원이 있다); 후에 참나무 예언과 숭배가 금지되었다: "너희가 기뻐하던 참나무들로 말미암아 너희가 부끄러움을 당하리라"(이사야서Isa. 1 1, 29; 호세아서Hos. 4, 13; 에스겔서Eze. 6, 13 참조); b. 배의 참나무 돛대는 아르고호의 승무원들에게 위험을 경고했다(로디우스의 아폴로니오스 1, 525ff. 참조); c. 도도나Dodona의 참나무는 주피터가 소원을 들어주었음을 알려 주었다: "높이 솟은 참나무가 떨리고 나뭇가지가 바람없이 움직였다"(나소 P. 오비디우스, 변신이야기 7, 629f.); **9.** (노인의) **지혜**wisdom: a. 고대 북유럽: 죽은 영들의 거처인 참나무 아래에서 원로회가 이루어졌다; b. "웅장한 숲의 녹색 로브를 입은 원로들"(존 키츠John Keats, "하이페리온Hyperion"); **10. 믿음, 용기**: a. 참나무의 심장heart of oak; b. 참나무 화환이나 왕관은 원래 포로를 구출한 병사들에게 상으로 주어진 것이었다; 이후에 전투에서의 영광을 기리는 것이 되었다(예 코리올라누스Cor. 또는 여러 곳에서 언급된다); **11. 조밀함**: "참나무처럼 촘촘한": a. 나무결이 촘촘한; b. 꼭 들어맞는 문; **12. 남자**: a. 가난했던 필레몬은 주피터와 그 일행을 정성껏 환대한 덕분에 나중에 죽는 대신 참나무로 변하였고 아내 바우키스는 보리수나무로 변하여 나란히 있게 되었다(나소 P. 오비디우스, 변신이야기 8, 620-724; 호메로스Homer, 오디세이아Od. 19, 296f. 참조); b. 참나무의 (가지가 잘린) 줄기는 그 위에 전리품, 갑옷 그리고 약탈당한 메젠티우스 왕의 팔이 걸려 있는 사람의 육체를 나타낸다(베르길리우스, 아이네아스Aen. 11, 5ff.); c. 3번의 b 참조; d. 아르카디아 사람들Arcadians은 참나무의 자손들이다(그리스어 'eggenoi dryos': 리코프론Lycophron 480); **13. 건물**: 제프리 초서Geoffrey Chaucer: "건축가의 참나무"(배신, 폭로, 새들의 의회PoF. 176); **14. 배**: 돛대, 노 등(예 에스겔서 27, 6); **15. 문장**heraldry(紋章): a. 자부심, 아름다움, 힘; b. 숲의 영역; c. 참나무 잎: 군사적 명성(10번의 b 참조); **16. 점성술**: 목성과 관련된다; **17. 쓰러진 참나무**: 끔찍한 판결(이사야서 1, 30); **18. 윌리엄 블레이크**William Blake: 특히 영국에 기반하고 있는 뿌리 깊고 만연한 완고한 오류; **19. 윌리엄 B. 예이츠**William B. Yeats: "벼락맞은 참나무"("아마도 노래가사일 것이다"): 특별한 마법의 힘: a. 저주를 위한 마법; b. 기독교 이전 시대의 연인을 보호하기 위한 마법; **20. 민속**: a. 참나무를 베는 것은 어떠한 경우라도 불길한 행동이다; b. 참나무는 넘어질 때 비명을 지르고 신음한다; c. 참나무는 번개를 맞지 않는다; 그러나 번개를 맞은 경우 특별한 (선택된) 영광을 의미한다; d. 마녀로부터 보호하는 것이지만 마녀 자신도 신성한 염소의 달 모양 뿔로 장식한 참나무 화관을 사용다; e. 증거: 경계를 표시하기 위해 참나무를 심었다; 참나무 아래에서 복음서가 읽혔기 때문에 이 나무는 복음의 참나무Gospel Oaks(역주: 복음이 낭독되는 장소)'라고 불렸다; f. 왕당주의: '오배자'(역주: 참나무잎에 생기는 둥그스름한 혹)는 1660년 이후 왕당파의 상징이었으며 이는 찰스 2세가 1651년에 참나무 아래에 숨었기 때문이다; g. 디 오크스The Oaks: 세 살배기 암말들이 벌이는 영국의 더비 레이스Derby-race(말 경주 대회); **21.** 도토리acorn 참조.

참매 goshawk (새) **1.** '거위매'라고도 하는 참매는 매 훈련용으로 사용되는 짧은 날개 매 중에 가장 큰 종의 하나이다; 암컷이 수컷보다 상당히 크다; 작은 포유동물과 모든 종류의 새를 먹는다; 송골매falcon 참조; **2.** 민요에서 참매는 수컷이고 특히 암컷의 '연인'이다: "그리고 당신이 나의 명랑한 참매에게 말을 다루는 방법을 알려 주면 나는 당신의 산비둘기에게 읽고 쓰는 방법을 알려 주겠소"(프랜시스 차일드Francis Child 89, "포즈 푸드레이지Fause Foodrage" XXII).

참새 sparrow (새) **1.** 사랑, 음탕함: 아프로디테에게 바쳐졌다: a. 셰익스피어: 음탕함: "참새는 음탕하기 때문에 처마에 집을 짓게 하면 안 된다"(눈에는 눈, 이에는 이Meas. 3, 2; 또한 제프리 초서Geoffrey Chaucer, 캔터베리 이야기C. T. 프롤로그); 참새의 알은 정력제이다. 이들은 비둘기만큼 음탕하다(플리니우스Pliny 10, 52); b. 중세시대: 성욕의 상징, 참새는 염소를 타는 청년으로 의인화되었다; c. 다산; **2.** 바다와 관련된다: a. 카스토르와 폴리데우케스가 보낸 유익한 바람에 이어 한 무리의 참새들이 나타난다(바람wind 참조); b. 바다에서 태어난 아프로디테에게 바쳐졌다; c. 참새 똥이 토비트(토비아의 아버지)를 눈멀게 했다: 밤하늘에 가려졌다가 바다에서 다시 솟아오르는 태양(물고기의 담즙으로 토비아의 눈을 치료함); **3.** 겸손, 값싼 것: a. 참새도 새끼를 위한 제집을 얻는다(가장 비천한 자의 상징으로: 시편Ps. 84, 3); b. 참새는 두 마리가 한 앗사리온(역주: 로마에서 사용한 소액 동전)에 팔리지만(마태복음Matth. 10, 29), 하나님의 관심을 받을 가치가 있다; c. 셰익스피어: 인색한 평민(귀족 독수리의 반대): "나는 1페니에 참새 아홉 마리를 살 것이고 그의 뇌(연질막pia mater)는 참새 한 마리의 1/9만큼의 가치도 없다"(트로일로스와 크레시다Troil. 2, 1; 또한 여성 숫자 9의 반복에 주목); **4.** 뻔뻔, 대담, 경계심; **5.** 잡담; **6.** 우울, 고독: 참새는 야생의 장소를 좋아하며 고독의 상징이 있다; **7.** 정화: (히브리) 정제와 정화 의식에 사용된 '새'는 참새였을 것이다(백향목cedar 참조); **8.** 기독교: "내가 밤을 새우니 지붕 위의 외로운 참새 같으니이다"(시편Ps. 102, 7); **9.** 악마: a. "물떼새와 참새는 악마의 활과 화살이다(역주: 어떤 일이 갑작스럽게 나타나서 빠르게 사라지는 것)"(속담); b. 성 도미니크St. Dominic는 악령을 괴롭히기 위해 산 채로 참새의 털을 뽑았다; **10.** 딜런 토머스Dylan Thomas: 매hawk 참조; **11.** 민속: a. 때로 죽은 자의 영혼으로 간주되어 죽여서는 안 되는 동물로 여겨진다; b. 전래동요: 활과 화살로 울새를 죽인 참새; **12.** 바위종다리hedge-sparrow 참조.

참제비고깔 stavesacre (식물) **1.** 일반적으로 다음을 의미한다: 미나리아재비과ranunculaceous 참제비고깔 Delphinium Staphisagria 속의 식물; **2.** 이 식물의 껍질은 만병통치약이다(니칸데르Nicander, 테리아카Th. 443).

참치 tunny (물고기) 1. 인어에게 바쳐졌다; 2. 지혜, 현명: 참치 떼는 태양의 움직임을 정확히 알고 완벽한 입방체 대형으로 헤엄치며, 뱃머리 앞에서 헤엄치는 경향이 있기 때문에 '방어pilot-fish'라 고 한다.

참터리풀, 독미나리 무리 dropwort (식물) 1. '스피리아 필리펜둘라Spiraea filipendula': '실thread'이 매달린 약초; 2. 의학: a. "양치기들이 막자사발에 넣어 찧은" 스펀지 같은 이 식물의 흰 꽃은 일반적으로 질병을 완화한다(니칸데르Nicander, 리아카Th. 897f); b. 이 식물의 향수는 건강에 좋고 뇌를 맑게 유지해 준다(아테나이오스Athenaeus, 15, 689, c).

참회의 화요일 Shrove Tuesday 1. 재의 수요일 전 화요일: 사순절 전 축일, 따라서 프랑스어로 '마르디 그라Mardi Gras' '기름진 화요일Fat Tuesday', 카니발Carnaval의 마지막 날; 2. 영국 민속: a. 팬케이크와 축구와 줄넘기의 날; b. 견습생을 위한 전통적인 휴일이었다; c. 이날에 일하다가 적발된 사람은 누구나 거친 돌 위로 질질 끌려가 두들겨 맞는 처벌을 받았다: d. '소인법bradling'이라 불리는 풍습(브리타니아의 민속과 문화Folkl. & C. of Brit. 352와 기타 문헌 참조); e. 이날에 사랑을 점치기 위해 수탉을 사용했는데 수탉을 묶고 돌로 쳤다는 자료도 존재한다(존 드라이든John Dryden, "살고 있다…There lived…" 106, 제프리 초서Geoffrey Chaucer의 "노네 프레데스 이야기Nonne Preestes Tale"; 알프레드 테니슨 경 Lord Alfred Tennyson, "그리고 지금…And now..." 3, 1, 200).

창 spear 1. 태양광선, 번개, 하늘과 땅의 연결: 세계 축; 2. 왕족, 기사 작위: 잿빛 창은 검보다 먼저 왕족의 상징이었다(참조: 오레스테스Orestes); 3. 번식력: a. 남근; b. 나무와 관련된다: 로물루스Romulus는 땅에 박힌 창이 뿌리를 내리고 나뭇가지와 잎을 내는 것을 보았다(나소 P. 오비디우스Naso P. Ovid, 변신이야기Metam. 15, 560); 또한 층층나무dogwood 참조(베르길리우스Virgil); c. 아론Aaron의 지팡이와 이새Jesse의 줄기에서 나온 막대(이사야서Isa. 11, 1) 참조; 종종 가지를 뻗는 통로는 다산의 신(예 바알Baal)과 관계된다; 4. 전쟁: a. 구약성서: 창을 쳐서 가지치기 갈고리를 만드는 것(칼로 쟁기를 만드는 것과 같이)은 평화의 상징이다(이사야서 2, 4 및 미가서Mic. 4, 3); b. 아레스Ares/마르스Mars, 아테나Athena/미네르바Minerva, 헤라/주노Juno 루치나Lucina; 전쟁과 다산의 신들 사이의 또 다른 연결고리; 5. 원소 흙과 연관된다(무기weapon 참조); 6. 소유권: (로마) 노예 경매에서 소유권의 표시로 창을 들어 올렸다(데키무스 유니우스 유베날리스Decimus Junius Juvenalis, 풍자시집Sat. 3, 33); 7. 상처와 치유: 아킬레스Achilles의 창: 호메로스 이후 문학에 등장한다(예 나소 P. 오비디우스, 변신이야기 13, 171f.); 아킬레스는 창으로 텔레포스Telephus에게 상처를 입혔는데 이 상처는 창에서 긁어낸 녹으로 치유되었다; "아킬레스 창처럼 그 변화로 인해 죽이고 치유할 수 있는 미소와 찡그림을 가진 자"(헨리 6세 2부2H6 5, 1); 또 다른 예: 치명적인 왕의 다리에 일격을 가한 경이로운 창은 생식불능을 일으켰지만 나중에 불구가 된 왕의 '다리'를 치유한다(토머스 맬러리 경Sir Thomas Malory 2, 15 및 17, 20f.); 8. 순교: 예 십자가 상징; 또 다른 성배와의 관련성: 9. 문장: a. 명예; b. 전투태세; 10. 민속: "불타는 창Burning Spears": 북극광Aurora Borealis 참조; 11. 신성한 왕[sacred] king 참조.

창 자루, 석장 pikestaff 1. "창 자루처럼 매우 명백하다"(속담): 원래는 행상인이 어깨에 메고 다니는 '자루packstaff'였다; 2. 참회의 석장(윌리엄 랭글랜드William Langland, 피어스 플로우먼에 관한 비전PP 5권).

창, 작살 lance 1. 일반적으로 이것의 상징성은 창spear의 상징성과 같다; 2. 기사 작위: a. 성 조지St. George와 관련이 있으며 그가 용을 죽였을 때 창이 부러졌다; b. 성배와 관련이 있으며 잔과 결합하면 남성과 여성을 나타낸다(타로카드Tarot 참조); 가끔 창이 부러지고, 임무를 부여받은 기사가 창을 고치면(또는 임무를 주는 자가 올바른 질문을 하면) 어부왕과 그의 나라에 다시 풍요가 돌아온다(물고기fish 참조): 창은 왕의 성 기능이 손상된 것을 의미하며, 오시리스의 (잃어버린) 열네 번째 신체 부분에 해당한다; 창은 거룩한 그릇 위에 똑바로 세워져 있으며 (그리스도에게서) 피가 그 그릇 위로 떨어진다; 갈라하드는 칼에 찔려 피를 흘리는 "어부왕의 다리(음경)에 기름을 발라"

ㅊ

불구가 된 어부왕을 치료한다; **3.** 전쟁: 전쟁신의 속성(풍요의 신이기도 하다); **4.** 진실, 분별력, 옳고 그름의 구별; **5.** 남근, 세계의 축, 영적이고 천상의 의미를 지니는 검과 비교하면 세속적이다: **6.** 문장heraldry(紋章): a. 용기, 군사 준비, 명예의 방어; b. 속도; c. 자유.

창문 window **1.** 공기, 빛, 지식, 환영vision으로 가는 관문; 보통 높이의 상징성 결합됨; **2.** 이해, 소통, 사랑과 죽음의 관통: a. '밖'을 바라보기보다 안을 들여다보며 창문에 서 있는 사랑하는 자(아가서SoS 2, 9); b. 여인이 연인들과 접촉하거나 혹은 그 반대인 장소: "내일은 성 발렌타인의 날, 이른 아침에 때 맞춰, 나는 그대 창 밑에 선 처녀, 그대의 발렌타인이 되려 하네"(덴마크의 왕자 햄릿Ham. 4, 5); c. "사랑은 창문으로 들어오고, 문으로 나간다"(속담); d. "무릇 사망이 우리 창문을 통하여 넘어 들어오며 우리 궁실에 들어오며"(예레미야서Jer. 9, 21); e. 또한 고립: 고독한 사람들은 종종 현대사회의 보이지 않는 장벽이 가로막은 소통을 바라며 창문 앞에 서 있다; **3.** 의식성, 특히 집이나 탑의 맨 위(=머리)에 창문이 있는 경우; **4.** 영혼soul 혹은 영spirt으로 가는 관문인 눈: "그녀의 두 푸른 창문이 희미하게 그녀를 위로 들어 올리네"(비너스와 아도니스Ven. 482); 셰익스피어 작품에서는 일반적으로 눈꺼풀이 유리가 아닌 나무 창틀로 묘사된다(예 심벨린Cym. 2, 2; 리처드 3세의 비극R3 5, 3); 참조: 딜런 토머스Dylan Thomas: "처녀의 결혼에 관하여On the marriage of a virgin"; **5.** 경계; **6.** 상처: "아, 너의 삶을 놓아주는 이 창에서, 나는 나의 불쌍한 눈에서 흐르는 무기력한 눈물을 뿌리고 있구나"(리처드 3세의 비극R3 1, 2: 이것은 죽은 사람의 영혼이 통과하도록 창문을 여는 관습과 관련된다; 또한 존왕의 삶과 죽음K. John 5, 7 참조); **7.** 태양의 관문인 동쪽; **8.** 창문에 선 여인들: 히에로둘레스, '신전 노예' 혹은 종교적인 매춘부; 예 다윗을 내다보는 미갈(사무엘하 2Sam. 6, 16ff.); 창문에 있는 다른 여인들은 시스라의 어머니(사사기Judg. 5, 28), 이세벨(열왕기하서2Kings 9, 30)이다; **9.** 방room 참조.

창백한 pale **1.** 로마인들은 창백함을 신으로 만들었다('창백함'=남성성): 툴루스 호스틸리우스Tullus Hostilius왕은 그의 군대가 달아나는 것을 본 후에 마을 바깥에 두려움과 창백함을 위한 신전에 봉헌했다; **2.** 처녀시절: 예 "창백한 처녀"(리처드 2세R2 2 3, 3); "창백한 처녀 꽃"(헨리 6세 1부1H6 2, 4); **3.** 사랑: a. "그러나 이제 그녀의 뺨은 창백해졌다가 점점 하늘의 번개처럼 불타올랐다"(비너스와 아도니스Ven. 347f.); b. (돈 페드로:) "내 두 눈이 흙으로 덮이기 전에 사랑에 빠져서 창백해진 자네 얼굴을 보게 되리라"-(베네딕토:) "영주님, 사랑보다는 분노나 질병, 굶주림 때문에 창백해 보이는 것이 낫습니다"(헛소동Ado 1, 1); **4.** 질투: "창백한 질투의 위협적인 범위를 넘어서다"(타이투스 안드로니카스Titus Andronicus 2, 1); **5.** 방탕: '창백한 도덕성'; **6.** 흰색white 참조.

창자, 내장 Bowels **1.** 연민의 변(辨): 예 "이러므로 내 마음이 모아브를 위하여 수금(하프)같이 소리를 발하며 내 창자가 길하레셋을 위하여 그러하도다"(이사야서Isa. 16, 11); 이것은 성기에 대한 완곡한 표현. 갑작스러운 연민의 분출은 성기(역주: 성적인 것뿐 아니라 마음까지 포함하는 표현임)를 움직이게 한다(감동하게 한다); **2.** 특히 인간 제물의 내장을 먹음(지혜서Wisdom 12, 5); **3.** 자식: "너를 아비라 부르는 너의 창자"(눈에는 눈, 이에는 이Meas. 3, 1); **4.** 점성술: 처녀자리가 지배함.

창포 sweet flag (식물) **1.** 일반적으로 다음을 의미한다: '아코루스 칼라무스Acorus calamus', 향긋한 뿌리줄기를 가진 덤불 같은 식물; 갈링게일galingale 참조; **2.** 약용: 해독제 및 진통제(코르넬리우스 켈수스Cornelius Celsus II부, 서문; 5, 23, 1 및 3; 5, 25, 2).

채 (연주용) plectrum 아폴로의 채는 태양의 밝은 광선이다(플루타르코스Plutarch, 윤리론집M 402B, 철학시인 스키티누스Scythinus를 인용함).

채소 vegetables **1.** 죽음: 거의 모든 채소, 특히 콩, 렌틸콩 등과 같은 콩과식물의 특성에는 장례와 관련된 요소가 있다(다음 2번 참조); **2.** 금욕적인 삶을 사는 사람들에게 콩과식물을 금하는 관습이 있다: a. 피타고라스의 금지 명령 때문에(데키무스 유니우스 유베날리스Decimus Junius Juvenalis, 15, 9; 퀸투스 플라쿠스 호라티우스Quintus Flaccus Horatius, 풍자시집Sat. 2, 6, 63 및 서간집Epist. 1, 12, 21); b. 콩과식물은 장례 행사와 죽은 자를 위한 기도에 사용되었기 때문에; c. 이것은 욕망과 정욕을 자극하고 헛배부름을 유발한다(플루타르코스Plutarch, 윤리론집M 286E); **3. 꿈**: 아르테미도로스Artemidorus는 다음과 같이 주장했다: a. 콩과식물은 (임산부) 유산을 상징한다(1, 51); b. 냄새가 나는 녹색 채소에 대한 꿈(예 무, 상추, 꽃상추 등)은 숨겨진 것이 드러나는 것, 즉 함께 사는 사람들에 대한 적대감을 나타낸다; c. 생상추(예 야생 상추)를 따서 먹는 것은 불필요한 요소의 손실로 인한 피해를 남긴다; d. 털과 가시가 있는 아티초크는 고통과 실업을 나타낸다(이 채소는 영양가가 없다); e. 사탕무, 수영, 들시금치 등은 장에 문제를 일으키고 배설물을 제거하기 때문에 빚을 지고 있는 사람들 외에는 아무런 가치가 없다; 배와 장은 고리대금업자와 특별한 관계가 있다; f. 덩이줄기 채소, 당근 및 기타 영양가 있는 채소 꿈은 이득을 나타내며 이 채소들은 뿌리와 함께 캐기 때문에 토지 소송과 관련된 사람들에게 유익하다; 양배추는 가치가 없으며 여관 주인, 포도주 상인 및 '디오니소스의 배우협회Actors of Dionysus' 회원에게 해롭다. 왜냐하면 유일하게 덩굴이 돋아나지 않는 식물이기 때문이다; g. 흰 채소들은 영양가가 없는 부풀려진 덩어리에 불과하기 때문에 일반적으로 헛된 희망을 나타낸다; 병자나 여행자의 경우 흰 채소 꿈을 꾸는 것은 의사나 산적에게 베이는 것을 나타내는데, 흰 채소는 잘라서 사용하기 때문이다; h. 그러나 오이는 안 좋은 체액을 몸에서 배출하기 때문에 병자들에게 좋다(모두 1, 67); i. 콩과식물 중에서 완두콩(그리스어로 'pisou')을 제외하고는 모두 치명적이다. 왜냐하면 완두콩 이름이 순종(그리스어로 '설득 peithous')을 의미하므로 조종사와 변호사에게 특히 유용하다. 조종사는 방향타를 따라야 하고 변호사는 판결을 따라야 하기 때문이다(1, 68).

채식주의 vegetarianism **1. 일반적으로 다음을 의미한다**: a. 지나치게 세속적이고 '육체적인 것'으로 간주되는 특정 쾌락의 절제. 이것은 종종 건강, 경제, 생태, 미학 및/또는 종교라는 공개적 이유로 권장되었다; 그러나 매우 자주 상징적 가치가 더해졌다; 고대에는 '미개한 불신자들'(예 프루덴티우스Prudentius, 가톨릭 백과사전Cath. 3, 61ff), 이방인, 블레셋 사람들, 대중들과 '구별'되는 것이라는 근본적인 정서가 있다; b. 채식주의는 탁월한 철학자들의 식이요법이다(다음의 3번과 4번 참조); **2. 그리스**: a. 대홍수 이전의 인간들은 곡식과 과일만 먹었다(이레나이우스, 에피데이시스Epid. 22; 성 유스티누스St. Justin, 대화Dial. 20, 1f.); 이 고대 사람들은 나른했고 그로 인해 늙어갔다. 그렇지만 아마도 포도주가 없었기 때문에 인생이 매우 길게 느껴졌을 것이다(안토니오 S. I. 오르베 Antonio S. I. Orbe, 성 이레네우스의 인류학AI 390); b. 다뉴브강 어귀 주변에 살았던 미시아인들은 종교적으로 채식주의자였고 평화로운 사람들이었지만 강건하고 불굴의 백병전투가였다(스트라보Strabo 7, 3, 3, 호메로스Homer, 일리아드Il. 13, 5을 인용함); c. 채식주의자였던 철학자들의 목적은 인간이 육식을 금하고 신들과 완전한 공생을 가졌던 황금기를 재현하는 것이었다; 따라서 그들은 의례의 살해에서 불가피한 피의 제물도 피했다(프로메테우스Prometheus와 인간의 나이age of man 참조); 뜨거운 사랑과 피의 희생을 나타내는 뜨겁고 건조한 향신료와 향료를 거부하고 차갑고 수분이 많은 상추를 선호하며 결혼생활에서 차가운 생산성을 나타내는 다른 채소도 선호한다(참조: 데티엔느Detienne, "아도니스의 정원Gardens of Adonis" xxii); d. 다음 3번 참조; **3. 피타고라스학파**: a. 고대에는 고기에 대한 금기는 거의 없었지만 피타고라스는 삶의 단순함에 익숙해지도록 하기 위해 사람들에게 채식주의를 가르쳤으며 이를 위해 조리되지 않은 음식과 깨끗한 물을 처방했다(적어도 낮에는: 디오게네스 라에르티오스Diogenes Laertius, 8, 13ff.); b. 영혼의 윤회에 대한 믿음 때문에 동물의 몸은 정제되지 않은 영혼에 담기는 열등한 것으로서 동물의 고기는 건강에 좋지 않다고 여겼다(알렉산드리아의 클레멘스 Clement of Alexandria, 스트로마타Strom. 7, 6, 크세노크라테스Xenocrates 및 폴레몬Polemon을 인용함); c. 진정한 피타고라스학파인 티아나의 아폴로니우스는 동물의 고기뿐만 아니라 동물의 가죽으로 만든 의복도 금했다(필로스트라투스Philostratus, 아폴로의 일생VA 1,

8); **4. 포르피리우스**Porphyrius: 채식주의는 모든 사람에게 권장된 것이 아니라 "철학자와 특히 신으로부터 오는 행복과 신에 대한 모방을 중단한 이들에게" 권장되었다; 그의 신조는 동물이 이성적 존재라는 것이었는데 이는 그가 태양을 "지적이고 이성적인 본질"로 믿었다는 사실로 인해 약간은 덜 정당화되었다(초록Abst. 2, 3); **5. 기독교**: 카르투시안들은 베네딕토회 수도사들처럼 특정한 상황에서는 채식주의자였다(에라스무스Erasmus, 물고기를 먹는 것에 관해CF 물고기를 지나치게 많이 먹었을 때 토하는 증상Ichthophagia, p, 371 및 407); **6. 악명 높은 채식주의자**: 피타고라스Pythagoras, 플라톤Plato, 스토아학파Stoics, 포르피리우스Porphyrius, 플로티노스Plotinus와 같은 역사철학자; 오리게네스Origen, 테르툴리아누스Tertullian, 알렉산드리아의 클레멘스Clement of Alexandria, 트라피스트Trappist 수도사와 같은 종교인; 존 밀턴John Milton, 볼테르Voltaire, 스베덴보리Swedenborg와 같은 청교도 신앙인들; 루소Rousseau, 소로Thoreau, 쇼Shaw와 같이 자연으로 돌아간 철학자; 히틀러처럼 폭력을 휘두르는 사람.

채찍, 매 scourge **1.** 징계와 (신의) 징벌: a. 하나님이 "채찍을 휘둘러"(이사야서Isa. 10, 26; 히브리서Hebr. 12, 6도 참조); b. 중세시대: '이교도pagan' 정복자(예 아틸라Attila, 절름발이 티무르Timur-I-Lang); **2.** 심각한 문제 또는 전쟁의 원인: a. 벨로나Bellona의 속성; b. "월터 롤리 경, 그는 스페인의 재앙이다"(제임스 톰슨James Thomson); **3.** 참회 또는 고문의 방식: 십자가 처형Crucifixion의 상징 중 하나; **4.** 혀의 채찍(욥기Job 5, 21); **5.** 특히 다음과 같은 경우의 법적 처벌: a. 채무자에 대한 처벌(로마); b. 엘리자베스 1세 여왕 시대의 창녀에 대한 처벌(그러나 헨리 4세 2부2H4의 4장에는 이것이 성 매수자에 대한 처벌임을 암시하는 내용이 있다); **6.** 출산 촉진: a. 대지의 여신 아르테미스를 위해 소년들은 채찍질을 당했다(대리 왕이 되어 죽임을 당하는 대신으로); b. 네메시스(라틴어로는 '포르투나Fortuna')는 다산 의례에서 행해지는 채찍질 용 채찍을 허리띠에 매달고 있었다; c. 고대 로마의 루페르칼리아Lupercalia 축제에서 상류계층의 어린 남자아이들이 벌거벗은 채로 거리를 뛰어다니면서 올리브 기름을 사람들에게 부었다. 그리고 만나는 사람들, 특히 여자들을 가죽끈으로 때렸다; 다산 의식: 예 "우리 장로들이 말하기를, 이 성스러운 경주 중에 불임인 자가 희생동물의 가죽을 만지면 불임의 저주에서 해방될 것이라고 한다"(율리우스 카이사르Caes. 1, 2); 채찍질flagellation과 2월February 참조; 7. 사냥과 관련된다.

채찍질 flagellation **1.** 이 단어는 형벌이 아닌 다른 목적으로 채찍질 하는 것을 의미한다; **2.** 입문식: 인내심을 시험하는 것; **3.** 정화의례: 악령을 쫓는 것; **4.** 다산 의례: 예 루퍼칼리아(2월February 참조); 스파르타의 '서 있는' 아르테미스 신전에서 어린 소년들이 채찍을 맞았던 것처럼, 디오니소스의 축제기간 동안 알레아Alea의 '원형 건물'에서 여성들이 채찍질을 당했다(파우사니아스Pausan 3, 16); **5.** 치료제: (종종 쐐기풀을 사용하여) a. 소화를 개선하기 위해; b. 혈액순환을 개선하기 위해; **6.** 성적 자극제: 능동적 및 수동적으로 모두 사용된다; **7.** 다산을 위한 상징적 채찍질: a. 판이 채찍질할 때 사용한 부추(테오크리토스Theocritus 7, 107f.); b. 지하 세계의 신이 채찍질할 때 사용한 회초리(파우사니아스 3, 16); **8.** 심리: 자기 비판은 내향성(자신의 무의식으로 침투+금욕주의)과 밀접한 관련이 있으며 이를 통해 무엇인가가 생성되고, 영감을 얻고, 재생되고 재탄생할 수 있다; **9.** 민속: 출항하기 전에 아내를 때리는 것은 어부들에게 행운이다; **10.** 채찍scourge; 채찍질whip 참조.

채찍질 lash **1.** 처벌: 따라서 이것은 정화의 검의 대극이다. 채찍scourge; 채찍whip 등 참조; **2.** 헤카테의 상징; **3.** (파라오의) 홀이 가진 이중성의 한 형태.

채찍질 whip(ping) **1.** 다산: a. 이집트: 바람의 신 민Min의 상징; b. 그리스: 제우스 숭배 의례에서 사용되었으며 디오스쿠로이의 상징이었다; c. 로마: 다산 의례인 루퍼칼리아 동안(2월February과 채찍scourge 참조) 사용되었다: 말들의 통제자로서 포세이돈의 속성; **2.** 힘, 우월, 승리: 왕의 홀의 변형; **3.** 사냥; **4.** 형벌: 예 로마에서는 채무자가 채찍질 당했고 신전에 성화를 지키는 처녀들이 불을 꺼뜨리면 채찍질 당했다;

b. 엘리자베스 1세 여왕 시대에는 부랑자와 "멀쩡한 거지들"에 대한 처벌(허가받지 못한 배우들도 마찬가지였다; 덴마크의 왕자 햄릿Ham. 2, 2 참조)이었다; **5.** 남근: 예 길거리 민요에서: "그녀는 나에게 그녀의 마차에 들어가서 부드럽고 조심스럽게 마차를 몰며 나의 채찍을 신중하게 다루라고 명령했다(역주: 성행위에 대한 완곡한 표현)": **6.** 심리: 끔찍한 어머니Terrible Mother 상징: a. 말에게 벌주는 이슈타르; b. 남자의 결혼을 막음으로써 그의 남성성을 '훔치는' 자웅동체의 마녀 여신이자 끔찍한 어머니 헤카테의 속성.

책 book **1.** 지혜: a. '내적 · 외적으로 쓰인 책': 소수(내부)를 위한 지식과 대중적(외부) 지식(양날의 검과 같은); b. 책('the' book)은 또한 성서를 말한다: 예 '책에 손을 얹고 하는 맹세book-oath'(헨리 4세 2부2H4 2, 1)는 성서에 손을 얹고 하는 맹세를 의미한다; **2.** 성서: a. 구약성서: 운명, 존엄, 법; b. 신약성서: 신성한 지식; **3.** 은밀한 지식: a. 프로스페로Prospero는 자신의 마법서에 대해 다음과 같이 말한다: "그리고 내 책을 던질 때 급강하하는 소리보다 훨씬 더 깊다"(템페스트Temp. 5, 1); b. 토트의 서Book of Toth(또는 헤르메스-토트Hermes-Toth, 헤르메스 트리스메기스투스 Hermes Trismegistus 같은 저자들의 책)는 상자더미 위에 놓여 있었다: 금에서 은으로, 상아색에서 흑단으로 그리고 철로; 나일강에 이것을 던졌을 때 이것을 찾아내는 사람에게는 방대한 지식과 힘을 약속한다; 타로Tarot 참조; c. 미래: 세계의 미래에 관한 큰 책(또는 두루마리)과 대조적으로 "작은 책a little book"은 교회의 미래이다(계시록Rev. 10, 2); **4.** 생명: 모든 사람의 이름(또는 단지 필요한 정보만)이 적힌 생명책Book of Life(출애굽기Ex. 32, 32; 시편Ps. 69, 28; 이사야서Isa. 4, 3, 계시록 3, 5); **5.** 추모의 책book of remembrance (말라기Mal. 3, 16); **6.** 얼굴 표정: a. "나의 종사thane인 너의 얼굴은 기이한 것들을 읽을 수 있는 책이다" (맥베스Mac. 2, 5); b. "찬사의 책인 그녀의 얼굴"=아름다움; 엘리자베스 1세 여왕 시대의 일반적인 허영(예 타이어의 왕자 페리클레스Per. 1, 1); **7.** 마법: "책은 종종 부적과 주문을 담는다"(윌리엄 쿠퍼William Cowper, "임무: VI. 정오의 겨울산책The Task: VI. The Winter Walk at Noon"; **8.** 자연에 대한 의식고양: a. (다음과 같은 것들을 볼 수 있다) "나무의 혀tongues in trees, 흐르는 개울의 책 등"(뜻대로 하세요AYL 2, 1); b. 창조적 '직조'와 관련된다: 신의 전지전능함 안에서 모든 것이 구체화된다; **9.** '너도밤나무beech'(참조)와 관련된다; **10.** 결합: a. 명백한 것: 그리스도는 세상의 빛이고 생명의 책이다(앞의 설명 참조); b. 분명하지 않은 것: 신의 손 안에 있는 신성한 신비; c. 악마의 책devil's book: 카드 패; d. 작은 책a little book: 2번의 c 참조; e. 신사록red book: 관청에 근무하는 모든 사람들을 열거한 책(본래 귀족명단); f. '종bell, 책, 촛불'과 관련된 파문excommunication의 경우 종bell 참조; **11.** 나무껍질bark; 파피루스papyrus; 두루마리scroll; 서판tablet 등 참조.

처녀 damsel **1.** 기사도 정신과 관련 있다; 또한 요정과 님프같은 신성한 존재가 '요정 처녀'의 매혹적인 여성의 형태로 묘사되기도 한다: "로그레스의 기사 또는 라이오네스의 기사, 랜슬롯 또는 펠레아스 또는 펠레노어가 숲에서 만난 요정 처녀들"(존 밀턴John Mliton, 복낙원Par. Reg. 2, 359); **2.** 카를 융Carl Jung: 아니마: 성castle 참조.

처녀 maiden **1.** 처녀성(나중에 이 단어의 의미), 결백; **2.** 새로운 시작, 새벽, 봄, 약속; **3.** 은혜, 우아함; **4.** 신화에서 폭군에게 살해당한 처녀는 종종 홍수, 가뭄, 서리 등에 정복당한 풍요를 나타내는 경우가 많다; 처녀=(아름다운) 들판: 카라테스Graces 참조; **5.** 스코틀랜드 처녀: 16세기에 사용된 초기 형태의 단두대를 이렇게 불렀다; **6.** "개의 코와 처녀의 무릎은 항상 차갑다"(속담).

처녀성 maidenhead **1.** 비밀: "내가 누구이고, 내가 무엇을 하곤 했는지는 처녀성처럼 비밀이다: 당신의 귀에는 신성해도 다른 사람의 귀에는 신성모독이다" (십이야Tw. N. 1, 5); **2.** 숫처녀virgin 참조.

처녀자리 Virgo (별자리) **A.** 일반적으로 다음을 의미한다: 1. 8월 23일경에 들어가는 여섯 번째 별자리; 2. 가깝게 연결된 M과 P로 표시된다; 점성술 도표: 꽃병이나 야자나무 잎을 든 소녀; 3. 신화: 다산 여신의 천상적 측면(동정녀 어머니와 물질): a. 이집트: 이시스; b. 바빌로니아: (세차 운동 전에) 여름 하지를 지배하는 이슈타르; c. 그리스–로마: 인간이 죄를 짓기 전에 지상에 살았던 데메테르–페르세포네, 에리고네, 유스티티아; d. 기독교: 성모 마리아; **B.** 기간: a. 여름 무더위; b. 물질적인 것에서 영적인 것으로의 이동; c. 수확, 성취, 건조의 시기; d. (반) 신의 탄생: 역동적 의식성의 현현; **C.** 다음에 상응한다: 1. 신체: 소화 기관 및 생식 기관; 지그문트 프로이트Sigmmund Freud에 따르면 항문 콤플렉스; 2. 색상: 회색 또는 황백색; 3. 원소: 흙; 4. 행성: 수성의 지배를 받는다: 숫자 6과 연결되어 자웅동체를 형성하고 처녀자리는 사자자리를 지배한다: 힘카드 (타로카드)Strength (Tarot) 참조; 5. 풍경: 농가; 6. 타로카드: 연인 카드; 7. 특성: a. 건조하고, 차갑고, 여성스러운; b. 변하기 쉽고 가장 세속적인; c. 불행한 특성을 갖고 있다; 8. 상징: 다윗의 인장; **D.** 처녀자리의 후원자: a. 비평가와 장인: 창작자와 지휘관의 반대; b. 스위스: 시계 제조업자; c. 파리의 시민들; d. 고양이의 후원자; **E.** 심리: 처녀자리에 태어난 사람들: 1. 긍정적인 면: a. 상식적이고, 과학적이며 절제된 마음을 가졌고 창의적일 수 있다; b. 물건을 비축하는 경향이 있다; c. 재치 있다; 2. 부정적인 면: a. 메마르고 냉정한 합리주의자; b. 세부사항에 까다로운 사람, 차별주의자, 완벽주의자; c. 우울한 사람; **F.** 유명한 처녀자리 유형의 인물: 톨스토이 백작.

처녀총각 Jack and Jill **1.** 동요: "언덕 위에 검은 새 두 마리가 앉아 있었는데 한 마리는 잭, 다른 한 마리는 질이었어요. 날아가렴 잭, 날아가렴 질, 잭 다시 돌아와, 질 다시 돌아와" 그리고 "잭과 질은 언덕을 올랐어요. 물 한 양동이를 떠오려고요. 잭은 넘어져서 머리가 깨졌고 질은 엉금엉금 기면서 왔어요"; **2.** 다음과 같이 설명된다: (산문 에다Edda에 나오는) 아버지가 두 명의 아이들에게 산 속 옹달샘에 가서 송미드song-mead(역주: 벌꿀술의 한 종류)을 가져오라고 시켰다; 아이들이 양동이를 다 채우자 달의 신이 아이들을 데려다주었다; 때로 소녀는 아직도 음유시인들을 위해 송미드song-mead를 뿌린다(산문 에다Pr. Edda 1, p. 38); b. 마법의 이슬방울을 얻기 위한 것이라는 설명 외에 그들이 물을 구할 가능성이 낮은 언덕을 오르는 이유에 대한 다른 많은 설명이 있다(산mountain 참조); **3.** 달의 연인들.

처벌, 형벌 punishment **1.** 다음으로 의인화되었다: a. 큰 걸음으로 앞서가는 범죄 뒤에서 절뚝거리며 따라가는 사람(퀸투스 플라쿠스 호라티우스Quintus Flaccus Horace); b. 손도끼와 사브르(검)를 들고 풀어져버린 막대기 파스케스fasces(역주: 고대 로마에서 막대기 다발 속에 도끼를 끼운 집정관의 권위 표지)를 무릎에 얹은, 근엄해 보이는 사람; 그의 뒤에는 사슬과 고문 도구(코킨Cochin)가 있다; **2.** 다음을 상징한다: a. 응징; b. 악마, 독수리; c. 불; **3.** 이것의 처벌적 특성이 아닌 의례적 특성에 대해서는 채찍질flogging 참조.

처브 (황어의 일종) chub (물고기) 힐데가르트 폰 빙엔 Hildegard von Bingen: 처브는 뜨거운 공기가 아닌 차가운 공기로 채워져 있다; 낮의 햇빛을 좋아하고 구멍이나 진흙에 살기를 좋아한다; 더러운 작은 벌레들을 먹는다; 음식이나 의약품으로 사용하지 않는다(자연학 Ph. 5, p. 98).

척추 spine **1.** 견고함, 체력, 용기의 자리; **2.** 불꽃, 생명의 힘: a. 생명나무 그리고 세계 축; b. 아론Aaron의 지팡이 또는 이새Jesse의 지팡이; 창spear 참조; c. 척추의 골수에서 정액이 추출된다; **3.** 뱀snakes과 관련된다: 사람의 몸이 땅에 묻히면 척추의 골수가 뱀으로 변한다(나소 P. 오비디우스Naso P. Ovid, 변신이야기Metam. 15, 389f.); 뱀serpent 참조.

천, 직물 cloth **1.** 불멸: 저승에서 돌아오는 왕은 손에 천 조각(또는 카펫 또는 그물)을 들고 온다; **2.** 인간 희생제물의 대체물: 나무에 걸어둔 천 조각; 누더기rag, 교수형hanging도 참조; **3.** (색상의) 변화성: 색을 띠지 않는 천은 나쁜 천이다. 품질이 우수하지 않은 직물도 좋은 색상을 입히면 개선될 수 있다(속담); **4.** 성자들의 유물로서의 천; **5.** "채색한 천": 방을 표시하기 위해 거는 숫자나 모토가 채색되거나 새겨져 있는 천: (판다로스Pandar:) "고기를 사고 파는 좋은 상인들이여, 이것을 당신의 채색한 천에 넣으시오"(트로일로스와 크레시다Troil. 5, 10); **6.** 윌리엄 B. 예이츠William B. Yeats: 하늘: "내가 만약 황금빛과 은빛의 하늘을 수놓은 천을 가지고 있다면"("그는 하늘의 천을 소망한다").

천남성 (연령초) cuckoo-pint; cuckoo-pintle (식물) **1.** '아룸 속 식물' 중에 알록달록한 형태는 '웨이크-로빈' 또는 '로즈 앤 레이디즈'라고 부른다; 때로는 쓴맛의 독이 있는 수액을 가지고 있다; 빨간 열매에도 독이 있다; **2.** 덫: 파리가 천남성(연령초)의 냄새에 이끌려 들어오면 빠져나가지 못하고 죽는다.

천둥 thunder **1.** 분노, 동의의 표현 또는 선언(예 모세의 율법, 종종 신의 탄생을 알림)을 수반하는 최고(하늘)신의 목소리; 바빌로니아의 엔릴이 아누와 같은 집행기능(예 군주제에서의 집행기능)을 한 것처럼 엘의 집행기능을 한 림몬(하닷=바알=주님)의 현현; 그의 숭배동물도 황소이다; **2.** 비옥한 비를 몰고 다니는 것(봄: 예 토머스 S. 엘리엇Thomas S. Eliot, "황무지The Waste Land"); **3.** 이집트: 멀리 떨어져 있는 소리의 상징: 가장 멀리서 들리는 소리; **4.** 비코Vico의 시대주기에 따르면 오래된 주기는 천둥소리로 끝난다(현시대); 인간의 나이ages of man 참조; **5.** 번개lightening, 폭풍storm 등 참조.

천둥 번개, 벼락 thunderbolt **1.** 최고(하늘) 신의 무기 또는 갑옷: 일부 전통에 따르면 주피터는 세 개의 천둥 번개(기회, 운명, 섭리)를 갖고 있다, 때로 그는 더 무거운 번개와 덜 타오르는 불꽃(그의 두 번째 무기)의 번개를 갖고 있다고 여겨진다; 주피터가 주노에게 다가간 것과 마찬가지로 세멜레는 주피터에게 더 가까이 다가와 달라고 청했으며, 이때 주피터가 더 작은 천둥번개를 사용했음에도 불구하고 그녀의 필멸의 몸은 천상의 황홀감을 견디지 못하고 주피터의 결혼 선물 때문에 불에 타 죽게 된다; 그녀의 아들은 디오니소스/바쿠스(나소 P. 오비디우스Naso. P. Ovid, 변신이야기Metam. 259-310)였다; 천둥 번개는 특히 목성을 비롯한 세 개의 상층 행성들이 떨어지면서 일으킨 불꽃으로 생겨났다고 전해진다(플리니우스Pliny 2, 18); **2.** 신의 칼날, 남근 또는 신의 창조력; 봄, 새벽 등과 관련 있다; **3.** 어둠을 꿰뚫는 로고스: 하늘로부터의 빛(천둥thunder 참조), 물질적 형태의 파괴자; 천상으로 올라가는 것을 의미하는 상징(십자가, 희생의 기둥, 계단 등)의 반대; **4.** 주권의 상징: 신의 은총에 의한 통치; **5.** 높은 보좌로부터 추락: 많은 신성한 왕들이 여신과 의례적인 성교를 한 후 벼락에 맞아 죽어야 했던 것으로 보인다: 예 그리스 버전의 안키세스; **6.** 날개 달린 천둥 번개: 힘과 속도의 상징; **7.** 번개 lightning 참조.

천랑성, 시리우스 Dogstar **1.** 천랑성이 떠오르면 풍요를 가져오는 나일강의 상승을 나타낸다; 천랑성(시리우스)은 '모든 녹색 생물의 창조자'이다; 거의 모든 동물, 심지어 물고기도 천랑성의 떠오름에 영향을 받는다; **2.** 또한 천랑성은 뜨거운 여름과 관련있다: 개의 광기를 불러온다; 천랑성은 무역풍 중 북풍('에테시안Etesian')을 몰고 와서 오십일 동안 계속 불어오게 한다; **3.** 이집트: 하토르 여신이 인류를 대량 학살했을 때 이시스 여신이 흘린 눈물로 나일강이 범람하게 된 것과 연관 있다; **4.** 그리스에서는 a. 천랑성은 오리온자리의 개: 이 개의 불타는 입김은 죽음과 전염병을 가져왔다; 아래의 8번도 참조; b. 수확 시기에 떠오르는 천랑성은 바다에 가라앉은 후 가장 밝게 빛난다(호메로스Homer, 일리아드Il. 5, 5ff); **5.** 히브리인: 갈렙Caleb('개'라는 뜻)과 관련 있다; **6.** 로마(아이네아스가 투르누스와의 마지막 전투를 시작한 것 참조): a. 전쟁의 붉은색; b. 열이 나게 한다; **7.** 고대 북유럽: 거인 티아지의 유령. 티아지는 로키의 도움으로 자신의 여형제인 이둔과 젊음의 황금사과들(풍요)을 지하세계(저승)로 가져갔다. 이 일로 인해 티아지는 아사신족에게 죽임을 당하고 하늘로 올라갔다; **8.** 일반적으로 다음을 의미한다: 사악한 징조: 여름의 개의 날에는 아티초크가 꽃피고 귀뚜라미가 울며 여성들은 가장 자유분방하고 남성들은 가장 약하다(헤시오도스Hesiodus, 작품과 생애WD 582 이후); 알카이오스Alcaeus의 조언: 술을 많이 마시라(단편fr. 161); **9.** 토마스 S. 엘리엇Thomas S. Eliot: "지금은 청랑성이 상징하는 다산이 사라졌거나 미움을 받는다네"("나이팅게일에 둘러싸인 스위니Sweeney among the Nightingales"

"황무지The Waste Land"에 등장하는 스텟슨Stetson).

천사 angel **1. 일반적으로 다음을 의미한다**: a. 본질적으로 신보다는 열등한 그리고 인간보다는 우월한 지성과 의지를 가진 존재로 창조된 영이며, 또한 신성한 은혜나 메시지의 운반자(그리스어 '안게레인anggelein'=알리기)이자 악을 처리하는 자이다; b. 생명의 근원과 현상세계 사이를 오르내리는 보이지 않는 힘; c. 영적 세계 또는 날개 달린 신성들; d. 에녹: 불의 본성을 가진 천사; 욥Job: 별과 동일한 천사; 그리스: 헤시오도스Hesiodus(작품과 생애Works and Days 252ff.) 참조; **2. 천사들의 아홉 개의 합창**: 출애굽 후 페르시아와 그레코로마의 영향 하에 천사들은 더 큰 부분에서 역할을 하기 시작했다; 천사숭배는 성 어거스틴 이후에 생겨났다(그는 그때가 안전하다고 생각했다): A. 신과 직접적 관계에 있다는 점에서 최고성: a. 스랍Seraphim: 불의 영과 사랑: 상투스(성가곡)라는 단어가 새겨진 여섯 날개와 방패; 우리엘이 이끈다; b. 그룹Cherubim: 지식의 충분함; 또한 많은 눈을 가진 것으로 표현되는 공작 깃털; 요피엘Jophiel이 이끈다; c. 왕좌: 불 수레(태양)로 상징되는, 신의 보좌를 끄는 자들: 위엄과 정의; 자프키엘이 이끈다; B. 통치 질서: a. '지배Dominationes': 홀과 검: 신의 힘의 세계; 자드키엘Zadkiel이 이끈다; b. 천사('위르투데스Virtutes')들이 수난상징을 이끈다: 그리스도의 수난: 하니엘Haniel이 이끈다; c. 권력('시위Postestates'): 인류의 보호자: 이들은 불꽃 검을 가지고 다닌다; 라파엘이 이끈다; C. 실행 명령; a. 정사Principalities: 주권의 보호, 검, 홀, 십자가를 가지고 다닌다; 카마엘이 이끈다; b. 대천사: 신의 보좌 옆에 서 있다: 전례의 주관자; 미카엘이 이끈다; c. 천사들; **3. 문장**heraldry(紋章): a. 방패의 양면에 그리고 방패 소유자로 묘사되어 있다; b. 야자나무잎이 새겨진 방패; 신념; c. 유쾌; d. 집, 존엄, 고위직의 좋은 이름; e. 완벽을 위한 노력; **4. 동요**: (토머스 애디Thomas Ady의 "어둠속의 촛불A Candle in the Dark" 참조): "마태, 마가, 누가, 요한이여, 내가 눕는 침상을 축복해 주세요; 내 침상의 네 구석, 내 머리 맡의 네 천사, 하나는 지켜보고 또 하나는 기도해요. 나머지 둘은 내 영혼을 데려가요"; 이것은 백주문White Paternoster(역주: 악령을 쫓아내기 위한 주문)으로 알려진 것으로, 어린 아이들의 기도로 잘 알려졌다. "이제 나를 누워 잠들게 해 주세요"; 때로는 더 이어지기도 하지만 내용은 항상 모든 것이 보호받는 것이다(바빌로니아 시대부터 비슷한 기도가 존재했다); **5. 윌리엄 블레이크**William Blake: a. 위선자("나는 도둑에게 물었다"); b. 거짓 무죄; c. 무지; d. 관습적이고 법률에 묶여 그것을 따르는 사람; **6. 라이너 M. 릴케**Rainer M. Rilke: 절대적 영감, 끔찍한 영감의 순간: 영웅의 반대 편("비가Elegies" 참조); **7. 스테판 말라르메**Stéphane Mallarmé: 아름다움을 왕관으로 쓰고 영원히 추락할 위험을 무릅쓴 채 역겨운 세상 위로부터 벗어나려고 하는 정화된 존재("창문Les Fenetres"); **8. 조합**: a. 뱀 천사serpent-angel: 모세가 표준으로 사용한 놋뱀Brazen Serpent 네후슈탄Nehushtan(나중에 이집트와의 연결이 금지됨); 또한 뱀serpent 참조; b. 검은 천사: i. 죽음의 천사; ii. 위장, 배: "으르렁거리지 마라 검은 천사야. 나는 너에게 줄 음식이 없다"(리어왕Lr. 3, 6); **9.** 또한 연금술alchemy; 석실운석aerolite; 그룹cherub; 행성planet; 스랍seraph 등 참조.

천왕성 Ouranos 천왕성Uranus 참조(행성 천왕성 uranus 때문에 사용되는 라틴어 이름).

천왕성 Uranus (행성) **1.** 일반적으로 다음을 의미한다: a. 태양에서 멀리 떨어진 일곱 번째 행성; b. 1781년에야 발견되었으며 어떤 이들은 그 이후로 변화를 일으킨 것으로 추정했고, 민주주의와 해방의 상징으로 여긴다; c. 천왕성은 7년에 한 번 황도대를 통과하며 사람들에게 직접적으로 영향을 미치기보다는 세대에 영향을 미친다; **2.** 천왕성이 토성을 생성함에 따라 시간을 창조하는 천체의 공간을 나타낸다; **3.** 다음에 상응한다: 기계 발명과 산업혁명의 시대, 또한 반란과 기행의 시대; **4.** 특성: A. 긍정적인 면: 혁명적, 독립성, 충동적인 행동, 혁신가, 개혁가, 발명가, 기술자뿐만 아니라 마술사, 주술사, 점성술사와 관련 있다; B. 부정적인 면: a. 천왕성은 비록 진실로 사랑하는 사람이라 할지라도 특히 결혼에 재앙을 가져온다; b. 돌발성, 변화, 흥분을 유발하는 특성이 있다; C. 천왕성과 관련된 유명인사(비교적 새로운 행성의 영향에 대해 크게 반대한): 애니 베상, 프랑스Dylan 루스벨트; 일부 사람은 제2차 세계대전의 발명품들(특히 원자폭탄)이

'천왕성이 난동을 부린' 결과물이라고 생각한다; **5.** 별자리: 천왕성은 물병자리를 지배한다.

천장 ceiling 걱정, 슬픔 등의 감정이 천장을 따라 날아다니거나 천장에 새겨진다: a. "비모의 천장을 돌아다니는 마음의 비참한 심란함과 걱정"으로부터 벗어날 수 없다(퀸투스 플라쿠스 호라티우스Quintus Flaccus Horatius, 까르미나Carm. 2, 16, 10 이후); b. (우울감을 칭함:) 어디를 보아도 사랑하는 사람이 떠오른다: "당신이 천장 선상에 새겨져 있네요"(폴 엘뤼아르Paul Eluard, "상처받은 마음A Peine Defiguree").

천재 genius 윌리엄 블레이크William Blake: 그는 불(역주: 영적 깨어남과 초월을 위한 변환에너지의 상징) 원소와 관련된다[다섯 번째 원소(영 또는 상상)].

천저, 최악의 순간(바닥) nadir 한 개인에게 있어서 최악의 상태: 천정zenith, 즉 뇌(지성)와 반대되는 무의식; 인간이 타락했을 때 천저의 지리적 위치가 반전되어 남쪽에 위치하게 되었다(블레이크 사전W. Blake Dict.).

천주교 의례복 alb(e) **1.** '튜니카 알바tunica-alba', 즉 언더 튜닉은 고대에 그리스와 로마 세계의 평범한 복장이었다; **2.** 나중에 특히 여성신을 숭배하는 이교도 사제들이 입었던 (여성적인) 옷차림으로 추측된다: 예 키벨레의 사제; **3.** 기독교 제사장의 흰 가운; 특히 a. 영세와 b. 장례예식에 입었던 옷; **4.** 그리스도의 예복 가운; **5.** 순결, 순수: 사제의 몸을 완전히 덮고 있는 예복; **6.** 영원한 기쁨; **7.** "그리고 너희는 하나님을 따라 공의와 진리의 거룩함으로 지으심을 받으신 새 사람을 입으라"(에베소서Eph. 4, 24); **8.** 부활절 전 토요일부터 부활절 후 첫 번째 일요일까지 입는 옷.

천칭자리 Libra **A.** 9월 23일경에 태양이 들어오는 황도대Zodiac 중 일곱 번째 별자리; 라틴어 '주금jugum'(균형의 멍에)라고도 한다; **B.** 다음을 나타낸다: 평형을 나타내는 한 쌍의 저울; **C.** 다음을 상징한다: 1. 우주와 정신의 평형: a. 태양계와 행성 사이의 평형; b. 선과 악 사이의 평형; c. 전갈자리(욕망)와 처녀자리(승화) 사이의 평형; d. 영적 자아(자아)와 외적 자아 사이의 평형; 2. 검, 십자가, 숫자 7과 관련된다: a. 인간관계; b. 정신 및 영적 건강; 3. 접속사; **D.** 상응하는 것: 1. 인체: a. 신장(그리고 다른 균형 기관); b. 척추 및 골수; 2. 색상: 황록색; 3. 행성: 조화로서의 "긍정적인 금성의 자리"; 4. 풍경: 무생물의 세계; 5. 타로: 마차; 6. 특성: a. 기본적이고 바람이 잘 통하는, 또는 뜨겁고 습한; 남성적임; b. 운이 좋음; E. 성격: a. 느긋하고, 온화하고, 관대하고, 예의 바르고, 사교적이지만 또한 너무 쉽게 영향을 받을 수 있음; b. 균형 잡히고, 교양 있고, 인본주의적인 연인; c. 경험주의적 · 절충적 · 지적; d. 사랑, 사랑의 쾌락뿐만 아니라 소송; e. 여성의 경우: 극도로 깔끔한; F. 천칭자리 유형의 유명인: 에라스무스, 캐서린 맨스필드, 마하트마 간디, 바우처, 와토.

철 Iron **1.** 최초의 철을 유성에서 얻었기 때문에 **천체세계**와 관련된다; **2.** **단단함**, 내구성, 항상성; **3.** **잔인함**, 속박: 예 성서: 이집트 시대('용광로'); 이것의 발견은 인류에게 재앙이었다(헤로도토스Herodotus 1, 68); 최고이자 최악의 광석: 농업과 전쟁에 사용되었다(플리니우스Pliny 34, 39); **4.** **인내심**; **5.** **처벌**. 신의 도구인 '철 지팡이(철장)'의 붉은색은 그 안에 있는 철 때문에 생긴 것이다(시편Ps. 2, 9; 계시록, 27); **6.** **혈액**과 관련이 있으며 혈액은 혈액 속의 철 때문에 붉은색이다; **7.** 자철magnetic iron은 하늘의 신들과 연결되며 **하늘의 신들**은 비자철non-magnetic iron로 상징되는 신들을 추적한다(예 세트Seth); **8.** **점성술**: 화성을 다스린다; **9.** **심리**: 아버지-영Spirit의 원형archetype은 민속에서 종종 작은 철인(철갑을 두른)으로 나타난다; **10.** **특별한 문학적 의미**: A. 단테Dante: (신곡 지옥편 Inf. 8): 지하세계의 디스 신의 성벽은 "철과 같다"; B. 윌리엄 블레이크William Blake: a. 지식인; b. 영적 전쟁(예 "미국", 성직자); 질투의 사슬; C. 딜런 토머스 Dylan Thomas: (인간의) 육체(모든 금속과 마찬가지로); **11.** **다른 것과의 조합**: a. 철기시대: 인간(인류)의 나이Ages of Man 참조; b. 철제 침대: 침대bed 참조; c. 철제 전차: 매우 치명적인 무기: 바퀴에 낫과 스파이크를 장착한 무기; d. 철제 왕관: 황금으로 만든 롬바르디아의 왕관. 그 안에 예수가 못 박힌 십자가의 못 중 하나로 만든 좁은 철띠가 있다: 예 대제의 대관식에 사용되었다; e. 쇠도끼: 고문 도구인 빌보는 죄수의 움직임을 제한하는 미닫이 장치가 있는 쇠막대였다(종종 선박 승선 중에 사용되었다); f. 철제 손: 괴츠 폰 베를리힝겐Goetz von Berlichingen; g. 철인: 인간man 참조; h. 철가면: '철가면을 쓴 남자'는 프랑스의 루이 14세의 통치기간 동안 의문의 수감자였는데, 감옥을 전전할 때 그는 항상 검은색 벨벳 마스크를 썼다. 이에 대해 많은 흥미로운 의견들이 있었지만 그의 정체는 여전히 수수께끼로 남아 있다; i. 철 나무: 교수대; j. 철 벽: 이전의 목재 벽과 같은: 선박, 영국의 방어를 위한 것; k. 뉘른베르크의 철인 여자는 중세 고문 도구였다. 안쪽에 스파이크가 달린 사람 모양의 관이다; **12. 민속**: A. 악령으로부터의 보호, 마녀에 대항하는 가장 강력한 무기: a. '벨리알의 아들들'은 "손으로 데려갈 수 없다. 그러나 그들을 만지는 사람은 철을 두르고(또는 '채우고') 쇠창 지팡이를 사용해야 한다(또는 '채워야' 한다)"(사무엘하서2Sam. 6f. 플리니우스 34, 44 참조); b. 말굽horse-shoe 참조; 또한 악을 쫓아내기 위해 종종 나무 대신 쇠를 '두드린다'; c. 요람과 아이를 낳는 여인의 침상에 못을 박는다; 또는 가위를 숨겨두기도 한다 d. 자살한 사람들이 교차로(사거리)에 묻히면 시신이 올라오는 것을 막기 위해 시신에 쇠막대를 박았다. 뱀파이어(마녀처럼 뱀파이어도 쇠를 무서워한다)에 대해서도 그렇게 했다; e. 마녀들이 철을 통과할 때 겪는 어려움의 예는 제랄딘이 "안팎이 철로 된" 문에 맞닥뜨리는 내용이 나오는 새뮤얼 콜리지Samuel Coleridge("크리스타벨Christabel" 1부)에서 볼 수 있다; B. 행운: 일반적으로 길에서 발견되는 철제 물건(말굽, 못 등)은 행운을 나타낸다.

철갑상어 sturgeon (물고기) **1.** 장수, 노년, 지혜: 이들은 200년 또는 300년까지 살 수 있다; **2.** 비너스Venus에게 바쳐졌다: 인어mermaid도 참조; **3.** 에드워드 II세의 칙령에 따르면 영국 철갑상어는 왕의 재산이다; 유베날리스Juvenalis는 바다 어느 곳이든 헤엄치는 눈에 띄거나 아름다운 모든 것이 어떻게 황제의 국고에 속하는지 설명했다("재무부서의 업무res fisci"; 풍자시집Sat. 4, 53ff.); **4.** 용기: 감히 조수를 따라 헤엄치고, 다른 물고기들처럼 바람과 조수를 정면으로 맞서지 않는 유일한 물고기이다(플루타르코스Plutarch, 동물의 영리함Clev. of Anim. 28)F.

철야, 불침번 vigil 기사의 '기사 입문을 위한 경계'은 평민 지위에서 구별된 후 문장을 부착하여(예 수녀의 수련 기간과 필적할 만한 상태) 기사 작위에 입문하거나 편입되기까지의 과도기이다; 이 과도기 단계는 일반적으로 '세상'으로부터 철수하거나 분리되는 단계이다; 입문자들은 '신성한' 단계에 있는 '외부 집단'이며 다른 집단으로의 재진입을 기다린다(아널드 반 게넵Arnold Van Gennep p. 102).

첨탑, 소용돌이 spire **1.** 천국으로 가는 다리, 우주의 축, 창조의 힘; **2.** 열망, 정상: 피라미드와 관련된다; **3.** 교회의 첨탑: 중심 탑: 성부 하나님; 작은 탑들: 하나님의 천상의 자손; **4.** 딜런 토머스Dylan Thomas: a. 성적이고 시적인 상승; b. 성스러운 남근, 또는 단어들로 이루어진 성스러운 탑-나무.

첫 번째 first **1.** 장자의 희생: 희생제물sacrifice 참조; **2.** 단테Dante의 "신곡 지옥편Inf."의 첫 번째 원: 세례를 받지 않은 아이들과 고결한 이교도: 림보Limbo (역주: 불확실한 상태); **3.** 하나one 참조.

청각장애 deafness **1.** 성서: 청각장애인들은 신전에서 일하는 것이 허용되지 않았다(레위기Lev. 21, 18); 중세시대에 설명으로는 청각장애인들은 복음을 들을 수 없기 때문이다(기도서Rohan. 223ff); **2.** 율리우스 카이사르는 왼쪽 귀가 들리지 않았다(율리우스 카이사르Caes. 1, 2,).

청교도주의, 퓨리터니즘 Puritanism 청교도주의는 항상 다음과 같은 특징을 갖는다: a. 독선: 청교도 신자는 변함없이 선택 받은 소수에 속한다; b. 편협, 타인의 도덕성에 대한 과도한 관심, 타인의 삶에 대해 끊임없는 간섭; c. 중앙집권적, 관용적 통치가 이루어지는 큰 공동체가 아닌 대부분의 폐쇄 공동체들은 청교도적인 경향이 있다(스위스에서부터 미국 매사추세츠주 플리머스의 순례자들에 이르기까지).

청금석 lapis lazul (보석) **1.** 일반적으로 다음을 의미

한다: a. 짙은 청색을 띠고 불투명하며 쉽게 광택이 나는 광물: 예로부터 작은 장식품과 상감 세공에 사용되었다. 금과 같은 황철석을 포함하고 있기 때문에 일반적으로 별이 뜬 깊고 푸른 하늘에 비유되었다; b. 이름은 라틴어로. '라피스lapis'=돌(연금술사에게는 원질료Prima Materia의 이름 중 하나 및 '라줄룸lazulum'(중세보석세공집Med. Lap.)='하늘색'(원래 동양 어원의 단어); c. 고대세계에서는 자주 청금석이 '사파이어'라는 이름으로 불렸을 것이다; **2.** 기간: a. 12월의 탄생석 중 하나; b. 별자리: 궁수자리 또는 염소자리; **3.** 하늘과 관련하여: a. 고귀함, 진실; b. 행복; c. 능력; **4.** 이것의 일반적 특성: A. 청금석은 다음을 가져온다: a. 성격의 확고함, 두려움 없음; b. 색상 감각과 조화를 촉진한다; c. 번영; B. 사악한 영향으로부터 보호하며 특히 이것에 닿은 신체 부분에서 '악을 끌어내고' 공기 중으로 증발되게 한다. **5.** 이집트: a. 하늘의 신 오시리스는 청금석(또는 청록색)의 신이다; b. 악령에 대항하는 부적; 일반적으로 풍뎅이 모양으로 세공하거나 눈과 하트 모양을 새겨 넣었다; **6.** 히브리: 모세의 석판은 청금석이었다; **7.** 로마: 사랑 및 비너스와 관련된다; **8.** 기독교: a. 순결; b. 주교의 반지로 착용된다.

청돔 gilthead (물고기) **1.** 가장 겁 많은 물고기로 썰물을 이용한 속임수에 쉽게 잡힌다(클라우디우스 아엘리아누스Claudius Aelianus, 동물의 본성에 관하여NA 13, 28); **2.** 아프로디테에게 바쳐졌다(아테나이오스Athenaeus 7, 328).

청동 bronze **1.** 이것은 정화하는 힘을 갖고 있다; **2.** 청동기 시대: 네 개의 점성술 시대 중 세 번째 시대: a. 인류는 금속 도구를 통해 끊임없이 전쟁을 하면서 견고하고 강인한 인류가 되었고 지옥에서 헤매는 벌을 받았다; b. 매장이 일반적인 규칙이 되었다; c. 수레바퀴(기계)의 발명과 연관된다; d. 위대한 서사시(최소한 "일리아드Illiad")는 많은 청동기 시대 전설들을 담고 있다; **3.** a. 청동 징: 그리스에서는 이 징을 다음의 때에 쳤다: a. 왕이 죽었을 때; b. 월식 때(달을 다시 되돌리기 위해).

청력 hearing **1.** 비범한 청력을 지닌 신화 속 인물들에 관한 많은 이야기들이 있다: a. 그리스: 예언자 멜람푸스는 벌레들이 지붕에서 이야기하는 소리를 들을 수 있었다(아폴로도로스Apollodorus 9, 10); b. 로마: 케르베로스는 '그림자' 또는 유령의 소리를 들을 수 있었다(켈트족의 나무 알파벳Seneca, 미친 헤라클레스HF 791); c. 게르만 신화: 헤임달은 풀이 자라는 소리를 들을 수 있었다; d. 켈트 신화: 아서왕의 궁전에서 가장 예민한 청력을 지닌 사람은 클러스트페이나드(='귀, 듣는 자의 아들')의 아들 클러스트였다; 땅 속 일곱 길 깊이에 묻힌 상태에서 50마일 떨어진 곳에 있는 개미가 아침에 일어나는 소리를 들을 수 있었다: 켈트 신화의 놀라운 기록들 중 하나('마비노기온Mabinogion', 쿨후흐Culhwch p. 106); **2.** 꿈에서: 정서와 관련된다(톰 체트윈드Tom Chetwynd); **3.** 청각, 그리고 호흡 기관을 거쳐 나오는 언어 능력에 대해 폐lungs 참조(리처드 오니언스Richard Onions).

청소년기 adolescence a. 청소년기 의례는 어디에서나 시행되었다: 남성성(또는 여성성)을 시험하기 위해 구타, 할례, 처녀막 파괴, 문신 등을 한다; b. 새로운 삶의 단계에 들어가기 위해서는 공식적으로 입장해야 한다; 로마 가톨릭의 영세 및 입교R. C. Baptism and Confirmation 참조; 종종 새로운 이름이 주어진다(또는 추가된다).

청어 herring (물고기) **1.** 켈트족: 대왕 청어가 청어 떼를 이끈다. 대왕 청어를 죽이는 것은 위험하다; **2.** 17세기: 약하고 완전히 실패한 것처럼 보이는 사람에 대해 '막 산란한 청어'처럼 보인다고 말했다; **3.** 딜런 토머스Dylan Thomas: 물고기처럼 남근의 성적인 상징성을 갖고 있다. 그래서 바다의 청어 냄새는 성적으로 흥분해 있는 여성의 자궁 분비물 냄새다; **4.** 민속: a. "모든 청어는 낚시 바늘이 아가미에 걸려야 잡을 수 있다"; b. "청어 낚시를 할 때 잔고기도 잡힌다".

청어 sprat (물고기) **1.** 일반적으로 다음을 의미한다: 흔히 볼 수 있는 대서양의 작은 물고기, '클루페아 스프라투스Clupea Sprattus'; **2.** 특성은 다음과 같다: a. 진흙에서 태어나 헤엄을 잘 치지만 바다의 파도에는 무력하기 때문에 동굴에 숨어야 한다(클라우디우스 아엘리아누스Claudius Aelianus 2, 22); b. 먹이가 필요하지 않다; 이들은 서로를 핥는 것만으로도 생존한다(같은 책); c. 날카로운 노랫소리의 유혹에 사로잡힌다(같은 책, 6, 32); **3.** 음식: a. 철갑상어와 청어는 가장 맛있고 흔한 음식이다(마르쿠스 툴리우스 키케로Marcus Tullius Cicero, 최고선악론Finib. 2, 28, 91); b. 최상의 청어는 리파라 섬에서 잡힌다(알렉산드리아의 클레멘스Clem. Alex., 훈교자Paed. 2, 1); c. 청어는 모샘치gudgeon보다 육즙이 풍부하지만 맛은 좀 부족하다. "이러한 부족함으로 인해" 헤카테Hecate의 음식이라고 부른다(아테나이오스Athenaeus 7, 313Aff.); **4.** 천둥과 관련된다: 로마에서 천둥과 번개에 대항하는 마법에는 이 물고기와 함께 머리카락과 양파가 부적으로 사용된다(플루타르코스Plutarch).

청어류 shad (물고기) **1.** '알로사Alosa'속; 영국 종은 '알리스alice'와 '트와이트thwaite'이다; **2.** 음악: 노래하고 손뼉 치는 소리가 들릴 때 수면 위로 올라온다(플루타르코스Plutarch, 961 E; 클라우디우스 아엘리아누스Claudius Aelianus, 동물의 본성에 관하여NA 6, 32; 아테나이오스Athenaeus, 328f; 오피안Oppian, 할리에우티카H 1, 244).

청지기, 집사 steward **1.** 누가복음Luke (16장)의 비유와 관련된다; **2.** "주인의 딸을 훔쳐간 것은 거짓 청지기이다"(덴마크의 왕자 햄릿Ham. 4, 5).

청호반새 kingfisher (halcyon) (새) **1.** 일반적으로 다음을 의미한다: a. 알키오네와 케윅스는 물총새과의 두 가지 다른 속이지만 상징적으로 하나로 취급된다; b. 암컷은 물에 뜨는 둥지를 만들고 동지 즈음에 2주일간 알을 품는다; c. (플리니우스Pliny) 하지 시기와 플레이아데스 성단(가을)에서만 볼 수 있다; 청호반새 별은 플레이아데스의 중심별이다; d. 이 새는 다섯 개의 알을 낳는다(여신의 수); **2.** 신화: a. (비구름을 의인화한) 알키온과 케윅스는 헤라와 제우스의 이름을 도용한 벌로 청호반새로 변했다; b. 알키오네의 남편 케윅스는 신탁을 받기 위해 집을 떠났다가 익사했다. 주노는 잠든 케윅스의 아내에게 그의 죽음에 대한 환영vision을 보냈고, 알키오네는 다음 날 해변에 갔다가 남편의 시체를 보고 새가 되어 날아갔다; 신들이 불쌍히 여겨 죽은 남편도 청호반새가 되게 했다. 그들이 둥지를 틀 때 바다는 조용하다. 왜냐하면 그들의 할아버지인 바람의 신(아에올로스)이 그들에게 이 고요함을 주었기 때문이다(나소 P. 오비디우스Naso P. Ovid, 변신이야기Metam. 11, 410ff 및 743ff); c. 청호반새는 레아가 이아손에게 보낸 전령이다(로디우스의 아폴로니우스Apollonius Rhodius, 아르고호 항해기Arg. 1, 1085); d. 이것은 테티스에게 바쳐졌다; **3.** 고요: 동지 전후 7일이 항해하기에 좋다(1번의 b와 2번의 b 참조); **4.** 부부의 믿음: a. 이들은 항상 쌍으로 날아간다; 2, b도 참조; b. 암컷은 죽은 짝을 등에 지고 바다 위를 날면서 애통한 절규를 한다; c. 그들은 한 계절만이 아니라 일 년 내내 동거한다; **5.** 애도: 2번의 b와 4번의 b 참조; 다른 참조는 호메로스Homer(일리아드Il. 9, 563)에서 찾을 수 있다; **6.** 겸허: 황혼녘에만 그 모습을 드러낸다; 1번의 c 참조; **7.** 토머스 S. 엘리엇Thomas S. Eliot: 청호반새의 "날개가 빛으로 응답하고 정지한 후, 빛은 회전하는 세계 정점 지점에 여전히 있다": 6번 참조, 그리고 잠시의 청호반새의 고요 후 세상의 삶은 지속된다; **8.** 민속: a. 전설에서 청호반새는 회색이었지만 대홍수 때에 파란색이 생겨났다: 노아가 청호반새를 내보내자 그것은 순식간에 너무 높이 날아올라 가슴과 뒤쪽 깃털을 태워 붉은빛을 띠게 되었다; b. 조용함: 프랑스에서는 생 마르탱 대성당과 관련이 있으며 그의 날(11월 11일) 전후에는 날씨가 좋다: "생 마르탱 전후의 화창한 날씨"; c. 그것은 바람의 방향을 알려 준다: 실로 천장에 매달아 두면 부리가 바람의 방향을 가리킨다. 선원들은 배에서 이것을 사용했다(리어왕Lr. 2, 2); d. 털갈이를 하지 않고 그 가죽이 썩지 않기 때문에 주부들은 옷감과 옷을 담아 두는 함에 나방을 방지할 목적으로 한 마리씩 넣어 두었다; e. 말려서 매달아 놓으면 천둥 번개를 피한다; f. 화장품: 청호반새 '크림'(=배설물)은 얼굴의 반점을 제거한다(나소 P. 오비디우스Naso P. Ovid, 여성의 얼굴화장법De Med. Fac. 78).

체 sieve **1.** 이집트 상형문자: 필요한 합일에 도달하기 위해 특정한 힘을 선택하는 것; **2.** 정화: a. 완벽함; b. 지혜; c. 행동을 통한 자기지식; **3.** 잡담 **4.** 헛된

것: 여호와께서 “키로 열방을 까부르며”(이사야서Isa. 30, 28); **5.** 희망: “이 이기적이고 완고한 체에 나는 여전히 내 사랑의 물을 붓는다”; 모든 희망에 반하는 사랑을 하는 헬레나는 여전히 희망을 품고 있다(끝이 좋으면 다 좋아All's W. 1, 3); **6.** 순결; **7.** 민속: a. 민담에서 체에 물을 나르는 것은 탈출의 한 형태이거나 형벌이다: b. 체는 대지 위로 생명의 비를 내리는 구름을 상징하는 신성한 도구이다; 이것은 나중에 바람을 책임지는 마녀와 관련되며 그녀는 구름 사이의 공중이나 물 위를 날아다닌다(예 맥베스Mac. 1, 3); c. 시련: “체와 가위”(=‘수수께끼 풀기Turning the riddle’); 가위를 체의 나무테두리 부분에 찔러넣어 똑바로 세워진 손잡이를 만들면 끝부분에 체가 매달려있게 된다; 남녀 두 사람이 오른손 중지로 손잡이를 잡고 의심되는 사람의 이름을 차례로 주문과 함께 반복한다; 이름이 맞으면 체는 돌며 바닥으로 떨어진다.

체꽃, 마타리 scabious **1.** 옥수수밭 또는 건조한 목초지에서 자라는 보라색, 연보라색, 혹은 흰색 꽃을 피우는 식물속; **2.** 불행한 사랑, 슬픔, 미망인.

체스 chess **1.** 여성과 남성 양성이 동등한 조건으로 만날 수 있는 오락: 체스는 정중한 사랑의 법도로 권장되기도 했다: a. 퍼디난드Ferdinand와 미란다Miranda는 체스를 두다가 ‘발견’되었다(템페스트Tp. 5, 1); b. 허영심 많은 비앙카는 그녀의 시어머니가 체스를 두고 있는 사이 플로렌스 공작의 유혹을 받는다(토머스 미들턴Thomas Middleton의 “여자여, 여자를 조심하라Women beware Women”에서); c. 마크왕은 그의 아내(‘라 벨레 이소우드La beale Isoud’)가 그녀의 연인인 트리스트럼을 숨겨 둔 탑의 창문 아래에서 체스를 둔다(토머스 맬러리Thomas Melory, 아서왕의 죽음Morte D'Arthur. 9, 16); **2.** 켈트족: 한 전설에서 미디르Midir는 요하드 올라이어Eochaid Ollathair에게 자신의 아내(여름처녀summer-maid 또는 달의 여신)를 걸고 체스 게임을 하자고 도전했다(게임에 졌다); **3.** 토머스 S. 엘리엇Thomas S. Eliot: 필요한 접촉(=‘말speech’)이 없는 틀에 박힌 성적 관계와 관련된다(예 ‘짝짓기하다mate’에 대한 말장난); II부에서 낙태(풍요의 상실)와 무감각함이 추가됨(“눈꺼풀 없는 눈lidless eyes”: “황무지The Waste Land” II부).

체조 gymnastics 헤르메스가 고안했다.

체커 chequers **I.** 이중성: 1. 이성과 지성의 인도함으로 비합리적 충동들을 ‘점검’하려는 노력(특히 8각형일 때); 2. 마름모꼴의 문장heraldry(紋章): 두 가지 요소의 역동적 상호작용(균형 대신에); 3. a. 어릿광대의 옷; **II.** 체커 판: 1. 사랑과 전투의 장(체스chess 참조); 2. 삶의 우여곡절; 모든 대극들: “그것은 모두 낮과 밤의 체커 판이다. 말이 움직이듯 인간의 운명이 펼쳐진다”(에드워드 피츠제럴드Edward Fitzgerald의 오마르 하이얌의 루바이야트 번역서transl. of O. Khayyám); 3. 술집 간판에서: a. 그곳에서 벌어지는 체커 게임을 지칭; b. 환전상의 주판을 지칭(휘틱Whittick p. 96).

체커 draughts (게임) **1.** 이집트: a. 일 년은 360일과 5일의 ‘윤날’로 구성되었으며 윤날은 신들의 생일이었다; 이집트의 헤르메스Hermes는 체커 게임에서 달로부터 5일을 얻었다(플루타르코스Plutarch, 이시스와 오시리스Isis and Os. 12; 그러나 윤리론집M 3550에서는 헤르메스가 아니라 태양이었다); b. 도덕적 망자들이 즐긴 세속적 취미 중 하나(사자의 서Book of the Dead 17, 2); c. 체커 게임에서 말piece을 옮기는 것처럼 영리하게 견해나 말을 바꾸는 것: (플루타르코스, 윤리론집 1068C; 참조: 플라톤Plato, 국가Rep. 3, 6, 특별한 율법에 관하여Leg. 739A, 820C; 에우리피데스Eurip., 탄원자들Suppl. 409); **2.** 그리스: 페넬로페Penelope의 구혼자들이 체커의 일종인 게임을 했는데, 체커 말들 중 하나는 페넬로페의 이름을 갖고 있다(아테나이오스Athenaeus 1, 16eff); **3.** 게르만족: 세계를 창조하고 사물에 이름을 붙이고 도구를 만든 후, 신들은 휴식을 취하며 체커 게임을 했다; 라그나로크 후 신들은 다시 체커 게임을 할 것이다(운문 에다Poetic Edda, 무녀의 예언Voluspa. 8 및 60).

초, 양초 candle **1.** 빛: 특히 개별적인 빛; 백색; **2.** 일반적인 불 상징성을 갖고 있다: 예 정화: 출산 후 순산 감사식의 ‘정화’ 의식에서 사용된다; **3.** 축제 분위기; **4.** a. 약한 빛: “옷감과 여자는 촛불 아래서 고르지 마라"(속담); b. 강한 빛: "저 작은 촛불이 어디까지 비추는가! 음탕한 세상에서 밝게 빛나는 선행과 같구나"(베니스의 상인Mer. V. 5, I); **5. 로맨틱한** 분위기; **6.** 종종 **별**을 상징하는 데 사용 된다: "하늘에 농장이 있다. 그들의 초는 모두 꺼져 있다"(맥베스Mac. 2, I); **7. 악령**evil sprits을 쫓는 데 사용된다: 예 출산, 결혼, 사망 시 초를 켠다; **8. 외적 영혼**, 개인의 생명(보편적 세상과 반대); 촛불이 계속해서 타는 한 사람의 생명은 안전할 수 있다; 참조: "나의 초가 다 타들어 가고 있어요"(헨리 6세 3부3H6 2, 6); "꺼져라, 꺼져라, 짧은 촛불이여!"(맥베스 5, 5); **9.** 신(또는 성인)에 대한 **봉헌물**, 특히 죽은 자를 위한 봉헌물; **10. 중세**: a. 신념의 특성; b. 그리스도(특히 부활절 초): 밀랍=순수한 육체: 남성의 정액 없이 동정녀에게서 태어났다; 심지=신인God-Man의 영혼; 빛=그의 신성함; 또는

밀랍	인류	불	복종
심지	영혼	열	겸손
불꽃	하느님	빛	사랑

11. 문장heraldry(紋章): 일시적(덧없음); **12. 켜지 않은 초**: 교회에 의해 파문당한 사람들의 경우 불을 붙이지 않은 양초를 세우고 매장했다(역주: 파문이 영원함을 의미): 예 맨프레드왕King Manfred(단테Dante, 신곡 연옥편Purg. 3); **13.** '종, 책, 양초'에 의한 **파문**: 종bell 참조; **14. 문학 속 인용**: A. 민요: "젊은 사냥꾼"이 익사한 현장에서 초를 볼 수 있었다(프랜시스 차일드Francis Child 68; 또한 시체corpse 참조); B. 윌리엄 B. 예이츠William B. Yeats: "양초 조각candle- end": 스러진 남성다움+빛나던 원칙+노년의 소멸("사악한 노인The Wicked Old Man"); C. 토머스 S. 엘리엇Thomas S. Eliot: 줄리엣의 무덤과 연관됨("여인의 초상Portrait of a Lady"); D. 딜런 토머스Dylan Thomas: "촛불 숲candle-woods": a. 소나무; b. 성자의 촛불; c. 태양의 성스러운 숲; **15. 민속**: a. 초가 연소하며 펄럭거리며 타고 그에 따라 기름이 불균일하게 떨어져 서서히 '수의winding-sheet'에까지 이르는 경우 이것은 반대편에 있는 사람 또는 그의 가족 중 한 사람의 죽음을 의미한다; b. 파란색 불꽃: 통과하는 영혼(또한 종종 죽음의 징조); 또는 서리; c. 심지의 밝은 불꽃: 낯선 사람이 방문하거나 가장 가까이 있는 사람에게 편지가 온다; d. 어떤 촛불도 촛대에서 다 탄 채로 꺼져서는 안 된다; e. 빈 방에 타는 초를 놔두는 것은 불길한 징조이다(오래 두면 죽음이 찾아올 수 있다). 단, 크리스마스이브에 밤새 타오르게 놔두는 크리스마스 초는 예외이다; f. 하나의 불 붙이개로 세 개의 양초에 불을 켜는 것은 불운을 가져온다; 전쟁 중에도 한 개의 성냥으로 세 개의 담배에 불을 붙이는 것은 마찬가지로 금기시되었다. 이는 저격수가 정조준 할 수 있기 때문이기도 하지만 이 금기는 훨씬 더 오래전에 생긴 것이다; 이는 종교에서 성 삼위일체H. Trinity에 대한 반대로 설명되어 왔다; 그러나 러시아 동방정교회는 장례식에서 여전히 세 개의 촛불을 켠다; g. "마녀가 늦게 오게 만든다Lating the Witches"(랑카셔Lancashire): 할로윈에 11시부터 자정까지 언덕에서 불이 켜진 초가 옮겨졌다: 이때 초가 꺼지면 이는 악령의 징조였다; 계속해서 타오른다면 이는 다음 일 년은 마법이 없다는 의미였다; h. 간혹 증오하는 사람을 상징하기 위해 초를 만들었으며, 의식과 주문에 따라 태웠다(외적 영혼); i. 동요: 많은 장소에서 일 년 중 특정한 날에 불을 켠 초를 바닥에 두었다; 그리고 초를 뛰어넘었을 때 초가 꺼지지 않으면 이는 다음 해에 행운이 있다는 것을 의미했다; j. 다음과 같은 말이 있다: "잭이 촛대를 뛰어넘는다": 한 사람이 모든 사람을 이길 수는 없다: 사당 앞에서 초를 들고 있던 관습에서; k. 도깨비불; 시체corpse 참조; **16.** 추가된 의미에 대해서는 개별 색깔 참조; 피상적인 수 상징성과 같은 상징성을 가진 초의 갯수 참조: 예 그리스도의 이중성에 대해서는 두 개의 초; 삼위일체에 대해서는 세 개의 초 참조; 촛대candelabra 참조.

초상화 portrait 꿈에서: a. 단단하고 썩지 않는 재료로 그린 초상화는 물감, 밀랍, 구운 흙 등으로 만든 초상화보다 더 큰 가치가 있다; b. 초상화에 무슨 일이 일어나면 꿈꾸는 사람의 자녀나 초상화 속 인물의 자녀에게도 무슨 일이 일어날 것이다: 지적 창작물; 때로 초상화의 꿈은 부모, 형제, 또는 같은 이름을 가진 다른 사람들의 형상으로 실현되기도 한다(달디스의 아르테미도로스Artemidorus of Daldis 3, 31).

초승달 crescent **1.** 형태가 변한 달: a. '새로운' 달 또는 오래된 달, 특히 새로운 달을 의미한다: 성장; b.

변화하는 현상의 세계를 나타낸다; **2.** 여성적: a. 수동적, 물과 관련된다; b. 처녀 여신과 어머니의 상징; 아스타르테, 성모마리아 등; c. 아마존 여전사들은 초승달 모양의 방패를 가지고 있었다(베르길리우스Virgil, 아이네아스Aen. 1, 490); **3.** 순수한 영혼: 이집트; **4.** 잠자는 사람들의 배; **5.** 예언: 달moon 참조; **6.** 문장heraldry(紋章): a. 명예 특히 십자군들에게 높은 명예의 상징이었다; b. 변화: 더 큰 영광에 대한 희망; c. 과학: 로물루스의 집정관들은 신발에 초승달 무늬를 붙이고 다녔다; d. 근대: 둘째 아들들과 그의 가족들의 상징; **7.** 알파벳 C; **8.** 초승달 모양의 부적은 광기나 마법으로부터 자신을 보호하기 위해 중동과 지중해 지역에서 지니고 다녔다(히브리, 로마 등등); **9.** 초승달+별: a. 낙원의 이미지; b. 성모마리아; c. 이슬람 세계; **10.** 초승달과 꼭짓점 일곱 개의 별: 현상의 세계에서의 달의 변화; 키벨레Cybele의 속성; **11.** 초승달과 많은 별: 천상의 주인과 빛이신 최고의 하나님; **12.** 민속: 오른쪽 어깨 너머로 초승달이 뜨면 행운: 왼쪽 어깨너머로 초승달이 뜨면 불운; **13.** 달Moon 참조.

초콜릿 chocolate 최음제.

촛대 candelabra **1.** 구원의 정신적 빛; **2.** 두 가지 갈래: a. 신의 존재; b. 영적 영역에서 이중적 또는 두 가지인 것: 예 그리스도의 신성과 인간성 측면; **3.** 세 가지 갈래: (로마 가톨릭) 삼위일체; **4.** 일곱 가지 갈래: A. 히브리 '메노라Menorah: 일곱 갈래 촛대'[출애굽기서Ex. 25, 31–38에서 주로 아몬드(꽃)로 장식된다는 설명 참조]: a. 일곱 개의 천체(행성); b. 일곱 명의 대천사Archangels; c. 일주일의 7일; d. 일곱 개의 천국 등; B. 기독교: a. 세상의 빛인 그리스도; b. 성령; c. 하나의 사랑에 뿌리를 둔 성령의 일곱 가지 선물: 조언, 지식, 평화, 독실함, 굳셈(힘), 이해, 지혜; d. 희망; e. 관용; C. 토머스 S. 엘리엇Thomas S. Eliot: "황무지The Waste Land"(II. "체스게임A Game of Chess")에서: 과거 신성한 의례의 중대한 목적과 현재는 단지 장식에 불과한 황폐함 사이의 대조.

촛대 candlestick **1.** 성숙한 연령의 아름다움: "성스러운 촛대 위의 맑은 빛처럼 성숙한 나이의 얼굴이 갖는 아름다움도 그러하다"(벤 시라크Ben Sirach, 26, 22); **2.** 초candle, 촛대candelabra와 공통의 상징성을 갖는다.

총 gun **1.** 폭력; **2.** 보증의 의미: "총처럼 틀림없다"(속담); **3.** 전래동요: "지난 여름 모든 새를 쏘아 죽인 외눈박이 총잡이가 있었다네".

최음제 Spanish Fly 가뢰cantharid(e)s 참조.

추, 진자 pendulum **1.** 판단의 균형; **2.** 시간 등의 상징; 시계clock 참조.

추구, 찾기 seeking **1.** 그것이 신이든 물건이든 봄철에 풍요의 상징을 찾는 것은 흔한 일이다. '지하세계'에 숨겨져 있는 것들을 찾아내고 발견해야 한다. 이러한 탐색에는 다음과 같은 것들이 포함된다: a. 브리토마르티스Britomartis(역주: 크레타섬의 여신)를 찾는 크레타인들(장미이야기Rose, 118 참조); b. 습지대에 숨겨진 오시리스(시어도어 개스터Theodor Gaster, 테스피스Th 303; 고대 근동지역 의례, 신화, 희곡ANET 126); c. 근동지역의 아도니스 숭배(새뮤얼 후크Samuel Hooke, 신화, 제의 및 왕권MRK p. 190); d. 영국의 숲British woods: 오월제 기념기둥 찾기와 발견; e. 정원에 숨겨져 있는 부활절 달걀을 찾는 아이들; **2.** 신성한 사냥과 관련된다(신비의 중심mystic centre, 아도니스Adonis, 탐무즈Tammuz 참조).

추위, 감기 cold **1.** (인간 영역을 넘어서는) 영화spiritualization; **2.** 침묵, 죽음; **3.** 사랑 없음; **4.** 단테Dante의 지옥에서 가장 큰 벌을 주는 가장 깊은 지옥은 추운 곳이다; **5.** 속담에 의하면 개의 코와 처녀의 무릎은 차갑다; **6.** 감기에 걸리면 신통력을 방해받을 수 있다(토머스 S. 엘리엇Thomas S. Eliot, "황무지The Waste Land"에서 마담 소소스트리스Madame Sosostris).

추적 pursuit **1.** 일반적인 상징성에 대해서는 추적chase과 사냥hunt 참조; **2.** 꿈에서: a. 쫓기는 꿈은 자신이 도피하거나 회피하고 싶은 것에 사로잡히고 집착하여 괴롭고 불안한 상태를 나타낸다; 특히 끌림과 두려움의 내적 갈등상태; b. 이성에게 쫓기는 것: 누

ㅊ

군가에게 집착하는 사랑 또는 구애받고 싶은 갈망; c. 공격적인 동물에게 쫓기는 것; 내면의 공격적인 성향이나 감정; d. 다른 사람이 쫓기는 꿈: 꿈꾸는 사람이 가지고 있는 그 사람에 대한 무의식적인 적대감을 나타내며 만약 꿈꾸는 사람이 추적자 뒤로 숨는다면 쫓기는 사람에 대한 사랑을 나타낸다(톰 체트윈드Tom Chetwynd, 추적Chased 참조).

추적, 쫓기 chase **1.** 아이들의 쫓기 놀이는 때로 초자연적인 것에 대한 두려움에서 비롯된 것으로 알려져 있으며 쫓는 사람은 마녀, 마법사 또는 악마이다(브리타니아의 민속과 문화Folkl. & C. of Brit. p. 43); **2.** 이것의 일반적 상징성에 대해서는 사냥hunt 참조; 꿈에서의 쫓기에 대해서는 추적pursuit 참조.

축 axle (axis) **1.** 생명나무: 하늘과 땅을 가르는 나무; **2.** 남근; **3.** 우주 축; 이것을 상징하는 것에는 다음과 같은 것들이 있다: 등뼈, 기둥, 못, 극(별), 창, 회전축, 몸통 등; **4.** 축=기름=돼지기름; 그 이유는 이것이 그렇게 널리 사용되었기 때문이다; 그리스어에서 이에 해당하는 단어인 '축-기름axle-grease'은 의약화합물의 원료로서 돼지기름에 해당하는 표현이기 때문이다.

축구 football **1.** 모든 사람들에 의해 쫓기고 발로 차이는 것(실수연발Err. 2, 1); **2.** 평등: '축구 경기장에서 모든 동료선수': 경기장에서는 모두가 평등하다(속담).

축소 shrinking 윌리엄 블레이크William Blake 외: 원형적 인간은 성별이 분리되고 식물의 생장법칙이 적용되면서 이원적 인간으로 축소된다; 또한 자웅동체hermaphrodite 참조.

축융업자, 마천장이 fuller (천을 다듬는 직공) **1.** 축융업자의 벌판: 예루살렘 밖에 있는 밭. 근처에 양털 냄새가 심하여 그렇게 불렀다; 이곳은 아마도 도시의 북쪽에 있는 위쪽 연못의 수로 근처였을 것이다; 그곳에서 이사야는 아하스왕 그리고 아시리아의 앗수르 사령관, 즉 예루살렘의 대장을 만났다(열왕기하서2Kings 18, 17, 이사야서Isa. 7, 3); **2.** '페쿠니아 논 올레트 pecunia non olet': '돈은 냄새가 나지 않는다'를 의미하는 라틴어 속담; 축융업자의 상점 밖에 있는 냄새나는 소변 항아리에 세금을 부과했다는 이유로 조롱당한 황제가 말한 것으로 추정된다; 소변은 양털의 기름기를 제거하는 데 사용되었다고 한다.

출생 점 birthmark 민속: 출생 시 갖고 있는 점은 종종 어머니가 임신 중 보거나 만지는 것으로 인해 생기거나 또는 먹고 싶었던 음식을 만족하게 먹지 못한 경우 생길 수 있다: 아이는 이러한 음식을 닮은 점을 갖게 될 수 있다(예 '딸기 점'); 또한 점mole 참조.

출생, 탄생 birth **1.** 출생에 대한 전반적인 원시적 사고는 불결하다는 것이며 많은 금기가 존재하고 최종적으로 물과 불(양초 등)에 의해 정화되어야 한다는 것이다; **2.** **두 번 태어남**(신과 인간): a. 바쿠스/디오니소스는 제우스와 세멜레(달)의 아들이며 그의 어머니가 천상의 열정과 갑옷으로 인해 죽자 어머니의 자궁에서 꺼내진 후 산달을 채울 때까지 제우스의 허벅지에 꿰매어졌다(나소 P. 오비디우스Naso P. Ovid, 변신이야기Metam. 3, 310ff.); b. 두 번 태어난 신들은 보통 풍요의 신이다; c. 카를 융Carl Jung: 두 번 출생한다는 모티프는 원형archetype이다: 파라오의 신인간, 기독교에서 육체적, 영적(세례 등에서) 존재 또는 자신의 아버지와 어머니가 진짜 부모라고 믿지 않는 아이(9a, 45); d. 이중 출생으로 보이는 것의 형태에는 여러 가지가 있으며 가장 흔한 형태는 입양adoption(참조)이다: 예 구약성서에서는 여성들이 다른 여성의 '무릎에서' 출산하는 경우 이때의 다른 여성은 어머니로 간주된다; 간혹 출생 의식은 누군가가 중병에서 회복되었을 때(재탄생으로 간주됨), 의식의 오염이 발생했을 때(금기를 깨는 것; 이것은 다시 세례로 연결된다), 바람직하지 않은 별자리의 순간에 태어나는 것으로 인해 생길 수 있는 좋지 못한 결과를 막기 위해 성인에 대해서도 이루어졌다; **3.** **제왕절개**는 종종 영웅을 낳는다: 아스클레피오스, 맥더프 등; 또한 8번의 C 참조; **4.** **기적적인** 출생(예 인간의 팔, 머리, 허벅지 등에서 나오는): a. 눈에서 태양과 달이 터져나온다; b. 머리에서는 지혜의 신(예 팔라스 아테나)이 태어난다; **5.** 우리의 출생은 전체 **우주**의 상황 특히 별들의 상황과 관련된다. 그리고 이러한 관계성의 느낌은 우리가 나이 들어가면서 점점 커진다(윌리엄 워즈워스William Wordsworth, "불멸의 깨달음에 바치는 송가Ode on Intimations of Immortality"); **6.** 나이 든 여성으로서 옥수수 정령Corn-spirit(전조가 되는 마지막 옥수수단에 존재한다)에 견주어 때로 출생은 옥수수-처녀로 자라기 위해 태어나는 아기를 상징한다('코레'='처녀'); 미래의 비옥함을 보장하기 위해 밭에서 이루어지는 이아손-데메테르의 성교(플루토스=이곳에서 태어난 대지의 풍요)는 다음 해의 풍요를 위한 성교 및 출생 의례와 관련된다; **7. 출생 나무**: 아이의 출생에 따라 나무를 심게 되며(보통 남아의 경우 사과나무, 여아의 경우 배나무), 이 나무는 평생에 걸쳐 아이와 관련성을 갖게 된다(외부의 영혼 주제); 간혹 참나무는 전체 가족과 관련된다; **8. 민속**: A. 완화, 편안함: 수많은 방법이 있다: 예 a. 모든 문을 열고 집 안의 모든 매듭을 느슨하게 만든다; b. 가능하다면 교회 종을 울려야 한다; B. 마법이 적힌 글을 여인의 목이나 침대에 두르거나 독수리 석상의 허벅지에 맨다; C. 시간: a. 한 주일의 날들 참조(많은 변형이 존재하는 전래 동요); b. 유리한 시기는 크리스마스 즈음의 날들이다; 그러나 아기의 날 또는 5월에 태어난 아이들은 불행하며 약하다; c. 하루 중의 시간: i. 황혼, 자정, 종 치는 시간(3-6-9-12 또는 또는 4-8-12)에 태어난 아이들은 유령과 영혼을 보며 종종 투시력(예지안)을 갖게 된다; ii. "출산시간이 길어질수록 삶이 짧아진다"; iii. 일출 때의 출생: 지능과 성공; 일몰 때의 출생: 게으름과 야망의 결여; d. 달: 달이 변화할 때 또는 새로운 달이 찾아오기 직전에 더 많은 출산이 이루어진다; e. 조수: (특히 해안지역에서) 출생은 밀물을 의미한다; 조수가 바뀌는 시점에 태어나는 것은 불길한 징조이다; 어떤 사람들은 밀물에는 남아가 태어나고 썰물에는 여아가 태어난다고 믿는다; D. 제왕절개: 제왕절개로 태어나는 아이들은 비범한 재능, 즉 비범한 신체의 힘, 영혼을 보는 힘, 또는 숨겨진 보물을 찾아내는 능력을 가지고 태어난다; 적어도 이것은 징후가 된다(플리니우스Pliny 7); **9.** 또한 태반(후출산); 세례; 깃털; 임신: 정화; 마차wagon 등; 남성들은 분만의 진통을 흉내 낸다: 남자산욕couvade 참조.

출입구 (마루나 천장의) hatch **1.** "창문에서 또는 출입구 너머에서" (반쪽 문): a. 아내의 부정 또는 이러한 부정에 따른 출산을 가리키는 관용구(참고할 문헌: 존 왕의 삶과 죽음K. John 1, 1); **2.** "문 앞에 출입구를 두는 것이 좋다"(=침묵을 지키다: 속담).

춤 dance **I. 사냥 춤**: 최초의 춤은 아마도 사냥 춤이었을 것이다. 사냥하는 사람들이 사냥감 동물의 가죽을 걸치고 변장한 채 춤추거나 토템 동물의 가죽을 걸치고 교감 마술을 행했다; **II. 다산 기원 춤**: **1.** 사람들이 소를 기르기 시작하면서 교감 마술을 통해 소의 번식력을 높이기 위한 다산 기원 춤이 필요하게 되었다; 춤에 신성한 나무, 오벨리스크, 세로로 긴 돌 등의 형태로 남근숭배가 추가되었다; **2.** 창조의 행위, 그리스어 '신성결혼hieros gamos', 즉 하늘과 땅의 창조적인 결혼의 모방; 여러 창조 신화에 춤이 존재한다: 예 창조의 여신 에우리노메는 파도 위에서 나체로 춤을 추었고, 그때 북풍의 신 보레아스와 결합하여 수태하였다(풍배도wind-rose 참조); **3.** 신성한 다산의 왕과 관련된 춤: 이러한 종류의 호블-댄스에 대해서는 자고새partridge 참조; **4.** 다산 기원 춤은 미로 춤과도 관련이 있다(다른 용도에 대해는 미로 춤labyrinth-dances 참조): 미로는 미래 생식력의 원천인 지하세계와 동일한 것으로 간주된다; **5.** 도약 춤: 더 높이 뛰어오를수록 곡식이 더 높이 자란다; 발푸르기나흐트 축제에 또는 카니발 등에서 춘다; **6.** 팔을 잡고 추는 춤: 팔을 연결함으로써 남녀의 결합을 촉진하는 우주의 결혼을 상징한다(하늘과 땅을 연결하는 사슬 상징); **7.** 카운터 댄스: 성적 매력 및 다산과 관련된다(옥수수밭에서 행하는 성교와 같은 교감마법으로서): 접근, 분리, 결합: 풍요와 관련되는 모든 자연세계의 주기적 움직임을 나타낼 수도 있다: 태양, 달 등등; **8.** 다산의 동물을 모방한 것: 즉, 뱀처럼 움직이는 춤은 비를 불러올 수 있다; **9.** 선지자('예언자')의 황홀경의 춤은 종종 (작아서 몸을 많이 가리지 못하는 제의인 에포드 스커트를) 벗는 것이 수반된다; 바알 신의 사제들의 의례적인 (파사흐) 춤과 동일한 춤으로 보인다(가르멜산의 바알 숭배의 하나; 열왕기상서1Kings 18, 29에 설명됨): 다산을 위해 거세한 수송아지(비를 불러오는 존재로 이용)를 희생제물로 바칠 때 이 춤을 춘다(열왕

ㅊ

기상서 18, 46에서 아합의 마차 앞에서 예언자의 열광적인 도약 춤); **10.** "참나무 화환으로 장식한 왕관을 쓰고 꾸미지 않은[글자 그대로 '구성하지 않은'] 자유로운 춤을 추며 노래하기 전에는 아무도 익은 곡식에 낫을 사용하지 마라"(베르길리우스Virgil, 농경시Georg. 1, 34 7); **11.** 모리스 춤Morris dance(무어인Moors 또는 모리스코인Moriscos은 이 춤만을 췄기 때문에 모리스 춤이라고 부름) 또는 미라 춤은 오월제에서 푸른 초목의 귀환을 축하하며 추었고, 짝을 지어 춤을 추는 사람들은 로빈 후드와 메이드 마리안 및 영국 민속의 다른 풍요의 인물 역할을 연기했다; **12.** "춤은 사랑의 적절한 행위이다": 사랑의 신념을 통해 혼돈에서 질서가 생기고 사랑—조화—춤은 서로 맞물려 연이어 일어난다(존 데이비스 경Sir John Davies, "오케스트라Orchestra"; 그리스어 '오케스트라'는 원래 '무도장'이었다); **Ⅲ. 불쾌한 상황으로부터 해방**: 이미 초기부터 춤은 원초적 행복으로 탈출하고 싶은 황홀한 충동과 함께 인간을 다시 에덴동산으로 '보내는' 해방이 되었을 것이다; **Ⅳ. 다음의 움직임을 모방한 것**: A. 태양: a. 크리스마스 때의 원무를 추면서 태양의 귀환을 기원했다; b. 메이폴May-pole 춤 또는 태양의 수레바퀴 춤 또는 모닥불을 돌며 추는 춤; c. 미로 춤은 원래 테세우스가 크레타섬의 미로에서 탈출한 것을 축하하는 춤이었지만 태양이 지하세계의 미로에서 귀환한 것도 포함되어 있다(칼리마코스Callimachus, 아폴로에게 보내는 찬가 H4 310; 로버트 그레이브스Robert Graves, 하얀 여신 WG 329ff); B. 별: a. 이집트에서 사람들이 별자리처럼 꾸미고 행렬을 지어 춤을 추었던 것처럼 대부분의 원무는 별들의 움직임을 모방한 것이다; b. 픽트 족은 (하늘을 모방하기 위해 푸른색으로 염색하고) 아내와 자녀들과 함께 옴팔로스-세계 축 제단을 중심으로 원 모양으로 춤을 추었다(성castle, 회전revolving 참조); c. 이것은 카에르 시디(천국) 또는 아서왕 전설의 나선형의 성을 경배하는 부활절 미로 춤과 동일한 것일 수 있다; **Ⅴ. 전쟁 춤**: 1. 고대 그리스: 피로스 댄스: 방어와 승리의 춤; 전쟁의 신 아레스가 '무용수'이다(리코프론Lycophron 249에서는 아레스를 '오케스트orchestes'라고 불렀다); 2. 대부분의 전쟁 신들은 또한 다산의 신이므로 전쟁 춤으로 보이는 것이 다산 기원 춤일 수 있다: 창으로 땅을 찌르는 동작은 두 가지 의미를 가지고 있다; **Ⅵ. 특정 신을 위한 축제에서 추는 춤**: A. 신전 춤: 대개 신의 삶에서 중요한 순간들을 무언극으로 보여 주는 신성한 드라마였다: 즉,데메테르와 페르세포네; 오시리스를 찾는 이시스; (신에게 걸맞게) 형식이 있는 열광적인 음악과 동작뿐만 아니라 인간을 신으로 변신시킬 때에도 가면의 도움을 받았다; B. 오르지 춤: a. 바쿠스 의례의 춤은 보통 땅을 밟으면서 원형의 춤을 추는 것으로 구성되어 있다(풍요의 신비로운 중심인 타작마당threshing-floor의 중요성 참조); b. 오르지orgies 참조; **Ⅶ. 장례식 춤**: a. 슬픔을 표현하는 방법으로 종종 춤과 함께 피부에 상처를 내는 행위가 동반되었다. 이것은 아마도 유대인들의 굵은 베옷과 동일하게 질투심 많은 망자들을 달래는 기능이었을 것이다; b. 죽은 사람의 삶에서 있었던 일들을 재연하기(이를 통해 죽은 자를 영속하게 하였다); **Ⅷ. 단순한 기쁨 또는 감사 등을 위해 추는 춤**: 1. "한밤중의 외침과 환락, 술에 취한 춤과 술잔치"(존 밀턴John Milton, "코머스Comus" 103); 2. 희망: "희망 속에서 사는 사람은 음악이 없어도 춤춘다"(속담); 3. 히브리: 받은 축복에 대한 기쁨의 도약; 일반적으로 성별을 나누어 춤을 추었다: 다윗이 남자들의 춤을 이끌었고, 미리암은 여자들의 춤을 이끌었다; **Ⅸ. 예방을 위한 춤**: 1. 웃사에 대한 주님의 "질투하는" 반응을 보고(웃사가 하나님의 궤를 향해 손을 뻗었기 때문에: 사무엘하서2Sam. 6), 다윗은 여호와의 더 이상의 질투를 피하기 위해 희생제물을 드리고 "주 앞에서 있는 힘을 다해 춤을 추었다"; 분명 다윗은 데르비시와 비슷하게 선지자의 춤을 추었을 것이며 미갈은 그렇게 춤을 추는 다윗을 경멸했다(창문window, 창문가의 여인들women at the window 참조); 이와 비슷하게 에너지가 완전히 소모되도록 추는 춤은 멕시코 인디언들(로마 가톨릭)의 행렬에서 여전히 몇 시간 동안 행해지고 있다; 2. 모든 악령을 물리치기 위해 마녀 인형을 태우고 모닥불 돌면서 원무를 춘다; 3. 악령을 겁주어 쫓아내기 위해서 시끄러운 음악에 맞춰 추는 이와 유사한 춤은 어디에나 존재한다; **Ⅹ. 흑마술, 마녀**: 1. 안식일에 나체의 마녀들이 추는 춤, 취하게 하는 것을 마시고 춤을 추며 광란 상태에 빠진다. 대개 리더가 마녀들이 원형을 이루게 하고 마녀들의 그랜드 마스터(악마Devil)가 "맨 뒤쪽에 있는 마녀를 채찍질하는" 행위를 한다; 2. 흑마술: 집, 교회, 들판 등에 악한 영향을 가하고 싶은 경우, 마녀는 주문을 걸어야 할 대상 주위로 반시계 방향으로 돌며 (대개 아홉 번) 춤을 춘다(피blood, 태양의 운행과 반대 방향withershins도 참조); 3. 요정과 관련된다: "요정들은 춤을 멈추고 그들의 자국이 남겨진 잔디밭을 떠난다"(알프레드 E. 하우스먼Alfred E. Houseman, "마지막 시집Last Poems" 21); **XI. 순전히 성적인 춤**은 비교적 늦게 발달했다; 이러한 춤은 로마(그리고 로마의 영향 아래: 살로메Salome 참조)에 존재했으며 대부분 음주 및 일반적인 유흥과 관련이 있다; 스트립쇼와 '일곱 개 베일의 춤'은 매우 오랜 역사를 가지고 있다: 예 지하세계(저승)으로 들어가는 이슈타르 신화(베일veil 참조); **XII. 윌리엄 B. 예이츠**William B. Yeats: 댄서the Dancer: a. 부분적으로 무질서한 세계 속에서 질서에 대한 저자의 환상: 트로이의 헬렌을 인간으로 대신한 환영 속의 소녀; b. 그녀는 팽이처럼 균형을 잡는다: 개인적인 것이 개입되지 않은 사랑과 개인적인 것이 개입되지 않은 지성 사이에 균형을 유지하면서 그녀는 움직이되 그대로 있다; 충돌하는 감정들로부터 해방된 예술의 정적인 활동; c. 그녀는 지성의 스핑크스와 자비의 부처의 대극이다: 위축되고 자기몰입적인 예술가.

취침용 모자 nightcap 결혼(말괄량이 길들이기Shr. 4, 2, 8f.; 보먼트와 플레처Beaumont-Fletcher, 필라스터Phil. 1, 1, 290).

측량 measuring **1.** 성서: 계시의 말씀에서 측량은 종종 심판과 멸망을 예언한다(예 이사야서Isa. 34); **2.** 측량막대와 줄은 정의의 신 샤마시의 속성이다; 따라서 함무라비 왕에게 속한 것이었다.

측량줄 measuring-line 구약성서: a. "나는 정의를 측량줄로 삼고"(이사야서Isa. 28, 17); b. 혼란의 줄(이사야서 34, 11).

층층나무 dogwood (식물) **1.** 일반적으로 다음을 의미한다: '코르누스Cornus' 속에 속하는 45종의 관목 및 작은 나무들을 부르는 이름; 붉은 말채나무common dogwood-cornel('코르누스 상고이네아C. sanguinea')는 베리berry가 열리는 관목으로, 3월 중순에 흰색 꽃이 취산꽃차례 방식으로 핀다; **2.** 지중해 지역에서 층층나무는 3월 18일에서 4월 4일까지의 변덕스러운 꽃샘추위 기간에도 오리나무alder와 함께 이른 봄의 꽃을 피우고 유지한다; **3.** 점치기와 관련된다: a. 크로노스/사투르누스/브랜 신의 점을 치는 새인 까마귀(또는 큰까마귀: 로버트 그레이브스Robert Graves, 그리스 신화GM 2, 141)는 '층층나무의 열매cherries'를 먹는다; b. 로물루스의 산딸나무로 만든 창은 로마를 건설할 장소를 결정했다; c. 장님인 티레시아스는 층층나무 지팡이를 가지고 '눈이 보이는 사람들처럼 걸을 수 있었다'(아폴로도로스Apollodorus 3, 6, 7); **4.** 창: a. 도금양과 함께 층층나무 목재는 창을 만드는 데 쓰였다(베르길리우스Virgil, 농경시Georg. 2, 441ff); b. 언덕 위의 산딸나무 관목 및 도금양. 층층나무 창은 폴리도로스가 그의 돈을 가지려는 후견인에 의해 살해된 장소를 알려 주었다(베르길리우스Virgil, 아이네이아스Aen. 3, 24); **5.** 오비디우스Ovid의 작품에는 창에서 다시 가지와 잎이 솟아나기 시작한 것이 언급되어 있다: 다산: 창spear 참조; **6.** 충실함; **7.** 이 윤기 나지 않는 불운한 나무도 유용하게 쓰일 곳이 있다: 너무 빨리 아문 흉터를 벌리는 데 사용된다; **8.** 내구성; 아폴로는 산딸나무cornel 막대기로 헤르메스에게 맹세했다(헤르메스에게 바치는 호메로스풍의 찬가Homeric Hymn to Hermes 460).

치아, 이빨 tooth **1.** 원초적 무기, 잔혹성; **2.** 마치 눈이 영적인 인간의 내면을 강화하는 것처럼 치아는 내면의 물질적인 것을 강화할 수 있다; **3.** 혀를 지키는 것(호메로스Homer 이후); **4.** 특히 성적 에너지 행위: a. 제프리 초서Geoffery Chaucer: '망아지 이빨coltish tooth'=젊은 성적 욕망(바스의 아내가 자신의 프롤로그에서 자신에 관해 언급한 것이므로 단순히 그녀가 치아를 남근과 동일시한 것이라고 할 수는 없다); "당신의 망아지 이빨은 아직 뽑히지 않았다"(헨리 8세의 생애에 관한 유명한 역사H8 1, 3) 참조; b. 제프리 초서(같은 책): 앞니 사이에 있는 틈을 "비너스의 인장seal of Venus"이라고 한다: 음란; c. 파트너의 몸에 남은 잇자국은 사랑의 강렬함에 대한 일반적인 증거다; 때로는 구름이나 화환 등의 형태로 나타난다; d. 유치

ㅊ

를 모아 끼운 팔찌는 여성의 은밀한 부위(음부)의 통증을 막는다; **5.** 힘: 예 페르세우스는 그라에의 이를 가져간다; **6.** 덧없음: 시간의 이tooth; **7.** 지혜, 점술: a. 호루스는 종종 손가락을 입에 물고 있는 모습으로 묘사되기도 한다; b. 켈트 사람 피온은 지식의 연어를 먹은 후 도움이 필요할 때마다 엄지손가락을 치아 밑에 넣었다; '사랑니wisdom-tooth' 참조; c. 예언의 능력(플리니우스Pliny, 7, 16 참조); **8.** 배은망덕: 겨울바람의 치아(뜻대로 하세요AYL 2, 7); **9.** 슬픔: "슬픔의 치아는 마음에 상처를 입히지만 깊이 파고들지는 않는다"(리처드 2세의 비극R2 1, 3); **10.** 탈출: "내 피부와 살이 뼈에 붙었고, 남은 것은 겨우 잇몸뿐이로구나"(욥기Job 19, 20); **11.** 고대 북유럽: 이미르의 이는 바위가 되었다; **12.** 단테Dante: 신성한 사랑의 이를 악물고(신곡 낙원편Par. 26); **13.** 토머스 S. 엘리엇Thomas S. Eliot: 식탐을 상징하기 위해 "개의 이빨"이라는 문구를 사용했다("마리나", 시편Ps. 22, 20에서 언급됨); **14.** 치아 손실(심리): A. 일반적으로 다음을 의미한다: 거세, 실패, 억제에 대한 두려움(사냥한 동물의 힘과 능력을 얻으려고 동물의 이빨로 자신을 치장하는 것에 대한 반대); B. 꿈에서: a. 여성의 경우: 출산을 상징하고; b. 남자의 경우: 정액 손실을 상징한다; c. 성장이 필요하거나 달성되는 것: 젖니가 빠지는 것과 관련 있다; **15.** 용의 이빨: 카드모스는 용의 이빨을 뿌려서 싸움을 일으키고 전사의 종족을 만들었다; 용dragon 참조; **16.** 물기bite 참조.

치자나무 gardenia (식물) **1.** 소호 딘 스트리트Dean Street, Soho에 있는 넬 그윈Nell Gwynn의 집은 현재 클럽으로 쓰이고 있으며 이 집에는 여전히 치자나무의 향기가 남아 있다(브리타니아의 민속Folkl. & C. of Brit. 211 및 212); **2.** 페데리코 G. 로르카Fdderico G. Lorca: a. "나는 당신의 친구이다I am your friend."; b. 사랑의 한숨("도나 로시타Dona Rosita" 2).

치즈 cheese **1.** 치즈 만들기: 성생활과 관련된 활동: 그녀가 치즈를 만드는 동안 드리아스가 자신을 사위로 받아들였다고 다프니스가 클로에Chloe에게 말한다(3장); **2.** 민속: a. 소화를 돕는다: "나의 치즈여, 나의 소화력이여, 그대들은 왜 많은 식사를 하는 동안 나의 식탁에 오르지 않았느냐?"(트로일로스와 크레시다Troil. 2, 3: 아킬레스Achilles가 테르시테스Thersites에게; b. "빵과 치즈와 키스는 총각의 몫이다"(속담); 드로메우스Dromeus가 그리스 운동선수들에게 고기를 제공할 때까지 치즈는 그리스 운동선수들의 음식이었다(파우사니아스Pausanias 6, 7); c. 그로닝 치즈Groaning Cheese에 대해서는 케이크cake(민속) 참조.

치치바시 chichivache 우화에 나오는 동물(프랑스어 'chicheface(작은 얼굴)'와 'chichevache(소)'를 잘못 읽은 것으로 일반적으로 소가 되었다)로 참을성 있는 여성만 먹고 사는데, 이러한 여성이 많지 않아 뼈와 가죽밖에 없는 야윈 상태이다.

치커리 chicory (식물) **1.** 치커리는 푸른색 꽃 때문에 마법 같은 특성을 지닌다: 파란색blue 참조(blue에 대한 설명에서 E번의 8참조); 검소함의 상징; **2.** 민속: a. 이것을 갖고 있는 사람을 투명인간으로 만든다; 무사마귀를 없애 준다; b. 치커리로 자물쇠를 연다; 영웅이 치커리로 바위를 열고 그 안에서 보물을 발견하지만 대개 치커리 꽃을 잊어버리고 챙기지 않아 결국 실패한다; c. 치커리 즙을 몸에 바르면 훌륭한 사람의 호의를 얻게 될 수 있다(플리니우스Pliny 20, 30).

치터 zither '구원의 치터'(역주: 영적, 감정적 해방을 가져오는 악기); 기쁨의 하프harp of joy 참조; '치터'라는 단어는 종종 오스트리아의 특정 악기에 사용된다; 아마도 기타 같은 현악기 또는 14~15세기의 현악기를 의미하는 것으로 보인다(사해문서Dead Sea Scrolls, 찬가Hymn 18, 펭귄출판사Peng. p. 187).

친구 friend 꿈에서 친구를 만나면 다음 날은 행복할 것이다; 만약 행복하지 않다면 그 친구는 당신을 좋아하는 척하지만 실제로는 당신을 미워하고 는 것이다(달디스의 아르테미도로스Artemidorus of Daldis 4, 8)."

친척 relatives 필로 유다이오스Philo Judaios는 가족 관계를 중시한다; 일반적으로 다음을 의미한다: a. 남자와 아내의 관계: 정신과 육체의 쾌락의 결합; b. 아들과 딸의 관계: 이들은 영혼의 다른 측면을 나타내는 데, 아들은 합리적인 사고와 관련되고, 딸은 예술 및 지식의 분야와 관련된다고 보았다; c. 이보다 더 먼 '친족kin'은 감각 인식을 나타낸다고 보았다(예 아브라함의 이주에 관하여Mig. 2 및 10).

칠면조 turkey (새) **1.** 오만, 자존심, 특히 수컷이 암컷 앞에서 터무니없이 뽐내는 것; 예 "사색은 그를 희귀한 수컷 칠면조로 만든다"(십이야Tw. N. 2, 5); **2.** 어리석음, 광기; **3.** '칠면조처럼 붉은'이라는 표현은 분별없는 분노 등을 나타내는 구절이다; **4.** 민속: a. 미국 소녀들은 사랑을 유혹하기 위해 야생 칠면조의 수염을 가지고 다닌다; b. "칠면조, 잉어, 홉, 강꼬치고기, 맥주 등은 모두 1년 만에 영국으로 들어왔다"(역주: 이 품목들은 탐험과 무역의 결과로 같은 시기에 영국에 도입되었다)(속담; 연도는 1520년; 새끼 창꼬치pickerel, 창꼬치pike).

칠성장어 lamprey (물고기) **1.** 장어 모양의 비늘이 없는 물고기로 턱이 없지만 각질이 있는 둥근 빨판을 갖고 있다. 기생물고기로 숙주 물고기의 피를 빨아먹는다. 중세에는 진미로 간주되었다(헨리 1세는 너무 많이 먹어 사망했다); **2.** 칠성장어는 암컷만 있고 뱀에게서 수태한다. 뱀과 칠성장어는 간음을 상징한다: 칠성장어의 생명은 꼬리에 있다(플리니우스Pliny 9, 29ff 및 32, 5 참조); **3.** 뼈가 없고 다른 물고기보다 남근(또는 혀)을 더 닮았다(존 웹스터John Webster, 몰피 공작부인Duch. of Malfi 1, 2); **4.** 탐욕: 사형선고를 받은 노예들은 칠성장어가 있는 연못에 던져져 순식간에 산산조각이 났다; **5.** 독창성: 그물망을 뛰어넘어 탈출하는 것으로 상징된다; **6.** 이것의 천적은 붕장어이다(플리니우스 9, 88).

침 (내뱉은) spittle **1.** (피와 마찬가지로) 영혼의 힘의 중심: 악한 (영spirits)을 피하고 기존의 행운의 (영spirits)을 강화한다; 또한 적대적인 마녀, 또는 마법사가 반대로 사용할 수도 있다; 글라우코스Glaucus는 침을 뱉음으로써 점술을 잊어버렸다(아폴로도로스Apollodorus 3, 3, 2); 카산드라Cassandra 참조; **2.** 생명물질(호흡과 마찬가지로): 창조; 일부 창조 신화에서 창조주는 여호와께서 말씀과 호흡을 사용한 것처럼 침을 사용했다. 이러한 행위는 또한 계약을 '봉인'한다; **3.** 치유: 예 특히 소경의 눈을 뜨게 하기 위해 그리스도가 침을 사용했다(예 마가복음Mark 7, 33).

침, 타액 saliva 침spittle 참조.

침대 bed **1.** 휴식, 공동생활: "침대에 있는 네 개 이상의 다리보다 더 많은 사람이 결혼에 포함되어 있다"(속담); **2.** 비밀: "침대가 알고 있는 모든 것을 말할 수 있다면 많은 사람들을 창피하게 만들 것이다"(속담); **3.** 공평: 속성: 공평성은 어떤 방해도 없이 나누어져야 한다; 부드러운 베개는 공평을 강화시키는 자비이다; **4.** 연인들의 초록 침대(아가서SoS 1, 17): 자연; **5.** 괴로움의 장소: "매일 밤 나는 눈물로 침상을 적신다"(시편Ps. 6, 6; 또한 욥기Job 7, 13ff. 참조); **6.** 성찰의 장소(시편 4, 4: "잠자리에 누워 너희 마음과 이야기하고 잠잠할지어다"; 또한 "자기 침상에서 불법을 꾀하며, 악을 행하는 자들에게 화가 있을지어다": 미가Micah 2, 1); **7.** 질병으로 쇠약해지는 장소(예 시편 41, 3); **8.** 신의 무한성: "내가 하늘에 올라갈지라도 거기 계시며 스올(지옥)에 내 자리를 펼지라도 거기 계시니이다"(시편 139, 8); **9.** "침상이 짧아서 능히 몸을 펴지 못하며"(이사야서Isa. 28, 20: 히브리 속담); **10.** 동쪽에 있는 침대가 가장 부드럽다: 클레오파트라의 침대; **11.** 딜런 토머스Dylan Thomas: 사랑의 침대가 '병상'이 된다: 토머스 브라운 경Sir Th. Browne에게서 가져온 토머스 S. 엘리엇Thomas S. Eliot("4중주Four Quartets")의 글에서 발췌: 침대는 "덧없는 흙counted dust(역주: 일종의 모순어법)으로 만들어졌으나 신께서 모든 걸 아시는" 치유할 수 없는 몸을 위한 것("거룩한 밤Holy Spring"); **12.** 민속: a. 밤에 들어간 침대의 방향과 다른 쪽(='잘못된 쪽')에서 아침에 나오는 것은 불운을 가져온다; b. (또다시) 임신을 피하려면 다른 사람들의 아이들이 당신의 침대에 가까이 오지 못하게 해야 한다; c. 동요: "가장 먼저 잠자리에 들면 황금지갑, 두 번째로 잠자리에 들면 황금펑, 세 번째로 잠자리에 들면 황금새"; **13.** 뼈만 남은 침대: 노인은 뼈만 남은 침대이다; **14.** 여관의 침대: 열한 개의 발을 가진 유명한 사각 침대: 현존함(십이야Tw. N. 3, 2 참조); **15.** 철로 만든 침상: 바산왕 오그의 침대. 소가 많았던 나라로 이스라엘 민족에게 정복당했다; 아마도 현무암으로 만든 고인돌 무덤(='철-돌')이었을 것이다.

침묵 silence　민속: 많은 주문에서 침묵은 본질적 특징이다; 케이크cake와 외침shout; 켈레오스Celeus의 아이에게 거는 데메테르Demeter의 마법 등 참조.

칭찬하기 praising　선한 사람들은 지나치게 칭찬받는 것을 싫어한다. 이런 칭찬은 자랑거리로 확실히 신들의 질투를 불러일으킬 것이기 때문이다(에우리피데스Euripides, 아울리스의 이피게네이아Iph. Aul. 979f.; 또한 "헤라클레스의 자녀들Children of H." 2092ff.).

ㅋ

카네이션 carnation (식물) **1.** 학명 '디안투스 카리오필루스Dianthus caryophylus'는 원래 순백색이었던 것을 재배를 통해 살색의 향기로운 꽃으로 만든 것이다(='카네이션Clove Pink'); 카네이션carnation의 옛날 단어는 '코로네이션coronation'이었다; **2.** 의미: a. 존경, 매혹; b. 사랑: 여성적이고 신성한; c. 변덕: 특히 문장heraldry(紋章)과 관련된다; d. 결혼과 순수한 사랑: 기독교; **3.** 페데리코 G. 로르카Federico G. Lorca: 꿈 및 수면과 관련된다("피의 결혼식Blood Wedding"); **4.** 여신 디아나Diana는 사악한 마음으로 양치기의 두 눈을 빼어 아랑곳하지 않고 던져 버렸다. 던져진 그곳에서 카네이션이 자라났다(프랑스어 'oeillet'=작은 눈; 그러나 이 맥락은 눈eye 참조); **5.** 흰색 카네이션: 미국의 어머니의 날 상징; **6.** 분홍색(카네이션과 관련된 부분)와 비단향꽃무gillyflower 참조.

카니발, 사육제 Carnaval **I.** **기원**: 추분과 춘분 사이에 열린 일련의 풍요 의례 및 축제와 관련된다; 이러한 의례 및 축제는 다음의 공통점을 지닌다: a. 차려입음: 예 할로윈, 주현절의 3인의 동방박사, 히브리인의 부림절; b. 선물 주기(종종 선물을 주지 않으면 위협하겠다고 외치며 조른다): 할로윈, 성탄계절-성탄절-사투르날리아 농신제Saturnalia, 성 니콜라스 축일; c. 이 날에는 통상적인 사회적 위계를 깨뜨린다: 주인과 하인이 동등해지거나 (농신제에서처럼) 종이 주인의 시중을 받았다: 진화를 위한 퇴보, '시간에서 벗어나는' 방법; IV번의 주인들과 관련된 모든 축제에서 그러하다; d. 광란의 축제; **II.** 카니발Carnaval이라는 단어의 **어원설**에 대한 다양한 제안들이 있다: 1. 라틴어 'carnem levare'='고기여, 안녕'; 교회는 이 봄 축제(카니발)를 사순절 전에 한 것이 분명하기 때문에 가장 가능성이 낮은 어원설이다; 그리고 심지어 오늘날에도 사순절 제4주일(=프랑스어 '미카렘므Mi-carême')에만 사육제를 축하하는 소도시들이 있다; 2. '카루스 나발리스carrus navalis', 즉 사투르날리아 농신제Saturnalia의 왕이 들판을 지나기 위해 탔던 바퀴 달린 풍요(와 바보들)의 배) 그리고 이시스의 푸른 보트; 때로 그것은 중세에 쟁기였다; 튜턴족들(역주: 고대 북유럽의 민족들)도 배 마차 풍요 의례를 지냈다; 3. 로마의 대모 여신 카르나(=Carnea 또는 Cardea)와 관련된다; **III.** A. 카니발이 로마인들에 의해 다른 민족들(유사한 축제가 있는 민족들)에게 **소개되었다는 설**은 카니발의 가장 오래된 전통이 로마 군대가 주둔했던 다뉴브강, 라인강, 뫼즈강을 따라 존재했다는 사실을 토대로 추측할 수 있다; 카니발의 완전한 형태의 형성에 기여했을 수 있는 로마의 축제에는 1. 루페르칼Lupercals: 2월 15일; 2. 힐라리아Hilaria: 3월 25일; 3. 한겨울의 사투르날리아 농신제Saturnalia; 4. 바카날리아 주신제Bacchanalia; 5. 메갈 레시아Megalesia(나소 P. 오비디우스Naso P. Ovid, 행사력Fasti. 4, 355ff.이 있다); B. 다른 민족들 중에 존재하는 유사한 축제: 1. 앵글로색슨족의 성탄계절 축제; 2. 켈트족의 벨테인 축제; 또한 스코틀랜드 사람들의 호그마니 축제(크리스마스-새해); 3. 튜턴족들(역주: 고대 북유럽의 민족들)의 배-마차 축제, '파스나흐트베어Fastnachtbar'(='곰'): 남성이나 소년이 짚 또는 곰 가죽을 입고 다산을 표현했다; **IV.** 카니발은 신성시되는 왕 및 그 대리자와 관련되며 (이러저러한 형태로) 인류의 역사만큼 **오래되었다**; 그래서 카니발의 왕자는 다음과 관련된다: 1. 고대 로마의 숲의 왕, 디아나 여신의 신성한 숲을 지키는 사제-왕priest-king의 수호자, 왕위 기간이 끝나면 의례적으로 죽임을 당한다; 2. 로마의 사투르날리아 농신제Saturnalia의 왕; 3. '연회 사회자King of Misrule'; 4. '미친 대수도원장Abbot of Unreason'; 5. 주현절의 '콩의 왕King of the Bean'; 6. 트릭스터원형Trickster-archetype(카를 융Carl Jung); 신랑Bridegroom도 참조; **V.** 카니발이 유지하고 있는 **풍요제**와의 가장 분명한 연관성: 1. 카니발 기간 동안 높이 뛸수록 옥수수가 더 높이 자랄 것이라는 믿음; 2. 축제가 끝나면 사육제 왕자(또는 그 '영혼')의 인형을 불태웠다; **VI. 참고할 문헌**: 1. 카니발의 풍요제 기능에 대해서는 식물plants 참조; 2. 사투르날리아 농신제Saturnalia와의 관련성에 대해서는 사투르날리아 농신제Saturnalia와 오르지orgy 참조; 3. 나귀(그리고 세트-사투르누스Seth-Saturn)와의 연관성에 대해서는 나귀ass 참조.

카니발리즘, 식인풍습 cannibalism **A. 일반적으로 다음을 의미한다**: 실제로 보통 원시인들이 영양 공급을 위해 또는 친족이나 적과 관련된 의식을 위해 식인을 행했다; 친족을 먹는 것은 죽은 사람에 대한 존중의 의미이며 적들을 먹는 것은 이들의 용맹함이 먹는 사람에게 전달되고 이에 따라 복수를 피하고자 하는 희망에서 수행되었다; 항상 이를 수행하는 사람의 경외심과 공포심의 혼합으로 간주되었다; 고전적인 경우(다음 내용 참조)뿐 아니라 이외에 서양의 전설에서도 발견된다(그림형제들Grimm, 독일의 전설DS 527); **B. 그리스**: 1. 원시인들: 돌아가신 아버지를 먹는 스키타이인들(스키타이아Scythia 참조)과 마사게타이인들Massagetes에 의해 이루어졌다; 그러나 오직 여전히 건강했던 사람들만 해당되었으며 질병으로 죽은 사람은 먹지 않았다; 생존할 수 있는 최고 연령을 70세로 정했던 더비체 사람들(역주: 고대 카스피해 연안에 살았던 사람들)은 친척들이 노인만을 먹고 여자들은 교살한 후 매장했다(스트라보Strabo 11, 8, 6 및 11, 11, 8); 키클롭스와 라이스트리고네스Laestrygones도 이를 행했으며(호메로스Homber, 오디세이아Od. 1, 69 및 10, 81) 또한 시칠리의 야만인들도 이 풍습을 갖고 있었다(참조: 투키디데스Thucydides 6, 21); 스토아학파, 특히 크리시포스Chrysippus는 이를 권장했다(섹스투스 엠피리쿠스Sextus Empericus, 헬레니즘 철학HP 3, 108 및 247ff; 윤리학에 관하여Eth. 1, 94ff); 오르페우스Orpheus는 "식인종에 관하여 언급하면서 친구를 먹어치운" 원시인이 산다고 주장했다(섹스투스 엠피리쿠스, 물리학에 관하여Phys. 1, 15); 흑해의 유목민은 고전시대에 식인종이었다(테르툴리아누스Tertullianus, 마르키온에 반대하여Marc. 1, 1); 2. 신화: a. 자식들이 자신의 왕위를 찬탈할 것을 두려워했던 크로노스Kronos는 자식들을 먹어 버렸다; b. 탄탈로스는 자신의 아들을 죽여 신에게 대접하는 범죄를 저질렀다; 아트레우스는 티에스테스의 아들들을 의식에 따라 죽인 후 이들의 아버지에게 먹였다; 트라키아의 테레우스는 자신에게 봉헌된 아들 이티스를 먹었다(세네카Seneca, 티에스테스Thy. 691ff); c. 하르팔리케는 근친상간 아버지에게 복수하기 위해 연회에서 자신의 남동생을 죽여 음식으로 내놓았다; 그녀는 신들에 의해 칼키스라고 불린 맑은 목소리의 산새로 변했다(니케아의 파르테니우스Parthenius of Nicea, 13; 호메로스Homer, 일리아드Il. 14, 291); **C. 로마**: a. 카탈리네는 음모를 꾸며 소년을 희생제물로 바쳤고 소년의 장기에 맹세한 후 그 몸을 먹었다(디오 카시우스Dio Cassius, 37, 30); b. 카니발리즘은 가이우스가 죽은 후 복수의 차원에서 이루어졌다(앞의 책 59, 29); **D. 켈트족**: 아일랜드인들(아일랜드Ireland 참조)은 보통 사망한 아버지를 먹었다; **E. 기독교**: 초기 기독교인들은 딸과 어머니의 근친상간과 '사악한 음식', 즉 어린아이들을 먹는다는 비난을 받았다[중세에 유대인들도 비슷한 비난을 받았다]; 갈리아에서는 '결백한' (이교도) 노예들이 '인육축제와 근친상간'에 대해 기독교인들을 허위로 비난했다는 이유로 고문위협을 받았다(가이사랴의 유세비우스Eusebius of Caesarea, 기독교 역사EH 4, 7, 11; 5, 8, 5, 성 저스틴Justin 5, 1, 14, 26을 인용); **F. 포위와 기근**: 포위당한 도시에서 굶주린 사람들이 카니발리즘을 자행한 경우가 수없이 많았다. 예를 들어, 그리스인들이 포위한 포티다에Potidae의 아테네인들이 포위 끝무렵에 인육을 먹었고(투키디데스 2, 70), 마케도니아에서는 피드나가 포위당한 기간 동안(디오도로스 시쿨로스Diodorus Siculus 19, 49 및 34, 2), 카르타고에서는 폭동을 일으킨 리비아 용병들이 포위당한 기간 동안(폴리비우스Polybius 1, 84) 인육을 먹었다; 켈트족(율리우스 카이사르Caes., 갈리아 전기BG. 7, 77); 누만티아에서는 이베리아인들(가이우스 발레리우스 플라쿠스Gaius Valerius Flaccus, 막시무스Max. 7, 6; 아피아누스Appianus 6, 15, 96)이, 로마에서는 고트족 알라리크Alaric에게 포위당했을 때(카이사레아의 프로코피우스Procopius of Caesarea, 전쟁의 역사HW 3, 2, 27), 그리고 두 명의 여인이 열일곱 명의 하숙인을 먹어치운 일이 발생한 기근 때(앞의 책 6, 20, 27ff)에, 기원전 194년 비잔티움이 포위당했을 때(디오 카시우스Dio Cassius 75, 12) 발생했다; 일부 경우는 성서에 기술되어 있지만(신명기Deut. 28, 57; 사마리아에서, 열왕기하서2Kings 6, 28f; 바룩서Baruch 2, 2f) 티투스가 예루살렘을 포위한 기간에 발생한 카니발리즘은 '유례가 없는' 일이었다(플라비우스 요세푸스Flavius Josephus, 아르켈라오스의 추방에서 유대인의 바빌로니아 탈출까지B 6, 199ft); 간혹 포위한 사람들도 식량 부족으로 카니발리즘을 자행하기도 했다(플루타르코스Plutarch, 루쿨루스Lucul. 11, 1); **G. 꿈:** a. 돼지고기(돼지pig 참조)를 먹는 것 이외에 인육을 먹는 꿈은 가장 좋은 꿈이지만 꿈꾼 이가 알고 있거나 아끼는 사람의 인육이 아니어야 한다: 가까운 사람의 인육을 먹는 꿈은 그 사람을 묻게 된다는 것을 의미한다(또는 꿈에서 먹힌 사람은 살지 못할 것이다); b. 전쟁이나 기근이 올 때 일반적으로 느끼는 것처럼 이런 것을 먹고 나면 슬픔을 느낀다; c. 자신의 아들을 완전히 먹어치우는 꿈은 최악의 꿈이다: 이른 죽음; 자신이 생계를 유지하는 부위 준 한 부위(예 달리기 선수의 발, 레슬링 선수의 어깨)을 먹는 것: 아이와 아버지의 번영을 의미한다; d. 한 사람이 또 다른 사람을 먹을 때 후자는 전자에게 대접하는 음식으로 간주되어야 한다; e. 항상 여자보다는 남자, 노인보다는 어린아이의 인육을 먹는 것이 더 좋다(달디스의 아르테미도로스Artemidorus of Daldis 1, 70).

카더멈 cardamom (식물) **1.** 네팔의 후추 식물인 '아모뭄 카다모뭄 수블라툼Amomum cardamomum sublatum'(두구속amomum 참조) 등껍질에 싸인 씨앗 상태의 향신료; **2.** '엘라테리아 카르다모몸Elateria cardamomum' 또는 카더멈cardamom: 인도 말라바르Malabar와 실론섬에서 들여오는 이 씨앗으로만 향유를 만들며 이 향유는 자극완화제, 접착제, 부식제, 진정제로 사용된다; 특히 간 질환을 위한 진정제, 수축된 부분을 이완시키기 위한 완화제, 귓병과 치통의 완화제로 사용되었으며 해독제이다(코르넬리우스 켈수스Cornelius Celsus 3, 21, 7; 5, 2+6+15; 5, 18, 3+7+8; 5, 23, 1; 6, 7, 3; 6, 9, 4).

카두세우스 caduceus **I. 기원:** 1. 어원: 그리스어 'karykeion' 'karyx'=문장herald(紋章); 아마도 원래는 서로 얽혀 있는 두 개의 나뭇가지였을 것이며 나중에는 뱀으로 해석되었고 더 나중에는 아스클레피오스Asclepius의 뱀과 연결되었을 것이다; 2. 풍뎅이에서 발전됨; **II. 형태:** 1. 두 마리의 뱀이 감고 있는 지팡이, 두 개의 작은 날개로 덮여 있거나 날개 달린 투구(헤르메스/메르쿠리우스 것으로 추정되며 두 마리의 뱀 싸움에 끼어들었다가 투구가 뱀에 휘감긴 것으로 추정됨) 모양; 2. 나머지는 동일하지만 끝이 초승달로 덮인 원 모양의 지팡이; 3. 벨벳으로 감싸고 백합 문양을 얹은 지팡이; 4. 단 한 마리의 뱀이 있는 지팡이; 5. 화환으로 덮인 (아폴로의) 올리브나무 막대; **III. 형태 설명:** 1. 뱀과 투구(특히 로마에서): a. 지팡이=힘; b. 뱀snakes=지혜; c. 날개=근면; d. 고상한 생각을 투구로 씀; 2. 네 가지 요소: a. 지팡이=땅; b. 날개=공기; c. 뱀serpents=불과 물; 3. 교미하는 두 마리의 뱀과 남근 모양의 지팡이; **IV. 다음을 의미한다:** A. 메르쿠리우스의 속성으로서 1. 다산: 은총을 가져옴; 2. 전령으로서 a. 평화; b. 휴전을 가져옴; 3. 상업, 산업; 4. 웅장함; 5. 행성 수성: 유대 상징에서는 문명을 가져오는 라파엘 천사와 관련된다; B. 아스클레피오스의 속성으로서 치유; C. 이 상징 자체는 1. 대칭적 균형, 도덕적 균형, 선행(특히 로마): 천칭자리(저울scales 참조); 2. 네 가지 요소의 통합; 3. 문장heraldry(紋章)에 표현된 삼위일체; 4. 삼지창과 반대되는 건설적인 존재(운명의 수레바퀴Wheel of Fortune 참조); 5. 생식력: a. 막대 같은 모양의 모든 남근 상징; 광대의 막대기와 바카날리아 주신제Bacchanalia(지팡이 티르소스Thyrsus 참조)의 여성들이 들고 다니는 막대와 관련이 있다; b. 대극의 합일: 남성/여성, 긍정적/부정적; 참조: 앙크 십자가(역주: T자 모양의 십자가) 및 기타 형태의 양성성androgeny; 6. 힘: 사자의 목을 꿰뚫는 것으로 표현된 상징에서; a. 힘: 파스케스Fasces(역주: 막대기 다발 속에 도끼를 끼워 넣은 형태로 로마시대 집정관의 권위의 상징) 참조; 7. 타로카드: 클럽 세트; **V. 다음의 존재들이 이것을 지닌다:** 1. 신: 메르쿠리우스, 세레스, 헤라클레스, 비너스, 아누비스, 세라피스, 토트; 2. 고전에서 성추행 당하지 않기 위한 성직자의 배지; 3. 웅대한 의식에서 전령 또는 '무기의 왕': 특히 II번의 형태에서 3 또는 5; 4. 대리자ambassadors; 5. 의사; 6 상징성의 측면에서 여성의 손: 행복, 평화, 화합, 안전, 행운; **VI. 심리**: 지팡이는 남근(본질적으로 헤르메스와 연결되어 있음)이며 두 마리가 결합한 뱀으로 감싸져 있고 꼭대기에 날개가 덮여 있다: 지하세계의 뱀의 의식성으로부터의 낮은 초월과 날개 달린 지팡이를 타고 땅에 대한 초월을 거쳐 초인 또는 초인간적 실재의 초월로 이동한다.

카드 Cards (카드놀이) **I. 일반적으로 다음을 의미한다**: 1. 처음부터 카드는 점을 치는 것뿐 아니라 카드놀이에도 사용된다; 스페인어 '나피스naipes'는 히브리어 'naibi'(=마법)와 관련된다; 2. 최초의 카드는 분명 타로카드 종류였을 것이다: 세트로는 되어 있지 않았으나 우화적인 그림이 그려진 22개의 카드로 속담을 나타내거나, 문학, 동화의 등장인물, 동물 등이 그려져 있었다; 따라서 매우 다양한 종류의 타로카드가 있다; 단테Dante는 아마도 타로카드로 그의 상징주의를 표현했을 것이다; 개별 세트 참조; **II. 세트와 그에 상응하는 것은** 다음 표 참조;

세트	일반적 상징	생명의 상징	사회계층
a. 스페이드 (=프랑스: 창 =스페인: 검 =독일: 나뭇잎)	실수와 판단 사이의 구별	나뭇잎, 가을	왕-전사, 귀족
b. 하트 (=프랑스: 하트 =스페인: 컵 =독일: 하트)	그릇 (성배와 상자 참조)	생명의 원천, 봄	사제
c. 다이아몬드 (=프랑스: 정사각형 =스페인: 금Gold =독일: 종bell)	물질의 힘, 영원의 반지 여름	여성의 성기, 여성성 (마름모꼴)	상업, 시민, 지식인
d. 클럽 (=프랑스: 삼엽형trefoil) =스페인: 막대기 =독일: 도토리)	권력과 명령 카두세우스 (신들의 사자인 헤르메스의 지팡이)	삶의 세 가지 측면, 겨울	농업, 경작, 통치

III. 민속: 1. "악마의 그림책The Devil's Picture Book"(청교도들이 카드를 그렇게 부름)은 선박에 가져가는 것이 허용되지 않았다; 2. 도둑들은 발각되는 것이 두려워서 카드를 훔치지 않을 것이다; 3. 카드 운이 좋아 카드를 잘 치는 사람은 사랑에는 운이 없다; 4. 나쁜 징조: a. 클럽의 4(그리고 일반적으로 잭); b. 스페이드의 잭과 에이스; c. 다이아몬드의 9는 치명적이다; d. 두 개의 검은색 잭: 가난과 불행; e. 두 개의 빨간색 잭: 숨은 적; 5. 초보자는 운이 좋아서 빌린 돈을 잃지 않는다; 6. 카드 게임을 하러 가는 길에 여자를 만나면 운이 나쁘다; 그보다 더 운을 나쁘게 만드는 것은 카드놀이를 하는 동안 여자가 몸에 손을 대는 것이다; 7. 화를 내거나 노래를 불러도 운이 없다; 8. 어떤 사람이 재떨이에 던진 성냥을 십자 모양이 되도록 다른 성냥을 던진 사람은 카드 게임에서 지게 될 수 있다(그의 운은 '십자모양으로 찢어져 사라질' 것이다); 따라서 그의 소유물 중 어떤 것도 '사라질' 수 있다; 9. 엘리자베스 1세 여왕 시대: 카드는 종종 '지도'였다=훌륭한 행동을 보여 주는 거울; **IV.** 타로카드Tarot와 개별 카드세트 참조.

카드모스 Cadmus **1.** 신화: 페니키아 시돈의 왕자. 그는 누이 에우로페를 찾으러 소를 따라갔다가 용의 이빨로 부하들을 '뿌린(심은)' 후에 테베를 세웠다; 부하들은 다섯 명의 남자를 제외하고 서로를 다 죽였다; 나중에 카드모스는 뱀으로 변신했다; **2.** 기독교인: a. 그의 삶은 히브리 민족이 이집트를 떠났을 때의 역사를 나타낸다(결국 그는 시돈 출신이다); 그가 따라갔던 황소(=소)는 모세이다; 디오니소스는 구원자이신 메시아를 상징한다; 뿌린 이빨은 사도와 순교자를 의미한다; b. 그의 변신은 죄인들의 회개를 나타낸다; 그가 뱀이 된 것은 그가 삶을 지속하기 위해 그의 포도밭에서 일해야 하는 것으로 합리화될 수 있다(오비디우스 도덕론Ovide M 4, 5200ff에서의 이상한 해석).

카딩기의 빗 carding-comb 크로이소스는 그의 정적인 이복형제를 카딩기의 빗 위로 (질질) 끌어서 죽였다(헤로도토스Herodotus 1, 93, p. 52).

카라반의 숙소 caravanserai **1.** 낙타 대상들을 수용하기 위해 큰 정사각형 마당이 있는 동양식 여관; **2.** 발렌티누스에 따르면, 공정하지 않은 사람들의 심장은 이 여관과 같다. 이 여관은 움푹 패인 곳이 있고 바퀴 자국이 있으며 종종 배설물로 가득 차 있다. 사람들이 자신의 집이 아니라고 생각하여 불결하게 사용하기 때문이다(알렉산드리아의 클레멘스Clement of Alexandria, 스트로마타Strom. 2, 20).

카론 Charon 나룻배 사공ferryman 참조.

카르둔 cardoon (식물) **1.** '시나라 카르쿤큘러스Cynara cardunculus'='scolymon' 또는 '스콜리무스scolymus': 강한 정력제로 여성이 가장 관능적인 여름철에 기력이 약한 남성에게 유용하다(안젤로 드 구베르나티스 Angelo De Gubernatis, 식물의 신화MP 2, 342; 플리니우스Pliny에서 여러 차례 언급되었다: 옥스퍼드 라틴어 사전OLD 참조); **2.** '히시다 시나라Hispida cinara': 가시가 있는 카르둔은 와인과 잘 어울리지만 목소리에는 나쁘다(루키우스 주니우스 모데라토스 콜루멜라Lucius Iunius Moderatus Columella 10, 235f).

카리브디스 Charybdis **1.** 위험한 바위 스킬라와 반대지만 똑같이 위험한 소용돌이; **2.** 탐욕(아테나이오스Athenaeus 11, 485d); **3.** 오비디우스 도덕론Ovide M": 탐욕이라는 죄악(도덕론 13, 361ff); b. 이교도(도덕론 3660ff).

카멜레온 chameleon **1.** 플리니우스Pliny(28, 29)에 따르면, 데모크리토스Democritus는 이 동물에 대한 미신만으로 책 한 권을 썼다; **2.** 적응성: 주위 환경에 따라 색깔을 바꾼다(나소 P. 오비디우스Naso P. Ovid, 변신이야기Metam. 15, 412); 플루타르코스Plutarch에 따르면, 색깔을 바꿀 수 있는 이유는 몸이 공기로 가득 찬 결과 때문이다; 또는 이것은 소심함을 나타낸다; 능력의 속성; **3.** 카멜레온은 공기를 먹고 살 수 있다: "…사랑이라는 카멜레온은 공기를 먹고 살 수 있지만…"(베로나의 두 신사Gent. 2, 1; 또한 덴마크의 왕자 햄릿Ham. 3, 2; 나소 P. 오비디우스, 변신이야기 15, 411 참조); **4.** 그러므로 사랑의 상징이다; **5.** 이와 같이 신기한 동물은 강한 힘을 가질 수밖에 없다: a. 카멜레온은 자신의 위를 날고 있는 매를 떨어뜨린다; b. 카멜레온이 들어간 화합물은 (그리고 카멜레온 몸의 일부분을 부적으로 지니면) 사람을 투명인간으로 만들거나, 하인들을 잠들게 만들거나, 적 또는 사랑의 미약의 효과를 물리칠 수 있다.

카멜롯 Camelot 카멜롯의 문학: '그늘진 도시'는 인간의 신념과 제도가 서서히 성장하는 것을 상징하는 곳이며 인간의 영적 발달을 상징한다(알프레드 테니슨 경Lord Alfred Tennyson, 롱맨영시해설선집LongAEP p. 1463; 가렛스와 리네트GL 296).

카모마일 chamomile (식물) **1.** 일반적으로 다음을 의미한다: 라틴어 '안테미스 피레트룸Anthemis pyrethrum' 또는 '헤르바 살리바리스herba salivaris'(그러나 옥스퍼드영어사전OED은 이 철자를 camomile의 다른 철자 형태로 간주한다); 이 식물은 갈색의 매캐한 수진resin과 휘발성 오일이 많은 타닌을 만들어낸다; **2.** 의학: a. 전처치 치료에 사용되며, 부식성이고 도포용으로 사용된다; 또한 옆구리 통증에 사용하고 연주창 및 치통에도 사용함(코르넬리우스 켈수스Cornelius Celsus II, 서문 '제충국pyrethrum'; 5, 4; 5, 8; 5, 18, 7 및 14; 6, 9, 5); b. 뱀에 물린 것을 치유하고, 죽은 태아를 낙태시키며, 월경을 돕고, 이뇨제이고 소화에 도움을 주며, 빨갛게 염증이 생긴 상처에 유용하다(플리니우스 Pliny 22, 26); **3.** 12월 17일의 탄생화; 역경 속의 에너지, 금욕 속의 사랑(요베스Jobes).

카벙클 carbuncle (보석) **A.** 원래는 모든 종류의 짙은 붉은색 보석(사파이어 등)을 카벙클이라 불렀다; 요즈음에는 일반적으로 석류석이지만 '루비'를 카벙클이라고 하기도 한다; 카벙클 같은 부류의 '남성'은 '보석의 왕'이라고 불린다; **B.** 유니콘의 뿔 아랫부분에서 발견된다: 어떤 사람은 이 보석이 유니콘 뿔의 신비한 특성(예 독약 감지)의 근원이라고 여겼다(유니콘Unicorn 도 참조); **C.** 긍정적인 면: 1. 독약을 감지하거나 독에 내성이 있다: 부적으로 사용하거나 잘게 부수어 와인에 넣기도 했다(모든 종류의 뿔horn, 독수리vulture의 발, 취석eagle's stones, 토드스톤toadstones 등 참조); 2. 사악한 생각이나 무서운 꿈을 방지한다; 3. 밤에 빛

ㅋ

이 난다(옷 안에 있어도 밖으로 빛이 남); "반사된 빛이 아닌 자체의 빛"을 낸다(디도서Tit. 2, 3 참조); **D. 문장**heraldry(紋章): 1. 귀족 가문의 문장heraldry(紋章)이 그려진 방패가 띠는 붉은색; 2. 여덟 개의 백합 모양의 바퀴살 형태로 된 교회 건물의 내부 중심 또는 4개는 십자가 모양을 이루고 4개는 건물을 이루는 바퀴 모양의 교회 건물 내부 중심; 교회 건물 내부 중심은 방패일 것이다; 3. 태양의 상징: 행복; "성스러운 포이보스(역주: 태양신 아폴로의 다른 명칭)의 전차처럼 카벙클로 덮혀 있다"(안토니우스와 클레오파트라Ant. 4, 8 참조); **E. 성서**: a. 레위부족 제사장의 흉배를 장식한 보석일 수 있다; b. 카벙클의 성문은 이스라엘의 위안일 것이다(이사야서Isa. 54, 12); **F. 기독교**: a. 피, 고난, 순교; b. 불뱀Seraph 과 관련이 있다; c. 다섯 개의 카벙클: 예수의 다섯 곳의 상처 ; **G. 일반적으로 다음을 상징한다**: 1. 불변성, 자기확신; 2. 에너지, 힘(플리니우스Pliny 37, 25)은 불에 타지 않는 불연성을 강조한다; 3. 자비심; 4. 화: 특히 눈과 관련된다(예 덴마크의 왕자 햄릿Ham. 2, 2); 율리우스 카이사르Caes.의 붉고 교활하고 맹렬한 눈; 5. 피, 전쟁 등; 6. '철학자의 돌, 라피스lapis'; 7. 사랑: 로젠크루츠 비너스: 침실은 카벙클들로 빛났다.

카스트 계급 caste **1.** 이집트 사람들에게 카스트 제도는 연속성, 효율성, 질투의 제거라는 이것의 일반적 특성을 제공했다(디오도로스 시쿨로스Diodorus Siculus 1, 73ff); **2.** 인도와 연결된다(디오도로스 시쿨로스 2, 40; 스트라보Strabo 15, 1, 39ff; 플라비우스 아리아누스Flavius Arrianus 8, 11f).

카스피해 Caspian Sea **1.** 스트라보Strabo가 살던 시대에는 카스피해가 북대서양까지 북쪽으로 이어진다고 믿었다(제1권의 지도 참조); **2.** 폭풍우 치는 바다(퀸투스 플라쿠스 호라티우스Quintus Flaccus Horatius, 카르미나Carm. 2, 9, 2; 에드먼드 스펜서Edmand Spenser, 페어리 퀸FQ 2, 7, 14; 존 밀턴John Milton, 실낙원Par. L. 2, 715n).

카타리커스 cataricus (보석) 바다에서 자라고 바다에서 발견된다; 가려움, 옴, 백선, 농가진에 유용하다(중세보석세공집Med. Lap. F47; 다른 곳에서는 언급되지 않는다).

카토 Cato 단테Dante: 도덕적 덕성(신곡 연옥편Purg. 1): 그의 얼굴은 네 개의 도덕적 덕성(신중함, 공정함, 불굴의 용기, 절제)으로 빛난다.

카토치티스 catochitis (보석) **1.** 코르시카섬에서 발견된다(중세보석세공집Med. Lap, A텍스트, 카토치티스 cathotices 아래 참조; **2.** 이것에 닿는 모든 것에 들러붙는다(같은 책); 손에 쥐면 고무진(수지)같이 붙는다(플리니우스Pliny 17, 56).

카트레우스 katreus (새) 고대 인도의 상상 속의 새인 호리온 같은 새: 아름다운 소리를 내며 비를 예고한다; 새벽녘에 호리온 옆에 있으면 이것을 뒤늦게 노래하는 나이팅게일로 착각할 수 있다; 이것은 화려한 보라색 날개를 가지고 있다; 꿩은 노래하지는 않지만 이 새는 모나울 꿩으로 추정된다(스트라보Strabo 15, 1, 69; 클라우디우스 아엘리아누스Claudius Aelianus 17, 23; 논누스Nonnus 26, 212).

카파도키아 Cappadocia **1.** 북해에서 타우르스 산맥까지, 그리고 할리스 강에서 아르메니아까지 이르는 광활한 땅(크세노폰Xenophon, 키로파에디아Cyr. 서론에서는 '카파두카Katpadhuka'라고 불렀다); **2.** 말로 유명함: 품질 좋은 승마용 말의 땅(크세노폰, 키로파에디아; 클라우디아누스 여러 곳에서: 예 기독교 신비주의CM 30, 192, 47); 윌리엄 캑스턴William Caxton, 세계의 거울MW; 암말mare 참조); 스코틀랜드의 왕이 카파도키아의 말을 탔다(크레티앵 드 트루아crétien de Troyes, 에렉과 에니데Erec.); **3.** 유명한 '시노페Sinopian' 수수께끼는 카파도키아의 시노페 항구를 통해 전해졌다(스트라보Strabo 12, 2, 10); **4.** 코린트Corinth와 매춘prostitution 참조.

카펫, 양탄자 carpet **1.** 호화로움; **2.** 주권(主權); **3.** 자주색 카펫: 아가멤논이 죽기 전 전쟁에서 돌아왔을 때 클리템네스트라가 자주색 카펫을 깔았다; 색깔이 자주색(신의 색)이었기 때문에 처음에는 카펫을 밟고 걷기를 거부했다; 그의 죽음의 측면 중 하나는 (고대 그리스인들에게) '신들의 복수'였다; **4.** 하늘을 나는 양탄자: 솔로몬에게는 녹색의 하늘을 나는 양탄자가 있었으니 (구름) "여행하고 싶으면 양탄자 위에 그의 왕관을 놓았다"(대수롭지 않다는 듯이); **5.** 카펫 기사: "그는 영예로운 카펫 위에 서 있는… 기사이다": 전투에서 영웅적 행동으로 기사 작위를 받은 것이 아니라 카펫에 무릎을 꿇어서 받았다(십이야Tw. N. 3, 4).

카푸두아세움 capuduaseum (보석) **1.** 식별되지 않은 보석(중세보석세공집Med. Lap. C, 34에서만 언급된다); **2.** 특성: a. 몸을 가볍게 만들고 출산 시 도움이 된다; b. '거슬리는' 사람을 사랑스럽게 만든다; 신과 타인에게 품위 있어 보이게 한다; c. 승리하는 사람으로 만들어 준다; d. 수종증, 결석 및 '모든 병과 상처'를 치유한다.

칼 knife **1.** 기초적인 비밀 무기, 영웅의 검의 반전; **2.** 희생: 예 할례: 숭배 방식의 전통주의에 따라 청동기와 철기 시대에도 돌칼이 사용되었다(예 요세푸스 플라비우스Jos. 5, 2f.); 그러나 동일한 표현이 '검sword'에 사용되었다(시편Ps. 89, 44); **3.** 복수의 무기, 갑작스러운 방어; **4.** 남근: a. 성교에서 칼은 '죽음'과 같다(엘리자베스 1세 여왕시대의 흔한 비유); b. 뱀과 관련된다(예 페데리코 G. 로르카Federico G. Lorca, "피의 혼례Blood Wedding"); **5.** 결백 테스트: 망토mantle 참조; **6.** 또 다른 민요에서는 남자 아기와 그의 어머니가 '귀한 보석으로 장식된 칼knife'과 '금박'을 입힌 칼집으로 언급된다("리섬 브랜드Leesome Brand",프랜시스 차일드Francis Child 15); **7.** 심리: '영적인' 검과의 대극인 인간의 본능적 힘; **8.** 민속: A. 칼knife은 그 소유자와 밀접한 관련이 있다; B. 행운을 비는 마법: a. 칼을 문에 찔러 넣으면 마녀와 요정으로부터 집을 보호하거나 들고 있는 사람을 보호한다(철은 모든 악령에 대항하는 강력한 무기); b. 임산부의 매트리스를 칼로 찌르면 아들이 될 것이다(긴 손잡이가 달린 냄비skillet 참조); C. 불운: a. 칼은 바다에서는 금기시되는 단어이다. 그러나 종종 심해 낚시를 할 때 돛대에 칼을 꽂아 둔다(바람을 부리는 마녀로부터 보호해 줄 수 있다); b. 두 개의 칼이 우연히 테이블에서 교차하면 불운이다(또는 하나는 포크에 놓였을 때); c. 언쟁을 일으키기 때문에 친구나 연인 사이에는 칼을 선물하지 않는다. 선물했을 때의 나쁜 영향은 무엇인가를 대가(작은 동전)로 줌으로써 풀릴 수 있다: "'그들은 칼이 항상 사랑을 끊더군요'라고 나에게 말했다"(존 게이John Gay, "목자의 주간The Shepherd's Week"); d. 술잔을 칼로 휘젓는 것도 싸움을 일으킨다.

칼데아인 Chaldeans **1.** 다음에 대해 지속적으로 적용된 이름: a. 바빌로니아의 남부인 칼데아 출신 사람; b. 바빌로니아 사람 전체; c. 바빌로니아의 사제 및 과학자; 이 마지막 뜻은 고전시대에 가장 보편적으로 수용되었다; **2.** 칼데아 사람들은 유대 민족의 원래 조상으로 여겨졌고(플라비우스 요세푸스Flavius Josephus, 아피온 반론Ap. 1, 71) 100세 넘게 살았다고 전해진다(루키아누스 사모사테 출신Lucianus from Samosate, 마크로비Macr. 5; 보리barley 참조); **3.** 사제로서 이들은 세습되는 계급을 형성했고 바빌로니아 사람들이 이주해 오기 전 살았던 국가인 이집트의 사제들처럼 이 사제 계급은 세금과 병역을 면제받았다(디오도로스 시쿨로스Diodorus Siculus 1, 28 및 2, 29); **4.** 그리스 도시들에서 사제들은 전문적인 점성술사이며 천문학자였고 다양한 형태의 예언을 했다(그 당시, 함께 존재했던 이집트 예언자들처럼; 아풀레이우스Apuleius, 도덕론M 2, 12); **5.** 철학: 칼데아인들은 우주를 "우주의 각 부분들 사이의 조화적 유사성에 의해 만들어진 완벽한 일치 또는 조화로 보았다"; 그러나 이들은 오직 눈에 보이는 우주와 운명만 믿었으며, 우주의 창조자로서 우주 밖의 신을 부정했고 따라서 또한 신의 뜻도 부정했다; 우주는 숫자와 수의 균형에 의해 인도된다고 믿었다(필로 유다이오스Philo Judaeus, 아브라함 이주에 관하여Mig. 178; 신성한 사물의 상속인은 누구인가Haer. 95; 아브라함에 관하여Abr. 69ff); **6.** 구별distinction에 대해서는 동방 박사Magi 참조.

칼라, 깃 collar **1.** 지위를 나타내는 휘장(배지): a. '화이트칼라' 직업; 또한 '블루칼라' 등; b. 사제; c. 귀족: 옛 형태: 화려한 스페인 귀족과 같은 귀족; 옛 형태 및 현대의 형태: 기사의 목걸이 장식; d. "단정하게 여미고 글씨가 새겨진 그의 멋진 놋쇠 칼라는 그가 신

ㅋ

사이고 학자임을 보여 주었다"(로버트 번스Robert Burns, "두 마리의 개The Twa Dogs"); **2.** 자유의 구속: a. 마구, 코르셋 등등과 같은 족쇄; 개 목걸이dog's collar 참조; b. (따라서) 소유권; c. 단정함; **3.** 이집트(=큰 목걸이): a. 보호와 힘: 예 이시스의 칼라; b. 장례식 부장품; **4.** 칼라를 만짐: (전래동화) 앰뷸런스(구급차)를 보게 될 경우의 불길한 징조에 대한 방비책으로 칼라를 만졌다; **5.** SS의 칼라의 경우: 알파벳S 참조; 목걸이necklace도 참조.

칼라지아스 chalazias (보석) **1.** 차가움: "결코 뜨겁게 만들 수 없을 것 같은 돌"; 우박 모양, 다이아몬드의 색깔과 강도를 지님; 돌의 구멍들이 모두 너무나 곧아서 열이 들어갈 수 없기 때문에 가열할 수 없다; '갈시도galcido' 또는 '겔라시드gelacid'라고도 부름(중세보석세공집Med. Lap. F88); **2.** 분노, 정욕 및 격정 등을 완화시켜 준다(알베르투스 마그누스Albertus Magnus, 앞의 책).

칼립소 Calypso **1.** 많은 섬의 신들은 축복받은 자들의 섬들에서 생명의 불멸을 선사하는 여신들이다(반드시 죽음이 선행해야 한다); **2.** 자신의 (태양의) 방랑 중 섬에 난파당한 오디세우스는 여신의 제안을 거절했다; 사과apple의 거절 참조.

칼새 swift (새) **1.** 이 새의 비행 속도에서 이름이 유래되었다; 제비보다는 벌새, 쏙독새 또는 딱따구리와 더 닮았다; 날아갈 때 모양은 활과 화살을 닮았다; 해가 질 무렵 새들은 종종 지저귀며 떼를 지어 주위를 휩쓸고 때로는 보이지 않는 곳으로 벗어나기도 한다(높은 곳을 날면서 밤을 지새운다); 색깔은 턱 아래의 회백색 반점을 제외하고는 완전히 검은색이다; 칼새는 5월에 영국에 도착해서 8월에 떠난다; **2.** 민속: 모호함: a. 행운을 가져다주는 신성한 새; "개똥지빠귀와 굴뚝새는 전능하신 신의 수탉과 암탉이고, 제비와 칼새는 전능하신 신의 선물이다"; b. 악마의 새 중 하나이거나 죽은 자들과 연결되어 있다(특히 잃어버린 자들의 영혼).

칼집 scabbard **1.** 담아줌을 의미하는 여성적 상징; **2.** 엑스칼리버의 칼집은 칼의 열배에 해당하는 가치가 있었다. 아서왕이 이것을 가지고 있는 한 아무리 큰 부상을 입어도 피 흘리지 않았다(토머스 맬러리Thomas Malory 1, 25).

칼집물고기, 메기 sheath-fish **1.** 다뉴브강과 다른 동유럽 강에서 흔히 볼 수 있는 '유럽메기Silurus glanis'; 독일어 '멜스Mels', 네덜란드어 '미르발Meerval'; **2.** 이스터Ister(다뉴브강)에 있는 칼집물고기는 너무 억세서 강에서 끌어내기 위해서는 멍에를 맨 소나 말이 필요하다(클라우디우스 아엘리아누스Claudius Aelianus, 동물의 본성에 관하여NA 14, 25); **3.** 칼집물고기는 그 충성심 때문에 제우스의 물고기이다(아그립파Agrippa, 오컬트 철학OP 1, 26); **4.** 힐데가르트 폰 빙엔Hildegard: a. 찬 공기보다는 뜨거운 공기로 구성되어 있고, 낮보다 밤을 더 좋아하고 물에 빠진 옥수수와 좋은 허브를 먹는다; 그래서 이 고기는 건강에 좋다; b. 담즙, 회향주스에 몇 방울의 와인을 섞어 속눈썹에 바르면 어두워진 눈이 치료된다; c. 이것의 간을 삶아서 먹으면 위장 안에 있는 모든 가래와 고름을 제거한다(자연학Ph. 5, p.95).

칼코포노스 calcophonos (보석) 착용자가 온순한 사람인 경우, 착용자에게 부드럽고 분명한 목소리를 부여하는 검은 돌(중세보석세공집Med. Lap. F47).

캐노피, 차양 canopy **1.** 제왕의 위엄: "어리석은 양을 돌보는 양치기에게 산사나무가 쾌적한 그늘을 주지 않는 것처럼 신하들의 배신을 두려워하는 왕들에게 화려하게 수놓아진 캐노피는 쾌적한 그늘을 주지 않는 것인가?"(헨리 6세 3부3H6 2, 5); **2.** 보호; **3.** 정사각형=땅, 원형은 하늘이나 태양(의례용 파라솔ritual parasol 참조; 코리올라누스Cor. 4, 5; 또는 덴마크의 왕자 햄릿Ham. 2, 2 참조); **4.** 천상의 영역, 낙원.

캐러웨이 caraway (식물) 이 식물의 씨앗: a. 귀중품들 사이에 놓으면 절도를 예방한다; b. 남편의 호주머니에 넣으면 다른 여자들이 유혹하러 오는 것을 막는다; c. 비둘기에게 먹이면 높은 곳의 둥지에 계속 머무른다(브리타니아의 민속과 문화Folk1.& C. of Brit. p. 40).

캐롭 carob (식물) **1.** 야생 캐롭 나무('Siliquae Graecae')

의 꼬투리는 돼지 사료로 사용했다(루키우스 주니우스 모데라토스 콜루멜라Lucius Iunius Moderatus Columella 7, 9, 2); 방탕한 아들(탕아)이 원했던 돼지 먹이와 관련해서는 곡물의 겉껍질husk 참조; **2.** 기독교: a. '케라토니아 실리크Ceratonia silique'은 '메뚜기' 또는 사도 요한이 캐롭 꼬투리를 먹었으므로 독일어로 성 요한 빵이라고도 불린다(안젤로 드 구베르나티스Angelo De Gubernatis, 식물의 신화MP 2, 50); b. 소아시아에서 캐롭은 성 게오르기우스의 보호를 받았다(안젤로 드 구베르나티스, 식물의 신화); c. 시칠리아에서 '세르시스 실리카스트룸Cercis siliquastrum', 즉 야생 캐롭은 (아마도) 유다가 목을 맨 나무이고 따라서 저주받은 나무이다(안젤로 드 구베르나티스, 식물의 신화); **3.** 의학: 지혈제(플리니우스Pliny 23, 79).

캐모마일 camomile (식물) **1.** 다양한 꽃에서 얻는 약(차): 예 북유럽과 스페인에서는 '저먼 캐모마일C. matricaria'에서 얻지만 다른 나라들(영국 포함)은 쓴맛이 나는 향기 있는 꽃인 '로만 캐모마일Anthemis nobilis'을 사용했다; **2.** 역경 속의 힘: "많이 밟힐수록 빠르게 자란다"(참조: 바이올렛violet과 반대; 헨리 4세 1부1H4 2, 4); 고난 속 사랑; **3.** 로마: 오래된 와인에 갈아 넣은 캐모마일은 노란색으로 인해 최음제로 여겨졌다(나소 P. 오비디우스Naso P. Ovid, 사랑의 기술De Art. Am. 2, 418); 이 외에 캐모마일은 신경흥분과 열을 가라앉히고 위장 내 가스를 배출한다; 많은 양은 구토제로 사용되었다.

캐비어 caviar(e) 미식가들을 위한 별미: "무지한 사람들에게 캐비어"(역주: 돼지 목에 진주목걸이)(덴마크의 왕자 햄릿Ham. 2, 2).

캐스터네츠 castanets 직감적으로 스페인과 연관되지만 캐스터네츠는 시칠리아섬 사람들이 발명했다(알렉산드리아의 클레멘스Clement of Alexandria, 스트로마타Strom. 1, 16).

캐스토리움 castor (castoreum) **1.** 비버beaver의 생식기에서 추출한 물질; **2.** 의학: 하제(설사약) 및 화장품(플리니우스Pliny 23, 41); b. 톡 쏘는 듯한 맛이 나서 사향을 연상시켰고 경구용으로 흥분제(코르넬리우스 켈수스Cornelius Celsus 3, 16, 2), 외용으로 귀와 눈에 바르는 연고로 사용했다(켈수스 6, 7, 7c 및 6, 6, 8); **3.** 종종 피마자 기름과 혼동된다(아래 참조).

캡니티스 capnitis (보석) **1.** 수정과 비슷하지만 좀 더 흰색에 가깝다; **2.** 착용한 사람이 수종증에 걸리지 않게 하고 사악한 마법으로부터 보호한다; 그러나 아픈 사람이 이것을 착용하지 않고 음용한다면 절대 낫지 않을 것이다(중세보석세공집Med. Lap. F 45).

캣민트 catmint (식물) **1.** 고양이가 이 식물에 몸을 비비기를 좋아하고 심지어 수컷 없이도 임신까지 할 수 있기 때문에 캣민트라고 부른다(아그립파Agrippa, 오컬트 철학OP 1, 17); **2.** 의학: a. 몸을 따뜻하게 하고 정화한다(히포크라테스의 식이요법Hippocr. Vict. 2, 54); b. 치통이 있을 때 흡입하고 잇몸 고름에 바르기도 한다(코르넬리우스 켈수스Cornelius Celsus 6, 9, 7 및 6, 13, 1, 라틴어로 '야생박하mentastrum'라고 불린다); c. 매운 맛; 빵 등과 함께 먹으면 연주창을 완화한다; 그 잎은 피부에 바를 수도 있다(힐데가르트 폰 빙엔Hildegard, 자연학PH. p.46).

캥거루 kangaroo **1.** 대륙을 껑충껑충 뛰어다닌다. 호주를 상징한다; **2.** 사교성; **3.** 평화: 맹수 천적이 없다; **4.** 움직이는 것을 좋아한다; **5.** 무지; **6.** 데이비드 H. 로렌스David H. Lawrence: a. 민감성; b. 하층민.

커드, 응유 curd **1.** 그리스어 '푸에티아puetia': 젖을 떼지 않은 동물의 위장에서 꺼낸 멍울진 우유로, 레닛(역주: 우유를 치즈로 만들 때 사용되는 응고 효소)을 함유하고 있어 레닛 용도로 사용된다: 응유제 curdling agent; **2.** 특히 토끼의 것은 종종 독을 중화시키는 데 사용되며 종종 새끼 사슴이나 노루, 붉은 사슴이나 새끼 염소의 것도 사용된다(니칸데르Nicander, 알렉시파르마카Al. 323 이후; 아리스토텔레스Aristotle, 동물사HA 552B, 동물의 일부PA. 522B 및 동물의 세대GA 739B).

커민 cumin; cummin (식물) **1.** 나일강을 따라 야생으

ㅋ

로 자라는 식물의 열매로 향이 좋다; 플리니우스Pliny는 커민을 사람들이 가장 선호하는 향신료라고 여겼다; **2.** 이사야Isaiah는 여호와(풍요의 신으로서)가 사람들에게 디오니소스와 마찬가지로 농업을 가르친 모습을 설명했다(28, 25ff.); 여호와는 사람들에게 "가장 중요한 밀과 지정보리"의 가장자리에 커민을 심으라고 말했다; 이집트 산 커민은 여성들에게 취음제이다; **3.** 커민은 매우 소량으로 재배했으므로 바리새인들이 커민에 대해 십일조를 요구한 것은 매우 어리석은 것이다(마태복음Matth. 23, 23); **4.** 커민은 먹은 사람을 창백하게 만든다(사람들을 속이고자 할 때 사용); **5.** 의학적, 치료적으로 크게 유용하다.

커스터드, 커스터드 소스 custard **1.** 영국의 시장 취임 축하식에는 어릿광대가 거대한 커스터드 속으로 뛰어드는 행사가 있다(끝이 좋으면 다 좋아All's W. 2, 5; 벤 존슨Ben Jonson: "악마는 멍청이다The Devil is an Ass" 1, 1 참조); **2.** 전래동화: a. 조롱하는 표시로 굳게 다문 입술 사이로 공기를 내뿜는 것에 대한 반응으로서, 방귀를 흉내 내는 원래 소리에 운을 맞춰 "우리는 커스터드를 먹는다"라고 대답한다; b. 비겁함을 조롱하는 운을 맞춘 단순한 노래로 "비겁한 커스터드"라는 표현이 있다; 그다음에는 대개 '머스터드'와 운을 맞춘다.

커튼 curtain **1.** 숨김, 보호: 신전에서 신의 불타는 광채를 숨긴다; 숯coal과 향로censer의 기능 참조; **2.** 하늘: 천국(이사야서Isa. 40, 22); **3.** 미래의 베일: "나를 위해 미래의 커튼을 빌려 주는 사악한 잠"(단테Dante, 신곡 지옥편 Inf. 33); **4.** 딜런 토머스Dylan Thomas: "피부의 주름진 커튼": 피부, 생명(예 "풍화의 과정A Process in the Weather"); **5.** 커튼을 떨어뜨림: a. 난세(亂世)의 커튼: "난세의 위대한 영웅이여! 너의 손으로 커튼을 내려라, 그리고 온 세상의 어둠이 모든 것을 묻게 하라"(알렉산더 포프Alexander Pope, 우인열전Dunc. 4, 655); b. 공연 끝의 커튼: 죽음: "커튼을 쳐라, 희극이 시작된다"(라블레Rabelais: 그의 작품에서 관습적으로 임종 시 하는 대사 중 하나); c. 밤의 커튼: "커튼을 닫아 주오 사랑과 낭만의 밤이여. 침입자와 구경꾼의 눈이 우리를 볼 수 없도록. 아무도 모르게 로미오가 내 품에 안길 수 있도록"(로미오와 줄리엣Rom. 3, 2).

커피 coffee **1.** 발기부전을 일으킬 수 있으며 일반적인 성욕 억제제 역할을 한다; **2.** 커피 찌꺼기는 점치기에 사용했다; **3.** "이것은 정치인을 현명하게 만들고, 그의 반쯤 감긴 눈으로 모든 것을 파악할 수 있게 한다"(알렉산더 포프Alexander Pope, "머리카락 도둑 The Rape of the Lock" 3, 117); **4.** 토머스 S. 엘리엇 Thomas S. Eliot: 커피 스푼: 영적 삶으로부터 단조로운 일상생활로의 도피("J. 알프레드 프루프록의 사랑의 노래Prufrock"): a. 공적인 사회생활: "나는 커피 스푼으로 나의 삶을 배분해 왔다"; 커피보다 덜 격식적이고 더 친밀한 차tea 참조; b. "나이팅게일에 둘러싸인 스위니Sweeny among the Nightingales"에 나오는 사창가 장면에서 커피가 쏟아진다; **5.** 전래동화: 커피가 끓으면 곧 친구가 올 것이다.

컴퍼스 compasses **1.** 모든 측정: a. 궁리: '하늘을 측정해서' 궁리하는 창조자의 속성; b. 올바른 행동, 절제; c. 지식; d. 측정하는 과학, 특히 기하학; **2.** 컴퍼스의 두 점 또는 두 다리: 다음의 두 부분을 구성한다: a. 정신과 물질; b. 생명과 형태; c. 컴퍼스로 원(원circle의 모든 의미 참조), 우주, 삶의 순환적 패턴이 그려진다; d. 두 연인의 영혼이 컴퍼스의 뻣뻣한 두 다리처럼 멀어지기도 하고 가까워지기도 한다: "당신의 영혼은 컴퍼스의 고정된 다리처럼 움직이지 않지만 한 다리가 움직이거 시작하면 고정된 다리도 움직인다"(존 던John Donne).

컵, 잔 cup **1.** 담음의 순수한 상징: 낮은 형태로는 가마솥. 그리고 성배, 잠시드의 컵, 알라딘의 램프, 아말테이아의 풍요의 뿔 등 참조; **2.** 여성: a. 여성의 음문: 관능의 컵; b. 여성의 에너지: 젖, 피 또는 육체로 가득 차있다; c. "여호와의 손에 잔이 있어 술거품이 일어나는 도다. 속에 섞은 것이 가득한 그 잔을 하나님이 쏟아 내시나니"(시편Ps. 75, 8; '섞은 것mixture'=정액semen: 포도주wine과 술잔goblet 참조); d. 이슈타르Ishtar의 오른손에 들린 컵; e. 직관과 지혜(=여성 '소피아sophia'): 두 가지 모두 여성의 특징; f. 사랑의 미약(미약philtres 참조)과 관련 있다; g. 성녀 테레사는 지옥에 자신을 위해 마련된 자리를 컵보드(찬장)이라고 했다(인생Vida 32, 1); h. 양성성의 상징: 창과 성배; 다음 참조; i. 심리(동굴cave 참조): i. 비밀스러운 깊숙한 곳에 있는 무의식; ii. 자궁, 종종 그 안에 남근 모양의 뱀이 있다; 그러나 18번의 D 참조; **3.** 우정: 함께 술 마심; **4.** 운: 운명의 컵. 아기가 태어날 때 헤르메스가 들고 있는 컵으로 아기에게 주어질 축복과 고통을 담고 있다; **5.** 기념: a. 게르만족; b. 최후의 만찬에서 그리스도의 잔; **6.** 절제; **7.** 복수; **8.** 구원(시편 16, 5 및 116, 13 등 참조); **9.** 주님의 분노: a. 흔들리는 잔: 예루살렘은 주님의 분노의 (쓴) 잔을 마셨다(이사야서Isa. 51, 17 및 22; 또한 스가랴서Zech. 12, 2); '흔들리는'=여기서는 술에 취함; b. 운명(예레미야서Jer. 25, 15)='일부분, 몫' (예 시편 16, 5); c. 일반적인 형벌(예 예레미야서 75, 9 및 이사야서 51, 17); d. 놀람과 패망의 잔(에스겔서Eze. 23, 33); **10.** 위안: 아이가 죽었을 때 부모에게 준 위안의 잔(예레미야서 16, 7); **11.** 고통의 잔(아마도 섞은 포도주가 섞였을 것이다. 즉, 달콤하고 씁쓸한): 미래의 사도의 삶(예 마태복음Matth. 20, 23); 그리고 겟세마네 동산(아람어 'gath'=포도주; 'shemen'=기름)에서 그리스도의 삶; **12.** 축복의 잔: a. 히브리: 메시아와 관련된다; b. 성찬의 일부로서의 예수 그리스도; **13.** 히브리: a. 유월절에서 보이지 않는 손님 엘리야를 위해 테이블 가운데에 잔을 두었다: 신비로운 중심; b. '예언의 잔': 요셉의 잔(베냐민의 자루에서 발견됨)은 꽃받침 모양이었다; '예언의 잔'으로서 이 잔은 바빌로니아에서도 예언을 위해 사용한 잔들과 유사한데, 바빌로니아에서는 사제가 액체 위에 기름방울을 떨어뜨려 기름방울의 움직임을 '읽어 내어' 예언을 했다; **14.** 그리스: a. 디오니소스, 아스클레피오스Aesculapius, 히게이아Hygeia(다산과 건강), 헤르메스(4번 참조), 크토니오스Chthonius('대지의of the soil': 카드모스가 뿌린 뱀의 이빨에서 자라난 남자)의 상징; b. 시합의 상: 옛날부터 컵, 세발솥, 주전자, 가마솥을 시합의 상으로 수여했다: 예 호메로스Homer의 작품(11, 23)에 나오는 추모 시합; c. 구원의 신과 영생과의 신비로운 연결: 또한 히브리-기독교; d. 장차 장인이 될 사람이 신랑에게 주는 전통적인 선물(핀다로스Pindarus, 올림피아 송시Olymp. 0. 7, 1ff); 2two 참조; **15.** 고대 북유럽: 생명의 징표life-token, 영혼을 담고 있다; **16.** 타로카드: 하트 카드 세트: 열정, 지식, 보존, 사랑, 기쁨, 즐거움; [놀이용] 카드[playing] cards도 참조; **17.** 점성술astrol.: 컵 또는 컵자리(별자리); **18.** 다른 것과의 조합: A. 깨진 컵=깨진 삶; B. 도자기 잔=인간의 삶; 창조주로서의 도공Potter 참조; C. 황금잔: a. "바벨론은 여호와의 손에 잡혀 있어 수중의 온 세계가 취하게 하는 금잔이라 뭇 민족이 그 포도주를 마심으로 미쳤도다"(예레미야서 51, 7); b. 여성의 음문, 특히 처녀의 음문; c. 성배Grail 참조; D. 뱀serpent이 있는 경우 a. 잔 위에 뱀 또는 작은 용(=날개 달린 뱀serpent)이 있을 때: 독poison; b. 뱀이 잔에서 날아오르는 경우: 성 요한St. John the Divine: 뱀Serpent, N번의 6, b 참조; c. 2번의 i 참조; E. 일곱 개의 고리가 달린 잔: 인간의 삶에 영향을 주는 고대 행성의 수를 지칭한다: 헤르메스가 즐거움 또는 슬픔의 잔을 인간의 입술에 대고 있다; 잠시드의 컵Jamshyd's cup 참조(참고: 우마르 하이얌의 루바이야트Omar Khayyám), 브란Bran의 풍요의 가마솥(이후에는 성배) 등; F. 해골 잔: 시인 바이런과 그의 동료 학생들이 술을 마신 잔; G. 잔은 다음 것들로 가득 찬다: a. 물: 생명의 원천; b. 차: 현대의 따분함과 '안이함cosiness'; c. 커피: (예 토머스 S. 엘리엇Thomas S. Eliot: 공적인 사회생활; 커피coffee 참조; d. 포도주=피의 대체물: 지혜, 희생 제물, 사랑; **19.** 궤ark, 잔goblet 참조.

케라우니오스 ceraunius (보석) 1. 일반적으로 다음을 의미한다: '센타우라이트centaurite' 또는 '뇌석thunder-stone'은 종종 운석으로 여겨졌다; 2. 천둥과 함께 떨어지므로 천둥으로부터 보호해 준다; 히브리어에서 천둥은 '세라임seraym'(그리스어 '케라우니오스keraunios'에서 유래했다; 이시도로스Isidore 16, 13, 5); 또 다른 뇌석은 '코파리우스coparius'이다: 이 돌은 마치 불타는 것처럼 빛이 난다; 3. 기타 특징: 케라우니오스는 토론과 전투에서 이기게 해 준다; 달콤한 꿈을 꾸게 한다; 홍수를 막고 익사하지 않게 보호한다(모두 중세 보석세공집Med. Lap. B22, C24, F53에서 인용).

케레스 Ceres 데메테르Demeter 참조.

케르베로스 Cerberus 1. 다음과 같이 표현된다: a. 머리 셋의 괴물 같은 개. 그 목에는 뱀들이 가득하고 입에서는 독이 들어 있는 침이 떨어진다. 스틱스강(삼도천)의 하데스(지옥)를 지킨다; b. 머리가 한 개, 두 개 또는 세 개인 모습으로 등장하지만 헤시오도스Hesiodus(신통기Theog.)에 따르면, 머리가 쉰 개이다; c. 목은 뱀이 아니지만 뱀이 휘감은 몸 또는 뱀꼬리 형상을 하고 있다; 2. 머리가 세 개(가장 흔한 형태)일 때: a. 삼위일체에 대한 지옥의 복제; 고르곤 세 자매, 악마의 삼지창 등 참조; b. 생명의 세 가지 욕구 즉 생식, 보존, 영성화의 격하; 3. 사악한 신, 파괴의 악마(또는 천사)의 초기 형태; 4. 구원과 속죄가 아직 가능한 세계로 돌아가지 못하게 막는 것; 지옥의 집어삼켜 버리는 시간의 완성; 5. 케르베로스와의 싸움=불멸을 얻기 위해 죽음의 부패와의 싸움: 헤라클레스의 싸움은 매우 대중적인 주제였다; 아코나이트aconite도 참조; 6. 위대한 여신의 상징을 갖고 있는 암캐로서 케르베로스는 달력과 관련된 짐승이었을 수 있다: 때로 케르베로스를 암사자, 스라소니(가을), 암퇘지로 나타난다; 계절seasons 참조; 7. 단테Dante: 탐욕스럽고 음란한 영혼들에게 고통을 가하는 존재.

케이 K 1. 히브리 알파벳의 '카프kaf'(아마도 구부러진 손)에 해당한다; 이집트 상형문자에서는 왕좌; 그리스어의 κ, 즉 카파는 로마자의 C가 되었다[예 칼렌데(역주: 고대 로마의 달력 체계)는 그리스어의 κ, 즉 카파kappa가 C로 변하지 않은 예외에 해당한다]; 앵글로색슨어로는 '횃불'을 의미한다; 2. 다음을 상징한다: a. 매력적인 사람, 힘 및 활력; b 신경과민; 3. 다음에 상응한다: a. 신체: 신경; b. 점성술: 사자자리, 화성.

케이크 cake 1. 축제: 예 "케이크와 에일 술": 속담의 유쾌함은 아마도 주현절 전야, 크리스마스에 열린 케이크 에일 축제와 관련될 것이다: "너는 네가 고결하기 때문에 케이크와 에일이 남아 있지 않을 것이라고 생각하느냐?"(주현절 전야Tw, N. 2, 3; 또한 헨리 8세의 생애에 관한 유명한 역사H8 5, 4 참조); 2. 풍요의 신의 힘을 얻기 위해 케이크 또는 빵 속에 있는 풍요의 신을 먹는 것(인간이나 동물 희생제물의 대용물): a. 히브리: 신성한 삶을 가져오는 구원; b. 기독교: 성찬식Eucharist 또는 십자가 무늬 빵Hot Cross Bun(참조); 3. 신에게 바침: a. 특히 둥근 케이크(또는 빵): 둥근 케이크(=달 모양)는 하늘의 여왕에게 바쳐졌다(이슈타르 또는 아스타르테: 예레미야서Jer. 7, 18 등); 이 케이크는 와인 케이크 또는 무화과 케이크였다(무화과fig, 큰 포도주병flagons 참조); b. 케이크 우상: 인간 희생제물의 대용물, 특히 사투르날리아 농신제Saturnalia 그리고 성탄계절-성탄절(또는 네덜란드에서는 성 니콜라스)과 연관됨; 4. 매장 부장품: 고인의 행복을 보장하기 위한 의례로서의 식사; 5. 민속: A. 침묵 케이크Dumb-cakes: 미래의 남편을 찾기 위해 한 명 이상의 소녀들이 절대적으로 침묵한 상태에서('말을 못하는') 밀가루, 물, 달걀, 소금으로 만드는 케이크; 금요일 밤, 그러나 특히 불길한 징조가 있는 전야(성 마르코, 크리스마스, 할로윈, 성 아그네스데이의 전야; 성 아그네스데이 전야에는 하루 동안 성 아그네스 단식을 한다)에 치를 수 있는 의식; B. (역주: 독특한 향으로 산모의 출산을 도와주는) 신음 케이크Groaning Cake(또는 신음 치즈Groaning Cheese): 출산 전에 만들며 이후 집 안에 있는 모든 사람에게 나누어 준다: 관련된 모든 사람의 행운을 빈다; C. 심넬 케이크Simnel Cake: 아몬드 아이싱과 사프란의 풍미가 있는 풍성한 과일 케이크로 어머니날(사순절 넷째 주 일요일)에 먹는다; D. 신부 케이크: 신랑은 케이크를 먹기 전 신부에게 키스를 해서는 안 된다(풍요 의식); 6. 또한 빵bread 참조.

케이퍼 caper (나무) 1. 유럽 남부 등의 바위가 많은 곳에서 자라는 3인치 높이의 관목으로 씨앗이 많다; 2. 씨앗이 가득 한 꽃봉오리는 고대시대의 에피타이저였다(플루타르코스Plutarch); 3. 중세: a. 성적 자극제; b. 노화를 방지하는 식물.

케일 kale; kail (식물) 1. 스코틀랜드의 할로윈 축제에서 사랑의 점을 칠 때 사용되었다; 2. =정액(로버트 번스Robert Burns, "명랑한 검객이 있었다"와 주석 참조).

켄타우러 centaur I. 일반적으로 다음을 의미한다:

1. 절반은 사람, 절반은 말인 켄타우러들은 켄타우로스Centaurus(핀다로스Pindarus, 피티아 송시Pyth. 2, 21ff)와 마그네시아 암말Magnesian mares의 자손들이다; 2. 염소 켄타우러goat-centaurs가 말 켄타우러horse-centaurs보다 앞서 등장했을 것이다: 켄타우러들이 여자들을 데려가는 이야기는 아마도 부족의 오월제에서 5월의 여왕이 염소를 타고 달리는 그림 때문에 생겼을 것이다: 염소goat 참조; 문장heraldry(紋章)에서는 남성 켄타우러 옆에 있는 여성 켄타우러를 볼 수 있다; 3. 이 아이디어는 아마도 a. 말을 타는 테살리아 사람들에서 얻었거나(플리니우스Pliny, 7, 56 참조); b. 산이나 숲에 사는 야성적인 사람들의 야성적 성격을 설명하기 위해 반인반수 모습을 부여한 설화에서 얻었거나; c. 산사태를 의인화한 것일 수 있다(베르길리우스Virgil, 아이네아스Aen. 7, 675ff); **Ⅱ. 지혜**, 신들의 스승: (특히 케이론Cheiron; 호메로스Homer, 일리아드Il. 11, 832): 종종 언덕에 누워 있다가 발견되는 버려진 영웅들에게 켄타우러가 가르침을 준다: 아스클레피오스, 아킬레스, 아이네아스, 이아손 등이 그 영웅들이다; **Ⅲ. 인간**: a. 인간의 이중적 성격: 하등한 힘과 결합한(일반적으로 그것을 지배하는) 정신; 또는 영혼 및 지력 등; b. 신에 비해 완벽하게 하등한 인간의 지력; c. 정신으로 완전히 지배할 수 없는 모든 물질적 형상 또는 관념; d. 우주적 힘, 본능, 무의식에 좌우되는 인간: '기사knight'의 대극; **Ⅳ. 통제할 수 없는 열정**: 1. 탐욕, 간통: a. 켄타우러는 히포다메이아Hippodameia(='말 조련사')와 피리토우스의 결혼식에서 신부 히포다메이아를 겁탈하려 했다: 야만성에 대한 문명의 승리, 무질서에 대한 법의 승리(나소 P. 오비디우스Naso P. Ovid, 변신이야기Metam. 12, 210-525; 플루타르코스Plutarch, 데세우스Thes. 30); 켄타우러들의 아탈란테 공격(아폴로도로스Apollodorus, 3, 9, 2 참조); b. "허리 아래로는 켄타우로스, 그 위로는 모두 여성이지만"(리어왕Lr. 4, 6); c. 나중에 에로스Eros가 켄타우러를 타고 있는 모습이 종종 나타난다; d. 유혹: 중세시대(예 성 안토니오St. Anthony의 유혹; 시편Ps. 11, 2 및 37, 14 참조); e. 나중에 디오니소스의 마차를 끌고 있는 모습으로도 종종 나타난다: 무절제(술과 여자); 2. 폭력, 폭압: 단테Dante에 따르면, 켄타우러들은 폭력과 폭압의 전 영역을 관장한다: 켄타우러는 죄인들을 그들에게 맡겨진 끓는 피 웅덩이에 넣어둔다(단테, 칸토C. 12); **Ⅴ. 이단**: 켄타우러의 이중적 형태, 통합되지 못한 생각; 선과 악의 중간에 있는 켄타우러의 위치; 분열된 인간(피지올로구스Physiologus); **Ⅵ. 구름**: a. 천상의 말(馬)들, 그들의 머리는 태양에 의해 빛난다: 익시온(태양)이 그들의 조상이다; 익시온은 헤라를 임신시켰고, 제우스는 (헤라를 보호하기 위해) 헤라를 구름으로 변하게 했다; 켄타우로스는 익시온과 헤라의 아들이며, 켄타우로스Centaurus는 켄타우러Centaur의 아버지이다; b. 속도, I번 3, b의 사람들의 속도 등; **Ⅶ. 죽음**: 켄타우러들의 왕인 케이론은 불멸보다 죽음을 선호했으며 그 이유는: a. 무릎의 화살로 인한 고통 때문에; b. 끝나지 않는 삶은 끔찍하게 길기 때문에(아폴로도로스Apollodorus, 2, 5, 4); **Ⅷ. 다음에 상응한다**: 1. 문장heraldry(紋章): 전투에서 활약한 사람들을 상징한다; 2. 별자리: 궁수자리: 셰익스피어 작품의 여관 이름도 참조; 3. 풍경: 산과 언덕, 특히 숲으로 뒤덮인 산과 언덕; **Ⅸ. 윌리엄 B. 예이츠**William B. Yeats: a. (표범과 마녀의 부재를 유감스러워한 후): "언덕의 신성한 켄타우러들은 사라졌다; 나에게는 적의를 품은 태양밖에 없구나; 영웅적인 어머니 달은 사라졌다": 달-동물, 여성 원리, 육체적이고 마술적인 세상: 태양-현실주의의 정반대; b. 미국과 영국에서는 예이츠의 작품을 받아들였지만 예이츠의 작품을 받아들이지 않은 아일랜드의 국가적 및 정치적 문화(「검은 켄타우러 그림에 관하여On a picture of a black centaur」).

켈로니티스 chelonitis (보석) **1.** 일반적으로 다음을 의미한다("중세보석세공집Med. Lap."의 내용): a. 달팽이의 입이나 머리에서 발견된다; b. 자주색이나 검은색이고, 인도나 페르시아에서 생산된다; c. 플리니우스Pliny는 이 보석이 인도 거북의 눈에서 발견된다고 믿었다(37, 56, 155); d. 달과 함께 커지고 줄어든다; **2.** "중세보석세공집": 용도: a. 신탁; b. 어떠한 불에도 타지 않는다; c. 사랑을 키우고 지키게 하므로 여인들에게 소중하다; d. 폐결핵에 효과가 있다(모두 D 2 및 G 2에 있는 내용); **3.** 다가올 일들을 예측하는 데 유용하다(알베르투스 마그누스Albertus Magnus, 비밀의 책Secr. 2, 17); **4.** 종종 두꺼비의 몸에서 생긴다고 믿었던 돌인 토드스톤과 혼동된다.

켈리도니우스 chelidonius (보석) **I. 일반적으로 다음을 의미한다**: a. 제비의 '배'(자궁)나 입에서 발견되었다, 그래서 '제비석'이라고도 부른다; b. 8월에는 제비의 자궁에서 두 개, 둥지에서 세 개가 발견된다: 이중 하나는 검은색, 또 하나는 빨간색, 나머지 하나는 다양한 색깔이다(중세보석세공집Med. Lap. B 19 및 F 95); **II. 용도**: **1.** "중세보석세공집": a. 아름답지는 않지만 큰 이것의 일반적 특성이 있다; b. 빨간색 돌은 정신증과 어리석음을 치유한다; 유창하게 말할 수 있게 하고 사랑받게 해 준다; 린넨linen 천으로 감싸서 몸의 왼쪽에 넣고 다녀야 한다(그러나 다음의 3번 참조); c. 검은색 돌은 왕과 왕자의 학대로부터 보호해 준다; '열병'을 막아 준다; 열(린넨에 감싸서 지니면) 그리고 짓무른 눈에 효과적이다; 여행을 좋게 마무리하게 해 준다; d. 다양한 색의 돌은 뇌전증에 대해 효과를 발휘하고, 시력을 향상시키며, 편도선염을 치유한다; e. 일반적으로 다음을 의미한다: 착용자가 살해당하는 것을 막아 준다; 일을 잘 끝내게 해 준다; 큰 통증을 유발하기 때문에 진통을 하는 임산부는 이 돌을 피해야 한다; 아이가 이 돌을 만지면 죽는다(많은 참고문헌은 "중세보석세공집"의 색인 참조); **2.** 알베르투스 마그누스Albertus Magnus는 여기에 다음을 덧붙였다: a. 잠을 쫓아내는 데 또는 건망증에 유용하다; 온몸에 생기는 피부병인 '에피데 미아epide mia'에 유용하다; b. 검은색 돌은 야생동물로부터 보호해 주고 일이 잘 끝나게 해 준다; c. 'chelidonia'(=셀런다인celandine)의 잎에 감싸면 시력을 어둡게 한다(비밀의 책Secr. 2, 23); **3.** "깨끗한 천에 감싸서 오른팔에 묶으면" 정신이상을 치유한다(로버트 버튼Robert Burton, 우울의 해부Anat. of Mel. 2, 4, 1, 4); **4.** "이것을 황금에 문지를 때에만 그의 가치를 유지할 수 있다"(로버트 그린Robert Greene, "환상의 카드The Carde of Fancie," 에브리맨즈 라이브러리 단편소설EvShNov. p. 173).

코 nose **1.** 호기심, 간섭; **2.** 콧대 높은 속물근성; **3.** 결백: "굵은 눈물 줄기가 서로 애처롭게 추격하듯이 무고한 콧잔등으로 줄줄 흘러내렸다."(뜻대로 하세요AYL 2, 1); **4.** 아름다움의 힘: "클레오파트라의 코"가 조금만 낮았더라면 세상의 모습이 바뀌었을 것이다: 블레스 파스칼Blaise Pascal, "팡세Pensées" 2, 162); **5.** 명료함, 분명함: "얼굴 위에 코처럼 뚜렷하다"(속담); **6.** 하체의 남근에 상응한다; **7.** 매부리코: a. 하얀 여신White Goddess의 특징; b. 매부리코로 가장 유명한 남자는 율리우스 카이사르이다: "나는 로마의 매부리코 친구와 함께 확실히 말할 수 있다"(헨리 4세 2부2H4 4, 3); **8.** 색상: a. "코만 보아도 어떤 수프를 좋아하는지는 알 수 있다"(속담); b. 파란색: "여자 코가 파란 건 봤어도 눈썹이 파란 건 못 봤다" (겨울이야기Wint. 2, 1); c. 빨간색: i. (동요childlore) 코가 붉은 소녀는 사랑에 빠진 것이다; ii. 전래동요: "코, 코, 유쾌한 빨간 코. 누가 이 유쾌한 빨간 코를 주었나요? 계피, 생강, 육두구, 정향 이것들이 나에게 이 유쾌한 빨간 코를 주었지요"; **9.** 기독교: a. 신의 외적 측면: 신성한 단일성 그리고 '나는 인간 안에 존재한다'; b. 신의 내적 측면: 신적 이원성: 호흡과 영; **10.** 민속: a. 종종 전래동요에서 사악한 맥락으로 표현되는 '코'를 발견할 수 있다; b. 손가락 또는 손을 뻗어 손가락을 코에 대는 것(원래는 성적인 이유로)은 경멸을 의미한다; 같은 의미로 코 찡그리기Montaigne; c. 기절한 사람의 코를 비틀어 혈액 순환이 되게 하여 깨어나게 한다(헨리 6세 2부2H6 3, 2 참조); **11.** 구약성서에 대해서는 콧구멍nostril 참조.

코끼리 elephant **1.** 수컷과 암컷이 동쪽으로 가서 맨드레이크를 먹고 교미를 한다(아담과 이브Adam and Eve 참조); 이들은 교미를 은밀하게 한다; **2.** 힘: a. 인도에서는 우주의 카리아티드Caryatid(역주: 일반적으로 여인상으로 된 기둥); b. 견고함(상아tusk); **3.** 장수, 불멸; **4.** 오랜 기억력, 지혜: a. 조심; b. 본능의 상징; c. 지능의 측면에서 인간과 가장 가까운 동물(플리니우스Pliny); **5.** 남성적 남근 상징(1번의 b 참조); **6.** 온건, 자기절제: a. 암컷은 2년의 임신 기간을 가지며 평생 단 한 번 임신한다; b. 코끼리는 절대 평소에 먹는 양 이상으로 먹지 않는다(플리니우스); **7.** 연민, 온순함, 독실함, 종교: a. 성화icons에서 이러한 성격 특성으로 표현된다; b. 이집트: 코끼리는 절대 다른 약한 동물들과 싸우지 않으며 오직 자신보다 힘센 동물과 싸운다; 코끼리는 코끼리 무리 안에 소가 있을 경우 절대 소를 해치지 않는다; 그리고 여행자가 길을 잃으면 길을 찾게 도와준다; **8.** 자부심: 코끼리는 무

릎을 굽히지 않는다: "코끼리에게 관절이 있지만 예의를 차리기 위해 있는 것이 아니다. 코끼리의 다리는 다리로써 필요해서 있는 것이지 굽히기 위한 것이 아니다"(트로일로스와 크레시다Troil. 2, 3); **9.** 순수함: a. 흰 상아; b. 코끼리는 '처녀성 시험virginity-tests'에 사용되었다(유니콘, 사자, 수사슴과 마찬가지): 코끼리가 소녀를 죽이면 그녀는 (더 이상) 처녀가 아니었다; "순결의 신비로운 힘"; c. 코끼리는 선명한 색상의 옷에 격분한다(황소가 붉은색에 격분하듯이); **10.** 육중함; **11.** 둔감함: 기독교: 죄인; **12.** 흙: 대표적 원소; **13.** 떠오르는 태양: 어떤 성화icons에서는 코끼리는 떠오르는 태양의 상징이다; 코끼리는 물로 자신을 정화하고 코를 들어 떠오르는 태양에 경배한다: 플루타르코스Plutarch("동물의 영리함Cleverness of Animals"); **14.** 왕들과 신들이 타고 다닌다; **15.** 바쿠스와 관련된다: 코끼리는 때로 바쿠스가 인도로 농업 관련 임무를 수행하러 갈 때 그와 동행한다; **16.** 코끼리의 천적: 뱀; 코끼리는 돼지를 피한다; **17.** 문장heraldry(紋章): a. 힘; b. 교묘한 꾀, 현명함; c. 안내를 기꺼이 받아들이는 마음; d. 순결; e. 용기; f. 특히 먼 여행을 하는 사람들의 선택을 받았다; **18.** 심리: a. 리비도의 힘; b. 꿈에서 짐승의 모습을 한 자기Self의 상징(카를 융Carl Jung 9b, 226); **19.** 날개 달린 코끼리: 구름; **20.** 코끼리의 머리: 아프리카의 속성(상징); **21.** "'만족할 만큼 넘치는' 호기심으로 가득한 아기코끼리"(키플링, "호기심쟁이 아기코끼리"); **22.** 코끼리와 성castle: 금이 어디서부터 왔는지를 나타내기 위해 원래 '기니'(역주: 영국의 옛 금화)에는 코끼리가 새겨져 있었다; 나중에 성castle이 추가되었다; **23.** 동요: a. "코끼리는 예쁜 새다. 이 새는 이 가지에서 저 가지로 날아다닌다. 새는 대황나무에 둥지를 짓는다. 그리고 소처럼 휘파람을 분다"; b. 이 동요를 토대로, 진부한 농담을 했을 때 조롱하는 동요가 나왔다: "하, 하, 하, 히, 히, 히, 대황나무의 코끼리 알."

코넷 cornet **1.** 악평의 속성; 트럼펫의 정반대(칭찬의 트럼펫 등); **2.** 기병 중대, 기병 중대의 뿔 모양의 창기(槍旗, 창기병의 표시)에서 유래했다(헨리6세 1부1H6 4, 3).

코들 caudle **1.** 아픈 사람과 병문안 온 사람들을 위해 다양한 재료로 만드는 뜨거운 음료(라틴어 'callidum'=뜨거운); **2.** 말다툼 후 잭과 그의 아내가 마셨다(토머스 딜로니Thomas Deloney, "뉴베리의 잭Jacke of Newberrie" 1).

코르셋 corset **1.** 고대 영웅들이 착용했던 하네스Harness의 볼품없는 변형(프랑스어의 'corslet'); **2.** 지지, 보호; **3.** 현대사회의 법은 형식을 위해 심각한 제약을 가함으로써 개인 정신의 온전한 발달을 방해한다(칼라collar 참조).

코르시카섬 Corsica **1.** 이 섬은 자체적으로 그리스-로마 시대에 주로 수지, 밀랍, 꿀을 생산했다; 꿀은 (품질 좋은) 회양목이 많아 쓴맛이 났다(디오도로스 시쿨로스Diodorus Siculus 5, 13, 14; 베르길리우스Virgil의 꿀 및 코르시카섬의 '주목나무'에 대한 언급은 꿀벌bee 참조, 전원시Ecl. 9, 30); **2.** 코르시카섬 사람들: a. 아주 훌륭한 노예, "자연이 그들에게 이러한 성격을 주었다"; 이들은 명예와 정의를 매우 중요하게 생각하는 삶을 산다(디오도로스 시쿨로스 5, 13); b. 이와 반대되는 견해로, 스트라보Strabo는 그들은 산적brigands으로 야생동물보다 더 야만적이고 형편없는 노예라고 주장했다(5, 2, 7); c. 코르시카섬에는 키는 작지만 유명한 장군과 더불어 "양보다 아주 조금 더 큰" 매우 작은 말이 자란다(카이사레아의 프로코피우스Procopius of Caesarea, 전쟁사HW 8, 29, 39).

코르크 cork 민속: 경련을 방지하는 일반적인 부적: 코르크로 만든 밴드를 다리에 차고 다닌다; b. 전래동화: 샴페인 코르크를 지니면 전반적으로 행운이 온다(시험, 대회 등등).

코리던 Corydon 목가적인 시에 등장하는 우둔하며 사랑에 번민하는 목동.

코리반테스 Corybantes **1.** 키벨레를 숭배하는 프리기아의 사제들. 광란의 춤을 추며 키벨레를 숭배한다; **2.** 신화: a. 코리바스는 이아시온과 신들의 어머니인 키벨레의 아들이었다; 그는 "홀린 사람처럼" 어머니에 대한 의식을 수행하는 모든 사람에게 자신의 이름을 주었다(디오도로스 시쿨로스Diodorus Siculus 5, 49); b. 코리반테스 삼형제가 있었는데 그중 둘이 한 명을 살해하여 그 머리를 길고 헐거운 로브에 싸고 그것을 다시 방패에 감싸 올림푸스산 기슭으로 가져가 묻었다; 또한 이 두 형제는 디오니소스의 남근을 담은 '신비의 바구니'를 가지고 에트루리아로 갔다(공식적인 불가사의의 내용에 따르면 앞의 두 이야기를 합쳐서 디오니소스의 머리를 하나의 가면처럼 바구니에 넣어 가져갔다고 한다(카를 케레니Carl Kerényi, 그리스의 신들GG 86; 알렉산드리아의 클레멘스Clement of Alexandria; 프로트렙티쿠스Prot. 2, 19, 1); **3.** 아마존; 셀러리celery 참조.

코린 Corin 목가적인 시들에 등장하는 전통적 이름(예 한여름 밤의 꿈MND 2, 1).

코뿔소 rhinoceros **1.** 유니콘과는 반대되는 상징; **2.** 근시안적 열정, 감수성의 결핍; **3.** 물질주의: 물과 흙의 요소뿐만 아니라 무자비한 힘과 관련 있다; **4.** 코뿔소 뿔로 만든 잔: 독을 담으면 뿔잔에서 땀(물)이 흐른다 (유니콘의 뿔처럼): 뿔horn 참조; **5.** 문장heraldry(紋章): 전투적이지는 않지만 공격을 받으면 온 힘을 다해 방어하는 사람을 나타낸다.

코카트리스, (전설의 괴물) **독사** cockatrice **1.** 바실리스크를 뜻하는 영어 단어; 어원: 라틴어 'calcatrix'(='걷는 사람treader')이나 프랑스어 '코카트리스Cocatris'가 어원이다. 그러나 일반적인 어원은 그것의 생김새와 천적의 측면에서 '수탉cock'과 연결된다. 바실리스크basilisk 참조; **2.** 뱀에게 익숙한 사악함: a. 매춘부; b. 악마; c. 사악한 눈: "그들은 코카트리스들처럼 서로를 노려보다 서로를 죽일 것이다"(십이야Tw. N. 3, 4); 또한 "죽음을 노려 보는 코카트리스의 눈"(로미오와 줄리엣Rom. 3, 2); **3.** 문장heraldry(紋章): 공포를 불러일으키는 존재; **4.** 구약성서: a. 현대의 역자들은 '살무사adder'로 번역한다(유니콘unicorn의 변화 참조); b. "뱀의 뿌리에서 코카트리스가 나겠고 그의 열매는 날아다니는 불뱀이 되리라"(이사야서Isa. 14, 29; 또한 11, 8); c. "그들[악행을 행하는 자들]은 코카트리스의 알을 품으며…; 그 알을 먹는 자는 죽을 것이요 그 알이 밟힌즉 터져서 독사가 나올 것이니라"(또는 그 알이 터진 것은 흡사 독사가 나오는 것과 같았다: 이사야서 59, 5); d. 하느님의 벌(예레미야서Jer. 8, 17).

코케이드 cockade **1.** 원래 수탉의 볏 모양을 한 프랑스 모자; **2.** 흰색 코케이드는 스튜어트 왕조를 옹호하는 사람들이 착용하고, 검은색 코케이드는 하노버 왕가를 옹호하는 사람들이 착용한다.

코케인, 무릉도원 cockaigne **1.** 어원이 모호한 단어; 어원에 대한 다양한 주장이 있다: 라틴어 'coquere'=요리하다 또는 독일어 'Kuche'=케이크 등과 관련된다; 이것은 중세시대의 방탕한 나태함의 나라, 즉 유토피아였으며 이 나라의 강은 포도주이고, 집은 케이크 또는 갱엿이며, 포장된 길은 사탕이고, 가게에서 물건을 사도 돈을 지불할 필요가 없으며, 구운 닭과 돼지가 날아다닌다; **2.** 축복의 섬들Blessed Islands에 대한 조롱: 예 아발론섬에 대한 조롱; 또는 시적 축복의 땅에 대한 조롱; **3.** 수도승의 삶에 대한 조롱; **4.** 런던: 런던 토박이들이 사는 곳.

코코넛 coconut (식물) 1. 가장 생산적인 식물: 마실 것, 다양한 음식, 옷 등을 제공한다; 그러므로 용설란과 겨눌만하다(조슈아 실베스터Joshua Sylvester, 기욤 드 살루스테, 바르타시에르의 신성한 시기와 작품DB 1, 3, 841ff); 초기 르네상스 시대에 코코넛은 해변에 떠밀려온 것만 발견되었으므로 바다 밑바닥에서 자란다고 여겨졌다: "바다의 열매," 그래서 코코넛 껍데기는 은으로 장식한 고가의 물건을 만드는 데 사용되었다.

코크니, 런던 토박이 cockney **1.** 런던 사람. 성 메리 르 보 교회의 종소리가 들리는 반경 내에서 태어난 런던 사람; 이 단어는 어원이 매우 모호하다; **2.** 가장 오래된 설명은 수탉의 알이다: 어린 암탉이 이따금씩 낳는 작고 노른자가 없는 무정란; **3.** 중세시대: 어머니 젖을 너무 오래 먹는 바보 같은 아이, 여자 같은 남자, 얼간이를 가리키는 말: 시골 사람들이 전형적인 도시인을 이르는 말이었다; 그 후 다른 도시(요크셔, 페루자 등등)의 주민들에게도 사용되었다; 17세기가 시작할 즈음부터 런던 사람들에게 국한되어 사용했다; **4.** 무릉도원에 사는 사람들.

코타부스 cottaboos **1.** 오래된 그리스의 게임('코타부스kottabos')으로, 술을 마시는 파티에서 포도주 잔에 남은 마지막 포도주를 금속 양동이에 쏟으면서 사랑하는 사람의 건강을 기원한다(설명descr. 아테나이오스Athenaeus 15, 665dff; 논노스Nonnus 33, 64ff); **2.** 이 게임의 불건전한 형태는 크세노폰Xenophon의 작품에서 볼 수 있다: 독미나리hemlock를 먹도록 강요된 사람이 이 게임을 하면서 자신에게 부당하게 독미나리를 먹게 한 사람을 사랑하는 사람으로 지명한다(헬레니카Hel. 2. 3, 56).

코트 coat **1.** "솔기 없는 통옷"(=속옷): 그리스도의 것, 예수의 속옷을 차지하기 위해 군인들이 제비를 뽑았다(요한복음John 19, 23ff); **2.** 윌리엄 B. 예이츠William B. Yeats: "막대기 위의 누더기 코트": 허수아비scarecrow 참조; **3.** 망토cloak; 의복garment 참조.

코파리우스 coparius (보석) 케라우니우스ceraunius 참조.

콘도르 condor (새) 영원함: "지금은 영원한 콘도르의 시대, 그러니 높이 하늘을 날아라… 나는 한가한 생각을 할 시간이 없다"(에드거 A. 포Edgar A. Poe, "로맨스Romance"); 잉꼬paroquet 참조.

콘월 Cornwall (영국 잉글랜드 남서부의 주) **1.** 아서왕(의 궁정)과 연관된다; **2.** 토머스 맬러리 경Sir Thomas Malory의 작품에서 콘월의 기사들Cornish Knights은 대체로 겁쟁이들이다(예 마크왕은 고약하고 정직하지 않으며 질투심 많고 겁 많은 교활한 왕); 트리스트럼은 콘월의 방패를 가지고 있어서 감히 콘월의 기사들만 공격하는 기사들도 물리친다.

콜로신스 colocynth (식물) **1.** '콜로신스 오이bitter-apple' 또는 '여주bitter-gourd'라고도 부른다. 박과의 식물, '시트룰루스 콜로시니티스Citrullus colocynthus'; **2.** 하제cathartic이며, 가래를 없애 준다(조슈아 실베스터Joshua Sylvester, 기욤 드 살루스테, 바르타 시애르의 신성한 시기와 작품DB 2, 4, 2, 398ff 및 옥스퍼드 영어사전OED).

콜리리아 collyria (보석) **1.** 사파이어와 유사하다; 흰색이고 바닷물같이 반짝인다; **2.** 구멍을 뚫어 목걸이로 착용하면 절대 "기독교 신도들의 심각한 분노"를 사지 않을 것이다; 악령으로부터 보호해 주고 정당하게 받아야 할 것을 받게 해 준다(중세보석세공집Med. Lap. F 44).

콜키스 Colchis **1.** 카프카스 산맥과 흑해를 경계로 한 지역으로 금과 같은 금속이 풍부하다. 아마도 이 때문에 이아손과 프릭소스가 이곳에 오게 되었을 것이다(스트라보Strabo 1, 2, 39); **2.** 이 지역에서 생산되는 것은 꿀을 제외하고 모두 품질이 뛰어나다: 린넨, 배를 만들기 위한 목재 등; 이집트인들과 친족관계일 수 있다(스트라보 11, 2, 17); **3.** 황금양털: 황금양털 이야기는 작은 구멍들이 뚫린 여물통 또는 양털 가죽으로 산의 급류에서 금을 채취한 것에서 생겨났을 수 있다(스트라보 11, 2, 18).

콧구멍 nostril **1.** 생명의 숨결이 있는 자리: "여호와 하나님이 땅의 흙으로 사람을 지으시고 생기를 그 코에 불어넣으시니 사람이 생령이 되니라."(창세기Gen. 2, 7; 7, 22도 참조); **2.** 분노: a. 여호와의 콧김: 바람과 폭풍(출애굽기Ex. 15, 8); b. 여호와의 숨결에서 나오는 연기 또는 거센 바람(사무엘하서2Sam. 22, 9; 22, 16); c. 여호와의 분노의 자리: 나훔Nahum(1, 3): "주께서는 분노하기를 더디 하시고", 문자 그대로 "주께서는 코가 길다"=긴 호흡, 그래서 공격하기 전에 숨(분노)을 오래 참을 수 있다; **3.** 미트라교: 죽은 황소의 콧구멍에서 마늘이 솟아났다; **4.** 윌리엄 블레이크William Blake: 열정Passion.

콧수염 moustache **1.** 일반적 상징성은 다음과 같다: 수염beard, 머리카락/털hair 참조; **2.** 라세다에모니아에서는 남성에게 콧수염이 금지되었다(아테나이오스Athenaeus 4, 143, a).

콩 bean (식물) **1.** 매우 기본적인 식량의 형태(많은 나라가 콩을 주식으로 한다; 보리barley 참조); **2. 수를 세는** 기초적 형태: 'to know how many beans make five'='빈틈없다, 영리하다'라는 의미; 표현: bean-counters(회계원)=지나치게 열성적인 회계 담당자; **3. 에너지**: 'to be full of beans'=원기왕성하다(그리고 인정이 넘치는)'; 그러나 플리니우스Pliny에 따르면 콩은 감각을 무디게 한다(18, 30)는 뜻; 감사의 상징: 콩은 자라면서 땅을 비옥하게 만든다; **4. 유령**: a. 피타고라스Pythagoras는 영혼의 환생으로 인해 콩을 먹지 않았다. 그러나 플리니우스는 죽은 사람이 콩 안에 깃들어 있다고 믿었다; 로마에서 위령의 날All Soul's Day에 콩을 먹는 여성은 유령을 임신할 수 있다; b. 유령에게 콩을 뱉으면 유령으로부터 방어할 수 있으며 로마의 레무리아 의례에서는 콩을 어깨 위로 던졌다(나소 P. 오비디우스Naso P. Ovid, 행사력Fasti. 5, 436f 참조); **5. 하얀** (보리Barley) **여신**과 연관된다: 산사나무와 같은 시기에 흰색 꽃을 피운다; '순수'하지는 않지만 데메테르 숭배와 관련된다(파우사니아스Pausanias 8, 15); **6. 부활**, 환생: 콩은 나선형으로(나선spiral 참조) 위쪽을 향해 자라며 이것은 절대죽음에 대항하는 주문이다; 비옥함: a. 100%의 생식력; b. 푸르른 때의 콩은 남성의 성기와 비슷하다(루키아누스 사모사테 출신Lucianus from Samosate); **7. 마녀**와 연관된다: a. 콩나무 줄기는 마녀의 빗자루를 만드는 데 사용된다; b. 콩은 마녀에 대항하는 주문으로 사용될 수 있다; **8.** "십이야Tw. N."에서 **콩의 왕**은 바보 주교, 미친 대수도원장, 크리스마스 연회 사회자, 카니발의 왕자 또는 사르투날리아 농신제Saturnalia의 왕과 유사한 인물이었다(참조); **9. 콩나무 줄기**: 일반적으로 긍정적이다: a. 동화 속 우주목; b. 천국으로 가는 사다리; c. 잭과 콩나무: 잭Jack 참조; **10. 미용**: 신체를 부풀림: 구운 층층이부채꽃lupine 씨는 화장품으로 사용된다(나소 P. 오비디우스, 여성의 얼굴화장법De Med. Fac. 69ff.); **11. 인식**: (마찬가지로) 층층이부채꽃과 함께 인식에 대한 상징으로 사용된다; **12. 민속**: a. 강한 냄새를 풍기는 꽃을 가진 모든 식물처럼 죽음 및 유령과 연관된다: (로마에서처럼) 때로는 장례식에서 나누어 먹는다; b. 초기 그리스: 해마다 사람들을 위해 죽는 희생양은 검은콩을 사용하여 추첨으로 선택되었다; 나중에는 선거에서 투표등록에 사용되었다; c. 죽은 자의 영혼은 잠두콩 꽃에 산다; 따라서 불길하다: 꽃의 냄새는 사고(특히 광부들의 경우), 정신병, 나쁜 꿈과 끔찍한 환영을 만들어 낸다; d. 콩 껍질의 하얀 안쪽은 사마귀를 치료한다; **13.** 채소vegetables 참조.

쿠닐라 cunila (식물) 플리니우스Pliny: a. 벌레물린 곳과 쏘인 곳에 바른다; b. 이뇨제, 하제(설사약); 출산 후 자궁을 깨끗하게 해 준다; c. 전채요리, 소화제 (20, 61F).

쿠바드 couvade **1.** 아버지가 된 남자가 침대에 누워 출산의 동작을 흉내내면서 그에 따라 보살핌을 받는 고대의 의례 또는 관습; **2.** 이 의례 또는 관습은 코르시카섬 사람들(코르시카섬Corsica 참조; 디오도로스 시쿨로스Diodorus Siculus 5, 14), 바스크인들(스트라보Strabo 2, 3, 17), 이베리아인들Iberian(이곳 여성들은 길가나 들판 옆에서 출산을 했음)(같은 책 3, 14, 17), 흑해의 티베리아인들에 의해 행해졌다(로디우스의 아폴로니우스Apollonius Rhodius 2, 1011 이후 및 가이우스 발레리우스 플라쿠스Gaius Valerius Flaccus 5, 147; 새뮤얼 버틀러Samuel Butler, 휴디브라스Hudibras 3, 1, 707n); **3.** 출생birth 참조.

쿠션, 방석 cushion **1.** 편안함, 부(富); **2.** 문장heraldry(紋章): 지휘권; **3.** 사령관magistrate의 삶, 또는 일반적으로 병사의 삶과 반대되는 지휘관의 여유 있고 평온한 삶: "투구에서 방석으로"(코리올라누스Cor. 4, 7); **4.** 임신으로 (상상임신) 배가 불러온다: (그러나 나는 기도한다) "그녀의 자궁 속의 열매가 유산되기를!"-"그리하면 너는 다시 열 두 개의 쿠션을 갖게 될 것이다, 지금은 열한 개 밖에 없노라"(헨리 4세 2부2H4 5, 4).

큐 Q **1.** 히브리 알파벳의 '코프qof'(뒤통수를 의미한다): 이집트 상형문자로는 '각도'를 의미한다; 켈트어에는 없는 글자; **2.** 다음을 상징한다: a 세계의 축과 회전하는 우주; b. 남근과 음부, 다산, 행복; c. 위대한 질문; d. 여왕; **3.** 다음에 상응한다: a. 신체: 소화기관; b. 점성술: 양자리와 수성; c. 타로 카드: 별 카드.

큐피드 Cupid 에로스Eros 참조.

크라포디누스 crapodinus (보석) 토드스톤toadstone 참조.

크레스트, 투구 장식 crest **1.** 원래 투구에 붙인 상징으로 머리 상징성과 관련 있다; **2.** 전쟁의 상징으로서 우두머리가 착용했다; **3.** 크레스트는 기사의 주된 활동 지역을 나타내고, 기사의 지위를 구분하며 기사의 연인(그의 '아니마')을 나타냈다; **4.** 생각; **5.** 용기, 자부심, 영.

크레타섬 Crete **1.** 거짓말쟁이들의 땅(나소 P. 오비디우스Naso P. Ovid, 사랑의 기술De Art. Am. 1, 298); **2.** "크레타섬 사람들은 거짓말쟁이, 흉악한 야만인, 배나온 게으름뱅이들뿐이다"(사도 바울St. Paul이 인용함: 디도서Titus. 1, 12); 아마도 에피메니데스Epimenides가 쓴 글에서: 크레타섬 사람들은 크레타섬에 제우스의 무덤이 있다고 속였다; 그러나 실제로는 그보다 훨씬 오래된 풍요의 신을 의미했고, 이 풍요의 신은 나중에 제우스와 동일시 된다; **3.** 유명한 달리기 주자들(크세노폰, 아나바시스Anabasis 4, 8, 27; 핀다로스Pindarus, 올림피아 송시Olymp. 0. 12); **4.** 호메로스Homer 시대에 큰 활을 사용한 궁수; **5.** 최고의 '심플즈simples'(약초)가 크레타섬에서 자랐다.

크로노스 Cronos 크로노스Kronos; 사투르누스Saturn 참조.

크로노스 Kronos 사투르누스Saturn 참조.

크로커스 crocus (식물) **1.** 일반적으로 마음을 의미함: A. 어원: 그리스어 '크로코스krokos'는 셈어에서 기원한 단어이다; 히브리어 '카르콤karkom'=사프란saffron 참조; B. 이런 강인한 붓꽃류 구근 식물의 일부 종은 봄에 꽃이 피고 일부 종은 가을에 꽃이 핀다; 후자('크로커서 누디플로러스crocus nudiflorus')만 영국 토착종이며 사프란을 생산한다; C. 신화: a. 그리스의 한 젊은이가 스마일락스('메꽃convolvulus' 참조)라고 불리는 님프를 사랑하게 되었지만 님프는 그의 사랑을 받아 주지 않았다; 젊은이는 그리움으로 점점 여위어 갔고, 신들은 그를 크로커스로 만들어 주었다; b. 프로메테우스가 카프카스 산맥에 묶여 있을 때 흘린 피가 크로커스를 피어나게 만들었다; 아마도 '야생샤프란'일 것으로 추정되는 이 꽃은 불을 내뿜는 황소들로부터 이아손을 지켜 주었다; c. 나르키소스가 죽은 자리에서 크로커스가 자라났다(나소 P. 오비디우스Naso P. Ovid, 변신이야기Metam. 3, 509); d. (연꽃과 히아신스와 함께) 크로커스로 제우스와 헤라의 사랑의 잠자리를 만들었다(호메로스Homer, 일리아드Il. 14, 348); e. 크로커스 꽃은 생명, 마법, 자유연애, 죽음의 위대한 여신 헤카테Hecate에게 바쳐진 꽃이다; D. 크로커스는 밟아 주면 더욱 번성한다; **2.** 죽음: "신들이시여, 땅이 조상들의 그늘에 빛을 비추게 하시고, 향기로운 크로커스와 영원한 봄이 그들의 유골함 위로 꽃피게 하소서"(데키무스 유니우스 유베날리스Decimus Junius Juvenalis, 풍자시집Sat. 7, 207ff); 1, C번도 참조; **3.** (사회 통념에 어긋나는) 사랑; **4.** 강인함: 1, D번 참조; **5.** 기쁨; 그리스: 여름에는 여러 가지 색의 꽃으로 그리고 겨울에는 향기로운 크로커스로 아폴로의 제단을 장식했다(칼리마코스Callimachus 112, 83); **6.** 기독교: 성모마리아의 상징; **7.** 용도: 향수와 치료제로 사용한다(신경안정제, 복통, 통풍에 사용).

크로피시 crow-fish 아테연령오스Athenaeus: a. 모든 물고기 중에서 가장 빨리 자란다; b. 나일강에서 자라는 일반적인 물고기; c. 크로피시라는 이름은 눈을 움직이는 모습에서 생겨났다; d. 식용으로는 좋지 않다(7, 287b 및 308; 8, 356s).

크롬렉, 환상 열석(環狀列石) cromlech **1.** 크롬렉이라는 단어는 웨일스어의 고인돌을 의미한다: 모로 세운 돌들 위에 편평한 돌을 수평으로 놓았다; 어원: 'crom'=구부러진crooked, 오목한concave, 'Ilech'=편평한 돌; **2.** 깎아 다듬지 않은 돌로 만든 기념물로서 크롬렉은 불과 태양 숭배의 성지shrine이다; **3.** 다산 의례: 크롬렉은 대모(대지)에게 바쳐진 것이며 반면 '거석menhir'은 남성적이다; **4.** 돌들 사이의 공간과 돌의 구멍은 다산증진의례에서 중요한 의미를 가진다; **5.** 고인돌dolmen과 돌stone 참조.

크리셀리트론 chryseleetron (보석) a. 황금색 또는

ㅋ

놋쇠 색깔; b. 그 속에 불을 가지고 있어서: 불을 붙이면 금방 타오른다; c. 아침에 보는 것이 좋으며 다시 보면 색깔이 바뀐다(중세보석세공집Med. Lap. C33).

크리스마스 Christmas **I. 민속**: 1. 화이트 크리스마스: 번영하는 해; 2. 구름 낀, 눈이 내리지 않는 따뜻한 또는 따뜻한 크리스마스에는 교회 묘지가 채워진다; 3. 나무들 사이로 빛나는 햇빛: 많은 열매; 4. "크리스마스 전에 얼음이 사람의 무게를 견디면 크리스마스 후에는 거위의 무게를 견디지 못할 것이다"(속담); **II. 크리스마스의 바보**: 로마의 사투르날리아 농신제Saturnalia와 유사한 축제로 축하 행사 중 하나인 크리스마스 연극에서 그는 라이벌에 의해 목이 베이지만 기적적으로 상처 입지 않고 다시 일어난다; 참조: 예배당chapel (가윈 경과 녹색의 기사의Gawain and the Green Knight, Sir) 및 신성한 왕Sacred King 참조; **III. 크리스마스 트리**: 상록수로서 크리스마스 트리는 지속되는 생명과 새로워진 생명을 상징한다: a. 풍요; b. 부활, 불멸; c. 태양 나무; d. 나무의 종류: i. 로마: 1월의 달력에서 월계수, 월계관; ii. 기독교: 호랑가시나무, 담쟁이덩굴, 겨우살이, 로즈마리, 월계수 잎, 계수나무 및 기타 모든 녹색의 식물; e. 민속: i. 크리스마스 이브 전에 집으로 들여오거나 주현절 전에 해체하면 불운이다(한 해의 중요한 기간); ii. 옛 관습에서는 성촉일까지 그대로 두었다; iii. 종종 크리스마스 트리는 반드시 불태우는 의식을 거쳐야 하지만 지역에 따라 태우는 것을 불길하게 생각하여 반드시 시들도록 놓아둔다; **IV.** 달력calendar, 자고새partridge; 성탄 계절Yule 도 참조.

크산티페 Xanthippe **1.** 소크라테스의 악처; **2.** 관련된 이야기들은 다음과 같다: a. 소크라테스는 만약 자신이 그녀를 견딜 수 있다면 나머지 인류와의 관계에 어려움이 없을 것이라 믿고 그녀를 아내로 선택했다(크세노폰Xenophon, 심포지움Symp. 2, 10; 플루타르코스Plutarch, 윤리론집M 90E 및 461D); b. 어느 날 그녀가 소크라테스에게 호통치며 "물벼락을 안기자"(즉, 그에게 소변을 보거나 소변을 부음) 그는 "저것 봐, 천둥 뒤에는 항상 소나기가 쏟아지는 법이야"[문자 그대로 '소변을 보았다'; 디오게네스 라에르티오스Diogenes Laertius 2, 36); 이 이야기는 심지어 빅토리아 시대의 남학생들에게까지 잘 알려져 있었다(알프레드 테니슨 경Lord Alfred Tennyson, "이제Now doth..." 1, 5, 3ff. 참조); c. 소크라테스가 저녁 식사 자리에서 철학 주제에 관한 토론을 너무 오래 하자 그녀는 화를 내며 식탁을 뒤엎었다(에라스무스Erasmus, 대화집Colloquia Familiaria, 종교 연회Convivium Religiosum p. 61; 또한 플루타르코스Plutarch, 같은 책 참조); d. 반면에 이 만만찮은 여성은 크세노폰과 다른 작가들로부터 찬사를 받았다. 그녀의 가장 큰 미덕은 그의 자식들의 어머니였다는 점 외에도 소크라테스가 나머지 세상에 적응하도록 가르쳤다는 것이었다(디오게네스 라에르티오스Diogenes Laertius 2, 37).

큰 가위 shears **1.** 운명: "내가 운명의 가위를 가지고 있다고 생각합니까?"(존 왕의 삶과 죽음K. John 4, 2: 생명의 실을 자르는 아트로포스Atropos); **2.** 분노의 상징(1번과 유사함): 명성이 인간을 고된 삶으로 인도할 때 "눈먼 분노가 혐오스러운 가위를 들고 와서 가늘게 이어진 삶의 끈을 자른다"(존 밀턴John Milton, "리시다스Lycidas" 75f.); **3.** 가위scissors; 양sheep 참조.

큰 낫 scythe **1.** 큰 낫은 낫sickle에서 파생된 많은 특성을 가지고 있다. 낫 자체는 크기가 작고 가지치기나 거세용 칼로 사용되었다; **2.** 가을, 한 해의 죽음: "큰 눈 까마귀scythe-eyed raven"(죽음의 새bird of death: 딜런 토머스Dylan Thomas) 참조; **3.** 수확: a. 농경의 신 크로노스/사투르누스의 속성(우라노스의 거세에 대한 개념과 혼합되었다); b. 수확+재탄생(물고기자리처럼)은 희생제물과 관련 있다; c. 문장heraldry(紋章): 특히 농업과 같은 산업을 통한 번영을 상징한다; **4.** 달(모양)과 관련된다: a. 수동적인 무기: 농민 반란에 사용되었다; b. 달의 신의 속성; 작은 곡선의 단도('하르페harpe')이며 끝을 내기 위한 수단이다(6번 참조); **5.** 시간의 상징: 크로노스Kronos와 크로노스Chronos의 혼합; **6.** 거세: a. 토성: 유대인의 행성의 상징; b. 아티스와 키벨레와 관련된다: 자기 거세; **7.** 저 너머로 인도하는 비밀스러운 길; **8.** 남근: a. "발판, 도정기, 방아쇠와 낫, 신부의 칼날(=외음부: 딜런 토머스Dylan Thomas, "어떤 것"도 두려워하지 마시오"; b. 길거리

민요에서 남근을 상징한다.

큰가시고기 stickleback (물고기) **1.** 뾰족한 지느러미가 있는 작은 물고기; **2.** 힐데가르트 폰 빙엔Hildegard von Bingen: 이 물고기는 차가운 공기가 아닌 뜨거운 공기로 이루어져 있다; 햇빛을 선호하고 허브를 먹는다; 몸에 좋은 큰가시고기는 쉽게 소화된다; 그것은 가끔 강꼬치고기와 도미와 비슷한 특성이 있다(자연학Ph. 5, p. 100: 같은 뜻의 독일어 '슈티클링Stickling' 표제 아래 설명에서 인용함).

큰곰자리 the Great Bear (별자리) **1.** 이것은 작은곰자리와 관련되며 따라서 북극성과 관련되기 때문에 북반구에서 가장 중요한 별자리이다; 더욱이 큰곰자리의 꼬리는 계절의 방향을 가리킨다: 즉, 봄에는 동쪽, 여름에는 남쪽, 가을에는 서쪽, 겨울에는 북쪽을 향한다; **2.** 이것은 아마도 욥이 언급한 별자리였을 것이며(9, 9), 킹 제임스 버전 성서에서는 신이 만든 다른 두 개의 별자리와 함께('큰곰자리, 삼성와 묘성') '아르크투르스', 즉 목동자리로 번역되었다; **3.** 그리스: 칼리스토(곰bear 참조; 이 이야기는 변형된 버전들이 있다: 그녀의 아들 아르카스는 아르카디아의 왕이었던 것으로도 전해진다)는 그녀의 아들 아르카스와 함께 '곰 파수꾼' 또는 아르크투르스가 되었으며 '아르크토스'라고 불렸다(일리아드Il. 18, 487 참조; 또한 갈리우스 줄리우스 히가누스Gaius Julius Hyginus, 팔라메데스PA 2, 1; 아폴로도로스Apollodorus 3, 8, 23; 파우사니아스Pausanias, 8, 3, 6f 등 참조); 작은 곰자리는 키노수라Cynosura, 즉 '개의 꼬리'라고 불렸다; **4.** 북두칠성을 가리키는 영어 명칭은 다음과 같다: 일곱 마리 황소, 웨건, 쟁기, 국자(아메리카), 찰스의 수레(='churl's wain'=소작농의 수레); 곰의 해골이 음료용 컵이 된다는 기원에 관한 한 이야기 참조; **5.** 기타 전설: a. 신부와 처녀도둑; b. 일부 신화에서는 수사슴이 사냥꾼인 북극성에게 쫓긴다; 사슴이 죽을 때 세상의 종말이 온다; **6.** 작은 곰자리[the Lesser] Bear 참조.

큰키다닥냉이 dittander (식물) **1.** '레피듐Lepidum'의 다양한 종류, '다닥냉이 무리pepperwort'; **2.** 부식제이자 피부세정제(플리니우스Pliny 20, 70); **3.** 종종 꽃박하와 혼동된다.

클라크 Clark 클라크라는 이름의 소년은 거의 언제나 '멋진 클라크Nobby Clark'라는 별명을 가졌다: 핀처 마틴Pincher Martin 등 참조.

클래베리아 플레이버 clavaria flava (균류) 힐데가르트 폰 빙엔Hildegard von Bingen: a. 차갑고 단단하고 사람과 소에게 해롭다; b. 임신한 여성에게 이것은 치명적 낙태를 초래할 수 있다; c. 모든 뼈가 부러진 것처럼 가장 심한 통풍을 앓고 있는 사람의 경우, 클래베리아clavaria가 그 원인을 없애 줄 수 있다(자연학Ph. 1, p. 24).

클럽 clubs (카드) **1.** 타로카드 세트의 한 종류: 카두세우스, 홀, 지팡이, 클럽 등; 카드 네 세트의 상징성 비교는: (놀이용) 카드(playing) cards 참조; **2.** 클로버의 일반적인 상징성을 공유함: 삼위일체, 식물 등; **3.** 의지력, 권위, 명예(불명예의 반대); 활기와 진취성, 에너지와 성장; **4.** 창조적인 불; **5.** 순수한 이념, 이성(물질적 검과 반대); **6.** 순결함; **7.** 문장heraldry(紋章): 토트-메르쿠리우스와 관련된다; **8.** 4번 카드(그리고 종종 잭)는 불길하다; **9.** 아이들의 운세 보기: 너는 아프게 될 것이다.

클레마티스 clematis (식물) **1.** 아름다운 흰색 꽃과 달콤한 향기를 지닌 덩굴 식물이지만, 그 껍질은 일시적인 궤양을 일으키는데, 거지들은 이것을 이용해 동정심을 자아낸다; **2.** 교활함, 속임수: 중세시대에 사용된 상징("처녀의 은신처"); **3.** 정신적 아름다움; **4.** 성모마리아의 상징; **5.** 토머스 S. 엘리엇Thomas S. Eliot: 관능적인 사랑에 대한 기대(해바라기sunflower 참조: "번트 노튼Burnt Norton" 4).

클로버 clover (식물) **1.** 풍요('유복하게' 있는 상태), 풍부; **2.** 봄, 새로워짐; **3.** 그 중심은 말편자(또 다른 행운의 상징으로서 말편자horseshoe 참조)와 비슷하다; **4.** '토끼풀': 아일랜드의 상징('작은 클로버'); **5.** 세속적인 것과 신성한 것에 대한 열정적이지만 겸허한 사랑; **6.** 복수; **7.** 기병대: 말의 먹이; **8.** 문장heraldry

ㅋ

(紋章): a. 성실: 심장 모양; b. 희망; **9.** 세 잎 클로버: 삼위일체 및 숫자 3과 관련된 상징성; **10.** 네 잎 클로버: 행운: a. 흔하지 않기 때문에; b. (몰타) 십자가 모양이기 때문에; **11.** 민속: a. 동물과 인간을 보호하는 마녀에 대항하는 식물, 그리고 사악한 눈에 대해서도 보호해 준다; b. 마녀, 요정, 정령을 볼 수 있는 능력을 준다; c. 잎의 수: i. 네 개의 잎: 일반적인 행운: 문 위에 걸어 두면 문으로 들어오는 첫 번째 남자가 미래의 남편이 될 것이다; ii. 다섯 개의 잎: 재물 운; iii. 여섯 개의 잎: 명성 또는 예언의 재능; iv. 일곱 개의 잎: 엄청난 행운, 모든 악으로부터의 보호; d. 뱀이 가까이 오지 않게 쫓아낸다: 아일랜드에서 뱀을 없애준 성 패트릭을 통해; **12.** 토끼풀shamrock; 토끼풀trefoil 참조.

클로에 Chloe **1.** '금발' 여성: 데메테르; 그래서 시골(종종 강인하지만 동시에 교활한) 소녀; **2.** 많은 노예 또는 노예에서 해방된 여성들이 이 이름이었다.

키, 방향타 rudder **1.** 조타, 안내, 권한(4번과 5번 참조); **2.** 신중, 지혜, 안전; **3.** 우주 조종사, 신성한 의지: a. 네메시스 여신의 상징; b. 수레바퀴와 함께: 티케(기회, 행운) 여신의 속성: 그녀는 인간의 삶을 조종한다; **4.** 구체에 끼우고 파스케스(역주: 막대 다발 사이에 도끼를 끼운 것으로 속간이라고도 한다)과 같이 사용하면 공권력; **5.** (율리우스 카이사르의 메달에) 방향타+카두케우스+코르누코피아(역주: 뿔그릇)+주케토(역주: 교황의 모자): 공화국을 번영하게 한 카이사르의 통치.

키르케 Circe **1.** 태양과 바다요정 사이에서 태어난 딸: 아버지/형상과 어머니/질료의 혼합체; **2.** 오디세우스-태양은 거기서 머물기를 원했다: 달/어둠의 땅, 겨울의 땅 또는 망각(죽음)을 위한 축복의 섬Blessed Island; 키르케는 달의 마법으로 사람들을 짐승으로 변하게 할 수 있다; **3.** 키르케가 사는 신성한 땅은 라티움의 높은 곳 위에 자리하고 있으며 참나무, 도금양나무, 월계수나무가 우거진 것으로 묘사된다; **4.** 르네상스 시대에는 선 또는 악을 가져오는 욕망의 상징이었다.

키메라 Chimaera **1.** a. 신화 속의 괴물(예 나소 P. 오비디우스Naso P. Ovid, 변신이야기Metam. 9, 647; 헤시오도스Hesiodus, 신통기Th. 319): 불을 내뿜는 사자의 머리, 염소의 몸(그리스어 '키마이라chimaira'=한 살 된 암컷 염소), 용의 꼬리를 갖고 있으며 눈에서는 불꽃이 나온다: 예술작품에서 키메라는 종종 염소의 머리를 한 사자이다; 불모의 괴물로, "국가를 파괴하고 소를 공격한다"; **2.** 벨레로폰이 페가수스를 타고 키메라 위를 날아 키메라를 죽였다(호메로스Homer, 일리아드Il. 6, 181); **3.** 사자, 염소, 뱀은 위대한 여신Great Goddess의 상징이며 달력 상징이다(계절seasons 참조; 또한 로버트 그레이브스Robert Graves, 하얀 여신WG 409도 참조); **4.** 교활함; **5.** 기독교: 악령(여러 가지 형태가 있다).

키메르족 사람 Cimmerian **1.** 키메르 암흑=완전한 어둠(호머가 "오디세이아"에서 사용한 묘사; 호메로스Homer, 오디세이아Od. 11, 15+19); **2.** 야만적인 킴브로 부족(아마도 킴메르족이나 킴브리족과 동일한 민족일 것이다)에서 나온 단어. 이 민족은 북쪽에 치우친 너무나 울창한 숲 지역에 살아서 햇빛이 잘 들지 않았고 빛은 불을 피울 때 존재했다; 이들은 북쪽 끝에서 살아서 "일 년의 반은 낮이고 나머지 반은 밤이다. 낮과 밤이 한 해를 이등분한다"(플루타르코스Plutarch, 결혼에 관한 조언Mar. 11; 마르쿠스 툴리우스 키케로Marcus Tullius Cicero, 아르키아 변호문Arc. 2, 19, 61; 스트라보Strabo 1, 1, 10); **3.** 새(새들의 지하 주거지에 대해), 독일Germany, 주전자kettle도 참조.

키벨레 Cybele **1.** 프리기아에서 기원한 어머니 여신Mother-Goddess: 그리스인들과 로마인들에 의해 계승되었다. 그리스와 로마에서 키벨레는 대지의 어머니Earth-Mother로서 더욱더 중요한 역할을 한다: 대지의 어머니는 대지에 생기를 불어넣는 에너지이다; **2.** 키벨레의 아들이자 연인 아티스와 관련된다(이시스Isis 참조). 아티스가 스스로 거세한 것(풍요를 위한 자기희생으로서)을 여장한 키벨레의 사제들('갈리'라고 불림)이 모방했다.

키스, 입맞춤 kissing **1.** 가장 일반적인 형태의 우상숭배: a. 바알 숭배(열왕기상서1Kings 19, 18); b. ('우상숭배') 동경의 표시로 손에 입을 맞춤: 해와 달(욥기Job 31, 26 이하에서); c. 이스라엘은 금송아지에게 입맞춤을 했다(호세아서Hos. 13, 2; 아마도 14장 2절의 본문에서 한 번 더 변화를 볼 수 있을 것이다); **2.** 문에 입맞추기: 보호: 프리아모 궁전의 여자들은 궁전이 무너지기 전에 문에 입맞춤했다(베르길리우스Virgil, 아이네아스Aeneid 2, 490); **3.** 민요와 동화에서 입맞춤은 종종 주문을 깨고 마법에 걸린 사람을 적절한 모양으로 회복시키는 힘이 있다: 예 잠자는 숲속의 미녀, 미녀와 야수, 켐프 오윈 등; **4.** 평화의 입맞춤인 '오스컬럼 패서스osculum pacis'는 가톨릭교회 의식의 일부이다; **5.** 카를 융Carl Jung: "성욕보다는 자양분을 주는 행위에서 파생되었다"(5, 418); **6.** 민속: 다음과 같은 곳에서 여자가 키스하는 것은 나쁜 징조이다: a. 문 위에서 키스하는 것; b. 앉았을 때 키스하는 것; c. 겨우살이가지에 대해서는 겨우살이mistletoe 참조.

▌키조개 pinna (어류) **1.** 껍데기 안에 가딩 크랩(라틴어 '핀노테라pinnotera'; 또한 '완두콩 게'라고도 불린다)이 들어 있는 이매패류의 연체동물; 물고기가 헤엄치다가 키조개 안에 들어오면 게가 키조개를 물어서 닫히게 되고 그 물고기는 게와 키조개 둘 다의 먹이가 된다(아르스티데스Aristides, 547B 15; 아테나이오스Athenaeus 83Df.; 클라우디우스 아엘리아누스Claudius Aelianus, 3, 29; 플루타르코스Plutarch, 윤리론집M 980B; 플리니우스Pliny 9, 115; 마르쿠스 툴리우스 키케로Marcus Tullius Cicero, 신론ND 2, 48; 오피안Oppian, 할리에우티카H 2, 186ff.; 실베스터Sylvester, 기욤 드 살루스테, 바르타시에르의 신성한 시기와 작품DB. 1, 5, 354 등을 포함한 많은 문헌); **2.** 다른 명칭: '진주층nacre'이나 '진주물고기pearl-fish': 후자는 자개를 만들어 내기 때문에 붙여진 이름이다.

▌키질 winnowing **1.** 좋은 것과 나쁜 것의 분리를 통한 승화, 선택; **2.** 디오니소스/바쿠스의 신비주의적 상징; 그러나 헤르메스(다산이 아닌 부, 은총을 가져다주는 신)는 또한 그리스어로 '리크니테스Liknites'('키질을 하는 남자')이며, 이는 그가 태어났을 때 키에 눕혔기 때문이다; 이것은 부를 보장하는 일반적 관습이었을 수 있다(바구니basket 참조).

▌키클롭스 Cyclops **1.** 신화: a. 외눈박이 거인. 키클롭스들은 번개와 천둥을 의미하는 이름을 갖고 있었으며 제우스에게 번개와 천둥을 주었다(카를 케레니Carl Kerényi, 그리스의 신들GG 18, 등); b. 키클롭스들의 땅은 지극히 비옥했다(호메로스Homer, 오디세이아Od. 9, 106f; 필로 유다이오스Philo Judaeus, 섭읍에 관하여Prov. 66); **2.** 연금술: 모든 요소가 투쟁하는 상태인 불완전함의 혼돈, 그러므로 완전함의 아폴로(=황금): 반 레넵van Lennep, p. 167 참조)와 반대; **3.** 기독교: 불경한 키클롭스 폴리페모스는 악마를 나타낸다: 그의 외눈은 그가 온 세상에서 하나의 제국이었음을 의미힌다; 갈라테아는 성모마리아로 간주된다; 키클롭스[악마]의 힘은 오디세우스/예수 그리스도에 의해 약해졌다(오비디우스 도덕론Ovide M 13, 4148ff 및 14, 2013ff).

▌키타라 (시턴) cithara (cithern) **1.** 그리스어 'kithara'='lyre'; 후에 키타라는 하프와 혼동되었다; 그러므로 다윗은 리라 연주자 대신 하프 연주자로 제시된다; 또한 키타라에서 기타와 치터가 생겨났다; **2.** 한쪽 면은 둥글고 다른 쪽은 평평하다: 하늘과 땅; 거북turtle 참조; **3.** 우주: 키타라의 현들은 우주적 수준이다.

▌키프로스 cyprus (식물) **1.** '로소니아 알바Lawsonia alba', 헤나 관목henna-shrub(사이프러스라고도 부름); **2.** 용도: a. 라일락과 같은 향기가 나는 잎에서 라틴어의 'oleum cyprimum', 즉 키프로스 오일을 증류해 몸을 따뜻하게 하는 온감제로 사용했다; b. 파상풍, 호흡 곤란, 비장 비대증, 히스테리, 발의 통풍에도 사용했다; c. 키프로스 오일은 피부연화제이고, 눈과 귀에 사용하는 연고에 들어가는 재료였다; d. 키프로스나무의 타고 남은 재는 가성 소다를 함유하고 있어 위험한 물질에 속한다(코르넬리우스 켈수스Cornelius Celsus II, 서문; 4, 6, 5; 4, 8, 3; 4, 27, 1B; 4, 31, 8; 5, 24, 3; 5, 7; 6, 6, 34; 6, 7, 1C).

▌키프로스 섬 (섬) Cyprus **1.** 테우크로스와 그의 동료들이 키프로스섬 종족의 시조이다(이소크라테스Isocrates, 키프로스Cypr. 28); **2.** 뱀의 섬: 그리스어로 '오피오데아ophiodea'(니케아의 파르테니우스Parthenius of Nicea 11, 로디우스의 아폴로니우스Apollonius Rhodius 에서 인용); **3.** 장미의 섬(아마도 아프로디테를 통해서); **4.** 키프로스섬 사람들이 최초로 희생제물을 바치는 행위를 시작했다(타티아누스Tatianus 1).

키피 cyphi 16개(=4의 제곱)의 향기로운 좋은 재료로 만든 향incense. 진정시키는 효과와 최면 효과가 있어 이집트에서는 해질녘에 사용했다(플루타르코스Plutarch, 이시스와 오시리스Isis and Os. 80).

E

타구스강 Tagus 로마: 황금빛 모래 위로 흐르는 포르투갈 루시타니아 지역의 타구스강: "빠르게 흐르는 타구스강의 황금빛 물줄기"(예 데키무스 유니우스 유베날리스Decimus Junius Juvenalis, 풍자시집Sat. 3, 55).

타기 riding **1.** 모험; **2.** 승리, 패권, 자부심, 성취감; **3.** 성교; **4.** 딜런 토머스Dylan Thomas: a. 사냥꾼=시간; b.=경로; 네 가지 열매를 맺는 계절; c. "흐르는 템즈강"("애도에 대한 거부A Refusal to Mourn"): i. 성적sexual: 런던을 흐르는 여성적 바다 혹은 어머니의 정맥; ii.=시간과 삶; **5.** 기병horseman 참조.

타라언덕 Tara **1.** 타라 언덕은 수 세기 동안 아일랜드 왕들의 왕궁이 있었던 곳이며 이곳에서 백성들의 대규모 집회가 열렸고 한동안 군사과학, 법학, 문학 학교가 위치해 있었다; **2.** 타라 스톤: 스콘석(역주: 스코틀랜드 왕이 즉위 했을 앉았던 돌)과 같은 용도로 쓰이는 타라 언덕의 돌기둥; 왕의 대관식(돌stone 참조).

타락, 추락 The Fall **1.** 윌리엄 블레이크William Blake: 영spirit(또는 영혼soul)의 물질로의 추락; **2.** 극적인 타락(추락): a. 루시퍼; b. 아담; c. 험프티 덤프티; d. 팀 피네건: 음악당에서 연주되던 민요에서 벽돌공이 기적적으로 되살아나서 위스키-경야에 참여하게 된다; 제임스 조이스James Joyce는 피네건 맥쿨Finnegan MacCool과 다른 모든 추락 이야기들을 연결하여 기술했다; **3.** 비틀거림stumbling 참조.

타로카드 Tarot **I.** 일반적으로 다음을 의미한다: 1. 어원: 타로Tarot 또는 타록Tarok이라는 단어는 '아스토레트Astoreth'에서 파생되었으며, 토트(헤르메스 트리스메기스투스Hermes Trismegistus) 숭배의 유물일 수 있다; 2. 타로는 원래 비옥한 나일강 물의 범람을 예측하는 데 사용되었다; 점술에서는 오랫동안 거의 모든 그림이 소개되었다(예 동화, 속담 등); **II.** 카드 세트: 카드 게임[playing]cards 참조; **III.** 각각 메이저 아르카나(타로점) 또는 타록 카드놀이: a. 태양의 길: 1. 음유시인; 2. 사제장; 3. 여황제; 4. 황제; 5. 대제사장; 6. 연인들; 7. 전차; 8. 정의; 9. 은둔자; 10. 운명의 수레바퀴; 11. 힘; b. 달의 방식: 12. 매달린 남자; 13. 죽음; 14. 절제; 15. 악마; 16. 탑(벼락을 맞은); 17. 별; 18. 달; 19. 태양; 20. 마지막 심판; 21. 세계; 22.=0, 바보.

타르, 콜타르 tar **1.** 선원 및 운송과 관련된다: 예 "반 푼어치의 타르를 위해 선박을 망치는 것(역주: 푼돈을 아끼려다가 큰 것을 잃는다)[아마도 원래는 양모를 건지려다가 양을 망치는 것의 의미일 것이다]"(속담); **2.** 모리스 춤 또는 미라 가장극에서 바보(=아버지, '왕' 등)가 살해되고 기적적으로 되살아나는 동안, 장난감 목마(종종 말만큼이나 새도 닮음)는 다산을 위해 주변의 소녀들에게 타르를 바르는데 이것은 아마도 희생된(거세된) 다산의 왕의 피였을 것이다; **3.** 그을음soot 참조.

타워, 탑 Tower (벼락 맞은 탑) **1.** 다른 이름: '메종 디유La Maison Dieu' (병원) 또는 캐피톨(기둥이 세워진 둥근 건물 옆에 탑이 서 있는 데크); **2.** 대개 다음과 같이 표현된다; 탑 정상에 번개가 치면 탑에 씌워진 꼭대기가 떨어져 나가는데 때로 이 번개는 꽃 모양이다; 카드에서 탑 꼭대기로부터 떨어지는 두 사람을 볼 수 있고 탑 주변에는 히브리어 자모의 열 번째 글자인 요드Yod의 상징(하늘의 이슬 등) 또는 붉은색, 흰색, 파란색 원반을 사방에 볼 수 있으며 이것은 긍정적인 영향을 암시한다; **3.** 다음을 나타낸다; a. 퇴보: 재생을 가능하게 하는 영적인 빛에 의해 무너진 물질주의로 표현된다; b. 바벨탑과 관련된다; c. 점성술: 염소자리(또는 전갈자리), 화성을 나타낸다.

타워, 탑, 망대 tower **1. 이집트 상형문자**: 높이, 열망; 평범한 삶을 초월하는 것; **2. 최고의 신**, 구원: a. 여호와는 높은 망대시요 그의 백성들의 요새이자 보호이시며 그들의 구원이시다(예 사무엘하서2Sam. 22, 3 및 51); b. 신성한 태양왕의 죽음을 대신하는 자식: 아버지 헥토르가 어머니 안드로마케와 함께 세운 위업을 지켜보곤 했던 탑에서 그리스인들은 어린 트로이의 아이 아스티야낙스를 밖으로 던져버렸다(5번의 b 참조); **3. 상승**, 남근, 세계축, 희망: "나는 희망의 탑처럼 강한 아멘을 외친다"(리처드 2세의 비극R2 1, 3; 시편Ps. 61, 3; 아래의 연금술 참조); **4. 인간에게 상응하는 상징성**: A. 처녀성의 상징: a. 청동탑에 갇힌 다나에는 제우스의 황금빛 광선을 통해 페르세우스를 임신했다; b. 우물, 문, 정자가 있는 성모 마리아의 상징; 다윗의 탑과 상아탑이라고도 불린다(아래 참조); c. 여성의 옷을 입고 변장한 드루이드 청년은 탑에 갇힌 켈트 투와그에게 다가갔다; 동화 속의 흔한 주제이기도 하다; 시릴 터너Cyril Tourneur의 수정탑(복수자의 비극Rev. Trag. 4, 4) 참조; B. 일반적으로 사람을 나타낸다: 예 a. 탑의 창은 눈과 마음을 나타낸다; b. "머리의 높은 탑"(존 데이비스 경Sir John Davies, "시야Sight"); **5. 감시**: 예 구약성서: a. 가나안의 예루살렘 포도원 한가운데에 망대를 세웠다(예 이사야서Isa. 5, 2); b. 종종 성읍 중앙에 요새화된 망대가 있다(예 사사기Judg. 9, 51ff.). 아비멜렉은 망대 꼭대기에 있는 방에서 한 여인(초승달)이 던진 맷돌 위짝에 머리를 맞아 죽었다; 탑은 달이나 하늘의 여신들이 거하는 장소이다. 예 "주디스의 밀실" 그리고 탑에서 염탐한 브륀힐트와 크림힐트; 헤카베Hecuba 참조; **6. 감금**(예 4번의 A, a 및 c); **7. 피난처**: 죄인의 피난처로서 기독교적 상징; **8. 철학적 은둔**: "높고 외로운 탑, 밤 늦게까지 램프가 타는 것을 볼 수 있게 하라… 세 배나 위대한 헤르메스와 함께, 플라톤의 정신으로…"(존 밀턴John Milton, "사색가Il Penseroso" 85ff.); **9. 숨겨진 진실**, 보물 또는 아름다움: 숲이 무성한 나무들 사이에 탑과 흉벽이 보인다. 거기에는 보는 눈들의 관심의 초점인 아름다움이 숨겨져 있을 것이다"(존 밀턴, "쾌활한 사람L'Allegro" 77ft.; 참조: 윌리엄 랭글랜드William Langland, 피어스 플로우먼에 관한 비전PP에 대한 프롤로그에 나오는 탑); **10. 양심**: 양심의 요새: 모루anvil 참조; **11. 마법과 관련된다**: 예 민요에서 마녀 앨리슨 그로스는 탑에 살았다(참조: 토마스 맬러리 경Sir Thomas Malory, 4, 16f. 및 16, 12의 여자 마법사들); **12. 문장**heraldry(紋章): 견고함과 전략; **13. 연금술**: 변형과 진화: 연금술사의 용광로는 종종 탑과 같은 모양을 하고 있었다; **14. 특별히 참고할 문학서**: A. 단테Dante: 우골리노 백작이 일생동안 그의 아들들과 함께 갇혀 있었고 아들들이 죽자 그 시체들을 먹은 기근의 탑Tower of Femine(참조: 단테Dante, 칸토C. 33); B. 윌리엄 B. 예이츠 William B. Yeats: a. 말words의 탑으로서의 인간: b. 지적 고립과 플라토닉 분리(존 밀턴: 앞의 8번 참조); c. 퍼시 셸리Percy Shelley의 단편 "아타나세 왕자Prince Athanase"에서 발전된 생각; d. 지성과 영혼의 열망, 자기주장, 현대국가("정상에서 사망"); e. 남성적이지만 쇠퇴하는 (무능력한) 상태; 그러나 정치적, 성적 행위를 통해 재생할 수 있다; 밤(여성이고 더 낙관적이며, 무너져 가는 탑에 형태를 부여하는 구불구불한 계단의 반대); C. 딜런 토머스Dylan Thomas: a. 첨탑과 연결된다; 예 첨탑 수리공은 탑을 수리하는 사람이며 여기서 '탑'은 성적 경험을 의미한다; b. 감옥과 관련 있다; c. 구세주로서의 그리스도: 힘의 탑; d. 시계–시간–죽음과 연결된다; e. "단어의 탑": i. 시인의 연필; ii. 상아탑: 다음 참조; iii. 지그문트 프로이트Sigmmund Freud의 탑(참조: 조이스Joyce와 예이츠Yeats); f. "너는 나를 아버지로 여기지 않는구나": i. 바벨탑과 관련 있다; ii. 단어, 시와 관련된다(단어의 나무tree of words 참조); iii. 남근; **15. 다른 것과의 조합**: I. 탑의 재료: A. 청동탑(4번의 A, a 참조); B. 철탑: 철탑이 있는 성은 타르타로스(지옥) 입구에 있으며 죄인들이 벌을 받는 곳이다(베르길리우스Virgil, 아이네아스Aen. 6, 554); C. 상아탑: a. 다윗의 망대와 사랑하는 사람의 목을 나타내는 은유적 표현(아가서SoS 4, 4 및 7, 4; 또한 4번의 A, b 참조); b. 철학적으로 세상에서 고립되는 것: "그녀는 상아탑 속의 생각을 더듬어 가며 회전한다"(드 라 메르De La Mare, "굿바이Goodbye"); II. A. 바벨탑: a. 바벨탑을 세운 목적은 "이름을 만들어" 흩어짐을 면하는 것이었다(창세기Gen. 11, 4); b. 바벨탑은 언어의 혼란, 무질서 및 재앙과 관련된다; 바벨이라는 단어는 '발랄balal'(=혼란스럽게 하다, 섞다)에서 유래했는데 일부 사람들은 히브리인들이 '바벨리bab-ili'(하나님의 문)를 잘못 해석한 것이라고 생각했다; c. 실현 불가능한 꿈: 번개에 맞은 탑 타로카드와 관련된다; B. 어둠의 탑: 죽음(에드워드 피츠제럴드Edward FitzGerald, 오마르 하이얌의 루바이야트O. Khayyám's "Rubáiyát" 번역서); C. 침묵의 탑: 파시교도들이 독수리와 태양이 집어삼킬 수 있도록 시체를 놓아두는 탑이다(매장burial 참조); III. A. 둥근 탑: 영국과 아일랜드 해안을 따라 있는, 망루 역할을 하는 탑: a. 태양숭배의 성지; b. 초승달 모양으로 덮인 탑: 양성성(남성과 여성, 태양과 달); B. 탑의 왕관: 도시의 수호자로서 대지, 어머니, 다산 여신의 상징; C. 쌍둥이 타워: 천국으로의 문; 쌍둥이 기둥Twin Pillars 참조; D. 음악을 연주하는 탑: 한때 아폴로의 하프가 놓여 있던 메가라Megara의 탑(나소 P. 오비디우스Naso. P. Ovid, 변신이야기Metam. 8, 15); 이 탑의 왕은 니소스였으며 그의 딸은 탑에서 전투를 지켜보았다. 그녀는 아버지의 적인 미노스와 사랑에 빠졌고, 아버지의 머리카락(머리카락/털hair; 보라색 머리카락purple lock 참조)을 잘라 그가 생명과 왕좌를 잃게 만들었다: 달이 젊고 새로운 태양을 위해 오래된 태양을 죽이는 것을 나타낸다; **16.** 성castle, 첨탑spire, 뾰족한 탑Steeple.

타원 ellipse 매우 모호한 형태: **1.** 우주(이집트); **2.** 죽은 자들의 세계, 지하세계(지하세계의 거울): 이집트; **3.** 공기 원소는 직립의 타원으로 표시된다; **4.** 초의식superconscious.

타원형 oval **1.** 외음부, 여성적 원리, 수동성 등; 알파벳 오O와 0zero 참조; **2.** 생물 형태의 것: 달걀; **3.** 대지.

타일, 기와 tile 피로스는 아르고스에 들어갈 수 없었는데, 이는 "사실 어떤 노파가 던진 기와를 머리에 맞고 벽 앞에 쓰러졌기 때문이다"(스트라보Strabo 8, 6, 18).

타작 threshing **1.** 수확, 풍요; 타작하는 방법은 하나님의 지시를 받았다(참조: 이사야서Isa. 28, 26ff.); **2.** 파괴, 수축, 한 해가 끝나는 시기 (희망과 재생을 위한 기도); **3.** 타작마당threshing-floor 참조.

타작마당, 탈곡장 threshing-floor **A.** 타작마당은 한때 세상의 배꼽(가운데에 귀가 있음)으로 우주의 상징(가운데에 지구가 있고 태양 황소가 그 주변을 도는 둥근 흙 조각)인 '옴팔로스'이다; 알렉산더대왕의 비전the vision of Alexander the great 참조; 이것은 일반적으로 신비의 중심으로 여겨지며 바닥과 관련된 다른 상징들에서도 분명히 확인할 수 있다: 예 여류 시인 텔레실라는 타작마당을 '디나이온dinion'(=고대 그리스어 '디아노스deinos'='컵' '도깨비')이라고 부른다; 단테Dante: "타작마당[=대지], 우리를 그토록 격렬하게 만드는 타작마당은 언덕에서 강 하구까지 완전히 내려다 보였다"(신곡 낙원편Par. 22, 151ff.); **B.** 생식력: I. 종종 여성의 신체와 관련하여 언급된다: a. "바빌로니아의 딸은 타작마당과 같으니, 이제 그녀를 타작할 때가 되었으나 조금 있으면 추수할 때가 이르리라"(=멸망 또는 정복: 예레미야서Jer. 51, 33); b. "너의 배belly는 백합화가 만발한 밀 더미 같으니라"(아가서SoS 7, 2): 이 비교는 분명히 야외 타작마당에서 가져온 것인데 그 주변에 풍요의 백합이 있는 곳으로 비유된다; II. 다산의 춤, 의례적인 매춘과 결혼의 장소, 교감마법에서 생식력을 서로 나눈다: a. "네가 네 하나님을 떠나고 음행하여 각 타작마당에서 음행의 값을 좋아하였느니라"(호세아서Hos. 9, 1); 신전이나 초막이 없는 경우에 신전 노예들이 일하던 장소; b. 추수 의식 중에 보아스의 성교 장면(룻기Ruth. 3); **C.** 신비로운 장소로서 이곳은 긍정적이고 부정적인 마법으로 가득 차 있다: a. 기드온은 주의 천사가 자신에게 왔을 때 타작을 하고 있었다(사사기Judg. 6, 11); b. 그는 타작마당에서 양털 위에만 비를 내리게 하는 마법을 행했다(사사기 7, 37); c. 여부스 사람 아라우나의 타작마당은 여호와께서 역병을 멈춘 성전의 장소였다(사무엘하서2Sam. 24, 24); d. 나곤(사무엘하서 6, 6) 또는 기돈의 타작마당에서 웃사는 (하나님의) 궤를 지탱하려다 죽었다(역대상서1Chron. 13, 9); **D.** 예언의 장소: 쇠뿔로 만든 마법과 연결된다(열왕기상서1Kings 22, 10ff.); **E.** 세례요한은 그리스도를 타작마당에서 일하면서 곡식을 저장하고 쭉정이를 불태우는 농부에 비유했다(마태복음Matth. 3, 12); 이것은 그리스도 안에 있는 풍요의 영웅적인 측면을 강조한다;

F. 일부 (미국) 종교 예배당에서는 제단 근처의 장소를 여전히 타작마당이라 부른다(예 제임스 볼드윈James Baldwin, "산 위에서 전하라Go Tell it on the Mountain").

타조 ostrich (새) 1. 건망증과 이해력 부족: a. 욥기Job(39, 13–18): 타조는 다른 짐승이 파헤칠 수 있는 모래벌판에 알을 낳아놓고 잊어버린다; b. 위험에 처하면 타조는 머리만 모래 속에 숨기고 몸 전체를 숨겼다고 여기며, 자신이 적을 볼 수 없기 때문에 적도 자신을 보지 못한다고 믿는다; 2. 정의: 이 새의 완벽히 수평인 깃털은 '공정함Aequitas'을 나타낸다(호루스 아폴로Horus Apollo); 아래 깃털feathers 참조; 3. 잔인성: "들개들도 젖을 주어 그들의 새끼를 먹이나 딸 내 백성은 잔인하여 마치 광야의 타조 같도다"(예레미야애가Lament 4, 3: 자식들을 대하는 어머니를 향해); 또 다른 측면으로는 새끼들을 해방시킨 것으로 표현되어 그리스도의 지옥 정복을 나타낸다; 4. 무절제: (예 알키아투스Alciatus) 타조는 돌과 철도 삼킬 수 있다(아래의 문장 참조); 5. 변덕; 6. 이단: 특히 유대교 회당Synagogue(=유대인)은 사도를 인정하지 않는다; 7. 죄인, 위선: a. 신에게 버림받은 사람: 타조는 건망증으로 사막 모래에 알을 낳고는 떠나버린다; 저녁 별(신성한 빛)이 뜰 때 다시 알을 생각해내고 찾아가 시선으로 부화시킨다. 회개를 유도하기 위해 교회에 알을 걸어두었다; b. 날개를 갖고 있지만 날지 못한다: 행동 실천 없는 말; 8. 하나님을 믿는 자; 이들은 알을 모래에 묻고 하나님이 부화시킬 것이라 믿는다; 9. 공포: 1번의 b 참조; 10. 속도, 체력: 로마 황제들은 이런 특질이 병사들에게 근육 힘만큼 확실한 승리를 가져올 수 있다는 것을 보여 주기 위해 타조를 경주에 사용했다; 11. 혼돈의 괴물: 바빌로니아; 12. 문장heraldry(紋章): 종종 부리로 말발굽을 물고 있다. 이런 모습으로 문장을 만든 이유는 다음과 같다; a. 철과 돌을 삼킬 수 있다는 것을 보여 주기 위해: 지구력; 건강을 유지하기 위해 철을 먹는다(존 릴리John Lyly, "유푸에스Euphues"); b. 전리품으로: 타조는 말을 싫어한다; c. 절대적 복종; d. 깃털: i. 기사의 존엄성; ii. 세 개의 깃털: 영국 황태자를 상징하는 문양; 13. 타조 깃털: a. 정의: 이집트의 진리, 질서, 정의의 여신인 슈와 마트의 상징(호부로 걸쳤다); b. 공간: 가장 가벼운 부피감; c. 구별(12번의 d 참조); d. 풍요: 이집트의 오시리스와 모아브의 여신인 아나트의 상징.

타타르인 Tartar 1. 타타르인의 활: "타타르인이 쏜 화살보다 더 빠른 타타르인들"(한여름 밤의 꿈MND 3, 2): 동양의 활은 서양의 활보다 더 강력했다; 2. 속담: a. "타타르인 잡기": 통제할 수 없는 것을 잡기; 타타르인을 잡았다고 자랑했던 아이랜드 사람의 이야기에서, 그들은 타타르인을 나오게 할 수 없었을 뿐 아니라 타타르인들에게 나오지 못하도록 제지당했다(역주: 당면한 과제의 어려움을 과소평가 했을 때 쓰인다); 러시아Russia 참조.

탁자 table 1. 연회, 주흥(酒興); 2. 회의; 3. 제단; 4. 대지의 상징; 5. 단테Dante: 사랑의 식탁 ("사랑의 식탁mensa d'amor": 신곡 연옥편Purg. 13, 27); 6. 민속: 새로운 친구와 함께 식사하는 경우 식사가 끝날 때 냅킨을 접어서는 안 되는데, 그 이유는 그 친구가 자리를 떠난 후 다시는 돌아오지 않을 수도 있기 때문이다; 7. 식사eating, 음식food, 둥근 테이블Round Table 참조.

탄생석 birthstone 1. 탄생석의 목록: 다음 표 참조; 2. 이들 보석에 대한 현대적 해석은 다음과 같다: a. 마노: 건강과 장수; 열의 치유; 곤충과 뱀의 독을 뽑아낸다; 시력 강화; b. 자수정: 성실, 만취 방지; c. 혈석: 용기와 마음; d. 홍옥수: 만족스러운 마음; 홍옥수가 박힌 은반지를 착용하면 우정을 두텁게 하고 손실과 피해를 방지한다; e. 귀감람석: 우울증 치료제; f. 다이아몬드: 순수함과 광채; g. 에메랄드: 사랑의 성공; h. 가넷: 진실과 정조; i. 오팔: 희망; 10월에 태어난 사람 이외에는 불운한 것; j. 진주: 순수; 눈물; k. 루비: 용기 부여; 불순한 생각의 방지; 순결의 보존; 이것을 건드린 파충류는 죽게 된다; l. 사파이어: 제우스의 돌 중 하나; 수많은 마법적 특성을 갖고 있다; m. 사도닉스: 결혼의 성공을 보장함; n. 토파즈: 정절; 독의 효과로부터 보호; o. 터키석: 번영을 가져온다; 질병이나 다른 위험이 있을 때 색이 변한다; 결혼한 부부 사이에 언쟁 방지; 3. 개별 보석 참조.

탄생석

월	히브리	로마	전통	현대
1월	가넷	가넷	가넷	가넷
2월	자수정	자수정	자수정	자수정
3월	재스퍼(벽옥)	혈석	혈석	아쿠아마린/혈석
4월	사파이어	사파이어	다이아몬드	다이아몬드
5월	마노, 홍옥수 칼세도니(옥수)	마노	에메랄드	에메랄드
6월	에메랄드	에메랄드	진주	진주, 알렉산드라이트
7월	오닉스	오닉스	루비	루비
8월	홍옥수	홍옥수	사도닉스	페리도트
9월	귀감람석	귀감람석	사파이어	사파이어
10월	아쿠아마린, 녹주석(베릴)	아쿠아마린, 녹주석(베릴)	오팔	오팔(토르말린)
	토파즈	토파즈	토파즈	토파즈, 석영
	루비	루비	루비	터키석
11월				
12월				

탄탈로스 Tantalus　**1.** 신화: 지하 세계에서 갈구하는 음식과 물이 가까이에 있지만 취할 수 없는 고문과 머리 위로 끊임없이 바위가 부서지는 위협을 형벌로 받은 인물(예 호메로스Homer, 오디세이아Od. 11, 576ff.; 핀다로스Pindarus, 송시Od. 1, 49ff. 및 올림피아 송시Ol. 1, 59ff.; 에우리피데스Euripd., 오레스테스Or. 4ff; 플라톤Plato, 프로타고라스Protag. 315C); **2.** 그는 게으름(디오 코케이아누스 크리소스토무스Dio Cocceianus Chrysostomus 64, 7), 또는 건방짐으로 처벌 받았다(아폴로도로스Apollod, 요약집Epit. 2, 1); 모두 여섯 가지 다른 범죄가 언급되었는데 이는 모두 신과의 관계에서 그의 '오만함'으로 비롯된 것이었다(허버트 J. 로즈Herbert J. Rose 81); **3.** '탄탈로스의 정원에서 먹는 것'은 "순간적인 기쁨을 추구하는 것"을 의미한다(필로스트라투스Philostratus, 소피스트들의 삶BS 513; 아폴로의 일생VA 4, 25); **4.** 좌절된 욕망(필로 유다이오스Philo Judaeus, 특별법Spec. 4, 81); **5.** 오비디우스 도덕론Ovide M: a. 강렬한 탐욕을 의미한다(도덕론 10, 294ff.); b. 큰 권력도 있고 부유하지만 결코 만족하지 못하는 사람(도덕론 4, 427ff.).

탐무즈 Tammuz　**1.** 수메르, 바빌로니아, 아시리아의 신으로 매년 죽고 초목과 함께 재탄생하는 신; 그의 이름은 다음을 의미한다: "일어나 앞으로 나아가는 지하세계의 아들 또는 충실한 아들"; **2.** 처녀 여동생 이슈타르-이시스-아프로디테를 향한 탐무즈-오시리스-아도니스의 사랑은 달의 위상, 분할, 대지 모신, 그리고 (봄의 다산) 처녀에게 잉태되며 그녀의 동반자의(황혼의 수확) 품에서 죽어 가는 태양을 보여 준다; **3.** 그는 양치기(별 무리=달)이며 관개(灌漑)의 신이다; 그는 때로 오리온과 함께 별을 보호하는 신으로도 여겨진다; **4.** 그리스 신화에서 탐무즈는 아도니스(그리고 치유자 아폴로)와 같은 역할을 한다; 그의 축제가 열릴 때 탐무즈는 '울부짖는 신'(통곡wailing 참조)이다; 시리우스와 연관된다(에스겔서Eze. 9, 14); 그는 뜨거운 여름의 열기로 죽었지만 2~3일 후에 비와 함께 되살아났다(참조: 호세아서Hos. 6, 1-3); **5.** 지하 세계에 갇힌 벨 마르둑 신과 그의 무덤에서 울고 있는 여사제(여자 형제-어머니) 숭배는 기독교에 영향을 미쳤다.

탐색, 찾기 quest　다양한 이유로 탐색이 이루어졌다: **A.** 풍요를 되찾기 위해: a. 적절한 질문이 이루어지면, 마찬가지로 수수께기에 대한 바른 답을 발견하면 탐색자는 (아픈) 왕을 찾아야 한다("멀린Merlin", 1장 1, 58B 이하); 그러하면 대지에 풍요가 돌아올 것이다[예 어부왕Fisher King 참조]: 과일과 땅의 '열림', 풍부한 물이 흘러 나옴 등; 또한 매듭 풀기undoing of a knot 참조; b. 새벽이나 봄의 다산의 여신을 구조하는 것(왕자prince 참조); **B.** 신비의 중심, 생명나무, 성배, 젊음과 영감의 샘(또는 가마솥) 을 찾는 것; 자신이나 조국을 위해 재생(또는 불멸)을 찾는 것; **C.** 짝을 찾고 (혹은 구출하고) 결합하여 생식력을 회복(또는 계속 유지)하는 것; **D.** 성년으로서의 자질을 시험하거나 완전한 인간이 되거나 혹은 왕이 될 수 있는지를 시험하고, 동종요법에 의해 생식력을 촉진할 수 있는 능력이 있는지 시험하는 것; 질문question 참조.

탑 top (장난감)　(예이츠Yeats의) 댄서dancer 참조.

태(胎) caul　**A.** 말의 태(胎): 최음제: 디도Dido는 태와 허브를 마신 후 자살했다(히포마네스hippomanes 참조); **B.** 인간: 1. 태 자체가 그것을 가지고 있는 사람이 익사하지 않게 지켜 준다; 2. 태를 걸치고 태어난 사람은 a. 종교제의를 위해 태어난 운명이다; b. 미래를 볼 수 있음, 귀신을 볼 수 있다; c. 일반적으로 운이 좋고, 특히 마녀나 요정의 힘으로부터 안전하다; d. 웅변을 잘한다(훌륭한 변호사감); 3. 그러므로 태를 반드시 보관해야 한다; 태를 팔면 그 신비한 특성도 그것을 사는 사람에게 넘어간다(특히 선원이 사는 경우).

태반 placenta 태반afterbirth 참조.

태반, 후출산 afterbirth 민속: a. 아이와 밀접히 관련된 것으로 아기의 운명을 좌우한다. 이것을 적절히 잘 다루면 아기가 잘 성장할 것이다; b. 출산 후 탯줄의 수는 그 후에 어머니가 갖게 될 자녀의 수를 알려 준다; c. 가급적 탯줄을 집의 굴뚝 구석에 묻어야 한다.

태양 sun **1. 남성 창조주**, 영spirit, 마음: a. 이집트: i. 라Ra=상류를 가로질러 죽은 자의 영혼을 실어 나르는 배; ii. 호루스의 오른쪽 눈(달은 그의 왼쪽 눈); b. 구약성서: 여호와의 권능의 상징; c. 그리스: 아폴로-헬리오스, 제우스의 '아들'(동일시하는 방식); d. 고대 북유럽: 모든 것을 볼 수 있는 오딘의 눈; e. 기독교: 하나님의 '아들' 그리스도(따라서 때로는 마리아의 상징); **2. 발생적 열**, 빛, 치료자와 회복자: a. 미트라는 '욕망의 열기'(오직 욕망의 열파heat-wave를 통해서만; 카를 융Carl Jung 5, 101n., 제롬Jerome을 인용함)라는 바위에서 태어났다; b. 한 나라의 비옥함은 그 나라의 왕(또는 영웅, 족장)의 생식 능력과 직접적인 관련이 있다; 신성한 왕[Sacred] King 참조; 게다가 신성한 권리로 다스리는 왕은 치유력을 가지고 있다(특히 '왕의 악'에 대항하여=연주창scrofula); c. 태양은 야간횡단을 통해 지상세계 만큼이나 (풍요의) 지하세계와 깊이 연결된다; 헬리오스 가문(아이에테스-하데스, 키르케, 메데이아 등)은 모두 지하세계나 죽음과 연관되어 있다; 태양은 '솔 인빅투스Sol Invictus', 즉 무적의 태양이자 죽음의 정복자이다; 죽음의 지하세계의 언약은 이집트의 태양과 밀접한 관련이 있으므로 이집트인들은 태양이 서쪽에서 '떠오른다'고 종종 언급했다. 그 이유는 밤 동안의 태양 활동이 낮 동안의 활동만큼 중요하다고 여겼기 때문이다; d. 아버지로서의 남성을 상징한다; e. 덴마크의 왕자 햄릿Ham.(2, 2)에서 "햇빛을 받으며 걷는 것"은 수정(受精)과 관련있다; 태양은 썩어 가는 살(=필멸의 육체)에서 구더기(=배아embryos)를 키우는 신이다; **3. 공정한 후원자** 또는 심판: a. "내가 네 아내들을 네 눈앞에서 데려다가 네 이웃에게 주리니 온 이스라엘과 해가 보는 데서 그가 네 아내들과 함께 누우리라"(사무엘하서2Sam. 12, 11ff.); b. 헤파이스토스/불칸(비너스의 남편)에게 마르스와 비너스의 불륜행각을 드러내는 태양을 누가 속일 수 있는가?(참조: 호메로스Homer, 오디세이아Od. 8. 270; 나소 P. 오비디우스Naso P. Ovid, 사랑의 기술De Art. Am. 2, 613); c. "그의 뜰을 비추는 바로 그 태양은 우리 오두막에서도 그 모습을 감추지 않고 똑같은 모습이다"(겨울이야기Wint. 4, 4); **4. 화려함**, 장엄함, 권위; **5. 영웅**(젊은 아들로서)과 연결되며 그의 전형적인 무기는 검(=태양광선)이고 하늘의 무기는 그물(별, 결박)이다; **6. 성실과 불성실**: 태양은 매일, 매년 반복되는 예측 가능한 경로를 따르며 성실한 측면을 강조하는 반면, 태양 영웅은 모든 처녀들(새벽, 봄 등)을 찾아왔다가 '떠나가는' 최악의 도망자이다(나소 P. 오비디우스의 "헤로이데스"는 그런 존재들로 가득하다); **7. 위대한 방랑자**, 고독한 탐험가는 자신만의 길, 천재성, 지혜를 자유롭게 추구할 것이다: a. 위대한 방랑자는 혼돈의 거위(이집트)가 낳은 황금알처럼 혼돈에서 처음 생겨났다; b. "나는 빛나는 동쪽에서 장미꽃 봉오리를 보고 순례자의 태양을 드러낸다"(토머스 본Thomas Vaughan, "서치Search"); **8. 위대한 남편**, 다산: 심지어 솔로몬 이후 성서에서조차 일몰은 다산왕이 죽는 시간이다: 예 죽음의 방법(역대하서2Chron. 18, 34), 예언의 성취(열왕기상서1Kings 22, 38); 그러나 이미 여호수아는 태양에게 '조용히 있으라'고 명령하고 딤낫세라(='태양의 성소')에 묻혔다; 신성한 왕[sacred] king 참조; **9. 순결**, 의로움: '그'날에 주님을 경외하는 너희에게는 공의로운 해가 떠올라서 그의 날개에는 치유가 깃들 것이다(말라기서Mal. 4, 2: 바빌로니아의 날개 달린 원반The Babylonian winged disk 참조); **10. 천국**, 낙원: 1번의 a, i 참조; **11. 젊음**: (매력적인 젊은 왕자로서의) 태양은 늙은 태양왕의 '아들'로 매일 아침 또는 매년 봄마다 원기를 회복하여 새롭게 순결해진다(또한 5번 참조); **12. 진실**, 말, 이성: a. 로고스-그리스도와의 또 다른 연관성; b. "진실이 태양빛 같은 외적인 접촉에 의해 더럽혀지는 것은 불가능하다"(존 밀턴John Milton); **13.** 형태: 달의 반대=물질; **14. 거석과 조상 숭배 그리고 거인족**과 함께 "티탄의 불타는 수레바퀴"와 관련된다(로미오와 줄리엣Rom. 2, 2; 또한 비너스와 아도니스Ven. 177; 또한 헨리 4세 1부1H4 2, 4; 타이투스 안드로니카스Tit. Andr. 1, 1 등); **15. 부정적 측면**: a. 타는 듯한 한여름이나 한낮의 더위로 인한 중독 또는 타오르는 광기(참조: 헤라클레스의 광기를 죽이는 기간); b. 짧은 수명과 갑작스러운 죽음: 예 삼손, 로엔그린; c. 도적: "태양은 도적이며 그의 위대한 매력으로 광대한 바다를 강탈한다"(아테네의 티몬Tim. 4, 3); **16. 점성술**: A. 태양은 '작업을 위해 준비된 황금' 또는 '철학적 유황'이다; 반면에 달은 수은(금속), 과학이다; B. 다음에 상응한다: a. 남성, 권력, 활력, 영, (초)의식, 개성; 젊음; b. 본성: 뜨겁고 건조하다; c. 동물: 사자(또는 독수리); d. 꽃: 민들레, 올리브, 모란, 포도나무, 금잔화, 호두; e. 색상: 주황색 또는 노란색; f. 죄: 자존심; 선물: 행운, 지배; g. 요일(시간): 일요일, 20~40세 사이의 나이, 그리고 1시, 8시, 15시, 22시와 관련이 있다; h. 세 번째 손가락; i. 영향을 받는 신체 부위: 시각, 뇌, 심장, 힘줄, 신체의 오른쪽 부분; 또는 머리; **17. 심리**: a. 인간 안에 있는 타고난 불과의 관계: 리비도, 인간의 전체성; b. 카를 융Carl Jung: 세상에서 눈에 보이는 아버지는 태양, 하늘의 불이며 그런 이유로 아버지, 신, 태양 그리고 불은 신화적으로 동의어이다; 이들은 또한 발생적 열, 다산 등과 관련이 있다(예 5, 96ff.); **18. 문장**heraldry(紋章): (보통 직선과 물결 모양의 선이 번갈아 있는 얼굴): a. 권위와 영광의 훌륭한 예; b. 태양과 장미의 깃: 요크 왕가; 아침 하늘에 세 개의 태양이 요크의 아들들에게 나타나며 그들은 이것을 움직이라는 신호로 해석한다[일반적인 태양(sun)-아들(son) 말장난(헨리 6세 3부3H6 2, 1)]; **19. 특별히 참고할 문학서**: A. 단테Dante: 지옥은 "태양이 침묵하는 곳"이다: 지옥에서는 태양이 빛나지 않는다(신곡 지옥편Inf. 1, 60); B. 윌리엄 블레이크William Blake: a. 지적인; b. 시의 영원한 빛; C. 폴 발레리Paul Valéry: 지적 분리; 딜런 토머스Dylan Thomas: a. 창조된 전체 지구는 "불의 수레바퀴"를 돈다; b. 빛의 아내, 신비한 태양: 피조 세계가 창조주에게 의존; c. 피 그리고 파이프fife의 힘과 관련된다; **20. 다른 것과의 조합**: A. 태양의 딸: 키르케(베르길리우스Virgil, 아이네아스Aen. 7, 20; 나소 P. 오비디우스Naso P. Ovid, 변신이야기Metam. 13, 968ff.); 또는 파시파에Pasiphae; 2번 참조; B. 해시계: a. 낮: 밤의 모래시계의 반대; b. 시간의 움직임; C. 태양 원반: a.=태양 바퀴: (재)탄생, 부활, 행운; b. 뱀snake 모양의 우라에우스 또는 날개가 있는 경우: 아시리아와 바빌로니아의 주권, 생명, 운동; c. (태양) 보호를 위한 부적; D. 일식: 주의 날이 가까웠음을 보여 줄 것이다(예 요엘서Joel 2, 31); **21. 민속**: a. 부활절 아침 일출 때 언덕 꼭대기에 오르면 태양이 춤을 추거나 도는 것을 볼 수 있으며 때로는 깃발을 든 어린 양을 볼 수 있다(코리올라누스Cor. 5, 4에서 로마의 구원을 상징함); b. "행복은 태양이 비추는 신부이며 비는 시체 위에 내린다"(속담); c. 해가 뜰 때 태어나는 것은 행운을 암시하지만 해가 질 때 태어나는 것은 불행을 암시한다; d. 태양과 함께 회전(='시계 방향'; 태양의 반대방향with-ershins 참조): 항상 호의적인 마법이나 일상생활에서 사용된다; **22.** 피blood, 황금gold, 야간 횡단night-crossing, 광선ray, 신성한 왕[Sacred] King 등 참조.

태양의 운행과 반대방향, 왼쪽 방향 withershins **1.** 반시계 방향의 움직임은 달의 이동과 연관된다; 따라서 이것은 마녀들의 사악한 달의 마법과 연관된다; **2.** 반시계 방향의 움직임은 또한 지하세계를 통해 밤을 건너는 태양의 움직임과 연관된다; 따라서 다음과 연관된다: a. 장례식, 죽음, 불운; 민요 "네덜란드의 저지대The Lowlands of Holland"에서 난파된 배는 다음과 같이 묘사된다: "그러나 고단한 바람이 솟아오르기 시작했으며, 바다가 궤멸시키기 시작했다. 이때 나의 사랑과 그의 멋진 배는 반대방향으로 돌았다"(프랜시스 차일드Francis Child 92); b. (재생되는) 지하세계, (자발적) 퇴행; **3.** 심리: 왼쪽 방향으로의 움직임은 무의식을 향한 움직임이다(시계 방향은 의식을 향한 움직임이다).

태양카드 The Sun (타로카드) **1.** 다른 이름: 기쁨; **2.** 다음을 상징한다: a. 황금색과 붉은색의 (빛과 온기의) 광선이 직선 모양, 물결 모양으로 번갈아 나오는 태양 원반; 이것이 보호벽으로 둘러싸인 녹색 들판에서 두 명의 벌거벗은 아이(쌍둥이자리)를 비추고 있다; b.

E

고삐 없이 백마 위에 올라탄 벌거벗은 아이는 긴 깃발을 흔들고 있다; (광선이 비추지 않는) 벽 너머의 배경에 해바라기가 한 줄로 줄지어 있다; **3.** 다음을 나타낸다: a. 육체적 한계로부터의 해방과 진리를 인식하기 위한 감각의 개방; 정신과 물질, 의식과 무의식 사이의 완벽한 균형 또는 통제; b. 신성한 에너지를 가진 변하지 않는 영적 실체, 모든 곳에 파급되는 에너지, 끊임없이 변화하는 달의 현상 세계와 반대; c. 창조성과 정화된 재생; d. 점성술: 물고기자리 또는 게자리.

태피터, 호박단 taffeta 엘리자베스 1세 여왕 시대의 매춘부들은 호박단 페티코트를 입었다: "불꽃색 태피터를 입은 매혹적인 처녀"(헨리 4세 1부1H4 1, 2).

태형(笞刑) flogging 채찍질flagellation 참조.

택시 taxi-cab 민속: 행운: 운전 면허증 번호가 7을 포함하거나 7의 배수인 경우, (말굽 모양과 유사한) 알파벳 U가 포함된 경우라면 운이 좋다.

탬버린 tambourine 1. 남성과 여성: 북과 띠; 북drum 참조; 작은북tabor; 2. 기쁨, 바카날리아Bacchanalia 주신제.

터널 tunnel 1. 위험한 통로; 2. 집에 들어가는 비밀 통로(예 도둑의 경우) 또는 탈출 통로 3. 심리: 꿈에서 터널은 a. 출생 외상: 질식과 그와 관련된 두려움이 있는 산도를 통과하는 위험한 통로; b. 성교.

터번, 두건 turban 헤파이스토스의 상징(아리스티데스Aristides, 아폴로기아Apol 시리아어판 10, 1).

터키 Turkey (국가) 1. 터키인의 잔인함은 널리 알려진 바 있다(필립 시드니 경Sir Ph. Sidney, 아스트로펠과 스텔라AS 8, 2); 2. 꿈에서 터키는 일부다처제(톰 체트윈드Tom Chetwynd).

터키석 turquoise (보석) **1.** 시기: a. 12월의 탄생석; b. 염소자리, 물병자리 또는 궁수자리; **2.** 흙과 물을 상징한다; 터키석의 신 이시스와 오시리스에게 바쳐졌다; **3.** 이것의 일반적 특성: a. 이란에서는 터키석이 사악한 눈으로부터 지켜주는 수호자이며 건강을 가져온다고 믿었다; b. 감각과 세련미를 향상시킨다; c. 남성에게는 용기와 성공 그리고 번영을, 여성에게는 행복과 만족을 가져다 준다; d. 터키석은 친구와의 유대를 강화하고, 색을 잃고 옅어짐으로써 사랑하는 사람의 불륜을 경고한다; 터키석은 사랑의 여신에게 바쳐졌다(참조: 베니스의 상인Mer. V. 3, 1); e. 기병의 부적으로 사용했다; f. 염소자리에 태어난 사람들에게 야망, 선견지명과 끈기를 가져 온다; **4.** 민속: 어린 소녀들이 가장 좋아하는 색(청록색)의 돌이다.

턱 chin **1.** 이중 턱("동물의 젖통과 같은")은 멍청이를 구분하는 표시이다(토머스 미들턴Thomas Middleton, 치프사이드의 정숙한 아가씨CMC 2, 2, 67); **2.** 유성 생식과의 직접적인 연관성에 대해서는 턱jaw 참조.

턱 jaw **1.** 힘: a. 삼손은 나귀 턱뼈 하나로 블레셋 사람 천 명을 죽였다; b. "주께서 나의 모든 원수를 광대뼈로 치셨으며"(시편Ps. 3, 7): 또한 "턱에 재갈을 물리거나" 또는 "네 턱에 갈고리를 걸 것이다"; 그러므로 턱을 맞는 것은 단순히 해를 당하는 것을 넘어 굴욕적인 것이었다"; **2.** 보통은 예언적: 영웅 족장들의 턱뼈와 탯줄은 동굴에 보관되었으며 턱뼈와 탯줄은 그것들의 유령들에게 예언을 청했다; **3.** 제사장들에게 할당된 몫으로서의 희생제물의 일부("볼과 위": 신명기Deut. 18, 4); **4.** "대리석 턱": 묘지(덴마크의 왕자 햄릿Ham. 1, 4).

털가시나무 ilex (나무) 사철가시나무holly oak 참조.

털미역고사리 polypody (식물) 힐데가르트 폰 빙엔Hildegard von Bingen: 털미역고사리는 따뜻하고 건조한 양치류로 샐비어와 함께 가루를 내어 포도주와 꿀에 섞어서 복용하면 장의 통증을 치료한다(자연학Ph. 1, p. 54).

텀블링, 공중제비 tumbling **1.** 성교하다: 임산부를 '텀블러 즉 공중제비 도는 사람tumbler'이라고 불렀다(토머스 미들턴Thomas Middleton, 치프사이드의 정숙한 부인CMC 1, 2, 69+n.); **2.** 비틀거림stumbling 참조.

테니스 공 tennis ball **1.** 젊음: 프랑스의 황태자는 프랑스의 젊은 왕 헨리 5세에게 테니스 공을 보냈다, 프랑스에서 특정 공작령에 대한 헨리의 주장이 그가 젊기 때문에 영감을 받았다고 생각했기 때문이다(헨리 5세의 생애H5 1, 2); **2.** 운명의 사나이: 예 "물과 바람을 모두 가진 사람이 저 넓은 테니스 코트에서 그들이 경기할 수 있도록 공을 만들었다"(타이어의 왕자 페리클레스Per. 2, 1).

테레빈 terebinth (나무) **1.** 테레빈 나무; 구약성서에서 참나무의 기능을 가지고 있다; **2.** 신성하고 예언적인 것: a. 하나님 또는 그의 천사가 이 나무 안에서 자신을 드러냈고, 이곳에서 하나님의 말씀이 주어졌다; b. 아브라함에게 바쳐졌다; **3.** 켈트족: 7번째 달과 연결된다(6~7월, 나무 알파벳의 문자 D에 상응하는 나무): 달력calendar 참조; **4.** 테레빈유turpentine 참조.

테레빈, 송진 turpentine (나무; 오일) **1.** '테레빈유'라고 불리는 반유동체 수지이며 테레빈스terebinth나무에서 추출되었고 이름도 이 나무에서 유래했다; 화학적으로는 '백유'로 알려져 있다; **2.** 이 나무의 씨앗은 최음제이다; **3.** 테레빈 나무를 씹는 것은 페르시아의 아테나적 유형의 여신들의 비의에서 입문의식의 일부였다(플루타르코스Plutarch, 아르타크세르크세스Artax. 3, 2).

테베 Thebes **1.** 그리스 도시 테베는 세계에서 가장 오래된 도시라고 주장이 있었지만 아테네인들은 이를 반박했다(아테네Athens 참조; 이 도시의 기반은 달의 소moon-cow에 의해 인도되었다(아폴로도로스Appolodorus 3, 4, 1); **2.** 테베인들은 소문나게 어리석었고 특히 아테네인들은 이들을 매우 어리석게 여겼다(이소크라테스Isocrates, 유대고대사Ant. 248; 플루타르코스Plutarch, 윤리론집M 995E; 핀다로스Pindarus, 올림피아 송시Ol. 6, 148ff.; 마르쿠스 툴리우스 키케로Marcus Tullius Cicero, 운명에 관하여Fate 4; 퀸투스 플라쿠스 호라티우스Quintus Flaccus Horatius, 서정시집Ep. 2, 1, 241ff; 테르툴리아투스Tertullian, 영혼에 관하여Anima 20); **3.** 헤라클레스와 디오니소스의 도시였으며, 도시의 벽은 양치기 제테우스와 시인 암피온에 의해 세워졌다: 카드모스, 하모니아, 오이디푸스, 티레시아스, 성별을 바꾼 트리토니스, 미친 아타마스, 황소에게 끌려간 키르케, 아르테미스가 목욕하는 것을 보고 수사슴으로 변하게 된 악타이온 등의 고향이었다(작가미상Anon. 허구의 칼리테네스편ap. Ps-Callisthenes 2, 2-148).

테베레 Tiber (강) **1.** 단테Dante: 연옥으로 향하는 영혼들이 이 강의 입구에 모여 구원의 배에 오르기를 기다린다(신곡 연옥편Purg. 2); **2.** 테베레의 물: 로마 교회.

테살리아 Thessalia **1.** 고대 로마에서 마법으로 유명했다; **2.** 테살리아는 길들이기 어려운 매우 잘생긴 말들이 있는 것으로도 유명했다.

테세우스 Theseus **1.** 테세우스는 페르세우스, 헤라클레스와 함께 트로이전쟁 이전 시대의 가장 중요한 세 명의 태양 영웅 중 한 명이다; 테세우스에 관한 모험적인 이야기가 많으며 가장 유명한 이야기는 아리아드네에 의해 미로에서 구출되는 이야기이다; **2.** 테세우스의 아버지는 자식을 얻을 수 있도록 마법사 메데아가 도와줄 수 있다고 믿었으나 그녀의 조언을 따르다가 아들을 독살할 뻔했다; **3.** 그는 아테네와 아테네의 동맹국들을 통합하는 아티카의 정치체제를 재조직하여 민주주의를 창안하였다(테오프라스투스Tertullian, 영혼에 관하여Anima 26; 투키디데스Thucydides 2, 15ff.); **4.** 오비디우스 도덕론Ovide M: a. 테세우스의 아버지 아이게우스는 아들을 알아보지 못한 채 메데이아가 준비한 치명적인 독이 든 잔을 그에게 주었는데 이것은 하나님이 그의 아들에게 쓴 잔을 주는 모습을 예시한 것이었다(도덕론M 7, 2115ff., 마태복음Matth. 26, 39에서); b. 그가 아테네로 돌아온 것을 기뻐하는 축제는 하나님의 아들이 돌아왔을 때 천국의 기쁨을 예시했다(같은 책).

테콜리투스 tecolithus (보석) 중세보석세공집Med. Lap.: a. 올리브나무의 껍질과 비슷하고 보기에는 흉하지만 가치가 있다(C 32); b. 신장과 방광의 결석을 치료하고 내장을 깨끗하게 한다(F 52).

테트라그람마톤 tetragrammaton **1.** 형언할 수 없는 거룩한 이름의 글자(IHVH, YHWH, 또는 이 두 가지의 조합)은 신성한 이름으로서 암호로 사용되었으며 중세 시대에는 부적(종종 오각형의 별 모양 위에)으로 사용되었다; **2.** '되다'의 과거, 현재, 미래 시제를 포함하고 있어 불변의 "존재"를 상징한다; **3.** 자세한 해석은 야훼, 여호와Yahweh 참조.

테트락티스 tetractys **1.** 처음 네 숫자의(1+2+3+4) 합이 10을 형성하는 피타고라스식 신비로부터 모든 것이 시작된다(10ten도 참조); **2.** 이는 후대 피타고라스학파가 맹세할 때 사용하는 신성한 상징이 되었다; 삼각형의 사분면은 삼각형 모양으로 배열된 10개의 점으로 이루어져 있다; **3.** 이의 상징적 의미는 시작과 끝이다: 탄생, 성장, 죽음을 나타낸다.

텐치 tench (물고기) **1.** "나는 텐치처럼 쏘였다": 점박무늬의 텐치 물고기는 벌레에 물린 것처럼 보인다(헨리 4세 1부1H4 2, 1); **2.** 민속: '닥터 피시Doctor Fish': 껍질에 점액 치유 오일이 있어서 다른 민물고기들은 아플 때 자신을 텐치(껍질)에 문지른다.

텐트, 천막 tent **1.** 이집트 상형문자: '영광의 몸': 영spirit을 둘러싸고 있는 영혼soul의 구분; **2.** 감싸기, 보호: 옷감 짜기 등의 상징성을 공유한다(벽장alcove 참조); **3.** 세계: 그리스 신들의 천막과 의복; **4.** 성전, 성막; **5.** 하늘: 여호와는 "하늘을 휘장같이 펴시고 거할 천막같이 치셨고"(이사야서Isa. 40, 22); **6.** 사막의 유목민; 덧없음, 양치기; **7.** 전쟁, 진영; **8.** 문장heraldry(紋章): a. 전투 준비; b. 환대.

텔키네스 Telchines **1.** 로도스섬의 원주민들; '태양의 섬'; **2.** 신화: a. 이들은 탈라사(바다)의 자손이다; 이들은 레아가 그들 사이에 숨겨 놓은 어린 포세이돈을 오케아누스의 딸 카페이라와 함께 키웠다; b. 포세이돈이 성인이 되었을 때 그는 텔키네스의 자매인 할리아Halia와의 사이에서 여섯 명의 아들과 한 명의 딸을 낳았다; 딸은 로데 또는 로도스라고 불렸다; c. 나중에 대홍수가 왔을 때 이들은 섬을 떠나 그리스 전역에 흩어졌다(디오도로스 시쿨로스Diodorus Siculus 5, 55); **3.** 이들이 흩어진 이유는 다양하다: a. 일부에서는 아폴로 신이 텔키네스의 1세대를 파괴했다고 한다. 왜냐하면 그들은 날씨에 관여하고 외모를 바꿀 수 있기 때문이었다(고대 어원: 그리스어 '셀제인thelgein'=매혹시키다), 이로 인해 이들은 신들의 질투를 불러일으켰다(카를 케레니Carl Kerényi, 그리스의 신들GG 88; 베르길리우스 학파Schol. on Virgil, A 4, 377; 핀다로스Pindarus, 올림피아 송시Ol, 7, 61); b. 다른 이들은 제우스가 직접 텔키네스들을 홍수로 죽이고 싶어 했지만 아르테미스가 이를 방해하고 그들에게 경고했다(로버트 그레이브스Robert Graves, 1, 188f.); c. 두 번째 세대인 할리아의 아들들은 아프로디테의 분노를 일으켰고 아프로디테는 그들을 미치게 만들었다; 이로 인해 그들은 어머니 할리아를 학대했고 그녀는 바다에 빠져 스스로 목숨을 끊었다; 이후 로도스섬에서는 할리아를 '루코테아' 또는 '하얀 여신'으로 칭송했다; 포세이돈은 아들들을 부끄러워하며 숨겼다; **4.** 업적: a. 그들은 쇠와 놋으로 크로노스의 낫을 만든 대장장이였으며 크로노스는 이 낫으로 아버지 우라노스를 불구로 만들었다; 또한 포세이돈의 삼지창을 만들었다; b. 텔키네스는 신들에게 짐승의 형상을 부여한 동양인들 다음으로 신들에게 최초로 형상을 부여한 사람들이었다; c. 이들은 마법사이자 주술사였으며 구름, 비, 우박을 불러내어 다산을 만들 수 있었고 (이로 인해 신들의 분노)를 유발했다; d. 이들은 본인의 모습을 변신할 수 있었지만, 그 기술을 공유하기에는 너무 질투심이 많았다(많은 출처: 스트라보Strabo 14, 2, 7; 디오도로스 시쿨로스 5, 55; 로버트 그레이브스, 그리스 신화GM 1, 188f.; 괴테Goethe, 파우스트F 8275); **5.** 어떤 이는 텔키네스 중 하나가 코리반테스의 아버지라고 말한다(스트라보 10, 3, 19).

토가 toga (제복) 로마: **1.** 토가는 흠이 없는 성격의 남성들만 착용할 수 있었다: a. 로마인이 의식에 따라 추방되면 대신에 그리스 망토를 입어야 했다(젊은 플리니우스Pliny the Younger, 유명한 편지Let. 4, 11); 정숙한 여성들('매트로네matrones')은 스톨을 입었다; 토가는 '매춘부가 된 노예 소녀'나 간음한 여성들만 입었다(마르쿠스 발레리우스 마르티알리스Martial, 2, 39; 퀸투스 플라쿠스 호라티우스Quintus Flaccus Horatius, 풍자시집Sat. 1, 2, 63); **2.** 토가의 색상은 다음과 같다: a. '토가 프라에텍스타toga praetexta'는 집정관과 자유인(역주: 노예가 아닌 신분)의 아이들이 착용했으며 보라색으로 장식되었다; b. '토가 푸라toga pura'('비릴리스virilis' 또는 '리베라libera'라고도 함): 꾸미지 않은 젊음의 토가; c. '토가 픽타toga picta'는 승리한 장군이 착용했다; d. '토가 푸르푸레아toga purpurea'는 왕들이 착용했다; e. '토가 칸디다toga candida'는 흰색으로 정치 후보자들이 착용했다; f. '토가 풀라toga pulla': 애도자들이 입는 짙은 회색 토가(모두 옥스퍼드 라틴어사전 OLD의 내용).

토기장이 potter **1.** 대장장이처럼 물질의 주인이자 창조주인 신(예 예레미야Jer. 18, 2-6); **2.** 동굴(자궁도 마찬가지)과 연결된다; **3.** 도공의 진흙; 사람; 점토clay 참조; **4.** 토기장이의 밭potter's field: 사제들이 유다의 돈으로 산 것(예 마태복음Matth. 27, 6 이하): 아겔다마(역주: 피 밭Field of Blood); 전통에 따르면 힌놈 골짜기의 남쪽에 위치하고 있으며 처음에는 장자를 불태우는 데 사용되었고(희생제물sacrifice 참조), 나중에는 영원히 타는 쓰레기더미에 사용되었다(지옥에 대한 개념을 형성하는 데 도움을 주었을 것이다). 이곳은 토기장이의 밭이라고 불리며 잘 알려진 장소였다. 또한 이방인, 빈민, 범죄자들을 위한 묘지로 사용되었다; **5.** 토기장이의 그릇: 약함: "네가 철장으로 그들을 깨뜨림이여 질그릇같이 부수리라"(시편 Ps. 2, 9). 그리고 여호와께서 토기장이가 그릇을 깨뜨림 같이 이스라엘을 아낌없이 부수시리니(이사야서 Isa. 30, 14); **6.** 토기장이의 수레바퀴: a. "내 생각은 토기장이의 수레바퀴처럼 빙빙 돌고 있다"(헨리 6세 1부1H6 1, 5, 그리고 예레미야 18도 참조); b. '세계 혼 anima mundi'(심리: 무의식)에 의해 움직이는 극을 중심축으로 하는 하늘의 수레바퀴; 수레바퀴wheel 참조.

토끼 con(e)y **1.** '토끼rabbit'의 고어로, 여전히 문장 heraldry(紋章)에서 사용된다(네덜란드어 'konijn' 참조); **2.** 무리 지어 산다; **3.** 겁 많음, 회의론자, 의심; **4.** 지혜: 그들은 약한 동물이어서 바위 밑에 집을 만든다(그러나 지저분하다: 레위기Lev. 11, 5; 잠언Prov. 30, 24-28: 여기서 '토끼cony'='바위너구리rock-badger'); **5.** 문장heraldry(紋章): 평화로운 은퇴생활.

토끼 hare **I. 위대한 여신에게 바쳐졌다:** 생명, 다산, 부활: 1. 일반적으로 다음을 의미한다: a. 삼각형 모양의 이빨을 가지고 있다; b. 이집트 상형문자: 본질적 존재, 실존의 개념; c. 예부터 토끼는 달과 연관되어 왔다: 청명한 달밤에 토끼들은 함께 모여서 뒷다리로 원을 그리며 추는 조용하고 특이한 춤과 같은 기묘한 놀이를 즐긴다; 2. 이집트: 이시스를 통해 부활한 신 오시리스의 속성; 3. 성서에서 토끼는 '불결한' 것으로 언급된다; 4. 그리스에서는 달의 여신 헤카테와 관련이 있으며 에로스('더 젊은' 신)에게 바쳐진다; 5. 고대 북유럽 사랑의 여신 고다는 벌거벗은 채로 염소를 타고 토끼를 데리고 다녔다; 6. 부활절, 다산의 여신 에오스트레에게 소를 바쳤으며 그녀는 춘분 축제(오스타라Ostara)와 관련되었다; 토끼는 축제 의례에 사용되는 동물이며 달걀은 다산의 상징이었다(또한 고디바Godiva 참조); 7. 토끼는 그리스에서 수확의 계절인 가을을 상징했으며 중세시대에는 봄을 상징했다(백합과 함께); 그리스와 중세 시대 모두 부활의 상징; 8. 지하세계 다산의 신들에게 바쳐졌다; 9. 예부터 토끼는 공개적으로 교미하는 특성으로 인해 음탕함, 그리고 '도덕적'이거나 '부도덕한' 다산, 생식의 상징이었다(예 나소 P. 오비디우스Naso P. Ovid, 사랑의 기술 De Art. Am. 3, 661); 10. 정조 관념이 희박한 여자(예 로미오와 줄리엣Rom. 2, 3에 등장하는 하찮은 비판); 11. 매우 흔한 마녀들의 변신: 태양의 수탉과 반대됨(뒤의 민속 참조); **II. 경계:** 1. 토끼는 눈을 뜬 채로 잠을 잔다; 2. 이집트 상형문자에서 hare의 의미 중 하나는 '듣다' '눈을 뜬'이다; 3. 재빠른 도망; 고딕 미술에서: 쾌속; **III. 왕실 동물:** 이세니 부족의 보아디케아 여왕과 관련 있다(역주: 보아디케아 여왕의 전차를 토끼가 끌었다); 아마도 1, 5, 6번의 영향을 받았을 것이다. 그리고 아래 참조; **IV. 지략:** 1. 이솝Aesop 우화: 토끼는 약자의 지혜를 가지고 있다. 예 모든 동물에 대해 공평한 몫을 요구한다(우화Fables 37); 2. 때로는 사기꾼이 된다(예 엉클 리머스 이야기에서); **V. 소심**

함, 비겁함: 1. 이솝 우화: 두려움; 종종 사자와 연관되거나 반대된다; 2. 토끼를 먹지 말라는 금기를 어기는 경우 받은 예전 형벌은 용기의 상실이었다; 보아디케아 여왕은 로마인들이 토끼를 먹고 겁쟁이가 되기를 바라며 토끼를 보낸 것일 수 있다; 전쟁터에서 또 다른 토끼에 대해(헤로도토스Herodotus 4, 134 참조); 3. 중세시대 성화에서 토끼는 겁쟁이를 달아나게 만들었다; **Ⅵ. 파괴자, 그러나 채식주의자**: **Ⅶ. 호기심**, 학습에 대한 애정, 탐구; 그러나 또한 (아마도 상징적 반전을 통해) 건망증과 무지의 상징이기도 하다; **Ⅷ. 광기**: 1. 속담: "3월 토끼만큼 미친": a. 광적으로 뛰어다니는 모습과 교미로 인해(또한 I번의 1, c 참조); b. 몸을 숨길 곳이 없기 때문에 3월에는 더 사나워지기 때문에; 2. 젊음의 광기: 겨울에는 그물로 잡힌다(베니스의 상인Mer. V. 1, 2); **Ⅸ. 우울**: 1. 혼자 살아가는 고독한 신세로 인해; 2. 엘리자베스 1세 여왕 시대에는 모든 동물 중 가장 우울한 동물로 여겨졌다(간혹 동음이의어인 'hair'에 대한 말장난, 예 헨리 4세 1부1H4 1, 2); "당신의 우울한 토끼처럼 자정 이후에 먹여라"(존 웹스터John Webster, 하얀 악마Wh. D. 3, 3) 참조; **Ⅹ. 문장**heraldry(紋章): a. 평화로운 은퇴한 삶을 즐기는 사람; b. 사냥 기술; 속도; c. 지속적인 경계상태; d. 다산; **Ⅺ. 특별한 종교적 의미**; A. 히브리: a. 명상; b. 직관; B. 기독교: a. 부활절; b. 처녀의 발치에 있는 흰색 토끼: 그녀가 육신의 유혹을 물리쳤음을 의미한다; c. 박해 받는 교회; d. 금식의 상징(성화에서); 또한 유랑의 상징; e. 초기 기독교 무덤에서: i. 빠르게 흘러가는 인생; 또는 부활; ii. 한 쌍의 귀를 가진 세 마리의 토끼가 나타나는 것: 삼위일체; **Ⅻ. 특별한 문학적 의미**: A. 윌리엄 블레이크William Blake: "사냥꾼에 쫓기는 토끼의 울음소리는 우리의 뇌를 갈기갈기 찢고"(순수의 전조Aug. of Inn.); B. 윌리엄 B. 예이츠William B. Yeats: 1. 켈트족 신화를 계승하여: 토끼의 야생 사냥에서 구원받지 못한 영혼인 신화적 사후세계의 사냥개 무리는 토끼에게 도달할 수 없다. 왜냐하면 토끼는 변신한 마녀이며 원래는 신성한 다산의 토끼였기 때문이다; 한라한 이야기들(상상의 민속 시인)에 나오는 노인의 여왕 카드가 토끼 카드로 바뀌었다; 2. 토끼의 쇄골은 일반적으로 보이지 않는 것들을 상징하며 여기에서는 우둔한 부르주아 계급이 볼 수 없는 진실을 볼 수 있는 망원경으로 사용된다; **XIII. 민속**: A. 토끼를 보는 것은 a. 일반적으로 운이 나쁜 것이다: 마을의 주요 도로로 달려 내려오는 토끼를 보는 것은 화재의 발생을 예견한다; b. 그러나 간혹 토끼를 만나는 것은 행운이다: 토끼가 지나가자마자 소원을 비는 경우는 행운이지만 간혹 흰 토끼는 불운을 가져온다(흰색은 유령, 마녀들과 연관됨); B. 마녀: 토끼는 영국에서 마녀들이 가장 흔하게 변신하는 모습이다; 이들은 오직 은으로 만든 총알로만 맞힐 수 있다: 이러한 토끼를 죽이거나 상처를 입히면 분명 마을에서는 막 사망한 또는 유사한 상처를 입은 사람을 발견하게 될 것이다; C. 마녀들은 폭풍을 관장하기 때문에 선상에서 금기되는 단어이며, 선상에 토끼가 있는 것은 분명히 불운을 가져온다; D. 토끼의 발: a. 주머니에 지니고 있으면 류머티즘과 경련을 막는다; b. 또한 속도를 위한 부적이다; c. 배우들 사이에서 선호되는 부적이다; E. 부적으로 사용되는 토끼의 생식기는 불임을 방지한다.

토끼 rabbit **1.** 다산, 생식력(토끼hare 참조); a. 굴을 파는 동물이기 때문에 지하세계(다산)와 연관이 있다; b. 봄이 다시 돌아옴, 부활: 미국에서는 부활절 토끼Easter hare로 대체됐다; c. 자유분방한(그러나 때로 미성숙한) 성욕; d. 민요에서: 여성(성기); e. 때로 마녀들에게 친숙한 것; **2.** 속도; **3.** 재치 있는 속임수: 예 브래어래빗Brer Rabbit(역주: 브레어래빗, 흑인동화의 주인공); **4.** 브라우징: 산만한 읽기와 학습(역주: 호기심이 많은 동물로 산만하게 보인다); **5.** 순함: 사나운 토끼의 반대, 초식동물; **6.** 조심성, 비겁함을 상징한다; **7.** 파괴적; **8.** 히브리: '불결한unclean'; **9.** 기독교: 겸손한 사람들the humble; **10.** 민속: a. 흰 토끼는 종종 마녀를 나타낸다(검은 토끼는 조상을 나타낼 수도 있다). 따라서 바다에서는 금기시되는 단어이다; b. 그 달의 첫 번째 단어 '(흰) 토끼'는 행운을 의미한다; c. 토끼 발(속도, 번영)을 지니고 다니는 학생, 배우, 유모차에 탄 아기 등; d. 머리 위에 토끼 가죽 모자를 쓰는 것은 모리스 댄스Morris dance에서 바보 역할을 맡은 사람의 머리장식이다; **11.** 토끼cony 참조.

토끼풀 shamrock (식물) **1.** 세 개의 잎: a. 합일의 삼

위일체; b. 희망; c. 충실; d. 이것으로 삼위일체 이론을 설명한 성 패트릭St. Patrick의 상징, 그리고 이 식물이 뱀serpent을 바다로 몰아넣었다(뱀이 이 식물에 접근할 수 없기 때문에); 그렇지만 뱀serpent 참조; e. 아일랜드의 상징; **2.** 네 개의 잎: a. 행운; b. 공간 등의 네 가지 기본점: 4four 참조; **3.** 클로버clover 참조.

토끼풀, 세잎 문장 trefoil (식물) **1.** 모든 세 가지 형태와 삼위일체(3three 참조): 예 제우스의 말horses과 아르테미스의 암사슴은 클로버를 먹이로 삼는데 둘 다 세 개가 하나의 형상을 한 모습으로 나타난다: 세 가지 형태의 모신으로서의 아르테미스 나 포세이돈, 하데스와 제우스; **2.** 선견지명과 영감: 이 식물은 위대한 여신과의 연관성 때문에 시인들에게 종종 그 아름다움 이상으로 찬사를 받는다; **3.** 호메로스Homeros의 '연꽃'을 의미할 수도 있는데, 이 연꽃은 "말horses을 위한 풍부한 사료"(암말mare로서의 여신과도 관련됨)이다; **4.** 뱀에 물렸을 때 치료제로 쓰이기 때문에 성 패트릭St. Patrick과 관련 있다; **5.** 클로버clover, [놀이]카드card, 토끼풀shamrock 참조.

토대 foundation (희생제물) 토대는 전 세계적으로 퍼져 있다: 새집을 지을 때 토대를 세우는데 특히 성전과 같은 중요한 건물을 지을 때는 더 그렇다; 게다가 새로운 것을 처음으로 사용할 시에는 위험이 도사려 있다: 예 다리bridge; 악령에 대항하는 수호자 역할을 하기 위해 희생(제물)이 필요했다; 원래는 매우 어린아이들이 희생제물로 사용되었고; 나중에는 고양이, 개와 같은 가축으로 대체되었다; 문지방threshold 참조.

토드스톤 toadstone (보석) **1.** '부포니테bufonite': 이전에는 색상이나 모양이 두꺼비에 비유되었지만 가장 가치 있는 토드스톤은 실제로 두꺼비에게서 나온다: 아주 오래된 두꺼비의 머리에서 나오는 이 돌은 짙은 회색 또는 밝은 갈색으로 두꺼비가 죽어갈 때 가져와야 한다; 참조: "추악하고 독이 있는 두꺼비가 머리에 귀중한 보석을 달고 다니는 것처럼 역경의 쓰임새는 달콤하다"(뜻대로 하세요AYL 2, 1); **2.** 민속: a. 반지나 개인 장신구로 착용하면 운이 좋아진다; 당신이 마법에 걸리거나 독이 든 액체 가까이 있다면 돌의 색깔이 변하거나 물기가 생겨 젖을 것이다.

토르말린, 전기석 tourmaline (보석) **1.** 기간: a. 10월(10월의 탄생석 (오팔(단백석) 외에); 때로는 3월과 연결되기도 한다; b. 별자리: 물고기자리와 천칭자리와 연관된다; **2.** 다음을 상징한다: a. 관대함, 사려 깊음; b. 용기; **3.** 이것의 일반적 특성: a. 일반적으로 건강(영적 및 육체적)과 장수를 돕고 특히 인후통에 대한 부적으로 효과적이다; b. 토르말린 고유의 온기가 있다; c. 이 표시 아래 태어난 사람들에게 행복과 번영을 가져다준다; d. 순결을 보호한다; e. 배우, 예술가, 음악가 및 시인 사이에서 인기가 있다.

토마토 tomato (식물, 과일) 사랑: 토마토는 또한 '사랑 사과'라고 불린다(맨드레이크mandrake 참조).

토성 Saturn (행성) **1.** 둘러싸고 있는 고리가 특징이며 지구에서 가장 멀리 떨어져 있는 행성(1781년 천왕성이 발견되기 전까지); **2.** 사투르누스 신과 관련된다: a. 시간, 기간, 무한 속의 유한함, 제한과 억압; b. 석회화, 노년, 죽음: 할아버지, 거지, 묏자리를 파는 사람, 이야기꾼 등을 다스린다; c. 토요일의 제왕; d. 우울한 지성; e. 농업, 광업, 부동산; **3.** 다음에 상응한다: a. 금속, 납; b. 꽃: 호랑가시나무, 담쟁이, 솔송나무, 가지속nightshade 식물, 포플러, 마르멜로, 주목나무, 헬레보레, 양귀비, 맨드레이크, 이끼, 버드나무, 소나무, 사이프러스; c. 동물: 고양이와 개(쓰레기와 부패에 관련된 동물들), 까마귀, 올빼미, 뻐꾸기; d. 색상: 검은색; e. 풍경: 사막, 교회 경내; f. 바람: 동풍; g. 기관: 뼈, 담즙, 방광(또는 왼발); h. 재주: 불운, 마법, 죄, 탐욕, 위선; **4.** 특질: A. 모든 것이 서로 반대된다: "최대의 불운The Greater Infortunate": a. 유머: 천천히, 차갑게; b. 우울하거나 심각한; c. 무종교의; d. 주의함('안정된' 행성) 혹은 비겁함; e. 절약; B. 때로 유익한 것도 있다: 지혜와 경험: 글래드스톤Gladstone과 우드로 윌슨Woodrow Wilson; **5.** 규칙: a. 팔레스타인Palestine: 이스라엘에서 별을 숭배하는 우상숭배의 주요 신(아모스서Amos 5, 26: '기윤Chiun'(역주: 바벨로니아 사람들이 섬기던 토성 신) 또는 큐완Kewan, 즉 바빌로니아의 신Niu-urta의 행성이며 또한 (사도행전Acts

ㅌ

7, 43에서) "너희의 신 렘판의 별"이다; 그러므로 중세 시대 초기에는 화성이 근동을 지배했음에도 불구하고 팔레스타인의 행성이 되었다. 또 다른 연결고리는 토성-안식일이다; b. 스코틀랜드; **6.** 중세의 마법에서 토성은 종종 달보다 훨씬 더 강력했다; **7.** 기호: a. 1/4 원circle의 십자가; b. 뒤집힌 S자의 형태로 서로 마주 보는 두 개의 1/4 원.

토요일 Saturday **1.** 중세시대: a. 금식의 금요일과 교회에 가는 일요일 사이에 끼어 있으므로 자선을 베풀기에 좋은 날이었다; b. 토요일 저녁 즉 '일요일 전야'에는 금식했다. "토요일 밤이었다. 그래서 아서왕의 궁정에는 생선과 과일이 있었다"(크레티앵 드 트루아Chretien de Troyes, "에렉과 에니드Erec." 4275); c. 토요일 밤에 최후의 심판일Doomsday의 불길이 타오를 것이다(13세기의 서정시 "최후의 심판일Doomsday", 칼튼 브라운Carlton Brown 28A 및 B); **2.** 고대 북유럽: 이 날을 뜻하는 아이슬란드의 단어는 '목욕하는 날bath-day' 혹은 '씻는 날washing-day'을 의미한다(후란켈의 사가Hrafnkel's Saga p. 31n.).

토큰, 징후, 증표 token 증표로 사람을 알아보고 찾는 것은 민담의 흔한 주제이다(테세우스, 이아손 등).

토탄(土炭) peat 토탄을 채굴하는 일은 플리니우스Pliny(16, 1)가 노예의 일로 이미 언급한 바 있다; 또한 "운문 에다The Poetic Edda"에서도 동일하게 언급되었다(리그의 광상시Lay of Rig 12).

토파즈, 황옥 topaz (보석) **1.** 기간: a. 월: 11월의 탄생석; b. 별자리: 궁수자리(또는 사자자리, 처녀자리 또는 전갈자리); 상응하는 행성: 쌍둥이자리와 관련 있다; **2.** 다음을 상징한다: a. 우정과 충실도; 진실성; b. 신성한 사랑과 선함; c. 열렬한 사랑과 온화함; d. 지혜; **3.** 이것의 일반적 특성(태양의 보호 아래 있기 때문에 매우 강력함): a. 우정과 (사람과 원칙에 대한) 충실도를 고취 시킨다; b. 마법, 독극물, 나쁜 꿈과 신경 장애로부터 보호하는 특성이 있다; c. 지적 경각심: 중세 철학자들과 학생들이 착용했다; d. 토파즈를 착용하면 부(富)를 만들고 인지도를 높이는 힘이 있다; **4.** 참고할 성서: a. 천사, 그룹Cherubim과 관련된 지혜; b. 대제사장의 흉패에 박힌 보석(예 출애굽기Ex. 28, 17); 흉패의 두 번째 줄에 두 번째 있는 돌이며 이는 시므온 지파를 나타낸다; 이것은 낙원에서 온 사람에게서도 발견된다(에스겔서Eze. 28, 13): 일부 번역이 틀릴 수도 있는데 그리스어로 '토파지온topazion'= 귀감람석과 같은 다른 보석을 가리킬 수 있어서 토파즈가 아닐 수도 있다; 로버트 그레이브스Robert Graves는 성서에서 언급된 토파즈가 노란색 연수정('분노')일 수 있다고 제안했다; **5.** 추가로 상응하는 것: a. 색상: 황금색; b. 꽃: 국화; **6.** 단테Dante의 신곡에서 단테는 자신의 조상을 "살아 있는 토파즈"로 묘사하는데 이것은 황금빛의 상징으로 나타났다(신곡 낙원편Par. 15, 85).

톰 Tom **1.** 흔하게 다음과 연결되는 이름: a. 바보: 예 "바보 멍텅구리Tom Fool가 아는 것보다 바보 멍텅구리를 아는 사람이 더 많다"(속담); 미치광이Tom o' Bedlam와 같은 한숨"(리어왕Lr. 1, 2); b. 엿보기: 재단사tailor와 고디바Godiva 참조; c. 동요에서 흔히 볼 수 있는 피리 부는 사람; 톰 파이퍼는 모리스 춤(판Pan 참조)의 등장인물이기도 하다; d. 엘리자베스 1세 여왕 시대: 고양이의 흔한 이름; **2.** 스코틀랜드에서는 톰이라는 이름의 소년을 놀리는 데에 운율을 붙였다; "탐, 탐 파커가 굴뚝으로 올라가 방귀를 뀌었다".

톱 saw **1.** 톱의 이(톱니)는 a. 광선(어릿광대모자 coxcomb 참조)이며; b. 물(물결치는 선)이다; **2.** 기독교: 순교의 도구(예 마티아Matthias, 셀롯사람 시몬Simon Zelotes) **3.** 문장heraldry(紋章): a. 산업; b. 셀롯 사람 시몬의 속성으로 10월 28일에 새로운 귀족의 작위가 공식적으로 내려질 때 종종 사용되는 상징이었다.

톱 가오리 horned ray (물고기) 클라우디우스 아에리아누스Claudius Aelianus: a. 태어날 때는 매우 작지만 엄청난 크기로 자란다; b. 이것은 인간의 살을 좋아한다; c. 그 크기에서 힘이 나온다. 그 무게만으로도 사람을 익사시킬 수 있다(동물의 본성에 관하여NA 1, 19).

톱가오리 sawfish **1.** 라틴어 '프리스티스pristis'는 큰 날개를 가진 커다란 바닷고기를 말한다. 이 물고기는 배를 보면 배를 흉내 내어 경쟁하듯 돛처럼 날개를 치켜 올린다. 그러나 30-40 스타디아stadia 거리를 이동하면 지쳐서 날개를 접고 이전의 서식 장소로 돌아간다(피시올로구스Physiologus 1, 39; 또한 아리스토텔레스Aristotle, 동물사HA 566B; 터렌스 H. 화이트Terence H. White p. 199ff 참조); **2.** 해석: a. 바다는 세상이며, 배는 바다의 파도(세상의 길)를 건너 천국의 항구에 도달한 사도와 순교자들이다; 톱가오리는 고행으로 삶을 시작했지만 다시 죄의 세계로 돌아간 사람들에 대한 비유이다. 이들은 시작은 잘 하지만 지구력이 부족하다(퓌시올로구스, 같은 책; 중세 영시M. E. Verse, 펭귄출판사Peng. p. 89, n.).

통 barrel **1.** 메피스토펠레스가 공중에 뜬 와인 통을 타고 여인숙을 빠져나가는 것이 보였다(괴테, 파우스트F 2329f); **2.** 민속-사형: 못질한 통에 사람을 넣고 내리막에서 굴린다; **3.** 술통cask 참조; 또한 통에 중세갑옷을 세탁해서 생기는 녹rust 참조.

통, 욕조 tub 디오게네스와 관련된다: 마케도니아 빌립 왕이 위협적으로 접근하여 모든 고린도 사람들이 동요하자 디오게네스는 "이 모든 일꾼들 가운데 게으른 사람으로 생각되지 않도록" 그의 욕조를 카르나에움 언덕 아래로 굴렸다(루키아누스 사모사테 출신Lucianus from Samosate, 진정한 역사Hist. 3).

통곡 wailing **1.** 비참함을 보이면 질투하는 죽은 자들의 시기를 피할 수 있다; 베옷sackcloth 참조; **2.** 자기희생적인 풍요의 신의 통곡은 한여름이나 추수 때에 행해지며, 가을의 애도 및 조상숭배와 동시에 행해진다(탐무즈Tammuz); 비의 마법으로 울기도 참조; 아르고스에서 아도니스를 위해 통곡하는 여인들(파우사니아스Pausanias 2, 20); **3.** 울기weeping 참조.

통나무 log **1.** 크리스마스 통나무(불 상징성): 크리스마스에 통나무로(라운드 게임) 던Dun이라는 말horse을 수렁에서 끌어내는 놀이; **2.** '통나무왕King Log': 개구리들이 제우스에게 왕을 청했을 때 제우스는 개구리들에게 통나무를 주었다; 개구리들이 통나무가 너무 활기가 없다고 하여 그 통나무를 거절하자 제우스는 개구리들에게 뱀을 주었고, 뱀이 개구리들을 다 잡아먹어 버렸다; 통나무=힘이 느껴지지 않는 평화(이솝Aesop, 우화Fables).

통렬함, 강렬함 edge 엘리자베스 1세 여왕 시대의 많은 관습적인 욕구(특히 성적인)는 '통렬함'을 지니고 있다. 그래서 통렬함으로 해학적 표현을 할 기회를 풍부하게 제공했다: 예 "식욕의 배고픈 통렬함에 질리다"(리처드 2세의 비극R2 1, 3); b. "깃털 침대의 통렬함"(베니스의 상인Mer. V. 2, 2).

통로, 길 passage **1.** 미로와 연관된다; **2.** 터널이나 통로를 통과하는 꿈과 관련 있다: 터널tunnel 참조.

통풍 gout **1.** 루키아노스Lucian는 통풍을 '부자병'이라고 불렀지만 그는 시간이 흘러 가난한 노년이 되었을 때 이 병에 걸렸다(네시오만티아Nec. 11); 사람들이 이 병을 받아들이는 데 오랜 시간이 걸리기 때문에 발병 초기에는 발목을 삔 것처럼 행동한다(오키푸스Ocyp. 6ff): 그러나 많은 치료법이 있었다(비극Trag. 150ff); **2.** 거세된 남자는 결코 통풍에 걸리지 않고, 여성은 월경이 끝나지 않는 한 통풍에 걸리지 않으며, 젊은 남성은 성교하기 전에는 발병하지 않는다(히포크라테스Hippocrates, 아포리즘Aph. 6, 28); **3.** 전형적인 탐욕의 질병(에드먼드 스펜서Edmund Spenser, 페어리 퀸FQ 1, 4, 25).

통행금지 (통행금지를 알리는 종소리) curfew **1.** (군사적) 통제의 한 형태로서 고대 그리스에 이미 있었다(아테나이오스Athenaeus, 5, 214d, 참고); **2.** 사람들에게 중요할 뿐만 아니라 통행금지 종소리는 유령과 요정들에게도 도시를 돌아다닐 시간을 알려 주기 때문에 중요하다: 예 난쟁이 요정들은 "엄숙한 통행금지 종소리를 듣고 기뻐한다"(템페스트Tp. 5, 1; 또한 눈에는 눈, 이에는 이Meas. 4, 2; 로미오와 줄리엣Rom. 4, 4; 시셀턴 다이어Thiselton Dyer, 셰익스피어의 민속Folk-Lore of Shakespeare p. 489 이후).

퇴화, 회귀 involution **1.** 기존 상황이 불만족스러울 때, '새로운 시작'을 하기 위해 (종종 자발적으로)

덜 진화된 이전의 존재 단계(회귀)로 되돌아가는 것, 장애물을 극복하기 위한 '우회'; 이것은 반전보다 더 점진적이고 주기적이며 불가피한 과정이다; **2.** 이것은 때로 진화만큼 긍정적 의미를 가지고 있다: 재탄생을 위해 죽음으로 되돌아가는 것 또는 생식력의 회복; **3.** 영화spirtualization의 대극으로서의 물질; **4.**점성술: 물고기자리와 관련된다; **5.** 현대의 문헌들은 '엔트로피'(카를 융Carl Jung 8, 25ff.)를 강조하는 경향이 있는데, 엔트로피는 지금까지의 진화와는 다른 것으로서 영구적으로 정체된 단계에 도달하거나 무모한 움직임(군대처럼) 중 하나에 도달하는 것이라는 점에서 진정한 퇴화(죽어 가는 불사조, 곡식의 낱알 등 처럼)와 다르다. 반면, 진정한 퇴화는 새로운 진화를 위해 성숙해져 가는 죽음을 가정한다.

투구 casque **1.** 지휘관의 편안하고 평화로운 삶과 정반대인 병사의 삶: "투구에서 쿠션으로의 이동": 치안판사의 투구(코리올라누스Cor. 4, 7); **2.** 머리 및 헬멧의 상징성도 갖고 있다.

투구, 헬멧 helmet **1.** 구원: 성서에서는 소망으로 설명된다(이사야서Isa. 59, 17; 에베소서Eph. 6, 17; 데살로니가전서1Thess. 5, 8); **2.** 보이지 않음: a. 투명 투구는 하데스가 가장 소중하게 여긴 소유물이었다(=지하세계, 숨겨진 다산); b. 아테네가 고르곤 메두사를 죽 일 때 하데스의 투구는 방어 수단이 되었다; **3.** 그리스: 아이데스(하데스), 아테네, 헤파이스토스의 상징; **4.** 자연 신화에서: 구름(보이지 않음); **5.** 기독교: 성 게오르게St. George의 상징: 구원; **6.** 문장heraldry(紋章): a. 무예 기량, 확실한 방어; b. 지혜: 고귀한 또는 숨겨진 생각(투구의 가리개를 내리고 있을 때); 투구의 색은 종종 생각의 종류를 의미한다; c. 투구 꼭대기에 늑대의 머리가 있는 경우: 예리한 통찰력으로 대체되는 용기; d. 십자가와 백합 문양을 얹은 경우: 구원; e. 기이한 문양이 있는 경우: 상상력 또는 들뜬 흥분; **7.** 날개가 달린 투구: a. 헤르메스/메르쿠리우스의 상징이며 카두케우스(역주: 헤르메스의 지팡이)의 일부분; b. 비행(재빠름, 시적인 생각); **8.** 머리의 일반적 상징성을 갖고 있다.

투구꽃 wolf's bane (식물) **1.** 아코나이트속에 속하는 꽃의 이름 중 하나; **2.** 이 꽃의 꽃말은 염세적 의미를 갖고 있다; **3.** 이 식물이 섞인 것을 먹으면 건망증을 생긴다(존 키츠John Keats, "우울에 대한 송가Ode on Melancholy").

투명석고 selenite (보석) **1.** 문자 그대로 '월장석moonstone'이며, 따라서 월장석과 혼용되었을 것이다; **2.** "중세보석세공집Med. Lap.": a. 달의 단계에 따라 내부의 백색도가 증가하고 감소한다(같은 책 A파트 참조; 또한 이시도로스Isidore 16, 4, 6 참조); b. 이것의 색깔은 벽옥japer처럼 허브 같은 녹색일 수 있으며 달을 나타내는 것이다; 나쁜 날씨를 막아 준다. 그래서 '신성한 돌'('우박'으로 추정된다)이라고도 불린다. 사랑을 촉진시키고 돈의 부족을 막아 준다(C 24); c. 부부간의 사랑을 유지시키고 부당하게 법의 보호를 받지 못하는 사람을 돕는다(G 20).

투석기 sling (무기) **1.** 가장 유명한 투석병들은 발레아레스제도 출신이며 로마와 카르타고에서 용병으로 복무했다(티투스 리비우스Titus Livius 21, 12; 27, 6; 28, 37, 6: 플리니우스Pliny 3, 77; 디오도로스 시쿨로스Diodorus Siculus 5, 17 및 19. 109 등); **2.** 노예의 전형적인 무기: 노예들은 주인을 효과적으로 지원할 수 있지만, 스스로 전투를 할 수는 없다(크세노폰Xenophon, 키로파에디아Cyr. 7, 4, 15).

투야나무 thuya (측백나무과) **1.** 침엽수 관목 또는 나무; **2.** 원래는 아프리카 나무인 '칼리트리스 쿼드리발비스Callitris quadrivalvis'는 요한계시록Rev.에서 '티인나무thyine wood'(18, 12)로 불렸고, 플리니우스Pliny는 '감귤나무'라고 불렀다(아래 참조); **3.** 투야나무는 매우 값비싼 연고로 사용되었고, 키르케는 이를 소유했다(호메로스Homer, 오디세이아Od. 5, 60); **4.** 목재로도 매우 값비싸다: a. 마우레타니아에서 들여왔으며 내구성이 뛰어나다; b. 테이블을 만드는 데 자주 사용되었으며 병든 나무뿌리로 인해 나뭇결이 물결 모양으로 형성될 것이 가장 좋은 재료로 여겨졌다. 이러한 테이블을 '호랑이 테이블'이라고 불렀고, 돌아가는 나선형 무늬가 형성된 것을 '표범 테이블'이라고 불렀다;

공작 꼬리의 눈 같은 무늬가 있는 테이블도 있다(플리니우스 13, 24).

투창 javelin 1. 한 번도 빗나간 적 없는 창(태양광선): 실수로 아내를 죽인 케팔루스의 창(나소 P. 오비디우스Naso P. Ovid, 변신이야기Metam. 7, 670 참조); 2. 창spear 참조.

툴레 Thule 1. 그리스와 로마에서 가장 북쪽의 땅을 일컫는 이름(셰틀랜드제도 또는 아이슬란드등): "울티마 툴레ultima Thule"=가능한 가장 멀리 있는 한계(베르길리우스Virgil, 농경시Georg. 1, 30); 2. 신비한 영역, '비할 데 없는 땅'; 3. 종종 북극지방, 낙원과 동일시되는 신비의 중심; 또한 북쪽north 참조; 4. 화이트 아일랜드(=죽은 자의 축복받은 자들의 섬) 또는 화이트 마운틴.

튜닉(튜니카) tunic 예를 들어, 망토보다 몸에 더 가깝게 닿는 옷으로서 튜닉은 영혼soul, 즉 영spirit과 가장 직접적으로 접촉하는 내면의 자기Self를 나타낸다.

튜브, 지하도 tube (지하철) 토머스 S. 엘리엇Thomas S. Eliot: a. 사막은 당신 옆에 있는 지하철 속으로 압축되어 있다("바위The Rock"); b. 시끄러운 세상의 지루함을 받아들임 그것은 황홀한 대낮을 통한 길도 아니고 어둠의 부정을 통한 길도 아닌 영적인 진리를 향하는 것이며 세속적이고 현실적인 욕망으로부터 자유를 얻게 한다("번트 노튼Burnt Norton" 3).

튤립 tulip (식물) 1. 사랑의 선언, 능변, 사치: a. "화사한 옷을 입은 구애자"(리처드 팬쇼Richard Fanshawe, "이제 전쟁이 전 세계에 퍼져 있다"); b. 17세기 '튤립 매니아'가 튤립 구근에 지불한 과도한 가격; 2. 명성, 장엄, 영성: 때로 타로카드의 바보카드에서 발견되는 보라색 튤립은 적극적인 영성을 나타낸다; 3. 튤립은 봄과 관련 있다; 4. 이별; 5. 변덕스러움뿐 아니라 격렬한 사랑과 관련 있다: 아주 이른 봄부터 보스포러스 해협 국경에 있는 튀르키에 대영지의 '세라글리오'에서 튤립 축제가 열렸다; 6. 기독교: 그리스도의 성배와 관련 있다; 7. 구근bulb 참조.

트라키아 Thrace 1. 에게해 북쪽의 땅, 터키와 불가리아의 유럽 지역으로 현대에는 그리스의 북부를 나타낸다; 2. 이곳은 채식주의자였던 평화로운 미시아인으로부터 스키타이인에 이르기까지 다양한 민족들의 고향이었다(스키티아Scythia 참조; 스트라보Strabo 7, 3, 4); 3. 특성: a. 일반적으로 트라키아인들은 야만인의 기준에서도 피에 굶주린 종족으로 여겨졌으며, 단검을 사용하는 것으로 유명하다(투키디데스Thucydides 7, 27ff.); b. 이들은 말다툼 하는 술주정뱅이로 악명 높았다(퀸투스 플라쿠스 호라티우스Quintus Flaccus Horatius, 노래Carm. 1, 18, 9); c. 이들은 일부일처제가 아니었는데 한사람에게 적어도 열 명의 아내가 있었다(스트라보, 같은 책, 메난드로스를 인용함); 이곳은 디오니소스뿐만 아니라 코티스나 코티토의 오르지 의식을 행하는 땅이었다(루키아누스 사모사테 출신Lucianus from Samosate, III권, p. 207+n.); e. 이들은 "눈보다 희고 폭풍 바람보다 빠른" 말horses로 유명했다(배교자 율리아누스Julian Apostate, 오르바시우스Or. 2, 52C); 4. 뮤즈Muses 숭배: a. 뮤즈 숭배의 음악은 주로 이곳에서 유래되었다(스트라보 10, 3, 17ff.); b. 올림포스는 원래 트라키아 산이었으며 트라키아의 식민지 주민들이 보이오티아에 위치한 헬리콘 산을 뮤즈에게 바쳤다(같은 책); c. 뮤즈들은 치유 주문을 주었다(알렉산드리아의 클레멘스Clement of Alexandria, 그리스도인을 설득함Pr. 6, 60); 5. 프리기아Phrygia, 스키티아Scythia 참조.

트래거캔스 고무 tragacanth (식물) 1. 약으로 사용되는 껌을 생성하는 관목; '염소의 가시'라고도 불리는 '황기'; 2. 코르넬리우스 켈수스Cornelius Celsus: 트리거캔스 고무에서 추출한 껌은 특히 첨가제에 사용된다(4, 9, 2: '트라칸토tracanto'); 또한 자극을 완화하기 위한 응집제(5, 2, 13) 및 안약(예 6, 6, 7)으로 쓰인다.

트럼펫 trumpet 1. 명성(상징), 찬미(코넷cornet의 반대); 2. 전쟁, 공포(상징), 죽음: "트럼펫의 시끄러운 소리는 분노와 필멸의 경종을 울리며 날카로운 음으로 우리를 흥분시킨다"(존 드라이든Dryden, "성 세실리아 날을 위한 노래Song for St. Cecilia's Day" 1687); 3. 선포: a. "당신은 우리의 진노의 나팔이 되소서"(존 왕의 삶과 죽음K. John 1, 1); b. 로마에서 범죄자를 처형할 때 연주되었다; **4.** 전쟁 또는 평화를 위한 집회; **5.** 특히 최후의 심판 때에 천사들의 악기; 또한 아테나 숭배 시 사용되는 이름(리코프론Lycophron 914); **6.** 동물의 뿔과 관련있다: 트럼펫은 디오니소스의 마시는 뿔과 관련 있다; **7.** 로마에서 도시의 기초가 되었다; **8.** 다음에 상응한다: a. 불과 물에 상응한다; b. 쌍봉의 화성에 상응한다; **9.** 히브리: 뿔피리shofar 참조; **10.** 딜런 토머스Dylan Thomas: 시인의 악기.

트로이 Troy **1.** 트로이와 다른 국가의 연결: a. 트로이의 왕자 아이네아스는 로마를 설립한 후손들이 있는 이탈리아에 왔다(베르길리우스Vigil, 아이네아스Aen.); 프랑의 위대한 조상은 트로이의 프랑쿠스 또는 프랑코였다(장 세즈넥Jean Seznec, 이교도신들의 생존SPG 19; 그림형제Grimm, 독일의 전설DS 423); c. 브리튼 종족의 시조 브루트는 아이네아스의 증손자로, 아버지를 살해한 후 마지막 트로이인과 함께 이탈리아를 탈출하여 '트로이노반트Troynovant' 또는 새로운 트로이를 세웠으며, 이는 나중에 런던이 되었다(몬머스의 제프리Geoffrey of Monm.; 웨이스Wace 등); **2.** 트로이 게임은 귀족 소년들이 미로 모양의 복잡한 코스를 따라 말을 모는 승마 게임이었다(디오 카시우스Dio Cassius IV, p. 225; 팔로티노Pallottino 180); **3.** 악명 높은 술꾼들: "나는 그를 마치 트로이인이 된 것처럼 취하게 만들겠다"(토머스 헤이우드Thomas Heywood, "친절함으로 죽은 여자A Woman Killed" 4, 3).

트로이의 헬레네 Helen **1.** 이름: "배를 차지한" 여성(아이스킬로스Aeschyl., 아가멤논Ag. 681ff.; 커크Kirk p. 58); **2.** 기원: a. 그녀처럼 강간을 당한 코레/페르세포네와 함께 식물의 신이었다(베르나르트 디트리히Bernard Dietrich, p. 163; 마틴 닐슨Martin Nilsson, 그리스 신화의 미케네 기원MOGM 75; 또한 뒤의 3번 a 참조); b. 나무숭배와 연관있다: 그녀의 축제에서 '헬레니아' 나무에 성유를 바르고, "나를 숭배하라, 나는 헬레네의 나무다"라고 기술되어 있다(테오크리토스Theocritus 18, 48); 일부 신화에 따르면, 그녀는 트로이전쟁을 일으킨 죄로 나무에 목이 매달려 죽었다; c. 지하세계의 신으로서 그녀는 아리아드네, 아르테미스/디아나와 아프로디테/비너스 같은 탄생과 죽음의 여신이었다(베르나르트 디트리히 163과 165; 마틴 닐슨, 미노스-미케네 종교와 그리스 종교의 생존MMR 528 및 530); **3.** 신화: a. 그녀는 성년이 되기도 전에 50세의 테세우스에게 강간을 당했다(헤로도토스Herodotus 9, 73; 플루타르코스Plutarch, 테세우스Thes. 29와 31; 또한 앞의 2번 a 참조); b. 트로이전쟁 중 그녀의 행동과 행방에 관한 다양한 신화가 존재한다. 그중 하나에 따르면 그녀는 이집트에서 살았고, 트로이에 있는 자신을 대변하기 위해 자신의 유령을 보냈다(플라톤Plato, 파이드로스Phaedr. 243A; 헤로도토스 2, 1 12ff, 에우리피데스, "헬레네" 등); 이집트에서 그녀는 슬픔을 달래는 약이 담긴 '헬레네의 잔'을 받았다; 네펜시(역주: 그리스신화 및 문학에서 시름, 슬픔을 잊게 하는 약) 참조; c. 헬레네는 트로이 성벽에 서 있는 그녀를 보고 사랑에 빠진 아킬레스와 함께 축복받은 자들의 섬Isle of the Blest 레우케에 살았으며, 죽은 후에도 아름다움을 유지했다: 이들에게는 에우포리온이라는 아들이 있었다(이 신화는 괴테Goethe의 "파우스트Faust"에 '차용'되었고, 여기에서 그녀는 주인공과 결혼하는 마법에 걸리게 되며 그와의 사이에서 비범한 아들을 낳는다); **4.** (영원한) 아름다움: a. 모든 남자는 헬레네에게서 자신이 사랑했던 여인을 보게 된다(괴테, "파우스트" 2603f.: 카벨Cabell 29f와 47); b. "파우스트": 파우스트의 낭만적인 중세 정신과 대조되는 그리스 고대 유물과 문화의 아름다움; c. 인간을 파멸로 이끄는 헛된 즐거움(오비디우스 도덕론Ovide M 12, 837); **5.** 또한 헬레니움helenium(목향) 참조.

트롤 troll 원래 어둠 속에서 힘을 행사하는 남녀 불문의 거대한 고대 북유럽 거인 괴물; 남성들은 숙련된 (지하) 장인이었고, 어둠 속의 사냥꾼이었으며, 경외심을 불러일으키는 초자연적인 풍요(보물)의 지하세계의 수호자였다; 현대에서 이들은 레프러콘(요정)과 비슷한 빨간 머리를 가진 장난꾸러기 꼽추 난쟁이이며 동굴이나 지하에 살고 있다; 이들은 춤을 좋아하고 때로는 모든 다른 요정들처럼 필멸의 아이들을 바꿔치기 했다.

트롬본 trombone 심리: 성교: 안팎으로 움직이기.

트리스트럼; 트리스탄 Tristram; Tristan 1. 숙련된 사냥꾼과 하퍼, 기병과 검술사; 2. 새벽(또는 봄 또는 다산)-콘월의 늙은 (태양과 다산) 왕 마르크와 결혼한 아름다운 처녀 이졸테는 왕의 조카인 젊은 태양 영웅 트리스탄과 사랑에 빠져 함께 죽는다; 이것은 트리스탄이 콘월에서 도망친 후, 브루타뉴에서 결혼한 흰 손을 가진, 황혼의 (또는 수확의) 이졸테(역주: 연인인 아름다운 이졸테와 동명이인)의 질투심 때문이었다; 아름다운 이졸테는 자신의 배에 단 하얀 돛을 의미할 수 있는데 이것이 트리스탄과 (하얀색의 아름다움을 주장한) 이졸테 자신에게 죽음을 가져왔다; 일반적으로 '하얀 파멸'(참조: "모비딕Moby Dick")을 가리키는 겨울 눈을 뜻한다; 3. 견딜 수 없는 상황에서의 자기희생.

트리톤 triton 1. 원래 트리톤은 하나뿐이었지만 나중에 이들(일반적으로 신들이 그렇듯 수가 늘어났다)은 더 위대한 신들의 수행자가 되었다; 이들의 상징은 삼지창과 술잔의 용도로 쓰이는 뿔이지만 가장 흔한 상징은 파도를 진정시키거나 일으키기 위해서 부는 뒤틀린 모양의 소라 껍데기이다; 오비디우스Ovid에 따르면 이들은 바다색을 띠며 어깨는 조개류로 덮여 있다; 트리톤은 소라를 불어서 데우칼리온의 홍수가 물러나도록 했다(변신이야기Metam. 1, 330f.; 파우사니아스Pausanias 9, 20f. 및 플리니우스Pliny 9, 4 참조); 2. (지렌과 같은) 동물분류에 속하는 동물; 3. 문장heraldry(紋章): 일반적으로 넵투누스와 동행하는 인어; 4. 딜런 토머스Dylan Thomas: 사형집행인의 멧목에 있는 잡초에 매달려 있다: 배아처럼 잉태되는 시(詩).

틀 mould (도구) 1. 자연: "자연이 틀을 만들고 그 틀을 깨뜨렸다": 루도비코 아리오스토Ludovico Ariosto, 광란의 오를란도OF 10, 84); 2. 어머니: "육신이 만들어진 고귀한 틀"(코리올라누스Cor. 5, 3).

틀, 체질, 구조 frame 1. 인간의 본성: "그(주님)는 우리의 체질을 아신다; 그는 우리가 티끌인 것을 기억하심이로다"(악행에 대한 변명: 시편Ps. 103, 14); 2. 세상: "이 아름다운 틀, 땅"(덴마크의 왕자 햄릿Ham. 2, 2); 3. 여성 원리(외음부).

티 T 1. 히브리어 알파벳의 (그리고 그리스어) '타우tau'(십자가, 표시, 소유권)에 해당한다; 이집트 상형문자로는 올가미 밧줄; 켈트어로는 호랑가시나무(또는 가시가 많은 참나무, 후에는 가시금작화); 앵글로색슨어로는 '태양'을 의미한다; 2. 다음을 상징한다: a. 십자가, 망치 또는 이중 도끼; b. 생성력, 변화; 3. 다음에 상응한다: a. 계절: 7월 8일~8월 5일(달력calendar 참조); b. 별자리: 쌍둥이자리와 토성; c. 신체: 두뇌; d. 타로카드: 최후의 심판 카드; 4. 히브리어 타우tau: a. 보호: 아마도 문설주에 바른 핏자국일 것이다; b. 에스겔의 환상에서 천사는 의인을 타우 기호로 표시했다; c. 테오스; d. 아마도 X자로 서명하는 것의 기원일 것이다: 타우는 히브리어의 마지막 문자이며, 욥기Job(31, 40)에서 '나의 타우'는 '욥의 말이 끝났다'로 번역되었다; '표식'과 '소유권'의 의미가 연결되어 글을 쓸 수 없고 인감이 없는 사람들이 문서 아래에 X자 서명이 시작되었을 수 있다.

티그리스 Tigris (강) 1. 바빌로니아: a. 하늘신이 거대한 물주전자에서 쏟아 낸 것; b. 풍요, 원기 회복, 지혜 등; 이집트의 나일강과 비슷하다; 2. 낙원의 강 중 하나; 다음에 상응한다: a. 힘; b. 사도 마가; 3. 유프라테스 강Euphrates 참조.

티끌 mote 1. 데모크리토스Democritus는 영혼의 구 형태의 원자를 햇빛에서 보이는 티끌과 비교했다; 2. 조지 채프먼George Chapman: a. 위대한 사람도 햇빛에서는 티끌과 같은 '역할'을 한다(뷔시 당부아BA 1, 1, 56); b. 모든 사람이 "그[태양]에게는 그가 정한 빛을 따라 무작위로 방황하는 티끌일 뿐이다"(같은 책 3, 1, 64).

티레; 티루스 Tyre; Tyrus 1. 이 도시는 보라색 염료로 유명하다; 2. 공예의 도시; 모든 종류의 장인과 기술자들의 도시로서 새로운 군사 장비로도 유명하다; 카르타고인의 모국(페니키아; 디오도로스 시쿨로스Diodorus Siculus 17, 41 및 20, 14); 3. 디오니소스Dionysus를 납치한 해적들로 유명하다(롱구스Longus 1, 28).

ㅌ

티레시아스 Tiresias 1. 이름: "표식을 기뻐하는 자", 예언자들의 흔한 이름; 그의 상징은 산수유 지팡이다(점괘나무); 2. 그는 금기시되었던 어떤 것을 봤기 때문에 눈이 멀게 되었다: a. 아테나가 목욕하는 것을 보았기 때문에: 새벽은 별이 빛나는 밤의 눈을 빼앗지만, 밤의 지식을 얻게 함으로써 이를 보상하였다; 어떤 이야기에서는 아프로디테나 제우스가 그에게 예언 능력을 주었다고 한다; b. 짝짓기를 하는 두 마리의 뱀snakes: 그 중 암컷을 죽였고 그 벌로 그는 여자로 변해 창녀가 되었다; 3. 달의 지식: a. 새의 언어에 대한 이해(=조류 이동을 읽음으로써 풍요와 계절 변화에 대한 예언); b. 진리에 대한 예언적 통찰력; c. 오르가슴orgasm 참조; 4. 양성성: 남녀 모두를 즐기는 사람; 5. 시간 신화: 계절의 다양한 모습.

티르수스 thyrsus 1. 지팡이 또는 홀sceptre(카두세우스caduceus, 미페체트miphetzeth, 시스트럼seistron 참조) 담쟁이덩굴, 포도나무 잎 또는 리본으로 감겨 있고 꼭대기에는 남근 모양의 솔방울이 얹혀 있으며 종종 끝이 창머리 모양으로 되어 있다; 2. 디오니소스와 실레누스의 상징: 지팡이는 디오니소스의 무기이자 마에나데스의 무기였다; 3. 생명, 다산(남근); 4. 재생: 담쟁이, 포도나무 잎 또는 리본을 나선형으로 감는다; 5. 환희, 소용돌이치는 황홀경; 카니발 왕자의 뒤를 따르며 춤추는 소녀들의 상징; 6. 보호막; 7. 로마: 남근의 완곡한 표현.

티아라 tiara 1. 헬레니즘적 이야기에서 티아라 모양의 여행용 모자는 여행하는 외국인 또는 뱃사람을 의미한다(플리니우스Pliny 35, 128); 2. 유대인의 대제사장은 "그림 속 오디세우스가 착용한 것과 비슷한 종류"의 티아라를 썼다(제롬Jerome, 서한Ep. 64, 13); 3. 왕관crown 참조.

티타니아 Titania 이 인물은 셰익스피어에 의해 만들어졌지만 다양한 출처에서 특징을 가져왔다: 디아나Diana의 별칭이기도 하며(나소 P. 오비디우스Naso. P. Ovid, 변신이야기Metam. 3, 173), "상인의 이야기The Merchant's Tale"에 등장하는 요정의 여왕 프로서피나와 같은 역할을 한다(제프리 초서Geoffrey Chaucer, 캔터베리 이야기CT; 시셀턴 다이어Thiselton Dyer, 셰익스피어의 민속이야기Folk. of Shak. p. 4).

티탄, 타이탄 Titans 1. 이름: 아마도 '늘리다'라는 뜻으로, 이는 그들의 손이 땅에 변화를 일으키거나, 그들이 바퀴에 매인 채 늘어져서 지진 등을 일으키는 것과 관련이 있을 수 있다; 2. 원시 자연의 거칠고 길들일 수 없는 힘: 어둠 또는 척박함(겨울, 서리); 거인giant 참조; 3. 초기에는 신들과 씨름하다가 결국에는 영웅들에게 제압당한 괴수들; 시간 신화와 비슷한 티탄의 싸움은 끊임없이 반복된다.

티토누스 Tithonus 젊음의 새벽(이오스)에게 버림받고 어둠 속에 갇힌 채 매미 같은 목소리로 부르짖으며 늙고 쇠약해지는 날(또는 해year)(예 나소 P. 오비디우스Naso. P. Ovid, 변신이야기Metam. 9, 421).

티트마우스 titmouse (새) 1. 새들 중 가장 부끄러움이 없다; 2. 경솔; 3. 딱따구리처럼 나선형으로 나무 위를 날아오른다: 이 모습은 부활 등을 상징한다: 나선spiral 참조; 4. 아이들의 조롱의 말: "고자질쟁이 새야, 말해 봐. 네 혀가 갈라질 거야, 그리고 작은 새들(다양한 변형이 있는 행)이 와서 조각들을 나눠갈 거야."

티티오스 Tityos 1. 신화: 가이아의 아들인 거인으로 계략을 이용해 레토를 무너뜨리려다가 제우스나 그녀의 아이들인 아르테미스와 아폴로에게 벌을 받았다; 2. 오비디우스 도덕론Ovide M: 그는 거짓된 모습으로 거룩한 종교를 타락시키려는 자들, 사랑의 모습을 하고 있지만 실제로 하나님과 이웃을 배반하는 자들을 상징한다(도덕론 4, 4250ff.).

티폰 Typhon 1. 그리스 신화에서 제우스가 에트나 화산 아래에 묻은 지하세계 괴물; 2. 이름: '부풀리다'라는 뜻의 그리스어에서 유래했으며 무지와 자기기만을 의미한다(플루타르코스Plutarch, 이시스와 오시리스IsOs 2).

틸 오일렌슈피겔 Tyll Eulenspiegel 1. 어원: '올빼미-유리'; 2. 바보, 악당, 트릭스터 원형을 의인화한 것; 3. 그의 유머와 실제적인 농담은 일반적으로 은유적 표현을 의도적으로 해석한 말장난이라고 할 수 있으며, 따라서 인물들의 말 중에서 비현실적인 부분을 현실적인 부분과 연결시킨다; **4.** 그가 가진 농부의 재치는 편협하고 거드름을 피우는 마을 사람, 성직자, 귀족 등을 능가한다; **5.** 틸 오일렌슈피겔은 세례반, 진흙 그리고 뜨거운 물, 이렇게 세 곳에서 세례를 받았다.

ㅍ

파괴 destruction 인류의 파괴는 다양한 형태로 언급되어 왔다: a. 물에 의한 파괴: 수메르 시대부터 노아의 이야기까지. 홍수 이후에 노아의 술 취함과 그에 따른 성행위는 죄책감과 관련될 수 있다; 이집트에서는 홍수에 대한 언급이 없다(그러나 플라톤Plato, 아테네의 티몬Tim. 참조); 홍수flood도 참조; b. 불에 의한 파괴: 소돔과 고모라. 여기서 롯과 두 딸만이 도망쳤고 딸들이 롯을 술 취하게 하여 아버지와 동침하였다(창세기Gen. 19, 31ff); c. 유혈 살육: 이집트에서 유혈은 하토르Hathor 여신의 인간 대량 학살이 대표적이다(피 흘리다: 새뮤얼 후크Samuel Hooke, 중동 신화MEM 74), 바로 그때 우가리트(고대 도시국가)의 아나트 여신이 그녀의 무릎까지 차는 피 속에 서 있었다(같은 책 83; 요한계시록Rev. 14, 20, 피가 "말의 굴레까지 닿았고" 참조).

파도 wave **1.** 재생, 육신적, 영적 의로움: "…그때에 주의 평강이 강 같고 주의 의가 바다 물결 같았으면"(이사야서Isa. 48, 18); **2.** 여성: a. 곡선 라인 때문에; b. 여성 오르가슴의 움직임; c. 출산과 죽음(예 버지니아 울프Virginia Woolf) 또는 자궁무덤: "동굴 모양으로 움직이는 파도의 침묵"(딜런 토머스Dylan Thomas); d. 말horse과 관련된다('해마'); **3.** 삶과 시간, 문화주기 등의 흐름과 역류(예 윌리엄 B. 예이츠William B. Yeats; 또한 선회gyre 참조); **4.** 춤과 관련된 것; **5.** 심리: a. 꿈; b. (특히 바다의 부풀어오름:) (군중과 같은) 무의식; **6.** 대양ocean; 물water 참조.

파라솔 parasol **1.** 태양의 수레바퀴: 차양sun-shade 참조; 2. 세계 축; **3.** 신 혹은 왕족의 상징: 케노피canopy 참조.

파란색, 푸른색 blue **A. 구름 없는 화창한 하늘**과 관련된다: 1. 천국, 천국의 신들 또는 하나님 아버지, 하늘의 신: 암몬, 오시리스, 제우스, 오딘, 모세; 일반적으로 이러한 신들은 푸른색 눈과 밝은 색의 머리를 가지고 있으며 빛을 주고 시야를 넓힌다: 이들은 설화 속 여자 영웅들의 좋은 요정으로 나타난다; 2. 영원, 방대함: 시간과 공간; 3. 조화, 협력, 영성: 푸른색 꽃은 영적 지복을 나타낸다(또한 E번 아래 참조); 4. 숨기지(구름) 않음. 따라서 a. 진실, 진솔, 총기: "진정한 파란색은 결코 얼룩지지 않는다"(속담); b. 솔직함(청년의 특징), 순수; c. 용기, 영광; d. 공정함; e. 사랑; f. 자비에 의해 타협되지 않는 정의, 청교도주의(금욕주의): "이것은 장로교를 상징하는 진정한 푸른색이었다"(새뮤얼 버틀러Samuel Butler, "후디브라스Hudibras" 191); 또한 날개의 파란색은 왕실의 붉은색과 대조된다; **B.** 대지와의 **분리**, 평정: 1. 불변, 보존성(노란색처럼 확산되지 않는): a. 종종 진정제의 색깔: 완화; b. 정치에서 보수당; c. 변함없는 사랑(초록색Green 참조): 제프리 초서Geoffrey Chaucer의 "종자의 이야기Squire's Tale"; 2. 내부의 운동, 내향성, 명상, 철학적 평온, 종교, 전념: 겸손의 동정녀 여신의 색; 3. 차가움: 푸른색 여인=존재 자체가 분위기를 '차갑게 만들고' 남자들을 실망시키는 여인; 4. (기이한) 환상; 5. 희망, 신념; 예술에서 믿음과 충성의 천사들; **C.** 상부 공간과 깊이의 **방대함**: 1. 자유, 무제한적 만족; 2. 잠재의식(=깊은): 붉은색과 대극을 이룸; **D.** 바다의 **변덕스러움**, '깊어지는 영향'의 상실, 피상성: (앞의 의미와는 상당히 반대됨): 1. 강철: 검, 냉담함, 잔인함, 파괴; 2. 사랑(데메테르)의 부재(또는 상실): 절망, 낙담; 3. 약함(특히 옅은 파란색), 생성, (물의) 저항하지 않음; **E. 달**(빛): 모신, 하토르-데메테르: 1. 성적이지 않고 다정한 사랑; 2. 방대함; 3. 수용적·수동적·방어적; 4. 수분; 5. 파란색의 가리워 주는 특징, 심오한 지혜; 영혼: "영혼의 푸른 물자국filigrane bleu de l'âme"(스테판 말라르메Stéphane Mallarmé); 6. 우주의 질서(정의

Justice, 측량mseasure 참조); 7. 마법: a. 불빛이 푸른 색으로 타오를 때 주위에 질병이나 낙담을 불러오는 유령들이 존재한다(리처드 3세의 비극R3 5, 2 참조); b. 남자아기에게 악령이 접근하지 못하도록 하기 위해 선호되던 옷 색깔(여자 아기의 경우 분홍색); 8. 전설의 푸른 꽃: 특별한 힘을 지닌 마법의 꽃; 9. 반대: 달의 부정적 측면; 10. 하토르, 이시스, 성모마리아, 팔라스 아테나, 데메테르와 관련된다; 11. 임신과 관련된다: a. "푸른 눈의 할멈이 이곳으로 아기를 데려왔다"(템페스트Temp. 1, 2); b. "그녀의 눈꺼풀이 유난히 파랗게 보인다"(존 웹스터John Webster, "몰피 공작부인Duchess of Malfi" 2, 1); **F.** 또 다른 특성: 1. 좌절; 2. 농사의 상징; 3. 마시는 것의 상징; **G. 다음에 상응한다**: 1. 기하학: 원, 수평선; 2. 점성술: 목성과 금성; 3. 금속: 주석; 4. 스포츠: a. 짙은 푸른색: 옥스퍼드-하로Oxford-Harrow; b. 옅은 푸른색: 케임브리지-일론Cambridge-Elon; 5. 신체: (초록색과 함께) 담즙과 간에 영향을 끼친다; 6. 보석용 원석: 녹주석, 금강석, 터키석, 청금석, 근청석, 사파이어(청옥), 토파즈(황옥); **H.** 특별한 **신화적** 의미: 1. 이집트: a. 진실; b. 미라를 파란색으로 칠했다: 진실의 영혼과의 결합; c. 신들도 파란색으로 칠했다: 하늘에서 기원한 것: 예 암몬-라; d. 영원한 지혜를 가진 거대한 뱀: 노란색 줄무늬가 들어간 파란색; 2. 히브리: a. 에덴의 색(영원한 젊음); b. 십계명 석판의 색=신성한 말씀; c. 대제사장의 색깔; d. 여호와의 보좌, 청금석; e. (보라색, 진홍색과 함께) 제사장 의복과 테두리 장식의 주요 색(민수기Num. 16), 회중 성막의 장막 색깔; f. 아시리아에서 '멋지게 차려입은(=문자 그대로: "완벽한 의복")', "바람직한 청년"의 색(=보라색); 3. 아시리아: 시나이산에서 숭배를 받은 달의 신Sin(지혜, 인간과의 우정), 그는 푸른 수염을 가지고 있었다; 주술사들은 자신의 수염이 자신이 지은 죄 때문이라고 여겼다(또한 푸른 수염Bluebeard 참조); 4. 그리스: 호메로스는 오디세우스의 배를 처음에 붉은색으로 언급했다가 이후 검은색으로 언급했으며 나중에는 푸른색으로 판명됨에 따라 색깔들을 뒤섞는 경향을 보였다(오디세이아Od. 11, 6); 5. 기독교: **I.** 일반적으로 다음을 의미한다: a. 하나님 아버지, 삼위일체 또는 (공기에 속한다고 보는 것이 더 적합한) 성령; b. 신의 사색, 속죄, 겸손, 순결, 순수, 진실함, 경건함, 희망; 모든 형태의 탈속unworldliness; c. 삼위일체 일요일(주일) 이후의 평일 그리고 평범한 일요일은 초록색에 해당한다; 나중에 추가된 것에 대해서는 아래 참조; d. 약식 상복; **II.** 중세시대: a. (세속적인) 사랑과 연관된 위험한 색깔(초록색 이외의). 따라서 중세시대의 제의복에는 사용되지 않았다; b. 초기의 사랑, 불변성; c. 어리석음: 바보와 광대들이 이 색깔을 사용했다; 아마도 사육제의 '푸른 범선Blue Ships'과 관련되었을 것이다: 선박ship 참조; d. 파란색+흰색: i. 성모 마리아의 색깔; ii. 이스라엘(대제사장High Priest 참조); iii. 그리스; iv. 이 모든 세 가지가 제임스 조이스James Joyce에게서 결합되어 나타났다; 6. 영국 제도의 주민들은 야만적인 것으로 추측되었으며 스스로를 파란색으로 칠했다('픽트사람Pict'=라틴어 '픽투스pictus'=색 칠한painted): 대청woad에서 얻은 문신(참조); **I. 심리**: 1. (카를 융Carl Jung) 붉은색의 대극: 영적 과정; 2. 실제로 a. 파란색은 방이 넓어 보이게 만들지만 더 춥게 느껴지게 만든다; b. 호르몬 체계를 진정시킨다; c. 식물의 성장을 약화시킨다; d. 붉은 색과 조화하지 않는 조합(예 고기의 푸른 빛, 레드 와인 또는 입술); 3. 음영에 따라 수직적으로 다양한 평형을 만들어 낸다(하늘의 밝은 파란색+바다의 어두운 파란색); 4. 멜랑콜리(우울); **J. 특별한 문학적 의미**: 1. 딜런 토머스Dylan Thomas: "파란 벽": 낮에 관한 색; 2. 가르시아 로르카Garcia Lorca: 남성적 색깔(그리고 동성애): 발기부전으로 인해 남자가 접근할 수 없다고 여기는 성숙한 장미(=여성)의 대극; **K. 문장**heraldry(紋章): (두 번째 색: '하늘색azure'): a. 충실함, 충성; b. 끈기; c. 흠 없는 평판; d. 겸손; e. 정조; f. 과학(일부의 경우에 해당); **L. 다른 것과의 조합**: **I.** 다른 색깔과의 결합: 1. 파란색+빨간색: 권위와 사랑(신의 옷); 2. 파란색+흰색(앞의 H번의 5, II, d 참조); 3. 색깔colours 참조; **II.** 다른 물건과의(또는 다른 물건 안에서의) 결합: 1. 배: 카론의 배(베르길리우스Virgil, 아이네이스Aen. 6, 410); 또한 선박ship과 보트배boat 참조; 2. 보닛bonnet: (또는 모자) 대표적인 스코틀랜드인의 모자(헨리 4세 1부1H4 2, 4 참조); 3. 여성: B번의 3 참조; 4. 옷dress: 하인을 구별하는 옷 색깔(지금도 종종 간호사들이 사용함): "파란 코트에서 황갈색 심장까지"(헨리 6세 1부1H6 1, 3; 뜻대로 하세요AYL 3, 2; 그러나 웨딩드레스wedding dress 참조); 5. 베드로Peter: 중앙에 흰색 네모가 있는 파란 깃발: 범선이 항구를 떠날 때 게양한다; 6. 리번드riband (=리본): 대양(특히 대서양); 7. 리본: a. 가터 훈장의 특징 색; b. 경주에서 승리한 말; c. 술을 안 마시는 사람; 또한 리본ribbon 참조; 8. 스토리(영화): 더러운; 9. 피: 스페인의 '귀족 혈통Sangre azul': 특히 유대인이나 무어인의 피로 '오염되지' 않았다고 주장하는, 성에 사는 가족들; 아마도 석고처럼 하얀 피부에서 보이는 정맥의 푸른색 때문일 것이다; **Ⅲ. 눈**: 1. 천신Skygods에 대해 A번의 1 참조; 2. 유니콘; 3. 눈 주위의 파란색-검은색 원: 눈물을 흘리는 눈(뜻대로 하세요 3, 2; 루크리스의 능욕Lucr. 1587; 또한 앞의 E번의 11 참조); **Ⅳ. 민속**: 1. 마법에 대해서는 앞의 E번의 7 참조. 그리고 파란색 꽃에 대해서는 E번의 8 참조; 2. 관coffins: 젊은 사람들을 위한 관 덮개; 3. 이 색깔을 띠는 음식은 거의 존재하지 않는다; 4. 파랑새: 미국: 행복의 전령.

파르티아 Parthia **1.** 메데아 동쪽에 위치한 황무지이며, 그래서 종종 페르시아와 혼동되었다(예 플라비우스 클라우디우스 율리아누스Flavius Claudius Julianus, 서간집 57; 암미아누스 마르켈리누스Amminanus Marcelinus, 23, 6, 2). 파르티아인들은 로마의 맹렬한 적이었다; **2.** 전사: 이들은 도망치는 척하면서 말 위에서 활을 쏘았다(그런 까닭에 '파르티안 샷'이라는 말이 생겼다; 크레타섬 사람들보다 궁술이 뛰어 났다(세네카Seneca, 티에스테스Thy. 383f., 오이디푸스O 119; 아니키우스 만리우스 세베리누스 보에티우스Anicius Manlius Severinus Boetius, 철학의 위안C 5, 1); 이들은 방패를 사용하지 않았다(디오 카시우스Dio Cassius 40, 15); **3.** 호사스러움: 이들은 매우 부유했고(디오 카시우스 40, 12) 파트리안 가죽으로 유명했다(암미아누스 마르켈리누스 Amminanus Marcelinus 22, 4, 8).

파리 fly **1.** 불결함: a. 죽은 파리들이 향기름을 악취나게 만든다(전도서Eccl. 10, 1); b. 솔로몬의 성전에서는 '부정한' 것이 허용되지 않았다. c. 중세시대: 부도덕함의 상징; **2.** 정욕: a. "굴뚝새는 그곳으로 가고, 작은 금박 파리가 내 시야에서 음란한 짓을 한다"(리어왕Lr. 4, 4); b. (데스데모나Desdemona:) "나의 고귀한 주께서 나를 정직하게 여기시기를 바란다"(베니스의 무어인 오셀로Oth.:) "오, 도살장의 여름 파리들처럼 혼란스럽고, 부는 바람에도 빠르게 움직인다"(베니스의 무어인 오셀로Oth. 4, 2); **3.** 탐욕: a. "꿀을 빨아먹는 파리는 달콤한 속에서 길을 잃는다"(존 게이John Gay, "거지의 오페라The Beggar's Opera" 2, 8); b. "심통 사나운 파리는 그때 가장 달콤했던 피를 빨기 위해 심하게 문다"(조지 채프먼George Chapman, "에우게니아Eugenia"): 폭풍의 전조; **4.** 속임수: a. "가장 치명적인 파리": 송어를 잡는 데 사용되기 때문이다(찰스 콜턴Charles Colton, "아이작 월튼에게To Isaac Walton"); b. '날아오르다': 속임수에 걸려들다; **5.** 멋쟁이: "이 이상한 파리들, 이 패션 몽상가들"(로미오와 줄리엣 Rom. 2, 3); **6.** 오만함: 수레바퀴 차축에 앉은 파리가 말했다: "내가 얼마나 먼지를 일으킬까"(이솝Aesop); 파리는 가장 가르치기 어렵고 똑똑하지 못한 동물이다; **7.** 해충: a. 애굽에서 모세의 네 번째 표적; b. 파리는 팔레스타인 지역에서 그 수가 줄어들었기 때문에 이집트의 상징이 되었다(아시리아인은 꿀벌을 사용했다: 예 이사야서Isa. 7, 18); **8.** 작은 생명: a. "파리에게도 비장이 있다"(속담); b. 사기 피해자: "'내 응접실에 걸어 들어갈 것인가?' 거미가 파리에게 말했다" (메리 호윗Mary Howitt, "거미와 파리The Spider and the Fly"); c. "파리를 죽이는 무자비한 소년은 거미의 적대감을 느끼게 될 것이다"(윌리엄 블레이크William Blake, 순수의 전조Aug. of Inn.); **9.** 파리의 제왕: 바알세불 Beelzebub; 이 이름에 대해 두 가지 설명이 있다; a. 유대인들은 파리를 피하는 자, 'Baid-Zebub'(유사한 신들은 10번 참조), 블레셋의 신, 에그론Ekron(사무엘상서1Sam. 5, 10; 열왕기하서2Kings 1, 2)의 신을 의미했으며 그를 거짓 신들의 대표자로 만들었다가 나중에 악마로 만들었다; b. (이것이 더 가능성 있는 설명이다) 그들은 의도적으로 '바들자불Badl-Zabul'을 이 이름으로 바꾸었다. 누가 왕자로 그 집의 주인이었습니까(집house 참조); 그러나 아래 10번의 c 참조; **10.** 파리를 멀리하는 다른 신들: a. 제우스 '아포미오스는 매년 황소 한 마리를 제물로 바친다; b. 로마의 헤라클레스 빅토르: 헤라클레스가 엘리스에서 제우스에게 제물을 바쳤기 때문이다(조지 프레이저George Frazer, 황금가지G. B. 5, vol. 2, p. 282); c. 길가메시Gilgamesh

서사시에서 제물과 신주(神酒) 냄새를 맡은 신들이 '파리처럼' 모여들었다는 내용이 있다; **11.** 묵은 해의 정령: 야생 올리브로 빗자루에 쫓기는 묵은 해의 정령; **12.** 게르만족: 로키Loki의 변장: a. 프레이야Freya의 목걸이 브리징가멘Brisingamen (=다산)을 훔쳤으나 수호자인 하임달Heimdal에게 들켜 쫓겨났다; b. 그가 괴롭히고자 하는 사람들을 쏘고 피를 빨기 위해; **13.** 기독교: a. 악마, 악과 역병을 가져온다; b. 구속으로 이끄는 죄; **14.** 별자리: 파리자리Musca Borealis; **15.** 참고할 문학서: a. 윌리엄 블레이크William Blake: (모든 해충과 마찬가지로:) 사제, 모든 순수한 기쁨을 억누르는 무의식의 억제력; b. 윌리엄 B. 예이츠William B. Yeats: "소금쟁이The Long-Legged Fly": 개울 위를 나는 것: 침묵의 고립 속에서 움직이는 마음 그래서 내적 비전을 통해 문명을 구해 낼 존재의 단일성을 얻을 수 있다; **16.** 민속: A. 로마: 으깨진 파리는 눈썹을 그리는 데 사용되었다(플리니우스Pliny); B. 전래동요: a. 파리는 작은 눈으로 참새가 수컷 울새를 죽이는 것을 보았다; b. 땅벌과 결혼했다; C. 날씨 예측: 앞의 3번 b 참조.

파리 Paris (도시) 파리지앵은 스스로를 최고의 신학자라고 생각한다(에라스무스Erasmus, 우신예찬Stult. Laus.).

파스케스, 속간(束桿) fasces **1.** 파스케스는 힘(화살, 막대, 도끼 등)을 상징하는 물체의 묶음으로, 내재되어 있지만 억제된 힘을 상징한다; 많은 상징의 속성이다; 카두세우스Carduceus 참조; **2.** 로마: 붉은색 끈으로 묶은 느릅나무 또는 자작나무 막대 묶음으로 상단에 도끼가 돌출되어 있어서 참수와 태형을 집행하는 권위를 상징하였다; 파스케스는 그의 권위의 상징으로 릭토르(역주: 집정관을 수행하며 죄인을 잡아들이는 관리)에 의해 집정관 앞에 전달되었다(에트루리아인Etruscan 참조); **3.** 식물 생명의 재생, 완성(느슨한 것은 무엇이든 무너진다); 또한 횃불torch 참조.

파슬리 parsley (식물) **1.** 위대한 여신에게 바쳐졌다: a. 다산: (남근모양의) 당근 주변의 파슬리는 다산의 상징이다; b. 죽음: 칼립소의 죽음의 섬 오기기아Ogygia에서 번성했다(죽음의 꽃인 붓꽃과 함께); 호메로스Homer, 오디세이아Od. 5, 72); c. 마녀와 관련 있다; d. 성적문란: "파슬리는 부정한 아내를 둔 남편의 정원에서 줄지어 자란다"(속담); e. (로즈마리나 도금양처럼) 여성이 제일 잘 키운다; **2.** 죽음과 승리: 파슬리는 네메아 제전의 기원이 된 '아르케모로스'(오펠테스)의 피에서 자라났다; 아르케모로스('파멸의 시작')는 늙은 다산 왕을 의미하는데 (스스로 희생되어) 파슬리 관을 쓴 승리자에 의해 대체되었다; 나중에는 이스미안 제전의 승자에게도 파슬리 관이 주어졌다(샐러리나 전나무도 마찬가지로); **3.** 축제: a. 그리스 연회에서 손님들은 식욕과 흥을 돋우기 위해 이마에 연한 파슬리 가지로 만든 왕관을 썼다; b. 또한 히브리인들에게는 (유월절) 연회의 반찬이다; 상추lettuce와 무radish 참조; **4.** 봄, 생명의 부활과 구원의 희망: 봄의 축제로서 유월절과 연관된다; **5.** 점성술: 수성과 관련된다; **6.** 민속: a. 때로 파슬리 화단은 아기가 태어나는 장소로 여겨지기도 한다(구즈베리 덤불처럼); b. 치료제 및 건강 증진제: 연못의 병든 물고기에게 파슬리 잎을 던져 주면 병이 나을 수도 있다(플리니우스Pliny, 20, 44); c. 독극물에 대한 해독제로 사용되었다(따라서 접시 위에 파슬리를 놓는 것은 선의의 표시이다); d. (중세시대) 파슬리와 운향으로 만든 화관은 악령을 물리친다; e. 싹트기 전에 악마에게 아홉 번(또는 두 번, 세 번이나 일곱 번) 가기 때문에 늦게 발아하는데, 이것을 방지하기 위해서는 성 금요일에 파종해야 한다.

파에톤 Phaeton **1.** 신화: 태양신 헬리오스(나중에 아폴로와 동일시됨)의 아들인 파에톤은 아버지를 설득하여 태양의 전차를 타게 되었다. 태양이 한 낮의 궤도에 있는 동안 파에톤은 전차를 끄는 네 마리 말을 감당하지 못해 궤도를 이탈했고, 그 때문에 인도와 에티오피아 사람들이 불에 탔으며 사막이 생겨났다, 제우스가 파에톤을 죽이기 전까지 대혼란이 일어났다. 파에톤은 강(이탈리아의 포강)에 떨어졌고 마침내 누이인 헬리아데스가 묻어 주었다. 헬리아데스는 계속해서 슬피 울다가 포플러나무로 변했고, 그녀가 흘린 '눈물'은 호박amber이 되었다; **2.** 오비디우스 도덕론Ovide M: a. 신에 대한 파에톤의 오만함은 루시퍼의 교만과 신에 대한 반란의 상징일 수 있다(도덕론 1, 4245);

b. 이것은 또한 에티오피아를 파괴한 유난히 뜨거운 여름에 대한 회상일 수 있다('역사적' 해석; 2, 632); c. 그는 천문학을 탐구하고 싶었던 현자였을 수 있다, 비록 이해하지 못했음에도 불구하고 자신의 저서를 발표하였으나 주피터가 파괴했다: 파에톤은 절망에 빠져 높은 산에서 뛰어내려 스스로 죽었다(2, 645ff.); d. 태양신의 궁전은 삼위일체가 머무르는 영광의 보좌였다. 태양은 그리스도이며, 전차는 에스겔의 것이며 그의 교리를 나타낸다. 네 마리 말은 네 명의 전도자를 상징한다. 마부는 일반적으로 탐욕과 덧없는 명예를 추구하는 교황이다(2, 731ff.); e. 파에톤은 또한 거짓 표적과 기적으로 온 인류를 타락시키려는 적그리스도이기도 하다, 하지만 하나님은 그를 치실 것이다(2, 914ff.); f. 헬리아데스는 선한 일을 하는 데 평생을 바친 처녀들을 나타낸다(2, 1155). 또는 처음에는 적그리스도를 믿었으나 나중에 회개하는 사람을 나타내기도 한다(2, 1209ff.).

파우누스, 목신(牧神) Faun **1.** 이탈리아의 전원의 신 이누우스와 마찬가지로 가축의 다산을 가져왔으며 나중에는 실바누스(나무 정령)와 그리스의 신 판(모두 라오스 딱따구리laos woodpecker 참조)과 동일시되었다; 후에 여러 명이 되었고 사티로스와 동일시되었다; **2.** 그는 파투우스('연설가')이기도 하다. 그의 신탁의 목소리(예 베르길리우스Virgil, 아이네아스Aen. 7)는 주로 숲을 방문하는 사람이 신성한 양털 위에 누워서 잠자는 동안에 들린다; 그의 아내 파투아는 파우나, 보나 데아라고도 하며 위대한 여신이다; **3.** 시의 창시자; **4.** 파우누스는 인큐보Incubo(남자악령)로서 악몽을 꾸게 하고 숨겨진 보물을 맡았다(요정fairies, 퍽pucks, 난쟁이dwarfs 등 참조); **5.** 파우누스 축제는 12월 5일 시골에서 (지역 춤과 축제와 함께) 열렸고, 로마에는 2월 13일에 열리는 파우날리아Faunalia가 있었다: **6.** 그는 때로 루페르쿠스 늑대를 물리치는 자') 와 동일시되었으며 2월에 열리는 루퍼칼리아Lupercalia 축제와도 관련이 있다.

파우스트 Faust (파우스투스 Faustus) **1.** 역대 가장 유명한 파우스트(가명: '파우스투스faustus' 라틴어로는 '포르투나토스Fortunatus')는 허풍쟁이인 게오르그 파우스트George Faust로 하이델베르크 대학에서 공부했으며, 나중에 점성술 탐구를 즐겼고, 남성동성애 및 사기행각에 손을 댔다. 그러나 양심적인 악마학자들은 그를 주술사로 보지는 않았다; **2.** 대중적 신념에서 주술과의 유사성: a. 파우스트는 악마에게 자신의 영혼을 파는 심령술사이자 연금술사가 되었다: 아름다운 딸을 둔 늙고 못생기고 턱수염을 기른 부자로 묘사되었다(로저 베이컨Roger Bacon, 알베르투스 마그누스 Albertus Magnus, 시몬 마구스Simon Magus의 전설, 그리고 개정된 템페스트Tp에서 프로스페로Prospero 참조); b. (마법에서처럼) 파우스트의 입문에 있어서 중요한 요소는 협정에 서명하는 것이다; c. 난해한 의식을 통해 친숙한 영혼 및 또는 '개인적 악마'(수호 천사 Guardian Angel 참조)를 불러내는 것; 파우스트의 경우 모호하고 신비한 책에서 이러한 영혼을 불러낸다(과장된 책에 대한 문맹인들의 두려움); **3.** 파우스티안주의: a. '제한된 물질적 존재'와 '비물질적 무한한 존재'에 대한 갈망 사이의 갈등; b. 절대적 지식의 획득에 내재된 위험과 그에 수반되는 힘: 독일어로 "지식은 힘이다Wissen ist Macht".

파이 pie 파이는 전래동요에서 자주 등장하는데 여기에는 종종 예상치 못한 내용들도 포함된다(파이가 지구를 나타내기도 한다): 예 a. "아기와 나는 파이로 구워졌다"; b. "어린 잭 호너Little Jack Horner"는 보상으로 자두를 발견했다(역주: 어린 잭 호너는 파이 심부름을 하다가 배고파서 파이에 손가락을 넣었다가 자두를 발견했음); c. "6펜스의 노래 부르기Sing a song of sixpence"에서 "24마리의 검은 새들"은 파이로 구워졌다.

파이프, 담뱃대 pipe (흡연 기구) **1.** 담뱃대로 담배를 함께 피우는 것은 음식을 함께 먹는 것과 동일한 상징적 가치를 갖는다; 낯선 사람이 집단에 통합되는 형식, 통과의례로 간주된다(반 게넵Van. Gennep 28); **2.** 사랑: a. 연인에게 담뱃대와 담배를 주는 것은 그가 사랑하는 사람과 그 가족에게 받아들여졌다는 것을 의미한다(파이프 흡연에 관한 네덜란드의 책: "파이프 흡연에 관한 지침서ijpenbrevier" p. 94); b. 신랑이 결혼식 날에만 피우고 안전하게 보관하는 특별한 장식용 담뱃대가 있었다(같은 책); **3.** 향: 일부 기독교 교회에서는 파이프에서 나오는 연기가 향을 대체했다(같은 책); **4.** '켐블 파이프': 사형집행 전 마지막으로 피울 수 있는 담뱃대(브리타니아의 민속과 문화Folkl & C. of Brit. p. 331, 웰시 뉴턴Welsh Newton 부분).

파인애플 pineapple (식물; 과일) **1.** 환대: 뉴잉글랜드의 선장들이 서인도제도와 태평양 항해를 마치고 돌아왔을 때 그들은 환영의 표시로 집 앞에 파인애플 한 송이를 놓았고, 의미는 누구든지 와서 그들이 가져온 파인애플을 즐기라는 초대의 의미로 삼았다(이런 이유로 파인애플은 특히 로드아일랜드 뉴포트의 가정에서 흔히 볼 수 있는 표시가 되었다); **2.** 사랑의 언어: 완벽.

파종 sowing **1.** 파종(보급); **2.** 창조; **3.** 파종 의식 rites: a. 옥수수가 높이 자라게 하기 위해 높이 뛰는 춤(종종 사육제 시기에 수행되었다); b. 물리적으로 가능한 한 자주 반복되는 상징적 성교 또는 실제 성교; c. 금욕: 마법의 힘을 집중시키기 위한; d. 가을 애도 의식과 일치하는 겨울 곡물을 파종하는 것(예 이집트): 예 오시리스의 경우 (진화하며) 봄에 부활하기 전, 죽음을 맞이하고 시체가 훼손되는 시기이다(낟알이 땅에서 죽는 혼돈 상태로 돌아가는 퇴보); **4.** 수확의 반대; 씨앗seed 참조.

파충류, 파행 동물 reptile **1.** 아폴로에게 바쳐졌다: 치유, 재생; **2.** 원시 생명체; **3.** 냉혈, 인간적인 따뜻함의 부족, 노년('파충류의 안구'); 4. 물질주의: 땅으로 낮게 기어 다니는 것; **5.** 성욕: a. 로마: 최음제; b. 미노스왕의 질투하는 아내이자 달의 여신 파시파에는 그에게 저주를 걸어 정액 대신에 뱀serpents, 전갈, 노래기를 사정하게 했다; **6.** 이단의 상징: 파충류는 거짓 교리와 관련 있다; **7.** 단테Dante: 지옥에 있는 전형적인 동물로 묘사된다: 예 발이 달린 '뱀'(단테Dante, 칸토C 25에서는 도둑이 형벌을 받아 사람에서 파충류로 변하는 것으로 묘사되어있다); **8.** 윌리엄 블레이크William Blake: a. 몸으로 뇌를 감싸는 것(역주: 영혼이 물질에 갇히는 것); b. 인간의 몸은 타락 후에 줄어들었다.

파편 shard 질그릇 조각potsherd 참조.

파피루스 papyrus **1.** 이집트: A. 상형문자에서: a. 지식, 전지전능; b. 개화, 진보를 의미한다; B. 다른 의미는 다음과 같다: a. 나일강 하류의 상징; b. 악어로부터의 보호: 이시스가 파피루스 배를 타고 오시리스를 찾기 위해 나일강 삼각주의 늪지대로 이동할 때 파피루스 배가 악어로부터 이시스를 보호했다; c. 아몬(역주: 이집트에서 신의 왕으로 숭배된 신)의 상징; d. (부적) 파피루스 기둥(종 모양의): 활력 및 신선함을 상징했다; **2.** 사랑(1번의 B, b 참조); **3.** 숨겨진, 밀교적; **4.** 모세의 요람의 재료('골풀bulrushes').

판 Pan (신) **1.** 절반은 염소 부분으로 상징되는 본성: a. 판 신의 뿔은 태양광선과 양자리의 공격적인 힘을 나타낸다; b. 털이 많은 다리는 하지, 대지, 관목, 본능의 힘을 상징한다; **2.** 키벨레와 디오니소스의 동반자(디오니소스가 키벨레의 문화적 기능을 이어받았을 것이다); **3.** 점성술: 토성의 한 측면; **4.** (나중에는) 사탄; **5.** 기본적으로 퇴화하는 삶 (퇴화involution 참조).

판도라 Pandora **1.** 판도라는 질병과 죽음을 포함한 삶의 모든 악을 선물로 가져 오는 지하세계의 위대한 여신이다(헤시오도스Hesiodus, 작품과 생애WD 90ff.); **2.** 신의 명령을 거부한 반항적인 (프로메테우스 같은) 존재; **3.** 인간을 괴롭히는 사악한 유혹; **4.** 심리: a. 상상의 비이성적이고 본능적인 경향성; b. 여성의 자위행위와 그것의 객관화된 정서적 결과, 즉 희망만 남은 선과 악.

판사, 심판관 judge **1.** 최고 재판관이 되는 것은 (풍요)왕의 주된 임무였다: 자연의 균형을 회복하는 것이다; **2.** 모든 유럽 국가에서 판사는 샘이나 우물 또는 샘물의 요정으로부터(또는 '근처에서') 신탁내용을 들었다: 지하세계의 최후의 심판관과의 관계; **3.** 사후 심판관: a. 이집트: 깃털feather 참조; b. 그리스: 미노스, 라다만티스, 아이아쿠스는 저세상에서 분쟁을 해결했다: 인간의 법칙과 신의 법칙 모두 땅 자체의 우주적 질서에서 기원하므로 그들은 그 대지의 질서의 수호자들이다; **4.** 말horse(털/머리카락hair) 참조.

판테로스 pantheros (보석) **1.** "중세보석세공집Med. Lap.": a. 검은색, 녹색, 연한 색, 붉은색 등 다양한 색이 있다; 인도의 포효하는 표범이 사자를 두려워하게 만드는 것처럼 판테로스를 햇빛에 두면 사람이 모든 적을 물리칠 수 있는 힘을 얻는다(C 30); b. 오팔처럼 도둑의 수호석이다; 월계수 잎으로 보석을 감싸 손목에 착용하면 사람을 안 보이게 만든다(D 1); c. 남자가 전투에서 적을 이기게 하며 강하게 만들어 준다(F 97); d. 뱀독으로부터 보호해주기 때문에 '사문석'이라고도 불린다(F 112); e. 악한 이웃을 다루는데 유용하다: 사람을 대담하고 강인하게 만든다(F 141); **2.** 아그립파; 모든 색을 가지고 있으므로 그리스어로 '판티크로스pantichros'라고 하며, 다른 모든 돌을 끌어당기고 독에 가장 효과적인 '사이안서스cyanthus'라고도 불린다(오컬트 철학OP 1, 23).

팔 arm (신체) **1.** 힘, 기둥, 활동성: a. 이집트 상형문자에서 이것은 일반적인 활동(특히 이것에서 파생된 행위의 상징); b. "네가 신과 같은 팔을 가지고 있느냐?"(욥기Job 40, 9); c. 힘 기둥; **2.** 빛, 태양광선; **3.** 문장heraldry(紋章): a. 무기: 구름에서 나오는 팔에 들려있는 무기 또는 복수를 위한 하늘로부터의 부르심; b. 근면한 사람; **4.** 별자리: 쌍둥이자리가 지배하는 팔과 어깨; **5.** 맨팔: a. 구원: "여호와께서 모든 민족의 눈에 그의 거룩한 팔을 보이셨다; 그리고 모든 땅 끝까지 이르러 우리 하나님의 구원을 보리라"(이사야서Isa. 52, 10); b. 준비, 특히 보상을 바라지 않는 작업을 위한 준비; **6.** 흰 팔leukolenos: 일리아드Iliad에서는 실질적으로 헤라에 국한되었다(예 1, 55ff.); 오디세이아에서는 별명이 더 자주 사용된다: 나우시카, 그녀의 노예, 그녀의 어머니 등; **7.** 두 팔을 들다: 이집트 상형문자에서는 호출 또는 자기방어를 의미한다; **8.** a. "불만을 품은 자처럼 당신의 팔을 묶어라(포개라)"(베로나의 두 신사Gent. 2, 1); 사랑에 빠지다(창세기Gen. 2, 1); b. 멜랑콜리: 나에게는 "팔을 묶인 채 나와 함께 머리를 매달 사람이 아무도 없다"(루크리스의 능욕Lucr. 79, 3).

팔꿈치 elbow **1.** 헤르메스는 얇은 팔과 큰 팔꿈치를 지녔다(플루타르코스Plutarch, 이시스와 오시리스Isis and Os, 22); **2.** 무릎과 마찬가지로 힘의 원천: '팔꿈치의 윤활유'(땀sweat도 참조); 힘은 생명-영혼의 힘으로 예언의 심령적 성격을 갖고 있다(아래의 3도 참조; 리처드 B. 오니앙Richard B. Onians 190f); **3.** 민속: a. "내 팔꿈치가 가렵다: 나는 동침하는 사람을 바꿔야 한다"(조지 채프먼George Chapman, 과부의 눈물WT 2, 4, 181); b. 가려움은 또한 다가오는 위험에 대한 경고였다(시슬턴 다이어Thiselton Dyer, 셰익스피어의 민속학Folk. of Shak. p. 451; 헨리 4세 1부1H4 5, 1); c. 팔꿈치 긁기: 즐거움 또는 만족의 표시(채프먼), 과부의 눈물 2, 4, 181); **4.** 꿈: 팔꿈치가 아픈 꿈은 진행 중인 일이 중단되고 조력자를 상실한다는 의미이다(달디스의 아르테미도로스Artemidorus of Daldis 1, 42).

팔라디움 palladium **1.** 팔라디움에 대한 이론들: a. 오른손에 창꼬치를, 왼손에는 개구리를 든 팔라스 아테네 여신의 동상; b. 자체적으로 움직이는 자동 기계의 일종; **2.** 기원: a. 펠롭스의 돌고래 뼈; b. 주피터가 일리온(트로이)을 세웠을 때 하늘에서 일리우스의 성막 근처로 팔라디움을 보냈다; 팔라디움이 트로이에 있는 한 도시는 안전할 것이다.

팔라스 아테네 Pallas Athena (미네르바) 아테네Athena 참조.

팔라티노 언덕 Palatine Hill **1.** 로마의 일곱 언덕 중 하나; 아르카디아와 관련있다(파우사니아스Pausanias 8, 43+n.); **2.** 교황의 집(앤드류 마벨Andrew Marvell의 시에서).

팔미라야자나무 Palmyra palm (나무) 브델륨bdellium 참조.

팔찌 bracelet **1.** 묶이는 선물: "이걸 한번 착용해 봐; 이것은 사랑의 수갑이야. 나는 가장 아름다운 죄수에게 이걸 채울 거야"(심벨린Cym. 1, 2); "냘의 사가Njal's Saga": 질투심 많은 여성은 그녀가 사랑하는 남자가 다른 여자에게 사랑을 쏟지 않도록 하기 위해 금

팔찌를 선물한다; **2.** 왕관과 팔찌는 왕실의 속성이다(사무엘하서2Sam. 1, 10); 전설saga에서 금팔찌는 보라색 옷, 외투 등과 함께 가장 가치 있는 소유물이다; **3.** 귀걸이와 팔찌는 아브라함의 하인(엘리에셀Elieezer)이 레베카에게 준 선물이었다; 팔찌는 1.6kg의 금으로 만들어진 것으로 추정된다; **4.** 교훈: "신중함을 배우는 것은 금장식과 같으며 그의 오른팔에 있는 팔찌와 같다"(벤 시라크Ben Sirach 21, 24); **5.** 원circle과 반지ring 참조.

팬, 얕은 냄비 pan (도구) 포위 공격: 에스겔(에스겔서Eze. 4장)은 토판에다가 예루살렘을 그리고 그 위에 철 팬을 놓아 그것으로 그와 도시 사이의 철벽으로 삼을 것과(포위 공격) 이스라엘 족속의 죄악의 속죄양으로서 역할을 하기 위해 왼쪽(나중에는 오른쪽)으로 누우라는 계시를 받았다.

팬지 pansy (식물) **1.** 일반적으로 다음을 의미한다: a. 팬지(또는 '삼색제비꽃' 또는 '팬지꽃')는 가장 초기부터 재배된 꽃 중의 하나이며 그 기원은 아마도 삼색제비꽃일 것이다; b. 원래는 유백색이었지만 큐피드의 화살이 꽃 위로 떨어지면서 "사랑의 상처로 보라색이 되었다"(한여름 밤의 꿈MND 2, 1); **2.** 생각, 환상, 명상(프랑스어의 '생각pensée')의 상징; "그것은 생각을 위한 것"(덴마크의 왕자 햄릿Ham. 4, 5; 또는 골칫거리); **3.** 사랑: a. 이 꽃의 즙은 잠에서 깨어난 사람이 처음 본 대상과 진지한 의도 없이 사랑에 빠지게 하는 마법의 특성을 가지고 있다(한여름 밤의 꿈, 특히 2, 1); b. 결혼: "결혼식에서 여전히 사용되는 에나멜 팬지"(항상 사용된다; 조지 채프먼George Chapman, "오비디우스의 감각의 향연Ovid's Banquet of Sence"); **4.** 태양의 상징: "팬지와 금잔화는 태양신의 연인이다"(마이클 드라이튼Michael Drayton, "고르보와 바트Gorbo and Batte"); **5.** 인간: 팬지의 오각형 모양(5five 참조)은 인간을 상징한다; **6.** 삼위일체와 단일성: 세 가지 색상(3three 참조).

팬케이크 pancake 민속: a. "참회의 화요일을 위한 팬케이크"(끝이 좋으면 다 좋아All's W. 2, 2); b. 아이들은 그날 정오 베드퍼드셔의 콩거 힐에 모여 "노파가 땅속에서 팬케이크를 굽는" 소리가 들리는지 알기 위해 땅에 귀를 댔다. 그리고서 팬케이크 종소리가 여러 마을에서 울렸다.

퍼플 purple (식물) "자유로운 목동들은 보라색 긴 꽃을 더 저급한 이름으로 부르지만, 냉정한 처녀들은 이 꽃을 죽은 자의 손가락이라고 부른다"(덴마크의 왕자 햄릿Ham. 4, 7): '보라색 난초'(=고환testicles), 난초orchid 참조.

퍼플 purple (어류) **1.** 뿔고동처럼 보라색 염료를 만드는 데 사용된 연체동물; 개가 퍼플을 물었다가 입이 보라색으로 물든 것을 보고 염료를 발견하게 되었다(여기에 대한 많은 설명이 있는데 그중에서 아킬레스 타티우스Achilles Tatius 2, 11; 논누스Nonnus 40, 306; 아리스토텔레스Aristotle, 동물사HA 5, 15 등에서 언급됨); **2.** 이 염료는 얻기 힘들고 비용이 많이 들었다; 퍼플이 이 색을 유지하도록 하기 위해서는 한 방의 타격으로 퍼플을 죽여야 했다(클라우디우스 아엘리아누스Claudius Aelianus, 동물의 본성에 관하여NA 16, 1. 플리니우스Pliny 9, 60 및 3, 33과 48도 참조); **3.** 보라색 염료는 아프로디테의 의복에 색을 입히기 위해 사용되었다(아킬레스 타티우스, 앞의 책); **4.** 이 염료의 색이 항상 보라색은 아니다; 폰토스와 갈리아에서는 "이 지역이 북쪽에 가깝기 때문에" 검은색이다; 서쪽 지역에서는 탁한 회청색이다; 남쪽 지역의 태양 근처에 있는 로도스에서는 붉은색이다(비르투비우스Vitruvius 7, 13); 보라색 염료로 가장 유명한 곳은 티레이며 따라서 '티리안 염료Tyrian dye'라고 부른다; **5.** 이것의 추가 특징은 다음과 같다: a. 퍼플은 예리하게 발달한 후각을 가지고 있다(아리스토텔레스Aristotle, 감각Sens. 5, 444b); b. 번식하는 퍼플 무리들은 다른 개체의 등에 붙어 있는 물풀과 녹조를 먹이로 삼는다(아리스토텔레스, 동물사HA 5, 6 및 동물의 세대GA 3, 11; 플루타르코스Plutarch, 윤리론집M 980Cf.); c. 퍼플의 강한 식탐을 이용해서 잡을 수 있다(오피안Oppian, 할리에우티카H 5, 598. 클라우디우스 아엘리아누스Claudius Aelianus, 동물의 본성에 관하여 7, 34); **6.** 약용: a. 석회화된 뿔고동은 농양에 사용할 수 있다(코르넬리우스 켈수스Cornelius Celsus 5, 18, 21); b. 약용

외에도 얼굴과 가슴용 화장품으로 사용되었다(플리니우스Pliny 32, 27).

펀치와 주디 Punch and Judy **1.** 이탈리아의 꼽추 '광대'의 오랜 전통(아르텔란Artellan 희극까지 그 기원이 거슬러 올라가는 것으로 보인다)을 영국 풍으로 만든 인형극; 학식이 많은 자들(박사), 짐승(그의 개 토비), 그의 아내와 자녀를 '죽이는'(또는 극복하는) 반(半)영웅(태양 영웅의 탈주와 '광기'라는 두 개의 주제 모두를 연상하게 한다); 그는 심지어 죽음(교수형 집행인)과 악마도 이긴다; 그의 남근 모자와 꼽추는 그를 지하 세계에 있는 생육을 조작하는 기괴한 대장장이들(헤파이스토스Hephaestos, 윌란트Wieland 같은 유형들)과 연결시킨다; **2.** 전염성 있는 유머와 상투적인 교활함으로 모든 삶과 죽음의 장애물을 극복한다.

페가수스 Pegasus **1.** 페르세우스가 메두사의 목을 베었을 때 그녀의 몸에서 태어난 날개 달린 말; 벨레로폰은 키메라와의 전투에서 페가수스를 탔다; 중세시대에는 종종 히포그리프로 표현되었다(헤시오도스Hesiodus, 신통기Theog. 282 참조); **2.** 그리스: a. 페가수스가 발굽을 내리쳐서 헬리콘산이 하늘로 솟아오르는 것을 막았다; 그 발자국은 히포크레네 샘을 솟아나게 만들었고, 뮤즈들은 영감을 얻기 위해 이 샘의 물을 마셨다; b. 움직이는 구름과 바다에서 피어오르는 수증기; **3.** 강화된 자연의 힘; **4.** 지성과 도덕성: 악에 선을 부여하는 영성화의 능력; **5.** 문장heraldry(紋章): a. 명예로 이끄는 힘; b. 시; c. 영국의 4대 법학원 중 하나인 이너 템플Inner Temple의 상징(해럴드 베일리Harold Bayley II. 59).

페나테스 Penates **1.** 일반적으로 다음을 의미한다: 고대에는 유령 영의 성격을 가진 비인격화된 고대 로마신들이며(라틴어 '누미나numina', 가정의 수호신 라레스The Lares as house spirits 참조) 나중에는 수많은 인격화된 신과 동일시되었다; **2.** 영spirit: a. 곳간과 창고를 지키며 겨울에도 충분하게 식량 공급을 보장하는 권능(로버트 오길비Robert M. Ogilvie, 102); b. 이 이름은 사람, 음식물 저장소 혹은 곳간이라는 뜻의 라틴어 '페누스penus'에서 유래했거나 그 안에 사는 사람들이란 뜻의 '페니투스penitus'에서 파생된 것일 수 있다(마르쿠스 툴리우스 키케로Marcus Tullius Cicer, 신론De Nat. Deor. 2, 68); c. 이들은 다르다노스,에 의해 사모드라게에서 프리기아로, 아이네아스,에 의해 프리기아에서 이탈리아로 전해졌다(마크로비우스Macrobius, 사투르날리아S. 3, 4, 7); d. 이들은 "하늘의 가장 안쪽 깊은 곳에 있으며 그 수나 이름을 알 수 없는" 신으로 묘사되었다(테렌티우스 바로Terentius Varro, 아르노비우스Arnobius, 이교도들에 대항하여Nat. 3, 40에서 인용함); **3.** 신들과 관련된다: a. 포르투나, 케레스, 요비알리스(주피터의 본성), 팔레스와 관련 있다: 모두 여전히 비인격적인 상태이다(아르노비우스, 앞의 책, 카에시우스를 인용함); b. 함께 흥망성쇠하는 것으로 여겨지는 '동의자'이자 '공범자'인 에트루리아의 신들과 관련이 있다: 여섯 명의 남신과 여섯 명의 여신(같은 책; 아마도 그리스 희곡 "카베이로이Kabeiroi"); c. 페나테스는 트로이의 성벽 건설을 도운 넵투누스(포세이돈)와 아폴로와도 관련이 있다(같은 책, 니지디우스를 재인용함); d. 페나테스에는 주피터, 넵투누스, 지하세계의 그림자, 땅 위의 인간과 관련된 네 가지 유형이 있다(앞의 책); e. 일용할 음식을 책임지는 베스타와 관련이 있다(로버트 오길비Robert Ogilvie, 앞의 책; 마크로비우스Macrobius 3, 4, 7, 베르길리우스Vergil, 아이네아스Aen. 2, 293을 인용함); f. 그러나 이들은 주피터, 주노, 미네르바, 판테온의 주신인 세트와 밀접한 관련이 있다: "그들이 없다면 우리는 살 수 없으며 지혜롭지 못할 것이며 그들이 있기에 우리는 이성과 열정, 관념의 지배하에 있다"(아르노비우스, 앞의 책); 왜냐하면 그들은 "우리 안에 숨겨('안의inside의 라틴어 페니투스penitus', 1번의 b 참조)을 주고 우리가 육체와 생각의 힘을 빚지고 있는 신들이며 주피터는 하늘의 중간층, 주노는 가장 낮은 층과 땅, 미네르바는 하늘의 상층부와 관련이 있기 때문이다."(마크로비우스, 앞의 책); g. 그리스에서 이들은 위대한 신('메갈로이'), 선한 신 ('크레스토') 그리고 전능한 신('디나토이')이라고 불렸으며 이는 베르길리우스(아이네아스 3, 12)가 주노를 "위대하고"(아이네아스 3, 437) "선하며"(1, 734) "전능하다"(3, 438; 마크로비우스, 사투르날리아S 3, 4, 9)라고 한 것과 비교할 수 있다.

페니, 청동화 penny 민속: a. 유명한 마법의 주화는 일반적으로 '페니pennies'라고 불린다; b. '페니' 중 몇 가지는 스스로를 지키기 위해 경계하는 일부 가문의 소유였다: 예 리 페니(스코틀랜드 록하트 가문의 가보인 주화): 이것을 물에 담근 다음 고통을 느끼는 환자나 동물에게 주었다; c. 플리니우스Pliny(34, 38)는 이미 세르빌리의 부와 홍망성쇠를 같이하는 일부 가문 소유의 주화에 대해 언급하였다; d. "불길한 페니는 항상 다시 돌아온다"(속담).

페니로열 pennyroyal (식물) **1.** 박하의 일종으로 라틴어 '멘타 풀레지움Menta Pulegium'라고 불린다; **2.** 신화: 데메테르는 메타네이라 여왕의 아들을 양육하는 대가로 그리스어로 '키케온kykeon'이라는 음료를 요구했다; 곡식, 물 그리고 페니로열을 혼합한 이 음료는 후기 신비주의에서도 사용되었다(미르체아 엘리아데Mircea Eliade, 종교사상사 제1권HRI. 1, 96); **3.** 식품 저장고에 매달아 말리며 정확히 동지에 꽃이 핀다(플리니우스Pliny 18, 60; 마르쿠스 툴리우스 키케로Marcus Tullius Cicero, 신국론Div. 2, 14, 33); **4.** 의학: a. 히포크라테스Hippocrates: 따뜻한 성질이며 하제로 쓰인다(식이요법Vict. 2, 54); b. 니칸데르Nicander: 칸다리드 독과 화살 독에 대한 해독제와 일반적인 약제로 쓰이며 단식하는 데메테르의 식이요법에 사용되기도 하였다(테리아카Th. 877; Al 128ff. 및 237); c. 코르넬리우스 켈수스Cornelius Celsus: 각성제(2, 33, 2), 마취제(2, 32) 그리고 모공을 열고(5, 4) 관절의 통증을 치료하는데 사용되었다(5, 18, 32; II, 서문 참조); d. 플리니우스: i. 박하처럼 기절한 사람을 깨어나게 하거나 두통을 완화하기 때문에 침실에 두었다; ii. 체액을 조절하고, 건강에 해로운 물을 정화하고 물리거나 침에 쏘인 곳의 독을 치료하는 데 사용할 수 있다; iii. 매우 뜨거운 성질을 가진 식물로 감기, 경련, 통풍 등의 치료제로 유용하다; iv. 야생 페니로열은 염소와 양을 울부짖도록 자극한다(20, 54: 플리니우스는 이 야생 품종을 '디타니dittany'라고 불렀다); e. 콜루멜라: i. 페니로열의 잔가지로 훈증소독을 하면 병아리에게 생기는 호흡기 전염병을 막을 수 있다(8, 5, 16); ii. 페니로열로 만든 와인은 겨울철에 감기를 치료한다(12, 35: 레시피 참조); f. 힐데가르트 폰 빙엔Hildegard von Bingen: i. 쾌적한 따뜻함과 습기를 가지고 있으며 열을 치료할 수 있는 15가지의 허브 식물의 일반적 특성을 모두 가지고 있다; ii. 페니로열과 포도주로 찜질하면 뇌 질환을 예방한다; iii. 수액은 눈을 효과적으로 치료할 수 있으며 수액 혼합물은 젊은 사람들의 약한 시력을 치료할 수 있다; iv. 식초나 꿀에 탄 페니로열 분말은 위를 깨끗하게 하며 소금 등 기타 재료로 절인 잎은 위의 냉기를 치료한다(자연학Ph. 1, p. 43, 독일어 'Polei'); **5.** 기타 이로운 점: a. 댕기물떼새의 둥지에서 발견되는 돌과 혼합한 페니로열은 짐승이 새끼를 많이 낳게 만든다(알베르투스 마그누스Albertus Magnus p. 8f.: 아마도 개박하와 섞어 사용했을 것이다); b. 로버트 버튼Robert Burton: 악령을 몰아낼 수 있다(우울의 해부Anat. of Mel. 3, 4, 2, 6); c. 사악한 눈으로부터 보호해 준다(안젤로 드 구베르나티스Angelo De Gubernatis, 식물의 신화MP 2, 306f.).

페니키스 phoenicitis (보석) 인간의 분노를 막기 위해 오른팔에 착용하는 붉은 보석(중세보석세공집Med. Lap. F. 81).

페니키아 Phoenicia 영리한 민족들이 사는 시돈과 티레(현재의 레바논)의 도시; a. 지혜(플라비우스 클라우디우스 율리아누스Flavius Claudius Julianus, 연설Or. 4, 134A; 7, 200)와 수학(플라톤Plato, 국가론Rep. 14, 11, 436A)으로 알려져 있다; b. 은과 금세공에 뛰어난 장인들(스트라보Strabo 1, 2, 337; 특히 시도니아인들the Sidonians); c. 일부 사람들은 글을 쓰기 시작한 최초의 민족으로 여기기도 한다(퀸투스 쿠르티우스 루푸스Quintus Curtius Rufus, 4, 4, 19ff.); d. 위대한 식민지 개척자: 이들은 항해와 무역 기술로 유명하여 카르타고, 보이오티아 테베, 스페인의 가데스 또는 카디스를 포함한 다양한 지역을 식민지화했다; 하지만 어쩌면 잦은 지진 때문에 강제로 이주해야 했을 수도 있다(스트라보 16, 757); e. 키케로Cicero: "이 작은 페니키아 사람이여… 너의 종족의 영리함은…"(최고선악론Finib. 4, 22, 56); f. 페니키아인들은 보라색을 좋아했다고 전해진다(필로스트라투스Philostratus, 상상Im. 1m, 28).

페니티스 paenitis (보석) "중세보석세공집Med. Lap.": a. 여성의 돌이며 때로 그 안에 또 다른 돌을 품고 있다(F 114); b. 페니티스는 임신과 출산을 용이하게 하고 부모에게 도움이 되며 노여움을 완화시킨다(F 139).

페르세아, 녹나무 persea (나무) **1.** 이집트와 페르시아 신화에서 신성하게 여긴 열매맺는 나무; '사막대추야자'나 '여리고 대추야자'였을 수도 있다; **2.** 이시스에게 바쳐졌다: a. 인간의 심장을 닮은 열매와 혀를 닮은 나뭇잎 때문에 진실을 사랑하는 이시스에게 바쳐졌다(플루타르코스Plutarch, 이시스와 오시리스IsOs. 68. 윤리론집M 378C); b. 그녀는 종종 손에 녹나무 왕관을 들고 있는 것으로 묘사되었다(안젤로 드 구베르나티스 Angelo De Gubernatis, 식물의 신화MP. 2, 284); c. 또한 이시스의 아들인 하포크라테스에게 바쳐졌다; **3.** 오시리스에게 바쳐졌다: 그의 무덤(혹은 무덤 중 하나)은 필라에섬에 있는 녹나무 그늘 아래에 있었다고 한다(플루타르코스, 윤리론집 359B); **4.** 희망과 작별의 장례식 상징으로 무덤에서 발견되었다(안젤로 드 구베르나티스, 앞의 책); **5.** 시기: a. 이집트: 파라오의 대관식에서 그의 나이와 수명이 녹나무 잎에 새겨졌다(새뮤얼 후크Samuel Hooke, 신화, 제의 및 왕권MRK. p. 79); b. 그리스-로마: 의례 행렬 중 한 손에는 녹나무 왕관을 다른 한 손에는 종려나무 가지를 드는 것은 풍자적인 '펜테테리스'(역주: 고대 로마의 인구조사 주기인 5년의 시간 단위) 또는 '대제계lustrum(역주: 펜테테리스의 끝을 알리는 정화 의례)의 상징으로, 4년의 주기 또는 4년마다 개최되는 축제를 의미한다(그리스어 '펜타penta'=5는 4년 후 5년 차에 연례 축제가 개최된다는 것을 의미한다); 아테나이오스Athenaeus, 5, 198b); **6.** 기독교인: 녹나무는 성가정(聖家庭)이 헬리오폴리스를 지날 때 성모마리아와 아기 예수 앞에 절했던 나무였다(레지널드 위트Reginald Witt, 26, 소조메누스Sozomenus, 교회사Eccl. Hist. 5, 21을 인용한다); **7.** 약용: 녹나무의 단단한 열매를 갈아서 올리브유와 혼합해서 복용하면 납중독을 치료할 수 있다(니칸데르Nicander, 알렉시파르마카Al. 98f.); **8.** 이 나무는 페르세우스와 연관이 있다(니칸데르, 앞의 책).

페르세우스 Perseus **1.** 신화: 제우스와 다나에의 아들. 제우스가 황금비로 변신하여 다나에를 임신시켰다('신성결혼hieros gamos'; 결혼marriage 참조). 페르세우스는 고르곤 메두사의 목을 벤 후 하늘로 날아갔다; **2.** 기독교적 해석; a. 페르세우스는 처녀 어머니에게서 태어난 그리스도의 탄생을 예표이다(다나에Danae 참조): 예 순교자 유스티누스Justin the Martyr, 트리포와의 대화Triph. 67, 2); b. 그가 메두사의 목을 베고 날아가는 것은 다음을 의미한다; i. 현자가 죄악을 정복하고 미덕을 쌓는 것; ii. 그리스도는 마귀에게 승리하고 아버지에게로 올라간다(장 세즈넥Jean Seznec, 이교도신들의 생존SPG. 223, 보카치오Boccaccio, 창세기 Gen. 14, 10, 12에서); c. 세 가지 형태의 공포와 맞서는 고결한 지혜(예 즉, 고르곤의 세 자매s; 오비디우스 도덕론Ovide M; 4, 5793ff.); **3.** 아틀라스Atlas, 다나에 Danae, 페르시아Persia 참조.

페르세포네 Persephone (코레kore; 라틴어 프로세르피나Proserpina) **1.** 그녀가 하데스에게 강간당했을 때 그녀의 어머니 데메테르/케레스는 페르세포네가 1년 중 113일은 하데스와 함께 보내고 213일은 어머니인 자신과 보내는 것으로 양보했다. 그녀는 지하 세계에서 석류를 먹었기 때문에 지상세계로 완전히 돌아갈 수 없었다; 먹기 eating 참조; **2.** (다산의) 위대한 여신의 처녀(그리스어 '코레Kore')이자 어머니인 두 가지 측면을 상징한다; **3.** 그녀의 노년 측면인 헤카테는 영혼을 보내고 유령을 다스리며 인간에게 저주를 실행하는 능력으로 나타난다; **4.** 비옥한 토양과 봄; **5.** 일반적으로 다음에 상응한다: a. "추수 처녀Harvest Maiden"; b. "곡물의 어머니Mother of the Corn".

페르시아 Persia **1.** 기원: 페르시아 민족은 황금에서 기원하는데, 이는 황금비로 임신한 다나에가 페르세우스를 낳았고 페르시아 민족의 이름이 그의 이름에서 유래하기 때문이다; **2.** 이들은 (에덴동산과 연결된다) '고대의 정원사'였다; **3.** 페르시아 카펫: 비록 높은 평가를 받기는 했지만 카펫은 페르시아인들의 성적 타락의 일반적인 증거로 이로 인해 다칠까봐 카펫을 사용했다 (크세노폰Xenophon, 키로파에디아Cyr. 8, 8, 16); **4.** 이들은 자신의 '어머니들'과의 근친상간으로 비난받았다: 이러한 오명은 아마도 젊은 왕이 죽은 아버지의 말과 하렘(역주: 아내, 후궁, 또는 궁녀들이 머무르는 곳)을 물려받는 관습에서 비롯되었을 것이다. 아버지의 하렘은 젊은 왕에게 자신의 하렘을 형성해 나가는 일반적인 출발선이 되었을 것이다(플루타르코스Plutarch, 윤리론집M 328+n; 동방박사들도 동일한 관습으로 비난 받았다(필로 유다이오스Philo Eudaeus, 특별법Spec. 3, 13n.; 알렉산드리아의 클레멘스Clement of Alexandria, 스트로마타Strom. 3, 2, 11; 훈교자Paed. 1, 7; 테르툴리아누스Tertullian, 국가Nation 1, 15 및 사과문Apol. 9; 섹스투스 엠피리쿠스Sextus Empericus, 피로네이오이 주의사항Pyrr. 3, 305); **5.** 마법의 창시자들: 페르시아에서 강령술이 처음 시행되었다(타티아누스Tatianus, 1; 윌리엄 캑스턴William Caxton, 세계의 거울MW 2, 8); 6. 추가적 특성: a. 이들은 유명한 궁수들이었다(클라우디아누스Claudianus 32); b. 페르시아 관료들에게는 타고난 거만함이 있다(카이사레아의 프로코피우스Procopius of Caesarea, 전쟁의 역사HW 1, 11, 33; 암미아누스 마르켈리누스Amminanus Marcelinus 23, 6, 75ff. 참조: 더 광범위한 설명을 위해서 그는 페르시아인들과 파르티아인들을 혼용하였다).

페리덱시온 peridexios (나무, 식물) **1.** 유명한 인도 식물: '덴드로스 페리덱시온dendros peridexios': 두 개의 그림자를 만들어 내기 때문에 '양손잡이 나무'라고 한다(옥스포드 그리스어-영어사전OGL 참조; 유사한 것은 플리니우스Pliny, 16, 13, 64 참조); **2.** 동물 우화집 "피지올로구스Physiologus": a. 가장 달콤한 과일이 열리며 매우 유용하다; b. 이 나무는 마리아를 덮으신 지극히 높으신 하나님의 능력과 닮았다(누가복음Luke 1, 35); c. 비둘기는 이 나무의 열매를 매우 좋아하지만, 비둘기의 천적인 뱀serpent은 나무뿐만 아니라 이 나무의 그림자까지도 두려워한다; 나무의 그림자가 서쪽에 있으면 뱀은 동쪽으로 간다. 그러나 비둘기는 이 나무에서 멀어지면 죽게 된다. 우리가 영적인 열매(평화, 은혜, 능력, 관대함 등)를 먹으면 부정한 악마가 우리에게 접근할 수 없다. 그러나 우리가 죄악에 빠져 '생명나무'(즉, 십자가)에서 멀어진다면 악마가 우리를 찾아낼 것이다(1, 34); **3.** 그러므로 이 나무는 하나님의 상징이다(터렌스 화이트Terence White, 동물에 관한 책Bk of Beasts p. 159: 여기서는 이것을 '페린데우스'라고 부른다).

페린데우스 perindeus (나무) 페리덱시온peridexios 참조.

페스, [문장heraldry(紋章)의] 가운데 띠 fess(e) 문장heraldry(紋章): 문장이 새겨진 물건의 1/3을 차지하는 명예로운 띠 문양 가운데 하나; a. 군대에 복무한 보상으로 장병에게 주는 명예로운 허리띠나 띠를 가리킨다; b. 종종 시의회 의원이나 공공의 복지를 위해 일할 준비가 된 사람이 갖고 다녔다; c. 견고함, 지지와 힘, 강인한 성격 등.

페티코트 petticoat 붉은색 페티코트(엘리자베스 1세 여왕 시대의): 매춘부(헨리 4세 1부1H4 1, 1, 2; 헨리 4세 2부2H4 2, 2, 2 참조).

페퍼민트 peppermint (꽃) **1.** 진심: 페퍼민트는 향과 풍미 때문에 진심의 표시이다; **2.** 일반적으로 보라색 줄기가 있는 영국 블랙 페퍼민트는 귀하고 비싸다.

펜테우스 Pentheus **1.** 디오니소스 숭배를 반대했던 테베의 왕으로, 그는 디오니소스의 비의를 염탐하다가 발각되어 자신의 어머니와 마에나데스들에 의해 비극적으로 살해당했다; **2.** 오비디우스 도덕론Ovide M: a. '신화'에 나오는 디오니소스의 추종자들은 술꾼이며 '사치(욕정)'를 열망하는 사람들로 표현된다; 이들은 특정 교파 신도들 사이에서 그 수가 계속 증가한다; 펜테우스는 현자이고 테베의 거주자들은 자신들의 탐욕을 위해 신을 잊은 사람들이다; 이들은 그리스도를 죽인 유대인들을 대표할 수 있다(도덕론 3, 2528ff.); b. 그러나 디오니소스는 그리스도와 동일시될 수 있으며 펜테우스는 그리스도를 박해했던 유대인들과 이방인들의 역할이다; 또한 아케스테스는 하나님이 감옥에서 구해 낸 사도 베드로일 수 있으며, 그렇다면 펜테우스는 "타락한 헤롯 왕"이다; 사도를 학대했던 비열한 자들은 지옥에서 그들의 죄를 속죄한다(도덕론 2741ff.).

펠리컨, 사다새 pelican (새) **1.** 펠리컨은 굶주린 시기에 날개로 새끼를 쳐서 죽인 다음, 암컷(혹은 참회한 수컷 펠리컨)은 오른쪽 가슴에서(또는 숫컷 펠리컨의 피로) 뿜어 나오는 피를 새끼에게 끼얹어(먹이는 것이 아니라) 되살려 낸다; **2.** (부모의) 사랑: "자기 가슴의 피로 새끼를 기르는 펠리컨처럼 내 피를 바치겠소."(덴마크의 왕자 햄릿Ham. 4, 5); **3.** 외로움: "광야의 당아새"(시편Ps. 102, 6); **4.** 군생; 이동: 펠리컨은 갈리아 북쪽 끝에서 로마로 이동한다; **5.** 탐욕: 이들은 만족할 줄 모른다(플리니우스Pliny 10, 66); **6.** 멜랑콜리; **7.** 기독교: a. 고통받는 그리스도, 성체; b. 부활; 뱀의 반대; c. 동정녀가 아들을 낳을 것이라는 증거 중 하나; d. 참회의 상징; **8.** 연금술: 변환의 용기vessel는 '참되고 현명한 펠리컨', 즉 그리스도이다; 죽음에 이르렀던 이들에게 이전의 안전을 회복시킨다; **9.** 문장heraldry(紋章)(날개를 펴고 새끼를 '기른다'): a. 효도; b. 희생할 준비가 된 기독교인; **10.** 딜런 토머스Dylan Thomas: "연결된 행성 속에 자리하여 원을 그리는 펠리컨": 천문학적으로는 행성, 해부학적으로는 수송관(輸送管), 조류인 펠리컨은 아마도 행성 궤도=은하Galaxy=은하수=젖가슴=원circles을 의미한다; 그 다음은 그리스도=젖먹이로서의 시인, 시인은 젖먹이, 나중에는 생명을 주는 존재.

펠리토리 pellitory (식물) **1.** 다음의 두 개의 식물(속)에 사용되는 명칭: a. 첫 번째는 라틴어 '아나시클로스 피레트룸Anacyclus Pyrethrum' 또는 '스페인 펠리토리Pellitory of Spain' 또는 화란국화,가 속한 속이다; b. 두 번째는 라틴어 '파리에타리아 오피시날리스Parietaria officinalis' 또는 '벽틈에서 자라는 펠리토리Pellitory of the Wall'이다; **2.** 코르넬리우스 켈수스Cornelius Celsus: 두 번째 식물은 외용으로 진정제나 해열제로 사용되었고(2, 33, 2) 그 즙은 열이 날 때 머리에 바르거나 관절의 통증이나 구진에 바르기도 했다(3, 18, 9; 4, 31, 7; 5, 28, 18).

편지 letter **1.** 의사소통; **2.** 마법이 충만한 편지는 상징들로 채워져 있기 때문에 종종 부정적인 의미에서 배신이나 죽음을 알리는 것이다; **3.** 민속: "수요일에 재채기를 하면 편지가 온다"(역주: 미신): 재채기sneezing 참조.

평원 plain **1.** 현실의 땅; 신비로운 산의 반대; 들판field, 언덕hill, 목초지meadow 참조; **2.** 단테Dante: "어두운 평원Dark Plain"(예 신곡 지옥편Inf. 2): 그곳에는 선하지도 악하지도 않은 자들의 영혼이 배회했고 이들은 천국과 지옥에서 추방된 자들이었다; 이들은 이성을 잃은 자들로 변화하는 깃발을 따라다녔다; **3.** 진리의 평원: 삼각형 형태로 배열된 183개(3 × 60 + 3각)의 세계가 있다; 이 세계들 사이에 진리의 평원이 있으며 그곳에는 지금까지 있어왔고 앞으로 존재하게 될 모든 것의 형태와 패턴의 근거가 있다(플루타르코스Plutarch, 신탁의 쇠락에 관하여Decl. of the Oracles).

폐 lungs 폐와 유방은 게자리의 지배를 받는다.

포 강 Po 타구스 강과 더불어 황금 잔해와 가장 관련 있는 강이다(플리니우스Pliny 33, 21).

포도 grape (식물) **1.** 포도주 상징성과 동일한 상징성을 갖는다: 취함, 축제, 환대; 포도나무vine도 참조; **2.** 결실이 많음: 석류, 무화과와 함께 가나안에서 돌아온 정탐꾼들이 가져온 최초 과일이다(민수기Num. 13, 23 및 20, 5); **3.** 쾌락, 정욕: 예 고블릿goblet 참조; **4.** 희생: 포도주=피; 성찬식; **5.** 젊음; 죽음Death을 가져오는 치명적인 사과의 반대: 부활; **6.** 다음 인물들의 상징: a. 모세, 갈렙, 여호수아, 에브라임 지파; b. 그리스도: 하나님의 어린 양으로서 그는 종종 포도나무와 가시나무 사이에 서 있는 것으로 표현된다; c. 미트라; d. 디오니소스/바쿠스; **7.** 중세 문헌에서 두 사람이 가져온 것: 즉, 첫 번째 사람은 유대인을 나타내고 두 번째 사람은 이교도를 나타낸다; **8.** 히브리 속담: "아버지가 신 포도를 먹었으므로 자녀의 이가 시리다"(=아버지가 죄를 지었으므로 자녀가 이로 인해 고통을 당한다: 예 예레미야서Jer. 31 29 및 에스겔서Eze. 18); **9.** 포도 잎: 가끔 대중 예술에서 이브의 은밀한 부분을 숨기는 데 사용된다; 아담의 무화과 잎의 반대; **10.** 포도와 뽕나무의 즙은 코끼리가 싸움을 열망하도록 만드는 것으로 알려져 있다(마카베오전서1Machab 6, 34); **11.** 데이비드 H. 로렌스David H. Lawrence: 장미rose 참조.

포도나무, 덩굴 vine (식물) **1. 다산**의 신에게 바쳐졌다: 포도나무는 최초의 농산물이다(따라서 일반적인 풍요를 상징한다); 농사를 가르친 신들은 포도주 재배를 가르친 신들이었다(예 창세기Gen. 9, 20; 시편Ps. 104, 15; 이사야서Isa. 16, 8 등); A. 신들에게 바쳐졌다: a. 오시리스에게 바쳐졌다: "주께서 애굽에서 포도나무를 가져오셨다"(시편 80, 8); b. 대홍수 이후 생존자들에게 바쳐졌다: 데우칼리온의 아들 오레스테우스 시대에 흰 암캐 한 마리가 그가 심은 막대기를 뿌려 포도덩굴로 자라게 했다(파우사니아스Pausan. 10, 38); 참조: 노아는 또한 벌거벗음과 관련이 있다; c. 디오니소스/바쿠스에게 바쳐졌다; d. 그리스도; "나는 참포도나무요 내 아버지는 농부시니"(요한복음John 15, 1ff.), "나는 포도나무요 너희는 가지라"(요한복음 15, 5) 등; B. 자연 창조의 확실한 원천으로서 위대한 여신에게 바쳐졌다: a. 암캐로서의 하얀 여신: 1번의 A, b 참조; 이카리우스의 개 마에라('반짝이는'이라는 뜻의 여러 고대 암캐들의 이름, 예 헤쿠바는 시리우스와 관련된다)가 이카리우스의 딸 에리고네(아마도 '포도주' 또는 '풍부한 자손')를 데리고 갔다; 그 곳은 그녀의 아버지가 양치기들에게 포도주 사용법(결국 디오니소스에게 배웠던)을 가르쳤다는 이유로 살해당한 곳이었다; 포도는 한여름에 익는다; 참조: 아르고선 선원들이 포도나무 그루터기로 만든 레아의 신성한 형상(로디우스의 아폴로니오스Apollonius Rhodius, 아르고호 항해기Arg. 1, 1117); b. 포도나무는 여성에 대한 함축적 의미를 갖고 있다: "네 아내는 열매 맺는 포도나무 같을 것이요"(네 자식들은 감람나무 같으리로다: 시편 128, 3; 아래의 6번 참조); **2. 만취**, 영감, 광적인 정욕; 예 애굽 사람들은 포도주가 사람들에게 폭력을 유발하기 때문에 거인의 피에서 나온 것이라고 했다; **3. 가을**: a. 수확, 기쁨과 들뜨는 흥분의 기간; b. 켈트: 포도나무는 추분이 속하는 열 번째 달인 9월과 연결되었다(2-29); **4. 부활**: a. 거의 모든 형태의 식물의 삶처럼; b. 이것은 나선형으로 위쪽으로 자라는 담쟁이덩굴과 비슷하다(부활의 상징); 디오니소스의 지팡이(티르수스)처럼 담쟁이덩굴과 밀접한 관련이 있다; c. '생명의 물(브랜디)'로 영원한 생명과 젊음을 준다; d. 이것은 때때로 생명나무의 변형된 형태, 즉 세 개의 세계를 연결하는 사다리이다. **5. 안전**, 행복: 자신의 포도나무를 조용히 소유하는 것은 평온한 행복을 상징한다(창세기 49, 11); 포도나무와 무화과나무 아래에서 평안히 살았더라(예 열왕기상서2Kings 4, 25); **6. 느릅나무**와 함께 있는 포도나무: 부부 관계의 이상적인 상징이다; **7. 권위**: 포도나무 지팡이는 체벌을 가할 수 있는 그의 권력을 나타내는 로마 백부장의 휘장이었다(나소 P. 오비디우스Naso P. Ovid, 사랑의 기술De Art. Am. 3, 527); **8. 히브리**: a. 이스라엘의 가장 가치 있는 산물 가운데 하나로서, 포도나무는 여호와와 관련하여 이스라엘의 상징이다(이 포도나무는 가치가 없어져 에스겔서Eze. 15장에서 불태워지는 것이다); 황금 포도나무는 예루살렘 성전의 장식품이었다; b. 에브라임 지파; **9. 기독교**: a. 포도나무+밀: 성찬식; b. 포도나무+포도나무 막대기: 형제애fraternal love; **10. 문장**heraldry(紋章): a. 환대, 관대함; b. 행복, 진실, 믿음; **11. 윌리엄 블레이크**William Blake: 우정; 12. 포도grape, 포도원vineyard, 포도주wine 참조.

포도원 vineyard **1.** 보통 기쁨의 장소, 통곡의 장소(예 아모스서Amos 5, 17); **2.** 여성의 몸의 비유(아가서SoS 1, 6; 2, 15; 8, 11f. 등).

포도주, 와인 wine **1.** 피를 대체하는 **제물로 바치는 신주**: a. 그리스-로마: 농업 경작을 가르친 신, 디오니소스/바쿠스의 신성성; '피'의 섭취는 다산을 촉진한다; 비날리아(11월)의 포도주 축제; b. 기독교: 그리스도의 신성한 피, 최후의 만찬, 축성의 포도주; 율법에 추가되는 자비와 성물; c. "인생의 포도주는 다 사라지고, 이 저장고에 자랑할 것이라곤 찌꺼기밖에 없소"(맥베스Mac. 2, 3); **2. 취함**, 영감, 지혜: a. 취함으로써 인간은 신의 삶의 방식에 참여하게 된다; b. 이것은 시인들에게 적합한 음료이다: 과거에는 계관시인이 되면 포도주를 받았다; **3. 젊음**, 부활, 영생: a. 이집트인들의 무덤 부장품; b. 세상의 파괴(특히 홍수)에서 살아남은 여러 생존자는 포도주, 벌거벗음, 근친상간과 연관된다: 롯, 노아, 데우칼리온 등; c. 심지어 스스로 불을 지르도록 동물들에게 포도주를 주었다(호메로스Homer, 일리아드Il. 8, 189); **4. 욕정**: a. '포도주를 섞는 것'은 정액에 대한 완곡한 표현이다(예 아가서SoS 7, 2, '포도주가 독한 술로 표현된다'); 또한 잔goblet 참조; b. 요한계시록Rev.의 음행의 포도주; **5. 진실**: 이미 알카이오스(그리고 테오크리토스)의 글을 통해 어떤 사람들은 포도주를 마신 후에만 진실을 이야기한다는 것을 알고 있다: "포도주, 나의 사랑스러운 아이여, 그리고 진실이여"; **6. 폭력**, 정화(퇴행을 통한), 신의 형벌: a. 강포의 술(잠언Prov. 4, 17); b. 하나님의 격렬한 분노의 포도주(요한계시록: 와인 압착틀wine-press 참조); **7. 놀라움**(시편Ps. 60, 3); **8. 바다**: 예 호메로스에서 바다는 거의 언제나 포도주색으로 표현된다; **9. 히브리**: 유월절에서 제공된 네 잔의 포도주는 구원에 대한 네 개의 약속을 의미한다: 이 네 개의 약속은 "너를 낳고, 너를 불러내고, 너를 구원하며, 너를 민족으로 삼는 것이다"; **10. 새 포도주**를 낡은 가죽 부대에 넣지 아니하나니 그렇게 하면 부대가 터질 것이다: 새로운 형태의 생명을 오래된 것에 넣는 것은 불가능하다(마태복음Matth. 9, 16); **11. 포도주를 만드는 자**: a. 모든 서양의 농업 영웅은 처음에 포도주(혹은 벌꿀술)를 만드는 자들이었다; b. 아니오스의 딸들: 한 명은 만지는 모든 것을 기름으로 변화시켰으며, 또 한 명은 옥수수로 변화시켰고, 또 다른 한 명은 포도주로 변화시켰다; 디오니소스는 이들이 트로이전쟁에 강제로 참가하지 않도록 비둘기로 변신시켰다; **12.** 개미ant; 포도grape; 포도나무vine; 와인 압착틀wine-press 참조.

포도주를 담는 가죽 부대 wineskin **1.** 사티로스와 실레노스의 상징(='포도주 부대'); **2.** 기독교: 죄, 사악한 마음가짐, 무거운 가책; **3.** 그리스어로 '포도주 부대를 푸는 것': 비너스적 기쁨. 남근 모양의 염소 발과 잘 늘어나는 가죽의 결합; **4.** 토머스 S. 엘리엇Thomas S. Eliot: "비어 있는 포도주 부대를 차는 발": 죽음(포도주=생명 등: "동방박사들의 여행Journey of the Magi").

포도주병 flagon 구약성서: **1.** "너희는 건포도로 내 힘을 돕고 사과로 나를 시원하게 하라 내가 사랑하므로 병이 생겼음이라"(아가서SoS 2, 5); 여기에서 '병flagon'은 포도 케이크일 수 있다; **2.** "건포도 과자"(호세아서Hos. 3, 1)는 우상숭배를 가리킨다: 이스라엘 자손은 "다른 신을 바라보고 포도 케이크를 사랑한다"; 아마도 아가서SoS에서와 같은 떡(케이크)일 것이다; 이 단어는 떡(케이크)을 '좋아하는 자'에 관한 것일 수 있으며 이 포도(그리고 무화과) 떡(케이크)이 바쳐졌던 신을 가리키는 것일 수 있다; 케이크cake, 무화과fig도 참조.

포르투갈 Portugal **1.** 스트라보Strabo: a. 과일, 가축, 풍부한 광물로 축복받은 나라; b. 포르투갈 사람들은 약탈을 저질렀다: "매복하고 정찰하는 것에 능숙하며, 빠르고 민첩하여 병력을 배치하는 데 능하다"; c. 이들은 켈티베리안과 같이 깨끗한 위생습관을 갖고 있다(디오도로스 시쿨로스Diodorus Siculus 5, 33 참조); d. 이들은 점술에 빠져들면서 포로들의 생명을 희생제물로 여겼고 심지어 포로들의 오른손을 베어서 신에게 바쳤다; e. 이들은 보통 물이나 맥주를 마시고 포도주는 거의 마시지 않으며 식사할 때 벽을 따라 고정된 자리에 앉는다(3, 3, 3–7); **2.** 대륙의 가장 서쪽에 있는 나라로, 예를 들어 특히 남부 국가 이탈리아의 이야기 등에서는 종종 어린 왕자나 공주가 죽어야 할 곳(일몰)으로 묘사되며, 축복받은 자들의 낙원Paradise of the Blest이나 헤스페리데스의 정원 등의 장소이기도 하다(안젤로 드 구베르나티스Angelo De Gubernatis, 식물의 신화MP, 265); **3.** 결핵 발병율이 높은 나라이다(죠슈아 실베스터Joshua Sylvester, 기욤 드 살루스테, 시에르 드 바르타의 신성한 시기와 작품DB 2, 1, 3, 511); **4.** 오렌지orange 참조.

포르투나 Fortuna **1.** 기원: a. 아마도 대지와 다산의 여신에서 유래한 것으로, 이것이 그녀의 조각상이 로마의 옥외 화장실에 세워진 이유일 것이다(알렉산드리아의 클레멘스Clement of Alexandria, 그리스도인을 설득함Pr. 4, 44); b. 대지의 여신으로서 그녀는 '자연의 균형'을 상징했다; 이 개념은 정의의 여신(균형의 여신 마트/테미스: 다음의 3번 참조)과 행운과 기회의 여신(수레바퀴wheel; 다를 지닌 여신음의 2번 참조)으로 나뉘며, 이는 그녀가 가장 중요하게 유지한 마지막 기능이다; 이러한 이유로 그녀는 바람에 비유되었다(디오 코케이아누스 크리소스토무스Dio Cocceianus

Chrysostomus 63, 7); **2.** 행운의 여신으로서의 그녀의 상징: a. 그녀는 면도날 가장자리에 놓여 있으면서 균형을 잘 잡고 있지만 (좋은) 행운이 불운으로 바뀔 수 있는 갑작스러움을 의미한다(예 호메로스Homer, 일리아드Il. 10, 173); b. 구체(球體)에서: 또한 운이 쉽게 바뀔 수 있음을 나타낸다; c. 그녀는 또한 바퀴 위에 서 있는 것으로 묘사된다; d. 그녀는 또한 인간의 삶(의 배)을 조종할 수 있는 방향타도 잡을 수 있다; e. 그녀는 행운의 여신으로서 아기 제우스를 키웠던 염소 아말테이아의 신성한 '풍요의 뿔Cornucopia' 또는 '풍요의 뿔Horn of Plenty'을 가지고 있다(모두 디오 코케이아누스 크리소스토무스, 앞의 책 및 44, 7). 다음의 5번도 참조; **3.** 정의의 여신인 아드라스티아/네메시스는 정의와 보복의 여신이고, 날개가 있으며, 그녀의 발아래에는 키 또는 방향타와 바퀴가 있다(암미아누스 마르켈리누스Ammianus Marcelinus 14, 11, 26; 파쿠비우스Pacuvius, 작품의 일부 14 및 퀸투스 플라쿠스 호라티우스Quintus Flaccus Horatius, 송가Odes. 1, 34 참조); **4.** 로마 황제에 대한 특별한 의미: '포르투나 아우구스티Fortuna Augusti' 또는 '황제의 운'은 여신이 통치자들에게 승리를 수여하는 것으로 근동에서 따온 관습이었다; 서기 2세기에 황제들은 가는 곳마다 '포르투나 레지아Fortuna Regia'(왕실 재산Royal Fortune) 여신의 황금 동상을 지니고 다녔으며 이 동상은 다음 황제 즉위 시 그에게 전해졌다; **5.** 포르투나의 꿈에 관한 아르테미도로스의 해석: a. 그녀가 바퀴 위에 서 있으면(로쉐Rocher V 1342 참조) 불안정한 기반이라 모두에게 해롭지만 만약 방향타를 잡은 상태면 움직임을 예측할 수 있다; 그녀가 앉아 있거나 누워있는 경우에는 안전하고 고정되어 있어서 상태가 좋음을 나타낸다; b. 더욱 풍성하고 아름답게 옷을 입을수록 좋다; 그러나 어떤 사람들은 그녀가 조각상이 아닌 아름다운 실제 사람으로 보인다면, 이는 더 가난해지는 것을 의미하는데, 다른 사람들이 아닌 자신만을 위해 시간을 쓰기 때문이다; 그녀가 무시당하는 것처럼 보일 때에는 다른 사람들을 돌볼 것이다; 아르테미도로스Artemidorus는 이를 믿지 않는데, 포르투나는 "꿈 꾸는 이들의 소유물 그 자체일 뿐"이기 때문이다(2, 37); **6.** 중세시대: 아서왕은, 모드레드와의 마지막 결정적인 전투 직전에 꾼 꿈에서 포르투나의 바퀴가 산꼭대기에 있는 것과 자신이 거기 가장 높은 곳에 앉아 있는 모습을 보았다("모르테 아서Mort Artu" 176; 참조: 두운체Allit. "모르테 아서" 3238ff, 로마에 입성하기 전의 같은 꿈에서).

포르투나투스 Fortunatus　중세시대에 인기 있는 소책자에 등장하는 영웅: 곧 굶주릴 위기에 처한 키프로스인은 행운의 여신을 만나 재물, 아름다움, 건강, 지혜 중 하나를 선택할 수 있는 기회를 얻었다(주제: 영웅의 선택); 그는 재물을 선택했고 결코 비워지지 않고 늘 채워지는 지갑을 받았다(주제: 무궁무진한 재물); 그는 카이로의 술탄에 갔을 때 원하는 곳으로 데려다 주는 소원 모자를 얻었다; 그는 이 모자를 사용하여 고국으로 돌아가 호화로운 삶을 살았다; 그가 죽자 그의 두 아들(포르투나투스의 다양한 형태 중 부정적인 모습)은 이런 호화로움에도 만족하지 않고 무모함과 어리석음을 더해 재앙을 가져왔다(주제: 불길한 선물); 이 이야기의 분명한 교훈은 그가 지혜를 선택했어야 했다는 것이다; 이 이름은 나중에 파우스트로 진화했다.

포석, 포장도로 pavement　**1.** 빌라도는 '돌을 깐 뜰'이라고 부르는 포장된 길에서 그리스도를 심판했다(요한복음John. 19, 13-15); **2.** 어린이들에게 포석 경계를 밟으며 걷는 것은 불길한 것이었다; 어린이들은 "곰들아, 곰들아, 내가 사각 포석 돌만 밟는 것을 지켜보렴" 하고 웅얼거리며 익살스러운 장난을 친다;

포세이돈 Poseidon (넵투누스)　**1.** 바다의 신이자 하늘의 신: 상부 물의 신: 구름, 비, 풍요; **2.** 가을의 신; **3.** 말horse의 신: 그는 최초의 말을 창조했다; **4.** 심리: 영혼의 가장 깊은 층(바다=무의식), 때로 부정적인 면도 있다(폭풍이 일어나 파괴적일 때).

포옹 hugging　죽임: 다이달로스가 적을 무찌르기 위해 만든 청동 로봇 탈로스와 관련이 있다; 그의 연료는 '이코르'(신들의 피)였는데 메데아가 이를 뽑아버리자 그는 힘을 잃었다; 아마도 신성한 왕 신화와 관련되는 것으로 보인다. 신성한 왕의 신성성은 그의 발꿈치와 관련되었다.

포옹하다, 받아들이다, 감싸다 embrace 1. 결합, 연모, 사랑의 상징: "무덤은 훌륭하고 사적인 공간이지만 그 누구도 그곳에서 포옹하지는 않는다"(앤드류 마벨Andrew Marvell, 그의 수줍은 숙녀에게To His Coy Mistress); 2. 화합; 3. 속임수: 유다의 키스Judas' Kiss 참조; 4. 상대보다 아랫사람이거나 호의를 구하는 사람은 상대의 팔이나 발을 감싸 안는다; 그러나 발을 감싸는 마법의 힘에 대해서는 발foot도 참조.

포위공격 siege 사랑-전쟁의 상징에서 사랑하는 사람은 요새나 성에 비유되며 사랑하는 사람은 깨어져야 하는 '벽'을 갖고 있다.

포크 fork 1. 악의; 2. 고문 도구; 3. 두 갈래: a. 하데스Hades의 죽음의 상징; b. 쇠스랑pitch-fork 참조; 4. 세 갈래: 카두세우스caduceus 그리고 삼지창trident 참조; 5. 딜런 토머스Dylan Thomas: a. 가랑이; b. 갈라짐forking 참조; 6. 민속: a. 포크를 떨어뜨리는 건 여성이 도착할 것을 예견한다(단, 숟가락spoon 참조); b. 실수로 두 개의 포크를 접시 옆에 놓으면 머지않아 집안에 결혼식이 있게 될 것이다; c. (전래동요) 소녀가 식탁에 우연히 포크를 교차시켜 놓게 되면 그녀는 로맨스를 갖게 될 것이다.

포프 pope (물고기) 1. 농어류의 담수어: 작은 농어; 2. 힐데가르트 폰 빙엔Hildegard von Bingen: a. 이것은 뜨거운 공기가 아닌 차가운 이루어져 있다; 햇빛을 좋아하고 중간수심과 물의 표층에 서식한다(물고기fish 참조); b. 이 물고기는 깨끗한 먹이와 더러운 먹이 둘 다 먹고사는데 더러운 먹이는 뇌로 들어간다; 이 물고기의 머리와 위장을 먹는 것은 해롭고 나머지 부분은 먹을 수 있다(자연학Ph. 5, p. 100: 독일어 '농어류Kaulbarsch').

포플러 poplar (나무) 1. 일반적으로 다음을 의미한다; a. 검은 포플러는 나중에 지중해 지역에 소개되었고, 영국에는 18세기 초에 들어왔기 때문에 포플러에 대한 초기 언급들은 모두 흰색 포플러에 관한 것이다; b. 짙은 녹색과 은색 잎에 대한 설명이 있다: 헤라클레스는 타르타로스에서 돌아오는 길에 검은 잎이 달린 포플러 잔가지로 화환을 엮었는데, 헤라클레스의 땀이 닿자 하얗게 변했다; 또 다른 설명은 헤라클레스가 거대한 카쿠스를 죽인 후에 이런 일이 일어났다고도 한다; 또한 헤라클레스의 이마 옆에 있는 잎은 하데스에게서 돌아온 승리를 나타내기 위해 하얗게 되었다는 의견도 있다; c. 아스펜aspen 참조; 2. 위대한 여신에게 바쳐졌다: A. 죽음과 부활: a. 포플러 나무는 코린트만에 있는 페가에 지역에 있는 죽음의 신에게 바쳐졌고 칼립소의 축복받은 자들의 섬에서 자랐다(호메로스Homer, 오디세이아Od. 5, 64); b. 페르세포네는 극서지대(태양이 지는 곳, 죽음)에 포플러 숲을 가지고 있었다. 이 나무는 또한 특히 데메테르에게 바쳐졌다(칼리마코스Callimachus, 6번째 찬가H6 37ff.); c. 포플러 나무는 오디세우스가 들어간 하데스의 입구에서 자라며 장례식과 관련 있다; d. 헬리아데스는 형제 파에톤의 죽음을 애도하며 포플러 나무로 변했다(나소 P. 오비디우스Naso P. Ovid, 변신이야기Metam. 2, 345ff.); 이들의 눈물은 호박amber(그리스어 '엘렉트론elektron')이 되었다; 왜냐하면 태양, 가장 밝은 것(그리스어로 '엘렉토르elektor')이 헬리아데스와 관련이 있기 때문이다; e. 드리오페는 거북이로 변신한 아폴로에게 강간당해 검은 포플러 나무로 변신하게 되었다(안토니누스 리베랄리스Antoninus Liberalis 32. 또는 나소 P. 오비디우스, 변신이야기 5, 325ff.에 따르면 연꽃으로 변신했다고 함); f. 나이팅게일은 포플러 나무에서 새끼의 죽음을 애도한다(베르길리우스Virgil, 농경시Georg. 4, 511); B. 사랑: 비너스는 아도니스와 포플러 나무 아래 사랑스럽게 기대어 앉아서 아탈란타의 이야기를 들려주었다(나소 P. 오비디우스, 변신이야기 10, 555); 파리스는 포플러 나무 껍질에 오이노네에 대한 영원한 사랑의 맹세를 새겼다(나소 P. 오비디우스, 헤로이데스Her. 5); C. 전쟁, 용기, 지혜: a. 아테네에게 바쳐졌다(호메로스, 오디세이아 6, 292); b. 방패의 재료로 사용된다(로버트 그레이브스Robert Graves, 하얀 여신ND 40); D. 마법: 야곱은 얼룩소를 얻기 위한 마법에 포플러 나무와 개암나무의 잔가지들을 사용했다(창세기Gen. 30, 37); E. 신탁(호세아서Hos. 4, 13); 3. 노년기, 시간: 켈트 나무 알파벳에서 추분에 해당하는 문자 이E를 나타낸다; 4. 승리: 베르길리우스Virgil(아이네아스Aen. 5, 134)에서 선원들은 포플러 잎을 승리의 상징으로 스스로 관을 만들어 썼다; 1번의 b도 참조; **5.** 기독교: 십자가의 나무로 추정되는 많은 나무 중 하나이다; **6.** 문장heraldry(紋章): a. 번창하는 가정; b. 확고한 믿음(폭풍을 견디는); c. 열망의 상징; d. 롬바르디아Lombardy 지역의 상징; **7.** 점성술: 토성과 관련된다.

포피 prepuce **1.** 릴리스Lilith 참조: 신부=뱀 악마의 포피; **2.** 제임스 조이스James Joyce: 포피 수집가: 야훼Yahweh; **3.** 할례circumcision 참조.

포효 roar 사람보다 먼저 사모스에 서식했던 이 거대하고 야만적인 동물은 단순한 포효만으로도 땅을 갈랐다(클라우디우스 아엘리아누스Claudius Aelianus, 동물의 본성에 관하여NA 17, 28).

폭우, 호우, 쇄도 deluge 홍수flood 참조.

폭풍(우) storm **1.** 원소 간의 창조적인 교류; 바람wind 참조; **2.** 로마: 폭풍우로 인해 파손된 집을 수리하는 것은 금지되었다; 많은 종교에서 폭풍우는 최고신의 현시였으며 이는 신의 의지의 표시였기 때문이다; **3.** "폭풍의 뜨거운 숨결": 도보 경주(바킬리데스Bacchylides)에서 달리는 사람을 말한다; **4.** 윌리엄 블레이크William Blake: 물질주의; **5.** 민속: 마녀와 관련된다; 위대한 여신의 자손인 마녀, 마녀의 동료들, 마녀 주인(악마)과 연결된다; 그들은 땅이나 바다에서 서로를 마음대로 나타나게 할 수 있다(참조: "맥베스Mac." 에 나오는 마녀들).

폭풍우 The Tempest 셰익스피어 희곡 템페스트Tp.t에 대한 신화적 연관성: a. 프로스페로: 바닷속 세계의 지배자; 테기드 보엘Tegid Voel 참조; b. 미란다: 새벽 또는 젊은 태양과 결혼한 봄 처녀: 지구상에서 가장 아름다운 소녀 케이르위Ceirwy 참조; c. 시코락스: 대지모신; 케리드웬Cerridwen과 헤카테Hecate 참조; d. 아리엘: 기적의 아이: 귀온 바흐Gwion Bach 참조; e. 칼리반: 영적 부패; 세상에서 가장 못생긴 소년 아바그두Avaggdu, 케이르위Ceirwy의 형제 참조; 그는 아마도 프리아푸스일 것이다.

폴란드 Poland 폴란드는 가난하다는 속담으로 알려져있다: "폴란드에서 4만 명의 행상인 목록에 이름을 올리는 것"은 떨어질 수 있는 가장 낮은 위치에 있다는 것이다(존 웹스터John Webster, 하얀 악마Wh. D. 3, 3, 7).

폴리 Polly 전형적인 하녀의 이름(차tea 참조).

폴립 polyp (문어) **1.** 플리니우스Pliny: a. 폴립은 수집가 역할을 하며; b. 사람의 손을 향해 헤엄친다; c. 잔인하고 교활하며, 때로는 어리석음과 연결된다(9, 46–48); **2.** 윌리엄 블레이크William Blake: a. 시공간의 바다에서 자라나는 것; 물질화된 사고; b. 인간사회; c. 오르크(역주: 바다괴물); **3.** 오징어cuttle-fish, 문어octopus 참조.

폴터가이스트 poltergeist **1.** 9세기에는 집에 돌을 던지고 두드려 대는 사례들이 존재했다(마법의 망치Mall. Malef. II, 1, 11, p. 115); **2.** 집 유령: 비록 이런 현상은 세상이 생겨난 것만큼 오래되었지만, 마틴 루터가 만든 용어인 폴터가이스트는 영국에서 1838년까지는 사용되지 않았다. 스페인어로 '집 요정duende de casa'(알폰수스 데 스피나Alphonsus de Spina 1460); 이들은 일반적으로 악의적이거나 위험하지 않으며 오히려 장난치는 것을 좋아한다; 이들의 특징적인 활동은 다음과 같다: a. 벽이나 천장 두드리기, 또는 발걸음 소리를 내고 쿵쿵 치기(북drum 참조); b. 염력: 물체에 손을 대지 않고 의지만으로 움직이는 것(돌 던지기에 대해서는 돌stone 참조); c. 물건 사라지게 하기; d. 방화와 같은 큰 참사(모두 로셀 호프 로빈스Rossell Hope Robbins 387ff.의 내용).

폼필루스 pompilo (물고기) **1.** 라틴어 '가스테로스테우스 두크토르Gasterosteus ductor': 배를 따라다니는 물고기; **2.** 아테나이오스Athenaeus: a. 비록 신성한 물고기이긴 하지만, 음탕한 물고기이기도 하다; 아프로디테와 동시에 우라노스의 피에서 생겨났다; b. 아프로디테가 고뇌하는 선원들을 사랑으로 인도하는 길('길잡이')로 보낸다; c. 먹기에는 위험하다; 돌고래의 천적이다; d. 한 신화에서 이 물고기는 어떤 소녀를

아폴로에게서 도망치게 도와준 남자가 변한 것이라고도 한다(모두: 7, 282eff.).

표범 leopard **1. 일반적으로 다음을 의미한다**: a. 흑표범과 같다. 상징적으로 흑표범과 동일시되기도 하지만 원래 '표범'이라는 이름은 사자와 흑표범의 잡종인 상상의 동물에 사용되었기 때문에 차이점도 있다. 여우이야기Reynard Fox에서 표범은 부분적으로 왕의 친척이다; b. 이것은 내뱉는 숨의 향기로 사람과 가축과 동물을 유혹한다; 이것의 가죽만으로도 사냥감을 유인할 수 있기 때문에 지그프리드의 화살통은 이 동물의 가죽으로 만들었다(니벨룽겐의 노래Nib. 16); c. 로마 경기장에서는 수백 마리가 등장했다; d. 유인원의 치명적인 '천적'; e. '우수한' 동물: 수사슴, 말, 멧돼지와 함께; **2. 사나움**: (호랑이와 '표범'처럼) 사자의 공격적이고 강력한 면을 가지고 있지만 사자의 태양 상징성은 없다; **3. 신속함**: 바벨로니아의 말은 표범보다 빠르다(하박국서Habakkuk 1, 8); **4. 용기**: 물소도 공격할 수 있다; **5. 밤의 배회자**와 감시자: a. 이집트에서 오시리스는 위대한 감시자로서 웅크리고 있는 표범으로 표현되며 그 위에 뜨고 있는 눈eye의 상징이 있다; b. 사자가 백성을 죽이고 늑대가 그들을 노략하지만 "표범이 그들의 성읍들을 지키리라"(예레미야서Jer. 5, 6); 사자가 백성을 죽이고 늑대가 그들을 노략질한다; c. 아르고스와 동일시되었다; **6. 파괴성**: 디오니소스에게 바쳐짐. 표범이 디오니소스의 파괴적인 측면을 나타내는 반면 염소는 디오니소스의 생산적 측면을 나타낸다; 그러나 흑표범, 스라소니 및 나소 P. 오비디우스Naso P. Ovid(변신이야기Metam. 4, 25)도 참조; **7. 달의 동물**: a. 표범 가죽을 입은 하토르는 운명의 여신과 동등하다; b. 아르테미스의 속성, 밤에 배회하는 자; c. 아가서SoS(4, 8)에서는 사랑하는 이가 사자와 표범 사이에서 산다: 칼립소Calypso 참조; **8. 시기**, 질투: 어둠의 세력; **9. 정욕**, 죄: 기독교 상징적 의미 중 하나(성서Bible 참조); **10. 문장**heraldry(紋章): a. 초기 문장에서는 사자와 혼동되는 경우가 많으며 몸의 자세로만 구별할 수 있다(아마도 십자군이 채택한 페르시아 상징): i. 표범-사자: 날뛰는 사자; ii. 사자-표범: 걷기와 '정면을 향함'; b. 위험한 일을 하는 강하고 용감한 전사; c. 권력과 자부심: 썩은 고기를 먹는 것보다 굶주림을 선호한다; d. 자유; e. 교활함; **11. 특별한 종교적 의미**: A. 이집트: a. 오시리스: 5번의 a 참조; b. 표범의 가죽은 대제사장의 위엄을 나타낸다; c. 흑표범panther 참조; B. 성서: a. 다니엘의 환상(7, 6)에 나오는 네 개의 날개 달린 표범은 아마도 (유니콘과 마찬가지로) 알렉산더 대왕을 가리킬 것이다; b. 사자, 곰 그리고 네 번째 동물과 함께 표범은 다니엘의 환상(아마도 정신적 연관성 때문) 속 네 짐승을 구성한다. 우리는 동일한 들짐승들의 조합(호세아서 Hos. 13, 6-8)을 여호와께서 이스라엘을 벌하실 형태로 본다(호세아는 다니엘보다 시기상 많이 앞서 있으며 동일한 조합이 요한계시록Rev. 13, 2에서 다시 발견된다); C. 그리스: a. 디오니소스에게 신성한 것: 6번 참조; b. 트로이 약탈 때 메넬라오스는 안테노르의 집 문에다 표범 가죽을 걸었다; D. 기독교: a. 죄, 적그리스도; b. 중세시대: 분노의 여신 푸리아의 말 steed; c. 그리스도: 디오니소스 및 오시리스와 같은 이유로(감미로운 호흡 등: 흑표범panther 참조); **12. 특별한 문학적 의미**: A. 단테Dante: (신곡C. 1): a. 죄; b. 세속적 즐거움, 특히 피렌체; 사자와 늑대의 조합: 5번의 b 참조; B. 윌리엄 B. 예이츠William B. Yeats: a. 가을(표범색의 나무: "골왕의 광기The Madness of Goll"); b. 달의 마법, 여성적 원리, 태양 현실주의와 반대되는 물리적 세계 및 마법적 세계; C. 토머스 S. 엘리엇 Thomas S. Eliot: "재의 수요일"에 백표범: 불길하고 쓸모없는 쥐의 죽음과 대극적인 영광스러운 죽음; 육체적인 욕망과 감정(다리, 심장, 간)의 죽음; 그리고 세속적인 생각(해골); 덧붙여 세 가지 기독교 덕목은 육체를 정복한다; **13. 다른 것과의 조합**: a. 표범과 어린아이가 함께 눕는 것은 평화를 상징한다(이사야서Isa. 11, 6); b. 표범과 뱀: "표범과 뱀을 만난 남자"(토머스 L. 베도스Thomas L. Beddoes, "죽음의 농담Death's Jest Book").

표시, 마크 mark '황금 표시': 왕관(헨리 6세 2부 H6 2, 1).

푸들 poodle **1.** 크고 검은 푸들은 악과 연관되어 있다. 즉, 악마와 관련 있다: a. "카네이션The Carnation"이라는 동화에서 가짜 요리사가 뜨거운 숯을 먹어야 하는 검은 푸들로 변신하여 눈에서 불꽃을 뿜어 낸다(그림형제Grimm); b. 크고 사악한 푸들이 해질 녘 파우스트에게 나타난다. 원래 마녀의 친구이며 눈이 푸른색이고 눈색을 푸들은 붉은 눈을 가지고 있고 색을 바꿀 수 있었다. 파우스트가 성서 구절을 말하면 안절부절 못하며 십자가를 보면 악마 메피스토펠레스가 나오는 연기 속으로 사라진다(괴테Goethe, 파우스트F 1147 및 1321); **2.** 앙고라 고양이angora cat 참조.

푸른 수염 bluebeard **1.** 아프리카와 아시아에는 이와 유사한 이야기들이 있지만 페로Perrault의 "엄마 거위 이야기Mother Goose Stories"는 아마도 16세기 브르타뉴 총독 또는 질 드레Gilles de Rais에 의해 브르타뉴에서 유래했을 것이다; **2.** 푸른 수염을 가진 (자애로운) 바빌로니아의 신Sin이 왜곡된 형태로 설명되어 왔다: 뜨겁게 내리쬐는 죽음의 태양; 그의 아내=달Moon. 그녀는 어둠(그녀의 언니가 목격한 먼지)에 의해 구조된다; 살해당한 아내들은 태양에 의해 '죽임을 당한' 새벽들dawns이다; 그의 열쇠는 허영심이며 이는 비열함으로 변하거나 좋아하던 친구들이 적이 되는 것으로 극복된다; **3.** 악마는 보통 붉은 수염을 가지고 있지만 그는 푸른 수염을 가진 것으로 상상된다: 푸른 수염은 '인간적으로 불가능한' 것 이외에도 파괴와 잔인함(파란색Blue 참조)을 나타낸다; 또다시 그의 아내는 새벽의 처녀dawn-maid이며 그녀는 부자인 '푸른 수염', 즉 파란 하늘blue sky에게 유혹당한다. 그는 그녀의 일몰sun-down 또는 풍요의 자매들fertility-sisters과 결혼하기 위해 그의 재산을 이용한다; **4.** "픽윅 보고서The Pickwick Papers"의 샘 웰러Sam Weller의 아버지에 따르면, 푸른 수염은 결혼생활의 '희생양'이었다; **5.** 머리카락hair과 삼손Samson 참조.

풀 grass (식물) **1.** 보잘것없는 유용함: 풀로 만든 왕관은 중요한 구조작업을 하는 지휘관과 병사를 구별하는 최고의 표식이었다; **2.** 서민; 항복; 고대 게르만인들에게는 정복자에게 풀을 주는 것이 패배의 표시였다; **3.** 덧없음: a. 빠르고 풍부한 성장은 곧 쇠락한다; 성서의 많은 인용들(예 시편Ps. 90, 5-6 및 92, 7; 특히 이사야서Isa. 51, 12 등에서 사람에 대해 언급된다); b. "오늘 있다가 내일 아궁이에 던져지는 들풀도"(마태복음Matth. 6, 30); **4.** 살flesh: a. "인간은 죄이고 살은 풀이다"(로버트 그린Robert Greene, "팔머의 송가The Penitent Palmer's Ode"; 또한 딜런 토머스Dylan Thomas, "나는 나의 창조를 꿈꾼다I dream my genesis" 참조); **5.** 사랑; 삶을 편안하게 하기: a. 윌리엄 블레이크William Blake: 집과 침실의 거짓이나 질투가 없는 순결한 사랑을 위한 소파; b. "그녀는 둑에서 풀이 자라는 것처럼 삶을 편안하게 살라고 했다."(윌리엄 B. 예이츠William B. Yeats, "버드나무 정원 아래에서Down by the Sally Gardens"); **7.** 사랑에 대한 생각: "따라서 내 생각의 동반자인 나의 초원이 더 싱그럽다"(앤드류 마벨Andrew Marvell "풀 베는 사람의 연가The Mower's Song"); **8.** 풀 아래=죽음; 로마에서는 다른 나라와 협약을 맺는 임무를 부여받은 사람의 머리에 풀을 얹었다: 형상으로 만든 사람을 죽이는 것: 협약이 그의 죽음으로 먼저 승인된다면 계약은 성사될 것이다; **9.** "풀이 자라는 소리를 들으라": 고대 북유럽: 헤임달(하늘의 수호자)은 (당나귀처럼) 풀이 자라는 소리를 들을 수 있을 정도로 예리한 청력을 가졌다; **10.** 히브리 속담: 지붕 위의 풀은 자라지 못하고 마르기 때문에 살지 못한다(참조: 시편Ps. 129, 6); **11.** 잡초: "폴리안서스 체크polyanthus cheques 풀"(크리스토퍼 스마트Christopher Smart, "다윗의 송가A Song to David"); **12.** 민속: 다음의 장소에서는 풀이 자라지 않는다: a. 죄가 없이 처형된 사람의 무덤; b. 범죄자의 무덤; c. 버크셔 백마Berkshire White Horse: 성 조지St. George가 용을 죽여 그 피로 땅이 황폐해진 곳: 그 시대: "신들을 만든 신들이 그들의 일출을 보기 전에 백마 골짜기White Horse Vale의 풀이 잘려졌다"(길버트 K. 체스터턴Gilbert K. Chesterton, "백마의 발라드The Ballad of the White Horse" 1, 1); d. "만약 1월에 풀이 자란다면 1년 내내 잘 자라지 못할 것이다"(속담).

풀 베는 사람 mower 감미롭고 인공적이며 밀폐된 정원의 반대인 자연생명의 수호자: 정원은 "죽은 듯이 서 있는 공기의 웅덩이", 부자연스러운 접붙임과 교접 없이 번식하는 곳(앤드류 마벨Andrew Marvell, 4편의 풀 베는 사람Mower 시에서).

풍경 landscape 꿈에서: **1.** 지그문트 프로이트Sigmmund

Freud: 여성 생식기. 특히 다리bridge, 바위, 숲이 우거진 언덕 및 물이 있는 풍경일 때(그러나 언덕과 바위 자체는 남성: 꿈의 해석IDr. 6, E, p. 356; 정신분석학 입문강의ILP 10); **2.** 톰 체트윈드Tom Chetwynd: a. 꿈꾼 사람의 마음 상태나 기분을 나타내는 배경으로서의 풍경; 알려진 풍경은 반복되는 상황을 나타낼 수 있다; b. 때로 어머니의 몸(대지: 원형archetype 참조); c. 알려지지 않은 풍경: 특히 내적 사건에 적합한 '심리적인' 풍경; d. 그리고 밤 풍경: 무의식 영역으로의 소풍; e. 정글: 관능에 대한 생각에 적합한 풍경(숲forest 참조).

풍뎅이 scarab **1.** 딱정벌레beetle는 똥 무더기에 알을 낳는다. 그리고 뜨거운 햇살 아래서 뒷다리로 둥글게 뭉친 똥을 언덕 위로 밀어 올린다. 그런 다음 다시 그것을 굴러가게 내버려 두어 저장소에 이르게 한다. 이것은 또한 무지개 빛깔의 겉날개 때문에 숭배되었다; **2.** 이집트 이름은 '되다' '창조하다' '현상' 혹은 '경이로움'과 관련 있을 수 있다; **3.** 태양의 상징. 특히 양성적 자기창조 때문에 아침 태양 신(곤충의 신 케프리 또는 케페라)의 상징: 풍요; **4.** 불멸과 부활: (게처럼) 풍뎅이는 나일강의 범람에서 살아남으며 덧없는 것들을 먹어치우기 때문에 도덕적 · 육체적 재생에 기여한다; **5.** 기독교: 그리스도, 즉 "선한 스카라베우스the Good Scarabaeus"(성 암브로시우스St. Ambrose, 루가의 복음서 해설집EL 10, 113); **6.** 부적으로서 지중해를 따라 널리 퍼졌다. 종종 보석을 딱정벌레 모양으로 가공했으며, 밑면에 생명의 상징과 표어를 음각으로 디자인 하기도 했다; **7.** 별자리: 유럽에서는 게자리와 같은 것이었다; **8.** 데이비드 H. 로렌스David H. Lawrence의 작품에서는 풍뎅이를 무당벌레와 연관 지었다.

풍배도 wind-rose (도식) **I. 일반적으로 다음을 의미한다**: 1. 바람은 불어오는 방향의 상징성과 같은 상징성을 갖고 있다; 나침반compass과 개별 방향 참조; 2. 가장 오래된 바람장미는 북쪽에서는 트라몬타나이었다. 동쪽에서는 양식화된 십자가였으며; 3. 헤시오도스에 따르면 모든 바람은 노토스, 보레아스와 제피로스를 제외하고 티포에우스에서 온다. 이것은 신이 보낸 것이며 인간에게 축복이다; 4. 바람이 없을 때 태어나는 아이는 바보가 될 것이다; **II. 북풍**: 1. 그리스-로마: 파괴적이고 창조적인 보레아스: a. 보레아스는 춤추는 오레이티이아(참조: 에우리노메)를 납치해서 결혼했으며, 아레스가 말을 넣어 둔 일곱 개의 동굴 깊숙한 곳에 살았다; b. 암흑빛 종마인 그는 에리크토니오스(산에서 떨어지는 바람의 신; 반은 인간이고 밤은 뱀이다)에게 속한 3,000마리의 암말 중 열두 마리를 수태시켰다; 플리니우스Pliny(4, 35; 8, 67)는 북풍이 스페인 암말을 수태시킬 수 있다고 믿는다; c. 북풍은 아테네인들이 크세르크세스의 함대를 파괴하도록 도왔다; d. 북풍은 일반적으로 좋은 날씨를 가져오지만, 또한 서리도 가져온다('분노하는 것'); 상처 입은 사르페돈의 의식을 되찾아 주었다(호메로스Homer, 일리아드Il 5, 697); 2. 북쪽 나라에서: a. 서리를 가져오는 바람; 중세시대: 종교적 박해; b. 북풍이 불 때 태어난 아이는 승리하거나 패배하는 전사, 상처 입히거나 상처 입는 전사가 될 것이다; c. 어업의 경우: "바람이 북쪽에서 불면 노련한 어부는 멀리 나아가지 않는다"(속담); d. '교활한 파렴치한'은 북쪽에서 온다(속담); 3. 때로 죽은 자의 영혼은 먼 북쪽으로 가서 바람이 되어 다시 태어난다고 한다; 4. 팔레스타인에서 여름의 북서풍은 비를 내리지 않고 시원하다; "맑은['황금'] 날씨"(욥기Job 37, 22); 5. 북동풍: a. 유라굴로로서 북동풍은 파괴, 역병, 폭풍, 폐허를 몰고 온다; b. 아퀼로로서 북동풍은 우박과 폭풍우를 가져오며, 노년을 상징한다: "훅 불어오는 아퀼론(북풍)의 분노"(트로일로스와 크레시다Troil. 4, 5); **III. 남풍**: 1. 그리스-로마: (노토스, 아우스테르) a. 남풍은 오르티기아로 레토를 데려갔으며, 그곳에서 그녀는 아르테미스를 낳았고, 그를 근처의 델로스로 데려갔다; b. 남풍은 비를 몰고 오지만 또한 더위도 몰고 온다: '불행'; 노토스는 양치기들은 싫어하지만 도둑들이 좋아하는 안개를 몰고 온다(호메로스, 일리아드 3, 10ff.); 식물은 남풍을 싫어하며(베르길리우스Virgil, 농경시Georg. 1, 444), 남풍은 뜨겁고(티불루스Tibullus 3, 4, 96), 역병을 몰고 온다(나소 P. 오비디우스Naso P. Ovid, 변신이야기Metam. 7, 532); 아우스테르는 겨울을 가져온다(티불루스 1, 1, 4 7); c. 일반적으로 남풍은 지중해에서 범죄를 유발하는 '세트의 숨결'이라고 한다; 2. 성서: 더위와 폭풍우(예 누가복음Luke 12, 55; 욥기 37,

9); 3. 북쪽 나라에서: a. 신들의 황혼에 검은 수르투스가 이끄는 남풍이 수많은 불을 몰고 올 것이다; 이러한 불은 생명의 물푸레나무를 파괴한다; b. 잉글랜드에 대해서는: 남쪽South 참조; **IV. 동풍**: 1. 팔레스타인: 동풍과 남동풍은 사막의 바람이며, 종종 가을에 분다: 악명 높은 캄신 열풍은 우물을 마르게 만들고, 종종 신의 형벌을 상징하는 것으로 간주된다(또한 욥기 15, 2 참조); 2. 그리스-로마: (에우로스): a. 아침 바람으로, 비를 몰고 오며 눈을 녹인다; b. 음탕한 바람(라틴어 '프로테르부스protervus': 나소 P. 오비디우스, 헤로이데스Her. 11, 14); c. 플리니우스Pliny: 다소 건조하고 따듯하다; '위안을 주는 바람'(에즈라 파운드Ezra Pound, 태양의 찬가C. 76); 3. 북쪽 나라에서: a. 동쪽 겨울 땅에서 신들의 황혼에 죽음의 배(나글파르)를 타고 항해사 로키와 함께 항해하며 늑대들(어두움)의 모습으로 온다; 이들은 달과 태양을 먹어치운다; b. 차가움을 가져오는 바람: "주방 바닥의 적(역주: 주방을 어지럽히는 고양이 같은 우울의 차가움)"(매튜 그린Matthew Green); c. 동쪽에 금이 풍부하므로 동풍이 불 때 태어난 아이는 결코 부를 원하지 않을 것이다; **V. 서풍**: 1. 팔레스타인: a. 경작과 키질에 사용되는 온화한 바람; b. 간혹 서풍의 구름은 비를 몰고 온다(예 누가복음 12, 54); 2. 그리스-로마(제피로스): a. 살랑살랑 부는 온화한 바람은 다산을 촉진한다; 노토스의 흰 구름들이 흩어지게 만든다(예 호메로스Homer, 일리아드Il. 305 ff.); 농사의 기간; b. 죽음 및 가을에 상응하는 저녁 바람 (또한 퍼시 셸리Percy Shelley에서); c. 페보니우스(서풍)는 2월 8일에 불기 시작하기 때문에; 모든 생물, 식물 등을 풍요롭게 만든다; 라틴어 '포베레fovere'=육성하다; 3. 북쪽 나라에서: a. 일반적으로 활기차고 건조한 날씨를 가져온다: "바람이 서쪽에서 불 때 날씨는 가장 좋다"(속담); b. 서풍이 불 때 태어난 아이는 음식과 옷 이외에는 더 이상 얻지 못할 것이다.

풍선 balloon 날아가는 모든 형태의 것: 발기, 성적 흥분(지그문트 프로이트Sigmmund Freud, 정신분석강의ILP 10).

풍요의 뿔 cornucopia **1.** 기원: 염소인 아말테이아는 제우스에게 젖을 먹였고, 제우스는 나중에 고마움의 표시로 그녀를 하늘에 두었는데, 이로 인하여 별자리 중 염소자리 및 번영과 관련이 있다: 한쪽 뿔에서는 암브로시아가, 다른 쪽 뿔에서는 신의 음료인 넥타가 흘러나온다(예 아폴로도로스Apollodorus 2, 7, 5 및 나소 P. 오비디우스Naso P. Ovid, 행사력Fasti. 5, 115ff); b. 아켈로우스가 데이아네이라를 차지하기 위해 황소의 모습으로 헤라클레스와 싸울 때 아켈로우스의 머리에 있던 뿔(나소 P. 오비디우스, 변신이야기Metam. 9, 88; 아폴로도로스 2, 7, 5+n.); c. 외면의 강한 남근과 내면의 여성의 음문의 조합: 생명과 다산의 상징으로서 양성성, 자웅동체; **2.** 티케/포르투나와 모든 풍요의 신 및 풍요의 상징; **3.** 케리드웬의 가마솥, 성배와 관련 있다; **4.** 중세시대: a. 정의의 상징; b. 땅, 바다의 상징; c. 태양, 달의 상징; **5.** 윌리엄 B. 예이츠William B. Yeats: 풍요의 뿔=정중함, 귀족, 의식ceremony; **6.** 황소의 뿔로서, 이 황소의 뿔은 원래 비를 내리게 하는 부적이었다. 디오니소스와 연결된다[당시에는 Plutodates라고 불렸는데 '부(富)를 주는 것'이라는 이었다], 크레타섬의 자그레우스(역주: 디오니소스와 동일시되는 소년신)에서 발전된 의미; **7.** 뿔horn 참조.

풍차 windmill **1.** 수레바퀴와 공기의 상징을 결합한 것; **2.** 다산, 수확; **3.** (시계와 같은:) 절제의 속성; 기발한 체계 혹은 계획(존 웹스터John Webster, 하얀 악마WD 2, 2, 12; 돈키호테Don Quixote 참조).

퓨셔(바늘꽃과) fuchsia (식물) **1.** 맛; **2.** 부드러움, 은혜; **3.** 성실, 사랑 고백: 푸셔에서 지저귀고 있는 검은 새가 사냥꾼의 총에 맞아 주인이 우는 노래가 있다.

프락시네일라 fraxineila (식물) **1.** 꽃박하dittany, "솔로몬의 방패Solomon's Shield"라고도 불린다; **2.** 사랑의 언어 중에서 신중함discretion (안젤로 드 구베르나티스Angelo De Gubernatis, 식물의 신화MP 1, 151)을 나타낸다.

프랑스 France **1.** 수호 성인: 성 디오니시오St. Denis; **2.** 다음을 상징한다: a. 프랑스 왕들을 위한 백합 문장; b. 프리기아 모자: 프랑스 혁명; c. 갈리아Gaul의 수탉; d. 나폴레옹의 황제 독수리; e. 꿀벌; f. 로마의 파스케스fasces; **3.** 에라스무스Erasmus: 프랑스인들은 그들이 전통적인 형태에서 탁월하다고 생각한다; **4.** 존 던John Donne ("연인에 대한 비가Elegy on his mistress"): 프랑스인은 다음과 같다: a. 변하기 쉬운 카멜레온; b. "질병을 치료하는 병원"; c. 패션 상점; d. 연인들의 사랑의 연료; e. 최고의 배우; **5.** 셰익스피어: 잘 차려입은 프랑스인들; "부유하지만 화려하지 않다"(덴마크의 왕자 햄릿Ham. 1, 3); **6.** 제임스 조이스James Joyce: 프랑스를 어머니로 비유하고 반대로 독일을 아버지로 비유한다; **7.** 속담: a. "이탈리아인은 행동하기 전에 현명하고 독일인은 행동할 때 현명하고 프랑스인은 행동한 후에 현명하다"; b. 프랑스인이 새로운 영토에서 가장 먼저 건설하는 것은 요새이다; **8.** 프랑스 질병=성병; 이성애자 및 동성애자를 포함하여 모든 종류의 성적인 물건과 행위는 프랑스인들과 관련 있다.

프랑켄슈타인 Frankenstein "프랑켄슈타인의 괴물 The Monster of Frankenstein"은 메리 셸리Mary Shelley의 소설이다; 처음에 이 괴물은 인간의 애정을 갈망하는 온순한 존재였으나 그의 추악함에서 비롯된 공포로 인해 증오와 폭력적인 행동을 하게 되었다; (도덕적) 결과에 관계없이 그는 강한 열정의 낭만주의적인 찬양을 보여 주는 전형적인 예다; 도덕규범을 무너뜨리는 것 자체로 새로운 에너지와 고귀한 힘을 얻는다; 그는 결국 신이 된다.

프랑크족 Franks (사람) 이들은 트로이안 프랑코Trojan Franko의 자손이다(그림 형제Grimm, 독일의 전설DS 423; 트로이Troy 참조).

프랜시스 Frances 엘리자베스 1세 여왕 시대: 매춘부의 통칭.

프리기아 Phrygia **I.** 국가: 사랑과 풍요: 1. 아프로디테는 붉은 가운을 걸치고 프리기아 공주의 모습으로 안키세스를 유혹한다; 2. 디오니소스는 프리기아의 레아(키벨레) 지역 비의에 입문했다; **II.** 축복: 엄지, 검지, 가운뎃손가락을 들어 올린 제스처는 원래 프리기아에서 미리네 여신을 경배하기 위한 상징이었다: a. 엄지손가락: 남근의 강화와 정력을 의미한다: 비너스와 헤라클레스; b. 집게손가락: 안내: 제우스를 나타내고; c. 가운뎃손가락: 비를 내리는 비옥함: 사투르누스를 상징한다; 이것의 더 많은 상징성 이해를 위해서는 손가락fingers 참조; 이 세 손가락을 들어 올리는 제스처는 나중에 교황의 축복으로 이어졌으며 이때 엄지손가락은 다른 손가락에 비해 눈에 띄게 사용되지는 않았다; **III.** 프리기아 모자: 1. 남근 형태: a. 전형적인 금성 사람 파리스는 이 모자를 썼다; b. 태양 영웅(예 미트라)이 착용했다; 지하세계의 숙련된 대장장이들에게 '필레우스모자를 주었다; c. 심리: 승화된 그러나 종종 강박적인 우월한 형태의 에로티시즘; 2. 자유: a. 미네르바의 조각상에서 발견된다; b. 로마에서 해방된 노예들에게 자유의 상징으로 주어졌다(라틴어. '해방 노예libertini'); c. 기원전 100년 이래 폭군과 싸우는 혁명가들에 의해 사용되었다(사투르니누스Saturninus는 자신을 따르는 노예들이 해방될 것임을 나타내기 위해 모자를 들어 올렸다); d. 비잔틴 군인과 베니스의 총독이 착용했다; 3. 가니메데(역주: 그리스 신화 속 트로이의 미소년 왕자)가 착용했다; 4. 지혜; 5. 로마 교황의 티아라는 여기에서 유래되었다. 키벨레의 의식은 성장하는 가톨릭교에 강력한 영향을 미쳤다: 축복의 기도, 사제의 복장 및 행동 등.

프리기아 돌 Phrygian stone (보석) '프리기아 라피스 Phrygius lapis': 사빈savin과 함께 마시면 통풍에 효과가 있다; 중풍을 막기 위해 착용하기도 했다(중세보석세공집Med. Lap. F. 78: '피리그니스firignis').

프리아포스 Priapus **1.** 자연의 남성적 생식력; **2.** 그는 발기된 거대한 남근을 가지고 있으며 기괴하고 추한 몸을 가지고 있다; **3.** 그는 아프로디테, 헤르메스, 디오니소스 등과 부모 관계를 통해 다양하게 관련되어 있지만, 처음에는 디오니소스와 아프로디테의 아들이었다고 한다; 어떤 이야기에서는 그는 버려진 아이였다; 그는 알렉산드리아 대왕 시대에만 중요한 신으로 여겨졌다; **4.** 때로는 호전적인 신이다(모든 다산의 신처럼); **5.** 그는 무엇보다 다양한 형태의 농업과 가축 사육의 수호자이지만 그의 남근 부적은 사냥꾼, 어부 등과 같이 위험한 직업에 종사하는 모든 사람을 보호할 뿐만 아니라 사악한 눈으로부터 막아 준다; **6.** 낫을 든 그의 동상은 도둑으로부터 정원이나 포도원 등을 보호해 준다; 무화과나무나 버드나무를 도끼로 깎아 만든 형상에서 발기하고 붉은색으로 칠한 남근이 튀어 나와 있다; **7.** 그의 신성한 동물은 나귀와 거위이다.

프리틸러리, 패모속 fritillary (식물) **1.** 백합과에 속하는 강한 구근식물 속; 영국 남부에 있는 "가지각색의 프리틸러리Checkered Fritillary"(또는 백합)는 주로 초원에서 자란다; 다른 이름은 '패모속Snake's Head'이다; 히아신스hyacinth도 참조; **2.** 박해: **3.** 힘의 상징.

플라밍고 flamingo (새) **1.** 윌리엄 B. 예이츠William B. Yeats: ("아나슈야와 비자야Anashuya and Vijaya"): a. 성전에 앉아 있기 때문에 신성하다; b. 우울; **2.** 플라밍고 혀는 좋은 맛을 가지고 있다(플리니우스Pliny 10, 68).

플라타너스 plane (나무) **1.** 일반적으로 다음을 의미한다: a. '플라타너스'는 큰 잎과 작은 공 모양의 꽃차례catkins를 가진 나무 속으로, 암꽃을 따라 가시 모양의 열매가 있다; b. 가장 두드러진 특징은 매년 나무껍질이 직사각형 모양으로 벗겨진다는 점이다. 따라서 매연이 자욱한 도시에서도 이 나무는 깨끗한 상태를 유지한다; c. 이미 소아시아에서 도입되어 그리스와 로마 도시에서 인기 있는 나무였다. 알렉산더 대왕은 플라타너스 나무 아래에서 유명한 꿈을 꾸었다(파우사니아스Pausanias 7, 5); d. 단풍잎버짐나무는 17세기에 영국에서 인기를 얻었으며, 미국에서는 '시카모어' 또는 '플라타너스'로 알려져 있다; **2.** (위대한 여신) 헤라와 관련 있다: a. 다섯 개로 갈라진 뾰족한 잎은 여신의 손을 나타낸다. 게다가 숫자 5는 헤라의 숫자이다; b. 재생: 1번의 b 참조; **3.** 또한 제우스와 디오니소스에게 바쳐졌으며, 크레타에서는 신성시했다; **4.** 헤라클레스는 히드라와 싸울 때 플라타너스 나무로 횃불을 만들었다; **5.** 플라타너스 꽃과 잎으로 왕관을 만들고 제단을 장식하였다; **6.** 보호: 친근함, 자비; 플라타너스 나무 아래에서 풀은 더욱 무성하게 자라며 접목이 잘 되고 치유력이 크다; **7.** 장엄함: 웅장함, 도덕적 우월성: 종종 개울가에서 거대한 크기로 자란다(예 파우사니아스 4, 34).

플랑드르 Flanders 플랑드르 출신의 여성들(플랑드르 여성)은 중세 시대 런던에서 매춘부였다(윌리엄 랭글랜드William Langland, 피어스 플로우먼에 관한 비전PP 5권+n 참조).

플레이아데스, 묘성 Pleiades (별자리) **1.** 플레이아데스가 떠오르면 항해하기 좋은 날씨의 계절(5월)이 왔음을 알려 주는 것으로 고대 어원 중의 하나인 '항해하다'라는 의미의 그리스어 '플레인plein'에서 유래했다; (이 외에도 이들의 어머니의 이름은 플레이오네이다); **2.** 오리온과 관련 있다: a. 어떤 한 이야기에서 위대한 사냥꾼 오리온은 개와 함께 플레이아데스와 그의 어머니를 쫓았지만 결국 플리아데스와 오리온은 별자리로 하늘에 배치되었다; b. 아르크투루스와 "남방의 밀실The chambers of the south"(욥기Job. 9, 9), 그리고 "네가 묘성을 매어 묶을 수 있으며 삼성의 띠를 풀 수 있겠느냐?"(욥기 38, 31; 아모스서Amos 5, 8도 참조)와 함께 언급되었다; **3.** 플리아데스는 비둘기와 관련 있다: "너희는 비둘기처럼 하늘로 올라가는 자들이여"(그리스 서정시); **4.** 첫 번째 수확 시기(5월)에 떠오르고 새로운 파종 시기(10월/11월; 논누스Nonnus 42, 288f.)에 저문다; **5.** 이들은 비구름 님프였다; **6.** 이들은 일곱 개의 별무리으로 되어 있기 때문에 복잡한 연결성의 특징을 대부분 공유한다.

플루트, 피리 flute **1.** 그리스어: a. 아테나 여신은 플루트를 몸을 더럽히는 것으로 여겨 싫어했다; "나는 내 자신을 망치는 일(=내 순결의 상실)을 스스로 하지 않겠다"; 그녀가 플루트를 연주하면서 부풀어 오른 자신의 뺨을 보았다고 주장한 사람들은 이 말이 사실이 아니라고 했다; 아마도 이것은 처음에 아폴로의 그리스 리라에 대한 선호와 아시아 플루트에 대한 거부를 나타내는 것으로 보인다(나소 P. 오비디우스Naso P. Ovid, 행사력Fasti. 6, 693ff 참조); b. 플루트는 키벨레를 섬기는 데 사용되었던 것으로 프리기안들에게서 유래한 것일 수 있다; c. 그리스에서는 원래 비가Elegy(신에 대한 애도)와 관련되었다; 나중에 이것은 여러 목적에 사용되었다: 행진(스파르타), 레슬링 시합, 건설, 수확 등에 사용되었지만 주로 희생의례에서 사용되었다; 플루트 경연대회는 피티아인들 제전에 도입된 직후 그들의 우울한(장례식) 연관성 때문에 폐지되었다(파우사니아스Pausanias 10, 7); d. 이것은 디오니소스(황홀함, 광란), 에우테르페(조화), 아폴로, 마르시아스, 헤르메스, 아도니스(아티스Attis 참조)의 상징이다; **2.** 성별: (북drum 참조) a. 형태에 따라: 남근, 남성적; b. 소리에 따라: 여성적; **3.** 파이프와 관련된 목가적 음악; **4.** 에로틱한 고뇌 또는 기쁨: a. "그녀가 그의 플루트(성기)에 맞춘 그녀의 하얀 배belly 류트lute(역주: 기타와 비슷한 고대의 곡선 형태 현악기)": 민요; b. 희망 없는 사랑: "절망적인 음악으로 부드러운 불평의 플루트 소리는 절망적인 연인들의 비애를 연주한다"(존 드라이든John Dryden, "성 세실리아의 날을 위한 노래, 1687년Song for St. Cecilia's Day, 1687"); c. 이것은 보나데아Bona Dea의 축제를 위해 '허리춤을 추게한다'(라틴어 '인키타 룸보스incitat lumbos'); **5.** 바람: 다른 관악기처럼; **6.** 다산: 모든 종류의 다산 및 부활 의식에서 연주된다: 약혼, 구애, 결혼식, 할례, 장례식, 치유, 입문 등; **7.** 칭찬: 아침의 상징; **8.** "마술피리Die Zauberflöte"는 사랑을 불러일으킨다: a. 밤에 부는 바람의 악기: 육체적 욕망; b. 낮에 부는 바람의 악기: '순결한' 사랑을 의미한다.

피 blood **A.** **태양**(불, 왕, 사자, 금): **1.** 노란색 햇빛으로 시작하여 중간에 식물의 초록색으로 이어지는 일련의 색깔들의 끝; **2.** 태양왕의 죽음은 종종 피와 같이 붉은 노을로 표현된다(=태양의 죽음); **3.** 모비딕Moby Dick 참조: 태양-불(인디아의 파시족이 고래기름을 끓이는 솥, 남근 에피소드(역주: 고래는 거대한 성기를 갖고 있음). 돛대에 못질해 박은 금화를 중요시하며 많은 양의 피를 가진 큰 동물(고래)을 사냥하고 죽인다(역주: 원문에는 처음 물 밖으로 뛰어올라오는 고래를 잡는 남자에게 돛대에 못 박아 놓은 금화를 준다: 남성성의 상징, 이 남자는 파시족처럼 태양빛에 그을린 피부색을 가진 남자다); **4.** "그의 은빛 피부에 황금색 피가 뒤섞여 있다"(맥베스Mac. 2, 3); **5.** 피에 대한 꿈은 황금에 대한 징조이다(제프리 초서Geoffrey Chaucer, 캔터베리 이야기Cant. Tales, 목욕하는 아내, 프롤로그Wife of Bath, Prol.); **6.** "피는 토끼를 튀어나오게 하는 것이 아니라 사자를 깨운다"(헨리 5세의 생애 1부1H4 1, 3); **7.** 충성: a. '피의 공작Dukes of the Blood'; b. 천칭자리=신성한 합법성, 인간 내면의 양심과 연관된다; **B.** **와인**: 신주(神酒)는 피의 대용물로 사용되었다; **C.** **열정**. 감정: **1.** "혈기와 분별력이 완벽하게 조화되어 있는 사람들은 행운의 여신의 횡포에 저항할 만큼 복 받은 사람들일세"(덴마크의 왕자 햄릿Ham. 3, 2); **2.** '마음'과 관련된다: "피 속에서 달콤하게 느껴지는 감각들은 마음을 따라 느껴진다"(윌리엄 워즈워스William Wordsworth: "틴턴 수도원에서 몇 마일 떨어진 곳에서 쓴 시"); **3.** 냉혈=냉정함: "매우 차가운 눈이 녹은 액체 같은 피를 가진 사람; 그는 악의적인 가시와 감각의 움직임을 느끼지 못한다"(눈에는 눈, 이에는 이Meas. 1, 4; 참조: 베니스의 상인Mer. V. 1, 1; 율리우스 카이사르Caes. 3, 2 등 참조); **D.** **삶의 터전**seat of life, 금기, 시작, 나약함: **1.** 일반적으로 다음을 의미한다: a. 삶의 터전인 피를 여호와에게 바친다; 따라서 신성한 금기가 된다; b. "육체의 생명은 피에 있음이라"(레위기Lev. 17, 11; 또한 신명기Deut. 12, 23); c. 인류는 뱀발의 거인들(수백 개의 팔을 가진 헤카톤케이레스)의 피로 흠뻑 적셔진 대지에서 길러진 '피의 자손들'이다: '피에서 태어난e sanguine natos'(나소 P. 오비디우스Naso P. Ovid, 변신이야기Metam. 1, 162); d. "이제 혼란이 그의 걸작을 만들었도다! 신성을 모독하는 살인은 주의 성수를 바른 성전을 부수어 열었으며 그곳에서 생명의 힘을 훔쳤다"(맥베스 2, 3); **2.** 금기: a. "너희는 무엇이든지 피째 먹지 말며 복술을 하지 말며 술수를 행치 말며"(레위기 19, 26); b. (인간 또는 동물의) 피를 마시는 것은 '혐오스러운 일'이다(위즈덤Wisdom 12, 5); **3.** 입문initiation: a. 피는 성직자의 입문과 제단을 위한 연고로 사용된다(출애굽기Ex. 29, 20); 매년 입문식이 반복되다 보니 제단 뿔은 (너의 손가락에 묻은) 피로 얼룩졌다; b. 부활의 해의 피: "계곡 위에 창녀여, 수선화가 피기 시작할 때 달콤한 밤을 보내러 오는 게 어떻겠는가; 붉은 피가 겨울의 창백함을 다스린다"(겨울이야기Wint. 4, 3); **4.** 나약함: "나는 사람의 배은망덕함을 거짓말, 허영, 중얼거림, 술 취함보다 더 싫어한다. 또한 우리의 나약한 피 속에 들어 있는 강력한 부패의 사악한 오염물이 싫다"(십이야Tw. N. 3, 4); **E.** **우주**(테미스Themis)의 균형을 회복하기 위한 희생(속죄, 순교 등): 희생제물Sacrifice 참조; **1.** 특히 희생에 사용되는 모든 다른 액체는 양, 돼지, 황소 그리고 인간의 피이다; **2.** 속죄에는 오직 단 하나의 피가 필요하다: "다른 사람의 피를 흘리면 그 사람의 피도 흘릴 것이니"(창세기Gen. 9, 6); **3.** 그리스도의 피는 모든 인류를 속죄한다: 파우스트 박사Dr. Faustus의 마지막 희망: "오, 나는 하나님께 도달할 것이다! 누가 나를 막겠는가? 창공에서 그리스도의 피가 흐르는 곳을 보라!"(크리스토퍼 말로Christopher Marlowe, "파우스트 박사Doctor Faustus" 16); **4.** 일반적인 순교; **5.** 제단의 한쪽에서 피를 짜내야 하는 새들을 제외하고 속죄를 위해 불태워질 제물의 피가 뿌려질 것이다(히브리); **6.** (신성한) 사슴의 피를 손에 묻히고 사냥을 하곤 했다(참조: 율리우스 카이사르 3, 1; 존왕의 삶과 죽음K. John 2, 1); **F. 전쟁: 1.** 전쟁이나 희생의 피 때문에 기사knight는 '붉음Red'으로 불릴 수 있다; **2.** "나는 피와 노고, 눈물, 땀 외에는 제공할 것이 없다"(윈스턴 처칠Winston Churchill의 연설, 하원 의사당, 1940년 5월 13일); **G. 풍요(생식력):** 첫 번째 태어난 양(태어난 지 1년 된 양)의 피로 문이나 장막 등을 바르는 피의 의식은 근동지역의 의례였다: **1.** 악의 힘을 물리친다; 아래 참조; **2.** 풍요 장려; 이것은 일반적으로 봄맞이 의례에서의 춤과 함께 이루어진다(유월절Pesach 참조); 종종 다른 목초지로의 이동의 선언이다; 서두름과 신부 복장을 한 여자들이 그 특징이다(출애굽기 11, 12, 35); 본질적으로 소를 사육하는 사람들의 축제였다(마소트Massot, 즉 무교병Unleavened Bread 축제는 농업축제였다. 이 두 축제는 나중에 서로 연결되었다); **3.** 피 흘림, 특히 친족의 피흘림은 알크마에온의 경우처럼 불임을 초래할 수 있다: 정액semen 참조; **H. 죽은 사람의 음식: 1.** 타르타로스에서 죽은 사람은 희생제물의 피를 먹어야 한다; 지하세계 신에게 바치는 희생제물은 도랑에서 만들어졌다: 희생제물Sacrifice 참조; **2.** 밤에 안키세스의 혼령이 아키세스의 아들인 아이네이아스에게 나타나 엘리시온 들판으로 자신을 만나러 오라고 이야기한다. 그곳은 검은 양의 피가 흐르는 들판이다(시빌레가 그를 들판으로 인도한다)(베르길리우스Virgil, 아이네이스Aen. 5, 736); **3.** 이것은 지하세계와 관련되기 때문에 예언적이다: a. 바빌로니아에서는 예언의 영감을 얻기 위해 피를 마셨다(또한 파우사니아스Pausanias 2, 24 참조); b. "피의 이슬"(덴마크의 왕자 햄릿 1, 1) 그리고 "신전에 내리는 피"(율리우스 카이사르 2, 2)는 카이사르의 죽음에 대한 전조였다(나소 P. 오비디우스, 변신이야기 15, 788에서 기술된 것처럼); 4. 이미 죽었으며 동시에 '계속해서 살아가기 위해' 인간의 피를 필요로 하는 뱀파이어와 관련된다; **I. 물과 관련된다: 1.** 연금술사들이 사용하는 원질료Primal Materia의 이름 중 하나; **2.** (고대 북유럽 신화에서) 대지의 물은 이미르Ymir의 죽은 몸에서 나온 피로 만들어졌다; 3. 이집트에서 '징후들' 중 첫 번째 징후는 나일강의 물(또한 목재=나무, 돌=분수)이 피로 변한 것이었다; 참조: 만지는 것마다 모두 금으로 변한 미다스의 이야기는 A번에 언급된 바와 같이 피와 관련된다; 4. 인간피의 상징=물; **J. 가족관계**(금기사항 있음): **1.** 게일족: 쿠훌린은 데보르길라와 결혼할 수 없었다. 이는 그가 그녀의 상처를 핥으면서 피를 마셨기 때문이다; **2.** "고귀한 당신들 영국인의 피는 전쟁을 통해 아버지에게서 받은 것이다"(헨리 5세의 생애H5 3, I); **3.** "피는 물보다 진하다"(속담); **K. 약속: 1.** 모세는 언약의 피를 제단과 사람들에게 뿌렸다(출애굽기 24, 6–8); 스스로 상처를 내서 자신의 피와 다른 사람의 피를 섞는 오래된 피의 약속, '피의 형제'(또한 스가랴서Zech. 9, 11에서 기술됨); **2.** (희년Jubilee에 자유의 몸이 되는 대신) 6년 후 남아 있길 원했던 노예는 '문설주'에서 송곳으로 자신의 몸을 찔렀다; **3.** 엘리자베스 1세 여왕 시대에 청년들은 연인의 건강을 위해 자신의 몸에 상처를 내고 자신의 피와 와인을 섞었다; **L. 악의 힘으로부터 보호:** 그가 뽑은 마녀의 피는 마녀의 힘을 피하게 해준다(참고할 문헌: 헨리 6세 1부1H6 1, 5); **M. 죄책감**(지울 수 없는 얼룩): **1.** 범죄에 대한 침묵의 증언으로서 바닥이나 흉기의 지워지지 않는 핏자국에 관한 수많은 이야기가 존재한다; **2.** 순결한 피가 흐른 장소는 영원히 메마르지 않는다; **3.** 살해당한 사람의 피가 살인자와 함께 있는 사람에게서 다시 흐르기 시작한다: "오, 신사분, 이것 좀 보세요! 죽은 헨리의 상처가 엉겨 붙은 입을 벌리고 신선한 피를 흘리고 있어요"(리처드 3세의 비극R3 1, 2, 리처드가 가까이 왔을 때와 하겐이 지그프리트의 시체에 다가갔을 때 참조: 니벨룽겐의 노래Nib. 17); **4.** "위대한 포세이돈의 바다는 내 손에서 이 피를 깨끗이 씻어 줄까요? 아니요, 나의 손은 바닷물로 진홍색이 되고 초록색을 붉은색으로 만들어 버릴 거에요"(맥베스 2, 2); 5. 푸른 수염Bluebeard 참조; **N. 마법**: **I.** 월경의 피: 달의 마법과 연관된다: 1. 플리니우스Pliny에 따르면 이것은: a. 포도나무를 죽인다; 고기를 오염시킨다; b. 보라색 옷이 바래게 만든다; c. 변색된 구리, 탁해진 거울, 무뎌진 칼; d. 벌이 벌집을 떠나게 만든다; 또는 벌들을 죽인다; e. 암말을 낙태시킨다; f. 해가 뜨기 전 벌거벗은 몸으로 걸어 다니면 들판의 해충이 제거된다; g. 바다의 폭풍을 잔잔하게 한다; h. 종기, 단독(피부감염병), 광견병, 불임을 치료한다(또한 로버트 그레이브스Robert Graves, 하얀 여신WG 166n. 참조); 2. 탈무드에 따르면, 월경 중인 여성이 두 명의 남성 사이를 지나가면 두 남자 중 한 명은 죽는다; 3. 테살리아 마녀의 '해로운 달의 이슬'은 월식 중 일어난 소녀의 초경혈이었다; 소녀의 초경혈은 월경 중인 동안 반시계방향으로 아홉 번(예 집) 주위를 뛰어다니는 풍요-저주 의식에 사용될 수 있다; 이는 또한 오레스테스 신화에서 에리니에스의 '심장 피'였을 것이다; 4. 질에서 나오는 모든 피는 위험하며 일반적으로 유독하다; 이것이 사제 또는 왕(이들은 면역이 되어 있으므로)이 소녀의 처녀성을 빼앗아 신랑이 피해를 입지 않도록 보호하는 '첫날밤의 권리' 또는 '주인의 법'의 기원이 되었을 수 있다; **II.** a. 마녀의 힘은 마녀의 피를 뽑아서 파괴할 수 있다; b. 피는 소녀가 자신의 연인을 되찾기 위해 사용하는 단순한 주문에도 사용된다; **O. 딜런 토머스**Dylan Thomas: **1.** '흘린 피': (죽음과) 출산의 피는 어머니의 상처를 완화시킨다(푸른 도화선The Green Fuse); **2.** '봄의 나쁜 피': a. 창세기의 피; b. 청소년의 불순한 피; c. 십자가에 못박힘으로 인한 피(부활절-봄).

피 P **1.** 히브리어 알파벳의 열일곱 번째 문자 '페pe'(입 또는 혀)에 해당한다; 이집트 상형문자로는 덧문; 켈트어로는 갈대(또는 딱총나무나 양백당나무)를 의미한다; **2.** 다음을 상징한다: a. 양몰이용 지팡이: 양치기의 신중함과 예지력; b. 파멸이 뒤따르는 희망과 성공(타로카드Tarot 참조); c. 위증에 대한 처벌의 표식; d. '죄Peccata': 단테Dante는 연옥에 들어갈 때, 이마에 일곱 개의 P(일곱 개의 대죄the seven deadly sins)를 받았고, 더 높은 단계로 올라갈 때마다 하나씩 지워졌다(단테, 칸토C 9); e. 약분할 수 없는 수: 수학; **3.** 다음에 상응한다: a. 계절: 10월 28일~11월 25일(달력calendar 참조); b. 점성술: 화성과 염소자리; c. 인체: 뇌; d. 타로카드: 번개 맞은 탑 카드.

피그말리온 Pygmalion **1.** 차갑게 얼어붙은 대지에 봄기운을 불어넣는 아프로디테(풍요의 여신); **2.** 심리: 생기와 따뜻함으로 변하는 인간의 굳은 마음; 왕자prince(공주 구출하기rescuing a princess) 참조.

피그미족 pigmy **1.** 이들은 키가 1피트이며 달걀 껍데기로 집을 짓고, 자고새가 끄는 마차를 타고 여행을 하거나 어린아이나 숫양을 타고 다닌다; 두루미(피그미족의 최대의 적)와 다른 새들이 이들을 공격해오면 모든 방법을 써서 방어하기 위해 스스로를 무장한다; 그리스 여러 화병에서 두루미와 피그미족과의 전투 그림을 볼 수 있다; 학crane 참조; **2.** 이들은 난쟁이족, '작은 사람들', 요정, 도깨비 등에 관한 모든 이야기에 등장한다.

피너클, 꼭대기 pinnacle 라틴어 '핀네pinnae'는 수훈을 세운 군인들이 투구에 착용하던 뾰족한 깃털을 의미한다; 검투사들 중 삼니움족도 깃털을 썼다(테렌티우스 바로Terentius Varro, 라틴어 원론LL 5, 142).

피들피시 fiddle-fish 민속: 피들피시를 잡으면 매우 운이 좋다: 비록 이 고기를 먹을 수는 없지만 배에 붙어 있으면 이는 행운의 표시이고 풍족한 수확을 기대할 수도 있다.

피라무스와 티스베 Pyramus and Thisbe **1.** 피라무스와 티스베의 비극은 뽕나무의 열매를 흰색에서 검은색으로 바꾸었다(이 이야기는 나소 P. 오비디우스 Naso P. Ovid, 변신이야기Metam. 4, 55ff 등 참조); **2.** 중세의 해석: 피라무스는 그리스도; 티스베는 그리스도가 구속한 인간 영혼; 사자는 사탄; 이들을 갈라놓는 벽은 원죄이다.

피라미 minnow (물고기) 가장 하찮은 것: "피라미들의 신 트리톤(역주: 반인반어의 해신)의 소리를 들어 보라"라고 입이 가볍고 하찮은 정치인 코리올라누스가 말했다(코리올라누스Cor. 3, 1).

피라미드 pyramid **1.** 1. 피라미드의 남성과 여성, 양성성(생식력) 측면: A. 불의 남성적 원리와 관련된다: a. 플루타르코스Plutarch: 창조주를 숭배하는 가장 원시적 형태; b. 신성한 산이며 하늘과 연결된다; c. 태양의 상징: 영광의 상징; B. 위대한 대지 모신과 관련된다: a. 플루타르코스: 모든 형태의 첫 번째; b. 물질적 공간, 견고함, 안정성: 정사각형 밑면은 대지와 안정성을 나타내고, 정점은 중심(시작과 끝)을 나타내며, 측면의 네 개의 삼각형은 불, 신의 계시, 창조의 삼위일체 원리를 나타낸다; c. 죽음과 불멸, 장엄한 영광; 이후에 피라미드는 무덤으로 불멸을 보장받았다; **2.** 신비의 중심, 옴파로스(배꼽navel 참조); **3.** 시간: "안 돼! 시간아, 내가 변한다고 자만하지 말지어다… 그대의 피라미드는… 나에게 새롭지 않다…"(소네트Sonn. 123); **4.** 인간의 삶; **5.** 신비주의: 이집트의 피라미드 측정값은 모든 점성술 자료와 일치하고 그들의 비밀은 타로Tarot로 번역되었다; **6.** 딜런 토머스Dylan Thomas: a. 태양과 태양에 대한 열망; b. 네 개의 삼각면은 여성을, 반면에 꼭짓점은 남성을 나타내며; 삼각면과 꼭짓점은 아직 씨앗 상태의 시를 쓰고 있는 시인을 위한 전형적인 자궁 형태의 무덤을 나타낸다; c. 시간과 영원의 결합; d. 부활하게 될 죽은 자의 수호자; **7.** 원뿔cone, 삼각형triangle 참조.

피리, 파이프 pipe (악기) **1.** 헤르메스가 '발명하여'(수금lyre처럼) 아폴로에게 팔았지만, 실제로는 판이 발명했고 헤르메스는 그를 속이고 자신이 발명한 것처럼 했다; **2.** 시링크스('갈대')를 좇던 판은 손에 갈대만 들고 있었으며 그것을 불었다(나소 P. 오비디우스Naso P. Ovid, 변신이야기Metam. 1, 690ff.); 관악기로 바람의 신인 판과 자연스럽게 연관이 된다; **3.** 헤르메스/메르크리우스의 상징으로 아르구스-이오의 신화에서 중요한 역할을 한다(나소 P. 오비디우스, 변신이야기 1, 675ff 등 참조); **4.** 전형적인 양치기 악기; **5.** 유혹: 피리의 마법적인 특성은 하멜른의 피리 부는 사나이부터 민요 "오르페우스왕King Orfeo"까지, 민담에서 민요에 이르기까지 흔한 주제이다; **6.** 종교: a. 열광: '나비스nabis'(즉, '선지자': 사무엘상서1sam. 10, 5; 또한 이사야서Isa. 30, 29도 참조)의 악기; b. 중대한 행사: 솔로몬왕에게 기름을 붓는 의식 중에 연주되었다 "땅이 그들의 소리로 말미암아 갈라질 듯하니"(열왕기상서1kings 1, 40); c. 경건하지 않은 연회(예 이사야서 5, 12에서 포도주를 갖춘 연회); 요한의 금욕과 그리스도가 사람들의 식탁과 '음악'에 참여하는 것을 받아들이지 않는 유대인의 비유에도 언급되어 있다(마태복음Matth. 11, 17 이하); **7.** 평화: 파이프와 북과 반대: "피리를 부는 이 약한 평화의 시간에"(리처드 3세의 비극R3 1, 1); 이와 더불어 군악단의 트럼펫 등과 비교하여 여성적이고 유아적인 소리; **8.** 남근: 예수의 탄생에 대한 목자의 노래 "졸리 와트Jolly Wat" 후렴구에서: "그의 피리가 많은 기쁨을 주었으므로"; 류트lut 아래의 플루트flute 참조.

피마자유 castor oil (castory) **1.** 피마자 나무의 기름, 그리스어 '크로톤kroton,' 라틴어 '리시누스 코뮤니스Ricinus communis'에 해당한다; **2.** 이 나무의 껍질은 밤balm(역주: 향기 나는 수지성 물질을 내는 나무)의 나뭇잎과 혼합하여 뱀에 물린 곳을 치료했다(니칸데르Nicander, 리아카Th. 676); 3. 의학: 피마자유를 마시면 자궁 질환를 치유한다; 피마자유는 최면성의 진통제이고 눈물과 콧물을 멈추는 데 사용했다(코르넬리우스 켈수스Cornelius Celsus 4, 27, 1c; 5, 25, 3; 6, 6, 5).

피망 allspice (식물) **1.** 피망나무의 마르고 거의 다 익은 베리. 도금양에 속하는 식물; '피pimenta'이라는 이름은 후추로 오인되어 생겨났다; 분명히 그런 용도로 사용된다; **2.** 연민과 고뇌.

피부, 가죽 skin **1.** 회춘: 이집트: '가죽을 통과하는 것'은 파라오를 회춘시키는 의식ritual이었다; 나중에 검은 표범의 꼬리를 허리에 두르는 것으로 대체되었다; **2.** 다산: 탄생과 재탄생을 촉진하기 위해 다산 의식에 사용되었다; **3.** 토테미즘과 관련된다; **4.** '짐승의 가죽' 착용: A. 구약성서: a. 상징적으로 중요한 무화과 나뭇잎을 대신하기 위해 하나님이 아담과 이브에게 가죽옷을 주었다; b. 대속, 희생; B. 마에나데스: 바카날리아Bacchanalia 주신제에 나가는 여성들은 반드시 그들의 '홍분한 젖가슴'에 짐승의 가죽(특히 사슴 가죽)을 착용하고, 머리를 풀어헤치고, 바쿠스의 지팡이를 지녀야 한다(나소 P. 오비디우스Naso P. Ovid, 변신이야기Metam; 11, 3; 4, 6); C. 가죽의 종류: a. 당나귀 가죽, 고양이 가죽, 쥐 가죽: 겸손 (신데렐라와 연결된다); b. 소가죽 (종종 박제): 다산, 쟁기질; c. 사자 가죽: 태양 영웅의 상징(예 헤라클레스); d. 양 가죽: 다산; 황금양털Golden Fleece 참조; **5.** 심리: 가죽옷: 마법의 동물을 죽이고 (짐승의 모습을 한 무의식의 어머니-이마고에 속하는 모든 동물처럼) 그 가죽을 입는 것(예 헤라클레스)은 초강력 마법의 동물이 부활하는 것이라 할 수 있지만 이제 그 힘은 가죽을 착용한 사람에게 돌아간다.

피새, 피리새 finch (새) 힐데가르트 폰 빙엔Hildegard von Bingen: a. 피리새는 열이 많고 대지의 푸른 약초를 먹고 산다; b. 피리새 고기는 건강한 사람에게만 잘 맞는다; c. 석탄불에 말려서 몸의 여러 부분에 바르면 피부에서 나쁜 액을 추출하기 때문에 어린이의 발진과 감염을 치료할 수 있다(자연학Ph. 6, p. 116).

피스타치오 pistachio (식물) **1.** 피스타치오 열매는 "인도의 코아스페스강이 범람할 때 나무 가지에 달려 있었으며 모양은 아몬드를 닮았다." 코아스페스 강은 다시 말해 카불강의 지류이며 더 잘 알려진 페르시아 강은 아니다(니칸데르Nicander, 테리아카Th. 890ff.; 테오프라스투스Theophrastus, 식물의 역사HP 4, 4, 7도 참조: 그는 피스타치오에 대해서 소문으로만 들었다); **2.** 약용: 일반적으로 약용으로 쓰이며 뱀에 물린 데를 치료하도록 권장된다(디오스코리데스Dioscorides 1, 124: 그는 피스타치오가 시리아 식물이라고 하였다).

피아노 piano **1.** 피아노는 반짝이는(프랑스어. '산티에scintille') 선율(스테판 말라르메Stéphane Mallarmé, "산문시Poèmes en Prose")을 만든다; 베럴 오르간barrel-organ, 바이올린violin 참조; **2.** 악기는 어떠한 형태로 연주되더라도 오토 에로티시즘과 관련이 있다(지그문트 프로이트Sigmmund Freud, 정신분석학입문강의ILP 10).

피에로 Pierrot 피에로는 여전히 무지(無知)한 상태의 남성 원리를 나타낸다(흰 얼굴과 하얗고 헐렁한 옷); 그의 타락 (선과 악의 지식을 알게 됨) 후에 그는 검은 모자를 쓴다. 그의 연인은 페에레트(때로 콜룸바인이라고 한다)이다; 그는 우스꽝스런 가면 뒤에 자신의 감정을 숨기는 낭만적이고 애처로운 캐릭터인 상상력이 풍부한 예술애호가로 변했다.

피핀 Pippin 전래동요: (프랑스 출신의) 피핀왕은 동요에서 친숙한 인물이다. 그는 전부 사탕으로 만들어진 연회장을 갖고 있다.

핀 pin **1.** 사랑, 결혼: a. 주로 성적 홍분; b. 결혼의 상징인 바늘과 핀; c. "핀을 돌리는 것"(핀의 다른 의미로)은 영웅과 여걸 모두에 관한 민요에서 사랑하는 집 문밖에서 연인들이 흔히 했던 행동이다; **2.** 구속: 의복을 고정하기 위한 핀 등; **3.** 가치: a. 16세기 중반까지 오직 부자들만이 금속 핀을 살 여유가 있었고, 가난한 사람들은 간단한 꼬지를 사용했다; b. 이후에는 무가치한 것이 되었다: "핀의 값어치도 안 되는 이 목숨"(덴마크의 왕자 햄릿Ham. 1, 4); **4.** 다른 것과의 조합: a. 천사들은 핀 끝의 공기에서 춤을 춘다(딜런 토머스Dylan Thomas, "나의 세계는 피라미드다" 참조); b. 고대 켈트족의 여왕 마하는 브로치의 핀으로 마을을 측정했다(윌리엄 B. 예이츠William B. Yeats, "새벽The Dawn" 참조; 거부당하고 무의미한 지식을 의미한다); **5.** 민속: 바늘은 날카롭고 금속이기 때문에 위험할 뿐만 아니라 보호할 수도 있다; A. 마법과 관련 있다: a, 핀을 토해 내는 것은 영국 마녀의 특징이다; b. 문설주에 핀을 꽂아 놓아서 마녀를 겁주어 집에서 쫓아낼 수도 있지만, 마녀도 그들의 주문에 핀을 사용할 수 있다; B. 행운: a. 바닥에 떨어진 핀을 발견하는 것은 행운을 의미한다(특히 멀리 떨어져 있는 핀을 발견하는 경우); b. 도박꾼들 사이에서: 친구가 당신의 옷깃에 핀을 꽂으면 행운이 온다; c. 구부러지거나 비뚤어진 핀은 소원이나 치유를 구할 때 제물로 자주 사용된다.

핀란드 Finland **1.** "핀란드인, 땅 밑에 구멍을 파고 사는 인류 중에 가장 온화하고 공정한 사람들"(매튜

아널드Matthew Arnold, 죽은 발드르BD 1, 55f); **2.** 라플란드Laplan

필레우스 pileus 프리기아Phrygia 참조.

필리다 Phillida 목가적 서정시에 등장하는 소녀의 전통적인 이름: 예 코린의 연인(한여름 밤의 꿈MND 2, 1 참조).

필리스 Phyllis 전원시에 흔히 등장하는 이름(베르길리우스부터 에드먼드 스펜서까지from Virgil to Edmund Spenser, 양치기의 달력SC 2, 63n).

필요 necessity 필요는 예술과 문명의 어머니이다(오리게네스Origenes, 콘트라 셀숨CC 4, 76; 베르길리우스Virgil, 농경시G 1, 121ff.; 디오도로스 시쿨로스Diodorus Siculus 1, 8, 5ff.).

ㅎ

하갈 Hagar　**1.** 박해받는 교회=유대교 회당Synagogue; 그녀의 아들 이스마엘은 유대인(기독교인과 반대되는)을 나타낸다: 갈라디아서Gal. 4, 22ff.; **2.** 아랍인들의 어머니: 잠잠Zamzam 우물(역주: 하갈과 이스마엘이 사막에서 고난에 처했을 때 알라의 기적으로 만들어진 우물)은 아라비아의 마르와와 사파 사이에 위치하고 있다; **3.** 부당하게 억압받는 여자 노예(예 흑인 어머니); 아브라함이 하갈과 그녀의 아들 이스마엘을 내쫓은 것은 누지 법Nuzi law에 어긋나는 것이다; **4.** 아브라함Abraham 참조.

하나 one　**1.** 단일체, 신비의 중심; **2.** 창조하고 보전하는 하나님; **3.** 남근, 남성적 원리, 활동; **4.** 빛, 계시, 영적 합일, 분열 없는 초월적 중심t; **5.** 피타고라스: a. 본질 b. 이성; **6.** 카발라: '나는 스스로 존재하는 자', 첫 번째 세피라. 성령과 말씀; **7.** 다음에 상응한다: a. 색상: 빨간색; b. 점성술: 태양과 양자리; **8.** 기독교: 신; **9.** 심리: a. 합일은 드물게 발생한다; b. 선과 악의 이중성에 선행하는 낙원의 자웅동체적 단일성; **10.** 첫 번째first, 알파벳 'I', 수numbers 등 참조.

하늘 sky　**1.** 남성적 원리: 신성한 결혼으로 여성적 대지와 결혼했다; **2.** 거룩함, 순결: 최고의 신 또는 그의 거처; **3.** 태양과 마찬가지로 모든 것을 본다; **4.** (지하세계와 더불어) 이 세계의 운명을 결정한다; 참조: "하늘의 의회parliament of the sky"(딜런 토머스Dylan Thomas); **5.** 삶: "헬렌이 누워 있는 곳에 내가 있다면 (얼마나 좋을까?) 그녀는 밤낮으로 울부짖는다. 그녀가 나 대신 죽었으므로 나는 하늘이 지겹다"(민요 "커크코넬의 헬렌Helen of Kirkconnell"); "나는 태양이 지겹다"(맥베스Mac. 5, 5 참조); **6.** 연금술: 원질료Prime Matter의 많은 이름 중 하나; **7.** 공기air; 하늘heaven; 별star; 태양sun; 바람wind 등 참조.

하늘, 천국 heaven　**1.** 남성적 · 능동적 · 영적인 것으로 간주되며 숫자 3과 관련된다; 여성적 · 수동적 · 물질적이며, 숫자 2 또는 4와 관련되는 땅과 대극이다; **2.** 신의 현현: 푸른 하늘=신의 얼굴을 가리는 휘장; 구름=신의 옷; 빛=신의 향유; 별=신의 눈; **3.** 천체의 음악에 대해서는 음악music 참조; **4.** 이집트인들은 열 개의 구체를 셌다(프톨레마이오스Ptolemy에 따르면, 중세에 추가된 것들과 함께): a. 일곱 개 행성 구체; b. 항성들의 창공; c. 춘/추분점 세차(歲差)가 이루어지는 수정구; d. 열 번째 구체: 이집트 우주론에서는 프톨레마이오스에 의해 설명되고 중세 시대에 확장된 열 개의 천구를 인식했다. 이 구체는 행성을 나타내는 일곱 개의 구체, 고정된 별들이 있는 궁창, 춘분과 추분을 담당하는 수정구, 그리고 '원운동'으로 알려진 열 번째 구체: 이 구체는 매일 자전하며 행성의 내부 영역에 움직임을 부여한다. 또는 최고천Empyrian의 무nothingness의 우주를 둘러싸고 분리하는 견고한 장벽으로 이해될 수 있다; **5.** 히브리 신비주의자들에 따르면 칠층천이 존재한다: a. 지상과 구름 사이에 첫 번째 하늘; b. 구름의 영역인 두 번째 하늘; c. 세 번째~여섯 번째: 다양한 급의 천사들이 사는 집; d. 하나님과 세라핌이 머무르는 일곱 번째 하늘; **6.** 카발라의 일곱 하늘: 천사들의 거처; **7.** 연금술: 신체의 정수 또는 가장 미묘한 부분; **8.** 딜런 토머스Dylan Thomas: 자궁/무덤(여러 시에서); **9.** 낙원paradise 참조; 행성; 하늘.

하늘색 azure　**1.** 이름: 페르시아어에서 온 이름 'lajward'='청금석(lapis azure; azuli)'; **2.** 이것의 일반적인 상징성에 대해서는 파란색blue 참조; **3.** 구체적으로는 다음을 상징한다: a. 하늘, 궁창; 제우스의 상징; b. 희망; c. 더 고귀한 본성의 것들에 대한 사랑; d. 문장heraldry(紋章): 파란색에 대한 기술적 용어; 가장 낮은 귀족 계급 바로 아래에 있는 사람들의 방패를 묘사할 때 항상 사용되었다.

하늘의 여왕 queen of heaven **1.** 다산과 달의 여신들; a. 이집트: 이시스; b. 근동지역: 예레미야는 하늘의 여왕(바알랏Ba'alat, 이슈타르Ishtar, 아나트Anat)을 숭배하는 것, 그녀에게 둥근 케이크를 제물로 바치는 것, 향을 분향하고 음료를 부어 바치는 것에 대해 끊임없이 비난했다(예레미야서Jer. 7, 18; 44, 17-19); c. 그리스-로마 신화: 3대 여신: 헤라/주노, 아프로디테/비너스, 아르테미스/디아나(위대한 여신Great Goddess 참조); d. 기독교: 태양을 입고 초승달 위에 서서 열두 개의 별 왕관을 쓴 성모 마리아로 표현되었다(묵시록Apoc.); **2.** 하늘의 여왕은 별의 여신(특히 근동지역에서): a. 전쟁의 여신인 샛별morning star; b. 사랑의 여신인 저녁별.

하데스 Hades **1.** 일반적 의미에 대해서는 지하세계underworld 참조; **2.** 대지의 모든 재물을 상징한다: 디스/디베스 또는 '플루토'='부자'라는 이름으로도 불리는 신이다. "이는 만물이 다시 땅으로 들어가고, 또한 땅에서 생겨나기 때문이다"(마르쿠스 툴리우스 키케로Marcus Tullius Cicero, 신론ND 2, 66).

하루살이 mayfly 켈트족: 덱타이어는 결혼식에서 하루살이를 삼켜 태양신 루를 낳았다; 하루살이 철에는 송어가 하루살이를 잡기 위해 끽끽 소리를 내며 물 밖으로 뛰어오른다. 이것으로부터 '노래하는 송어'를 에로틱하게 흉내 내는 물요정의 봄맞이 춤 축제가 그녀를 기리기 위해 열렸다(로버트 그레이브스Robert Graves, 하얀 여신WG 369n).

하마 hippopotamus **1.** 무감각; **2.** 이중성: 수륙양서, 물, 어머니; **3.** 힘과 활력: 예 이집트 상형문자에서; **4.** 이집트: a. 호루스가 오시리스를 죽인 세트Seth에게 복수했을 때 하마 모습을 하고 있던 세트에게 바쳐졌다(특히 헤르마폴리스에서 추앙받았을 때); b. 태레트(타어앗)는 산모의 여신이자 때로 오시리스의 어머니; **5.** 불경, 철저한 물질주의: a. 중세 성화 상징에서 불경의 속성; b. 토머스 S. 엘리엇Thomas S. Eliot: 미지근하고(이중적) 위선적이고 물질주의적이지만 어린 양의 피로 구원받을 수 있는 허약한 성공회 신자들; **6.** 플루타르코스Plutarch: 살인, 뻔뻔함, 폭력, 부당함; 그들은 심지어 그들의 어머니와 성교하기 위해 그들의 아버지를 죽인다: 그래서 하마는 황새와 대극이다(동물의 영리함Clevern. of Anim. 4); **7.** 베헤못Behemoth(욥기Job. 40, 15-24).

하멜른의 피리 부는 사나이 Pied Piper of Hamlin 지하세계에서 반년(겨울)을 보내는 플루트와 하프를 연주하는 신들(다비드, 크리슈나, 오르페우스, 옹구스, 판)에게 아마도 영감을 받았을 것이다.

하모니카 mouth-organ **1.** 하모니카의 음악은 요정을 두렵게 한다; **2.** 하모니카는 1590년 할로윈에 노스버윅에 있는 치명적인 마녀 모임에서 연주되었다(브리타니아의 민속과 문화Folkl. & C. of Brit. 427).

하비호스, 막대말 hobby-horse **1.** 오래된 모리스 춤의 전통적인 등장인물 중 하나이고 에드워드 3세 통치 시절 스페인으로부터 존 오브 건트John of Gaunt가 영국에 소개했으며 오월제와 성령강림절 축제기간 등에서 공연되었다; 그렇지만 이것은 5월의 로빈 후드 축제 등 오래된 전통에 잘 맞았음에 틀림없다; 사람들 한가운데에 말을 고정시켰다; 나중에 청교도들은(종교적인 중요성을 인식하여) 이 공연을 금지시켰다("하비호스는 잊혔다": 덴마크의 왕자 햄릿Ham.); **2.** 이것은 보아레스와 암말이 교미하는 것 그리고 켄타우로스와 관련이 있다; **3.** 말과 빗자루 모두 마녀와 관련되며, 오월제 폴 댄스(역주: 녹색이나 꽃으로 만들어진 화환으로 장식된 높은 장대기둥 주변에서 행해지고 종종 복잡한 모양으로 엮인 리본을 붙잡고 장대를 돌면서 추는 의례적인 민속 춤)과 관련이 있다; **4.** 원래 비와 풍요를 기원하는 의례이며 말과 달에 관련되었고, 한겨울, 카니발, 한여름 등 계절의 변화에 따라 행해졌다; **5.** 어리석음: 이를 통해서는 아무것도 얻지 못한다; **6.** 고된 노동을 하는 사람, '승마용 말'(사랑의 헛수고LLL 3, 1 참조); **7.** 질이 느슨해진 여자(또한 '승마용 말')와 관련이 있다; a. 카시오에게 손수건을 돌려주며 비앙카가 말했다; "당신의 하비호스에

게 이것을 주세요: 어디를 가든지 당신이 그것을 가지고 있다면요…"(베니스의 무어인 오셀로Oth. 4, 1); b. "내 아내는 하비호스입니다; 그녀는 약혼하기 전에 물레 돌리는 여자, 즉 매춘부라는 이름을 들을 만 했어요"(겨울이야기Wint. 1, 2).

하이보리아인들 Hyperboreans **1.** 그리스 신화: 태양이 밤낮으로 빛나는 먼 북쪽(그러나 따뜻한)에 살았던 신화적 사람들; 이들은 매우 현명하고 덕이 높았으며 매우 장수했다; 아폴로가 선호했다(스트라보Strabo 15, 1, 57 참조, 루키아누스Lucianus, 경매Philops 13; 여기에서 저자는 이들을 마법사라고 부른다); **2.** 위치: 흑해 북쪽에 위치해 있었다; 나중에는 중국에도 있었고 영국제도에도 있었다고도 생각되었다(아폴로를 위해 스톤헨지Stonehenge 신전을 만들었다: 디오도로스 시쿨로스Diodorus Siculus 2, 47+n.; 윌리엄 거트리William Guthrie 79ff); **3.** 아마도 축복의 섬Blessed Isle: a. 노동과 전쟁이 없었다; b. 장작더미 위에서 죽으려 했던 크로이수스Croesus는 붙잡혀서 발목이 가느다란 딸들과 함께 여기로 옮겨졌다고 "번역되었다"(바킬리데스Bacchylide 3. 25ff, 헤로도토스Herodotus 4, 32ff, 제프리 커크Geoffrey Kirk 172f.; 윌리엄 거트리 75ff).

하이에나 hyena **(동물)** **1.** 일반적으로 다음을 의미한다: a. 구약성서; i. '여우'를 언급할 때 '하이에나'로 번역되는 경우가 많다; 종종 이 해석은 만족스럽지 않다. 예 삼손을 태양으로 묘사하는 부분에서의 이 해석은 옳을 수 있다: "칼의 세력에 붙인바 되어 시랑(豺狼)(역주: 이리)의 밥이 되리이다"(시편Ps. 63, 10); ii. 때때로 사막의 '용'을 하이에나라고 부른다(현대어로 바꾼 버전에서); b. 하이에나는 성별을 바꿀 수 있다: 하이에나 암컷이 수컷과 짝짓기를 할 때 암컷의 음핵이 발기하여 수컷의 성기처럼 된다(나소 P. 오비디우스Naso P. Ovid, 변신이야기Metam. 15, 408ff); c. 플리니우스Pliny: 개가 하이에나를 잡아먹기 위해 유인한다(8, 44); d. 사자를 먹이 쪽으로 유인한다; **2.** 이집트인들이 믿는 하나의 신. 이 신은 독수리가 가진 모성과 동일한 상징적 모성의 가치를 갖고 있을 것이다; **3.** 거짓, 변덕: 1번의 b 참조; **4.** 탐욕: 죽은 물질과 부패를 탐하는 것; 한 상징에는 머리에 하이에나가 있는 상인이 있고 또 다른 상징에는 머리가 일곱 개인 괴물이 탐욕을 상징하는 하이에나 머리를 가지고 있다; **5.** 잔인함: 웃으면서 시체를 먹는 자; **6.** 눈 색깔이 아주 다양한 밤의 사냥꾼; 이것의 눈은 다른 동물들을 '매료'시킨다; **7.** 비겁; **8.** 표범의 '천적'(플리니우스 28, 27); **9.** 사랑의 묘약에서부터 소송에서의 승소에 이르기까지 경이로운 치료법과 마법 등으로 마법사들이 가장 높이 평가한 포유동물.

하제, 정화 purgative 정화 행위는 악령이나 귀신을 쫓아내거나 이들이 빙의한 몸에서 악령이나 귀신을 몰아내는 것이다.

하트 hearts **(카드)** **1.** 타로카드Tarot에서 잔: 희생, 사제, 음부, 사랑, 우정, 생명; 또한 성배chalice와 컵cup; 잔goblet 참조; **2.** 창조적 세상; 원질료prime matter로서의 물; 원동자prime mover; 지식; 토트와 지하세계의 메르쿠리우스(헤르메스); **3.** 우정, 환대, 헌주(獻酒); 지적이라기보다 감정적; **4.** 에이스the ace: 가족의 유대관계의 힘; **5.** 민속: A. 카드 패에 있는 대부분의 하트: a. 사랑, 기쁨, 즐거움; b. 아이의 운세: 행운; B. 전래동요에서 하트의 여왕은 타르트를 구웠지만 하트의 악당이 타르트를 훔쳐갔다가 결국 왕에게 붙잡혀 다시 돌려주었다; 참조: 루이스 캐럴Carroll의 "이상한 나라의 앨리스"에 나오는 여왕.

하품 yawning 두 번째 시야가 열리는 마법의 힘의 순간("냘의 사가Njal's Saga" 12).

하프 harp **1.** 일찍이 커다란 실제 하프가 람세스 2세의 무덤에서 발견되었으며(약 기원전 1220년), 이후 리라와 키타라가 더 중요하게 여겨졌던 그리스와 로마를 제외한 지중해 전역에서 발견되었다; 아일랜드인들은 자신들만의 하프(거대한 울림통이 존재하는)를 개발했으며 웰시(웨일즈) 하프는 프랑스 모델의 영향을 바로 받았다; 성서에 등장하는 하프는 리라에 더 가까웠다; 이는 빈번하게 혼동되었기 때문이었다. 또한 류트, 리라, 치터 등 참조; **2.** 바람신의 악기; **3.** 천국과 관련 있다: a. 드루이드교: 하프 소리는 죽은 자의 몸에서 영혼을 풀어 주고 영혼을 천국으로 데려갔다; b. 천사들이 연주한다: 천국의 축복과 조화; c. 천국으로 가는 신비로운 사다리(때때로 부장품); 이에 따라 또한 저승사자인 백조와 연관된다; **4.** 사랑 또는 죽음에 대한 열망: a. 켈트족: 트리스트람('슬픔을 안고 태어난 아이': 그의 어머니는 출산 후 사망했다)은 하프 연주자였다(토머스 맬러리 경Sir Thomas Malory 8, 3); 그는 또한 사냥과 매 사냥 기술을 발전시킨 사람이었다; 그는 첫 번째 결투에서 '옆구리'에 상처를 입었으며, 라 비엘 이소드La Beale Esoud가 그를 치료했다; b. 괴테의 "빌헬름 마이스터Wilhelm Meister"에서는 하프 연주자가 중요한 역할을 한다; **5.** 슬픔, 인간의 스트레스와 고통(팽팽한 현): a. 히에로니무스 보쉬Jheronimus Bosch의 "쾌락의 정원"에서 한 남자는 하프로 끔찍한 벌을 받는다; b. 몸이 하프로 변한 경우: 민요 "비노리Binnorie"(프랜시스 차일드Francis Child 10C)에서 질투심에 사로잡힌 언니가 동생을 물에 빠트려 죽인다; 죽은 소녀의 가슴뼈로 하프가 만들어지고, 그녀의 머리카락은 현이 된다; 이후 하프는 왕의 궁전으로 가게 되고, 그곳에서 인간의 손이 닿지도 않은 상태로 (언니의) 죄를 밝히는 노래를 연주한다; **6.** 백마와 관련된다; **7.** 음악, 시; **8.** 다음과 같이 맹인과 관련된다: a. 교활함: "어리석은 맹인 하프 연주자에 대해 들어 보았습니까? 그는 얼마나 오래 로크메이븐 마을에 살았던 걸까요? 그는 도대체 어떻게 헨리 왕의 원톤 브라운Wanton Brown(=하프 연주자가 훔친 왕의 말; 그가 잃어버렸다고 주장한 자신의 늙은 암말에 대해 왕으로부터 세 배의 돈을 받았다: "로크메이븐의 하프 연주자", 프랜시스 차일드 192)을 훔치기 위해 잉글랜드로 갈 패거리를 꾸린 것일까요?"; b. 귀족(예 "눈먼 거지의 딸"); **9.** 아일랜드(간혹 웨일즈) 국가의 상징; **10.** 문장heraldry(紋章): a. 명상, 고귀함; b. 순결; **11.** 히브리: a. 신의 찬미: 즐거운 선지자 무리의 악기(예언: 사무엘상1Sam. 10, 5); b. 긴장한 신경의 진정: 다윗의 마법 같은 하프는 사울에게서 "광기의 영혼"을 물리쳤다; c. 창부(이사야서Isa. 23, 16)와 오르지orgies(이사야서 5, 12)의 악기; d. 슬픔: (바빌로니아 강변에서): "버드나무에 우리가 우리의 수금을 걸었나니"(시편Ps. 137, 2); **12.** 아이올리스Aeolis 참조.

하피, 잔인한 여자 harpy **1.** 바람의 정령: a. 호메로스("오디세이아Od.")에서 하피들은 오디세우스를 '빼앗았다'(=그가 정신을 잃었다); b. 이들은 아프로디테가 결혼을 주선한 두 명의 고아 자매들을 데려갔다: c. 하피들은 재빠른 것을 상징한다; **2.** 유령: 하피는 무덤에서 나타난다(또한 1번의 b 참조); **3.** 신화 내용에서 이들은 타우마스와 엘렉트라(헤시오도스Hesiodus에 따르면, 오케아노스의 딸)의 아름다운 세 딸로 나오다가, 베르길리우스Virgil에서는 혐오스럽고, 탐욕스러우며, 복수심에 불타는 괴물들로 묘사되는 불확실한 캐릭터들이다; 이들은 또한 넵투누스와 바다의 딸들이라고 한다; **4.** 중세시대: 다음을 상징한다: a. 처녀자리의 표시 ; b. 음악; **5.** 단테Dante: 하피는 끝없는 고통과 절망의 상징으로서 자살한 사람들의 영혼을 집어삼킨다(신곡 지옥편Inf. 13); **6.** 문장heraldry(紋章): a. 이들은 일반적으로 사악함이 없는 절반은 고귀한 숙녀로 표현된다; b. 이들은 독수리의 힘과 지혜, 그리고 충실함과 순응을 결합한다; c. 도발로 인한 흉포함; **7.** 우주의 힘들의 사악한 조화; **8.** 심리: a. 악의 화신: 죄책감과 형벌; b. 무의식의 퇴행적 분열('사람을 찢어 죽이는'; 다중성multiplicity 참조); **9.** 딜런 토머스Dylan Thomas: 천사들과 긴밀히 연관된다(예 "비가The Lament"): a. 둘 다 날개를 가지고 있다; b. 천사들은 '하프'를 연주한다.

학, 두루미 crane (새) **1.** 비행: 높이 상징: 순수한 '하늘'을 난다; 그러므로 명상–상징의 속성이다; **2.** 자세: 오만, 우월의식; **3.** 장수: 두루미는 물가에 서 있는 모든 목이 긴 새들과 마찬가지로 굉장히 오래 사는 새이다; **4.** 저승사자, 불멸; **5.** 정의: 두루미는 시인 이비쿠스를 죽인 자들을 정신없게 만들어서 살인에 대해 복수했다: 살인자들을 맹렬히 뒤쫓는다; **6.** 선하고 부지런한 영혼, 순수함: 1번 참조; **7.** 종교와 수도승의 삶의 상징: 두루미는 앞장서서 이끄는 두루미가 있으면 모두 다 따른다(몽테뉴Montaigne); 그리고 1번 참조; **8.** 전조(조짐): 일반적으로 좋은 징조이다(독수리eagle, 콘도르vulture와 마찬가지로): a. "두루미가 오는 시기를 지켜라"=자연의 신 여호와의 법칙에 대한 순종; b. 그리스에서는 이동하는 두루미의 울음소리가 추수하고 씨 뿌릴 시기를 알려 준다; c. 두루미가 갑자기 나타나면 이것은 전쟁의 끝을 알리는 것이다; d. 비의 메신저; e. 높이 나는 두루미가 안전을 위해 계곡을 찾는다면, 폭풍우가 다가오고 있는 것이다(베르길리우스Virgil, 농경시Georg. 1, 374ff); **9. 경계 태세**: (플리니우스Pliny 및 다른 사람들에 따르면) 두루미들이 긴 이동 중 쉬는 기간을 가지면 쉬는 장소 주위에 보초를 세운다; 보초를 서는 두루미들은 잠들지 않기 위해 한 발로 서서 다른 한 발에는 돌을 쥐고 있다(또는 부리에 물고 있다); 잠이 들어 이 돌이 떨어지면 잠에서 깰 수 있도록 해 준다: 그러므로 두루미들은 노예 상태의 상징이기도 하다; **10. 새벽**: 왜가리들과 함께 두루미들은 물가에 서서 가장 먼저 새벽을 맞이한다; **11. 행복**; **12. 호기심 많음**; **13. 욕정**: 단테Dante의 작품에서 (신곡 지옥편Inf. 5) 연인들은 끊임없이 회오리바람에 쫓겨 다니는 찌르레기, 비둘기, 두루미에 비유된다(모두 사랑의 상징); 또한 욕정이 벌을 받는 연옥(단테, 칸토C. 26)에서도 두루미에 대한 비유가 있다; 거기서 두루미는 물고기(또 다른 남근 상징)와 함께 언급된다; **14. 두루미의 소리**: a. 애절한 재잘거림(이사야서Isa. 38, 14); b. 두루미의 큰 소리: "두루미, 그 트럼펫 소리를 내는 거인"(제프리 초서Geoffrey Chaucer, 파울스의 의회PoF 344); **15.** 다음의 신들에게 바쳐졌다: 아르테미스, 아테네, 아폴로, 헤르메스, 테세우스, 토트; **16. 충성심**; **17. 예술작품**에서: 국화 및 소나무와 관련된다; **18.** 거대한 **이동**: V자 대형으로 북회귀선에서부터 북극까지 날아갔다가 돌아온다; **19. 신비에 싸인 피그미족**과 관련된다: a. 산이 많은 에티오피아의 피그미족 여왕은 전쟁에서 주노에게 정복당하고, 주노는 여왕을 두루미로 만들었다: 이렇게 주노는 피그미족과 두루미 사이에 적대감이 생기게 했다(나소 P. 오비디우스Naso P. Ovid, 변신이야기Metam. 6, 90–91); b. 두루미들이 겨울을 나기 위해 그리스를 떠날 때 높이 날아 대양(바다, 오케아노스)을 향해 날아가면서 키가 주먹만 한 피그미족에게 죽음을 가져다준다(호메로스Homer, 일리아드Iliad 3, 4ff; 플리니우스 7, 2 및 10, 30도 참조); **20. 치유**: 중세 영국의 조각 작품에서 두루미들이 아픈 사람의 입김을 빨아들이는 것을 볼 수 있다; **21. 알파벳**과 관련된다: 히기누스는 팔라메데스가 (토트로서) 두루미들이 날아가는 쐐기 모양 대형을 보고 알파벳 글자를 발명했다고 말한다; 일부 사람은 운명의 여신들이 알파벳을 발명했다고 한다; 카드모스가 나중에 알파벳을 변형시켰다고도 한다; 또 다른 일부 사람에 따르면, 알파벳 글자를 만든 것은 헤르메스라고 한다; **22. 시**: 처음으로 시인을 보호한 보호자로서 두루미와 헤르메스가 연관된다; 21번 참조; **23. 문장**heraldry(紋章)(대개 돌과 함께): a. 심오한 독창성; b. 주의, 경계 태세; c. 멋진 일을 알림; **24. 두루미 춤**: 위대한 여신Great Goddess과 관련된다: a. 두루미의 색깔: 흰색, 검은색, 불그스름한 색(색상colours 참조); b. 테세우스가 아리아드네를 위해 만든 무도장에서 추었던, 두루미가 구애할 때의 춤을 모방한 복잡한 안무의 춤(참조: 자고새 춤과 유사함); 또는 테세우스가 미노타우로스를 죽인 후 델로스섬에 상륙하여 추었던 춤(플루타르코스Plutarch, 테세우스Thes. 21; 로버트 그레이브스Robert Graves, 하얀 여신WG 233); c. 크노소스에서의 첫 춤으로 남녀가 함께 춤을 추었다; d. 두루미는 아홉 걸음을 뛴 후 날아오른다(숫자 9는 여신들에게 신성한 수).

학교 school **1.** "세상은 학교이다… 여기서 하나님은 항상 그분의 영광에 관한 어리석은 강의를 듣고 계신다"(조슈아 실베스터Joshua Sylvester, 기욤 드 살루스테, 바르타 시에르의 신성한 시기와 작품DB 1, 1, 157f.); **2.** 꿈에서의 학교: a. 사회적 관습과 구속의 초기 경험; 이후 삶의 축소판이며 따라서 상대적 중요성을 의미한다; b. 습관과 관점은 습득했지만 미숙하다(톰 체트윈드Tom Chetwynd); 3. 시험examination 참조.

학대 abuse **1.** 그리스: 두 명 이상의 동료가 심한 욕설 시합을 벌이는 의식이 있었다(예 헤로도토스Herodotus 5, 83); 그것은 트로이젠에서 여자들이 돌을 던지기 시작할 때 또는 아삽에서 열리는 남녀의 무리가 아폴로 숭배를 위해 '싸움과 학대'의 의례를 수행할 때(로디우스의 아폴로니우스Apollonius Rhodius 4, 1726)의 일반적인 싸움에 훨씬 더 가깝다; 또 다른 형태로는 엘리우스 행렬의 전투 마차에서 행인에게 가해지는 학대이며, 현대의 카니발(마르디 그라Mardi Gras: 사순절 전날) 행렬 인파가 던진 꽃과 색종이 조각과 같다; 이 모든 형태는 싸움과 동일한 의례적 가치를 갖고 있다. 그 의미가 약해져서 학대가 논쟁이나 반박으로 낮아질 수 있다(프랜시스 맥도널드 콘퍼드Francis M. Cornford, 다락방 코미디의 기원AC p.183); **2.** 악마에게 대항하는 모든 것은 보통 폭력적인 학대의 형태를 취한다; 또한 티아나의 흡혈귀 싸움에서 아폴로니우스Apollonius의 저주 참조(프랜시스 맥도널드 콘퍼드, 다락방 코미디의 기원 p.113); **3.** 과시boasting; 욕(설)curse 참조.

한 덩어리 빵 loaf **1.** 속이 부드러운 빵(에릭시스의 아들 필록세노스, 리라 그레이사Lyra Gracea 3, p 355); **2.** 남근(헤로도토스Herodotus 5, 92); **3.** 빵bread 참조.

한낮 midday 정오noon 참조.

한련 nasturtium (식물) 겨자과의 식물cress 참조.

한숨 sighing **1.** 한숨(그리고 일반적으로 슬픔)은 심장의 피를 쏟아낸다: A. 셰익스피어: a. "이 '해야 한다'는 결심은 과다한 한숨처럼 기분을 나아지게 해주지만 몸에는 상처를 남긴다"(덴마크의 왕자 햄릿Ham. 4, 7); b. "한숨지음으로 그것(=당신의 심장)에 상처를 입혀라… 신음하며 그것을 죽여라"(타이투스 안드로니카스Tit. Andr. 3), 2; "피를 다 쏟아 버리는" 한숨과 "피를 빨아들이는" 한숨이 있다(헨리 6세 2부2H6 3, 1; 헨리 6세 3부3H6 4, 4); B. 존 드라이든John Dryden: "피를 흘리며 숨이 멎는 것은 연인들에게는 쉬운 죽음이다"("폭군의 사랑Tyrannic Love"); **2.** 지옥에서 가장 가벼운 형태의 형벌: 그리스도인을 제외한 선한 사람들이 있는 첫 번째 지옥 영역에서만 탄식 소리가 들린다: "그는 결코 울지 않았지만 에테르의 기운이 떨리는 한숨을 내쉬었다"(단테Dante, 참조: 신곡 지옥편Inf. 4); **3.** 사랑: 큐피드는 "한숨과 신음의 기름부음을 받은 군주"(사랑의 헛수고LLL 3, 1).

한여름 축제 (하지축제) midsummer **1.** 옛날에는 6월 21일 경이었으며 현재는 성자 요한 축일(6월 24일); **2.** 한 해의 상반기의 참나무왕들은 제물로 죽거나 불에 탔다: 예 삼손, 발드르(참나무oak 참조); **3.** 켈트 여신 다누Danu는 한여름에 아일랜드를 정복했다: 태양빛과 초목의 승리; **4.** 그리스- 로마: 데메테르가 횃불을 들고 페르세포네를 찾아다니던 날; **5.** 불 축제: a. 성자 요한축일의 전야에 종종 정화의 불 (역주: 동물의 질병을 쫓아내는 불) 역할을 하는 모닥불; b. 불타는 바퀴가 아래로 굴러 내려가거나(아래에 떨어질 때까지 계속 타오르면 좋은 징조) 또는 불타는 원반을 공중에 던졌다; c. 횃불 행렬이 열리거나 사람들이 뛰어다니며 횃불을 흔들었다; d. 비가 그치고 대마가 자라도록 하려고 대마밭에서 춤을 추거나 기도를 했다; **6.** 기독교: 물 축제: 세례 요한; **7.** 영국: 집세를 내는 사분기일 중 하나이며 마녀의 안식일이다; 로빈 굿펠로와도 관련된다; **8.** 한여름 축제 전야에는 다음 해의 운세를 점치기 위해 계란을 깨뜨렸고 풍년을 기원하기 위해 문 위에 나뭇가지를 매달았다; **9.** 광기의 시기.

할라파 jalap (식물) **1.** 옥스퍼드영어사전에 따르면, '할라파jalap'라는 이름은 공식적으로 멕시코에서 발견된 식물을 뜻하지만 힐데가르트 폰 빙엔Hildegard von Bingen 이후 수세기가 지나도록 발견되지 않았다. 그녀는 이것을 '스캄피나Scampina' 또는 '푸르기에르빈데Purgierwinde'로 불렀다; **2.** 약용: 이것은 날카롭고 떫으며 불필요하게 차갑고 쓸모없는 성질의 식물이다; 하제 물약의 약효가 빨리 작용하기를 원하는 의사는 할라파를 첨가하지만 할라파는 나쁜 기분뿐만 아니라 좋은 기분도 배출시켜 버린다(자연학Ph. 1, p. 55).

할례 circumcision **1.** 남근의 신성함: a. 다산의 신에게 바치는 제물; 거세를 줄이는 것(거세emasculation 참조); **2.** (나중에) 영적 정화; **3.** 구약성서: a. "아브라함의 인장": 아브라함과 여호와 사이의 약속; b. 할례는 아마도 이집트에서 유래되었고 미디안 사람들을 통해 이스라엘에 전해져 행하게 되었다(창세기Gen. 17(P-텍스트) 및 4, 24-26); 주님은 악마로 나타나 모세의 '초야권'에 대해 이의를 제기한다; 그래서 결혼 첫 날 밤에 십보라는 날카로운 돌을 가지고 (아들이 아니라) 남편에게 할례를 행하고 불가사의한 말을 하면서 음경의 포피를 그 악마에게 가져다 댔다(여호수아서Josh. 5, 2도 참조); 또는 대리 할례였을 수도 있다: 그녀의 아들의 음경 포피를 그녀의 남편의 다리(=생식기; 이사야서Isa. 6, 2; 7, 20 등 참조)에 댔다; 그리고나서 여호와-악마는 모세를 괴롭히지 않았다;

c. 청동기시대와 철기시대가 시작되고 한참 후에도 부싯돌 칼을 사용해 할례를 행했다(여호수아 5, 2ff 참조): 본래 상태를 고수하는 것; **4.** 윌리엄 블레이크 William Blake: 이기심의 희생; **5.** 아브라함; 피의 제물; 거세castration; 절단mutilation; 남근phallus 참조.

할로윈 Hallowe'en; Halloween **1.** 10월 31일: 옛 켈트족 달력의 한 해의 마지막 밤; **2.** 이때 어둠의 신들의 힘이 가장 강력한 시기이다; **3.** 전 세계적으로 가을에 열리는 조상숭배 의식과 일치한다; **4.** 여름이 끝난 것을 축하하기 위해 마녀들과 마법사들이 외출한다; **5.** 아일랜드: 첫 수확물을 태웠던 밤; **6.** 사람들을 상대로 장난을 치는 밤(종종 "과자를 안 주면 장난 칠 거야trick or treat"의 선택에 따라)으로, 이러한 장난은 창문에 비누칠을 하거나 실에 꿴 단추로 창문을 똑딱똑딱 두드리는 것(마녀들의 딸랑거리는 소리를 흉내 내어)에서부터 농부의 마차를 집 꼭대기에 놓는 것(밤에 몰래) 같은 마술 묘기에까지 이른다; **7.** 사람들은 밖에 있는 악령들에게 들키지 않기 위해 변장을 하고(특히 마녀로) 돌아다닌다; 8. 삼하인 축제Samhain 참조.

할리퀸, 무언극의 어릿광대 harlequin **1.** 일반적으로 다음을 의미한다: a. 이탈리아어로 "콤메디아 델 아르테Commedia dell' arte"에서 판탈로네의 종이자 콜롬비나의 연인; b. 영국의 팬터마임에서 광대에게는 보이지 않는 세상을 춤추는 벙어리이다. 둘은 콜롬비나를 사랑하는 경쟁자이며, 할리퀸은 광대와 판탈로네로부터 콜롬비나를 보호하기 위해 그들에게 묘기를 부린다; 그는 보통 다채로운 색깔의 반짝거리는 타이츠와 복면을 착용하며 대머리이고 가느다란 나무의 마법 지팡이를 들고 다닌다; **2.** 다른 사람들에게 짓궂은 계략과 속임수를 쓴다; **3.** 마법을 통한 변신; **4.** 다산의 신들과 관련된 지하의 신; **5.** 삶에서 조화를 이루지 못하는 요소들.

할미새 wagtail (새) **1.** 사랑스러움; **2.** 아름다움의 상징.

핥기 licking **1.** 아첨: "달콤한 거짓말을 하는 혀는 더러운 쓰레기를 핥게 하라"(덴마크의 왕자 햄릿Ham. 3, 2); **2.** 손가락을 핥는 것: 훌륭한 요리사인지를 확인하는 시험(로미오와 줄리엣Rom. 4, 2; 손가락finger 참조); **3.** 그의 손가락을 핥는 탈리에신에게 영감을 주는 것, 가마솥cauldron 참조; **4.** 새끼 곰은 어미가 핥아 깨끗해진다(따라서 '핥아지지 않았다'는 것은 예의 바르지 않다는 의미이다).

핫 크로스 번, 십자가 무늬 빵 Hot Cross Bun **1.** 고대 이교도의 봄 축제의 유물; **2.** 마법적 효능과 의학적 효능이 있다: 일 년 내내 한 두 개씩 보관하는 것이 보통이다(결코 상하는 일이 없고 단지 단단하게 마를 뿐이다); 일반적인 보호(예를 들면, 불에서 멀리 떼어 놓는다); **3.** 동요: "핫 크로스 번즈Hot Cross Buns [2번 반복], 일 페니, 이 페니, 핫 크로스 번즈! 딸이 좋아하지 않으면 아들에게 주세요; 하지만 아이들이 없다면 손자에게 주세요; 아무도 없다면 직접 먹는 것도 좋은 방법이지요"; 이 노래는 보통 어린이들이 성 금요일에 부른다; 하지만 요즘은 일 년 내내 부르는 일이 많고 (빵 대신) 손을 포개 놓은 다음에 맨 아래쪽에 있는 손을 계속 위쪽 손에 올려놓는다.

항구 harbour **1.** 최종 목적지=죽음, 삶의 '배'를 위한 평화로운 항구 또는 영원한 안식처=영혼(세네카 Seneca, 아가멤논Agam. 585ff; 에드먼드 스펜서Edmund Spenser, 페어리 퀸FQ 1, 9, 40; 앤드류 마벨Andrew Marvell, "영혼과 육체의 대화o who shall" 29f); 때때로 속담에서 항구가 보이는 곳에 있는 난파선은 죽음이며, 항구 자체는 천국이다; **2.** 꿈에서 다음을 상징한다: 휴식의 행복, 친구, 후원자(달디스의 아르테미도로스Artemidorus of Daldis 2, 23); **3.** 데모크리토스Democritus가 구경하러 왔다가 최신 유행을 보고 비웃었던 장소(로버트 버턴Robert Burton, 우울의 해부Anat. of Mel., 모든 독자를 위하여To the Reader, 에브리맨스 라이브러리Everym. p. 16).

항문 anus 엉덩이fundament 참조.

항아리, 단지 urn **1.** 여성의 생식 에너지를 포함하는 여성의 상징으로 간주된다; 기독교 예술에서 항아리는 성모마리아의 상징이다; **2.** 유리병의 측면에서는 정화와 건강을 나타낸다; **3.** 신성한 피, 물 또는 포도주가 담긴 넉넉한 가마솥으로 간주된다; **4.** 항아리는 유골의 재를 담을 때 사용하며 죽음과 애도의 상징이다; **5.** 항아리의 인물들은 흔들리지 않는 영원한 침묵 속에서 움직이는 불멸의 예술이다(존 키츠John Keats, "그리스 항아리에 대한 송가Ode to Grecian Urn").

항아리, 물동이 pitcher **1.** 인정, 선택: a. 리브가의 물동이는 그녀가 택함 받았다는 표징이었다(역주; 이삭의 아내로 선택되었다)(창세기Gen. 24); b. 여인 대신에 물 한 동이를 가지고 가는 사람(마가복음Mark 14, 13); **2.** 기드온은 삼백 명의 병사에게 빈 항아리를 주고 공격 시에 그것을 부수라고 하였다(사사기Judg. 7, 16ff.); **3.** 가치가 낮은 것: "순금에 비할 만큼 보배로운 시온의 아들들이 어찌 그리 토기장이가 만든 질항아리같이 여겨지게 되었는가"(예레미야 애가Lament 4, 2).

항아리, 병 jar **1.** 풍요의 근원인 비를 부르는 부적; **2.** 매장의 상징: a. 이집트: 미이라를 만들 때 제거한 내장은 특별한 신과 함께 각기 다른 네 방향을 바라보고 있는 항아리에 담았다. 호루스의 아들들이 각각의 장기를 보호한다; b. 그리스: 자신들의 갈증이 해소되어야만 가뭄을 끝내는 미혼 여성('목마른 사람들')들의 무덤에 있는 바닥없는 항아리; **3.** 고요한 움직임; **4.** 꽃병vase 참조.

항해 voyage **1.** 기독교: 세례를 받은 사람은 내세에 안주할 항구를 만들었지만 그 곳을 향해 여전히 위험과 적들이 도사리고 있는 항해를 해야 한다; 종종 여행은 십자가의 나무로 만든 배에서 이루어진다(후고 라흐너Hugo Rahner, 그리스 신화와 기독교 신비주의GMCM 84f.); 성적 흥분으로서의 바다 항해: "남자는 그녀와 함께 항해할 수 있다"(조지 채프먼George Chapman, 뷔시 당부아BA 3, 2, 23); **2.** 여행journey, 돛대mast, 야간횡단night-crossing, 항해sail, 선박ship, 지렌siren 등 참조.

해 year **1.** '연도'의 수학적 측면에 대해서는 달력calendar 참조; **2.** 드라마 같은 한 해의 흥망성쇠는: 그 해의 정령(그리스의 '에니아우토스 다이몬eniautos daimon')이 도착하고 차츰 커지고 '오만'('프토노스' 또는 신들의 질투를 유발하는 자만과 오만)의 죄를 짓고 살해당한다; 죽음은 당연하지만 살해는 새해에 의해 복수 당할 죄이다(프랜시스 맥도널드 콘퍼드Francis M. Cornford, 다락방 코미디의 기원AC 181, 길버트 머레이Gilbert Murray: 예 "네 단계"을 인용함; 신성한 왕[sacred] king 참조); **3.** '해'를 의미하는 두 그리스어 단어 사이에는 중요한 차이점이 있다. '에토스etos'는 한 달에서 일년 또는 그 이상의 완전한 주기를 의미하고, '에니아우토스eniautos'는 마무리 짓고 시작하는 통과의례가 있는 한 해의 주요한 전환점을 의미한다. 묵은 해와 새해의 경연을 위해 종종 게임이 열린다(존 해리슨John Harrison, 자연학Th. p. 183ff.); **4.** 테렌티우스 바로Terentius Varro는 해year(라틴어 '안누스annus')라는 단어를 원과 연결 지었다('아니ani'; 라틴어 원론LL 6, 8); **5.** 달력calendar, 발foot(새해New Year와 관련하여) 참조.

해골 skeleton **1.** 죽음; **2.** 허영심: 중세에서 종종 거울 속에서 자신을 해골로 보는 여성 (또는 그와 반대) 자기 자신을 바라보는 해골로 표현되며 종종 화려한 옷을 입고 있거나 반은 육신, 반은 해골의 모습을 하고 있다; **3.** 연금술: a. 검음; '니그레도nigredo'; b. 부패, '분리'; **4.** 연회에서의 해골: 연회에서 죽음을 상기시키기 위해 해골을 보여 주는 이집트인들의 관습(헤로도토스Herodotus 2, 78).

해골, 두개골 skull **1.** 죽음, 인간의 죽을 운명; **2.** 덧없음: a. 수명의 짧음을 나타내는 상징: 해골 위에서 잠자는 아이; b. '죽음의 상징memento mori'으로서 엘리자베스 1세 여왕 시대에는 이미 해골 반지가 유행했다; **3.** 불멸, 불사, 죽음에서 살아남은 것(참조: 달팽이 껍질a snail's shell: 리처드 3세의 비극R3 1, 4에 나오는 해골 석 보석도 참조): a. 생명을 담아 두는 용기로 다산과 연결된 조상숭배; b. 해골은 생각을 담는 용기로 점술에 사용되었다; 잘린 머리[severed] head 참조; c. 보호: 적에게 공격받을 위험에 처한 장소를 보호하기 위해 영웅의 해골을 따로 묻었다: 예 타워힐에 있는 브란의 해골과 골고다–갈보리에 있는 아담의 해골; **4.** 하늘의 덮개: 북유럽 신화에서 하늘은 이미르의 해골로 만들어졌다; **5.** 연금술: 변형을 위한 용기; **6.** 토머스 S. 엘리엇Thomas S. Eliot: 사후에도 계속되는 생각 또는 "뼛속의 열병": 존 웹스터John Webster에서 존 던John Donne을 거쳐 엘리엇의 "불멸의 속삭임"에 이르기까지; **7.** 딜런 토머스Dylan Thomas: a. 사람을 억제하고 무력하게 만드는 지성; b. "두개골cranial skull": 남근: **8.** 다른 것과의 조합: A. 해골과 책의 조합: 해부학, 의학의 상징; B. 해골과 십자뼈의 조합: a. 위험; 독; b. 부식; c. 해적질(해적기Jolly Roger로 불리는 해적 깃발); d. 다양한 비밀 집회; e. 가장 낮은 수준으로 가라앉은 인류: 제2차 세계대전 당시 독일의 '해골단Totenkopfverbände'; C. 해골 사원: 거인 안타이오스Antaeus는 포세이돈Poseidon에게 인간 해골로 된 신전 (또는 적어도 그 지붕이라도 해골로 된)을 만들겠다고 맹세했다; D. 술잔으로서의 두개골: 전설에서 영웅은 대장장이의 두개골로 컵을 만들었다: 그는 아내에게 이것으로 술을 마시게 했고 그녀는 취하여 컵을 하늘로 던졌는데 이것이 큰곰자리가 되었다; **9.** 민속: 자살자의 두개골은 간질 치료제이다; 동방 박사Magi는 두개골, 골수, 뇌 그리고 모든 것을 자주 약으로 사용했다(플리니우스Pliny 28, 2); **10.** 뼈bone: 죽음death; 머리head (특히 10) 등 참조.

해덕 haddock (물고기) **1.** 베드로가 예수의 명령에 따라 물고기의 입에서 헌금으로 낼 돈을 꺼냈을 때 베드로의 손가락과 엄지의 지문이 물고기 가슴의 검은 반점으로 남았다(마태복음Matth. 17, 27); **2.** "해덕을 두꺼비 앞에 놓다"=모든 것을 잃다(속담).

해마 sea-horse (어류) **1.** 우주의 힘과 거품바다의 부풀어 오름: 포세이돈Poseidon; 파도waves 참조; **2.** 이 작은 동물은 다양한 약용 화합물에 사용되며 열에 대항하는 부적이다(플리니우스Pliny 32, 38).

해바라기 sunflower (식물) **1.** 숭배, 열광: 해바라기는 끊임없이 태양을 향하며 태양이 가장 뜨거울 때만 꽃을 피운다(게자리 때); **2.** 영광; 미트라와 다프네의 상징; **3.** 태양의 수레바퀴; **4.** 감사; **5.** 거짓 재물; **6.** 윌리엄 블레이크William Blake: 육신에 묶여 영원한 자유를 갈망하는 사람; **7.** 토머스 S. 엘리엇Thomas S. Eliot: 관능적인 애정에 대한 기대("번트 노튼Burnt Norton" 4); **8.** 연보라색heliotrope 참조.

해변 beach 꿈에서: 해변과 둑banks은 조난당한 사람들과 아픈 사람들의 건강을 위한 희망의 상징이다(달디스의 아르테미도로스Artemidorus of Daldis 2, 38).

해왕성 Neptune (행성) **1.** 태양계의 여덟 번째 행성; 이 행성은 에테르와 가스등이 발명되었던 시점(1846년)에 발견되었다; **2.** 넵투누스 신과 관련 있다: a. 재생; b. 직관적 지식을 주는 것(무의식); **3.** 초감각적 지각: '오래전에 발견된' 다섯 개의 행성은 오감을 의미한다; **4.** 개인적 영향 보다는 '시대정신Zeitgeist'의 영향: 하나의 별자리를 통과하는 데 15년이 걸린다; **5.** 넵투누스 신은 위대하고 멋진 것에서 힘을 발휘할 뿐 아니라 대중을 휘어잡는 현대의 독재정치에서도 그 상징적 힘을 발휘할 수 있다; **6.** 보편적 양심; **7.** 이것의 세 가지 색은 전체성을 상징한다: a. 붉은색: 아버지의 힘; b. 파란색: 어머니 요소; c. 노란색: 새로운 삶의 측면인 어린아이; **8.** 일반적으로 다음에 상응한다: a. 시대: 청동기시대; b. 별자리: 물고기자리; **9.** 이것의 영향: a. 감수성: 환상과 상상력, 천재성; b. 신비주의와 애매모호한 성향, 나쁘게 말하면 혼란 상태; c. 사기꾼; d. 나쁜 형태: 사기, 속임수, 믿을 수 없는 사람; e. 술 취함, 약물.

해적 pirate 꿈에서: 해적은 어떤 세력이든 무의식의 바다를 약탈하고 파괴하는 힘을 나타낸다(톰 체트윈드Tom Chetwynd).

해초 sea-weed (식물) **1.** 영원한 자(하나님)에 대한 상징; **2.** 노예의 묶임; **3.** 인어 또는 다른 바다 신들의 머리카락: 예 나소 P. 오비디우스Naso P. Ovid의 변신 이야기Metam.에 등장하는 도리스의 딸들; **4.** 딜런 토머스Dylan Thomas; a. 여성의 다산과 관련이 있다('바다의 짠' 식물); 따라서 "그들의 사랑의 수초 밭"; b. 흐느적거리며 여성의 성과 관련 있다; c. 자궁의 바다를 건너는 "덩굴 손"을 가진 아이들.

해총 sea-onion (식물) **1.** '씬틸라 마리티마scintilla

maritima': 그리스인들은 이것의 마법적 특성 때문에 높이 평가했다: a. 경외심을 일으키는 몰리(역주: 전설상의 마법 식물)이거나 그와 유사한 것이었다; b. 멜람푸스는 디오니소스가 보낸 광기에 미쳐 버린 프로이토스의 딸을 이 식물로 치료했다(알렉산드리아의 클레멘스Clement of Alexandria, 스트로마타Strom(잡동사니). 7, 4, 26; 라흐너Rahner, 그리스신화와 기독교신비주의GMCM 185도 참조).

해총 squill (식물) **1.** 뿌리가 둥글고 독성 비늘이 있는 식물; 라틴어 '우르기니아Urginea[=실라Scilla] 마리티마maritima'; 바다 근처에서 자라며 약재로 사용되었다; **2.** 양파와 마늘처럼 달이 기울면 자라서 강력한 반마법을 일으킨다; (피타고라스 이래로) 문에 문지르면 악령을 막아 낸다; **3.** 모든 악한 영향을 제거하고 이뇨제 및 살충제로 사용된다; **4.** 예 질투와 같은 다양한 악의 상징.

해충 vermin **1.** 해충은 반드시 위험한 것은 아니지만 사람을 불쾌하게 하는 모든 동물들을 의미한다; 개미, 벼룩, 말벌 등은 인간이 타락한 후에 인간을 괴롭히기 위해 번식했다(파우스투스Faustus, 독일민속서적DVB 3, 52); **2.** 집시들은 해충을 능숙하게 쫓아내 제거할 수 있다(레일랜드Leyland 41); **3.** "해충은 피를 먹고 사는데, 이 피가 생명력을 잃으면 죽어 가는 사람에게서 떠나 몸을 버린다"(플루타르코스Plutarch, 윤리론집M 49); **4.** 꿈에서: a. 민속: 해충을 죽이는 데 어려움을 겪는 꿈은 많은 재물을 얻는 것을 나타낸다(브리타니아의 민속과 문화Folkl. & C. of Brit. p. 94); b. 지그문트 프로이트Sigmmund Freud: i. 해충 및 기타 작은 동물은 아이들을 나타낸다; 해충으로 인한 재앙은 출산을 의미할 수 있다(꿈의 해석IDr. 6E, p. 357); ii. 해충은 종종 자신의 형제자매를 가리키기도 한다(정신분석학입문강의ILP 10); c. 톰 체트윈드Tom Chetwynd: i. 집안에서의 해충은 곤충과 같은 것이다; ii. 자식이든 형제자매든 원치 않는 아이들(앞의 지그문트 프로이트 참조).

해파리 jelly-fish **1.** 플리니우스Pliny: a. 야간사냥(9, 68); b. 해파리가 수면 위에 떠 있으면 며칠간 지속되는 폭풍을 예고하는 것이다(18, 85); **2.** 직설적이고 둔감하고 자신이 죽었는지 살았는지 모르는 사람에 대한 나쁜 말(플라톤Plato, 헤르미아스 필로소포스Phil. 21C, 디오게네스 라에르티에스Laert. 10, 8; 섹스투스 엠피리쿠스Sext. Emp., 마태복음Matth. 1, 4); **3.** 꿈: 해파리는 꿈꾸는 사람을 움찔하게 만든다: 무의식의 여성적 영역인 바다와 연관된다(톰 체트윈드Tom Chetwynd).

햄릿 Hamlet 자연 신화에 대한 해석: 햄릿의 아버지는 다산-여사제/여신(거트루드)을 두고 싸우다가 겨울-어두움에 의해 살해된다; 젊은 햄릿(봄 처녀또는 새벽 처녀에게 구애하는 봄의 태양. 봄 또는 새벽 처녀는 그가 떠난 후 죽는다: 오필리아)은 어둠을 죽이기 위해 일어서고 이에 따라 풍요를 되찾는다(이것은 그를 왕으로 만들어 줄 수 있는 그의 어머니-정부를 향한 모호한 감정들을 보여 준다); 독이 묻은 칼(용이 입에서 내뿜는 유독한 화염 같은)는 풍요, 즉 비를 막고 봄을 죽이는 추위, 또는 가뭄을 상징한다; 그는 또 다른 여름-왕자로 대체된다; 둘은 모계 계승에 따라 태양왕의 삼촌-조카 관계를 갖는다.

햄스터 hamster 힐데가르트 폰 빙엔Hildegard von Bingen: a. 냄새가 강하지 않으며 빠르다; 본성은 곰을 닮았으며 순수하다; b. 가죽은 옷을 만들기에 적합하다; c. 햄스터 간을 가루로 빻아 먹으면 몸의 상처를 치료한다(자연학Ph. 7, p. 134).

햇볕에 탐 sunburn **1.** 엘리자베스 1세 여왕 시대의 여성들은 조심스레 햇빛을 피했다; **2.** "그리스 여인들은 햇볕에 탔기 때문에 창의 파편만큼의 가치도 없다"(트로일로스와 크레시다Troil. 1, 3; 참조: 또한 베아트리체는 그녀의 어두운 색의 피부 때문에 결혼할 가능성이 거의 없다고 믿었다: 헛소동Ado 2, 1); **3.** 유명한 검은 미녀들: a. 아가서SoS에서 사랑받는 자(시바여왕으로 추정됨): "예루살렘 딸들아 내가 비록 검으나… 이는 태양이 나를 보았기 때문이라"(1, 5, 6); b. 페르세우스가 사랑한 안드로메다 "그녀의 나라의 색으로 어스름한 빛을 띤"(나소 P. 오비디우스Naso P. Ovid, "헤로이데스Heroides" 15, 36); c. 셰익스피어Shakespeare: 소네트Sonnets의 암흑의 여인.

행렬 procession **1.** 기원과 요소: a. 출애굽, 광야 횡단, 순례; b. 공간의 통과는 시간의 통과; c. 보호의 원을 만들기 위해 행렬이 이루어졌다; d. 고대부터 거인, 난쟁이, 기괴한 것들, 야수 등 우화적인 인물들을 종종 행렬에 포로로 포함시켰다(서커스 퍼레이드circus parade 참조); **2.** 로마의 루퍼칼리아 축제Lupercalia(나소 P. 오비디우스Naso P. Ovid, 행사력F 2, 319)의 순회 행렬은 계절 축제의 공통 요소이며 영역을 획득하는 흔한 방법이었다. 영국과 독일의 민속에서 흔하며 현대의 왕의 순방과 유사하다(시어도어 개스터Theodore Gaster 193f.; 사무엘상서1Sam. 10, 27, 5; 참조번호 101; 고대 근동의 의식, 신화, 드라마ANET. 134도 참조); **3.** 횃불 행렬: a. 횃불을 든 행렬은 종종 '탐색'과 함께 이루어지며 한 해의 중요한 태양일, 특히 한겨울 동지에 행해졌다(티불루스Tibullus 1, 2, 61; 나소 P. 오비디우스, 행사력; 374ff.); b. 또한 아티스 숭배와 그리스 (레우시스) 비의의 일부였다(나소 P. 오비디우스, 행사력 4, 493; 오비디우스 도덕론Ovid M 5, 441ff.; 마르쿠스 툴리우스 키케로Marcus Tullius Cicero, 베레스 반박문Verr. 2, 4, 48; 디오도로스 시쿨로스 Diodorus Siculus 5, 4, 48; 파우사니아스Pausanias 8, 25, 7); c. 데메테르는 횃불을 들고 딸을 찾아다녔다(호메르스의 찬가Hom. Hymn 48, 61; 시어도어 개스터 275); d. 밤에 디오니소스 찬가를 부를 때 불꽃 봉을 던졌다(시어도어 개스터 470); **4.** 행렬에서 동상 운반: 행렬이 이루어질 때 종종 제물이 운반되었지만 나중에는 거룩한 조각상 또는 성물도 운반되었다: 이를 위해 이것들을 '성역'에서 꺼냈다, 즉 히브리인들은 언약궤를, 그리스와 로마인들은 남신상과 여신상을 정화를 위해 신전 밖으로 꺼냈다; 로마 카톨릭 교회는 보통 축제나 교회에 있는 성자의 동상과 함께 성체 현시대(역주: 성체, 즉 예수의 몸과 피를 올려놓는 대)를 교회 밖으로 꺼내어 행렬에 포함시켰다(세비야의 마카레나 Macarena 행렬 참조; 스트라보Strabo 12, 3, 32와 카니발Carnaval도 참조).

행성 planet **1.** 행성은 별들의 파수꾼으로, 각각 연관된 신의 모습을 의인화한다; **2.** 일반적으로 그들의 영향력은 악의적이다; "그러면 행성도 우리를 공격하지 않는다"(덴마크의 왕자 햄릿Ham. 1, 1); **3.** 집합적으로 또는 개별적으로 행성은 숫자 7이 가지는 대부분의 의미와 관련 있다: 하늘, 공간의 방위, 요일 등; **4.** 공간의 방위(나침반compass도 참조)와 관련하여 다음과 같은 형태를 가진다: a. 내부 그룹: 태양, 달, 수성이 삼각형을 이루고; b. 외부 그룹: 금성, 화성, 목성, 토성이 정사각형을 형성한다; **5.** 영향력의 범위(아그립파Agrippa에 따르면): a. 화성: 원소; b. 태양: 금속; c. 금성: 식물의 삶; d. 수성: '말speech의 우아함과 자음'; **6.** 시간 관계: a. 화성: 연도; b. 금성: 월; c. 수성: 요일; d. 태양: 시간; **7.** 단테Dante: 행성은 축복 받은 자들의 특정한 특성을 각각 나타내는 다양한 낙원을 의미한다; 지구에서 시작해서 다음과 같은 순서로 도달한다; a. 달–변덕스러움; b. 수성–야망: 이들은 이제 새로운 사랑의 대상을 갈망한다; c. 금성–세속적인 사랑; d. 태양–신중함; e. 화성–불굴의 의지; f. 목성–정의; g. 토성–금욕, 사색, 절제와 연결된다.

행진 march **1.** 세 줄로 하는 행진은 장례식의 특징이었다(가이우스 발레리우스 플라쿠스Gaius Valerius Flaccus 3, 441; 로디우스의 아폴로니우스Apollonius Rhodius 4, 1535f. 참조); **2.** "인류의 행진"(매튜 아놀드Mattew Arnold, "레싱Lessing의 라오콘Laocoön에 대한 에필로그" 170 및 "럭비 채플Rugby Chapel" 17If.).

향 incense **1.** 일반적으로 다음을 의미한다: **A.** 특정 수지, 껍질, 목재, 말린 꽃, 과일 등을 태워서 얻은 향수에 대한 총칭; 점차 이것의 사용은 '유향'(='올리바움 Olibanum')으로 제한되었다; 플리니우스Pliny: 이것은 아라비아에서만 발견되며 그러한 이유로 '펠릭스'라고 불린다; 이것은 한여름에 채취한다; 핀다로스는 콕 짚어서 향나무가 엘리시움("트레노이")에서 발견된다고 말한다; **B.** 향방울이 둥글면 '남자'라고 불린다(예 베르길우스Virgil, 전원시Ecl. 8, 65: '남성'); 그러나 가슴 모양의 향방울은 두 '눈물'이 합쳐져서 형성되었다고 보았기 때문에 가장 귀하게 여겨졌다: 이집트에서는 종교 의식에 사용되었다(방부 처리가 되지는 않았다); 이것은 히브리인들에게는 성소의 '향'의 네 번째 부분이다; **C.** 이집트: a. 금과 은그릇, 보석, 햇것, 떡, 과일, 와인 및 제사장을 세울 때 바르는 기름과 함께 제물로 사용되었다; 때로 향은 포도주와 함께 쌍으로 바쳐졌다; b. 라Ra는 일출 시에 향으로, 정오에 몰약으로, 일몰시에는 함께 섞은 향으로 숭배받았다; c. 이것은 이시스에게 제물로 바치기 위해 거세한 수소의 뱃속에 넣고 꿰매는 재료 중 하나이다; **D.** 히브리어: a. 킹 제임스 버전 성서AV에서 '향'은 두 개의 히브리어로 사용된다: '레보나lebonah'='유향'(이사야서Isa. 40, 16) 그리고 이후에는 '케토레트ketoreth', 즉 고기나 유향을 막론하고 향이 나는 제물을 말하며 후자는 종종 약재와 유향의 혼합물이다; b. '향'은 성서에 "낯선 향"에 대한 금기와 함께 처방되었다(출애굽기Ex. 7-8); '달콤한 향신료'를 만드는 데 사용한다: 향신료 참조; **E.** 점차 순수 향은 짐승 제물을 대체하게 되었다; **F.** 고대 그리스인들은 '향thyea'을 희생제물로 사용했을 뿐 아니라 가정에서 사용했지만(예 호메로스Homer, 오디세이아Od. 5, 60) 8세기 또는 7세기 이후에는 일반적으로 '유향'이 사용되었을 수 있다. 다른 향신료와의 혼합: 예 오르페우스 의식에서 사용한다; 향은 헤르메스에게 바쳤다; **G.** 후기 로마 유향은 종교적 목적(예 제물로 바쳐진 동물의 머리), 국가 행사(승리 기념) 및 특정한 가정의 목적(예 라레스)을 위해 사용되었다; **H.** 기독교에서 쓰였는지는 의문이다; 여러 교파가 향을 쓰는 것을 반대했다(다른 냄새를 없애기 위한 실질적인 목적을 언급하는 사람도 있다); **2.** 신에게 **경의를 표하기**: 불 숭배의 한 형태로서 향은 특히 하늘(또는 태양)신들에게 바쳐졌다: 페르시아와 니느웨에서 라Ra, 여호와 등에게 바쳐졌다; 향은 "하늘로 가는 사다리"(시편Ps. 141, 2)가 되어 잠자는 (풍요의) 신의 콧구멍을 휘저어 깨우는 역할을 한다(매일 또는 매년); **3. 새벽, 아침**: a. "산들바람 같은 아침의 향기를 숨 쉬는 것"(회색); b. 1번의 B, b 참조; **4. "성도의 기도"**(요한계시록Rev. 8, 3) 또는 일반적으로 영적 선함; **5. 영감**: 기도, 명상 또는 예언을 위해 점괘에도 사용되었다; **6. 안내자**: 영혼이 천국으로 가는 사다리(예 로마 가톨릭 매장 의식에서 상여에 향을 씌웠다); **7.** 악령을 겁주기 위한 훈증 소독과 신의 유일한 힘과 권위의 **확립**; 바빌로니아에서 남녀가 성교 후 향으로 훈증 소독(헤로도토스Herodotus 1, 198)을 했다; **8. 감사**, 속죄 또는 호의를 얻기 위한 **희생제물**; **9. 모든 향수**, 특히 나무와 꽃 향기(신들에 대한 자연 경배로서): "내 발에 꽃이 있는지, 나뭇가지에 어떤 부드러운 향이 걸려 있는지 알 수 없다"(존 키츠John Keats, "나이팅게일에게 바치는 노래To a Nightingale"); **10.** 향이 나는 둥지를 지을 뿐만 아니라 향과 모놈의 즙을 먹는 **피닉스**와 관련된다; **11. 아침**: 칭찬에 취함(스테판 말라르메Stéphane Mallarmé, "르 귀뇽Le Giugnon"); **12. 히브리**: 속죄일의 눈부신 지성소로부터 대제사장을 보호하기 위한 연기 막; 1번 참조; **13. 기독교**: a. 성모 마리아와 관련된다; 일 년에 한 번(그리고 성년에 여러 번; 요즘은 관광객들에게 더 자주) 사도 야고보의 성당에서 거대한 향로를 흔들었다; **14. 민속**: a. 이집트 여성들의 '콜kohl'(역주: 여성의 화장품, 눈가에 바르는 검은 가루) 또는 눈 화장품은 향의 재로 만들었다. 녹여서 제모에 사용했다; b. 헴록 해독제(플리니우스); c. (질산칼륨과 함께) 사마귀를 파내는 데 사용한다(나소 P. 오비디우스Naso P. Ovid, 여성의 얼굴화장법De Med. Fac. 85); d. 종양 등의 제거제

향나무 juniper (식물) **1.** 섬기는 영, 위로, 보호(히브리어의 '로뎀나무'는 '가시나무'였을 것이다): a. 이 나무는 아마도 바가르의 관목(창세기Gen. 21, 16ff.)일 것이다; b. 이세벨에게 사형 선고를 받은 엘리야는 광야로 가서 향나무 아래 앉아 있었고 그곳에서 천사들이 음식을 주었다(열왕기상서1Kings 19, 4ff.): '숯불'에 구운 떡("향나무 숯불과 함께 강력한 자의 날카로운 화살": 시편Ps. 120, 4 참조); c. 향나무 뿌리는 기근이 들 때 '고기' 대신 먹는다(욥기Job 30, 4); **2.** 상록수: a. 기억, 특히 우울한 기억: 꽃이 피지 않는다; b. 장수; c. 불사; **3.** 이것의 남근 모양은 번식력을 상징한다; **4.** 수면제: 메데이아는 그녀가 향나무를 넣어 양조한 술을 뿌려서 황금양털을 지키는 용을 잠들게 했다(로디우스의 아폴로니우스Apollonius Rhodius 4, 156ff.); **5.** 에리니에스Erinyes에게 바쳐졌다; **6.** 특별히 참고할 문학서: a. 월터 드 라 메어Walter de la Mare: (영국의 모든 나무 중에서) "라임과 향나무 같은 향, 꽃, 연기를 내는 나무가 없다"; b. 토머스 S. 엘리엇Thomas S. Eliot: 평화롭게 그만둘 수 있는 곳(아마도 1번의 b에 언급된 "재의 수요일")에 대한 언급으로 보인다; **7.** 민속: a. 이 나무는 이집트로 도망가던 예수의 목숨을 구했다. 예수가 헤롯에게 거의 붙잡힐 지경

에 이르자 마리아는 예수를 향나무 숲에 숨겼다; b. 불타는 향나무에서 나오는 연기(장례식 때 타는 열매에서 나오는 향)는 악마를 쫓아낸다; c. 독성이 있지만 약용으로 쓰인다(플리니우스Pliny 24, 36).

향로 censer **1.** 숭배, 경건; **2.** 기도와 함께 이루어지며 여호와의 후각을 기분 좋게 자극함으로써 여호와를 달래려는 의도로 이루어지는 희생번제; **3.** 아침; **4.** 히브리: a. 매일의 향로: 구리로 된 것으로 종종 영속적인 불을 담고 있고 최고의 사제들만 다룰 수 있었다; b. 속죄일에는 순금으로 된 향로를 사용한다; **5.** 호수의 여신의 속성(켈트족); **6.** 향incense 참조.

향료알(포맨더) pomander **1.** 각종 향기가 나는 물건을 말아서 구슬로 만들어 옷걸이에 걸어 두는 것; **2.** "우리의 모든 힘과 달콤함을 하나의 구슬로 묶어 놓는다"(앤드류 마벨Andrew Marvell, "그의 수줍은 숙녀에게To His Coy Mistress").

향수 perfume **1.** 그리스: a. 향수와 향신료는 신비한 힘을 가지고 있다; i. 신화의 한 버전에서, 디오니소스는 헤라를 마법에 걸린 왕좌에서 풀어 주기 위해 자신의 팔다리를 몰약으로 문지르면서 헤파이스토스를 렘노스섬에서 유인했다; ii. 팜필레는 향기 나는 연고를 온 몸에 펴 발라 올빼미로 변신하였다(마녀들을 날게 하는 연고; 루키우스 아풀레이우스Lucius Apuleius, 변신M 3, 21 참조); iii. 향수는 강력하지는 않지만 호화롭고 관능적인 삶을 가능하게 한다(플라톤Plato, 국가론Rep. 398; 알키비아데스Alcib. 1, 122c.); b. 고대 그리스에서 신부는 가장 값비싼 향수를 발랐고(아리스토파네스Aristophanes, 플루투스Plut. 529f.) 신랑은 몰약을 발랐다(오피안Oppian, 시네케티카Cyn. 1, 338ff.); 소크라테스는 젊은 신부들은 몸에서 좋은 향기가 나기 때문에 향수가 필요하지 않다고 했다(크세노폰Xenophon, 심포지움Symp. 2, 3f.), 그러나 플루타르코스는 대부분의 남자들은 아내가 향수를 온몸에 뿌리고 향신료를 발랐을 때에만 흥분한다고 믿었다(변신M 990bf; 아리스토파네스, 리시스트라타Lys. 46f. 및 938ff.도 참조; 모두 마르셀 데티엔Marcel Detienne, 아도니스의 정원GA 61과 62에서 인용한다); **2.** 클라우디우스 아엘리아누스Claudius Aelianus: a. 향수는 악취나는 딱정벌레를 죽일 수 있다; b. 가죽 세공인들은 오염된 공기 속에서 일하기 때문에 향수를 사용하는 것을 극도로 싫어한다; c. 꿀벌은 향수 냄새를 싫어하지만 코끼리는 좋아한다(모두 동물의 본성에 관하여NA. 1, 38의 내용); d. 독수리는 향수로 인해 죽을 수 있다(같은 책, 3, 7 및 4, 18); e. 향수를 숫염소의 콧구멍에 문지르면 발정을 자극할 수 있다(같은 책 9, 54); **3.** 고급 향수는 값싼 향수에 부어도 표면 위에 떠 있지만, 꿀을 부으면 반대로 가라앉는다(아테나이오스Athenaeus 15, 689 b; 그는 향수에 대해 길게 설명했다); **4.** 참고할 문학서: a. "향수는 문지를수록 기분 좋은 향기가 더 많이 난다"(존 웹스터John Webster, 몰피공작부인The Duchess of Malfi 1, 48); b. '바람이 훔친 향수'라는 표현은 문학작품에서 흔히 쓰인다(예 존 밀턴John Milton, 실낙원Par. L. 4, 156ff. n.); **5.** 꿈: a. 간음한 사람들을 제외하고 여성이 향수를 뿌리는 것은 좋은 징조이다, 보이지 않은 것을 향기가 드러나게 하는 것처럼 향수도 숨겨진 것들이 드러나게 만들기 때문일 수도 있다. 남성의 경우에 향수 뿌리는 습관이 없다면 부끄러운 일로 여겨야 한다(젊은 남성 매춘부가 아니라면; 달디스의 아르테미도로스Artemidorus of Daldis 1, 5); b. 병자가 향수에 대한 꿈을 꾸는 것은 나쁜 징조이다. 사람이 죽으면 향수와 함께 묘지로 옮겨지기 때문이다(같은 책 4, 22); **6.** 고양이를 포함한 대부분의 동물은 향수 냄새를 싫어한다.

향신료 spice **1.** 사랑, 다산(풍요): a. 시바 여왕과 연결된다(열왕기상서1Kings 10, 10); b. 성행위와 관련된다(아가서SoS 전반에 걸쳐); **2.** 성막에서 사용하는 제물: a. '상등 향품principal spice': (예 출애굽기Ex. 30, 23ff.): 연고로 사용되는 몰약, 계피, 창포, 계수나무, 올리브 오일; b. '달콤한 향신료': 소합향, 나감향, 풍지향 및 유향; **3.** 신성함, 정화, 회춘: a. 성모승천대축일day of Assumption에 축복을 받는 성모 마리아; b. 불사조의 둥지와 관련된다: 리처드Richard는 형수에게 자신의 명령에 따라 살해된 그녀의 아들들을 "당신 딸의 자궁에 묻을 것"이라고 약속한다… 매운맛의 둥지에서 저들은 스스로 번성할 것이다(리처드 3세의 비극R3 4, 4); **4.** 전래동요: 어린 소녀들은 설탕과 향신료 등 좋은 것들로 만들어진다.

향을 피움, 훈증소독 fumigation 종종 강력한 과정, 특히 향의 형태로 공기와 '영spirit'이 직접적으로 섞이기 때문에 별빛 아래에서 천상의 선물을 받는 것이다; 이것은 인간과 그에 상응하는 더 높은 영spirit을 연결하는 고리를 제공하여 우리가 신성한 영감을 받을 수 있게 한다; 또한 천둥과 번개뿐만 아니라 공기의 기운을 가져온다; 특정한 별이 뜨면 이러한 공기의 악마가 보인다. 특히 고수풀, 사리풀, 독미나리 등과 같은 허브향을 피웠을 때; 이것은 동물과 악마를 몰아내거나 대성당 사제의 유령을 길로 내보내 원래 가던 길을 가게하거나, 다시 악마들을 끌어들여 악마를 매장된 보물을 지키는 자들로 만들 수 있다(아그립파Agrippa, 오컬트 철학OP 1, 42ff).

허디거디 hurdy-gurdy (역주: 기타 모양의 옛 현악기) 지옥에서 허디거디를 연주하는 네로를 위한 낚시angling (지옥의 낚시꾼) 참조.

허리 waist 허리가 가는 동물은 사냥꾼이다(예 사자, 신; 아리스토텔레스Aristotle, 관상학Phgn. 6).

허리띠, 거들 girdle **1.** 힘: a. 토르의 속성; b. 1420년경까지 중세 갑옷에 사용된다; **2.** 정의: "정의로 그의 허리띠를 삼으리라"(이사야서Isa. 11,5); **3.** 충실: "충실로 그의 몸의 띠를 삼으리라"(이사야서 11, 5); **4.** 진리: "그러므로 서서 진리로 허리띠를 띠고"(에베소서Eph. 6, 14); **5.** 기쁨: "주께서 나의 베옷을 벗기시고 기쁨으로 띠 띠우셨나이다"(시편Ps. 30, 11); **6.** 순례: 쉽게 걷기 위해 옷을 묶는 띠; **7.** 순결, 보호(버클buckle 참조): a. 고대 이집트에서 "이시스의 피"는 붉은 홍옥이 달린 버클이 있는 띠로 착용자의 죄를 씻어준다; b. 성모 마리아의 상징; c. 예술에서 신들과 여신들이 입은 최소의 복장; **8.** 장신구: 특히 15세기와 16세기에 널리 쓰였다; **9.** 사랑과 풍요 여신의 속성: a. 신부의 띠(이사야서 49 18, ='장신구'); 또한 "처녀가 어찌 그녀의 장신구를 잊겠으며 신부가 어찌 그녀의 예복을 잊겠느냐?"(예레미야서Jer. 2, 32): '장신구ornament'라는 완곡한 표현으로 설명되는 몇몇 금기가 있다; b. 거부할 수 없는 비너스의 띠(호메로스Homer, 일리아드Il. 14, 214ff.); c. 브륀힐트의 띠(특히 니벨룽겐Nibelungen의 경우; 일부 변형된 이야기에서는 지크프리트가 브륀힐트에게서 빼앗은 반지만이 크림힐트에게 건네졌다); d. 중세 로맨스에서 띠는 소녀가 그녀를 사랑하는 사람에게 저항할 수 없게 만든다; e. 페데리코 G. 로르카Federico G. Lorca: 열정을 불러일으키는 요소: 예 관능적인 바람은 띠로 소녀를 잡으려고 한다; **10.** 불가시성: 중세 로맨스에서 띠는 소녀를 사랑하는 사람에게 보이지 않게 만들 수 있다; **11.** 특별한 종교적 의미: A. 히브리어: a. 에봇의 '기이한 허리띠': 수놓은 것(출애굽기Ex. 28, 8 참조); b. 피부에 직접 착용했기 때문에 세심한 주의를 기울여 다루어졌다(물에 넣지 않았다: 예레미야서 13, 1); 바위에 숨겨져 있다가 나중에 썩은 띠의 비유(예레미야서 13, 1−11)에서 유다는 여호와와의 띠를 의미한다; B. 기독교인: 예속: 겸손, 순종 등; **12.** 문장heraldry(紋章): a. 싸울 준비; 주께 예속되어 봉사하는 것; **13.** 다른 것과의 조합: A. 붉은 허리띠: a. 검은 옷에 붉은 허리띠는 아이스킬로스의 비극에 나오는 노파 에리니에스의 독특한 복장이었다; b. 7번의 a 참조; B. 황금 허리띠: 인자는 "발에 끌리는 옷을 입고 가슴에 금띠를 띠는 것"(요한계시록Rev. 1, 13)으로 나타났다; C. 지푸라기 허리띠: a. 일반적으로 다산을 상징한다; b. 출산하는 여성에게 도움이 된다; D. 별로 장식한 허리띠: a. 하늘; b. 별자리; E. '느슨함': a. 데우칼리온과 그의 아내는 (홍수 이후) 등 뒤로 묘석을 던지며 땅의 사람을 다시 만들어야 했으며 그때(엉덩이fundament 참조) 베일을 쓴 채로 (모든 대지의 풍요의 여신처럼) "띠를 느슨하게 맨 망토"를 입어야 했다(나소 P. 오비디우스Naso P. Ovid, 변신이야기Metam. 1, 380ff.); b. 옷의 모든 띠와 매듭을 느슨하게 풀면 출산의 고통을 완화할 수 있다; F. "허리띠 돌리기": 싸울 준비가 된 것: 엘리자베스 1세 여왕 시대에서 사람들은 보통 오른쪽에 단검을 찼다(헛소동Ado 5, 1 참조); **14.** 민속: a. 무덤 부장품: 프랑크족과 부르고뉴인들, 때로는 로마인들의 무덤 부장품; b. 12번의 C, b 참조: **15.** 버클buckle; 권투장갑cestus 참조.

허리띠, 벨트 belt 1. 권력, 힘; 토르의 허리띠는 그의 막강한 힘을 두 배로 강하게 만들었다; 2. 이것의 일반적 특성: "결의를 다지다(허리를 묶다)"(에베소서Eph. 6)는 "진실 또는 자애"로 설명되어 왔다; 3. 풍요의 황금빛 보물과 관련될 수 있다: "성배를 찾아서Quest of the H. Grail"에서 공주는 솔로몬의 칼을 위해 금과 은, 황금빛 머리카락으로 짠 허리띠를 제공한다(12장); 이것은 기이한 허리띠의 검이라고 불리며 칼집은 '피에 대한 기억'이다; 4. 민속: 꼬인 허리띠를 찬 소녀는 사랑에 빠진 상태이다; 5. 버클buckle; 거들girdle 참조.

허벅지 thigh 1. 이집트 상형문자: 힘, 지지; 2. 남성의 힘, 견고함, 또한 위엄의 자리; 영웅의 검을 받치는 곳이기도 하다; 3. 생식기, 자손: a. 구약성서에서 '허벅지 아래'에 손을 대고 맹세한다는 것은 자손(그 사람이 죽은 후에 살아 있는)을 두고 맹세하는 것을 의미한다; 또한 '고환testis'은 '고환testicle'과 '증인', 또는 '증언'을 의미한다; b. "나는 내 허벅지에 스스로 상처를 입혀서 변치 않는 충성심을 증명했다"(율리우스 카이사르Caes. 2, 1에서 브루투스를 향한 포르티아); 4. 거룩한 희생제물로 바친 동물의 대퇴골을 불태웠고, ('대재앙'이 아니면) 이 동물의 고기는 다른 부위와 마찬가지로 먹지 않았다; 이 동물 뼈의 재로 물감을 만들어 제단을 하얗게 칠했다; 5. '허벅지 상처': a. 부활을 기리기 위해, 또는 여성 의식rituals을 침입한 남성에 대한 처벌로 추수 의식에서 다산왕(또는 그의 대리인)을 거세하는 것과 관련된다; b. 다산왕의 신성한 발꿈치가 땅에 닿지 않도록 하기 위해 그의 고관절이 탈구되어 절뚝거리게 되었다: (발뒤꿈치heel, 절뚝거림lameness 참조): 예 디오메데스는 아이네아스의 엉덩이뼈를 멍들게 하고 다리의 인대를 끊어놓았다(호메로스Homer, 일리아드Il. 5, 305f.); c. 심지어 아레스조차 헤라클레스에게 '허벅지 부상'을 입었고 그 후 올림포스(헤시오도스)로 다시 도망쳤는데 이것은 판다로스의 화살이 메넬라오스의 허벅지에 상처를 입힌 것과 관련이 있을 수 있다; 이는 그리스와 트로이 간의 협정 위반이었다(호메로스, 일리아드 4, 128ff.); d. 퍼시벌의 시련에는 아름다운 여인, 천막, 카우치, 해질 녘의 '허벅지 상처'가 포함된다(참조: 유디트Judith와 홀로페르네스Holofernes: 토머스 맬러리 경Sir Thomas Malory 14, 10); e. 아리마테아의 요셉은 '부러진 검'(후에 갈라하드에 의해 고쳐진)에 의해 허벅지에 부상을 입었다; 6. 점성술: 목성과 종교에 해당하는 궁수자리에 의해 지배받는다; 7. "허벅지를 치는 것"은 애도의 표현이다(예레미야서Jer. 31, 19).

허브, 약초 herb 1. 치유; 뱀을 죽인 후 예언자는 또 다른 뱀이 약초(아마도 '제우스의 꽃flower of Zeus')를 가져와서 죽은 뱀을 되살리는 것을 보았다; 그는 글라우코스를 똑같은 방법으로 되살렸다; 2. 식욕을 돋우는 것; 3. 귀함; 4. 전원생활: "약초들과 시골에 널려 있는 너저분한 것들 중에서 솜씨 좋은 필리스가 가꾸는 것"(존 밀턴John Milton, "쾌활한 사람L'Allegro" 85f.); 5. 가난한 사람의 음식: "채소를 먹으며 서로 사랑하는 것이 살진 소를 먹으며 서로 미워하는 것보다 나으니라"(잠언Prov. 15, 17); 6. 구약성서: "쓴 나물": a. 고기와 무교병과 아울러 먹되(출애굽기Ex. 12, 8); b. 오직 사막의 풀만 이용할 수 있었던 유월절의 유목의 기원을 의미한다; c. 이집트에서는 속박의 괴로움을 상징하게 되었다; 7. 기독교: 예수 승천일에 뽑으면 특히 효능이 있다; 더 많은 특징에 대해서는 개별 허브Herb 참조.

허수아비 scarecrow 1. 원래는 풍요 신의 상(像)이었다: 예 폭풍의 영혼에 대항하는 정원의 수호자로서의 프리아포스 등; 2. 무력함: "오이 정원의 허수아비가 아무것도 지키지 않는 것처럼, 나무와 은 그리고 금으로 뒤덮인 신들도 아무것도 지키지 않는다."(바룩서Baruch 6, 69); 3. 윌리엄 B. 예이츠William B. Yeats: 죽음 속의 삶(혹은 2 반대): 노년, "막대기에 걸린 너덜너덜한 외투"(예 "비잔티움으로의 항해Sailing to Byzantium"; 4. 토머스 S. 엘리엇Thomas S. Eliot: 영적 황홀감이라는 궁극적인 실체를 마주하지 않기 위한 변장: "들판의 바람(=시대)이 가까이 가지 않는 것처럼 나도 쥐의 외투, 까마귀 가죽, 막대 십자가로 유유히 변장(페르소나)하게 해 주시오…"("할로우 맨The Hollow Men"); 5. 딜런 토머스Dylan Thomas: "허수아비 말씀scarecrow word": 창조의 말씀처럼 보이는 십자가가 말씀나무 꼭대기에서 흔들리고 있다("올빼미 빛의 제단Altarwise"); 6. 영혼: 인체모형dummy 참조.

헌주(獻酒) libation **1.** 원래의 (인간 또는 동물의) 희생제물의 피는 나중에 적포도주로 대체되었다(이름짓기에 대해서는 선박ship 참조); **2.** 이것은 일리아드Iliad에서 계약을 깨뜨리는 자를 저주하는 데 사용된다. '시의 강강격 음보spondee'라는 단어는 '스폰다이spondai'=휴전 또는 음료 제공자와 관련된다; **3.** 죽은 자들('초아이choai')의 의례로서; **4.** 그리스와 로마의 사적 또는 공적 숭배 의례의 일반적인 형태; **5.** 음식food 참조; 살포sprinkling.

헐 Hull (역주: 잉글랜드의 항구도시) 속담: a. 거지의 속담: "신이시여, 지옥과 헐Hull 그리고 할리팩스(역주: 잉글랜드 북부의 마을)로부터 우리를 인도하소서": 이들 세 장소 모두 거지에게 가혹한 곳이다; b. 여자들을 위한 헐은 옥스퍼드Oxford 참조.

헐떡거림 panting 존 키츠John Keats: 성적 어감을 갖고 있다: a. "헐떡이는 가슴을 드러낸다"(엔디미온End. 3, 985); b. "영원히 헐떡이는"(그리스 항아리에 대한 송시O. Grec. Urn, 3); c. "별들이 그들의 헐떡이는 불을 끌어당겼다"(라미아Lamia 1, 300; 알로트 주석Allott p. 629).

험프티 덤프티 Humpty-Dumpty **1.** 동화: "험프티-덤프티Humpty-Dumpty(계란 캐릭터 이름)가 담 위에 앉아 있다가 바닥으로 심하게 떨어졌다. 왕의 모든 말과 신하들은 험프티를 다시 올려놓을 수 없었다(말horse도 참조); **2.** 이 노래는 소녀들이 발 부분의 치마를 꽉 붙들고 몸을 뒤로 제킬 때 치마를 놓지 않고도 균형 잡는 놀이를 하면서 불렀다. 담 위에 어설프게 계란(=여성원리)을 놓는 것으로 보아 (풍요제로 보이는) 이 놀이는 노래보다 더 오래되었을 수 있다: 대부분의 서유럽 국가에는 초기 형태가 변형된 놀이가 존재한다; **3.** 판토마임 등장인물; **4.** 제임스 조이스James Joyce: a. 루시퍼, 즉 우주적 타락; b. 우주가 시작된 우주 알(특히 레다의)의 파괴.

헤나, 적갈색 염료 henna (식물) **1.** 일반적으로 다음을 의미한다: 이집트 쥐똥나무. 이것을 통해 염색제와 화장품을 만들 수 있다; **2.** 화관으로 사용하는 경우, 꽃은 뇌를 편안하게 만들어 주어 술 마신 사람들이 편안한 잠자리에 들도록 진정시킨다(플루타르코스Plutarch, 윤리론집M 6470); **3.** 약용: 납중독을 치유한다(니칸데르Nicander, 알렉시파르마카Al. 609).

헤라 (주노) Hera (Juno) **I.** 일반적으로 다음을 상징함: **1.** 제우스/유피테르의 아내, 최고의 여신; **2.** 여성과 다산의 수호신; **3.** 결혼(그리고 결혼의 불변성)의 여신(나소 P. 오비디우스Naso P. Ovid, 여걸들의 서한Her. 6, 43; 베르길리우스Virgil, 아이네아스Aeneid 4, 166 등); 그녀는 질투심으로 인해 종종 (정당하게) 분노하며 자신의 결혼을 지키려 한다(베르길리우스, 아이네아스 1, 4; 셰익스피어Shakespeare, 코리올라누스Cor. 4, 2, 53; 또한 아래의 III번 참조); **4.** 로마: 대규모 공동체들만이 지속적 · 안정적으로 번성할 수 있기 때문에 그녀는 또한 도시의 수호자였다; 이에 따라 그녀는 어머니를 닮았다는 이유로 제우스의 미움을 받았던 아들 아레스/마르스와 같이 전쟁의 여신이 될 수 있었다(허버트 제닝스 로즈Herbert J. Rose, 그리스와 로마의 종교RGR 216f); **II.** 기원: **1.** 투명한 천국 바로 아래 걸려 있으며, 풍요를 위해 바다와 대지로 하강하는 낮은(그리고 더 부드러운, 따라서 여성적인) 하늘의 여신; 안개(플라비우스 클라우디우스 율리아누스Flavius Claudius Julianus, 연설Or 4, 137Bf., 호메로스Homer, 일리아드Il. 21, 6을 인용함): a. 따라서 그녀는 높고 맹렬한 '하늘'과 바다/대지의 결혼이다(마르쿠스 툴리우스 키케로Marcus Tullius Cicero, 신론ND 2, 66); b. 그녀의 유명한 불같은 성미는 간혹 대기의 불안정으로 설명된다(허버트 제닝스 로즈, 106); **2.** 때로는 위대한 여신과 세 가지 이미지를 공유한다: a. 그녀의 그리스식 별명은 달의 변화하는 모양과 님프-여인-노파의 관계를 강조한다: 처녀 파이스, 기혼녀 텔레이아('완수한 자', 일부일처제와 관련됨), 그리고 외로운 자(과부) 케로아(카를 케레니Carl Kerényi, 그리스의 신들GG 117); b. 로마: 쥐기아=결혼의 여신, 루키나=출산의 여신, 그리고 수호 여신이자 구원의 여신인 소스피타(루키우스 아풀레이우스Lucius Apuleius, 변신M. 6, 4); **3.** 달과 관련하여 그리스어 'bo-opis'='눈이 큰 cow-eyed'이라고 불렸지만 실제로 달의 여신은 아니다; **4.** 이름의 기원: a. 헤라: i. 그리스어 'heros'='주인' '보호자'의 여성형에서 유래되었다; ii. 그리스어 'aer'(='공기')의 철자 순서를 바꾸어 'era'가 되었을 수 있다(필로 유다이오스Philo Judaeus, 주석 vii, p. 610; 플라톤Plato, 크라틸로스Cratyl. 404C); iii. 아마도 '여왕' 또는 '부인'을 의미하는 미케네 단어를 그리스어로 해석한 것일 수 있다(마틴 닐슨Martin Nilsson, 미노스-미케네 종교와 그리스 종교의 생존MMR 489); b. 주노는 라틴어 'iuvat'='그녀가 돕는다'에서 유래되었다(바로Varro, 라틴어 원론LL 5, 67); 아마도 '조브'와 동일한 기원을 갖고 있을 것이다; **Ⅲ.** 참고할 문학서: **1.** 셰익스피어: "질투심 많은 하늘의 여왕"(코리올라누스 5, 3, 46); **2.** 필립 시드니 경Sir Ph. Sidney: "판만큼 부드럽고, 주노만큼 온화한"이라고 하며 양치는 여인들을 조롱한다(고대의 아르카디아OA 3); **3.** 로버트 버튼Robert Burton: "비극에서 주노처럼 참을성 없고, 미쳐 날뛰며, 아우성치는" (우울의 해부Anat. of Mel. 3, 2, 5, 3; 또한 3, 3, 2 참조); **Ⅳ.** 속성과 연관성: **1.** 뻐꾸기, 석류, 왕이 드는 홀; **2.** 태어난 곳인 아르고스에서 숭배되었다(스트라보Strabo 89, 2, 36, 호메로스, 일리아드 4, 8을 인용함); 아카이아인들이 침략한 이후 이들의 신 제우스는 헤라의 가족이자 남편으로서 그녀와 '동등해졌다'(허버트 제닝스 로즈 52); **3.** 가장 좋아하는 곳은 카르타고였다(베르길리우스, 아이네아스 1, 15; 프루덴티우스Prudentius, 심마쿠스를 반박함Sym. 1, 184); **4.** 로마는 본래 주노 모네타(=조언자, 라틴어 '모네오moneo'에서 유래됨) 신전에 세워졌으며, 여기에서 단어 '민트mint'와 '돈money'이 유래되었다(고대 라틴어의 잔재Remains of Old Latin IV, p 221); **Ⅴ.** 추가로 참고할 문헌: **1.** 꿈에서 제우스가 남성에 관한 것을 의미하는 것처럼 그녀는 마찬가지로 여성에 관한 것을 의미한다(달디스의 아르테미도로스Artemidorus of Daldis 2, 35); b. 오비디우스 도덕론Ovide M: 지하세계로 내려가는 주노: i. 이리스가 삶, 평화, 인간과 신 사이에 연대를 보여 주는 상징이라면, 헤라는 부, 모든 악행의 어머니를 상징한다(오비디우스 도덕론 4, 498lff.); ii. 주노는 사과를 베어 먹은 것으로 인해 벌을 받은 인류를 구원하기 위해 천상의 보좌에서 내려온 그리스도를 상징한다(같은 책 5093ff.).

헤라클레스 Heracles (Hercules) **1.** 태양 영웅의 가장 확실한 유형: 태양 영웅, 신성한 (참나무) 왕, 위대한 (보리/옥수수) 여신의 아들이 합쳐졌다; 횡재와 예기치 않은 이득의 신(예 페르시우스Persius, 풍자시Sat. 2, 12); **2.** 괴물들(=역병, 악행, 가뭄, 홍수 등)과 아마존족(릴리트 참조)을 물리친 대표적 인물; **3.** 고귀한 신분: "발을 보고 헤라클레스를 알아본다"(속담): a. 위대한 사람은 작은 부분(다리)에서도 알아볼 수 있다; **4.** 불멸을 추구하는 것에서 벗어나, 고통스러운 영웅적 행위를 통해 죄를 속죄하는 인물; 자기희생: 화장cremation 참조; **5.** 타로의 황제 카드와 관련있다; **6.** 엘리자베스 1세 여왕 시대: 테르마간트와 헤롯처럼 무대 위에서 어리석고 힘이 세며 시끄럽게 떠드는 폭군의 전형적 인물: "그러나 나의 장기는 폭군에 대한 유머야, 나는 헤라클레스 역도 드물게 맡기도 하지"(한여름 밤의 꿈MND 1, 2); **7.** 심리: 그는 그의 모성 원형 이미지와 끊임없이 싸웠다; 헤라의 탄압은 그가 불멸의 명성을 좇게 만들었다; 이미 어린아이일 때 뱀을 죽인 그는 무의식을 극복했다; 때때로 끔찍한 어머니는 그를 광기로 몰아갔으며 그가 자식들을 죽이게 만들었다(따라서 헤라는 라미아였다); 바로 이때 그는 무의식 속 어머니 이마고로 퇴행하려는 자신의 리비도를 허용했으며, 자신을 그녀(라미아)와 동일시하게 되었다; 그의 곤봉은 모성의 올리브 나무를 잘라 만든 것이었다; 이 곤봉으로 동굴에서 네메아의 사자를 정복했다('어머니의 자궁 속 무덤'); 그러나 결국 그는 옴팔레('배꼽')에 굴복하고 노예가 되었다: 무의식에 굴복한 것이었다.

헤라클레스 Hercules 헤라클레스Heracles 참조.

헤라클레움, 어수리 heraclium (식물) 플리니우스Pliny에 따르면, 뱀을 쫓아내는 효과가 있는 미지의 식물로, 이뇨제이며 파열, 경련, 수종병, 편도선염 등의 치료제로 사용될 수 있다(20, 69).

헤로와 레안드로스 Hero and Leander **1.** 고대 신화에서 아비도스의 청년 레안드로스Leander는 매일 밤 아프로디테의 여사제인 헤로Hero의 근처에 있기 위해 헬레스폰트를 가로질러 세스토스로 헤엄쳐 갔다; 어느 날 밤 탑에서 비추던 헤로의 빛이 꺼진 것을 보고 그는 물에 빠져 죽었다. 헤로는 죽은 레안드로스를 보고 탑에서 몸을 던졌다(나소 P. 오비디우스Naso P. Ovid, 헤로이데스Her. 18, 19); **2.** 나소 P. 오비디우스, 변신이야기Metam.: a. 레안드로스는 욕정, 즉 헤로에 빠진 방탕한 남자이다. 그는 세스토스에서 태어났고(여성의 '성' 또는 음부에 관한 의심스러운 참고문헌), 그의 사랑의 횃불을 '발화'시킨 사람이었다(변신이야기 4, 3587); b. 우리는 또한 헤로를 신성한 지혜로, 레안드로스를 사람이나 인간의 혈통으로, 세스토스는 하늘로, 아비도스는 땅이나 세상으로 여긴다; 악마의 작용으로 인해 인간은 길을 잃는다(같은 책 2664ff.).

헤르메스 (메르쿠리우스) Hermes (Mercury) **1.** 천상의 전령: '날개 달린 신' '해석자' '중재자': a. 저승사자로서 그는 죽음을 고지하고 영혼을 지하세계로 데려간다(호메로스Homer, 오디세이아Od. 5, 47ff.; 베르길리우스Virgil, 아이네아스Aeneid 4, 242ff.); b. 그는 신경계(전령으로서의 신경계)와 수면을 주관한다; c. 그는 자연을 풍요롭게 하는 신으로서 봄이 되면 지하세계에서 은총(농업의 풍요)을 가져온다; **2.** 헤카테의 남성 버전으로서 길의 신이다: a. 종종 세 개의 형태를 갖는다: 세 개의 머리(=방향과 가능성); b. 그는 길을 지킨다: 흉상, 경계석herm 참조; **3.** 최고의 남근신, 다산: a. 그의 빠른 성장; b. 그는 동물의 수호자이다: 선한 목자로서 숫양(또는 어린 양)을 이끌고 가는 헤르메스; c. 경계석herm과 1번의 c 참조; **4.** (영지주의의) '로고스 씨앗Logos Spermatikos', 우주에 흩어져 있는 말씀; (이후에) 세상 어디에나 있는 초월적 신; 아래의 윌리엄 블레이크William Blake 참조; **5.** 공간: 세상의 주인Lord of the World(4four의 A번의 2 참조): 천상과 지하세계; 헤르메스 트리스메기스투스Hermes Trismegistus(이집트의 토트에 동화된)로서 연금술의 수호신; **6.** 다음의 신: a. 상업과 이해타산: 그는 리라와 플루트를 놓고 아폴로와 흥정했다; b. 달변eloquence(4번 참조); c. 과학, 예술, 기술: 리라 등의 발명가; d. 전략, 간계: 그는 아이였을 때 아폴로의 소를 훔쳤으며, 이에 따라 도둑, 사기꾼, 도박꾼 등의 수호자가 되었다; 그는 모든 신에게서 도둑질을 했지만 모든 신이 가장 좋아하는 신이기도 하다(자연의 측면에서); **7.** 남성적 품위의 전형: "하늘과 입 맞추는 언덕 위에 갓 내려선 전령신 메르쿠리우스 같은 자태"(덴마크의 왕자 햄릿Ham. 3, 4; 참조: 헨리 4세 1부1H4 4, 1); **8.** 중세시대: a. 신: 성령; b. 사람: 양심, 때로는 지성; c. 남성 원리; **9.** 윌리엄 블레이크William Blake: 지적 관조(='티리엘Tiriel'); **10.** 헤르메스는 올림포스 신들이 티폰을 피해 이집트로 달아났을 때 이비스로 변신했다.

헤릴리쿠스 herrilicus (보석) "중세보석세공집Med. Lap.": a. 물 같은 돌: 복부의 붓기를 줄인다(F 26, '베리시아bericia').

헤스티아 (베스타) Hestia (Vesta) **A.** 일반적으로 다음을 의미한다: 1. 화롯불의 여신, 가정의 질서와 행복의 여신; 따라서 국가는 안전을 보장하는 대가족이다; 2. 가정 제사의 장소인 화로 즉 제물을 태우는 불의 여신; 집 안에서 희생 제물은 불 위에 올려놓았기 때문에 헤스티아의 불은 성역이 되었다; **B.** 그리스: 1. 헤스티아는 순수한 불의 화신이었기 때문에 그녀는 처녀였으며 올림포스를 떠나지 않았던 '정주(定住)하는' 여신이었다; 2. 어원: 그녀의 이름은 '불타오르다'를 의미하며 인도-유럽어 어근에서 유래되었다(엘리아데Eliade, 종교사상사 제1권HRI 1, 93 bibl. n.); **C.** 로마: 1. 그리스의 주요 여신이 아니었지만 그녀는 로마에서 매우 숭배 받았다; 도시의 안전을 보장하기 위해 그녀의 고대 신전의 불은 영원히 꺼지지 않아야 했다; 2. 그녀는 로마에서 아주 오래된 여신이어서 플로라와 같은 다른 기능적 신들과 달리 인간의 형상과 속성을 가져야 하는 운명을 겪지 않았다(로버트 오길비Robert Ogilvie, 로마인과 그들의 신들Rome. 11; 그녀의 신상(神象)이 있긴 하지만); 3. 로마 가정은 그날의 주요 식사를 하기 전에 그녀에게 기도를 드렸고 축제의 아침에는 옆에 꽃 화환을 두었다(같은 책 102, 카토Cato, 농업론RR 142을 인용함); 베스타와 함께 그녀는 모든 내면의 것의 수호자이기 때문에 "모든 기도와 희생제물은 그녀로 시작하고 그녀로 끝난다"(마르쿠스 툴리우스 키케로Marcus Tullius Cicero, 신론ND 2, 67); **D.** 꿈: a. 공무를 집행하는 사람들에게 헤스티아나 헤스티아의 신상은 시 평의회와 세관을 상징한다; b. 개인에게는 삶 그 자체를 의미하고 지배자들과 왕들에게는 그들의 권력을 의미한다(달디스의 아르테미도로스Artemidorus of Daldis 2, 37).

헤스페리데스 The Hesperides **1.** 아틀라스와 헤스페리스의 딸들은 죽은 자들을 위한 축복받은 자들의 섬Blessed Island of the Dead의 서쪽에 있는 정원에 살고 있으며 이 정원에는 (죽음과 불멸의) 황금사과가 달린 나무가 있고 용이 감시한다. 헤라클레스는 용을 이기고 사과를 가져갔다; **2.** 보물찾기의 상징 또는 죽음의 주제: 낙원(펠리시티)의 처녀들이 주는 불멸의 사과에 도달하기 전에 죽음의 괴물을 없애야 한다; 3. 다른 설명: a. 헤스페리데스=황혼; 정원=하늘; 사과=별; 용=별자리; 헤라클레스=태양; b. 또한 헤스페리데스는 지평선이 사과나무의 초록, 노랑, 빨간색처럼 되고 태양이 반쯤 가라앉아 사과처럼 보이는 일몰을 가리킨다; 사과를 가로로 자르면 금성 즉 헤스페루스의 별인 다섯 개의 씨앗(아프로디테에게 바쳐졌으며 그녀의 여사제가 태양을 죽음으로 유인하기 위해 사용함)을 볼 수 있다: 로버트 그레이브스Robert Graves, 그리스 신화GM 1, 129f.).

헤이크, 메를루사 hake (물고기) **1.** 대구류에 속하는 물고기로 대구와 유사하게 생겼다; **2.** 모든 물고기 중에서 천랑성을 가장 두려워하는 물고기이다. 왜냐하면 헤이크는 천랑성(시리우스Sirius) 별이 가장 빛나는 한여름 기간 동안 어두운 구석에 숨어 있기 때문이다(오피안Oppian, 할리에우티카H 1, 151; 클라우디우스 아엘리아누스Claudius Aelianus 6, 30과 9, 38); **3.** 아엘리아누스: a. 배에 심장이 있다(동물의 본성에 관하여 NA 5, 20); b. 혼자 있는 것을 매우 좋아하며 머리에 돌이 있다(같은 책 6, 30).

헤카베 Hecuba **1.** 그리스어로 헤카베Hekabe, 트로이의 왕 프리아모스의 아내이자 파리스, 헥토르와 카산드라의 어머니. 끔찍한 전쟁을 겪으면서 가장 행복한 어머니에서 가장 슬픈 어머니로 전락했다; **2.** 인간의 가장 깊고 순수한 고통: 페라이의 알렉산더왕은 헤카베와 안드로마케의 슬픔을 보며 대중 앞에서 눈물을 보이는 것이 염려되어 에우리피데스의 연극이 상연되던 극장을 떠났다(플루타르코스Plutarch, 펠로피다스 전기Pelop. 29, 5; 덴마크의 왕자 햄릿Ham. 2, 2, 599 참조); **3.** 일부 이야기에서는 개로 변신하는 것과 연결된다; **4.** 오비디우스 도덕론Ovide M: 오디세우스는 그리스도, 헥토르의 아들 아스티아낙스는 적그리스도로 식별되었기 때문에 헤카베는 유다로 간주되었다; 유다는 유대교와 관련되며, 신들은 헤카베를 불쌍히 여겼으므로 하나님은 예루살렘의 몰락, 즉 함락에서 유다를 불쌍히 여겼다(도덕론 13, 1608f.; 2057ff.; 2437ff.).

헤카테 Hecate **1.** 이름: "멀리서 일하는(또는 해내는) 여자"; 이 단어는 그리스어에서 유래된 것이 아니다; **2.** 달의 여신으로: 다음을 초래하는 여성의 사악한 측면으로 여겨진다: a. 광기, 집착; b. 마법(한여름 밤의 꿈MND 5, 2; 맥베스Mac. 3, 5 등 참조); **3.** 여인의 (위험한) 측면을 상징하는 많은 여신과 연관된다: 키르케, 곡물의 여신 데메테르, 밤/사냥의 여신(죽음의 여신) 아르테미스, 메데이아, 사람을 잡아먹는 라미아, 또한 저주받은 사냥꾼 릴리트; **4.** 헤카테는 달빛이 비치는 밤에 유령과 지옥의 개들을 데리고 교차로에 나타나기 때문에 교차로의 여신이기도 하다; 교차로는 세 가지 존재의 원칙을 전형적으로 나타내는 곳이다(세 가지 형태의 여신에 대한 논의는 디아나와 아래 6번 참조); a. 희생제물로 희생된 개들과 교수형을 당한 사람들 그리고 뱀파이어 등이 교차로에 묻혔다; b. 악마를 쫓기 위해 '헤카티에아'(헤르메스의 주상과 같은 기둥 형태)를 교차로와 출입구에 세웠다; **5.** 그녀에게 바치는 다른 희생제물(달이 끝날 때): 알, 물고기, 검은색 강아지, 검은색 암컷 양; **6.** 세 가지 형태의 여신으로서: a. 출생-삶-죽음, 과거-현재-미래를 관장한다; b. 세 개의 (계절) 머리를 가지고 있었다: 사자, 개, 암말; **7.** 심리: 마녀, 횃대를 가진 비너스(자웅동체hermaphrodite 참조), 끔찍한 어머니이며 이 나쁜 어머니의 능력을 상징하는 것은 열쇠, 채찍, 단검과 횃불이다; **8.** 이후 그리스 종교의 혼합주의 단계에서 그녀는 다시 모든 위대한 여신의 특성을 부여받았다: 무의식의 끔찍한 어머니: 음부에 살아 있는 갈라진 틈이며(틈cleft 참조), 죽음을 통한 이별의 여신이다; 기독교 교회는 본래 동굴, 작은 굴, 우물, 틈새 등에 지어졌다; 미트라 종교에서 동굴의 중요성; **9.** 디아나와 위대한 여신Great Goddess; 개dog 참조.

헤파이스토스 (불카누스) Hephaestos (Vulcan) **1.** 데미우르고스: 다산 또는 태양의 지하 대장장이(상징: 사자): 그는 절름발이이므로 발뒤꿈치heel, 허벅지thigh 참조; **2.** 반항하는 지성: 대장간의 모루는 보통 두뇌를 상징한다; **3.** 나약하고 물질주의적이며 부패한 영혼: 그가 다리를 저는 것은 최고의 신(영Spirit)을 거스른 것에 대한 벌이었다; 따라서 그는 악마와 관련된다; **4.** 아내에게 배신을 당한 남자들의 수호자("불카누스의 상징Vulcan's badge").

헤파이스토스 스톤, 신성한 돌 hephaestitis (보석) **1.** 또한 '에스피데스espites' '에피스트리트epistrites' 그리고 '알피티스테스alpitistes'라고도 불린다; '불타는 듯한 빨간색'이라는 뜻으로 색으로 인해 이러한 이름을 갖게 되었다(헤파이스토스/불카누스, 불의 신, 신의 대장장이); **2.** 알베르투스 마그누스Albertus Magnu라고도 한다: a. 바다에서 발견되었으며 반짝이는 붉은색이다; b. 햇빛에 대고 있으면 멀리까지 불타는 듯한 빛을 내보낸다; 끓는 물에 넣으면 물은 더 이상 끓지 않고 곧 식지만 돌 자체는 빨간색으로 변한다; c. 심장 위에 걸고 있으면 자기 자신에 대한 확신을 갖게 만들며 모든 소동과 불화를 억제하거나 완화시킨다; 해충, 새, 폭풍 등으로부터 작물을 보호하며 새들에게도 유익하다(비밀의 책Secr. 2, 42.; 이와 함께 중세보석세공집Med. Lap.의 추가 설명); **3.** 중세보석세공집: 앞서 제시된 많은 내용 이외에도 a. 출산의 고통을 덜어 준다; b. 남자가 자신의 의지대로 여인을 다룰 수 없을 때 신장 부위에 이것을 묶어두면 뜻대로 다룰 수 있게 된다(B24, F12 및 71, C27).

헥서칸탤리도우즈 hexacontalithos (보석) "중세보석세공집Med. Lap.": a. 신성한 힘을 주는 보라색과 검은색의 돌('아라콘탈리데스aracontalides', B 28); b. 예순 가지 색의 돌로 작은 사람을 강하게 만든다(F 72); 너무 밝아서 바라보는 사람이 전율을 느낀다(F 77).

헥토르 Hector **1.** 엘리자베스 1세 여왕 시대에 그는 큰 소리치는 허풍쟁이로 여겨졌다; **2.** 또한 말horse (G) 참조.

헬레니움, 목향 helenium (식물, 물질) **1.** 일반적으로 다음을 의미한다: 라틴어로는 '이눌라 헬레니움Inula Helenium' 또는 '엘레캄파네elecampane'라고 하며, 이것의 뿌리에서 동일한 이름의 오일 성분을 추출할 수 있다; **2.** 플리니우스Pliny: a. 이것은 헬레네의 눈물에서 만들어진 것으로, 헬레네 섬에서 널리 알려져 있다(21, 83); b. 이 물질은 성적 매력을 배가시키고 쾌감을 촉진한다; c. 천식과 뱀에 물린 상처를 치유한다; 가루로 만들어서 쥐를 죽이는 데 사용할 수 있다(21, 90).

헬레보레, 크리스마스 로즈 hellebore (식물) **I.** 미나리아재비과의 거친 다년생 허브로 독이 있는 즙을 함유하고 있다; 꽃은 다섯 개의 흰색 또는 담홍색 꽃잎을 가지고 있다(나중에 녹색으로 변함); 흰 헬레보레는 다른 과에 속하지만 똑같이 독이 있으며 붉은색 또는 녹색 꽃을 가지고 있다; **II.** 검은 색 헬레보레: 1. 헬리콘(검은 헬레보레), 파르나소스(흰 헬레보레: 플리니우스Pliny 참조)와 연관된다; 2. 정신이상을 유발하거나 또는 치유할 수 있다; 따라서 지혜를 얻기 위해 학자들(특히 미래의 스토아학파들이)이 복용했다(플리니우스Pliny 25, 21; 또한 루키아노스Lucian, "저급해지는 철학Philosophies going cheap"); 3. (디기탈리스fox-glove와 같이) 심장의 흥분제; 4. 비방, 불명예; 갈리아인은 이것을 이용하여 화살에 독을 묻혀 전쟁에 사용하였다: 죽은 전갈에 흰 헬레보레를 바르면 다시 살아나 독성이 더 강해진다; 5. 마녀의 꽃; 이것은 매우 강력해서 최대한 주의를 기울이고 적합한 주문 등을 사용하여 채집해야 한다; 6. 그리스도의 탄생: 크리스마스에 피어난다; 7. 말과 다른 네발 동물들에게 치명적이다; 8. 점성술: 토성과 관련이 있는 약초이며 따라서 생으로 복용하기보다 연금술사에게 정제를 받아야 한다; **III.** 흰 헬레보레: 헤라클레스는 트라키스에 있는 오에타산 기슭에서 데이아네이라가 그의 옷에 묻혀 놓은 헬레보레 독으로 인해 죽었다. 이 지역은 헬레보레로 유명하다.

헬레스폰트 해협 Hellespont **1.** 아타마스(태양)와 네펠레(구름)의 딸 헬레가 사악한 계모를 피해 도망가던 중 그녀와 그녀의 오빠 프릭수스를 구하기 위해 보낸 황금털의 숫양에서 떨어져서 익사한 곳이다; **2.** 리안데르는 헤로를 만나기 위해 밤마다 이곳을 헤엄쳐 갔다.

헬리오트로프 heliotrope (꽃) **1.** 태양을 따라 고개를 돌리는 꽃; 해바라기; **2.** 불행히도 헬리오스(태양)를 사랑하게 된 클리티아는 헬리오트로프로 변했다(나소 P. 오비디우스Naso P. Ovid, 변신이야기Metam. 4, 255f); **3.** 사랑에 취하게 한다: 씨앗은 최음제이다(플리니우스); **4.** 가장 효과적인 개미 살충제; 특히 독이 있는 것에 물리거나 쏘인 상처에 대해 강력한 효능을 갖고 있다(플리니우스Pliny 22, 29); **5.** 또한 메리골드(천수국); 해바라기sunflower 참조.

헬리오트로프 heliotrope (보석) 혈옥수bloodstone 참조.

헬리크리섬 helichrysum (식물) **1.** 일반적으로 다음을 의미한다: '금화goldflower'로도 불리며 시들어 마를 때에도 형태와 색을 유지하는 노란색(금색) 꽃을 가진 덩굴 식물이다. 따라서 이 식물이 속하는 속은 '변하지 않는 것' 또는 '건조화'라고 불린다; **2.** 플리니우스Pliny: a. 시들지 않기 때문에 신들에게 바치는 화관을 만드는 데 사용된다; b. 약용: 이뇨제이며 월경을 촉진하고 염증을 완화시킨다. 화상과 뱀에 물린 상처(또한 니칸데르Nicander, 테리아카Th. 625 참조), 요통, 응고된 혈액을 치료한다; c. 불쾌하지 않은 향으로 옷을 보호한다(21, 96).

혀 tongue **1.** 사랑과 전쟁에서 능변과 설득: a. 사랑과 전쟁에서 클레오파트라의 혀는 강력한 무기였다; 그 이유는 그녀가 통역 없이도 말할 수 있도록 많은 외국어를 배웠기 때문이었다; b. "내가 말하건대, 그의 혀로 여자를 이길 수 없는 남자는 남자가 아니다"(베로나의 두 신사Gent. 3, 1); c. 주로 능변의 신들에게 제물로 사용되었다; **2.** 변하기 쉬운 여성적 무기: a. "여자의 혀는 가장 마지막에 죽는다" "여자의 힘은 그녀의 혀에 있다"(속담); b. 배신: 이중 혀로 대표되는 상징에서; **3.** 스캔들, 거짓말, 신성모독: a. 얼굴을 찡그린 입에서 찢어지는 혀로 표현되는 상징; b. "혀는 뼈가 없음에도 뼈를 부러뜨릴 수 있다"(속담); **4.** 맛: 보통 입에서 분리된 감각의 상징이다; **5.** 남근 대체물: 경멸, 오만 등을 표현하는 것 외에도 혀를 내미는 것 또한 성적인 도전이다; 아래의 딜런 토머스 Dylan Thomas 참조; **6.** (예언적 속삭임이 포함된) 나무와 관련된다; "나무 속의 혀, 흐르는 개울의 책" 등(뜻대로 하세요AYL 2, 1) 참조; **7.** "방언으로 말하기"(그리스어 '방언하다glossolaly'): 성령강림과 함께하는 영적 황홀경(아마도 나비파의 춤과 관련이 있을 것이다)의 상태에 도달하는 방법들 중 하나였다; 사도들에게 처음 나타난 알아들을 수 없는 말들(모든 언어와 술주정 비슷한)(사도행전Acts 2, 13)은 나중에는 그들이 안수했던 대부분의 사람에게 나타났다; 이런 상태가 이교도들에게도 나타났다는 사실은 기독교가 유대인이 아닌 사람들에게도 의미가 있다는 증거이기도 했다; **8.** 기독교: 그리스도를 부인하는 것을 거부해서 혀가 잘린 성도들을 위한 순교의 상징; **9.** 딜런 토머스Dylan Thomas: a. 그의 자궁-무덤 시에서 "매장된 혀t"; b. "비가 쏟아지듯 말하는 혀rainy tongue"; 남근; **10.** 다른 것과의 조합: A. 갈라진 혀: 전래동요에서 혀를 쪼개는 것은 종종 이야기를 전하는 사람에 대한 형벌이다; B. 이중 혀 (종종 갈라진 혀: 뱀과 연결됨): a. 슬픔: "슬픔에는 두 개의 혀(언어)가 있지만, 아직 어떤 여자도 열 명의 여자의 지혜 없이는 두 개의 혀를 통제할 수 없다"(비너스와 아도니스Ven. 1007); b. 2번의 b 참조; C. 영웅들이 괴물을 이겼다는 것을 증명하기 위해 종종 괴물의 혀를 잘라 낸다(예 아폴로도로스Apollodorus 3, 13, 3에서 펠레우스); D. 혀로 딸각 소리를 내는 것은 번개를 숭배하는 보편적인 형태이다.

혀 짧은 발음 lisping 요염함: 속담: "혀 짧은 발음을 하는 여자는 키스하기 좋다"(또한 덴마크의 왕자 햄릿Ham. 3, 1 참조).

현자 sage (지혜로운 사람) **1.** 풍경: 다음과 연결된다: a. 천국과 그리스도의 신성을 향해 뻗어있는 산봉우리; b. 일반적으로 사막지역; **2.** 현자들은 삶의 방식을 드러나지 않게 안내한다.

혈석, 혈옥수 bloodstone (보석) **A.** 기간: 3월의 탄생석(아쿠아마린 포함); **B. 별자리:** 양자리; **C. 미덕:** 1. 로마: a. 출혈을 멈추기 때문에 운동선수가 선호했다; b. 플리니우스Pliny: 전투에 이기게 하고 동료들 사이에 호감을 갖게 한다; 이것은 원수의 음모를 드러내게 하며 모습을 보이지 않게 만들어 준다(37, 60); 2. 중세 시대: 농업 및 가축 사육자를 위한 부적; 3. 용기, 정신력, 지혜, 활력을 준다; 4. 주술: a. 이것의 보이지 않게 하는 힘은 단테Dante의 신곡(지옥편Inf. C. 24, 93; 또한 데카메론Decamerone)에도 언급되어 있다; b. 이것을 늑대의 이빨과 함께 월계수 잎에 싸가지고 다니면 중상과 비방을 멀리하게 해 준다; 5. 양자리에 태어난 사람들에게 다음의 특성을 준다: a. 용기, 광채, 관대함, 순종, 명령하는 힘 그리고 냉담함; b. 갑작스럽고 짧은 연애; **D. 성서:** 대제사장의 흉배에 있는 열두 번째 돌: 에브라임 지파; E. 1. 그것의 이름도 '헬리오트로프heliotrope', 즉 회전하는 태양을 의미하는데, 그 이유는 태양 광선을 붉게 만드는 능력을 갖고 있기 때문이다; 더 나아가 거울처럼 햇빛을 포착하여 일식을 나타내기 때문이기도 하다(플리니우스); 2. 중세: 채찍질flagellation과 순교를 나타내는 조각작품에 사용되었다('혈석bloodstone').

협죽도 oleander (식물) **1.** 아름다운 꽃과 독성의 잎이 있는 관목; 네발 달린 짐승에게는 유해하지만 뱀으로부터 인간을 보호한다; 이것이 들어간 와인은 사람을 흥분시키지만 뿌리는 사람을 마취시킨다; **2.** 주의할 점: 이 식물의 꿀은 정신착란을 유발한다(플리니우스Pliny 21, 45).

형제 brother **1.** 민요: 중요한 관계: a. 많은 '얼 브랜드Earl Brand(더글러스의 비극)' 이야기 버전(프랜시스 차일드Francis Child 7)에서 여주인공은 연인이 자신의 막내오빠를 죽이지 못하도록 막으며 그로 인해 연인이 죽는다(참조: 시집: "헬기, 헌딩의 살인자 그리고 헌딩의 형제 다그Helgi Hunding slayer's brother Dag", 프랜시스 차일드 p. 94); b. "잔인한 형제The Cruel Brother"(프랜시스 차일드 11)에서 누이의 결혼을 허락하지 않은 오빠brother에 대한 무시는 신부의 죽음의 원인이 되었다; **2.** 꿈: 형제들은 종종 죽음을 초래하는 적이 된다(달디스의 아르테미도로스Artemidorus of Daldis 4, 70).

혜성 comet **1.** 불길한 징조: 다음의 징후이다: A. 전쟁: a. 전쟁의 일반적인 결과로서 다음의 결과를 가져온다: 기근과 전염병; b. 혜성처럼 타오르는 사탄은 "북극 하늘의 거대한 뱀주인자리Ophiuchus 전체를 불태우고, 그 무시무시한 불타는 머리카락은 전염병과 전쟁을 흩뿌려댄다"(존 밀턴John Milton, 실낙원Par. L. 2, 707); B. 왕, 통치자의 몰락: a. 노르만 정복Norman Conquest 전에 해럴드왕King Harold은 혜성을 보고 소스라치게 놀랐다(베이유 타피스트리Bayeux Tapestry 참조); b. 핼리혜성(76년마다 나타남)은 적어도 1680년부터 사람들을 공포에 떨게 했다(당시 핼리와 뉴턴이 혜성도 중력의 법칙의 적용을 받는다고 선언했음에도 불구하고); 1910년, 핼리혜성은 제1차 세계대전을 예측했을지도 모른다; c. 카이사르가 죽은 후 일곱 번째 밤에 큰 혜성이 보였다(플루타르코스Plutarch): "거지들이 죽으면 혜성이 보이지 않는다; 왕자들이 죽으면 하늘은 활활 탄다"(율리우스 카이사르Caes. 2, 2); C. 지진과 가뭄; D. 완전한 암흑, 세상의 종말; **2.** 빛나는 (짧은) 생애; **3.** 기독교: 크리스마스의 상징(베들레헴의 별은 혜성으로 간주된다); **4.** 유성meteor 참조.

호두나무 walnut (나무, 견과) **1.** 숨겨진 지혜(모든 견과류와 마찬가지로)를 상징한다; 카리아티드Caryatid, 즉 여인상들은 견과nut 요정들이었다(멜리아에가 재 또는 사과 요정이었고, 드리아드가 참나무 요정이었던 것처럼); 아르테미스 '여인상'도 있었다; **2.** 장수; **3.** 다산: 그리스-로마 결혼식에서 쓰였다; 플리니우스Pliny: '호두iuglans'=주피터의 도토리; **4.** 점성술: 태양과 관련된다; **5.** 어려움 속에서의 힘: 호두나무는 "꼭 곤봉으로 맞아야만… 좋은 열매를 맺는다"(존 웹스터John Webster, 하얀 악마WD 5, 1); **6.** 이기심: 호두나무 그늘은 사람에게 두통을 일으키고 그 아래에서 자라는 다른 식물에게 피해를 준다.

호랑가시나무 holly (식물) **1.** 일반적으로 다음을 의미한다: a. 상록수: 유럽에서 초기 지질시대에는 그 종류가 더 풍부하게 많았다; b. 꽃은 흰색이고 암나무와 숫나무가 있다; 붉은 열매와 녹색 잎은 위대한 여신의 가장 일반적인 색의 조합을 형성한다; c. 가시 돋친 잎은 '수꽃'이고 매끄러운 잎은 '암꽃'이다; d. 켈트족의 나무 알파벳에서 이것은 문자 T에 해당한다. 7월 8일부터 8월 24일까지의 기간=여덟 번째 달; **2.** 한 해의 하반기를 나타내며 특히 한겨울을 나타낸다; A. 사투르날리아 농신제Saturnalia: a. 사투르누스의 막대기는 한 해의 하반기를 나타내는 호랑가시나무였다; b. 나귀는 로마에서 한겨울 사투르날리아 농신제 때 호랑가시나무와 함께 희생제물이 되었다; B. 켈트족의 녹색의 기사와 관련됨: 그는 호랑가시나무 기사이며 (한여름의 '새해'에) 새해 한겨울부터 통치하기로 되어 있었던 참나무기사(가윈Gawain 경)를 따른다; 그래서 사철가시나무(다음 참조)는 일반 참나무의 쌍둥이다; 헥토르의 꿈(거룩한 성배의 탐구Quest of H. Grail 8)에서 랜슬롯은 호랑가시나무 못이 박힌 예복을 입고 나귀에 앉는다; 호랑가시나무 아래에 앉아 있는 거인을 죽임으로써 행복과 부를 가져온 마하우스 경 참조(토머스 맬러리 경Sir Thomas Malory 4, 25); C. 크리스마스: a. 초기 기독교인들은 사투르날리아 농신제Saturnalia의 특징인 호랑가시나무를 크리스마스에 사용했다; b. 그런 의미에서 다음을 상징한다: i. 영생: 상록수; ii. 환대; iii. 참회: 가시가 있음; c. 이것은 참나무보다 널리 사용된다: i. 이것은 티T자 기호(T자 모양 십자가)와 관련 있다: 십자가 형벌; ii. 가시: 그리스도의 수난; iii. 붉은 열매, 즉 그의 피 한 방울: 죽기까지 사랑하라; iv. 참나무(6월 24일)와 연결된 사도 요한은 호랑가시나무와 연결된 그리스도로 이어졌다; **3.** 수확: a. 숫자 8에 상응한다(1번의 d 참조): 증식: 가정의 행복과 결혼 선물; b. 보리 수확과 연결되지만 포도나무와도 관련 있다: 말뚝에 걸어 놓은 호랑가시나무 가지는 제프리 초서Geoffrey Chaucer 시대의 선술집 표시였다(캔터베리 이야기CT 프롤로그Prol.에서); **4.** 숫꽃: 담쟁이덩굴과 연결하면 담쟁이는 여자, 호랑가시나무는 남자를 상징한다; **5.** 호의, 우정: a. 로마: 사투르날리아 농신제 때 선물로 보냈다; b. 중세시대: 화환은 행운의 표시로 보내졌다; c. 풍자: "하이호! 노래 해, 하이호! 녹색 호랑가시나무에게: 우정은 다 위선적이며, 사랑은 다 어리석은 것이다"(뜻대로 하세요AYL 2, 7); **6.** 선견지명; **7.** 점성술: 토성과 관련된다; **8.** 문장heraldry(紋章): a. 진실; b. 참회; **9.** 다른 것과의 조합: a. 호랑가시나무: 그들의 이마에 호랑가시나무관을 쓴 숙녀와 호기심 많은 기사에 관한 기이한 이야기: 유니콘unicorn 참조; b. 호랑가시나무의 열매(켈트족): i. 생명을 연장하고 새롭게 한다; ii. 초자연적 지식의 원천; c. 호랑가시나무 덤불: 제임스 조이스James Joyce: 생명의 나무, 부활; 3번의 b 참조; d. 바다호랑가시나무:(아마도 겨울이야기Wint. '바다담쟁이sea-ivy' 3, 3): 엘리자베스 1세 여왕 시대에 뿌리(에링고라고 불림)는 사탕과 최음제였다; 바다호랑가시나무sea-holly 참조; **10.** 민속: a. 크리스마스 장식으로: 종종 기독교 교회(겨우살이가 허용되지 않는 곳)에서도 사용되었으며 때로 잔가지는 1년 동안 보관했다; b. 약용과 최음제: 마법(플리니우스Pliny 24, 72)에 대항하는 강력한 무기였다; c. 땔감: 호랑가시나무는 녹색일 때 '밀랍처럼' 타지만 그렇게 하는 것이 금기시되었다: 그것은 죽음을 상징하기 때문이다; d. (참나무처럼) 집 근처에서 자라는 이 나무는 천둥과 번개로부터 집을 보호한다.

호랑이 tiger **1.** 신화적: A. 디오니소스/바쿠스(리베르)와 관련된다: a. 제우스는 디오니소스에게 호랑이를 보내 티그리스강을 건너도록 도왔다; b. 난잡한 광란과 연관된 분노, 잔인함, 아름다움(표범leopards 참조); 북소리에 사로잡히면 완전히 광분하며 스스로를 찢어버린다(플루타르코스Plutarch, 결혼에 관한 조언Adv. on Marr. 45); c. 호랑이에게 그의 전차의 멍에를 씌웠다(나소 P. 오비디우스Naso. P. Ovid, 사랑의 기술De Art. Am. 1, 550; 베르길리우스Virgil, 아이네아스Aen. 6, 805); B. 표범leopard과 검은표범panther처럼 사자의 공격적이고 강력한 측면을 갖추었지만, 사자와 같은 태양적인 의미는 없다; 밤의 배회자로서 호랑이는 위대한 여신의 변형 중 하나이며 때로는 어둠과 (새로운) 달에 자주 관련된다(때로는 입에 인간 아이를 물고 있는 모습으로 표현된다); 암컷은 타의 추종을 불허하는 사나움과 인내로 새끼를 돌본다(플리니우스Pliny); C. 디아나-달의 특별한 보호를 받는 볼스키안 말horse의 주인 카밀라는 아마존 여전사처럼 호랑이 가죽옷을 입고 한쪽 가슴을 드러내고 있다(베르길리우스, 아이네아스 11, 577); **2.** 용기: "전쟁의 폭음이 우리 귓가에 울리면 호랑이 같이 행동하라. 힘줄을 빳빳하게 하고, 피를 불러올리고, 거친 분노로 공정한 본성을 위장하라"(헨리 5세의 생애H5 3, 1); **3.** 아름다움, 우아함; 불에 타는 것과 관련된다: "호랑이들은 아름다움으로 타오른다"(존 톰슨John Thomson, "무서운 밤의 도시City of Dreadful night"); **4.** 어둠속을 배회하는 자: 속임수, 교활함, 흉포함, 잔혹함, 질투심: a. "호랑이는 말과 표정으로 서로의 권리를 주장했던 것을 후회할 수밖에 없었다"(써리의 백작Surrey, "윈저에 갇힌Prisoned in Windsor"); b. "오, 여인의 피부에 싸여 숨겨진 호랑이의 심장"(헨리 6세 3부3H6 1. 4); c. 이집트: 말horse을 집어삼키는 호랑이는 가장 잔인한 복수의 상징이다; **5.** 기독교: 고통받는 다산의 신 디오니소스와 많은 상징을 공유하는 그리스도를 상징하는 동물: **6.** 동양에서 아시아의 상징; 중국과 일본의 중요한 상징; 아시아에서는 호랑이 인간이 늑대 인간을 대신한다; **7.** 엘리자베스 1세 여왕 시대: 선박 이름 중 가장 선호되는 이름: 예 마녀들이 말하는 알레포의 선박(맥베스Mac.); **8.** 심리: 종종 억압된 섹스, 폭력적인 욕망을 나타내며 이 욕망은 현대 시에서 우리에 갇힌 호랑이로 표현된다; **9.** 윌리엄 블레이크William Blake: a. 하나님의 불=진노 또는 형벌: 어린 양=용서로 화해되는 것; 그리스도의 어둡고 사나운 면; b. 정화: 이성 세계의 역학적 법칙에 의해 만들어졌다: 인간의 영혼의 어둡고 두려움을 불러일으키는 측면; 증오, 두려움 등(어린 양의 대극=사랑, 신뢰 등); c. "진노의 호랑이는 가르침의 말horse보다 더 현명하다"(천국과 지옥의 결혼MHH 8, 14): 파라겔수스의 '혼합 이원론'에 따르면 창조적인 열정과 빛은 암염 세계에 속해 있지만, 이곳에서 잠재적인 선(善)을 발견할 수 있다; 3번과 4번, c 참조.

호로파(葫蘆巴)**, 콩과의 식물** fenugreek (식물) **1.** 일반적으로 다음을 의미한다: a. 이름: 라틴어로 '패눔 그래쿰faenum Graecum', 즉 그리스 건초라는 뜻이다; b. 채소 식물 '호로파 종'; **2.** 유대인들은 요타파타 포위전에서 성을 향해 공격하는 로마인들을 향해 삶은 호로파를 성벽에서 던져 그들이 미끄러져 떨어지게 하였다(플라비우스 요세푸스Flavius Josephus B 3, 1277f 참조); **3.** 용도: a. 니칸데르Nicander: "동물 사료용으로 재배되며 바람에 휩쓸린 나뭇잎 사이에서 저주하는 뿔을 내뿜는 식물"로 묘사하였다; 호로파는 사리풀 독의 해독제이다(알렉시파르마카Al. 424); b. 코르넬리우스 켈수스Cornelius Celsus: 식물 자체는 채소로 먹었지만 호로파 기름은 관장과 열을 가하는 찜질에 사용되었다: 예 귀를 찜질하는 데 사용했다(II부 서문, 12, 2E; 2, 33, 5; 6, 7, 18 참조); 또한 경련을 완화하거나 머리를 식히는 용도로 목욕을 했다(4, 6, 5f 참조); 호로파는 몸에 축적된 물질을 분해하고 자궁에 관련된 증상을 위한 완화제이다(5, 17, 12 및 5, 21, 2 참조); c. 테르툴리아누스Tertullian: 발삼과 마찬가지로 호로파 연고는 탈취제로 사용했다; d. 힐데가르트 폰 빙엔Hildegard von Bingen: 씨앗을 포도주에 끓여서 쓰면 매일 열이 나는 것과 식욕부진을 치료한다; 4일마다 재발하는 열(쿼탄열)을 치료하는 데 쓰이며 밤에 이것으로 발과 다리주위를 찜질해야 한다(자연학Ph. 1, p. 24).

호리온 horion (새) **1.** 고대 인도의 확인되지 않은 새(카르트레우스kartreus와 같은); **2.** 붉은 다리가 있는 호리온 같지만, 눈은 짙은 푸른색을 띠고 백조처럼 아름답게 노래하며 아주 매력적이다(클라우디우스 아엘리아누스Claudius Aelianus 17, 22; 논누스Nonnus 26, 202; 스트라보Strabo 15, 1, 69).

호메로스 Homer **1.** 일리아드와 오디세이의 맹인 저술가: 실명blindness 참조; **2.** 그의 출생지는 미스터리이다 "스미르나, 콜로폰, 살라미스, 키오스, 아르고스, 아테네, 세계가 호메로스, 당신의 조국을 위해 싸우고 있다"('이 모든 도시가 당신의 조국을 위해 싸운다': 플라비우스 요셉Flavius Joseph., 아피온에 대항하여AP 297n); **3.** 그와 헤시오도스 사이에 시합이 있었다(디오 코케이아누스 크리소스토무스Dio Cocceianus Chrysostomus 2, 11f. 참조); **4.** 그의 책은 점술(占術)에 사용되었다: a. 성서와 베르길리우스의 책 등 책을 무작위로 펼쳐서 나온 페이지는 예언의 구절로 보는 점술; b. 특정 구절들이 마법에서 사용되었으며 부적으로 사용되어 모든 악에 대해 효과적으로 작용했다(그리스 마법 파피루스Pap. Gr. Mag. 4, 471ff. 및 2146ff.와 파피루스 7에는 동성애자인지를 알려 주는 주사위 점치기 방법이 기술되어 있다; 사람들이 자주 찾는 마법구절은 일리아드Il. 10, 521, 564 및 572); 5. 알렉산더Alexander도 참조.

호밀 rye (식물) 사랑과 관련된다; a. "호밀이 턱까지 자라면 내 사랑은 더 이상 처녀가 아닐 것이다."(조지 필레George Peele, 큐피드의 사냥The Hunting of Cupid); b. 스코틀랜드의 옛 사랑 노래: "밀밭에서Coming through the rye".

호박 amber (보석) **1. 일반적으로 다음을 의미한다:** 발트해를 따라 무성했던, 지금은 멸종된 침엽수의 수지화석; 아라비아어 '안바르anbar'=스페인어 '암바르ambar'는 호박색과 관련되지만 의심스러운 어원이다; 일부 사람들은 '암버am-ber'=태양의 아버지라고 말한다; 이것은 이미 구석기시대에 장식용 및 약용으로 사용되었다. 예를 들어, 스톤헨지와 미케네의 무덤에서 발견되었다; 종종 곤충이나 식물 화석이 호박에서 발견되며 희귀성 때문에 값이 비싸다; **2. 신화**: a. 그의 남동생인 파에톤의 죽음을 애도하며 헬리아데스가 흘린 눈물이 호박으로 변해 에리다누스강가(포 강)로 떠내려갔고 라틴 신부들brides이 그것을 착용했다(또한 3번 아래 참조; 나소 P. 오비디우스Naso P. Ovid, 변신이야기Metam. 2, 365; 아폴로니오스 로디우스의 아르고호 항해기Apoll. Rhodius, Arg. 4, 597f); b. 프레이야가 스빕다그를 찾으면서 흘린 눈물이 호박으로 변했다; c. 플리니우스Pliny는 이것의 기원에 관한 신화(버려진) 목록을 제공하였다(37, 1, 1ff.); **3. 태양, 다산**: a. 구약성서: 에스겔서Eze.(1, 4). 태양-여호와 신정에서 신의 수레의 호박은 금속 색깔이지만 신의 몸의 아랫부분에는 불이 있고 허리 위로는 호박색의 사자 무늬가 있다; b. 새해의 태양-어린이-왕으로 기능했던 벤야민 부족의 보석; c. 그리스: 아폴로-헬리오스에게 바쳐졌다; d. 상상 속 이상향의 사람들인 하이퍼보리아인들의 아폴로 숭배는 부권적 숭배와 관련되며 이를 위해 스톤헨지 사원이 존재했을 수 있다; 파에톤Phaeton 참조; e. 프레이야의 귀중한 목걸이인 브리징가멘은 호박으로 만들어졌다; 프레이야는 여러 면에서 태양 및 다산과 관련 있었다: 그녀는 태양신의 아내였고 다산과 사랑의 모신(비너스에 상응하는)이었다. 그녀는 매(태양 새)의 옷을 입고 멧돼지를 타고 다녔다(태양 동물); **4. 불멸성**: a. 스칸디나비아 사람들의 무덤 위에서 불멸을 상징하는 호박도끼가 발견되었다[안세이트 십자가(역주: T자 모양의 십자가로 앙크십자가라고도 한다)와 관련된다]; b. 호박은 일반적으로 죽은 자들의 여정을 빠르게 만들어 준다는 믿음이 있었다; c. 이 단어는 불멸의 음료인 '암브로시아ambrosia'와 관련될 수 있다. **5. 전기**: 그리스어 '암버amber'는 '전자electron'와 같다: a. 이것은 정말로 전기에 강하지만(뛰어난 절연) 마찰에 의해 음전하가 된다. 따라서 그리스어 '엘렉트론elektron'은 사물을 끌어당기는 매력을 상징한다(그것의 태양 색뿐 아니라); b. 이것에는 일반적으로 (마법적) 힘이 주어졌으며 따라서 번개와도 관련 있다; **6. 의학**: A. 주기: a. 일반적으로 힘; b. 신부와 아기들에게 행복과 장수; c. 전장에서 병사에 대한 보호; B. 예방 또는 치료; a. 갑상선종과 기타 인후 질병; b. 광기(달의 질병); **7. 마법**: a. 로마 시대에 사악한 마술에 대항하기 위해 여성들이 착용하고 다닌 부적; b. 목걸이: 이것을 목걸이로 걸고 거짓말을 하면 이것이 그 사람의 목을 조였다; **8. 로마**는 영국인들에게 공물로 호박을 거두어들였다; **9.** 고대에는 지중해로부터 발틱해에 이르는 특별한 '**호박루트**'가 있다고 알려져 있었다; **10. 로마의 숙녀들**은 손에 호박구슬을 가지고 다녔는데, 이는 향기와 따듯함을 위해서였다(참고할 문헌: 데키무스 유니우스 유베날리스Decimus Junius Juvenalis, 풍자집Sat. 6: "차갑고 축축한 호박".

호박 pumpkin (식물) **1.** 두 세계의 상징: 지상과 천상계; **2.** 가을, 수확: (미국) 추수감사절의 전통 음식은 호박파이다; **3.** 여성성(담아 주는 것containment의 상징): a. 신데렐라의 대모 요정은 호박을 마차(용기의 또 다른 상징)로 바꾸었다; b. 전래동요에서 호박은 여성과 관련된 문맥에서 두드러지게 나타난다: i. 한 여성이 호박 반 통을 먹고 죽는다; ii. "피터, 피터, 호박을 먹는 피터는 아내가 있었지만 붙들어 둘 수가 없었네. 그는 그녀를 호박 껍질 안에 넣어 잘 붙들어 놓았지"; c. 마녀와 관련 있다: 호박은 할로윈과 연결되지만 동시에 악령을 피하는 부적이기도 하다; **4.** 점성술: 달과 관련 있다; **5.** 박gourd 참조.

호박등 Jack-o'-Lantern 1. 묘지와 늪지 위로 보이는 창백한 푸른 빛(도깨비불): 현혹시키는 매력, 시체 양초라고도 불린다; 2. 미국: 안에 초가 들어 있는 속이 빈 호박. 할로윈에 사용된다.

호반새 halcyon (새) 물총새kingfisher 참조.

호수 lake 1. 이집트의 상형문자: 초자연적이고 신비하다; 아마도 숫자 4와 관련이 있을 것이다; 2. 원질료: 물water과 바다sea 참조; 3. 풍요를 제공한다; 4. 삶과 죽음의 전환, 부활, 해저 왕국으로부터 해가 뜨고 해저 왕국으로 해가 진다: 아서왕의 검Arthur's sword 참조; 5. 망자의 땅(바다와 같은); 6. 거울: a. 자기응시; b. 의식consciousness; c. 폭로; 7. 심리: 창조력의 원천(물과 같은): a. 방주에 떠 있는 새해 아이와 연관된다; b. 무의식unconscious; 8. 단테Dante: "내 마음의 호수"(신곡 지옥편Inf. 1, 20); 9. 호수의 여인Lady of the Lake: 아서왕 전설에 나오는 물의 마법사(호수 근처에 사는 여자 마법사와 마녀): a. 그녀는 이전 시에서: 멀린의 여왕인 비비앙; b. 토머스 맬러리 경Sir Thomas Malory: 멀린을 쫓아내는 착한 마법사 니무에이며 아서왕에게 그의 검을 준다; c. 마지막으로 '세 여왕'과 관련이 있다; d. 기원은 아마도 호수의 여인 모건(=모건 르 페이Morgan le Fay 또는 파타 모르가나 Fata Morgana)이며, 켈트의 리아논으로 거슬러 올라간다; 10. 아르테미스는 '호수의 아르테미스'라고도 불리며 이 이름(달의 여신 아르테미스/디아나)을 가진 많은 사원이 있다.

호주, 오스트렐리아 Australia 데이비드 H. 로렌스 David H. Lawrence: 그것의 상징인 캥거루와 함께 '뛰는' 대륙.

호커스 포커스, 마법주문 Hocus-pocus 악마숭배의식Balck Mass를 수행하는 그랜드 마스터가 성채성사Eucharist를 패러디했을 때 아마도 "이것이 나의 몸이다Hoc est corpus"라고 한 것에서 유래한 것으로 보인다.

혼돈, 카오스 chaos 1. 아직 조직되지 않았거나 체계가 잡히지 않은 창조의 원래 그대로의 단계. 모든 대극적 힘들을 담고 있다; 2. 구약성서 '테홈tehom': a. 테홈으로부터 민족들과 라합(라합은 또한 혼돈의 상징이며, 여호와의 그물에 잡힘)이 생겨났다; b. 성서의 다니엘서에서 다음의 짐승들이 혼돈에서 생겨났다: 사자, 표범, 곰 그리고 '네 번째 짐승'(다니엘서 Dan. 7; 요한계시록Rev. 13, 2ff에서는 네 마리 대신 한 마리가 있음; 짐승beast도 참조); c. 여호와가 바다 깊은 곳의 괴물을 정복했기 때문에 괴물은 여호와의 종이다: 여호와는 적들을 다음과 같이 발견할 것이다 "그들이 내 눈을 피해 바다 밑바닥에 숨더라도 내가 바다뱀에게 명령하여 거기에서 그들을 물게 하리라" (아모스서Amos 9, 3); 3. 바빌로니아: 티아마트 여신: 티아마트는 바다뱀, 용, 괴물, 거대한 사자, 미친 개, 거대한 전갈, 거대한 폭풍우, 피시맨, 드래곤피시를 낳았다; 4. 심리: 무의식 또는 무의식 이전 상태; 5. 종교 및 도덕성의 죽음: "오, 그대의 두려운 제국, 혼돈이 회복 되었도다; 빛은 그대의 창조적이지 못한 언어 앞에서 죽었다"(알렉산더 포프Alexander Pope, "우인열전Dunciad" 4); 6. 인간: "사고와 열정의 혼돈, 모든 것이 혼돈스럽다; 그래도 인간은 스스로 괴롭힘을 당하거나 당하지 않는다"(알렉산더 포프, "인간론Essay on Man", 서간집Ep. 2); 7. 사랑의 부재: "형벌이 내 영혼을 붙잡았지만 나는 그대를 사랑한다! 그대를 사랑하지 않으면 다시 혼돈이 찾아올 것이다"(오셀로Oth. 3, 3); 8. 연금술: a. 원질료로부터 현자의 돌lapis을 만들어 내야 한다; b. 세계 혼soul of the world(그리스어 'protohyle'); 9. 혼돈의 거위Chaos-goose는 거위goose; 심연abyss; 물water 참조.

혼란, 소동 coil 1. "이 속세의 번민coil"=육신(덴마크의 왕자 햄릿Ham. 3, 1); 2. 딜런 토머스Dylan Thomas: 불같은 성욕.

홀 sceptre 1. 기원: 모든 홀은 홀을 가지고 있는 자와 연결된 재생력의 상징으로서 식물의 생장과 연결되었다(나중에 그리스어 단어로는 '기대다to lean on'를 의미하게 되었지만). 따라서 홀은 다산(세계 축, 남근)을 나타내며 오시리스, 미트라, 제우스의 상징이다; 2. 절대적 생명의 비밀the Secret of Absolute Life(출생, 성장, 죽음 그리고 부활)을 섬기는 모든 이의 속성: a. 태양신, 왕, 사제, 예언자, 시인; b. 풍요의 전령: 헤르메스는 봄에 외부세계로 은총(=식물의 비옥함)을 이끄는 '선물을 가져오는 신'으로서 홀을 가지고 있었다; c. 소원 성취와 같은 마법; **3.** 주권자를 통해 권위를 가진 누구에게나 전달되었다: a. 법정; 홀에 대고 선서를 했다[참조: 히브리인들이 환도뼈(=음경)에 손을 대고 하는 맹세]; b. 군사 명령의 상징이었으며 나중에는 높은 지위 및 존엄성의 상징이 되었다; **4.** 말의 창조력: 그리스 원로원의 연사는 홀을 쥐고 있어야 했다; **5.** 정절의 힘: 헤스티아Hestia/베스타Vesta와 관련된다; **6.** 세계의 힘: 테미스-가이아와 관련된다; **7.** 끝이 두 부분으로 나뉘어진 홀: a. 두 개의 기둥에서 파생된 가장 높은 형태의 홀; b. 판결: 평화(반대자들과의 화해); **8.** 홀 위에 얹은 것들: a. (영국) 십자가(세속적 권력)와 비둘기(정의와 평등); b. 백합 문양: 빛과 정화; c. 독수리: (로마) 집정관 또는 개선장군; d. 뻐꾸기: 헤라; e. 빛나는 눈: 절제를 나타내는 겸손의 속성; **9.** 납으로 된 홀: 밤의 홀(에드워드 영Edward Young, "밤 생각Night Thoughts" 1, 18); **10.** 곤봉club, 메이스mace, 천둥번개thunderbolt, 지팡이wand 참조.

홀, 건물 안의 넓은 공간 hall 꿈에서: 질(음부)(톰 체트윈드Tom Chetwynd, 신체body 참조).

홀워트 holewort (식물) **1.** 사과처럼 꽃을 피우며 "요정 루세레아에게 바쳤던" 것으로 이 요정은 아마도 아르테미스의 수행 요정으로 추정된다. 이 꽃은 월경을 촉진한다(아테나이오스Athenaeus 15, 648f.); **2.** 아리아드네 화환에도 있었다고 한다(같은 책).

홉 hop (식물) **1.** 맥주; 즐거움; **2.** 불평등: 홉은 모든 식물을 억누르고 엄청나게 자라서 이내 밭을 완전히 덮어 버린다; **3.** 열정: 집착; 그럼에도 불구하고 겸손과 신뢰의 의미도 있다; **4.** 자부심: 압도적임; **5.** 점성술: 화성과 관련된다.

홍마노, 사도닉스 sardonyx (보석) **1.** 고대에는 홍옥수를 포함하는 총칭으로 사용되었다. 밀랍이 유착되지 않기 때문에 특히 인장에 사용되었다. 인도에서서는 너무 흔해서 가치가 없었다(플리니우스Pliny 37, 23); **2.** 기간: a. 달: 8월(오닉스 및 페리도트와 함께); b. 별자리: 사자자리 또는 처녀자리; **3.** 유익: a. (오닉스처럼) 부부간에 행복을 가져다주고 출산을 촉진한다; b. 사고와 상처를 예방한다; c. 수줍음을 없애 주어 높은 지위로 승진하게 한다; **4.** 종종 카메오(장신구)를 만드는 데 사용한다.

홍매동자꽃속 lychnis (식물) **1.** 석죽과 식물campion과 전추라ragged robin를 포함하는 분홍색 계열의 식물 속이다; **2.** 신화; 그것은 아프로디테가 헤파이스토스(아테나이오스Athenaeus 15, 681ff)와 사랑을 나눈 뒤 목욕을 할 때마다 어디서든 싹이 텄다; '램프 로즈lamp-rose'로서 머리화환에 사용되었다(앞의 책); **3.** 플리니우스Pliny: a. 램프 로즈lamp-rose 또는 '램프 캠피온lamp-campion'이라고 불렸는데 이것은 꽃잎이 다섯 개 이상이고 향기가 없다; b. 꽃잎은 타는 듯한 빨간색이다; c. 독에 물린 곳을 치료한다: 전갈을 기절시키고 설사를 멈추게 하고 담즙을 제거한다(21, 98); **4.** 테두리가 너덜너덜해 보이는 홍매동자꽃lychnis을 가는동자꽃Ragged Robin라고도 불렀다(브루어Brewer 사전에서의 표현 참조; 테니슨Tennyson은 이것을 너덜너덜한 옷을 입은 예쁜 아가씨라고 묘사했다).

홍수 flood **1.** 대홍수 이야기는 아프리카를 제외한 모든 곳에서 발견된다; 이것은 결코 완전한 멸망이 아니라 언제나 한 사람(그리고 그의 가족)은 재앙을 피해서 탈출한다; 롯Lot과 그의 딸들이 탈출한 소돔과 고모라의 예가 성서에 제시되어있는 것처럼 불로 인한 멸망에 대한 이야기는 다양하다; **2.** 일식과 같은 일시적인 암흑 또는 3일 동안의 '달의 죽음'; **3.** 별자리: 물고기자리: 재출현; **4.** 어떤 폭우는 부분적으로 홍수와 동일한 상징적 의미를 갖고 있다; **5.** 반란: 예 셰익스피어 작품(강river 참조); **6.** 딜런 토머스Dylan Thomas: a. 불을 끄기 위한 홍수; b. 눈물; 처벌; c. 노아의 선택적인 홍수; **7.** 방주ark 참조.

홍옥 jet (보석) **1.** 조밀한 갈탄 또는 무연탄. 쉽게 가공할 수 있다; 청동기시대에 이미 장식이나 단추로 사용되었으며 영국(요크셔)에서 풍부하게 발견된다; **2.** 선사시대의 이집트 이후로 애도할 때 걸치는 전형적인 장신구였다; **3.** 지혜; **4.** 미덕: 뱀을 쫓아내고(태웠을 때) 약재로 사용되며 가짜 처녀성을 감지해 낸다(플리니우스Pliny 36, 34); 흑옥gagates(黑玉) 참조.

홍옥수 carnelian (보석) 홍옥수cornelian 참조.

홍옥수 cornelian (보석) **A.** 어원: a. carnelian=라틴어 '카르네우스carneus'=살의 색깔과 관련이 있다; b. 라틴어 'cornu'=뿔; c. 산딸나무속의 식물의 열매(층층나무dogwood 참조); **B.** 기간: 7월(탄생석birthday-stones 참조); 옛 이름은 아마도 '사르디우스sardius'였을 것이다; **C.** 별자리: 사자자리를 지배한다; **D.** 이것의 일반적 특성: 1. 만족하는 마음을 주고 화를 가라앉히며 자신감을 준다; 2. 은반지에 넣어 착용하면 우정을 지켜 주고, 손실과 피해를 막아 준다; 3. 이것은 악한 생각과 슬픔을 흩어지게 해 기쁨을 준다; 4. 홍옥수는 출혈을 예방한다(동종요법); 5. 이것은 논쟁할 때 평정심과 품위를 유지하도록 해 준다;평화; **E.** 색깔: 선홍색; **F.** 성서: a. 아마도 루벤 부족; 제사장의 흉배에서 첫 번째 위치: b. 이들이 '광야'에서 떠돌았기 때문에 희망과 인내심의 상징이었다; **G.** 도장의 '음각'을 새길 때 사용하는 데 그리스인과 로마인들에게 수요가 많았다.

홍차 tea **1.** 이국적이고 동양적인 것: "차는 동양적인(낯선) 것이지만 적어도 신사적입니다"(길버트 K. 체스터턴Gilbert K. Chesterton, "옳고 그름의 노래The Song of Right and Wrong"); **2.** (사랑의) 음모와 스캔들에 관련된다: "사랑과 스캔들은 차의 가장 좋은 감미료이다"(헨리 필딩Henry Fielding, "여러 가면을 쓴 사랑Love in Several Masques" 4, 11); **3.** 생명을 우려낸 차: 차를 담는 여성적 상징에서 만들어지며(가마솥cauldron 참조) 추가적으로 '테아thea' 여신을 의미한다; 그러므로 생명을 우려내어 물질(=물)에 영적인 가치를 부여한다; 티를 반복한 '티티(tea-tea)' 말장난(우리의 첫 번째 자양분인 '젖가슴titty')은 제임스 조이스James Joyce의 "피네간의 경야Finnegan's Wake"에서 찾을 수 있다; **4.** 시간의 찻주전자(스탠리 에블링Stanley Eveling, "친애하는 자넷 로젠버그, 친애하는 콘농 씨에게Dear Janet Rosenburg, Dear Mr. Konnong" 참조); **5.** 토머스 S. 엘리엇Thomas S. Eliot: 차를 마시는 것은 커피를 마시는 것보다 덜 격식을 차린 사교생활이다(참조: "여인의 초상"에서 차를 마시는 것을 언급하고, "J. 알프레드 프루프록의 사랑의 노래Prufrock"에서 커피를 마시는 것을 언급함; 조이스의 가족 친교: 매리언, 스티븐 그리고 자신을 위해 꽃을 피워라; 그렇게 그로건 수녀가 시작한 것을 끝내라); **6.** 민속: a. 집 앞에 찻잎과 줄기를 뿌려 놓으면 악령을 쫓아낸다; b. 다양한 형태의 점술.

홍합, 담치 mussel **1.** 민요: "…나무마다 홍합이 자랄 때…"라는 표현은 결코 나무에서 홍합이 자랄 수 없다는 뜻("제이미 더글러스Jamie Douglas", 프랜시스 차일드Francis Child 204); **2.** 약용: 각종 신체 기능, 위궤양, 물림 등을 조절하고 시력을 보조한다.

홍해 Red Sea **1.** 하나님의 보호와 구원을 통한 구출; **2.** 정화, 세례, 부활.

화강암 granite **1.** (마음의) 단호함; **2.** 죽음; **3.** 권세, 예배: 돌stone 참조.

화덕, 오븐 oven **1.** 어머니; **2.** 정욕: a. 정염(=부정한 행동: 호세아서Hos. 7, 4); b. 성교는 오래 지속되는 일련의 빵 굽기로 상징되며 여기서 화덕은 여성의 성기를 나타낸다(트로일로스와 크레시다Troil. 1, 1); c. 전래동요: 외음부(임신에 대한 관용적 표현으로 '오븐 속의 번bun' 참조); 아마도 "케이크를 두드려요, 케이크를 두드려요, 빵집 아저씨, 당신이 할 수 있는 한 빨리 케이크를 구워 주세요. 두드리고 반죽을 만들어 B[=볼balls]라고 표시해 주세요. 그리고 아기와 나를 위해 케이크 반죽을 오븐에 구워 주세요."의 기원일 것이다; d. "전에 오븐에 있어봤던 사람이 아니고서는 오븐 안에 있는 사람을 찾을 수 없다"(속담; 어머니와 딸의 관계에서 모전여전을 의미한다); **3.** 숨겨진 슬픔: 오븐이 멈추었지만 여전히 연료가 공급된다면 두 배의 불꽃을 내뿜는다: 종종 슬픔과 연결된다(예 타이투스 안드로니카스Titus Andronicus 2, 4; 비너스와 아도니스Ven. 331ff.; "고보덕Gorboduc" 3, 1); **4.** 연금술: a. 도가니: 몸; b. 증류기: '밀폐된 용기vas hermetica' '철학자의 화덕'='속이 비어있는 산hollow mountain' (산mountain 참조); c. 순수하고 영적인 잉태; **5.** 용광로furnace 참조.

화란국화, 피버퓨(국화과) feverfew (식물) **1.** 일반적으로 다음을 의미한다: a. 이름: '열을 쫓아내다'라는 의미; b. '피레트럼 파르테늄Pyrethrum parthenium' 또는 '에리트라이아 켄타우리음Erythraea centaurium'; c. '스페인의 펠리토리Pellitory of Spain' '스니즈워트sneezewort' 또는 독일어로는 '베르트람Bertram' 및 '머터크라우트Mutterkraut'(이 이름은 다양한 식물에 적용됨)라고도 한다; **2.** 약용: a. 니칸데르Nicander: 화란국화 가지는 동물에게 쏘인 것을 치료하는 데 사용한다(테리아카Th. 863); b. 힐데가르트 폰 빙엔Hildegard von Bingen: 적당히 뜨겁고 다소 건조하다; 부패를 줄이고 건강한 혈액을 증가시키며 정신을 강화한다; 건강한 사람에게 유익하다; 힘이 없고 병약한 사람들에게 힘을 준다. 섭취한 후에는 수분과 침이 나오는데 왜냐하면 화란 국화는 모든 수분을 배출시키기 때문이다; '머터크라우트(장식용 카모마일)'처럼 따뜻하고 편안하게 하는 수액으로 장의 질환을 치료하는 데 사용한다(자연학Ph. 1, p.21).

화산 volcano **1.** 자연의 주요한 힘; **2.** 지하세계 신들의 전율과 신음 소리; **3.** 신이 징벌로 보낸 파괴; **4.** 대극의 융합: 불타는 것과 얼어붙은 것; 내림차순으로 공기는 불, 불은 물, 물은 돌이 된다; **5.** 창조적이면서도 파괴적인 생명의 불이 가져온 다산; **6.** 심리: 적절하게 표현된다면 우리를 풍요롭게 할 수 있는 엄청난 열정과 감정.

화살 arrow **A.** 문자 그대로: a. 신속; b. 수렵; c. 전쟁: 갑옷의 모든 긍정적 측면과 부정적 측면; 예 "낮에 날아가는 화살"(시편Ps. 91)은 악이며, '밤의 공포', 역병 및 적과 같다; d. 엘프와 요정의 대표적인 무기. H번의 4 참조: 화살표; **B.** 태양(광선) 및 다산과 관련된다: 1. 번개, 비, 태양과 연결되어 궁수 역할을 한다; 2. 창조주의 도구, 태양 또는 달의 신; 3. 미스라의 기적 중 하나는 물이 솟아나는 바위(하늘)에 화살을 쏘는 것이었다; 4. 상처에서 추출한 것은 마법처럼 강력하다: 출산을 용이하게 한다. 사랑의 부적 등으로 사용되었다(플리니우스Pliny); **C.** 큐피드, 사랑, 남근과 관련된다: 1. 큐피드는 두 종류의 화살을 갖고 있다(도주 또는 사랑의 제거): 날카로운 금(사랑) 화살과 무딘 화살(나소 P. 오비디우스Naso P. Ovid, 변신이야기Metam. 1, 470f.); 2. 남근, 특히 심장과 같은 '신비한 중심'(여성적)의 상징이 있는 남근; 3. 활과 화살: 양성성, 앞서의 언급과 같이 대극의 합일; **D.** 신성하게 함: 예 "빛나게 만들어진" 화살(에스겔서Eze. 21, 21)은 신성함을 위해 사용되었다(아마도 그 위에 단어와 그림이 '새겨져' 있었을 것이다'); **E.** 별자리: 궁수자리 또는 켄타우러자리; **F.** 순교: 기독교인(예 성 세바스찬); **G.** 비유적으로는 1. 성서: a. 복수의 화살(신명기Deut. 32, 23); b. 구원의 화살(열왕기하서2King 13. 17); c. 자식들은 종종 아버지의 화살로 여겨진다; "젊은 자의 자식은 장사의 수중의 화살 같으니"(시편 127, 4); 2. 단테Dante: 화살은 예측할 때 더 부드럽게 온다: 덜 아프다(신곡 천국편Par. 17, 27); 3. 윌리엄 블레이크William Blake: 욕망의 화살("새 예루살렘"); 참조: 화살의 날아감과 관련된 욕망의 상징인 새와 바람; 4. 윌리엄 B. 예이츠William B. Yeats: 필멸의 사고: 회색 줄무늬 머리카락이 있는 모드 곤Maud Gonne; 5. 심리: 우리 자신의 억압된 욕망: 피어싱: 자신과의 결합, 자가수정 및/또는 자기살해; **H.** 더 많은 조합이 있다: 1. 화살과 십자가: 고난; 2. 말발굽과 화살: 양성성; 3. 화살과 불: 그리스도: 욕망으로부터 정결하게 함; 4. 화살촉: (부싯돌 화살 발견됨) 요정과 연결되며 사악한 눈과 질병에 대항하는 부적으로 사용되었다; 발톱, 망치 및 막대와 관련된다; 궁수archer도 참조; 케스케이드fasces(역주: 여러 개의 나무막대기 속에 도끼를 넣어 묶은 것).

화살 bow (무기) **1.** 일반적으로 자비로운 신들의 무기: 아폴로(종종 재난을 피하기 위해 사용한다), 아르테미스('달콤한' 화살), 헤라클레스, 에로스, 미트라, 계시록(6, 2)의 흰말을 탄 자; 일반적으로 이것은 사람의 심장을 맞추지만 죽이지는 않는다(뒤집은 검처럼); **2.** 아폴로의 활과 화살: a. 비옥하게 만들고 정화하는 태양광선; b. 그의 일반적 무기처럼 이것은 점을 치는 데 사용되었다; **3.** 전쟁, 권력; 예 활을 부러뜨리다=권력을 깨뜨리다(사무엘상1Sam. 2, 4); **4.** 죽음: 주목으로 만든 치명적인 활; **5.** 사냥: 사냥의 신(여신)의 속성: 예 아르테미스; **6.** 달 모양(뿔피리horns, 편자horse-shoe 등 참조): 풍요, 힘, 활력 그리고 여성 원리; **7.** (소진하게 만드는) 압박감: 생명력 또는 정신력의 긴장: "오래 구부린 활은 점점 약해진다"(속담); **8.** 꿰뚫어 보는 탐구심; **9.** 불과 번개; **10.** (날카로운 또는 묶인) 혀: "이들은 활을 당기듯 혀를 놀려 거짓을 일삼는다"(예레미야서Jer. 9, 3); **11.** "흰털발제비와 제비는 신의 활과 화살이다"(속담); 또한 개똥지빠귀robin와 굴뚝새wren 참조; **12.** 신화에서 가장 유명한 활과 활쏘기 대회는 오디세이의 끝 부분에서 오디세우스와 라이벌들 사이에 열린 것으로, 여기에서 오디세우스는 자신이 구부릴 수 있는 활로 이들 모두를 죽였다; **13.** 별자리: 궁수자리; **14.** 결합: a. 은활의 신: 아폴로 1, 37; b. 황금 활: 아르테미스의 활: 나소 P. 오비디우스Naso P. Ovid, 변신이야기Metam 1, 697); c. 유리젠의 활(윌리엄 블레이크William Blake): 헛된 물질성(뱀으로 만들어진 화살); **15.** 궁수archer; 화살arrow 참조.

화살 (작은) dart **1.** 햇빛: 창, 긴 창, 화살 등과 마찬가지; **2.** 남근: 남성의 공격적이고 파괴적인 힘; **3.** 다음을 상징한다: a. 사랑의 신; b. 사악한 (말): "모든 것 위에 믿음의 방패를 가지고 이로써 능히 악한 자의 모든 화전을 소멸하고"(에베소서Eph. 6, 16); **4.** 점을 칠 때 사용했다; **5.** 화살arrows, 창spears, 검swords, 긴 창lances 등 참조.

화살나무 spindle-tree **1.** 장식용으로 쓰이는 '화살나무Euonymus europaeus속'. 물레 가락spindle에 자주 사용되는 나무; 독일어로는 'Spindelbaum(참빗살나무속)', 네덜란드어로는 'Cardinal's hat(추기경의 모자)'; 프랑스어로는 'fusain'(숯을 만드는 나무)에 해당한다; **2.** "겨울 삼림지대에서 꽃처럼 보이는 열매"(알프레드 테니슨 경Lord Alfred Tennyson, "사랑하는, 가까운…Dear, near…" 13f.): 3. 사랑의 언어: 잊지 못할 추억(안젤로 드 구베르나티스Angelo De Gubernatis, 식물의 신화MP 1, 151).

화살 통 quiver **1.** 신의 도구: 불(태양빛)과 번개를 담는 것; 또는 욕망의 화살을 담는 통; **2.** 외음부: 다루기 힘든 딸에 대해 "딸이 근처에 있는 물을 다 마시고 덤불마다 앞에 앉아 화살을 담아 둘 화살통을 열 것이다"라는 말이 있다"(벤 시라크Jes. Ben Shir 26, 15); **3.** 남근: 남근은 사정할 정액을 담아두는 통; 4. 반전의 상징.

화석 fossil **1.** 문턱 상징성: 이것은 시간과 영원, 삶과 죽음, 진화와 석화 등의 사이를 연결한다; 따라서 종종 장례 선물로 쓰인다; **2.** 화석은 거룩한 창세기 이야기를 부정하기 위해 마귀가 땅에 묻어 놓은 것이다(역주: 창조설을 반박하기 위해); **3.** 돌stone 참조.

화성 Mars (행성) **1.** 태양으로부터 네 번째 행성; 이것은 "소흉성"이다(토성Saturn 참조); 이 행성은 궤도가 독특하다: 즉, "현재까지 화성의 정확한 궤도는 알려져 있지 않다"(헨리 6세 1부1H6 1, 2); 케플러 이전까지는 알려져 있지 않았다(헨리 6세 1부 1, 2); **2.** 이집트에서 이 행성은 호루스 신과 연결되었고 따라서 화성에 대해 긍정적이었다; **3.** 그리스인들은 이것을 마르스와 관련시켰으므로 이것은 다음과 같다: a. 전사; b. 폭력과 파괴의 별: 지진, 폭풍 등; c. 결연한 의지의 별; d. 에너지, 열, 방사선의 별; **4.** 다음에 상응한다: a. 금속: 철, 기타 광물: 혈석, '석면' 및 챙돌; b. 꽃: 부추, 양파, 겨자, 무우, 양고추냉이, 홉, 후추, 담배, 인동덩굴, 약쑥 등과 같이 일반적으로 가시가 있거나 쏘거나 매운 식물; c. 색상: 적색; d. 화요일; 동물: 호랑이, 표범, 늑대, 마스티프 견; e. 상어, 독수리, 맹금류; f. 장소: 벽난로, 양조장, 정육점; g. 몸: 얼굴, 근육; h. 선물: 힘: 죄: 울화통; **5.** 다음을 상징한다: 태양에서 나오는 광선: 방패 또는 신의 창, 남근; **6.** 특성: 가장 나쁜 것: 뜨겁고 건조한 것, 빨간색과 검은색, 강을 말리는 것; **7.** 별자리: 양자리, 전갈자리; **8.** 성격: a. 군인, 스포츠맨, 기술자, 장인(특히 대장장이와 철제 작업자), 외과의사, 이발사, 혈서(역주: 역사적으로 이발사들은 치과의사이자 외과의사였으며, 피를 흘리는 기술을 잘 훈련받았다); b. 에너지와 행동, 용기와 결단력; c. 외향적, 충동적, 무자비한, 잔인한, 성적으로 폭력적인; d. 몽유병자, 불행하고 악의 에 찬 조롱자; **9.** (양자리와 함께) 영국을 지배한다; 몽고메리와 넬슨은 화성과 전갈자리 인물이다(7번 참조); "화성의 이 자리"(리처드 2세의 비극R2 2, 1) 참조.

화식조 cassowary (새) **1.** 주는 것은 무엇이든 잘 먹는 것으로 유명한 타조 같은 새; 네덜란드 사람들이 유럽에 소개했다; **2.** 세금을 화식조에 비유: "모든 거래에 화식조처럼 소비세가 붙는다"(앤드류 마벨Andrew Marvell, "화가에게 주는 마지막 교훈Last Instruction" 136).

화요일 Tuesday 화요일은 결혼이나 배에 오르는 것이 불길한 금요일의 변형이다(13thirteen 참조).

화장 make-up **1.** 변장, (가죽) 얼굴, 마스크 등의 상징성과 상당 부분이 유사하다; **2.** 눈: 메디아의 남자들은 사이러스Cyrus에서 사용한 아이라인 및 기타 화장품을 사용했다(크세노폰Xenophon, 키로파에디아 Cyr. 8, 1, 41; 아이라인과 눈썹 그리기에 관해서는 필로 유다이오스Philo Judaeos, 비밀의 책Secr. 21 참조); **3.** 얼굴: a. 흰색: 하얀 납 화장품(그리스어의 '사이무시온psimuthion')은 여성들이 자신의 얼굴을 하얗게 하려고 사용했으며 까다로운 남편들은 이런 화장을 싫어했다(크세노폰Xenophon 오에코노미쿠스Oec. 9, 2ff.); b. 빨간색: "우설초"는 볼터치로 사용되었다.

화장(火葬) cremation **1.** 다양한 형태가 있다: a. 나중에 뼈를 다른 물질과 혼합해 다시 완전히 태우는 화장(옛날에는 드물었음); b. 부드러운 부분이 타고 남은 뼈는 매장하거나(히브리 방식) 유골함에 넣는다; 이 형태의 화장은 종종 조상숭배와 관련된다: 그러므로 유골은 지상에 보관할 수 있다; **2.** 화장의 또 다른 이유들: a. 승화(기본 물질을 제거함으로써)와 '불에 의한 정화': 예 부활을 통해 태양-영웅들에게 불멸을 제공하기 위해; b. 영spirit의 구원과 영을 통해 천국에 들어가기 위해; c. 귀족의 표시: 계급 및 지위와 연관된다; d. (또는 정반대로:) 불길이 마녀, 범죄자 등의 몸을 완전히 파괴하도록 한다; e. (시기심 많은 사람들의) 영혼이 '걸어다니면서' 그들의 친척이든 적이든 살아 있는 사람에게 해를 입히지 못하도록 하기 위해; f. 적이 시체를 훼손하지 못하도록 막거나 마녀, 마법사 등이 흑마법으로 시체를 모욕하지 못하도록 하기 위해; g. 시체가 탄 뒤에 남은 재는 사람이 '돌아가는' 원시 태고의 먼지로 간주된다.

화장, 페인팅 painting **1.** 셰익스피어 작품의 의미와 집합: a. 허영심, 기만, 불충, 속임수; b. 어리석음, 방탕함, 정욕; c. "슬픔의 그림": 겉치레로 보여 주기(덴마크의 왕자 햄릿Ham. 4, 7); **2.** 변장disguise, 가면mask 참조.

화환 wreath **1.** 같은 뜻을 가진 더 오래된 그리스 단어 'choronon' (승리의 왕관stephanon에 해당하는 그리스어)는 극장의 합창단원과 관련 있다. 이들은 화관을 쓰거나 화관을 얻기 위해 경쟁했다; **2.** 풍요의 여신의 환심을 사기 위해 화관을 머리에 썼다. 사포는 구체적으로 아니스anise 식물을 언급했다; **3.** 게르만: 풍요의 신 발드르의 죽음을 기념하기 위해 여름의 불길에 꽃으로 만든 화환을 던졌는데, 이것은 삶의 불행이 그렇게 타 버리기를 바라는 행위였다; **4.** 승리, 용기: 예 문장heraldry(紋章); **5.** 부활(죽음을 넘어선 승리), 기억; **6.** 수레바퀴의 상징성을 갖고 있다. 매장burial(장례식 화환burial(funeral) wreaths)과 화환garland도 참조.

화환, 화관 garland **1.** 다산: 고대에는 종종 프로메테우스가 묶인 것을 기억하며 착용한 것으로 알려져 있다(반지Ring 참조); 따라서 정복과 승리의 상징이 되었다; **2.** 명예로운 선거: a. 로마: 축제일에 성문에 걸어 두었다; b. "… 그리고 거기에 화환을 모을 수 있다. 여름 여왕에게 은혜를 베풀 것이다"(월터 스콧Walter Scott, "로케비Rokeby" 3, 16); **3.** 풍요와 번영; **4.** 결혼과 죽음: A. 신부들을 위한 꽃다발bouquet 참조; B. 죽을 때: a. 로마: 희생된 자의 머리에 화환을 얹었다; b. 백서 화환("크란트crants")은 처녀의 장례를 표시하기 위해 교회에 걸어 둔 것으로 하얀 웨딩드레스의 대극이다(덴마크의 왕자 햄릿Ham. 5, 1 참조); **5.** 우주의 일관성과 이중성; **6.** 승자와 포로가 모두 화환 왕관을 썼다; **7.** 예방 주술: a. 로마: 라임나무 껍질로 묶은 꽃을 축제에서 착용하면 만취가 예방되었다; b. 중세시대: 파슬리와 루를 꼬아서 만든 화환을 친구들에게 보내어 악령을 물리치게 했다; **8.** 화환wreath 참조.

환생, 재생 reincarnation 재탄생rebirth, 부활resurrection 참조.

활동성 activity **1.** 여성적 수동성과 반대되는 남성성; **2.** 진보를 향한 영적 움직임(외적인 영적 평온이 특징이다)은 용 죽이기로 상징화된다; **3.** 신성한 묵상과 반대되는 악마의 작업; 단순한 동요의 상징; 꿀벌; 퇴화involution 참조; **4.** 각자의 사소한 활동에 의해서도 달라지는 궁극적 결과에 대해 아무도 책임질 수 없다는 깨달음이 햄릿의 문제이지만 맥베스도 마찬가지이다: "우리의 행동은 그렇지 않지만 우리의 두려움은 우리를 배신자로 만든다"(4, 2).

황, 유황 sulphur **1.** 연금술: a. 원질료의 (많은) 이름 중 하나; b. 이것의 상징은 원을 통과하는 T이다; c. 위대한 작업 이전의 마지막 단계에 사용된다: 더 깊은 정화, 이성, 직관, 남성적 원리; 나머지는 연금술alchemy 참조; **2.** 활력이 넘치는 열기, 열정; **3.** 긍정적인 행동에 대한 열망; **4.** 지독한 연기; **5.** 로마: 다음의 경우에 유황과 계란을 사용했다(예 나소 P. 오비디우스Naso P. Ovid, 사랑의 기술De Art. Am. 2, 392f.): a. 병을 낫게 하는 데 사용했다; 일반적인 정화를 위한 유황: 오디세우스는 구혼자들을 죽인 후 유황가스로 자신의 홀을 청소했다(오디세이아Od. 22, 480ff.); b 짝사랑의 경우; c. 이시스 숭배에서 사용했다; **6.** 유황 온천물은 건강을 회복시키는 힘 때문에 헤라클레스(새롭게 하는 태양)에게 신성한 것이었다; **7.** 윌리엄 블레이크William Blake: 지성의 고통이 되는 가짜 불.

황갈색, 적갈색 russet **1.** 흙, 오물; **2.** 열: a. 폭력, 억압; b, 세트-티폰-사탄의 색; c. 어둠과 거짓말의 사랑; **3.** 새벽: "적갈색 망토를 걸친 아침이 동녘 산마루의 이슬을 밟으며 건너오고 있지 않은가"(덴마크의 왕자 햄릿Ham. 1, 1); **4.** 적갈색 망토a russet mantle: 좋은 평판을 잃음.

황금 gold **I. 태양과 불:** 1. 청금석과 반대인 하늘; 2. 가장 귀한 금속으로서 모든 원소를 필요로 한다. 태양에 속한 것이지만 다른 행성의 금속도 포함하고 있다; 이 지식은 연금술사에게 매우 중요하다(III번의 3 참조); 3. 미다스이야기: 정오에 가장 강력해지는 새벽 태양의 황금은 미다스가 '목욕'한 물에 담겨 있으며 이 물은 태양빛을 받아 모든 것을(그리고 그것의 제방도) 황금빛으로 바꾼다(나소 P. 오비디우스Naso. P. Ovid, 변신이야기Metam. 11, 100ff.); 4. 위엄: 모든 왕은 원래 태양왕이었다; 5. 공ball; 황금알golden egg 등 참조; **II. 풍요:** 1. 옥수수 종자: a. 프레이야의 눈물; b. (보석이 박힌) 풍요 여신의 아름다운 목걸이와 띠; 2. 금광맥은 생명나무의 뿌리이다; 3. 니벨룽겐의 황금은 썩어 가는 풍요이다: 불운한 부; 4. 탐욕으로 이끄는 부와 풍요; **III. 불멸**, 부패하지 않음(녹슬지 않음): 1. 순결 그 자체; 황금은 불에 의해 손상되지 않고 더 정화된다; 부상당한 사람들을 위한 부적으로 독극물 등을 빼낸다; 2. 이집트: a. 황금 집 또는 황금의 방: 죽음의 세계와 (황금 곡물을 통한) 재탄생의 세계; b. 파라오의 죽음의 가면은 순금으로 만들어졌다: 영원한 존재=세상으로부터 분리된다; 3. 태양이 땅 위에 황금을 잣는다는 고대의 믿음이 있다. 따라서 황금은 신성하고 마법처럼 강력하며 태양처럼 불멸의 존재이다; **IV. 심장, 피, 사랑:** A. 심장: '지구에는 태양'이 있는 것처럼 심장은 '사람 안에 있는 태양'이다; B. 혈액: a. "그의 은빛 피부는 황금색 피로 엮어져 있다"(맥베스Mac. 3); b. "병사들이 행군할 때 그들의 갑옷은 은빛으로 빛났지만, 그들이 돌아올 때는 그들의 갑옷은 금박처럼 프랑스군의 피로 덮여 있었다."(존왕의 삶과 죽음K. John 2, 1); c. 허먼 멜빌Herman Melville의 "모비 딕Moby Dick"에는 태양(파르시족Parsees), 피(위대한 혈통의 동물로서의 고래), 그리고 금(돛대 위의 금화)이다; C. 사랑: 다산(II번)과 관련되며 황금잔 및 그 아래의 항목들과 관련된다; **V. 영적 깨달음:** 1. 다음의 세 단계 이후의 영적 찬미의 네 번째 상태: a. 검은색=죄와 참회; b. 흰색=죄사함과 순결함; c. 빨간색=승화와 수난; 2. 찾기 어렵고 숨겨진 보물, 지혜; 이것은 발견된 그 자체로 완벽하다(덩어리로든 잔해물로든), 3. 자연과 초자연 사이의 매개체; **VI. 연금술:** 1. 완성된 작품, 궁극적인 지혜; 연금술alchemy도 참조; 2. 연금술사들은 금(신의 영)과 은(인간의 영)이

ㅎ

혼합된 액체로 된 금인 '금 음료'를 판매했다; 일반적인 치료약, 그러나 더 구체적으로 사랑의 묘약(예 헨리 4세 2부2H4 4, 4에서 참조); **VII. 문장**heraldry(紋章): A. 일부에 따르면: a. 우수성; b. 지능; c. 존경; d. 덕; e. 위엄; f. 황옥topaz과 관련된다; B. 다른 사람에 따르면 a. 고귀함, 마음의 숭고함; b. 관대함과 관련된다; **VIII.** 특별한 종교적 의미: A. 히브리: 신성한, 신비한 힘; B. 기독교: a. 신성한 정신; b. 승리하는 믿음의 영광(단테Dante의 "신곡 낙원편Par." 참조); c. 사랑; d. 동방 박사가 드린 황금: 천상의 음식(동방 박사Magi 참조); e. 성모 마리아의 머리 색깔: (황금색); **IX. 다른 것과의 조합**: 1. 황금사과: 불일치, 불멸: 사과apple 참조; 2. 황금 홀golden hall: a. 태양=지혜를 나타낸다; b. 깃대위의 황금홀 장식: 남성과 여성: 양성성; 3. 황금가지: a. 석양의 빛; b. 태양 영웅이 지하세계로 내려가기 전에 필요로 했던 것: 아이네아스는 쿠마의 무녀 시빌이 준 겨우살이가 덮인 참나무를 가져갔다; 4. 황금사슬: a. 명예, 존엄, 존경, 부; b. 땅을 천국에 결속시키는 영spirit(III번의 3 참조) 또는 '사람들을 천국으로 끌어당기는 것'; c. 웅변의 신으로서의 헤르메스의 상징; d. '구속력이 있는' 선물: 사슬chain 참조; 5. 황금 잔: a. 성찬식을 위해; b. 성배; c. 여성 원리: 동정녀는 남성 신을 받아들이는 그릇; 6. 황금 알golden egg: 원시 거위가 혼돈의 물(또는 거대한 심연)에 낳은 태양; 7. 황금 마루golden floor: 제우스 궁전(호메로스Homer, 일리아드Il. 4, 2)에 있는; 8. 황금빛 머리카락golden hair: 머리카락/털hair 참조; 9. 황금 소나기: 태양열로 다나에Danae를 비옥하게 하는 제우스; 10. 황금 잠golden sleep: "멋진 주인님이시여, 무엇이 당신을 먹지 못하게 하고 무엇이 당신의 기쁨과 황금 잠을 빼앗아 가나요?"(모두 성적인 의미로 사용된다: 헨리 4세 1부1H4 2, 3); 11. 황금 거리golden streets: 새 예루살렘(요한계시록Rev. 21, 21); 12. 무고한 사람을 도둑으로 몰기 위해 황금을 묻는 것은 호메로스 이후로 행해진 속임수였다(율리시스와 팔라메데스: 오비디우스, 변신이야기 13, 60; 디도서Tit. 1, 3 등); 13. 금과 은의 혼합: a. 피부 및 혈액: IV번의 B, a 참조; b. 순결과 자비: 구약성서 아가서SoS의 배우자의 목걸이는 은에 금이 박힌 것이었다; **X. 민속**: a. 상복(喪服)에는 황금을 사용하지 않는다(아마도 '생명력'이 사라졌음을 보여 주기 위해서일 것이다); b. 더 많은 민속에서 황금으로 만들어진 물건 참조: 예 구슬beads; **XI.** 색상colours; 금속metals 참조.

황금양털 Golden Fleece **1.** 이것은 상징적으로 황금색이다: 왕족(태양-다산-왕)의 상징이다. 그 이유는 이것이 비를 내리게 하는 의식에 사용되었기 때문이다(제우스의 숫양으로); '황금'양털은 물이나 어린 숫양에 비치는 봄 햇살 같은 황금빛이다; **2.** 이것은 봄 축제에 숫양의 상징으로, 떠오르는 태양과 연결될 수 있다; **3.** 비를 몰고 오는 '양 구름' 위에서 빛나는 햇빛; 이것은 "떠오르는 태양 때문에 불타오르듯 붉어진 구름처럼 공중에 매달려 있다"(로디우스의 아폴로니우스Apollonius Rhodius 4 125ff.); **4.** 태양 영웅에 의해 어둠의 영역(콜키스KColchis)에서 새벽의 영역으로 옮겨진 태양; **5.** 콜키스는 하윌라(창세기Gen. 2, 11: 히브리어 '콜Kol'='모래')와 같은 곳일 가능성이 있으며 "황금이 있는 곳"을 의미했다; **6.** 이곳은 아트레우스와 그의 형제 튜에스테스 사이에 있었던 다툼의 중심이었다: 황금양털을 소유한 사람은 (태양)왕이 될 것이다(세네카Seneca, 티에스티테스Thy. 222ff.); 에서를 대신하는 야곱 참조; **7.** '찾기 힘든' 숨겨진 보물, 지혜; **8.** 양(순수)+금(최고의 영적 영광): 탐험은 영혼의 순결을 통해 영적으로 최고의 힘을 찾기 위한 것이다(성배와 갈라하드 경의 탐험 참조); **9.** 불가능한 일을 하거나 지극히 타당한 것을 획득하는 것; **10.** 자연 신화에 대해서는 양털fleece 참조.

황달 jaundice **1.** 프랑스어 '누런색jaun'-노란색에서 유래했다; **2.** 부러움 혹은 질투심; "어떤 슬픔이 네 볼에 황달이 올라오게 하였느냐?(어떤 것이 네 얼굴을 누렇게 만들었느냐?)"(트로일로스와 크레시다Troil. 1, 3)

황도대, 별자리 이동경로 Zodiac **1.** 태양, 달, 행성 등이 이동하는 상당히 좁은 별자리의 경로; 이 별자리의 대부분은 동물 이름을 가지고 있기 때문에 이 경로는 조디악Zodiac이라고 불렸다; '동물의 순환' 또는 '작은 동물들'; **2.** 한동안 사람들은 별자리의 중간 부분을 세었고, 현재(기원전 150년부터)는 별자리의 시작 부분을 센다; **3.** 지구 자전축 방향의 변화는 약간 다른 각도에서 우주를 보게 한다; 기원전 3000년경에는 용자리의 알파별이 북극성 역할을 했을 수 있다: 지금은 작은곰자리의 알파별이 북극성이다; 26,000년마다 같은 위치에 있다; 이 움직임에 따라 춘분점이 변하기 때문에 현재 춘분점은 양자리로부터 멀어져(뒤쪽으로) 물고기자리에 있다: A. 현재 별자리 상황을 바빌로니아 시대의 별자리 상황과 비교하면 다음과 같은 결과를 얻을 수 있다(다음 표 참조); B. 인간의 역사는 이 세차 운동에 따라 2,000년 주기로 나눌 수 있다; 1. 기원전 2000년~서기 1년: 양자리, 제우스, 디오니소스, 판 등의 시대; b. 서기 1년~2000년: 물고기자리, 물고기로 상징되는 그리스도의 시대; c. 서기 2000~4000년: 물병자리, 세계국제기구, 국제결연 등의 시대; 4. 해부학적인 신체 구조에 비유되곤 한다[17세기 로마 시(詩)에 대한 해석에서 인용함]: "숫양자리는 머리를 관장하고, 황소자리는 목을 관장하고, 밝은 쌍둥이자리는 팔을 관장하니 모든 것이 당신의 법칙을 따릅니다; 어깨는 사자자리, 가슴은 게자리, 장기는 처녀자리가 지킵니다; 엉덩이는 천칭자리, 은밀한 부위엔 전갈자리가 제멋대로인 불을 지피고; 허벅지는 켄타우러 자리이며, 염소는 두 개의 띠로 무릎을 묶습니다. 두 개의 다리는 촉촉한 물병자리에서 만나고 물고기자리는 발을 보호합니다.

황도대 Zodiac

시기	바빌로니아	현재
춘분	쌍둥이자리Gemini 양치기 축제자리Shepherds' festival	양자리Aries
한여름	처녀자리Virgo 이슈타르자리Ishtar	게자리Cancer
추분	궁수자리Sagittarius 네르갈-마르스자리Nergal-Mars	천칭자리Libra
한겨울	물고기자리Pisces 물-부활자리Water-resurrection	염소자리 Capricorn

황동 brass **1.** 대담함, 뻔뻔함: 황동대포, 나중에 후안무치brazen face, 뻔뻔한 거짓말 등도 의미하게 되었다; 무감각: "망할 놈의 습관이 철옹성이 아니라면"(덴마크의 왕자 햄릿Ham. 3, 4); **2.** 힘: 중세에 가장 단단한 금속: 그리스도의 신성; **3.** 내구성: 시간의 이치에 대해 "청동의 특징들, 즉 철옹성 같은 집을 갖는 것이 마땅하다"(눈에는 눈, 이에는 이Meas. 5, 1); **4.** 불후의: "우리의 삶을 에워싼 이 육신이 무적의 황동이라면"(리처드 2세의 비극R2 3, 2; 또한 소네트Sonn. 64; 헨리 8세의 생애에 관한 유명한 역사H8 4, 2 참조); **5.** 소음: a. 구약: 헛되고 나태한 '소리'(고린도전서1Cor. 13, 1); b. 그리스: 악령을 쫓는 소리; 참조: 키벨레Cybele의 풍요의 황동 심벌즈; **6.** 거룩한 금속: a. 성전에 있는 에스겔에게 환상으로 "놋(황동) 같은 모습"으로 나타난 남자(에스겔서Eze. 40, 3); b. 하늘의 산들(스가랴서Zech. 6, 1); 오직 여호와에 대해서만 사용할 수 있는 황금에 이어 두 번째로 좋은 것; **7.** 가뭄: 타오르는 태양의 색; **8.** 열등함: 황금의 대용물; **9.** 무덤: 엘리자베스 1세 여왕 시대: "유명해져라. 그리하면 모두가 당신들의 삶을 샅샅이 파헤칠 테니, 삶은 우리의 황동무덤에 기록될 것이다"(사랑의 헛수고LLL 1, 1); **10.** 웅변: 보통 황동머리가 이야기한다: 예 로저 베이컨Roger Bacon은 다음과 같이 말했다: "현재 시간" "과거 시간" 그리고 "시간의 과거", 이후 원자로 쪼개진다; **11.** 특별한 의미: A. 히브리: a. 황동은 두발가인Tubal Cain에 의해 발명되었다; b. 매우 자주 '청동'으로 번역된다; c. 황동발: (적을 짓밟는) 힘: 계시록에서 그리스도(인간의 아들)의 발; d. 뱀serpent: 뱀 전염병이 발생한 후 모세가 세운 놋(황동)뱀: 뱀에게 물린 후 놋(황동)뱀을 바라보면 치유를 받게 된다; 태양숭배의 대상으로 인식되면서 이 이미지가 파괴되었다(뱀serpent 참조); 그러나 숭배가 여전히 존재하며 상징은 질병과 악에 대한 부적으로 사용되었다; e. 배belly 참조; B. 그리스: a. 황동시대: 제우스/포세이돈의 시대: 폭력과 전쟁: 청동기시대와는 구별된다; b. 5번의 b 참조; c. 황동인간: 탈로스Talos(아폴로도로스Apollodorus, 1, 9, 26); d. 황동탑: 다나에의 탑; C. 윌리엄 블레이크William Blake: 황동책Brass Book: 박애주의자를 죽이는 가짜 자비에 대한 이성의 규약. 그 이유는 진짜 황금과 유사하지만 가짜 신이기 때문이다; 딜런 토머스Dylan Thomas: a. 종종 '황동으로 만든'의 의미는 뻔뻔함을 의미한다; b.='페르소나'는 방어수단으로서 '황동으로 된 앞모습'을 의미한다; **12.** 민속: 황동 반지와 귀걸이는 경련과 류머티즘을 방지한다.

황목(黃木) fustic (식물) **1.** 두 종류의 나무가 이 이름을 갖고 있으며 모두 노란색 염료를 추출할 수 있다: 라틴어로 루스 코티누스Rhus Cotinus 또는 베네치아 스마흐Venetian sumach(그리스어로 '탑소스thapsos' 'pistache' 또는 'pistachio'라고도 함)라고 하며 미국 및 카리브해에서는 라틴어로는 'Cladrastis'고 한다(참조: 니칸데르Nicander, 알렉시파르마카Al. 570); **2.** 약용: 그리스의 '탑시아 가르가나thapsia gargana'는 뿌리에 날카롭고 유백색의 수액이 들어 있어 다양한 호소(고통)에 대한 치료제로 쓰였다(테오프라스투스Theophr., 식물의 역사HP 9, 9, 1, 5, 6; 디오코리데스Diosc. 4, 135; 플리니우스Pliny 13, 124).

황무지 wilderness **1.** 히브리: '황무지'에서의 방랑은 신앙의 순결과 관련된다; **2.** '호화로움'으로부터의 자발적 망명: 은둔자와 예언자의 거주지; **3.** 딜런 토머스Dylan Thomas: 예 내버려짐의 상태, 타락한 세계의 길 잃은 방랑자.

황산(염) vitriol 연금술 (의도적 모호성): a. 유황 화합물의 총칭; b. 일곱 개 단어(행성)로 이루어진 시작 슬로건: 라틴어로 "지구 내부로 들어가면 승화된 후에 숨겨진 돌을 찾을 것이다"(카를 융Carl Jung 12, 224, 삽화ill. 112).

황새 stork (새) **1.** (부모에 대한) 경건: a. 라오메돈의 딸 안티고네는 자존심 때문에 주노에 의해 황새로 변하게 되었다(나소 P. 오비디우스Naso P. Ovid, 변신이야기Metam. 6, 93ff.); b. 중세시대에 황새는 늙어가는 어미 새를 보살폈기 때문에 경건의 상징이었다; 둥지를 준비하고 어미 새의 오래된 깃털을 갈아 준다; **2.** 가정의 평화와 행복: a. 황새는 항상 밤에 둥지로 돌아간다; b. 로마: 주노에게 바쳐졌다; c. 제프리 초서Geoffrey Chaucer: "간통avoutery의 파괴자[=복수자]"(=간통adultery: 파울의 의회PoF 361); 그러나 초기 영국에서는 아마도 괴상한 짝짓기 춤 때문에 황새가 간통의 상징처럼 보였을 것이다; **3.** 복종: a. "하늘에 있는 황새는 자기가 정한 시기를 알고 있다"(이주: 예레미야서Jer. 8, 7); 이것은 여호와의 '언약'(규례)에 순종하는 것을 의미한다; b. 중세 동물우화집에서는 어린 황새는 어미가 허락할 때까지 둥지를 떠나지 않는다고 강조한다; 이것은 단테Dante (신곡 연옥편Purg. 25, 10)에 암시되어 있다; **4.** 풍요: a. 우기 및 여름철과 연결된다; b. 황새는 포도나무 재배의 첫 번째 계절을 알린다(두 번째 계절은 가을이다: 베르길리우스Virgil, 농경시Georg. 2, 320ff.); c. 아마도 이것은 전나무와의 관계를 설명할 수 있을 것이다: "황새는 전나무를 집으로 삼는다"(시편Ps. 104, 17); d. 옛날부터 아이들을 물어다 주는 존재; **5.** 장수: 물가에 서 있는 모든 목이 긴 다른 새들과 마찬가지로 장수한다; **6.** 여행자: a. 스가랴Zechariah의 환상 속에 나오는 두 여인은 여자 우상(히브리어로 '신을 믿지 않음'은 여성스러움을 의미한다)이 들어있는 신비로운 에바ephah(부셸(역주: 곡물 8갤런의 양))를 들고 다녔으며 황새의 날개를 달고 바빌로니아까지 날아갔다; b. 그들이 언제 어디로부터 왔는지 아무도 모른다(플리니우스Pliny 10, 31); **7.** 서서 자면서 경계한다; **8.** 뱀snake의 적(베르길리우스, 농경시 2, 320ff.); **9.** 도움의 상징: a. 황새는 로마의 콩코드 신전에 둥지를 틀었다; b. 고대 북유럽에서는 불에 대한 보호를 의미한다; **10.** 상업의 상징; 이 의미는 이솝 우화에서 황새가 교활함을 보여주는 이야기와 관련이 있을 수 있다: 여우가 황새를 초대하여 접시에 담긴 식사를 하도록 했지만, 황새는 여우를 저녁 식사에 초대하여 좁은 병에다 먹게 함으로 자신의 원한을 갚았다(우화Fables 77); **11.** 가식, 자만심: 자주 멋을 부리고 거만한 겉모습 때문에; **12.** 황새의 열린 부리와 쭉 뻗은 다리는 신비한 X 기호를 닮았다; 십자가cross(안드레Andrew) 참조.

황새냉이 cuckoo flower (식물) **1.** 등자꽃, 전추라 등, 다양한 봄꽃을 지칭하는 이름이다; **2.** 열정: 봄; **3.** 요정의 식물, 집 안으로 들이면 불길하다; 5월의 화환에 사용하는 것이 금지되어 있다; 뻐꾸기cuckoo, 16번도 참조.

황새치 swordfis **1.** 일반적으로 다음을 의미한다: 크고 식용 가능한 물고기 '황새치Xiphias gladius'(일반 설명: 아리스토텔레스Arist. 505b, 18; 306b, 16; 602a, 26; 클라우디우스 아엘리아누스Claudius Aelianus, 동물의 본성에 관하여NA 9, 40; 14, 23 및 26; 15, 63; 플

리니우스Pliny 2, 54 및 145); **2.** 잡는 방법: a. 미끼를 갈고리에 끼우지 않고 갈고리 위에 얹어 잡는다; 창으로 찌를 수 있을 만큼 물고기를 가까이 유인하기 위해 황새치 모양의 배에서 잡는다(오피안Oppian, 할리에우티카H 3, 529ff.); b. 시칠리아에서는 끝부분이 탈부착 가능한 가시작살을 사용해 황새치를 잡은 다음 지쳐 힘이 빠질 때까지 기다리는 방법을 사용했다: 스킬라Scylla도 이런 '작살'로 물고기를 잡았을 것이다(폴리비우스Polybius 34, 3; 스트라보Strabo 1, 2, 9 참조); c. 그물에 걸리면 자신의 어리석음과 두려움으로 인해 지레 죽는다; 그들의 칼은 죽음 이후에는 쓸모가 없다(오피안, 할리에우티카 2, 462ff. 및 3, 529ff.); **3.** 황새치 한 마리가 고래(예 레비아단)에게 잡혀서 벗어나려고 싸우는 유명하고 전통적인 이야기(예 존 드라이든John Dryden, 앰프시온AM 314); 작은 것을 멸시하지 말라는 교훈으로 설명된다(에드먼드 스펜서 Edmund Spenser, 세상의 허영에 대한 비전Van. 5; 참조: 플리니우스 32, 2, 6).

황소 bull **A. 일반적으로 다음을 의미한다: 1.** 황소는 주로 태양의 동물이지만 많은 달의 요소들을 가지고 있다; 이와 함께 황소는 죽은 풍요의 신이 갖고 있는 가장 중요한 결합들 중 하나이다; **2.** '황소bull'와 '수소ox'는 종종 동의어로 쓰인다: 예 『오디세이아Od.』에서 '태양의 소' 이야기; **3.** 이집트의 성직자: a. 금주; b. 이중 황소(두 개의 머리와 네 개의 다리): 땅의 끝; 그러나 B번의 4 참조; c. 식물적인 삶: 몸에서 옥수수가 자라는 황소(참조: 미트라교Mithra); **4.** 사슴(숫사슴stag 참조)숭배는 일반적인 황소숭배가 생기기 이전의 염소숭배와 관련된다(변화change에 대해서는 염소goat 참조): 예 크레타섬; **5.** 신의 모습 자체보다는 신의 말이나 신상이 서 있는 기단으로 상징될 수 있다: 즉, 바빌로니아의 달의 신 신Sin(시나이Sinai 참조), 마르둑Marduk, 이집트의 토트와 오시리스, 페니키아의 엘, '이스라엘의 전능자'(이사야서Isa. 2, 24), 그리고 황금소(='어린 황소', 이후 베델Bethel의 황소숭배); 이 모든 경우에 황소는 보이지 않는 신의 전달자가 될 수 있다: 참조: 하닷-림몬, 폭풍과 풍요의 신, 황소 위에 서 있는 남자로 표현된다: 신과 말의 식별(우리는 또한 일반적으로 신과 그를 위한 희생제물을 동일시해야 한다); 참조: 또한 그룹cherub(천사)들 사이에 있는 교회의 자비의 자리; **B. 태양의 요소(남성성): 1.** 황소의 뿔은 광선화살을 쏘는 태양의 활이다; **2.** 황소는 신들에게 바쳐졌다: a. 이집트: 오시리스(부활) 또는 일부에 의해 오시리스의 태양 이미지로 간주되는 아피스; b. 바빌로니아: 마르둑; c. 페니키아: 바알; d. 그리스: 디오니소스, 제우스, 헤라클레스, 아레스, 탄탈로스, 텔라몬그리고 크레타섬의 미노타우로스; e. 페르시아: 미트라; f. 히브리: 네보, 야훼; g. 기독교: 신성한 희생제물인 그리스도(참조: 에스겔의 환상); **3.** 앗수르(아시리아): 천국, 아버지, 태양의 아들(사자에 이어 두 번째), 벼락은 그를 대기의 신들과 연결시킨다; 천둥을 상징하는 황소의 고함에 대해서는 A번의 5 참조; **4.** 이집트: 네 개의 뿔(중요한 지점)과 네 개의 다리(하늘을 떠받치는 기둥)로 수태시키는 태양이자 하늘: 남성 창조자(그러나 A번의 3, b와 비교); 아피스는 탐무즈와 같이 눈물을 흘리는 식물의 신이다(아스타르테Astarte 참조); **5.** 히브리: a. 여로보암은 두 개의 황소상을 만들었다: 하나는 베델을 위한 것이고 다른 하나는 숭배의 대상인 다니엘을 위한 것이었다(출애굽기Ex. 32, 1-6; 열왕기상서 12, 8 및 25-33); 또한 암송아지cow-heifer 참조; 여로보암은 여호와로부터 사람들을 떨어뜨려 놓고자 하지 않았으며 오직 자신만의 신성한 장소를 갖고 싶어 했기 때문에 사람들이 유다에게 오지 못하도록 했다; 신전에서 이루어지는 강력한 황소(뿔)숭배에 대해 알고 있었기 때문에 신념에 따라 그는 베델(예 창세기Gen. 35, 8)과 다니엘(열왕기상서1Kings. 12, 28f.)을 위한 두 개의 황금상을 세웠다; 그로 인해 바알림을 파괴했음에도 불구하고 이스라엘의 '훌륭한' 왕들이 그들을 떠났다; b. 열두 마리의 '수소'(각 방향으로 세 마리씩)는 신전의 '청동바다'를 떠받쳤으며 풍요의 상징인 또 다른 태양 상징이 다른 쪽에 있었다: 작은 대야 쪽에는 사자상이 있었다; c. 바산Bashan 지역의 강한 황소는 "사자처럼 탐욕스럽고 포효하는" 것으로 기술되어 있다"(시편Ps. 22, 12); d. 여호와는 페니키아의 별의 최고 신인 황소신 엘(셈족 사이에서 신에 대한 공통적 이름)과 가장 가깝게 관련된다. 황소신 엘은 도시 라스 샴라에 관한 기록에도 있다; e. 그룹cherub 참조; **6.** 그리스: a. 제우스: 그는 아게노르의 딸 에우로페

(달의 여신)의 관심을 끌기 위해 그의 소 떼 틈에 있는 흰색 황소로 변장했다. 그녀는 그의 등을 타고 바다로 가기 전에 그를 꽃으로 장식했다(나소 P. 오비디우스Naso P. Ovid, 변신이야기Metam. 2, 846ff.); 실제로 그는 독수리의 모습을 하고 그녀를 강간했다(또 다른 태양의 상징; 달-파시파에Pasiphae에 대해 C번의 7, b 참조; 나소 P. 오비디우스(변신이야기 2, 837ff.; 아폴로도로스Apollodorus 3, 1, 3; 필로 유다이오스Philo Judaeus, 특별한 법률에 관하여Spec. Leg. 8); b. 디오니소스: i. 트라케에 흰색 황소를 가지고 있었다(참조: 테오크리토스Theocritus, 20, 32); ii. 그는 사람들이 쟁기로 밭 가는 것을 모르던 시절에 황소(숫소) 사용법을 사람들에게 가르쳐 주었다; c. 그와의 유대를 거부한 소녀들을 황소, 사자, 팬더로 만들어 미치게 만들었다(태양신들의 계절적 변화; 계절season 참조); **7.** 로마: 흰색 황소는 쥬피터의 신전에서 제물로 바쳐졌다; **8.** 게일Gaelic: 흰색과 갈색 황소에 대한 이야기: 요정의 여왕 메드브Medb(=메이브Maeve)는 흰색 뿔의 황소를 갖고 있던 남편을 질투했다; 전쟁에서 흰색 황소를 죽인 갈색 황소는 미쳐서 머리를 바위에 쳤고 그에 따라 쿠훌린(황소에 깃들어 있던 태양왕)이 죽었으며, 이어서 어린 황소/태양도 죽었다(참조: 예이츠William. B. Yeats, "메이브 여왕의 노년The Old Age of Queen Maeve" 등); 또한 황소는 겨우살이와 관련되었다; **C. 달의 요소**: (여성성): **1.** 황소의 뿔은 달의 형태로 보인다(뿔horns 참조); **2.** 신성한 제물: a. 여성신들에게 바쳐졌다: 데메테르, 비너스, 우라니아, 아테나, 헤라; b. 바다의 신들: 포세이돈, 테티스; **3.** 습도, 비, 달과 연관된다(바다); **4.** (검은 황소): 죽음: 많은 관이 황소 형태로 만들어졌다: 불(금)과 물(라피스 라줄리) 사이, 하늘과 땅 사이; **5.** 이집트: 본래 황소는 활동적이고 생식력이 있는 사자와는 대조적으로 온순하고 수동적인 힘이었다; 아피스의 장소에서 숭배 받는 황소는 밝은 흰색의 초승달 모양의 점을 가지고 있어야 한다(플리니우스Pliny 8, 71); **6.** 히브리: 초기 셈족 종교에서 황소는 비와 천둥의 신들이 타는 것이었다(사자는 대지의 신, 말은 태양의 신); 참조: 또한 A번의 5, b에서 사원의 대야와 관련된다; **7.** 그리스: a. 포세이돈과 관련된다: 그는 불을 뿜는 흰색 황소(히폴리토스를 괴롭힌)를 갖고 있었지만 보통은 검은 황소가 포세이돈에게 바쳐졌다; b. 남편의 소떼 중 흰색의 황소(포세이돈이 준)와 사랑에 빠졌던 달의 여신 파시파에와 관련된다; 그녀는 소를 흉내 내면서 거꾸로 누워서(다에달로스의 도움으로) 교묘하게 그를 유혹했다. 그리고 황소는 그녀가 낳은 미노타우로스의 아버지가 되었으며 미노스는 수치심으로 인해 그를 미로에 가두었다; D번의 3, b 참조. **D. 대지와 지하세계**: 풍요, 환생: **1.** 이집트: a. 상형문자: A번의 3 참조; b. 황소의 신 오시리스(아피스); c. 새로운 황소가 신전에 들어오자 풍요 의식으로 여성들은 자신의 생식기를 그에게 노출했다; d. 공주들은 신성한 황소와 함께 묻혔다: 풍요와의 상징적 결혼(디오도로스 시쿨로스Diodorus. Siculus 1, 85); **2.** 바빌로니아: 수염을 기른 인간의 얼굴과 엄청나게 큰 날개를 가진 황소 셰두(본래 염소)는 지하세계에 있었으며 죽은 자의 떠도는 영혼과 관련되었다; **3.** 그리스: a. 디오니소스는 곡식의 정령이 되었다: 이렇게 두 번 태어난 신은 한동안 제우스를 대신했다; 디오니소스 의례에서 살아 있는 황소를 조각내어 잡아먹었다; 많은 형태로 그는 곡식의 정령Corn-spirit의 결합이었으며 마지막 수확다발(또는 마지막 탈곡)에 사는 것으로 여겨졌다: 황소의 목에 화환을 건 후 죽였다; b. 미노타우로스는 (태양과 달의 교접에 따른 결과물인) 미로에 갇혔다(=어둠의 영역; '양날 도끼labrys' 참조); 이것은 소가 깃들어 있는 달의 여신과 황소 가면을 쓴 미노스왕(디오니소스의 현신)의 성교를 뜻하는 것일 수 있다; **4.** 로마: 군대 휘장 중 하나; 동물animals 참조; **5.** 켈트족: 환생; **6.** 미트라(디오니소스와 연관된다): 모든 동물 중 최초로(또는 유일하게) 창조된 동물로 우주의 질서를 나타내며 미트라의 즉각적 보호를 받는다; 미트라는 아리만Ahriman에 의해 살해되었거나 또는 스스로 자살했다; 모든 종류의 곡식과 질병을 예방하는 식물들이 한 번에 대지에서 자라났다; 미트라의 자살에 대해서는 (신과의) 언약Covenant 참조; **7.** 일반적으로 검은 황소는 지하세계의 풍요의 신들에게 바쳐졌다: 예 플루토스Ploutos(또는 바다의 신들); **8.** 비의Mysteries에서 그는 종종 풍요를 상징하는 지하 괴물들(태양에 의해 정복되어야 하는)의 아버지이다; **E. 특징**: **1.** 생산력, 생식력; **2.** 자애로운 신, 보호자; **3.** 야만스러운 힘(기독교); **4.** 희생제물, 자기희생, 자기부인; **5.** 순결(우주생성론cosmology

참조); **6.** 인내, 평화; **F. 다음에 상응한다**: **1.** 문장heraldry(紋章): a. 관대함, 용기; b. 힘; c. 노예; d. 소 머리: 이성에 의해 인도되는 힘이며 유용한 노동을 가져온다; **2.** 심리: 꿈에서 자아가 짐승 형상으로 변한 모습의 상징(카를 융Carl Jung 9b, 226); **3.** 별자리: 황소자리(4월 30일부터): 밭을 가는 기간; **4.** 반대: a. 뱀: 황소=살아 있는 영웅; 뱀=죽은 자, 매장된 자, 지하의 영웅; b. 상상 속의 이상향의 사람들인 하이퍼보리아인들=하늘과 산의 아들인 토르 신: 파충류에 비해 강한 포유류의 우월성; c. C번의 5에서 사자lion 참조; **5.** 인간의 연령: 30세의 인간(나이ages 참조); **G. 신체 부분**: **1.** 피: a. 마법의 힘 때문에 독성이 강함: 오직 여사제만이 다치지 않고 피를 마실 수 있다(이들은 예언적 황홀경을 유도한다); 참조: 미다스 이야기(참고할 문헌: 피우사니아스Pausanias 7, 25, 8; 플리니우스 28, 41); b. 많은 물과 혼합하여 밭이 비옥해지도록 밭에 뿌린다; c. 사형형벌로 피를 마신다(헤로도토스Herodotus, 역사Historiae); **2.** 가죽: a. 아에올로스의 바람의 주머니(나소 P. 오비디우스, 변신이야기 14, 225); b. 페니키아 사람 디도Dido는 '황소를 숨길 만한 크기의 땅'을 샀다(이것이 카르타고가 되었다): 이들은 황소 가죽을 길게 잘라서 이것으로 땅을 측정했다; 신화는 아마도 언어 실수에서 비롯되었을 것이다(베르길리우스Virgil, 아이네아스Aen. 1, 368); **3.** 꼬리: 미트라: 꼬리는 특별한 힘을 가지고 있으며 간혹 미트라교의 조력자 하나가 꼬리를 잡고 있으며 옥수수 이삭은 이미 꼬리에서 돋아나고 있다; **4.** 음경은 채찍으로 사용됨(헨리 4세 1부1H4 2, 4); **5.** 발: 왕들은 허벅지 뼈의 탈구로 인해 '황소 발'이라고 불렸으며 이는 다산(풍요) 의식의 쇠퇴를 상징한다; 무용dance, 발foot, 발꿈치heel, 저는 다리hobbling, 자고새partridge, 허벅지thigh 등 참조; **H. 결합**: **1.** 소싸움: a. 포에니전쟁 이전에 켈트베리아 사람들 사이에 소싸움 형태가 있었다는 기록들이 존재한다; b. 조각상과 꽃병에서 미노스 문명의 크레타섬에 실제로 곡예 형태의 소싸움이 있었다는 것을 알 수 있다: 예 돌진하는 황소의 뿔 사이에서 뛰는 남자; c. 영국에는 곰 사냥과 함께 황소사냥이 존재했다(곰bear 참조); 황소를 더 화나게 만들기 위해 황소의 코에 고추를 던졌으며 훈련받은 개들이 가장 취약한 부분을 공격했다; 때로는 황소가 이 취약한 부분을 지킬 수 있도록 땅에 구멍을 만들어 주었다; 또 다른 형태는 '황소달리기'였으며, 도살업자가 황소를 마을에 풀면 마을사람들이 몽둥이를 들고 황소가 지칠 때까지 쫓은 후 죽였다; d. 따라서 황소와 인간 사이의 싸움(또는 황소신의 자기희생)은: i. 풍요 의식; ii. 신비주의적 싸움Mystic Combat의 원형archetype; **2.** 무화과나무에 묶인 황소: 성욕을 달래다: 결혼으로 성욕을 달랜(성욕을 해결한) 남자(=무화과); **I.** 소, 소떼, 뿔, 희생제물, 계절; 부켄타우로스Bucentaur, 미노타우로스Minotaur, 타우로스Taurus 등 참조.

황소자리 Taurus (별자리) **A.** 일반적으로 다음을 의미한다: 1. 4월 20일경부터 태양이 지나가는 황도대의 두 번째 별자리; 2. 황소의 머리로 표현된다: a. 황소의 뿔이 달린 삼각형 모양의 얼굴; b. 더 일반적으로는 수평인 초승달이 상단에 얹혀 있는 타원형 모양이다; **B.** 황소자리 기간: a. 진화된 양자리(=봄철 숫양의 난폭함)의 강화; 양자리가 수정(授精)을 의미한다면, 황소자리는 임신과 부화를 의미한다; b. 수태, 창조; c. 달의 영향아래의 활성화; 달과 관련된다; d. 비rain, 쟁기질 및 파종; **C.** 다음에 상응한다: a. 몸: 목, 목소리, 목구멍; 그러나 셰익스피어(십이야Tw. N. 1, 3)에 따르면 황소자리는 다리와 허벅지를 주관한다; b. 색상: 주황색; c. 원소: 흙; d. 행성: 금성의 밤을 지켜 주는 별; e. 풍경: 평원; f. 숫자: 2: 이중성, 남성성과 여성성; g. 타로카드: 대제사장; h. 특성: 불운; i. 기질: 고정 별자리; 소박하고, 냉정하고, 메마르고, 여성적; 셰익스피어에 따르면 야행성이고 야수 같다. **D.** 심리: 1. 별자리: a. (더욱 황소ox와 비슷하게) '소bovine'처럼 느리고 오래 참는 것, 여유로운 리듬; b. 천상의 황소: 번식자 및 양육자; 2. 황소자리 아래에서 태어난 사람들: I. 긍정적인 면: a. 화는 더디 내지만 한번 화를 내면 격노한다; b. 견고하고 강인한 탑 같은 사람; c. 호화로움과 특별함을 즐긴다; d. 가계 빚을 갚고 농담을 즐기는 믿음직스럽고 현실적인 가장; II. 부정적인 면: a. 지적인 사람 또는 비밀스러운 사람이 없다; b. 게으르고 우울한 경향이 있다; **E.** 신화: 1. 이집트: 아피스Apis; 2. 미트라교: a. 춘분의 젊은 태양; 종종 황소를 죽이는 미트라 옆에는 횃불을 든 사람의 팔에 있는 황소의 머리로 표현되었다; 전갈자리Scorpio 참조; b. 태고의 희생, 승리: 미트라의 몸에서 솟아 나온 생명; 3. 그리스: 에우로파를 납치하는 제우스; 4. 기독교: 베들레헴에 있는 마구간의 황소; **F.** 유명한 황소자리 유형의 사람들: 조지 워싱턴George Washington, 오노레드 발자크Honorede Balzac, 칼 마르크스Karl Marx, 지그문트 프로이트Sigmund Freud.

황소자리의 알파별 Aldebaran **1.** 색은 오렌지색(붉은색)이며 황소자리에 속하는 네 개의 거인왕별 중 하나이며 천상의 수호자 중 하나; **2.** 하데스의 눈, 황소의 눈(황소Taurus); **3.** 이름(아라비아어 '알 더바란al debaran'='추종자')이 그가 (플레이아데스Pleiades의) 추종자임을 시사한다.

황어 dace (물고기) 황어는 차가운 공기가 아니라 따뜻한 공기로 이루어져 있다; 일광과 열기를 좋아해서 수면 가까이에서 살지만(물고기fish 참조) 깨끗한 먹이만 먹기 때문에 황어 고기는 건강에 좋다(힐데가르트 폰 빙엔Hildegard, 자연학Ph. 4, p. 99).

황제 emperor **1.** 절대통치, 독재; **2.** 윌리엄 B. 예이츠William B. Yeats("비잔티움Byzantium"): 하나님과 인간=최고의 예술가=인간의 상상력; **3.** 딜런 토머스Dylan Thomas: "기아의 황제Hunger's Emperor": a. 두 도둑 사이에 매달려 있는 그리스도; b. 남근Phallus=말씀=시적인 창조=하나님의 도구=그리스도.

황제카드 The Emperor (타로) **1.** 다음을 나타낸다: 왕위(지구)에 앉은 회색 수염의 인물; 그는 손에 힘의 상징을 들고 있다: 구체(때로는 십자가 위에 있는 홀)와 남근, 백합 문양의 홀[때로는 길쭉한 안세이트Ansate 십자가 형태(역주: 위쪽에 눈물방울 모양의 고리가 있는 십자 모양), 십자가Cross 참조]; 그의 왕좌, 방패 또는 옷에는 숫양의 머리나 독수리 장식이 있다; 배경에는 굴하지 않는 단호한 권위와 고독한 고도를 상징하는 산이 보인다; **2.** 다음을 상징한다: a. 위대한 아버지-창조주: 주피터-여호와-암몬-마르마두크-헤라클레스; b. 물질주의(네 번째 아르카나에 있는 네 번째 카드: 4four 참조): 일시적이고 덧없는 권력; c. 여사제는 음유시인 및 마법사와 연합하여 황후로 변신했다; 합일은 반드시 결혼으로만 이루어지는 것은 아니다; d. 감정과 무의식을 극복한 이성과 지성; e. 고결한 자비로 보완되는 가혹함; f. 점성술: 지구 또는 목성.

황조롱이 kestrel (새) **1.** 비둘기의 수호자(플리니우스Pliny 10, 52); **2.** 제라드 홉킨스Gerard M. Hopkins("황조롱이The Windhover"): 기독교적이고 제사장적이다. 세상에서의 그리스도의 형상.

황조롱이 windhover (새) 황조롱이kestrel 참조.

황철석 pyrite (보석) **1.** "중세보석세공집Med. Lap.": a. 페르시아에서 '발견되며' 만지면 열기가 느껴진다(같은 책 A파트; 이시도로스Isidore, 16, 4, 5도 참조); b. '플로레다니우스floredanius'처럼 관절염을 예방하기 위해서 목에 착용하였으나(F 82) 특히 눌렀을 때 손에 화상을 입는다(F 138); **2.** 약용: a. 코르넬리우스 켈수스Cornelius Celsus: 연주창을 치료하기 위한 피부 연화 연고로 사용될 수 있으며(5, 18, 15f.); 어린이의 사마귀에도 사용할 수 있다(5, 28, 15E); b. 알베르투스 마그누스Albertus Magnus(황철석을 '헤파이스티아스'라고 부름): i. 황철석을 물에 넣어 햇빛을 반사하면 햇빛을 차단하고 끓는 물을 식혀준다(비밀의 책 Secr. 2, 21); ii. 손으로 만지면 화상을 입는다(2, 24); iii. 황철석은 메뚜기, 우박 등으로부터 농작물을 보호한다.

황토 ochre 플리니우스Pliny: 황토(흙)는 치료제나 수렴제로 사용되었다(33, 57).

황혼, 여명 twilight **1.** 경계의 특성을 갖고 있는 낮과 밤의 문턱: a. 위험, 두려움 등: 예시드기야 왕의 도피에 대한 에스겔의 상징적 표현(12, 4, 12)에서 여명(예레미야서Jer. 39, 4에서 그는 "밤(여명)에" 도망친다); b. 새로운 상태에 대한 인식; c. 걸려있거나 정지된 모든 것 (또는 사람)의 양면성; **2.** 저녁 황혼: A. 서쪽(어둠과 죽음)과 연결되어 있다; 태양 영웅은 종종 헤스페리데스에게 가는 헤라클레스와 같이 해질녘에 서쪽으로 출발한다; b. 페르세우스는 고르곤의 머리를 얻기 위해 서쪽으로 향했다; c. 아서왕은 서쪽에서 부상을 입었고 요정 모르가나('아침morning')가 치유해 주었다; d. 멀린은 톰베산에 태양을 묻었다; B. 주기의 끝 (새로운 출발을 희망함): a. 인간의 경우: 노년기: 예 "당신은 나를 통해 서쪽에서 점점 사라가는 일몰의 황혼을 봅니다. 그것은 점차 검은 밤으로 사라집니다"(소네트Sonn. 74); b. 계절: 가을; 별자리: 물고기자리; **3.** 딜런 토머스Dylan Thomas; "황혼의 자물쇠 The twilight locks": 물과 음모로 잠근 음문; 따라서 황혼은 삶(섹스)과 죽음이다; 참조: 윌리엄 B. 예이츠 William B. Yeats: "사랑의 황혼에 물든 나라"는 저녁과 아침에 사랑을 나누는 것을 의미할 수 있다; 토머스 S. 엘리엇Thomas S. Eliot은 또한 이 세상을 '황혼의 왕국'으로 표현했으며 보이지 않는 문턱을 향해 점점 더 어두워져 가고 있다고 했다("텅 빈 사람들The Hollow Men" 2); **4.** 신들의 황혼: 빛, 풍요, 선의의 신들이 어둠, 악, 겨울 등의 세력에 굴복되는 것을 의미한다.

황홀경, 엑스터시 ecstasy **1.** 그리스-로마: a. 아그립파는 영혼이 잠시 몸을 떠나 다른 곳에서 숨겨진 정보를 얻는 다양한 형태의 황홀경에 대해 논하였다; 거의 모든 위대한 철학자들은 자신을 황홀경 상태에 놓이게 할 수 있었다: 예 피타고라스, 플라톤, 소크라테스 등; 아그립파는 문학적인 증거를 언급한다(헤로도토스Herodotus가 프로코네수스에 있는 무신론자에 대해 설명하고, 플리니우스Pliny가 클라조메나이의 하르몬에 대해 언급하는 등); 고대 북유럽의 황홀경은 아그립파가 살던 시대에도 여전히 행해졌다. 그는 황홀경을 언급하며 분명 샤먼을 지칭했다(오컬트 철학 OP 3, 50); b. 분명 사제들은 황홀경 상태에서 신탁을 받았을 것이다; **2.** 구약성서: 예언자들은 아마도 환상을 볼 때 황홀경 상태에 있었을 것이다. 예 이집트의 웬 아몬Wen Amon의 이야기(새뮤얼 후크Samuel Hooke, 고대 근동 문헌ANET pp. 25ff; 열왕기상서1Kings 18, 19ff 참조); 실제로 신전에서의 이사야의 환상, 예레미야가 여호와의 말을 들은 것, 또는 에스겔의 경험은 이러한 '고전적' 예언이 진실로 받아들여지기 위해서는 필수적이었다; 사울과 같은 왕들(사무엘상서1Sam. 19, 24)도 이와 유사한 경험을 했을 것이다. 황홀경에 빠져있는 동안 그들은 대개 옷을 벗어던졌다(나체, 노출nakedness 참조; 모두 새뮤얼 후크의 신화, 제의 및 왕위MRK p. 238ff의 내용); **3.** 공중 부양levitation도 참조(그리고 아빌라의 성녀 테레사Sta. Teresa of Avila도 참조).

횃불 torch **1.** 정화: a. 조명과 인도를 통한 영적 정화로 이어진다: b. 상처를 태우는 것; **2.** 진리; **3.** 경계: 헤스티아에에게 바쳐졌다; **4.** 결혼: 결혼의 횃불은 휘멘, 에로스, 큐피드의 상징이다; **5.** 대대로 전해지는 생명; 재생: a. 고대에서는 흔히 한 묶음이었다(종종 불이 없는 경우도 있음). 로마의 파스케스, 그리스 엘레우시스의 '바코스'(중요한 횃불과 함께 사용되었다) 그리고 이집트의 '생명의 다발'과 관련 있다; b. 데메테르와 헤카테에게 바쳐졌다; c. 탄생의 여신 에일레이티이아의 상징(파우사니아스Pausan 7, 23, 5); **6.** 태양과 남성의 상징: a. 히드라에 대항하는 헤라클레스의 무기; 디오니소스는 횃불의 신이기도 했다(리코프론Lycophron 212); b. 남근; 양초candle 참조; 에로스의 횃불은 빛이 약하지만 태양에 불을 지를 수 있을 정도로 가장 잔인한 무기이다(모스쿠스Moschus 1); **7.** 불화: a. 에리스의 상징이며 비방의 상징이다; b. 사회적 혼란, 혁명과 극단적인 자유; **8.** 황혼, 어둠의 행위, 배신; **9.** 기독교: a. 세상의 빛인 그리스도; b. 순교; **10.** 문장heraldry(紋章): a. 과학; b. 명성; **11.** 거꾸로 된 횃불: a. 죽음; 무덤 위에 놓인 거꾸로 된 횃불은 가족의 단절을 상징할 수 있다; b. 불꽃이 타고 있을 때 부활의 희망을 나타낸다; c. 격노, 때로는 욕망의 상징; d. 낮과 밤Day and Night도 참조; **12.** 횃불 경주: a. 그리스: 셀레네(달빛의 통과의식)를 기리는 관습; 후에 릴레이로 횃불 경주를 완료했다; b. 현대: 횃불 경주는 세대를 이어서 유산이나 지혜를 전달한다; **13.** 촛불candle; 불fire 등 참조.

횃불, 관솔 firebrand **1.** 생명의 상징, 태양광선(불fire 참조); **2.** 대학살에서 구출된 유대인의 생명상징: "이것은 불에서 꺼낸 그슬린 나무가 아니냐?"(스가랴서Zech. 3, 2); **3.** 그리스: a. 파리스를 임신한 헤카베는 자신이 횃불을 낳는 꿈을 꿨다; b. 외부 영혼이 횃불이었던 멜레아그로스의 상징; 4. 횃불torch 참조.

회랑, 현관 porch 1. 채색한 회랑: 아테네에서 스토아학파(그리스어 '스토아stoa'는 개방된 창고나 현관을 의미함)가 만나고 제노가 가르쳤던 장소; 또한 그곳엔 마라톤 전투를 표현한 프레스코화가 있었다. 또한 폴리그노토스의 프레스코화에는 트로이 함락과 테세우스와 아마존 전설이 묘사되어 있었다고 한다(예 아테나이오스Athenaeus 4, 163fn.; 사모사테 출신 루키아노스 Lucianus from Samosate, "제노의 항의Zeno's Rants" 또는 율리우스 번역본JTr, 16 및 32n; 롭고전장서LCL. III, p. 120n 등 다수의 출처 참고); 2. 부자의 현관은 원치 않는 사생아를 버리는 장소이다(토머스 미들턴Thomas Middleton, 치프사이드의 정숙한 부인CMC 2, 1, 97; 또한 그의 작품 "마녀Witch" 2, 3, 2f.).

회색 grey 1. 중립, 금욕, 체념; 2. (땅) 초목, 부활(예 그리스도); 3. (머리카락) 노년, 회고, 지혜, 상대주의, 유연함; 4. (유골) 참회, 애도, 고난; 5. (안개) 모호함, 부정확성; 6. 구름, 은폐; 7. 반대의 조합: 흑과 백; 8. 엘리자베스 1세 여왕 시대(종종 '파란색'으로 사용된다): a. "하늘의 회색빛 둥근 천장에 있는 태양처럼…"(헨리 4세 2부2H4 2, 3); b. 비너스의 눈은 "내 눈은 회색이며 밝고 회전이 빠르며"(비너스와 아도니스Ven. 139)라고 묘사되는데, 여기서 '회색'은 '파란색'을 의미할 수 있다: 여성이 가장 좋아하는 색, 황금색 머리카락에 어울리는 색; 9. 기독교: a. 사순절의 색; b. 애도, 겸손; 10. 회색을 좋아하는 사람의 성격: a. 우울증, 타성, 무관심; 재정 문제에 무관심한 사람; b. 이기주의 또는 자만; c. 개혁가(수도자의 색); d. 보수주의; e. 본능을 억누르는 여자.

회색기러기 grey-lag (새) 1. 일반적인 유럽 기러기 또는 '늪-기러기fen-goose': 철새이지만 오랫동안 남아 있으므로 '뒤처지게' 된다; 2. 조슈아 실베스터Joshua Sylvester: a. 암컷 회색기러기는 넓고 따뜻한 발로 알을 따뜻하게 보호한다; b. 회색기러기는 바다를 보지 않고는 날 수 없다(그리고 오직 하나님과 솔로몬만이 그 이유를 안다: 기욤 드 살루스테, 시에르 드 바르타의 신성한 시기와 작품DB 2, 4, 2,415).

회오리바람 whirlwind 1. 회오리바람은 바람, 나선형, 바퀴의 상징성을 갖고 있다; 2. 폭력, 파괴: "두려움은 광풍같이 임하겠고 재앙이 폭풍같이 임할 것이다"(잠언Prov. 1, 27); 3. 하나님의 성난 목소리, 형벌의 도구 또는 그의 하인의 언덕(예 욥기Job 27, 21 의 "동풍" 그리고 예레미야서Jer. 23, 19의 "보아라, 주의 회오리바람이 사라졌다. 격노하여… 그것은 악인의 머리에 꽂힐 것이다"); 4. 초월성, 우주의 진화(나선spiral 참조); 5. 공간: 3차원의 십자가와 관련된다; 6. 윌리엄 블레이크William Blake: 여성(속박); 불타는 검의 반대; 7. 딜런 토머스Dylan Thomas: "하나님께서 회오리치는 침묵 속에 계신다"("존경의 산 위에서"; "시골 잠 속"에서 폭풍 같은 침묵).

회전 불꽃 Catherine Wheel 1. 회전 불꽃은 교회의 장미꽃 무늬 창 또는 둥근 창을 닮았다; 대개 5~6개의 빛줄기를 발산한다; 2. 불의 수레바퀴와 결합한 태양 상징; 3. 문장heraldry(紋章): 성 카타리나St. Catherine의 순교.

회향 fennel (식물) 1. 일반적으로 다음을 의미한다: "산형과Umbelliferae"의 다년생 식물로 주로 풍미를 내기 위해 사용되었고 금요일에 물고기나 붕장어와 함께 먹었다(윌리엄 랭글랜드William Langland, 피어스 플로우먼에 관한 비전PP 5권 참조); 오비디우스Naso P. Ovid(여성의 얼굴 화장법De Med. Fac 91 참조)는 회향을 화장품으로 언급하고 모든 체액을 조절한다고 했다; 2. 점성술: 회향은 물고기와 함께 삶는데, 이는 물고기가 주는 담즙을 소비하기 때문이다; 이 효과는 회향이 수성의 특성을 가지며 처녀자리 아래 있기 때문에 물고기자리에 대한 반감을 갖고 있다; 3. 불을 운반하는 회향: 프로메테우스s는 훔친 불을 (거대한) 회향 줄기 안에 담아 운반했다(헤시오도스Hesiodus, "작품과 생애works and Days" 52; 아폴로도로스Apollodorus 1, 6 등; 참조: 플리니우스Pliny 13, 42f. 참조); 회향줄기는 연례행사 후에 또는 반년주기로 새롭고 신성한 불(예 정화(淨火)의 불need-fire)을 중앙화로에서 개인의 가정으로 가져가거나 불을 끄는 수단으로도 사용되었다; 4. 가식과 아첨: 문지르는 것만으로도 시력이 나빠지는 것을 낫게 하고, 허물을 쉽게 벗을 수 있어서 뱀이 가장 좋아하는 음식이다(플리니우스 20, 95f.; 미셸 드 몽테뉴Michel de Montaigne, 수필Ess. 2, 12; 덴마크의 왕자 햄릿Ham. 4, 5 참조); **5.** 로마의 검투사들은 싸움 전, 힘을 얻기 위해 음식에 회향을 섞어 먹었고 '검투 대회(싸움)' 후에는 회향으로 만든 왕관이 승자의 머리에 씌워졌다; **6.** 중세: 성모 마리아의 상징.

회향풀 sulphurwort (식물) **1.** 일반적으로 다음을 의미한다: '푸세다눔 오피시날레Peucedanum officinale' 또는 '돼지 회향hog's fennel'; **2.** 약용: a. 니칸데르Nicander: 이 식물과 이 식물로 만든 연고는 모두 향이 강하여 뱀을 퇴치한다(테리아카Th 76); b. 코르넬리우스 켈수스 Cornelius Celsus: 이 뿌리로 '페우세다닌peucedanine' 이라는 쓰고 악취가 나는 수지를 만들었으며 통증이 있는 관절에 바르는 용도로 사용했다(II부, 서문 5, 18, 29).

횡경막 diaphragm **1.** 흉강과 복강을 분리하는 큰 근육으로 크게 웃을 때 많이 움직이는 곳이다(플리니우스Pliny 11, 77); **2.** 이해의 민감성을 나타낸다(플리니우스 11, 77).

효모 yeast **1.** 발효, 사랑: "서정적인 누룩으로 다른 곳에서 사랑을 끓이는 사람들"(에드윈 A. 로빈슨Edwin A. Robinson, "뉴잉글랜드New England"); **2.** 민속: '백대하'), 전염병 등의 치료; **3.** 효모leaven(leavens) 참조.

효모, 이스트 leaven **1.** 구약성서에서 이것의 사용을 강력히 금기시한 것은 우상숭배 행위에서의 사용 때문이었을 것이다(유대인 이전의 제의 또는 이웃 민족의 우상숭배 제의에 사용되었을 것이다: 예 아모스서Amos 4, 5; 아마도 민수기Num. 25, 2); **2.** "간음"은 달궈진 화덕처럼 남자를 더 뜨겁게 만든다(호세아서 Hos. 7, 4–7: 매우 타락함을 가리키는 구절; **3.** 부패를 증가시키는 것(시큼한 반죽으로 인해: 마태복음Matth. 16, 6, 아마도 마태복음 13, 33; 또한 덴마크의 왕자 햄릿Ham.; 심벨린Cym. 3, 4 등도 참조); **4.** 악의와 사악함: 유대인들은 유월절이 시작될 때 오래된 효모(누룩)를 제거해야 한다; 일주일 동안 무교병(효모 없이 만든 빵)을 먹고 나면 새 누룩이 사용되었다(고린도전서1Cor. 5, 6 ff.); **5.** 효모(이스트)yeast 참조.

후광 (할로) aureole (halo) **1.** 현대 용법에서 '님버스 nimbus'(머리 주위의 발산)라는 단어가 '아우레올aureole' (전신을 둘러싸는 아몬드 형태의 방사선)과 혼합되었다. 둘 다 종종 '후광'이라고 불린다; **2.** 후광은 오직 그리스도(삼위일체와 함께), 성삼위일체에게만 주어져야 하며 확장하여 성모 마리아에게만 주어져야 한다; 만돌라mandola 참조; **3.** 광환(또는 후광)aureole은 태양숭배의 유물. 초자연적 에너지를 발산하는 불의 상징. 따라서 영적 빛의 발산으로 설명되었다; **4.** 후광은 육신의 유혹을 이겨낸 선택받은 자들의 속성으로 영생을 의미한다.

후광, 할로우 halo **1.** 빛을 내는 초자연적 힘: 어둠 속에서 사람 주위에 보이는 광채는 신성의 확실한 징후이다: 예 베르길리우스Virgil(아이네아스Aeneid 2, 590); 참조: 광환; 원광 등; **2.** 신비주의적 측면에서의 지적 에너지: 그림자를 만들지 않는 빛; **3.** 새장, 구체(종종 유리 같은 물질로 만들어지는): 모든 사람은 정해진 존재 방식 내에서 움직인다; **4.** 달 주위의 후광은 날씨를 예측한다(예 아라토스Aratus, 하늘의 현상 Phaen. 8, 11ff.); **5.** 원광nimbus 참조.

후추 pepper (식물; 향신료) **1.** 풍자; **2.** 최음제; **3.** 점성술; 화성과 관련 있다.

후투티 hoopoe; hoopoo (새) **1.** 길고 가늘고 약간 구부러진 부리와 새가 방해를 받을 때 솟아오르는 볏을 제외하고는 사람을 크게 두려워하지 않는다. 구애할 때 수컷이 암컷에게 먹이를 주며 새끼가 부화한 후에도 마찬가지이다; **2.** 부모의 보살핌: 이집트에서 후투티 장식이 있는 홀sceptre은 고결한 애정을 의미한다; **3.** 볏이 있어서 왕의 새이다; 부정적 의미에서 과시, 허영; 플리니우스Pliny(10, 44)는 모습의 변화를 강조한다; **4.** 빈곤, 오물, 비천의 속성: 돼지처럼 먹는다; **5.** 테레우스의 변신과 관련된다: 그는 자신의 아내 프로크네(제비)와 필로멜라(나이팅게일)를 죽이고 싶을 때("싸울 준비가 된 것처럼 보임") 후투티로 변신했다. 그는 여전히 '푸 푸pou, pou'(그리스어 '어디, 어디')를 외친다; 그는 떠오르는 태양으로 설명되었다.

후프, 굴렁쇠 hoop 굴렁쇠를 굴러가게 하는 꿈은 곤경에 처하지만 나중에 안정을 찾게 된다는 것을 의미한다(달디스의 아르테미도로스Artemidorus of Daldis 1, 55).

휘젓기 churning 1. 창조: 하늘의 신들이 창조를 할 때 세계 축, 북극성, (남근) 창, 높은 산 등을 가지고 태고의 물을 '휘저었다'; 2. 고대 북유럽: 세계의 방앗간은 꽃이나 눈snow을 간다; 3. 켈트족: a. 시적 영감, 동물, 곡물 등을 만들어 내기 위해 가마솥을 휘저었다(가마솥cauldron 참조); b. [회전하는] 성castle 참조.

휘파람 whistling **1.** 혀로 휘파람을 부는 것과 혀로 딸깍딸깍 소리를 내는 것은 네 가지 형상의 신들을 끌어들이기 위한 고태적 방법이다; 으르렁거림도 같은 의미를 갖는다; 바람과 폭풍을 잠재우기 위한 특별한 교감마법; 혀tongue 참조; **2.** 일반적인 마술 행위: 주사위 게임에서 이긴 "악몽의 저승사자"(새뮤얼 T. 콜리지Samuel T. Coleridge, "늙은 선원의 노래Rime of the Ancient Mariner")가 주사위 게임에 이겨 외친다: "내가 이겼으니 그녀가 휘파람을 세 번 분다"(3부) 그리고 어둠이 갑자기 사라진다"; **3.** 신호; **4.** 시간을 보내는 하찮은 방법: "그는 뭘 찾으려는지도 모른 채 터벅터벅 걸어갔고 가는 동안 별생각 없이 휘파람을 불었지"(존 드라이든John Dryden, "우화집Fables" "사이먼과 이피게니아Cymon and Iphigenia"); **5.** 다른 사람을 의심하지 않는 척 하는 행동 중 하나; **6.** 일반적인 남자들의 행동: 마녀를 연상시킬 수 있고 '불결함'에 대한 두려움 때문에 여자들에게는 금기시 되었다: "휘파람 부는 여자와 우는 암탉은 신에게도 남자에게도 맞지 않는다"; **7.** 청결: '휘파람처럼 깨끗하다'(관용구); **8.** 딜런 토머스Dylan Thomas: 남자의 성적 오르가즘, 사정(수탉 울음소리 같은); **9.** 민속: a. 삶의 많은 장소에서의 금기, 특히 위험한 직업에서의 금기: 광부, 배우 그리고 선원들; b. 휘파람은 여성에게 특히 불길하게 여겨지는 행동이지만, 마법은 휘파람을 통해 이루어질 수 있다. 전래동요에서 '어머니'는 여자아이에게 휘파람을 불면 양, 소 그리고 남편을 주겠다고 약속한다; 7seven; 알파벳 'N' 참조.

휘파람새, 울새 warbler (새) 힐데가르트 폰 빙엔Hildegard von Bingen: 이 새는 차가운 곳에 살고 정결한 먹이와 부정한 먹이를 먹으며 약용으로는 쓸 수 없다(자연학Ph. 6, p. 117, 독일어의 같은 뜻인 '그라스뮈케Grasmücke'라고 표기한 부분에 기술되어 있다).

흉내지빠귀 mocking (새) **1.** 흉내내기; **2.** 둥지를 지키는 데 필요한 용기; 토머스 S. 엘리엇Thomas S. Eliot: "흉내지빠귀의 소리를 한 번 들으면 열기(역주: 강렬할 감정)가 옮겨질 것인가?"("풍경Landscapes").

흉배 breastplate **1.** 용기, 영웅적 행위: "흠이 없는 마음보다 더 강한 흉갑이 무엇이겠는가? 그의 싸움을 정당화하는 무장을 했다"(헨리 6세 2부2H6 3, 2); **2.** 전쟁, 파괴, 공포; **3.** 정의의 흉배(이사야서Isa. 59, 17; 에베소서Eph. 6 등); **4.** 판단의 흉갑(우주를 다스리는 이성), 12개의 보석(참조)으로 대사제가 착용함; '논리' '본질'(참조) 또는 '하나의 빛'으로 다양하게 불린다; 이것은 신비로운 우림과 둠밈을 포함하는 신탁이었다(출애굽기Ex. 28, 15ff 참조; 출애굽기의 끝 부분에 나오는 유사한 설명에서는 언급되지 않았다); **5.** 사랑과 믿음의 흉배(데살로니가전서1Thess. 5, 8).

흉상, 경계석 herm **1.** 남근 기둥과 숭배의 대상인 돌(더 일반적인 신성한 돌Baetyli과 유사한); 고대 그리스 시대에 이러한 것들은 원초적 숭배의 대상이었다. 예 운석은 '제우스의 벼락Zeus the Thunderbolt'으로 숭배되었다; 로마의 경계석은 실바누스 또는 유피테르 테르미우스 등을 상징하는 것으로 여겨졌으며, 길가에 세워지거나 경계를 표시하는 역할을 했지만 특히 아테네에 많았다; 이것은 나중에 머리를 갖게 되었고 얼굴 중앙에 반쯤 올라간 남근이 생겼다. 헤로도토스Herodotusd에 따르면, 펠라스기아에서 유래되었다; **2.** 일부 사람들은 헤르메스(라틴어 메르쿠리우스) 신의 이름이 '헤르마herma'=돌, 바위에서 유래되었다고 한다: 그리고 헤르메스 숭배의 기원으로 이 돌을 설명한다; **3.** 이것은 나중에 헤카테(헤가테Hecate

참조)와 구별하기 어려워진 노파 모신(예 마이아)을 기리는 오르지적 춤의 중심이 되었다.

흉터 scar 절단 후 남는 것: 일반적으로 사악한 것이라는 인식이 있다.

흑단 ebony (나무) **1.** 일반적으로 다음을 의미한다: a. 어원: 그리스어로 돌이라는 뜻의 '에벤eben'에서 나온 '에베노스ebenos'에서 기원한다; b. 다양한 종인 열대나무 '디오스포로스'의 지극히 단단한 목재; 그중 '흑단'은 껍질이 검고 안에는 흰색 목재가 이어지다가 심재가 나온다; 일부 종은 검은 심재만으로 이루어져 있다; 아마도 에베소의 디아나 조각상은 흑단으로 만들어졌을 것이다(검은 성모 마리아Black Marias 참조); c. 구약성서에 따르면 흑단은 티레에서 가져왔다(에스겔서Eze. 27, 15); d. 인도에서 흑단으로 조각상과 왕의 홀을 만들었고(독에 저항하기 때문에) 마시는 잔에도 만들었다; 또한 상감 세공 재료로, 피아노 건반으로, 나이프 손잡이 등으로 사용된다; e. 흑단의 검고 단단함 때문에 나뭇잎이나 과일이 달리지 않으며 그늘진 곳에서 자란다; (동양의) '에티오피아인들'이 캔 뿌리로 만든다(파우사니아스Pausanias 1, 42); **2.** 죽음: 플루토의 왕좌; **3.** 솜누스(잠의 신)는 동굴 속에서 검은 깃털로 장식된 흑단 의자에서 잠을 잤다; 나중에 모르페우스와 동일시되었다(나소 P. 오비디우스Naso P. Ovidius, 변신이야기Metam. 11, 592 ff); 동굴cave도 참조; **4.** 멜랑콜리, 침울; **5.** 회의론; **6.** 엘리자베스 1세 여왕 시대 연극: 프롤로그를 말하거나 합창을 하는 배우들은 대개 검은색 벨벳 망토를 입었다.

흑담비 sable (동물) 힐데가르트 폰 빙엔Hildegard Von Bingen: a. 따뜻하고 성질이 다람쥐와 비슷하지만 더 깨끗하고 온순하다; b. 흑담비 가죽은 의복으로는 적당하지 않다. 사람이 입어서 따뜻해지면 나쁜 땀을 배출하기 때문이다; c. 흑담비는 약한 동물이기 때문에 의학적으로 쓸모가 없다(자연학Ph. 7, p. 134, 같은 뜻의 독일어 '조벨Zobel' 표제에 기술되어 있다).

흑부리오리 sheldrake (새) **1.** '불파니어vulpaneer'라고도 하며, 오리과에 속하는 화려한 색깔의 새; **2.** 큰 바다쇠오리chenalopex 종은 이집트 상형문자로 '수컷'을 의미한다. "이 새는 새끼를 매우 사랑하기 때문에" 새끼를 위해 자신을 희생한다(호라폴로Horapollo 1, 58).

흑암, 검음, 검정색 black **A.** 대지와 관련된다: 1. 연금술: 원질료Primal Materia; 2. 이집트: 나일강의 검은 침전물은 사막의 척박한 적갈색과 대조적으로 비옥하다(따라서 보통 남쪽에 대해 붉은색, 북쪽에 대해 검은색을 사용했다; 일광 화상sunburn 참조); 3. 검은 대지의 어머니: 에페소스의 디아나; 보나 데아Bona Dea의 비의바카날리아-rites에서 검은 암탉이 제물로 바쳐졌다(플리니우스Pliny 10, 77); 4. 지하세계의 어둠: 굴뚝 청소부chimneysweep; 숯coal; 그으름soot; 타르tar 등 참조; **B.** 죽음, 애도와 관련된다; 회개, 처벌(지옥에서): 1. 애도: a. 재를 바름으로써 악한 죽음으로부터 자신을 숨긴다; b. 재를 바르는 것은 풍요, 활력을 의미한다; 2. 엘리자베스 1세 여왕 시대에는 아픈 곳의 색깔에 따라 세 가지 종류의 전염병을 구별했다: 하나는 검은색(흑사병), 다른 두 개는 노란색과 붉은색이다; 3. 중세 교회: 검은색(그리고 흰색): a. 애도와 회개; 흰색은 희망, 겸손, 순수성을 의미한다; b. 강림절Advent, 사순절Lent의 애도 의식; 성 금요일Good Friday; c. 보라색으로 대체될 수 있다; 4. 연금술: 발효와 부패; 5. 흑양나무는 죽음의 여신에게 바쳐졌다; 백양나무=부활; 6. 엘리자베스 1세 여왕 시대의 연극 무대: 비극의 가리는 부분에 검은색 천을 쳤다; "낮부터 밤까지 검은 하늘이 걸려 있다"(헨리 6세 1부1H6 1, 1); 7. 단테: 회오리 바람이 부는 검은 하늘은 (악의에 찬) '육욕의 죄인들'에 대한 처벌이다(신곡 지옥편Inf. 5); 8. 에리니에스는 검은 몸을 가지고 있었다; 9. 독일의 강제수용소: 검은색 배지: a. 소수자들: 부랑자, 주정뱅이 등; b. 집시에 대해서도 사용했다; **C.** 밤, 자궁, 사랑: 1. 자궁: "천박한 밤의 자궁"(헨리 5세의 생애H5 4, 코러스Chor.); 2. 사랑: a. "나는 검지만 아름답다네, 오 너희 예루살렘의 딸들이여"(아가서SoS 1, 5); b. 흑인들은 알려진 대로 '건장했다'; **D.** 실수, 무지, 무(無): '암중모색(아무것도 모른 채 더듬다)'은 무지와 실수에 대해 매우 자주 사용되는 이미지이다(또한 검은색+흰색); 그리고 죽음은 완전한 소멸로 간주된다(색의 부재=검은색); **E.** 지혜: 1. 지하세계, 뱀 등과 관련된다; 2. 연금술: 은둔자의 고립; 3. '동물의 빛', 본능; **F. 악**, 죄, 악마, 미신: 1. 검은 옷은 전통적으로 악마의 옷이다: "상복은 악마에게나 입히고 나는 담비털옷으로 갈아입어야겠군"(덴마크의 왕자 햄릿Ham. 3, 2); 여전히 그의 계승자가 입는다: 마술사; 2. 검은색+검은색=열정; 3. 마녀들은 종종 검은 고양이로 변신한다; 더 나아가 우리는 흑마술(사악한 목적을 위한)과 백마술(누군가를 돕기 위한)을 구별한다; 또한 검은새, 대장장이, 악마숭배 의식 등; 4. '육욕의 죄인들'에 대해서는 B번의 7 참조; **G. 불변성**, 절대자: 1. 다이아몬드와 관련된다(J번의 상응하는 것 참조); 2. 중세(특히 벨벳): 음침한 풍경, 오만하고 인상적인 고립; **H. 비**: 검은 구름 때문에 '비의 색'은 검은색이다; 기우제 풍요의식에서 검은 옷이 사용된다; **I. 수면**: 솜누스의 검은 동굴에 대해서는 흑단ebony 참조; **J. 다음에 상응한다**: 1. 방향: 보통 북쪽(북반구에서 태양은 결코 북쪽에 있지 않다)을 상징하지만 때로는 서쪽(=죽음)을 상징한다; 2. 행성: 토성; 3. 문장heraldry(紋章): a. 무서운 힘을 가진 신비로운 그림자(숨겨져 있기 때문에); 이것은 오직 의지를 뜻한다: 실행, 차분함; 검은 색은 인접 색들이 눈에 띄지 않게 만든다; 형체가 없으며 기만적인이지 않은 않는 자유를 의미할 수 있다; b. 겸손, 복무할 준비, 공정성, 명성; c. 슬픔, 위험, 비탄, 회개; d. 검은색+황금색: 부(또한 색상colours 참조); 4. 보석: a. 무엇보다 다이아몬드와 관련된다; b. 또한 가돌린석, 가넷, 제트, 석영, 토르말린과 관련된다; 5. 인간의 연령: 노년기; 6. 금속: 납(C번의 1 참조); 7. 검은색을 좋아하는 경향이 있는 사람들의 특징: 신비함(탐험가).

흑옥 gagates (보석) **1.** 고대인들이 언급한 보석으로 리키아Lycia의 한 마을에서 이름이 유래되었으며 흑석(黑石)이었을 수도 있다; 참조: 플리니우스Pliny 36, 34; **2.** 마법: a. 악마와 악령, 환영을 겁주어 쫓아낸다; b. 간질 및 수종(水種)을 예방한다; 흑옥을 태우면 뱀snakes을 겁먹게 하고 꾀병이나 처녀성이 드러난다; **3.** 흑석jet도 참조.

흑요석 obsidian (보석) **1.** 플리니우스Pliny는 이것을 '오브시아누스obsianus'라고 불렀다: 흐릿한 거울과 동상을 만드는 데 사용되었다(36, 47); **2.** "중세보석세공집Med. Lap."; 나쁜 꿈, 중상모략, 흉악한 죽음을 막는다(F 117).

흑표범, 퓨마 panther **1.** 일반적으로 다음을 의미한다: a. 표범과 대부분의 특성을 공유한다. 종종 암컷은 '점박이 숙녀'로, 수컷은 '파드'로도 불린다; b. 천적은 하이에나; **2.** (달의 측면을 가지고 있는) 태양의 동물: 여름과 태양신의 상징이다; A. 오시리스에 대해서는 표범leopard의 5번 a 참조; B. 태양신 라Ra의 여신(여성적 측면)과 관련 있다: 발톱은 뱀 아팝을 죽이는 태양광선이다(뱀serpent 참조); C. 디오니소스: a. 디오니소스는 자신의 악대에 합류하기를 거부하는 소녀들을 미치게 만들고 사자, 황소, 흑표범으로 변하게 했다; 오르코메니아인들은 디오니소스의 뱀을 흑표범으로 대체했다; b. 흑표범은 그 호흡 때문에 디오니소스와 관련이 있다: 표범leopard 1번의 b 참조; c. 디오니소스는 평화로울 때 자주색 겉옷을 입었고 전쟁에 나갈 때는 표범 가죽을 입었다; 흑표범이 그의 전차를 끌었다; 또한 그는 음주광의 상징이다; D. 기독교: a. 신비주의자들은 예수를 "랍비 벤 팬더Rabbi Ben Panther"라고 불렀는데, 아마도 그리스어 '판pan+테오스theos'('만물과 신')의 동음이의어 식의 말장난일 것이다; b. 흑표범은 3일 동안 잠을 자고 극심한 배고픔으로 인해 깨어나는데, 이 때 온 나라가 들을 수 있게 아주 크게 포효한다; 그리스도의 '죽음'과 '부활이 이에 비유되었다'; c. 이것의 달콤한 숨결은 오직 용(=악마)만이 버틸 수 있다; d. 숨결은 또한 성령을 의미한다; **3.** 회춘: 회춘을 위해 파라오의 허리에 묶은 흑표범 가죽은 '피부를 침투하는 것(이전의 회춘방식)'을 대신하게 되었다(피부skin 참조); **4.** 호사스러움; **5.** 모성: 암사자와 표범의 달의 측면 참조; 그들의 어깨에는 달 모양의 표시가 있다(플리니우스Pliny 8, 23); **6.** 문장heraldry(紋章): a. 표범leopard 참조; b. 자신의 자녀를 지키기 위해 끝까지 용맹하게 싸우는 모습으로 변하는 부드럽고 아름다운 여성; **7.** 수사슴과 표범: 대극(이탈리아에서는 무의미한 조합): "폐하와 함께 내일 흑표범과 수사슴을 사냥하는 것은 큰 기쁨입니다; 뿔나팔과 사냥개로 사냥하고 폐하의 은총에 인사드릴 것입니다"(타이투스 안드로니카스Titus Andronicus 1, 1).

흔들림, 매달기 swinging **1.** 풍요를 증진시키기 위해 과일나무에 인형(또는 포도밭에서 디오니소스의 머리)을 매달아 두었다; 인간들(태양왕들)이 곡물을 위해 죽었던 것처럼 인형은 아마도 원래의 인간(여성) 제물을 대체했을 가능성이 높다; 결국 나중에 인형들은 달의 여신을 위해 천 조각이나 그네(반원형 운동)를 타는 살아 있는 소녀로 대체되었다; 그리스 신화에서 매달려 희생된 많은 여성들(특히 에리고네) 참조; **2.** 구약성서: '바팀'(열왕기하서2Kings 23, 7의 '매달음')은 다음과 같을 수 있다: a. '미끼'=집; b. 아랍어 '바트batt'=짜서 만든 옷감(천); 1번에서 언급하고 설명했던 의례용 인형(또는 그 대체물); '아세라의 기둥 아세림 덮개'(또한 나무tree 참조); **3.** 성교 동작: 다산(종종 남근 나무와 대조적); **4.** 공기(매달려 있는 것과 관련된다)에 의한 정화; **5.** 흥망성쇠가 있는 인생.

흔적 trail 민속에서 위험한 나라나 미로에 비밀('단서')을 남기는 경우가 많다; 테세우스를 구하기 위한 아리아드네의 실타래로부터 '오 내 엄지손가락O' My Thumb' 이야기에 이르기까지(아이오나 오피 & 피터 오피Iona Opie & Peter Opie, 고전동화FT p. 128); 때로는 첫 번째와 두 번째 흔적이 새나 짐승에게 먹혀 사라진다(참조: 대성자 바실리우스St. the Great Basil, 펜타메론Pent. 5, 8).

흙, 먼지 dust **1.** 죽음 또는 태고 이전의 인간 상태로 돌아가는 것: 흙이 되는 것(창세기Gen. 2, 7 등등); **2.** 분해, 허물어져 먼지가 된다; **3.** 가뭄, 기근; **4.** 잊혀짐, 방치; **5.** 평등하게 만드는 것: "황금의 소년과 소녀들 모두 굴뚝 청소부와 마찬가지로 반드시 먼지가 된다"(겨울이야기Wint. 노래Song: "더 이상 두려워하지 마라"); **6.** 죽은 사람에게 흙을 던지는 것: 어머니-대지Mother-Earth에게 죽은 사람을 돌봐 달라고 도움을 청하는 것이다; **7.** 이집트-히브리: a. 애도 의식(나중에는 검은색 옷으로 대체됨; 그러나 자루옷sack-cloth도 참조): i. 용기를 얻고 어머니-대지Mother-Earth로부터 지지를 받는다; ii. 죽은 사람들의 시기를 받지 않기 위한 변장(역주: 먼지를 뒤집어 쓴다); iii. 일반적인 가나안 사람: 예 바알신의 (연례적으로) 지하세계로의 하강(아마도 여름 가뭄)을 위한 하나님El; b. 굴욕: i. "먼지와 재일뿐인 [저는]": 아브라함이 주님Lord에게 말한다(창세기 18, 27; 또한 시편Ps. 30, 9도 참조); ii. "이 흙의 정수"(덴마크의 왕자 햄릿Ham. 2, 2); c. 주님으로부터의 벌과 위협: 예 에덴동산의 뱀에 대한 벌과 위협; d. (고대 유대인의) 성막 바닥의 먼지와 섞은 물은 물에 의한 시험에 쓰인 물질이었다(물water, 마시기drinking 참조); e. "구름은 그의 발의 먼지다"(여호와의 발Yahweh's: 나훔서Nahum 1, 3); f. 유대인들이 사울/바울과 아무 관계도 맺고 싶지 않다는 의사표시를 할 때 그들은 "떠들며 옷을 벗어던지고 티끌(먼지)을 공중에 날린다"(사도행전Acts 22, 23); **8.** 세속적인 부(富): "연옥"에서 탐욕스러운 사람들은 바닥에 엎드린 자세로 얼굴을 흙 속에 묻은 채 울면서 자신들의 죄를 속죄한다(단테Dante, 신곡 연옥편Purg. C. 19); **9.** 제임스 조이스James Joyce: (깨끗한) 공기와 반대; **10.** 딜런 토머스Dylan Thomas: 우리가 돌아가는 곳: 재창조 또는 우주적 재생(다른 형태로서 인간이 식물적 삶을 살 수 있지만); **11.** 더스트맨dustman: 잠을 오게 하는 천재로서 아이들의 눈에 먼지를 뿌려 아이들이 눈을 비비게 한다; **12.** 속담: a. "3월의 먼지 조금(또는 많은 양)은 왕의 몸값만큼 가치 있다"; b. 사람의 눈에 먼지 뿌리기: 오도하다; **13.** 재ashes 참조.

흙덩어리 clod **1.** 윌리엄 블레이크William Blake: 이기적이지 않은 사랑; 더 높은 수준의 삶을 위한 가능성을 가진 유연함; 조약돌의 대극; **2.** 토머스 하디Thomas Hardy: 개별적 인간 존재와 무관한 행위의 지속성을 상징하는 농업: "조용히 천천히 걸으며 흙덩이를 써레질하는 유일한 남자…"(" '국가 분열'의 시기에In time of 'The Breaking of Nations').

흡연 smoking **1.** "파이프 흡연": 단조롭고 무의식적인 시간 보내기(예 토머스 S. 엘리엇Thomas S. Eliot, "J. 알프레드 프루프록의 사랑의 노래Prufrock" "전주곡Preludes" 등: 영적 삶과 사고의 회피); **2.** 파이프pipe, 담배tobacco 참조.

흡혈귀 vampire **1.** 범죄자(피에 굶주린 미치광이, 파문, 자살 등 또는 너무 일찍 묻힌 사람, 종교적 동기 때문에 죽은 사람)의 시체로 밤에 살아나며 전 세계적으로 죽은 자들의 양식인 피를 마셔야 하는데 이는 피의 제사에서 기원하는 것이다; 이러한 목적을 위해 송곳니가 나머지 이보다 더 길게 자란다; 결국 희생자가 말라비틀어질 때까지 피를 빨아먹는데, 희생자들은 밤의 오르가슴의 노예가 되며 차례로 뱀파이어가 될 것이다; 어떤 사람들은 뱀파이어가 무고한 사체에 서식하는 악마라고 믿는다; **2.** 이런 생각은 마녀, 인간의 시체를 먹는 악귀(구울), 박쥐, 날카로운 소리를 내는 올빼미, 늑대[인간이 마법에 의해 늑대로 변하는 것(리칸트로피)], 시체 성애증, 전염병, 여자 악령 등과 관련 있다; 뱀파이어를 나타내는 표식으로는 언청이, 손바닥에 난 털, 파란 눈, 붉은 머리카락 등일 수 있다; **3.** 영혼의 귀환에 대한 생각은 할로윈, 위령의 날, 켈트족의 삼하인 축제(역주: 질투하는 시체들이 돌아오는 것을 막기 위한); **4.** 뱀파이어는 교차로에 묻고 가급적이면 심장(또는 이마)에 말뚝을 박아서 그 자리에 '고정'시켜야 한다; 뱀파이어에 대한 부적은 종bells과 빛, 철과 마늘처럼 마녀에게 사용하는 일반적인 부적이다; **5.** 심리: 꿈에서 뱀파이어는 본능적 변화를 수반하는 투사 때문에 오르가슴, '말라비틀어질 때까지 빨린 느낌', (도덕적이지 못하기 때문에) 역겨운 성행위 (또는 다른 어떤 압도적인 감정) 후에 나타난다; 거미, 게 꿈의 상징성과 관련 있다.

흥얼거림, 콧노래, 허밍 hum 셰익스피어: **1.** 수많은 문헌에서 잠이나 죽음 또는 이들 두 가지 모두와 관련된다; **2.** 재판관 특유의 읊조림: "슬픈 눈을 한 재판관이 무뚝뚝하게 흥얼거리면서…." "그의 서글픈 콧노래와 함께…."(헨리 5세의 생애H5 1, 2).

흩뿌리기, 살포 sprinkling **1.** 이집트: 이시스 신전 사제는 기독교인(다음 4번 참조)이 루르드나 그 이전에는 요르단강 같은 성지 순례지에서 성수를 가져오는 것처럼(레지널드 위트Reginald E. Witt 61) 나일강의 물로 알려진 성수를 회중에게 뿌렸다(데키무스 유니우스 유베날리스Decimus Junius Juvenal 6, 526); **2.** 히브리: 포도주 뿌리기: 최근까지 신혼집의 축복을 위해 하브달라Havdalah(안식일의 끝에 이루어짐, '분리'의 의미를 가지고 있다) 의식에서 남은 포도주를 거실과 앞 방바닥에 뿌렸다(시몬 필립 드 브리스Simon Philips de Vries p. 73); **3.** 그리스-로마: 지하세계의 신들에게 제물을 바치기 전에 물을 뿌려야 했다(아그립파Agrippa, 오컬트 철학OP 2, 54: 목욕bathing 참조); **4.** 기독교: 물을 뿌리는 것은 로마 가톨릭의 흔한 의례로 사제가 새집이나 건물, 관과 무덤, 심지어 말과 자동차를 축복할 때 행했다; 심지어 신도들에게도 미사 시작 때 행했다(세례baptism, 물water 참조).

희생 제물 sacrifice **I.** 본질: 다소간 혼란된 자연의 균형(테미스Themis)의 회복 또는 원초적 희생(파괴 전에는 창조나 재생은 없다)의 지속; 영웅(또는 그의 대체물)이 죽임을 당하고 죽고 피부가 벗겨진다. 그의 박제된 몸은 땅의 풍요의 회복을 의미한다: 우주 생성론의 예는 다음과 같다: a. 바빌로니아: 혼돈의 괴물, 대지 모신 티아마트Tiamat를 죽이는 것; b. 게르만: 아사신들에게 사지를 절단당한 거인들의 조상 이미르; **II.** 구약성서: A. 희생 동물의 머리에 손을 얹는 것: a. 대체물; b. 신과의 합일; c. 신에게 바치는 제물임을 알리는 것; B. 기타 형식: 1. 속죄를 위한 제물; a. 동물: 흠 없는 수컷의 머리와 지방을 먼저 바쳤고 내장과 나머지 부분은 물로 씻어 제단 앞에 바쳤다(레위기Lev. 1, 9 및 13); b. '고기를 바치는 것': 고운 밀가루를 유향과 기름에 섞어 일부는 태우고 나머지는 제사장에게 바친다(이를 과세taxation라고 불렀지만 원래 이 단어는 '신에게 음식을 제공하다feeding the god라는 의미에서 유래했다'); 2. 화목제: 기름, 콩팥, 양막은 여호와께 바치고 나머지는 제사장과 제물을 바친 사람들이 성찬으로 나누어 먹는다. 제사장은 여호와를 향해 희생제물을 여호와를 향해 '흔들거나' '들어 올리거나' '잡아 늘렸다'(예 '흔든 가슴'과 '든 뒷다리': 레위기 7, 34); 3. 속죄를 위한 제물: 어린 황소나 어린 수컷 새끼(또는 평민일 경우 암컷 새끼, 혹은 양, 또는 비둘기 두 마리); 4. 모든 인간, 동물, 곡식 가운데 첫 번째를 바치는 제물: 이것들은 '주님의 것'이다(비신성화, 세속화; 플리니우스Plininus 28, 5 참조). 이것들을 희생시키지 않으면 대신할 것이 필요하다: a. 인간의 희생: '아이들을 불 속에 지나가게 하다'. 아마도 '몰록Moloch'은 '왕king' ('m-l-k')(역주: 히브리어로 멜렉, 즉 왕을 의미한다)을 의미하는 것이 아니라 '봉헌물votive offering'을 의미했을 것이다. 아이들은 먼저 죽임을 당한 후에 불태워졌다; 어린이child 참조; b. 에스겔서Eze.(20, 25ff.)에서는 이 관습을 여호와가 준 '율례statute'로 인정했다. 이 관습의 잔재는 아브라함, 입다Jephthah 등의 이야기에서 볼 수 있다(신명기Deut. 12, 13; 또한 미가서Micah 6, 7 참조). '불을 통과하는 것'은 유럽의 정화의 불 의식(불 위를 뛰어넘는 것)에 지나지 않았을 것이다: 벨테인 축제 참조: 입다Jephthah의 '경솔한' 서원은 그리스의 메안데르Maiander(케르카포스Cercaphus의 아들), 이도메네우스, 그리고 여사제(파우사니아스Pausanias 9, 33)의 이야기에서도 유사점을 발견할 수 있다; c. 목자로서 그들은 본래 동물과 인간 제물만을 바쳤어야 했으며, 피(생명의 근원)와 가장 '맛있는' 부위는 하나님을 위한 것이었다; 식사, 소금 그리고 포도주는 나중에 바치기 시작했을 것이다(포도주와 기름을 바치는 것은 오래전부터 행해진 것이긴 하지만); **III.** '홀로코스트holocaust'(=동물을 통째로 불에 구워 제물로 바치는 것)는 제물을 바치는 자의 입장에서는 자기 자신과 모든 재산을 완전히 바치는 것이며, 희생자의 입장에서는 완전한 속죄를 나타낸다; **IV.** 바친 제물이 본래의 의미인 '고차원의 종교적 희생'이라는 의미를 상실 하면서 영웅(또는 신)과 내적인 관계가 생겨났을 것이다: 황소=제우스-자그레우스, 어린 양=그리스도 등; 동물은 신 자신을 나타내거나 처음부터 신 자체였을 수도 있다('신 자신을 바침'); 심리: 동물은 신의 동물적 본성을 나타낸다(=희생제의 사제의 본능적 리비도); **V.** 새로운 건물을 지을 때 기초 아래에 인간을 제물로 바치는 이집트인 사람-히브리인 사람과 가나안 사람들의 풍습이 있다(사악한 영을 제거하기 위해: 예 이사야서Isa. 57, 5 참조); **VI.** 심리: a. 용(괴물 등)에게 매년 처녀를 제물로 바쳤다: 끔찍한 어머니의 분노를 달래기 위해 가장 아름다운 소녀가 인간의 정욕의 상징으로 희생되었다; 이보다 온건한 형태는 스스로 거세하는 것 또는 할례이다; 2. 영웅hero 참조.

희생양 scapegoat **1.** 원시 종교에서는 '깨끗한' 것과 '부정한' 것('금기taboo')이 잘 구별되지 않는다. 카타르시스적 희생의 형태 중 하나가 '희생양(아자젤azazel 참조)'이다: 속죄일에 공동체로부터 악의 추방; 또 다른 염소가 (보통) 희생 제물로 바쳐졌다[레위기Lev. 16, 8-22; 죄식자sin eater(역주: 옛날 영국에서 죽은 사람의 죄를 떠맡기 위해 제사 음식을 먹도록 고용된 사람) 참조]; **2.** 또한 희생양의 기능은 때로 바위에서 던져진 신성한 왕Sacred King(왕king 참조)과 관련 있다.

흰 모피 miniver 흰색 털: 아서왕의 술 따르는 사람인 베디비어 경과 그의 부하들은 흰 모피를 입고 있었다(몬머스의 제프리Geoffery of Monmouth, 영국 국왕의 역사Hist. Kings, Brit. 9, 14).

흰꼬리수리 sea-eagle (새) 1. 아테네의 현현 중 하나; 2. 딸 스킬라에게 배신당한 니소스는 흰꼬리수리로 변했다: 물수리sea-hawk와 물수리osprey 참조.

흰눈썹뜸부기 corncrake (새) **1.** 랜드레일landrail(라틴어 '크렉스 프라텐시스Crex pratensis')이라고도 불린다; 흰눈썹뜸부기는 곡식이 높게 자란 밭에서 산다; **2.** 그리스-로마: a. 이 새는 크게 자라지 않으며 겁이 많다(아테나이오스Athenaeus, 393; 존 폴라드John Pollard 62ff); b. 결혼식에서 나쁜 징조이다(아리스토파네스의 저서Schol. On Aristoph., Av. 1138; 존 폴라드 127); c. 흰눈썹뜸부기의 천적은 갈매기이다(클라우디우스 아엘리아누스Claudius Aelianus, 동물의 본성에 관하여 NA 4, 5); **3.** 데이비드 H. 로렌스David H. Lawrence: "기이하고 감정이 없는 소리"를 낸다(단편소설ShSt "함축 The Overtone" p. 749).

흰담비 ermine **1.** 일반적으로 다음을 의미한다: a. 겨울 코트에 털이 사용되며 여러 북부지역에 사는 족제비 이름; 하지만 왕족코트는 '북방 족제비Mustela erminea'의 것이어야 한다=추운 기후에 사는 '담비stoat'만 겨울에 완전히 흰 털이 나고 꼬리 끝은 검다; b. 진흙에 놓인 흰담비는 스스로를 더럽히기보다는 목숨을 끊거나 불 속을 헤쳐 나갈 것이다; **2.** 다음을 상징한다: a. 왕족, 귀족; b. 정의, 중재; 판사와 변호사는 흰담비 외투를 입었다(예 윌리엄 랭글랜드William Langland, 피어스 플로우먼에 관한 비전PP 3권); c. 순수, 순결; 특히 중세에서는 후자(역주: 중세미술에서 순결의 상징으로 다른 종교 인물들의 이미지와 함께 묘사되었다); d. 촉각의 상징; **3.** 문장heraldry(紋章): a. 신중; b. 용기; c. 청결; d. 위엄, 주권 등; **4.** 민속: 농장에서 흰담비는 행운을 가져다주는 것이지만 흰담비의 눈은 질병을 일으킬 수 있고 이들의 호흡은 치명적일 수 있다.

흰담비 ferret **1.** 일반적으로 다음을 의미한다: a. 유럽족제비의 길들여진 품종(가끔 이종교배하기도 함)으로 족제비, 수달 및 오소리와 같은 과에 속한다; b. 털은 황백색이고 눈은 분홍빛이 도는 붉은색이다; c. 쥐를 죽이기 위해 쥐구멍 안에 들여보낸다; 로마시대(플리니우스Pliny) 이후로 토끼를 사냥하는 데 사용되었다: (사냥감을 죽이는 것을 방지하기 위해) 입마개를 씌운 채로 토끼굴 안에 들여보내고 토끼는 흰담비로부터 도망치다가 총에 맞는다; **2.** 피에 굶주린 불같은 성격(눈eye 11번의 6, c 참조); **3.** 장난, 교활함; **4.** 숨겨진 것들에 대한 호기심; **5.** 안절부절못함: 긴장하고, 교활한 움직임; **6.** 뱀처럼 다산한다: 매년 두 마리가 6~9마리의 새끼를 낳지만 새끼를 잡아먹는 것으로 알려져 있다; 이 모든 특성은 위대한 여신과의 관계를 가리킨다.

흰색 white **1. 순수, 순결, 절제, 처녀성**: a. 신약성서에서 흰옷은 종종 완벽한 천상의 기쁨을 의미한다: 예 그리스도가 죽은 자 가운데서 살아날 때의 옷, 선한 삶에 대한 보상(요한계시록Rev. 3, 4f, 참조); b. 1649년 예술 검열 법령이 제정된 후의 마리아 의복의 색; **2. 거룩함, 영성, 완벽함**: 흰색은 모든 색의 충만으로 하나님의 완전함, 모든 태양 중의 태양 그리고 세상의 빛이신 그리스도를 나타낸다; **3. 계몽, 계시**, 승천, 완전한 지혜, 진실; **4.** (영원한) **생명**: 예 인자의 백발(요한계시록Rev.); **5. 위엄**, 고귀함, 경외, 영광, 기쁨, 영적 황홀경과 활기: 예 순교자들의 영광스러운 신체는 하얀 예복으로 덮인다(요한계시록 6, 11); 가장 좋아하는 사람: "나는 그의 가장 총애 받는 사람이다"(존 포드John Ford, "가엾도다Tis Pity"); **6. 낮**, 이성, 의식, 눈에 보이는 세계, 시간: 흰색 동물들은 빛과 하늘 신들을 위해 바쳐진다; **7. 무의식**과 직관(정화된 노란색purified yellow 참조): 예 민담에서 흰색 동물은 종종 기사(또는 사람)를 일상으로부터 모험의 숲으로 유인한다; 특히 수사슴뿐만 아니라 "이상한 나라의 앨리스Alice in Wonderland"의 흰 토끼; '흰 수사슴'에 대해서는 "성배에 대한 탐구Quest of the H. Grail"(12) 참조; **8. 평화**, 휴전, 구원, 자비, 유혈 없는 혁명, 재생; 쇠약해진 형태: 겁쟁이(예 흰 깃털); **9. 추위**: 온기 없는 빛, 느낄 수 없는 사랑; **10. 단순성**: 발에 있는 흰색 표시는 로마에서 노예 매매의 표시였다(플리니우스Pliny 35, 58; 프로페르티우스Propertius 4, 5, 52 등); **11. 위대한 여신**의 색: a. 달의 색; 케레스에 어울리는 색(나소 P. 오비디우스Naso P. Ovid, 행사력Fasti. 4, 6, 19; 칼리마코스Callimachus, 6번 찬가H6 120ff 참조); b. 테티스는 그녀의 아들 아킬레스를 데리고 화이트 아일랜드로 갔다(서사시Epic Cycle: "아이티오피스"); 섬island 참조; c. 대부분의 흰색 꽃은 그녀와 연결된다(예 산사나무hawthorn); **12. 죽음**(녹색처럼): a. (사람들은) 대개 검은색 동물(예 고양이)보다 흰색 동물을 더 무서워하며, 흰색은 유령의 색이다; 정면에서 볼 때는 검은색 동물이 호감을 갖게 한다(굴뚝 청소부chimney-sweep; 수녀nun 등 참조); 흰 새들은 종종 영혼이거나 생명의 정령이다; b. 민담에서 하얀 여자는 죽음을 예고하기 위해 유령의 성에 등장한다(자연 신화에서 눈snow); 일반적으로 여자 마법사의 색이다; 나중에 은silver 및 매춘과 연결된다. "오늘날은 여자들이 훨씬 적은 노동(매춘)으로 흰 돈을 번다"(시릴 터너Cyril Tourneur, 복수자의 비극Rev. Trag. 2, 2); c. 성서의 회백색 무덤의 흰색은 경고의 색으로 여겨진다: 누군가가 무덤을 만져서 7일 동안 부정해졌다(민수기Num. 19, 16); **13. 구약성서**: 라반은 '흰색'을 의미하므로 그의 딸들과 결혼한 야곱은 하얀 달White Moon의 신인 신Sin의 숭배자와 결혼한 것일 수 있다; '레아'='소', '라헬'='양'; **14. 기독교**: a. 세례식, 첫 성찬식 등의 색; b. 크리스마스, 부활절 그리고 승천일의 색; c. 고해성사를 하는 사제, 처녀, 미망인, 천사의 색; **15. 연금술**: 수은; **16. 문장**heraldry(紋章): 문장에서 흰색은 은을 나타낸다; **17. 심리**: 흰색을 선호하는 사람들은 대체로 다음과 같은 성향이 있다: a. 순진한, 따분한, 관습적인; b. 남자들: 돈 주앙 같은 유형; c. 여자들: 자기애적인 유형; **18. 화이트 아일랜드**: 전설에서 인류가 잃어버린 낙원의 섬 그리고 인류가 다시 돌아갈 곳; 11번의 b도 참조; **19.** 흰색의 **여자**: (고대 북유럽) 정오에 일광욕하는 아름다운 여인들. 그녀들은 조상신이나 자연의 정령으로 인간에게 자신을 (헛된) 마법으로부터 해방시켜 달라고 요청한다; **20.** 색상colour(다른 색과의 조합) 참조.

흰털발제비 martin (새) **1.** 가장 흔한 것은 흰털발제비이며 제비swallow도 같은 종이다. 그러나 흰털발제비는 작고 제비 꼬리가 없다; 이것의 색은 검은색(윗쪽)과 흰색이다; **2.** 흰털발제비는 겨우살이의 끈끈함이 갖고 있는 위험에 대해 경고했으나 다른 새들이 이를 무시하자 인간에게 이를 알렸다; 이 때문에 사람들은 이 새를 죽이거나 잡아먹지 않는다(이솝Aesop, 우화Fable 75); **3.** 가정의 행복을 암시한다(예 맥베스Mac. 1, 4); **4.** (같은 맥락에서) 속임수, 사기(왕은 속아서 죽임을 당할 것이다): 사기는 안전해 보이지만 위험할 곳에서 이루어진다(베니스의 상인Mer. V. 2, 9 참조); **5.** 마법과 관련된다: 마녀의 주술에서: "빨리요 부인… 작은 흰털발제비에게 힘내라, 힘내라라고 해주세요, 그가 즐겁게 항해하게 해주세요, 그의 입에 벌레를 넣어 주세요, 그의 꼬리에 가시를 붙여 주세요"(벤 존슨Ben Jonson, "여왕의 가면무도회The Masque of Queens"); **6.** 민속: a. 이 새가 집에 둥지를 틀면 행운의 징조; b. "흰털발제비와 제비는 신의 활과 화살이다"(속담; 붉은 가슴 울새robin red-breast 참조), 또는 "신의 연인이자 짝"이다; **7.** 발 없는 제비martlet 참조; 발 없는 제비는 너무 빨라서 종종 칼새와 혼동된다.

히드라 hydra **1.** 그리스 신화: 어떤 이들은 히드라가 머리가 일곱 개, 아홉 개, 오십 개 또는 백 개나 달려 있고 그 머리들 중 하나는 죽지 않는 끔찍한 모습의 뱀이라고 한다; 헤라클레스는 이 괴물을 죽이려 했고 엄청난 노력 끝에 성공했다; **2.** 악의 상징(필로 유다이오스Philo Judaeus, 꿈에 관하여Somn. 2, 14); **3.** 동물우화집Book of Beasts: a. 이것에 물리면 '보아뱀(역주: 천연두의 별칭)', 즉 천연두에 걸리는데 소똥으로 치료할 수 있다; b. 천적은 악어; 진흙 속에 숨어있는 히드라는 악어가 자신을 통째로 삼키도록 내버려 두어 결국 악어를 죽이고 시체로 만든다; c. 따라서 예수를 상징한다: 진흙은 그의 몸이고 악어는 죽음이지만 예수는 이를 극복하고 정복하는 것을 의미한다(테어도어 화이트Theodore H. White p. 178).

히브리어 Hebrew (언어) **1.** 기원: a. 유대인들이 이집트를 떠난 후 이들의 언어는 기적처럼 이집트어에서 새로운 히브리어로 바뀌었으며 '신생' 언어가 되었다(오리게네스Origen, 코르넬리우스 켈수스Cornelius Celsus에 대한 반론CC 3, 5f+n.: 여기에서는 또한 반유대주의 이론들이 언급됨); b. 히브리어에서 모든 언어가 유래되었다(조수아 실베스터Joshua Sylvester, 기욤 드 살루스테, 시에르 드 바르타의 신성한 시기와 작품DB 2, 2, 2, 379ff); **2.** 일부 사람들에게는 부정적 의미가 함축된 언어이다: 예 조지 채프먼George Chapman: a. "사람들이 히브리어를 읽는 것처럼" '잘못된' 방향, 즉 거꾸로 읽는다(뷔시 당부아BA 3, 2. 46); b. 속담에나 나오는 '그리스어' 또는 '도저히 이해할 수 없는 네덜란드어'처럼 지적이지 못한 언어: "나는 히브리어가 무엇을 의미하는지 모르겠다"(같은 책 5, 3, 76).

히비스커스 hibiscus (식물) **1.** 아욱속의 이국적인(열대 및 아열대) 식물; **2.** 섬세한 아름다움; **3.** 데이비드 H. 로렌스David H. Lawrence: 붉은 장밋빛의 공주; 이브는 "자신을 겸손히 낮추기에 앞서" 히비스커스를 머리에 꽂았다; 나중에는 시칠리아의 볼셰비키주의자들이 단추 구멍에 이것을 꽂았다.

히스; 헤더 heath; heather (식물) **1.** 진달래과의 낮은 상록 관목('칼루나 불가리스Canulla vulgaris' 또한 '링ling'이라고도 불린다)이지만 종종 '히스heath' 종들과 혼동된다; 히스 종들은 스코틀랜드 벨 헤더r, 늪지 헤더, 지중해 '브라이어'(풀피리로 사용됨)로 구성된다; 스코틀랜드에서 이것은 오두막을 짓고 잘 수 있는 공간을 만드는 데 사용되었다; **2.** 사막 식물로서 a. 겸손; b. 고독; **3.** 다음에 바쳐졌다: a. 비너스에게: 흰색에서 빨간색이 바쳐졌다; b. 이시스에게: 이집트에서는 오시리스의 몸 주위에서 자랐기 때문에 신성한 나무였다(에리카 종); 따라서 "관-나무coffin-tree"라고도 불렸다; **4.** 색에 따라 구별하면 a. 붉은색 헤더: 한여름(종종 전반기 다산왕의 죽음), 산, 벌과 연관된다: 여신 키벨레Cybele: 정렬적인 빨간색, 교미 중 수컷을 죽이는 여왕벌로서의 여신; b. 흰색 헤더: 열정의 행위로부터 보호; **5.** 켈트족: 하지, 나무 알파벳의 U와 연관된다; **6.** 웨일즈: 헤더 에일heather-ale은 강장제로 사용되었다; **7.** 평지 국가들에서는 종종 참피나무로 대체되었다(라임lime 참조); **8.** 민속: 헤더를 자르는 것은 기우제의 한 형태이다.

히아데스 Hyades **1.** 황소자리의 머리 부분에 있는 다섯 개의 별들: 이들은 어린 디오니소스를 보살핀 처녀들(플레이아데스의 자매들)이었다; 또는 동생 히아스의 죽음을 애도하는 소녀들. 제우스가 불쌍히 여겨 이들을 별로 만들었다(아폴로도스Apollorodus 3, 5, 1); **2.** 이름: (로마법에 따라) '새끼hys'=돼지pig, 그래서 '새끼돼지piglets'; 아마도 암돼지 여신의 여사제; **3.** "비를 내리는 히아데스"(베르길리우스Virgil, 아이네아스Aeneid 3, 516): 이 별들이 태양과 동시에 떠오르면 비가 올 것이다.

히아신스 hyacinth (보석) **1.** 노란색의 다양한 지르콘zirkon 종종 석류석garnet이나 산티아고 데 컴포스텔라Santiago de Compostela의 철분이 함유된 적갈색 석영quartz이 동일한 이름으로 판매된다; 고대에는 '블루blue'로 불렸는데 아마도 우리가 알고 있는 사파이어를 의미하는 것 같다; 이 보석은 색이 쉽게 변한다(플리니우스Pliny 37, 41); **2.** 잘난 체하는, (부정적 의미의) 겸손; **3.** 신중함: 이것은 생각을 바뀌게 한다; **4.** 1월과 관련된다.

히아신스 hyacinth (식물) **1. 일반적으로 다음을 의미한다:** a. 백합과의 꽃, 구근 식물 값이 매우 비쌌던 16세기 말 이전부터 (특히 네덜란드에서) 많이 재배되었다; b. 원래 히아신스는 스킬라처럼 꽃차례에 푸른빛이 도는 작은 꽃이 몇 개 달린 보잘 것 없는 식물이다; c. 태양영웅의 피에서 피어난 꽃은 우리가 알고 있는 히아신스가 아니라 아마도 플리틸라리아 꽃(역주: 백합과의 꽃)일 것이다; d. 플리니우스Pliny: 주로 갈리아에서 자라며 염료로 쓰이고 구근은 약용으로 사용된다고 기술했다(21, 97); **2. 꽃의 기원:** a. 잘 생긴 청년 히아신스는 아폴로와 함께 원반을 가지고 놀다가 아폴로의 '실수로' 죽었다: 해질녘에 태양영웅을 죽음에 이르게 한 태양원반; 이 꽃은 (슬퍼하는)보라색 백합처럼 생겼고 'Al. Al.'라는 글자가 쓰여 있었다(나소 P. 오비디우스Naso P. Ovid, 변신이야기Metam. 10, 178ff.; 또한 베르길리우스Virgil, 전원시Ecl. 3, 63 참조; 실제로는 글라디올러스였을 수 있다: 노랑 꽃창포corn-flag 참조); b. 텔라몬의 아들 아약스 대왕과 율리시스는 죽은 아킬레스의 무기를 갖고자 간청했고 왕들은 이들에게 그것을 허락했다. 이후 아약스 대왕은 아킬레스의 칼로 자살하였고 그의 피에서 꽃이 피어났다. 꽃잎에는 소년(a번 참조)과 남자 두 가지 모두를 의미하는 글자 AJAX가 새겨져 있었다(오비디우스, 변신이야기 13, 395ff; 그러나 파우사니아스Pausanias 1, 35 참조); **3. 부활**; **4. 게임**, 놀이; **5. 포기**(그러나 완전한 포기는 아니며 수동적 저항 상태); 믿음; 역경에 대한 저항: 양치기가 산에서 발로 짓밟는 히아신스처럼, 여전히 땅 위에 보라색 꽃을 피우는 히아신스처럼"(사포); **6. 사랑**(그리고 사랑의 슬픔): a. 제우스와 헤라의 사랑의 침대를 장식한 꽃 중 하나(연꽃 및 크로커스 꽃과 함께)(호메로스Homer 11.14,348); b. 여자 연인이 애도하는, 세상의 위험에 노출된 불운한 삶; c. (2번에도 불구하고) 일반적으로 여성과 연결된다: ⅰ. "항상 5월 중순의 사파이어 여왕"(존 키츠John Keats, "공상에 대한 송가Ode to Fancy"); ⅱ. 헬렌은 "히아신스 머리카락"(에드거 A. 포우Edgar A. Poe)을 갖고 있었다; d. 아프로디테는 머리에 히아신스를 착용한다(사포); e. 레다가 발견한 알은 히아신스 색(사포)이었다; **7. 신중함**, 지혜; **8. 친절**; 박애(博愛)의 상징, 달콤한 향기와 기분을 좋게 하는 외양; **9. 중세**: 토파즈, 노란색, 애도와 관련된다; **10. 기독교**: 성모마리아의 상징; **11. 점성술**: 황소자리Taurus; **12.** 토머스 S. 엘리엇Thomas S. Eliot: A. ("J. 알프레드 프루프록의 사랑의 노래Prufrock") 다른 사람들이 바라던 것들에 대해 생각하며 그는 자신의 소유욕을 내려놓았다; B. ("황무지The Waste Land"); a. 사랑의 희생양인 풍요의 신 히아신투스는 정원에서 돌아와 공허함을 느낀다; '덩이줄기' 및 '땅에 심긴' 시체와 관련 있다(=영적 재탄생); b. 4월의 화신; 앞의 모든 것을 포함한다; **13.** 혼용 사례에 관해서는 아이리스iris 참조.

히아신티즌 hyacinthizon (보석) 중세보석세공집Med.

Lap.: 사람의 머리카락에 닿으면 검게 변하는 수정과 같은 돌(F 98, '보석iacinctornicta(역주: iacinctornict은 히아신티즌의 옛날 스펠링)'.

히에니아 hyaenia (보석) 1. 중세보석세공집Med. Lap.: a. 하이에나의 눈에서 떼어낸 것; b. 혀 아래에 두면 인간에게 예지력을 준다(B 32); c. 또한 남자가 진실한 답을 하도록 만든다(F. 8, '안녕hieme'); 2. 알베르투스 마그누스Albertus Magnus: 이 돌은 짐승의 혀처럼 생겼으며 사람의 혀 아래에 두면 예언의 재주를 줄 것이니 현명한 판단에 실수가 없으리라(비밀의 책Secr. 2, 25).

히포그리프, 천마 hippogryph 1. 그리핀의 머리, 가슴, 깃털을 가진 날개 달린 말로 마법사 아틀란테(아틀라스)에게 잡혔다: 이것은 나중에 루지에로와 아스톨포가 타게 되었다(키르케루도비코 아리오스토Ludovico Ariosto는 "광란의 오를란도OF" 2, 37ff에서 이것이 리판 구릉지에서 번식하는 실제 동물이라고 주장한다(3, 18, 19; 또한 존 밀턴John Milton은 이에 대해 "복락원PR" 4, 542에서 부정적으로 언급했다); 2. "말을 그리핀과 사육하는 것"은 말에 대한 그리핀의 증오가 속담이 될 정도로 불가능한 것에 대한 표현이다(호르헤 L. 보르헤스Jorge L. Borges p. 27, 베르길리우스Virgil, 아이네아스Aeneid 8을 인용함); 새bird와 그리핀griffin 참조.

히포마네스 hippomanes 1. 이 단어에 대한 여러 해석이 있다: a. 낳자마자 암말이 망아지의 이마 위에서 자라나는 검은 살집을 말하며 태어난 즉시 어미 말이 물어뜯는다. "어미가 젖을 물리기 전 새로 태어난 망아지의 머리에서 뜯겼다"(베르길리우스Virgil, 아이네아스Aeneid 4, 515f.); 이것은 사랑의 묘약의 힘을 가지고 있다(플리니우스Pliny 8, 66; 나소 P. 오비디우스Naso P. Ovid, 사랑의 기술De Art. Am. 2, 100); b. 발정난 암말의 생식기에서 떨어지는 '독'(점액질의 분비물): (예) 베르길리우스, 농경시Georg. 3, 20); "이것은 비너스가 굴레를 씌우지 않은 말무리 속에 열정을 불어넣을 때 흥분한 암말에게서 떨어진다"(알비우스 티불루스Tibullus 2, 4, 57); c. 아카디아의 식물(테오크리토스Theocr. 2, 48); 2. 사랑의 묘약으로서 그 효과는 사랑하는 사람의 피에 의해 증가한다; 그러나 오비디우스는 그것의 사용에 대해 경고했다; 마치 화장품처럼 "열이 오른 암말의 불쾌한 점액을 믿지 말라"고 경고한다(중세의 얼굴 화장품De Med. Fac. 38); 이것은 너무 강력해서 산에 있는 모든 암말과 암망아지들을 미쳐 날뛰게 한다; 3. 말horse 참조.

히포크린 Hippocrene '말 우물horse-well'에 해당하는 그리스어; 뮤즈의 헬리콘산에서 솟아나는 샘; 그래서 '히포크린을 마시는 것'은 영감을 얻는 것이다; 알려진 전설에 따르면 그것은 페가수스의 말발굽 자국에서 솟아났다; 그러나 이 말은 위대한 영감의 여신(암말의 여신)에게 바쳐졌다.

힉 먼데이 hick-Monday 부활절 다음 두 번째 월요일은 인기 있는 축제가 열리는 날이었다.

힉어모어 Hick-a-more 동요: 이해할 수 없지만 강력한 것: "부엌문에 걸려 있는 힉어모어Hick-a-more, 핵어모어Hack-a-more. 길지 않아, 별거 아냐. 힘을 내라, 부엌문에 걸려 있는 힉어모어Hick-a-more, 핵어모어Hack-a-more"

힉코리, 딕코리, 독 Hickory, dickory, dock 웨스트모어랜드Westmoreland 목동들의 숫자(8, 9, 및 10)와 유사한 첫 줄 단어로 사용하는 숫자 세기 운율: "힉코리, 딕코리, 독Hickory, dickory, dock, 쥐가 시계로 껑충, 시간은 1시 땡땡, 쥐가 후다닥 뛰어내렸다 힉코리, 딕코리, 독Hickory, dickory, dock".

힘 카드 Strength (타로카드) 1. 이것의 다른 이름: 불굴의 용기Fortitude, 다윗David; 열한 번째 카드이며 때로는 여덟 번째(정의) 카드다; 이것의 정의는 미네르바Minerva와 관련이 있다; 2. 여왕은 왕좌에 앉거나 서 있는 모습이고 사자는 입을 벌리고 있다(또는 사자가 여왕의 무릎 위에 머리를 얹고 여왕은 그 위에 손을 얹고 있다); 그녀는 머리 위에 여덟 개의 상징(영원)을 두거나 그녀의 모자가 상징 모양으로 되어있다; 세 개의 뾰족한 왕관을 가지고 있으며 때로 그녀의 보좌

뒤에 나무로 된 삼각대가 있다; **3.** 다음을 의미한다: a. 사자자리Leo는 처녀자리Virgo에게 패배하고 영spirit(도덕성)은 물질(육체)을 지배하고 파괴할 수는 없으며 반드시 변화되어야 한다; b. 중오에 대한 사랑의 승리; c. 점성술: 화성.

힘줄, 근육 sinew "돈은 전쟁의 힘줄이다"(속담).

기타

0 zero **1.** 여성 원리(남성적인 1 옆에서 함께 완성의 10을 이루는) 자궁, 외음부; "혼자서는 의미가 없지만 숫자 뒤에 놓으면 수천 개의 숫자를 만들 수 있는 가치가 더해지는 '0'처럼 지금 하는 한 번의 감사인사가 수 천 번의 감사인사를 대신한다"(겨울이야기Wint. 1, 2); **2.** 딜런 토머스Dylan Thomas: 자궁과 달; 3. 알파벳 'O'; 무(無)nothing 참조.

10 ten **1.** 피타고라스학파: 10은 10 미만의 다른 숫자들에 비해 우월함을 갖고 있으며 세계의 경이로움의 상징이다; 피타고라스학파들의 언어표현에는 어떤 것은 항상 다른 것보다 '10배 더 낫다' '10배 더 나쁘다' 또는 어떤 것은 '10 정도의 아름다움'을 갖고 있다는 표현들이 있다; **2. 시작**, 독창성: a. 10은 일련의 새로운 무한 팽창을 다시 시작하는 수이다(피타고라스학파); b. 노아는 10대손이다; **3.** 완벽: a. 완전성, 완결성, 우주의 전체성; b. 많은 수에 이어 (모든 수를 포함하는) 통합으로 돌아간다; 테트락티스tetractys (역주: 10개의 점을 가지고 있는 삼각형으로 각각 4개, 3개, 2개, 1개의 점으로 이루어진 4개의 열이 있다)참조; c. 낮은 열의 형태: 높은 위치(완벽함)에서 떨어지는 것을 의미한다; **4.** 양성성: a. 가시적 우주의 남근적, 남성적, 자의식적 '1'과 여성성기 모양의, 여성적, 초의식적 '0'이 뒤 따른다; b. 신비: 히브리어 알파벳: 요드Yod=생명의 나무; c. 바빌로니아: 열흘 동안 열리는 봄의 풍요 축제; **5.** 인체: a. 다섯 개의 신체 외부기관의 배수인 10개의 내부기관은 다음에 해당한다: 뇌, 정신, 심장, 폐, 신장, 비장, 담낭, 간, 생식기, 기질(基質); b. 손가락과 발가락의 수: 주판의 가장 기본적인 형태; c. 임산부는 임신 열흘 후부터 현기증을 느낀다(플리니우스Pliny 7, 6); 인간의 임신 기간 10개월(달력calendar 참조); **6.** 우주: a. 이집트: 천체의 수; b. 피조물의 분류: 활동성, 수동성, 힘, 질, 양, 관계, 시간, 물질, 위치, 평화; **7.** 신성: A. 신비: a. '신의 손'; b. 그 본질은 영적이고 무한한 신의 도움에 있다; B. 카발라: a. 여호와께서 우주를 창조하신 말씀의 수; b. 세피라의 수; C. 기독교: 신성한 지배: 예 십계명; **8.** 올림수: 예 (카발라) 천국에 있는 천사들의 수와 지옥에 있는 저주받은 자들의 계급의 수; 참조: 단테Dante의 지옥의 10분할, 연옥 및 낙원(아케론강 외곽의 중간지대를 포함하면 지옥에 해당한다); **9.** 부정수: 일반적으로 구약성서에서 10은 무한히 많은 수를 나타내기도 한다(예 욥기Job 19, 3); **10.** 시간과 관련된다(6과 함께 쓰일 때): 60초, 60분 등; **11.** 태양: 남성성, 남성미 넘치는; **12.** 예언: 예 구원을 받기 전 열흘 동안의 환란(요한계시록Rev. 2, 10에서 예언됨); **13.** 히브리: 잃어버린 열 개 지파; 그들은 앗수르(아시리아)의 포로로 끌려갔고 그곳에서 정체성을 잃었다; 주로 아셀, 단, 에브라임, 갓, 잇사갈, 므낫세, 납달리, 르우벤, 시므온, 스불론; **14.** 숫자number 참조.

11 eleven **1.** 다음 상징(1−1)의 특성을 나타낸다: a. 균형; b. 단일성; c. 쌍둥이 산; **2.** 최고의 협력적인 심령 집단('완전한' 12)을 구성하는 구성원으로서 12와 관련된다: a. 열한 명의 부하와 한 명의 리더로 구성된 집단: 헥시의 숲(="마녀들의 숲") 게임에서: 이 게임은 경기자 열한 명('보겐'이라 불린다), 한 명의 귀족, 한 명의 바보로 구성된다; 참조: 카니발의 열한 명의 카운슬러(역주: 일종의 카니발 운영위원들), 왕자, 어릿광대; b. 그러므로 11은 12 또는 13과 같은 것일 수 있다; **3.** 완전함과 완벽함의 과다함(지나침): A. 기독교: a. 죄, 위반, 무절제(과도함); b. 유다(그리스도를 대신한 희생제물)가 떠난 후 열한 명의 사도와 그리스도가 있었다; B. (새로운 주기로) 전환: 아래의 제임스 조이스James Joyce 참조; **4.** 말기 임신 기간; **5.** 이집트: 이시스Isis 의례을 위한 후보자들(아풀레이우스

Apuleius의 "황금 당나귀Golden Ass" 참조)은 열흘간의 금욕 후 열한 번째 날에 입회한다; **6.** 히브리: 요셉은 이스라엘의 열한 번째 지파였다; **7.** 제임스 조이스: 재생의 숫자(완전한 순환인 10 다음의); **8.** 날씨 예언: "7시 전에 내리기 시작한 비는 11시 전에 그친다"(속담); **9.** 11시간의 수면: 사악한 것: 다른 수면시간의 경우 잠sleeping 참조.

12 twelve **1. 우주 질서**: A. 공간: 전통적인 나침반에는 열두 개의 방향이 있다; 시간과 연결된 이와 같은 생각은 딜런 토머스Dylan Thomas의 작품 속서 그 예를 찾아 볼 수 있다; B. 시간: a. 별자리의 수; 1년에 12개월; b. 낮과 밤의 12시간; **2. 완벽**, 완성: a. 12는 모든 숫자 중에서 가장 넓은 범위이며, 전조가 되는 숫자 7에 따라 달라질 수 있다: 3+4=7, 3 × 4=12; b. 2, 3, 4 및 6으로 나눌 수 있다; c. 3과 3+1의 딜레마(그리고 이 딜레마에 대한 해답); d. 신의 수(3)에 사람의 수(4)를 곱한 것; e. 12는 원, 주기 및 바퀴의 완전성과 관련 있다; 12는 원을 '최대로' 분할할 수 있는 숫자이며 원 내부를 3부분, 외부를 4부분으로 분할하는 경우도 많다; f. 음력으로 크리스마스와 주현절 밤사이에는 12일이 있는데 이는 1년의 12개월을 모방한 것이었다; 이것은 크리스마스 오락에서 흔히 볼 수 있는 몰수 게임의 12연과 연관된다; g. 두 개의 주사위의 합 12; **3. 구원**, 거룩함: a. 12는 그리스도와 관련하여 매우 중요한 숫자이다: 사도들의 숫자일 뿐 아니라 "열두 해 동안 혈루증을 앓아 온" 여인(마가복음Mark 5, 25), "열두 살이었던 야이로의 딸(마가복음 5, 42), 열두 가지 죄(마가복음 7, 21f.)도 있다; b. 일곱 개의 행성이 확장되어 그리스-로마 신화의 디 마이오레스(역주: 가장 중요하고 강력한 열두 명의 신의 그룹)를 이루었고 그 중 헤르메스는 열두 번째이다; c. 새 예루살렘에는 열두 개의 문, 열두 개의 기둥, 열두 개의 주춧돌, 고대 율법의 열두 명의 족장 등이 있다; d. 엘림에는 열두 개의 우물이 있었다(출애굽기Ex. 15, 27); e. 성소의 열두 개의 떡(열두 개의 별자리에 해당한다); **4. 인간**: A. 열두 명의 집단: 심혼에 대한 이해의 장을 만드는 데 약 열 두명이 가장 효과적인 수로 여겨져 왔던 것으로 보인다; 따라서 12는 인접한 숫자 11 및 13과 대략적인 관계를 갖고 있다; 무리는 11명과 우두머리(총 12명) 또는 12명과 우두머리(총 13명)가 될 수 있다. 이스마엘은 열두 명의 두령(창세기Gen. 17, 20)을 낳을 것이라는 언약을 받았다; 13thirteen 참조; B. 6의 배수를 이루는 귀, 눈, 콧구멍, 입술, 손, 발의 신체 기관은 인간의 힘을 이룬다; **5. 태양**(B번의 1에서 시간적 요소와는 별개로): a. 참나무 왕은 보통 열두 명의 부하를 두었다; 게다가 한 두 명의 태양왕(또는 대리왕)이 12개월 만에 죽었으므로 이것은 희생과 고통을 의미한다; b. 여섯 개의 황금광선이 라티누스가 태양으로부터 하강하는 모습을 보여 주면서 라티누스의 신전을 두 번 둘러쌌다(베르길리우스Virgil, 아이네아스Aen. 12, 161ff.); 이것은 또한 미트라와 삼손의 일곱 갈래 머리띠의 변형이다; c. 태양이 사랑에 빠진 류코토에게는 열두 명의 처녀가 있었다(나소 P. 오비디우스Naso. P. Ovid, 변신이야기Metam. 4, 221); **6. 달**moon: 일 년에 열두 개의 음력 월이 있다(변형: 달력calendar 참조); **7. 조화**, 권력, 정의, 절제: 최초의 로마 법전은 열두 개의 서판에 새겨졌다(3번의 c, 참조); **8. 아름다움**, 우아함, 온화함 등: 완벽함의 추가적 특성; **9. 나귀**ass: 열두 달 동안 새끼를 밴다.

13 thirteen **1. 행운**: 원래는 신성하고 신비한 숫자: A. 달력: 새로운 시작: a. 일부 달력에는 음력의 13개월(28일과 추가 1일)이 있고, 켈트 달력에는 13개의 자음과 나무에 해당하는 13개월이 있다; b. 히브리 달력은 열 세 달이 있었지만 에스더의 이야기에서 열세 번째 달(그리고 13일)은 특히 (긍정적으로나 부정적으로) 중요한 달이다; B. 11과 12의 그룹group, 또는 13은 심혼의 이해를 지닌 그룹을 만드는 데 가장 적합한 숫자이다; 이러한 이유로 다음을 발견할 수 있다: a. 오시리스 머리의 열두 부분(또는 남근과 열두 부분); 13+1 부분들의 이야기와 다르다; b. 야곱과 그의 열두 아들; 대제사장의 흉패에 있는 돌 열세 개; c. 오디세우스와 열두 명의 동료; d. 로물루스와 열두 명의 목자; e. 그리스도와 열두 명의 사도; f. 발드르Balder와 열두 명의 심판자; g. 아서왕과 열두 명의 원탁의 기사들; h. 롤랑과 프랑스의 열두 명의 귀족; i. 판사와 열두 명의 배심원; **2.** 비록 많은 나라에서 숫자 13은 행운으로 남아 있지만 (아래의 민속 참조) 신비

한 성격의 부정적인 측면도 예로부터 존재해 왔다; A. 죽음(12의 완성에 이어): a. 열세 번째 달은 다산왕에게 죽음을 가져왔다; 이는 종종 해당 월의 13일(이데스)에 발생했다: 예 아가멤논은 클리템네스트라가 축제로 명한 가믈리온의 달(1월) 13일에 사망했다; b. 시신을 매장한 후 13일째 되는 날에는 그리스의 장송곡 ('트레노이threnoi') 중 일부를 불렀다; 이 숫자는 부활을 의미하기도 한다; c. 한편 히포다메이아의 아버지는 펠롭스가 그녀를 얻으려고 구애하던 열세 명의 구혼자를 죽였다(핀다로스Pindarus, 올림피아 송시 Olymp. O 1, 79); d. 발드르가 겨우살이로 로키(눈먼 호드를 통해)에게 죽임을 당했을 때 그 자리에 열세 명의 사람들이 있었다; e. 이후 기독교에서는 최후의 만찬에 참석한 사람의 수로 불행의 측면을 강조했다; B. 고대 다산 의식의 잔재 중 하나로서 악마 신과 마녀 집회에 참석한 마녀들의 수; 흑마법에서는 열세 명의 악마가 소환된다; **3.** 달과 관련된다: "그녀는 매년 달의 주기를 따라 열세 번 춤을 춘다"(존 데이비스 경 John Davis, "오케스트라Orchestra"); 1번의 A 참조; **4. 지배**: 아마도 1번의 B를 통해; **5. 민속**: A. 불행: a. 로마 점술에서 13은 죽음, 파괴, 불행을 의미했다; b. 영국에서는 악마를 나타내며 (2번의 B 참조) 일반적으로 불길하다: 예 특히 결혼의 경우에 가장 불길한 날짜는 5월 13일 금요일이다; B. 행운: a. 종종 13일에 태어난 것은 행운으로 여겨진다(1번의 A 참조); 몇몇 나라에서는 13이 행운의 부적으로 판매된다; b. 런던의 13번 버스는 제2차 세계대전 내내 무사했다.

14 fourteen **1.** 융합과 조직; **2.** 정의와 절제; **3.** 세 가지 형태의 여신에 속하는 음력: 한 달 중 행운의 상반기; **4.** 성서: 거룩한 숫자: a. 2 × 7: 또한 42=3 × 2 × 7 참조; b. 다윗 이름의 숫자 : 4+6+4; **5.** 피타고라스: a. 환상; b. 손실; c. 희생; **6.** 크로이소스Croesus와 관련된다: 그는 14년 동안 통치했고, 14일간의 포위 공격 끝에 포로로 잡혔고, 열네 명의 리디아인들과 함께 장작더미 위에서 화형 당했다(헤로도토스Herodotus 1, 86).

15 fifteen **1.** 보름달은 매월 15일에 나타난다; 바빌로니아에서 이날은 굵은 베옷을 입고 재를 바르는 날이었다; **2.** 악마와 관련된 숫자; **3.** 에로틱한 측면: (위대한 여신의) 숫자 5에 신성한 숫자 3을 곱한 것; **4.** 민요에서는 불운한 숫자: 15명의 무법자들("얼링턴Erlington"); 얼 브랜드를 찾는 15명의 기사들.

16 sixteen **1.** 행복, 사치; 피타고라스식 행운의 숫자(1+6=7); **2.** 사랑, 관능: 종종 젊은 연인들에게 해당하는 이상적인 나이(예 나소 P. 오비디우스Naso P. Ovid, 변신이야기Metam. 13, 753; 14, 325; 'sweet six' 참조); **3.** 풍요와 다산: 나일강의 범람이 16야드까지 이르는 것은 풍성한 수확을 보증하는 큰 기쁨의 척도였다(12야드는 기근을 의미했다); 따라서 16은 인간의 풍요함의 척도가 되었다: 사람은 16세에 결혼할 수 있다; 하토르는 "16의 통치자"로 불렸다; **4.** 약점, 파괴; **5.** 제임스 조이스James Joyce: "율리시스Ulysses"에서 가장 눈에 띄는 숫자: 날짜로는 6월 16일; 블룸 Bloom과 스테판Stephen은 16살 차이가 난다; 16장에서 선원은 가슴에 '16'이라는 숫자를 문신으로 새겼다; (69처럼) 16은 침대에서 성교하는 자세의 상징(그러나 아마도 블룸의 특정한 부분을 훨씬 더 잘 나타내는 것으로 보인다)이다; 블룸은 16년 전에 몰리와 처음으로 사랑을 나눴다.

17 seventeen **1.** 이집트: 체커 게임에서 달은 빛을 비추는 주기의 열일곱 번째 부분을 잃었기 때문에(즉, 29일로 이루어진 12개의 음력 달이 됨) 거의 5일을 만들어 달력에 삽입했다(플루타르코스Plutarch, 윤리론집 M 355Df.); **2.** 오시리스의 생명은 달의 힘이 끝나는 때인 (한 달의) 17일에 끝났다(같은 책); **3.** 피타고라스학파는 이날을 경계barrier라고 불렀고 정사각수 16(4×4)과 직사각수 18(6×3; 같은 책 367E) 사이에 있기 때문에 이 숫자를 싫어했다.

18 eighteen **1.** 숫자 점(點)에서 중요한 숫자: 2×3×3; 또한 9(진실)+9, 한편으로 1+8=9; 더 중요한 두 숫자 12+6; **2.** 생명의 상징(1-8); **3.** 구약성서: 사악한 숫자: 우상숭배에 대한 벌로 "이스라엘의 자손이 모압의 왕 에글론을 열여덟 해 동안 섬겼다"(사사기Judg. 3, 14); **4.** 기독교: 큰 보상.

19 nineteen **1.** 때로 대년Great Year(플라톤년)(디오도로스Diodorus에 따르면 하이퍼보리아인들 사이에서)은 태양력 19년과 태음력 235개월입니다. 왜냐하면 19년 주기의 대년이 4년의 전통적인 주기보다 양력과 음력의 날짜가 가장 동일해지기 때문이다(4four 참조); **2.** 죽음: 신성한 왕의 '해Year'의 마지막(그리고 죽음)을 의미했다; **3.** 스톤헨지의 고대 거석에 있는 구멍의 수: 이는 12개월+7일=1년을 가리킬 수도 있다; **4.** 헤카베는 19명의 자녀를 낳았지만(호메로스Homer, 일리아드Il. 24, 496에 따르면), 시모니데스Simonides에 따르면 20명이다. 후자는 (그리스인들의) 어림수에 대한 선호로 설명할 수 있다; **5.** 행운의 숫자: 1과 9 모두 행운의 숫자이다.

100 one hundred **1.** 완벽; **2.** 군사 단위; a. 로마 군대의 '백부장'이 이끄는 군사들의 수; b. 리어왕의 기사들의 수; c. 컬로든 무어 지역의 전투에서 군대를 이끌었던 백 명의 피리 부는 부대원들(1746).

102 one hundred and two 교부 순례자들의 숫자(그중 여성은 28명이었다).

110 one hundred and ten 110년: a. 교회법에 의한 표준숫자; b. 매 5년마다 21번 이루어지는, 즉 110년 동안 이루어지는 정화의례; c. 이상적인 죽음의 나이: a. (원래 이집트인이었던) 요셉은 110세에 죽었고(창세기Gen. 50, 22), 여호수아도 110세에 죽었다(여호수아Josh. 24, 29); b. 또한 시빌리나의 예언집Oracula Sibyllina에서 에트루리아인들도 110세를 산다고 전해진다.

111 one hundred and eleven 제임스 조이스James Joyce: 풍부.

120 one hundred and twenty **1.** 히브리어: 23명의 원로회를 구성할 수 있을 만큼 큰 무리의 군중; **2.** 강력한 마법의 숫자: a. 1×2×3×4×5; b. 크리스티안 로젠크로이츠Christian Rosencrux 신부의 시신이 무덤에서 썩지 않고 묻혀 있었던 기간.

144 one hundred and forty four 긍정적인 면: a. 이 숫자들의 총 합은 1+4+4로 9다; b. 10과 두 개의 4로 구성되어 있다.

153 one hundred and fifty three 베드로가 물고기를 153마리 잡았다(요한복음John 21, 11): 고대에는 153종의 물고기가 있다고 믿었기 때문에 베드로는 모든 종류의 물고기를 다 잡은 셈이다.

1,000 one thousand **1.** 절대적 완벽: 10의 세제곱; **2.** 무한성: 이 보다 더 큰 숫자는 천을 계속 곱한 숫자일 뿐이다.

1,000 thousand 1,000one thousand 참조.

1,100 eleven hundred **1.** 배신: 삼손을 배신한 대가로 델릴라가 받은 세겔(은화)의 수(사사기Judg. 16); 은silver 참조; **2.** 야비한 행동: 미가가 그의 어머니에게서 훔친 돈의 액수(사사기 17, 1ff); **3.** 이 숫자는 완성의 수(예 남자의 나이)인 110의 10배이며 바람직하지 않은 다중성의 의미를 갖고 있다.

10,000 ten thousand **1.** 그리스어로 '미리아드myriad': 모나드 또는 '1'로 시작하는 수열의 끝; 그리스어에는 더 큰 숫자를 나타내는 이름이 없었다(필로 유다이오스Philo Judaeus, 화분으로서의 노아의 사역에 관하여Plant. 76); **2.** 천사의 최고 완전함을 나타내는 숫자(밀턴-파울러Milton-Fowler, 실낙원Par. L. 6, 769f.); **3.** 전사한 모든 사람이 즉시 교체되는 페르시아군의 선택 보병 사단(헤로도토스Herodotus 7. 80).

11,000 eleven thousand 4세기에 11,000명의 소녀가 쾰른 근처에서 훈족으로부터 처녀성을 지키기 위해 죽었다; 이러한 순교자 중 가장 잘 알려진 사람은 스페인에서 16세기에 크게 존경받은 성녀 우르술라이다(성녀 테레사Sta Teresa F 18+n).

1월, 정월 January **1.** 축제(보통 1월 1일에 열리지만 가끔 이전의 달력상의 첫째 날, 즉 1월 12일 밤에 열리기도 했다): a. 태양의 귀환을 축하하는 축제의 끝; 야누스Janus 참조; b. 할례 축제; c. 어리석은 자들의 축제; **2.** 속담: a. "1월이 여름처럼 따듯하면 '5월 말까지는 겨울 날씨가 될 것이다'"; b. "1월에 풀이 잘 자라면 그해의 나머지 기간 동안에는 잘 안자란다".

10월 October **1.** (옛) 로마 달력의 여덟 번째 달; **2.** 가을, 수확, 재파종의 시기; **3.** 탄생석: 오팔 또는 토르말린; **4.** 별자리: 전갈자리(10월 22일부터); **5.** 색상; 청록색; **6.** 꽃: 카네이션, 꽃잎이 갈라진 용담, 단풍잎; **7.** 수호신: 마르스.

11월 November **1.** 이름: (구) 로마 달력의 아홉 번째 달; **2.** 시기: a. 이 시기의 농업 활동: i. 참나무 숲으로 돼지 몰기; ii. 돼지 또는 소 잡기; b. 이 시기에 나타나는 현상: 추위, 우울, 죽음; **3.** 11월의 탄생석: 황옥; **4.** 11월의 별자리: 궁수자리(21일경에 진입); **5.** 색상: 파란색; **6.** 축제: A. 11월 1일 "만성절All Saints' Day": 가윈 경은 녹색의 기사를 찾기 위해 만성절 다음날 길을 떠난다. 시에서 이 날은 조상숭배 의식을 치르기에 적당한 비옥한 한해의 마지막 날이라고 묘사되었다: 켈트족의 삼하인 축제Samhain 참조; B. 11월 11일: a. 성 마틴의 날St. Martin's Day: 성 마틴의 축일Martinmas 참조; b. 로마: 바카날리아축제Feast of Bacchus, 위날리아 축제Vinalia; c. (여전히) 일반적으로 카니발 축제가 시작되는 날.

12월 December **1.** 어원: 라틴어 '데셈decem'=10: 고대 로마 달력에서 열 번째 달이며 3월에 새해가 시작된다; 앵글로색슨족: 한겨울의 달 또는 성탄계절; **2.** 다음의 시기: A. 전원생활에서: a. 살찐 돼지 잡기 시기; b. 크리스마스 만찬 준비의 시기: 돼지 또는 황소(원래는 성탄 계절에는 수퇘지를 잡음) 잡기와 오븐에 케이크 굽기; 사람들은 포도주잔 옆에 수탉 장식이 있는 테이블에 둘러 앉는다; c. 장작패기; B. 12월은 다음을 나타낸다: a. 어둠과 추위; b. 평화와 고요; **3.** 점성술: 토성과 염소자리; **4.** 보석: 터키석 및 라피스-라줄리 또는 루비; **5.** 수호 여신: 불의 여신 베스타; **6.** 축제: A. 사투르날리아 농신제Saturnalia; B. 12월 25일: 동정녀 어머니가 새로운 태양의 아들을 낳은 날: a. 이집트: 호루스와 오시리스의 탄생; b. 그리스: 디오니소스와 헤라클레스의 탄생; c. 페르시아: 미트라의 탄생; d. 기독교: 그리스도의 탄생; C. 원래 크리스마스는 그리스도의 탄생일로 인정되지 않았다(이교도의 축하 행사와 구분하기 위해); 동방 교회는 아직도 1월 6일을 그리스도의 탄생일로 인정한다; 서양에서는 동등하게 '중요하게 여기는' 주현절을 공현축일로 삼고 (크리스마스보다) 더 많은 의미를 부여한다; **7.** 민속: 12월 21일은 유다가 목을 매단 날이었다. 그러므로 선원들이 항해에 나서기에 불길한 날이다.

2 two **1.** 극성, 다양성, 이원론, 대극의 결합: 긍정적/부정적, 삶/죽음, 남자/여자; 쌍둥이, 반향, 그림자, 반사(예 달) 등; **2.** 차이, 저항; **3.** 원질료: a. 창조주와 대극으로서 자연; b. 일반적으로 위대한 모신 Magna Mater 또는 여성으로서의 어머니 대지; **4.** 평형상태의 평온함뿐만 아니라 시작이기도 하다; **5.** 두 개로 된 인간의 신체 기관: 팔, 다리, 가슴, 콧구멍, 눈, 귀; **6.** 메신저, 정탐꾼, 경찰 등의 수: 가나안으로 파견된 정탐꾼, 짝지어져 보내진 사도들과(예 마가복음 Mark 6, 7) 노르웨이로 보낸 햄릿의 전령들의 수; **7.** 불운: 로마에서는 두 번째 달과 매월 두 번째 날을 신성한 날로 여겨 지하세계의 신 플루토에게 바쳤다.

20 twenty **1.** 10의 상징을 공유하는 숫자; **2.** 인간: 열 개의 손가락과 발가락; **3.** 지혜; **4.** 강조: 예 "꽃 같은 나이 스무 살"(십이야Tw. N. 2, 3), "스무 배 더 좋은 저녁"(윈저가의 즐거운 아낙네들Wiv. 2, 1); **5.** 부정수: 민담에서 우리는 자주 20 또는 그의 배수인 무리를 찾을 수 있다: 예 "2만 명"; **6.** 리디아 하프에 스무 개의 현이 있었다; **7.** 민속: 미국에서 1840년 선거 이후로 선출된 대통령들이 20년 간격으로 재임 중에 사망했다; 윌리엄 헨리 해리슨, 아브라함 링컨(암살당함), 제임스 에이브램 가필드, 윌리엄 맥킨리(암살당함), 워런 가말리엘 하딩, 프랭클린 델라노 루스벨트, 존 피츠제랄드 케네디(암살당함); 운 좋게도 이 사슬은 그 이후에 끊어졌다.

21 twenty-one **1.** 절대 진리: (12와 같이) 숫자 1, 2, 3과 관련 있다; **2.** 3×7은 21이기 때문에 더하여 합이 21이 되는 수는 가장 운이 좋은 행운의 숫자로 간주 된다(예 버스 티켓의 경우); 21은 카드 게임에서도

중요한 숫자다; 3. 성년이 되는 숫자.

22 twenty-two **1.** 일반적으로 부정적 의미: 행운의 숫자 21과 관련하여 불필요하거나 초과하는 여분(11과 10 사이에 존재하는 동일한 관계 참조)으로 간주된다: 어리석음, 오만; **2.** 원circle과 관련된다: 지름이 22일 때 원의 둘레가 거룩한 7이 된다(신성한 파이Pi로 표현된 관계); 이것은 다음과 관련될 수 있다: a. 드루이드교의 신성한 숲(태양 바퀴를 의미할 수도 있음)에 있는 나무의 수; b. 민요 "로빈 후드와 그의 부하들Robin Hood and his Meiny"에서 다음을 발견할 수 있다; "로빈은 에드워드왕이 두려워서 22년 동안 그린우드에 살았고 다시는 나가지 않았다"; **3.** 히브리 알파벳 글자의 수.

23 twenty-three **1.** 그리스도의 완전한 구원: 성삼위일체+십계명+새 언약의 십계명(밀턴-파울러Milton-Fowler p. 23); 죄인에 대한 하나님의 심판: 23,000명이 우상숭배와 음행으로 인해 형벌을 받았다(출애굽기Ex.와 고린도전서1Cor. 10, 8; 크리스토퍼 버틀러Christopher Butler, 숫자의 상징성NS p. 154); **2.** 세대의 수(르네 알렌디Rene Allendy, 수 상징성SN 373).

24 twenty-four **1.** 일반적으로 행운의 숫자를 의미한다: 24는 2 × 3 × 4이다; **2.** 구약성서: A. 전통적으로 구약성서는 스물네 권으로 구성되어 있다: 열두 명의 선지자(예언자)를 하나로 세고, 또 열왕기서, 사무엘서, 역대기, 에스라서, 느헤미아서는 둘로 셌다; B. 1년을 24부분으로 나눈다: a. 한 해를 24개로 나눈 것: 즉, 한 달을 반으로 나눈 24개의 제사장 반열의 수(역대상서1Chr. 24, 7-18); b. 엘리야가 엘리사를 택할 때에 엘리사가 열두 번째 겨리(역주: 소 두 마리가 끄는 쟁기)를 쓴 소들의 곁을 걷고 있는 것으로 나오는데, 이는 한 해 동안 총 스물네 마리의 소가 지나갔다는 것을 의미한다; C. 하나님 앞에 있는 보좌의 수(요한계시록Rev. 4, 4f.에서 흰옷을 입고 황금 면류관을 쓴 사람들로 묘사됨); 다음과 같이 설명된다; a. 열두 명의 사도와 열두 명의 장로; b. 스물네 명의 제사장들; c. 바빌로니아 북쪽의 열두 명과 남쪽의 열두 명으로 스물네 명의 항성(恒星)의 신들.

25 twenty-five **1.** 5의 제곱: a. 5가 감각을 나타내기 때문에 25는 감각적이고 맹목적이며 완고한 사람을 의미한다(크리스토퍼 버틀러Christopher Butler, 숫자의 상징성NS p. 150); b. 5의 제곱인 25의 자릿수(5와 2)를 더하면 7이 된다: 영과 물질의 두 세계를 오가며 존재하는 창조물들을 곱한 것; 이는 생명이 모든 수준에서 점진적으로 발전하는 것을 나타낸다(르네 알렌디Rene Allendy, 수 상징성SN 374f.); **2.** 레위 지파의 수(100one hundred과 20twenty을 참조); **3.** 인간의 나이: 스물다섯 살의 나이는 다음과 같은 경계에 있다: 지각 가능한 존재와 인지 가능한 존재, 더 어린 사람과 더 나이 많은 사람, 부패할 수 있는 것과 부패할 수 없는 것 사이의 경계(필로 유다이오스Philo Judaeus, 아브라함의 이주에 관하여Mig. 198).

27 twenty-seven 27은 3×9(3×3×3)로 로마에서는 신비한 숫자로 간주되었다: 예 a. 고대 로마에는 스물일곱 개의 예배당이 있었다; b. 5월 14일 강에 던져진 스물일곱 개의 '아르게이'(꼭두각시, 아마도 이전에 인간 대신에 희생제물로 쓰였던 것)(참조: 나소 P. 오비디우스Naso. P. Ovid, 행사력Fasti. 5, 62, 1ff.).

28 twenty-eight **1.** 불운한 숫자: 28일은 4×7일로 (음력) 달의 마지막 날을 나타낸다; **2.** 이집트: a. 신성한 황소 아피스가 익사한 나이; b. 오시리스는 28세에 사망했거나 28년을 통치했다.

200 two hundred **1.** 네 개로 구성된 수: 네 개의 삼각형으로 배열할 수 있는 숫자 즉 점으로 나타낼 수 있는 숫자(1, 3, 6, 10=20), 네 개의 사각형(1, 4, 9, 16=30), 네 개의 오각형(1, 5, 12, 22=40), 네 개의 육각형(1, 6, 15, 28=50) 및 네 개의 칠각형(1, 7, 18, 24=60)으로 이 모든 수를 더하면 총합이 200이 된다; **2.** 창조된 대상의 이원성, 성향의 이원성, 자기 극성, 유사성의 극, 성별의 이원성은 있지만 구성의 이원성은 없다: 데카르트는 영혼와 육체의 이원성을 주장하였으나 이는 공교회의 입장과는 반대였다(르네 알렌디Rene Allendy, 수 상징성SN 309).

2,000 two thousand 2,000걸음은 안식일에 허락

된 최대치 걸음.

2,200 two thousand two hundred 신이 아담 이전에 창조한 동물의 수(파라켈수스Paracelsus, 파라그라눔P p. 180).

2월 February **1.** 이름: 로마 달력의 12번째(=마지막) 달: a. '페브루스februs'=헌주하다; b. '페브루에르 februere'=정화: 정화 의식ceremonies과 죽은 자에 대한 숭배 의식; '페브루우스Februus'는 알려지지 않은 고대 신으로 후에 하데스/플루토와 동일시 되었다; **2.** 다음과 같은 기간: A. 농촌활동 기간: a. 목재 채집; b. 알프스 남쪽: i. 덩굴과 나무 가지치기; ii. 쟁기질; iii. 낚시; iv. 사냥; B. 추위의 기간을 나타낸다; **3.** 탄생석: 자수정; **4.** 별자리: 고대 별자리에서 태양은 그 해의 마지막 달인 2월 19일경에 물고기자리에 들어간다; **5.** 로마인들의 수호신: 넵투누스; **6.** 2월의 축제: A. 로마: a. '페브루아Februa': 정화 의례, 나중에 루퍼칼리아Lupercalia와 연결된다; b. 루퍼칼리아: 2월 15일: i. 축제의 신 루페르쿠스는 아마도 만들어졌거나 파우누스와 동일하다(파우누스faun 참조); 때로 축제는 로물루스와 레무스와 관련 있다고 여겨진다; ii. 축제는 사제들('루페르키Luperci')이 염소와 개를 제물로 바치는 것으로 시작되었다; 사제들 (또는 귀족 청년) 중 두 명이 제단으로 인도되었고 피 묻은 칼을 그들의 이마(아마도 인간의 훼손된 부분이나 인간 희생제물의 잔재)에 댄 다음, 우유 (다산)에 담근 양털로 피를 닦아냈으며 이 의식 중에 사제들은 웃어야 했다; iii. 염소 가죽을 입은 루페르키는 희생 제물의 가죽에서 끈을 잘라내고 달렸다. 옛 팔라틴 도시의 성벽 주위를 두 개의 그룹으로 나뉘어 달렸고 여성들은 그 가죽끈에 얻어맞으려고 애썼다. 이 관행은 불임을 치료하고 분만을 쉽게 한다고 믿었기 때문이었다; 채찍scourge 참조; iv. 교황 겔라투스 1세 (5세기)는 이것을 정화의 향연으로 바꿨다; c. '레지푸기움Regifugium'(역주: 왕의 비행(飛行) 축제): 2월 24일: 아마도 진짜 (다산) 왕을 숨기고 그의 대리자가 3일 동안 통치한 후 살해당한 잔재일 것이다; 카니발Carnaval 참조; B. 대륙: 카니발; C. 영국: "여신 베스타의 2월Vestal February"(코번트리 패트모어Coventry Patmore): 성 발렌타인데이(성 발렌타인St. Valentine 참조); **7.** "2월의 아름다운 처녀Fair Maid of February": 갈란투스; **8.** 민속: 다음과 같은 속담이 있다: a. "한 해의 모든 달들months이 아름다운 2월을 저주한다"; b. "2월이 제방을 채운다"; c. "2월은 다리를 만들고 3월은 그 다리를 부순다"; d. 물망초 forget-me-not 참조.

3 three **1. 신성한 수**: 세 가지 형태의 신: A. 이집트: a. 태양의 세 가지 위상: 아침(호루스), 정오(라 Ra), 일몰(아툰); b. 위대한 여신의 첫 번째 분열: 자매-신부, 어머니, 사제로서의 이시스; B. 그리스-로마: a. 세 개의 세계: 제우스(천상, 세 갈래로 갈라진 번개), 포세이돈(바다, 삼지창), 하데스(지하세계, 세 개의 머리가 달린 개); b. 지하세계에는 세 명의 심판관이 있다; c. 모이라이(운명), 복수의 여신들, 카리테스(다산), 하피, 지렌; d. 일반적으로 달의 여신은 세 개의 머리가 달린 것으로 나타난다: i. 말horse+여성(또는 암퇘지)+개; ii. 황소+개+사자; C. 기독교: a. 아버지, 아들, 성령(또는 여성적인 지혜: 이레나이우스Irenaeus H 2, 30, 9 참조; 테오필루스Theophilus 7 참조); b. 그리스도의 신성, 필멸, 영혼; D. 고대 북유럽: 예 노른 신; E. 일반적으로 신성하거나 영웅적인 시간들에 대한 신화적인 숫자: 전투, 죽음 등에 대한 숫자(보통 며칠, 때로는 몇 년); 그리고 이 숫자는 불가사의한 신비의 수였다: 예 사람들은 세 명의 카리테스를 기리기 위해 세 번 술을 마셨고 마법을 피하기 위해 가슴에 세 번 침을 뱉었다. 영웅을 위한 세 가지 시련: 셋 중 하나를 선택해 세 명의 적과 싸우고 세 개의 머리를 가진 괴물과 싸운다; **2. 지옥**의 상대: a. 케르베로스, 헤카테, 사탄의 삼지창; b. 세 명의 지하세계 심판들; **3. 완벽함**, 완성, 충분: a. 시작, 중간, 끝; b. 태양: 동쪽, 정점(남쪽), 서쪽: 탄생, 절정, 죽음; c. 이원성에 대한 단일의 작용의 역동적 균형, 또는 그 자체 내에서 단일성의 성장을 상징한다; d. 사물의 내부, 승화, 수직적 질서(참조: 4=외적, 양적); **4. 창조성**, 남성성: a. 물질로부터 정신의 창조, 수동성으로부터 행동을 창조한다; b. 세계 창조의 공식; c. 현존하는 세 개의 세계; d. 자연의 세계: 동물, 미네랄, 식물의 세계; **5. 영적**spritual: a. 지적 또는 영적 세계의 상징으로서의 삼합; 통합; b. 이원론 갈등의 해결; c. 능

동, 수동, 통합; d. 3은 피라미드 모양을 통해 불과 관련 있다: 정화와 빛; **6. 죽음과 재생**: a. 그리스: 죽은 자들에게 바쳐진 숫자: 세 번 부르고 사흘 동안 애도한다; b. 세 가지 형태의 위대한 여신은 죽음과 재생의 여신이다; 다산의 순환: (재)탄생, 성장 및 부패; 많은 민요에서 우리는 여전히 세 딸을 찾는다(예 "잔혹한 형제The Cruel Brother" "고든 공작의 딸들Duke of Gordon's Daughters"); c. 이전에는 교수대가 삼각형 모양이었다; 이 모양에 대한 수많은 언급이 있다; d. '세 그루의 나무' '세 발 달린 암말을 타는 것' 등; **7. 인간과 인간관계**: a. 기본 핵심: 남성 및 여성과 어린이; b. 신체적 · 정신적 · 영적인 삶 등; c. 피타고라스: 중재, 속죄, 완전성; d. 생각, 행동, 감정; e. 종교, 법률, 사랑; f. 인간의 삶을 지배하는 세 가지 덕목(예 제프리 초서Geoffrey Chaucer에서): i. 동물적인 것은 머리(뇌)에 자리잡고; ii. 자연적인 것은 간에 위치하며; iii. 활력은 심장에 위치한다; **8. 배신**: 성서에는 세 번 배신당하는 수많은 사례가 있다; **9. 마법**: 예 구약성서에서(또한 아래의 민속 참조): a. 엘리야는 과부의 아들을 살리기 위해 몸을 펴서 세 번 엎드렸다(열왕기상서 1Kings 17, 21); b. 엘리야는 비를 내리게 하기 위해 제사에 쓰일 송아지 번제물에 세 번 물을 끼얹었다(열왕기상서 18, 34); **10. 계절**: 일부 달력(예 이집트 달력)에는 세 계절이 있다. 겨울은 자연에서 죽음의 기간이므로 계절로 간주되지 않는다; **11.** 히브리-기독교: 다음의 수: a. 아브라함을 방문한 사람들; 노아의 아들들; b. 불타는 가마 속의 젊은이들; c. 마리아와 동방 박사; d. 십계명 중에서 하나님에 관한 계명; e. 참회의 단계: 통회, 고백, 만족; f. 신학적 가치: 믿음(십자가), 희망(닻), 사랑(성배 또는 빛); g. 시기: '법 앞에'(모세 이전), '법 아래'(그리스도까지), '은총 아래'(그 이후); h. 복음적 권고: 거룩한 순종, 영원한 정절과 자발적인 힘; i. 주목할 만한 의무: 자선, 금식, 기도; j. 가톨릭 전례에는 숫자 3이 끊임없이 반복된다; **12. 다음에 상응한다**: a. 재능 있는 사람들을 다루는 '예술가'; b. 해부학: 목구멍; c. 별자리: 쌍둥이자리, 행성, 목성; d. 색상: 노란색(빛); **13. 심리**: a. 갈등 해결; 생물학적 합성 및 출산의 해결; b. 종종 의식적인 영적 가치로 여겨지며 4의 완전함을 이루기 위해 무의식의 하나가 부족하다고 여겨진다: 삼각형을 대각사각형의 절반으로 볼 때, 양 극의 상반된 두 개의 삼각형으로서 이중성을 나타내며 동시에 전체성의 결합을 나타낸다(중국 음양설Chinese Yang-Yin 참조); 따라서 3은 남성성(또는 여성속의 아니무스(남성성)을 나타내는 반면, 4는 무의식을 포함한 여성성(또는 남성속의 아니마(여성성)을 나타낸다(참조: 존 키츠John Keats, "무정하고 아름다운 여인La Belle Dame Sans Merci"에서 "네 번의 입맞춤kisses four"); **14. 윌리엄 블레이크William Blake**: 인간의 네 가지 형태 중 성(性)적인 것은 머리, 심장(가슴), 허리(하복부)의 세 가지 형태로 나타난다; **15. 다른 것과의 조합**: A. 세 가지 선택: 모든 문헌에서 매우 흔한 주제: a. 보통 처음 두 가지의 선택은 이미 가지고 있는 것을 나타내고 세 번째 선택은 상황을 해결해 줄 마법의 해결책으로 나타난다; b. 세 번째는 부정적일 수도 있다; 예 동방 박사의 선물: 황금과 유향은 긍정적인 것이지만 몰약은 부정적이다(심지어 죽음의 의미도 포함): 동방 박사Magi 참조); c. 다윗의 선택: 7년(또는 3년)의 기근, 석 달 동안의 예속당하는 것, 사흘간의 역병(사무엘하서 2Sam. 24, 12ff.; 역대상서1Chron. 21, 12) 중 하나를 선택할 수 있었다; d. 이솝: 나무꾼이 물속에서 도끼를 잃어버렸고 헤르메스는 이를 불쌍히 여겨 금도끼와 은도끼를 가져왔는데, 나무꾼은 그것을 자신의 것이 아니라 거절했다. 그는 쇠도끼를 받아들었고 헤르메스는 그에게 세 개의 도끼를 모두 주었다(우화Fables 156); B. 3과 반: 완전(=7)의 절반, 또는 권력의 정점(예 유디트Judith); 또한 하나님의 두 증인(요한계시록 Rev. 11, 9)은 사흘 반 동안 죽어 있을 것이다; **16.** 민속: a. 세 개의 불빛 등(촛불candles 참조)은 불길한 징조이다; 세 사람이 함께 거울 속의 서로를 보면 그중 한 사람이 곧 죽을 수도 있다; 또는 세 사람이 함께 침대를 만들 때도 불길하다; b. 이 신성한 숫자의 긍정적인 측면: 세 귀퉁이가 있는(삼각형 모양) 집은 나병(세 가지 형태의 여신과 관련된 전형적인 질병)을 면한다; c. 엘리자베스 1세 여왕 시대에 하인들은 세 벌의 옷과 네 켤레의 스타킹을 받았다(참조: 리어왕Lr. 2, 2); d. 세 마리의 동물, 사람 또는 사물이 중요한 역할을 하는 민요가 많이 있다(3은 다원성의 원시적 형태일 수 있다: ='다수'): 예 고담의 세 남자, 세 명의 웨일즈인, 세 바보와 세 명의 사냥꾼, 세 마리의 소 또는 세 아들을 둔 노파 등; c. "세 번째로 모든 것을 갚는다"(속담).

30 thirty **1.** 신성한 숫자 3 그리고 10과 관련된다; **2.** 한 세대 (25의 대안으로): 예 켈트족의 속담 참조: "스무 살에 잘 생기지 않으면, 서른 살에 강하지 않으면, 마흔 살에 부유하지 않으면, 쉰 살에 지혜롭지 않으면, 결코 잘생기지도 강하고 부유하지도 지혜롭지도 못하리라"; **3.** 태양, 남성적인 숫자: a. 대략 태양이 한 별자리를 통과하는 시간 (그리고 달이 그 위상을 통과하는 시간); 한 달이 걸린다; b. 그리스 파르테논 신전에는 태양의 신부-어머니인 새벽의 여신을 기리는 30개의 기둥이 한 방향을 향해 있다; c. 태양 영웅 삼손에게는 서른 명의 동료가 있었다; 다윗에게는 용사 서른 명이 있었고(솔로몬은 두 배가 됨), 야르에게는 서른 명의 아들이 있었는데, 흔히 서른 명의 배수의 그룹을 볼 수 있다; d. 겨우살이가 자라는 참나무; **4.** 기다림의 기간: a. 신성한 아이 제우스가 태어나기 전의 사투르누스의 통치시대; b. 기독교의 강림절; **5.** 신비한 숫자(영지주의): 30개의 에온Aeons(역주: 영지주의 철학에서 신의 특정한 측면을 나타내는 계층구조) 또는 계층 번호; **6.** 구약성서의 은 30냥: a. 노예의 몸값; b. 목동의 임금(스가랴서Zech. 11장에서 나오는 여호와의 목자); 목동은 은 30냥을 토기장이에게 주거나 헌금함에 넣었다(둘 다 이후에 유다와 관련하여 언급됨); c. 신약성서: 그리스도를 배신한 유다에게 준 사례금(예 마태복음Matth. 26, 15); 은silver 참조.

32 thirty-two **1.** 행성의 움직임과 관련된다; 나침반에는 32개의 방향이 있다; **2.** 제임스 조이스James Joyce: ("율리시스Ulysses") 낙하물의 법칙(신체; 11의 반대): 낙하물의 속도가 초당 32피트 증가한다(블룸Bloom은 하루 종일 이 사실을 기억했다); 32는 16의 2배가 되는 숫자.

33 thirty-three **1.** 이집트의 신비; 33개의 비밀이 아직 밝혀지지 않았다; **2.** 구약성서의 거룩한 숫자: 예 남자 아이를 낳은 여성은 출산 후 7일 동안 '부정한'것으로 간주되어 33일 동안 성전을 떠나 있어야 하므로 총 40일이 된다; **3.** 완벽함, 절정: a. 그리스도의 사망과 부활 시의 나이; b. 대제사장이 되는 나이; **4.** 태양: 별자리를 통과하는 30일+삼위일체; **5.** 민요에 빈번하게 나오는 수 '30일과 3' '30년과 3': 예 군주에게 봉사하는 기간의 일반적인 척도(의무를 이행하는 데 필요한 시간).

35 thirty-five **1.** (위대한 여신의) 5의 7배; **2.** 로마: 한 사람의 전성기로서 집정관이 될 수 있는 나이.

38 thirty-eight 38년 동안 병을 앓았던 사람이 베데스다 연못에서 치유의 물이 흐르기를 기다린다(요한복음John 5장).

39 thirty-nine **1.** 부분들 간의 관계의 조화를 통해 자신을 표현하는 우주의 조직과 연대(3+9=12); 13의 세 배인 39는 헛된 것이 아니라 조직적이고 조화를 이루는 개별적인 시작이다(르네 알렌디René Allendy, 수상징성SN 384); **2.** 매질이나 채찍질을 할 때 신성한 숫자인 40을 피하기 위해 하나가 모자란 39로 제한했다.

300 three hundred **1.** 신의 호흡(영spirit); **2.** 기독교: 기드온의 동지(군사)의 수(30의 배수); 그러나 300은 또한 그리스 문자 타우(T)의 수이다; 기드온+동지=그리스도+십자가; **3.** 무한한 큰 수: 카툴루스의 불충실한 연인은 한 번에 삼백 명의 애인과 사귀었다(라틴어로 "그녀가 한꺼번에 포옹하는 300명quos simul complexa tenet trecentos": C. 11); 완전히 다른 맥락의 시에서 카툴루스는 300개의 각각 11음절로 된 헨데카음절을 언급한다.

318 three hundred and eighteen **1.** 아브라함이 사악한 왕들의 속박으로부터 롯을 해방시키기 위해 데리고 간 하인들의 수(창세기Gen. 14, 14; 프루덴티우스Prudentius, 시편 서문Ps. Pref. 57ff.); **2.** 숫자를 나타내는 그리스 문자(대문자) 체계에서 TIH: 그리스도의 십자가(T)+그의 이름의 시작: IHSOUS: T=십자가=300+I=완전한 10+H=첫 번째 세제곱=8(프루덴티우스 같은 책; 알렉산드리아의 클레멘스Clement of Alexandria, 스트로마타Strom. 6, 11).

365 three hundred and sixty-five **1.** 일 년: 태양신의 출현(아브락사스abraxas 참조); **2.** 오시리스에게 경의를 표하는 등불의 수; **3.** 미트라는 365일 매일 다른 천상을 다스린다.

3,000 three thousand 셀 수 없이 많은: 예 오케아니스의 수(허버트 J. 로즈Herbert J. Rose 32).

30,000 thirty thousand 프로메테우스Prometheus가 바위에 묶여 있었던 기간, 즉 세계에서 가장 긴 기간(아이스킬로스에 관한 연구Schol. on Aesch., 프로메테우스Prom. 4; 가이우스 율리우스 히기누스Gaius Julius yginus, 점성술Astrol. 2, 15; 카를 케레니Carl Kerényi, 그리스의 신들GG 221에서 인용).

3월 March **1.** 고대 로마 달력에는 열 개의 달이 있었다: 1월과 2월은 '죽은 계절'로 제외되었다: 그래서 12월이 마지막 달이었고 농업과 전쟁의 신 마르스의 이름을 딴 3월이 첫 번째 달이었다; 태양은 3월경에 양자리에 들어간다; 현재는 1월과 2월이 달력에 포함되어 있다(티불루스Tibullus 3, 1, 1ff.); **2.** 다음의 시기: a. 시골의 활동(알프스 북쪽): 남쪽의 2월 활동(씨 뿌리기, 땅 파기, 사냥하기); b. 잔잔한 바람; c. 가뭄: "4월의 달콤한 소나기가 내려 3월의 가뭄이 뿌리까지 적셔졌다"(제프리 초서Geoffery Chaucer, 캔터베리 이야기CT 프롤로그); d. 광기: 3월의 토끼The March hare 참조; **3.** 상응하는 의미: a. 애굽(이집트)에 있는 이스라엘; b. 탄생석: 아쿠아마린과 혈석; c. 색상: 빨간색; d. 별자리: 양자리; **4.** 중요한 날짜: A. 3월 14일: 로마시대의 묵은 해의 신 마무리우스 베투리우스는 마르스의 방패(신성한 방패)를 복제하는 바람에 길거리로 끌려가 살라이족에게 구타당한 후 도시 밖으로 내쳐졌다. 그래서 그는 양치기의 신이기도 하다(따라서 새로운 마르스와 부분적으로 동일시됨); B. 3월 15일: a. 다산의 여신 안나 페레나 축제, 키벨레와 아티스 축제; b. (3월 27일); c. 율리우스 카이사르Caes.가 "주의하라"고 경고 받은 날(율리우스 카이사르Caes. 1, 2) 그리고 그가 살해당한 날; C. 3월 25일: a. 주노(헤라)의 기적적인 수태 기념일; b.기독교: 천국의 여왕인 성모 마리아의 기적적인 수태 기념; 성모영보축일(최소한 이 둘 중 하나); **5.** 3월의 닭: 조숙한 젊은이(헛소동Ado 2, 1); **6.** 민속: a. 전설: 신께서 인간을 만든 달(제프리 초서Geoffery Chaucer, 캔터베리 이야기CT, 수녀의 사제실 이야기The Nun's Priest's Tale); b. 3월의 태양은 출산을 자극한다(헨리 4세 1부1H4 4, 1); c. (마법적으로) 머리를 자르기에는 안 좋은 시기; d. 속담: 대부분은 3월의 변덕스러운 날씨를 말한다: 예 "3월의 먼지 한 줌(많은 양)은 왕의 몸값만큼 가치가 있다"(존 헤이우드John Heywood).

4 four **A. 지구, 물질세계**: 1. 지구의 질서; 2. 공간: a. 정육면체; b. 정사각형=메르쿠리우스: i. 머리와 남근만 가지고 있다: 세상의 주인, 만물의 씨를 뿌리는 자; ii. 4현의 시스트럼(역주: 고대 이집트 악기): 세계의 4개 지역, 4계절 등; 3. 전체를 구성하는 최소한도; 4. 나침반의 네 가지 주요 방위; 5. 구성요소(각각의 것 참조): 네 마리의 말이 끄는 고대 전차와 관련 있다(전차 앞에 나란히 서 있는 네 마리의 말); 마차를 모는 사람=판토크라토르; 전차 또는 "후광"은 하늘과 땅의 순환 사이의 교차점(회전하는 4두 2륜 전차)을 나타낸다; 네 마리의 말은 네 가지 요소를 상징한다: a. 불: 행성과 별자리 표식이 몸에 있는 가장 빠르고 빛나는 말; 이 말의 뜨거운 숨결은 '공기'의 갈기를 불태운다; b. 공기: 불보다 조금 느리게: 몸 한쪽에만 불이 붙는다; c. 물: 공기보다 더 느려서 땀으로 땅을 잠기게 한다; d. 흙: 계속 빙글빙글 도는 특성이 있다; 6. 낙원에 있는 네 개의 강에 대해서는 아래의 H번의 IV 참조; 7. '황도의 고정 별자리': 두 개의 지점(至點)과 두 개의 분점(分點)(하지, 동지, 춘분, 추분을 의미); 8. 세상의 멸망: 기근, 홍수, 역병, 야수들; 9. 세계의 네 기둥; **B. 시간**: 1. 대년Great Year: 4년=50 태음월=(때로는) 대년의 반; 종종 게임(예 올림픽)에서 선출된 신성한 왕의 통치 기간 4년과 관련 있다; 위대한 여신 아르테미스의 전차를 끄는 네 마리 암사슴은 태양왕을 하늘로 실어 나르는 태양 마차의 네 마리 말에 상응된다; 2. 계절; **C. 인간의 상황**: 1. 이성: a. 합리적인 조직; b. 아이디어의 실현(숫자 3): 플라톤; 2. 가시적 성과; 3. 4의 모양 : 남근+외음부(양성성=다산); 4. 사람의 신체부분(팔다리+머리의 다섯 부분으로 나누는 것 외에): 머리, 가슴, 내장, 팔다리; 5. 원소

elements 참조('유머' 등); **D. 신성**: 1. 대부분의 고대 민족들에게는 신을 나타내는 4자음 문자tetragrammaton, 즉 네 개의 글자로 이루어진 최고의 신이 있었다: 예 제우스, YHWH(역주; 여호와); 5five 참조; 2. 하나님의 선하심, 권능, 통합과 지혜; 3. 네 가지 신성한 '생명체': 사자(짐승들 중에서), 황소(가축들 중에서), 독수리(새들 중에서), 사람(모든 만물 중에서)로 묘사되었다; 이 존재들은 모두 함께 네 가지 형상Tetramorph을 형성한다; 또한 아래 참조; 4. 십자가; 5. 불: 최고의 신들은 가장 순수한 정화요소를 다루는 신들이다; **E. 심리**: 1. 전체성: 남성적인 삼각형+정사각형을 대각선으로 잘랐을 때 생기는 대칭의 반대쪽 삼각형(무의식 및 여성)(3three 참조); 2. 의식의 기능적 측면: 사고-느낌-감각-직관; 3. 집중력; 4. 이중 분할: 2+2; 5. 분리된 것을 질서정연하게 배열한다; 6. 잘 정돈된 공간과 구조물; **F. 카드 한 벌**: 카드, 카드 게임 하기; **G. 일반적으로 다음에 상응함**: 1. 방향: 나침반compass 참조; 2. 기간: 시간time 참조(=B); 3. 인간의 시대: 연령age 참조; 4. 색상: 녹색: 신경 진정제; 5. 별: a. 황도십이궁도: 게자리(네 번째 순서); b. 행성: 토성은 감독자, 교사, 시간 기록원과 관련 있다: 속도를 늦춰서 현실로 돌아오게 하는 것; 시간기록원의 경우 어떤 숫자를 사용하든 이에 해당된다; **H. 특별한 신화적 의미**: **I.** 이집트: a. 천체 관련 숫자: 스핑크스로 상징되는, 하늘을 받치고 있는 4개의 기둥이 있다; b. 네 명의 죽은 자들의 정령; c. 호루스의 네 아들; **II.** 히브리: a. 최고의 존재 야훼YHWH의 네 글자; b. 보편성+신성한 균형; c. 모든 예지적 문학, 묵시 문학에서 매우 중요한 숫자: 예 네 개의 '생명체', 바람 작품과 생애 넷, 네 명의 기수, 네 가지 형태의 형벌(전쟁, 역병, 죽음, 지옥); d. 낙원에 있는 네 개의 강(참조: 다음 IV번 및 분리seperate)은 풍요와 새 힘과 지혜를 준다; **III.** 그리스-로마: 1. 피타고라스학파: a. 서약이 있는 모든 종교를 포함한다; b. 우주의 배열에서 하나님과 그의 무한한 권능을 상기시켜 준다: 조화의 하나님; 미덕을 창조하는 최초의 수학적 힘; c. 공정, 정의, 대지; 2. 더 나아가 다음을 의미한다: a. 네 가지 요소(그리고 시대); b. 하데스의 네 강; c. 태양신 아폴로의 네 마리 말; d. 하늘의 신 제우스에게 바쳐졌다; e. 바람의 신 헤르메스에게 바쳐졌다; 3. 특히 헤라클레스와 관련 있다(플리니우스Pliny 28, 17). **IV.** 기독교: 1. 신성한 균형; 2. 그리스 교회의 네 명의 교부와 라틴 교회의 네 명의 교부; 3. 4복음서를 상징하는 낙원의 4대 강; 종종 어린 양이 서 있는 둔덕에서 흘러나오는 네 개의 강으로 표현된다; 4. 네 가지 기본 미덕(및 상징): a. 절제: 따뜻함; b. 신중함: 뱀serpent; c. 정의: 다림줄과 삼각형; 저울; d. 불굴의 용기: 방패와 검; 5. 4두 2륜 전차: A번의 5, 1 및 분리separate 참조; V. 영지주의: 낙원을 흐르는 네 개의 강은 네 개의 감각과 동일시된다: a. 파이슨 강은 시각; b. 길리온 강Gilion은 청각; c. 티그리스 강은 후각; d. 유프라테스 강은 미각으로, 이를 '아쿠아 교리Aqua doctrinae'라고도 하는데, 네 개의 감각은 인간 개성을 구현하는 모든 본성을 완성시켜 인간을 온전하게 만든다; **I. 민속**: 상징성을 가진 것으로 간주되는 대상 참조: 예 특정 새의 숫자에 관한 운율(예 까치): "한 마리는 슬픔, 두 마리는 환희, 세 마리는 결혼, 네 마리는 출생"을 가져온다; J. 네 번째 fourth 참조.

40 forty **I. 40시간, 40일, 40년**(히브리-기독교 수비학에서 신성한 숫자): **1.** 예상: A. 히브리: a. 모세는 율법의 서판을 받기 위해 40일 동안 시내산에 있었다; b. 이스라엘은 사막('광야')에서 40년 동안 방황했다; B. 기독교: a. 그리스도는 부활하기 전 40시간을 무덤에 있었다; b. 그리스도는 부활한 후 승천하기 전에 40일 동안 지상에 머물렀다; c. 사순절의 40일; C. 일반적으로 다음을 의미한다: 40주는 태아가 존재하는 시간이다; 임신 40일 이후에 나타나는 태동은 남자아이를 예상하고, 90일 이후 태동은 여자아이를 예상한다(플리니우스pliny 7, 6); **2.** 정화: A. 히브리: a. 홍수는 40일 동안 내린 비 로 인해 발생했다; 40일이 되었을 때 노아는 창문을 열었다(창세기Gen. 7, 17); b. 야곱은 죽은 아버지 이삭의 시신을 향으로 방부처리하고 40일 동안 애도했다(애굽 사람들은 70일 동안 그를 애도했다: 창세기 50, 3); c. 엘리야는 호렙산에 도달하기 위해 광야에서 40일을 보냈다(열왕기상서 1Kings 19, 8장); d. 아들을 낳은 후 '부정'하게 된 여인은 40일 동안 정화해야 하고 딸을 낳은 후 부정한 경우는 40일의 두 배의 기간을 정결하게 보내야 한다; B. 기독교: a. 그리스도는 40일 동안 광야에서 금식

기타

했다; b. 그리스도는 40개월 동안 설교하였다; C. 연금술: 작업 기간: 40일간의 정화를 거친 후에 현자의 돌Philosopher's Stone 또는 생명의 묘약이 나타나야 한다; D. 일반적으로 다음을 의미한다: a. 격리의 기원(라틴어로 '콰드라긴타quadraginta'=40); b. 의학: 40일 후에 질병의 변화를 예상할 수 있다; **3.** 도전, 유예 기간: A. 히브리: a. 골리앗은 40일 동안 이스라엘을 공격했다(사무엘상서1Sam. 17, 16); b. 가나안 땅에서 40일 동안 정탐하였다(민수기Num. 13, 25); c. 엘리야는 40일 동안 까마귀에게 음식을 받아 먹었다; d. 요나의 경고: "40일이 지나면 니느웨가 무너지리라"(요나서Jon. 3, 4); B. 기독교: 예루살렘은 그리스도가 죽은 지 40년 후에 멸망했다; C. 일반적으로 다음을 의미한다: 과부는 죽은 남편의 집에서 40일 동안 방해받지 않고 살 수 있다; **4.** 속죄: a. 히브리: 에스겔은 유다 백성의 40년 동안 지은 죄를 속죄하기 위하여 40일 동안 오른쪽으로 누워 잠을 잤다; b. 기독교: 축복받은 성찬식에 대한 특별한 헌신(예 카니발에서 세상의 죄를 속죄하기 위한 헌신)은 40시간의 기도였다; 40일 동안의 사순절 기간; **5.** 성숙(=한 세대의): A. 히브리: a. 사람은 40세에 자기 자신의 인격에 맞는 행동을 할 만큼 무르익는다(창세기 25, 20; 26, 34; 여호수아Josh. 4, 7); b. 모세의 생애는 40년(=3대)의 세 시기로 나뉜다; c. 에서와 이삭은 40세에 결혼했다; B. 그리스: 인간의 삶은 40세에 가장 절정이다; C. 일반적으로 다음을 의미한다: a. "40번의 겨울이 당신의 이마를 에워싸게 될 때…"(소네트Sonn. 2, 그 청춘이 끝난 후); b. "여자는 마흔 살에 악마가 된다"(속담); c. "마흔살이 된 모든 사람은 바보나 의사다"(속담); **6.** 평화(사사기Judg. 3, 11; 8, 28); **II. 부정수**(不定數): a. "40 더컷(금화)의 값어치"(실수연발Err. 4, 3); b. "나는 그들 중에 마흔 명을 이길 수 있었다"(코리올라누스Cor. 3, 1; 참조: 겨울 이야기Wint. 1, 1, 179); **III. 징계**: "매(채찍)를 때릴 때 40대를 넘겨서는 안 된다"(신명기Deut. 25, 3; 고린도후서2Cor. 11, 24): a. 모세의 율법에 따르면 형벌로 40대 이상의 채찍질을 할 수 없었다; 안전을 위해 그들은 한 대를 빼고 맞았으며, 이는 셋으로 나뉘어 질 수 있다; 가슴에 1/3, 등에 2/3, 세 개짜리 채찍이 사용된 경우에는 열세 번밖에 치지 못하게 하였다; b. 때로 이 용어는 성공회 39조에 적용된다; **IV.** "**알리바바와 40인의 도적**Forty Thieves": 도적의 소굴(겨울: 땅속의 비옥함) 안에는 땅속의 재물이 있으며 마법의 말(봄spring의)로 열린다; **V. 40**: a. 베니스에 있는 사법 재판소; a. 프랑스 아카데미 회원이었던 40명의 무죄자; **VI. 민속**: A. 고대 영국 법에 따르면: a. 과실 치사에 대한 대가를 지불하는 한도는 40일이었다; b. 기사는 소작인에게 40일간 일을 할 것을 요구했다; c. 새로운 시민(공민)은 40일 내에 새 집을 지어야 했다; d. 성역의 면책특권은 40일 동안 유효했다; e. 이방인은 40일 후에 '십일조'를 내야 했다; B. 40펜스: 통상적인 내깃돈(헨리 8세의 생애에 관한 유명한 역사H8 2, 3); C. 포효하는 위도 40도 대Roaring Forties: 원래 남대서양, 태평양 및 인도양의 남위 40~50도 사이에 위치한 거친 바다 지역.

42 forty-two **1.** 이집트: 오시리스가 주재하고 토트가 보좌하는 사후세계에서의 심판관 수이며 각각의 죄에 대해 한 명씩 있다; **2.** 달months: 3년 반=1/2 × 7=완전함의 절반; 또한 1,260일(예 요한계시록Rev. 12, 6)이다; 일반적으로 다음을 의미한다; a. 약점; b. 완전에서 반쯤 잘린 것(역주: 2520(수비학에서 완전성을 나타내는 수)의 절반); **3.** 창조의 세대: a. 위대한 창조의 여인은 해산하기 위해(요한계시록 12장) 1,260일 동안 용을 피해 하나님께서 마련해 주신 '광야'에 숨어 있었다; 참조: 펠라스기우스Pelasgian의 에우리노메Eurynome 및 오피온Ophion; 용dragon 참조; b. 예수의 족보는 42대(마태복음)로 이루어져 있다; 세 그룹은 족장, 왕, 타락한자들(역주: 42대를 거슬러 올라가며 14대마다 세 그룹으로 나뉨)로 나뉜다; **4.** 처벌 및 재판: a. 엘리야Elijah 시대의 가뭄의 개월 수(열왕기상서1Kings 17, 1; 누가복음Luke 4, 25 등); b. 엘리야를 조롱하던 42명의 아이가 곰에게 죽임을 당했다(열왕기하서2Kings 2, 24); c. 아하시야 왕의 친척 42명이 죽임을 당했다(열왕기상서 10, 14); d. "한 때와 두 때와 반 때"(역주: 3년 반을 가리킴)(다니엘서Dan. 7, 25): 안티오코스 4세 에피파네스의 박해(또한 요한계시록 12, 14, 다니엘서 12, 7); e. 이방인들이 마흔두 달 동안 거룩한 성을 짓밟을 것이다(요한계시록 11, 2 및 13, 5); f. 첫 번째 짐승은 마흔두 달 동안 통치할 권세를 받았다(요한계시록 13, 5); **5.** 속죄제:

발락과 발람은 열네 마리의 희생제물(황소 일곱 마리와 숫양 일곱 마리)을 세 번 드렸다; **6.** 시정의 시간: 하나님의 증인이 예언할 시간은 1,260일이다(요한계시록 11, 3).

48 forty-eight 별자리의 수: "그리고 48개의 별이 빛나는 지역은 레위인들의 성읍이며, 거대한 바다가 재자리polypus의 머리이다[폴립polyp 참조], 12[별자리, 이스라엘의 지파 등]의 4배[=완전성]"(윌리엄 블레이크William Blake, 존 밀턴John Milton 38, 1; 참조: 조슈아 실베스터Joshua Sylvester, 기욤 드 살루스테, 바르타 시에르의 신성한 시기와 작품DB 1, 4, 205f); 레위족은 영토를 분배받지 못했지만 대신 이스라엘 영토 전역에 있는 성읍을 받았다.

49 forty-nine 포티 나이너스forty-niners: 1849년에 캘리포니아에 황금을 캐러 온 사람들.

4두 2륜 전차 quadriga **1.** 마구를 나란히 묶은 네 마리의 말이 이끄는 전차: 절반은 대지, 절반은 바람인 에리크토니오스 신이 발명한 것. 그는 수천 필의 말을 기른다; 아테나와 밀접한 관련이 있다; 네 가지 바람; **2.** (마르쿠스 툴리우스 키케로Marcus Tullius Cicero:) 주피터와 바다의 딸 님프 코리페 사이에서 태어난 아테나의 상징(아테나의 투구에서 4두 2륜 전차가 자주 발견된다); **3.** 어떤 고대의 메달에는 네 마리 코끼리가 새겨져 있다; **4.** 네 가지 원소(요소)에 대해서는 4four 참조.

4월 April **1.** 이름: (대부분) '아페리오aperio'=대지나 한 해의 열림을 의미한다; **2.** 일반적으로 영국에서 가장 좋은 달: "절뚝거리는 겨울 발자국의 발뒤꿈치 뒤로 잘 차려입은 4월이 온다": 로미오와 줄리엣Rom. 1, 2; **3.** 불일치: a. "오 이 사랑의 봄은 찬란한 태양의 아름다움을 이제서야 보여 주더니 조금씩 구름으로 모든 것을 앗아 가는 4월의 불확실한 영광과 얼마나 닮아있는가"(베로나의 두 신사Gent. 1, 3); b. "스펀지처럼 습한(비가 많이 와서) 4월Spongy April"(템페스트Tmp. 4, 1; 또한 심벨린Cym. 4, 2 참조); **4.** 다음에 상응한다: a. 로마에서는 비너스와 관련되며 그리스에서는 비너스 및 하이게이아와 관련된다; b. 탄생석: 다이아몬드; c. 색상: 녹색 및 노란색; d. 별자리: 황소자리; **5.** 새해, 시작, 젊음: 오랫동안 4월은 첫 번째 달이었다(많은 사람이 겨울을 계절로 간주하지 않았기 때문이다). "그녀의 전성기"(소네트Sonn. 3; 또한 소네트 98); **6.** 로마: 소떼와 양떼의 축제인 파릴리아Parilia는 특히 동유럽에서 오늘날 4월 23일 성 조지의 날에 행해지는 의례에 해당한다; **7.** 순례의 시간: 제프리 초서Geoffrey Chaucer(캔터베리 이야기CT); **8.** 토머스 S. 엘리엇Thomas S. Eliot("황무지The Waste Land"): 가장 잔인한 달: 4월은 죽음 소원을 거부하기 때문에 우리로 하여금 다시 삶과 풍요의 짐(현대인은 싫어함)을 지도록 강요한다; 이는 쇠약해진 노년까지 살아야 했던 쿠마이Cumae 또는 티토누스Tithonus의 시불라Sybil와 관련 있다; **9.** 민속: a. 4월의 첫 번째 월요일은 악마의 생일로 항해하기에 불길한 날이다; b. "뻐꾸기는 4월에 오고 5월에 노래를 부르며 6월에는 또 다른 노래를 부르다가 날아가 버린다"(속담).

5 five **I. 가장 일반적인 표현**: 1. 오각별(=대우주를 반영하는 소우주); 솔로몬의 인장(봉인seal 참조); 두 개의 삼각형의 교차; 2. 한 점을 건너 뛴 다음 점을 연결하면 영원한 움직임이 생성된다; 3. 종종 유기체의 형태에서 발견된다; 4. 황금 분할; 5. 꽃잎이 다섯 개 달린 꽃(예 들장미): 뒤의 VI번 A 참조; 6. 사각형의 중심점을 통과하는 십자, X 또는 마름모(예 토머스 브라운 경Sir Thomas Browne, "키루스의 정원Garden of Cyrus"); 7. 다음에 상응한다: a. 색상: 파란색; 일부에 따르면: 분홍색; b. 별자리: 사자자리; c. 행성: 수성; **II. 사람**: 1. 신체의 다섯 부분: 네 개의 팔다리+머리(오각형 안에서 펼친 독수리 모양으로 표현되는 사람); 2. 손가락: 네 개의 '손가락'+엄지; 3. 감각; 4. 모음자 중 하나; 5. 예루살렘에 있는 베데스다 연못(자비의 집)은 천사가 물을 휘저을 때 치유가 이루어졌는데, 다섯 개의 문(입구)이 있었다(요한복음John 5, 2); 6. 의미: a. 건강, 치유; b. 이해; c. 모든 형태의 의사소통: 여행, 말하기, 쓰기 등; d. 영적 균형: 정의, (하나님의) 유일법One Law이 변화하는 측면(역주: 여호와의 시간이 흐르면서 변화하는 것); **III. 그리스도와 그의 교회**: 1. 그리스도의 상처의 수; 2. 예수Jesus라는 단어의 글

기타

자의 수; 3. 5는 욕망, 믿음, 소망, 겸손, 사랑의 다섯 가지를 나타낸다; 4. 소성례: 견진성사, 혼인성사, 고해성사, 성품성사, 병자성사; **IV. 물질, 자연**: 1. 네 가지 기본 방향+중심: 점 주위의 사각형; 2. 네 가지 기본 방향+천정zenith; 3. 4대 원소(역주:물, 불, 흙, 공기)+제5원소; 4. 색상: 흰색, 검정색, 파란색, 빨간색 및 노란색; 5. 필수적인 풍경: a. 산–숲; b. 강–호수; c. 언덕; d. 비옥한 평원; e: 샘–늪; 6. 행성과 관련된 원소 형태: VII번 참조; 7. 다음을 의미한다: a. 봄, 성장; b. 생명의 유기적인 충만함; c. 번식력, 다산; d. 신비주의자: 숫자 5: 위대한 신비의 숫자: 자연의 모든 힘을 담고 있어 변화를 가져온다; **V. '신성결혼hieros gamos'**: 1. 하늘Heaven(=3)과 위대한 대지모신Great Mother Earth(=2)의 거룩한 결혼; 2. 남성 홀수+여성 짝수: 모든 결혼; 또한 '10'(=남성 1+여성 0)으로 통일되는 남녀의 분열; 3. 의미: 사랑, 생명(그리고 우주)의 질서에서 파생된 역동적인 자연 주기: 1과 9의 중간; 오각형 별 모양의 부적; **VI. 위대한 여신의 숫자 중 하나**: 1. 식물의 발현 형태: a. 다섯 개의 뾰족한 잎을 가진 식물: 예 아이비, 포도나무, 가시나무, 무화과, 플라타너스; b. 다섯 개의 꽃잎이 있는 식물: 예 에로틱한 들장미, 프리로즈, 페리윙클(죽음의 꽃); 2. 위대한 여신의 중요한 임무(연도의 주기와 관련된다): a. 출생: 스피너the Spinner; 데메테르; b. 입문: 명성; c. 완성: 천국의 모든 여왕(이슈타르, 이시스, 아프로디테, 성모 마리아 등); d. 휴식; e. 죽음: 비명과 탄식; 3. '5'=V=지혜의 여신, 아테네–미네르바의 상징; 4. 달력과 관련된다: 72일의 5계절(72=9 × 8, 둘 다 여신의 중요한 숫자)+그녀의 퀸콰트리아Quinquatria 축제의 5일(=다섯 개의 꽃Five Halls); 5. 의미: 에로틱; **VII. 하늘과 관련된다**: 1. 행성: a. 수성: 물; b. 금성: 금속; c. 화성: 불; d. 목성: 식물(목재); e. 토성: 대지(죽음); (d는 e를 정복하고, e는 a를 정복하고, a는 c를 정복하고, c는 b를 정복한다); 2. 의미: a. 화려함; b. 중세시대: 트레이드마크: 빛과 지혜의 집의 창문; **VIII. 하나님과 관련 있다**: 1. 특별한 형태: a. (지그재그 선의) 5개의 광선: 번개; b. 켈트 십자가의 다섯 개의 손잡이 또는 돌기 장식; 2. 속성: a. 존재, 동일성, 다양성, 움직임, 휴식; b. 전능, 편재, 영원, 전지, 통일성; 3. 여호와Yahweh의 다섯 글자; 4. 의미: a. 하늘의 지혜; b. 빛; **IX. 다윗과 관련된다**: a. 5개의 돌로 골리앗을 물리쳤다; b. 하트 5개, 유다의 다섯 아들의 상징; **X. 이집트 숫자**(성서에서 명확함): 1. 이집트 문헌에서 자주 등장한다(예 창세기Gen. 43, 34; 45, 22; 이사야서Isa. 19, 18 등); 삼각주는 다섯 개의 강으로 구성되어 있다; 2. 이집트인들은 다섯 개의 행성을 인정했다; 3. 음력으로 12개월 후에 닷새를 넣었다; 4. 요셉 이야기에서 자주 발견된다; 5. 의미: 풍부함; **XI. 5개 국가**: 1. 대영제국의 구성 국가; 2. 인도 남부의 다섯 개의 연합 부족; 3. 오 대륙; **XII. 추가적 의미**: 1. 무시할 수 있는 수량: "5 두캇(역주: 과거 유럽에서 사용된 금화)을 지불해야 한다면 나는 그것을 경작하지 않을 것이다"(덴마크의 왕자 햄릿Ham. 4, 4); 2. 민속: 잭의 콩나무Jack's Beanstalk는 다섯 개의 콩에서 자랐다(아마도 IV번의 7, a); 3. 다섯 장의 잎: 양지꽃Cinquefoil 참조; **XIII.** 다섯 번째fifth 참조.

50 fifty **1.** 히브리: 율법은 출애굽한 지 50일 후에 모세에게 주어졌다; **2.** 그리스: 중요한 음력 숫자: A. 매 올림픽 사이의 50개의 태음월(4년 주기: 달력calendar 및 신성한 왕King Sacred 참조); B. 에로틱하고 인간적인: a. 50명의 다나이데스, 팔란티데스, 네리데스 등(헤시오도스Hesiodus, 신통기Th. 240ff.; 핀다로스Pindarus, 이스트미아 송시Isthm. 6 참조): 사자 가죽옷을 입은 태양왕이 1년에 한 번 에로틱한 오르지를 접하기 위해 달의 여신을 섬기는 여사제들의 모임에 들어갈 수 있었다(참조: 로마에서 1년 동안의 열두 명의 베스타(여신의 시녀)); 히드라의 머리는 아홉 개였지만 시모니데스에 따르면 오십 개라고 한다; b. 아르고호에 승선한 50명은 프리아모스 왕과 아이깁토스의 아들들이었다; **3.** 기독교: a. 죄사함의 표시: 49(7 곱하기 7)에 1을 더한 것; 1; b. 성령의 숫자: 그리스도의 부활 50일 후에 성령이 강림했다; c. 오십 세가 되는 것: "네가 아직 오십 세도 못 되었는데 아브라함을 보았느냐"(요한복음John. 8, 57 참조; **4.** 민요에서 정해진 전사들의 숫자 : "그는 나에게 50명의 활기찬 용병을 보냈다"("제이미 더글러스Jamie Douglas"); 켈트족: 예 50명의 소년들이 홀게임에서 어린 쿠훌린에게 세 번 패배했다.

51 fifty-one 인간에게 매우 중요한 해: 28년의 남성적 시기와 23년의 여성적 시기(총 51년)(지그문트 프로이트Sigmmund Freud, 꿈의 해석IDr. 6, G, p. 438f +n. 참조, 이 책에서 그는 인간의 삶의 주기에 대해 논의했다).

52 fifty-two 로빈후드와 마이니의 민요에 나오는 52명의 전사들(50fifty 참조).

53 fifty-three 매일 죽어 가는 30,000명의 영혼 중에서 53명의 영혼이 천국에 들어가고, 그 중 3명은 아브라함의 품에 안기고, 나머지 50명의 영혼들은 부활할 때까지 안식처로 들어간다(신약성서 외경NT Apocr., 칼 바르트Karl Barth., 비정규 복음서Gospel of N. 1; 몬태규 로즈 제임스Montague. R. James, p. 169f 참조).

54 fifty-four **1.** 히브리에는: (윤년에 한 달을 추가하여) 한 해에 54주가 있었다; 창세기부터 신명기까지 율법을 읽어야 하는 주간의 수; **2.** 인생의 중년은 다음과 같은 숫자로 구성되는데, 이는 첫 번째 숫자(1)+첫 번째 두 개의 면(1×2+1×3)을 만들며, 두 개의 4배수(4+8), 두 개의 3배수(9+27)으로 이들을 합하여 '영혼의 세대'를 이룬다(플라톤Plato, "티마이오스Timaeus").

55 fifty-five a. 우주의 생명과 혼합된 개별적 생명; 전체의 생명과 개별적 부분의 생명들의 관계(5+5=10); b. 55는 1-10까지 열 개의 숫자의 합; c. 이것은 플라톤이 ("티마이오스Timaeus"에서) 언급한 이중 사원수(역주: 두 개의 사원수(4개의 항으로 이루어진 수열))에 상응하며 피타고라스의 이중 사원수와 구별된다(두 개의 시리즈로 구성됨: 1+2+4+8=15, 1+3+9+27=40; 르네 알렌디Rene Allendy, 수 상징성SN 391).

56 fifty-six **1.** 56면의 다각형은 56의 짝수 인수로 태어난 악령 티폰이 지배했으며 이는 이집트의 14와 28의 배수에 들어맞을 수 있다(플루타르코스Plutarch, "이시스와 오시리스Isis and Osiris" 30; 윤리론집M 363A 참조); **2.** 자연의 원리에 맞서 싸워 이에 합당한 벌을 받게 된 비뚤어진 존재; 우주의 영spirit이 다시 그 근원으로 올라가는 것(루이클로드 드 세인트 마틴Louis-Claude de St. martin, "수(數)Des Nombres").

57 fifty-seven 에피메니데스가 잠을 잔 햇수. 즉, 19년의 메톤주기(역주: 태양력과 태음력이 거의 완전히 일치하는 주기로 19년을 주기로 일치한다)의 3배에 해당하는 햇수(카를 케레니Carl Kerényi, 제우스와 헤라ZH 32; 디오게네스 라에르티오스Diogenes Laertius 1, 10).

550 five-hundred and fifty 고대에 천문학자들은 별의 550가지 움직임을 구분하고 거기에는 영적 존재와 악마가 같은 수로 존재한다고 가르쳤다(아그립파Agrippa, 오컬트 철학OP 3, 16).

5월 May **1.** 다섯 번째 달. 고대 로마 달력에서는 세 번째 달이었다(3월March 참조); 이 이름은 이 달에 풍요제물을 바치는 마이아 여신으로부터 유래했거나 '무르익는 해'를 축하하는 달인 '마이오레스'에서 유래했을 수 있다(6월이 더 앞선 '아이유니오르스'에서 유래한 것일 수 있는 것처럼): 나소 P. 오비디우스Naso P. Ovid, 행사력Fasti. 5, 71); **2.** 기간: a. 개화, 자연의 부활; b. 정화: 로마에서는 5월에 정화의례가 이루어졌다; c. 애도: 로마시대부터 죽은 사람을 애도하는 달, 결혼하기에 나쁜 달; 레무리아가 애도 기간 중에 열렸다; d. 로마에서 (나중에) 오르지적 식물숭배가 이루어졌다; e. 엘리자베스 1세 여왕 시대: "사랑의 달은 항상 5월"(사랑의 헛수고LLL 4, 3); 엘리자베스 1세 여왕 시대: 게임과 유희의 기간: "5월의 아침에 문제가 더 많다!"(십이야Tw. N. 3, 4)라는 표현은 광란의 말볼리오가 떠나고 화가 난 에이규치크(역주: 십이야에 나오는 인물)가 도착할 때라고 말한 것이다; **3.** 다음에 상응한다: a. 탄생석: 에메랄드(비너스와 희망); b. 별자리: (황소자리): 태양은 5월 21일쯤 쌍둥이자리에 들어온다; c. 색상: 주황색; d. 성서: 약속의 땅; **4.** 신화적인 날짜: 5월 13일: 헤르메스는 페르세포네를 어머니 데메테르에게 인도한다; **5.** 축제: a. 오월제May-Day 참조; b. 2번의 d 참조; c. "5월 아침을 보기 위해 헬레나와 함께 당신을 한 때 만났던 숲 속에서…"(한여름 밤의 꿈MND 1, 1); 6. 민속: 속담: a. "5월의 홍수는 결코 좋지 않았다"; b. "5월에 옥수수를 보면 울면서 집을 떠날 것이고 6월에 옥수수를 보면 다른 마음으로 집에 돌아올 것이다"; c. "5월에 결혼하세요. 그러면 당신은 후회하게 될 거에요"; 2번의 c 참조; d. "5월에 양털을 깎으세요, 다 깎아 버리세요."

5월의 여왕, 로빈후드의 연인 Maid Marian **1.** (튜더왕조 시대 이후:) 그린우드에서 온 로빈 후드의 연인은 사환 차림을 하고 모든 모험에 그를 따라다녔다; 그러나 옛날 로빈 후드 민요에서는 그녀의 이름이 두 번밖에 나오지 않는다; **2.** 매드 모리온('모리온'=모자의 일종)은 모리스 댄스에 등장하는 캐릭터로서 소녀 옷을 입은 소년이 주로 연기한다; 이 캐릭터는 불순하고 남성적인 뻔뻔한 여성을 의미하며 터크 수도사와 짝을 이뤘다; 아마도 켈트족의 전쟁의 여신인 모리건과 관련 있을 것이다; **3.** 풍요의 상징(양성의 특성을 가진 것으로 추측됨)인 5월의 여왕은 선사시대 그린우드에서 열렸던 오래된 풍요의식의 유물일 것이다; **4.** 이 이름은 후에 5월의 여왕에게도 붙여졌다; **5.** 엘리자베스 1세 여왕 시대에 이 이름은 방탕한 소녀에 대한 비난으로 사용되었다(예 헨리 4세 1부1H4 3, 3).

6 six **1.** 하나님이 세상을 창조하신 날의 수: 완전, 조화: a. 히브리: 다윗의 별: 봉인seal 참조; b. 그리스: i. 세계: 별자리 중 여섯 자리가 천체에 할당되고 다른 여섯 자리는 지상 세계에 할당되었다; ii. 우주와 인간의 구조적 통일성(미시 우주로서의): 우주와 인간 둘 다 세 가지 주요 원칙 위에 세워졌다; **2.** 둘과 셋의 결합: 창조, 진화, 다산(남성과 여성의): a. 아프로디테와 다른 물의 어머니 여신들과 연결된다(6개의 곱슬머리를 가짐); 로마에서는 일반적으로 신부의 머리를 여섯 갈래로 땋았다; b. 중세: 여섯 개의 컬은 소피아의 상징; c. 자웅동체; **3.** 영성, 지혜: a. 여섯 개의 화살은 신의 계시의 표시이다; b. 중세: '예수Jesous'는 예수Jesus (빛)와 소피아Sophia (지혜) 사이의 정체성으로 간주되었다; c. 신이 가진 상징의 수: 위엄, 지혜, 자비, 정의, 능력, 사랑; **4.** 생명, 행운(피타고라스); **5.** 안정성, 신뢰성, 평화; 평형, 규모; **6.** 신체: a. 머리, 몸통, 두 개의 팔과 두 개의 다리; b. 머리에 난 구멍의 수; **7.** 악덕, 불완전성: a. 시련과 노력; b. 인간의 영혼; c. 7(완전)보다 1이 적어서 그것은 묵시록의 짐승(지옥의 세 가지 형태: 666six hurdred and sixty-six 참조)의 수이다; **8.** 처녀성: 베스타 여신의 '처녀들'; **9.** 화재와 관련된다; **10.** 공간: a. 각 차원에 대한 둘; b. 정육면체와 주사위의 측면들; **11.** 다음에 상응한다: a. 별자리: 처녀자리; 행성: 금성; b. 색상: 파란색.

60 sixty **1.** 시간: 분과 초; **2.** 이집트인의 긴 수명: 성서Bible 참조: "60과 10"; **3.** 구약성서: a. 솔로몬의 "침상" 주위에 60명의 "용사들"이 있었다(아가서SoS 3, 7; 다윗 주위에는 30명이 있었다: 사무엘하2Sam. 2, 23); b. 왕후가 육십이요 후궁이 팔십이요 처녀들은 셀 수도 없으나(아가서 6, 8): **4.** 영웅담(12, 20과 더불어)에서는 60인의 무리가 일반적이다: 예 "냘의 사가Njal's Saga"(6): 어림수 '60'.

63 sixty-three 민속: 인간에게 가장 위험한 나이(숫자-민속numbers-folklore의 민속 참조): 7×9; 그 나이까지 살면 아주 오래 살게 될 것이다.

69 sixty nine **1.** 행운의 숫자: 명예와 명성을 가져다 준다; **2.** 트로이로 항해한 왕들의 수: "왕관을 쓴 69명이 아테나 해안가로부터 프리기아를 향하여 나아갔다"(트로일루스와 크레시다Troil. 프롤로그); **3.** 여성 성기 핥기cunnilingus의 상징.

600 six hundred 피타고라스: 완전성(6 × 100).

613 six hundred and thirteen **1.** 개인의 업보(=600)와 이것을 결정하거나 해제하는 주도권(13)(르네 알렌디René Allendy, 수 상징성SN 404)(앞의 책)을 상징한다; **2.** 토라Torah에는 613개의 율법이 있다.

640 six hundred and forty 발할라Valhalla의 문의 숫자; 800eight hundred 참조.

666 six hundred and sixty-six 묵시록에서의 짐승의 숫자: (알파벳 숫자에서) 네로황제 '케사르 네론Qesar Neron'의 숫자 값과 관련된다; 6six과 888eight hundred and eighty-eight 참조; a. 중세: 마틴 루터Martin Luther

와 다른 개신교인들; b. 제2차 세계대전: 아돌프 히틀러Adolf Hitler와 그의 '라이히스마르크Reichsmark(역주: 독일의 통화단위)'.

6월 June **1.** 여섯 번째 달의 이름은 다음에서 파생되었다: a. 주노(나소 P. 오비디우스Naso P. Ovid, 행사력Fasti. 6); b. 유니우스 브루투스라는 정치가의 이름을 딴 것; c. '젊은 달'(5월과 함께 '중요한' 달이다); d. 앵글로색슨: '건조한 달' 또는 '한여름의 달'; **2.** 별자리: 태양은 약 6월 21일경에 게자리에 위치한다; **3.** 로마: 베스타여신에게 바쳐진 달; **4.** 속담: 주로 날씨 예측: 예 "만약 6월 8일에 비가 온다면 그것은 수확물이 물에 젖는 것을 예고하는 것이며 사람들은 십자가를 그어서 재앙을 내쫓는다".

6펜스 sixpence **1.** 청결: "요즘 누가 청결 때문에 신발에서 6펜스 동전을 발견할 수 있을까?"("작별인사, 보답과 요정Farewell, rewards and fairies"에서 코르벳은 더 이상 특별하지 않은 단순한 기쁨, 요정 등의 상실을 슬퍼한다); **2.** 전래동요: 행운의 동전이며 은행에서 새 동전을 얻었을 때 특히 더 그렇다; **3.** 자장가: "6펜스의 노래를 불러라, 호밀이 가득한 주머니, 4마리와 20마리의 검은 새, 파이에 구운 것"; 다음을 설명한다: a. 살아 있는 새를 파이에 넣어서 만들며 이를 자를 때에 새가 날아가면 연회의 즐거움이 더해지는 16세기 파이 요리법이 있다; b. 신화적: 24시간, 그리고 태양 왕과 달–다산–여왕; c. 하녀의 코가 그녀의 영혼을 가져가려는 악마에 의해 부러진다; d. (잭 호너Jack Horner의 파이처럼:) 수도원의 해체에 대한 언급.

7 seven **A. (태양의) 거룩함, 헌신: I.** 성서: 1. 일곱 개의 가지가 있는 촛대; 2. 아론Aaron과 그의 아들들이 제사장으로 헌신하는 데 7일이 걸렸다; 3. 속죄제의 피 뿌림은 손가락으로 일곱 번 행해져야 한다(레위기Lev. 4: 6, 17, 8: 11); 4. 아담Adam의 일곱 번째 자손인 에녹은 너무나 거룩하여 공중으로 사라졌다; 그는 하나님과 동행하더니: (하나님이 그를 데려가시므로) 세상에 있지 아니하였더라; 5. 발람Balaam은 예언을 하기 전에 제사를 위해 일곱 개의 제단에 소 일곱 마리, 숫양 일곱 마리를 희생제물로 바쳤다; 6. 맹세: "일곱 개를 하나로 묶으라"(예 창세기Gen. 21, 28); 7. 계시록의 어린양은 일곱 개의 눈과 일곱 개의 뿔을 가지고 있다(5, 6): 성령의 은사=그의 보좌의 일곱 개 등불(4, 5; 이사야서Isa. 11. 2ff 참조); 8. 계시록에서 일곱 나팔은 일곱 환상을 나타낸다: 하늘에서의 환상을 땅에 실행함; 9. 태양의: 삼손Samson이 가진 a. 일곱 가닥의 땋은 머리; b. 7일 간의 혼인 잔치; c. 그는 일곱 개의 실가지에 묶여 있었다; **II.** 이집트: 최고신의 이름에는 일곱 개의 모음이 있다; **III.** 바빌로니아–수메르신화는 숫자 7이 많이 나온다; **IV.** 그리스: 피타고라스 이후: 거룩하고 신성한; **V.** 미트라교Mithraism: 미트라의 머리에서 일곱 줄기의 빛이 나온다. 미트라교에는 일곱 계단이 있다.; **VI.** 켈트족: a. 쿠훌린은 일곱 개의 손가락과 발가락, 일곱 개의 눈동자를 가지고 있으며 일곱 살에 궁정에 있었다; b. 아일랜드에는 일곱 개의 신성한 나무가 있다; **VII.** 기독교: a. 성령의 일곱 가지 은사: 하나님의 보좌 앞에 있는 일곱 영spirit(요한계시록Rev. 1, 4; 무지개rainbow와 촛대candelabra 참조); b. 주요 미덕(신학적 3개, 기본적 4개); c. 성찬; d. 자선사업; **VIII.** 일반적으로 다음을 의미한다: a. 최상위 태양의 존재는 일반적으로 일곱 개의 광선을 가지고 있다: 앞 참조; b. 마담 블라바츠키는 일곱 가지 신성한 황홀경(토머스 S. 엘리엇Thomas S. Eliot의 "요리 계란A Cooking Egg"에서 언급됨)을 경험했다; **B. 완료, 완전한 주기, 완성, 이행, 어림수: I.** 성서: a. 여리고 전투(여호수아Josh. 6)에 셀 수 없이 많은 7이 있다; b. 주기도문에는 일곱 가지 요청이 있다; c. 사회계급(요한계시록 6, 15; 참조: 이집트에 관한 헤로도토스Herodotus); d. 카발라: 일곱 개의 천국이 있다; e. 딸의 숫자가 3인 것처럼 7은 아들의 이상적인 숫자: 욥, 엘, 바알, 모트, 카레트 등; **II.** 이집트: a. 오시리스와 관련된다: 일곱 명의 신이 그와 함께 죽었고 함께 다시 태어날 것이다; b. 7의 여신인 세샤트와 연결된다: 상형문자에서 그녀는 위로 난 두 개의 뿔과 그 아래에 일곱 개의 광선을 뿌리는 별이 있는 여신으로 표현된다; 그녀는 세계 집의 질서 및 인간의 삶과 부활의 여신이다; 그녀 아래에는 일곱 명의 건축가(=서기관, 쓰기=창조이기 때문에)가 있다; **III.** 일반적으로 다음을 의미한다: 1. 세계 질서; 2. 의식의 수준: 감각, 감정, 성찰적 지능, 직관, 영성, 의지, 신성의 암

시; 3. 무지개 색상; 4. 악보; 5. 풍요로운 예술; 6. 세계의 불가사의; 7. 머리에 있는 구멍의 수; 8. 민요에서 시간 표시, 어린이나 선박의 숫자 등에 지속적으로 반복되는 숫자(때로는 '긴 6년과 1년'으로 칭하는 등 금기시됨); 9. 속담: a. "7은 함께할 수 있지만 9는 혼란스럽다"; b. "그를 알게 된 지 7년이 지나면 그를 화나게 할 수도 있지만 그 전에는 그렇지 않다"; 10. 존 러스킨John Ruskin: 성장과 쇠퇴의 7대 법칙: 그리고 건축의 일곱 개의 등불(토머스 S. 엘리엇의 "여행안내서로 하는 버뱅크 여행Burbank with a Baedeker"에서 언급됨); **C. 창조, 우주, 공간**: 1. 정사각형+삼각형: a. 피타고라스의 세계(4)+신deity(3); b. 공간의 여섯 방향+중심(=3차원 십자가); c. 하늘과 땅; 2. 로마: 일곱 개의 언덕 위에 세워졌다; **D. 안정, 안전, 안식**: 일곱째 날 안식일, 안식년 및 희년: E번의 3 참조; **E. 정화**: 1. 여자는 남자아이를 낳은 후에는 7일 동안 부정하다; 여자아이를 낳은 후 2×7일(레위기Lev. 12); 그녀는 다시 33일 동안 신전에서 떠나 총 40일 동안 신전 밖에 있어야 했다; 2. 의심스러운 나병 검사에 7일이 걸린다(레위기 13); 3. 땅은 일곱째 날에, 일곱째 해에, 그리고 희년(=7×7년: 레위기 25)에 안식함(휴경)으로 정결하게 된다; 4. 일곱 마귀를 쫓아내기 위해 엘리사가 수냄여인의 아들에게 엎드려 그 입에 대고 일곱 번 재채기를 하자 수냄 여인의 아들이 다시 살아났다(열왕기하서2Kings 4, 35); 5. 엘리사가 나아만을 진흙 같은 요단강에서 일곱 번 씻으라고 보낸다(열왕기하서 5, 10); **F. 입문에서 완성까지**: 1. 미트라Mithra는 '일곱 번 싸움'의 황소로 숭배된다: 입문자는 일곱 단계를 통과했다; 2. 적어도 12개의 뿔을 가진 수사슴이 일곱 살(일곱 '싸움')이 되면 '위풍당당'해진다; **G. 행운**: 아래의 민속folklore 참조; **H. 지혜**: a. 지혜의 일곱 기둥; 여기서 '일곱'은 "의인이 일곱 번 넘어진다"(잠언Prov. 24, 16; J번 및 기둥 참조)에서처럼 '많음'을 의미할 수 있다; b. 바빌론(바빌로니아) 왕에게는 일곱 명의 자문관이 있다(에스라서Ezra 7, 14, 28; 에스더서Esth. 1, 14); c. 일반적으로 7은 건강과 빛에 관련이 있다; **I. 시간**: **I.** 성서: a. 요한계시록의 일곱 봉인은 미래를 의미한다; b. 일곱 개의 가지가 있는 촛대는 인류의 일곱 시대와 관련이 있었다; a. 노아와: b. 아브라함; c. 다윗; d. 다니엘: e. 세례요한; f. 심판의 날; g. 휴식기와 관련된다; **II.** 켈트: 동지에서 하지까지의 달력상 개월 수; **III.** 일반적으로 다음을 의미한다: a. 일주일의 7일: 6일+중심(=신성한 근원=안식일); b. 셰익스피어는 인간의 삶을 일곱 시대로 나눈다(뜻대로 하세요AYL 2, 7); c. 민요에서 사람이 사라지거나 또는 사람을 기다리는 기간은 보통 7년이다; **J. 부정수, 다수**: 1. 구약성서: a. "떡 한 조각을 일곱 사람에게, 또한 여덟 사람에게[=많은 사람보다 더 많은 사람들에게] 나눠 주라"(전도서Eccl. 11, 2; H번의 a 참조); b. 파라오(바로왕)의 꿈에서 야위고 살찐 해years; II. 그리스: a. 테베에게 대항하는 일곱 왕과 방어하는 일곱 왕; 그 도시에는 일곱 개의 문이 있었고, 그 선견자 티레시아스는 7년 동안 여자였고 7대를 살았다; b. 니오베의 일곱 아들과 일곱 딸; **K. 여성의 (마법 등)**: 1. 구약성서: 에스더서Esther에서: 아하수에로 왕의 궁전에는 일곱 명의 환관이 있고, 궁정에는 일곱 명의 방백이 있고 에스더는 일곱 명의 시녀를 얻었으며(2, 9) 그가 통치한 지 7년 후에 아하수에로에게 인도되었다 등(A번의 III 참조); II. 이집트: B번의 II, b 참조; III. 그리스: a. 태양 여신으로 아테나에게 바쳐졌다(태양신 이전에); b. 히드라는 7, 9 또는 50개의 머리가 있었다(모두 여성 숫자); c. 일곱 헤스페리데스; d. 플라톤: 일곱 지렌이 일곱 천구에서 노래한다(음악music 참조; 할리카르나소스의 디오니소스Dionysus of Halicarnassus 1, 60); e. (별자리) 플레이아데스, 아틀라스의 딸들: 보이는 여섯 개와 숨겨진 한 개(트로이를 위해 애도하는 엘렉트라이거나 필멸의 시시포스와 결혼한 것을 부끄러워하는 메로페); IV. 아시리아-바빌로니아: 이슈타르가 지하세계로 내려가면서 베일을 벗는다: 이슈타르Ishtar 참조; 행성planet 참조; V. 기독교: 동정녀 마리아는 일곱 영광, 일곱 기쁨, 일곱 슬픔을 가졌다; VI. 일반적으로 다음을 의미한다: a. 달과 관련된다(4×7=한 주기에 28일); b. 신데렐라 이야기에는 일곱 명의 처녀가 있다; **L. 불경함**: 1. 악: A. 성서: a. 여호와께서 가증하게 여기시는 것들의 수(잠언Prov. 6, 16 ff.); b. 이스라엘보다 강한 일곱 나라가 여호와께 쫓겨난다(신명기Deut. 7, 1); c. 바빌로니아의 큰 창녀는 일곱 개의 산에 앉아 있다; d. 하나님의 진노의 일곱 개의 유리병; e. 느부갓네살 왕은 7년 동안 짐승과 같은 삶을 살았다; B. 기독교: 일곱 가지 미

덕의 반전으로서의 일곱 가지 대죄(용dragon 참조); II. 지하세계: 바빌로니아 이후로 지하세계는 동심원으로 일곱 겹의 구역이 있다; 예 이슈타르Ishtar 참조; III. 고통, 처벌: a. 이집트의 일곱 재앙; b. 일곱 개의 참회; 시편; c. 심리: 갈등; IV. 완고함, 속임수; **M. 관련 오컬트된**: a. "신비주의자": 아담, 여호와, 우라노스, 아폴로 등에 할당된 숫자; b. 별자리: 천칭자리와 관련된다; c. 이것의 본성: 차갑고 미묘하며 효과가 느리다; d 행성: 토성; **N. 민속**: 1. 행운: 운이 좋은 것은 무엇이든 숫자 7과 연결되어 더 운이 좋다: 예 일곱 개의 말굽 또는 일곱 개의 못이 있는 말굽(특히 3과 4가 배열됨); 2. 일곱 번째 아이: 일곱 번째 아들의 일곱 번째 아들, 또는 일곱 번째 딸의 일곱 번째 딸은 특별한 은사, 특히 치유의 은사를 가지고 있다; 3. 일곱 마리의 휘파람새: 많은 종류의 새들이 휘파람새라고 불리며, 이 새들의 소리를 듣는 사람들에게 죽음을 예고한다: 이들은 다양하게 설명된다: 예 죽은 자의 영혼으로서; **O.** 14, 42 및 기타 7의 배수; 용dragon 참조.

70 seventy **1.** 행운의 수: 10×7; **2.** 성서에서 매우 자주 사용된다: a. 거룩한 수(예 창세기Gen. 50, 3; 사사기Judg. 23, 15; 예레미야서Jer. 25, 11 이하; 다니엘서Dan. 9, 24); b. 어림수(창세기 46, 27; 출애굽기Ex. 24, 9; 민수기Num. 11, 16; 7, 8, 30); c. 엘림에 있는 종려나무의 수(출애굽기 15, 27); d. 장로들에게 죽임을 당한 아합의 남자 자손들의 수(나머지는 예후에게 죽임을 당함: 열왕기하서2Kings 10, 6); **3.** 랍비 전통 언어의 수.

72 seventy two **1.** 의식ritual의 숫자: 8 × 9; **2.** 9(달의 지혜)와 8(태양 증가)의 배수; **3.** 천사, 자비와 관련된다; **4.** 지혜: 72명의 율법학자(70인역(역주: 구약성서의 번역판))가 72일 동안 모세의 다섯 권의 책을 헬라어로 번역했다; **5.** 악: a. 세트는 72명의 공모자들이 있었고, 오시리스에 대항하여 음모를 꾸몄다; b. 바벨탑의 혼란의 배수; c. 에드워드 피츠제럴드Edward Fitzgerald, 오마르 하이얌의 루바이야트 번역서O. Khayyám에서 72는 세상의 '거슬리는 종파'의 수.

700 seven hundred 소우주의 진화와 연속; 인간의 일곱 가지 원리(르네 알렌디René Allendy, 수 상징성SN 406)

777 seven hundred seventy seven a. 인간의 원리(=700), 우주적 수준(70) 그리고 이것의 원형 이미지(7)를 재결합하는 숫자; 이것은 보편적인 집합이며 (7+7+7=21), 일반적인 진화이다; b. 비밀 교리는 777 구체화(육화)의 문제를 푸는 문제이다(르네 알렌디René Allendy, 수 상징성SN 406, 블라바츠키Blavatsky를 인용함).

7월 July **1.** 일곱 번째 달; 율리우스 카이사르Caes.에서 이름이 유래했다; 로마 달력에서는 퀸틸리스인데, 이것은 다섯 번째 달이었다; 앵글로색슨어로는 '헤그모나트Hegmônath', 즉 '건초의 달hay-month' 또는 '미드모나트Mead-mônath', 즉 '미드먼트meadmonth' (초원에 꽃이 피는 달); **2.** 별자리: 태양이 23일경에 사자자리에 들어온다; **3.** 로마의 노나에 카프로티나에 축제(7월 7일): 무화과fig 참조; **4.** 고대 세례요한 축일 (7월 6일)은 여름 광기(역주: 여름을 즐기면서 막장 행동을 할 수 있는 날)에 적합한 날이다(헛소동Ado 1, 1 참조); **5.** 민속: a. 7월에 뻐꾸기는 날아갈 준비를 한다; b. 7월 1일에 비가 온다면 거의 4주 내내 비가 올 것이다; c. 7월의 벌떼는 파리만도 못하다.

8 eight **A. 재생**: 1. 7일간의 창조+예수 그리스도의 부활(성 아우구스티누스St. Augustine); 또는 7은 완성, 그러므로 8은 새로운 시작; 2. 세례당은 종종 팔각형이었다: 영적 거듭남; 8은 또한 할례의 숫자: "8일에 할례를 받은 이스라엘 혈통인…"(빌립보서Phil. 3, 5); 3. 여덟 사람이 홍수에서 구조되었다: 8은 히브리의 속죄와 재생의 숫자(베드로전서1Peter 3, 20 참조); 4. 크리스마스 연극에서 모리스 춤Morris-dance을 추는 여덟 명의 댄서(아마도 헤라클레스의 여덟 아들인 알케이드즈와 관련 있을 것이다): 칼춤을 추는 댄서들의 공연은 희생자의 부활로 끝이 난다; 5. 음악: 동일한 옥타브, 동일한 음으로 돌아간다; **B. 영원, 무한함**, 신들: 1. 펜을 들지 않고 끝없이 되돌아갈 수 있는 (0을 제외하고) 유일한 숫자; 8년의 주기(대년: 태양, 달, 별의 위치가 거의 동일하다)는 그리스 신화에서 중요

하다: 피티아 제전의 경기기간(기원전 982년까지), 헤라클레스가 아드메토스를 위해 일한 기간, 카드모스가 아레스 신을 위해 일한 기간 등; 9년이라고도 한다; 2. 하늘의 영원한 나선형 움직임: 이중 S자; 3. 바다의 영원한 움직임: 포세이돈에게 신성한 것; 4. 신과 관련된다: a. 여호와와 그리스도를 나타내는 알파벳(그리스어)으로 쓴 숫자; b. 이집트: a. 이집트 신들에게는 여덟 명의 조상이 있었다; b. 개혁가, 개종자, 정결하게 하는 자로서의 토트는 세례의식과 관련된다(A번의 2 참조); **C. 완벽, 광휘**: 1. 기독교: a. 팔복(八福)(마태복음Matth. 5, 3−11); b. 축제 후 여덟째 날의 '옥타브octave'; c. A번의 1 참조; 2. 태양: a. 8은 중복 수이기 때문에(2×2×2) 바빌로니아, 이집트, 아라비아에서 태양에게 신성한 것이었다; b. 피타고라스학파의 태양적 증가(역주: 피타고라스 철학에서 학습과 새로운 지식의 습득을 통해 일어나는 지식, 이해, 지혜의 확장)와 지혜(달이 9인 것처럼); 3. 카발라: 하나님이 뒤의 서쪽을 응시하며 광휘의 봉인을 가지고 서쪽(일몰)을 넘어갔다; **D. 사각형(땅)과 원(영원) 사이**: 1. 팔각형: 원을 사각화 하는 영원한 문제를 해결하기 위한 방법 중 하나인 '중간 도형'(정사각형square 참조); 규율; 2. 땅과 영원 사이=죽음; 여덟 번째 별자리=죽음의 별자리(전갈자리); 3. (삶과 불멸의) 위대한 여신Great Goddess의 신성한 숫자: 다음 참조; **E. 풍요**: 1. 아프로디테와 다른 위대한 여신들의 신성한 숫자(오징어cuttle-fish 참조); 그러므로 다음을 의미한다: 마법; 2. 천둥과 비를 오게 하는 사람 또는 상징과 관련된다: a. 이중 도끼double axe; b. 고대의 의례용 악기인 블로러bullroarers(역주: 호주 원주민들의 전통 악기) 또는 횃불의 움직임; c. 8자형 방패; **F. 견고함**, 땅, 공간의 방향, 바람: 1. 피타고라스: 견고함, 자연법칙, 모든 이에게 동등하다; 2. 그리스: 아폴로의 전차는 여덟 마리의 말이 끌었다(바람); b. 아테네의 바람의 탑은 팔각형이다: 바람의 방향을 구분하는 여덟 개의 방향; c. 게르만족: 오딘의 말인 슬레이프니르(=폭풍)는 여덟 개의 발을 가졌다; d. 창공의 '고정된' 별들: 일곱 개의 움직이는 행성들 뒤에 있다; **G. 건강**: 카두세우스의 뱀 두 마리와 관련된다; **H. 죽음**: (불멸을 위해 불가피한) 형벌, 인내력: a. 범죄자들은 '지옥'의 여덟 번째 원에서 맹렬히 타오르는 불길의 벌을 받았다('천국Paradiso'의 타오르는 불길 참조); b. D번의 2 참조; **I. '쌍둥이 상징'**: 1. 완벽한 이분적 기능: a. 완벽한 지력: 의식과 무의식의 혼합; b. 지식과 사랑, 작용과 반작용, 진화와 퇴화 등; c. G번과 E번의 2도 참조; 2. 과학: 문제에 대해 작업하는 추상적 사고; 3. 신비로운 유대 또는 영spirit의 섬광; 4. 성령(聖靈)의 'S' [그리고 아마도 달러의 S는 8 '레알'(스페인의 옛 화폐단위)=부(富)]와 같은 의미였다; **J. 다음에 상응한다**: 1. 행성: 화성: 맹렬한 열정, 억제되지 않는 힘; 2. 별자리: 전갈자리(D번의 2도 참조); 3. 색상: 장미색; 4. 성격: a. 비정상적 경향; b. 물질적 성공(8의 진동 아래 있는 사람들에게 부); c. 자기주장; **K. 제임스 조이스** James Joyce: 여성: 몰리 블룸("율리시스Ulysses")은 9월 8일(성모 마리아의 생일)에 태어났다. 그러나 몰리는 종종 성교자세로 있었고, 그래서 기호 8자 기호는 '영원(무한)'을 의미한다: 그래서 그녀는 영원한 태고의 위대한 여신이다; **L. 그 밖의 것들**: 1. 엘리자베스 1세 여왕 시대: '8과 6'(음절): 민요에서 일반적인 음절 단위이다(한여름 밤의 꿈MND 3, 1 참조); 2. 8시간 수면: 바보는 8시간을 잔다: 속담; 3. 그리스어: 모든 것: '8은 모든 것이다'라는 표현은 그리스 시인 스테시코로스 Stesichoros의 무덤에서 유래했다고 하며 이 무덤은 여덟 개의 기둥, 여덟 개의 계단, 여덟 개의 모퉁이 등으로 이루어져 있다; 또는 코린트시에 여덟 개의 부족, 여덟 개의 지역 등이 있어야 한다고 지시한 신탁에서 유래했다고도 한다.

80 eighty **1.** 두 개의 탁월한 척도로 이루어진 가장 조화로운 수: 2의 비율(6+8+10+12=36)과 3의 비율(6+9+12+18=45; 필로 유다이오스Philo Judaeus, 창세기에 관한 문답QG 3, 38); **2.** 르네 알렌디Rene Allendy: a. 우주의 전체 피조물을 위한 카르마적 해방 또는 윤회의 운명에서 벗어난 새로운 80명의 공동체; b. 히브리 글자 Pe. 걸이에 걸어 놓은 램프의 형태; c. 모세가 이집트를 떠날 때 80세였다; d. 성인(聖人)들의 공동체 즉 그레이트 화이트 로지; e. 17세기 아르카눔 타로카드의 별 카드와 관련되며 이 별은 일반적으로 여덟 줄의 빛으로 표현된다(모두: 르네 알렌디 Rene Allendy, 수 상징성NS 397).

81 eighty one 진실(9)을 진실(9)로 곱한 수.

84 eighty-four **1.** 성서: 성전의 여자 예언자 안나의 나이(누가복음Luke 2, 37): 고대 사순절의 날수인 42의 두 배이기 때문에 성스러운 숫자로 여겼을 수 있다(성 암브로시우스St. Ambrose, 루가의 복음서 해설집EL 2, 62); **2.** 브리턴족은 부활절을 정확한 시기에 지키지 않았고 84일 주기로 계산했다(베다Baeda; 부활절Easter 참조); **3.** 르네 알렌디Rene Allendy: a. 세계의 조화로운 관계(8+4=12) 속에서의 열반의 세계(80)와 자연법칙(4)의 관계; b. 12 × 7로서의 84는 그 자체의 수준들과 관련되거나, 또는 계속 연속되는 수의 열과 관련된다; c. 84는 인간이 진화하는 다섯 개의 우주 수준이 일곱 개의 수단으로 나누어지는 것과 동일한 방식으로 일반 피아노의 퀸트(다섯잇단음)는 각각 반음계에서 7개의 음계로 나뉘기 때문에 (음악적) 화음에서 중요한 역할을 한다.; 따라서 반음계에는 84개의 음계가 있다: 일곱 개의 음계에는 각각 일곱 개의 온음표와 다섯 개의 이분음표가 있다(모두 르네 알렌디Rene Allendy, 수 상징성NS 398).

800 eight hundred 고대 북유럽: 오딘이 좋아하는 발할라궁전에 있는 전사(戰士)들의 수. 발할라에서 어둠의 전사들(별)이 (540개의 문을 통해) 나가 아침에 빛과 전투하고 다시 돌아와 부상에서 회복했다; 또는 오딘은 라그나로크에서 최후의 싸움을 하기 위해 발할라에 800명의 전사들을 있게 했다.

888 eight hundred and eighty eight **1.** 중요하다: 세 개의 8; **2.** 기독교: 히브리어 알파벳에서 예수의 숫자; 요한계시록Rev.의 짐승의 숫자 666의 반대. 666은 "카이사르 네로Qesar Neron"=네로 황제의 반대로 되어 있다.

8각형 octagon **1.** 재생: 세례용 물그릇과 불제단에 사용된 그릇 형태; **2.** 그 외에는 숫자 8eight 참조.

8월 August **1.** 여덟 번째 달. 본래는 누마Numa가 이것을 여덟 번째 달로 변경하기 전까지는 로마 달력에서 '세크스틸리스sextilis(여섯 번째 달)'='알반Alban'이었다; 아우구스투스Augustus는 8월에 31일을 배정했다; **2.** 시기: a. 수확을 위해 익은 곡식: 거두기, 깎기, 타작, 키질; 과일; b. 포도 수확과 와인 통의 준비 시기; c. (오래된 프랑스 달력에) 말을 타고 있는 두 명의 숙녀를 포함한 귀족들이 나체로 수영하곤 했던 강을 따라 매 사냥을 갔다; 들판에서 농부들이 옥수수를 거두고 있다; **3.** 탄생석: 페리도트peridod 또는 사도닉스sadonyx; **4.** 별자리: 처녀자리; **5.** 수호여신: 케레스/데메테르; **6.** 축제: 8월 1일: 라마의 날.

9 nine **1.** 완전함, 완벽함, 진실, 주기의 끝(숫자 1로 되돌아가기 전); a. 피타고라스Pythagoras: 3의 세 배: 숫자가 커질 수 있는 한계: 다른 모든 숫자를 수용하거나 되돌린다; b. 항상 스스로 재생산하는 수이다: 2 × 9=18=1+8=9; 3 × 9=27=2+7=9 등; **2.** 위대한 여신과 관련된다: A. 달: a. 피타고라스: 달의 상승이나 지혜의 수(반면에 숫자 8=태양의 상승); b. 디오니소스의 황소를 집어삼킨 탐욕스러운 달의 여사제의 수; c. 아르테미스/디아나는 동료로 아홉 살의 님프를 선택했다. 혼전 순결의 숫자이기도 하다; B. 바다: a. 전통적으로 아홉 번째 파도가 가장 크다(그러나 나소 P. 오비디우스Naso P. Ovid, 변신이야기Metam. 11, 529도 참조); b. 필리스Phyllis는 데모포온Demophoon이 그녀에게 오지 않자 아홉 번이나 바다로 달려갔다(나소 P. 오비디우스, 사랑의 기술De Art. Am. 3, 37); c. 홍수: 데우칼리온의 방주는 9일을 표류했다(아폴로도로스Apollodorus 1, 7, 2); d. 아르테미스의 소녀 찬양단이었던 오케아노스Okeanos의 육십 명의 딸들은 아홉살이었다(칼리마코스Callimachus, 세 번째 찬가H3 14); C. 모성애, 출산: a. 인간의 임신기간(그러나 성서에서 종종 제시하는 것처럼 달수로는 10개월); b. 엘리시온 비의는 구일 동안 데메테르(다산의 여신)를 받든다; c. 게르만: 헤임달Heimdal에게는 아홉 명의 (거대한) 어머니가 있었다. 아홉 번째 밤마다 여자처럼 행동하는 남자의 기이하고 양성적인 이야기, "냘의 사가Njal's Saga"(123) 참조; D. 예술: a. 여신이 아홉 명의 뮤즈로 나뉘었다; b. 모든 색상의 합성; E. 죽음: 저승, 지옥; a. 스틱스Styx는 하데스의 암흑의 지하세계의 중립지대에 있는 아홉 개의 원에서 죽은 자를 분류한다: 예 사랑 때문에 자살한 자[디도Dido(역주: 사

랑에 실패하고 자살한 카르타고의 여왕) 포함]나 유명한 전사 등(베르길리우스Virgil, 아이네아스Aen. 6, 440ff.). 단테Dante의 지옥도 아홉 개의 원이 있었다; b. (로마) 장례식 9일 후에 죽은 자에게 제물을 바쳤다; c. 기독교: 지옥에는 아홉 개의 문이 있다. 세 개는 놋쇠, 세 개는 철, 세 개는 금강석으로 만든 문이다. 더욱이 지옥의 단계는 천국에 있는 천사의 아홉 개 합창단을 모방하여 아홉 개로 나뉘어 있다; d. 칠 년의 가뭄 이야기는 구 년인 경우도 있다; F. 마법: a. 마법 주문은 일반적으로 아홉 번 외워야 하고, 행동은 아홉 번 반복되어야 한다 등(예 나소 P. 오비디우스, 변신 이야기 14, 58). 그리고 기독교의 '9일 기도novena' 참조; b. 마녀의 가장 유명한 '사역마' 고양이는 아홉 번 환생할 수 있다. 고양이는 '아홉 개의 목숨'을 가졌다; c. 피blood (N번의 1, 2 참조), 마녀witch 참조; **3.** (나중에) 남성적인 숫자: a. 사비니인Sabines은 아홉 신을 섬겼다; b. 에트루리아 왕 포르세나Lars Porsen(n)a는 아홉 명의 신에게 맹세했다; c. 아홉 명의 위인: 아서왕, 샤를마뉴 대제, 고드프루아 드 부용, 다윗, 여호수아, 유다 마카베오, 알렉산더 대왕, 헥토르, 율리우스 카이사르["두운 모르테 아서왕Allit. Morte Arth"(역주: 아서왕 전설의 후반부를 이야기하는 중세 영어 두운시)" 3407ff 참조]; d. "아홉 명의 재단사가 사람을 만든다Nine tailors make a man"와 관련해서는 재단사tailor 참조; **4.** (불가사의한) 인간의 수: a. 해왕성: 인간에게 숨어 있는 신비한 힘; b. 궁수자리: 더 높은 사상과 철학; c. 인간, 형이상학자; d. 영과 물질 사이의 균형.

신체body	능동적active
생명-영혼life-soul	중립적neutral
정신spirit	수동적passive;

5. 제3세계: a. 천국, 지옥 그리고 환생 혹은 생식의 세 고리; b. 고대 북유럽: 3 × 3의 세계로 분화된다; 2번의 E 참조; **6.** 토머스 S. 엘리엇Thomas S. Eliot: "9라는 시간"("황무지The Waste Land"); a. 현대: 업무 시작 시간: 영적인 죽음; b. 신약성서의 언급: "어둠이 아홉 시까지 온 땅을 덮었더라"(누가복음Luke 23, 44); **7.** 민속: a. 음악가가 아홉 개나 그 이상의 교향곡을 작곡하는 것은 치명적이다. 베토벤, 슈베르트, 드보르작, 브뤼크너(브뤼크너Brükner는 열 개의 교향곡을 작곡했으나 첫 번째 교향곡을 0번이라고 하였다). 말러Mahler는 그의 아홉 번째 교향곡을 "대지의 노래"라고 붙였다; b. 또 다른 치명적인 아홉 개의 다이아몬드Diamonds.

▌90 ninety　르네 알렌디Rene Allendy: a. 더 이상 단순한 원칙이 아닌 우주에서 실현된 우주적 연대이다(900nine hundred 참조); b. 프리메이슨: 미스라임Misraim 입문의례는 90단계를 포함하며, 그중 3단계의 의례는 알려지지 않은 고위직에게 주어지고, 나머지 87단계는 위대한 존재의 진화의 방향을 상징할 수도 있다; c. 히브리어 문자 'sade'; d. 타로카드; 18번째 달 카드.

▌900 nine-hundred　소우주에서 느껴지는 우주적 연대(르네 알렌디Rene Allendy, 수 상징성SN 407).

▌9월 September　**1.** 아홉 번째 달; 고대 로마 달력에서는 일곱 번째 달('세프템septem'=새해인 3월로부터 일곱 번째 달); **2.** 수확 시기; **3.** 별자리: 태양은 9월 23일경에 천칭자리에 들어간다; **4.** 9월의 수호 신: 불칸Vulcan; **5.** 9월의 축제: 성 미카엘 축일Michaelmas: 거위로 만든 전통 음식을 먹는 9월 29일: "성 미카엘 축일에 거위를 먹으면 일 년 내내 돈이 부족하지 않을 것이다."

찾아보기(국문)

ㄱ

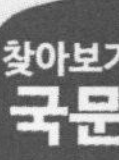

ㄴ

ㄹ

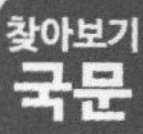

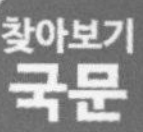
찾아보기
국문

ㅇ

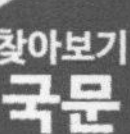

찾아보기
국문

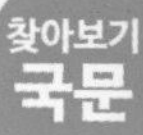

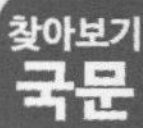

찾아보기
국문

기타

찾아보기(영문)

찾아보기 영문

B

찾아보기
영문

D

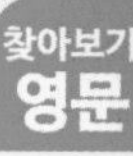

E

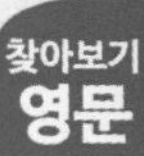
찾아보기
영문

G

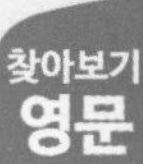
찾아보기
영문

I

J

K

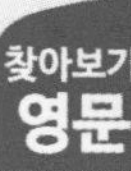
찾아보기
영문

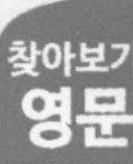
찾아보기
영문

P

Q

R

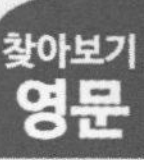

S

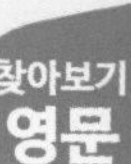
찾아보기
영문

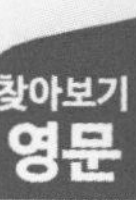

U

V

W

X

Y

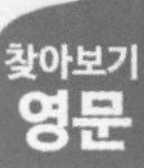

Z

역자 소개

장미경(Jang Mikyung)

남서울대학교 아동복지학과 및 대학원 아동상담심리치료 전공 교수
스위스 C.G. Jung Institute 졸업(융분석가)
현 한국융분석가협회 및 국제분석심리학회 정회원
한국분석심리학회지 '심성연구' 편집위원
국제모래놀이치료학회 Research Committee 위원장
International Journal of Jungian Sandplay Therapy 편집위원장

권미라(Kowen Meera)

남서울대학교 대학원 아동상담심리치료 전공 박사
전 한국임상모래놀이치료학회 공동학회장
현 국제모래놀이치료학회 티칭멤버
리본심리상담센터 소장
한양사이버대학교 겸임교수

김소명(Kim Somyung)

미국 St. Paul School of Theology 목회상담학 박사
현 동국대학교 대학원 상담코칭학과 겸임교수
김소명상담연구소 소장

정현숙(Jeong Hyunsuk)

칼빈대학교 상담심리치료학 박사과정 수료
현 달팽이심리상담센터 소장

인간 본성과 삶의 이해를 위한
상징과 이미지 사전 원서 2판, 확장판
Elsevier's Dictionary of Symbols and Imagery
(Second, Enlarged Edition)

2024년 10월 20일 1판 1쇄 인쇄
2024년 10월 25일 1판 1쇄 발행

원저자 • Ad De Vries
개정자 • Arthur De Vries
옮긴이 • 장미경 · 권미라 · 김소명 · 정현숙
펴낸이 • 김진환
펴낸곳 • (주) 학지사
04031 서울특별시 마포구 양화로 15길 20 마인드월드빌딩
대 표 전 화 • 02)330-5114　　팩스 • 02)324-2345
등 록 번 호 • 제313-2006-000265호

홈 페 이 지 • http://www.hakjisa.co.kr
인스타그램 • https://www.instagram.com/hakjisabook/

ISBN 978-89-997-3247-8 91180

정가 39,000원

역자와의 협약으로 인지는 생략합니다.
파본은 구입처에서 교환해 드립니다.